P9-DNT-860

The Combined New Persian - English and English - Persian Dictionary

English and English-Persi
Ref PK 6378 .A78 1986
¯Ary¯anp¯ur K¯ash¯an¯i,
ʿAbb¯as.
The combined new Persian-
English and English-Persi

The Combined New *Persian - English* and *English - Persian Dictionary*

By:

Abbas Aryanpur Kashani
LL.B., LL.M., LL.D. (Hon.)
and

Manoochehr Aryanpur Kashani
M.A., Ph.D.

1986

P.O. Box 136
Lexington, KY 40501/USA

Copyright © 1986 by Abbas and Manoochehr Aryanpur Kashani.

All rights reserved under International and Pan-American Copyright Conventions. This book may not be reproduced, in whole or in part, in any form (beyond that copying permitted by Sections 107 and 108 of the U.S. Copyright Law and except by reviewers for the public press), without written permission from the publisher.

Printed in the United States of America.
Library of Congress Catalog Card No.: 85-61402

ISBN: 0-939214-29-6 (text edition)

ISBN: 0-939214-28-8 (library edition)

Mazdâ Publishers 1986

CONTENTS

Preface to The First American Edition

Never in our two decades of work in bilingual lexicography has the need for a combined English-Persian, Persian-English dictionary been as great as it is now. This is mainly due to the increasing importance of intercultural exchanges and larger numbers of people — many of them Iranian and Afghan expatriats — whose daily activities make such a dictionary practically indispensable. The dictionaries we authored while living in Iran are still quite popular there, but they are becoming dated — and they are not easily obtained abroad.

We therefore hope that the present book (a combination and rearrangement of our pocket English-Persian and Persian-English dictionaries plus an all-new Etymological Study and the pioneering Guide To Punctuation in Persian) will meet this need. We also hope that a favorable reception of this first American edition of our dictionary will enable us to continue our lexicographical research and, in time, to come up with other improved editions.

Abbas Arynapur-Kashani
San Diego, California

Manoocher Aryanpur-Kashani
Buena Vista College, Iowa

Summer, 1985

PRONUNCIATION KEY

Pronunciation is shown in this book by means of symbols adopted by the International Phonetic Association, as also used by *The Advanced Learner's Dictionary of Current English* (twelfth impression, 1960) Key words for phonetic symbols are shown below. Long vowels are indicated by the sign [:].

Vowels

[*i:*] as in **see**, **sea** [*si:*]
[*i*] « **city** [*síti*], **goodness** [*gúdnis*]
[*e*] as in **get** [*get*]
[*œ*] « **man** [*mœn*]
[*a:*] « **calm** [*Ka:m*], **father** [*fá:δə*], **farm** [*fa:m*]
[*ɔ*] as in **hot** [*hɔt*]
[*ɔ:*] « **saw** [*sɔ:*]
[*o*] « **obey** [*obéi*], **November** [*novémbə*]
[*u*] as in **book** [*buk*], **put** [*put*]
[*u:*] « **too, two** [*tu:*]
[*Λ*] « **cup** [*kΛp*]
[*ə:*] « **burn** [*bə:n*], **world** [*wə:ld*]
[*ə*] as in **ago** [*əgóu*], **China** [*tʃáinə*]
[*b*] as in **bed** [*bed*]
[*d*] « **dog** [*dɔg*]
[*f*] « **fat** [*fœt*]
[*g*] « **go** [*gou*]
[*h*] « **hat** [*hœt*]
[*k*] « **cow** [*kau*], **kill** [*kil*], **quick** [*kwik*]
[*l*] as in **leg** [*leg*]
[*m*] « **man** [*mœn*]
[*n*] « **not** [*nɔt*], **sun** [*sΛn*]
[*p*] « **pen** [*pen*]
[*r*] « **red** [*red*]
[*s*] « **see** [*si:*]
[*t*] « **ten** [*ten*]
[*v*] « **very** [*véri*]
[*z*] « **zone** [*zoun*], **is** [*iz*]
[*ŋ*] as in **singer** [*síŋə*], **finger** [*fíŋgə*], **thinker** [*θíŋkə*]
[*ʃ*] as in **ship** [*ʃip*], **mission** [*míʃən*]
[*tʃ*] as in **church** [*tʃə:tʃ*]
[*δ*] « **measure** [*méδə*]
[*dδ*] « **judge** [*dδΛdδ*]
[*θ*] « **thin** [*θin*]
[*δ*] « **then** [*δen*], **the** [*δə*]

Diphthongs

[*ei*] as in **they** [*δei*], **day** [*dei*]
[*ou*] « **go** [*gou*], **know** [*nou*]
[*ai*] « **my** [*mai*], **high** [*hai*]
[*au*] « **how** [*hau*]
[*ɔi*] « **boy** [*bɔi*]
[*iə*] « **here** [*hiə*], **idea** [*aidíə*]
[*εə*] as in **there** [*δεə*], **fair** [*fεə*]
[*ɔə*] « **more** [*mɔə*], **four** [*fɔə*]
[*uə*] « **tour** [*tuə*], **moor** [*muə*]

Semi-vowels

[*w*] *as in* **will** [*wil*]
[*j*] « **yet** [*jet*]

Non-English Sounds

[*â*] *as in* (Fr.) **en route** [*â:(n) ru:t*], **centime** [*sâ:(n)ti:m*]
[*ɛ*] *as in* (Fr.) **lingerie** [*lɛ·(n) ʒəri*], **doyen** [*dwaiɛ(ŋ)*]
[*ɔ*] *as in* (Fr.) **raison d'etre** [*réizɔ déitr*]
[*ө*] *as in* (Fr.) **messieurs** [*mɛsjө*]
[*y*] *as in* (Fr.) **revue** [*rəvy*]
[*x*] « (Scotch) **loch** [*lɔx*]
[*ç*] « (*Ger.*) **Reich** [*raiç*]

Stress

A strong or primary stress is shown by the mark [′] placed over the vowel, or the first element of the diphthong, in the syllable or syllables which receive this stress. E. g. **better** [*bétə*], **ago** [*əgóu*], **arisen** [*ərízn*].

A weak or secondary stress is shown by the mark [ ]. E. g. **veneration** [*vènəréiʃən*], valetudinarian [*vœ̀litjù:dinɛ′əriən*].

The Sound [r]

In Southern English, **r** is silent when it occurs at the end of a word or when it is followed by another consonant. Thus the sound [r] is not pronounced in **far** [*fa:*] or **farm** [*fa·m*]. It is usually sounded, however, if the next word in the sentence begins with a vowel, e. g. **How far is it ?** [*haufá:rizit*]. **Better** is pronounced [*bétə*] when at the end of a sentence, but **better off** is pronounced [*bètərɔ́·f*].

In other parts of the English-speaking world, the **r** may be sounded in every case. In Scotland, for example, **farm** is [*fa:rm*] and **farmer** is [*fá:rmər*].

ENGLISH ABBREVIATIONS

اختصارات انگلیسی

adj.	adjective	صفت
adv.	adverb	قید ظرف مکان و زمان
Ar.	Arabic	تازی ـ عربی
arch.	archaic	کهنه، قدیمی
art.	article	حرف تعریف
col.	colloquial	محاوره‌ای، بکار رونده در گفتگو
comp.	comparative (degree)	(درجهٔ) تفضیلی ، صفت تفضیلی
conj.	conjunction	حرف عطف
def. art.	definite article	حرف تعریف
dial	dialectal	لهجه‌ای، مربوط به‌لهجهٔ خاص
Eng.	English	انگلیسی
etc.	et cetera (and so forth)	و مانندآن ـ وغیره ـ الخ
fem.	feminine	مؤنث
Fr.	French	فرانسه
G.	Greek	یونانی
Ger.	German	آلمانی
imp.	imperative	امر ـ وجه امری
ind.	indicative	(وجه) اخباری
indef. art.	indefinite article	حرف تعریف غیرمعین- حرف نکره- حرف تنکیر
interj.	interjection	حرف ندا ـ صوت
It.	Italian	ایتالیائی
Jap.	Japanese	ژاپونی
L.	Latin	لاتین ـ لاتینی
mas.	masculine	مذکر
n.	noun	اسم
neg.	negative	منفی
n.pl.	noun plural	اسمی که بیشتر بصورت جمع دیده میشود. اسم بصورت جمع
obj.	objective (case)	حالت مفعولی
obs.	obsolete	مهجور، متروکه
p.	past	گذشته ـ ماضی مطلق

part.	participle	وجه وصفی
per.	person	شخص (اصطلاح دستوری)
phr.	phrase	عبارت ــ تعبیر
pl.	plural	جمع
poet.	poetical	شاعرانه
pos.	possessive (case)	(حالت) ملکی
pp.	past participle	اسم مفعول
pp. & adj.	passive participial adjective	اسم مفعولی که مانند صفت بکار برده شود.
pref.	prefix	پیشوند ــ سرکلمه ــ سرواژه
pres.	present	زمان حال
prep.	preposition	حرف اضافه ــ حرف ربط
pron.	pronoun	ضمیر
R.	rare	کمیاب ـ نادر
rel.	relative	موصول
Rus.	Russian	روسی
Scot.	Scotland, Scottish	اسکاتلند واسکاتلندی
Sing.	singular	تك ــ مفرد
Sl.	slang	زبان عامیانه

اختصارات فارسی

LIST OF PERSIAN ABBREVIATIONS USED IN THIS BOOK

	کلمهٔ	علامت‌اختصاری
America, American	آمریکا وآمریکائی	آمر
Mythology. Fables	افسانه	افسانه
Rhetorical figures	بدیع	بدیع
Anatomy	تشریح	تش
Surgery	جراحی	جراحی
Zoology	جانور شناسی	ج.ش.
Geography	جغرافیا	جغ.
Plural	جمع	جمع
Law	حقوق	حق.
Grammar	دستور	د.
Colloquially	درگفتگو	د.گ.
Nautical	دریانوردی	د.ن.
Mathematics	ریاضیات	ر.
Psychology	روانشناسی	ر.ش.
Geology	زمین‌شناسی	ز.ش.
Slang	زبان عامیانه	ز.ع

Chemistry	شیمی	ش.
Proverb	ضرب‌المثل	ض.م.
Medicine	پزشکی	طب
Improper, but common (meaning)	غلط مشهور	غ.م.
French	فرانسه	فرانسه
Intransitive verb	فعل لازم	ف.ل.
Philosophy	فلسفه	فلسفه
Transitive verb	فعل متعدی	ف.م.
Physics	فیزیك	فیزیك
Archaic	(معنی) کهنه	ك.
Agriculture	کشاورزی	کشا.
Botany	گیاه شناسی	گ.ش.
Abolished word	لغت منسوخ	ل.م.
Figuratively	مجازاً	مج.
Mining	معدن وسنگ شناسی	مع.
Architecture	معماری	معماری
Mechanics	مکانیك	مك.
Rare sense	معنی کمیاب	م.ك.
Literal meaning	معنی لغوی	م.ل
Obsolete sense	معنی مهجور	م.م.
Logic	منطق	من.
Music	موسیقی	مو.
Naval Forces	نیروی دریائی	ن.د.
Military	نظام	نظ.
Astronomy	هیئت ونجوم	نج.
Geometry	هندسه	هن.

انگلیسی English	خط میخی پارسی Old Persian Cuneiform	پهلوی اشکانی Parthian Pahlavi	پهلوی ساسانی Sassanian Pahlavi	پهلوی کتابی Book Pahlavi	اوستائی Avestan	فارسی Modern
A						آ ا

حرف اول الفبای انگلیسی، حرف اضافهٔ مثبت.
A man came. مردی آمد.
a — پیشوندیست بمعنی «بطرف» و «بسوی» مثل ashore و «درحالت» و «بطرز»و«بسان» چون about و alive و بمعنی«عمل»و«بیرون» و«بر» و «بیرون از» مثل arise و غیره .
a — = y —
a — =ad —
a — =an —
پیشوندیست بمعنی «بدون» مثل asexual و گاهی نیز قبل ازحروف هجائی و قبل ازحرف h بصورت an میآید چون anhistorical و anhydrate و anasticmatic .
Aar.on, *n.* هارون برادر موسی.
ab — پیشوند لاتین بمعنی «دوراز» و «از» و «جدائی» و«غیره»مانند abuse و abaxial
ab.a, *n.* عبا، پارچهٔ عبائی، مقیاس اندازه‌گیری عرض جغرافیائی .
a.bac.i.nate, *vt.* کورکردن
aback [əbǽk] *adv.* قهقرائی، بعقب، غافلگیر، ناگهان،[اسکاتلند] منزوی، پرت .
to be taken a. یکه‌خوردن ، پس‌زدن.
ab.a.cus [ǽbə-kes] *n.* چرتکه، تخته روی سرستون [معماری] ، گنجهٔ ظرف، لوحهٔ مربع موزائیك سازی .

ABACUS

abaft, *adv. & prep.* عقب، پشت، بطرف عقب.
ab.alien.ate, *n. & vt.* [حق.] واگذاری، منتقل‌کردن، پس گرفتن.
aban.don, [ədǽndən] *vt. & n.* ترك‌گفتن، واگذارکردن،تسلیم‌شدن، رهاکردن، تبعیدکردن ، واگذاری، رهاسازی.
abase [əbéis] *vt.* پست‌کردن، تحقیر نمودن،کم‌ارزش‌کردن.
abash [əbǽʃ] (-ed, - ing), *vt.* شرمنده‌کردن، خجالت‌دادن، دست پاچه نمودن.
Abashed at this display of wealth. ازجلوهٔ چنین ثروتی شرمنده شد .
abate [əbéit] *vt. & vi.* کاستن ، تخفیف دادن ، رفع‌نمودن ، کم‌شدن ، فروکش‌کردن، آب‌گرفتن از [فلز] ، خیساندن [چرم]، (حق.) غصب یا تصرف عدوانی، بزور تصرف‌کردن، کاهش، تنزل، فرونشستن .
The storm abated. طوفان فروکش‌کرد.
abate.ment [əbéitmənt] *n.* کاهش، تخفیف، فروکش، جلوگیری، غصب . [طب] دوری ازمرکزبدن ، قیاسی ، قیاس.
ab.duc.tor, *n.* آدم دزد، آدم‌ربا، دورکننده ، [طب] عضلهٔ دورکننده.
abe.ce.dar.i.an, *adj & n.* ابجدآموز،ابجدخوان ، مبتدی ، ابتدائی.
a.bed [əbéd] *adj* دربستر، دررختخواب.
Abel [éibl]*n.* «هابیل»فرزندآدم‌ابوالبشر.
ab.er.rance, *n.* انحراف،گمراهی، ضلالت،کجراهی.
ab.er.rant, *adj.* گمراه، منحرف، بیراه، نابجا،کجراه.
An a. individual. فرد منحرف.
ab.er.ra.tion [æbəréiʃən] *n.* گمراهی ، انحراف ، (طب) عدم انطباق کانونی.
In a moment of a. درلحظهٔ انحراف.
abet [əbét] *n. & vt.* برانگیختن، جرأت دادن، تربیت‌کردن،تشویق (به عمل‌بد) کردن ، [حق.] معاونت کردن (در جرم)، تشویق ، تقویت ، ترغیب (بکاربد).
ab ex.tra, *adv.* ازخارج، خارجی.
abey.ance [əbéiəns] *n.* [حق.] بی‌تکلیفی ، وقفه ، تعلیق.
abey.ant, *adj.* [حق.] بی‌تکلیف، معلق، متوقف.
ab.hor [əbhɔ́:] *vt. & vi.* تنفرداشتن‌از، بیم‌داشتن‌از، ترس‌داشتن‌از، ترساندن، ترسیدن.
ab.hor.rent, *adj.* متنفر، منزجر ، بیمناك،ناسازگار، مکروه ، زشت، شنیع. مغایر.
a.bide [əbáid] *vi. & vt.* ایستادگی‌کردن ، پایدار ماندن ، ماندن، ساکن شدن، منزل‌کردن ، ایستادن، منتظرشدن ، وفا کردن ، تاب‌آوردن .
abid.ing [əbáidiŋ] *adj.* پایدار،پایا، ساکن، وفاکننده، تاب‌آور، تحمل‌کننده.
abil.i.ty [əbíliti] *n.* شایستگی، توانائی ، لیاقت، صلاحیت، قابلیت ، استطاعت .
abin.i.tio, *adv.* ازآغاز.
ab.ject [ǽbdʒekt] *vt. & adj.* پست، فرومایه،سرافکنده، مطرود،روی‌برتافته، پست‌کردن، کوچك‌کردن، تحقیرکردن.
ab.ju.ra.tion [æbdʒuréiʃən] *n.* پیمان‌شکنی،عهدشکنی، سوگندشکنی، نقض‌عهد،
ab.a.tis, ab.at.tis, *n.pl.* [نظ] سد درختی.
‖ **abat-jour,** *n.* پرتوافکن چراغ، سایبان، پنجرهٔ هوا .
ab.at.toir, *n.* کشتارگاه .
abator *adj.* رفع مزاحمت‌کننده، غاصب حق وارث قانونی.
ab.ax.i.al=ab.ax.ile, *adj.* [گ.ش.] دور از محور.
‖ **Abba,** *n.* پدر ، ابا .
ab.ba.cy, *n.* قلمرو راهب، مقام رهبانیت، مقر راهبان دیر.
ab.bat.ial, *adj.* خانقاهی، دیری، راهبی،کشیشی.
‖ **ab.bé,** *n.* کشیش، راهب، آبه، پدر روحانی.
ab.bess [ǽbes] *n.* رئیسهٔ صومعهٔ زنان تارك دنیا.
Ab.bey [ǽbi] *n.* دیر، صومعه، خانقاه،کلیسا، نام کلیسای وست‌مینستر [Westminster].
ab.bot [ǽbət] *n.* راهب بزرگ، رئیس راهبان.
ab.bre.vi.ate [əbrí:vieit] *vt.* کوتاه‌کردن، مختصرکردن، خلاصه‌کردن .
ab.bre.vi.a.tion [əbrí:viéiʃən] *n.* مخفف، تلخیص، اختصار،کوتهسازی.
ab.di.cate [ǽbdikeit] *vt. & vi.* واگذارکردن، تفویض‌کردن، ترك‌گفتن، محروم کردن [از ارث] ، کناره گیری کردن، استعفا دادن.
ab.do.men [ǽbdəmen,æbdóumen] *n.* شکم، بطن.
ab.dom.i.nal [æbdɔ́minəl]*n.,adj.* شکمی، بطنی، ورید های شکمی، ماهیان بطنی.
ab.duct [æbdʌ́kt] *vt.* ربودن، دزدیدن (شخص)، دور کردن، آدم دزدیدن، از مرکز بدن دورکردن [طب].
ab.duc.tion [æbdʌ́kʃən] *n.* عمل‌ربودن(زن‌وبچه‌وغیره)، ربایش،دورشدگی، ترك عقیده، ارتداد، انکار.
ab.jure [əbdʒɔ́:, əbdʒúə] *vt.* سوگند شکستن، نقض‌عهدکردن، بـرای همیشه ترك‌گفتن، مرتدشدن، رافضی شدن.
ab.lac.tate, *vi.* از شیرگرفتن.
ab.lac.ta.tion, *n.* ازشیرگیری ، شیرواگیران.
ab.late, *n.* ازبیخ‌کندن، قطع‌کردن ، (جـراحی) بریدن و خارج‌کردن.
ab.la.tive, *adj & n.* کاهنده ، [د.] مفعول به، مفعول‌عنه ، مفعول منه، صیغهٔ‌آلت،رافع،مربوط به مفعول‌به یامفعول‌عنه.
A. absolute. مفعول بمطلق.
ablaze, [əbléiz] *adj., adv.* سوزان، فروزان، درخشان، مشتعل، برافروخته.
able [éibl] *vt. & vi.* توانابودن، شایستگی داشتن، لایق بودن ، قابل بودن، مناسب بودن، آماده بودن، آرایش‌دادن، لباس پوشاندن، قوی‌کردن، قادربودن.
able, *adj.* توانا، لایق، آماده، با استعداد، صلاحیت دار، قابل، مطیع، رام ، مناسب، [حق.] دارای اهلیت قانونی، دارای صلاحیت قانونی.
Will you be able to come? آیا خواهید توانست بیائید؟
-able=-ible,-ble پسوندی برای‌ساختن صفت‌بمعنی «دارای‌قدرت»، «شایسته» ، «قابل» ، «متمایل‌به».
able-bod.ied, *adj.* دارای جسم‌توانا.
a.bloom, *adj.* شکوفا ، پرشکوفه.
The trees are a. درختان پرشکوفه‌اند.
ab.lu.tion, *n.* شستشو، آبدست،غسل.
a.bly, *adv.* باتوانائی،ازروی‌لیاقت.
ab.ne.gate, *vt.* ترك‌کردن،انکارکردن، بخود حرام‌کردن، کف‌نفس‌کردن.
The sufi abnegates the world. صوفی دنیارا بخود حرام میکند.
ab.ne.ga.tion, *n.* چشم‌پوشی،کف‌نفس،انکار، رد، فداکاری.
ab.nor. mal , abnormous [æbnɔ́:məl] *adj* . غیرعادی ، نابهنجار.
ab.nor.malcy, *n.* حالت غیر طبیعی، ناهنجاری، غیرعادی بودن.
ab.nor.mal.i.ty, *n.* نابهنجاری، بی قاعدگی، وضع‌غیرعادی، خاصیت‌غیرطبیعی.
a.board [əbɔ́:d] *adv. & prep.* روی، توی ، ازروی، روی یا داخل (کشتی یا هواپیما) .
To go a. a ship. سوارکشتی شدن.
a.bode [əbóud] *n. & vt.* منزل، مسکن ، رحل اقـامت افـکندن، اشاره کردن، پیشگوئی‌کردن.
a.bol.ish [əbɔ́liʃ] *vt.* برانداختن، ازمیان بردن، منسوخ‌کردن .
If we a. war, we need no army. اگـر جنگ منسوخ گردد دیگر احتیاجی بـه ارتش نیست.
ab.o.li.tion. [æbəlíʃən] *n.* برانداختگی،لغو ، فسخ ، الغاء مجازات.
A. of slavery. الغاء بردگی.
ab.o.li.tion.ism, *n.* مخالفت‌بابردگی..
A-bomb, *n.* بمب‌اتمی.
abom.i.na.ble [əbɔ́minəbl] *adj.* مکروه، زشت، ناپسند، منفور.
A. weather. هوای بد.
abom.i.nate [əbɔ́mineit] *vt.* ناپسند شمردن، مکـروه دانستن، تنفرداشتن ، نفرت‌کردن .

abom.i.na.tion [əbɔ́minéiʃən] *n.* زشتی، پلیدی، نفرت، کراهت، نجاست، عمل‌شنیع.

To hold in a. کراهت داشتن نسبت‌به.

a.bon.ne, *n.* حق‌اشتراك،وجه‌اشتراك، آبونه (مجله یا روزنامه) .

ab.o.rig.i.nal [œ́bəridδinəl] *adj.* بومی،اصلی، سکنهٔ اولیه ، اهل‌یك‌آب وخاك .

ab.orig.i.ne, *n.* بومی، ساکن‌اولیه، اهلی، قدیم،گیاه بومی.

a.borsement=abortment, *n.* سقط جنین.

abort, *vt. & vi.* بچه انداختن، سقط‌کردن، نارس مـــاندن، ریشه نکردن، عقیم ماندن، بی‌نتیجه ماندن.

abor.tion, *n.* سقط‌جنین، بچه‌اندازی، سقط نوزاد نارس یارشد نکرده ، عدم تکامل .

A. is a crime. سقط جنین جنایت است.

abor.tion.ist, *n.* کسی‌که موجب سقط جنین میشود، سقط جنین‌کننده.

abor.tive [əbɔ́: tiv] *adj.* مسقط، رشدنکرده، عقیم، بی‌ثمر، بی‌نتیجه.

abound [əbáund] *vi.* فراوان بودن ، زیاد بودن، وفور داشتن، تعیین حدود کردن، محدود کردن.

about [əbáut] *adj. & adv.* گرداگرد، پیرامون، دور تا دور، در اطراف ، نزدیك، قریب، درحدود ، درباب، راجع به، در شرف، درصدد، با، نـزد، در، بهرسو، تقریباً ، بالاتر، [نظ.] فرمان‌عقب‌گرد.

about-face, *n.* سوی‌دیگر، جهت‌دیگر، عدول کردن.

above [əbΛ'v] *prep. & adv.* در بالا، بالای، بالای‌سر، نام‌برده، بالاتر، برتر، مافوق، واقع‌در بالا،سابق‌الذکر، مذکوردرفوق.

You are a. all others. شما ازهمه‌بالاترید.

above.board, *adj. & adv.* آشکارا ، پوست‌کنده ، علنی.

above.ground, *adv. & adj.* در بالای‌سطح‌زمین ، [مجـ.] درقید حیات.

ab.ra.ca.dab.ra, *n.* طلسم، ورد، سخن نامفهوم .

abrad.ant, *n.* ساینده، سوزش‌آور.

abrade, *vt. & vi.* سائیدن ، خراشیدن، زدودن، پاك‌کردن،حك‌ــ کردن، [مجـ.] سرغیرت آوردن ، برانگیختن ، تحریك‌کردن.

ab.ra.sion, *n.* خراش،سایش،سائیدگی.

a.bra.sive, *adj. & n.* ساینده، تراشنده، سوزش‌آور، سایا.

a.breast [əbrést] *adv.* برابر، پهلو به‌پهلو.

a.bridge, *vt.* کوتاه‌کردن، مختصر کردن.

a.bridge.ment, *n.* کوتاهی، اختصار، خلاصه، مجمل.

abroach, *adv. & adj.* سوراخ، فرو رفته، بهم‌زده.

a.broad [əbrɔ́:d] *adv. & n.* پهن،گسترش‌یافته، وسیع، خارج، بیرون، خارج ازکشور، بیگانه، ممالك بیگانه.

He went a. بخارج ازکشور رفت.

ab.ro.gate [œ́brəgeit] *adj. & vt.* منسوخ ، از میان برده، ملغی ، از میان بردن ، باطل‌کردن، منسوخ‌کردن.

ab.rupt [əbrΛpt] *adj.& n.* تند، پرتگاه‌دار، سرآشیبی، ناگهان، ناگهانی ، بیخبر، درشت، جداکردن.

ab.rup.tion, *n.* قطع ناگهانی،انتزاع.

abs-

پیشوندیست لاتینی‌کـه همان پیشونـد ـab می‌باشد و بمعنی «دور از» و «غیراز» و «از» میباشدوقبل‌ازحروف tɔpxc باینصورت‌درمیآید.

ab.scess [œ́bsəs, aébsis] *n.* ورم‌چرکی، ماده، دمل، آبسه، دنبل.

ab.scis.sion, *n.* ریزش، برش،قطع،جدائی،دریدگی ، قطع‌پوست وگوشت.

ab.scond [əbskɔ́nd] *vt. & vi.* گریختن، فرار کردن، دررفتن، رو نشان‌ندادن، روپنهان‌کردن، پنهان‌شدن.

ab.sence [œ́bsəns] *n.* نبودن، غیبت، غیاب، حالت غیاب، فقدان.

ab.sent [œ́bsənt] *adj, vt. & vi.* غایب، مفقود، غیرموجود، پریشان خیال.

ab.sen.tee, *n. & adj.* مالك غایب، غایب، مفقودالاثر، شخص‌غایب.

absentee ballot, *n.* ارسال ورقهٔ رأی بطور غیابی.

ab.sen.tee.ism, *n.* حالت‌غایب بودن، غیبت.

ab.sent.mind.ed [œ́bsəntmá-indid] *adj.* پریشان‌خیال، حواس‌پرت.

ab.so.lute [œ́bsəl(j)u:t] *adj. & n.* مطلق، غیرمشروط،مستقل،استبدادی، خودرأی، کامل، قطعی، خالص، آزاد ازقیود فکری، غیر مقید، مجرد، (درهندسهٔ فضائی‌اقلیدس) دایـرهٔ نامحدود.

ab.so.lu.tion, *n.* آمرزش‌گناه، بخشایش، عفو، بخشودگی، تبرئه، برائت، انصراف ازمجازات، منع تعقیب‌کیفری.

ab.so.lut.ism, *n.* مطلق‌گرائی، حکومت مطلقه، اعتقادبه‌قادرعلی‌الاطلاق [خدا]، طریقهٔ مطلقه، [حق.] سیستم سلطنت استبدادی.

ab.solve [əbzɔ́lv] *vt.* بخشیدن [گناه]، آمرزیدن ، عفوکردن، کسی‌را ازگناه بـری کردن ، اعلام بی‌تقصیری‌کردن ، بری‌الذمه‌کردن،کسی‌را از انجام تعهدی معاف ساختن ، پاك‌کردن ، مبراکردن.

ab.sorb [əbsɔ́:b] *vt.* درکشیدن، جذب‌کردن ، فروبردن، فراگرفتن ، جذب‌شدن (غدد)، کاملاً فروبردن، تحلیل بردن ، مستغرق بودن، مجذوب شدن در ،درآشامیدن.

ab.sorb.ant,-bent, *adj.* جاذب، دارای خاصیت جذب، درکش، درآشام.

ab.sorb.en.cy, *n.* خاصیت درآشامی، جذب،فروبری، تحلیل، قابلیت‌جذب،قدرت جذب.

ab.sorb.ing, *adj.* جاذب، جالب، دلربا، جذاب.

ab.sorp.tion [əbsɔ́:pʃən] *n.* جذب، درکشی، درآشامی، فریفتگی، انجذاب.

A. bands. (فیزیك)خطوط‌تیرهٔ‌طیف‌جذبی.

ab.sorp.tive, *adj.* جاذب،جذب‌کننده.

ab.stain [əbstéin] *vt. & vi.* خودداری کردن (از) ، پرهیز کـردن (از) ، امتناع‌کردن (از).

ab.ste.mi.ous [əbstí·miəs] *adj.* پرهیزکار، پارسامنش،مرتاض، ممسك‌درخورد و نوش و لذات، مخالف استعمال مشروبات الکلی.

ab.sten.tion, *n.* خودداری، پرهیز، خودداری ازدادن رأی.

ab.ster.gent, *adj. & n.* پاك‌کننده، شستشودهنده، مادهٔ پاك‌کننده.

ab.sti.nence [œ́bstinəns] *n.* پرهیز، خودداری ، ریـاضت، پرهیز ازاستعمال مشروبات الکلی.

ab.stract [œbstrœ́kt] *vt.* ربودن، بردن، کش رفتن ، خلاصه‌کردن ، جدا کردن، تجزیه‌کردن، جوهرگرفتن از، عاری‌از کیفیات واقعی (درمورد هنرهای ظریف)نمودن.

ab.stract [œ́bstrœkt] *adj.* خلاصه، مجمل ، خلاصهٔ‌کتاب ، مجـرد، مطلق ، خیالی ، غیرعملی ، بی‌مسمی ، خشك ، معنوی ، صریح، زبده، انتزاعی، (اسم) معنی، برآهیخته.

ab.stract.ed, *adj.* مجزا، پریشان خیال ، مختصر .

ab.strac.tion [œbstrœ́kʃən] *n.* تجرد، پریشان‌حواسی، اختلاس ، دزدی،ربایش، بیخبری ازکیفیات واقعی و ظاهری، برآهنگ.

abstract noun, *n.* [د.] اسم‌معنی (مانند wisdom).

ab.struse [əbstrú:s] *adj.* پنهان، پیچیده، غامض.

ab.surd [əbsə':d] *adj.* پوچ، ناپسند، مزخرف، بی‌معنی، نامعقول، عبث، مضحك.

abun.dance [əbΛ'ndəns] *n.* فراوانی، وفور .

abun.dant [əbΛ'ndənt] *adj.* بسیار، فراوان، وافر.

A. year, n. سال‌کامل، سال وفورنعمت.

abuse [əbjú:s] *vt. & n.* بدبکار بردن، بـد استعمال‌کردن ، سوءاستفاده کردن‌از ، ضایع‌کردن ، بدرفتاری‌کردن نسبت به ، تجاوز به‌حقوق‌کسی کردن ، به زنی تجاوز کردن ، ننگین‌کردن .

abu.sive [əbjú:siv] *n,* سوءاستفاده، سوءاستعمال، شیادی ، فریب،دشنام فحش، بد زبانی، تجاوز بعصمت ، تهمت، تعدی.

abu.sive [əbjú:siv] *adj.* ناسزاوار ، زبان دراز ، بدزبان، توهین‌آمیز .

abut, *vi. & vt.* نزدیك‌بودن،مماس‌بودن، مجاور بودن، متصل‌بودن یاشدن، خوردن.

abut.ment, *n.* کنار، طرف، مرز، حد، (در پل سازی) نیم پایه ، پایهٔ‌جناحی، پشت‌بنددیوار، بست‌دیوار، نزدیکی، مجاورت، اتصال.

ABUTMENTS

abysm=abyss [əbís] *n., vt. & vi.* بسیارعمیق، بی‌پایان، غوطه‌ورساختن، مغاك.

abys.sal, *adj.* ژرف،گردابی،ناپیمودنی.

Ab.ys.sin.i.an, *n.* مربوط به‌کشور Abyssinia، اهل‌حبشه.

aca.cia [əkéiʃə] *n.* [گ.ش.] اقاقیا.

ac.a.dem.ic [œ'kədémik] *adj.&n.* مربوط به فرهنگستان ادبی یـا انجمن علمی ، عضو فـرهنگستان ، طرفـدار حکمت و فلسفهٔ افلاطون.

ac.a.dem.i.cals,academic co-stume, *n.* (درجمع) لباس‌رسمی استادی دانشگاه، لباس دانشگاهی.

ac.a.de.mi.cian, *n.* عضوفرهنگستان، عضوانجمن‌دانش، عضوآکادمی.

academic year, *n.* سال‌دانشگاهی ، سال تحصیلی.

acad.e.my [əkœ'dəmi] *n.* فرهنگستان، دانشگاه ، آموزشگاه ، مـدرسه ، مکتب، انجمن ادباء و علماء ، انجمن دانش ، آکادمی ، نام باغی درنزدیکی آتن‌که افلاطون درآن تدریس میکرده است (Academy) ، مکتب و روش تدریس افلاطونی.

acar.pous, *adj.* [گ.ش.] بی‌بر، بدون میوه، بی‌ثمر.

Ac.ca.di.an, *adj. & n.* زبان اکد(Accad)کـه قبل از زبان آشوری رایج بوده و درکتیبه‌های میخی دیده شده‌است، اهل‌آکد یا آکاد.

ac.cede [œksí:d] *vi.* دست‌یافتن، رسیدن، راه یافتن ، نائل شدن، نزدیك شدن ، موافقت‌کردن ، رضایت دادن، تن‌در دادن.

ac.cel.er.ate [œksélәreit] , *vi. & vt., adj.* شتابانیدن، تسریع‌کردن، تندکردن، شتاب‌دادن، برسرعت(چیزی) افزودن، تندشدن،تندترشدن.

ac.cel.er.ation [œksèlәreiʃən] *n.* شتاب، تندی، سرعت، تسریع، تعجیل.

A. of gravity. شتاب ثقل، شتاب اجسام دراثـرقوهٔ جاذبهٔ زمین (درحدود ۹۸۰,۶۱۶ سانتیمتر درثانیه میباشد) .

A. of the moon. شتاب ماه.

ac.cel.er.a.tor [œksélәreitә] *n.* شتاب دهنده، شتابانده، تندکن، شتابنده.

A. nerve. عصب تندکنندهٔ ضربان قلب .

ac.cent [œ'ksənt] *n.* تکیهٔ صدا ، علامت تکیهٔ صدا [بدین شکل ʼ] ، لهجه ، طرز قرائت ، تلفظ ، قـوت ، تأکید ، تشدید ، [درشعر] مد (madd) ، صدا یا آهنگ اکسان (فرانسه) .

ac.cent [œksént] *vt.* با تکیه تلفظ‌کردن، تکیه دادن، تأکید کردن، اهمیت‌دادن .

ac.cen.tu.al, *adj.* تکیه‌دار، لهجه‌ای، مربوط‌به‌تکیهٔ‌صدا، دارای تأکید، مؤکد، مشدد.

ac.cen.tu.ate [œkséntjueit] *vt.* با تکیه تلفظ‌کردن، تکیه‌دادن، تأکیدکـردن، اهمیت دادن، برجسته نمودن.

ac.cept [əksépt] *vt. & vi.* قبول شدن ، پذیرفتن ، پسندیدن، قبول‌کردن.

ac.cept.abil.i.ty, *n.* پسندیدگی، شایستگی، قبول شدگی ، مقبولیت،قابلیت قبول.

ac.cept.a.ble [əkséptəbl] *adj.* پذیرا، پذیرفتنی، پسندیده، قابل قبول، مقبول.

ac.cept.ance [əkséptəns] *n.* پذیرش، قبولی حواله، حوالهٔ قبول‌شده.

ac.cep.ta.tion, *n.* پذیرش، قبول‌معنی‌عرف، معنی مصطلح .

ac.cep.tor, ac.cept.er, *adj.& n.* پذیرنده، قبول‌کننده .

ac.cess [œ́kses] *n.* دسترس، دسترسی، راه، تقرب، اجـازهٔ دخول ، راه دسترس، مدخل ، وسیلهٔ حصول، افـزایش ، الحاق، اضافه ، (طب) بروزمرض، حمله، اصابت، [حق.] دسترسی یا مجال مقاربت، [در مسیحیت] تقرب بخدا.

ac.ces.si.bil.i.ty, *n.* دسترسی،امکان نزدیکی، وسیلهٔ وصول،آمادگی برای پذیرائی ، قابلیت وصول.

ac.ces.si.ble [œksésibl] *adj.* دردسترس ، قابل‌وصول، نزدیك (شدنی)،آمادهٔ پذیرائی، خوش‌برخورد، دست یافتنی.

ac.ces.sion [œkséʃən] *n.* نزدیکی، ورود، دخول، پیشرفت، افزایش، نیل (بجاه و مقام بخصوص سلطنت) ، جلوس، [طب] شیوع، بروز، [حق.] تملك نماء، شیئ اضافـه‌یا الحاق شده، نمائات [حیوان و درخت] ، تابـع وصول ، الحاق حقوق ، شرکت درمالکیت.

ac.ces.so.ry [œksésəri] *n. & adj* فرعی،معین، همدست[حق.]، معاون، شریك[جرم]، نمائات و نتایج [درجمع] ، لوازم‌یدکی، [حق.] تابع، لاحق، فروع و ضمائم ، منضمات. لـوازم فرعی ، دعوای فرعی .

A. nerve. [تش.] عصب یازدهم جمجمه.

ac.ci.dence [œ́ksidəns]=**ac.ci-dent,** *n.* پیش‌آمد، تصادف، اتفاق، حادثه، (د.) اصول صرف ونحو.

ac.ci.dent [œ́ksidənt] *adj. & n.* حادثه، سانحه، واقعهٔ ناگوار، مصیبت ناگهانی، تصادف اتومبیل ، [طب] علامت بد مرض، [مند.] صفت عـرضـی [arazy] ، شیئ ، (درنشان خانوادگی) علامت سلاح،[د.] صرف ، عـارضهٔ صرفی، اتفاقی، تصادفـی، ضمنی ، عـارضه (در فلسفه)، پیشامد.

ac.ci.den.tal [œksidéntəl] *adj.,n.* تصادفی، اتفاقی ، غیرمترقبه ، عرضی(arazy) ضمنی، عارضی، غیراساسی ، پیشامدی.

A. colors. نور مکملی‌که پس از خیره شدن بیك‌جسم رنگین دیده میشود.

ac.claim [əkléim] *vt. & n.* تحسین، ادعاکردن ، آفرین گفتن ، اعلام کردن ، جار

کشیدن ، ندا دادن ، هلهله یا فریاد کردن ، کف زدن .

ac.cla.ma.tion [ækləméiʃən] n. آفرین، تحسین، احسنت، تحسین وشادی ، اخذ رأی زبانی.

ac.cli.mate=acclimatize, vt. بآب وهوای جدید خوگرفتن، مأنوس شدن.

ac.cli.ma.ti.za.tion, n. خوگرفتگی ، سازش [باآب وهوای تازه].

ac.cli.ma.tize [əkláimətaiz] vt., vi. خو دادن یا خوگرفتن [انسان] ، خو گرفتن [جانور وگیاه بآب وهوای جدید].

ac.co.lade, n. مراسم اعطای منصب [illegible] اتصال، آکولاد، خط ابرو(باین‌شکل { }).

ac.com.mo.date [əkɔ́mədeit]. vt., vi. & adj. همساز، همسازکردن، جادادن ، منزل‌دادن ، وفق دادن با ، تطبیق نمودن ، تصفیه‌کردن ، اصلاح‌کردن ، آماده کردن [برای] ، پول وام دادن [بکسی] .

ac.com.mo.dat.ing, adj. & n. تطبیق، موافقت ، جا، منزل ، مناسب ، خوش محضر.

ac.com.mo.da.tion [əkɔ̀medéiʃən] n. همسازی، تطابق، جا ، منزل ، وسائل راحتی ، تطبیق ، موافقت، سازش بامقتضیات محیط ، وام ، کمك، مساعده.

A. ladder, n. نردبان‌کشتی.

A. paper, n. سفته یا برات مبادله‌ای ، اوراق مبادله.

ac.com.mo.da.tor, n. کارگر کمکی.

ac.com.pa.ni.ment [əkʌ́mpənimənt] n. همراهی ، مشایعت ، ضمیمه ، [مو.] ساز یا آواز همراهی‌کننده .

ac.com.pan.ist [əkʌ́mpənist] n. همراهی‌کننده، [مو.]همراهی کننده باآواز یا سازی چون پیانو.

ac.com.pa.ny [əkʌ́mpəni] vt. همراهی‌کردن ، همراه بودن[با] ، سرگرم‌بودن [با] ، مصاحبت‌کردن ، ضمیمه کردن ، جفت کردن ، توأم‌کردن ، [مو.] دم‌گرفتن، همراهی کردن ، صدا یا ساز را جفت‌کردن [با].

ac.com.plice [əkɔ́mplis] n. همدست، [حق.] شریك یا معاون جرم.

ac.com.plish [əkɔ́mpliʃ] vt. انجام دادن ، بانجام رساندن ، وفاکردن [به]، صورت‌گرفتن.

ac.com.plished, adj. انجام‌شده، کامل شده، تربیت شده، فاضل.

ac.com.plish.ment [əkɔ́mpliʃmənt] n. انجام، اجرا، اتمام، کمال، هنر، فضیلت.

ac.cord [əkɔ́:d] vt. & vi. جورکردن ، وفق دادن ، آشتی دادن ، تصفیه کردن ، اصلاح‌کردن ، موافقت‌کردن (با) ، قبول‌کردن.

ac.cord, n. سازگاری، موافقت ، (مو.) توافق، هم‌آهنگی ، دلخواه ، طیب‌خاطر ، (حق.) مصالحه ، پیمان ، قرار، پیمان غیررسمی‌بین‌المللی.

ac.cord.ance [əkɔ́:dns] n. جور بودن، مطابقت، وفق، توافق، تطابق، موافقت.

ac.cord.ant, adj. جور، مطابق، موافق.

ac.cord.ing [əkɔ́:diŋ] adj. & adv. موافق، مطابق، بروفق.

A. as. بنا برآنچه، برحسب‌آنچه.

ac.cord.ing.ly, adv. بنابراین، از اینرو،ازهمان‌قرار،برطبق‌آن، نتیجتاً، بالنتیجه.

according to, prep. برطبق،مطابق، بقول، بعقیدهٔ.

ac.cor.di.on [əkɔ́:djən] n. [مو.] آکوردئون.

ac.cost [əkɔ́st] n., vt. & vi. مخاطب ساختن، مواجه شدن (با)، نزدیك‌شدن [بهرمنظوری] ، مشتری جلب‌کردن (زنان‌بدکار درخیابان) ، نزدیك‌کشیدن ، در امتداد چیزی حرکت‌کردن (مثل‌کشتی).

ac.count [əkáunt] vt. & vi. شمردن ، حساب‌کردن ، محاسبه نمودن ، (حق.) حساب پس‌دادن ، ذکرعلت‌کردن ، دلیل موجه اقامه‌کردن (با for) ، تخمین زدن ، دانستن، نقل‌کردن.

ac.count, n. حساب ، صورت‌حساب، گزارش ، بیان‌علت ، سبب.

[illegible], n. جوابگوئی.

ac.count.a.ble [əkáuntəbl] adj. مسئول، مسئول حساب ، قابل توضیح ، جوابگو.

ac.count.an.cy, n. حسابداری.

ac.count.ant [əkáuntənt] adj., n. ذیحساب، حسابدار .

A. general=chief a. رئیس حسابداری، سرحسابدار.

accounting, n. حسابداری، اصول حسابداری، بررسی اصل وفرع.

ac.cou.ter.ment, n. وسائل،اسباب، [نظ.] تجهیزات، لباس، سازوبرگ.

ac.cred.it, vt. اعتبارنامه دادن، استوارنامه دادن (به)، معتبر ساختن ، اختیار دادن ، اطمینان کردن (به)، مورد اطمینان بودن یا شدن ، برسمیت شناختن (مؤسسات فرهنگی) ، معتبر شناختن.

ac.crete, vt., vi. & adj. باهم یکی شدن، تواماً رشدکردن، فراهم‌کردن، فراهم شدن ، متحد کردن ، بهم افزودن یا چسبانیدن، (مج.) مصنوعی، بهم‌پیوسته[گ.ش.] دوقلو،یکپارچه.

ac.cre.tion, n. رشدپیوسته، بهم‌پیوستگی، اتحاد ، یك‌پارچگی، [حق.] افزایش‌بهای اموال، افزایش میزان‌ارث.

ac.crue [əkrú:](-d, accruing), vi., vt. & n. افزوده شدن، منتج گردیدن ، تعلق‌گرفتن.

ac.cu.mu.late [əkjú:mjuleit] , vt., vi. & adj. جمع‌شده،جمع‌شونده، اندوختن، رویهم انباشتن.

ac.cu.mu.la.tion [əkjù:mjuléiʃən] n. جمع‌آوری، توده، ذخیره، تجمع.

ac.cu.mu.la.tive, adj. جمع‌شونده.

ac.cu.mu.la.tor, n. جمع‌کننده .

ac.cu.ra.cy, n. درستی، صحت، دقت.

ac.cu.rate [ǽkjurit] adj. درست، دقیق.

ac.curs.ed, adj. نفرین‌شده،ملعون‌ومطرود.

ac.cus.al, n. تهمت، افترا.

ac.cu.sa.tion, n. [حق.]تهمت، اتهام.

ac.cu.sa.tive [əkjú:zətiv], adj. & n. [د.] حالت‌مفعولی، مفعول، اتهامی.

ac.cus.a.to.ry, adj. مفعولی، [حق.] اتهامی.

ac.cuse, vt. متهم‌کردن.

ac.cused, adj. & n. متهم.

ac.cus.tom [əkʌ́stəm] vi. & vt. عادت دادن، آشناکردن، آشناشدن، معتادساختن، معتاد شدن، عادت، خوگرفتن.

accustomed, adj . خوگرفته، معتاد، معمولی.

ace [eis] vt. & n. تك‌خال، آس، ذره ، نقطه ، درشرف، ذره‌ای مانده (به) ، [مج.] ستاره یا قهرمان تیمهای بازی ، رتبهٔ اول ، خلبانی‌که حداقل ۵ هواپیمای دشمن را سرنگون‌کرده باشد ، تك‌خال زدن.

ace- [ش.] پیشوندی‌ازکلمه acetic بمعنی «دارای جوهر سرکه» میباشدکه بصورت ترکیب با سایر کلمات می‌آید مثل Aceanthrene.

a.ce.di.a, n. کیجی، سستی، رخوت، حالت خلسه.

a.ceph.a.lous=acephalous, adj. & n. بی‌سر، حیوان‌راستهٔ بی‌سران.

ac.er.ate, adj. سوزنی، سوزنی‌شکل.

a.cerb, adj. ترش، گس، دبش.

acer.bi.ty, n ترشی، دبشی،درشتی، تندی.

ac.e.tab.u.lum(pl.**ac.e.tab.u.lums, ac.e.tab.u.la**) n. [در روم قدیم] [illegible] حفرهٔ حقه‌ای استخوان‌لگن که محل اتصال با استخوان ران است ، [ج.ش.] محل‌اتصال پای حشرات ببدن ، لولهٔ (مخصوص مکیدن) زالو.

ac.e.tate, n. نمك جوهرسرکه ، استات.

a.ce.tic, adj. جوهر سرکه‌ای ، سرکه مانند، ترش.

a.ce.ti.fy(-ied,-ing) vt. & vi. ترش شدن، تبدیل بسرکه‌کردن.

Ach.ae.me.ni.an, adj. هخامنشی، هخامنشیان.

ache, ake [eik](-d,aching) vt., vi. & n. دردگرفتن ، دردکردن ، درد.

a.chiev.a.ble, adj. دست‌یافتنی،قابل‌وصول،قابل‌تفریق،موفقیت‌پذیر.

a.chieve[ətʃí:v](-d, achieving), vt. & vi. دست‌یافتن، انجام دادن، بانجام رسانیدن ، رسیدن ، نائل شدن به ، تحصیل‌کردن ، کسب موفقیت کردن (حق.) اطاعت‌کردن (در برابر دریافت تیول).

achieve.ment [ətʃí:vmənt] n. انجام، پیروزی، کاربزرگ، موفقیت، دست‌یابی.

A.chil.les [əkíli:z] n. [افسانهٔ یونان] آشیل یا اخیلوس قهرمان داستان ایلیاد هومر.

A.chil.les' heel, n. نقطهٔ جراحت پذیر، نقطهٔ زخم‌پذیر، نقطهٔ‌ضعف.

ach.ro.mat.ic = achromic, adj. بی‌رنگ ، رنگ‌ناپذیر ، [مو.] بدون‌ترخیم ، بدون نیم پردهٔ میان آهنگ.

FLINT GLASS
CROWN GLASS

ACHROMATIC LENS (of microscope)

A. lens, n. عدسی مرکب با قدرت‌کانونی متفاوت‌که موجب حذف بعضی رنگها میشود.

a.chro.ma.tin, n. مادهٔ رنگ ناپذیر هستهٔ یاخته.

a.chro.ma.tize, vt. رنگ نا پذیرکردن، بی‌رنگ‌کردن .

achy, adj. دردناك، دردآور.

ac.id [ǽsid] adj. & n. ترش، حامض ، سرکه‌مانند، دارای خاصیت‌اسید، جوهراسید، [مج.] ترشرو، بداخلاق ، بدجنس، جوهر، محك.

acid-fast, adj. مقاوم دربرابر رنگ‌بری، اسید، دارای لکه‌هائی‌که با اسید زائل نمیشود.

acid.ic, adj. تشکیل دهندهٔ اسید، اسیددار، اسیدی.

acid.i.fi.ca.tion, n. اسیدسازی، ترشی، اسیدشدگی، تحمیض.

a.cid.i.fi.er, n. ترش‌کننده، تبدیل‌به‌اسیدکننده، مایهٔ‌حموضت.

a.cid.i.fy(-ied, -ing) vt. & vi. اسیدکردن، ترش‌کردن،حامض‌کردن.

acid.i.ty, n. حموضت، اسیدیته،ترشی.

ac.i.do.phile, adj. ترشی دوست، اسیدگرای.

ac.i.do.sis, n. [طب]فسادخون‌دراشخاص مبتلابه بیماری قند [دیابت].

acid.u.late, vt. میخوش‌کردن، ترش‌کردن،[مج.] کج‌خلقی‌کردن.

acid.u.lent, adj میخوش،ملس،[مج.]ترشرو، کج‌خلق، تندمزاج.

acid.u.lous, adj. میخوش، ملس،[مج.]کج‌خلق.

ac.i.form, adj. بشکل‌سوزن،سوزنی‌شکل.

ac.knowl.edge [əknɔ́lidʒ] vt.&vi. قدردانی‌کردن ، اعتراف‌کردن ، تصدیق‌کردن ، وصول‌نامه‌ای را اشعار داشتن.

ac.knowl.edged, adj. تصدیق‌شده.

ac.knowl.edg.ment [əknɔ́lidʒmənt] n. سپاسگزاری، تشکر، اقرار، تصدیق، قبول،خبر وصول (نامه)، شهادت‌نامه.

ac.me [ǽkmi] n. اوج،ذروه،قله، منتها (درجهٔ) ، سر، مرتفعترین نقطه، [طب] بحران، نقطهٔ‌کمال.

ac.ne, n. جوش صورت‌وپوست، غرورجوانی.

ac.o.nite, n. [گ.ش.] اقونیطون، تاج‌الملوك، ریشهٔ‌تاج‌الملوك (Aconitum napellus)

a.co.ri.a, n. [طب] مرض گرسنگی، داءالجوع.

a.corn [éikɔ:n] n. میوهٔ تیرهٔ درختان بلوط (مازو) ،

ACORNS AND LEAVES

A. barnacle=acorn-shell. پوست بلوط.

acous.tic=a.cous.tical, [əkáustik] adj. & n. وابسته بشنوائی ، مربوط به صدا ، مربوط به سامعه.

ac.ous.ti.cian, n. صداشناس،متخصص علم شنوائی، کارشناس علم‌اصوات.

a.cous.ti.con, n. گوشیار ، سمعك.

a.cous.tics, pl. n. علم‌عوارض شنوائی، علم‌اصوات، خواص‌صوتی ساختمان (ازنظر انعکاس صدا).

ac.quaint[əkwéint](-ed,-ing) vt. آشناکردن ،آگاه کردن، مسبوق‌کردن ، مطلع کردن.

ac.quaint.ance [əkwéintəns] n. آشنائی، سابقه، آگاهی، آشنا، آشنایان.

ac.qui.esce [ǽkwiés] vi. تسلیم‌شدن، تن‌دردادن،راضی شدن،رضایت‌دادن، موافقت‌کردن، آرام‌کردن.

ac.qui.es.cent [ǽkwiésənt] adj., خشنود، راضی، ساکت، راضی شونده .

ac.quir.a.ble, adj. بدست‌آوردنی، یافتنی، قابل‌حصول.

ac.quire [əkwáiə] (-ed,-ing) vt. بدست‌آوردن، حاصل‌کردن، اندوختن، پیداکردن.

ac.quire.ment [əkwáiəmənt] n. فراگیری، تحصیل (هنر و فن) ، فضیلت.

ac.qui.si.tion [ǽkwiziʃən] n. فراگیری، اکتساب ، استفاده ، [حق.] مالکیت.

ac.quis.i.tive, *adj.* فراگیرنده ، جوینده ، اکتسابی، اکتساب‌کننده.

ac.quit [əkwít] (-ed,-ing) *vt.* [حق.] تبرئه‌کردن ، روسفید کردن ، برطرف کردن، اداکردن، از عهده برآمدن ، انجام وظیفه‌کردن ، پرداختن و تصفیه کردن (وام و ادعا) ، [حق.] ادای (دین) نمودن ، برائت (ذمه)کردن .

ac.quit.tal, *n.* [حق.] تبرئه، واریز ، برائت ذمه.

ac.quit.tance, *n.* مفاصا ، پرداخت ، برائت ، رهائی، بخشودگی، ترك دعوی ، سندترك دعوی.

acra.ni.al, *adj.* [ج.ش.] بدون‌کاسهٔ سر ، بی‌جمجمه .

acre [éikə] *n.* جریب فرنگی (برابر با ۴۳۵۶۰ پای مربع و یا درحدود۴۰۴۷مترمربع) برای سنجش‌زمین، (م.م.) زمین.

God's a. گورستان ، مزار.

acre.age, *n.* وسعت زمین به‌جریب.

ac.rid [ǽkrid] *adj.* دبش، گس، تند، سوزاننده، [مج.] زننده ، تندخو.

ac.ro.bat [ǽkrəbæt] *n.* بندباز یا آکروبات، [مج.] سیاست باز .

ac.ro.bat.ics [æ'krəbæ'tikz] *n.* بندبازی.

ac.ro.lith, *n.* مجسمه‌ای‌که‌سرودست‌وپای آن سنگی وبقیه‌اش چوب‌باشد .

acrol.o.gy, *n.* مبحث شناسائی ریشه واشتقاق حروف الفباء.

ac.ro.nym, *n.* کلمه‌ایکه از حرف اول کلمات دیگری‌ترکیب شده باشد (مانند radar که از کلمات radio detecting and ranging ساخته شده).

ac.ro.pho.bia, *n.* [طب] ترس‌ازبلندی.

acrop.o.lis [əkrɔ́pəlis] *n.* دژ ، قلعه (درشهرهای قدیمی یونان) ، نام دژ معروف‌آتن (دریونان).

across [əkrɔ́(:)s] *adv. & prep.* سرتاسر ، ازاین‌سو بآن‌سو ، درمیان، ازعرض، از میان ، ازوسط ، سرتاسر ، از این‌طرف بآن طرف .

across-the-board, *adj.* شامل‌تمام طبقات، یکسره ، سرجمع .

acros.tic, *adj. & n.* جدول شعرکوتاهی که حرف اول و وسط و آخر بندهای‌آن بـاهم عبارتی را برساند ، جـابجا شونده ، نا منظم ، منکس ، تـوشیحی ، موشح (به distich مراجعه شود).

a.crot.ic, *adj.* [طب] سطحی ، روئی ، بیرونی ، خارجی.

ac.ro.tism, *n.* [طب] فقدان ضربان یا نبض.

act [ǽkt] *n.* کنش، فعل، کردار ، عمل ، کار، حقیقت ، امرمسلم ، فرمان قانون ، تصویب‌نامه ، اعـلامیه ، (حق.) سند ، پیمان ، رساله ، سرگذشت ، پردهٔ نمایش (مثل پردهٔ اول).

act [ækt] *vt. & vi.* کنش‌کردن، کارکردن ، عمل‌کردن ، جان‌دادن ، روح‌دادن، برانگیختن ، رفتارکردن ، اثرکردن ، بـازی کردن ، نمایش دادن، شبیه‌کسی را درآوردن، تقلیدکردن، (م.م.) بکاراناختن،مرتکب‌شدن.

ac.ti.morph, *n.* [ز.ش.] تابدیس.

ac.tin.au.to.graph.ic, *adj.* دارای حساسیت درمقابل نور.

acting [ǽktiŋ] *adj. & n.* ایفای نمایش، جدی، فعال، کاری، کـفالت کننده ، کفیل ، متصدی ، عامل، بازیگـری ، جدیت ، فعالیت ، کفیل ، عامل، کنشی.

ac.tin.ic, -al, *adj.* دارای خواص پرتو افکنی ، مربوط به تأثیر شیمیائی.

ac.ti.noid, *adj.* [ج.ش.] شعاعی ، دارای شعاع ، مانندشعاع.

ac.ti.nol.o.gy, *n.* دانشی که درآن از خواص نورگفتگو می‌کند .

ac.ti.nom.e.ter, (-metre) *n.* پرتوسنج خورشید ، حرارت‌سنج .

ac.ti.nom.e.try, *n.* پرتو سنجی .

ac.tion [ǽkʃən] *n. & vt.* کنش، کردار، کار،عمل، فعل ، اقدام ، رفتار، جدیت، جنبش ، حرکت ، جریان، اشاره ، تأثیر، اثر جنگ ، نبرد ، پیکار ، اشغال نیروهای‌جنگی، گزارش ، وضع ، طرز عمل ، (حق.) اقامهٔ‌دعوا، جریان حقوقی ، تعقیب ، بازی، تمرین ، سهم، سهام شرکت.

ac.tion.able, *adj.* قابل‌تعقیب قانونی.

ac.tion.ar.y, *n.* دارندهٔ سهام شرکت سهامی ، سهامدار.

ac.ti.vate, *vt. & vi.* بفعالیت پرداختن ، بکارانداختن، [مع.] تخلیص کردن (سنگ معدن) .

ac.ti.va.tion, *n.* کنش‌وری، کنش‌ور-سازی، ایجادفعالیت، بکار واداری، [مع.]تخلیص.

ac.tive [ǽktiv] *adj. & n.* کاری، ساعی ، فعال ، حاضر بخدمت ، دایـر ، تنزیل بردار ، با ربح ، [د.] معلوم ، متعدی ، مولد.

ac.tive.ly, *adv.* فعالانه، بطورکاری.

ac.tiv.ism, *n.* اعتقاد بلزوم عملیات حاد و شدید ، فرضیهٔ فلسفهٔ «عملی».

ac.tiv.ist, *adj. & n.* طرفدارعمل.

ac.tiv.i.ty [æktíviti] *n.* کنش‌وری، فعالیت،کار ، چابکی ، زنده دلی، آکتیوائی.

act of God حوادث ناگهانی وغیر قابل پیش‌بینی طبیعی (زلزله ، سیل وغیره).

ac.tor [ǽktə] *n.* بازیگر، هنرپیشه، [حق.] خواهان ، مدعی ، شاکی ، حامی.

ac.tress [áktrə's] *n.* هنرپیشهٔ زن ، بازیگرزن.

ac.tu.al [ǽktjuəl] *adj.* واقعی ، حقیقی .

ac.tu.al.i.ty, *n.* واقعیت ، فعالیت ، امرمسلم .

ac.tu.al.i.za.tion, *n.* واقعیت دادن ، بصورت مسلم درآوردن.

ac.tu.al.ize, *vt.* واقعیت دادن ، واقعی‌کردن ، عملی‌کردن.

ac.tu.al.ly, *adv.* واقعاً ، بالفعل ، عملاً ، در حقیقت.

ac.tu.ar.i.al, *adj.* احصائی،آماری.

ac.tu.ary, *n.* آمارگیر، مأموراحصائیه ، (م.م.) دبیر،منشی.

ac.tu.ate [ǽktjueit] *vt.* بکار انداختن ، تحریك کردن ، برانگیختن ، سوق دادن ، نشان دادن.

ac.tu.a.tion, *n.* تحریك، بکارگماری.

ac.tu.a.tor, *n.* فعال کننده ، محرك .

act up, *vi.* خودسری کردن .

acu.i.ty, *n.* تیزفهمی ، تیزهوشی.

acu.men [əkjú:men] *n.* تیزهوشی ، تیزفهمی ، فراست.

ac.u.punc.tu.ate, *vt.* با سوزن سوراخ کردن ، سوزن فروکردن.

a.cute [əkjú:t] *adj. & n.* تیزرو، تیز ، نوك‌تیز ، [طب] حاد ، بحرانی ، زیرك ، تیزنظر ، تند ، شدید [مو.] تیز، زیر ، [سلسلهٔ اعصاب] حساس ، [هن.] حاد ، تیز [زاویهٔ حاد ، زاویهٔ تند].

acutely, *adv.* بزیرکی ، بحدت ، بشدت.

acute.ness, *n.* تیزی ، زیرکی ، ذکاوت، [طب] حدت یا شدت.

ac.y.rol.o.gy, *n.* انشاء وگفتار غلط .

ad.age [ǽdidʒ] *n.* مثل ، امثال و حکم .

ada.gio [ədá:dʒiou] *adv. & n.* [مـو.رقص] آهسته و ملایم ، اجـرای آهنگ بآهستـگی ، (دربالت) رقص دونفـری‌که زن روی پنجهٔ پـا می‌رقصد وبکمك مـرد آهسته بهوامیپرد.

Ad.am [ǽdəm] *n.* آدم ، آدم ابوالبشر.

ad.a.mant [ǽdəmənt] *n., adj.* جسم‌جامد وسخت،مقاوم، یکدنده، تزلزل‌ناپذیر.

ad.a.man.tine [ædəmǽntain] *adj.* محکم ، سخت ، سخت ودرخشان (مانندالماس).

adapt [ədǽpt] *vt.& vi.* وفق دادن ، موافق بودن ، جور کردن، درست کردن ، تعدیل کردن، سازوارکردن.

He can a. himself to his new surroundings. او می‌تواند خودرا با محیط جدید وفق بدهد.

adapt.a.bil.i.ty [ədæptəbíliti] *n.* سازگاری ، قابلیت توافق و سازش، سازواری.

adapt.able [ədǽptəbl] *adj.* قابل‌توافق، قابل‌جرح وتعدیل، مناسب، سازوار.

adapt.er=adapt.or, *n.* سازوارگر، وفق دهنده ، جرح وتعدیل‌کننده،سازگارگر.

adap.tion=ad-aptation, [ædæptéiʃən] *n.* انطباق، سازواری، توافق ، سازش، مناسب ، تطبیق ، اقتباس.

adap.tive, *adj.* انطباقی، سازوارپذیر، دارای قوهٔ تطابق ، قابل تطبیق ، توافقی.

ad.ax.i.al, *adj.* محوری ، متمایل بطرف محور.

add [ǽd] *vt. & vi.* افزودن، اضافه‌کردن، زیادکردن ، جمع‌کردن، جمع‌زدن ، باهم پیوستن ، باخـودترکیب‌کردن [مواد شیمیائی].

ad.den.dum (*pl.* **addenda**) *n.* ضمیمه ، ذیل ، افزایش ، الحاق.

ad.der [ǽdə] *n.* ماشین جمع.

add.er, *n.* [ج.ش.] افعی،مارجعفری.

violet [گ.ش.] سرخس مارزبان (Ophioglossum).

ad.dict [ədíkt] *vt. & n.* خودادن، اعتیاد دادن، عادی‌کردن، معتاد.

ad.dic.tion *n.* اعتیاد.

ad.dict.ive, *adj. & n.* معتادکننده.

ad.di.tion [ədíʃən] *vt. & n,* افزایش ، اضافه ، لقب ، متمم اسم ، اسم‌اضافی، ضمیمه ، [ر.] جمع(زدن) ،[ش.] تـرکیب چند ماده باهم.

ad.di.tion.al, *adj.* اضافی، افزوده .

ad.di.tive, *adj. & n.* افزودنی ، افزاینده.

additive, *n.* [ش.] ماده‌ای‌که برای افزایش خواص مادهٔ دیگری‌بآن اضافه شود .

ad.dle [æ'dl] *vt. & vi.* ضایع‌کردن، فاسدکردن، ضایع‌شدن، فاسدشدن، رسیدن ، عمل‌آمدن ، گیج کردن ، خرف کردن.

ad.dress [ədrés] *vt. & vi.* درست‌کردن ، مرتب کردن ، متوجـه ساختن ، قـراول رفتن ، دستور دادن ، اداره‌کـردن ، نظارت‌کردن ، خطاب کـردن ، عنوان نوشتن ، مخاطب‌ساختن ، سخن‌گفتن .

ad.dress, *n.* نشانی، عنوان ، نام ونشان ، سرنامه ، آدرس ، خطاب خطابه ، نطق ، عریضه ، طرزخطاب ، برخورد، مهارت ، کاردانی ، حمل ، ارسال.

ad.dress.ee, *n.* مخاطب، گیرندهٔ‌نامه.

ad.duce [ədjú:s] *vt.* ذکرکردن ، گفتن،آوردن ، ایرادکردن،احضار کردن ، بگواهی خواستن، استشهادکردن.

ad.du.cent, *adj.* نزدیك‌کننده ، بداخل‌کشنده ، مقرب.

ad.e.noid, [ǽdənɔid],**ad.noi.dal,** *adj.* [طب] شبیه غـده ، منسوب بـه بافت غده‌ای و لنفاوی ، غده مانند.

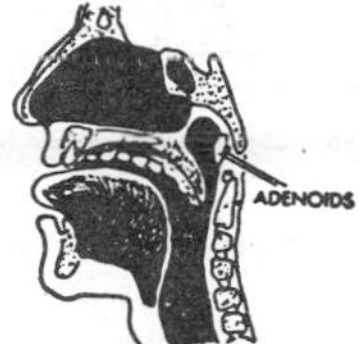

ADENOIDS

adept [ədépt, ǽdept] *adj. & n.* زبردست، ماهر ، استاد ، مرد زبردست.

ad.e.qua.cy, *n.* بسی، بسندگی، کفایت، تکافو ، مناسبت ، شایستگی.

ad.e.quate [æ'dikwit] *adj.* کافی، تکافوکننده، مناسب، لایق، صلاحیت دار، مساوی ، رسا ، بسنده.

ad.here [ədhíə] *vi.* چسبیدن، پیوستن ، وفـادار ماندن ، هواخـواه بودن ، طرفدار بودن ، وفاکردن ، توافق‌داشتن، متفق بودن، جوربودن، [گ.ش.] بهم چسبیده‌بودن.

ad.her.ence, *n.* دوسیدگی، چسبیدگی، چسبندگی، الصاق، هواخواهی، تبعیت.

ad.her.ent [ədhíərənt] *adj.&n.* [گ.ش.] بهم‌چسبیده ، تابع ، پیرو ، هواخواه، طرفدار.

ad.he.sion [ədhí:ʒ°n] *n.* چسبیدگی ، الصاق، [مج.] طرفداری ، رضایت، موافقت ، [طب] اتصال و پیوستگـی غیرطبیعی سطوح‌درآماس، [گ.ش.]آمیزش وبهم‌آمیختگی طبیعی قسمتهای‌مختلف،[حق.] الحاق ، انضمام، قبول‌عضویت ، همبستگی ، توافق ، الحاق دولتی بیك پیمان، کشش سطحی ، دوسیدگی.

ad.he.sive [ədhí:siv] *adj. & n.* چسبیده ، چسبدار .

ad hoc, *adj. & adv.* [حق.] متخصص، ویژهٔ امرمخصوصی ، ویژه .

ad ho.mi.nem, *adj.* حمله یا اعتراض به‌اشخاص.

adieu [ədjú] *n. & interj.* خداحافظ ، خدانگهدار ، بخدا سپردیم.

ad in.fi.ni.tum, *adv.* بی‌انتها ، برای‌همیشه .

ad.i.pose, *adj. & n.* چرب ، پیه‌دار ، پیه مانند ، روغنی شده.

ad.ja.cen.cy=adjacence, *n.* نزدیکی ، مجاورت ، قرب‌جوار .

ad.ja.cent [ədʒéisənt] *adj.* [نظ.] نزدیك،مجاور، همسایه، همجوار، دیوار-بدیوار .

ad.jec.ti.val [ædʒektáivəl] *adj.* صفتی ، وصفی.

ad.jec.ti.ve [ǽdʒiktiv] *adj. & n.* [د.] صفت، وصفی، [ك.] وابسته، تابع.

ad.join [ədʒɔ́in] *vi. & vt.* پیوستن ، متصل‌کـردن ، وصلت دادن ، مجـاور بودن (به)، پیوسته بودن (به)،افزودن ، متصل شدن .

adjoining=adjacent, *adj.*

ad.journ [ədʒə:n] (-ed, -ing), *vt. & vi.* بوقت دیگرموکول‌کردن ، خاتمه یافتن[جلسه]، موکول بروز دیگر شدن .

ad.journ.ment, *n.* تعطیل موقتی ، برخاست ، تمویق، احاله بوقت دیگر.
ad.judge [ə-'jəj] **(-d, -ging)** *vt.* با حکم قضائی فیصل دادن ، فتوی دادن [در] ، داوری کردن ، محکوم کردن ، مقرر داشتن ، دانستن ، فرض کردن .
ad.ju.di.cate, *vt.* فتوی دادن، حکم دادن ، مقرر داشتن ، فیصل دادن ، داوری کردن ، احقاق کردن .
ad.ju.di.ca.tion, *n.* قضاوت، داوری، احقاقحق ، حکم ورشکستگی.
ad.junct [ǽdʒʌŋkt] *adj.* & *n.* الحاق ، افزوده ، [illegible] معاون، یار، کمك [د.. منـ.] فرع، قسمتالحاقی، صفت فرعی.
ad.ju.ra.tion, *n.* تحلیف، سوگند، قسم، لابه، التماس.
ad.jure **(-d, -ring)** *vt.* & *vi.* سوگند دادن، قسمدادن ، لابه‌کردن ، تقاضا کردن ، بهاصرار تقاضا کردن (از).
ad.just [ədʒʌ'st] **(-ed, -ing),** *vt.* & *vi.* میزان‌کردن، تعدیل کردن، تنظیم نمودن، تسویه‌کردن، تصفیه نمودن، مطابق کردن، وفق دادن، سازگار کردن.
ad.just.ment, *n.* سازگاری، تعدیل ، تنظیم ، تطبیق ، [حق.] تسویه، اصلاح، [مك.] میزان ، آلت تعدیل ، اسباب تنظیم.
ad.ju.tan.cy, *n.* [نظ.] آجودانی، معینی ، معاونت ، یاری ، مساعدت.
ad.ju.tant, *adj.* & *n.* یار، کمك،مساعد، یاور، (نظ.) آجودان، معین.
ad lib, *vi.* & *n.* بدون‌مقدمه صحبت‌کردن، بمیل خود.
ad.man, *n.* متصدی اعلانات، آگهی کن.
ad.min.is.ter [ədmínistə] **(-ed, -ing)** *vi.* & *vt.* اداره‌کردن، تقسیم‌کردن ، تهیه کردن ، اجرا کردن، توزیع کردن ، (حق.) تصفیه‌کردن ، نظارت‌کردن ، وصایت‌کردن ، انجام دادن ، اعدام‌کردن، کشتن،(مو.)رهبری‌کردن(ارکستر).
ad.min.is.ter, *n.* مدیر ، رئیس ، [حق.] مدیر تصفیه ، وصی .
ad.min.is.tra.tion [ədministréisən] *n.* ادارهٔ‌کل،حکومت، اجرا ، الـغاء ، سوگند دادن، [حق.] تصفیه ، وصایت ، تقسیمات جزء وزارتخانه‌هادرشهرها. فرمداری.
ad.min.is.tra.tive [ədmínistrətiv] *adj.* اداری ، اجرائی ، مجری.
ad.min.is.tra.tor [ədmínistreitə] *n.* فرمدار، مدیر، رئیس ، [حق.] مدیرتصفیه، وصی ومجری.
ad.mi.ra.ble [ǽdmirəbl] *adj.* پسندیده ، قابل پسند ، قابل‌تحسین ، ستودنی.
ad.mi.ral [ǽdmərəl] *n.* [ن.د.] دریاسالار ، امیرالبحر ، فرمانده ، عالی ترین افسرنیروی دریائی.
admiral of the fleet, *n.* [ن.د..انگلیس] امیرالبحر، فرماندهٔ‌ناوگان.
ad.mi.ral.ty [ǽdmərəlti] *n.* ادارهٔ نیروی دریائی، دریاسالاری.
ad.mi.ra.tion [ǽdmireiʃən] *n.* تعجب ، حیرت ، شگفت ، پسند ، تحسین.
ad.mire [ədmáiə] **(-d, admiring),** *vt.* پسندکردن ، تحسین‌کردن ، حظ‌کردن ، [م.م.] موردشگفت قراردادن، درشگفت شدن ، تعجب کردن ، متحیر کردن ، متعجب ساختن.
ad.mir.er [ədmáirə] *n.* تحسین کننده ، ستاینده .
ad.mis.si.bil.i.ty, *n.* پذیرفتگی، مقبولیت، قابلیت‌قبول،اختیاردادنی.
ad.mis.si.ble, *adj.* قابل‌قبول، قابل تصدیق ، پذیرفتنی ، روا ، مجاز.
ad.mis.sion [ədmíʃən] *n.* پذیرش،قبول، تصدیق، اعتراف،دخول، درآمد، اجازهٔ ورود ، ورودیه، پذیرانه.
ad.mit [ədmit] **(-ted, -ting),** *vt.* & *vi.* پذیـرفتن ، راه‌دادن ، بـاردادن ، راضی‌شدن [به] ، رضایت‌دادن [به] ، موافقت‌کردن، تصدیق کردن، زیربار [چیزی] رفتن ، اقـرار کردن ، واگذار کردن ، دادن ، اعطاء کردن .
ad.mit.tance [ədmítəns] *n.* دخول ، ورود ، بـار ، اجازهٔ دخـول ، [م.م.] [illegible]
ad.mix **(-ed, -ing)** *vt.* & *vi.* آمیختن ، مخلوط‌کردن ، بهم پیوستن، مخلوط شدن، آمیزش‌کردن ، دخالت‌کردن .
ad.mix.ture=ad.mix.tion, *n.* مخلوط ، ترکیب .
ad.mon.ish[ədmɔ́nis]**(-ed,-ing),** *vt.* نصیحت‌کردن، پنددادن، آگاه‌کردن، متنبه‌کردن ، وعظ‌کردن .
ad.mo.ni.tion [ǽdmənisən]*n.* سرزنش دوستانه ، تذکر ، راهنمائی.
ad.mon.i.to.ry=ad.mon.itive, *adj.* نصیحت‌آمیز ، توبیخ‌آمیز.
ad.nau.se.am, *adv.* & *n.* [طب] تهوع ، بدرجهٔ تهوع.
ado [ədú:]**=at do,** *n.* مصدرحال فعل to have ado مثل to do بمعنی «کارداشتن» پرمشغله بودن ، گرفتاری.
ado.be, *adj.* & *n.* خشت، خشت‌خام ، خاك مخصوص خشت‌سازی .
ad.o.les.cence [ǽdəlésəns] *n.* دورهٔ جوانی ، دورهٔ‌شباب ، بلوغ ، رشد.
ad.o.les.cent [ǽdəlésənt] *adj.,n.* بالغ، جوان، رشید، نوجوان.
adopt [ədɔ́pt] **(-ed, -ing)** *vt.* قبول‌کردن، اتخاذکردن، اقتباس‌کردن ، تعمید دادن، نام‌گذاردن [هنگام‌تعمید]، درمیان‌خـود پذیرفتن ، به فرزندی پذیرفتن.
adop.tion [ədɔ́pʃən] *n.* & *adj.* مربوط به‌عقیدهٔ پسرخواندگی عیسی [نسبت به خـدا، اختیـار، اتـخـاذ، قبـول، اقتبـاس، استعمال لغت بیگانه بـدون تغییر شکل آن، (حق.) قبول بفرزندی ، فرزند خواندگی .
ador.a.ble [ədɔ́:rəbl] *adj.* شایان ستایش ، قابل‌پرستش.
ad.o.ra.tion [ǽdəréiʃən] *n.* ستایش، پرستش، عشق ورزی، نیایش.
adore [ədɔ́:] **(-d, adoring),** *vt.* & *vi.* پرستیدن ، ستودن ، عشق‌ورزیدن [به] ، عاشق شدن [به].
adorn [ədɔ́:n] *vt.* زیباکردن، قشنگ‌کردن، آرایش‌دادن، زینت دادن ، با زر و زیورآراستن.
adorn.ment [ədɔ́:nmənt] *n.* آراستگی ، پیراستگی ، تزئین ، زیوروپیرایه، زینت.
ad.re.nal, *adj.* مشتق ازغده یاترشح غدد فوق‌کلیه ، مربوط بغدهٔ فوق‌کلیوی.
Adren.a.line=Epinephrine,*n.* هورمن قسمت مرکز غدهٔ فوق‌کلیه‌که بالا برندهٔ خون وفشارخون‌است.
adrift [ədíft] *adj.* & *adv.* دستخوش طوفان، غوطه ور (روی آب)، [مج.] آواره، بدون‌هدف ، سرگردان ، شناور.
adroit [ədrɔ́it] *adj.* زرنگ ، زبردست ، زیرك ، ماهر ، چـابك ، چالاك ، چیره‌دست، تردست.
ad.sorb, *vt.* [ش.] جذب سطحی کردن.
ad.sorb.ate, *n.* مادهٔ جذب شده .
ad.sorb.ent, *adj.* گیرا ، جاذب .
ad.u.late **(-d, adulating)** *vt.* چاپلوسانه ستودن ، مداحی‌کردن ، مدح‌گفتن.
adult [ədʌ'lt] *adj.* & *n.* بالغ ، بزرگ ، کبیر ، بحد رشد رسیده.
adul.ter.ate [ədʌ'ltəreit] *adj.* & *vt.* جازن، قلابی ، زنازاده، حرامزاده، چیزتقلبی ساختن (مثل‌ریختن‌آب درشیر).
adul.ter.a.tion [ədʌ'tərèiʃən] *n.* قلب‌زنی، جعل‌وتزویر، استحاله.
adul.ter.er [ədʌ'ltərə] *n.* آدم زانی ، مرد زناکار.
adul.ter.ess [ədʌ'ltəris] *n.* زانیه ، زن زناکار.
adul.ter.ine *adj.* زنازاده ، حرامزاده ، قاچاقی ، تقلبی .
adul.ter.ous [ədʌ'ltərəs] *adj.* زناکار ، مربوط بهزنا ، زنائی.
adul.tery [ədʌ'ltəri] *n.* زنا، زنای محصن یامحصنه ، بیوفائی، بی‌عفتی، بی‌دینی ، ازدواج غیرشرعی .
ad.um.brate, *vt.* & *vi.* مبهم‌کردن، سایه‌افکندن بر ، طرح (چیزیرا) نشان دادن .
adust, *adj.* سوخته ، خشکیده ، با حرارت.
ad va.lo.rem, *adj.* از روی قیمت ، به‌نسبت قیمت.
ad.vance [ədvá:ns]**(-d,advancing)** *n.,* *vt.* & *vi.* پیشروی، پیشرفت، پیش‌بردن ، جلوبردن ، ترقی‌دادن ، ترفیع‌رتبه دادن ، تسریع‌کردن ، اقامه‌کردن ، پیشنهاد کردن، طرح‌کردن، مساعده دادن، مساعده.
ad.vance, *adj.* ازپیش فرستاده‌شده ، قبلاً تهیه شده، قبلاً تجهیزشده.
ad.vanced [ədvá:nst] *adj.* پیشرفته، ترقی کرده، پیش افتاده، جلوافتاده.
ad.vance.ment[ədvá:nsmənt] *n.* پیشرفت، ترقی، ترفیع، (حق.) سهم‌الارثی که‌در زمان‌حیات پدربه فرزندان می‌دهند، پیش‌قسط .
ad.van.tage [ədvá:ntidʒ] *n.* فایده، صرفه،سود،برتری، بهتری،مزیت،تفوق.
advantage, *vt.* & *vi.* مزیت دادن ، سودمندبودن ، مفیدبودن.
ad.van.ta.geous[ǽdvəntéidʒəs] *adj.* سودمند ، نافع ، باصرفه.
Ad.vent [ǽdvent] *n.* ظهور و ورود (چهار یکشنبه‌قبل‌ازمیلادمسیح).
ad.ven.ti.tious, *adj.* نابجا، عارضی،خارجی،الحاقی، اکتسابی، غیرموروثی.
ad.ven.ture [ədvéntʃə] *n.* سرگذشت،حادثه، ماجرا،مخاطره، ماجراجوئی، تجارت مخاطره آمیز.
adventure, *vt.* & *vi.* درمعرض مخاطره‌گذاشتن ، دستخوش حـوادث کردن، باتهورمبادرت‌کردن ، دل‌بـدریا زدن ، خودرا بمخاطره انداختن .
ad.ven.tur.er [ədvéntʃərə] *n.* حادثه‌جو ، ماجراجو ، جسور ، بی‌پروا.
ad.ven.ture.some, *adj.* ماجراجویانه ، با بی‌پروائی، جسورانه.
ad.ven.tur.ess, *n.* زن حادثه جو ، زن مخاطـره طلب ، زن‌جسور.
ad.ven.tur.ous [əvéntʃərəs]*adj.* پرسرگذشت، پرماجرا، پرحادثه ، دلیر،مخاطره طلب، حادثه جو.
ad.verb [ǽdvə:b] *adj.* & *n.* قید، ظرف، معین‌فعل ، قیدی ، عبارت قیدی.
adverb.i.al [ǽdvə:biəl] *adj.* قیدی ، ظرفی.
ad.ver.sary [ǽdvəsəri] *n.* دشمن، مخالف، رقیب، مدعی، متخاصم، مخالف، ضد، حریف، مبارز، هم‌آورد.
ad.verse [ǽdvə:s] *adj.* مخالف، مغایر، ناسازگار ، مضر، روبرو.
ad.ver.si.ty [ədvə':siti] *n.* بدبختی ، فلاکت ، ادبار ومصیبت ، روزبد.
ad.vert [ədvə':t] *vi.* عطف‌کردن، توجه‌کردن ، مخفف تجارتی کلمهٔ advertisement.
ad.vert.ence, *n.* عطف، توجه، عمد.
ad.vert.en.cy, *n.* توجه ، عمدی.
ad.vert.ent, *adj.* متوجه ، دقیق.
ad.ver.tise [ǽdvətaiz] *vt.* & *vi.* آگهی دادن ، اعلان‌کردن ، انتشار دادن.
ad.ver.tise.ment [ədvə':tizmənt, ǽdvətàizmənt] *n.* آگهی ، اعلان ، خبر ، آگاهی.
ad.ver.tis.ing, *n.* اعلان ، آگهی.
ad.vice [ədváis] *n.* راینزنی، صوابدید، مشورت ، مصلحت، نظر، عقیده، پند، نصیحت، آگاهی، خبر، اطلاع.
ad.vis.a.ble [ədváizəbl] *adj.* مقتضی، مصلحتی، مقرون بصلاح، قابل توصیه.
ad.vise [ədváiz] **(-d, advising),** *vt.&vi.* نصیحت‌کردن، آگاهانیدن، توصیه‌دادن، قضاوت‌کردن ، پند دادن، راینزنی کردن.
ad.vise.ment, *n.* مشورت ، تأمل .
ad.vis.o.ry, *adj.* مشورتی.
ad.vo.ca.cy, *n.* مدافعه، دفاع، وکالت.
ad.vo.cate [ǽdvəkit] *vt., vi.* & *n.* دفاع‌کردن ، طرفداری‌کردن ، حامی ، طرفدار ، وکیل مدافع.
adz, adze, *vt.* & *n.* تیشهٔ نجاری، تیشه‌زدن ، باتیشه صاف‌کردن .

TYPES OF ADZ

Ae.ge.an [i:dʒí:ən] *adj.* مربوط بدریای اژه .
ae.gis [í:dʒis] *n.* سپر، پرتو ، ظل.
ae.on [í:ən, í:ɔn] *n.* اعصار متمادی، قرن بی‌انتها ، قرن ازلی، (م.م.) ابدیت.
ae.o.ni.an, ae.on.ic, *adj.* جاودانی.
aer.ate [e'əreit] *vt.* هوادادن، درتحت‌تأثیر(شیمیائی) هوادرآوردن.
aer.a.tor, *n.* هوا دهنده ، دستگاه بخور .
aer.i.al [e'əriəl] *adj.* & *n.* آنتن هوائی رادیو ، هوائی.
aer.i.al.ist, *n.* بندباز .
ae.rie, *n.* لانهٔ پرنده برروی صخرهٔ مرتفع، آشیانهٔ مرتفع، خانهٔ مرتفع .
aer.if.er.ous, *adj.* هوادار ، هوابر.
aer.i.fi.ca.tion, *n.* تهویه ، هوا دادن ، هوا خوردن .
aer.i.ly, *adv.* بطور هوائی ، هواسان .
aero, *adj.* مربوط به پرواز یاهواپیما .
aero.bal.lis.tics, *n.* فن پرتاب‌گلوله یا موشك درفضا .
aero.bat.ics, *n.* عملیات آکروباتی باهواپیما یا هواپیمای بدون موتور .
aer.obe, *n.* میکروب هوازی .
aero.bi.o.sis, *n.* هوازی ، هوازیستی.
aero.drome [e'ərodroum] *n.* فرودگاه هواپیما، پروازگاه.
aero.dy.nam.ic, *adj.* مربوط به مبحث حرکت گازها وهوا .
aero.dy.nam.ics, *n.* مبحث حرکت گازها وهوا، علم مربوط به‌حرکت

اجسام درگازها وهوا .

aero.gram, aero.gramme, *n.* نامهٔ هوائی، نامهٔ مخصوص پست‌هوائی، هوانامه.

aero.me.chan.ic, *adj. & n.* مکانیك هواپیما ، مربوط به مکانیك هواپیمائی.

aero.me.chan.ics, *n.* فن مکانیك هواپیمائی .

aero.med.i.cine, *n.* [طب] قسمتی‌ازطب که دربارهٔ بیماریهاواختلالات ناشی از پرواز گفتگو می‌کند .

aero.naut, *n.* هوانورد ، خلبان.

aero.nau.ti.cal, aero.nau.-tic, *adj.* مربوط بدانش هوانوردی.

aero.nau.tics, *n.* دانش هوانوردی.

aero.plane [*ɛ'əroplein*]=**air-plane,** *n.* هواپیما ، طیاره .

aero.sol, *n.* تعلیق مایع یا جسم بصورت‌گرد وگاز درهوا.

aero.space, *n.* جو زمین ، فضای ماوراء جو .

aero.sphere, *n.* جو ، آتمسفر ، کرهٔ هوا .

aero.stat.ics, *n.* مبحث‌مطالعهٔ‌اجسام ساکن ومایعات وگازها درهوا .

aes.thete=es.the.te, *n.* طرفدار صنایع زیبا ، جمال پرست .

aes.thet.ic [*i:sθétik*] *adj.* وابسته‌به زیبائی، مربوط بعلم «محسنات»، ظریف‌طبع.

aes.thet.i.cism, *n.* زیبائی‌گرائی ، زیبائی پرستی ، علاقمندی به هنرهای زیبا.

aes.thet.ics [*i:sθètiks*] *n.* زیبائی شناسی، زیبائی‌گرائی، مبحث «هنرهای زیبا».

aes.ti.val=es.ti.val, *adj.* تابستانی ، ناخوشی تابستانی .

aes.ti.vate, *vt.* تابستان راگذراندن ، (ج ش.) رخوت تابستانی داشتن ، تابستان رابحال رخوت‌گذراندن.

aes.ti.va.tion, *n.* نهاد، (ج.ش.) تابستان گذرانی ، رخوت تابستانی .

afar [*əfa:*] *adv.* از دور ، دورا دور (غالباً قبل‌ازآن from وبعدازآن off می‌آید).

af.fa.bil.i.ty [*æfəbíliti*] *n.* دلجوئی ، مهربانی ، خوشروئی ، مدارا.

af.fa.ble [*æfəbl*] *adj.* مهربان ، دلجو ، خوش برخورد ، خوشخو.

af.fair [*əfɛ'ə*] *n.* کار، امر،کاروبار، عشقبازی (باجمع هم می‌آید).

af.faire d'hon.neur, *n.* موضوع شرافتی.

af.fect [*əfékt*] *n. & vt.* اثر ، نتیجه، احساسات، برخورد ، اثرکردن‌بر، تغییردادن ، متأثرکردن، وانمودکردن، دوست داشتن، تمایل داشتن [به]، تظاهرکردن به.

af.fec.ta.tion [*æfektéiʃən*] *n.* وانمود، تظاهر، ظاهرسازی، ناز ، تکبر.

af.fect.ed [*ə'faktid*] *adj.* ساختگی ، آمیخته بـا ناز و تکبر ، تحت‌تأثیر واقع شده .

af.fec.tion [*əfékʃən*] *n.* تأثیر، عاطفه، مهر، ابتلاء، خاصیت، علاقه.

affectionate, *adj.* بامحبت، مهربان، باعاطفه.

af.fi.ance, *n.* اطمینان، اعتماد، پیمان ازدواج، نامزدی.

af.fi.da.vit [*æfidéivit*]=**af.fi.-da.vy,** *n.* سوگندنامه، گواهی‌نامه، شهادت‌نامه، استشهاد.

af.fil.i.ate [*əfílieit*] *vt., vi. & n.* مربوط ساختن، پیوستن، آشناکردن، درمیان‌خودپذیرفتن، بفرزندی‌پذیرفتن، مربوط، وابسته .

af.fin.i.ty [*əfíniti*] *n.* وابستگی، پیوستگی، قوم‌وخویشی‌سببی، نزدیکی.

af.firm [*əfə':m*] (**-ed, -ing**), *vt. & vi.* اظهارکردن ، بطور قطع‌گفتن ، تصدیق کردن ، اثبات‌کردن، تصریح کردن، شهادت‌دادن.

af.fir.ma.tion [*æfəméiʃən*] *n.* اظهارقطعی، تصریح، تصدیق، اثبات، تأکید.

af.firm.a.tive [*əfə':mətiv*] *adj.&n.* مثبت، تصدیق‌آمیز، اظهارمثبت، عبارت‌مثبت.

af.fix [*æfiks*] (**ed, -ing**) *vt. & n.* پیوستن، ضمیمه کردن، اضافه‌نمودن،چسبانیدن.

af.fla.tus, *n.* الهام ، وزش ، وحی‌الهی.

af.flict [*əflíkt*] *vt.* رنجورکردن، آزردن، پریشان‌کردن، مبتلاکردن .

af.flic.tion [*əflikʃən*] *n.* رنجوری، پریشانی، غمزدگی، مصیبت، شکنجه، درد.

af.flict.ive, *adj.* مصیبت‌آمیز، رنجورساز.

af.flu.ence [*æfluəns*] *n.* فراوانی ، وفور.

af.flu.ent [*æfluənt*] *adj. & n.* فراوان ، دولتمند .

af.flux, *n.* ریزش ، جریان ، انبوهی.

af.ford [*əfɔ:d*] *vt.* دادن ، حاصل‌کردن ، تهیه‌کردن، موجب‌شدن ، از عهده برآمدن،استطاعت داشتن .

af.for.est [*əfɔ́rist*] *vt.* تبدیل به جنگل‌کردن ، جنگلکاری‌کردن.

af.fray [*əfréi*] *n.* غوغا، نزاع ، سلب آرامش مردم .

af.fright, *adj.* ترسیده ، وحشت‌زده .

af.front [*əfrʌ'nt*] *vt. & n* آشکارا توهین‌کردن ، روبرو دشنام دادن ، بی‌حرمتی ، هتاکی ، مواجهه .

afi.ci.o.na.do, *n.* هواخواه.

afield [*əfí:ld*] *adv.* دردشت،درصحرا.

aflame [*əfléim*] *adj* شعله‌ور،مشتعل.

afloat [*əflóut*] *adv. & adj.* شناور ، درحرکت .

aflut.ter, *adj.* دراهتزاز،درحال‌لرزش.

afoot [*əfút*] *adv. & adj.* پیاده ، درجریان .

afore=before, *adv.* قبل ، جلو.

afore.men.tioned, *adj.* فوق‌الذکر .

afore.said [*əfɔ́:sed*] *adj.* فوق‌الذکر .

afore.thought, *adj.* پیش‌اندیشیده ، عمدی .

a for.ti.o.ri [*éi fɔ́:tiɔ́:rai*] *adv* بادلیل‌قویتر، بامنطق محکمتر، مؤکداً، محققاً.

afoul [*əfául*] *adj.* مصادم ، گرفتار ، دچار .

Afr -, Afro - پیشوند بمعنی «افریقائی» می‌باشد .

afraid [*əfréid*] *adj.* ترسان ، ترسنده ، ترسیـده ، از روی بیمیلی (غالباً با of می‌آید) .

afresh [*əfréʃ*] *adv.* ازنو ، دوباره .

Af.ri.ca [*æfrikə*] *adv.* آفریقا.

Af.ri.can [*æfrikən*] *n.* آفریقائی.

afront, *adv.* روبرو ، روبرو ، درجلو .

aft [*a:ft*] *adv. & adj.* درپس‌کشتی .

af.ter [*á:ftə*] *adv. & prep.* پس‌از، بعداز، درعقب، پشت‌سر، درپی، درجستجوی، درصدد، مطابق، بتقلید، بیادبود .

afterbirth, *n.* جفت، مشیمه، جنین .

aftercare, *n.* [طب] توجه ومواظبت درمرحلهٔ نقاهت .

afterdate, *vi.* تاریخ چیزیرا مؤخرگذاردن .

afterdeck, *n.* عقب‌کشتی .

aftereffect, *n.* اثر بعدی، [طب] اثر بعدی دارو ، اثر ثانوی.

afterlife, *n.* زندگی پس‌از مرگ .

af.ter.math [*á:ftəmæθ*] *n.* عواقب بعدی، پس‌آیند.

af.ter.most, *adj. & n.* نزدیکترین دگل عقب‌کشتی ، پست‌ترین، عقب‌ترین ، واپسین .

afternoon [*á:ftənú:n*] *adj. & n.* بعدازظهر ، عصر .

aftertaste, *n.* اثر وطعم غذا دردهان، لذت بعدی. لذت ثانوی.

af.ter.ward,-s [*á:ftəwəd(z)*] *adv.* پس‌ازآن ، بعدازاین ، سپس ، بعداً .

afterworld, *n.* عالم آخرت ، عالم فانی .

again [*əgéin, əgén*] *adv.* پس ، دوباره ، باز ، یکبار دیگر ، دیگر ، از طرف دیگر ، نیز ، بعلاوه ، ازنو .

against [*əgéinst, əgénst*] *prep.* دربرابر ، درمقابل ، پیوسته ، مجاور ، بسوی ، مقارن ، برضد ، مخالف ، علیه ، به ، بر ، با .

aga.pe [*əgéip*] *adj.* درحال دهن‌دره، مبهوت، متعجب‌بادهان‌باز، درشگفت، عشق‌الهی.

ag ate [*ægit*] *n.* سنگ قیمتی، عقیق.

agaze=gazing, *adj. & adv.* خیره ، نگران .

age[*eidʒ*] *n.* عمر، سن، پیری، سن بلوغ، رشد [با of] ، دوره ، عصر .

age (**-d,-ing, age.ing**) *vt. & vi.* پیرشدن ، پیرنماکردن ، کهنه‌شدن (شراب).

aged [*éidʒid*] *adj.* پیر ، سالخورده .

age.less, *adj.* بدون عمر معینی ، نامحدود .

age.long, *adj.* بی‌انتها ، طولانی.

agen.cy [*éidʒənsi*] *n.* نمایندگی ، وکالت ، گماشتگی ، مأمـوریت ، وساطت ، پیشکاری ، دفتر نمایندگی .

agen dum (*pl.* **agenda**) *n.* برنامهٔ کار ، دستورکار ، برنامه عملیات .

agent [*éidʒənt*] *n.* پیشکار، نماینده ، گماشته ، وکیل ، مأمور ، عامل .

age-old, *adj.* قدیمی،کهنه ، باستانی .

ag.glom.er.ate, *vt. & vi.* گردکردن ، جمع کردن ، انباشتن ، گردآمدن ، متراکم شدن، جوش‌آتشفشانی.

ag.glom.er.a.tion, *n.* انباشتگی ، تراکم ، توده ، انبار .

ag.glu.ti.nate, *adj.* چسباننده، التیام‌آور، چسب، دوای التیام‌آور.

ag.glu.ti.nate, *vt. & vi.* چسباندن، ترکیب کردن، تبدیل به چسب کردن.

ag.glu.ti.na.tion, *n.* هم‌چسبی، عمل‌چسباندن، (طب) التیام زخم، (د.) ترکیب لغات ساده واصلی بصورت مرکب .

ag.gra.vate [*ægrəveit*] *vt.* بدترکردن ، اضافه‌کردن ، خشمگین‌کردن .

ag.gre.gate [*ægrigeit*] *adj., n., vt. & vi.* جمع‌آمده،متراکم،(ج.ش.ـ گ.ش.) بهم‌پیوسته، انبوه، توده، تراکم، جمع، مجموع، جمع‌کردن، جمع‌شدن، توده‌کردن.

ag.gre.ga.tion [*ægrigéiʃən*] *n.* گردآمدگی، اجتماع، توده، انبوه، تراکم.

ag.gres.sion [*əgréʃən*] *n.* تجاوز، تخطی، تعرض، آغازپرخاش، حمله، یورش.

ag.gres.sion[*əgréʃən*]*n.* پرخاشگری، متجاوز، تجاوزی،مهاجم،دلیروبی‌باك، تعرض.

ag.gres.sive, *adj.* متجاوز، پرخاشگر، تجاوز طلب.

ag.gres.sor [*əgrésə*] *n.* متجاوز، مهاجم، حمله‌کننده، پرخاشگر.

ag.grieve, *vt.* آزردن، جور وجفاکردن، غمگین‌کردن.

aghast [*əgá:st*] *adj.* مبهوت [ازشدت ترس] ، وحشت‌زده ، مات .

ag.ile [*ædʒail, ædʒil*] *adj.* چابك، زرنگ، فرز، زیرك، سریع‌الانتقال.

agil.i.ty [*ədʒíliti*] *n.* چالاکی، چابکی، تردستی، زیرکی.

aging, *adj & n.* سالخورده ، کهن .

agio.tage, *n.* صرافی، دلالی برات، معاملات احتکاری بروات، سفته‌بازی.

ag.i.tate [*ædʒiteit*] *vt. & vi* بکارانداختن، تحریك‌کردن، تکاندادن، آشفتن، پریشان‌کردن، سرآسیمه‌کردن.

ag.i.ta.tion [*ædʒitéidʒən*] *n.* آشفتگی، هیجان، تلاطم، تحریك، سرآسیمگی.

ag.i.ta.tor [*ædʒiteitə*] *n.* آشوب‌گر ، اسباب بهم‌زدن مایعات.

agleam, *adj.* تابان.

agley, *adv.* غلط ، نازیبا ، زشت .

aglit.ter, *adj.* درتابش، متلألأ، تابنده.

aglow [*əglóu*] *adj.* درحال اشتعال، درحالت هیجان ، تابان، مشتعل و فروزان .

ag.nail, *n.* [طب]میخچهٔ پا یاانگشت‌پا .

ag.nate, *adj. & n.* خویشاوند پدری ، پدری .

ag.no.men (*pl.* **ag.nom.i.na, -s**) *n.* کنیه ، لقب .

ag.nos.tic [*ægnɔ́stik*] *adj. & n.* عرفای منکر وجود خدا .

ago [*əgóu*], **agone,** *adj. & adv.* پیش، قبل[درحالت صفت‌همیشه دنبال‌اسم‌می‌آید].

agog [*əgɔ́g*] *adj. & adv.* نگران، مشتاق، بیقرار، درجنبش، درحرکت .

ag.o.nize, *vt. & vi.* عذاب دادن، تحریف‌کـردن ، بخود پیچیدن ، تقلاکردن .

ag.o.niz.ing [*ægənaiziŋ*] *adj.* دردناك ، رنج‌آور .

ag.o.ny [*ægəni*] *n.* درد ، رنج ، تقلا ، سکرات مرگ ، جانکندن.

ag.o.ra, *n.* انجمن ، محفل ، بازار .

ag.o.ra.pho.bia, *n.* [طب] مرض انزواطلبی، ترس ازمکانهای شلوغ.

agrar.i.an [*əgrɛ'əriən*] *adj. & n.* زمینی ، ملکی .

agree [*əgrí:*] *vt. & vi* خشنودکردن ، ممنون‌کردن، پسندآمدن، آشتی دادن،مطابقت‌کردن، ترتیب‌دادن، درست‌کردن، خشم [کسیرا] فرونشاندن ، جلوس‌کردن ، نائل شدن، موافقت‌کردن، موافق‌بودن ، متفق‌بودن ، همرأی‌بودن، سازش‌کردن.

agree.a.ble [*əgríəbl*] *adj.* دلپذیر، مطبوع، بشاش، ملایم، حاضر، مایل .

agree.ment [*əgrí:mənt*] *n.* موافقت، پیمان، قرار، قبول،(د.) مطابقهٔ نحوی، [حق.] معاهده ومقاطعه ، توافق، سازش.

ag.ri.cul.tur.al [*ægrikʌ'ltʃərəl*], *adj.* فلاحتی ، زراعتی ، کشاورزی .

ag.ri.cul.ture [*ægrikʌltʃə*] *n.* فلاحت، زراعت،کشاورزی.

ag.ri.cul.tur.ist, - turalist, *n.* کشاورز، دانشجوی دانشکدهٔ کشاورزی.
ag.ri.ol.o.gy, *n.* مطالعه وتطبیق آداب ورسوم قبایل وحشی.
agro - پیشوند بمعنی «خاك» و «صحرا» یا «کشاورزی».
ag.ro.bi.ol.o.gy, *n.* مطالعهٔ مواد غذائی خاك ، زیستشناسی خاك.
agrol.o.gy, *n.* [کشا.] خاكشناسی.
ag.ro.nom.ic, *adj.* فلاحتی.
agron.o.mist, *n.* کشاورز ، فلاح.
agron.o.my, *n.* کشاورزی ، علم
aground [əgráund] *adj. & adv.* بزمین، بگل نشسته، درزمین.
ague, *n.* تب ولرز، تب نوبه ، تب مالاریا.
ah [a:] *interj.* آه ، افسوس ، آوخ.
ahead [əhéd] *adv.* پیش ، جلو ، درامتداد حرکت کسی ، روبجلو ، سربجلو.
A. of, prep. جلو از.
ahoy [əhɔ́i] *interj.* ندا وخبر برای مواقع سلام ، لفظ (سلام).
aid [eid] *vt., vi. & n.* کمك کردن ، یاری کردن ، مساعدت کردن ، پشتیبانی کردن ، حمایت کردن ، کمك ، یاری ، حمایت ، همدست.
aide-de-camp [éiddəkâ:(g)] *n.* آجودان مخصوص.
ail, [eil] *vt. & vi.* آزردن ، پریشان کردن ، درد یا کسالتی داشتن، مانع شدن ، عقب انداختن.
ail.ment [éilmənt] *n.* [طب] بیماری مزمن، درد، ناراحتی.
aim [eim] *vt. & vi.* نشانه گرفتن، دانستن، فرض کردن، ارزیابی کردن ، شمردن ، رسیدن، نائل شدن (به)، بهنتیجه رسیدن، قراول رفتن، قصد داشتن، هدف گیری کردن.
aim, *n.* حدس، گمان، جهت، میدان، مراد ، راهنمائی ، رهبری ، نشان ، هدف ، مقصد.
aim.less, *adj.* بی مقصد، بی مرام، بی اراده.
ain't صورت ادغام شدهٔ is not و are not
air [ɛə] *n.* هوا، هرچیز شبیه هوا [گاز، بخار] ، باد، نسیم، جریان هوا، نفس، شهیق ، استنشاق،(مج.) نما ، سیما، آوازه ، آواز ، آهنگ.
airborne, *adj.* هوابرد، بوسیله هوا نقل وانتقال یافته.
air brake, *n.* ترمز بادی.
air command, *n.* [آمر.] فرماندهی نیروی هوائی.
air-condition, *vt.* دستگاه تهویه ، نصب وبکار انداختن تهویه.
air controlman, *n.* کسی که حرکت هواپیما راکنترل میکند.
air-cool, *vt.* بوسیلهٔ هوا سرد کردن.
aircraft [ɛ'əkra:ft] *n.* هواپیما، طیاره.
aircraft carrier, *n* ناوهواپیمابر.
air division, *n.* [نظ.] لشکر هوائی.
air.drome [ɛ'ədroum] *n.* فرودگاه.
air-dry, *adj.* کاملاً خشك، بدون رطوبت.
airfield, *n.* فرودگاه.
airflow, *n.* جریان هوا ، نسیم، وزش.
air force, *n.* نیروی هوائی.
airfreight, *n.* باربری هوائی.
air gun [ɛ'əgʌn] *n.* تفنگ بادی.
air hole, *n.* منفذ، بادگیر، چاه هوائی.
air.i.ly [ɛ'ərili] *adv.* شبیه هوا ، ظریفانه.
air lane, *n.* خط هوائی.
air letter, *n.* نامهٔ هوائی، نامهٔ مخصوص پست هوائی.
airlift, *vt. & n.* بوسیلهٔ هواپیما حمل ونقل کردن، خط حمل ونقل هوائی.
air line [ɛ'elain] *n.* خط مستقیم هوائی، سرویس هوائی.
airliner, *n.* هواپیمای مسافربری.
airmail [ɛ'əmeil] *n.* پست هوائی.
air mass, *n.* جریان تودهٔ عظیمی ازهوا که مسافت زیادی را درسطح زمین طی میکند.
air-mind.ed, *adj.* علاقمند به فضانوردی وهوانوردی.
air.plane [ɛ'əplein] *n.* هواپیما.
air pocket=air hole, *n.*
airport [ɛ'əpɔ:t] *n.* فرودگاه.
air pump, *n.* تلمبهٔ بادی.
airscrew, *n.* ملخ هواپیما ، پیچ ملخ هواپیما.
airship, *n.* سفینهٔ هوائی ، بالون.
air space, *n.* فضای هوائی.
airspeed, *n.* سرعت سیر هوائی.
airstream, *n.* جریان هوا.
airstrip, *n.* باند فرودگاه.
airtight [ɛ'ətait] *adj.* محفوظ ازهوا ، غیرقابل نفوذ بوسیلهٔ هوا.
air-to-air, *adv.* هوا بهوا، ازیك هواپیما به هواپیمای دیگر.
airwave, *n.* امواج رادیو وتلویزیون
airway [ɛ'əwei] *n.* راه هوائی، مسیر جریان هوا.
airworthy, *adj.* مناسب برای پرواز.
airy [ɛ'əri] *adj.* هوائی، هوا مانند، باروح، پوچ ، واهی.
aisle [ail] *n.* راهرو ، جناح.
aitch, *n.* حرف «h».
ajar [ədʒá:] *adv. & adj.* نیم باز.
akim.bo [əkímbou] *adj. & adv.* دست بکمرزده.
akin [əkín] *adj.* وابسته ، یکسان.
al.a.bas.ter, *n.* مرمرسفید، رخام گچی.
a la carte [a:la:ká:t] *adv.* [درمورد غذا] جدا جدا سفارش داده شده.
alack, *interj.* حیف ، افسوس.
alac.ri.tous, *adj.* زنده، باروح، بانشاط.
alac.ri.ty [əlǽkriti] *n.* چابکی ، نشاط.
a.la.mode [a:la:móud] *adj. & n.* مرسوم ، مد ، باب.
alarm [əlá:m] **alar.um,** *n.* هشدار، آگاهی از خطر ، اخطار ، شیپور حاضرباش ، آشوب ، هراس ، بیم و وحشت ، ساعت زنگی.
alarm, alarum (**- ed, - ing**), *vt.* ازخطر آگاهانیدن ، هراسان کردن ، مضطرب کردن.
alarm clock, *n.* ساعت شماطه ای.
alas [əlá:s] *interj.* افسوس، آه، دریغا.
alb, *n.* جامهٔ سفید وبلند ، پیراهن سفید و بلند کشیشان.
al.ba.tross [ǽlbətrɔs] (*pl.* **alb-atross & albatrosses**) *n.* [ج.ش.] یکجور مرغابی بزرگ دریائی از خانواده Diomedeidae
al.be.it [ɔ:lbí:it] *conj.* اگرچه ، ولواینکه.
al.bi.nism, *n.* [طب] سفیدی پوست ، عدم وجود رنگدانه دربدن ، زالی.
al.bi.no, *n.* زال، آدم سفیدمووچشم سرخ، شخص فاقد مواد رنگدانه.
Al.bion, *n.* انگلیس.
al.bum [ǽlbəm] *n.* جای عکس، آلبوم.
al.bu.men, *n.* (گ.ش.) سفیدهٔ تخم مرغ، مواد ذخیرهٔ اطراف بافت گیاهی، البومین.
al.chem.ic, al.chem.i.cal, *adj.* کیمیائی.
al.che.mist [ǽlkimist] *n.* کیمیاگر ، کیمیاشناس.
al.che.my [ǽlkəmi] *n.* علم کیمیا، کیمیاگری ،
al.co.hol [ǽlkəhɔl] *n.* الکل ، هرنوع مشروبات الکلی.
al.co.hol.ic [ǽlkəhɔ́lik] *adj.* الکلی ، دارای الکل ، معتاد بنوشیدن الکل.
al.co.hol.ism, *n.* میخوارگی، اعتیاد به نوشیدن الکل،تأثیر الکل در مزاج.
al.co.hol.ize, *vt.* بصورت الکل در آوردن، تحت تأثیر الکل درآوردن.
al.cove [ǽlkouv] *n.* شاه نشین، آلاچیق.
al.der [ɔ́:ldə] *n.* [گ.ش.] توسه، رازدار، توسکا.
al.der.man [ɔ́:ldəmən] *n.* عضو انجمن شهر، کدخدا، (انگلیس) نام قضات، نام مستخدمین شهرداری،عضوهیئت قانونگذاری یك شهر.
ale [eil] *n.* آبجو انگلیسی، آبجو.
ale.a.to.ry, *adj.* الله بختی، بسته به بخت.
alee, *adv.* بپناهگاه کشتی.
alehouse, *n.* آبجوفروشی ، میخانه.
alem.bic, *n.* انبیق، تقطیر کردن، عرق کشی کردن.

ALEMBIC

alert [ələ':t], *adj., n. & vt.* گوش بزنگ، هوشیار ، مواظب ، زیرك، اعلام خطر ، آژیرهوائی، مواظب بودن.
Al.ex.an.der [ǽligzá:ndə] *n.* اسکندر.
al.fal.fa [ǽlfǽlfə] *n.* یونجه.
al.fres.co [ǽlfréskou] *adv. & adj.* در هوای آزاد ، خارج از منزل.
al.ga [ǽldʒi:] (*pl.* **al.gae & algas**) *n.* [گ.ش.] جلبك،خزهٔ دریائی.
al.ge.bra [ǽldʒibrə] *n.* جبر، جبر ومقابله.
al.ge.bra.ic, *adj.* جبری.
al.gol.o.gy, *n.* مبحث جلبك شناسی.
al.go.pho.bia, *n.* ترس از درد.
ali.as [éiliœs] *adv. & n.* نام مستعار.
al.i.bi [ǽlibai] *adv., n., vt. & vi.* (حق.) غیبت هنگام وقوع جرم، جای دیگر، بهانه، عذر، بهانه آوردن، عذرخواستن.
alien [éiljən] *adj., n. & vt.* بیگانه ، خارجی ، (مج.) مخالف ، مغایر ، ناسازگار، غریبه بودن، ناسازگار بودن.
alien.a.bil.i.ty, *n.* قابلیت نقل وانتقال مالکیت، بیگانه سازی.
alien.a.ble, *adj.* قابل انتقال ، قابل فروش، انتقالی.
alien.ate [éiljənəit] *vt.* انتقال دادن ، بیگانه کردن ، منحرف کردن.
alien.a.tion [èiljənéiʃen] *n.* انتقال مالکیت ، بیگانگی ، بیزاری.
alight [əláit] (**-ed, -ing**) *adj., adv., vt. & vi.* روشن ، شعلهور ، سوزان، سبك کردن، راحت کردن، تخفیف دادن، روشن کردن ، آتش زدن، برق زدن، پیاده شدن، فرود آمدن.
align [əláin], **aline,** *vt. & vi.* در یك ردیف قرار گرفتن ، بصف کردن، درصف آمدن.
align ment [əláinmant]=**aline-ment,** *n* صف بندی، تنظیم.
alike [əláik] *adj & adv.* مانندهم، شبیه، یکسان، یکجور ، بتساوی.
al.i.ment, *vt., vi. & n.* غذا، رزق،قوت لایموت، قوت دادن، غذادادن.
al.i.mental, *adj.* غذائی ، غذادهنده.
al.i.men.ta.ry, *adj.* غذائی ، رزقی.
al.i.men.ta.tion, *n.* تغذیه، تقویت، غذا، خرجی، نفقه.
al.i.mo.ny, *n.*
alive [əláiv] *adj.* زنده، درقید حیات، روشن ، سرزنده ، سرشار، حساس.
al.ka.li [ǽlkəlai] (*pl.* **alkalies, alkalis**) *n.* قلیا، ماده ای با خاصیت قلیائی مثل سود محرق، فلزقلیائی.
al.kali.fy, *vt. & vi.* قلیائی کردن، قلیائی شدن.
al.ka.line, *adj.* دارای خاصیت قلیائی.
al.ka.loid, *adj. & n.* شبیه قلیا.
all [ɔ:l] *adj., adv. & n.* همه ، تمام ، کلیه ، جمیع ، هرگونه، همگی ، همه چیز ، داروندار، یکسره، تماماً ، بسیار.
all-around, *adj.* کاملاً ، جامع ، سرتاسری.
al.lay [əléi] (**- ed, – ing**), *vt. & vi.* آرام کردن، ازشدت چیزی کاستن.
al.le.ga.tion [ǽligéiʃən] *n.* اظهار ، ادعا، بهانه، تأیید.
al.lege [əlédʒ] *vt.* اقامه کردن ، دلیل آوردن ، ارائه دادن.
al.leged, *adj.* بقول معروف ، بنابگفتهٔ بعضی ، منتسب به.
al.le.giance [əlí:dʒəns] *n.* تابعیت ، تبعیت ، وفاداری ، بیعت.
al.le.gor.i.cal [ǽligɔ́rikl] *adj.* مجازی، رمزی،کنایه ای، تمثیلی.
al.le.go.rist, *n.* تمثیل نویس.
al.le.go.rize, *vt.* بمثل درآوردن، مثل گفتن ، مثل زدن ، تمثیل نوشتن.
al.le.go.ry [ǽligəri] *n.* تمثیل،حکایت ،کنایه ، نشانه ، علامت.
al.le.gro [ǽléigrou] *adj., adv. &n.* باروح ، نشاط انگیز ، تند و باروح.
al.le.lu.ia [ǽlilú:jə] *interj. & n.* حمد خدا را ، سبحان الله.
al.ler.gy, *n.* حساسیت نسبت بچیزی.
al.le.vi.ate [əlí:vieit] *vt.* سبك کردن ، آرام کردن ، کم کردن.
al.le.vi.a.tion [əlì:vièiʃən] *n.* تسکین، تخفیف ، فرونشست.
al.ley [ǽli] *n.* کوچه، خیابان کوچك.
all fours, *n.pl.* چهارپا، چهاردست وپا.
all hail, *interj.* سلام ، یاالله.
al.li.ance [əláiəns] *n.* پیوستگی، اتحاد، وصلت ، پیمان بین دول.
al.lied [əláid] *adj.* پیوسته، متحد.
al.li.ga.tor [ǽligeitə] *adj. & n.*

نهنگ، تمساح، ساخته شده از پوست تمساح.

al.lit.er.a.tion [əlìtəréiʃən] *n.* آغازچندکلمهٔ پیاپی با یك‌حرف متشا به‌الصوت.

al.lo.cate, *vt. & vi.* اختصاص دادن، معین‌کردن .

al.lo.cu.tion, *n.* خطابه، موعظه .

al.lo.pat.ric, *adj.* ناهم بوم، جداگانه اتفاق افتاده، بتنهائی وقوع یافته.

al.lo.phone, *n.* صدای دورگه،چندصدا.

al.lot [əlɔ́t] (**- ted, - ting**) *vt.* تخصیص دادن ، معین‌کردن .

al.lot.ment [əlɔ́tmənt] *n.* پخش، تقسیم، تخصیص، سرنوشت، تقدیر.

al.lot.ro.py, *n.* [ش.] استعداد تغییر و تبدیل (چون استعداد کربن‌که به الماس و گرافیت تبدیل می‌شود) ، (حق.) دگروارگی، چند شکلی.

all-out, *adv. & adj.* بامنتهای‌کوشش، بمقدارزیاد، فراوان، باشدت‌تمام.

all.over, *adj. & adv.* درهرقسمت، بطور سراسری ، تمام شده .

al.low [əláu] *vt. & vi.* اجازه دادن، ستودن، پسندیدن ، تصویب‌کردن، پذیرفتن، اعطاءکردن .

al.low.able, *adj.* روا، مجاز ، قابل‌قبول .

al.low.ance [əláuəns] *n. & vt.* فوق‌العاده و هزینهٔ‌سفر، مدد معاش، جیره‌دادن، فوق‌العاده دادن .

al.loy [əlɔ́i, ǽlɔi] *n. & vt.* بار [درفلزات]، عیار، درجه ، مأخذ ، آلیاژفلز مرکب ، ترکیب فلز با فلز گرانبها ، (مج.) آلودگی، شائبه ، عیار زدن، معتدل‌کردن.

all right, *adj. & adv.* (د. گ.) صحیح، بسیار خوب، بی‌عیب، حتمی.

all-round [ɔ:lráund] *adv. & adj.* دور تا دور، سرتاسر، کاملاً، شامل هر چیز یا هرکس .

all told, *adv.* روی‌هم‌رفته .

al.lude [əl(j)ú:d] (**- d, allud - ing**) *vi.* اشاره کردن ، اظهار کردن ، مربوط بودن به [با to] ،گریز زدن به.

al.lure [əljúə] *vt.* بطمع‌انداختن، تطمیع‌کردن، شیفتن.

al.lure.ment [əljúəmənt] *n.* تطمیع، اغوا، فریب .

al.lu.sion [əl(j)ú:ʒən] *n.* اشاره، کنایه، اغفال،گریز.

alluvial [əlú:viəl] *adj.&n.* آبرفتی، رسوبی، ته‌نشینی، مربوط به رسوب و ته‌نشین.

al.lu.vi.um (*pl.* **alluviums, al.lu.via**) *n.* ته‌نشین، رسوب، آبرفت.

al.ly [əlái, ǽlái] *vt., vi. & n.* پیوستن، متحدکردن ، هم‌پیمان، دوست، معین.

al.ma ma.ter [ǽlmə méitə] *n.* آموزشگاه ، پرورشگاه .

al.ma.nac [ɔ:lmənæk] *n.* سالنامه، تقویم سالیانه ، تقویم نجومی ، نشریهٔ اطلاعات عمومی.

Al.mighty [ɔ:lmáiti] *adj.* قادرمطلق،توانابرهمه‌چیز،قدیر،خدا.(با the).

al.mond [á:mənd] *n.* بادام ، درخت بادام، مغز بادام .

al.mon.er, almg.giver, *n.* صدقه پخش‌کن ، مأمور خیرات .

al.most [ɔ:lmoust] *adv.* تقریباً، بطور نزدیک.

alms [a:mz] *pl.n.* صدقه ، خیرات .

almsgiving, *n.* صدقه دادن .

almshouse, *n.* گداخانه ، نوانخانه .

alms man, *n.* صدقه‌گیر ، صدقه دهنده .

aloft [əlɔ́ft] *adv.* بالا، دربالای زمین، در نوك، درهوا،دربالاترین نقطهٔ‌کشتی، در فوق .

alone [əlóun] *adj. & adv.* تنها، یکتا ، فقط ، صرفاً ، محضاً .

along [əlɔ́ŋ] *adv. & adj.* همراه ، جلو ، پیش ، در امتداد خط ، موازی با طول .

along.side [əlɔ́ŋsaid] *prep. & adv.* درپهلو، درکنار[کشتی]،پهلو به‌پهلوی، تاکنار.

aloof [əlú:f] *adv. & adj.* دور، کناره‌گیر .

al.oud [əláud] *adj.* بلند،باصدای بلند.

al.pac.a [ælpǽkə] *n.* آلپاکا(یکنوع شتربی‌کوهان پشم‌بلندآمریکائی)، موی‌آلپاکا، پارچهٔ ساخته شده از پشم‌آلپاکا .

al.pha [ǽlfə] *n.* حرف اول الفبای یونانی ، آغاز ، شروع .

al.pha.bet [ǽlfəbet] *n.* الفبا، [مج.] مبادی.

al.pha.bet.ic, [ǽlfəbétik] *adj.* الفبائی.

al.pha.bet.ize, *vt.* به‌ترتیب الفبانوشتن، باحروف الفبابیان‌کردن.

Al.pine [ǽlpain] *adj. & n.* وابسته بکوه‌آلپ، آلپی ، واقع درارتفاع زیاد.

al.pin.ism, *n.* کوه نوردی .

al.pin.ist, *n.* کوه‌نورد.

al.read.y [ɔ:lrédi] *adv.* پیش ازاین ، قبلاً.

al.right=all right, *adv.* بسیار خوب، صحیح است .

al.so [ɔ́:lsou] *adv.* نیز، همچنین، همینطور، بعلاوه،گذشته ازاین .

al.so-ran, *n.* اسب یا سگ بازنده درمسابقه .

al.tar [ɔ́:ltə] *n.* قربانگاه، مذبح ، محراب ، مجمرة.

al.ter [ɔ́:ltə] (**-ed,-ing**) *vt. & vi.* تغییر دادن، عوض‌کردن ، اصلاح‌کردن ، تغییر یافتن، جرح وتعدیل‌کردن.

al.ter.able, *adj.* قابل‌تغییر،دگرش‌پذیر.

al.ter.ant, *adj. & n.* تغییر دادنی، تبدیلی ، تغییردهنده .

al.ter.a.tion [ɔ:ltəréiʃən] *n.* تغییر ، تبدیل ، دگرش.

al.ter.cate, *vi.* ستیزه‌کردن، مشاجره‌کردن.

al.ter.ca.tion, *n.* ستیزه، مجادله.

‖ **al.ter ego,** *n.* یار ، رفیق شفیق ، خود، دیگر خود.

al.ter.nate [ɔ:ltə́:nit] *adj. & n.* یك‌درمیان، متناوب، [هن.] متبادل، عوض‌وبدل.

al.ter.nate [ɔ́:ltəneit] *vt. & vi.* متناوب‌کردن ، بنوبت انجام دادن ، یك‌درمیان آمدن، متناوب .

a. current, *n.* جریان برق متناوب .

al.ter.na.tion [ɔ:ltənéiʃən] *n.* تناوب، نوبت، یك‌درمیانی.

al.ter.na.tive [ɔ:ltə́:nətiv] *adj. & n.* شق، شق دیگر، پیشنهادمتناوب، چاره.

al.ter.na.tor, *n.* تناوبگر،

[برق] دستگاه تولید برق‌متناوب، آلترناتور.

al.though [ɔ:lðóu]=**al.tho,** *conj.* اگرچه،گرچه، هرچند، با اینکه .

al.tim.e.ter, *n.* ارتفاع‌سنج، فرازیاب، اوج‌نما ، افرازیاب.

al.ti.tude [ǽltitju:d] *n.* فرازابلندی، ارتفاع،فراز،منتهادرجه،مقام رفیع، منزلت

al.to [ǽltou] *n.* [درآواز] صدای‌آلتو، صدای اوج.

al.to.geth.er [ɔ:ltəgéðə] *adj.* روی‌هم‌رفته، ازهمه‌جهت، یکسره، تماماً، همگی، مجموع،کاملاً، منصفاً .

al.tru.ism [ǽltruizm] *n* نوع دوستی، بشردوستی، غیرپرستی،نوع‌پرستی.

al.tru.ist [ǽltruist] *n.* نوعدوست.

al.tru.istic [ǽltruístik] *adj.* نوعدوستانه.

al.um [ǽləm] *n.* زاج،زاج سفید، زاغ.

al.u.min.i.um [æ̀ljumíniəm] = **aluminum,** *n.* فلزآلومینیم،آلومینیوم بنام اختصاری (Al).

alu.mi.nize, *vt.* زاجی‌کردن، روکش با آب آلومینیوم دادن.

alu.mi.nous, *adj.* دارای زاج، مربوط به‌آلومینیوم .

alum.nus [əlʌ́mnəs](*pl.* **alum-m.ni**) *n.* فارغ‌التحصیل، دانش‌آموخته.

al.ve.o.lus (*pl.* **al.ve.o.li**) *n.* حفرهٔ کوچك ، حفرهٔ دندانی ، شش‌خانه، حبابچه.

al.way, *adv.* همیشه، پیوسته، همه‌وقت.

al.ways [ɔ́:lwiz, ɔ́:lwəz, ɔ́:lweiz] *adv.* همیشه، پیوسته، همه‌وقت .

am [æm, m] to be هستم، اول‌شخص.

amain, *adv.* باسرعت‌کامل ، باتمام فشار ، شدیداً ، با عجله .

amal.gam [əmǽlgəm] *n.* آلیاژجیوه با چند فلز دیگرکه برای پرکردن دندان و آئینه سازی بکار میرود ، ترکیب مخلوط، ملقمه.

amal.gam.ate [əmǽgəmeit] *vi.* آمیختن، توأم‌کردن [ملقمه فلزات با جیوه] .

amal.ga.ma.tion [əmæ̀lgəméiʃən] *n.* آمیختگی، آمیزش، امتزاج، ملقمه.

aman.u.en.sis (*pl.* **aman.u-en.ses**) *n.* محرر، منشی، نوشتگر.

am.a.ryl.lis, *n.* [گ.ش.] گل‌نرگس، انواع تیرهٔ نرگسیان.

amass [əmǽs] *vt.* گردآوردن، توده‌کردن، متراکم‌کردن.

am.a.teur [ǽmətə:, æ̀mətjɔ́:] *n.* دوستدارهنر، آماتور، غیرحرفه‌ای، دوستار.

am.a.teur.ish [ǽmətə':riʃ] *adj.* آماتوروار ، ناشی .

am.a.teur.ism, *n.* دوستاری.

amaze [əméiz] *vt. & n.* متحیرساختن، مبهوت‌کردن ، مات‌کردن ، سرگم‌کردن، سردرگم، متحیر.

amaze.ment [əméizmənt] *n.* حیرت، شگفتی، سرگشتگی، بهت .

Am.a.zon [ǽməzən] *n.* زنانی که درآسیای صغیرزندگی میکردند و با یونانیان می‌جنگیدند، زن سلحشور وبلندقامت، رود آمازون در آمریکای جنوبی .

am.bas.sa.dor [æmbǽsədə] *n.* سفیر ایلچی، پیك، مأمور رسمی یك‌دولت.

am.bas.sa.do.ri.al, *adj* وابسته بسفارت .

am.bas.sa.dress [æmbǽsədris], *n.* سفیرزن، همسر سفیر.

am.ber [ǽmbə] *n. & adj.* کهربا، عنبر، رنگ‌کهربائی، کهربائی .

am.ber.gris, *n.* [گ.ش.] عنبرسائل.

am.bi.dex.trous, *adj.* ذوالیمینین.

am.bi.ence, am.bi.ance, *n.* نقوش و تزئینات اطراف یك تابلونقاشی،محیط.

am.bi.gu.i.ty [æ̀mbigjú:iti] *n.* ابهام، نامعلومی، سخن مشکوك ، گنگی معنی .

am.big.u.ous [æmbígjuəs] *adj.* با ابهام، تاریك [ازلحاظ‌مفهوم]، دوپهلو، مبهم.

am.bi.tion [æmbíʃən] *n. & vt.* بلندهمتی، جاه طلبی، آرزو، جاه‌طلب بودن.

am.bi.tious [æmbíʃəs] *adj.* جاه‌طلب، بلندهمت، آرزومند، نامجو.

am.biv.a.lence, *n.* توجه ناگهانی و دلسردی ناگهانی نسبت‌بشخص یا چیزی، دمدمی مزاجی، دارای دو جنبه .

am.biv.a.lent,*adj.* دوجنبه‌ای، دمدمی.

am.ble [ǽmbl] *n. & vt.* یورغه رفتن [اسب]، راهوار بودن، یورغه .

am.bler, *n.* یورغه‌رو.

am.bro.sia [æmbróuziə] *n.* [افسانه] خوراك خدایان‌که زندگی جاویدبآنها میداده، مائدهٔ بهشتی، شهد، عطر .

am.bry (*pl.* **- ies**) *n.* گنجه، دولابچه، اشکاف،کمد مخصوص اغذیه.

am.bu.lance [ǽmbjuləns]*vt.&n.* بیمارستان سیار، بوسیلهٔ آمبولانس حمل‌کردن، آمبولانس .

am.bu.lant, *adj.* گردنده، سیار، متحرك .

am.bu.late, *vi.* راه‌رفتن، حرکت‌کردن، درحرکت بودن .

am.bu.la.tion, *n.* حرکت، گردش .

am.bu.la.to.ry, *adj. & n.* گردشی،گردنده، سیار .

am.bush [ǽmbuʃ] *vt. & n.* کمین، کمینگاه، دام ، سربازانی که در کمین نشسته‌اند، پناه‌گاه، مخفی‌گاه سربازان برای حمله،کمین‌کردن ، در کمین نشستن .

ame.lio.rate, *n. & vi.* بهترکردن، اصلاح کردن ، چاره کردن ، بهتر شدن، بهبودی یافتن .

ame.lio.ra.tion,*n.* بهبودی، بهترشدن.

ame.lio.ra.tor, *n.* بهترکننده، بهبود دهنده .

amen [éimén, á:mén] *interj.* آمین، چنین باد، خداکند، انشاءالله.

ame.na.bil.i.ty, *n.* احساس مسئولیت، تبعیت، جوابگوئی.

ame.na.ble [əmí:nəbl] *adj.* تابع، رام شدنی، قابل جوابگوئی، متمایل.

amend [əménd] (**- ed, - ing**), *vt. & vi.* اصلاح‌کردن، بهترکردن، بهبودی‌یافتن، ماده یا قانونی را اصلاح وتجدید کردن .

amen.da.to.ry, *adj.* اصلاحی .

amend.ment [əméndmənt] *n.* اصلاح، تصحیح، (حق.) پیشنهاداصلاحی نمایندهٔ مجلس نسبت به‌لایحه یا طرح قانونی .

amends [əméndz] *n.* جبران، تلافی.

ame.ni.ty [əmí:niti, əméniti] *n.* سازگاری، مطبوعیت، نرمی، ملایمت.

amerce, *vt.* [حق.] جریمهٔ (نقدی) کردن،تنبیه‌کردن، تأدیب کردن (با with یا in یا of).

Amer.i.ca [əmérikə] *n.* آمریکا، کشور آمریکا .

Amer.i.can [əmérikən] *adj.* & *n.* آمریکائی، ینگه دنیائی، مربوط بآمریکا .

Amer.i.can.ism [əmérikənizm], *n.* اصطلاح آمریکائی، رسم آمریکائی.

amer.i.can.ize, *vt.* آمریکائی‌مآب‌کردن، بصورت آمریکائی درآوردن .

am.e.thyst, *n.* (مع.) یاقوت ارغوانی، لعل بنفش، رنگ ارغوانی، رنگ یاقوتی، در کوهی بنفش.

ami.a.ble [éimiəbl] *adj.* شیرین، دلپذیر، مهربان، دوست داشتنی.

am.i.ca.ble [ǽmikəbl] *adj.* موافق، دوست .

amid, amidst [əmíd(st)] *prep.* درمیان، وسط .

amiss [əmís] *adj.* & *adv.* نادرست، غلط، بیمورد، بد، کثیف، گمراه، منحرف، منحط .

ami.to.sis, *n.* یك‌نوع تقسیم سلولی، تقسیم مستقیم یاخته.

am.i.ty [ǽmiti] *n.* رفاقت، مودت، روابط حسنه، حسن تفاهم.

am.mo=ammunition, *n.* مهمات.

am.mo.nia [əmóunjə] *n.* محلول یا بخار آمونیاك.

am.mo.ni.a.tion [ǽmjuniʃən] *n.* ترکیب باآمونیاك .

am.mon.ite, *n.* [ج.ش.] صدف فسیل جانور نرم تنی که منقرض شده است [آمونیتها].

AMMONITE

am.mo.nium, *n.* [ش.] ریشه NH_4^+، آمونیاك.

am.mu.ni.tion, *n.* مهمات .

am.ne.sia, *n.* [طب] ضعف حافظه بعلت ضعف یا بیماری مغزی، فراموشی، نسیان.

am.nes.ty [ǽmnisti] *n.* & *vt.* عفو عمومی، گذشت، عفوعمومی کردن .

am.ni.on (*pl.* **amnions, amnia**) *n.* [تش.ـ ج.ش.] مشیمه، پرده‌دورجنین.

amoe.ba [əmí:bə] (*pl.* **amoebas, amoebae**) *n.* جانور تك‌سلولی، آمیب .

PSEUDOPODIA — CONTRACTILE VACUOLE — FOOD VACUOLE — NUCLEUS — FOOD

AMOEBA

amok, *adj.,* *n.* & *adv.* آدمکشی کردن، لت‌بردن ازآدم‌کشی، مجنون، شخص عصبانی و دیوانه، درحال جنون .

among=amongst, [əmʌ́ŋ(st)], *prep.* میان، درمیان، در زمرهٔ، از جملهٔ.

amon.til.la.do, *n.* نوعی شراب تلخ وسفید اسپانیائی .

amor.al, *adj.* غیراخلاقی، بدون احساس مسئولیت اخلاقی .

amorce, *n.* خرج باروت، چاشنی.

am.or.ist, *n.* عاشق، زن‌باز، عاشق‌پیشه.

am.o.rous [ǽmərəs] *adj.* عاشق، شیفته، عاشقانه .

amor.phous [əmɔ́:fəs] *adj.* بی‌شکل، بی‌نظم، بدون تقسیم‌بندی، غیرمتبلور، غیر شفاف، (زیست شناسی) دارای ساختمان غیرمشخص .

amor.ti.za.tion, *n.* استهلاك (سرمایه وغیره).

am.or.tize, *vt.* کشتن، بیحس کردن، خراب کردن، [حق.] بدیگری واگذار کردن، وقف کردن، مستهلك کردن .

amount [əmáunt] *vi.* سرزدن، بالغ شدن، رسیدن.

amount, *n.* مبلغ، مقدار، میزان.

amour [əmúə] *n.* عشق، محبت.

amour pro.pre=self-esteem, *n.* عزت نفس، شخصیت.

am.per.age, *n.* [برق] شدت جریان.

am.pere [ǽmpɛə] *n.* آمپر (واحد شدت جریان برق).

am.phib.ia, *n. pl.* [ج.ش.] ذوحیاتین، دوزیستان.

am.phib.ian [æmfíbiən] *n.* دوزیستان، ذوحیات .

am.phib.i.ous [æmfíbiəs] *adj.* خاکی و آبی، دوجنسه، ذوحیاتین.

am.phi.bole, *n.* نامفهوم، دوپهلو .

am.phi.bol.o.gy, *n.* ابهام، سخن دوپهلو .

am.phi.the.ater [ǽmfiθiətə] *n.* آمفی تئاتر، سالن، تالار.

am.ple [ǽmpl] *adj.* فراخ، پهناور، وسیع، فراوان، مفصل، پر، بیش از اندازه .

am.ple.ness, *n.* فراخی، فراوانی.

am.pli.fi.ca.tion, *n.* بسط، توسعه، افزایش، تقویت.

am.pli.fi.er [ǽmplifaiə] *n.* نیروافزا، تقویت‌کنندهٔ برق، بلندگو، فزونساز.

am.pli.fy [ǽmplifai] *vt.* & *vi.* وسعت دادن، بزرگ‌کردن، مفصل‌کردن، مفصل گفتن یا نوشتن، (برق) افزودن، بالا بردن، بزرگ شدن، تقویت کردن [صدا] .

am.pli.tude, *n.* فزونی، دامنه، فراخی، فراوانی، استعداد، میدان نوسان، فاصلهٔ زیاد، دامنه، بزرگی، درشتی، انباشتگی، سیری، کمال .

am.pul, am.poule, *n.* آمپول.

am.pu.tate [ǽmpjuteit] *vt.* بریدن، جداکردن، زدن، قطع اندام‌کردن.

am.pu.ta.tion [æmpjutéiʃən] *n.* قطع عضوی از بدن.

am.pu.tee, *n.* آدمی که دست یا پا یا عضو دیگرش قطع‌شده‌باشد.

amuck [əmʌ́k]=**amok,** *adj.* & *n.* یك‌نوع جنون در اثر مرض مالاریا که منجر به‌خودکشی میشود، دیوانگی .

am.u.let [ǽmjulet] *n.* طلسم، دوا یا چیزی که برای شکستن جادو و طلسم بکار میرود.

amuse [əmjú:z] *vt.* & *vi.* سرگرم کردن، مشغول کردن، تفریح دادن، جلب کردن، مات و متحیر کردن .

amuse.ment [əmjú:zmənt] *n.* سرگرمی، تفریح، گیجی، گمراهی، فریب خوردگی، پذیرائی، نمایش .

am.y.lum, *n.* نشاسته.

an [æn, ən] *conj.* یك، حرف a در جلو حروف صدا دار و جلو حرف h بصورت an استعمال میشود .

Ana.bap.tist, *n.* فرقه‌ای ازپروتستانها.

ana.bi.o.sis, *n.* زنده‌سازی، تجدید .

anach.ro.nism [ənǽkrənizm] *n.* بیموردی، (در تاریخ نویسی) اشتباه در ترتیب حقیقی وقایع و ظهور اشخاص، نابهنگامی .

anach.ro.nis.tic=ana.chronic, anach.ro.nous, *adj.* نابهنگام، بیمورد (ازنظرتاریخ وقوع)

an.a.con.da [ænəkɔ́ndə] *n.* (ج.ش.) يك‌نوع مار بزرگ سیلانی، نوعی مار یا افعی آمریکای جنوبی .

anae.mia [əní:miə] *n.* کم‌خونی .

an.aer.obe, *n.* موجود غیرهوازی.

an.aes.the.sia [ænisθí:ziə], **an.aes.thet.ic,** *n.* & *adj.* حسگیر، بیهوشی، بی‌حسی، داروی بیهوشی.

an.a.goge, an.a.go.gy, *n.* تعالی روحی، بزرگی معنوی، ارتقاء فکر بعالم علوی، تفسیر روحانی وصوفیانهٔ مطالب مذهبی.

an.a.gog.ic,-al, *adj.* وابسته بتعالی روحی

an.a.gram [ǽnəgræm] *vt.,* *vi.* & *n.* قلب، تحریف، [بدیع] مقلوب، تشکیل لغت یا جمله‌ای ازدرهم‌ریختن‌کلمات یا لغات جملهٔ دیگر.

a.na.gram.ma.tize, *vt.* تحریف‌کردن، جابجاکردن، قلب کردن.

anal, *adj.* مربوط به‌مقعد، مجاور مقعد.

an.a.lects, *n.pl.* گلچین ادبی، قطعات ادبی، منتخبات، جنگ .

an.a.log.i.cal, *n.* قیاسی، قابل قیاس، دارای وجه تشابه.

anal.o.gize, *vt.* & *vi.* قیاس کردن، تشبیه کردن .

anal.o.gous [ənǽləgəs] *adj.* مانند، قابل مقایسه، متشابه.

an.a.logue, an.a.log, *n.* مانند، نظیر، شباهت، شئ قابل قیاس، (فلسفه) لغت متشابه .

anal.o.gy [ənǽlədʒi] *n.* (من.) قیاس، مقایسه، شباهت، همانندی، (ر.) تناسب، توافق .

an.al.pha.bet, *adj.* & *n.* بیسواد، حاکی از بیسوادی، بیسوادی.

an.al.pha.bet.ic, *adj.* & *n.* بیسواد، وابسته به بیسوادی.

anal.y.sis [ənǽlisis] (*pl.* **anal.y.ses**) *n.* جداگری، تجزیه، تحلیل، استقراء، شئ تجزیه شده، کتاب یا موضوع تجزیه و تحلیل شده، (ر.) مشتق و تابع اولیه، آنالیز.

an.a.lyst [ǽnəlist] *n.* استاد تجزیه، روانکاو .

an.a.lyt.ic, an.a.lyt.i.cal, *adj.* تجزیه‌ای، تحلیلی، (من.) مربوط به مکتب یا فلسفهٔ تحلیلی، روانکاوی، قابل حل‌بطریق‌جبری.

analytic geometry, *n.* هندسهٔ تحلیلی.

an.a.lyz.able, *adj.* قابل‌تجزیه‌وتحلیل.

an.a.lyze, an.a.lyse, *vt.* تجزیه کردن، تحلیل کردن، [مج.] موشکافی کردن، جداکردن، جزئیات را مطالعه کردن، پاره پاره‌کردن، تشریح کردن، (ش.) با تجزیه آزمایش کردن.

an.a.pest, *n.* واحد شعری که مرکب از دو هجای کوتاه و يك هجای بلند باشد .

anaph.o.ra, *n.* (بدیع) تکرار يك یا چند عبارت متوالی .

an.aph.ro.di.sia, *n.* کاهش شهوت، نقصان قوهٔ باه، عنن، داروهای فلج کنندهٔ اعضاء تناسلی.

an.aph.ro.dis.i.ac, *adj.* کاهنده‌شهوت.

an.ar.chic, an.ar.chi.cal, *adj.* هرج و مرج، مربوط به‌آشفتگی اوضاع .

an.ar.chist [ǽnəkist] *n.* هرج و مرج طلب، آشوب طلب .

an.ar.chy [ǽnəki] *n.* بی‌قانونی، هرج و مرج، بی‌ترتیبی سیاسی، بی‌نظمی، اغتشاش، خودسری مردم.

anath.e.ma, *n.* هرچیزی‌که مورد لعن واقع شود، لعنت‌وتکفیر، مرتد شناخته شده از طرف روحانیون.

anath.e.ma.tize, *vt.* & *vi.* نفرین‌کردن، لعنت‌کردن، نفرین شدن .

an.a.tom.ic, an.a.tomi.cal, *adj.* تشریحی، وابسته به‌کالبد شناسی.

anat.o.mist [ənǽtəmist] *n.* متخصص علم تشریح، تشریح‌کننده، کالبد شناس.

anat.o.mize, *vt.* تشریح‌کردن، قطعه قطعه‌کردن، تجزیه‌کردن .

anat.o.my [ənǽtəmi] *n.* تشریح، ساختمان، استخوان‌بندی، تجزیه، مبحث تشریح، کالبدشناسی .

an.ces.tor [ǽnsistə] *n.* نیا (جمع نیاکان)، جد، اجداد .

an.ces.tral [ænséstrəl] *adj.* نیائی، اجدادی.

an.ces.tress, *n.* جده.

an.ces.try [ǽnsestri] *n.* دودمان، تبار.

an.chor [ǽŋkə] *n.* لنگر، لنگرکشتی .

anchor(-ed,-ing) *vt.* & *vi.* لنگر انداختن، [مج.] محکم شدن، با لنگر بستن یا نگاه داشتن .

an.chor.age [ǽŋkəridʒ] *n.* لنگرگاه، لنگراندازی، باج لنگرگاه.

an.cho.rite=an.cho.ret, *n.* گوشه‌نشین، زاهد، خلوت‌نشین، راهب.

an.cho.vy (*pl.* **anchovies, anchovy**) *n.* [ج.ش.] ماهی‌کولی.

an.cient [éinʃənt] *adj.* & *n.* باستانی، دیرینه، قدیمی، کهن، کهنه، پیر.

an.cil.lary, *adj.* فرعی، معین، کمك، دستیار، تابع، مستخدم‌بومی، مربوط به کلفت .

and [ænd, ənd, ən] *conj.* و [حرف ربط] .

and.iron [ǽndaiən] *n.* سه‌پایه، پیش‌بخاری، سه‌پایه‌ای‌که‌کنار بخاری می‌گذاشتند .

an.drog.y.nous, *adj.* دوجنسه، همزن و هم‌مرد.

androg.y.ny, *n.* وجوددوحالت‌زنانگی و مردانگی توأم، دوجنسی، خنثی.

an.ec.dot.al, *adj.* حکایتی، حدیثی.

an.ec.dote [ǽnikdout] *n.* حکایت، قصهٔ‌کوتاه، امثال، ضرب‌المثل.

an.echo.ic, *adj.* بدون‌انعکاس، ناپژواك.

anele, *vt.* تدهین یا روغن مالی‌کردن .

ane.mia, *n.* (طب) کم‌خونی، فقرالدم.

ane.mic, *adj.* کم‌خون، ضعیف.

anem.o.graph, *n.* بادنگار.

an.e.mom.e.ter, *n.* بادسنج.

an.e.mom.e.try, *n.* بادسنجی .

ANEMOMETER

anem.o.ne [ənéməni] *n.* شقایق نعمان، لالهٔ‌نعمان، رنگ قرمزمایل‌به‌آبی.

anent, *prep.* همراهی [با]، درمشارکت با، مربوط به، دراطراف.

an.es.the.sia, *n.* بیهوشی، هوش‌بری.

an.es.the.si.ol.o.gist=anesthetist, *n.* ویژگرهوش‌بری.

an.es.the.si.ol.o.gy, *n.*

علم بی‌هوشی، مبحث بی‌هوشی [درطب] .

an.es.thet.ic, *adj. & n.* بیهوشانه،
داروی بی‌هوشی، بی‌هوش‌کننده، کم کنندهٔ حس.

anes.the.tist, *n.* ویژ گرهوش‌بری،
پزشك متخصص بیهوشی و بی‌حسی.

anes.the.tize, *vt.* بی‌هوش‌کردن.

anew [ənjú:] *adv.*
از نو، دوباره، بطرزنوین، ازسر.

an.gel [éindʒəl] *n.* فرشته، مالك.

an.gel.ic, - al [ændʒélik] *adj.*
فرشته‌ای، وابسته بفرشته.

an.gel.fish, *n.* [ج.ش.]نوعی کوسه ماهی.

an.ger [ǽŋgə] *vt., vi. & n.*
خشم وغضب، خشمگین کردن، غضبناك کردن.

an.gi.na, *n.*
[طب] گلودرد، ورم‌گلو، آنژین .

an.gle [ǽŋgl] *vt., vi. & n.*
گوشه، زاویه، کنج ، قلاب ماهی گیری، با قلاب ماهی گرفتن، [مجـ.] دام‌گستردن، دسیسه کردن ، تیزی یاگوشهٔ هرچیزی.

an.gler, *n.* ماهی گیر .

An.gli.can [ǽŋglikən] *adj. & n.*
وابسته بکلیسای انگلیس .

an.gli.can.ism, *n.*
اصول و انتقادات‌کلیسای انگلیس.

an.gli.cism, *n.*
اصطلاح زبان انگلیسی، انگلیسی‌مآبی .

an.gli.cize [ǽŋglisaiz] *vt. & vi.*
بآداب ورسوم انگلیسی درآمدن، انگلیسی‌مآب شدن، انگلیسی‌مآب‌کردن، بطرزانگلیسی تلفظ کردن.

an.gling, *n.* ماهیگیری (باقلاب) .

Anglo- [ǽŋglou]
پیشوندبه‌معنی «انگلیسی» و«مربوط‌به‌انگلیس».

An.glo.phile, *n.*
انگلیس دوست، طرفدار انگلیسها .

An.glo.phobe, *n.* کسی که ازانگلستان
بیم وتنفر دارد، بیمناك از انگلستان .

An.glo.pho.bia, *n.*
بیزاری و ترس از انگلیسها.

An.glo-Sax.on [ǽŋglousǽksən]
n. انگلوساکسن، نژاد انگلیسی وساکسونی.

an.gri.ly, *adv.* ازروی خشم .

an.gri.ness, *n.* غضبناکی.

an.gry [ǽŋgri] *adj.*
اوقات تلخ ، رنجیده ، خشمناك، دردناك، قرمز شده، ورم‌کرده ، دژم.

angst, *n.*
احساس وحشت ونگرانی، احساس بیم.

ang.strom, *n.*
واحد اندازه‌گیری‌طول امواج (نور و رادیو).

an.guish [ǽŋgwiʃ] *vt., vi. & n.*
دلتنگی، اضطراب، غم و اندوه، دلتنگ‌کردن ، غمگین شدن، نگران شدن، نگران‌کردن .

an.gu.lar [ǽŋgjulə] *adj.*
گوشه‌دار، گوشه‌ای، (مجـ.) لاغر، زاویه‌ای.

an.gu.lar.i.ty, *n.*
گوشه‌داری، زاویه‌داری، لاغری، تندی.

an.gu.late, *adj. & vi.*
گوشه‌دار، گوشه‌ای.

an.gu.la.tion, *n.* زاویه‌داری.

an.ile, *adj.* پیرزنانه، عجوزه، ضعیف.

an.i.mad.ver.sion, *n.*
قوهٔادراك، ملاحظه، مراقبت، مشاهده، اعتراض، تذکرواعلام‌خطر، انتقاد .

an.i.mad vert, *vt. & vi.*
خرده گرفتن ، اعتراض کردن ، متوجه شدن ، تعیین تقصیر ومجازات (بوسیلهٔ دادگاه)نمودن.

an.i.mal [ǽniməl] *adj. & n.*
جانور ، حیوان ، حیوانی ، جانوری، مربوط به روح و جان یا اراده، حس و حرکت.

animal husbandry, *n.*
دامپروری .

an.i.mal.ism, *n.*
عالم‌حیوانی، نفس پرستی، اعتقاد باین‌که‌انسان جانوری بیش نیست.

an.i.mal.i.za.tion, *n.* تبدیل‌به‌حیوان،
واجد صفات حیوانی، وجود مواد حیوانی.

an.i.mal.ize, *vt.* جانور(خوی) نمودن،
حیوانی کردن، شهوانی کردن .

an.i.mate [ǽnimeit] *adj., vt & vi.*
سرزنده، با روح، جاندار، روح دادن، زندگی بخشیدن، تحریك و تشجیع کردن .

an.i.mat.ed, *adj.* با روح ، سرزنده.

an.i.ma.tion [æ̀niméiʃən] *n.*
جان‌بخشی، انگیزش، تحریك، سرزندگی .

an.i.ma.tor, *n.* روح‌بخش، جان‌دهنده،
رونق دهنده، تهیه کنندهٔ فیلمهای کارتون .

an.i.mism, *n.* جان‌گرائی، همزادگرائی،
اعتقاد باینکه روح اساس زندگی است ، اعتقاد باینکه ارواح مجرد وجود دارند، اعتقاد بعالم روح و تجسم ارواح مردگان.

an.i.mos.i.ty [æ̀nimɔ́siti] (*pl.* **- ties**) *n.*
دشمنی، عداوت، شهامت، جسارت .

an.i.mus, *n.*
اراده، قصد، نیت، روح دشمنی و غرض، عناد.

ani.seed, *n.*
تخم بادیان رومی‌که بصورت ادویه بکارمیرود.

an.is.ette, *n.* عرق بادیان .

an.iso.met.ric, *adj.*
دارای قسمت‌های غیرمتقارن .

an.kle [ǽŋkl] *n.* قوزك، قوزك‌پا.

an.nal.ist, *n.*
وقایع‌نگار، تاریخچه نویس.

an.nals [ǽnəlz] *n.pl.*
تاریخچه، وقایع سالیانه، سالنامه ، اخبار سال ، برنامهٔ سالیانهٔ عشاء ربانی.

an.neal, *vt.*
گرم کردن ، پختن [آجر]، حرارت زیاد دادن و بعد سردکردن [فلزات]، (مجـ.) سخت و سفت کردن، بادوام نمودن .

an.nex [ənéks] *vt. & n.* پیوستن،
ضمیمه‌کـردن، ضمیمه، پیوست، پیوستن، ضمیمه سازی.

an.nex.a tion [ænekséiʃən] *n.*
پیوست، ضمیمه‌سازی، انضمام.

an.ni.hi.late [ənáiəleit] *vt.*
نابودکردن، ازبین بردن، خنثی نمودن.

an.ni.hi.la.tion [ənàiəléiʃən] *n.*
نابودی .

an.ni.hi.lat.or, *n.*
نابودکننده ، ازبین برنده .

an.ni.ver.sa.ry [æ̀nivə́:səri] *n.*
سوگواری سالیانه، جشن سالیانهٔ عروسی،مجلس یادبود یـا جشن سالیـانـه ، جشن یـادگاری .

An.no Do.mi.ni=A.D, *adv.*
بعد ازمیلاد مسیح، میلادی.

An.no He.gi.rae, *adv.*
برطبق سال هجری، مطابق تقویم هجری .

an.no.tate [ǽnouteit] *vt. & vi.*
حاشیه نوشتن، یادداشت نوشتن ، تفسیرنوشتن ، (با on یا up) تفسیرکردن .

an.no.ta.tion [æ̀noutéiʃən] *n.*
یادداشت (درحاشیه)، حاشیه‌نویسی، تفسیر.

an.nounce [ənáuns] *vt. & vi.*
آگهی دادن ، اعلان کردن ، اخطار کردن ، خبردادن ، انتشار دادن، آشکار کردن ، مدرك دادن .

an.nounce.ment, *n.*
آگهی، اعلان، خبر.

an.nounc.er, *n.*
اعلان کننده ، گوینده .

an.noy [ənɔ́i] *vt. & vi.*
آزردن، رنجاندن، اذیت‌کردن، بستوه آوردن، خشمگین‌کردن، تحریك‌کردن، مزاحم شدن.

an.noy.ance [ənɔ́iəns] *n.*
آزار ، اذیت ، ممانعت ، آزردگی ، رنجش .

an.noy er, *n.* آزار دهنده.

an.noy.ing, *adj.* رنجش‌آور.

an.nu.al [ǽnjuəl] *adj. & n.*
سالیانه، یك‌ساله .

an.nu.ity [ənjú:iti] (*pl.* **- ties**), *n.* حقوق یا مقرری سالیانه، گذراند.

an.nul [ənʌ́l] (**-ed,-ing**) *vt.*
لغوکردن، باطل‌کردن، خنثی کردن .

an.nu.lar, *adj. & n.*
حلقه‌مانند ، حلقوی ، (فیزیك) وسائل و ابزار حلقه‌دار، دارای علائم و اشکال حلقوی .

an.nu.la.tion, *n.*
تشکیل حلقه، [حق.] فسخ، الغاء .

an.nul.ment, *n.* الغاء، فسخ، ابطال.

an.nun.ci.a.tion, *n.*
آگهی، اعلام ، بشارت ، (با حرف بزرگ) عید تبشیر [عید۲۵ مارس مسیحیان] .

an.nun.ci a.tor, *n.*
مبشر، اعلام‌کننده .

an.nun ci.a.to.ry, *adj.* بشارتی.

an.ode, *n.*
[برق] قطب‌مثبت (درپیل الکتریکی)،الکترود مثبت یا آند .

anoint [ənɔ́int] *vt.*
روغن مالی کردن، تدهین‌کردن

anointment, *n.*
پمادمالـی ، روغن مـالی، تدهین، تقدیس بـا روغن مقدس .

anom.a.lous [ənɔ́mələs] *adj.*
غیرعـادی ، خارج از رسم ، بیمورد ، مغایر ، متناقض، بی‌شباهت، غیر متشابه .

anom.a.ly [ənɔ́məli] *n.*
خلاف قاعده، غیرمتعارف، بی‌ترتیب .

anon, *adv.*
بزودی ، فوراً ، چند لحظه بعد .

anonymity, *n.* گمنامی، بینامی.

anon.y.mous [ənɔ́niməs] *adj.*
بی‌نام، دارای نام مستعار، تخلصی، لاادری.

an.oth.er [ənʌ́ðə] *adj.*
دیگر ، دیگری، جدا ، علیحده ، یکی دیگر ، شخص دیگر .

an.swer [á:nsə] (**- ed, - ing**), *vt. & vt.*
پاسخ دادن ، جواب دادن ، از عهده برآمدن، ضمانت‌کردن ، دفاع‌کردن [از]، جوابگو شدن، بکـارآمدن ، بکار رفتن ، بدرد خـوردن ، مطابق بودن [با] ، جواب احتیاج را دادن .

an.swer, *n.*
جواب ، پاسخ ، دفاع .

an.swer.able, *adj.*
مسئول ، ملتزم ، ضامن ، جوابگو ، پاسخدار ، جواب دار .

ant [ænt] *n.* مورچه ، مور .

ant.ac.id, *adj. & n.*
دوای ضدترشی معده، ضد اسید معده .

an.tag.o.nism [æntǽgənizm]*n.*
مخالفت، خصومت، قدرت مخالف، اصل‌مخالف .

an.tag.o.nist [æntǽgənist] *n.*
مخالف،ضد،رقیب،دشمن.

an.tag.o.nis.tic [æntæ̀gənístik], *adj.* مخالف‌آمیز، خصومت‌آمیز،رقابت‌آمیز.

an.tag.o.nize [æntǽgənaiz], *vt. & vi.* مخالف‌کردن ، دشمن‌کردن .

ant.arctic [æntà:ktik] *adj.*
مربوط به‌قطب‌جنوب، قطب‌جنوبی،قطب جنوب.

ante (**-d, an.teing**) *vt. & vi.*
بالابردن، نشان دادن، توپ زدن.

ante-
پیشوندی است بمعنی « پیش » و « قبل از » و «در جلو» .

an.te.bel.lum, *adj.*
قبل‌ازجنگ، قبل ازجنگ داخلی آمریکا .

an.te.cede, *vt.*
سابق یا اسبق بودن، (از لحاظ مکان و زمان و مقام) برتری جستن، پیش‌رفتن، جلوترآمدن.

an.te.ced.ence, *n.*
پیشی، پیشروی، تقدم، سبقت.

an.te.ced.ent [æ̀ntisí:dənt] *adj. & n.* پیشین، پیشی،سابق،مقدم، مقدمه، سابقه، [د.] مرجع ضمیر، دودمان، تبار.

an.te.cham.ber, *n.*
اطاق‌کفش‌کن، پیش‌اطاق.

an.te.date, *vt. & n.*
پیش از تاریخ حقیقی تاریخ‌گذاشتن، پیش‌بودن [از]، منتظر بودن،پیش‌بینی‌کردن،جلوانداختن، سبقت .

an.te.di.lu.vi.an, *adj.*
وابسته به‌پیش از طوفان، پیش از طوفان نوح، آدم کهن‌سال، آدم کهنه‌پرست .

an.te.lope [ǽntiloup] (*pl.***ante-lope, antelopes**) *n.* بزکوهی .

an.te.me.ri.di.em=A. M., *adj.*
قبل ازظهر (مخففآن A.M. است).

an.ten.na [ænténə] (*pl.* **an.ten-nae, antennas**) *n.*
شاخك، [دربی‌سیم] موج‌گیر، آنتن .

an.te.ri.or, *adj.* جلو(ی)، قدامی.

an.them [ǽnθəm] *n.*
سرود، سرودی که دسته‌جمعی درکلیسامیخوانند.

an.ther, *n.* [گ.ش.] بساك.

ant.hill, *n.* مورتپه،
خاکریزی که مور هنگام لانه سازی در اطراف لانهٔ خود ایجاد می‌کند .

an.thol.o.gist, *n.* جنگ‌نگار،
متخصص و متبحر درگلچین قطعات ادبی .

an.thol.o.gize, *vt.*
گلچین ادبی جمع‌کردن.

an.thol.o.gy [ænθɔ́lədʒi] *n.*
گلچین ادبی، منتخبات نظم و نثر، جنگ.

an.thra.cite [ǽnθrəsait] *n.*
ذغال‌سنگ خشك و خالص، آنتراسیت .

an.thrax [ǽnθræks] *n.*
(طب) سیاه زخم، نوعی سنگ یاقوت .

anthrop - , anthropo -
پیشوند بمعانی «انسان» و «جنس انسان».

an.throp.ic, *adj.*
[زیست‌شناسی] مربوط به‌دوران پیدایش انسان .

an.thro.po.cen.tric, *adj.*
معتقد باینکه انسان اشرف مخلوقـات و مرکز ثقل موجودات است .

an.thro.poid [ǽnθrəpɔid], *adj. & n.* میمون‌آدم‌نما، شبه انسان .

an.thro.po.log.i.cal, *adj.*
وابسته بانسان‌شناسی، مربوط بطبیعت انسانی .

an.thro.pol.o.gy[ænθrəpɔ́lədʒi], *n.* علم انسان‌شناسی،مبحث روابط انسان‌باخدا.

an.thro.poph.a.gus (*pl.* **an-thropoph.agi**) *n.*

آدم‌خوار، وحشی.

an.thro.poph.a.gy, *n.* آدمخواری.

anti - [*ǽnti*], **ant -** , **anth -**
پیشوندهائیست بمعنی «ضد» و «مخالف» و «در عوض» و «بجای» وغیره مثل anti christ.

an.ti.air.craft, *adj.* & *n.*
ضد حملات هوائی، اسلحهٔ ضدهوائی، پادهوابرد.

an.ti.bi.ot.ic, *adj.* & *n.* پادزی، مانع ایجاد لطمه بزندگی، جلوگیری‌کننده از صدمه به‌حیات، مربوط به‌آنتی‌بیوزیس، ماده‌ای [illegible] باعث کشتن میکربهای دیگر می‌شود .

an.ti.body, *n.* پادتن .

an.tic, [*ǽntik*] *adj.* & *n.*
غریب و عجیب، بی‌تناسب، مسخره، وضع غریب و مضحك.

an.ti.christ, *n.* ضد مسیح، دجال.

an.tic.i.pant, *n.* & *adj.*
منتظر، امیدوار، آبستن، باردار، پیش‌بینی کننده.

an.tic.i.pate [*ǽntísipeit*] *vi.* & *vt.*
پیش‌بینی کردن ، انتظار داشتن ، پیشدستی‌کردن، جلو انداختن، پیشی‌گرفتن‌بر، سبقت جستن‌بر.

an.tic.i.pa.tor, *n.*
پیش‌بینی کننده ، منتظر .

an.tic.i.pa.tion [*æntìsipéiʃən*] *n.*
پیش‌بینی، انتظار ، سبقت ، وقوع قبل ازموعد مقرر، پیشدستی.

an.ti.cli.mac.tic, *adj.* پاد اوجی،
مربوط به‌بیان قهقرائی، خلاف انتظاری.

an.ti.cli.max [*ǽntikláimæks*] *n.* پاد اوج،
بیان قهقرائی [مثل «زنم مرد ، مالم رابردند و سگم هم گم شده»] ، بیانی که هرچه پیش می‌رود اهمیتش‌کمتر می‌شود، بیان قهقرائی نمودن .

an.ti.cline, *n.* چین‌طاقی، تا قدیس.

an.ti.co.ag.u.lant, *n.* پادبند،
[طب] مانع انعقاد خون، داروی ضدانعقاد خون.

an.ti.cy.clone, *n.* واچرخه،
گردباد هوائی .

an.ti.dot.al, *adj.*
پادزهری، دارای خاصیت پادزهری .

an.ti.dote [*ǽntidout*] *n.*
تریاق، پادزهر، ضدسم، پازهر.

an.ti.freeze, *n.* مادهٔ ضدیخ، ضدیخ.

an.ti.gen, *n.*
ماده‌ای کـه در بدن ایجاد عکس‌العمل علیه خودش میکند، مواد تولیدکنندهٔ پادتن،پادگن.

an.ti.knock, *n.*
روغن موتور ، ضدضربه .

an.ti.log.a.rithm, *n.*
[ر.] متمم لگاریتم ، جیب و ظل، متمم جیب .

an.ti.mag.net.ic, *adj.*
ضد مغناطیسی .

an.ti.mi.cro.bi.al, *adj.* ضدمیکربی.

antimissile missile, *n.*
موشك ضد موشك ، پاد پرتابه.

an.ti.mo.ny [*ǽntiməni*] *n.*
سنگ سرمه ، توتیای معدنی، آنتیمون .

an.tin.o.my, *n.*
تناقض دوقانون یا دو اصل ، اظهار مخالف .

an.ti.paralytic, *adj.* & *n.*
[طب] ضد فلج ، داروی ضد فلج ، فلج‌بر.

an.ti.pas.to, *n.*
غذای اشتهاآور ، مشتهی .

an.tip.a.thy [*æntípəθi*] *n.*
احساس مخالف ، ناسازگاری ، انزجار .

an.ti.pe.ri.od.ic, *adj.*
[طب]جلوگیری‌کننده از نوبت و دورهٔ امراض.

an.tiph.o.ny, *n.*
انعکاس‌یاجواب سرود وموسیقی ، تهلیل‌خوانی، سرود تهلیلی ، جواب .

an.tip.o.dal, *adj.*
مربوط به ساکنین ینگی دنیا ، واقع در طرف مقابل زمین ، مستقیماً،مخالف ، متقاطر .

an.ti.po.de[*ǽntipəd*] (*pl.* **an.tip.o.des**) *n.* نقطهٔ مقابل یا متقاطر.

an.ti.quat.ed, *adj.*
کهنه، عتیقه، ازمد افتاد.

an.tique, *adj.* & *n.* عتیقه، آنتیك،
[illegible]

an.ti.qui.ty, *n.* قدمت، کهنگی،
روزگار باستان.

an.ti-sem.ite, *n.*
ضدیهود ، مخالف اقوام سامی .

an.ti-se.mit.ic, *adj.* ضدیهودی .

an.ti-sem.i.tism, *n.* مخالف‌بایهودیان.

an.ti.sep.tic[*æntiséptik*]*adj.*&*n.*
دوای ضدعفونی ، گندزدا ، ضدعفونی ، تمیز و پاکیزه ، مشخص ، مستقل ، جداگانه ، پادگند.

an.ti.se.rum, *n.* سرم حاوی پادتن.

an.ti.slav.ery, *n.* مخالف بردگی .

an.ti.so.cial, *adj.*
مخالف اصول اجتماعی ، مخالف اجتماع ، مخل اجتماع ، دشمن جامعه .

an.ti.spas.mod.ic, *adj.* & *n.*
[طب] ضد انقباض و تشنج .

an.ti.sub.ma.rine, *adj.*
ضد زیر دریائی، مخرب زیر دریائی .

an.ti.tank, *adj.* ضد تانك .

an.tith.e.sis [*æntíθisis*] (*pl.* **an-tithe.ses**) *n.* پادگذاره،
ضد و نقیض ، تضاد ، تناقض .

an.ti.thet.i.cal, an.ti.thet.ic, *adj.*
دارای ضدونقیض ، متضاد ، پادگذاره‌ای.

an.ti.tox.ic, *adj.* ضد سم ، ضد زهر .

an.ti.tox.in [*æntitɔ́ksin*] *n.*
مادهٔ ضد سم، ضد زهرابه، دفع سم، پادزهرابه.

ant.ler, *n.*
شاخ گوزن ، شاخ فرعی ، انشعاب شاخ .

an.to.nym [*ǽntənim*] *n.*
کلمهٔ متضاد ، ضدونقیض ، متضاد .

an.u.re.sis, *n.*
[طب] فقدان قدرت دفع ادرار ، شاش‌بند .

an.u.ria, *n.*
نقص در ترشح ادرار ، قطع ادرار، قطع‌ترشح.

anus, *n.* مقعد، ماتحت،سوراخ‌کون.

an.vil [*ǽnvil*] *vt.* & *vi, n.*
سندان، روی سندان‌کوبیدن، استخوان‌سندانی.

anx.i.ety [*æŋzáiəti*] *n.* دلواپسی،
اضطراب، اندیشه، اشتیاق، نگرانی، آرنگ.

anx.ious [*ǽŋkʃəs*] *adj.*
دلواپس، آرزومند، مشتاق، اندیشناك.

any [*éni*] *adj.*, *adv.* & *pron.*
چه،کدام، چقدر، [درجمع] (درپرسش) چه‌نوع، چقدر، هیچ، (در جملهٔ مثبت) هر، از نوع، هیچ نوع، هیچگونه، هیچ .

any.body [*énibɔdi*] *pron.*
(در جملهٔ منفی و پرسش) هیچ‌کس ، کسی (در جملهٔ مثبت) هرکجا، کسی .

any.how [*énihau*] *adv.*
بهرحال ، درهرصورت ، بهرجهت، بنوعی .

anymore, *adv.* بیش ازاین‌ها،دیگر.

any.one [*éniwʌn*] *pron.*
هرکس، هرچیز، هرشخص معین .

any.thing [*éniθiŋ*] *pron., adj.* & *n.*
هرچیز، هرکار ، همه‌کار (درجملهٔ مثبت) چیزی، (در پرسش ونفی) هیچ چیز ، هیچ کار، بهر اندازه ، بهرمقدار .

anyway, *adv.* بهرحال.

any.why, *adv.* بهربهانه، بهرجهت.

any.wise, *adv.* بهیچوجه، هیچ،ابداً.

aor.ta (*pl.* **aortas, aor.tae**), *n.* [تش.] آئورت، شریان بزرگ، شاهرگ.

apace [*əpéis*] *adv.*
سریعاً، باتندی، باشتاب، بی‌درنگ، باسرعت‌زیاد.

apart [*əpá:t*] *adv.* & *adj.*
جدا،کنار، سوا، مجزا، غیرهمفکر .

apart.heid, *n.* نفاق وجدائی بین سیاه پوستان و سفیدپوستان آفریقای جنوبی.

apart.ment [*əpá:tmənt*] *n.*
اپارتمان .

a.part.men.tal, *adj.* آپارتمانی.

ap.a.thet.ic [*æ̀pəθètik*] *adj.*
بی‌احساس، بی‌تفاوت، بی‌روح .

ap.a.thy [*ǽpəθi*] *n.*
بی‌حسی، بی‌عاطفگی، خونسردی ، بی‌علاقگی.

ape [*eip*] *n.* & *vt.*
میمون، بوزینه.

ape.ri.od.ic, *adj.*
نامنظم، غیرمداوم، غیرنوسانی .

aper.i.tif, *n.* نوشابهٔ الکلی که بعنوان محرك اشتها قبل از غذا می‌نوشند .

ap.er.ture [*ǽpətʃə*,*ǽpətjuə*] *n.*
دهانه یا سوراخ، روزنه ،گشادگی.

apex [*éipeks*] (*pl.* **apex.es** & **api.ces**) *n.* نوك، سر، رأس‌زاویه، تارك.

apha.sia, *n.* [طب] عدم قدرت تکلم (در نتیجهٔ ضایعات دماغی) ، آفازی .

aphid, *n.* [ج.ش] شته ، شپشه .

aph.o.rism [*ǽfərizm*] *n.*
سخن‌کوتاه، کلام موجز، پند ، کلمات قصار ، پند و موعظه.

aph.o.rist, *n.* موجزنویس، پندنویس.

aph.o.ris.tic, *adj.*
وابسته به موجز نویسی‌یا پندنویسی.

aph.o.rize, *vt.*
کلمات‌قصار گفتن، پندگفتن، کوتاه‌وموجزنوشتن.

aph.ro.dis.i.ac, *adj.* & *n.*
مقوی باه ، داروی مقوی غرائز جنسی .

Aph.ro.di.te [*æfrodáiti*] *n.*
الههٔ عشق و زیبائی ، ونوس یونانی .

api.ary (*pl.* **apiaries**) *n.*
کندو ،کندوی عسل .

api.cul.ture, *n.* پرورش زنبورعسل.

apiece [*əpí:s*] *adv.*
برای هرشخص، هرچیز، هریك، هرکدام .

Apis, *n.* گاو مقدس مصریان قدیم .

ap.ish, *adj.*
بوزینه صفت، نادان، حیله‌گر .

aplomb, *n.*
حالت عمودی،[مج.]اطمینان‌بخود،اعتماد بنفس.

apoc.a.lypse, *n.*
کتاب مکاشفات یوحنا، مکاشفه، الهام .

ap.o.gee, *n.*
(هئ.)اوج، نقطهٔ اوج، ذروه ، اعلی درجه، نقطهٔ کمال .

ap.o.lit.i.cal, *adj.*
دارای شخصیت غیـر سیاسی ، بی‌علاقه باموز سیاسی، غیرسیاسی .

apol.o.get.ic [*əpɔ̀lədʒétik*] *adj.*
پوزش‌آمیز، اعتذاری، دفاعی .

ap.o.lo.gia, *n.* دفاع، پوزش ادبی.

apol.o.gist, *n.*
مدافع، پوزش‌خواه، نویسندهٔ رسالهٔ دفاعی .

apol.o.gize [*əpɔ́lədʒaiz*] *vi.*
پوزش‌خواستن،معذرت‌خواستن،عذرخواهی‌کردن.

apol.o.giz.er, *n.* معذرت‌خواه .

ap.o.logue, *n.*
حکایت اخلاقی، داستان .

apol.o.gy [*əpɔ́lədʒi*] *n.*
پوزش، عذرخواهی (رسمی)، اعتذار، مدافعه .

ap.o.plec.tic [*æ̀pəpléktik*] *adj.*
(طب) سکته‌ای، دچار سکته، سکته‌آور .

ap.o.plexy [*æpəpleksi*] *n.*
سکته، سکتهٔ ناقص.

apos.ta.sy [*əpɔ́stəsi*] *n.*
ارتداد، ترك‌آئین،ترك‌عقیده، برگشتگی‌ازدین.

apos.tate [*əpɔ́st(e)ít*] *adj.* & *n.*
[illegible]

apos.ta.tize, *vi.*
ازدین برگشتن، مرتدشدن .

a pos.te.ri.o.ri [*éi pɔsteriɔ́:rai*], *adj.*
(مَن.) ازمعلول بعلت رسیده ، از مخلوق بخالق پی‌برده، استنتاجی، استقرائی، با استدلال‌قیاسی.

apos.tle [*əpɔ́sl*] *n.*
فرستاده، رسول، پیغامبر، حواری ، (درکلیسا) عالیترین مرجع روحانی .

apos.to.late, *n.*
مقام یا شغل پاپ، رسالت، رهبری .

ap.os.tol.ic [*æ̀pəstɔ́lik*] *adj.*
رسالتی،وابسته بپاپ .

apos.tro.phe [*əpɔ́strəfi*] (**-fi, -phus**) *n.*
اپوستروف،علامت(') که‌درموارد زیر بکار میرود، در مواقع حذف حرف یا بخشی از کلمه مثل it's که در اصل it is بوده است ، در آخر اسم مضاف برای ثبوت مالکیت مثل Ali's book ، در جمع بستن اعداد یا حروف منفرد مثل S's و 7's .

apos.tro.phize, *vt.*
گریز زدن، علامت(') گذاشتن .

apoth.e.cary [*əpɔ́θikəri*] *n.*
داروگر، داروساز، داروفروش .

apo.thegm, *n.*
کلمات قصار،کلام موجز، امثال وحکم .

ap.oth.e.o.sis, *n.*
ستایش اغراق‌آمیز، رهائی از زندگی خاکی و عروج بآسمانها .

ap.o.the.o.size, *vt.*
تکریم اغراق آمیز نمودن ، بدرجهٔ خـدائی پرستیدن .

ap.pall, ap.pal (**- ed, -ing**), *vt.* & *vi.* ترساندن، وحشت زده شدن .

appalling, *adj.* ترسناك، مخوف .

ap.pa.ra.tus [*æ̀pəréitəs*] (*pl.* **ap.pa.rat.us,ap.pa.ra.tus.es**), *n.* اسباب،آلت، دستگاه، لوازم، ماشین، جهاز.

ap.par.el [*əpǽrəl*] (**- ed, - led** & **- ing, - ling**) *vt.* & *vi.*
رخت، اسباب، آراستن، پوشاندن ، جامه.

ap.par.ent [*əpɛ'ərənt, əpǽrənt*], *adj.* & *n.* پیدا،
آشکار، ظاهر، معلوم، وارث مسلم .

ap.par.ent.ly, *adv.* ظاهراً.

ap.pa.ri.tion [*æ̀pəriʃən*] *n.*
ظهور، خیال، روح، تجسم، شبح، منظر .

ap.peal [*əpí:l*] *n., vt.* & *vi.*
درخواست، التماس، جذبه، (حق.) استیناف .

ap.peal.a.ble, *adj.*
قابل استیناف، قابل پژوهش خواهی .

ap.peal.ing, *adj.* جذاب، خوش‌آیند.

ap.pear, *vi.* ظاهرشدن، پدیدارشدن.

ap.pear.ance [*əpíərəns*] *n.*
ظهور، پیدایش، ظاهر، نمایش، نمود، سیما،منظر.

ap.pease [*əpí:z*] *vt.*

آرام‌کردن، ساکت‌کردن، تسکین دادن، فرو- نشاندن، خواباندن، خشنود ساختن .

ap.pease.ment [əpí:zmənt] *n.* تسکین، فروکش، دلجوئی، فرونشانی.

ap.pel.lant, *adj. & n.* استیناف- دهنده، استینافی، مفتری، تهمت زننده (بکسی).

ap.pel.late, *adj.* استینافی .

ap.pel.la.tion [æpeléiʃən] *n.* نام، اسم، لقب، (گ.) نامگذاری، وجه تسمیه.

ap.pel.lee, *n.* مستأنف علیه .

ap.pend [əpénd] *vt. & vi.* افزودن، الحاق‌کردن، آویختن، پیوست‌کردن .

ap.pend.age[əpéndidʒ] *n.* ضمیمه، پیوست، دستگاه فرعی .

ap.pen.dec.to.my, *n.* [جراحی] برداشتن زائده آپاندیس یا آویزه.

ap.pen.di.ci.tis [əpèndisáitis] *n.* [طب] آماس ضمیمه روده، آماس آپاندیس .

ap.pen.dix [əpéndiks] (*pl.* **-xes, -ices**) *n.* ضمیمه، ذیل،دنباله، آویزه،(طب) زائده‌کوچك قولون، زائدهٔ آپاندیس .

ap.per.ceive, *vt.* مشاهده‌کردن، دریافتن، درك‌کردن، بمعلومات‌خود افزودن.

ap.per.cep.tion, *n.* درك، احساس.

ap.per.tain [æpətéin] *vi.* وابسته بودن ، مربوط بودن ، متعلق بودن ، اختصاص داشتن (با to) .

ap.pe.tite [ǽpətait] *n.* میل و رغبت ذاتی، اشتها، آرزو، اشتیاق .

ap.pe.tiz.er, *n.* غذایا‌آشامیدنی اشتهاآوروقبل‌از غذا، پیش‌غذا.

ap.pe.tiz.ing [ǽpitaiziŋ] *adj.* محرك، اشتها‌آور .

ap.plaud [əplɔ́:d] *vt. & vi.* آفرین‌گفتن، تحسین‌کردن،کف زدن، ستودن .

ap.plaud.er, *n.* تحسین‌کننده، کف زننده .

ap.plause [əplɔ́:z] *vt. & n.* کف‌زدن، هلهله‌کردن، تشویق‌وتمجید، تحسین.

ap.ple [ǽpl] *vi. & n.* سیب، مردمك چشم، چیز عزیز و پربها ، سیب دادن، میوهٔ سیب دادن .

ap.ple.jack, *n.* کنیاك سیب .

ap.pli.ance [əpláiəns] *n.* اسباب، آلت، وسیله ،تمهید، اختراع، تعبیه .

ap.pli.ca.ble [ǽplikəbl] *adj.* قابل‌اجراء ، قابل اطلاق، اجرا شدنی .

ap.pli.ca.bil.i.ty, *n.* قابلیت اجراء.

ap.pli.cant [æplikənt] *n.* درخواست‌دهنده، تقاضاکننده، طالب، داوطلب، متقاضی، درخواستگر.

ap.pli.ca.tion [æplikéiʃən] *n.* درخواست، درخواست‌نامه، پشتکار، استعمال.

ap.plied, *adj.* عملی، بکاربردنی، [م.ل.] بکاربرده (شده)، برای هدف معین بکار رفته، وضع معموله .

ap.ply [əplái] (**applied, -ing**), *vt. & vi.* بکاربردن، بکارزدن، استعمال‌کردن، اجرا کردن، اعمال‌کردن، متصل‌کردن، بهم‌بستن، درخواست کردن، شامل‌شدن، قابل اجرا بودن .

ap.point [əpɔ́int] *vt. & vi.* تعیین کردن، برقرار کردن ، منصوب کردن ، گماشتن .

ap.poin.tee, *n.* (شخص) گماشته،منصوب.

ap.point.ment [əpɔ́intmənt] *n.* تعیین، انتصاب، قرارملاقات، وعدهٔ ملاقات، کار، منصب ،گماشت.

ap.por.tion [əpɔ́:ʃən] *vt.* بخش‌کردن، تقسیم‌کردن، تخصیص دادن .

ap.por.tion.ment, *n.* [حق.]تسهیم، تقسیم، تقسیم پولی بین اشخاص ذی‌نفع .

ap.po.site [ǽpəzit] *adj.* درخور، مناسب، بجا، مربوط .

ap.po.si.tion [æpəzíʃən] *n.* عطف بیان، بدل،کلمهٔ وصفی(مثل Peter the Hunter که در اینجا کلمهٔ hunter وصف پطروس است) .

ap.pos.i.tive, *adj. & n.* [د.] بدل، عطف بیان، وصف، کلمه وصفی .

ap.prais.al, *n.* ارزیابی، تعیین قیمت، تقویم، ارزیابی کردن، تعیین قیمت‌کردن، دید زدن .

ap.praise [əpréiz] *vt.* ارزیابی‌کردن، تقویم‌کردن ، تخمین زدن.

ap.praise.ment, *n.* ارزیابی.

ap.prais.er, *n.* ارزیاب، تقویم‌کننده.

ap.pre.cia.ble [əprí:ʃiəbl] *adj.* قابل تحسین، قابل ارزیابی، محسوس .

ap.pre.ci.ate [əprì:ʃiəit] *vt. & vi.* قدردانی‌کردن [از]، تقدیرکردن، درك کردن، احساس‌کردن، بربهای چیزی افزودن، قدر چیزی را دانستن .

ap.pre.ci.a.tion [əprì:ʃiéiʃən], *n.* قدردانی، تقدیر، درك قدر یا بهای چیزی.

ap.pre.cia.tive [əprì:ʃiətiv] *adj.* قدردان، مبنی‌برقدردانی،قدرشناس، حق‌شناسی.

ap.pre.hend [æprihénd] *vt. & vi.* دریافتن، درك‌کردن، توقیف‌کردن، بیمداشتن .

ap.pre.hen.si.ble, *adj.* قابل فهم .

ap.pre.hen.sion [æprihénʃən], *n.* درك، فهم، بیم [ازآینده]، دستگیری .

ap.pre.hen.sive [æprihénsiv], *adj.* بیمناك، نگران، درك‌کننده، باهوش، زودفهم .

ap.pren.tice [əpréntis] *n. & vt.* شاگرد، شاگردی‌کردن ،کارآموز.

ap.pren.tice.ship, *n.* شاگردی، تلمذ، کارآموزی.

ap.prise=ap.prize, *vt.* (حق.) برآوردکردن،تقویم‌کردن، قیمت‌کردن، مطلع‌کردن، آگاهی دادن.

ap.proach [əpróutʃ] *vi., vt. & n.* نزدیك شدن، نزدیك آمدن، معبر .

ap.pro.bate, *vt.* تصویب‌کردن، پسندیدن، موافقت‌کردن .

ap.pro.ba.tion [æprəbéiʃən] *n.* تصویب، قبولی، موافقت، پسند.

ap.pro.pri.ate[æpróupriət] *vt.& adj.* اختصاص دادن، برای خود برداشتن، ضبط‌کردن، درخور، مناسب، مقتضی .

ap.prov.a.ble, *adj.* شایان تحسین، ستودنی، قابل تصویب .

ap.prov.al [əprú:vəl] *n.* تصویب، موافقت، تجویز .

ap.prove [əprú:v] *vt. & vi.* تصویب‌کردن ، موافقت‌کـردن [با] ، آزمایش- کردن، پسند‌کردن.

ap.prox.i.mate [əprɔ́ksim(e)it], *adj., vt. & vi.* نزدیك‌کردن، نزدیك‌آمدن، تقریبی .

ap.prox.i.mate.ly, *adv.* تقریباً.

ap.prox.i.ma.tion [əprɔ̀ksiméiʃən] *n.* نزدیکی، شباهت زیاد، قریب بصحت، تخمین.

ap.pur.te.nance, *n.* جزء، ضمیمه، دستگاه ، اسباب، جهاز، حـالت ربط و اتصال، متعلقات .

apri.cot [éiprikət] *n.* زردآلو.

April [éiprəl] *n.* ماه چهارم سال فرنگی، آوریل .

a pri.o.ri [éi praiɔ́:rai] *adj. & adv.* از علت به معلـول پی‌بردن، استقرائی .

apron [éiprən] *n.* پیش‌دامن، پیش‌بند، کف، صحن.

ap.ro.pos [æprəpóu] *adv. & adj.* بجا، بموقع، شایسته .

apropos of, *prep.* دربارهٔ.

apt [æpt] *adj.* مستعد، قابل، درخور، مناسب، شایسته، محتمل، متمایل، آماده، زرنگ .

ap.ti.tude [ǽptitju:d] *n.* استعداد،گنجایش ، شایستگی ، لیاقت ، تمایل- طبیعی، میل ذاتی .

aq.ua.for.tis, *n.* تیزاب (غیرخالص)، اسیدنیتریك، جوهرشوره.

aq.ua.ma.rine, *n.* زرد، کبود فام .

aq.ua.plane, *n. & vi.* قطعهٔ چوبی‌که برای اسکی آبی بکار میرود .

aquar.i.um [əkwɛəriəm] (*pl.*- **s, -ria**) *n.* نمایشگاه جانوران وگیاهان آبزی، شیشهٔ بزرگی‌که در آن ماهی وجانوران دریائی را نمایش میدهند ،آبزیگاه، آبزیدان.

Aquar.i.us, *n.* برج دلو .

aquat.ic [əkwǽtik] *adj. & n.* وابسته به‌آب، جانور یاگیاه آبزی،آبزی.

aqua.vi.tae, *n.* (درکیمیاگری) الکل تصفیه نشده ، هرقسم عرق تند مثل‌کنیاك.

aq.ue.duct [ǽkwidʌkt] *n.* کانال یا مجرای آب،قنات .

aque.ous, *adj.* آبی، آبدار .

aquif.er.ous, *adj.* آبخیز، آبده.

aq.ui.line [ǽkwilain] *adj.* عقابی ، دارای منقارکج (شبیه عقاب) .

ar.a.besque, *adj. & n.* نقش عربی یـا اسلامی ، کاشی‌کاری سبك اسلامی .

ARABESQUE

Arabia [əréibjə], *n.* عربستان .

Ar.a.bic [ǽrəbik], *adj. & n.* تازی، عربی، زبان تازی، زبان عربی ، فرهنگ عربی (عرب Ar.ab).

arabic numeral, *n.* اعدادانگلیسی (که اصلا از اعداد عربی‌گرفته شده‌اند) .

Ar.ab.ist, *n.* عالم بزبان وعلوم عربی.

ar.a.ble [ǽrəbl] *adj. & n.* قابل‌کشتکاری ، قابل زرع ، زمین مزروعی .

Ar.a.by, *n.* عربی ، عرب ، عربستان .

arach.noid, *adj. & n.* عنکبوتی ، بافت‌های نرم وشل ، تننده‌ئی.

ar.bi.ter [á:bitə] *n.* حکم، داوری‌کردن، قاضی، داور.

ar.bi.tra.ble, *adj.* قابل داوری .

ar.bit.ra.ment [a:bítrəmənt] *n.* قدرت اتخاذ تصمیم ، اختیار مطلق .

ar.bi.trar.i.ly, *adv.* دلخواهانه، دلخواهی،مستبدانه، بطورقراردادی.

ar.bi.trary [á:bitrəri] *adj.* اختیاری، دلخواه، مطلق، مستبدانه، قراردادی.

ar.bi.trate [á:bitreit] *vt. & vi.* حکمیت‌کردن(در)، فیصل‌دادن ، فتوی‌دادن .

ar.bi.tra.tion [á:bitréiʃən] *n.* نتیجهٔ حکمیت، رأی بطریق حکمیت، داوری.

ar.bi.tra.tor [á:bitreitə] *n.* داور ، میانجی ، فیصل دهنده .

ar.bor [á:bə], **arbour,** *n.* چمن ، علفزار ، باغ میوه ، تاکستان .

ar.bo.ra.ceous, *adj.* درختی ، درخت‌نشین ، بشکل درخت .

ar.bo.rize, *vi.* شکل درخت دادن [بچیزی]، داروش‌کردن.

arc [a:k] *n.* قوس ، کمان ، طاق ، هلال ، جرقه .

ar.cade [a:kéid] *n.* گذرگاه طاقدار ، طاقهای پشت سرهم .

ar.cane=secret, *adj.* محرمانه .

arch [a:tʃ] *vt. & n.* طاق ، قوس ، بشکل قوس یا طاق درآوردن .

arch [a:tʃ] *adj.* ناقلا ، شیطان ، موذی ، رئیس ، اصلی .

arch- پیشوندی بمعنی «رئیس» و «کبیر» و «بزرگ» .

ar.chae.o.log.i.cal, ar.che.o-log.i.cal, *adj.* وابسته به باستان شناسی.

ar.chae.ol.o.gist, ar.che.ol.o-gist, *n.* باستان شناس .

ar.chae.ol.o.gy [á:kiɔ́lədʒi], **ar-che.ol.o.gy,** *n.* باستان‌شناسی.

ar.cha.ic [a:kéiik] *adj.* کهنه ، قدیمی، غیرمصطلح (بواسطه قدمت).

ar.cha.ism [á:keiizm] *n.* کهنگی، قدمت، انشاء یاگفتار یااصطلاح‌قدیمی.

arch.angel [á:kéindʒəl, á:kèin-dʒəl] *n.* فرشتهٔ مقرب ، فرشتهٔ بزرگ.

arch.bishop [á:tʃbíʃəp] *n.* اسقف اعظم ، مطران .

arch.deacon, *n.* معاون اسقف .

arch.diocese, *n.* ناحیهٔ کلیسائی زیرنفوذ اسقف اعظم، قلمرو مذهبی اسقف‌اعظم.

arch.duke [é:tʃdjú:k] *n.* دوك بزرگ (لقب شاهزادگان اتریش) .

arch.enemy, *n.* دشمن بزرگ .

arch.er [á:tʃə] *n.* کماندار، قوس.

arch.ery [á:tʃəri] *n.* تیراندازی ، کمانداری .

ar.che.typ.al, ar.che.typ.i.cal, *adj. & n.* مربوط یا شبیه طرح اصلی ، نمونهٔ اولیه .

ar.che.type, *n.* طرح یا الگوی اصلی ، نمونهٔ اولیه .

ar.chi.pel.a.go [á:kipéligou] (*pl.* **archipelagoes, archipela-gos**) *n.* مجمع‌الجزایر .

ar.chi.tect [á:kitekt] *n. & vt.* معمار ، معماری‌کردن ، مهراز.

ar.chi.tec.ton.ics=ar.chi.tec-ton.ic, *pl.n.* فن معماری ، طراحی ، ساختمان اثرادبی.

ar.chi.tec.tur.al [á:kitéktʃərəl], *adj.* وابسته به معماری ، معماری .

ar.chi.tec.ture [á:kitektʃə] *n.* معماری ، سبك معماری ، مهرازی.

ar.chive [á:kaiv] *n.* بایگانی ، ضبط اسناد و اوراق بایگانی .

ar.chi.vist, *n.* بایگان ، ضابط .

arch.ly, *adv.* موذیانه، ازروی شیطنت.

arch.ness, *n.* موذی‌گری، شیطنت.

archway [á:tʃwei] *n.* گذرگاه طاقدار، دروازهٔ‌طاقدار،گذرسرپوشیده.

ar.ci.form, *adj.* قوس مانند ، هلالی.

arc.tic [á:ktik] *adj. & n.*
شمالی ، وابسته بقطب شمال ، سرد ، شمالگان.
ar.dent [á:dənt] *adj.*
گرم ، سوزان ، تند وتیز .
ar.dor [á:də], **ar.dour,** *n.*
گرمی، حرارت، تب‌وتاب، شوق، غیرت.
ar.du.ous [á:djuəs] *adj.*
دشوار، پرزحمت، پرالتهاب، صعب‌الصعود .
are (to be زمان حاضر وجمع فعل)
هستند، هستید، هستیم.
[illegible]
are.na [ərí:nə] *n.* پهنه،
میدان مسابقات (در روم قدیم) ، عرصه ، گود
(کشتی‌گیری یا مبارزه) ، صحنه.
aren't [a:nt] مخفف are not.
ar.gen.tine,[á:dʒəntain]*adj. & n.*
نقره‌ای ، نقره ، فلز آب نقره‌ائی .
ar.gil, *n.* خاك رس ، رست.
ar.go sy [á:gəsi] *n.*
کشتی بزرگ ، ناوگان تجارتی .
ar.got, *n.* گویش عامیانه،
زبان ویژهٔ دزدان ، لهجهٔ ولگردان .
ar.gu.able, *adj.* قابل بحث ، مستدل .
ar.gue [á:gju:] *vt. & vi.*
بحث‌کردن ، گفتگوکردن، مشاجره‌کردن،
دلیل آوردن ، استدلال‌کردن .
ar.gu.ment [á:gju:mənt] *n.*
بحث ، مباحثه ، مناظره ، دلیل، حجت، اثبات.
ar.gu.men.ta.tion, *n.*
استدلال ، مناظره ، بحث ، چون وچرا .
ar.gu.men.ta.tive, ar.gu.me-ntive, *adj.* استدلالی ، منطقی ، جدلی .
aria, *n.* [مو.] آواز یکنفره .
ar.id [ǽrid] *adj.* خشك، بایر، لم‌یزرع،
خالی ، بیمزه ، بیروح ، بی‌لطافت .
arid.i.ty [ərídìti] *n.* خشکی، بیروحی.
Ar.i.es, *n.* (نج.)
برج حمل‌که بشکل قوچی تصویر میشود .
aright [əráit] *adv.*
درست ، بدرستی ، مستقیم ، مستقیماً .
arise [əráiz] (**arose, aris.en, aris.ing**) *vt. & vi.*
برخاستن ، بلند شدن ، رخ دادن ، ناشی شدن ،
بوجودآوردن ، برآمدن ، طلوع‌کردن ، قیام‌-
کردن ، طغیان‌کردن .
ar.is.toc.ra.cy [ǽristɔ́krəsi] *n.*
حکومت اشرافی ، طبقهٔ اشراف .
aris.to.crat [ǽristəkrǽt, ərís-təkrǽt] *n.* عضو دستهٔ اشراف ، طرفدار
حکومت اشراف ، نجیب‌زاده .
aris.to.crat.ic, *adj.*
اشرافی ، اعیانی .
Ar.is.to.te.lian, Ar.is.to.te-lean, *adj. & n.*
مربوط به عقیده وفلسفهٔ ارسطو .
Ar.istotle, *n.* ارسطو ، ارسطاطالیس .
ar.ith.me.tic [əriθmətik]*n. & adj.*
علم‌حساب، حساب، حسابی، حسابگر، حسابدان.
ar.ith.met.ical, *adj.* مربوط‌به‌حساب.
arith.me.ti.cian, *n.* حسابدان.
ark [a:k] *n.* کشتی، قایق، صندوقچه.
arm [a:m] *n.*
دست (از شانه تا نوك انگشت) ، بازو ، شاخه ،
قسمت، شعبه، سلاح، اسلحه، دستهٔ صندلی یامبل.
arm, *vt. & vi.*
مسلح‌کردن ، مجهز کردن .
ar.ma.da [a:méidə, a:má:də] *n.*
بحریه، نیروی دریائی، ناوگان.
ar.ma.dil.lo (*pl.* - **s**) *n.*
[ج. ش.] نوعی
حیوان گورکن .

ARMADILLO (30 in. long)

Ar.ma.ged.-don, *n.*
مبارزهٔ نهائی میان نیکی و بدی در قیامت ،
مبارزهٔ نهائی .
ar.mament [á:məmənt] *n.*
سلاح ، تسلیحات، جنگ افزار.
[illegible]
زره ، جوشن ، پوشش ، میلهٔ فلزی. القاگیر.
arm chair [á:mtʃɛ'ə] *adj. & n.*
صندلی دسته‌دار ، صندلی راحتی .
armed, *adj.* مسلح ، مجهز .
armed forces, *pl. n.* مجموع
نیروهای زمینی‌وهوائی ودریائی، نیروهای مسلح.
Ar.me.nian, *adj. & n.*
ارمنی ، زبان ارمنی ، فرهنگ ارمنی .
arm.ful [á:mful] (*pl.* - **s,** - **arms-ful**) *n.* یك بغل ، یك بسته .
ar.mi.stice [á:mistis] *n.*
متارکهٔ جنگ ، صلح موقت .
arm.let, *n.* بازوبند ، انشعاب‌کوچك
دریا شبیه خلیج ، شاخابه ، زرهٔ مخصوص دست.
ar.mor [á:mə], **ar.mour,** *n.&vt.*
[نظ.] زره ، جوشن ، سلاح ، زره پوش کردن ،
زرهی‌کردن .
ar.mor.er, *n.*
اسلحه ساز ، نگهبان اسلحه ، زراد.
ar.mo.ry, *n.* اسلحه خانهٔ ، قورخانه ،
زرادخانه، [آمر.] کارخانهٔ اسلحه‌سازی.
armpit, *n.* بغل ، زیر بغل .
armrest, *n.* دستهٔ صندلی .
ar.my [á:mi] *n.* [نظ.] ارتش، لشگر،
سپاه ، گروه ، دسته ، جمعیت ، صف .
aro.ma [əróumə] *n.*
مادهٔ عطری ، بوی خوش عطر ، بو ، رایحه.
ar.o.mat.ic [ǽroumǽtik]*adj. & n.*
خوشبو ، معطر ، بودار ، گیاه خوشبو .
around [əráund] *prep. & adv.*
گرداگرد، دور، پیرامون، دراطراف، درحوالی،
درهرسو ، درنزدیکی .
arouse [əráuz] *vt. & vi.*
بیدارکردن ، برانگیختن ، تحریك‌کردن .
arquebus=harquebus, *n.*
شمخال، تفنگ قدیمی.
ar.raign [əréin] *vt.*
احضارنمودن (بمحکمه) ، [حق.] با تنظیم کیفر-
خواست متهمی را بمحاکمه خواندن .
ar.range [əréindʒ] *vt. &vi.*
مرتب‌کردن ، ترتیب دادن ، آراستن ، چیدن ،
قرارگذاشتن .
ar.range.ment [əréindʒmənt] *n.*
ترتیب ، نظم ، قرار ، (تهیه) مقدمات، تصفیه .
ar.rant, *adj.*
بدترین ، بدنام‌ترین ، ولگرد ، آواره .
ar.ras (*pl.* **arras**) *n.*
پردهٔ قلابدوزی ، نقاشی ، طراحی قلاب‌دوزی .
ar.ray [əréi] *vt. & n.*
آراستن ، درصف‌آوردن ، منظم‌کردن ، صف ،
نظم ، آرایش ، رزه .
ar.rear [əríə] *adv. & n.*
به عقب ، درپشت ، بدهی پس‌افتاده ، پس‌افت.
ar.rest [əréstl] *vt. & n.* توقیف ،
توقیف‌کردن ، بازداشتن ، جلوگیری‌کردن
ar.riv.al [əráivəl] *n.* ورود ، دخول.
ar.rive [əráiv] *n. & vi.*
وارد شدن ، رسیدن ، موفق شدن .
ar.ro.gance [ǽrəgəns] *n.*
خودبینی ، تکبر ، نخوت ، گستاخی ، شدت عمل.
ar.ro.gant [ǽrəgənt] *adj.*
متکبر ، خودبین، گستاخ، پرنخوت، گردن‌فراز.
ar.row [ǽrou] *n.*
تیر ، خدنگ ، پیکان ، سهم.
ar row.head, *n.*
نوك پیکان ، سر تیر ، خط میخی .
ar.rowy, *adj.* تیرمانند.
[illegible]
قورخانه ، زرادخانه ، انبار ، مهمات جنگی .
ar.se.nic [á:sənik] *adj. & n.*
اکسید ارسنیك بفرمول As_2O_3 .
ar.son [á:sən] *n.*
آتش‌زنی ، ایجاد حریق عمدی .
ar.son.ist, *n.*
کسیکه عمداً ایجاد حریق می کند .
art [a:t] *n.*
هنر، فن، صنعت، استعداد، استادی، نیرنگ .
ar.te.ri.al [a:tíəriəl] *adj. & n.*
شریانی ، مربوط به شریان یا سرخرگ .
ar.te.rio.sclerosis, *n.*
[طب] تصلب شرائین ، سخت شدن شرائین .
ar.te.ri.tis, *n.*
[طب] ورم شریان ، آماس شریان .
ar.tery [á:təri] *n.*
شریان ، شاهرگ ، سرخرگ .
artesian well, *n.* چاه آرتزین .
art.ful [á:tfəl] *adj.* حیله‌گر ،
نیرنگ‌باز، ماهرانه، صنعتی، مصنوعی، استادانه.
ar.thrit.ic, *adj. & n.*
[طب] مربوط به ورم و آماس مفصل، ورم مفصل،
مبتلا به آماس مفصل .
ar.thri.tis, *n.*
[طب] ورم مفاصل ، آماس مفصل .
ar.ti.choke [á:titʃouk] *n.*
[گ.ش.] انگنار، کنگرفرنگی.
ar.ti.cle [á:tikl] *n.*
کالا، متاع، چیز، اسباب، ماده، بند، فصل ،شرط،
مقاله ، گفتار ، حرف تعریف (مثل the) .
article (**-d, ar.ti.cling**) *vt.*
بصورت مواد درآوردن، تفریح کردن .
ar.tic.u.late, *vt., vi. &, adj.*
شمرده سخن گفتن ، مفصل‌دار کردن ، ماهر در-
صحبت، بندبند.
ar.tic.u.la.tion [a:tíkjuléiʃən] *n.*
مفصل‌بندی ، تلفظ شمرده ، طرز گفتار .
ar.ti.fact, ar.te.fact, *n.*
محصول مصنوعی ، مصنوع .
ar.tif.ice [á:tifis] *n.* استادی،
مهارت، هنر، اختراع، نیرنگ، تزویر، تصنع.
ar.tif.i.cial [á:tifíʃəl] *adj.*
ساختگی ، مصنوعی ، بدلی .
ar.ti.fi.ci al.i.ty, *n.*
مصنوعی یا ساختگی بودن .
ar.til.lery [a:tíləri] *n.*
توپخانه ، توپ
ar.ti.o.dac.tyl, ar.ti.o.dac.ty-lous, *adj.* [ج.ش.]سم‌شکافته،دارای‌سم‌شکافته.
ar.ti.san [á:tizǽn, á:tizǽn] *n.*
صنعتگر ، صنعتکار ، افزارمند .
art.ist [á:tist] *n.* هنرور ، هنرمند ،
هنرپیشه ، صنعتگر، نقاش وهنرمند، موسیقیدان.
ar.tis.tic [a:tístik] *adj.*
هنرمندانه ، باهنر ، مانند هنرپیشه وهنرمند .
ar.tist.ry [á:tistri] *n.*
استعداد هنرپیشگی، استعداد هنری، هنرمندی.
art.less [á:tlis] *adj.*
بی‌هنر، بی‌صنعت ، ساده ، بی‌تزوین ، غیرصنعتی.
arty, *adj.* هنرنما، مغرور، متظاهر بهنر.
Ary.an, Arian, *adj. & n.*
آریائی ، زبان آریائی ، از نژاد آریائی .
as [ǽz, əz] *adj. & conj.* چنانکه
بطوریکه ، همچنانکه ، هنگامیکه ، چون ،
نظر باینکه ، درنتیجه ، بهمان اندازه ، بعنوان
مثال ، مانند ، چون .
asa.fet.i.da, asa.foe.ti.da, *n.*
انقوزه .
as.bes.tos [ǽzbéstɔs]=**as.bes-tus,** [illegible]
معدنی دارای رشته‌های‌بلند (مانند آمفیبل) .
as.ca.rid, *n.*
کرم روده ، کرم معده ، آسکاریس .
as.ca.ris, *n.*
آسکاریس، نوعی‌کرم جهاز هاضمه.
as.cend[əsénd]*vt.& vi.* فرازیدن،
بالارفتن، صعودکردن، بلندشدن، جلوس کردن‌بر.
as.cen.dant[əséndənt]=**as.cen-dent,** *adj. & n.* فرازجو، فرازگرای،
صعودی ، بالارونده، [نج.] سمت‌الرأس ، نوك.
as.cen.sion [əsénʃən] *n.*
صعود ، عروج عیسی بآسمان ، معراج .
as.cent [əsént] *n.* سربالائی ، فراز ،
صعود ، ترقی ، عروج، فراز روی.
as.cer.tain [ǽsətéin] *vt.*
معلوم‌کردن ، ثابت‌کردن ، معین‌کردن .
as.cer.tain.able, *adj.*
قابل تحقیق ، اثبات‌پذیر، محقق‌شدنی.
as.cer.tain.ment, *n.* تحقیق، اثبات.
as.cet.ic [əsétik] *adj. & n.*
ریاضت‌کش، مرتاض، تارك دنیا، زاهد، زاهدانه.
as.cet.i.cism, *n.* اصول‌ریاضت‌ومرتاضی.
as.crib.a.ble, *adj.*
نسبت دادنی، قابل اسناد.
as.cribe [əskráib] *vt. & vi.*
نسبت‌دادن، اسناد دادن، دانستن، حمل‌کردن
[بر] ، کاتب ، رونویس بردار.
as.crip.tion [əskrípʃən] *n.*
عمل‌نسبت‌دادن‌به‌چیزی، اتصاف، تصدیق‌مالکیت.
aseptic, *adj.* ضد عفونی شده، بی‌گند.
asexual, *adj.*
فاقد خاصیت‌جنسی، غیرجنسی، بدون عمل‌جنسی.
ash [ǽʃ] *vt. & n.*
[گ.ش.] درخت زبان‌گنجشك [Fraxinus]،
خاکستر ، خاکستر افشاندن یا ریختن ، بقایای
جسد انسان پس‌از مرگ .
ashamed [əʃéimd] *adj.*
شرمسار ، خجل ، سرافکنده ، شرمنده .
ash.en [ǽʃən] *adj.*
خاکستری، دارای رنگ خاکستری، شبیه
خاکستر، مربوط‌به چوب درخت زبان‌گنجشك.
ashore [əʃɔ́:, əʃɔ́ə] *adv. & adj.*
درکنار ، درساحل ، بکنار ، بطرف ساحل .
ash-tray, *n.* زیر سیگاری .
ashy, *adj.* خاکستری.
Asia [éiʃə] *n.* قارهٔ آسیا .
Asian, *adj. & n.* آسیائی .
Asia Minor [éiʃə máinə] *n.*
آسیای صغیر .
Asi.at.ic [éiʃiǽtik] *adj. & n.*
آسیائی ، اهل آسیا .
aside [əsáid] *adv., n. & prep.*
بکنار، جداگانه، بیك طرف، جدا از دیگران ،
درخلوت ، صحبت تنها ، گذشته از .
aside from, *prep.*
بعلاوه ، صرفنظرازاینکه ، گذشته ازاین .
as if, *conj.* مثل‌اینکه ، همچنانکه، گه.

as.i.nine, *adj.*
خرصفت، [مج.] نادان، خر، ابله، احمق.

ask [a:sk] (**-ed, -ing**) *vi. & vt.*
پرسیدن، جویاشدن، خواهش کردن، برای چیزی بی تاب شدن، طلبیدن، خواستن، دعوت کردن.

askance [əskǽns] **askant,** *n. & adj.* چپ چپ، کج، از گوشهٔ چشم،[مج.]با چشم حقارت، با نگاه رشک آمیز، ازروی سوءظن.

askew [əskjú:] *adv., adj. & n.*
باگوشه چشم، کج، چپ چپ، اریبوار .

aslant [əslá:nt] *adv. & prep.*
بطورمایل، بسوی سراشیب، اریبی، [illegible]

asleep [əslí:p] *adv. & adj.*
خواب، خفته، خوابیده .

as long as, *conj.* تازمانیکه، بمقدار زیاد، بمدت طولانی، ازوقتی که، از زمانیکه .

aslope, *adj. & adv.* سرازیر .

asp [æsp] *n.*
[ج.ش.] افعی، نوعی ماربنام لاتین Naja haje.

as.par.a.gus [əspǽrəgəs] *n.*
[گ.ش.] مارچوبهٔ رسمی .

as.pect [ǽspekt] *n.*
سیما ، منظر، صورت، ظاهر، وضع، جنبه .

as.pen, *n.*
[گ.ش.] درخت اشنگ ، کبوده، صنوبرلرزان.

as.per.i.ty [æspériti] *n.*
خشنونت (در صدا) ، سختی ، ترشی (در مزه) ، تلخی وخشونت (دراخلاق) ، نامطبوعی .

as.perse [æspə́:s] *vt.*
بدنام کردن ، لکه دار کردن ، هتك شرف کردن ، اهانت وارد آوردن ، آب پاشیدن به .

as.per.sion [æspə́:ʃən] *n.*
توهین ، افتراء ، آب پاشی و آب افشانی .

as.phalt [ǽsfælt, ǽsfɔ:lt], **as-phal.tum,** *n.*
قیرخیابان ، اسفالت ، قیرمعدنی ، زفت معدنی .

as.phyx.ia, *n.*
[طب] خناق ، اختناق ، خفگی .

as.phyx.i.ate [æsfíksieit] *vt.*
خفه کردن ، مختنق کردن ، خناق پیدا کردن .

as.phyx.i.a.tion [æsfíksiéiʃən] *n.*
خفقان، خفه شدن.

as.pi.rant [əspaiərənt] *n.*
جویا ، طالب ، داوطلب کار یا مقام ، آرزومند ، حروف حلقی .

as.pi.rate, *vt., adj. & n.* حلقی،
از حلق اداء کردن ، بانفس تلفظ کردن ، خالی کردن ، بیرون کشیدن (گاز یا بخار ازظرفی)، حرف H اول کلمه ای را بطور حلقی تلفظ کردن.

as.pi.ra.tion [æspiréiʃən] *n.*
دم زنی ، تنفس ، استنشاق، آه ، آرزو ، عروج، تلفظ حرف H از حلق ، شهیق .

aspire [əspáiə] *vt. & vi.*
آرزو داشتن ، آرزو کردن ، اشتیاق داشتن ، هوس داشتن [با after یا for یا at]،بلندپروازی کردن، بالارفتن،فروبردن، استنشاق کردن.

as.pi.rin [ǽspirin] (*pl.* **aspirin, aspirins**) *n.* آسپرین .

ass [æs, a:s] *n.*
[ج.ش.] خر ، الاغ ، آدم نادان وکند ذهن .

assafetida, *n.* انقوزه.

as.sail [əséil] *vt.*
حمله کردن ، هجوم آوردن بر .

as.sail.ant [əséilənt] *n.* حمله کننده.

as.sas.sin [əsǽsin] *n.*
آدمکش ، قاتل .

as.sas.si.nate [əsǽsineit] *vt.*
کشتن ، بقتل رساندن ، ترور کردن .

as.sas.si.na.tion [əsǽsinéiʃən] *n.* قتل، ترور.

as.sault [əsɔ́:lt] *n., vt. & vi.*
یورش ، حمله ، تجاوز ، حمله بمقدسات ، اظهار عشق ، تجاوز یا حمله کردن .

as.say [əséi] *n., vi. & vt.*
سنجش ، آزمایش ، امتحان ، عیارگری ، طعم ومزه چشی ، مزمزه ، کوشش ، سعی ، سنجیدن، عیار گرفتن، محك زدن ، کوشش کردن، چشیدن، بازجوئی کردن ، تحقیق کردن .

as.sem.blage [əsémblidʒ] *n.*
جمع آوری ، اجتماع ، انجمن، عمل سوار کردن (ماشین یا موتور) .

as.sem.ble [əsémbl] (**-d, as-sembling**) *vt. & vi.*
فراهم آوردن، انباشتن، گردآوردن، سوار کردن، جفت کردن، جمع شدن، گردآمدن، انجمن کردن، ملاقات کردن .

as.sem.bly [əsémbli] *n.* اجتماع، انجمن، مجلس، گروه، هیئت قانون گذاری .

as.sent [əsént] (**-ed, -ing**), *vi. & n.*
موافقت کردن ، رضایت دادن، موافقت، پذیرش.

as.sert [əsə́:t] *vt. & n.*
دفاع کردن از ، حمایت کردن ، آزاد کردن ، اظهار قطعی کردن ، ادعا کردن ، اثبات کردن .

assert oneself, *vt.* حقوق وامتیازات خود را بزور بدیگران قبولاندن.

as.ser.tion [əsə́:ʃən] *n.*
تأکید، اثبات، تأیید ادعا، اظهارنامه ، اعلامیه، بیانیه، آگهی، اخبار، اعلان .

as.ser.t.ive [əsə́:tiv] *adj.*
اظهارکننده ، ادعاکننده، مدعی.

as.sess [əsés] *vt.*
تشخیص دادن، تعیین کردن، بستن، مالیات بستن بر، خراج گذاردن بر ، جریمه کردن بر ، ارزیابی ، تقویم کردن .

as.sess.a.ble, *adj.*
قابل ارزیابی یاتقویم.

as.sess.ment [əsésmənt] *n.*
تشخیص، تعیین مالیات، وضع مالیات ، ارزیابی، تقویم ، برآورد ، تخمین ، اظهارنظر .

as.ses.sor [əsésə] *n.*
ارزیاب ، خراج گذار .

as.set [əsésə] *n.*
چیزباارزش ومفید، ممرعایدی، سرمایه، دارائی، جمع دارائی شخص که بایستی بابت دیون او پرداخت گردد .

as.sev.er.ate, *vt.*
بطور جدی اظهار کردن ، تصریح کردن .

as.sev.er.a.tion, *n.*
اظهار جدی ، ادعا .

as.si.du.i.ty [æsidjú:iti] *n.*
توجه ، پشتکار ، استقامت ، مداومت ، توجه و دقت مداوم .

as.sid.u.ous [əsídjuəs] *adj.*
دارای پشتکار ، ساعی ، مواظب .

as.sign [əsáin] *vt.*
واگذار کردن، ارجاع کردن، تعیین کردن، مقرر داشتن، گماشتن ، قلمداد کردن ، اختصاص دادن، بخش کردن، ذکر کردن .

as.sig.na.tion, *n.*
تعیین وقت، قرارملاقات، واگذاری، میعاد .

as.sign.ment [əsáinmənt] *n.*
واگذاری، انتقال قانونی، حواله، تخصیص اسناد، تکلیف درسی ومشق شاگرد ، وظیفه، مأموریت.

as.sim.i.late [əsímileit] *vi. & vt.*
یکسان کردن ، همجنس کردن ، شبیه ساختن ، در بدن جذب کردن ، تحلیل رفتن، سازش کردن، وفق دادن ، تلفیق کردن ، همانند ساختن.

as.sim.i.la.tor, *n.*
جذب کننده ، تحلیل برنده ، همانند سازنده.

as.sim.i.la.tion [əsìmiléiʃən] *n.*
جذب وترکیب غذا (دربدن)، تشبیه، یکسانی.

assist [əsíst] *vt., vi. & n.*
همدستی و یاری کردن، دستگیری کردن، شرکت جستن، حضور بهم رساندن، توجه کردن، مواظبت کردن، ملحق شدن، پیوستن به، حمایت کردن از، همکاری، کمك، پایمردی کردن، دستیاری کردن.

as.sist.ance [əsístəns] *n.* پایمردی، همدستی ، کمك ، مواظبت ، رسیدگی ، دستیاری.

as.sist.ant [əsístənt] *adj. & n.*
معاون، یاور، دستیار، ترقی دهنده .

as.size [əsáizi] *n.*
محکمه، محکمهٔ جنائی، هیئت قضات یا منصفه ، [درجمع] نرخ قانونی ، واحد وزن و پیمانه ، فرمان ، مشیت .

as.so.cia.ble, *adj.* انس پذیر ، قابل معاشرت، متجانس شدنی، معاشرتی، انطباق پذیر.

as.soc.i.ate [əsóuʃieit] *vt., vi., adj. & n.* هم پیوند، همبسته، آمیزش کردن، معاشرت کردن ، همدم شدن ، پیوستن ، مربوط ساختن ، متحدکردن ، شریك کردن ، همدست، همقطار ، عضو پیوسته ، شریك ، همسر، رفیق .

as.so.ci.a.tion [əsòusiéiʃən, əsòuʃiéiʃən] *n.* شرکت، انجمن، معاشرت، اتحاد، پیوستگی، تداعی معانی ، تجمع، آمیزش.

as.so.nant, *adj.*
همصدا، شبیه درصدا، مشابه یامتجانس (درصدا).

as.sort [əsɔ́:t] *vt. & vi.*
جور کردن ، طبقه بندی کردن ، مناسب بودن ، همنشین شدن .

as.sort.ed, *adj.* جور شده ، همه فن‌حریف ، همسر ، یار ، درخور ، مناسب .

as.sort.ment, *n.*
ترتیب، مجموعه، دسته، دسته بندی، طبقه بندی .

as.suage [əswéidʒ] *vt.*
آرام کردن ، تخفیف دادن .

as.sume [əsjú:m] *vt. & vi.*
بخود گرفتن ، بخود بستن ، وانمود کردن ، تظاهر کردن، تقلید کردن،فرض کردن،پنداشتن، بعهده گرفتن ، تقبل کردن ، انگاشتن.

assuming, *adj.*
خودبین، ازخودراضی، متکبر، لافزن، پرمدعا.

as.sump.tion [əsʌ́mpʃən] *n.*
فرض، خودبینی ، غرور، اتخاذ ، قصد ، گمان ، (با A) جشن صعود مریم بآسمان، انگاشت.

as.sur.ance [əʃúərəns] *n.*
اطمینان، دلگرمی، خاطرجمعی ، گستاخی، بیمه [مخصوصاً بیمهٔ عمر] ، تعهد ، قید ، گرفتاری ، ضمانت ، وثیقه ، تضمین ، گروی ، پشتگرمی.

as.sure, *vt.* تضمین کردن، اطمینان دادن، بیمه کردن.

as.sured, *adj. & n.*
خاطرجمع ، مطمئن، امن ، محفوظ ، جسور ، مغرور ، بیمه شده ، محرم .

as.sur.ed.ly [əʃúəridli] *adv.* مطمئناً.

as.sur.er, as.sur.or, *n.*
بیمه کنندهٔ عمر، اطمینان دهنده، مطمئن سازنده.

As.sy.ria, *n.* آشور، کشور آشور .

As.syr.i.an, *adj. & n.*
آشوری ، زبان آشوری ، اهل کشور آشور .

as.ter [ǽstə] *n.*
[گ.ش.] ستاره ، گل ستاره ای، مینا، گل مینا.

as.ter.isk [ǽstərisk] *n.,vt.&vi.*
نشان ستاره (بدین شکل*)، باستاره نشان کردن.

astern [əstə́:n] *adv.*
درعقب کشتی ، بطرف عقب ، پسین .

as.ter.oid, *adj. & n.* سیارك، خرده سیاره، [درجمع] نوعی آتشبازی که شکل ستاره دارد، شبیه ستاره، ستاره مانند، ستاره ای.

asth.ma [ǽsmə] *n.*
تنگی نفس ، نفس تنگی ، آسم ، آهو.

asth.mat.ic, *adj.*
تنگ نفس ، دچار تنگی نفس .

as.tig.mat.ic, *adj.* [تش.] دچار بی نظمی درجلیدیهٔ چشم، نامنظمی عدسی چشم.

astig.ma.tism, *n.*
[طب] بی نظمی درجلیدیهٔ چشم.

astir [əstə́:] *adv. & adj.*
بیرون از بستر، در جنبش، در حرکت، فعال.

as.ton.ish [əstɔ́niʃ] *vt.*
متحیر کردن ، گیج کردن .

as.ton.ish.ment, *n.*
شگفتی، سرگشتگی، حیرت، بیهوشی، حیرانی .

as.tound [əstáund] *adj., vt. & vi.*
گیج ، متحیر ، مبهوت کردن .

astrad.dle, *adv. & prep.*
با پاهای از هم گشاده (مثل سوار اسب شدن) ، دارای پای گشاد، گشاد گشاد .

as.tral, *adj & n.*
ستاره ای، شبیه ستاره، علوی .

astray [əstréi] *adv.*
گمراه، سرگردان، منحرف، بیراه، گیج .

a.stride [əstráid]=**astraddle,** *adv. & prep.* با پاهای گشاد ازهم.

as.trin.gen.cy, *n.* گسی، خاصیت قبض (مزاج) ، سفتی ، سختی ، تندی ، درشتی، خشونت.

as.trin.gent, *adj. & n.* گس، قابض، جمع کننده، سفت،داروی قابض، سخت گیر، دقیق، طاقت فرسا ، شاق ، تند و تیز.

as.tro.dome, *n.*
گنبد شیشه ای که خلبان میتواند از وراء آن آسمان را مشاهده کند ، سالن رسد خانه .

as.tro.labe, *n.* اسطرلاب .

as.trol.o.ger [əstrɔ́lədʒə] *n.*
منجم، ستاره شناس، طالع بین، احکامی.

as.trol.o.gy [əstrɔ́lədʒi] *n.*
علم احکام نجوم، طالع بینی ، ستاره شناسی .

as.tro.naut, *n.* فضانورد،مسافرفضائی.

as.tro.navigation, *n.*
ستاره نوردی، فضانوردی .

as.tron.o.mer [əstrɔ́nəmə] *n.*
ستاره شناس ، اخترشناس، منجم .

as.tro.nom.i.cal [æstrənɔ́mikl], **as.tro.nom.ic,** *adj.*
نجومی، عظیم، بیشمار، وابسته به علم هیئت.

as.tron.o.my [əstrɔ́nəmi] *n.*
هیئت،علم هیئت،علم نجوم، ستاره شناسی،طالع بینی.

as.tro.photography, *n.*
عکس برداری ازستارگان برای تحقیقات فضائی.

as.tro.physics, *n.* فیزیك نجومی ، مبحث اجرام سماوی .

as.tute [əstjú:t] *adj.*
زیرك، ناقلا،دانا،هوشیار، محیل،دقیق، موشکاف.

asun.der [əsʌ́ndə] *adv. & adj.*
جدا، سوا، دونیم، دوقسمتی .

asy.lum [əsáiləm] *n.* پناهگاه ، گریزگاه ، نوانخانه ، یتیم خانه ، تیمارستان .

asymmetric, asym.met.rical, *adj.* بی قرینه ، غیرمتقارن، بی تناسب.

asymmetry, *n.* عدم تقارن .

as.ymp.tote, *n.*
[هن.] خط مجانب ، مماس ازلی .

asynchronous, *adj.*
غیرهمزمان، غیرمعاصر، مختلف الزمان.

asyn.de.ton (*pl.* **-s, -ta**) *n.*
حذف حرف عطف .

at [æt, ət] *prep.*
بسوی، بطرف، به، در، پهلوی، نزدیك، دم، بنابر،

درنتیجه، برحسب، ازقرار، بقرار، سرتاسر، مشغول.

at all, *adv.* بهیچ وجه ، ابداً .

at.a.vism, *n.* نیاکان‌گرائی. شباهت به نیاکان، برگشت بخوی نیاکان .

athe.ism [*éiθiizm*] *n.* انکار وجود خدا ، الحاد ، کفر

athe.ist [*éiθiist*] *n.* منکرخدا ، خدانشناس، ملحد .

athe.is.tic [*éiθiístik*] *adj.* [illegible]

athirst, *adj.* تشنه ، مشتاق .

ath.lete [*æθli:t*] *n.* ورزشکار ، پهلوان ، قهرمان ورزش.

ath.let.ic [*æθlétik*] *adj.* ورزشی، پهلوانی، تنومندی ، ورزشکار .

ath.let.i.cism, *n.* ورزشکاری، ورزش‌گرائی.

ath.let.ics [*æθlétiks*] *n.pl.* علم ورزش، ورزشکاری، پهلوانی، زور ورزی.

athwart [*əθwɔ́:t*] *adv. & prep.* ازاینسو بآن‌سو، ازطرفی بطرف دیگر، ازوسط، [مج.] برخلاف، برضد .

At.lan.tic Ocean. اقیانوس اطلس .

At.lan.tis [*ətlǽntis*] *n.* جزیره‌ای که سابقاً گویند در مغرب جبل‌الطارق وجود داشته ودراثر زلزله بدریا فرو رفته است .

At.las [*ǽtləs*] *n.* مهرهٔ اطلس، [یونان باستان] قهرمانی که دنیا را روی شانه‌هایش نگهداشته است ، کتاب نقشهٔ جهان .

at.mo.sphere [*ǽtməsfiə*] *n. & vt.* پناد، کرهٔ هوا، جو، واحد فشارهوا، فضای اطراف هرجسمی [مثل فضای الکتریکی ومغناطیسی] .

at.mo.spher.ic [*ætməsférik*], *adj.* هوائی ، جوی .

ato.le, *n.* جزیره یاجزایرمرجانی که اطراف‌دریاچه رامثل کمربندی احاطه کرده باشد.

at.om [*ǽtəm*] *n.* اتم، جوهرفرد، جزءلایتجزی، کوچکترین ذره.

atom.ic [*ətɔ́mik*] *adj.* ذره‌ای، مربوط بجوهر فرد، ریز، اتمی.

at.om.iza.tion, *n.* عمل تبدیل‌جسم‌بذرات کوچك، عمل بمباران اتمی.

at.om.ize, *vt.* (مایعات) تبدیل به‌پودر کردن، مرکب از اتم یا ذرات ریز کردن.

at.om.iz.er, *n.* دستگاهی که عناصری رابه ذرات ریز تبدیل می کند مثل عطرپاش .

at.o.my (*pl.* **atomies**) *n.* اتم، ذره، کوتوله، اسکلت انسان .

aton.al, *adj.* [مو.] دارای عدم‌هم‌آهنگی وتوازن، ناموزون.

atone [*ətóun*] *vt. & vi.* کفاره دادن ، جبران‌کردن ، جلب‌کردن ، خشم (کسی‌را) فرونشاندن، جلب‌رضایت‌کردن.

atone.ment [*ətóunmənt*] *n.* کفاره ، دیه ، جبران ، اصلاح .

at.o.ny, *n.* سستی ، ضعف ، [د.] عدم اتکاء .

atop, *adj., adv. & prep.* دربالا، بالا، بطرف‌بالا، درروی، دربالای.

at.ra.bil.i.ous, *adj.* سودائی (مزاج)، سست مزاج .

atri.o.ventricular, *adj.* [تش.] دهلیزی وبطنی، مابین دهلیز وبطن‌قلب.

atri.um (*pl.* **ria - s**) *n.* اطاقمیانی خانه‌های روم‌قدیم ، [تش.] آن‌قسمت از دهلیز قلب که خون سیاهرگی بآن می‌ریزد .

atro.cious [*ətróuʃəs*] *adj.* با شرارت بی‌پایان، بیرحم، ستمگر، سبع.

atro.city, *n.* شقاوت، بیرحمی.

at.ro.phy [*ǽtrəfi*] *n., vt. & vi.* [طب] لاغری، ضعف‌بنیه، [گ.ش.] نقصان قوهٔ نامیه ، لاغرکردن ، خشك‌شدن ، لاغرشدن.

at.tach [*ətǽtʃ*] *vt. & vi.* بستن ، پیوستن ، پیوست کردن ، ضمیمه‌کردن ، چسباندن ، نسبت دادن ، گذاشتن ، [حه.] ضبط کردن ، توقیف شدن .

at.tach.a.ble, *adj.* قابل بهم‌پیوستن یا ضمیمه کردن .

[illegible]

at.ta.ché case, *n.* چمدان یا جامه‌دان مخصوص حمل اسناد .

at.tach.ment, *n.* وابستگی ، تعلق ، ضمیمه ، دنبال ، ضبط ، حکم .

at.tack [*ətǽk*] (**- ed, - ing**), *vt., vi. & n.* تاخت، حمله‌کردن‌بر، مبادرت‌کردن به ، تاخت‌کردن، باگفتار ونوشتجات بدیگری حمله‌کردن، حمله، تاخت وتاز، یورش، اصابت یانزول ناخوشی .

at.tain [*ətéin*] *vt. & vi.* دست یافتن، رسیدن ، نائل شدن ، موفق شدن ، تمام‌کردن ، بدست‌آوردن ، بانتها رسیدن ، زدن .

at.tain.able [*ətéinəbl*] *adj.* نائل شدنی، دردسترس، بدست‌آوردنی .

at.tain.ment [*ətéinmənt*] *n.* نیل، حصول ، اکتساب ، دست یابی.

at.tempt [*ətém(p)t*] *vt., vi & n.* کوشش‌کردن، قصدکردن، مبادرت‌کردن‌به، تقلا کردن، جستجوکردن، کوشش، قصد.

at.tend [*əténd*] *vt. & vi.* توجه‌کردن ، مواظبت‌کردن ، گوش کردن [به] ، رسیدگی کردن ، حضورداشتن [در] ، درملازمت کسی‌بودن ، همراه‌بودن [با]، [مج.] درپی‌چیزی بودن، ازدنبال‌آمدن، منتظرشدن، انتظار کشیدن، انتظار داشتن .

at.ten.dance [*əténdəns*] *n.* توجه ، مواظبت ، رسیدگی ، تیمار ، پرستاری ، خدمت، ملازمت، حضور، حضار، همراهان، ملتزمین.

at.ten.dant [*əténdənt*] *adj. & n.* همراه، ملازم، مواظب، وابسته، متعلق، تابع.

at.ten.tion [*əténʃən*] *n.* توجه، مواظبت، دقت، خاطر، حواس، ادب‌ونزاکت، [نظ.] خبردار، حاضرباش (باحرف بزرگ).

at.ten.tive [*əténtiv*] *adj.* مواظب، ملتفت، متوجه، بادقت .

at.ten.u.ate, *vt., vi. & adj.* رقیق‌کردن، نازك‌کردن، لاغرکردن، سبك‌کردن، تقلیل‌دادن، دقیق‌شدن، نازك، رقیق.

at.test [*ətést*] *vt., vi. & n.* گواهی‌دادن (با to)، شهادت‌دادن ، سوگند یاد کردن، تصدیق امضاءکردن .

at.tes.ta.tion, *n.* گواهی، شهادت، تصدیق امضاء، تحلیف، سوگند.

At.tic [*ǽtik*] *adj. & n.* اطاق‌کوچك زیرشیروانی، وابسته به شهر آتن.

at.tire [*ətáiə*] *vt. & n.* آراستن، آرایش‌کردن، لباس پوشاندن ، لباس، آرایش .

at.ti.tude [*ǽtitju:d*] *n.* گرایش، حالت، هیئت، طرزبرخورد، روش ورفتار.

at.tor.ney [*ətə́:ni*] *n.* وکیل، مدعی، وکالت، نمایندگی، وکیل مدافع.

attorney general (*pl.* **attorneys general, - s**) *n.* مدعی‌العموم، دادستان.

at.tract [*ətrǽkt*] *vt., vi. & n.* جلب کردن، جذب کردن، مجذوب ساختن .

at.trac.tion [*ətrǽkʃən*] *n.* کشش، جذب، جاذبه، کشندگی.

at.tract.ive [*ətrǽktiv*] *adj. & n.* کشنده، جاذب، جالب، دلکش، دلربا، فریبنده.

at.tri.bute [*ətríbju:t*] *vt. & n.* نشان، خواص، شهرت، افتخار، نسبت‌دادن، حمل کردن (بر) .

at.tri.bu.tion, *n.* نسبت‌دادن، اختیار، تخصیص.

at.trib.u.tive [*ətribjutiv*] *adj.* اسنادی، (د.) مستقیم [درمورد صفات].

[illegible]

at.tri.tion [*ətríʃən*] *n.* سائیدگی، اصطکاك، مالش، خراش.

at.tune, *vt.* هم‌آهنگ‌کردن، هم‌کوك‌کردن، [مج.]وفق‌دادن، مناسبت، موافق .

atyp.i.cal, *adj.* غیرمعمولی، بیقاعده .

au.burn [*ɔ́:bən*] *adj. & n.* بور، طلائی، قهوه‌ای مایل بقرمز ، رنگ قرمز مایل بزرد .

au cou.rant=up-to-date, *adj.* درجریان روز، مطلع، باخبر.

auc.tion [*ɔ́-kʃən*] *vt. & n.* حراج، مزایده، حراج‌کردن، بمزایده‌گذاشتن.

auc.tion.eer [*ɔ́:kʃəníə*] *vt. & n.* دلال حراج، حراجی، حراج‌کننده .

au.da.cious [*ɔ:déiʃəs*] *adj. & adv.* بی‌پروا، بی‌باك، متهور، بی‌باکانه، بیشرم.

au.dac.i.ty [*ɔ:dǽsiti*] *n.* بی‌باکی، بی‌پروائی، جسارت، گستاخی.

au.di.bil.i.ty, *n.* رسائی صدا، قابلیت استماع.

au.di.ble [*ɔ́:dibl*] *adj.* قابل شنیدن، شنیدنی، رسا، مسموع .

au.di.bly, *adv.* باصدای رسا .

au.di.ence [*ɔ́:diəns*] *n.* بار، ملاقات رسمی، حضار، مستمعین.

au.di.o, *adj. & n.* وابسته به‌شنوائی یا صوت ، گیرنده وتقویت‌کنندهٔ صدا، شنودی.

au.dio-visual, *adj.* دید و شنودی، سمعی وبصری، آموزش سمعی وبصری.

au.dit [*ɔ́:dit*] *n. & vt.* رسیدگی، بازرسی، ممیزی ، رسیدگی‌کردن .

au.di.tion, *n., vt. & vi.* قدرت استماع، استماع، آزمایش هنرپیشه.

au.di.tor [*ɔ́:ditə*] *n.* مأموررسیدگی، ممیزحسابداری، شنونده، مستمع.

au.di.to.ri.um [*ɔ:ditɔ́:riəm*] *n.* تالارکنفرانس، تالار شنوندگان، شنودگاه.

au.di.to.ry [*ɔ́:ditəri*] *adj.* مربوط بشنوائی یاسامعه، مربوط‌به‌ممیزی وحسابداری.

au.ger, *n.* مته، دیلم، زمین سوراخ‌کن.

aught [*ɔ:t*]=**anything,** *pron., n. & adv.* چیزی، هرچیزی ، [ك.] هیچ، بهیچوجه، ابداً، صفر ، [ك.] هیچ‌چیز .

aug.ment [*ɔ:gmént*] *vt., vi. & n.* افزودن، زیادکردن ، علاوه‌کردن ، زیادشدن ، تقویت‌کردن .

aug.ment.able, *adj.* قابل افزایش.

aug.men.ta.tion [*ɔ́:gmenteíʃən*] *n.* افزایش، اضافه .

au.gur [*ɔ́:gə*] (**- ed, - ing**), *vt. & vi.* غیب‌گو ، فال‌بین ، فالگیر ، پیش‌بینی‌کردن (باتفأل) .

au.gu.ry [*ɔ́:gjuri*] *n.* پیشگوئی، پیش‌بینی، پیش‌آگاهی .

au.gust [*ɔ́:gəst*] *adj. & n.* همایون، بزرگ، جاه ، عظیم ، عالی نسب ، ماه هشتم سال مسیحی که ۳۱ روز است، اوت.

aunt [*a:nt*] *n.* عمه، خاله، زن‌دائی، زن‌عمو.

au.ra, *n.* نشئه وتجلی هرماده (مثل بوی گل)، رایحه، تشعشع نورانی .

au.re.ate, *adj.* طلائی، طلائی رنگ ، طلائی‌کردن .

au.re.ole, au.re.o.la, *n.* هاله یا نور گرداگرد سرمقدسین ، هالهٔ نورانی اطراف خورشید وسایر ستارگان .

au re.voir [*ou rəvwá:r*] *n.* (فرانسه) خداحافظ، بامید دیدار .

[illegible] طلائی ، وابسته بگوش یا سامعه، گوشی.

au.ric.u.lar, *adj.* وابسته‌بشنوائی، گوشی، سماعی، تواتری، دهلیزی.

au.rif.er.ous, *adj.* زرخیز، طلادار.

au.ro.ra [*ɔ:rɔ́:rə*] *n.* سپیده‌دم، فجر، سرخی شفق، آغاز.

aurora bo.re.al.is, *n.* شفق شمالی، نور یا فجرشمالی.

aus.cul.tate, *vt.* گوش‌دادن [طب]، معاینه‌کردن .

aus.pices [*ɔ́:spisiz*] *n.pl.* تطیر ، تفأل ازروی پرواز مرغان، فال ، شگون، (درجمع) سایه، حمایت، حسن‌توجه، توجهات

aus.pi.cious [*ɔ:spíʃəs*] *adj.* فرخ، فرخنده، خجسته، سعید، مبارك، بختیار، مساعد.

aus.tere [*ɔ:stíə*] *adj.* سخت، تندوتلخ، ریاضت‌کش، تیره‌رنگ .

aus.ter.i.ty [*ɔ:stériti*] *n.* سختی، تروشروئی، ریاضت، سادگی زیاده‌ازحد.

aut - , auto - پیشوندیست بمعنی «خود» و «وابسته‌بخود» و «خودکار» .

au.tar.chy, au.tar.ky [*ɔ́:ta:ki*], *n.* کفایت، لیاقت، استبداد، حکومت استبدادی، حاکم‌مطلق، جبارمطلق، خودبسندگی.

au.then.tic [*ɔ:θéntik*] *adj. & n.* صحیح، معتبر، درست، مؤثق، قابل‌اعتماد.

au.then.ti.cate [*ɔ:θéntikeit*] *vt.* اعتباردادن، سندیت‌یارسمیت‌دادن، تصدیق کردن.

au.then.ti.ca.tion, *n.* تصدیق، سندیت.

au.then.ti.ca.tor, *n.* تصدیق‌کننده.

au.thor [*ɔ́:θə*] *n.* منصف ، مؤلف ، نویسنده، مؤسس، بانی، باعث، خالق، نیا.

au.thor, *vt.* نویسندگی‌کردن ، تألیف و تصنیف‌کردن، باعث شدن.

au.thor.ess [*ɔ́:θəres*] *n.* نویسنده‌زن.

au.thor.i.tar.i.an, *adj. & n.* طرفدار تمرکزقدرت دردست یکنفریایك هیئت، طرفدار استبداد.

au.thor.i.tar.i.an.ism, *n.* فلسفهٔ تمرکز قدرت یا استبداد .

au.thor.i.ta.tive [*ɔ:θɔ́ritətiv*], *adj.* آمر، مقتدر، توانا، معتبر.

au.thor.i.ty [*ɔ:θɔ́riti*] *n.* قدرت ، توانائی، اختیار، اجازه، اعتبار، نفوذ، مدرك یامأخذی ازکتاب معتبریاسندی، نویسندهٔ معتبر، منبع صحیح‌وموثق، (درجمع) اولیاءامور.

au.tho.ri.za.tion [*ɔ́:θəraizéiʃən*], *n.* اجازه، اختیار.

au.tho.rize [*ɔ́:θəraiz*] *vt.* اجازه‌دادن، اختیاردادن، تصویب‌کردن .

au.thor.ship [*ɔ́:θəʃip*] *n.* تألیف وتصنیف ، نویسندگی ، احداث ، ایجاد ، ابداع، ابتکار، اصل، آغاز .

au.to [*ɔ́:tou*] *n.* خودرو، ماشین‌سواری.

au.to.bahn, *n.* بزرگراه، شاهراه، اتوبان، جادهٔ عریض.

au.to.bi.og.ra.phy [ɔ:toubaiɔ́grəfi] *n.* خودزندگی‌نامه، خودزیستنامه، نگارش شرح زندگی شخصی بوسیلهٔ خود او .

au.toch.thon (*pl.* - s, - es) *n.* بومی ، محلی .

au.toch.tho.nous, *adj.* بومی، محلی، ذاتی، تشکیل شده یا ایجاد شده درمحل خود ، [ز.ش.] جابجا نشده .

au.toc.ra.cy [ɔ:tɔ́krəsi] (*pl.* - cies) *n.* حکومت‌مطلق،حکومت‌مستقل.

au.to.crat [ɔ́:təkræt] *n.* حاکم‌مطلق، سلطان‌مستبد، سلطان‌مطلق.

au.to.crat.ic [ɔ:toukrǽtik] *adj.* مطلق، مستقل، استبدادی.

au.toe.cious, *adj.* [زیست‌شناسی] انگل یك میزبانی، تك میزبانه.

au.to.erotic, *adj.* مربوط به‌لقاح باخود (مثل بعضی‌ازکرمها).

au.to.erotism, au.to.erot.i-cism, *n.* لقاح باخود ، تحریك خود، احتلام .

au.to.graph [ɔ́:təgra:f] *vt. & n.* دستخط خودمصنف ، خط یا امضای خودشخص ، دستخط نوشتن، ازروی دستخطی رونویسی کردن (مثل عکس)، توشیح کردن .

au.to.hyp.no.sis, *n.* هیپنوتیزم خود .

au.tol.o.gous, *adj.* مشتق ازخود.

au.tol.y.sis, *n.* هضم یا گوارش خودبخود.

au.to.mat, *n.* دستگاه خودکاری کـه پس‌از انـداختن سکه‌ای درون آن غذا یا مشروبی را خارج می کند .

au.to.mat.ic [ɔ:təmǽtik] *n. & adj.* دستگاه خودکار، خودکار، مربوط به ماشینهای خودکار ، غیرارادی .

au.to.mat.i.cal.ly [ɔ:təmǽtikəli] *adv.* بطور خودکار، بطور غیرارادی .

au.to.ma.tic.i.ty, *n.* خودکاری، خودبخودی .

au.to.ma.tion, *n.* کنترل وهدایت دستگاهی بطورخودکار، دستگاه تنظیم خودکار .

au.tom.a.tism, *n.* حرکت خودبخود، حرکت غیرارادی، کارعادی وبدون فکر، بطور خودکار، حالت خودکاری.

au.tom.a.ti.za.tion, *n.* خودکاری، حرکت غیرارادی، حالت خودکار.

au.tom.a.tize, *vt.* خودکارکردن، کسی‌را بی‌اراده‌آلت دست‌کردن.

au.tom.a.ton (*pl.* - s, - ta) *n.* آدم مکانیکی، ماشینی که‌کارهای انسان‌رامیکند، [مج.] آدم بی‌اراده، آلت دست.

au.to.mo.bile [ɔ:toumoubí:l], *n. & vi.* خودرو، اتومبیل ، ماشین متحرك خودکار، ماشین خودرو، اتومبیل راندن ، اتومبیل سوارشدن .

au.to.mo.tive, *adj.* خودرو ، مربوط به وسائل نقلیهٔ خودرو .

au.ton.o.mous [ɔ:tɔ́nəməs] *adj.* دارای‌حکومت‌مستقل،خودمختار،(زیست‌شناسی) دارای زندگی مستقل ، [گ.ش.] خودکار بطور غیرارادی، [ر.ش.] واجدکنترل‌داخلی.

au.ton.o.my [ɔ:tɔ́nəmi] *n.* استقلال داخلی ، خود مختاری ، حاکمیت ملی مبنی براستقلال اقتصادی وسیاسی .

au.top.sy [ɔ́:tɔpsi] *n. & vt.* کالبد شکافی ، [مج.] تشریح مرده ، تشریح نسج مرده (درمقابل biopsy).

au.to.sug.gestion, *n.* تلقین بنفس ، القاء بنفس .

au.tot.o.my, *n.* [زیست‌شناسی] تقسیم‌خودبخود، انفصال‌خودبخود دست یا پا یاعضو حیوان از بدن ، خودبری.

au.tumn [ɔ́:təm] *n.* پائیز، خزان، زمان رسیدن‌ونزول‌چیزی،دوران کمال،آخرین‌قسمت، سومین دورهٔ‌زندگی، زردی.

au.tum.nal, *adj.* پائیزی .

aux.il.ia.ry [ɔ:gzíliəri] *adj. & n.* معین، کمك‌دهنده ، امدادی،کمکی.

avail [əvéil] *vt., vi. & n.* سودمندبودن، بدرد خوردن، دارای ارزش‌بودن، دردسترس واقع‌شدن، فایده‌بخشیدن، سود،فایده، استفاده، کمك، ارزش.

avail.a.bil.i.ty [əvèiləbíliti] *n.* قابلیت استفاده، چیزمفید وسودمند، شخص‌مفید، دسترسی.

avail.a.ble [əvéiləbl] *adj.* دردسترس، فراهم،قابل‌استفاده، سودمند،موجود.

av.a.lanche [ǽvəla:nʃ] *vt.,vi.&n.* بهمن، نزول ناگهانی و عظیم هرچیزی ، بشکل بهمن فرودآمدن.

avant-garde, *n.* پیشرو و موجد (سبك وطریقهٔ هنری) .

av.a.rice [ǽvəris] *n.* آز، حرص، طمع.

av.a.ri.cious [æ̀vəríʃəs] *adj.* حریص، آزمند، طماع.

avast, *interj.* [د.ن. - بصورت امر] ایست، توقف‌کنید .

avaunt, *interj.* دستوراخراج ، برو.

avenge [əvéndʒ] *vt. & vi.* کینه‌جوئی کـردن (از) ، تلافی کـردن ، انتقام کشیدن (از).

aveng.er, *n.* انتقامجو.

av.e.nue [ǽvənju:] *n.* خیابان، راه، خیابان وسیع، راهروباغ.

aver [əvə́:] (- red, - ring) *vt.* از روی یقین گفتن ، بطور قطع اظهار داشتن ، اثبات‌کردن ، تصدیق کردن ، بحق دانستن .

av.er.age [ǽvəridʒ] *n., adj., vt. & vi.* معدل، حد وسط، میانه، متوسط، درجهٔ عادی ، میانگین ، حد وسط (چیزیرا) پیداکردن، میانه قراردادن، میانگین گرفتن، روبهمرفته‌بالغ‌شدن.

averse [əvə́:s] *adj.* بیزار، مخالف، متنفر، برخلاف میل.

aver.sion [əvə́:ʃən] *n.* بیزاری،نفرت، مخالفت، ناسازگاری، مغایرت.

avert [əvə́:t] *vt.* برگرداندن، گردانیدن، دفع‌کردن، گذراندن، بیزارکردن، بیگانه‌کردن، منحرف‌کردن.

Aves.ta, *n.* اوستا،کتاب زرتشت.

Aves.tan, *adj.* زبان اوستائی، زبان باستانی ایران.

av. gas, *n.* بنزین‌هواپیما، سوخت‌طیاره.

avian, *adj.* وابسته به مرغان، مرغی.

avi.ary [éiviəri] *n.* لانهٔ مرغ ، مرغدانی، محل‌پرندگان.

avi.ate, *vi.* هواپیمائی‌کردن، پروازکردن.

avi.a.tion [èiviéiʃən] *n.* هواپیمائی، هوانوردی.

avi.a.tor [éivieitə] *n.* هوانورد ، خلبان .

avi.a.trix [éivieitriks] = **avi.a.-tress,** *n.* خلبان زن، زن هوانورد.

avi.cul.ture, *n.* پرورش مرغ، تربیت مرغ، مرغداری.

av.id [ǽvid] *adj.* حریص، آزمند، مشتاق، آرزومند، متمایل.

avid.i.ty [əvíditi] *n.* اشتیاق، آز، حرص، آزمندی، پرخوری، طمع.

aviru.lent, *adj.* غیر بیماریزا ، بدون شدت.

avi.ta.min.o.sis, *n.* [طب] کمبود ویتامینها دربدن.

av.o.ca.do (*pl.* - s, - es) *n.* نوعی میوهٔ شبیه انبه یاگلابی بزرگ، اوکادو.

av.o.ca.tion [æ̀voukéiʃən] *n.* کار فرعی، کارجزئی ، مشغولیت، سرگرمی، کار، حرفه، کسب .

avoid [əvɔ́id] (- ed, - ing) *vt.* دوری‌کردن از ، احترازکردن، اجتناب‌کردن، طفره رفتن‌از، [حق.] الغاءکردن، موقوف‌کردن.

avoid.ance [əvɔ́idəns] *n.* پرهیز، اجتناب، کناره‌گیری، احتراز، طفره .

av.oir.du.pois [æ̀vədəpɔ́iz] *n.* اشیاء و اجناسی‌که بـا توزین فروخته میشوند ، مقیاس وزن اجناس سنگین ، سنگینی ، وزن .

avouch [əváutʃ] *vt. & vi.* آشکاراگفتن، اقرارکردن، اطمینان‌دادن، تضمین کردن، مستقر ساختن، مقرر داشتن ، تصدیق و تأئیدکردن، تثبیت‌کردن.

avow [əváu] (- ed, - ing) *n. & vt.* نذر، پیمان،عهد، قول، شرط،تعیین، عزم،تصمیم، نذرکردن، قسم‌خوردن، وقف‌کردن.

avow.al [əváuəl] *n.* اعتراف، اظهار آشکار، اظهار واقرار علنی

avow.ed.ly [əváuidli] *adv.* معترفاً.

avul.sion, *n.* [حق.] جداشدن زمینی ازیك‌ملك وپیوستن‌بملك دیگر درنتیجهٔ سیل یا تغییر مسیر رودخانه.

avun.cu.lar, *adj.* مربوط‌بدائی، مانند دائی، (بەشوخی) طرف، مرتهن یاگروگیر.

await [əwéit] *vt. & vi.* منتظربودن ، منتظرشدن، انتظار داشتن، ملازم کسی‌بودن، درکمین (کسی) نشستن.

awake [əwéik] (**awoke,awak-ed,awok.en, awaking**) *vi.&adj.* بیدار شدن، بیدار ماندن، بیدارکردن، بیدار.

awak.en [əwéikən] (**-ed, - ing**), *vi.* بیدارکردن ، بیدار شدن.

award [əwɔ́:d] *vt. & n.* جایزه، رأی، مقررداشتن، اعطاکردن، سپردن،امانت‌گذاردن.

aware [əwɛ́ə] *adj.* آگاه، باخبر، بااطلاع، ملتفت، مواظب.

awash, *adv.* مماس باسطح آب، سرگردان بروی امواج دریا، لبریز.

away [əwéi] *adv. & adj.* کنار، یکسو، بیك طرف، دوراز، خارج، بیرون از ، غایب ، درسفر ، بیدرنگ ، پیوسته ، بطور پیوسته، متصلاً ، مرتباً ، ازآنجا ، ازآن زمان، پس‌ازآن، بعد، ازآنروی، غایب، رفته، بیرون، دورافتاده، دور، فاصله‌دار، ناجور، متفاوت.

awe [ɔ:] *n. & vt.* هیبت، ترس (آمیخته بااحترام) ، وحشت، بیم، هیبت دادن، ترساندن.

aweary=wearied, *adj.* خسته.

aweather, *adv.* درجهت باد.

awe.some [ɔ́:səm] *adj.* مایهٔ هیبت یا حرمت، پراز ترس وبیم، حاکی از ترس، ناشی‌ازبیم، وحشت‌آور، ترس‌آور.

awestrick.en, awe.struck, [ɔ́:strʌk] *adj.* وحشت زده، خوف زده.

aw.ful, *adj.* مهیب یا ترسناك، ترس، عظمت.

awhile [ə(h)wáil] *adv.* اندکی، مدتی، یك چندی.

awk.ward [ɔ́:kwəd] *adj.* زشت،بی‌لطافت، ناشی، سرهم‌بند، غیراستادانه.

awl [ɔ:l] *n.* درفش ، سـوراخ کن .

aw.ning [ɔ́:niŋ] *n.* سایبان‌کرباسی، ساباط، پناه، پناهگاه، حفاظ.

AWOL, *n. & adj.* مخفف‌کلمات absent without leave ، (درنظام) غایب بدون اجازه .

awry [ərái] *adj. & adv.* منحرف ، غلط،کج،چپ‌چپ، بدشکل، بطورمایل، زشت.

ax, axe [æks] *vt., vi. & n.* تبر، تیشه، تبر دودم، تبرزین، باتبر قطع‌کردن یا بریدن.

ax.i.o.l.o.gy, *n.* علم ارزش یا خواص، ونوامیس‌ذاتی‌اجسام، علم‌ارزش‌ها، ارزش‌شناسی.

ax.i.om [ǽksiəm] *n.* حقیقت آشکار ، قضیهٔ حقیقی ، حقیقت متعارفه ، بدیهیات، قاعدهٔ کلی، اصل عمومی، پند، اندرز.

ax.i.o.mat.ic [æ̀ksioumǽtik], *adj.* بدیهی، حاوی پند یاگفته‌های اخلاقی.

ax.is [ǽksis] (*pl.* **axes**) *n.* محور، قطب، محورتقارن، مهرهٔ‌آسه.

ax.le [ǽksl] *n.* محور، چرخ، میله.

ax.le.tree, *n.* میلهٔ میان دوچرخ.

ay=aye, *adv.* همیشه، ابد، برای‌همیشه، آه، افسوس.

aye=ay [ai] *interj.* بله،آری، رأی مثبت.

aza.lea [əzéiljə] *n.* [گ.ش.] اجالید ، نوعی بـوته از جنس خلنگ (Ericacea)،گیاه ازالیه.

az.i.muth, *n.* [نج.] قـوس افقی درجـهت گـردش عقربهٔ ساعت واقع بین نقطهٔ ثـابتی ، [نج.] نقطهٔ جنوب، [د.ن.] نقطهٔ شمال، دایرهٔ قائمی کـه از مرکز جسم عبور میکند ، ازیموت ستاره ، السمت ، سمت.

NORTH STAR — AZIMUTH 30° — WEST — EAST — SOUTH — AZIMUTH

azot.ic, *adj.* دارای ازت، وابسته به نیتروژن ازتدار.

azure [éiʒə, ǽʒə] *adj. & n.* لاجورد، رنگ نیل، آسمان نیلگون، لاجوردی، سنگ لاجورد.

B

انگلیسی English	خط میخی پارسی Old Persian Cuneiform	پهلوی اشکانی Parthian Pahlavi	پهلوی ساسانی Sassanian Pahlavi	پهلوی کتابی Book Pahlavi	اوستائی Avestan	فارسی Modern
B						ب

b [*bi:*] *n.*
دومین حرف الفبای انگلیسی که از حروف بی‌صداست، دوصفحهٔ سفیداول‌وآخرکتاب، شکل B ، هرشکلی شبیه به B .

baa, ba [*ba:*] *n. & vi.* بع‌بع[گوسفند]، بع‌بع کردن، مثل گوسفند صداکردن.

bab.ble [*bǽbl*] (**- d, bab.bl-ing**) *vi. & vt.*
ور ور کردن ، سخن نامفهوم گفتن ، فاش کردن ، سخن بیهوده ، من ومن.

babe [*beib*]=**baby,** *n.*
طفل، نوزاد، کودك، شخص ساده و معصوم.

Ba.bel [*béibəl*] *n.*
شهروبرج قدیم بابل، هرج‌ومرج، سخن پرقیل‌و قال، اغتشاش، شلوغی، بنای‌شگرف، طرح‌خیالی.

ba.boon [*bəbú:n*] *n.*
اشکال مضحك ، شکل عجیب و غریب، [ج.ش.] یکنوع میمون یا عنتر دم‌کوتاه

ba.by [*béibi*] *n. & vt.*
بچه ، کودك ، طفل ، نوزاد ، مانندکودك رفتار کردن ، نوازش کردن .

ba.by.hood [*béibihud*] *n.* بچگی.

Bab.y.lon [*bǽbilən*] *n.*
شهر بابل قدیم.

baby-sit.ter, *n.* بچه نگهدار .

bac.ca.lau.re.ate, *n.*
لیسانسیه یا مهندس، درجهٔ باشلیه .

bac.cha.nal [*bǽkənəl*] *adj. & n.*
وابسته به‌باکوس (Bacchus) الههٔ باده وباده‌ـ پرستی، [مج.] میگسار وباده‌پرست، عیاش.

bac.cha.na.lia, *pl.n.*
جشن باده‌گساری، جشن و شادمانی پرسروصدا.

bac.cha.na.lian [*bǽkənéiliən*], *n. & adj.*
وابسته به جشن باده‌گساری وشادمانی .

Bac.chus [*bǽkəs*] *n.*
[افسانهٔ یونان] رب‌النوع شراب وباده، شراب.

bach.e.lor [*bǽtʃilə*] *n.*
بدون‌عیال، عزب، مجرد، مردبی‌زن،زن‌بی‌شوهر، مرد یا زنی که‌بگرفتن اولین‌درجهٔ علمی‌دانشگاه نائل‌میشود، لیسانسیه، مهندس، باشلیه.

bach.e.lor.hood, *n.* تجرد، عزبی.

ba.cil.lus [*bəsíləs*] (*pl.* **ba.cil.li**), *n.* باکتریهای میله‌ای شکل‌که تولید هاگ میکنند (مثل باسیل سیاه‌زخم) ، باسیل.

back [*bæk*] *adj., adv., vt. & vi.*
عقب، پشت (بدن) ، پس، عقبی، گذشته . پشتی، پشتی‌کنندگان ، تکیه‌گاه ، به عقب ، درعقب ، برگشت، پاداش، جبران، ازعقب، پشت‌سر، بدهی پس‌افتاده، پشتی‌کردن، پشت‌انداختن، بعقب‌رفتن، بعقب بردن، برپشت چیزی قرارگرفتن ، سوار شدن، پشت چیزی نوشتن، ظهرنویسی کردن.

At the b. of. درعقب.

On one's b. درعقب‌کسی.

Give b. پس دادن.

Go b. on one's word.
ازحرف خود عدول کردن.

backache [*bǽkeik*] *n.*
کمردرد، پشت درد.

back.bite [*bǽkbait*] *vi. & n.*
غیبت کردن، پشت‌سر کسی سخن گفتن.

backbone [*bǽkboun*] *n.*
تیرهٔ پشت، ستون فقرات، [مج.] پشت، استقامت، استواری، استحکام.

backdoor [*bǽkdɔ́:*] *n.*
درعقب، وسیلهٔ نهائی یا زیرجلی، پنهان.

backdrop, *n.* پردهٔ پشت صحنهٔ تأتر.

backed [*bǽkd*] *adj.*
دارای پشت، پشتی‌دار، پشت‌گرم.

backer [*bǽkə*] *n.*
نگهدار ، پشتیبان ، حامی ، کسی که در اجرای نقشه‌ای کمك میکند، حمال، باربر.

backfall, *n.* زمین خوردگی.

back.fire [*bǽkfáiə*] *n. & vi.*
پس‌زدن تفنگ ، منفجرشدن قبل‌از موقع، نتیجهٔ معکوس گرفتن .

back-formation, *n.* اشتقاق‌معکوس، لغت سازی، اشتقاق لغات از یکدیگر.

backgam.mon [*bækgǽmən*] *n.*
نرد، تخته نرد.

background [*bǽkgraund*] *n.*
زمینه، نهانگاه، سابقه.

backhand[*bǽkhænd*] *adj., n. & vt.* پشت‌دستی یا ضربه‌باپشت راکت (دربازی تنیس وغیره) ، زشت ، ناهنجار ، با پشت دست ضربه‌زدن، باپشت راکت ضربت وارد کردن.

backing [*bǽkiŋ*] *n.*
پشتی، پشتیبان، پوشش ، تصدیق درپشت یا ظهر ورقه، دیر کردن، کندی.

backlash, *n. & vt.* [در ماشین]
پس‌زنی، پس‌زدن، عکس‌العمل سیاسی.

backlog, *n. & vi.*
کندهٔ بزرگی که پشت‌آتش‌بخاری گذارده میشود، موجودی جنسی که‌بابت سفارشات درانبارموجود است، جمع‌شدن، انبارشدن، کارناتمام یا انباشته.

back-pay, *n.* حقوق عقب افتاده .

back.rest, *n.* تکیه‌گاه، پشتی، متکا.

backside, *n.*
کفل، پشت، عقب هرچیزی، خصوصی، محرمانه.

backslide [*bæ̀ksláid*] *vi.*
(ازدین) برگشتن، سیر قهقرائی کردن.

backstage, *adv. & adj.*
درپس پرده، محرمانه، خصوصی، مربوط‌به پشت پردهٔ نمایش [مخصوصاً اطاق رخت‌کن] .

backstairs, *adj.*
نهانی، غیرمستقیم، رمزی، [م.ل.] از راه پله‌کان عقبی، پله‌کان پشت.

backstroke, *n.*
ضربه باپشت دست ، (درتفنگ) پس‌زنی ، لگدـ زنی، برگشت، عقب‌زنی، (شنا) کرال پشت.

back talk, *n.* پیش‌جوابی.

backtrack, *vi.* ردگم کردن،عدول کردن.

back.ward [*bǽkwəd*] **back.-wards,** *adv., adj. & n.* عقب‌افتاده، به‌پشت، ازپشت، وارونه، عقب‌مانده، کودن.

back.ward.ness, *n.* عقب‌افتادگی.

backwash [*bǽkwɔʃ*] *n.*
مراجعت موج، اضطراب یاآشفتگی بعداز انجام عملی، عواقب.

backwater [*bǽkwɔ́:tə*] *n.*
مرداب، باریکهٔ آب، جای دورافتاده .

backwoods, *pl.n.*
اراضی جنگلی دورازشهر، جنگلهای دورافتاده.

back.woods.man [*bǽkwúdz-mən*] *n.* دهاتی، اهل جای دورافتاده.

ba.con [*béikn*] *n.*
گوشت نمك‌زدهٔ پهلو و پشت خوك.

bac.teria [*bæktíəriə*] (*pl. of* **bacterium**) *n. pl.*
میکرب‌های تك یاخته، باکتری، ترکیزه.

bac.te.ri.al, *adj.*
[زیست شناسی] وابسته به باکتری، میکربی.

bac.te.rio.log.ic, *adj.*
مربوط‌به میکرب‌شناسی، وابسته‌به‌باکتری‌شناسی.

bac.te.ri.ol.o.gy[*bæ̀ktiəriɔ́lədʒi*] *n.* علم میکرب‌شناسی، باکتری‌شناسی.

bac.te.ri.oph.a.gy, *n.*
میکرب خواری، تغذیه از باکتری.

bac.te.rize, *vt.* تحت‌تأثیر باکتری قراردادن، بامیکرب آلوده شدن.

bad [*bæd*] *adj., n. & adv.*
بد، زشت، ناصحیح، بی‌اعتبار ، نامساعد ، مضر، زیان‌آور، بداخلاق، شریر، بدکار، بدخو، لاوصول.

bad.ly [*bǽdli*] *adv.*
بطور بد، بطور ناشایسته.

bade [*bæd, beid*] (*p. of* **bid**)
زمان ماضی فعل bid .

badge [*bædʒ*] *n.*
نشان، علامت، امضاء وعلامت برجسته ومشخص.

badg.er [*bǽdʒə*] *n.*
دستفروش،دوره‌گرد، خرده‌فروش،(ج.ش.) گورـ کن، خرسك، شغاره [mustelidae] .

badger (**- ed, - ing**) *vt.*
سربسر گذاشتن، اذیت کردن، آزار کردن.

bad.i.nage [*bæ̀diná:ʒ*] *n.*
خوشمزگی، لودگی، پرحرفی.

badland, *n.*
زمین لم‌یزرع، زمین سنگلاخ یا باطلاقی.

bad.min.ton [*bǽdmintən*] *n.*
بدمینتن، نوعی بازی تنیس باتوپ پردار.

bad-tempered [*bæ̀dtémpəd*], *adj.* بدخو ، تندخو.

baf.fle [*bǽfl*] (**- d,baf.fling**), *vt. & n.* گیج یاگمراه کردن، مغشوش کردن، دست‌پاچه کردن، بی‌نتیجه کردن، پریشانی، اهانت.

baf.fle.ment, *n.* گیجی، دست‌پاچگی.

bag [*bæg*] (**- ged, - ging**) *n., vt.&vi.* کیسه، کیف، جوال، ساك، خورجین، چنته، بادکردن، متورم‌شدن، ربودن.

He let the cat out of the b.
او سر را فاش کرد .

ba.gasse, *n.* تفاله ، تفالهٔ نیشکر.

bag.a.telle [*bæ̀gətél*] *n.*
چیز جزئی واندك، [مج.] چیز بیهوده، ناقابل.

bag.gage [*bǽgidʒ*] *adj. & n.*
بار وبنهٔ مسافر، چمدان، بار سفر.

bag.gy [*bǽgi*] *adj.*
بادکرده، شل،ول، کیسه‌ای،متورم، قلنبه.

bagpipe [*bǽgpaip*] *n.*
[مو.] نی انبان که در اسکاتلند مرسوم است، پرحرفی.

bag.pip.er, *n.*
نوازندهٔ نی انبان.

BAGPIPE

bah [*ba:*] *interj.*
به، علامت تعجب حاکی از اهانت وتحقیر.

bail [*beil*] (**- ed, - ing**)*n. & vt.*
توقیف، حبس، واگذاری،انتقال، ضمانت، کفالت، باامانت سپردن ، کفیل گرفتن، تسمه، حلقهٔ دور جلیك، سطل، بقیدکفیل آزادکردن.

bail out ، به قیدکفیل آزادکردن وشدن باپاراشوت از هواپیما پریدن.

bai.liff [*béilif*] *n.* ناظر ، ضابط، امین صلح یا قاضی، نگهبان دژ سلطنتی.

bail.or, bail.er, *n.*
اجاره‌دهنده، امانت‌دهنده، کفیل‌دهنده.

bails.man, *n.* ضامن، کفیل.

bairn [*bɛən*] *n.* بچه، فرزند.

bait [*beit*] *n. & vi.*
طعمه‌دادن،خوراك‌دادن، طعمه‌رابه‌قلاب‌ماهیگیری بستن، دانه، چینه، مایهٔ تطمیع، دانهٔ دام.

bait.er, *n.*
تطمیع ووسوسه کننده ، طعمه دهنده.

baize [*beiz*] *n.* نوعی فلانل رومیزی.

bake [*beik*]*vt. & vi.* پختن، طبخ کردن.

baker [*béikə*] *n.* نانوا، خباز.

bak.ery, *n.* دکان‌نانوائی یاشیرینی‌پزی.
baking soda, *n.* جوش شیرین.
bal.ance [bœ́ləns] *vt., vi. & n.* ترازو ، میزان ، تراز ، موازنه ، تتمهٔ حساب ، برابر کردن، موازنه‌کردن، توازن.
To b. an account. حسابی‌راموازنه‌کردن.
Be off one's b. توازن خودرا از دست دادن.
balance sheet, *n.* ترازنامه.
bal.co.ny [bœ́lkəni] *n.* ایوان، بالاخانه، بالکن، لژ بالا.
bald [bɔ:ld] *adj. & vi.* طاس، بیمو، کل، برهنـه ، [مجـ.] بی‌لطف، ساده ، بی‌ملاحت، عریان، کچل، طاس‌شدن.
bald eagle, *n.* [ج.ش.] عقاب‌گر .
bal.der.dash [bɔ́:ldədœʃ] *n.* سخن بی‌معنی، چرند، یاوه، نوشابهٔ کف‌آلود.
bal.dric [bɔ́:ldrik] *n.* بند شمشیر، حمایل.
bale [beil] *n. & vt.* عدل، لنگه، تا، تاچه، مصیبت، بلا، رنج، محنت، رقصیدن.
bale.ful [béilful] *adj.* محنت‌بار، مضیبت‌بار، غم‌انگیز.
balk [bɔ:k] *n., vt. & vi.* مرز، زمین شخم نشده، [مجـ.] مانع، مایهٔ لغزش، طفره رفتن از ، امتناع ورزیدن ، رد کـردن ، زیرش زدن .
Bal.kan.i.za.tion, *n.* تقسیم بقطعات ریز (مثل کشورهای بالکان).
bal.kan.ize, *vt.* ناحیه‌ای را بقطعات ریز تقسیم کـردن (مثل کشورهای شبه جزیرهٔ بالکان) .
ball [bɔ:l] *n., vi. & vt.* گلوله، گوی، توپ‌بازی ، مجلس رقص ، رقص ، ایام خوش، گلوله کردن، گرهك.
bal.lad [bœ́ləd] *n.* شعرافسانه‌ای، [مو.] تصنیف ، آواز یکنفری کـه درضمن آن داستانی بیان میشود، یك قطعهٔ رومانتیك.
bal.last [bœ́ləst] *n. & vt.* ماسه هرچیز سنگینی چون شن و ماسه‌که در ته کشتی میریزند تا از واژگون شدنش جلوگیری کند، بالاست، سنگینی، شن وخرده سنگی که در راه‌آهن بکار میرود، کیسهٔ شنی که درموقع صعود بالون پائین میاندازند، سنگ و شن درته کشتی یا بالون ریختن، شن‌ریزی کردن، سنگین کردن.
ball bearing [bɔ́:lbɛ'əriŋ] *n.* بلبرینگ، چرخ فلزی‌که روی ساچمه‌های فلزی کوچکی بآسانی میلغزد.
bal.le.ri.na, *n.* رقاصه، رقاصهٔ بالت.
bal.let [bœ́lei] *n.* بالت، رقص ورزشی وهنری.
bal.lis.tic, *adj.* وابسته بعلم پرتاب گلوله ، مربوط بعلم حرکت اجسامی‌که درهوا پرتاپ میشوند.
ballistic missile, *n.* موشك .
bal.lis.tics, *n.pl.* پرتابه شناسی.
bal.loon [bəlú:n] *adj., vi., vt. & n.* بالون، بادکنك، بابالون‌پرواز کردن، مثل‌بالون.
bal.lot [bœ́lə't] *n. & vi.* ورقهٔ رأی، مهرهٔ رأی وقرعه‌کشی، رأی مخفی ، مجموع آراءنوشته، باورقه رأی‌دادن، قرعه‌کشیدن.
B. box. صندوق رأی.
ball-point pen, *n.* قلم خودکار .
ballroom, *n.* سالن رقص.
bal.ly.hoo, *n.* نمایش پرسروصدا [برای جلب توجه مردم].
balm [ba:m] *n.* بلسان، مرهم.
balmy [bá:mi] *adj.* مرهم، دارای خاصیت‌مرهم، خنك‌کننده، خوشبو.
bal.ne.ol.o.gy, *n.* علم استحمام درمانی ، مبحث استحمام درآبهای گرم.
ba.lo.ney=bologna, *n.* مزخرف، چرند، نوعی‌کالباس.
bal.sam [bɔ́:lsəm] *n.* بلسان، درخت گل حنا.
Bal.tic [bɔ́:ltik] *n. & adj.* دریای بالتیك درشمال‌اروپا، وابسته به‌بالتیك.
Ba.lu.chi, *n.* بلوچ ، زبان بلوچی .
bal.us.ter [bœ́eəstə] *n.* ستون‌کوچك گچ‌بری شده ، ستون نرده .
bal.us.trade [bœ́ləstréid] *n.* طارمی ، نرده .
bamboo [bœmbú:] *n. & adj.* [گ.ش.] خیزران ، نی هندی ، چوپ خهزران ، عصای خیزران، ساخته شده از نی.
bamboo curtain, *n.* سرحدات چین‌کمونیست،مانع، پردهٔ حصیری.
bam.boo.zle, *vt.* گول‌زدن، ریشخند کردن.
ban [bœn] (**- ned,- ning**), *vi., vt. & n.* قدغن کردن ، تحریم کردن ، لعن کردن ، لعن ، حکم تحریم یا تکفیر، اعلان ازدواج درکلیسا.
ba.nal [bœ́nœl, béinəl, bœná:l], *adj.* پیش‌پا افتاده، مبتذل، معمولی، همه‌جائی.
ba.nal.i.ty, *n.* ابتذال، پیش‌پا افتادگی.
ba.nana [bəná:nə] *n.* موز.
band [bœnd] *n., vt. & vi.* بند وزنجیر ، تسمه یا بند مخصوص‌محکم کردن، نوار، لولا،ارکستر، دستهٔ موسیقی، اتحاد،توافق، روبان ، باند یا بانداژ ، نوار زخم‌بندی ، متحد کردن، دسته‌کردن، نوار پیچیدن، بصورت نوار درآوردن، بانوار بستن، متحد شدن.
ban.dage [bœ́ndidδ] *vt. & n.* نوار زخم‌بندی، با نوار بستن.
band.box [bœ́ndbɔks] *n.* جعبهٔ مقوائی مخصوص نگاهداری‌کلاه .
ban.deau [bœ́ndou] (*pl.* **ban.-deaux**) *n.* نوار روی‌گیسو، نوار زخم‌بندی، نوارکلاه زنانه، روبان، گیسوبند.
ban.de.role, ban.de.rol, *n.* باندرول، نوارچسب، برچسب.
ban.dit [bœ́ndit] *n.* سارق مسلح، راهزن، قطاع‌الطریق.
ban.dit.ry, *n.* راهزنی، سرقت مسلح.
band.mas.ter [bœ́ndma:stə] *n.* رهبر ارکستر، رئیس دستهٔ موزیك.
ban.do.lier [bœ̀ndolíə] **ban.do-leer,** *n.* جای‌فشنگ، حمایل، قطارفشنگ.
ban.doline, *n.* روغن مو.
band saw, *n.* ماشین اره باریك، ارهٔ نواری .
bandstand [bœ́ndstœnd] *n.* جایگاه ارکست، محل دستهٔ موسیقی.
bandwagon, *n.* عرابهٔ دستهٔ موزیك سیار.
ban.dy [bœ̀ndi] *vt., vi., adj. & n.* ردوبدل کردن، اینسو وآنسو پرت‌کردن ، بحث کردن، چوگان‌سرکج، چوگان‌بازی، کج،چنبری.
ban.dy-legged [bœ́ndilegd] *adj.* پا چنبری ، کج پا.
bane [bein] *vt. & n.* مایهٔ هلاکت، زهر [در ترکیب] ، جانی، قاتل ، مخرب زندگی
bane.ful [béinful] *adj.* زهرآلود ، مضر، موذی.
bang [bœŋ] *vt. & vi.* بستن، محکم‌زدن، چتری بریدن (گیسو) .
bang, *n. & adv.* صدای بلند یا محکم، چتر زلف.
He banged the door. دررا محکم‌بهم زد.
ban.gle [bœ́ŋgl] *n.* گلوبند، النگو.
ban.ish [bœ́niʃ] (**- ed, - ing**) *vt.* تبعید کردن، اخراج بلدکردن، دور کردن.
ban.ish.ment, *n.* تبعید، اخراج.
ban.is.ter [bœ́nistə] **ban.nis-ter,** *n.* نردهٔ پلکان.
ban.jo [bœ́ndδou] (*pl.* **- s, - es**) *n.* [مو.] بانجو، نوعی تار .

BANJO

bank [bœŋk] *n., vt. & vi.* کنار، لب، ساحل، بانك ، ضرابخانه ، رویهم انباشتن، دربانك‌گذاشتن،کپه‌کردن، بلند شدن(ابربادود) بطورمتراکم، بانکداری کردن.
bank.a.ble, *adj.* نقدشدنی دربانك، قابل نقل وانتقال بانکی.
bank bill [bœ́ŋkbil] *n.* برات بانك، اسکناس.
bankbook [bœ́ŋkbuk] *n.* کتابچهٔ بانك، دفترحساب بانك، دفترچهٔ بانکی.
bank.er [bœ́ŋkə] *n.* بانك‌دار ، صراف.
banking [bœ́ŋkiŋ] *n.* بانکداری.
bank note [bœ́ŋknout] *n.* چك تضمین شده ، اسکناس.
bank.rupt [bœ́ŋkrʌpt] *adj., n. & vt.* ورشکسته، ورشکست کردن و شدن.
A b. merchant. تاجر ورشکسته.
bank.rupt.cy [bœ́ŋkrəptsi] *n.* ورشکستگی، افلاس، توقف بازرگان.
bankside, *n.* شیب ساحل ، کنارهٔ دریا و رودخانه، پشته یاکنارهٔ رود.
ban.ner [bœ́nə] *n. & adj.* پرچم، بیرق، نشان، علامت، علم.
banns [bœnz] *n.* اعلان پیشنهاد ازدواج در کلیسا تا کسانـی‌که اعتراضی به صلاحیت زوجین دارند اطلاع دهند.
ban.quet [bœ́ŋkwit] *n., vt. & vi.* مهمانی، ضیافت، مهمان‌کردن.
ban.tam [bœ́ntəm] *adj. & n.* خروس جنگی، کوچك.
bantamweight, *n.* مقیاس وزنی درحدود ۱۱۸ پوند [رطل]، خروس وزن.
ban.ter [bœ́ntə] *vt., vi. & n.* مورد استهزاء قراردادن، دست انداختن، شوخی کنایه‌دار، خوشمزگی.
ban.yan, *n.* [گ.ش.] انجیر هندی، انجیر معابد.
bap.tism [bœ́ptizm] *n.* تعمید، غسل تعمید، آئین غسل‌تعمید ونامگذاری.
bap.tis.mal [bœptízməl] *adj.* وابسته به غسل تعمید.
bap.tist [bœ́ptist] *n. & adj.* تعمید دهنده، نام فرقه‌ای از مسیحیان.
John The B. یحیی تعمید دهنده.
bap.tis.tery, bap.tis.try, *n.* تعمیدگاه، جای تعمید، تعمید.
bap.tize [bœptáiz] *vt. & vi.* تعمیددادن، بوسیلهٔ تعمید نامگذاری کردن.
bar [bo:] (**-ed, ing**) *n., vt., vi. & prep.* میل، میله، شمش، تیر، نردهٔ حائل، [مجـ.] مانع، جای‌ویژهٔ‌زندانی‌درمحکمه،(باthe) وکالت، دادگاه، هیئت‌وکلاء، میکده، بارمشروب فروشی، ازبین‌رفتن [ادعا]، ردکردن‌دادخواست، بستن، مسدودکردن، بازداشتن ، ممنوع‌کردن ، بجز، باستثناء، بنداب.
barb [ba:b] *n. & vt.* خار، پیکان، نوك، ریش، خاردارکردن، پیکاندار کردن.
bar.bar.i.an [ba:bɛ'əriən] *adj. & n.* بیگانه، اجنبی، آدم وحشی یا بربری.
bar.bar.ic [ba:bœ́rik] *adj.* وحشی، بربری، بی‌ادب، وحشیانه.
bar.ba.rism [bá:bərizm] *n.* سخن غیر مصطلح، وحشیگری، بربریت.
bar.bar.i.ty [ba:bœ́riti] *n.* وحشیگری، بی‌رحمی، قساوت قلب.
bar.ba.ri.za.tion, *n.* توحش.
bar.ba.rize, *vi. & vt.* با تعبیر بیگانه و غیر مصطلح آمیختن ، وحشی کردن، بیگانه یا وحشی شدن.
bar.ba.rous [bá:bərəs] *adj.* وحشی، بی‌تربیت، بیگانه، غیرمصطلح.
bar.be.cue, *n., adj. & vt.* بریانی،کباب، بریان‌کردن، کباب‌کردن، بریان.
barbed, *adj.* خاردار.
barbed wire, *n.* سیم خاردار.
bar.bell, *n.* دامبل، هالتر.
barber (**-ed, -ing**) *vt., vi. & n.* سلمانی‌کردن، سلمانی شدن، سلمانی.
bar.bi.tu.rate, *n.* [ش.] نمك‌آسید باربیتوریك، مشتقات آسید باربیتوریك کـه بعنوان داروی مسکن‌وخواب‌آور تجویزمیشود.
bard [ba:d] *n. & vt.* زره‌اسب، شاعر [باستانی]، رامشگر، شاعر وآوازخوان.
bare [bɛə] *adj. & vt.* لخت، عریان، [مجـ.] ساده، آشکار، عاری، برهنه کردن، آشکار کردن .
The b. truth. حقیقت آشکار.
A bared weapon. اسلحهٔ آماده ویا از غلاف کشیده .
bare.back [bɛ'əbœk] **bare.ba-ked,** *adj. & adv.* بی‌زین، سوار اسب برهنه.
bare.faced [bɛ'əfeist] *adj.* بی‌شرم، گستاخ، پررو، روباز.
barefoot [bɛ'əfut] **barefoot-ed,** *adv. & adj.* پابرهنه.
bare-handed, *adv. & adj.* بی‌اسلحه، بی‌وسیله، دست تنها.
bare.headed [bɛ'əhédid] *adv. & adj.* سربرهنه، بدون‌کلاه.
bar.gain [bá:gin] (**- ed, - ing**), *n., vi. & vt.* سودا، معامله ، داد وستد ، چانه‌زدن ، قرارداد معامله، خرید ارزان [با a]، چانه‌زدن، قرارداد معامله بستن.
barge [ba:dδ] *n., vi. & vt.* دوبه، کرجی، باقایق‌حمل‌کردن، سرزده‌واردشدن.
barg.ee [bà:dδí:] *n.* کرجی‌بان، آدم خشن، قایقران (bargeman).
bar.i.tone [bœ́ritoun] *n.* صدای بین بم و زیر [باریتون].
bark [ba:k] *n., vt. & vi.* پوست درخت، عوعو، وغوغ کردن، پوست کندن.
barkeeper, barkeep, *n.* مشروب فروش، باده فروش، صاحب میکده.
bar.ley [bá:li] *n.* جو، شعیر.
barley.sugar, *n.* آب‌نبات.
barley.water, *n.* ماشعیر.
barm [ba:m] *n.* مایهٔ آبجو، مخمر.
barmaid [bá:meid] *n.* خادمهٔ میخانه، پیشخدمت میخانه، گارسون.
barn [ba:n] (**-ed, -ing**) *vt. & n.* انبار غله ، انبار کاه و جو وکنف وغیره ، انبار کردن، طویله.
barnacle [bá:nəkl] *n.* نوعی صدف، پوزه‌بند یا مهار اسب (هنگام نعلبندی) ، پوزه

بند (برای مجازات اشخاص)، سرسخت.

barnyard [bá:nja:d] *n.*
محوطهٔ اطراف انبار، حیاط انبار.

ba.rom.e.ter [bərɔ́mitə] *n.*
هواسنج ، میزان الهواء ، فشارسنج (برای اندازه‌گیری فشار هوا).

BAROMETER

barometric pressure, *n.*
فشار هوا، فشار جو.

bar.on [bǽrən] *n.*
بارون، شخص مهم و برجسته درهرقسمتی.

bar.on.ess [bǽrənis] *n.*
بانوی بارون، همسر بارون.

bar.on.et [bǽrənit] *n.* & *vt.*
بارونت [این کلمه درمورد نجیب زادگانی گفته میشدکه بطور ارثی بارون نبودند].

ba.ro.ni.al [bəróuniəl] *adj.*
مربوط به بارون، بارونی.

bar.ony [bǽrəni] *n.*
ملك یا قلمرو بارون، شأن بارون.

ba.roque, *adj.* & *n.*
غریب، آرایش عجیب‌وغریب، بی‌تناسب، وابسته به سبك معماری درقرن هیجدهم ، سبك بیقاعده وناموزون موسیقی.

barque, bar.quen.tine=bark, *n.*
پوست درخت، بارکاس، کرجی.

bar.rack [bǽrək] *n.*, *vt.* & *vi.*
سربازخانه ، منزل کارگران ، کلبه یا اطاقك موقتی، انبارکاه، درسربازخانه جا دادن.

bar.rage, *n.*, *vi.* & *vt.*
رگبارگلوله ، بطور مسلسل بیرون‌دادن.

a b. of words. سیلی از لغات.

barred, *adj.* بسته، مسدود، ممنوع.

bar.rel [bǽrəl] (-ed, -ing) *n.*, *vt.* & *vi.*
بشکه، خمرهٔ چوبی، چلیك، لولهٔ تفنگ ، درخمره ریختن ، دربشکه‌کردن ، باسرعت زیاد حرکت‌کردن.

barrel organ [bǽrəlɔ́:gən] *n.*
[مو.] نوعی ارغنون ، اکوردئون، ارگ‌دنده‌ای.

bar.ren [bǽrən] *adj.* & *n.*
نازا، عقیم، لم‌یزرع، بی‌ثمر، بی‌حاصل، تهی.

bar.ri.cade [bærikéid] *n.* & *vt.*
سنگربندی موقتی، مانع، مسدودکردن[بامانع].

bar.ri.er [bǽriə] *n.* & *vt.*
نرده یامانع عبوردشمن، سد، حصار، راه‌کسی‌را بستن .

barrier reef, *n.*
صخرهٔ مرجانی‌که تقریباً موازی ساحل است.

bar.ring, *prep.* بجز ، باستثناء .

bar.ris.ter [bǽristə] *n.*
وکیل مدافع، وکیل مشاور، وکیل دعاوی.

barroom, *n.*
نوشابه فروشی، بار یا پیاله فروشی، بار.

bar.row [bǽrou] *n.*
زنبه، خاك‌کش، چرخ دستی، چرخ دوره‌گردها، پشته، توده، کوه، تپه، ماهور.

bar.tend.er [bá:tèndə] *n.* کسی‌که دربارمشروبات برای‌مشتریان‌می‌ریزد،متصدی‌بار.

bar.ter [bá:tə] *vt.*, *vi.* & *n.*
تهاترکردن ، پایاپای معامله‌کردن [با for] ، دادوستد کالا.

ba.salt [bǽsɔ:lt, bəsɔ́:lt] *n.*
[ع.م] نوعی سنگ چخماق یا آتشفشانی سیاه .

bas.cule, *n.*
قپان، اهرم یا لنگر پل متحرك.

base [beis] (*pl.* **bas.es**) *n.*, *vt.* & *adj.*
ته، پایه، زمینه، اساس، بنیاد، پایگاه، ته ستون، تکیه‌گاه ، فرومایه ، [مو.] صدای بم، بنیان نهادن، مبنا قرار دادن، پست، شالوده.

Off b.=unawares. بیخبر.

based, *adj.* مستقر، مبنی.

base.ball [béisbɔ:l] *n.* بازی بیس‌بال.

baseborn, *adj.*
حرامزاده، پست، فرومایه، بدگهر.

base.less [béislis] *adj.*
بی‌اساس، بی‌مأخذ.

b. accusations اتهامات بی‌اساس.

base.ment [béismənt] *n.*
طبقهٔ زیر، زیرزمین.

bash [bæʃ] *vi.*, *vt.* & *n.*
برهم‌زدن، ترساندن، دست‌پاچه‌نمودن، شرمنده شدن، ترسیدن، خجلت.

bash.ful [bǽʃful] *adj.*
کمرو، خجول، ترسو، محجوب.

ba.sic [béisik] *adj.*
اساسی، اصلی، تهی، بنیانی.

bas.il, *n.*
[گ.ش.] ریحان، شاهسپرم ازخانوادهٔ نعناعیان.

ba.sil.i.ca, *n.*
قصر سلطنتی، سالن دراز ومستطیل، کلیساهائی که سالن دراز دارند.

ba.sin [béisn] *n.*
لگن، تشتك، حوزه رودخانه،آبگیر، دستشوئی.

ba.sis [béisis] (*pl.* **ba.ses**) *n.*
اساس، مأخذ،پایه، زمینه، اساس هرچیزی،بنیاد.

bask [ba:sk] *vt.* & *vi.*
آفتاب خوردن، باگرمای ملایم گرم کردن، حمام آفتاب گرفتن.

bas.ket [bá:skit] *n.* & *vt.*
زنبیل، سبد، درسبد ریختن.

basket.ball, *n.* بازی بسکتبال.

bas-relief [bæ̀srilì:f] **bas-relief,** *n.* حجاری ونقوش برجسته، برجسته، کوتاه، نقش‌کم برجسته.

bass [bæs] (*pl.* **bass, -es**) *n.*
[ج.ش.] نوعی ماهی خاردار دریائی ، [مو.] بم، کسی‌که صدای بم دارد.

bas.si.net, *n.* گهوارهٔ سبدی روپوش‌دار، لگنچه، درشکهٔ دستی بچگانه.

bas.so, *n.*
کسی‌که باصدای بم آواز میخواند (دراپرا).

bas.soon [bəsú:n] *n.* [مو.] قرهنی بم.

bas.tard [bǽstəd] *adj.* & *n.*
حرامزاده ، جازده.

bas.tard.iza.tion, *n.* حرامزادگی، پستی، بدل‌سازی،حرامزاده‌کردن.

BASSOON

bas.tard.ize, *vt.* & *vi.*
حرامزاده خواندن، فاسدکردن، پست شدن.

bas.tardy, *n.* حرامزادگی.

baste [beist] **bast,** *vt.* & *n.*
چرب‌کردن [گوشت کباب] ، نم زدن ، [د.گ.] شلاق زدن، زخم‌زبان زدن،کوك موقتی [بلباس].

bas.ti.na.do (*pl.* **-e, -es**) *n.*, *vt.* & *vi.* فلك، چوب وفلك، چوب‌زدن.

bas.tion [bǽstiən] *n.*
باستیون، سنگر واستحکامات.

bat [bæt] (-ed,-ing) *vi.*, *vt.* &*n.*
چوب، چماق، عصا،چوگان‌زدن، خشت،گل‌آماده برای‌کوزه‌گری ، لعاب مخصوص ظروف سفالی، چشمك‌زدن، مژگان را تکان دادن، بال‌بال‌زدن، چوگان، چوگاندار ، نیمه یا پاره‌آجر ، [ز.ع.] ضربت، چوگان زدن، [ج.ش.] خفاش.

batch [bætʃ] *n.*
مقدار نان دریك پخت، دسته.

bate [beit] *vt.* & *vi.*
کم‌کردن، تخفیف‌دادن، پائین‌آوردن، نگهداشتن [نفس] ، راضی‌کردن ، دلیل و برهان آوردن ، بال‌زدن‌بطرف‌پائین،خیساندن‌چرم‌درمادهٔ‌قلیائی.

bath [ba:θ] (*pl.* **baths**) *n.*, *vt.*&*vi.*
شستشو، استحمام ، شستشوکردن، آبتنی کردن ، حمام فرنگی ، وان.

bathe [beið] *vt.*, *vi.* & *n.*
شستشوکردن، استحمام‌کردن، شستشو.

bath.er [béiðə] *n.* استحمام‌کننده.

bath.house, *n.* گرمابه،حمام،لباس‌کن.

ba.thing-gown, *n.* قطیفه.

bathing-suit, *n.* سلوار شنا.

ba.thos [béiθɔs] *n.*
تنزل از مطالب عالی به‌چیزهای پیش پا افتاده.

bathroom, *n.* حمام، گرمابه.

baths, *n.pl.* استخرشنای سرپوشیده.

bathtub, *n.*
وان حمام، جای شستشوی بدن درحمام.

bat.man [bǽtmən] *n.*
گماشته، خدمتکار، یکمن یا ۳ کیلو (باتمان).

ba.ton [bǽtn] *n.*
عصا یاچوب صاحب‌منصبان، [مو.] چوب میزانه، باتون یاچوب قانون، عصای افسران.

bat.tal.ion [bətǽljən] *n.*
[نظ.] گردان ، [درجمع] نیروهای ارتشی.

bat.ten, -ing [bǽtn] *vt.*, *vi.*&*n.*
پرواركردن ، چاق شدن، حاصلخیز شدن، نشو و نماکردن.

bat.ter [bǽtə] *vt.*, *vi.* & *n.*
خردکردن، داغان‌کردن، پی‌درپی زدن، خراب کردن، خمیر (درآشپزی)، خمیدگی ، خمیدگی پیداکردن، باخمیرپوشاندن، خمیر درست‌کردن.

battering ram, *n.* [نظ.] دژکوب، میلهٔ مخصوص شکستن دروازه‌ها وغیره.

bat.tery [bǽtəri] *n.*
باتری ، [نظ.] آتشبار ، صدای طبل ، حمله با توپخانه، ضرب وجرح.

bat.tle [bǽtl] *vt.*, *vi.* & *n.*
جنگ، نبرد، نزاع، زدوخورد، جنگ‌کردن.

B. cruiser. نبرد ناو .

bat.tle-ax [bǽtlæks] **bat.tle-axe,** *n.* تبرزین، تبر.

battle cry [bǽtlkrai] *n.*
شعار جنگی.

bat.tle.dore [bǽtldɔ́:] *n.*
چوگان پهن، رخت‌کوب، بارخت‌کوب کوبیدن.

battlefield [bǽtlfí:ld] **battleground,** *n.*
میدان جنگ، عرصهٔ منازعه، رزمگاه.

bat.tle.ment [bǽtlmənt] *n.*
بارو، برج وبارو.

battleship [bǽtlʃip] *n.*
ناو، کشتی جنگی.

bat.ty, *adj.*
چوگان مانند، [مج.] دیوانه، احمق.

bau.ble [bɔ́:bl] *n.*
چیزقشنگ و بی‌مصرف، اسباب‌بازی بچه.

baulk [bɔ:k]=**balk,** *n.*, *vt.* & *vi.*
طفره رفتن، ردکردن، طفره، امتناع.

bawd, *n.* جاکش، دلال محبت.

bawd.i.ness, *n.* شناعت، وقاحت.

bawd.ry, *n.* جاکشی، وقاحت، زنا.

bawdy, *adj.* & *n.*
زشت، هرزه، شنیع، مربوط به جاکشی، بی‌عفت.

bawl [bɔ:l] *n.*, *vi.* & *vt.*
دادزدن، فریادزدن، گریه (باصدای بلند).

bay [bei] *adj.*, *n.*, *vi.* & *vt.*
سرخ مایل بقرمز ، کهر ، خلیج‌کوچك ، عوعو کردن، زوزه کشیدن[سگ]، دفاع‌کردن‌درمقابل، عاجز کردن، اسب کهر.

To put at b.
درگوشه‌ای گیرانداختن ومجبور بدفاع کردن.

bay.o.net [béiənit] *vt.*, *vi.* & *n.*
سرنیزه، باسرنیزه‌مجبورکردن.

bay.ou, *n.*
نهرکوچك یا فرعی، شاخهٔ فرعی رودخانه.

ba.zaar [bəzá:] *n.* بازار.

ba.zoo.ka, *n.*
[نظ.] یکنوع سلاح قابل‌حمل، بازوکا، ضدتانك.

B. C. [bí:sí:]=**before Christ**
قبل‌از میلاد.

be [bi:, bi] *vt.* & *vi.*
[illegible] بودن، وجود-
داشتن، زیستن، شدن، ماندن، باش.

beach [bi:tʃ] *n.* & *vt.* ساحل، شن‌زار، کنار دریا ، رنگ شنی ، بگل نشستن‌کشتی.

beach.comb.er [bí:tʃkoumə] *n.*
موج خروشان دریا واقیانوس، آدم ولگرد.

beach.head, *n.*
پایگاه یا اراضی تسخیر شده درساحل.

bea.con [bí:kn] *n.*
چراغ دریائی ، دیدگاه ، برج دیدبانی .

bead [bi:d] *n.*, *vt.* & *vi.*
مهره ، دانهٔ تسبیح ، خرمهره ، منجوق زدن ، بریسمان‌کشیدن، مهره ساختن.

bea.dle [bí:dl] *n.*
فراش، مستخدم جزءکلیسا یا دانشگاه، جارچی، منادی دادگاه، مأمور انتظامات.

beady [bí:di] *adj.*
دانه‌دار، مهره‌دار، دارای چشمان ریز وگرد.

bea.gle, [bí:gl] *n.*
[ج.ش.] تازی شکاری پاکوتاه، [مج.] جاسوس، کارآگاه.

BEAGLE

beak [bi:k] *n.* & *adj.*
منقار، پوزه، دهنهٔ لوله.

bea.ker [bí:kə] *n.*
پیاله، جام، ظرف کیمیاگری، لیوان آزمایشگاه.

beam [bi:m] *n.*, *vi.* & *vt.*
شاهین ترازو ، میله ، شاهپر ، تیر عمارت ، نور افکندن، پرتو افکندن، پرتو، شعاع.

beam-compass, *n.* پرکار بازودار.

beaming, *adj.*
بشاش، خوشرو، درخشان، پرنودار.

beamy, *adj.*
پرتوافکن، درخشان، شاخ‌دار، پر پرتو.

bean [bi:n] *n.*&*vt.* [گ.ش.] باقلا، لوبیا، دانه، حبه، چیزکم‌ارزش وجزئی.

bean.ie, *n.* یکنوع عرقچین کوچك که محصلین برسر می‌گذارند.

bean-pod, *n.* خرنوب، غلاف باقلا.

bean tree, *n.* [گ.ش.] درخت‌خرنوب.

bear [beə] (*pl.* **-s**) *n.*
خرس، سلف‌فروشی سهام واوراق قرضه دربورس بقیمتی ارزانتر ازقیمت واقعی، (باحروف درشت) لقب روسیه ودولت شوروی.

bear (*pl.* **bore,** *p. p.* **borne, born, bearing**) *vt.* & *vi.*
بردن،حمل‌کردن، دربرداشتن، داشتن، زائیدن، میوه دادن ، [مج.] تاب‌آوردن ، تحمل‌کردن ، مربوط بودن (on و upon) .

Bear in mind. بخاطر سپردن.

Born in the year 1964.
متولد سال ۱۹۶۴.

bear.able, *adj.* تحمل پذیر، بادوام.

beard [biəd] *n.* & *vt.*
ریش، خوشه، هرگونه برآمدگی تیز شبیه مو و سیخ درگیاه و حیوان،مقابله‌کردن، ریش‌دارکردن.

beard.ed, *adj.* ریشو.
bear.er [*bɛ'ərə*] *n.*
حامل، درخت بارور، دروجه حامل.
bear.ing [*bɛ'əriŋ*] *n.*
طاقت،بردباری، وضع،رفتار،سلوك، جهت، نسبت.
There is no b. with him.
رفتار او را نمیتوان تحمل کرد.
bear.ish [*bɛ'əriʃ*] *adj.*
خشن، بی تربیت، مثل خرس، خرس‌وار.
beast [*bi:st*] *n.* چهارپا،حیوان،جانور.
beast.li.ness, *n.*
حیوانیت، زشتی، هرزگی، سبعیت، جانورخوئی.
beast.ly, *adj. & adv.*
حیوان صفت، جانوروار.
beat [*bi:t*] (**beat, beat.en, beat.ing**) *vi. & vt.*
زدن، کتك‌زدن، چوب‌زدن، شلاق‌زدن، کوبیدن.
beat, *n.* ضرب، ضربان‌نبض وقلب،
تپش، ضربت موسیقی، غلبه، پیشرفت، زنش.
beat.en [*bí:tn*] *adj.*
زده، کوبیده، چکش‌خورده، فرسوده، مغلوب.
beat.er [*bí:tə*] *n.*
کتك زننده ، زننده، طبال.
be.a.tif.ic [*bi:ətífik*] *adj.*
سعادت‌آمیز، فرخنده.
be.at.i.fi.ca.tion [*biætifikéiʃən*], *n.* سعادت جاودانی، آمرزش، عمل تبرك‌کردن.
be.at.i.fy [*biætifai*] *vt.* سعادت
جاودانی بخشیدن، آمرزیدن، مبارك خواندن.
be.at.i.tude [*biætitju:d*] *n.*
سعادت جاودانی ، برکت، [م.ل.] خوشا بحال.
beat.nik, *n.*
آدم ژولیده وشوریده، متظاهر به هنروری.
beau (*pl.* **- x, & - s**) *n.*
جوان شیك، مردیکه خیلی بزن توجه دارد.
beau.te.ous, *adj.* قشنگ، زیبا.
beau.ti.cian=cosmetologist, *n.* متخصص آرایش و زیبائی، مشاطه.
beau.ti.fi.ca.tion, *n.*
قشنگی، زیبا سازی.
beau.ti.ful [*bjú:tif(ə)l*] *adj.*
زیبا، قشنك، خوشگل، عالی.
beau.ti.fy [*bjú:tifai*] *vt. & vi.*
زیباکردن، آرایش دادن، قشنگ شدن.
beau.ty [*bjú:ti*] *n.*
زیبائی، خوشگلی، حسن، جمال، زنان زیبا.
beauty shop, *n.*
آرایشگاه، سالن آرایش وزیبائی.
beauty spot, *n.*
خال، خال کوچك، خال زیبائی.
bea.ver [*bí:və*] (*pl.* **- s**) *n.*
قسمتی ازکلاه خودکه پائین صورت را میپوشاند،
[ج.ش.] سگ آبی، پوست سگ آبی.
be.cause [*bikɔ́z, bikɔ́:z*] *conj.*
زیرا، زیراکه، چونکه، برای‌اینکه.
because of, *prep.*
بدین دلیل، بواسطه.
beck [*bek*] *n., vt. & adj.*
اشاره، تکان‌سر یادست، تعظیم‌کردن، باسرتصدیق
کردن یا حالی کردن چیزی، سرتکان دادن.
beck.on [*békən*] *vt., vi. &n.* اشاره،
اشاره کردن [باسر یادست]، بااشاره صدازدن.
be.cloud, *vt.* تارکردن، باابرپوشاندن،
تاریك‌کردن، زیر ابر پنهان‌کردن.
be.come [*bikʌ'm*] (*p.* **be.came,** *p.p.* **become**) *vt. & vi.*
شدن، درخوربودن، برازیدن، آمدن به، مناسب
بودن، تحویل یافتن، درخوربودن.
That hat does not b. you.
آن‌کلاه بشما نمی‌آمد.
What became of him? او چطورشد؟

be.com.ing, *adj.*
مناسب، زیبنده، شایسته، درخور.
bed [*bed*] (**- ded, - ding**) *n. & vt.*
بستر ، رختخواب ، [مج.] طبقه ، تـه ، باغچه ،
خوابیدن (در بستر) ، تشکیل طبقه دادن.
be.daub, *vt.*
آلودن، ملوث‌کردن، اندودن، رنگ کردن.
be.daz.zle, *vt.* مسحور کردن،
مات ومبهوت‌کردن، بکلی خیره‌کردن.
bed.bug, *n.*
[ج.ش.] ساس‌که از خون انسان تغذیه میکنند.
bed.chamber, *n.* خوابگاه، شبستان.
beb.clothes [*bédklouðz*] *n.pl.*
لوازم رختخواب مثل ملافه ولحاف وپتو.
bed.ding [*bédiŋ*] *adj. & n.*
تختخواب وملافهٔ آن ، لوازم تختخواب، بنیاد و
اساس‌هرکاری،لایه‌زیرین، رشدکننده‌درهوای آزاد.
be.deck [*bidék*]=**adorn,** *vt.*
آرایش‌کردن، آراستن، زینت دادن.
be.devil, *vt.*
دارای روح شیطانی‌کردن، [مج.] مسحورکردن،
سحر وجادوکردن، اذیت‌کردن.
be.dew [*bidjú:*] *vt.*
ترکردن، آب‌زدن، نم‌زدن، باشبنم ترکردن.
bedfast, *adj.* بستری، بیمار، علیل.
bedfellow [*bédfèlou*] *n.*
همخواب، هم‌بستر.
be.dim [*bidím*] *vt.* تیره‌کردن، باابر
پوشاندن، ابری یا مانند ابر کردن.
be.dizen, *vt.*
از روی جلفی آراستن، زرق‌وبرق‌دارکردن.
bed.lam [*bédləm*] *n. & adj.*
تیمارستان، دیوانه، وابسته به‌دیوانه‌هایادیوانه‌خانه.
bed.ou.in [*béduin*] (*pl.* **bed-ouin, - s**) *n.*
عرب بیابانی، بادیه‌نشین، بدوی.
bedpan, *n.* لگن بیمار بستری.
bedpost, *n.* پایه یا ستون تختخواب.
be.draggle[*bidrǽgl*]*vt.* خیس‌کردن،
روی زمین‌کشیدن وچرك‌کردن، کثیف‌کردن.
bed.rid.den [*bédrìdn*] **bed.rid,** *adj.* بستری، بیمار، علیل.
bedrock [*bédrɔ̀k*] *n.* پایه ، اساس،
سنگی‌که در زیر طبقهٔ سطحی زمین واقع است .
bedroom [*bédrum*] *n.*
خوابگاه ، اطاق خواب.
bed.sheet, *n.* ملافه، ملحفه.
bedside [*bédsaid*] *n.*
کنار بستر، بالین.
bedspread [*bédspred*] *n.*
چادر شب رختخواب، روپوش تختخواب.
bedstand=bedstead, *n.*
چهارچوب تختخواب.
bed.stead [*bédsted*] *n.*
چهارچوب تختخواب، تختخواب.
bedtime [*bédtaim*] *n.*
وقت خواب، وقت استراحت، موقع خوابیدن.
bee [*bi:*] *n.*
زنبور عسل، مگس انگبین، زنبور.
beech [*bi:tʃ*] (*pl.* **beech, -es**), *n.* زان، ممرز، آلش، راش.
beef [*bi:f*] (*pl.* **beefs & bee-ves**) *n. & vt.* گوشت‌گاو، پرواری‌کردن
وذبح‌کردن، شکوه وشکایت‌کردن، تقویت‌کردن.
beef-brained, *adj.* کودن، کندذهن.
beefeater [*bí:fi:tə*] *n.*
نگهبان‌برج‌لندن، نگهبانان هانری هفتم.
beefsteak, *n.*
بیفتك گاو ، گوشت زان گاو
beefy, *adj.* گوشت‌آلو، چاق، فربه.
beehive [*bí:haiv*] *vi., adj. & vt.*

کندو، کندوی عسل، جمع شدن، دسته‌شدن (مثل
زنبور درکندو)، جای شلوغ و پر فعالیت.
bee.line [*bí:láin*] *n.*
خط راست، خط مستقیم، اقصرطرق.
beer [*biə*] *vt., vi. & n.*
آبجو، آبجو نوشیدن.
beer-brewing, *n.* آبجو سازی.
bees.wax [*bí:zwæks*] *n.* موم.
beet [*bi:t*] *n.* [گ.ش.] چغندر.
bee.tle [*bí:tl*] *n.* سوسك.
bee.tle (-d, bee.tling) *vi.&adj.*
آویخته‌شدن، پوشیده‌شدن، پیش‌آمدن،سوسك‌وار.
beetroot [*bí:tru:t*] *n.*
[آمر.] چغندر، [انگلیس] ریشهٔ چغندر.
be.fall [*bifɔ́:l*] *vi.* اتفاق افتادن،
دررسیدن، رخدادن، روی‌دادن.
be.fit [*bifít*] *vt.*
درخور بودن، مناسب‌بودن.
befit.ting, *adj.*
شایستگی، درخور، شایسته، برازندگی.
be.fog, *vt.* بامه پوشیدن، گیج‌کردن.
be.fore [*bifɔ́:*] *prep., adv., adj. & conj.* پیش‌از، قبل‌از، پیش، جلو، پیش‌روی،
درحضور، قبل، پیش‌از، بیشتر، پیش‌آنکه.
beforehand [*bifɔ́:hænd*] *adj., adv. & prep.*
پیش، جلو، قبلا، آماده، راحت، مقدم‌بر.
be.foul, *vt.*
چرکین‌کردن، کثیف‌کردن، آلوده‌کردن.
be.friend [*bifrénd*] *vt.*
دوستانه رفتارکردن، همراهی کردن‌با.
be.fud.dle [*bifʌ'dl*] *vt.* گیج‌کردن،
مست‌کردن، (بامشروب) سرمست‌کردن.
beg [*beg*] (**- ged, - ging**), *vt. & vi.* خواهش‌کردن (از)، خواستن،
گدائی‌کردن، استدعاکردن، درخواست‌کردن.
I b. your pardon. معذرت میخواهم.
be.get [*bigét*] (**be.got, be.got-ten, be.get.ting**) *vt.* تولیدکردن،
بوجودآوردن، ایجادکردن، سبب وجودشدن.
beg.gar [*bégə*] *vt. & n.* گرفتار
فقروفاقه، بگدائی انداختن، بیچاره‌کردن، گدا.
beg.gar.ly [*bégəli*] *adv.*
گداوار، از روی پستی.
beg.gary [*bégəri*] *n.*
گدائی، محل سکونت‌گدایان، گداخانه.
be.gin [*bigín*] (**be.gan, be.gun, be.gin.ning**) *vt. & vi.*
آغازکردن، آغازنهادن، شروع‌کردن، آغازشدن.
To b. with. درابتدا، اولا.
be.gin.ner [*bigínə*] *n.* مبتدی، تازه‌کار.
be.gin.ning [*bigíniŋ*] *n.*
آغاز، ابتدا، شروع.
be.gone [*bigɔ́n*] *vi.*
(بصورت امر) خارج شو، عزیمت‌کن، دورشو.
be.go.nia, *n.* [گ.ش.] بگونیا، بنونیا.
be.grime[*bigráim*]*vt.* چرك‌کردن،
سیاه‌کردن.
be.grudge [*bigrʌ'dʒ*] *vt.*
غرولندکردن، غبطه‌خوردن، مضایقه‌کردن.
be.guile [*bigáil*] *vt.*
فریب خوردن، گول‌زدن، اغفال‌کردن.
be.half [*bihá:f*] *n.*
بابت ، از طرف.
be.have [*bihéiv*] *vt. & vi.*
رفتارکردن، سلوك‌کردن، حرکت‌کردن، درست
رفتارکردن ، ادب نگاهداشتن.
be.hav.ior [*bihéivjə*], **be.hav.iour,** *n.* رفتار، حرکت، وضع، سلوك، اخلاق.
be.hav.ior.al,*adj.* وابسته به‌رفتاروسلوك.
be.hav.ior.ism, *n.* رفتارگرائی.
be.hav.ior.ist,*adj.* رفتارگرای.

be.head [*bihéd*] (**- ed, - ing**), *vt.* سربریدن، گردن زدن.
be.he.moth, *n.* [ج.ش.] اسب‌آبی،
کرگدن، هرچیز عظیم‌الجثه ونیرومند.
be.hest [*bihést*] *n.*
قول، وعده، موعود، امر، دستور.
be.hind [*biháind*] *adv., prep., adj. & n.* عقب، پشت سر، باقی‌کار، باقی‌دار،
عقب مانده ، دارای پس‌افت، عقب‌تر از، بعداز،
دیرتر از، پشتیبان، اتکاء، کپل، نشیمن‌گاه.
be.hind.hand [*biháindhænd*] *adj.*
مادون، کهنه، بی‌خبر از رسوم، دغل.
be.hold [*bihóuld*] (*p. & pp.*-**held, -holding**) *vt. & vi.*
دیدن ، مشاهده‌کردن ، نظاره‌کردن ، (در وجه
امری) ببین، اینك، هان.
be.hold.en [*bihóuldən*] *adj.*
مدیون، مرهون، زیر بار منت.
I am much b. to you.
خیلی مدیون شما هستم.
be.hoof [*bihú:f*] *n.*
سود، صرفه، مزیت.
be.hoove or **be.hove** [*bihú:v*], *vt. & vi.* واجب بودن، فرض‌بودن، اقتضاء
کردن، شایسته‌بودن، (درمورد لباس) آمدن به.
It behooves you to do this.
شایسته است که اینکار را بکنید.
beige, *adj. & n.*
رنگ قهوه‌ای روشن مایل بزرد و خاکستری .
be.ing [*bí:iŋ*] *n. & adj.*
زمان‌حال فعل to be ، هستی، وجود، آفریده،
مخلوق، موجود زنده، شخصیت، جوهر.
bel, *n.* یگان سنجش صوت.
be.labor or **be.la.bour** [*biléibə*], *vt.* آمدن‌ورفتن، بادقت روی چیزی کارکردن،
شلاق زدن، [مج.] زخم زبان زدن، سخت‌زدن.
be.lat.ed [*biléitid*] *adj.*
دیر شده، دیرتراز موقع، ازموقع گذشته.
belch [*beltʃ*] *vt., vi. & n.*
آروغ زدن، مانند آروغ بیرون آوردن، بازور
خارج شدن (مثل گلوله از تفنگ) ، با خشونت
ادا کردن (مثل فحش و غیره) ، بشدت بیرون
انداختن (با out یا forth)، آروغ.
bel.dam or **bel.dame,** *n.*
پیرزن (زشت)، زن‌اخمو وپرحرف، مادربزرگ.
be.lea.guer [*bilí:gə*] (**-ed, -ing**), *vt.* محاصره‌کردن، احاطه‌کردن.
bel.fry [*bélfri*] *n.* برج ناقوس‌کلیسا.
Bel.gian [*béldʒən*] *adj. & n.*
بلژیکی ، اهل بلژیك.
be.lie [*bilái*] *vt.* افترا زدن [به]،
بدوانمودکردن، دروغ‌گفتن، دروغگو‌درآمدن،
خیانت‌کردن به عوضی نشان دادن.
be.lief [*bilí:f*] *n.*
عقیده، اعتقاد، ایمان، گمان، اعتماد، معتقدات.
be.liev.able, *adj.*
باورکردنی، قابل قبول.
be.lieve [*bilí:v*] *vt. & vi.*
باورکردن، اعتقادکردن، گمان داشتن ، ایمان
آوردن، اعتقاد داشتن، معتقد بودن.
Make believe. وانمودکردن، بخودبستن.
be.liev.er, با ایمان، معتقد.
be.like, *adv.* شاید، احتمالا.
be.lit.tle [*bilítl*] (**- d, be.lit-tling**) *vt.* کسی‌راکوچك‌کردن، تحقیر
نمودن، کم‌ارزش‌کردن.
bell [*bel*] *adj., n., vt. & vi.*
زنگ، زنگوله، ناقوس، زنگ‌آویختن‌به، دارای
زنگ‌کردن، کم‌کم پهن شدن (مثل‌پاچهٔ شلوار).
bell.boy, *n.* پادو مهمانخانه، پیشخدمت.

belle [bel] *n.*
زن زیبا، دختر خوشگل، دلارام.
belles let.tres [béllétr] *n.*
ادبیات، شعر و آثار ادبی زیبا وهنری.
bel.le.tris.tic, *adj.* ادبی.
bell.hop [bélhop] *n.*
مخفف bell hopper، پیشخدمت و پادو مهمانخانه.
bel.li.cose [bélikous] *adj.*
آماده بجنگ، جنگجو، دعوائی.
bel.li.cos.i.ty, *n.*
جنگ طلبی، خوی جنگجویی.
bel.lig.er.en.cy [belídʒərənsi] *n.*
حالت ادم متجاوز، تجاوز.
bel.lig.er.ent [belídʒərənt] *n. & adj.* متحارب، متخاصم، جنگجو، داخل درجنگ.
bel.low [bélou] *vt., vi. & n.*
صدای شبیه نعره کردن (مثل گاو)، صدای گاو کردن، صدای غرش کردن (مثل آسمان غرش و صدای توپ)، غریو کردن.
bel.lows [bélouz] *n.pl.*
دم [در آهنگری]، ریه.
bellpull [bélpul] *n.*
دستهٔ زنگ، طناب زنگ.
bell-tent [béltent] *n.* چادر قلندری.
bellwether, *n.* پیش آهنگ گله ،
گوسفند زنگوله‌دار، [مج.] رهبر، پیشوا.
bel.ly [béli] *n., vt. & vi.*
شکم، طبله، شکم دادن و باد کردن.
belly button, *n.* ناف.
be.long [bilɔ́ŋ] (-ed, -ing) *vi.*
تعلق داشتن، مال کسی بودن، وابسته بودن.
be.long.ing, *n.* متعلقات، وابسته‌ها
(بصورت جمع)، متعلقات واموال، دارائی.
be.loved [bilʌ́v(i)d] *adj. & n.*
محبوب، مورد علاقه.
be.low [bilóu] *prep.,adv.,adj.&n.*
درزیر، پائین، مادون.
belt [belt] *n., vi. & vt.*
کمربند، تسمه، بند چرمی، شلاق‌زدن، (کمر) بستن، محاصره کردن، باشدت حرکت یا عمل کردن.
bel.ve.dere (- videre) *n.*
مهتابی، کلاه فرنگی، کوشک.
be.mire, *vt.* گل آلود کردن، کثیف کردن.
be.moan [bimóun] *vt. & vi.*
سوگواری کردن (برای)، گریه کردن (برای)، افسوس خوردن (برای).
bench [ben(t)ʃ] *n., vi. & vt.*
نیمکت، کرسی قضاوت، جای ویژه، روی نیمکت یامسند قضاوت نشستن یا نشاندن، نیمکت گذاشتن (در)، برکرسی نشستن.
He was raised to the bench.
او بمسند قضاوت ارتقاء یافت.
bench.er [bén(t)ʃə] *n.*
کسی که برمسند قضاوت می‌نشیند، قاضی، سناتور.
bend [bend] (bent, - ing) *n., vt. & vi.*
خمیدگی، شرایط خمیدگی، زانوئی، گیره، خم کردن، کج کردن، منحرف کردن، تعظیم کردن، دولا کردن، کوشش کردن، بذل مساعی کردن.
be.neath [biní:θ] *adv., prep.& adj.* زیر، پائین، درزیر، از زیر، پائین‌تراز، روی خاک، کوچکتر، پست‌تر، زیرین، پائینی، پائین‌تر، تحتانی، تحت نفوذ، تحت فشار.
ben.e.dict, *adj. & n.*
نـو داماد، [م.ل.] مبـارك ، خجسته ، سعید ، خوشحال ، ملایم ، سست ، رام ، نرم.
Ben.e.dic.tine [benidíktain] *n.*
راهبی که در سلك سنت بندیکت [St.Benedict] باشد، نوعی کنیاك مقوی.
ben.e.dic.tion [bènidíkʃən] *n.*
دعای خیر، دعای اختتام، برکت، خوشحالی

ben.e.dic.to.ry, *adj.*
دعائی، درخواستی، تمنائی، تقاضائی، تقدیسی.
ben.e.fac.tion [bènifǽkʃən] *n.*
نیکی، احسان، بخشش، کرم.
ben.e.fac.tor [bénifæktə] *n.*
صاحب‌خیر، ولینعمت، نیکوکار، بانی‌خیر، واقف.
ben.e.fice [bénifis] *n. & vt.*
درآمد کلیسائی، لطف، نیکی.
be.nef.i.cence [benéfisəns] *n.*
نیکی، احسان، بخشش، نیکوکاری.
be.nef.i.cent [benéfisənt] *adj.*
نیکوکار، ... ، کریم، ...
ben.e.fi.cial [bènifíʃəl] *adj.*
سودمند، مفید، نافع، پرمنفعت، بااستفاده.
ben.e.fi.ci.ary [bènifíʃəri] *n.&adj.*
وظیفه‌خوار، بهره‌بردار، ذیحق، ذینفع، استفاده.
ben.e.fit [bénifit] *n.*
منفعت، استفاده ، احسان ، اعانه ، نمایش برای جمع‌آوری اعانه.
ben.e.fit [bénifit] (- ed, - ing, - ted, - ting) *vt. & vi.*
فایده رساندن، احسان کردن، مفید بودن.
ben.ev.o.lence [binévələns] *n.*
خیرخواهی، نیک‌خواهی، نوع‌پرستی، سخاوتمندی.
be.nev.o.lent [binévələnt] *adj.*
کریم ، نیکخواه ، خیراندیش.
be.night, *vt.*
درتاریکی جهل انداختن، کور کردن.
benighted [bináitid] *adj.*
گرفتار تاریکی جهل.
be.nign [bináin] *adj.* مهربان،
ملایم، لطیف، [طب] خوش خیم، بی‌خطر.
be.nig.nant [binígnənt] *adj.*
مهربان، لطیف، خوش خیم، ملایم.
be.nig.ni.ty [binígniti] *n.*
مهربانی، شفقت، احسان.
ben.i.son [bénizn] *n.*
دعای خیر، نعمت خدادادە، سعادت جاودانی.
bent [bent] *n., adj.*
علف‌نیزار، علف‌بوریا، علف شبیه‌نی، سرازیری، سربالائی، نشیب، خمیدگی، خم، خمشده، منحنی.
be.numb [binʌ́m] (- ed,-ing), *vt.* بی‌حس کردن، بی‌قدرت کردن، کشتن [قدرت فکر وآرزو واحساس].
be.paint, *vt.*
نقاشی کردن، رنگ‌آمیزی کردن.
be.queath [bikwí:ð] *vt.*
وقف کردن، تخصیص دادن به، [ازراه وصیت‌نامه] بکسی واگذار کردن.
be.quest [bikwést] *n.*
میراث، ترکه، ارثی که بنا بوصیت رسیده.
be.rate [biréit] *vt.* سرزنش کردن.
be.reave [birí:v] (- ed,be.reft, be.reav.ing) *vt.*
محروم کردن، داغدیده کردن.
be.reave.ment [birí:vmənt] *n.*
محرومیت، داغداری، عزاداری.
be.ret [bérit, bérei] *n.*
کلاه گرد ونرم پشمی، کلاه‌بره.
berg [bə:g]=**barrow,** *n.*
کوه یخ (شناور)، قطعهٔ عظیم یخ.
beri.beri [béribéri] *n.*
[طب] بیماری کمبود ویتامین B ، بری‌بری.
ber.ry [béri] *n. & vi.*
دانه، حبه، تخم‌ماهی، [گ.ش.] میوه‌توتی، توت، کوبیدن، زدن، دانه‌ای شدن ، توت جمع کردن، توت دادن، بشکل توت شدن، سته.
ber.serk, ber.serk.er, *adj. & n.* دیوانه، شوریده، آشفته، ازجا دررفته.
berth [bə:θ] *n., vi. & vt.*
خوابگاه‌کشتی ، اطاق‌کشتی ، لنگرگاه ، پهلو- گرفتن، موقعیت، جا.

ber.yl, *n.*
یاقوت‌کبود ، بزادی ، [مع.] سیلیکات بریلیوم و آلومینیوم، رنگ آبی متمایل بسبز.
be.seech [bisí:tʃ] (**besought,** or **be.seeched, beseech.ing**), *vt. & vi.* درجستجوی چیزی بودن، التماس کردن، تقاضا کردن، استدعا کردن.
be.seem [bisí:m] *vi.*
مناسب بنظر آمدن، شایسته بودن، بنظر آمدن.
be.set [bisét] *vt.*
احاطه کردن، مزین کردن، حمله کردن‌بر، بستوه آوردن، عاجز کردن.
be.side [bisáid] *adv. & prep.*
درکنار، نزدیک، دریك طرف، بعلاوه ، باضافه، از طرف دیگر، وانگهی.
beside oneself از خود بیخود.
be.sides [bisáidz] *adv. & prep.*
گذشته ازاین، وانگهی، بعلاوه، نزدیك، کنار، درکنار، ازپهلو، ازجلو، درجوار.
be.siege [bisí:dʒ] *vt.*
محاصره کردن، احاطه کردن، فراگرفتن.
be.smear, *vt.* آلودن، اندودن، ملوث کردن، رنگ کردن، کثیف کردن.
be.som, *n.* جاروب باغبانی ، جاروب ترکه‌ای ، فاحشه ، دختر گستاخ وجسور.
be.sot (- ted, - ting) *vt.*
مست کردن، گیج کردن، مبهوت کردن، شیفته و مسحور کردن.
be.spat.ter, *vt.*
سرتاپا کثیف کردن، (باترشح) باطراف پاشیدن.
be.speak [bispí:k] *vt.*
قبلا دربارهٔ چیزی صحبت کردن، ازپیش سفارش دادن، حاکی بودن از.
be.sprinkle, *vt.*
پاشیدن، ریختن، افشاندن.
best [best] *adj. & vt.*
[صفت عـالی good] ، بهترین ، نیکوترین ، خوبترین، شایسته‌ترین ، بیشترین ، بزرگترین، عظیم‌ترین ، بـرتری جستن ، سبقت گرفتن ، به بهترین وجه ، به نیکوترین روش ، بهترین کار.
best, *adv.* (صفت عالی well).
be.stead=be.sted, *vt. & adj.*
یاری کردن، کمك کردن ، سودمند واقع شدن ، بدرد خوردن ، جای کسی راگرفتن، واقع.
bes.tial [béstjəl] *adj.*
دامی، حیوانی، شبیه حیوان، جانور خوی.
bes.ti.al.i.ty, *n.*
جانورخوئی، حیوانیت، وحشی‌گری، حیوان‌صفتی.
bes.ti.ary, *n.*
رساله یا مقاله راجع بحیوانات.
be.stir [bistə́:] (- red, - ring), *vt.* جنباندن، بحرکت درآوردن، تحریك کردن.
best man, *n.* ساقدوش داماد.
be.stow [bistóu] *vt.*
بخشیدن، ارزانی داشتن (با on یا upon).
be.stow.al, *n.* بخشش، اعطاء.
be.stride [bistráid] *vt.*
با پاهای گشاد نشستن یا ایستادن ، نگاهداری و دفاع کردن از.
best-seller, *n.*
پرفروش‌ترین مال‌التجاره ، پرتیراژترین کتاب.
bet [bet](- ed, - ing) *n., vt. & vi.*
شرط (بندی)، موضوع شرط‌بندی، شرط بستن، نذر.
Lay a bet. شرط بستن.
be.take [bitéik] *vt.*
بخشیدن ، عطاء کردن ، سرفنظر کردن ، توصیه کردن، واگذاردن، ربودن، رفتن.
be.think [biθíŋk] (*p. & pp.* - **thought**) *vt.*
اندیشه کردن، بخود آمدن، بیاد آوردن.

be.tide [bitáid] *vt. & vi.*
روی دادن، اتفاق افتادن.
be.times [bitáimz] *adv.*
بهنگام، بموقع، زود، صبح‌زود، دراولین فرصت.
be.to.ken [bitóukən] (- ing) *vt.*
حاکی بودن از، دلالت کردن‌بر، دال برامری.
be.tray [bitréi] *vt. & vi.*
تسلیم دشمن کردن، خیانت کردن‌به، فاش کردن.
They b. our secrets.
آنها اسرارما را فاش میکنند.
be.tray.al [bitréiəl] *n.*
خیانت، افشاء سر.
be.troth [bitráuð] *vt.*
نامزد کردن، مراسم نامزدی بعمل آوردن.
be.troth.al [bitróuðəl] *n.* نامزدی.
bet.ter [bétə] *adj. & adv.*
(صفت تفضیلی good) بهتر، خوبتر، نیکوتر ، بیشتر، افضل، بطور بهتر.
better, *vt., vi. & n.*
بهتر کردن، بهترشدن، بهبودی یافتن، چیز بهتر.
bet.ter.ment [bétəmənt] *n.*
بهتری، بهبودی، اصلاح، بهبود.
bet.ting, *n.* شرط بندی.
bet.tor or **bet.ter,** *n.*
شرط بندی‌کننده، کسی که شرط می‌بندد.
be.tween [bitwí:n] *prep. & adv.*
میان، درمیان، مابین، دربین، درمقام مقایسه.
be.twixt=between [bitwíkst] *adv. & prep.* مابین، درمیان.
bev.el [bévl]=**oblique,(bevel-ed)** *adj. & n.* گونیا، سطح اریب.
bevel (bev.eled, bev.elled, bev.el.ing) *vt. & vi.*
اریب کردن ، اریب وار بـریدن یا تراشیدن ، رنده کردن.
bev.er.age [bévəridʒ] *n.*
مشروب، آشامیدنی، نوشابه، شربت.
bevy [bévi] *n.* دسته، گروه (دختران).
be.wail [biwéil] *vt. & vi.*
سوگواری کردن (برای) ، نـدبه کردن ، زاری کردن (با over یا for).
be.ware [biwέə] *vt. & vi.*
برحذر بودن، حذر کردن از، ملتفت بودن.
be.wil.der [biwíldə] (ing) *vt.*
گیج کردن، سردرگم کردن، گم کردن.
be.wil.der.ment, *n.*
گیجی، سردرگمی، بهت، حیرت، درهم ریختگی، اغتشاش، بی‌ترتیبی.
be.witch [biwítʃ] *vt.*
افسون کردن، فریفتن، مسحور کردن.
be.wray, *vt.*
متهم کردن ، بدگوئی کردن از ، رازکسی را از روی عداوت فاش کردن.
be.yond [bijɔ́nd] *adv., prep. & n.*
آنسوی، آنطرف ماوراء، دورتر، برتر از.
bez.el, *n.* هنجار، گودی، نگین‌دان.
be.zoar, *n.* پاد زهر، زهر مهره.
bi.an.nu.al, *adj.*
ششماهه، سالی دوبار، دوسال یکبار.
bi.as [báiəs] *adj., n., adv. & vt.*
تمایل بیك‌طرف ، طرفداری، تعصب، بیك طرف متمایل کردن، تحت‌تأثیر قراردادن، تبعیض کردن.
bi.ax.i.al, *adj.* دو محوری.
bib [bib] (- bed, - bing) *vi., vt. & n.* نوشیدن، آشامیدن، پیش‌بندبچه.
Bi.ble [báibl] *n.*
کتاب مقدس کـه شامل کتب عهد عتیق و جدید است، بطورکلی هر رساله یا کتاب مقدس.
bib.li.cal [bíblikəl] *adj.*
مطابق کتاب مقدس، وابسته به کتاب مقدس.
bib.li.og.ra.pher, *n.*
منقد ومحقق کتاب، کتاب شناس.

bib.li.o.graph.ic, bib.li.o.gra-ph.i.cal, *adj.* مربوط به‌فهرست کتب.

bib.li.og.ra.phy [*bibliɔ́grəfi*] *n.* تاریخچه‌یا توضیح کتب، فهرست کتب، کتابشناسی.

bib.li.ol.a.ter, *n.* کتابدوست.

bib.lio.mania, *n.* جنون‌کتاب‌دوستی.

bib.u.lous, *adj.* & *n.* جاذب، میگسار، باده‌دوست، باده‌نوش.

bi.cameral, *adj.* دارای دومجلس مقننه (مجلس شورا وسنا).

bicarbonate of soda. جوش‌شیرین.

bi.centenary [*báisentí:nəri*], *n.* & *adj.* دویست ساله، جشن دویست ساله.

bi.centennial, *adj.* & *n.* جشن دویست ساله.

bi.cen.tric, *adj.* دومرکزی، دارای دومرکز.

bi.ceps [*báiseps*] *n.* [تش.] عضلهٔ دوسر، دوسر بازوئی.

bick.er [*bíkə*] *n.* & *vi.* دعوا ومنازعه، پرخاش کردن، ستیزه کردن.

bi.concave, *adj.* مقعرالطرفین، دوسوگود.

bi.convex, *adj.* محدب الطرفین، از دوسو برآمده.

bi.cuspid=bi.cuspidate, *n.* & *adj.* دوپایه، دوگوشه، دودندانه، دندان‌دوپایه.

bi.cy.cle [*báisikl*] *n.* & *vi.* دوچرخهٔ پائی، دوچرخه سواری کردن.

bid [*bid*] (**bade, bid, bidden, bidding**) *vt., vi.* & *n.* فرمودن، امرکردن، دعوت‌کردن، پیشنهادکردن، توپ‌زدن، خداحافظی کردن، قیمت‌خریدرا معلوم کردن، مزایده، پیشنهاد.

bid.der, *n.* پیشنهاد (خرید) کننده.

bid.da.ble, *adj.* فرمانبردار، مطیع، (دربازی ورق) دارای دست قوی‌که قابل توپ زدن باشد، پیشنهاد شدنی.

bide [*baid*] (**bode, bid.ed, bid-ing**) *vi.* & *vt.* درانتظار ماندن، درجائی باقی ماندن، بکاری ادامه دادن، تحمل کردن، بخود هموارکردن.

bi.en.ni.al [*baiéniəl*] *adj.* & *n.* دوساله، درخت دوساله.

bier [*biə*] *n.* تخت روان، جای‌گذاردن تابوت درقبر، جسد، لاشه، مقبره، مزار.

bi.focal, *adj.* & *n.* دارای دوکانون، دوکانونی(درمورد‌عدسی)، دودید، عینك‌دوکانونی.

bi.fur.cate, *adj.* & *vi.* دوشاخه‌شدن، دوشاخه‌کردن، بدوشاخه منشعب‌کردن، دوشاخه‌ای.

bi.furcation, *n.* تقسیم بدو شاخه، شکافگاه، شاخه.

big [*big*] (**big.ger, big.gest**), *adj.* & *adv.* بزرگ، باعظمت، سترك، مهم، آدم برجسته، آبستن، دارای شکم برآمده.

big.a.mist [*bígəmist*] *n.* مرد دوزنه، زنی‌که دوشوهر دارد.

big.a.mous [*bígəməs*] *adj.* دارای دو زن یا دو شوهر.

big.a.my [*bígəmi*] *n.* دو زن داری، دو شوهری.

big.gish, *adj.* نسبتاً بزرگ.

big.headed, *adj.* مغرور، پرافاده.

big.heart.ed, *adj.* مهربان، صمیمی، گشاده دل، سخی.

bight [*bait*] *n.* & *vt.* حلقهٔ طناب، پیچ و خم، پیچ رودخانه، خلیج کوچك، باطناب بستن.

big.mouthed, *adj.* دهن‌گشاد، صدا بلند، گزافه‌گوی، حرف مفتزن.

big.ness, *n.* بزرگی، گندگی.

big.ot [*bígət*] *n.* آدم ریاکار، آدم خرافاتی، متعصب.

big.ot.ed [*bígətid*] *adj.* متعصب وسرسخت.

big.ot.ry [*bígətri*] *n.* تعصب، سرسختی درعقیده، عمل تعصب‌آمیز.

big.wig, *n.* آدم کله‌گنده، [مج.] شخص مهم وبرجسته.

bi.jou (*pl.* **bi.joux**) *n.* جواهر.

bike [*baik*] *n.* کندوی‌زنبورعسل، انبوه، جمعیت، مخفف bicycle، دوچرخه.

bi.ki.ni, *n.* لباس شنای زنانهٔ دوتکه، مایوی دوتکه.

bi.labial, *adj.* دولبه.

bi.lat.er.al [*bailǽtərəl*] *adj.* دوطرفه، دوجانبه، [گ.] متقارن‌الطرفین.

bile [*bail*] *n.* زرداب، صفرا، زهره، خوی سودائی.

bilge [*bildʒ*] *vt., vi.* & *n.* شکم بشکه، رخنه پیداکردن، تراوش‌کردن، [مج.] هر چیز زننده ومتعفن، آب ته‌کشتی.

bil.i.ary, *adj.* زردابی، صفراوی.

bi.linear, *adj.* دوسویه، دوسویگی، دارای دوخط مستقیم، وابسته بدوخط مستقیم.

bi.lin.gual [*bailíŋgwəl*] *adj.* & *n.* بدو زبان نوشته شده، متکلم بدو زبان، دوزبانی.

bil.ious [*bíljəs*] *adj.* صفراوی، زردابدیز، صفرائی‌مزاج، سودائی‌مزاج.

bilk, *vt.* & *n.* گول، کلاه سر (کسی) گذاشتن، ازپرداخت(وجهی) طفره‌زدن، چرند.

bill [*bil*] *n.* نوك، منقار، نوعی شمشیرپهن، نوك بنوك همزدن (چون‌کبوتران)، لایحهٔ‌قانونی، قبض، صورتحساب، برات، سند، [آمر.] اسکناس، صورتحساب‌دادن.

B. of indictment. حکم محکومیت.

billboard, *n.* تختهٔ اعلانات و آگهی‌ها، هرقسمت از نرده و دیوارکه روی آن اعلان نصب شود.

bil.let [*bílit*] *n.* & *vt.* اجازه‌نامه، ورقهٔ‌جیره، یادداشت‌مختصر، پروانه، ورقهٔ رأی را ثبت‌کردن، اجازه‌نامهٔ جا وخوراك صادر کردن.

bil.let-doux (*pl.* **billets-doux**), *n.* نامهٔ عاشقانه، یادداشت عاشقانه.

bil.liard(s) [*bíljəd(z)*] *n.* بازی بیلیارد.

bil.lion [*bíljən*] *n.* بیلیون (در انگلیس معادل یك ملیون میلیون ودر آمریکا هزار میلیون است).

bil.lion.aire, *n.* کسی‌که ثروتش ازبیلیون تجاوز میکند.

bill of fare صورت غذا، صورت اغذیهٔ مهمانخانه، برنامه.

bill of lading, *n.* بار نامه، ستمی‌کشتی.

bill of sale, *n.* صورت فروش، فاکتور.

bil.low [*bílou*] *vi.* & *n.* موج بزرگ آب، خیزآب، موج زدن (ازآب یا جمعیت یا ابر)، بصورت موج درآمدن.

bil.lowy, *adj.* مواج، موج مانند، بادکرده.

billposter [*bílpòustə*] *n.* متصدی نصب اعلانات بدیوارها وغیره.

billy goat, *n.* بز نر.

bi.monthly [*bàimʌ́nθli*] *adv.*&*n.* هردوماه یکبار.

bi.motored, *adj.* دارای دوموتور.

bin [*bin*] *n.* & *vt.* جا زغالی، صندوق، لاوك، تغار، آخور.

bi.na.ry, *adj.* & *n.* دوتائی، جفتی، مضاعف.

bind [*baind*] (**bound, binding**), *vt., vi.* & *n.* بستن، گرفتاروااسیرکردن، مقید و محصورکردن، بهم پیوستن، چسباندن، صحافی‌کردن ودوختن، الزام‌آور وغیرقابل‌فسخ کردن [بوسیلهٔ تعهد یا بیمانه]، متعهد و ملزم ساختن، بند، قید، بستگی، علاقه.

bind.er [*báində*] *n.* [بافندگی] اهرم جعبهٔ ماکو، الیاف پشم‌که بهم پیوسته ونخ پشم‌را تشکیل میدهد، شکم‌بند زنان (پس‌از وضع حمل)، رسید بیمانه، صحاف، بند.

bind.ery, *n.* مؤسسهٔ صحافی، صحاف خانه.

bind.ing [*báindiŋ*] *n.* الزام‌آور، اجباری، صحافی، جلد، شیرازه.

It is b. on you. برشما لازم است.

This book has a strong b. این‌کتاب صحافی محکمی دارد.

bin.go, *n.* یکنوع بازی شبیه لوتو.

bin.oc.u.lar [*bainɔ́kjulə, bi-*] *adj.* دارای دوچشم، دوربین دوچشمی.

bi.nuclear or **bi.nucleate** or **bi.nucleated,** *adj.* دوهسته‌ای، دارای دو هسته.

bio.chemistry, *n.* شیمی حیاتی.

bio.ecology, *n.* رشته‌ای از محیط‌شناسی‌که روابط گیاهان و حیوانات را بامحیط اطراف خود مورد بحث قرار می‌دهد.

bi.og.ra.pher [*baiɔ́grəfə*] *n.* شرح حال نویس، تذکره نویس، زندگینامه‌نگار.

bi.o.graph.i.cal, bio.graph.ic [*báiougrǽfik(l)*] *adj.* وابسته بشرح زندگی.

bi.og.ra.phy [*baiɔ́grəfi*] *n.* بیوگرافی، تاریخچهٔ‌زندگی، تذکره، زندگینامه.

bi.o.log.ic, *adj.* & *n.* وابسته‌بعلم حیات یازندگی‌شناسی، زیست‌شناسی، معرفت‌الحیات، بدست آمده از زیست شناسی عملی، مادهٔ داروئی و حیاتی.

bi.ol.o.gist [*baiɔ́lədʒist*] *n.* زیست شناس، عالم علم‌الحیات.

bi.ol.o.gy [*baiɔ́lədʒi*] *n.* علم‌الحیات، زیست‌شناسی، زندگی حیوانی وگیاهی هرناحیه.

bi.ont, *n.* واحد مستقل موجود زنده، سلول، یاخته.

bi.op.sy, *n.* آزمایش میکروسکپی بافت‌زنده، بافت‌برداری.

bio.sphere, *n.* زیست‌کره.

biota, *n.* زندگی‌گیاهان وجانوان یك ناحیه، زیاگان.

bi.o.type, *n.* زیست گروه.

bi.partisan=bi.partizan, *adj.* دوحزبی، دودستگی.

bi.ped [*báiped*] *n.* حیوان دوپا.

bi.plane [*báiplein*] *n.* هواپیمای دوباله.

bi.pod, *n.* دوپایه.

bi.polar, *adj.* دوقطبی، دوانتهائی.

bi.racial, *adj.* دونژادی.

bi.ra.cial.ism, *n.* معتقد به یا دارای دونژاد بودن.

birch [*bə:tʃ*] *vt.* & *n.* درخت فان، غان، توس، درخت غوشه.

bird [*bə:d*] *vt.* & *n.* پرنده، مرغ، جوجه، مرغان.

bird's-eye, *adj.* منظرهٔ هوائی (عمارت وغیره)، نظرکلی.

birth [*bə:θ*] *n.* & *vt.* زایش، تولد، پیدایش، آغاز، زاد.

birth certificate, *n.* شناسنامه، زایچه.

birth control, *n.* جلوگیری ازآبستنی، زادایست.

birth.day [*bə':θdei*] *n.* زادروز، جشن تولد، میلاد.

birthmark, *n.* & *vt.* خال مادرزادی، علامت ماه‌گرفتگی بربدن.

birthplace [*bə':θpleis*] *n.* زاد وبوم، مولد، تولدگاه.

birthrate [*bə':θreit*] *n.* میزان موالید، تعداد موالید، زه‌وزاد.

birthright [*bə:θrait*] *n.* حقوقی‌که دراثر تولد بشخص تعلق می‌گیرد.

bis, *adv.* & *n.* [مو.] دوباره، مکرر.

bis.cuit [*bískit*] *n.pl.* کلوچهٔ خشك، بیسکویت.

bisect [*baisékt*] *vt., vi.* & *n.* دونیم، دونیم‌کردن، نیمساز‌کردن.

bi.sec.tor, *n.* دونیم‌کننده، نیمساز.

bi.sexual, *adj.* دارای خصوصیات جنس نر وماده، دارای علاقهٔ جنسی به جنس مقابل وبه جنس خود.

bish.op [*bíʃəp*] *vt., vi.* & *n.* اسقف، (در شطرنج) پیل.

bish.op.ric [*bíʃəprik*] *n.* اسقفی، مقام اسقفی، طبقه وسلك اسقفان.

bi.son [*báisn*] *n.pl.* [ج.ش.] گاومیش کوهاندار آمریکائی.

bit [*bit*] *n.* & *vt.* خرده، تکه، پاره، ریزه، ذره، لقمه، تیغهٔ رنده، لجام، دهنه.

bitch [*bitʃ*] *vt.* & *n.* سگ ماده، زن هرزه، شکایت‌کردن، قر زدن.

bite [*bait*] (**bit, bitten, bit-ing**) *vt.* & *vi.* گازگرفتن، گزیدن، نیش‌زدن، گاز، گزش.

bit.er, *n.* نیش‌زن یا گازگیر.

biting [*báitiŋ*] *adj.* گزنده، زننده، تند، تیز، [مج.] طعنه آمیز.

bit.ter [*bítə*] *adj., n., vt.* & *vi.* تلخ، تند، تیز، [مج.] جگرسوز، طعنه‌آمیز.

bitter end, *n.* آخرین پریشانی، انتهای درد.

bit.tern, *n.* بوتیمار، تلخابه.

bit.tersweet, *adj.* & *n.* تلخ و شیرین، شیرین و تلخ، [گ.ش.] نوعی تاجریزی، نوعی سیب تلخ.

bi.tu.men, *n.* قیر معدنی، قیر نفتی، قیر طبیعی.

bi.valence, bi.valency, *n.* [ش.] دوظرفیتی، دووالانسی، دوبنیانی.

biv.ouac [*bívuæk,*] *n.* & *vi.* اردوی موقتی، شب را بیتوته‌کردن.

bi.weekly, *adj., adv.* & *n.* دوهفته‌یکبار، پانزده‌روز یکبار، هفته‌ای‌دوبار.

bi.yearly, *adj.* دومرتبه درهرسال، سالی دوبار، دوسال یکبار.

bizarre [*bizá:*] *adj.* غریب وعجیب، غیرمأنوس، ناشی از هوس، خیالی، وهمی.

blab [*blæb*] (**- bed, - bing**), *vt., vi.* & *n.* فضولی‌کردن، ورّاجی کردن، گستاخی‌کردن، فاش‌یابرازکردن، فضول.

blab.ber, *n.* حرف‌مفتزن، فضول، وراج.

blabbermouth, *n.* پرحرف، وراج، پرگو.

black [*blæk*] *adj., n., vt.* & *vi.* سیاه، تیره، سیاه شده، چرك وکثیف، زشت، تهدیدآمیز، عبوسانه، سیاهی، دوده، لباس عزا، سیاه رنگ، سیاه رنگی، سیاه‌کردن.

black.a.moor [*blǽkəmɔ:*] *n.* سیاهپوست، سیاه زنگی.

black art, *n.* جادوگری، سحر.
blackball (-ed, -ing) *vt. & n.* رأی مخالف‌دادن، مخالفت کردن، تحریم کردن.
blackberry [*blǽkbəri*] *n.* توت سیاه، شاه‌توت.
black bile, *n.* صفرای سیاه.
black.board [*blǽkbɔ:d*] *n.* تخته سیاه.
black.cherry, *n.* [گ.ش.] آلوبالو.
grouse, *n.* [ج.ش.] باقرقرهٔ سیاه نر.
black death, *n.* طاعون یا وبا.
[illegible]
سیاه کردن، [مج.] لکه‌دار یا بدنام کردن.
black-eyed Su.san, *n.* [گ.ش.] گل پنجهزاری، گل ژاپونی.
black.gurad [*blǽga:d*] *vi., n. & adj.* [نظ.] سربازمحافظ، ولگرد، آدم هرزه، بد دهنی کردن.
black.guard.ism, *n.* رذالت، پستی.
black guardly, *adj.* بی‌شرف، فحاش.
blackhead [*blǽkhed*] *adj. & n.* چربی دانه، جوش کوچك درصورت، جوش‌سرسیاه.
black.ing [*blǽkiŋ*] *n.* واکس سیاه، رنگ سیاه.
black.jack, *vt. & n.* چماق یاشلاق چرمی، باچماق یاشلاق‌زدن، بزور وباتهدید(بشلاق‌زدن) مجبور بانجام‌کاری کردن.
blackleg [*blǽkleg*] *n.* آدم قاچاق وقمارباز، آدم‌گوش‌بر، کارگر اعتصاب‌شکن.
blacklist [*blǽklist*] *vt. & n.* فهرست اسامی مجرمین واشخاص مورد سوءظن، فهرست سیاه، صورت اشخاص بدحساب، اسم کسی را درلیست سیاه نوشتن.
black.mail [*blǽkmeil*] *n. & vt.* تهدید، با تهدید ازکسی چیزی طلبیدن، باج‌سبیل، رشوه.
black-market, *vt. & n.* بازار سیاه، دربازار سیاه معامله کردن.
black out[*blǽkaut*] *vt., vi. & n.* خاموش شدن چراغها، خاموشی شهر [در حملهٔ هوائی].
blacksmith [*blǽksmiθ*] *n.* آهنگر، نعلبند.
black tie, *n.* کت نیمه رسمی مردانه، لباس عصر مردانه.
blad.der [*blǽdə*] *n.* آبدان، مثانه، بادکنك.
blade [*bleid*] *adj., n. & vt.* تیغه، پهنای برگ، هرچیزی شبیه تیغه، شمشیر، استخوان پهن.
blae, *adj.* آبی متمایل به سیاه، خاکستری آبی رنگ.
blame [*bleim*] *vt. & n.* مقصردانستن،عیب‌جوئی کردن‌از، سرزنش کردن، ملامت کردن، انتقاد کردن، گله کردن، لکه‌دار کردن، اشتباه، تقصیر، گناه، سرزنش.
blame.less, *adj.* بی‌گناه، بی‌تقصیر، بی‌عیب.
blameworthy, *adj.* مقصر، مجرم، گناهکار، سزاوار سرزنش.
blanch [*bla:n(t)ʃ*] *vt., vi. & adj.* رنگ پریده یا سفید شدن، سفیدکردن [بااسید وغیره]، سفیدپوست کردن، رنگ پریده کردن، رنگ چیزی را بردن.
Fear blanches the face.
bland [*blænd*] *adj. & n.* ملایم، شیرین ومطلوب، نجیب، آرام، بی‌مزه.
A b. climate. آب وهوای ملایم.
A b. smile. لبخند شیرین وملایم.
blan.dish, *vt. & vi.* ریشخند کردن، نوازش کردن، چاپلوسی کردن.
Blandished parleys. سخنان دلفریب.
blan.dish.ment [*blǽndiʃmənt*], *n.* نوازش، ریشخند، چاپلوس.
blank [*blæŋk*] *adj. & n.* فاصله یاجای سفید وخالی، جای‌نانوشته، سفیدی، ورقهٔ سفید، ورقهٔ پوچ.
blankbook, *n.* دفترچهٔ سفید.
blan.ket [*blǽŋkit*] *n., adj. & vt.* پتو،جل، روکش، باپتویاجل پوشاندن، پوشاندن.
blank verse, *n.* شعر سپید،
[illegible]
blare [*blεə*] *vt., vi. & n.* صداکردن [مثل‌شیپور]، جارزدن، بافریاد گفتن.
blar.ney, *vt. & n.* زبان‌چرب‌ونرم، چاپلوسی، مداهنه، ریشخند کردن.
bla.sé, *adj.* بیزار ازعشرت دراثر افراط درخوشی.
blas.pheme [*blæsfí:m*] *vt. & vi.* کفرگوئی کردن، بمقدسات بی‌حرمتی کردن.
Blaspheming heaven bitterly. بخدا وآسمان ناسزا میگفت.
blas.phem.er, *n.* کفرگو.
blas.phe.mous [*blǽsfiməs*] *adj.* کفرآمیز، کفرگوینده، نوشته وگفتهٔ کفرآمیز.
blas.phe.my [*blǽsfəmi*] *n.* کفر، ناسزا [گوئی]، توهین به مقدسات.
blast [*bla:st*] *vt., vi. & n.* وزش، سوز، باد، دم، جریان هوا یابخار، صدای شیپور، بادزدگی، [مج.] انفجار، [نظ.] صدای انفجار، صدای ترکیدن، ترکاندن، سوزاندن.
To b. anyone's reputation. شهرت کسی را از بین بردن.
blast furnace, *n.* کورهٔ قالبگیری آهن، کورهٔ ذوب‌آهن.
blast off, *vi. & n.* پرواز (درمورد موشك)، شروع بپرواز کردن.
The b. o. of a rocket. بپرواز درآوردن موشك.
blat (-ted, -ting) *vt., vi. & n.* فریادکردن، نعره زدن، بع‌بع کردن، [ز.ع.] بی‌ملاحظه حرف زدن، بی‌معنی وبی‌ملاحظه.
bla.tan.cy, *n.* سروصدا، شلوغی، خودنمائی، خشونت، رسوائی.
bla.tant [*bléitənt*] *adj.* پرسروصدا، شلوغ‌کننده، خودنما، خشن، رسوا.
blath.er (-ed, -ing) *vi. & n.* حرف بی‌ارزش زدن، صحبت بی‌معنی کردن، صحبت بی‌معنی واحمقانه.
blath.er.er, *n.* چرندگو، مهمل‌گو، رازگو.
blaze [*bleiz*] (**- d, - blaz.ing**), *vt., vi. & n.* شعلهٔ درخشان یا آتش مشتعل، [مج.] رنگ یا نور درخشان، فروغ، درخشندگی، جار زدن، باتصویر نشان دادن.
Amid the b. of noon. درمیان فروغ وشکوه نیمروز.
blaz.er [*bléizə*] *n.* جارچی، اعلام‌کننده، علامت‌گذار [در جاده]، هرچیز قرمز و مشتعلی، نوعی کت پشمی یا ابریشمی ورزشی، ژاکت مخصوص ورزش.
blaz.ing, *adj.* مشتعل.
bla.zon [*bléizən*] (**- ed, -ing**), *n., vt. & n.* اعلام‌کردن، جلوه‌دادن، منتشر کردن، آراستن، نشان خانوادگی، سپر، پرچم.
To b. his own worthlessness. بی‌ارزشی خود را آشکار کردن.
bla.zon.ry, *n.* نشان‌دار، علامت یا نشان نجابت خانوادگی.
bleach [*bli:tʃ*] *vi., vt. & n.* سفیدشدن بوسیلهٔ شستن باوسائل شیمیائی، سفید کردن، ماده‌ای که برای سفید کردن (هرچیزی) بکار رود.
bleach.er, *n.* کارگر پارچه سفیدکنی، شستشو و سفیدکنی پارچه، بلیط یا صندلی کم‌ارزش مسابقات ورزشی.
bleak [*bli:k*] *adj. & n.* بی‌حفاظ، درمعرض‌باد سرد، متروك، غم‌افزا.
blear [*bliə*] *adj. & vt.* استهزاء، دارای‌چشم‌پرآب، تار، گرفته وتاریك، تاری حاصل از اشك وغیره.
bleary, *adj.* دارای‌چشمان قی‌گرفته وخواب‌آلود، تیره‌وتار.
bleat [*bli:t*] *vi., vt. & n.* [illegible]
bleb, *n.* برآمدگی روی پوست انسان یا گیاه، تاول، حباب هوا درآب یا شیشه.
bleed [*bli:d*] (**bled, bleed.ing**), *vt., vi & n.* خون‌آمدن از، خون جاری‌شدن‌از، خون‌گرفتن از، خون ریختن، اخاذی کردن.
blem.ish [*blémiʃ*] *vt., vi. & n.* خسارت وارد کردن، آسیب‌زدن، لکه‌دار کردن، بدنام کردن، افترا زدن، نقص.
blench [*blen(t)ʃ*] *vt. & vi.* جمع شدن وعقب‌نشینی کردن، برگشتن [دراثر بی‌تصمیمی یاجبن]، برگرداندن، تأخیر کردن، رنگ خودرا باختن، سفید شدن.
blend [*blend*] (**- ed, blent,-ing**), *vt., vi. & n.* مخلوطی [ازچند جنس خوب و بد و متوسط] تهیه کردن [مثل چای]، ترکیب، مخلوط، آمیختگی، آمیزه.
blend.er, *n.* ماشین‌مخصوص مخلوط کردن.
bless [*bles*] (**- ed, blest, - ing**), *vt. & vi.* تقدیس کردن، برکت دادن، دعاکردن، مبارك خواندن، باعلامت صلیب کسی را برکت دادن.
bless.ed, blest [*blésid, blest*], *adj.* مبارك، سعید، خجسته، خوشبخت.
blessing [*blésiŋ*] *adj. & n.* برکت، دعای‌خیر، نعمت خداداده، دعای پیش‌از غذا، نعمت، موهبت.
blight [*blait*] *n. & vt.* بادزدگی یا زنگ‌زدگی، مانع رشد ونمو شدن، پژمردن.
A. woman fated to b. all who loved her. زنی‌که سرنوشتش ناکام‌کردن عاشقان خود بوده.
blimp, *n.* نوعی بالون هوائی کوچك.
blind [*blaind*] *adj.* کور، نابینا، تاریك، ناپیدا، غیرخوانائی، بی‌بصیرت.
B. alley. کوچهٔ بن‌بست.
blind, *vi. & vt.* کورکردن، خیره‌کردن، درز یاراه(چیزی‌را) گرفتن، [مج.] اغفال کردن.
blind, *adv. & n.* چشم‌بند، پناه، سنگر، مخفی‌گاه، هرچیزی که مانع عبور نور شود، پرده.
blind date, *n.* قرار ملاقات میان زن ومردی‌که همدیگر را نمی‌شناسند.
blind.er, *n.* چشم‌بند اسب.
blind.fold [*bláindfoluld*] *vt., n. & adj.* چشم بستن، کورکردن، با چشم بسته.
blind.ness, *n.* کوری، بی‌بصیرتی.
blind spot, *n.* نقطهٔ کور [درشبکیهٔ چشم]، نقطه ضعف.
blink [*bliŋk*] *vt., vi. & n.* چشمك زدن، سوسوزدن، تجاهل‌کردن، نادیده گرفتن، نگاه مختصر، چشمك.
bliss [*blis*] *n.* خوشی، سعادت، برکت.
bliss.ful [*blísful*] *adj.* خوش، سعادتمند.
blis.ter [*blístə*] *n., adj., vt. & vi.* تاول، آبله، تاول زدن.
blithe [*blaiθ*] *adj., adv., n. & vt.* مهربان، خوش قلب، خوش، آدم شوخ ومهربان، مهربانی، دوستانه، نرم وملایم، شوخ.
blitz.krieg, blitz, *vt. & n.* حملهٔ رعدآسا، حملهٔ رعدآسا کردن.
bliz.zard [*blízəd*] *n.* باد شدید توأم بابرف، کولاك.
bloat, *adj. & n.* پف‌کرده، بادکردن، باددار، نفخ.
blob [*blɔb*] *n. & vt.* قطره [چسبناك]، لکه، گلوله، حباب، مالیدن، لك انداختن.
bloc, block [*blɔk*] (**-ed, -ing**), *n., vt. & vi.* اتحاد دو یا چند دسته به منظور خاصی، بلوك، کُنده، مانع ورادع، قطعه، بستن، مسدود کردن، مانع‌شدن‌از، بازداشتن، قالب کردن، توده، قلنبه.
block.ade [*blɔkéid*] *n., vt. & vi.* راه‌بندان، محاصره، انسداد، بستن، محاصره کردن، راه‌بندکردن.
blockbuster, *n.* بمب دارای قدرت تخریبی زیاد، شخص یاچیز خیلی مؤثر وسخت.
blockhead [*blɔ́khed*] *n.* آدم خرف وبی‌هوش، بی‌کله.
bloke, *n.* آدم، رفیق، یار، همکار، یارو.
blond=blonde [*blɔnb*] *adj. & n.* بور، سفیدرو، بوری، [برای‌مرد blond وبرای زن blonde گفته میشود].
blood [*blʌd*] (**- ed, - ing**) *n., vt. & vi.* خون، خوی، مزاج، نسبت، خویشاوندی، نژاد، [مج.] نیرو، خون‌آلود کردن، خون جاری‌کردن، خون کسی را بجوش آوردن، عصبانی کردن.
blood bank, *n.* بانك جمع‌آوری‌خون (برای تزریق به بیماران ومجروحین).
bloodbath, *n.* قتل‌عام، خونریزی.
bloodcurdling, *adj.* ترس‌آور، وحشتناك.
bloodhound [*blʌ́dhaund*]*vt. & n.* [ج.ش.] نوعی سگ شکاری‌که شامهٔ بسیار تیزی دارد، [مج.] کارآگاه، بااشتیاق و تیزهوشی تعقیب کردن.
blood.less [*blʌ́dlis*] *adj.* بی‌خون، بدون خونریزی.
bloodletting, *n.* رگ‌زنی، حجامت.
blood money [*blʌ́dmʌ́ni*] *n.* خون بها، دیه.
blood poisoning [*blʌ́dpɔ̀izəniŋ*] *n.* مسمومیت خون، عفونت خون.
blood pressure, *n.* فشار خون.
bloodshed [*blʌ́dʃəd*] *n.* خونریزی، سفك‌دماء.
blood.shot [*blʌ́ʃɔt*] *adj.* قرمز، سرخ‌وورم‌کرده، خون‌گرفته، برافروخته.
bloodstream, *n.* رگ‌گردش خون.
bloodsuck.er [*blʌ́dsʌ́kə*] *n.* زالو، هرجانوری‌که خون می‌مکد، [مج.] کسی که از دیگری پول بیرون میکشد.
blood.thirsty [*blʌ́dθə́:sti*] *adj.* تشنه بخون، خونریز، سفاك، بیرحم.
blood vessel [*blʌ́dvèsl*] *n.* رگ، عروق خونی.
bloody [*blʌ́di*] *adj. & vt.* برنگ‌خون، خونی، خون‌آلود، قرمز، خونخوار.
Bloody Mary, *n.* مشروبی‌که از ودکا وسوس گوجه فرنگی درست میکنند.
bloom [*blu:m*] *n., vt. & vi.* شکوفه، شکوفه‌کردن، گل‌دادن، بکمال‌وزیبائی رسیدن.
bloom.er [*blúmə*] *n.* شلوارگشاد وزنانهٔ ورزشی، گیاه شکوفه کرده،

شخص بالغ، اشتباه احمقانه.

blos.som [*blɔ́səm*] *n. & vi.* شکوفه، گل، میوه ، گل دادن ، دارای طراوت جوانی شدن.

blot [*blɔt*] (**- ted, - ting**) *n., vt. & vi.* لکه‌دار کردن یا شدن، لك، لکه، بدنامی، عیب، پاك شدگی.

blotch [*blɔtʃ*] *n., vi. & vt.* دمل، لکه، خال، جوش چرکدار، کورك، دارای رنگ غیر واضح، رنگ محو.

blot out, *vt.* زدودن، محو کردن.

blot.ter [*blɔ́tə*] *n.* جوهر خشك‌کن، دفتر باطله، دفتر ثبت معاملات، دفتر روزنامه.

blotting paper [*blɔ́tiŋpèipə*] *n.* کاغذ خشك‌کن.

blouse [*blauz*] *n.* پیراهن یا جامهٔ گشاد، بلوز.

blow [*blou*] (**blew, blown, blow.ing**) *n., vt. & vi.* وزیدن، دراثردمیدن ایجادصدا کردن، ترکیدن، منفجر شدن، پف کردن، ضربه‌زدن، فوت کردن.

B. your flute. فلوت خودرا بزن.

B. one's brain out. مغز کسی را پریشان‌کردن (باگلوله).

blow.er [*blóuə*] *n.* وزنده، کسی یا چیزی‌که بدمد یا بوزد ، ماشین مخصوص دمیدن.

blowgun, *n.* تفنگ بادی، پفك.

blown [*bloun*] *adj.* ورم کرده، دمیده شده، خسته.

blow.sy=blow.zy [*bláuzi*] *adj.* سرخ‌روی، سرخ گونه، خشن، زمخت، زن چاق.

blowtorch, *n.* چراغ جوشکاری.

blow up, *vt. & n.* عکس بزرگ‌شده، منفجر کردن، ترکاندن، عصبانی کردن، انفجار.

blub.ber [*blʌ́bə*] *n., adj., vt. & vi.* کف، حباب، چربی بالن وسایر پستانداران دریائی، چاق شدن، چربی آوردن، هایهای گریستن، باصدا گریستن، الچروبه.

blub.bery, *adj.* ورم کرده، حباب‌وار، چاق وفربه.

bludgeon [*blʌ́dʒən*] *n., vt. & vi.* چماق، چوبدستی سرکلفت ، باچماق زدن، مجبور کردن ، کتك زدن.

blue [*blu:*] *adj., n., vt. & vi.* آبی، نیلی، مستعدافسردگی، دارای خلق گرفته، [با the] آسمان، آسمان نیلگون.

blue-collar, *adj.* کارگری.

blue jay, *n.* زاغ کبود

blue jeans, *n.pl.* شلوار کار آبی‌رنگ، شلوار کابوی.

blueprint [*blú:print*] *n. & vt.* نوعی چاپ عکسی‌که زمینهٔ آن آبی و نقش آن سفید است ، چاپ اوزالید‌که برای کپیهٔ نقشه و رسمهای فنی بکار میرود، برنامهٔ کار.

blues, *n.pl.* افسردگی وحزن واندوه، نوعی سرود وموسیقی جاز.

bluff [*blʌf*] *adj., n., vt & vi.* توپ زدن، حریف را از میدان درکردن، توپ، قمپز، سراشیب، پرتگاه.

blu.ing, blue.ing, *n.* نیل، پودر آبی‌رنگ رختشوئی.

blu.ish, blue.ish [*blú:iʃ*] *adj.* مایل به‌آبی، آبی‌فام.

blun.der [*blʌ́ndə*] *n., vt. & vi.* اشتباه بزرگ ، سهو، اشتباه لپی، اشتباه کردن، کورکورانه‌رفتن،دست‌پاچه‌شدن‌وبهم‌مخلوط کردن.

blun.der.buss [*blʌ́ndəbʌs*] *n.* نوعی تفنگ قدیمی، [مج.] آدم کودن.

BLUNDERBUSS

blunt [*blʌnt*], *adj. & vt.* کند، بی‌نوك، دارای لبهٔ ضخیم، رك ، بی‌پرده، کند کردن.

blur [*blə:*] (**- red, - ring**) *n., vt. & vi.* لکه، تیرگی، منظرهٔ مه‌آلود ، لك کردن ، تیره کردن، محو کردن، نامشخص بنظر آمدن.

blurt [*blə:t*] *vt. & n.* بروزدادن، از دهان بیرون انداختن [کلمات، با out].

blush [*blʌʃ*] (**- ed, - ing**) *n., vt. & vi.* سرخ شدن، شرمنده شدن، سرخی صورت دراثر خجلت.

blus.ter [*blʌ́stə*] (**- ed, - ing**), *vt. & vi.* باسختی وشدت وسروصدا وزیدن [مثل باد] ، پر سروصدا بودن، باد مهیب وسهمگین.

boa [*bóuə*] *n.* [ج.ش.] اژدرمار، مار بوا.

boar [*bɔ:*] *n.* [ج.ش.] گراز نر، جنس نرحیوانات پستاندار، گرازوحشی.

board [*bɔ:d, bɔəd*] (**- ed, -ing**), *n., vi. & vt.* تخته، تخته یا مقوا ویاهرچیز مسطح، میز غذا، غذای روی‌میز ، اغذیه، میزشور یادادگاه، هیئت عامله‌یاامناء، هیئت‌مدیره(board of trade) هیئت بازرگانی، تخته‌بندی‌کردن ، سوار شدن، بکنار کشتی آمدن [بمنظور حمله] ، تخته پوش کردن، پانسیون‌شدن، منزل کردن[درشبانه‌روزی].

boar.der [*bɔ́:də, bɔ́ədə*] *n.* شاگرد شبانه روزی.

board.ing [*bɔ́:diŋ, bɔ́ədiŋ*] *n.* مهمانخانهٔ شبانه روزی، پانسیون.

boardinghouse, *n.* پانسیون.

boardwalk, *n.* تفرجگاهی درکنار ساحل‌که کف آن تخته باشد .

boar.ish, *adj.* خوك‌صفت، بی‌ادب،وحشی.

boast [*boust*] *n., vt. & vi.* لاف، مباهات ، بالیدن، خودستائی کردن ، سخن اغراق‌آمیز گفتن.

boast.er, *n.* لاف زن، خودستا.

boast.ful, *adj.* لاف زن، چاخان.

boat [*bout*] *n., vt. & vi.* کشتی کوچك ، قایق ، کرجی ، هرچیزی شبیه قایق، قایقرانی کردن.

boat.man [*bóutmən*] *n.* کرجی‌بان، قایقران.

boat.swain [*bóusn*] *n.* افسری‌که مسئول افراشتن بادبان ولنگر طناب‌های کشتی است.

bob [*bɔb*] (**- bed, - bing**) *vt., vi. & n.* فریبدادن، ازراه فریب وخدعه چیزی رابدست آوردن، ضربت زدن، سرزنش یا طعنه، شوخی ، حقه، شاقول، وزنهٔ قپان، منگوله، حرکت تند و سریع، سرود یاتصنیف، ضربت، یك شیلینگ.

bob.bin [*bɔ́bin*] *vt. & n.* قرقره، ماسوره.

bob.bi.net, *n.* نوعی توری نخی یا ابریشمی.

bob.ble (**- d, bob.bling**) *n., vi. & vt.* پی‌درپی اشتباه کردن، مرتکب خطا شدن، اشتباه‌کاری، لغزش.

bob.by [*bɔ́bi*] *n.* پاسبان، پلیس.

bobby pin, *n.* گیرهٔ موی سر.

bobby-socks, bobby-sox, *n.pl.* جوراب ساقه بلند دخترانه.

bobsled, *n.* نوعی سورتمهٔ کوچك.

bobtail, *n.* دم کل، اسب یا سگ دم کل، هرچیز ناقص یا مختصر شده، آدم مهمل.

bode [*boud*] *vt. & vi.* پیشگوئی کردن، نشانه بودن (از)، حاکی بودن از، دلالت داشتن (بر)، شگون داشتن.

It bodes evil. این موضوع مشعر برامر ناگواری است.

bod.ice [*bɔ́dis*] *n.* پستان‌بند، سینه‌بند(زنانه).

bod.i.ly [*bɔ́dili*] *adj. & adv.* بدنی، دارای بدن، عملاً، واقعاً، جسمانی.

bod.kin (**- ken**) *n.* خنجر، نوعی جوالدوز.

body [*bɔ́di*] *n. & vt.* جسد، تنه، تن، بدن، لاشه، جسم، بدنه ، اطاق ماشین ، جرم سماوی، دارای‌جسم کردن، ضخیم کردن، غلیظ کردن.

Absent in b. and present in spirit. جسماً غایب است ولی روحاً حاضر میباشد.

bodyguard [*bɔ́diga:d*] *n.* گارد مخصوص، مستحفظ شخص.

body snatcher, *n.* کسی‌که برای تشریح نبش قبرمیکند، جسددزد.

bog [*bɔg*] *n., vt. & vi.* باتلاق، سیاه‌آب، گنداب، لجنزار، درباتلاق فرورفتن.

bo.gey, bo.gy, bo.gie, *n.* دیو، جن، شیطان.

bog.gle (**-d, bog.gling**) *vt. &vi.* دراثر امری ناگهان وحشتزده وناراحت شدن، رم‌کردن، تأمل کردن [دراثر ترس وغیره] ، کار سرهم‌بندی کردن.

bo.gle=bog.gle, *n.* لولو، آدم‌زشت.

bo.gus [*bóugəs*] *adj. & n.* ساختگی، جعلی، قلابی.

bo.gy, *n.* غول، لولو.

boil [*bɔil*] *n., vt. & vi.* کورك، دمل، جوش، التهاب، هیجان، تحریك، جوشاندن، بجوش‌آمدن، خشمگین شدن.

boil.er [*bɔ́ilə*] *n.* دیگ بخار.

boiling point, *n.* نقطهٔ غلیان، درجهٔ جوش، [مج.] عصبانیت.

bois.ter.ous [*bɔ́istərəs*], *adj.* خشن وزبر، خشن وبی‌ادب، قوی، سترك، شدید، مفرط، بلند و ناهنجار، توفانی.

A b. laugh. خندهٔ قاه‌قاه (پر صدا).

bold [*bould*] *adj.* بی‌باك، دلیر، خشن و بی‌احتیاط، جسور، گستاخ، متهور، با شهامت.

boll, *n. & vt.* حباب، برآمدگی مانند، [گ.ش.] قوزهٔ پنبه، پیاز.

bolster [*bóulstə*] (**- ed, - ing**), *n. & vt.* بالش، متکا، نیری‌که بطورعمودی زیرپایه گذارده شود، بابالش نگهداشتن، پشتی کردن، تکیه دادن، تقویت کردن.

bolt [*boult*] *n., vt. & vi.* پیچ، توپ پارچه، از جا جستن، رها کردن.

bolt [*boult*] *adv.* راست، بطورعمودی، مستقیماً، ناگهان.

bomb [*bɔm*] *n., vt. & vi.* بمب، نارنجك، بمباران کردن.

bom.bard [*bɔmbá:d*] *n. & vt.* بمباران کردن، بتوپ بستن.

bom.bard.ment [*bɔmbá:dmənt*] *n.* بمباران.

bom.bar.dier, *n.* توپچی، بمب‌افکن (شخص).

bom.bast, *n.* [مج.] کتان، جنس‌پنبه‌ای، گزافه‌گوئی، سخن بزرگ یا قلنبه، مبالغه.

bom.bas.tic [*bɔmbǽstik*] *adj.* گزاف، قلنبه، مطنطن.

bomb.er [*bɔ́mə*] *n.* هواپیمای بمب‌افکن، بمب‌انداز.

bomb.shell, *n.* بمب، امر تعجب‌آور.

bona fide [*bóunə fáidi*] *adj. & adv.* باحسن‌نیت، جدی، واجد شرائط.

bo.nan.za, *n.* رگهٔ بزرگ طلا یا نقره، منبع عایدی مهم، ثروت بادآورده.

bon.bon [*bɔ́nbɔn*] *n.* شیرینی، آب‌نبات فرنگی.

bond [*bɔnd*] *n. & vt.* قید، بند، زنجیر، [مج.] قرارداد الزام‌آور، عهد ومیثاق، هرچیزی‌که‌شخص‌رامقید سازد، معاهده، قرارداد، کفیل، رابطه، پیوستگی، ضمانت، [حق.] تضمین‌نامه یا تعهدنامه دائر بـه پرداخت وجه ، رهن کردن، تضمین کردن.

bond.age [*bɔ́ndidʒ*] *n.* بندگی، بردگی، اسارت.

bond.ed [*bɔ́ndid*] *adj.* ضمانت شده، امانتی، تضمین‌دار، کفالت‌دار.

bond.er.ize, *vt.* آبکاری کردن، روکش‌دادن.

bondholder, *n.* دارای صاحب سهام قرضه، دارندهٔ وثیقه یاکفالت، ضمانت‌دار.

bond.maid, *n.* کنیز (زرخرید)، کسی‌که بیگاری میکند.

bond.man [*bɔ́nd(z)mən*] *n.* غلام، برده، رعیت.

bond servant, *n.* غلام، بنده، بردهٔ بدون مزد واجرت، زرخرید.

bonds.man, *n.* برده، غلام، ضامن، کفیل.

bond.wom.an, *n.* کنیز، زن‌زر خرید، کلفت زرخرید.

bone [*boun*] *n. & vt.* استخوان ، استخوان‌بندی ، گرفتن یا برداشتن، خواستن، درخواست کردن، تقاضا کردن.

bonehead, *n.* آدم‌کله‌خر، آدم احمق وکودن.

bon.er, *n.* اشتباه مضحك.

bone.setter, *n.* شکسته‌بند.

bon.fire [*bɔ́nfàiə*] *n.* آتش بزرگ، آتش بازی.

bon.net [*bɔ́nit*] *n. & vt.* نوعی کلاه‌بی‌لبهٔ زنانه ومردانه، کلاهك دودکش، سرپوش هرچیزی، کلاه سرگذاشتن.

bon.ny=bon.nie [*bɔ́ni*] *adj.* زیبا، جذاب، دلپذیر، قوی وزیبا.

bo.nus [*bóunəs*] *n.* انعام، جایزه، حق‌الامتیاز، سود قرضه، پرداخت اضافی.

bon voy.age [*bɔ́:(ŋ)vwaiá:ʒ*] *n.* سفربخیر، خداحافظ، خدا به همراه.

bony or **bon.ey** [*bóuni*] *adj.* استخوانی، استخوان‌دار.

boo or **boh**, *interj., vt., vi. & n.* صدای‌گاو یا جغدکردن، اظهار تنفر، هوکردن.

boob=booby, *n.* آدم‌کودن واحمق، ساده‌لوح.

boo-boo, *n.* اشتباه‌کاری، دست پاچگی، اشتباه.

boo.by [*bú:bi*] *n. & vi.* نوعی قاز دریای شمالی، ساده‌لوح، احمق.

booby prize, *n.* جایزهٔ تسلی‌بخش.

booby trap, *vt. & n.* پنهان‌تله، دام یا تله، دام مهلك، با پنهان تله مجهز کردن.

book [*buk*] (**- ed, - ing**) *n., vt., vi.&adj.* فصل یا قسمتی ازکتاب، مجلد، دفتر، کتاب، درکتاب یا دفتر ثبت کردن، رزرو کردن، توقیف کردن.

book.binder, *n.* صحاف، کتاب‌ساز.

book.binding, *n.* صحافی‌کتاب، تجلید، کتاب‌سازی.

bookcase [*búkkeis*] *n.* قفسهٔ کتاب.

book.ish [*búkiʃ*] *adj.*

کتابی، غیرمتداول، لفظ قلم.

bookkeeper [*búkkì:pə*] *n.* دفتردار، حسابدار، ثبات.

bookkeeping [*búkkì:piŋ*] *n.* دفترداری.

book.let [*búklit*] *n.* کتاب کوچك، کتابچه، دفترچه، رساله، جزوه.

bookmaker [*búkméikə*] *n.* [م.م] کتاب‌نویس، صحاف، ناشر کتاب، دلال‌شرط‌بندی.

bookmark [*búkma:k*] *n.* نشان لای کتاب، چوب الف.

book review, *n.* انتقاد از کتاب، مقاله دربارهٔ کتاب.

bookseller [*búksélə*] *n.* کتابفروش.

bookstore [*búkstɔ:*] *n.* کتابفروشی.

bookstall [*búkstɔ:l*] *n.* بساط کتابفروشی.

bookworm [*búkwə:m*] *n.* کسیکه علاقهٔ مفرطی به مطالعهٔ کتب دارد.

boom [*bu:m*] (**- ed, - ing**) *n., vt.& vi.* غرش (توپ یا امواج)، صدای غرش، غریو ، پیشرفت یا جنبش سریع و عظیم ، توسعهٔ عظیم(شهر)، غریدن، غریو کردن (مثل بوتیمار)، بسرعت درقیمت ترقی کردن، توسعه یافتن.

To b. out a sail. بادبان گستردن.

boo.merang, *vt. & n.* چوب خمیده‌ای که پس‌ازپرتاب شدن نزد پرتاب کننده برمیگردد، [مجـ.] وسیله‌ای برای رسیدن بهدفی یا (مخصوصاً) عملی که عکس‌العمل آن بخود فاعل متوجه باشد.

boon [*bu:n*] *n. & adj.* استدعا، فرمان یادستوری‌بصورت استدعا، عطیه، لطف، احسان، بخشش.

boor [*buə, bɔ:ə*] *n.* باغبان،روستائی، دهاتی، آدم‌بی‌تربیت، آدم‌خشن.

boor.ish, *adj.* خشن، بی‌نزاکت، دهاتی.

boost, *vt. & n.* ترقی، بالارفتن، ترقی‌دادن، جلوبردن، بالابردن (قیمت)، کمك‌کردن.

boost.er, *n.* تشدیدکننده، تقویت‌کننده، حامی، ترقی دهنده.

boot [*bu:t*] *vt. & n.* پوتین‌یا چکمه، [مجـ.] اخراج ، چاره یا فایده ، لگد زدن، باسر چکمه وپوتین زدن.

bootblack [*bú:tblæk*] *n.* واکسی، کفش واکس‌زن.

boot camp, *n.* اردوگاه تعلیمات نظامی نیروی دریائی.

booth [*bu:ð*] (*pl.* **booths**) *n.* اطاقك، باسگاه یادکهٔ موقتی، غرفه، جای‌ویژه.

bootjack, *n.* چکمه‌کش، پاشنه‌کش چکمه.

bootleg, *n. & vi.* مشروب قاچاق، معاملهٔ قاچاقی انجام‌دادن.

boot.leg.ger [*bú:tlegə*] *n.* فروشندهٔ مشروب قاچاق.

boot.less [*bú:tlis*] *adj.* بی‌سود، بیهوده، بی‌مصرف، بی‌علاج.

boo.ty [*bú:ti*] *n.* غنیمت جنگی، غارت، تاراج، یغما.

booze, *vi. & n.* مشروب‌الکلی، مشروبات الکلی بحد افراط نوشیدن، مست‌کردن.

bor.del=bor.del.lo=brothel, *n.* فاحشه خانه، فحشاء، آدم بیکاره ومهمل.

border [*bɔ́:də*] (**- ed, - ing**) *n., vt. & vi.* سرحد، حاشیه، لبه، کناره، مرز، خط‌مرزی، لبه‌گذاشتن(به)، سجاف‌کردن، حاشیه گذاشتن، مجاور بودن.

bore [*bɔ:, bɔə*] (**- d, boring**), *vt., vi. & n.* کمانه، سوراخ‌کردن، سفتن، نقب زدن، بامته تونل زدن [با through]، خسته‌کردن، موی دماغ کسی شدن، خسته شدن ، منفذ ، سوراخ ، مته ، وسیلهٔ سوراخ‌کردن، کالیبر تفنگ، [مجـ.] خسته‌کننده.

bo.re.al, *adj.* شمالی.

bo.re.as, *n.* بادشمال.

bore.dom [*bɔ́:dəm*] *n.* ملالت، خستگی.

born [*bɔ:n*] *adj.* زائیده شده، متولد.

He was b. in 1971. او در ۱۹۷۱ متولد شد.

borne [*bɔ:n*] (*p. p. of* **bear**) اسم مفعول فعل bear، تحمل کرده یا شده.

bor.ough [*bʌ'rə*] *n.* [آمر.] قصبه، دهکده ، بخش ، [انگلیس] شهر یا قصبه‌ای که وکیل به مجلس بفرستد یا انجمن شهرداری داشته باشد.

bor.row [*bɔ́rou*] *n., vt. & vi.* قرض‌گرفتن، وام‌گرفتن، اقتباس‌کردن.

bor.row.er, *n.* قرض‌کننده.

borsch, borscht, *n.* برش(borsh)، نوعی آبگوشت سبزی‌دارروسی.

bosh [*bɔʃ*] *n.* حرف توخالی، مهمل، حقه‌بازی، [ز.ع.] چرند.

bos.om [*búzəm*] (**- ed, - ing**), *n. & vt.* آغوش، سینه، بغل، بر، پیش‌سینه، با آغوش باز پذیرفتن ، درآغوش حمل‌کردن ، رازی را در سینه نهفتن ، دارای پستان شدن (درمورد دختران).

bos.omy, *adj.* پستان مانند، دارای پستان برجسته.

boss [*bɔs,u.s.bɔ:s*] (**-ed,-ing**) *n., vi. & vt.* رئیس،کارفرما، ارباب، برجسته، برجسته کاری ، ریاست‌کردن بر ، اربابی‌کردن (بر)، نقش برجسته تهیه‌کردن.

bo.tan.i.cal [*bətǽnikəl*] *adj. & n.* وابسته به‌گیاه شناسی، ترکیب یا مشتق ازمواد گیاهی وداروهای گیاهی.

bot.a.nist [*bɔ́tənist*] *n.* گیاه شناس، متخصص گیاه شناسی.

bot.a.nize, *vi. & vt.* گیاه جمع‌کردن (برای مقاصد گیاه شناسی) ، تحقیقات گیاه شناسی بعمل‌آوردن.

bot.a.ny [*bɔ́təni*] *n.* گیاه شناسی ، کتاب گیاه شناسی ، گیاهان یك ناحیه، زندگی گیاهی یك ناحیه.

botch [*bɔtʃ*] *n. & vt.* خراب‌کردن ، از شکل انداختن ، وصله و پینهٔ بد نما، کار سرهم بندی، ورم.

both [*bouθ*] *pron., adj. & conj.* هردو، هردوی، این یکی وآن یکی، نیز، هم.

B. he and I. هردومان.

both.er [*bɔ́ðə*] (**-d, both.er.ing**), *vt., vi., n. & interj.* دردسر دادن، زحمت دادن، مخل آسایش شدن، نگران شدن ، جوش زدن و خودخوری کردن ، رنجش ، پریشانی ، مایهٔ زحمت.

both.er.some [*bɔ́ðəsəm*] *adj.* پر دردسر، پر زحمت، مزاحم.

bot.tle [*bɔ́tl*] *n. & vt.* بطری، شیشه، محتوی‌یك‌بطری، در بطری‌ریختن.

bottled gas, *n.* بشکه یا استوانهٔ محتوی‌گازفشرده،گاز سیلندر.

bottleneck, *adj., n., vt. & vi.* تنگه، راه خیلی باریك، مانع عبور ووسائط‌نقلیه.

bot.tom [*bɔ́təm*] *n., adj.,vt. & vi.* ته، زیر، پائین، کشتی.

bot.tom.less, *adj.* بدون ته ، غیرمحدود.

bot.u.lism, *n.* مسمومیت غذائی‌حاد.

bou.doir [*bú:dwa:*] *n.* اطاق کوچك مخصوص زن (که خواص خود را درآنجا میپذیرد)، خلوتگاه.

bough [*bau*] *n.* شاخه، ترکه، تنهٔ درخت، شانهٔ حیوان.

bought.en=bought, *adj.* خریداری شده.

bouil.lon, *n.* آبگوشت.

boul.der [*bóuldə*] *n.* تخته سنگ، سنگ، گرداله.

bou.le.vard [*bú:ləva:d*] *n.* خیابان‌پهنی که‌دراطراف آن‌درخت باشد. بولوارد.

bounce [*bauns*] *vt., vi. & n.* بالا جستن، پس‌جستن، پریدن، گزاف‌گوئی کردن ، مورد توپ وتشر قراردادن ، بیرون - انداختن، پرش، جست، گزاف گوئی.

bound (**- ed, - ing**) *n., vt. & vi.* حد، مرز، محدود ، سرحد ، خیز، جست وخیز، محدودکردن، تعیین‌کردن، هم‌مرز بودن، مجاور بودن، مشرف بودن (با on یا with)، جهیدن.

bound, *adj.* آماده‌رفتن، عازم‌رفتن،مهیا،موجود،مقید،موظف.

bound.a.ry [*báundəri*](*pl.* **-ries**), *n.* مرز، خط سرحدی.

boun.te.ous [*báuntiəs*] *adj.* بخشنده، سخی، باسخاوت، فراوان، پر برکت.

boun.ti.ful [*báuntiful*] *adj.* بخشنده، سخی، باسخاوت، خوب ومهربان.

boun.ty [*báunti*] (*pl.* **- ies**) *n.* بخشش ، سخاوت ، انعام، اعانه، شهامت، آزاد- منشی، وفور.

bou.quet [*búkei, bukéi*] *n.* دستهٔ گل.

bour.geois [*bú:rzwa:*] (*pl.***bour-geois**) *adj. & n.* عضو طبقهٔ متوسط جامعه، عضو طبقهٔ دوم، طبقهٔ کاسب ودکاندار.

bour.geoi.sie, *n.* طبقهٔ‌سوداگر، سرمایه‌داری، حکومت طبقهٔ دوم، بورژوازی.

bourn, bourne, *n.* سرحد، مرز، هدف، قلمرو.

bout [*baut*] *n.* کشمکش، تقلا، یك دور مسابقه یا بازی.

bou.tique, *n.* دکان، بوتیك.

bo.vine, *adj. & n.* گاوی، شبیه‌گاو، گاو خوی.

bow [*bau*] (**- ed, - ing**) *vt., vi. & n.* خم شدن، تعظیم‌کردن، [با down] مطیع شدن، تعظیم، کمان، قوس.

Bowed down. شکسته شده، دولا.

bowd.ler.i.za.tion, *n.* تزکیه وتصفیه، حذف قسمتهای خارج‌از اخلاق.

bowd.ler.i.ze, *vt.* تزکیه یا تصفیه‌کردن، قسمت‌های خارج‌از اخلاق را حذف‌کردن از (کتاب وغیره).

bow.el [*báuil*] *n.* روده، شکم، اندرون.

bow.er [*báuə*] (**- ed, - ing**) *n., vt. & vi.* باغ، آلاچیق، سایبان.

bow.ie knife, *n.* دشنه، خنجر.

BOWIE KNIFE

bowl [*boul*] (**-ed, -ing**) *n., vi. & vt.* کاسه، جام، قدح، باتوپ بازی‌کردن، مسابقه وجشن، بازی بولینگ.

bowlegged [*bóulegd*] *adj.* پا چنبری، دارای‌پاهای‌کج یاکمانی.

bowl.er [*bóulə*] *n.* قدح ساز، نوعی کلاه لبه‌دار ، کسی‌که بـا گلوله یا گوی بازی میکند، مشروب‌خوار افراطی، دائم‌الخمر.

bowling, *n.* بازی بولینگ.

bowling green [*bóuliŋgri:n*] *n.* چمن مخصوص بازی با‌گوی چوبی.

bow.man [*bóumən*]=**archer,** *n.* تیرانداز، کمان‌کش.

bow out—retire, withdraw, *vi.* عقب نشستن، کنارکشیدن، باتعظیم خارج شدن.

bowstring, *vt. & n.* [illegible]

bow tie, *n.* پاپیون، کروات.

bow.wow, *n.* عوعو، وقوق.

box [*bɔks*] (*pl.* **box & box.es**) *n.* جعبه، قوطی، صندوق، اطاقك، جای ویژه، لژ، توگوشی، سیلی، بوکس.

box (**- ed, - ing**) *vt.* مشت‌زدن، بوکس‌بازی‌کردن، سیلی‌زدن،درجعبه محصورکردن، [غالباً با in یا out] احاطه کردن، درقاب یا چهارچوب گذاشتن.

box.car, *n.* یکنوع واگن باری.

box.er [*bɔ́ksə*] *n.* مشت‌زن،بوکس‌باز.

box-file, *n.* کلاسور، کارتن.

box.i.ness, *n.* شکل جعبه بودن.

box.ing, *n.* مشت زنی، بوکس.

box office, *n.* گیشهٔ‌فروش‌بلیط ورودیهٔ‌نمایش،باجهٔ‌بلیط‌فروشی.

boxtree, *n.* درخت شمشاد.

boxwood, *n.* چوب شمشاد، درخت مرمکی، عوجه.

boy [*bɔi*] *n.* پسربچه، پسر، خانه‌شاگرد.

boy.ish [*bɔ́iiʃ*] *adj.* پسر مانند.

boy.cott [*bɔ́ikɔt*] (**- ed, - ing**), *vt. & n.* تحریم‌کردن، تحریم، بایکوت.

boyfriend, *n.* دوست پسر، رفیق.

boy.hood [*bɔ́ihud*] *n.* بچگی، پسربچگی.

boy scout, *n.* پیش‌آهنگ.

bra=brassiere, *n.* پستان‌بند.

brace (**-d, bracing**) *n. & vt.* تحریك احساسات ، تجدید واحیای روحیه، بند شلوار، خط ابرو [︸] ، بابست محکم‌کردن، محکم بستن، درمقابل فشار مقاومت‌کردن.

brace.let [*bréislit*] *n.* دست‌بند، النگو، بازوبند.

bra.ch.i.al, *adj.* بازوئی، بازوبند.

bra.cing, *adj.* نیروبخش، فرح‌بخش.

brack.et [*brǽkit*] (**- ed, - ing**), *vt., vi. & n.* طاقچهٔ دیوار کوب، پرانتز، این‌علامت [ ]، هلال‌یادوبند گذاشتن،طبقه‌بندی.

BRACKETS

brack.ish [*brǽkiʃ*] *adj.* شورمزه، بدمزه.

brag (**- ed, - ing**) *n., vt. & vi.* لاف‌زدن، بالیدن، فخرکردن، باتکبر راه رفتن، بادکردن، لاف، مباهات.

brag.ga.do.cio, *n.* آدم لاف‌زن، گزاف‌گو، متظاهر.

brag.gart [*brǽgət*] *adj. & n.* لاف‌زن،گزاف‌گو.

braid [*breid*] (**-ed, -ing**) *n.&vt.* قیطان، گلابتون، مغزی، نوار، حاشیه، حرکت سریع، جنبش ، جهش ، ناگهان حرکت‌کردن، جهش ناگهانی‌کردن، بافتن [مثل توری وغیره]، بهم تابیدن و بافتن ، موی سر را بـا قیطان یا

روبان بستن.

braille [breil] *n.*
خط برجستهٔ مخصوص کوران، الفباء نابینایان.

brain [brein], *vt. & n.*
مغز ، مخ ، کله ، هوش، ذکاوت، فهم، مغز کسی‌را در آوردن، بقتل رساندن.

CEREBRUM
CEREBELLUM
MEDULLA OBLONGATA
SPINAL CORD
BRAIN OF MAN

brainchild, *n.*
زائیدهٔ افکار، تصوری، خیالی.

brain.less, *adj.* بی‌مخ.

brainpan, *n.* کاسهٔ مغز، جمجمه.

brainsick, *adj.* دیوانه، گیج.

brainstorm, *n.*
فکر بکر وناگهانی، آشفتگی فکری موقتی.

brainwash, *n. & vt.* مغزشوئی،
اجبار شخص بقبول عقیدهٔ تازه‌ای ، تلقین عقاید و مسلك تازه‌ای، شستشوی مغزی دادن.

brainwash.ing, *n.* تلقین عقاید و
افکار جدید سیاسی ومذهبی واجتماعی درشخص.

brainy, *adj.* بافکر، خوش فکر.

brake [breik] *n., vt. & vi.*
بیشه، درختستان، ترمز، عایق، مانع، ترمز کردن.

bram.ble [brœ́mbl] *n.*
[گ.ش.] بوته، خار، خاربن، تمشك جنگلی.

bran [brœn] *n.*
سبوس، نخاله، پوست گندم.

branch [bra:n(t)ʃ] (**- ed, - ing**), *n. & vi.* شاخه، شاخ،فرع، شعبه، رشته، بخش،
[با forth و out] شاخه درآوردن ، شاخه شاخه شدن ، منشعب شدن ، گل وبوته انداختن،
[با from] مشتق شدن ، جوانـه زدن ، بـراه جدیدی رفتن.

bran.chia (*pl.* **bran.chi.ae**) *n.*
گوش ماهی، گوشك ماهی.

branch.let, *n.* شاخهٔ کوچك، ترکه.

branch-line, *n.* خط فرعی، شاخه.

brand [brœnd] (**- ed, - ing**) *n. & vt.* داغ، داغ و درفش، نشان، انگ،
نیمسوز، آتشپاره، جور، جنس، نوع، مارك، علامت، رقم ، [مجـ.] لکهٔ بدنامی ، [درشعر] داغ کردن ، داغزدن، [مجـ.] خاطرنشان کردن، لکه‌دار کردن.

brand(ing)-iron, *n.* داغ آهن.

bran.dish [brœ́ndiʃ] *n., vt. & vi.*
زرق وبـرق دادن [شمشیر] ، باهتزاز درآوردن [شمشیروتازیانه]، تکان‌دادن‌سلاح [ازروی‌تهدید]

To b. a sword. شمشیرتکان دادن.

brand-new, *adj.* کاملاًنو، نو، تروتازه.

bran.dy [brœ́ndi] *n. & vt.*
کنیاك، باکنیاك مخلوط کردن.

brass [bra:s] *n.*
برنج[فلز]، پول‌خرد برنجی، بی‌شرمی، افسرارشد.

bras.siere, *n.* پستان‌بند.

brassy [brá:si] *adj.* برنج مانند.
برنجین، [مجـ.] بی‌شرم، پررو، نابخرد، بی‌تدبیر، پست، فرومایه، بدل، قلب، برنگ برنج.

brat [brœt] *n.*
بچهٔ بداخلاق ولوس، کف شیر.

bra.va.do [brəvá:dou] *n.*
لاف دلیری، خودستا، پهلوان پنبه، دلیر دروغی.

brave, *adj., n., vt. & vi.*
شجاع، دلیر، دلیرانه ، عالی، بادلیری و رشادت باامری مواجه شدن، آراستن، لافزدن، بالیدن.

brav.ery [bréivəri] *n.*
دلیری، شجاعت، جلوه.

bra.vo [brá:vóu] (*pl.* **bravos, bravoes**) *interj. & n.*
آفرین، براوو، هورا.

bra.vu.ra, *n.*
اظهارشجاعت ودلاوری، روحیهٔ مطمئن‌وآمرانه.

brawl [brɔ:l] *n., vt. & vi.*
سروصداکردن، نزاع وجدال کردن، جنجال.

brawn [brɔ.n] *n.*
گوشت، ماهیچه، [مجـ.] نیرو، نیروی عضلانی.

brawny, *adj.* پرعضله،
گوشتالو، ماهیچه‌دار، نیرومند، قوی، سفت.

bray [brei] *vt., vi. & n.*
عرعر کردن، عرعر.

braze, *vi. & vt.*
لحیم کردن ، سخت کردن.

bra.zen [bréizn] *adj. & vt.*
برنجی، [مجـ.] بی‌شرم، بی‌باك ، بی‌پروائی نشان دادن، گستاخی کردن.

bra.zen-faced, *adj.* بی‌شرم، پررو.

bra.zier [bréiziə, bréizə] *n.*
منقل آتش، برنج سازی.

breach [bri:tʃ] (**- ed, - ing**), *n., vt. & vi.* نقض عهد، رخنه، نقض کردن،
نقض‌عهد کردن، ایجادشکاف کردن، رخنه کردن‌در.

bread[bred]*n.&vt.* نان،قوت،نان‌زدن‌به

bread and butter, *adj. & n.*
وسیلهٔ معاش، نان وپنیر.

breadbasket, *n.*
سبد نان، [مجـ.] شکم، معده، ناحیهٔ حاصلخیز.

breadth [bredθ] *n.*
پهنا، عرض، وسعت نظر.

bread.win.ner, *n.*
متکفل، کفیل خرج، نان‌آور.

break [breik] (**broke, bro.-ken, break.ing**) *vt., vi. & n.*
شکستن ، خرد کردن، نقض کردن ، شکاف، وقفه، طلوع، مهلت ، شکست.

break.able, *n. & adj.* شکستنی.

break.age [bréikidʒ] *n.*
شکستنی، شکست.

break.away, *adj.* فرار ، استعفاء ،
جدائی ، هجوم وحشیانهٔ گلهٔ گوسفند وگاو، رم.

break down [bréikdaun] *n. & vt.*
سقوط ناگهانی، درهم‌شکننده، فروریختن، درهم‌شکستن، ازاثرانداختن، تجزیه کردن، طبقه‌بندی کردن، تقسیم‌بندی کردن.

A mental b. d. مرض روانی.

break.er [bréikə] *n.* موج بزرگی
که بساحل خورده ودرهم می‌شکند.

break.fast]brékfəst] *n., vt. & vi.*
صبحانه، ناشتائی، افطار، صبحانه خوردن.

break in, *vt. & vi.* حرز را شکستن
وبزور داخل شدن، درمیان صحبت کسی دویدن.

breakneck [bréiknek] *adj.*
فوق‌العاده خطرنـاك ، بسیـار وحشتناك (مثـل سرعت زیاد).

break out, *n., vt. & vi.*
شیوع یافتن، تاول زدن، جوش زدن.

break through, *n. & vi.*
عبورازمانع، رسوخ‌مظفرانه، پیشرفت غیرمنتظرهٔ (علمی یا فنی).

break up, *vt. & n.*
تفکیك کردن، تجزیه، انحلال.

breakwater [bréikwɔ:tə] *n.*
موج شکن.

breast [brest] *n. & vt.*
سینه، پستان، آغوش، [مجـ.] افکار، وجدان، نوك پستان، هرچیزی شبیه پستان، سینه بسینه شدن، برابر، باسینه دفاع کردن.

breast plate [bréstpleit] *n.*
زرهٔ سینه، سینه‌بند اسب.

breaststroke, *n.* شنای پروانه.

breastwork [bréstwə:k] *n.*
استحکام‌یاسنگرموقتی، نرده‌بندی‌عرشهٔ جلوکشتی.

breath [breθ] *n.*
دم، نفس، نسیم، [مجـ.] نیرو، جان، رایحه.

breathe [bri:ð] *vt. & vi.*
دم زدن، نفس کشیدن، استنشاق کردن.

breath.er, *n.* فرصت،استراحت، مکث.

breath.ing, *n.* دم‌زنی، تنفس.

breath.less [bréθlis] *adj.*
بی‌نفس، بی‌جان، نفس‌نفس‌زنان، [مجـ.] مشتاق.

breathtaking, *adi.* مهیج، باهیجان.

breech [bri:tʃ] *n. & vt.* ته‌دار کردن،
ته تفنگ، ته توپ، [د.گ.] کفل.

breeches [britʃiz] *n.*
نیم شلواری، [د.گ.] شلوار.

breech.load.er, *n.* تفنگ ته پر.

breed [bri:d] (**bred, bread-ing**) *vi., vt. & n.* پروردن، بارآوردن،
زائیدن، بدنیا آوردن، تولید کردن، تربیت کردن، فرزند، اولاد، اعقاب، جنس، نوع، گونه.

breed.ing [brí:diŋ] *n.*
پرورش، تولید مثل، تعلیم وتربیت.

breeze [bri:z] *n., vi. & vt.*
بادشمال یا شمال شرقی، بادملایم، نسیم، وزیدن (مانند نسیم).

breezy, *adj.* نسیم‌دار،خوش هوا، خنك،
تازه، ملایم، شادی‌بخش.

brevet(**-ted, -ed, -ting, -ing**), *vt. & n.* [نظ.] درجهٔ افتخاری‌دادن،
فرمان درجهٔ افتخاری.

bre.via.ry [brí:viəri] *n.*
کتاب تلخیص شده ، کتاب نماز وادعیهٔ روزانه.

brev.i.ty [bréviti] *n.*
کوتاهی، اختصار، ایجاز.

brew [bru:] *n., vi. & vt.*
بوسیلهٔ جوشاندن وتخمیر آبجوساختن، دم کردن، سرشتن، آمیختن، اختلاط.

brew.er, *n.* آبجو ساز.

brew.ery [brú:əri] *n.*
آبجو سازی، کارخانهٔ آبجو سازی.

bri.ar]bráiə] *n.* [گ.ش.]
گل رشتی، گل حاج ترخانی.

bribe [braib] *n., vt. & vi.*
رشوه دادن، تطمیع کردن، رشوه.

brib.er, *n.* راشی.

brib.ery [bráibəri] *n.*
رشاء، ارتشاء، رشوه‌خواری، پاره ستانی، رشوه.

bric-a-brac [bríkəbrœk] *n.*
اشیاء کهنه وعتیقه، خرت و پرت.

brick [brik], *n., vt. & vi.*
آجر، خشت، آجر گرفتن.

brickbat, *n.* پرتاب‌پاره‌آجر، زخم زبان.

brick-bur.ner, *n.* آجرپز.

brick.lay.er [bríkleiə] *n.*
آجرچین، خشت مال.

brick.work [bríkwə:k] *n.*
آجرکاری، سفت‌کاری، کوره‌پز خانه.

brick.yard, *n.* آجر پز خانه.

brid.al [bráidl] *n. & adj.*
عروسی، جشن عروسی، متعلق بعروس.

bride [braid] *n.* عروس، تازه عروس.

bride-chamber, *n.* حجله.

bride.groom, *n.* داماد، تازه داماد.

brides.maid, *n.*
ندیمهٔ عروس، ساقدوش عروس.

bridge [bridʒ] *n., vt. & vi.*
پل، جسر، برآمدگی بینی ، [د.ن.] سکوبی در عرشهٔ کشتی‌که مورد استفادهٔ کاپیتان و افسران قرارمیگیرد، بازی‌ورق، پل‌ساختن، اتصال‌دادن.

bridge.able, *adj.* قابل عبوریاپل‌زدن.

bri.dle [bráidl] *n., vt. & vi.*
افسار، عنان، قید، دهنه کردن. [مجـ.] جلوگیری کردن از، رام کردن، کنترل کردن.

brief [bri:f] (**- ed, - ing**) *adj., n. & vt.* کوتاه، مختصر، حکم، دستور،
خلاصه کردن، کوتاه کردن، آگاهی دادن.

brief.ly, *adv.* بطور خلاصه.

brief.case, *n.* کیف اسناد، کیف.

bri.er, *n.* [گ.ش.]
نوعی درخت خلنگ یا خاربن، گل رشتی.

brig [brig] *n.*
نوعی کشتی دو دگلی سبك وسریع‌السیر.

bri.gade [brigéid] *n. & vt.*
تیپ، دسته، تشکیلات.

brig.a.dier [brìgədíə]=**briga-dier general**, *n.*
[نظ.] سرتیپ، فرماندهٔ تیپ.

brig.and [brígənd] *n.* راهزن، یاغی.

bright [brait] *adj. & n.* تابناك،
روشن، درخشان، تابان، آفتابی، زرنگ، باهوش.

bright.en [bráitn] (**- ed, -ing**), *vi. & vt.*
روشن کردن، زرنگ کردن، درخشان شدن.

bril.liance, *n.*
تابش، درخشندگی، برق، زیرکی، استعداد.

bril.liant [bríljənt] *adj. & n.*
تابان ، مشعشع ، زیرك ، بااستعداد ، برلیان ، الماس درخشان.

brim [brim] (**- med, - ming**), *n., vt. & vi.* لبه، کنار، حاشیه، پرکردن.

brim.ful [brímfúl] *adj.* لبریز.

brim.stone [brímstən] *n.* گوگرد.

brin.dled, brin.dle [brínd l(d)], *adj.* خطدار، راه‌راه، خال‌دار.

brine [brain] *vt. & n.*
شوراب، آب شور، اشك.

bring [briŋ] (**brought, bring-ing**) *vt. & vi.*
آوردن، رساندن به، موجب شدن.

bring about, *vt.*
سبب وقوع امری شدن.

bring forth, *vt.*
ثمرآوردن، بارور شدن.

bring up, *vt.* پرورش‌دادن، رشددادن.

bri.nish=briny, *adj.* نمکین، شور.

brink [briŋk] *n.* لب، کنار، حاشیه.

briny, *adj.* شور، مثل‌آب دریا، نمکین.

bri.quette, bri.quet [brikét] *n.*
بریکت، خاك زغال قالبی.

brisk [brisk] *adj. & vt.*
سرزنده وبشاش ، تند ، چابك ، باروح ، رایج، تیز ، آراسته ، پاکیزه.

bris.ket, *n.* گوشت سینه، سینهٔ انسان.

bristle [brísl] *n., vt. & vi.*
موی زبر، موی‌سیخ، موی‌خوك، سیخ شدن، رویهٔ تجاوزکارانه داشتن، آمادهٔ جنگ شدن.

Brit.ain [brít(ə)n] *n.*
بریتانیا، انگلیس.

Bri.tan.nic, *adj.*
بریتانیائی، مربوط به بریتانیا.

Brit.ish [brítiʃ] *adj. & n.*
بریتانیائی، انگلیسی، اهل انگلیس، زبان انگلیسی.

Brit.on [brít(ə)n] *n.*
خاك انگلیس، انگلیسی، اهل بریتانیا.

brit.tle [brítl] *adj.*
ترد، شکننده، بی‌دوام ، زودشکن.

broach [broutʃ] (**-ed, - ing**), *adj., n., vt.&vi.*
سنجاق کراوات، برش، سیخ، شکل سیخ، بشکل مته، سوراخ کن، سوراخ کردن، نوشابه‌درآوردن (ازچلیك)، برای نخستین‌بار بازکردن یامطرح

نمودن، بسیج کشیدن، تخلف کردن از.

broad [brɔ:d] *adj. & adv.*
پهن، عریض، گشاد، پهناور، زن هرزه.

broad.cast [brɔ́:dka:st] *adj., n., vt. & adv.* منتشر کردن، اشاعه دادن، رساندن، پخش کردن [از رادیو]، سخن پراکنی.

broad.cast.er, *n.*
گوینده (رادیو یا تلویزیون).

broadcloth [brɔ́ : dklɔ(:)θ] *n.*
ماهوت.

broad.en (- **ing**) *vt. & vi.*
[illegible]

broad jump, *n.*
[در ورزش] پرش طول.

broad-mind.ed, *adj.*
دارای فکر وسیع، روشن فکر.

broadside [brɔ́:dsaid] *n. & adv.*
توپهائی که دربك سوی کشتی آراسته شده، سطح پهن هرچیزی، بایك شلیك.

bro.cade [brəkéid] *n.*
زری، زربفت، پارچهٔ ابریشمی گل برجسته.

bro.chure, *n.* جزوه، رساله، کتاب کوچك صحافی نشده که گاهی جلد کاغذی دارد.

brogue, *n.* انگلیسی با لهجهٔ ایرلندی، لهجهٔ محلی، کفش خشن وسنگین.

broil [brɔil] (**-ed, -ing**) *n., vt. & vi.* سرخ کردن [روی آتش]، کباب کردن، سوختن، داد و بیداد.

broke [brouk] *adj.*
ورشکسته، ورشکست، بی پول.

bro.ken [bróukn] *adj.*
شکسته، شکسته شده، منقطع، منفصل، نقض شده، رام وآمادهٔ سوغان گیری.

broken-down [bróukəndáun], *adj.* از پای درآمد.

brokenhearted, *adj.*
دلشکسته، نومید.

bro.ker [bróukə] *n.*
دلال، سمسار، واسطهٔ معاملات بازرگانی.

bro.ker.age, *n.*
پول دلالی، حق العمل، مزد دلالی.

bro.mide [bróumaid] *n.*
[ش.] برمور، نمك آلی یا معدنی اسید هیدرو-برومیك، اظهار یا بیان مبتذل.

bron.chi.tis [brɔŋkáitis] *n.*
برنشیت.

bron.co, *n.* [ج.ش.] اسب کوچك رام نشده.

bronze [brɔnz] *adj., n., vt. & vi.*
مفرغ، مسبار، برنزی، برنگ برنز، گستاخی.

brooch [broutʃ] *n. & vt.*
سنجاق سینه ، گل سینه ، باسنجاق سینه مزین کردن ، باسنجاق آراستن.

brood [bru:d] *n., vt. & vi.*
کلیهٔ جوجههائی که یکباره سرازتخم درمیآورند، جوجههای یك وهلهٔ جوجه کشی ، جوجه ، بچه ، توی فکر فرو رفتن.

brood.er, *n.* اندیشه کننده، روی تخم نشین.

brood.ing-hen, *n.* مرغ کرچ.

brook [bruk] *n. & vt.*
جویبار، جوی، نهر، تحمل کردن.

brook.let, *n.* جوی کوچك.

broom [bru(:)m] *n. & vt.*
جاروب، جاروب کردن.

broom.stick [brúmstik] *n.*
دستهٔ جاروب.

broth [brɔ(:)θ] (*pl.* **broths**) *n.*
غذای مایعی مرکب ازگوشت یا ماهی وحبوبات وسبزیهای پخته، آبگوشت.

broth.el, *n.* فاحشه خانه.

broth.er [brʌ'ðə] (*pl.* **brothers & breth.ren**) *n.* برادر، همقطار.

brother.hood [brʌ'ðəhud] *n.*
برادری، انجمن برادری واخوت.

brother-in-law (*pl.* **brothers-in-law**) *n.*
برادر زن، برادرشوهر، شوهرخواهر، همداماد.

broth.er.ly, *adj.*
برادرانه، از روی مهربانی، از روی دوستی.

brow [brau] *n.*
ابرو، پیشانی، جبین، سیما.

browbeat [bráubi:t] *vt.*
[illegible]

brown [braun] *adj.,n., vt. & vi.*
قهوه‌ای ، خرمائی ، سرخ کردن ، برشته کردن ، قهوه‌ای کردن.

brown.ie [bráuni] *n.*
دختر پیشاهنگ هشت ساله تا یازده ساله، یکجور دوربین عکاسی، یکنوع نان شیرینی میوه‌دار.

browse [brauz] *n.,vt. & vi.*
جسته گریخته عباراتی ازکتاب خواندن، چریدن.

bru.in [brú:in]=**bear,** *n.*
آقا خرس، خرس.

bruise [bru:z] *vt., vi. & n.*
کوبیدن، کبود کردن، زدن، سائیدن، کبودشدن، ضربت دیدن، کوفته شدن، کبودشدگی.

bruit, *n., vt. & vi.*
صدا، شایعات، گزارش، سروصدا، آوازه.

bru.mous, *adj.*
زمستانی، مه آلود، مه گرفته.

brunch, *n.* [د.گ.] غذائی که هم بجای ناشتا وهم بجای ناهار صرف شود.

bru.net, bru.nette [bru:nél] *adj.*
سبزه، دارای موی مشکی یا خرمائی.

brunt [brʌnt] *n.*
ضربه، لطمه، بار، فشار.

brush [brʌʃ] (- **ed,** - **ing**) *n., vt. & vi.* پاك کن، ماهوت پاك کن، لیف، کفش پاك کن ومانند آن، قلم مو ، علف هرزه ، ماهوت پاك کن زدن ، مسواك زدن ، لیف زدن ، قلم مو زدن، نقاشی کردن، تماس حاصل کردن و آهسته گذشتن ، تند گذشتن.

brush up, *vt. & n.*
باقلم مو رنگ کردن ، معلومات خود را تجدید کردن ، تجدید خاطره کردن.

brushwood [brʌ'ʃwud] *n.*
بوته، خاشاك، بیشه.

brusque=brusk [brusk,brʌsk], *adj.* خشن در رفتار، بی‌ادب، پیش جواب.

Brussels sprout, *n.*
[گ.ش.] کلم بروکسل، کلم فندقی.

bru.tal [brú:təl] *adj.*
جانورخوی، حیوان صفت، وحشی، بی رحم، شهوانی.

bru.tal.i.ty [bru:tǽli] *n.*
جانور خوئی، وحشیگری، بیرحمی، سبعیت.

bru.tal.ize, *vt.*
وحشی یاحیوان صفت کردن، [م.م.] وحشی شدن.

brute [bru:t] *adj. & n.*
جانورخوی، حیوان صفت، بی‌خرد، سبع، بی رحم، جانور، حیوان، [مج.] آدم بی‌شعور وکودن یاشهوانی.

brut.ish [brú:tiʃ] *adj.* حیوانی، پست، بی‌شعور، درشت، خشن، ددمنش.

bry.ol.o.gy, *n.* علم خزه شناسی.

bub.ble (- **ing**) [bʌ'bl] *vi. & vt.*
جوشیدن ، قلقل زدن ، حباب برآوردن ، [مج.] خروشیدن، جوشاندن، گفتن، بیان کردن، حباب، آبسوار، [مج.] اندیشهٔ پوچ.

bubo (*pl.* **buboes**) *n.*
[طب] خیارك، [ج.ش.] جغد شاخدار.

bu.bon.ic, *adj.* خیارکی.

bubonic plague [bju:bɔ́nik pléig] *n.* [طب] غدهٔ خیارکی، طاعون.

buc.ca.neer [bʌkəríə] *n.*
دزد دریائی.

buck [bʌk] (**-ed, -ing**) *n. & vi.*
جنس نر آهو و حیوانات دیگر ، [آمر.] قوچ ، دلار ، بالا پریدن وقوز کردن (چون اسب) ، از روی خرك پریدن ، مخالفت کردن با (در بازی فوتبال وغیره).

buck.et [bʌ'kit] *n.* دلو، سطل.

bucket seat, *n.*
صندلی یکنفری (در هواپیما واتومبیل).

buck.le [bʌ'kl] *vt., vi. & n.*
[illegible] نرم کردن، تسمهٔ فلزی.

buck.ler [bʌ'klə] *vt. & n.*
سپر، سپر کوچك، دفاع کردن (باسپر).

buck.ram[bʌ'krəm] *adj., n.&vt.*
کرباس آهاردار، کیسهٔ کرباسی، سختی.

buckshot, *n.* چارپاره، ساچمهٔ درشت.

buckskin [bʌ'kskin] *n.*
پوست آهو، پوست گوزن.

buckthorn, *n.* خولان، سنجد تلخ.

bucktooth, *n.* دندان گرازیا پیش آمده.

buck.wheat [bʌ'k(h)wi:t] *n.*
دیلار، گندم سیاه.

bu.col.ic [bj:kɔ́lik] *adj. & n.*
روستائی، دهقانی، اشعار روستائی.

bud [bʌd] *n., vi. & vt.*
غنچه، شکوفه، تکمه، شکوفه کردن، جوانه زدن.

bud.dle, *n.*
لاوك (مخصوص شستن سنگ معدن).

bud.dy, *adj. & n.* پرشکوفه، رفیق، یار.

budge, *vt., vi. & adj.*
تکان جزئی خوردن، تکان دادن، جم خوردن.

bud.get [bʌ'dʒit] *n., vt. & vi.*
بودجه [فرانسه]، حساب درآمد وخرج.

bud.get.ary, *adj.* مربوط به بودجه.

buff [bʌf] (- **ed,** - **ing**)*n., adj. & vt.* چرم گاومیش ، چرم زرد خوابدار ، ضربت، گاو وحشی، زردنخودی، محکم، ازچرم گاومیش، براق کردن، جلا، پوست انسان.

buf.fa.lo [bʌ'fəlou] (*pl.* **buffalo** or **buffaloes**) *n. & vt.*
گاو وحشی، پریشان کردن، ترساندن.

buff.er [bʌ'fə] *n. & vt.* میانگیر، سپر، ضربت خور، حائل، پرداخت کردن.

buf.fet[bʌ'fit]*n.&vt.* قفسه جای ظرف، بوفه، اشکاف، رستوران، کافه، مشت، ضربت، سیلی.

buf.fo, *n.*
خوانندهٔ مرد در رلهای فکاهی اپرا.

buf.foon [bʌfú:n] *adj., n. & vt.*
دلقك، مسخرگی کردن.

buf.foon.ery[bʌfú:nəri]*n.* مسخرگی.

buff-wheel, *n.* چرخ سنباده.

bug [bʌg] (**-ged, -ging**) *n., vt. & vi.* حشره، ساس، جوجو، بطوردپنهانی در محلی میکروفون نصب کردن.

bug.a.boo, *n.* غول، لولو.

bug.bear [bʌ'gbɛə] *n.*
لولو، بالولو ترساندن.

bug.ger, *n.* آدم پست، کثیف وفاسد.

bug.gy [bʌ'gi] *adj. & n.*
نوعی درشکهٔ سبك یك اسبه، حشره‌دار.

bu.gle [bjú:gl]*n., vi. & vt.* بوق، شیپور، شیپورچی.

bu.gler, *n.* شیپورچی.

bu.glet, *n.* بوق دوچرخه.

build (**built, building**) *n., vt. & vi.* ساختن، بنا کردن، درست کردن.

build.er, *n.* سازنده، خانه ساز.

build.ing [bíldiŋ] *n.*
ساختمان، بنا، عمارت، دیسمان.

built-up, *adj.* پرازساختمان.

bulb [bʌlb] *n.* لامپ چراغ برق، پیاز گل، هرنوع برآمدگی یا تورم شبیه پیاز.

bul.bous [bʌ'lbəs] *adj.*
پیازی ، پیازدار.

bulge [bʌldδ] *n., vt. & vi.*
برآمدگی، شکم، تحدب، ورم، بالارفتگی، صعود، متورم شدن، باد کردن.

bulgy, *adj.* برآمده، شکم‌دار، محدب.

bulk [bʌlk] *n., vt. & vi.*
[illegible] بصورت توده جمع کردن، انباشتن، توده، اکثریت.

bulk.head [bʌ'lkhed] *n.*
تیغه، دیوار، تاق نما، تاقك.

bulky, *adj. & n.* بزرگ، جسیم.

bull [bul] (- **ed,** - **ing**) *adj., n., vt. & vi.*
گاونر، نر، حیوانات نر بزرگ ، فرمان ، مثل گاونر رفتارکردن، [آمر.] بی پروا کارکردن.

bull-dog [buúl-dɔg], *n. & vt.* نوعی سگ بزرگ، بولداگ، (گاورا) برزمین افکندن.

BULLDOG

bulldoz.er, *n.* ماشین آهنگری، کورهٔ آهنگری، بولدوزر، تراکتور خاکبرداری.

bul.let [búlit] *n.* گلوله، گلولهٔ تفنگ.

bul.letproof, *adj.* ضد یا مانع گلوله.

bul.le.tin [búlitin] *n. & vt.*
تابلو اعلانات، آگهی نامهٔ رسمی، ابلاغیهٔ رسمی، بیانیه.

bullfight, *n.* گاو بازی.

bullfighter, *n.* گاوباز.

bull.frog, *n.*
[ج.ش.] غوك بزرگ آمریکائی.

bul.lion [búljən] *n.*
شمش، شمش زر یا سیم.

bul.lock [búlək] *n.*
گوسالهٔ وحشی، گاونر اخته.

bullring, *n.* صحنه یامیدان گاوبازی.

bull session, *n.* جلسهٔ محاوره ومرور.

bull's-eye [búlzai] (*pl.* **bull's-eyes**) *n.*
قلب هدف، تیری که بهدف اصابت کند.

bul.ly [búli] *adj., n. & vt.*
قلدر، پهلوان پنبه، گردن کلفت، گوشت، تحکیم کردن، قلدری کردن.

bul.rush, *n.* نی، بوریا، دیوار، پیزر.

bul.wark [búlwək] *n.*
خاکریز ، بارو ، دیوار (ساحلی)، دیوارهٔ سد ، موج‌شکن، [مج.] پناه، سنگربندی، حامی.

bum (- **med,** - **ming**) *n., vt.& vi.* آدم مفتخور یا ولگرد ، ولگردی یا مفتخوری کردن، بحد افراط مشروب نوشیدن.

bum.ble (- **ling**) *vt. & vi.*
وزوز کردن ، صدای زنبور کردن ، اشتباه کاری کردن، سرهم بندی کردن.

bum.ble.bee, *n.* [ج.ش.] زنبورعسل، زنبور درشت (از جنس Bombus).

bump [bʌmp] *n., vi. & vt.*
دست انداز جاده ، ضربت، ضربت حاصله در اثر تکان سخت، برآمدگی ، تکان سخت [در هواپیما وغیره]، تکان ناگهانی، ضربت (توأم باتکان) زدن.

bump.er [bʌ'mpə] *n. & adj.*

سپر اتومبیل، ضرب خود، چیز خیلی بزرگ.

bump.kin [*bʌ'mpkin*] *n.*
روستائی نادان یاکودن، آدم بی‌دست وپا.

bump.tious [*bʌ'mpʃəs*] *adj.*
خود بین، از خود راضی، جسور.

bumpy, *adj.*
پر از برآمدگی، پر از دست‌انداز، ناهموار.

bun [*bʌn*] *n.*
یکجور کلوچه یاکماج [انگلیس ـ ایرلند]، دم خرگوش، [مجـ. ـ اسکاتلند]خرگوش‌یاموش خرما [اصطلاح دوستانه است مثل «خرگوش جانم»].

bunch [*bʌn(t)ʃ*] *n., vi. & vt.*
خوشه، گروه، دسته‌کردن، خوشه کردن.

bun.dle [*bʌ'ndl*] **(- d, bundling),** *n., vt. & vi.* بقچه، بسته، مجموعه، دسته کردن، بصورت‌گره درآوردن، بقچه بستن.

bung [*bʌŋ*] *vt. & n.*
چوب پنبهٔ بشکه، دریچهٔ مجرا، کیسه، [مجـ.] جیب‌بر، ساقی، دروغ، سوراخ بشکه رابستن.

bun.ga.low [*b'ʌŋgəlou*] *n.*
بنگله، خانه‌های ییلاقی.

bun.gle [*bʌ'ŋgl*] **(- ing)** *n., vt. & vi.* سرهم بندی‌کردن، سنبل‌کردن، ناشیگری، خطا کردن.

bun.gler [*bʌ'ŋglə*] *n.* اشتباه‌کار.

bunk [*bʌŋk*] *vt., vi. & n.*
حرف توخالی وبی‌معنی، خوابگاه [درکشتی یا ترن]، هرگونه تختخواب تاشو.

bun.ker [*bʌ'ŋkə*] *n., vt. & vi.*
سنگر و پناهگاه زیر زمینی، انبار بزرگ، پر شدن انبار.

bun.ny [*bʌ'ni*] *n.* پینه، ورم، اسم حیوان دست‌آموز (مثل خرگوش).

bunt **(- ed, - ing)** *n., vt. & vi.*
فشار باسر، [در بیس‌بال] زدن توپ، ناخوشی قارچی‌گندم، غربال، زدن، فشار دادن، [ز.ع.] توپ زدن، الك‌کردن، اصلاح‌کردن.

buoy, [*bɔi*] *n., vi. & vt.* رهنمای‌شناور، کویچه، روآبی، جسم‌شناور، روی‌آب نگاهداشتن، شناورساختن.

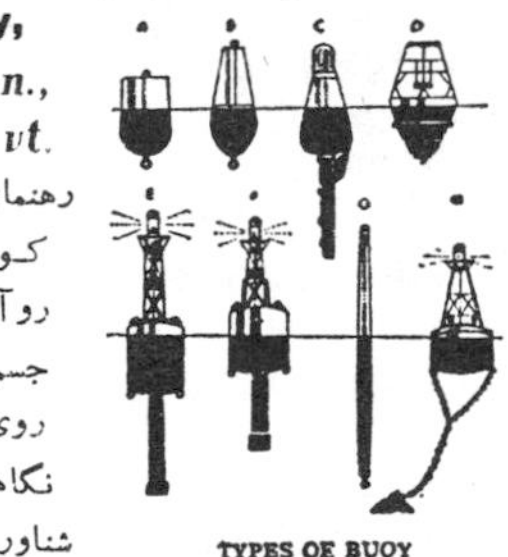
TYPES OF BUOY

buoy.an.cy [*bɔ́iənsi*] *n.* رانش، شناوری، سبکی، شادابی‌روح، خاصیت شناوری.

buoy.ant [*bɔ́iənt*] *adj.*
شناور، سبك، سبکروح، خوشدل.

bur=burr, *n.* خار، تیغ.

bur.den [*bə':dn*] *vt. & n.*
بار، وزن، گنجایش، طفل دررحم، بارمسئولیت، بارکردن، تحمیل‌کردن، سنگین بارکردن.

bur.den.some [*bə':dnsəm*] *adj.*
سنگین، ناگوار، شاق، غم‌انگیز، ظالمانه.

bu.reau [*bjúərou*](*pl.* **-s, -x**) *n.*
دفتر، دفترخانه، اداره، دایره، میزکشودار یا خانه‌دار، گنجهٔ جالباسی، دیوان.

bu.reauc.ra.cy [*bjuərɔ́krəsi*] *n.*
رعایت تشریفات اداری بحد افراط، تأسیسات اداری، حکومت اداری، مجموع گماشتگان دولتی، کاغذپرانی، دیوان سالاری.

bu.reau.crat [*bjúəroukræt*] *n.*
مأمور اداری، مأمور دولتی، مقرراتی و اهل کاغذ بازی، دیوان سالار.

bu.reau.crat.ic[*bjúəroukrǽtik*], *adj.* وابسته بامورادارای، وابسته‌به‌اداره‌بازی وکاغذ پرانی.

bu.rette, bu.ret, *n.*
لولهٔ شیشهٔ مدرج، بورت، تنگ مخصوص شراب مقدس (درکلیسا).

bur.geon, *vi. & n.*
جوانه زدن، درآمدن، شروع برشدکردن.

bur.gher [*bə':gə*] *n.*
مردم‌آزاد شهر یا قصبه، شهرنشینان.

bur.glar [*bə':glə*] *n.*
دزد، سارق منازل.

bur.glar.ize, *vt.*
شبانه دزدیدن، سرقت مسلحانه‌کردن.

bur.gla.ry [*bə':gləri*] *n.*
ورودبخانه‌ای درشب بقصد ارتکاب جرم، دزدی.

bur.i.al [*bériəl*] *n.*
دفن، بخاك سپاری، تدفین.

bur.lap [*bə':læp*] *n.*
کرباس، پارچهٔ کیسه‌ای.

bur.lesque [*bə:lésk*] *adj., n. &vt.*
مسخره‌آمیز، مضحك، تقلید، رقص لخت، تقلید وهجو کردن.

bur.ly [*bə':li*] *adj.* تنومند، ستبر، کلفت، [برای پارچه ولباس] زبر وخشن، گره‌دار.

burn **(burned, burnt, burn-ing)** *vt., vi. & n.*
سوزاندن، آتش زدن، سوختن، مشتعل شدن، درآتش شهوت سوختن، اثر سوختگی.

burn.er [*bə':nə*] *n.* آتشخان، چراغ خوراکپزی یاگرم‌کن.

burn.ish [*bə':nit*] *vt., vi. & n.*
جلادادن، پرداخت‌کردن، صیقل‌دادن، جلا، صیقل.

burp, *n. & vi.* آروغ، آروغ زدن.

burr, bur [*bə:*] **(- ed, - ing),** *n., vi. & vt.*
خار، پوست زبروخاردار میوه، گره، برآمدگی، غلیظ تلفظ‌کردن، حرف r را اداءکردن، پره یا دندانه‌دارکردن، بامته سوراخ‌کردن.

bur.ro, *n.* الاغ [اسپانیولی].

bur.row [*bʌ'rou*] **(- ed, - ing),** *vt., vi. & n.*
سوراخ زیر زمینی، نقب، پناهگاه، زیر زمین لانه‌کردن، [مجـ.] پنهان شدن، نقب زدن.

bur.sar, *n.*
گنجور دانشکده، صندوقدار، خزانه‌دار.

burst [*bə:st*] **(burst, burst.ed, burst.ing)** *vt., vi. & n.*
قطع‌کردن، ترکیدن، از هم پاشیدن، شکفتن، منفجرکردن، انفجار، شیوع.

bury [*béri*] **(- ied, burying),** *vt. & vi.*
بخاك سپردن، دفن‌کردن، ازنظر پوشاندن.

bus [*bʌs*] (*pl.* **- es, - ses**)*n. & vi.*
اتوبوس، بااتوبوس رفتن.

bus.boy, *n.* کمك پیشخدمت، پادو.

bush [*bʊʃ*] *n. & vt.*
بوته، بته، شاخ وبرگ.

bush.el [*búʃ(ə)l*] *n.*
مقیاس وزنی است معادل ۴ پك (peck) و ۳۲ کوارتز(quarts)، پیمانهٔ غله‌ومیوه که‌درحدود ۳۶لیتر است، پیمانه، کیل، باپیمانه وزن‌کردن.

bush.i.ly [*bízili*] *adv.*
بطور انبوه، پرپشت.

bush.ing, *n.* آستر برنجی‌یا فلزی، عایق.

bushy [*búʃi*] *n. & adj.*
انبوه، پرپشت.

busi.ness, *n.* سوداگری، حرفه، دادوستد، کاسبی، بنگاه، موضوع، تجارت.

businessman, *n.* تاجر، بازرگان.

buss, *n.* بوس، بوسه، ماچ، ملچ ملچ.

bust [*bʌst*] **(-ed, -ing)** *n., vi. & vt.* مجسمهٔ نیم‌تنه، بالاتنه، سینه، انفجار، ترکیدگی، ترکیدن (با up)، خردگشتن، ورشکست شدن، ورشکست کردن، بیچاره کردن.

bus.tle [*bʌ'sl*] *n. & vi.*
شلوغی، هایهو، جنبش، تقلا، کوشش، شلوغ کردن، تقلا یاکشمکش کردن.

busy [*bízi*] *adj., vt. & vi.*
مشغول، دست بکار، شلوغ، مشغول کردن.

busy.body [*bízibɔ̀di*] *n.*
فضول، آدم‌فضول، نخود همه‌آش، پرکاری، اشتغال.

but, [*bʌt*] *conj., prep., adv. & n.*
ولی، اما، لیکن، جز، مگر، باستثنای، فقط، نه تنها، بطور محض، بی، بدون.

butch.er [*bútʃə*] *n., vt. & vi.*
قصاب، [مجـ.] آدم خونریز، کشتن، قصابی کردن.

butch.ery, *n.*
دکان قصابی، کشتارگاه، [مجـ.] آدم‌کشی.

but.ler [*bʌ'tlə*] *n.*
ناظر، پیشخدمت سفره، آبدارباشی.

butler's pantry, *n.* آبدارخانه.

butt [*bʌt*] *vt., vi. & n.*
شاخ زدن، ضربه زدن، پیش رفتن، پیشرفتگی داشتن، نزدیك یا متصل شدن، بشکه، ته، بیخ، کپل، ته درخت، ته قنداق تفنگ، هدف.

but.ter [*bʌ'tə*] *vt. & n.*
کره، روغن، روغن زرد، کره مالیدن روی، چاپلوسی کردن.

buttercup [*bʌ'təkʌp*] *n.*
[گ.ش.] گل آلاله، نوعی شیرینی کوچك.

but.ter.fly [*bʌ'təflai*] *n. & adj.*
پروانه، بشکل پروانه.

buttermilk [*bʌ'təmilk*] *n.*
آبدوغ، دوغ پس‌ازگرفتن کره.

butterscotch, *n.*
تافی، شکلات شکرزرد وعصارهٔ ذرت.

but.tery, *n.* آبدارخانه، جای فروش آذوقه ونوشابه، کره‌ای، روغنی.

but.tock [*bʌ'təks*] *n.* کپل، کفل.

but.ton [*bʌ'tn*] **(- ed, - ing),** *n., vi. & vt.* تکمه، دکمه، غنچه، هرچیزی شبیه دکمه، تکمه زدن، باتکمه محکم کردن.

buttonhole [*bʌ'tnhoul*] *n. & vt.*
سوراخ دکمه، مادگی، مزاحم شدن.

but.ton.hook, *n.*
دکمه‌انداز، سگك دکمه، قلاب دکمه.

but.tress [*bʌ'tris*] *vt. & n.*
شمع پشتیبان دیوار، حائل، نگهدار، پایه، شمع زدن، محکم بستن، دارای شمع یا حائل.

bux.om [*bʌ'ksəm*] *adj.*
خوش هیکل، چاق وچله، خوش، خوشدل.

buy [*bai*] **(bought, buy.ing)** *vt., vi.&n.* خریدن، خرید، ابتیاع، تطمیع کردن.

buy.er [*báiə*] *n.* خریدار.

buy off, *vt.*
باپول مصالحه کردن، تطمیع کردن.

buzz [*bʌz*] **(-ed, -ing)** *vt., vi.&n.*
وزوزکردن، ورورکردن، نامشخص حرف زدن، وزوز، ورور، شایعه، همهمه، آوازه.

buzzard, *n.* [گ.ش.] سنقر، پرنده‌ای شبیه باز، آدم لاشخور وپست، لاشخور.

buzz.er [*bʌ'zə*] *n.*
زنگ اخبار، وزوزکن.

by [*bai*] *prep., adj. & adv.*
بدست، بتوسط، با، بوسیلهٔ، از، بواسطهٔ، پهلوی، نزدیك، کنار، ازنزدیك، ازپهلوی، ازکنار، درکنار، از پهلو، محل سکنی، فرعی، درجه دوم.

by and by, *adv. & n.*
درآینده، کم‌کم، متدرجاً، بزودی، بفوریت.

by and large, *adv.* کلاً، رویهمرفته.

by-blow, *n.* ضربت تصادفی.

bye [*bai*] *n.*
چیزهای‌کناری یا ثانوی، فرعی، خداحافظ.

bye-bye [*báibai*] *interj.* خداحافظ.

by-elec.tion=bye-election, [*báiilèkʃən*] *n.* انتخابات فرعی.

by.gone [*báigɔn*] *adj. & n.*
گذشته، کهنه، قدیمی، گذشته‌ها، چیزهای‌گذشته.

by-lane, *n.* پس‌کوچه، کوچهٔ فرعی.

bylaw, byelaw [*báilɔ:*] *n.*
آئین‌نامه، نظامنامه، قانون‌ویژه، قانون‌فرعی‌وضمنی.

byname, *n.* لقب، اسم فرعی، اسم دوم.

bypass [*báipa:s*] *n. & vt.*
گذرگاه فرعی، سبب انشعاب شدن، ازراه فرعی رفتن، تقاطع کردن، گذشتن.

by.path [*báipa:θ*] *n.*
جادهٔ فرعی، جادهٔ پرت.

by.play, *n.* نمایش فرعی بین دوپرده.

by-product [*báiprɔ́dəkt*] *n.*
فرآوردهٔ‌فرعی، محصول‌فرعی، [مجـ.]نتیجهٔ‌فرعی.

byroad [*báiroud*] *n.*
جادهٔ فرعی، پس کوچه، جادهٔ کم‌آمدوشد.

bystand.er [*báistæ̀ndə*] *n.*
تماشاگر، تماشاچی، بیننده، ناظر.

bystreet, *n.*
کوچهٔ پرت، خیابان‌کناری، خیابان‌فرعی.

by the way, *adv.*
اتفاقاً، تصادفي، ضمناً.

by.way [*báiwei*] *n.*
جادهٔ پرت، کوچهٔ پرت، کوره راه، راه فرعی.

byword [*báiwə:d*] *n.* عبرت، ضرب‌المثل، گفتهٔ اخلاقی، اشاره یا نگاه مختصر.

Byz.an.tine [*baizǽntain, bi-*] *n. & adj.* وابسته بروم شرقی.

C

انگلیسی English	خط میخی پارسی Old Persian Cuneiform	پهلوی اشکانی Parthian Pahlavi	پهلوی ساسانی Sassanian Pahlavi	پهلوی کتابی Book Pahlavi	اوستائی Avestan	فارسی Modern
C, S						س

C [*si:*] سومین حرف الفبای انگلیسی و غالب‌السنهٔ غربی، هرچیزی درمرتبهٔ سوم.

cab [*kœb*] *n.* تاکسی، جای‌رانندهٔ کامیون، جای‌لوکوموتیوران.

ca.bal (**- led, - ling**) *n. & vi.* دوز و کلك، دسیسه وتوطئه، روایت، راز، سر، دسیسه کردن.

cab.a.ret [*kœ́bərət, - rei*] *n.* میکده، میخانه، کاباره.

cab.bage [*kœ́bidδ*] *n. & vt.* کلم، دله‌دزدی، کش‌رفتن، رشد پیدا کردن (مثل سر کلم).

cab.by, cab.bie, *n.* رانندهٔ تاکسی.

cab.in [*kœ́bin*] *n. & vt.* اطاق کوچك، خوابگاه (کشتی)، کلبه، کابین.

cab.i.net [*kœ́binit*] *n., adj. & vt.* قفسه، جعبهٔ کشودار، کابینه، هیئت دولت.

ca.ble [*kéibl*] *vt., vi. & n.* طناب سیمی ضخیم، سیم‌تلگراف، سیم کشی کردن، تلگراف کردن، شاه سیم.

cable car, *n.* تراموای برقی.

cablegram [*céiblgrœm*] *n.* تلگراف.

cab.man, *n.* رانندهٔ تاکسی.

ca.boose, *n.* آشپزخانهٔ کشتی، اطاق‌کارگران قطار.

cab.o.tage, *n.* کشتی رانی ساحلی، تجارت ساحلی، کابوتاژ.

cabstand, *n.* توقفگاه تاکسی، ایستگاه درشکه.

ca.cao [*kəká:ou*] *vi. & n.* کاکائو.

cache [*kœʃ*] *vt. & n.* نهانگاه، ذخیره‌گاه، چیز نهان شده، مخزن، پنهان کردن.

ca.chec.tic, *adj.* ضعیف‌البنیه، مبتلا بسوء هاضمه وضعف.

cack.le [*bœ́kl*] *vi. & n.* صدای مرغ درحال تخم‌گذاری، غدغد [مثل غاز]، وراجی، هرزه درائی، قات‌قات کردن.

caco.de.mon, *n.* روح پلید، شیطان، دیو، کابوس.

ca.cog.ra.phy, *n.* خط‌بد، املاء غلط.

ca.coph.o.ny, *n.* صدای ناهنجار وخشن؛ بد صدائی، بدآهنگی.

ca.coph.o.nous, *adj.* بدصدا، ناهنجار.

cac.tus [*kœ́ktəs*], *n.* [گ.ش.] انجیرهندی، کاکتوس، صبارهٔ خنجری.

CACTUS

cad [*kœd*] *n.* پست وبدون مبادی آداب بودن، آدم بی‌تربیت.

ca.dav.er, *n.* لاشه، نعش (انسان)، جسد [برای تشریح].

ca.dav.er.ous, *adj.* لاشه‌مانند، دارای‌رنگ‌پریده ومرده، جسدوار.

cad.die [*kœ́di*] **cad.dy,** *n. & vi.* دانش‌آموز دانشکدهٔ افسری، پسر کهتر، پیشخدمت، پیشخدمتی کردن، پادوی کردن.

cad.dish [*kœ́diʃ*] *adj.* اوباش صفت، بی‌تربیت، پست.

cade, *adj. & n.* دست پرورده، حیوان دست‌آموز، چلیك، بشکه، بچهٔ عزیز دردانه، عرعر.

ca.dence [*kéidens*] *n.* وزن، آهنگ، هم‌آهنگی، افول.

ca.det [*kədét*] *n.* دانشجوی دانشکدهٔ افسری.

cadge [*kœdδ*] *vt., vi. & n.* گره زدن، بستن، محکم کردن، باربری کردن، خاذی کردن، دوره گردی کردن، گدائی، دوره گردی.

cad.re, *n.* کادر، مجموعهٔ یك طبقه از صنوف اجتماعی، واحدی از قبیل قضائی و اداری ونظامی وغیره.

ca.du.ce.us, *n.* چماق قاصدی، عصای چاووش، نشانهٔ علم پزشکی.

CADUCEUS

ca.du.ci.ty, *n.* قابل زوال، زودگذری، کهولت، ضعف دوران کهولت، ضعف پیری.

caecal, cae.cum=cecal, cecum, *n.* بن‌بست، وابسته به رودهٔ کور.

Cae.sar [*sí:zə*] *n.* قیصر، امپراطور.

Cae.sar.i.an, *adj.* مربوط به عمل سزارین یا شکافتن رحم ودرآوردن بچه.

cae.su.ra, *n.* وقفه یا سکوت شعر درانتهای کلمه یا وتد، سکته، وقفه، ایست.

ca.fé=ca.fe [*kœ́fei*] *n.* رستوران، کافه.

caf.e.te.ria [*kœ̀fitíəriə*] *n.* رستورانی که مشتریها برای خودشان غذامیبرند.

cage [*keidδ*] *n. & vt.* قفس، درقفس نهادن، درزندان افکندن.

ca.gey=ca.gy, *adj.* [ز:ع.] حیله‌گر، زیرك. کمرو.

ca.hoot, *n.* همدم، شرکت، تبانی.

cairn [*bɜən*] *n.* تودهٔ سنگ، تل سنگ، سنگ قبر.

cais.son [*kéisən*] *n.* [نظ.] صندوق‌مهمات، واگون‌مهمات، ارابهٔ‌ارتشی.

cai.tiff=captive, *n. & adj.* اسیر، دستگیر، ترسو، نامرد.

ca.jole [*kədδóul*] *vt. & vi.* ریشخند کردن، گول زدن، چاپلوسی، گول.

cake [*keik*] *n., vi. & vt.* کیك، قالب، قرص، قالب کردن، بشکل کیك درآوردن.

ca.lam.i.tous [*kəlœ́mitəs*] *adj.* پربلا، بدبختی‌آور، مصیبت‌بار، خطرناك، فجیع.

ca.lam.i.ty [*kəlœ́miti*] *n.* بلا، بیچارگی، بدبختی، مصیبت، فاجعه.

cal.ci.fi.ca.tion, *n.* تبدیل به‌آهك، تحجر، تکلیس‌شدن، آهکی‌شدن.

cal.ci.fy, *vt. & vi.* آهکی یاسنگی کردن، آهکی‌شدن، متحجرشدن.

cal.ci.na.tion, *n.* تبدیل باهك، عمل آهکی شدن، تکلیس، برشتن.

cal.ci.um [*cœ́lsiəm*] *n.* کلیسم.

cal.cu.la.bil.i.ty, *n.* قابلیت شمارش.

cal.cu.la.ble, *adj.* حساب‌کردنی، برآورد کردنی، قابل اعتماد.

cal.cu.late [*kœ́lkjuleit*] *vt. & vi.* حساب کردن، برآورد کردن.

cal.cu.la.tor, *n.* حسابگر، حساب کننده.

cal.cu.lus (*pl.* **cal.cu.li**) *n.* حساب جامعه وفاضله، جامع وفاضل.

cal.dron=cauldron, *n.* دیگ، کتری بزرگ، پاتیل.

cal.en.dar [*kœ́lində*] *n.* سالنامه، سالنما، تقویم.

ca.len.du.la, *n.* [گ.ش.] گل‌همیشه بهار، گل اشرفی، آذریون.

calf [*ka:f*] (*pl.* **calves=calfs**) *n.* گوساله، نرمهٔ ساق پا، ماهیچهٔ ساق پا، چرم گوساله، تیماج.

cal.i.ber=calibre [*kœ́libə*] *n.* قطر گلوله، قطر دهانهٔ تفنگ یا توپ، کالیبر، [مج.] گنجایش، استعداد.

cal.i.brate, *vt.* قطر داخلی چیزی را اندازه‌گرفتن، تحت‌قاعده و اصول معینی درآوردن، واسنجیدن.

cal.i.co [*kœ́likou*] (*pl.* **calicoes & calicos**) *adj. & n.* پارچه‌های پنبه‌ای ارزان قیمت، چلوار، [آمر.] قلمکار.

cal.i.per, calli.per (**- ing**) *n. & vt.* کولیس، نوعی پرگار که‌برای اندازه‌گیری ضخامت یاقطر اجسام بکارمی‌رود. فندقشکن، گازانبر.

ca.liph.ate, *n.* خلافت.

cal.is.then.ics, *n.* ورزشهای سبك بدون وسیله، ورزشهای سوئدی.

calk, calk.er=caulk & caulker, *n.* بتونه‌کاری کردن، زیرپوش سازی کردن، مسدود کردن، نعل زدن.

calk (**- ed, - ing**) *vt.* سرخوردن روی‌یخ، با نعل یا لگداسب مجروح شدن، کپیه کردن، محاسبه کردن، چرت زدن.

call [*kɔ:l*] *vt., vi. & n.* صدازدن، ندا، خبر، نامیدن، احضار کردن، خواستن، فریاد، صدا، خبر، احضار، دعوت، نامبری، خواندن اسامی.

cal.ler [*kç:lə*] *adj.* دیدنی‌کننده، صدا زننده، دعوت‌کننده، ملاقات‌کننده.

call girl, *n.* فاحشهٔ تلفونی.

cal.lig.ra.phy, *n.* خوش‌نویسی، خطاطی.

call.ing [*kɔ́:liŋ*] *n.* فریاد، صدا، ندا، پیشه وشغل.

cal.los.i.ty, *n.* سخت‌شدن‌یا پینه کردن‌پوست.

cal.lous [*kœ́ləs*] *vt. & adj.* سفت، پینه خورده، بیحس، بی‌عاطفه، سنگ دل، بی‌حس کردن، پینه‌زدن.

cal.low [*kœ́lou*] *adj. & n.* جوجه‌ای که هنوز پردرنیاورده، شخص بی‌تجربه و ناشی.

call to quarters, *n.* شیپوراحضار.

call up, *vt. & n.* احضار برای فعالیت‌های نظامی، دستور ارسال گزارش، شیپور احضار، بخاطرآوردن، تذکر دادن، جمع کردن.

calm [*ka:m*] *adj. & n.* آرامش، بی‌سروصدائی، آسوده، سکوت، آرام، ساکت، ساکن.

calm (**- ed, – ing**) *vi. & vt.* آرام‌کردن، ساکت‌کردن، فرونشاندن.

calm.ative, *adj. & n.* آرام‌کننده، مسکن.

calm.ness, *n.* آرامش، متانت، ملایمت.

cal.o.rie=cal.o.ry [*kœ́ləri*] *n.* واحد سنجش گرما، کالری.

cal.o.rif.ic, *adj.* گرمازا، گرم‌کننده، گرمائی.

cal.o.rim.e.ter, *n.* گرماسنج، حرارت‌سنج.

cal.u.met, *n.* نوعی‌چپق‌سرخ‌پوستان.

CALUMET

ca.lum.ni.ate [*kəlʌ́mnieit*] *vt.* افترازدن، بهتان زدن به، بدنام کردن.

ca.lum.ni.a.tor, *n.* افترا زننده.

cal.um.ny [*kœ́ləmni*] *n.* بدنامی، رسوائی، بهتان، افترا.

calve, *vt. & vi.* گوساله‌زائیدن، زائیدن، غار زدن، بشکل غار درآمدن، جدا کردن.

cal.vi.ti.es, *n.* طاسی، داءالثعلب، ریزش مو.

ca.lyx (*pl.* **ca.lyx.es**) *n.* کاسهٔ گل، غلاف گل، حقهٔ گل.

ca.mara.de.rie, n.
همراهی، همدمی، وفاداری، رفاقت.
cam.bric [kéimbrik] n.
نوعی پارچهٔ کتانی ظریف، قمیص.
came [keim] n. آمد.
he came late. او دیر آمد.
cam.el [kǽməl] n. & vt.
شتر، مسافرت‌کردن باشتر، رنگ شتری.
cam.el-driver, n. ساربان، شتردار.
cam.el.eer, n. شترسوار، ساربان.
ca.mel.lia=ca.me.lia [kəmí:ljə, -méljə] n. درخت وگل کاملیا.
ca.mel.o.pard=cameleop-ardalis, n.
[ج.ش.]شترگاوپلنگ، زرافه، [نج.]ستارهٔ زرافه.
cam.eo [kǽmiou] n. & vt.
برجسته‌کاری در جواهر و سنگ‌های قیمتی، رنگ‌های مابین قرمز مایل به‌آبی یاقرمز مایل بزرد، جواهر تراشی کردن.
cam.era [kǽmərə] n.
دوربین یا جعبهٔ عکاسی.
cam.era.man, n.
عکاس، آدمیکه بادوربین کار میکند.
ca.mion, n.
گاری کوتاه بی‌لبه، واگن روباز، کامیون.
cam.let, n. صوف، شالی.
cam.ou.flage [kǽmufla:ʒ] n. & vt. استتار، پوشش، پنهان‌کردن وسائل‌جنگی، مخفی‌کردن، پوشاندن.
camp [kæmp] n., vi. & vt.
اردو، اردوگاه، لشکرگاه، منزل‌کردن، اردو زدن، چادر زدن [بیشتر با out].
cam.paign [kæmpéin] n.
زمین مسطح، جلگه، یك رشته عملیات جنگی، لشکرکشی، مبارزهٔ انتخاباتی، مسافرت در داخل‌کشور.
cam.phire, n. حنا.
cam.phor [kǽmfə] n. کافور.
cam.pus [kǽmpəs] n. زمین‌دانشکده ومحوطهٔ کالج، محوطهٔ دانشگاه، فضای باز.
can [kæn, kən](could) vi. & vt.
قادربودن، قدرت داشتن، امکان‌داشتن (may).
can (- ned, -ning) n., vi. & vt.
حلبی، قوطی، قوطی‌کنسرو، درقوطی ریختن، زندان‌کردن، اخراج‌کردن.
Ca.naan, n.
کنعان، سرزمین موعود اسرائیل.
Ca.naan.ite, adj. کنعانی.
Canada [kǽnədə] n. کشورکانادا.
Ca.na.di.an [kənéidjən] adj.
اهل‌کانادا، کانادائی.
ca.nal [kənǽl]=**channel,** n.
ترعه، زه‌آب، مجرای فاضل‌آب، کانال، آبراه.
canal (-led,-ling,-ed,-ing) vt.
ترعه زدن، حفر ترعه‌کردن، کانال ساختن.
ca.nal.iza.tion(-sation) n.
مجراسازی (برای فاضل آب)، احداث ترعه و قنات، لوله‌کشی، زه‌کشی، آبراه‌سازی.
ca.nal.ize, vt. زه‌کشی‌کردن، نهرسازی، لوله‌کشی‌کردن، ایجادکانال‌کردن.
ca.nary [kənɛ́əri] adj. & n.
قناری، رنگ زرد روشن، شراب محصول جزایر کاناری.
can.can, n. یك نوع رقص نشاط‌آور.
can.cel (- ed, - led, - ing) n., vt. & vi. باطل‌کردن، لغوکردن، فسخ‌کردن.
can.cel.la.tion [kænsəléiʃən] n.
الغاء، فسخ، حذف، قلم زدن.
can.cer [kǽnsə] n.
[طب] سرطان، [نج.] برج سرطان، خرچنگ.

can.cer.ous [kǽnsərəs] adj.
سرطانی.
can.de.la.brum (pl. **candela-bra**) n. شمعدان‌چندشاخه، جار، چهلچراغ.
can.did [kǽndid] adj.
بی‌تزویر، منصفانه، صاف وساده.
can.di.da.cy, n.
نامزدی، داوطلبی، کاندید (بودن).
can.di.date [kǽndideit] n.
داوطلب، خواهان، نامزد، کاندید، داوخواه.
can.di.da.ture=candidate-ship, n. نامزدی، داوطلبی.
can.dle [kǽndl] (**candling**) n.& vt. شمع، شمع ساختن.
candlelight, n. روشنائی شمع.
candlestick, n. شمعدان.
candlewick, n. فتیلهٔ شمع، نخ پنبه‌ای.
can.dor, can.dour [kǽndə] n.
سفیدی، خلوص، صفا، رک‌گوئی.
can.dy [kǽndi] n., vi. & vt.
آب‌نبات، نبات، شیرین کردن، نباتی کردن.
cane [kein] vt. & n. نی، نیشکر، چوبدستی، عصا، باعصا زدن، باچوب زدن.
ca.nine [kéinain, kǽnain] adj. & n. سگی، وابسته‌بخانوادهٔ سگ، سگ‌مانند.
can.is.ter [kǽnistə] n.
قوطی، چایدان، نارنجك، گاز اشك‌آور.
can.ker [kǽŋkə] (- ed, - ing), n., vt. & vi. ماشرا، خوره، آکله، یکجور آفت درختان میوه، نوعی شته یاکرم، فاسدکردن، فاسد شدن.
canned [kænd] adj.
درقوطی کنسرو شده، مست باده.
can.nery, n.
کنسروسازی، کارخانه‌ای که‌گوشت ومیوه وغیره را در قوطی کنسرو میکنند.
can.ni.bal [kǽnibəl] n.
آدمخوار، جانوری که همجنس خود را میخورد.
can.ni.bal.ism, n. آدمخواری.
can.ni.kin, can.i.kin, n.
ظرف حلبی کوچك، آبخوری، پیمانهٔ کوچك.
can.non [kǽnən] (pl. **cannon** or **cannons**) n. & vi.
توپ [معمولاً بصورت اسم جمع]، استوانه، لوله، بتوپ‌بستن، (دربیلیارد) تصادم دوتوپ.
can.non.ade [kænənéid] n. & vt.
بتوپ بستن، توپ اندازی، غریو.
can.non.eer, n. توپچی، توپ انداز.
can.not=can not. منفی‌فعل«توانستن».
can.ny [kǽni] adj.
زیرك، عاقل، دارای عقل معاش.
ca.noe [kənú:] n., vt. & vi.
قایق باریك وبدون بادبان وسکان، قایقرانی.
can.on [kǽnən] n. & vt.
تصویبنامه، تصمیم، حکم، قانون‌کلی، قانون‌شرع، مجموعهٔ کتب، قانون‌گزاری کردن.
ca.non.i.cal [kənɔ́nikl] adj.
شرعی، قانونی، [د.] استاندارد، معیار.
can.on.iza.tion [kænənaizéiʃən] n. تشریع، تقدیس.
can.on.ize [kǽnənaiz] vt.
در زمرهٔ مقدسان شمردن، شرعی‌کردن.
can.on.ry, n. محضرشرع، دادگاه‌شرع.
can.o.py [kǽnəpi] n. & vt.
سایبان، خیمه، کروك اتومبیل، سایبان‌گذاشتن.
cant [kænt] adj., n., vt. & vi.
اصطلاحات مخصوص یك صنف یا دسته، زبان دزدها و کولی‌ها، طرز صحبت، زبان ویژه، مناجات، گوشه‌دار، وارونه کردن، ناگهان چرخانیدن یا چرخیدن، با ناله سخن گفتن، بالهجهٔ مخصوص‌صحبت‌کردن، خبرچینی کردن، آواز خواندن، مناجات‌کردن.
can't [ka:nt]=can not
can.ta.loupe, n. گرمك، طالبی.
can.tan.ker.ous [kæntǽŋkərəs] adj. چموش، بدخلق، بداخم.
can.ta.ta [kæntá:tə] n. [مو.]شعری که‌با آواز یکنفری همراه موسیقی خوانده شود.
can.teen [kænti:n] n.
قمقمه، فروشگاه یا رستوران، سربازخانه.
can.ter [kǽntə] n., vi. & vt.
چهارنعل، گامی‌شبیه چهارنعل، گردش، سواراسب (چهارنعل رونده) شدن، سلانه سلانه راه‌رفتن.
can.ti.cle, n. سرود (روحانی).
can.ti.le.ver, n. سکدست، پایه.
can.to [kǽntou] n.
سرود، بند [شعر]، قسمت، فصل [کتاب].
can.ton [kǽntɔn] n. & vt.
زاویه، بخش، بلوك [بویژه در سویس]، به بخش تقسیم‌کردن [غالباً با out].
can.vas=can.vass [kǽnvəs] n.
کرباس، پارچهٔ مخصوص نقاشی، [مج.] نقاشی، پردهٔ نقاشی، کف رینگ بوکس یا کشتی.
can.vass=canvas [kǽnvəs]; (- ed, - ing) n., vt. & vi.
برای جمع‌آوری آراء فعالیت‌کردن، الك یا غربال‌کردن.
can.yon [kǽnjən] n.
دربند، تنگه، درهٔ باریك وتنگ.
caou.tchouc, n. کائوچو، لاستیك.
cap [kæp] (-ped,-ping) n. & vt.
کلاه، سرپوش، کلاهك، رأس، باکلاهك‌پوشاندن، پوشش‌دار کردن، سلام دادن بوسیلهٔ برداشتن کلاه از سر، سربطری یا قوطی.
ca.pa.bil.i.ty [kèipəbíliti] n.
استعداد پیشرفت، صلاحیت، قابلیت.
ca.pa.ble [kéipəbl] adj.
توانا، قابل،لایق، بااستعداد، صلاحیتدار، مستعد.
ca.pa.cious [kəpéiʃəs] adj.
جادار، گنجایش‌دار، گشاد، فراخ، وسیع.
ca.pac.i.tate, vt.
توانا کردن، لایق کردن، صلاحیتدار کردن.
ca.pac.i.ty [kəpǽsiti] n.
گنجایش، صلاحیت، استعداد، مقام.
cap-a-pie, cap-á-pie, adv.
سرتا پا، ازسر تاپا، سرتاسر.
ca.par.i.son, n. & vt.
زره و تجهیزات اسب، مجهز کردن.
cape [keip] n. دماغه، شنل.
ca.per [kéipə] vt., vi. & n.
ازروی‌شادی جست‌وخیز کردن، رقصیدن، جهش، جست وخیز، شادی.
cap.il.lary, adj. & n. مویرگ، موئی، باریك، ظریف، عروق شعریه.
cap.i.tal [kǽpit(ə)l] adj. & n.
حرف بزرگ، حرف درشت، پایتخت، سرمایه، سرستون، سرلولهٔ‌بخاری، فوقانی، رأسی، مستلزم بریدن سر یا قتل، قابل مجازات مرگ، دارای اهمیت حیاتی، عالی.
c. punishment. مجازات اعدام.
cap.i.tal.ism [kǽpitəlizəm] n.
رژیم سرمایه‌داری، سرمایه‌گرائی.
cap.i.tal.ist [kǽpitəlist] n.
سرمایه‌دار، سرمایه‌گرای.
cap.i.tal.iza.tion, n.
جمع‌آوری سرمایه، جمع مبلغ سرمایه، نوشتن باحروف بزرگ.
cap.i.tal.ize, vt. تبدیل‌بسرمایه کردن، باحروف درشت نوشتن، سرمایه جمع کردن.

capital levy, n. مالیات برسرمایه.
cap.i.tate, adj. رأسی، مانند سر.
cap.i.ta.tion, n.
سرانه، مالیات برهر فرد، سرشماری.
Cap.i.tol [kǽpitɔl] n. عمارت‌کنگره درشهر واشینگتن، عمارت پارلمان‌ایالتی.
ca.pit.u.late [kəpítjuleit] vi.
ca.pit.u.la.tion [kəpìtjuléiʃən] n. کاپیتولاسیون، تسلیم.
ca.pon, n. خروس اخته، اخته.
ca.pote, n. روکش، شنل بلند.
ca.price [kəprí:s] n.
هوس، تمایل فکری.
ca.pri.cious [kəpríʃəs] adj.
هوسباز، دمدمی مزاج، بوالهوس.
Cap.ri.corn [kǽprikɔ:n] n.
[نج.] برج جدی، بزغاله، نشانهٔ دهم منطقة‌البروج.
cap.ri.ole, n. & vi.
جست‌وخیز [مثل هنگام رقص]، جهش بلند اسب [از روی مانع]، جفتك، جفتك زدن.
cap.size [kǽpsáiz] vt. & vi.
[نظ.] واژگون‌کردن‌کشتی، واژگون شدن.
cap.stan [kǽpstən] n.
چرخ طناب، چرخ لنگر دوار.
cap.su.lar, adj. دارای‌خصوصیات کپسول، مجوف.

CAPSTAN

cap.sule [kǽpsju:l] n. & vt.
کپسول، پوشش، کیسه، پوشینه.
cap.tain [kǽptin] vt. & n.
[نظ] سروان، ناخدا، سرکرده.
cap.tion [kǽpʃən] (-ing) vt.&n.
عنوان، سرلوحه، عنوان دادن.
cap.tious [kǽpʃəs] adj.
ایرادگیر، فریبنده، عیبجو، حیله‌گر، وسیع.
cap.ti.vate [kǽptiveit] vt.
شیفتن، فریفتن، اسیر کردن.
cap.ti.vation, n. شیفتگی، اسارت.
cap.tive [kǽptiv] adj. & n.
اسیر، گرفتار، دستگیر، شیفته.
cap.tiv.i.ty [kæptíviti] n.
اسارت، گرفتاری، گرفتاری فکری.
cap.tor, n. اسیرکننده.
cap.ture [kǽptʃə] vt. & n.
دستگیری، اسیر کردن، تسخیر.
car [ka:] n. اتومبیل، واگن، اطاق راه‌آهن، هفت ستارهٔ دب‌اکبر، اطاق آسانسور.
cap.a.cole, n., vt. & vi.
چرخش بطرف چپ وراست، پلکان مارپیچ.
car.a.mel [kǽrəməl] n. & vt.
قند سوخته، یکجورشیرینی مرکب ازقند وشیره ومیوه، تافی، رنگ زرد، مایل بقرمز.
carat, karat [kǽrət] n.
قیراط، واحد وزن جواهرات، عیار.
18-carat gold. طلای ۱۸ عیار.
car.a.van [kæ̀rəvǽn, kǽrəvæn] n. کاروان.
car.a.van.sa.ry, car.a.van-serai, n. کاروانسرا، کاروانسرای.
car.bine [ká:bain] **carabine,** n.
کاراین، تفنگ لوله‌کوتاه سبك.
car.bon [ká: bən] adj. & n.
ذغال خالص، کربن، الماس بیفروغ.
car.bon.a.tion, n.
عمل آمیختن با، بصورت‌کربنات (درآمدن).
car.bon.ize, vt.
ذغال ساختن، باذغال پوشاندن یا ترکیب کردن.

car.bun.cle [ká:bʌŋkl] *n.* یاقوت آتشی، لعلی که تراش محدب داشته باشد، [طب] کفگیرک ، دمل بـزرگ ، رنگ نارنجی مایل بقرمز.
car.bu.ret.or [ká:bjurétə]
carburettor, *n.* کاربوراتور.
car.bu.rize=carburet, *vt.* با کربن ترکیب کردن.
car.case [ká:kəs] *vt. & n.* لاشه، جسد.
car.cin.o.gen, *n.* ماده مولد یا مفید سرطان.
car.ci.no.gen.e.sis, *n.* تولیدسرطان.
car.ci.no.gen.ic, *adj.* سرطان‌زا.
car.ci.nol.o.gy, *n.* [طب]علم‌سرطان‌شناسی، [ج.ش.] خرچنگ‌شناسی.
card [ka:d] *n. & vt.* برگ، ورق، ورق بازی، گنجفه، کارت ویزیت، بلیط، مقوا، کارت تبریك، کارت عضویت ، ورق بازی‌کردن، پنبه‌زنی، ماشین پرداخت پارچه.
cardboard [ká:dbɔ:d] *adj. & n.* مقوا، مقوای نازك.
car.di.ac, *adj. & n.* وابسته بدل، قلبی.
car.di.gan [ká:digən] *n.* ژاکت کشباف پشمی، پارچهٔ ژاکت.
car.di.nal [ká:dinəl] *adj. & n.* کاردینال، عدداصلی، اعداداصلی، اصلی، اساسی، سهرهٔ کاکل قرمز آمریکائی.
cardinal number, *n.* عدد اصلی.
car.dio.graph, *n.* قلب‌نگار، دستگاه ثبت ضربان قلب، کاردیوگراف.
car.di.og.ra.phy, *n.* ثبت حرکات و ضربان قلب، قلب‌نگاری.
car.di.ol.o.gy, *n.* دانش قلب شناسی.
care [kɛə] *n., vt. & vi.* پرستاری، مواظبت، بیم، دلـواپسی [م.م.]، غم، پروا داشتن ، غم خوردن ، علاقمند بودن.
ca.reer [kəríə] *n., vi. & adj.* دورهٔ زندگی، دوره، مسیر، مقام یا شغل، حرفه.
carefree, *adj.* بدون‌نگرانی، بی‌خیال.
care.ful [kɛ'əf(u)l] *adj.* بادقت، بااحتیاط، مواظب، بیمناك.
care.less [kɛ'əlis] *adj.* بی‌دقت.
ca.ress [kərés] *n. & vt.* نوازش، دلجوئی، دلنوازی‌کردن، درآغوش‌کشیدن.
caretaker [kɛ'ətèikə] *n.* سرپرست، مستحفظ، سرایدار.
careworn, *adj.* غمگین، مضطرب.
car.go [ká:gou] (*pl.* **cargoes, cargos**) *n.* بارکشتی، محمولهٔ دریائی،بار.
Caribbean, *adj. & n.* وابسته بدریای کاریب، جزایر واقع در دریای کاریب.
car.i.bou,-boo (*pl.* **caribou, caribous**) *n.* [ج.ش.] گوزن‌کانادائی، گوزن آمریکای شمالی.
car.i.ca.ture [kœrikətjúə] *vt. & n.* کاریکاتور، آدمك، کاریکاتور ساختن.
car.ies (*pl.* **caries**) *n.* کرم خوردگی دندان، پوسیدگی استخوان.
car.il.lon, *n.* زنگهای موسیقی، سنتور زنگی.
car.i.ous, *adj.* پوسیده، کرم خورده.
cark (**-ed, -ing**) *vt., vi. & n.* تحمیل‌کردن، بارکردن، غمگین ساختن یاشدن، نگران شدن، بار مسئولیت، رنج وزحمت.
carl, carle, *n.* دهاتی، شخص پست، آدم بی‌تربیت.
carload [ká:lòud] *n.* یك بار کامیون، بقدر ظرفیت یك ماشین.
car-man, *n.* ارابه‌ران.
car.mi.na.tive, *adj. & n.* [طب] بادشکن، داروی ضد نفخ.
car.nage [ká:nidʒ] *n.* لاشه‌ها، کشتار، قتل عام، خونریزی، قصابی.
car.nal [ká:nl] *adj.* جسمانی، جسمی، نفسانی، شهوانی.
car.nal.i.ty, *n.* شهوت، شهوانیت.
car.na.tion [ka:néiʃən] *n.* میخك صد پر.
car.ni.val [ká:nivəl] *n.* ایام روزه، کارناوال ، کاروان شادی ، جشن.
car.ni.vore, *n.* گوشتخوار.
car.niv.o.rous [ka:nívərəs] *adj.* حیوان گوشتخوار.
car.ny, car.ney, car.nie, *vt. & n.* ریشخندکردن، دلنوازی‌کردن.
car.ol [kœrəl] (**- ed, - led, -ing, -ling**) *n., vi. & vt.* سرود [خواندن]، نغمه سرائی (کردن)، چهچه ، سرود شب عید میلاد مسیح.
ca.rot.id, *adj. & n.* [تش.] وابسته به شریان، شاهرگی.
ca.rouse [kəráuz] *n., vi. & vt.* میگساری، عیاشی، میگساری‌کردن، درمشروب افراط‌کردن.
carp [ka:p] *vt., vi. & n.* عیب جوئی‌کردن . از روی خرده گیری صحبت کردن، گله‌کردن، [ج.ش.] ماهی کول، کپور.
car.pal, *adj. & n.* وابسته‌بمچ، مچی.
car.pel, *n.* [گ.ش.] بـرچه ، حجرهٔ گرزن.

CARPEL

car.pen.ter [ká:pintə] (**- ed, - ing**), *n., vt. & vi.* درودگر ، نجار ، نجاری کردن.
car.pen.try [ká:pintri] *n.* درودگری، نجاری.
car.pet [Ká:pit] *n.* فرش، قالی،زیلو.
car.pet.bag.ger, *n.* تازه بدوران رسیده وفاسد، مسافر خورجین‌دار.
car.pet.ing, *n.* فرش، مفروش.
car.pol.o.gy, *n.* مبحث میوه ودانه شناسی.
car.rack, carack, *n.* کشتی بزرگ باری وجنگی قدیمی.
car.riage [kœridʒ] *n.* کالسکه.
car.ri.er [kœriə] *n.* برنامه، حامل میکرب، دستگاه کاربر، حامل.
carrier pigeon, *n.* کبوتر نامه‌بر، کبوتر قاصد.
car.ri.on [kœriən] *n.* مردار، لاشه، گوشت گندیده.
car.rot [kœrət] *adj. & n.* هویج، زردك، زردك مانند، موی قرمز.
car.rou.sel, *n.* گردونه، چرخ فلك.
car.ry [kœri] *vt. & vi.* بردن ، بدوش گرفتن، حمل‌کردن، حمل ونقل کردن.
carry on, *vt. & vi.* ادامه‌دادن.
carry out, *vt.* انجام دادن.
carsick, *adj.* مبتلا به بهم‌خوردگی حال دراتومبیل.
cart [ka:t] *vt., vi. & n.* ارابه، گاری، دوچرخه، چرخ، باگاری بردن.
cart.age, *n.* باربری باگاری، کرایهٔ گاری، مکاری.
carte blanche (*pl.* **cartes blanches**) *n.* کارت سفید، کاغذ سفید ، [مج.] اختیار تام، اختیار نامحدود.
car.tel [ká:tel] *n.* اتحادیهٔ صاحبان صنایع مشابه، کارتل.
car.ter [ká:tə] *n.* رانندهٔ گاری.
cart.ful, *n.* آنچه دریك گاری جابگیرد.
car.ti.lage, *n.* نرمهٔ استخوان، غضروف، کرجن.
car.ti.lag.i.nous, *adj.* غضروفی.
car.tog.ra.pher, *n.* نقشه‌کش ، طراح.
car.tog.ra.phy, *n.* نقشه‌کشی.
car.ton [ká:tɔn] *n.* مقوا، جعبهٔ مقوائی، جاکاغذی، کارتن.
car.toon [ka:tú:n] *vt., vi. & n.* کاریکاتور، تصویر مضحك، داستان مصور.
car.tridge [kà:tridz] *n.* فشنگ، گلوله.
carve [ka:v] *vi. & vt.* حك‌کردن، تراشیدن، کنده‌کاری‌کردن، بریدن.
carv.ing, *n.* حکاکی، بریدن.
cas.cade [kœskèld] *n., vt. & vi.* آبشارکوچك، بشکل آبشار ریختن.
case [keis] *n.* سرگذشت، جعبه، جلد، پوسته ، قالب ، قاب ، جا ، حالت ، وضعیت، موقعیت، اتفاق، دعوی، مرافعه، قضیه.
case, *vt.* درصندوق یاجعبه‌گذاشتن، جلدکردن، پوشاندن.
case.ment [kéismənt] *n.* پنجرهٔ لولادار، روزنه، پنجره، پوشش، غلاف.
cash [kœʃ] *vt. & n.* پول‌نقد، وصول‌کردن، نقدکردن، دریافت‌کردن. صندوق پول، پول خرد.
cashbook, *n.* دفتر نقدی.
cash.ier [kœʃiə] *vt. & n.* صندوقدار، تحویلدار، بیرون‌کردن.
cashier's check, *n.* چکی‌که بانك عهدهٔ خود بکشد.
cash.mere [kœʃmie] *n.* شال‌کشمیری، ترمه.
cash-office, *n.* دایرهٔ صندوق.
cash.register, *n.* صندوق پولشمار، ماشین ثبت خرید وفروش روزانهٔ مغازه.
cas.ing [kéisiŋ] *n.* پوشش، غلاف، روکش، اندود.
ca.si.no [kəsi:nou] *n.* تفریحگاه عمومی برای رقص وموزیك، کازینو.
cask [ka:sk] *n.* بشکه، خمرهٔ چوبی، چلیك.
cas.ket [ká:skit] *n.* جعبهٔ‌کوچك، جعبهٔ جواهر، صندوق یا تابوت.
Cas.pi.an Sea, *n.* بحر خزر.
cassa.tion, *n.* تمیز،رسیدگی، فرجامی.
cas.se.role [kœsəroul] *n.* نوعی غذای‌مرکب ازگوشت‌وآرد، ظرف خوراك پزی سفالی یا شیشه‌ای.
cas.sette=casket, sagger, *n.* جعبهٔ‌کوچك جای جواهرات، تابوت،کاست.
cas.sock [kœsək] *n.* جبه، دلق، قبا، خرقه پوش، کشیش.
cast [ka:st] (*p. & pp.* **cast**), *vt., vi. & n.* درقالب قرار دادن، بشکل درآوردن ، انداختن ، طرح‌کردن ، معین‌کردن [دل بازیگر]، پخش‌کردن [دلمیان بازیگران]، انداختن، ریختن [بطوراسم مصدر]، مهره‌ریزی، طاس‌اندازی، قالب، طرح، کج‌گیری، افکندن.
cast away [ká:stəwèi] *adj. & n.* رانـده ، مردود ، کشتی‌شکسته، مطرود.
caste [ka:st] *n.* طبقه، صنف، قبیله، طبقات مختلف مردم هند.
cast.er, *n.* چرخ‌کوچك، چرخك، پرتاب‌کننده [بسایرمعانی cast مراجعه شود].
cas.ti.gate [kœstiqəit] *vt.* تنبیه‌کردن، شدیداً انتقادکردن.
casting [kástiŋ] *n.* چدن‌ریزی، ریخته‌گری، [بسایرمعانی cast مراجعه شود].
cast iron [ká:stáiən] *adj. & n.* چدن، چدنی، سخت، محکم.
cas.tle [ká:sl] (**-d, castling**), *n., vt. & vi.* دژ، قلعه، قصر، [درشطرنج] رخ.
cast off, *adj. & n.* دور انداخته.
cas.tor [ká:stə] *n.* کرچك.
cas.trate [kœstréit] *adj., n. & vt.* اخته‌کردن، تضعیف‌کردن.
cas.tra.tion, *n.* اخته‌کردن.
ca.su.al [kœʒjuəl] *adj. & n.* اتفاقی، غیرمهم، غیرجدی.
c. dress. لباس غیررسمی، لباس پیك‌نیك.
ca.su.al.ty [kœʒjuəlti] (*pl.* **-ies**), *n.* تلفات، تصادفات.
ca.su.ist [kœzjuist] *n.* سفسطه‌گر.
ca.su.ist.ry [kœzjuistri] (*pl.* **- ies**) *n.* سوفسطائی، استدلال غلط وغیرمنطقی، سفسطه.
ca.sus bel.li [kéisəs bélai] *n.* [لاتین] عمل خصمانه، باعث جنگ.
cat [kœt] (**-ted, -ting**) *n., vt. & vi.* گربه، شلاق‌زدن، قی‌کردن،شلاق، لنگر برداشتن.
cat.a.bol.ic, *adj.* وابسته به‌فروساخت، وابسته به‌کاتابولیسم یا دگرگونی بافتها.
ca.tab.o.lism, *n.* دگرگونی، نابود کننده، سوخت‌موادغذائی دربافتها، فروساخت.
cat.a.clysm [kœtəklizm] *n.* سیل بزرگ، طوفان، تحولات ناگهانی وعمده.
cat.a.clys.mic, *adj.* وابسته‌بتحولات‌عظیم.
cat.a.comb [kœtəkoum] *n.* دخمهٔ محل قبور.
cat.a.falque, *n.* تابوت یا عماری.
cat.a.lep.sy, *n.* [طب] تصلب و سخت شدن عضلات، جمود عضلات.
cat.a.log, cat.a.logue [kœtəlɔg] *n., vi. & vt.* کاتالوگ، فهرست،کتاب فهرست، فهرست‌کردن.
cat.a.log.er=cat.a.logu.er, *n.* متصدی‌کاتالوگ، ثبات، فهرست نگار.
ca.tal.y.sis, *n.* [ش.]اثرمجاورت‌جسمی دریك فعل وانفعال شیمیائی، [م.م.] تجزیه.
cat.a.lyst, *n.* عامل فعل‌وانفعال اجسام‌شیمیائی دراثرمجاورت، [مج.] تشکیلات دهنده، سازمان دهنده.
cat.a.lyze, *vt.* [درفعل وانفعال شیمیائی] دارای اثـر مجاورتی کردن، تسریع‌کردن، تندترکردن، کاتالیز.
cat.a.lyz.er, *n.* کاتالیزر.
cat.a.mite, *n.* بچه خوشگل، بچه بی‌ریش، کونی.
cat.a.pult [kœtəpʌlt] *n.,vi.&vt.* سنگ انداز ، هرجسمی‌که دارای خاصیت فنری بوده وبرای پرتاب اجسام بکار میرود ، منجنیق انداختن ، بامنجنیق پرت‌کردن، منجنیق.
cat.a.ract [kœtərœkt] *n.* آبشار بزرگ، [طب] آب مروارید، آب‌آوردن [چشم].
ca.tarrh [kətá:] *n.* [طب] زکام، ریزش، نزله.

ca.tas.tro.phe [kətǽstrəfi] n. عاقبت داستان، مصیبت، بلای ناگهانی، فاجعه.
ca.tas.tro.phic, adj. مصیبت‌بار، فاجعه‌انگیز.
cata.to.nia, n. نوعی جنون.
catcall, n., vt. & vi. صدای سوت، جیغ، سوت (مخصوصاً درنمایش که نشانهٔ نارضایتی مردم است).
catch [kætʃ] (p. & pp. **caught, catching**) vt., vi., adj. & n. گرفتن ، از هوا گرفتن ، بدست آوردن ، جلب کردن ، درک کردن ، فهمیدن ، دچار شدن به ، عمل‌گرفتن، اخذ، دستگیره، لغت‌چشمگیر،شعار.
C. cold. سرما خوردن.
C. hold of. بکسی یا چیزی چسبیدن.
C. up. رسیدن به.
C. on. رسیدن‌به، دریافتن.
catch.er [kǽtʃə] n. گیرنده، بدست آورنده.
catch.ing [kǽtʃiŋ] adj. واگیر، فریبنده، جاذب.
catch.up=catsup & **ketch up,** n. سوس گوجه فرنگی.
catchword, n. کلمهٔ راهنما، کلمهٔ سرصفحه برای جلب‌توجه (در فرهنگ ومانند آن)، تکیهٔ سخن، مفتاح کلام.
catchy, adj. گیرنده، جاذب.
cate, n. [درجمع] خواربار، سورسات، اغذیهٔ لذیذ.
cat.e.chism [kǽtikizm] n. پرسش نامهٔ مذهبی ، کتاب سؤال وجواب دینی ، تعلیم ودستور مذهبی.
cat.e.chize, catechise [kǽtikaiz] vt. & vi. تعلیم‌دادن (اصول‌دین) از راه پرسش، از راه پرسش یاد دادن.
cat.e.gor.i.cal=cat.e.gor.ic, [kætigɔ́rikl] adj. & n. قاطع ، حتمی ، جزمی ، قیاسی ، قطعی ، [منـ.] مطلق ، بی‌قید ، بی‌شرط.
cat.e.go.rize, vt. طبقه‌بندی‌کردن، دسته‌بندی‌کردن.
cat.e.go.ry [kǽtigəri] (pl. **- ies**), n. دسته، زمره، طبقه، مقوله، مقولهٔ منطقی.
cat.e.nary, adj. & n. مسلسل، چون دانه‌های زنجیر.
cat.e.nate, vt. & adj. چون‌دانه‌های زنجیر،مسلسل‌کردن، پیوستن، متصل‌کردن.
ca.ter [kéitə] vt. & vi. آذوقه‌رساندن، خواربار رساندن، تهیه‌کردن، فراهم نمودن.
cat.er.cor.ner, cat.er-cor-nered, adv. & adj. بطورمورب، کج.
ca.ter.er, n. آذوقه‌رسان، سورسات‌چی.
cat.er.pil.lar [kǽtəpilə] n. کرم صدپا، تراکتور زنجیری، بشکل کرم صدپا حرکت کردن.
cat.er.waul, n. & vi. جیغ‌کشیدن (مانند گربه)، صدای شیون‌گربه.
cat.gut [kǽtgʌt] n. زه ، رودهٔ گربه و غیره‌که بـرای بخیه زدن در جراحی بکار میرود.
ca.thar.sis (pl. **cathar.ses**), **purgation,** n. تصفیه، تطهیر، تصفیه وتزکیهٔ نفس بوسیلهٔ هنر.
ca.thec.tic,adj. وابسته‌به‌تمرکزروانی، شهوانی شده، تحت اثر قوهٔ شهوانی قرارگرفته.
ca.the.dra, n. کرسی، مسند.
ca.the.dral [kəθ:drəl] n. کلیسای جامع.
cath.ode, n. [فیزیک-ش.] کاتد، الکترود منفی، قطب منفی.

cath.o.lic [kǽθəlik] adj. & n. جامع، بلند نظر، آزاده، کاتولیک، عضو کلیسای کاتولیک.
Ca.thol.i.cism [kəθɔ́lisizm] n. اصول مذهب کاتولیکی.
catlike, adj. گربه‌وار، آهسته‌رو.
catnap, n. & vi. خواب سبک وکوتاه، چرت‌کوتاه، چرت زدن.
cat-o'-nine-tails [kǽtənáinteilz] n. تازیانهٔ ۹ تسمه‌ای.
cat's-paw [kǽtspɔ:] n. آلت دست ، پنجهٔ گربه.
cat.tle [kǽtl] n.pl. احشام واغنام، گلهٔ گاو.
cat.tle.man, n. گاودار، گاوفروش.
cat.ty, adj. & n. شبیه‌گربه، گربه‌صفت.
Cau.ca.sian, adj. & n. قفقازی، هند واروپائی، سفیدپوست.
cau.cus]kɔ́:kəs] (- ed, - ing), vi. & n. انجمن حزبی، کمیته‌های پارلمانی، نمایندگان حزب کارگر درپارلمان یا انجمن.
caul.dron=caldron [kɔ́:ldrən], n. پاتیل، دیگ.
cau.li.flow.er [kɔ́liflauə] n. گل کلم.
caulk=calk [kɔ:k] (- ed, - ing), vt. & vi. شکاف وسوراخ چیزی راگرفتن، بتونه‌گیری کردن.
caus.al, adj. & n. علی، سببی، علتی، بیان‌کنندهٔ علت، مبتنی برسبب.
cau.sal.i.ty, n. خاصیت سببی، رابطهٔ بین علت و معلول، علیت.
cau.sa.tion, n. سبب، نسبت میان علت ومعلول.
caus.a.tive [kɔ́:zətiv] adj. & n. سببی، سبب شونده، متعدی.
cause [kɔ:z] (- d, causing) n., vt. & vi. سبب، علت، موجب، انگیزه، هدف، [حقـ.] مرافعه، موضوع منازعفیه، نهضت، جنبش، سبب‌شدن، واداشتن، ایجادکردن[غالباً بامصدر].
To die in the c. of freedom. مرگ در راه آزادی.
cause.less, adj. بی‌سبب، بی‌هدف.
caus.er, n. سبب، ایجادکننده.
cause.way [kɔ́:zwei] n. گذرگاه، جاده،جاده‌ایکه‌ازکف‌زمین‌بلندتراست.
caus.tic, - al [kɔ́:stik] adj. & n. [مجـ.] نیشدار، تند، تیز، هجوآمیز، سوزش‌آور.
cau.ter.ize [kɔ́:təraiz] (- d, - zing) vt. داغ‌کردن،داغ‌زدن،سوزاندن.
cau.tion [kɔ́:ʃən] (- ed, - ing), n. & vt. احتیاط، پیش‌بینی، هوشیاری، وثیقه، ضامن، هوشیارکردن، اخطارکردن به.
He cautioned me. اوبمن هشیار داد.
cau.tion.ary, adj. & n. اخطارآمیز، احتیاطی.
cau.tious [kɔ́:ʃəs] adj. هوشیار، محتاط، مواظب.
cav.al.cade [kævəlkéid] (- d, - ding) n. & vi. دستهٔ اسب‌سواران، سواری، گردش سواره.
cav.a.lier [kævəlíə] adj. & n. اسب‌سوار، شوالیه.
cav.al.ry [kǽvəlri] n. سواره‌نظام.
cave [keiv] (-d, caving) adj., n., vt. & vi. غار، کاو، مجوف،مقعر،مجوف کردن، درغارجادادن،حفرکردن، فروریختن.
The roof caved in. طاق فرو ریخت.
ca.ve.at, n. & vi. اخطار، آگهی، پیش‌بینی احتیاطی.

cave.man, n. غارنشین.
cav.ern [kǽvən] vt. & n. غار، حفرهٔ زیر زمینی، زیرزمین، گودال، حفره.
cav.i.ar, cav.i.are [kǽvia:] n. خاویار.
cav.il [kǽvil] (- ed, - led, - ing, - ling) vt., vi. & n. خرده‌گیری کردن،عیب‌جوئی کردن،خرده‌گیری، عیب‌جوئی.
cav.i.ty [kǽviti] n. گودال، حفره، کرم‌خوردگی دندان.
ca.vort (- ed, - ing) vi. جست وخیزکردن، رقاصی‌کردن.
ca.vy, n. خوك هندی، ارنب رومی.
caw [kɔ:] (-ed, -ing) vi. & n. قارقار [کلاغ]، قارقارکردن (مثل کلاغ).
cease [si:s] (- d, ceasing) n., vt. & vi. ایستادن، موقوف شدن، دست کشیدن، گرفتن، وقفه، ایست، توقف.
cease-fire, n. فرمان آتش‌بس.
cease.less [sí:slis] n. پیوسته ، دائمی.
ce.cum (pl. **ce.ca**) n. [تش.] رودهٔ کور.
ce.dar [sí:də] n. سدر، سرو، سرو-آزاد، چوب سرو، رنگ قرمز مایل بزرد.
cede [si:d] (- d, ceding) vt. & vi. واگذارکردن، تسلیم‌کردن، صرفنظر کردن از.
ceil.ing [sí:liŋ] n. سقف، پوشش یا اندود داخلی سقف، حد پرواز.
cel.e.brate [sélibreit] vi. & vt. جشن‌گرفتن، عیدگرفتن ، آئین [جشن یا عیدی را] نگاه‌داشتن، تقدیس‌کردن، تجلیل‌کردن.
cel.e.bra.tion [sèlibréiʃən] n. جشن، برگزاری جشن، تجلیل.
ce.leb.ri.ty [silébriti] n. شهرت، شخص نامدار.
ce.ler.i.ty [siléríti] n. سرعت، تندی، فرزی، چابکی.
cel.ery [séləri] n. کرفس.
ce.les.tial [siléstjəl] adj. & n. الهی، علوی،آسمانی، سماوی.
cel.i.ba.cy [sélibəsi] n. تجرد، بی‌زنی، بی‌شوهری، امتناع از ازدواج.
cel.i.bate [sélibit] adj. & n. بی‌جفت، عزب، مجرد، شخص بی‌جفت.
cell [sel] vt., vi. & n. پیل، زندان‌تکی، سلول‌یکنفری، حفره، سلول، یاخته.
cel.lar [sélə] n. زیرزمین، سرداب، انبار، جای شراب انداختن.
cel.list, n. [مو.] نوازندهٔ ویولن سل.
cel.lo[tʃélou]n.&adj. [مو.]ویولونسل.
cel.lo.phane [séloufein] n. کاغذ سلوفان، کاغذ شیشه‌نمای سلولزی.
cel.lu.lar [séljulə] adj. بافت سلولی، سلول‌دار، خانه خانه.
cel.lule, n. سلول‌کوچك، حجرهٔ کوچك.
cel.lu.loid [séljulɔid] adj. & n. مانند سلول، (نام تجارتی) سلولوید.
Celt [kelt, selt] n. نژاد سلت.
Celt.ic [kéltik] adj. & n. سلتی، وابسته به‌نژادسلت(Celts)، زبان‌سلتی.
ce.ment [simént] n., vt. & vi. سمنت، سیمان، سمنت‌کردن، چسباندن، پیوستن.
ce.men.ta.tion, n. سمنت‌کاری.
cem.e.tery [sémitri] n. گورستان، قبرستان، آرامگاه.
cen.o.taph [sénota:f] n. مقبرهٔ خالی، مقبرهٔ سرباز گمنام.
cen.ser [sénsə] n. بخورسوز، مجمر، عودسوز، عطردان.

cen.sor [sénsə] (-ed, -ing) vi.& n. مأمورسانسور، بازرس مطبوعات ونمایشها.
cen.so.ri.ous [sensɔ́:riəs] adj. خرده‌گیر، عیب‌جو، عیب جویانه.
cen.sor.ship [sénsəʃip] n. سانسور عقاید، سانسور.
cen.sur.a.ble, adj. انتقادآمیز، قابل توبیخ وسرزنش.
cen.sure [sénʃə] (- d, - ring), vt. & n. انتقاد، سرزنش، سرزنش‌کردن.
cen.sus [sénsəs] n. سرشماری، آمار، احصائیه، ممیزی مالیاتی.
cent [sənt] n درصد، یك‌صدم، سنت‌که معادل یك‌صدم دلار آمریکائی است.
centaur [séntɔ:] n. حیوان افسانه‌ای با بالا تنهٔ انسان و پائین تنهٔ اسب، قنطورس.
cen.te.nar.i.an [sentineèriən], adj. & n. آدم‌صدساله، سده، مربوط‌به قرن، جشن صدساله.
cen.ten.a.ry [sentí:nəri] adj. & n. صد ساله، جشن یا یادبود صد ساله، سده
cen.ten.nial [senténjəl] adj. & n. صد ساله، یادبود صد ساله، سده.
cen.ter, cen.tre (- tered,- tred , -tering, - tring) adj., n., vi. & vt. میان، مرکز، وسط ونقطهٔ مرکزی، درمرکز قرارگرفتن، تمرکز یافتن.
C. of gravity. مرکزثقل،گرانیگاه.
Their efforts were centered on trade. کوشش آنها متوجه تجارت بود.
cen.ti.grade [séntigreid] adj. & n. سانتیگراد، صد بخشی.
cen.ti.meter [séntimì:tə] n. سانتی‌متر.
cen.ti.pede [séntipi:d] n. [ج.ش.] صدپا (هزارپا).
cen.tral [séntrəl] adj. & n. مرکزی.
cen.tral.i.za.tion [sèntrəlaizéiʃən] n. تمرکز، استقرار درمرکز.
cen.tral.ize [séntrəlaiz] (- d, - zing) vt. & vi. تمرکز دادن، درمرکز جمع‌کردن.
cen.tric, adj. وسطی، میانی، واقع درمرکز.
cen.trif.u.gal [sentrífjugəl] adj. & n. گریزنده ازمرکز، فرار از مرکز.
cen.trip.e.tal [sentrípitl] adj. مایل بمرکز.
cen.tu.ri.on [sentjúəriən] n. [روم قدیم] رئیس دستهٔ صدنفر، یوزباشی.
cen.tu.ry [séntʃəri] n. سده، قرن.
ce.phal.ic, adj. وابسته به‌سر، وابسته به مغز که، دماغی.
ceph.a.lo.pod, n. [ج.ش] سرپایان، سرپاوران.
ce.ram.ic, adj. & n. وابسته به سفال‌سازی، سفالینی، ظرف سفالین.
ce.re.al [síəriəl] adj. & n. غله، گیاهان گندمی، حبوبات، غذائی‌که ازغلات تهیه شده وباشیر بعنوان صبحانه مصرف میشود.
cer.e.bel.lum (pl. **cerebellums, cerebella**) n. [تش.] مخچه، مخ‌کوچك، پس مخ.
cere.bral, adj. مخی، دماغی، مغزی، فکری.
cer.e.brate (- d, - ting)vi. & vt. دمائیت مغزی را نشان دادن، فکرکردن.
cer.e.bra.tion,n. بکاربردن‌مغز، تفکر.
cere.brum (pl. **cerebrums, cerebra**) n. [تش.] مغزپیشین، مغزکله.

cere.ment, *n.* پارچهٔ مومیائی مخصوص کفن اموات، کفن.

cer.e.mo.nial [sèrimóuniəl] *adj.*, *& n.* مربوط به جشن،تشریفاتی،تشریفات،آداب.

cer.e.mo.nious [sèrimóuniəs], *adj.* پای‌بند تشریفات وتعارف، رسمی.

cer.e.mo.ny, *n.* تشریفات،جشن،مراسم.

Religious ceremonies. تشریفات‌مذهبی.

Stand upon c. پابند تشریفات بودن.

Ce.res [síəri:z] *n.* [اساطیر روم] الههٔ زراعت ورستنی‌ها.

cer.tain [sə':tn, sə':tin] *adj & n.* مسلم، قطعی، حتمی، معلوم، بعض، بعضی، برخی، [illegible]

C. to happen. حتمی‌الوقوع.

A c. Mary. شخصی بنام ماری.

In c. years. درسالهای بخصوصی.

cer.tain.ly, *adv.* همانا، حتماً، مطمئناً.

cer.tain.ty [sə':tnti] *n.* امر مسلم، یقین، اطمینان.

cer.ti.fi.a.ble, *adj.* قابل تصدیق، قابل تأیید.

cer.tif.i.cate [sətifikit] *n. & vt.* گواهینامه ، شهادت نامه ، سند رسمی ، گواهی صادر کردن.

cer.tif.i.ca.to.ry, *adj.* گواهینامه‌ای.

cer.ti.fi.ca.tion, *n.* تصدیق، گواهی، شهادت.

certified check, *n.* چك تضمین‌شده.

certified mail, *n.* پست سفارشی، پست سفارشی دوقبضه.

certified public accountant, *n.* حسابدار قسم خورده.

cer.ti.fi.er, *n.* مصدق، گواهی‌کننده.

cer.ti.fy [sə':tifai] (- **fied, cer-tifying**) *vt. & vi.* تصدیق کردن،صحت وسقم چیزی را معلوم کردن، شهادت‌کتبی دادن، مطمئن کردن، تضمین کردن، گواهی کردن.

cer.ti.tude [sə':titju:d] *n.* اطمینان، یقین، دقت.

cer.vi.cal, *adj.* گردنی،وابسته‌بگردن.

cer.vine, *adj.* شبیه‌گوزن.

cer.vix (*pl.* **cervices & cer-vixes**) *n.* پشت‌گردن، قفا، گردنه.

ce.sar.e.an, cae.sar.i.an, *n.* زایمان ازراه پاره کردن شکم مادر .

ces.sa.tion [seséiʃən] *n.* ایست، توقف، انقطاع، پایان.

ces.sion [séʃən] *n.* واگذاری، نقل وانتقال، انتقال‌قرض‌بادین.

cess.pit [séspitl] *n.* گودال فاضل‌آب، چاه مستراح.

cess.pool [séspu:l] *n.* چاه مستراح.

cf. = **con.fer.** مراجعه شود به.

chafe [tʃeif] (- **d, -fing**) *n., vi. & vt.* مالش دادن، خراشیدن، سائیدن، بوسیلهٔ اصطکاك گرم کردن ، [مج.] بـه هیجان آوردن ، اوقات تلخی کـردن بـه ، عصبانیت ، سائیدگی ، پوست رفتگی.

chaff [tʃa:f] (- **ed, - ing**) *n., vt. & vi.* کاه، پوشال، پوسته، سبوس، [مج.] چیز کم بهایا بی‌اهمیت.

chaffy, *adj.* کاهی، پوشالی.

chagrin [ʃǽgrin] (- **ed, - ing**), *n. & vt.* آزردگی، غم وغصه، اندوه، الم، تنگدلی، اندوهگین کردن، آزرده کردن.

chain [tʃein] *n.* زنجیر، کند وزنجیر، حلقه، [مج.] رشته، سلسله.

chain (- **ed, - ing**) *vt. & vi.* زنجیر کردن.

C. armour. زره زنجیری.

In chains. در بند وزنجیر.

chain gang, *n.* دسته‌ای از محکومین که بهم زنجیر شده‌اند، هم‌زنجیر.

chain reaction, *n.* واکنش زنجیری‌یاهسته‌ای.

chain saw, *n.* اره‌زنجیری،اره‌برقی.

chain-smoker, *n.* کسیکه پشت سرهم سیگار میکشد.

chair [tʃɛə] (-**ed, -ing**) *n. & vt.* صندلی، مقر،کرسی‌استادی دردانشگاه،

chair.man [tʃɛ'əmən] *vt. & n.* فرنشین، رئیس، ریاست کردن، اداره کردن.

chal.ice [tʃǽlis] *n.* جام باده (درعشاء ربانی)، جام، پیاله، کاسه.

chalk [tʃɔ:k] (- **ed, - ing**) *n., vt. & vi.* [illegible] کردن، باگچ خط کشیدن، باگچ نشان کدادن.

chal.lenge [tʃǽlindʒ] (- **d, - ging**) *vt. & n.* ، بمبارزه طلبیدن رقابت کردن، اعتراض کردن‌به،ادعاکردن، متهم کردن، طلب حق، مطالبه، دعوت بجنگ.

cham.ber [tʃéimbə] *n., vt. & adj.* اتاق، تالار، اتاق خواب، خوابگاه، حجره ، خان (تفنگ) ، فشنگ خور یا خزانه (در شلول)، [در جمع] دفترکار، آپارتمان ، دراطاق قرار دادن، جا دادن.

C. of commerce. اتاق بازرگانی.

cham.ber.er, *n.* کلفت، معشوقه، پیشکار، فاسق.

cham.ber.lain [tʃéimbəlin] *n.* رئیس خلوت، پیشکار، ناظر، پرده‌دار، حاجب.

chambermaid, *n.* کلفت، خادمه، خدمتکار.

cha.me.leon [kəmí:liən] *n.* [ج.ش.] حرباء ، سوسمار کوچك ، آدم متلون‌المزاج و دمدمی.

cham.ois [ʃǽmwa:] (*pl.* **cha-mois & chamoix**) *n.* چرم بسیار نازك از پوست گوسفند وبز وگوزن، نوعی رنگ زرد، [ج.ش.] شوکا، بزکوهی.

champ [tʃœmp] *n. , vt. & vi.* میدان جنگ ، بیابان ، عمل جویـدن (اسب) ، نشخوار، مخفف champion، قهرمان، مزرعه، جویدن، باصدا جویدن، نشخوار کردن.

cham.pagne [ʃœmpéin] *n.* شامپانی ، نام مشروبی که در شامپانی فـرانسه تهیه میشود.

cham.paign, *n.* زمین مرتفع، دشت، جلگه، صحرا، وسیع، میدان جنگ.

cham.pi.on [tʃǽmpiən] *n., vt., &adj.* پهلوان، قهرمان، مبارز، دفاع کردن‌از، پشتیبانی کردن.

cham.pi.on.ship, *n.* پهلوانی، قهرمانی، مسابقه قهرمانی.

chance [tʃa:ns] (- **d, - cing**), *n., vt. & vi.* بخت، تصادف،شانس،فرصت، مجال، اتفاقی، اتفاق‌افتادن.

chan.cel.lor [tʃá:nsilə] *n.* صدراعظم، رئیس دانشگاه.

C. of the Exchequer. وزیر دارائی.

chan.cery [tʃá:nsəri] *n.* مقام یا وظیفهٔ صدارت عظمی ، [انگلیس] مقام وزارت دارائی، دفتر مهردار سلطنتی.

chancy, *adj.* تصادفی، اتفاقی.

chan.de.lier [ʃændəlíə] *n.* چلچراغ، شمعدان چند شاخه، لوستر.

chan.dler [tʃá:ndlə] *n.* شمع‌ساز، شمع فروش.

change [tʃeindʒ] (- **d, - ging**), *vt., vi. & n.* دگرگونی، تغییر، عوض کردن، تغییردادن ، معاوضه کـردن ، خرد کردن (پول) ، تغییر کردن ، عوض شدن.

change.able [tʃéin(d)ʒəbl] *adj.* تغییرپذیر، ناپایدار.

change.ful [tʃéinʒful] *adj.* جوربجور شونده، دگرگون شونده، نامعین.

change.less [tʃéinʒlis] *adj.* بی‌تغییر، ثابت، پایدار، تغییر ناپذیر.

change.ling [tʃéinʒliŋ] *n. & adj.* بچه‌ای کـه پریان بجای بچه‌ای کـه دزدیده‌اند میگذارند، [مج.] آدم دمدمی.

chang.er, *n.* عوض کننده، تغییر دهنده، [مج.] صراف.

chan.nel [tʃǽnəl] *vt.,vi.,adj.&n.* شیاردار کـردن ، دریا ، کندن (مجرا یا راه) ، [مج. درجمع] هرگونه نقل وانتقال چیزیا اندیشه [illegible]

chant [tʃa:nt] *n., vt. & vi.* آهنگ ساده وکشیده، مناجات، سرود، سرود یا آهنگ خواندن.

chant.er, *n.* خواننده، سراینده، سرودخوان کلیسا.

cha.os [kéiɔs] *n.* هرج ومرج، بی‌نظمی کامل، شلوغی، آشفتگی.

cha.ot.ic, *adj.* پر هرج‌ومرج، بی‌نظم.

chap [tʃœp] (*p. & pp.* **chapped, chapping**) *vi., vt. & n.* معامله کـردن ، انتخاب کـردن ، شکاف دادن ، ترکاندن ، خشکی زدن پوست ، زدن، مشتری ، مرد، جوانك، شکاف، ترك، فك.

chap.el [tʃǽpəl] *n.* کلیسای کوچك.

chaper.on, chaperone [ʃǽpəroun] (- **ed, - ing**) *vt., vi. & n.* شخصی که همراه خانمهای جوان میرود، نگهبان یاملازم خانمهای جوان، نگهبانی کردن ، همراه دختران‌جوان‌رفتن (برای‌حفاظت‌آنها)، اسکورت.

chap.fall.en, *adj.* دارای چانهٔ آویزان، ملول، دلخور.

chap.lain [tʃǽplin] *n.* دین‌یار، کشیشی که عبادتگاه ویژه دارد، قاضی عسکر.

chap.let [tʃǽplit] *n.* حلقهٔ گل که بگردن‌میآویزند، تسبیح‌یا گردن‌بند.

chap.ter [tʃǽptə] *n.* فصل [کتاب]، شعبه، قسمت، باب.

char [tʃa:] (- **red, - ring**) *n., vi. & vt.* تبدیل به زغال کردن، نیمسوز کردن، نیمسوز شدن، زغال، جسم زغال.

char.ac.ter [kǽriktə] (- **ed, - ing**) *n. & vi.* نهاد ، سیرت ، صفات ممتازه ، هرنـوع حروف نوشتنی وچاپی ، خط، رقم ، شخصیت‌های نمایش یا داستان، نوشتن، مجسم کردن، شخصیت.

char.ac.ter.is.tic [kæ̀rəktəristik] *adj. & n.* نشان ویژه، صفت ممیزه، مشخصات.

char.ac.ter.iza.tion, *n.* توصیف صفات اختصاصی، توصیف شخصیت.

char.ac.ter.ize [kǽrəktəraiz] (- **d, - zing**) *vt.&vi.* توصیف کردن، مشخص کردن، منقوش کردن.

char.coal [tʃá:koul] *n.* زغال‌چوب.

charge [tʃa:dʒ] (- **d, charging**), *n., vt., & vi.* تصدی، عهده‌داری، حمله، اتهام، هزینه، وزن، مسئولیت، گماشتن، عهده‌دار کـردن ، زیربار کشیدن ، متهم ساختن ، مطالبه (بها)، پر کردن [باطری و تفنگ]، موردحمایت.

He was charged for murder. او متهم به قتل شد.

In c. متصدی.

charge.able [tʃá:dʒəbl] *adj.* پرشدنی، اتهام‌پذیر، قابل بدهی یا پرداخت.

char.gé d'af.faires (*pl.* **char-gés d'af.faires**) [ʃáʒei dæfɛ'ə] *n.* کاردار، نایب سفارت، نایب وزیر مختار.

char.ger [tʃá:dʒə] *n.* اسب جنگی، دستگاه پرکردن باطری وهر چیز دیگر (مثل تفنگ).

char.i.ot [tʃǽriət] *n. & vi.* ارابه.

char.i.o.teer [tʃæ̀riətíə] *n.* ارابه‌ران، کالسکه‌چی، ممسك‌الاعنه.

cha.ris.ma, char.ism (*pl.*char**rismata, charisms**) *n.* عطیهٔ الهی، جذبه روحانی، گیرائی، گیرش، فره.

char.i.ta.ble [tʃǽritəbl] *adj.* دستگیر، سخی، مهربان، (مؤسسه) خیریه.

char.i.ty [tʃǽriti] *n.* دستگیری، صدقه، خیرات، نیکوکاری.

char.la.tan [ʃá:lətən] *n.* آدم حقه‌باز، شارلاتان، آدم زبان باز.

charm [tʃa:m] *n.* افسون، طلسم، فریبندگی، دلربائی، سحر.

charm (- **ed - ing**) *vt. & vi.* افسون کردن، مسحور کردن، فریفتن، شیفتن.

charm.er, *n.* جذاب، دلربا، افسونگر، فریبنده.

charming, *adj.* فریبنده، ملیح.

chart [tʃa:t] *n.* نقشه، نمودار، جدول (اطلاعات)، گرافیك ، ترسیم آماری ، برروی نقشه نشان دادن،کشیدن، طرح کردن، نگاره.

char.ter [tʃá:tə] (- **ed, - ing**), *n., vt. & vi.* فرمان، امتیاز، منشور، اجازه‌نامه، دربست کرایه دادن، پروانه دادن، امتیاز نامه صادر کردن.

chary [tʃɛ'əri] *adj.* عزیز، محبوب، بااحتیاط ودقیق، محتاط، کمرو.

chase, chace [tʃeis] (- **d, - sing**) *vt., vi. & n.* تعقیب کردن ، دنبال کردن ، شکار کردن ، وادار به فرار کردن، راندن واخراج کردن (با away و out و off)، تعقیب، مسابقه، شکار.

chas.er, *n.* دنبال کننده، [آمر.]مشروبی که بدرقهٔ نوشابه‌ای باشد، تعاقب کننده.

chasm [kǽzəm] *n.* شکاف ، وقفه ، [مج.] فرق بسیار ، پرتگاه عظیم.

chas.sis [ʃǽsi] (*pl.* **chas.sis**) *n.* شاسی اتومبیل، اسکلت، کالبد.

chaste [tʃeist] *adj.* عفیف، پاکدامن، خالص ومهذب.

chas.ten [tʃéisn] (- **ed - ing**), *vt.* تصفیه وتزکیه کردن.

chas.tise [tʃœstáiz] *vt.* تنبیه کردن، توبیخ وملامت کردن.

chas.tise.ment [tʃǽstizmənt] *n.* تنبیه، توبیخ ، سرزنش.

chas.ti.ty [tʃǽstiti] *n.* عفت وعصمت، پاکدامنی، نجابت.

chat [tʃœt] (-**ted,-ting**) *vi., vt. & n.* گپ‌زدن، دوستانه حرف‌زدن، سخن دوستانه ، درددل .

châ.teau [ʃǽtou] (*pl.* **châteaus, châteaux**) *n.* کاخ دورهٔ ملوك‌الطوایفی، دژ، قلعه، قصرییلاقی.

chat.tels, cattles [tʃǽtlz] *n.* اموال، عقار، احشام، خدمه وغلامان.

chat.ter [tʃǽtə] *vt., n. & vi.* تندتند حرف زدن ، تند وناشمرده سخن‌گفتن ، پیچ‌پیچ کردن، چهچه زدن (مثل بلبل).

chatterbox [tʃǽtəbɔks] *n.* آدم پرحرف ویاوه‌گو، آدم روده دراز.

chat.ter.er, *n.* وراج، چهچه زننده، پچ‌پچ کننده.

chauf.feur [ʃoufə':, ʃóufə] *n., vt. & vi.* رانندهٔ‌ماشین،شوفر،رانندگی‌کردن.

chau.vin.ism, *n.* تعصب دروطن‌پرستی، میهن‌پرستی افراطی، تعصب.

RITTER LIBRARY
BALDWIN-WALLACE COLLEGE

chau.vin.ist, *n.* میهن‌پرست متعصب.
cheap [*tʃi:p*] *n., adj. & adv.* ارزان، جنس پست، کم‌ارزش، پست.
cheapen [*tʃí:pn*] **(- ed, - ing),** *vi. & vt.* از قیمت کاستن ، ارزان شدن ، تحقیر کردن ، ناچیز شمردن.
cheat [*tʃi:t*] *vt., vi. & n.* آدم متقلب وفریبنده، فریب، گول، فریب‌دادن، خدعه کردن، گول زدن.
check [*tʃek*] **(- ed, - ing)** *vt., vi. & n.* جلوگیری کردن‌از، ممانعت کردن، سرزنش کردن ، رسیدگی کردن ، مقابله کردن ، تطبیق کردن، نشان‌گذاردن، چك بانك.
To c. figures. بررسی ومقابله اعداد.
His progress was checked. پیشرفت او متوقف شد.
checkbook, *n.* دفترچهٔ چك(بانك).
check.er [*tʃékə*] **(- ed, - ing),** *vt. & n.* شطرنجی، بشکل‌شطرنجی‌ساختن‌یاعلامت‌گذاردن، شطرنجی کردن ، نوعی‌بازی شبیه «جنگ نادر»، چکرز.
check.ers [*tʃékəz*] *n.pl.* بازی چکرز، جنگ نادر.
checking account, *n.* حساب جاری بانکی.
check.mate [*tʃékméit*] **(- d, - ting)** *vt. & n.* شهمات کردن، مات کردن، [مج.] شکست دادن.
checkup, *n.* بازرسی‌کلی،معاینهٔ‌عمومی.
ched.dar, *n.* نوعی پنیر.
cheek [*tʃi:k*] **(-ed, - ing)** *n. & vt.* گونه، لب .
cheek.i.ly [*tʃí:kili*] *adv.* باپرروئی، باگستاخی، بطور جسارت‌آمیز.
cheek.i.ness, *n.* گستاخی.
cheeky [*tʃí:ki*] *adj.* دارای گونه‌های برآمده، گستاخ.
cheep [*tʃi:p*] *n., vt. & vi.* جیرجیر، اشارهٔ مختصر، جیرجیر کردن ، اشارهٔ مختصر کردن به.
cheer [*tʃíə*] **(- ed, - ing)** *n., vt. & vi.* خوشی،فریاد وهلهلهٔ‌آفرین، هورا، دلخوشی دادن، تشویق کردن، هلهله کردن.
cheerful[*tʃíəfəl*] *adj.* بشاش،خوش‌روی.
cheer.io[*tʃíərióu*] *interj.* خداحافظ.
cheer.less [*tʃíəlis*] *adj.* غمگین ، افسرده.
cheer.y, *adj.* سرحال، بابشاشت.
cheese [*tʃi:z*] *n.* پنیر.
chee.tah, *n.* یوزپلنگ وحشی.
chef [*ʃef*] *n.* سرآشپز.
chem.i.cal [*kémikl*] *adj. & n.* شیمیائی، کیمیائی
chemical engineering, *n.* مهندسی شیمی.
chemical warfare, *n.* جنگ بوسیلهٔ گازهای شیمیائی.
chem.ist [*kémist*] *n.* شیمی‌دان، داروساز.
chem.is.try[*kémistri*]*n.* علم شیمی.
cheque=check [*tʃek*] حواله، برات، چك.
cheque-book, *n.* دفترچهٔ چك.
che.quered [*tʃékəd*] *adj.* شطرنجی، پیچازی، [مج.] دارای تحولات.
cherish [*tʃériʃ*] **(-ed, -ing),** *vt.* گرامی داشتن، تسلی دادن.
cher.ry, *n.* گیلاس.
cher.ub [*tʃérəb*] (*pl.* **- s, cherubim**) *n.* کروب [کروبیان]، فرشتکان آسمانی بصورت بچهٔ بالدار ، [مج.] بچهٔ قشنگ.

chess [*tʃes*] *n.* شطرنج.
chess.board, *n.* تختهٔ شطرنج.
chest [*tʃest*] *n.* صندوق، یخدان، جعبه، تابوت، خزانه‌داری، قفسهٔ سینه.
chest.nut [*ʃés(t)nət*] *n. & adj.* شاه بلوط ، بلوط ، رنگ شاه بلوطی.
chew [*tʃu:*] **(- ed, - ing)** *vi., vt. & n.* جویدن، خاییدن، تفکر کردن.
chewing gum, *n.* آدامس، سقز.
chia.ro.scu.ro, *n.* نقاشی سیاه‌قلم، نوعی نقاشی که فقط‌باسایه روشن وبدون رنگ‌آمیزی انجام میشود.
chic, *adj. & n.,* شیك، مد، باب روز، زیبا.
chi.ca.nery, *n.* حیله بازی، ضد ونقیض‌گوئی، مغالطه.
chick [*tʃik*] *n.* جوجه، بچه، نوزاد.
chick.en [*tʃíkin*] *n., adj. & vi.* جوجه مرغ ، پرندهٔ کوچك ، بچه، مرد جوان ، ناآزموده، [ز.ع.] ترسو، کمرو.
chickenhearted, *adj.* ترسو، بزدل، کمرو.
chicken pox [*tʃíkinpɔks*] *n.* [طب] آبله مرغان.
chickpea, *n.* نخود، خلر.
chic.o.ry, *n.* کاسنی دشتی، کاسنی تلخ.
chide [*tʃaid*] **(chid, chidden, chided, chiding),** *vt. & vi.* سرزنش کردن، گله کردن از، غرغر کردن.
chief [*tʃi:f*] *adv., adj. & n.* رئیس، سر، پیشرو، قائد،سالار، فرمانده، عمده، مهم.
chief justice, *n.* [ز.ع.] رئیس‌دادگاه، قاضی‌اعظم، قاضی‌القضات.
chief.ly, *adv.* مخصوصاً، بطورعمده.
chief of staff, *n.* رئیس ستاد.
chief.tain [*tʃí:ftin*] *n.* سالار، سردسته، رئیس قبیله.
chif.fon [*ʃífɔ, ʃifɔ́n*] *adj. & n.* تور نازك، نوعی پارچهٔ ابریشمی، نوعی کیك.
chig.ger, *n.* نوعی حشره شبیه‌کنه
chil.blain [*tʃílblein*] *n.* [طب] سرمازدگی.
child [*tʃaild*] (*pl.* **children**) *n.* بچه، کودك، طفل، فرزند.
With c. باردار، حامله، آبستن.
childbed, *n.* بستر زایمان.
childbirth [*tʃáildbə : θ*] *n.* وضع حمل، زایمان.
child.hood [*tʃáildhud*] *n.* بچگی، طفولیت، کودکی، خردی.
child.ish [*tʃáildiʃ*] *adj.* بچگانه ، ناپسند، لوس.
childlike [*tʃáildlaik*] *adj.* بچگانه، ساده وبی‌آلایش، کودك مانند.
chili, chile, chil.li [*tʃíli*] (*pl.* **chilies, chiles, chillies**) *n.* دارفلفل، برباس ، گرد فلفل، خوراك لوبیای پرادویه.
chill [*tʃil*] **(- ed, - ing)** *adj., n., vt. & vi.* سردکردن، خنك شدن، سرما، خنکی، چایمان، مایهٔ دلسردی، ناامید، مأیوس.
chilled, chilly, *adj.* سرد، خنك.
chime [*tʃaim*] *n., vt. & vi.* [مو.] سنج ، ترتیب زنگهای موسیقی ، ساز یا موسیقی زنگی، صدای سنج ایجادکردن، ناقوس را بصدا درآوردن.
chi.me.ra [*kimíərə, kai-*] **chimae.ra,** *n.* [افسانه] جانوری که سرشیر و بدن ببر ودم مار داشته است ، [مج.] خیال واهی.
chim.ney [*tʃímni*] *n.* دودکش، بخاری،کوره، نك.
chim.pan.zee, [*tʃìmpənzí:*] *n.* [ج.ش.] میمون آدم‌وار، شمپانزه.
chin [*tʃin*] **(- ned, - ning)** *n., vt. & vi.* چانه، زنخدان، زیر چانه نگهداشتن (ویولون).
Chi.na, *n.* کشورچین، چینی، ظروف‌چینی.
chinaware=china, *n.* ظروف چینی.
chine (- d, - ning) *n. & vt.* مهرهٔ استخوان پشت جانوران ، گوشت مازه ، [ز.ع. ـ انگلیس] درهٔ تنگ وباریك ، شکاف ، درز ، شیار آبی که در اثر حرکت کشتی ایجاد می‌شود، پشت کسی را شکستن، دندانه‌دار کردن.
Chi.nese [*tʃainí:z*] *adj. & n.* چینی، چینی‌ها [درجمع ومفرد] ، زبان چینی.
chink [*tʃiŋk*] **(- ed, - ing)** *n., vt. & vi.* شکاف،رخنه، شکافتن، درزپیدا کردن،درزگرفتن، صدای بهم‌خوردن فلز، جرنگ جرنگ.
chintz [*tʃints*] *n.* چیت گلدار.
chip [*tʃip*] **(- ped, - ping)** *n., vt. & vi.* ژتن ، ریزه ، تراشه ، مهره‌ای‌که دربازی نشان بردوباخت است، ژتون، ورقه شدن، رنده کردن، (بصورت جمع) سیب‌زمینی سرخ کرده.
chip.munk, *n.* موش خرمای زمینی، سنجاب راه‌راه.
chi.ro.man.cer, *n.* کف بین.
chi.ro.man.cy, *n.* پیش گوئی وغیب گوئی بادیدن خطوط کف دست.
chi.ro.prac.tic, *n.* فن ماساژ وجابجا کردن ستون فقرات.
chirp [*tʃə:p*]**(-ed,-ing)***n.,vt.&vi.* جیك‌جیك، جیرجیر، زقزق کردن.
chir.rup [*tʃírəp*] *n. & vi.* جیك‌جیك پی‌درپی، چهچه، جیك‌جیك کردن.
chis.el [*tʃízl*], *n., vt. &vi.* اسکنه ، قلم درز ، با اسکنه تراشیدن.
chit.chat, *n. & vi.* گفتگو، صحبت کوتاه، گپ.
chiv.al.rous [*ʃívəlrəs*] **chivalric,** *adj.* دلیرانه، جوانمرد، بلند همت.
chiv.al.ry [*ʃívəlri*] *n.* سلحشوری، دلیری، جوانمردی، فتوت، تعارف.
chive, *n.* پیازچه ، پیاز کوهی ، موسیر اسپانیا.
chlo.ri.nate (- d, - ting) *vt.* آغشته کردن‌باکلر، باکلر ترکیب شدن.
chlo.rine [*klɔ́:ri:n*] *n.* [ش.]کلرین.
chlo.ro.form [*klɔ́rəfɔ:m*] *n. & vt.* کلروفورم.
chlo.ro.phyll=chlo.ro.phyl [*klɔ́rəfil*] *n.* مادهٔ سبزگیاهی، سبزینه، کلروفیل.
chock[*tʃɔk*] **(-ed,-ing)** *n.,vt.,vi. & adv.* گوه [goveh]، تکه‌چوبی که چرخ‌یا چلیکی را ازغلتیدن بازمیدارد، ازحرکت باز داشتن،[باچوب]محکم کردن،محکم، سفت، کیپ.
chock-full, *adj.* پرشده، کیپ، گرفته، لبالب، مالامال.
choc.o.late [*tʃɔ́kəlit*] *n. & adj.* شوکولات،شوکولاتی،کاکائو.
choice [*tʃɔis*] **(-er,-est)** *adj. & n.* انتخاب، چیز نخبه، برگزیده، منتخب.
c. words. کلمات گزیده.
I have no c. but.... چاره‌ای‌ندارم جزاینکه....
choir [*kwáiə*] **(- ed,- ing)** *n., vt., vi. & adj.* دستهٔ سرایندگان، کر، بصورت دسته جمعی سرود خواندن.

choke [*tʃouk*] **(-d, - ing)** *n., vt. & vi.* خفه کردن، بستن، مسدود کردن، انسداد، اختناق، دریچه ، ساسات (ماشین).
chol.er [*kɔ́lə*] *n.* خشم، تندی، صفراوی، صفرا.
chol.era [*kɔ́lərə*] *n.* وبا.
chol.e.ric, *adj.* سودائی‌مزاج، عصبانی.
choose [*tʃu:z*] **(chose, chosen, choos.ing)** *n., vi. & vt.* گزیدن، انتخاب کردن، خواستن.
chop [*tʃɔp*] **(chopped, chopping)** *n., vt. & vi.* ریزریز کردن، بریدن، جداکردن، شکستن.
chop.per, *n.* ساطور، تبر، هلی‌کوپتر.
chop.py [*tʃɔ́pi*] *adj.* پرشکاف، (درمورد دریا) اندکی متلاطم ، [مج.] متغیر ودستخوش تغییر وتبدیل.
chop.sticks [*tʃɔ́pstiks*] *n.* میله‌های عاج یا چوبی که چینی‌ها برای خوردن برنج ازآن استفاده میکنند.
cho.ral [*kɔ́:rəl*] *adj.* وابسته بدستهٔ سرود خوانان، وابسته به آواز دسته جمعی.
chord [*kɔ:d*] *n., vi. & vt.* عصب، ریسمان، [هن.] وتر، قوس، زه، تار.
chore [*tʃɔ:*] *n., vt.&vi.* کارهای‌عادی‌و روزمره، کار مشکل،کارسخت و طاقت‌فرسا.
cho.re.og.ra.phy, *n.* رقص‌آرائی، هنر رقص، رقص مخصوصاً در تئاتر وغیره.
cho.ris.ter [*kɔ́ristə*] *n.* آوازه خوان جزو دستهٔ خوانندگان.
chor.tle (- d, chortling) *n., vi. & vt.* صدای خورخور یا خنده، سرود وتسبیح خواندن ، مناجات کردن ، صدای خرخر کردن، صدای خرناس کردن، خندیدن.
cho.rus [*kɔ́:rəs*] **(- ed, - ing),** *n., vt. & vi.* دستهٔ خوانندگان، نغمه سرایان هم‌آهنگ.
cho.sen [*tʃóuzn*] *adj. & pp.* برگزیده ، منتخب.
chow, *n.* [ز.ع.]غذا، خوراکی، سگ‌خپله.
Christ [*kraist*] *n.* مسیح، عیسی.
chris.ten[*krísn*]**(-ed,-ing)** *vt.& vi.* نام‌گذاری کردن(هنگام‌تعمید)،تعمیددادن.
Chris.ten.dom [*krísəndom*] *n.* مسیحیت، عالم مسیحیت، جامعهٔ مسیحیت.
chris.ten.ing [*krísniŋ*] *n.* مراسم تعمید ونامگذاری بچه.
Chris.tian [*krístʃən, krístjən*], *adj. & n.* مسیحی.
Chris.tian.i.ty [*krìstiǽniti*] *n.* مسیحیت، دین مسیحی.
Chris.tian.iza.tion, *n.* عیسوی سازی، گرایش به مسیحیت.
Chris.tian.ize (-ed,-zing) *vt. & vi.* مسیحی کردن، عیسوی کردن.
christian name, *n.* نام اول‌شخص.
Christ.like [*kraistlaik*] *adj.* مسیح‌وار.
Christ.ly [*kraistli*] *adj.* مسیح‌وار، شایستهٔ مسیح، مربوط به مسیح.
Christ.mas [*krísməs*] *vi. & n.* عید میلاد مسیح، عید نوئل.
chro.ma.tog.ra.phy, *n.* رنگ نگاری، جداکردن عناصر رنگی ازهم.
chrome [*kroum*] *vt., vi. & n.* رنگ دانهٔ کرومیوم،رنگ‌زردفرنگی، آب‌ورشو.
chro.mo.phil, chro.mato.phil, *adj. & n.* رنگ پذیر، بآسانی رنگ شونده، رنگ دوست.

chro.mo.some, *n.*
[تش.] کروموسوم، رنگین تن.
chron.ic [*krɔ́nik*] *adj. & n.*
دیرینه، مزمن، سخت، شدید.
chron.i.cle [*krɔ́nikl*] *vt. & n.*
شرح وقایع بترتیب تاریخ، تاریخچه.
chron.o.gram, *n.*
مادهٔ تاریخ، نشان دادن سنوات تاریخی.
chron.o.graph, *n.*
گاه سنج، آلت سنجش فواصل زمانی.
chron.o.log.ic, chron.o.log.i-cal [*krɔnəlɔ́dʒikl*] *adj.* بترتیب
تاریخی، دارای تسلسل تاریخی، دارای ربط زمانی.
chro.nol.o.gy [*krənɔ́lədʒi*] *n.*
علم ترتیب تاریخ ، علم تاریخ ، تاریخ شماری ،
جدول یا شرح وقایع یا تاریخهای وابسته‌بآنها.
chro.nom.e.ter [*krənɔ́mitə*] *n.*
زمان‌سنج، گاه شمار، کرونومتر.
chro.nom.e.try, *n.* گاه‌شماری.
chrys.a.lis [*krísəlis*] (*pl.* **chry-sal.i.des, chrysalises**)=**chry-salid,***n.* شفیرهٔ حشرات، جوانه، شکوفه، جنین.
chry.san.the.mum [*krisǽnθi-məm*] *n.* گل داودی، مینای طلائی.
chub.by [*tʃʌ́bi*] *adj.*
خپله، چاق، گوشتالو، پهن رخسار.
chuck [*tʃʌk*] (**-ed, -ing**) *n. & vt.*
گیره‌ای که معتدرا درماشین نگه میدارد، مرغک،
عزیزم، جانم،[ز.ع.ـ انگلیس] جوجهٔ مرغ، تکان،
صدائی که برای راندن حیوان بکار میرود.
chuck.le [*tʃʌ́kl*] *vi. & n.*
بادهان بسته خندیدن، پیش خود خندیدن.
chug [*tʃʌg*] (**- ged, - ging**),
n. & vi. صدای لوکوموتیو،
صدای انفجاری که گاهی از ماشین شنیده میشود.
chum [*tʃʌm*] (**- med, - ming**),
n., vt. & vi. هم اطاق ، دوست ، صمیمی ،
رفیق بودن، باهم زندگی کردن.
chum.my [*tʃʌ́mi*] *adj.*
صمیمی، خوش مشرب، یار.
chump, *n.* کنده، تکهٔ بزرگ.
chunk [*tʃʌŋk*] *n.*
تکهٔ بزرگ یا کلفت و کوتاه [درمورد سنگ و
یخ وچوب]، [مج.] کنده، مقدار قابل‌توجه.
church [*tʃə:tʃ*] *n., vt. & adj.*
کلیسا، کلیسائی، درکلیسامراسم‌مذهبی بجاآوردن.
churchman, *n.*
کشیش، نگهبان کلیسا، عضو کلیسا.
church.yard [*tʃə́:tjà:d*] *n.*
حصار کلیسا، حیاط کلیسا.
churl, *n.*
دهاتی، آدم خشن وزمخت، بی‌تربیت، روستائی.
churl.ish [*tʃə́:liʃ*] *adj.* خشن، زمخت.
churn [*tʃə:n*] (**- ed, - ing**) *n., vi. & vt.*
بوسیلهٔ اسباب گردنده [مثل چرخ] جلو رفتن ،
بافعالیت‌فکری چیزی بوجودآوردن، کره‌سازی،
دائماً وشدیداً چیزی را تکان دادن و بهم زدن.
chute [*ʃu:t*] *n.*
شیب تند رودخانه ، ناودان یا مجرای سرازیر،
مخفف‌کلمهٔ پاراشوت، [مج.]سقوط، انحطاط، زوال.
ci.ca.da [*sikéidə*] *n.*
زنجره وجیرجیرك دشتی.
ci.ca.trix (*pl.* **cicatrices**) *n.*
جای زخم، اثر زخم، داغ، نشان.
cic.a.trize (**- d, - zing**) *vt.& vi.*
گوشت نو بالاآوردن، جای زخم باقی‌گذاردن.
ci.der [*sáidə*] *n.*
شراب سیب، شربت سیب، آب سیب.

ci.gar [*sigá:*] *n.* سیگار، سیگاربرگ.
cig.a.rette=cig.a.ret [*sìgərét*] *n.* سیگارت، سیگار.
cil.i.ary, *adj.* مژگانی، موئی، مودار.
cil.i.um (*pl.* **cilia**) *n.*
مژه، تاژك، مویچه، پر.
ci.mex (*pl.* **cim.i.ces**) *n.*
[ج.ش.] ساس، سرخك، خانوادهٔ ساس وسرخك.
cin.der [*síndə*] *n. & vt.*
زغال نیم‌سوز، خاکستر، خاکستر کردن.
cin.e.ma [*sínəmə*] *n.* سینما.
[illegible]
cin.e.mat.o.graph [*sinimǽtə-gra:f*] *n.*
آپارات فیلم، دوربین فیلمبرداری، سینما.
cin.e.ma.tog.ra.phy, *n.*
هنر فیلمبرداری.
cin.na.mon [*sínəmən*] *n.*
[گ.ش.] دارچین، رنگ زردسبز.
ci.pher [*sáifə*] *n., vi. & vt.*
عدد صفر، رمز ، حروف یا مهر رمزی ، حساب
کردن [بارقام]، صفرگذاردن، برمز در آوردن.
cir.ca [*sə́ka*] *prep.*
درحدود، دراطراف، تقریباً.
cir.cle [*sə́:kl*] *n., vt. & vi.*
دایره، محیط دایره، محفل، حوزه، قلمرو، دور
زدن ، مدور ساختن ، دور [چیزی را] گرفتن ،
احاطه کردن.
cir.clet [*sə́:klit*] *n.,*
دایرهٔ کوچك ، حلقهٔ زر یا گوهر ، انگشتری .
cir.cuit [*sə́:kit*] *n., vi. & vt.*
[حق.]حوزهٔ قضائی یك‌قاضی، دور، دوره، گردش،
جریان، حوزه، مدار، اتحادیه، کنفرانس، دور
چیزی گشتن، درمداری سفر کردن، احاطه کردن.
Short c. اتصالی کردن (سیم برق).
cir.cu.lar [*sə́.kjulə*] *adj. & n.*
مدور، مستدیر، دایره‌وار، بخشنامه.
cir.cu.lar.ize (**-d, - zing**) *vt.*
بخشنامه صادر کردن، پرسش‌نامه فرستادن.
cir.cu.late[*sə́:kjuleit*](**-d,- ing**),
vi. & vt.
بخشنامه کردن، بدور مجور گشتن، منتشر شدن.
cir.cu.la.tion [*sə́:kjuléiʃən*] *n.*
گردش، دوران، انتشار، جریان ، دوران خون،
رواج، پول رایج، تیراژ(روزنامه‌یامجله).
cir.cum.ambulate, *vt. & vi.*
دور چیزی گردیدن، بدور چیزی گشتن.
cir.cum.cise, *vt.* ختنه کردن.
cir.cum.ci.sion, *n.* ختنه.
cir.cum.fer.ence [*sə:kʌ́mfərəns*] *n.* محیط، محیط دایره، پیرامون.
cir.cum.flu.ent, *adj.*
جاری شونده دراطراف، احاطه‌کننده.
cir.cum.lo.cu.tion [*sə́:kəmlou-kjú,ʃən*] *n.*
طول و تفصیل درکلام، بیان غیرمستقیم.
cir.cum.lunar, *adj.* دراطراف ماه.
cir.cum.navigate [*sə́:kəmnǽ-vigeit*] *vt.* دور تادور گیتی یااقلیمی کشتی
رانی کردن، زمین‌را دورزدن، پیرامون‌پیمودن.
cir.cum.scribe [*sə:kəmskràib*], *vt.* نوشتن در دور، محدود ومشخص کردن،
تعریف کردن.
cir.cum.scrip.tion [*sə́:kəmsk-rípʃən*] *n.* تعریف، محدودیت،
انحصار، فضا یا محیط محدود ومشخص شده.
cir.cum.spect [*sə́:kəmspekt*] *adj.*
بااحتیاط، ملاحظه‌کار، مآل‌اندیش، باتدبیر.
cir.cum.spec.tion, *n.* احتیاط.

cir.cum.stance [*sə́:kəmstəns*] *n.*
چگونگی، شرح، تفصیل، رویداد، امر، پیشآمد،
[درجمع] شرایط محیط، اهمیت.
cir.cum stan.tial [*sə́:kəmstǽ-nʃəl*] *adj.* تصادفی، مربوط به موقعیت.
circumstantial evidence, *n.*
[حق.] اماره، امارهٔ اتفاقی.
cir.cum.stan.ti.ate (**-d, -ting**), *vt.*
[حق.] امارات لازمه را تهیه‌کردن، قرائن و
امارات را بدست‌آوردن، وارد جزئیات شدن.
cir.cum.vent [*sə́:kəmvént*] (**-ed, - ing**) *vt.*
با حیله پیشدستی کردن، گیر انداختن.
cir.cus [*sə́:kəs*] *n.* سیرك، چالگاه.
cir.rate, *adj.*
[ج.ش.]مضرس،دارای‌زائده وضمیمه،دندانه‌دار.
cis.tern [*sístən*] *n.*
آب‌انبار، مخزن‌آب، قدح بزرگ مسی، منبع.
cit.able, *adj.* قابل نقل‌قول، قابل‌ذکر.
cit.a.del [*sítədl*] *n.*
ارك، دژ، قلعه نظامی، سنگر.
ci.ta.tion [*saitéiʃən*] *n.*
ذکر، نقل‌قول، [حق.] احضار، احضاربه‌بازپرسی،
[نظ.] تقدیر از خدمات، تقدیر رسمی.
cite [*sait*] (**- d, - ting**) *vt.*
ذکر کردن، اتخاذ سند کردن، گفتن.
cit.i.zen[*sítizn*] *n.*
تابع، رعیت، تبعهٔ یك کشور، شهروند.
cit.i.zen.ry, cit.i.zen.ship [*sít-izənʃip*] *n.* ساکنین، مردم، تبعیت.
cit.ron [*sítrən*] *n.* لیمو.
cit.rus [*sítrəs*] (*pl.* **citrus, cit-ruses**) *n.*
[گ.ش.] مرکبات، خانوادهٔ مرکبات.
cit.tern, cith.ern, cith.ren, *n.*
[مو.] گیتار، سه‌تار.
city [*síti*] *n.* شهر.
city slicker, *n.* شهری، زرنگ، رند.
civ.ic [*sívik*] *adj.*
شهری، کشوری، اجتماعی، مدنی.
civ.ics, *n.pl.* علوم مدنی، تعلیمات مدنی.
civ.il [*sív(i)l*] *adj.* غیرنظامی، مدنی.
civil engineer, *n.*
مهندس راه وساختمان.
ci.vil.ian [*sivíljən*] *adj. & n.*
شخص غیرنظامی، غیرنظامی.
ci.vil.i.ty [*siviliti*] *n.*
نزاکت، نجابت ورفتار خوب، تربیت.
civ.i.liz.able, *adj.* تمدن‌پذیر.
civ.i.liza.tion[*sìvil(a)izéiʃən*]*n.*
تمدن، مدنیت، انسانیت.
civ.i.lize [*sívilaiz*] (**- d, - zing**), *vt. & vi.* متمدن کردن، متمدن شدن.
civil rights, *n.pl.*
حقوق وامتیازات مدنی (اشخاص).
civil servant, *n.*
مستخدم کشوری، مستخدم دولتی.
civil war, *n.* جنگ داخلی.
clack [*klœk*] (**- ed, - ing**) *n., vt. & vi.*
صدای بهم‌خوردن دوتخته یا چیز دیگر، تق‌تق.
clad [*klœd*] (**clad, clad.ding**), *adj. & vt.*
[بازگشت شود به clothe] ملبس، مزین.
claim [*kleim*] (**- ed, - ing**),
n., vt. & vi. ادعا، دعوی، مطالبه، ادعا کردن.
claim.ant, *n.* مدعی، مطالبه کننده.
clair.voy.ance, *n.*
روشن بینی ، بصیرت.

clair.voy.ant,*adj.* روشن‌بین، نهان‌بین.
clam [*klœm*] (**- med, - ming**),
n. & vi. حلزون دوکپه‌ای یا صدف خوراکی
از جنس Pecten ، گـوشت صدف ، بچنگال
گرفتن ، محکم‌گرفتن.
clamber [*klœ́mbə*](**-ed, - ing**), *n., vt. & vi.*
بادست ویا بالارفتن، بسختی بالارفتن.
clam.my [*klœ́mi*] *adj.*
تر وچسبناك، سردومرطوب، آهسته‌رو، بی‌حرارت.
clam.or, clam.our [*klœ́mə*]
(**- ed, - ing**) *n., vi. & vt.* سروصدا،
غوغا، غریوکشیدن، مصرانه تقاضا کردن.
clam.or.ous [*klœ́mərəs*] *adj.*
جیغ ودادکن، پر سروصدا، مصر.
clamp [*klœmp*]*n., vt. & vi.*
بند، گیره، انبرك، باگیره
نگاهداشتن، باقید ومنگنه
محکم بستن.
CLAMP
clan [*klœn*] (**- ned, - ning**) *n. & vi.*
خاندان، خانواده، طایفه، قبیله، دسته.
clan.des.tine [*klœndéstin*] *adj.*
مخفی، غیرمشروع، زیر جلی.
clang [*klœg*] *n., vt. & vi.*
صدای جرنگ جرنگ ، صدای شیپور ، صدای
بهم‌خوردن اسلحه، صداکردن.
clan.gor, clan.gour[*klœ́ŋgə*], *vi. & n.* جرنگ جرنگ، طنین ناقوسها.
clank [*klœŋk*] (**- ed, - ing**) *n., vt. & vi.*
چکاچاك [صدای زنجیر]، چکاچاك کردن.
clan.nish [*klœ́niʃ*] *adj.*
دارای تعصب قبیله‌ای، پیوستگی ایلی.
clans.man [*klœ́nzmən*] *n.*
عضو خانواده، عضو قبیله یا طایفه.
clap [*klœp*] (**-ped, - clapt, - ping**) *n., vt. & vi.* کف زدن،
صدای دست زدن، ترق تراق، صدای ناگهانی.
clar.et [*klœ́rət*] *n.*
نوعی شراب قرمز، رنگ قرمز مایل بارغوانی.
clar.i.fi.ca.tion, *n.* روشنی، وضوح.
clar.i.fy [*klœ́rifai*] (**- ied, clarifying**) *vt. & vi.*
روشن کردن، واضح کردن، توضیح دادن.
clar.i.net=clar.i.o.net [*klœ̀r-iənét, klœ́rinet*] *n.*
[مو.] قره‌نی، کلارینت.
clar.i.on [*klœ́riən*] *adj. & n.*
شیپورتیز، شیپور.
clar.i.ty [*klœ́riti*] *n.*
وضوح، روشنی، نظم و ترتیب، تمیزی.
clash [*klœʃ*] (**- ed, - ing**) *n., vt. & vi.* برخورد، تصادم، تصادم‌شدیدکردن.
clasp [*kla:sp*] (**- ed, claspt, - ing**) *n., vi. & vt.* گیره قزن قفلی،
جفت چپراست، قلاب، درآغوش گرفتن، بستن.
class [*kla:s*] (**-ed, -ing**) *n. & vt.*
کلاس ، دسته ، طبقه ، زمـره ، جور ، نـوع ،
طبقه بندی کردن، رده.
clas.sic [*klœ́sik*] *adj. & n.*
مطابق بهترین نمونه ، ادبیات باستانی یونان و
روم، باستانی، مربوط به نویسندگان قدیم لاتین
و یونان.
clas.si.cal [*klœ́sikl*] *adj.*
وابسته به ادبیات باستانی [یونان وروم] ، پیرو
سبکهای باستانی.
clas.si.cism, *n.* سبك باستانی [در

ادبیات و هنر]، پیروی از سبکهای یونان وروم.

clas.si.fi.ca.tion *[klæsifikéiʃən]*, *n.* عمل دسته‌بندی، طبقه‌بندی، رده‌بندی.

clas.si.fy *[klǽsifai]* (**-ied, classifying**) *vt.* دسته‌بندی کردن، طبقه‌بندی کردن.

classmate *[klá:smeit]* *n.* همکلاس.

classroom *[klá:srum]* *n.* کلاس‌درس.

clat.ter *[klǽtə]* (**-ed, -ing**), *n., vt. & vi.* جغجغ یا تلق‌تلق کردن،صدای بهم خوردن اشیائی مثل بشقاب.

clause *[klɔ:z]* *n.* شرط، ماده،عهد،بند، جزء، قضیه، جزئی‌ازجمله.

claus.tro.pho.bia, *n.* تنگناترس، [طب] مرض ترس از فضای تنگ ومحصور.

cla.ver, *vi. & n.* گفتاربیهوده، وراجی، پشت سر کسی بچ‌بچ کردن، وراجی کردن.

clav.i.cle, *n.* [تش.] ترقوه، چنبر.

claw *[klɔ:]* (**-ed, -ing**) *n., vt. & vi.* پنجه، سرپنجهٔ جانوران، ناخن، چنگال، پنجه‌ای شکل، چنگ زدن.

clay *[klei]* *n.* خاك رس، رس، گل، خاك کوزه گری، سفال.

clay.ey *[kléii]* *adj.* گلی، رستی.

clean *[kli:n]* (**-er, -est**) *adj., vi., vt. & n.* پاك، پاکیزه، تمیز، نظیف، طاهر، عفیف، تمیز کردن، پاك کردن، درست کردن.

clean-cut, *adj.* روشن، صریح، مشخص، واضح.

cleanse *[klenz]* (**-d, -sing**), *vt. & vi.* پاك کردن، تمیز کردن (بمعانی clean مراجعه شود)، تطهیر کردن، تبرئه کردن.

cleans.er, *n.* وسیله یا ماده تمیز کننده.

clear *[kliə]* (**-er, -est**) *adj., adv. & n.* آشکار،زلال، صاف، صریح، واضح.

clear *[kliə]* (**-ed, -ing**) *vt. & vi.* روشن کردن، واضح کردن، توضیح دادن، صاف کردن، تبرئه کردن، فهماندن.

clear.ance *[klíərəns]* *n.* برداشتن مانع، گواهینامه یا کاغذ دال بر پاکی وبی‌عیبی، ترخیص کالا ازگمرك.

clear-cut, *adj.* روشن، صریح.

clear.ing *[klíəriŋ]* *n.* نقل‌وانتقال بانکی، تسویه، تسطیح، مکان‌مسطح.

clearinghouse, *n.* سازمانی که چکهای بانکهای مختلف را در آن مبادله میکنند، مؤسسهٔ تهاتری لندن، انبار.

clear-sight.ed, *adj.* بصیر،روشن‌بین.

cleat (**-ed, -ing**) *vt. & n.* میخ ته‌کفشهای ورزشی، گوه، گیره، باگوه و گیره محکم کردن.

cleav.age *[klí:vidʒ]* *n.* رخ، عمل شکافتن، ورقه ورقه شدگی، شکافتگی، تقسیم.

cleave *[kli:v]* (**-d, cleft, cloven, clove, -ving**) *vt. & vi.* شکافتن، جداکردن،شکستن، ورآمدن، چسبیدن، پیوستن، تقسیم شدن، شکافتن سلول.

cleav.er *[klí:və]* *n.* ساطور، شکافنده.

clef *[klef]* *n.* [مو.] کلید، مفتاح.

cleft, clift *[kleft]* (*pp. & p. of* **cleave**) *adj. & n.* شکاف، ترك، چنگال، شکافدار، ترك خورده.

clem.en.cy *[klémənsi]* *n.* بخشایندگی، رحم، اعتدال عناصر.

clem.ent *[klémənt]* *adj.* بخشاینده، رئوف،رحیم، مهربان، رحمان،ملایم.

clench *[klen(t)ʃ]* (**-ed, -ing**), *n., vt. & vi.* پرچ کردن، گره کردن.

cler.gy *[klə':dʒi]* *n.* مرد روحانی،کاتوزی، روحانیون، دین‌یار.

cler.gy.man, *n.* کشیش، روحانی.

cler.ic, *n.* کشیش.

cler.i.cal *[klérikl]* *adj. & n.* دفتری، وابسته به روحانیون.

clerk *[kla:k, (U.S.A.) klə:k]* (**-ed, -ing**) *n., vt. & vi.* منشی، دفتردار، کارمند دفتری، فروشندهٔ مغازه.

clev.er *[klévə]* *adj.* زرنگ، زیرك، باهوش، بااستعداد، چابك.

clew, clue *[klu:]* (**-d, -wing**), *n. & vt.* گلوله کردن، بشکل کلاف یاگلولهٔ نخ درآمدن، گلولهٔ نخ، گره، گوی.

cli.ché, *adj. & n.* کلمهٔ مبتذل.

click *[klik]* (**-ed, -ing**) *vi., vt. & n.* تیك، صدای مختصر، صدای حاصله از خوردن سم اسب بزمین، صدا کردن.

cli.ent *[kláiənt]* *n.* موکل، مشتری، ارباب رجوع.

cli.en.tele, *n.* ارباب رجوع، مشتریان، پیروان، موکلین.

cliff *[klif]* *n. & vt.* تخته‌سنگ، صخره.

cliff-hanger, *n.* مطلب یاداستان‌جالب.

cli.mac.ter.ic, *adj. & n.* بحرانی، دوران یائسگی زن.

cli.mac.tic, *adj.* اوجی، باوج رسیده.

cli.mate *[kláimit]* *n.* آب وهوا.

cli.mat.ic, *adj.* مربوط به‌آب و هوا.

cli.ma.to.log.i.cal, *adj.* مربوط به آب وهوا شناسی.

cli.ma.tol.o.gy, *n.* آب وهوا شناسی، اقلیم شناسی.

cli.max *[kláimæks]* (**-ed, -ing**), *n., vt. & vi.* اوج، رأس، قله، منتها درجه، باوج رسیدن.

climb *[klaim]* (**-ed, -ing**) *n., vi. & vt.* بالارفتن،صعودکردن،ترقی کردن.

climb.er *[kláimə]* *n.* بالارونده، گیاه نیلوفری یا بالارو.

A mountain c. کوه‌نورد.

clime *[klaim]* *n.* سرزمین، آب وهوا.

clinch *[klin(t)ʃ]* (**-ed, -ing**), *n., vt. & vi.* پرچ محکم کردن، ثابت کردن،پرچ کردن،قاطع‌ساختن، گره، پرچ‌بودن(مثل‌سرمیخ).

cling *[kliŋ]* (**clung, cling.ing**), *n., vi. & vt.* صدای‌جرنگ(مثل‌صدای‌افتادن پول‌خرد) چسبیدن، پیوستن، [مج.]وفادار بودن.

clin.ic, -al *[klínik]* *adj. & n.* درمانگاه، بالین، مطب. بیمارستان.

clink *[kliŋk]* (**-ed, -ing**) *n., vi. & vt.* جلنگ‌جلنگ‌صداکردن، بصدادرآوردن [شیشه].

clin.ker (**-ed, -ing**) *n., vt. & vi.* آجر لعابی، آجر کاشی ؛ تفالهٔ شیشه در کورهٔ قالگری، پوستهٔ آهن.

clip *[klip]* (**-ped, -ping**) *n., vt. & vi* برش، موزنی، پشم‌چینی، شانهٔ‌فشنگ، گیرهٔ‌کاغذ، گیره یاپنس، چسبیدن، بغل‌گرفتن،محکم‌گرفتن.

clip.per, *n.* اسب یاکشتی تندرو، طیارهٔ تندرو، بادپا، [درجمع]ماشین‌موزنی، قیچی‌باغبانی.

clipping, *n.* چیدن، تکهٔ چیده شده، عمل کوتاه‌کردن (مثل مو)، اختصار [مخصوصاً از آخر]، [درجمع] اخبار قیچی شده از روزنامه.

clique *[kli:k]* *n.* دسته، گروه، محفل.

cli.to.ris, *n.* [تش.] بظر، چوچوله.

cloak *[klouk]* *vt. & n.* ردا، عبا، جبه، خرقه، پنهان‌کردن، درلفافه پیچیدن.

cloak-and-dagger, *adj.* شبیه نمایشنامهٔ پلیسی، اسرارآمیز.

cloakroom, *n.* رخت‌کن.

clob.ber (**-ing**) *vt. & n.* [انگلیس]خمیر یا چسب سیاه رنگی که بـا آن ترك و شکافهای کفش‌را پر میکنند، دندهٔ [ماشین]، لباس، جامه، وصله کردن، بهم پیوستن، زدن، کتك‌زدن.

clock (**-ed, -ing**) *n., vt. & vi.* ساعت (دیواری)، سنجیدن باساعت.

clockwise, *adv. & adj.* درجهت‌گردش عقربه‌های ساعت.

clockwork, *n.* (گردش) چرخهای ساعت، منظم وخودکار.

clod *[klɔd]* *n.* کلوخ، خاك، لخته، دلمه.

clod.hop.per, *n.* روستائی، دهاتی، [مج.] ساده، کفشهای زمخت سنگین.

clog *[klɔg]* *n.* کنده، کلوخه، قید، پابند، ترمز.

clog (**-ged, -ging**) *n., vt. & vi.* سنگین کردن، کندکردن، مسدودکردن، بستن [لوله]، متراکم و انباشته‌کردن، پابند.

clois.ter *[klɔ́istə]* *n. & vt.* راهـرو سرپوشیده، اطاق یـا سلول راهبان و تارکان دنیا، ایوان، دیر، صومعه، گوشه‌نشینی کردن، درصومعه گذاشتن.

clone, *n.* [زیست شناسی] تولید مثل یا آبستنی غیرجنسی.

close *[klouz]* (**-d, -sing**), *vt. & vi.* بستن، منعقد کردن،مسدود کردن، محصور کردن.

close (**-r, -st**) *n., adj. & adv.* جای محصور، چهار دیواری، محوطه، انتها، پایان، ایست، توقف، تنگ، بن‌بست، نزدیك.

closed, *adj.* محصور، مسدود، محرمانه، بسته، ممنوع‌الورود.

closed circuit, *n.* تصویر تلویزیونی کـه علائم آن بوسیلهٔ سیم به چندگیرنده منتقل میشود، تلویزیون مداربسته.

closefisted, *adj.* خسیس.

clos.et *[klɔ́zit]* *n., adj. & vt.* صندوق خانه، پستو، گنجه، خصوصی، مخفی، پنهان‌کردن، نهفتن، منزوی شدن.

close-up *[klóusʌp]* *n.* از نزدیك، ازجلو.

clo.sure, *n. & vt.* خاتمه، رأی‌کفایت مذاکرات، عمل محصورشدن، دریچه، درب بطری وغیره، دربستن.

clot, *[klɔt]* (**-ted, -ting**) *n., vt. & vi.* توده، لختهٔ خون، دلمه شدن، لخته شدن (خون).

cloth *[klɔ(:)θ]* (*pl.* **-s**) *adj. & n.* پارچه، قماش.

clothe, clad *[klouθ]* (**-d, -ing**), *vt. & vi.* پوشاندن، آراستن.

clothes *[klouθz, (colloq.) klouz]*, *n.pl.* جامه،لباس،ملبوس.

clothesline, *n.* طناب‌رخت‌شوئی،رجه.

clothes.pin, *n.* گیره‌ای که‌با آن لباسهارا روی‌بند نگهمیدارند.

cloth.ier, *n.* پوشاك فروش، لباس فروش.

cloth.ing *[klóuθiŋ]* *n.* پوشاك،لباس.

cloud *[klaud]* (**-ed, -ing**) *n., vi. & vt.* ابر، تودهٔ ابرومه، تودهٔ انبوه، تیره وگرفته، ابری شدن، سایه افکن شدن.

cloudburst, *n.* رگبار.

cloud.less *[kláudlis]* *adj.* بی‌ابر، روشن.

cloudy *[kláudi]* *adj.* ابری، پوشیده از ابر، [مج.] تیره.

clout *[klaut]* *n. & vt.* زدن،وصله کردن، چرم یا پارچهٔ مندرس، پارچهٔ کهنه، کهنه.

clove *[klouv]* *n.* (نوعی‌ادویهٔ‌معطر)میخك،گل میخك،بوتهٔ میخك.

clo.ven *[klóuvn]* (*p.p. of* **cleave**) شکافته، شکاف‌دار.

clo.ver *[klóuvə]* *n.* شبدر (Trifolium).

cloverleaf, *n. & adj.* چهارراه اتوبان، برگ شبدر.

clown *[klaun]* (**-ed, -ing**), *n., vt. & vi.* لوده، مسخره، مقلد، مسخرگی کردن، دلقك شدن.

clown.ish *[kláuniʃ]* *adj.* لوده‌وار، دارای رفتار زمخت وبدون آداب.

cloy *[klɔi]* (**-ed, -ing**) *vt. & vi.* سیر کردن، بی‌رغبت کردن، بی‌میل شدن.

club *[klʌb]* *adj. & n.* چماق،گرز، [دورق] خال‌گشنیز، خاج،باشگاه، انجمن، کانون، مجمع.

club (**-bed, -bing**) *vt. & vi.* چماق زدن، تشکیل باشگاه یا انجمن دادن.

club car = lounge car, *n.* واگن راه‌آهنی که دارای میزناهارخوری باشد.

clubhouse, *n.* محل باشگاه وانجمن، پانسیون عزبها.

cluck *[klʌk]* (**-ed, -ing**) *n., vt. & vi.* قدقد، مرغ‌کرچ، مرغ قپ، آدم احمق ورذل، قدقدکردن.

clue = clew *[klu:]* *n.* کلید، راهنما، اثر، نشان، مدرك.

clump *[klʌmp]* *n., vi. & vt.* انبوه،دسته،خوشه،ضربه‌سنگین،مشت،انبوه کردن.

clum.sy *[klʌ́mzi]* *adj.* بدترکیب، زمخت، خام دست، ناآزموده.

clung *[klʌŋ]* (*p. of* **cling**) چسبیده، متصل (شده).

clus.ter *[klʌ́stə]* *n., vt. & vi.* خوشه، دسته، گروه، سنبله، دسته کردن، جمع کردن، خوشه‌کردن.

clutch *[klʌtʃ]* (**-ed, -ing**) *n., vt. & vi.* چنگ، چنگال، کلاچ [اتومبیل]، وضع دشوار، چنگ زدن، محکم‌گرفتن.

clut.ter *[klʌ́tə]* (**-ed, -ing**) *n., vi. & vt.* صداهای ناهنجار درآوردن، درهم ریختن، درهم ریختگی، درهم وبرهمی.

co - پیشوندیست بمعنی «با» و «باهم».

coach *[koutʃ]* (**-ed, -ing**) *n., vt. & vi.* کالسکه، واگن راه‌آهن، مربی ورزش، رهبری عملیات ورزشی راکردن، معلمی‌کردن.

coach box, *n.* جای‌کالسکه‌ران.

coach-built, *adj.* چوبی.

coach.man *[kóutʃmən]* *n.* درشکه‌چی، کالسکه‌چی.

co.ag.u.late *[kouǽgjuleit]* *vt. & vi.* بستن، دلمه‌کردن، منعقد شدن (خون).

co.ag.u.la.tion *[kòuægjuléiʃən]*, *n.* انعقاد، دلمه شدگی.

coal *[koul]* (**-ed, -ing**) *n., vt. & vi.* زغال سنگ، زغال، زغال‌کردن.

co.a.lesce *[kòuəlés]* (**-ed, -ing**), *vt. & vi.* بهم‌آمیختن،یکی‌شدن، منعقدشدن.

co.a.les.cence, *n.* بهم‌آمیختگی، انعقاد.

coalfield, *n.* ناحیهٔ ذغال‌خیز.

coal gas, *n.* گاز ذغال سنگ.

co.a.li.tion *[kòuəlíʃən]* *n.* ائتلاف، پیوستگی، اتحاد موقتی.

coarse *[kɔ:s]* *adj.* زبر، خشن، زمخت، بی‌ادب.

coarse-grained, *adj.* دارای دانهٔ خشن، ناصاف، زبر، درشت.

coars.en (- ed, - ing) *vi. & vt.*
خشن شدن، زمخت شدن، زمخت کردن.
coast [*koust*] (-ed,-ing) *n., vi. & vt.* ساحل، دریاکنار،سریدن،سرازیررفتن.
coastline, *n.* خط ساحلی.
coat [*kout*] *n. & vt.* کت، نیمتنه، روکش، پوشاندن ، روکش کردن.
coat-hanger, *n.* جارختی، جالباسی.
coat.ing [*koutiŋ*] *n.* پوشش ، روکش[رنگ یا چیزهای دیگر] ، اندود.
co.author, *n.* شریك در تألیف و نگارش.
coax [*kouks*] (- ed, - ing) *vt.* [illegible]
cob [*kɔb*] *n.* آدم مهم، ضربت بر کپل [cobb نیز نوشته می‌شود]، توده، چوب ذرت.
co.balt [*kóubɔ:lt, kɔbɔ́:lt*] *n.* کبالت، فلز لاجورد.
cob.ble [*kɔ́bl*] (-d, cob.bling), *vt. & n.*
سنگ فرش، سنگ فرش کردن، پینه دوزی.
cob.bler [*kɔ́blə*] *n.* پینه‌دوز.
cobblestone, *n.* قلوه‌سنگ،سنگفرش.
co.ble, *n.* قایق پاروئی.
co.bra [*kóubrə*] *n.* [ج.ش.] مار عینکی، کفچه مار، مارکبری.
cob.web [*kɔ́bweb*] *n.* تارعنکبوت.
cock [*kɔk*] *n.*
خروس ، پرنـده نر [از جنس ماکیان] ، کج‌نهادگی کلاه ، چخماق تفنگ.
cock (- ed, - ing) *vt. & vi.*
مثل خروس جنگیدن ، گوشها را تیز و راست کردن، کج نهادن، یك وری کردن.
cock.er.el [*kɔ́kərəl*] *n.*
جوجهٔ خروس، خروسك.
cock.ney [*kɔ́kni*] *adj. & n.*
اهل لندن، لهجهٔ لندنی.
cock.pit [*kɔ́kpit*] *n.* صحنهٔ تئاتر، محل دعوا ومسابقه، اطاقك خلبان درهواپیما.
cock.roach [*kɔ́kroutʃ*] *n.*
[ج.ش.] سوسك حمام.
cocks.comb [*kɔ́kskoum*] *n.*
گل تاج خروس، زلف عروسان، آدم خودفروش وخودنما، احمق، ژیگولو.
cocksure [*kɔkʃúə*] *adj.*
غره، حتمی، برافاده.
cock.tail [*kɔ́kteil*] *adj. & n.*
نوشابه‌ای مرکب ازچند نوشابهٔ دیگر، مهمانی.
cock.y, *adj. & n.*
ازخود راضی، جسور، خودنما.
co.co, co.coa, cacao=coco-nut, *adj. & n.*
درخت کاکائو، کاکائو، درخت نارگیل.
co.coa [*kóukou*] *n.* کاکائو، رنگ کاکائو.
co.co.nut=cocoanut [*kóukən-ʌt*] *n.* نارگیل.
co.coon [*kɔkú:n, kəkú:n*] *n.*
پیله، پیلهٔ کرم ابریشم.
cod [*kɔd*] (*pl.* cod=cods) *n.*
کیسه، کیسهٔ کوچك، جنته، غلاف سبوس، پوسته، فضای داخل خلیج یا دریاچه، نوعی ماهی.
cod.dle [*kɔ́dl*] (- d, cod.dling), *n. & vt.* نیم‌پز کردن، آهسته جوشاندن یا پختن، بادقت زیاد بکاری دست‌زدن، نازپرورده کردن، نوازش کردن.
code [*koud*] (-d, -ding) *n. & vt.*
نظام‌نامه، رمز، قانون، بصورت رمز در آوردن، مجموعهٔ قانون تهیه کردن.
co.dex (*pl.* codices) *n.*
مجموعهٔ قوانین، دستخط کهنه، نسخهٔ قدیمی.

cod.ger, *n.* آدم عجیب وغریب.
cod.i.fi.ca.tion, *n.* [حق.] جمع و تدوین قوانین، وضع قوانین، قانون نویسی.
cod.i.fy [*kóudifai, kɔ́d-*] *vt.* قانون وضع کردن،بصورت‌رمز در آوردن،تدوین کردن.
co-ed [*kóuéd*] *n. & adj.* دختری که دردبیرستان یا دانشکدهٔ مختلط تحصیل میکند، وابسته بمدارس مختلط پسر ودختر.
coeducation [*kóuedjukéiʃən*], *n.* آموزش و پرورش مختلط [دختر و پسر].
co.efficient, *n.&adj.* ضریب،عامل‌مشترك.
co.equal, *adj* [illegible] شان ومقام وغیره، [illegible]
co.erce [*kouə́:s*] (- d, - cing), *vt.* بزور وادار کردن، ناگزیر کردن.
co.er.cion [*kouə́:ʃən*] *n.*
اجبار، اضطرار، تهدید واجبار.
co.er.cive [*kouə́:siv*] *adj.*
از روی کره واجبار، اجباری، قهری.
co.eval [*kouí:vəl*] *adj. & n.*
هم سال، هم تاریخ.
co.exist [*kòuigzíst*] *vi.* باهم‌زیستن.
co.ex.is.tence, *n.* همزیستی.
cof.fee [*kɔ́fi*] *n.* قهوه، درخت قهوه.
coffeehouse, *n.* قهوه‌خانه، کافهٔ کوچك.
coffeepot, *n.* قهوه جوش، قهوه ریز.
cof.fer [*kɔ́fə*] *n.* صندوق،خزانه، وجوه.
cofferdam, *n.* سد صندوقی، بستاب.
cof.fin [*kɔ́fin*] *n.* تابوت.
cog [*kɔg*] (-ged, - ging) *n., vi. & vt.* دندانه، دندهٔ‌چرخ،دندانه‌دارکردن. حقه‌بازی،طاس گرفتن [در تخته نرد].
co.gen.cy [*kóudʒənsi*] *n.*
ضرورت، اجبار، زیرکی، قدرت عقیده.
co.gent [*kóudʒənt*] *adj.*
متقاعدکننده، دارای قدرت و زور.
cog.i.tate [*kɔ́dʒiteit*](-d, -ting), *vt. & vi.* اندیشه کردن، درعالم فکر فرورفتن.
cog.i.ta.tion, *n.* اندیشه وتفکر.
co.gnac [*kóunjæk*] *n.* کنیاك.
cog.nate [*kɔ́gneit*] *adj. & n.*
هم‌ریشه، همجنس، واژهٔ هم‌ریشه.
cog.na.tion, *n.*
خویشاوندی، نسبت، قرابت فطری.
cog.ni.tion, *n.* ادراك، معرفت، شناخت.
cog.ni.zance [*kɔ́gnizəns*] *n.*
معرفت، ادراك، شناسائی، آگاهی، تصدیق ضمنی.
cog.ni.zant, *adj.* آگاه، باخبر.
cog.no.men (*pl.* cognomens, cog.nom.i.na) *n.* کنیه، لقب.
cogwheel, *n.* چرخ دندانـه‌دار ، چرخ دنده.
COGWHEELS
co.hab.it, *vi.*
باهم‌زندگی کردن(زن‌ومرد)، رابطهٔ‌جنسی‌داشتن.
co.hab.i.tant, *n.*
شریك زندگی یا عمل جنسی.
co.hab.i.ta.tion, *n.* زندگی‌باهم،جماع.
co.heir, *n.* شریك در ارث.
co.here [*kouhíə*] (- d, - ring), *vi.* چسبیدن، رابطهٔ خویشی داشتن.
co.her.ence, co.her.en.cy [*kouhíərəns(-i)*] *n.*
چسبیدگی، ارتباط (مطالب)، وابستگی.
co.her.ent [*kouhíərənt*] *adj.*
چسبیده، مربوط، دارای ارتباط یا نتیجهٔ منطقی.
co.he.sion, *n.*
پیوستگی، چسبندگی، هم‌بستگی.
co.he.sive, *adj.* چسبانده، چسناك.
co.hort [*kóuhɔ:t*] *n.*

گروه، پیرو، طرفدار، همکار.
coil [*kɔil*] (- ed, - ing) *n., vt. & vi.*
فنر، بدورچیزی بطورمارپیچ پیچیدن، ماریچ.
coin (- ed, - ing) *n. & vt.*
سکه، سکه زدن، اختراع وابداع کردن.
coin.age [*kɔ́inidʒ*] *n.*
ضرب سکه، مسکوکات، ابداع واژه.
co.in.cide [*kòuinsáid*] (- d, -ding) *vi.*
منطبق شدن، در یك زمان اتفاق افتادن.
co.in.ci.dence [*kouínsidəns*] *n.* تصادف، توافق، [illegible]، انطباق.
co.in.ci.dent, *adj.*
واقع شونده دریك وقت، منطبق، متلاقی.
co.insurance, *n.*
بیمهٔ اتکائی، بیمهٔ مشترك.
co.insure (-d, -ring) *vt. & vi.*
بیمهٔ اتکائی کردن.
co.i.tal, *adj.*
وابسته بجماع ومقاربت، مقاربتی.
co.i.tion, *n.* جماع، مقاربت.
co.i.tus, *n.* اتصال، مقاربت‌جنسی، جماع.
coke [*kouk*] (- ed, - ing) *n.*
زغال‌کوك، زغال‌سنگ سوخته.
col, *n.* گدار، گردنه.
col.an.der, *n.* کفگیر، صافی.
cold [*kould*] (-ed, -ing) *n.&adj.*
سرما، سرما خوردگی، زکام.
In c. blood. باخونسردی یا سنگدلی.
cold-blooded, *adj.* خونسرد، بی‌عاطفه.
cold cuts, *n.pl.*
گوشت سرد باپنیر یخزده، کالباس واغذیهٔ مشابه.
coldhearted, *adj.* بی‌عاطفه.
cold.ness, *n.* سردی.
cold war, *n.*
جنگ سرد، جنگ تبلیغاتی ومطبوعاتی.
cole.slaw, *n.* سالاد کلم.
col.ic [*kɔ́lik*] *adj. & n.*
قولنج، قولنجی، بخار یاگازمعده.
col.i.se.um, *n.* سالن، استادیوم‌ورزشی.
col.lab.o.rate [*kəlǽbərèit*] (- d, - ting) *vi.*
همدستی کردن، باهم کار کردن، تشریك مساعی.
col.lage, *n.* اختلاط رنگهای مختلف درسطح پردهٔ نقاشی، هنر اختلاط رنگها.
col.lapse [*kɔlǽps, kəlǽps*] *n., vt. & vi.* فروریختن، متلاشی شدن، دچار سقوط و اضمحلال شدن، غش کردن.
col.lar [*kɔ́lə*] (- ed, - ing), *n. & vt.* یقه، یخه، گریبان، گردنبند.
collarbone [*kɔ́ləboun*]=**clavi-cle,** *n.* [تش.] ترقوه، چنبر.
col.late [*kɔléit*] (- d, - ting) *vt.*
مقابله وتطبیق کردن.
col.lat.er.al [*kɔlǽtərəl*] *adj. & n.*
پهلوئی، پهلوبه‌پهلو، متوازی، تضمین، [آمر.] وثیقه.
col.la.tion, *n.*
مقابله، تطبیق، مقایسه وتطبیق دستخطها.
col.league [*kɔ́li:g*] *n.* همکار، هم‌قطار.
col.lect (-ed, -ing) *n., vt. & vi.* جمع کردن، وصول کردن، دعای کوتاه.
col.lec.tion [*kəlékʃən*] *n.*
کلکسیون، اجتماع، مجموعه.
col.lec.tive [*kəléktiv*] *adj. & n.*
بهم پیوسته، انبوه، اشتراکی، اجتماعی، جمعی.
col.lect.ive.ly, *adv.* مجتمعاً.
collective bargaining, *n.*
مذاکرات دسته جمعی کارمندان باکارفرما.

collective farm, *n.*
مزرعهٔ اشتراکی، کلخوز.
col.lec.tiv.i.ty, *n.*
جامعیت، مالکیت اشتراکی، جمع.
col.lec.tiv.ize, *vt.* اشتراکی کردن.
col.lec.tor [*kəléktə*] *n.* تحصیلدار، جمع‌کننده، فراهم آورنده، گرد آورنده.
col.lege [*kɔ́lidʒ*] *n.* کالج، دانشگاه.
col.le.gian, *n.* عضو دانشکده، دانشجو.
col.le.giate [*kɔlí:dʒiit*] *adj.*
دانشکده‌ای، دانشگاهی.
col.lide [illegible] (- d, - ding), *vi.* تصادم کردن، بهم‌خوردن.
col.lie [*kɔ́li*] *n.*
سگ گلهٔ اسکاتلندی.
col.lier [*kɔ́liə*], *n.* ذغال‌سنگ، کشتی ذغال‌گیری.
COLLIE (24 in. high at shoulder)
col.liery [*kɔ́ljəri*] *n.* کان ذغال‌سنگ [با ساختمان وابسته بآن]، تجارت ذغال، ذغال فروشی.
col.li.gate (- d, - ting) *vt.*
بستن، متصل کردن، ائتلاف کردن.
col.li.mate (- d, - ting) *vt.*
موازی قراردادن، میزان کردن، تعدیل کردن.
col.lins, *n.* نامهٔ پرسود.
col.li.sion [*kəlíʒən*] *n.*
تصادم، بهم‌خوردگی، پیوند چندحرف بدون‌صدا.
col.lo.cate (- d, - ting) *vt.*
پهلوی هم‌گذاردن، مرتب کردن.
col.lo.ca.tion [*kɔ̀loukéiʃən*] *n.*
باهم‌گذاری، ترتیب، نظم، نوبت وترتیب.
col.logue (- d, - ing) *vi.*
چاپلوسی کردن ، موافقت دروغی کردن ، توطئه چیدن، محرمانه گفتگو کردن.
col.lo.qui.al [*kəlóukwiəl*] *adj.*
گفتگوئی، محاوره‌ای، مصطلح، اصطلاحی.
col.lo.qui.al.ism, *n.*
عبارت مصطلح، جملهٔ مرسوم درگفتگو.
col.lo.qui.um (*pl.* colloquiums, col.lo.quia)*n.* مکالمه، محاوره، کنفرانس.
col.lo.quy [*kɔ́ləkwi*] *n.*
گفتگو، صحبت، محاوره.
col.lude (-d, - ding) *vi.* ساخت وپاخت کردن، تبانی کردن، توطئه چیدن.
col.lu.sion [*kəlú:ʒən*] *n.*
ساخت وپاخت، تبانی.
co.lon [*kóulən*] (*pl.* colons, co.la) *n.* دونقطه یعنی این علامت «:» رودهٔ بزرگ ، قولون.
col.o.nel [*kə́:nəl*] *n.* سرهنگ.
co.lo.ni.al [*kəlóuniəl*] *adj. & n.*
مستعمراتی.
co.lo.ni.al.ism, *n.*
استعمار، سیاست مستعمراتی.
co.lo.ni.al.ist, *adj.&n.* مستعمره‌چی.
col.o.nist [*kɔ́lənist*] *n.*
مستعمره نشین، کسیکه در تأسیس مستعمره‌ای شرکت میکند ، مهاجر.
col.o.ni.za.tion [*kɔ̀lənaizéiʃən*] *n.* استعمار، مهاجرت، کوچ.
col.o.nize [*kɔ́lənaiz*], (- d, - zing) *vt. & vi.* تشکیل مستعمره دادن، ساکن‌شدن در، مهاجرت کردن.
col.on.nade [*kɔ̀lənéid*] *n.*
ردیف ستون، ستون بندی، ردیف درخت.
col.o.ny [*kɔ́ləni*] *n.*
مستعمره، مستملکات، مهاجرنشین.

col.or, col.our [kʌ'lə] (- ed, -ing) n., vt. & vi. رنگ، فام، بشره، تغییر رنگ دادن، رنگ‌کردن، ملون‌کردن.

col.or.a.tion, col.our.ation, n. فن رنگزی، حالت رنگ پذیری، رنگ‌آمیزی.

color-blind, adj. رنگ‌کوری، فاقد حساسیت نسبت برنگ.

col.ored, col.oured, adj. & n. رنگی، ملون، نژادهای غیر سفیدپوست.

colorfast, adj. دارای رنگ ثابت، رنگ نرو.

col.or.ful, col.our.ful, adj. رنگارنگ.

coloring, colouring [kʌ'ləriŋ], n. رنگ‌آمیزی.

col.or.less, col.our.less, adj. بی‌رنگ، کم‌رنگ، رنگپریده، غیرجالب، بیمزه.

co.los.sal [kəlɔ́səl] adj. غول‌پیکر، گنده.

co.los.sus [kəlɔ́səs] (pl. co.los-suses & co.los.si) n. عظیم‌الجثه، چیز غول پیکر و گنده.

colt [koult] n. کره‌اسب، شخص ناآزموده، تازه‌کار، نوعی‌طپانچه.

col.ter, n. تیغهٔ جلو خیش.

col.um.bine, n. & adj. گل تاج‌الملوک اخیلیا، زبان درقفا.

col.umn [kɔ́ləm] n. ستون، پایه، رکن.

co.lum.ni.a.tion, n. ستون‌بندی.

col.um.nist, n. مقاله نویس.

co.ma [kóumə] n. اغماء، بیهوشی.

co.mate, adj. & n. رفیق، همدم، ریشه‌ای، (نجوم) مه‌گرفته.

comb [koum] (-ed, -ing) n., vt. & vi. شانه، شانه‌کردن، جستجوکردن.

com.bat [kʌ'mbət, kɔ́mbæt], (- ed, - ted, - ing, - ting) n., vt. & vi. مبارزه‌کردن، رزم، جنگیدن با.

com.bat.ant [kʌ'mbətənt] adj. & n. جنگجو، مایل بجنگ، مبارز، محارب.

com.bat.ive [kɔ́mbətiv] adj. مبارز، جنگجو، اهل مجادله ودعوا.

com.bi.na.tion [kɔ̀mbinə'iʃən], n. ترکیب، آمیزش.

com.bine [kəmbáin] (- d, -ning) n., vt. & vi. باهم‌پیوستن، ملحق شدن، متحد شدن، آمیختن، [ش.] ترکیب شدن، ماشین درو وخرمن‌کوبی، کمپاین.

com.bo, n. دستهٔ کوچك موسیقی جاز.

com.bus.ti.ble [kəmbʌ'stibl], adj. & n. سوزا، احتراق‌پذیر، قابل‌تحریك وبرانگیختنی.

com.bus.tion [kəmbʌ'stʃən] n. سوختن، سوخت، اشتعال، احتراق.

come [kʌm] (came, come, coming) vt. & vi. آمدن، رسیدن.
The hour is c. ساعت فرا رسیده است.

come about, vi. اتفاق افتادن، بانجام رسیدن.

come back, n. & vi. بازگشتن، برگشتن.

co.me.di.an [kəmí:diən] n. نویسندهٔ نمایش‌های خنده‌دار، هنرپیشهٔ نمایش‌های خنده‌دار.

come.down, n. & vi. نزول‌کردن، پائین رفتن، تنزل رتبه ومقام.

com.e.dy [kɔ́midi] (pl. - dies), n. نمایش خنده‌دار، نمایش مضحك، کمدی.

come.ly [kʌ'mli] adj. خوبرو، خوش‌آیند، خوش منظر.

come off, vi. تحقق‌یافتن، وقوع‌یافتن.

com.er [kʌ'mə] n. آینده، وارد.

com.et [kɔ́mit] n. ستارهٔ دنباله‌دار.

com.fit, n. نقل وشیرینی.

com.fort [kʌ'mfət] (-ed,- ing), n., vt. & vi. راحت، آسودگی، آسایش، مایهٔ تسلی، دلداری دادن [به]، آسایش دادن.

com.fort.able [kʌ'mfətəbl] adj. & n. راحت.

com.fort.er [kʌ'mfətə] n. راحتی بخش، تسلی دهنده.

com.ic, - al [kɔ́mik(l)] adj. & n. خنده‌دار، مضحك، وابسته بکمدی.

comic strip, n. کارتون، فیلمهای نقاشی شده.

com.i.ty [kɔ́miti] n. تعارف، نزاکت.

com.ma [kɔ́mə] n. نام این نشان [,] ، ویرگول.

com.mand [kəmá:nd] (-ed,-ing), adj., n., vt. & vi. فرمان دادن، حکم دادن، امرکردن، فرمان.

com.man.dant [kɔ̀məndá:nt, - dǽnt] n. افسر فرمانده، فرمانده.

com.man.deer [kɔ̀məndíə], (- ed, - ing) vt. وارد بخدمت اجباری کردن، برای ارتش برداشتن، مصادره‌کردن.

com.mand.er [kəmá:ndə] n. فرمانده، ارشد، سرکرده، تخماق.

com.mand.ment [kəmá:ndmənt], n. فرمان، حکم، دستور خدا.

com.man.do (pl. comman-dos, commandoes) n. کماندو.

com.mem.o.rate [kəmémәreit], (- d, - ting) vt. مجلس یادآوری نگاه‌داشتن، جشن گرفتن، بیادگار نگاه داشتن.

com.mem.o.ra.tion [kəmèmə-réiʃən] n. مجلس تذکر، مجلس یا جشن یادبود.

com.mem.o.ra.tive, adj. & n. مربوط به جشن یادبود.

com.mence [kəméns] (- d, -cing) vt. & vi. آغازکردن، شروع کردن.

com.mence.ment [kəménsmə-nt] n. آغاز، جشن فارغ‌التحصیلی.

com.mend [kəménd] (- ed, -ing) vt. & vi. ستودن، ستایش کردن.

com.mend.able, adj. ستودنی.

com.men.da.tion [kɔ̀mendéiʃən] n. ستایش، توصیه، سفارش، تقدیر.

com.men.da.to.ry, adj. تقدیرآمیز.

com.men.sal, adj. & n. همغذا.

com.men.su.ra.ble, adj. تناسب‌پذیر.

com.men.su.rate, adj. متناسب.

com.ment [kɔ́ment] (-ed,-ing), n., vt. & vi. توضیح، تفسیر، تعبیر، تفسیر نوشتن، تعبیرکردن.

com.men.tary [kɔ́məntəri] n. تفسیر، سفرنگ، تقریظ، رشتهٔ یادداشت، (در جمع) گزارش رویداد.

com.men.ta.tor [kɔ́mentèitə] n. مفسر.

com.merce [kɔ́mə:s] (- d, -cing) n. & vi. تجارت، بازرگانی، معاشرت، تجارت کردن.

com.mer.cial [kəmə́:ʃəl] adj. & n. تجارتی، بازرگانی.

com.mer.cial.i.za.tion, n. تبدیل بصورت بازرگانی، تجارتی کردن.

com.mer.cial.ize [kəmə́:ʃəlaiz] (- d, - zing) vt. بصورت تجارتی درآوردن، جنبهٔ تجارتی دادن به.

com.mie, n. [ز.ع.- آمر.] مخفف کلمهٔ communist ، کمونیست.

com.min.gle [kɔmíŋgl] (- d, -ling) vi. & vt. بهم‌آمیختن، بهم مخلوط کردن.

com.mi.nute (- d, comminu-ting) vt. خردکردن، ریزریزکردن، تجزیه کردن، تجزیه‌شده، خرد شده، پودر شدن یا کردن.

com.mis.er.ate [kəmízəreit], (- d, - ting) vt. & vi. دلسوزی کردن، ترحم کردن بر، تسلیت گفتن بر، اظهار تأسف کردن.

com.mis.er.a.tive, adj. همدردانه.

com.mis.er.a.tion [kəmìzəréi-ʃən] n. دلسوزی، ترحم، تسلیت، اظهار تأسف.

com.mis.sar [kɔ̀misá:] n. کمیسر.

com.mis.sar.i.at [kɔ̀misɛ'əriət] n. ادارهٔ کارپردازی وخواربار ارتش، کلانتری.

com.mis.sary [kɔ́misəri] n. فروشگاه مخصوص کارمندان یك اداره.

com.mis.sion [kəmíʃən] n. مأموریت، تصدی، حق‌العمل، فرمان، حکم، هیئت مأمورین، کمیسیون، انجام.
The c. of an illegal act. ارتکاب بعمل غیرقانونی.

commission (- ed, - ing) vt. گماشتن، مأموریت دادن.

com.mis.sion.er [kəmíʃənə] n. عضو هیئت، مأمور عالیرتبهٔ دولت.

com.mit [kəmít] (committed, committing) vt. & vi. مرتکب شدن ، اعزام داشتن برای [مجازات و غیره]، متعهد بانجام امری نمودن.

com.mit.ment [kəmítmənt] n. ارتکاب، حکم توقیف، تعهد، الزام.

com.mit.tee [kəmíti] n. هیئت یاکمیته، کمیسیون، مجلس مشاوره.

com.mix (- ed, - ing) vt. & vi. مخلوط کردن، بهم‌ریختن، درآمیختن.

com.mix.ture, n. اختلاط، ترکیب.

com.mo.di.ous [kəmóudiəs] adj. جادار، بکار خور، مقرون بصرفه، سودمند.

com.mod.i.ty [kəmɔ́diti] n. وسیلهٔ مناسب، متاع، کالا، جنس.

com.mo.dore [kɔ́mədɔ:] n. ناخدا، افسر فرماندهٔ دریائی.

com.mon [kɔ́mən] (- er, -est) adj. & n. عمومی، معمولی، متعارفی، عادی، مشترك، پیش‌پا افتاده، پست، عوامانه.

common (-ed,-ing) n., vt.&vi. مردم عوام، عمومی، مشارکت کردن، مشاع‌بودن، مشترکاً استفاده کردن.

com.mon.al.ty = **com.mon.-ali.ty,** n. عوام‌الناس، تودهٔ مردم.

common divisor, n. [ر.] مقسوم‌علیه مشترك، بخشیاب مشترك.

com.mon.er [kɔ́mənə] n. شخص غیر اشرافی.

common law, n. حقوق عرفی.

common multiple, n. [ر.] مضرب مشترك.

commonplace [kɔ́mənpleis], n. & adj. پیش‌پا افتاده، معمولی، مبتذل، همه جائی.

commons, n. pl. عوام، مردم عادی.

common sense, n. & adj. عقل سلیم، قضاوت صحیح، حس عام.

common stock, n. سهام معمولی شرکت، سهام عادی.

com.mon.weal, n. خیر ورفاه عمومی، مشترك‌المنافع، اجتماع.

com.mon.wealth [kɔ́mənwelθ], n. مشترك‌المنافع، رفاه‌عمومی، جمهوری، کشور.

com.mo.tion [kəmóuʃən] n. آشوب، اضطراب، جنبش، اغتشاش، هیاهو.

com.mu.nal [kɔ́mjunəl] adj. اشتراکی، همگانی.

com.mu.nal.ize (- d, - zing), vt. اشتراکی کردن.

com.mune [kɔ́mju:n, kɔmjú:n], vi. & n. بخش، مزرعهٔ اشتراکی، صمیمانه گفتگوکردن، راز دل گفتن.

com.mu.ni.ca.ble [kəmjú:nikəbl] adj. قابل ارتباط، مسری.

com.mu.ni.cate [kəmjú:nikeit] (- d, - ting) vt. & vi. گفتگوکردن، مکاتبه‌کردن، کاغذنویسی کردن، مراوده کردن.

com.mu.ni.ca.tor, n. مکاتب، شخص درتماس.

com.mu.ni.ca.tion [kəmjù:ni-kéiʃən] n. ارتباط، ابلاغیه، مکاتبه.
C. of news. رساندن اخبار.

com.mu.ni.ca.tive [kəmjú:nik-ətiv] adj. گویا، فصیح، مسری.

com.mu.nion [kəmjú.njən] n. مشارکت، آئین‌عشاء ربانی، صمیمیت وهمدلی.

com.mu.ni.qué [kəmjú:nikei], n. ابلاغ‌رسمی، اطلاعیهٔ‌رسمی‌یااداری، اعلامیه.

com.mu.nism [kɔ́mjunizəm] n. اصول اشتراکی، مرام اشتراکی، کمونیسم.

com.mu.nist [kɔ́mjunist] n. & adj. طرفدار مرام اشتراکی، مربوط به‌کمونیسم.

com.mu.ni.ty [kəmjú:niti] n. انجمن، اجتماع، عوام.

community center, n. ساختمان محل‌انجمن (فرهنگی وغیره)، مرکز اجتماع.

com.mu.nize (- d, - zing) vt. اشتراکی کردن، کمونیستی کردن.

com.mut.able, adj. قابل تغییر، دگرگونی پذیر، قابل تبدیل.

com.mu.tate (- d, - ting) vt. [در برق] هدایت و تغییر [یك یا چند جریان برای ایجاد جریان مداوم).

com.mu.ta.tion [kɔ̀mjutéiʃən] n. تبدیل، تغییر، [حق.] تخفیف جرم.

com.mu.ta.tor [kɔ́mjuteitə] n. آلت تغییردهنده جهت برق، کموتاتور، سویکر.

com.mute [kəmjú:t] (- d, - ting) vt. & vi. تبدیل‌کردن، مسافرت‌کردن با بلیط تخفیف‌دار، هرروزازحومه بشهرو بالعکس سفرکردن.

com.pact [kɔ́mpækt] adj. & n. جمع‌وجور، بهم‌پیوسته، پیمان، معاهده، متراکم.

com.pact [kəmpǽkt] (-ed,-ing) vt. بهم‌فشردن، بهم متصل‌کردن، ریز بافتن.

com.pan.ion [kəmpǽnjən] n. همراه، همدم.

companion, vt. & vi. [مج.] معاشرت‌کردن، همراهی‌کردن.

com.pan.ion.able [kəmpǽnjə-nəbl] adj. قابل معاشرت، شایستهٔ رفاقت.

com.pan.ion.ship [kəmpǽnjə-nʃip] n. یاری، همراهی، مصاحبت.

com.pa.ny [kʌ'mpəni] (- nied, - ying) (pl.-nies) n., vt. & vi. جمعیت، انجمن، شرکت [مخفف آن Co میباشد]، گروه، دسته، هیئت بازیگران، گروهان، همراه

کسی رفتن، مصاحبت کردن با.

com.par.a.ble [kɔ́mpərəbl] *adj* برابر کردنی، قابلیت مقایسه، مانند کردنی، نظیر.

com.par.a.tive [kəmpǽrətiv], *n. & adj.* [د.] تطبیقی، مقایسه‌ای، نسبی، تفضیلی (بطوراسم)، درجهٔ تفضیلی، صفت تفضیلی.

com.pare [kəmpɛ́ə] (-d,-ring), *n., vt. & vi.* مقایسه کردن، برابر کردن، باهم سنجیدن.

com.par.i.son [kəmpǽrisən] *n.* مقایسه، تطبیق، سنجش، برابری، تشبیه.

com.part (- ed, - ing) *vt.* [illegible] جدا جدا کردن، تقسیم کردن.

com.part.ment [kəmpá:tmənt] *vt. & n.* [در قطار] کوپه، قسمت، تقسیم کردن.

com.part.men.tal, *adj.* قسمت قسمت، کوپه‌دار.

com.part.men.tal.ize, *vt.* به قسمت‌های مجزا تقسیم نمودن، به آپارتمان‌های جداجدا تقسیم کردن، حجره‌حجره کردن.

com.pass [kʌ́mpəs] (- ed, - ing) *adj., adv., vt., vi. & n.* تدبیر کردن، نقشه کشیدن، اختراع کردن، دور زدن، مدار چیزی را کامل نمودن، باقطب نما تعیین جهت کردن، محصور کردن، محدود کردن، فهمیدن، درک کردن، گرد، مدور.

compass, *n.* حدود وثغور، حوزه، دایره، حیطه، پرگار، قطب‌نما.

com.pas.sion [kəmpǽʃən] *n.* دلسوزی، رحم، شفقت، غمخواری.

com.pas.sion.ate [kəmpǽʃənit] (-d, -ting) *adj. & vt.* ترحم کردن، دلسوز، غمخوار، رحیم، شفیق، مهربان.

com.pat.i.bil.i.ty[kəmpætibiliti] *n.* سازش پذیری، سازگاری، دمسازی، مطابقت.

com.pat.i.ble [kəmpǽtibl] *adj.* سازگار، موافق، دمساز، جور.

com.pa.tri.ot [kəmpǽtriət] *n.* هم‌میهن، هم‌وطن.

com.peer [kɔmpíə] *vt., vi. & n.* همپایه، هم‌دوش، قرین، همراه، هم‌رتبه بودن با.

com.pel [kəmpél] (-led, -ling), *vt. & vi.* مجبور کردن، وادار کردن

com.pen.di.ous [kəmpéndiəs], *adj.* ملخص، مجمل، موجز، مختصر ومفید.

com.pen.di.um (*pl.* **compendiums, compendia**) [kəmpéndiəm] *n.* خلاصه، زبده، مختصر، کوتاهی، اختصار.

com.pen.sa.ble, *adj.* قابل جبران، قابل پاداش.

com.pen.sate [kɔ́mpinseit] (- d, - ting) *vt. & vi.* پاداش دادن، عوض دادن، جبران کردن.

com.pen.sa.tion [kɔmpinséiʃən] *n.* جبران، تلافی، پاداش، غرامت.

com.pete [kəmpí:t] (- d,-ting), *vi.* رقابت کردن با، هم‌چشمی کردن، مسابقه دادن.

com.pe.tence [kɔ́mpitəns] *n.* صلاحیت، شایستگی، کفایت.

com.pe.ten.cy=competence, *n.* صلاحیت، لیاقت، شایستگی.

com.pe.tent [kɔ́mpitənt] *adj.* لایق، ذی‌صلاحیت، شایسته.

com.pe.ti.tion [kɔmpitíʃən] *n.* مسابقه، هم‌چشمی، سبقت‌جوئی.

com.pet.i.tive [kəmpétitiv] *adj.* مسابقه‌ای، قابل رقابت، رقابتی، سبقت‌جو.

com.pet.i.tor [kəmpétitə] *n.* رقیب، هم‌چشم، حریف.

com.pi.la.tion [kɔmpiléiʃən] *n.* گردآوری، تألیف، تلفیق.

com.pile [kəmpáil] (- d, - ling), *vt.* گردآوردن، تألیف کردن.

com.pil.er, *n.* مؤلف، گردآورنده.

com.pla.cence, com.pla.cen.cy [kəmpléisəns(i)] *n.* خوشنودی‌ازخود.

com.pla.cent [kəmpléisənt] *adj.* ازخود راضی، عشرت‌طلب، تن‌آسا.

com.plain [kəmpléin](-ed,-ing) *vi. & vt.* شکایت کردن، غرولند کردن.

com.plain.ant[kəmpléinənt]*n.& adj.* شاکی، دادخواه، عارض، مدعی، خواهان.

com.plaint, *n.* شکایت، دادخواهی.

com.plai.sance [kəmpléizəns, kɔ́mpleizǽns] *n.* خوشخوئی، ادب.

com.plai.sant [kəmpléizənt, kɔ́mpleizǽnt] *adj.* مهربان، خوشخو، باادب.

com.ple.ment [kɔ́mplimənt] (- ed, - ing) *n. & vt.* تعارفات معمولی، [د.] متمم، مکمل، ضمائم تزئینی، کامل کردن، متمم بودن.

com.ple.men.tar.i.ty, *n.* مکمل، متمم، تکمیل، کمال، اصل متممیت.

com.ple.men.ta.ry [kɔmpliméntəri] *adj. & n.* متمم، مکمل، تکمیل کنندهٔ یکدیگر.

com.plete [kəmplí:t] (- d, completing) *adj. & vt.* کامل، تمام، کامل کردن، انجام دادن، بانجام رساندن.

com.ple.tion [kəmplí:ʃən] *n.* تکمیل، اتمام، انجام.

com.plex [kɔ́mpleks] *adj.* پیچیده، مرکب از چند جزء، بغرنج، هم‌تافت.

com.plex, *n.* مجتمع، گروه، مجموعه، عقده (oghdeh)، برخوردهای ضمیری.

Inferiority c. عقدهٔ حقارت، احساس پستی و کوچکی.

com.plex.ion [kəmplí:ʃən] *vt. & n.* رنگ زدن، رنگ چهره، رنگ، بشره.

A dark complexioned man. آدم سیاه چرده.

com.plex.i.ty [kəmpléksiti] *n.* پیچیدگی، درهمی، بغرنجی.

com.pli.ance [kəmpláiəns] *n.* قبول، اجابت، برآوردن.

com.pli.an.cy, *n.* قبول، اجابت.

com.pli.ant [kəmpláiənt] *adj.* مهربان، خوشخو، موافق، اجابت کننده.

com.pli.ca.cy, *n.* پیچیدگی، کار پیچیده، بغرنج، بغرنجی.

com.pli.cate [kɔ́mplikeit] (- d, - ting) *vt., vi. & adj.* پیچیده کردن، پیچیدن، بغرنج کردن.

com.pli.ca.tion [kɔmplikéiʃən] *n.* پیچیدگی، بغرنجی، [طب] عوارض، عواقب.

com.plic.i.ty [kəmplísiti] *n.* [حق.] همدستی درجرم، شرکت درجرم.

com.pli.er, *n.* انجام‌دهنده، قبول کننده، همدست، شریک.

com.pli.ment [kɔ́mplimənt], *n., vt. & vi.* تعارف، تعریف، درود، تعریف کردن از.

com.pli.men.ta.ry [kɔmpliméntəri] *adj.* تعریف‌آمیز، تعارفی، بلیط افتخاری.

com.plot (- ted, - ting) *n., vt. & vi.* دسیسه، دوز وکلک، سازش.

com.ply [kəmplái] (-ied, complying) *vi. & vt.* موافقت کردن، برآوردن، اجابت کردن.

com.po.nent [kəmpóunənt] *n. & adj.* اجزاء، ترکیب کننده، ترکیب‌دهنده، جزء.

com.port [kəmpɔ́:t] *n., vi. & vt.* سازش کردن، جور بودن، تحمل کردن، دربرداشتن، حامل بودن، رفتار.

com.port.ment, *n.* رویه، اخلاق، رفتار.

com.pose [kəmpóuz] (- d, - sing) *vt. & vi.* ساختن، درست کردن، تصنیف کردن.

com.posed [kəmpóuzd] *adj.* ترکیب شده، مرتب، آرام، خونسرد.

com.pos.er [kəmpóuzə] *n.* نویسنده، سازنده، مصنف، آهنگساز.

com.pos.ite [kɔ́mpəzit] *adj. & n.* مخلوط، مرکب، چیز مرکب، هم‌گذاره.

com.po.si.tion [kɔmpəzíʃən] *n.* ترکیب، ساخت، انشاء، آهنگ‌سازی، قطعهٔ هنری.

com.pos.i.tor [kəmpɔ́zitə] *n.* حروفچین، سازنده، آهنگ ساز.

com.post [kɔ́mpɔst] (- ed, - ing) *vt. & n.* مخلوط، مواد مقوی نباتات، کود دادن.

com.po.sure [kəmpóuʃə] *n.* آرامش، خودداری، تسلط برنفس.

com.po.ta.tor, *n.* هم پیاله.

com.pote, *n.* کمپوت.

com.pound [kəmpáund] *n.* محوطه، عرصه، حیاط، ترکیب، جسم مرکب.

com.pound, *adj.* مرکب، چندجزئی، جسم‌مرکب، لفظ‌مرکب، بلوردوتائی.

A c. sentence. جملهٔ مرکب.

com.pound (- ed, - ing), *vt. & vi.* ترکیب کردن، آمیختن.

com.pre.hend [kɔmprihénd], (- ed, - ing) *vt.* دریافتن، درک کردن، فهمیدن، فراگرفتن.

com.pre.hen.si.ble [kɔmprihénsibl] *adj.* دریافتنی، قابل درک.

com.pre.hen.sion [kɔmprihénʃən] *n.* دریافت، قوهٔ ادراک.

com.pre.hen.sive [kɔmprihénsiv] *adj.* جامع، فراگیرنده، وسیع، محیط، بسیط.

com.press [kəmprés](-ed,-ing), *n., vt. & vi.* بهم فشردن، خلاصه شدن یاکردن.

com.pressed, *adj.* فشرده، متراکم.

com.press.ible, *adj.* بهم‌فشردنی، خلاصه شدنی.

com.pres.sion [kəmpréʃən] *n.* بهم فشردگی، تراکم، اختصار.

com.pres.sor, *n.* ماشین فشار، دستگاه یاماشین فشردن هوا، منگنه، کمپرسور.

com.prise, - ze [kəmpráiz], (- d, - sing) *vi. & vt.* دربرداشتن، شامل بودن.

com.pro.mise [kɔ́mprəmaiz] (- d, - sing) *n., vt. & vi.* تراضی، مصالحه، توافق، مصالحه کردن، تسویه کردن.

com.pro.mis.er, *n.* توافق کار، سازشکار.

com.pul.sion [kəmpʌ́lʃən] *n.* اجبار، اضطرار.

com.pul.sive, *adj.* اجباری، اضطراری.

com.pul.so.ry [kəmpʌ́lsəri] *n.& adj.* اجباری، قهری.

com.punc.tion [kəmpʌ́ŋkʃən] *n.* پشیمانی، ندامت، رحم.

com.pur.ga.tion, *n.* تبرئه، برائت.

com.put.able, *adj.* شمردنی.

A c. loss or profit. ضرر یا سود قابل محاسبه.

com.pu.ta.tion [kɔmpju:téiʃən] *n.* شمارش، نتیجهٔ شمارش، محاسبه.

compute [kəmpjú:t] (-d,-ting), *n., vt. & vi.* حساب کردن، تخمین زدن.

com.put.er, *n.* شمارنده، ماشین‌حساب.

com.rade [kɔ́mrid] *n.* رفیق، همراه.

com.rade.ship, *n.* رفاقت، معاضدت.

con [kɔn] (-ned, -ning) *adv., adj., vt.&n.* ازبر کردن، دانستن، مخفف کلمهٔ confidence عامیانه، اعتماد، گول‌زدن، مخالف.

con.cat.e.nate (- d, - ting), *vt. & adj.* بهم‌پیوستن، مسلسل کردن.

con.cat.e.na.tion, *n.* تسلسل.

con.cave [kɔ́nkéiv] *adj.* کاو، مقعر.

con.cav.i.ty, *n.* کاوی، توگودی، تقعر، فرورفتگی.

con.ca.vo-con.cave, *adj.* مقعرالطرفین، از دوسو کاو.

con.ca.vo-convex, *adj.* ازیك سو مقعر واز سوی دیگر محدب.

con.ceal [kənsí:l] (-ed,-ing), *vt.* پنهان کردن.

con.ceal.ment, *n.* پنهان بودن.

con.cede [kənsí:d] (- d, - ding), *vt. & vi.* واگذار کردن، دادن، تصدیق کردن.

con.ceit [kənsí:t] *n., vt. & vi.* خودبینی، غرور، استعاره.

con.ceit.ed [kənsí:tid] *adj.* خودبین، از خود راضی، خود پسند.

con.ceiv.able [kənsí:vəbl] *adj.* تصور کردنی، ممکن، امکان پذیر.

con.ceive [kənsí:v] (- d, conceiving) *vt. & vi.* تصور کردن، پنداشتن، آبستن‌شدن، درك کردن، دیدن، ایجاد کردن.

con.cent, *n.* توافق، مطابقت، هم‌آهنگی.

con.cen.ter (-ed, -ing) *vt.& vi.* متمرکز کردن، تمرکز دادن، تغلیظ کردن.

con cen.trate [kɔ́nsəntreit] (- d, - ting) *adj., n., vt. & vi.* متمرکز کردن، تمرکز دادن، تغلیظ.

con.cen.tra.tion [kɔnsəntréiʃən] *n.* تغلیظ، تمرکز.

concentration camp, *n.* بازداشتگاه زندانیان سیاسی یا اسرای جنگی.

con.cen.tric [kɔnséntrik] *adj.* هم مرکز، متحدالمرکز.

con.cept [kɔ́nsept] *n.* فکر، عقیده، تصورکلی، مفهوم.

con.cep.tion [kənsépʃən] *n.* حاملگی، لقاح‌تخم‌وشروع‌رشدجنین، ادراك، تصور.

con.cep.tion.al, *adj.* تعقلی، ادراکی.

con.cep.tual, *adj.* تصوری، ادراکی.

con.cep.tual.i.za.tion, *n.* تصور، خیال، ادراك.

con.cep.tual.ize, *vt.* تصور یا اندیشهٔ چیزی راکردن.

con.cern [kənsə́:n](-ed, -ing), *vt. & vi.* ربط، بستگی، بابت، مربوط بودن به، [بصورت اسم مفعول] دلواپس کردن، [م.م.] نگران بودن، اهمیت داشتن.

This does not c. you. این مربوط بشما نیست.

con.cert [kɔ́nsət] (- ed, -ing), *n., vt. & vi.* ساز و آواز، انجمن ساز و آواز، هم‌آهنگی،

کنسرت ، مرتب کردن ، جور کردن.

con.cert.ed [kənsə':tid] *adj.* مجتمعاً، باهم، موزون، همنوا.

concertmaster, con.cert-meis.ter, *n.* [مو.] رهبر نوازندگان ویلن ومعاون رهبر ارکست.

con.cer.to [kɔ́ntʃe'ətou] (*pl.* **con.cer.ti & concertos**) *n.* [مو.] قطعهٔ موسیقی.

con.ces.sion [kənséʃən] *n.* اعطاء، امتیاز، امتیاز انحصاری.

con.ces.sion.aire, *n.* صاحب‌امتیاز.

con.ces.sion.er=concessionaire, *n.*

con.chol.o.gy, *n.* مبحث‌صدف‌شناسی.

con.cil.i.ar, *adj.* مشورتی، توطئه‌آمیز، سری، شورائی.

con.cil.i.ate [kənsílieit] (**- d, -ting**) *vt.* & *vi.* ساکت‌کردن، آرام کردن، مطالعه‌کردن، آشتی دادن.

con.cil.i.a.tion, *n.* مصالحه، آشتی، تسکین، توافق.

con.cil.i.a.tor, *n.* آشتی دهنده ، میانجی.

con.cise [kənsáis] *adj.* مختصر، موجز، کوتاه، لب‌گو، فشرده ومختصر.

con.clave [kɔ́nkleiv] *n.* انجمن محرمانه، کنفرانس.

con.clude [kənklú:d] (**- d, -ding**) *vt.* & *vi.* بپایان رساندن، نتیجه گرفتن ، استنتاج کردن ، منعقدکردن.

con.clu.sion [kənklú:ʒən] *n.* پایان، اختتام، انجام، نتیجه، استنتاج.

con.clu.sive [kənklú:siv] *adj.* قطعی، قاطع، نهائی.

con.coct [kənkɔ́kt] (**-ed, - ing**), *vt.* درست‌کردن، جعل‌کردن، اختراع‌کردن، ترکیب‌کردن، پختن، [م.م.] گواریدن.

con.coc.tion, *n.* ترکیب، معجون.

con.com.i.tance, *n.* پیوستگی، همراهی، ملازمت.

con.com.i.tant [kənkɔ́mitənt] *adj.* & *n.* همراه، ملازم، پیوسته.

con.cord [kɔ́ŋkɔ:d] *n.* توافق، مطابقت، یکجوری، پیمان، قرار.

con.cor.dance [kənkɔ́:dəns] *n.* کشف‌اللغات ، فهرست ، تطبیق نامه ، راهنمای مطالب و موضوعات‌کتاب، همشیبی.

con.cor.dant, *adj.* موافق، جور، هم‌آهنگ،هم‌نوا، متوازن،موزون.

con.cor.dat [kɔnkɔ́:dæt] *n.* پیمان دولت بـا جماعت منهبی ، پیمان رسمی میان دو فرقهٔ منهبی، موافقت نامه.

con.course [kɔ́ŋkɔ:s] *n.* گروه، محل ملاقات، محل اجتماع ، محل تلاقی چند خیابان یا جاده .

con.cres.cence, *n.* [ز.ش.] رشد بایکدیگر، نمو مشترك، پیوستگی.

con.crete [kɔ́nkri:t] *adj.* & *n.* واقعی، بهم چسبیده ، سفت، بتون، ساروج شئی، اسم ذات.

con.crete (-d, -ting) *vt.* & *vi.* سفت‌کردن،باشفته اندودن یاساختن، بهم پیوستن، ساروج‌کردن.

con.cu.bine [kɔ́ŋkjubain] *n.* صیغه،متعه، رفیقه، همخوابه.

con.cu.pis.cence, *n.* شهوت، هوس، نفس اماره.

con.cur [kənkə':] (**-red,-ring**), *vi.* موافقت‌کردن، هم‌رأی بودن، دمسازشدن.

con.cur.rence [kənkʌ'rəns] *n.* موافقت، توافق، دمسازی، رضایت، تصادف.

con.cur.rent [kənkʌ'rənt] *adj.* در یك وقت واقع‌شونده، موافق، متقارن، همرو.

con.cus.sion [kənkʌ'ʃən] *n.* صدمه و تکان مغزکه منجر بـه بیهوشی میشود ، تصادم، صدمه، ضربت سخت.

con.demn [kəndém] (**-ed,-ing**), *vt.* محکوم‌کردن، محکوم‌شدن.

con.dem.na.tion [kɔ́ndemnéiʃən] *n.* محکومیت.

con.dens.able=con.dens.ible, *adj.* انقباض‌پذیر، خلاصه شدنی، غلیظ شدنی.

con.den.sa.tion [kɔ́ndenséiʃən] *n.* چگالش، خلاصه، جمع‌شدگی، تکاثف،تغلیظ.

con.dense [kəndéns] (**- d, -sing**) *vt.* & *vi.* متراکم کردن ، تغلیظ کردن ، منقبض کردن ، مختصر ومفیدکردن، خلاصه‌کردن.

To c. milk. تغلیظ‌کردن شیر.

To c. the article. خلاصه‌کردن مقاله.

condensed, *adj.* فشرده، خلاصه شده، تغلیظ شده، چگالیده.

con.de.scend [kɔ́ndisénd] *vt.* & *vi.* تمکین‌کردن ، فروتنی کردن ، خود را پست‌کردن، تواضع‌کردن.

condescending, *adj.* فروتن، مهربان، نوازش‌کننده.

con.de.scen.sion [kɔ́ndisénʃən] *n.* واگذاری، اعطاء، تمکین، موافقت، مدارا.

con.dign [kəndáin] *adj.* سزاوار، فراخور، مناسب.

con.di.ment [kɔ́ndimənt] *n.* ادویه، نمك وفلفل، چاشنی، ادویه زدن.

con.di.tion [kəndíʃən] (**- ed, - ing**) *n.*, *vt.* & *vi.* حالت، وضعیت، چگونگی، شرط، مقیدکردن. شرط نمودن.

Out of c. خراب.

On c. that. بشرطی‌که.

con.di.tion.al [kəndíʃənəl] *adj.* شرطی، مشروطه، موکول، مقید، نامعلوم.

con.dole [kəndóul] (**- d, -ling**), *vt.* & *vi.* تسلیت‌دادن، اظهار تأسف‌کردن.

con.do.lence [kəndóuləns] *n.* همدردی، تسلیت، اظهار تأسف.

con.do.min.i.um, *n.* حکومت مشترك، مالکیت مشترك.

con.done [kəndóun] (**- d, -ning**) *vt.* چشم پوشی کردن از، اغماض‌کردن، بخشیدن.

con.dor [kɔ́ndɔ:] (*pl.* **condors & condores**) *n.* رخ، شاهرخ، کرکس آمریکائی.

con.duce [kəndjú:s] (**- d, - cing**) *vi.* & *vt.* منتهی شدن به ، راهنمائی‌کردن، رهبری‌کردن.

con.du.cive [kəndjú:siv] *adj.* موجب شونده ، سودمند ، مساعد ، منجرشونده .

con.duct [kɔ́ndəkt] (**-ed, -ing**), *n.*, *vt.* & *vi.* رفتار، سلوك، هدایت‌کردن، بردن، اداره‌کردن.

con.duct.ance, *n.* رسانائی، ضریب هدایت، قدرت هدایت، هدایت، انتقال.

con.duc.tion, *n.* انتقال، بردن‌جریان، هدایت، تنظیم، رهبری.

con.duc.tive, *adj.* برنده، رسانا.

con.duc.tiv.i.ty, *n.* ضریب هدایت یا انتشار (حرارت و الکتریسیته و غیره)، قابلیت هدایت، رسانائی.

con.duc.tor, *n.* رهبر ارکستر،هادی،رسانا.

con.duit [kʌ'ndit] *n.* مجرای‌آب، آبگند، معبر، کانال، مجرا.

con.duplicate, *adj.* از درازا دولا شده، تاشده.

cone [koun] (**- d, - ning**) *n.*, *vt.* & *vi.* مخروط، میوهٔ‌کاج، هرچیز مخروطی یاکله قندی، مخروطی شکل‌کردن، قیف [برای بستنی قیفی].

con.fab.u.late [kɔnfǽbjuleit] (**- d, - ting**) *vi.* صحبت کردن ، درد دل کردن.

con.fab.u.la.tion, *n.* صحبت،درد دل.

con.fect (**- ed, - ing**) *vt.* & *n.* ساختن، ترکیب‌کردن، آماده‌کردن (غذا برای گوارش)، مخلوط کردن، مزق.

con.fec.tion [kənfékʃən] (**- ed, - ing**) *vt.* & *n.* شیرینی، معجون، ترکیب، ساخت، مربا.

con.fec.tion.er [kənfékʃənə] *n.* قناد، شیرینی فروش.

con.fec.tion.ery [kənfékʃənəri] *n.* صنعت شیرینی سازی، قنادی.

con.fed.er.a.cy [kənfédərəsi] *n.* هم‌پیمانی، اتفاق، اتحاد، پیوند، اتحادیه.

con.fed.er.ate [kənfédəreit] (**-d, - ting**) *adj.*, *n.*, *vt.* & *vi.* هم‌پیمان، متحد، متفق، مؤتلف، متفق‌کردن.

con.fed.er.a.tion [kənfèdəréiʃən] *n.* اتفاق، اتحاد، هم‌پیمانی، هم‌عهدی، معاهده.

con.fer [kənfə':] (**-red, -ring**), *vt.* & *vi.* اعطاءکردن، مشورت‌کردن، مراجعه‌کردن.

conferee,conferree, *n.* مشاوره‌کننده .

con.fer.ence [kɔ́nfərəns] *n.* مشاوره، کنکاش، گفتگو، مذاکره، کنفرانس.

con.fer.ment, *n.* تفویض، اعطاء.

con.fer.ra.ble, *adj.* قابل تفویض.

con.fess [kənfés] (**-ed, -ing**), *vt.* & *vi.* اقرارکردن، اعتراف‌کردن.

con.fes.sion [kənféʃən] *n.* اقرار، اقرار بجرم، اعتراف نامه.

con.fes.sion.al[kənféʃənəl]*adj.*&*n.* محل مخصوص اعتراف‌بگناه، اعترافی،اقراری.

con.fes.sor [kənfésə] *n.* معترف ، کسی که کیش خود را آشکارا اعتراف میکند ، اقرار آورنده.

con.fet.ti [kənféti] *n.pl.* کاغذ رنگی برای تزئین درجشنها، شیرینی، نقل.

con.fi.dant [kɔ́nfidǽnt] *n.* رازدار، محرم اسرار، دمساز.

con.fi.dante, *n.* زن رازدار، زن محرم اسرار.

con.fide [kənfáid] (**- d, -ding**), *vt.* & *vi.* سپردن، محرمانه‌گفتن [به]، اطمینان‌کردن، اعتماد داشتن به.

con.fi.dence [kɔ́nfidəns] *n.* اطمینان، اعتقاد، اعتماد، رازگوئی، صمیمیت.

con.fi.dent [kɔ́nfidənt] *adj.* مطمئن، دلگرم، بی‌پروا، رازدار.

con.fi.den.tial [kɔnfidénʃəl] *adj.* محرمانه، دارای مأموریت محرمانه، رازدار.

con.fid.ing, *adj.* اعتمادکننده.

con.fig.u.ra.tion [kənfìgjuréiʃən] *n.* پیکربندی، هیئت، ترتیب، شکل، قواره، وضعیت یاموقعیت.

con.fine [kənfáin] (**-d, -ning**), *n.*, *adj.* & *vt.* حد، محدوده، محدودکردن، منحصرکردن، محبوس‌کردن.

con.fined [kənfáind] *adj.* بستری، محدود شده.

con.fine.ment [kənfáinmənt] *n.* تحدید، زندان بودن، زایمان، بستری.

con.firm [kənfə':m] (**-ed,-ing**), *vt.* تأییدکردن، تصدیق‌کردن، تثبیت‌کردن .

con.fir.ma.tion [kɔ́nfəméiʃən] *n.* تأیید، تصدیق، ابرام، تثبیت، استقرار.

con.fir.ma.to.ry, *adj.* تقویتی، تأییدی.

con.firmed [kənfə':md] *adj.* & *pp.* مسلم، برقرار، تأیید شده.

con.fis.cate [kɔ́nfiskeit] (**- d, - ting**) *adj.* & *vt.* ضبط‌کردن، توقیف‌کردن، مصادره‌کردن.

con.fis.ca.tion, *n.* مصادره یا ضبط.

con.fis.ca.tor, *n.* مصادره‌گر، دعای اعتراف بگناهان، دعای اعتراف نامه.

con.fla.gra.tion [kɔ́nfləgréiʃən] *n.* آتش‌سوزی بزرگ، حریق مدهش.

con.flict [kɔ́nflikt] (**-ed,-ing**), *n.* & *vi.* ستیزه، کشاکش، کشمکش، نبرد، برخورد، ناسازگاری، تضاد ، ناسازگار بودن ، مبارزه‌کردن.

con.flu.ence [kɔ́nfluəns] *n.* اتصال یا تلاقی دونهر، محل تلاقی.

con.flu.ent, *adj.* & *n.* باهم جاری شونده، متلاقی.

con.flux [kɔ́nflʌks]=**confluence,** برخورد، تلاقی.

con.focal, *adj.* [ر.] هم‌کانون [حقیقی یا مجازی].

con.form [kənfɔ́:m] (**-ed,-ing**), *vt.* & *vi.* همنوائی‌کردن، مطابقت‌کردن، وفق دادن، پیروی‌کردن.

con.form.able [kənfɔ́:məbl] *adj.* قابل توافق، منطبق شدنی، مطیع.

con.for.ma.tion [kɔ́nfɔ:méiʃən] *n.* تطبیق، برابری،سازش،توافق،ساخت،ترکیب.

con.for.mi.ty [kənfɔ́:miti] *n.* انطباق، پیروی از رسوم یاعقاید، همنوائی.

con.found [kənfáund] (**- ed, - ing**) *vt.* پریشان‌کردن، گیج‌کردن، عاجزکردن.

con.fraternity,*n.* انجمن‌اخوت،دسته.

con.frere [kɔ́nfrɛə] *n.* همقطار.

con.front [kənfrʌ'nt] (**- ed, - ing**) *vt.* روبروشدن با، مواجهه دادن.

To c. an enemy. روبرو شدن بادشمن.

con.fuse [kənfjú:z] (**-d, -sing**), *vt.* & *vi.* مغشوش شدن، باهم اشتباه‌کردن، مغشوش‌کردن، گیج‌کردن، دست پاچه‌کردن.

Get confused. گیج شدن.

con.fu.sion [kənfjú:ʒən] *n.* درهم و برهمی، اغتشاش، دست پاچگی.

con.fu.ta.tion [kɔ́nfjutéiʃən] *n.* تکذیب، مورد تکذیب، امر مردود.

con.fute [kənfjú:t] (**-d, -ting**), *vt.* ردکردن، مجاب‌کردن، عقیم‌کردن.

con.geal [kəndʒí:l] (**-ed, -ing**), *vt.* & *vi.* یخ‌بستن، بستن، منجمدشدن، سفت‌کردن.

con.ge.nial [kəndʒí:niəl] *adj.* هم مشرب، دارای تجانس روحی، هم سلیقه.

con.gen.i.tal [kəndʒénitəl] *adj.* مادر زادی، ارثی، موروثی، ذاتی، خلقتی.

con.gest [kəndʒést] *vt.* & *vi.* انبوه شدن، متراکم‌کردن، گرفته‌کردن.

con.ges.tion [kəndʒéstʃən] *n.* تراکم، [طب]جمع‌شدن خون یااخلاط، گرفتگی.

con.glo.bate (**- d, - ting**) *adj.*, *vt.* & *vi.* گردکردن، گلوله شدن.

con.glom.er.ate [kənglɔ́məreit] (**- d, - ting**) *adj.*, *n.*, *vt.* & *vi.* اختلاط،کلوخه شده، گرد شدن، جوش سنگ.

con.glom.er.a.tion [kənglɔ̀mə-réiʃən] *n.* گلوله شدگی، توده، اختلاط شرکتها.
con.glutinate (-d, -ting) *vt. & vi.* التیام دادن، بهم چسباندن.
con.grat.u.late [kəngrǽtjuleit] (-d, -ting) *vt. & vi.* تبریك گفتن، شادباش گفتن.
con.grat.u.la.tion [kəngrǽtju-léiʃən] *n.* تبریك، تهنیت، شادباش.
con.gre.gate [kɔ́ŋgrigeit] (-d, -ting) *vt. & vi.* جمع شدن، اجتماع کردن.
con.gre.ga.tion [kɔ̀ŋgrigéiʃən] *n.* جماعت، دسته، گروه، حضار در کلیسا.
con.gress [kɔ́ŋgres] *n.* کنگره، انجمن، مجلس، (آمریکا) مجلسین سنا و نمایندگان.
con.gres.sio.nal, *adj.* مربوط به کنگره.
con.gress.man, *n.* عضو کنگره یا مجلس قانون‌گذاری آمریکا.
con.gru.i.ty, *n.* موافقت، سنخیت، تجانس، هم‌نهشت بودن.
con.gru.ous, *adj.* درخور، مناسب، مطابق، جور، منطبق.
con.ic, con.i.cal [kɔ́nik] *adj.* مخروطی، کله‌قندی.
con.jec.tur.al [kəndʒéktʃərəl] *adj.* حدسی.
con.jec.ture [kəndʒéktʃə] (-d, -ring) *n., vt. & vi.* حدس، ظن، گمان، تخمین، حدس‌زدن، گمان‌بردن.
con.join [kəndʒɔ́in] (-ed, -ing), *adj., vt. & vi.* پیوستن، وصل کردن، قرین شدن، مقترن، [حق.] همسر، زوج.
con.ju.gal [kɔ́ndʒugəl] *adj.* نکاحی، ازدواجی.
c. life. زندگی زناشوئی.
con.ju.gate [kɔ́ndʒugeit] (-d, -ting) *adj., vt. & n.* صرف کردن، درهم آمیختن، توأم.
con.ju.ga.tion [kɔ̀ndʒugéiʃən] *n.* [د.] صرف، پیوستگی، ترکیب، گشنگیری.
con.junct, *adj. & n.* بهم پیوسته، متصل، متحد.
con.junc.tion [kəndʒʌ́ŋkʃən] *n.* پیوستگی، اتصال، اقتران، حرف‌ربط، حرف‌عطف.
con.junc.tive [kəndʒʌ́ŋktiv] *n. & adj.* ربط دهنده، حرف ربط.
con.junc.ti.vi.tis, *n.* [طب] ورم ملتحمه، آماس ملتحمه.
con.junc.ture [kəndʒʌ́ŋktʃə] *n.* اقتران، اتصال، ملاقات تصادفی.
con.jure [kʌ́ndʒə] (-d, -ring), *vt. & vi.* التماس کردن به، سوگند دادن، جادو کردن.
con.jur.er, con.ju.ror [kʌ́n-dʒərə] *n.* جادوگر، ساحر، آدم تردست.
conk (-ed, -ing) *n., vt. & vi.* (معمولاً با out) ضعیف شدن، ازکار افتادن.
conn (-ed, -ing) *vt. & n.* راندن، (کشتی وهواپیما) را هدایت کردن.
con.nate, *adj.* ذاتی، مادرزادی.
con.nect [kənékt] (-ed, -ing), *vt. & vi.* پیوستن، وصل کردن، مربوط کردن، متصل کردن.
con.nec.tion, con.nex.ion [kənékʃən] *n.* پیوستگی، اتصال، وابستگی، نسبت، مقام، خویشی، رابطه.
con.nec.tive [kənéktiv] *n. & adj.* کلمهٔ ربط یا عطف، ربط، پیوندی.

con.niv.ance [kənáivəns] *n.* چشم پوشی، اغماض، اجازهٔ ضمنی.
con.nive [kənáiv] *vi.* مسامحه کردن، تجاهل کردن، سر و پرّ داشتن.
con.niv.er, *n.* مسامحه‌کار، تجاهل کننده.
con.nois.seur [kɔ̀nisə́:] *n.* خبره.
con.no.ta.tion [kɔ̀nətéiʃən] *n.* دلالت ضمنی، توارد ذهنی، معنی.
con.note [kənóut] (-d, -ting), *vt.* دلالت ضمنی کردن بر، اشارهٔ ضمنی کردن.
con.nu.bi.al [kənjú:biəl] *adj.* [illegible]
con.quer [kɔ́ŋkə] (-ed, -ing), *vt. & vi.* پیروزی یافتن بر، فتح کردن، تسخیر کردن.
con.quer.or [kɔ́ŋkərə] *n.* فاتح، غالب، پیروز، کشورگشا.
con.quest [kɔ́ŋkwest] (-ed, -ing) *n. & vt.* غلبه، پیروزی، غلبه کردن.
con.san.guine=consanguinous, *adj.* همخون، ازیك صلب، صلبی.
con.san.guin.i.ty [kɔ̀nsæŋgwí-niti] *n.* خویشی صلبی، قوم وخویشی.
con.science [kɔ́nʃəns] *n.* با وجدان، ضمیر، ذمه، باطن، دل.
con.sci.en.tious [kɔ̀nʃiénʃəs] *adj.* با وجدان، وظیفه‌شناس.
conscionable, *adj.* معقول، درست، وجدانی، باوجدان.
con.scious [kɔ́nʃəs] *adj. & n.* هوشیار، بهوش، آگاه، باخبر، ملتفت، وارد.
con.scious.ness [kɔ́nʃəsnis] *n.* هوشیاری، آگاهی، خبر، حس آگاهی.
con.script [kɔ́nskript] *adj., n. & vt.* سرباز وظیفه، مشمول نظام کردن.
con.scrip.tion, *n.* خدمت اجباری.
con.se.crate [kɔ́nsikreit] (-d, -ting) *adj., vt. & vi.* وقف شده، ویژه کردن، تخصیص دادن، تقدیس کردن.
con.se.cra.tion [kɔ̀nsikréiʃən] *n.* تخصیص، وقف، تقدیس، تبرك.
con.sec.u.tive [kənsékjutiv] *adj.* پی‌درپی، متوالی، پشت سرهم، [د.] نتیجه‌ای.
con.sen.su.al, *adj.* [حق.] مبنی بر رضایت طرفین، رضایتی.
con.sen.sus [kənsénsəs] *n.* توافق عام، رضایت وموافقت عمومی، وفاق، اجماع.
con.sent [kənsént] (-ed, -ing), *n. & vi.* رضایت، موافقت، راضی شدن، رضایت دادن.
con.sen.ta.ne.ous, *adj.* موافق، دارای اتفاق آراء.
con.se.quence [ɔ́nsikwəns] *n.* نتیجه، نتیجهٔ منطقی، اثر، پی‌آمد.
con.se.quent [kɔ́nsikwənt] *adj. & n.* من‌تبع، ازدنبال آینده، نتیجه‌بخش.
con.se.quen.tial [kɔ̀nsikwénʃəl] *adj.* نتیجه‌ای، مهم، دارای اهمیت.
con.ser.va.tion [kɔ̀nsəvéiʃən] *n.* نگهداری، حفاظت، حفظ منابع طبیعی.
con.serv.a.tion.ist, *n.* طرفدار حفظ منابع طبیعی.
con.serv.a.tism [kənsə́:vətizm] *n.* محافظه‌کاری، سیاست محافظه‌کاری.
con.ser.va.tive [kənsə́:vətiv] *n. & adj.* محافظه‌کار، پیرو سنت قدیم.
con.serv.a.to.ry [kənsə́:vətri] *n.* هنرستان هنرهای زیبا [بخصوص موسیقی].
con.serve [kənsə́:v] (-d, -ving), *vt. & n.* نگهداری کردن، از صدمه محفوظ داشتن، کنسرو تهیه کردن، کنسرو.
con.sid.er [kənsídə] (-ed, -ing), *vt. & vi.* رسیدگی کردن [به]، ملاحظه کردن، تفکر کردن.
con.sid.er.a.ble [kənsídərəbl], *adj. & n.* قابل ملاحظه، قابل توجه، مهم.
con.sid.er.ate [kənsídərit] *adj.* باملاحظه، بافکر، محتاط.
con.sid.er.ation [kənsìdəréiʃen] *n.* ملاحظه، رسیدگی، توجه، مراعات.
considered, *adj.* بافکر، [illegible] درست، [illegible]
con.sign [kənsáin] (-ed, -ing), *vt. & vi.* سپردن، تسلیم کردن، امانت گذاردن، ارسال کردن.
con.sign.ee [kɔ̀nsiní:, kɔ̀nsainí:] *n.* کسی که جنس یا مالی بعنوان ارسال شده.
con.sign.ment [kənsáinmənt] *n.* حمل، ارسال، محموله، مرسوله.
con.sign.or [kənsáinə, kɔ̀nsi-nɔ́:, kɔ̀nsainɔ́:] *n.* فرستندهٔ کالا، حمل کنندهٔ کالا.
con.sist [kənsíst] (-ed, -ing), *vt. & vi.* مرکب بودن از، شامل بودن، عبارت بودن از.
This sentence consists of six words. این جمله مرکب است از شش لغت.
con.sis.tence=consistency, [kənsístəns(i)] *n.* ثبات، استحکام، درجهٔ غلظت.
con.sist.ent [kənsístənt] *adj.* نامتناقض، استوار، ثابت قدم.
con.so.ci.ate (-d, -ting) *vt., vi.&adj.* همدست کردن، متحد کردن، پیوستن.
con.so.la.tion [kɔ̀nsəléiʃən] *n.* دلداری، تسلی، تسلیت.
con.sole [kənsóul] *vt. & n.* دلداری دادن، تسلی دادن، تسلیت دادن، میز زیر رادیو یا تلویزیون یا ارگ وپیانو.
con.sol.i.date [kənsɔ́lideit], (-d, -ting) *vt. & vi.* محکم کردن، یکی کردن، یك رقم کردن.
con.sol.i.da.tion [kənsɔ̀lidéiʃən] *n.* تحکیم، تثبیت، تقویت، ترکیب، اتحاد، قوام.
con.som.mé [kɔnsɔ́mei] *n.* آب‌گوشت تنگاب، آبگوشت غلیظ.
con.so.nance [kɔ́nsənəns] **con-so.nan.cy,** *n.* هم‌آهنگی، هم‌صدائی، توافق صدا.
con.so.nant [kɔ́nsənənt] *adj.* هم‌آهنگ، حرف صامت، حرف بی‌صدا.
con.sort [kɔ́nsɔ:t] (-ed, -ing), *n., vt. & vi.* همسر، شریك، مصاحب، هم‌نشین شدن، جور کردن.
con.sor.tium (*pl.* **consortia**), *n.* [حق.] ائتلاف چند شرکت باهم برای انجام امور انتفاعی، کنسرسیوم.
con.spec.tus [kənspéktəs] *n.* نمودار، اجمال، زمینه.
con.spic.u.ous [kənspíkjuəs], *adj.* هویدا، پدیدار، آشکار، واضح، توی‌چشم‌خور.
con.spir.a.cy [kənspírəsi] *n.* توطئه، دسیسه، نقشهٔ خیانت‌آمیز.
con.spir.a.tor [kənspírətə] *n.* خیانتکار، توطئه‌چی، دسیسه‌کار، شریك فتنه.
con.spire [kənspáiə] (-d, -ring) *vt. & vi.* توطئه چیدن برای کار بد، هم‌پیمان‌شدن، در نقشهٔ خیانت شرکت کردن.
con.sta.ble [kʌ́nstəbl] *n.* افسر ارتش، پاسبان، ضابط.
con.stab.u.lary [kənstǽbjuləri] *adj. & n.* نیروی شهربانی، پاسبانان یك محل.
con.stan.cy [kɔ́nstənsi] *n.* پایداری، ثبات، استواری، وفاداری.
con.stant [kɔ́nstənt] *adj. & n.* پایدار، ثابت‌قدم، باثبات، استوار، وفادار، دائمی.
con.stel.la.tion [kɔ̀nsteléiʃən] *n.* صورت فلکی، برج، مجمع‌الکواکب.
con.ster.na.tion [kɔ̀nstənéiʃən] *n.* آشفتگی، [illegible]
con.sti.pate [kɔ́nstipeit] (-d, -ting) *vt.* [طب] قبض کردن، یبوست دادن، خشکی آوردن.
con.sti.pa.tion [kɔ̀nstipéiʃən] *n.* یبوست.
con.stit.u.en.cy [kənstítjuənsi] *n.* هیئت مؤسسان، حوزهٔ انتخاباتی.
con.stit.u.ent [kənstítjuent] *adj. & n.* جزء اصلی، انتخاب‌کننده، موکل.
con.sti.tute [kɔ́nstitju:t] (-d, -ting) *vt.* تشکیل دادن، تأسیس کردن، ترکیب کردن.
con.sti.tu.tion [kɔ̀nstitjú:ʃən] *n.* ساختمان و وضع طبیعی، تشکیل، تأسیس، مشروطیت، قانون اساسی، نظام‌نامه.
con.sti.tu.tion.al, *adj.* مطابق قانون اساسی.
con.sti.tu.tion.al.ism [kɔ̀nsti-tjú:ʃənəlizm] *n.* اصول مشروطیت، حکومت مشروطه.
con.sti.tu.tive, *adj.* ترکیب‌کننده، تشکیل دهنده، ساختمانی.
con.strain [kənstréin] *vt. & vi.* بزور وفشار وادار کردن، تحمیل کردن.
con.straint [kənstréint] *n.* اجبار، اضطرار، فشار، قید، گرفتاری، توقیف.
con.strict [kənstríkt] (-ed, -ing) *vt.* تنگ کردن، جمع کردن، منقبض کردن.
con.stric.tion, *n.* انقباض، فشار، تنگ شدگی، قبض مزاج.
con.stric.tor, *n.* ماهیچهٔ جمع کننده، انواع مارهای «بوا».
con.stringe (-d, -ging) *vt.* جمع شدن، گرد آمدن، چروك شدن.
con.struct [kənstrʌ́kt] (-ed, -ing) *vt. & n.* ساختن، بنا کردن، ایجاد کردن.
con.struct.ible, *adj.* قابل ساختن.
con.struc.tion [kənstrʌ́kʃən] *n.* ساختمان، عمارت.
con.struc.tion.al, *adj.* ساختمانی.
con.struc.tive [kənstrʌ́ktiv] *adj.* بنا کننده، [مج.] سودمند، مفید، ساختمانی.
con.struc.tor, *n.* سازنده.
con.strue [kənstrú:] *n., vi. & vt.* تفسیر کردن، تعبیر کردن، استنباط کردن.
con.sue.tude, *n.* اعتیاد، رسم وروش، عادت.
con.sul [kɔ́nsəl] *n.&vt.* کنسول، قنسول.
con.sul.ar, *adj.* کنسولی.
con.sul.ate [kɔ́nsjulit] *n. & vt.* کنسولگری، ادارهٔ کنسولی.
con.sult [kənsʌ́lt] (-ed, -ing), *n., vt. & vi.* مشورت کردن، مشورت خواستن از، مشورت.
con.sul.tant, *n.* مشاور، مشورت‌کننده.
con.sul.ta.tion [kɔ̀nsəltéiʃən] *n.*

مشاوره، مشورت، مذاکره.

con.sume [kənsjú:m] (-d, -ming) *vt. & vi.*
مصرف کردن، تحلیل رفتن، ازپا درآمدن.

con.sum.er [kənsjú:mə] *n.*
مصرف کننده.

consumer goods, *n.pl.*
اشیاء مصرفی.

con.sum.mate [kɔ́nsəmeit] (-d, -ting) *vt. & adj.*
بپایان رساندن ، انجام دادن ، عروسی کردن ، بوصال رسیدن، رسیده، تمام و کمال، بحدکمال.

con.sump.tion [kənsʌ́m(p)ʃən] *n.*
مصرف، سوختن، زوال، [طب] مرض سل .

con.sump.tive [kənsʌ́m(p)tiv] *adj. & n.*
دچار مرض سل، تحلیل رفته.

con.tact [kɔ́ntækt] (-ed -ing), *n., adj., adv., vt. & vi.*
تماس، اتصال، تماس یافتن، تماسی، برخورد.

con.ta.gion [kəntéidʒən] *n.*
[طب] واگیری، سرایت، ناخوشی واگیر.

con.ta.gious [kəntéidʒəs] *adj.*
واگیر، مسری، واگیردار.

con.tain [kəntéin] (-ed, -ing), *vt. & vi.*
محتوی بودن، دارا بودن ، دربرداشتن ، شامل بودن، خودداری کردن، بازداشتن.

con.tain.er [kəntéinə] *n.*
ظرف، محتوی.

con.tain.ment, *n.*
کف نفس، محدود نگاهداشتن .

con.tam.i.nate [kəntæmineit] (-d, -ting) *vt.*
آلودن، ملوث کردن، سرایت دادن.

con.tam.i.na.tion [kəntæminéiʃən] *n.*
آلودگی، کثافت، عدم خلوص، ناپاکی.

conte, *n.* داستان کوتاه، داستان.

con.temn [kəntém] (-ed, -ing) *vt.* خوار شمردن، حقیر شمردن.

con.tem.plate [kɔ́ntempleit, kəntémpleit] (-d,-ting) *vt. & vi.*
تفکر کردن، درنظر داشتن.

con.tem.pla.tion [kɔntempléiʃən] *n.* تفکر، تأمل، غور، تعمق.

con.tem.pla.tive, *adj. & n.*
تفکری، وابسته بغور و تعمق.

con.tem.po.ra.ne.i.t.y, *n.*
هم عصری، معاصر بودن.

con.tem.po.ra.ne.ous [kəntempəréinjəs] *adj.*
همزمان، معاصر، هم عصر.

con.tem.po.rary [kəntémpərəri] *adj. & n.* معاصر.

con.tempt [kəntémpt] *n.*
تحقیر، اهانت، خفت.

con.tempt.ible [kəntémptibl], *adj.* قابل تحقیر، خوار، پست.

con.temp.tu.ous [kəntémptjuəs] *adj.*
اهانت آمیز، مغرورانه، قابل تحقیر، تحقیرآمیز.

con.tend [kənténd] (-ed, -ing), *vt. & vi.*
ستیزه کردن، مخالفت کردن با، رقابت کردن.

con.tent [kəntént] (-ed, -ing), *adj., n. & vt.*
گنجایش ، حجم ، مقـدار ، مندرجات ، مفاد ، خوشنود، راضی، راضی کردن، قانع کردن.

con.ten.tion [kənténʃən] *n.*
ستیزه، مشاجره، نزاع، مجادله، مباحثه.

con.ten.tious [kənténʃəs] *adj.*
ستیزه جو، دعوائی، متنازع فیه.

con.tent.ment [kənténtmənt] *n.*
رضایت، قناعت، خرسندی.

con.test [kəntést] (-ed, -ing), *n., vt. & vi.*
مباحثه وجدل کردن ، اعتراض داشتن بر، ستیزه کردن، مشاجره، مسابقه، رقابت، دعوا.

con.test.able, *adj.* قابل اعتراض.

con.tes.tant [kəntéstənt] *n.*
ستیزه جو، مسابقه دهنده، مدافع.

con.tes.ta.tion, *n.*
بحث، منازعه، مناظره، رقابت، مرافعه، رد.

con.text [kɔ́ntekst] *adj. & n.*
زمینه، مفاد، مفهوم.

con.ti.gu.i.ty [kɔntigjúiti] *n.*
نزدیکی، مجاورت، برخورد، تماس، وابستگی، ربط.

con.tig.u.ous [kəntígjuəs] *adj.*
نزدیک، مجاور، پیوسته، متصل، مربوط بهم.

con.ti.nence [kɔ́ntinəns] *n.*
خودداری از تسلیم شدن به تمایلات نفس.

con.ti.nent [kɔ́ntinənt] *adj. & n.*
اقلیم، قاره، پرهیزکار، خوددار.

con.ti.nen.tal [kɔntinéntl] *adj.*
اقلیمی، قاره‌ای.

continental shelf, *n.* فلات قاره.

con.tin.gen.cy [kəntín(d)ʒənsi] *n.*
احتمال، احتمال وقوع، چیزی که درآینده ممکن است رخ دهد، تصادفی، محتمل الوقوع.

con.tin.gent [kəntín(d)ʒənt], *adj. & n.*
محتمل الوقوع، تصادفی، مشروط، موکول.

con.tin.u.al [kəntínjuəl] *adj.*
دائمی، همیشگی، مکرر، متناوب.

con.tin.u.ance [kəntínjuəns] *n.*
دوام، ادامه، تناوب بدون انقطاع.

con.tin.u.a.tion [kəntinjuéiʃən] *n.*
ادامه، مداومت، تعقیب، تمدید.

con.tin.ue [kəntínju] *vt. & vi.*
ادامه دادن، دنبال کردن.

continuing, *adj.* مداوم، لاینقطع.

con.ti.nu.i.ty [kɔntinjú:iti] *n.*
پیوستگی، اتصال، استمرار، تسلسل، دوام.

con.tin.u.ous, *adj.* مداوم، متوالی.

con.tin.u.um (*pl.* **con.tin.ua** & **continuums**) *n.*
رشته مسلسل، تسلسل، پی‌درپی، مستمر، زنجیره.

con.tort [kəntɔ́:t] (-ed, -ing), *vi. & vt.*
از شکل انداختن، کج کردن، پیچاندن.

con.tor.tion, *n.*
از شکل اندازی، کج کردن.

con.tor.tion.ist [kəntɔ́:ʃənist] *n.* بندباز، کسی که بدنش راکج ومعوج میکند.

con.tour [kɔ́ntuə] (-ed, -ing), *n., vt. & vi.*
محیط مرئی ، خط فاصل در نقشه‌هـای رنگی ، نقشهٔ برجسته، نقاشی کردن، طراحی کردن.

con.tra.band [kɔ́ntrəbænd], *adj., n. & vt.*
کالای قاچاق، تجارت قاچاق یا ممنوع، قاچاق.

con.tra.band.ist, *n.* قاچاقچی.

con.tra.cep.tion, *n.*
جلوگیری از آبستنی.

con.tra.cep.tive, *adj. & n.*
وسیلهٔ جلوگیری از آبستنی.

con.tract [kɔ́ntrækt] *n.*
قرارداد، مقاطعه، کنترات.

A marriage c. قرارداد ازدواج.
The c. was signed. قرارداد امضاء شده.

con.tract [kəntrækt] (-ed, -ing) *vt. & vi.*
قرارداد بستن ، مقاطعه کاری کردن ، کنترات کردن، منقبض کردن، مخفف کردن، همکشیدن.

con.trac.t.ile [kəntræktail] *adj.*
قابل انقباض، ادغام شونده.

con.tract.ion [kəntrækʃən] *n.*
انقباض، اختصار، ادغام، همکشیدن.

con.trac.tor [kəntræktə] *n.*
پیمانکار، مقاطعه‌کار.

con.trac.tu.al, *adj.*
قراردادی، مقاطعه‌ای، معاهده‌ای، پیمانی.

con.tra.dict [kɔntrədíkt] (-ed, -ing) *vt. & vi.*
تناقض داشتن با، مخالف بودن با، سخن [کسی را] انکار کردن .

con.tra.dic.tion [kɔntrədíkʃən] *n.*
مخالف، تناقض، رد، ضدگوئی، خلاف گوئی.

con.tra.dic.to.ry [kɔntrədíktəri] *adj. & n.*
متناقض، مخالف، متباین، [منـ] ضد ونقیض.

con.tra.distinction, *n.*
تمیز، تشخیص، فرق.

con.tra.distinguish (-ed, -ing) *vt.*
فرق گذاردن (بعلت خواص متناقض ومغایر)، متمایز داشتن.

con.trap.tion [kəntræpʃən] *n.*
اختراع، تدبیر، ابتکار، اسباب.

con.tra.pun.tal, *adj.*
چندصدائی، چندصوتی، آهنگ با ترانهٔ چندصوتی.

con.tra.ri.e.ty [kɔntrəráiəti] *n.*
مخالفت، دگرگونی، مغایرت، ناسازگاری.

con.trar.i.ous, *adj.*
مخالفت آمیز، از روی دشمنی، عنادآمیز.

con.trari.wise [kɔ́ntrəriwaiz, nəntεəriwaiz] *adv.*
برعکس، بطور وارونه ومعکوس.

con.trary [kɔ́ntrəri] *n., adj., & adv.*
مخالف، معکوس، مقابل.

con.trast [kəntrá:st] (-ed, -ing) *n., vt. & vi.*
مغایرت، برابر کردن، تباین، مقابله.

con.tra.vene [kɔntrəví:n] *vt. & vi.*
تخلف کردن از، نقض کردن، تخطی کردن.

con.tra.ven.tion [kɔntrəvénʃən] *n.*
تخلف، نقض، تشدید.

con.tre.temps [kɔ́ntrətâ] (*pl.* **contretemps**) *n.*
رویداد ناگوار، بدشانسی، گرفتگی حالت.

con.trib.ute [kəntríbju:t] (-d, **contributing**) *vt. & vi.* اعانه دادن، شرکت کردن در، همکاری وکمک کردن.

con.trib.u.tor, *n.*
شرکت کننده ، اعانه دهنده.

con.tri.bu.tion [kɔntribjú:ʃən] *n.*
سهم، اعانه، شرکت ،همکاری وکمک.

con.trib.u.to.ry [kəntríbjutəri] *adj. & n.* کمک کننده، موجب، خراج گذار.

con.trite [kɔ́ntrait] *adj.*
پشیمان، توبه کار، از روی توبه وپشیمانی.

con.tri.tion [kəntríʃən] *n.*
پشیمانی ، توبه، ندامت.

con.triv.ance [kəntráivəns] *n.*
اختراع، تدبیر، تمهید، اسباب.

con.trive [kəntráiv] (-d, -ving) *vt. & vi.*
تعبیه کردن، طرح ریزی کردن، تدبیر کردن.

con.triv.er, *n.*
مدبر، طرح ریز، کوشا وزرنگ.

con.trol [kəntróul] (-led, -ling), *vt. & n.* کنترل کردن، نظارت کردن، تنظیم کردن، بازرسی، کنترل، رسیدگی، تطبیق.

con.trol.ler [kəntróulə] *n.*
بازرس، حسابدار ممیز، ناظر.

con.tro.ver.sial [kɔntrəvə́:ʃəl], (*pl.* -sies) *adj.* مباحثه‌ای، جدلی، جدال آمیز، مباحثه جو، ستیزه جو، بحثی.

con.tro.ver.sy [kɔ́ntrəvə:si] *n.*
مباحثه، جدال، ستیزه، بحث.

con.tro.vert [kɔ́ntrəvə́:t, kɔntrəvə:t] (-ed, -ing) *vt. & vi.*
ردکردن، مخالفت کردن، منکر شدن.

con.tu.ma.cious [kɔmtjuméiʃəs] *adj.* سرکش، خودسر، سرپیچ، متمرد، یاغی.

con.tu.ma.cy [kɔ́ntjuməsi] *n.*
سرکشی، امتناع ازحضوردردادگاه، تمرد.

con.tu.me.ly [kɔ́ntjumili] *n.*
اهانت، بی‌حرمتی، خفت، سبکی، توهین.

con.tuse [kəntjú:z] (-d,-sing), *vt.* کوفتن، ضربت زدن، کوفته کردن، له کردن.

con.tu.sion [kəntjú:ʒən] *n.* [طب]
کوفتگی، ضرب، ضربت، کوفتگی انساج، ضنطه.

co.nun.drum [kənʌ́ndrəm] *n.*
معما، چیستان، لغز، مسئلهٔ بغرنج وپیچیده.

con.ur.ba.tion, *n.* شهرمهم مرکزی.

con.va.lesce [kɔnvəlés] (-d, -cing) *vi.*
بهبودی یافتن، دورهٔ نقاهت راگذراندن.

con.va.les.cence [kɔnvəlésəns] *n.* بهبودی تدریجی پس ازبیماری، دورهٔ نقاهت.

con.va.les.cent, *adj. & n.* بیمار.

con.vene [kənví:n] (-d, -ning), *vt. & vi.* گردآمدن، دورهم جمع شدن، جمع کردن، تشکیل جلسه دادن.

con.ve.nience [kənví:njəns] *n.*
آسودگی، راحتی، (درجمع) تسهیلات.

con.ve.nient [kənví:njənt] *adj.*
راحت، مناسب.

con.vent [kɔ́nvənt] (-ed, -ing), *n., vt. & vi.* صومعه، دیر، مجمع.

con.ven.tion [kənvénʃən] *n.*
پیمان‌نامه، انجمن، مجمع، میثاق.

con.ven.tion.al [kənvénʃənəl] *adj.*
مرسوم، مطابق آئین وقاعده، پیرو سنت ورسوم.

con.ven.tion.al.ism, *n.*
پیروی از رسوم.

con.ven.tion.al.i.ty, *n.*
مطابقت با آئین و رسوم قراردادی ، پیروی از سنت قدیم.

con.ven.tion.al.ize (-d, **conventionalizing**) *vt. & vi.*
باعرف وعادت وسنت وفق دادن، سنتی کردن.

con.verge [kənvə:dz] (-d, **converging**) *vt. & vi.*
توجه بیک نقطه یابیک مقصد مشترک، [ر.] تقارب خطوط، وجود تشابه، همگراشدن.

con.ver.gent, *adj.*
[هنـ.] خطوط متقارب و متلاقی، همگرا.

con.ver.sance=con.ver.san.cy, *n.* آگاهی کامل، آشنائی کامل، تبحر.

con.ver.sant [kɔ́nvəsənt] *adj.*
آگاه، بصیر، (با with) وارد، متبحر.

con.ver.sa.tion [kɔnvəséiʃən] *n.*
گفتگو، گفت وشنید، مکالمه، محاوره.

A friendly c. مکالمهٔ دوستانه.

con.ver.sa.tion.al, *adj.* مکالمه‌ای.

con.verse [kənvə́:s] (-d, **conversing**) *vi., vt. & n.*
صحبت کردن، مذاکره کردن، آمیزش، صحبت.

con.verse [kɔ́nvə:s] *adj. & n.*
معکوس، واژگون، وارونه، مخالف، گفتگو.

con.ver.sion [kənvə́:ʃən] *n.*
تغییر، تبدیل، تسعیر، تغییرکیش.

con.vert [kənvə':t] (**-ed, -ing**), *n., vt. & vi.* برگرداندن، وارونه‌کردن، معکوس کردن، بکیش دیگری آوردن، تازه کیش.
con.vert.er, conver.tor, *n.* برگرداننده، تبدیل کننده، آلت تبدیل [شخص یا شیء]، مبلغ مذهبی.
con.vert.ible [kənvə':tibl] *adj. & n.* قابل تبدیل، تغییر پذیر، قابل تسعیر.
con.vex [kɔ́nveks, kɔnvéks], *adj. & n.* محدب، کوژ.
A c. lens. عدسی محدب.
con.vex.i.ty [kɔnvéksiti] *n.* [illegible]
con.vexo-concave, *adj.* محدب ومقعر.
con.vey [kənvéi] (**-ed, -ing**), *vi.& vt.* رساندن، بردن، حمل کردن، نقل کردن.
con.vey.ance [kənvéiəns] *n.* حمل، واگذاری، انتقال، سند انتقال، وسیلهٔ نقلیه.
con.vey.er, con.vey.or [kənvéiə] *n.* ناقل، حامل.
con.vict [kɔ́nvikt] (**-ed, -ing**), *adj., n. & vt.* مجرم، جانی، محبوس، محکوم کردن.
con.vic.tion [kənvíkʃən] *n.* محکومیت، مجرمیت، عقیده، اطمینان.
con.vince [kənvíns] (**- d, convincing**) *vt.* متقاعد کردن، قانع کردن.
convincing, *adj.* متقاعد کننده.
con.viv.i.al [kənvíviəl] *adj.* جشنی، اهل کیف وخوشگذرانی، وابسته به جشن عشرت.
con.vo.ca.tion [kɔnvoukéiʃən] *n.* انجمن، مجلس، جلسهٔ عمومی دانشجویان.
con.voke [kənvóuk] (**- d, convoking**) *vt.* برای تشکیل جلسه وشورا یا کمیسیون دعوت کردن.
con.vo.lute (**- d, convoluting**) *adj., vi. & vt.* بهم‌پیچیده، حلقوی، پیچ وتاب خوردن، حلقه حلقه کردن.
convoluted, *adj.* بهم پیچیده، بهم تابیده، حلقوی، پیچاپیچ.
con.vo.lu.tion [kɔnvəlú:ʃən] *n.* پیچیدگی، پیچ، حلقه.
con.voy [kənvɔ́i] (**- ed, - ing**), *n. & vt.* قافله، کاروان، بدرقه، همراه رفتن، بدرقه کردن.
con.vulse [kənvʌ'ls] (**- d, -sing**) *vt. & vi.* تکان‌دادن، دچارتشنج کردن.
con.vul.sion [kənvʌ'lʃən] *n.* تشنج، پرش، تکان، آشوب.
con.vul.sive [kənvʌ'lsiv] *adj.* تشنجی، متشنج، مختلج، [مج.] تکان دهنده.
cony, coney [kóuni] *n.* خرگوش کوچك، آدم ساده لوح.
coo [ku:](**-ed,-ing**)*interj.,n.&vi.* صدای کبوتر وقمری، بغبغو کردن، باصدای نرم وعاشقانه سخن‌گفتن، آهسته وبازمزمه اداکردن.
cook [kuk] *n., vt. & vi.* آشپز، پختن.
cookbook, *n.* کتاب آشپزی، کتاب طباخی.
cook.er [kúkə] *n.* چراغ خوراك‌پزی.
cook.ery [kúkəri] *n.* آشپزی، آشپزخانه.
cook.ie, cooky [kúki] *n.* کلوچه، شیرینی، بیسکویت، شیرینی‌خشک.
cool [ku:l] (**- ed, - ing**) (**- er, -est**) *adj., n., vt. & vi.* خنك، سرد، خونسرد، خنك کردن، آرام کردن.
cool.ant, *n.* سرد کننده.
cool.er [kú:lə] *n.* سرد کن، خنك‌کننده، کولر، دستگاه خنك کننده.
coo.lie [kú:li] *n.* حمال، باربر.
coop [ku:p] (**-ed, -ing**) *n. & vt.* قفس، مرغدان، آغل گوسفند، زندان، [درقفس] محبوس کردن، [مج.] درقید گذاشتن.
co-op=cooperative, *n. & adj.* تعاونی.
coo.per [kú:pə] (**- ed, - ing**) *n., vt. & vi.* چلیك ساز، پیت ساز.
co.op.er.ate [kòuɔ́pərəit] (**- d, cooperating**) *vi.* همکاری کردن، باهم کارکردن، همدستی کردن، تشریك مساعی کردن، اشتراك مساعی کردن، تعاون کردن.
co.op.er.a.tion [kòuɔpəréiʃən] *n.* [illegible]
co.op.er.a.tive [kòuɔ́pərətiv] *adj. & n.* شرکت‌تعاونی، وابسته به تشریك‌مساعی.
co.op.er.a.tor, *n.* همکار، همدست، همکاری کننده.
co-opt [kouɔ́pt] (**-ed, -ing**) *vt.* بهمکاری‌پذیرفتن، بعنوان همقطار پذیرفتن.
co.or.di.nate (**- d, coordinating**) *n., vt., vi. & adj.* متناسب کردن، هم آهنگ کردن، تعدیل کردن، هم‌پایه، مربوط، (در جمع) مختصات.
co.or.di.na.tor, *n.* تعدیل کننده، هم آهنگ کننده.
co.or.di.na.tion [kòuɔ:dinéiʃən] *n.* هم‌پایگی، تناسب، موزونی، هم‌آهنگی.
coot [ku:t] *n.* آنقوت، آنگیت، آدم ساده واحمق.
cop, *n.* پلیس، پاسبان.
co.partner [kòupá:tnə] *n.* سهیم وشریك درتجارت وغیره، شریك.
co.partnership, *n.* شراکت.
cope [koup] (**- d, coping**) *n., vi. & vt.* ردای روحانی، جبه، نوك، رأس، پوشاندن، قطع کردن.
cope, *vt. & vi.* برآمدن، حریف شدن، از عهده برآمدن.
cop.i.er [kɔ́piə] *n.* رونویس کننده، مقلد شیوهٔ دیگران درخط وانشاء.
co.pilot, *n.* [هواپیمائی] کمك خلبان، خلبان دوم.
cop.ing [kóupiŋ] *n.* کتیبه، قرنیس دیوار.
co.pi.ous [kóupiəs] *adj.* فراوان، مفصل، زیاد، خیلی.
cop.per [kɔ́pə] *n., adj. & vt.* مس، بامس اندودن، مس یاترکیبات مسی بکاربردن.
copperhead, *n.* نوعی‌مار زهردار.
copperplate [kɔ́pəpleit] *n.* بشقاب مسی، کلیشهٔ مسی، صفحهٔ مسی.
coppersmith, *n.* مسگر.
cop.pice]kɔ́pis] *n.* بیشه، هیمه‌زار.
copse [kɔps]**=corn poppy,** *n.* [گ.ش.] خشخاش بستانی، شقایق.
cop.ter=helicopter, *n.* هلیکوپتر.
cop.u.late (**- d, copulating**), *vi.* مقاربت جنسی کردن.
cop.u.la.tion, *n.* جماع.
copy [kɔ́pi] (*pl.* **- ies**) (**- ied, copying**) *n., vt. & vi.* رونوشت، جلد، کپیه کردن، رونویسی کردن.
copy.cat, *n.* مقلد.
copy.ist [kɔ́piist] *n.* رونویس‌کننده.
copy.right [kɔ́pirait] *vt., adj. & n.* حق چاپ (انحصاری)، حق طبع و نشر.
co.quet, co.quette (**- ted, -ting**) *n., adj. & vi.* لوند، عشوه‌گری، عشوه‌گر، طناز، لاسی، طنازی کردن.
co.quet.ry [kóukitri] *n.* عشوه‌گری، دلبری، ناز، طنازی، غمزه، کرشمه.
co.quette [koukét] *n.* زن عشوه‌گر، زن لاسی، لوند.
co.quett.ish, *adj.* عشوه‌گر، لاسی.
cor.al [kɔ́rəl] *adj. & n.* مرجان.
cord [kɔ:d] *n. & vt.* ریسمان، طناب نازك، رسن، سیم، زه، وتر.
cor.dage [kɔ́:didδ] *n.* مجموع طنابهای کشتی.
cor.dial [kɔ́:djəl] *adj. & n.* قلبی، صمیمی، مقوی.
cor.dial.i.ty [kɔ́:diǽliti] *n.* [illegible] مودت قلبی، [illegible]، خوشروئی، گرمی.
cor.don [kɔ́:dən] *n.* [مع.] کمربند، قیطان، یك عده پاسبان یا نظامی که درفواصل معین محلی را احاطه کنند، خط قرنطینه.
cor.du.roy [kɔ́:djurɔi, kɔ́:dərɔi] *n. & adj.* مخمل نخی‌راه‌راه، مخمل کبریتی.
core [kɔ:, kɔə] (**- d, coring**), *n. & vt.* مغز ودرون هرچیزی.
An apple c. وسط سیب، مغز سیب.
co.religionist, *n.* هم‌مذهب.
co.respondent [kòurispɔ́ndənt] *n.* مسئول جواب‌گوئی، شریك جرم (در زنا).
cork [kɔ:k](**-ed, -ing**) *vt. & n.* چوب‌پنبه، بافت چوب‌پنبهٔ درخت بلوط، چوب پنبه‌ای، چوب‌پنبه‌گذاشتن [در]بستن، راه‌چیزی (را) گرفتن، [مج.] دردهن کسی را گذاشتن.
corkscrew [kɔ́:kskru:] *n., vt., vi. & adj.* دربطری بازکن.
cor.mo.rant [kɔ́:mərənt] *n.* قره‌قاز، [مج.] شخص پرخور، آزمند.
corn [kɔ:n] (**- ed, - ing**) *adj., n., vt. & vi.* غله، دانه، [آمر.] ذرت، میخچه، دانه دانه‌کردن، نمك‌زدن.
corncob, *n.* چوب ذرت.
cor.nea, *n.* [تش.] قرنیه.
cor.ner [kɔ́:nə] *adj., n., vt. & vi.* گوشه، کنج، گوشه‌دار کردن، گوشه گذاشتن به.
cornerstone [kɔ́:nəstoun] *n.* سنگ گوشه، نبشی، [مج.] بنیاد، اساس.
cor.net, cornett [kɔ́:nit] *n.* نوعی شیپور.
corn.factor, *n.* غله‌فروش.
cor.nice [kɔ́:nis] (**- d, cornicing**) *n. & vt.* قرنیس، کتیبه، گچبری بالای دیوار زیر سقف.
cornmeal, *n.* آردگندم، آرد ذرت، غذای ذرت.
cor.nu.co.pia [kɔ́:njukóupiə] *n.* شاخ Amalthaea یا «شاخ وفور نعمت»، ظرفی شبیه بشاخ یا قیف.

CORNUCOPIA

cor.nut.ed, *adj.* شاخدار، شاخی.
corny, *adj.* غله‌ای، شاخی، چرند.
co.rol.la [kərɔ́lə] *n.* [گ.ش.] جام‌گلبرگ، جام‌گل، کاسهٔ گل.
cor.ol.lary [kərɔ́ləri] (*pl.* **- ies**), *n. & adj.* نتیجه، فرع، همروند.
co.ro.na [kəróunə] *n.* هاله، اکلیل، حلقهٔ نور دور خورشید، سر، تاج.
cor.o.nary, *adj. & n.* تاج مانند، [تش.] شریان یاورید اکلیلی، [طب] انسداد شرائین اکلیلی قلب.
cor.o.na.tion [kɔrənéiʃən] *n.* تاج‌گذاری.
cor.o.ner [kɔrənə] *n.* طبیب قانونی.
cor.o.net [kɔ́rənit] *n.* تاج [کوچك]، نیم تاج، پیشانی بند.
cor.po.ral [kɔ́:pərəl] *adj. & n.* بدنی، جسمی، [نظ.] سرجوخه.
cor.po.rate [kɔ́:pərət] *adj.* یکی شده، دارای شخصیت حقوقی، بصورت شرکت درآمده.
cor.po.ra.tion [kɔ́:pəróiʃən] *n.* شرکت، گروهی از مردم [شرکت یا بنگاه] که دارای شخصیت حقوقی باشند، ضعف.
cor.po.re.al [kɔ:pɔ́:riəl] *adj.* جسمانی، جسمی، مادی، بدنی، دارای ماده.
cor.po.re.i.ty, *n* خاصیت جسمی یا مادی، [حالت] جسم.
corps [kɔ:, kɔ:z] (*pl.* **corps**) *n.* هیئت، گروه، دسته، عده، لشکر.
Education c. سپاه دانش.
Peace c. سپاه صلح.
corpse [kɔ:ps] *n.* نعش، لاشه، جسد.
corps.man, *n.* پزشکیار کشتی، سپاهی.
cor.pu.lence, cor.pu.len.cy [kɔ́:pjləns](i)] *n.* جسامت، تنومندی، فربهی.
cor.pu.lent [kɔ́:pjulənt] *adj.* فربه، تنومند، گوشتالو، جسیم.
cor.pus (*pl.* **cor.po.ra**) *n.* مجموعه‌ای از نوشتجات، [م.ل.] تن.
cor.pus.cle [kɔ́:pəsl] *n.* تنیزه، ذره، جسمك، [تش.] گویچهٔ (سفید یا سرخ خون وبافتهای غضروفی وغیره)، گلبول.
cor.ral [kɔrá:l, kɔrǽl] (**-led, - ling**) *n., vt. & vi.* آغل، جای اسب وگله، دفاعی که از واگون و عرابه‌میسازند، حصاردرست‌کردن، احاطه‌کردن.
cor.ra.sion, *n.* سایش.
cor.rect [kərékt] (**-ed, -ing**), *adj., vt. & vi.* درست، صحیح، صحیح کردن، اصلاح کردن، تأدیب کردن.
cor.rec.tion [kərékʃən] *n.* تصحیح، اصلاح، غلط‌گیری، تأدیب.
cor.rec.tive [kəréktiv] *adj. & n.* اصلاح کننده، تأدیب کننده.
cor.rec.tor, *n.* اصلاح کننده، مربی، تنظیم کننده.
cor.re.late [kɔ́rileit] (**-d, correlating**) *n., adj., vt. & vi.* قرین، مرتبط، وابسته، همبستگی داشتن، مرتبط کردن.
cor.re.la.tion [kɔriléiʃən] *n.* ارتباط، ربط، همبستگی، بستگی دوچیز باهم.
cor.rel.a.tive [kourélətiv] *adj. & n.* وابسته‌بهم، جفتی، لازم وملزوم.
cor.re.spond [kɔrispɔ́nd] (**-ed, -ing**) *vi.* برابر بودن، بهم‌مربوط بودن، مانند یا مشابه بودن (با to یا with)، مکاتبه‌کردن (با with)، رابطه داشتن.
cor.re.spon.dence, cor.re.s-pon.den.cy [kɔrispɔ́ndəns] *n.* ارتباط، مطابقت، تشابه، مراسلات.
cor.re.spon.dent[kɔrispɔ́ndənt] *adj. & n.* خبرنگار، مخبر، مکاتبه کننده، طرف‌معامله، مطابق.
cor.ri.dor [kɔ́ridɔ:] *n.* راهرو، دالان، دهلیز، راه سرپوشیده.
cor.ri.gen.dum (*pl.* **cor.ri.gen.da**) *n.* غلطنامه، اصلاحیه.
cor.ri.gi.ble, *adj.* اصلاح پذیر.
cor.rob.o.rant, *adj. & n.* تأییدکننده، مؤید.
cor.rob.o.rate [kərɔ́bəreit] (**- d, corroborating**) *vt. & vi.* تأیید کردن، تقویت کردن، اثبات کردن.
cor.rode [kəróud] (**- d, cor-**

roding) *vt. & vi.* خوردن (اسید و فلزات)، پوسیدن، زنگ زدن (فلزات).

cor.ro.sion [*kəróuʃən*] *n.* خوردگی(عمل شیمیائی)، تحلیل، فسادتدریجی، زنگ زدگی.

cor.ro.sive [*kəróusiv*] *adj. & n.* خورنده، تباه‌کننده، فاسدکننده، مادۀ اکاله، موجد زنگ (درفلز وگیاه).

cor.ru.gate [*kɔ́r(j)ugeit*] (**- d, corrugating**) *vt. & vi.* چین دادن، موجدارکردن، راه‌راه کردن.

cor.ru.ga.tion, *n.* شیار، موج (ورق آهن وغیره).

cor.rupt [*kərʌ́pt*](**-ed, - ing**), *adj., vt. & vi.* فاسدکردن،خراب کردن،فاسد.

cor.rupt.ible [*kərʌ́ptibl*] *adj.* گمراه شدنی، فساد پذیر.

co.rupt.ibly, *adv.* بطور فساد پذیر.

cor.rup.tion [*kərʌ́pʃən*] *n.* فساد، انحراف.

cor.rup.tive, *adj.* تباه‌کننده، فسادآمیز، مستعد تباهی.

cor.sage [*kɔ:sá:ʒ, kɔ́:sidʒ*] *n.* نیم تنۀ زنانه، دسته‌گلی که برای زدن بسینه تهیه میشود.

corse.let [*kɔ́:slit*] *n.* زره، زرۀ سینه، کرست.

cor.set [*kɔ́:sit, kɔ́:set*] (**- ed, -ing**) *n. & vt.* کرست، شکم‌بند زنانه، شکم‌بند بستن.

cor.tege [*kɔ:téiʒ*]=**cor.tége,** *n.* جمعیت [مانند تشییع‌کنندگان جنازه]، ملتزمین.

cor.tex [*kɔ́:teks*] (*pl.* **cor.ti.ces, cor.tex.es**) *n.* پوست، قشر، لایۀ‌روئی، روپوش، پوسته.

cor.ti.cal [*kɔ́:tikəl*] *adj.* پوستی، بیرونی، غشائی.

cor.us.cate [*kɔ́rəskeit*] (**- d, coruscating**) *vi.* تابیدن، برق زدن، درخشیدن.

cor.us.ca.tion, *n.* تابش،درخشندگی.

co.signatory, *n.* هم امضاء.

co.sine, *n.* [هن.] جیب تمام، کسینوس.

cos.met.ic [*kɔzmétik*] *n. & adj.* وسیلۀ آرایش، فن آرایش وتزئین.

cos.me.tol.o.gy, *n.* آرایش زنانه.

cos.mic [*kɔ́zmik*] *adj.* وابسته بگیتی، کیهانی، مربوط بعالم هستی.

cos.mog.o.ny [*kɔzmɔ́gəni*] *n.* خلقت وپیدایش عالم وجود، کیهان شناسی.

cos.mol.o.gist, *n.* کیهان‌شناس، دانشمند ومحقق درعلم عالم‌وجود.

cos.mol.o.gy, *n.* فلسفۀ انتظام گیتی، نظام عالم وجود.

cos.mo.naut, *n.* کیهان نورد.

cos.mo.pol.i.tan [*kɔzməpɔ́litən*] *adj. & n.* وابسته بهمۀ جهان، بین‌المللی.

cos.mos [*kɔ́zmɔs*] (*pl.* **cosmos, cosmoses**) *n.* کیهان، گیتی ونظام آن، نظام عالم وجود.

Cos.sack [*kɔ́sæk*] *n.* قزاق.

cost [*kɔ(:)st*] (**cost, - ing**) *n., vt. & vi.* بها، ارزش، هزینه، خرج، قیمت داشتن، ارزش داشتن.

cos.ter [*kɔ́stə*] *n.* میوه فروش دوره‌گرد، سبزی فروش.

costermonger[*kɔ́stə(- mʌŋgə)*] *n.* میوه‌فروش، سبزی‌فروش، دوره‌گرد،طواف.

cos.tive [*kɔ́stiv*] *adj.* یبوست‌آور، سرد و بی‌محبت، خسیس، یبس.

cos.tume [*kɔ́stju:m*] (**- d, cos-tuming**) *n.&vt.* لباس،جامه،لباس‌محلی.

cot [*kɔt*] *n.* تختخواب سفری، رختخواب بچگانه، برانکار یا تخت مخصوص حمل مریض.

cote [*kout*] (**- d, coting**)*n. & vt.* آغل، مرغدان، کبوترخانه، کلبه، بهتر بودن از.

co.te.rie [*kóutəri*] *n.* گروه هم مسلك، انجمن (ادبی واجتماعی).

co.ter.mi.nous, *adj.* هم‌مرز،مجاور.

cot.tage [*kɔ́tidʒ*] *n.* کلبه، خانۀ روستائی.

cottage cheese, *n.* نوعی پنیر دلمه شده.

cot.tag.er, *n.* کلبه‌نشین، روستائی.

cot.ton [*kɔ́tn*] (**- ed, - ing**) *n., vi. & vt.* پنبه، نخ، پارچۀ‌نخی، باپنبه‌پوشاندن.

cotton candy, *n.* پشمك.

cotton gin, *n.* ماشین پنبه پاك‌کن.

cot.ton-mill, *n.* کارخانۀ نخ ریسی.

cottonseed, *n.* تخم پنبه، پنبه دانه.

cot.tony, *adj.* پنبه‌ای، کرکی، نرم.

couch [*kautʃ*] (**- ed, - ing**) *n., vt. & vi.* تخت، نیمکت، خوابانیدن، درلفافه قراردادن.

cough [*kɔ(:)f*] (**- ed, - ing**) *n., vi. & vt.* سرفه، جرقه [درمورد موتور و غیره]، سرفه کردن.

cough up, *vt.* پرداختن، سلفیدن.

could [*kud*] (*pp. of* **can**) زمان ماضی واسم مفعول فعل can، میتوانست.

coun.cil [*káunsil*] *n., adj. & vi.* انجمن، مشاوره، شورا، مجلس، هیئت مشاوره.

coun.cil.lor, coun.cil.or [*káunsilə*] *n.* عضو شورا، عضو انجمن، مشاور، مستشار.

coun.sel [*káuns(ə)l*] (**- ed, - led, - ing, - ling**) *n. & vt.* مشاورۀ دو نفری، مشورت، تدبیر، پند دادن [به]، توصیه‌کردن، نظریه دادن.

coun.sel.or, coun.sel.lor [*káunsələ*] *n.* مشاور، مستشار، رایزن، وکیل مدافع.

count [*kaunt*] (**- ed, - ing**) *n., vi. & vt.* کنت، شمردن، حساب‌کردن، پنداشتن، فرض‌کردن.

count.able, *adj.* شمردنی.

countdown, *n.* میزان‌کردن ساعت، لحظات آخر.

coun.te.nance [*káuntinəns*] (**-d, countenancing**) *n. & vt.* سیما،قیافه، تشویق کردن، پشتیبانی کردن.

count.er [*káuntə*]*n., adj. & adv.* پیشخوان، بساط، شمارنده، ضربت متقابل، درجهت مخالف، در روبرو، معکوس، بالعکس.

coun.ter [*káuntə*] (**-ed, -ing**), *vt. & vi.* مقابله‌کردن، تلافی کردن، جواب دادن، معاملۀ بمثل‌کردن با.

coun.ter.act [*kàuntərǽkt*] (**- ed, - ing**) *vt.* بی‌اثرکردن، خنثی کردن، عمل متقابل‌کردن.

coun.ter.at.tack, *n., vt. & vi.* حملۀ متقابل، حملۀ متقابل‌کردن.

coun.ter.balance [*káuntəbǽləns*] (**- d, - balancing**) *n. & vt.* وزنۀ تعادل، پارسنگ، [مج.] برابری‌کردن، خنثی‌کردن.

coun.ter.claim [*káuntəklèim*] *n., vt. & vi.* [حق.] دعوای متقابل، ادعای متقابل.

coun.ter.clockwise, *adv. & adj.* درجهت مخالف حرکت عقربۀ ساعت.

coun.ter.espionage, *n.* ضد جاسوسی.

coun.ter.feit [*káuntəfi:t*] (**- ed, -ing**) *adj., n., vi. & vt.* جعلی، قلب، بدلی، جعل‌کردن.

coun.ter.foil [*káuntəfɔil*] *n.* ته چك، ته قبض، سوش.

coun.ter.mand [*kàuntəmá:nd*] (**- ed, - ing**) *vt. & n.* فسخ‌کردن، لغوکردن، برگرداندن‌حکم‌صادره، ممنوع‌کردن.

coun.ter.march [*káuntəmà:tʃ*] (**- ed, - ing**) *n. & vi.* تغییر جهت حرکت ارتش، تغییر روش، عقب‌گردکردن.

coun.ter.mine [*káuntəmàin*] (**- ed, - ing**) *n., vt. & vi.* توطئۀ متقابل، بادسیسۀ متقابل خنثی‌کردن.

coun.ter.pane [*káuntəpein*] *n.* روپوش تختخواب، روتختی.

coun.ter.part [*káuntəpa:t*] *n.* نقطۀ مقابل، قرین، همکار، رونوشت، همتا.

coun.ter.plot (**- ted, - ting**), *n., vi. & vt.* دسیسه دربرابر دسیسه، توطئۀ متقابل.

coun.ter.point [*káuntəpɔint*] *n.* نقطۀ مقابل، [مو.] آهنگ دم‌گیر یا جفت، صنعت ترکیب الحان.

coun.ter.poise [*káuntəpɔ́iz*] (**-poised, -poising**) *n. & vt.* وزنۀ متقابل، نیروی متعادل‌کننده، نیروی مقاوم، حالت تعادل، وزن‌کردن، سنجیدن.

coun.ter.revolution [*káuntərèvəljú:ʃən*] *n.* قیام برضد انقلاب، انقلاب متقابل.

coun.ter.sign [*káuntəsàin*] (**- ed, - ing**) *n. & vt.* امضای ثانوی برروی سند، جیرو، ظهرنویسی.

coun.ter.weight (**-ed, - ing**), *n. & vt.* سنجیدن، پارسنگ‌کردن، چربیدن بر، حالت تعادل، وزنۀ تعادل.

count.ess [*káuntis*] *n.* کنتس.

count.less, *adj.* بیشمار.

coun.tri.fied=**coun.try.fied** [*kʌ́ntrifaid*] *adj.* روستائی، روستاصفت.

coun.try [*kʌ́ntri*](*pl.* **- ies**) *n. & adj.* کشور، دیار، بیرون شهر، دهات، ییلاق.

country club, *n.* باشگاه ورزشی وتفریحی.

coun.try.man=**woman** [*kʌ́ntrimən*] (*pl.* **- men**) *n.* هم میهن.

country.side [*kʌ́ntrisáid*] *n.* ییلاقات، حومۀ شهر.

coun.ty [*káunti*] (*pl.* **- ies**) *n.* بخش، شهرستان.

coup [*ku:*] (**-ed,-ing**) *n., vt. & vi.* برهم زدن، ضربت، کودتا.

coup de grace [*ku:dəgrá:s*] (*pl.* **coups de grace**) *n.* کشتن از روی ترحم.

coup d'e.tat [*kú:déitá:*] (*pl.* **coups d'etat**) *n.* کودتا.

cou.pé, coupe [*kú:pei*] *n.* کوپه یا اطاق داخل ترن و دلیجان وغیره، دلیجان، کالسکه.

cou.ple [*kʌ́pl*] (**-d, coupling**), *n., vi. & vt.* زوج، جفت، دوتا، زن وشوهر، بهم بستن، پیوستن، جفت شدن.

cou.ple.ment, *n.* عمل امتزاج و جفت‌کردن، جفت شدگی، دوتائی.

cou.plet [*kʌ́plit*] *n.* دوبیتی.

cou.pling [*kʌ́pliŋ*] *n.* اتصال، جفت‌کردن.

cou.pon [*kú:pɔn, kú:pɔ*] *n.* کوپن.

cour.age [*kʌ́ridʒ*] *n.* جرأت، دلیری، رشادت، شجاعت، دلاوری.

cou.ra.geous [*kəréidʒəs*] *adj.* دلیر، باجرأت.

cou.ri.er [*kúriə*] *n.* پیك، قاصد.

course [*kɔ:s*] *n.* دوره، مسیر، روش، جهت، جریان، (با in) درطی، درضمن، بخشی از غذا.

course (**-d, coursing**) *vt. & vi.* دنبال‌کردن، بسرعت‌حرکت‌دادن، چهارنعل‌رفتن.

cours.er, *n.* اسب تندرو.

court [*kɔ:t*] (**- ed, - ing**) *n., adj., vt. & vi.* حیاط،دربار، دادگاه، اظهارعشق، خواستگاری.

cour.te.ous [*kə́:tjəs, kɔ́:tjəs*] *adj.* باادب، مؤدب، فروتن، مؤدبانه.

cour.te.san,-zan [*kɔ́:tizǽn*] *n.* فاحشه.

cour.te.sy [*kə́:tisi, kɔ́:tisi*] (*pl.* **- ies**) *n.* ادب ومهربانی، تواضع.

courthouse, *n.* دادگاه، کاخ دادگستری.

cour.tier [*kɔ́:tjə*] *n.* درباری، ندیم.

court.ly [*kɔ́:tli*] (**- ier, - iest**), *adj. & adv.* شایستۀ دربار، مؤدب، باوقار، بطرز چاپلوسانه.

court-martial [*kɔ́:tmá:ʃəl*] (*pl.* **courts-martial, court-martials**) (**-ed,- led,- ing, -ling**), *n. & vt.* محاکمۀ نظامی، محاکمۀ نظامی‌کردن.

courtroom, *n.* دادگاه، اطاق‌دادگاه.

court.ship [*kɔ́:tʃip*] *n.* اظهار عشق، معاشقه.

courtyard [*kɔ́:tja:d*] *n.* حیاط (محوطۀ محصور).

cous.in [*kʌ́zn*] (*pl.* **-s**) *n.* پسرعمو یا دخترعمو، پسردائی یا دختر دائی، عمه‌زاده، خاله‌زاده.

cove (**- d, coving**) *n. & vt.* خلیج کوچك، خور، پناه‌گاه ساحلی دامنۀ کوه.

cove [*kouv*] *n.* [ز.ع.] یارو، شخص، آدم.

cov.e.nant [*kʌ́vinənt*] (**- ed, - ing**) *n., vt. & vi.* پیمان، میثاق، عهد، پیمان بستن، میثاق بستن.

cov.er [*kʌ́və*] (**- ed, - ing**), *vt., vi. & n.* پوشاندن، جلدکردن، پنهان‌کردن، طی‌کردن، پوشش، جلد، رویه، لفاف، پاکت، سرپوش.

cover-all, *n.* رولباسی، بارانی‌یاروپوش.

cover charge, *n.* مبلغی که اغذیه فروشی و یا کلوب شبانه علاوه بر پول‌غذا ومشروب ازمشتریان دریافت میدارد.

cov.er.ing [*kʌ́vəriŋ*] *n. & adj.* پوشش، سرپوش، جلد، پوشه، دربرگیرنده.

cov.er.let [*kʌ́vəlit*] *n.* بالاپوش، رواندار، لحاف، روپوش تختخواب.

cov.ert [*kʌ́və(t)*] *adj. & n.* نهان، راز، پناهگاه، پوشهر.

cov.er.ture, *n.* پوشش، حفاظ، پناه، سقف، مستمسك.

cov.et[*kʌ́vit*](**-ed, -ing**) *vt.&vi.* میل‌به‌تملك چیزی‌کردن، طمع به چیزی‌داشتن.

cov.e.tous [*kʌ́vitəs*] *adj.* آزمند.

cov.ey (*pl.* **-s**) *n.* یکدسته کبك، دسته، گروه، گله.

cow (*pl.* **- s**) (**- ed, - ing**) *n., vt. & vi.* گاو ماده، ماده گاو، ترساندن.

تضعیف روحیه کردن.

cow.ard [*káuəd*] *n. & adj.* آدم ترسو، نامرد، شخص جبون.

cow.ard.ice [*káuədis*] *n.* ترسوئی، بزدلی، نامردی، جبن.

cowboy, *n.* گاوچران.

cow-calf, *n.* گوسالهٔ ماده.

cow.er [*káuə*] (**- ed, - ing**), *vt. & vi.* از ترس دولا شدن، چندك زدن.

cowhand=cowboy, *n.* گاوچران.

cowherd, *n.* گاوچران.

cow.hide, *n. & vt.* [illegible]

cowl [*kaul*] (**-ed, - ing**) *n. & vt.* بالاپوش راهبان، [مجـ.] راهب.

co-work.er, *n.* همکار، همقطار.

cow.pox, *n.* [طب] آبلهٔ گاوی.

cow.rie, cow.ry [*káuri*] (*pl.* **- s, - ies**) *n.* خرمهره ، صدف ، نوعی کس‌گربه.

cow.slip [*káuslip*] *n.* [گ.ش.] نوعی پامچال، گل خرغوس.

cox.comb [*kɔ́kskoum*] *n.* شخص خودنما و نادان، [گ.ش.]گل تاج‌خروس.

cox.swain [*kɔ́kswein, kɔ́ksn*] *n.* مباشر کشتی، پیشکار کارکنان کشتی، سکان‌گیر.

coy [*kɔi*] (**- ed, - ing**) *adj., vi. & vt.* خجالتی، کمرو، [غالباً درمورد زن گفته میشود]، نازکن.

co.zy, *adj., adv. & n.* راحت، گرم و نرم.

crab [*krœb*] (**- bed, - bing**) *n., vt. & vi.* خرچنگ، برج‌سرطان، خرچنگ‌گرفتن، [آمر.]جرزدن، عصبانی کردن، عصبانی شدن، باعث‌تحریك وعصبانیت شدن، آدم ترشرو، کج خلق.

crab apple, *n.* سیب صحرائی.

crab.bed [*krœ́bid*] *adj.* ترشرو، عبوس، تند مزاج.

crack [*krœk*] (**- ed, - ing**) *n., adj., vt. & vi.* ترك،شکاف، ضربت، ترق‌تروق، ترکانیدن، (شلاق) رابصدا درآوردن، تولید صدای ناگهانی وبلند کردن، شکاف برداشتن، ترکیدن، تق کردن.

crack.down, *n. & vi.* تأدیب ، سخت‌گیری.

crack.er [*krœ́kə*] *n.* یکجور شیرینی، ترقه،کلوچهٔ کوچك، فندق‌شکن.

crack.le [*krœ́kl*] (**- d, crackling**) *n., vt. & vi.* صدای ترق و تروق ، .صدای انفجار پی‌درپی ، صدای انفجار وشکستگی تولیدکردن، شکستن.

crack.pot, *n.* [ز.ع.] دیوانهٔ بی‌آزار ، خل.

cra.dle [*kréidl*] (**- d, cradling**) *n., vt. & vi.* گهواره،مهد،درگهواره قراردادن، درچهارچوب یاکلاف قراردادن.

craft [*kra:ft*] (*pl.* **craft**) *n.&vt.* پیشه، هنر، صنعت، مهارت، نیرنگ.

crafts.man (*pl.* **- men**) *n.* هنرمند، نویسنده، هنرپیشه، صنعت‌گر.

crafty [*krá:fti*] (**-ier, - iest**), *adj.* حیله‌گر ، بامهارت.

crag [*krœg*] *n.* پرتگاه، کمر، تخته سنگ.

cram [*krœm*] (**-med, -ming**), *n., vt. & vi.* پرکردن، چپاندن، خودرا برای امتحان آماده‌کردن، باشتاب یادگرفتن.

cramp [*krœmp*] (**- ed, - ing**), *adj., n., vt. & vi.* گرفتگی‌عضلات، انقباض ماهیچه دراثرکار زیاد، درد شکم، محدود کننده، حصار، سخدار کردن، محدودکردن، درقیدگذاشتن، جاتنگ کردن.

crān.ber.ry [*krœ́nbəri*] (*pl.* **- nies**) *n.* [گ ش.] قره‌قاط ـ آس‌بری صغیر.

crane [*krein*] (*pl.* **- s**) (**- d, - ning**) *n., vi. & vt.* ماهیخوار بزرگ و آبی‌رنگ، جرثقیل، باجرثقیل بلندکردن یا تکان دادن، درازکردن [گردن].

cra.ni.al [*kréiniəl*] *adj.* جمجمه‌ای.

cra.ni.ol.o.gy, *n.* جمجمه شناسی.

cra.ni.om.e.try, *n.* جمجمه سنجی.

cra.ni.um [*kréiniəm*] (*pl.* **craniums, crania**) *n.* [illegible]

crank [*krœŋk*] (**-ed, - ing**) *n., vt., vi.* دستهٔ محور، میل‌لنگ، بست‌زانوئی، خم، پیچیدگی ، آدم پست فطرت ، خم‌کردن ، محوردارکردن، دسته‌دار شدن،کج، کوك کردن.

crankcase, *n.* محل اتصال میل‌لنگ، جای میل‌لنگ.

crankshaft *n.* [مك.] میل‌لنگ.

cranky [*krœ́ŋki*] (**-ier, -iest**), *adj.* بدخو.

cran.ny [*krœ́ni*] (*pl.* **- ies**) *n.* شکاف دیوار، رمز.

crap, *vt., n. & vi.* دیلار، گندم سیاه، تلخه ، تفاله ، چرند ، نوعی قمار، بدار زدن، قماربازی‌کردن.

crape [*kreip*] (**-ed, -ping**) *n. & vt.* کرپ، نوارابریشمی سیاه، سیاه پوشانیدن.

crash [*krœʃ*] (**-ed, - ing**) *adj., n., vt. & vi.* خردکردن، درهم شکستن، ریزریز شدن، سقوط کردن هواپیما ، ناخوانـده وارد شدن ، صدای بلند یا ناگهانی [دراثر شکستن]، سقوط.

crass [*krœs*] *adj.* زمخت، درشت، کودن.

crate [*kreit*] (**- d, crating**), *n. & vt.* صندوقی که‌چینی‌یاشیشه‌درآن‌میگذارند، صندوقه، درجعبه‌گذاردن، جعبه‌بندی [چینی آلات].

cra.ter [*kréitə*] *n.* دهانهٔ آتشفشان ، دهانهٔ کوه‌های ماه ، دهانه یا حفرهٔ حاصله دراثر بمب وغیره.

cra.vat [*krəvœ́t*] *n.* کراوات،غبغب.

crave [*kreiv*] (**- d, craving**), *vt. & vi.* آرزوکردن، طلبیدن، اشتیاق داشتن.

cra.ven [*kréivn*] *adj. & n.* شکست خورده، (آدم) ترسو وپست، نامرد.

crawl [*krɔ:l*] (**-ed, -ing**) *n.,vt.& vi.* عمل خزیدن ، خزیدن ، سینه‌مال رفتن ، شنای کرال.

crawly, *adj.* خزنده.

cray.on [*kréiən*] (**- ed, - ing**), *n. & vt.* مداد رنگی مومی، مداد ابرو، نقاشی‌کردن.

craze [*kreiz*] (**-d, crazing**), *n., vt. & vi.* دیوانه‌کردن، فکرکسی‌رامختل‌کردن،دیوانگی، شور ، شوق ، ترك ، شکاف.

cra.zy [*kréizi*] (**- ier, - iest**), *adj.* دیوانه، شوریده، شکاف‌دار.

cra.zi.ness, *n.* دیوانگی.

creak [*kri:k*] *vi. & n.* صدای غوك درآوردن ، شکوه و شکایت‌کردن، غژغژکردن، صدای لولای روغن نخورده، جیرجیر کفش.

cream [*kri:m*] (**- ed, - ing**), *vt., adj. & n.* سرشیر، کرم، هرچیزی شبیه سرشیر، زبده، کرم رنگ، سرشیر بستن.

cream.ery [*krí:məri*] (*pl.* **- ies**), *n.* کارخانهٔ کره‌گیری، لبنیاتی.

crease [*kri:s*] (**-d, creasing**), *n., vt. & vi.* چین، شکن، خط اطوی شلوار، چین‌دارکردن، چین‌دار شدن.

create [*kriéit*] (**-d, creating**), *adj., vt. & vi.* خلق شدن، آفریدن، ایجادکردن.

cre.ation [*kriéiʃən*] *n.* آفرینش، خلقت، ایجاد.

cre.ative [*kriéitiv*] *adj.* خالق ، آفریننده.

cre.ativ.i.ty, creativeness, *n.* قدرت‌خلاقه، قدرت‌ابداع، قوهٔ‌ابتکار، آفرینندگی.

cre.ator [*kriéitə*] *n.* آفریننده ، خالق.

crea.ture [*krí:tʃə*] *n.* آفریده، مخلوق، جانور.

cre.dence [*krí:dəns*] *n.* اعتماد، باور، اعتقاد.

cre.den.tial [*kridénʃəl*] *adj. & n.* گواهی‌نامه، اعتبارنامه، اختیار.

cre.den.za, *n.* قفسه یا جاکتابی.

cred.i.bil.i.ty [*krèdibíliti*] *n.* اعتبار، قابل قبول‌بودن، باورکردنی.

cred.i.ble [*krédibl*] *adj.* معتبر، باورکردنی، موثق.

cred.it [*krédit*] (**-ed, -ing**) *n. & vt.* اعتبار ، آبرو ، ستون بستانکار ، نسیه ، اعتقاد کردن، درستون‌بستانکار واردکردن، نسبت‌دادن.

cred.it.able [*krédijəbl*] *adj.* معتبر، محترم وآبرومند.

cred.i.tor [*kréditə*] *n.* بستانکار، طلبکار، ستون بستانکار.

cre.do (*pl.* **- s**) *n.* عقیده، ایمان.

cre.du.li.ty [*kridjú:liti*] (*pl.* **- ies**) *n.* زودباوری، ساده لوحی.

cred.u.lous [*krédjuləs*] *adj.* زودباور، ساده لوح.

creed [*kri:d*] *n.* کیش، عقیده.

creek [*kri:k*] *n.* نهر.

creel [*kri:l*] *n.* تور ماهی‌گیری، سبد ماهی‌گیری، قلاب.

creep [*kri:p*] (**crept, creeping**) *vi. & n.* خزیدن، مورمور شدن.

creep.er [*krí:pə*] *n.* خزنده، گیاه‌پیچی یانیلوفری، آدم‌متملق‌ومرموز.

creepy [*krí:pi*](**-ier,-iest**) *adj.* مورمور کننده، وحشت‌زده، غیرعادی.

cre.mate [*kriméit*](**-d, -ting**), *vt.* سوزانیدن وخاکستر کردن.

cre.ma.to.ry [*krémətəri*] (*pl.* **-ies**) *adj. & n.* کوره‌ای که لاشهٔ مرده یا آشغال را درآن می‌سوزانند.

cre.nate, cre.nat.ed, *adj.* [گ.ش. ـ ج.ش.] کنگره‌دار، دندان موشی.

cre.na.tion, *n.* کنگره، دندانه‌دندانه.

cre.ole [*krí:oul*] *adj. & n.* دارای نژاد مخلوط.

crep.i.tate (**- d, crepitating**) *vi.* انفجارپی‌درپی کردن، صدای‌خش‌خش کردن.

cre.scen.do [*kriʃéndou*] (*pl.* **- s**) *vi., n. & adj.* [مو.] قوی شدن صدا بطور تدریجی، اوج.

cres.cent [*krésənt*] *n. & adj.* هلال ماه، هلالی.

cress [*kres*] (*pl.* **- es**) *n.* [گ.ش.] شاهی، تره‌تیزك، رشاد، رازیانهٔ آبی.

crest [*krest*] *n., vi. & vt.* تاج ، کلاله ، قله ، یال ، بالاتـرین درجه ، به بالاترین درجه رسیدن، ستیغ.

crestfallen, *adj.* سرافکنده.

cre.vasse [*krivœ́s*] (**-d, -sing**), *n. & vt.* شکاف عمیق، شکاف زدن ، رخنه‌کردن، نفوذکردن، کافت.

crev.ice [*krévis*] *n.* درز ، شکاف.

crew [*kru:*] *n.* خدمهٔ کشتی، کارکنان هواپیما وامثال آن.

crew.el, *n.* نخ‌تابیدهٔ مخصوص‌قلابدوزی.

crib [*krib*] (**- bed, - bing**) *n., vt. & vi.* آخور، تختخواب بچه، دله‌دزدی، دزدی ادبی، کش رفتن یا دزدیدن.

crib.bage [*kríbidʒ*] *n.* یکجور بازی ورق شبیه رامی.

crick [*krik*] *n. & vt.* گرفتگی، انقباض عضله پیداکردن.

crick.et [*kríkit*] *n. & vi.* [ج.ش.] جیرجیرك، زنجره، یکجورگوی بازی.

cri.er [*kráiə*] *n.* جارچی، دست فروش، دوره‌گرد.

crime, *n.* جنایت، گناه، جرم، تقصیر، تبه‌کاری.

crim.i.nal [*kríminl*] *adj. & n.* جنائی، جنایتی، جنایتکار، جانی، گناهکار.

crim.i.nol.o.gy [*krìminɔ́lədʒi*] *n.* مطالعهٔ علمّی جرم، جرم شناسی.

crimp [*krimp*] (**- ed, - ing**), *n. & vt.* چین، طره، جعدموی، مانع، چروکیدن، چین چین وموجدارکردن، پیچش و انقباض عضله درخواب، اغواکردن، گول.

crim.son [*krímzn*] (**-ed,-ing**), *adj., n., vt. & vi.* برنگ خون، قرمز سیر، لاکی، قرمزکردن.

cringe [*krindʒ*] (**-d, cringing**), *n. & vi.* چاپلوسانه فروتنی‌کردن، انقباض غیر ارادی ماهیچه.

crin.kle [*kríŋkl*] (**- d, crinkling**) *n., vt. & vi.* پیچاندن، تاب‌دادن، مضرس، زیگ زاگ، دندانه دندانه.

crip.ple [*krípl*] (**- d, crippling**) *n., vt. & vi.* لنگ، چلاق، زمین‌گیر، عاجز، لنگ‌کردن، فلج‌کردن.

crip.pler, *n.* فلج کننده.

cri.sis [*kráisis*] (*pl.* **cri.ses**) *n.* بحران.

crisp [*krisp*] (**- ed, - ing, - er, - est**) *adj., vt. & vi.* مجعد شدن ، موجدارکردن ، حلقه‌حلقه‌کردن ، چیز خشك وترد ، سیب زمینی برشته.

crispy=crisp (**- ier, - iest**) *adj.* ترد،مجعد، پرچین و شکن.

criss.cross [*krískrɔs*] *adj., n., vt.&adv.* تقاطی،مورب،متقاطع،تقاطع کردن.

cris.tate=crested, *adj.* کاکل‌دار.

cri.te.ri.on [*kraitíəriən*] (*pl.* **crite.ria & criterions**) *n.* میزان، مقیاس، معیار، نشان‌قطعی،محك،ضابطه.

crit.ic [*krítik*] *n.* نقدگر، سخن‌سنج، نقاد، انتقادکننده، کارشناس، خبره.

crit.i.cal [*krítikl*] *adj.* بحرانی ، انتقادی، وخیم.

crit.i.cism [*krítisizm*] *n.* نقد ادبی، انتقاد، عیبجوئی، نقدگری.

crit.i.cize [*krítisaiz*] (**- d, criticizing**) *vt. & vi .* نقد ادبی‌کردن، انتقادکردن.

cri.tique [*kriti:k*] *n.* فن انتقاد، مقالهٔ انتقادی.

croak [*krouk*] (**- ed, - ing**) *n., vt. & vi.* صدای غوك یا وزغ، صدای‌کلاغ، غارغارکردن، چون غوك یا قورباغه صداکردن.

cro.chet [*króuʃei*] (**-ed, -ing**), *n., vt. & vi.* قلابدوزی، بامیل سرکج

بافتن، قلابدوزی کردن.

crock [krɔk] (-ed, -ing) *n., vt. & vi.* سبو، خمره.

crock.ery [krɔ́kəri] *n.* سفالینه، بدل‌چینی، ظروف گلی، کاسه‌های سفالی.

crock.et, *n.* قلابدوزی.

croc.o.dile [krɔ́kədail] *n.* تمساح، سوسمار، پوست سوسمار.

cro.cus [króukəs] (*pl.* **crocuses**) *n.* [گ.ش.] زعفران، [ز.ع.] طبیب شارلاتان.

croft [krɔft] *n.* زمین قابل کشت پیوسته بخانه، مزرعه، باغچه.

crone, *n.* پیرزن فرتوت، عجوزه.

cro.ny [króuni] (*pl.* **-ies**) *n.* دوست صمیمی، رفیق موافق، هم‌اطاق.

crook [kruk] (-ed, -ing) *n., vt. & vi.* عصای سرکج، کجی، آدم قلابی، کلاه‌بردار، خم کردن، کج کردن.

crook.ed [krúkid] *adj.* کج، نادرست.

croon [kru:n] (-ed, -ing) *n., vi. & vt.* ناله، زمزمه، زمزمه کردن. آواز.

crooner, *n.* آوازخوان.

crop [krɔp] (-ped, -ping) *n., vi. & vt.* محصول، چیدن، گیسو را زدن، سرشاخه زدن، حاصل دادن، چینه‌دان.

crop.per [krɔ́pə] *n.* برداشت‌کنندهٔ محصول، ماشین موزنی، پرت شدن.

cro.quet [króukei, -ki, (*U.S.A.*) krokéi] (-ed, -ing) *n., vi. & vt.* نوعی بازی باگوی وحلقه، کروکت.

cro.quette [kroukét] *n.* کوفته برنجی.

cross [krɔs] (-ed, -ing) *n., vi., vt., adj. & adv.* علامت ضربدر «×» یا باضافه «+»، علامت «+»، حدوسط، ممزوج، دورگه، اختلاف، مرافعه، تقلب، نادرستی، قلم کشیدن برروی، خط بطلان کشیدن بر (با out یا off)، گذشتن، عبور دادن، مصادف شدن با، روبرو شدن، قطع کردن، دورگه کردن [مثل قاطر]، پیوندزدن، کج‌خلقی‌کردن، خلاف میل کسی رفتار کردن.

To c. out portions of a text. حذف قسمتهائی از متن.

To c. the arms. دست بسینه.

To c. a bridge. عبور کردن از پل.

crossbar]krɔ́sbá:] *n.* خط عرضی، خط عرضی صلیب، میلهٔ عرضی.

cross.bones [krɔ́sbounz] *n.pl.* تصویر دو استخوان متقاطع در زیر جمجمه که نشان پرچم دزدان دریائی است، نشانهٔ مرگ وخطر (در داروخانه‌ها).

crossbow, [krɔ́sbou] *n.* کمان زنبورکی، کمان پولادی.

CROSSBOW

crossbred [krɔ́sbred] *adj. & n.* دورگه، پیوندی.

cross.breed [krɔ́sbri:d] (-bred, breeding) *vt., vi. & n.* پیوند زدن، دورگه.

cross-country [krɔ́skʌ́ntri] *n., adj. & adv.* خارج از جاده وشارع اصلی، درفضاهای بازدهات، صحرائی، درسرتاسر مزرعه، ورزشهای میدانی وصحرائی.

crosscurrent, *n.* جریان متقاطع، جریان مخالف (در رود ودریا وغیره).

cross.cut [krɔ́skʌt] *n., adj., vt. & vi.* اریب بریدن، میان‌بر.

cross-examination [krɔ́sigzæminéiʃən] *n.* استنطاق، بازرسی (از شاهد).

cross-examine [krɔ́sigzǽmin] (-d, -examining) *vt. & vi.* استنطاق کردن، بازجوئی کردن.

cross-eyed, *adj.* لوچ، چپ چشم.

cross.fertilize, *vt.&vi.* لقاح متقابل کردن، پیوستن دو نوع متفاوت ازطریق لقاح.

cross fire [krɔ́sfàiə] *n.* [نظ.] آتشبار متقاطع، آتش گلولهٔ متقابل.

crossing [krɔ́siŋ] *adj. & n.* دوراهی، محل تقاطع، عبور.

cross-legged [krɔ́slègd] *adj. & adv.* پا روی پا انداخته، چهار زانو.

cross.let, *n.* خاج کوچک، صلیب کوچک.

crossover, *n.* چلیپائی، متقاطع، دو رگه، معبر.

cross.piece [krɔ́spi:s] *n.* قسمت افقی وعرضی هرچیزی.

cross-pollination, *n.* [گ.ش.] گرده‌افشانی از گلی بگل دیگر.

corss-purpose[krɔ́spə':pəs] *n.* قصد مغایر، قصد متقابل.

cross-ques.tion [krɔ́skwéstʃən] *vt. & n.* استنطاق، بازجوئی، سؤال بطریق استنطاق.

cross-ref.er.ence, *n. & vt.* مراجعهٔ متقابل، مراجعه ازفهرستی بفهرست دیگر.

crossroad [krɔ́sroud] *n.* محل تقاطع دو جاده.

cross section [krɔ́s-sékʃən] *n. & vt.* برش متقاطع، نمونه یا حد وسط.

cross-stitch [krɔ́s-stitʃ] *n., vt.& vi.* بخیه دوزی بچپ وراست (بشکل ضربدر).

cross.walk, *n.* محل میخکوبی‌شده یا خط‌کشی‌شدهٔ عرض خیابان مخصوص عبور پیاده.

crosswind, *n.* باد مخالف.

cross.wise, cross.ways [krɔ́swaiz] *adj. & adv.* بشکل ضربدر، سرتاسر، چلیپاوار، از وسط، از پهنا، بشکل صلیب.

crossword puzzle [krɔ́swə:d pʌ́zl] *n.* جدول کلمات متقاطع، جدول معمائی.

crotch [krɔtʃ] *n.* محل انشعاب شاخه ازبدنهٔ درخت، دوشاخه، نقطهٔ انشعاب [مثل محل انشعاب بدن انسان بدو پا].

crotch.et [krɔ́tʃit] *n.* هوس، بوالهوسی، قلاب کوچک، قلاب دوزندگی.

crouch [krautʃ] (-ed, -ing), *n., vt. & vi.* دولا شدن، قوز کردن (از ترس وسرما).

croup [kru:p] *n.* کفل اسب، ترک اسب، مقعد.

crow [krou] (**crowed, crew, crowing**) *n., vt. & vi.* غراب، کلاغ، اهرم، دیلم، بانگ زدن، بانگ خروس.

crowbar [króuba:] *n.* اهرم، دیلم.

crowberry (*pl.* **-ies**) *n.* [گ.ش.] سنگروی سیاه.

crowd [kraud] (-ed, -ing), *n., vi. & vt.* جمعیت، ازدحام، شلوغی، اجتماع، گروه، ازدحام کردن، بازور وفشار پر کردن، انبوه‌مردم.

crowfoot (*pl.* **crowfeet, crowfoots**) *n.* نوعی شمعدانی.

crown [kraun] (-ed, -ing), *n., vt. & vi.* تاج، فرق‌سر، بالای هرچیزی، حدکمال، تاجدندان، تاج گذاری کردن، پوشاندن [دندان باطلا وغیره].

crown.et, *n.* تاج کوچک، نیمتاج، پیشانی‌بند.

crown prince, *n.* ولیعهد، نایب‌السلطنه.

crow's-foot [króuzfut] (*pl.* **crow's-feet**) *n.* هرچیزی بشکل پنجهٔ کلاغ، چین وچروك گوشهٔ لب وچشم.

cru.cial [krú:ʃ(i)əl] *adj.* وخیم، بسیار سخت، قاطع.

cru.ci.ble [krú:sibl] *n.* بوتهٔ آهنگری، ظرف مخصوص ذوب‌فلز، امتحان‌سخت.

cru.ci.fix [krú:sifiks] *n.* صلیب عیسی.

cru.ci.fix.ion [krù:sifíkʃen] *n.* تصویر عیسی بربالای صلیب، مصلوب ساختن.

cru.ci.fy [krú:sifai] (-ied, crucifying) *vt.* برصلیب آویختن، مصلوب کردن، بدار آویختن.

crud, *n.,vt.&vi.* شیردلمه، شیر بسته‌شده.

crude,*n.&adj.* خام، ناپخته، زمخت.

cru.di.ty [krú:diti] (*pl.* **-ies**), *n.* ناپختگی، خامی، ناهنجاری.

cru.el [krú:il] (-er, -est) *adj.* بیرحم، ظالم، ستمکارانه.

cru.el.ty, *n.* ظلم.

cru.et [krú:it] *n.* تنگ کوچك.

cruise [kru:z] (-d, cruising), *n., vt. & vi.* سفر دریائی، گشت زدن.

cruis.er [krú:zə] *n.* رزمناو، کشتی یا تاکسی یاکسی که گشت میزند.

crumb [krʌm] (-ed, -ing), *n. & vt.* خرده نان، خرده، هرچیزی شبیه خرده نان [مثل خاك نرم].

crum.ble [krʌ́mbl] (-d, crumbling) *n., vt. & vi.* خرد شدن، فرو ریختن.

crum.my, crumby (-ier, -iest) *adj.* مانند مغز نان، خمیری، اکبیری، نکبتی.

crum.ple [krʌ́mpl] (-d, crumpling) *n., vt. & vi.* مچاله، مچاله کردن، از اطو انداختن.

crunch [krʌn(t)ʃ] (-ed, -ing), *vt., vi. & n.* صدای خرد کردن یاخرد شدن چیزی زیردندان یازیر چرخ وغیره، خردشدن.

crup.per [krʌ́pə] *n.* تکهٔ چرمی که به پشت زین بسته میشود واز زیر دم اسب میگذرد، رانکی.

cru.sade [kru:séid] (-d, crusading) *n. & vi.* جنگ صلیبی، جنگ مذهبی، نهضت، جهاد کردن.

cru.sad.er, *n.* شرکت‌کننده درجنگهای صلیبی.

cruse [kru:z] *n.* کوزه، دیگ سفالی، تنگ، دیزی.

crush [krʌʃ] (-ed, -ing), *vt. & n.* فشردن، چلاندن، له شدن، خرد شدن، باصدا شکستن، [مجـ.] شکست دادن، پیروز شدن بر.

crust [krʌst] (-ed, -ing) *n., vt. & vi.* قسمت خشك وسخت نان، پوست نان، قشر، پوستهٔ سخت هرچیزی، آدم جسور وبی‌ادب.

crus.ta.cean [krʌstéiʃiən], **crusta.ceous,** *adj. & n.* [ج.ش.] خانوادهٔ خرچنگ، ردهٔ سخت‌پوستان.

crusty [krʌ́sti] (-ier, -iest), *adj.* پوسته مانند، سخت، [مجـ.] تند، خشن.

crutch [krʌtʃ] (-ed, -ing) *n., vt. & vi.* چوب زیر بغل، عصای زیر بغل، محل انشعاب بدن انسان (چون زیر بغل ومیان دوران)، دو شاخه، هرعضو یا چیزی که کمك ونگهدار چیزی باشد، دوقاچ جلو وعقب زین، باچوب زیر بغل راه رفتن، دوشاخه زیر چیزی گذاشتن.

crux [krʌks] (*pl.* **crux.es, cruces**) *n.* لغز، چیستان، معما، مسئلهٔ دشوار.

cry [krai] (**cried, crying**) *n., vt. & vi.* فریاد زدن، داد زدن، گریه کردن، صداکردن، فریاد، گریه.

cry.ing [kráiiŋ] *adj. & n.* جارزننده، آشکار، گریان، مبرم.

cry.o.gen.ics, *n.pl.* سرمازائی.

cry.o.phil.ic, *adj.* رشدکننده درحرارتهای پائین، سرمازی.

crypt [kript] *n.* دخمه، سردابه، غار، حفرهٔ غده‌ای، سری، رمز.

cryp.tic, -al [kríptik] *adj.* پنهان، مرموز، رمزی.

cryp.to.gam [kríptougæm] *n.* [گ.ش.] گیاه نهانزاد [مثل سرخس وغیره].

cryp.to.gen.ic, *adj.* نهانزاد، [طبـ.درمورد مرض] دارای اصل وریشهٔ نامعلوم.

cryp.to.gram, *n.* رمز، نوشتهٔ رمزی.

cryp.tog.ra.phy, *n.* رمزنویسی.

crys.tal [kristəl] (-ed, -ing, -led, -ling) *adj., n. & vt.* بلور، شفاف، زلال، بلوری کردن.

crys.tal.line [krístəlain] *adj.* بلورین، شفاف، متبلور، واضح.

crys.tal.li.za.tion [krìstəlaizéiʃən] *n.* تبلور، بلور سازی.

crys.tal.lize=crys.tal.ize, [crístəlaiz] (-d, crystallizing), *vt. & vi.* متبلور کردن، متشکل کردن، شکل دادن.

crys.tal.loid, *adj. & n.* شبیه بلور.

cub [kʌb] (-bed, -bing) *n., vt. & vi.* بچهٔ شیر، بچهٔ پستانداران گوشتخوار، آخور، توله زائیدن.

cub.by (*pl.* **-ies**) *n.* محوطهٔ مکعب، محل کوچك ومحصور.

cubbyhole, *n.* محوطهٔ کوچك ومحصور، لانهٔ کبوتر.

cube [kju:b] (-d, cubing) *vt. & n.* مکعب، هرچیزی بشکل مکعب، بشکل مکعب درآوردن، بقوهٔ سه رسیدن، توان سوم.

cube root, *n.* [ر.] ریشهٔ مکعب، ریشهٔ سوم.

cu.bic, -al [kjú:bik(əl)] *adj.* مکعبی.

cu.bi.cle [kjú:bikl] *n.* خوابگاه [جداگانه]، اطاقك.

cub.ism [kjú:bizm] *n.* کوبیسم، مکتب کوبیسم درنقاشی.

cu.bit [kjú:bit] *n.* ذراع، مقیاس قدیمی طول معادل ۱۸ تا ۲۲ اینچ.

cu.boid, -al, *adj. & n.* دارای شکل مکعب، [هند.] مکعب، مستطیل.

cuck.old, *n. & vt.* شوهرزن زانیه، جاکشی وبیغیرتی کردن.

cuck.old.ry, *n.* زن قحبگی.

cuck.oo [kúku:] (-ed, -ing) *n., adj., vt. & vi.* [ج.ش.] فاخته، صدای فاخته درآوردن، دیوانه.

cu.cum.ber [kjú:kʌmbə] *n.* خیار، هربوته یا میوهٔ خیاری شکل.

cud [kʌd] *n.* نشخوار، تنباکوی جویدنی، تفکر، تعمق.

cud.dle [kʌ́dl] (-d, cuddling) *vt., n. & vi.* درآغوش گرفتن، نوازش کردن، دربستر راحت غنودن.

cud.dy, *n.* صندوقخانه ، گنجه ، اطاقك كشتی.

cud.gel [*kʌ'dʒəl*] (**- ed, - ing, - led, - ling**) *vt.* & *n.* چماق، چوب زدن، چماق زدن.

cue [*kjú:*] *n.* سخن‌رهنما، ایماء، اشاره برای راهنمائی خواننده یاگوینده یابازیگر، چوب‌بیلیارد، صف، ردیف.

cue [*kju:*](**-d, cu.ing, cue ing**), *vt.* & *vi.* اشاره کردن، راهنمائی کردن، باچوب بیلیارد زدن، صف بستن.

cuff [*kʌf*] (**- ed, - ing**) *n.*, *vi.* & *vt.* [illegible] دستبند، دستبند آهنین زدن به، [illegible]

cui.rass [*kwiræ̃s*] (**- ed, - ing**), (*pl.* **- es**) *n.* & *vt.* زرهٔ سینه وپشت، زرهٔ بالاتنه.

cui.ras.sier [*kwìrəssíə*] *n.* سوار زره‌پوش.

cui.sine [*kwizí:n*] *n.* روش آشپزی، خوراك، غذا.

cul-de-sac [*kúldəsæ̃k*] *n.* کوچهٔ بن‌بست، تنگنا.

cul.i.nary [*kjú:linəri*] *adj.* مربوط به آشپزخانه، آشپزخانه‌ای، پختنی.

cull [*kʌl*] (**- ed, - ing**) *vt.* & *n.* گلچین کردن، جمع‌آوری کردن.

cull.er, *n.* گلچین کننده، جمع‌آوری کننده.

cul.mi.nate [*kʌ'lmineit*] (**- d, culminating**) *vt.* & *vi.* بـه اوج رسیدن ، بحـد اکثر ارتفاع رسیدن ، بحداعلی رسیدن.

cul.mi.na.tion [*kʌ'lminéiʃən*] *n.* اوج، قله، حداعلی.

cul.pa.bil.i.ty, *n.* قابلیت مجازات.

cul.pa.ble [*kʌ'lpəbl*] *adj.* مقصر، مجرم، سزاوار سرزنش، قابل مجازات.

cul.prit [*kʌ,lprit*] *n.* متهم، مقصر، آدم خطاکار یا مجرم.

cult [*kʌlt*] *n.* آئین دینی ، مکتب‌تفکر، هوس وجنون برای‌تقلید از رسم یا طرز فکری.

cul.ti.va.ble, *adj.* قابل‌کشت.

cul.ti.vate [*kʌ'ltiveit*] (**- d, cultivating**) *vt.* کشت کردن، زراعت کردن [در]، ترویج کردن.

cul.ti.va.tion [*kʌ'ltivéiʃən*] *n.* زراعت، تربیت، تهذیب، ترویج.

cul.ti.va.tor [*kʌ'ltiveitə*] *n.* کشتکار، ماشین‌شخم‌زنی وعلف‌هرزه‌کنی، برزگر.

cul.tur.al [*kʌ'ltʃərəl*] *adj.* فرهنگی، تربیتی.

cul.ture [*kʌ'ltʃə*] (**- d, culturing**) *vt.* & *n.* کشت میکرب در آزمایشگاه، فرهنگ، پرورش، تمدن.

cul.tured [*kʌ'ltʃəd*] *adj.* & *pp.* پرورده، تربیت شده، مهذب، تحصیل‌کرده.

cul.vert [*kʌ'lvət*] *n.* آب‌گذر ، نهر سرپـوشیـده ، مجـرای آب زیرجاده، لولهٔ مخصوص‌کابل برق زیرزمینی.

cum.ber [*kʌ'mbə*] (**- ed, - ing**), *vt.* & *n.* خراب شدن، مزاحم شدن، چیز وحشتناك، غیرقابل استفاده.

cum.ber.some [*kʌ'mbəsəm*] *adj.* سنگین، طاقت فرسا، مایهٔ زحمت، بطیء.

cum.brous [*kʌ'mbrəs*] *adj.* صعب‌العبور، صعب‌الوصول، مزاحم، پردردسر.

cum.in, *n.* [گ.ش.] زیره سبز.

cum lau.de, *adv.* & *adj.* (درمدارك‌تحصیلی نوشته میشود) بااظهارتقدیر.

cu.mu.late (**-d, cumulating**), *adj.*, *vt.* & *vi.* انباشتن، توده‌کردن، ترکیب یا متحدکردن.

cu.mu.la.tion, *n.* گردآوری، جمع‌آوری، انباشتگی، توده.

cu.mu.la.tive, *adj.* جمع شونده.

cu.mu.lus [*kjú:mjuləs*] (*pl.* **cu.mu.li**) *n.* توده، ابر متراکم وروی هم انباشته.

cu.ne.i.form [*kjú:ni(i)fɔ:m*] *adj.* & *n.* خط میخی، میخی.

cun.ni.lin.gus, cunnilinctus, *n.* تحریك مهبل وچوچوله بازبان ودهان.

cunt, *n.* کُس، مهبل.

cun ning [*kʌ'niŋ*] *adj.* & *n.* زیرك، مکار، حیله‌باز، ماهر، زیرکی، حیله‌گری.

cup [*kʌp*] *n.* فنجان ، پیاله ، جام ، ساغر، گلدان جایزهٔ مسابقات.

cup (**- ped, - ping**) *vt.* & *vi.* خون‌گرفتن، حجامت، بشکل فنجان درآوردن.

cupbearer, *n.* ساقی.

cup.board [*kʌ'bəd*] *n.* گنجه، قفسه، گنجهٔ ظروف غذا وغیره.

cupcake, *n.* نوعی کیك کوچك.

cu.pel (**-ed, -led, -ing,-ling**), *n.* & *vt.* قال، بوتهٔ قالگری، دربوته گذاشتن.

Cu.pid [*kjú:pid*] *n.* [افسانهٔ یونان] کوپید ، خدای عشق‌که بصورت کودك برهنه مجسم شده.

cu.pid.i.ty [*kju:píditi*] *n.* حرص وآز برای بدست آوردن مال.

cu.po.la [*kjú:pələ*] (*pl.* **- s**) *n.* گنبد ، قبه.

cup.ping, *n.* خون‌گیری، بادکش.

cur [*kə:*] *n.* سگ بداصل، سگ دورگه، [مج.] آدم پست.

cur.able, *adj.* علاج‌پذیر.

cu.rate [*kjúərit*] *n.* معاون کشیش بخش.

cu.ra.tive [*kjúərətiv*] *adj.* دارای خاصیت درمانی، علاج‌بخش.

cu.ra.tor [*kju(ə)réitə*] *n.* کتابدار، موزه‌دار، نگهبان، متصدی.

curb [*kə:b*] *n.* & *vt.* زنجیر ، بـازداشت ، جلوگیری ، لبه پیاده‌رو ، محدودکردن ، دارای دیـواره یا حایل‌کردن ، تحت‌کنترل درآوردن، فرونشاندن.

curd (**- ed, - ing**) *n.*, *vt.* & *vi.* کشك،شیر بسته‌شده، بستن[درموردشیر]،دلمه‌شدن.

C. and whey. کشك وقراقوروت.

cur.dle [*kə':dl*](**-d, curdling**), *vt.* & *vi.* بستن، دلمه‌کردن، دلمه شدن، منجمدکردن.

cure [*kjuə*] (**- d, curing**) *n.*, *vt.* & *vi.* علاج، شفا، دارو، شفا دادن، بهبودی دادن.

cure-all, *n.* درمان هردرد، نوش دارو.

cure.less, *adj.* بی‌علاج.

cur.few [*kə:fju:*] *n.* مقررات‌حکومت نظامی وخاموشی درساعت معین شب.

cu.rio [*kjúəriou*] (*pl.* **- s**) *n.* تحفه، سوقات، چیز غریب، عتیقه.

cu.ri.os.i.ty [*kjùəriɔ́siti*] (*pl.* **-ies**) *n.* حس‌کنجکاوی، چیزغریب، کمیاب.

cu.ri.ous [*kjúəriəs*] *adj.* کنجکاو، نادر، غریب.

curl [*kə:l*] (**-ed, -ing**) *n.*, *vt.* & *vi.* حلقه‌کردن، فردادن، پیچاندن، حلقه، فر.

curl.er, *n.* دستگاه فرزنی.

curl.ing [*kə':liŋ*] *n.* فر زنی بگیسو، پیچش یا حلقه زنی.

curly(**-ier, -iest**) *adj.* مجعد، فرفری.

cur.mud.geon [*kə:mʌ'dʒən*] *n.* آدم خسیس، لئیم، بخیل، آدم جوکی.

cur.rant, *n.* [گ.ش.] کشمش بیدانه، مویز.

cur.ren.cy [*kʌ'rənsi*] (*pl.* **-ies**), *n.* پول رایج، رواج، انتشار.

cur.rent [*kʌ'rənt*] *adj.* & *n.* جاری،رایج،معاصر،متداول،شایع،آزتند.

An electric c. جریان برق.

cur.ric.u.lum [*kəríkjuləm*] (*pl.* **cur.ric.u.la**) *n.* دورهٔ تحصیلات، برنامهٔ تحصیلی.

cur.ric.u.lum vi.tae, *n.* تاریخچهٔ مختصری از زندگی.

cur.rish [*kə':riʃ*] *adj.* فرومایه، پست، ستیزه‌جو، غرغرکننده، پست.

cur.ry [*kʌ'ri*] (**- ied, currying**) *vt.* & *vi.* مالیدن، شانه یاقشو کردن،پرداخت‌کردن چرم.

C. favour with a person. دلجوئی یا چاپلوسی‌کردن ازکسی.

cur.ry=cur.rie (*pl.* **curries**), *n.* کاری، زردچوبهٔ هندی.

currycomb, *n.* & *vt.* قشو،قشوکردن.

curse [*kə:s*] (**- d, curst, cursing**) *n.*, *vt.* & *vi.* نفرین، دشنام،لعنت، بلا، مصیبت، نفرین‌کردن، ناسزا گفتن، فحش دادن.

cursed [*kə':sid*]=**curst,** *adj.* ملعون، رجیم.

cur.sive [*kə':siv*] *adj.* & *n.* پیوسته، روان، خط شکسته.

cur.so.ry [*kə':səri*] *adj.* از روی سرعت وعجله، باسرعت وبیدقتی.

curt [*kə:t*] *adj.* کوتاه‌ومختصر، اجمالی.

A c. reply. جواب مختصر.

cur.tail [*kə:téil*] (**- ed, - ing**), *vt.* کوتاه‌کردن، مختصر نمودن.

cur.tail.ment, *n.* کوتاه‌سازی،انقطاع.

cur.tain [*kə':t(ə)n*] (**-ed, -ing**), *vi.*, *vt.* & *n.* پرده، جدار، دیوار، حاجب، غشاء، [مج.] مانع.

curt.sy, curt.sey [*kə':tsi*] (*pl.* **curtsies, curtseys**), (**- sied, - seyed, - sying, - seying**), *vt.*, *vi.* & *n.* ادب، احترام، تعظیم ،سلام یا تواضع‌کردن.

cur.va.ceous=cur.va.cious, *adj.* دارای انحناء وقوسهای ظریف زنانه.

cur.va.ture [*kə':vətʃə*] *n.* کجی، خمیدگی، انحناء، مقدار انحناء.

curve [*kə:v*] (**-d, curving**) *vi.*, *vt.* & *n.* خط منحنی، چیزکج، خط خمیده،انحناء.

To draw a c. رسم یك منحنی.

cur.vet [*kə:vét*] (**- ted, - ting**), *n.* & *vi.* خوشی، شادی، وجد، شوخی، جست‌وخیز.

cush.ion [*kúʃən*] (**- ed, - ing**), *n.* & *vt.* متکا، نازبالش،کوسن، مخده،زیر سازی، وسیله‌ای‌که شبیه تشك باشد ، باکوسن و بالش نرم مزین‌کردن، لایه گذاشتن.

cusp, *n.* نوك تیز منقار، نوك‌هلال،غرهٔ‌برج.

cus.pid, *n.* [تش.] دندان نوك‌تیز، دندان‌نیش، دندان‌انیاب.

cus.pi.dor [*kʌ'spidɔ:*] *n.* تفدان، خلطدان.

cuss [*kʌs*]=**curse** (**-ed, -ing**), *n.*, *vt.* & *vi.* فحش، لعنت، فحش دادن، نفرین کردن.

cus.tard [*kʌ'stəd*] *n.* یکجور شیرینی یا فرنی.

cus.to.di.an, custodial [*kʌstóudiən*] *adj.* & *n.* سرایدار، نگهبان،متولی.

cus.to.dy [*kʌ'stədi*] (*pl.* **- ies**) *n.* حفاظت، حبس، توقیف.

cus.tom [*kʌ'stəm*] (**- ed, - ing**), *n.*, *adj.* & *vt.* رسم، سنت ، عـادت ، عـرف ، [درجمع] حقوق گمرکی، گمرك، برحسب عادت، عادتی.

cus.tom able, *adj* [illegible]

cus.tom.ar.i.ly, *adv.* بطور عادی.

cus.tom.ary [*kʌ'stəməri*] (*pl.* **- ies**) *adj.* & *n.* عادی، مرسوم.

custom-built, *adj.* سفارشی (لباس وغیره)، سفارشی تهیه شده.

cus.tom.er [*kʌ'stəmə*] *n.* مشتری.

customhouse=customs house, *n.* گمرکخانه، ادارهٔ گمرك.

cut [*kʌt*] (**cut, cutting**) *vt.* & *vi.* بریدن، چیدن، زدن ، پاره‌کردن ، قطع‌کردن ، کم‌کردن ، تراش دادن (الماس وغیره) ، عبور کردن ، گذاشتن ، برش، چاك ، شکاف ، معبر ، کانال، جوی، تخفیف، بریدگی.

A price c. تخفیف قیمت .

cut-and-dried=cut-and-dry, *adj.* مطابق نقشه وبرنامه، شسته و روفته.

cu.ta.ne.ous, *adj.* پوستی، جلدی.

cut back, *vt.*, *vi.* & *n.* تقلیل دادن ، بریدن،تقلیل.

cut down, *n.*, *vt.* & *vi.* خردکردن، خلاصه‌کردن،تقلیل دادن.

cute [*kju:t*] (**-r, -st**) *adj.* & *n.* جذاب، زیبا، دلفریب.

cut-glass, *n.* بلورکریستال.

cu.ti.cle [*kjú:tikl*] *n.* پوست، بشره، پوشش مو، پوشش شاخی.

cu.tis (*pl.* **cu.tes, cu.tis.es**) *n.* [تش.] پوست زیرین، لایهٔ زیرین پوست.

cut.lass=cut.las [*kʌ'tləs*] (*pl.* **- es**) *n.* نوعی قمه.

cut.ler [*kʌ'tlə*] *n.* کاردفروش، فروشندهٔ آلات برنده.

cut.lery [*kʌ'tləri*] *n.* کارد وچنگال، کارد وچنگال فروشی.

cut.let [*kʌ'tlit*] *n.* کتلت.

cut off, *vt.* & *vi.* بریدن، جداکردن.

cut.off, *adj.* & *n.* راه میان بر، قطع جریان، هرنوع وسیلهٔ قطع چیزی.

cut out, *vt.*, *vi.*, *adj.* & *n.* جداکردن در اثر بریدن ، کندن ، برش دادن، قطع جریان ، سویچ قطع برق وغیره.

cutpurse, *n.* جیب‌بر، دزد جیب‌بر.

cut-rate, *adj.* تنزل قیمت، ارزان.

cut.ter [*kʌ'tə*] *n.* برنده، آلت تراش، نوعی‌کرجی، دندان پیش.

cutthroat [*kʌ'tθrout*] *adj.* & *n.* قاتل، آدمکش.

cut.ting [*kʌ'tiŋ*] *adj.* & *n.* مقطع، برش، برنده، قلمه‌گیاه، قلمه‌زنی، برش‌روزنامه.

cy.ber.net.ics, *n.pl.* [فیزیولوژی]مطالعـه و مقایسهٔ بین دستگـاه عصبی خودکارکه مرکب از مغز واعصاب میباشد با دستگاه الکتریکی و مکانیکی، فرمانشناسی.

cy.cle [*sáikl*] *n.* دور ، دورهٔ گـردش ، چرخ ، سیکل، یك سری داستان دربارهٔ یك موضوع.

cy.cle (**- d, cycling**) *vt.* & *vi.* بصورت دورانی یـا متناوب ظاهر شدن ، سوار دوچرخه شدن.

cy.clic, - al, *adj.* دوره‌ای یادایره‌ای.

cy.cling, *n.* دوچرخه سواری.
cy.clist [*sáiklist*] *n.* دوچرخه سوار
cy.clone [*sáikloun*] *n.* طوفان موسمی، باد تند وشدید، گردباد.
cy.clo.pe.dia, cy.clo.pae.dia= encyclopaedia, *n.* دائرةالمعارف.
cyl.in.der [*sílində*] *n.* استوانه، سیلندر، لوله.
cy.lin.dri.cal [*silíndrikl*] *adj.* استوانه‌ای، دارای شکل استوانه، لوله‌ای.
cym.bal [*símbl*] (**- ed, - led, - ing, - ling**) *n., vt. & vi.* [مو:] سنج، باسنج نواختن.
cyn.ic, *n. & adj.* بدبین وعیبجو پیرومکتب کلبیون.
cyn.i.cal [*sínikl*] *adj.* بدگمان نسبت به درستی و نیکوکاری بشر، غرغرو، عیبجو، کلبی.
cyn.i.cism, *n.* (فلسفه)مکتب کلبیون.
cypress, *n.* [گ.ش.] درخت سرو.
cyst, *n.* کیسه، مثانه، تخمدان.
czar, *n.* قیصر، تزار.
cza.rina, *n.* زوجهٔ تزار.
Czech [*tʃek*] *n. & adj.* اهل چکوسلواکی، زبان چکوسلواکی.

D

انگلیسی English	خط میخی پارسی Old Persian Cuneiform	پهلوی اشکانی Parthian Pahlavi	پهلوی ساسانی Sassanian Pahlavi	پهلوی کتابی Book Pahlavi	اوستائی Avestan	فارسی Modern
D	𐎭 𐎮 𐎯	[illegible]	[illegible]	[illegible]	[illegible]	د

D,d. [*di:*] *n.* حرف چهارم الفبای زبان انگلیسی، علامت عدد ۵۰ دراعداد رومی
dab [*dœb*] (**- bed, - bing**) *n., vt. & vi.* ترکردن، کهنه را نم زدن، باچیزنرمی کسی رازدن یانوازش کردن، اندکی، قطعه، تکه، آهسته زدن.
dabble [*dœbl*] (**- d, dabbling**), *vt. & vi.* [کم کم] رنگ پاشیدن، نم زدن، ترکردن، درآب شلپ شلپ کردن، سرسری کار کردن، بطور تفریحی کاری را کردن.
Da.cron, *n.* نام تجارتی الیاف مصنوعی، پارچهٔ داکرون.
dac.tyl [*dœktil*] *n.* انگشت، [در شعر] کلمه‌ای دارای سه هجا که هجای اول‌آن بلندودوهجای بعدی‌آن کوتاه باشد.
dad [*dœd*] *n.* [در زبان کودکانه] بابا، باباجان، آقاجان.
dad.dy, *n.* [ز.ع. - عنوان خودمانی dad]، بابا.
daf.fo.dil [*dœfədil*] *n.* [گ.ش.] نرگس زرد.
daf.fy, *adj.* [ز.ع.] سفیه، احمق.
dag.gar [*dœgə*] *n. & vt.* خنجر، کارد.
dahl.ia [*déiljə*] *n.* [گ.ش.] گل کوکب.
dai.ly [*déili*] *adv., adj. & n.* روزانه، روز بروز، روزنامهٔ یومیه، بطوریومیه.
dain.ti.ly [*déintili*] *adv.* ظریفانه، بطور شیک.
dain.ti.ness, *n.* ظرافت، شیکی، سلیقه یا ذوق لطیف.
dain.ty [*déinti*] *adj. & n.* هرچیز ظریف‌وعالی، گوشت‌یاخوراك‌لذیذ، لطیف، مطبوع.
dairy [*dɛ'əri*] *n.* شیربندی، لبنیاتی، قسمتی‌از مزرعه‌که لبنیات تهیه میکنند.
dairy-farm, *n.* مزرعه یاکارخانهٔ لبنیات سازی.
dairy.man, *n.* شیرفروش، لبنیات‌فروش.
da.is [*déiis*] (*pl.* **daises**) *n.* سکوب مخصوص جلوس اشخاص‌برجسته، سایبان یا آسمانهٔ بالای تخت پادشاه.
dai.sy [*déizi*] (*pl.* **- ies**) *n.* [گ.ش.] گل مروارید.
dale [*deil*] *n.* درهٔ کوچك، حفره، خلیج وغیره، ماهور.
dal.li.ance [*dœliəns*] *n.* تفریح وبازی از روی هوسرانی، طفره.
dal.ly [*dœli*] (**- ied, dallying**), *vt. & vi.* وقت‌رابابازی‌گذراندن، طفره‌زدن، تأخیرکردن.
dam [*dœm*] (**- med, - ming**), *n. & vt.* سد، آب‌بند، بند، سدساختن، مانع شدن یا ایجاد مانع‌کردن، محدودکردن.
dam.age [*dœmidʒ*] (**- d, da-maging**) *vi., vt. & n.* زیان، خسارت، ضرر، غرامت، معیوب‌کردن، زیان زدن، آسیب.
damaging, *adj.* آسیب‌آور، زیان‌آور ومضر، خسارت‌آور.
Da.mas.cus, *n.* دمشق.
dam.ask [*dœməsk*] *adj., n. & vt.* حریرگلدار ومشجر، گلدارکردن.
dame [*deim*] *n.* بانو، خانم، بی‌بی، کدبانو، مدیره.
damn [*dœm*] (**- ed, - ing**) *n., vt., vi., adj., adv. & interj.* لعنت‌کردن، لعنت، فحش، بسیار، خیلی.
d. good. بسیار خوب.
dam.na.ble, *adj.* لعنتی.
dam.na.tion [*dœmnéiʃən*] *n.* لعن، لعنت شدگی.
damned (**- er, - est**) **=damn,** *adj. & adv.* دوزخی، جهنمی، ملعون.
damp [*dœmp*] (**- er, - est**), (**- ed, - ing**) *vt., n. & adj.* نم، رطوبت، دلمرده کردن، حالت خفقان پیدا کردن، مرطوب ساختن.
damp.en (**-ed, - ing**) *vt. & vi.* رطوبت پیداکردن، مرطوب‌کردن، افسرده‌شدن.
damp.er [*dœmpə*] *n.* خفه‌کن، نم‌زن، آلت میزان‌کردن جریان هوا، عایق.
dampness, *n.* نمسازی، رطوبت.
dam.sel [*dœmzl*]**=dam.o.sel, dam.o.zel,** *n.* دوشیزه، خدمتکار.
dam.son [*dœmzn*] *n.* [گ.ش.] آلو.
dance [*da:ns*] (**- d, dancing**), *n., vt. & vi.* رقصیدن، رقص.
danc.er, *n.* رقاص.
dan.de.li.on [*dœndilaiən*] *n.* [گ.ش.] قاصدك (گیاه خودرو و دارای گل‌های زرد روشن).
dan.dle [*dœndl*] (**- d, dand-ling**) *vt. & vi.* بالاوپائین‌انداختن، نوازش کردن، بابچه بازی‌کردن.
dan.druff [*dœndrəf*] *n.* شورهٔ سر.
dan.dy [*dœndi*] (*pl.* **-ies**) *n.&adj.* شیك‌پوش، خوش لباس، خوش تیپ، فوکولی.
Dane [*dein*] *n.* دانمارکی، اهل دانمارك، يك نوع سگ.
dan.ger [*déindʒə*] *n.* خطر.
dan.ger.ous [*déindʒərəs*] *adj.* خطرناك، پرخطر.
dan.gle [*dœŋgl*] (**- d, dangl-ing**) *n., vt. & vi.* آویزان بودن، آویزان کردن، آویختن، آویزان.
Dan.ish [*déiniʃ*] *adj. & n.* دانمارکی.
dank[*dœŋk*](**-er, -est**) *adj.& n.* نمناك، مرطوب وسرد، مرطوب‌کردن.
dap.per [*dœpə*] *adj. & n.* تمیز، شیك، زنده‌دل، زرنگ.
dapple [*dœpl*](**-d, dap.pling**), *n., vt. & vi.* خالخال‌کردن، چیزی‌بانقاط رنگارنگ، حیوانی که بدنش خالخال باشد، خال، لکه، ابری.
dare [*dɛə*] (**dared, darst dar-ing**) *n., vt. & vi.* جرأت‌کردن، مبادرت‌بکاردلیرانه کردن، بمبارزه طلبیدن، شهامت.
daredevil [*dɛ'ədèvl*] *adj. & n.* بی‌باك، بی‌پروا، متهور.
dar.ing [*dɛ'əriŋ*] *adj. & n.* جسور، متهور، جرأت، شهامت، پردلی.
dark [*da:k*] (**- er, - est**) (**- ed, - ing**) *vi., vt., adj. & n.* تاریك، تیره، تیره کردن، تاریك کردن.
dark.en [*dá:kən*] (**- ed, -ing**), *vt. & vi.* تاریك شدن، تاریك کردن.
dark.ish, *adj.* نسبتاً تاریك.
dar.kle (**-d, darkling**) *vi. & adj.* درتاریکی پنهان شدن، تیره، تاریك.
dark.ling [*dá:kliŋ*] *adv. & adj.* درتاریکی، درتیرگی، (درشعر) تاریك.
darkroom, *n.* [درعکاسی وغیره] تاریك خانه.
dark.some [*dá:ksəm*] *adj.* اندکی تیره (شاعرانه)، گرفته.
dar.ling, *n. & adj.* محبوب، عزیز.
darn [*da:n*] *adv., vt., vi., adj. & n.* رفوکردن، رفو، لعنتی، فحش.
dart [*da:t*] (**- ed, - ing**) *vi., vt. & n.* زوبین، نیزه، تیر، بسرعت‌حرکت کردن، حرکت تند، پیکان.
dash [*dœʃ*] (**- ed, - ing**) *vt., vi. & n.* بشدت زدن، پراکنده‌کردن، بسرعت رفتن، بسرعت انجام‌دادن، فاصلهٔ میان دوحرف، این علامت «ـــ».
dashboard, *n.* (اتومبیل) داشبرد.
dashing, *adj.* بی‌پروا، زنده دل، جذاب، بی‌باك.
das.tard [*dœstəd*] *n.* آدم دون و پستی‌که از خطر می‌گریزد، نامرد، جبون.
da.ta [*déitə*] *n.* [صورت جمع کلمهٔ datum]مفروضات، اطلاعات، سوابق، دانسته‌ها.
date [*deit*] (**- d, dating**) *n., vt. & vi.* خرما، درخت‌خرما، نخل، تاریخ، زمان، تاریخ‌گذاردن، مدت معین‌کردن، سنه.
Up to d. مطابق مدروز، تااین‌تاریخ، آژور.
da.tive [*déitiv*] *n. & adj.* [د.] حالت مفعول غیرصریح حقیقی، حالت مفعولی، اعطائی، انتصابی.
da.tum (*pl.* **data**) *n.* مأخذ، اطلاع.
daub [*dɔ:b*] (**- ed, - ing**) *vi., vt. & n.* اندودن، مالیدن، ناشیانه رنگ‌کردن.
daugh.ter [*dɔ́:tə*] (**- s, daugh-tren**) *n.* دختر.
danghter-in-law (*pl.* **daugh-ters-in-law**) *n.* عروس [یعنی زن پسر شخص].
daunt [*dɔ:nt*] (**- ed, - ing**) *vt.* رام‌کردن، ترساندن، بی‌جرأت‌کردن.
daunt.less [*dɔ́:ntlis*] *adj.* بی‌پروا، بی‌باك، نترس.
dau.phin [*dɔ́:fin*] *n.* عنوان پسر ارشد پادشاه فرانسه.
dav.en.port [*dœvnpɔ:t*] *n.* یکنوع میزتحریرظریف، [آمر.] نیمکت‌راحتی.
Da.vid, *n.* داود.
daw.dle [*dɔ́:dl*] (**-d, dawdling**), *n., vt. & vi.* بیهوده وقت‌گذراندن، اتلاف وقت، اهمال کار.
dawn [*dɔ:n*] (**- ed, - ing**) *n. & vi.* فجر، سپیده دم، طلوع، آغاز، آغازشدن.
day [*dei*] *n.* روز، یوم.
Every other d. یکروز درمیان.
D.by.d. روزبروز.

D. in d. out. مداوماً، هرروزه.

daybook, *n.* دفتر روزنامه، دفتر ثبت وقایع روزانه.

daybreak=daydawn, *n.* صبح، سپیده دم، بامداد.

daydream (**-ed, -ing**) *n., vi. & vt.* خیال باطل،افکارپوچ،خیال‌باطل‌کردن.

day.dream.er, *n.* خیالباف.

daylight (**-ed, daylit, -ing**), *n., vt. & vi.* روشنی روز، روز روشن.

daytime=day.tide, *n.* روز، هنگام روز، مدت روز.

daze [*deiz*] (**-d, dazing**) *vt. & n.* گیج کردن، حیرگی [دراثر ضربت یا سرما ویا نور زیاد وغیره].

daz.zle [*dǽzl*] (**-d, daz.zling**), *n., vt. & vi.* خیره کردن، تابش یا روشنی خیره کننده.

dea.con [*dí:kən*] (**-ed, -ing**), *n. & vt.* شماس، خادم کلیسا که به‌کشیش یا اسقف کمك میکند.

de.activate (**-d, deactivating**)*vt.* ناکنشگرکردن، ناکنش ورکردن، بی‌اثرکردن، بی‌خاصیت‌کردن. ازاثر انداختن.

deactivation, *n.* بی‌اثر سازی.

dead [*ded*] *adj. & adv.* مرده، بی‌حس، منسوخ، کهنه، مهجور.

dead.en [*dédn*] (**-ed, -ing**) *vt. & vi.* خرف‌کردن، بیحس‌وبی‌روح‌کردن، بیجان‌شدن.

dead end, *n. & adj.* انتهای بستهٔ لولهٔ آب یا مجرا، بن‌بست.

deadline, *n.* ضرب‌العجل،فرجه

dead.li.ness, *n.* مهلکی، کشندگی.

deadlock [*dédlɔk*] *n., vt. & vi.* حالت عدم فعالیتی که دراثر وجود دو نیروی متعادل ایجادگردد، وقفه، بی‌تکلیفی، دچاروقفه یا بی‌تکلیفی شدن، بن‌بست.

dead.ly [*dédli*] (**-ier, -iest**), *adj. & adv.* مهلك، کشنده، قاتل.

deadly sin, *n.* گناه‌کبیره.

deaf [*def*] *adj.* کر، فاقد قوهٔ شنوائی.

deaf.en [*défn*] (**-ed, -ing**), *vt. & vi.* کرکردن، کر شدن.

deaf-mute, *n. & adj.* کر ولال.

deal [*di:l*] (**dealt, dealing**), *n., vt. & vi.* مقدار، اندازه، قدر، حد، معامله‌کردن، سروکار داشتن با، توزیع کردن.

A secret d. زدوبست یا معاملهٔ سری.

deal.er [*dí:lə*] *n.* دلال، دهندهٔ ورق، فروشنده، معاملاتچی.

dealing [*dí:liŋ*] *n.* تقسیم [هدایا یا ورق بازی و غیره]، مکاتبات و ارتباط‌دوستانه‌یا‌بازرگانی،خریدوفروش‌ومعامله، طرز رفتار، رفتار، سروکار داشتن، سروکار.

dean [*di:n*] *n.* رئیس، رئیس کلیسا یا دانشکده، ریش سفید.

dear [*diə*] (**-er, -est**) *adj., n., adv., vt. & vi.* عزیز، محبوب، گرامی، پرارزش، کسی‌را عزیزخطاب کردن، گران‌کردن.

dear.ly, *adv.* بطور عزیز، گران.

dearth [*də:θ*] *n.* کمیابی وگرانی، قحط وغلا، کمبود.

death [*deθ*] *n.* مرگ، درگذشت، فوت.

deathbed [*déθbed*] *n.* بسترمرگ.

death benefit, *n.* وظیفه یا پولی که کارفرما بعیال و اولاد کارگر متوفی میدهد، مقرری.

deathblow, *n.* ضربت مهلك.

death-duties [*déθdjù:tiz*] *n.pl.* مالیات بر ارث.

death.ful, death.like, *adj.* مرگبار.

death.ly [*déθli*] *adj. & adv.* مهلك، فانی، مرگ‌وار.

dé.ba.cle [*deibá:kl*] *n.* افتضاح، سقوط ناگهانی حکومت وغیره، سرنگونی.

de.bar [*dibá:*] (**-red, -ring**) *vt.* مانع شدن، بازداشتن، ممنوع کردن.

de.bark [*dibá:k*] (**-ed, -ing**) *vt.* پوست درخت راکندن، [مج.] پوست کندن از.

de.base [*dibéis*](**-d, dabasing**), *vt.* مقام کسی را پائین بردن، پست کردن.

de.base.ment, *n.* پستی.

de.bat.able [*dibéitəbl*] *adj.* قابل بحث، قابل انکار، مورد منازعه، قابل گفتگو.

de.bate [*dibéit*] (**-d, debating**) *n., vt. & vi.* بحث، مذاکرات پارلمانی، منازعه، مناظره کردن، مباحثه کردن.

de.bauch [*dibɔ́:tʃ*] (**-ed, -ing**), *vt., vi. & n.* هرزه کردن، فاسدکردن، الواطی کردن، عیاشی.

de.bauch.ee, *n.* آدم هرزه، فاسق، عیاش، فاجر.

de.bauch.ery [*dibɔ́:tʃəri*] (*pl.* **-ies**) *n.* عیاشی، فسق، هرزه‌گردی.

de.ben.ture [*dibén(t)ʃə*] *n.* سهم قرضه، گواهینامهٔ گمرکی، حوالهٔ دولتی.

de.bil.i.tate [*dibíliteit*] *vt.* ناتوان‌کردن، ضعیف‌کردن.

de.bil.i.ta.tion, *n.* ناتوان سازی، تضعیف.

de.bil.i.ty [*dibíliti*] (*pl.* **-ies**) *n.* ضعف وناتوانی، سستی، ضعف قوهٔ باء، عنن.

deb.it [*débit*] *n. & vt.* بدهی، حساب بدهی، درستون بدهی گذاشتن، پای کسی نوشتن.

de.brief, *vt.* پرسش‌کردن، اطلاعات کسب‌کردن [مثلاً از خلبان].

de.bris [*débri:*] (*pl.* **de.bris**) *n.* خرده، باقیمانده، آثار مخروبه، آشغال روی‌هم ریخته، آوار.

debt [*det*] (**-ed, -ing**) *n.* بدهی، وام، قرض، دین، قصور.

Get into d. بقرض افتادن.

debt.or [*détə*] *n.* مدیون، بدهکار، ستون بدهکار.

de.bunk, *vt.* احساسات غلط وپوچ را ازکسی دورکردن،کسی راآگاه وهدایت‌کردن، کم‌ارزش‌کردن.

de.but [*déibu:*] (**-ed, -ing**) *n., vt. & vi.* آغازکار، نخستین‌مرحله‌دخول‌دربازی یاجامعه، شروع بکارکردن.

deb.u.tant(e) [*dèibu:tá(ŋ), debytâ(t)*] *n.* نوازنده یا ناطقی‌که برای نخستین بار درجلو عموم ظاهر می‌شود، دختری که‌برای اولین مرتبه درجامعه وارد میشود، تازه‌کار، خام‌دست.

de.cade [*dékəd, dékeid*] *n.* دهه،عدد ده، دورهٔ ده ساله.

de.ca.dence [*dékədəns, dikéidens*] *n.* زوال،تنزل،انحطاط،فساد،آغازویرانی.

de.ca.dent [*dékədənt, dikéident*] *adj. & n.* روبانحطاط، منحط، روبفساد رونده.

deca.gram, *n.* ده‌گرم.

dec.a.he.dron, *n.* ده‌رو، ده وجه.

de.cal.co.ma.nia=de.cal, *n.* عکس برگردان.

de.camp [*dikǽmp*] (**-ed, -ing**), *vi.* خیمه‌برچیدن، رخت‌بربستن، کوچ کردن.

de.cant [*dikǽnt*] *vt.* ریختن شراب [از تنگ و غیره]، آهسته خالی کردن، سرازیرکردن.

de.cant.er [*dikǽntə*] *n.* تنگ.

de.cap.i.tate [*dikǽpiteit*] (**-d, decapitating**) *vt.* سر از تن جدا کردن، گردن زدن.

de.cap.i.ta.tion, *n.* سربریدن.

deca.syllable, *n.* شعر ده‌هجائی.

de.cath.lon, *n.* ورزشهای ده‌گانهٔ دوومیدانی.

de.cay [*dikéi*] *n., vt. & vi.* پوسیدگی، فساد، زوال، خرابی، تنزل، پوسیدن، فاسد شدن، تنزل‌کردن، منحط‌شدن، تباهی.

de.cease [*disí:s*] (**-d, de.ceasing**) *n. & vi.* مرگ، مردن، درگذشتن.

de.ceased, *n. & adj.* مرده، مرحوم.

de.ce.dent, *n.* [حق. - آمر.] شخص متوفی، مرحوم.

de.ceit [*disí:t*] *n.* فریب،حیله، خدعه.

de.ceit.ful, *adj.* فریب‌آمیز، پرنیرنگ.

de.ceive [*disí:v*] (**-d, deceiving**) *vt. & vi.* فریفتن، فریب‌دادن، گول‌زدن، اغفال‌کردن،مغبون‌کردن.

de.cel.er.ate, *vt. & vi.* از سرعت چیزی کاستن، آهسته‌کردن.

De.cem.ber [*disémbə*] *n.* دسامبر.

de.cen.cy [*dí:sənsi*] (*pl.* **-ies**) *n.* انطباق باموارد، شایستگی، محجوبیت، نجابت.

de.cent [*dí:sənt*] *adj.* آراسته، محجوب، نجیب.

de.centralization, *n.* عدم تمرکز.

de.centralize (**-d, decentralizing**) *vt.* عدم تمرکز دادن، حکومت محلی دادن به.

de.cep.tion [*disépʃən*] *n.* نیرنگ، فریب، گول، حیله، فریب‌خوردگی، اغفال.

de.cep.tive [*diséptiv*] *adj.* فریبنده، فریبا، گول زننده، فریب‌آمیز.

dec.i.bel, *n.* واحدی که‌نسبت‌بین دومقدار الکتریسیته یا صوت را بیان میکند، واحدی برای اندازه‌گیری شدت وضعف صدا.

de.cide [*disáid*] (**-d, deciding**) *vt. & vi.* تصمیم گرفتن.

de.cid.ed [*disáidid*] *adj.* مصمم، قطعی.

de.cid.u.ous [*disídjuəs*] *adj.* گیاهی که درزمستان برگ میریزد، برگ‌ریز.

deci.liter, -tre [*désilì:tə*] *n.* یکدهم لیتر.

dec.i.mal [*désiməl*] *adj. & n.* اعشاری، دهگان.

dec.i.mal.ize (**-d, decimalizing**) *vt.* باعشار درآوردن، تبدیل به اعشارکردن.

decimal point, *n.* ممیز اعشاری.

dec.i.mate [*désimeit*] (**-d, decimating**) *vt.* ازهرده‌نفریکی‌راکشتن، تلفات‌زیاد واردکردن.

dec.i.me.ter [*désimì:tə*] *n.* دسیمتر.

de.cipher [*disáifə*] (**-ed, -ing**), *vt.* کشف رمز نمودن، کشف‌کردن.

de.ci.sion [*disíʒən*] *n.* عزم، تصمیم، حکم دادگاه، داوری.

de.ci.sive [*disáisiv*] *adj.* قطعی، قاطع.

deck [*dek*] *n.* عرشه، عرشهٔ کشتی، کف، سطح.

deck (**-ed, -ing**) *n. & vt.* آراستن، زینت‌کردن، عرشه‌دارکردن، [م.م.] پوشاندن، [در ورق بازی] یکدسته ورق.

de.claim [*dikléim*] (**-ed, -ing**), *vt. & vi.* سخنوری کردن، رجزخوانی کردن، باحرارت علیه کسی صحبت کردن، دکلمه کردن.

de.claim.er, *n.* سخنور، دکلمه کننده.

dec.la.ma.tion, *n.* دکلماسیون.

de.clam.a.to.ry, *adj.* وابسته به دکلمه،مربوط به‌قرائت مطلبی‌باصدای بلند،غرا.

dec.la.ra.tion [*dèkləréiʃən*] *n.* بیان، اظهارنامه، اعلامیه، اعلام.

de.clar.a.tive, *adj.* اظهاری،اخباری.

de.clare [*dikléə*] (**-d, declaring**) *vt. & vi.* اظهار داشتن، گفتن، اعلام‌کردن.

de.class (**-ed, -ing**) *vt.* جداکردن از طبقه، کسی را از طبقهٔ اجتماعی محروم کردن.

de.classify (**-ied, declassifying**) *vt.* مقام اجتماعی کسی را از بین بردن، تنزل رتبه‌دادن‌به، غیر محرمانه کردن.

de.clen.sion [*diklénʃən*] *n.* صرف‌کلمات، عدم قبول چیزی بطور مؤدبانه.

de.clin.able, *adj.* قابل‌تصریف، صرف کردنی.

de.cline [*dikláin*] (**-d, declining**) *vt. & vi.* خم‌شدن،مایل‌شدن،روبزوال‌گذاردن،تنزل‌کردن، کاستن، کاهش،شیب‌پیداکردن،ردکردن،نپذیرفتن، صرف‌کردن [اسم یا ضمیر]، زوال. انحطاط.

de.cliv.i.tous, *adj.* سرازیر،شیبدار.

de.cliv.i.ty [*diklíviti*] (*pl.* **-ties**), *n.* سرازیری، شیب.

de.coct (**-ed, -ing**) *vt.* جوشانیدن، پختن، [م.م.] گواریدن.

de.code [*dí:kóud*] *vt. & vi.* کشف رمزکردن، کشف‌کردن.

de.col.late (**-d, decollating**), *vt.* سربریدن، بی‌سرکردن، گردن زدن.

de.colo(u)rization, *n.* رنگ زدائی.

de.col.o(u)r.ize, *vt.* بی‌رنگ‌کردن.

de.com.pose [*dì:kəmpóuz*] (**-d, decomposing**) *vt. & vi.* ازهم پاشیدن، تجزیه‌کردن، متلاشی شدن.

de.com.po.si.tion, *n.* انحلال، تجزیه، فساد، تلاشی.

de.compress, *vt. & vi.* از فشار هوا کاستن، ناهم فشرده‌کردن.

de.contaminate, *vt.* از آلودگی مبراکردن.

de.cor, dé.cor, *n.* دکور، آرایش.

dec.o.rate [*dékəreit*] (**-d, decorating**) *vt.* آذین‌کردن، پیراستن، آرایش‌دادن، زینت‌کردن، نشان‌یا مدال‌دادن‌به.

dec.o.ra.tion [*dèkəréiʃən*] *n.* تزئین،آرایشگری، آذین‌بندی، مدال یا نشان.

dec.o.ra.tive, *adj.* آذینی، زینتی.

dec.o.ra.tor [*dékəreitə*] *adj. & n.* آذینگر، متخصص‌آرایش داخلی ساختمانها.

de.co.rous [*dékəreitə*] *adj.* آراسته، زینت‌دار، مؤدب.

de.co.rum [*dikɔ́:rəm*] *n.* ادب، آدابدانی، مناسبت، رفتاربجا.

de.coy [*dikɔ́i*] (**-ed, -ing**) *vt., vi. & n.* طعمه یا دام یا توری برای گرفتن اردك وحشی ومرغان دیگر، [مج.] تله، دام، وسیلهٔ تطمیع، بدام انداختن، فریفتن.

de.crease [*dikrí:s*] (**-d, decreasing**) *n., vt. & vi.* کاهش، نقصان یافتن،کم‌کردن یا شدن.

de.cree (**-d, decreeing**) *n., vt. & vi.* حکم‌کردن، حکم، فرمان.

de.crep.it [*dikrépit*] *adj.* سالخورده وفرتوت، ضعیف وناتوان، خیلی‌پیر.

de.crep.i.tude [*dikrépitju:d*] *n.*

حالت ضعف و ناتوانی، فرتوتی، شکستگی.
de.crescent, *adj.* کاهنده، رو بنقصان گذارنده.
de.cry [dikrái] (- ied, decrying) *vt.* رسوا کردن، تقبیح کردن.
de.cum.ben.cy, *n.* خوابیدگی.
de.cum.bent, *adj.* دربستر خوابیده، گیاه خزنده.
dec.u.ple (- d, decupling) *n., adj. & vt.* دهگانه، ده‌برابر، ده‌برابر کردن.
ded.i.cate [dédikeit] (- d, dedicating) *adj. & vt.* اهدا کردن، اختصاص دادن، وقف کردن، پیشکش.
deduce [didjú:s] *vt.* استنباط کردن، دریافتن، نتیجه گرفتن، کم کردن، تفریق کردن.
de.duct [didΛ'kt] (- ed, -ing), *vt. & vi.* کم کردن، کسر کردن، وضع کردن.
de.duct.ible, *adj.* کسرپذیر، مالیات‌پذیر.
de.duc.tion [didΛ'kʃən] *n.* کسر، وضع، استنتاج، نتیجه‌گیری، استنباط، پی بردن از کل به جزء یا از علت به معلول، قیاس.
de.duc.tive, *adj.* استقرائی یا قیاسی.
deed [di:d] (- ed, - ing) *n. & vt.* کردار، کار، قباله، سند، باقباله واگذار کردن.
deem [di:m] (- ed, - ing), *vt. & vi.* پنداشتن، فرض کردن، خیال کردن.
deep [di:p] (- er, - est) *adj., n. & adv.* گود، عمیق، ژرف.
deep.en [dí:pən] (- ed, - ing), *vt. & vi.* گود کردن، گود شدن.
deep-rooted [dí:prú:tid] *adj.* ریشه کرده، دیرینه، عمیق.
deep-seated [dí:psí:tid] *adj.* عمقی، مستقر، دیرینه.
deer [diə] (*pl.* **deer**) *n.* آهو، آهوی کوهی.
de-esca.late, *vi. & vt.* تشنج زدائی کردن، محدود ساختن.
de-esca.la.tion, *n.* تشنج زدائی، محدود سازی.
de.face [diféis] (- d, defacing), *vt.* بدشکل کردن، از شکل انداختن، محو کردن.
de.face.ment, *n.* ضایع یا محو کردن، بد شکل کردن.
de fac.to [dì:fæktou] *adj. & adv.* بالفعل، عملاً [درمورد دولتی که با انقلاب و نظیر آن روی کار آمده و هنوز بطور رسمی شناخته نشده]. *D. f. recognition.* شناسائی دولتی بطور عملی و بالفعل [نه بطور رسمی].
de.fal.cate (- d, defalcating), *vt. & vi.* کسر کردن [از پول یا حساب]، اختلاس کردن، دستبرد زدن [به پول].
def.a.ma.tion [dèfəméiʃən] *n.* افترا، بدگوئی، تهمت، بدنامی ورسوائی.
de.fam.a.to.ry, *adj.* افتراآمیز.
de.fame [diféim] (- d, defaming) *vt.* بدنام کردن.
de.fault [difɔ́:lt] (- ed, - ing), *n., vt. & vi.* کوتاهی، قصور، غفلت، نکول کردن.
de.fea.sance, *n.* باطل سازی، ابطال، الغاء، [حق.] بطلان، شرط بطلان یا الغاء، شکست.
de.fea.si.ble, *adj.* قابل الغاء، فسخ کردنی.
de.feat [difí:t] (-ed, -ing) *n. & vt.* شکست دادن، هزیمت، مغلوب ساختن.
de.feat.ism, *n.* اعتراف به شکست، یأس و بدبینی، شکست گرائی.
def.e.cate (- d, defecating), *vt. & vi.* [طب] تخلیه کردن شکم (از براز)، خارج کردن مدفوع.
def.e.ca.tion, *n.* خروج مدفوع، تخلیهٔ شکم.
de.fect [difékt] *n. & vi.* کاستی، عیب، نقص، ترک کردن، مرتد شدن، معیوب ساختن.
de.fec.tion, *n.* پناهندگی، فرار، ارتداد، عیب.
de.fec.tive [diféktiv] *adj. & n.* ناقص، ناتمام، دارای کمبود، معیوب.
de.fend [difénd] (- ed, - ing), *vi. & vt.* دفاع کردن از، حمایت کردن.
de.fen.dant [diféndənt] *n.* [حق.] مدافع، مدعی علیه.
de.fend.er, *n.* مدافع، پدآفندگر.
de.fense [diféns]=**de.fence** (- d, defensing) *n. & vt.* پدآفند، دفاع، دفاع کردن، استحکامات.
de.fen.sive [difénsiv] *adj. & n.* دفاعی، تدافعی، حالت تدافع، مقام تدافع، پدآفندی.
de.fer [difə́:] (- red, - ring) *vt. & vi.* عقب انداختن، بتعویق انداختن، تأخیر کردن، تسلیم شدن، احترام گذاردن.
def.er.ence [défərəns] *n.* تن دردهی، تسلیم، تمکین، احترام (گذاری).
def.er.en.tial [dèfərénʃəl] *adj.* باحرمت، محترمانه، از روی احترام.
de.fer.ment, *n.* تعویق، تأخیر.
de.fi.ance [difáiəns] *n.* مبارزه‌طلبی، دعوت بجنگ، بی‌اعتنائی، مخالفت، مقاومت، اعتراض.
de.fi.ant [difáiənt] *adj.* بی‌اعتناء، بدگمان، جسور، مظنون، مبارز، معاند، مخالف.
de.fi.cien.cy [difíʃənsi] (*pl.* - ies) *n.* نقص، کمی، کمبود، کسر، ناکارآئی.
de.fi.cient, *adj.* دارای کمبود، ناکارآ.
def.i.cit [défisit, dí:fisit, difísit] *n.* کمبود، کسر، کسر عمل، کسر درآمد.
def.i.lade (- d, defilading), *n. & vi.* درجان پناه موضع گرفتن، پناه یافتن، جان پناه، استحکامات تدافعی.
de.file [difáil] (- d, defiling), *n., vt. & vi.* آلوده کردن، بی‌حرمت کردن، بی‌عفت کردن، گردنه، رژه رفتن، گندگاه.
de.fine [difáin] (- d, defining), *vi. & vt.* معین کردن، تعریف کردن، معنی کردن.
def.i.nite [définit] *adj.* معین، قطعی، تصریح‌شده، صریح، روشن، معلوم. *D. article.* حرف تعریف.
def.i.ni.tion [dèfiníʃən] *n.* تعریف، معنی.
de.fin.i.tive [difínitiv] *adj.* قطعی، قاطع، صریح، معین‌کننده، نهائی.
de.flate [di:fléit] (- d, deflating) *vt. & vi.* باد [چیزی‌را] خالی کردن، جلوگیری از تورم کردن، کاهش قیمت.
de.flect [diflékt] (- ed, - ing), *vt. & vi.* کج کردن، منحرف کردن.
de.flec.tion=deflexion, *n.* انحناء، خم‌سازی، انحراف، پیچش.
de.flower (- ed, - ing) *vt.* ازالهٔ بکارت کردن از، ملوث کردن.
de.fo.li.ate (-d, defoliating), *adj. & vt.* بی‌برگ کردن، برگ ریختن.
de.forest [di:fɔ́rist] *vt.* درختان جنگل را قطع کردن، از حالت جنگل خارج کردن، جنگل تراشی کردن.
de.forestation, *n.* قطع درختان جنگلی.
de.form [difɔ́:m] (- ed, - ing), *vt. & vi.* زشت کردن، کج و معوج کردن، بدشکل کردن، از شکل انداختن، دشدیسه کردن.
deformed, *adj.* بدشکل، ناقص شده.
de.for.mi.ty [difɔ́:miti] (*pl.* -ies) *n.* بدشکلی، کجی، زشتی، نقص خلقت.
de.fraud [difrɔ́:d] (- ed,- ing) *n., vi. & vt.* فریب، گول زدن، کلاهبرداری کردن.
de.frau.da.tion, *n.* فریب، کلاهبرداری.
de.fray [difréi] (- ed, - ing), *vt.* پرداختن، متحمل شدن، تسویه کردن.
de.frock, *vt.* خلع کسوت روحانی کردن.
de.frost, *vt. & vi.* یخ چیزی را آب کردن.
deft [deft] (- er, - est) *adj.* ماهر، زبردست، کاردان، چالاک، استادانه.
de.funct [difΛ'ŋkt] *adj. & n.* ازبین رفته، تمام شده، مرده، درگذشته.
defy [difái] (- ied, defying), *n. & vt.* بمبارزه طلبیدن، تحریک بجنگ کردن، شیر کردن.
de.gas (- ed, - ing) *vt.* گاز چیزی را گرفتن، بدون گاز کردن.
de.gen.er.a.cy, *n.* فساد، انحطاط.
de.gen.er.ate [didʒénəreit] (- d, degenerating) *adj., n. & vi.* رو به انحطاط گذاردن، فاسد شدن، منحط.
de.gen.er.a.tion [didʒènəréiʃən] *n.* فساد، انحطاط، تباهی.
deg.ra.da.tion [dègrədéiʃən] *n.* پستی، خفت، تنزل رتبه.
de.grade [digréid] (- d, degrading) *vt. & vi.* پست کردن، خفت دادن، تنزل رتبه دادن، منحط کردن.
de.gree [digrí:] *n.* زینه، درجه، رتبه، پایه، دیپلم یا درجهٔ تحصیل.
de.gust, *vt.* لذت بردن، مزمزه کردن.
de.hisce (- d, dehiscing) *vt. & vi.* [گ.ش.] دهن باز کردن، شکفتن، ترکیدن.
de.his.cent, *adj.* شکوفا، ترک‌خورده.
de.humanize, *vt.* نا انسانی کردن، از خصائص انسانی محروم شدن، فاقد احساسات انسانی کردن، فاقد صفات انسانی شدن.
de.humidify, *n.* رطوبت گرفتن (از هوا)، نم چیزی را گرفتن، خشک کردن.
de.hy.drate (- d, dehydrating) *vt. & vi.* آب چیزی را گرفتن، بی‌آب کردن، پسابش داشتن، وابشت کردن.
de.ice, *vt.* بدون یخ کردن.
de.ic.er, *n.* مایع ضدیخ.
de.i.fi.ca.tion [dí:ifikéiʃən] *n.* قائل به الوهیت شخص یا چیزی، خدا سازی، ایجاد الوهیت.
de.i.fy [dí:ifai] (- ied, deifying) *vt. & vi.* خدادانستن، پرستیدن، مقام الوهیت قائل شدن [برای].
deign [dein] (- ed, - ing) *vt. & vi.* لطفاً پذیرفتن، تمکین کردن.
de.ism, *n.* خداپرستی (بدون اعتقاد به پیامبران ومسائل دیگر مذهبی)، خداگرائی.
de.ist, *n.* خداپرست، خداگرای.
de.i.ty [dí:iti] (*pl.* - ies) *n.* خدا.
de.ject (- ed, - ing) *adj. & vt.* پژمان کردن، افسردن، دل شکسته کردن.
de.jec.tion [didʒékʃən] *n.* پژمانی، افسردگی، سرافکندگی، دلمردگی.
de ju.re [di:dʒúəri] *adj. & adv.* [حق.] حق قانونی، مشروع، بطور قانونی.
de.laminate, *vt.* ورقورقه شدن، لایه لایه شدن، متورق شدن.
de.late (- d, delating) *vt.* متهم کردن، چغلی کردن (از)، خبر دادن.
de.lay [diléi] (- ed, - ing) *n., vt. & vi.* تأخیر کردن، بتأخیر انداختن، تعلل. *His d. was unexpected.* تأخیر او غیرمنتظره بود.
de.lec.ta.ble, *adj.* خوشگوار، لذیذ.
de.lec.ta.tion [dì:lektéiʃən] *n.* خوشی، لذت، صفا، حظ نفس.
del.e.gate [déligit] (- d, delegating) *n. & vt.* نمایندگی دادن، وکالت دادن، محول کردن به، نماینده.
del.e.ga.tion [dèligéiʃən] *n.* نمایندگی، وکالت، هیأت نمایندگان.
de.lete [di:lí:t] (- d, deleting), *vt.* انداختن، حذف کردن، برداشتن.
del.e.te.ri.ous [dèlitíəriəs] *adj.* زیان‌آور، آسیب رسان.
de.le.tion [di:lí:ʃən] *n.* حذف، محو.
de.lib.er.ate [dilíbereit] (- d, deliberating) *adj., vi. & vt.* تعمد کردن، عمداً انجام دادن، عمدی، تعمداً تعمق کردن، سنجیدن، اندیشه کردن.
de.lib.er.a.tion [dilìbəréiʃən] *n.* سنجش، بررسی، اندیشه، تأمل، فرصت، شور.
del.i.ca.cy [délikəsi] (*pl.* -ies), *n.* ظرافت، دقت، نازک بینی، خوراک لذیذ.
del.i.cate [délikit] *adj. & n.* ظریف، خوشمزه، لطیف، نازک بین، حساس.
del.i.ca.tes.sen, *n.* اغذیهٔ حاضر، مغازهٔ اغذیه فروشی.
de.li.cious [dilíʃəs] *adj.* لذیذ.
de.light [diláit] (- ed, - ing), *n., vt. & vi.* خوشی، لذت، شوق، میل، لذت دادن، محظوظ کردن.
delighted, *adj.* محظوظ، بسیارخرسند.
de.light.ful [diláitful] *adj.* لذت‌بخش، خوشی‌آور، دلپسند، دلپذیر.
de.limit [di:límit] *vt.* حدود (چیزی را) معین کردن.
de.lim.i.tate [dilímiteit] (- d, delimitating) *vt.* محدود کردن، تحدید حدود کردن.
de.lim.i.ta.tion, *n.* تحدید حدود.
de.lin.eate [dilínieit] (- d, delineating) *vt.* مشخص کردن، ترسیم نمودن، معین کردن.
de.lin.e.a.tion [dilìniéiʃən] *n.* طرح، تصویر، توصیف، شرح.
de.lin.quen.cy [dilíŋkwənsi] (*pl.* - ies) *n.* تخلف، قصور، کوتاهی، تقصیر.
de.lin.quent [dilíŋkwənt] *adj. & n.* متخلف، مرتکب جنایت یا جنحه، غفلت‌کار.
del.i.ques.cence, *n.* آب‌شدن، گداز.
de.lir.i.ous, *adj.* هذیانی، پرت‌گو.
de.lir.i.um [dilíriəm] *n.* سرسام، هذیان، پرت‌گوئی، دیوانگی.
delirium tre.mens, *n.* هذیان خمری، جنون الکلی [مخفف آن .D. T].
de.liv.er [dilívə] (- ed, - ing), *vi. & vt.* آزاد کردن، نجات دادن، تحویل دادن، ایراد کردن [نطق وغیره].
de.liv.er.able, *adj.* قابل تحویل.
de.liv.er.ance, *n.* رهائی.
de.liv.ery [dilívəri] (*pl.* - ies) *n.* تحویل، رهائی، فراغت از زایمان، تسلیم.
dell [del] *n.* درهٔ کوچک وتنگ، زنجوان.
de.louse, *vt.* بدون شپش کردن.
del.ta [déltə] *n.* حرف چهارم زبان یونانی.
del.ta.ic, *adj.* مصبی، وابسته بهدلتا.
del.toid, del.toi.de.us, *adj. & n.* مانند دال، سه‌گوش، دلتا مانند.
de.lude [dilú:d] (- d, deluding) *vt.* فریب دادن، اغفال کردن.

del.uge [*délju:dʒ*] *n. & vt.*
سیل، طوفان، غرق‌کردن، طوفان ایجادکردن.

de.lu.sion [*dil(j)ú:ʒən*] *n.*
فریب، اغفال، پندار بیهوده، وهم.

de.lu.sive [*dil(j)ú:siv*] *adj.*
فریبنده، گمراه‌کننده، موهوم، واهی، بی‌اساس.

de.lu.so.ry=delusive=deceptive, *adj.*
وهمی یا خیالی، فریبنده، گمراه‌کننده.

de.luxe [*dəlúks,lyks*] *adj. & adv.*
تجملی، بسیار زیبا، مجلل، گران، لوکس.

delve [*delv*] (**- d, delving**), *vt. & vi.* حفر کردن [زمین]، سوراخ کردن، [illegible]

dem.a.gog.ic, - al, *adj.* عوام‌فریب.

dem.a.gogue, dem.a.gog [*déməgɔg*] *n. & vi.* آدم عوام‌فریب، هوچی.

demagoguery, *n.* عوام فریبی.

de.mand [*dimá:nd*] (**- ed, - ing**) *n., vt. & vi.*
درخواست،مطالبه،طلب، تقاضا کردن،مطالبه کردن.

demanding=exacting, *adj.*
طاقت‌فرسا، سخت، خواستار، مبرم، مصر.

de.mar.cate [*dí:ma:kèit*] (**- d, demarcating**) *vt.*
تعیین حدود کردن، نشان‌گذاردن.

de.mar.ca.tion, *n.*
علامت‌گذاری، سرحد.

de.mean [*dimí:n*] (**- ed, -ing**), *n. & vt.* پست‌کردن، رفتار کردن.

de.mea.nour=de.mea.nour [*dimí:nə*] *n.* رفتار، سلوک، وضع، حرکت.

de.ment.ed, *adj.* دیوانه، مجنون.

de.men.tia (*pl.* **- s**) *n.*
[طب] دیوانگی، جنون، سفه.

de.mer.it [*di:mérit*] *n.*
عدم لیاقت، ناشایستگی، ناسزاواری، سرزنش.

de.mesne [*diméin, dimí:n*] *n.*
تملک زمین، کلیهٔ زمین ما یملک یك‌شخص،ناحیه.

demi -
پیشوندیست بمعنی «نیم» و «نصف».

demi.god [*démigɔd*] *n.* نیمه خدا.

demi.john, *n.* قرابه، کپ.

de.militarize, *vt.*
از حالت نظامی درآمدن، غیرنظامی کردن.

de.mise [*dimáiz*] (**- d, demising**) *vt., vi. & n.*
مردن، وفات یافتن، انتقال دادن.

demi.tasse, *n.*
گیلاس، فنجان قهوه خوری.

demi.urge, *n.*
جهان‌آفرین، خالق، اهریمن.

de.mobilization, *n.*
رفع بسیج عمومی.

de.mobilize [*di:móubilaiz*] (**- d, demobilizing)=disband,** *vt.*
از حالت بسیج بیرون آوردن، بحالت صلح درآوردن، دموبیلیزه کردن.

de.moc.ra.cy [*dimɔ́krəsi*] (*pl.* **- ies**) *n.* دموکراسی، حکومت قاطبهٔ مردم.

dem.o.crat [*déməkræt*] *n.*
طرفداراصول‌حکومت ملی، عضوحزب‌دموکرات.

dem.o.crat.ic, *adj.* دمکراتیك.

de.moc.ra.tize, *vt.*
بصورت دمکراسی درآوردن.

de.mog.ra.phy, *n.* آمارگیری نفوس بشر، آمار مردم‌گیتی، آمار نگاری.

de.mol.ish [*dimɔ́liʃ*] (**-ed, -ing**), *vt.* ویران‌کردن، خراب‌کردن.

dem.o.li.tion [*dèməlíʃən*] *n.*
ویرانی، خرابی، ویران‌سازی، انهدام، تخریب.

de.mon, dae.mon [*dí:mən*] *n.*
دیو، جنی، شیطان، روح پلید، اهریمن.

de.monetize (**- d, demonetizing**) *vt.* از رواج انداختن، بی‌اعتبار کردن، (درمورد پول) تنزل پیداکردن.

de.mo.ni.ac=de.mo.ni.a.cal, *adj. & n.* دیوانه‌وار،جن‌وار،شیطانی،دیوی.

de.mon.ol.o.gy, *n.* دیوشناسی.

dem.on.strate [*démənstreit*] (**- d, demonstrating**) *vi. & vt.*
اثبات کردن (با دلیل)، نشان دادن، [illegible] تظاهرات کردن.

dem.on.stra.tion, *n.*
دمونستراسیون،تظاهرات.

de.mon.stra.tive [*dimɔ́nstrətiv*] *adj. & n.* اثبات‌کننده، مدلل کننده، شرح دهنده، صفت اشاره، ضمیر اشاره، اسم اشاره.

de.moralization, *n.* تضعیف‌روحیه.

de.moralize [*dimɔ́rəlaiz*] (**- d, demoralizing**) *vt.*
تضعیف روحیه کردن، از روحیه انداختن.

de.mos [*dí:mɔs*] *n.*
تودهٔ مردم، جمهور، قاطبه.

de.mote (**- d, demoting**) *vt.*
تنزل رتبه دادن، کسر مقام یافتن.

de.mo.tion, *n.* تنزل رتبه.

de.mul.cent, *adj.* تسکین‌دهنده،مرهم.

de.mur [*dimə́:*] (**- red, -ring**), *vi. & n.*
کمروئی کردن ، ناز ، [حق.] تقاضای درنگ یا مکث کردن، [م.م.] درنگ کردن، مهلت‌خواستن، استثناء قائل شدن ، تأخیر ، تردید رأی.

de.mure [*dimjúə*] *adj.*
متین، موقر، محتاط، جدی، سنگین.

de.mythologize (**-d, demythologizing**) *vt. & vi.*
ازصورت افسانه بیرون آوردن، تفسیرنوشتن.

den [*den*] *n. & vi.*
غار، کنام، کمینگاه، دزدگاه، خلوتگاه، لانه.

de.nationalize (**- d, denationalizing**) *vi. & vt.* ازحقوق‌ملی محروم کردن،صنایع‌را ازصورت‌ملی‌خارج کردن.

de.naturalize (**- d, denaturalizing**) *vt.*
از تابعیت درآوردن، غیر طبیعی کردن.

de.nature (**- d, denaturing**), *vt.* طبیعت یا ماهیت چیزی را عوض کردن.

den.drol.o.gy, *n.*
درخت‌شناسی، شجر شناسی.

den.e.ga.tion, *n.* انکار، نفی.

de.ni.al [*dináiəl*] *n.*
انکار، تکذیب، رد، عدم پذیرش، حاشا.

de.ni.able, *adj.* قابل انکار.

den.i.grate (**-d, denigrating**), *vt.* لکه‌دار کردن، سیاه کردن، بدنام کردن.

den.i.gra.tion, *n.*
بدنام کردن، سیاه ساختن.

den.im, *n.* پارچهٔ کتانی راه‌راه وزبر.

deni.zen [*dénizen*] (**-ed, -ing**), *n. & vt.* ساکن، مقیم، ساکن کردن.

Den.mark [*dénma:k*] *n.* دانمارك.

de.nom.i.nate [*dinɔ́mineit*] (**- d, denominating**) *vt. & adj.*
نامیدن، معین کردن، تخصیص دادن به.

de.nom.i.na.tion [*dinɔ̀minéiʃən*] *n.* نام‌گذاری، تسمیه، لقب‌یاعنوان، طبقه‌بندی، مذهب، واحد جنس، پول.

de.nom.i.na.tor, *n.* برخه‌نام.

تقسیم‌کننده، مشتق کننده، مقسوم‌علیه، مخرج.

de.note [*dinóut*] (**- d, denoting**) *vt.* مشخص‌کردن ، تفکیك کردن ، علامت‌گذاردن، علامت بودن، معنی دادن.

de.noue.ment, *n.*
نتیجهٔ نمایش، پایان نمایش، نتیجهٔ عمل.

de.nounce [*dináuns*] (**- d, denouncing**) *vt.*
علیه کسی اظهاری کردن ، کسی یا چیزی را ننگین کردن ، تقبیح کردن.

dense [*dens*] (**- r, - st**) *adj.*
غلیظ، متراکم، انبوه، احمق، چگال.

den.si.ty [*dénsiti*] (*pl.* **- ies**) *n*
چگالی، غلظت، انبوهی، تراکم.

dent [*dent*] *n., vt. & vi.* دندانه، گودی، تورفتگی، جای‌ضربت، دندانه‌دار کردن.

den.tal [*déntl*] *adj. & n.*
دندانی، وابسته به دندانسازی.

den.tate, - d, *adj.* [ج.ش.-گ.ش.] دندانه‌دندانه، مضرس (مثل برگ)، دندانه‌دار.

den.ti.cle, *n.*
دندانه، دندان کوچك، کنگرهٔ زیر قرنیس.

den.ti.form, *adj.* دندانی شکل.

den.ti.frice [*déntifris*] *n.*
گرد دندان، خمیر دندان.

den.tin, - e, *n.* عاج دندان.

den.tist, *n.* دندانساز.

den.tist.ry [*déntistri*] *n.*
دندانسازی، دندانپزشکی.

den.ti.tion, *n.* دندان درآوری، وضع تعداد دندانهای جانور، ساختمان دندانها.

den.ture, *n.*
دندان مصنوعی گذاری، یکدست دندان‌مصنوعی.

de.nu.da.tion, *n.* برهنه‌سازی، رودش.

de.nude [*dinjú:d*] (**- d, denuding**) *vt.*
برهنه کردن، عاری ساختن.

de.nun.ci.a.tion [*dinʌ̀nsiéiʃən*] *n.* بدگوئی، عیبجوئی، اتهام، شکایت، چغلی.

de.ny [*dinái*] (**-ied, denying**), *vt.* حاشا کردن، انکار کردن، رد کردن، تکذیب کردن.

de.odor.ant, *adj & n.* بوزدا، برطرف‌کنندهٔ بوی بد، مادهٔ دافع بوی بد.

de.odor.ize (**- d, deodorizing**), *vt.* بوی بدرا مرتفع کردن، گندزدائی کردن.

de.oxidize (**- d, deoxidizing**) **=deoxidate,** *vt.*
[ش.] بی‌اکسیژن کردن، احیاء کردن.

de.oxygenate, *vt.* [ش.]اکسیژن‌گیری کردن از، فاقد اکسیژن کردن.

de.part [*dipá:t*] (**- ed, - ing**), *vt. & vi.*
روانه شدن، حرکت کردن، رخت بربستن.

de.part.ment [*dipá:tmənt*] *n.*
اداره، گروه‌آموزشی، قسمت، شعبه، بخش.

department store, *n.*
فروشگاه بزرگ.

de.par.ture [*dipá:tʃə*] *n.*
حرکت، عزیمت، کوچ، مرگ، انحراف.

de.pend [*dipénd*] (**- ed, -ing**), *vt. & vi.*
وابسته بودن، مربوط بودن، منوط بودن.

de.pend.able [*dipéndəbl*]**= trustworthy,** *adj.*
قابل اطمینان، مورد اعتماد.

de.pend.abil.i.ty, *n.*
قابلیت اعتماد واطمینان.

depen.dence, de.pen.dance [*dipéndəns*] *n.*
بستگی،وابستگی،موکول(بودن)،عدم‌استقلال.

de.pen.den.cy [*dipéndənsi*] (*pl.* **- ies**) *n.*
بستگی، نیازمندی، تعلق، کشور غیر مستقل.

de.pen.dent [*dipéndənt*] *adj. & n.*
وابسته، متعلق، مربوط، محتاج.

de.personalize (**- d, depersonalizing**) *vt.*
فاقد شخصیت کردن، بی‌شخصیت کردن.

de.pict [*dipíkt*] (**-ed, -ing**) *vt.*
نمایش دادن (بوسیلهٔ نقشه و مانند آن) ، نقش کردن، مجسم کردن، رسم کردن، شرح دادن.

dep.i.late (**-d, depilating**) *vt.*
[illegible]

de.pil.a.to.ry, *adj. & n.*
واجبی، داروی ازالهٔ مو.

de.plane, *vi. & vt.* ازهواپیماپیاده‌شدن.

de.plet.able, *adj.*
تمام شدنی، تقلیل یافتنی.

de.plete [*diplí:t*] (**- d, depleting**) *vt.*
تهی کردن، خالی کردن، به‌ته رسانیدن.

de.ple.tion [*diplí:ʃən*] *n.*
تهی سازی، رگ زنی، تقلیل، نقصان.

de.plor.able [*diplɔ́:rəbl*] *adj.*
مایهٔ دلسوزی، رقت‌انگیز، اسفناك.

de.plore [*diplɔ́:*] (**- d, deploring**) *vt.*
دلسوزی کردن بر ، رقت آوردن بر.

de.ploy [*diplɔ́i*] (**- ed, - ing**), *n., vi. & vt.* گسترش جبهه، گسترش یافتن، بحالت صف درآوردن، قراردادن قشون.

de.ploy.ment, *n.* آرایش قشون، [نظ.] تفرقه، گسترش، قرارگیری قشون‌یانیرو.

de.polarize (**- d, depolarizing**) *vt.* از قطب انداختن، بدون قطب کردن، غیرمتعادل کردن، متضاد کردن.

de.populate [*di:pɔ́pjuleit*] (**- d, depopulating**) *vt. & vi.*
کم جمعیت کردن، از آبادی انداختن.

de.port [*dipɔ́:t*] (**- ed, - ing**), *n. & vt.* تبعید کردن، حمل، اخراج.
The criminal was deported.
جانی اخراج بلد شد.

de.por.ta.tion [*dì:pɔ:téiʃən*] *n.*
تبعید، نفی‌بلد، اخراج، جلای وطن.

de.port.ment [*dipɔ́:tmənt*] *n.*
اخلاق، رفتار، سلوك، وضع.

de.pos.al, *n.* عزل، اخراج، خلع.

de.pose [*dipóuz*] (**- d, deposing**) *vi. & vt.*
معزول کردن، عزل نمودن، خلع کردن.

de.pos.it [*dipɔ́zit*] (**- ed, -ing**), *vt. & vi.* ته نشین کردن، گذاشتن، کنار گذاشتن، ذخیره سپردن، بحساب بانك گذاشتن.

de.pos.it, *n.* سپرده، پول، بیعانه، گرو.

de.pos.i.tor, *n.*
کسیکه پول‌دربانك میگذارد.

dep.o.si.tion [*dèpəzíʃən*] *n.*
گواهی، نوشته، ورقهٔ استشهاد، خلع، عزل.

de.pos.i.to.ry [*dipɔ́zitəri*] *adj. & n.* انبار، مخزن، امانتدار.

de.pot [*dépou*] *n.* بازخانه، انبارگاه، انبار، [آمر.] ایستگاه راه‌آهن، مخزن مهمات.

de.pra.va.tion, depravement, *n.* تباهی، فساد، بداخلاقی، [م.م.]مصیبت، بدنامی.

dep.rave [*dipréiv*] (**- d, depraving**) *vt.* تباه‌کردن، فاسدکردن.

dep.rav.i.ty [*diprǽviti*] (*pl.* **-ies**) *n.*
تباهی ، فساد ، هرزگی ، بدکرداری ، شرارت.

dep.re.cate [déprikeit] *vt.* بد دانستن، قبیح دانستن، ناراضی بودن از.

dep.re.ca.to.ry, *adj.* حاکی از نارضایتی یا بی‌میلی.

de.pre.ci.ate [diprí:ʃieit] *vt. & vi.* کم‌بها کردن، مستهلك کردن.

de.pre.ci.a.ble, *adj.* مستهلك شدنی، کم بها شدنی.

de.pre.ci.a.tion [diprì:ʃiéiʃən] *n.* کاهش بها، تنزل، استهلاك، ناچیز شماری.

de.press [diprés] (**- ed, -ing**), *vt.* دلتنگ کردن، دژم کردن، افسرده کردن، [م.م.] کم بها کردن، ازارزش انداختن.

de.pres.sion [dipréʃən] *n.* تورفتگی، گودشدگی، کسادی، تنزل، افسردگی، پریشانی، فرودافت.

dep.ri.va.tion [dèprivéiʃən] *n.* محرومیت، حرمان، فقدان، انعزال.

de.prive [dipráiv] (**- d, depriving**) *vt.* بی‌بهره کردن، محروم کردن، معزول کردن.

depth [depθ] (*pl.* **depths**) *n.* ژرفا، عمق، قعر، گودی.

dep.u.ta.tion [dèpjutéiʃən] *n.* هیئت نمایندگی، نمایندگی، وکالت.

de.pute [dipjú:t] (**- d, deputing**) *vt.* نمایندگی دادن به، نماینده کردن، سپردن.

dep.u.tize [dépjutaiz] (**- d, deputizing**) *vi. & vt.* نمایندگی دادن، نیابت کردن، نمایندگی کردن.

dep.u.ty [dépjuti] (*pl.* **- ies**) *n.* نماینده، وکیل، جانشین، نایب، قائم‌مقام.

de.rac.i.nate (**- d, deracinating**) *vt.* قلع کردن، از ریشه درآوردن.

de.rail [diréil] (**- ed, - ing**), *vt.* [درمورد ترن] از خط خارج‌شدن، از خط خارج کردن.

de.rail.ment, *n.* ازخطخارج‌شدن‌ترن.

de.range [diréindʒ] (**- d, deranging**) *vt.* برهم زدن، بی‌ترتیب کردن، دیوانه کردن.

der.e.lict [dérilikt] *adj. & n.* متروك، ترك‌شده بوسیلهٔ‌مالك یا قیم، بی‌سرپرست، کشتی متروکه.

der.e.lic.tion, *n.* ترك، رهاسازی، فتور وسستی.

de.ride [diráid] *n.* تمسخر کردن، بکسی خندیدن، استهزاء کردن.

de.ri.sion [diríʒən] *n.* استهزاء، تمسخر، مایهٔ خنده وتمسخر.

der.i.va.tion [dèrivéiʃən] *n.* اشتقاق، اقتباس، استنساخ، استخراج، سرچشمه.

de.riv.a.tive [dirívətiv] *adj. & n.* اشتقاقی، مشتق، فرعی، گرفته شده، مأخوذ.

de.rive [diráiv] (**-d, derivting**), *vi. & vt.* استنتاج کردن، نتیجه گرفتن، مشتق شدن، ناشی شدن از.

der.mal, *adj.* پوستی، جلدی، غشائی.

der.ma.tol.o.gy, *n.* مبحث امراض پوستی.

der.mis, *n.* [تش.] قسمت حساس و عروقی میان پوست، غشاء میانی‌پوست، لاپوست.

der.mo.trop.ic, *adj.* [طب] متمایل به پوست، پوست‌گرای.

der.o.gate [dérəgeit] (**- d, derogating**) *vt. & vi.* باطل کردن، فسخ کردن [قسمتی از چیزی را]، کسر کردن، تخفیف دادن، کاستن، عمل موهن انجام دادن.

der.o.ga.tion, *n.* ابطال وفسخ، عمل موهن.

de.rog.a.to.ry [dirɔ́gətəri] *adj.* موهن، مضر، زیان‌آورومایهٔ رسوائی، خفت‌آور.

der.rick [dérik] *n. & vt.* جرثقیل، دگل کشتی، برج‌چاه‌کنی.

OIL WELL DERRICKS

der.ring-do, *n.* جسور، بادل وجرأت.

der.vish [də́:viʃ] *n.* [فارسی] درویش.

des.cant [diskǽnt] (**- ed,-ing**), *n. & vi.* زیاد سخن راندن، بسط مقال دادن، آواز زیرخواندن، آزادانه انتقاد کردن.

de.scend [disénd] (**- ed,- ing**), *vt. & vi.* پائین آمدن، فرود آمدن، نزول کردن.

de.scen.dant, de.scen.dent [diséndənt] *adj. & n.* نسل، زاده، [درجمع] اولاد، زادگان.

de.scent [disént] *n.* نسب، نژاد، نزول، هبوط.

de.scribe [diskráib] (**- d, describing**) *vt.* شرح‌دادن، توصیف کردن.

de.scrip.tion [diskrípʃən] *n.* شرح، وصف، توصیف، تشریح، تعریف.

de.scrip.tive [diskríptiv] *adj.* توصیفی، تشریحی، وصفی، وصف‌کننده.

de.scry [diskrái] (**- ied, descrying**) *n. & vt.* دیدن، تشخیص دادن، فاش کردن.

des.e.crate [désikreit] (**- d, desecrating**) *vt.* بی‌حرمت کردن.

des.e.cra.tion [dèsikréiʃən] *n.* بی‌حرمتی، هتك حرمت.

de.sensitize, *vt.* بیحس کردن.

des.ert [dizə́:t] *n. & adj.* بیابان، دشت، صحرا، شایستگی، استحقاق، سزاواری.

de.sert (**- ed, - ing**) *vt. & vi.* ول کردن، ترك کردن، گریختن.

deserter [dizə́:tə] *n.* فراری، ناسپاس.

de.ser.tion [dizə́:ʃən] *n.* ترك خدمت، گریز، فرار، بیوفائی.

de.serve [dizə́:v] (**- d, deserving**) *vt. & vi.* سزیدن، سزاواربودن، شایستگی داشتن، لایق بودن، استحقاق داشتن.

de.serv.ing, *n. & adj.* مستحق.

des.ic.cate [désikeit] (**- d, desiccating**) *vi.* خشك کردن، درجای خشك نگهداشتن.

des.ic.ca.tion, *n.* خشك کردن.

de.sid.er.ate (**- d, desiderating**) *vt. & n.* آرزو کردن، خواستن.

de.sid.er.a.tum [disìdəréitəm] (*pl.* **de.sid.er.a.ta**) *n.* آرزوی اساسی وضروری، چیز مطلوب.

de.sign [dizáin] (**- ed, - ing**), *vi. & vt.* طرح کردن، قصد کردن، تخصیص دادن.

de.sign, *n.* طرح، نقشه، زمینه، تدبیر، قصد، خیال، مقصود.

des.ig.nate [dézigneit] *adj. & n.* نامزد کردن، گماشتن، معین کردن، تخصیص دادن، برگزیدن.

He was designated as manager. او را بعنوان مدیر انتخاب کردند.

des.ig.na.tion, *n.* اسم، تخصیص.

des.ig.nee, *n.* منتخب، منتصب، نامزد.

designing [dizáiniŋ] *adj. & n.* زیرك، حیله‌گر، طراحی.

de.sir.abil.i.ty [dizàiərəbíliti] *n.* درجهٔ اشتیاق، درجهٔ تمایل، شرایط مطلوب.

de.sir.able [dizáiərəbl] *adj. & n.* پسندیده، مرغوب، خواستنی، مطلوب، خوشایند.

de.sire [dizáiə] (**- d, desiring**) *n., vt. & vi.* میل داشتن، آرزو کردن، میل، آرزو.

de.sir.ous [dizáiərəs] *adj.* مایل، خواهان، آرزومند، مشتاق، خواستار.

de.sist [dizíst] (**- ed, - ing**) *vi. & vt.* دست برداشتن از، دست‌کشیدن.

de.sis.tance, *n.* ترك مقاومت.

desk [desk] *n.* میز تحریر.

des.o.late [désəleit] (**- d, desolating**) *adj. & vt.* ویران کردن، از آبادی‌انداختن، مخروبه کردن، ویران، بی‌جمعیت، متروك، حزین.

des.o.la.tion [dèsəléiʃən] *n.* ویرانی، خرابی، تنگی، دلتنگی، پریشانی.

de.spair [dispɛ́ə] (**- ed, -ing**), *n., vt. & vi.* نومیدی، یأس، مأیوس‌شدن.

des.per.a.do [dèspərá:dou] (*pl.* **- er, - s**) *n.* جنایتکار، از جان گذشته.

des.per.ate [déspərit] *adj.* بی‌امید، بیچاره، از جان‌گذشته، بسیار سخت، بسیار بد.

A d. criminal. جنایتکار ازجان‌گذشته

des.per.a.tion [dèspəréiʃən] *n.* نومیدی، بیچارگی، نومیدی زیاد، لاعلاجی.

de.spic.a.ble [déspikəbl] *adj.* پست، خوار، زبون، نکوهش پذیر، مطرود.

de.spise [dispáiz] (**- d, despising**) *vt.* حقیر شمردن، تحقیر کردن، نفرت داشتن.

de.spite [dispáit] *n., pp. & vt.* باوجود، بااینکه، کینه ورزیدن.

de.spite.ful, *adj.* کینه‌توز، دارای حس دشمنی، مغرض.

de.spoil [dispɔ́il] *vt.* غارت کردن، ربودن [بیشتر با of].

de.spoliation, *n.* غارت، یغما.

de.spond [dispɔ́nd](**-ed, -ing**), *n. & vi.* دلسرد شدن، افسرده شدن، مأیوس شدن، یأس.

de.spon.dence, de.spon.dency, *n.* غم، دلسردی، حزن.

de.spon.dent, *adj.* محزون، دلسرد.

des.pot [déspɔt] *n.* حاکم مطلق، سلطان مستبد، ستمگر، ظالم.

des.pot.ic, *adj.* مستبدانه.

des.po.tism [déspətizm] *n.* استبداد، حکومت مطلقه.

des.sert [dizə́:t] *n.* دندان‌مز، دسر.

de.stabilize, *vt.* غیر ثابت کردن، بی‌ثبات کردن.

des.ti.na.tion [dèstinéiʃən] *n.* مقصد، سرنوشت، تقدیر.

des.tine [déstin](**-d,destining**), *vt. & n.* قبلاً انتخاب کردن، مقدر کردن، سرنوشت معین کردن.

des.ti.ny [déstini] (*pl.* **- ies**) *n.* سرنوشت، آبشخور، تقدیر، نصیب وقسمت.

des.ti.tute [déstitju:t] *adj.* بینوا، بیچاره، خالی، تهی (با of)، نیازمند.

des.ti.tu.tion, *n.* فقر، بی‌چیزی.

de.stroy [distrɔ́i] (**- ed, -ing**), *vt. & vi.* خراب کردن، ویران کردن، نابود ساختن.

de.stroy.er [distrɔ́iə] *n.* مخرب، ویران‌گر، نابودکننده، [نظ.] ناوشکن.

de.struct, *n. & vi* خرابی‌عمدی‌موشك قبل‌از پرتاب آن (برای آزمایش)، ویرانی.

de.struc.ti.ble, *adj.* انهدام پذیر.

de.struc.tion [distrʌ́kʃən] *n.* خرابی، ویرانی، تخریب، اتلاف، انهدام، تباهی.

de.struc.tive, *adj.* مخرب، ویرانگر.

des.ue.tude [díswitju:d] *n.* عدم‌استعمال، ترك، موقوف‌شدگی، متارکه، وقفه.

des.ul.to.ry [désəltəri] *adj.* بی‌قاعده، پرت، بی‌ترتیب، درهم وبرهم، بی‌ربط.

de.tach [ditǽtʃ] (**- ed, -ing**), *vt.* جدا کردن، سوا کردن، اعزام کردن.

de.tach.able, *adj.* جداشدنی، جدا کردنی.

detached, *adj.* جدا، غیر ذیعلاقه.

de.tach.ment [ditǽtʃmənt] *n.* دسته، قسمت، جدا سازی، تفکیك، کناره‌گیری.

de.tail [dí:teil, ditéil] (**- ed, -ing**) *vt., vi. & n.* جزء، تفصیل، جزئیات، تفاصیل، اقلام‌ریز، حساب‌ریز، شرح‌دادن، بتفصیل گفتن، بکار ویژه‌ای گماردن، مأموریت دادن.

A detailed account. حساب ریز.

de.tailed, *adj.* پرجزئیات، بتفصیل.

de.tain [ditéin] (**- ed, - ing**) *vt.* بازداشتن، معطل کردن، توقیف کردن.

de.tain.er, *n.* [حق.] نگهداری، ضبط، حکم ادامهٔ توقیف.

de.tect [ditékt] (**- ed, - ing**) *vt.* پیدا کردن، کشف کردن، [م.م.] نمایان ساختن.

de.tect.able, *adj.* قابل کشف.

de.tec.tion [ditékʃən] *n.* ردیابی، کشف، بازیابی، بازرسی، تفتیش، اکتشاف.

de.tec.tive [ditéktiv] *adj. & n.* کارآگاه.

de.tec.tor, *n.* ردیاب، یابنده، کشف‌کننده، موج‌یاب، آشکارگر.

de.tent, *n.* گیره، عایق، شیطانك.

de.tente, *n.* تشنج‌زدائی، آشتی.

de.ten.tion [diténʃən] *n.* بازداشت، توقیف، حبس.

de.ter [ditə́:] (**- red, - ring**) *vt.* بازداشتن، ترساندن، تحذیر کردن.

de.terge (**- d, deterging**) *vt.* پاك کردن، شستن، زدودن.

de.ter.gent, *adj.& n.* زدایا، زداگر، پاك‌کننده، داروی پاك‌کننده، گرد صابون قوی.

de.te.ri.o.rate [ditíəriəreit] (**- d, deteriorating**) *vt. & vi.* بدتر کردن، خراب کردن، روبزوال گذاشتن.

de.te.ri.o.ra.tion, *n.* زوال، بدتر شدن.

de.ter.min.able, *adj.* قابل تعیین، معلوم کردنی، انقضاء پذیر.

de.ter.mi.nant[ditə́:minənt] *n. & adj.* تعیین‌کننده، تصمیم‌گیرنده، عازم، جازم.

de.ter.mi.nate [ditə́:minit] *adj.* تعیین شده، محدود، مستقر شده.

de.ter.mi.na.tion [ditə́:minéiʃən] *n.* تعیین، عزم، تصمیم، قصد.

de.ter.mine [ditə́:min] (**- d, determining**) *vt. & vi.* تصمیم‌گرفتن، مصمم‌شدن، حکم‌دادن، تعیین‌کردن.

Let us d. which way to go. بیائید تصمیم بگیریم که از چه راهی برویم.

de.ter.mined, *adj. & pp.* مصمم

de.ter.min.ism, *n.* فلسفهٔ جبری، فلسفهٔ تقدیری، جبرگرائی.

de.ter.rence, *n.* بازداری،

بازداشت، منع، منع از راه ارعاب و تهدید.

de.ter.rent [ditérənt] *adj.* مانع شونده، منع‌کننده، بازدارنده، ترساننده.

de.test [ditést] (- ed, - ing) *vt.* نفرت‌کردن، تنفر داشتن از، بیزار بودن از.

de.test.able [ditéstəbl] *adj.* نفرت‌انگیز، بسیار بد، مکروه، کریه.

de.tes.ta.tion, *n.* تنفر، نفرت.

de.throne, *vt.* خلع‌کردن، عزل‌کردن.

de.throne.ment [diθróunmənt] *n.* خلع، عزل از پادشاهی.

det.o.na.ble, det.o.nat.able, *adj.* قابل انفجار، ترکیدنی.

det.o.nate [dí:touneit, dét-] (- d, detonating) *vt. & vi.* باصدا ترکیدن، منفجر شدن، ترکانیدن.

det.o.na.tion, *n.* انفجار.

det.o.na.tor, *n.* چاشنی، منفجرکننده.

de.tour [deitúə] *n., vt. & vi.* انحراف، خط سیر را منحرف‌کردن.

de.tox.i.fy (-ied, detoxifying), *vt.* [طب] دفع‌کردن مسمومیت.

de.tract [ditrǽkt] (- ed, -ing), *vt. & vi.* کاستن، کاهیدن، کم‌کردن، کسرکردن، گرفتن.

de.trac.tion [ditrǽkʃən] *n.* بدگوئی، افترا، کاهش، کسر شأن، کسر.

de.train (- ed, - ing) *vt. & vi.* از قطار پیاده شدن یا پیاده‌کردن.

de.trib.al.i.ze, *vt. & vi.* بی‌قبیله‌کردن، از قبیلهٔ خود جداشدن.

det.ri.ment [détrimənt] *n.* زیان، ضرر، خسارت، گزند.

det.ri.men.tal [dètriméntl] *adj. & n.* زیان‌آور، مضر، خسارت‌آور، دردناک.

de.tri.tus (*pl.* de.tri.tus) *n.* چیزی‌که درنتیجهٔ خرابی بدست آید، ریزه.

de.tru.sion, *n.* پرتاب، دفع.

deuce [dju:s] *n. & vt.* دوکور [درتخته نرد]، دو خال، دولو، بلا، آفت، شیطان، جن، بدشانسی.

Deuteronomy [djù:tərɔ́nəmi] *n.* کتاب‌تثنیه، سفر(sefr)تثنیه، کتاب دوم تورات.

de.valuation, *n.* کاهش، تنزل قیمت پول.

de.value, devaluate, *vt. & vi.* تنزل قیمت‌دادن، ازارزش وشخصیت کسی کاستن.

dev.as.tate [dévəsteit] (- d, devastating) *vt.* ویران‌کردن، خراب‌کردن، تاراج‌کردن.

dev.as.ta.tion, *n.* خرابی، انهدام.

de.vel.op [divéləp] (- ed, -ing), *vt. & vi.* توسعه دادن ، بسط دادن ، پرورش دادن.

de.vel.op.ment [divéləpmənt] *n.* پیشرفت، توسعه، بسط، ترقی، نمو، ظهور (عکس).

de.vi.ant, *adj. & n.* منحرف.

de.vi.ate [dí:vieit] (- d, deviating) *n., adj., vt. & n.* منحرف، کجرو، شدن، انحراف ورزیدن، منحرف، غیرسالم.

de.vi.a.tion, *n.* انحراف، انحراف‌جنسی.

de.vice [diváis] *n.* شیوه، تمهید، اختراع، شعار.

dev.il [dévl] (-led, -ling, -ed, - ing) *vi., vt. & n.* شیطان، روح پلید، تند وتیزکردن غذا، باماشین خردکردن، نویسندهٔ مزدور.

dev.il.ment, *n.* وسوسهٔ شیطانی، شیطانی.

dev.il.ry, dev.il.try (*pl.* - ies) *n.* عمل شیطانی، دوبهمزنی، فتنه، فتنه‌انگیزی.

de.vi.ous [dí:viəs] *adj.* بی‌راهه، کج، غیرمستقیم، منحرف، گمراه.

de.vis.a.ble, *adj.* شایستهٔ تأمل، شایستهٔ اندیشه، تعبیه‌کردنی.

de.vis.al, *n.* اندیشه، تدبیر.

de.vise [diváiz](-d, devising), *vi., vt. & n.* تدبیرکردن، درست‌کردن، اختراع‌کردن، تعبیه کردن، وصیت نامه، ارث‌بری، ارث‌گذاری.

de.vi.tal.ize,-se, *vi.* بیجان‌کردن، از نیرو انداختن، از کار انداختن.

devoid [divɔ́id] *adj.* تهی، عاری، خالی از (معمولاً با of).

de.volve [divɔ́lv] (- d, devolving) *vt. & vi.* واگذاردن، تفویض‌کردن، محول‌کردن.

de.vote [divóut] (- d, devoting) *vt.* وقف‌کردن، اختصاص دادن، فداکردن.

de.vot.ed, *adj.* فدائی، علاقمند.

dev.o.tee, *n.* فدائی، مخلص، پارسا، زاهد، هواخواه، مجاهد.

de.vo.tion [devóuʃən] *n.* وقف، تخصیص، صمیمیت، هواخواهی، طرفداری، دعا، پرستش، ازخودگذشتگی.

de.vo.tion.al, *n. & adj.* صمیمانه، فداکارانه، بافداکاری، عبادتی.

de.vour [diváuə] (-ed, - ing) *vt.* بلعیدن، فروبردن، حریصانه خوردن.

de.vout [diváut] *adj.* دیندار، پارسامنش، مذهبی، عابد.

dew [dju:] (- ed, -ing) *n. & vt.* شبنم، ژاله، شبنم زدن، شبنم باریدن.

dew.drop, *n.* چکهٔ شبنم، قطرهٔ ژاله.

dewy [djú:i] (- ier, - iest) *adj.* شبنم‌دار، ژاله‌دار، تر، ترکرده، مرطوب، تازه.

dex.ter.i.ty [dekstériti] *n.* زبردستی، تردستی، سبکدستی، چابکی، چالاکی.

dex.ter.ous, dex.trous [dékstərəs] *adj.* ماهر، چالاک، زبردست، چیره دست.

dhow=dow, *n.* کشتی یک‌دکلی عربی.

di.a.be.tes [dàiəbí:ti:z] *n.* [طب] دیابت، مرض دولاب، مرض قند.

di.a.bet.ic, *adj. & n.* مبتلا یا وابسته بمرض قند، دولابی.

di.a.bol.ic,-al, *adj.* شیطانی، اهریمنی.

di.a.crit.ic, di.a.crit.i.cal *adj. & n.* نشان تشخیص، تفکیک‌کننده.

di.a.dem [dáiədem] *n.* تارک، نیم‌تاج، سربند یا پیشانی‌بند پادشاهان.

di.aer.e.sis, di.e.re.sis (*pl.* -ses) *n.* دونقطه‌ای‌که برروی بعضی از حروف میگذارند تا تلفظ‌آن حرف را ازحرف مجاورش‌جدا سازد[مثل‌دونقطهٔ ö درzoölogy].

di.ag.nose [dáiəgnouz] (- d, diagnosing) *vt. & vi.* [طب] تشخیص‌دادن، برشناخت‌کردن.

di.ag.no.sis [dàiəgnóusis] (*pl.* diagno.ses) *n.* [طب] تشخیص، تشخیص ناخوشی، برشناخت.

di.ag.o.nal [daiǽgənl] *adj.* مورب، اریب، دوگوشه، قاطع دو زاویه، قطر.

di.a.gram [dáiəgræm] *vt. & n.* شکل هندسی، طرح، خط هندسی، نمودار، نما.

di.al [dáiəl] (- ed, - ing, - led, - ling) *n., vi. & vt.* شاخص، صفحهٔ مدرج ساعت ، صفحهٔ عقربک‌دار [مثل ترازو یا صفحهٔ تلفن]، گرفتن تلفن یا رادیو وغیره.

di.a.lect [dáiəlekt] *n.* لهجه، زبان محلی، گویش.

di.a.lec.tic, - al, *adj. & n.* منطقی، مناظره‌ای، جدلی، لهجه‌ای، گویشی.

di.a.lec.ti.cian, *n.* منطق دان ، منطقی، اهل مناظره، پیرو منطق استدلالی.

di.a.lec.tol.o.gy, *n.* گویش شناسی ، علم منطق جدلی، علم بحث.

di.a.logue [dáiəlɔg] **di.a.log** (- d, dialoguing) *vi., vt. & n.* مکالمهٔ دونفری ، مکالمات ادبی و دراماتیک ، گفتگو ، صحبت، گفت وشنود.

di.al.y.sis (*pl.* dialyses) *n.* [ش.] تجزیه، [طب] تفرق اتصال، تراکافت.

di.am.e.ter [daiǽmitə] *n.* قطر دایره، ضخامت، کلفتی.

di.a.met.ric, - al, *adj.* قطری ، شدید.

di.a.mond [dáiəmənd] (- ed, - ing) *n. & vt.* الماس، لوزی، [در ورق]خال‌خشتی، زمین‌بیس‌بال.

di.a.pa.son, *n.* [مو.] دیاپازون، دوشاخه، میزان کوک.

di.a.per (- ed, - ing) *vt. & n.* پارچهٔ قنداق، گل وبوته‌دارکردن ، گل و بوته کشیدن، کهنهٔ بچه را عوض‌کردن.

di.aph.a.nous, *adj.* روشن، شفاف.

di.a.pho.ret.ic, *adj. & n.* [طب] معرق، عرق‌آور.

di.a.phragm (- ed, - ing) *n., vi. & vt.* میان پرده، حجاب حاجز ، پردهٔ دل ، دیافراگم ، حجاب یا پرده گذاردن، (درعکاسی) دریچهٔ نور را بستن.

di.a.rist, *n.* نویسندهٔ دفتر خاطرات روزانه، روزنامه نگار ، وقایع نگار.

di.ar.rhea, di.ar.rhoea, *n.* [طب] اسهال.

di.a.ry [dáiəri] (*pl.* ies) *n.* دفتر خاطرات روزانه.

di.as.po.ra, *n.* پراکندگی (یهود) ، جماعت یهودیان پراکنده.

di.a.stase=enzyme, *n.* [تش.] دیاستاز، واسطهٔ پدیده‌های حیاتی.

di.a.tom, *n.* دیاتم‌ها ، گمزادان ، آغازیان.

di.a.tribe [dáiətraib] *n.* سخن سخت، انتقاد تلخ، زخم زبان.

dice [dais] (*pl.* dice) *n., vt. & vi.* طاس تخته‌نرد، بریدن بقطعات کوچک، نردبازی کردن.

dicer, *n.* طاس‌باز، نراد.

di.chot.o.mize, *vt. & vi.* بدو بخش تقسیم‌کردن، دوشعبه‌کردن.

di.chot.o.my (*pl.* - ies) *n.* تقسیم بدو بخش، انشعاب بدو شعبه، دوحالتی.

di.chot.o.mous, *adj.* دارای دو بخش، دوبخشی.

di.chro.ma.tism, *n.* دو رنگی.

dic.ta.phone [díktəfoun] *n.* دیکتافون، دستگاه ضبط صوت.

dic.tate [diktéit](-d,dictating), *n., vt. & vi.* دیکته‌کردن، باصدای بلند خواندن، امرکردن.

dic.ta.tion [diktéiʃen] *n.* املاء ، دیکته ، تلقین.

dic.ta.tor [diktéitə] *n.* دیکتاتور، فرمانروای مطلق، خودکامه.

dic.ta.to.ri.al, *adj.* مربوط به دیکتاتور.

dic.ta.tor.ship, *n.* حکومت استبدادی، دیکتاتوری.

dic.tion [díkʃən] *n.* بیان، طرزبیان، عبارت، انتخاب لغات برای بیان مطلب.

dic.tion.ary [díkʃənəri] (*pl.* - ies) *n.* فرهنگ، کتاب لغت، واژه‌نامه.

dic.tum (*pl.* dicta=dictums)*n.* [حق.] حکم، قرار، رأی، گفته، اظهار نظر قضائی.

did [did] (*p.* of do) (زمان ماضی فعل do) ، کرد، انجام داد.

di.dac.tic [didǽktik] *adj.* آموزشی، تعلیمی، یاد دهنده، ادبی.

didn't=did not ماضی‌منفی «do».

die [dai] (died, dy.ing) *vi.* مردن، درگذشتن، جان دادن، فوت‌کردن.

die (*pl.* dice & dies) *n.* طاس، طاس تخته نرد ، مهره ، سرپیچ ، بخت ، قمار، [مج.] سرنوشت.

die down, *vt.* تحلیل رفتن، روبزوال نهادن، مردن.

die.hard, *adj. & n.* جان سخت، سرسخت، پراستقامت.

di.et [dáiət] (-ed,-ing) *n., vt. & vi.* رژیم‌غذائی، خوراک، پرهیز، رژیم‌گرفتن، شورا.

di.e.tar.y, *n. & adj.* مربوط به رژیم غذائی.

di.e.tet.ic, *adj.* وابسته به‌رژیم غذائی.

di.e.tet.ics, *n.* فن پرهیز یا رژیم غذائی، مبحث اغذیه.

dif.fer [dífə] (- ed, - ing) *vi.* فرق داشتن، اختلاف داشتن، تفاوت داشتن.

dif.fer.ence [dífrəns] (-d, differencing) *n. & vt.* فرق، تفاوت، اختلاف، [ر.] تفاوت، تفاضل.

dif.fer.ent[dífrənt] *adj.* متمایز، متفاوت.

dif.fer.en.tial [dìfərénʃəl] *adj.&n.* تفاضلی ، افتراقی ، تشخیص دهنده ، [مك.] دیفرنسیال، [ر.] مشتقه، دارای ضریب متغیر.

differential calculus, *n.* [ر.] حساب فاضله.

dif.fer.en.tiate [dìfərénʃieit] (- d, differentiating) *vt. & vi.* فرق‌گذاشتن، فرق‌قائل‌شدن، دیفرنسیال‌تشکیل‌دادن.

dif.fer.en.ti.a.ti.on [dìferenʃiéiʃən] *n.* تفکیک وتمیز مطالب از یکدیگر.

dif.fi.cult [dífikəlt] *adj.* سخت، دشوار، مشکل، سخت‌گیر، صعب، گرفتگیر.

dif.fi.cul.ty [dífikəlti] (*pl.* - ies), *n.* سختی، دشواری، اشکال، زحمت، گرفتگیری.

dif.fi.dence [dífidəns] *n.* عدم اعتماد بنفس، کم‌روئی، ترس، بیم از خود.

dif.fi.dent [dífidənt] *adj.* دارای عدم اتکاء بنفس، محجوب.

dif.fract (- ed, - ing) *vt.* باجزاء تقسیم‌شدن، انکسار نور، پراشیدن.

dif.frac.tion, *n.* پراش، انکسار.

dif.fuse [difjú:z] (- d, diffusing) *adj., vt. & vi.* منتشر شده ، پراکنده ، پخش شده ، افشانده ، افشاندن ، پخش‌کردن ، [مج.] منتشرکردن.

dif.fu.sion [difjú:ðən] *n.* ریزش، افاضه، [مج.]انتشار، پخش.

dig [dig] (dug, - ged, - ging), *n., vt. & vi.* حفر، کاوش، حفاری، کنایه، کندن، [مج.] کاوش‌کردن، فروکردن.

di.gas.tric, *adj.* [تش.] دو شکمه.

di.gest [*dáidδést*] (**- ed, - ing**), *n., vt. & vi.* گواریدن، هضم کردن،هضم‌شدن، خلاصه کردن وشدن،خلاصه.

di.gest.er, *n.* گوارنده، خلاصه کننده.

di.gest.i.ble, *adj.* قابل‌هضم، گوارا.

D. food. غذای قابل هضم.

di.ges.tion [*didδéstʃən*] *n.* هضم ، گوارش.

di.ges.tive [*didδéstiv*] *adj. & n.* هاضمه ، گوارا، گوارشی.

dig.ger [*dígə*] *n.* حفرکننده، حفار، آلت حفاری.

dig.it [*dídδit*] *n.* انگشت، رقم، عدد.

dig.it.al, *adj. & n.* انگشتی، پنجه‌ای، رقمی، وابسته‌به‌شماره.

dig.i.tate, *adj.* [گ.ش.ـج.ش.] پنجه‌ای، انگشتی، انگشت‌دار.

dig.ni.fied [*dígnifaid*] *adj. & pp.* باوقار، بزرگ، معزز، بلند مرتبه، موقر.

dig.ni.fy [*dìgnifai*] (**- ied, dignifying**) *vt.* تکریم کردن، شأن ومقام دادن به.

dig.ni.tar.y [*dígnitəri*] (*pl.***-ies**), *adj. & n.* شخص بزرگ، عالی مقام.

dig.ni.ty [*dígniti*] (*pl.* **- ies**) *n.* بزرگی، جاه، شأن، مقام، رتبه، وقار.

di.gress [*daigrés*] (**- ed, - ing**), *vi.* پرت‌شدن(ازموضوع)، گریززدن، منحرف شدن.

di.gres.sion [*daigréʃən*] *n.* انحراف، گریز، پرت‌شدگی ازموضوع.

di.gres.sive, *adj.* پرت، نامربوط.

di.he.dral, *n. & adj.* دوسطحی.

dike, dyke [*daik*] (**-d, diking**), *n. & vt.* خاکریز، سد، بند، نهر،آبگند، مانع.

di.lap.i.date [*dilǽpideit*] (**- d, dilapidating**) *vt. & vi.* خراب‌کردن، بحال ویرانی درآوردن.

di.lap.i.da.tion, *n.* خرابی، ویرانی.

di.lap.i.dat.ed, *adj.* مخروبه،ویران.

dil.a.ta.tion, *n.* اتساع، انبساط.

di.late [*dailéit*] (**-d, dilating**), *n. & vt.* اتساع دادن، گشادکردن، بزرگ‌کردن.

di.la.tion, *n.* تأخیر، اتساع، آماس.

di.la.tor, *n.* متسع‌کننده.

dil.a.to.ry [*dílətəri*] *adj.* اتساعی، ورمی، تأخیری، کند، بطیء.

di.lem.ma [*dilémə, dailémə*] *n.* مسئلهٔ غامض، معمای غیرقابل‌حل، وضع دشوار.

dil.et.tante [*dìlitǽnti*] (*pl.* **dilettantes & dilettanti**) *adj. & n.* ناشی، دوستدار تفننی صنایع زیبا،غیرحرفه‌ای،ناوارد.

dil.i.gence [*bìlidδəns*] **diligency,** *n.* کوشش‌پیوسته، سعی‌وکوشش،پشت‌کار.

dil.i.gent [*dílidδənt*] *adj.* کوشا، کوشنده، ساعی، پشت‌کاردار.

dill, *n.* [گ.ش.] شود، شوید، عطر ملایم.

dil.ly.dal.ly[*dìlidǽli*] (**- dallied, - dallying**) *vi.* اتلاف وقت کردن، بیهوده وقت گذراندن.

dil.u.ent, *adj. & n.* رقیق‌کننده.

di.lute [*dailjú:t*] (**-d, diluting**), *adj. & vt.* رقیق‌کردن، آبکی‌کردن.

di.lu.tion [*dailjú:ʃən*] *n.* رقیق‌سازی،ترقیق، رقیق شدگی، محلول،آبکی.

di.lu.vi.al, di.lu.vi.an, *adj.* وابسته بطوفان نوح، طوفانی.

dim [*dim*] (**- mer, - mest, - med, - ming**) *adj., vt. & vi.* تار، تاریک، تیره کردن.

D. hope. امید ضعیف.

dim, *adj.* کم نور، تاریک، تار، مبهم.

dimness *n.* کم‌نوری، تیرگی، تاری، تاریکی.

dime [*daim*] *n.* مسکوک ده سنتی (امریکائی).

di.men.sion [*diménʃən, daiménʃən*] *n.& vt.* اندازه، بعد، اهمیت، ابعاد.

di.min.ish [*dimíniʃ*] (**- ed,-ing**), *vt. & vi.* کم‌شدن، نقصان‌یافتن، تقلیل‌یافتن.

di.min.ished, *adj. & pp.* تقلیل یافته، کاسته، کاهیده.

di.min.u.en.do, *adj. & adv.* [درمورد صدا] تدریجاً ضعیف شونده.

dim.i.nu.tion [*díminjú:ʃən*] *n.* کاهش، کسر، تقلیل، کم شدگی، تحقیر.

di.min.u.tive [*dimínjutiv*] *adj. & n.* مصغر، خرد، کوچک، حقیر.

dim.ple [*dímpl*](**-d, dimpling**), *n., vt. & vi.* چاه زنخدان، گودی [بدن و زنخدان وگونه].

din [*din*] (**- ned, - ning**) *n., vt. & vi.* صدای بلند، غوغا، طنین بلند.

dine[*ain*](**-d, dining**) *vt. & vi.* ناهار خوردن، شام خوردن، شام دادن.

din.er [*dáine*] *n.* کسی که شام میخورد، واگن رستوران.

din.ette, *n.* غذای‌گرم، [آمر.] اطاق‌کوچک ناهارخوری.

ding.dong [*díϑdϑ*] *adj., vt., vi. & n.* دنگ‌دنگ، طنین صدای ساعت، شماطه.

din.ghy [*díϑgi*] (*pl.* **- ies**) *n.* قایق هندی شرقی، قایق تفریحی.

din.gle [*díϑgl*] (**-d, dingling**), *n., vt. & vi.* درهٔ تنگ وپر درخت، لرزیدن، ارتعاش.

din.gy [*díndδi*] (**- ier, - iest**), *adj.* تیره رنگ، چرک، دودی رنگ.

dining-room, *n.* اطاق ناهارخوری.

din.ky (**- ier, - iest**) *adj.* شیک، زیبا، تمیز، کوچک.

din.ner [*dínə*] *n.* ناهار (یعنی غذای عمدهٔ روز که بعضی اشخاص هنگام ظهروبعضی شب میخورند)، شام، مهمانی.

di.no.saur [*dáinəsɔ́:*] *n.* [دیرین‌شناسی]دسته‌ای از سوسماران دورهٔ تریاسیک.

DINOSAUR (Tyrannosaurus; 18 ft. high)

dint [*dint*] (**- ed, - ing**) *n. & vt.* زور، [م.م.] ضربت، تو رفتگی، گودی.

di.o.cese [*dáiəsis*] (*pl.* **di.o.ceses**) *n.* قلمرو اسقف، اسقف نشین.

di.ox.ide, *n.* [ش.] دارای دو اکسید.

dip [*dip*] (**- ped, - ping**) *n., vt. & vi.* شیب، غوطه دادن، تعمید دادن ، غوطه‌ور شدن ، پائین آمدن، سرازیری، جیب‌بر، فرورفتگی، غسل.

diph.the.ria [*difϑíəriə*] *n.* [طب] دیفتری، گلو درد باغشاء کاذب.

diph.thong [*dífϑɔϑ*] *n.* ادغام، اتحاد دوصوت، صدای ترکیبی.

di.plo.ma [*diplóumə*] (*pl.* **diplomas**) *n.* دانشنامه، دیپلم،گواهینامه.

di.plo.ma.cy [*diplóuməsi*] (*pl.* **-ies**) *n.* دیپلماسی، سیاست، سیاستمداری.

dip.lo.mat [*dípləmæt, dípləmæt*] *n.* سیاستمدار، رجل‌سیاسی، دیپلمات.

dip.lo.mat.ic [*dìpləmǽtik*] *adj.* وابسته به مأموران سیاسی خارجه، دیپلماتیک.

dip.per [*dípə*] *n.* [نج.]دب‌اکبر،ملاقه.

dip.so.ma.ni.a, *n.* میل مفرط به نوشابه‌های الکلی، جنون الکلی.

dire [*dáiə*] (**- r, - st**) *adj.* ترسناک، شوم، مهلک، وخیم.

di.rect [*dirékt, dairékt*] (**- ed, - ing**) *vt. & vi.* دستور دادن ، امرکردن [به] ، اداره‌کردن ، هدایت‌کردن ، نظارت‌کردن [بر] ، معطوف داشتن ، متوجه ساختن ، قراول رفتن.

di.rect, *adj. & n.* مستقیم، سرراست، بی‌واسطه، صریح، یکسو.

di.rec.tion [*dirékʃən*] *n.* دستور، رهبری، اداره، جهت، راه، مسیر.

di.rec.tion.al, *adj.* وابسته به راهنمائی وهدایت (فکری وعملی) ، هدایتی.

di.rec.tive, *adj. & n.* دستور دهنده، متضمن دستور، امریه.

di.rect.ly [*diréktli*] *adj. & adv.* مستقیماً، سرراست، یکراست، بی‌درنگ.

direct object, *n.* [د.]مفعول‌مستقیم،مفعول‌بی‌واسطه،مفعول‌صریح.

di.rec.tor [*diréktə*] *n.* مدیر، رئیس، اداره کننده، کارگردان.

di.rec.tor.ate [*diréktərit*] *n.* مقام مدیریت، مقام ریاست، هیئت مدیره.

di.rec.to.ry [*diréktəri*] *adj. & n.* کتاب راهنما.

di.rec.trix, directress (*pl.* **-s**), *n.* [م.ل.] مدیره، [هن.] هادی، خط راهنما.

dirge [*dədδ*] (**- d, dirging**), *n., vt. & vi.* نوحه،سرود عزا، نوحه‌سرائی،سرود عزاسرودن.

dir.i.gi.ble [*díridδibl*] *adj.& n.* قابل هدایت، کشتی هوائی، بالون.

dirk [*də:k*] (**- ed, - ing**) *n. & vt.* خنجر، دشنه، خنجر زدن، دشنه زدن.

dirt [*uə:t*] *n.* چرک، کثافت، لکه، خاک.

dirt-cheap, *n.* بسیار ارزان، مفت.

dirty [*də':ti*] (**- ied, dirtying**), *adj., vt. & vi.* چرکین، چرک، کثیف، [مج.] زشت، کثیف کردن.

dis.a.bil.i.ty [*dìsəbíliti*] (*pl.* **-ies**) *n.* ناتوانی، عجز، عدم قابلیت.

dis.a.ble [*diséibl*] (**- d, disabling**) *vt.* ناتوان‌کردن ، ازکار انداختن ، عاجزکردن ، [حق.] فاقد صلاحیت‌قانونی کردن.

dis.a.buse [*dìsəbjú:z*] (**- d, disabusing**) *vt.* از اشتباه درآوردن، از حقیقت آگاه‌کردن.

dis.ad.van.tage [*dìsədvá:ntidδ*], (**- d, disadvantaging**) *vt.* زیان، بی‌فایدگی، وضع نامساعد، اشکال.

dis.ad.van.ta.geous, *adj.* زیان‌آور، نامساعد.

dis.af.fect (**- ed, - ing**) *vt.* از علاقه ومحبت‌کاستن، بی‌میل شدن.

dis.af.fec.tion, *n.* بی‌میلی،عدم‌علاقه.

dis.af.fil.i.ate (**- d, disaffiliating**) *vt. & vi.* همکاری نکردن ، به همکاری یاشراکت خاتمه‌دادن، ناوابسته‌کردن.

dis.af.fil.i.a.tion, *n.* عدم مشارکت، عدم ارتباط، قطع ناوابستگی، عدم همکاری.

dis.a.gree [*dìsəgrí:*] (**disagreed, - ing**) *vi.* ناهمرای بودن، موافق نبودن ، مخالف بودن ، ناسازگار بودن، نساختن با ، مخالفت‌کردن با ، مغایر بودن.

dis.a.gree.a.ble [*dìsəgríəbl*] *adj.* نامطبوع، ناسازگار، ناگوار، مغایر، ناپسند.

dis.a.gree.ment [*dìsəgrí:mənt*], *n.* مخالفت، عدم موافقت، اختلاف،ناسازگاری.

dis.al.low [*uìsəláu*](**-ed, - ing**), *vt.* ردکردن، نپذیرفتن،روانداشتن،قائل‌نشدن.

dis.annul (**- led, - ling**) *vt.* لغوکردن، فسخ‌کردن، باطل‌کردن.

dis.ap.pear[*dìsəpíə*](**-ed, -ing**), *vi.* ناپدید شدن، غایب شدن، پیدا نبودن.

dis.ap.pear.ance, *n.* ناپدیدی، ناپدید شدن.

dis.ap.point [*dìsəpɔ́int*] (**- ed, - ing**) *vt.* ناکام‌کردن، مأیوس‌کردن، محروم‌کردن، ناامیدکردن.

dis.ap.point.ed, *adj. & pp.* نا امید، ناکام، مأیوس.

dis.ap.point.ment [*dìsəpɔ́intmənt*] *n.* یأس، ناامیدی، نومیدی، دلشکستگی.

dis.ap.pro.ba.tion [*dìsæproubéiʃən*]=**dis.ap.prov.al,** *n.* عدم تصویب، رد، بی‌میلی، تقبیح، مذمت.

dis.ap.prove [*dìsəprú:v*] (**- d, disapproving**) *vt. & vi.* ناپسند شمردن، ردکردن، تصویب‌نکردن.

dis.arm [*disá:m*] (**- ed, - ing**), *vt. & vi* خلع سلاح‌کردن ، بحالت آشتی درآمدن.

dis.ar.ma.ment, *n.* خلع سلاح.

dis.ar.range (*dìsəréindδ*] (**- d, disarranging**) *vt.* بهم‌زدن، بی‌ترتیب کردن، مختل‌کردن، برهم‌زدن.

dis.ar.range.ment, *n.* بی‌ترتیبی.

dis.ar.ray (**- ed, - ing**) *n. & vt.* اغتشاش، بی‌نظمی، درهم وبرهمی.

dis.as.sem.ble (**- d, disassembling**) *vt.* مجزاکردن، سواکردن، پیاده‌کردن (ماشین‌آلات)، بهم ریختن.

dis.as.so.ci.a.te (**- d, disassociating**) *vt.* جداکردن، مجزاکردن، همکاری نکردن، از همکاری دست کشیدن.

dis.as.so.ci.a.tion, *n.* عدم یا فسخ همکاری.

di.sas.ter [*dizá:stə*] *n.* بدبختی، حادثهٔ بد، مصیبت، بلا، ستارهٔ‌بدبختی.

di.sas trous [*dizá:strəs*] *adj.* مصیبت‌آمیز، پربلا، خطرناک، فجیع، منحوس.

dis.a.vow [*dìsəváu*](**-ed, -ing**), *n. & vt.* انکار، رد، نفی، ردکردن.

dis.a.vow.al, *n.* انکار، رد.

dis.band [*disbǽnd*](**-ed, -ing**), *vt. & vi.* برهم زدن، منحل‌کردن، متفرق‌کردن یا شدن.

disbar (**- red, - ring**) *vt.* [حق.] از شغل وکالت محروم‌کردن.

dis.be.lief [*dìsbilí:f*] *n.* بی‌اعتقادی، بی‌ایمانی.

dis.be.lieve [*dìsbilí:v*] (**-d, disbelieving**) *vt. & vi.* باورنکردن، اعتقاد نکردن، دروغ پنداشتن.

dis.bur.den [*disbə':dn*]=**dis-**

burthen (**- ed, - ing**) *vt.*
بار از دوش برداشتن، آسوده کردن، سبکبار کردن.
dis.burse [*disbə':s*] (**- d, disbursing**) *vt. & n.* پرداختن، خرج کردن، پرداخت، خرج، پرداخت کردن.
dis.burse.ment [*disbə':smənt*], *n.* پرداخت، خرج، هزینه.
disc=disk (**- ed, - ing**) *n., vt. & vi.* صفحه، دیسك، صفحه ساختن، قرص.
dis.card [*diská:d*] (**- ed, -ing**), *n., vt. & vi.*
دور انداختن، دست کشیدن از، متروك ساختن.
dis.cern [*disə':n*] (**- ed, - ing**), *vt. & vi.* تشخیص دادن، تمیز دادن.
dis.cern.ing, *adj.* فهمیده، بینا.
dis.cern.ment [*disə':nmənt*] *n.* تشخیص، تمیز، بصیرت، بینائی، دریافت، درك.
dis.charge [*distʃá:dδ*] (**- d, discharging**) *vt. &n.*
خالی کردن، درکردن [گلوله]، مرخص کردن، اداء کردن، ترشح کردن، انفصال، ترشح، بده.
dis.ci.ple [*disáipl*] *n.*
شاگرد، مرید، حواری، پیرو، هواخواه.
dis.ci.ple.ship, *n.* شاگردی، مریدی.
dis.ci.plin.a.ble, *adj.*
تعلیم پذیر، نظم بردار، انضباط پذیر.
dis.ci.pli.nar.i.an[*disiplinɛ'əriən*] *n.* اهل انضباط، نظم دهنده، انضباطی.
dis.ci.pli.nar.y [*disiplinəri*] *adj.* انضباطی، انتظامی، تأدیبی، وابسته به تربیت.
dis.ci.pline [*dísiplin*] (**- d, disciplining**) *n. & vt.*
انضباط، انتظام، نظم، تأدیب، ترتیب، تحت نظم و ترتیب درآوردن، تأدیب کردن.
disc jockey, *n.* کسی که دررادیو یا تلویزیون وسالن رقص صفحات موسیقی میگذارد.
dis.claim [*diskléim*](**-ed, -ing**), *vt. & vi.* رد کردن، انکار کردن، قبول نکردن، ترك دعوا کردن نسبت به، منکر ادعائی شدن، از خود سلب کردن.
dis.claim.er, *n.*
رفع کنندهٔ ادعا یا مسئولیت.
dis.close [*disklóuz*] (**- d, disclosing**) *vt.*
فاش کردن، بازکردن، آشکار کردن.
dis.clo.sure [*disklóuδə*] *n.*
فاش سازی، افشاء، بی پرده گوئی.
dis.colo(u)r [*diskʌ'lə*] (**- ed, - ing**) *vt. & vi.*
تغییر رنگ دادن ، بی رنگ کردن.
dis.col.or.a.tion, *n.*
بی رنگی، رنگ رفتگی.
dis.comfit [*diskʌ'mfit*] (**- ed, - ing**) *vt. & n.* خنثی کردن، ایجاد اشکال کردن، دچارمانع کردن، ناراحت کردن، بطلان.
dis.com.fi.ture [*diskʌ'mfitʃə*]= **dis.com.fort** [*diskʌ'mfət*] (**- ed, - ing**) *n. & vt.*
ناراحتی، رنج، زحمت، ناراحت کردن.
dis.com.mode [*dìskəmóud*] (**-d, discommoding**) *vt.*
ناراحت کردن، زحمت دادن.
dis.com.pose [*dìskəmpóuz*] *vt.*
برهم زدن، مضطرب ساختن، پریشان کردن.
dis.com.po.sure, *n.*
اضطراب ، پریشانی.
dis.con.cert [*dìskənsə':t*] (**- ed, - ing**) *vi.* مشوش کردن، دستپاچه کردن، مبهوت کردن، عدم هم آهنگی داشتن.
dis.con.nect [*dìskənékt*] (**- ed, - ing**) *vt.* جدا کردن، گسستن، قطع کردن.
dis.con.nec.tion, *n.*
قطع ، نداشتن رابطه، گسیختگی، گسستگی.
dis.con.so.late [*diskɔnsəlit*], *adj.* پریشان، دلشکسته، تسلی ناپذیر.
dis.content [*dìskəntént*] (**- ed, - ing**) *vt., adj. & n.*
نارضایتی، ناخشنودی، گله، شکایت.
disc.con.tin.ue [*dìskəntínju:*] (**- d, discontinuing**) *vt. & vi.*
ادامه ندادن، بس کردن، موقوف کردن، قطع کردن.
dis.co.nti.nu.i.ty, *n.* ناپیوستگی، عدم پیوستگی، انفصال، عدم اتصال، انقطاع.
dis.con.tin.u.ous, *adj.*
منقطع، غیرمداوم، منفصل.
dis.cord [*dískɔ:d*] (**-ed, -ing**), *n. & vt.*
ناسازگاری، اختلاف، دعوا، نزاع، نفاق.
dis.cor.dance [*diskɔ́:dəns*] *n.*
ناجوری، عدم توافق، عدم ثبات، عدم هم آهنگی.
dis.cor.dant [*diskɔ́:dənt*] *adj.*
ناجور، ناسازگار، ناموزون، مغایر.
dis.count [*dískaunt*] (**- ed, - ing**) *n., vi. & vt.* تخفیف، نزول، کاستن، تخفیف دادن، برات را نزول کردن.
dis.coun.te.nance [*diskáuntinəns*] (**- d, discountenancing**), *vt. & n.* نپسندیدن، تصویب نکردن، بد دانستن.
dis.cour.age [*diskʌ'ridδ*] (**- d, discouraging**) *vt. & vi.*
دلسرد کردن، بی جرأت ساختن، سست کردن.
dis.cour.age.ment, *n.*
دلسردی، فتور، یأس.
dis.course [*diskɔ́.s, diskɔ:s*] *n., vt. & vi.* سخن گفتن ، سخنرانی کردن ، اداکردن، مباحثه، قدرت استدلال.
dis.cour.te.ous [*diskə':tiəs*] *adj.*
بی ادب، بی نزاکت، بی ادبانه، تند.
dis.cour.te.sy [*diskə':tisi*] *n.*
بی ادبی، بی تربیتی، خشونت، تندی، عدم نزاکت.
dis.cover [*diskʌ'və*](**-ed, -ing**), *vt.* پی بردن، دریافتن، پیدا کردن، کشف کردن، مکشوف ساختن.
dis.cov.er.y [*diskʌ'vəri*] (*pl.* **-ies**) *n.* کشف، اکتشاف، پی بری.
dis.credit [*diskrédit*] (**- ed, - ing**) *vt. & n.*
بی اعتباری، بدنامی، بی اعتبار ساختن.
dis.cred.it.a.ble [*diskréditəbl*], *adj.* شایستهٔ بی اعتباری، باورنکردنی، ننگ آور.
dis.creet [*diskrí:t*] (**-er, -est**), *adj.* بااحتیاط، دارای تمیز وبصیرت، باخرد.
dis.crep.an.cy [*diskrépənsi*] *n.*
اختلاف، تفاوت، مورد اختلاف.
dis.crete, *adj. & n.*
جدا، مجزا، مجرد، مجزا کردن.
dis.cre.tion [*diskréʃən*] *n.*
بصیرت، احتیاط، حزم، نظر، رأی، صلاحدید.
dis.cre.tion.ar.y, *adj.*
احتیاطی، بصیرتی.
dis.crim.i.nate [*diskrímineit*], (**- d, discriminating**) *vt. & vi.*
تبعیض قائل شدن، باعلائم مشخصه ممتاز کردن.
dis.crim.i.nat.ing, *adj.* بصیر.
dis.crim.i.na.tion [*diskrìminéiʃən*] *n.* تمیز، فرق گذاری، تبعیض.
Racial d. تبعیض نژادی .
dis.crim.i.na.to.ry, *adj.*
تبعیض آمیز.
dis.cur.sive [*diskə':siv*] *adj.*
استدلالی، برهانی، سرگردان .
dis.cus [*dískəs*] *n.* صفحهٔ مدور، دیسك.
dis.cuss [*diskʌ's*] (**- ed, - ing**), *vt.* بحث کردن، مطرح کردن، گفتگو کردن.
dis.cuss.a.ble, dis.cuss.i.ble, *adj.* قابل بحث.
dis.cus.sion [*diskʌ'ʃən*] *n.*
بحث، مذاکره، مباحثه، گفتگو، مناظره.
dis.dain [*disdéin*] (**- ed, - ing**), *n. & vt.* اهانت، استغناء، عار[دانی]، تحقیر.
dis.dain.ful, *adj.* موهن، اهانت آور.
dis.ease [*dizí:z*] (**- d, diseasing**) *n. & vt.*
ناخوشی، مرض، علت، بیماری، دچارعلت کردن.
dis.embark [*dìsimbá:k*] (**- ed, - ing**) *vi. & vt.* پیاده کردن، ازکشتی درآوردن، پیاده شدن، تخلیه کردن(بارومسافر).
dis.em.bar.ka.tion, *n.*
پیاده شدن، تخلیه.
dis.em.bar.rass (**- ed, -ing**), *vt.* رها کردن، از گرفتاری خلاص کردن.
dis.em.bod.y [*dìsimbɔ́di*] (**-ied, - ing**) *vt.* ازجسم جدا کردن، تجزیه کردن.
dis.em.bow.el [*dìsimbáuil*] (**-ed, - led, - ing, - ling**) *vt.*
روده درآوردن از، شکم دریدن.
dis.enchant [*dìsintʃá:nt*] (**-ed, - ing**) *vt.*
رفع طلسم کردن، [مج.] از شیفتگی درآوردن.
dis.en.chant.ment, *n.*
رهائی از طلسم، رفع توهم.
dis.en.cum.ber [*dìsinkʌ'mbə*], (**- ed, - ing**) *vt.*
رها کردن (از بار یا مانع)، از قید آزاد کردن.
dis.engage [*dìsingéidδ*] (**- d, disengaging**) *vi. & vt.*
ازگیر درآوردن، از قید رها کردن، بازکردن.
dis.en.gage.ment, *n.*
رهائی از قید یا تعهد، متارکهٔ روابط.
dis.en.tan.gle [*dìsintǽŋgl*] (**-d, disentangling**) *vt. & vi.*
ازگیر درآوردن، رها کردن، بازکردن.
dis.en.tan.gle.ment, *n.* رهائی.
dis.e.qui.lib.ri.um, *n.* عدم تعادل.
dis.es.tab.lish [*dìsistǽbliʃ*], (**- ed, - ing**) *vt.*
بهم زدن، کلیسا را ازآزادی محروم کردن.
dis.favo(u)r [*disféivə*] (**- ed, - ing**) *n. & vt.*
ازنظر افتادگی، بی اعتباری، منضوبیت.
dis.figure [*disfígə*] (**- d, disfiguring**) *vt.*
از شکل انداختن ، بد شکل کردن ، بدنما کردن، زشت کردن، بدریخت کردن، خراب کردن.
dis.franchise [*disfrǽn(t)ʃaiz*], (**- d, disfranchising**) *vt.*
از حق رأی یا انتخاب محروم کردن.
dis.gorge [*disgɔ́:dδ*] (**- d, disgorging**) *vi. & vt.*
استفراغ کردن، خالی کردن، ریختن.
dis.grace [*disgréis*] (**- d, disgracing**) *n. & vt.* رسوائی، خفت، ننگ، فضاحت، سیه روئی، خفت آوردن بر.
dis.grace.ful [*disgréisful*] *adj.* رسوائی آور، خفت آور، ننگین، نامطبوع.
dis.grun.tle (**- d, disgruntling**) *vt.* بدخلق کردن، غمگین کردن.
dis.guise [*disgáiz*] (**- d, disguising**) *n. & vt.*
تغییر قیافه دادن ، جامهٔ مبدل پوشیدن ، نهان داشتن، پنهان کردن، لباس مبدل، تغییر قیافه.
dis.gust [*disgʌ'st*] (**- ed, -ing**), *n., vt. & vi.*
تنفر، نفرت، بیزاری، انزجار، متنفر کردن.
dis.gust.ing, *adj.* منزجر کننده.
dish [*diʃ*] (**- ed, - ing**) *n., vi. & vt.* ظرف ، بشقاب ، دوری ، سینی ، خوراك ، غذا ، در بشقاب ریختن ، مقعر کردن.
dis.har.mo.ny=discord (*pl.* **- ies**) *n.* عدم هم آهنگی، عدم توافق.
dishcloth (*pl.* **- s**) *n.*
کهنهٔ ظرف شوئی.
dis.heart.en [*dishá:tn*] (**- ed, - ing**) *vt.* دلسرد کردن، نومید کردن.
di.shev.el (**- ed, - led, - ing, - ling**) *vt.*
پریشان کردن، ژولیده کردن، آشفته کردن.
di.shev.eled, di.shev.elled [*diʃévld*] *adj.* پریشان، ژولیده، آشفته، نامرتب.
dis.honest [*disɔ́nist*] *adj.*
نادرست، متقلب، تقلب آمیز، دغل، فاقد امانت.
dis.hon.es.ty [*disɔ́nisti*] *n.*
نادرستی، خیانت، عدم امانت.
dis.hono(u)r [*disɔ́nə*] (**- ed, - ing**) *n. & vt.*
بی شرفی، رسوائی، نکول، بی احترامی کردن به، تجاوز کردن به عصمت (کسی).
dis.hon.or.a.ble [*disɔ́nərəbl*] *adj.* پست، بی آبرو، ناشایسته، از روی بی شرمی.
dish.wash.er, *n.*
ظرفشو، کارگر ظرفشو، ماشین ظرفشوئی.
dis.il.lu.sion [*dìsil(j)ú:δən*] (**-ed, - ing**) *n. & vt.*
رهائی از شیفتگی، وارستگی از اغفال، بیداری از خواب و خیال، رفع اوهام.
dis.in.cli.na.tion [*dìsioklinéiʃən*] *n.* بی میلی، عدم تمایل، بی رغبتی.
dis.in.cline [*dísinkláin*] (**- d, disinclining**) *vt.*
بی میل کردن، بیزار کردن، بی رغبت کردن.
dis.infect [*dìsinfékt*] (**- ed, -ing**) *vt.* ضدعفونی کردن ، گندزدائی کردن.
dis.in.fec.tant [*dìsinféktənt*] *n.* ضدعفونی، داروی ضدعفونی، مادهٔ گندزدا.
dis.in.gen.u.ous [*dìsindδénjuəs*], *adj.* بدون صراحت لهجه، دورو، بدون صمیمیت.
dis.in.her.it [*dísinhérit*] (**- ed, - ing**) *vt.* ازارث محروم کردن، عاق کردن.
dis.in.te.grate [*disíntigreit*](**-d, disintegrating**) *vt. & vi.* خرد کردن ، تجزیه شدن ، فرو ریختن ، از هم پاشیدن، [مج.] فاسدشدن، متلاشی شدن یا کردن.
dis.inter [*dìsintə':*] (**- red, - ring**) *vt.* ازخاك درآوردن، [مج.] از بوتهٔ فراموشی یا گمنامی درآوردن، نبش کردن.
dis.interment, *n.* درآوردن ازقبر.
dis.in.ter.est (**- ed, - ing**) *n., vt. & vi.*
علاقه نداشتن ، بی علاقه کردن، بی علاقه شدن.
dis.in.ter.est.ed [*disíntristid*], *adj.*
بی علاقه، بی غرض، بی طرف، بی طمع، بی غرضانه.
dis.join [*disdδɔ́int*] (**- ed, -ing**), *n., adj., vt. & vi.* وضع ازهم گسیخته، بی تکلیفی، جدا، منفصل، متلاشی، بی ربط ساختن.
dis.joint.ed, *adj.*
بی ربط، گسیخته، متلاشی، در رفته، نامربوط.
dis.junct, *n.* منفصل، جدا شده، مجزا، [من.] وجه تفکیك، شق (shegh).

dis.junc.tion, *n.*
جدائی، تفکیك، انفصال.

dis.junc.tive [disdʌ́ŋktiv] *adj.* **&** *n.* جدا سازنده، فاصل، حرف عطفی که بظاهر پیوند میدهد ودرمعنی جدامیسازد (مثل but)، دارای دو شق مختلف.

disk, disc [disk] *vt.* **&** *n.*
صفحه، دایره، قرص.

disk.like, disc.like [disláik] *adj.* دایره‌شکل، قرص مانند، صفحه مانند.

dis.like (-d, disliking) *n.* **&** *vt.*
دوست‌نداشتن، بیزاربودن، موردتنفر واقع‌شدن.

dis.lo.cate [dísləkeit] **(-d, dislocating)** *vt.*
جابجا کردن، از جا در رفتن (استخوان).

dis.lo.ca.tion [dìsləkéiʃən] *n.*
جابجا شدگی، دررفتگی (استخوان یا مفصل).

dis.lodge [dislɔ́dʒ] **(-d, dislodging)** *vt.* **&** *vi.*
از جای خود بیرون‌کردن، راندن.

disloy.al.ty, *n.*
بی‌وفائی، ناسپاسی، خیانت، نمك بحرامی.

dis.loy.al, *adj.* ناسپاس، بی‌وفا.

dis.mal [dízməl] *adj.*
دلتنگ کننده، پریشان کننده، ملالت انگیز.

dis.man.tle [dismǽntl] **(-d, dismantling)** *vt.*
بی‌مصرف کردن، پیاده کردن(ماشین آلات)،عاری از سلاح یا اثاثه کردن.

dis.may [disméi] **(-ed, -ing),** *vt.* **&** *n.* ترسانیدن، بی‌جرأت کردن، ترس، جبن، وحشت زدگی، بی‌میلی.

dis.mem.ber (-ed, -ing) *vt.*, اندامهای کسی را بریدن، [مج.]جدا کردن، تجزیه کردن.

dis.mem.ber.ment, *n.*
قطع، بریدن اندام.

dis.miss [dismís] **(-ed, -ing),** *vt.* روانه کردن، مرخص کردن، معاف کردن.

dis.miss.al, *n.* اخراج، مرخصی.

dis.mount [dismáunt] *n.*, *vi.* **&** *vt.* پیاده کردن، از اسب پیاده شدن.

dis.obe.di.ence, *n.*
نافرمانی، عدم اطاعت.

dis.obe.di.ent [dìsoubí:djənt] *adj.*
نافرمان، سرکش، نامطیع، گردنکش، متمرد.

dis.obey [disobéi] **(-ed, -ing),** *vt.* **&** *vi.* نافرمانی کردن، سرپیچی کردن، اطاعت نکردن، نقض کردن، شکستن.

dis.oblige [dìsoubláidʒ] **(-d, disobliging)** *vt.*
رنجانیدن، دل کسی را شکستن، تقاضای کسی را انجام ندادن، منت نهادن‌بر، ممنون نکردن.

dis.or.der [disɔ́:də] **(-ed, -ing),** *n.* **&** *vt.* بی‌نظمی، اختلال، بی‌ترتیبی، آشفتگی، کسالت، برهم زدن، مختل کردن.

dis.or.dered, *adj.*
مختل شده، بی‌نظم، بی‌ترتیب، آشفته.

dis.or.der.ly [disɔ́:dəli] *adj.*
بی‌نظم، بی‌ترتیب، نامنظم، مختل، شلوغ، ناامن.

dis.or.ga.nize [disɔ́:gənaiz] *vt.*
درهم وبرهم کردن، مختل کردن، بی‌نظم کردن، تشکیلات چیزی را برهم زدن.

dis.or.ga.ni.za.tion, *n.* بهم‌ریختگی.

dis.ori.ent, *vt.*
بهم‌خوردن، ناجور شدن، غیرمتجانس شدن.

dis.own [disóun] **(-ed, -ing),** *vt.* مالکیت چیزی را انکار کردن، ردکردن، ازخود ندانستن، نشناختن، عاق کردن.

dis.par.age [dispǽridʒ] **(-d, disparaging)** *vt.*
عدم وفق، انکار فضیلت چیزی را کردن، کم گرفتن، بی‌قدر کردن، پست کردن، بی‌اعتبار کردن.

dis.par.age.ment [dispǽridʒmənt] *n.* بی‌احترامی، توهین، بی‌اعتباری، خوار شماری، کاهش، انکار فضیلت.

dis.pa.rate, *adj.*
ناجور، مختلف، نابرابر، نامساوی، غیرمتجانس.

dis.par.i.ty [dispǽriti] **(*pl.* -ies),** *n.* ناجوری، بی‌شباهتی، عدم توافق، اختلاف.

dis.pas.sion.ate [dispǽʃənit] *adj.* بی‌غرض، بی‌طرف، بی‌تعصب، خونسرد.

dis.patch [dispǽtʃ] **(-ed, -ing),** *n.*, *vt.* **&** *vi.* گسیل، گسیل داشتن یا کردن، اعزام داشتن، روانه کردن، فرستادن، مخابره کردن، ارسال، انجام سریع، کشتن، شتاب، پیغام.

dis.pel [dispél] **(-led, -ling)** *vt.*
برطرف کردن، دفع کردن، طلسم‌را باطل کردن.

dis.pens.able [dispénsəbl] *adj.*
صرفنظر کردنی، چاره پذیر، غیر ضروری، غیر واجب، چشم پوشیدنی، معاف کردنی.

dis.pen.sa.ry [dispénsəri] **(*pl.* -ies)** *n.* محلی که به تهی‌دستان داروی رایگان داده میشود، داروخانهٔ عمومی.

dis.pen.sa.tion [dìspenséiʃən], *n.* پخش، توزیع، تقسیم، اعطاء، تقدیر، وضع احکام دینی درهر دوره وعصر، عدم شمول.

dis.pense [dispéns], **(-d, dispensing)** *vt.* **&** *vi.*
توزیع کردن، معاف کردن، بخشیدن، باطل کردن.

dispense with,
معاف شدن از، رها شدن از، باطل شدن.

dis.pens.er, *n.* نسخه پیچ، ناظر هزینه، تلگراف، دوافروش، کمك‌داروساز.

dis.pers.al [dispə́:sl] *n.* پراکندگی.

dis.perse (-d, dispersing), *vt.* **&** *vi.* پراکنده کردن، متفرق ساختن.

dis.per.sion [dispə́:ʃən] *n.*
پراکندگی، انتشار، آوارگی، تجزیهٔ نور.

dispir.it [dispíriti] **(-ed, -ing),** *vt.*
افسرده کردن، دلسرد کردن، روحیه را باختن.

dis.place [displéis] **(-d, displacing)** *vt.*
جابجا کردن، جانشین(چیزی)شدن، جای چیزی را عوض کردن، تبعید کردن.

dis.place.ment [displéismənt] *n.* جانشین سازی، جابجا شدگی، تغییر مکان.

dis.play [displéi] **(-ed, -ing),** *n.*, *vt.* **&** *vi.* نمایش دادن، نشان دادن، ابراز کردن، آشکار کردن، نمایش، تظاهر، جلوه.

dis.please [displí:z] **(-d, displeasing)** *vt.* **&** *vi.*
خوش‌آیند نبودن، رنجانیدن، دلگیر کردن.

dis.plea.sure [displéʒə] **(-d, displeasuring)** *n.* رنجش، رنجیدگی، ناخشنودی، نارضایتی، خشم، صدمه.

dis.plode, *vt.* **&** *vi.* منفجر شدن.

disport [dispɔ́:t] *n.*, *vt.* **&** *vi.*
خوشی کردن، حرکات نشاط‌انگیز کردن، بازی کردن، تفریح کردن، تفریح.

dis.pos.able, *adj.*
از دست دادنی، درمعرض، قابل عرضه.

dis.pos.al [dispóuzəl] *n.*
دسترس، دراختیار، مصرف، درمعرض گذاری.

dis.pose [dispóuz] **(-d, disposing)** *vt.* **&** *vi.* مرتب کردن، مستعد کردن، ترتیب کارها را معین کردن.

dis.po.si.tion [dìspəzíʃən] *n.*
حالت، مشرب، خو، مزاج، تمایل.

dis.pos.sess [dìspəzés] **(-ed, -ing)** *vt.*
از تصرف محروم کردن، بی‌بهره کردن، محروم کردن، دور کردن، بیرون کردن، رها کردن.

dis.pos.ses.sion [dìspəzeʃən] *n.*
خلع ید، سلب مالکیت.

dis.praise (-d, dispraising), *vt.* **&** *n.* ازبهای چیزی‌کاستن، کم گرفتن، بد دانستن، سرزنش کردن، نکوهش کردن.

dispread, *vt.* **&** *vi.* پخش کردن.

dis.proof [disprú:f] *n.*
رد، تکذیب، ابطال، دلیل رد.

dis.pro.por.tion [dìsprəpɔ́:ʃən], *vt.* **&** *n.* بی‌تناسبی، بی‌قوارگی، عدم‌تجانس.

dis.pro.por.tion.ate [dìsprəpɔ́:ʃənit] *adj.* بی‌تناسب غیرمتجانس.

dis.prove [disprú:v], **(-d, disproving)** *vt.*
ردکردن، اثبات کذب چیزی راکردن.

dis.prov.able, *adj.* رد شدنی.

dis.put.able [díspjutəbl, dispjú:təbl] *adj.* اعتراض پذیر، قابل بحث.

dis.pu.tant [díspjutənt] *n.*
منازعه‌کننده، اهل مباحثه، جدلی.

dis.pu.ta.tion, *n.*
مباحثه، ستیزه، منازعه، مناظره، بحث وجدل.

dis.pute [dispjú:t] **(-d, disputing)** *vt.* **&** *vi.*
ستیزه، چون و چرا، مشاجره، نزاع، جدال کردن، مباحثه کردن، انکار کردن.

dis.qual.i.fi.ca.tion [diskwɔ̀lifikéiʃən] *n.* سلب صلاحیت، عدم صلاحیت، فاقد صلاحیت قضائی.

dis.qual.i.fy [diskwɔ́lifai] **(-ied, disqualifying)** *vt.*
سلب صلاحیت کردن از،شایسته ندانستن، مردود کردن (درامتحان وغیره).

dis.qui.et [diskwáiət] **(-ed, -ing)** *vt.*, *adj.* **&** *n.*
بی‌آرام کردن، ناراحت کردن، آسوده‌نگذاشتن، آشفتن، مضطرب ساختن، بی‌قراری، ناآرامی.

dis.qui.etude [diskwáiitju:d] *n.*
اضطراب، تشویش، بی‌قراری، آشفتگی، ناراحتی.

dis.qui.si.tion [dìskwizíʃən] *n.*
رساله، مقاله، [ك.] تحقیق، جستجو، تفحص.

dis.re.gard [dìsrigá:d], **(-ed, -ing)** *n.* **&** *vt.*
نادیده‌گرفتن، اعتناء نکردن، عدم رعایت.

dis.rel.ish, *n.* **&** *vt.*
بی‌رغبتی، بی‌میلی، تنفر، بی‌رغبت بودن.

dis.re.mem.ber, *vt.*
فراموش کردن، درطاق نسیان گذاردن.

dis.re.pair [dìsripɛ́ə] *n.*
خرابی، احتیاج به تعمیر، نیازمند تعمیر.

dis.rep.u.ta.ble [disrépjutəbl], *adj.* بدنام، بی‌اعتبار، مایهٔ رسوائی.

dis.re.pute [dìsripjú:t] *n.*
بی‌آبروئی، بدنامی، رسوائی، بی‌احترامی.

dis.re.spect [dìsrispékt] *n.* **&** *vt.* بی‌احترامی، بی‌حرمتی، اهانت، عدم‌رعایت.

dis.re.spect.able, disrespectful, *adj.* بی‌احترام، موهن.

dis.robe [disróub] **(-d, disrobing)** *vt.* **&** *vi.*
لباس درآوردن، برهنه کردن.

dis.rupt [disrʌ́pt] **(-ed, -ing),** *vt.* منقطع کردن، درهم گسیختن.

dis.rup.tion, *n.* قطع، شکستن.

dis.rup.tive [disrʌ́ptiv] *adj.*
درهم گسیخته، نفاق افکن.

dis.sat.is.fac.tion [dìssætisfǽkʃən] *n.*
ناخشنودی، نارضایتی، عدم رضایت.

dis.sat.is.fac.to.ry, *adj.*
مایهٔ عدم رضایت، ناپسندیده.

dis.sat.is.fy [dissǽtisfai] **(-ied, dissatisfying)** *vt.*
ناراضی کردن، ناخشنود کردن، رنجانیدن.

dis.sect [disékt] **(-ed, -ing),** *vt.* **&** *vi.* کالبدشکافی کردن، تشریح کردن، [مج.] موشکافی کردن.

dis.sec.tion [disékʃən] *n.*
تشریح، کالبدشکافی، قطع، برش، تجزیه.

dis.sem.ble [disémbl] **(-d, dissembling)** *vt.* **&** *vi.*
تلبیس کردن، تدلیس کردن، پنهان کردن، وانمود کردن، بهانه کردن، نادیده گرفتن.

dis.sem.i.nate [disémineit] **(-d, dissemineting)** *vt.* **&** *vi.*
تخم کاشتن، منتشر کردن.

dis.sem.i.na.tion, *n.* پخش.

dis.sen.sion [disénʃən] *n.*
اختلاف عقیده، نفاق، اختلاف، شقاق.

dis.sent [disént] **(-ed, -ing),** *vt.* **&** *vi.*
اختلاف عقیده داشتن، جدا شدن، نفاق داشتن.

dis.sent.er, *n.*
معاند، منکر، مخالف، ناراضی(درامورسیاسی).

dis.ser.ta.tion [dìsətéiʃən] *n.*
مقاله، رساله، بحث، پایان نامه، تز.

dis.ser.vice [dissə́:vis] *n.* آزار، زیان، بدی، صدمه، بد خدمتی.

dis.sev.ere [dissévə] **(-ed, -ing),** *vt.* **&** *vi.*
جدا کردن، بریدن، جدا شدن، بریده شدن.

dis.si.dent, *adj.* **&** *n.*
مخالف (عقیدهٔ عموم)، معاند، ناموافق.

dis.sim.i.lar [disímilə] *adj.* ناجور، بی‌شباهت، غیر مشابه، مختلف، دگرگون.

dis.sim.i.lar.i.ty, *n.* عدم تجانس.

dis.sim.i.la.tion, *n.*
بی‌شباهتی، عدم تشابه، کاتابولیسم.

dis.si.mil.i.tude, *n.*
عدم تشابه، بی‌شباهتی.

dis.sim.u.late [disímjuleit] **(-d, dissimulating)** *vi.*
پنهان کردن، برروی خود نیاوردن، دو روئی کردن، فریب دادن.

dis.sim.u.la.tion, *n.* دوروئی، فریب.

dis.si.pate [dísipeit] **(-d, dissipating)** *vt.* **&** *vi.*
پراکنده کردن، ازهم پاشیدن، اسراف کردن.

dis.si.pa.tion [dìsipéiʃən] *n.*
اسراف، پراکندگی، عیاشی.

dis.so.cia.ble, *adj.*
غیراجتماعی، گوشه‌گیر، منزوی، انزواجو.

dis.so.ci.ate [disóuʃieit] **(-d, dissociating)** *vt.* **&** *vi.*
جدا کردن، سوا کردن، قطع همکاری وشرکت.

dis.so.ci.a.tion [ditòusiéiʃən] *n.*
جدائی، افتراق، تجزیه، تفکیك، گسستگی.

dis.sol.u.ble [disɔ́ljubl] *adj.*
حل‌شدنی، تجزیه پذیر، قابل حل، جداشدنی.

dis.so.lute [dísəl(j)ú:t] *adj.*
هرزه، فاجر، بداخلاق، از روی هرزگی، فاسد.

dis.so.lu.tion [dìsəl(j)ú:ʃən] *n.*
تجزیه، حل، فساد، ازهم پاشیدگی، فسخ.

dis.solv.able [dizɔ́lvəbl] *adj.*
تجزیه شدنی، حل شدنی، آبشدنی، معاف شدنی.

dis.solve [dizɔ́lv] **(-d, dissol-**

ving) *vt. & vi.* آب کردن، حل کردن، گداختن، فسخ کردن، منحل کردن.
To d. a mystery. رازی را حل کردن.
dis.so.nance [*dísənəns*] *n.* اختلاط اصوات و آهنگ‌های ناموزون، ناجوری، ناهنجاری.
dis.so.nant [*dísənət*] *adj.* ناجور، بدآهنگ، ناموزون، ناهنجار.
dis.spir.it, *vt. & vi.* دلسرد کردن، روحیه را تضعیف کردن.
dis.suade [*diswéid*] (**- d, dissuading**) *vt.* منصرف کردن، بازداشتن [illegible]
dis.sua.sion [*disweíðən*] *n.* منع، بازداشت، انصراف، دلسرد سازی.
dis.taff [*dísta:f*] (*pl.* **- s**) *adj. & n.* آلتی که گلولهٔ پشم نریشته‌را روی آن نگاه داشته و پس از ریشتن بدور دوك می‌پیچند، [مج.] نفوذ زنان، زن، فرموك، دشکی.
dis.tance [*dístəns*] (**- d, distancing**) *n. & vt.* مسافت، فاصله، دوری، بعد.
dis.tant [*dístənt*] *adj.* دور، فاصله‌دار، سرد، غیر صمیمی.
dis.taste [*distéist*] (**- d, distasting**) *vt., vi. & n.* بی‌رغبتی، تنفر، بی‌میلی، بدآمدن.
dis.taste.ful, *adj.* ناخوش آیند.
dis.tem.per [*distémpə*] (**- ed, - ing**) *n. & vt.* کج خلقی، ناراحت کردن، مرض هاری.
dis.tend [*disténd*] (**-ed, -ing**), *vt. & vi.* باد کردن، بزرگ کردن، متورم‌شدن.
dis.ten.sion, dis.ten.tion, [*disténʃən*] *n.* بادکردگی، انبساط، نفخ.
dis.tich (*pl.* **- s**) *n.* یك بیت شعر.
dis.till=dis.til [*distíl*] (**- ed, - ing**) *vt. & vi.* تقطیرشدن، عرق گرفتن از، چکاندن.
dis.til.late, *n.* عرق، عصاره.
dis.til.la.tion [*dìstiléiʃən*] *n.* تقطیر، عرق کشی، شیره کشی، عصاره گیری.
dis.till.er [*distílə*] *n.* عرق کش، تقطیر کننده، دستگاه تقطیر.
dis.till.er.y, *n.* کارخانه یا محل تقطیر، رسومات.
dis.tinct [*distíŋkt*] *adj.* مجزا، ممتاز، واضح، روشن، مشخص.
dis.tinc.tion [*distíŋkʃən*] *n.* فرق، امتیاز، برتری، ترجیح، رجحان، تشخیص.
dis.tinc.tive, *adj.* مشخص، متمایز.
dis.tinguish [*distíŋgwiʃ*] (**-ed, - ing**) *vt. & vi.* تمیز دادن، تشخیص‌دادن، دیفرانسیل گرفتن، دیدن، مشهور کردن، وجه تمایز قائل شدن.
dis.tort [*distɔ́:t*] (**- ed, -ing**), *vt.* کج کردن، تحریف کردن، ازشکل‌طبیعی انداختن.
dis.tor.tion, *n.* تحریف.
dis.tract [*distrǽkt*](**-ed, -ing**), *vt., pp. & adj.* گیج کردن، پریشان کردن، دیوانه کردن.
dis.train [*distréin*] (**-ed, -ing**), *vt. & vi.* گروکشیدن، فشار دادن، توقیف کردن، ضبط اموال.
dis.traint, *n.* توقیف اموال، فشار، فشردگی، [حق.] اکراه و اجبار، گروکشی.
dis.traught [*distrɔ́:t*] *pp. & adj.* پریشان حواس، شوریده، ناراحت.
dis.tress [*distrés*] (**- ed, -ing**), *n. & vt.* پریشانی، اندوه، محنت، تنگدستی، درد، مضطرب کردن، محنت زده کردن.
dis.tress.ful, *adj.* آندوهناك، پریشان.
dis.trib.u.tary (*pl.* **-ies**) *adj. & n.* پخش کننده، توزیعی، انشعابی، شعبهٔ رود.
dis.trib.ute [*distríbju:t*] (**- d, distributing**) *vt.* پخش کردن، تقسیم کردن، تعمیم دادن.
dis.tri.bu.tion, *n.* توزیع، پخش.
dis.trib.u.tive, *adj.* توزیعی.
dis.trict [*dístrikt*] *n. & vt.* بخش، ناحیه، حوزه، بلوك.
dis.trust [*distrʌ́st*](**-ed, -ing**), *vt. & n.* بی‌اعتمادی، بدگمانی، سوءظن.
dis.trust.ful, *adj.* بدگمان.
dis.turb [*distə́:b*] (**- ed, -ing**), *vt. & vi.* برهم زدن، بهم زدن، آشفتن، مضطرب ساختن، مشوب کردن، مزاحم شدن.
dis.tur.bance [*distə́:bəns*] *n.* آشوب، ناراحتی، مزاحمت، [حق.] تعرض.
dis.union [*disjú:njən*] *n.* جدائی، جداشدگی، انفصال، نفاق، عدم اتفاق.
dis.unite [*dìsjunáit*] (**- d, disuniting**) *vt.* جدا کردن، باهم بیگانه کردن، نفاق انداختن.
dis.use [*disjú:z*] (**- d, disusing**) *n. & vt.* متروکه، عدم استعمال، ترك کردن، ترك استعمال (چیزی را) کردن.
dis.val.ue (**- d, disvaluing**), *n. & vt.* بی‌ارزش کردن، از ارزش کاستن.
di.syl.la.ble, *n.* کلمه یا قافیهٔ دوهجائی.
ditch [*ditʃ*] (**-ed, - ing**) *n. & vt.* خندق، حفره، راه آب، نهرآب، گودال کندن.
dith.er (**- ed, - ing**) *n. & vi.* لرزیدن، [درمحاوره] دودل بودن، هیجان.
dit.to [*dítou*] (*pl.* **dittos**) *n., vt., adj. & adv.* ایضاً، بشرح فوق، علامت [,,].
dit.ty [*díti*] (*pl.* **- ies**) *n.* سرود کوچك، تصنیف کوچك.
di.ure.sis (*pl.* **di.ure.ses**) *n.* [طب] ادرار زیاد، دوای مدر.
di.ur.nal, *adj. & n.* روزانه، مربوط به روز، جانورانی که در روز فعالیت دارند.
di.va.gate (**-d, divagating**) *vi.* سرگردان شدن، پرت شدن، پریشان گفتن.
Di.van [*divǽn, daivǽn*] *n.* [فارسی است] دیوان، دادگاه، نیمکت راحتی.
dive [*daiv*](**-d, diving, dove**), *n., vt. & vi.* شیرجه‌رفتن، غواصی کردن، [مج.] فرورفتن، تفحص کردن، شیرجه، [مج.] غور.
div.er [*dáivə*] *n.* آب‌باز، غواص.
di.verge [*daivə́:dʒ, bivə́:dʒ*] (**-d, diverging**) *vi. & vt.* انشعاب‌یافتن، ازهم دورشدن، اختلاف پیدا کردن، واگرائیدن.
di.ver.gent [*daivə́:dʒənt*] *adj.* متباعد، انشعاب پذیر، منشعب، [مج.] مختلف.
di.ver.gence, *n.* تباین، انشعاب.
di.verse [*daivə́:s dáivə:s, divə́:s*] *adj.* گوناگون، مختلف، متغیر، متمایز.
di.ver.si.fi.ca.tion, *n.* گوناگونی.
di.ver.si.fy [*daivə́:sifai, di -*] (**- ied, diversifying**) *vt.* گوناگون ساختن، متنوع کردن.
di.ver.sion [*daivə́:ʃən, di -*] *n.* تفریح، سرگرمی، عمل پی‌گم کردن، انحراف از جهتی.
di.ver.si.ty, *n.* تنوع، گوناگونی، تفاوت.
di.vert [*daivə́:t, di-*](**-ed, - ing**), *vt. & vi.* منحرف کردن، متوجه کردن، معطوف داشتن.
di.vest [*daivést, di-*](**-ed, - ing**), *vt.* بی‌بهره کردن، محروم کردن، عاری کردن.
di.vide [*diváid*] (**-d, dividing**), *n., vt. & vi.* تقسیم کردن، بخش کردن، جدا کردن، آب‌پخشان.
di.vid.ed, *adj.* تقسیم شده.
div.i.dend [*dívidənd*] *n.* [illegible]
di.vid.er [*diváidə*] *n.* تقسیم کننده، بخش کننده، مقسم، [درجمع] پرگار تقسیم.
div.i.na.tion [*dìvinéiʃən*] *n.* غیب‌گوئی، پیش گوئی، فال گیری، تفأل، حدس‌درست.
di.vine [*diváin*] (**- r, - st**) (**- d, divining**) *adj., n., vt. & vi.* خدائی، یزدانی، الهی، کشیش، استنباط کردن، غیبگوئی کردن.
di.vin.i.ty [*divíniti*] (*pl.* **- ies**) *n.* خدا، الوهیت، الهیات.
di.vis.i.ble, *adj.* قابل تقسیم.
di.vi.sion [*divíʒən*] *n.* تقسیم، بخش، قسمت، دسته‌بندی، طبقه‌بندی، [نظ.] لشکر، [مج.] اختلاف، تفرقه.
di.vi.sive, *adj.* تفرقه‌انداز، تقسیم کننده.
di.vi.sor [*diváizə*] *n.* [ر.] مقسوم‌علیه، بخشی.
di.vorce [*divɔ́:s*] (**-d, divorcing**) *n., vt. & vi.* طلاق، جدائی، [مج.] فسخ.
di.vor.cée, *n.* زن مطلقه، زن طلاق گرفته.
di.vulge [*daivʌ́ldʒ, dì -*] (**- d, divulging**) *vt.* فاش کردن، افشاء کردن، بروز دادن.
diz.zy [*dízi*] (**- ier, - iest**) *n., adj. & vt.* گیج، دچار دوران سر، گیج شدن.
do [*du:, du*] (**did, done, doing, does**) *vt. & vi.* کردن، عمل کردن، انجام دادن، کفایت کردن، این کلمه درابتدای جمله بصورت علامت سؤال میآید، فعل معین.
I write as fast as you do. من بسرعت شما مینویسم.
I wished to see him, and I did. امیدوار بودم او را ببینم واو را دیدم.
How do you do? حال شما چطور است؛
What did you eat. چه خوردید؛
do.able, *adj.* کردنی، شدنی.
doc.ile [*dóusail, dɔ́sail, dɔ́sil*], *adj.* رام، سربراه، تعلیم بردار، مطیع.
dock [*dɔk*] (**- ed, - ing**) *n. & vt.* بارانداز، لنگرگاه، بریدن، کوتاه کردن، جاخالی کردن، موقوف کردن، جای محکوم یا زندانی درمحکمه.
dock.et (**- ed, - ing**) *n. & vt.* دفتر ثبت دعاوی حقوقی، ثبت کردن.
dock.yard, *n.* تعمیرگاه کشتی، کارخانهٔ کشتی سازی.
doc.tor [*dɔ́ktə*] (**-ed, - ing**) *n., vt. & vi.* (مخفف آن .Dr است) پزشك، دکتر، طبابت کردن، درجهٔ دکتری دادن به.
doc.tor.ate [*dɔ́ktərit*] *n.* درجهٔ دکتری، عنوان دکتری.
doc.tri.naire [*dɔ́ktrinɛ́ə*] *n.* کسیکه نظریات و اصول خود را بدون توجه به مقتضیات میخواهد اجرا کند، اصولی.
doc.tri.nal [*dɔktráinl, dɔ́ktrinl*], *adj.* تعلیماتی، تعلیمی، عقیده‌ای، مبنی‌برعقایدنظری.
doc.trine [*dɔ́ktrin*] *n.* افراس، افراه، عقیده، اصول، حکمت، تعلیم، گفته.
doc.u.ment [*dɔ́kjumənt*] (**- ed, - ing**) *n. & vt.* مدرك، سند، دستاویز، ملاك.
doc.u.men.ta.ry [*dɔ́kjuméntəri*] *n. & adj.* مبنی‌بر مدرك یاسند، سندی، مدرکی، مستند.
doc.u.men.ta.tion, *n.* [illegible] اثبات بامدرك.
dod.der [*dɔ́də*] (**- ed, - ing**), *vi. & n.* [گ.ش.] کتان صحرائی، لرزیدن، تلوتلوخوردن.
dodge [*dɔdʒ*] (**- d, dodging**), *vt. & vi.* جاخالی دادن، این سو وآن سو رفتن، [مج.] گریز زدن، طفره زدن، تمجمج، اهمال، جاخالی.
dodg.er [*dɔ́dʒə*] *n.* طفره‌رو، دور سرگردان، جاخالی کن.
doe [*dou*] (*pl.* **does, doe**), *n.* گوزن ماده، خرگوش ماده.
do.er [*dú:ə*] *n.* کننده، فاعل، نماینده، عامل.
doesn't=does not نمیکند.
doff [*dɔf*] (**- ed, - ing**) *vt. & vi.* درآوردن، لباس کندن، طفره رفتن.
dog [*dɔg*] (**- ged, - ging**) *vt., vi. & n.* سگ، سگ نر، میلهٔ قلاب‌دار، گیره، دنبال کردن، مثل سگ دنبال کردن.
dog-ear, *n.* پرانتز باین شکل [ ]، براکت، کروشه.
dog-eat-dog, *adj.* باخودخواهی و بی‌رحمی.
dogfight, *n.* سگ جنگی، جنگ مابین دویا چندنفر درگوشهٔ تنگی، کتك‌کاری درگوشه‌ای.
dog.ged [*dɔ́gid*] *adj.* سرسخت، یکدنده، لجوج، سخت، ترشرو.
dog.ger.el [*dɔ́gərəl*] *adj. & n.* شعر بد، شعر بندتنبانی.
dog.gone, *n., adj. & vt.* لعنت شده، نفرین شده، نفرین کردن.
doghouse, *n.* لانهٔ سگ، سگدانی.
dog.ma [*dɔ́gmə*] (*pl.* **dogmas, dogmata**) *n.* عقیدهٔ دینی، اصول عقاید، عقاید تعصب‌آمیز.
dog.ma.tism [*dɔ́gmətizm*] *n.* اظهار عقیدهٔ بدون دلیل، تعصب مذهبی.
dog.ma.tize [*dɔ́gmətaiz*] (**- d, dogmatizing**) *vt. & vi.* آمرانه اظهار عقیده کردن، مقتدرانه سخن گفتن، تعصب مذهبی نشان دادن.
doi.ly [*dɔ́ili*] (*pl.* **- ies**) *n.* دستمال کوچك سرسفره، نوعی‌پارچهٔ ابریشمی.
dol.ce, *adj. & adv.* [مو.] ملایم، شیرین.
dol.drums [*dɔ́ldrəmz*] *n.pl.* [جغ.] منطقهٔ آرامگان استوائی، سکوت، افسردگی، منطقهٔ رکود.
dole [*doul*] (**- d, doling**) *n. & vt.* قسمت، حصه، سرنوشت، تقسیم پول یا غذا در فواصل معین، صدقه، کمك هزینهٔ دولتی به بیکاران، حق بیمهٔ ایام بیکاری، اندوه، ماتم.
dole.ful, *adj.* مغموم، محزون.
dole.some, *adj.* اندوهناك، غمگین.
doll [*dɔl*] *n.* عروسك، [مج.] زن زیبای نادان، دخترك.
dol.lar [*dɔ́lə*] *n.*

دلار، (علامت اختصاری آن $ است).

dol.ly (*pl.* **- ies**) *vt., vi. & n.* عروسک [بزبان بچگانه]، کوبیدن پارچه باچوب رختشوئی، چرخ کوچکی شبیه قرقره.

do.lor, do.lour [*dɔ́lə, dóulə*] *n.* مرض دردناک، ناله، اندوه، پریشانی.

do.lor.ous, *adj.* محنت‌زا، دردناک.

A d. catastrophe. فاجعهٔ محنت‌زا.

dol.phin [*dɔ́lfin*] *n.* ماهی یونس، گراز دریائی.

DOLPHIN (about 8 ft.)

dolt [*doult*] *n.* ابله، کله خر، احمقانه رفتارکردن.

dolt.ish, *adj.* احمقانه ، کله خر.

do.main [*douméin*] *n.* ملک، زمین، قلمرو، حوزه، دایره، املاک خالصه.

dome [*doum*] (**- d, doming**), *n., vi. & vt.* گنبد، قبه، قلهٔ گرد، گنبد زدن. منزلگاه، شلجمی.

do.mes.tic [*do(u)méstik*] *adj.* خانگی، خانوادگی، اهلی، رام، بومی، خانه‌دار، مستخدم یا خادمه.

do.mes.ti.cate [*do(u)méstikeit*] (**- d, domesticating**) *vt. & vi.* اهلی کردن، رام کردن.

do.mes.tic.i.ty [*dòumestísiti*] *n.* حالت اهلی، زندگانی خانگی، رام شدگی.

do.mi.cile, dom.i.cil [*dɔ́mis(a)il*] (**- d, domiciling**) *n. & vt.* اقامتگاه ، محل اقامت ، مقر ، خانه ، مسکن ، مسکن دادن.

dom.i.nance, *n.* تسلط، نفوذ، غلبه.

dom.i.nant [*dɔ́minənt*] *adj.* چیره، مسلط، حکمفرما، نافذ، غالب، برجسته، نمایان، عمده، مشرف، متعادل، مقتدر، مافوق، برتر.

dom.i.nate [*dɔ́mineit*] (**- d, dominating**) *vt. & vi.* چیره شدن، حکمفرما بودن، تسلط داشتن، تفوق یافتن.

dom.i.na.tion [*dɔ̀minéiʃən*] *n.* سلطه، تسلط، غلبه، استیلاء، تفوق، تحکم، چیرگی.

dom.i.neer [*dɔ̀miníə*] (**- ed, - ing**) *vt. & vi.* تحکم کردن، مستبدانه حکومت کردن.

do.min.ion [*dəmínjən*] *n.* سلطنت، حکومت، ملک (molk)، قلمرو.

dom.i.no [*dɔ́minou*] (*pl.* **dominoes, dominos**) *n.* یکی از مهره‌های بازی دومینو.

don [*dɔn*]=**Mr.** (**- ned, - ning**), *vt. & n.* آقا، لرد یا نجیب‌زاده، رئیس یا استاد یا عضو دانشکده، پوشیدن، برتن کردن.

do.nate [*dounéit*] (**- d, donating**) *vt. & vi.* بخشیدن، هبه کردن، هدیه دادن، اهداء کردن.

do.na.tion, *n.* اهداء، دهش.

do.na.tor, *n.* اهداکننده.

done [*dʌn*] (*pp. of* **do**) *adj.* (بازگشت شودبه do) انجام شده، وقوع یافته.

Well d. آفرین.

Eggs well d. تخم‌مرغ خوب پخته شده.

don.key [*dɔ́Gki*] *n.* الاغ، خر، [مج.] آدم نادان وکودن.

do.nor]*dóunə, - nɔ:*] *n.* دهنده، اعطاء کننده، بخشنده، واهب، هبه کننده.

do-nothing, *adj. & n.* بیکاره، مهمل، تنبل.

don't [*dount*]=**do not** *n.* نکن ، مکن.

doom [*du:m*] (**- ed, - ing**), *vt. & n.* حکم، حکم مجازات، سرنوشت بد، فنا، حکم دادن، مقرر داشتن.

dooms.day, *n.* روز رستاخیز، روز قیامت، روز داوری، روز حساب، محشر.

door [*dɔ:, dɔə*] *n.* درب، در، راهرو.

doorjamb, *n.* چهارچوب در، باهو.

doorkeep.er, *n.* دربان، دربازکن.

doormat, *n.* حصیر یا فرش جلو در، کفش پاک کن.

doorpost=**doorjamb,** *n.*

doorstep, *n.* پلکان جلودر، آستانهٔ در.

doorway, *n.* راهرو، جای‌در، درگاه.

dope [*doup*] (**- d, doping**) *n., vt. & vi.* پیش‌بینی کردن، آگاهی، داروی مخدر، دارو دادن، تخدیر کردن.

dop.ey (**- ier, - iest**) *adj.* گیج شده (بوسیلهٔ الکل یا مادهٔ مخدر)، احمق.

dor.mant [*dɔ́:mənt*] *adj.* خوابیده، ساکت، درحال کمون.

dor.man.cy, *n.* رکود، کمون، نهفتگی.

dor.mi.to.ry [*dɔ́:mitəri*] (*pl.* **- ies**) *n.* خوابگاه، شبانه‌روزی [مثل سربازخانه، مدرسه وغیره].

dor.mouse [*dɔ́:maus*] (*pl.* **dormice**) *n.* [ج.ش.] موش زمستان خواب.

dor.sal, *adj. & n.* [تش.] پشتی.

dor.so.lateral, *adj.* پشتی‌وجانبی .

dor.sum (*pl.* **dor.sa**) *n.* پشت، ظهر [حیوان یا چیزی].

do.ry [*dɔ́:ri*] (*pl.* **- ies**) *n.* کرجی ته پهن ماهیگیری.

dos.age, *n.* مقدار تجویز شدهٔ دارو، یک خوراک دارو، مقدار استعمال دارو.

dose [*dous*] (**- d, dosing**) *vt. & n.* خوراک دوا یاشربت، مقداردوا، دوا دادن.

dos.sier, *n.* پرونده، سوابق، دوسیه.

dot [*dɔt*] (**-ted, -ting**) *n., vt. & vi.* نقطه، خال، لکه، نقطه‌دار کردن.

dot.age [*dóutidδ*] *n.* ضعف پیری، کودنی دراثر پیری.

dot.ard [*dóutəd*] *n.* آدم کور ذهن، خرفت، پیر یاوه‌گو.

dote [*dout*] (**- d, doting**) *vi.* عشق ابلهانه ورزیدن، پرت گوئی کردن.

doth (*3d pers, pres of v.* **do**) (سوم شخص مفرد از فعل do در زمان حاضر) میکند (در قدیم بجای does بکار می‌رفته).

dou.ble [*dʌ́bl*] *adv., adj. & n.* دوبرابر، دوتا، جفت، دولا، دوسر، المثنی، همزاد.

double (**- d,doubling**) *vt. & vi.* دوبرابر کردن ، مضاعف کردن ، دولا کـردن ، تا کردن [با up].

dou.ble-breast.ed, *adj.* کتی که در دوطرف دکمه دارد، کت چهاردکمه.

double cross, *vt. & n.* نارو زدن، دوروئی کردن، خیانت کردن.

dou.ble-deal.er, *n.* شخص مزور، حقه، دورو، آدم نارو زن.

dou.ble-deck, dou.ble-decked *adj.* دو طبقه، دو عرشه.

dou.ble-deck.er, *n.* هرچیزیکه دو لایه دارد.

dou.ble.head.er, *n.* دوسر، [آمر.] دو دور مسابقهٔ یک‌تیم دریک‌روز.

dou.ble-space, *vt. & vi.* یک خط درمیان نوشتن.

dou.blet [*dʌ́blit*] *n.* کلیجه، نوعی یل یا نیم‌تنه، لنگه، قرین.

doubt [*daut*] (**- ed, - ing**), *vt. & vi.* شک، تردید، شبهه، گمان، دودلی، نامعلومی، شک داشتن، تردید کردن.

doubt.ful, *adj.* مشکوک.

doubt.less, *adj. & adv.* بی‌تردید.

douce, *adj. & n.* آرام، متین، مطبوع.

dou.ceur, *n.* شیرینی و ظرافت رفتار ، ملاحت.

douche [*du:ʃ*] (**-d, douching**), *n. & vt.* دوش‌آب، دوش‌گرفتن، تمیزکردن بادوش.

dough [*dou*] *n.* خمیر، [ز.ع.] پول.

dough.nut, *n.* نان شیرینی گرد و مانند حلقه.

dough.ty [*dáuti*] (**- ier, -iest**), *adj.* دلیر (بیشتر بصورت‌مزاح بکارمی‌رود)، بیباک.

dour [*duə*] *adj.* سخت، خیره‌سر، سرسخت، لجوج.

douse [*daus*] (**- d, dousing**), *n., vi. & vt.* درآب یا چیز دیگری فروبردن، روی چیزی آب ریختن، خیس کردن.

dove [*dʌv*] *n.* [ج.ش] فاخته، قمری.

dove.cote, dove.cot, *n.* کبوترخانه، خانهٔ کبوتران.

dove.tail, [*dʌ́vteil*] *n., vt. & vi.* کام و زبانهٔ دم فاخته‌ای، دارای کام و زبانهٔ دم کبوتری ، جفت کردن.

DOVETAIL JOINT

dow.a.ger [*dáuədδə*] *n.* بیوه‌زنی‌که ازشوهرش باو دارائی یامقامی بارث رسیده باشد، وارثه.

dowdy [*dáudi*] (*pl.* **- ies**) *adj. & n.* زن شلخته، کهنه، بی‌عرضه.

dow.er [*dáuə*] (**- ed, - ing**) *n. & vt.* سوراخ زیرزمینی، لانهٔ خرگوش وغیره، جهیز دادن.

down [*daun*] (**- ed, - ing**) *n., adv., adj., vt. & vi.* پر درآوردن جوجهٔ پرندگان، پرهای ریزی‌که برای متکا بکار میرود، کرک، کرک صورت، پائین، سوی پائین، بطرف پائین ، زیر، بزیر، دلتنگ، غمگین ، پیش قسط.

D. with him. مرده باد او.

D. payment. پیش قسط.

down.cast [*dáunka:st*] *adj. & n.* دل افسردگی، غمگینی، سربزیری، ویرانی.

down.fall [*dáunfɔ:l*] *n.* افت، سقوط، زوال، انحطاط، ریزش، بارش.

down.grade, *n. & vt.* کم‌ارزش کردن، دست‌کم گرفتن.

down.heart.ed [*dáunhá:tid*], *adj.* افسرده، دل شکسته.

down.hill [*dáunhíl*] *adv., n. & adj.* سرازیری، سرپائینی، نشیب، انحطاط.

down.pour [*dádnpɔ:*] *n.* بارندگی زیاد، فرو ریزی، بارش متوالی.

down.range, *adj. & n.* دورتر از محل پرتاب ودرمسیر آزمایشی خود.

down.right [*dáunrait*]*adv. & adj.* صرفاً، محض، خالص، مطلق، [مج.] رک، ساده.

down.stage, *n., adv. & adj.* درجلو پردهٔ تآتر ونمایش.

down.stairs [*dàunstɛ́əz*] *adv., adj. & n.* طبقهٔ پائین، واقع در طبقهٔ زیر.

down.stream, *adj. & adv.* پائین رود.

down-to-earth, *adj.* واقع‌بین، عملی، حقیقی، واقعی، اهل عمل.

down.town [*dáuntáun*] *adv., adj. & n.* مرکز تجارت شهر، قسمت مرکزی شهر.

down.trod.den [*dáuntrɔ̀dn*] *adj.* زیر پا لگدمال شده، منکوب شده.

down.turn, *n.* نزول، کاهش ، رکود اقتصادی.

down.ward [*dáunwəd*]=**downwards,** *adj. & adv.* پائین، زیرین، روبه پائین، متمایل بپائین.

down.wind, *adj. & adv.* درجهت باد، در مسیر باد.

downy (**- ier, - iest**) *adj.* کرک‌دار، مانند پر ریز، ملایم، نرم.

dow.ry [*dáu(ə)ri*] (*pl.* **- ies**) *n.* جهیز، جهاز، جهیزیه، [م.م] کابین، مهریه.

dow.sa.bel, *n.* (دراشعار قرن‌دهم) معشوقهٔ زیبا، معشوقه، دلبر.

dowse [*daus*] (**- d, dowsing**), *vi. & vt.* پی‌بردن بوجودآب‌یا منابع‌دیگر زیرزمینی بوسیلهٔ گمانه، گمانه‌زدن، میل زدن.

dox.ol.o.gy [*dɔksɔ́lədδi*](*pl.***-ies**), *n.* ستایش، تمجید، عبارت تسبیحی، سرودنیایش.

doy.en [*dwaiɛ́(ϑ), dɔ́iən*] *n.* بزرگتر، ریش سفید، شیخ‌السفراء.

doze [*douz*] (**- d, dozing**) *n., vt. & vi.* چرت، چرت زدن (با off).

doz.en [*dʌ́zn*] (*pl.* **- s**) *n.* دوجین، دوازده عدد.

drab [*drœb*] (**- bed, - bing**), *vt., adj. & n.* زن شلخته ، فاحشه ، جنـده بـازی کـردن ، یکنواخت وخسته‌کننده، خاکستری، کسل‌کننده.

drach.ma [*drœ́kmə*] (*pl.***drachmas, drach.mae, drach.mai**), *n.* درهم، پول نقرهٔ یونان باستان.

draft, draught [*dra:ft*] *n. & vt.* حواله، برات، برات‌کشی، طرح، مسوده ، پیش‌نویس، [نظ.] برگزینی ، انتخاب، چرک نویس، طرح کردن.

draft horse, *n.* اسب بارکش، یابو.

drafts.man [*drá:ftsmən*] (*pl.* **-men**) *n.* نقشه‌کش، طراح، تهیه‌کنندهٔ لوایح قانونی.

drag [*drœg*] (**- ged, - ging**), *n., vt. & vi.* چیزسنگینی‌که روی زمین‌کشیده میشود، کشیدن، بـزور کشیدن ، سخت‌کشیدن ، لاروبی کـردن ، کاویدن ، باتورگرفتن ، سنگین و بی‌روح.

drag.gle(**-d, draggling**) *vt. & vi.* درگل‌ولای‌کشیدن، چرک کردن، خیس کردن.

drag.net, *n.* تور یا دام (مثل تور ماهیگیری).

drag.o.man (*pl.* **- men, - s**) *n.* مترجم، دیلماج، ترجمان.

drag.on [*drœ́gən*] *n. & adj.* اژدها، [نج.] منظومهٔ دراکو.

drag.on.fly [*drœ́gənflai*] *n.* [ج.ش.] سنجاقک .

DRAGONFLY

dra.goon [*drəgú:n*] (**- ed, -ing**), *n. & vt.* سواره نظام، سواره‌نظام راهدایت کردن، بزور شکنجه بکاری واداشتن.

drain [*drein*] (**- ed, - ing**) *n., vt. & vi.* زهکش، آبگند، زهکش فاضل آب ، آب‌کشیدن از ، زهکشی‌کردن ، کشیدن [با off یا away]، زیر آب زدن.

drain.age, *n.* زهکشی، زیرآب زنی.

drain.pipe, *n.* [طب] لوله‌ای‌که باآن چرک را خارج میکنند ،

زهکش، آبگند، کاریز، چرک‌کش.

drake [dreik] *n.* اردک نر،مرغابی نر.

dram [drœm] (**- med, -ming**), *n., vt. & vi.* درم [مقیاس وزن رجوع شود به drachma]، نوشانیدن ، جرعه جرعه نوشیدن.

dra.ma [*drá:mə*] *n.* درام، نمایش، تئاتر، نمایشنامه.

dra.mat.ic, *adj.* نمایشی، مهیج.

dra.ma.tis per.so.nae [*drœmətis pə:sóuni:*] *n.* بازیگران نمایشنامه ، هنرپیشگان نمایشنامه.

dra.ma.tist, *n.* نمایشنامه نویس.

dra.ma.tize [*drœ́mətaiz*] (**- d, dramatizing**) *vt. & vi.* بشکل درام یا نمایش درآوردن.

dra.ma.ti.za.tion, *n.* بصورت نمایش درآوردن.

dra.ma.tur.gy, *n.* فن درام نویسی، شبیه‌سازی، فن‌نمایش داستانها.

drape [dreip] (**- d, draping**), *vt. & vi.* باپارچه پوشانیدن، باپارچه مزین کردن.

drap.er [*dréipə*] *n.* پارچه فروش، بزاز، پارچهٔ پشمی باف، ماهوت فروش.

drap.ery [*dréipəri*] (**pl. - ies**) *n.* پارچه فروشی ، ماهوت فروشی ، پارچه بافی ، تزئینات پرده‌ای.

dras.tic [*drœ́stik*] *adj.* مؤثر، قوی، جدی، عنیف، کاری، شدید.

draw [drɔ:] (**drew, drawn, draw.ing**) *vt. & vi.* کشیدن ، رسم کردن ، بیرون کشیدن ، دریافت کردن، کشش، قرعه‌کشی.

To d. a dagger. خنجر کشیدن.

To d. a check. چك کشیدن.

draw.back [*drɔ́:bœk*] *n.* اشکال، مانع، زیان، بی‌فایدگی.

draw.bridge [*drɔ́:bridʒ*] *n.* پل متحرك، دریچهٔ متحرك.

draw.ee, *n.* برات‌گیر، محال علیه.

draw.er [*drɔ́:(ə)*] *n.* کشو، برات‌کش، ساقی، طراح، نقاش، زیرشلواری.

draw.ing [*drɔ́:iŋ*] *n.* ترسیم، طرح، هنر طراحی، تابلو نقاشی.

drawing room [*drɔ́:iŋrum*] *n.* اطاق پذیرائی، سالن پذیرائی.

drawl [drɔ:l] (**- ed, - ing**) *n., vt. & vi.* کشیدن ، کشیده حرف زدن ، آهسته و کشیده اداکردن.

draw up, *vt. & vi.* مرتب کردن، کارهارا تنظیم کردن، سیخ ایستادن.

dray [drei] (**- ed, - ing**) *n., vt. & vi.* گاری کوتاه بی لبه، چهارچرخهٔ بارکشی، باچهارچرخه بار کشیدن.

dread [dred] (**-ed,-ing**) *n., adj., vt. & vi.* ترس، بیم، وحشت، ترسیدن [از].

dread.ful, *adj. & n.* وحشتناك، بد.

dread.nought [*drédnɔ:t*] *n.* لباس بارانی، آدم بی‌باك، بی‌پروا.

dream [dri:m] (**- ed, dreamt, dreaming**) *n., vt. & vi.* خواب، خواب دیدن، رؤیا دیدن.

dream.land, *n.* سرزمین‌خواب‌وخیال.

dream.like, dreamy, *adj.* خواب مانند.

dream.er, *n.* آدم خیال‌باف.

dream up, *vt.* جعل کردن، بطور واهی چیزی را ساختن.

dream.world, *n.* عالم رؤیا.

drea.ry [*dríəri*] (**- ier, - iest**), *adj.* دلتنگ کننده، مایهٔ افسردگی.

dredge [dredʒ](**-d, dredging**), *vt. & vi.* لاروب، آلت تنقیهٔ قنات ومانند آن، لاروبی کردن.

dreg [dreg] (**pl. - s**) *n.* رسوب، درده، ته‌نشین، آشغال، پس‌مانده، مدفوع.

dregs [drəgz] *n.* درد (dord)، باقیمانده، چیز پست و بی‌ارزش.

drench [dren(t)ʃ] (**- ed, - ing**), *n. & vt.* خیساندن، نوشانیدن، آب دادن.

dress [dres] (**- ed, - ing**) *n., vt., vi. & adj.* لباس‌پوشیدن، جامه‌بتن‌کردن، مزین کردن، لباس، درست‌کردن موی سر، پانسمان کردن.

To d. up. لباس خوب پوشیدن.

A hair-dresser. سلمانی.

A well-dressed woman. زن خوش لباس.

dress.er [*drésə*] *n.* میز یا قفسهٔ آشپزخانه ، [آمر.] میز آرایش ، کمد، میز کشودار و آینه‌دار.

dress.ing [*drésiŋ*] *n.* مرهم‌گذاری وزخم‌بندی، مرهم، چاشنی، (درجمع) مخلفات ، آرایش ، لباس.

dressing gown, *n.* لباس خواب.

dressing room, *n.* اطاق رخت‌کن (در تئاتر و غیره)، اطاق ویژهٔ آرایش.

dress.mak.er, *adj. & n.* خیاط زنانه.

dress rehearsal, *n.* آخرین تمرین نمایش که بازیگران با لباس کامل نمایش برروی صحنه میآیند.

drib.ble [*dríbl*] (**- d, dribbling**) *n., vt. & vi.* چکانیدن ، خرده خرده پیش بردن [توپ فوتبال را]، چکیدن، پاپاکردن (توپ فوتبال).

drib.let [*dríblit*] *n.* خرد، تکه، قطره.

dried-fruit, *n.* میوهٔ خشك کرده، خشکبار.

dri.er, dry.er [*dráiə*] *n.* کسی یا چیزی که میخشکاند.

dri.er, driest (*comp. & sup. of* **dry**) *adj.* خشك‌تر، خشك‌ترین.

drift [drift] (**- ed, - ing**) *n., vt. & vi.* تودهٔ بادآورده، جسم شناور، برف بادآورده ، معنی ، مقصود، جریان‌آهسته، جمع شدن ، توده شدن ، بی‌اراده کارکردن ، بی‌مقصد رفتن، دستخوش پیشامد بودن، یخرفت.

A snow d. تودهٔ برف باد آورده.

drift.wood, *n.* چوب‌آب‌آورده، تخته‌پارهٔ روی‌آب.

drill [dril], (**- ed, - ing**), *n., vt. & vi.* تمرین،مشق‌نظامی، مته زدن، مته، تعلیم دادن، تمرین کردن.

TYPES OF DRILL

dril.ling, *n.* تمرین، تمرین نظامی، حفر، مته زنی.

drill press, *n.* مته‌ای که بافشار دست یا ماشین چیزی را حفر میکند، متهٔ فشاری.

drink [driŋk] (**drank, drunk, drunken,drink.ing**) *n., vt. & vi.* آشامیدن، نوشیدن، آشامیدنی، نوشابه، مشروب.

Have a d. مشروبی میل کنید.

A heavy drinker. مشروب‌خوار افراطی.

drink.able, *adj. & n.* قابل آشامیدن.

drinking-cup, *n.* آبخوری، کاسه.

drinking-fountain, *n.* محل عمومی درخیابان برای آب نوشیدن.

drip [drip] (**dripped, dript, dripping**) *n., vt. & vi.* چکیدن، چکه کردن، چکانیدن، چکه.

drip-dry, *adj. & n.* خشك کردن پارچه بدون چلاندن آن.

drip.py (**- ier, - iest**) *adj.* بارانی، هوای گرفته، کسل کننده.

drive [draiv] (**drove, driven, driving**) *n., adj., vt. & vi.* راندن، بردن ، عقب نشاندن ، بیرون کردن [با out]، سواری کردن.

To d. a car. راندن ماشین.

A four-wheel d. وسیلهٔ نقلیهٔ چهارچرخه.

What is he driving at? مقصودش چیست ؟

driv.el [*drívl*] (**-ed, - led, - ing, -ling**) *n., vt. & vi.* گلیز، آب دهان جاری ساختن، از دهن یا بینی جاری شدن، دری وری سخن‌گفتن.

driv.er [*dráivə*] *n.* راننده، شوفر، سورچی، گاریچی.

driz.zle [*drízl*](**-d, drizzling**), *n., vt. & vi.* نم‌نم باران، ریز باریدن.

droll [droul] (**- ed, - ing**) *vt., adj. & n.* خنده‌آور، مضحك، مسخره‌آمیز، لودگی کردن.

droll.ery, *n.* لودگی، مسخرگی، شوخی.

drom.e.dary [*drʌ́mədəri, drɔ́m-*] (**pl. - ies**) *n.* شتر جماز، آدم احمق.

drone [droun] (**- d, droning**), *n., vt. & vi.* زنبور عسل نر ، وزوز، سخن یکنواخت ، وزوز کردن ، یکنواخت سخن گفتن.

drool (**- ed, - ing**) *n., vt. & vi.* آب ازدهان تراوش‌شدن، اظهارخوشحالی کردن، یاوه سرائی کردن، آدم احمق، گلیز.

droop [dru:p] (**- ed, - ing**) *vt., vi. & n.* افکندن، سستی، افسرده ومأیوس شدن، پژمرده شدن.

droopy, *adj.* پژمرده.

drop [drɔp] (**- ped, - ping**) *n., vt. & vi.* قطره، چکه، نقل، آب نبات، از قلم انداختن، افتادن ، چکیدن ، رها کردن، انداختن ، قطع مراوده، ژیك.

D. this subject now. این موضوع را فعلاً مسکوت بگذار.

He dropped his gun. تفنگش را انداخت.

Prices have dropped. قیمتها تنزل کرده.

drop in, *n.* سر زدن، اتفاقاً دیدن کردن ، انداختن در.

drop.per, *n.* چکاننده، قطره چکان، آویخته.

drop.si.cal [*drɔ́psik(ə)l*] *adj.* استسقائی، خیزدار، متورم، پف‌آلود.

drop.sy [*drɔ́psi*] (**pl. - ies**) *n.* خیز، ورم، استسقاء.

drosh.ky [*drɔ́ʃki*] *n.* [روسی] درشکه.

dross [drɔs] *n.* کف روی سطح‌فلزات مذاب، موادخارجی، تفاله.

drought, drouth [draut] *n.* خشکی، خشك سالی، تنگی، [ك.] تشنگی.

droughty, *adj.* خشك، بی‌آب.

drove [druv] (**- d, droving**), *n. & vt.* رمه، گله، دسته، محل عبور احشام، ازدحام.

drov.er, *n.* چوبدار، گله فروش، دلال گاو و گوسفند.

drown [draun] (**- ed, - ing**), *vt. & vi.* غرق کردن، غرق‌شدن، خیس کردن.

drowse [drauz] (**- d, drowsing**) *n., vt. & vi.* خواب‌آلود کردن، کند شدن ، چرت زدن.

drowsy (**- ier, - iest**) *adj.* خواب‌آلود، چرت زن، کسل کننده.

drows.i.ly, *adv.* ازروی‌خواب‌آلودی.

drub [drʌb] (**- bed, - bing**) *n., vt. & vi.* زدن، کتك زدن، چوب زدن، شکست دادن.

drudge [drʌdʒ] (**- d, drudging**) *vt. & vi.* زحمت‌کش، جان‌کن، جان‌کندن، رنجبر.

drudg.ery, *n.* کار سخت وخسته کننده، جان‌کنی.

drug [drʌg] (**- ged, - ging**) *n., vi. & vt.* دارو، دوا زدن، دارو خوراندن، تخدیر کردن.

drug.gist, *n.* دوا فروش، داروگر.

drug.store, *n.* داروخانه، دوافروشی.

dru.id [*drú:id*] *n.* کاهن، فالگیر، دروئید، کشیش.

drum [drʌm] (**- med, -ming**), *n., vt. & vi.* چلیك، طبل، دهل، ظرف استوانه شکل، طبل زدن.

drum.beat, *n.* ضربهٔ طبل، صدای کوس یا طبل.

drum.mer, *n.* طبل‌زن، طبال.

drum.stick, *n.* چوب طبل، ران مرغ.

drunk [*drʌŋk*] *pp., adj. & n.* مست، مخمور، خیس، مستی، دوران مستی.

drunk.en, *adj.* مست.

drunken.ness, *n.* مستی.

drunk.ard [*drʌ́ŋkəd*] *n.* آدم مست، میخواره، خمار.

dry [drai] (**dri.er, dri.est**) *adj.* خشك، بی‌آب، اخلاقاً خشك.

dry (**- ied, drying**) *n., vt. & vi.* خشك‌کردن، خشك انداختن، تشنه شدن.

dry cell, *n.* باطری خشك، پیل‌خشك.

dry-clean, *vt.* خشك‌شوئی کردن، لباس را با بخار تمیز کردن.

dry cleaning, *n.* خشك‌شوئی.

dry dock *n. & vt.* کشتی را در حوضچهٔ تعمیر گذاردن، محل تعمیر کشتی.

dry.er=drier ماشین خشك‌کنی.

dry farm, *n.* مزرعهٔ دیم، دیم‌کاری.

dry nurse, *n. & vt.* دایه، پرستاری که به بچه شیر ندهد، لله.

du.al [*djú:əl*] *adj. & n.* دوتائی، دولا، دو جنبه‌ای.

du.al.ism, *n.* دوتائی، دوئی، دوتاپرستی، دوخداگرائی.

du.al.ize (**- d, dualizing**) *vt.* دوگانه کردن، دوتا داشتن‌از، اثنویت قائل‌شدن.

dub [dʌb] (**- bed, - bing**) *vt., n. & vi.* باتماس شمشیر بشانهٔ شخصی لقب شوالیه‌باو اعطاکردن، تفویض مقام کردن، چرب کردن، [در سینما] فیلم را دوبله کردن.

dub.ber, *n.* دوبله کننده.

du.bi.ous, du.bi.ta.ble, *adj.* موردشك،مشکوك.

du.cal [*djú:kəl*] *adj.* وابسته به دوك، قلمرو حکومت دوك، مقام‌دوك.

duc.at [*dʌ́kət*] *n.* مسکوك‌طلای‌قدیمی.

duch.ess [*dʌ́tʃis*] *n.* دوشس، بانوی دوك.

duchy, *n.* قلمرو دوك.

duck [dʌk] (*pl.* - s) (- ed, - ing) *n., vt. & vi.*
اردك ، مرغابی ، اردك ماده ، غـوطه ، غوص ، زیرآب رفتن، غوص کردن.

duck.ling, *n.* جوجه اردك، بچه اردك.

duct [dʌkt] *vt. & n.*
مجرا، لولهٔ آب، خط سیر، مجرای لنف.

duc.tile, *adj.* هادی، مجرائی.

dud [dʌd] *adj. & n.*
نوعی پارچهٔ پشمی ، منفجر نشده ، آدم مهمل ، ترقه خراب، هرچیز خراب.

dude, *n.* آدم شیك‌پوش، شخص.

dude ranch, *n.*
گله‌داری واسب‌سواری وحشم‌داری [غرب آمر.].

dud.geon [dʌ'dʒən] *n.*
غیظ، رنجش، اوقات تلخی، دستهٔ خنجر.

due [dju:] *adv., adj. & n.*
مقتضی، حق، ناشی از، بدهی ، موعد پرداخت ، سررسید، حقوق، عوارض، پرداختنی.

10 Rials is d. me by him.
ده ریال بمن بدهکار است.

When does the bill fall d.?
سررسید قسط چه موقعی است ؟

He is d. to arrive to-day.
قرار است امروز وارد شود.

In d. course. درموقع خود.

du.el [djúəl] (- ed, - led, - ing, - ling) *n., vt. & vi.*
جنگ تن بتن، دوئل، دوئل کردن.

du.et [dju:ét] (- ted, - ting), *vi. & n.* [مو.] قطعهٔ موسیقی یا آواز دونفری، دونفری خواندن، دونفری نواختن.

duffle bag, *n.* کیسهٔ لوازم شخصی.

duf.fre,duffer [dʌ'fə] *n.*
(ز.ع.) آدم احمق و کودن، جنس بنجل، دست‌فروش.

dug [dʌg] *n.* نوك پستان.

dug.out [dʌ'gaut] *n.*
حفر شده، کنده شده، پناهگاه موقتی.

duke [dju:k] *n.*
دوك، لقب موروثی اعیان انگلیس.

duke.dom *n.* قلمرو دوك.

dul.cet, *adj. & n.*
شیرین، ملیح، نوعی آلت موسیقی.

dul.ci.mer, *n.*
[مو.] سنتور.

dull [dʌl] (- ed, - ing, - er, - est), *adj., vt. & vi.*
کند، راکد، کودن، گرفته، متأثر، کندکردن.

A d. knife. چاقوی کند .

A d. day. روز ابری یاگرفته یاکسل‌کننده.

A d. market. بازارکساد.

dull.ard [dʌ'ləd] *n.* آدم کودن، نادان.

dull.ness, dul.ness, *n.* کندی.

du.ly [djú:li] *adv.*
حسب‌المقرر، حسب‌الوظیفه، بقدرلازم، بموقع‌خود.

dumb [dʌm] *adj. & vt.*
لال، گنگ ، بی‌صدا ، کند ذهن ، بی‌معنی ، لال کردن، خاموش کردن.

dumbbell [dʌ'-mbel] *n.*
دمبل، اسباب ورزشی.

dumb.found, dum.found [dʌ-mfáund] (-ed, -ing) *vt.*
لال کردن،متحیر کردن، بلاجواب گذاشتن.

dumb show, *n.*
[سابقاً] نمایش صامت و بـدون حرف ، پانتومیم.

dumb.struck, *adj.*
متحیر، مات ، مات ومبهوت.

dum.my [dʌ'mi] (*pl.* - ies) (-ied, dummying) *adj., vi., vt. & n.*
شخص لال وگیج وگنگ، آدم ساختگی، مانکن.

dump [dʌmp] (- ed, - ing) *n., vi. & vt.*
زباله ، آشغال ، موادی‌که موقتاً برای استعمال انبارمی‌شود، تفکر، خیال، جنس‌را [برای‌رقابت] بقیمت خیلی‌ارزان‌فروختن، فرورفتن درخیالات واهی، حالت مالیخولیائی.

dump.ish, *adj.* آشغالوار.

dump.ling [dʌ'mpliŋ] *n.*
نوعی پودینگ‌که محتوی میوهٔ پخته است.

dumps [dʌmps] *n.*
افسردگی، یکری.

dumpy [dʌ'mpi] (- ier, -iest), *adj.* کوتاه، خپله، گردن‌کلفت.

dun [dʌn] (- ned, - ning) *n., adj. & vt.* رنگ قهوه‌ای کمرنگ، خاکی، اسب کهر، سماجت کردن، آزار دادن.

dunce [dʌns] *n.*
استدلال کنندهٔ موشکاف، کودن، بیشعور.

dune [dju:n] *n.* ریگ روان، خاکریز یا تپهٔ شنی ساحل‌که بادآنها را جابجا میکند، تودهٔ شن ساحلی، تل شنی.

dung [dʌŋ] *n. & vt.* کود،مدفوع‌حیوانات [مثل‌گاو واسب]، پشگل، کود دادن، رشوه‌دادن.

dun.ga.ree, *n.*
نـوعی پارچهٔ پنبه‌ای نامرغوب زبـر و خشن .

dun.geon [dʌ'n(d)ʒən] *n., vt. & vi.* محبس، زندان، سیاه‌چال، به‌سیاه‌چال انداختن.

dunghill, *n.* تودهٔ مزبله، تودهٔ فضولات.

dunk, *n., vt. & vi.*
درمایع فروکردن [هنگام خوردن]، غوطه‌دادن.

duo, *n.* [مو.] آواز یا موسیقی دونفری.

duo.dec.i.mal, *adj. & n.*
مربوط‌به شمارهٔ ۱۲ یا ۱۲قسمتی، دوازده‌تائی، اثنی عشری.

du.o.de.num (*pl.* duodena, duodenums) *n.*
[تش.] رودهٔ اثنی‌عشر، دوازدهه.

du.o.de.nal, *adj.* اثنی عشری.

du.op.o.ly, *n.*
انحصار فروش‌کالا بین دونفر، انحصار دونفری.

du.op.so.ny, *n.*
انحصار خرید کالا بطور دونفری.

dupe [dju:p](-d, duping) *vt. & n.* آدم گول‌خور، ساده‌لوح، گول زدن.

dup.ery, *n.* گول‌زنی، حماقت.

du.ple, *adj.* دولائی، دوبل، دوجزئی.

du.plex[djú:pleks](*pl.*-es)*adj.&n.*
دولائی، دوتائی، دوقسمتی، خانهٔ دوخانواری.

du.pli.cate [djú:plikeit] (- d, duplicating) *adj., n. & vt.*
دونسخه‌ای، المثنی نوشتن‌یا برداشتن، دونسخه‌کردن.

du.pli.ca.tion, *n.* دونسخه‌نویسی، تکرار.

du.pli.ca.tor, *n.*
ماشین نسخه برداری، ماشین تهیهٔ رونوشت.

du.plic.i.ty [dju:plísiti](*pl.*-ies), *n.* دوروئی، دورنگی، تزویر، ریا، دولائی.

du.ra.bil.i.ty [djùərəbíliti] *n.*
دوام، بقا، پایائی، دیرپائی، ماندگاری، مقاومت.

du.ra.ble, *adj.* بادوام، پایا، دیرپای.

durable goods, *n.pl.*
کالای بادوام یا فاسد نشدنی، کالای دیرپای.

du.ra.tion, *n.* مدت، طی، سختی، بقاء.

du.ress [djú:res, dju:rés] *n.*
سختی، سفتی، محکمی، شدت، رفتار خشن وتند، اکراه ، اجبار.

dur.ing [djúəriŋ] *prep.*
درمدت، هنگام، درجریان، درطی.

dusk [dʌsk] (- ed, - ing) *adj., n., vt. & vi.* تاریك وروشن، هوای گرگ ومیش، هنگام غروب، تاریك نمودن.

dusky, *adj.* تاریك، مبهم.

dust [dʌst] (- ed, - ing) *n., vt. & vi.* خاك، گرد وخاك، غبار، خاکه، ذره، گردگیری کردن، گردگرفتن از [با off]، ریختن، پاشیدن [مثل گرد].

dustbin [dʌ's(t)bin] *n.*
سطل خاکروبه، آشغالدانی، زباله‌دانی.

dust.er [dʌ'stə] *n.*
گردگیر، وسیلهٔ گردگیری، [آمر.] روپوش.

dust jacket, *n.* کاغذی که باآن کتاب را جلد میکنند، جلد کاغذی روی کتاب.

dust.man [dʌ's(t)mən] (*pl.*-men) *n.* سپور، مأمور تنظیف، خاکروبه بر، رفتگر.

dustpan, *n.* خاك‌انداز.

dustup, *n.* نزاع، دعوا، گردگیری.

dusty, *adj.* گرد وخاکی.

Dutch [dʌtʃ] *adj., n., vt. & vi.*
هلندی، زبان هلندی.

du.te.ous [djú:tiəs] *adj.*
وظیفه‌شناس، مطیع، فروتن، حلیم، کماشت‌شناس.

du.ti.able, *adj.* گمرك بردار.

du.ti.ful, *adj.* وظیفه‌شناس.

du.ty [djú:ti](*pl.* - ies) *n.* کماشت، وظیفه، تکلیف، فرض، کار، خدمت ، مأموریت ، [درجمع] عوارض گمرکی، عوارض.

He is on d. او سرکار است.

duty-free, بخشوده ازحقوق گمرکی.

dwarf [dwɔ:f] (*pl.* dwarfs & dwarves) *n., vt., vi. & adj.*
کوتوله، قدکوتاه، کوتوله شدن.

dwell [dwel] (dwelt, dwelled, dwelling) *vt. & vi.*
ساکن بودن، اقامت‌گزیدن.

dwell.ing, *n.* مسکن.

dwin.dle [dwíndl] (- d, dwindling) *vt. & vi.* رفته‌رفته‌کوچك‌شدن، تدریجاً کاهش یافتن، کم شدن، تحلیل رفتن.

dye [dai] (dyed, dye.ing) *n., vt. & vi.* رنگ، رنگ‌زنی، رنگ‌کردن.

dyer, *n.* رنگرز.

dye works, *n.* کارخانهٔ رنگ سازی.

dying [dáiiŋ] *pres. part. & n.*
مردنی، درحال نزع، مردن، مرگ.

dyke=dike [daik] *n.*
سد، دیواری‌کـه بـرای جلوگیری از آب دریا می‌سازند (درهلند)، آب بند.

dy.nam.ic, - al [dainǽmik], *adj. & n.* وابسته‌به نیروی محرکه، جنباننده، حرکتی، شخص پرانرژی، پویا.

dy.nam.ics, *n.pl.* پویائی‌شناسی، مبحث حرکت اجسام، مکانیك حرکت.

dy.na.mite [dáinəmait] (-d, dynamiting) *vt. & n.*
دینامیت، بادینامیت ترکاندن ، منفجر کردن.

dy.na.mo [dáinəmou] (*pl.* - s) *n.*
دینام، دینامو.

dy.nas.tic, *adj.* سلسله‌ای، دودمانی.

dy.nas.ty [dínəsti, dái-] *n.* سلسله، دودمان، خاندان پادشاهان، آل.

dys.en.tery [dísntri] *n.*
[طب] اسهال خونی، دیسانتری، ذوسنطاریا.

dys.pep.sia [dispépsiə] *n.*
[طب] عدم هضم ، اختـلال هضم ، بـدی‌گوارش ، سوء هاضمه، بدگواری.

dys.pep.tic [dispéptik] *adj. & n.*
دارای اختلال هاضمه، غمگین، بدخلق، بدگوار.

dys.tro.phy, *n.* [طب] تغذیهٔ معیوب یاناقص‌عضو، نقص تغذیه.

dys.uria =dysury, *n.*
[طب] ادرار همراه باسوزش واشکال، عسرالبول.

انگلیسی English	خط میخی پارسی Old Persian Cuneiform	پهلوی اشکانی Parthian Pahlavi	پهلوی ساسانی Sassanian Pahlavi	پهلوی کتابی Book Pahlavi	اوستائی Avestan	فارسی Modern
E	—	—	—	—	ﻉ ﻋ	—

E [*i:*] *n.* پنجمین حرف الفبای انگلیسی.
each [*i:tʃ*] *pron., adj. & adv.* هریك، هریك از، هریكی، هر.
E. one of you. هریك از شما.
each other, *pron.* یكدیگر، همدیگر، بیكدیگر.
ea.ger [*í:gə*] *adj.* مشتاق، ذیعلاقه، ترد وشكننده.
ea gle [*i:gl*] *n.* عقاب، شاهین قره‌قوش.
ea.glet [*í:glit*] *n.* جوجه عقاب.
ear [*iə*] **(-ed, -ing)** *vt., vi. & n.* گوش، شنوائی، هرآلتی شبیه گوش یا مثل دستهٔ كوزه، خوشه، دسته.
earache, *n.* درد گوش، گوش درد.
eardrop, *n.* قطرهٔ گوش، گوشواره.
eardrum, *n.* [تش.] پردهٔ گوش، پردهٔ صماخ.
earl [*ə:l*] *n.* [انگلیس] كنت، (درشعر) سرباز دلیر.
earlobe, *n.* قسمت آویزان گوش، نرمهٔ گوش، لالهٔ گوش.
ear.ly[*ə':li*] **(-ier,-iest)** *adv.,n.& adj.* زود، بزودی، مربوط بقدیم، عتیق، اولیه، دراوایل، درابتدا.
ear.mark [*íəma:k*] **(- ed, -ing),** *n. & vt.* نشان هویت ، نشان كردن ، اختصاص دادن، كنار گذاشتن.
ear.muff, *n.* گوش پوش.
earn [*ə:n*] **(- ed, - ing)** *vt. & vi.* تحصیل كردن،كسب معاش كردن، بدست‌آوردن، دخل كردن، درآمد داشتن.
To e. a living. امرار معاش كردن.
ear.nest [*ə':nist*] *adj. & n.* جدی ، داگرم ، باحرارت ، مشتاق ، صمیمانه ، سنگین، علاقهٔ شدید به چیزی ، وثیقه، بیعانه
earnest-money, *n.* بیعانه، پیش بها.
earnings [*ə':niŋz*] *n.* درآمد، دخل، مداخل، عایدی.
earphone, *n.* سمعك، بلندگوی گوشی، گوشی تلفن.
earring *n.* گوشواره، حلقه، آویز.
earshot, *n.* صدارس، گوش‌رس .
ear.split.ting, *adj.* گوشخراش.
earth [*ə:θ*] **(-ed, - ing)***n. & vt.* خاك،زمین، سطح‌زمین،كرهٔ زمین، دنیای فانی، سكنهٔ زمین، باخاك پوشاندن.
earth.born, *adj.* خاكزاد، خاكی، فانی، پست.
earthbound, *adj.* درخاك ریشه دوانده، متوجه بسوی زمین.
earth.en [*ə':θn*] *adj.* خاكی، گلی، سفالی، مادی، جسمانی.
earthenware [*ə':θnwɛə*] *n.* سفالین، سفال، ظروف‌گلی، گل سفال.
earth.ly, *adj.* خاكی، زمینی.
earthquake [*ə'θkweik*] *n.* زمین لرزه، زلزله.
earth science, *n.* زمین شناسی، خاك شناسی.
earthshaking, *adj.* مهم، اساسی.
earthwork [*ə'θwə:k*] *n.* پشتهٔ خاك، تل خاكی، خاكریزی سنگر.
earthy **(- ier, - iest)** *adj.* خاكی، خاك مانند، زمینی، دنیوی.
earwax, *n.* جرم گوش، چرك گوش.
ear.wig [*íəwig*] **(- ged, - ging),** *n. & vt.* نجواكننده، چاپلوس،گوش‌خیزك.
ease[*i:z*]**(-d,easing)** *n., vi. & vt.* آسانی، سهولت، آسودگی، راحت كردن ، سبك كردن، آزاد كردن.
ea.sel [*í:zl*] *n.* سه‌پایهٔ نقاشی.
eas.i.ly, *adv.* به‌آسانی.
easiness, *adj.* آسانی.
east [*i:st*] **(-ed, - ing)** *adj., n., adv., vt. & vi.* خاور، مشرق، شرق، خاورگرائی.
eastbound, *adj.* بسوی شرق، رو بمشرق.
Eas.ter [*í:stə*] *n.* عید پاك.
east.er.ly, *adv. & adj.* از طرف شرق، مانند باد خاوری، بسوی شرق.
east.ern [*í:stən*] *adj.* شرقی، خاوری، ساكن شرق، بطرف شرق.
east.ward, - s [*í:stwəd*] *adv.* روبخاور، روبمشرق، شرقی.
easy [*í:zi*] **(-ier,-ist)** *adj. & adv.* آسان،سهل، بی‌زحمت، آسوده،ملایم،روان،سلیس.
E. chair. صندلی راحتی.
easygoing, *adj.* آسان‌گیر، آسان، بی‌قید.
eat [*i:t*] **(ate, eaten, eating),** *vt. & vi.* خوردن،مصرف كردن، تحلیل‌رفتن.
E. one's heart out. خون‌دل خوردن.
eat.able, *adj. & n.* خوردنی، مأكول.
eaves [*i:vz*] *n.pl.* پیش‌آمدگی لبهٔ بام ، هر چیزی كه كمی پیش‌آمدگی دارد.
eaves.drop, (-ped, -ping) *vi.&n.* استراق سمع كردن
ebb [*eb*] **(- ed, - ing)** *n. & vi.* جزر ، فروكش ، فرونشینی ، [مج.] زوال ، فروكش كردن ، افول كردن.
eb.o.nize (- d, ebonizing) *vt.* آبنوسی رنگ كردن، آبنوسی كردن چوب.
eb.o.ny [*ébəni*] **(pl.-ies)***adj. & n.* آبنوس، درخت آبنوس.
ebul.lience, *n.* گرمی ونشاط.
ebul.lient, *adj.* احساساتی، پرهیجان، باحرارت، گرم، جوشان.
ec.cen.tric [*ikséntrik*] *adj. & n.* گریزنده از مركز ، بیرون از مركز ، [مج.] غیرعادی، غریب، عجیب.
ec.cen.tric.i.ty [*éksentrísiti*] **(pl. - ies)** *n.* دوری ازمركز، گریز از مركز، غرابت، بی‌قاعدگی.
ec.cle.si.as.tic [*iklì:ziǽstik*], *adj. & n.* كشیش،علم ادارهٔ كلیساها،مربوط به كلیسا،اجتماعی.
ec.cle.si.as.ti.cism, *n.* كلیساگرائی.
ech.e.lon, echellon, *n., vt. & vi.* ستون‌پله،بصورت‌پلكان‌درآوردن. پله، رده.
echi.noid, *n.* [ج.ش.] خاردار، دارای صفات خارپوست دریائی یا توتیاءالبحر.
echi.nus (*pl.* **echi.ni**) *n.* خارپوست دریائی، بلوط دریائی.
echo [*ékou*] **(pl. -es)***n., vi. & vt.* انعكاس صدا، طنین‌صدا، پژواك.
echo.ic, *adj.* انعكاسی، پژواكی.
éclat, *n.* روشنی خیره كننده، درخشش، افتضاح، سروصدای زیاد.
ec.lec.tic, *n. & adj.* گلچین كننده، ازهرجا گزیننده، منتخبات.
eclipse [*iklíps*]**(-d, eclipsing),** *n., vi. & vt.* گرفتگی، گرفت، كسوف یا خسوف، تحت‌الشعاع قراردادن.
E. of the sun. كسوف.
E. of the moon. خسوف.
eclip.tic, *adj. & n.* مربوط به خسوف وكسوف.
ec.logue, *n.* سرود چوپانی، شعر دشتی، شعر كوتاه.
ecol.o.gy=oe.col.o.gy, *n.* علم عادات وطرز زندگی موجودات ونسبت‌آنها بامحیط، بوم شناسی.
ecol.o.gist, *n.* بوم شناس.
ec.o.nom.ic,- al, *adj.* اقتصادی.
ec.onom.ics [*ì:kənɔ́miks, ék*], *n.pl.* علم اقتصاد، اقتصادیات.
econ.o.mist, *n.* متخصص اقتصاد.
econ.o.mize [*i:kɔ́nəmaiz*] **(- d, economizing)** *vi. & vt.* صرفه‌جوئی كردن، رعایت اقتصاد كردن.
To e. energy. درصرف‌نیروصرفه‌جوئی كردن.
econ.o.my [*i:kɔ́nəmi*] **(pl. economies)** *n. & vt.* صرفه‌جوئی ، اقتصاد ، علم اقتصاد.
eco.system, *n.* بخشی از جامعه و بوم‌كه تشكیل یك واحد فاعله در طبیعت بدهد.
ec.sta.sy [*ékstəsi*] **(pl. - ies)** *n.* وجد، خلسه، حظ یا خوشی زیاد.
ec.stat.ic, - al [*ekstǽtik*] *adj.* نشئه شده، بوجد درآمده، نشئه‌ای، جذبه‌ای.
ec.to.plasm, *n.* طبقهٔ خارجی سیتوپلاسم‌كه‌بدون‌دانه‌ونسبتاًسفت‌است،برون‌مایه.
ec.u.men.i.cal, *adj.* جهانی، مربوط به‌سرتاسرجهان[مخصوصاً درمورد كلیساها گفته می‌شود]، عام.
ec.ze.ma [*éksimə*] *n.* اگزما، سودا.
eda.cious, *adj.* پرخور.
ed.dy [*édi*] (**pl. - ies**) (**- ied, eddying**) *n., vt. & vi.* گرداب‌كوچك، چرخ‌زدن، جریان مخالف.
ede.ma, *n.* [طب] ورم ، آماس.
Eden [*í:dn*] *n.* عدن، باغ عدن، بهشت.
eden.tate, *adj. & n.* جانور بی‌دندان، بدون دندان جلو.
edge [*ədð*] *n.* كنار، لبه، نبش،كناره، تیزی، برندگی.
edge (- d, edging)*n., vt. & vi.* دارای لبهٔ تیزكردن، تحریك كردن،كم‌كم پیش رفتن، اریب‌وار پیش رفتن.
edg.ing, *n.* لبه، لبه‌گذاری.
edgy, *adj.* لبه‌دار، عصبی.
ed.i.ble [*édibl*] *adj. & n.* خوردنی، مأكول، چیز خوردنی، خوراكی.
edict [*í:dikt*] *n.* فرمان، حكم،قانون.
ed.i.fi.ca.tion [*èdifikéiʃən*] *n.* تهذیب، تهذیب اخلاق، تعلیم، تقدیس.
ed.i.fice [*édifis*] *n.* عمارت، ساختمان بزرگ مانند كلیسا.
ed.i.fy [*édifai*] **(-ied, edifying),** *vt.* تهذیب‌كردن، اخلاق آموختن، تقدیس كردن، تقویت كردن.
ed.it [*édit*] **(- ed, - ing)** *vt.* نشركردن ، آمادهٔ چاپ كردن ، تغییر دادن یا تصحیح كردن، تنظیم كردن، ویراستن.
ed.i.tor, *n.* ویرایشگر، ویراستار.
edi.tion [*idíʃən*] *n.* چاپ، ویرایش.
ed.i.to.ri.al [*èditɔ́:riəl*] *adj. & n.* سرمقاله.
ed.i.to.ri.al.ist, *n.* سرمقاله‌نویس.
ed.i.to.ri.al.ize (-d, editorializing) *vi.* [روزنامه‌نگاری]سرمقاله نوشتن.
ed.u.ca.ble=ed.u.cat.able, *adj.* تربیت پذیر، تعلیم پذیر.
ed.u.cate [*édjukeit*] *vt.* فرهیختن، تربیت‌كردن، دانش‌آموختن، تعلیم دادن.
ed.u.cat.ed, *adj.* تحصیل‌كرده،فرهیخته.
ed.u.ca.tion, *n.* آموزش وپرورش.
ed.u.ca.tion.ist=ed.u.ca.tion-al.ist, *n.* كارشناس آموزش وپرورش.
ed.u.cat.ive, *adj.*

تربیت‌آمیز، معارفی، فرهنگ بخش، تربیتی.
ed.u.ca.tor, *n.* معلم،مربّی،فرهنگدار.
educe (**- d, educing**) *vt.* استنباط کردن، گرفتن، استخراج کردن.
ee.rie=ee.ry [*íəri*] *adj.* وهم‌آور، ترساننده، گرفته، مکدر.
ef.face [*iféis*] (**- d, effacing**), *vt.* پاك کردن، محو کردن، ستردن، زدودن.
ef.face.ment, *n.* زدودن.
ef.fect [*ifékt*] (**- ed, - ing**) *n.& vt.* اثر، نتیجه، معنی، مفهوم، نیت، مفید، کارمؤثر، اجرا کردن، عملی کردن،معلول.
Personal effects. اموال شخصی.
ef.fec.tive [*iféktiv*] *adj. & n.* مؤثر، کارگر، کاری، عامل مؤثر.
ef.fec.tu.ate (**- d, effectuating**) *vt.* فراهم کردن،موجب‌شدن،انجام‌دادن.
ef.fec.tu.al, *adj.* انجام‌شدنی،مؤثر.
ef.fem.i.na.cy, *n.* زن صفتی.
ef.fem.i.nate [*iféminit*] (**-d, effeminating**) *adj. & n.* زن صفت، نرم، سست، بیرگ، نامرد.
ef.fer.vesce [*èfəvés*] (**- d, effervescing**) *vi.* جوش زدن، گازدار کردن [مشروبات وغیره].
ef.fer.ves.cent, *adj.* گازدار.
ef.fete [*efí:t*] *adj.* ازکارافتاده، فرسوده، نیروی خودرا ازدست‌داده.
ef.fi.ca.cious, *adj.* مؤثر.
ef.fi.cac.i.ty=ef.fi.ca.cy, *n.* اثر، تأثیر، سودمندی، درجهٔ تأثیر.
ef.fi.cien.cy [*ifíʃənsi*] (*pl.* **-ies**), *n.* کفایت، عرضه، میزان لیاقت، تولید، کارآئی، فعالیت مفید.
ef.fi.cient [*ifíʃənt*] *adj. & n.* کار آمد، باکفایت، مؤثر، کارا.
ef.fi.gy [*éfidδi*] (*pl.* **-ies**) *n. & vt.* تمثال، صورت، پیکر،تمثال‌تهیه‌کردن، پیکرك.
ef.flo.resce (**- d, efflorescing**) *vi.* گل کردن،شکوفه‌کردن،شوره‌کردن.
ef.flo.res.cence, *n.* شکوفائی، شکفتگی، شوره‌زنی.
ef.flux (*pl.* **- es**) *n.* پخش بخارج، انتشار بخارج، جریان.
ef.fort [*éfət*] *n.* تقلا،تلاش،کوشش،سعی.
ef.fron.tery [*efrʌ́ntəri*] (*pl.* **-ies**)*n.* جسارت، گستاخی، بیشرمی،جیرگی.
ef.ful.gence, *n.* تابش، درخشندگی، تشعشع، شکوه.
ef.ful.gent, *adj.* درخشنده.
ef.fuse (**- d, effusing**) *adj., n., vt. & vi.* بیرون ریختن از، ریختن [خون]، پاشیدن، پخش کردن، پراکنده ومتفرق.
ef.fu.sion [*ifjú:δən, ef-*] *n.* نشد، ریزش، [مجـ.]اضافه، جریان بزور، تظاهر،فوران.
Seminal e. ریزش منی،انزال.
ef.fu.sive, *adj.* فوران‌کننده، پرحرارت وعلاقه.
eft.soons, *adv.* اندکی پس‌ازآن ، بی‌درنگ.
egal.i.tar.i.an.ism, *n.* مکتب مساوات بشر.
egg [*eg*] (**-ed, -ing**) *n., vt. & vi.* تخم‌مرغ، تخم، تحریك کردن.
To lay an e. تخم‌گذاشتن.
She egged me on to go. او مرا وادار برفتن کرد.
egghead=intellectual, *n.* روشنفکر، دارای افکار بلند.
eggplant, *n.* [گ.ش.] بادنجان.
eggshell,*n.&adj.* پوست‌تخم‌مرغ، نازك‌نما.

egis=aegis, *n.* حفاظت، حمایت.
eg.lan.tine, *n.* [گ.ش.] نسترن.
ego, *n.* ضمیر، نفس، خود.
ego.cen.tric, *n. & adj.* خودپسند، خودبین، خودمدار.
ego.ism, *n.* خودپرستی.
ego.tism [*égoutizm*] *n.* منیت، خودستائی، خودبینی، خودپسندی.
ego.tist, ego.ist, *n.* خودپرست.
egre.gious, *adj.* فاحش، بزرگ، برجسته، نمایان.
egress [*í:gres*] (*pl.* **- es**) *n. & vi.* خروج، خروجی، دررو، خارج شدن.
egres.sion, *n.* خروج.
egret [*í:gret*] *n.* [ج.ش.] مرغ‌ماهیخوار سفید، حواصیل.
Egypt [*í:dδipt*] *n.* کشور مصر.
Egyp.tian [*idδí:pʃən*] *adj. & n.* مصری.
Egyp.tol.o.gy, *n.* مصرشناسی.
ei.der, *n.* [ج.ش.] قوی شمالی.
eiderdown [*áidədaun*] *n.* پر نرمی کـه از مرغابی شمالی بدست می‌آید ، پر قو، لحاف.
eight, *adj. & n.* عدد هشت.
eigh.teen [*éití:n, eití:n*] *adj. & n.* هجده ، هیجده.
eigh.teenth (*pl.* **- s**) *n. &adj.* هیجدهم، هجدهمین.
eighth [*eitθ*] (*pl.* **eighths**) *n. & adj.* هشتمین، یك هشتم، اکتاو.
eight.i.eth [*éitiiθ*] *n. & adj.* هشتادم، هشتادمین، یك هشتادم.
eighty, *adj. & n.* هشتاد.
ei.ther [*áiδə, í:δə*] *pron., conj., adj. & adv.* [کلمهٔ مخالف آن neither است یعنی هیچ‌کدام] ، هریك از دوتا ، این وآن.
E. this or that. یا این ویا آن.
E. of the two boys. یکی‌از این دو پسر.
ejac.u.late (**-d, ejaculating**), *n., vt. & vi.* از دهان بیرون پراندن، دفع کردن، انزال کردن، خروج منی.
ejac.u la.tion, *n.* بیرون‌دادن،انزال.
eject [*idδékt*] (**- ed, - ing**) *vt.* بیرون انداختن، دفع کردن، معزول کردن.
ejec.tion, *n.* اخراج.
eke [*i:k*] (**- d, eking**) *vt. & adv.* اضافه‌کردن‌بر، افزودن، جمع کردن، همچنین.
eke out, *vt.* افزودن به(درآمد)، درازتر کردن، امتداد دادن، کسب کردن.
elab.o.rate [*ilǽbərit*] (**-d, elaborating**) *adj., n. & vt.* استادانه درست شده، بزحمت درست شده، بزحمت ساختن، دارای جزئیات، بادقت شرح دادن.
elapse [*ilǽps*] (**-d, elapsing**), *n., vt. & vi.* گذشتن، منقضی شدن، سپری شدن، سقوط.
elas.tic [*ilǽstik*] *adj. & n.* کشدار، قابل ارتجاع، فنری، سبکروح،کشسان.
elas.tic.i.ty, *n.* قابلیت ارتجاع.
elate (**- d, elating**) *adj. & vt.* برافراشته، سربلند، بالا بردن، محظوظ کردن.
ela.tion [*iléiʃən*] *n.* بالابری، رفعت، ترفیع، سرفرازی، شادی.
el.bow [*élbou*] (**- ed, - ing**) *n., vt. & vi.* آرنج، دستهٔ‌صندلی، باآرنج‌زدن.
el.der [*éldə*] *adj. & n.* بزرگتر، ارشد، ارشدکلیسا، شیخ‌کلیسا.
el.der.ly, *adj.* مسن، سالخورده.

el.dest [*éldist*] *adj.* بزرگترین، سالدارترین، مسن‌ترین، ارشد.
elect [*ilékt*] (*pl.* **elect**) *vt., adj. & n.* برگزیدن، انتخاب کردن، برگزیده،منتخب.
elec.tion [*ilékʃən*] *n.* رأی دادن، انتخاب، انتخاب‌نماینده، گزینش.
elec.tion.eer, *vi.* فعالیت انتخاباتی کردن.
elec.tive, *adj. & n.* انتخابی.
elec.tor -al,*adj. & n.* انتخاب‌کننده.
elec.tor.ate [*iléktərit*] *n.* هیئت انتخاب‌کنندگان، حوزهٔ انتخابیه.
elec.tric, - al [*iléktrik, - əl*], *adj. & n.* الکتریکی، برقی، کهربائی، برق دهنده.
elec.tri.cian [*ilektríʃən*] *n.* متخصص برق، مکانیك برق.
elec.tric.i.ty, *n.* برق،نیروی کهربائی.
elec.tri.fi.ca.tion, *n.* برقرسانی.
elec.tri.fy [*iléktrifai*] (**- ied, electrifying**) *vt.* تحت تأثیر بـرق قرار دادن ، برق‌زده کردن ، الکتریکی کردن، بهیجان آوردن.
electrocardiograph, *n.* دستگاه برقی ضربان نگار قلب، تپش‌نگار.
elec.tro.cute [*iléktrəkju:t*] *vt.* با برق کشتن، مرگ درائر برق.
elec.tro.cu.tion, *n.* کشتن یا مرگ درائر برق.
elec.trode, *n.* قطب مغناطیسی. قطب الکتریکی، الکترود.
electrodynamic,*adj.* الکترودینامیك.
elec.trol.y.sis [*ilektrɔ́lisis*] *n.* تجزیهٔ جسمی بوسیلهٔ جریان برق.
elec.tro.lyze (**- d, electrolyzing**) *vt.* تجزیه‌کردن بوسیلهٔ جریان‌برق.
electromagnetic, *adj.* وابسته به نیروی مغناطیسی‌برق.
elec.tron [*iléktrɔn*] *n.* الکترون.
elec.tron.ics, *n.pl.* شاخه‌ای ازعلم فیزیك کـه دربارهٔ صدور و حرکت و تـأثیرات الکترون درخلاء و گازها و همچنین استفاده از دستگاههای الکترونی بحث میکند.
elec.tro.plate [*iléktroupleit*] (**- d, electroplating**) *vt. & n.* آب فلز دادن، فلزآب‌داده، آبکاری کردن.
elec.tro.scope, *n.* برق‌یاب، برق سنج،تعیین‌کنندهٔ‌برق، برق‌نما.
electrotherapy, *n.* [طب] معالجهٔ امراض بـوسیلهٔ حرارت حاصله از الکتریسیته،معالجهٔ با برق، برق‌درمانی.
el.e.gance [*éligəns*] *n.* ظرافت،لطافت، زیبائی، وقار، ریزه‌کاری، سلیقه.
el.e.gant [*éligənt*] *adj.* زیبا،باسلیقه.
el.e.gi.ac [*èlidδáiək*] *adj.* مرثیه‌ای، قصیده‌ای.
el.e.gize (**-d, elegizing**) *vi.&vt.* شعر مرثیه‌گفتن، قصیده نوشتن، مرثیه سرائی.
el.e.gy [*élidδi*] (*pl.* **- ies**) *n.* مرثیه، سوگ شعر.
el.e.ment, - al [*élimənt(l)*]*vt. & n.* جسم بسیط، جوهر فرد، عنصر، اساس، اصل، محیط طبیعی، آخشیج، عامل.
ele.men.tar.i.ly, *adv.*
el.e.men.ta.ry [*eliméntəri*] *adj.* مقدماتی، ابتدائی، اصلی.
el.e.phant [*élifənt*] *n.* پیل، فیل.
el.e.phan.tine, *adj.* پیلی، پیل‌مانند.
el.e.vate (**- d, elevating**), *vt. & vi.* بلندکردن، بالا بردن، ترفیع دادن، عالی کردن، نشاط دادن.

el.e.va.tion [*èlivéiʃən*] *n.* بلندی، جای بلند وبرآمدگی، ترفیع.
el.e.va.tor [*éliveitə*] *n.* آسانسور، بالابرنده، بالابر.
eleven [*ilévn*] *adj., n. & pron.* یازده، عدد یازده.
elev.enth [*ilévnθ*] (*pl.* **elevenths**) *adj. & n.* یازدهم،یازدهمین.
elf [*elf*] (*pl.* **elves**) *n.* جن، پری.
elf.in [*élfin*] *adj. & n.* مانند جن یا پری، وابسته به جن، کوتوله.
elf.ish [*élfiʃ*] *adj.* مثل جن وپری.
elic.it [*ilísit*] *adj. & vt.* بیرون‌کشیدن، استخراج کردن، استنباط کردن.
elide [*iláid*] (**- d, eliding**) *vt.* حذف‌کردن، ادغام‌کردن، ازآخر برداشتن.
el.i.gi.bil i.ty, *adj. & n.* شایستگی.
el.i.gi.ble [*élidδibl*] *adj. & n.* قابل انتخاب، واجد شرایط، مطلوب.
elim.i.nate [*ilímineit*] (**- d, eliminating**) *vt.* حذف‌کردن، محو کردن، [ازمعادله]بیرون کردن، رفع کردن، برطرف کردن.
elim.i.na.tion, *n.* حذف.
eli.sion [*ilíδən*] *n.* حذف، ادغام، باقوهٔ مکانیکی شکستن.
elite [*eilí:t*] *adj. & n.* سرآمدان، برگزیده، نخبه، زبده، گلچین، ممتاز.
elix.ir [*iliksə*] *n.* اکسیر، کیمیا.
Eliz.a.be.than [*ilìzəbí:θən*] *adj. & n.* مربوط بدورهٔ ملکهٔ الیزابت.
elk [*elk*] (*pl.* **elks**) *n.* گوزن‌شمالی.
el.lipse [*ilips*] (*pl.* **- s**) *n.* [هنـ.] بیضی، شلجمی، تخم‌مرغی، حذف، ادغام.
el.lip.sis [*ilípsis*] (*pl.* **ellipses**), *n.* حذف، انداختگی، انداختن لغات.
el.lip.soid, - al, *adj. & n.* بیضی.
el.lip.tic, - al [*ilíptik(ə)l*] *adj.* بیضی، [د.] افتاده، محذوف.
elm [*elm*] *adj. & n.* [گ.ش.] نارون قرمز.
el.o.cu.tion [*èləkjú:ʃən*] *n.* شیوهٔ سخنوری، حسن‌تقریر، طرزبیان، فصاحت.
elon.gate [*i:lɔ́geit*] (**- d, elongating**) *adj., vt. & vi.* درازکردن، امتداد دادن، باریك شدن.
elon.ga.tion, *n.* دراز شدگی.
elope [*ilóup*] (**-d, eloping**) *vi.* فرارکردن بـامعشوقه، (در مورد زن یا شوهر) گریختن، فرار کردن.
el.o.quence [*élokwəns*] *n.* شیوائی، فصاحت، سخنوری، علم فصاحت، علم بیان.
el.o.quent [*élokwənt*] *adj.* فصیح.
else=other [*els*] *adv. & adj.* دیگر، جزاین.
else.where [*éls(h)wɛ́'ə*] *adv.* درجای دیگر، بجای دیگر، بنقطهٔ دیگر.
elu.ci.date [*ilú:sideit*] (**-d, elucidating**) *adj., vt. & vi.* روشن‌کردن، توضیح دادن، شفاف، روشن.
elu.ci.da.tion, *n.* توضیح.
elude [*il(j)ú:d*] (**-d, eluding**) *vt.* اجتناب‌کردن از، طفره زدن، دوری‌کردن از گریز،طفره،اغفال،اجتناب.
elu.sion, *n.*
elu.sive [*il(j)ú:siv*] *adj.* گریزان، فراری، کسی که‌ازدیگران‌دوری‌میکند،طفره‌زن.
Ely.si.um [*ilíziəm*] *n.* [دراساطیر یونان] بهشت.

ema.ci.ate [iméiʃieit] (-d, emaciating) *vi. & vt.*
لاغر کردن، نزار کردن، بی‌قوت کردن، تحلیل رفتن.
ema.ci.a.tion, *n.* لاغری، نزاری.
em.a.nate [éməneit] (-d, emanating) *vt. & vi.* ناشی شدن، سرچشمه گرفتن، بیرون آمدن، جاری شدن، تجلی کردن.
em.a.na.tion, *n.* تجلی، نشئه.
eman.ci.pate [imǽnsipeit] (-d, emancipating) *vt.*
از قید رها کردن، از زیر سلطه خارج کردن.
eman.ci.pa.tion [imænsipéiʃən], *n.* آزادی، رهائی، رستگاری، برده‌داری، الغاء.
emas.cu.late [imǽskjuleit] (-d, emasculating) *adj. & vt.*
ازمردی انداختن، اخته کردن، [مجـ.] سست کردن.
em.balm [imbá:m] (-ed, -ing), *vt.* مومیائی کردن، باعطر وروغن تدهین کردن.
em.balm.ment, *n.* مومیائی کردن.
em.bank (- ed, - ing) *vt.*
خاکریزی کردن، بلندی یا پشته ساختن، باخاك یا سنگ محصور کردن.
em.bank.ment, *n.*
پشته ، دیوار خاکی، خاکریزی.
em.bar.go [embá:gou] (*pl.* -es), *n. & vt.* ممنوعیت، تحریم، مانع، محظور.
em.bark [imbá:k] (- ed, - ing), *vt.* درکشتی سوار کردن ، درکشتی گذاشتن ، عازم شدن، شروع کردن.
em.bar.ka.tion, *n.* سوار کشتی‌شدن.
em.bar.rass [imbǽrəs] (- ed, - ing) *vt. & vi.* دست پاچه کردن، برآشفتن، خجالت دادن، شرمسار شدن.
I was embarrassed by his statements. از اظهارات او خجل شدم.
em.bar.rass.ment, *n.* خجالت.
em.bas.sy [émbəsi] (*pl.* - ies) *n.* سفارت‌کبری، ایلچی گری، سفارتخانه.
em.battle (- d, embattling) *vt.* صف‌آرائی، حاضر بجنگ شدن، تحت فشار شدید قرار دادن.
em.bed [imbéd] (-ded, -ding), *vt.* نشاندن، فرو کردن، خوابانیدن،محاط کردن، دور گرفتن، جادادن، در درون کار کردن.
em.bed.ment, *n.* جایگزینی،جادادن.
em.bel.lish [imbéliʃ] (- ed, - ing) *vt.* آرایش کردن، آرایش دادن، زینت دادن، زیبا کردن.
em.bel.lish.ment, *n.* آرایش، تزئین.
em.ber [émbə] *n.* خاکه‌ذغال‌نیمسوز، اخگر، خاکستر گرم (بیشتر درجمع).
em.bez.zle [imbézl] (- d, embezzling) *vt.*
اختلاس کردن ، دستبرد زدن به ، حیف و میل کردن ، دزدیدن ، بالا کشیدن.
em.bit.ter [imbítə] (-ed, -ing), *vt.* تلخ کردن، ناگوار کردن، بدتر کردن.
em.blem [émbləm] *vt. & n.*
نشان، نشانه، علامت، شعار، [ک.] تمثیل، باعلائم نشان دادن.
em.bod.i.ment [imbɔ́dimənt] *n.* تجسم، دربرداری، تضمین، درج.
em.body [imbɔ́di] (-ied, -ing), *vt.* جسم دادن [به]، مجسم کردن، دربرداشتن، متضمن بودن.
em.bold.en [imbóuldən] (- ed, - ing) *vt.* تشجیع کردن، جسور کردن.
em.bo.lism, *n.*
[طب] انسداد جریان خون، بستگی راه رگ.
em.bosom [imbúzəm] (- ed, - ing) *vt.*
درآغوش گرفتن، بغل کردن، عزیز داشتن.

em.boss [imbɔ́s] (-ed, -ing) *vt.* پوشاندن، اندودن، مزین کردن، برجلوه‌ساختن، برجسته کردن.
em.bowel (- ed, - led, - ing, - ling) *vt.* روده درآوردن از، درشکم چیزی قرار دادن، در روده گذاردن.
em.brace [imbréis] (- d, embracing) *vt. & vi.* درآغوش گرفتن، بغل کردن، پذیرفتن، شامل بودن.
em.bro.cate (- d, embrocating) *vt.*
روغن‌مالی کردن، امیسی کردن، شستشو دادن.
embroglio=imbroglio, *n.*
پیچ، گیر، موضوع غامض، سوء تفاهم.
em.broi.der [imbrɔ́idə] (- ed, - ing) *vt. & vi.* قلاب‌دوزی کردن، گلدوزی کردن، برودره دوزی، آراستن.
em.broi.dery, *n.* قلابدوزی.
em.broil [imbrɔ́il](-ed, - ing), *vt.* به نزاع انداختن، میانه برهم زدن، دچار کردن، آشفته کردن.
em.bryo [émbriou] (*pl.* - s) *n.* جنین،رویان، گیاهك تخم، مرحلهٔ بدوی.
em.bry.ol.o.gy, *n.* علم رویان شناسی.
em.bry.onic [èmbriɔ́nik] *adj.* رویانی، جنینی، [مجـ.] نارس، اولیه.
em.cee (- d, - ing) *n., vt. & vi.* رئیس تشریفات کردن ، بعنوان رئیس تشریفات عمل‌کردن ، رئیس تشریفات شدن (m. c. یا master of ceremonies)،رئیس‌تشریفات.
emend [iménd] *vt.* اصلاح کردن، تصحیح کردن، درست کردن، غلطگیری کردن.
emen.date, *vt.*
غلطگیری کردن (کتاب)، تصحیح کردن.
emen.da.tion, *n.* اصلاح
em.er.ald [émərəld] *adj. & n.* زمردسبز، سبز زمردی.
emerge [imə́:dʒ] (- d, emerging) *vt. & vi.* پدیدارشدن،بیرون‌آمدن.
emer.gence, emer.gen.cy, *n.* امر فوق‌العاده وغیر منتظره، حتمی.
emer.gent, *adj. & n.* بیرون‌آینده، طالع،[مجـ.] برآینده، ناشی،مبرم، مضر، اثرات ناشیه، معلول.
emer.i.tus, *adj.* شاینده، متقاعد، افتخاراً ازخدمت معاف شده، بازنشسته.
em.ery [éməri] *adj., n., vt. & vi.* سنگ سنباده، سنباده زدن، سنباده‌ای.
emet.ic [imétik] *adj. & n.* قی‌آور، داروی استفراغ‌آور.
em.i.grant [émigrənt] *n. & adj.* مهاجر، کوچ کننده.
em.i.grate [émigreit] (- d, emigrating) *vt. & vi.*
مهاجرت کردن، بکشور دیگر رفتن.
em.i.nence [éminəns]=**em.i.nen.cy,** *n.* عالی رتبه ، عالیجناب ، [طب] برآمدگی ، بزرگی، جاه، مقام، تعالی، بلندی، برجستگی.
em.i.nent [éminənt] *adj.* بلند، متعال، [مجـ.] بزرگ، والامقام، هویدا.
em.is.sary [émisəri] *n.* مأمور سری، فرستاده.
emis.sion [imíʃən] *n.*
انتشار سهام دولتی و اوراق قرضه و اسکناس، نشر،بیرون‌دادن،صدور، خروج،[طب]دفع‌مایعات.
emit [imít] (- ted, - ting) *vt.* بیرون دادن ، خارج کردن ، بیرون ریختن ، انتشار نور، منتشر کردن.
emol.u.ment [imɔ́ljumənt] *n.*

درآمد،مواجب، مداخل، معونت،حقوق، مقرری.
emote, *vt. & vi.*
هیجان بخرج دادن ، هیجان نشان دادن ، [بشوخی] اظهار احساسات کردن.
emo.tion, - al [imóuʃən] *n. & adj* احساسات، هیجانات، شور، هیجانی.
emo.tion.al.ism, *n.* احساساتی‌بودن.
emo.tion.al.ize (- d, emotionalizing) *vt. & vi.*
احساساتی کردن ، دچار احساسات کردن، تحت تأثیر احساسات قرار گرفتن.
emo.tion.less, *adj.* عاری از احساسات.
emo.tive, *adj.* وابسته به احساسات.
em.pa.thy, *n.* یکدلی، [هیپنوتیزم وروانشناسی] انتقال فکر، تلقین.
em.per.or [émpərə] *n.*
امپراتور، فرمانفرما.
em.pha.sis [émfəsis] (*pl.* emphases) *n.* تأکید، اهمیت، قوت، تکیه.
em.pha.size [émfəsaiz] (- d, emphasizing) *vt.* باقوت تلفظ کردن، تأیید کردن [در]، اهمیت دادن، نیرو دادن به.
em.phat.ic [imfǽtik] *adj.*
مؤکد، تأکید شده، باقوت تلفظ شده.
em.phy.se.ma, *n.*
نفخ، اتساع و بزرگی عضوی دراثر گاز یا هوا، باد [درعضوی از بدن]، آمفیزم.
em.pire [émpaiə] *adj., n., vt. & vi.* امپراتوری چند کشور که در دست یك پادشاه باشد ، فرمانروائی.
em.pir.ic, - al [empírik] *adj. & n.* مبنی برتجربه، آزمایشی، تجربی، غیرعلمی.
em.pir.i.cism, *n.*
روش و فرضیه‌ای‌که مبنی برتجربه و آزمایش باشد (نه براساس علم وتئوری)، تجربه‌گرائی.
em.place (- d, emplacing) *vt.* درمحلی قراردادن، درمحل معینی قراردادن.
em.place.ment [impléismənt] *n.* تعیین جا، تعیین محل، جا، محل نصب.
em.ploy [implɔ́i] (-ed, -ing), *n. & vt.* استعمال کردن، بکار گماشتن، استخدام کردن، مشغول کردن، شغل.
em.ploy.able, *adj.* قابل استخدام.
em.ploy.ee, em.ploye [èmplɔií:, emplɔ́iji:] *n.*
مستخدم، کارگر، مستخدم زن، کارمند.
em.ploy.er, *n.* کارفرما، استخدام کننده.
em.ploy.ment [implɔ́imənt] *n.* استخدام.
em.poison=poison, embitter, *vt.* زهرآلود کردن، تلخ کردن.
em.po.ri.um [empɔ́:riəm] (*pl.* - s) *n.*
بازار بزرگ، جای بازرگانی، مرکز فروش.
em.power [impáuə] (- ed, - ing) *vt.* صاحب اختیار وقدرت کردن ، قدرت دادن، اختیار دادن، وکالت دادن.
em.press [émpris] *n.*
زن امپراتور، ملکه ، امپراتریس.
em.prise, *n.* اقدام، عمل متهورانه و ابتکاری، شهرت، تقریر، عهده‌دار شدن.
emp.ty [ém(p)ti] (- ier, - iest), *adj., vt. & vi.*
تهی، خالی، پوچ، خالی کردن، تهی شدن.
empty-handed, *adj.*
تهیدست، بینوا، بدون هدیه، دست خالی.
em.purple (-d, empurpling), *vt. & vi.* ارغوانی کردن.
em.py.re.al, *adj.*
آسمانی، عرشی، آتشین، علوی.

em.py.re.an, *adj. & n.*
عرش، فلك‌الافلاك،کرهٔ آتش، آسمانی، عرشی.
emu [í:mju:] *n.* [ج.ش.] شترمرغ‌استرالیائی.
EMU (6 ft. high)
em.u.late [émjuleit](-d, emulating), *vt. & vi.*
هم‌چشمی کردن با، رقابت کردن با ، برابری جستن با.
em.u.la.tion, *n.* هم‌چشمی، رقابت.
em.u.lous [émjuləs] *adj.*
هم‌چشمی کننده، رشك برنده، طالب.
emul.si.fy (- ed, - ing) *vt.* بشکل ذرات ریز و پایدار درآوردن [جسمی درمحلولی] ، بحالت تعلیق درآوردن.
emul.sion [imʌ́lʃən] *n.* شیرابه، تعلیق‌جسمی‌بصورت ذرات‌ریزوپایدار درمحلولی [مانند ذرات‌چربی درشیر] ، ذرات‌چربی درآب.
en.able [inéibl] (- d, enabling) *vt.* قادر ساختن، وسیله فراهم کردن، تهیه کردن برای، اختیار دادن.
en.act [inǽkt] (- ed, - ing) *vt.* بصورت قانون درآوردن، وضع کردن [قانون]، تصویب کردن، نمایش دادن.
en.act.ment, *n.*
تصویب، بصورت قانون درآمدن.
enam.el [inǽml] (- ed, - ing, - led, - ling) *vt.* مینا ساختن ، میناکاری کردن، مینائی، لعاب‌دادن، لعاب، مینا.
en.am.or, en.am.our [inǽmə], (- ed, - ing) *vt.* شیفته کردن، شیفتن.
en.camp [inkǽmp] *vt.*
اردوزدن، چادرزدن، خیمه برپا کردن، منزل‌دادن.
en.camp.ment, *n.*
محل اردو زدن، قرارگاه.
en.cap.su.late (- d, encapsulating) *vt.* بصورت کپسول درآوردن، درکپسول گذاردن، درمحفظه‌ای قرار دادن.
en.case [inkéis] *vt.*
درقفس یا جعبه گذاردن، روکش کردن.
en.ceph.a.li.tis, *n.*
[طب] آماس مخ، ورم دماغ، ورم مغز.
en.ceph.a.lon (*pl.* en.ceph.a.la) *n.* مغز، مخ، دماغ.
en.chain (- ed, - ing) *vt.*
زنجیر کردن ، در زنجیر نهادن ، محکم نگاه داشتن، مقید ساختن.
en.chant [intʃá:nt] (- ed, - ing), *vt.* افسون کردن، سحر کردن، جادو کردن، مسحور شدن، فریفتن، بدام عشق انداختن.
en.chant.er, *n.* افسونگر.
en.chant.ing=charming, *adj.* دلربا.
en.chase (- d, enchasing) *vt.* نشاندن ، سوار کردن ، کار گذاشتن ، در نگین گذاشتن، قلم زدن، مرصع کردن.
en.circle [insə́:kl] (- d, encircling) *vt.* دورگرفتن، احاطه کردن، حلقه زدن، دور چیزی گشتن، دربرداشتن.
en.clasp (- ed, - ing) *vt.*
دربرگرفتن، درآغوش گرفتن، بچنگ آوردن.
en.clave (- d, enclaving), *vt. & vi.* ناحیه‌ای‌که‌کشور بیگانه‌دورآنرا گرفته باشد، ناحیه‌ایکه حکومت کشورهای بیگانه آنرا کاملاً احاطه کرده باشد، تحت محاصره.
en.close [inklóuz] (- d, enclosing) *vt.* درمیان‌گذاشتن، درجوف قرار دادن ، بەپیوست‌فرستادن، حصاریاچینه‌کشیدن‌دور.
en.clo.sure [inklóuʒə] *n.*
محوطه، دیوار، حصارکشی ، چینه کشی ، حصار،

چینه، ضمیمه، [جمع] ضمائم، پیوست، میان‌بار.
en.co.mi.ast, *n.* ثناگو، مداح.
en.co.mi.um (*pl.* **- s, en.co-mia**) *n.pl.* ثنا، ستایش.
en.com.pass [*inkΛ'mpəs*] (**- ed, - ing**) *vt.* دور گرفتن، احاطه کردن، حلقه زدن، دارا بودن، شامل بودن، در بر گرفتن، محاصره کردن.
en.coun.ter [*inkáuntə*] (**- ed, - ing**) *n. & vt.* رویاروئی، رویاروی شدن، روبرو شدن، مواجه شدن با، مصادف شدن با، دست بگریبان شدن با، مواجهه، تصادف.
en.cour.age [*inkΛ'ridδ*] (**- d, encouraging**) *vt.* تشویق کردن، دلگرم کردن، تشجیع کردن، تقویت کردن، پیش بردن، پروردن.
en.cour.age.ment, *n.* تشویق، دلگرمی.
en.croach [*inkróutʃ*] (**- ed, - ing**) *vt. & vi.* دست اندازی کردن، دست درازی کردن، تخطی کردن، تجاوز کردن.
en.crust (**- ed, - ing**) *vt. & vi.* روکش کردن، با پوسته یا قشری پوشاندن، بشکل پوسته در آوردن.
en.cum.ber [*inkΛ'mbə*] (**- ed, - ing**) *vt.* سنگین کردن، اسباب زحمت شدن، دست و پای (کسی را) گرفتن، بازداشتن.
en.cum.brance [*inkΛ'mbəns*] *n.* بار، قید، مانع، اسباب زحمت، گرفتاری، گرو.
en.cyc.li.cal, *adj. & n.* بدست چندنفر گشته، عمومی، وابسته به بخشنامهٔ پاپ.
en.cy.clo.pe.dia [*ensàiklopí:diə*] *n.* دایرة المعارف، دایرة العلوم، دانش جنگ، دانشنامه.
en.cy.clo.pe.dic, *adj.* جامع، دایرة المعارفی.
en.cy.clo.pe.dist, *n.* دارای معلومات جامع، دایرة المعارف نویس.
end [*end*] (**-ed, - ing**) *n., vt. & vi.* پایان، انتها، آخر، خاتمه، فرجام، سر، نوك، طرف، بپایان رساندن، تمام کردن.
Make both ends meet. گذران کردن (معاش).
en.damage (**- d, endamaging**) *vt.* آسیب رساندن (به)، صدمه زدن (به)، لطمه زدن (به)، خسارت وارد آوردن (به).
en.dan.ger [*indéindδə*] (**- ed, - ing**) *vt.* بمخاطره انداختن، درمعرض خطر گذاشتن.
en.dear [*indíə*] (**- ed, - ing**) *vt.* [م.م.] گران کردن، عزیز کردن.
en.dear.ment, *n.* عزیز کردن، گرامی کردن.
en.deav.our [*indévə*] (**- ed, ing**) *n., vt. & vi.* کوشش، سعی، جد و جهد، سعی بلیغ، کوشش.
en.dem.ic [*endémik*] *adj. & n.* مختص یك دیار، بومی، بیماری همه‌گیر بومی، مخصوص آب وهوای یك شهر یا یك کشور.
end.less, *adj.* بی پایان، بیحد.
endlong, *adv.* از درازی، طول.
end.most, *adj.* دورترین، اقصی نقطه.
en.do.car.di.um, *n.* درون دل [تش.] غشاء درونی قلب، پردهٔ درونی دل.
en.do.carp, *n.* درون‌بر، [گ.ش.] حلقهٔ درونی میوه، پوسته هسته.
en.do.crine, *adj. & n.* غدهٔ درون تراو، درون‌ریز.
en.do.cri.nol.o.gy, *n.* درون‌ریزشناسی.
en.do.derm, *n.* درون پوست.
en.dog.a.my. *n.* درون همسری.
en.dog.e.ny, *n.* درون‌زائی.
en.dorse [*indɔ́:s*] (**-d, endorsing**) *vt.* پشت نویس کردن، ظهرنویسی کردن، درپشت سندنوشتن، امضاء کردن، صحه گذاردن.
en.dorse.ment, *n.* ظهرنویسی، امضاء، موافقت.
en.do.skeleton, *n.* استخوان‌بندی درونی حیوان.
en.dow [*indáu*] (**-ed, - ing**) *vt.* (با with) بخشیدن [به]، اعطاء کردن (به)، [به صیغهٔ اسم مفعول] دارا، چیزی را وقف کردن، وقف کردن، موهبت بخشیدن به.
en.dow.ment, *n.* اعطاء، موهبت.
en.due [*indjú:*] (**- d, enduing**) *vt.* وادار کردن، بخشیدن به (با with)، پوشانیدن.
en.dur.able, *adj.* تحمل‌پذیر.
en.dur.ance, *n.* تحمل، پایداری.
en.dure [*indjúə*] (**- d, enduring**) *vt. & vi.* تحمل کردن، بردباری کردن دربرابر، طاقت چیزی را داشتن، تاب چیزی را آوردن.
end.ways, end.wise [*éndweiz*], *adv.* از انتها، سربسر، نوك بنوك، ازطول.
en.e.ma (*pl.* **- s**) *n.* تنقیه، اماله.
en.e.my [*énimi*] (*pl.* **- ies**) *n., vt. & vi.* دشمن، عدو، خصم، دشمن کردن.
en.er.get.ic [*ènədδétik*] *n.* جدی، کاری، فعال، دارای انرژی.
en.er.gize (**- d, energizing**), *vi.* نیرودادن، قوت‌دادن (به)، تشجیع کردن.
en.er.gy [*énədδi*] (*pl.* **- ies**) *n.* کارمایه، زور، نیرو، قوهٔ فعلیه، توانائی، انرژی.
en.er.vate [*énə(:)veit*] (**- d, enervating**) *adj. & vt.* سست کردن، بی‌رگ کردن، بی‌حال کردن، جسماً ضعیف کردن، ناتوان کردن، بی‌اثر کردن.
en.fee.ble, *vt.* سست کردن، ضعیف کردن.
en.fold [*infóuld*] (**-ed, - ing**), *vt.* پیچیدن، درلفافه پیچیدن، بالفافه پوشاندن در بر گرفتن، در آغوش گرفتن.
en.force [*infɔ́:s*] *n., vt. & vi.* اجرا کردن، [بازور] ازپیش بردن، وادار کردن، مجبور کردن، تأکید کردن.
en.force.able, *adj.* قابل اجراء.
en.force.ment, *n.* اجراء.
en.fran.chise [*infrœ́n(t)ʃaiz*] (**- d, enfranchising**) *vt.* آزادکردن، از بندگی رهاندن، معاف کردن، حقوق مدنی اعطاکردن به.
en.gage [*ingéidδ*] (**- d, engaging**) *vt. & vi.* بکار گماشتن، گرفتن، استخدام کردن، نامزد کردن، متعهد کردن، ازپیش سفارش دادن، مجنوب کردن، درهم انداختن، گیر دادن، گروگذاشتن، گرو دادن، ضامن کردن، عهد کردن، قول دادن.
en.gaged, *adj.* نامزد شده، سفارش شده.
en.gage.ment, *n.* نامزدی، اشتغال، مشغولیت.
en.gen.der [*indδéndə*] (**- ed, - ing**) *vt. & vi.* تولید نسل کردن، آبستن شدن [زن]، ایجاد کردن، بوجود آمدن.
en.gine [*én(d)δin*] (**-d, engining**), *vt. & n.* ماشین، ماشین بخار، موتور، اسباب، آلت، ذکاوت، تدبیر کردن، نقشه کشیدن.
en.gi.neer [*èn(d)δiníə*] (**- ed, - ing**) *n. & vt.* مهندسی کردن، اداره کردن، طرح کردن وساختن، مهندس.
En.gland [*íŋglənd*] *n.* انگلستان.
En.glish [*íŋgliʃ*] *adv., adj. & n.* انگلیسی، مربوط به مردم و زبان انگلیسی، بانگلیسی درآوردن.
En.glish.man, *n.* انگلیسی.
en.glut, *vt.* بلع کردن، قورت دادن، سیر کردن.
en.gorge (**- d, engorging**), *vt. & vi.* حریصانه خوردن، بلعیدن.
engraft (**- ed, - ing**) *vt.* پیوند زدن، [مج.] نشاندن، جا دادن.
en.grave [*ingréiv*] (**- d, engraving**) *vt.* قلم زدن، کنده کاری کردن در، حکاکی کردن، گراور کردن، نقش کردن، منقوش کردن.
en.grav.ing, *n.* حکاکی.
en.gross [*ingróus*] (**-ed, -ing**), *vt.* درشت نوشتن، جلب کردن، اشغال کردن، احتکار کردن، مشغول، مجذوب.
en.gulf [*ingΛ'lf*] (**-ed, - ing**) *vt.* غرق کردن در، غوطه‌ور ساختن، توی چیزی فرو بردن، فراگرفتن، خروشان کردن.
en.hance [*inhá:ns*] (**- d, enhancing**) *vt.* بالا بردن، افزودن، زیاد کردن، بلند کردن.
en.hance.ment, *n.* افزایش، بالا بردن.
enig.ma [*inígmə*] (*pl.* **enigms**), *n.* معما، چیستان، لغز، رمز، بیان مبهم.
en.ig.matic, *adj.* معمائی، مبهم.
en.join [*indδɔ́in*] (**-ed, - ing**), *vt.* سفارش کردن به، امر کردن، مقرر داشتن، بهم متصل کردن.
en.joy [*indδɔ́i*] (**- ed, - ing**), *vt. & vi.* لذت بردن، برخوردار شدن از، بهره‌مند شدن از، دارا بودن.
en.joy.able, *adj.* لذت بخش، لذت بردنی.
en.joy.ment, *n.* لذت، خوشی.
en.lace, *vt.* دور گرفتن، حلقه‌زدن دورچیزی، گرفتار کردن.
en.large [*inlá:dδ*] (**- d, enlarging**) *vt. & vi.* بزرگ کردن، باتفصیل شرح دادن، توسعه دادن، وسیع کردن، بسط دادن.
en.large.ment, *n.* توسعه، بزرگی.
en.light.en [*inláitn*] (**-ed,-ing**) *vt.* روشن فکر کردن، روشن کردن، تعلیم دادن.
en.light.en.ment, *n.* روشن‌فکری.
en.list [*inlíst*] (**- ed, - ing**) *vt. & vi.* برای سربازی گرفتن، نام‌نویسی کردن، کمك طلب کردن از، درفهرست نوشتن.
en.list.ment, *n.* نام‌نویسی، سربازگیری.
en.liv.en [*inláivn*] (**-ed, - ing**), *vt.* زندگی بخشیدن، حیات بخشیدن، جان دادن، نیرو دادن، روح بخشیدن، روح دادن.
en masse, *adv.* یکدفعه، یك مرتبه، یکهو، کلاً، بطور کلی.
en.mesh (**- ed, - ing**) *vt.* در دام نهادن، گرفتار کردن، درشبکه نهادن، مثل تور وپارچهٔ پشه‌بندی سوراخ‌دار کردن.
en.mi.ty [*énmiti*] *n.* دشمنی، خصومت، عداوت، نفرت، کینه.
en.no.ble [*inóubl*] (**- d, ennobling**) *vt.* شریف گردانیدن، شرافت دادن، بلند کردن، تجلیل کردن.
en.nui [*â:nwi:*] *n.* بیزاری، دلتنگی، ملالت، خستگی.
enor.mi.ty [*inɔ́:miti*] (*pl.* **- ies**), *n.* غیر عادی، عظمت، شرارت زیاد، ستمگری، شناعت، وقاحت، تجاوز فاحش.
enor.mous, *adj.* بزرگ، عظیم.
enough [*inΛ'f*] *adj., adv. & n.* کافی، بس، باندازهٔ کافی، نسبتاً، آنقدر، بقدر کفایت، باندازه، بسنده.
en.plane, *vi.* سوار هواپیما شدن.
en.rage, *vt.* خشمگین کردن، عصبانی کردن.
en.rap.ture, *vt.* بوجد آوردن، مسحور کردن.
en.rich, *vt.* غنی کردن، قوت دادن.
enroll, enrol, *vi. & vt.* نام‌نویسی کردن، ثبت کردن.
en.roll.ment, *n.* نام‌نویسی، ثبت، درفهرست آوردن.
en.sconce (**- d, ensconcing**), *vt. & vi.* استحکامات ساختن، پوشاندن، پناه دادن، پنهان شدن، خود را درجان پناه جا دادن.
en.shrine [*inʃráin*] (**-d,enshrining**) *vt.* درزیارتگاه گذاشتن، تقدیس کردن، ضریح ساختن، [مج.] مقدس وگرامی داشتن.
en.shroud, *vt.* درکفن پیچیدن، کفن کردن، پوشیدن، پوشاندن، کاملاً پنهان کردن.
en.sign [*énsain*] *n.* نشان، پرچم، علم، پرچم‌دار (e. bearer)، [آمر.] ناوبان دوم، اشاره، دسته، گروه، سربازی که‌حامل پرچم است، رنگ آبی کمر نگ.
en.slave [*insléiv*] (**-d, enslaving**) *vt. & vi.* بنده کردن، غلام کردن.
en.slave.ment, *n.* بنده سازی، غلامی، اسارت، بردگی.
en.sue [*insjú:*] (**- d, ensuing**), *vt. & vi.* ازپس آمدن، ازدنبال آمدن، بعد آمدن.
en.sure [*inʃɔ́:, inʃúə*] (**- d, ensuring**) *vt.* مطمئن ساختن، متقاعد کردن، حتمی کردن، مراقبت کردن در، تضمین کردن.
en.tail [*intéil*] (**- ed, - ing**) *n., vt. & vi.* مستلزم بودن، شامل بودن، فراهم کردن، متضمن بودن، در برداشتن، حمل کردن بر، حبس یا وقف کردن، موجب شدن.
en.tan.gle [*intœ́ŋgl*] (**- d, entangling**) *vt.* گرفتار کردن، گیر انداختن، پیچیده کردن.
en.tan.gle.ment, *n.* گیر، گرفتاری.
en.tente, *n.* موافقت، روابط حسنه، دولتهای متحابه و دوست، حسن تفاهم (میان دول).
en.ter [*éntə*] (**-ed, - ing**) *vt. & vi.* داخل شدن، درآمدن، وارد شدن، توآمدن، تو رفتن، اجازهٔ دخول دادن، بدست آوردن، قدم نهادن‌در، داخل عضویت شدن، نام‌نویسی کردن.
en.ter.prise [*èntəpraiz*] *n., vt. & vi.* عمل تهورآمیز، امر خطیر، اقدام مهم، [مانند تأسیس کارخانه وغیره]، سرمایه گذاری، تشکیلات اقتصادی، مبادرت بکاری کردن، اقدام کردن.
en.ter.tain [*èntətéin*] (**- ed, - ing**) *vt. & vi.* پذیرائی کردن، مهمانی کردن‌از، سرگرم کردن، گرامی داشتن، عزیز داشتن، تفریح دادن، قبول کردن.
en.ter.tain.ment [*èntətéinmənt*] *n.* پذیرائی، سرگرمی.
en.thrall, en.thral [*inθrɔ́:l*] (**- ed, - ing**) *vt.* بنده کردن، بغلامی درآوردن، شیفته کردن، اسیر کردن، مفتون ساختن.
en.throne [*inθróun*] (**- d, enthroning**) *vt.* برتخت سلطنت نشاندن، بلند کردن، بالا بردن.
en.thuse (**- d, enthusing**), *vt. & vi.* احساسات را برانگیختن، غیرت کسی را بجوش آوردن، جسور ومتهور ساختن.
en.thu.si.asm [*inθjú:ziœzm*] *n.*

هواخواهی باحرارت، شوروذوق، غیرت، جدیت، [م.م.] الهام، وجدوسرور، اشتیاق.

en.thu.si.as.tic, *adj.* مشتاق، علاقمند.

en.tice [*intáis*] (**- d, enticing**), *vt.* فریفتن، اغوا کردن، تطمیع، بدام کشیدن، جلب کردن.

en.tire [*intáiə*] *adj.* & *n.* تمام، درست، دست نخورده، بی‌عیب.

en.tire.ly, *adv.* کاملاً، کلاً.

en.tire.ty [*intáiəti*] *n.* تمامیت، جمع کل، چیز درست ودست نخورده.

en.title [*intáitl*] (**- d, entitling**) *vt.* حق دادن، مستحق دانستن. لقب دادن، ملقب ساختن، نام نهادن، نامیدن.

en.ti.ty [*éntiti*] (*pl.* **- ies**) *n.* هستی، وجود، جوهر، ماهیت، موجودیت.

en.tomb [*intú:m*] (**- ed, -ing**), *vt.* زیرخاک کردن، دفن کردن، مقبره ساختن.

en.to.mol.o.gy [*èntəmɔ́lədʒi*], (*pl.* **- ies**) *n.* علم حشره شناسی.

en.tou.rage, *n.* محیط، دور وبر، اطرافیان، دوستان، همراهان.

en.trails [*èntreilz*] *n. pl.* احشاء و امعاء ، اندرونه.

en.train (**- ed, - ing**) *vt.* & *vi.* آهسته دنبال کسی رفتن، بقطار (راه‌آهن) سوار کردن، کشیدن، بدنبال کشیدن.

en.trance [*éntrəns*] *n.* ورودیه، اجازهٔ ورود، حق‌ورود، دروازهٔ دخول، ورود، مدخل، بار، درب مدخل، آغاز.

en.trance (**- d, entrancing**), *vt.* مدهوش کردن، دربیهوشی یا غش انداختن، [مج.] ازخود بیخود کردن، زیاد شیفته کردن.

en.trap [*intrǽp*](**-ped, -ping**), *vt.* بدام انداختن، تله انداختن، گول زدن، اغفال کردن.

en.treat [*intrí:t*] (**- ed, - ing**), *vi.* & *vt.* درخواست کردن (از)، التماس کردن [به]، لابه کردن، استدعا کردن.

en.treaty, *n.* التماس، استدعا.

en.trench [*intrénʃ*] (**-ed,-ing**), *vt.* تجاوز کردن به ، خندق کندن ، درسنگر قرار دادن.

en.trench.ment, *n.* سنگربندی.

en.tre.pôt, *n.* انبار، انبار کالا، انبار موقتی، مرکز بازرگانی.

en.tre.pre.neur, *n.* مقدم کمپانی، مؤسس شرکت، پیشقدم درتأسیس.

en.trust [*intrʌ́st*] (**-ed, -ing**), *vt.* سپردن، واگذار کردن، بامانت سپردن.

en.try [*éntri*] (*pl.* **- ies**) *n.* دخول، ورود، راه ، راهرو ، در ، مدخل ، ثبت دردفتر، چیز ثبت شده یا وارد شده، قلم، فقره.

en.twine=entwist [*intwáin*] (**- d, entwining**) *vt.* & *vi.* بهم‌پیچیدن ، بهم پیچاندن ، [مج.] بافتن ، مثل طناب تابیدن، درآغوش گرفتن.

enu.mer.ate [*injú:məreit*] *vt.* شمردن، بشمار آوردن، محسوب داشتن.

enunciate [*inlnsieit*], (**- d, enunciating**) *vt.* & *vi.* اعلام کردن، صریحاً گفتن، تلفظ کردن.

en.vel.op [*invéləp*] (**-ed,-ing**), *vt.* پیچیدن، پوشاندن، درلفاف گذاشتن، فراگرفتن، دور چیزی را گرفتن، احاطه کردن.

en.ve.lope [*énviloup, ɔn-*] *n.* پاکت، پوشش، لفاف، جام، حلقهٔ گلبرگ.

en.venom (**- ed, - ing**) *vt.* زهرآلود کردن ، زهرآگین کردن، [مج.] مشوب کردن، آلوده کردن.

en.vi.able, *adj.* خواستنی ، حسادت انگیز.

en.vi.ous [*énviəs*] *adj.* حسود، بدچشم، غبطه‌خور، حسادت‌آمیز.

en.vi.ron (**- ed, - ing**) *vt.* احاطه کردن ، دور زدن، دور کسی یا چیزی را گرفتن، محاصره کردن.

en.vi.ron.ment [*inváiərənmənt*] *n.* محیط، اطراف،احاطه، دوروبر، پرگیر.

en.vi.rons [*énvirɔnz, inváiərənz*] *n. pl.* حومه، حول وحوش، دوروبر، توابع، اطراف.

en.vis.age (**-d, envisaging**) *vt.* روبرو شدن ، مواجه شدن با ، درنظر داشتن ، انتظار داشتن، در ذهن مجسم کردن.

en.vision, *vt.* خیالبافی کردن، رؤیائی بودن، دررؤیا دیدن.

en.voi, en.voy [*énvɔi*] *n.* فرستاده، مأمور، نماینده، ایلچی، مأمورسیاسی.

en.vy [*énvi*] (**- ied, envying**), *n.* & *vt.* رشک، حسد، حسادت، حسدبردن‌به، غبطه‌خوردن.

en.wrap, *vt.* پیچیدن، گرفتار کردن.

en.zyme, *n.* موادآلی پیچیده‌ای که درموجود زنده باعث تبدیل مواد آلی مرکب‌به موادساده‌تروقابل‌جذب‌می‌گردد، آنزیم، دیاستاز.

ep.au.let=ep.au.lette [*épəlet*] *n.* اپل، سردوشی افسری.

ephem.era (*pl.* **- s, - e**) *n.* حشرهٔ یکروزه، چیز زودگذر، فانی.

ephem.er.al, *adj.* & *n.* زودگذر.

ep.ic, - al [*épik*] *adj.* & *n.* رزمی، حماسی، شعر رزمی، حماسه، رزم نامه.

ep.i.carp, *n.* [گ.ش.] پوستهٔ خارجی، قسمت نرم میوه، پوست‌میوه، برون‌بر.

ep.i.cene, *adj.* & *n.* مشترك بین دو جنس، خنثی، خواجه، مخنث.

ep.i.cy.cle, *n.* دایره‌ای که مرکزش‌روی محیط دایرهٔ بزرگتری است ودرمداردایرهٔ بزرگتری حرکت میکند.

ep.i.dem.ic, - al [*èpidémik*] *adj.* & *vt.* همه‌گیر، مسری ، واگیر ، بیماری همه‌گیر ، عالمگیر، جهانی.

ep.i.de.mi.ol.o.gy, *n.* همه‌گیرشناسی.

ep.i.der.mis, *n.* [تش.] روپوست، پوست برونی، بشره، جلد.

ep.i.gas.tri.um (*pl.* **epi.gastria**) *n.* [تش.] شکم سر، فوق‌المعده، بالای شکم، روی معده.

epi.glot.tis, *n.* شراع‌الحنك،اپی‌گلوت.

ep.i.gram [*épigrǽm*] *n.* لطیفه، هجا، سخن نیشدار، قطعهٔ هجائی.

ep.i.gram.mat.ic, - al, *adj.* وابسته به لطیفه وکلمات قصار.

ep.i.gram.ma.tize (**- d, epigrammatizing**) *vt.* & *vi.* لطیفه یا مضمون‌گفتن، هجو ساختن.

ep.i.lep.sy [*épilepsi*] *n.* [طب] بیماری صرع، حمله، بیهوشی، غش.

ep.i.lep.tic [*èpiléptik*] *adj.* صرعی، حمله‌ای، غشی، مبتلاءبمرض صرع.

ep.i.logue [*épilɔg*] *n.* نطق ختامی نمایش ، سخن آخر ، ختم مقاله بخش آخرکتاب یا مقاله.

epiph.a.ny (*pl.* **- ies**) *n.* تجلی، ظهور، ظهور وتجلی عیسی.

epis.co.pal, *adj.* & *n.* مربوط به کلیسای اسقفی درمسیحیت.

Epis.co.pa.lian, *n.* & *adj.* پیرو کلیسای اسقفی.

ep.i.sode [*épisoud*] *n.* حادثهٔ ضمنی، حادثهٔ معترضه، داستان فرعی، فقره.

epis.te.mol.o.gy, *n.* شناخت‌شناسی، معرفت شناسی، مبحث ارزش وحدود معرفت.

epis.tle [*ipísl*] *n.* نامه، رساله، نامهٔ منظوم.

epis.to.lary, *adj.* رساله‌ای، نامه‌ای.

ep.i.taph [*épita:f*] *n.* وفات‌نامه، نوشتهٔ روی سنگ قبر.

ep.i.thet [*épiθet*] *vt.* & *n.* صفت، لقب، عنوان، کنیه، اصطلاح.

epit.o.me [*ipítəmi*] (*pl.* **- s**) *n.* خلاصه، مختصر، خلاصهٔ رؤس مطالب.

epit.o.mize(**-d, epitomizing**), *vt.* خلاصه کردن، متمرکز کردن،مجسم کردن، [illegible]

ep.och [*í:pɔk*] *n.* مبداء تاریخ، آغاز فصل جدید، عصر ، دوره ، عصر تاریخی، حادثهٔ تاریخی.

ep.och.al, *adj.* مهم، تاریخی.

ep.o.nym, *n.* کسی که نام خود را به ملت یاکشوری میدهد ، عنوان دهنده، عنوان مشخص، سرخاندان.

epon.y.my, *n.* اشتقاق اسم قبیله یا شخص یا عشیره ازیك كلمه.

equa.ble, *adj.* ملایم، ثابت.

equal [*í:kwəl*] *adj.* & *n.* هم‌اندازه ، برابر ، مساوی ، هم‌پایه ، همرتبه ، شبیه، یکسان، همانند.

equal (**- ed, - led,- ing, -ling**), *vt.* & *vi.* برابرشدن‌با، مساوی بودن، هم‌ترازکردن.

eq.ual.i.tar.i.an=egalitarian, *adj.* طرفدار تساوی انسان.

equal.i.ty [*i:kwɔ́liti*] *n.* مساوات، برابری، تساوی، یکسانی، شباهت.

equal.iza.tion, *n.* تساوی، برابری.

equal.ize [*í:kwəlaiz*] (**- d, equalizing**)*vi.* & *vt.* برابرکردن، مساوی کردن، مانندکردن.

equal.iz.er, *n.* برابرکننده.

equa.nim.i.ty [*ì:kwənímiti*] *n.* متانت، خودداری، ملایمت، آرامی، قرار، قضاوت منصفانه، تعادل فکری، انصاف، عدالت.

equate [*ikwéit*] (**- d, equating**) *vt.* & *vi.* برابرکردن ، برابرگرفتن ، مساوی پنداشتن ، معادله ساختن، یکسان فرض کردن.

equa.tion, *n.* معادله، برابری.

equa.tor [*ikwéitə*] *n.* خط استوا، دایرهٔ استوا، ناحیهٔ استوائی.

equa.to.ri.al [*èkwətɔ́:riəl*] *adj.* & *n.* استوائی.

eq.uer.ry [*ékwəri*] (*pl.* **- ies**) *n.* اصطبل بزرگ، اصطبل سلطنتی، میرآخور.

eques.tri.an [*ikwéstriən*] *adj.* & *n.* مربوط‌به‌اسب‌سواری، اسب‌سوار، چابک‌سوار.

equi.dis.tance, *n.* مسافت مساوی، متساوی‌المسافت.

equi.lat.er.al [*ì:kwilǽtərəl*] *adj.* متساوی‌الاضلاع، ازدوطرف‌متقارن، دوپهلوبرابر.

equil.i.brate (**- d, eqilibrating**) *vt.* & *vi.* موازنه کردن، بحال تعادل درآوردن، متعادل کردن، متعادل شدن.

equi.lib.ri.um [*ì:kwilíbaiəm*] (*pl.* **- s**) *n.* موازنه، تعادل، آرامش، سکون.

equine [*í:kwain*] *n.* & *adj.* اسب مانند، اسبی.

equi.nox [*í:kwinɔks*] (*pl.* **- es**), *n.* اعتدال شب وروز، نقطهٔ اعتدالین.

equip [*ikwíp*] (**- ped, - ping**) *vt.* & *vi.* آراستن، آماده کردن، مجهز کردن، مسلح کردن، [نظ.] ساز وبرگ دادن.

equip.ment, *n.* تجهیزات، سازوبرگ.

eq.ui.poise (-d, equipoising), *vt.* & *n.* تعادل، توازن، برابری‌دروزن، متعادل ساختن، بحالت تعادل درآوردن، متوازن‌کردن.

equi.pon.der.ant, *adj.* هم‌وزن.

equi.pon.der.ate (**- d, equiponderating**) *vt.* & *vi.* هم‌وزن بودن، موازنه کردن، هم‌وزن‌کردن.

eq.ui.ta.ble, *adj.* منصف، متساوی.

eq.ui.ta.tion, *n.* هنر اسب سواری، سوارکاری.

eq.ui.ty [*ékwiti*] (*pl.* **- ies**) *n.* [illegible]

equiv.a.lence, - cy, *n.* تعادل.

equiv.a.lent [*ikwívələnt*] *adj, n.* معادل، هم‌بها، برابر، مشابه، هم‌قیمت، مترادف، هم‌معنی، همچند، هم‌ارز.

equiv.o.cal [*ikwívəkəl*] *adj.* دارای دومعنی، دارای ابهام، دوپهلو، نامعلوم.

equiv.o.cate (**- d, equivocating**) *vi.* دوپهلو حرف‌زدن، زبان بازی کردن، ابهام بکار بردن، دروغ‌گفتن.

equiv.o.ca.tion, *n.* ابهام، دروغ.

era [*íərə*] *n.* مبداء تاریخ، آغاز تاریخ، عصر، دوره، عهد، عصر تاریخی، [ز.ش.]دوران.

erad.i.ca.ble, *adj.* ریشه‌کن شدنی.

erad.i.cate [*irǽdikeit*] (**- d, eradicating**) *vt.* ریشه‌کن‌کردن، از بین بردن، خلاص شدن از، قلع وقمع کردن.

eras.able, *adj.* پاك‌کردنی.

erase [*iréiz, iréis*] (**- d, erasing**) *vt.* & *vi.* پاك‌کردن، آثار چیزی را ازبین‌بردن، خراشیدن، تراشیدن،محوکردن.

eras.er, *n.* مداد پاك‌کن، تخته‌پاك‌کن.

era.sure [*iréiðə*] *n.* پاك شدگی، تراشیدگی، حك، جای پاك شدگی.

ere [*εə*]=**before,** *prep.* & *conj.* قبل‌از، قبل‌از آنکه.

erect [*irékt*] (**-ed, - ing**) *adj.*, *vt.* & *vi.* عمودی، قائم، راست ، سیخ ، راست‌کردن ، شق شدن، افراشتن، برپاکردن، بناکردن.

erec.tion [*irékʃən*] *n.* نصب، ساختمان، نعوظ، شق شدگی.

erec.tor, *n.* بانی، بناکننده.

erelong, *adv.* بزودی، درآیندهٔ نزدیك.

er.e.mite, *n.* گوشه‌نشین، زاهد، گوشه‌گیر.

er.go [*ə:gou*]=**therefore,hence,** *adv.* بنابراین، پس.

Er.in [*érin, íərin*] *n.* [جغ.] ایرلند.

er.mine, [*ə':min*] (*pl.* **- s**) *n.* [ج.ش.] قاقم، پوست‌قاقم، خزقاقم.

ERMINE (15 in. long)

erode [*iróud*] (**- d, eroding**), *vi.* & *vt.* فرسائیدن، خوردن، سائیدن، فاسدکردن، سائیده شدن.

ero.sion [*iróuðən*] *n.* فرسایش، سایش، فساد تدریجی، تحلیل، سائیدگی.

erot.ic, - al [*irɔ́tik*] *adj.* & *n.* وابسته به عشق شهوانی، وابسته به Eros.

erot.i.cism=er.o.tism, *n.* تحریك احساسات شهوانی بوسیلهٔ تخیل و یا بوسائل هنری، تحریکات جنسی، تمایلات جنسی.

ero.to.gen.ic=erogenous *adj.* محرك تحریکات جنسی.

err [*ə:*] (**- ed, - ing**) *vi.* خطاکردن ، دراشتباه بودن، غلط بودن، گمراه

شدن، بغلط قضاوت کردن.
er.rand [érənd] *n.*
پیغام، مأموریت،فرمان، پیغام‌بری، پیغام‌رسانی.
er.rant, *adj. & n.* دربدر، آواره،
سرگردان، حادثه‌جو، گمراه، منحرف، بدنام.
er.rant.ry (*pl.* **- ies**) *n.* عیاری،
سلحشوری، دربدری، حادثه‌جوئی، دلاوری.
er.rat.ic [irǽtik] *adj. & n.*
نامنظم، سرگردان، غیرمعقول، متلون، غیرقابل پیش‌بینی، دمدمی مزاج.
er.ra.tum [iréitəm] = **corrigendum** (*pl.* **er.ra.ta**) *n.*
غلطنامه، فهرست اغلاط.
er.ro.ne.ous [iróunjəs, e-] *adj.*
نادرست، پراز غلط، غلط، اشتباه، مغلوط.
er.ror [érə] *n.*
اشتباه، غلط، سهو، خطا، عقیدهٔ نادرست،تقصیر.
There was an e. in his sentence.
يك اشتباه در جملهٔ اوموجودبود.
erst, erst.while = formerly, *adj. & adv.* سابقاً، قبلاً.
eruct (- ed, - ing) *vt.*
آروغ زدن (belch)، بشدت فوران کردن.
eruc.tate, *vt. & vi.*
قی‌کردن،آروغ زدن، باشدت بیرون انداختن.
er.u.dite [éru:dait] *adj.*
آموزنده، عالم، دانشمند، متبحر، دانشمندانه.
er.u.di.tion, *n.* فضل ودانش.
erupt [irʌ́pt] (- ed, - ing), *vt. & vi.* جوانه‌زدن، درآمدن، درآوردن،
منفجر شدن، فوران‌کردن.
erup.tive, *adj.* فوران‌کننده، انفجاری.
es.ca.lade (- d, escalading), *n. & vt.* صعود، بالاروی، نردبان، پله‌متحرك.
es.ca.la.tor [éskəleitə] *n.*
پلکان متحرك، پله برقی.
es.ca.pade [èskəpéid] *n.*
فرار و اختفاء از ترس توقیف ، جفتك زنی ،
[مج.] فرار از زندگی دشوار.
es.cape [iskéip](-d, escaping), *vt., vi., adj. & n.* گریختن،دررفتن،
فرار کردن،رهائی‌جستن،خلاصی‌جستن، جان‌بدر بردن،گریز، فرار، رهائی، خلاصی.
es.cap.ee, *n.* فراری.
es.cape.ment [iskéipmənt] *n.*
گریز ، فرار ، رهائی ،
چرخ دنگ، مخرج.
es.cap.ism, *n.*
انزوای سیاسی ، خودداری از شرکت درکارهای سیاسی، فرار از واقعیات.
es.carp.ment, *n.*
پرتگاه مصنوعی، سینه‌کش، سرازیری خندق.
es.cha.tol.o.gy, *n.*
مبحث آخرت ، گفتار در مرگ و رستاخیز و دوزخ وبهشت، هدف عالی یا نهائی، آخرت.
es.cort [éskɔ:t] (- ed, - ing), *n. & vt.* گارد محافظ، ملتزمین، اسکورت،
نگهبان ، همراه ، بدرقه ، همراهی کردن [با]، نگهبانی کردن (از)، اسکورت‌کردن.
es.cutch.eon [iskʌ́tʃən] *n.*
سپری‌که دارای‌نشانهای نجابت خانوادگی‌باشد، صفحه‌ای‌که روی آن اسم چیزی نقش شده باشد، سپر آرمدار.
Es.ki.mo [éskimou] (*pl.* **- s**) *n.* اسکیمو.
esoph.a.gus (*pl.* **esophagi**) *n.*
[تش.] مری، سرخ‌نای.
es.o.ter.ic, *adj.* محرمانه، سری،
رمزی، درونی، داخلی، مبهم، مشکوك.

es.pe.cial [ispéʃəl] = **special,** *adj.*
es.per.ance, *n.* امید.
Es.pe.ran.to [èspərǽntou] *n.*
اسپرانتو، زبان بین‌المللی.
es.pi.al, *n.* مراقبت، دیدبانی، جاسوسی.
es.pie.gle, *adj.*
بشوخی، از روی شوخ طبعی، سبکسرانه.
es.pi.o.nage [èspiənáːʒ, ɛ'spiɔnáːʒ] *n.* جاسوسی.
es.pla.nade [èspləneid] *n.*
گردشگاه، قطعه زمین هموار، شیب ملایم.
es.pous.al [ispáuzəl] *n.*
عقد، عروسی [بیشتر درجمع]، نامزدی.
es.pouse [ispáuz] (-d, espousing) *vt.* عقدکردن، عروسی‌کردن، نامزد
کردن،شوهردادن،حمایت‌کردن‌از،عقیده‌داشتن‌به.
es.prit, *n.*
روح، نشاط، سرزندگی، هوش، ذکاوت.
es.prit de corps [esprí:dəkɔ́:] *n.*
روح‌صمیمیت ویکانگی دسته‌جمعی، روح‌رفاقت.
es.py [ispái] (- d, espying), *vt. & vi.* جاسوسی‌کردن، دیده‌بانی‌کردن،
جاسوس بودن، بازرسی‌کردن، تشخیص دادن.
es.quire [iskwáiə] *n.*
آقا، عنوان روی نامه وامثال آن برای مردها، عنوانی‌که یکدرجه پائین‌تر از «شوالیه» بوده ، مالك زمین، آقا، ارباب.
es.say [ései] (- ed, - ing) *n., vt. & vi.* مقاله، انشاء، آزمایش‌کردن،
آزمودن ، سنجیدن ، عیارگیری کردن [فلزات]، تألیف، مقاله‌نویسی.
es.say.ist, *n.* مقاله‌نویس.
es.sence [ésns] *n.* هستی، وجود،
ماهیت، گوهر، ذات، اسانس، فروهر.
es.sen.tial [isénʃəl] *adj. & n.*
ضروری، واجب ، بسیار لازم ، اصلی ، اساسی ، ذاتی، جبلی، لاینفك، واقعی، عمده.
es.tab.lish [istǽbliʃ] (- ed, - ing) *vt. & vi.* تأسیس‌کردن، دایر
کردن، بنا نهادن، برپاکردن، ساختن، برقرار کردن ، تصدیق کردن ، تصفیه‌کردن ، کسی را بمقامی گماردن، شهرت یا مقامی کسب کردن.
es.tab.lish.ment [istǽbliʃmənt], *n.* تأسیس، استقرار، تشکیل، بنا، برقراری، بنگاه،
مؤسسه، دستهٔ کارکنان، درآمد ثابت، تجارت.
es.tate [istéit] (-d, estating), *n. & vt.*
ملك،املاك، دارائی، دسته،طبقه، حالت،وضعیت.
es.teem [istí:m] (- ed, - ing), *n., vt. & vi.*
قدر، اعتبار، اقدام، رعایت، ارزش،نظر،شهرت، ارجمند شمردن، لایق دانستن، محترم شمردن.
es.ti.ma.ble, *adj.*
تخمین‌پذیر، قابل برآورد کردن.
es.ti.mate [éstimeit] (- d, estimating) *n., vt. & vi.*
برآورد، دیدزنی، تخمین، تقویم، ارزیابی،قیمت، شهرت، اعتبار، برآوردکردن، تخمین زدن.
es.ti.ma.tion [èstiméiʃən] *n.*
تخمین، برآورد.
Es.to.nian, *n.* اهل جمهوری سابق
استونی درشمال اروپا، زبان استونی.
es.trange [istréin(d)ʒ] (- d, estranging) *vt.*
دلسردکردن، بیگانه‌کردن، دورکردن.
es.trus, es.trum, *n.*
مرحلهٔ تحریکات جنسی زنان که درآن زن میل‌به‌نزدیکی بامرد وقابلیت آبستن شدن‌دارد.
es.tu.ary [éstjuəri] *n.* دهانهٔ رود،
خانهٔ‌بزرگی که‌تشکیل خلیج کوچکی‌دهد،مدخل.

et cet.era [ètsétrə] *n.*
وغیره، ومانندآن، وقس علیهذا، الی‌آخر.
etch [etʃ] (- ed, - ing) *vt., vi. & n.* سیاه‌قلم‌کردن، قلمزدن[بوسیلهٔ تیزاب].
etch.ing, *n.* قلم زنی.
eter.nal [itə́:n(ə)l] **eterne,** *adj. & n.* ابدی،ازلی، جاودانی، همیشگی، فناناپذیر،
بی‌پایان، دائمی، پیوسته، مکرر، لایزال.
eter.ni.ty [itə́:niti] (*pl.* **-ies**), *n.* ابدیت، مکرر، بدون سرانجام وسرآغاز،
بی‌پایانی، ازلیت، جاودانی، بی‌زمانی.
eter.nize (- d, eternizing) *vt.*
جاودانی‌کردن، ابدی‌کردن، شهرت ابدی‌دادن.
ether [í:θə] *n.*
[بعقیدهٔ قدماء] عنصر آسمانی ، اتر، اثیر، جسم قابل ارتجاعی‌که فضا وحتی فواصل میان ذرات اجسام را پرکرده و وسیلهٔ انتقال روشنائی و گرما می‌شود، مایع سبکی‌که از تقطیر الکل و جوهرگوگرد‌بدست می‌آید و برای بیهوش‌کردن اشخاص بکار می‌رود.
ethe.re.al [iθíəriəl] *adj.*
اتری، رقیق، نازك ، لطیف، آسمانی ، روحانی، اثیری، سماوی، علوی.
ethe.re.al.ize (- d, etherealizing) *vt.* روحانی‌کردن، آسمانی‌کردن،
تصفیه‌کردن، تزکیه‌کردن، اثیری کردن.
ether.ize (- d, etherizing) *vt.*
با اتر مخلوط‌کردن، با اتر ترکیب کردن، با اتر بیهوش‌کردن، کرخت‌کردن.
eth.ic, - s [éθiks] *n. & adj.*
(غالباً بصورت جمع) علم اخلاق ، بحث درامور اخلاقی، اصول اخلاق، روش اخلاقی يك‌نویسنده یا مکتب علمی یا ادبی ویاهنری، آئین، رفتار، کتاب اخلاق.
eth.i.cal [éθik(ə)l] *adj. & n.*
وابسته بعلم اخلاق.
Ethiopia [ì:θióupjə] *n.*
کشور حبشه یا اتیوپی.
Ethi.o.pian, Ethi.o.pic, *adj., n.* حبشی.
eth.nic, - al, *adj.*
نژادی، قومی، وابسته به نژادشناسی، کافر.
eth.no.cen.tric, *adj.* قوم مدار،
نژاد پرست، طرفدار برتری نژادی.
eth.nog.e.ny, *n.*
گفتار درپیدایش نژادها، مبحث مبادی نژادها.
eth.nog.ra.phy, *n.* قوم نگاری.
eth.nol.o.gy [eθnɔ́lədʒi] *n.*
نژاد شناسی، علم مطالعهٔ نژادها واقوام.
ethos, *n.*
عادات ورسوم قومی، صفات وشخصیت انسان.
ethyl, *n.* [ش.] اتیل.
eti.o.late (- d, etiolating) *vt.*
بی‌رنگ‌کردن، سفیدکردن یا تغییر دادن رنگ يك گیاه سبز.
eti.ol.o.gy, *n.* لاد شناسی،
سبب واثر شناسی، مبحث علت ومعلول.
et.i.quette [ètikét, étiket] *n.*
علم‌آداب معاشرت، آداب، آئین معاشرت، رسوم.
et.y.mo.log.i.cal, *adj.*
مربوط به ریشهٔ لغات.
et.y.mol.o.gy [ètimɔ́lədʒi] (*pl.* **-ies**) *n.* علم‌اشتقاق لغات، ریشه‌جوئی،صرف.
et.y.mon (*pl.* **et.y.ma**) *n.*
ریشهٔ کلمه.
eu.ca.lyp.tus [jù:kəlíptəs] (*pl.* **eucalypti, eucalyptuses**) *n.*
[گ.ش.] اوکالیپتوس، درخت تب‌نوبه، کافور.
Eu.cha.rist [jú:kərist] *n.*
عشاء ربانی، مجلس سپاسگزاری، شکرگزاری.

Eu.clid.e.an, - dian, *adj.*
[هن.] اقلیدسی، وابسته به هندسهٔ اقلیدس.
eu.gen.ic, *adj.* وابسته به به‌نژادی،
صحیح‌النسب،ازنژادیانسب خوب، اصلاح‌نژادی.
eu.gen.ics [ju:dʒéniks] *n. pl.*
علم‌اصلاح نژادانسان، به‌نژادی.
eu.lo.gist, *vt.* مدیحه سرا.
eu.lo.gize [jú:lədʒaiz] (- d, eulogizing) *vt.* ستودن، ستایش‌کردن.
مدح‌کردن، مداحی‌کردن، تشویق‌کردن.
eu.lo.gy [jú:lədʒi] (*pl.* **- ies**) *n.*
ستایش، مدح، مداحی، ستایشگری، تشویق.
eu.nuch [jú:nək] *adj.*
خواجه، خصی، اخته، خواجهٔ حرمسرا، خنثی.
eu.pep.sia, *n.* گوارش خوب، هاضمهٔ
خوب وسالم، کلمهٔ متضاد سوءهاضمه.
eu.pep.tic, *adj.*
دارای هاضمهٔ خوب ، وابسته به گوارش یا هضم غذا، سهل‌الهضم، [مج.] باروح، بشاش، خوشرو.
eu.phe.mism [jú:fimizm] *n.*
حسن تعبیر، استعمال کلمهٔ نیکو ومطلوبی برای موضوع یا کلمهٔ نامطلوبی.
eu.phon.ic, eu.pho.ni.ous, *adj.*
خوش صدا، دلپذیر.
eu.phony [jú:fəni] *n.* خوش‌آهنگی
کلمات، سهولت ادا، عدم تنافر، صدای دلپذیر.
eu.pho.ria, *n.*
رضامندی، خوشی، خوشحالی، رضایت، نشاط.
eu.phu.ism, *n.*
انشاء پرتصنع ومغلق، فصاحت فروشی یااستعمال صنایع لفظی، بیان مطنطن، لفاظی.
Eur.asian [ju(ə)réiʒiən] *adj. & n.*
از نژاد مختلط اروپائی و آسیائی ، اروپائی و آسیائی.
eu.re.ka [ju(ə)rí:kə] *interj.*
«من‌کشف‌کردم»، ابراز پیروزی از اکتشاف.
Europe [júərəp] *n.* قارهٔ اروپا.
Eu.ro.pe.an [jùərəpí:ən] *adj. & n.*
اروپائی، فرنگی.
eu.tha.na.sia, *n.*
مرگ‌آسان، مرگ یا قتل‌کسانی‌که دچار مرض سخت ولاعلاجند (برای تخفیف درد آنها).
evac.u.ate [ivǽkjueit] *vi. & vt.*
تهی‌کردن ، خالی‌کردن ، تخلیهٔ مزاج‌کردن ، ترك‌کردن، محروم‌کردن.
evac.u.a.tion [ivæ̀kjuéiʃən] *n.*
تخلیه، تهی‌سازی، برون‌بری.
evad.able, *adj.* طفره پذیر.
evade [ivéid] (- d, evading), *vt. & vi.* طفره زدن از، گریز زدن از،
ازسر بازکردن، تجاهل‌کردن.
eval.u.ate (- d, evaluating), *vt.* ارزیابی‌کردن، تقویم‌کردن، قیمت‌کردن،
سنجیدن، شماره یا عدد چیزی را معین‌کردن.
eval.u.a.tion, *n.* ارزیابی، سنجش.
ev.a.nesce, *vi.*
کم‌کم ناپدید شدن ، بتدریج محو و ناپدید شدن (مانند بخار)، [د.] بطرف صفر میل‌کردن.
ev.a.nes.cence, *n.*
محو تدریجی ، فقدان تدریجی ، ناپایداری ، ناپدیدی، غیب زدگی، زوال تدریجی، امحاء.
ev.a.nes.cent, *adj.*
محو شونده، ناپایدار.
evan.gel, *n.* انجیل، مژده، خبرخوش.
evan.gel.i.cal [ì:vændʒélik(el)-èv-] = **evan.gel.ic,** *adj.*
انجیلی، پروتستان، پیرو این‌عقیده‌که رستگاری و نجات دراثر ایمان به مسیح بدست میآید نه دراثر کردار واعمال نیکو، مژده دهنده.
evan.ge.lism, *n.* تبلیغ مسیحیت.
evan.ge.list, *n.* مبلغ مسیحی،کشیش.

evan.ge.lize (- d, evangelizing) *vt. & vi.* بشارت بدین مسیح دادن.
evap.o.rate [ivǽpəreit] (- d, evaporating) *vi. & vt.* تبخیر کردن، تبدیل به بخار کردن، تبخیر شدن، بخار شدن، خشك کردن، برباد رفتن.
evap.o.ra.tion [ivæpəréiʃən] *n.* تبخیر.
eva.sion [ivéiʒən] *n.* طفره، گریز، تجاهل، بهانه، حیله، گریز زنی.
eva.sive, *adj.* فرار، طفره زن.
eve [i:v] *n.* شب عید، شب، شامگاه، [illegible]
even [í:vən] *adj.* زوج، عدد زوج [مثل ۴ و ۸]، هموار، صاف، مسطح، تراز، مساوی.
E. numbers. اعداد جفت.
even, *adv.* حتی، هم، درست.
even (- ed, - ing) *vt. & vi.* هموار کردن، صاف کردن، واریز کردن.
E. if=e. though. حتی اگر.
even.hand.ed, *adj.* منصفانه، بیغرضانه، بیطرفانه.
eve.ning [í:vniŋ] *n.* غروب، سرشب.
evening dress, *n.* لباس شب.
event [ivént] *n.* واقعه، رویداد، اتفاق، پیشامد، سرگذشت.
In any event. درهرصورت.
In the event that. درصورتیکه.
event.ful, *adj.* پرحادثه، کذائی.
That e. night. آنشب کذائی.
eventide [í:vəntaid] *n.* شامگاه.
even.tu.al [ivéntjuəl] *adj.* احتمالی، موکول بانجام شرطی، شرطی، مشروط.
even.tu.al.i.ty (*pl.* - ies) = **possibility,** *n.* امکان، احتمال.
even.tu.al.ly, *adv.* سرانجام، عاقبت، مآلاً.
even.tu.ate (- d, eventuating) *vi.* منجر شدن، منتج شدن، نتیجه‌دادن، درآمدن.
ev.er [évə] *adv.* همیشه، همواره، هرگز، هیچ، اصلاً، درهرصورت.
everglade, *n.* قطعه زمین باتلاقی علفزار، زمین باتلاقی، نیزار.
ev.er.green [évəgri:n] *adj. & n.* بی‌خزان، همیشه سبز، همیشه بهار، بادوام.
ev.er.last.ing [èvəlá:stiŋ] *adj. & n.* جاودانی، ابدی، ازلی، همیشگی، دائمی.
evermore [évəmɔ́:] *adv.* همیشه، درتمام وقت، برای همیشه.
ev.ery [évri] *adj. & pron.* هر، همه، هرکس، هرکه، هرکسی.
E. one. هرکس، همه‌کس.
E. other day. یکروز درمیان.
ev.ery.body [évribɔ́di] *pron.* هرکس، هرکسی.
ev.ery.day [évridèi] *adj.* هرروز.
ev.ery.thing [évriθiŋ] *pron.* همه چیز.
ev.ery.where [évri(h)wɛə] *adv.* درهرجا، درهمه جا، درهر قسمت، درسراسر.
evict [i(:)víkt] (- ed, - ing) *vt.* فیصله‌دادن، مسترد داشتن، بیرون کردن، خارج کردن، خلع ید کردن.
evic.tion, *n.* اخراج، خلع ید.
ev.i.dence [évidəns] (- d, evidencing) *n., vt. & vi.* مدرك [مدارك]، ملاك، گواهی، شهادت، شهادت دادن، ثابت کردن.
ev.i.dent, *adj.* بدیهی، آشکار، مشهود.
evil [í.vl] *adj. & n.* بد، زیان‌آور، مضر، شریرانه، بدی، زیان.
evil.do.er, *n.* بدکار.
evil eye, *n.* چشم‌بد، بدنظر، نظرزنی.
evince [ivíns] (-d, evincing), *vt. & vi.* نشان دادن، معلوم کردن، ابراز داشتن، موجب شدن، برانگیختن.
evinc.ible, *adj.* نشان دادنی.
evis.cer.ate (- d, eviscerating) *vt. & vi.* روده یا چشم وغیره را درآوردن، شکم دریدن، [مج.] تهی کردن، خالی کردن، نیروی چیزی را گرفتن.
ev.i.ta.ble=avoidable, *adj.* اجتناب‌پذیر.
evoc.a.tive, *adj.* احضار کننده، مهیج.
evoke [ivóuk] (- d, evoking), *vt.* احضار کردن، فراخواندن، برگرداندن، بیرون کشیدن.
evo.lu.tion [ì:vəl(j)ú:ʃən, év-] *n.* فرضیهٔ سیر تکامل، تغییر شکل، تحول، تکامل تدریجی، چرخش، حرکت دورانی، فرگشت.
evo.lu.tion.ist, *adj.* فرگشت‌گرای، معتقد به فرضیه تکامل یا فرگشت.
evolve [ivɔ́lv] (- d, evolving), *vt. & vi.* بازکردن، گشادن، بیرون دادن، درآوردن، استنتاج کردن، نمو کردن.
ewe [ju:] *n.* میش، گوسفند ماده.
ewe-neck, *n.* [دراسب وسگ] گردن لاغر ومعیوب ومقعر.
ew.er [jú:ə] *n.* آفتابه، کوزه، تنگ آبخوری اطاق خواب.
ex.ac.er.bate (- d, exacerbating) *vt.* بدتر کردن، تشدید کردن، برانگیختن.
ex.ac.er.ba.tion, *n.* بدشدن، تشدید.
ex.act [igzǽkt, eg-](-ed, - ing), *adj.,vi. & vt.* بزورمطالبه کردن، بزورگرفتن، تحمیل کردن بر، درست، کامل، صحیح، عین، عیناً.
ex.ac.tion [igzǽkʃən] *n.* مطالبه بزور، تحمیل، سخت‌گیری، اخاذی.
ex.ac.ti.tude [igzǽktitju:d] *n.* درستی، دقت، صحت، کمال.
ex.act.ly, *adv.* درست، عیناً، کاملاً، بدرستی، بکلی، یکسره، چنین است.
ex.ag.ger.ate [igzǽdʒəreit, eg-] (- d, exaggerating) *vi. & vt.* اغراق‌آمیز کردن، بیش‌از حد واقع شرح دادن، مبالغه کردن در، گزافه گوئی کردن.
ex.ag.ger.a.tion, *n.* اغراق، گزافه گوئی.
ex.alt [igzɔ́:lt, eg-] (- ed, - ing) *vt. & vi.* بلند کردن، متعال کردن، تجلیل کردن، تمجید کردن.
ex.al.ta.tion [ègzɔ:ltéiʃən] *n.* تجلیل، بلندی، سرافرازی، ستایش، تمجید.
ex.am [igzǽm, eg-]=**examination,** *n.*
ex.am.i.na.tion [igzæminéiʃən, eg-] *n.* آزمون، امتحان، آزمایش، محك، بازرسی، معاینه، رسیدگی.
ex.am.ine [igzǽmin, eg-] (- d, examining) *vt. & vi.* امتحان کردن، بازرسی کردن، معاینه کردن، بازجوئی کردن، آزمودن، آزمون کردن.
ex.am.ple [igzá:mpl, eg-] (- d, exampling) *n. & vt.* نمونه، مثال، مثل، سرمشق، عبرت، مسئله، بامثال ونمونه نشان دادن.
Follow the e. of. پیروی کردن از.
He set a good e. او سرمشق خوبی‌شد.
ex.as.per.ate [igzá:spəreit, eg-], *adj., vt. & vi.* خشمگین کردن، ازجا دربردن، اوقات تلخی کردن، برانگیختن، بدتر کردن، تشدید کردن، خشمگین.
ex.as.per.a.tion, *n.* تشدید، غضب.
ex cathedra, *adj. & adv.* مقتدرانه، بااقتدار، طبق اختیارات محوله.
ex.ca.vate [ékskəveit] (- d, excavating) *vi. & vt.* حفر کردن، ازخاك درآوردن، حفاری کردن.
ex.ca.va.tion, *n.* حفاری.
ex.ca.va.tor, *n.* حفرکننده.
ex.ceed [iksí:d, ek-] (- ed, - ing) *vt. & vi.* متجاوز شدن از، تجاوز کردن از، بالغ شدن بر، [illegible]
exceeding, *adj.* سبقت و پیشی، زیاده روی، زیادتی، خیلی زیاد.
ex.ceed.ing.ly, *adv.* بحد زیاد.
ex.cel [iksél, ek-] (- ed, - ing, - led, - ling) *vt. & vi.* برتری داشتن بر، بهتر بودن از، تفوق جستن بر.
ex.cel.lence [éksələns] *n.* مزیت، برتری، خوبی، تفوق، رجحان، فضیلت.
ex.cel.len.cy [éksələnsi] (*pl.* - ies) *n.* جناب، جناب آقای، عالیجناب [باحرف بزرگ]، برتری، خوبی، علو.
ex.cel.lent, *adj.* شگرف، عالی، ممتاز، بسیار خوب.
ex.cel.si.or, *intert., adj. & n.* متعال، برتر، تراشه، خردهٔ نجاری.
ex.cept [iksépt, ek-] (- ed, - ing) *vt. & vi.* مستثنی کردن، مشمول نکردن، اعتراض کردن.
ex.cept=excepting, *prep. & conj.* جز، بجز، مگر، باستثنای، غیراز، سوای.
ex.cep.tion [iksépʃən, ek-] *n.* استثناء، اعتراض، رد.
With the e. of. باستثنای.
ex.cep.tion.al, *adj.* استثنائی.
ex.cerpt [éksə:pt] (-ed, - ing), *vt. & n.* برگزیدن وجدا کردن، گلچین کردن، قطعهٔ منتخب.
ex.cess [iksés, ek-] *adj. & n.* زیادتی، زیادی، افراط، بی‌اعتدالی، اضافه.
ex.ces.sive, *adj.* مفرط، بیش‌ازاندازه.
ex.change [ikstʃéin(d)ʒ, eks-] (- d, exchanging) *n., vi. & vt.* معاوضه، مبادله، تبادل، ردوبدل ارز، اسعار، جای معاملات ارزی وسهامی، بورس، صرافخانه، صرافی، مبادله کردن، عوض کردن، تسعیر یافتن.
E. of views. تبادل نظر.
exchange rate, *n.* مظنهٔ ارز.
ex.che.quer [ikstʃékə, eks-] (- ed, - ing) *n.* خزانه، خزانه‌داری، مالیه، خزانه‌دار پادشاهی.
ex.cise [eksáiz] (-d, excising), *n., adj. & vt.* مالیات کالاهای داخلی، مالیات غیرمستقیم، مالیات بستن بر، قطع کردن.
ex.ci.sion, *n.* قطع، برش، شکافتن.
ex.cit.abil.i.ty, *n.* قابلیت تحریك.
ex.cit.able [iksáitəbl, ek-] *adj.* قابل تحریك، قابل تهییج، برانگیختنی.
ex.cite [iksáit, ek-] (- d, exciting) *vt.* برانگیختن، تحریك کردن، القاء کردن.
ex.cite.ment, *n.* تحریك، تهییج.
ex.claim [ikskléim, eks-] (-ed, - ing) *vt. & vi.* از روی تعجب فریاد زدن، اعلام کردن، بعموم آگهی دادن.
ex.cla.ma.tion [èkskləméiʃən], *n.* فریاد، بانگ، علامت تعجب، حرف ندا.
exclamation point, *n.* [د.] علامت تعجب، این علامت «!».
ex.clam.a.to.ry [eksklǽmətəri, iks-] *adj.* ندائی، تعجبی، شگفت‌آور، متضمن فریاد.
ex.clud.able, *adj.* قابل استثناء، محروم کردنی.
ex.clude [iksklú:d, eks-] (- d, excluding) *vt.* محروم کردن، راه ندادن به، بیرون نگاه‌داشتن از، مانع شدن، مستثنی کردن.
ex.clu.sion [iksklú:ʒən, eks-] *n.* دفع، استثناء، اخراج، محروم سازی.
exclusion principle, *n.* [فیزیك] اصل انحصار
ex.clu.sive [iksklú:siv, eks-], *adj. & n.* انحصاری، تنها، منحصر بفرد، گران، دربست.
exclusive of, *prep.* بغیر از، بدون درنظر گرفتن.
ex.clu.siv.i.ty, *n.* انحصاریت، ویژگی.
ex.cog.i.tate (- d, excogitating) *vt. & vi.* اندیشیدن، ابتکار کردن، ابداع کردن.
ex.com.mu.ni.cate [èkskəmjú:nikeit] *vt., adj. & n.* تکفیر کردن، طرد کردن.
ex.com.mu.ni.ca.tion [ékskəmjù:nikéiʃən] *n.* طرد، تکفیر.
ex.co.ri.ate (- d, excoriating) *vt.* تراشیدن، پوست چیزی‌راکندن، پوست کندن‌از.
ex.cre.ment [ékskrimənt] *n.* نجاست، مدفوع، پس‌مانده، فضله، زوائد.
ex.cres.cence [ikskrésns, eds-], *n.* رویش ناهنجار.
excrescency, *n.* آماس گیاهی یا حیوانی، برآمدگی، رویش ناهنجار نسوج، رشدزائد.
ex.cres.cent, *adj.* زائده، زیادی، برآمده.
ex.cre.ta, *n. pl.* فضولات، مدفوعات.
ex.crete [ekskrí:t] (- d, excreting) *vt.* دفع کردن، بیرون انداختن، پس دادن.
ex.cre.tion [ekskrí:ʃən] *n.* دفع، مدفوع.
ex.cre.to.ry, *adj.* مربوط بدفع فضولات.
ex.cru.ci.ate (- d, excruciating) *vt.* آزار دادن، شکنجه کردن، برصلیب آویختن.
ex.cru.ci.a.ting, *adj.* مشقت‌بار.
ex.cul.pate [ékskʌlpeit] (- d, exculpating) *vt.* تبرئه کردن، مبرا کردن، روسفید کردن، معذور داشتن.
ex.cul.pa.tion, *n.* تبرئه، برائت.
ex.cur.sion [ikskə́:ʃən, eks-] *n.* گردش، گشت، سیر، گردش بیرون‌شهر.
ex.cus.able [ikskjú:zəbl, eks-], *adj.* قابل بخشش ومعافیت، بخشیدنی، معاف شدنی.
ex.cuse [ikskjú:z, eks-] *n., vt.& vi.* بهانه، دستاویز، عذر، معذورداشتن، معاف کردن، معذرت، تبرئه.
ex.e.cra.ble [éksikrəbl] *adj.* ملعون، مکروه، نفرت‌انگیز، زشت.
ex.e.crate [éksikreit] (-d, execrating) *vt. & vi.* مکروه داشتن، نفرت کردن از، بدخواندن.
ex.e.cra.tion, *n.* نفرت، تنفر، نفرین، لعنت، مایهٔ نفرت، زشتی.
ex.e.cute [éksikju:t] (- d, executing) *vt.* اجرا کردن، اداره کردن، قانونی کردن، نواختن، نمایش‌دادن، اعدام کردن.
ex.e.cu.tion [èksikjú:ʃən] *n.* اجرا، انجام، اعدام، ضبط، توقیف.

ex.e.cu.tion.er, *n.* جلاد، دژخیم.

ex.ec.u.tive, *adj.* **&** *n.* اجرائی، مجری، هیئت رئیسه.

ex.ec.u.tor [*igzékjhtə, eg-*] *n.* مجری، مأمور اجرا، وصی، قیم.

ex.ec.u.trix [*igzékjutriks*] (*pl.* **- trices, - trixes**) *n.* قیمه، وصیه، زن اجراکننده.

ex.e.ge.sis (*pl.* **exegeses**) *n.* [حق.] تفسیر ، تفسیر متون مذهبی ازلحاظ ادبی وفقهی وشرعی وقضائی.

ex.e.get.ic, -al, *adj.* وابسته بتفسیر.

ex.e.get.ist=exegete, *n.* متخصص تفسیر وشرح متون.

ex.em.plar, exemplary, *adj.&n.* نمونه، سرمشق، نظیر، مانند، مثال، مثل، نسخه.

ex.em.pla.ry [*igzémpləri, eg-*], *n., adj.* **&** *adv.* شایان تقلید، ستوده، نمونه وسرمشق.

ex.em.pli.fy (**- ied, exemplifying**) *vt.* بامثال فهمانیدن، با نمونه نشان دادن.

ex.em.pli gra.tia,=e.g. *adv.* برای مثال.

ex.empt [*igzém(p)t, eg-*] (**- ed, - ing**) *vt., adj.* **&** *n.* معاف، آزاد، مستثنی، معاف کردن.

ex.emp.tion, *n.* معافیت.

ex.er.cis.able, *adj.* قابل تمرین.

ex.er.cise [*éksəsaiz*] (**- d, exercising**) *n., vt.* **&** *vi.* ورزش، تمرین، مشق، عمل کردن، استعمال کردن، تمرین دادن، بکار انداختن.

ex.ert [*igzə':t, eg-*] (**-ed, - ing**), *vt.* اعمال کردن، بکار بردن، اجراء کردن، نشان دادن.

To e. influence. اعمال نفوذ کردن.

ex.er.tion, *n.* ثقل، اعمال زور، تقلا.

ex.e.unt, *vt.* صحنه را ترک گفتن.

ex.fo.li.ate (**- d, exfoliating**), *vt.* **&** *vi.* ورقه ورقه شدن، پوسته پوسته شدن، تراشیدن.

ex.hale [*ekshéil, egzéil*] (**- d, exhaling**). *vt.* **&** *vi.* بیرون دادن، زفیر کردن، دم برآوردن.

ex.haust [*igzɔ́:st, eg-*] (**- ed, - ing**) *n., vt.* **&** *vi.* اگزوس، خروج [بخار]، دررو، مفر، تهی کردن، نیروی چیزی را گرفتن، خسته کردن ، از پای درآوردن، تمام کردن، بادقت بحث کردن.

ex.haus.tion, *n.* خستگی.

ex.haus.tive [*igzɔ́:stiv, eg-*] *adj.* جامع، کامل، شامل همهٔ جزئیات، مشبع.

ex.haust.less, *adj.* خستگی ناپذیر.

ex.hib.it [*igzíbit, eg-*] (**- ed, - ing**) *n., vt.* **&** *vi.* نمایش دادن، درمعرض نمایش قراردادن، ارائه دادن، ابراز کردن.

ex.hi.bi.tion [*èksibíʃən*] *n.* نمایش، ارائه، نمایشگاه، حقوق تقاعد.

ex.hi.bi.tion.ism, *n.* نوعی انحراف جنسی که درآن شخص بوسیلهٔ نشان دادن آلت جنسی خود احساسات شهوانی را فرو مینشاند، عریان گرائی.

ex.hib.i.tor=ex.hib.it.er [*igzíbitə, eg-*] *n.* نمایش دهنده، ارائه دهنده.

ex.hil.a.rate [*igzíləreit, eg-*] (**- d, exhilarating**) *vt.* نشاط دادن، شادمان کردن، روح بخشیدن.

ex.hil.a.ra.tion, *n.* نشاط.

ex.hort [*igzɔ́:t, eg-*] (**-ed, -ing**), *vt.* **&** *vi.* نصیحت کردن، تشویق وترغیب کردن.

ex.hor.ta.tion, *n.* نصیحت، تشویق.

ex.hume [*ekshjú:m, igzjú:m, eg-*] (**- d, exhuming**) *vt.* از خاک درآوردن، نبش قبر کردن.

ex.i.gen.cy [*éksidʒənsi*]**=ex.i.gence** (*pl.* **- ies**) *n.* ایجاب، لزوم، ضرورت، اضطرار، پیشامد.

ex.i.gent, *adj.* ضروری، مبرم، محتاج به اقدام یا کمک فوری، فشارآور، بحرانی، مصر، تحمیلی.

ex.ig.u.ous, *adj.* کم، لاغر، خرد.

ex.ile [*éksail, égz-*] (**- d, exiling**) *n.& vt.* تبعید، جلای وطن، تبعید کردن.

ex.ist [*igzíst, eg-*] (**- ed, - ing**), *vi.* زیستن، وجود داشتن، موجود بودن.

ex.is.tence [*igzístəns, eg-*] *n.* هستی، وجود، زیست، موجودیت، زندگی.

ex.is.tent, *adj.* **&** *n.* موجود.

ex.is.ten.tial, *adj.* وجودی، مربوط به هستی.

ex.is.ten.tial.ism, *n.* مکتب اگزیستانسیالیزم.

ex.it [*éksit*] (**- ed, - ing**) *n.* **&** *vt.* خروج، راه خروج، خروج بازیگر از صحنهٔ نمایش.

ex.odon.tist, *n.* متخصص دندان کشی.

ex.o.dus [*éksədəs*] *n.* مهاجرت بنی اسرائیل از مصر بکنعان، خروج، مهاجرت، مهاجرت دسته جمعی.

ex of.fi.cio [*èksɔfíʃiou*] *adv.* ازلحاظ سمت، ازلحاظ تصدی مقام وغیره.

ex.og.a.my, *n.* برون پیوندی، ازدواج با افراد خارج قبیله، برون همسری.

ex.og.e.nous, *adj.* [گ.ش.] برون روینده، دولپه، پیدازا، برون‌زاد.

ex.on.er.ate [*igzɔ́nəreit, eg-*] (**- d, exonerating**) *vt.* تبرئه کردن، روسفید کردن، مبرا کردن.

ex.on.er.a.tion, *n.* تبرئه.

ex.o.ra.ble, *adj.* قابل تحریک درمقابل التماس، [مج.] دل رحیم، نرم.

ex.or.bi.tance=exorbitancy, *n.* زیادی، افراط، بیش ازحد، گزافی.

ex.or.bi.tant, *adj.* گزاف.

ex.or.cise, exorcize [*éksɔ:saiz*] (**- d, exorcising**) *vt.* اخراج کردن [ارواح پلید]، تطهیر کردن، دفع کردن.

ex.or.cism, *n.* طرد (روح پلید).

ex.or.di.um (*pl.* **-s**) *n.* دیباچه، سرآغاز، مقدمه، سرفتر، آغاز، اول هرچیزی.

exo.skeleton, *n.* پوشش محافظ خارجی حیوان، استخوان بندی خارجی، ناخن، مو وغیره.

exo.spore, *n.* هاگ غیرجنسی.

ex.o.ter.ic, *adj.* خارجی، زود فهم، عمومی، قابل فهم عوام.

ex.ot.ic [*egzɔ́tik, ek-. ig-*] *adj.* **&** *n.* بیگانه، عجیب وغریب، مرموز، خوش رنگ.

ex.pand [*ikspǽnd, eks-*] (**-ed, - ing**) *vt.* **&** *vi.* منبسط کردن، توسعه دادن، بسط دادن، پهن کردن، بتفصیل شرح دادن.

ex.panse [*ikspǽns, eks-*] *n.* پهنا، وسعت، فضای زیاد، بسط وتوسعه.

ex.pan.sion, *n.* توسعه، بسط، انبساط.

ex.pan.sion.ism, *n.* توسعه طلبی.

ex.pan.sive, *adj.* متمایل به توسعه.

ex.pa.ti.ate [*ekspéiʃieit*] (**- d, expatiating**) *vt.* **&** *vi.* اطناب کردن، بتفصیل شرح دادن.

ex.pa.ti.a.tion, *n.* شرح پرتفصیل.

ex.pa.tri.ate (**- d, expatriating**) *adj., n., vt.* **&** *vi.* از کشور خود راندن، تبعید کردن ، ترک میهن کردن، تبعیدی.

ex.pa.tri.a.tion, *n.* جلای وطن.

ex.pect [*ikspékt, eks-*] (**- ed, - ing**) *vt.* **&** *vi.* چشم داشتن، انتظار داشتن، منتظر بودن، حامله بودن.

ex.pec.tan.cy [*ikspéktənsi, eks-*] **ex.pec.tance,** *n.* انتظار، امید، توقع، احتمال، پیش بینی، حاملگی، بارداری.

ex.pec.tant, *adj.* آبستن، درانتظار.

ex.pec.ta.tion [*èkspektéiʃən*] *n.* انتظار، چشم داشت، توقع.

ex.pec.to.rant, *adj.* **&** *n.* خلط آور، اخلاط آور، بلغم آور، کف آور.

ex.pe.di.en.cy [*ikspí:diəns(i), eks-*] **ex.pe.di.ence,** *n.* شتاب، عجله، کار مهم، اقدام مهم، اقتضاء.

ex.pe.di.ent [*ikspí.diənt, eks-*], *n.* **&** *adj.* مقتضی، مصلحت، مناسب، تهورآمیز.

ex.pe.dite [*ékspidait*] (**-d, expediting**) *vt.* تسریع کردن در، پیش بردن، شتابیدن.

ex.pe.di.tion [*èkspidíʃən*] *n.* تسریع، سفر، اردوکشی، هیئت اعزامی.

ex.pe.di.tion.ary, *adj.* **&** *n.* وابسته به قشون کشی یا هیئت اعزامی.

ex.pel [*ikspél, eks-*] (**-ed, - ing, - led, - ling**) *vt.* بیرون انداختن، منفصل کردن، بزور خارج کردن.

ex.pel.lant, ex.pel.lent, *adj.* **&** *n.* خارج کننده، دافع، مسهل.

ex.pend [*ikspénd, eks-*] (**- ed, - ing**) *vt.* **&** *vi.* خرج کردن، صرف کردن، مصرف کردن.

ex.pend.able, *ádj.* **&** *n.* قابل خرج، مصرف پذیر.

ex.pen.di.ture [*ikspénditʃə, eks-*] *n.* هزینه، خرج، مخارج، صرف، مصرف، پرداخت.

ex.pense [*ikspéns, eks-*] *n.* هزینه، خرج [مخارج]، مصرف، فدیه.

ex.pen.sive, *adj.* گران، پرخرج.

ex.pe.ri.ence [*ikspíəriəns, eks-*], (**-d, experiencing**) *n., vt.* **&** *vi.* آزمون، ورزیدگی، تجربه، آزمایش ، تجربه کردن، کشیدن، تحمل کردن، تمرین دادن.

ex.pe.ri.enced, *adj.* باتجربه.

ex.per.i.ment [*ikspérimənt, eks-*] (**- ed, - ing**) *n., vi.* **&** *vt.* آزمایش، تجربه، امتحان ، عمل، تدبیر، تجربه کردن، آزمایش کردن.

ex.per.i.men.tal, *adj.* **&** *n.* آزمایشی.

ex.per.i.men.ta.tion, *n.* آزمایش.

ex.pert [*ékspə:t*] (**- ed, - ing**), *adj., n., vt.* **&** *vi.* ویژه گر، ویژه کار، متخصص، کارشناس، ماهر، خبره.

ex.pert.ize, *vt.* **&** *vi.* [پس از مطالعهٔ دقیق] نظریهٔ فنی دادن، استادانه قضاوت کردن، اظهار نظر فنی کردن.

ex.pi.a.ble, *adj.* کفاره پذیر.

ex.pi.ate [*ékspieit*] (**- d, expiating**) *vt.* کفاره دادن، پاک کردن، جبران کردن.

ex.pi.a.tion, *n.* کفاره دادن.

ex.pi.ra.tion [*èkspai(ə)réiʃən*] *n.* انقضاء، سپری شدن، خاتمه، بازدم، دم برآوردن.

ex.pire [*ikspáiə, eks-*] (**- d, expiring**) *vt.* **&** *vi.* سپری شدن، بپایان رسیدن، سرآمدن، دم برآوردن، مردن.

ex.pi.ry, *n.* خاتمه، انقضاء.

ex.plain [*ikspléin, eks-*] (**- ed, - ing**) *vt.* **&** *vi.* توضیح دادن، روشن کردن، باتوضیح روشن کردن، شرح دادن.

ex.plain.able, *adj.* قابل شرح.

ex.pla.na.tion [*èksplənéiʃən*] *n.* توضیح، تعریف، بیان، شرح، تعبیر، تفسیر.

ex.plan.a.to.ry, *adj.* توضیحی ، شرحی.

ex.ple.tive [*ekslí:tiv, iks-*] **ex.ple.to.ry,** *adj.* **&** *n.* اشباعی، جایگیر، تکمیل کننده، پرکننده.

ex.pli.ca.ble, *adj.* قابل توضیح.

ex.pli.cate (**-d, explicating**), *vi.* **&** *vt.* تفسیر کردن ، تأویل کردن، توضیح دادن، روشن کردن، ظاهر کردن.

ex.plic.it [*iksplísit, eks-*] *adj.* **&** *n.* صریح، روشن، واضح، آشکار، صاف، ساده.

ex.plode [*iksplóud, eks-*] (**-d, exploding**) *vt.* **&** *vi.* محترق شدن، منفجر شدن، ترکیدن، منبسط کردن، گسترده کردن.

ex.ploit [*iksplɔ́it, eks-*] *n.* رفتار، کردار، عمل، کار برجسته، شاهکار.

ex.ploit (**- ed, - ing**) *vt.* بکار انداختن ، استخراج کردن ، بهره برداری کردن از، استثمار کردن.

ex.ploi.ta.tion [*èksplɔitéiʃən*] *n.* بهره برداری، انتفاع، استخراج، استثمار.

ex.plo.ra.tion [*èkspləréiʃən*] *n.* اکتشاف، استکشاف، سیاحت اکتشافی، شناسائی.

ex.plor.ato.ry, *adj.* اکتشافی.

ex.plore [*ikspĺɔ, eks-*] (**- d, exploring**) *vt.* **&** *vi.* سیاحت کردن، اکتشاف کردن، کاوش کردن.

ex.plor.er, *n.* سیاح، جستجوگر، مکتشف.

ex.plo.sion [*iksplóuʒən, eks-*] *n.* انفجار، بیرون ریزی، سروصدا، هیاهو.

ex.plo.sive, *adj.* **&** *n.* منفجرشونده.

ex.po.nent [*ekspóunət, iks-*] *adj.,* **&** *n.* تعریف کننده، شرح دهنده، نماینده، توان.

ex.port [*ikspɔ́:t, eks-*] (**- ed, - ing**) *n., vi., adj.* **&** *vt.* صادر کردن، بیرون بردن، کالای صادره، صادرات.

ex.port.able, *adj.* قابل صدور.

ex.por.ta.tion, *n.* صدور.

ex.port.er, *n.* صادرکننده.

ex.pose [*ikspóuz, eks-*] (**- d, exposing**) *n.* **&** *vt.* بی پناه گذاشتن ، بی حفاظ گذاردن ، در معرض گذاشتن، نمایش دادن، افشاء کردن.

Exposed to. درمعرض.

He was exposed to danger. او درمعرض خطر بود.

ex.po.si.tion [*èkspozíʃən*] *n.* شرح، بیان، تفسیر، عرضه، نمایشگاه.

ex.pos.i.to.ry, *adj.* توضیحی، تفسیری، نمایشی.

ex post fac.to, *adj.* **&** *adv.* شامل اصول گذشته، عطف بماسبق.

ex.pos.tu.late [*ikspɔ́stjuleit, eks-*] (**-d, expostulating**) *vt.* **&** *vi.* سرزنش دوستانه کردن، عتاب کردن.

ex.pos.tu.la.tion, *n* عتاب، سرزنش.

ex.po.sure [*ikspóuʒə, eks-*] *n.* درمعرض گذاری، آشکاری، افشاء، نمایش، ارائه.

ex.pound [*ikspáund, eks-*] (**-ed, - ing**) *vi.* **&** *vt.* تفسیر کردن، بتفصیل شرح دادن، واضح کردن.

ex.press [iksprés, eks-] (- ed, - ing) *n., adj., adv., vt. & vi.* اظهارداشتن، بیان‌کردن، اداکردن،سریع‌السیر، صریح، روشن.

ex.pres.sion [ikspréʃən, eks-], *n.* بیان، تجلی، کلمه‌بندی، سیما، قیافه.

ex.pres.sion.less, *adj.* قیافه‌ناگویا.

ex.pres.sive [iksprésiv, eks-], *adj.* رسا، پرمعنی، حاکی،اشاره‌کننده، مشعر.

ex.press.ly, *adv.* صریحاً، فوراً.

ex.press.way, *n.* تند راه، شاهراه مخصوص وسائط سریع‌السیر.

ex.pro.pri.ate (- d, expropriating) *vt.* سلب مالکیت کردن از، از تملک در آوردن.

ex.pro.pri.a.tion, *n.* سلب مالکیت.

ex.pul.sion [ikspʌ'lʃən, eks-] *n.* اخراج، دفع، راندگی، بیرون شدگی، تبعید.

ex.punge [ékspʌ'n(d)ʒ, iks-] (- d, expunging) *vt.* پاک‌کردن، محوکردن، تراشیدن، نابودکردن، حذف‌کردن‌از.

ex.pur.gate [ékspə:geit] (- d, expurgating) *vt.* تطهیرکردن، حذف کردن، تصفیهٔ اخلاقی کردن.

ex.qui.site [ékskwizit, ekskwízit] *adj. & n.* نفیس، بدیع، عالی، دلپسند، مطبوع ، حساس، دقیق ، شدید، سخت.

ex.san.gui.nate (- d, exsanguinating) *vt.* خون‌گرفتن از، خون‌کشیدن‌از، بی‌خون‌کردن.

ex.tant [ekstǽnt, ékstənt] *adj. & n.* موجود، دارای هستی، [ک.] پدیدار، باقی‌مانده، نسخهٔ موجود و باقی (از کتاب‌وغیره).

ex.tem.po.ral=ex.tem.po-raneous, *adj.* فی‌البدیهه، ارتجالی، بی‌اندیشه، بی‌مطالعه.

ex.tem.po.re [ekstémpəri]=**extemporaneously,** *adv.* بطور فی‌البدیهه.

ex.tem.po.rize (- d, **ex.temporizing**) *vt. & vi.* بالبداهه گفتن ، فوراً تهیه کردن ، بی‌اندیشه یا بی‌مطالعه درست کردن.

ex.tend [iksténd, eks-] (- ed, - ing) *vt. & vi.* درازکردن، طول دادن، ادامه دادن، تمدیدکردن، منبسط‌کردن.

ex.tend.ed, *adj.* مطول، تمدید شده.

ex.ten.sile, extensible, *adj.* قابل بسط، قابل کشش، قابل تعمیم.

ex.ten.sion [ikstén∫ən, eks-] *n.* اضافی، الحاقی، کشش، تمدید، بسط، توسعه، گسترش.

ex.ten.sive [iksténsiv, eks-] *adj.* پهناور، وسیع، بزرگ، بسیط، کشیده.

ex.ten.sor, *n.* [تش.] عضلهٔ منبسطه، ماهیچهٔ بازکننده.

ex.tent [ikstént, eks-] *n.* وسعت، فراخی، اندازه، حد، مقدار، حوزه.

To some e. تا حدی.

ex.ten.u.ate [iksténjueit, eks-] (- d, extenuating) *vt.* رقیق‌کردن، تخفیف دادن، کاستن از، کم‌کردن، کوچک‌کردن ، نازک‌کردن ، کم تقصیر قلمداد کردن، کم ارزش قلمداد کردن.

ex.ten.u.at.ing, *adj.* تخفیف دهنده.

ex.ten.u.a.tion, *n.* کاستی، نازکی، کمی.

ex.te.ri.or [ekstíəriə, iks] *adj. & n.* بیرونی خارجی،ظاهری،واقع‌درسطح‌خارجی.

ex.te.ri.or.ize, *vt.* ظاهری دانستن ، بصورت ظاهر فهمیدن یا فهماندن، صورت ظاهر یا وجود خارجی دادن.

ex.ter.mi.nate [ikstə':mineit], **ex.ter.mine** (-d, exterminating) *vt.* برانداختن ، بکلی نابودکردن، ریشه‌کن کردن، منقرض‌کردن، دفع آفات‌کردن.

ex.ter.mi.na.tor, *n.* دافع حشرات، نابودکننده.

ex.ter.nal [ikstə':nəl, eks-] *adj. & n.* خارج، بیرون، ظاهر، سطح، ظواهر، بیرونی، خارجی.

ex.ter.nal.iza.tion, *n.* خارجی کردن.

ex.ter.nal.ize (- d, externalizing) *vt.* خارجی‌کردن، ظاهری ساختن ، وجود خارجی، واقعیت خارجی قائل شدن (برای).

ex.tinct [ikstíŋkt, eks-] *adj.* معدوم، از بین رفته ، منقرض، تمام شده، مرده، منسوخه، خاموش شده، نایاب.

ex.tinc.tion [ikstíŋk∫ən] *n.* اطفاء، خاموش‌سازی، اعدام، انهدام، انقراض.

ex.tin.guish [ikstíŋgwi∫, eks-], (- ed, - ing) *vt. & vi.* خاموش‌کردن، دفع‌کردن، فرونشاندن، کشتن، منقرض‌کردن.

ex.tir.pate [ékstə(:)peit] (- d, extirpating) *vt.* ریشه‌کن کردن، ازبین بردن، بکلی نابودکردن.

ex.tir.pa.tion, *n.* نابودی،ریشه‌کنی.

ex.tol=ex.toll [ikstɔ́l, eks-], (- ed, - ing, - led, - ling) *vt.* بلندکردن، ارتقاء دادن، اغراق‌گفتن، ستودن.

ex.torsion, *n.* اخذ باجبار وزور، اخاذی، کره واجبار.

ex.tort [ikstɔ́:t, eks-] (- ed, - ing) *vt. & vi.* بزورگرفتن، بزورتهدید یا شکنجه‌گرفتن، اخاذی‌کردن.

ex.tor.tion [ikstɔ́:∫ən, eks-] *n.* اخذ بزور وعنف، اخاذی، اجحاف.

ex.tor.tion.ary, extortionate *adj.* زیاده‌ستان، زیاد، اخاذ، گزاف.

ex.tor.tion.er, ex.tor.tion.ist, *n.* کلاش، اخاذ.

ex.tra [ékstrə] *adv., adj. & n.* زیادی ، زائد ، فوق‌العاده ، اضافی ، بزرگ ، یدکی، [پیشوند] خارجی، بسیار، خیلی.

ex.tract [ikstrǽkt, eks-] (- ed, - ing) *n. & vt.* عصاره‌گرفتن ، بیرون‌کشیدن ، استخراج‌کردن، اقتباس‌کردن، شیره، عصاره، زبده، خلاصه.

ex.trac.tion, *n.* عصاره‌گیری، عصاره، اصل ونسب، استخراج.

ex.tra.curricular, *adj.* فعالیت‌های فوق برنامه‌ای دانش‌آموز [مانند ورزش]، فوق برنامه‌ای.

ex.tra.dite [ékstrədait] (- d, extraditing) *vt.* مقصرین را پس‌دادن، مجرمین مقیم‌کشور بیگانه را به‌کشور اصلیشان تسلیم‌کردن.

ex.tra.di.tion [èkstrədí∫ən] *n.* استرداد مجرمین بدولت متبوعه ، اصل استرداد مجرمین.

ex.tra.le.gal, *adj.* غیرقانونی، ماورای قانون.

ex.tra.marital=adulterous, *adj.* خارج ازدواجی، زناکارانه، زانی.

ex.tra.ne.ous [ekstréinjəs] *adj.* خارجی ، خارج از قلمرو چیزی ، غیر اصلی ، تصادفی ، فرعی.

ex.traor.di.nary [ikstrɔ́:dnri, ekstrɔ́:dinəri] (*pl.* - ies) *adj. & n.* فوق‌العاده، غیرعادی، شگفت‌آور.

ex.tra.sensory, *adj.* ماورای احساس معمولی، خارج‌از احساس‌عادی.

ex.tra.terrestrial, *adj.* بیرون از محیط زمین، ماورای عالم خاکی.

ex.trav.a.gance [ikstrǽvəgəns, eks-] **ex.trav.a.gan.cy,** *n.* افراط، ولخرجی، زیاده روی، بی‌اعتدالی.

ex.trav.a.gant [ikstrǽvəgənt, eks-] *adj.* غیرمعقول، عجیب، غریب، گزاف، مفرط.

ex.trav.a.gan.za, *n.* اثر یا تصنیف [ادبی و موسیقی یا نمایشنامه] از یك شخصیت خیالی، اثرخیالی، فانتزی، گزاف‌گوئی، اغراق.

ex.trav.a.gate (- d, extravagating) *vi.* از حد اعتدال بیرون رفتن ، منحرف‌شدن، کارنامعقول‌کردن ، سرگردان‌شدن.

ex.treme [ikstrí:m, eks-] (- r, - st) *adj. & n.* بینهایت، خیلی زیاد، حداکثر، درمنتهی‌الیه، دورترین نقطه، فزونی، مفرط.

E. right. دست راست افراطی.

ex.treme.ly, *adv.* بشدت، بافراط.

ex.tre.mism, *n.* افراط‌کاری، عقیدهٔ افراطی، افراط‌گرائی.

ex.trem.i.ty [ikstrémiti, eks-] (*pl.* - ies) *n.* نهایت، حدنهائی، انتها، سر، ته، انتها، مضیقه، شدت.

ex.trica.ble, *adj.* خلاص شدنی.

ex.tri.cate [ékstrikeit] (- d, extricating) *vt.* رهاکردن، خلاصی بخشیدن، آزادکردن.

ex.tri.ca.tion, *n.* خلاصی، رهائی، آزادکردن.

ex.trin.sic [ikstrínsik, eks-] *adj.* دارای مبدأ خارجی ، بیرونی ، خارجی، فرعی، جزئی، ضمیمه، اتفاقی، تصادفی، عارضی.

ex.tro.ver.sion=ex.tra.version, *n.* [گ.ش.] رویش‌برونی، برگشتگی به‌بیرون، توجه‌شخص‌به‌بیرون‌ازخود، برون‌گرائی.

ex.tro.vert=ex.tra.vert, *adj. & n.* دارای رویش برونی، شخصی‌که تمام عقاید و افکارش متوجه بیرون‌ازخودش‌است، برون‌گرای.

ex.trude (- d, extruding), *vt. & vi.* بیرون انداختن، تبعیدکردن، دفع‌کردن، بیرون‌آمدن، ازقالب درآوردن.

ex.tru.sion, *n.* اخراج، بیرون اندازی، بیرون‌آمدگی، انفصال.

ex.u.ber.ance [igzjú:bərəns, egz-] *n.* فراوانی، بسیاری، وفور، فرط فیض، کثرت.

ex.u.ber.ant [igzjú:bərənt, egz-], *adj.* فراوان، پرپشت، فیض بخش، پربرکت.

ex.u.ber.ate (- d, exuberating) *vi.* فراوان بودن، بسیار بودن، وفور داشتن، لبریز بودن، بارور بودن، افاضه شدن.

ex.u.date, *n.* مادهٔ تراویده، مادهٔ مترشحه، ترشح التهابی، مادهٔ خارج شونده.

ex.ude [igzjú:d, eks-] (-d, exuding) *vt. & vi.* تراوش‌کردن، بیرون‌آمدن، افشاندن.

ex.ult [igzʌ'lt, egð-] (-ed, -ing), *vt. & vi.* [م.ل.] جست وخیزکردن، بوجد وطرب آمدن، خوشی‌کردن، شادی‌کردن، وجدکردن.

ex.ult.ant, *adj.* شاد،جست‌وخیزکننده.

ex.ul.ta.tion [ègzʌltéi∫ən] *n.* شادی، وجد وسرور، شادمانی از فتح وظفر.

ex.ur.ban.ite, *n.* حومه نشین، ساکن خارج شهر.

ex.ur.bia, *n.* منطقهٔ وسیعی از نواحی خارج شهر، حومهٔ شهر.

ex.u.vi.ae, *n.pl.* پوشش یا پوست حیوانات پس‌ازانداخته شدن (مثل پوست مار).

ex.u.vi.ate=molt, *vt. & vi.* پوست‌انداختن.

ey.as, *n.* [ج.ش.] قوش آشیانی، قوش دست طولك.

eye [ai] (**eyed, eyeing & eying**) *n., vt. & vi.* چشم ، دیده ، بینائی ، دهانه ، سوراخ سوزن ، دکمه یا گرهٔ سیب زمینی ، مرکز هرچیزی ، کارآگاه، نگاه‌کردن، دیدن، پائیدن.

Keep an e. on. مواظبت‌کردن.

See e. to e. کاملاباهم توافق داشتن.

eyeball [áibɔ:l] *n.* کرهٔ چشم، تخم چشم، مردمك چشم، نی‌نی‌چشم.

eyebrow [áibrau] *n.* ابرو، [معماری] گچبری هلالی بالای پنجره.

eyeglass [áigla:s] *n.* عینك فنری ، عینك ، عینك یك چشم ، شیشهٔ دوربین یا ذره‌بین.

eyelash [áilæ∫] *n.* مژه، مژگان.

eye.let [áilit] *n.* [م.ل.] چشم‌کوچك، حلقه، چشمه، سوراخ، روزنه، مزغل.

eyelid [áilid] *n.* پلك، پلك‌چشم، جفن.

eye.piece [áipi:s] *n.* عدسی سر دوربین یا میکرسکپ.

eyeshot [ái∫ɔt] *n.* چشم‌رس.

eyesight [áisait] *n.* دید، بینائی، مراقبت، بینش.

eyesore [áisɔ:] *n.* چیز بدنما، مایهٔ نفرت، [م.م.] چشم درد.

eyewash [áiwɔ∫] *n.* مایع چشم‌شوئی، داروی چشم، تظاهر.

eyewink, *n.* چشمك، اشاره باچشم.

eyewit.ness [áiwitnis] *n.* [حق.] شاهد عینی ، گواه خود دیده ، گواهی مستقیم، گواهی چشمی، شاهد برأی‌العین.

انگلیسی English	خط میخی پارسی Old Persian Cuneiform	پهلوی اشکانی Parthian Pahlavi	پهلوی ساسانی Sassanian Pahlavi	پهلوی کتابی Book Pahlavi	اوستائی Avestan	فارسی Modern
F	𐎳	–	–	[illegible]	𐬟	ف

f [ef] *n.* ششمین حرف الفبای انگلیسی.

fa, *n.* [مو.] فا، چهارمین نت موسیقی.

fa.ble [*féibl*] (**-d, fabling**) *n., vt. & vi.* افسانه، داستان، دروغ، حکایت اخلاقی، حکایت گفتن.

fab.ric [*fǽbrik*] *n.* محصول [کارخانه وغیره]، پارچه، قماش، سبك بافت، اساس.

fab.ri.cate [*fǽbrikeit*] (**-d, fabricating**) *n.* ساختن، بافتن واز کار درآوردن، تقلید وجعل کردن.

fab.u.list, *n.* افسانه نویس.

fab.u.lous [*fǽbjuləs*] *adj.* افسانه‌ای، افسانه‌وار، مجهول، شگفت آور.

fa.cade [*fəsá:d*], *n.* نمای سردر، جبهه، نمای خارجی.

FACADE (of temple)

face [*feis*] (**-d, facing**) *n., vt. & vi.* رو، صورت، چهره، طرف، سمت، وجه، ظاهر، منظر، روبرو ایستادن، مواجه شدن، روباروی شدن، پوشاندن سطح، تراشیدن، صاف کردن، روکش کردن.

To f. difficulties. مقابله بامشکلات.

Save one's f. آبروی‌خودرا حفظ کردن.

face card, *n.* [در ورق] ورق‌صورت، ورق‌شاه، بی‌بی یاسرباز.

face-lifting, *n.* جراحی وازبین بردن چین‌وچروك صورت، تعمیر.

fac.et [*fǽsit*] (**-ed, -ing**) *n.* صورت‌کوچك، سطوح کوچك جواهر وسنگهای قیمتی، تراش، شکل، منظر، بند، مفصل.

fa.ce.ti.ae, *n. pl.* لطایف، هزلیات، شوخی، بذله، فکاهیات، مطایبات، شوخی‌های خارج از نزاکت.

fa.ce.tious [*fəsí:ʃəs*] *adj.* شوخ، لوس، شوخی بیجا.

face up, *vi.* بطور طاقباز، خوابیده به پشت، ورق روبالا.

fa.cia=fascia, *n.*

fa.cial [*féiʃəl*] *adj. & n.* مربوط به صورت [مثل عصب صورت].

fac.ile [*fǽsail, -il*] *adj.* آسان، بآسانی، بآسانی قابل‌اجرا، سهل‌الحصول.

fa.cil.i.tate [*fəsíliteit*] (**-d, facilitating**) *vt.* آسان کردن، تسهیل کردن، کمك کردن.

fa.cil.i.ty [*fəsíliti*] (*pl.* **-ies**) *n.* سهولت، وسیلهٔ تسهیل، روانی، تردستی.

fac.ing [*féisiŋ*] *n. & adj.* علائم ریاضی [مثل × و +]، روکش، نما، رویه.

fac.sim.i.le [*fæksímili*] (*pl.*-**s**) *n.* گراور، کلیشهٔ عین متن اصلی، رونوشت، عین.

fact [*fǽkt*] *n.* واقعیت، حقیقت، وجود مسلم.

In view of the f. that. نظر باینکه.

fac.tion [*fǽkʃən*] *n.* دسته‌بندی، حزب، انجمن، فرقه، نفاق.

fac.tion.al.ism, *n.* فرقه‌بازی، نفاق.

fac.tious, *adj.* نفاق افکن.

fac.ti.tious [*fæktíʃəs*]=**fac.ti.tive,** *adj.* ساختگی، مصنوعی، صوری، غیرطبیعی، دروغی، وانمودکننده، بهانه کننده.

fac.tor [*fǽktə*] (**-ed, -ing**), *n., vt & vi.* عامل[عوامل]، حق‌العمل کار، نماینده، فاعل، سازنده، فاکتور، عامل مشترك.

fac.to.ry [*fǽktəri*] (*pl.* **-ies**), *n.* کارخانه.

fac.to.tum [*fæktóutəm*] *n.* آدم همه کاره، خدمتکار.

fac.tu.al, *adj.* وابسته بواقع امر، حقیقت امری، واقعی.

fac.ul.ty [*fǽkəlti*] (*pl.* **-ies**) *n.* استادان‌دانشکده‌یادانشگاه، دانشکده، استعداد، قوهٔ ذهنی، استعداد فکری.

fad [*fæd*] *n. & vt.* مدزودگذر، هوس.

fad.dish, *adj.* پیرو مد زودگذر.

fade [*feid*] (**-d, fading**) *n., adj., vi. & vt.* پژمردن، خشك شدن، کم‌رنگ شدن، بی‌نورشدن، کم کم ناپدید شدن.

fag [*fæg*] (**-ged, -ging**) *n., vt. & vi.* سخت کارکردن، جان‌کندن، خسته‌کردن، از پا درآوردن، حمال مفت، خدمتکار، سیگار.

fag end [*fǽgənd*] *n.* سر تیکهٔ پارچه، سرنخ، سرپارچه.

fag.ot, fag.got [*fǽgət*] (**-ed, -ing**) *vt. & n.* دستهٔ هیزم، دسته، دسته کردن، بهم بستن، ریشه کردن حاشیهٔ پارچه، بخیهٔ زینتی.

FAGOTING

Fahr.en.heit [*fǽrənhait*] *adj. & n.* درجهٔ حرارت فارنهایت.

fail [*feil*] (**-ed, -ing**) *n., vi. & vt.* شکست خوردن، رد شدن، قصور ورزیدن، عقیم ماندن، ورشکستن، واماندن، درماندن.

fail.ure [*féiljə*] *n.* واماندگی، درماندگی، کوتاهی، قصور، ناتوانی، شکست، ورشکستگی.

F. in examination. ردشدن درامتحان.

fain [*fein*] *adv. & adj.* خشنود، ناچار، متمایل، بخشنودی.

faint [*feint*] (**-ed, -ing**) *adj., n., vt. & vi.* ضعیف، کم‌نور، غش، ضعف کردن، غش کردن.

A f. hope. کوره امید.

faint.ish, *adj.* غشی، ضعیف.

fair [*fɛə*] (**-ed, -ing**) *n., adj., adv., vi. & vt.* زیبا، لطیف، نسبتاً خوب، متوسط، بور، بدون ابر، منصف، نمایشگاه، بازار مکاره، بی‌طرفانه.

The f. sex. جنس لطیف.

F. weather. هوای بی‌ابر ومعتدل.

fair copy, *n.* نسخهٔ درست.

fairground, *n.* ناحیه‌ای‌که مخصوص برگذاری بازار مکاره یا سیرك و نمایشگاهها می‌باشد.

fair-minded, *adj.* خالی‌از اغراض.

fair-weather, *adj.* [م.ل.] دارای هوای صاف، [مج.] مناسب برای [سفر دریا]، بی‌وفا، نیمه‌راه.

fairy [*fɛ'əri*] (*pl.* **-ies**) *n. & adj.* پری، جن، افسونگری، ساحره.

fait ac.com.pli (*pl.* **faits accomplis**) *n.* عمل انجام شده.

faith [*feiθ*] (*pl.* **-s**) *n. & vt.* ایمان، عقیده، اعتقاد، دین، پیمان.

Break one's f. عهد خود را شکستن.

In good f. بانیت پاك، بدرستی.

faith.ful, *adj. & n.* باوفا، باایمان.

faith.less, *adj.* بی‌ایمان، بی‌وفا.

fake [*feik*] (**-d, faking**) *n., adj., vt. & vi.* تقلید، جعل، حلقه کردن، پیچیدن، جا زدن، وانمودکردن.

fak.ery, *n.* وانمود، تقلب، تظاهر.

fal.chion [*fɔ́:l(t)ʃən*] *n.* شمشیر کوتاه وپهن، شمشیر منحنی، قداره.

fal.con [*fɔ́:(l)kən*] *n.* [ج.ش.] قوش، شاهین، باز، توپ قدیمی.

fal.con.er, *n.* قوش‌باز، کسیکه باشاهین شکار میکند.

fald.stool, *n.* صندلی تاشو بدون پشتی، صندلی راحتی.

fall [*fɔ:l*] (**fell, fall.en, fall.ing**), *n., vt. & vi.* خزان، پائیز، سقوط، هبوط، نزول، زوال، آبشار، افتادن، ویران شدن، فرو ریختن، پائین آمدن، تنزل کردن.

F. in. فروریختن، شکم دادن، درصف آمدن.

F. in love with. عاشق شدن به.

F. short. کم آمدن، قاصر آمدن.

He fell asleep. خوابش برد.

fal.la.cious [*fəléiʃəs*] *adj.* غلط، سفسطه آمیز.

fal.la.cy [*fǽləsi*] *n.* سفسطه، دلیل سفسطه آمیز، استدلال غلط.

fall.en, *adj.* افتاده.

fal.li.ble [*fǽlibl*] *adj.* جایزالخطا، اشتباه کننده.

fal.li.bil.i.ty, *n.* جایزالخطا بودن.

falling star=meteor, *n.* شهاب ثاقب، تیر شهاب، حجر سماوی.

fallopian tube, *n.* [تش.] لولهٔ فالوپ، شیپور رحمی.

fall out, *n. & vt.* رخ دادن، اتفاق افتادن، مشاجره داشتن، ذرات رادیواکتیوی که ازجوبزمین‌میریزد، باران رادیواکتیو.

fal.low [*fǽlou*] (**-ed, -ing**), *adj., n. & vi.* زردکمرنگ، غیر مزروع [زمین]، آیش، زمین شخم شده و نکاشته، بایر گذاشته، آیش کردن، شخم کردن.

fall to, *vi.* بکاری مبادرت کردن، به عملی دست زدن.

false [*fɔ:ls*] (**-r, -st**) *adj. & adv.* دروغ، کذب، کاذبانه، مصنوعی، دروغگو، ساختگی، نادرست، غلط، قلابی، بدل.

F. teeth. دندان مصنوعی.

A f. friend. دوست بی‌وفا.

false.hood [*fɔ́:lshud*] *n.* دروغ، کذب، سخن دروغ.

fal.set.to (*pl.* **-s**), *adv. & n.* [مو.] صدای تیز، غیر طبیعی.

fal.si.fi.ca.tion, *n.* تحریف، تزویر.

fal.si.fi.er, fal.si.ty, *n.* تحریف کننده، تحریف.

fal.si.fy [*fɔ́:lsifai*] (**-ied, falsifying**) *vt. & vi.* تحریف کردن، دست بردن در، باطل ساختن، تزویر کردن.

fal.ter [*fɔ́:ltə*] (**-ed, -ing**) *n., vi. & vt.* گیر کردن، لکنت زبان پیدا کردن، با شبهه و تردید سخن گفتن، تزلزل یا لغزش پیدا کردن.

fame [*feim*] (**-d, faming**) *n., vt. & vi.* شهرت، نام، شایعه، مشهور کردن.

House of ill f. فاحشه خانه.

He is famed for his poetry. او بخاطر اشعارش معروف است.

fa.mil.ial, *adj.* فامیلی، قومی، مربوط به‌خانواده، خویشاوندی، خودمانی، خانوادگی.

fa.mil.iar [*fəmíljə*] *n. & adj.* آشنا، وارد در، مأنوس، خودی، خودمانی.

fa.mil.iar.i.ty, *n.* آشنائی، انس.

fa.mil.iar.iza.tion, *n.* آشنا کردن.

fa.mil.iar.ize [*fəmíljəraiz*] (**-d, familiarizing**) *vt.* آشنا کردن، آشنا ساختن، خو دادن، عادت دادن، معلوم کردن، خودمانی کردن.

fam.i.ly, *n. & adj.* خاندان، خانواده، خانوادگی، فامیل، فامیلی.
family name, *n.* اسم خانوادگی، نام فامیلی.
family tree, *n.* شجره، نسب‌نامه.
fam.ine [*fǽmin*] *n.* قحطی، قحط وغلا، کمیابی، نایابی، خشکسالی.
fam.ish [*fǽmiʃ*] **(- ed, - ing),** *vt. & vi.* گرسنگی‌دادن، گرسنگی کشیدن.
famous [*féiməs*] *adj.* مشهور، معروف، نامی، عالی.
fan [*fæn*] **(-ned, -ning)** *n., vt. & vi.* [illegible]
F. the fire. آتش را بادبزن.
fa.nat.i.c-al [*fənǽtik(l)*] *adj. & n.* شخص متعصب ، دارای احساسات شدید [مذهبی وغیره]، دارای روح پلید، دیوانه.
fa.nat.i.cism, *n.* تعصب، کوته‌فکری.
fan.ci.er [*fǽnsiə*] *n.* خیال باف، خیال باز.
fan.ci.ful, *adj.* خیالی، پر اوهام.
fan.cy [*fǽnsi*] **(- ied, fancy-ing)** *n., adj. & vt.* خیال،وهم، توهم،تصور، قوهٔ مخیله،هوس،تجملی، تفننی، علاقه داشتن به، تصور کردن.
fane [*fein*]=**temple,** *n.* معبد ، هیکل.
fan.fare, *n., vt. & vi.* هیاهو، نمایش درفضای‌باز.
fang [*fæg*] **(- ed, - ing)** *n., vi. & vt.* دندان ناب، دندان انیاب [در سگ و مانند آن]، نیش.
fantail, *n.* دم چتری، کبوتر چتری.
fan.ta.sia=fan.ta.sie, *n.* آهنگ خیالی.
fan.tas.ti.co (*pl.* **- es**) *n.* آدم مضحك، آدم خیالی وخنده‌آور، وسواسی.
fan.ta.sy [*fǽntəsi, -əzi*] (*pl.*-**ies**) **(- ied, fantasying)** *n., vt. & vi.* قوهٔ مخیله، وهم، هوس ، نقشهٔ خیالی ، وسواس ، میل، تمایل، فانتزی.
far [*fa:*] **(farther** *or* **further, farthest** *or* **fur.thest)** *adv. & adj.* دور از (با away یا out یا off) ، بسیار، بمراتب، زیاد، خیلی، دور دست، بعید، بعلاوه.
How f. چقدر (راه)، تاکجا.
As f. as the eye sees. تا چشم کار میکند.
So f. تا اینجا، تاکنون.
So f. as. تاآنجا که، تاآن اندازه که.
far.ad, *n.* فاراد، واحدگنجایش برق.
Far.a.day, *n.* [فیزیك] فاراده.
faraway [*fá:rəwei*] *adj.* خیلی دور، دور افتاده، پرت، پریشان.
farce [*fa:s*] **(- d, farcing)** *vt. & n.* نمایش خنده‌آور، تقلید،لودگی،مسخرگی، کار بیهوده.
far.ci.cal [*fá:sikəl*] *adj.* خنده‌آور، مضحك، مسخره‌آمیز.
far.del, *n.* بقچه، بسته، بار، کوله‌بار.
fare [*fɛə*] **(- d, faring)** *vt. & n.* کرایه ، کرایهٔ مسافر، مسافر کرایه‌ای، خوراك، گذراندن، گذران کردن.
far.er, *n.* مسافر.
fare-thee-well, fare-you-well, *n.* خوش‌باش، خداحافظ.
farewell [*fɛ'əwél*] *interj, adj., n., vt. & vi.* خدا نگهدار، خداحافظ، تودیع.
farfetched [*fá:fétʃt*] *adj.* تشبیه بعید، بعید، غیر میسر.
far-flung, *adj.* پخش، پراکنده، پرت ودور افتاده.
fa.ri.na, *n.* آرد، آرد نرم، نشاسته، آرددار.
far.i.na.ceous, *adj.* آردی ، نشاسته‌ای.
farm [*fa:m*] **(- ed, - ing)** *n., vt. & vi.* کشتزار، مزرعه، زمین مزروعی، پرورشگاه حیوانات اهلی ، اجاره دادن به [با out]، کاشتن، زراعت کردن در.
farm.er, *n.* کشاورز.
farmhand, *n.* کارگر مزرعه، زارع.
farmhouse, *n.* خانهٔ رعیتی.
farmland, *n.* کشتزار.
farm out, *vt.* اجاره دادن زمین مزروعی.
farm.stead [*fá:msted*]=**farm-steading,** *n.* ابنیه و ساختمانهای مجاور مزرعه ، مزرعه و ابنیهٔ آن ، مزرعه وحوالی آن، علاقجات رعیتی.
far-off [*fá:rɔ:f*] *adj.* پرت، خیلی دور، دور دست، دور افتاده.
far-reaching [*fá:rí:tʃiŋ*] *adj.* وسیع، گسترده، دارای اثرزیاد، دور رس.
far.ri.er [*fǽriə*] *n.* نعلبند، دامپزشك، [نظ.] گروهبان اصطبل.
farseeing [*fá:sí:iŋ*] *adj.* مآل‌اندیش، عاقبت اندیش.
fart, *n. & vt.* گوز، گوزیدن.
far.ther [*fá.ðə*] *adj. & adv.* دورتر، بیشتر، بعلاوه، قدری، جلوتر.
far.ther.most [*fá:ðəmoust*] *adj.* دورترین، اقصی نقطه، بعیدترین، ابعد.
far.thest [*fá:ðist*] *adv. & adj.* دورترین، اقصی نقطه، بعیدترین، دورترین نقطه.
far.thing [*fá:ðiŋ*] *n.* فارثینگ، پول خرد انگلیس.
fas.ci.nate [*fǽsineit*] **(-d, fas-cinating)** *vt. & vi.* مجذوب کردن، دلربائی کردن، شیفتن، افسون کردن.
fas.ci.na.tion, *n.* افسون، جذبه.
fas.ci.na.tor, *n.* مجذوب کننده، افسونگر.
fas.cism [*fǽʃizm*] *n.* اصول عقاید فاشیست، حکومت فاشیستی.
fas.cist, *adj. & n.* فاشیست.
fash.ion [*fǽʃən*] **(- ed, -ing),** *vt. & n.* روش، سبك، طرز، اسلوب، مد، ساختن، درست کردن، بشکل در آوردن.
In f. باب‌روز، متداول، مد.
Out of f. غیر متداول، از مد افتاده.
fash.ion.a.ble [*fǽʃənəbl*] *adj. & n.* شیك، مدروز، خوش سلیقه.
fast [*fa:st*] **(- ed, - ing)** *adj., adv., n., vt. & vi.* تند ، تندرو ، سریع‌السیر، جلد و چابك ، رنگ نرو، پایدار، باوفا، سفت، روزه، روزه گرفتن، فوراً.
A f. color. رنگ ثابت.
fast and loose, *adv.* نااستوار، از روی بی‌باکی، ازروی مکروحیله.
fas.ten [*fá:sn*] **(-ed, -ing)** *vt. & vi.* بستن، محکم کردن، چسباندن، سفت شدن.
To f. the door with nails. در را بامیخ محکم کردن.
fastening [*fá:sniŋ*] *n.* چفت وبست، چفت، بست، بند، یراق در.
fas.tid.i.ous [*fæstídiəs*] *adj.* سخت‌گیر، باریك بین، مشکل پسند، بیزار.
fast.ness [*fá:stnis*] *n.* تندی، سرعت، محکمی، استواری، سفتی.
fat [*fæt*] **(- ted, - ting) (- ter, - test)** *adj., n., vt. & vi.* فربه، چاق، چرب ، چربی،چربی‌دار، چربی‌دار کردن، فربه یا پرواری کردن.
fa.tal [*féitl*] *adj.* کشنده، مهلك، مصیبت‌آمیز، وخیم.
fa.tal.ism, *n.* اعتقاد به سرنوشت.
fa.tal.ist, *n.* معتقد به سرنوشت.
fa.tal.i.ty, *n.* مرگ‌ومیر، تلفات.
fate [*feit*] **(- d, fating)** *n., vi. & vt.* سرنوشت،تقدیر، قضاوقدر، نصیب وقسمت، تقدیر شدن، [illegible]
fate.ful, *adj.* مهم، شوم.
fat-headed, *n.* احمق، کودن.
fa.ther [*fá:ðə*] **(- ed, - ing),** *n. & vt.* پدر، والد، مؤسس، موجد، بوجود آوردن، پدری کردن.
fa.ther.hood [*fá:ðəhud*] *n.* پدری، [مج.] اصلیت، منشاء، اصل.
fa.ther-in-law [*fá:ðərinlɔ:*] (*pl.* **fa.thers-in-law**) *n.* پدر شوهر، پدر زن.
fa.ther.land [*fá:ðəlænd*] *n.* وطن، کشور، میهن.
fath.om [*fǽðəm*] **(- ed, -ing),** *n., vt. & vi.* قولاج،[واحد عمق‌پیمائی‌دریائی]، اندازه‌گرفتن، عمق پیمائی کردن ، درك کردن.
To f. the depth of the sea. عمق‌یابی دریا.
fath.om.less, *adj.* عمیق، بی‌انتها.
fa.tid.ic, *n.* وابسته به پیش‌گوئی‌حوادث و وقایع، نبوتی، متضمن پیشگوئی.
fa.tigue [*fətí:g*] **(- d, fatigu-ing)** *n., vt. & vi.* خستگی، کوفتگی، رنج، خسته شدن.
fat.ness, *n.* فربهی، چربی، برکت.
fat-soluble, *adj.* [ش.] قابل حل درچربی، محلول درحلالهای چربی.
fat.ten [*fǽtn*] **(- ed, - ing),** *vt. & vi.* فربه کردن، چاق کردن،پرواری کردن، حاصلخیز کردن، کود دادن.
fat.ty, *adj.* چرب، چربی مانند.
fa.tu.ity (*pl.* **- ies**) *n.* بیشعوری، حماقت، بی‌خردی، نفهمی، ابلهی.
fat.u.ous, *adj.* احمق، بیشعور.
fau.cet [*fɔ́:sit*] *n.* شیرآب، شیر بشکه.
fau.cial, *adj.* حلقی،وابسته‌به‌حلق‌وگلو.
faugh, *interj.* علامت تعجب ، آه، پیف.

Fault

fault [*fɔ(:)lt*] **(- ed, - ing)** *n., vt. & vi.* کاستی، تقصیر، گناه، عیب، نقص، خطا، اشتباه ، شکست زمین، چینه، گسله، تقصیر کردن، مقصر دانستن.
Find f. with. عیبجوئی کردن از.
The f. lies with him. تقصیر از اوست.
fault.find.er, *n.* منقد، عیب‌جو، خرده‌گیر.
fault.less, *adj.* بی‌عیب، بی‌تقصیر.
faulty [*fɔ́(:)lti*] **(- ier, - iest),** *adj.* معیوب، عیبناك، ناقص، مقصر، نکوهیده.
fau.na [*fɔ́:nə*] (*pl.* **- s, - ae**) *n.* کلیهٔ جانوران یك‌سرزمین یایك زمان، حیوانات یك اقلیم، جانورنامه، جانداران، زیا.
fa.vor, fa.vour [*féivə*] **(- ed, - ing)** *n. & vt.* التفات،توجه، مرحمت، لطف ، احسان ، مساعدت ، طرفداری ، مرحمت کردن، نیکی کردن به، طرفداری کردن.
In favor of. بحساب، برله، بنام، بنفع.
fa.vor.able, *adj.* مساعد، مطلوب.
F. weather. هوای مساعد.
fa.vor.ite [*féivərit*] *adj. & n.* مطلوب، برگزیده، مخصوص، سوگلی، محبوب.
fa.vor.it.ism [*féivəritizm*] *n.* طرفداری، استثناء قائل شدن نسبت بکسی.
fawn [*fɔ:n*] **(- ed, - ing)** *adj., n. & vi.* آهو بره، رشا، گوزن، حنائی، بچه‌زائیدن [آهو یا گوزن]، اظهار دوستی کردن، تملق گفتن.
fay [*fei*] **(- ed, - ing)** *vt. & vi.* نصب کردن، موفق‌شدن، شوخی‌توهین‌آمیز کردن، پاك کردن.
faze **(- d, fazing)** *vt.* برهم زدن، درهم ریختن، پریشان کردن.
fe.al.ty, *n.* وفاداری، وظیفه‌شناسی، بیعت.
fear [*fiə*] **(- ed, - ing)** *n., vt. & vi.* ترس، بیم، هراس، ترسیدن [از]،وحشت.
For f. of. از ترس.
fear.ful, *adj.* ترسان، بیمناك.
fear.less [*fíəlis*] *adj.* بی‌باك،نترس.
fear.some, *adj.* ترسناك، مهیب.
fea.si.ble [*fí:zəbl*] *adj.* شدنی، عملی،امکان‌پذیر، میسر، ممکن، محتمل.
fea.si.bil.i.ty, *n.* امکان پذیری، عملی بودن.
feast [*fi:st*] **(- ed, - ing)** *n., vt. & vi.* مهمانی، سور،ضیافت، جشن،عید، خوشگذرانی کردن، جشن گرفتن، عیاشی کردن.
feat [*fi:t*] **(- er, - est)** *adj. & n.* کار برجسته، شاهکار، کار بزرگ، فتح نمایان.
feath.er [*féðə*] **(- ed, - ing)** *n., vt. & vi.* پر، پروبال، باپر پوشاندن، باپر آراستن، بال دادن.
A f. in one's cap. نشان‌امتیاز، نشان‌افتخار، افتخار، مایهٔ مباهات.
feath.er.weight, *n.* ورزشکار پروزن.
feath.er.y, *adj.* پر مانند، پوشیده از پر، شبیه به پر.
fea.ture [*fí:tʃə*] **(- d, featur-ing)** *n., adj., vt. & vi.* سیما ، چهره ، طرح صورت ، ریخت ، ترکیب ، خصوصیات، نمایان کردن، بطور برجسته نشان‌دادن.
fea.ture.less, *adj.* بدون سیما یا جنبهٔ بخصوص.
fe.brile, *adj.* وابسته به تب، دارای حالت تب، تبدار، تب‌خیز.
Feb.ru.ar.y [*fébruəri*] (*pl.*-**ies**), *n.* فوریه.
fe.ces, *n. pl.* مدفوع انسان وحیوان.
feck.less, *adj.* بی‌اثر، سست.
fe.cund, *adj.* بارور، برومند، پرثمر، حاصلخیز، پرزائ.
fe.cun.date **(- d, fecundat-ing)** *vt.* بارورکردن، آبستن کردن، گشنیدن.
fe.cun.da.tion, *n.* لقاح، گشنگیری.
fe.cun.di.ty, *n.* باروری، حاصلخیزی.
fed.er.al [*fédərəl*] *adj. & n.* فدرال، ائتلافی، اتحادی، اتفاق.
fed.er.al.ism, *n.* فدرالیسم، اصل دولت ائتلافی.
fed.er.ate [*fédəreit*] **(-d, fede-rating)** *adj., vt. & vi.* متحد، وابسته، هم پیمان، هم عهدکردن ، متعهد کردن، تشکیل کشورهای متحد دادن.

fed.er.a.tion [fèdəréiʃən] *n.* فدراسیون.

fed up, *adj.* سیر وبیزار، رنجیده، بیزار.

fee [fi:] *n., vt. & vi.* پرداخته، پردازانه، مزد، دستمزد، اجرت، پاداش، پول، شهریه، اجاره کردن، دستمزد دادن به، اجیر کردن.

fee.ble [fí:bl] (-r, -st) *adj.* ضعیف، کم‌زور، ناتوان، عاجز، سست، نحیف.

fee.ble.mind.ed, *adj.* دارای فکر ضعیف، احمق، کودن، کم عقل.

feed [fi:d] (**fed, feeding**), *adj. & n.* خوراک دادن، پروردن، چراندن، خوردن، خوراک، علوفه.

Be fed up. سیر شدن، بیزار شدن.

feed.er [fí:də] *n.* خوراک‌دهنده، (غذا) خورنده، چرنده، [درجمع] چارپایان‌پرواری، رودفرعی، بطری‌پستانک‌دار، سوخت رسان، ناودان.

feed.stuff, *n.* خوراک حیوانات، علوفه.

feel [fi:l] (**felt, feeling**) *vt.* احساس کردن، لمس کردن، محسوس شدن.

F. one's way. راه خود را کورمال کورمال پیدا کردن.

I f. cold. سردم است.

How do you f.? حال شما چطور است؟

It feels soft. زیردست نرم است.

feel.er [fí:lə] *n.* احساس‌کننده، دیده‌بان، [مج.] سخن استمزاجی.

feign [fein] (-ed, -ing) *vt. & vi.* وانمود کردن، بخود بستن، جعل کردن.

F. illness. خودرا بناخوشی زدن.

feigned, *adj.* جعلی، مصنوعی.

feint [feint] (-ed, -ing) *n., vt. & vi.* وانمود، نمایش دروغی، تظاهر، خدعه، فریب، [نظ.] حملهٔ خدعه‌آمیز، وانمود کردن.

fe.lic.i.tate [filísiteit] *adj. & vt.* تبریک و تهنیت گفتن، مبارک باد گفتن.

fe.lic.i.ta.tion, *n.* شادباش، تبریک.

fe.lic.i.tous [filísitəs] *adj.* مبارک.

fe.lic.i.ty [filísiti] (*pl.* -ies) *n.* خوشی، سعادت، برکت، اقتضاء، مناسبت.

fe.line [fí:lain] *adj. & n.* گربه‌ای، وابسته به تیرهٔ گربه، گربه صفت.

fell [fel] (-ed, -ing) *n., adj. & vt.* انداختن، قطع کردن، بریدن وانداختن، بزمین زدن، مهیب، بیدادگر، سنگدل.

fel.la.ti.o=fel.la.tion, *n.* تحریک آلت تناسلی مرد بوسیلهٔ زبان.

fel.low [félou] *adj. & n.* مرد، شخص، آدم، مردکه، یارو.

F. creature. همنوع.

fellow-feeling, *n.* حس هم‌نوعی.

fel.low.man, *n.* همنوع.

fel.low.ship [félouʃip] (-ed, -ped, -ing, -ping) *n. & vt.* رفاقت، دوستی، هم‌صحبتی، معاشرت کردن، کمک هزینهٔ تحصیلی، عضویت، پژوهانه.

fellow-student, *n.* همشاگردی

fellow traveler, *n.* هم‌سفر، کسی‌که عضو حزبی نیست و در فعالیتهای آن شرکت نمیکند ولی ازآن جانبداری مینماید.

fel.on [félən] *adj. & n.* بزهکار، گناهکار، جانی، جنایتکار.

fe.lo.ni.ous [filóuniəs] *adj.* تبه‌کارانه.

fel.o.ny (*pl.* -ies) *n.* بزه، تبه‌کاری، جنایت، بدکاری، خیانت، شرارت.

felt [felt] (-ed, -ing) *n., vt. & vi.* نمد، پشم مالیده ونمد شده، نمد پوش کردن، نمد مالی کردن.

felt (*p.* of **feel**). زمان ماضی فعل feel.

fe.male [fí:meil] *n. & adj.* جنس‌ماده، مؤنث، زنانه، جانورماده، زن، نسوان.

fem.i.nine [féminin] *adj. & n.* جنس‌زن، مربوط به‌جنس‌زن، مؤنث، مادین، زنان.

fem.i.nin.i.ty, *n.* زنانگی، ظرافت.

fem.i.nism [féminizm], *n.* عقیده به برابری زن ومرد، طرفداری اززنان.

fem.i.nist, *n.* طرفدار حقوق زنان.

fem.i.ni.za.tion, *n.* مؤنث کردن.

fem.i.nize (-d, **feminizing**), *vt.* مؤنث کردن، زنانه کردن، زنانه‌شدن، دارای خصوصیات زنانه شدن.

fe.mur (*pl.* **femurs, femora**), *n.* [تش.] استخوان ران، فخذ، ران حشره.

fen [fen] (*pl.* **fen**) *n.* مرداب، زمین آبگیر، سیل‌گیر، سیاه‌آب.

fence [fens] (-d, **fencing**) *n., vt. & vi.* حصار، دیوار، پرچین، محجر، سپر، شمشیربازی، خاکریز، پناه دادن، حفظ کردن، نرده کشیدن، شمشیربازی کردن.

fenc.er, *n.* شمشیرباز.

fencing, *n.* شمشیربازی، نرده، محجر، حصار، دفاع.

fend [fend] (-ed, -ing) *n., vt. & vi.* دفع کردن، دور کردن (با off یا away) دفاع کردن، تکفل معاش.

fend.er [féndə] *n.* پیش بخاری، حایل، گلگیر، ضربت‌گیر.

fen.nel, *n.* [گ.ش.] رازیانه.

Sweet f. [گ.ش.] مرزه.

fen.ny, *adj.* باتلاقی، گلی، مردابی، لجن‌زار.

feoff.ment, *n.* واگذاری تیول، [م.م.] سند واگذاری تیول.

fe.ral, *adj.* شکاری، حیوان‌شکاری، وحشی، مهلک، وابسته به تشییع جنازه، کفن ودفنی.

fer.ment [fə:mént] (-ed, -ing), *n., vt. & vi.* ترش شدن، مخمر شدن، ورآمدن، [مج.] برانگیزاندن، تهییج کردن، مادهٔ تخمیر، مایه، جوش، خروش، اضطراب.

fer.men.ta.tion, *n.* تخمیر.

fern [fə:n] *n.* [گ.ش.] سرخس، جماز، بسفایج.

fe.ro.cious, *adj.* وحشی، سبع.

fe.roc.i.ty [fərɔ́siti] *n.* درندهٔ خوئی، وحشی‌گری، سبعیت، ستمگری.

fer.rate, *n.* [ش.] نمك جوهر آهن.

fer.ret [férit] (-ed, -ing) *n., vt. & vi.* موش خرما، راسو، [مج.] آدم کنجکاو، کنجکاوی کردن، کاوش، گریزاندن [با out یا away].

fer.ric, *adj.* [ش.] دارای ترکیبات آهن.

fer.rif.er.ous, *adj.* آهن‌دار، آهن‌خیز، دارای مواد آهنی.

fer.rous, *adj.* [ش.] آهنی، دارای ترکیبات آهن.

fer.rule [féru:l] *vt. & n.* حلقه یا بست فلزی ته عصا، حلقه، بست فلزی زدن.

fer.ry [féri] (-ied, **ferrying**), *n., vt. & vi.* گدرگاه، معبر، جسر، گذر دادن، از یك طرف رودخانه بطرف دیگر عبور دادن.

ferryboat, *n.* قایقی‌که بوسیلهٔ سیم یا طناب وغیره ازیك سوی رودخانه بسوی دیگر میرود.

fer.tile [fə':tail, -til] *adj.* حاصلخیز، پرثمر، بارور، برومند، پربرکت.

fer.til.i.ty, *n.* حاصلخیزی، باروری.

fer.til.iza.tion, *n.* لقاح، کود دادن.

fer.til.ize [fə',tilaiz] (-d, **fertilizing**) *vt. & vi.* بارور کردن، حاصلخیز کردن، لقاح کردن، کود دادن.

fer.til.iz.er, *n.* کود، آبستن‌کننده.

fer.u.la (*pl.* -e) *n.* [گ.ش.] خانوادهٔ انقوزه وشقاقل و رازیانه ومانندآنها

fer.ule [féru:l]=**fer.u.la,** *n.* خط‌کش پهن برای زدن بچه، چوب خیزران، عصا، گرز، تنبیه باچوب.

fer.ven.cy=fervor, *n.* گرمی، غیرت، شوق.

fer.vent [fə':vənt] *adj.* باحرارت، باحمیت، پرشور وشعف، ملتهب.

fer.vid, *adj.* سوزان، مشتاق.

fer.vor [fə':və]=**fer.vour,** *n.* حرارت شدید، اشتیاق شدید، گرمی، التهاب.

fes.tal [fést(ə)l] *adj.* عیدی، جشنی، وابسته به عید، خوش.

fes.ter [féstə] (-ed, -ing) *n., vt. & vi.* چرك، فساد، چرك کردن، گندیدن.

fes.ti.val [féstiv(ə)l] *adj. & n.* جشنواره، عید، سور، شادمانی، جشنی، عیدی.

fes.tive, *adj.* جشنی، شاد.

fes.tiv.i.ty, *n.* جشن وسرور.

fes.toon [festú:n] (-ed, -ing), *n. & vt.* هلال‌گل، گلبند، باهلال یا زینت گل آراستن، باگل آراستن.

fe.tal, *adj.* جنینی، وابسته به جنین.

fetch [fetʃ] (-ed, -ing) *n., vt. & vi.* آوردن، رفتن وآوردن، بهانه، طفره.

fetch.ing, *adj.* جذاب، دلربا، گیرنده.

fete [feit] **fête** (-d, **feting**), *vt. & n.* جشن، عید، سرور، جشن‌گرفتن.

fet.id [fétid, fí:tid] *adj.* گندیده، بدبو، متعفن، دارای بوی زننده، گند دهان.

fe.tish, fe.tich [fí:tiʃ] *n.* طلسم، اشیاء یا موجوداتی‌که‌بعقیدهٔ اقوام وحشی دارای روح‌بوده وموردپرستش قرار می‌گرفتند، بت، صنم، خرافات.

fet.lock [fétlɔk] *n.* تهق، طوپاق، مچ‌پای اسب، موی پشت پای اسب، موی تهق.

fet.ter [fétə] (-ed, -ing) *vt. & n.* بخو، پابند، زنجیر، [مج.] قید، مانع، مقید کردن، در زیر غل وزنجیر آوردن.

fet.tle [fétl] (-d, **fettling**) *n., vt. & vi.* علف یونجه، حال، حالت، نظم وترتیب، درست کردن، رفوکردن، آراستن.

In fine f. سرحال، درحالت بسیار خوب.

fe.tus, foe.tus (*pl.* **fetuses, foetuses**) *n.* جنین، رویان.

feud [fju:d] *n. & vi.* عداوت، دشمنی، جنگ ونزاع، عداوت کردن.

feud=feod, *n.* دشمنی، کشمکش، ستیز.

feu.dal [fjú:dl] *adj. & n.* ملوك‌الطوایفی، وابسته به تیول، فئودال.

feu.dal.ism, *n.* فئودالیسم، ملوك‌الطوایفی.

feu.dal.i.ty, *n.* تیول، تصرف بشرط خدمت، اصول ملوك‌الطوایفی.

feu.dal.ize, *vt.* ملوك‌الطوایفی کردن.

fe.ver [fí:və] (-ed, -ing) *n., vt. & vi.* تب، [مج.] هیجان، تبدار کردن.

fever blister, *n.* [طب] تبخال.

fe.ver.ous=feverish, *adj.* تبدار، درحال تب.

few [fju:] (-er, -est) *pron., adj. & n.* معدود، اندك، کم، اندکی از، کمی از (با a).

A f. books. کتابی چند.

Not a f. بسیاری، خیلیها.

fez [fez] (*pl.* -zes, -es) *n.* فینه، کلاه قرمز منگوله‌دار، فس.

fi.an.cé [fiâsei, fiá:nsei] (-d, **fiancing**) *vt. & n.* نامزد (مرد)، نامزدگرفتن.

fi.an.cée, *n.* نامزد (زن یا دختر).

fi.as.co [fiǽskou] (*pl.* **fiascoes**), *n.* شکست مفتضحانه، ناکامی.

fi.at [fáiæt] *adj. & n.* حکم، امر، اجازه، رخصت، حکمی، امری.

fib [fib] (-bed, -bing) *n. & vi.* دروغ، دروغ درچیز جزئی، دروغ‌گفتن.

fi.ber, fi.bre [fáibə] *n.* رشته، تار، نخ، بافت، لیف (الیاف)، فیبر.

fiberboard, *n.* فیبر، ورقهٔ فیبر.

fiber glass, *n.* شیشهٔ رشته مانند، پشم شیشه.

fi.ber.ize, *vt.* رشته رشته‌کردن، لیفی‌کردن، فیبر کردن.

fi.bril, *n.* لیف کوچك، رشتهٔ کوچك، تارچه.

fib.u.la (*pl.* **fib.u.lae** & -s) *n.* [تش.] استخوان‌نازك‌نی، قصبهٔ‌صغری، ساق کوچك.

fickle, *adj.* متلون، دمدمی، بی‌ثبات، بی‌وفا.

fic.tion [fíkʃən] *n.* افسانه، قصه، داستان، اختراع، جعل، خیال، وهم، دروغ، فریب، بهانه.

fic.tion.al.ize (-d, **fictionalizing**) **fic.tion.ize,** *vt.* بصورت افسانه درآوردن، بصورت داستان درآوردن، داستان سرائی کردن.

fic.ti.tious [fiktíʃəs] *adj.* جعلی، ساختگی، موهوم.

fic.tive, fictional, *adj.* ساختگی، افسانه‌ای.

fid.dle [fídl], (-d, **fiddling**), *n., vt. & vi.* ویولون، کمانچه، ویولون زدن، زرزر کردن، کار بیهوده کردن.

fid.dle-fad.dle, *n.* مزخرف، مهمل.

fiddlestick [fídlstik] *n.* کمان، آرشهٔ ویولون، چیز بی‌معنی یا پوچ.

fi.del.i.ty [fidéliti, fai-] (*pl.* -ies) *n.* وفاداری، راستی، صداقت.

fid.get [fídʒit] (-ed, -ing) *n., vt. & vi.* بی‌آرامی، بی‌قراری، بخودپیچی، لولخوری، بی‌قرار بودن، ناراحت بودن.

fid.gety [fídʒiti] *adj.* بیقرار، ناراحت.

fi.du.cial, *adj.* امانتی، اعتمادی، معتمد، [نج.] ثابت، وابسته به امین ترکه.

fi.du.ci.ary, *adj. & n.* امانتی.

fie [fai] *interj.* اف، تف، وای، آه.

fief [fi:f] *n.* تیول، ملك.

field [fi:ld] (-ed, -ing) *adj., n., vt. & vi.* میدان، زمین، صحرا، دشت، کشتزار، دایره، رشته، بمیدان یا صحرا رفتن.

Oil f. میدان نفت، منطقهٔ نفت‌خیز.

F. events. مسابقات صحرائی ومیدانی.

field artillery, *n.* توپخانهٔ صحرائی.

field glass [fí:ldgla:s] *n.* دوربین صحرائی، عدسی درونی‌دوربین‌یاذره‌بین.

field marshal [fí:ldmá:ʃəl] *n.* [نظ] سپهبد.

fiend [fi:nd] *n.* دیو، شیطان، روح پلید، آدم بسیار شریر.

fiend.ish, *adj.* دیوصفت، شیطانی.

fierce [fiəs] (-r, -st) *adj.* زیان، درنده، شرزه، حریص، سبع، تندخو، خشم‌آلود.

fi.ery [fáiəri] (-ier, -iest), *adj. & adv.* آتشین، آتشبار، آتشی‌مزاج.

fife [faif] (-d, **fifing**) *n., vi. & vt.* نی، نی‌لبك، نی‌زدن، نی زدن، فلوت زدن.

fif.teen [fiftí:n, fífti.n, fíftí:n] *n. & adj.* پانزده.

fifteenth, *adj. & n.* پانزدهمین.

fifth [*fif(t)θ*] (*pl.* **- s**) *adj. & n.* پنجم، پنجمین.

fifth column, *n.* ستون پنجم، دستگاه جاسوسی.

fif.ti.eth [*fíftiiθ*] *adj. & n.* پنجاهم، پنجاهمین، یك پنجاهم.

fif.ty [*fífti*] (*pl.* **- ies**) *pron., n. & adj.* پنجاه.

fif.ty-fif.ty, *adj. & adv.* پنجاه پنجاه، تنصیف، تقسیم بالمناصفه.

fig [*fiq*] *n.* [illegible]

I don't care a f. من هیچ‌اهمیت نمی‌دهم.

fight [*fait*] (**fought, fight.ing**), *n., vt. & vi.* جنگ، نبرد، کارزار، پیکار، زدوخورد، جنگ کردن، نزاع کردن.

fight.er [*fáitə*] *n.* جنگ کننده، جنگنده، مشت باز.

fig.ment [*fígmənt*] *n.* خیال، وهم، سخن جعلی، اختراع، افسانه.

fig.u.ra.tive [*fígjurətiv*] *adj.* مجازی، تمثیلی، رمزی، کنایه‌ای، تصویری.

fig.ure [*fígə*] (**- d, figuring**), *n., vt. & vi.* شکل، صورت، شخص، نقش، رقم، عدد، کشیدن، تصویر کردن . مجسم کردن، حساب کردن، شمردن، پیکر.

fig.ure.head [*fígəhed*] *n.* رئیس پوشالی، رئیس بی‌نفوذ، دست نشانده.

figure out, *vt.* کشف کردن،سنجیدن، معین کردن، حل کردن.

figure skating, *n.* یخ‌بازی نمایشی، رقص روی یخ.

fig.u.rine, *n.* پیکر کوچك، مجسمهٔ سفالین رنگی.

fil.a.ment [*fíləmənt*] *n.* رشته، تار، لیف، [گ.ش.]میله‌ای، میله.

fil.a.ture [*filətʃə*] *n.* نخ‌کشی، ابریشم پیچی، کلاف‌کشی.

fil.bert, *n.* [گ.ش.] فندق، درخت‌فندق.

filch [*filtʃ*] (**- ed, - ing**) *n. & vt.* کش رفتن، بچابکی دزدیدن، دزدیدن، دزدی.

file [*fáil*] (**- d, filing**) *n., vt. & vi.* سوهان، آهن‌سای، سوهان زدن، سائیدن، [مجـ.] پرداخت کـردن، پرونده، دستهٔ کاغذهای مرتب ، [م.م.] صورت ، فهرست ، قطار ، صف . درپرونده گذاشتن ، دربایگانی نگاه داشتن ، ضبط کردن، درصف راه رفتن، رژه رفتن.

To f. a paper. کاغذی‌را بایگانی کردن.

A carpenter's f. سوهان نجاری.

File-keeper. بایگان.

fil.ial [*fíljəl*] *adj.* فرزندی، شعبه، درخور فرزند.

fili.a.tion, *n.* آباء واجدادی، نسب، نسل، رابطهٔ پدر وفرزندی.

fil.i.bus.ter [*fílibʌstə*] (**- ed, - ing**) *n., vi. & vt.* [آمر.] کسی که قانونگذاری مجلس را باطالهٔ کلام و وسائل دیگر بتأخیر می‌اندازد.

fil.i.cide, *n.* پسرکشی، فرزندکش.

fil.i.gree [*filigri:*] (**-d, filigree-ing**) *vt. & n.* تزئیناتی بشکل ذرات ریـز یا دانه‌های تسبیح کـه امروزه بصورت سیم‌های ریز طلا و نقره و یـا مسی دراطراف آلات زرین و سیمین ساخته می‌شود، ملیله دوزی، ملیله دوزی کردن.

fil.ing [*fáiliŋ*] *n.* سوهان‌کاری، ضبط، بایگانی، سیخ‌زنی، کافذ.

Fil.i.pi.no [*filipí:nou*] (*pl.* **-s**), *n. & adj.* اهل فیلیپین.

fill [*fil*] (**- ed, - ing**) *n., vt. & vi.* پر کردن، سیر کردن ، نسخه پیچیدن ، پر شدن، آکندن، باد کردن.

fill.er, *n.* بتونه، میلهٔ استحکام، پر کننده، مال‌بند اسب.

fil.let=fi.let [*fílit*] (**-ed, -ing**), *n. & vt.* سر بند، پیشانی‌بند، گیس‌بند، قیطان، نوار، پشت‌مازو، آهن‌تنکه یاتسمهٔ‌آهن، تذهیب‌کاری کردن، بـا لایه پر کردن، گچ‌بری، باریك ساختن، پشت مازو بریدن.

fill in (*pl.* **- s**) *n., vt. & vi.* شرح‌دادن، پر کردن، جانشین کردن، جانشین‌شونده.

fill.ing, *n.* پر کردن، پرشدگی (دندان)، هرچیزیکه باآن چیزیرا پر کنند، لفاف.

filling station, *n.* پمپ بنزین.

fil.lip [*fílip*] (**- ed, - ing**) *n. & vt.* تلنگر ، [مجـ.] انگیزش ، وسیلهٔ تحریك ، چیز بیهوده، تلنگر زدن، [مجـ.] تحریك کردن.

fil.ly [*fíli*] (*pl.* **- es**) *n.* کرهٔ مادیان، قسراق، [مجـ.] دختر شوخ وجوان.

film [*film*] (**- ed, - ing**) *n., vt. & vi.* پردهٔ نازك، فیلم‌عکاسی، فیلم‌سینما، (درجمع) سینما، غبار، تاری چشم، فیلم برداشتن از.

filmstrip, *n.* فیلم‌عکاسی ۳۵ میلیمتری، فیلم‌سینمائی، نوارفیلم، اسلایدهای بشکل نوار فیلم.

filmy, *adj.* غبارگرفته، فیلم مانند.

fil.ter [*fíltə*] (**-ed, -ing**) *n., vt. & vi.* صافی، پالونه، آب صاف کردن ، تصفیه کردن ، پالودن، صاف کردن ، چیزیکه بعضی پرتوها از آن میگذرند ولی‌حائل پرتوهای دیگر است .

fil.ter.able=fil.tra.ble, *adj.* قابل پالایش، تصفیه پذیر، صافی کردنی.

filter paper, *n.* [ش.] کاغذ صافی.

filter tip, *n.* فیلتر سیگار، سیگار فیلتردار.

filth [*filθ*] *n.* چرك، کثافت، پلیدی، آلودگی، [مجـ.] هرزه.

filthy, *adj.* چرکین، کثیف، پلید.

fil.trate (**- d, filtrating**) *n., vt. & vi.* ازصافی گذشتن، ازصافی گذراندن.

fil.tra.tion, *n.* از صافی گذراندن، تصفیه، پالایش.

fin [*fin*] (**- ned, - ning**) *n., vi. & vt.* پرهٔ ماهی، بال‌ماهی، پرك،[ر.ع.] دست، بال، پرهٔ طیاره، پر، باباله مجهز کردن.

fi.na.gle, *vt. & vi.* با زرنگی بدست آوردن، نقشه کشیدن [برای]، باحیله بدست آوردن، گول زدن.

fi.nal [*fáinl*] *adj. & n.* آخرین، پایانی، نهائی، غائی، قطعی، قاطع.

fi.na.le [*finá:li*] *n.* [مو.] بخش‌آخر، آهنگ نهائی، آخر، عاقبت.

fi.nal.i.st, *n.* پایان‌رس، کسی که درمسابقه به‌مرحلهٔ نهائی برسد.

fi.nal.i.ty [*fainǽliti*] (*pl.* **-ies**), *n.* اعتقاد بعلت نهائی درگیتی، قطعیت، پایان.

fi.nal.iza.tion, *n.* بپایان رسانی، اتمام، انجام رسانی، فرجام.

fi.nal.ize, *vt.* بپایان رساندن، بمرحله نهائی رساندن.

fi.nal.ly, *adv.* بالاخره،عاقبت،سرانجام.

fi.nance [*finǽns, fai-*] (**- d, financing**) *n., vi. & vt.* مالیه ، دارائی ، علم دارائی ، تهیهٔ پول کردن، درکارهای مالی داخل شدن.

To f. a project. بودجهٔ پروژه‌ای را تأمین کردن.

fi.nan.cial, *adj.* مالی.

fi.nan.cier [*finǽnsiə, fai-*] *n. & vi.* متخصص مالی، سرمایه‌دار، سرمایه‌گذار.

finch [*fin(t)ʃ*] *n.* [ج.ش.] سهره وانواع آن، خانوادهٔ سهره.

find [*faind*] (**found, finding**), *n., vi. & vt.* پیداکردن، یافتن، جستن، تشخیص دادن، کشف کردن، پیدا کردن ، چیز یافته، مکشوف.

F. fault. عیب‌جوئی کردن از.

find.er [*fáində*] *n.* یابنده، پیداکننده.

find.ing [*fáindiŋ*] *n.* حکم، افـزار، آنچه کارگر از خود بـرسر کار می‌برد، یافت، کشف، اکتشاف.

find out, *vt.* دریافتن، پی‌بردن، کشف کردن، مکشوف کردن.

fine [*fain*] (**- d, fining**) *n., adj., vt. & vi.* جریمه، تاوان، غرامت، جریمه [illegible] کردن، صاف شدن ، رقیق شدن ، خوب، فاخر، نازك، عالی، لطیف، نرم، ریز، شگرف.

fine arts, *n.* هنرهای زیبا.

fine.ly, *adv.* بطورعالی یا ظریف یا ریز.

fin.ery [*fáinəri*] (*pl.* **- ies**) *n.* زیور، آرایش، زروزیور، جامهٔ پر زرق وبرق، کارخانهٔ تصفیهٔ فلزات.

fines, *n. pl.* خاکه، چیزخاك شده.

finespun, *adj.* ریزبافت، نازك‌رشته.

fi.nesse [*finés*] (**-d, finessing**), *n., vt. & vi.* ظرافت، نکته‌بینی، دقت، زیرکی بکار بردن.

fin.ger [*fíŋgə*] (**- ed, - ing**) *n., vi. & vt.* انگشت، باندازهٔ یك‌انگشت،میله، برآمدگی، زبانه، انگشت زدن، دست‌زدن(به).

finger board, *n.* جا انگشتی (در ساز وپیانو).

fin.ger.ing, *n.* ناخنك زنی، پنجه گذاری، انگشت‌کاری.

fingernail, *n.* ناخن.

fingerpost, *n.* تیر راهنما، راهنمای‌جاده، تیر راهنمائیکه‌پیکان مخصوص‌هدایت داردومسیر جاده‌رانشان میدهد، راهنما .

fingerprint, *n., vt. & vi.* اثرانگشت،انگشت‌نگاری،انگشت‌نگاری کردن.

fingertip, *n.* نوك‌انگشت،سرانگشت.

finger wave, *n.* فر انگشتی.

fin.i.al, *n.* گلدسته، زینت بالای سقف.

fin.i.cal [*fínikəl*]=**finicky,** *adj.* شیك، خوش لباس، متوجه جزئیات.

fin.is [*fáinis*] (*pl.* **- es**) *n.* پایان.

fin.ish [*fíniʃ*] (**- ed, - ing**) *n., vt. & vi.* بپایان رسانیدن، تمام‌کردن، رنگ و روغن زدن، تمام شدن، پرداخت رنگ وروغن، دست‌کاری تکمیلی، پایان، پرداخت‌کار.

finishing school, *n.* مدرسهٔ تکمیلی دختران.

fi.nite [*fáinait*] *adj., vt. & n.* محدود، فانی [مثل انسان]، فناپذیر.

fink (**- ed, - ing**) *n. & vi.* خبرچین، اعتصاب شکن، جاسوسی کردن.

Finn [*fin*] *n.* فنلاندی، اهل کشورفنلاند.

Finn.ish [*fíniʃ*] **Fin.nic,** *adj & n.* فنلاندی، زبان مردم فنلاند.

fin.ny, *adj.* [ج.ش.] باله‌دار، پره‌دار، مثل باله.

fir [*fə:*] *n.* [گ.ش.] صنوبر، شاه درخت.

fire [*fáiə*] (**- d, firing**) *n., vt. & vi.* آتش، حریق ، [نظ.] آتش شلیك، [مجـ.] تندی، حرارت، آتش زدن، افروختن، تفنگ یا توپ را آتش کردن، بیرون کردن، انگیختن.

The house is on f. خانه دچار حریق است.

Fire-fighting dept. ادارهٔ آتش‌نشانی.

To f. a gun. درکردن تفنگ.

firearm [*fáiəra:m*] *n.* اسلحه‌گرم.

fire brand [*fáiəbrænd*] *n.* نیمسوز، آتش پاره، [مجـ.] آدم فتنه انگیز.

fire brick, *n.* آجر نسوز.

fireclay, *n.* خاك نسوز،گل‌آتشخوار.

firecracker [*fáiəkrækə*] *n.* ترقه.

firedrake, *n.* [افسانه] اژدهای آتش‌خوار، سمندر.

fire drill, *n.* تمرین اطفاء حریق.

fire-eat.er, *n.* شعبده‌باز آتش خوار، شعبده‌باز، [مجـ.] آدم فتنه‌جو، جنگی.

fire engine [*fáiəren(d)ʒin*] *n.* ماشین آتش‌نشانی، تلمبهٔ آتش خاموش کن.

fire escape [*fáiəriskèip*] *n.* پلکان اطمینان، پله‌کان مخصوص فرار درمواقع حریق.

fire extinguisher [*fáiərikstíŋgwiʃə*] *n.* خاموش‌کنندهٔ‌آتش، فشنگ‌ضدآتش.

firefighter, *n.* مأمور آتش‌نشانی.

firefly [*fáiəflai*] (*pl.* **- ies**) *n.* حشرهٔ شب تاب، کرم شب تاب.

firelight [*fáiəlait*] *n.* نورآتش، رعد وبرق، آذرخش.

fireman [*fáiəmən*] (*pl.* **- men**), *n.* مأمورآتش‌نشانی، سوخت‌انداز، سوخت‌گیر.

fireplace [*fáiəpleis*] *n.* اجاق، آتشگاه، کانون، بخاری، منقل.

fire.pow.er, *n.* قدرت شلیك.

fire.proof [*fáiəpru:f*] *adj. & vt.* نسوز، محفوظ ازآتش، نسوز کردن، ضدآتش.

fireside [*fàiəsáid*] *n.* پای بخاری، زندگی خانگی.

fire station, *n.* ایستگاه‌آتش‌نشانی.

firestone, *n.* [مع.] سنگ چخماق، سنگ آتش‌زنه.

firetrap, *n.* ساختمان مستعدآتش‌سوزی.

firewood [*fáiəwud*] *n.* هیزم.

firework [*fáiəwə:k*] *n.* آتش‌بازی.

fireworshipper, *n.* آتش‌پرست.

firing squad, *n.* [نظ.]جوخهٔ آتش.

firm [*fə:m*] (**- er, - est**) *adj., adv., vi., n. & vt.* شرکت، تجارتخانه، کارخانه، مؤسسهٔ‌بازرگانی،استوار، محکم، ثابت، پابرجا، راسخ، سفت کردن، استوار کردن.

A f. decision. عزم راسخ.

firm.ness, *n.* ثبات واستحکام.

fir.ma.ment [*fə́:məmənt*] *n.* فلك [افلاك]، آسمان، گنبد آسمان.

fir.ry, *adj.* صنوبردار، صنوبری.

first [*fə:st*] *adv., adj. & n.* نخست، نخستین، اول، یکم، مقدم، مقدماتی.

At f. در ابتدا، در وهله اول.

Twenty-f. بیست و یکم.

The f. two. دوتای اول.

F. aid. کمك‌های‌نخستین ،کمکهای اولیه.

In the f. place. اولاً.

F. of all. پیش‌از همه، مقدمتاً.

first.born [*fə́:s(t)bɔ:n*] *adj. & n.* نخست‌زاده، ارشد، فرزند ارشد.

first.fruits [*fə́:st fru:ts*] *n. pl.* نوبر، میوه‌های نوبرانه.

first.hand [*fə́:sthǽnd*] *adj. & adv.* مستقیم، اصلی، دست اول، [مجـ.] عالی.

first.ling, *n.* نخست‌زاده (جانور)، نوبر.

first.ly, *adv.* اولاً، درمرحلهٔ اول.

first-rate [*fə́:stréit*] *adv. & adj.* عالی، درجهٔ اول، نخستین درجه.

firth [*fə:θ*]=**estuary,** *n.* خور، مدخل.

fis.cal [*fískəl*] *adj. & n.* مالی، مالیاتی، محاسباتی.

fish [*fiʃ*] (*pl.* **- s**) *vt., n. & vi.*

ماهی، [بصورت جمع] انواع ماهیان، ماهی صید کردن، ماهی گرفتن، صیداز آب، بست‌زدن(به)، جستجو کردن، طلب کردن.

fish.able, *adj.* قابل ماهیگیری.

fish-and-chips, *n. pl.* خوراك ماهی وسیب زمینی سرخ کرده.

fish.er, *n.* ماهی‌گیر، جانور ماهیخوار، کرجی ماهی‌گیری.

fish.er.man [fiʃəmən](pl.-men), *n.* ماهی‌گیر، صیاد ماهی، کرجی ماهی‌گیری.

fish.ery [fiʃəri] (pl. - ies) *n.* محل ماهی‌گیری، شیلات، ماهی‌گیری.

fish.hook, *n.* قلاب ماهی‌گیری، قلاب.

fish.ing [fiʃiŋ] *adj. & n.* (جای)ماهی‌گیری، ماهی‌گیری، حق‌ماهی‌گیری.

fish.like, *adj.* ماهی مانند.

fishline, *n.* ریسمان ماهی‌گیری.

fishmonger [fiʃmʌŋgə] *n.* ماهی فروش.

fishtail, *vi.* چرخاندن دم هواپیما بمنظور کاستن سرعت آن (خصوصاً هنگام فرودآمدن).

fishwife [fiʃwaif] (pl. - wives), *n.* زن‌ماهی‌فروش، [مج.]زن‌بدزبان، زن‌سلیطه.

fishy [fiʃi] (- ier, - iest) *adj.* مثل‌ماهی، ماهی‌دار، [مج.] مورد‌تردید، مشکوك.

fis.sile, *adj.* قابل انشقاق، شکافتنی.

fis.sil.i.ty, *n.* شکافتنی بودن، قابلیت انشقاق.

fis.sion (- ed, - ing) *vi., n. & vt.* شکافتن، انشقاق، شکستن هستهٔ اتمی.

fis.sion.able, *adj. & n.* قابل شکستن و تقسیم، شکافت‌پذیر.

fis.sure [fiʃə] (- d, fissuring), *vi., n. & vt.* شکاف، چاك، ترك، درز.

fist [fist] (- ed, - ing) *n. & vt.* مشت، مشت زدن، بامشت گرفتن، کوشش، کار.

fist.i.cuffs, *n. pl.* مشت زنی، جنگ بامشت.

fis.tu.la (pl. -s, -e) *n.* نی، نای[مخصوص موسیقی]، پنجه، [طب] ناسور.

fit [fit] (- ter, - test, - ted, - ting) *n., adj., vt. & vi.* بیهوشی، غش، تشنج، هیجان، درخور، مناسب، شایسته، تندرست، اندازه‌بودن[جامه]، برازندگی، زیبنده‌بودن‌بر، مناسب‌بودن برای، [مج.]شایسته بودن، متناسب کردن، سوار یا جفت کردن، [حق.] صلاحیت‌دار کردن، تطبیق کردن، قسمتی از شعر یا سرود، بند.

A f. of epilepsy. حملهٔ صرع.

F. out. مجهز کردن.

fit.ful [fitful] *adj.* حمله‌ای، غشی، متغیر، هوس پرست، دمدمی.

fit.ter [fitə] *n.* کمك مکانیك، فیتر.

fit.ting [fitiŋ] *adj.* مناسب، بجا، بمورد، بموقع، پرو لباس.

five [faiv] *adj. & n.* عدد پنج، پنجگانه.

five-and-ten=five-and-dime, *n.* کالاهائی که قیمت‌آن بین ۵ تا ۱۰ سنت میباشد، مغازه اجناس ارزان قیمت.

five.fold, *n.* پنج برابر.

fiv.er [faivə] *n.* اسکناس پنج لیره‌ای یا پنج دلاری.

fix [fiks] (- ed, - ing) *vi., n. & vt.* کارگذاشتن، پابرجا کردن، نصب کردن، محکم کردن، استوار کردن، سفت کردن، جا دادن، چشم دوختن به، تعیین کردن، قرار دادن، بحساب کسی رسیدن، تنبیه کردن، ثابت شدن، ثابت ماندن، مستقر شدن، گیر، حیص و بیص، تنگنا، تزریق موادمخدره وافیون.

fix.able, *adj.* ثبات پذیر، محکم کردنی.

fix.ate (- d, fixating) *vt. & vi.* تثبیت کردن، محکم کردن، متمرکز کردن.

fix.a.tion [fikséiʃən] *n.* تعیین، تثبیت، تحکیم، دلبستگی‌زیاد، عشق‌زیاد، خیره شدگی، تعلق خاطر، ثابت کردن.

fix.a.tive, *adj. & n.* ثابت‌کننده.

fixed [fikst] *adj.* ثابت،مقطوع،ماندنی.

F. color. رنگ ثابت.

F. price. قیمت مقطوع.

fix.er, *n.* دلال، کارچاق‌کن، دوای ثبوت عکاسی.

fix.ing, *n.* [درعکاسی] ثبوت، تثبیت، (بصورت‌جمع) حاشیه، ریشه، لوازم، فروع، اثاثه.

fix.i.ty [fiksiti] (pl. - ies) *n.* تثبیت، ثبوت، ثبات، قرار، پایداری، استواری.

fix.ture [fikstʃə] *n.* چیز ثابت، [درجمع] اثاثهٔ ثابت، لوازم نصب کردنی.

fizz [fiz] (- ed, - ing) *n. & vi.* صدای فش‌فش، گاز مشروبات، چابکی، سرزندگی، هیجان‌داشتن، (درموردمشروب گازدار) گاز داشتن.

fiz.zle [fizl] (- d, fizzling) *vi. & n.* فش‌فش، زرزر، وزوز [صدای هیزم تر هنگام‌سوختن]، کوشش‌مذبوحانه، شکست، زه‌زدن.

fjord [fjɔːd] *n.* [جغ.] آبدره.

flab.ber.gast [flǽbəgaːst] (-ed, - ing) *vt.* مبهوت کردن، گیج کردن.

flab.by [flǽbi] (-ier,-iest) *adj.* سست، نرم، شل و ول، دارای عضلات شل.

fla.bel.lum (pl. flabel.la) *n.* بادبزن، بادزن، عضوبادبزنی.

flac.cid [flǽksid] *adj.* سست، شل و ول، چروك شده، آویخته.

flac.cid.i.ty, *n.* سستی،شلی،آویختگی.

flac.on, *n.* بطری، بطری دردار کوچك.

flag [flæg] (- ged, - ging) *n., vi. & vt.* پرچم، بیرق، علم، دم انبوه و پشمالوی سگ، زنبق، برگ شمشیری، سنگ فرش، جادهٔ سنگ فرش، پرچم‌دار کردن، پرچم زدن به، با پرچم علامت دادن، سنگفرش‌کردن، پائین‌افتادن، سست‌شدن، ازپاافتادن، پژمرده کردن.

flag.el.late (- d, flagellating), *adj., vt., n. & vi.* تاژکدار، شلاقزدن، تازیانه‌زدن، تاژکدار شدن.

flag.el.la.tion, *n.* شلاق زنی، تشکیل تاژك.

fla.gel.lum (pl. -s, flagella) *n.* [م.ل.] شلاق، تازیانه، [گ.ش.] گیاه بالارونده وپیچی (runner)، تاژك.

flag.ging, *adj. & n.* سنگفرش، متزلزل، کاهنده، ضعیف، ول، افتاده.

flag.gy (- ier, - iest) *adj. & n.* نی‌زار، جگن‌زار، دارای‌برگهای‌شمشیری، سست، شل و ول، بیمزه.

flag.man (pl. - men) *n.* پرچم‌دار، راهنما.

flag.on [flǽgən] *n.* تنگ دسته‌دار ولوله‌دار، تنگ، قرابه.

flagpole, *n.* تیر پرچم، میلهٔ پرچم.

fla.grance, fla.gran.cy, *n.* آشکاری، رسوائی، وقاحت، شناعت، زشتی.

fla.grant [fléigrənt] *adj.* آشکار، برملا، انگشت‌نما، رسوا، وقیح، زشت.

flagship, *n.* کشتی‌حامل پرچم امیرالبحری، کشتی دریادار.

flagstaff (pl.-staffs,-staves), *n.* چوب پرچم.

flag.stone, *n.* سنگ، سنگفرش.

flail [fleil] (-ed, - ing) *vi., n. & vt.* آلت نوسانی هرچیزی، گندم کوب، کوبیدن، شلاقزدن، خرمن کوب.

flair [fleə] *n.* شامهٔ سگ، بویائی، [مج.] قوهٔ تشخیص، فراست، استعداد، خصیصه.

flak, *n. pl.* توپخانهٔ ضد هوائی.

flake [fleik] (- d, flaking) *vi., n. & vt.* تکهٔ کوچك [برف وغیره]، ورقه، پوسته، فلس، جرقه، پوسته پوسته شدن، ورآمدن(با out یا up)، برفك‌زدن‌تلویزیون.

flaky (- ier, - iest) *adj.* پوسته‌پوسته، ورقه‌ورقه،ورقه‌شونده،فلسی،برفکی.

flam (- med, - ming) *n., vi. & vt.* حقه، بامبول، بامبول زدن، لاف وگزاف.

flam.beau (pl. - x, - s) *n.* مشعل، مشعل چند فتیله‌ای، شمعدان زینتی.

flam.boy.ance, flam.boy.an.cy, *n.* اشتعال لرزشی، اشتعال با لرزش، زرق و برق.

flam.boy.ant [flæmbɔ́iənt] *adj.* شعله‌دار، زرق‌وبرق‌دار، وابسته‌به‌مکتب‌معماری گوتیک، شعله مانند.

flame [fleim] (- d, flaming) *n.* شعله، زبانهٔ آتش، الو، تب وتاب، شور عشق، شعله زدن، زبانه‌کشیدن، مشتعل شدن، تابش.

Burst into flame. مشتعل شدن.

flameproof, *adj.* ضد شعله، نسوز، عایق شعله، ضدآتش.

flamethrow.er, *n.* شعله‌افکن.

flamin.go [fləmíŋgou] (pl. - es, - s) *n.* [ج.ش.] باخلان، مرغ آتشی، مرغ غواص.

flam.ma.bil.i.ty, *n.* قابلیت اشتعال.

flam.ma.ble, *adj. & n.* قابل اشتعال، قابل سوختن، آتشگیر.

flange [flæn(d)ʒ] (- d, flanging) *vi., n. & vt.* پخش رگهٔ معدن، لبهٔ بیرون آمدهٔ چرخ، پیچ سر تنبوشه، پخش‌کردن، لبه‌دار کردن.

flank [flæŋk] (- ed, - ing) *n. & vt.* پهلو، تهیگاه، طرف، [نظ.]جناح، ازجناح، حمله‌کردن، درکنار واقع شدن.

flan.nel [flǽnl] (- ed, - ing, - led, - ling) *n. & vt.* فلانل [نوعی پارچهٔ پشمی]، (در جمع) جامهٔ فلانل یاپشمی، لباس (بخصوص شلوار) ورزش.

flan.nel.ette [flænəlét] *n.* پارچهٔ پنبه‌ای شبیه فلانل، فلانل‌نما، کرکی.

flan.nel.ly, *adj.* مثل‌فلانل،فلانل‌مانند.

flap [flæp] (- ped, - ping) *n., vt. & vi.* ضربه، صدای چلپ، آویخته وشل، برگه یا قسمت آویخته، زبانهٔ کفش، بال و پرزدن مرغ، بهم‌زدن، پرزدن، دری وری گفتن.

The hen flapped her wings. مرغ بالهای خود را بهم زد.

flap.py, *adj.* شل و ول، آویخته، آویزان وگشاد، گل‌وگشاد.

flare [fleə] (- d, flaring) *n., vt. & vi.* روشنائی خیره‌کننده ونامنظم، زبانه‌کشی، شعله‌زنی،شعله، چراغ یانشان دریائی، نمایش، خودنمائی، باشعلهٔ نامنظم سوختن، ازجا دررفتن.

flaring, *adj.* شعلهور، سوزان.

flare-up, *n.* اشتعال ناگهانی، غضب ناگهانی.

flash [flæʃ] (- ed, - ing) *adj., n., vt. & vi.* برق، روشنائی مختصر، یك‌آن، لحظه، بروزناگهانی، جلوه، تشعشع، برق زدن، ناگهان‌شعله‌ورشدن، زودگذشتن، فلاش‌عکاسی.

He flashed a knife. او چاقوئی بیرون‌کشید.

The lights f. from a distance. چراغها از دور میدرخشد.

flashback, *n.* بازگوی داستان، وقفهٔ زمانی [درپیشرفت‌ادب‌وهنر]، بازتاب اشعه.

flashbulb, *n.* لامپ پرنورفلاش عکاسی.

flash flood, *vi. & n.* سیل برق‌آسا.

flash lamp, *n.* لامپ پرنور عکاسی.

flashlight [flǽʃlait] *n.* نوربرق‌آسا وزودگذر، چراغ قوه، لامپ عکاسی.

flash.over, *n.* تخلیهٔ الکتریکی غیر عادی، صاعقه، برق.

flash point, *n.* نقطهٔ اشتعال.

flashy, *adj.* درخشانی، نمایشی، زرق وبرقی.

flask [flaːsk] *n.* قمقمه، فلاسك، دبهٔ مخصوص باروت تفنگ.

flat [flæt] (- ter, - test) *n., adj. & adv.* پهن، مسطح، هموار، صاف، بی‌تنوع، يك دست، خنك، بی‌مزه، قسمت پهن، جلگه، دشت، آپارتمان، قسمتی از يك عمارت.

His joke fell f. شوخی او نگرفت.

F. refusal. رد قطعی.

A f. land. زمین مسطح.

flatfoot (pl. flatfeet) *n. & adj.* پا پهن، مسطح شدن‌کف پا، ازبین رفتن انحناء کف‌پا، پلیس‌گشتی، ملوان، دارای عزم ثابت.

flatiron [flǽtáiən] *n.* اتو.

flat.ten [flǽtn] (- ed, - ing), *vt. & vi.* پهن‌کردن، مسطح‌کردن، بیمزه کردن، نیم‌نت پائین‌آمدن، روحیه خودراباختن.

flat.ter [flǽtə] (- ed, - ing) *n., vt. & vi.* چاپلوسی‌کردن، تملق‌گفتن از.

F. into. باتملق وادار به‌انجام امری‌کردن.

flat.tery, *n.* چاپلوسی، تملق.

flattop, *n.* چیز سرپهن، سریخ.

flat.u.lence=flatulency, *n.* بادشکم، نفخ شکم، [مج.] باد، لاف، طمطراق.

flat.u.lent, *adj. & n.* باددار، نفخ‌دار، نفاخ، باطمطراق، پرآب وتاب.

fla.tus (pl. flatuses) *n.* بادشکم، گاز شکم، نفخ، وزش، دم، نسیم.

flat.wise, flat.ways, *adv.* از پهنا، تخت خوابیده، دمر.

turbellarian, *n.* [ج.ش.] کرم پهن.

flaunt [flɔːnt] (- ed, - ing) *n., vi. & vt.* خرامیدن، جولان دادن، خودنمائی،جلوه.

flaunty, *adj.* پزده، خودنما.

flau.tist=flutist, *n.* نی‌زن،فلوت‌زن.

fla.vor, fla.vour [fléivə] (- ed, - ing) *n., vi. & vt.* مزه وبو، مزه، طعم، چاشنی، مزه‌دار کردن، خوش مزه‌کردن، چاشنی زدن به، معطر کردن.

fla.vor.ful, *adj.* خوشمزه، خوش‌رایحه.

fla.vor.ing, flavouring, *n.* چاشنی، چیزی‌که برای خوش‌مزه‌کردن و معطر کردن بکار میرود.

fla.vor.less, *adj.* بدون‌مزه، بی‌طعم.

flaw (- ed, - ing) *n., vt. & vi.* درز، رخنه، عیب، خدشه، عیب‌دار کردن، ترك برداشتن، تندباد، آشوب ناگهانی، کاستی.

flaw.less, *adj.* بی‌عیب.

flax [flæks] *n.* [گ.ش.] بذرك، درخت‌کتان، الیاف‌کتان، پارچهٔ کتان.

flax.en [flǽksən] *adj.* کتانی، کتانی رنگ.

flaxy, *adj.* کتانی، مربوط‌به یامثل‌کتان.

flay [flei] (-ed, - ing) *vt.* پوست‌کندن از، سخت انتقادکردن.

The animal was flayed. پوست حیوان راکندند.

flea [fliː] *n. & vt.* [ج.ش.] کیك، کك، كك‌گرفتن.

flea.bite, *n.* كك‌گزیدگی، نیش‌كك.

flea-bit.ten, *adj.* كك‌گزیده.

flea market, *n.* بازار سمساری، مخصوص فروش اشیاء ارزان قیمت یا دستدوم.

fleck [flek] (- ed, - ing) *n. & vt.* رگه رگه کردن، خط خط کردن، نقطه نقطه کردن، نقطه، خال، رگه، راه‌راه، برفك.

fledge [fledδd] (- d, fledging), *adj., vt. & vi.* پردار، قابل پرواز، مستعد پرواز، پر دادن.

fledg.ling [flédδliθ] *n.* جوجهٔ تازه پروبال درآورده، نوچه.

flee [fli:] (fled, fleeing) *vi. & vt.* fly. گریختن، فرار کردن، بسرعت رفتن.

fleece [fli:s] (- d, fleecing), *n. & vt.* پشم گوسفند وجانوران دیگر، پارچهٔ خوابدار، خواب پارچه، پشم‌چیدن‌از، چاپیدن، گوش‌بریدن.

fleecy, *adj.* نرم وپشم‌دار، مثل پشم.

fleer (- ed, - ing) *n., vt. & vi.* خندهٔ نیشدار، استهزاء، تمسخر کردن.

fleet [fli:t] (- ed, - ing) *adj., adv., n., vt. & vi.* ناوگان، عبورسریع، زودگذر، باد پا، بسرعت گذشتن، تند رفتن.

Flem.ing [flémiθ] *n.* اهل فلاندرز.

Flem.ish [flémiʃ] *adj. & n.* فلمنگی، زبان فلاندرز، اهل فلاندرز.

flesh [fleʃ] (- ed, - ing) *n. & vi.* گوشت، مغز میوه، جسم، شهوت، جسمانیت، حیوانیت، بشر، دربدن فرو کردن.

Go the way of all f. مردن.

flesh.pots, *n. pl.* راحتی جسمانی، محل عیش وخوشگذرانی.

fleshy (- ier, - iest) *adj.* فربه، گوشتالو، گوشتی، گوشتدار، بی‌استخوان.

fletch.er, *n.* پیکان‌ساز، تیرساز، فلش.

flew [flu:] (*p. of* fly) زمان ماضی فعل fly.

flex [fleks] (- ed, - ing) *vi., vt. & n.* خم کردن، پیچ‌دادن، سیم‌نرم‌خم‌شو.

He flexed his muscles. او عضله گرفت (عضلات خود را منقبض کرد).

flex.i.bil.i.ty, *n.* قابلیت انعطاف.

flex.i.ble [fléksəbl] **flex.ile,** *adj.* خم‌شو، تاشو، نرم، قابل انعطاف، قابل تغییر.

flex.or, *n.* [تش.]عضلهٔ‌خم‌کننده،جمع‌کننده.

flick [flik] (- ed, - ing) *vt., vi. & n.* ضربت‌آهسته وسبك باشلاق، تکان ناگهانی، تلنگر، تکان‌دادن، بریدن، قطع کردن.

flick=movie, *n.* [معمولاً بصورت جمع] سینما.

flick.er [flíkə] (- ed, - ing), *n., vt. & vi.* لرزیدن، سوسو زدن، پرپر زدن، جنبش، سوسو، دراهتزازبودن.

flick.ery, *adj.* لرزان، مثل نور سوسو.

fli.er, fly.er, *n.* آگهی روی کاغذ کوچك، پروانهٔ موتور، پرهٔ آسیاب، درحال پرواز، گردونهٔ تیزرو.

flight [flait] (- ed, - ing) *n., vi. & vt.* پرواز، مهاجرت [مرغان یا حشرات]، عزیمت، گریز، پرواز کردن، فرار کردن، کوچ کردن، یك رشته پلکان، سلسله.

The f. of an aeroplane. پرواز هواپیما.

A f. of stairs. یك سلسله پلکان.

(to) Take f. گریختن.

Put to f. فرار دادن، گریزاندن.

flight control, *n.* دستگاه کنترل پروازهواپیما، کنترل هواپیما.

flight deck, *n.* عرشهٔ ناو هواپیمابر.

flight engineer, *n.* مهندس مکانیك هواپیما، مهندس‌پرواز.

flight-test, *vt. & n.* آزمایش هواپیما برای پرواز، آزمایش پروازکردن.

flighty [fláiti] *adj.* بوالهوس، دمدمی مزاج، متلون المزاج، خل.

flim.flam (- med, - ming) *n. & vt.* حقه‌بازی کردن، سرهم‌بندی‌کردن، حقه‌بازی.

flim.sy [flímzi] (- ier, - iest), *adj. & n.* سست، بی‌دوام، شل و ول، نازك.

flinch [flin(t)ʃ] (- ed, - ing), *n., vi. & vt.* شانه خالی کردن، بخود پیچیدن، دریغ داشتن، مضایقه‌کردن، مضایقه، امساك.

fling [fliθ] (flung, flinging) *n., vt. & vi.* پرت‌کردن، انداختن، افکندن، پرتاب، جفتك‌پرانی، بیرون‌دادن، روانساختن.

flint [flint] (- ed, - ing) *adj., n. & vt.* سنگ چخماق، سنگ فندك، آتش‌زنه، چیزسخت، سنگریزه.

flint glass, *n.* بلور، ظرف بلور.

flinty, *adj.* سنگ چخماقی، سخت.

flip [flip] (- ped, - ping) *n., vt. & vi.* (ز.ع.) از خود بیخود شدن، تلنگر، ضربت سبك وناگهانی، تلنگر زدن.

flip, *adj.* گستاخ، جسور، پررو.

flip-flop, *vi. & n.* باصدای چلپ‌چلوپ، حرکت‌تندپرنده وهواپیما، عملیات نرمش (درآکروبات)، چرخ فلك.

flip.pan.cy [flípənsi] (*pl.* -ies), *n.* سبکی، گستاخی، بی‌ملاحظگی، چرب زبانی.

flip.pant, *adj.* پرحرف، گستاخ.

flip.per [flípə] *n.* کفش شنا، پره یا عضو شنای حیوانات دریائی، بالهٔ شنا.

flirt [flə:t] (- ed, - ing) *n., vt. & vi.* لاس، حرکت تند وسبك، لاس زدن، اینسو وآنسو جهیدن.

flir.ta.tion, *n.* لاس‌زنی.

flir.ta.tious, *adj.* اهل لاس‌زنی.

flirty, *adj.* لاسی.

flit [flit] (-ted, -ting) *n. & vt.* تند رفتن، نقل مکان‌کردن.

flitch [flitʃ] (- ed, - ing) *n.&vt.* [م.م.] دندهٔ خوك نمك‌زده و خشك کرده، تکه، قاش کردن، تکهٔ مکعب پیه نهنگ.

flit.ter (- ed, - ing) *n., vt. & vi.* حرکت‌تند وسریع، سوسو زدن نور چراغ، پولك فلزی، تلألؤ داشتن.

fliv.ver [flívə] *n.* اتومبیل ارزان، ناکامی وشکست، ناتوانی.

float [flout] (- ed, - ing) *n., vt. & vi.* سوهان، جسم شناور برروی آب، بهن، بستنی مخلوط باشربت وغیره، شناورشدن، روی‌آب ایستادن، سوهان زدن.

floatage—flotage, *n.* شناوری.

floatation=flotation, *n.* شناوری.

float.er, *n.* جسم شناور، گواهی نامهٔ سهام دولتی یا راه‌آهن [که بجای وثیقه بکار می‌رود]، کسی که درچند محل بنحو غیرقانونی رأی بدهد.

float.ing, *adj. & n.* شناور، شناوری، متحرك برروی‌آب، مواج، فاقد وسیلهٔ اتصال [درمورد استخوان جناغ سینه]، جابجا شده، متغیر.

float.plane, *n.* هواپیمای دریائی، هواپیمای آبی.

floc (- ced, - cing) *n., vt. & vi.* تودهٔ جمع شده، کلالهٔ از رشته‌های ظریف، طره، جمع کردن، طره شدن.

floc.cose, *adj.* انبوه، کرکدار، دارای دسته‌های کرك یا پشم، کلاله‌ای، کاکلدار.

floc.cu.late (- d, flocculating) *adj., n., vt. & vi.* قلنبه، انبوهی، طره، کلاله، کاکل، اجتماع کردن، بصورت رشته‌های انبوه و کرکدار درآوردن، انبوه شدن، لخته شده.

floc.cu.lence, *n.* حالت چیزی‌که مانند (منگوله‌های پشم) یا دستهٔ پشم باشد، انباشتگی، قلنبه شدگی.

floc.cu.lent, *adj.* قلنبه شده، کرکی.

flock [flɔk] (- ed, - ing) *n., vi. & vt.* رمه، گله، گروه، جمعیت، دستهٔ پرندگان، بصورت گله ورمه درآمدن، گردآمدن، جمع شدن، ازدحام کردن.

floe [flou] *n.* تختهٔ یخ شناور.

flog [flɔg] (- ged, - ging) *vt.* شلاق زدن، تازیانه زدن، تنبیه کردن، انتقاد سخت کردن.

flog.ger, *n.* تازیانه زننده، زننده شلاق.

flood [flʌd] (- ed, - ing) *n., vi. & vt.* سیل، طوفان، [درشعر]رود، دریا، اشك، غرق کردن، سیل‌گرفتن، طغیان کردن.

floodgate, *n.* سیل‌گیر، دریچهٔ سد.

flood.light, *n. & vt.* نورافکن، نورافشانی کردن.

flood tide, *n.* سیل، طغیان آب.

flood.wa.ter, *n.* سیلاب.

floor [flɔ:, flɔə] (- ed, - ing), *n. & vt.* کف اطاق، کف زمین، بستر [دره وغیره]، بزمین زدن، شکست دادن، کف سازی کردن.

Take the f. صحبت کردن.

floor.ing [flɔ́:riθ] *n.* فرش‌کف اطاق، مصالح‌کف سازی، کف سازی.

floor lamp, *n.* آباژور زمینی، چراغ پایه‌دار.

floor.show, *n.* نمایش باشگاه‌های شبانه.

flop [flɔp] (- ped, - ping) *n., vt. & vi.* صدای تلپ، صدای چلپ، باصدای تلپ افتادن، شکست خوردن.

flop.per, *n.* شکست، خیطی، افتنده.

flop.py [flɔ́pi] (- ier, - iest), *adj.* نرم، مسخره‌وار، سست.

flo.ra [flɔ́:rə] (*pl.* - s, - e) *n.* کلیهٔ گیاهان یك سرزمین، گیاه نامه، الههٔ گل، گیا.

flo.ral, *adj.* گلدار.

flo.res.cent, *adj.* شکوفا، گلدار.

flo.ret, *n.* [گ.ش.] گلچه، گل کوچك.

flo.ri.at.ed, *adj.* تزئین شده باگل، گلدار.

flo.ri.cul.ture, *n.* گلکاری، گل پروری، پرورش گل.

flo.ri.cul.tur.ist, *n.* گلکار، گل‌پرور.

flor.id [flɔ́rid] *adj.* پوشیده ازگل، پرگل، سلیس وشیوا، گلگون.

flo.rid.i.ty, *n.* گلگونی، پرگل بودن.

flo.rif.er.ous, *adj.* گلدار، پرگل، شکوفان، پرشکوفه، شاداب.

flo.ri.le.gi.um (*pl.* florilegia), *n.* مجموعه‌ای ازگلها، [مج.] گلچین ادبی.

flo.rist [flɔ́rist] *n.* گلفروش، گلکار.

floss [flɔs] *n.* کج، کژ، ابریشم خام، نخالهٔ ابریشم.

flossy [flɔ́si] (- ier, - iest) *adj.* شبیه ابریشم خام، براق (مثل ابریشم).

flo.tage, *n.* شناوری برروی‌آب، جسم مواج وشناور.

flo.til.la [floutílə] *n.* ناوگان‌کوچك.

flot.sam [flɔ́tsəm] *n.* کالای آب‌آورده، آب‌آورد.

flounce [flauns] (- d, flouncing) *n., vt. & vi.* حرکت‌تند وناگهانی [بدن]، جست‌وخیز، چین‌دار کردن حاشیهٔ لباس، پرت‌کردن، تقلاکردن، جولان.

flouncy, *adj.* جهنده، چین‌دار.

floun.der [fláundə] (- ed, -ing), *n., vt. & vi.* [ج.ش.] نوعی ماهی پهن، لغزش، اشتباه، درگل تقلاکردن، بال‌بال زدن، دست وپا کردن.

flour [fláuə] (- ed, - ing) *n., vt. & vi.* آرد، گرد، پودر، آرد کردن، پودر شدن.

flour.ish [flʌ́riʃ] (- ed, -ing), *n., vt. & vi.* تزئینات نگارشی، جلوه، رشدکردن، نشو ونما کردن، پیشرفت کردن، زینتکاری کردن، شکفتن، برومند شدن، آباد شدن، گل کردن.

floury, *adj.* مثل آرد.

flout [flaut] (- ed, - ing) *n., vt. & vi.* دست انداختن، استهزاء کردن، اهانت یا بی‌احترامی کردن، مسخره، توهین.

flow [flou] (flew, flown, flowing) *n., vt. & vi.* جریان، روانی، مد [برابرجزر]، سلاست، جاری بودن، روان شدن، سلیس بودن، بده.

flow.er [fláuə] (- ed, - ing) *n., vt. & vi.* گل، شکوفه، درخت گل، [مج.] سر، نخبه، گل کردن، شکوفه دادن، گلکاری کردن.

flow.er.pot, *n.* گلدان کوزه‌ای.

flow.ery, *adj.* پرگل، پرزینت.

flown, *adj.* لبریز، لبالب، پر.

flu [flu]=**influenza,** *n.* [طب] انفلوآنزا.

fluc.tu.ate [flʌ́ktjueit] (- d, fluctuating) *vt. & vi.* نوسان داشتن، روی امواج بالا و پائین رفتن، ثابت نبودن، موج زدن، بی‌ثبات بودن.

fluc.tu.a.tion, *n.* نوسان، تغییر.

flue [flu:] (- d, fluing) *n.* دودکش، لولهٔ آب‌گرم، لولهٔ بخار، انفلوآنزا.

flu.en.cy, *n.* روانی، سلاست.

flu.ent [flú:ənt] *adj. & n.* روان، سلیس، فصیح.

fluff [flʌf] (- ed, - ing) *n., vt. & vi.* کرك، خواب پارچه، موهای نرم وکوتاه اطراف لب وگونه، کرکدار شدن، نرم کردن، اشتباه‌کردن، خبط‌کردن، پف، بادکردگی.

fluffy (- ier, - iest) *adj.* کرکی، نرم، پرمانند، پرزدار، بادکرده، پف‌کرده.

flu.id [flú:id] *adj. & n.* سیال، روان، نرم وآبکی، مایع، متحرك.

flu.id.i.ty [flu:íditi] *n.* سیالیت، روانی بیان، سلاست‌بیان، طلاقت‌لسان.

flu.id.ize (- d, fluidizing), *vt.* باد افشان ساختن، بباد سپردن، تبدیل به مایع کردن.

fluke [flu:k] *n.* قلاب لنگر، زمین‌گیر، انتهای دم نهنگ، یکنوع ماهی پهن، دارای دو انتهای نوك تیز، اصابت اتفاقی، اتفاق، طالع.

fluky, *adj.* اتفاقی، شانسی.

flume (-d, fluming) *n., vt. & vi.* کاریز، مجرا، قنات، ناودان، جوی‌آسیاب، درهٔ تنگ، بوسیلهٔ مجرا یا ناودان بردن.

flum.mox [flʌ́məks]=**confuse,** (- ed, - ing) *vt. & vi.* آشفته‌کردن، مغشوش کردن، گیج کردن، درجواب عاجز کردن.

flung [flʌθ] (*p.p. of* fling) اسم مفعول فعل Fling.

flunk (**- ed, - ing**) *n., vt. & vi.* شکست، [ز.ع. ـ آمـر.] شکست خوردن (در امتحانات)، چیدن، موجب شکست شدن.

He flunked this course. او دراین درس رفوزه شد.

flun.ky, flun.key [*flΛ'ŋki*] (*pl.* **flunkies, - eys**) *n.* پادو، نوکر، غیر ماهر، مأمور جزء.

flu.o.resce(**- d, fluorescing**), *vt. & vi.* شفاف شدن، نور مهتابی پس‌دادن.

flu.o.res.cence, *n.* تشعشع ماهتابی.

flu.o.res.cent, *adj.* دارای تشعشع.

flu.o.ridate, *vt.* دارای فلوریدکردن.

flu.o.ride, *n.* [ش.] فلورید، فلورور.

flu.o.rin.ate, *vt.* [ش.] بافلور ترکیب‌کردن.

flu.o.rine, *n.* [ش.] فلورین، فلور.

flu.o.ro.scope, *n. & vt.* فلورسکوپ، صفحهٔ شفاف رادیوسکپی.

flu.o.ro.sis, *n.* [طب] مسمومیت در اثر فلور و ترکیبات آن.

flu.or.spar=fluorite, *n.*

flur.ry [*flΛ'ri*] (*pl.* **-ies**) (**- ied, flurrying**) *n., vi. & vt.* سراسیمگی، تپش، باد ناگهانی، سراسیمه‌کردن، آشفتن، طوفان ناگهانی، باریدن ناگهانی.

Snow flurries. ریزش متناوب برف.

The f. of birds. پرواز ناگهانی پرندگان.

To move in a f. بادستپاچگی حرکت‌کردن.

flush [*flΛʃ*] (**- ed, - ing**) *adj., adv., n., vt. & vi.* تراز، بطورناگهانی‌غضبناك‌شدن، بهیجان‌آمدن، چهره گلگون‌کردن [دراثر احساسات و غیره]، سرخ شدن، قرمزکردن، آب را بافشار ریختن، سیفون تـوالت، آبریز مستراح را بـازکردن [برای‌شستشوی‌آن]،ترازکردن[گاهی با up].

f. the toilet. دسته‌آبمستراح‌رابکشید.

The toilet f. آبریزمستراح،سیفون‌توالت.

To f. out anger. غضب خود را بیرون ریختن.

flus.ter [*flΛ'stə*] (**- ed, - ing**), *n., vi. & vt.* سراسیمه‌کردن، گیج‌کردن ، گرم شدن کله [در اثر مشروب] ، دست‌پاچه‌کردن، عصبانی‌کردن، آشفتن، مضطرب کردن، سراسیمگی، دست پاچگی.

flute [*flu:t*] (**- d, fluting**) *n., vt. & vi.* فلوت، شیار، فلوت زدن.

flut.ing [*flú:tiŋ*] *n.* آرایش راه‌راه، آرایش شیاری، چین.

flut.ist [*flú:tist*] *n.* فلوت‌زن، نی‌زن.

flut.ter [*flΛ'tə*] (**- ed, - ing**), *n., vt. & vi.* بال‌زنی دسته‌جمعی، لرزش، اهتزاز، بال‌وپرزنی، حرکت سراسیمه، بال‌بال زدن [بدون پریدن]، لرزیدن، دراهتزازبودن، سراسیمه‌بودن، لرزاندن.

flu.vi.al, *adj.* رودخانه‌ای، نهری، زیست‌کننده در رودخانه.

flu.vi.a.tile, *adj.* رودخانه‌ای، شطی، نهری، زندگی‌کننده در رودخانه.

flux [*flΛks*](**-ed, -ing**)*n., vi. & vt.* سیلان، ریزش، سیل، سرعت جریان، گداختگی، گداز، تغییرات پی‌درپی ، اسهال، خون ریزش، جاری شدن، گداختن، آب‌کردن، شار.

flux.ion, *n.* [ر.] حساب فاضله، تفاضل، [طب] خون روش، خون رفتگی.

fly [*flai*] (*pl.* **- ies**) (**flew, flo-wn, fly.ing**) *n., vt. & vi.* مگس، حشرهٔ پردار، پرواز، پرش، پـراندن، پرواز‌ـ دادن، بهوا فرستادن، افراشتن، زدن، گریختن از، فرارکردن‌از، دراهتزازبودن، پروازکردن.

F into a rage. از جا در رفتن.

He flew to New York. او توسط هواپیما به نیویورك رفت.

fly, *adj.* تیزهوش، چابك وزرنگ.

fly.able, *adj.* قابل پرواز.

fly.away, *n. & adj.* شل و ول، سبك، گیج، فرار، فراری.

flyblown [*fláibloun*] *adj.* بیدخورده، بیدزده، آلوده بتخم حشرات.

fly-boy, *n.* عضو نیروی‌هوائی، خلبان.

fly-by-night, *adj. & n.* طالب سود آنی، شخص کوتاه عمر.

flycatcher [*fláikœtʃə*] *n.* حیوان مگس‌خوار، مگس گیر.

fly.ing [*fláiiŋ*] *adj. & n.* پرواز، پروازکننده، پردار ، سریع‌السیر ، بال وپرزن، بسرعت‌گذرنده، مسافرت هوائی.

flying bridge, *n.* پل موقتی، پل شناور، پل هوائی.

flying colors, *n. pl.* توفیق‌کامل، موفقیت قطعی.

flying saucer, *n.* بشقاب پرنده.

flyleaf [*fláili:f*] (*pl.* **-leaves**), *n.* صفحهٔ سفید اول و آخر کتاب.

flypaper [*fláipèipə*] *n.* کاغذ سمی مگس کش.

flyweight, *n.* مگس وزن.

fly.wheel, [*ffái(h)wi:l*] *n.* چرخ معدل، چرخ طیار، چرخ لنگر.

foal [*foul*] (**- ed, - ing**) *n., vt. & vi.* کرهٔ اسب، تولهٔ حیوانات، کره زائیدن.

foam [*foum*] (**- ed, - ing**) *n., vt. & vi.* کف، جوش وخروش، حباب‌های ریز، کف‌کردن، کف بدهان آوردن.

foam rubber, *n.* اسفنج لاستیکی، ابر حمام، ابرلاستیکی.

foamy (**- ier, - iest**) *adj.* کف‌آلود.

fob [*fɔb*] (**- bed, - bing**) *vt.&n.* فریفتن، گول زدن ، فریب دادن ، جیب جلیقهٔ مخصوص‌ساعت وغیره، زنجیر ساعت، بجیب‌ریختن.

fo.cal [*fóuk(ə)l*] *adj.* [طب] کانونی، مرکزی، وابسته بکانون، موضعی.

fo.cal.iza.tion, *n.* تمرکز درکانون.

fo.cal.ize, *vi. & vt.* درکانون متمرکز کردن.

focal length, *n.* فاصلهٔ کانونی.

fo'.c'sle= forecastle [*fáuks-(ə)l*] *n.*

fo.cus [*fóukes*] (*pl.* **-es, fo.ci**) (**-ed, -sed, - ing, -sing**)*n., vt. & vi.* نقطهٔ تقاطع، کانون، کانون‌عدسی، فاصلهٔ‌کانونی، قطب، مرکز، متمرکز کـردن، بکانون آوردن، میزان‌کردن.

In f. وارد، میزان.

Out of f. ناوارد، نامیزان.

fod.der [*fɔ́də*] (**- ed, - ing**), *vt. & n.* علوفه،علیق،علوفه‌دادن،غذادادن.

foe [*fou*] *n.* دشمن، عدو، مخالف، ضد، منافی، مضر، حریف.

foe.man [*fóumən*] (*pl.* **- men**) *n.* دشمن (در جنگ)، خصم، عدو.

foe.tus [*fí:təs*]=**fetal, foe.tal,** *adj.* [تش.] جنینی، رویانی.

fog [*fɔg*] (**-ed, - ing**) *n., vt. & vi.* مه، تیرگی، ابهام ، تیره کـردن ، مه گرفتن، مه‌آلود بودن.

fog.gi.ly, *adv.* بطور مه‌آلود یا مبهم.

fog.gi.ness, *n.* مه‌آلود بودن.

fog.gy [*fɔ́gi*] (**- ier, - iest**) *adj.* مانند مه، مه‌آلود، تیره وتار.

fo.gy=fo.gey [*fóugi*] (*pl.* **-ies**), *n.* آدم عقب مانده و کهنه پرست، آدم‌قدیمی.

foi.ble [*fɔ́ibl*] *n.* نقطهٔ ضعف، ضعف اخلاقی، ضعف، تیغهٔ شمشیر.

foil [*fɔil*] (**- ed, - ing**) *n. & vt.* جای‌نگین، تراشه، ته‌چك، سوش، فلز ورق شده، ورق، سیماب پشت آینه، زرورق، بی‌اثرکردن، عقیم گذاردن، خنثی کردن، دفع‌کردن، فلز را ورقه‌کردن.

Their plans are foiled. نقشه‌های آنها خنثی شده است.

foist [*fɔist*] (**- ed, - ing**) *vt.* جا زدن ، چیزی را بجای دیگـری جا زدن ، جیب‌بری‌کردن، بقالب زدن [چیز تقلبی].

fold [*fould*] (**- ed, - ing**) *n., vt. & vi.* چین، آغل‌گوسفند، دسته‌یا گلهٔ‌گوسفند،حصار، چندان، چندلا ، بشکست خود اعتراف‌کردن ، بکسب یا شغلی پایان دادن، درآغل‌کردن، جاکردن، تاه کردن، تاه‌زدن،پیچیدن،تاه‌خوردن،بهم‌آمیختن.

Five f. پنج برابر.

With folded arms. دست بسینه.

To f. paper. کاغذ را تاکردن.

foldaway, *adj.* تاشو، کوچك شونده.

fold.er [*fóuldə*] *n.* پوشه، لفاف (درکاغذ)، تاه‌کن.

fo.li.a.ceous, *adj.* برگ‌مانند، برگدار، برگه‌دار، برگی، پولکی.

fo.liage [*fóuliidδ*] (**-d, foliage-ing**) *n.* برگ درختان، شاخ وبرگ.

fo.li.ate (**- d, foliating**) *adj., vt. & vi.* برگدار، برگ مانند، ورقه‌شده، ورقه‌ورقه شدن، برگ برگ‌شدن، برگ دادن.

fo.li.a.tion, *n.* برگ شماری، برگ، برگ سازی.

fo.lio [*fóuliou*] *n., adj. & vt.* برگ، صفحه، دفتر یادداشت، پوشه‌یاکارتن‌کاغذ، کتاب ورق بزرگ.

fo.li.o.late, *adj.* [گ.ش.] دارای برگچه.

fo.li.ose, fo.li.ous, *adj.* پر برگ.

fo.li.um (*pl.* **fo.lia**) *n.* برگ، طبقه، چینه، طبقهٔ نازك.

folk [*fouk*] (*pl.* **- s**) *adj. & n.* مردم، گروه، قوم وخویش، ملت.

F. dance. رقص محلی یا ملی.

folk.lore, *n.* رسوم اجدادی، معتقدات وآداب و رسوم قدیمی واجدادی،افسانه‌های قومی واجدادی،فولکلور.

folksy, *adj.* خوش‌مشرب، دوستانه،خودمانی.

folktale, *n.* افسانه‌های قومی واجدادی، داستان ملی.

folkway, *n.* عرف همگان، عقیدهٔ عامه، طرزفکر عمومی، احساسات عمومی.

fol.li.cle, *n.* برگه، [طب] کیسه یا غده‌کوچك ترشحی یا دفعی.

fol.low [*fɔ́lou*] (**- ed, - ing**) *n., vt. & vi.* پیروی‌کردن از، متابعت‌کردن، دنبال‌کردن، تعقیب‌کردن، فهمیدن، درك‌کردن، درذیل‌آمدن، منتج‌شدن،پیروی،استنباط،متابعت.

To f. a leader. از رهبر پیروی‌کردن.

fol.low.er [*fɔ́louə*] *n.* پیرو، تابع، شاگرد، مرید، مقلد، تعقیب‌کننده.

fol.low.ing [*fɔ́louiŋ*] *adj., n. &pp.* تعقیب، پیروی، زیرین، ذیل، شرح ذیل.

They were f. the same course. آنها هم همان رشته را دنبال‌میکردند.

In the following pages. درصفحات زیر.

The f. winter. زمستان بعد.

follow out, *vt.* بانجام رساندن، اخذ نتیجه، دنبال‌کردن.

fol.low-through, *vi. & n.* چیزی را تا آخر دنبال‌کردن، بانجام رسانی.

follow up, *vt. &adj.* پی‌گیری‌کردن، تعقیب‌کردن، دنبالهٔ داستان‌را شرح‌دادن، تماس بابیمار پس‌از تشخیص یا درمان.

fol.ly [*fɔ́li*] (*pl.* **- ies**) *n.* نابخردی، ابلهی، حماقت، نادانی، بیخردی، قباحت.

fo.ment [*foumént*] (**- ed, -ing**), *vt. & vi.* برانگیختن، پروردن، تحریك‌کردن.

fo.men.ta.tion, *n.* تحریك، ترویج.

fond [*fɔnd*] (**- er, - est, - ed, - ing**) (*pl.* **- s**) *adj., n., vt. & vi.* علاقمند، انس‌گرفته، مایل، مشتاق، شیفته.

F. of books. عاشق‌کتاب.

fon.dle [*fɔ́ndl*] (**-d, fondling**), *vt. & vi.* نوازش‌کردن، ناز ونیازکردن.

fond.ling, *vt. & vi.* نوازش‌کردن.

fond.ness, *n.* علاقه، انس.

fon.du, -e, *n. & adj.* درهم داخل شونده و نفوذ کننده [مثل رنگ‌هـای نقاشی] ، درهم‌آمیزنده (مثل اغذیه)،نوعی‌غذای سویسی.

font [*fɔnt*] *n.* حوض غسل تعمید، ظرف مخصوص نگه‌داری آب مقدس، چشمه، ذوب.

food [*fu:d*] *n.* خوراك، غذا،قوت، طعام.

food poisoning, *n.* [طب] مسمومیت غذائی.

foodstuff, *n.* مادهٔ غذائی، خواربار.

fool [*fu:l*] (**- ed, - ing**) *adj., n., vt. & vi.* نادان، احمق، ابله، لوده، دلقك، مسخره، گول زدن ، فریب دادن ، دست انـداختن.

Make a f. of. کسی را دست انداختن.

fool.ery, *adj.* حماقت، استهزاءکردن.

foolhardy [*fú:lhà:di*] (**- ier, - iest**) *adj.* بی‌پروا، دارای تهوربی‌مورد.

fool.ish [*fú:liʃ*] *adj.* نابخرد، نادان، جاهل، ابله، احمق، ابلهانه، مزخرف.

fool.proof [*fú:lpru:f*] *adj.* آدم ساده‌لوح و رك وراست، محفوظ از حماقت وکارهای احمقانه، محفوظ از خطا وشکست.

fools.cap, fool's cap [*fú:lz-kœp*] *adj. & n.* کلاه شیطانی مخصوص دلقك‌ها، کاغذ برگ بزرگ.

foot [*fut*] (*pl.* **feet**) (**-ed, -ing**), *vt., vi. & n.* پا، قدم، پاچه،دامنه، فوت [مقیاس طول انگلیسی معادل ۱۲ اینچ] ، هجای شعری،پایکوبی‌کردن، پازدن، پرداختن‌مخارج.

He is 5 feet high. قد او ۵فوت‌است.

To go on f. پیاده رفتن.

At the f. of the mountain. در دامنهٔ کوه.

f. soldier. سرباز پیاده.

foot.age, *n.* طول چیزی برحسب فوت، مقدار فیلم بفوت.

football [*fútbɔ:l*] *n. & vt.* بازی فوتبال، توپ فوتبال، فوتبال‌بازی‌کردن.

footboy, *n.* پادو، شاگرد، نوکر.

footbridge [*fútbridδ*] *n.* پل پیاده روها، پل پیاده روی.

footfall [*fútfɔ:l*]=**step,** *n.* پله.

footgear, *n.* پاپوش، کفش.

foot.hill [*fúthil*] *n.* تپهٔ دامنهٔ‌کوه.

foot.hold [*fúthould*] *n.* جای پا، زیر پائی، جای ثابت، پایگاه.

foot.ing [*fútiŋ*] *n.* پایهٔ ستون، جای پا، موقعیت، وضع.

foo.tle (**- d, foo.tling**) *n. & vi.* لودگی یا بازی‌کردن، پایکوبی، هرزه‌درائی.

footlights [*fútlaits*] *n. pl.* ردیف چراغ‌های جلو صحنهٔ نمایش ومانندآن.

foot.lock.er, *n.* چمدان قفل‌دار.
foot.loose, *adj.* بی‌بندوبار، آزاد.
foot.man [*fútmən*] (*pl.* **-men**), *n.* نوکر، فراش، پادو، جلودار، شاطر.
footmark [*fútma:k*] = **footprint,** *n.* جای پا، اثر پا، ردپا.
footnote [*fútnout*] *n.* تبصره، شرح، یادداشت ته صفحه، زیرنگاشت.
footpath [*fútpa:θ*] *n.* پیاده‌رو، پایهٔ ستون، پایهٔ مجسمه، پایه.
footprint [*fútprint*] *n.* جای پا.
footrest, *n.* زیرپائی، جاپا.
foot.slog, *vi.* پاکوبیدن، [illegible]
footsoldier [*fútsòuldδə*] = **infantryman,** *n.* سرباز پیاده.
footsore [*fútsɔ:*] *adj.* دارای پاهای زخمی (بویژه دراثر راه‌رفتن).
footstep [*fútstəp*] *n.* جای‌پا، ردپا، جاپا، پی، گام، قدم، گام‌برداری.
footstool [*fútstu:l*] *n.* صندلی، عسلی، چهارپایه.
footwear [*fútwεə*] *n.* پاپوش، کفش.
footwork [*fútwə:k*] *n.* کارپائی، استفاده ازپا، رفت‌وآمد، پادوی.
fop [*fɔp*] (**- ped, - ping**) *n.* & *vt.* آدم خودساز وجلف، کج‌کلاه، ابله.
fop.pery (*pl.* **- ies**) *n.* خودسازی، خودنمائی، جلفی، کارهای جلف.
fop.pish, *adj.* جلف، خودنما.
for [*fɔ:, fə*] *prep., conj.* & *n.* برای، بجهت، بواسطهٔ، بجای، ازطرف، به‌بهای، درمدت، بقدر، دربرابر، درمقابل، برله، بطرفداری از، مربوط به، مال، برای‌اینکه، زیراکه، چونکه.
Word f. word. کلمه بکلمه.
F. this reason. بدین دلیل.
Bought f. six dollars. بقیمت ۶ دلار خریداری شد.
for.age [*fɔ́ridδ*] (**- d, foraging**) *n., vt.* & *vi.* علیق، علوفه، علف، تلاش وجستجو برای علیق، غارت‌کردن، پی علف گشتن، کاوش کردن.
for as.much as [*fərəzmʌ'tʃ(œs)*] *conj.* نظربه، بادرنظرداشتن، ازآنجائی‌که.
for.ay [*fɔ́rei*] (**- ed, - ing**) *vt.* & *vi.* تاخت وتازکردن، تهاجم، تاراج، چپاول، تهاجم‌کردن، بیغما بردن، چپاول‌کردن، حمله.
forbear [*fɔ:be'ə*] (**forbore, forborne, forbearing**) *vt.* & *vi.* احتراز کردن، امساك كردن، خودداری کردن از، صرف‌نظر کردن، گذشتن از، اجتناب کردن از.
for.bear.ance [*fɔ:be'ərəns*] *n.* خودداری، شکیبائی، تحمل، امساك، مدارا.
for.bid [*fəbíd*] (**for.bade** or **for.bad, for.bid.den, for.bidding**) *vt.* قدغن‌کردن، منع‌کردن، بازداشتن، اجازه‌ندادن.
Smoking is forbidden. استعمال دخانیات ممنوع.
for.bid.dance, *n.* قدغن، نهی، ممانعت، منع، بازداشت، جلوگیری.
for.bid.ding, *adj.* زننده، نفرت‌انگیز، دافع، ناخوانده، نامطبوع، ترسناك، شوم، مهیب، عبوس، بدقیافه، نهی‌کننده.
force [*fɔ:s*] (**- d, forcing**) *n., vt.* & *vi.* زور، نیرو، جبر، عنف، نفوذ، [درجمع] قوا، عده، شدت عمل، [فیزیك] بردار نیرو، خشونت نشان دادن، درهم شکستن، قفل یا جفت را شکستن، مسلح‌کردن، مجبورکردن، بزورگرفتن، بزور بازکردن، بی‌عصمت‌کردن، راندن، بیرون‌کردن، بازور جلو رفتن، بزور تپاندن، ناگزیرکردن.
Forced landing. فرود آمدن اجباری هواپیما.
He forced his way into the room. بزور وارد اطاق شد.
By f. باجبار، بزور.
force.ful, *adj.* قوی، مؤثر، موکد.
force ma.jeure, *n.* قوهٔ قهریه.
forcemeat, *n.* قیمه (ترکی)، کنسرو.
for.ceps [*fɔ́:seps*](*pl.* **forceps**), [طب.] انبرك، انبر جراحی، انبر قابلکی، پنس.
FORCEPS
forc.ible [*fɔ́:sibl*] *adj.* قوی، مؤثر، شدید، اجباری.
ford [*fɔ:d*] (**- ed, - ing**) *n., vt.* & *vi.* قسمت‌کم عمق رودخانه‌ای‌که جهت عبور حیوانات وانسان مناسب‌باشد، گدار، به‌آب زدن، به‌گدار زدن.
fore [*fɔ:, fɔə*] *adj, adv., interj., n.* & *prep.* پیش، پیشین، جلوی، درجلو، قبلی.
fore پیشوند بمعنی «پیش» و «جلو» و «قبلاً» و «پیشترها» و «واقع درجلو».
forearm [*fɔ́ra:m*] (**- ed, - ing**), *n.* & *vt.* ساعد، بازو، ازپیش مسلح کردن، قبلاً آماده کردن.
fore.bear, for.bear, *n.* [معمولاً بصورت جمع] نیا، اجداد، جداعلی.
fore.bode [*fɔ:bóud*] (**-d, foreboding**) = **forbode,** *vt.* پیش‌گوئی کردن، تفأل بد زدن، قبلاً بدل کسی اثر کردن.
forebod.ing, *n.* & *adj.* شوم.
fore.cast [*fɔ:ká:st*] (**- ed, -ing**), *vt.* & *vi.* پیش‌بینی وضع هوا یا حوادث، پیش‌بینی کردن.
fore.cas.tle [*fóuksl*] *n.* [د.ن.] قسمت جلو عرشهٔ کشتی.
fore.close [*fɔ:klóuz*] (**-d, foreclosing**) *vt.* & *vi.* مسدودکردن، محروم‌کردن، سلب کردن.
fore.clo.sure, *n.* [حق.] سلب حق اقامهٔ دعوی، ممانعت.
foredeck, *n.* قسمت جلو عرشهٔ کشتی.
foredoom [*fɔ:dú:m*] (**- ed, -ing**), *n.* & *vt.* تقدیر، محکومیت قبلی، ازپیش مقدر یا محکوم‌کردن.
foreface, *n.* قسمت‌جلوصورت چارپایان.
forefather [*fɔ́:fà:δə*] *n.* نیا (نیاکان)، جد (اجداد)، سلف (اسلاف).
forefinger [*fɔ́:fìŋgə*] *n.* انگشت نشان، سبابه، انگشت شهادت.
forefoot [*fɔ́:fut*] (*pl.* **- feet**) (**- ed, - ing**) *n.* & *vt.* پای جلو، دست چارپایان.
forefront [*fɔ́:frʌnt*] *n.* جلو، صف جلو، [نظ.] جلودار، طلایه.
forego (**went, - gone, - ing**), *vt.* & *vi.* پیش‌رفتن، پیش‌ازچیزی‌واقع‌شدن، مقدم‌بودن‌بر.
fore.go.ing [*fɔ:gouiŋ, fɔ:góuiŋ*] *adj.* پیش‌گفته شده، پیش، بالاگفته، مذکور.
fore.gone [*fɔ́:gɔn*] *adj.* قبلی، سابقی.
Foregone conclusion, n. نتیجهٔ حتمی، نتیجهٔ مسلم، امر محقق.
foreground [*fɔ́:graund*] *n.* پیش‌نما، نزدیك‌نما (در برابر دورنما)، منظرهٔ جلو عکس، زمین جلو عمارت.
forehand [*fɔ́:hœnd*] *n., adj.* & *adv.* قسمت ممتاز، مزیت، سرعمله، مباشر، سروسینه ودست اسب، جلودار، پیشتاز.
fore.head [*fɔ́rid, - ed*] *n.* پیشانی.
for.eign [*fɔ́rin*] *adj.* & *n.* بیگانه، خارجی، بیرونی، ناجور، نامناسب.
F. office. وزارت امور خارجه.
F. countries. کشورهای بیگانه.
for.eign.er [*fɔ́rinə*] *n.* بیگانه، اجنبی، غریبه.
foreign exchange, *n.* مبادلهٔ خارجی، پول خارجی، ارز خارجی.
fore.judge, for.judge, *vt.* & *vi.* از پیش قضاوت‌کردن، تبعیض قائل شدن.
fore.know [*fɔ:nóu*] *vt.* از پیش دانستن، از غیب آگاهی داشتن.
foreknowledge [*fɔ.nɔlidδ*] *n.* آگاهی از پیش، اطلاع قبلی، علم‌غیب.
foreleg [*fɔ́:ləg*] *n.* پاچهٔ جلو، پای جلو حیوان، دست چارپایان.
forelock [*fɔ́:lɔk*] *n.* میخ محور، سگدست، کاکل، موی پیشانی.
fore.man [*fɔ́:mən*] (*pl.* **- men**), *n.* & *vt.* سرکارگر، سرعمله، مباشرت‌کردن.
fore.mast [*fɔ́:ma:st*] *n.* دگل جلو وپائین کشتی، پیش دگل.
fore.most [*fɔ́:moust*] *adj.* & *adv.* بهترین، پیش‌ترین، جلوترین، در درجهٔ نخست.
forename, *n.* اسم اول، نام نخست.
forenoon [*fɔ́:nu:n*] *n.* چاشتگاه، پیش‌ازظهر، قبل‌از ظهر، پیش‌ازنیم‌روز، بامداد.
fo.ren.sic, *adj.* & *n.* دادگاهی، بحثی، قانونی، مربوط‌به‌سخنرانی، جدلی.
foreordain, *vt.* از پیش مقرر کودن، تقدیرکردن.
forepart [*fɔ́:pa:t*] *n.* جلو، قسمت جلو، سردوست، مقدمه.
forepaw [*fɔ́:pɔ:*] *n.* پنجهٔ پای جلو(حیوانات)، پنجهٔ دست حیوانات.
forerun (**- ran, - run, -ning**), *vt.* پیش‌ازکسی رفتن، پیشرو بودن.
forerunner [*fɔ́:rʌ'nə*] *n.* پیشرو، طلایه‌دار، نیا، جد.
fore.said = **aforesaid** مذکور.
fore.sail [*fɔ́:səl, fɔ́:seil*] *n.* بادبان عمدهٔ دگل جلوکشتی، بادبان پائین.
fore.see [*fɔ:sí:*] (**- saw, - seen, - ing**) *vt.* & *vi.* قبلاً تهیه‌دیدن، پیش‌بینی‌کردن، ازپیش‌دانستن.
foreshad.ow [*fɔ:ʃœ́dou*] *vt.* از پیش خبر دادن، از پیش حاکی بودن از.
fore.sight [*fɔ́:sait*] *n.* پیش‌بینی، دور اندیشی، مآل اندیشی، بصیرت.
foreskin, *n.* [تش.] پوست ختنه‌گاه.
forespeak (**- spoke, - spoken, - speaking**) *vt.* پیشگوئی کردن، از پیش خبر دادن، قبلاً آماده کردن.
for.est [*fɔ́rist*] (**- ed, - ing**), *n.* & *vt.* جنگل، بیشه، تبدیل به جنگل کردن، درختکاری کردن.
fore.stall [*fɔ:stɔ́:l*] (**-ed, - ing**), *vt.* پیش‌دستی کردن‌بر، پیشی‌جستن بر، پیش افتادن، ممانعت کردن، کمین، کمینگاه.
for.est.er [*fɔ́ristə*] *n.* جنگلبان، جنگل نشین، جانور جنگلی.
for.est.ry [*fɔ́ristri*] *n.* جنگلبانی، احداث جنگل، جنگلداری.
foretaste [*fɔ́:teist*] (**- d, foretasting**) *vt.* & *n.* پیش‌چشی، آزمایش قبلی، پیش‌بینی کردن.
fore.tell [*fɔ:tél*] (**- told, - telling**) *vt.* & *vi.* پیشگوئی‌کردن، ازپیش آگاهی دادن، از پیش خبر دادن، نبوت‌کردن.
fore.thought [*fɔ́:θɔ:t*] *adj.* & *n.* دوراندیشی، مآل‌اندیشی، احتیاط، اندیشهٔ قبلی.
fore.top, *n.* نوك‌دگل جلوکشتی، کاکل، موی پیشانی، کاکل اسب.
for.ev.er [*fərə'və*] *adv.* برای همیشه، تا ابد، جاویدان، پیوسته، تا ابدالاباد.
for.ev.er.more = **forever**
fore.warn [*fɔ:wɔ́:n*](**-ed, -ing**), *vt.* از پیش اخطارکردن، قبلاً آگاهانیدن.
fore.word [*fɔ:wə:df*] = **preface,** *n.* دیباچه، سرآغاز، پیش‌گفتار.
for.feit [*fɔ́:fit*] (**- ed, - ing**) *n., adj., vt.* & *vi.* جریمه، فقدان، زیان، ضبط شده، خطاکردن، جریمه دادن، هدرکردن.
He forfeited his right. حق خود را ساقط کرد.
for.fei.ture [*fɔ́:fitʃə*] *n.* از دست دادگی، فقدان، زیان، ضرر، جریمه.
for.gath.er, fore.gath.er [*fɔ:gœ́δə*] (**- ed, - ing**) *vi.* فراهم‌آمدن، گرد آمدن، اجتماع کردن.
forge [*fɔ:dδ*] (**- d, forging**), *n., vt.* & *vi.* کورهٔ آهنگری، دمگاه، کورهٔ قالگری، جعل، تهیهٔ جنس قلابی، جعل‌کردن، اسناد ساختگی ساختن، آهنگری‌کردن، کوبیدن، جلو رفتن.
forg.er, *n.* جاعل، جعل‌کننده.
forg.ery [*fɔ́:dδəri*] (*pl.* **- ies**) *n.* جعل اسناد، امضاء سازی، سند، سند جعلی.
for.get [*fəgét*] (**forgot, forgotten, forgetting**) *n., vt.* & *vi.* فراموش‌کردن، فراموشی، صرفنظر کردن، غفلت.
forget.ful, *adj.* فراموشکار.
for.get-me-not [*fəgétminɔt*] *n.* [گ.ش.] گل «فراموشم مکن».
for.get.ta.ble, *adj.* از یاد بردنی.
forg.ing, *n.* & *vt.* برسندان‌کوبیدن، جعل سند، جعل، تقلب.
for.giv.able [*fəgívəbl*] *adj.* قابل‌بخشایش، بخشیدنی، بخشش‌پذیر، قابل‌عفو.
for.give [*fəgív*] (**forgave, forgiven, forgiving**) *vt.* & *vi.* بخشیدن، عفوکردن، آمرزیدن.
To f. a sinner. بخشیدن گناهکار.
for.give.ness, *n.* بخشش، عفو، گذشت.
for.go, fore.go [*fɔ:góu*] (**-went, - gone, - going**) *vt.* چشم پوشیدن از، صرفنظرکردن از، رهاکردن.
fork [*fɔ:k*] (**- ed, - ing**) *n., vt.* & *vi.* چنگال، سه شاخه، دو شاخه، منشعب شدن، مثل چنگال شدن، پنجه.
forked [*fɔ:kt*] *pp.* & *adj.* شاخه‌دار، چنگال مانند، شکافته، مبهم.
forky, *adj.* چنگالی، چنگالدار، چنگك‌وار.
for.lorn [*fəlɔ́:n*] *adj.* & *n.* سرگردان، بیچاره، درمانده، بی‌کس، متروك.
F. hope. امید بیهوده، امید پوچ.
form [*fɔ:m*] (**- ed, - ing**) *n., vt.* & *vi.* شکل، ریخت، ترکیب، تصویر، وجه، روش، طریقه، برگه، ورقه، فرم، تشکیل دادن، ساختن، بشکل درآوردن، قالب کردن، پروردن، شکل‌گرفتن، کسب‌کردن، فراگرفتن.
A tax f. فورم مخصوص مالیات.
The sonnet is a poetical f. سانت نوعی شعر است.

To f. a sentence. ساختن جمله.
for.mal [fɔ́:məl] *adj. & n.*
رسمی، دارای‌فکر، مقیدبه‌آداب ورسوم اداری، تفصیلی، عارضی، لباس رسمی شب، قراردادی.
for.mal.i.ty [fɔ:mǽliti] (*pl.* **- ies**) *n.*
رسمیت، تشریفات، رعایت آداب ورسوم.
for.mal.ize, *vt. & vi.* رسمی کردن
for.mat, *n.* قطع، اندازه، شکل، نسبت.
for.ma.tion [fɔ:méiʃən] *n.*
آرایش، شکل، ساختمان، تشکیلات، احداث، صف‌آرائی، تشکیل، رشد، ترتیب قرارگرفتن.
for.mer [fɔ́:mə] *pron., adj & n.*
تشکیل دهنده، قالب‌گیر، پیشین، سابق، جلوی، قبلی، درجلو.
for.mer.ly, *adv.* پیشتر، قبلاً.
For.mi.ca, *n.*
مورچه، فورمیکا، نوعی مادهٔ پلاستیکی.
formic acid, *n.*
[ش.] جوهرمورچه، حامض مورچه، اسیدفرمیك.
for.mi.da.ble [fɔ́:midəbl] *adj.*
ترسناك، سخت، دشوار، نیرومند، قوی، مستحکم.
form.less, *adj.* بی‌شکل.
for.mu.la [fɔ́:mjulə] (*pl.* **-s, -e**), *n.* فرمول، قاعده، دستور، قاعدهٔ رمزی، ورد.
for.mu.la.rize, *vt.* بصورت فرمول درآوردن، تحت قاعده درآوردن، مدون‌کردن.
for.mu.late [fɔ́:mjuleit] (**- d, formulating**) *vt.*
بشکل قاعده در آوردن یا ادا کـردن، کوتاه کردن، فرمول‌بندی‌کردن.
for.mu.la.tion, *n.*
قاعده‌سازی، دستورسازی، تبدیل‌به قاعده‌رمزی.
for.mu.lize=formulate, *vt.*
بصورت فرمول درآوردن.
for.ni.cate (**-d, fornicating**), *vi.* فاحشه بازی‌کردن، زناکردن.
for.ni.ca.tion [fɔ:nikéiʃən] *n.*
جنده‌بازی، زنا.
for.sake [fəséik] (**for.sook, for.sak.en, for.sak.ing**) *vt.*
ول‌کردن، ترك، رها کردن، انکار کردن.
for.sooth [fəsú:θ] *adv.*
براستی، الحق، قطعاً، بتحقیق، درحقیقت.
for.spent, *adj.* فرسوده، خالی، تهی.
for.swear, fore.swear [fɔ:swɛ́ə] (**-swore, - sworn, -ing**), *vt. & vi.* باسوگندانکارکردن، انکار کردن.
for.syth.ia, *n.* [گ.ش.] هیفل، حریع، فورسینیه، یاس زرد.
fort [fɔ:t] (**- ed, - ing**) *adj., n., vt. & vi.* سنگر، برج وبارو، حصار، قلعه، دژ، سنگربندی‌کردن، تقویت‌کردن، قوی.
forte [fɔ́.ti] *adv., adj. & n.*
هنر، جنبه قوی، لبهٔ تیز شمشیر، [مو.] بلند.
forth [fɔ:θ] *prep., adv., n. & vt.*
از حالا، دور از مکان اصلی، جلو، پیش، پس، این کلمه بصورت پیشوند نیز بـامعانی فوق بکار میرود، تمام‌کردن، بیرون از، مسیر آزاد.
And so f. وقس علیهذا.
He went f. with his plan.
او به اجرای نقشه خود ادامه داد.
forth.com.ing [fɔ:θkʌ́miŋ], *adj. & n.*
نزدیك، درشرف، آمادهٔ ارائه دادن، آینده.
forth.right [fɔ:θrait] *adv., adj. & n.* رك، سرراست، مستقیماً، بیمحابا، بیدرنگ.
forth.with [fɔ:θwíð, - wiθ] *adv.*
آناً، فوراً، بیدرنگ.
for.ti.eth [fɔ́:tiiθ] *n.* چهلم،چهلمین.

for.ti.fi.ca.tion [fɔ:tifikéiʃən], *n.* استحکام[استحکامات]،سنگربندی، بارو، تقویت.
for.ti.fi.er, *n.* مستحکم‌کننده.
for.ti.fy [fɔ́:tifai] (**- ied, fortifying**) *vt. & vi.* دارای استحکامات کردن، تقویت‌کردن، نیرومندکردن.
for.tis.si.mo [fɔ:tísimou] (*pl.* **- s, fortissimi**) *adv., adj. & n.* [در موسیقی] صدای بلند، خیلی بلند.
for.ti.tude [fɔ́:titju:d] *n.* پایمردی، شهامت اخلاقی، شکیبائی، بردباری، ثبات.
fort.night [fɔ́:tnait] *n.*
دوهفته، چهارده روز، هردو هفته یکبار.
fort.night.ly, *adv. & adj.*
دوهفتگی.
for.tress [fɔ́:tris] (**- ed, - ing**), *vt. & n.*
استحکامات نظامی، سنگر، قلعهٔ نظامی، دژ.
for.tu.itous, *adj.* اتفاقی، شانسی.
for.tu.nate [fɔ́:tʃənit, fɔ́:tjunit], *adj.* خوشبخت، مساعد، خوش شانس، خوب.
for.tune [fɔ́:tʃən, fɔ́:tju:n] (**- d, fortuning**) *n., vt. & vi.*
بخت واقبال، طالع، خوش‌بختی، شانس، مال، دارائی، ثروت، اتفاق افتادن، مقدرکردن.
Try one's f. بخت آزمائی‌کردن.
Tell fortunes. فال‌گرفتن.
for.tune-tell.er, *n.*
فالگیر، طالع‌بین.
for.ty [fɔ́:ti] (*pl.* **- ies**) *n. & adj.* چهل، چهلمین، یك چهلم.
for.ty-five, *prep., adj. & n.*
چهل و پنج.
fo.rum [fɔ́:rəm] (*pl.* **fo.ra, fo-rums**) *n.* [روم‌باستان]میدان، بازار، محل اجتماع عموم، دادگاه، محکمه، دیوانخانه.
for.ward [fɔ́:wəd] (**-ed, -ing**), *adj., adv., n. & vt.*
جلو، پیش، ببعد، جلوی، گستاخ، جسور، فرستادن، رساندن، جلوانداختن، [فوتبال] بازی‌کن‌ردیف‌جلو
To f. cargo. حمل کالا.
A f. move. حرکت بجلو.
for.ward.er, *n.* گاراژدار، فرستنده.
for.ward.ing, *n.* حمل‌ونقل، ارسال.
for.wards [fɔ́:wədz]=**forward,** *adj.* بطرف‌جلو، به پیش.
fosse, foss (*pl.* **fosses**) *n.*
خندق، گودال.
fos.sil [fɔ́s(i)l] *adj. & n.*
سنگواره، فسیل، مربوط بادوار گذشته.
fos.sil.ize [fɔ́silaiz] (**- d, fossilizing**) *vt. & vi.*
فسیل شدن، دراثرمرور زمان بصورت سنگواره درآمدن، سخت ومتحجر شدن، کهنه شدن.
fos.ter [fɔ́stə] (**- ed, - ing**) *n., adj. & vt.* غذا، نسل، بچهٔ‌سرراهی، پرستار، دایه، غذا دادن، شیر دادن، پرورش دادن.
A f. child. بچهٔ سرراهی.
F. brother. برادر رضاعی.
fought [fɔ:t] (*p. of* **fight**)
زمان ماضی واسم مفعول فعل fight
foul [faul] (**- er, - est, - ed, - ing**) *adj., adv., vt. & vi.*
ناپاك، پلید، شنیع، ملعون، غلط، نادرست، خلاف، طوفانی، حیله، جرزنی، بـازی بیقاعده، ناپاك کردن، لکه‌دارکردن، گوریده‌کردن، چرك‌شدن، بهم خوردن، گیر کردن، نارو زدن [دربازی].
F. weather. هوای بد یا طوفانی.
foul.mouthed, *adj.*
بدزبان، بددهن، بیمار، هرزه‌گو، بی‌عفت، فحاش.

found [faund] (*p. of* **find**)
زمان ماضی واسم مفعول find.
found (**- ed, - ing**) *n. & vt.*
برپاکردن، بنیاد نهادن، ریختن، قالب‌کردن، ذوب‌کردن، ریخته‌گری، قالب‌ریزی‌کردن.
foun.da.tion [faundéiʃən] *n.*
شالوده، پایه، پی، پی‌ریزی، اساس، بنیاد، تأسیس، بنگاه، مؤسسهٔ خیریه.
foun.der [fáundə] (**- ed, -ing**), *n., vt. & vi.* ازپاافتادن، لنگ‌شدن، فرو ریختن، غرق‌کردن [کشتی]، فرو رفتن، برپا-کننده، مؤسس، بنیان‌گذار، ریخته‌گر، قالبگیر.
Reza Shah was the f. of the Pahlavi dynasty.
رضا شاه بنیان‌گذار سلسلهٔ پهلوی بود.
found.ling [fáundliŋ] *n.*
بچهٔ‌سرراهی، لقیط.
found.ry [fáundri] (*pl.* **found-ries**) *n.* کارخانهٔ‌گداز فلز، کارخانهٔ ذوب فلز، چدن ریزی، ریخته‌گری.
fount [faunt] *n.* فواره، منبع، مخزن، یکدست حروف‌هم‌شکل وهم‌اندازه (درچاپخانه).
foun.tain [fáuntin] *adj. & n.*
منبع، فواره، منشاء، مخزن، چشمه، سرچشمه.
foun.tain.head, *n.*
سرچشمه، منبع خبر، اصل وسرچشمه.
fountain pen, *n.* قلم خودنویس.
four [fɔ:, fɔə] *adj. & n.*
چهار، عدد چهار.
On all fours. چهار دست وپا.
four.fold [fɔ́:fould] *adj. & adv.* چهارلا، چهار برابر، چهارگانه.
four.score [fɔ́:skɔ́:] *adj.*
هشتاد سال، هشتاد.
four.some [fɔ́:səm] *n.*
چهارتائی(دربازیgolf)، بازی‌گلف‌چهارنفری.
four.teen [fɔ́:tí:n, fɔ:tí:n] *adj. & n.* عدد چهارده، چهارده‌تائی.
four.teenth [fɔ́:tí:nθ] *adj. & n.*
چهاردهمین، یك چهاردهم.
fourth [fɔ:θ] *adv., adj. & n.*
چهارمین، چهارم، چهاریك، ربع.
fowl [faul] (*pl.* **fowl & fowls**) (**- ed, - ing**) *n. & vi.*
مرغ، ماکیان، پرنده، پرنده را شکار کردن.
fowl.er, *n.* مرغ‌گیر، شکارچی پرندگان.
fowling piece, *n.*
تفنگ شکاری، تفنگ ساچمه‌ای.
fox [fɔks] (**foxes, fox**) (**- ed, - ing**) *n., vt. & vi.*
روباه، روباه‌بازی‌کردن، تزویرکردن، گیج‌کردن.
fox.hole, *n.*
[نظ.] سنگر بزانو، سوراخ روباه.
fox.-hound [fɔ́ks-haund] *n.* [ج.ش.]تازی مخصوص‌شکار روباه.
FOXHOUND (24 in. high)
foxtail millet, *n.* [گ.ش.] ارزن ایتالیائی (Setaria italica).
fox terrier [fɔkstériə] *n.* نوعی سگ اهلی.
fox-trot [fɔ́kstrɔt] (**-ted,-ting**), *n. & vt.*
یورتمهٔ آهستهٔ اسب، رقص فوکس‌ترات.
FOX TERRIER (15 in. high at shoulder)

foxy [fɔ́ksi] (**- ier, - iest**) *adj.*
روباه صفت، حیله‌باز، حنائی، ترشیده.
foy.er [fɔ́iei, fwajei] *n.*
سرسرای تآتر، مرکز اجتماع، راهرو بزرگ.
fra.cas [frǽka:, fréikəs] (*pl.* **fra.cas.es, frac.as**) *n.*
قیل و قال، مزاحمت، زد و خورد، بلوا.
frac.tion [frǽkʃən] (**–ed, -ing**), *vi. & n.* شکستن، شکستگی، ترك‌خوردگی، شکاف، برخه، کسر[کسور]، بخش، قسمت، تبدیل بکسرمتعارفی‌کردن، بقسمتهای کوچك‌تقسیم‌کردن.
frac.tion.al, *adj.* کسری، کوچك.
frac.tion.al.ize, *vt.*
تقسیم بجزءکردن، خردکردن، برخه‌کردن.
frac.tious [frǽkʃəs] *adj.*
بدخو، کج‌خلق، ننر، متمرد، زود رنج.
frac.ture [frǽktʃə] (**- d, frac-turing**) *n., vt. & vi.*
شکستگی، انکسار، شکست، ترك، شکاف، شکستن، شکافتن، گسیختن، شکستگی (استخوان).
frag.ile [frǽdʒail] *adj.*
شکننده، ترد، نازك، لطیف، زودشکن، ضعیف.
fra.gil.i.ty, *n.* زودشکنی، تردی، ظرافت.
frag.ment [frǽgmənt] *n., vt. & vi.* پاره، خرده، تکه، قطعه، باقیمانده، قطعات متلاشی، خردکردن، ریزکردن، قطعه‌قطعه‌کردن.
frag.men.tary [frǽgməntəri] = **frag.men.tal,** *adj.*
پاره پاره، جزء جزء، شکسته، ریز شده، ناقص.
fra.grance [fréigrəns] *n.*
بوی خوش، عطر، رایحه وعطر، چیز معطر.
fra.grant, *adj.* خوشبو، معطر.
frail [freil] (**-ed, - est**) *adj. & n.*
نازك، سست، نحیف، شکننده، زودگذر، سست دربرابر وسوسهٔ شیطانی، گول‌خور، بی‌مایه.
frail.ty [fréi(ə)lti] (*pl.* **- ies**) *n.*
سستی، ضعف اخلاقی، نحیفی، خطائی‌که ناشی از ضعف اخلاقی باشد، بیمایگی، نااستواری.
frame [freim] (**-d, framing**), *adj., n., vt. & vi.* قاب‌کردن،قاب‌گرفتن، چارچوب‌گرفتن، طرح کردن، تنظیم کردن، بیان کردن، فرمول، قاعده، منطق، اسکلت، ساختمان، چهارچوب، تنه، بدن، پاپوش درست‌کردن.
frame-up, *n.* توطئه، دوزوکلك، دسیسه.
frame.work [fréimwə:k] *n. & vt.* چوب‌بست، چهارچوبه، کالبد، استخوان‌بندی، بدنه.
franc [frǽŋk] *n.* فرانك(واحدپول).
fran.chise [frǽntʃaiz]=**en-franchise, free,** *n. & vt.*
امتیاز، حق‌انتخاب، آزادکردن، حق رأی‌دادن.
Fran.cis.can [frænsískən] *adj. &n.* وابسته‌بدستهٔ راهبان فرقهٔ فرانسیس‌مقدس.
fran.gi.ble, *adj.* شکننده، ترد.
frank [frǽŋk] (**- ed, - ing**) *vt., adj. & n.* رك‌گو، بی‌پرده حرف‌زن، رك، بی‌پرده، صریح، نیرومند، مجانی، چپاندن، پر کردن، اجازهٔ عبور دادن، مجاناً فـرستادن، معاف‌کردن، مهرزدن، باطل‌کردن، مصون‌ساختن.
frank.furt.er, frank.fort.er, frankfurt, frank.fort, *n.*
کالباس بارودهٔ پرکرده ازگوشت‌گاو، سوسیس.
frank.in.cense [frǽŋkinsens], *n.* [گ.ش.]کندر، بوتهٔ‌کندر، درخت کندر سرخ، کندر هندی، درخت مر مکی.
frank.lin [frǽŋklin] *n.*
فردآزاده، ملاك‌آزاد از طبقهٔ سوم [در سده‌های ۱۴ و ۱۵ میلادی]، طبقهٔ متوسط اجتماع.
frank.ly, *adv.*
رك وپوست‌کنده، صراحتاً، جوانمردانه.
fran.tic [frǽntik] *adj. & vt.*
بی‌عقل، آتشی، عصبانی، ازکوره دررفته.
fra.ter.nal [frətə́:n(ə)l] *adj.*

دوستانه، برادرانه، برادروار، ائتلافی،اتحادی.

fra.ter.ni.ty *[frətə':niti]* (*pl.* **- ies**) *n.*
برادری، اخوت، انجمن اخوت، صنف، اتحادیه.

frat.er.nize *[frǽtənaiz]* (**- d, fraternizing**) *vt. & vi.* دوست بودن، برادری کردن، متفق ساختن، برادری دادن.

frat.ri.cide *[fréitrisaid, frǽt-],* *n.* برادرکشی، برادرکش، خواهرکش.

fraud *[frɔ:d]* *n.* [حق.] فریب، حیله، کلاه برداری، تقلب، فن، گوش بر، شیاد.

fraud.u.lence, *n.* کلاه برداری.

fraud.u.lent *[frɔ:djulənt]* *adj.* کلاه بردار، گول زن، حیله گر، فریب آمیز.

fraught, *adj.*
پر، مملو، دارا، همراه، ملازم، بار شده.

fray *[frei]* (**- ed, - ing**) *n., vt. & vi.* ترس، وحشت، غوغا، نبرد، نزاع، ترساندن، هراسانیدن، جنگ کردن، سائیدن، فاقد نیروکردن، ضعیف کردن، فرسوده شدن.

fraz.zle (**- d, frazzling**) *n., vt. & vi.* فرسودگی، سائیدگی، آشفتن.

freak *[fri:k]* (**- ed, - ing**) *n., adj., vt. & vi.*
دمدمی مزاجی، وسواس، چیز غریب، غرابت، خطدار کردن، رگه دار کردن، دمدمی بودن.

freak.ish *[frí:k.ʃ]* *adj.*
عجیب وغریب، دمدمی، بوالهوس، متلون.

freck.le *[frékl]* (**-d, freckling**), *n., vt. & vi.* لکه، لك صورت، كك مك، خال، دارای كك مك كردن، خالدار شدن.

free *[fri:]* (**freer, freest, freed, freeing**) *adv. & vt.*
آزاد، مطلق، مستقل، اختیاری، مختار، مجانی، رایگان، سخاوتمندانه، روا، مجاز، منفصل، رها، بطور مجانی، آزادکردن، ترخیص کردن.

A f. ticket. بلیط مجانی.

To f. a person from jail.
کسیرا از زندان آزاد کردن.

F. of charge. رایگان، مفت.

free.boot.er *[frí:bù:tə]* *n.*
غارتگر، چپاولگر، دزد دریائی، راهزن.

free.born, *adj.*
آزاد زاده، فرزند آزاد مرد (كه بنده نیست).

freed.man *[frí:dmœn]* (*pl.* **- men**) *n.* بندهٔ آزاد شده، آزاده.

free.dom *[frí:dəm]* *n.*
آزادی، استقلال، معافیت، آسانی، روانی.

free-for-all, *adj. & n.*
داد و بیداد، زدوخورد همگانی.

free.hand *[frí:hœnd]* *adv., adj.& n.* بی اسباب، بی افزار، بادست باز، آزادی در تصمیم.

free.hand.ed *[frí:hœndid]* *adj.*
سخی، گشاده دست، دست باز.

free.heart.ed, *adj.* آزاده، دست و دلباز، بی رودربایستی، رك وراست.

free.hold *[frí:hould]* *adj. & n.*
ملك مطلق، مالکیت مطلق، ملك موروثی.

free-lance, *n., adj., vt. & vi.*
كار كردن بدون وابستگی بحزب یا جماعتی، مفرد كاركردن، نویسنده غیر وابسته.

free.ly, *adv.* بطور آزاد یا رایگان.

Free.ma.son *[frí:méisn]* *n.*
عضو فراموشخانه، فراماسیون.

free.ma.son.ry, *n.* فراماسیونی.

free-spo.ken *[frí:spóukn]* *adj.*
رك گو، ساده گو، بی پرده، بی محابا.

free.think.er *[frí:θíŋkə]* *n.*
کسی که دارای فکر آزاد است وبمذهب کاری ندارد، بیدین، آزاد فکر.

free.way, *n.* بزرگراه،
شاهراه، شاهراهی که ازحق راهداری معاف است.

free.wheel *[frí:(h)wí:l]* *n. & vt.*
آزاد زندگی کردن، با آزادی حرکت و جنبش کردن، بآزادگی زیستن، بادندهٔ خلاص رفتن.

freeze *[fri:z]* (**froze, frozen, freezing**) *n., vt. & vi.*
یخ بستن، منجمد شدن، بی اندازه سرد کردن، فلج کردن، فلج شدن، ثابت کردن، غیرقابل حرکت ساختن، یخزدگی، افسردگی.

freez.er, *n.*
یخچال، محلی سرد برای نگاهداری خوراکی.

freight *[freit]* (**- ed, - ing**), *vt. & n.* کرایه، کرایهٔ کشتی، بار، بارکشتی، باربری، گرانبار کردن، حمل کردن، غنی ساختن.

freight-car, *n.* واگن باری.

freight.er *[fréitə]* *n.*
بارکننده (کشتی)، بار، بارکش، مکاری.

French *[fren(t)ʃ]* *adj. & n.*
فرانسوی، فرانسه، زبان فرانسه.

French fry, *vi. & n.*
برشهای سیب زمینی را در روغن سرخ کردن، برش سیب زمینی سرخ کرده [درروغن فراوان].

French.man, *n.* مرد فرانسوی.

fre.net.ic=frenzied, frantic, *adj.* آتشی، آشفته، عصبانی.

fren.zied *[frénzid]* *adj.*
دیوانهوار، شوریده، آشفته، ازجا دررفته.

fren.zy *[frénzi]* (**- ied, frenzying**) *vt., adj. & n.*
دیوانه کردن، شوریده کردن، آشفتن، دیوانگی آنی، شوریدگی، هیجان.

fre.quence, fre.quen.cy *[frí:kwənsi]* *n.* بسامد، تکرار، فرکانس، تناوب.

fre.quent *[fri:kwənt]* (**- ed, - ing**) *adj. & n.* تکرار شونده، معمول، مکرر، رفت وآمد زیادکردن در، تکرارکردن.

To f. a house.
مرتباً درمنزلی رفت وآمدکردن.

fre.quent.ly, *adv.*
بارها ، مکرراً، کراراً، غالباً.

fres.co *[fréskou]* (*pl.* **- es, -s**), *vt. & n.*
نقاشی آبرنگی کردن، نقاشی آبرنگی روی گچ.

fresh *[freʃ]* (**- er, - est, - ed, - ing**) *n., adj., adv., vt. & vi.*
تروتازه ، تازه ، خالص، زنده، بانشاط، باروح، خنك، سرد، تازه نفس، تازه کار، ناآزموده، پررو، جسور ، بتازگی ، خنك ساختن ، تازه کردن ، خنك شدن، آماده، سرخوش، (درموردآب) شیرین.

fresh.en *[fréʃn]* (**- ed, - ing**), *vt. & vi.* تازه کردن، خنك کردن، نیرو دادن.

fresh.man *[fréʃmən]* (*pl.* **-men**), *n.* جدیدالورود، دانشجوی سال اول دانشکده.

fresh.wa.ter *[fríʃwɔ:tə]* *adj.*
وابسته به آب شیرین، [مج.] تازه کار.

fret *[fret]* (**- ted, - ting**) *n., vt. & vi.* اذیت، اخم، ترشروئی، تحریك، تهییج، هیجان، بی حوصلگی، جیغ، فریاد، دارای نقشهای پیچ در پیچ کردن، جوربجور کردن، گلابتون دوزی کردن، اخم کردن، پوست رابردن، کج خلقی کردن، سائیده شدن، هایهوکردن، جویدن، مجروح کردن، رنگ آمیزی کردن، منبت کاری.

fret.ful, *adj.* اخمو، ناراحت، جوشی.

fret.saw *[frét-sɔ:]* *n.*
ارهٔ منبت کاری ، ارهٔ ظریف کاری.

FRET SAW

fret.work *[frétwə:k]* *n.*
منبت کاری، برجسته کاری، حاشیه گذاری.

Freud.ian, *adj. & n.*
وابسته به نظریات «زیگموند فروید».

fri.a.ble, *adj.* خردشونده، ترد، شکننده.

fri.ar *[fráiə]* *n.*
راهب صومعه، راهب درویش و سائل.

fric.tion *[fríkʃən]* *n.*
اصطکاك، مالش، اختلاف، حساسیت.

fric.tion.al, *adj.* اصطکاکی، مالشی.

Fri.day *[fráiʃi]* *n.* آدینه، جمعه.

friend *[frend]* (**- ed, - ing**) *n., vt. & vi.*
دوست، رفیق، یار، دوست داشتن، یاری کردن.

friend.less, *adj.* بی دوست.

friend.ly *[fréndli]* *n., adj. & adv.*
دوستانه، مساعد، مهربان، موافق، تعاونی.

friend.ship, *n.* دوستی، رفاقت، آشنائی.

frieze *[fri:z]* (**- d, friezing**), *n. & vt.* کتیبه، حاشیهٔ آرایشی، باکتیبه آراستن، حاشیهٔ زینتی دادن به.

frig.ate *[frígit]* *n.*
فرقت، کشتی بادبان دار، نوعی قایق پاروئی.

fright *[frait]* (**-ed, - ing**) *n. & vt.*
ترس ناگهانی، هراس، وحشت، ترساندن، رم دادن.

fright.en *[fráit(ə)n]*=**fright** (**- ed, - ing**) *vt.*
بوحشت انداختن، ترساندن.

fright.ful, *adj.* وحشتناك.

frig.id *[frídδid]* *adj.*
بسیار سرد، منجمد، دارای اندکی تمایل جنسی.

fri.gid.i.ty *[fridδíditi]* (*pl.* **-ies**), *n.* سردی، انجماد، کمی تمایل درقوای جنسی.

frigid zone, *n.* منطقهٔ منجمده.

frill *[fril]* (**- ed, - ing**) *n. & vt.*
چین، حاشیهٔ چین دار ، زواید، تزئینات، پیرایه، چیز بیخود یا غیرضروری، افراط، لفت، تجمل، لرزیدن[ازسرما]، حاشیه دوختن بر، ریشه دارکردن.

frilly, *adj.* دارای زوائد وتزئینات.

fringe *[fríndδ]* (**- d,fringing**), *n. & vi.* حاشیه، سجاف، کناره، حاشیه دار کردن، ریشه گذاشتن به، چتر زلف، چین، لبه.

fringe benefit, *n.*
مزایای شغلی.

frip.pery *[frípəri]* (*pl.* **- ies**), *adj. & n.* خرده ریز، خرت وپرت، چیز کم بها، خودنمائی، خودفروشی.

frisk *[frisk]* (**- er, - est, - ed, - ing**) *n., vt. & vi.* جست وخیز، حرکت تند وچالاك دررقص، تفتیش وجستجو [خصوصاً برای اسلحه و اموال دزدی]، از خوشی جست و خیز کردن، تفتیش و جستجو کردن ، با نشاط، مسرور، فرز.

frisky (**- ier, - iest**) *adj.*
شاد وخرم، جست وخیزکنان، چالاك، چابك.

frit.ter *[fritə]* (**- ed, - ing**) *n., vt. & vi.* کلوچهٔ قیمه دار یا میوه دار که سرخ کنند، خاگینهٔ گوشت دار، پاره، خرده، خرد کردن، قطعه قطعه کردن، تلف کردن، هدر کردن.

fri.vol.i.ty *[frivɔ́liti]* (*pl.*-**ies**) *n.*
سبکی، پوچی، بیهودگی، بی معنائی، هرزه درائی.

friv.o.lous *[frívələs]* *adj.*
سبك، پوچ، بیهوده، بیمعنی، سبکسر، احمق.

frizz (**- ed, - ing**) (*pl.* **- es**), *n., vt. & vi.* فر، جعد وشکن گیسو، فرزدن، جلزوولز (درموقع سرخ کردن غذا).

friz.zle *[frízl]* (**- d, frizzling**), *n., vt. & vi.* جلزو ولز، غذا را سرخ کردن، جزجزکردن، فر زدن، فر.

friz.zly, frizzy *[frízli, frízi],* *adj.* فرفری، مجعد، فردار، چین دار، حاشیه دار.

fro *[frɔ́u]*=**back, away,** *adv.*
عقب، دور از.

To and f. پس وپیش.

frock *[frɔk]* (**- ed, - ing**) *n. & vt.* فراك، لباس اسموکینگ، رهبانیت، رولباسی، فراك پوشاندن.

frog *[frɔg]* (**- ged, - ging**), *n. & vi.* [ج.ش.] غوك، وزغ، قورباغه، قلاب، خرك ویلن، قورباغه گرفتن.

frog.man (*pl.* **- men**) *n.* غواص.

frol.ic *[frɔ́lik]* (**- ked, - king**), *n., adj. & n.* سرور ونشاط، خوشی، رقص، خوشی کردن، ورجه ورجه کردن.

frol.ic.some *[frɔ́liksəm]* *adj.*
خوش، سرخوش، شاد، شادمان، بذله گو.

from *[frɔm, frəm]* *prep.*
از، بواسطهٔ، درنتیجهٔ، از روی، مطابق، ازپیش.

F. Tehran to Abadan.
از تهران به آبادان.

frond *[frɔnd]* *n.* [گ.ش.] برگ ساقه، ساقهٔ برگی، فلاخن.

front *[frʌnt]* (**- ed, - ing**) *adj., n., vt. & vi.* جلو، پیش، صف پیش، نما، طرز برخورد، جلودار ، منادی ، جبههٔ جنگ ، بطرف جلو، روکردن به، مواجه شدن با، روبروی هم قـرار دادن، مقدمه نوشتن بر، درصف جلو قرار گرفتن.

The war f. جبههٔ جنگ.

front.age *[frΛ'ntidδ]* *n.*
نمای ساختمان، حریم، جلوخان، میدان.

fron.tal *[frΛ'nt(ə)l]* *adj. & n.*
پیشانی، وابسته به پیشانی، وابسته بجلو، قدامی.

fron.tier *[frΛ'ntiə]* *adj. & n.*
مرز، سرحد، خط فاصل، مرزی، صف جلولشکر.

fron.tiers.man *[frΛ'ntiəzmən]* (*pl.* **- men**) *n.* مرزنشین، سرحد نشین.

fron.tis.piece *[frΛ'ntispì:s]* (**-d, frontispiecing**) *n. & vt.*
نمای سردر، سرلوحه، سرصفحه، دیباچهٔ کتاب.

frost *[frɔ́st]* (**- ed, - ing**) *n., vt. & vi.* ژاله، شبنم منجمد، شبنم، سرماریزه، گچك، برفك، سرمازدن، سرما زده کردن، از شبنم یا برف ریزه پوشیده شدن.

frostbite *[frɔ́s(t)bait]* (**- bit, - bitten, - biting**) *n. & vt.*
سرمازدگی، یخ زدگی بافت بدن درائر سرما.

frost.ing *[frɔ́stiŋ]* *n.* سرمازدگی، رویه خامهای کیك یا شیرینی.

frosty *[frɔ́sti]* (**-ier, - iest**) *adj.*
یخزده، بسیار سرد، پوشیده از شبنم یخ زده.

froth *[frɔθ, frɔ:θ]* (*pl.* **- s**) (**- ed, - ing**) *n., vt. & vi.*
کف، سرجوش، [مج.] یاوه، سخن پوچ، کف کردن، بکف آوردن، اظهار کردن، نمایاندن، صدازدن.

frothy *[frɔ́θi]* (**-ier, - iest**) *adj.*
کف مانند، پرازکف، کفدار، [مج.] بی معنی.

frounce, *vt., vi. & n.*
چین خوردن، فر دادن مو، کام اسب.

frown *[fraun]* (**- ed, - ing**) *n., vi. & vt.* اخم کردن، روی درهم کشیدن، اخم.

frow.zy, frow.sy *[fráuzi]* (**- ier, - iest**) *adj.*
بدبو، [مج.] شلخته، چرك، پلید، پوسیده، ترشیده.

froze *[frouz]* (*p. of* **freeze**)
(زمان ماضی فعل freeze) یخزد، منجمد شد.

fro.zen *[fróuzn]* (*pp. of* **freeze**)
منجمد یا یخ زده، سرمازده ، غیرقابل پرداخت تا انقضاء مدت، بی حرکت، محکم، بدون ترقی.

fruc.ti.fy (**- ied, fructifying**), *vt. & vi.* میوه دادن، مثمر شدن، میوه دارکردن، برومندکردن، بارور ساختن.

fru.gal *[frú:gəl]* *adj.*

صرفه‌جو، مقتصد، باصرفه، اندك، میانه‌رو، ساده.
fru.gal.i.ty, *n.* صرفه‌جوئی، کم‌خرجی.
fruit [fru:t] (-ed, -ing) *n., vt. & vi.* میوه، بر، سود، فایده، فرزند، میوه‌دادن، ثمر.
fruitcake, *n.* کیك میوه.
fruit.er.er [frú:tərə] *n.* میوه‌کار، دلال میوه، تره‌بار فروش، میوه فروش.
fruit.ful, *adj.* میوه‌دار، مثمر، مفید.
fru.i.tion [fruíʃən] *n.* برخورداری، تمتع، میوه‌آوری، پایان، استنتاج.
fruit.less, *adj.* بی‌میوه، بی‌ثمر.
fruity [frú:ti] (-ier, -iest) *adj.* میوه مانند، میوه‌ای، انگور مزه، مؤثر، جاذب.
frump, *n.* زن شلخته، زن امل، اخم.
frump.ish, frumpy, *adj.* شلخته.
frus.trate [frʌ'streit, frʌstréit] (-d, frustrating) *vt.* خنثی کردن، هیچ کردن، باطل کردن، ناامید کردن، فکر کسی را خراب کردن، فاسد شدن.
frus.tra.tion [frʌstréiʃən] *n.* عقیم‌گذاری، خنثی‌سازی، محروم‌سازی، ناامیدی.
fry [frai] (-ied, -frying) *n.* زاده، تخم، فرزند، حیوان نوزاد، جوان، گروه، گوشت سرخ کرده، بریانی، سرخ کردن، روی آتش پختن، تهییج، سوزاندن.
small f. کودکان، بچه‌ها.
fried chicken. جوجه سرخ کرده.
fry.er, *n.* ماهی‌تابه، سرخ‌کننده، چیزهای سرخ کردنی (مثل جوجه وغیره).
frying pan, *n.* ماهی تابه، یغلا.
fuck (-ed, -ing) *n., vt. & vi.* گائیدن، سپوختن.
fud.dle [fʌ'dl] (-d, fuddling), *n., vt. & vi.* گیج کردن، سردرگم و هاج و واج شدن، دائم‌الخمر بودن، گیج کردن.
fudge [fʌdʒ] (-d, fudging), *n., vt. & vi.* غذائی که از مخلوط شکلات و شیر و قند درست شده‌باشد، سخن بی‌معنی و بیهوده، جفنگ، نوعی رنگ قهوه‌ای، سرهم‌بندی کردن، فریفتن، آهسته حرکت کردن، طفره رفتن، پنهان شدن.
fu.el [fjú:əl, fjú:əil] (-ed, -led, -ing, -ling) *n., vt. & vi.* سوخت، غذا، اغذیه، تقویت، سوخت‌گیری کردن، سوخت‌دادن[به]، تحریك کردن، تجدیدنیرو کردن.
fuel oil, *n.* نفت کوره، نفت سیاه.
fu.ga.cious, *adj.* زودگذر، ناپایدار، بی‌دوام، زودریز، آواره.
fug.gy, *adv.* متعفن، بدبو.
fu.gi.tive [fjú:dʒitiv] *adj. & n.* فراری، تبعیدی، بی‌دوام، زودگذر، فانی، پناهنده.
fugue [fju:g] *n., vt. & vi.* [مو.] قطعهٔ موسیقی که در آن چندتن پشت سرهم دنبالهٔ آوازرا می‌گیرند، نوعی آلت بادی موسیقی.
füh.rer, fueh.rer, *n.* [آلمانی] رهبر، لیدر، پیشوا، شخص مقتدر.
ful.crum [fʌ'lkrəm] (pl. -s & fu.cra), *n. & vt.* نقطهٔ اتکاء، پایه، شاهین ترازو، اهرم، دارای نقطهٔ اتکاء کردن، تکیه‌گاه ساختن، پایه‌دار کردن.

FULCRUM OF A LEVER

ful.fill, ful.fil [fulfíl] (-ed, -ing) *vt.* انجام دادن، تکمیل کردن، تمام کردن، برآوردن، واقعیت دادن.
To f. one's promises. بقول خود عمل کردن.
ful.fill.ment, *n.* تکمیل، اجراء، انجام.
ful.gu.rate (-d, fulgurating), *vt. & vi.* برق زدن، آذرخش زدن.
full [ful] (-ed, -ing) *adj., n., adv., vt. & vi.* انباشته، تمام، پر، لبریز، کامل [مثل ماه]، بالغ، رسیده، پری، سیری، پر کردن، پرشدن، [دربازی پوکر] فول، آکنده.
F. to the brim. لبالب، پر، تا لب.
At f. length. مفصلاً.
To serve f. time. تمام وقت خدمت کردن.
full-blooded, *adj.* از نژاد اصیل.
full-blown, *adj.* تمام شکفته، باز، پرباد، تمام، کامل، کاملاً افراشته.
full-bod.ied, *adj.* تنومند، عظیم‌الجثه، پرمعنی، مهم.
full dress, *adj. & n.* با لباس تمام رسمی، [نظ.] لباس سلام.
full.er [fúlə] (-ed, -ing) *n.* قصار، منگنهٔ شیاردار قالب‌گیری، شیاردار کردن، لکه‌گیر، سنگین‌کننده، کامل‌تر، تمام‌تر.
full.er's earth, *n.* نوعی خاك رس مخصوص لکه‌گیری پارچه، خاکی که درصافی آب وغیره بکار میرود.
full-fledged [fúlflédʒd] *adj.* کامل، تکامل یافته، بالغ، رسیده.
full-length *adj.* تمام قد، قدی، نمایندهٔ تمام قد انسان.
full moon, *n.* قرص کامل ماه، ماه شب چهارده، بدر.
full.ness [fúlnis] *n.* پری، سیری.
full stop, *n.* نقطه، وقفهٔ کامل (period).
full-time, *adj. & n.* پیوسته، کاری، تمام وقت، تمام روز، زمان اشتغال بکار.
ful.ly [fúli] *adv.* کاملاً، تماماً، سیر.
ful.mi.nate [fʌ'lmineit] (-d, fulminating) *vt. & vi.* [م.ك.] رعد و برق زدن، غریدن، منفجر شدن، محترق شدن، با تهدید سخن گفتن، داد و بیداد براه انداختن، اعتراض کردن.
ful.mi.na.tion, *n.* غرش، فحاشی، تهدید.
ful.some [fúlsəm] *adj.* فراوان، مفصل، فربه، شهوانی، تهوع‌آور، زننده، اغراق‌آمیز، غلیظ، زیاد، زشت، پلید.
fum.ble [fʌ'mbl] (-d, fumbling) *n., vi. & vt.* کورکورانه جلو رفتن، اشتباه کردن، لکنت زبان پیدا کردن، من‌من کردن، [درفوتبال] توپ را ازدست دادن، سنبل کردن، کورمالی، اشتباه.
To f. in darkness. درتاریکی کورمال رفتن.
fume [fju:m] (-d, fuming), *n., vt. & vi.* دود، بخار، بخور، گاز، غضب، بخار دادن، دود دادن، باغضب حرف زدن.
fu.mi.gant, *n.* مادهٔ فراری که بعنوان ضد عفونی برای دفع آفات بکار می‌رود، مادهٔ ضد عفونی کنندهٔ تدخینی.
fu.mi.gate [fjú:migeit] (-d, fumigating) *vt.* بخار دادن، دود دادن، ضد عفونی کردن.
fumy, *adj.* بخار دار، دود دار.
fun [fʌn] *adj., n., vt. & vi.* شوخی، بازی، خوشمزگی، سرگرمی، شوخی آمیز، مفرح، باصفا، مطبوع، شوخی کردن، خوشمزگی.
Make f. of. مسخره کردن.
fu.nam.bu.list, *n.* طناب‌باز، رقاص یا بازیگر روی بند، بندباز.
func.tion [fʌ'ŋkʃən] (-ed, -ing) *vi. & n.* تابع، کارکرد، وظیفه، کار، کار ویژه، پیشه، مقام، مأموریت، عمل، ایفاء، عمل کردن، وظیفه‌داشتن، آئین رسمی.
func.tion.al, *adj.* وابسته به وظائف اعضاء، وظیفه‌ای، وابسته‌به‌شغل‌وپیشه، وظیفه‌دار.
func.tion.ary, *adj. & n.* مأمور، کارگذار.
fund [fʌnd] (-ed, -ing) *n., vt. & vi.* وجوه، سرمایه، تنخواه، ذخیرهٔ وجوه احتیاطی، صندوق، سرمایهٔ ثابت یا همیشگی، پشتوانه، تهیهٔ وجه کردن، سرمایه‌گذاری کردن.
fun.da.ment, *n.* پی، ته، اساس، پایه، بنیاد.
fun.da.men.tal [fʌ'ndəméntəl] *n. & adj.* بنیانی، اساسی، اصلی، بنیادی، تشکیل‌دهنده، واجب.
fun.da.men.tal.ism, *n.* بنیادگرائی.
fu.ner.al [fjú:nərəl] *adj. & n.* مراسم دفن، مراسم تشییع جنازه، وابسته به آئین تشییع جنازه، دفنی، مجلس ترحیم و تذکر.
funeral home, *n.* مرده‌شوی خانه، محلی که درآن مرده را جهت انجام مراسم تدفین یا سوزاندن آماده میکنند.
fu.ner.ary, *adj.* وابسته به مراسم تشییع جنازه، تدفینی، ترحیمی.
fun.gi.ble, *adj. & n.* عوض‌دار، مثلی، قابل تعویض، اموال مثلی.
fun.gi.ci.dal, *adj.* کشندهٔ قارچ.
fun.gi.cide, *n.* قارچ‌کش، مادهٔ دافع یا نابودکنندهٔ قارچ.
fun.gi.form, *adj.* قارچ مانند، بشکل قارچ وسماروغ.
fun.goid [fʌ'ŋgɔid] *adj. & n.* قارچی، قارچ مانند، دارای رشد سریع.
fun.gus [fʌ'ŋgəs] (pl. fun.gi, -es) *n.* [گ.ش.] گیاه قارچی، قارچ، سماروغ.
fu.nic.u.lar [fju:níkjulə] *n. & adj.* بندی، کشیدنی با بند، متکی برکشش طناب یا کابل.
fu.nic.u.lus (pl. funiculi) *n.* بند، بند ناف، [گ.ش.] ساقهٔ تخمچه.
funk [fʌŋk] (-ed, -ing) *n., vi. & vt.* هراس، وحشت، بیم، آدم ترسو، بوی‌بد، کج خلقی، عبوسی، طفره‌زدن، رم کردن، بدبو کردن، دود ایجاد کردن، عصبانی کردن.
funky, *adj.* متوحش، بوی‌ناك‌گرفته، بدبو.
fun.nel [fʌ'nəl] (-ed, -ing, -led, -ling) *n., vt. & vi.* قیف، دودکش، بادگیر، شکل قیفی داشتن، [مج.] باریك شدن، [تش.] عضو یا اندام قیفی شکل.
fun.ny [fʌ'ni] (-ier, -iest) (pl. -ies) *adv., adj. & n.* مضحك، خنده‌دار، خنده‌آور، عجیب، بامزه.
fur [fə:] (-red, -ring) *n., vt. & vi.* خز، جامهٔ خزدار، پوستین، خزدار کردن، خز دوختن به، باردار شدن (زبان).
Make the f. fly. دعوا راه انداختن.
fur.be.low (-ed, -ing) *n., vt. & vi.* چین، حاشیهٔ چین‌دار، چین‌دادن، چین‌دوختن‌روی.
fur.bish [fə':biʃ] (-ed, -ing) *vt.* پرداخت کردن، پاك کردن، جلا دادن، تجدید کردن، صورت تازه دادن به، تجدیدنظر کردن‌در.
fur.cate (-d, furcating) *adj. & n.* چنگالی، شاخه‌شاخه، ازهم‌شکافته، منشعب، منشعب شدن، ازهم شکافته شدن.
fur.fu.ra.ceous, *n.* سبوس مانند، شوره‌ای، سبوسی، شوره‌دار.
fu.ri.ous [fjúəriəs, fjɔ́:riəs] *adj.* خشمناك، آتشی، عصبانی، متلاطم، متعصب.
furl [fə:l] (-ed, -ing) *n., vt. & vi.* پیچ، پیچیدگی، پیچیدن، پیچیدن‌وبالازدن، جمع‌کردن، بدور چیزی پیچیدن، ورتابیدن.
fur.long [fə'lɔŋ] *n.* واحد درازا مساوی بایك هشتم میل.
fur.lough [fə':lou] (-ed, -ing), *n., vt. & vi.* مرخصی سرباز، حکم مرخصی، مرخصی دادن به، مرخص کردن.
fur.nace [fə:nis] (-d, furnacing) *n. & vt.* کوره، تنور، تون حمام وغیره، دیگ، پاتیل، [مج.] بوتهٔ آزمایش، گرم کردن، مشتعل کردن.
fur.nish [fə':niʃ] (-ed, -ing), *n., vt. & vi.* مبله‌کردن، دارای اثاثه کردن، مجهزکردن، مزین‌کردن، تهیه‌کردن.
fur.ni.ture [fə':nitʃə] *n.* اثاثه، اثاث خانه، سامان، اسباب، وسائل، مبل.
fu.ror, *n.* دیوانگی، خشم زیاد، عشق مفرط، غضب.
fu.rore [fjuərɔ́:ri] *n.* هیجان واضطراب مسری، اضطراب عمومی.
furred, *adj.* خزپوش، تهیه شده باخز، [درمورد زبان] باردار.
fur.ri.er, *n.* تاجر خز، خزدوز، خز فروش، پوست فروش.
fur.ri.ery (pl. -ies) *n.* تجارت خز، خرید وفروش خز، خزدوزی.
fur.ring, *n.* خزدوزی، تخته‌کوبی.
fur.row [fʌ'rou] (-ed, -ing), *n., vt. & vi.* زمین یا مزرعهٔ شخم‌زده، شیار، خط‌گود، شیاردار کردن، شیارزدن، شخم‌زدن.
fur.ry [fə':ri] *adj.* خزپوش، خز پوشیده، خزدار، خز مانند.
fur.ther [fə':ðə] (-ed, -ing), *adj., n., adv., vt. & vi.* بیشتر، دیگر، مجدد، اضافی، زائد، بعلاوه، بعدی، دورتر، جلوتر، پیش بردن، جلو بردن، ادامه دادن، پیشرفت کردن، کمك کردن به.
F. up. بالاتر.
fur.ther.ance [fə':ðərəns] *n.* پیشرفت، تهیهٔ وسائل، پیش‌بردن، کمك، تقویت.
fur.ther.more [fə':ðəmɔ́:] *adv.* بعلاوه، ازاین گذشته، گذشته ازاین، وانگهی.
fur.ther.most [fə':ðəmoust] *adj.* دورترین، اقصی نقطه.
fur.tive [fə':tiv] *adj.* دزدکی، زیرجلی، پنهان، نهانی، مخفی، رمزی.
fu.run.cle, *n.* جوش، دانه، کورك.
fu.ry [fjúəri, fjɔ́:ri] *n.* غضب، غیظ، هیجان شدید و تند، خشم، درنده‌خوئی، روح انتقام، آشوب، اضطراب.
fuse [fju:z] (-d, fusing) *n., vt. & vi.* [نظ.] فتیلهٔ مواد منفجره، فیوز، فتیله گذاشتن در، سیم گذاشتن، فیوزدار کردن، آمیختن، ترکیب کردن یا شدن، ذوب شدن.
fu.se.lage [fjú:silidʒ] *n.* بدنه، بدنهٔ هواپیما.
fus.ibil.i.ty, *n.* قابلیت ذوب.
fus.ible, *adj.* گداختنی، زودگداز.
fu.si.form, *adj.* دوك‌مانند، مخروطی.
fu.sil, fu.sile, *adj. & n.* تفنگ چخماقی سرپر، ذوب شده، قابل ذوب.
fu.sil.ier, fu.sil.eer [fjù:zilíə], *n.* [سابقاً] تفنگدار، سربازی که‌تفنگ‌چخماقی داشت، (امروزه) هنگ تفنگداران ارتش انگلیس.
fu.sil.lade [fjù:ziléid] (-d, fusillading) *n. & vt.* آتش پی‌درپی، شلیك متوالی، تیرباران.
fu.sion [fjú:ʒən] *n.* امتزاج، ائتلاف، یك شرکت باشرکت دیگر، ترکیب وامتزاج.
fuss [fʌs] (-ed, -ing) *n., vt. & vi.* هایهوی، سروصدا، نق‌نق زدن،

آشوب، نزاع، هایهوکردن، ایرادگرفتن، خرده‌گیری کردن، اعتراض کردن.

fuss.i.ness, *n.* نق‌نقی بودن، ایرادگیری کردن.

fussy (- ier, - iest) *adj.* داد و بیداد کن (برای چیزهای جزئی)، ایرادگیر.

fus.tian *[fʌ'stiən]* *adj. & n.* فاستونی نخی، سخن گزاف، بی ارزش، لفاظی.

fus.ti.gate (- d, fustigating), *vt.* کتک‌زدن، چوب‌زدن، کوبیدن، انتقاد کردن.

fus.ti.ga.tion, *n.* چوب‌زنی، انتقاد.

fus.ti.ness, *n.* کهنگی، کفک‌زدگی.

fus.ty *[fʌ'sti]* **(- ier, - iest)** *adj.* بوگرفته، کهنه، کفک‌زده، قدیمی مسلک.

fu.tile *[fjú:tail]* *adj.* بیهوده، پوچ، بی‌فایده، باطل، عبث، بی‌اثر.

fu.til.i.ty *[fju:tíliti]* *(pl.* **- ies)**=

fu.tile.ness, *n.* عبثی، بی‌فایدگی، بیهوده‌گی، پوچی.

fu.ture *[fjú:tʃə]* *n. & adj.* آینده، مستقبل، بعدی، بعدآینده، آتیه، آخرت.

The f. tense. زمان مستقبل.

fu.ture.less, *adj.* بی‌آتیه.

future perfect, *adj.* [د.] شامل زمان آیندهٔ نقلی که در انگلیس بصورت shall have و will have ساخته می‌شود و نشانهٔ خاتمهٔ عمل در زمان آینده می‌باشد.

fu.tur.ism, *n.* آینده‌گرائی.

fu.tur.is.tic, *adj.* مربوط به آینده، پیشرو.

fu.tu.ri.ty *[fju:tjúəriti]* *(pl.* **- ies)** *n.* آخرت، عاقبت، آینده، آینده، نسل آینده.

fuzz (- ed, - ing) *n., vt. & vi.* کرك، پرز، ریش تازه جوان، کرکی شدن، ریش ریش شدن، کرکی کردن، پرزدار کردن، مست کردن، گیج کردن.

fuzzy *[fʌ'zi]* **(- ier, - iest)** *adj.* کرکی، ریش ریش، پرزدار، خوابدار، تیره.

G

انگلیسی English	خط میخی پارسی Old Persian Cuneiform	پهلوی اشکانی Parthian Pahlavi	پهلوی ساسانی Sassanian Pahlavi	پهلوی کتابی Book Pahlavi	اوستائی Avestan	فارسی Modern
G	[cuneiform]	[Parthian letter]	[Sassanian letter]	[Book Pahlavi letters]	[Avestan letter]	گ

g *[dʒi:]* *n.* حرف هفتم الفبای انگلیسی.

gab (- bed, - bing) *n. & vt.* پرگفتن، گپ زدن، [م.م.] دروغ گفتن.

gab.ber, *n.* ریشخندکن، سخریه‌کن، لاف زن، پرحرف.

gab.ble *[gǽbl]* **(-d, gabbling),** *n. & vi.* سخن ناشمرده، گپ، وراجی، صدای غاز، ناشمرده حرف‌زدن، غات‌غات کردن [مثل غاز]، وراجی کردن.

gab.er.dine *[gǽbədi:n]* *n.* ردای بلند، جبه، لباس، پوشش، گاباردین.

ga.ble *[géibl],* *n.* سه گوشی کنار شیروانی، دیوار کناری.

ga.bled *[géibld]* *adj.* دارای آرایش سه گوش [در ساختمان].

gable roof, *n.* شیروانی، پشت بام شیروانی‌دار.

GABLE (sense 3)

Ga.bri.el, *n.* جبرئیل، سروش.

gad *[gæd]* **(- ded, - ding)** *n., interj., vt. & vi.* سیخك، سیخ، دیلم، گوه، نیزه، سنان، میله، اندازه‌گیری طول، شلاق سیخی، بخدا، ترا بخدا، میله زدن به، بامیله بستن، بامیخ محکم کردن، هرزه گردی کردن.

Gad, *n.* جاد فرزند یعقوب و زلفه.

gad.about, *n.* آدم ولگرد، سرگردان، آواره، دربدر.

gad.fly *[gǽdflai]* *(pl.* **- ies)** *n.* خرمگس، آدم مردم‌آزار، مزاحم.

gad.get *[gǽdʒit]* *n.* آلت کوچك مکانیکی، جزء [اجزاء]، ابزار، اسباب، انبر.

gad.get.ry, *n.* وسائل کوچك مکانیکی.

Gael.ic, *adj. & n.* زبان بومی اسکاتلندی.

gaff *[gæf]* **(- ed, - ing)** *vt., n. & vi.* خندهٔ بلند، قهقهه، قلاب یا نیزهٔ خاردار ماهی‌گیری، نیزه، چنگك، سیخك، شوخی فریبنده، حیله، آزمایش سخت، انتقاد، نفرین، تفریحگاه ارزان، پیرمرد پرحرف، گفتار بیهوده، فریاد، باصدای بلند خندیدن، قلابدار کردن، گول زدن، قماربازی کردن.

gaffe, *n.* لغزش، اشتباه در گفتار یا کردار.

gaf.fer, *n.* پیرمرد روستائی، (جلو اسم خاص) آقا.

gag *[gæg]* **(- ged, - ging)** *n. & vt.* دهان بند بستن، پوزه‌بند بستن، محدود کردن، مانع فراهم کردن برای، شیرین کاری، قصه یا عمل خنده‌آور، [طب] دهان بازکن.

gage *[geidʒ]* **(- d, gaging)** *vt. & n.* گرو، وثیقه، رجزخوانی، مبارزه طلبی، گروگذاشتن، شرط بستن، متعهد شدن.

gage=gauge, *n.* درجه، اندازه، وسیلهٔ اندازه‌گیری.

gag.gle, *n.* دستهٔ مرغابی، جمعیت.

gag.man, *n.* آدم شوخ، بذله‌گو، شوخی کننده، قصه‌گو.

gai.ety *[géiəti]* *(pl.* **- ies)** *n.* سبك‌روحی، شادی، شادمانی، بشاشت، خوشدلی.

gai.ly, *adv.* شوخ و شنگ، پرجلوه، پر زرق و برق، باروح.

gain *[gein]* **(- ed, - ing)** *n., vt. & vi.* سود، منفعت، نفع، صرفه، استفاده، افزایش، بدست آوردن، سود بردن، فایده بردن، پیدا کردن، کسب کردن، باز یافتن، نائل شدن، پیشرفتن، بهبودی یافتن، رسیدن، زیاد شدن.

To g. strength. کسب قدرت، بهبودیافتن.

To g. a friend. بدست آوردن دوست.

He gained the river that night. آنشب برودخانه رسید.

To g. momentum. سرعت بدست آوردن.

gain.er, *n.* نفع‌بر، کسیکه سود میبرد، استفاده کننده، درخت ارغوان، شیرجه از پشت.

gain.ful, *adj.* پرمنفعت.

gain.say *[geinséi]* **(- said, - say.ing)** *n., vt. & vi.* مخالفت، انکار، انکار کردن، رد کردن، نقض کردن.

gain.say.er, *n.* انکار کننده، مخالف.

gait *[geit]* **(- ed, - ing)** *n. & vt.* گام، خرامش، راه رفتن، [درواسب] یورتمه روی، گام برداشتن، قدم‌زدن، خرامیدن.

gai.ter *[géitə]* *n.* پوشش روی کفش، پاتابه، گتر.

gal, *n.* [فیزیك] واحد شتاب برابر یك سانتی‌متر برمجذور ثانیه، دختر.

ga.la *[gá:lə, géilə]* *adj. & n.* خوشی، شادی، جشن وسرور، مجلل، باشکوه.

ga.lac.tic, *adj.* بی‌نهایت بزرگ، کلان، عظیم‌الجثه، وابسته به کهکشان.

gal.axy *[gǽləksi]* *(pl.* **- ies)** *n.* [نج.] کهکشان، جادهٔ شیری.

A g. of movie stars. جماعتی از ستارگان سینما.

gale *[geil]* *n.* تندباد، باد، [در دریا] طوفان.

Ga.len.ic, - al, *adj.* جالینوسی.

Gal.i.le.an, *adj.* جلیلی، وابسته به گالیله.

Gal.i.lee *[gǽlili:]* *n.* [با حرف کوچك] نمازخانهٔ کوچك نزدیك کلیسا، شهرستان جلیل در فلسطین.

gall *[gɔ:l]* **(- ed, - ing)** *n., vt. & vi.* زهره، زردآب، صفرا، تلخی، گستاخی، زخم، پوست رفتگی، سائیدگی، تاول، سائیدن، پوست بردن از، لکه، عیب.

gal.lant *[gǽlənt]* **(- ed, -ing),** *n., adj., vt. & vi.* دلاور، دلیر، شجاع، عالی، خوش لباس، جنتلمن، زن نواز، متعارف وخوش‌زبان در پیش‌زنان، زن‌باز، دلاوری کردن، زن بازی کردن، ملازمت کردن.

gal.lant.ry *[gǽləntri]* *(pl.* **- ies)** *n.* دلاوری، بهادری، رشادت، شجاعت، زن‌نوازی.

gall.blad.der, *n.* [تش.] زهره‌دان، کیسهٔ صفرا.

gal.le.ass, *n.* کشتی بادبانی و پاروئی بزرگ قرون ۱۷ و ۱۸.

gal.le.on *[gǽliən]* *n.* کشتی بادبانی بازرگانی یا جنگی اسپانیولی قرن پانزدهم.

GALLEON

gal.leried, *adj.* راهرودار، دارای سرسرا، دارای اطاق نقاشی، موزه‌دار.

gal.lery *[gǽləri]* *(pl.* **- ies)** *n.* گالری، راهرو، سرسرا، سالن، لژ بالا، جای ارزان، اطاق نقاشی، اطاق موزه.

A g. of art. موزه هنری، گالری هنری.

gal.ley *(pl.* **-s)** *[gǽli]n.* کشتی پاروئی یا بادبانی قرون وسطی، (در چاپخانه) نمونهٔ ستونی وصفحه‌بندی‌نشدهٔ مطالب چاپی، رانکا، رامکا، [درکشتی] آشپزخانه.

GALLEY

galley proof, *n.* [در چاپخانه] نمونهٔ ستونی مطالب چاپی که هنوز صفحه بندی نشده.

galley slave, *n.* غلام پاروزن، مزدور، زحمتکش، غلام.

gal.liard, *n.* نوعی آهنگ ورنگ رقص، [ک.] آدم دل زنده وشاداب، دلیر، شجاع، [ز.ش.] سنگ ریگی.

Gal.lic *[gǽlik]* *adj.* فرانسوی.

gal.li.cism, *n.* اصطلاحات ولغات ویژهٔ فرانسوی، فرانسوی مآبی.

gal.li.cize (- d, gallicizing), *vt. & vi.* فرانسوی مآب کردن، فرانسوی مآب شدن.

gal.li.na.ceous, *adj.* مربوط بماکیان، وابسته به مرغان و پرندگان دانه‌خوار، ماکیانی، دانه‌خوار.

gal.li.vant *[gæliυǽnt]* **(- ed, - ing)** *vt. & vi.* ولگردی کردن، عشقبازی کردن، لاس زدن، سفر کردن.

gall.iv.o.rous, *adj.* تغذیه کننده از مازو، مازوخوار.

gall.nut, *n.* [گ.ش.] مازو.

gal.lon *[gǽlən]* *n.* گالن، پیمانه‌ای برابر ۳/۷۸۵۳ لیتر.

gal.lop *[gǽləp]* **(- ed, - ing),** *n., vt. & vi.*

تاخت، چهار نعل، چهار نعل رفتن.

gal.lows [gǽlouz] (pl. - es) n.
دار، چوبه‌دار، اعدام، بدار آویزی، مستحق اعدام.

gall.stone, n. سنگ زهره دان، سنگ کیسه‌صفرا، سنگ‌مجاری‌صفراوی، سنگ‌صفراوی.

ga.lore [gəlɔ́:] adj.
فراوان، بسیار، سرشار.
There was food g.
درآنجا غذا فراوان بود.

ga.losh [gəlɔ́ʃ] n.
[انگلیس] گالش، روکفشی، کفش لاستیکی.

ga.lumph, vi.
جست وخیز نشاط‌انگیز کردن.

gal.va.nism [gǽlvənizm] n.
جریان‌مستقیم‌برق، الکتریسیتهٔ شیمیائی، معالجه باجریان برق مستقیم، تماس برق با بدن.

gal.va.ni.za.tion, n.
گالوانیزه کردن.

gal.va.nize [gǽlvənaiz] (- d, galvanizing) vt. با برق آب‌طلا یا نقره دادن به، آب فلزی دادن، آبکاری‌فلزی‌کردن.

gam (- med, - ming) n.,vt.&vi.
دندان، دندان گراز یا دندان کج، دهان، دسته شدن. گرد آمدن، بازدید کردن.

gam.bit [gǽmbit] n.
شروع بازی شطرنج، ازدست‌دادن یکی دوپیاده دربرابر تحصیل امتیازاتی، بذله، موضوع‌بحث.

gam.ble [gǽmbl] (- d, gambling) n., vt. & vi.
قمار کردن، شرط‌بندی کردن، قمار.

gam.bler, n. قمارباز.

gam.bol [gǽmbl] (- ed, - led, - ing, - ling) n., vt. & vi.
جست وخیز، ورجه ورجه [در رقص]، جست. جست وخیز کردن، پرش کردن.

game [geim] (- d, gaming), adj. & n. بازی، مسابقه، سرگرمی، شکار، جانور شکاری، یك دور بازی، (بصورت جمع) مسابقه‌های ورزشی، شوخی، دست انداختن، تفریح کردن، اهل حال، سرحال.
The g. is up. بازی تمام است.
He is g. او سرحال است.

game.cock, n.
خروس جنگی، [مج.] آدم دعوائی.

game.keep.er, n.
متصدی جانوران شکاری، قرقچی، شکاربان.

games.man.ship, n.
مهارت‌در بردن‌بازی بدون‌تخلف‌ازمقررات‌بازی.

game.some, adj.
شاد، دلخوش، زنده روح.

game.ster [géimstə] n.
قمارباز، آدم شوخ، ورزشکار، هرزه ومهمل.

gam.ic, adj. جنسی، دارای‌خاصیت‌جنسی.

gam.in, n. بچهٔ کوچه‌گرد، بچهٔ بدذات.

ga.mine, adj. & n. دختر کوچه، دختر ولگرد، دخترگستاخ وبیشرم، دختر هوس‌باز.

gam.ing [géimig] n. بازی، قماربازی.

gam.ma, adj. & n.
گاما، حرف سوم الفبای یونانی، اشعهٔ گاما.

gam.mer, n. پیرزن، پیرزن روستائی.

gam.mon (-ed, -ing) n., vt. & vi.
بازی تخته‌نرد، ران نمك‌زده ودود زدهٔ خوك، یاوه، مارس کردن [درتخته‌نرد]، نمك زدن ودودی کردن، لاف زدن.

gamo.gen.e.sis, n.
زاد و ولد جنسی، زاد و ولد ازراه جفت‌گیری.

gamo.phyl.lous, adj.
[گ.ش.] پیوسته برگ، دارای برگ پیوسته.

gamo.sep.al.ous, adj. [گ.ش.] پیوسته‌کاسبرگ، دارای‌کاسبرگ پیوسته.

gamp [gæmp] n.
[انگلیس - م.م.] چتر بزرگ.

gam.ut [gǽmət] n.
[مو.] هنگام، گام، حدود، حیطه، وسعت، رسائی.

gamy, gam.ey (- ier, - iest), adj. پر/از شکار، دارای بو ومزهٔ گوشت شکار که نزدیك فاسد شدن باشد، بدبو، باجرأت، چاشنی‌زده، افتضاح‌آور، فاسد.

gan.der [gǽndə] n.
[ج.ش.] غاز نر، آدم نادان، مرد متأهل.

gang [gæŋ] (-ed, -ing) n., vt. & vi. دسته، جمعیت، گروه، دستهٔ جنایتکاران، خرامش، مشی، گام برداری، رفتن، دسته‌جمعی عمل‌کردن، جمعیت تشکیل‌دادن.
A g. of robbers. يك‌دسته دزد.

gang.er, n.
سرعمله، مسافر پیاده، اسب تندرو.

gang.land, n. دنیای جنایتکاران.

gan.gling=lanky, spindling, adj. طولانی و دراز، بلندتر از حد معمول.

gan.gli.on [gǽŋgliən] (pl. ganglia, - s) adj. گره،
[طب] غده، عقده عصبی، غده‌لنفاوی، برآمدگی.

gang.plank [gǽŋplæŋk] n.
تختهٔ پل، سکوب قابل حمل‌ونقل کشتی وغیره.

gan.grene [gǽŋgri:n] (- d, gangrening) n.
[طب] قانقرایا، فساد عضو براثر نرسیدن خون، فاسد شدن، قانقرایا بوجود آمدن، تباه‌کردن.

gan.gre.nous, adj. مبتلا به‌قانقرایا.

gang.ster [gǽŋstə] n.
اوباش، اراذل، همدست تبه‌کاران، گانگستر.

gangue, n. کلوخهٔ سنگ، هرزه سنگ.

gang up, vt.
ملاقات‌کردن، جمع شدن، گردهم آمدن.

gang.way [gǽgwei] n.
تختهٔ پل، پل راهرو، راهرو، گذرگاه.

gan.oid, adj. & n.
دارای فلس‌های سخت و براق، سگ ماهی.

gaol [dʒeil]=jail, n. زندان، محبس.

gap [gæp] (- ped, - ping) n., vt. & vi. رخنه، درز، دهنه، جای باز، وقفه، اختلاف زیاد، شکافدار کردن.

gape [geip] (- d, gaping) n., vi. & vt. خمیازه، نگاه خیره بادهان باز، خلاء، خمیازه‌کشیدن، دهان را خیلی بازکردن، باشگفتی نگاه‌کردن، خیره نگاه‌کردن.

ga.rage [gǽra:ʒ, gǽridʒ] vt., &n. گاراژ، درگاراژ گذاردن، پهلوگرفتن‌درترعه.

ga.rage.man, n. گاراژدار.

garb [ga:b] (- ed, - ing) n.&vt.
لباس، پوشاك ویژه، کسوت، ظاهر، طرز، جامه پوشانیدن به، لباس پوشانیدن، طرز رفتار.

gar.bage [gá:bidʒ] n. امعاء واحشاء، روده، فضولات، آشغال، خاکروبه، زباله.

gar.ble [gá:bl] (-d, garbling), n. & vt. ضایعات، فضولات، تحریف، تحریف‌کردن، الك‌کردن.

gar.bler, n. تحریف‌کننده.

gar.boil, n. اغتشاش، آشفتگی، جنجال.

gar.den [gá:dn] (- ed, - ing), n., vt. & vi. باغ، بوستان، باغچه، باغی، بستانی، درختکاری‌کردن، باغبانی‌کردن.
A rose g. باغ گل، گلستان.

garden cress, n.
[گ.ش.] ترتیزك، تره‌تیزك، شاهی.

gar.den.er, n. باغبان.

gar.de.nia [ga:dí:niə] n.
[گ.ش.] روناسیان، یاسمن.

gardening [gá:dniŋ] n. باغبانی.

garden-party, n. گاردن پارتی.

Gar.gan.tua, Gargantuan, n. & adj. غول، غول پیکر، عظیم‌الجثه.

gar.gle [gá:gl] (- d, gargling), n.,vt. & vi. غرغره، گلوشوئی، غرغره کردن.

gar.goyle [gá:gɔil] n.
ناودانی که از دیوار پیشآمدگی پیدا می‌کند و بیشتر آنرا بصورت سر و تن انسان یا جانوری درمی‌آوردند، راه‌آب، هرنوع تصویر عجیب.

gar.ish [gə'əriʃ] adj.
زننده، دارای زرق وبرق زیاد؛ شعله‌ور.

gar.land [gá:lənd] (- ed, - ing), vt. & n. گلچین ادبی، تاج گل، حلقهٔ گل، گلبند زدن، درحلقهٔ گل قرار دادن.

gar.lic [gá:lik] n. [گ.ش.] سیر.

gar.ment [gá:mənt] (- ed, -ing), n. & vt. جامهٔ، پوشاك، جامهٔرو، زیرپوش.

gar.ner [gá:nə] (- ed, - ing), n., vt. & vi.
انبارغله، انبار، انبار کردن، انباشتن، درویدن.

gar.net, n. نارسنگ،
لعل، حجر سیلان، نوعی لولا یا مفصل.

gar.net.if.er.ous, adj.
[مع.] لعل‌دار، دارای لعل، موجد لعل، لولادار.

gar.nish [gá:niʃ] (- ed, - ing), n. & vt. آرایش دادن، چاشنی زدن [بحوراك]، چاشنی‌زدن‌به، مزین کردن، آرایش.

gar.nish.ee, n. & vt.
[حق.] کسی که خواسته‌ای نزد او تأمین یا توقیف باشد، تأمین مدعابه کردن.

gar.nish.ment, n.
تزئین، آرایش، تأمین‌خواسته، حکم تأمین‌مدعابه، احضار شخص ثالث، حکم توقیف.

gar.ret [gǽrət, - rit] n.
برج دیده‌بانی، اطاق زیر شیروانی.

gar.ri.son [gǽrisən] n. & vt.
پادگان، ساخلو، مقیم کردن، مستقر کردن.

gar.ron, n.
یکجور اسب کوچك اسکاتلندی وایرلندی.

gar.rote, ga.rotte (- d, garroting) n. & vt.
خفه‌سازی بطرز اسپانیولی، اسباب آدم خفه کنی، راهزنی بوسیلهٔ خفه‌کردن مردم، شریان‌بند.

gar.ru.li.ty, n. پرحرفی.

gar.ru.lous [gǽruləs] adj.
پر حرف، وراج.

gar.ter [gá:tə] (- ed, - ing) vi. &n. بند جوراب، کش جوراب، [باحرف‌بزرگ] عالی‌ترین نشان انگلیس بنام «نشان‌بندجوراب»، بند زدن، کش زدن [بپا یا بجوراب].

garter snake, n.
[ج.ش.] مار بی‌زهر زنده‌زای راه‌راه آمریکا.

garth, n.
حیاط، محوطه، سد یا بند ماهی‌گیری، تسمه.

gas [gæs] (pl. - es, gasses), (- sed, - sing) n., vt. & vi.
گاز، بخار، [آمر.] بنزین، گاز معده، گازدار کردن، باگازخفه‌کردن، اتومبیل‌رابنزین‌زدن.

gas.bag [gǽsbæg] n.
کیسهٔ گاز، [درهواپیما] گازدان، یاوه‌سرا.

gas.burner, n. اجاق گاز سوز.

gas chamber, n.
اطاق گاز، محفظهٔ اعدام باگاز.

gas.con.ade=boasting, bravado, n. لافزنی، چاخان، یاوه‌سرا.

gas.eous [géisiəs, gǽsiəs] adj.
گازی، بخاری، لطیف، گازدار، دوآتشه.

gash [gæʃ] (- ed, - ing) adj., vi. & n. زخم، بریدگی، جای زخم‌درصورت، آلت تناسلی زن، مقاربت جنسی، توخالی، لاف، بدمنظر، زشت، زیرك، خوش لباس، زخم زدن، بریدن، شکافدار کردن، پرحرفی کردن.

gas.ifi.ca.tion, n. تبدیل کردن بگاز.

gas.ify (- ied, gasifying) vt. & vi. تبدیل به‌گاز کردن، بخار کردن. تبدیل بگاز یا بخار شدن.

gas.ket (- ed, - ing) n. & vt.
بادبان بند، شراع بند، واشر چرمی، درزبند، درز گرفتن، لائی گذاشتن.

gas.light, n.
چراغ‌گاز، روشنائی‌گاز، گازسوز، شعلهٔ‌گاز.

gas mask, n. ماسك ضدگاز.

gas.ogene, n.
ماده‌ای‌که برای ساختن آب گازدار بکارمیرود.

gas oil, n. گازوئیل، نفت‌گاز.

gas.o.line, gas.o.lene [gǽsəli:n] n. گازولین، [آمر.] بنزین.

gas.o.lin.ic, adj. وابسته به بنزین.

gas.om.e.ter [gæsɔ́mitə] n.
گازدان، گاز انبار، گازسنج، کنتورگاز.

gasp [ga:sp] (- ed, - ing) n., vt. & vi. نفس‌نفس زدن، بادهان باز دم‌زدن، بریده بریده نفس‌کشیدن، نفس بریده.

gas.ser, n. گازدار، پرسروصدا، مضحك.

gas station=filling station, n. پمپ بنزین.

gas.sy [gǽsi] adj.
گازدار، پرباد وبروت، پرهارت و هورت.

gas.tral, gas.tric, adj. شکمی.

gas.trec.to.my, n.
[جراحی] عمل برداشتن تمام یاقسمتی از معده.

gastric juice, n. شیرهٔ معده.

gastric ulcer, n. [طب] زخم معده.

gas.trin, n.
هورمونی‌که موجب ترشح شیرهٔ معده می‌گردد.

gas.tri.tis [gæstráitis] n.
[طب] آماس معده، التهاب معده، ورم معده.

gas.tro.gen.ic, gas.trog.e.nous, adj. دارای منشاء معدی، معدی.

gas.tro.in.tes.ti.nal, adj.
مربوط به معده وروده، معدی و روده‌ای.

gas.tro.nome=epicure, gourmet, n. خوراك‌شناس، خوش‌خوراك، علاقمند بغذای خوب، دارای سلیقه درغذا.

gas.tro.nom.ic, - al, adj.
وابسته به غذا وبخت‌وپز.

gas.tron.o.mist, n.
متخصص غذای لذیذ، ویژه‌گر خوراك.

gas.tron.o.my [gæstrɔ́nəmi] n.
علم اغذیهٔ لذیذه، خوش‌گذرانی، پرخوری.

gas.tro.pod (pl. - a) n.
[ج.ش.] شکم پاوران، شکم پایان.

gas.tro.scope, n. اسباب معاینهٔ داخلی معده، وسیلهٔ مشاهدهٔ داخل معده.

gas.tru.la (pl. - e, - s) n. شکمك [ج.ش.] مرحلهٔ رویانی اولیه پس ازبلاستولا.

gas turbine, n. توربینی‌که توسط گازکار و حرکت می‌کند.

gas.works, n. کارخانهٔ گاز.

gate [geit] (- d, gating) vi. & vt. دروازه، در بزرگ، مدخل، دریچهٔ سد، وسائل ورود، ورودیه.

gate-crash.er, n. میهمان ناخوانده.

gate.keep.er, n. دروازه‌بان.

gate.post, n.
تیرچارچوب دروازه، بازوی در، بازوی‌دروازه.

gate.way, n. مدخل، دروازه.

gath.er [gǽðə] (- ed, - ing), n., vt. & vi.

گردآمدن، جمع‌شدن، بزرگ‌شدن، جمع‌کردن، گردکردن، نتیجه‌گرفتن، استنباط‌کردن.
To g. a supply of fire wood. مقداری هیزم جمع‌کردن.
gath.er.er, *n.* جمع‌کننده، گردآورنده.
gauche, *adj.* خام‌دست، چپ دست، ناشی، کج، مایل.
gau.che.rie, *n.* خام‌دستی، ناشی‌گری.
gaud [*gɔ:d*]=**ornament, trinket,** *n.* زیورآلات، کلاه‌برداری، نمایش پر سروصدا وتوخالی.
gaud.ery, *n.* خرده‌ریزها، چیزهای کم‌بها، پیرایه‌های زیادی.
gaudy [*gɔ:di*] (**- ier, - iest**), *adj.* & *n.* زرق وبرقدار، نمایش‌دار، پر زرق‌وبرق، جلف، لوس، روز شادی.
gauge [*geidʒ*] (**- d, gauging**), *n., vt.* & *vi.* درجه، اندازه، پیمانه، مقیاس، معیار، ضخامت ورق فلزی یا قطر سیم وغیره، پیمانه‌کردن، آزمایش‌کردن، اندازه‌گرفتن.
Gaul [*gɔ:l*] *n.* اهل‌کشور باستانی «گل»، فرانسوی.
gaum=**smudge, smear**
gaunt [*gɔ:nt*] (**- er, - est**), *adj.* & *n.* لاغر، نحیف، بدقیافه، زننده، بی‌ثمر، لاغرکردن، زننده ساختن، ویران‌کردن.
gaunt.let [*gɔ́:ntlit*] (**-ed, - ing**), *adj.* & *n.* دستکش بلند، دستکش آهنی، دعوت بمبارزه.
gauze [*gɔ:z*] *n.* تنزیب، کریشه، تور، گازپانسمان، مه خفیف.
gav.el [*gǽvl*] (**-ed,-led,-ing, -ling**) *n., vi.* & *vt.* باج، خراج، ربا، بهرهٔ غیر مجاز، چکش چوبی‌حراج‌کنندگان یا رؤسای انجمن‌ها، چکش حراجی.
gave.lock, *n.* نیزه، زوبین، اهرم آهنی، دیلم.
ga.votte, gavote [*gəvɔ́t*] *vt.* & *vi.* نوعی رقص سریع فرانسوی، موسیقی این رقص، تندرقصیدن، باسبک فوق رقصیدن.
gawk (**- ed, - ing**) *n., vt.* & *vi.* بی‌خیال نگاه‌کردن، احمقانه نگاه‌کردن.
gawk.ish, *adj.* احمق، مات و سربهوا.
gawky [*gɔ́:ki*] *adj.* احمق، مات و سربهوا.
gay [*gei*] (**-er, - est**) *adj.* & *adv.* خوش، خوشحال، شوخ، سردماغ، سرکیف.
gayly=**gaily,** *adv.* باخوشحالی، باسرور ونشاط.
ga.za.bo=**fellow, guy,** *n.* شخص، فرد.
gaze [*geiz*] (**- d, gazing**) *n., vt.* & *vi.* خیره‌نگریستن، چشم دوختن، زل‌زل نگاه‌کردن، بادقت‌نگاه‌کردن، نگاه‌خیره.
To g. at a person. بکسی خیره‌خیره نگریستن.
ga.zelle [*gəzél*] (*pl.* **- s**) *n.* [ج.ش.] بزکوهی، آهوی‌کوهی، غزال.
ga.zette [*gəzét*] (**- d, gazetting**) *n.* & *vt.* مجله، مجلهٔ رسمی، روزنامه، اعلان و آگهی، در مجلهٔ رسمی چاپ کردن.
gaz.et.teer [*gæzitíə*] *n.* فرهنگ جغرافیائی، مجله نویس، روزنامه نویس.
gazing-stock, *n.* مایهٔ‌عبرت، انگشت‌نما.
gear [*giə*] (**-ed, -ing**), *n., vt.* & *vi.* دنده، چرخ دنده، مجموع چرخهای

GEARS

دندانه‌دار، اسباب، لوازم، ادوات، افزار، آلات، جامه، پوشش، دنده‌دار یا (دندانه‌دار) کردن، آمادهٔ کارکردن، پوشانیدن.
Off g. از دنده بیرون افتاده.
Drive in low g. (ماشین را) بادنده یک برانید.
gear.ing [*gíəriŋ*] *n.* دنده‌های ماشین.
gear.box, *n.* جعبهٔ دنده.
gear.shift, *n.* میلهٔ‌دنده، دنده‌عوض کن.
gear wheel, *n.* چرخ دندانه‌دار، چرخ دنده.
gee ['*dʒi:, dʒi:dʒi:*] (**- d, geeing**) *interj.* & *vi.* هی، هین [که درموقع راندن اسب وگاو گفته میشود]، صدای هی وهین‌کردن [برای راندن حیوان]، هین‌کردن، هوس، بوالهوسی.
geese [*gi:s*]=*pl. of* **goose** غازها.
gee.zer, *n.* آدم عجیب و منزوی.
Ge..hen.na, *n.* جهنم، دوزخ، محبس.
gei.sha (*pl.* **- s**) *n.* رقاصهٔ ژاپونی، گیشا.
gel (**- led, - ling**) *vi.* & *n.* ژال، مادهٔ ژلاتینی چسبناکی که درنتیجهٔ بسته شدن مواد چسبنده بوجود میآید، ژلاتین، دلمه شدن.
gel.able, *adj.* ژلاتینی شونده، دلمه شونده.
gel.a.tin, - e [*dʒélətin, - ti:n*] *n.* دلمه، ژلاتین، سریشم.
ge.la.ti.ni.za.tion, *n.* ژلاتینه‌شدن.
ge.la.ti.nize (**- d, gelatinizing**) *vt.* & *vi.* تبدیل بدلمه یا ژلاتین کردن، ژلاتین زدن به، بازلاتین پوشاندن.
ge.la.tion, *n.* انعقاد، بستگی، بسته شدگی، سفت شدگی.
geld (**gelt, gelded, - ing**) *vt.* & *n.* اخته‌کردن، بی‌تخمدان‌کردن، محروم‌کردن.
gel.id, *adj.* بسیار سرد، یخ‌کرده، کاملاً سرد و بسته شده.
gel.ig.nite [*dʒélignait*] *n.* مادهٔ ژلاتینی و منفجره‌ای که از نیتروگلیسرین میسازند، ژلیگنیت.
gem [*dʒəm*] (**- med, - ming**), *n., vi.* & *vt.* گوهر، جواهر، سنگ گران‌بها، جواهر نشان‌کردن، مرصع‌کردن.
gem.i.nate (**- d, geminating**) *adj., vt.* & *vi.* جفت، توأم، دوتا، دولا، دوقلو، جفت‌کردن، توأم‌کردن.
gem.i.na.tion, *n.* جفت‌سازی، دولائی.
Gem.i.ni, *n.* [نج.] برج‌جوزا، توأم، دوپیکر.
gem.ma (*pl.* **- e**) *n.* [گ.ش.] جوانه، دکمه، غنچه، جرثومه، نرم تن یا صدف گردکوچک‌خوراکی، الفکه.
gem.mate, *adj.* غنچه‌دار، جوانه‌دار.
gem.mo.log.i.cal, gem.olog.i.cal, *adj.* مربوط به علم گوهرشناسی.
gem.mol.o.gist, gem.ol.o.gist, *n.* جواهرشناس، گوهرشناس.
gem.mol.o.gy, gem.ol.o.gy, *n.* جواهرشناسی.
gem.mu.la.tion, *n.* جرثومه بندی، جوانه‌کوچک، ایجادموجودتازه‌توسط‌جوانهٔ‌سلولی.
gem.my, *adj.* گوهر مانند، پرگوهر.
gem.stone, *n.* [مع.] سنگ جواهر.
gen.darme [*ʒadá:m*] (*pl.* **- s**) *n.* ژاندارم، امنیه، پلیس، پاسبان.
gen.dar.mer.ie, gen.dar.mery [*ʒâdá:məri*] *n.* ژاندارمری، ادارهٔ امنیه.
gen.der [*dʒéndə*] (**- ed, - ing**), *n.* [د.] جنس، تذکیر وتأنیث، قسم، نوع.
gene, *n.* [زیست شناسی] ژن، عامل موجود در کروموزوم که ناقل‌صفات ارثی‌است.
ge.ne.a.log.ic, - al, *adj.* وابسته به شجره نامه.
ge.ne.al.o.gist, *n.* شجره‌شناس.
ge.ne.al.o.gy [*dʒi:niǽlədʒi*], (*pl.* **- ies**) *n.* شجرةالنسب، شجره‌نامه، نسب، سلسله، دودمان.
genera [*dʒénərə*] =*pl. of* **genus**
gen.er.al [*dʒén(ə)rəl*] *adj.* & *n.* عمومی، جامع، همگانی، متداول، کلی، معمولی، همگان، ژنرال، ارتشبد.
In g. معمولاً، غالباً، بطورکلی.
gen.er.a.lis.si.mo [*dʒènərəlísimou*] (*pl.* **- s**) *n.* فرماندهٔ‌کل، سپهسالار، ژنرالیسیم.
gen.er.al.i.ty [*dʒènərǽliti*] (*pl.* **- ies**) *n.* عمومیت، اظهار عمومی، نکتهٔ کلی، اصل‌کلی.
gen.er.al.iza.tion, *n.* عمومیت دادن.
gen.er.al.ize [*dʒénərəlaiz*] (**- d, generalizing**) *vt.* & *vi.* بطور عام گفتن، عمومیت دادن (به)، عمومی کردن، تعمیم دادن.
gen.er.all.y, *adv.* بطورکلی، عموماً، معمولاً.
general practitioner, *n.* طبیب امراض عمومی، پزشک‌بیماریهای عمومی.
gen.er.al.ship, *n.* سرلشکری، سرتیپی، علم لشکرکشی، مدیریت، ریاست.
general staff, *n.* ستاد ارتش.
general store, *n.* فروشگاهی که همه نوع جنسی درآن یافت میشود ولی قسمت بندی نشده.
gen.er.ate [*dʒénəreit*] (**- d, generating**) *vt.* & *vi.* زادن، تولیدکردن، احداث‌کردن، بوجود آوردن، تناسل‌کردن، حاصل‌کردن، تولید نیروکردن.
gen.er.a.tion, *n.* نسل، تولید نیرو، تولیدی، نسلی.
gen.er.a.tive, *adj.*
gen.er.a.tor [*dʒénəreitə*] *n.* زاینده، زایا، دینام، ژنراتور، مولد برق.
gen.er.a.trix (*pl.* **generatrices**) *n.* [هن.] نقطه یاخط یاسطحی که سبب احداث خط یا سطح یا جسمی میشود، احداث کننده، [هن.] مولد، زاینده، زایا.
ge.ner.ic [*dʒenérik*] *adj.* نوعی، جنسی، عمومی، عام، کلی، وابسته‌به تیره.
gen.er.os.i.ty [*dʒenərɔ́siti*] *adj.* & *n.* بخشش، سخاوت، خیرخواهی، نوع‌پرستی.
gen.er.ous, *adj.* سخی، بخشنده، زیاد.
gen.e.sis [*dʒénisis*] (*pl.* **geneses**) *n.* پیدایش، تکوین، تولید، طرز تشکیل، کتاب پیدایش (تورات)، پسوند بمعنی ایجادکننده.
ge.net.ic, - al, *adj.* پیدایشی، تکوینی، وابسته به پیدایش یا اصل هرچیز، مربوط به تولید و وراثت.
ge.net.ics [*dʒinétiks*] *n.* علم پیدایش، شاخه‌ای از علم زیست‌شناسی که دربارهٔ انتقال وراثت [توارث] و اختلاف موجودات و مکانیسم آنان‌درائر توارث بحث‌می‌کند، نسل‌شناسی.
ge.net.i.cist, *n.* نسل شناس.
ge.nial [*dʒí:njəl*] *adj.* خوش مشرب، خوش معاشرت، خوش دهن.
ge.nial.i.ty [*dʒi:niǽliti*] *n.* خوش مشربی، خوش معاشرتی.
ge.nie [*dʒí:ni*]=**jinn, genius,** *n.*
gen.i.tal, *adj.* & *n.* تولیدکننده، تناسلی، مربوط به‌اندامهای تناسلی.
gen.i.ta.lia, *n. pl.* آلات تناسلی (خارجی).
gen.i.tals=**genitalia,** *n.* اندامهای تناسلی.
gen.i.tive [*dʒénitiv*] *adj.* & *n.* حالت اضافه، حالت مالکیت، حالت مضاف‌الیه، ملکی، مضاف‌الیهی.
ge.nius [*dʒí:njəs*] (*pl.* **- es, genii**) *n.* نابغه، نبوغ، استعداد، دماغ، ژنی.
geno.cide, *n.* کشتار دسته جمعی، قتل عام.
geno.ci.dal, *adj.* مربوط به قتل‌عام.
genre [*ʒânr*] *n.* [illegible] طبقه، دسته، راسته، جنس، طرز، طریقه.
gent=**man, fellow,** *n.* آقا.
gen.teel [*dʒentí:l*] (**- er, -est**), *adj.* & *n.* آقامنش، اصیل، نجیب، تربیت‌شده.
gen.tile [*dʒéntail*] *n.* & *adj.* گوئیم، غیرکلیمی، کسیکه نه‌مسیحی و نه‌کلیمی باشد.
gen.ti.lesse, *n.* نزاکت، ادب، نجابت.
gen.til.i.ty [*dʒentíliti*] *n.* آقامنشی، بزرگی، شرافت، نجابت، اصالت.
gen.tle [*dʒéntl*] (**- r, - st**) (**- d, gentling**) *adj., n., vt.* & *vi.* نجیب، باتربیت، ملایم، آرام، رام، لطیف، مهربان، آهسته، ملایم‌کردن، رام‌کردن، آرام‌کردن.
gen.tle.folk=**gen.tle.folks** [*dʒéntlfouk*] *n.* مردمان شریف، نجباء.
gen.tle.man [*dʒéntlmən*] (*pl.* **- men**) *n.* آقا، شخص محترم، آدم باتربیت، اصیل.
gen.tle.man.like, *adj.* شایستهٔ مرد نجیب، آقا منشانه، مثل‌مردم شریف.
gen.tle.man.ly, *adv.* & *adj.* آقامنش، نجیبانه، از روی بزرگ‌منشی.
gentle sex, *n.* جنس‌لطیف، جنس زن.
gentle.wom.an [*dʒéntlwùmən*], *n.* بانو، خانم، زن نجیب، زن باتربیت.
gent.ly, *adv.* باملایمت، بآرامی، بتدریج.
gen.try [*dʒéntri*] *n.* مردمان محترم وباتربیت، اصالت، تربیت، ادب.
gen.u.flect (**- ed, - ing**) *vi.* زانو خم‌کردن، رکوع‌کردن، سجودکردن.
gen.u.flec.tion=**gen.u.flexion,** *n.* سجود، خم‌کردن زانو.
gen.u.ine [*dʒénjuin*] *adj.* خالص، اصل، اصلی، واقعی، حقیقی، درست.
ge.nus [*dʒí:nes*] (*pl.* **gen.era**), *n.* جنس، نوع، دسته، طبقه، قسم، جور، سرده.
geo.cen.tric, *adj.* دارای مرکزی در زمین، زمینی، معتقدباینکه خداوند زمین را مرکز عالم وجود قرار داده.
geo.chem.is.try, *n.* علمی‌که دربارهٔ ترکیب و تغییرات شیمیائی پوستهٔ زمین بحث میکند، شیمی‌خاک، زمین‌شیمی.
geo.chro.nol.o.gy, *n.* باستان شناسی زمین، شرح وقایع تاریخی گذشته برمبنای اطلاعات زمین شناسی.
geo.de.sic, geo.det.ic, *adj.*&*n.* کوتاه‌ترین خط ترسیم‌شده‌بین‌دونقطه‌درروی‌سطح.
geodesic dome, *n.* [معماری‌جدید] گنبد متشکل ازسطوح هندسی.
ge.od.e.sy, *n.* علم‌مساحی، زمین‌سنجی.
ge.og.ra.pher, *n.* جغرافی دان.
ge.og.ra.phy [*dʒiɔ́grəfi*] *n.* جغرافیا، جغرافی، علم جغرافیا، شرح.
ge.oid, *n.* زمین دیس، [ز.ش.] جسم هندسی شبیه‌بشبه‌کره، زمین‌وار.
ge.ol.o.gize (**-d, geologizing**), *vt.* & *vi.* در زمین شناسی کارکردن، از نظر زمین شناسی

بازرسی کردن، مطالعهٔ علم زمین شناسی کردن.

ge.ol.o.gy [*dʒiɔ́lədʒi*] (*pl.* **-ies**), *n.* زمین شناسی، دانش زمین شناسی.

ge.ol.o.gist, *n.* زمین شناس.

geo.mag.ne.tism, *n.* نیروی آهن‌ربائی زمین، نیروی جاذبهٔ زمین.

geo.mag.net.ic, *adj.* وابسته به جاذبهٔ زمین.

geo.man.cy, *n.* رمل واسطرلاب، غیب‌گوئی از روی خاك.

ge.om.e.ter, *n.* [ج.ش.] هندسه دان. نوعی کرم درخت، کرم زمین‌پیما.

geo.met.ric, - al, *adj.* هندسی.

geo.me.tri.cian, *n.* هندسه‌دان.

geometric progression, *n.* تصاعد هندسی.

ge.om.e.trize (**- d, geometrizing**) *vt. & vi.* از روی قواعد هندسی کار کردن، باقواعد هندسی درست کردن.

ge.om.e.try, *n.* علم هندسه.

geo.mor.phic, *adj.* مانند کرهٔ زمین، شبیه بزمین، زمینی.

geo.oph.a.gy, *n.* خاك‌خوری، گل خوری، زمین خواری.

geo.phys.i.cist, *n.* متخصص ژئوفیزیك.

geo.phys.ics, *n.* زمین فیزیك، ژئوفیزیك، علم اوضاع بیرونی وطبیعی زمین.

geo.phyte, *n.* [گ.ش.] گیاه خاکی.

geo.po.lit.i.cal, *adj.* وابسته‌به‌جغرافیای سیاسی.

geo.pol.i.tics, *n.* مطالعهٔ نفوذ عوامل فیزیکی (چون جغرافیا و علم اقتصاد و آمار) در مشی سیاسی وسیاست خارجی کشور.

Geor.gette [*dʒɔ:dʒét*] *n.* ژرژت، جرجت(نوعی پارچهٔ حریر وابریشمی).

Geor.gian, *adj. & n.* گرجی، گرجستانی، اهل جرجیا [Georgia].

geor.gic, *adj. & n.* وابسته به‌کشاورزی، روستائی، ترانهٔ روستائی.

geo.sci.ence, *n.* علوم مربوط زمین شناسی.

geo.tax.is, *n.* گرایشی‌که نیروی جاذبهٔ زمین آنرا هدایت می‌کند، زمین‌گرائی.

geo.ther.mal, geo.ther.mic, *adj.* وابسته به‌حرارت مرکزی زمین.

ge.ot.ro.pism, *n.* [گ.ش.] الکترو تروپیسم، رشد ونموگیاه تحت تأثیر قوهٔ جاذبهٔ زمین، زمین‌گرائی.

ge.ra.ni.um [*dʒiréinjəm*] *n.* [گ.ش.] شمعدانی عطری، گل شمعدانی.

ger.bil, ger.bille, *n.* [ج.ش.] موش صحرائی، موش بیابانی، یربوع.

ge.rent, *n.* مدیر، حاکم، اداره‌کننده، حامل.

ger.i.at.rics, *n.* پیرپزشکی، رشته‌ای‌از علم‌طب که دربارهٔ‌امراض دوران پیری وافراد پیر بحث میکند ، مبحث امراض پیری.

ger.i.at.ric, *adj.* مربوط به پیری.

ger.i.a.tri.cian, ge.ri.a.trist, *n.* متخصص (ویژه‌گر) امراض دوران پیری.

germ [*dʒə:m*] *n.* میکرب ، جنین، اصل، ریشه، منشاء.

ger.man, ger.main, *adj. & n.* اولاد عمه وعمو، عموزاده، وابستهٔ نزدیك.

Ger.man [*dʒə́:mən*] **Germain,** *adj. & n.* آلمانی.

ger.mane, *adj. & n.* وابسته، مربوط، منتسب، خویش وقوم.

Ger.man.ic [*dʒə:mǽnik*] *adj.* آلمانی، ژرمنی، توتونیك، وابسته به‌آلمان.

Ger.man.ism, *n.* طرفداری‌ازآلمان، آلمان‌گرائی، اصطلاحات ویژهٔ زبان آلمانی.

Ger.man.ist, *n.* دانشمند فرهنگ وزبان آلمانی.

ger.man.iza.tion, *n.* آلمانی‌شدن.

ger.man.ize (- d, germanizing) *vt. & vi.* آلمانی‌کردن، آلمانی‌مآب‌کردن.

German measles, *n.* سرخجه، سرخجهٔ آلمانی.

German shepherd, *n.* [ج.ش.] سگ پلیس، سگ راهنما، سگ گرگی.

Germany, *n.* آلمان.

germ cell, *n.* سلول نطفه، سلول تخم.

ger.mi.cide [*dʒə́:misaid*] *n.* نطفه کش، میکرب کش، ضد باکتری.

ger.mi.ci.dal, *adj.* وابسته‌به‌میکرب‌کشی.

ger.mi.nal, *adj.* نطفه‌ای، تخمی، جرثومه‌ای، بدوی، اصلی، جنینی.

ger.mi.nate [*dʒə́:mineit*] (**- d, germinating**) *vt. & vi.* جوانه زدن، شروع به رشدکردن، سبز شدن.

ger.mi.na.tion, *n.* رویش، جوانه زنی، سبز شدن.

gerontocracy, *n.* حکومت سالخوردگان.

ger.on.to.log.i.cal, *adj.* وابسته بامراض پیری.

ger.on.tol.o.gist, *n.* متخصص امراض پیری.

ger.on.tol.o.gy, *n.* رشته‌ای‌از علوم‌که دربارهٔ پیری ومسائل مربوط به سالخوردگان بحث میکند، علم پیری شناسی.

ge.ron.to.mor.pho.sis, *n.* پیرنژادی، پیرشدگی نژاد.

ger.ry.man.der (**- ed, - ing**), *vi. & vt.* تقسیم حوزه‌های انتخاباتی‌وغیره بطور غیرعادلانه، بطورغیرعادلانه تقسیم‌کردن.

ger.und [*dʒérənd*] *n.* [د.] اسمی‌که از اضافه‌کردن «ing» بآخر فعل بدست می‌آید، اسم مصدر، اسم فعل.

gest, geste, *n.* حرکت،کار نمایان، هم‌صحبت، رفتار، سلوك، قیافه، اشاره.

ge.sta.po, *n.* [درآلمان نازی] گشتاپو، سازمان پلیس مخفی.

ges.tate (-d, gestating) *vt. & vi* درشکم داشتن، آبستن‌بودن، حمل‌کردن.

ges.ta.tion, - al, *n. & adj.* آبستنی،بارداری، حاملگی،وابسته بدوران رشد تخم یا نطفه.

ges.tic.u.late [*dʒestíkjuleit*] (**- d, gesticulating**) *vt. & vi.* با سرو دست اشاره‌کردن، ضمن صحبت اشارات سرودست بکار بردن، بازُست فهماندن.

ges.tic.u.la.tion, *n.* اشاره با سرو دست.

ges.ture [*dʒéstʃə*] (**- d, gesturing**) *n., vt. & vi.* اشاره، حرکت، اشارات و حرکات درموقع سخن گفتن،وضع، رفتار، ژست،قیافه، ادا.

get [*get*] (**gat, got, gotten, get.ting**) *n., vt. & vi.* تحصیل شده، کسب کرده، بدست آمده ، فرزند، بدست آوردن،فراهم کردن، حاصل کردن،تحصیل کردن، تهیه کردن، فهمیدن،رسیدن،عادت کردن، ربودن، فائق آمدن ، زدن، [درمورد جانوران] زایش، تولد .

To g. wisdom. کسب معرفت کردن.

get after. پاپی شدن، (بوسیلهٔ ترغیب وتوبیخ یاحمله) تعقیب کردن.

get ahead. موفق شدن، جلو زدن.

get at. رسیدن‌به،گرفتن، دسترسی یافتن‌به.

get over. رفع‌کردن، برطرف کردن، گذشتن از روی، از حالتی بیرون آمدن.

get through. بپایان رساندن، تمام‌کردن، گذشتن،گذراندن.

get together, vt. & n. جمع‌کردن، ذخیره کردن، جمع شدن.

get wind of. آگاه شدن بـه ، با خبر شدن از.

get along. پیشرفتن، گذران‌کردن.

get.at.able [*getǽtəbl*]=**accessible,** *adj.* قابل دسترس، توفیق یافتنی.

getaway, get away, *n.* آغاز، گریز، فرار، برو، دورشو، گمشو.

get on, *vi.* سوارشدن [بر]، پیش‌رفتن، کارکردن، گذران‌کردن، گذراندن.

get up[*gétʌp*] *n., vt, & vi.* درست شدن، برخاستن، بلند شدن، برخاست.

gew.gaw [*gjú:gɔ:*] *n.* بازیچه، چیز قشنگ بی‌مصرف، چیز جزئی، چیز ناقابل.

gey.ser [*géizə, gáizə*] *n.* آبفشان، چشمهٔ آبگرم، چشمهٔ جوشان آب گرم و معدنی.

ghast.ly [*gá:stli*] (**-ier, -iest**), *adj.* ترسناك، هولناك،مخوف،شوم،رنگ‌پریده.

ghee, ghi, *n.* روغن، کرهٔ آب کرده.

gher.kin [*gə́:kin*] *n.* [گ.ش.]خیار-رین، خیارترشی (Cucumis anguria).

ghet.to [*gétou*] (*pl.* **-s, -es**) *n.* محلهٔ کلیمی‌هـا [مخصوصـاً در ایتالیا] ، محل کوچکی ازشهرکه محل سکونت اقلیت‌ها است.

ghet.to.ize, *vt.* تبدیل کردن بمحله اقلیت‌ها وفقرا.

ghost [*goust*] (**- ed, - ing**) *n., vt. & vi.* شبح، روح، روان، جان، خیال، تجسم روح، چون روح برخانه‌ها وغیره سرزدن.

ghostlike, ghosty, *adj.* شبح مانند ، روح مانند.

ghost town, *n.* شهر متروك.

ghost-writer, *n.* کسیکه بجای دیگران چیز مینویسد.

ghoul [*gu:l*] *n.* غول (فارسی است).

GI (GI'd, GI'ing) *adj., n.& adv.* مخفف general issue [آمر.] ملزومات ارتش، تدارکات ارتش، سرباز.

gi.ant [*dʒáiənt*] *adj. & n.* آدم غول پیکر، نره‌غول، غول، قوی هیکل.

gib (- bed, - bing) *n., vt. & vi.* قلاب، پشت‌بند، میخ، گوه، گربهٔ نر ، پیرزن ، باپشت‌بند و میخ یا گوه محکم کردن ، با قلاب محکم‌کردن، گربه صفت بودن.

gib.ber [*dʒíbə*] (**- ed, - ing**), *vt. & vi.* تند و نـاشمرده سخن گفتن ، دست و پا شکسته حرف زدن، وررزدن، سخن تند و ناشمرده.

gib.ber.ish, *adj.* حرف شکسته و نامفهوم.

gib.bet [*dʒíbit*] (**- ed, - ing**), *vt. & n.* صلابه، چوبه‌دار، بدار آویختن، رسواکردن.

gib.bon [*gíbən*] *n.* [ج.ش.] میمون دراز دست.

gib.bous, *adj.* برآمده، محدب، گرده ماهی، گوژپشت.

gibe [*dʒaib*] (**- d, gibing**) *n., vt. & vi.* سخن طعنه‌آمیز گفتن، طنزگفتن، دست انداختن، باطعنه استهزاءکردن.

gib.er, *n.* طعنه‌زن، طنزگو.

gib.let [*dʒíblit*] *n.* احشاء خوراکی مـرغ خانگی و غیره [از قبیل دل وجگر]، (بصورت جمع) خرده‌ریز، جزئی.

Gi.bral.tar, *n.* جبل‌الطارق.

gid.dap, *interj.* [درفرمان دادن به‌اسب] جلو برو، تندتر برو.

gid.dy [*gídi*] (**- ier, - iest**) *adj.* گیج، بی‌فکر، دوار، مبتلا بدوارسر، متزلزل.

gift [*gift*] (**- ed, - ing**) *vt. & n.* بخشش ، پیشکشی ، پیشکش ، نعمت ، موهبت ، استعداد ، پیشکش کردن (به) ، بخشیدن [به]، هدیه‌دادن، دارای استعدادکردن،ره‌آورد،هدیه.

The g. of wit. استعداد بذله‌گوئی.

gift wrap, *vt.* (هدیه‌ای را) بسته‌بندی کردن، درکاغذ بسته‌بندی روبان‌دار پیچیدن.

gig [*gig*] (**- ged, - ging**) *n., vt. & vi.* هرچیز چرخنده ، درشکهٔ تك اسبه‌که دو چرخ دارد، نوعی کـرجی پاروئی یا بادبانی ، نیزه ، [م.م.] فرفره، چیزغریب وخنده‌دار، آدم غریب، شوخی، خنده‌دار، نیزهٔ ماهی‌گیری، قایق پاروئی سریع‌السیر ، باوزبین ماهی‌گرفتن ، سیخ زدن ، ناراحت‌کردن، تحریك‌کردن، خوابدارکردن.

gi.gan.tesque, *adj.* غول‌آسا، شایان، غول یا شخص بسیار بلند.

gi.gan.tic, *adj.* غول پیکر.

gi.gan.tism, *n.* غول پیکری، رشد غیرعادی.

gig.gle [*gígl*] (**- d, giggling**), *vt. & vi.* باخنده اظهار داشتن، بانفس بریده بریده (دراثر خنده) سخن گفتن، ول خندیدن.

gig.o.lo [*dʒígoulou*] (*pl.* **- s**) *n.* جوان جلف، ژیگولو، شیك.

gig.ot (*pl.* **- s**) *n.* ران گوسفند وغیره‌که پخته باشد، ژیگو.

gild [*gild*] (**- ed, gilt, - ing**) *vt.* زراندودکردن، مطلاکردن، تذهیب‌کردن.

gill [*gil*] (**-ed, - ing**) *n., vt. & vi.* دستگاه تنفس ماهی، جویبار، نهرکوچك،گوشت ماهی، پیمانه‌ای‌برای شراب، نصف‌پینت pint، دختر جوان، آبجو، تمیزکـردن ماهی ، رودهٔ (ماهی را) درآوردن،استطاله زیرگلوی مرغ.

gill=girl, sweetheart

gil.ly.flow.er, *n.* [گ.ش.]گل‌میخك.

gilt [*gilt*] *adj.* مطلا، زراندود، طلائی، آب طلا کاری.

gilt-edge, - d, *adj.* لب‌طلائی، ممتاز، مقدم، درجه اول، بهترین.

gim.bals, gimbal ring, *n.* اسبابی‌کـه بـرای تراز نگاهداشتن قطب‌نما و چیزهای دیگر در دریا بکار میرود.

gim.crack [*dʒímkrǽk*] *adj. & n.* چیزقشنگ‌وکم‌بها، بازیچه، ارزان، قشنگ‌وبی‌مصرف، عـروسك ، تصور واهی ، نخود هرآش.

gim.let [*gímlit*], (**- ed, - ing**) *n., adj., vt. & vi.* مته، برماه، سوراخ‌کننده، سوراخ‌کردن، مته‌کردن.

GIMLET

gim.mick (- ed, - ing) *vt.* اسبابی‌که در قماربازی وسیلهٔ تقلب وبردن پول از دیگران شود، حیله، تدبیر.

gimp (- ed, - ing) *vt. & n.* حمایل، نوعی ریسمان ماهی‌گیری.

gin [*dʒin*] (**- ed, - ing**) *n. & vt.* ماشین پنبه‌پاك‌کنی ، جرثقیل پایه‌دار ، افزار ، ماشین، حیله وفن، عرق جو سیاه، جین، گرفتار ساختن، پنبه را پاك‌کردن.

gin.ger [*dʒíndʒə*] (**- ed, -ing**), *n., vt. & vi.* [گ.ش.] زنجبیل، تندی، حرارت، زنجبیل زدن‌به، تحریك‌کردن.

ginger ale, *n.*
نوعی نوشابهٔ غیر الکلی گازدار.
gin.ger.bread, *n. & adj.*
نان‌زنجبیلی، نوعی نان‌شیرینی که زنجبیل دارد.
gingerly, *adj.&adv.* محتاط، باکمروئی.
gin.gery, *adj.* زنجبیلی.
ging.ham [gíŋəm] *n.*
نوعی پارچهٔ پنبه‌ای یا کتانی.
gin.gi.va (*pl.* - e)—**gum,** *n.* لثه.
gin.gi.vi.tis, *n.*
[طب] آماس والتهاب لثهٔ دندان، ورم لثه.
gink=person, guy, *n.*
gin rummy, *n.*
نوعی بازی رامی مخصوص دو نفر.
gin.seng [dʒínseŋ] *n.*
[گ.ش.] درخت جنسه یا جنسان.
Gipsy=gypsy [dʒípsi] *n.* کولی.
gi.raffe [dʒirá:f](*pl.* -s) *n.* [ج.ش.] زرافه.
gir.an.dole, *n.*
نوعی آتشبازی چرخنده، چرخ‌فلك.
gir.a.sol, gir.a.sole, *n.*
[مع.] عین‌الشمس، عین‌الهر، گل آفتاب‌پرست.
gird [gə:d] (-ed, girt, -ing), *n., vt. & vi.*
ضربهٔ شدید، اظهارنظرشدید و تند، حلقه، کمربند بستن، بستن، احاطه کردن، محاصره کردن، نیرومند کردن، آماده کردن، محکم کردن.
We must g. ourselves for war.
باید خودرا مهیای جنگ کنیم.
gird.er [gə':də] *n.*
تیرآهن، شاه‌تیر، شاهین ترازو.
gir.dle [gə':dl] (- d, girdling), *n., vt. & vi.* کمربند، کمر، کرست، حلقه، احاطه کردن، حلقه‌ای بریدن.
gir.dler, *n.*
کمربند ساز، محاط، [ج.ش.] حشره‌ای که پوست درختان را بطور کمربندی سوراخ میکند.
girl [gə:l] *n. & adj.*
دختر، دختربچه، دوشیزه، کلفت، معشوقه.
girl Friday, *n.*
دستیار زن، معاون زن، زن کارآمد ولایق.
girlhood [gə':lhud] *n.* دختری.
girl.ish [gə':liʃ] *adj.* دختروار.
girl.ie, girly, *n. & adj.* دختر، دختروار، دخترانه، غیر بالغ، خام وبچگانه.
girt [gə:t] (- ed, - ing) *vi. & vt.*
با تنگ محکم کردن، محاصره کردن.
girth [gə:θ] (- ed, - ing) *n., vt. & vi.* تنگ اسب، محیط، قطر شکم، ابعاد، تنگ بستن، بست، بست آهنی وچرمی، باتنگ بستن، دور گرفتن.
gist [dʒist] *n.* جان کلام، ملخص، لب کلام، نکتهٔ مهم، مطلب عمده، مراد.
git.tern, *n.* سه‌تار، گیتار.
give [giv] (gave, given, giving) *n., vt. & vi.* دادن [به]، بخشیدن، دهش، دادن، پرداخت کردن، اتفاق افتادن، فدا کردن، ارائه دادن، بمعرض نمایش گذاشتن، رساندن، تخصیص دادن، نسبت دادن به، بیان کردن، شرح دادن، افکندن، گریه کردن.
give-and-take, *n.*
گفت وشنید، مبادلهٔ کلام، قرارداد، مصالحه.
Give a good account of.
توصیف کردن، شرح دادن، حساب پس دادن.
give ground. پس نشستن، عقب‌نشینی کردن.
giveaway, *vt. & n.* دست بدست دادن عروس وداماد، بخشیدن، فاش کردن، بذل.
give in, *vt. & vi.* تسلیم شدن.
giv.en [givn] *adv. & n.* داده، مسلم، معلوم، مفروض، مسلم، مبتلا، معتاد، datum.
given name=Christian name, *n.*
give off, *vt. & vi.* بیرون دادن.
give out, *vt. & vi.*
بیرون دادن، پخش کردن، توزیع کردن، کسر آمدن، تمام شدن، اعلان کردن.
give over, *vt. & vi.* دست کشیدن از، ترك کردن، واگذار کردن، واگذاردن.
giv.er, *n.* دهنده.
give up, *vt. & vi.*
صرف نظر کردن، ول کردن، ترك کردن، تسلیم کردن، دست برداشتن از.
giz.mo, gis.mo=gadget, *n.*
giz.zard [gízəd] *n.*
[تش.] سنگدان، معدهٔ دوم مرغ وپرندگان.
gla.brous, *adj.*
بیمو، صاف، بدون کرك، طاس.
gla.cé (- ed, - ing) *adj. & n.*
صاف، براق، نرم، پوشیده از شکر، لعابدار، مادهٔ صاف و براق، دسر سرد و یخ بسته، شربت سرد، بستنی.
gla.cial, - ly, *adj. & n.* یخبندان.
gla.ci.ate (- d, glaciating), *vt. & vi.* یخ بستن، منجمد شدن، منجمد کردن، یخ زدن، با برف یا یخ پوشاندن.
gla.ci.a.tion, *n.* یخ بستن، انجماد.
gla.cier [glǽsjə] *n.*
تودهٔ یخ غلتان، رودخانهٔ یخ، یخچال طبیعی.
gla.ci.ol.o.gy, *n.* علمی که دربارهٔ تجمع برف ویخ وانجماد در دوره‌های یخبندان بحث میکند، یخ شناسی، یخبندان شناسی.
gla.cis (*pl.* gla.cis, - es) *n.*
سرازیری ملایم، شیب، حصار یا مانع محافظ.
glad [glæd] (- der, - dest) *adj.*
خرسند، خوشحال، شاد، خوشرو، مسرور، مشعوف.
glad.den [glǽdn] (- ed, -ing), *vt. & vi.*
خرسند کردن، خوشحال کردن، شاد شدن.
glade [gleid] *n.*
سبزهٔ میان جنگل، فضای میان جنگل، خیابان یا کوچهٔ جنگل، درختستان، بیشه.
glad.i.a.tor [glǽdieitə] *n.*
گلادیاتور، پهلوان ازجان گذشته.
glad.i.o.la=gla.di.o.lus [glæ̀dióuləs] (*pl.* gladioli, - es) *n.*
[گ.ش.] زنبقی‌ها، سوسن، زنبق، گلایول.
glad.some [glǽdsəm] *adj.*
خوش‌آور، مسرور، شادمان.
glam.or.iza.tion, *n.*
پرزرق وبرق وفریبا نمودن.
glam.or.ize=glam.our.ize, *vt.*
فریبا نمودن، طلسم کردن، پرزرق وبرق کردن.
glam.or.ous, *adj.*
فریبنده، طلسم‌آمیز، مسحور کننده.
glam.our, glam.or [glǽmə], (- ed, - ing) *n.*
طلسم، جادو، فریبندگی، دلبری، افسون، زرق وبرق.
glance [gla:ns] (- d, glancing), *n., vt. & vi.*
نگاه، نگاه مختصر، نظر اجمالی، مرور، نگاه مختصر کردن، نظر اجمالی کردن، اشاره کردن و رد شدن، برق زدن، خراشیدن، به‌یك نظر دیدن.
He glanced at the letter.
او نگاه سریعی به نامه کرد.
He read it in a g.
بایك نظر آنرا خواند.
glanc.ing, *adj.* اجمالی، زودگذر.
gland [glænd] *n.* غده، هرعضو ترشح کننده، دشبل، غدهٔ عرقی، حشفهٔ مرد، بظرزن.
glan.ders, *n.*
مشمشه، بیماری مسری اسب وانیان، سراجه، کتو.
glan.du.lar [glǽndjulə] *adj.*
غده‌وار، غده‌ای، وابسته به غده، دشبل‌وار.
glans (*pl.* glan.des) *n.*
[گ.ش.] بلوط، شکل بلوطی، میوهٔ گیاه.
glare [glεə] (- d, glaring) *n., vt. & vi.* درخشندگی زیاد، روشنائی زننده، تابش خیره کننده، تشعشع، خیره نگاه کردن.
glar.nig [glε'əriŋ] *adj.* مشعشع.
glary, *adj.* دارای تشعشع.
glass [gla:s] (- ed, - ing) *n., vt. & vi.* شیشه، آبگینه، لیوان، گیلاس، جام، استکان، آئینه، شیشهٔ دوربین، شیشهٔ ذره‌بین، عدسی، شیشه آلات، آلت شیشه‌ای، عینك، شیشه گرفتن، عینك‌دار کردن، شیشه‌ای کردن، صیقلی کردن.
glass.blow.er, *n.* شیشه‌گر.
glass eye, *n.*
[بصورت جمع] عینك، چشم شیشه‌ای، چشم‌مصنوعی.
glass-eyed, *adj.* کور، بی‌حالت.
glass.ful [glá:sful] (*pl.* - s) *n.*
ظرف یك لیوان، بقدر یك لیوان.
glass.ine, *n.*
نوعی کاغذ نازك شفاف یا نیمه شفاف که هوا یا روغن از آن نمیتواند عبور کند، کاغذ شیشه‌نما.
glass.mak.er, *n.* شیشه ساز.
glass.man (*pl.* - men) *n.*
شیشه فروشی، تاجر شیشه، شیشه ساز.
glass.ware, *n.*
شیشه‌آلات، بلور آلات، ظروف شیشه.
glass wool, *n.* - پشم یا براده‌شیشه، پشم شیشه، توده‌ای ازرشته‌های شیشه‌ای که بعنوان عایق گرما یا در تصفیهٔ هوا بکار میرود.
glasswork, *n.*
شیشه سازی، شیشه آلات، بلور آلات.
glassworker, *n.*
بلور ساز، شیشه ساز.
glasswort, *n.*
[گ.ش.] علف شوره، رازیانهٔ آبی.
glassy [glá:si] (- ier, - iest), *adj.* شیشه‌ای، شیشه مانند، زجاجی، بیحالت، بی‌نور، زننده، تیز، تند.
glau.co.ma, *n.*
[طب] آب سبز، آب‌سیاه، کوری تدریجی.
glaze [gleiz] (- d, glazing), *n., vt. & vi.*
لعاب، لعاب شیشه، مهره، برق، پرداخت، لعابی کردن، لعاب دادن، براق کردن، صیقل کردن، بی‌نور وبیحالت شدن [درگفتگوی از چشم].
gla.zier [gléiziə] *n.* شیشه‌بر، شیشه‌گر.
gleam [gli:m] (- ed, - ing) *n., vt. & vi.* نورضعیف، پرتوآنی، سوسو، [مج.] تظاهر موقتی، نور دادن، سوسو زدن.
gleamy, *adj.* کم نور، سوسوزن.
glean [gli:n] (-ed, - ing) *vt.&vi.*
خوشه چینی کردن، اینسو وآنسو جمع کردن.
To g. news. جمع‌آوری اخبار.
glean.ings, *n. pl.* خوشه‌چینی، ریزه، فراری، ته‌ماندهٔ درو، ریزه، باقی.
glebe, *n.* زمین وقف، [درشعر] زمین، خاك.
glee [gli:] *n.*
شادی، خوشحالی، سرور ونشاط، خوشی، ساز و نواز، اسباب موسیقی، زیبائی، کامیابی.
glee club, *n.*
کلوب یا باشگاه آواز و سرود.
gleed, *n.*
اخگر، خاکستر گرم، زغال سرخ.
glee.ful, *adj.* خوشحال، شاد.
glee.man(*pl.*-men)=**minstrel,** *n.* نقال، حماسه خوان.
glee.some=gleeful, *adj.*
خوشحال، مسرور.
glei.za.tion, *n.*
تشکیل خاك‌رس (gely)، تبدیل به خاك رس.
glen [glen] *n.*
درهٔ کوهستانی، مسیر رودخانه، درهٔ تنگ.
gli.a.din, *n.*
چسب نشاسته، قسمت چسبناك ولزج گلوتن.
glib [glib] (- ber, - best) *adj.*
روان، سلیس، چرب‌زبان، زبان‌دار، لیز، لاقید.
glide [glaid] (- d, gliding) *n., vt. & vi.*
سرخوردن، خرامش، سریدن، آسانه رفتن، نرم رفتن، سبك پریدن، پرواز کردن بدون نیروی موتور، خزیدن.
glid.er [gláidə] *n.* هواپیمای‌بی‌موتور.
glim (- med, - ming) *vt. & n.*
درخشندگی، روشنی، درك جزئی، نورشمع، نگاه اجمالی کردن.
glim.mer [glímə] (- ed, -ing), *vt. & n.* روشنائی ضعیف، نورکم، درك اندك، خرده، تکه، کورکوری کردن، سوسوزدن، باروشنائی ضعیف تابیدن.
A g. of hope. کوره امید، امیدکم.
glimpse [glimps] (- d, glimpsing) *n., vt. & vi.*
نگاه کم، نگاه آنی، نظر اجمالی، نگاه سریع، اجمالاً دیدن، بیك نظر دیدن، اتفاقاً دیدن.
To catch a g. of. یك‌نظر انداختن به.
glint [glint] (- ed, - ing) *n., vt. & vi.* برق، تلألؤ، تابش، ظهور آنی، زودگذر، تابیدن، درخشیدن، درخشانیدن، تابانیدن.
To g. the eyes. از زیرچشم‌نگاه کردن.
glis.sade, *n. & vi.* سرازیری وشیب مناسب، سرخوردن، سرخوردن در بالت.
glis.ten [glísn] (- ed, - ing) *vi.*
درخشیدن، برق زدن، جسته جسته برق زدن.
glis.ter=glisten, *vi.*
درخشیدن، برق‌زدن.
glit.ter [glítə] (- ed, - ing) *n. & vi.* تابش، تلألؤ، درخشندگی، اشیاء براق، برق زدن، درخشیدن.
glit.tery, *adj.* درخشان، پرتلألؤ.
gloam=twilight, *n.* غروب.
gloam.ing [glóumiŋ]=**twilight, dusk,** *n.* غروب، تاریك وروشن.
gloat [glout] (- ed, - ing), *n. & vi.* نگاه از روی کینه وبغض، نگاه عاشقانه و حاکی از علاقه، نگاه حسرت‌آمیز کردن، خیره نگاه کردن.
glob, *n.* ذرهٔ کوچك، قطرهٔ کوچك، گلبول، کرهٔ کوچك، قطره، لکه.
glob.al, *n.* کروی، جهانی.
globe [gloub] *n., vt. & vi.*
کره، گوی، حباب، زمین، کرهٔ خاك، کروی کردن، گرد کردن.
The g. of the eye. کرهٔ چشم.
globe-trotter, *n.* جهانگرد، سیاح.
globe-trotting, *adj. & n.* جهانگردی.
glo.boid=spheroid *n.&adj.* کروی.
glo.bos.i.ty (*pl.* - ies) *n.* کرویت.
glob.u.lar [glɔ́bjulə] *adj.*
کروی، گرد، گوی مانند، گلبولوار.
glob.ule [glɔ́bju:l] *n.*
جسم کوچك کروی، گلبول، گویچهٔ خون.
glom.er.a.tion, *adj.*
اختلاط، توده شدن.
glo.mer.u.late, *adj.* کلاله‌ای، خوشه‌ای، تنظیم شده در خوشه‌های کوچك.
glom.er.ule, *n.* گلومرول، خوشهٔ معراکم از مویرگهای کوچك و بافتهای

حیوانی و غیره، خوشه، دسته، گلولۀ رگ.

gloom [glu:m] (- ed, - ing) *n., vt. & vi.* تاریکی، تیرگی، تاریکی افسرده‌کننده، ملالت، افسردگی، دل‌تنگی، افسرده‌شدن، دلتنگ‌بودن، عبوس‌بودن، تاریک کردن، تیره‌کردن، ابری‌بودن [آسمان].

The g. of the night. دل شب.

gloom.y, *adj.* تاریك، تیره، افسرده، غم‌افزا.

Glo.ria, *n.* حمد، تسبیح، تمجید، حلقۀ نور.

glo.ri.fi.ca.tion, *n.* تجلیل، تکریم.

glo.ri.fi.er, *adj.* تکریم و تجلیل‌کننده.

glo.ri.fy [glɔ́:rifai] (-ied, -ing), *vt.* جلال دادن، تجلیل‌کردن، تکریم‌کردن، تعریف‌کردن (از)، ستودن، ستایش‌کردن.

glo.ri.ous, [glɔ́:riəs] *adj.* مجلل، عظیم، باشکوه، خیلی خوب.

glo.ry [glɔ́:ri] (- ied, - ing), (*pl.* - ies) *n., vt. & vi.* جلال، افتخار، فخر، شکوه، نور، بالیدن، فخر کردن، شادمانی کردن، درخشیدن.

G. to God. خدا را جلال باد.

He glories in his wealth. به ثروت خود مینازد.

gloss [glɔs] (- ed, - ing) *n. & vt.* نرمی، صافی، براقی، جلا، جلوۀ ظاهر، برق انداختن، صیقل دادن.

The g. of silk. زرق و برق ابریشم.

gloss, *n., vt. & vi.* شرح، تفصیل، توضیح،تفسیر، تأویل، سفرنگ، حاشیه، فهرست معانی، تأویل‌کردن، حاشیه نوشتن بر.

glos.sa.ry [glɔ́səri] (*pl.* -ies), *n.* فرهنگ لغات دشوار، فرهنگ لغات فنی، سفرنگ، فهرست معانی، فهرست لغات.

glos.so.pharyngeal, *adj.* [تش.] زبانی حلقی، مربوط به زبان وحلق.

glossy (- ier, - iest) *adj.* جلادار، براق، صیقلی، صاف، خوش‌نما.

glot.tal, *adj.* وابسته بدهانۀ حنجره، مربوط به دهانۀ نای.

glot.tis [glɔ́tis] (*pl.* - es, glot-tides) *n.* چاکنای، دهانۀ حنجره، فاصله بین تارهای صوتی.

glove [glʌv] (- d, - ing) *vt. & n.* دستکش.

Take up the g. قبول مبارزه‌کردن.

glove compartment, *n.* جعبه کوچك مخصوص آچار وغیره درجلو اتومبیل، جعبه داش‌بورد.

glov.er, *n.* دستکش ساز.

glow [glou] (- ed, - ing) *vi., n. & vt.* تابیدن، برافروختن، تاب‌آمدن، قرمز شدن، دوتب وتاب بودن، مشتعل بودن، نگاه سوزان‌کردن، تابش، تاب، برافروختگی، محبت، گرمی.

glow.er [gláuə] (- ed, - ing), *n. & vi.* خیره نگاه‌کردن، اخم‌کردن، نگاه خیره، اخم، ترشروئی.

glowworm [glóuwə:m] *n.* [ج.ش.] کرم شب‌افروز، کرم شب‌تاب، چراغك.

gloze=gloss (- d, glozing) *vt. & vi.* تفسیر کردن، خدعه‌زدن، چاپلوسی‌کردن، عیب پوشی.

glu.cose [glú:kous] *n.* [ش.] گلوکز، $C_6H_{12}O_6$.

glu.co.side, *n.* [ش.] گلوکزید.

glue [glu:] (- d, gluing) *n., vt. & vi.* چسب، سریش، چسباندن، چسبیدن.

glum [glʌm] (- mer, -mest), *adj.* افسرده، کدر، رنجیده، ملول، اوقات تلخ.

glu.ma.ceous, *adj.* [گ.ش.] پوست‌دار، غلاف‌دار.

glume, *n.* [گ.ش.]پوست، غلاف، پوشینه.

glut [glʌt] (- ted, - ting) *n., vt. & vi.* پرخوری، پری، عرضۀ بیش‌از تقاضا، [طب]زیادی خون، اشباع، پاره‌آجر، سیر کردن، اشباع‌کردن، باحرص و ولع خوردن.

There is a g. in the market. بازار اشباع شده است.

glu.te.al, *adj.* سرینی.

glu.ten [glú:tən] *n.* موم‌اندرآب، مادۀ چسبندۀ گندم، چسب، سریشمی که از شاخ واستخوان بدست می‌آید.

glu.te.us (*pl.* glutei) *n.* [تش.] یکی‌ازسه‌عضلۀ سرینی که‌برای‌حرکت‌دادن ران بکار میرود، ماهیچۀ سرین، سرین، کفل.

glut.ton [glʌ́tən] *adj. & n.* آدم پرخور، شکم پرست، دله.

glut.ton.ize, *vi.* پرخوردن، شکم پرستی‌کردن.

glut.ton.ous [glʌ́tənəs] *adj.* پرخور.

glut.tony [glʌ́təni] *n.* شکم پرستی.

glyc.er.in, glyc.er.ine [glísərin]=**glycerol,** *n.* گلیسیرین.

glyc.er.in.ate (-d, glycerinating) *vt.* گلیسیرین‌زدن، گلیسرین مالیدن.

glyph, *n.* علامت‌یانشان حجاری‌شده.

gnarl, - ed [nɑ:ld] (- ed, -ing), *n., adj. & vt.* پیچ دادن، گره‌دارکردن، [چوب] گره درخت یا چوب، غرولند، زوزه.

gnash[næʃ] (- ed, - ing)*n.& vt.* دندان قرچه‌کردن، دندان‌بهم فشردن [ازخشم]، بهم فشردن، بهم سائیدن.

gnat [næt] *n.* [ج.ش.]پشه،حشرۀدوبال.

gnath.ic, gnathal, *adj.* آرواره‌ای، فکی، وابسته به آرواره.

gnaw [nɔ:] (- ed, gnawn, gnawing) *vt. & vi.* گاز گرفتن، کندن [باگاز یا دندان]، تحلیل رفتن، فرسودن، مانند موش جویدن، سائیدن.

gnaw.er, *n.* جونده.

gnome [noum] *n.* جنی زیرزمینی، دیو، کوتوله، گوزژاد.

gno.mic, *adj.* اخلاقی، ضرب‌المثلی، شامل پند وضرب‌المثل.

gno.mon, *n.* عقربه، عقربك، میل، شاخص، شرعیات.

gno.sis, *n.* دانش‌رازهای‌روحانی،عرفان.

Gnos.tic, *adj. & n.* عرفانی، دارای اسرارروحانی، نهانی، اسرار آمیز، عارف.

gnos.ti.cism, *n.* فلسفۀ عرفانی یا روحانی.

GNU(4 1/2 ft. high at shoulder)

gnu (*pl.* gnu, - s) *n.* [ج.ش.] گوزن یالدار.

go [gou] (went, gone, going, (*pl.* - es) *vt. & vi.* رفتن، روانه‌ساختن، رهسپارشدن، عزیمت‌کردن، گذشتن، عبورکردن، کارکردن، گشتن، رواج داشتن، تمام شدن، راه رفتن، نابود شدن، روی دادن، برآن بودن، درصدد بودن.

That door goes to the cellar. در به زیرزمین باز میشود.

Go about. ولگرد، دوره‌گرد، از جائی بجائی رفتن، شایع بودن، دست وپاکردن.

Go ahead. بفرمائید.

Go after. تعقیب‌کردن.

Go for. همراهی‌کردن، علاقه داشتن به، علاقمند بودن، حمله‌کردن بر.

Go over, vt. مرور کردن، مطالعه‌کردن، نظر اجمالی کردن.

Go through. مرورکردن، رسیدگی کردن، بحث‌کردن، انجام دادن، رعایت‌کردن، گذشتن از.

Go to pieces. متلاشی شدن، خرد شدن.

goad [goud] (-ed, - ing) *n. & vt.* سیخك، سیخ، خار، مهمیز، انگیزه، تحریك کردن، آزردن.

He must be goaded to work. باو بایستی مرتباً فشار بیاید تاکارکند.

go.al [goul] *vi. & n.* [درفوتبال] دروازه، دروازه‌بان، مقصد، هدف، گل زدن، هدفی درپیش داشتن.

goalkeeper, *n.* دروازه‌بان فوتبال، گلر.

go along, *vt.* همراه‌رفتن، همراهی‌کردن، [مج.] موافق‌بودن.

goalpost, *n.* [دربازی‌فوتبال] تیردروازه، تیرعمودی‌دروازه.

goat [gout] (*pl.* - s) *n.* بز، بزغاله، تیماج، پوست‌بز، [نج.]ستارۀ جدی، [مج.] آدم شهوانی، مرد هرزه، فاسق.

This gets my g. خیلی مرا عصبانی میکند.

goa.tee [goutí:] *n.* ریش‌بزی.

goat.herd, *n.* بزچران، بزدار.

goat.ish, goatlike, *adj.* بزمانند.

goat.skin, *n.* پوست بز.

gob (- bed, - bing) *n., vt. & vi.* تکه، تخته، تختۀ کف، کلوخه، مقدار بزرگ و زیاد، يك دهن غذا، دهان، [آمر.] ملوان.

gob.bet, *n.* تکۀ گوشت خام، لقمه، گلچین ادبی، قطره.

gob.ble [gɔ́bl] (- d, gobbling), *n. & vt.* حریصانه خوردن، تند خوردن، قورت دادن، صدای بوقلمون درآوردن.

gob.ble.dy.gook, gob.ble.de.gook, *n.* سخن نامفهوم، سخن بی‌ربط، شر و ور.

gob.bler [gɔ́blə] *adj.* بوقلمون نر، پرخور، لپ‌لپ خورنده.

go-between [góubitwì:n] *n.* رابط، میانجی، واسطه،دلال، دلال‌محبت،واسطه.

gob.let [gɔ́blit] *n. & vt.* جام، گیلاس شراب، تکه، قطعه، قطره.

gob.lin [gɔ́blin] *adj. & n.* جنی، دیو، جن، مثل دیو و جن.

go.by [góubai] (*pl.* - ies) *n.* عبور از پهلوی کسی بدون توجه باو، رهائی، طفره، پیشگیری.

go-cart [góuka:t] *n.* چارچوب غلتك‌داری که‌کودکان دست‌بدان‌گرفته راه رفتن می‌آموزند، روروك،گوکارت.

God [gɔd] *n.* خدا، ایزد، یزدان، پروردگار، الله.

godchild [gɔ́dtʃaild] *n.* طفلی که درموقع تعمید به‌پسرخواندگی روحانی شخص درمی‌آید، فرزند خوانده، بچۀ تعمیدی.

goddaugh.ter, *n.* دختر تعمیدی.

god.dess [gɔ́dis] *n.* الهه، ربةالنوع.

god.fa.ther [gɔ́dfà:ðə] *n. & vt.* پدر تعمیدی، نام‌گذاردن‌بر، سرپرستی کردن‌از.

god.head [gɔ́dhed] *n.* خدائی، الوهیت،خدا، رب‌النوع، جوهرالوهیت.

god.hood=divinity, *n.* الوهیت.

god.less, *adj.* بی‌خدا.

godlike, *adj.* خدا مانند.

god.ling, *n.* خدای کوچك.

godmother [gɔ́dmʌ̀ðə] *n.* مادرتعمیدی، نام‌گذاربچه، مادرخواندۀروحانی.

go.down [góudaun] *n.* قدرت، جرعه، بلع، لقمۀ بزرگ، انبار.

go down, *vi.* غروب کردن، غرقشدن، روی‌کاغذ آمدن، پائین رفتن.

god.parent [gɔ́dpɛ́ərənt] *n.* پدر یا مادر تعمیدی، والدین تعمیدی.

god.send [gɔ́dsend] *adj. & n.* نعمت غیر مترقبه، چیز خدا داده، خرابی.

godson, *n.* پسر تعمیدی، مرد تعمیدی.

God.speed [gɔ́dspí:d] *n.* خدا بهمراه، باامان حق، پایان، انجام.

god.wit, *n.* [ج.ش.] نوك دراز آبی (نوعی تلیله).

go.er, *n.* رونده، پا، قدم، عازم.

go-getter, *n.* شخص فعال و زرنگ.

goggle [gɔ́gl] (- d, goggling), *adj., vt. & vi.* چشم‌گرداندن، چپ نگاه‌کردن، گشتن.

goggle-eye, *n.* چپی،لوچی، نوعی‌ماهی.

goggle-eyed [gɔ́glaid] *adj.* لوچ.

gog.gles [gɔ́glz] *n.* عینك ایمنی، عینکی که اطرافش پوشیده شده و برای محافظت‌چشم‌بکارمیرود،عینك حفاظدار.

going [góuiŋ] *adj. & n.* وضع زمین، مسیر، جریان، وضع جاده، زمین جاده، [معماری] پهنای پله،گام، [م.ل.] عزیمت، مشی زندگی، مسیر، رایج، عازم.

go.ings-on[góuiŋzɔ́n]=**actions, events** اتفاقات، حوادث.

goi.ter=goi.tre [gɔ́itə] *n.* [طب] غمباد، بزرگ شدن غدۀ تیروئید،گواتر.

goi.trous, *adj.* غمبادی،گواتری.

gold [gould] *n.* زر، طلا، سکۀ زر، پـول، ثـروت، رنگ زرد طلائی، اندود زر، نخ زری، جامۀ زری.

goldbeater, *n.* زرورق ساز، [درجمع] حشرۀ قاب‌بالی‌که رنگ‌سبز مسی‌دارد.

gold digger, *n.* جویندۀ طلا، زنی‌که باافسون‌های زنانه مردان را تیغ میزند.

gold.en [góuldən] *adj.* طلائی، زرین، اعلا، درخشنده.

goldeneye (*pl.* - s) *n.* نوعی مرغابی، نوعی ماهی، مینای زرد.

Golden Horde, *n.* سپاهیان مغول‌که در قرن سیزدهم اروپای شرقی را مورد تاخت وتاز قرار دادند.

golden mean, *n.* میانه‌روی، برکناری از افراط وتفریط.

goldfield, *n.* ناحیۀ زرخیز.

goldfinch, *n.* [ج.ش.] سهره، [ز.ع.] سکۀ زر.

goldfish (*pl.* - es) *adj. & n.* ماهی طلائی، ماهی قرمز.

gold foil, *n.* ورقه زر، زرورق‌کلفت.

gold leaf, *n.* ورقۀ طلای نازك، زرورق نازك.

gold.smith, *n.* زرگر، طلا ساز.

gold standard, *n.* واحد طلا.

go.lem, *n.* آدم مصنوعی وخودکار [درفولکلور عبری].

golf [gɔlf] *n.* بازی چوگان یاگلف.

golf club, *n.* چوگان گلف‌بازی، باشگاه گلف‌بازان.

golf.er, *n.* گلف‌باز.

Go.li.ath [goláiəθ] *n.* جالوت،جلیات.

gol.li.wog, gol.li.wogg [gɔ́liwɔg] *n.* عروسك سیاه وعجیب‌وغریب، لولو.

go.losh [gəlɔ́ʃ] *n.* گالش.

gom.pho.sis, *n.* اتصال‌وجوش‌خوردن استخوان دندان به‌آرواره، مفصل متحرك.

go.nad, *n.* غدۀجنسی (بیضه یاتخمدان).

gon.do.la, n. [gɔ́ndələ] نوعی قایق که در کانال های شهر ونیز ایتالیا معمول است، [آمر.] واگن سرباز بر.

GONDOLA

gon.do.lier [gɔndəlíə] **n.** رانندهٔ کرجی ونیزی، کرجی‌بان، قایقران.

gone [gɔn] **adj.** (اسم مفعول فعل go)

A woman seven month gone. زن هفت ماهه.

gon.er, n. رفتنی، مردنی.

gong [gɔŋ] **(- ed, - ing) vi.& n.** زنگی که عبارت است از کاسه وچکشی که آهسته بر آن میزنند، ناقوس، صدای زنگ در آوردن.

go.ni.om.e.ter, n. زاویه یاب، زاویه‌سنج، گوشه‌پیما، جهت‌یاب.

gon.o.coc.cal, gon.o.coc.cic, adj. سوزاکی، مربوط به میکرب سوزاک.

gon.o.coc.cus (pl. gonococ-ci) n. انگل یامیکرب سوزاک، گونوکوک.

gon.o.cyte, n. سلول تولیدکننده، سلول جنسی.

gon.o.pore, n. سوراخ تناسلی.

gon.or.rhea, n. سوزاک، سوزنک، آتشک.

gon.or.rhe.al, adj. سوزاکی.

good [gud] **(bet.ter, best), adj. & n.** خوب، نیکو، نیك، پسندیده، خوش، مهربان، سودمند، مفید، شایسته، قابل، پاك، معتبر، صحیح، ممتاز، ارجمند، کامیابی، خیر، سود، مال‌التجاره، مال منقول، محموله.

G. luck to you. خدا بهمراه.

We had a g. time. بما خوش گذشت.

That is very g. of you. خیلی لطف دارید.

As good as. بهمان خوبی.

good-bye, good-by [gúdbái], **adj. & n.** خداحافظ، بدرود، وداع.

good-fellowship, n. رفاقت،معاونت.

Good Friday, n. جمعهٔ‌قبل‌ازعیدپاك.

good-heart.ed, adj. خوش قلب، بخشنده، مهربان.

good-humored [gúdhjú:məd], **adj.** خوش خلق، خوش مشرب.

good.ish, adj. نسبتاً خوب.

good.looking, adj. قشنگ، خوش قیافه.

good.ly, adj. قشنگ، زیبا، خوب.

good.man (pl. - men) n. بزرگ خانواده، سالار، مهمانخانه‌دار، خرده مالك.

good-na.tured [gúdnéitʃəd gud-néitʃəd] **adj.** مهربان، ملایم، خوش‌طینت.

good-tempered [gúdtémpəd], **adj.** خوش‌خلق، ملایم، دیرغضب،خوش‌اخلاق.

good.wife, n. بانو، کدبانوی خانه، خانم.

goodwill [gùdwíl] **n.** خوش نیتی، حسن نیت، میل، سرقفلی.

goody [gúdi] **(pl. - ies) n.** زن کامل و محترمه از طبقات پائین، شیرینی، چیز خوردنی، مغز گردو وغیره، قاقا

goody-goody, adj. & n. بسیار خوب، خیلی خوب

goo.ey (gooier, gooiest) adj. چسبنده، جسناك، کاملاً احساساتی.

goof (- ed, - ing) n., vt. & vi. شخص احمق وکودن، آدم ساده، اشتباه، سهو، اشتباه کردن، خطاکردن،ازکار طفره رفتن.

You were goofing around. شما وقت خودرا بهدر میدادید.

go off, vi. در رفتن(تفنگ)،بیرون‌رفتن (ازصحنهٔ نمایش)، آبشدن، فاسد شدن، مردن.

goon, n. آدمکش، تروریست، بی‌عرضه‌وناالایق، آدم‌کودن.

goose [gu:s] **(pl. geese, - s) (- d, goosing) vt. & n.** قاز، غاز، ماده غاز، گوشت‌غاز، ساده‌لوح و احمق، سیخ زدن به شخص، به کفل‌کسی سقلمه زدن، مثل غاز با گردن دراز حمله‌ور شدن و غدغدکردن، اتو،اتوکردن، هیس، علامت‌سکوت.

goose.ber.ry [gúzbəri] **(pl. - ies) n.** سفرجی، انگور فرنگی، رنگ سیاه مایل به ارغوانی، بها یا مراقب دوشیزه.

gooseflesh, n. دانه دانه شدن یا ترکیدگی پوست دراثر سرما یا ترس.

goosefoot (pl. - s) n. [گ.ش.] قازایاقی، غازپا.

goose.neck, n. هرچیزی شبیه‌گردن غاز، هرچیز شبیه U، زانو، زانوئی.

goose step, n. [نظ.] قدم‌آهسته، رژه روی بابدن راست وبدون خم کردن‌زانو

goos.ey, goosy (- ier, -iest), adj. شبیه غاز، احمق، ترسو.

go out, vi. خاموش‌شدن، اعتصاب کردن، دست‌کشیدن از،چاپ یامنتشرشدن، بیرون رفتن.

go over, vi. بآنسو رفتن، گذشتن، منتقل شدن، مرور کردن.

go.pher [góufə] **n.** [ج.ش.] لاك پشت نقب زن، نوعی‌جوندهٔ‌نقب‌زن آمریکائی، موش کیسه‌دار، کارگرحفار واستخراج کنندهٔ سنگ‌های معدنی،دزد قفل بازکن.

GOPHER (9 in. long)

gore [gɔ:] **(-d, goring) n. & vt.** خون بسته و لخته شده، خون، تکهٔ سه‌گوش [در دوزندگی]، زمین سه‌گوش، سه‌گوش‌بریدن، شاخ زدن، باشاخ زخمی کردن، سوراخ‌کردن.

gorge [gɔ:dʒ] **(- d, gorging), n., vt. & vi.** گلو، حلق، درهٔ‌تنگ، گلوگاه، معده، شکم، گدار، پرخوردن، زیاد تپاندن، باحرص و ولع‌خوردن، پرخوری کردن، پرخوری.

gor.geous [gɔ́:dʒəs] **adj.** نمایش‌دار، باجلوه، زرق وبرق‌دار، مجلل.

gor.get, n. گلوپوش، گلو پناه، زرهٔ گردن، طوقه.

Gor.gon [gɔ́:gən] **n.** [افسانهٔ یونان] یکی‌از سه‌زنی که موهای سرشان مار بوده و هرکس بدانها نگاه میکرد سنگ میشد، زن زشت سیما، زن بد سیما.

go.ril.la [gəríla] **(pl.-s) n.** [ج.ش.] نسناس، بزرگترین میمون شبیه‌انسان، گوریل.

gor.man.dize (- d, gorman-dizing) vt. & vi. پر خوردن، از روی حرص و ولع خوردن.

gos.hawk, n. [ج.ش.] باز، قوش قزل، آلاطوفان.

gos.ling [gɔ́zliŋ] **n.** جوجهٔ غاز، شخص نابالغ وخام، احمق.

gos.pel [gɔ́spəl] **n.** انجیل، مژدهٔ نیکو، بشارت در بارهٔ مسیح، یکی‌ازچهار کتابی که تاریخچهٔ زندگی عیسی را شرح داده.

gos.sa.mer [gɔ́səmə] **adj. & vt.** بند شیطان،لعاب خورشید،لعاب عنکبوت، پارچهٔ بسیار نازك، تنزیب، نازك، لطیف، سبك.

gos.sip [gɔ́sip] **(- ed, - ing), n., vt. & vi.** شایعات بی‌اساس، شایعات بی‌پروپا، دری وری، اراجیف، بدگوئی، سخن‌چینی، شایعات بی‌اساس دادن، دری وری گفتن یا نوشتن، سخن‌چینی کردن، خبرکشی کردن.

gos.sip.er, n. سخن‌چین، حرف‌مفت‌زن.

gos.sipy, adj. وابسته به سخن‌چینی یا شایعات.

got [gɔt] **(past tense of get)** زمان گذشتهٔ فعل get.

Goth [gɔθ] **n.** گت، یکی‌از اقوام آلمانی قدیم، بربری.

Goth.ic [gɔ́θik] **adj. & n.** وحشی،وهمی، زبان گوتیك،سبك معماری گوتیك، حروف سیاه قلم آلمانی.

goth.i.cize (- d, gothicizing), vt. & vi. بسبك گوتیك درآمدن، بسبك گوتیك در آوردن، بصفت‌وحشی‌ها درآمدن.

gotten [gɔ́tn] **(past part. of get)** زمان گذشتهٔ فعل get.

gouge [gaudʒ, gu:dʒ] **(-d, gou-ging) n. & vt.** منقار، اسکنهٔ جراحی، بزورستانی، غضب، جبر، درآوردن، کندن، بااسکنه‌کندن، بزور ستاندن، گول زدن.

gou.lash, n. نوعی غذاکه باگوشت‌گاو یاگوساله و سبزیجات تهیه میشود، چیز درهم وبرهم.

gourd [guəd] **n.** کدو، کدوی قلیائی، گرداب.

gour.mand [gúəmənd] **n.** صاحب سررشته درخوراك، شکم پرست.

gour.met [gúəmei] **n.** خوراك شناس، خبرهٔ خوراك، شراب شناس.

gout [gaut] **n.** [طب] نقرس.

gout.y, adj. نقرس‌دار، نقرسی، متورم.

gov.ern [gʌ́vən] **(- ed, - ing), vt. & vi.** حکومت‌کردن، حکمرانی کردن، تابع خود کردن، حاکم‌بودن، فرمانداری کردن، معین کردن، کنترل کردن، مقرر داشتن.

The city was governed by him. شهر تحت حکومت او بود.

governing body هیئت حاکمه.

gov.er.ness [gʌ́vənis] **(- ed, - ing) n., vt. & vi.** حاکم‌زن، مدیره، زنی که مواظبت بچه یااشخاص جوان را بعهده میگیرد، زن حاکم.

gov.er.nment [gʌ́vənment] **n.** دولت، حکومت، فرمانداری، طرز حکومت، هیئت دولت، عقل، اختیار، صلاحدید.

gov.ern.men.tal.ism, n. حکومت گرائی.

gov.ern.men.tal.ist, n. حکومت گرا.

gov.ern.men.tal.ize, vt. پیرو و تابع قانون‌کردن، تحت‌کنترل حکومت درآوردن، بصورت دولتی درآوردن.

gov.er.nor [gʌ́vənə] **n.** فرماندار، حاکم، حکمران، فرمانده.

governor-general, n. حاکم کل، فرماندارکل، فرمانفرما، والی، استاندار.

gown [gaun] **(-ed, - ing) n. & vt.** جامهٔ بلندزنانه، روپوش، لباس‌شب، خرقه.

gowns.man (pl. - men) n. ردایوش، جبه‌پوش [یعنی دادرس یا وکیل یا روحانی یا عضو دانشگاه ومانندآنها].

goy (pl. - im, - s)=gentile, n. غیر یهودی.

grab [græb] **(- bed, - bing), adj., n., vt. & vi.** ربودن، قاپیدن، گرفتن، توقیف‌کردن، چنگ زدن، تصرف‌کردن، سبقت‌گرفتن، ربایش.

grab.ble (- d, grabbling) vi. کورمالی کردن، بادست پی چیزی‌گشتن، بادست ماهی‌گرفتن، پهن نشستن، جمع آوری کردن.

grab off, vt. بزورگرفتن، باشتاب‌گرفتن، قاپیدن.

grace [greis] **(- d, gracing), vt. & n.** توفیق، فیض، تأیید، مرحمت، زیبائی، خوبی،خوش‌اندامی، ظرافت،فریبندگی، دعای فیض وبرکت [قبل یا بعداز غذا]، خوش‌نیتی، بخشایندگی، بخشش، بخت، اقبال، قرعه، جذابیت، افسونگری، مورد لطف قرار دادن، زینت‌بخش‌کردن،موردعنایت‌قراردادن،آراستن، زینت‌بخشیدن، فیض‌الهی‌بخشیدن، تشویق‌کردن، لذت بخشیدن، مشموف ساختن، مورد عفو و بخشودگی قراردادن[مجرمین وبدهکاران]،نت‌ها وآهنگهای اضافه برمتن برای زیبائی آهنگ.

Be in a person's good graces. مورد الطاف کسی بودن.

grace.ful [gréisful] **adj.** دلپذیر، مطبوع.

gra.cious [gréiʃəs] **adj.** توفیق‌دهنده، فیض‌بخش،بخشنده، رئوف،مهربان، دلپذیر، زیردست‌نواز،خیرخواه،[ک.]خوشایند، مطبوع، دارای لطف.

grack.le, n. [ج.ش.] نوعی پرنده از تیرهٔ سار ودم‌جنبانك، ترقه، توکا.

gra.date (- d, gradating), vt. & vi. بتدریج وبطور غیر محسوس تغییر رنگ دادن، بتدریج باررنگ‌دیگرآمیختن، درجه‌بندی کردن، مخلوط‌کردن، تدریجاً عمل‌کردن یاشدن.

gra.da.tion [grədéiʃən] **n.** درجه بندی، سلسله، درجه، تدریج، [در هنرهای زیبا] انتقال تدریجی، ارتقاء.

grade [greid] **(-d, grading) n.** پایه، درجه، درجه بندی، رتبه، مرحله، درجهٔ شدت [مرض‌وتب]، انحراف ازسطح‌تراز، الگوی لباس، ارزش نسبی سنگ معدنی، درجهٔ مواد معدنی، درجه‌بندی کردن، دسته‌بندی کردن، طبقه‌بندی‌کردن، جورکردن، باهم‌آمیختن،اصلاح نژادکردن، هموارکردن، شیب منظم دادن، تسطیح‌کردن، بانژاد بهتری پیوندکردن، [با up] از حیث نژاد بهترکردن، در رتبه یادرجهٔ معینی درآمدن، درجه‌بندی شدن.

grad.er, n. نمره‌گذار [اوراق امتحانی]، ماشینی‌که برای درجه‌بندی‌کردن مواد و محصول بکار میرود، جاده صاف‌کن، شاگردمدرسهٔ ابتدائی یامتوسطه، دانش‌آموز.

grade school, n. مدرسهٔ ابتدائی.

gra.di.ent [gréidiənt] **adj. & n.** شیب، خیز، سطح شیبدار، درخور راه رفتن، شیبدار، سالك، افت حرارت، مدرج، متحرك.

grad.u.al [grǽdjuəl] **n., vt.& vi.** تدریجی، آهسته، قدم بقدم پیش‌رونده، شیب تدریجی وآهسته.

grad.u.ally, adv. بتدریج، تدریجاً.

grad.u.ate [grǽdjueit] **(- d, graduating) adj., n., vt. & vi.** درجه‌دار [از دانشکده یا دانشگاه]، دیپلمه، لیسانسیه، فارغ‌التحصیل، پیمانهٔ درجه‌دار، لولهٔ مدرج،درجه‌دار، [دربارهٔ مالیات] مشمول‌مالیات تصاعدی، فارغ‌التحصیل شدن، [آمر.] دورهٔ آموزشگاهی را بپایان رساندن، بتدریج تغییر یافتن، درجه‌بندی‌کردن، تغلیظ‌کردن.

grad.u.ation, n. فراغت ازتحصیل.

graf.fi.to (pl. graffiti) n. حروف یا تصاویری‌که بردیوارنوشته شده باشد.

graft [gra:ft] **(- ed, - ing) n., vt. & vi.** قلمه، پیوند، پیوند گیاه، گیاه پیوندی، [جراحی] پیوندبافت، تحصیل‌پول ومقام وغیره ازراههای نادرست، ساخت وپاخت، سوء استفاده، اختلاس، خندق، پیوند زدن، بهم پیوستن، جفت‌کردن، پیوند، از راه نادرستی تحصیل کردن.

graft.age, n. پیوند، پیوند زنی.

graft.er, *n.* پیوند زن، مختلس.
grail, *n.*
جام، دوری، جام شراب، هدف نهائی.
grain *[grein]* **(-ed, -ing)** *n., vt. & vi.* دانه، جو، حبه، حبوبات، دان، تفالهٔ حبوبات، یك گندم [مقیاس وزن] معادل ۰/۰۶۴۸ گرم، خرده، ذره، رنگ، رگه، [مج.] مشرب، خوی، حالت، بازو، شاخه، چنگال، دانه‌دانه کردن، جوانه زدن، دانـه زدن، تراشیدن، پشم کندن، [درسنگ] رگه، طبقه.
A g. of sugar. دانهٔ شکر.
With a g. of salt. شوخی، نیمه‌جدی.
grain field, *n.* کشتزار، گندمزار.
gral.la.to.ri.al, *adj.*
[ج.ش.] وابسته به دراز پایان.
gram, *n.* [گ.ش.] نخود، یکجوریاقلا.
gram, gramme *[grœm]* *n.*
گرم، یك هزارم کیلوگرم.
gra.mer.cy, *interj.*
سپاسگزارم ، تشکر.
gra.min.e.ous, *adj.*
علفی، علفدار، علف مانند، دارای غلات.
gram.mar *[grœmə]* *vi. & n.*
دستور زبان، علم دستور، صرف و نحو، کتاب دستور.
gram.mar.i.an, *n.*
متخصص دستور زبان.
grammar school, *n.*
مدرسهٔ ابتدائی.
gram.mat.i.cal *[grəmœtikəl]* *adj.*
دستوری، صرف ونحوی، مطابق قواعد دستور.
gramme *[grœm]* *n.* گرم.
Gram.o.phone *[grœməfoun]*, *n. & vi.* گرامافون، دستگاه حبس صدا.
gram.pus *[grœmpəs]* *n.*
[ج.ش.] گاو ماهی ، نوعی ماهی یونس بزرگ، نوعی انبر یا قندگیر.
gra.na.ry *[grœnəri]* *(pl.* **-ies),** *vt. & n.* انباردانه، انبار غله، جای غله‌خیز.
grand *[grœnd]* *adj.*
هزار دلار، بسیار عالی، باشکوه ، مجلل، والا، بزرگ، مهم، مشهور، معروف، باوقار، جدی.
gran.dam, gran.dame, *n.*
مادر بزرگ، ننه بزرگ، جده، پیرزن.
grand.aunt, *n.*
خالهٔ پدری، خالهٔ مادری، عمهٔ پدری، عمهٔ مادری.
grand.baby, *n.*
نوهٔ بچه، نوهٔ صغیر، نوهٔ نوزاد.
grand.child, *n.* نوه.
grand.daugh ter, *n.*
نوه، دختر دختر، دختر پسر.
grand duchess, *n.*
زوجه یا بیوهٔ دوك، دوشس بزرگ.
grand duchy, *n.*
دوك نشین، قلمرو دوك، قلمرو دوشس.
grand duke, *n.*
دوك بزرگ [یك درجه پائین‌تر از پادشاه].
gran.dee *[grœndi:]* *n.*
اصیل‌زاده، نجیب، [درجمع] بزرگان، اعیان.
gran.deur *[grœndjə, -djuə, -dδə]* *n.* بزرگی، عظمت، شکوه، شأن، ابهت، فرهی.
The g. of the Roman Empire. عظمت امپراطوری روم.
grand.fa.ther, *n.* پدر بزرگ.
Great g. پدر پدر بزرگ ، جداعلی.
grandfather clock, *n.*
ساعت پاندولی بلندی که روی زمین قرارمیگیرد.
gran.dil.o.quence, *n.*
قلنبه نویسی، گزاف گوئی، مبالغه، بلندپروازی.
gran.dil.o.quent, *adj.*
قلنبه‌نویس، گزاف گوی.
gran.di.ose *[grœndious]* *adj.& adv.* بزرگ‌نما، عالی‌نما، پرآب‌وتاب، بلند.
grand jury, *n.*
[حق.] هیئت منصفهٔ عالی.
grand larceny, *n.*
سرقت عظیم، سرقت اموال پرقیمت.
grand.ma, *n.* مادر بزرگ، ننه‌جان.
grand mal, *n.* [طب] صرع همراه با تشنج و غش، حملهٔ بزرگ صرع.
grand.moth.er, *n., vt. & vi.*
مادربزرگ، مثل مادر بزرگ رفتار کردن.
grand opera, *n.*
اپرای سنگین، اپرای عمیق.
grand.pa, *n.* پدر بزرگ.
grand.par.ent, *n.*
پدر بزرگ یا مادر بزرگ، جد یا جده.
grand piano, *n.*
پیانوی بـزرگ وافقی.
grand.sire, grand.sir, *n.*
پدر بزرگ، جد، پیرمرد.
grand.son, *n.* نوه، پسرپسر، پسردختر.
grand.stand, *vi. & n.*
جایگاه سرپوشیدهٔ تماشاچیان در میدان اسب‌دوانی یا ورزشگاهها، حضار، شنوندگان.
granduncle, *n.*
عمو یا دائی پدرومادر، عمو بزرگ، دائی بزرگ.
grange *[greindδ]* *n.*
خانهٔ ییلاقی یـا ساختمانهـای روستائی ، خانهٔ آبرومند رعیتی، کوشك، انبارغله.
gran.ite *[grœnit]* *n. & adj.*
سنگ‌خارا، گرانیت، سختی، استحکام.
gra.niv.o.rous, *adj.* دانه‌خوار، تخم‌خوار.
gran.ny, gran.nie *[grœni]* *(pl.* **-ies)** *n.*
مادر بزرگ، ننه‌جان، پیرزن یا پیرمرد.
grant *[gra:nt]* *n., vt. & vi.*
بخشش، عطا ، امتیاز ، اجازهٔ واگذاری رسمی، کمك‌هزینه تحصیلی، دادن، بخشیدن، اعطاکردن، تصدیق کردن، مسلم گرفتن، موافقت کردن.
grant.able, *adj.* قابل‌اهداء.
grant.ee, *n.*
صاحب امتیاز، گیرنده، انتقال‌گیرنده.
grant.er, grantor, *n.* اهداءکننده.
grant-in-aid *(pl.* **grants-in-aid)** *n.* اعانهٔ ملی، کمك هزینه.
gran.u.lar, *adj.*
دانه‌دانه، دارای دانه‌های ریز.
gran.u.lar.i.ty, *n.* دانه‌دانه بودن.
gran.u.late *[grœnjuleit]* **(- d, granulating)** *vt. & vi.*
دانه‌دانه کردن، دارای ذرات ریز کردن.
gran.u.la.tion, *n.*
دانه، برآمدگی، دانهٔ دور زخم، گوشت نوبالا‌آوری، دانه دانه سازی.
gran.ule *[grœnju:l]* *n.* دانهٔ ریز، جودانه، [گ.ش.] گرده، [داروسازی] دانه، حب و کپسولی که باقند وشکر پوشیده باشد.
grape *[greip]* *n.* [گ.ش.] انگور، مو.
grapefruit *[gréipfru:t]* *(pl.* **-s),** *n.* [گ.ش.] درخت توسرخ، میوهٔ توسرخ.
grapevine, *n.*
[گ.ش.] درخت انگور، تاك، مو، شایعه، شهرت.
graph *[grœf, gra:f]* *vt. & n.* نمـودار ، نمایش هندسی، نقشهٔ هندسی، گرافیك ، طـرح خطی ، هجای کلمه، اشکال مختلف یك حرف، با گرافیك وطرح خطی ثبت کردن، بانمودار نشان دادن.

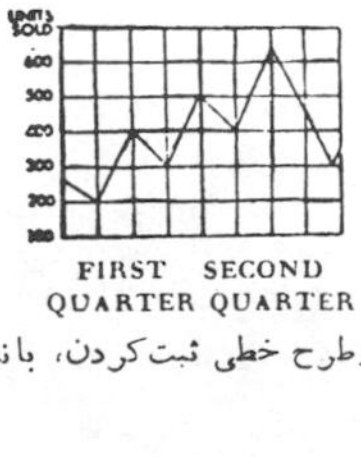

FIRST QUARTER SECOND QUARTER

graph.eme, *n.*
حرف، یکی از حروف الفباء، نویسه.
graph.ic *[grœfik]* *adj. & n.*
نوشته شده، کشیده شده ، وابسته به فن نوشتن، مربوط به‌نقاشی یا ترسیم، ترسیمی، واضح.
graph.ite *[grœfait]* *n. & vt.*
سرب سیاه، مغز مداد، گرافیت.
grapho-
پیشوند بمعنی «نوشته وثبت شده» و «نوشتن».
gra.phol.o.gist, *n.* خط شناس.
gra.phol.o.gy, *n.* خط شناسی.
graph paper, *n.* کاغذ شطرنجی.
grap.nel *[grœpnəl]* *n.* قـلاب ، چنگك ، چنگك یا قـلاب کشتی ، قلاب چند شاخه‌ای، لنگر.

GRAPNEL

grap.ple *[grœpl]* **(- d, grappling)** *n., vt. & vi.*
چنگك، قلاب، گلاویزی، دست بگریبانی ، دست بگریبان شدن، گلاویز شدن.
grapy, *adj.* انگوری، شبیه انگور.
grasp *[gra:sp]* **(- ed, - ing)** *n.*
فراچنگ کـردن، بچنگ‌آوردن، گیرآوردن، فهمیدن، چنگ‌زدن، قاپیدن، اخذ، چنگ‌زنی، فهم.
grass *[gra:s]* **(- ed, - ing)** *n., vt. & vi.*
علف، سبزه، چمن، ماری‌جوانا، باعلف پوشاندن، چمن‌زار کردن، چراندن، چریدن، علف‌خوردن.
grass.hop.per *[grá:shɔpə]* *n.*
[ج.ش.] ملخ، آتش‌بازی کوچك.
grassland, *n.* چمنزار.
grasslike, *adj.* علف مانند.
grassplot, *n.* قطعه زمین علفزار.
grass roots, *n.*
کف‌زمین، اجتماع محلی، منشاء، اساس.
grassy, *adj.* پوشیده‌ازچمن، علف‌مانند.
grate *[greit]* **(-d, grating)** *n., vt. & vi.* بخاری پنجره‌ای، بخاری توديواری، شبکه، پنجره، میله‌های آهنی، [م.م.] قفس آهنی، زندان، صدای تصادم [نیزه وشمشیر]، حبس کردن، باشبکه‌مجهز کردن، شبکه‌دار کردن، دارای نرده و پنجرهٔ آهنی کردن ، رنده‌کردن، [بهم] سائیدن ، [مج.] آزردن ، صـدای خشن درآوردن، بزور ستاندن.
grate.ful *[gréitful]* *adj.*
سپاسگزار، ممنون، متشکر، حق‌شناس.
I am g. to him. از او سپاسگزارم.
grat.er, *n.* شبکهٔ آهنی، پنجرهٔ آهنی.
grat.i.cule, *n. & vt.*
شطرنجی کردن، چهارخانه کردن، شطرنجی.
grat.i.fi.ca.tion *[grœtifikeiʃən]* *n.* خشنودی، لذت، سربلندی.
grat.i.fy *[grœtifai]* **(- ied, gratifying)** *vt.* لذت خشنود وراضی کردن، لذت دادن [به]، مفتخر کردن، جبران کردن .
grat.ing *[gréitiŋ]* *n. & adj.*
چارچوب آهنی، شبکه، پنجره ، تیز ودلخراش، گوشت ریز، ساینده.
gratis *[gréitis]* *adj. & n.*
رایگان، مفت، مجاناً، مجانی، آزاد.
grat.i.tude *[grœtitju:d]* *n.*
نمك شناسی، قدردانی، سپاسگزاری.
gra.tu.i.tous *[grətjú:itəs]* *adj.*
رایگان، مفت، بیخود، بلاعوض.
gra.tu.ity *[grətjú:iti]* *(pl.* **-ies),** *n.* پاداش، انعام، التفات، سپاسگزاری، رایگانی.
grat.u.lant, *n.*
خوش، بشاش، تهنیت‌آمیز، تبریك‌آمیز.
grat.u.la.tion, *n.* تبریك گوئی.
gra.va.men *(pl.* **- s, gravamina)** *n.* اصل شکایت، اصل غصه، مایهٔ غم، [مج.] شکایت رسمی، شکوائیه ، غصه وغم.
grave *[greiv]* **(- r, - st) (- d, grav.en, grav.ing)** *n., adj., adv., vt. & vi.* قبر، گودال، سخت، خطرناك، بزرگ، مهم، موقر، سنگین، نقش‌کردن، تراشیدن، حفرکردن، قبرکندن، دفن‌کردن.
graveclothes, *n.* کفن، خلعت.
gravedigger, *n.* قبرکن.
grav.el *[grœv(ə)l]* **(- ed, - led, - ing, - ling)** *n., vt. & vi.*
شن، ریگ، ماسه، سنگ مثانه، سنگریزه، شنی، شن‌دار، متوقف کردن، درشن‌دفن کردن، شن‌پاشیدن.
gravel-blind, *adj.*
تقریباً کور، دارای چشم تار، دارای دیدکم.
graver, *n.* قلمزن، حکاك.
gravestone, *n.*
سنگ گور، سنگ قبر، لوحهٔ قبر.
graveyard = cemetery, *n.* قبرستان.
gra.vid.i.ty, *n.* آبستنی.
gra.vim.e.try, *n.*
اندازه‌گیری وزن یا غلظت.
grav.i.tate *[grœviteit]* **(- d, gravitating)** *vt. & vi.*
سنگین‌کردن ، بوسیلهٔ قوهٔ جاذبه حرکت‌کردن، [مج.] بطرف جاذبه یا مرکز نفوذ متمایل شدن، متمایل شدن بطرف، گرویدن.
grav.i.ta.tion *[grœvitéiʃən]* *n.*
گرایش، کشش، جاذبه، قوهٔ جاذبه، تمایل.
grav.i.ty *[grœviti]* *(pl.* **- ies)** *n.*
سنگینی، ثقل، جاذبهٔ زمین، درجهٔ کشش، وقار، اهمیت، شدت، جدیت، دشواری وضع.
gra.vure, *n.* گراور، شکل، حکاکی.
gra.vy *[gréivi]* *(pl.* **- ies)** *n.*
آبگوشت، شیرهٔ گوشت، استفادهٔ نامشروع.
gravy train, *n.*
منبع درآمدبدون زحمت. منبع‌درآمدنامشروع.
gray = grey *[grei]* **(-er, - est), (- ed, - ing)** *adj., n., vt. & vi.*
خاکستری، کبود، سفید [درمورد موی‌سروغیره]، سفیدشونده، روبه سفیدی رونده، [مج.] باستانی، کهنه، پیر، ناامید، بدبخت، بیرنگ.
graybeard, *n.*
ریش سفید، [گ.ش.] شقایق پیچ.
gray.headed, *adj.* موخاکستری، پیر.
gray.ish, *adj.* متمایل به خاکستری.
gray matter, *n.*
مادهٔ خاکستری بافت عصبی، مغز.
graze *[greiz]* **(-d, grazing)** *n., vt. & vi.* چراندن، تغذیه‌کردن از. چریدن، خراش، خراشیدن، گله چراندن.
gra.zier, *n.* گاوچران، گله چران.
grease *[gri:s]* **(- d, greasing), vt. & vi.**
گریس، روغن‌اتومبیل، روغن، چربی، مداهنه، چاپلوسی، روغن‌زدن، چرب کردن، رشوه دادن.
Grease the hand or grease the palm = bribe.
رشوه دادن، خرکریم را نعل‌کردن.
greasy *[grí:zi, grí:si]* **(- ier, -iest)** *adj.*
روغنی، چرب، روغن‌دار، [مج.] چاپلوسانه.
great *[greit]* **(- er, - est) n.& adj.** بزرگ، عظیم، کبیر، مهم، زیاد، تنومند، متعدد، ماهر، بصیر، آبستن، طولانی.
greatcoat *[gréitkout]* *n.* پالتو.
Great Dane, *n.* [ج.ش.] نوعی سگ بزرگ وقوی‌که دارای پوست نرمی است.
great.en **(- ed, - ing)** *vt. & vi.*
بزرگ شدن، درشت نشان دادن، اهمیت دادن.

great-hearted=courageous, magnanimous, *adj.* قویدل ، باجرأت.

Great Bear, *n.* [نج.] دب اکبر.

great seal, *n.* مهر سلطنتی.

greave, *n.* ساق‌پوش، زرهٔ ساق، ساق‌بند.

grebe (*pl.* **- s**) *n.* [ج.ش.] اسفرود بی‌دم، مرغابی شانه بسر، رنگ سربی.

Gre.cian [*grí:ʃn*]=**Greek,** *adj.* یونانی.

Greco -, Graeco - پیشوند بمعنی «یونان» و «یونانی».

Greece [*gri:s*] *n.* کشور یونان.

greed [*gri:d*] *n., vi. & vt.* آز، حرص، طمع، حریص‌بودن، طمع‌ورزیدن.

greedy [*grí:di*] (**- ier, -iest**), *adj.* آزمند،حریص، طماع،دندان‌گرد،پرخور.

Greek [*gri:k*] *n. & adj.* یونانی.

Greek Catholic, *n.* عضو کلیسای شرقی، عضو کلیسای کاتولیك رومی.

Greek cross, *n.* صلیب یا چلیپای یونانی بدین شکل †.

Greek Orthodox=Eastern Orthodox کلیسای ارتدکس یونانی.

green [*gri:n*] (**- ed, - ing**), *adj. & n.* سبز، خرم، تازه، تروتازه، کال، نارس،بی‌تجربه، رنگ‌سبز، [درجمع] سبزیجات، سبزشدن، سبز کردن، سبزه، چمن، معتدل.

green.ish, *adj.* متمایل به سبز.

green.back [*grí:nbœk*] *n.* پشت سبز، اسکناس، قورباغه.

green bean, *n.* [گ.ش.]لوبیای‌سبز.

greenbelt, *n.* کمربندی ازکشتزارها ویا خیابانهای مشجر که یك جامعه را از جامعهٔ دیگری جدا میسازد.

green.ery [*grí:nəri*] (*pl.* **-ies**), *n.* سبزی، سبزه، گیاهان سبز، گلخانه.

green-eyed=jealous, *adj.*.حسود.

greenfinch, *n.* [ج.ش.] سبزه‌قبا، سهرهٔ اروپائی، گنجشگ تکزاسی.

greengage [*grì:ngéidδ*] *n.* [گ.ش.] گوجه.

greengrocer [*grí:ngròusə*] *n.* سبزی فروش، میوه فروش.

green.grocery, *n.* سبزی فروشی.

greenhorn [*grí:nhɔ:n*] *n.* نوچه، آدم تازه‌کار، مبتدی، آدم خام یا ناشی.

greenhouse [*grí:nhaus*] *n.* گرمخانه، گلخانه.

green.light, *n.* اجازهٔ حرکت و اقدام، [در رانندگی] چراغ سبز.

green onion, *n.* [گ.ش.] پیازچه.

greenroom [*grí:nrum*] *n.* [درتماشاخانه] اطاق‌انتظاریاخلوتگاه‌بازیگران، شایعات رایج بین هنرپیشگان.

greensick, *adj.* [طب] مبتلا بـه بیماری کم خونی زنان جوان، مبتلا به یرقان سفید، مبتلا به یرقان ابیض.

green.sward [*grínswɔ:d*] *n.*.چمن.

green thumb, *n.* استعداد وقدرت فوق‌العاده درپروراندن گیاهان.

green vegetable, *n.* سبزی خـوراکی.

Greenwich time, *n.* ساعت یا زمان گرینویچ.

green.wood [*grí:nwud*] *n.* جنگل سبز، درخت راج کوهستانی.

greet, *n., vt. & vi.* سلام، درود، برخورد، تلاقی، درودگفتن، تبریك‌گفتن.

greet [*gri:t*] (**grat, grut.ten**), (**- ed, - ing**)=**weep, lament,** *vt. & vi.* گریه، داد، فریاد، تأسف، تأثر.

greet.ing [*grí:tiŋ*] *n.* احترام، درود، سلام، سلام‌کننده، احترام‌کننده، تبریك، [درجمع] تبریکات، درود، تهنیت.

gre.gar.i.ous [*grigɛ'əriəs*] *adj.* گروه‌دوست، جمعیت دوست، گروه‌جو ، گروهی، اجتماعی، دسته‌ای،گله‌ای، [گ.ش.]خوشه‌خوشه.

Gre.go.ri.an [*grigɔ:riən*] *adj.&n.* وابسته به گریگوری (Gregory)، وابسته به کلیسای گریگوریان ارمنستان.

Gregorian calendar, *n.* تقویم یا گاهنامهٔ گریگوری، تقویم مسیحی.

grem.lin, *n.* موجود وهمی [مثل جن و پری].

gre.nade [*grinéid*] *n.* نارنجك.

gren.a.dier [*grènədíə*] *n.* [گ.ش.] انار، درخت انار، نارنجك انداز.

gren.a.dine, *n.* [گ.ش.] گل میخك، میخك صدپر، مرغ دلمه کرده، شربت انار.

gres.so.ri.al, *adj.* [ج.ش.] مناسب برای‌راه‌رفتن،وابسته‌به حشرات‌دونده،راه‌رونده.

grew [*gru:*] زمان ماضی فعل grow.

grey [*grei*]=**gray,** *adj.*.خاکستری.

grey-hound [*gréihaund*] *n.* تازی ، سگ تازی.

GREYHOUND (28 in. high at shoulder)

grid [*grid*] *n. & vt.* سیخ، سیخ‌شبکه‌ای، رشته‌های درهم‌وبرهم‌راه‌آهن و مـانند آن ، دریچهٔ سوراخ سوراخ ، سیخ‌دار کردن ، بارشته‌ها و میله‌های درهم وبرهم مجهز کردن، کباب کردن.

grid.dle [*grídl*] *n.* فر کلوچه پزی، کلوچه پز، ماهی‌تابه، غربال سیمی‌کارگران.

grid.iron [*grídaiən*] (**-ed, -ing**), *n.* آهن مشبکی که‌روی آن گوشت کباب میکنند، خطوط یا میله‌های فلزی مشبك، زمین فوتبال.

grief [*gri:f*] *n.* غم، اندوه، غصه، حزن، رنجش.

griev.ance, *n.* شکایت.

grieve [*gri:v*] (**- d, grieving**), *vi. & vt.* غمگین کردن، غصه‌دار کردن، محزون کردن، اذیت کردن.

griev.ous, *adj.* شدید، تالم‌آور.

grif.fin, grif-fon [*grífin, - fən*] *n.* [افسانه] شیردال، جانوری که نیم‌بدنش‌شیر ونیم‌بدنش دال بوده.

GRIFFIN

grift, *n. & vt.* گوش‌بری کردن.

grift.er, *n.* فروشنده‌ای که بهمراه سیرك میرود، دزد، جیب‌بر.

grig (**- ged, - ging**) *n., vt.&vi.* [ج.ش.] مارماهی کوچك، زنجره، ملخ ، مخلوق کوچك، مرغ پاکوتاه ، شخص مسرور وبانشاط، آزار رساندن، ناامیدکردن .

grill [*gril*] (**- ed, - ing**) *n., vi. & vt.* سیخ شبکه‌ای، گوشت کباب کن، روی سیخ یـا انبر کباب کردن، بـریـان کردن، عذاب دادن، پختن، بریان شدن.

GRILL

grille, grill [*gril*] *n.* پنجرهٔ مشبك ، شبکه، پنجرهٔ کوچك بلیط‌فروشها (در سینما وغیره).

GRILLE

grim [*grim*] (**- mer, -mest**), *adj.* ترسناك، شوم، عبوس، سخت، ظالم.

gri.mace [*griméis*] *n.* اداواصول، شکلك، دهن‌کجی، نگاه‌ریائی، تظاهر.

gri.mal.kin, *n.* گربه، گربه‌ماده، پیرزن.

grime [*graim*] (**- d, griming**), *n., vi. & vt.* دوده، چرك، سیاه کردن، چرك کردن.

grimy, *adj.* کثیف، سیاه.

grin [*grin*] (**- ned, - ning**) *vt. & vi* نیش‌واکردن، پوزخند زدن،دام، تله، دام‌افکنی،خندهٔ نیشی، پوزخند، دندان نمائی.

grind [*graind*] (**ground, - ed, - ing**) *n., vi. & vt.* عمل خردکردن یا آسیاب‌کردن ، سایش ، کار یکنواخت،آسیاب‌کردن، خرد کردن،تیز کردن، سائیدن،اذیت کردن، آسیاب‌شدن،سخت کار کردن.

grind.er [*gráində*] *n.* دندان آسیاب، سنگ روئی آسیاب، تیزکن،لله.

grind.stone [*gráin(d)stoun*] *n.* سنگ‌آسیاب، سنگ‌سمباده، سنگ چاقوتیزکنی.

grin.go (*pl.* **- s**) *n.* [میان‌آمریکائیهای اسپانیولی] خارجی، بیگانه، خصوصاً انگلیسی یا آمریکائی.

grip [*grip*] (**- ped, - ping**) *n., vi. & vt.* چنگ‌زنی، چنگ، نیروی‌گرفتن، ادراك ودریافت، آنفلوانزا، گریپ، نهر کوچك، نهر کندن، محکم‌گرفتن، چسبیدن به.

gripe [*graip*] (**- d, griping**) *n., vt. & vi.* شکایت، شکوه کردن، نق‌نق‌زدن، محکم‌گرفتن، بامشت‌گرفتن، آزردن، فهمیدن، گیر، گرفتن، چنگ، تسلط، مهارت، درد سخت، تشنج موضعی، قولنج.

grip.er, *n.* نق‌نقی، کسیکه مرتب شکایت میکند.

grippe, grip [*grip*] *n.* [طب]نزله وبائی‌نای، زکام همه‌جاگیر، گریپ، آنفلوانزا.

grip.sack=traveling bag, *n.* خورجین.

gris.e.ous, *adj.* [گ.ش. - ج.ش.] خاکستری مایل به‌آبی، فلفل نمکی.

gris.ly, *adj.* مهیب،وحشتناك.

grist [*grist*] (**- ed, - ing**) *vt.&n.* عمل آسیاب‌کردن، گندم آسیابی، جو آسیابی، آردکردن جو خیسانده، سود، قسمت.

gris.tle [*grísl*]=**cartilage,** *n.* غضروف، نرمهٔ استخوان.

gris.tli.ness, *n.* شباهت به نرمهٔ استخوان، حالت غضروفی.

grit [*grit*] (**- ted, - ting**) *n., vt. & vi.* سنگریزه، شن، ریگ، خاك، ماسهٔ سنگ، ثبات ، استحکام ، نخاله ، سائیدن ، آسیاب‌کردن، آزردن.

To g. the teeth. دندان قرچه‌کردن.

grith, *n.* آسایش،امان، پناه، ترحم، شفقت، تحصن،بست.

grit.ti.ness, *n.* ریگ‌داری، شن‌داری، حالت شنی، جرأت، ثبات قدم.

grit.ty [*gríti*] (**-ier, - iest**) *adj.* ریگ‌دار، شن‌دار، ریگ مانند، باجرأت.

griz.zle (**- d, grizzling**) *n., adj., vt. & vi.* خاکستری، قزل، سرخ تیره، مـوی سفید، خـرس خـاکستری‌آمریکا، نیشخند ردن، نالیدن، خاکستری‌کردن.

grizzly bear, *n.* [ج.ش.] خرس خاکستری.

groan [*groun*] (**- ed, - ing**), *n., vt. & vi.* ناله، فریاد، گله، شکایت، ناله‌کردن.

groat, *n.* سکهٔ نقرهٔ چهار پنسی، ذره، خرده، بلغور جو یا گندم یا جو پوست‌کنده.

gro cer [*gróusə*] *n.* عطار ، بقال، خوار بار فروش.

gro.cery [*gróusəri*] (*pl.* **- ies**) *n.* بقالی، عطاری، خواربار فروشی،خواربار.

grog [*grɔg*] (**- ed, - ing**) *n., vt. & vi.* عرق آبدار [مسلوط با آب]، دسته‌ای از مردم که برای خوردن عرق گردهم نشینند، عرق خوردن.

grog.gy [*grɔ́gi*] (**- ier, -iest**), *adj.* مست، تلوتلو خورنده، سست.

groin [*grɔin*] (**- ed, - ing**) *n., vt. & vi.* کشالهٔ ران، بیخ‌ران، [درمعماری] محل تلاقی دو طاق، دو طاقه‌کردن ، مثل خوك فریادکردن، غرولندکردن.

groom [*gru:m*] (**- ed, - ing**) *n., vt. & vi.* مرد، مهتر، داماد، تیمارکردن، آراستن، زیباکردن، داماد شدن.

grooms.man (*pl.* **- men**) *n.* ساقدوش داماد ، ساقدوش، مهتر.

groove [*gru:v*[(**-d, grooving**), *n. & vt.* شیار، خیاره، خط، گودی، جدول، کانال، [نظ.] خان تفنگ ، [مج.] کار جـاری و یکنواخت ، عادت زندگی، خط انداختن، شیاردارکردن.

grope [*group*] (**- d, groping**), *n., vt. & vi.* کورمالی، دست‌مالی،کورمالی کردن، درتاریکی پی چیزی‌گشتن، آزمودن.

To g. one's way. راه خود را باکورمال‌کردن رفتن.

gross [*grous*] (**- ed, - ing**) *vt., n. & adj.* درشت، بزرگ، ستبر، عمده، ناخالص، زمخت، درشت بافت، زشت، شرم‌آور، ضخیم ، بی‌تربیت ، وحشی ، توده ، انبوه، وزن سرجمع چیزی [بـا ظرف و غیره درمقابل net یعنی وزن خالص]، جمع‌کل،بزرگ‌کردن، جمع کردن ، زمخت‌کردن، کلفت‌کردن، بصورت سود ناویژه بدست آوردن.

G. national product (G.N.P.) درآمد ناویژهٔ ملی.

gro.tesque [*groutésk*] *adj. & n.* غریب وعجیب، بی‌تناسب ، مضحك ، تناقض‌دار.

gro.tes.que.rie (*pl.* **- s**) *n.* چیز عجیب وغریب، چیز بی‌تناسب، غریبی.

grot.to [*grɔ́tou*] (*pl.* **- es, -s**), *n.* غار.

grouch [*grautʃ*] *n.* بدخلقی، لجاجت، لج، آدم ناراحت.

grouchy, *adj.* بدخلق.

ground [*graund*] (**- ed, -ing**), *adj., n., vt. & vi.* زمین، خاك، میدان، زمینه، کف دریا، اساس، پایه، بناکردن، بـرپا کردن، بگل نشاندن، اصول نخستین‌را یاددادن [به]، فرودآمدن، بزمین نشستن، اساسی.

To gain ground. پیشرفت‌کردن.

ground (*past of* **grind**) زمان ماضی فعل grind.

ground.er, *n.* کارگذار، پایه‌گذار ، مؤسس، ضربتی‌که کسی یا چیزی را بزمین می‌اندازد.

ground floor, *n.* طبقهٔ هم‌کف ساختمان.

Groundhog Day, *n.* روز دوم فوریه‌که بعقیدهٔ عوام اگرآفتابی باشد نشانهٔ آنست‌که از زمستان شش هفته مانده است واگر ابری باشد نشانهٔ اوائل بهار است.

ground.less, *adj.* بی‌اساس.
ground.ling, *n.*
گیاه زمینی، ماهی ته‌دریا، خواننده یا تماشاچی بی‌ذوق، عامی، شخص فرومایه و پست.
ground.nut, *n.* [گ.ش.] بادام‌زمینی.
ground plan, *n.* نقشه‌ای که هم‌تراز زمین باشد، طرح عمومی، شالوده، طرح اساسی.
ground rule, *n.*
دستورالعمل، وظیفهٔ اساسی، قاعده وطرز عمل.
ground.sel, *n.*
اساس، پایه، [گ.ش.] شیخ‌الربیع، تیرپایه.
groundwork=foundation, basis, *n.* زمینه، اساس، پایه.
group [*gru:p*] (- **ed,** - **ing**), *n., vt. & vi.* دسته،گروه، انجمن،جمعیت، گروه‌بندی کردن، دسته‌دسته کردن، جمع شدن.
A g. of soldiers. دسته‌ای سرباز.
group dynamics, *n.*
مطالعهٔ عوامل‌ونیروهای مؤثردریک‌گروه‌بشری.
grouping, *n.*
دسته‌بندی، دسته، گروه سازی.
grouse [*graus*] (*pl.* **grouse**) *n.*
[ج.ش.] باقرقره، نوعی رنگ قهوه‌ای.
grouse=complain,rumble, *vt.*
grout (- **ed,** - **ing**) *n. & vt.*
آرد خشن، ملاط رقیق، دوغاب، تفاله،[درجمع] بلغور ، قطعات کوچك ونامنظم سنگ ، دوغاب [بین آجرها] ریختن.
grove [*grouv*] *n.* درختستان، بیشه.
grov.el [*grɔ́vl*] (- **ed,** - **led,** - **ing,** - **ling**) *vi.* دمرخوابیدن،سینه‌مال رفتن، پست شدن، پست بودن، خزیدن.
grov.el.er, grov.el.ler, *n.*
خزنده، پست.
grow (*grou*) (**grew, grown, growing**) *vt. & vi.*
روئیدن، رشدکردن، سبزشدن، بزرگ‌شدن،زیاد شدن،ترقی‌کردن، شدن،گشتن،رویانیدن، کاشتن.
It grew dark. کم‌کم تاریك شد.
A grown-up son. پسر رشید وبالغ.
growing pains, *n.*
آلام رشدی، مشکلات، فشار.
growl [*graul*] (- **ed,** - **ing**) *n., vt. & vi.* غرغرکردن، خرناس‌کشیدن، صدائی‌که از نای سگ خشمگین برمی‌آید.
growl.er, *n.* غرغرکننده.
grown [*groun*] *adj.*
روئیده، رشدکرده، رسیده، جوانه‌زده، سبزشده.
grown-up=adult, *n.* بالغ ورشید.
growth [*grouθ*] *n.* رشد، نمو، رویش، افزایش، ترقی، پیشرفت، گوشت‌زیادی، تومور، چیز زائد، نتیجه، اثر، حاصل.
growth factor, *n.*
عامل رشد [مانند ویتامین].
grub [*grʌb*] (- **bed,** - **bing**) *n., vt. & vi.* کرم حشره، نوزاد، بچهٔ مگس، زحمتکش، [ز.ع.] خوراك ، خواربار، کوتوله ، مزدور، نویسندهٔ مزدور ، زمین‌کندن ، جستجو کردن، جان‌کندن، از ریشه‌کندن یا درآوردن، قلع کـردن ، [مج.] از کتاب استخراج کردن، خوردن، غذا دادن.
grub.by [*grʌ́bi*] (- **ier,** -**iest**), *adj.* کرم خورده، کرمو، کثیف، شلخته.
grudge [*grʌdʒ*] (- **d, grudging**) *vt.* بی‌میلی، اکراه،بیزاری، لج،کینه، غرض، غبطه، بخل‌ورزیدن، لجاجت کردن، غبطه خوردن‌بر، رشك ورزیدن به، غرغر کردن.
He has a g. against me.
بامن کینه وغرض دارد.
gru.el [*grú:əl, grú:il*] (- **ed,** - **led,** - **ing,** - **ling**) *n. & vt.*
اماج ، فرنی ، حریره ، تنبیه ، فرسوده‌کردن، عاجزکردن، ناتوان کردن.
gru.el.ing, gru.el.ling [*grú:iliŋ*] *adj.* خسته‌کننده،فرساینده،تنبیه کننده.
grue.some [*grú:səm*] *adj.*
مخوف، مهیب، وحشت‌آور، نفرت‌انگیز.
gruff [*grʌf*] (- **er,** - **est**) *adj.*
خشن، دارای ساختمان خشن و زمخت، درشت، ناهنجار، بدخلق، ترشرو، گرفته.
grum (- **mer,** - **mest**)=**morose, glum,** *adj.* غمگین، اخمو.
grum.ble [*grʌ́mbl*] (-**d, grumbling**) *n., vt. & vi.* ژکیدن،لندلنده، غرغر کردن، گله کردن، ناله، گله.
He still grumbles. هنوزغرولندمیکند.
grump, *n. & vi.*
قهر، رنجیدگی، ترشروئی کردن.
grumpy, *adj.* بدخلق، ترشرو.
grunt [*grʌnt*] (- **ed,** - **ing**) *n., vi. & vt.*
صدای خرخر خوك، خرخر کردن، نالیدن.
gryphon=griffin, *n.*
G suit, *n.* لباس مخصوص هوانوردی.
gua.no [*gwá:nou*] (*pl.* - **s**) *n.*
چلغوز، کود چلغوزی.
guar.an.tee [*gœrəntí:*] (- **d, guaranteeing**) (*pl.* - **s**) *n. & vt.*
ضمانت، تعهد، ضامن ، وثیقه ، سپرده ، ضمانت کردن، تعهدکردن، عهده‌دار شدن.
guar.an.tor [*gœ̀rəntɔ́:*] *n.*
ضامن، ضمانت‌کننده، کفیل، متعهد.
guar.an.ty [*gœ́rənti*] (*pl.* -**ies**), *n. & vt.* ضمانت، تضمین، وثیقه.
guard [*ga:d*] (- **ed,** - **ing**) *n., vt. & vi.* نگهبان، پاسدار، پاسبان، مستحفظ، گارد، احتیاط، نردهٔ روی عرشهٔ‌کشتی، نردهٔ حفاظی، پناه، حائل، حالت آماده‌باش در شمشیر بازی ومشت‌زنی وامثال‌آن، نگاه‌داشتن، محافظت‌کردن، نگهبانی کردن، پاییدن.
He is on his g. او مواظب خودش‌است.
guard.house, *n.* پاسدارخانه.
guard.i.an [*gá:diən*] *n.*
نگهبان، ولی (اولیاء)، [حق.] قیم.
guard.i.an.ship [*gá:diənʃip*] *n.*
نگهداری، قیمومیت.
guardroom, *n.* اطاق‌کشیك.
guards.man (*pl.* - **men**) *n.*
پاسدار، نگهبان، سرباز هنگ نگهبان.
gu.ber.na.to.ri.al [*gjù:bənətɔ́:riəl*] *adj.*
مربوط به حکمران، وابسته به فرماندار.
guck, *n.* کثافت، چرك.
gud.geon [*gʌ́dʒən*] *n.*
[ك.] سرمحور، قطب آسه، میلهٔ اهرمی،[ج.ش.] ماهی ریـز قنات ، [مج.] آدم زودباور ، وسیلهٔ تطمیع، اغوا.
guer.don [*gə́:d(ə)n*]=**reward, recompense,** *n.* جایزه، پاداش.
guern.sey [*gə́:nzi*] *n.*
لباس بافتهٔ پشمی، بلوز پشمی کشباف.
guer.ril.la, gue.ril.la [*gərílə*], *n.* پارتیزان، جنگجوی غیر نظامی.
guess [*gəs*] (- **ed,** - **ing**) *n., vt. & vi.* حدس،گمان، ظن، تخمین، فرض، حدس زدن، تخمین زدن.
guess.ti.mate, *vt.* حدس زدن، (بدون داشتن اطلاعات کافی) تخمین زدن.
guess.work, *n.* کار حدسی.
guest [*gest*] (- **ed,** - **ing**) *n., vt. & vi.* مهمان، [ج.ش.] انگل، خارجی، مهمان‌کردن، مسکن‌گزیدن.
guf.faw [*gʌfɔ́:*] (- **ed,** - **ing**), *n. & vt.* قاه‌قاه، قاه‌قاه خندیدن.
A hearty g. قاه‌قاه جانانه.
guid.able, *adj.* قابل‌راهنمائی، مستعد.
guid.ance [*gáidəns*] *n.*
راهنمائی، هدایت، راهنما، رهبر.
guide [*gaid*] (- **d, guiding**) *n., adj., vt. & vi.* راهنما، رهبر، هادی، کتاب راهنما، راهنمائی‌کردن، تعلیم دادن.
A g. for foreigners. راهنمای‌بیگانگان.
guide.book, *n.*
کتاب راهنمای مسافران،کتاب راهنما.
guided missile, *n.*
موشك هدایت شونده.
gui.don, *n.* پرچم کوچك، پرچمدار.
guild [*gild*] *n.*
رسته،صنف،انجمن،اتحادیه،محل اجتماع‌اصناف.
guild.hall, *n.*
عمارت شهرداری، محل اجتماع اصناف.
guile [*gail*] *n.* حیله، مکر، دستان و تزویر، تلبیس، روباه‌صفتی، خیانت، دوروئی.
guile.ful, *adj.* حیله‌گر، مزور.
guile.less, *adj.* بی‌تزویر.
guil.lotine [*gìlətí:n, gílətì:n*] (- **d, guillotining**) *n., vt. & vi.*
گیوتین ، ماشین گردن زنی ، کاغذبر، با گیوتین اعدام کردن.
guilt [*gilt*] *n.* تقصیر، بزه، گناه، جرم.
guilt.less [*gíltlis*] *adj.* بی‌گناه.
guilty [*gílti*] (- **ier,** - **iest**) *adj.*
گناهکار، مقصر، بزهکار، مجرم، محکوم.
Guin.ea [*gíni*] *adj. & n.*
کشورگینه درآفریقا، [انگلیس] ۲۱ شیلینگ .
guinea fowl, *n.* [ج.ش.] مرغ شاخدار (Numida meleagris).
guinea hen, *n.*
بوقلمون ماده، مرغ شاخدار [نر.]
guinea pig [*gínipig*] *n.*
[ج.ش.]خوکچهٔ‌هندی، انسان یاحیوانی که روی آن آزمایش بعمل می‌آید، آلت دست.
GUINEA PIG (7 in. long)
guise [*gaiz*] *n.*
ظاهر، ماسك، تغییر قیافه، لباس مبدل.
gui.tar [*gitá:*] (- **ed,** - **ing**) *n., vi. & vt.*
[مو.] عود شش سیمه، گیتار ، گیتار زدن.
gu.lar, *adj.* گلوئی، وابسته‌بمری،نائی.
gulch [*gʌl(t)ʃ*] *n.*
درهٔ گود وباریك، آبکند.
gules (*pl.* **gules**) *n.*
قرمز، سرخ، خطوط موازی عمودی.
gulf [*gʌlf*] (-**ed,** - **ing**) *n. & vt.*
خلیج ، گرداب، هرچیز بلعنده وفرو برنده ، جدائی،فاصله، دوری، مفارقت.
gull [*gʌl*] (*pl.* - **es**)(- **ed,** -**ing**), *n. & vt.*
[ج.ش.]یاعو، مرغ‌نوروزی،نوعی‌رنگ خاکستری کمرنگ ، [سابقاً] حریصانه خوردن ، بلعیدن ، حفر کـردن، آدم ساده‌لوح وزودباور ، گـول، گول زدن، مغبون‌کردن، گودکردن، حفرکردن.
gull.able, gull.ible, *adj.* گول‌خور.
gul.let [*gʌ́lit*] *n.*
نای،گلو، مری، آبگند، مجرا، کانال.
gull.ibil.i.ty, *n.*
ساده‌لوحی،گول‌خوری، فریب‌خوری،زودباوری.
gul.ly [*gʌ́li*] (- **ied, gullying**) (*pl.* - **ies**) *n. & vt.* آبکند، آبگند، کاریز، مجرا، راه آب ، زهکش ، درهٔ کوچك، کارد، کندن، دست‌کردن.
gulp [*gʌlp*] *n., vt. & vi.*
قورت، جرعه، لقمهٔ بـزرگ، بلع، قورت دادن، فرو بردن،صدای حاصله از عمل بلع.
gum [*gʌm*] (- **med,** - **ming**), *n., vt. & vi.* لثهٔ دندان، انگم، صمغ، چسب، قی چشم، درخت صمغ، وسیع‌کردن،بالثه جویـدن ، چسب زدن، چسبانـدن، گول زدن، صمغی شدن.
gum.bo, *adj. & n.*
آبگوشت بامیه، [گ.ش.]بامیه، نوعی خاك‌گلی.
gumboil, *n.* پیلهٔ دندان.
gumdrop, *n.* آب‌نبات.
gum.mif.er.ous, gum.mous, *adj.* صمغدار، صمغ مانند.
gum.my [*gʌ́mi*] *adj.* چسبنده،صمغی.
gump.tion [*gʌ́m(p)ʃən*] *n.*
ابتکار، عقل سلیم.
gun [*gʌn*] (- **ned,** - **ning**) *n., vi. & vt.* تفنگ، توپ، [ز.ع.-آمر.] ششلول، تلمبهٔ دستی، سرنگ آمپول زنی وامثال آن، تیراندازی‌کردن.
gun.boat [*gʌ́nbout*] *n.*
ناوکوچك توپدار.
guncot.ton [*gʌ́nkɔtn*] *n.*
باروت پنبه.
gundog, *n.*
سگ شکاری، سگی‌که به شکارچیان کمك میکند.
gunfight, *n.*
جنگ بـا تفنگ یـا تپانچه.
gunfighter, *n.*
کسیکه بااسلحهٔ گرم می‌جنگد.
gunfire, *n.* تیراندازی.
gunflint, *n.* سنگ چخماق تفنگ.
gunk, *n.* مادهٔ‌کثیف وچسبناك، مادهٔ‌چرب.
gunlock, *n.*
وسیلهٔ آتش‌رسانی [درتفنگ]، چخماق.
gun.man [*gʌ́nmœn*](*pl.* - **men**), *n.* تفنگدار، توپچی، تفنگساز، دزد مسلح.
gun.metal [*gʌ́nmètl*] *n.*
مفرغ، فلز مرکب از مس و قلع و روی.
gun.ner [*gʌ́nə*] *n.*
توپچی، شکارچی، تفنگساز.
gun.nery [*gʌ́nəri*] *n.*
توپخانه، تیراندازی، علم توپخانه.
gun.ny [*gʌ́ni*] (*pl.* - **ies**) *n.*
[فارسی است] گونی، کیسه گونی.
gun.ny.sack, *n.* کیسهٔ گونی.
gunpowder[*gʌ́npàudə*]*n.* باروت.
gun.room [*gʌ́nrum*] *n.*
مخزن مهمات‌کشتی، سفره خانهٔ افسران‌کشتی.
gun.run.ner, *n.*
قاچاقچی اسلحه ومهمات.
gun.shot [*gʌ́nʃɔt*] *n.*
تیراندازی، گلوله، تیر، زخم گلوله.
gun-shy, *adj.*
ترسنده از صدای تفنگ، ترسو، بی‌تجربه.
gunslinger=gunman, *n*
gun.wale, gun.nel [*gʌ́nl*] *n.*
لبهٔ بالائی دیوار کشتی.
gur.gle [*gə́:gl*] (- **d,gurgling**), *n., vt. & vi.* غرغره، شرشر، غرغره کردن، جوشیدن، شرشر کردن.
gur.kha, *n.* سربازاهل‌نپال (Nepal).
gu.ru, *n.* [هندی] معلم، معلم مذهبی.
gush [*gʌʃ*] (- **ed,** - **ing**) *n.,*

vt. & *vi.* ریزش، جریان، فوران، جوش، تراوش، روان شدن، جاری شدن، فواره زدن.
The water gushed out.
آب فواره زد.
gushy (**- ier, - iest**) *adj.*
احساساتـی.
gus.set [*gʌ'sit*] *n.*
مرغك، خشتك، بغل دم، پشت‌بند، عقربك.
gust [*gʌst*] *n.* & *vt.*
تندباد، باد ناگهانی، انفجار، فوت، خوشی، تفریح، تمایل، مزمزه، چشیدن.
Winds gusted to 40 miles per hour.
[illegible] ۴۰ [illegible] ساعت رسید.
gus.ta.ble, *adj.* & *n.* چشیدنی.
gus.ta.tion, *n.* چشیدن.
gus.ta.tive, gus.ta.tory, gus.tato.ri.al, *adj.*
چششی، خوشمزه، ذائقه‌ای.
gus.to [*gʌ'stou*] *n.*
ذوق، درك، احساس، مزه، طعم، لذت.
gut [*gʌt*] (**- ted, - ting**), *n.*, *vt.* & *vi.* روده، زه، تنگه، شکم، شکنبه، [درجمع]دل‌وروده، احشاء، پرخوری، شکم‌گندگی، طاقت، جرأت، بنیه، نیرو، روده درآوردن از، غارت‌کردن، حریصانه خوردن.
He has guts. او باجرأت است.
gutta-per.cha [*gʌ'təpə':tʃə*] *n.*
هیدروکربن‌صمغ‌گیاهی‌درختان مختلف، کائوچو.
gut.tate, *adj.*
[گ.ش. ـ ج.ش.] خالدار، خال‌خال.
gutter [*gʌ'tə*] (**- ed, - ing**) *n.*, *vi.* & *vt.* آب‌رو، فاضل‌آب، جوی، شیاردار کردن، آب‌رودار کردن، قطره قطره شدن.
gut.tle (**-d, guttling**) *vt.* & *vi.*
حریصانه چیزی خوردن، باحرص وولع خوردن.
gut.tur.al [*gʌ'tərəl*] *adj.* & *n.*
گلوئی، ناشی ازگلو، حرف گلوئی.
gut.tur.al.ize, *vt.*
ادای اصوات بصورت گلوئی.
guy [*gai*] (**- ed, - ing**) *vi.* & *n.*
شخص، مرد، یارو، فـرار، گریز، با طناب نگه داشتن، باتمثال نمایش‌دادن، استهزاء کردن، جیم شدن.
guz.zle [*gʌ'zl*] (**- d, guzzling**), *vt.* & *vi.* بلعیدن، حریصانه‌خوردن، سرکشیدن.
gym=gymnasium, *n.*
gym.khana, *n.*
(در هندوستان) ورزشگاه، باشگاه ورزشی.
gym.na.si.um [*dʒimnéiziəm*] (*pl.* **- s, gymnasia**) *n.*
ورزشگاه، زورخانه، دبیرستان.
gym.nast [*dʒímnæst*] *n.*
معلم زورخانه، قهرمان ژیمناستیك، ورزشکار.
gym.nas.tic [*dʒimnæ'stik*] *adj.*
ژیمناستیك.
gym.nos.o.phist, *n.*
فیلسوف برهنه [درهند].
gym.no.sperm, *n.*
[گ.ش.] گیاه بازدانه.
gynan.drous, *adj.*
[گ.ش.] مزدوج، نروماده، دوجنسی.
gy.noc.ra.cy, *n.*
حکومت زنان، حکومت نسوان.
gyne.col.o.gist, *n.* متخصص علم ناخوشی‌های زنانه، متخصص بیماریهای زنان.
gyne.col.o.gy, *n.*
دانش امـراض زنانه.
gy.noe.ci.um (*pl.* **gynoecia**) *n.*
مجموعهٔ آلت مادگی گل، مجموعهٔ مادگی.
gyp (**- ped, - ping**) *vt.* & *vi.*
حیله‌باز، متقلب، گول زدن.
gyp.se.ous, *adj.* گچی، گچ‌دار.
gyp.sif.er.ous, *adj.* گچ مانند.
gyp.sum, *n.* & *vt.* سنگ گچ.
gyp.sy [*dʒípsi*] (*pl.* **- ies**) *n.* & *vi.*
کولی، شبیه کولی.
gy.rate [*dʒàiəréit*] (**-d, gyrating**) *vi.* & *adj.*
دایره‌ای، حلقه‌ای، چرخ زدن، دوران داشتن.
gy.ra.tion, - al, *n.* & *adj.*
چرخش، گردش، چرخشی.
gy.ra.tor, *n.* چرخنده.
gyre (**- d, gyring**) *n.* & *vt.*
گردش دایره، حلقه، دور، چرخ زدن.
gy.ro.compass, *n.* [illegible] که همواره شمال حقیقی را نشان میدهد.
gy.ro.scope [*dʒáirəskoup*] *n.*
گردش بین، گردش‌نما، ژیروسکوپ.

GYROSCOPE

gy.rus (*pl.* **gy.ri**) *n.*
[تش.مغز] لبهٔ بهم چسبیدهٔ بین شیارهای مغز، برآمدگی چین خوردهٔ مغز، چین سینوسی مغز.
gyve [*dʒaiv*]=**fetter,** *n.*
غل وزنجیرپا، پابند.

H

انگلیسی English	خط میخی پارسی Old Persian Cuneiform	پهلوی اشکانی Parthian Pahlavi	پهلوی ساسانی Sassanian Pahlavi	پهلوی کتابی Book Pahlavi	اوستائی Avestan	فارسی Modern
H	[illegible]	[illegible]	[illegible]	[illegible]	[illegible]	ه

h [*eitʃ*] *n.*
هشتمین حـرف الفبای انگلیسی.
ha [*ha:*] *interj.*, *n.*, *vt.* & *vi.*
علامت تعجب، ها، آهان‌گفتن.
hab, *adj.* & *n.*
[درترکیبات قدیم] داشتن، دارائی.
hab.ble, hobble, *n.*, *vt.* & *vi.*
داد وبیداد، مشاجره، داد وبیدادکردن.
ha.be.as cor.pus, *n.* & *vt.*
حکم توقیف ازطرف‌دادگاه باذکر دلائل‌توقیف، حکم آزادی (متهمی‌کـه دلیلی برای اتهامش نیست) صادرکردن.
hab.er.dash.er, *n.*
فروشندهٔ لباس مردانه، خراز.
hab.er.dash.ery (*pl.* **- ies**) *n.*
خرازی فروشی، مغازه ملبوس مردانه.
hab.er.geon, *n.* جوشن بی‌آستین.
ha.bil.a.to.ry, *adj.* پوشاکی.
hab.ile, *adj.* مناسب، زرنگ، زبردست.
ha.bil.i.ment [*hæbíliməni*] *n.*
آرایش، لباس زیبا، جامه، استعداد فکری.
ha.bil.i.tate, hab.ile (**- d, habilitating**) *adj.*, *vt.* & *vi.*
لباس‌پوشیده، ملبس، شایستگی‌داشتن، مجهز کردن.
hab.it [*hæ'bit*] *n.*
عادت، خو، مشرب، ظاهر، جامه، لباس روحانیت، روش، طرز رشد، رابطه.
The silvery h. of the clouds.
جامهٔ نقره‌فام ابرها.
A man of good habits.
آدمی نیکوسرشت.
A bad h. عادتی زشت.
H. forming, adj. ایجادکنندهٔ اعتیاد.
habit (**- ed, - ing**) *vt.* & *vi.*
جامه‌پوشیدن، آراستن، معتاد کردن، زندگی کردن.
hab.it.abil.i.ty, *n.* قابلیت سکنی.
hab.it.able [*hæ'bitəbl*] *adj.*
قابل سکنی.
hab.it.ance, hab.it.ancy, *n.*
سکونت، سکنی، زندگی، جمعیت، سکنه.
ha.bi.tant, *adj.* & *vt.* ساکن.
hab.i.tat [*hæ'bitæt*] *n.*
محل سکونت، مسکن طبیعی، بوم، جای اصلی.
The h. of wolves. مسکن گرگها.
hab.i.ta.tion [*hæ'bitéiʃən*] *n.*
سکونت، اسکان، سکنی، مستعمره، مسکن، منزل.
ha.bit.u.al [*həbítjuəl*] *adj.*
معتاد، شخص دائم‌الخمر، عادی، همیشگی.
It is h. with me. عادت من است.
A h. drunkard. دائم‌الخمر.
ha.bit.u.ate [*həbítjueit*] (**- d, habituating**) *n.*
خو دادن، عادت دادن، سکونت کردن.
H. oneself to. خوگرفتن به.
ha.bit.u.a.tion, *n.* خوگیری.
hab.i.tude, *n.*
آداب، روش، شیوه، عادت[م.م.]، مرسوم، عادت‌روزانه.
hab.i.tus, *n.* وضعیت ساختمان جسمانی، هیکل، ساخت.
ha.chure (**- d, hachuring**), *vt.* & *n.* هاشور، آژ، پرداز، سایه‌زنی، قلم هاشور زدن، باهاشور سایه انداختن.
ha.ci.en.da, *n.*
ملك، بنگاه کشاورزی یا معدن ومانند آن.
hack [*hæk*] (**- ed, - ing**) *n.*, *vt.*, *vi.* & *adj.* کلنگ، سرفهٔ خشك‌وکوتاه، چاك، برش، شکافی که‌براثر بیل‌زدن یا شخم‌زدن ایجاد میشود، ضربه، ضربت، بریدن، زخم‌زدن، خردکردن، بیل زدن، اسب کرایه‌ای، اسب پیر، درشکهٔ کرایه، نویسندهٔ مزدور، جنده.
hack.ie=cabdriver, *n.*
درشـکه‌چی.
hack.ney [*hæ'kni*] (**- ed, -ing**), (*pl.* **- s**) *n.*, *adj.*, *vt.* & *vi.*
اسب سواری، درشکهٔ کرایه، اسب کرایه، مزدور، فعله، فاحشه، مبتذل، مبتذل کردن، زیاداستعمال‌شده.
hackney coach, *n.* کالسکه یا درشکهٔ کرایه، درشکهٔ چهارچرخه و دو اسبه.
hacksaw, *n.* ارهٔ آهن‌بری.
hackwork, *n.* نویسندگی وهنرپیشگی سودطلبانه، نویسندگی برای کسب‌معیشت.
had [*hæd*] (*p.* & *pp.* of **have**)
زمان ماضی واسم مفعول فعل have.
had.dock [*hæ'dək*] (*pl.* **- s**) *n.*
[ج.ش.] ماهی روغن‌کوچك، قسمی ماهی.
hade (**- d, hading**) *n.* & *vi.*
[ز.ش.] میل، کجی، شیب‌تمام، تمایل پیدا کردن.
Ha.des [*héidi:z*] *n.*
[افسانهٔ یونان] عالم اسفل، جهنم.
hadj, hadji=hajj, hajji, *n.*
حج، زیارت حج، حاجی.
hadn't [*hæ'dnt*]=**had not**
نداشت، ندارد، نبایستی.
haet, *n.* ذره، اتم، خرده.
haf.fet, haf.fit, *n.* گونه، پیشانی.
haft [*ha:ft*] (**-ed, - ing**) *n.* & *vt.*
دسته، دستهٔ کارد، قبضه، دسته‌گذاشتن.
hag [*hæg*] *n.*
عجوزه، ساحره، مه سفید، حصار.
hag.born, *adj.* & *n.* پسر پیرزن، شیطان‌زاده، فرزند ساحره.
haggard [*hæ'gəd*] *adj.* & *n.*
نحیف، دارای چشمان فرو رفته، رام نشده.
hag.gish, *adj.*
عجوزه وار، بطور ناهنجار، کریه.
hag.gle [*hæ'gl*] (**- d, haggling**), *n.*, *vt.* & *vi.*

چانه، چانه زدن، اصرار کردن، بریدن.
hag.i.og.ra.pher, *n.*
نویسنده شرح حال مقدسین.
hag.i.og.ra.phy, *n.*
شرح زندگی اولیاء ومقدسین، تاریخ انبیاء.
hagi.ol.a.try, *n.*
پرستش مقدسین وروحانیون، ملایرستی.
hagi.ol.o.gy (*pl.* **- ies**) *n.*
ادبیات مقدس، تاریخ مقدس، تاریخ انبیاء.
hagride (**- rode, - rid.den, - rid.ing**) *vt.*
مسلط شدن‌بر، ناراحت کردن، عاجز کردن.
hagseed, *n.*
زادهٔ عجوزه، فرزند زن ساحره.
ha-ha, *interj.* & *n.*
هاها [در خندیدن]، قاه‌قاه.
hai-ku, *n.* شعر بی‌قافیهٔ سه سطری‌ژاپنی.
hail [*heil*] (**- ed, - ing**) *n.* & *vt.* تگرگ،طوفان‌تگرگ، تگرگ‌میبارد.
hail, *n., interj., vt.* & *vi.*
سلام، درود، خوش باش، سلام بـرشما باد، سلام کردن، صدازدن، اعلام ورود کردن[کشتی].
To h. a taxi. صدا زدن تاکسی.
hailstone, *n.* دانهٔ تگرگ، تگرگ.
hailstorm, *n.* طوفان یا رگبار تگرگ.
hair [*hɛə*] *n.* مو، موی‌سر، زلف، گیسو.
Not turn a h. خم به ابرو نیاوردن.
hairbreadth [*hɛ'əbredθ*] *adj.* & *n.* بباریکی‌مو، فاصلهٔ خیلی کم، تنگنا.
A h. escape. فرار از تنگنا.
hairbrush, *n.*
ماهوت پاك‌كن مخصوص موی‌سر، بروس موی‌سر.
haircloth, *n.*
پارچهٔ موئی، موئینه، پارچهٔ خیمه‌ای.
haircut, *n.* موچینی، سلمانی.
hairdo (*pl.* **- s**) *n.*
آرایش موی‌زنان‌بفرم‌مخصوصی، آرایشگرزنانه.
hairdresser, *n.*
آرایشگر مو، سلمانی برای مرد و زن.
hair.less, *adj.* بی‌مو.
hair.line, *n.* سرحد موی سر وپیشانی.
hair.pin, *adj.* & *n.*
سنجاق مو، گیرهٔ مو، [درجاده] پیچ تند.
hair-raiser, *n.*
مهیج، موی برتن سیخ کننده.
hair-raising, *adj.* مهیج، ترسناك.
hair.splitter, *n.* آدم مو شكاف.
hair trigger, *adj.* & *n.*
ماشهٔ دوم تفنگ، بآسانی حرکت‌کننده.
hairy [*hɛ'əri*] *adj.* پرمو، کرکین.
Haiti [*héiti, háiti*] *n.*
جزیـرهٔ هـائیتی.
Hai.tian, *n.* اهل جزیرهٔ هائیتی.
ha.ken.kreuz, *n.*
صلیب شکسته (نشان حزب نازی آلمان).
ha.la.tion, *n.*
هاله، نیم‌سایه (درعکسی).
hal.berd [*hǽlbə(:)d*] **hal.bert,** *n.*
تبرزین، نیزه.
hal.cy.on [*hǽlsiən*] *n.* & *adj.*
مرغ افسانه‌ای‌که دریا را آرام میکند ، ایـام خـوب گذشته، روز آرام.

HALBERD

hale [*heil*] (**- d, haling**) *adj., vt.* & *vi.*
خوش‌بنیه، نیرومند، بی‌نقص، سالم، کشیدن، سوئ دیگر بردن، روانه کردن.
half [*ha:f*] (*pl.* **halves**) *adj., n.* & *adv.* نیم، نصفه، سو، طرف، شریك،

ناقص، نیمی، بطور ناقص.
H. an hour. نیم ساعت.
H. a dozen. نیم دوجین.
One's better h. (زن شخص).
H. cooked. نیم پخته.
H. past two. (ساعت) دو و نیم.
half-and-half, *n.*
نوعی آبجو انگلیسی، نصفانصف.
halfback [*há:fbæ̀k*] *n.*
[فوتبال] میان بازیکن، بازیکن میانه، هافبك.
half-baked [*há:fbéikt*] *adj.*
نیم‌پخته، [مج.]ناپخته، ناقص، خل، بی‌تجربه، خام.
half blood, - ed [*há:fblʌd*], *adj.* & *n.* نابرادری یا ناخواهری، دورگه.
half boot, *n.* نیم چکمه.
half-bred, *adj.* دورگه، بی‌تربیت.
half-breed [*há:fbri:d*] *adj.* & *n.*
از نژاد مختلف، آدم دورگه.
half brother [*há:fbrʌ'ðə*] *n.*
نابرادری، برادر ناتنی.
half-caste [*há:fka:st*] *n.*
[درهند] دارای پدر اروپائی ومادر هندوستانی، دورگه، از نژاد مختلف.
half crown [*há:fkráun*] *n.*
[انگلیس] سکهٔ معادل دوشیلینگ وشش پنس.
half.hearted [*há:fhá:tid*] *adj.*
مردد، از روی دودلی، از روی‌بی‌علاقگی.
half hour, *n.* نیم ساعت، ۳۰ دقیقه.
half-knot, *n.* نیم گره، گرهٔ خفتی.
half-length, *n.* نیم پیکر، تصویر نیم‌تنه، مجسمهٔ نیم‌تنه، نصف درازا.
half-mast [*há:fmá:st*] *n.* & *vt.*
نیم افراشتگی [پرچم]، نیم افراشتن.
half-moon, *n.* نصفه ماه، تربیع اول وثانی، زن قحبه، هلالی، هرچیز هلالی شکل.
half-pay [*há:fpéi*] *n.* حقوق ناتمام.
half.pen.ny [*héipni*] (*pl.* **half-pennies, - pence**) *n.*
[انگلیس] سکهٔ نیم پنی.
half-pint, *adj.* [ز.ع.] کوتاه‌تر از مقدار متوسط، کوچك، کوچولو.
halfsister [*há:fsístə*] *n.*
ناخواهری، خواهر ناتنی.
half-sole, *vt.* & *n.*
نیم‌تخت، نیم‌تخت انداختن، نیم‌تخت زدن.
half-staff=half-mast نیم‌افراشته.
half step, *n.* نیم قدم، [مو.] نیم‌گام.
half tide, *n.* حالت وسط جزرومد.
half time [*há:ftám*] *n.*
نصف‌وقت، نیم وقت، [فوتبال] نیمه‌بازی.
half.tone [*háft:oun*] *n.*
[مو.] نیم‌پرده، رنگ متوسط، سایه رنگ.
half-truth, *n.*
سخن نیم راست، حقیقت ناقص.
halfway [*há:fwéi*] *adj.* & *adv.*
نیمه‌راه، اندکی، نصفه‌کاره.
half-wit, *n.*
کم‌ذوق، آدم احمق ونادان، ابله، کودن.
hal.i.but [*hǽlibət*] *n.*
[ج.ش.] نوعی‌ماهی پهن بزرگ، هالیبوت.
hal.i.dom, hal.i.dome, *n.*
چیز مقدس، جای مقدس، قدوسیت.
hali.to.sis, *n.* تنفس بدبو، گند دهان.
hall [*hɔ:l*] *n.* سرسرا، تالار، اتاق بزرگ، دالان، عمارت.
The city h. ساختمان شهرداری.
hal.le.lu.jah [*hæ̀lilú:jə*] *n.* & *interj.* هللویا (یعنی خدا را حمدباد)، تسبیح.
hall.mark [*hɔ́:lmá:k*] (**- ed, - ing**) *vt.* & *n.*
نشان ، عیاری‌که از طرف زرگر یا دولت

آلات سیمین و زرین‌گذاشته میشود، انگ.
hal.lo, hal.loo [*hʌlóu*]**=hollo,** *interj.* اهوی، ای [هنگام دیدن‌کسی گفته میشود]، یاالله، هی، آهای، هالوگفتن، هالو.
hal.low [*hǽlou*] (**- ed, - ing**), *adj.* & *n.* مقدس کردن، تقدیس کردن.
Hallowed be thy name.
نام تو مقدس باد.
Hal.low.een [*hæ̀loui:n*] *n.*
هالووین، شب اولیاء، آخرین شب ماه اکتبر.
Hal.low.mas, *n.* عید اولیاء.
hal.lu.ci.nate (- d, hallucinating) *vi.* & *vt.*
گرفتار اوهام وخیالات‌شدن، حالت هذیانی پیدا کردن، هذیانی شدن، هذیان‌گفتن، اشتباه کردن.
hal.lu.ci.na.tion [*həlù:sinéiʃən*], *n.* خیال، وهم، خطای‌حس، اغفال، توهم، تجسم.
ha.lu.ci.no.gen.ic, *adj.*
مواد مخدره‌ایکه ایجاد اوهام وهذیان میکند.
hal.lu.ci.no.sis, *n.* [طب] حالت هذیانی و وهمی، ابتلاء به توهم دائمی.
hal.lu.ci.no.us, *adj.*
وهم انگیز، هذیان‌آور.
hal.lux (*pl.* **hal.lu.ces**) *n.*
[تش. ـ ج.ش.] شست، شست پا.
hallway, *n.* کریدور، تالار ورودی.
halo [*héilou*] (*pl.* **- s, - es**) *n., vt.* & *vi.*
هاله، حلقهٔ نور، نورانی شدن (انبیاء واولیاء).
hal.o.bi.ont, *n.* [ج.ش.]موجودزیستـ‌کننده درآب شور، جانوران آب شور.
halo.phile, *n.*
[زیست‌شناسی] موجوداتی‌که درمحیط یا آبهای شور زندگی میکنند، آبشورگرای.
hal.o.phyte, *n.* نمك خواه،
[گ.ش.] گیاه آبشور یاگیاه شوره‌زی.
halt [*hɔ:lt*] (**-ed, - ing**) *vt.* & *vi.*
ایست ، مکث، درنگ ، سکته ، ایست کـردن، مکث کردن، لنگیدن.
The police h. the traffic.
مأموران پلیس وسائط‌نقلیه را متوقف میکنند.
hal.ter [*hɔ́:ltə*] (**- ed, - ing**), *n.* & *vt.* افسار، تسمه، افسار کردن، پالهنگ، (وزنه‌برداری) هالتر، طناب چوبه‌دار.
halt.ing, *adj.*
مکث‌دار، سکته‌دار، غیر مداوم.
halve [*ha:v*] (**- d, halving**) *vt.*
دونیم کردن، دونصف کردن.
halves (*p. of* **half**)
صورت جمع کلمهٔ half.
hal.yard [*hǽljəd*] **hal.liard,** *n.* ریسمان بادبان، طناب پرچم.
ham [*hæm*] (**- med, - ming**), *n., adj., vt.* & *vi.* گوشت ران، ران خـوك نمك‌زده ، [درجمع] ران و کفل ، مقلد بی‌ذوق وبی‌مزه ، [مج.] تازه‌کار ، بطور اغراق آمیزی عمل کردن، ژامبون.
ham.a.dry.ad (*pl.*- **s**) *n.*
[افسانهٔ یونان] حوری جنگلی.
ha.mate, - d, *adj.*
چنگ‌دار، بشکل قلاب، قلابی.
ha.ma.tum, *n.* [تش.] استخوان چنگکی ردیف دوم مچ دست پستانداران.
ham.burg.er, ham.burg, *n.*
ساندویچ گوشت گاو سرخ کرده، هامبورگر.
ham-fisted, ham-hand.ed, *adj.* زشت، بی‌مهارت، سنگین دست.

Ham.ite, *n.*
زادهٔ‌حام، ازنسل‌حام، زنگی‌سیاه آفریقائی، مصری.
Ham.it.ic, *adj.* & *n.* مربوط‌به‌نژادحام.
ham.let [*hǽmlit*] *n.*
دهکده، دهی‌که درآن کلیسا نباشد، نام قهرمان ونمایشنامهٔ تراژدی شکسپیر.
ham.mer [*hǽmə*] (**- ed, -ing**), *n., vt.* & *vi.*
چکش، پتك، چخماق، استخوان چکشی، چکش زدن، کـوبیدن، سخت کوشیدن، ضربت زدن.
H. into a person's head.
بزور درکلهٔ کسی فروکردن.
hammer and sickle, *n.*
داس وچکش.
ham.merhead, *n.*
سرچکش، کودن، نوعی ماهی‌کوسه.
ham.mock [*hǽmək*] *n.*
ننو یا تختخوابی‌که ازکرباس یاتور درست‌شده.
ham.my, *n.* پرگوشت، فربه، بی‌مزه.
ham.per [*hǽmpə*] (**- ed, -ing**), *n.* & *vt.*
ازکار بازداشتن، مانع شدن، مختل کردن، قید.
Hamp.shire, *n.*
[ج.ش.] نژاد خوك سیاه آمریکائی.
ham.ster, *n.*
[ج.ش.] موش بزرگ (Cricetus).
hamstring [*hǽmstriŋ*] (**ham - strung, hamstringing**) *vi.* & *n.*
[تش.] زردپی طرفین حفرهٔ پشت زانو، عضلات عقب‌ران، زردپی، زانوی‌کسیرا بریدن، فلج کردن.
ham.u.lus (*pl.* **ham.u.li**) *n.*
قلابچه، قلاب‌کوچك، [ج.ش.] قلاب.
hand [*hænd*] *n.*
دست ، عقربه ، دسته ، دستخط ، خط ، شرکت، دخالت، کمك، طرف، پهلو، پیمان، یك‌وجب.
At h. درمجاورت، بزودی، دم دست، آماده.
In h. موجود.
On h. موجود، درتملك (کسی).
hand [*hænd*] (**-ed, - ing**), *vt.* & *vi.*
دادن، کمك کردن، با دست‌کاری‌را انجام دادن.
At the h. of. بدست، بوسیلهٔ، عمل.
On the other h. از طرف دیگر.
Under the h. of. بامضای.
hand and foot, *adv.*
کاملاً، کلاً، تماماً.
hand.bag [*hǽndbæg*] *n.*
کیف سفری، کیف دستی خانمها.
hand.bar.row [*hǽndbæ̀rou*] *n.*
زنبهٔ خاك‌کشی دستی.
handbill [*hǽndbil*] *n.*
آگهی دستی، اعلانی‌که بدست مردم میدهند.
handbook [*hǽndbuk*] *n.*
کتاب دستی، کتاب راهنما، رساله.
hand.breadth, hands.breadth, *n.* باندازهٔ کف دست، بپهنای دست.
handcart [*hǽndka:t*] *n.*
ارابهٔ دستی، چرخ دستی.
handclasp=handshake, *n.* & *vt.* دست زدن، دست‌دادن.
handcraft, *n.* هنردستی، صنایع‌یدی.
handcuff [*hǽndkʌf*] (**- ed, - ing**) *n.* & *vt.*
دستبندآهنین، دستبند زدن [به].
hand down, *vt.*
پشت‌درپشت چیزی‌را رساندن، بتواتر رساندن.
handfast, *n.* & *vt.*
پیمان‌عروسی، دست‌نامزدی، پیمان‌عروسی‌بستن‌با، حلقه، چسبیدن، دستبند یا بخو زدن.
hand.ful [*hǽndful*] (*pl.* **- s**) *n.*

مشت، یك مشت پر، تنی‌چند، مشتی.
A h. of soldiers. تعدادی سرباز.
handgrip, *n.* دستگیره، دسته، محل دست‌گرفتن (مانند دستهٔ شمشیر)، جنگ دست‌به‌یقه، دست‌بگریبان.
handhold, *n.* دستگیره، دسته، گیرهٔ‌دستی.
hand.i.cap [hǽndikæp] (**- ped, - ping**) *vt. & n.* امتیازبه‌طرف ضعیف‌در بازی، آوانس، امتیاز دادن، اشکال، مانع، نقص.
hand.i.craft [hǽndikrà:ft] *n.* هنردستی، پیشهٔ دستی، صنعت دستی، هنرمند.
hand in glove = hand and glove, *adv.* خیلی‌نزدیك، دوست یك دل ویکزبان، دوست، همراز.
hand.i.work [hǽndiwə:k] *n.* کاردست، صنعت دست، دست ساخته، صنایع‌دستی.
hand.ker.chief [hǽŋkətʃif] *n.* دستمال، دستمال گردن.
han.dle [hǽndl] (**- d, handl-ing**) *n., adj., vi. & vt.* دسته، قبضهٔ شمشیر، وسیله، لمس، احساس‌بادست، دست‌زدن‌به، بکاربردن، سروکار داشتن‌با، رفتار کردن، استعمال کردن، دسته‌گذاشتن.
Off the h. از کوره در رفته، عصبانی.
To h. a question. بسئوالی رسیدگی کردن.
H. with care. بادقت حمل ونقل شود، بادقت به‌آن دست بزنید.
han.dle.bar, *n.* دستهٔ دوچرخه، فرمان.
han.dler, *n.* دسته‌گذار، رسیدگی‌کننده، مربی، نگاهدارنده.
hand.less, *adj.* بی‌دست.
han.dling, *n.* بررسی، لمس، رسیدگی، اداره (کردن).
hand.list, *n.* فهرست دستی، فهرست مختصر.
hand.made [hǽndméid] *adj.* مصنوع دست، دستی، یدی، دستباف، دست‌دوز.
hand.maid [hǽndmeid] **hand maiden,** *n.* کلفت، پیشخدمت‌زن، مستخدمه.
hand-off, *n.* [درفوتبال] ردکردن‌توپ.
hand on, *vt.* تسلیم‌کردن، پی‌درپی وبتواتر چیزی‌رارساندن.
hand organ [hǽndɔ̀:gən] *n.* ارگ دستی، آکوردئون.
hand.out, *n.* نوبت بازی، اعانه.
hand over, *vt.* تسلیم‌کردن، تحویل دادن.
hand.pick (**- ed, - ing**) *vt.* دست‌چین‌کردن.
hand.rail [hǽndreil] *n.* نردهٔ مخصوص دستگیره [مثل نردهٔ پلکان].
hand.saw, *n.* ارهٔ دستی.
hands down, *adv. & adj.* [د.گ.] بدون‌کوشش، بسهولت، بدون احتیاط.
hand.sel (**- ed, - led, - ing, - ling**) *n. & vt.* فال، شانس، هدیه، پول، دشت اول صبح، رونما، عیدی، پیش قسط، بیعانه‌دادن، عیدی‌دادن، رونمادادن، دشت‌کردن.
hand.shake, *n.* دست (دادن).
hand.some [hǽnsəm] (**-r, -st**), *adj.* دلپذیر، مطبوع، خوش‌قیافه، زیبا، سخاوتمندانه.
A h. man. مرد خوش قیافه.
hand.spike, *n.* میلهٔ‌اهرم، اهرم، اهرم‌چوبی.
handspring [hǽndspriŋ] *n.* [دربندبازی‌وآکروباسی] معلق‌زدن‌برروی‌دستها.
hand.stand, *n.* معلق، دستها بزمین وپاها درهوا، بالانس.

hand to hand [hǽndtəhǽnd], *adv. & adj.* نزدیك، دست‌بدست‌یکدیگر، مجاور، دردسترس، دست به یقه.
hand-to-mouth [hǽndtəmáuθ], *adj.* دست‌بدهان، [مج.]محتاج، گنجشك‌روزی.
handwheel, *n.* چرخ دستی.
handwork, *n.* بادست انجام شده، یدی، دستی، دستکاری.
handwoven, *n.* دست باف.
handwrite (**- wrote, - writ-ten, - writing**) *vt.* بادست‌نوشتن، باخط خود نوشتن، دستخط کردن، نسخهٔ خطی تهیه‌کردن.
handy [hǽndi] (**- ier, -iest**), *adj.* بادست انجام شده، دستی، دم‌دست، آماده، موجود، قابل استفاده، سودمند، چابك، چالاك، ماهر، استاد درکار خود، روان، بسهولت قابل استفاده، سهل‌الاستعمال.
handy.man, *n.* شخص آماده بخدمت، نوکر.
hang [hæŋ] (**hung, hanged, hang.ing**) *vi., vt. & n.* آویختن، آویزان‌کردن، بدار آویختن، مصلوب شدن، چسبیدن به، متکی شدن‌بر، طرزآویختن، مفهوم، تردید، تمایل، تعلیق.
To h. a picture on the wall. عکسی را بدیوار آویختن.
To h. a criminal. گناهکاری را بدار آویختن.
H. on to something. بچیزی‌چسبیدن.
Let it go h. اهمیت‌ندهید، بی‌خیالش‌باش.
hangar [hǽŋga:] (**-ed, - ing**), *n. & vt.* آشیانهٔ هواپیما، پناهگاه، حفاظ.
hang around, *vi.* وقت را بیطالت‌گذراندن، ول‌گشتن، ور رفتن.
hangdog [hǽŋdɔg] *adj. & n.* مقصر، شرمگین، آدم خبیث، شرمنده وترسو.
hang.er [hǽŋə] *n.* اعلام‌کننده، آویزان‌کننده، معلق‌کننده، جارختی، چنگك لباس، [مك.] اسکلت یا چهارچوبه‌ای‌که ازسقف آویخته و دارای بلبرینگ برای حرکت دادن ماشین باشد.
A coat h. چوب لباسی.
hanger-on [hǽŋərɔ́n] (*pl.* **hangers-on**) *n.* وابسته، متکی‌بر، انگل، موی دماغ، مفت‌خور.
hanging [hǽŋiŋ] *n.* عمل‌آویختن، اعدام، بدارزدن، چیزآویخته شده (مثل‌پرده وغیره)، آویز، معلق، آویزان، درحال تعلیق، محزون، مستحق اعدام.
The h. gardens. حدائق معلقه.
hang.man [hǽŋmən] (*pl.* **-men**), *n.* دژخیم، مأمور اعدام، دارزن.
hang.nail [hǽŋneil] *n.* ریشه یا رشتهٔ باریکی‌که از پوست گوشهٔ ناخن آویزان است، ریشهٔ ناخن.
hang on, *vi.* سماجت ورزیدن، ادامه دادن، دوام داشتن، ثابت قدم بودن.
hang out, *vi. & n.* محل‌آویختن‌چیزی[مثل‌رجه]، میعادگاه، آویختن، سماجت ورزیدن، مسکن‌کردن، والمیدن.
hang.over, *n.* اثر باقی‌مانده، اثر باقی از هرچیزی، حالت خماری.
hang together, *vi.* بهم چسبیدن، متفق بودن.
hang up, *vt.* درحال معلق ماندن، ماندن، بمصحبت تلفنی خاتمه دادن، زنگ‌زدن.
hank [hæŋk] (**-ed, -ing**) *n. & vt.* کلاف، حلقه، قرقره، ماسوره، کلافه، نفوذ، تأثیر، قلاب، عادت، زشت، شکار، طعمهٔ شکار، کلاف کردن.
han.ker [hǽŋkə] (**- ed, -ing**), *vi.* آرزومند چیزی بودن، اشتیاق داشتن، مردد و دودل بودن.
hankering, *n.* اشتیاق، شوق وافر.
han.ky-pan.ky, *n.* حقه‌بازی، دوروئی، روباه بازی، حیله‌گری.
Han.sard [hǽnsəd] *n.* صورت جلسات رسمی پارلمان انگلیس.
han.som [hǽnsəm] *n.* درشکهٔ دوچرخه.

HANSOM

hap [hæp] (**- ped, -ping**) *n., vt. & vi.* اتفاق، قضا، روی دادن، اتفاق افتادن.
haphazard [hǽphǽzəd] *n., adj. & adv.* اتفاقی، برحسب‌تصادف، اتفاقاً.
hap.less, *adj.* بیچاره.
hap.loid, *adj.* درظاهرمنفرد، تك‌نما، [زیست شناسی] دارای نیمی از کروموسومهای اصلی‌مانندکروموسوم سلولهای‌جنسی، نیمدانه.
hap.ly [hǽpli] *adv.* شاید، بل، بلکه، احتمالاً، تصادفاً.
hap.pen [hǽpən] (**- ed, - ing**), *vt. & vi.* روی‌دادن، رخ‌دادن، اتفاق‌افتادن، واقع شدن، تصادفاً برخوردکردن، پیشامدکردن.
It happened that I was there when he arrived. اتفاقاً وقتی او وارد شد من آنجا بودم.
happening, *n.* اتفاق، رویداد.
hap.pen.stance, *n.* وقایع اتفاقی، روی‌داد شانسی.
happy [hǽpi] (**-ier, - iest**) *adj.* خوش، خوشحال، شاد، خوشوقت، خوشدل، سعادتمند، راضی، سعید، مبارك، فرخنده.
hap.py-go-lucky [hǽpigou-lʌ́ki] *adv. & adj.* بخت، برحسب تصادف، لاقید، لاابالی، آسان‌گذران، بیعار.
hap.tic, - al, *adj.* [د.ش.] وابسته بحس لامسه، لامسه‌ای.
hara-kiri, *n.* [در ژاپن] خودکشی.
ha.rangue [hərǽŋ] (**- d, ha-ranguing**) *n., vt. & vi.* رجزخوانی، باصدای بلند نطق‌کردن، نصیحت.
harass [hǽrəs] (**- ed, - ing**), *n., vt. & vi.* بستوه آوردن، عاجزکردن، اذیت‌کردن، [نظ.] حملات پی‌درپی کردن، خسته‌کردن.
har.bin.ger [há:bin(d)ʒə] *vt. & n.* پیشرو، منادی، جلودار، قاصد.
har.bor, har.bour [há:bə] (**- ed, - ing**) *n., vt. & vi.* لنگرگاه، بندرگاه، پناهگاه، پناه دادن، پناه بردن، لنگر انداختن، پروردن.
har.bor.age, *n.* پناهگاه، لنگرگاه.
hard [ha:d] (**- er, - est**) *adj.* سخت، سفت، دشوار، مشکل، شدید، قوی، سخت‌گیر، نامطبوع، زمخت، خسیس، درمضیقه.
A h. problem. مسئلهٔ‌دشوار.
A h. soil. خاك سفت.
A h. oil. روغن غلیظ.
H. up. محتاج، درمضیقه.
H. of hearing. سنگین‌گوش.
I am h. up for money. از بی‌پولی در مضیقه هستم.
It will go h. with him. برای او بد خواهد شد.
hard-and-fast, *adj.* سخت ومحکم، غیرقابل تغییر وانحراف، لازم‌الاجراء، ثابت.
hard-bit ten [há:dbítn] *adj.* سگ‌خو، سرسخت، سخت‌گیر، [درمورد سگ] گازگیر، سخت‌گازگرفته شده.
hard board, *n.* تختهٔ فشاری.
hard-boiled [há:dbɔ́ild] *adj.* سخت جوشیده، [درمورد تخم مرغ] زیاد سفت شده، سفت، سفت‌پز، پرتعصب، سرسخت‌وخشن.
hard.en [há:dn] (**- ed, - ing**), *vi. & vt.* سخت‌کردن، تبدیل به جسم جامدکردن، مشکل‌کردن، سخت شدن، ماسیدن.
hard.en.er, *n.* سفت‌کننده.
hard hand ed, *adj.* دارای دستهای پینه خورده، سخت‌گیر، [م.م.] خسیس.
hard head, - ed [há.dhédid], *adj. & n.* آدم بی‌کله، بی‌مخ، شاخ جنگی.
hard heart ed [há:dhá:tid] *adj.* سنگدل، دل‌سخت.
har.di.hood [há:dihud] *n.* جسارت، بی‌باکی، سرسختی، نیرومندی.
har.di.ment, *n.* شجاعت، جسارت.
hard labor, *n.* اعمال شاقه [برای زندانیان].
hard maple = sugar maple, *n.* افرای قندی، قندافرا.
hard mouthed, *adj.* بددهنه، بدلگام، [مج.] خودسر، سرکش.
hard.ness [há:dnis] *n.* سختی، دشواری، اشکال، سفتی، شدت.
hard sell, *n.* فروشندگی باچرب‌زبانی وفشار، زورچپانی.
hard-set, *adj.* سخت شده، منقبض شده، ثابت شده، سفت شده.
hard-shell, *adj.* سخت‌پوست، کاسه‌دار، [مج.] سخت، متعصب.
hard.ship, *n.* سختی، محنت، مشقت.
hard.top, *n.* اتومبیلی شبیه اتومبیلهای کروکی‌که دارای سقف سخت فلزی میباشد، ماشین سقفدار.
hard ware [há:dwɛə] *n.* ظروف فلزی (مثل دیگ وقابلمه وغیره)، فلزآلات.
hard wood, - ed [há:dwud], *adj. & n.* چوب سفت، چوب بادوام، چوب جنگلی.
har dy [há:di] (**-ier, - iest**) *adj.* دلیر، جسور، متهور، دلیرنما، پرطاقت، بادوام.
hare [hɛə] (*pl.* **- s**) *n., vt. & vi.* خرگوش، خرگوش صحرائی، گوشت خرگوش، مسافر بی‌بلیط، بستوه آوردن، رم دادن.
hare brained [hɛ́əbreind] *adj.* گیج، سبك مغز، دیوانه، بی‌پروا، وحشی.
hare lip [hɛ́əlip] *n.* لب شکری، لب خرگوشی.
hark [ha:k] (**-ed, - ing**) *vt. & vi.* تعلیم از راه‌گوش‌دادن، گوش‌دادن [به]، استماع کردن، [انگلیس] نجواکردن.
har.le.quin [há:likwin] *n.* لوده، دلقك، نوعی سگ‌کوچك خالدار.
har.le.puin.ade, *n.* لودگی، حقه‌بازی، نمایش‌لال‌بازی ودلقك‌بازی.
har.lot [há:lət] *n.* هرزه، فاحشه، فاسدالاخلاق.
har.lot.ry, *n.* فاحشگی، هرزگی.
harm [ha:m] (**- ed, - ing**) *vt. & vi.* آسیب، صدمه، اذیت، زیان، ضرر، خسارت، آسیب رساندن (به)، صدمه زدن، گزند.
There is no h. in it. عیبی ندارد.
harm.ful [há:mful] *adj* مضر، پرگزند.
harm.less [há:mlis] *adj.* بی‌ضرر.
har.mon.i.ca [ha:mɔ́nikə] *n.* ساز دهنی، آلات موسیقی، شبیه سنتور.

har.mon.ics, *n. pl.*
مبحث مطالعهٔ خواص ومختصات اصوات موسیقی، مبحث الحان موزون، همسازها.

har.mon.ic, - al [ha:mɔ́nik]= **har.mo.ni.ous,** *adj.*
هم آهنگ، موزون، هارمونیك ،همساز.

har.mo.nist, *n.*
آهنگ‌ساز، موسیقی‌دان، متخصص تطبیق‌روایات.

har.mo.ni.um [ha:mónniəm] *n.*
[مو.] ارغنون.

har.mo.ni.za.tion, *n.*
هم آهنگ‌سازی.

har.mo.nize [há:mənaiz] (- d, harmonizing) *vt. & vi.*
هم آهنگ‌کردن، موافق کردن، هم آهنگ شدن، متناسب بودن.

har.mo.ny [há:məni] (*pl.* -ies), *n.*
هارمونی، تطبیق، توازن، هم آهنگی ،همسازی.

har.ness [há:nis] (- ed, -ing), *n. & vt.*
افسار، دهنه، تارکش، اشیاء، تهیه‌کردن، افسارزدن، زین‌وبرگ کردن، مهارکردن، مطیع کردن، تحت‌کنترل درآوردن.
To h. the forces of nature.
مهارکردن قوای طبیعت.

harp [ha:p] (- ed, - ing) *n.*
چنگ(آلت‌موسیقی)، چنگ‌زدن، بصدادرآوردن، ترغیب‌کردن، غربال، الك، سرند.

harp.er [há:pə] *n.* چنگ نواز.

har.poon [hà:pú:n] *n.*
نیزه، زوبین مخصوص صید نهنگ، نیشتر.

harp.si.chord [há:psikɔ:d] *n.*
[مو.]نوعی‌چنگ که مانند پیانو بشکل میزاست.

har.py [há:pi] (*pl.* - ies) *n.*
[افسانه] جانوری‌که تن و رخسار زن وبال وچنگال مرغ‌داشته، آدم‌درنده‌خو.

HARPY

har.ri.dan [hǽridən] *n.*
پیرزن زشت، فاحشهٔ ازکار افتاده، زن شریر.

har.ri.er [hǽriə] *n.*
تازی مخصوص شکار خرگوش، نوعی «باز» یا «قوش» غارتگر، ویران‌کننده.

har.row [hǽrou] (- ed, -ing), *n. & vt.*
چنگك زمین صاف کن وریشه جمع کن، کلوخ شکن، باچنگك زمین را صاف کردن، آزردن، زخم کردن، جریحه‌دار کردن، غارت کردن، آشفته کردن.

HARROW

har.ry [hǽri] (- ied, harry-ing) *vt. & n.*
غارت‌کردن، چاپیدن، لخت کردن، ویران کردن، آزردن، بستوه آوردن.

harsh [ha:ʃ] (- er, - est) *adj.*
تند، درشت، خشن، ناگوار، زننده، ناملایم.

harsh.en, *vt. & vi.*
سخت وخشن‌کردن یا شدن.

hart [ha:t] *n.* گوزن نر.

har.um-scar.um [hɛ́ərəm skɛ́ərəm] *adj.*
آدم بی‌پروا، لاابالی، بیفکر، بیقید، هردمبیل.

har.vest [há:vist] (- ed, -ing), *n. & vt.*
خرمن، محصول، هنگام‌درو، وقت خرمن، نتیجه، حاصل، درو کردن و برداشتن.

has-been, *n.* بوده، بوده است، سابقاً.

hash [hæʃ] (-ed, - ing) *n. & vt.*
خرد کردن، گوشت وسبزی‌های پخته که باهم بیامیزند، آمیزش، مخلوط، مخلوط کردن، ریزه‌ ریزه کردن، آدم کودن.

hash.ish=hasheesh [hǽʃi:ʃ], *n.*
حشیش، بنگ.

hash mark, *n.*
خط نشان، خط شروع مسابقه.

hasn't=has not

hasp [ha:sp] (- ed, -ing), *vt. & n.*
چفت، کلاف، قرقره، ماکو، ماسوره، چفت کردن، بستن، دور چیزی پیچیدن.

HASP

has.sle, *n. & vi.*
مشاجره، مباحثه، مناظره، جنگ ودعوا، مشاجره کردن.

has.sock [hǽsək] *n.*
بالش زیر زانوئی، کلالهٔ علف درهم پیچیده.

hast تو داری، او دارد.

has.tate, *adj.*
نیزه‌ای، تبرزینی، سه‌گوش ونوك تیز.

haste [heist] (- d, hasting) *n., vt. & vi.*
عجله، شتاب، سرعت، عجله کردن.

has.ten [héisn] (- ed, - ing), *vt. & vi.*
تسریع کردن، شتاباندن، شتافتن.

has.ten.er, *n.* عجول، شتاب‌کننده.

hast i.ly, *adv.* شتابان، باشتاب، باعجله.

hasty [héisti] (-ier, - iest) *adj.*
عجول، شتاب‌زده، دست‌پاچه، تند، زودرس.

hat [hæt] *n.* کلاه، کلاه‌کاردینالی.
Talk through one's h. چرند گفتن.

hatch [hætʃ] (- ed, - ing) *n., vi. & vt.*
دریچه، روزنه، نصفه‌در، روی تخم نشستن [مرغ] ، [مج.] اندیشیدن ، پختن ، ایجاد کردن، تخم گذاشتن، تخم دادن، جوجه بیرون‌آمدن، جوجه گیری، [مج.] درآمد، نتیجه، خط انداختن، هاشور زدن.
The eggs are hatched.
جوجه‌ها از تخم درآمده‌اند.

hatch.ery [hǽtʃəri] (*pl.* -ies), *n.*
محل تخم‌گذاری [مرغ یا ماهی]، محل تخم‌ریزی ماهی، محل نقشه‌کشی وتوطئه.

hatch.et [hǽtʃit] *n., vt. & vi.*
تبر کوچك ، تیشه ، ساتور ، باتبر جنگ کردن، تبر یا چکش بکار بردن.

hatchet man, *n.*
آدمکش مزدور، تروریست مزدور.

hatch.ling, *n.* [ج.ش.] جانور تازه‌ متولد، نوزاد، جوجهٔ سراز تخم درآورده.

hatch way [hǽtʃwei] *n.*
روزنهٔ عرشهٔ کشتی مخصوص پائین‌فرستادن بار، دریچه، نصف در.

hate [heit] (- d, hating) *n., vt. & vi.*
نفرت داشتن از، بیزار بودن، کینه ورزیدن، دشمنی، نفرت، تنفر.

hate.ful [héitful] *adj.* منفور.

hath=have
سوم شخص مفرد از زمان حاضر فعل have.

ha.tred [héitrid] *n.* دشمنی، کینه، عداوت، بغض، بیزاری، تنفر، نفرت.

hat.ter [hǽtə] *n.*
کلاهدوز ، کلاه فروش.

hau.berk [hɔ́:bə:k] *n.* زره‌زانوپوش.

haugh.ty [hɔ́:ti] (- ier, -iest), *adj. & n.*
مغرور، باد درسر، متکبر، والا.

haul [hɔ:l] (- ed, - ing) *vt. & vi.*
کشیدن، هل‌دادن، حمل کردن، کشش، همهٔ ماهیهائی که دریك وهله بدام‌کشیده میشوند، حمل ونقل.

haunch [hɔ:nʃ] *n.*
گرده، کفل، سرین، گوشت ران وگرده.

haunt [hɔ:nt] (- ed, - ing) *n., vt. & vi.*
زیاد رفت‌وآمدکردن در، دیدار مکرر کردن، پیوسته‌آمدن به، آمد و شد زیاد، خطور، مراجعهٔ مکرر ، محل اجتماع تبه‌کاران، آمیزش، دوستی، روحی که زیاد بمحلی آمدوشد کند، تردد کردن ،پاتوق.

haus.tel.lum (*pl.* **haus.tel.la**), *n.*
[ج.ش.] آلت مکندهٔ حشرات‌یاسخت‌پوستان.

haus.to.ri.al, *adj.* مکنده.

haus.to.ri.um (*pl.* **haus to-ria**) *n.*
[گ.ش.] آلت مکندهٔ گیاه انگلی.

haut.bois, haut.boy, *n.*
سرنا، کرنا، [م.م.] درخت جنگلی.

haute cou.ture, *n.* مد ساز، مؤسسهٔ طراحی لباس ومد بانوان، طراح لباس.

hau.teur [(h)outə́:] *n.*
بزرگی، بزرگ‌منشی، ارتفاع، غرور.

have [hæv] (had, hav.ing) *n., vt. & vi.*
داشتن، دارا بودن، مالك بودن، ناگزیر بودن، مجبور بودن، وادارکردن، باعث انجام‌کاری‌شدن، عقیده داشتن، دانستن، خوردن، صرف کردن، گذاشتن، کردن، رسیدن به، جلب کردن، بدست‌آوردن، دارنده، مالك.
I have to go. باید بروم، مجبورم بروم.
He had his fortune told.
رفت پیش فالگیر، فالگیر فالش را گرفت.
This action had his approval.
این عمل مورد موافقت او بود.
I won't have you say that.
اجازه نمیدهم که شما این حرف را بزنید.

ha.ven [héivn] *n.*
بندرگاه، لنگرگاه، [مج.] پناهگاه، جای امن.
A h. of safety. پناهگاه امن.

have-not, *n.*
ندار [درمقابل دارا] ، فقیر.

haven't=have not

hav.er.sack [hǽvəsæk] *n.*
کیسهٔ پارچه‌ای، کیسه، خورجین.

hav.oc [hǽvək] (-ked, - king), *n. & vt.*
خرابی، غارت، ویران کردن.

haw [hɔ:] *n., vt. & vi.*
پرچین، حصار، محوطه، [گ.ش.] کویج، کیالك، میوهٔ ولیك، ملاولیك، چیز بی‌ارزش، گیر کردن، من‌من کردن، گیر درصحبت، درنگ، فرمان حرکت [به یك دسته یا تیم] دادن، گلهٔ گوسفند وغیره ، دست چپ رفتن ، دست چپ بردن ، به دست چپ، دست چپ برو.

Ha.wai.ian [ha:wáiiən] *adj.*
اهل هاوائی، مربوط به هاوائی.

hawk [hɔ:k] (- ed, - ing) *n., vt. & vi.*
باز، قوش، شاهین، باباز شکار کردن، دوره‌گردی کردن، طوافی کردن، جار- زدن وجنس فروختن، فروختن.

hawk er, *n.* فروشندهٔ دوره گردوجارزن.

Hawk eye, *n.* کنیهٔ اهل‌استان «ایوا».

haw.ser [hɔ́:zə] *n.* طناب فولادی مخصوص نگاهداشتن کشتی درحوضچه.

haw.thorn [hɔ́:θɔ:n] *n.*
[گ.ش.] خفجه، کیالك، درخت کویج، ولیك.

hay [hei] (-ed, - ing) *n., vt. & vi.*
علف خشك، گیاه‌خشك کرده، یونجهٔ خشك، خشك کردن [یونجه ومانندآن]، تختخواب، پاداش.

hay fever, *n.* [طب] تب یونجه، زکام دائر حساسیت، زکام بهاره.

hay fork, *n.* چنگك، چنگال مخصوص بلندکردن بستهٔ علف ویونجه.

hay loft, *n.* انبار علف، انبار علوفه.

hay rack, *n.* علفدان، جای یونجه.

hay stack, *n.* کومهٔ علف خشك.

hay wire, *adj.* ساخته شده از روی عجله، بد ساخته شده، بلااستفاده، مغشوش.

haz.ard [hǽzəd] (- ed, - ing), *n., vt. & vi.*
قمار، مخاطره، خطر، اتفاق، درمعرض مخاطره قرار دادن ، بخطر انداختن.
To h. one's capital.
سرمایه را به خطر انداختن.

haz.ard.ous [hǽzədəs] *adj.*
پرخطر.

haze [heiz] (- d, hazing) *n., vt. & vi.*
مه، مه‌کم، بخار، ناصافی یا تیرگی هوا، ابهام ، گرفته بودن، مغموم بودن، روشن نبودن موضوعی (برای شخص) ، متوحش کردن، زدن، بستوه‌آوردن، سرزنش‌کردن.

ha.zel [héizl] *n.*
[گ.ش.] درخت‌فندق، چوب‌فندق، رنگ فندقی.
H. eyes. چشمان میشی.

hazel nut, *n.* فندق، رنگ فندقی.

ha.zy (- ier, - iest) *adj.*
مه‌دار، [مج.] مبهم، نامعلوم، گیج.

he [hi:] *n.* او [آن مرد]، جانور نر.

head [hed] *adj. & n.*
سر، کله، رأس، عدد، نوك، ابتداء، انتها، دماغه، دهانه، رئیس، سالار، عنوان، موضوع، منتهادرجه، موی‌سر، فهم، خط سر، فرق، سرصفحه، سرستون، سر درخت، اصلی، عمده، مهم.
Two heads of sheep. دورأس گوسفند.
At the h. of the army.
درجلو قشون.
The h. of the bank. رئیس بانك.
Keep one's h. above water.
اززیربدهی بیرون‌آمدن، اززیان‌جلوگیری کردن.
He talked my h. off.
ازبس حرف زد سرم را برد.

head [hed] (- ed, - ing) *vt.*
سر گذاشتن‌به، دارای‌سر کردن، ریاست‌داشتن‌بر، رهبری‌کردن، دربالا واقع شدن، پیش‌افتادن‌از، روبرو شدن با، جلوگیری کردن‌از، با سر زدن.
He headed for the house.
بطرف منزل رفت.
He headed the group.
او بردسته ریاست کرد.
To h. off. جلوگیری کردن، بازداشتن.

head.ache [hédeik] *n.*
سردرد، دردسر، [گ.ش.] خشخاش وحشی.

head band, *n.*
روسری [زنانه]، پیشانی‌بند، (درکتاب) شیرازه.

head board, *n.*
تخته‌ای‌که درانتهای فوقانی چیزی‌گذارند.

head cold, *n.*
[طب] سرماخوردگی معمولی، زکام، نزله.

head.dress [héddres] *n.*
روسری زنانه، پوشاك‌سر، آرایش مو، آرایش‌سر.

head.ed, *adj.* سردار، رسیده، نوك‌دار.

head.er [hédə] *n.*
سرساز، در ساز، سرانداز، شیرجه، رئیس.

head first, head.fore.most, *adj. & adv.*
باکله، سربجلو، ازسر، سراسیمه.

head gear, *n.* پوشش سر، روسری.

head.ing [hédiŋ] *n.*
عنوان‌گذاری، عنوان، سرصفحه، سرنامه، تاریخ ونشانی نویسندهٔ کاغذ، باسر توپ زدن.

head.land [hédlənd] *n.*
دماغه ، پرتگاه.

head.less [hédlis] *adj.* بی‌سر.

head light [hédlait] *n.*
چراغ جلو ماشین.

head line [hédlain] *n. & vt.*
عنوان، سرصفحه، عنوان سرصفحهٔ روزنامه.

head.long [hédlɔŋ] *adv. & adj.*

باکله، سربجلو، بادست پاچگی ، تند، سراسیمه، بی‌پروا، شیرجه رونده، معلق، عجول.

head.man (*pl.* **- men**) *n.* رئیس، بزرگ، بزرگتر، پیشوا، سرپرست.

head mas ter [*hédmá:stə*] *n.* رئیس، مدیر مدرسه.

head mis tress [*hédmístris*] *n.* مدیره، رئیسه، خانم مدیر مدرسه ، خانم رئیس.

head-money, *n.* جایزه‌آوردن سر (یا دستگیری) جنایتکار.

head.most, *adj.* جلوئی، اولین [ردیف]، جلوترین، مقدم.

head-on [*hédɔ́n*] *adj.* شاخ‌شاخ، از سر، ازطرف سر، روبرو، نوك به نوك.

head over heels, *adv.* وارونه، پشت‌ورو، ناامیدانه، عمیقاً.

head phone [*hédfoune*] *n.* گوشی تلفن وغیره که بوسیلهٔ گیره برروی گوش ثابت میشود.

head piece [*hédpi:s*] *n.* کلاه، سرصفحه [درکتاب]، آرایش، [مجـ] هوش، ادراك، آدم باهوش، قسمت بالا، سر، هرآلتی که روی سر قرار میگیرد.

head pin, *n.* سرسنجاق، سنجاق سر.

head quar ters [*hédkwɔ:təz*] *n.* مرکز فرماندهی، برج نظارت، مرکز کار.

head race, *n.* تنورهٔ آسیاب.

head rest, *n.* بالش، متکا، زیرسری.

heads.man (*pl.* **men**) *n.* جلاد، دژخیم، رئیس، پیشوا، رهبر.

head stone [*hédstoun*] *n.* سنگ روی‌گور (که راست وامیدارند)، سنگ قبر، سنگ بنیاد، سگ زاویه.

head stream, *n.* سرچشمهٔ رودخانه.

head strong [*hédstrɔŋ*] *adj.* خودسر، خودرأی، لجباز، لجوج، سرسخت.

head wait er, *n.* سرپیشخدمت.

head wat er [*hédwɔ:tə*] *n.* سرچشمه، بالای‌رودخانه، بالارود [بیشتر درجمع].

head way [*hédwei*] *n.* بجلو، پیشرفت، بلندی طاق، سرعت، پیشروی.

head wind, *n.* باد روبرو، بادمخالف.

heady [*hédi*] (**-ier, - iest**) *adj.* تند، بی‌پروا، عجول، شدید، مست کننده.

heal [*hi:l*] (**-ed, - ing**) *vt. & vi.* شفادادن، خوب کردن، التیام دادن، خوب شدن.

heal.er, *n.* شفا دهنده، التیام دهنده.

health [*helθ*] *n.* تندرستی، بهبودی، سلامت، مزاج، حال.

health.ful [*hélθful*] *adj.* سالم ، تندرست، مقوی.

healthy [*hélθi*] *adj.* سالم، تندرست.

heap [*hi:p*] (**- ed, - ing**) *n., vt. & vi.* توده، کپه، کومه، پشته، انبوه، گروه، جمعیت، توده کردن، پر کردن.

hear [*hiə*] (**heard, hearing**), *vt. & vi.* شنیدن، گوش کردن، گوش دادن به، پذیرفتن، استماع کردن، خبر داشتن، درك کردن، سعی کردن، اطاعت کردن.

He is hard of hearing. گوش او سنگین است.

hear.ing [*híəriŋ*] *n.* شنوائی، سامعه، استماع دادرسی، رسیدگی بمحاکمه، گزارش.

H. aid. سمعك.

heark.en [*há:kən*] (**- ed, -ing**), *vt. & vi.* گوش دادن به، گوش‌کردن به، استماع کردن، بگوش دل پذیرفتن.

hear say [*híəsei*] *n.* شایعه، آوازه، خبر، چیز شنیده، مسموعات.

H. evidence. گواهی، افواهی، شهادت از روی مسموعات.

hearse [*hə:s*] (**- d, hearsing**), *n. & vt.* نعش‌کش، مرده‌کش، با نعش‌کش بردن.

heart [*ha:t*] (**- ed, - ing**) *n., vt. & vi.* قلب، سینه، آغوش، مرکز، دل و جرأت ، رشادت، مغز درخت، عاطفه، لب‌کلام، جوهر، دل دادن، جرأت دادن، تشجیع کردن، بدل گرفتن.

H. attack. سکتهٔ قلبی، حملهٔ قلبی.

By h. ازحفظ، ازبر.

heart ache [*há:teik*] *n.* دردقلب، [مجـ] غم، غصه اندوه، سینه سوزی.

heart.beat [*há:tbi:t*] *n.* ضربان قلب، تپش دل، [مجـ] مغز، احساسات.

heart.break [*há:tbreik*] *n.* اندوه بسیار، غم زیاد، دلشکستگی.

heart.break.ing [*há:tbrèikiŋ*] *adj.* اندوه‌آور، پشت‌شکن، مایهٔ دلشکستگی.

heart.bro.ken, [*há:tbròukən*] *adj.* دل شکسته.

heart.burn [*há:tbə:n*] (**- ed, - ing**) *n. & vi.* درد یا سوزش قاب، سوزش معده، حسد یا خصومت ورزیدن.

heart.burn.ing [*há:tbə':niŋ*] *n.* حسادت.

heart.en [*há:tn*] (**- ed, - ing**), *vt. & vi.* دل دادن، جرأت دادن، تشجیع کردن.

heart-failure, *n.* سکتهٔ قلبی، نارسائی قلب.

heart.felt [*há:tfelt*] *adj.* قلبی، صمیمی، از روی صمیمیت، خالص، بی‌ریا.

hearth [*ha.θ*] *n.* اجاق، آتشدان، کف، منقل، [مجـ] منزل، سکوی اجاق، کورهٔ کشتی.

heart.land, *n.* منطقهٔ مرکزی‌وحیاتی.

heart.less [*há:tlis*] *adj.* بی‌عاطفه، عاری از احساسات، افسرده.

heart.rend.ing [*há:trèndiŋ*] *adj.* دل‌آزار، ترسناك، غم‌انگیز، دلگیر، جانگداز.

heart.sick, *adj.* پریشان،غمگین،ملول،دل‌آزرده،دلشکسته،نزار.

heart-strick.en, *adj.* دلشکسته.

heart.string [*há:tstriŋ*] *n.* عمیق‌ترین احساسات دل، [م.ل.]رگ وریشهٔ دل.

heart.throb, *n.* تپش قلب، هوس.

heart-to-heart, *adj.* صمیمی، رفیق، دوست،بطورخودمانی وصمیمانه.

heart-whole [*há:thoul*] *adj.* فارغ ازعشق، بی‌عشق، خالصانه، صمیمانه.

hearty [*há:ti*] (**- ier, - iest**), *adj. & n.* قلبی، صمیمانه، دلچسب، مقوی.

A h. meal. غذای مقوی وکامل.

heat [*hi:t*] (**- ed, - ing**) *n., vt. & vi.* گرما، گرمی، حرارت، تندی، خشم، عصبانیت ، اشتیاق ، وهله، نوبت، تحریك جنسی‌زنان، طلب‌شدن جانور، فحلیت، گرم کردن، برانگیختن، بهیجان آمدن.

At a single h. دریك وهله، بایك زور.

He wone the first h. او دور اول مسابقه را برد.

heat.er [*hí:tə*] *n.* چراغ خوراك‌پزی، بخاری، دستگاه تولیدگرما، متصدی گرم کردن.

heath [*hi:θ*] *n.* زمین بایری‌که علف و خاربن درآن می‌روید، تیغستان، بوته، خاربن، خلنگ‌زار.

heath cock, *n.* [ج.ش.] خروس کولی، باقرقرهٔ سیاه‌نر.

hea.then [*hí:ðən*] (*pl.* **- s**) *adj. & n.* کافر، بت‌پرست، مشرك، آدم بی‌دین.

hea.then.ish, [*hí:ð(ə)niʃ*] *adj.* کافروار.

hea.then.ism, *n.* آئین کفار.

hea.then.ize (**-d, heatheniz-ing**) *vt. & vi.* کافر کردن، وحشی کردن، کافر شدن.

heath.er [*héðə*] *adj. & n.* [گ.ش.]خلنگ،علف‌جاروب، ورسك(erica).

heat rash, *n.* عرقسوز، عرق جوش، حرارت سوزان.

heat stroke, *n.* [طب]گرمازدگی، گرماگرفتگی،غش‌دراثرگرما.

heave [*hi:v*] (**- d, hove, hea-v.ing**) *vt. & vi.* بلندکردن، کشیدن، [illegible]

H. heaved a sigh. او آه‌کشید.

heav.en [*hévn*] (**- ed, - ing**) *n.* آسمان، سپهر، گردون، فلك، عرش، بهشت، قدرت پروردگار ، هفت طبقهٔ آسمان ، [بصورت جمع] آسمان، خدا، عالم روحانی.

heav.en.ly [*hévnli*] *adj.* آسمانی، سماوی، بهشتی، خدائی، روحانی.

heav.en.ward, - s [*hévnwəd(z)*] *adj. & adv.* روبه‌آسمان، بطرف‌آسمان.

heavy [*hévi*] (**- ier, - iest**) *n., vt. & vi.* سنگین، گران، وزین، زیاد، سخت، متلاطم، کند، دل سنگین، تیره ، ابری ، غلیظ، خواب‌آلود، فاحش، آبستن، باردار.

H. losses. خسارات سنگین.

A h. sleep. خواب سنگین.

A heavy drinker. مشروب خوار افراطی.

H. traffic. رفت وآمد زیاد وسائط‌نقلیه.

heavy-du.ty, *adj.* مخصوص‌کارسنگین.

heavy-hand.ed, *adj.* سنگین دست، خام‌دست، بی‌مهارت، زشت.

heavy.heart.ed, *adj.* دلتنگ، افسرده، غمگین، دل‌افسرده.

heb.do.mad, *n.* عدد هفت، شمارهٔ هفت، هفت، هفته.

heb.e.tate (**- d, hebetating**) *vt. & vi.* کندکردن، کودن‌کردن.

heb.e.tude, *n.* کندی،کودنی، حماقت.

He.bra.ic [*ni:bréiik*] *adj.* عبری.

He.bra.ism, *n.* دین یهود، عادات ورسوم واصطلاحات عبری.

he.bra.ize (**- d, hebraizing**), *vt. & vi.* عبرانی‌کردن، یهودی شدن.

He.brew, *n.* زبان‌عبری،عبرانی،یهودی.

Hebrides [*hébridi:z*] *n.* جزایر «هیبرید»واقع درغرب‌اسکاتلند.

Hec.ate [*hékəti*] *n.* [افسانهٔ یونان] الههٔ سحر وجادو وعالم اسفل.

hec.a.tomb [*hékətoum, - tu:m*] *n* [یونان‌باستان] قربانی صدگاو، قربانی همگانی.

heck.le [*hékl*] (**- d, heckling**), *n.* شانه‌کردن، [مجـ] سخت بازپرسی‌کردن از، سؤال‌پیچ‌کردن، بباد طعنه‌گرفتن، شانه.

hect.are, *n.* هکتار، ده‌هزار مترمربع.

hec.tic [*héktik*] *adj.* [طب] دارای تب لازم، بیقرار، گیج کننده.

hec.to.gram, *n.* هکتوگرم، صدگرم.

hec.to.me.ter, *n.* هکتومتر،صدمتر.

hec.tor [*héktə*] (**-ed, - ing**) *n., vt. & vi.* [باحرف‌بزرگ] اسم خاص مذکر، آدم گردن فراز، خودنما ، لاف زدن، قلدری کردن، (افسانهٔ یونان وباحرف بزرگ) یکی‌از فرزندان «پریام» (Priam).

he'd [*hi:d*]=**he had, he would**

hedge [*hedδ*] *n., vt. & vi.* چپر، خارپشته، پرچین، حصار، راه‌بند، مانع، پرچین ساختن ، خاربست درست‌کردن ، احاطه‌کردن ، طفره زدن، از زیر (چیزی) در رفتن.

hedge.hog [*hédδ(h)ɔg*] *n.* [ج.ش.] خارپشت، ارمجی،جوجه‌تیغی، ماشین‌لاروبی،آدم‌ناسازگار.

hedge.row [*hédδrou*] *n.* ردیف بوته‌های پرچین، سیاج‌بند، ردیف‌خاربن.

he.do.nism [*hí:donizm*] *n.* فلسفهٔ خوشی‌پرستی‌وتمتع‌ازلذاید دنیای‌زودگذر.

heed [*hi:d*] (**- ed, - ing**) *n., vt. & vi.* پروا، اعتنا، توجه، ملاحظه، رعایت، [illegible] کردن (به)، محل‌گذاشتن به، ملاحظه‌کردن.

heed.ful, *adj.* متوجه، مواظب.

heed.less [*hí:dlis*] *adj.* بی‌پروا، بی‌توجه، بی‌اعتنا.

hee-haw [*hí:hɔ:*] *n.* عرعر (مثل خر)، قاه‌قاه‌خنده، هرهر (خنده).

heel [*hi:l*] (**- ed, - ing**) *n. & vt.* پاشنه، پشت‌سم، [درجمع] پاهای‌عقب(جانوران)، ته، پاشنهٔ کف، پاشنهٔ جوراب، پاشنه‌گذاشتن به، کج شدن، یلکور شدن.

heel.er, *n.* پاشنه‌ساز، تعاقب‌کننده،تندپا.

heel.tap [*hí:ltæp*] *n.* ته پیاله، لائی پاشنه، لایهٔ پاشنهٔ کفش، نعلبکی.

hefty [*héfti*] *adj.* قوی، سنگین.

he.ge.mo.ny [*hi:gí:məni, hi:gé-məni*] *n.* برتری، تفوق،استیلا، تسلط، پیشوائی، اولویت.

he.gi.ra, he.ji.ra, *n.* هجری،هجرت.

heif.er [*héfə*] *n.* گوسالهٔ ماده، ماده گوساله.

heigh, *interj.* هی، ای، هان، جانمی، ای والله.

heigh-ho [*héihóu*] *interj. & n.* های‌های [آه‌کشیدن از روی‌خستگی وبیزاری]، دارکوب زرین‌پر، آه.

height [*hait*] *n.* بلندی، رفعت،ارتفاع، جای مرتفع، آسمان، عرش، منتهادرجه، تکبر، دربحبوحهٔ، [درجمع] ارتفاعات، عظمت.

The h. of a roof. ارتفاع پشت‌بام.

height.en [*háitn*] (**- ed, -ing**), *vt. & vi.* بلندکردن، بلندترکردن، بالا بردن، زیادکردن، شدیدکردن، بسط‌دادن.

hei.nous [*héinəs*] *adj.* زشت، شنیع، شریر، ظالم، فجیع، تأثرآور.

heir [*ɛə*] (**- ed, - ing**) *n. & vt.* وارث، میراث‌بر ، ارث‌بر ، حاصل، ارث بردن، جانشین شدن.

heir apparent, *n.* وارث بلافصل.

heir at law وارث قانونی.

heir.ess [*ɛ'əris*] *n.* وارثه، ارث برندهٔ زن.

heir.loom [*ɛ'əlu:m*] *n.* ترکه، دارائی منقولی‌که بارث رسیده باشد.

heir presumptive, *n.* وارث درجهٔ دوم‌که درصورت نبودن حاجبی وارث میشوند، وارث مقدر.

heir.ship, *n.* وراثت، وارث بودن.

heist (**- ed, - ing**) *n., vi. & vt.* بلندکردن، دزدی‌کردن، دزدی،سرقت مسلحانه.

he.li.a.cal, helical, *adj. & n.* [نجـ] ستاره‌ای‌که قبل‌از طلوع یا افول خورشید قابل رؤیت است، شمسی.

he.li.coid, *adj.* [ج.ش.] بشکل بوستهٔ حلزون، مارپیچ،حلزونی.

he.li.cop.ter [*hélikɔ́ptə*] *n.* هلیکوپتر.

he.lio.cen.tric, *adj.* [نجـ]دارای‌مرکز

درخورشید، دوار بدور خورشید.

he.lio.graph [*hí:liougra:f*] **(-ed, -ing)** *n., vt. & vi.*
گراور سازی با نور آفتاب، دستگاه عکسبرداری از آفتاب، مخابره بوسیلهٔ نور خورشید.

he.li.ol.a.try, *n.* آفتاب پرستی.

he.lio.tax.is, *n.* نورگرائی.

he.lio.trope [*héliətroup*] *n.*
[گ.ش.] گل آفتاب‌پرست (مثل گل همیشه‌بهار)، آفتاب‌گرای، گل آفتاب‌گردان، ارغوانی‌روشن، یشم ختائی، حجرالدم، سرخ ژاسب.

he.li.ot.ro.pism, *n.* [گ.ش.] رشدکننده تحت‌تأثیر آفتاب، آفتاب‌گرائی.

he.li.port, *n.* فرودگاه هلیکوپتر.

he.li.um [*hí:liəm*] *n.*
[ش.] گاز خورشید، بخار آفتاب، گاز هلیوم.

he.lix (*pl.* **helices, helixes**) *n.*
مارپیچ، [هن.] منحنی حلزونی، پیچك.

hell [*hel*] *n.*
دوزخ، جهنم، عالم اموات، عالم اسفل.

he'll [*hi:l*]=**he will**=**he shall**

hell-bent, *adj.*
زیاد خمیده، منحرف شده، به بیراهه کشیده شده، [ز.ع.] گمراه، منحرف.

Hel.lene, *n.*
یونانی‌خالص، یونان‌باستان، [امروزه] تبعهٔ یونان.

Hel.len.ic [*helí:nik*] *adj.*
مربوط به یونان.

Hel.le.nism [*hélinizm*] *n.*
اصطلاح یونانی، یونانی مآبی، آداب یونانی.

hel.le.ni.za.tion, *n.* یونانی شدن.

hel.le.nize **(- d, hellenizing),** *vt. & vi.* یونانی کردن، یونانی مآب کردن.

hel.lion, *n.*
آدم جهنمی، ساکن جهنم، اهل جهنم.

hell.ish [*héliʃ*] *adj.* جهنمی.

hel.lo [*hʌ'lóu*] *n., vt. & vi.*
هالو (کلمه‌ای که در گفتگوی تلفنی برای صدا کردن طرف بکار میرود)، سلام کردن.

helm [*helm*] **(- ed, - ing)** *n., vt. & vi.* سکان، اهرم سکان، [مج.] نظارت، اداره، زمام، [مج.] اداره کردن، دسته.

hel.met [*hélmit*] *n.*
خود، کلاه‌خود، کلاه‌ایمنی آتش‌نشانها وکارگران.

hel.minth, *n.* [ج.ش.] کرم، کرم‌روده.

hel.min.thol.o.gy, *n.* کرم‌شناسی، مطالعه دراطراف کرم‌های بیماری‌زا وانگلی.

helms.man [*hélmzmən*] (*pl.* **-men**) *n.* سکان‌گیر، راننده، رل‌دار، مدیر.

hel.ot [*hélət*] *n.* بنده، غلام، رعیت.

het.ot.ism, *n.* بردگی، حالت خادم ومخدومی [درگیاه ودرحیوان].

help [*help*] **(-ed, helpen, -ing),** *n. & vt.*
کمك کردن، یاری کردن، مساعدت کردن [با]، همدستی کردن، مدد رساندن، بهتر کردن، چاره کردن، کمك، یاری، مساعدت، مدد، نوکر، مزدور.

H. him on with his coat.
اورا کمك کنید تا نیم‌تنه‌اش را بپوشد.

I can't h. it.
جلو آنرا نمیتوانم بگیرم، چاره‌ای ندارم.

He ate another helping.
او یك وعده دیگر غذا خورد.

help.er, *n.* یار، همدست، کمك، یاور.

help.ful [*hélpful*] *adj:*
مفید، کمك کننده.

help.less [*hélplis*] *n.*
بیچاره، درمانده، فرومانده، ناگزیر.

help.mate [*hélpmeit*] *n.*
یار، کمك، همدست، دمساز، همسر.

hel.ter-skel.ter [*héltəskéltə*], *adv. & n.*
[د.گ.] بطور درهم وبرهم، هرج ومرج.

helve [*helv*] **(- d, helving),** *n. & vt.*
دسته، دستهٔ تبر، دستهٔ تیشه و مانند آن.

hem [*hem*] **(- med, - ming),** *interj., n. & vt.*
اهم [صدائی که برای صاف کردن سینه درآورند]، سینه‌صاف کردن، تمجمج کردن، لبه، کناره‌دار کردن، لبه‌دار کردن، حاشیه‌دار کردن، احاطه کردن.

he.mal, *adj.*
خونی، وابسته به خون ورگها، احشائی.

he-man, *n.* مرد قوی ونیرومند.

he.mat.ic, *adj.*
[طب] وابسته به خون، خونی، بیماری خونی.

he.ma.tog.e.nous, *adj.* خون‌زا، ازخون بوجودآمده، بوسیلهٔ خون منتشر شده.

he.ma.tol.o.gy, *n.*
شاخه‌ای از زیست شناسی که دربارهٔ خون و دستگاههای خونساز بحث میکند، خون‌شناسی.

he.ma.toph.a.gous, *adj.*
خونخوار، تغذیه کننده از خون.

he.ma.tu.ria, *n.*
[طب] خون‌شاشی، وجودخون درادرار، خون‌میزی.

hem.er.a.lo.pia, *n.*
[طب] مرض روزکوری، کمی بینائی درنورزیاد.

hemi - [*hémi*]
پیشوندی است بمعنی «نیم» و «نصف» مانند **hemi**sphere یعنی «نیمکره».

hemi.cy.cle, *n.* نیم دایره، نیم هلال.

hemi.ple.gia, *n.*
[طب] فلج نصف بدن، فلج ناقص، نیم فلج.

hemi.sphere [*hémisfiə*] *n.*
نیم‌کره، نیم‌گوی، اقلیم.

hemi.sphe.ric, - al, *adj.*
نیم‌کره‌ای.

hemi.stich, *n.*
مصرع، مصراع، نیم بیت شعر، نیم فرد شعر.

hem.line, *n.*
لبهٔ انتهای تحتانی لباس وپیراهن وکت.

hem.lock [*hémlɔk*] *n.*
[گ.ش.] شوکران، شوکران کبیر.

he.mo.glo.bin, *n.*
[بیوشیمی] مادهٔ رنگی آهن‌دار گویچه‌های قرمز خون جانوران مهره‌دار.

he.mo.phile, *adj. & n.*
خون دوست، موجود خون دوست.

he.mo.phil.ia, *n.*
[طب] بیماری موروثی که در آن خون دیر لخته میشود ودرنتیجه اشکال در بند آمدن خونریزی پدید می‌آید.

he.mo.phil.ic, *adj.* مبتلا به‌هموفیلی.

hem.or.rhage, *n.*
[طب] خونروی، خونریزی، خون‌ریزش.

hem.or.rhoid, - al, *adj. & n.*
[طب] بواسیر.

he.mos.ta.sis, *n.*
[طب] توقف خونریزی، بندآمدگی خونریزی.

he.mo.stat, - ic, *n.*
عامل بندآورندهٔ جریان خون، [طب] اسباب یا داروئی برای بند آوردن خونریزی.

hemp [*hemp*] *n.* [گ.ش.] بوتهٔ شاهدانه، زمردگیاه، کنف، بنگ، حشیش.

hem.stitch [*hémstitʃ*] *n. & vt.*
[درخیاطی] رشته‌های نخ را بطور موازی قرار دادن ورشته‌های عمودی را از لای آنها گذراندن [برای ایجاد طرح‌های مختلف].

HEMSTITCH

hen [*hen*] *n.* مرغ، ماکیان، مرغ‌خانگی.

hen.bane, *n.*
[گ.ش.] سیکران، بذرالبنج، بنگ‌دانه.

hence [*hens*] *adv.* ازاینرو، بنابراین، ازاین جهت، پس‌از این.

hence.forth [*hénsfɔ́:θ*] *adv.*
ازاین پس، زین‌سپس، ازاین ببعد.

hence.for.ward [*hénsfɔ́:wəd*], *adv.* ازاین ببعد، پس‌ازاین.

hench.man [*hén(t)ʃmən*] (*pl.* **-men**) *n.* پیرو، هواخواه سیاسی، نوکر.

hen-coop, *n.* مرغدان.

hen deca.syl.lab.ic, *adj. & n.*
شعر یا نثر یازده‌هجائی.

hen.na [*hénə*] **(- ed, - ing),** *n. & vt.* [گ.ش.] حنا، بوتهٔ حنا، حنامالیدن.

hen.nery (*pl.* **- ies**) *n.*
مرغدان، مزرعه یا محل پرورش مرغ.

heno.the.ism, *n.* ستایش چند خدا یکی پس‌از دیگری، توحید نوبتی.

heno.the.ist, - ic, *n. & adj.*
معتقد یا وابسته به توحید نوبتی.

hen.peck **(- ed, - ing)** *vt.*
سعی کردن برای تفوق یافتن (درمورد زوجه نسبت به شوهر خود)، کوشش درمداخلات جزئی (درکارهای شوهر) کردن، عیبجوئی کردن.

hent **(hent, henting)** *conj., prep., n. & vt.*
قاپیدن، بچنگ آوردن، ربودن، تااینکه.

he.pat.ic, *adj. & n.*
جگری، کبدی، سودمندبرای جگر، جگری رنگ.

hep.a.ti.tis, *n.*
[طب] آماس کبدی، تورم کبد.

He.phaes.tus, *n.*
[افسانهٔ یونان] خدای آتش وفلزکاری.

hepta -, hept -
پیشوندی بمعنی «هفت».

hep.tad, *adj. & n.*
هفت چیز، هفتگانه، سبعه، هفت نت، هفت‌بنیانی.

hep.ta.gon, *n.* [هن.] هفت‌گوش، هفت گوشه، هفت ضلعی، هفت پهلوئی، هفت ماهه.

hep.tam.e.ter, *n.* شعر هفت وتدی.

Hep.tar.chy (*pl.* **- ies**) *n.*
حکومت هفت‌نفری، ولایات هفت‌گانه.

Hep.ta.teueh, *n.*
کتب هفت‌گانهٔ اول کتب عهد عتیق.

her [*hə:, hə, ə*] *pers, pron. & adj.*
اورا (مؤنث)، آن زن را، باو، مال او.

her.ald, - ic [*hérəld*] **(- ed, - ing)** *adj., n., vt. & vi.*
پیشرو، جلودار، منادی، قاصد، ازآمدن یاوقوع چیزی خبر دادن، اعلام کردن، راهنمائی کردن.

her.ald.ry [*hérəldri*] (*pl.* **-ies**), *n.* نجبا وعلائم نجابت خانوادگی، نشان‌نجابت خانوادگی، آئین وتشریفات نشان‌های خانوادگی.

herb [*hə:b*] *n.*
گیاه، علف، رستنی، شاخ وبرگ گیاهان، بوته.

her.ba.ceous, *adj.* گیاه‌مانند، گیاهی.

herb.like, *adj.* گیاه مانند.

herby, *adj.* بوته‌دار، مانندبوته، گیاه‌دار.

herb.age [*hə':bidʒ*] *n.*
گیاه [بطورکلی]، رستنی، علف، شاخ وبرگ.

herb.al, *n. & adj.*
گیاه‌نامه، مجموعه یا کلکسیون انواع گیاهان، گیاهی، ساخته شده از علف وگیاه.

herb.al.ist [*hə':bəlist*] *n.*
فروشندهٔ گیاهان طبی، [سابقاً] گیاه شناس.

her.bi.cide, *n.* عاملی که برای از بین بردن علفها وگیاهان بکار میرود، علف‌کش.

her.bi.vore, *n.* [ج.ش.] گیاه‌خوار.

her.biv.o.rous [*hə:bívərəs*] *adj.*
گیاه خواری.

her.cu.le.an [*hə':kjulí:ən, hə:kjú:lign*] *adj.* بسیار دشوار، خطرناك، بسیار نیرومند، وابسته به هرکول.

Her.cu.les [*hə':kjuli:z*] *n.*
هرکول، پهلوان نامی اساطیر یونان وروم.

herd [*hə:d*] **(- ed, - ing)** *n., vt. & vi.* رمه، گله، گروه، جمعیت، گردآمدن، جمع شدن، متحدکردن، گروه.

herd.er, *n.*
چوپان، گله‌بان، محافظ، رمه‌دار، گاودار.

herds.man [*hə':dzmən*] (*pl.* **-men**) *n.*
چوپان، گله‌دار، رمه‌دار، [مج.] کشیش، روحانی.

here [*hiə*] *adv., adj. & n.*
اینجا، دراینجا، دراین‌موقع، اکنون، دراین‌باره، بدینسو، حاضر.

H. and there. تك‌وتوك، اینجا وآنجا.

Neither h. nor there.
نه اینجا و نه آنجا.

here.about [*híərəbaut*] *adv.*
درهمین نزدیکی‌ها، دراین‌حدود، دراین‌حوالی.

here.af.ter [*hiərá:ftə*] *adv. & adj.*
ازاین پس، ازاین ببعد، آخرت.

here.away, *adv.*
[ك.] باین طرف، دراین حوالی.

here.by [*híəbái*] *adv.*
بدین وسیله، بموجب این نامه یا حکم یا سند.

her.e.dit.a.ment, *n.*
میراث، ملك، دارائی غیرمنقول، مال‌موروثی.

he.red.i.ty [*hiréditi*] (*pl.* **-ies**), *n.* انتقال‌موروثی، رسیدن‌خصوصیات‌جسمی‌وروحی بارث، تمایل برگشت باصل، توارث، وراثت.

he.red.i.tary [*hiréditəri*] *adj.*
ارثی.

Her.e.ford, *n.* نوعی گوسالهٔ گوشت قرمز از نژاد انگلیسی که صورت سفیدی دارد.

here.in [*híərìn*] *adv.*
دراین، دراین‌باره.

here.in.above, *adv.* مافوق این، بالاتر ازاین.

here.in.af.ter, *adv.*
بعدازاین، ازاین پس، درسطور بعد.

here.in.be.fore, *adv.* درمقدمهٔ این نوشته یاسند، درمقدمهٔ این موضوع، پیش‌ازاین.

here.in.be.low, *adv.*
درپائین این، درزیر این، ازاین پائین‌تر.

here.of [*hiərɔ́v*] *adv.* ازاین، متعلق باین، [م.م.] ازاینجا، دراین خصوص.

The books h. کتابهای اینجا.

here.on, *adv.* دراین، براین، دراین مورد، دراینجا، درنتیجهٔ این.

her.e.sy [*hérisi*] (*pl.* **- s**) *n.*
کفر، ارتداد، الحاد، بدعتکاوی، فرقه، مسلك‌خاص.

her.e.tic, - al [*héritik, - əl*] *n.*
رافضی، فاسدالعقیده، بدعت‌گذار، مرتد.

here.to, *adv.* باین (نامه)، بدین‌وسیله.

here.to.fore [*híətufɔ́ :*] *adv., n. & adj.*
پیش‌ازاین، پیشتر، سابقاً، قبلاً، تاکنون.

here.un.der, *adv.*
در زیر، در ذیل، ذیلاً.

here.un.to, *adv.* باین [نامه]، بدین وسیله، تاکنون، تااین وقت، تااین زمان.

here.upon [*híərəpɔ́n*] *adv.*
درنتیجهٔ این، ازاین‌رو، پس‌ازاین، متعاقب این.

here.with [*híəwíð*] *adv.*
بااین‌نامه (یا ورقه یا پیمان‌نامه یا سند)، همراه این نامه، لفاً، جوفاً، تلواً.

her.i.ta.ble [*héritəbl*] *adj. & n.*
ارث بردنی، بارث رسیدنی، قابل توارث.

her.i.tage [*héritidʒ*] *n.*

میراث، ارثیه، ارث، ماترك ، تركهٔ غیرمنقول، مرده ریگ، سهم موروثی، [مج.] بخش.
her.i.tor, *n.* ارث‌بر، وارث.
her.maph.ro.dite, *n.* نرموك ، نر و ماده ، خنثی، کسی که هم دارای حالات‌زنانگی وهم حالات مردانگی باشد.
her.me.neu.tic, - s, *adj. & n.* علم تفسیر، تعبیر، آئین تفسیرکتاب مقدس.
Her.mes [*hə':mi:z*] *n.* هرمس[در اساطیر یونان] خدای‌بازرگانی‌ودردی و سخنوری.
her.met.ic, - al [*hə:mə'tik,-əl*], *adj.* وابسته به هرمس‌مصری،کیمیائی، سحرآمیز.
her.mit [*hə':mit*] *n.* زاهدگوشه‌نشین، تارك دنیا، منزوی.
her.mi.tage [*hə':mitidʒ*] *n.* گوشهٔ عزلت، جای انزوا، زاویه.
her.nia (*pl.* **hernias,herniae**), *n.* [طب] فتق، مرض فتق، غری.
her.ni.ate (**- d, herniating**), *vt. & vi.* [طب] بادفتق داشتن، فتق‌داشتن.
he.ro [*híərou*] (*pl.* **- es**) *n.* قهرمان، دلاور، گرد، پهلوان داستان.
he.ro.ic [*hiróuik*] *n. & adj.* قهرمانانه، قهرمان‌وار، بی‌باك، حماسی.
heroic couplet, *n.* شعر دوبیتی حماسی پنج‌هجائی.
her.oin [*hérouin*] *n.* هروئین.
her.o.ine [*hérouin*] *n.* شیرزن، زنی که قهرمان داستان باشد.
her.o.ism, *n.* گردی، قهرمانی، شجاعت.
hero.ize, *vt.* خود را پهلوان وانمودکردن، قهرمان وپهلوان شدن.
her.on [*hérən*] (*pl.* **-s**) *n.* [ج.ش.] ماهیخوار، حواصیل.
her.on.ry (*pl.* **- ies**) *n.* پرورشگاه مرغ ماهیخوار، دستهٔ ماهیخواران.
hero-worship, *n.* قهرمان‌پرستی.
her.pe.tol.o.gy, *n.* خزندهشناسی، قسمتی از جانورشناسی که دربارهٔ خزندگان وذوحیاتین بحث میکند.
her.ring [*hériŋ*] (*pl.* **- s**) *n.* [ج.ش.] شاه‌ماهی (Clupea harengus).
her.ring.-bone, *n. & adj.* استخوان شاه ماهی ، معماری یاطرح چپ وراست.

HERRINGBONE STITCH

hers [*hə:z*] *pron.* مال آن‌زن [فرق میان her و hers اینست که her همیشه با موصوف گفته میشود ولی hers تنها وبطور مطلق بکار میرود].
her.self [*hə:sélf*] *pron.* خودش [آن‌زن]، خود آن زن، خودش را.
he's [*hi:z*]=**he is, he has**
hes.i.tant [*hézitənt*] *adj.* دو دل، مردد، درنگ‌کننده، تأمل‌کننده.
hes.i.tance, hes.i.tan.cy, *n.* درنگ، دودلی، تردید.
hes.i.tate [*héziteit*] *n., vt. & vi.* تأمل‌کردن، مردد بودن، بی‌میل بودن.
hes.i.ta.tion [*hèzitéiʃən*] *n.* تأمل، درنگ، دو دلی.
Hes.per.us [*héspərəs*] *n.* ونوس، ستارهٔ شام، ناهید، زهره.
hes.sian [*hésiən*] *n.* وابسته به شهر هس (Hesse)، آدم پولکی، آدم مزدور.
hest, *n.* [ك.] امر، فرمان، امریه، وعده.
Hes.tia, *n.* [یونان باستان] الههٔ اجاق خانوادگی وشهرها.

he.tae.ra, he.tai.ra (*pl.* **- e, - s**) *n.* [یونان قدیم] معشوقه، فاحشه.
heter - , hetero - پیشوندیست بمعانی، «بغیر از» و «دیگر» و«از جنس دیگری» یا «از نوع مختلف».
het.er.o.chro.ma.tism, *n.* ناهمرنگی .
het.er.o.dox [*hétərədɔks*] *n.* دارای مذهب و عقایدی مخالف عقایدعمومی، مرتد، گمراه، زندیق.
het.er.o.doxy [*hétərədɔksi*] *n.* ارتداد، زندقه.
het.er.o.ge.neous [*hétərədʒí:niəs*] *adj.* ناجور، ناهمگن، غیرمتجانس، متباین.
het.ero.genesis, *n.* خلق‌الساعه، تولید و پیدایش ناگهانی، تناسل ناهمجنس، تولید شده درخارج بدن.
het.er.og.e.ny, *n.* ناجوری، ناهمگنی، تباین، عدم تجانس.
het.er.og.o.nous, *adj.* [گ.ش.] دارای دو یا چند نوع گل کامل
het.er.ol.o.gy, *n.* [زیست شناسی] عدم تجانس بین اعضای مختلف، ناهمگنی اعضاء از لحاظ ساختمانی، دگرسانی.
het.ero.metabolic, het.ero-metabolous, *adj.* [ج.ش.] دارای دگردیسی ناقص.
het.er.o.mor.phic, *adj.* [ج.ش.] جوربجور شونده ، دارای شکلهای گوناگون، جانوران دگردیس.
het.er.on.o.my, *n.* پیروی از قانون دیگری، انقیاد و پیروی از فرامین وقوانین شخص دیگری.
het.ero.sexual, *adj.* مربوط به‌علاقهٔ جنسی نسبت به جنس مخالف، وابسته‌به جنس مخالف، علاقمندبه جنس‌مخالف.
het.ero.sexuality, *n.* علاقه بجنس مخالف.
het up, *adj.* [د.گ. ـ آمر.] برافروخته، تحریك شده
heu.ris.tic, *adj.* پی‌برنده، کشف‌کننده، اکتشافی، ابتکاری، بحث اکتشافی.
hew [*hju:*] (**hewed, hewn, hewing**) *n., vt. & vi.* بریدن، قطع‌کردن ، انداختن [درخت و غیره]، ضربت، شقه، ذبح، شکاف یا ترك نتیجهٔ ضربه.
hew.er [*hjú:ə*] *n.* قطع‌کننده.
hex (*pl.* **- es**) *n., vt. & vi.* ساحر، جادوگر، سحر وجادوکردن.
hex.a.gon [*héksəgən*] *n.* [هند.] شش‌گوش، شش‌گوشه، شش‌بر، شش‌پهلو.
hex.ag.o.nal [*heksǽgənəl*] *adj.* شش‌گوشه.
hex.a.gram, *n.* شکل مرکب از دو مثلث متساوی‌الاضلاع.
hex.a.he.dron (*pl.* **- s**) *n.* شش‌وجهی، جسم شش سطحی.
hax.am.er.ous, *adj.* شش جزئی، شش بخشی، شش قسمتی.
hex.am.e.ter [*hèksǽmitə*] *n.* شعر شش وتدی یا شش وزنی، دارای شش وزن.
hex.a.ploid, *adj.* شش‌گانه،شش‌بخشی.
hex.a.pod, *adj. & n.* [ج.ش.] شش پایان ، جانور شش‌پا.
Hex.a.teu.chal, *n.* شش‌کتاب نخستین ازتورات.
hex.e.rei, *n.* [آمر.] جادوگری، سحر.
hey [*hei*] *interj.* های، ای، وه، هلا، آهای، هی.
hey.day [*héidei*] *interj. & n.* ریعان جوانی، اوج خوش‌بختی.
hi, *pron.* فریاد خوش‌آمد مثل «هالو» و «چطوری» وهمچنین بجای «آهای» بکار میرود.

hi.a.tus [*haièitəs*] (*pl.* **- es**) *n.* وقفه، شکاف، فاصله، التقای دوحرف باصدا.
hi.ba.chi, *n.* منقل ذغالی.
hi.ber.nal, *adj.* زمستانی.
hi.ber.nate [*háibəneit*] *vt. & vi.* [ج.ش.] زمستان‌را در بیهوشی بسربردن، بخواب زمستانی رفتن [گیاهان وجانوران].
hi.ber.na.tion, *n.* (دربعضی‌از موجودات) بسر بردن زمستان در حال خواب یا بیهوشی، زمستان خوابی،
Hi.ber.nian, *adj. & n.* ایرلندی، ساکن ایرلند، ایرلندی زبان.
hic.cup, hic.cough [*híkəp*] (**- ed, - ing, - ped, - ping**) *n., vt. & vi.* سکسکه، سکسکه کردن.
hic ja.cet, *n.* [م.ل.] درانیجا خفته است، کتیبهٔ روی قبر، نوشتهٔ روی سنگ قبر.
hick, *adj., vi. & n.* [ز.ع. ـ آمر.] دهاتی جاهل، احمق، نفهم.
hick.o.ry [*híkəri*] (*pl.* **- ies**) *n.* [گ. ش.] درخت گردوی آمریکائی ، چوب گردوی آمریکائی.
hid [*hid*] *adj.* مخفی‌شده، مخفی.
hide [*haid*] (**hid, hidden , hi-ding**) *n., vt. & vi.* پوست، پوست خام‌گاو وگوسفند و غیره ، چرم ، پنهان‌کردن، پوشیدن، مخفی نگاه داشتن، پنهان‌شدن، نهفتن، پوست‌کندن، [مج.] سخت شلاق زدن.
hideaway, *n.* نهانگاه، مخفی، مخفی‌گاه.
hidebound [*háidbaund*] *adj.* پوست بتن چسبیده، خشکیده، [مج.] کوتاه‌فکر، خودرأی، کوته‌نظر، خسیس.
hid.eous [*hídiəs*] *adj.* زشت، زننده، شنیع، وقیح، سهمگین، ترسناك، مهیب، مخوف.
hideout, *n.* [د.گ.] اختفا، پنهانگاه.
hi.dro.sis, *n.* [طب] عرق زیاد بدن ، تعریق.
hie [*hai*] (**hied, hy.ing, hie-ing**) *vt. & vi.* شتاب‌کردن، شتابیدن، زود رفتن، بشتاب رفتن، عجله‌کردن.
hi.er.arch, *n.* رئیس‌روحانی،سرکشیش، اسقف بزرگ، شیخ قبیله، شیخ، سرپرست.
hi.er.ar.chic, - al, *adj.* وابسته به سلسله مراتب ورياست.
hi.er.ar.chy [*háiəra:ki*](*pl.* **-ies**), *n.* گروه فرشتگان نه‌گانه، سلسلهٔ سران روحانی و شیوخ، سلسله مراتب.
hi.er.at.ic, - al, *adj.* کشیشی، کاهنی.
hi.er.o.glyph [*háiərəglif*] *n.* هیروگلیف، [مصر باستان] حروف تصویری.
hi.er.o.glyph.ic [*hàiərəglífik*] *n.* خط هیروگلیف.
hi-fi, *n.* [مخفف‌کلمهٔ high fidelity] وسائل ایجاد صدا(گرامافون) با بهترین درجهٔ ملایمت و نرمی.
hig.gle (**- d, higgling**) *vi.* چانه زدن، برای سودجوئی بحث‌کردن.
hig.gle.dy - pig.gle.dy [*hígldi-pígldi*] *adv. & adj.* درهم وبرهم، بطور درهم‌وبرهم، آشفته‌وناهرتب.
high [*hai*] (**- er, - est**) *adj.* فراز، بلند، مرتفع، عالی، جای‌مرتفع، بلندپایه، متعال، رشید، زیاد، وافر، گران، گزاف، خشمگینانه، خشن، متکبر، متکبرانه، تند، زیاد، باصدای زیر، باصدای بلند، بوگرفته، اندکی فاسد.
How h. is that building? بلندی آن عمارت چقدر است؟
The most h. God. خدای متعال.
It is h. time you were gone. درست وقت رفتن است.
Assuring you of our highest regards. باتقدیم احترامات فائقه.

high.ball [*háibɔ:l*] *n. & vi.* يك لیوان بزرگ ویسکی یا عرق مخلوط با نوشابهٔ گازدار، قطار سریع‌السیر.
high beam, *n.* نقطهٔ درخشان‌ونورانی جلو وسائل نقلیه، نور بالای چراغ اتومبیل.
high.bind.er, *n.* [ك.] جاسوس یا مراقب دیگری، بپا، جانی.
high.born [*háibɔ:n*] *adj.* اصیل، نیك‌نژاد، خوش‌اصل، پاكزاد.
highboy, *n.* آدم بلندپرواز درسیاست، کمد یا اشکاف ظروف.

HIGHBOY

highbred [*háib red*] *adj.* با تربیت، اصیل، دارای تربیت‌یانجابت‌خانوادگی.
high.brow [*hái-brau*] *n.* [مج.] دارای ابرو وپیشانی بلند، دارای سعهٔ نظر، عالم ودانشمند، روشنفکر.
high chair, *n.* صندلی پایه بلند غذاخوری بچه.
high command, *n.* [نظ.] فرماندهی عالی، سرفرماندهی.
high commissioner, *n.* نمایندهٔ عالیرتبهٔ کشوری درکشور دیگر.
high explosive, *n.* [نظ.] مادهٔ منفجره (مثل T.N.T.).
high.fa.lu.tin, - ing [*háifəlú:tin*] *adj.* بلند، پرطمطراق، اغراق‌آمیز، قلنبه.
high fidelity, *n.* ایجاد صداباعالی‌ترین درجه وشباهت‌زیادبه‌اصل ومبداء آن، دستگاه‌گیرندهٔ عالی وخوش‌صدا.
highflier, highflyer, *n.* آدم بلندپرواز، آدم افراطی، دلیجان سریع.
high-flown [*háifloun*] *adj.* گزاف، اغراق‌آمیز، پرطمطراق، قلنبه.
high-fly.ing, *adj.* بلندپرواز، بلندخیال، یاوه‌اندیش، خیال‌پرور.
high-handed [*háidǽndid*] *adj.* آمرانه، خودخواهانه، مکارانه.
high horse, *n.* مغرور، پرافاده.
high jump, *n.* پرش ارتفاع.
high.land [*háilənd*] *adj.* کوهستانی، نارسا، احمقانه.
high.land.er, *adj. & n.* اهل‌کوهستان، پشت‌کوهی.
high-light, *vi. & n.* نکات‌برجسته یا جالب، تشکیل نکتهٔ روشن یا جالب دادن.
high-low-jack, *n.* [بازی ورق] پاسور.
high-minded [*háimáindid*] *adj.* بامناعت، بزرگ‌منش، مغرور.
high-octane, *adj* [درصنایع نفت] دارای اکتان زیاد مانند بنزین سوپر.
high-pressure, *adj.* دارای وزن وفشار زیاد، پر فشار، قوی.
high priest, *n.* کشیش اعظم ، کاهن اعظم.
high school, *n.* [آمر.] مدرسهٔ متوسطه، دبیرستان.
high sea, *n.* [حق. ـ انگلیس] دریای آزاد، دریای آزاد خارج از مرزکشور.
high-spirited [*háispíritid*] *adj.* جسور، متکبر، دارای روح خودسری وجسارت.
high-strung [*háistrʌŋ*] *adj.* بسیار حساس، عصبانی، کوك (از دست‌کسی).
high-tension, *adj.* [در برق] فشار قوی.
high tide, *n.* حداعلی، حد اعلای مد دریا، اوج، [ك.] روز سرور وشادی، روز جشن.

high treason, *n.* خیانت بزرگ.

high-water, *n.* مد، مد دریا، دریا درحال مد.

highway [háiwei] *n.* شاهراه، بزرگراه، راه.

high.way.man [háiweimən] (*pl.* **- men**) *n.* راهزن وسارق جاده، دزد سرگردنه.

hi.jack, high-jack, *vt.* دزدی هواپیما وسایر وسائط نقلیه ومسافرآن.

hike [haik] (**- d, hiking**) *n., vt.& vi.* گردش، پیاده‌روی، مبلغ رابالابردن.

hi.lar.i.ous [hiléəriəs] *adj.* خنده‌دار، مضحک.

hi.lar.i.ty [hilǽriti] *n.* خوشی، نشاط، بشاشت، شوق وشعف.

hil.ding, *n.* [م.م.] جانور یا اسب بی‌ارزش، حیوان چموش، آدم بیکاره ومهمل.

hill [hil] (**- ed, - ing**) *n. & vt.* تپه، پشته، تل، توده، توده‌کردن، انباشتن.

hill.bil.ly (*pl.* **- ies**) *n.* [آمر.] آدم جنگلی (غالباً از روی تحقیر).

hill myna, *n.* [ج.ش.] سار سیاه و بزرگ آسیائی.

hil.l.ock[hilək] *n.* تپهٔ کوچك، برآمدگی درسطح صاف، پشته، گریوه، [نظ.] پرندك.

hillside, *n.* دامنه، سرازیری تپه، دامنهٔ کوه.

hilly [híli] (**- ier, - iest**) *adj.* پر از تپه.

hilt [hilt] *n.* دسته، قبضه، دستهٔ شمشیر.

To the hilt. تاقبضهٔ شمشیر، [مج.] کاملاً.

him [him] (*pron. 3d person*) او را (آن مرد را)، بهاو (به‌آن مرد).

Hima.layan [himəléiən] *n.* هیمالیائی، وابسته بکوه‌های هیمالیا.

him.self [himsélf] (*pron. 3d. person*). خودش، خود او [درحال تأکید]، خود(آنمرد).

hind [haind] (**hinds**) *n.* [ج.ش.] گوزن ماده، عقبی، پشت پای‌گاو.

hin.der [híndə] (**- ed, - ing**), *adj., vt. & vi.* پسین، عقبی، مانع، واقع درعقب،پشتی، عقب انداختن،پاگیر شدن، مانع شدن، بتأخیر انداختن.

hind.most [háin(d)moust] *adj.* عقب‌ترین، پسین، دورترین.

hin.drance [híndrəns] *n.* پاگیری، اذیت، آزار، مانع، سبب تأخیر.

hind.sight, *n.* ادراك، درك یا فهم امری‌که واقع شده.

Hin.du.stani [hìndustá:ni] *adj. & n.* هندوستانی.

hinge [hindʒ] (**- d, hinging**) *n.* لولا، بند، مفصل، [مج.] مدار، محور، لولازدن، [مج.] وابسته بودن، منوط بودن‌بر.

hin.ny (*pl.* **- ies**) *n. & vi.* شیههٔ اسب، شیهه، شیهه‌کشیدن.

hint [hint] (**- ed, - ing**) *adj., n., vt. & vi.* اشاره،ایما، تذکر، چیزخیلی‌جزئی،اشاره‌کردن.

hin.ter.land [híntəlænd] *n.* زمین پشت ساحل، مناطق داخلی کشور.

hip [hip](**- ped, -ping**) *vt. & n.* کفل، قسمت میان ران و تهیگاه، مفصل ران، جستن، پریدن، لی‌لی‌کردن، سهوکردن.

hip.bone, *n.* [تش.] استخوان‌لگن‌خاصره.

hip.po=hippopotamus, *n.* کرگدن.

Hip.po.crat.ic, *adj.* وابسته به طب بقراط، بقراطی.

hip.po.drome [hípədroum] *n.* اسپریس، میدان اسب دوانی، سیرك.

hip.po.pot.a.mus [hìpəpɔ́təməs] (*pl.* **- es**) *n.* [ج.ش.] اسب‌آبی، کرگدن.

hipster, *n.* شخص طرفدار امور جدید و بیسابقه مانند مواد مخدره وغیره، نوپرست.

hire [háiə] (**- d, hiring**) *n.* کرایه، اجاره، مزد، اجرت، کرایه‌کردن، اجیر کردن، کرایه دادن [گاهی با out].

hire.ling [háiəliŋ] *n.* مزدور، اجیر.

hir.ple (**- d, hirpling**) *n. & vi.* [اسکاتلند] لنگان لنگان راه‌رفتن، لنگیدن.

hir.sute [hə'sju:t] *adj.* پرمو، موئی، پشمالو.

his [hiz] (*pron. 3d person*) ضمیر ملکی سوم شخص مفرد مذکر، مال او (مرد)، مال آنمرد.

A friend of h. دوست او.

his.pid.u.lous, *adj.* پرمو، پشمالو.

hiss [his] (**- ed, - ing**) *n., vi. & vt.* صدای خش‌خش، صدای هیس (مثل صدای مار)، هیس کردن.

hist, *interj.* خاموش، هیس.

his.to.genesis, *n.* بافت سازی.

his.to.log.i.cal, his.to.log.ic, *adj.* وابسته به بافت شناسی.

his.tol.o.gy, *n.* بافت شناسی، علم بافت شناسی.

his.tol.y.sis, *n.* بافتخواری، تجزیه وتحلیل بافت‌های بدن.

his.to.pathology, *n.* مبحث امراض بافتی.

his.to.ri.an [histɔ́:riən] *n.* تاریخ‌نویس، تاریخ‌دان،مورخ، تاریخ‌گزار.

his.tor.ic, - al [histɔ́rik,-l] *adj.* تاریخی، مشهور، معروف، مبنی برتاریخ.

his.to.ric.i.ty, *n.* تاریخ‌گرائی.

his.tor.i.cize, *vt.* بعنوان تاریخ نشان دادن.

his.to.ri.og.ra.pher, *n.* مورخ.

his.to.ry [hístəri] (*pl.* **- ies**) *n.* تاریخ،تاریخچه، گزارش،سابقه،[طب]بیمارنامه.

his.tri.on.ic, *adj.* مربوط به نمایش.

his.tri.on.ics [hìstriɔ́niks] *n.* نمایش، اجراء نمایش، ظاهرسازی، صحنه‌سازی.

hit [hit] *n., vt.& vi.* اصابت، خوردن، ضربت، تصادف، موفقیت، نمایش یا فیلم پرمشتری

hit (**hit, - ting**) *vt. & vi.* زدن، خوردن به، اصابت‌کردن، بهدف زدن.

hit-and-miss, *adj.* گاهی موفق وگاهی مغلوب.

hitch [hitʃ] (**- ed, - ing**) *n.* پیچ وخمیدگی، گرفتاری، مانع، محظور، گیر، تکان دادن، هل دادن، بستن (بهدرشکه وغیره)، انداختن.

hitch.hike (**- d,hitch.hiking**), *vt. & vi.* سرجاده‌ایستادن‌وباشست‌جهت‌خوددرا نشان‌دادن (برای سواری مفتی)، مسافرت‌مفتی.

hitch up, *vi.* اسب را یراق‌کردن، خفت زدن به [حیوان].

hith.er [híðə] *adj. & n.* اینجا، بهاینجا، اینطرفی.

hith.er.to [híðətú:] *adv. & adj.* تاکنون، تابحال، تااینجا، پیش‌ازاین،سابق‌براین.

hit off, *vt.* هم‌آهنگ بودن، هم‌عقیده شدن.

hit or miss, *adv.* برحسب تصادف، اتفاقاً، تصادفاً.

hive [haiv] (**- d, hiving**) *n., vi. & vt.* کندو، [مج.]جای‌کاروپرقیل‌وقال، مرکز تجمع، درکندو جمع کردن، اندوختن.

hives [haivz] *n.* [طب]کهیر، ورم‌کهیر.

ho [hou] *interj.* (علامت تعجب و خوشوقتی یا غضب) ها، ای، به، اهوی، های.

hoar [hɔ:, hɔə] *adj. & n.* سفید مایل به خاکستری، موسفید، پیر.

hoard [hɔ:d] (**- ed, - ing**) *n. & vt.* اندوخته، ذخیره، احتکار، ذخیره‌کردن (بیشتر با up)، احتکار کردن، گنج.

hoard.er, *n.* محتکر.

hoard.ing [hɔ́:diŋ] *n.* احتکار، انباشتن، جمع‌آوری، دیوار موقتی.

hoarfrost [hɔ́:frɔst] *n.* شبنم یخ‌زده، سرما ریزه، پژه، اریز.

hoar.i.ness, *n.* سفیدموئی، پوشیدگی از موهای سفید و کوتاه.

hoarse [hɔ́:s] (**- r, - st**) *adj.* خشن، گرفته، خرخری (درمورد صدا).

hoary [hɔ́:ri, hɔ́əri] (**- ier, - iest**) *adj.* سفید، سفید مایل‌به خاکستری، کهن، سالخورده.

hoax [houks] (*pl.* **- es**) (**- ed, - ing**) *n. & vt.* شوخی فریب‌آمیز، گول زدن، دست انداختن.

hob [hɔb] (**- bed, - bing**) *n. & vt.* سنبهٔ قالب، حقه، شوخی‌فریب‌آمیز، میخ سرپهن زدن، گل میخ زدن، باسنبه یا میله بریدن، بادندانهٔ ماشین وغیره بریدن.

hob.ble [hɔ́bl] (**- d,hobbling**), *vt. & n.* لنگیدن، شلیدن، لنگ‌لنگان راه رفتن، دست و پای‌کسی‌رابستن، مانع‌حرکت‌شدن،زنجیر،پابند.

hob.ble.de.hoy [hɔ́bldihɔ́i] *n.* کره اسبی‌که تازه بالغ شده، آدم تازه بالغ.

hobble skirt, *n.* دامن تنگ.

hob.by [hɔ́bi] (*pl.* **hobbies**) (**- ied, hobbying**) *n.* اسب کوچك اندام، مشغولیات، سرگرمی، کار ذوقی، کاری‌که‌کسی بدان عشق وعلاقه دارد.

hobby.horse [hɔ́bihɔ:s] *n.* اسب چوبی، کار تفریحی، سرگرمی، لوده، مسخره.

hobgoblin [hɔ́bgɔ́blin] *n.* جنی، زشت وموذی، غول، لولو، شبگرد، دزد.

hob.nail [hɔ́bneil] *n.* گل میخ، میخ سرپهن، دهاتی، روستائی.

hob.nob [hɔ́bnɔ́b] (**- bed, - bing**) *n. & vi.* نوش، بسلامتی، دوستانه، خودمانی، بسلامتی‌کسی نوشیدن، صحبت دوستانه‌کردن.

ho.bo [hóubou](*pl.* **-s,-es**) *n. & vi.* کارگر دوره‌گرد، دوره‌گردی‌کردن.

Hob.son's choice [hɔ́bs(ə)nz-tʃɔis] *n.* انتخاب از روی‌ناچاری، ناگزیر، پیشنهادی‌که چاره‌ای جز قبول آن نیست.

hock [hɔk] *n. & vt.* [گ.ش.] گیاهان پنیرك، شاهدانهٔ صحرائی، ختمی، پس‌زانو، پی بریدن، لنگ‌کردن، اذیت کردن، ران خوك.

hock.ey [hɔ́ki] *n.* چوگان‌بازی بااصول فوتبال.

ho.cus-pocus [hóukəspóukəs] (**- ed, - ing, - sed, - sing**) *vt. & n.* تردستی، حقه‌بازی، ورد حقه‌بازی، چیز بی‌معنی، مهمل، چیزگمراه کننده، معضل.

hod [hɔd] (**-ed, -ing**) *n.&vi.* ناوه، [آمر.]سطل‌ذغالی، ذغالدان، بالا وپائین پریدن.

hodge.podge [hɔ́dʒpɔ́dʒ] *n.* خوراك همه چیز درهم، چیز درهم وبرهم.

hoe [hou] (**-d, hoeing**) *n.& vt.* کج‌بیل، کج‌بیل زدن.

hog [hɔg] (**- ged, - ging**) *n., vt. & vi.* خوك، گراز،خوك‌پرواری، بزور گرفتن.

GARDEN HOE
MORTAR HOE
GRUB HOE
TYPES OF HOE

hog.fish (*pl.* **- es**) *n.* [ج.ش.] گراز دریائی، یکنوع عقرب‌ماهی.

hog.gish, *adj.* خوك مانند، خوك‌صفت.

hogs.head [hɔgzhed] *n.* چلیك بزرگ، خمره، پیمانهٔ مایعات.

hog.wash, *n.* گنداب آشپزخانه، چیز بی‌معنی وبیمزه.

hoist [hɔist] (**- ed, - ing**), *vt. & vi.* بالابردن، بلندکردن،برافراشتن، عمل بالا بردن، عمل‌کشیدن، مقدارکشش.

hokey.po.key, *n.* میمون صفتی، تقلید وادا واصول، بستنی قیفی وغیره‌که بستنی فروشهای دوره‌گرد میفروشند.

ho.kum, *n.* چرند، بی‌معنی، نمایش سطحی وبد.

hold [hould] (**held, holden, holding**) *n., vt. & vi.* نگهداشتن، نگاه داشتن، در دست داشتن، گرفتن، جا گرفتن، تصرف کردن، چسبیدن، نگاهداری.

Hold one's own موقعیت‌خودراحفظ‌کردن.

holdall [hóuldɔ:l] *n.* جعبهٔ هزار پیشه، جعبهٔ اسباب‌های مختلف.

hold.back, *n., vt. & vi.* مانع، گیر، بند، وقفه، توقف، مانع‌شدن، ممانعت‌کردن.

hold.er [hóuldə] *n.* دارنده، نگاه دارنده، گیرنده، اشغال‌کننده.

hold.fast, *n.* بند، عقربك، چفت، میخ، گیر، گیره، قلاب.

hold-forth, *vt.* ارائه دادن، پیشنهادکردن، انتظار داشتن.

hold.ing [hóuldiŋ] *n.* دارائی، مایملك، ملك متصرفی، موجودی.

hold out, *vt.* بسط یافتن، حاکی بودن‌از، خودداری‌کردن از.

hold over, *vi. & n.* به تصرف ملك ادامه دادن، ادامه دادن، باقی ماندن، برای آینده نگاه داشتن، تمدید.

hold up [hóuldʌp] *vt.& n.* بااسلحه سرقت‌کردن، مانع شدن، وقفه،توقیف.

hole [houl] *n.* سوراخ، گودال، حفره، نقب، لانهٔ خرگوش و امثال آن، روزنه‌کندن، درلانه‌کردن.

hol.i.day, - s [hɔ́lədi] *n. & adv.* روز بیکاری، تعطیل، روزتعطیل، تعطیل مذهبی.

ho.li.ness [hóulinis] *adj. & n.* تقدس، قدوسیت، پرهیزکاری، لقب پاپ، حضرت.

Hol.land [hɔ́lənd] *n.* کشور هلند، هلندی.

hol.ler (**-ed, - ing**) *n., vt. & vi.* فریاد خوشحالی، صدای مخصوص هر حیوان [مثل صدای قورباغه]، فریادکردن، سرو صدا راه انداختن.

hol.lo, hol.la, holloo, halloa (**- ed, - ing**) *interj. & vi.* (صدا برای جلب توجه) اهوی، آهای، یاالله، بارك‌الله، بافریاد تشویق کردن.

hol.low [hɔ́lou] *adj. & adv.* پوك، میان‌تهی،گود افتاده، گودشده، تهی، پوچ، بی‌حقیقت، غیرصمیمی، غیرصمیمانه، خالی‌کردن.

hol.ly [hɔ́li] (*pl.* **- ies**) *n.* [گ.ش.]راج، درخت‌راج،خاس(ازجنس Ilex).

hol.ly.hock [hɔ́lihɔk] *n.* [گ.ش.] ختمی درختی(Althaea rosea).

holm [houm] *n.* [انگلیس] جزیرهٔ کوچکی میان رودخانه یا دریاچه ویانزدیك خشکی [بیشتر بصورت پسوند دراسامی بکارمیرود]، زمین مسطح وپست‌نزدیك رودخانه، دریا، موج دریا.

ho.lo.caust [hɔ́ləkɔ:st] *n.* همه‌سوزی، کشتار همگانی، [معمولاً بوسیلهٔ سوزاندن]، قتل‌عام، آتش‌سوزی همگانی.

Ho.lo.cene, *adj.*

[ز.ش.] وابسته بـه دورهٔ زمین شناسی حاضر که از پایان دورهٔ پلیستوسن شروع میگردد.

ho.lo.graph, *n.* سند دست‌نویس، سند اصیل، وصیت‌نامه یا سند دیگری، دستینه.

ho.log.y.ny, *n.* توارث مادری.

ho.lo.phyt.ic, *adj.* تغذیه‌کننده ازگیاهان سبز، همجنس خوار.

holo.type, *n.* [ج.ش. ـ گ.ش.] نمونه‌ای کـه نویسنده یا دانشمندی برای معرفی یك راسته یا دسته از جانوران وگیاهان معین میکند، نمونهٔ شاخص.

ho.lo.zo.ic, *adj.* بیگانه خوار.

hol.ster [*houlstə*] (**-ed, - ing**), *n. & vt.* جلد چرمی هفت تیر وتپانچه، جلد، درجلد چرمی قرار دادن [تپانچه].

holt, *n.* بیشه، بیشهٔ واقع برروی تپه.

ho.ly [*hóuli*] (**- ier, - iest**), *adj. & n.* مقدس، منزه وپاکدامن، وقف شده، خدا.

Holy Ghost, *n.* روح‌القدس.

holy of holies قدس‌الاقداس.

Holy Spirit, *n.* روح‌القدس.

holystone [*hóulistoun*] *n.* سنگ شنی‌نرمی که‌با آن عرشهٔ کشتی رامیشویند، سنگ طلسم.

Holy Writ=Bible, *n.* کتاب‌مقدس.

hom.age [*hɔ́midʒ*] *n.* اعلام رسمی بیعت ازطرف متحد یا متفقی نسبت به پادشاه، تجلیل، بیعت.

home [*houm*] (**-d, homing**) *n., adj., vt. & vi.* خانه، منزل، مرزوبوم، میهن، وطن، اقامت‌گاه، شهر، بخانه‌برگشتن، خانه‌دادن(به)، بطرف‌خانه.

Make yourself at h. راحت باشید.

Be at h. with a subject. باموضوعی آشنا بودن.

homebody, *n.* آدم خانه‌نشین یا علاقمند به خانه.

homebred, *adj.* خانگی، خانه پرورده، [مجـ.] دیمی، طبیعی.

home.com.ing [*hóumkʌ'miŋ*] *n.* ورود بخانه، عازم میهن، مراجعت به وطن یا محل تحصیل.

home economy, *n.* اقتصاد خانه‌داری.

homelike [*hóumlaik*] *adj.* راحت (مانند خانهٔ خود آدم)، خانگی.

home.ly [*hóumli*] (**- ier, -iest**), *adj.* خودمانی وصمیمانه، مثل‌خانه، زشت، فاقدجمال.

homemade [*hóumméid*] *adj.* وطنی، ساخت میهن، خانگی، خانه بافت.

homemaker, *n.* خانه‌دار، اداره‌کنندهٔ خانه (زن یا مادر).

ho.meo.chromatic, *adj.* هم‌رنگ.

ho.mer [*hóumə*] *n.* کبوتر خانگی، (دربیس‌بال) گل‌زدن.

Ho.mer.ic [*houmérik*] *adj.* وابسته‌به«هومر»(Homer) شاعرنابینای‌یونان.

homeroom, *n.* کلاس، کلاس درس.

home rule, *n.* حکومت ملی، حکومت داخلی.

homesick [*hóumsik*] *adj.* دلتنگ، بیمار وطن، درفراق میهن.

homespun [*hóumspʌn*] *n.* بافت خانگی، بافت میهنی، وطنی، ساده.

home.stead [*hóumsted*] *n.* شهر موطن، مزرعهٔ رعیتی.

homestretch, *n.* قسمت آخر مسابقه، مسیر انتهائی مسابقه، دور آخر.

homework, *n.* مشق، تکلیف خانه.

homey, *adj.* خودمانی، راحت وآسوده، خانه‌دار.

ho.mi.ci.dal [*hɔ́misáidl*] *adj.* وابسته‌به‌آدمکشی.

ho.mi.cide[*hɔ́misaid*]*n.* آدم‌کشی،قتل.

hom.i.let.ics, *n.* فن خطابه، موعظه.

hom.i.ly [*hɔ́mili*] (*pl.* **- ies**) *n.* وعظ‌کردن، سخنرانی‌کردن، موعظه‌کردن.

hom.i.nid, *n.* [ج.ش.] جنس انسان.

hom.i.noid, *adj.* مربوط به بشر.

hom.i.ny [*hɔ́mini*] *n.* ذرت پوست‌کنده‌که باآب جوش یا شیر پخته شده باشد.

ho.mo (*pl.* **homines**) *n.* جانورانی که از انواع میمونها نیز جزو آن بشمار میروند، آدم، انسان.

homo.chromatic, *adj.* همرنگ، دارای رنگ‌های مشابه، یکرنگ.

ho.moe.cious, *adj.* [ج.ش.] دارای‌یك میزبان‌درتمام دورهٔ‌زندگانی.

ho.mog.a.mous, ho.mo.ga-m.ic, *adj.* [گ.ش.] دارای گل‌های شبیه بهم و متجانس، تولید نسل‌کننده بوسیلهٔ مقاربت باهم‌جنس‌خود.

ho.mog.a.my, *n.* [گ.ش.] وجود گلبرگ‌هـای مشابه و متجانس درگیاه، [ج.ش.] جفت‌گیری باهم‌جنسان.

ho.mo.gen.e.ity, *n.* هم‌جنسی ، یکجوری.

ho.mog.e.neous [*hɔ́moudʒí:ni-əs, - dʒéniəs*] *adj.* [زیست شناسی] مقاربت‌کننده باهم جنس خود ، متوافق، هم‌جنس، یکجور، مشابه.

ho.mo.ge.ni.za.tion, *n.* هم‌جنس‌شدگی، سنخیت، هم‌جنس ویکجورسازی.

ho.mog.e.nize, *vt.* یکجور وهم‌جنس کردن.

ho.mog.e.ny, *n.* [م.م.] همـانندی درنتیجـهٔ داشتن یك اصل ، همانندی، تشابه، ایجاد جنسی شبیه خود

ho.mog.o.nous, *adj.* [گ.ش.] دارای پرچم و مادگی متساوی‌الطول، دارای اعضاء تولید مثل متشابه، [زیست‌شناسی] تولیدکنندهٔ اولاد شبیه به والدین.

homo.graph, *n.* کلمه‌ای‌کـه املای آن باکلمهٔ دیگر یکسان ولی معنی‌آن مختلف‌باشد (مثل bark بمعنی «عوعو کردن» و bark بمعنی «پوست درخت»).

ho.mol.o.gate, *vt.* موافقت‌کردن، تصدیق کردن، تصویب کردن.

homo.log.i.cal=ho.mol.o.gous *adj.* همسان، همانند، برابر، متشابه، متجانس.

ho.mol.o.gize (**- d, homolo-gizing**) *vt. & vi.* همسان شدن یا کردن، برابرشدن با،مطابق شدن، متشابه‌کردن.

ho.mol.o.gous, *adj.* متشابه، همسان.

ho.mol.o.gy, *n.* [ج.ش. ـ گ.ش.] همانندی و تجانس ساختمان اعضای مختلف جانور یاگیاه دراثر منشعب‌شدن ازیك ریشه‌یامبدأ متجانس، همسانی، برابری.

homomor.phy, *n.* همریختی، شباهت ساختمانی واساسی بین دوچیز.

homo.nym [*hɔ́mənim*] *n.* متشابه، کلمه‌ای‌که تلفظ‌آن باکلمهٔ دیگر یکسان ولی معنی آن دگرگون باشد.

hom.on.y.mous, *adj.* دارای دو یا چند معنی مختلف، همصدا.

homo.ou.sian, *adj. & n.* هم‌گوهر، از یك ریشه.

ho.mo.phone [*hɔ́məfoun*] *adj. & n.* (درکلمات)متشابه‌الصوت، دارای‌تشابه‌صوتی، همصدا.

ho.mo.phon.ic, *adj.* [مو.] هم‌دانگ، هم‌آهنگ، همصدا، هم‌نوا.

ho.moph.o.nous, *adj.* متشابـه‌الصوت.

ho.moph.o.ny, *n.* هم‌نوائی،هم‌صدائی.

ho.moph.y.ly, *n.* شباهت خانوادگی، شباهت فامیلی.

ho.mop.ter.an, *n.* [ج.ش.] حشرات نیم‌بال، هم‌بال.

Ho.mo sapi.ens, *n.* انسان، نام علمی انسان، نوع انسان.

ho.mo.sexual, *adj.* دارای احساسات جنسی نسبت بـه جنس موافق (مثل اینکه مرد با مرد و یـا زن با زن دفع شهوت نماید)، مایل به‌جنس خود، همجنس‌باز.

ho.mo.spor.ous, *adj.* هم هاگ، [گ.ش.] دارای یکنوع هاگ غیرجنسی.

homo.zygote, *n.* صحیح‌النسب، واجد صفات پدر ومادر.

ho.mun.cu.lus (*pl.* **ho.mun-cu.li**) *n.* آدمك ، آدم‌خرد ، کوتوله ، گور زاد.

hone [*honn*] (**- d, honing**) *n. & vi.* سنگ تیغ تیزکن، باسنگ تیز کردن، صاف کردن، ناله کردن.

hon.est [*ɔ́nist*] *adj.* درست‌کار،امین، حلال،بیغل‌وغش، صادق، عفیف.

hon.es.ty [*ɔ́nisti*] *n.* درستکاری، درستی، امانت، دیانت، صداقت.

hon.ey [*hʌ'ni*] (*pl.* **honeys**) (**- ed, - ied, - ing**) *vt., adj. & n.* انگبین، عسل، شهد، [مجـ.]محبوب، عسلی‌کردن، [مجـ.] چرب ونرم کردن.

honeybee, *n.* [ج.ش.] زنبور عسل.

hon.ey.comb [*hʌ'nikoum*], *n. & vt.* شانهٔ عسل،آرایش شش گوش،خانه‌خانه کردن.

HONEYCOMB

hon.ey.dew [*kʌ'nidju:*] *n.* شهدگیاهی، شهدنباتی، شبنم انگبینی، عسلك.

hon.ey.moon [*hʌ'nimu:n*] *n.* ماه عسل، ماه عسل رفتن.

hon.ey.suck.le [*kʌ'nisʌ'kl*] *n.* [گ.ش.] پیچ امین‌الدوله.

honk [*hɔŋk*] (**- ed, - ing**) *n., vt. & vi.* [آمر.] صدای خوك یا گراز، صدای غاز وحشی یا بوق ماشین وامثال آن.

H. your horns! بوق‌بزنید!

hon.or=hon.our [*ɔ́nə*] (**- ed, - ing**) *n., vt. & vi.* احترام، عزت، افتخار ، شرف، شرافت، آبـرو، ناموس، عفت، نجابت، تشریفات، (در دانشگاه) امتیاز ویژه، (درخطاب)جناب، حضرت، احترام کردن‌به، محترم‌شمردن، امتیاز تحصیلی‌آوردن، شاگرد اول شدن.

Your h. حضرت اشرف، جناب آقای.

I have the h. to inform you that. محترماً آگاهی میدهدکه . . .

hon.or.able [*ɔ́n(ə)bl*] *adj.* ستوده، محترم، شریف، شایان تعریف، پسندیده، آبرومند، لایق احترام، شرافتمندانه.

hon.or.ar.i.ly, *adv.* بطور افتخاری.

hon.o.rar.i.um [*ɔnərɛ'əriəm*] (*pl.* **hon.o.rariums, honoraria**)*n.* حق‌الوکاله، حق یا مزد آموزگار.

honorary [*ɔ́nərəri*] *adj. & n.* افتخاری، مجانی، درجهٔ افتخاری.

hon.or.if.ic [*ɔnərífik*] *adj. & n* تبجیلی، افتخارآمیز، عنوان تجلیلی.

hood [*hud*] *n.* باشلق یا کلاه مخصوص کشیشان،روسری، روپوش، کلاهك‌دودکش، کروك درشکه، اوباش، کاپوت ماشین.

hood.ed [*húdid*] *adj.* باشلق‌دار، باشلق مانند، کروك‌دار، روپوش‌دار.

hood.lum, *n.* لوطی محله، اوباش.

hood.wink [*húdwiŋk*] *vt.* چشم‌بندی‌کردن، فریب دادن، اغفال‌کردن.

hoof [*hu:f*] (**-ed, - ing**) *vt., vi., adj. & n.* سم، کفشك، حیوان‌سم‌دار، باسم‌زدن، لگد زدن، پای کوبیدن، رقصیدن، بشکل سم.

hook [*huk*] (**- ed, - ing**) *adj., vt., vi. & n.* قلاب، چنگك، [مجـ.] دام، تله، ضربه، بشکل قلاب درآوردن، کج کردن، گرفتار کردن، بدام انداختن، ربودن، گیر آوردن.

By h. or by crook. باکفش وکلاه، بهروسیله که باشد.

hoo.kah, *n.* [از «حقهٔ» عربی] قلیان هندی،نارگیله، قلیان.

hook-bill, *n.* منقار نوك برگشته، منقار عقابی.

hook.er, *n.* قایقی‌که باقلاب ماهی میگیرد، قلاب انداز، دزد، جیب‌بر.

hook.let, *n.* قلاب‌کوچك وظریف.

hookworm [*húkwə:m*] *n.* [ج ش.] کرم قلابدار، نوعی کرم روده.

hooky (**- ier, - iest**) *adj. & n.* قلاب‌وار، بشکل قلاب، پراز قلاب.

To play h. گریختن، از مدرسه‌گریختن.

hoo.li.gan [*hú:ligən*] *n.* [ز.ع. ـ انگلیس] جوان اوباش صفت، ولگرد.

hoop [*hu:p*] (**- ed, - ing**) *n.& vt.* حلقه، انگشتر، تسمه، تسمه زدن، حلقه زدن به، احاطه‌کردن.

hoop.la, *n.* بازی پرتاب حلقه، فریاد خوشحالی.

hoot [*hu:t*] (**- ed, - ing**) *n., vt. & vi.* داد زدن، فریادزدن، جیغ‌کشیدن، هو کردن، بوق زدن، صدای جغد.

hoot, - s, *interj.* [اسکاتلند و شمال انگلیس] فـریاد اعتراض و بی‌صبری مثل «عجب» و «واه» وغیره.

hop [*hɔp*] (**- ped, - ping**) *n., vt. & vi.* رازك، [درجمع] میوهٔ رازك، رازك زدن‌به، رازك بارآوردن، [درجمع] آبجو، افیون، لی‌لی‌کردن، روی یك پا جستن، جست‌وخیز کوچك‌کردن ، رقصیدن ، پـرواز دادن ، لنگان لنگان راه رفتن، پلکیدن.

hope [*houp*] (**- d, hoping**) *n., vt. & vi.* امید، امیدواری ، چشم داشت ، چشم انتظاری، انتظار داشتن، آرزو داشتن، امیدوار بودن.

hope.ful [*hóupful*] *adj. & n.* امیدوار.

hope.less [*hóuplis*] *adj.* نومید.

hop.lite, *n.* سربازپیادهٔ‌مسلح یونان قدیم.

hop-o'-my-thumb, *n.* کوتوله.

hopscotch [*hɔ́pskɔtʃ*] (**- ed, - ing**) *vi. & n.* بازی اکر دوکر، بازی لی‌لی.

ho.ra.ry, *adj.* ساعتی، ساعت بساعت، هرساعت یکبار، بی‌دوام، زودگذر، مربوط به ساعات دعا یاکتاب دعا.

Ho.ra.tian [*hɔréiʃiən*] *adj.* وابسته به «هوراس» (Horace) شاعر لاتین.

horde [*hɔ:d*] *n.* (مشتق ازکلمهٔ ترکی «اردو») ایل وتبار، گروه بیشمار،گروه، دسته، گروه ترکان ومغولان.

ho.ri.zon [*həráizn*] (**-ed, - ing**), *vt. & n.*

افق،خط افق، افق فکری، بوسیلهٔ افق محدود کردن.

hor.i.zon.tal [hɔ́rizɔ́ntl] *adj.* & *n.* افقی، ترازی، سطح افقی.

hor.mone [hɔ́:moun] *n.* [زیست شناسی ـ ش.] هورمن.

horn [hɔ:n] *n.* & *vt.* شاخ، بوق، کرنا، شیپور، پیاله، نوك.

He drew in his horns. یاروغلاف کرد.

horned [hɔ:nd] *adj.* شاخی شکل، شاخدار، نوك تیز.

hor.net [hɔ:nit] *n.* [ج.ش.] زنبور سرخ.

horn-mad, *adj.* شوریده، عصبانی.

horn of plenty شاخ نشان وفور نعمت.

hornpipe [hɔ́:npaip] *n.* کرنا، زرنا، سرنا، رقص ملوانی.

horny [hɔ́:ni] (**- ier, - iest**) *adj.* شاخی، سفت، سخت،شیپوری، شهوتی.

ho.rol.o.gy, *n.* فن وهنر وقت‌سنجی، وقت شناسی، ساعت سازی.

horo.scope [hɔ́rəskoup] *n.* زیچ، طالع، زایچه، جدول ساعات روز.

hor.ren.dous, *adj.* دهشتناك، مهیب، ترسناك، وحشت‌آور.

hor.ri.ble[hɔ́ribl], **hor.rif.ic,** *adj.* مخوف،مهیب،سهمگین، زشت، ناگوار،موحش.

hor.rid [hɔ́rid] *adj.* ترسناك، مهیب، سهمناك، نفرت‌انگیز، زشت.

hor.ri.fy [hɔ́rifai]' (**- ied, hor-rifying**) *vt.* ترساندن،هول‌دادن،وحشت‌زده‌کردن، بهراس‌انداختن، به‌بیم انداختن.

hor.ror [hɔ́rə] *n.* دهشت، ترس، خوف، وحشت، مورمور،[م.م.] بیزاری.

hors de com.bat [ɔ:dəkɔ́:(m)-ba:] *adv.* & *adj.* از کار افتاده، از میدان رزم خارج شده.

hors d'oeuvre [ɔ:də':vr] (*pl.* **- s**) *n.* پیش غذا، اغذیهٔ اشتها آوری که قبل‌از غذا صرف‌میشود، پیش خوراك.

horse [hɔ:s] (*pl.* **- s**) *adj.* & *n.* اسب ، (درشطرنج) اسب ، سواره نظام ، اسبی ، وابسته به‌اسب، قوهٔ‌اسب.(درماشین بخار وغیره).

horse (**- d, horsing**) *vt.* & *vi.* اسب‌دارکردن، سوار اسب‌کردن، اسب دادن به، بالابردن، برپشت سوارکردن، شلاقزدن، بدوش کشیدن، غیرمنصفانه.

horse.back [hɔ́:sbœk] *n.* & *adv.* برپشت اسب، سوار، سوار براسب.

horse chestnut [hɔ́:ttʃés(t)nʌt] *n.* [گ.ش.] شاه بلوط هندی، شاه بلوط بری.

horse.flesh [hɔ́:sfleʃ] *n.* گوشت‌اسب،خانوادهٔ اسب (بطورکلی)، [گ.ش.] درخت تنومند حساسه.

horsefly [hɔ́:sflai] (*pl.* **- ies**) *n.* [ج.ش.] مگس اسب، مگس جنگلی، خرمگس.

horselaugh [hɔ:sla:f] *n.* قاه‌قاه خنده، قهقهه، خندهٔ بلند وپرسروصدا.

horse.man [hə':smən](*pl.*-**men**), *n.* اسب سوار، سوارکار، سواره نظام.

horseplay [hɔ:splei] *n.* بازی خشن وخرکی، شوخی خرکی.

horsepower [hɔ́:spàuə] *n.* واحد نیرو معادل ۷۴۶ وات، (مخفف آن h.p. است) اسب بخار.

horse-rad.ish [hɔ́:srœdiʃ] *n.* [گ.ش.] ترب‌کوهی، ریشهٔ خردل.

horse sense [hɔ́:sséns] *n.* [ز.ع.ـآمر] شعورحیوانی، شعور ذاتی وطبیعی.

horse.shoe [hɔ:sʃu:] *n.* نعل‌اسب، نعل (معمولا آنرا نشان خوشبختی میدانند).

horsewhip [hɔ́:s(h)wip] (**-ped, -ping**) *n.* & *vt.* شلاق، قمچی، شلاق زدن، تنبیه‌کردن.

hors.ey [hɔ́:si] **horsy** (**- ier, - iest**) *adj.* اسبی، وابسته‌به اسبدوانی. معتاد به‌اسب‌دوانی.

hor.ta.tive, *adj.* اندرزآمیز، نصیحت‌آمیز، ترغیبی، تشویقی.

hor.ta.to.ry, *adj.* نصیحتی، تشویقی.

hor.ti.cul.tur.al [hɔ́:tikʌ'ltʃərəl] *adj.* وابسته بباغبانی وگل‌کاری.

hor.ti.cul.ture [hɔ́:tikʌltʃə] *n.* باغبانی علمی، علم رویانیدن گیاهها.

ho.san.na [houzœ́nə] (*pl.* **- s**) *n.* هوشیعانا، هلهله، حمد.

hose [*houz*] (*pl.* **- s, hosen**), *vt.* & *n.* جوراب، لولهٔ لاستیکی مخصوص آب‌پاشی وآبیاری، لولهٔ‌آب‌آتش‌نشانی، شلنگ.

Ho.sea, *n.* هوشع نبی، کتاب هوشع نبی.

ho.siery [hóuδəri] *n.* جامهٔ کش‌باف، جوراب‌بافی.

hos.pice [hɔ́spis] *n.* مسافرخانه، منزل، آسایشگاه، بیمارستان.

hos.pi.ta.ble [hɔ́spitəbl] *adj.* مهمان‌نواز، غریب‌نواز، مهمان‌نوازانه.

hos.pi.tal [hɔ́spit(ə)l] *adj.* بیمارستان، مریضخانه.

hos.pi.tal.i.ty [hɔ́spitœ́liti] (*pl.* **- ies**) *n.* مهمان‌نوازی.

hos.pi.tal.iza.tion, *n.* بستری، دربیمارستان‌بستری، دورهٔ بستری‌شدن.

hos.pi.tal.ize, *vt.* بستری‌کردن دربیمارستان.

host [*houst*] *n.* گروه، ازدحام، دسته، سپاه، میزبان، صاحبخانه، مهمان‌دار، انکل‌دار.

hos.tage [hɔ́stidδ] *n.* گرو، گروگان، شخص‌گروی، [م.م.] وثیقه.

hos.tel [hɔ́stəl] *n.* شبانه‌روزی (دانشگاه یا دانشکده)، هتل.

hos.tel.ry [hɔ́stəlri] (*pl.* **- ies**) *n.* شبانه‌روزی.

host.ess [hóustis] *n.* زن میزبان، زن مهماندار، بانوی صاحبخانه.

hos.tile [hɔ́stail, - til] *adj.* & *n.* دشمن، خصومت‌آمیز، متخاصم، ضد.

hos.til.i.ty [hɔstíliti] (*pl.*-**ies**), *n.* عداوت، خصومت، عملیات‌خصمانه.

hos.tler [ɔslə] *n.* مسافرخانه‌چی، مهمانخانه‌دار، مهتر.

hot[hɔt] (**-ter,-test**)*adj.,vt.&vi.* گرم، حاد، تند، تیز، تابان، آتشین، تندمزاج، برانگیخته، بگرمی، داغ،داغ‌کردن یاشدن.

hotbed [hɔ́tbed] *n.* سرچشمه ، منبع ، بستر خاکی چمن‌کـه دراثر تخمیرویابوسیلهٔ دیگری‌گرم شده باشد، محل یا محیطی‌که درآن رویش وپیشرفت سریع باشد.

hotblood=thoroughbred, *n.*

hot-blood.ed [hɔ́tblʌ'did] *n.* خون‌گرم، باحرارت، تندخو، مهیج، آتشی‌مزاج.

hotch.potch, *n.* آش درهم وبرهم، آش شله قلمکار.

hot dog, *n.* ساندویچ سوسیس، سوسیس، سوسیگ.

ho.tel [(h)outél] *n.* & *vt.* هتل، مهمانخانه، مسافرخانه.

hot.foot, *adv., vt.* & *vi.* سراسیمه، بـاشتاب ، [د.گ.] گریزان ، تسریع کردن، عجله‌کردن، سراسیمه رفتن.

hothead,-ed [hɔ́thed, - id] *adj.* & *n.* آدم شتابکار، آدم عجول، آدم‌بی‌پروا، بی‌باك.

hothouse [hɔ́thaus,-id] *adj.*& *n.* زندان، گلخانه، گرمخانه، جنده‌خانه.

hot.ly, *adv.* باگرمی، بطورگرم.

hot pepper, *n.* [گ.ش.] فلفل قرمز، بوتهٔ فلفل قرمز.

hot plate, *n.* چراغ خوراك‌پزی برقی یا نفتی و یاگازی.

hot rod, *n.* اتومبیل‌شکاری وسریع‌السیر، اتومبیل مسابقه‌ای.

hot.shot, *n.* بارکشی سریع، آدم ماهر دربازی.

hot spring, *n.* چشمهٔ آب‌گرم.

hotspur, *n.* آدم تند وبی‌پروا.

hound]*haund*] (**- ed, - ing**) *n.* & *vt.* سگ شکاری، سگ تازی ، آدم منفور، با تازی شکارکردن، تعقیب‌کردن، پاپی شدن.

hour [*áuə*] *n.* ساعت، ۶۰ دقیقه، وقت، مدت‌کم.

hourglass, *n.* ساعت ریگی ، ساعت‌شنی.

hour-hand, *n.* عقربهٔ ساعت‌شمار.

hou.ri [*húəri*] (*pl.* **- s**) *n.* [عربی] حوری بهشتی.

hour.ly [*áuəri*] *adj.* ساعت به ساعت.

house [*haus*] (**- d, housing**) (*pl.* **- s**) *n., vt.* & *vi.* خانه، سرای، منزل، جایگاه، جا، خاندان،برج، اهل خانه، اهل‌بیت، جا دادن، منزل دادن، پناه دادن، منزل‌گزیدن، خانه‌نشین شدن.

house.less, *adj.* بی‌خانه.

house.ful, *n.* پرجمعیت، یك منزل پر.

house-agent, [*háusèidδənt*] *n.* دلال‌خانه.

house.arrest, *n.* تحت‌نظر بودن، درخانه تحت‌نظر بودن [بجای حبس].

house.boat [*háusbout*] *n.* خانهٔ قایقی.

house.break, *vt.* سرقت‌کردن، بخانه دستبردزدن، حرزراشکستن.

house.break.er [*háusbrèikə*] *n.* دزد حرز شکن.

house.bro.ken, *adj.* مؤدب، باادب، حیوان تربیت شده.

house.clean, *vt.* & *vi.* خانه‌تکانی‌کردن، خانه را تمیزکردن.

house.fly, *n.* [ج.ش.] مگس.

house.hold [*háushould*] *adj.* & *n.* خانواده، [مج.] صمیمی ، اهل بیت ، مستخدمین خانه، خانگی.

house.hold.er [*háushòuldə*] *n.* خانه‌دار، مالك خانه.

house.keep, *vi.* خانه‌داری‌کردن.

house.keep.er [*háuskì:pə*] *n.* خانه‌دار.

house.keep.ing [*háuskì:piŋ*] *n.* خانه‌داری، ادارهٔ منزل.

hou.sel, *n.* آئین عشاء ربانی.

house.maid [*háusmeid*] *n.* کلفت، خدمتگزار.

house.man (*pl.* **- men**) *n.* مرد خانه، اهل خانه، مستخدم خانه.

house.moth.er, *n.* زن‌صاحب‌خانه، زن‌صاحب پانسیون یامهمانخانه.

house of Commons مجلس مبعوثان، مجلس عوام انگلیس.

house of correction زندان، دارالتأدیب.

house of Lords مجلس اعیان، مجلس لردهای انگلیس.

house of representatives مجلس نمایندگان، مجلس مبعوثان.

house organ, *n.* مجله یا نشریه‌ای که بین کارمندان یك مؤسسه پخش شود.

house top [*háustɔp*[=**roof,** *n.* سقف، بام خانه.

house.warm.ing[*háuswɔ́:miŋ*]*n.* جشن‌ورودبخانهٔ‌تازه، جشن‌ورود، ولیمهٔ‌خانهٔ‌تازه.

house.wife [*háuswaif*] *n.* سوزن‌دان، زن خانه‌دار، خانم خانه.

house.work [*háuswə:k*] *n.* کار خانه، خانه‌داری (آشپزی وغیره).

hous.ing, *n.* تهیهٔ جا، خانه‌ها(بطورکلی)، مسکن، خانه‌سازی.

hove [*houv*] (*past of* **heave**) زمان ماضی فعل heave.

hov.el [*hɔ́vl*] *n.* کلبه، خانهٔ رعیتی، پناهگاه، خیمه، سایبان.

hov.er [*hɔ́və*] (**- ed, - ing**) *vt.* & *vi.* درحال توقف پرزدن، پلکیدن، شناورو آویزان‌بودن، درتردیدبودن،منتظرشدن.

how [*hau*] *adv., n.* & *interj.* چگونه، ازچه‌طریق،چطور، به‌چه‌سبب، چگونگی، راه، روش، متد، کیفیت، چنانکه.

H. about this one? این یکی چطور است؛

H. do you do? حال شما چطور است؛

how.be.it [*háubí:it*] *adv.* & *conj.* باوجود این، معهذا، اگرچه، هرچند، بااینکه.

howe, *n.* فرورفتگی، گودی، ژرفی،وسط.

how.ev.er [*hauévə*] *adv.* & *conj.* هرچند، اگرچه، هرقدرهم، بهرحال، هنوز،اما.

how.it.zer, [*háuitsə*] *n.* [نظ.] خمپاره انداز، توپ‌کوتاه لوله.

howl [*haul*] (**- ed, - ing**) *vt.* & *vi.* زوزه‌کشیدن، فریاد زدن، عزاداری‌کردن.

howl.er [*háulə*] *n.* زوزه‌کش، جیغ‌زننده، خنده‌آور.

how.so.ev.er [*hàusouévə*] *adv.* هرجور، بهرترتیب، هرقدر، هرچند، بهرحال.

hoy, *interj.* & *n.* آهای، هی [هنگام راندن حیوانات]، کرجی.

hoy.den, *n.* دختر گستاخ، روستائی بی‌تربیت.

hub [*hʌb*] *n.* توپی چرخ، مرکز، قطب، مرکز فعالیت.

hub.ble-bub.ble, *n.* غلیان، قلیان، شلوغ.

hub.bub, *n.* غوغا، هیاهو، جنجال.

hu.bris, *n.* غرور، گستاخی.

huck.a.bach, *n.* پارچهٔ حوله، حوله‌ای، پارچهٔ نخ وکتان.

huck.le.ber.ry [*hʌ'klberi*] (*pl.* **- ies**) *n.* & *vi.* [گ.ش.] درخت زغال اخته، زغال اخته.

huck.ster [*hʌ'kstə*] *n., vt.* & *vi.* دوره‌گرد، دست فروش، آدم مزدور ، آدم پست وخسیس، چك‌وچانه زدن.

hud.dle [*hʌ'dl*](**-d, huddling**), *n., vt.* & *vi.* روی‌هم ریختن، روی‌هم انباشتن، ناقص انجام‌دادن، ازدحام‌کردن، مخفی کردن، درهم‌ریختگی ، ازدحام ، اجتماع افراد یك تیم، کنفرانس مخفیانه.

hue [*hju:*] *n.* چرده،رنگ،شکل،تصویر، ظاهر، نما، صورت، هیئت، منظر.

hue and cry [*hjúən(d)krái*] *n.* داد وفریاد وقیل وقال، تعقیب قاتل.

huff [*hʌf*] (**- ed, - ing**) *n., vt.*&*vi.* رنجیدن،قهرکردن،اوقات‌تلخی‌کردن، ترساندن، آماس‌کردن، تغیر، عصبانیت، غضب.

huff.ish, huffy, *adj.* تـرشرو ، عصبانـی.

hug [*hʌg*] (**- ged, - ging**) *vt.* درآغوش‌گرفتن، بغل‌کردن، محکم‌گرفتن.

huge [hju:dʒ] (- r, - st) *adj.*
بسیار بزرگ، کلان، گنده، تنومند، بزرگ‌جثه.

hulk [hʌlk](-ed,-ing)*n.,vt. & vi.*
لاشهٔ کشتی، کشتی بدنهٔ کشتی، تنهٔ کشتی.

hull [hʌl] (- ed, - ing) *n., vt. & vi.*
پوست، قشر، پوست میوه یا بقولات، کلبه، خانهٔ رعیتی، تنهٔ کشتی، لاشهٔ کشتی، پوست کندن، ولگردی کردن.

hul.la.ba.loo [hʌ'ləbəlú:] *n.*
غریو، هیاهو، خروش، همهمه، شلوغ، آشفتگی.

hum [hʌm] (- med, - ming), *vi. & n.*
وزوز کردن،همهمه کردن،صدا کردن(مثل فرفره)، زمزمه کردن، درفعالیت بودن، فریب دادن.

hu.man [hjú:mən] *adj. & n.*
انسانی، وابسته بانسان، دارای خوی انسانی.

hu.mane [hju:méin] *adj.*
بامروت، رحیم، مهربان، باشفقت، تهذیبی.

hu.man.ism [hjú:mənizm] *n.*
دلبستگی بمسائل مربوط بنوع بشر، نوع‌دوستی، ادبیات وفرهنگ، علوم انسانی،انسانگرائی.

hu.man.ist, - ic, *n. & adj.*
همنوع‌دوست، وابسته به‌بشردوستی، انسانگرای.

hu.man.i.tar.i.an [hju:mænitɛ'əriən] *n.*
کسی‌که نوع پرستی را کیش خود میداند، نوع‌پرست، بشر دوست، وابسته به بشر دوستی.

hu.man.i.tar.i.an.ism, *n.*
فلسفهٔ همنوع دوستی، بشر دوستی.

hu.man.i.ty [hju:mǽniti] (*pl.* - ies) *n.*
بشریت، نوع‌بشر، مردمی، مروت.

hu.man.ize [hjú:mənaiz] (- d, humanizing) *vt. & vi.*
انسانی‌کردن، انسان شدن، واجد صفات انسانی شدن، بامروت کردن، نرم‌کردن.

hu.man.iza.tion, *n.*
مردمی سازی، انسان پروری، متمدن سازی.

hu.man.kind [hjù:mənkáind] *n.*
نوع انسان، نوع بشر، بشریت، نژاد انسان.

hu.man.ly [hjú:mənli] *adv.*
مثل انسان، بطور انسانی.

hu.man.oid, *adj.*
شبیه انسان.

hum.ble [hʌ'mbl] (- d, humbling) *adj., vt. & vi.*
فروتن، متواضع، محقر، پست، بدون ارتفاع، پست‌کردن، فروتنی کردن، شکسته نفسی کردن.

hum.bler, *n.*
متواضع‌تر.

hum.bug [hʌ'mbʌg] (- ged, - ging) *n., vt. & vi.*
فریب، حیله، گول، شوخی فریب‌آمیز، فریب دادن، بامبول زدن.

hum.drum[hʌ'mdrʌm] *adj. & n.*
آدم کودن، یکنواختی، ملالت، مبتذل.

hu.mec.tant, *adj. & n.*
ماده‌ای‌که رطوبت را بخود جذب میکند.

hu.mer.al, *adj.*
[تش. - ج.ش.] بازوئی، شانه‌ای.

hu.mer.us (*pl.* hu.meri) *n.*
[تش. - ج.ش.] استخوان بازو، استخوان عضله.

hu.mid [hjú:mid] *adj.*
تر، نم، مرطوب، نمدار، آبدار، بخاردار.

hu.mid.i.fy [hju:mídifai] (- ied, - ing) *vt.*
مرطوب ساختن، نمدار کردن.

hu.mid.i.ty [hju:míditi] *n.*
رطوبت، تری، نم، مقدار رطوبت هوا.

hu.mi.fi.ca.tion, *n.*
تشکیل خاک گیاه‌دار، تولید خاک درخت.

hu.mil.i.ate [hju:mílieit] (- d, humiliating) *vt.*
پست‌کردن، تحقیر کردن، اهانت کردن به

hu.mil.i.a.tion [hju:miliéiʃən] *n.*
تحقیر، احساس حقارت.

hu.mil.i.at.ing, *adj.*
تحقیرآمیز، پست سازنده، خفیف کننده.

hu.mil.i.ty, *n.*
افتادگی، تواضع، حقارت، تحقیر.

hu.mi.ture, *n.*
اندازه‌گیری درجهٔ حرارت ورطوبت هوا.

hum.ming.bird [hʌ'miŋbə:d] *n.*
[ج.ش.] مرغ مگس‌خوار، مرغ زرین‌پر.

hum.mock [hʌ'mək] *n.*
تپهٔ کوچک، پشته، برآمدگی زمین درمرداب.

hu.mor, hu.mour, *n. & vt.*
مشرب، خیال، مزاج، خلق، شوخی، خوشمزگی، خوشی‌دادن،راضی نگاهداشتن،[طب] خلط،تنابه.

hu.mor.less, *adj.*
بی‌مزاح.

hu.mor.ist [hjú:mərist] *n.*
بذله‌گو، لطیفه‌گو، آدم شوخ، فکاهی‌نویس.

hu.mor.ous [hjú:mərəs] *adj.*
فکاهی، شوخی‌آمیز، خوش مزه، خنده‌آور.

hump [hʌmp] (- ed, - ing), *n. & vt.*
قوز، گوژ، کوهان،برآمدگی گرد، پیاده روی، قوزکردن، ترشروئی کردن، روی کول انداختن.

hump.back [hʌ'mpbæk] *n.*
کوهاندار، گوژپشت.

hump.backed [hʌ'mpbækt] *adj.*
گوژپشت.

humph [hʌmf,hmf] *interj. & vi.*
پیف (علامت تردید یانارضایتی)، پیف کردن.

humpy (- ier, - iest) *adj.*
قوزدار، دارای برآمدگی، اخمو، ترشرو.

hu.mus [hjú:məs] *n.*
خاک گیاه‌دار، خاک درخت، گیاخاک.

hunch [hʌ'n(t)ʃ] (- ed, - ing), *n., vt. & vi.*
خم کردن، بشکل قوزدرآوردن، (با up یا out) قوزکردن، تنه‌زدن، قوز، گوژ، قلنبه، فشار باآرنج، کوهان، ظن، احساس وقوع امری درآینده.

hunch back [hʌ'n(t)ʃbǽk] *n.*
آدم گوژپشت، کوهاندار.

hun.dred [hʌ'ndrəd] *adj. & n.*
صد، عدد صد.

hun.dredth [hʌ'ndrədθ] *adj.*
صدیك، یك‌صدم.

hun.dred.weight [hʌ'ndrədweit] *n.*
وزنه‌ای که درانگلیس برابر با ۱۱۲ رطل (پوند) یا ۵۰/۸۰ کیلوگرم است وود آمریکا برابر ۱۰۰ رطل یا ۴۵/۳۶ کیلوگرم میباشد.

hung [hʌŋ] (*past of* hang)
زمان ماضی فعل (hang)، آویخت، آویخته.

Hun.gar.i.an [hʌŋgɛ'əriən], *adj. & n.*
مجارستانی، مجار، کولی.

hun.ger [hʌ'ŋgə] (- ed, - ing), *n., vt. & vi.*
گرسنگی،اشتیاق، قحطی، گرسنه کردن، گرسنگی دادن، گرسنه شدن، اشتیاق داشتن.

hunger strike, *n.*
اعتصاب غذای زندانیان وغیره، اعتصاب غذا.

hun.gry [hʌ'ŋgri] (-ier,-iest), *adj.*
گرسنه، دچارگرسنگی، حاکی از گرسنگی، گرسنگی‌آور، حریص، مشتاق.

hunk [hʌnt] *n.*
تکهٔ بزرگ، کلوخه.

hun.ker, *vt. & vi.*
دولاشدن، روی پنجهٔ پا ایستادن، سرپاایستادن.

hun.kers=haunches, *n.*
گرده، کفل، لنبر.

hun.ky-do.ry, *adj.*
رضایت‌مندانه، بارضایت کامل، بسیار خوب.

hunt [hʌnt] (- ed, - ing) *n., vt. & vi.*
شکار کردن، صید کردن، جستجو کردن در، تفحص کردن، شکار، جستجو، نخجیر.

hunt.er [hʌ'ntə] *n.*
شکارچی، صیاد، اسب یا سگ شکاری، جوینده.

hunt.ing-ground, *n.*
شکارگاه.

hunt.ress [hʌ'ntsis] *n.*
زن شکارچی، صیاد زن.

hunts.man [hʌ'ntsmən] (*pl.* - men) *n.*
شکارچی، شکار باز، تازی‌دار، توله‌دار، صیاد، شکارگردان.

hur.dle [hə:dl] (-ed, hurdling) *n., vt.&vi.*
مانع، سبد ترکه‌ای، چهارچوب جگنی، مسابقهٔ پرش‌ازروی مانع، ازروی‌پرچین یاچارچوب‌پریدن، ازروی‌مانع‌پریدن، [مج.]فائق‌آمدن‌بر.

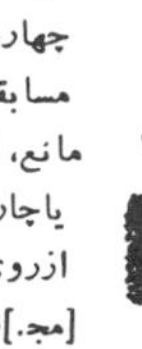

hurl [hə:l] (- ed, - ing) *vt. & vi.*
پرتاب، پرت، لگد، پرتاب‌کردن، پرت‌کردن، انداختن.

hur.ly-bur.ly [hə':libə':li] *n.*
آشوب، غوغا، پرآشوب.

hur.rah [hurá:] **hurrary,** *interj. & n.*
هورا، مرحبا، آفرین.

hur.ri.cane [hʌ'rikən, - kin, - kien] *n.*
تندباد،طوفان،گردباد، اجتماع.

hurricane lamp, *n.*
چراغ بادی، چراغ دریائی.

hur.ried [hʌ'rid] *adj.*
شتابزده، زود، هول هولکی، بی‌تأمل، عجولانه، دستپاچه.

hur.ry [hʌ'ri] (- ied, - ing) *n., vt. & vi.*
شتاب کردن، شتابیدن، عجله کردن، چاپیدن، بستوه آوردن، باشتاب انجام دادن، راندن، شتاب، عجله، دستپاچگی.

hur.ry-scur.ry, hur.ry-skur.ry, *adj. & n.*
دستپاچگی، شتاب زدگی، باشتاب انجام شده.

hurt [hə:t] (hurt, hurt.ing), *n., vt. & vi.*
آزار رساندن، آسیب‌زدن به، آزردن، اذیت‌کردن، جریحه‌دار کردن، خسارت رساندن، آسیب، آزار، زیان، صدمه.

My teeth h.
دندانهایم دردمیکند.

hurt.ful [hə':tful] *adj.*
پرآزار، مضر.

hur.tle [hə':tl] (- d, hurtling), *vt. & vi.*
خوردن،تصادف کردن،مصادف‌شدن، پرت‌کردن، انداختن، پیچ‌دادن، ازدحام‌کردن.

hus.band [hʌ'zbənd] (-ed,-ing), *n. & vt.*
شوهر، شوی، کشاورز، گیاه پرطاقت، نر، شخم زدن، کاشتن، باغبانی کردن، شوهردادن، جفت‌کردن.

hus.band.man [hʌ'zbəndmən] (*pl.* - men) *n.*
کشاورز، سرپرست خانه، مرد زن‌دار.

hus.band.ry [hʌ'zbəndri] *n.*
کشاورزی، کشتکاری، فلاحت، باغبانی.

hush [hʌʃ] (-ed, husht,-ing), *adj., n., vt. & vi.*
خاموش کردن، آرامش دادن، مخفی نگاهداشتن، آرام شدن، صدا درنیاوردن، ساکت، آرام، خموش، سکوت.

hush-hush, *adj.*
مخفی، سری، محرمانه.

hush-money, *n.*
حق‌السکوت.

husk [hʌsk] *n. & vt.*
پوست، سبوس، غلاف یا کاسهٔ گل، حقهٔ گل، بی‌سبوس کردن، بی‌پوشش کردن.

husky [hʌ'ski] (- ier, - iest), *n. & adj.*
پوست‌دار، خشك، نیرومند ودرشت هیکل.

hus.sar [huçá:] *n.*
سرباز سواره نظام سبك اسلحه.

hus.sy [hʌ'si, hʌ'zi] *n.*
دخترگستاخ، دختر جسور.

hus.tle [hʌ'sl] (- d, hustling), *n., vt. & vi.*
هل‌دادن، فشاردادن، تکان دادن، بزور وادار کردن، پیش‌بردن، فریفتن، گول زدن، تکان، شتاب، عجله، فشار، زور.

hus.tler [hʌ'slə] *n.*
کلاهبردار، اغواکننده.

hut [hʌt] (- ted, - ting) *n., vt. & vi.*
کلبه، کاشانه، آلونك، درکلبه جا دادن.

hutch [hʌtʃ] *n.*
قفس، جعبه، صندوق، کلبه، خانهٔ کوچك، نوعی پیمانهٔ قدیمی زغال سنگ وغیره

huz.zah, huz.za, *interj.*
آفرین، زهی، مرحبا.

hy.a.cinth [háiəsinθ] *n.* [گ.ش.]
سنبل، گل سنبل، سنبل ایرانی، یاقوت.

hy.a.line, *adj. & n.*
زجاجی، شیشه مانند، شفاف.

hy.a.loid, *adj.*
[گ.ش.] شیشه‌ای، زجاجی، شفاف، عضو زجاجی، غشاء زجاجی.

hy.brid [háibrid] *adj. & n.*
جانور دورگه (چون‌قاطر)،گیاه پیوندی، چیزی که از چند جزء ناجور ساخته شده باشد،کلمه‌ای که اجزاء آن از زبانهای مختلف تشکیل شده باشد، دو رگه، [گ.ش.] پیوندی.

hy.brid.ize [háibridaiz] (- d, hybridizing) *vt.*
پیوندزدن از دوجنس ناجور باهم، جفت‌کردن، جانور دورگه‌گرفتن، گیاه پیوندی بارآوردن.

hydr-, hydro-
پیشوندهائی بمعنی «آبدار» و «آبزی».

hy.dra [háidrə] *n.*
[افسانهٔ یونان] مار ۹ سری‌که بدست هرکول کشته شده، [مج.] چیزی‌که برانداختن آن دشوار است، مار آبی.

hy.dran.gea [haidréindʒə] *n.*
[گ.ش.] گل ادریس، ساقه و ریشهٔ خشك شدهٔ گل ادریس.

hy.drant [háidrənt] *n.*
لولهٔ آبکش (آب‌انبار)، شیرآتش‌نشانی.

hy.drate, *n., vt. & vi.*
[ش.] جسم مرکب آبدار، هیدرات، آبشتن.

hy.drau.lic [haidrɔ́:lik] *adj.*
وابسته‌به‌نیروی محرکهٔ آب، هیدرولیك، وابسته به مبحث خواص آب درحرکت.

hy.drau.lics, *n.*
آب پویائی، علم مهندسی آب، علم خواص آب در تحرك.

hy.dride, *n.*
[ش.] ترکیب هیدروژن‌دار، هیدروکسید.

hy.dro [háidrou] (*pl.*-s) *adj. & n.*
[انگلیس] هتل یا مهمانخانه‌ای‌که مجاور آب معدنی ساخته میشود، نیروی محرکهٔ آب.

hy.dro-airplane, *n.*
هواپیمائی‌که میتواند روی آب فرود آید.

hy.dro.carbon [hàidroukáːbən], *n.*
[ش.] ترکیبات هیدروکربن.

hy.dro.chloric acid, *n.*
[ش.] جوهرنمك HCl.

hy.dro.dy.nam.ics, *n.*
علم نیرو وجنبش آبگونها.

hy.dro.electric [háidrouilékt-rik] *adj.*
وابسته به‌تولید نیروی برق بوسیلهٔ آب یابخار.

hy.dro.electricity, *n.* برق تولید شده از آب یا بخار.

hy.dro.gen *[háidrədʒən]* *n.* [ش.] هیدروژن.

hy.dro.gen.ate, *vt.* دارای هیدروژن کردن، سبب ترکیب چیزی باهیدروژن شدن.

hy.dro.gen.a.tion, *n.* عمل تبدیل به هیدروژن.

hydrogen bomb, *n.* بمب هیدروژنی.

hy.drog.e.nous, *adj.* هیدروژنی.

hydrogen peroxide, *n.* [ش.] آب اکسیژنه، H_2O_2.

hy.drog.ra.phy, *n.* نقشه‌برداری از آبهای روی زمین.

hy.dro.kinet.ic, *adj.* وابسته‌بحرکت مایعات و نیروی محرکهٔ مایعات.

hy.dro.log.ic, - al, *adj.* وابسته بآب شناسی.

hy.drol.o.gist, *n.* متخصص آبشناسی.

hy.drol.o.gy, *n.* گفتار درچگونگی آبهای روی زمین، مبحث آبشناسی، علم‌میاه.

hy.drol.y.sis (*pl.* **hydrolyses**), *n.* [ش.] تجزیه بوسیلهٔ آب، آب‌کافت.

hy.drom.e.ter, *n.* آلت سنجش وزن ویژهٔ معایعات، چگالی سنج.

hy.drop.a.thy *[haidrɔ́pəθi]* *n.* [طب] معالجهٔ امراض بوسیلهٔ آب وتجویزآب.

hy.dro.phil.ic, hy.dro.phile, *adj.* آب‌دوست، علاقمند به آب.

hy.dro.pho.bia *[hàidrəfóubiə]* *n.* [طب] مرض ترس از آب، آب‌گریزی.

hy.dro.phyte, *n.* [گ.ش.] گیاه‌آبزی.

hy.dro.plane *[háidrəplein]* *n.&vi.* هواپیمائی که برروی دریـا نشسته ویا از روی دریا پروازکند، هواپیمای دریائی.

hy.dropower, *n.* قوهٔ‌محرکهٔ‌مولد برق.

hy.dro.scope, *n.* آلتی برای دیدن اعماق دریا، آب‌بین.

hy.dro.sphere, *n.* [جغ.] آب‌کره، آبها واقیانوسهای کرهٔ زمین.

hy.dro.stat.ics, *n.* علم‌فشار وموازنهٔ آبهای ساکن، علم تعادل آبگونه‌ها.

hy.dro.therapy, *n.* [طب] استفادهٔ علمی‌آب در درمان بیماریها، آب درمانی.

hy.dro.thermal, *adj.* وابسته‌بعمل آبهای‌گرم درپوستهٔ زمین، گرمابی.

hy.dro.trop.ic, *adj.* آب‌گرائی.

hy.drot.ro.pism, *n.* آب‌گرائی یا هیدروتروپیسم، رطوبت‌گرائی.

hy.drous, *adj.* [ش.] آبدار، نمناك، محتوی آب.

hy.drozoan, *n.* [ج.ش.] مرجانیان.

hy.e.na *[háii:nə]* *n.* [ج.ش.] کفتار، [مج.] آدم درنده‌خو یا خائن.

hy.giene *[háidʒi:n]* *n.* علم بهداشت، بهداشت، حفظ‌الصحه.

hy.gien.ic *[haidʒí:nik]* *adj.* بهداشتی.

hy.gien.ics, *n.* علم بهداشت، بهداشت.

hy.gien.ist, *n.* متخصص بهداشت.

hy.gro.graph, *n.* نم‌نگار، دستگاه خودکاری برای اندازه‌گیری رطوبت جوی.

hy.grom.e.ter, - ic, *adj.* & *n.* نم‌سنج، آلات وادوات سنجش رطوبت هوا.

hy.grom.e.try, *n.* رطوبت سنجی.

hy.gro.phyte, *n.* گیاه رطوبت‌گرای.

hy.gro.scope, *n.* رطوبت‌نما، نم‌بین، نم‌نما، هیدروسکوپ.

hy.men *[háimen]* *n.* [افسانهٔ‌یونان] خدای عروسی و نکاح، [باحرف‌کوچك] عروسی، ازدواج، سرود عروسی، پردهٔ بکارت، دخترگی.

hymn *[him]* (**- ed, - ing**) *n.*, *vt.* & *vi.* سرود روحانی، سرود، سرود حمد وثنا، سرود خواندن، تسبیح وتمجید گفتن.

hym.nal *[hímnəl]* *adj.* & *n.* کتاب سرودنامهٔ مذهبی، سرودنامه، سرودی.

hymnbook, *n.* کتاب سرود مذهبی، سرودنامه.

hym.nol.o.gy, *n.* سرودشناسی.

hyoid bone, *n.* [تش.] استخوان لامی (در قسمت بالای حنجره).

hy.oid, *adj.* لامی.

hyper - پیشوندی بمعنی «روی» و«بالای» و «برفراز» و «ماوراء» و «خارج ازحد عادی» و «فوق‌العاده» و «مافوق» و «اضافه» و «بیش‌از حد»، و «بحد افراط».

hy.per.acid, *adj.* حاوی مقدار زیادی اسید (بیش‌ازمقدارعادی).

hy.per.acidity, *n.* زیادی اسید.

hy.per.active, *adj.* [طب] دارای فعالیت بیش‌از اندازه.

hy.per.bo.la (*pl.* **- s, - e**) *n.* [هن.] هذلولی، قسع زائد.

hy.per.bo.le *[haipə́:bəli]* *n.* [بدیع] مبالغه، اغراق، غلو، گزاف گوئی، [بدیع] صنعت اغراق.

hy.per.bol.ic, *adj.* اغراق‌آمیز، اغراقی، شبه هذلولی، وابسته به هذلولی.

hy.per.bo.list, *n.* اغراق‌گو.

hy.per.bo.lize (**- d, hyperbolizing**) *vt.* & *vi.* گزافه‌گوئی‌کردن، اغراق‌گفتن، بدرجهٔ اغراق‌آمیزی‌بزرگ‌کردن.

hy.per.bo.re.an, *n.* & *adj.* [با حرف کوچك] ساکن دورترین نقطهٔ شمالی زمین، بسیار سرد.

hy.per.crit.ic *[hàipəkrítik]* *n.* نقاد موشکاف، انتقاد سخت وموشکافی.

hy.per.e.mia, *n.* [طب] احتقان، پرخونی (درعضو)، خون انباری.

hy.per.irritability, *n.* حساسیت واستعداد تحریك فوق‌العاده.

hy.per.irritable, *adj.* دارای حساسیت شدید.

hy.per.opia, *n.* [طب] دوربینی، مرض دوربینی.

hy.per.physical, *adj.* فوق‌طبیعت، خارق‌العاده، مافوق قوهٔ‌بدنی‌ومادی.

hy.per.pyrexia, *n.* [طب] تب شدید، درجه حرارت بالاتر از صد.

hy.per.sensitive, *adj.* دارای حساسیت فوق‌العاده، خیلی حساس.

hy.per.sensitivity, *n.* حساسیت شدید.

hy.per.sonic, *adj.* ماوراءالصوت، دارای سرعتی پنج یا شش برابر امواج صوتی درفضا.

hy.per.tension, *n.* [طب] فشارخون، بیماری فشارخون، افزایش فشار خون.

hy.phen *[háifn]* (**- ed, - ing**), *n.*, *vt.* & *vi.* خط پیوند، خط ربط، نشان اتصال، ایست‌درسخن، دارای‌خط‌پیوندیاربط کردن.

hy.phen.ate *[háifəneit]* (**- d, hyphenating**) *vt.* باخط پیوند چسبانیدن، باخط پیونـد نوشتن، بوسیلهٔ خط دارای فاصله‌کردن [کلمات].

hyp.na.gog.ic, hyp.no.gog.ic, *adj.* [مج.] خواب‌آور، خواب‌کننده، منوم، دارای خصوصیات خواب.

hyp.no.gen.e.sis, *n.* ایجاد خواب، ایجاد خواب هیپنوتیزم.

hyp.noid, hyp.noi.dal, *adj.* خوابی، نومی، شبیه خواب یا خواب هیپنوتیزم.

hyp.no.sis (*pl.* **hyp.no.ses**) *n.* خواب هیپنوتیزم، خواب درائر تلقین.

hyp.no.therapy, *n.* [طب] معالجهٔ امراض بـوسیلهٔ خواب مغناطیسی.

hyp.not.ic *[hipnɔ́tik]* *adj.* & *n.* خواب‌آور، منوم، تولیدکنندهٔ خواب، هیپنوتیزم.

hyp.no.tism *[hípnətizm]* *n.* علم هیپنوتیزم یا طریقهٔ خواب‌آوری مصنوعی.

hyp.no.tist, *n.* هیپنوتیزم‌کننده.

hyp.no.tize *[hípnətaiz]* (**- d, hypnotizing**) *n.* & *vi.* خواب هیپنوتیزم کردن ، بطور مصنوعی خواب کردن، [مج.] مسحور ومفتون‌کردن.

hy.po *[háipou]* *vt.* & *n.* هیپوسولفیت‌سدیم، [طب]تزریق زیرجلدی،سوزن تزریق زیرجلدی، عامل محرك، تحریك‌کردن.

hy.po.blast, - ic, *adj.* & *n.* [ج.ش.] غشاء داخلی جنین.

hy.po.chon.dria, *n.* مالیخولیا،حالت‌افسردگی،سودا، مراق،اضطراب واندیشهٔ بیهوده راجع بسلامتی خود.

hy.po.chon.dri.ac, *adj.* & *n.* مالیخولیائی، افسرده، سودائی، آدم افسرده.

hypoco.rism, *n.* اسم تصغیری، لقب خودمانی و بشوخی، اصطلاح یا کلمهٔ خودمانی وتصغیری، لقب بچه‌گانه.

hy.poc.ri.sy *[hipɔ́krəsi]* (*pl.* **-s**), *n.* دوروئی،ریا،ریاکاری،دورنگی،سالوس،زرق.

hyp.o.crite *[hípokrit]* *n.* آدم‌ریاکار،آدم‌دورو، زرق‌فروش،سالوس،متصنع.

hy.po.derm, *n.* [تش.] تحت‌جلد،قسمت‌زیرجلد، hypoblast.

hy.po.der.mal, *adj.* واقع در زیر پوست بیرونی.

hy.po.der.mic *[hàipo(u)də́:mik]*, *adj.* & *n.* زیرپوستی ، تحت‌الجلدی، [طب] تـزدیق زیرـ جلدی، سوزن مخصوص تزریق زیر جلد.

hy.po.der.mis, *n.* [ج.ش.] پوست زیرین، زیرپوست، تحت‌الجلد.

hy.po.gas.tric, *adj.* واقع در زیرـ شکم، زیر شکمی (قسمت وسط پائین‌تر ازناف).

hy.po.ge.al, hy.po.ge.ous, *adj.* واقع درشکم خاك، زیرزمینی.

hy.po.ge.um (*pl.* **hy.po.gea**) *n.* [معماری قدیم] قسمت زیرزمینی‌بنا، سرداب.

hy.po.ma.nia, *n.* [ر.ش.]جنون‌خفیف.

hy.poph.y.se.al, *adj.* [تش.] مربوط بغدهٔ صنوبری، مربوط بهیپوفیز.

hy.poph.y.sis, *n.* [تش.] غدهٔ صنوبری، غدهٔ هیپوفیز.

hy.pos.ta.sis (*pl.* **hy.pos.tases**) *n.* پایه یانگهبان عضو یا چیزی، پشتیبان، موجودفرضی، حالت تعلیق،معلق،ذات.

hy.pos.ta.tize (**- d, hypostatizing**) *vt.* تبدیل بماده‌کردن، جسمیت دادن به.

hy.po.style, *adj.* & *n.* دارای سقف مبتنی برردیف ستون، ستون‌دار.

hy.po.tension, *n.* [طب] فشار خیلی ضعیف و غیر عادی رگهـا ، فشار خون خیلی پائین.

hy.pot.e.n.use *[haipɔ́ti-nju:z]* *n.* [هن.]زه، وتر، وتر مثلث‌قائم‌الزاویه.

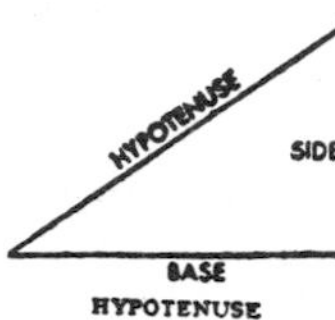

hy.poth.e.cate (**- d, hypothecating**) *vt.* گروگذاشتن، وثیقه قرار دادن، رهن‌گذاردن.

hy.po.thermal, *adj.* نیم‌گرم، نسبتاً گرم، وابسته به تقلیل درجهٔ حرارت.

hy.poth.e.sis *[haipɔ́θisis]* (*pl.* **hy.potheses**) *n.* فرض، فرضیه، قضیه فرضی، نهشته، برانگاشت.

hy.poth.e.size (**- d, hypothesizing**) *vi.* فرض‌کردن، برانگاشتن.

hy.pox.ia, *n.* کمبود اکسیژن دربافتهای بدن.

hyp.sog.ra.phy, *n.* نقشه‌برداری ازکوه‌ها وارتفاعات زمین.

hyp.som.e.ter, - ic, *adj.* & *n.* فرازسنج، ارتفاع‌پیما، ارتفاع‌سنج.

hy.son, *n.* نوعی چای سبز چینی.

hys.sop *[hísəp]* *n.* [گ.ش.] زوفا، زوفای مصری، اشنان دارو.

hys.ter.ec.to.mize, *vt.* بوسیلهٔ‌عمل جراحی زهدان را درآوردن.

hys.ter.ec.to.my, *n.* [جراحی] بیرون‌آوردن زهدان یا رحم.

hys.te.ria *[histíəriə]* *n.* [طب] تشنج ، حمله ، غش یا بیهوشی وحمله در زنان، هیجان زیاد، هیستری، حملهٔ عصبی.

hys.ter.ic, - al *[histériks(l)]*, *adj.* & *n.* دارای هیجان شدید یا هیستری.

hys.ter.ics *[histériks]* *n.* حملهٔ خندهٔ غیرقابل کنترل ، حملهٔ گریه، حملهٔ احساساتی، حمله وتشنج (در زنان)، هیجان.

hys.ter.o.gen.ic, hys.ter.oid, *adj.* تشنج آور، حمله‌آور، موجب‌اختناق‌رحمی، حملهٔ تشنجی ، شبیه حمله ، اختناق زهـدانی.

I

انگلیسی English	خط میخی پارسی Old Persian Cuneiform	پهلوی اشکانی Parthian Pahlavi	پهلوی ساسانی Sassanian Pahlavi	پهلوی کتابی Book Pahlavi	اوستائی Avestan	فارسی Modern
I	[illegible]	[illegible]	[illegible]	[illegible]	[illegible]	ئ

i, *n.* نهمین حرف الفبای انگلیسی.
i *[ai]* **pron.** [د.] اول شخص مفرد، من (درحال مفعولی me گفته میشود).
I told him. باو گفتم.
You and I. شما ومن.
iamb=iam.bus (*pl.* **iam.bus.-es, iambs** & **iam.bi**) *n.* وتد مجموع، یك هجای کوتاه ویك هجای بلند.
iam.bic *[aiǽmbik]* *adj.* وابسته به وتد مجموع.
i.a.tra.lip.tics, *pl.* & *n.* مرهم گذاری، معالجه بامالش.
iat.ric, *adj.* وابسته به پزشکی، طبی.
iat.ro.chemistry, *n.* شیمی‌پزشکی.
i.a.trol.o.gy, *n.* علم‌طبابت، علم‌العلاج، رسالهٔ‌پزشکی، رسالهٔ‌طبی.
I.be.ri.an, *n.* & *adj.* اهل شبه جزیرهٔ ایبری.
ibex *[áibeks]* (*pl.* **ibeo, - es**) *n.* بزکوهی، مرال، بشکل بزکوهی.
ibi.dem *[ibáidem]* *adv.* ایضاً،تکرار میشود، درهمانجا، (مخفف آن ibid است).
ibis *[áibis]* (*pl.* **ibis** & **ibis.es**) *n.* [ج.ش.] لك‌لك گرمسیری.
Ic.a.rus, *n.* [افسانهٔ یونان] ایکاروس پسر «ددالوس».
ice *[ais]* (**- d, icing**) *n.* & *vt.* منجمدکردن، یخ بستن، منجمد شدن، شکرپوش کردن، یخ، سردی، خونسردی وبی‌اعتنائی.
ice age, *n.* دورهٔ یخ، دورهٔ یخبندان.
ice.bag, *n.* کیسهٔ یخ.
ice.berg *[áisbə:g]* *n.* تودهٔ یخ غلتان، کوه یخ شناور، تودهٔ یخ شناور.
ice.blink, *n.* یخناب، روشنائی که دراثرانعکاس نور یخ درافق پیدا می‌شود، پرتگاه یخ درسواحل دریا.
icebound, *adj.* احاطه شده از یخ، یخ‌بند، یخ بسته.
icebox, *n.* یخچال.
icebreak.er, *n.* قایق یخ شکن، کشتی یخ شکن.
ice cap, *n.* قلهٔ یخی، یخ پهنه، [طب] کیسهٔ یخ.
ice-cold, *adj.* فوق‌العاده‌سرد، مثل یخ.
ice cream, *adj.* & *n.* بستنی.
icefall, *n.* آبشار یخی، تودهٔ یخ غلتان.
ice field, *n.* سرزمین یخی، یخزار، یخ شناور.
icehouse, *n.* یخچال، خانه وساختمان ساخته شده از یخ.
ice.land, - ic *[aislǽnd, -ik]*, *adj.* & *n.* ایسلند، جزیرهٔ ایسلند، زبان ایسلندی.

ice.man (*pl.* **- men**) *n.* یخ فروش، یخچال‌دار، یخی، بستردوران یخ.
ice pick, *n.* یخ‌خردکن،چکش‌یخ‌شکن.
ice plant, *n.* کارخانهٔ یخ سازی.
ice-skate, *vi.* & *n.* اسکی روی یخ ، روی یخ اسکی کردن.
ice storm, *n.* طوفان همراه باتگرگ، کولاك.
ich.nol.o.gy=ich.no.li.thol.-o.gy, ich.no.man.cy, *n.* تفأل وغیبگوئی از روی ردپا، ردپا شناسی.
ichor, *n.* [افسانهٔ یونان] خون خدایان، آب جراحت، خونابه.
ich.thy.oid, - al, *adj.* [ج.ش.] ماهی‌وار، شبیه ماهی.
ich.thy.ol.o.gy, *n.* ماهی‌شناسی.
ich.thy.oph.a.gous, *adj.* ماهیخوار، تغذیه کننده از ماهی.
ici.cle *[áisikl]* *n.* قندیل یخ، قلهٔ یخ، یخ‌پاره، قطعهٔ یخ.
ic.i.ly *[áisil:]* *adv.* بطورسرد، یخ‌مانند.
ic.i.ness, *n.* حالت یخی، سردی.
ic.ing *[áisiŋ]* *n.* شکر وتخم‌مرغ روی شیرینی.
icon, - ic [*áikən*] (**- s, - es**), *adj.* & *n.* شمایل، تمثال، تندیس، پیکر، تصویر، تصویر حضرت مسیح یا مریم ویا مقدسین مسیحی.
icon.o.clasm, *n.* شمایل شکنی، بت شکنی.
icon.o.clast *[aikɔ́nəklæst]* *n.* بت شکن.
ico.nog.ra.phy, *n.* پیکرنگار.
ico.nol.a.ter, *n.* شمایل پرست.
ico.nol.o.gy, *n.* شمایل شناسی، پیکر شناسی.
icosa.he.dron (*pl.* **ico.sa.he-dra, - s**) *n.* [هن.] بیست‌روئی، بیست‌وجهی، بلوربیست‌وجهی.
ic.ter.us, *n.* [طب] زردی، یرقان.
ic.tus (*pl.* **- es**) *n.* سکته، ضرب، ضربان، تپش، حملهٔ ناگهانی، بیهوشی.
icy *[áisi]* (**-ier, -iest**) *adj.* یخی، پوشیده از یخ، بسیار سرد، خنك.
id, *n.* مجموع تمایلات انسان که نفس یا شخصیت‌انسان وتمایلات شهوانی‌وجنسی از آن‌ناشی‌میشود، نهاد.
I'd *[aid]* مخفف I should و I had بمعنی «من می‌بایستی»و I would بمعنی«من‌باید»و«من‌داشتم».
idea *[aidíə]* (*pl.* **- s**) *n.* انگاره، تصور، اندیشه، فکر، خیال، گمان، نیت، مقصود، معنی، آگاهی، خبر، نقشهٔ کار، طرز فکر.
To form an i. of something. اندیشهٔ چیزی را درسر پروراندن.
What is the i.? منظور چیست؟

ide.al *[aidíəl]* *adj.* کمال مطلوب، هدف زندگی، آرمان، آرزو،ایده‌آل، دلخواه.
ied.al.ism *[aidíəlizm]* *n.* معنویت، آرمان‌گرائی،خیال‌اندیشی، سبك‌هنری‌خیالی.
ide.al.ist *[aidíəlist]* *n.* ایده‌آلیست.
ide.al.i.ty, *n.* اندیشه‌گرائی.
ide.al.ize *[aidíəlaiz]* (**-d, idea-lizing**) *vt.* بصورت ایده‌آل درآوردن، صورت خیالی وشاعرانه دادن(به)،دلخواه‌سازی.
ide.ate (**- d, ideating**) *vt.* تصورکردن، فکرکردن، خیال‌کردن.
ide.a.tion, *n.* خیال اندیشی.
ide.a.tive=ideational, *adj.* وهمی، خیالی، اندیشه‌ای.
idem, *pron.* همان، ایضاً، همان نویسنده، درهمان‌جا.
iden.tic, - al *[aidéntik,- əl]* *adj.* مساوی، عیناً، همان، منطبق با، یکسان.
iden.ti.fi.a.ble, *adj.* قابل شناسائی.
iden.ti.fi.ca.tion *[aidèntifikéi-ʃən]* *n.* شناسائی، تعیین هویت، تطبیق، تمیز.
iden.ti.fi.er, *n.* معین‌کننده هویت.
iden.ti.fy [*aidéntifai*] (**- ied, identifying**) *vt.* شناختن، تشخیص هویت دادن، یکی کردن.
To i. stolen property. شناسائی اشیاء مسروقه.
iden.ti.ty *[aidéntiti]* (*pl.* **- ies**), *n.* هویت، شخصیت، اصلیت، شناسائی، عینیت.
ideo.gram *[ídiougræm]* *n.* تجسم ونمایش عقاید وافکار واجسام باتصویر.
ideo.graph *[ídiəgra:f]* *n.* امضاء یا علامت مخصوص شخص، مارك تجارتی.
ide.ol.o.gy *[àidiɔ́lədʒi, ìd -]*= **ide.al.o.gy** (*pl.* **- ies**) *n.* مبحث افکار و آرزوهای باطنی ، خیال ، طرز تفکر، ایدئولوژی، انگارگان.
ides *[aidz]* *n.pl.* عید، [درگاهنامهٔ قدیم روم] روز پانزدهم مارس و مه وژوئیه واکتبر وسیزدهم ماه‌های رومی.
id.i.o.cy *[ídiəsi]* *n.* حماقت، خبط دماغ، سبك‌مغزی، ابلهی.
id.i.om *[ídiəm]* *n.* لهجه، زبان ویژه، اصطلاح.
id.i.o.mat.ic *[ìdiəmǽtik]* *adj.* اصطلاحی.
id.io.mor.phic, *adj.* دارای‌شکل‌مخصوص‌بخود،دارای‌شکل‌صحیح‌خود.
id.i.o.syn.cra.sy *[ìdiousíŋkrəsi]* (*pl.* **- ies**) *n.* حال مخصوص ، طبیعت ویژه ، طرز فکر ویژه، شیوهٔ ویژهٔ هرنویسنده، خصوصیات اخلاقی.

id.i.ot *[íeiət]* *adj.* & *n.* آدم سفیه واحمق، خرف، سبك مغز، ساده.
id.i.ot.ic, - al, *adj.* ابلهانه.
idle *[áidl]* (**- d, idling**) *adj., n., vt.* & *vi.* بیکار، تنبل، بیهوده، بیخود، بی‌اساس، بی‌پروپا، وقت‌گذراندن، وقت تلف‌کردن، تنبل شدن.
I. hours. ساعت‌های بیکاری.
I rumours. شایعات بی‌اساس.
idler *[ǽidlə]* *n.* آدم بیکار وتنبل، چرخ دلاله، بیکاره.
idol *[áidl]* *n.* & *adj.* بت، صنم، خدای دروغی، مجسمه،لافزن، دغل‌باز، سفسطه،وابسته به خدایان دروغی وبت‌ها، صنم، معبود.
idol.a.ter *[aidɔ́lətə]* *n.* بت‌پرست، ستایشگر، تحسین‌کننده.
idol.a.trous, *adj.* مربوط به بت‌پرستی وکفر.
idol.a.try *[aidɔ́lətri]* (*pl.* **- ies**), *n.* بت‌پرست.
idol.ize *[áidəlaiz]* (**- d, idoliz-ing**) *vt.* بت ساختن، صنم قرار دادن، پرستیدن، بحد پرستش دوست داشتن.
To i. gold. پرستش طلا.
idol.i.za.tion, *n.* پرستش، بت‌سازی.
idyll, idyl *[áidil, ídil]* *n.* چکامهٔ کوتاه، قصیدهٔ کوتاه، شرح منظره‌ای از زندگانی روستائی، چکامه‌دربارهٔ‌زندگی‌روستائی.
if *[if]* *conj.* اگر، چنانچه،آیا،خواه، چه، هرگاه، هروقت، ای‌کاش، کاش ، اگر ، چنانچه، [مج.] شرط، حالت، فرض، تصور، بفرض.
If you fear, stay at home. اگر میترسی منزل بمان.
If I were you. اگرمن جای شما بودم.
Ask him if he likes to go. بپرس که آیا میخواهد برود.
As if. مثل‌اینکه.
if.fy, *adj.* دارای احتمالات زیاد، دارای لیت ولعل زیاد.
ig.loo=ig-lu *[íglu:]* *n.* کلبهٔ اسکیموها.

IGLOO

ig.ne.ous *[ígniəs]* *adj.* آذرین، آتشین، آتشدار، آتشفشانی، محترقه.
ig.nes.cent, *adj.* جرقه زن، محترقه، جرقه‌دار، آتشی.
igni - پیشوندی است بمعنی «آتش».
ig.nis fat.u.us (*pl.* **ig.nes fat-ui**) *n.* روشنائی شبانه برروی زمین‌های باتلاقی که‌تصور میرفت ازاحتراق گازهای باتلاقی

بوجود میآید، چیز گمراه کننده، شعلهٔ کم رنگ.

ig.nite [*ignáit*] (**-d, igniting**), *vi. & vt.* آتش‌زدن، روشن کردن، گیراندن، آتش گرفتن، مشتعل شدن.

ig.nit.er, ig.ni.tor, *n.* گیرانه.

ig.ni.tion [*igníʃən*] *n.* سوزش، احتراق، آتش گیری، اشتعال، هیجان.

ig.no.ble [*ignóubl*] *adj.* ناکس، فرومایه، پست، بدگوهر، ناجنس، نااصل.

ig.no.min.i.ous [*ìgnəmíniəs*] *adj.* رسوا، مفتضح، موجب رسوائی.

ig.nomi.ny [*ígnəmini*] (*pl.* **-ies**), *n.* بدنامی، رسوائی،افتضاح، خواری، کارزشت.

ig.no.ra.mus [*ìgnəréiməs*] *n.* شخص کاملاً بی‌سواد، جاهل، آدم نادان.

ig.no.rance [*ígnərəns*] *n.* نادانی، جهل، بی‌خبری، ناشناسی، جهالت.

ig.no.rant [*ígnərənt*] *adj.* نادان.

ig.nore [*ignɔ́:, - nɔ́ə*] (**- d, ignoring**) *vt.* تجاهل کردن ، نادیده پنداشتن ، چشم پوشیدن، ردکردن، بی‌اساس دانستن ، برسمیت نشناختن.

igua.na [*igwá:nə*] *n.* [ج.ش.] سوسماردرختی، هرنوع سوسمار بزرگ.

IHS=Iesus, *n.* مخفف کلمهٔ یونانی «عیسی».

il.e.al=il.e.ac, *adj.* [تش.] وابسته به رودهٔ دراز.

il.e.i.tis, *n.* [طب] آماس ایلئون، آماس رودهٔ دراز.

il.e.um (*pl.* **il.ea**) *n.* رودهٔ دراز، [تش.] چم روده، معاء غلاظ.

il.i.ac=il.i.al, *adj.* وابسته‌به استخوان‌لگن‌خاصره، سرینی، حرقفی.

Il.i.ad [*íliəd*] *n.* ایلیاد، داستان حماسی منسوب به هومر.

il.i.um (*pl.* **il.ia**) *n.* استخوان حرقفی، حرقفه.

ilk [*ilk*] *pron., adj. & n.* تیره، خانواده، نوع، جور، گونه، دسته، طبقه.

ill [*ail*] *adv., adj. & n.* ناخوش، رنجور، سوء، خراب، خطرناك، ناشی، مشکل، سخت، بیمار، بد، زیان‌آور، ببدی، بطور ناقص، از روی بدخواهی وشرارت، غیردوستانه، زیان.

He was taken i. ناخوش شد.

To speak i. of. بدگوئی کردن از.

I. at ease. ناراحت، گرفتار.

I'll=I will

ill-ad.vised, *adj.* مبنی بر بی‌اطلاعی، غیرعاقلانه، بدفهمانده شده.

il.la.tive, il.la.tion, *adj. & n.* استنباطی، حاکی، نتیجه‌رسان، منتج شونده.

il.laud.a.ble, *adj.* ناستوده، نکوهیده.

ill-be.ing, *n.* بدبختی، بدی، ناهنجاری.

ill-bred, *adj.* بی‌تربیت، بی‌ادب، غیرمتمدن، بدتربیت شده.

il.le.gal [*ilí:gəl*] *adj.* غیرقانونی، نامشروع، حرام، غیرمجاز.

il.leg.i.bil.i.ty [*ilèdδibíliti*] (*pl.* **- ies**) *n.* ناخوانائی، خوانده نشدنی.

il.leg.i.ble [*ilédδibl*] *adj.* ناخوانا.

il.le.git.i.ma.cy [*ìlidδítiməsi*] *n.* غیرمشروعی، حرامزادگی.

il.le.git.i.mate [*ìlidδítimit*] *adj.* حرامزاده، غیرمشروع، ناروا.

ill-fat.ed, *adj.* بدبخت، بدطالع، شوم، بدبختی آور، موجب بدبختی.

ill-fa.vored, *adj.* غیرجذاب ، بد برخورد ، زشت ، دارای صورت ناهنجار وزننده، نامطلوب، نامساعد، نگون‌بخت.

ill-got.ten, *adj.* باوسائل غیرمشروع بدست آمده، نامشروع، حرام.

ill-hu.mored, *adj.* بداخلاق، بدخو، مخالف، ترشرو، عبوس.

il.lib.er.al [*ilíbərəl*] *adj.* بی‌گذشت، کوته‌فکر، متعصب، مخالف اصول آزادی.

il.lic.it [*ilísit*] *adj.* ممنوع، قاچاق، نامشروع، مخالف مقررات.

il.lim.it.a.ble [*ilímitəbl*] *adj.* بی‌پایان، بیحد، نامحدود، محدود نشدنی.

il.liq.uid, *adj.* نامعلوم، جامد، غیرمایع، غیرقابل تبدیل به‌پول.

il.lit.er.a.cy [*ilítərəsi*] *n.* بیسوادی.

il.lit.er.ate [*ilítərit*] *adj. & n.* بی‌سواد، عامی، درس نخوانده.

ill-man.nered, *adj.* بد روش، بی‌تربیت، بدخو، بی‌ادب.

ill-na.tured, *adj.* بدطبیعت، بدباطن، بداخلاق، عبوس، ترشرو، انجام‌ناپذیر، نامطبوع.

ill.ness [*ílnis*] *n.* مرض، ناخوشی، بیماری، کسالت، شرارت، بدی.

il.log.ic,-al, *n. & adj.* غیر منطقی، خلاف منطق.

ill-sort.ed, *adj.* بدنهاد، ناموافق، ناسازگار، ناپسند، ناخوشایند، نامناسب، ناجور.

ill-starred, *adj.* بد اختر، بد طالع، بدبخت.

ill-tempered, *adj.* بدخلق، بدخو.

ill-timed, *adj.* بیموقع، نابهنگام.

ill-treat (**- ed, - ing**) *vt.* بدرفتاری کردن، بد استقبال کردن، سوءاستفاده کردن، ضایع کردن.

ill-treatment, *n.* بدرفتاری، سوءاستفاده.

il.lume (**- d, illuming**) *vt.* روشن کردن، منوّر کردن، روشن‌فکر ساختن.

il.lu.mi.na.ble, *adj.* منور شدنی.

il.lu.mi.nate [*il(j)ú:mineit*] (**- d, illuminating**) *vt., adj. & n.* روشن کردن ، درخشان ساختن ، زرنما کردن ، چراغانی کردن، موضوعی‌را روشن کردن، روشن (شده)، منور، روشن‌فکر.

To i a problem. مسئله‌ای‌را روشن کردن.

il.lu.mi.na.ti, *n.pl.* اشراقیون، روشن ضمیران، روشن‌فکران.

il.lu.mi.na.tion [*il(j)ù:minéiʃən*], *n.* روشن‌سازی، تنویر، چراغانی، تذهیب، اشراق.

il.lu.mine=illume, *vt.* روشن کردن.

Il.lu.mi.nism, *n.* اشراقی، پیروی از فلسفهٔ اشراقی.

ill-us.age, *n.* سوء استعمال.

ill-use (**- d, ill-using**) *vt.* بد استعمال کردن، سوءاستفاده، بدرفتاری.

il.lu.sion [*il(j)ú:δən*] *n.* فریب، گول، حیله، خیالی باطل، وهم.

il.lu.sion.ism, *n.* وهم‌گرائی ، نقاشی از مناظر خیالی، نگارش یا توصیف مناظر وهمی، خیالبافی، حقه‌بازی.

il.lu.sive [*il(j)ú:siv*]=**illusory**

il.lu.so.ry [*il(j)ú:səri*] *adj.* گمراه کننده، مشتبه سازنده، وهمی، غیرواقعی.

il.lus.trate [*íləstreit*] (**- d, illustrating**) *vt. & vi.* توضیح دادن، بامثال روشن ساختن، شرح دادن، نشان دادن، مصور کردن، آراستن، مزین‌شدن.

il.lus.tra.tion [*ìləstréiʃən*] *n.* مثال، تصویر.

il.lus.tra.tive [*ilʌ'strətiv, íləstreitiv*] *adj.* گویا، توضیح دهنده.

il.lus.tri.ous [*ilʌ'striəs*] *adj.* برجسته، نامی، درخشان، ممتاز، مجلّل.

il.lu.vi.ate, *vi.* دراثر نقل‌مکان ازمحلی درمحل‌دیگری‌رسوب‌شدن (خاك) ته‌نشین شدن.

il.lu.vi.a.tion, *n.* رسوب، ته‌نشینی، آبرفت.

ill will, *n.* سوءنیت، دشمنی، خصومت.

ill-wish.er, *n.* آدم بدنیت، بدخواه، بدطینت، بدمنش.

I'm=I am [*aim*] من‌هستم، منم.

im.age [*ímidδ*] (**- d, imaging**), *n., vt. &vi.* مجسمه، تمثال، شکل، پنداره، شمایل ، تصویر ، پندار ، تصور، خیالی، منظر، مجسم کردن، خوب شرح دادن، مجسم ساختن.

im.age.ry [*ímidδ(ə)ri*] *n.* صنایع‌بدیعی، تشبیه ادبی، شکل‌ومجسمه، مجسمه سازی، شبیه سازی، تصورات.

im.ag.ina.ble [*imǽdδinəbl*] = **im.agi.nal,** *n.* تصور کردنی، قابل تصور، انگاشتنی، قابل درك، وابسته به‌تصورات وپندارها، تصوری.

im.ag.i.nary[*imǽdδinəri*]*adj. & n.* انگاشتی، پنداری، وهمی، خیال، خیالی، تصوری.

im ag.i.na.tion [*imæ̀dδinéiʃən*] *n.* پندار، تصور، انگار، تخیل، انگاشت، ابتکار.

im.ag.i.native, *adj.* پرپندار، پرانگاشت، دارای قوه تصور زیاد.

I. faculty. قوهٔ تخیل.

im.ag.ine [*imǽdδin*] (**- d, imagining**) *vt.* تصور کردن، پنداشتن، فرض کردن، انگاشتن، حدس‌زدن، تفکر کردن.

i.mam, *n.* (فارسی) امام، پیشوا.

im.bal.ance, *n.* عدم تعادل، عدم توازن، ناهماهنگی.

im.be.cile [*ímbisail, - si:l*] *n.* سبك مغز، بی‌کله، کند ذهن، خرفت، ابله.

im.be.cil.i.ty [*ìmbisíliti*] *n.* کند ذهنی، خرفتی.

im.bed [*imbád*]=**embed**

i.m.bibe [*imbáib*] (**- d, imbibing**) *vt. & vi.* نوشیدن، اشباع کردن ، جذب کردن ، خیساندن، تحلیل بردن، فرو بردن، درکشیدن.

im.bri.cate (**-d,imbricating**), *adj., vt. & vi.* مثل فلس ماهی روی‌هم چیدن، نیمه نیمه روی‌هم گذاشتن، روی‌هم قرار گرفته، فلس فلس، پولك پولك.

im.bro.glio[*imbróuliou*](*pl.*-**s**), *n.* درهم وبرهم، قطعهٔ موسیقی درهم‌ـ آمیخته و نامرتب، مسئلهٔ غامض، سوء تفاهم.

im.brue (**- d, imbruing**) *vt.* آغشتن ، آلوده کردن ، ترکردن ، خیساندن ، مرطوب کردن، اشباع کردن، جذب کردن.

im.bue [*imbjú:*] (**- d, imbuing**), *vt.* خوب‌رنگ گرفتن، خوب‌نفوذ کردن، رسوخ کردن در، آغشتن، اشباع کردن، ملهم کردن.

im.burse (**- d, imbursing**), *vt.* اضافه کردن، افزودن، باارزش کردن، انبار کردن، درکیسه گذاردن، پرداختن.

im.i.ta.ble, *adj.* قابل تقلید.

im.i.tate [*ímiteit*] (**-d, imitating**) *vt.* نوای کسی‌را درآوردن، تقلید کردن، پیروی کردن، کپیه کردن.

To i. another's manners. رفتار دیگری راتقلید کردن.

im.i.ta.tion [*ìmitéiʃən*]*n. & adj.* تقلید، پیروی، چیز تقلیدی، بدلی، ساختگی، جعلی.

In i. of. بتقلید از.

im.i.ta.tor [*ímitéiʃən*] *n.* مقلد.

im.mac.u.la.cy, *n.* بی‌آلایشی، پاکی، عفت، منزهی، معصومیت.

im.mac.u.late [*imǽkjulit*] *adj.* معصوم.

I. Conception. تولد ازباکره [درمورد عیسی]، بکر زائی.

im.mane, *adj.* بزرگ، پهناور، زیاد، غول‌پیکر، شریر.

im.ma.nence, im.ma nen.cy, *n.* حضور درهمه جا، بودن خدا درمخلوق.

im.ma.nent, *adj.* ماندگار ، اصلی ، (درمورد خدا) دارای نفوذ کامل درسرتاسر جهان، درهمه جا حاضر.

im.ma.te.ri.al [*imətíəriəl*] *adj.* غیرمادی، مجرد، معنوی، جزئی، بی‌اهمیت.

im.ma.te.ri.al.ism, *n.* معنویت، عدم اعتقاد به ماده، تجرد.

im.ma.te.ri.al.ize, *vt.* غیر مادی کردن.

im.ma.ture [*ìmətjɔ́:, -tjúə*] *adj.& n.* نابالغ، نارس، رشدنیافته، نابهنگام، بی‌تجربه.

im.ma.tu.ri.ty, *n.* نارسی، نابالغی.

im.mea.s.ur.a.ble [*iméδərəbl*], *adj.* بی‌اندازه، پیمایش‌ناپذیر، بیکران، بی‌قیاس.

im.me.di.a.cy, *n.* بی‌درنگی، فوریت، بی‌واسطگی، بی‌فاصلگی ، مستقیم و بی‌واسطه بودن، آگاهی، حضور ذهن، بدیهی، قرب جواز.

im.me.di.ate [*imí:djət*] *adj.* بی‌درنگ، فوری، بلافاصله، بلاواسطه ، پهلوئی، آنی، ضروری.

I. heir. وارث بلافصل.

im.med.i.ca.ble, *adj.* بی‌درمان، درمان ناپذیر، بهبود ناپذیر.

im.me.mo.ri.al [*ìmimɔ́:riəl*] *adj.* یاد نیاوردنی، بسیار قدیم، خیلی پیش، دیرین.

im.mense [*iméns*] *adj.* بی‌اندازه، گزاف، بیکران، پهناور، وسیع، کلان، بسیار خوب، ممتاز، عالی.

im.men.si.ty [*iménsiti*] *n.* زیادی، بیکرانی.

im.merge (**- d, immerging**), *vt. & vi.* فروبردن، غوطه دادن [درآب یا مایع دیگری]، غسل ارتماسی دادن، فرورفتن.

im.mer.gence, *n.* فروبردن، غوطه‌ور سازی.

im.merse [*imə':s*] (**-d, immersing**) *vt. & vi.* فروبردن، زیرآب کردن، پوشاندن، غوطه‌دادن، غسل ارتماسی دادن (برای تعمید).

im.mer.sion, *n.* غسل، غوطه‌وری.

im.me.thod.i.cal, *adj.* بدون‌اسلوب، بی‌رویه، بی‌سبك، بی‌قاعده، بی‌ترتیب.

im.mi.grant [*ímigrənt*] *n.* مهاجر، تازه وارد، غریب، کوچ‌نشین، آواره.

im.mi.grate [*ímigreit*] (**- d, immigrating**) *vi. & vt.* نشاندن، مهاجرت کردن (بکشور دیگر) ، میهن گزیدن، توطن اختیار کردن، آوردن، کوچ کردن.

im.mi.gra.tion, *n.* مهاجرت، کوچ.

im.mi.nence [*íminəns*]=**im.mi.nen.cy,** *n.* نزدیکی، مشرف‌بودن، قرابت، وقوع‌خطر نزدیك.

im.mi.nent, *adj.* قریب‌الوقوع، حتمی.

im.min.gle, *vt. & vi.* درهم آمیختن، بهم آمیختن، مخلوط کردن.

im.mis.ci.ble, *adj.* مخلوط نشدنی.

im.mis.ci.bil.i.ty, *n.* حالت مخلوط نشدنی، غیرقابلیت اختلاط.

im.mit.i.ga.ble, *adj.* تخفیف‌ناپذیر، سبك نشدنی، تسکین ندادنی، فرونشستنی.

im.mix.ture, *n.* اختلاط وامتزاج.

im.mo.bile [*imóubail*] *adj.* بی‌جنبش، بی‌حرکت، ثابت، جنبش‌ناپذیر.

im.mo.bi.lize (- d, immobi-lizing) *vt.* بی بسیج کردن، جمع کردن، از جنبش وحرکت بازداشتن، ثابت کردن، مدتی دربستر بی‌حرکت ماندن.

im.mo.bi.li.za.tion, *n.* عدم تحرک.

im.mod.er.a.cy, *n.* بی‌اندازگی، زیادی، فوق‌العادگی، بی‌اعتدالی، نامحدودی.

im.mod.er.ate, *adj.* بی‌اعتدال،زیاد.

im.mod.er.a.tion, *adj.* بی‌اعتدالی، زیادتی.

im.mod.est [imɔ́dist] *adj.* بی‌شرم، پررو، بی‌عفت،گستاخ، جسور، نانجیب.

im.mo.late [ímouleit] (- d, im-molating) *adj., vt. & vi.* قربانی شدن، فدا گردن، کشته شده، فدائی.

im.mo.la.tion, *n.* قربانی.

im.mo.la.tor, *n.* قربانی کننده.

im.mor.al [imɔ́rəl] *adj.* بداخلاق، زشت رفتار، هرزه، فاسد.

im.mo.ral.i.ty, *n.* بداخلاقی، فساد.

im.mor.tal [imɔ́:tl] *adj. & n.* ابدی، فناناپذیر، جاویدان.

im.mor.tal.i.ty, *n.* ابدیت.

im.mor.tal.ize [imɔ́:təlaiz] (- d, immortalizing *vt. & vi.* جاوید کردن، شهرت جاویدان دادن به.

im.mo.tile, *adj.* بیحرکت، بی‌جنبش.

im.mov.a.bil.i.ty, *n.* غیرمنقولی، بی‌جنبشی، بی‌حرکتی، استواری.

im.mov.able [imú:vəbl] *adj.& n.* غیرمنقول، استوار، ثابت.

im.mune [imjú:n] *adj. & vt.* مصون، آزاد، مقاوم دربرابر مرض براثرتلقیح واکسن، دارای مصونیت قانونی وپارلمانی، مصون کردن، محفوظ کردن.

im.mu.ni.ty [imjú:niti](pl.-ies), *n.* مصونیت، آزادی، بخشودگی، معافیت،جواز.

Parliamentary i. مصونیت پارلمانی.

im.mu.ni.za.tion, *n.* مصونیت‌دادن.

im.mu.nize, *vt.* مصونیت‌دار کردن.

im.mu.no.log.ic, *adj.* مربوط به مصونیت، وابسته به‌ایمنی‌شناسی.

im.mu.nol.o.gy, *n.* مبحث مصونیت، ایمنی‌شناسی.

im.mu.no.therapy, *n.* ایمن‌درمانی، معالجه یا جلوگیری از بیماری بوسیلهٔ پادگن.

im.mure [imjúə] (- d, immu-ring) *vt.* درچهار دیوار نگاهداشتن، محصور کردن، زندانی کردن.

im.mure.ment, *n.* در دیوار قرار دادن.

im.musical, *adj.* ناجور، ناموزون، خارج از قواعد موسیقی، بدون هماهنگی.

im.mu.tability [ìmju:təbíliti], *n.* تغییرناپذیری، پابرجائی، ثبات.

im.mu.ta.ble, *adj.* تغییرناپذیر ، پابرجا.

imp [imp] (- ed, - ing) *n. & vt.* بچهٔ شریر و شیطان، جنی، مرد جوان، وصله، پیوند زدن ، قلمه زدن (گیاه) ، غرس‌کردن، افزودن، تکه دادن، تعمیر کردن ، مجهز کردن، آزار دادن، مسخره‌کردن.

im.pact [ímpækt] (- ed, -ing), *vt., n. & adj.* بهم فشردن، پیچیدن ، زیر فشار قرار دادن، باشدت اداکردن، باشدت اصابت‌کردن، ضربت، فشار، تماس، اصابت، اثرشدید، ضربه.

He felt the terrific i. of the blow. اوائرِ بسیارشدید ضربه‌را احساس‌کرد.

im.pacted, *adj.* بهم‌چسبیده ، باهم جوش خورده [مثل انتهای استخوانهای شکسته]، باهم جمع شده،کارگذاشته شده، میان چیزی‌گیرکرده، تحت‌فشار.

im.pac.tion, *n.* فشار سخت،بهم‌فشردگی، بسته‌بندی، گیرافتادگی.

im.pair [impɛ́ə] (- ed, - ing), *vt. & n.* خراب‌کردن، زیان رساندن، مُعیوب‌کردن.

im.pale [impéil] (-d,impaling), *vt.* چهارمیل کردن، برچوب‌آویختن، سوراخ کردن،احاطه‌کردن، محدودکردن، میله‌کشیدن.

im.pal.pa.bil.i.ty, *n.* دارای خصوصیات لمس ناپذیری، حس نشدنی.

im.pal.pa.ble, *adj.* لمس نشدنی، غیرمحسوس.

im.pan.el (- ed, - ing) *vt.* به‌صورت نوشتن، نام‌نویسی‌کردن.

im.paradise (- d, impara-dising) *vt. & vi.* به بهشت فرستادن، غرق در خوشحالی کردن.

im.parity, *n.* غیرقابل تقسیم بودن اعداد بدو قسمت مساوی، طاقی، عدم سنخیت، عدم‌تجانس،نابرابری.

impark (- ed, - ing) *vt.* در محوطه نگاه داشتن ، در آغل نگاهداشتن، در پارك یا جنگل محصور کردن.

im.part [impá:t] (- ed, -ing), *vt.* سهم بردن، بهره‌مند شدن از، رساندن، ابلاغ‌کردن، افشاءکردن، بیان‌کردن، سهم‌دادن، بهره‌مند ساختن، افاضه‌کردن.

im.par.tial [impá:ʃəl] *adj.* بیطرف، بیغرض، راست‌بین، عادل، منصفانه.

An i. view. نظریهٔ بیطرفانه.

im.partiality, *n.* بیطرفی.

im.partible, *adj.* بخش‌ناپذیر، جدائی‌ناپذیر، غیرقابل تفکیك.

im.passabil.i.ty, *n.* ناگذشتنی، امکان‌ناپذیری،عدم‌قابلیت‌عبور، غیرقابل‌پذیرش.

im.passable [impá:səbl] *adj.* غیرقابل عبور، صعب‌العبور، بی‌گدار، ناگذرا.

im.passe [æmpá:s, im -, æpá:s] (pl. - s) *n.* کوچهٔ بن‌بست ، [مج.] حالتی‌که از آن رهائی نباشد، وضع بغرنج ودشوار، گیر، تنگنا.

im.pas.si.bil.ity, *n.* بی‌حسی، عدم حساسیت،تحمل‌ناپذیری، بیدردی.

im.pas.sion, -ed [impǽʃən,-d] (- ed, - ing) *vt. & adj.* برانگیختن، شوراندن، تحریك‌کردن، به‌هیجان آوردن، برسر شهوت آوردن.

im.passive [impǽsiv] *adj.* تألم‌ناپذیر،بیحس، پوست‌کلفت، بی‌عاطفه،خونسرد.

im.patience, *n.* بی‌تابی، بی‌صبری، ناشکیبائی، بی‌حوصلگی، بی‌طاقتی.

im.patient [impéiʃənt] *adj.* ناشکیبا، بی‌صبر، بی‌تاب، بی‌حوصله، بداخلاق.

im.pawn (- ed, - ing) *vt.* گروگذاشتن، رهن‌گذاشتن، به‌رهن دادن.

im.peach [impí:tʃ] *vt. & vi.* متهم‌کردن، بدادگاه جلب‌کردن، احضارنمودن، عیب‌گرفتن‌از، عیب‌جوئی‌کردن، تردیدکردن‌در، بازداشتن، مانع شدن،اعلام جرم‌کردن.

im.peach.ment, *n.* اتهام، احضاربدادگاه، اعلام جرم.

im.pearl, (- ed, - ing) *vt.* بشکل مروارید درآوردن ، بامروارید مزین کردن،بامروارید‌آراستن، مرواریدنشان‌کردن.

im.pec.ca.bil.i.ty, *n.* بی‌گناهی، معصومیت، بی‌نقصی، بی‌عیبی.

im.pec.ca.ble, *adj.* بی‌عیب ونقص.

im.pe.cu.nios.i.ty, *n.* بی‌پولی، تهیدستی.

im.pe cunious, *n. & adj.* بی‌پول، تهیدست.

im.ped.ance, *n.* مقاومت صوری برق دربرابر جریان متناوب، مقاومت ظاهری.

im.pede [impí:d](-d, impeding), *vt.* بازداشتن، مانع شدن، ممانعت‌کردن.

im.ped.i.ment [impédimənt] *n.* مانع، عایق، رادع، محظور، اشکال، گیر.

im.pel [impél] (- led, - ling) *vt.* وادار کردن، برآن داشتن، مجبور ساختن.

im.pel.lent, *adj. & n.* سوق دهنده، جنباننده، محرك، وادارکننده.

im.pel.ler=im.pel.lor, *n.* وادارکننده، پیش‌برنده، تشجیع‌کننده.

im.pend [impénd] (- ed, -ing), *vi.* مشرف‌بودن، آویزان‌کردن، درشرف وقوع بودن، محتمل‌الوقوع بودن.

The impending danger. خطر قریب‌الوقوع.

im.pen.d.ent, *adj.* قریب‌الوقوع، تهدیدکننده، آویزان.

im.penetrability, *n.* نفوذ ناپذیری.

im.pen.e.trable [impénitrəbl], *adj.* غیرقابل رسوخ، سوراخ نشدنی، داخل نشدنی، نفوذ نکردنی، درك نکردنی، پوشیده.

im.penitence [impénitəns] *n.* سرسختی زیاد در گناهکاری ،پشیمان نشدن از گناه، بی‌میلی‌نسبت‌بتوبه، توبه‌ناپذیری، عدم‌توبه.

im.penitent, *adj. & n.* توبه‌ناپذیر، ناپشیمان.

im.per.a.tive [impérətiv] *adj. & n.* امری، دستوری، حتمی،الزام‌آور،ضروری.

The i. mood. صیغهٔ امر.

It is i. for you to go. ضروری است‌که بروید.

im.perceivable, *adj.* غیرمشهود، غیرقابل ادراك، غیرمحسوس.

im.perceptible [ìmpəséptibl], *adj.* دیده‌نشدنی،غیرقابل‌مشاهده،جزئی،غیر محسوس، تدریجی، نفهمیدنی، درك نکردنی.

im.percipient, *adj. & n.* بی‌بصیرت، بی‌احساس،آدم بی‌بصیرت.

im.perfect [impə́:fikt] *adj. & n.* ناقص، ناتمام، ناکامل، ازبین رفتنی.

im.perfection [ìmpəfékʃən] *n.* نقص، عیب.

im.perforate, *adj. & n.* بی‌سوراخ، بی‌روزنه، منگنه نشده، بسته.

im.pe.ri.al [impíəriəl] *adj. & n.* شاهنشاهی، پادشاهی،امپراتوری،باعظمت، [مج.] عالی، باشکوه، مجلل ،همایون، همایونی.

im.pe.ri.al.ism [impíəriəlizm] *n.* حکومت امپراتوری، استعمارطلبی، امپریالیسم.

im.pe.rial.ist, *adj. &n.* امپریالیست.

im.peril [ìmpéril] (- ed, -ing), *vt.* در مخاطره انداختن، بخطر انداختن.

im.pe.ri.ous [impíəriəs] *adj.* آمرانه، تحکم‌آمیز، مبرم ، آمر، متکبر.

im.per.ishable, *adj. & n.* فاسد نشدنی.

im.pe.ri.um (*pl.* imperia) *n.* قدرت مطلقه، حق حاکمیت مطلقه، پادشاهی.

im.permanence=im.per.-manency, *n.* ناپایداری، بی‌دوامی.

im.per.manent, *adj.* ناپایدار ، بی‌ثبات.

im.permeability, *n.* نشت‌ناپذیری، نفوذ ناپذیری، ناتراوائی.

im.per.me.able, *adj.* نشت‌ناپذیر.

im.per.mis.si.bil.i.ty, *n.* ناروائی، غیرمجازی، ممنوعیت، عدم جواز.

im.permissible, *adj.* ممنوع، غیرمجاز، ناروا.

im.personal [impə́:sənəl] *adj.* غیرشخصی، فاقد شخصیت، بی‌فاعل.

An i. power, called fate. نیروئی بدون شخصیت بنام سرنوشت.

im.per.son.ate [impə́:səneit] (- d, impersonating) *vt.* جعل هویت کردن، هویت ایجاد یاجعل کردن، بازی کردن.

The actor impersonated Julius Caesar. هنرپیشه دل ژولیوس سزار را بازی‌کرد.

im.pertinence [impə́:tinəns]= **im.pertinency,** *n.* جسارت، فضولی، گستاخی، نامربوطی، بی‌ربطی، نابهنگامی، بی‌موقعی، اهانت.

im.per.ti.nent, *adj* گستاخ، بی‌ربط.

im.per.turb.able [ìmpətə́:bəbl], *adj.* تزلزل ناپذیر، آرام، خونسرد، ساکت.

im.pervious [impə́:viəs] *adj.* مانع دخول (آب)، تأثرناپذیر، غیرقابل نفوذ.

im.pe.ti.go, *n.* [طب] قوباء اصفر، زردزخم.

im.pe.trate (- d, impetra-ting) *vt.* باعجز ولابه بدست آوردن، [ک.] برای چیزی لابه و استغاثه‌کردن، بدست‌آوردن.

im.pet.u.os.i.ty [impètjuɔ́siti] (*pl.* - ies) *n.* بی‌پروائی، تهور، تندی، حرارت.

im.pet.u.ous, *adj.* بی‌پروا ، تند و شدید.

im.pe.tus [ímpitəs] (*pl.* - es) *n.* نیروی جنبش، عزم، انگیزه.

im.piety [impáiəti] (*pl.* - ies), *n.* ناپرهیزکاری، بی‌تقوائی، بی‌ایمانی.

im.pinge [impíndʒ] (- d, im-pinging) *vt. & vi.* تجاوزکردن، تخطی کردن، حمله‌کردن، خردکردن، پرت‌کردن.

im.pi.ous [ímpiəs] *adj.* ناپرهیزکار، بی‌دین، خدانشناس، کافر.

imp.ish [ímpiʃ] *adj.* جن مانند، جن‌خو، شیطان صفت، شیطان.

im.placa.bil.i.ty, *n.* نرم نشدنی ، سنگدل ، آرام نشدنی ، تسکین ناپذیری، کینه‌توزی، سختی.

im.placa.ble, *adj.* سنگدل، کینه‌توز.

im.plant [implá:nt] (-ed,-ing), *vt. & n.* کاشت، جای دادن، فروکردن، کاشتن، القاءکردن.

The idea was implanted in his mind. این‌فکر درمغزاوجای داده شد.

im.plan.ta.tion, *n.* کاشتن، القاء.

im.plausible, *adj.* غیرمحتمل، نامحتمل، غیرمقبول، ناپسند.

im.plead (- ed, - ing) *n. & vt.* دادخواست دادن، عرضحال دادن ، دفاع‌کردن.

im.ple.ment [implimənt] (- ed, - ing) *n. & vt.* آلت، افزار، ابزار، اسباب، اجراء، انجام، انجام‌دادن، ایفاءکردن، اجراءکردن، تکمیل‌کردن.

im.ple.men.ta.tion, *n.* اجرا ، انجام.

im.pli.cate [ímplikeit] (- d, implicating) *vt.* دلالت کردن بر، گرفتار کردن ، مشمول‌کردن،

بهم پیچیدن، مستلزم بودن، دلالت کردن بر.
im.pli.ca.tion [implkéiʃən] n. دلالت، معنی، مستلزم بودن، مفهوم.
im.plic.it [implísit] adj. التزامی ، مجـازی، اشاره شده، مفهوم، تلویحاً فهمانده شده، مطلق، بی‌شرط.
im.plode (- d, imploding) vt. از داخل ترکیدن، از داخل منفجر شدن.
im.plore [implɔ́:, - plɔ́ə] (- d, imploring) vt. درخواست کردن از، عجز ولابه کردن به، التماس کردن به، استغاثه کردن از.
im.plo.sion, n. انفجار از داخل.
im.ply [implái] (- ied, implying) vt. مطلبی را رساندن، ضمناً فهماندن، دلالت ضمنی کردن بر، اشاره‌داشتن بر، اشاره کردن، رساندن.
im.polite [impəláit] n. بی‌تربیت، خشن، زمخت، خام، بی‌ادب، غیر متمدن.
im.politic [impɔ́litik] adj. مخالف مصلحت، مخالف رویهٔ صحیح، بیجا.
im.ponder.a.bil.i.ty, n. عدم قابلیت سنجش، بی‌وزنی، غیر محسوسی.
im.ponderable, adj. & n. بی‌تعقل، نااندیشیدنی.
impone, vt. تسجیل کردن، گذاردن، تکلیف کردن، شرط‌بندی کردن.
im.port [impɔ́:t, ímpɔ:t] (- ed, - ing) n., vt. & vi. واردکردن، به‌کشورآوردن، اظهارکردن، دخل داشتن به ، تأثیر کردن در ، بـاپیروزی بدست آمدن، تسخیر کردن، اهمیت‌داشتن، کالای رسیده، کالای وارده، [درجمع] واردات.
To i. goods. واردکردن کالا.
im.port.able, adj. واردکردنی، کالای قابل واردکردن.
im.por.tance [impɔ́.təns] n. اهمیت، قدر، اعتبار، نفوذ، شأن، تقاضا، ابرام.
Of great i. دارای اهمیت زیاد.
im.por.tant [impɔ́:tənt] adj. مهم.
im.por.ta.tion [impɔ:téiʃən] n. ورود، واردات.
im.por.tu.nate [impɔ́:tjunit, -tʃunit] adj. & vt. سمج، مبرم، عاجزکننده، سماجت‌آمیز، مزاحم.
An i. beggar. گدای سمج.
im.por.tune [impɔ́:tju:n, -tʃu:n, impɔ:tjú:n, -tʃú:n] (- d, importuning) adj. مصرانه خواستن، اصرارکردن به، عاجزکردن، سماجت‌کردن ، ابرام کردن ، مصرانه.
im.por.tu.ni.ty, n. اصرار، ابرام.
im.pose [impóuz] (- d, imposing) vt. & vi. تحمیل کردن، اعمال‌نفوذ کردن، گرانبارکردن، مالیات بستن بر.
I. upon. تحمیل کردن بر.
imposing [impóuziŋ] adj. تحمیل‌کننده، باابهت.
im.po.si.tion [impəzíʃən] n. تحمیل، تکلیف، وضع، باج، مالیات، عوارض.
im.possibility [impɔ̀sibíliti], (pl. - ies) n. امکان ناپذیری، عدم امکان، کار نشدنی.
im.possible, adj. غیرممکن، امکان ناپذیر، نشدنی.
It is i. to live there. زندگی درآنجا غیرممکن است.
im.post [ímpoust] (- ed,-ing) n. & vt. باج، مالیات، تعرفه‌بندی‌کردن.
im.pos.tor, im.pos.ter [impɔ́stə] n. دغل‌باز،وانمودکننده، طرّار،غاصب.
im.pos.ture [impɔ́stʃə] n. دوروئی، غصب، طرّاری، فریب، مکر، حیله.
im.po.tence=im.po.ten.cy [ímpətəns] n. اکاری، سستی کمر، عنن، ناتوانی، ضعف‌جنسی، لاغری.
im.po.tent, adj. & n. ناتوان، دارای ضعف قوهٔ باه ، اکار.
im.pound [impáund] (- ed, - ing) vt. توقیف کردن، ضبط کردن، نگه داشتن.
im.pov.er.ish [impɔ́vəriʃ] (-ed, - ing) vt. فقیر کردن، بی‌نیرو کردن، بی‌قوت‌کردن، بی‌خاصیت کردن.
Laziness will i. him. تنبلی او را بینوا میکند.
im.pov.er.ish.ment, n. بینوا سازی، بینوائی.
im.practicability (pl. -ies) n. غیرعملی بودن، چیز غیرعملی.
im.practicable, adj. اجراء نشدنی، غیرعملی، بیهوده.
im.practical, adj. غیرعملی،نشدنی.
im.pre.cate [ímprikeit] (- d, imprecating) vi. & vt. لعنت‌کردن، نفرین‌کردن، التماس‌کردن.
im.pre.ca.tion, n. لعن،نفرین،تضرع.
im.preca.to.ry, adj. نفرین‌آمیز، لعنت‌آمیز.
im.precise, adj. غیردقیق، نادرست،بی‌صراحت، غیرصریح، مبهم.
im.preg.na.ble, adj. غیرقـابل تسخیر، رسوخ‌ناپذیر.
im.preg.nate (- d, impregnating) adj. & vt. آبستن‌کردن، لقاح کردن، اشباع‌کردن.
im.preg.na.tion, n. آبستن سازی، اشباع.
im.pre.sar.io [impresá:riou] (pl. - s) n. مدیر اماکن تفریحی ونمایشی، مدیر اپرا، مدیر یا راهنمای اپرا وکنسرت.
im.press [imprés] (- ed, - ing), vt. & vi. تحت‌تأثیر قرار دادن، باقی گذاردن، نشان‌گذاردن، تأثیر کردن‌بر،مهرزدن.
To i. one favorably. اثرخوبی درکسی گذاردن.
To i. a seal on paper. اثر مهر بر روی کاغذگذاردن.
im.press, n. مهر، نشان، اثر، نقش، طبع، نشان.
im.press.ible, adj. تأثیرپذیر.
im.pres.sion [impréʃən] n. اثر، جای مهر، گمان ، عقیده ، خیال، احساس، ادراک، خاطره، نشان‌گذاری، چاپ، طبع.
I have a good i. of the old man. پیرمرد اثرخوبی درمن‌کرده.
im.pres.sion.able, adj. تأثیرپذیر، تحت نفوذ قرارگیرنده، اثرپذیر.
im.pres.sion.ism, n. سبك هنری امپرسیونیسم یـا تئوری« هیوم » (Hume) دربارهٔ ادراك، مکتب تجسم.
im.pres.sive [impresív] adj. مؤثر، برانگیزنده، برانگیزندهٔ احساسات،گیرا.
im.press.ment, n. سخره، مصادره، بکار اجباری‌گماری، اعمال زور، اثرگذاری، مهر زدن، جدیت، حرارت.
im.prest, (- ed, - ing) vt. & n. وادار بخدمت لشکری یا دریائی کردن، مصادره، مساعده، قرضی، قرض داده شده، پیشکی.
im.pri.ma.tur, n. اجازهٔ چاپ، [مجـ.] تصویب، پذیرش، قبول.
im.pri.mis, vt. اولاً، اول‌آنکه، درمرحلهٔ نخست.
im.print [imprínt] (- ed,-ing), n. & vt. مهرزدن، نشاندن،گذاردن، زدن، منقوش کردن.
im.pris.on [imprízn] (- ed, - ing) vt. بزندان افکندن، نگهداشتن.
im.probability [impɔ̀sibíliti] (pl. - ies) n. عدم احتمال، دوری، استبعاد، حادثه یا امر غیرمحتمل.
im.probable, adj. غیرمحتمل.
im.probity, n. نادرستی، ناراستی، بی‌دیانتی، ناپاکی.
im.promp.tu [imprɔ́m(p)tju:], adj., adv. & n. بالبداهه ،بداهتاً، بی‌مطالعه، تصنیف، کاری‌که بی‌مطالعه و بمقتضای وقت‌انجام دهند، بالبداهه حرف‌زدن.
An i. verse. شعر فی‌البدیهه.
im.proper [imprɔ́pə] adj. ناشایسته، نامناسب، بیجا، خارج از نزاکت.
im.propriety, n. ناشایستگی، بی‌مناسبتی.
im.prov.abil.i.ty (pl. - ies) n. بهبود پذیری، اصلاح شدنی.
im.prov.able, adj. بهبود پذیر.
im.prove [imprú:v] (- d, improving) vt. & vi. بهبودی دادن، بهتر کردن، اصلاح کردن، بهبودی یافتن، پیشرفت کردن، اصلاحات کردن.
im.prove.ment, n. بهبود، پیشرفت، بهتر شدن.
im.providence [imprɔ́vidəns], n. بی‌احتیاطی، عاقبت نیندیشی، اسراف.
im.provident, adj. بی‌احتیاط، لاابالی.
im.provi.sa.tion, n. بدیهه گوئی، بدیهه سازی، حاضر جوابی، تعبیه، ابتکار.
im.pro.vise [ímprəvaiz, imprəváiz] (- d, improvising) vt. & vi. بالبداهه ساختن، آناً ساختن، تعبیه‌کردن.
im.pro.vis.er, im.pro.vi.sor, n. تعبیه کننده، کسیکه بسرعت‌یا بلامقدمه‌چیزبر امیسازد.
im.prudence [imprú:dəns] n. بی‌احتیاطی، بی‌تدبیری، نابخردی، بی‌مبالاتی.
im.pru.dent, adj. بی‌احتیاط، بی‌تدبیر.
im.pu.dent, adj. گستاخ، چشم سفید، پررو.
im.pu.dence, n. گستاخی،چشم‌سفیدی.
im.pugn [impjú:n] (- ed, -ing), n. ردکردن،اعتراض کردن(به)، تکذیب کردن، عیب‌جوئی‌کردن، مورد اعتراض قرار دادن.
im.pulse [ímpʌls] n. & vt. بـرانگیزش، انگیزهٔ نـاگهانی، تکان دادن، برانگیختن، انگیزه دادن به.
im.pul.sion, n. انگیزهٔ آنی،دژانگیز.
im.pul.sive, adj. کسیکه از روی انگیزه آنی وبدون فکر قبلی عمل میکند.
im.pu.ni.ty [impjú:niti] n. بخشودگی، معافیت ازمجازات، معافیت‌از زیان.
im.pure [impjúə, - pjɔ́:] adj. ژیژ، ناپاك،چرك، کثیف، ناصاف، ناخالص، نادرست.
im.purity, n. ناپاکی، آلودگی، کثافت.
im.put.able, adj. نسبت دادنی، اسناد دادنی، سزاوار سرزنش.
im.pu.ta.tion, n. نسبت‌دادن، بستن‌به.
im.pute [impjú:t] (- d, imputing) vt. نسبت دادن، بستن، اسنادکردن، دادن، تقسیم کردن، متهم‌کردن.
in [in] prep. در،توی، اندر، لای، درظرف، هنگام، درموقع، به، بر، با، بالای، درون، روی، از، باب روز.
I. any case. درهرحال.
in, adj. درونی، میانی، دارای، شامل، نزدیك، دم‌دست، داخلی.
An i. patient. مـریض بستری در بیمارستان.
in, adv. تو ، درون، در، اندر ، رسیده، آمده ، درتوی، بسوی، بطرف، نزدیك ساحل، با امتیاز، بامصونیت.
in, vt. درمیان گذاشتن، محصور کردن، جمع‌کردن.
in, n. آنانی که سر کار یا دارای مقامی هستند، شاغلین، گوشه، زاویه.
in -, il -, im -, ir - پیشوند بمعنی «در» و «در توی» و «بطرف» و «بسوی» و «در داخل».
in -, il -, im -, ir - پیشوند بمعنی «نه» و «علامت نفی».
in.ability [inəbíliti] n. ناتوانی،فروماندگی، درماندگی،عجز،بی‌لیاقتی.
in ab.sen.tia, adv. (لاتین) غایب، درغیبت.
in.accessibility [inæksəsəbíliti] n. عدم دسترسی، دست نارسی، استبعاد، دوری.
in.accessible [inæksésəbl], adj. خارج از دسترس، منیع.
in.accura.cy [inǽkjurəsi] (pl. - ies) n. نادرستی، عدم صحت، اشتباه، غلط، چیز ناصحیح وغلط، عدم دقت.
in.accurate, adj. غلط، نادرست.
in.action [inǽkʃən] n. ناکنش‌ور، بی‌کاری، بی‌حرکتی، بیهودگی ، بی‌اثری، بدون فعالیت، سستی، بی‌حالی، تنبلی، رکود، سکون.
in.activate, vt. ناکنش‌ورساختن، بی‌کارکردن، سست‌کردن، غیرفعال‌کردن.
in.ac.tive [inǽktiv] adj. بی‌کاره، غیرفعال ، سست، بی‌حال، بی‌اثر، تنبل، بی‌جنبش، خنثی، کساد.
in.activity, n. رکود، عدم فعالیت.
in.adequacy [inǽdikwəsi] n. نابسندگی، نارسائی،نامناسبی، بی‌کفایتی،عدم‌تکافو.
in.adequate, adj. غیرکافی، نابسنده.
in.admissible [inədmísəbl] adj. ناروا، غیرجایز، ناپسندیده، تصدیق نکردنی.
in.ad.ver.tence [inədvə́:təns] (pl. - s) n. سهو، بی‌ملاحظگی، ندانستگی، بی‌توجهی، غفلت، غیرعمدی، عدم تعمد.
in.ad.ver.tent, adj. سهو، غیرعمدی.
in.advisable, adj. غیرمقتضی، دور از صلاح، مضر ، بی‌صرفه، دور از مصلحت، ناروا، مخالف.
in.alienability, n. عدم قابلیت بیع (مثل امـوال عمـومی از قبیل طرق و شوارع و پلها).
in.alienable [inéiliənəbl] adj. بیع‌ناپذیر، محروم نشدنی، لاینتجزا.
in.alterable, adj. تغییرناپذیر،ثابت.
in.am.o.ra.ta, n. زن عاشق، شیفته، دلداده.
inane [inéin] adj. & n. تهی، بی‌مغز، پوچ، چرند، فضای‌نامحدود،احمق.
in.animate [inǽnimit] adj. & vt. روح دادن، انگیختن، بیجان، غیرذیروح.
in.a.ni.tion [inəníʃən] n. بی‌جانی، بی‌روحی، جمود، مـردگی، انگیزش، تحریك، سرزندگی، جنبش، الهام.
inan.i.ty [inǽniti] (pl. - ies) n. پوچی، بی‌مغزی، بیهودگی، کار بیهوده، بطالت.
in.appeasable, adj. آرام ناپذیر، غیرقابل تسکین، قانع نشدنی.
in.appetence, n. بی‌اشتیاقی، بی‌میلی، بی‌علاقگی.
in.ap.plicable [inǽplikəbl], adj. تطبیق نکردنی، غیرقابل‌اجرا، نامناسب.

ناجور، غیرقابل اطلاق، غیرمشمول.

in.ap.preciable, *adj.* غیر محسوس، جزئی، ناچیز، بی‌بها ، نامرئی، غیرقابل‌ارزیابی، غیرقابل‌تقدیر، نامحسوس، ناچیز.

in.ap.preciative, *adj.* قدرناشناس، غیرمحسوس، جزئی.

in.ap.proachable, *adj.* نزدیك‌نشدنی، بی‌مانند، بی‌نظیر، بدون‌دسترستی.

in.ap.pro.priate [ìnəpróupriit], *adj.* غیرمقتضی، بیجا، نامناسب، ناجور، بیمورد.

in.apt [inǽpt] *adj.* بی‌استعداد، ناشایسته، بی‌مهارت، نامناسب، بیجا.

in.ap.titude [inǽptitju:d] *n.* بی‌استعدادی، بی‌لیاقتی، بی‌مهارتی، ناشایستگی.

in.articulate [ina:tíkjulit] *adj.* وابسته به بی‌مفصلان، بی‌بند، بی‌مفصل، ناشمرده، درست ادا نشده، غیر ملفوظ.

in.artistic, *n.* غیرهنری، فاقد اصول هنری، بی‌هنر.

in.as.much as, *conj.* بدرجه‌ای‌که، ازآنجائیکه، تاآنجائیکه.

in.attention [ìnəténʃən] *n.* عدم توجه، محل نگذاشتن، بی‌اعتنا بودن، بی‌توجهی ، بی‌اعتنائی.

in.attentive, *adj.* بی‌اعتنا، بی‌توجه.

in.au.di.ble [inɔ́:dibl] *adj.* غیرقابل شنیدن، غیرقابل شنوائی، نارسا،شنیده نشده، غیرمسموع.

in.au.gu.ral [inɔ́:gjurəl] *adj.* & *n.* گشایشی، افتتاحی، سخنرانی افتتاحی.

in.au.gu.rate [inɔ́:gjureit] (-d, inaugurating) *vt.* گشودن، افتتاح‌کردن، برپاکردن، براه‌انداختن، دایرکردن، آغازکردن.

To i. the railway. افتتاح‌کردن‌خط‌آهن.

in.au.gu.ra.tion, *n.* افتتاح، گشایش.

in.auspicious [inɔ:spíʃəs] *adj.* نحس، شوم، ناخجسته، نامبارك، ناميمون.

inborn [ínbɔ́:n] *adj.* درون‌زاد، نهادی، موروثی، جبلی(jabelly)،ذاتی،فطری.

in.bound, *adj.* به‌درون، وارد شونده، داخل مرز، محصور درحدود معینی.

inbreathe (- d, inbreathing) *vt.* دمیدن، [مج.] ملهم‌کردن، در کشیدن، استنشاق‌کردن، فروبردن،تنفس‌کردن.

inbred [ínbréd] *adj.* ذاتی، جبلی، فطری، غریزی، ایجاد شده براثر تخم‌کشی از موجودات هم تیره.

in.breed (- bred, -breeding), *vt.* تولیدکردن، موجب‌شدن، بوجودآوردن، پرورش دادن، از جانوران هم‌تیره تخم‌کشیدن، از یك نژاد ایجادکردن.

inbreeding [ínbrí:diŋ] *n.* تخم‌کشی از جانوران هم‌تیره ، تـولید و تناسل درمیان هم‌نژادها، درون همسری.

in.calculability, *n.* بی‌حسابی، نامعلومی.

in.calculable [inkǽlkjuləbl], *adj.* شمرده‌نشدنی،ناشمردنی،نامعلوم،بی‌حساب.

in.ca.les.cence, *n.* گرماگرائی، گرماجوئی،گرم شدگی.

in.ca.les.cent, *adj.* گرماگرای.

in.can.desce (- d, incandescing) *vt.* & *vi.* ازگرمای زیاد سفید شدن، تاب‌آمدن.

in.can.des.cence [inkændésəns] *n.* روشنائی سیمابی، نورسفیددادن،افروختگی.

in.can.des.cent, *adj.* دارای نور سیمابی.

incandescent lamp, *n.* لامپ برقی دارای نور سیمابی، لامپ نئون.

in.can.ta.tion [inkœntéiʃən] *n.* افسون، جادو، طلسم،افسونگری، افسونخوانی، جادوگری، سحر، تبلیغات.

in.capable [inkéipəbl] *adj.* عاجز،ناتوان،ناقابل،نالایق،بیعرضه،محجور، نفهم.

in.ca.pac.i.tate [inkəpǽsiteit] (- d, incapacitating) *vt.* ناقابل ساختن، سلب صلاحیت‌کردن از، بی‌نیروساختن، ازکار افتادن، ناتوان ساختن، محجورکردن.

in.ca.pac.i.ta.tion, *n.* محجوری، ناتوانی.

in.capacity, *n.* عجز، عدم‌صلاحیت.

in.car.cer.ate [inká:səreit] (- d, incarcerating) *vt.* در زندان نهادن، زندانی کردن، حبس‌کردن.

in.car.na.dine (- d, incarnadining) *adj.* & *vt.* گلگون‌کردن، رنگ قرمزگوشتی.

in.car.nate [ínka:neit; inká:neit], (- d, incarnating) *adj.*, *vt.* & *vi.* مجسم [بصورت آدمی] ، دارای شکل جسمانی، برنگ‌گوشتی، مجسم‌کردن، صورت‌خارجی‌دادن.

in.car.na.tion, *n.* تجسم،صورت‌خارجی.

incase (- d, incasing) *n.* درجعبه گذاردن، درصندوق قرار دادن.

in.cautious, *adj.* بی‌احتیاط ، بی‌ملاحظه.

in.cen.di.ary=agitator, *n.* & *adj.* آتش‌زا، آتش‌افروز.

in.cense [inséns] (- d, incensing) *vt.*, *vi.* & *n.* بخوردادن‌به، سوزاندن ، بخور خوشبو، تحریك کردن، تهییج‌کردن، خشمگین‌کردن.

To burn i. سوزاندن صمغ خوشبو.

in.cen.tive [inséntiv] *n.* & *adj.* انگیزه، فتنه‌انگیز، آتش‌افروز، موجب، مشوق.

in.cept (- ed, - ing) *vi.* آغازکردن، بنیاد نهادن، درخودگرفتن.

in.cep.tion [insépʃən] *n.* آغاز ، شروع ، درجه‌گیری ، اصل ، اکتساب ، دریافت، بستن نطفه.

in.certitude, *n.* نامعلومی، عدم‌تحقق، شك‌وتردید، ناامنی، ناپایداری زندگی.

in.ces.sant [insésnt] *adj.* لاینقطع، پیوسته، پی‌دربی، بی‌پایان.

in.cest [ínsest] *n.* زنای بامحارم ونزدیکان.

in.ces.tu.ous [inséstjuəs] *adj.* زانی با محارم، وابسته به جفت‌گیری جانوران از یك جنس.

inch [in(t)ʃ] (- ed, - ing) *n.*, *vt.* & *vi.* اینچ، مقیاس طول برابر ۲/۵۴ سانتی‌متر. گره‌گره، اندك‌اندك.

By inches.

inch.meal, *adv.* خردخرد، رفته‌رفته، بتدریج، کم‌کم.

in.cho.ate (- d, inchoating), *vi.*, *vt.* & *adj.* آغازکردن، بنیاد نهادن، تازه بوجودآمده، نیمه تمام.

in.ci.dence [ínsidəns] *n.* شیوع مرض ، انتشار (مرض)، برخورد، تلاقی، تصادف، وقوع، تعلق واقعی مالیات ، مشمولیت.

Angle of i. زاویهٔ تلاقی.

in.ci.dent, - al [ìnsidént, -l], *adj.* & *n.* شایع، رویداد، واقعه، حادثه، ضمنی، حتمی، وابسته، تابع.

in.cin.er.ate [insínəreit] (- d, incinerating) *vt.* خاکسترکردن، سوزاندن، باآتش‌سوختن.

in.cin.er.a.tion, *n.* سوزاندن، تبدیل بخاکسترکردن.

in.cin.er.a.tor [insínəreitə] *n.* کوره‌ای‌که آشغال یا لاشهٔ مرده درآن سوزانده و خاکستر میشود.

in.cip.i.en.cy=in.cip.i.ence, *n.* وضع مقدماتی، ابتدائی، حالت نخستین.

in.cip.i.ent [insípiənt] *adj.* نخستین، بدوی، اولیه، مرحلهٔ ابتدائی.

in.ci.pit, *n.* شروع وآغاز شعر یا قطعه‌ای‌که درآغاز سروده یا نواخته شود، پیش‌درآمد، مقدمه، دیباچه.

incircumspection, *n.* بی‌مبالاتی.

in.cise, - d (- d, incising), *adj.* & *vt.* بریدن، کنده‌کاری کردن، چاك دادن، شکاف دادن، حجاری‌کردن.

in.ci.sion, *n.* شکاف، برش، چاك.

in.ci.sive [insáisiv] *adj.* برنده، قاطع، دندان پیشین، ثنایا، تیز، نافذ.

in.ci.sor [insáizə] *n.* دندان پیشین ، ثنایا.

in.ci.tation, *n.* انگیزش، تحریك، وادار سازی، اغوا، انگیزه، تهییج، محرك.

in.cite [insáit] (-d, inciting) *vt.* انگیختن، باصرار وادارکردن، تحریك‌کردن.

in.cite.ment, *n.* تحریك، تهییج، انگیزش.

in.civility [insivíliti] *n.* بی‌تربیتی، خشونت، وحشیگری، بی‌تمدنی.

in.clem.en.cy [inklémənsi] (*pl.* - ies) *n.* سختی، شدت، بی‌اعتدالی، فقدان ملایمت، بی‌رحمی، سنگدلی.

I. of the weather. سختی وشدت هوا.

in.clem.ent, *adj.* شدید، بی‌اعتدال.

in.cli.na.tion [ìnklinéiʃən] *n.* نهاد، سیرت، طبیعت، تمایل، شیب، انحراف.

in.cline [inkláin] (- d, inclining) *vt.*, *vi.* & *n.* خم‌کردن، کج کردن، متمایل شدن، مستعد شدن، سرازیرکردن، شیب دادن، متمایل‌کردن، شیب.

They were inclined to follow him. آنها متمایل به‌پیروی ازاو بودند.

in.clined plane, *n.* سطح شیب‌دار.

INCLINED PLANE

in.clin.ing, *n.* & *adj.* خمیدگی بجلو و پائین، تعظیم، تمایل، میل.

inclose, inclosure (- d, inclosing) *n.* & *vt.* چهاردیواری، حصار ، چینه‌کشیدن ، محصورکردن.

in.clud.able, in.clud.ible, *adj.* شامل‌کردنی.

in.clude [inklú:d] (-d, including) *vt.* دربرداشتن، شامل بودن، متضمن بودن، قرار دادن، شمردن، به‌حساب آوردن.

The nutshell includes the kernel. پوست گردو شامل مغز نیز میباشد.

in.clu.sion [inklú:ʒən] *n.* گنجایش، دربرداری، دخول،شمول.

in.clu.sive [inklú:siv] *adj.* شامل، مشمول.

From July 2 to July 4 i. از دوم ژوئیه تاآخر روزچهارم ژوئیه

in.cog.i.tant, *adj.* بی‌اندیشه، بی‌فکر، بی‌خیال، فارغ‌البال.

in.cog.ni.to [inkɔ́gnitou] (*pl.* - s) *n.* ناشناخت، ناشناس، مجهول‌الهویه، بانام مستعار.

in.cognizant, *adj.* بی‌خبر، ناآگاه ، بدون اطلاع، غیروارد، بدون شناسائی.

in.coherence [ìnkouhíərəns] (*pl.* - s) *n.* عدم ربط، عدم چسبندگی، ناجوری، عدم تطابق، ناسازگاری، تناقض.

متناقض، بی‌ربط.

in.coherent, *adj.*

in.combustible [ìnkəmbʌ́stibl] *adj.* & *n.* نسوز، نسوختنی، غیرقابل احتراق.

in.come [ínkəm, íŋkəm, - kʌm], *n.* درآمد، عایدی،دخل، ریزش،ظهور،جریان، ورودیه، جدیدالورود، مهاجر، وارد شونده.

income tax, *n.* مالیات بردرآمد، مالیات برعایدات.

in.com.ing [ínkʌ́miŋ] *adj.* & *n.* وارد شونده، آینده، آمده، عاید شونده، دخول.

in.commensurable, *adj.* & *n.* سنجش ناپذیر، گنگ، متناقض.

in.commensurate [ìnkəménʃərət, - ʃərit] *adj.* بی‌تناسب، ناپسند، نارسا، نامناسب.

in.com.mode [inkəmóud] (- d, incommoding) *vt.* ناراحت‌کردن، ناراحت‌گذاردن، دردسر دادن، آزار رساندن، گیج‌کردن، دست‌پاچه‌کردن.

in.commodious, *adj.* ناراحت.

in.commodity (*pl.* - ies) *n.* نارضایتی، خسران، زیان، ناراحتی، ناجوری.

in.com.mu.ni.ca.ble [inkəmjú:nikəbl] *adj.* غیرقابل‌سرایت، نگفتنی،غیرقابل‌بخش، بیحرف، غیرقابل ابلاغ،بدون‌رابطه.

in.com.mu.ni.ca.do, *adv.* بدون وسائل ارتباط، درحبس مجرد.

in.communicative, *adj.* کم‌حرف،کم‌سخن، بی‌معاشرت وبی‌آمیزش.

in.commutable, *adj.* استحاله‌ناپذیر، تبدیل ناپذیر، غیرقابل تعویض، ثابت، سبك نشدنی، تخفیف ناپذیر.

in.comparable [inkɔ́mpərəbl], *adj.* غیرقابل قیاس، بی‌مانند، بی‌نظیر، بی‌همتا، بی‌رقیب، غیرقابل مقایسه.

in.compatible [ìnkəmpǽtibl], *adj.* & *n.* ناسازگار، ناموافق، ناجور، نامناسب، [طب] غیرقابل استعمال بایکدیگر.

in.compatibility, *adj.* ناسازگاری.

in.competence=in.com.pe.tency, *n.* ناشایستگی، بی‌کفایتی، نادرستی، نارسائی، نقص، [حق.] عدم صلاحیت.

in.com.pe.tent [inkɔ́mpitənt], *adj.* نامناسب، غیرکافی، ناشایسته، بی‌کفایت،نالایق.

in.com.plete [ìnkəmplí:t] *n.* ناتمام، ناقص، انجام نشده، پر نشده، معیوب.

in.compliant, *adj.* نپذیرنده، ناهموار، تسلیم نشو، سرسخت.

in.comprehensibility, *adj.* غیرقابل فهم بودن.

in.comprehensible [inkɔ́mprihénsibl] *adj.* نفهمیدنی، دوراز فهم، درك نکردنی، نامحدود.

in.comprehension, *n.* عدم درك.

in.com.pressible [ìnkəmprésibl] *adj.* تراکم ناپـذیر، فشار ناپـذیر، خلاصه نشدنی، کوچك نشدنی، غیرقابل تلخیص، فشرده‌نشدنی.

in.conceivable [ìnkənsí:vəbl], *adj.* تصور نکردنی، غیرقابل ادراك، باور نکردنی.

Color is i. to those born blind. برای‌کسانیکه نابینا بدنیا آمده‌اند رنگ قابل ادراك نیست.

in.concinnity, *n.* بی‌تناسبی، زشتی، بی‌ظرافتی، ناشایستگی.

in.conclusive [ìnkənklú:siv], *adj.* غیرقاطع،مجمل، ناتمام، بی‌نتیجه، بی‌پایان.

in.con.dite, *adj.*

بدتنظیم شده، دارای انشاء سخیف، ناهنجار.

in.conformity, *n.* نابرابری، عدم‌مطابقت،عدم‌موافقت، عدم‌سنخیت.

in.congruence, *n.* نابرابری، ناسازگاری، عدم تجانس.

in.congruent, *adj.* نامتجانس.

in.congruity, *n.* عدم تجانس، ناسازگاری.

in.congruous, *adj.* نامتجانس .

in.con.se.quen.tial, *adj.* غیر منطقی، نامربوط، بی‌اهمیت، نا چیز.

in.conscient, *adj.* بی‌خبر، بی‌هوش، بیخرد، غیرآگاه، بی‌روح، ناخودآگاه.

in.con.sec.u.tive=in.con.se-quent, *adj.* فاقد ارتباط منطقی، بی‌ربط، گسیخته، نادرست، غیرمعقول، بی‌نتیجه.

in.considerable, *adj.* ناچیز، جزئی، بی‌اهمیت، خرد، ناقابل.

in.considerate [ìnkənsídərit], *adj.* بی‌ملاحظه، بی‌فکر، سهل‌انگار، بی‌پروا.

in.consistency [ìnkənsístənsi] *n.* تناقض، تباین، ناجوری، ناسازگاری، ناهماهنگی، ناجوری، ناسازگاری، نااستواری، بی‌ثباتی.

in.consistent, *adj.* متناقض، ناجور.

in.consolable [ìnkənsóuləbl] *adj.* دلداری ناپذیر، تسلی‌ناپذیر، غیرقابل تسلیت.

in.consonance, *n.* ناجوری، عدم توافق، ناهماهنگی، عدم سنخیت.

in.consonant, *adj.* ناجور.

in.conspicuous [ìnkənspík-juəs] *adj.* ناپیدا، نامعلوم، غیربرجسته، کمرنگ، نامرئی، جزئی، غیرمحسوس، غیرمشخص.

in.constancy [inkɔ́nstənsi] *n.* عدم‌ثبات، ناپایداری، بی‌ثباتی، تلون‌مزاج.

in.constant, *adj.* بی‌ثبات ، بی‌وفا.

in.con.test.able [ìnkəntéstəbl], *adj.* بی‌چون‌وچرا، مسلّم، غیرقابل‌بحث،محقق.

in.continence [inkɔ́ntinəns]=

in.continency, *n.* عدم کف‌نفس، ناپرهیزکاری، بی‌اختیاری،هرزگی.

in.continent, *adj.* ناپرهیزکار.

in.controllable, *adj.* غیرقابل کنترل، غیرقابل جلوگیری، شدید.

in.controvertible [inkɔ̀ntrou-və́:tibl] *adj.* غیرقابل بحث، بدون مناقشه، بی‌چون وچرا، بدون مباحثه، مسلّم.

in.convenience, - cy [ìnkən-ví:njəns] (-d, inconveniencing), *n. & vt.* زحمت، ناراحتی، دردسر، ناسازگاری، ناجوری، نامناسبی، آسیب، اذیت، اسباب‌زحمت.

in.convenient, *adj.* ناراحت، ناجور.

in.con.vert.ible [ìnkənvə́:tibl], *adj.* مبادله‌ناپذیر، غیرقابل‌تغییر، غیرقابل‌تسعیر.

in.con.vinc.ible, *adj.* متقاعد نشدنی ، اقناع نکردنی ، شخص متقاعد نشدنی، آدم قانع نشونده ، ملزم نشدنی.

in.coordination, *n.* فقدان هم‌آهنگی، عدم همکاری.

in.cor.po.rate [inkɔ́:pəreit] *adj., vt. & vi.* یکی کردن، بهم‌پیوستن، متحد کردن، داخل کردن، جا دادن، دارای شخصیت حقوقی کردن، ثبت کردن(دردفترثبت‌شرکت‌ها)، آمیختن، ترکیب کردن، معنوی، غیرجسمانی.

in.cor.po.ra.tion [inkɔ̀:pəréiʃən], *n.* اتصال، الحاق، یکی‌سازی، ترکیب، یکی شدنی، پیوستگی، تلفیق،اتحاد،ادخال، جادادن، ایجاد شخصیت حقوقی برای شرکت.

in.cor.po.ra.tive, *adj.* وابسته به الحاق، الحاقی، مشارکتی.

in.cor.po.ra.tor, *n.* کارمنداتحادیه، تشکیل دهنده، ترکیب‌کننده، یکی سازنده.

in.corporeal [ìnkɔ:pɔ́:riəl], *n. & adj.* غیرمادی، بی‌جسم،مجرد، معنوی.

in.cor.po.re.i.ty (*pl.* - ies) *n.* معنویت، تجرد، غیرجسمانی بودن.

in.correct [ìnkərékt] *adj.* نادرست، غلط، ناراست ، غیر دقیق ، غلطدار ، تصحیح نشده، معیوب، ناقص، ناجور.

in.corrigible [inkɔ́ridʒibl], *adj. & n.* اصلاح ناپذیر، بهبودی ناپذیر، درست نشدنی.

in.corrupt=in.corrupted, *adj. & vt.* درست، فاسد نشده، صحیح، بی‌عیب، پاك‌کردن. سالم‌کردن، درستکار کردن.

in.corruptible [inkərʌ́ptibl], *adj. & n.* فاسد نشدنی، فساد ناپذیر، منحرف نشدنی.

in.creas.able, *adj.* افزودنی،افزایش‌پذیر،زیادکردنی، قابل‌ازدیاد.

in.crease [inkrí:s] (- d, incr-easing) *n., vt. & vi.* افزودن، زیادکردن، توسعه‌دادن، توانگر کردن، ترفیع‌دادن،اضافه،افزایش، رشد، ترقی،زیادشدن.

in.creas.er, *n.* فزونگر، زیادکننده.

in.cre.ate, *adj. & vt.* آفریده نشده، ازلی، قائم‌بالذات، غیرمخلوق.

in.credible [inkrédibl] *adj.* باور نکردنی، غیرقابل قبول، افسانه‌ای.

in.credulity [inkridjú:liti] *n.* دیرباوری، شکاکی، بی‌اعتقادی.

in.credulous, *adj.* دیرباور.

in.cre.ment, - al [ínkrəmənt], *n. & adj.* افزایش، ترقی، سود، توسعه.

in.crim.i.nate [inkrímineit], (- d, incriminating) *vt.* مقصر قلمدادکردن ، بگناه متهم‌کردن، گرفتار کردن، تهمت زدن به، گناهکار قلمداد نمودن.

incross, *n.* اختلاط وآمیزش صفات ارثی یك‌طایفه میان افرادآن، اولاد یامحصول.

incrust (- ed, - ing) *vt. & vi.* باقشر وپوست پوشانـدن، دارای پـوشش سخت کردن، قشر تشکیل دادن (برروی).

in.crus.ta.tion, incrustment, *n.* پوسته، قشر، پوشش، اندود، نمای مرمر.

in.cu.bate [ínkjubeit] (- d, in-cubating) *vt. & vi.* برخوابیدن، روی تخم خوابیدن، جوجه‌کشی کردن.

in.cu.ba.tion, *n.* خوابیدن روی‌تخم، برخوابش، جوجه‌کشی،[طب]دورهٔ نهفتگی‌یاکمون.

in.cu.ba.tor [ínkjubeitə] *n.* ماشین جوجه‌کشی، محل پرورش اطفال زودرس.

in.cu.bus [ínkjubəs] (*pl.* in.-cu.bi, - es) *n.* بختك، کابوس، ظالم، زورگو.

in.cul.cate [inkʌ́lkeit] (- d, in-culcating) *vt.* فروکردن، جایگیر ساختن، تلقین‌کردن، پاگذاشتن، پایمال‌کردن.

in.cul.pate (-d,inculpating), *vt.* متهم‌کردن، تهمت زدن‌به، مقصردانستن.

That risk could not i. them. این‌عمل‌مخاطره‌آمیز نمیتوانست آنهارامتهم‌سازد.

in.cum.ben.cy (*pl.* - ies) *n.* تصدی، عهده‌داری، وظیفه، لزوم، وجوب.

During his i. در دورهٔ تصدی او.

in.cum.bent [inkʌ́mbənt] *n. & adj.* متصدی، ناگزیر، لازم[با on و upon].

It is i. on you to. بـرشما واجب است که.

in.cu.nab.u.lum (*pl.* in.cu.nab-u.la) *n.* پیلهٔ حشره، کتب قدیمی.

in.cur [inkə́:] (- red, - ring), *vt.&vi.* موجب(خرج‌یاضرر‌یاتنبیه‌وغیره)شدن، متحمّل شدن، وارد آمدن، (خسارت) دیدن.

in.curable [inkjúərəbl, -kjɔ́-], *n. & adj.* علاج‌ناپذیر، بی‌درمان، بیچاره، بهبودی‌ناپذیر.

in.curiosity, *n.* بی‌اعتنائی، بی‌توجهی ، بی‌تفاوتی، عدم‌کنجکاوی.

in.curious, *adj.* ناکنجکاو.

in.cur.sion [inkə́:ʃən] *n.* تاخت وتاز، تهاجم، تاراج وحمله، تعدی.

in.cur.vate (-d,incurvating), *adj., vt. & vi.* بشکل منحنی درآوردن، خمیده‌کردن.

in.curve (- d, incurving) *n., vi. & vt.* خمیدگی، انحناء، کج‌کردن.

in.cus (*pl.* in.cu.des) *n.* استخوان سندانی، سندان.

in.cuse, *adj. & n.* نقش شده بوسیلهٔ چکش، نقش‌چکشی.

in.da.gate, *vt.* تحقیق‌کردن، تجسس کردن، رسیدگی‌کردن، بررسی‌کردن.

in.debt.ed [indétid] *pp. & adj.* بدهکار، مدیون، مرهون، رهین منت، ممنون.

in.de.cen.cy [indí:sənsi] (*pl.* - ies) *n.* بی‌نزاکتی، بی‌شرمی، نازیبندگی، گستاخی.

in.de.cent, *adj.* شرم‌آور، گستاخ، نانجیب، بی‌حیا.

in.de.ci.pher.able, *adj.* غیرقابل‌کشف (درمورد تلگراف رمز وغیره) ، کشف‌نکردنی، حل‌نکردنی، غیرقابل استخراج.

in.de.ci.sion [ìndisíʒən] *n.* بی‌تصمیمی، دودلی، بی‌عزمی، تردید، تأمل.

in.decisive, *adj.* دودل، غیرقطعی.

in.de.clin.able, *adj.* صرف نشدنی، غیرقابل تصریف، پرهیزنکردنی.

in.de.com.pos.able, *adj.* فساد ناپذیر، فاسد نشدنی، ازهم نپاشیدنی.

in.dec.or.ous [indékərəs] *adj.* بی‌ادب، ناصحیح، بیجا، بی‌نزاکت.

in.de.co.rum [ìndikɔ́:rəm] *n.* بی‌نزاکتی، عدم رعایت‌آئین معاشرت، نادرستی.

in.deed [indí:d] *adv. & interj.* براستی، راستی، حقیقتاً، واقعاً،هرآینه،درواقع، فی‌الواقع، آره راستی!

in.de.fat.i.ga.ble [ìndifǽtigəbl], *adj.* خستگی ناپذیر، خسته نشدنی.

I. efforts. کوششهای خستگی ناپذیر.

in.de.fea.si.bil.i.ty, *n.* لغو نکردنی، الغاء نشدنی، فسخ ناپذیری.

in.de.fea.si.ble [indifí:zəbl] *adj.* لغونکردنی، الغاء نشدنی، فسخ‌ناپذیر، پابرجا، برقرار، بطلان ناپذیر، از دست ندادنی.

in.de.fec.ti.ble, *adj.* خلل ناپذیر، عیب نکردنی، خراب نشدنی، بی‌عیب، درست.

in.de.fen.si.ble [indifénsib] *adj.* غیرقابل دفاع، غیرقابل‌اعتذار، تصدیق‌نکردنی.

An i. position. موقعیت غیرقابل دفاع.

in.definable [ìndifáinəbl] *adj. & n.* غیرقابل تعریف، توصیف نشدنی.

in.definite [indéfinit] *adj. & n.* نامحدود، بیکران، بی‌حد، بی‌اندازه ، غیرقابل اندازه‌گیری، نامعین، غیرقطعی ، (بطور صفت) غیرصریح، نکره.

in.dehiscence, *n.* ناشکوفائی، ناگشائی، بازنشدنی.

in.dehiscent, *adj.* ناشکوفا.

in.del.i.bil.i.ty, *n.* ثبات، پاك نشدنی بودن.

in.del.i.ble [inidélibl] *adj.* پاك‌نشدنی، محونشدنی، ماندگار، ثابت.

in.delicacy [indélikəsi] (*pl.* - ies) *n.* بی‌لطافتی، زمختی، خشونت، بی‌نزاکتی.

in.delicate, *adj.* بی‌نزاکت، خشن.

in.dem.ni.fi.ca.tion [indèmnifi-kéiʃən] *n.* پرداخت غرامت، تاوان پردازی، جبران زیان.

in.dem.ni.fi.er, *n.* تاوان پرداز.

in.dem.ni.fy [indémnifai] (-ied, indemnifying) *vt.* تاوان دادن، لطمه زدن‌به، اذیت‌کردن، صدمه زدن‌به، ناراحت کردن، خسارت زدن به، غرامت دادن.

in.dem.ni.ty [indémniti] (*pl.* - ies) *n.* تاوان، غرامت، جبران زیان، بخشودگی، صدمه.

in.demonstrable, *adj.* اثبات ناپذیر، غیرقابل اثبات، غیرقابل شرح.

in.dent [indént] (- ed, - ing), *n., vt. & vi.* برجسته‌کردن، دندانه‌دار کردن، تورفتگی، سفارش(دادن)، دندانه‌گذاری.

I. upon a person for goods. بکسی سفارش کالا دادن.

in.den.ta.tion [indentéiʃən] *n.* دندانه‌گذاری، دندانه، کنگره، تضریس.

in.den.ture [indéntʃə] *n.* سندودونسخه‌ای، دوتاسازی،دوبل‌کردن،قرارداد، سیاههٔ رسمی، دندانه‌گذاری، عهدنامه، کنترات.

in.den.ture (-d,inculpating), *vi. & vt.* باقرارداد استخدام‌کردن، بشاگردی‌گرفتن، باسند مقیدکردن، باسند مقید شدن، شیاردارکردن، دندانه‌دار کردن.

in.de.pen.dence [ìndipéndəns], *n.* استقلال، آزادی، بی‌نیازی از دیگران.

in.de.pen.dent [ìndipéndənt], *adj.&n.* مستقل،خودمختار، دارای‌قدرت‌مطلقه.

in.describable [ìndiskráibəbl], *adj. & n.* وصف ناپذیر، توصیف ناپذیر، نامعلوم.

in.de.struc.ti.ble [indistrʌ́ktəbl] *adj.* فناناپذیر، ازمیان نرفتنی، نابود نشدنی.

in.determinable, *adj. & n.* غیرقابل تعیین، نامحدود، بی‌حد وحصر.

in.determinacy, *n.* بی‌تکلیفی، نامعلومی، نامشخصی، پادرهوائی.

in.determinate [inditə́.minit], *adj.* نامعین، پادرهوا، نامشخص، بی‌نتیجه.

in.devout, *adj.* ناپرهیزگار، بی‌تقوی، ناپارسا، بی‌دین.

in.dex [indeks] (*pl.* in.dex.es & in.di.ces) *n.* راهنما [مثلاً درجدول وپرونده]، شاخص، (درکتاب)جاانگشتی، نمایه، نما، راهنمای موضوعات، فهرست راهنما.

index (- ed, - ing) *vt. & vi.* دارای فهرست‌کردن، بفهرست درآوردن، نشان دادن، بصورت الفبائی [چیزی‌را] مرتب‌کردن.

index finger, *n.* انگشت‌نشان،سبّابه.

index number, *n.* عدد شاخص، عددی‌که دلالت برحجم‌کند (مثل نرخ وقیمت).

In.dia [índjə, indiə] *n.* هندوستان.

india ink, *n.* مرکب چین.

In.di.an [indjən, - diən] *adj. & n.* هندی، هندوستانی، وابسته به هندی‌ها.

Indian club, *n.* باشگاه هندیها ، میل‌زورخانه.

Indian corn, *n.* [گ.ش.] ذرت، بلال.

Indian file, *n.* [نظ.] ستون یك.

Indian giver, *n.*

INDIAN CLUB

کسی که چیزی بکسی میدهد وبعد آنرا پس میگیرد، بخشندهٔ دون.

Indian hemp, *n.* [گ.ش.] شاهدانهٔ هندی، شاهدانهٔ کانادائی.

Indian summer, *n.* هوای آرام وخشك وصافی که دراواخر پائیز درشمال ایالات متحدهٔ آمریکا مشاهده میشود.

India paper, *n.* کاغذ مرکب خشك کن نرم وکرم رنگی که درچین ساخته میشود، نوعی کاغذ نازك.

India rubber [*índjərʌ'bə*] *n.* کائوچو، لاستیك، ساخته شده از لاستیك.

In.dic, *adj.* & *n.* وابسته به هند، هندی.

in.di.cant, *n.* [illegible]

in.di.cate [*índikeit*] (**- d, indicating**) *vt.* & *vi.* نشان دادن، نمایان ساختن، اشاره کردن بر.

in.di.ca.tion, *n.* نشان، اشاره، دلالت، اشعار، نشانه.

in.dic.a.tive [*indíkətiv*] *adj.* & *n.* اخباری، خبردهنده، اشاره کننده، مشعربر، نشان دهنده، دلالت کننده، حاکی، دال بر.

in.di.ca.tor [*índikeitə*] *n.* اندیکاتور، نماینده، شاخص، اندازه، مقیاس، فشارسنج.

indices [*índisi:z*] (*pl.* **index**) *n.* (صورت جمع کلمهٔ index).

in.dict [*indáit*] (**- ed, - ing**) *vt.* [حق.] علیه کسی ادعانامه تنظیم کردن، اعلام جرم کردن، متهم کردن، تعقیب قانونی کردن.

in.dict.able, *adj.* [حق.] قابل تعقیب.

in.dict.er, in.dict.or, *n.* تعقیب کننده، اعلام جرم کننده.

in.dic.tion [*indáiʃən*] *n.* (بستن) مالیات پانزده سالهٔ املاك، آگهی، اعلام، دورهٔ پانزده ساله، ارزیابی.

in.dict.ment [*indáitmənt*] *n.* [حق.] اعلام جرم، تنظیم ادعانامه، اتهام.

in.dif.fer.ence [*indífərəns*] *n.* خونسردی، بی علاقگی، لاقیدی، سهل انگاری.

in.dif.fer.ent [*indífərənt*] *adj.* & *n.* بیعلاقه، لاقید، بی تفاوت، بی تعصب، بی اثر.

in.dif.fer.ent.ism, *n.* لاقیدی نسبت به مسائل مذهبی.

in.di.gence [*índidʒəns*] *n.* تنگدستی، نداری، تهیدستی، بی چیزی، فقر.

in.dig.e.nous [*indídʒinəs*] *adj.* بومی، طبیعی، ذاتی، مکنون، فطری.

in.di.gent [*índidʒənt*] *adj.* & *n.* تهیدست، تهی، خالی.

in.digested, *adj.* هضم نشده، نسنجیده، فکر نکرده.

in.digestibil.ity, *n.* غیرقابل هضم بودن.

in.digestible, *adj.* & *n.* غیرقابل هضم.

in.di.ges.tion [*ìndidʒéstʃən*] *n.* اختلال هاضمه، سوءهاضمه، رودل، دیرهضمی.

in.di.ges.tive, *adj.* هضم نشدنی.

in.dig.i.ta.tion, *n.* آگهی، اعلام، اظهار، اعلان، شمارش.

in.dign (**- ed, - ing**) *adj.* & *vt.* غیر مستحق، نامطلوب، زننده، بدون استحقاق، فاقد شایستگی، خشمگین کردن.

in.dig.nant [*indígnənt*] *adj.* اوقات تلخ، متغیر، رنجیده، خشمگین، آزرده.

in.dig.na.tion, *n.* خشم.

in.dig.ni.ty (*pl.* **-ies**) *n.* هتك آبرو.

in.di.go [*índigou*] (*pl.* **- s, -es**), *n.* نیل، نیل پرطاوس، وسمه، رنگ نیلی، برنگ نیلی.

indigo plant, *n.* [گ.ش.] گیاهان نیلدار، درخت نیل، بوتهٔ نیل.

in.direct [*ìndirékt*] *adj.* غیرمستقیم، پیچیده، غیر سرراست، کج.

in.di.rec.tion, *n.* دغل بازی، غیرمستقیمی، بیراهه روی.

indirect object, *n.* [د.] مفعول غیرمستقیم.

in.discernible, - able, *adj.* & *n.* تمیز ندادنی، غیرقابل تشخیص، ناپیدا.

in.discipline, *n.* [م.م.] بی انضباطی، بی انتظامی، سرکشی.

in.discoverable, *adj.* غیرقابل کشف، غیرقابل درك، غیرقابل تشخیص.

in.discreet [*indiskrí:t*] *adj.* فاقد حس تشخیص، بی تمیز، بی احتیاط، بی ملاحظه.

in.dis.crete, *adj.* بهم پیوسته، غیرمجزا، غیرقابل تشخیص.

in.dis.cre.tion [*ìndiskréʃən*] *n.* بی احتیاطی، بی ملاحظگی، بی خردی، بی عقلی.

in.discriminate [*indiskríminit*], *adj.* ناشی از عدم تبعیض، خالی از تبعیض، یکسره.

in.dis.pens.able [*indispénsəbl*], *adj.* & *n.* واجب، حتمی، چاره ناپذیر، ضروری، ناگزیر، صرفنظر نکردنی، لازم الاجرا.

in.dis.pose, - d [*indispóuz*, *-d*] (**- d, indisposing**) *vt.* & *adj.* [م.م.] نامناسب کردن، ناجور کردن، مریض کردن، بیمار ساختن، بی میل کردن، آماده ساختن.

in.dis.pu.ta.ble [*indíspjutəbl*, *ìndispjú:təbl*] *adj.* بی چون وچرا، مسلماً، بی گفتگو، بطور غیرقابل بحث، بطور مسلّم.

in.dis.sol.u.ble [*indisɔ́ljubl*, *indísəljubl*] *adj.* حل نشدنی، تجزیه ناپذیر، آب نشدنی، ناگداز، غیرقابل حل، بهم نخوردنی، منحل نشدنی، ماندگار، پایدار.

in.distinct [*ìndistíŋkt*] *adj.* نامعلوم، تیره، غیرروشن، درهم، آهسته، ناشنوا.

in.distinctive, *adj.* نامشخص.

in.distinguishable, *adj.* [م.م.] غیرقابل تشخیص، تمیز ندادنی.

in.dite [*indáit*] (**- d, inditing**), *vt.* انشاء کردن، ساختن، درست کردن، تصنیف کردن، نوشتن.

in.divertible, *adj.* [م.م.] انحراف ناپذیر، منحرف نکردنی، غیرقابل انحراف.

in.di.vid.u.al [*ìndivídjuəl*] *adj.* & *n.* شخص، فرد، تك، منحصر بفرد، متعلق بفرد.

in.di.vid.u.al.ism [*ìndivídjuəlizm*] *n.* اصول استقلال فردی، اصول آزادی فردی درسیاست واقتصاد، اعتقاد باینکه حقیقت ازجوهرهای منفردی تشکیل یافته است، خصوصیات فردی، حالت انفرادی، تکروی، فردگرائی.

in.di.vid.u.al.ist, *adj.* تکرو، فردگرای.

in.di.vid.u.al.ize [*indivídjuəlaiz*] (**-d, individualizing**) *vi.* & *vt.* ازدیگران جدا کردن، مجزا کردن، تك سازی، تمیّز دادن، تشخیص دادن، حالت ویژه دادن، منفرد ذکر کردن، بصورت فردی درآوردن.

in.di.vid.u.al.iza.tion *n.* منفرد سازی، فردسازی، تکسازی.

in.di.vid.u.ate (**- d, individuating**) *vt.* تك قرار دادن، فرد کردن، انفرادی کردن، مجزا کردن، جدا کردن، تمیز دادن، شخصیت دادن، مشخص کردن.

in.di.vid.u.a.tion, *n.* فرد پرستی، تك سازی، فرد سازی، جدا سازی، تك شدگی، تشخیص فرد درجمع، شخصیت، وجود (شخص)، جدا شدگی، یکایکی، تکی.

in.divisibility, *n.* غیرقابل تقسیم بودن.

in.divisible, *adj.* غیرقابل تقسیم.

In.do-Chinese [*índoutʃainí:z*], *adj.* & *n.* ملت هندوچین، ساکنین هندوچین، هندوچینی، دو رگهٔ هندی وچینی.

in.docile, *adj.* نافرمان، سرکش، رام نشدنی، تعلیم ناپذیر.

in.docility, *n.* تعلیم ناپذیری، سرکشی.

in.doc.tri.nate [*indɔ́ktrineit*] (**- d, indoctrinating**) *vt.* آموختن، تلقین کردن، آغشتن، اشباع کردن، تعالیم منهبی یا حزبی را آموختن به.

In.do-Eu.ro.pe.an [*índoujùərəpí:ən*] *adj.* & *n.* هند واروپائی.

[illegible] رخوت، سستی، تنبلی، تن آسائی، راحت طلبی.

in.do.lent, *adj.* سست، تنبل.

in.dom.i.ta.ble [*indɔ́mitəbl*] *adj.* رام نشدنی، سرکش، سخت، غیرقابل فتح، تسخیرناپذیر، تسلط ناپذیر.

In.do.ne.sian, *adj.* & *n.* اهل کشور اندونزی، وابسته باندونزی.

in.door, - s [*índɔ:*, *- dɔə*, *- z*], *adv.* & *adj.* خانگی، زیرسقف، درونی، داخلی.

in.drawn, *adj.* جذب کرده، توکشیده، بداخل کشیده، جذب شده بدرون، محتاط، منزوی.

in.du.bi.ta.ble [*indjú:bitəbl*], *adj.* & *n.* بدون شك، بدون تردید، بی چون وچرا.

in.duce [*indjú:s*] (**- d, inducing**) *vt.* & *vi.* وادار کردن، اغوا کردن، غالب آمدن بر، استنتاج کردن، تحریك شدن، تهییج شدن.

in.duc.ible, *adj.* وادار کردنی.

in.duce.ment [*indjú:smənt*] *n.* انگیزه، موجب، وسیله، مسبّب، کشش.

in.duct [*indʌ'kt*] (**- ed, - ing**), *vt.* & *vi.* فهمیدن، درك کردن، استنباط کردن، وارد کردن، گماشتن بر، آشنا کردن، القاء کردن.

in.duct.ee, *n.* کسیکه وارد خدمت شده.

in.duc.tance, *n.* [برق] اندوکتانس، ظرفیت القاء مغناطیسی.

in.ductile, *adj.* لوله نشو، درازنشو، کش برندار، خم نشدنی.

in.duc.tion [*indʌ'kʃən*] *n.* قیاس، قیاس کل از جزء، استنتاج، القاء، ایراد، ذکر، پیش سخن، مقدمه، استقراء.

in.duc.tive, *adj.* قیاسی، استنتاجی.

in.duc.tor, *n.* [فیزیك] واسطهٔ القاء، واسطه.

indue, endue (**- ed, - ing**) *vt.* پوشیدن، پوشاندن، آراستن، بخشیدن، دادن.

in.dulge [*indʌ'ldʒ*] (**- d, indulging**) *vt.* & *vi.* مخالفت نکردن، مخالف نبودن، رها ساختن، افراط کردن [در استعمال مشروبات و غیره]، زیاده روی کردن، شوخی کردن، دل کسی را بدست آوردن، نرنجاندن.

in.dul.gence [*indʌ'ldʒəns*] (**-d, indulgencing**) *n.*, *vt.* & *vi.* بخشیدن، لطف کردن، از راه افراط بخشیدن، ولخرجی کردن، عفو کردن، زیاده روی، افراط.

in.dul.gent, *adj.* بخشنده، زیاده رو.

in.du.rate (**- d, indurating**), *adj.*, *vt.* & *vi.* سخت کردن، سفت کردن، پینه خورده کردن، بی حس کردن، [مج.] پوست کلفت کردن.

indu.si.um (*pl.* **in.du.sia**) *n.* پرده یا پوشش روی میوه، غلاف میوه.

in.dus.tri.al [*indʌ'striəl*] *adj.* & *n.* صنعتی، دارای صنایع بزرگ، اهل صنعت.

in.dus.tri.al.ism, *n.* سیستم صنعتی، صنعت گرائی.

in.dus.tri.al.ist, *n.* کارخانه دار.

in.dus.tri.al.ize (**- d, industrializing**) *vt.* صنعتی کردن، بنگاههای صنعتی تأسیس کردن.

in.dus.tri.al.iza.tion, *n.* صنعتی سازی.

industrial school, *n.* آموزشگاه حرفه ای، مدرسهٔ صنعتی.

in.dus.tri.ous [*indʌ'striəs*] *adj.* ماهر، ربردست، ساعی، کوشا.

in.dus.try [*índəstri*] (*pl.* **-ies**), *n.* صنعت، صناعت، پیشه وهنر، ابتکار، مجاهدت.

in.dwell [illegible] *vt.* جاگرفتن (در)، جایگیرسدن (در)، ساکن شدن (در)، اشغال کردن، مسکن گزیدن.

ine.bri.ant, *adj.* & *n.* مست کننده، مستی آور، مسکر.

ine.bri.ate [*iní:briit*] (**- d, inebriating**) *adj.*, *n.* & *vt.* مست کردن، سرخوش کردن، کیف دادن.

in.ebri.ety (*pl.* **- ies**) *n.* مستی.

in.edible [*inédibl*] *adj.* [م.م.] نخوردنی، ناخوردنی، غیرقابل خوردن.

in.edited, *adj.* [م.م.] منتشر نشده، نشر نشده، چاپ نشده.

in.educable, *adj.* غیرقابل تحصیل، غیرقابل تربیت.

in.effable [*inéfəbl*] *adj.* & *n.* شخص غیرقابل توصیف، نگفتنی.

in.effaceable, *adj.* پاك نشدنی، محو نشدنی، ماندگار.

in.effective [*ìniféktiv*] *adj.* & *n.* بی اثر، بیهوده، غیرمؤثر، بی نتیجه، بیفایده.

in.effectual [*ìniféktjuəl*] *adj.* بیهوده، بی نتیجه، بی اثر، غیرمؤثر، بیفایده.

in.efficacious, *adj.* بی خاصیت، ناسودمند، بی فایده، بی اثر.

in.efficacy, inefficacity, *n.* بی کفایتی، بیهودگی، پوچی، بی اثری.

in.efficiency [*ìnifíʃənsi*] *n.* بی کفایتی، بی عرضگی، عدم کاردانی، بی ظرفیتی.

in.efficient, *adj.* & *n.* بی کفایت.

in.elastic [*ìnilǽstik*] *adj.* بدون قوهٔ ارتجاعی، بدون کشش، ناجهنده، شق، سرکش، غیرقابل انعطاف، تغییرناپذیر، سفت.

in.elegance [*inéligəns*] (*pl.*-s), *n.* نازیبائی، بی ظرافتی، زشتی، ناهنجاری.

in.elegant, *adj.* نازیبا، ناهنجار.

in.eligible [*inélidʒibl*] *adj.* & *n.* [م.م.] غیرمشمول، شامل نشدنی، ناشایسته برای انتخاب، فاقد شرایط لازم، غیرقابل قبول.

in.el.o.quent, *adj.* فصاحت.

in.eluc.ta.bil.i.ty, *n.* ناچاری، ناگزیری.

in.eluc.ta.ble, *adj.* ناگزیر، چاره ناپذیر، غیرقابل مقاومت، ناچار.

in.elud.ible, *adj.* طفره نزدنی، گریزناپذیر، ناگزیر.

in.enar.ra.ble, *adj.* غیرقابل حکایت، غیرقابل بیان، غیرقابل روٌیت.

in.ept [*inépt*] *adj.* بی عرضه، ناشایسته، ناجور، بی معنی، بی منطق، نادان.

in.ep.ti.tude, *n.* بی عرضگی، نادانی.

in.equality [*ìni:kwɔ́liti*] (*pl.* **- ies**) *n.* نابرابری، عدم تساوی، اختلاف، فرق، ناهمواری.

in.equitable [*inékwitəbl*] *adj.* خلاف موازین انصاف، غیرمنصفانه.

in.equity [*inékwiti*] (*pl.* **-ies**) *n.*

بیعدالتی، بی‌انصافی، نادرستی، خلاف‌موازین انصاف

in.eradicable [inirǽdikəbl], *adj.* ریشه‌کن نشدنی، قلع‌وقمع‌ناپذیر، قلع نشدنی.

in.er.ran.cy, *n.* بی‌خطائی، بی‌غلطی، فاقدغلط واشتباه، بی‌لغزشی.

in.er.rant, *adj.* بی‌خطا، بی‌اشتباه.

in.ert [inə':t] *n. & adj.* ناکار، فاقد نیروی‌جنبش، بیروح، بیجان، ساکن، راکد.

in.er.tia, - l [inə':ʃiə] *adj & n.* [فیزیك] جبر، قوهٔجبری، ناکاری، سکون.

in.escapable, *adj.* گریزناپذیر، چاره‌ناپذیر، غیرقابل اجتناب.

in.essential, *adj.* غیرضروری، غیرواجب، بی‌ذات، غیراصلی.

in.estimable [inéstiməbl] *adj.* فوق‌العاده، گرانبها، تخمین ناپذیر، بی‌بها.

in.ev.i.ta.ble [inévitəbl] *adj.* ناچار، ناگزیر، اجتناب ناپذیر، چاره ناپذیر، غیرقابل امتناع، حتماً، حتمی‌الوقوع، بدیهی.

in.exact [inigzǽkt] *adj.* نادرست، درست نشده، از روی عدم دقت.

in.exactitude, *n.* عدم دقت.

in.ex.cus.able [inikskjú:zəbl]*adj.* عذرناپذیر، بدون بهانه، نبخشیدنی، غیرمعذور.

in.exhaustible [inigzɔ́:stəbl], *adj.* خستگی‌ناپذیر، پایان‌ناپذیر، تهی‌نشدنی، پایدار.

in.existence, inexistency, *n.* نیستی، نابودی، عدم، معدومی، اتکاء ذاتی.

in.ex.is.tent, *adj.* معدوم، غیرموجود.

in.ex.o.ra.ble [inéksərəbl] *adj.* نرم‌نشدنی، سخت، سنگدل، بی‌شفقت، تسلیم‌نشدنی.

in.expediency, inexpedience, *n.* [م.م.] عدم اقتضا، بی‌مصلحتی، عدم صلاحیت.

in.expedient, *adj.* غیرمقتضی.

It is i. to.... مصلحت نیست که....

in.expensive [inikspénsiv] *adj.* ارزان، کم‌خرج، معقول، صرفه‌جو، ساده.

in.experience [inikspíəriəns], *n.* ناآزمودگی، بی‌تجربگی، خامی.

in.expert [inékspə':t] *adj. & n.* بی‌تجربه، بی‌تخصص، بی‌مهارت، فاقد خبرگی.

in.expiable [inékspiəbl] *adj.* بی‌کفاره، مرمت‌ناپذیر، جبران نکردنی.

in.explicable [inéksplikəbl] *adj.* غیرقابل توضیح، روشن‌نکردنی، دشوار.

in.explicit, *adj.* غیرصریح، بطور ضمنی، بدون توضیح، دشوار.

in.expressible [inikspresibl], *adj.* غیرقابل اظهار، ناگفتنی، غیرقابل‌بیان.

in.expressive, *adj.* غیرگویا، نارسا، نرساننده مقصود، گنگ، بیحالت.

in.expugnable, *adj.* شکست‌ناپذیر، حمله ناپذیر، منقرض نکردنی.

in.extensible, *adj.* تمدیدناپذیر، بسط‌ناپذیر، کش‌نیامدنی.

in.ex.ten.so, *adv.* کاملاً بلند، بطول‌کافی، دارای درازای مناسب.

in.extinguishable, *adj.* خاموش‌نشدنی، فرونشاندنی، مستهلك نکردنی.

in ex.tre.mis, *adv.* درآخرین مرحله، نزدیك بمرگ.

in.extricable [inékstrikəbl] *adj.* نگشودنی، حل نشدنی، حل نکردنی.

in.fallible [infǽlibl] *adj.* لغزش‌ناپذیر، مصون از خطا، منزه ازگناه.

in.fa.mous [ínfəməs] *adj.* رسوا، بدنام، مفتضح، پست، نفرت‌انگیز، شنیع، رسوائی‌آور.

in.fa.my [ínfəmi] (*pl.* - **ies**) *n* رسوائی، بدنامی، افتضاح، سابقهٔ بد، زشتی.

in.fan.cy [ínfənsi] (*pl.* - **ies**) *n.* کودکی، صغر، عدم‌بلوغ، نخستین دورهٔ رشد.

in.fant [ínfənt] *n. & adj.* کودك، بچه، طفل، بچهٔ کمتر از هفت سال.

in.fan.ta, *n.* دختر پادشاه وملکهٔ اسپانیا یا پرتقال.

in.fan.te, *n.* جوانترین پسر پادشاه وملکهٔ اسپانیا وپرتقال.

in.fanticide [infǽntisaid] *n.* کودك‌کشی، بچه‌کش، قاتل بچهٔ جدیدالولاده.

in.fan.tile [ínfəntail] *adj.* بچگانه، ابتدائی، بچگی، مربوط‌بدوران‌کودکی.

infantile paralysis, *n.* فلج‌اطفال.

in.fan.til.ism, *n.* خوی بچگانه (در اشخاص بزرگ)، کندی رشد جسمانی وعقلانی.

in.fan.tine, *adj.* کودکانه.

in.fan.try [ínfəntri] (*pl.* -**ies**), *n.* [نظ.] پیاده‌نظام، سرباز پیاده.

in.fare, *n.* دخول، ورود، وارد، مهمانی بمناسبت ورود.

in.fat.u.ate [infǽtjueit] (- **d, infatuating**) *adj., n. & vt.* واله وشیفته، از خود بیخود، احمقانه، شیفته و شیدا شدن، از خود بیخودکردن.

in.fat.u.a.tion, *n.* شیفتگی، شیدائی.

in.feasible, *adj.* [م.م.] نشدنی، غیرعملی، اجراء نشدنی.

in.fect [infékt] (-**ed, - ing**) *vt.* آلوده‌کردن، ملوث کردن، گندزده‌کردن، مبتلا و دچارکردن، عفونی‌کردن، سرایت‌کردن.

infection [infékʃən] *n.* عفونت، سرایت مرض، گند.

in.fec.tive, *adj.* عفونت‌زا، گندزا.

in fec.tious [infékʃəs] *adj.* عفونی، مسری، فاسدکننده.

in.felicitous, *adj.* نامناسب، غیرمقتضی، نالایق، شوم، نحس، بدبخت.

in.felicity, *n.* نامناسبی، شومی.

in.fer [infə':] (- **red, -ring**), *vt. & vi.* استنتاج کردن، استنباط کردن، پی بردن‌به، [ز.ع.] حدس زدن، اشاره‌کردن‌بر.

in.fer.able, in.fer.ri.ble, *adj.* قابل استنتاج، استنتاج پذیر.

in.fer.ence, *n.* استنتاج.

in.fer.en.tial, *adj.* وابسته‌به‌استنتاج.

in.ferior [inffíəriə] *adj. & n.* پست، نامرغوب، پائین رتبه، فرعی، درجهٔ دوم.

in.fe.ri.or.i.ty, *n.* پستی، مادونی.

inferiority complex, *n.* عقدهٔ حقارت، خودکم بینی.

in.fer.nal [infə':nl] *adj. & n.* دوزخی، دیو صفت، شیطان صفت، شریر.

in.fer.no [infə':nou] (*pl.* - **s**) *n.* دوزخ، جهنم، جای دوزخ مانند و وحشتناك.

in.fertile, *adj.* بی‌حاصل، بی‌بار، غیرحاصلخیز.

in.fertility, *n.* بی‌باری، بی‌حاصلی.

in.fest [infést] (- **ed, - ing**) *vt.* هجوم‌کردن در، فراوان بودن در، ول نکردن.

in.fes.tant, *n.* هجوم کننده، مهاجم.

in.fes.ta.tion, *n.* هجوم.

in.fi.del [ínfidl] *adj & n.* کافر، بیدین، بی‌ایمان، شخص غیرمؤمن.

in.fi.del.i.ty, *n.* کفر، (در زناشوئی) خیانت.

in.field, *n.* کشتزار پیوسته بخانه، زمین زیرکشت.

infielder, *n.* بازی‌کن بیس‌بال (Baseball) که دروسط میدان‌بازی‌میکند.

infighting *n.* جنگ دست بهیقه، اصطکاك ومبارزات داخلی.

in.fil.trate [infíltreit] (- **d, infiltrating**) *vi. & vt.* تراوش‌کردن، نفوذکردن، نشرکردن، گذاشتن، درخطوط دشمن نفوذکردن.

in.fil.tra.tion, *n.* نفوذ، تصفیه.

in.fi.nite [ínfinit] *adj. & n.* بیکران، لایتناهی، نامحدود، بی‌اندازه.

in.fin.i.tes.i.mal [infinitésiməl], *adj. & n.* بی‌اندازه خرد، بینهایت کوچك.

in.fin.i.ti.val, *adj.* [د.] مصدری.

in.finitive [infínitiv] *adj. & n.* [د.] مصدر.

in.fin.i.tude, in.fin.i.ty, *n.* ابدیت

in.firm [infə':m] *adj.* ناتوان، ضعیف، علیل، رنجور، نااستوار.

in.fir.ma.ry [infə':məri] (*pl.* - **ies**) *n.* درمانگاه یا بیمارستان کوچك، درمانگاه.

in.fir.mi.ty, *n.* ضعف، ناتوانی.

in.fix (- **ed, - ing**) *n. & vt.* فروکردن، نشاندن، فرونشاندن، جا دادن.

in.flame [infléim] (- **d, inflaming**) *vt. & vi.* برافروختن، بـه هیجان آوردن، [طب] دارای آماس‌کردن، ملتهب‌کردن، آتش‌گرفتن، عصبانی وناراحت‌کردن، متراکم‌کردن.

in.flam.ma.ble [inflǽməbl], *adj. & n.* آتشگیر، شعله‌ور، التهاب‌پذیر، تند.

in.flam.ma.bil.i.ty, *n.* آتشگیری، تندی، قابلیت اشتعال.

in.flam.ma.tion [infləméiʃən] *n.* [طب] آماس، التهاب، شعله‌ور سازی، احتراق.

in.flam.ma to.ry[inflǽmətəri], *adj.* اشتعالی، فتنه‌انگیز، فسادآمیز، آتش‌افروز، فتنه‌جو.

in.flate [infléit] (- **d, inflating**) *vt. & vi.* بادکردن، پراز بادکردن، پرازگازکردن، زیاد بالا بردن، مغرورکردن، متورم شدن.

in.flat.able, *adj.* قابل‌تورم یا بادکردن.

in.fla.tion, *n.* تورم.

in.fla.tor, in.flat.er, *n.* متورم کننده.

in.fla.tion.ism, *n.* پیروی ازروش تورم اقتصادی، تورم‌گرائی.

in.flect [inflékt] (- **ed, - ing**), *vt. & vi.* کج‌کردن، خم‌کردن [بسوی درون]، منحنی کردن، گرداندن، صرف کردن.

in.flec.tion, *n.* صرف فعل، کجی.

in.flexed, *adj.* منحنی یا کج شده بطرف داخل یـا خارج و یا بطرف‌پائین ویابطرف‌قطب ومحور، منحرف‌شده.

in.flexibility, *n.* کج‌نشدگی، سختی، سفتی، انحناء ناپذیری.

in.flexible, *adj.* سخت، انحناءناپذیر.

in.flex.ion, in.flec.tion [inflékʃən] *n.* خم‌سازی، خمیدگی، حرفواژه.

in.flict [inflíkt] (-**ed, - ing**) *vt.* ضربت واردآوردن، ضربت زدن، تحمیل‌کردن.

in.flict.er, in.flic.tor, *n.* ضربت‌آور، ضربت‌زن.

in.flic.tion, *n.* ضربت زنی، تحمیل.

in.florescence, *n.* [گ.ش.] آرایش، وضع‌گل، گل آذین، شکوفائی.

in.flow [ínflou] *n.* ریزش درونی، جریان بداخل.

in.fluence [ínfluəns] *n.* نفوذ، تأثیر، اعتبار، برتری، تفوق، توانائی، تجلی.

influence (- **d, influencing**), *vi. & vt.* نفوذکردن‌بر، تحت‌نفوذ خود قرار دادن، تأثیر کردن‌بر، وادارکردن، ترغیب‌کردن.

in.flu.ent, *adj. & n.* درون‌ریز، نافذ.

in.flu.en.tial, *adj.* دارای‌نفوذوقدرت.

in.flu.en.za [influénzə] *n.* [طب] انفلوانزا، زکام، گریپ، نزلهٔ وبائی یاهمه‌جاگیر.

in.flux [ínflʌks] *n.* نفوذ، رخنه، تأثیر، ورود، هجوم، ریزش.

in.fold [infóuld] (- **ed, - ing**), *vt.* پیچیدن، پوشاندن، دربرداشتن، دربرگرفتن.

in.form [infɔ́:m] .(- **ed, - ing**), *vi. & vt.* آگاهی دادن، مستحضر داشتن، آگاه کردن، گفتن، اطلاع‌دادن، چغلی کردن.

in.formal [infɔ́:məl] *adj.* غیررسمی، خصوصی، بی‌قاعده، بی‌تشریفات.

in.formality, *n.* غیررسمی بودن.

in.for.mant [infɔ́:mənt] *n.* آگاهی دهنده، خبررسان، مخبر، شکل دهنده.

in.for.ma.tion [infəméiʃən] *n.* اطلاع ، اخبار ، مفروضات ، اطلاعات ، سوابق، معلومات، آگاهگان، پرسشگاه، استخبار، خبر رسانی.

in.for.ma.tive, *adj.* حاوی اطلاعات مفید، آموزنده.

in.form.er [infɔ́:mə] *n.* آگاهگر، مخبر، خبررسان، کارآگاه، جاسوس، سخن‌چین.

infra - پیشوندی بمعنی «زیر» و «پائین» و «پست».

in.fract (- **ed, - ing**) *vt.* شکستن، خردکردن، نقض‌کردن، تخلف‌کردن.

in.frac.tion, *n.* نقض، تخلف، شکستن.

in.fra dig [ínfrədíg] *adj.* کسر شأن، دون مقام، دون شأن.

in.fra.hu.man, *adj.* مادون انسان.

in.frangibility, *n.* غیرقابل نقض بودن.

in.fran.gi.ble, *adj.* خرد نشدنی، تجزیه ناپذیر، غیرقابل نقض.

in.fra.red [ínfrəréd] *n.* [فیزیك] وابسته به اشعهٔ مادون‌قرمز، فروسرخ.

in.fra.structure, *n.* پیدایش، شالوده ، سازمان، زیرسازی، زیربنا.

in.frequency [infrí:kwənsi] *n.* کمی، کمیابی، ندرت‌وقوع، عدم‌تکرر، نابسامدی.

in.frequent, *adj.* کم، نادر، کمیاب.

in.fringe [infrín(d)ʒ] (- **d, infringing**) *vt. & vi.* تخلف‌کردن از، تجاوزکردن از، تعدی.

in.fringe.ment, *n.* تخلف، تجاوز.

in.fun.dib.u.lar, in.fun.dib.u-late, *adj.* قیفی‌شکل، دارای‌ساختمان‌قیفی.

in.fu.ri.ate [infjúərieit, - fjɔ -] (- **d, infuriating**) *vt. & vi.* آتشی‌کردن، بسیار خشمگین‌کردن.

in.fu.ri.a.tion, *n.* خشمگین سازی، عصبانیت.

in.fuse [infjú:z] (-**d, infusing**), *vt. & vi.* ریختن، دم‌کردن، القاءکردن، برانگیختن.

in.fusibility, *n.* گداز ناپذیری.

in.fusible, *adj.* گداخته نشدنی، گداز ناپذیر، آب‌نشو، غیرقابل ذوب، غیرقابل نفوذ یا حلول.

in.fu.sion [*infjú:ʒən*] *n.* ریزش، ریختن، پاشیدن، القاء، تزریق، الهام.

in.gather (**- ed, - ing**) *vt. & vi.* برداشتن، جمع کردن، انباشتن، خرمن برداشتن.

in.geminate (**-d, ingemina - ting**) *vt. & vi.* تکرار وتأکید کردن، بازگوکردن، تکرارکردن، مکرّرکردن.

in.gem.i.na.tion, *n.* تکرار، بازگو.

in.ge.nious, [*indʒí:njəs*] *adj.* دارای قوهٔ ابتکار، مبتکر، دارای هوش ابتکاری، باهوش، ناشی از زیرکی، مخترع.

in.gé.nue, *n.* دختر ساده.

in.ge.nu.i.ty [*indʒinjú:iti*] (*pl.* **-ies**) *n.* قوهٔ ابتکار، نبوغ، هوش (اختراعی)، آمادگی برای اختراع، مهارت، استعداد، صفا.

in.gen.u.ous [*indʒénjuəs*] *adj.* صاف وساده، بی‌تزویر، رك‌گو، [م.ل.] اصیل.

in.gest (**- ed, - ing**) *vt.* به شکم فروبردن، قورت دادن، در هیختن.

in.ges.tion, *n.* درهنج، درهنگ، قورت دادن، داخل معده کردن، فروبری.

in.gle, *n.* آتش (اجاق)، شعله، آتش منقل یا اجاق.

in.glenook [*iŋglnuk*] *n.* گوشهٔ لولهٔ بخاری.

in.glorious [*inglɔ́:riəs*] *adj.* شرم‌آور، ننگین، افتضاح‌آور، گمنام.

in.got [*íŋgɔt*] (**- ed, - ing**), *vt. & n.* قالب [ریخته‌گیری]، شمش [طلا ونقره وفلزات]، بصورت شمش درآوردن.

An i. of gold. شمش طلا.

ingraft [*ingrá:ft*] *vt. & vi.* رنگ زدن، رنگ ثابت زدن، [مج.] اسقاء کردن، اشباع کردن، درجسم چیزی فروکردن، در ذهن جانشین کردن.

in.grain [*ingréin*] *adj. & n.* نخ‌رنگی، نخی که قبلاً الیاف آن‌رنگ شده‌است، خطوط وخالهای رنگارنگ کاغذ دیواری، رنگ ثابت خورده، نبافته رنگ شده، دیرینه.

in.grate (**- d, ingrating**), *vt. & vi.* ظلم کردن‌بر، تعدی کردن، فشار وارد آوردن‌بر، نمك ناشناسی کردن.

in.grate, *n. & adj.* ناسپاس، نمك‌ناشناس، ناشکر، حق‌ناشناس.

in.gra.ti.ate [*ingréiʃieit*] (**- d, ingratiating**) *vt.& vi.* داخل‌کردن، مورد لطف وعنایت قرار دادن، طرف توجه قرار دادن، ارضاءکردن.

in.gra.ti.a.tion, *n.* مورد لطف وتوجه قرار دادن.

in.gratitude [*ingrǽtitju:d*] *n.* ناسپاسی، نمك‌ناشناسی، ناشکری، نمك‌بحرامی.

in.gre.di.ent [*ingrí:diənt*] *adj. & n.* جزء، جزء ترکیبی، [در جمع] اجزاء، ذرات، داخل شونده، عوامل، عناصر.

in.gress [*ingres*] *n.* دخول، ورود، حق دخول، اجازهٔ ورود.

in.gres.sion, *n.* ورود، درون روی.

in.grow, *n.* بطور دسته جمعی، اجماعاً.

in.grow.ing [*íngrouiŋ*] *adj.* درون رویان، فرورونده درگوشت، رشدکننده در درون، زیرگوشت‌رونده.

in.grown, *adj. & pp.* روینده و رشدکننده در درون چیزدیگری، اصلی،فطری.

ingrowth, *n.* رویش درونی، رشد از درون، چیزی که درتوی چیز دیگری روئیده یا فرو رفته باشد (مثل ناخن).

in.gui nal, *adj.* [تش.] مغبنی، وابسته بکشالهٔ ران، کشالهٔ رانی، مجرای کشالهٔ ران.

in.gurgitate (**-d, ingurgitating**) *vt. & vi.* [م.م.] حریصانه قورت دادن، بلعیدن، [مج.] فراگرفتن، زیاد پرکردن.

in.hab.it [*inhǽbit*] (**- ed, -ing**), *vt. & vi.* ساکن‌شدن (در)، مسکن گزیدن، سکنی گرفتن در، بودباش گزیدن‌در، آبادکردن.

To i. a house. درخانه‌ئی مسکن گزیدن.

in.hab.it.able, *adj.* قابل سکنی.

in.hab.i.tant [*inhǽbitənt*] *adj.* ساکن، اهل، مقیم، زیست کننده در.

in.hal.ant, *adj. & n.* [illegible]

in.ha.la.tion, *n.* استنشاق، شهیق.

in.hale [*inhéil*] (**- d, inhaling**), *n., vt. & vi.* تنفس کردن، توکشیدن، در ریه فرو بردن، استنشاق‌کردن، بداخل‌کشیدن، استشمام‌کردن.

in.harmony, *n.* ناموزونی، ناهماهنگی.

in.haul, - er, *n.* [د.ن.] بادبان‌کش، ریسمان، ریسمان‌بادبان‌کشی.

in.here (**- d, inhering**) *vi.* ذاتی‌بودن، جبلی بودن، ماندگاربودن، چسبیدن.

in.her.ence, inherency, *n.* چسبیدگی، لزوم ذاتی، ذاتی‌بودن، اصلیت، جبلّی.

in.her.ent, *adj.* ذاتی، اصلی، چسبنده.

in.her.it [*inhérit*] (**- ed, -ing**), *vt. & vi.* بمیراث بردن، وارث شدن، از دیگری گرفتن، مالك شدن، جانشین شدن.

in.her.it.able, *adj.* قابل توارث، میراث‌بردنی، قابل‌انتقال، موروثی.

in.her.i.tance [*inhéritəns*] *n.* ارث، میراث، مرده ریگ، وراثت، میراث‌بری.

in.hib.it [*inhíbit*] (**- ed, -ing**), *vt. & vi.* بازداشتن ونهی‌کردن، منع‌کردن، مانع شدن، از بروز احساسات جلوگیری‌کردن.

in.hi.bi.tion, *n.* بازداری، جلوگیری از بروز احساسات.

in.hib.i.tive, *adj.* وابسته‌به‌جلوگیری.

in.hib.i.tor, in.hib.it.er, *n.* بازدار، جلوگیری‌کننده، مانع شونده.

in.hospitality, *n.* فقدان‌مهمان‌نوازی.

in.hospitable [*inhɔ́spitəbl*] *adj.* مهمان نتواز، غریب نتواز، نامهربان.

in.hu.man [*inhjú:mən*] *adj.* بی‌عاطفه، فاقدخوی‌انسانی، غیرانسانی، نامردم.

in.humane=inhuman غیرانسانی.

in.humanity, *n.* نامردمی، بی‌عاطفگی، غیرانسانی بودن.

in.hu.ma.tion, *n.* دفن، بخاك سپاری، دربرگذاری.

in.hume (**- d, inhuming**) *vt.* درخاك نهادن، بخاك سپردن، دفن‌کردن.

in.im.i.cal [*inímikəl*] *adj.* دشمنانه، خصمانه، غیردوستانه، نامساعد، مضر.

in.im.i.ta.ble [*inímitəbl*] *adj.* غیرقابل تقلید، بی‌مانند، بی‌رقیب، بی‌نظیر.

in.iq.ui.tous [*iníkwitəs*] *adj.* تبه‌کار، شریر، نابکار، غیرعادلانه، ناحق.

in.iq.ui.ty, *n.* بی‌انصافی، شرارت.

ini.tial [*iníʃəl*] *adj. & n.* نخستین، اول، اولین، اصلی، آغازی، ابتدائی، بدوی، واقع در آغاز، اولین قسمت، پاراف.

The i. letter of his name is a. حرف اول اسم او «الف» است.

initial (**- led, - ed, - ling, - ing**) *vt.* درآغاز قرار دادن، نخستین حروف نام و نام خانوادگی‌رانوشتن، پاراف کردن، آغازکردن.

ini.ti.ate [*iníʃieit*] (**-d, initiating**) *adj., vt. & vi.* ابتکارکردن، واردکردن، تازه واردکردن، آغازکردن، بنیاد نهادن، نخستین قدم را برداشتن.

ini.ti.a.tion, *n.* ورود بعضویت، آغاز.

ini.tia.tive [*iníʃiətiv*] *adj. & n.* پیشقدمی، ابتکار، قریحه، آغازی.

A man of i. مرد مبتکر.

Take the i. ابتکار عمل را دردست‌داشتن.

On one's own. i. بابتکار خود.

in.ject [*indʒékt*] (**- ed, - ing**) *vt. & n.* تزریق‌کردن، زدن، اماله‌کردن، سوزن‌زدن.

injection *n.* تزریق، اماله، تنقیه، داروی تزریق‌کردنی.

in.judicious [*indʒudíʃəs*] *adj.* غیرعاقلانه، بی‌خردانه، بی‌عقل، بی‌احتیاط.

in.junc.tion [*indʒʌ́ŋkʃən*] *adj.* نهی، قدغن، حکم بازداشت، دستور، اتحاد.

in.junc.tive, *adj.* وابسته به نهی وبازداشتن.

in.jure [*índʒə*] (**- d, injuring**), *vt.* آسیب زدن (به)، آزار رساندن (به).

in.ju.ri.ous, *adj.* مضر، آسیب رسان.

in.ju.ry (*pl.* **- ies**) *n.* آسیب، صدمه.

in.justice [*indʒʌ́stis*] *n.* بی‌عدالتی، بی‌انصافی، ستم، بیداد، ظلم، خطا.

ink [*iŋk*] (**- ed, - ing**) *n. & vt.* مرکب، جوهر، مرکب زدن.

inkblot, *n.* لکهٔ جوهر یا مرکب.

ink.horn,- *n. & adj.* دوات شاخی قدیمی، دارای اصطلاحات‌قلنبه.

in.kling [*iŋkliŋ*] *n.* اشاره، پی، اطلاع مختصری که باآن بچیزی پی برند، گزارش، آگاهی، خبر، کوره خبر.

To have an i. of a matter. از موضوعی کوره اطلاعی داشتن.

ink-pad, *n.* استامپ، مرکب‌زن.

inkstand, *n.* دوات، آمه، مرکبدان، جای قلم ودوات.

inkwell, *n.* دوات، مرکبدان.

inky, *adj.* مرکبی، جوهری.

inlaid [*inléid, ínleid*] *adj.* میناکاری شده، منبت‌کاری‌شده، جواهرنشان‌شده.

in.land [*ínlənd, inlǽnd*] *adv., adj. & n.* درون‌کشور، درون‌مرزی، داخله.

in-law [*-inlɔ:*] *n.* کسی که تحت حمایت قانون است ، خویشاوند و منسوب بوسیلهٔ ازدواج ، خویشاوند سببی.

in.lay [*inléi*] (**inlaid, inlaying**) *vt.* نشاندن، درچیزی کارگذاشتن، (بازر یا گوهر) آراستن، خاتم‌کاری کردن، گوهرنشان‌کردن.

in.lay, *n.* چیزررنشان، طلاکوبی، خاتم‌کاری.

in.let [*ínlet*] *n.* شاخابه، خلیج‌کوچك، خور، راه دخول.

in.ly, *adv.* از درون، از دل، قلباً.

in.mate [*ínmeit*] *adj. & n.* مقیم، ساکن، اهل، اهل بیت، زندانی.

‖ **in me.mo.ri.am,** *adv.* (لاتین) بیاد، بیادگار، بیاد بود.

in.most [*ínmoust*] *adj.* درونی، میانی، باطنی، [مج.] صمیمانه.

inn [*in*] *n. & vi.* مسافرخانه، مهمانخانه، کاروانسرا، منزل، در مسافرخانه جا دادن، مسکن دادن.

in.nards, *n.pl.* اعضای داخلی‌حیوان‌یا انسان، قسمتهای داخلی.

in.nate [*inéit, inéit*] *adj.* درون‌زاد، ذاتی، فطری، جبلّی، مادر زاد، طبیعی، لاینفك، اصلی، داخلی، درونی، چسبنده، غریزی.

in.ner [*ínə*] *adj. & n.* درونی، داخلی، توئی، روحی، باطنی.

in.ner.most [*inəmoust*] *adj. & n.* میانی، درونی، داخلی‌ترین، دراعماق (چیزی).

in.ning [*íniŋ*] *n.* زمین باز یافته (از دریا یا از مرداب)، تصدی، ورود، نوبت.

innkeeper=innholder [*ìnkì:pə*] *n.* صاحب مسافرخانه .

in.no.cence [*ínəsəns*] **in.no.cency,** *n.* بی‌گناهی، بی‌تقصیری، پاکی، برائت.

in no.cent [*ínəsənt*] *adj. & n.* بیگناه، بی‌تقصیر، مبرّا، مقدس، معصوم ، آدم بیگناه، آدم ساده، بی‌ضرر.

in.noc.u.ous[*inɔ́kjuəs*]*adj.* بی‌ضرر.

in.no.vate [*íneveit*] (**-d, innovating**) *vt. & vi.* نوآوری کردن، آئین‌ تازه‌ای ابتکارکردن، تغییرات واصلاحاتی دادن در، چیز تازه آوردن، بدعت‌گذاردن.

in.no.va.tion [*inouvéiʃən*] *n.* بدعت، ابداع، تغییر، چیز تازه، نوآوری.

in.nu.en.do [*inju(:)éndou*] (*pl.* **- s, - es**) *n., vt. &* معنی، مقصود، یعنی، [مج.] تشریح، شرح، اشاره، تلویحاً اشاره کردن، اداکردن، کنایه.

in.nu.mer.a.ble [*injú:mərəbl*], *adj.* بی‌شمار، غیرقابل شمارش، بیحد وحصر.

I. as the stars of night. بی‌شمار چون ستارگان شب.

in.numerous, *adj.* بی‌شمار، متعدد.

in.nutrition, *n.* بی‌قوتی، عدم‌تغذیه.

in.observance, - cy, *n.* بی‌دقتی، بی‌ملاحظگی، بی‌توجهی، عدم رعایت.

in.observant, *adj.* بی‌دقت، بی‌اعتناء.

in.oc.u.lant=inoculum, *n.* مادهٔ تلقیحی.

in.oc.u.late [*inɔ́kjuleit*] (**- d, inoculating**) *vt. & vi.* تلقیح کردن، مایه‌کوبی کردن، آغشتن.

To i. against smallpox. مایه‌کوبی ضد آبله.

in.oc.u.la.tion, *n.* تلقیح، مایه‌کوبی.

in.offensive [*inəfénsiv*] *adj.* بی‌آزار، بی‌ضرر، بدون زنندگی.

in.operable, *adj.* غیرقابل جراحی، بکار نینداختنی.

in.operative [*inɔ́pərətiv*] *adj.* غیرعملی، غیرمؤثر، باطل، نامعتبر، پوچ.

in.opportune [*inɔpətju:n*] *adj.* نابهنگام، بیجا، بی‌موقع، نامناسب، بی‌مورد.

in.or.di.nate [*inɔ́:dinit*] *adj.* بی‌اندازه، بیش‌ازحد، مفرط، غیرمعتدل.

in.organic, - al [*inɔ:gǽnik*], *adj.* غیرآلی، کانی، معدنی، جامد.

in.osculate (**- d, inosculating**) *vt. & vi.* بهم‌پیوستن، درهم باز شدن، سردرهم‌آوردن، بهم اتصال‌دادن، آمیختن.

inpatient [*ínpèiʃənt*] *n.* بیماری‌که دربیمارستان میخوابد، بیمار بستری.

in pet.to, *adj. & adv.* بطورخصوصی، رمزی، سری، بصورت خیلی ریز وظریف.

in.phase, *adj* [در برق] هم فاز.

in.pour (**- ed, - ing**) *vt. & vi.* بدرون ریختن، تراوش کردن (بدرون).

in pro.pria per.so.na, *adv.* [حق.] شخصاً، بنفسه، بوسیلهٔ خود شخص.

in.put, *n.* درون‌گذاشت، پول بمیان نهاده، خرج، نیروی مصرف شده.

in.quest [*ínkwest*] *n.* [حق.] استنطاق، بازجوئی، رسیدگی، جستار.

in.quietude, *n.* [م.م.] آشفتگی، بی‌آرامی، بی‌قراری، دل‌واپسی، اضطراب، تشویش، ناراحتی، خدشه.

in.quire [*inkwáiə*] (**-d, inquiring**) *vt. & vi.* پرسش کردن.

جویا شدن، بازجوئی کـردن، رسیدگی کـردن، تحقیق کردن، امتحان کردن، استنطاق کردن.

in.quiry [inkwáiəri, ínkwiri] (*pl.* - **ies**) *n.* تحقیق، خبرگیری، پرسش، بازجوئی، رسیدگی، سؤال، استعلام، جستار.

in.qui.si.tion [ìnkwizíʃən] *n.* استنطاق، تفتیش عقاید مذهبی از طرف کلیسا، جستجو.

in.quis.i.tive, *adj.* کنجکاو، فضول.

in.quis.i.tor, *n.* مفتش عقاید.

inroad [ínroud] *n., vt & vi.* تاخت وتاز، تهاجم، تعدی، هجوم، حمله.

inrush, *n.* درون یورش، حملهٔ بدرون، ازدحام سوی درون، هجوم بداخل.

in.salivate (- **d, insalivating**) *vt. & n.* باخدو آغشتن، با بزاق آمیختن، آب دهان زدن به.

in.salubrious, *adj.* ناسازگار، مضر برای تندرستی، بد آب وهوا، ناگوار.

in.sane [inséin] *adj.* دیوانه، مجنون، بی‌عقل، احمقانه.

in.sanitary [insǽnitəri] *adj.* [م.م.] غیربهداشتی، غیرصحی، ناسالم، مضر.

in.san.i.ty, *n.* دیوانگی، جنون.

in.sa.tia.bil.i.ty, *n.* سیری ناپذیری، تسکین ناپذیری، اقناع نشدنی.

in.sa.tia.ble [inséiʃiəbl] *adj.* سیر نشدنی.

in.sa.tiate [inséiʃiət] *adj.* سیر نشدنی.

in.scribe [inskráib] (- **d, inscribing**) *vt.* نوشتن، نقش کردن، حجاری کردن روی سطوح وستونها، حکاکی کردن.

in.scrip.tion [inskrípʃən] *n.* نوشته، کتیبه، ثبت، نقش، نوشتهٔ خطی.

inscroll (- **ed,** - **ing**) *vt.* درطومار نوشتن، ثبت کردن، بصورت طومار در آوردن.

in.scrutability, *n.* تفحص ناپذیری، مرموزی، نفوذ ناپذیری.

in.scru.ta.ble, *adj.* نفوذ ناپذیر، مرموز.

in.sculp (- **ed,** - **ing**) *vt.* قلم زدن، کندن، حکاکی کردن، گراور کردن، مجسمه سازی کردن، نشاندن، جایگیر کردن.

in.seam, *n.* درز شلوار، درز توئی [دستکش وغیره].

in.sect [ínsekt] *adj. & n.* حشره، کرم خوراک (مثل کرم پنیر و غیره)، کرم ریز، عنکبوت، کارتنه، جمنده.

in.sec.tary, in.sec.tar.i.um, (*pl.* **insectar.ia**) *n.* حشره خانه.

in.sec.ti.cide [inséktisaid] *adj. & n.* حشره کش، حشره کشی، داروی حشره کش.

in.sec.tile, *adj. & n.* حشره، حشره‌ای، مانند، دارای حشره، درمعرض هجوم حشرات.

in.sec.ti.vore, *n.* جمنده‌خوار، جانور یا گیاه حشره‌خوار، پستاندار حشره‌خوار.

in.secure [ìnsikjúə, - kjɔ́:] *adj.* ناامن، غیرمحفوظ، بدون ایمنی، غیرمطمئن، نامعین، غیرقطعی، سست، بی‌اعتبار، متزلزل.

in.se.cu.ri.ty, *n.* ناامنی، تزلزل، سستی.

in.sem.i.nate (- **d, inseminating**) *vt.* باشیدن، کاشتن، افشاندن، تلقیح کردن، آبستن کردن، باردار کردن.

in.sem.i.na.tion, *n.* کاشتن، آبستن کردن، تلقیح.

in.sem.i.na.tor, *n.* تلقیح کننده.

in.sensate [insénseit, -sət] *adj. & n.* بیحس، بیحال، بی‌عاطفه، بی‌معنی، بی‌فکر.

in.sensibility [insènsibíliti] *n.* بیهوشی، بیحسی، بی‌عاطفگی، غیرمحسوسی.

in.sensible, *adj. & n.* بیشعور، بیحس، غیرحساس.

in.sensitive [insénsitiv] *adj.* بیحس، بی‌عاطفه، جامد، کساد، غیرحساس، کرخت.

in.sen.tience, *n.* بی‌حسی، بیجانی، خونسردی، کرختی.

in.sen.tient, *adj.* بی‌حس، بیجان.

in.separable, *adj. &n.* جدانشدنی.

in.sert [insə́:t] (- **ed,** - **ing**), *n., vt. & vi.* الحاق کردن، درجوف چیزی گذاردن، جادادن، داخل کردن، درمیان گذاشتن.

To i. some words in the text of a book. اضافه کردن بعضی از لغات در متن کتابی.

in.ser.tion, *n.* الحاق، جوف گذاری.

inset [ínset] *n.* ریزش، جریان، دهانه، وصله، الحاق.

in.set (**inset** & **in.setted, insetting**) *vt.* معین کردن، معرفی کردن، افزودن، اضافه کردن، گذاشتن.

inshore [ínʃɔ́:] *adj., n. & adv* نزدیك دریاکنار، نزدیك کرانه، نزدیك ساحل، بطرف ساحل، جلو ساحل.

inside [ínsáid, insáid] *adv., adj. & n.* درون، داخل، باطن، نزدیك بمرکز، قسمت داخلی، تو، اعضای داخلی.

Inside out. وارونه، کاملاً.

in.sid.er [insáidə] *n.* کارمند داخلی، خودی، خودمانی، محرم راز.

in.sid.i.ous [insídiəs] *adj.* پر از توطئه، موذی، دسیسه آمیز، خائنانه.

insight [ínsait] *n.* بینش، بصیرت، فراست، چشم باطن، درون‌بینی.

in.sig.nia, insig.ne [insígniə], *n.* نشان، نشان افتخار، نشان رسمی، علائم و نشانهای مشخص کنندهٔ هرچیزی، مدال رسمی.

in.significance [ìnsignífikəns], **insignificancy,** *n.* ناچیزی، ناقابلی، بی‌اهمیتی، کمی، بی‌معنی گری.

in.significant, *adj. & n.* ناچیز.

in.sincere [ìnsinsíə] *adj.* دورو، ریاکار، غیرصمیمی، بی‌صداقت.

in.sincerity, *n.* عدم صمیمیت.

in.sin.u.ate [insínjueit] (- **d, insinuating**) *vt. & vi.* تلقین کردن، داخل کردن، اشاره کردن، باشاره فهماندن، بطور ضمنی فهماندن.

in.sinuating, *adj.* زیرك، حیله گر، موذی، ریشخندکننده.

in.sin.u.a.tion [insìnjuéiʃən] *n.* تاب، پیچ، موج، اشاره، رخنه یابی، خودجاکنی، نفوذ، دخول تدریجی، دخول غیرمستقیم.

in.sip.id [insípid] *adj. & n.* بی‌مزه، بی‌طعم، [مج.] بیروح، خسته کننده.

in.si.pid.i.ty, *n.* بی‌مزگی.

in.sip.i.ence, *n.* بیخردی، بی‌عقلی، نادانی، حماقت، بیهوشی.

in.sip.i.ent, *adj.* بیخرد، احمق.

in.sist [insíst] (-**ed,** - **ing**) *vt. & vi.* اصرار ورزیدن، پاپی شدن، [م.م.] سماجت، تکیه کردن بر، پافشاری کردن.

in.sis.tence, in.sis.ten.cy, *n.* اصرار، پافشاری.

in si.tu, *adv.* واقع درجای طبیعی خودش، درجای خود.

in.sociable, *adj.* غیرقابل آمیزش، ناسازگار، غیرقابل معاشرت، بدمشرب.

insofar as, *adv. & adj.* درچنان درجه ویا فاصله، تاجائیکه، تاحدیکه.

in.so.late (- **d, insolating**) *vt.* درمعرض آفتاب گذاشتن، در آفتاب خشکانیدن، درآفتاب رسانیدن (میوه وغیره)، خورتاب گرفتن.

insole, *n.* کف، کفی کفش.

in.so.lence [ínsələns] **insolency,** *n.* گستاخی، بی‌احترامی، جسارت، اهانت، توهین، غرور، خودبینی، ادعای بیخود، تکبر.

in.so.lent, *adj. & n.* گستاخ، جسور.

in.solubility, *n.* غیرمحلولی، حل‌نشدنی، ناگدازی، ماندگاری.

in.soluble [insɔ́ljubl] *adj. & n.* حل‌نشدنی، لاینحل، غیرمحلول، مادهٔ حل‌نشدنی.

in.solvable, *adj.* حل‌نشدنی، غیرقابل تبدیل به پول نقد.

in.sol.ven.cy [insɔ́lvənsi] **in.sol.vence** (*pl.* - **ies**) *n.* درماندگی، اعسار، عجز از پرداخت دیون.

in.sol.vent, *n. & adj.* مجحور، معسر.

in.som.nia [insɔ́mniə] *n.* بیخوابی [غیرعادی]، مرض بیخوابی.

in.som.ni.ac, *adj.* شخص بیخواب.

insomuch [ìnsoumʌ́tʃ] *adj. & adv.* باندازه‌ای که، از بس، چون، چونکه، نظر باینکه، از آنجائی که، بنابراین، تا آنجائیکه، ازبسکه.

in.sou.ciance, *n.* بی‌پروائی، بی‌قیدی، بی‌اعتنائی، لاابالی گری، سهل‌انگاری.

in.sou.ciant, *adj.* بی‌پروا، بی‌قید.

in.soul=ensoul, *vt. & vi.* روح بخشیدن به، روح دمیدن در، دارای روح کردن.

in.span (- **ed,** - **ing**) *vi. & vt.* در زیر یوغ آوردن، جفت کردن.

in.spect [inspékt] (-**ed,** - **ing**), *vt. & vi.* بازرسی کردن، تفتیش کردن، رسیدگی کردن.

in.spec.tion [inspékʃən] *n.* بازرسی، تفتیش، بازدید، معاینه.

in.spec.tive, *adj.* وابسته به تفتیش وبازرسی.

in.spec.tor, *n.* بازرس، مفتش.

inspector general *n.* بازرس کل.

in.spi.ra.tion [ìnspirə'iʃən] *n.* شهیق، استنشاق، الهام، وحی، القاء.

in.spi.ra.tor, *n.* تزریق کننده، انژکتور، الهام دهنده.

in.spire [inspáiə] (- **d, inspiring**) *vt. & vi.* استنشاق درکشیدن نفس، کردن، الهام بخشیدن، دمیدن در، القاء کردن.

in.spirit [inspírit] (- **ed,** -**ing**), *vt.* [م.م.] روح دادن [به]، جان دادن [به]، تشویق کردن، برسر غیرت آوردن، تحریك کردن.

in.spis.sate (- **d, inspissating**) *vi. & vt.* کلفت کردن، سفت کردن.

in.stability, *n.* نااستواری، بی‌ثباتی.

in.stable, *adj.* نااستوار، بی‌استحکام، سست، متزلزل، بی‌ثبات، بی‌عزم، متلون، بی‌اطمینان.

in.stall, in.stal [instɔ́:l] (- **ed,** - **ing**) *vt. & vi.* کارگذاشتن، نصب کردن، منصوب نمودن.

in.stal.la.tion, *n.* نصب، تأسیسات.

in.stall.ment=in.stal.ment [instɔ́:lmənt] *n.* قسط، بخش.

installment plan, *n.* خرید یا فروش اقساطی، پرداخت اقساطی.

in.stance [ínstəns] (- **d, instancing**) *n., vt. & vi.* بعنوان مثال ذکر کردن، لحظه، مورد، نمونه، مثل، مثال، شاهد، وهله.

in.stant [ínstənt] *adj & n.* دم، آن، لحظه، ماه کنونی، مثال، فوراً.

The 5th i. پنجم ماه جاری.

in.stan.ta.neous, *adj.* آنی.

in.star, *n.* [ج.ش.] حشرهٔ پـروانه یـا بندپائی درمراحل مختلف رشد خود، مرحله، دوره.

in.state (- **d, instating**) *vt.* گماشتن، برقرار کردن، منصوب نمودن، گذاردن.

in.stau.ra.tion, *n.* تجدید، نوسازی، تعمیر، احیاء، تجدیدبنا.

in.stead [instéd] *adv.* درعوض.

instead of, *prep.* بعوض، بجای.

in.step [ínstep] *n.* پشت پا، پاشنهٔ جوراب یا کفش، رویه، آغاز.

in.sti.gate [ínstigeit] (- **d, instigating**) *vt.* برانگیختن، تحریك کردن، وادار کردن.

in.sti.ga.tion, *n.* تحریك، اغوا.

in.still=in.stil [instíl] (- **ed,** - **ing**) *vt.* چکاندن، چکه‌چکه ریختن، کم کم تزریق کردن، آهسته القاء کردن، کم کم فهماندن.

in.stinct [ínstiŋkt] *adj. & n.* غریزه، شعور حیوانی، هوش طبیعی جانوران.

in.sti.tute (- **d, instituting**), *vt.* بنیاد نهادن، برقرار کردن، تأسیس کردن.

in.sti.tute [ínstitju:t] *n.* بنگاه، بنیاد، انجمن، هیئت، شورا، فـرمـان، اصل قانونی، مقررات.

in.sti.tu.tion [ìnstitjú:ʃən] *n.* تأسیس قضائی، اصل حقوقی، بنگاه، مؤسسه، رسم معمول، عرف، نهاد.

in.sti.tu.tion.al.ize, *vt.* درمؤسسه یا بنگاه قرار دادن، در بیمارستان بستری کردن، تبدیل به مؤسسه کردن، رسمی کردن.

in.struct [instrʌ́kt] (- **ed,** - **ing**) *n. & vt.* آموزاندن، آموختن به، راهنمائی کردن، تعلیم دادن (به)، یاد دادن (به).

The judge instructed the jury. قاضی بهیئت منصفه دستورداد.

in.struc.tion, *n.* آموزش، راهنمائی.

in.struc.tive, *adj.* آموزنده، یاد دهنده.

in.struc.tor [instrʌ́ktə] *n.* آموزگار، آموزنده، یاد دهنده، آموزشیار.

in.stru.ment [ínstrumənt] (-**ed,** - **ing**) *n. & vt.* آلت، اسباب، ادوات، وسیله، سند.

Musical i. آلت موسیقی.

By the i. of. بوسیلهٔ.

in.stru.men.tal [ìnstruméntl], *adj. & n.* سودمند، وسیله ساز، مفید، قابل استفاده، آلت، وسیله.

in.stru.men.tal.ist, *n. & adj.* نوازنده، ساز زن، سازنده.

in.stru.men.ta.tion, *n.* ترتیب آهنگ، تنظیم آهنگ، استعمال آلت، ابزار.

in.subordinate [ìnsəbɔ́:dinət], *adj. & n.* نافرمان، گردن کش، سرکش.

in.substantial [ìnsəbstǽnʃl], *adj.* غیرواقعی، خیالی، بی‌اساس، بیموضوع، بی‌جسم.

in.sufferable [insʌ́fərəbl] *adj.* تحمل ناپذیر، تن در ندادنی، غیرقابل تحمل، سخت.

in.suf.fi.cience, in.suffi.cien.cy [ìnsəfíʃənsi] *n.* عدم تکافو، کمی، نارسائی، نابسندگی، عدم کفایت، ناتوانی، عجز.

in.suf.fi.cient, *adj.* نارسا، نابسنده.

in.suf.flate (- **d, insufflating**) *n. & vt.* دمیدن، سوفله کردن، تلقین کردن، فوت کردن (در)، پی‌درپی روح دمیدن در.

in.su.lant, *n.* [برق] مادهٔ مقاومت کننده، مقاوم.

in.su.lar [ínsjulə] *adj.* وابسته به جزیره، جزیره‌ای، منزوی، غیرآزاد، تنگ‌نظر.

in.su.lar.i.ty, *n.* جزیره‌بودن، انزوا.

in.su.late [ínsjuleit] **(-d, insulating)** *vt.* جداکردن، مجزاکردن، روپوش‌دارکردن، باعایق مجزاکردن، بصورت جزیره درآوردن.

in.su.la.tion, *n.* عایق‌گذاری، روپوش‌کشی، عایق‌کردن.

in.su.la.tor [ínsjuleitə] *n.* نارسانا، مقره، بندآور، عایق، جداکننده، عایق‌کننده.

in.su.lin [ínsjulin] *n.* انسولین.

in.sult [ínsʌlt] **(-ed, -ing),** *vt., vi. & n.* توهین‌کردن به، بی‌احترامی [illegible]

in.sul.ta.tion, *n.* توهین.

in.superable [insjú:pərəbl] *adj.* برطرف نکردنی، ازمیان برنداشتنی، شکست‌ناپذیر، مغلوب نشدنی، فائق نیامدنی.

in.supportable [insəpɔ́:təbl] *adj.* تحمل‌ناپذیر، سخت، دشوار، غیرقابل‌مقاومت.

in.suppressible, *adj.* فرونشاندنی، نخواباندنی، غیرقابل‌کنترل.

in.sur.able, *adj.* بیمه شدنی، بیمه‌کردنی، قابل بیمه.

in.sur.ance [inʃúərəns, -ʃɔ́:-] *n.* بیمه، حق بیمه، پول بیمه (premium).

in.sure [inʃúə, -ʃɔ́:] **(-d, insuring)** *vi. & vt.* بیمه‌کردن، بیمه بدست‌آوردن، ضمانت‌کردن.

To i. goods. بیمه‌کردن کالا.

insured (*pl.* **-s**) *n.* کسی‌که زندگی ودارائی‌اش بیمه شده باشد، بیمه شونده.

in.sur.er, *n.* بیمه‌گر.

in.sur.gence, in.sur.gen.cy, *n.* تمرد، قیام، شورش، طغیان، یاغی‌گری.

in.sur.gent [insə́:dʒənt] *adj. & n.* متمرد، شورشی.

in.surmountable [insə:máuntəbl] *adj.* غیرقابل تفوق، فائق نیامدنی، غیرقابل عبور، برطرف نشدنی.

in.sur.rec.tion [insərékʃən] *n.* طغیان، شورش، فتنه، قیام.

in.suscepti.ble, *adj.* غیرمستعد، تأثیدناپذیر، غیرحساس، غیرآماده، غیرمجهز.

in.tact [intǽkt] *adj.* دست‌نخورده، بی‌عیب، سالم، کامل، صدمه‌ندیده.

in.ta.glio (*pl.* **-s, intagli**) *n.* تصویر حکاکی شده روی سنگ یا مواد سخت.

intake [ínteik] *n.* مدخل آبگیری (درلوله)، مقدارآب یاگازی‌که بالوله گرفته و جذب میشود، جای آبگیری، نیروی بکار رفته (درماشین)، نیروی جذب شده، مك، مکیدن، تنفس، فریب، حقه، مقدار جذب چیزی به درون، فراگرفتگی.

in.tangibili.ty, *n.* لمس‌ناپذیری.

in.tangible [intǽn(d)ʒibl] *adj. & n.* لمس‌ناپذیر، [مج.] بغرنج، درك نکردنی، مال غیرعینی، ناهویدا.

in.te.ger [íntidʒə] *n.* عدد درست، عدد صحیح، عدد تام، چیز درست.

in.te.gral [íntigrəl] *adj. & n.* درست، صحیح، بی‌کسر، کامل، تمام، انتگرال.

in.te.grate [íntigreit] **(-d, integrating)** *vt. & vi.* تمام‌کردن، کامل‌کردن، درست‌کردن، یکی‌کردن، تابعه اولیهٔ چیزی راگرفتن، اختلاط.

in.te.gra.tion, *n.* ائتلاف، انضمام، یکپارچگی، اتحاد عناصر مختلف اجتماع.

in.te.gra.tor, *n.* ایجادکننده ائتلاف یاانضمام.

in.teg.ri.ty [intégriti] *n.* درستی، امانت، راستی، تمامیت، بی‌عیبی، کمال.

Territorial i. تمامیت ارضی.

in.teg.u.ment [intégjumənt], *n. & vt.* پوشش، پوست، جلد، پوشش‌دارکردن.

in.tel.lect [íntilekt] *n.* هوش، فهم، قوهٔ درك، عقل، خرد، سابقه.

in.tel.lec.tion, *n.* تعقل، تفهم.

in.tel.lec.tu.al [intiléktjuəl] *adj. & n.* عقلانی، ذهنی، فکری، خردمند، روشنفکر.

in.tel.lec.tu.al.ize, *vt.* عقلانی‌کردن، بصورت فکری درآوردن.

in.tel.li.gence [intélidʒəns] *n.* هوش، زیرکی، فراست، فهم، بینش، آگاهی، روح‌پاك یادانشمند، فرشته، خبرگیری، جاسوسی.

intelligence quotient, *n.* عددی‌که هوش وزیرکی شخص رانشان میدهد.

in.tel.li.genc.er, *n.* مخبر، خبربر، خبررسان، جاسوس، پیغام‌بر.

in.tel.li.gent [intélidʒənt] *adj. & n.* باهوش.

in.tel.li.gen.tsia [intèligentsiə], *n.* اشخاص باهوش وخردمند، طبقهٔ روشنفکر.

in.tel.li.gi.bil.i.ty, *n.* قابلیت فهم.

in.tel.li.gi.ble [intélidʒibl] *adj. & n.* فهمیدنی، مفهوم، روشن، قابل فهم، معلوم.

in.tem.per.ance, -cy, *n.* زیاده‌روی، بی‌اعتدالی، افراط.

in.temperate [intémpərit] *adj. & n.* زیاده‌رو، بی‌اعتدال، افراطکار، افراطی.

in.tend [inténd] **(-ed, -ing),** *vt. & vi.* قصد داشتن، خیال داشتن، فهمیدن، معنی دادن، برآن بودن، خواستن.

in.tend.ant, *n.* مباشر، ناظر، مدیر، مأمور مالی، پیشکاردارائی.

in.ten.er.ate (-d, intenerating) *vt.* نرم‌کردن، لطیف‌کردن، حساس‌کردن.

in.ten.er.a.tion, *n.* نرم‌کردن.

in.tense [inténs] *adj.* زیاد، سخت، شدید، قوی، مشتاقانه.

in.ten.si.fi.ca.tion [inténsifikéiʃən] *n.* افزایش، تشدید، پرقوت سازی، افزون شدگی.

in.ten.si.fy [inténsifai] **(-ied, intensifying)** *vt. & vi.* سخت‌کردن، تشدیدکردن، شدید شدن.

in.ten.sion, in.ten.si.ty, *n.* سختی، شدت، فزونی، نیرومندی، کثرت.

in.ten.si.ty, *n.* شدت، قوت، سختی.

in.ten.sive [inténsiv] *adj. & n.* شدید، [د.]تشدیدی، پرقوت، متمرکز، مشتاقانه، تند، مفرط.

in.tent [intént] *adj. & n.* نیت، قصد، مرام، مفاد، معنی، منظور، مصمم.

With the i. to kill. باقصدکشتن.

in.ten.tion [inténʃən] *n.* قصد، منظور، خیال، غرض، مفهوم.

in.ten.tion.al, *adj.&n.* قصدی، عمدی.

in.ter [intə́:] **(-ed, -ing)** *vt.* درخاك‌نهادن، مدفون ساختن، درقبرنهادن، زیرخاك پوشاندن.

in.ter.act [intərǽkt] *vi.* متقابلاً اثرکردن، فعل وانفعال داخلی داشتن.

in.ter.ac.tion, *n.* اثر متقابل، فعل وانفعال.

in.ter alia, -s, *adv.* میان چیزهای دیگر، میان اشخاص دیگر.

in.ter.breed [intəbrí:d] **(-bred, -ing)** *vi.* نژادهای مختلف را باهم پیوند کردن، اصلاح نژادکردن.

in.ter.ca.lary, *adj.* زائد، اضافی، افزوده، کبیسه، مندرج.

in.ter.ca.late (-d, intercalating) *vt.* جا دادن، درج‌کردن.

in.ter.cede [intəsí:d] **(-d, interceding)** *vt.&vi.* پادرمیانی‌کردن. میانجی‌گری کردن، میانجی شدن، میانه‌گیری کردن، وساطت‌کردن، شفاعت‌کردن.

in.ter.cellular, *adj.* واقع درمیان یاخته‌ها، داخل سلولی، بین یاخته‌ای.

in.ter.cept [intəsépt] **(-ed, -ing)** *n., vt. & vi.* بریدن، قطع کردن، جداکردن، حائل شدن، جلوکسی راگرفتن، جلوگیری‌کردن.

in.ter.cept.er, *n.* [illegible]

in.ter.cep.tion, *n.* جلوگیری، حائل شدن، قطع‌کردن.

in.ter.ces.sion [intəséʃən] *n.* میانجی‌گری، پایمردی، شفاعت، وساطت، پادرمیانی.

in.ter.change [intətʃéin(d)ʒ] **(-d, interchanging)** *n.,vt. & vi.* باهم عوض‌کردن، مبادله‌کردن، تبادل‌کردن، تغییر دادن، متناوب ساختن.

in.ter.change.able [intətʃéin(d)ʒəbl] *adj.* قابل تعویض، باهم عوض‌کردنی، قابل معاوضه، قابل مبادله، تبادل‌پذیر.

in.ter.collegiate [intəkəlí:dʒiit] *adj.* (درمورد مسابقات) وابسته‌بکالجها، بین کالجهای مختلف، بین دانشکده‌ها.

in.ter.com=intercommunication system, *n.* دستگاه مخابره داخل ساختمان.

in.ter.communicate (-d, intercommunicating) *adj., vt.&vi.* مرتبط‌بودن‌با، مراوده‌داخلی‌داشتن، مبادله‌کردن، آمیزش‌کردن، معاشرت‌کردن، دارای مراوده.

in.ter.communication, *n.* ارتباط، رابطه یا مخابره بین چند مرکز.

intercommunication system, *n.* ارتباط‌بوسیلهٔ میکروفون وبلندگو، سیستم ارتباط بین اطاقهای یك اداره بوسیلهٔ بلندگو.

in.ter.con.nect (-ed, -ing), *vt. & vi.* بهم‌پیوستن، بهم‌وصل‌کردن.

in.ter.connection, *n.* اتصالی داخلی.

in.ter.continental, *adj.* بین قاره‌ای، درون‌بری.

in.ter.cos.tal, *adj. & n.* [تش.] واقع درمیان دنده‌ها، واقع دربین رگبرگها.

in.tèr.course [íntəkɔ:s] *n.* مقاربت، آمیزش، مراوده، معامله، گفتگو.

in.ter.cross (-ed, -ing) *n.,vt. &vi.* ازهم‌گذشتن، تقاطع‌کردن، جفت‌گیری.

in.ter.cultural, *adj.* وابسته به‌فرهنگ دوکشور، بین فرهنگی.

in.ter.current, *adj.* درمیان آینده، مداخله‌کننده، درمیان چیزهای دیگر رخ دهنده، تداخل‌کننده.

in.ter denominational, *adj.* وابسته‌به‌فرقه‌های منهبی ورروابط آنها بایکدیگر.

in.ter.dental, *adj.* واقع درمیان دو دندان، بین دندانی.

in.ter.departmental, *adj.* وابسته به ادرات داخلی، بین اداره‌ای.

in.ter.depend (-ed, -ing) *vi.* بیکدیگر متکی‌بودن، بسته‌بهم‌بودن، بهم‌موکول بودن، مربوط بهم‌بودن، وابسته بهم‌بودن.

in.ter.dependence, in.ter.-dependency [intədipéndəns(i)], *n.* اتکاء متقابل، وابستگی.

in.ter.de.pen.dent, *adj.* وابسته (بهیکدیگر) متکی به یکدیگر.

in.ter.dict [intədíkt] **(-ed,-ing),** *n. & vt.* قدغن، تحریم، منع، جلوگیری، ممنوعیت، نهی، حکم بازداشت، حکم اداری، بازداشتن، محجورکردن، نهی‌کردن.

in.ter.dic.tion, *n.* نهی‌کردن، جلوگیری.

in.ter.dig.i.tate (-d, interdigitating) *adj., n. & vt.* واقع درمیان انگشتان، بهم اتصال دادن، بهم اتصال پیداکردن، بهم جفت‌کردن.

in.ter disciplinary, *adj.* مربوط به رشته‌های مختلف علمی.

in.ter.est [íntrist, íntərest] *n.* بهره، تنزیل، سود، مصلحت، دلبستگی، علاقه.

An i. of 6%. سود شش درصد.

Take an i. in. علاقه داشتن به.

It is of i. to me. مورد علاقهٔ من است.

interest (-ed, -ing) *vt. & vi.* علاقمندکردن، ذینفع‌کردن، برسر میل آوردن.

in.ter.faith, *adj.* شامل اشخاصی دارای عقاید وادیان مختلف، بین‌الادیانی.

in.ter.fere [intəfíə] **(-d, interfering)** *vi.* دخالت‌کردن، پا بمیان‌گذاردن، مداخله‌کردن.

in.ter.fer.ence, *n.* دخالت، فضولی.

in.ter.fe.ren.tial, *n.* وابسته به دخالت.

in.ter.fertile, *adj.* قابل لقاح درداخل خود، آمادهٔ زاد و ولد دوتائی باهم.

in.ter.fruitful, *adj.* [درمورد گناه] قابل گرده افشانی یا لقاح بایکدیگر.

in.ter.fuse [intəfjú:z] **(-d, interfusing)** *vt. & vi.* درهم ریختن، بهم‌آمیختن، افشاندن.

in.ter.fu.sion, *n.* بهم‌آمیختن، درهم‌ریختن.

in.ter.galactic, *adj.* بین‌کهکشانی.

in.ter.generic, *adj.* بین‌گونه‌ای، بین انواع نژادی، بین طبقه‌ای.

in.ter.glacial, *adj.* [ز.ش.] واقع دربین دو دورهٔ یخبندان.

in.ter.gradation, *n.* محو سازی تدریجی، درجه‌بندی داخلی.

in.ter.grade (-d, intergrading) *vt. & n.* تدریجاً محوکردن، تدریجاً محوشدن، طبقه‌بندی داخلی‌کردن.

in.ter.graft, *vi.* متقابلاً پیوند شدن، متقابلاً پیوند زدن.

in.ter.growth, *n.* رشد باهم، رویش توأم، رشد درونی.

in.ter.im [íntərim] *adj. & n.* موقتی، موقت، فیمابین، فاصله، خلال مدت.

in.te.ri.or [intíəriə] *adj. & n.* درونی، داخلی، دور از مرز، دور ازکرانه.

Ministry of the i. وزارت داخله (کشور).

in.ter.ject [intədʒékt] *vt. & vi.* درمیان آوردن، بطور معترضه گفتن، [م.ل.] درمیان انداختن، درمیان‌آمدن، مداخله‌کردن.

To i. a remark. در میان صحبت دیگران اظهاری‌کردن.

in.ter.jec.tion [intədʒékʃən] *n.* [د.] حرف ندا، صوت، اصوات.

in.ter.jec.tion.al, *adj.* معترضه، اصواتی، ندائی.

in.ter.lace [intəléis] **(-d, interlacing)** *n., vt. & vi.* بهم‌پیچیدن، درهم‌آمیختن، درهم بافتن، مشبك

کردن، ازهم گذراندن، تقاطع کردن.

in.ter.laminate (- d, interlaminating) *vt.* دربین ورقه‌ها یا طبقات متناوب قرار دادن، متورق کردن، ورقه ورقه بین هم گذاردن.

in.ter.lard [intətá:d](-ed,-ing), *vt.* آمیختن، مخلوط کردن، بمیان آوردن.

in.ter.layer, *n.* لایهٔ بین دولایه.

in.ter.leave [intəli:v] (- d, interleaving) *vt.* برگ سفید لای صفحات کتابی گذاشتن، درمیان چیزی جادادن.

in.ter.line [intəláin] (- d, interlining) *vt.* درمیان سطرها نوشتن، آستر گذاشتن.

in.ter.lin.ear [intəlíniə] *adj.* مندرج درمیان سطور، دارای میان‌نویسی.

in.ter.lin.e.a.tion, *n.* درمیان سطر نویسی.

in.ter.link (- ed, - ing) *vt.* بهم‌پیوستن، مسلسل کردن، بهم‌جفت کردن.

in.ter.lock [intəlɔ́k](-ed,-ing), *n., vt. & vi.* بهم‌پیوستن، درهم گیر کردن، بهم ارتباط داشتن، بهم قفل کردن، درهم بافتن، بهم پیچیدن.

in.ter.lo.cu.tion, *n.* تبادل‌نظر، محاوره، قرائت یا آواز.

in.ter.loc.u.tor [intəlɔ́kjutə] *n.* جواب دهنده، طرف صحبت، همسخن، کلیم.

in.ter.lope (-d, interloping), *vt. & vi.* [برای سودجوئی] مداخله کردن، پا درمیان کار دیگران گذاردن، فضولی کردن.

in.ter.lude [intəl(j)u:d] *n.* ایست میان دوپرده، بادخور، فاصله.

in.ter.lu.nar=in.ter.lu.na.ry, *adj.* موقعی که ماه نامرئی است، محاقی، بین دوماه.

in.ter.marriage, *n.* ازدواج افراد ملل یا نژادهای مختلف.

in.ter.marry [intəmǽri] (-ied, - ing) *vt. & vi.* ازدواج کردن با افراد ملل یا نژادهای مختلف.

in.ter.meddle [intəmédl] (- d, intermeddling) *vi. & vt.* مخلوط کردن، مداخله کردن، فضولی کردن.

in.ter.me.di.ary [intəmí:diəri], (pl. - ies) *adj. & n.* میانجی، وساطت کننده، مداخله کننده، وساطت، مداخله.

in.ter.me.di.ate [intəmí:diit, -djət] *adj. & n.* میانه، متوسط، درمیان آینده، مداخله کننده، درمیان واقع شونده، واسطه، میانجی.

in.ter.me.di.a.tion, *n.* میانجی‌گری، مداخله.

in.ter.ment [intə́:mənt] *n.* آئین تدفین، دفن، تدفین، بخاک‌سپاری.

in.ter.mez.zo [intəmédzou] (pl. - s, intermez.zi) *n.* تنوع، فاصله، حادثهٔ عشقی، نمایش کوتاه درمیان پرده‌های نمایش جدی، قطعهٔ موسیقی کوتاه.

in.ter.mi.na.ble [intə́:minəbl], *adj.* پایان‌ناپذیر، تمام نشدنی، بسیار دراز.

in.ter.min.gle [intəmíŋgl] (-d, intermingling) *vt. & vi.* باهم آمیختن، باهم مخلوط کردن، ممزوج کردن.

in.ter.mis.sion [intəmíʃən] *n.* تنفس (بمعنی زنگ تنفس یا فاصله میان دو پردهٔ نمایش) بادخور، غیردائم، نوبه‌ای، تنفس‌دار.

in.ter.mit (- ted, - ting) *vt. & vi.* قطع کردن، گسیختن، موقتاً تعطیل کردن، نوبت داشتن، نوبت شدن.

in.ter.mit.tence, *n.* مکث، فاصله، نوبت، تناوب.

in.ter.mit.tent [intəmítənt] *adj.* متناوب، نوبت‌دار، نوبه‌ای، نوبتی.

intermittent current, *n.* جریان متناوب.

in.ter.mit.ter, *n.* قطع‌کننده، متناوب کننده.

in.ter.mix (-ed, - ing) *vt. & vi.* بهم آمیختن، درهم آمیختن، باهم مخلوط کردن.

in.ter.mixture, *n.* اختلاط، امتزاج.

in.ter.molecular, - y, *adj.* بین ذرات، در داخل ذرات، بین مولکولی.

in.tern [intə́:n] (- ed, - ing) *vt.* داخل شدن‌در، وارد کردن، توقیف کردن.

in.tern, *n. & vt.* کار ورز، [طب] انترن، پزشك مقیم بیمارستان.

in.ter.nal [intə́:n(ə)l] *adj. & n.* درونی، داخلی، ناشی‌از درون، باطنی.

in.ter.nal.iza.tion درونی یا باطنی کردن.

in.ter.nal.ize (- d, internalizing) *vt.* درونی کردن، باطنی ساختن، داخلی کردن.

internal medicine, *n.* طب داخلی.

in.ter.na.tion.al [intənǽʃənəl], *adj.&n.* بین‌المللی، وابسته بروابط بین‌المللی.

in.ter.na.tion.al.ism [intənǽʃənəlizm] *n.* عقیده بحفظ ورعایت مصالح عمومی ملل، احساسات بین‌المللی.

in.ter.na.tion.al.iza.tion, *n.* بین‌المللی کردن.

in.ter.na.tion.al.ize [intənǽʃənəlaiz] (- d, internationalizing) *vt.* بین‌المللی کردن.

in.ter.necine [intəní:sain] *adj.* کشتار یکدیگر، کشتار متقابل، قاتل.

in.ter.neuron, in.ter.neu.ral, *adj.* وابسته به سلول‌عصب، داخل‌عصبی.

in.ter.nist, *n.* [طب] متخصص داروهای درونی، پزشك امراض داخلی.

in.tern.ment [intə́:nmənt] *n.* نگاهداری، توقیف.

in.ter.node, *n.* میان‌گره، قسمت میان دو بند یا مفصل، قسمت، قطعه، بند.

in.tern.ship, *n.* انترن بودن، دورهٔ انترنی.

in.ter.office, *adj.* مکاتبه ومراسله بین ادارات یك مؤسسه.

in.ter.pel.late [intə́:pileit] (-d, interpellating) *vt.* رسماً سؤال کردن، استیضاح کردن.

in.ter.pel.la.tion [intə́:piléiʃən], *n.* استیضاح، بازخواست.

in.ter.planetary, *adj.* بین‌سیارات، واقع‌در بین سیارات، بین‌الکواکب.

in.ter.po.late [intə́:pəleit] (-d, interpolating) *vt. & n.* درمیان عبارات دیگر جا دادن، داخل کردن.

in.ter.po.la.tion, *n.* الحاق، درج.

in.ter.pose [intəpóuz] (-d, interposing) *vt. & vi.* مداخله کردن، پا بمیان گذاردن، درمیان آمدن، میانجی شدن.

in.ter.po.si.tion [intəpəzíʃən] *n.* پامیان‌گذاری، مداخله، چیزی که درمیان چیزهای دیگر گذارند، وساطت، دخالت، میانه‌گیری.

in.ter.pret [intə́:prit] (- ed, - ing) *vt. & vi.* تفسیر کردن، ترجمه کردن، ترجمهٔ شفاهی کردن.

in.ter.pre.ta.tion [intə́:pritéiʃən] *n.* شرح، بیان، تفسیر، تعبیر، ترجمه، مفاد.

in.ter.pre.ta.tive, in.ter.pre.tive, *adj.* تفسیری، شرحی.

in.ter.pupillary, *adj.* واقع‌در بین دومردمك چشم، بین‌دوعدسی، عینك.

in.ter.racial, in.ter.race, *adj.* بین‌نژادی، بین نژادهای مختلف.

in.ter.reg.num [intərégnəm] (pl. -s, interreg.na) *n.* فترت، فاصلهٔ میان دورهٔ یك سلطنت با دورهٔ دیگر، دورهٔ حکومت موقتی، فاصله.

in.ter.relate (- d, interrelating) *vt. & vi.* وابسته بهم بودن، مناسبات مشترك داشتن.

in.ter.ro.gate [intérəgeit] (- d, interrogating) *vi. & vt.* استنطاق کردن، تحقیق کردن، بازجوئی کردن.

in.ter.ro.ga.tion, *n.* بازجوئی.

in.ter.rog.a.tive [intərɔ́gətiv], *adj. & n.* علامت‌سؤال، ادوات استفهام، پرسشی.

in.ter.ro.ga.tor, *n.* مستنطق، بازپرس، تحقیق کننده، پرسش کننده، بازجوئی کننده.

in.ter.rog.a.to.ry, *adj. & n.* وابسته به سؤال.

in.ter.rupt [intərʌ́pt] (- ed, - ing) *vi. & vt.* گسیختن، حرف دیگری را قطع کردن، منقطع کردن.

in.ter.rupt.er, *n.* آدم قطع‌کننده.

in.ter.rup.tion, *n.* انقطاع، تعلیق.

in.ter.rup.tive, *adj* قطع‌کننده.

in.ter.sect [intəsékt] (- ed, - ing) *vt. & vi.* از وسط قطع کردن، تقسیم کردن، تقاطع کردن.

in.ter.sec.tion, *n.* تقاطع، چهارراه.

in.ter.sexual, *adj.* مربوط به جنس نروماده.

in.ter.space (- d, interspacing) *vt. & n.* فاصله‌دار کردن، فاصله، مدت، فرجه، فاصلهٔ بین دوچیز.

in.ter.specific, in.ter.species, *adj.* واقع دربین دسته‌های خاصی، دارای خصوصیاتی بین خود.

in.ter.sperse [intəspə́:s] (- d, interspersing) *vt.* پراکنده کردن، افشاندن، متفرق کردن.

in.ter.spersion, *n.* افشاندن، پراکنده کردن.

in.ter.stellar, *n.* واقع درمیان ستارگان، بین ستاره‌ای.

in.ter.stice [intə́:stis] (pl. - s), *n.* درز، شکاف، چاك، ترك، فاصله، سوراخ‌ریز.

in.ter.tidal, *adj.* جزر ومدی.

in.ter.twine [intətwáin] (- d, intertwining) *vi., vt. & n.* درهم پیچیدن، درهم بافتن، درهم بافته شدن، تقاطع کردن، بهم تابیدن.

in.ter.twist (- ed, - ing) *vt., vi. & n.* بهم‌پیچیدگی، درهم مشبك کردن.

in.ter.urban [intərə́:bən] *adj.* واقع درمیان‌شهرها، متصل‌بشهرها، داخل‌شهری.

in.ter.val [íntəvəl] *n.* فاصله، مدت، فرجه، ایست، وقفه، فترت.

At short intervals. بفواصل کم.

in.ter.vene [intəví:n] (- d, intervening) *vt. & vi.* درمیان آمدن، مداخله کردن، پا میان گذاردن، درضمن روی دادن، فاصله خوردن، حائل‌شدن.

in.ter.ven.tion, *n.* مداخله، شفاعت.

in.ter.ven.tion.ism, *n.* [حق.] سیستم مداخلهٔ دولت در امور اقتصادی و عدم وجود آزادی در تجارت.

in.ter.vertebral, *adj.* [تش.] واقع درمیان مهره‌ها، بین مهره‌داران.

in.ter.view [íntəvju:] (- ed, - ing) *n. & vi.* دیدار [برای گفتگو] مصاحبه، مذاکره، مصاحبه کردن.

in.ter.vo.cal.ic, *adj.* واقع میان دوحرف صدادار، بین‌الهجائین.

in.ter.weave [intəwí:v] (- wove, - woven, - weaved, - weaving) *vt. & vi.* باهم‌بافتن، درهم‌بافتن، باهم آمیختن، مشبك کردن.

in.tes.ta.cy, *n.* نداشتن وصیت‌نامه.

in.tes.tate [intéstit] *adj. & n.* فاقد وصیت‌نامه.

in.tes.ti.nal [intéstinəl] *adj.* روده‌ای، امعائی، روده‌دار.

in.tes.tine [intéstin] *n.* [معمولاً بصورت جمع] روده، امعاء، [مج.] درونی.

in.ti.ma.cy [íntiməsi] (pl -ies), *n.* صمیمیت، خصوصیت، رابطهٔ نامشروع جنسی.

in.ti.mate [íntimit] (- d, intimating) *vt., vi., n. & adj.* مطلبی را رساندن، معنی دادن، گفتن، محرم ساختن، صمیمی، محرم، خودمانی.

in.tim.i.date [intímideit] (- d, intimidating) *vt.* ترساندن، مرعوب کردن، تشر زدن به، نهیب زدن به.

in.tim.i.da.tion, *n.* ارعاب.

in.tinc.tion, *n.* رنگرزی، صباغی، ریزش، القاء، تزریق.

in.to [íntu, íntə] *prep.* بسوی، بطرف، توی، اندر، درمیان، درظرف، به، نسبت‌به، مقارن.

in.tolerability, *n.* تحمل‌ناپذیری.

in.tolerable [intɔ́lərəbl] *adj. & adv.* تحمل‌ناپذیر، سخت، غیرقابل تحمل، دشوار، تن‌درندادنی، بی‌نهایت.

in.tol.er.ance [intɔ́lərəns] **in.tolerancy,** *n.* نابردباری، عدم‌تحمل، عدم قبول، طاقت‌فرسائی، تعصب، ناتوانی، فروماندگی، عجز.

in.tolerant [intɔ́lərənt] *adj. & n.* زیر بار نرو، بی‌گذشت، متعصب.

in.to.nate (- d, intonating), *vt.* با لحن خاصی تلفظ کردن، با آهنگ خاصی اداکردن، باصدا بیان کردن.

in.to.na.tion [intounéiʃən] *n.* بیان باالحان، زیر و بمی صدا، تکیهٔ صدا، لهجه، طرز قرائت، تلفظ، آهنگ.

in.tone [intóun] (- d, intoning) *vt. & vi.* سرائیدن، خواندن، مناجات کردن.

in.tor.sion, in.tor.tion, *n.* پیچیدگی، پیچش، [گ.ش.] پیچش‌ساقه، انعطاف.

in to.to, *adv.* باهم، کاملاً، تماماً.

in.tox.i.cant [intɔ́ksikənt] *adj.* مستی‌آور، مسکر، مکیف.

in.tox.i.cate [intɔ́ksikeit] (- d, intoxicating) *vt.* مست کردن، کیف دادن، سرخوش کردن.

in.tox.i.ca.tion, *n.* مستی، کیف.

in.tra - پیشوند بمعنی «درداخل» و «درتوی» و «در درون» و «درمیان».

in.tractable [intrǽktəbl] *adj.* خود سر، سرپیچ، متمرد، خودسرانه، لجوج، خیره‌سر، ستیزه‌جو، لجوجانه، رام نشدنی.

in.tra.dermal=in.tra.dermic, *adj.* واقع در زیر پوست، درون پوستی.
in.tran.si.geance=intransigence, - cy, *n.* سخت‌گیری درسیاست، ناسازگاری، عدم‌تراضی.
in.tran.si.gent, *adj. & n.* سخت‌گیر، سرسخت.
in.transitive [*intrá:nsitiv*], *adj. & n.* لازم، فعل لازم.
in.trant, *vi. & n.* داخل‌شونده، دخول رسمی‌وقانونی، ورود رسمی، کسی‌که وارد انجمن یا دانشکده یا مقامی [illegible]
in.tra.state, *adj.* درون ایالتی، درون‌کشوری.
in.tra.uterine, *adj.* واقع در بچه‌دان یا رحم، درون زهدانی.
in.tra.venous, *adj.* موجود درسیاهرگ یا ورید، داخل وریدی.
in.trep.id [*intrépid*] *adj.* باجرأت، دلیر، شجاع، بی‌باك، بی‌ترس، متهور.
in.tri.ca.cy [*íntrikəsi*] (*pl.* **-ies**) *n.* پیچیدگی، بغرنجی، تودرتوئی، آشفتگی، درهمی.
in.tri.cate, *adj.* بغرنج، پیچیده.
in.tri.gant, in.tri.guant (*pl.* **- s**) *n.* دسیسه‌باز، پشت‌هم‌انداز، فتنه‌جو، انتریك‌چی.
in.trigue [*intrí:g*] (**- d, intriguing**) *n., vt. & vi.* دسیسه‌کردن، توطئه چیدن، فریفتن.
in.trin.sic [*intrínsik*] *n. & adj.* ذاتی، اصلی، باطنی، طبیعی، ذهنی، روحی، حقیقی، مرتب، شایسته.
in.tro.duce [*ìntrədjú:s*] (**- d, introducing**) *vt.* معرفی‌کردن، نشان دادن، باب‌کردن، مرسوم کردن، آشناکردن، مطرح‌کردن.
in.tro.duc.tion [*ìntrədʌ́kʃən*], *n.* مقدمه، دیباچه، معارفه، معرفی، معرفی رسمی، آشناسازی، معمول‌سازی، ابداع، احداث.
in.tro.duc.to.ry, *adj. & n.* دیباچه‌ای، وابسته به مقدمه، معارفه‌ای.
in.tro.gres.sion, *n.* دخول، ورود.
in.troit, *n.* دخول، ورود، مدخل، سرود افتتاحیه.
in.tro.mit (**- ted, - ting**) *vt.* داخل‌کردن، درآوردن، جادادن، منصوب‌کردن، دخالت‌کردن، مزاحم شدن، مانع شدن.
in.trorse=introrsal, *adj.* [گ.ش.] روکننده بسوی درون، درون‌گشا.
in.tro.spect (**-ed, - ing**) *vi. & vt.* بخودبرگشتن، بخودآمدن، درخودفرورفتن.
in.tro.spec.tion, *n.* باطن بینی، درون‌گرائی.
in.tro.ver.sion, *n.* توجه بدرون، برگشت بسوی درون، بدرون‌کشیدگی.
in.tro vert [*ìntrəvə́:t*] (**- ed, - ing**) *n., vt. & vi.* بسوی درون‌کشیدن، بخود متوجه‌کردن، شخصی که متوجه بباطن خود است، خویشتن‌گرای.
in.trude [*intrú:d*] (**-d, intruding**) *vt. & vi.* سرزده‌آمدن، فضولانه آمدن، بدون حق وارد شدن، بزور داخل‌شدن.
in.tru.sion, *n.* دخول سرزده وبدون اجازه.
in.tru.sive [*intrú:siv*] *adj.* فضول، فضولانه، سرزده [آینده]، ناخوانده (وارد شونده)، بزور داخل شونده، فرو رونده.
in.tu.bate, *vt.* [طب]لوله‌فروکردن‌در، بوسیلهٔ لوله باز نگاه داشتن، لوله‌گذاردن در.
in.tu.it (**- ed, - ing**) *vi. & vt.* دستوردادن، تعلیم‌دادن، آگاه‌کردن، درك‌کردن.
in.tu.i.tion [*ìntjuíʃən*] *n.* درك مستقیم، انتقال، کشف، دریافت ناگهانی، فراست، بصیرت، بینش، شهود، اشراق.
in.tu.i.tion.ism=intuitionalism, *n.* عقیده باینکه برخی حقایق را میتوان مستقیماً وبدون استدلال دریافت، شهودگرائی.
in.tui.tive [*intjú:itiv*] *adj.* مستقیماً درك‌کننده، مبنی بردرك یا انتقال مستقیم، حسی، بصیر، ذاتی.
in.tu.mesce (**- d, intumescing**) *vi* بالا آمدن، بادکردن، آماس‌کردن، پف‌کردن.
in.un.date [*ínʌndeit*] (**- d, inundating**) *vt. & vi.* سیل‌زده‌کردن، از آب پوشانیدن، زیر سیل پوشاندن، اشباع‌کردن.
in.ure=en.ur [*injúə, -jɔ́:*] (**- d, inuring**) *vt. & vi.* عادت دادن، خودادن، آموخته‌کردن، معتادکردن، موجب‌شدن.
in.urn (**- ed, - ing**) *vt.* درظرف نگاه داشتن (بازگشت شود به urn) درخاکدان ریختن، بخاك سپردن.
in.utile, *adj.* ناسودمند، بیفایده، بیهوده، نامناسب، بی‌منفعت، بی‌استفاده.
in.utilty, *n.* بی‌استفادگی، ناسودمندی.
in.vade [*invéid*] (**- d, invading**) *vt.* تاخت وتازکردن‌در، هجوم‌کردن، تهاجم‌کردن، حمله‌کردن بر، تجاوزکردن.
in.vag.i.nate (**- d, invaginating**) *vt. & vi.* غلاف‌کردن، توی خود برگرداندن.
in.vag.i.na.tion, *n.* غلاف شدگی، توهم گیر کردگی، توی خود برگشتگی، [طب] پیچ خوردن روده.
in.val.id [*ínvəli:d*] *adj. & n.* بی‌اعتبار، باطل، پوچ، نامعتبر، علیل، ناتوان.
in.va.lid=in.val.i.date, *vi. & vt.* ناتوان‌کردن، علیل‌کردن، باطل‌کردن.
in.val.i.da.tion, *n.* باطل سازی.
in.va.lid.i.ty, *n.* عدم اعتبار، بطلان، فساد.
in.valuable [*invǽljuəbl*] *adj. & n.* فوق‌العاده گرانبها، غیرقابل تخمین، پربها.
in.variable [*invɛ́əriəbl*] *adj. & n.* تغییرناپذیر، ثابت، یکنواخت، نامتغیر.
in.variance, - cy = in.variabil.i.ty, *n.* [ر.] عدم‌تغییر باقیمانده در تغییرات طولی وخطی، تغییرناپذیری، ثبات.
in.variant, *adj. & n.* غیرمتنوع، یکسان، ثابت، نامتغیر.
in.va.sion [*invéiʒən*] تاخت وتاز، هجوم، تهاجم، استیلا، تعرض.
in.vec.tive [*invéktiv*] *adj. & n.* پرخاش، سخن حمله‌آمیز، طعن، ناسزاگوئی.
in.veigh [*invéi*] (**- ed, - ing**), *vt. & vi.* سخن سخت‌گفتن، باسخن حمله کردن، (با against) مورد حمله قراردادن.
in.vei.gle [*inví:gl, - véi*] (**- d, inveigling**) *vt.* از راه بدر بردن، فریفتن، سرگرم‌کردن، گمراه کردن وبردن، بدام انداختن.
in.vei.gle.ment, *n.* فریب، اغوا.
in.vent [*invént*] (**-ed, - ing**) *vt.* اختراع‌کردن، از پیش خود ساختن، ساختن، جعل‌کردن، چاپ زدن، تأسیس‌کردن.
in.ven.tion, *n.* اختراع، ابتکار.
in.ven.tive [*invéntiv*] *adj.* اختراع‌کننده، اختراعی، مبتکر.
in.ven.tor [*invéntə*] *n.* مخترع، جاعل.
in.ven.to.ri.al, *adj.* مربوط‌بدفتر دارائی، فهرستی، سیاهه‌ای، مفصل.
in.ven.to.ry [*ínvənt(ə)ri*] (*pl.* **- ies**) (**- ied, - ing**) *n., vt. & vi.* دفتر دارائی، فهرست اموال، سیاهه، صورت‌کالا.
in.verse [*invə́:s*] *adj. & n.* وارونه، معکوس، برعکس، مقابل.
in.ver.sion [*invə́:ʃən*] *n.* برگردانی، بالعکس‌کردن، سوء تعبیر، انحراف، [illegible]
in.vert [*invə́:t*] (**- ed, - ing**), *vt., vi., adj. & n.* برگرداندن، وارونه‌کردن، معکوس‌کردن، قلب‌کردن، پس و پیش‌کردن.
To i. a phrase. عبارتی رامقلوب‌کردن.
in.vertebrate [*invə́:tibrit*], *adj. & n.* بدون استخوان پشت، بدون ستون فقرات، بی‌مهره، غیر ذیفقار، [مج.] نااستوار، بی‌عزم.
in.vert.er, *n.* معکوس‌کننده، برگرداننده.
in.vest [*invést*] (**-ed, - ing**), *n., vt. & vi.* گذاردن، نهادن، منصوب کردن، اعطاء‌کردن، سرمایه‌گذاردن.
in.ves.ti.gate [*invéstigeit*] (**-d, investigating**) *vt.* جستارکردن، رسیدگی‌کردن [به]، وارسی کردن، بازجوئی کردن [در]، تحقیق کردن، استفسار کردن، اطلاعات مقدماتی بدست آوردن.
in.ves.ti.ga.tion, *n.* تحقیق، رسیدگی.
in.ves.ti.ture [*invéstitʃə*] *n.* اعطای‌نشان، سرمایه‌گذاری، دادن‌امتیاز، تفویض.
in.vest.ment [*invéstmənt*] *n.* سرمایه‌گذاری، مبلغ سرمایه‌گذاری شده.
in.ves.tor [*invéstə*] *n.* سرمایه‌گذار.
in.vet.er.ate [*invétərit*] *adj.* دیرینه، ریشه‌کرده، معتاد، سرسخت، کینه‌آمیز.
in.viable, *adj.* عاجز از ادامهٔ بقا درائر ساختمان نژادی و ارثی.
in.vid.i.ous [*invídiəs*] *adj.* حسودانه، منزجرکننده، نفرت‌انگیز، زشت.
in.vig.o.rate [*invígəreit*] (**- d, invigorating**) *vt. & vi.* نیرو دادن، قوت دادن، روح بخشیدن، پر زور کردن، تقویت شدن، خوش‌بنیه شدن.
in.vig.o.ra.tion, *n.* تقویت.
in.vin.ci.bil.i.ty, *n.* شکست‌ناپذیری.
in.vin.ci.ble [*invínsibl*] *adj. & n.* شکست‌ناپذیر، مغلوب نشدنی.
in.vi.ola.ble [*inváiələbl*] *adj. & n.* مصون، مقدس، غصب نکردنی.
in.violate [*inváiəlit*] *adj.* غصب نشدنی، معتبر، تجاوز نشده، مصون.
in.viscid, *adj.* لزج، چسبناك.
in.visibility, *n.* ناپدیدی، نامرئی‌بودن.
in.visible [*invízibl*] *n. & adj.* نامرئی، ناپدید، نامعلوم، مخفی، غیرقابل مشاهده، غیرقابل تشخیص، غیرمحسوس.
in.vi.ta.tion [*ìnvitéiʃən*] *n.* دعوت، وعده خواهی، وعده‌گیری، جلب.
in.vite [*inváit*] (**- d, inviting**), *n., vt. & vi.* دعوت‌کردن، طلبیدن، خواندن، وعده‌گرفتن، مهمان‌کردن، وعده دادن.
To i. one to dinner. شخصی را بشام دعوت‌کردن.
in.vo.cate, *vt. & vi.* دعاکردن‌به، خواستن، استمدادکردن‌از، احضار کردن، استدعاکردن، دعا خواندن.
in.vo.ca tion, *n.* نیایش.
in.voice [*ínvɔis*] (**- d, invoicing**) *n. & vt.* فاکتور، صورت حساب، سیاهه، صورت، صورت‌کردن، فاکتور نوشتن.
in.voke [*invóuk*] (**- d, invoking**) *vt.* دعاکردن به، طلب‌کردن، بالتماس خواستن.
in.vo.lu.cre, *n.* [گ.ش.] پوشش، [تش.] پوشش غشائی، گریبانه.
in.vo.lu.crum (*pl.* **in.vo.lu.cra**) *n.* [گ.ش.] گریبانه، پوشش، [طب] تشکیل استخوان جدید.
in.voluntary [*invɔ́lənt(ə)ri*] *adj.* بی‌اختیار، غیرارادی، غیرعمدی.
in.vo.lute, *adj., n., vt. & vi.* بغرنج، تودرتو، مبهم، غامض، پیچدار، پیچیده شدن، پیچدار شدن.
in.vo.lu.tion, *n.* عود مرض، عود چیزی، پیچ، پیچیدن، [ر.] توان‌یابی، قوه یابی، [د. بدیع] پیچدار کردن عبارت.
in.volve [*invɔ́lv*] (**- d, involving**) *vt.* گرفتارکردن، گیر انداختن، واردکردن، گرفتارشدن، درگیرکردن یا شدن.
involved, *pp. & adj.* پیچیده، بغرنج، مبهم، گرفتار، موردبحث.
in.vulnerability, *n.* آسیب‌ناپذیری.
in.vulnerable [*invʌ́lnərəbl*], *adj.* محفوظ‌ازخطر، زخم‌ناپذیر، آسیب‌ناپذیر، شکست‌ناپذیر.
in.ward [*ínwəd*] *adj. & n.* درونی، توئی، داخلی،[مج.]باطنی، ذاتی، داخل رونده، دین‌دار، پرهیزکار، رام، درون.
in.wrought [*ínrɔ:t, inrɔ́:t*], *pp. & adj.* ازتو کارکرده، نقشه‌دار، گلدار، [مج.] جبلی، مخمر، مصور.
io.dine=io.din [*áioudi.n*] *n.* [ش.] ید، عنصرشیمیائی که علامت آن I می‌باشد.
io.dize (**- d, iodizing**) *vt.* ید تزریق‌کردن، ید زدن (به).
iodous, *adj.* یودی، دارای ید.
ion, *n.* یون، ذرهٔ تبدیل شده به برق.
io nize (**-d, ionizing**) *vt. & vi.* به یون تجزیه‌کردن، تبدیل به یون‌کردن.
ion.o.sphere, *n.* یون‌کره، قسمتی‌از فضای جو زمین‌که از ارتفاع ۲۵ میل شروع میشود وتا ۲۲/۰۰۰ میل ادامه دارد.
io.ta [*aióutə*] (*pl.* **- s**) *n.* ایوتا، حرف نهم الفبای یونانی، نقطه، ذره.
IOU [*ái ou jú:*] *n.* فته‌طلب، تمسك، سند بدهکاری (مخفف I owe you).
ip.se dix.it (*pl.* **- s**) *n.* [م.ل.] خود او گفته است، گفتهٔ محض.
ip.so fac.to [*ípsou fǽktou*], *adv.* درنفس خود، بالفعل، بواسطهٔ ماهیت خود فعل، [حق.] عضویت خود بخودی.
Iranian [*airéinjən*] *adj. & n.* ایرانی، اهل ایران، وابسته بایران.
Iraqi (*pl.*-**s**) *n.* عراقی، وابسته به‌عراق.
iras.ci.bil.i.ty, *n.* تندخوئی.
iras.ci.ble [*irǽsibl*] *adj.* آتشی مزاج، زود غضب، تند طبع، سودائی.
irate [*airéit*] *adj.* خشمگین، خشمناك.
ire [*áiə*] *n. & vt.* خشم، غضب، عصبانیت، انجا در رفتگی.
ire.ful [*áiəful*] *adj.* خشمناك.
irenic, *adj., n. & pl.* آرام، ساکن، مسالمت‌آمیز، صلح‌جو.
irid, *n.* [تش.] عنبیهٔ چشم، [گ.ش.] گیاهی از جنس سوسن یازنبق.
iri.da.ceous, *adj.* [گ.ش.] از تیرهٔ سوسن یا زنبق، زنبقی.
ir.ides.cence [*iridésəns*] **irides-**

cency, *n.*
نمایش قوس قزحی، نمایش رنگین‌کمان.
ir.i.des.cent, *adj.*
قوس قزحی، رنگین‌کمانی.
iris [*áiəris*] (*pl.* **irides, irises**), *n.*
عنبیه، [گ.ش.] جنس زنبق‌وسوسن، رنگین‌کمان.
Irish [*áiəriʃ*] *n.* & *adj.* ایرلندی.
Irish bull, *n.*
بیان بظاهر موافق ودرحقیقت مخالف.
Irish coffee, *n.*
قهوهٔ داغ شیرین باویسکی ایرلندی وکرم.
Irish Gaelic, *n.*
زبان «سلتی» (Celtic) ایرلند.
Irish.ism [*áiəriʃizm*] *n.*
عبارت یا اصطلاح یا رسوم مشخص ایرلندی.
irk [*ə:k*](**- ed, -ing**) *vt.* بد دانستن،
خسته شدن، فرسوده شدن، بی‌میل‌بودن، بیزار-
بودن، رنجاندن، آزردن.
irk.some [*ə':ksəm*] *adj.*
خستگی‌آور، کسل‌کننده، متنفر، آزرده.
iron [*áiən*] (**- ed, - ing**) *adj., n., vt.* & *vi.* آهن، اطو، اتو، اتوکردن،
اتو زدن، آهن‌پوش کردن.
Iron Age, *n.* عصر آهن.
ironbound, *adj.*
باآهن بسته، زنجیر شده، خشن.
ironclad, *adj.* & *n.*
زره‌پوش، آهن‌پوش، سفت، سخت.
iron curtain, *n.* پردهٔ آهنین.
iron.ic (**- al**) [*aiərɔ́nik(l)*] *adj.*
طعنه‌آمیز، طعنه زن، طعنه‌ای، کنایه‌دار.
iro.nist, *n.* طعنه زن.
iron lung, *n.* ریهٔ مصنوعی.
ironmonger [*áiənmʌ'ŋgə*] *n.*
آهن فروش، فروشندهٔ آهن‌آلات.
ironsmith, *n.* آهنگر.
ironware, *n.*
آهن‌آلات، فلزآلات، ظروف‌آهنی، ظروف‌سخت.
ironwork, *n.*
آهنکاری، آهن ساخته، آهن‌آلات.
iro.ny [*áiərəni*] (*pl.* **- ies**) *n.*
طعنه، وارونه‌گوئی، گوشه وکنایه، استهزاء، مسخره، پنهان سازی، تمسخر، سخریه، طنز.
ir.radiance, ir.radiancy, *n.*
درخشندگی، تابش، روشنی، تابندگی، لوستر.
ir.radiant, *adj.* نورافشان.
ir.ra.di.ate [*iréidieit*] (**- d, irradiating**) *vt.* & *vi.*
درخشان‌کردن، منورکردن، نورافکندن.
ir.radiation, *n.* پرتو افکنی.
ir.rad.i.ca.ble, *adj.*
غیرقابل قلع وقمع، ریشه‌کن نشدنی.
ir.rational [*iræ̀ʃənəl*] *adj.* & *n.*
غیرعقلانی، نامعقول، غیرمنطقی، بی‌معنی.
ir.reconcilable [*irèkənsáiləbl*], *adj.* & *n.* وفق‌ناپذیر، جورنشدنی، ناسازگار،
مخالف، غیرقابل تطبیق، آشتی‌ناپذیر.
ir.recoverable [*ìrikʌ'vərəbl*], *adj.*
غیرقابل وصول، غیرقابل‌جبران، جبران‌ناپذیر.
ir.re.cu.sa.ble, *adj.*
رد نکردنی، غیرقابل رد، دندان‌شکن.
ir.redeemable [*ìridí:məbl*] *adj.*
غیرقابل خریداری، بازخرید نشدنی، از گرو درنیامدنی، غیرقابل استخلاص، پایان‌ناپذیر.
ir.re.den.tism, *n.* الحاق‌گرائی،
سیاست اعادهٔ نقاط ایتالیائی زبان بایتالیا.
ir.reducible [*ìridjú:sibl*] *adj.*
غیرقابل تقلیل، ناکاستنی، ساده نشدنی.
ir.re flexive, *adj.*
بی‌فکر، بی‌خیال، بدون بازتاب، بدون واکنش.
ir.refragable, *adj.*
غیرقابل انکار و تکذیب، رد نکردنی، سرسخت، خود رأی، لجوج، تسلیم نشدنی.
ir.refrangible, *adj.*
ناگسستنی، غیرقابل شکستن، غیرقابل غصب، نگفتنی، مصون، منزه، نرم، غیرقابل تجزیه.
ir.refutable [*iréfjutəbl*] *adj.*
تکذیب‌ناپذیر، انکارناپذیر، غیرقابل تکذیب.
ir.regardless, *adj.*
بی‌اعتنا، بی‌پروا، صرفنظراز.
ir.regular [*irégjulə*] *n.* & *adj.*
بی‌قاعده [درمورد فعل]، خلاف قاعده، بی‌رویه، غیرعادی، غیرمعمولی، بی‌ترتیب، نامرتب.
ir.regularity [*irègjulæ̀riti*] (*pl.* **- ies**) *n.*
بی‌قاعدگی، بی‌ترتیبی، نامنظمی، بی‌نظمی، یبوست.
ir.relevance, ir.relevancy [*iréləvəns(i)*] *n.*
بی‌ربطی، نامربوطی، نامناسبی.
ir.relevant, *adj.* نامربوط، بی‌ربط.
ir.religion, *n.*
بی‌دینی، خدانشناسی، شرارت، بیحرمتی به مقدسات، ادیان کاذبه ومنحرفه، دین دروغی.
ir.religious, *adj.* بی‌دین.
ir.re.me.able, *adj.*
برنگشتنی، بطورغیرقابل‌برگشت، برگشت‌ناپذیر.
ir.remediable [*ìrimí:diəbl*] *adj.*
چاره‌ناپذیر، بی‌درمان، غیرقابل‌استرداد.
ir.re.mov.able, *adj.* & *n.*
معزول نشدنی، برداشته نشدنی، ثابت.
ir.reparable [*irépərəbl*] *adj.*
جبران‌ناپذیر، مرمت‌ناپذیر، خوب نشدنی.
ir.repealable, *adj.* لغو نکردنی،
غیرقابل الغاء، باطل نشدنی، فسخ نکردنی.
ir.replaceable [*ìripléisəbl*] *adj.*
غیرقابل تعویض، غیرمنقول، بی‌عوض.
ir.repressible [*ìriprésibl*] *adj.*
جلوگیری نکردنی، منع‌ناپذیر، غیرقابل جلو-گیری، خوابانده نشدنی، مطیع‌نشدنی، سرکش.
ir.reproachable [*ìripróutʃəbl*], *adj.* سرزنش‌نکردنی، ملامت‌نکردنی، بی‌گناه.
ir.resistibility, *n.* مقاومت‌ناپذیری.
ir.resistible [*ìrizístəbl*] *n.* & *adj.* غیرقابل مقاومت، سخت، قوی.
ir.re.sol.u.ble, *adj.*
تجزیه‌ناپذیر، رهانشدنی، ول، نگشودنی، ناگداز، آب نشدنی، غیرمحلول، آزاد نشدنی.
ir.resolute [*irézəl(j)u:t*] *adj.*
بی‌عزم، بی‌تصمیم، دو دل، مردد.
ir.resolution, *n.* بی‌عزمی، تردید.
ir.resolvable, *adj.* تجزیه‌ناپذیر،
غیرقابل تجزیه، جدانشدنی، حل‌نشدنی.
ir.respective [*ìrispéktiv*] *adj.*
قطع نظر از، [م.ک.] بیطرف، بی‌ادب، احترام-نگذار، بدون مراعات، صرفنظر از.
ir.respirable, *adj.*
غیرقابل تنفس، دم نزدنی، غیرقابل استنشاق.
ir.responsibility, *n.* وظیفه‌نشناسی.
ir.responsible [*ìrispɔ́nsibl*], *adj.* وظیفه‌نشناس، غیرمسئول، نامعتبر،
عاری از حس مسئولیت.
ir.retrievable [*ìritrí:vəbl*] *adj.*
برنگشتنی، غیرقابل استرداد، بازنیافتنی.
ir.reverence [*irévərəns*] *n.*
هتك حرمت، بی‌ادبی، عدم احترام، بیحرمتی.
ir.reverent, *adj.* بی‌ادب، هتاك.
ir.reversible, *adj.* تغییرناپذیر،
دگرگون نشدنی، برنگشتنی، برنگرداندنی، لغو نشدنی.
ir.revocability, *n.*
غیرقابل فسخ بودن، برگشت ناپذیری.
ir.revocable [*irévəkəbl*] *adj.* & *n.*
غیرقابل فسخ، (درمورد عقد) لازم، قطعی.
ir.ri.gate [*írigeit*] (**-d, irrigating**) *vt.*&*vi.* آبیاری‌کردن، آب‌دادن(به).
ir.ri.ga.tion, *n.* آبیاری.
ir.ri.ta.bil.i.ty, *n.*
کج خلقی، زود رنجی.
ir.ri.ta.ble [*íritəbl*] *n.*
زود رنج، کج‌خلق، تند مزاج، تحریك‌پذیر.
ir.ri.tant [*íritənt*] *adj.* & *n.*
برانگیزنده، خراش‌آور، دلخراش، سوزش‌آور، خشم‌آور، محرك، بخشم آورنده، آزارنده.
ir.ri.tate [*íriteit*] (**- d, irritating**) *vt.* & *vi.*
عصبانی‌کردن، برانگیختن، خشمگین‌کردن، خراش دادن، سوزش دادن، آزردن.
ir.ri.ta.tion, *n.*
سوزش، خشم، ناراحتی، خراش، آزردگی.
ir.rupt (**- ed, - ing**) *vt.* & *vi.*
فوران کردن، آتش‌فشان کردن، ناگهان‌ایجادشدن.
ir.rup.tion, *n.* فوران، ایجادناگهانی.
is [*iz, z, s*] *vt.* & *vi.*
(am, are, be, was, been, being)
است، هست (سوم‌شخص مفرد ازفعل to be).
He i. to stay. قرار است بماند.
He is going.
(دارد) میرود، قرار است برود.
Isaac, *n.* اسحق فرزند حضرت«ابراهیم».
is chi.um (*pl.* **ischia**) *n.*
[تش.]ورك، استخوان ورك، استخوان نشیمنگاهی.
Ish.ma.el, *n.*
اسمعیل فرزند ابراهیم و هاجر.
isin.glass [*áiziŋgla:s*] *n.*
سریشم ماهی، طلق، ورقهٔ میکا.
Isis, *n.*
[افسانهٔ مصری] «ایزس» الههٔ حاصلخیزی.
Is.lam, - ic [*ízləm, - lœm, -la:m*], *n.* & *adj.* دین اسلام، اسلامی.
Is.lam.ism, *n.*
پیروی از دین اسلام، اسلام‌گرائی.
Is.lam.ize (**-d, islamizing**) *vt.*
بصورت‌اسلامی درآوردن، صورت اسلامی‌دادن‌به.
is.land [*áilənd*] (**-ed, - ing**) *n.* & *vt.* جزیره، محل میخکوبی‌شدهٔ وسطخیابان و
میدان وغیره، جزیره ساختن، جزیره‌دار کردن.
is.land.er, *n.* جزیره‌نشین.
isle [*ail*] (**- d, isling**) *n., vt.* & *vi.* جزیره، جزیرهٔ‌کوچك، جزیره‌نشین‌کردن،
مجزاکردن.
is.let [*áilit*] *n.*
جزیرهٔ‌کوچك، جای پرت و دورافتاده.
ism [*ízm*] *n.* اصول، عقیده، اعتقاد،
رویه، مکتب، سیستم عملی، گرایش، اصالت.
- ism پسوندی بمعنی «عمل» و «کار» و
«طریقهٔ عمل» و «حالت» و «شرط» و «پیروی».
isn't [*íznt*]=**is not** نیست.
iso.bar, -e [*áisouba:*], *n.* [جغ.] خط جغرافیائی نشان دهندهٔ نقاط هم فشار،

isobars

[ش.] دواتم دارای وزن مساوی ولی دارای عدد
اتمی غیرمساوی، همفشار.
iso.chromatic, *adj.* & *n.*
همرنگ، متساوی اللون، منحنی همرنگ.
isochronal=iso.chro.nous, *adj.* همزمان، واقع شونده درفواصل منظم و
مساوی، متقارن، متوازن.
isochro.nism, *n.*
تقارن، ایجادتقارن، همزمانی، ایجاد همزمانی.
iso.cline, *adj.* & *n.*
هم‌شیب، دارای شیب متقارن و مساوی، هم‌خواب (درمخمل وغیره).
iso.dimorphism, *n.* تقارن‌دوشکلی،
تقارن وهم‌شکلی بین دوچیز دوشکل، هم‌دوشکلی.
iso.dose, *adj.*
دارای تابش یا اشعهٔ برابر، هم‌شعاع، هم‌تابش.
iso.dynamic, *adj.*
دارای نیروی مغناطیسی مساوی.
iso.gamete, *n.* جورگان.
iso.gametic, isogamous, *adj.*
دارای خاصیت هم‌گامیتی.
isog.o.ny, *n.*
برابری، تعادل وتساوی در رشد، همرشدی.
iso.hel, *n.* [جغ.] خط همشید.
iso.hyet, - al, *adj.* & *n.*
خط هم‌باش، خط شاخص نقاط هم‌باران.
iso.late [*áisəleit*] (**- d, isolating**) *vt.* & *vi.*
مجزاکردن، سواکردن، درقرنطینه نگاهداشتن، تنهاگذاردن، منفردکردن، عایق‌دارکردن.
iso.la.tion, *n.* انزوا، کناره‌گیری.
iso.la.tion.ism, *n.*
پیروی از سیاست انزوا، انزواگرائی.
iso.mer, - ous, *n.* & *adj.*
[ش.] جسمی که ترکیب آن با ترکیب جسم دیگریکی است، [ش.-گ.ش.-ج.ش.] هم پاره، ایزومر، هم‌ترکیب، هم‌فرمول.
iso.metric, *adj.* & *n.*
دارای‌یك‌میزان، هم‌اندازه، [سنگ‌شناسی]دارای ذرات ریز متساوی، هممتر.
iso.me.tro.pia, *n.* همدیدی،
تشابه انکسار نور دردوچشم، تساوی‌دید دوچشم.
iso.morph, *n.* همریخت،
[ش. - مع.] موادهمشکل، مادهٔ یك‌شکل.
iso.pleth, *n.* خطهم چند، همچند.
iso.pod, - an, *adj.* & *n.*
[ج.ش.] جانور سخت پوست برابر پای، وابسته بجانوران برابر پای، برابر پای، جورپای.
isos.ce.les triangle, *n.*
مثلث متساوی‌الساقین، سه‌گوشهٔ دوپهلو برابر.
iso.therm, - al [*áisouθə:m*], *adj.* & *n.*
خطی‌که نقاط دارای گرمای متوسط سالیانهٔ مساوی را نشان میدهد، [درجمع] خطوط متحدالحراره، خط هم‌گرما، خط همدما.
iso.ton.ic, *adj.* هم‌کشش، دارای‌کشش
مساوی، دارای آهنگ مساوی، هم توان.
iso.tope, *n.* جسم ایزوتوپ، همسان.
iso.tropic, *adj.* دارای خواص برابر
ازهرسو، همگرای، دارای خواص‌فیزیکی‌مشابه.
isot.ro.py, *n.* همگرائی، هم‌سانی.
Is.ra.el [*ízreiəl*] *n.* &*adj.* اسرائیل.
Is.ra.el.ite [*ízriəlait*] *n.*
اسرائیلی، عبرانی، یهودی، کلیمی.
is.su.able, *adj.*
صادرکردنی، قابل صدور، انتشار دادنی.
is.su.ance, *n.* صدور، انتشار.
is.su.ant, *adj.*
صادرکننده، منتشرکننده، منتشر شونده.

is.sue [*ísju:, í∫ju:*] (**- d, issuing**) *vt., vi. & n.*
فرستادن، بیرون‌آمدن، خارج شدن، صادرشدن، ناشی‌شدن، انتشاردادن، رواج‌دادن، نژاد، نوع، عمل، کردار، اولاد، نتیجهٔ‌بحث، موضوع، شماره.

isth.mi.an, isth.mic, *adj. & n.*
برزخی، تنگه‌ای، وابسته‌به تنگهٔ پاناما، وابسته به‌باریکه، گردنه‌ای، ساکن تنگه.

it [*it*] *pron. & n.*
آن ، آن چیز ، آن جانور ، آن کودك ، او [ضمیر سوم شخص مفرد].

It is cold. سرد است.

It is true that.... راست است که ...

Who is it? کیست؟ این کیست؟

Ital.ian [*itǽljən*] *adj. & n.* ایتالیائی.

ital.ian.ize, *vt.&vi.* ایتالیائی کردن.

ital.ic [*itǽlik*] *adj.*
وابسته به ایتالیائی‌های قدیم ، [درچاپ] حروف یك‌وری، حروف کج، حروف خوابیده.

Ital.i.cism, *n.*
عبارات واصطلاحات ایتالیائی.

ital.i.cize, *vt. & vi.*
باحروف خوابیده نوشتن.

itch [*it∫*] (**- ed, - ing**) *n., vi. & vt.* خارش، جرب، خارش کردن، خاریدن.

itchy, *adj.* خارش‌دار.

it'd=it had=it would

item [*áitəm*] *n. & adv.* فقره، [درجمع] اقلام، رقم، تکه، قطعهٔ خبری، بخش.

item.iza.tion, *n.* جزءبجزء نویسی.

item.ize [*áitəmaiz*] (**- d, itemizing**) *vt.*
جزءبجزء نوشتن ، به اقلام نوشتن.

it.er.ance, *n.* تکرار، بازگوئی.

it.er.ant, *adj.* تکرارکننده، بازگو- کننده، مکررکننده، ازسر گیرنده.

it.er.ate [*ítəreit*] (**- d, iterating**) *vt.*
تکرارکردن، دوباره‌گفتن، بازگو کردن.

it.er.a.tion, *n.* تکرار، گفتن، بازگو.

itin.er.ant, *adj. & n.*
سیار ، دوره‌گرد.

itin.er.ary [*(a)itínərəri*] (*pl* **- ies**) *adj. & n.*
برنامهٔ سفر، خط سیر، سفرنامه.

itin.er.ate (**-d, itinerating**), *vt. & vi.*
گردش کردن،سیار بودن، مسافرت‌تبلیغاتی کردن.

it'll=it will-it shall

its [*its*] *adj.* مال او، مال آن.

it's=it is=it has

it.self [*itsélf*] *pron.*
خودش (خودآن چیز، خود آن جانور)، خود.

I've=I have

ivied [*áivid*] *adj.*
پوشیده از پاپیتال، پیچك‌دار.

ivo.ry [*áivəri*] (*pl* **-ies**) *adj. & n.*
عاج، دندان فیل، رنگ عاج.

Ivory tower, *n.* برج عاج، محل دنج، محل‌آرام برای تفکر، گوشهٔ خلوت.

ivy [*áivi*] *n.* [گ.ش.] پاپیتال، لبلاب.

J

انگلیسی English	خط میخی پارسی Old Persian Cuneiform	پهلوی اشکانی Parthian Pahlavi	پهلوی ساسانی Sassanian Pahlavi	پهلوی کتابی Book Pahlavi	اوستائی Avestan	فارسی Modern
J		–	–			ج

J [*dδei*] *n.*
دهمین حرف الفبای انگلیسی.

jab [*dδœb*] (**- bed, - bing**) *n., vt. & vi.*
ضربت باچیز تیز، ضربت بامشت، خرد کردن، سك‌زدن، سیخ‌زدن، خنجرزدن، سوراخ‌کردن.

jab.ber [*dδǽbə*] (**- ed, - ing**), *n., vt. & vi.* ورد، سخن‌تند وناشمرده، گپ، گپ‌زنی، وراجی کردن، تند وناشمرده گفتن.

Jab.ber.wocky, *n.* سخن نامفهوم.

jack [*dδœk*[(*pl.* **-s**) (**-ed,-ing**), *n., vt. & vi.* خرك(برای‌بالابردن‌چرخ)، جك اتومبیل، (درورق بازی) سرباز، جك‌زدن.

J. of all trades. همه‌کاره، استاد هرفن.

jack.al [*dδǽkɔ:l*] (*pl.* **- s**) *n.*
[ج.ش.] شغال، توره، جان‌کنی مفت.

jack.a.napes [*dδǽkəneips*] *n.*
[ك.] میمون، بوزینه، جلف، آدم خودساز.

jack.ass [*dδǽkœs*] *n.*
الاغ نر، خرنر، نره‌خر، [مج.] آدم کله‌خر.

jackboot [*dδǽkbu:t*] *n.*
چکمهٔ ساقه بلند.

jackdaw [*dδǽkdɔ:*] *n.*
[ج.ش.] زاغچه، زاغی، کلاغ‌پیسه.

jack.et [*dδǽkit*] (**- ed, - ing**) *n., vt. & vi.* ژاکت،نیمتنه، پوشه، جلد کتاب، جلدکردن، پوشاندن ، درپوشه گذاردن.

jackhammer, *n.*
متهٔ دستی مخصوص سوراخ‌کردن سنگ.

jack-in-the-box [*dδǽkinδəbɔ́ks*] (*pl.* **- es, jacks-in-the-box**) *n.*
جعبه‌ای که چون درآنرا میگشایند آدمکی از آن خارج شود، نوعی آتش‌بازی، علی‌ورجه.

jackknife [*dδǽknaif*] (*pl.* **- knives**) *n., adj., vt. & vi.*
چاقوی بزرگ جیبی، قلمتراش، باچاقو بریدن، بدنبال، تاشو، بازوبسته شونده، شیرجه رفتن.

jack-of-all-trades (*pl.* **jacks-of-all-trades**) *n.*
همه‌کاره، همه فن حریف.

jack-o' -lantern [*dδǽkəlǽntən*] (*pl.* **- s**) *n.*
(ignis fatuus) نور کاذب، دروغ نور.

jackpot, *n.*
برندهٔ تمام پولها، جوائز رویهم انباشته.

jack.rabbit [*dδǽkrǽbit*] *n.*
[ج.ش.] نژاد خرگوشهای‌بزرگ شمال‌آمریکاکه گوشهای دراز وآویخته دارند.

jackstraw, *n.*
آدم پوشالی یا کاهی، آدم بی‌عرضه.

jack-tar, *n.* [د.ن.] ملوان، ملاح.

ja.cob, *n.* یعقوب نبی قوم یهود.

jaco.be.an [*dδœkəbí:ən*] *adj.*
مربوط‌بدورهٔ سلطنت جیمز اول‌ودوم درانگلیس.

Jaco.bin [*dδǽkəbin*] *n.*
راهب فرقهٔ دومی‌نیکن (Dominican)، عضو فرقهٔ مذهبی مخالف دولت.

Jacob's ladder, *n.*
[نج.] کهکشان، جادهٔ شیری.

jac.ti.ta.tion, jac.ta.tion, *n.*
لاف، لافزنی، [حق.] دعوی دروغ ، ادعای پوچ.

jac.u.late (**- d, jaculating**) *vt.*
پرتاب‌کردن، انداختن، پرت‌کردن.

jac.u.la.tion, *n.* پرتاب.

jade [*dδeid*] (**- d, jading**) *n., vt. & vi.* ژاد، اسب پیر، یابو یا اسب خسته، زن هرزه، زنکه، [ك.] مرد بی‌معنی، دختر لاسی، یشم سبز، خسته کردن، ازکار انداختن (دراثر زیاده روی).

jade green, *n.*
رنگ سبز یشمی، رنگ سبز مایل بآبی.

jad.ish, jad.ed, *adj.* خسته،بی‌اشتها.

jae.ger [*jéigə*] *n.*
شکارچی، علاقمند به شکار، مرد شکارچی.

jag [*dδœg*] (**- ged, - ging**) *n., vt. & vi.*
دندانه، کنگره، نوك، برآمدگی تیز، بریدگی، خار ، سیخونك ، سیخك ، دندانه‌دار کردن ، کنگره‌دارکردن، چاك زدن، ناهموار بریدن.

jag.ged, *adj.* دندانه‌دار، ناهموار.

jag.uar [*dδǽgwa:*] (*pl.* **- s**) *n.*
[ج.ش.]پلنگ‌خالدارآمریکائی(Felis onca).

Jah.weh=Yahweh, *n.*
یهوه خدای یهود.

jail [*dδeil*] (**- ed, - ing**) *vt. & n.*
حبس، زندان، محبس، حبس کردن.

jailbird, *n.* محبوس، جنایتکار، زندانی.

jail.break, *n.*
فرار از زندان، گریختن از محبس (بازور).

jail.er, jail.or, *n.* زندانبان.

jakes, *n. & pl.*
ترشح مدفوع، کثافت، آشغال، درهم‌ریخته.

ja.lopy, *n.*
اتومبیل یا هواپیمای‌کهنه واسقاط.

jam [*dδœm*] (**- med, - ming**), *n., vt. & vi.*
مربا، فشردگی ، چپاندگی ، تراکم ، چپاندن ، فروکردن، گنجاندن (با زور و فشار)، متراکم کردن، شلوغ‌کردن [باآمد وشد زیاد]، بستن، مسدودکردن، وضع بغرنج، پارازیت دادن.

Traffic j. بسته شدن راه دراثر آمد وشد زیاد وسائل نقلیه.

jamb [*dδœm*] *n.*
تیر عمودی چارچوب ، [ك.] چهارچوب درب و هرچیز دیگری، ستون، لغاز، تیر بیرون‌آمده.

jam.bo.ree [*dδœ̀mbərí:*] *n.*
جمبوری، مجمع پیشاهنگان، خوشی.

jam session, *n.*
[مو.] اجرای آهنگ‌های طرب‌انگیز بوسیلهٔ ارکسترهای بزرگ ونوازندگان فراوان.

jan.gle [*dδǽŋgl*] (**-d,jangling**), *n., vt. & vi.*
جنجال، قیل وقال، داد وبیداد، غوغا ، جنجال کردن، داد وبیدادکردن، غوغاکردن.

jan.is.sary, jan.i.zary, *n.*
(ترکی) ینی چری، سرباز پیاده نظام.

jan.i.tor [*dδǽnitə*] *n.*
دربان، سرایدار، فراش‌مدرسه، راهنمای مدرسه.

jan.i.to.ri.al, *adj.* مربوط به فراشی.

jan.i.tress, *n.* فراش زن.

Jan.u.ary [*dδǽnjuəri*] *n.*
ژانویه، اولین ماه سال مسیحی.

Ja.nus-faced, *adj.*
دورو، حیله‌گر، آدم دورو، دغلباز.

Ja.pan [*dδəpǽn*] (**-ned,-ning**), *adj., vt. & n.* ژاپن، جلا، جلادادن.

jap.a.nese [*dδœpəní:z*] *n.*
ژاپنی، ژاپونی.

Jap.a.nize, *vt.*
بسبك‌ژاپنی‌درآوردن، بسبك‌ژاپونی‌تزئین‌نمودن.

jape (**- d, japing**) *n., vt. & vi.*
فریب، لطیفه،گول، شوخی، دست‌انداختن شخص، طعنه، فریب دادن، لطیفه زدن، مسخره کردن، گمراه‌کردن، جماع کردن.

jap.er, *n.* فریبکار، لطیفه‌گو.

jap.ery, *n.* فریبکاری، لطیفه‌گوئی.

Ja.pheth, *n.* یافث فرزند نوح پیغمبر.

ja.pon.i.ca [*dδəpɔ́nikə*] *n.*
[گ.ش.] به ژاپونی ، گلابی ژاپونی، گل چای

ژاپنی، کملیا.
jar, n. بلونی، کوزهٔ دهان‌گشاد، سبو، شیشهٔ دهان گشاد، تکان، جنبش، لـرزه، ضربت، صدای ناهنجار، دعوا ونزاع، طنین انداختن، اثر نامطلوب باقی‌گذاردن، لـرزیدن، مرتعش‌شدن، خوردن، تصادف‌کردن، ناجوربودن، مغایر بودن، نزاع‌کردن، تکان دادن، لرزاندن.
J. against something. باچیزی ناجور بودن.
jar.gon [*dδá:gən*] **(- ed, - ing), n., vi. & vt.** سخن‌دست‌وپاشکسته، سخن بی‌معنی، اصطلاحات مخصوص یک‌صنف، لهجهٔ‌خاص.
jar.gon.ize (-d, jargonizing), vt. & vi. بزبان غیرمصطلح یا آمیخته درآوردن یا تـرجمه‌کردن ، بقالب اصطلاحات خاص علمی یا فنی مخصوص درآوردن.
jas.mine, n. [گ.ش.] یاسمن، گل‌یاس.
Ja.son, n. [افسانهٔ یونان] جیسون.
jas.per [*dδœ́spə*] **n.** [مع.] یشم، یشب.
jas.pery, adj. یشمی.
jauk, vi. [اسکاتلند] بیهوده وقت‌گذراندن، ور رفتن.
jaunce=prance, vi. خرامیدن.
jaun.dice [*dδɔ:ndis, dδá:ndis*], **(- d, jaundicing) n. & vt.** [طب] زردی، یرقان، دچار یرقان‌کردن، برشك وحسد افتادن.
jaunt [*dδɔ:nt*] **(- ed, - ing) n. & vi.** گردش، تفریح، مسافرت‌کوچك، تفرج‌کردن، سفر کوچك کردن.
jaun.ty [*dδɔ́:nti*] **adj.** خودنما، خودساز، جلف، مغرور، گستاخ، لاقید، زرنگ.
Java [*dδá:və*] **n.** جاوه.
jav.e.lin [*dδœ́vlin*] **n.** نیزهٔ دستی سبك، ژوبین، پرتاب نیزه.
Ja.velle water, n. آب ژاول، محلول هیپوکلریت سدیم.
jaw [*dδɔ:*] **vt. & n.** فك، آرواره، گیره، دم‌گیره، وراجـی، تنگنا، هرزه درائی‌کردن، پرچانگی‌کردن.
jawbone, n. استخوان آرواره، استخوان فك.
jay [*dδei*] **(pl. - s) n.** [ج.ش.] زاغ‌کبود، [مج.] شخص‌پرحرف واحمق.
jaybird, n. [ج.ش.] زاغ‌کبود.
Jaycee, n. عضواتاق بازرگانی‌جوانان.
jay.hawk.er, n. لقب اهالی استان‌کانزاس دراتازونی.
jaywalk, vt. & vi. بابی‌توجهی از وسط خیابان راه رفتن.
jaywalker, n. پیاده‌ایکه‌ازمناطق ممنوعهٔ خیابان عبورمیکند.
jazz [*dδœz*] **n., vt. & vi.** موسیقی جاز، سروصدا، فریب، نشاط، جازنواختن.
jazz.ist, jazz.man, n. جاز زن.
jazzy, adj. جاز مانند.
jeal.ous [*dδéləs*] **adj.** حسود، رشك مند، رشك‌ورز، غیور.
jeal.ou.sy, n. رشك، حسادت.
jean [*dδein, dδi:n*] **n.** فاستونی نخی، شلوار فاستونی نخی مخصوص‌کار.
jeep, n. جیپ، اتومبیل نیرومند وجنگی آمریکائی.
jeer [*dδiə*] **(-ed,-ing) n., vt. & vi.** طعنه، طنز، مسخره ، ریشخند ، استهزاء ، طعنه زدن، سخن مسخره‌آمیزگفتن، هوکردن.
je.had=jihad, n. جهاد.
Je.ho.vah [*dδihóuvə*] **n.** یهوه خدای بنی‌اسرائیل.

je.june [*dδidδú:n*] **adj.** بیهوده، نارس، تهی، خشك، بی‌مزه، بی‌لطافت.
je.ju.nal, adj. وابسته به رودهٔ تهی.
je.ju.num, n. [تش.] تهی‌روده، رودهٔ تهی، معاءصائم، ژژونوم.
jell, n., vt. & vi. لرزانك،منجمدکردن، دلمه شدن، سفت‌کردن، بستن، ماسیدن.
jel.li.fy (- ied, jellifying) vt. & vi. بشکل‌لرزانك‌در‌آوردن، ژلـه‌مانند کردن، نرم‌کردن، شل‌کردن، مثل ژله شدن.
Jel.lo [نام تجارتی] ژله، لرزانك، مسقطی.
jel.ly [*dδéli*] **(pl. - ies) n.** دلمه، لرزانك، مادهٔ لزج، جسم ژلاتینی.
jelly bean, n. نوعی شیرینی، پاستیل، آدم حساس وبی‌اراده وسست عنصر.
jellyfish [*dδélifiʃ*] **n.** [ج.ش.] کـاواکـان یـا توتیاءالبحر اقیانوس کـه بیشتردر سواحل‌نیوانگلند زندگی‌میکند، ستارهٔ‌دریائی.
jen.net, n. اسب اسپانیولی کوچك، خرماده، ماچه خر.
jen.ny [*dδéni, dδíni*] **(pl. -ies), n.** جرانقال لوکوموتیو، جرانقال دوّار.
jeop.ar.dize [*dδépədaiz*] **jeo-pard, vt.** بخطر انداختن.
jeop.ar.dous, adj. خطرناك.
jeop.ar.dy [*dδépədi*] **n.** مخاطره، خطر، [ا.م.] مسئلهٔ‌بغرنج، گرفتاری‌حقوقی.
jer.boa, n. [ج.ش.] موش‌دوپا، یربوع.

JERBOA
(15 in. long, including tail)

jer.e.mi.ad [*dδèrimáiœd*], **n.** سوگواری، نوحه‌سرائی، سوگنامه، مرثیه.
Jer.e.mi.ah [*dδèrimáiə*] **n.** ارمیای نبی.
jerk [*dδə:k*] **(- ed, - ing) n., vt. & vi.** تکان، تکان تند، حرکت تند وسریع، کشش، انقباض ماهیچه، تشنج، تکان‌سریع دادن، زودکشیدن، آدم احمق ونادان.
jer.kin [*dδə':kin*] **n.** کت چرمی‌ـ مردانه‌که بتن چسبیده باشد، نیمتنهٔ چرمی.
jer.ky [*dδə':ki*] **(- ier, - iest), n. & adj.** نامنظم رونده، تشنجی، متناوب، خشکانده شده درآفتاب.
Jer.ry, n. اسم خاص مخفف Jerald، [ز.ع.ـ انگلیس] سرباز آلمانی، آلمانی.
jerry-build (- built, - build-ing) vt. بنّا سازی‌کردن، سرهم بندی کردن، بامصالح ارزان ساختمان‌کردن.
jerry-built [*dδéribilt*] **adj.** سرهم بندی شده ، ارزان بنا شده ، بـا بی‌دقتی روی هم سوار شده.
Jer.sey [*dδə':zi*] **n.** پارچهٔ کشباف، زیر پیراهن کشباف.
Je.ru.sa.lem [*dδərú:sələm*] **n.** اورشلیم، بیت‌المقدس.
jess, - ed, adj. & n. پابندقوش، پابند.
jest [*dδest*] **(- ed, - ing) n., vt. & vi.** لطیفه، بذله، شوخی، بذله‌گوئی، خوش‌طبعی، طعنه، گوشه، کنایه، عمل ، کردار، طعنه زدن، تمسخرکردن، استهزاءکردن، ببازی گرفتن، شوخی‌کردن، مزاح‌گفتن.
jest.er [*dδéstə*] **n.** دلقك، شوخ.
Jesu.it [*dδézjuit*] **n.** یسوعیون، عضو فرقهٔ مذهبی‌بنام «انجمن عیسی» که بوسیلهٔ «لایولا» تأسیس شد.

Jesu.it.ic, - al [*dδézjuítik,-l*], **adj.** وابسته به یسوعیون.
Jesu.it.ry, n. یسوعیت.
Je.sus [*dδí:zəs*] **n.** عیسی.
Jesus Christ عیسی مسیح.
jet [*dδet*] **(- ted, - ting) n., vt. & vi.** جت، کهربای سیاه، سنگ‌موسی، مهرسیاه، مرمری، فوران، فـواره، پـرش آب، پرتاب، جریان سریع، دهانه، دهنه، مانندفواره جاری‌کردن، بخارج پرتـاب‌کردن، پرانـدن، بیرون ریختن (بافشار)، فواره زدن.
jet airplane, n. هواپیمای جت.
jet engine, n. موتورجت، موتورپرتابی.
jet-propelled, adj. مجهزبه موتور جت، دارای سرعت سیر هواپیمای جت.
jet propulsion, n. جهش وکشش جسمی بطرف جلو درائـر خروج مایع جهنده‌ای درجهت عقب.
jet.sam [*dδétsəm*] **n.** کالائی‌کـه برای سبك‌کردن کشتی بـدریا می‌ـ ریزند، کالای آب آورد.
jet stream, n. تندباد.
jet.ti.son [*dδétisən*] **n. & vt.** بدریا ریـزی کالای‌کشتی، [مج.] از شر چیزی راحت شدن، بیرون افکندن.
jet.ty (pl. - ies) n. & vi. بارانداز، اسکلهٔ بندر.
Jew [*dδu:*] **n.** جهود، یهودی، کلیمی.
jew.el [*dδú:il*] **(-ed, - ing) vi. & n.** گوهر، جواهر، سنگ گرانبها، زیور، باگوهر آراستن، مرصّع‌کردن.
jew.el.er, jew.el.ler [*dδú:ilə*] **n.** جواهرساز، جواهر فروش.
jew.el.er, adj. جواهری، گوهرفروش.
jew.el.ry [*dδú:ilri*] **n.** جواهرفروشی.
jewelweed, n. [گ.ش.] گل‌حنا (Impatiens biflora).
Jew.ess [*dδú:is*] **n.** زن یهودی.
Jewish [*dδú:iʃ*] **adj. & n.** یهودی.
Jew.ry [*dδúəri*] **n.** یهودیت.
Jez.e.bel [*dδézibl*] **n.** سلیطه، زن شریر وبدکار، ایزابل.
JHVH=Yhwh, n. یهوه خـدای قـوم یهود.
jib [*dδib*] **(- bed, - bing) vi., vt. & n.** بادبان سه‌گوش جلوکشتی، لب زیرین، دهان، حرف، آرواره، نوسان‌کردن، واخوردن، پس‌زنی، وقفه.
jibe [*dδaib*] **(- d, jibing) vt., vi. & n.** [د.ن.] ناگهان‌بادبان‌سوو‌آنسو حرکت کردن [بادبان]، موافقت‌کردن، تطبیق‌کردن.
jibe=gibe, n., vt. & vi. کنایه، تسخرزدن.
jiff, jif.fy [*dδif (i)*] **n.** یك آن، یك‌لحظه، یك‌دم.
jig [*dδig*] **(- ged, - ging) n., vt. & vi.** نوعی‌رقص تند، آهنگ رقص‌تند، جست وخیز سریع ، شیرین‌کاری ، باآهنگ تند رقص‌کردن، جست‌وخیزکردن، استهزاءکردن.
jig.ger, n. طناب قرقره، بادبان‌کوچك، [یکجور کرجی کوچك، رقاص، رامشگر، ماشین نمدمالی، جرثقیل آبی، درشکهٔ یك اسبه، گاری تك‌اسبه، خمرهٔ رنگرزی، غربال، بادبان‌کوچك.
jig.gle (- d, jiggling) n., vt. & vi. تکان آهسته، جنبش، آهسته تکان دادن.
jig.gly, adj. لق، جنبنده، تکان خورده.

jigsaw, n. ارهٔ منبت کاری ، ارهٔ موئی.

SAW
JIGSAW

jigsaw puzzle, n. نوعی‌بازی‌معمائی کـه بازیکنان بایـد قطعات متلاشی ومختلف یك شکل یا نقشه‌ای را باهم جفت‌کرده وشکل مخصوصی باآن بسازند.
jilt [*dδilt*] **(- ed, - ing) n. & vt.** زنی یا مردی‌که معشوق خودرا یکباره رهاکند، ناگهان معشوق را رهاکردن، فریفتن، بیوفا.
jim crow [*dδim króu*] **n.** سیاه پوست آمریکائی، مطرب دوره‌گرد.
jin.gle [*dδiŋgl*] **(- d, jingling), n., vt. & vi.** صـدای جرنگ جرنگ ، طنین زنگ ، جرنگ جرنگ‌کردن، طنین زنگ ایجادکردن.
jin.gly, adj. دارای‌صدای‌جرنگ‌جرنگ.
jin.go [*dδíŋgou*] **(pl.-es) interj. & n.** کلمه‌ای‌که شعبده‌بازان درموقع شعبده‌بازی بکار میبرند، وطن‌پرست متعصب، اَجّی‌مجّی.
jin.go.ism, n. وطن‌پرستی باتعصب.
jink [*dδiŋk*] **(- ed, - ing) n., vt. & vi.** طفره، گـریز، شوخی، لطیفه، سرحال، بسرعت حرکت‌کردن، بسرعت چرخ زدن، طفره رفتن.
jinn, jin.ni (pl. - s) n. جن، جنی.
jin.rik.i.sha [*dδinrí-k(i)shɔ:*] **n.** درشکهٔ ژاپنی که توسط حمال کشیده میشود، ریکشا.

JINRIKISHA

jinx, n. & vt. آدم بدشانس، آدمی‌که بدشانسی میآورد، شانس نیاوردن.
jit.ney[*dδítni*]**n.** اتومبیل کرایه‌ای‌ارزان.
jit.ter, vt. & vi. [ز.ع.ـ آمر.] عصبانی شدن، عصبانی بـودن ، باعصبانیت رفتارکردن، باعصبانیت سخن‌گفتن.
jitterbug, n. & vt. نوعی رقص‌دونفره.
jit.ters [*dδítəz*] **n. & pl.** عصبانیت فوق‌العاده، ازکوره در رفته، وحشت.
jit.tery, adj. وحشت‌زده وعصبی.
jiujitsu [*dδù:dδítsu*] **jiujutsu =jujitsu, n.** مبارزهٔ ژاپنی بااستفاده از نیروی حریف برای پیروزی براو، جودو.
jive, n. رقص سوینگ، کلمات بیهوده و احمقانه، چرند.
jo (pl. - es) n. [اسکاتلند] یار، همدم.
job [*dδɔb*] **(- bed, - bing) n., vt. & vi.** کار، امر، سمت، شغل، ایوب، مقاطعه‌کاری‌کردن، دلالی‌کردن.
On the j. مشغول‌کار، سرگرم‌کار؛ سرکار.
Be out of a j. بیکار بودن.
jobber [*dδɔbə*] **adj.** کارچاق‌کن، سودجو.
job.bery, n. سودجوئی، سوءاستفاده، مقاطعه، کارچاق‌کنی.
job.holder, n. کارمند، عضوثابت‌مؤسسه.
jock, n. ژوك [مخفف اسم John]، سرباز اسکاتلندی.
jock.ey [*dδɔki*] **(pl. - s) (- ed, - ing) n., vt. & vi.** اسب سوار خرفـه‌ای، چابك سوار ، گول زدن، باحیله فراهم‌کردن ، نیرنگ زدن، اسب دوانی کردن، سوارکار اسب دوانی شدن.

jockey club, n. باشگاه سوارکاران.
jock.strap, n. فتق‌بند، بیضه‌بند.
jo.cose [dʒəkóus, dʒou-] adj. شوخ، شنگ، شوخی‌آمیز، فکاهی، بذله‌گوئی.
jo.cos.i.ty [dʒəkɔ́siti] n. شوخی، خوشحالی.
joc.u.lar [dʒɔ́kjulə] adj. شوخ، شوخی‌آمیز، فکاهی.
joc.u.lar.i.ty [dʒɔkjulǽriti] n. شوخی، خوش‌مزگی، طرب.
joc.und [dʒɔ́kənd, dʒóukʌnd], adj & n.
jo.cun.di.ty [dʒoukʌ́nditi] n. شوخ طبعی.
Jo.el, n. [م.ل.] خداوند، یوئیل پیغمبر بنی‌اسرائیل.
jog [dʒɔg] (-ed, - ing) n., vi. & vt. آهسته‌دویدن، جلوآمدگی یا عقب‌رفتگی، باریکه، بیقاعدگی، هل دادن، تنه زدن به.
jog.ger, n. کسیکه آهسته میدود، هل دهنده.
jog.gle (-d, joggling) n. & vt. بند، بریدگی آجر و امثال آن برای جلوگیری از لغزش، تیزی یاشکاف آجر وچوب وغیره، بند زدن، میخ‌زدن، بهم‌جفت‌کردن دوچیز، تکان‌تکان خوردن، متصل‌کردن.
jog trot, n. یورتمهٔ کوتاه، [مج.] کار یکنواخت وآهسته.
Jo.han.nes, n. & pl. یوحنای حواری، یوحنا، جوهانس.
John, n. یوحنا، یحیی، مستراح.
johnboat, n. قایق‌دراز وباریک.
John Bull [dʒɔ́n búl] n. لقب ملت انگلیس.
John Doe, n. [حق. ـ انگلیس] اسم فرضی (مثل «عمرو» و «زید»).
john.ny [dʒɔ́ni] (pl. - ies) n. انگلیسی، مرد انگلیسی، جوان ژیکولو و خوشگذران، پاسبان، جانور نر، جنس نر.
Johnny-on-the-spot, n. [د.گ. ـ آمر.] حاضر وآماده.
join [dʒɔin] (- ed, - ing) vt. متصل‌کردن، پیوستن، پیوندزدن، ازدواج‌کردن، گرائیدن، متحدکردن، درمجاورت بودن.
To j. in marriage. بوسیلهٔ ازدواج متحد شدن.
To j. hands. دست بدست دادن.
join.der, n. پیوستگی، الحاق، اتفاق.
join.er [dʒɔ́inə] n. وصّال.
join.ery [dʒɔ́inəri] n. نازك‌کاری، نجاری.
joint [dʒɔint] (- ed, - ing) n., vt., vi. & adj. درزه، بند، مفصل، پیوندگاه، زانوئی، لولا، جای کشیدن تریاك یا استعمال نوشابه، مشترك، توأم، شرکتی، مشاع، شریك، متصل‌کردن، خردکردن، بندبندکردن.
J. efforts. مساعی مشترك.
Out of j. دررفته، مختل، بی‌بندوبار.
In j. partnership. بشراکت، مشاعاً.
joint.er, n. صاحب شیره کش‌خانه، صاحب مشروب‌فروشی.
joint grass, n. [گ.ش.] غالیون اصل، علف پنیر، علف ماست.
joint resolution, n. تصمیم‌مشترك.
joint stock, n. سهامی، شرکت‌سهامی.
A j-s. Company. شرکت سهامی.
join.ture (- d, jointuring) n. مهریهٔ ملکی، دارائی مشترك زن و شوهر، اجاره‌داری مشترك ومشاع.

joist [dʒɔist] n. تیرآهن، تیرآهن‌گذاری، نصب تیر.
joke [dʒouk] (- d, joking) n. & vi. شوخی، لطیفه، بذله، شوخی‌کردن.
To make a j. لطیفه‌گفتن، شوخی‌کردن.
jok.er [dʒóukə] n. شوخ، بذله‌گو، ژوکر.
jol.li.fi.ca.tion [dʒɔlifikéiʃn] n. خوشی، طرب، طربناك‌کردن.
jol.li.ty [dʒɔ́liti] (pl. - ies) n. خوشی، عیش، کیف، عیاشی، زیور.
jol.ly [dʒɔ́li] (- ied, jollying), (pl. - ies) (- ier, - iest) adj., adv. & vt. سرکیف، خوشحال، بذله‌گو، خیلی.
jolt [dʒoult] (- ed, - ing) vi., n. & vt. تکان دادن، دست‌انداز داشتن، تکان خوردن، تکان، تلق‌تلق، ضربت.
jolt.er, n. تکان دهنده، دست‌اندازدار.
Jo.nah [dʒóunə] vt. & n. یونس پیغمبر.
Jon.a.than, n. یوناتان فرزند شائول ودوست داود پیغمبر.
jon.quil [dʒɔ́ŋkwil] n. [گ.ش.] گل نسرین، گل عنبری.
jo.rum, n. قدح بزرگ آبخوری، کوزهٔ آبخوری، محتویات قدح، مقدار زیاد.
josh (- ed, - ing) n., vt. & vi. کسی‌را دست انداختن، شوخی‌کردن، متلك.
Josh.ua, n. یوشع‌بن‌نون پیغمبراسرائیل.
joss, n. بت‌چینی، سرعمله، سرکارگر.
jos.tle [dʒɔ́sl] (- d, jostleing), vt., vi. & n. تنه، هل، تکان، تنه زدن.
jot [dʒɔt] (- ted, - ting) n., vi. & vt. خرده، ذره، نقطه، باشتاب نوشتن(معمولاً با down).
To j. down a letter. نامه‌ای را تند نوشتن.
jot.ting [dʒɔ́tiŋ] n. چیزیکه باعجله نوشته شده.
jounce (- d, jouncing) vt., vt. & n. بشدت بالا وپائین پریدن، تکان دادن، تکان خوردن، دست‌انداز داشتن (جاده).
jour.nal [dʒə́ːnl] (- ed, - ing), n., vt. & vi. روزنامه، دفتر روزنامه، دفتر وقایع روزانه.
jour.nal.ese [dʒəːnəlíːz] n. بزرگ جلوه‌دادن مطالب در روزنامه‌نگاری.
jour.nal.ism, n. روزنامه‌نگاری.
jour.nal.ist, n. روزنامه‌نگار.
jour.nal.ize (- d, journalizing) vt. در دفتر روزنامه واردکردن، در دفتر ثبت‌کردن، دفتر روزانه نگاه داشتن.
jour.ney [dʒə́ːni] (pl. - s) (-ed, - ing) vi., n. & vt. سفر، مسافرت، سیاحت، سفرکردن.
jour.ney.man [dʒə́ːnimən] n. کارگر مزدور، کارگر ماهر.
journeywork, n. مزدوری، شاگردی، کارمزد، کاربست، کاربیقاعده.
joust [dʒuːst. dʒaust] n. & vt. نیزه‌بازی سواره، مبارزه‌کردن.
Jove [dʒouv] n. [افسانهٔ یونان] ژوپیتر، ستارهٔ مشتری.
jo.vial [dʒóuviəl] adj. طرب‌انگیز، خوش‌گذران، عیّاش، سعید.
jo.vi.al.i.ty [dʒouviǽliti] n. خوشی، طرب، شوخ بودن.
jowl [dʒaul] n. فك، آروارهٔ زیرین پرنده، گونه، کلهٔ ماهی.
joy [dʒɔi] (- ed, - ing) n., vt. & vi. خوشی، سرور، مسرت، لذت، حظ، شادی‌کردن، خوشحالی‌کردن، لذت بردن از.
joy.ful [dʒɔ́iful] **joy.ous,** adj. شاد.
joy.ride, n. سرقت اتومبیل برای خوشگذرانی وتفریح.
ju.bi.lant [dʒúːbilənt] n. شادمان، هلهله‌کننده، فرخنده، فیروز.
ju.bi.la.tion [dʒùːbiléiʃn] n. هلهله، شادی، جشن، شادمانی.
ju.bi.lee [dʒúːbiliː] n. جشن، روزشادی، روزآزادی، سال‌ویژه، سالگرد.
Ju.dah, n.
Ju.da.ism [dʒúːdeiizm] n. یهودیت.
Ju.da.ize (- d, judaizing) vi. یهودی شدن، آداب ورسوم یهودی را پذیرفتن.
Ju.das [dʒúːdəs] n. یهودای‌اسخریوطی.
Judas tree, n. [گ.ش.] درخت‌ارغوان.
Judea, n. یهودیه که قسمتی از جنوب فلسطین بوده.
judge [dʒʌdʒ] (- d, judging), vt., vi. & n. قضاوت‌کردن، داوری کردن، فتوی‌دادن، حکم‌دادن، تشخیص دادن، داور، قاضی، دادرس، کارشناس.
judge.ship, n. منصب قضا، قضاوت.
judg.ment [dʒʌ́dʒmənt] **judge.ment,** n. داوری، دادرسی، فتوی، رأی.
J. day. روز داوری، قیامت.
ju.di.ca.ble, adj. قابل قضاوت.
ju.di.ca.tive, adj. قضاوتی.
ju.di.ca.ture [dʒúːdikətʃə] n. قوهٔ قضائیه، هیئت دادرسان، هیئت قضات.
ju.di.cial, ju.di.cia.ry [dʒuːdíʃəl, dʒuːdíʃiəri] adj. & n. قضائی، شرعی، وابسته بدادگاه.
ju.di.cious [dʒuːdíʃəs] adj. دارای قوهٔ قضاوت سلیم.
ju.do, n. فن دفاع بدون اسلحهٔ ژاپونی، کشتی جودو.
jug [dʒʌg] (- ged, - ging), vt. & n. کوزه، بستو، درکوزه ریختن.
jug.ful, adj. یك‌کوزه‌پر.
jug.ger.naut [dʒʌ́gənɔːt] n. نیروی عظیم منهدم‌کننده، نیروی تخریبی‌مهیب.
jug.gle [dʒʌ́gl] (- d, juggling), n., vt. & vi. شعبده، تردستی، حقه‌بازی، شیّادی، چشم‌بندی.
jug.glery, n. تردستی، شعبده‌بازی.
jug.u.lar [dʒʌ́gjulə] adj. زیرگلوئی، وابسته بورید وداجی.
J. vein, n. [تش.] سیاهرگ دوطرف گردن‌که خون را بقلب میرساند.
jug.u.lum (pl. jug.u.la) n. زیرگلو، ترقوه.
ju.gum (pl. - s, juga) n. برگچهٔ زوج، یکزوج برگچه.
juice [dʒuːs] vi. & n. آب میوه، شیره، عصاره، شربت، جوهر.
juice up, vt. نیرو وجان دادن به، رونق دادن به.
juicy [dʒúːsi] (-ier, - iest) adj. آبدار، شیره‌دار، شاداب، پرآب، بارانی.
ju.ju, n. بت، طلسم، افسون، نظرقربانی.
ju.jube, n. [گ.ش.] درخت‌عناب، سیلان، سیلانك، عنابیان.
juke.box, n. جعبهٔ گرامافون خودکار دارای سوراخی برای ریختن پول ودکمهٔ مخصوص انتخاب صفحه.
ju.lep, n. شربت طبی، مشروبی معطر مرکب‌از «جین» و «رم» و «آب پرتقال».
Ju.liet, n. کفش راحتی زنانه، ژولیت.
Ju.ly [dʒuːlái] n. ماه ژوئیه.
jum.ble [dʒʌ́mbl] (- d, jumbling) n., vt. & vi. کیك‌کوچك شبیه حلقه، درهم‌آمیختگی، شلوغی، تکان تکان خوردن، سواری‌کردن.
jum.bo (pl. - s) n. درشت، بزرگ، آدم تنومند وبدقواره، جانور غول‌آسا.
jump [dʒʌmp] (- ed, - ing), n., vt. & vi. جستن، پریدن، خیز زدن، پرش، جهش، افزایش ناگهانی، ترقی.
jump.er [dʒʌ́mpə], n. جهنده، پرنده، بلوز آستین‌کوتاه زنانه.
jumping jack, n. عروسك خیمه شب بازی.
jumping-off place, n. آغازگاه، نقطه یا مبداء شروع بکاری، نقطهٔ عزیمت.
jump-off, n. پرش، آغاز، شروع بحمله.
jump seat, n. صندلی تاشو.
Jun.co (pl. - s, - es) n. [ج.ش.] سهرهٔ آمریکای شمالی، زردوره.
junc.tion [dʒʌ́ŋkʃən] n. نقطهٔ اتصال، اتصال، برخوردگاه.
junc.ture [dʒʌ́ŋktʃə] n. اتصال، الحاق، پیوستگی، مفصل، درزگاه، ربط.
At this j. دراین موقع، دراین ورطه.
June [dʒuːn] n. ماه ژوئن پنجمین ماه سال مسیحی.
jun.gle [dʒʌ́ŋgl] n. جنگل.
jun.ior [dʒúːnjə] adj. & n. اصغر، مؤخر، کم، زودتر، تازه‌تر، دانشجوی سال سوم دانشکده یا دبیرستان.
A j. employee. کارمند دون‌پایه.
jun.ior.ate, n. مدرسهٔ شبانه روزی متوسطهٔ محصلین دوسالهٔ مقدماتی یسوعیون.
junior college, n. دانشکدهٔ مقدماتی یا دوساله، آموزشکده.
junior high school, n. دبیرستان مقدماتی (که شامل کلاس هفتم وهشتم است).
ju.ni.per [dʒúːnipə] n. [گ.ش.] پیرو، سروکوهی (Juniperus communis).
junk, [dʒʌŋk], (- ed, - ing), vt. & vi. جگن، نی، جنس اوراق وشکسته، آشغال، کهنه وکم‌ارزش، جنس بنجل، بدورانداختن، بنجل شمردن، قایق ته‌پهن‌چینی.

JUNK

Jun.ker, n. جوان نجیب‌زادهٔ آلمانی، اصیل‌زادهٔ آلمانی.
jun.ket [dʒʌ́ŋkit] (- ed, - ing), n. & vt. سفر تفریحی، سفر، خوش‌گذرانی کردن، سور زدن، سفر تفریحی‌کردن.
junk.ie, n. شیره‌ای، استعمال‌کنندهٔ هروئین ومواد مخدره.
junky, adj. بی‌ارزش، بنجل، بد.
Ju.no [dʒúːnou] (pl. - s) n. [افسانهٔ یونان] جونو نام زن ژوپیتر.
jun.ta [dʒʌ́ntə] (pl. - s) n. دسته‌بندی، حزب، دسته، انجمن سری.
Ju.ra, - l, adj. & n. دورهٔ زمین‌شناسی ژوراسیك.
ju.ra.to.ry, adj. قضائی، فقهی.
ju.rid.i.cal [dʒuərídikl] adj.

قضائی، حقوقی، قانونی، شرعی، فقهی.

ju.ris.con.sult, *n.* قانون دان، حقوقدان، فقیه، مشاور حقوقی، مشاور قضائی.

ju.ris.dic.tion [*dʒùərisdíkʃən*] *n.* حوزهٔ قضائی، قلمرو قدرت.

ju.ris.pru.dence [*dʒùərisprú:dəns*] *n.* حقوق الهی، فقه.

ju.rist, - ic [*dʒúərist*] *adj. & n.* قانون دان، حقوقدان.

ju.ror [*dʒúərə*] *n.* عضو هیئت منصفه،داور.

ju.ry [*dʒúəri*] (*pl.* **-ies**) *adj. & n.* [حق.] هیئت منصفه، ژوری، داورگان.

jus.sive, *adj. & n.* حالت امری، فرمانی، صیغهٔ امر، کلمهٔ امری.

just [*dʒʌst*] *adj.* عادل ، دادگر ، منصف ، باانصاف ، بی‌طرف ، منصفانه ، مقتضی ، بجا ، مستحق.

A j. decision. تصمیم منصفانه.

just, *adv.* [د.گ.] فقط، درست، تنها، عیناً، الساعه، اندکی پیش، درهمان دم.

He arrived j. in time. درست سروقت رسید.

J. a moment. یك لحظه صبر کن.

jus.tice [*dʒʌ'stis*] *n.* داد، عدالت، انصاف، درستی، دادگستری.

justice of the peace قاضی صلحیه، امین صلح، دادرس دادگاه بخش.

jus.ti.fi.abil.i.ty, *n.* مجاز بودنی، روا بودنی، روائی، جواز شرعی.

jus.ti.fi.able [*dʒʌ'stifàiəbl*] *adj.* قابل توجیه، توجیه‌پذیر.

jus.ti.fi.ca.tion [*dʒʌ'stifikéiʃən*] *n.* توجیه ، دلیل‌آوری.

jus.ti.fi.er, *n.* توجیه کننده.

jus.ti.fy [*dʒʌ'stifai*] (**-ied, justifying**) *vt. & vi.* حق دادن [به]، تصدیق کردن، ذیحق دانستن، توجیه کردن.

jut [*dʒʌt*] (**- ted, - ting**) *vt., vi. & n.* پیش رفتن، پیشرفتگی داشتن، جلو رفتن [بیشتر با out یا مانند آن بکار می‌رود]، پیش رفتگی، پیش آمدگی.

Jute, [*dʒu:t*] *n.* [گ.ش.] جوت، کنف هندی،الیاف کنف که برای گونی بافی بکار میرود.

JUTE
plant (5-10 ft. high).

(بـا حرف بزرگ) طایفه‌ای از مردم سفلای آلمان.

ju.ve.nes.cence, *n.* حالت جـوان شدن.

ju.ve.nes.cent, *adj.* جوان شونده، نوجوان، تازه جوان.

ju.ve.nile [*dʒú:vənail*] *adj. & n.* نوجوان، درخور جوانی، ویژهٔ نوجوانان.

J. court. دادگاه مخصوص تخلفات نوجوانان.

J. novels. رمانهای بچگانه.

J. delinquency. تخلفات و خلافهای نوجوانان.

ju.ve.ni.lia, *n.pl.* آثار دورهٔ جوانی، تألیفات دورهٔ جوانی شعرا ونویسندگان‌بزرگ.

jux.ta.pose [*dʒʌ'kstəpouz, dʒʌ'kstəpóuz*] (**- d, juxtaposing**), *vt.* پیش هم‌گذاشتن، پهلوی هم‌گذاشتن.

jux.ta.po.si.tion [*dʒʌ'kstəpəzíʃən*] *n.* پهلوی هم‌گذاری، مجاورت.

K

انگلیسی English	خط میخی پارسی Old Persian Cuneiform	پهلوی اشکانی Parthian Pahlavi	پهلوی ساسانی Sassanian Pahlavi	پهلوی کتابی Book Pahlavi	اوستائی Avestan	فارسی Modern
K	[illegible]	[illegible]	[illegible]	[illegible]	[illegible]	ک

K [*kei*] *n. & adj.* یازدهمین حرف الفبای انگلیسی، هرچیزی شبیه K.

ka.bob=kebab, *n.* (فارسی است) کباب.

Kaf.fir [*kǽfə*] **kaf.ir,** *n.* [باحرف بزرگ] کافر، نام قبیله‌ای درآفریقای جنوبی از نژاد «بانتو».

kai.ser [*káizə*] *n.* قیصر ، امپراتور ، کایزر.

kai.ser.dom, *n.* مقام قیصر، قلمرو حکومت قیصر.

kai.se.rin, *n.* زوجهٔ امپراتور، امپراتوریس، زوجهٔ قیصر.

kai.ser.ism, *n.* قیصرگرائی.

ka.ka, *n.* [ج.ش.] طوطی سبز زیتونی رنگ زلاند جدید.

kale=kail [*keil*] *n.* کلم‌پیچ،سوپ‌کلم.

ka.lei.do.scope [*kəláidəskoup*], *n.* لولهٔ‌شکل‌نما، لولهٔ‌اشکال‌نما، تغییرپذیربودن.

ka.lei.do.scop.ic, *adj.* وابسته به لولهٔ شکل‌نما، جورآجور، رنگارنگ.

ka.mi.ka.ze, *n.* خلبان ازجان‌گذشتهٔ ژاپونی.

kan.ga.roo[*kæŋgərú:*] *n. & vi.* [ج.ش.] کانگورو.

kangaroo court, *n.* دادگاه پوشالی وپرهرج ومرج، دادگاه محلی.

Kant.ian [*kǽntiən*] *adj.* وابسته به یا پیرو فلسفهٔ کانت (Kant).

ka.put, *adj.* خراب، بیفایده، کاملاً شکست خورده، منکوب، ازکار افتاده.

kar.a.kul, *n.* گوسفند قره‌کل.

kar.at, *n.* قیراط، واحد وزن جواهرات.

ka.ra.te, *adj.* فن ژاپونی دفاع بدون اسلحه، کاراته.

kar.ma, *n.* کار، کردار ، سرنوشت ، مراسم دینی، [در دین بودا] حاصل کردار انسان.

kar.y.ol.o.gy, *n.* هسته‌شناسی،مبحثی‌از علم سلول شناسی که دربارهٔ تشریح هستهٔ سلولی وساختمان کروموسوم بحث میکند.

kar.yo.lymph, *n.* مادهٔ اساسی زمینهٔ هستهٔ سلولی.

Kash.miri (*pl.* **- s**) *n.* کشمیری.

ka.va, *n.* [گ.ش.] نوعی درخت فلفل جزایر پلینزی.

Kay (*pl.* **- s**) *n.* مخفف‌کاترین، حرف K.

kay.ak, *n.* قایق پـاروئی اسکیموها.

KAYAK

kayo=
K.O.=knockout, *n. & vt.* [درمشت‌بازی]ناك‌اوت،ناك‌اوت‌کردن، ضربه‌فنی.

kedge (**- d, kedging**) *vt. & n.* لنگر سنگین، تغییر جهت دادن‌کشتی.

keel [*ki:l*] (**- ed, - ing**) *n., vt. & vi.* تیر ته‌کشتی، حمال‌کشتی، صفحات آهن ته‌کشتی ، وارونه کردن [کشتی] ، وارونه شدن، کشتی زغال‌کش ، عوارض بندری ، خنك کردن، مـانع سردرفتن دیگ شدن، خنك شدن، [مج.]دلسردشدن،(با over)واژگون‌شدن،افتادن.

keelboat, *n.* [آمر.] قایق پهن رودخانه، (انگلیس) قایق تفریحی لنگردار.

keel boat.man, *n.* کرجی‌بـان رودخـانه.

keel.haul (**- ed, - ing**) *vt.* باطناب درزیرکشتی کشیدن، [مج.] سخت تنبیه کردن، سخت مؤاخذه وتوبیخ‌کردن.

keen [*ki:n*] (**- ed, - ing**) *adj., vi. & vt.* تیزکردن، شدیدکردن، شدیدبودن، نوحسرائی‌کردن، تیز، پرزور،تند، حاد، شدید، زیرك، باهوش، مشتاق.

K. on going. مشتاق رفتن.

keep [*ki:p*] (**kept, - ing**) *vt., vi.& n.* نگاه داشتن، اداره‌کردن، محافظت کردن، نگهداری‌کردن ، نگاهداری ، حفاظت، امانت‌داری، توجه،جلوگیری‌کردن، ادامه‌دادن.

K. at. مداومت بامری دادن.

K. back. بازداشتن، ممانعت‌کردن از.

K. off, vt. دورکردن از، دور داشتن.

K. pace=keep step, vi. پا بپای‌کسی رفتن، همگام بودن.

K. sake, n. یادگار، یادگاری.

K. to oneself. بخود مشغول‌بودن، ازحدود خود تجاوزنکردن.

keep up, vt. حفظ‌کردن، ثابت نگاه داشتن، ادامه دادن.

K. away. دورکردن، مانع‌شدن،حذرکردن.

K. cool. دست‌پاچه نشدن، خونسرد بودن.

He kept on speaking. هی‌حرف‌میزد.

K. one's head. خونسرد بودن.

keep.er [*kí:pə*] *n.* نگهدار، نگهبان، حافظ.

keeping [*kí:piŋ*] *n.* غذا، علوفه، نگهداری، توافق.

In my k. درحفاظت من.

kef, *n.* کیف، نشئه، حشیش، بنگ.

keg.ler=bowler, *n.* قدح ساز، کلمه ساز.

kelp [*kelp*] *n.* [گ.ش.] کتانجك،کتنجك، اشنهٔ دریائی.

Kelt [*kelt*], **Kelt.ic=Celt, Celtic,** *adj. & n.* نژاد کلت یا سلت، سلتی.

kemp, *n.* پهلوان، جنگجو، آدم ژولیده وناهنجار.

ken [*ken*] *n.* نظر، بینش، بصیرت.

Ken.dal green, *n.* پارچهٔ پشمی سبز رنگ.

kennel (**-ed, -led, -ing, -ling**), *vt., vi. & n.* درلانهٔ سگ زیستن، درلانه زیستن، درلانه قرار دادن، لانه‌کردن، لانهٔ سگ یا روباه.

ken.ning, *n.* [ادبیات‌کهن آلمان] نوعی‌استعاره (مثلاً «دریارو» بجای «کشتی»).

kepi, *n.* کپی، کلاه‌کپی.

ker.a.tin, *n.* مادهٔ شاخی موجود در مو وناخن وشاخ، مادهٔ شاخی.

ke.rat.i.nous=horny, *adj.* شاخی، دارای مواد شاخی.

ker.a.to.sis (*pl.* **keratoses**) *n.* شاخی شدن پوست وغیره.

kerb [*kə:b*] *n.* جدول، حاشیهٔ پیاده‌رو.

ker.chief [*kə':tʃif*] (*pl.* **-s, kerchieves**) *n.* چارقد، دستمال، روسری، دستمال سر، زن روسری‌پوش.

kern (**- ed, - ing**) *vt. & vi.* پیادهٔ سبك اسلحهٔ ایرلندی، روستائی، دهاتی.

ker.nel [*kə':n(ə)l*] *n.* مغز، هسته، مغز هسته، خستو، تخم، دانه.

ker.o.sine, ker.o.sene [*kéro-si:n*] *n.* نفت چراغ، نفت لامپا، نفت سفید.

kes.trel [*késtrəl*] *n.* [ج.ش.] چرخ، یکجور باز کوچك که درجهت مخالف باد پروازکند.
ketch [*ketʃ*] *n.* کشتی دارای بادبان جلو وعقب.
ketchup [*kétʃəp*] *n.* سوس گوجه‌فرنگی، چاشنی غذا.
ket.tle [*kétl*] *n.* کتری، آب‌گرم‌کن، دهل، نقاره، جعبهٔ قطب‌نما، دیگچه.
kettledrum, [*kétldrʌ'm*] *n.* دهل، نقاره، کوس، دمامه، عصرانهٔ مفصل.
KETTLEDRUM
kettle of fish, *n.* مهمانی دانگی، آشفتگی، اختلال، کار، امر.
key [*ki:*] *n., vt., adj.&n.* جزیرهٔ کوچك سنگی یا مرجانی، کلید، راهنما، وسیله، راه‌حل، کلید بستن، کلیدکردن، کوك کردن، باآچار بستن.
keyboard, *n.* صفحهٔ کلید، ردیف مضراب، [درماشین تحریر] ردیف‌حروف.
keyed, *adj.* دارای‌جاانگشتی، مضرابدار، کلیددار، کوك‌شده.
keyhole, *adj. & n.* سوراخ کلید.
keynote [*kí:nout*] *vt. & n.* مفتاح، راهنما، نطق اصلی‌کردن.
keynote speaker. ناطق اصلی.
keystone [*kí:stoun*] *n.* سنگ سرطاق.
keyway, *n.* سوراخ‌کلید، جای‌کلید.
KEYSTONE
key word, *n.* مفتاح، راهنما.
khaki [*ká:ki*] *n.* خاکی رنگ، لباس نظامی.
khan [*ka:n*] *n.* [ترکی] کاروانسرای، منزلگاه بین‌راه، خان، خاقان.
khan.ate, *n.* قلمرو حکومت خان، خان‌نشین.
khe.dive [*kidí:v*] *n.* [فارسی] خدیو، لقب امیر مصر درقدیم.
kib.butz (*pl.* **kibbutzim**) *n.* مزرعهٔ اشتراکی درکشور اسرائیل.
kibe, *n.* سرمازدگی، سرماسوزك.
kibitz, *vi.* درکار دیگری مداخله کردن، فضولی‌کردن (مخصوصاً دربازی ورق)، دستور بیجا دادن.
kick [*kik*] *n. & vt.* لگد زدن، باپازدن، لگد، (درتفنگ) پس‌زنی، (مشروب) تندی.
K. the bucket, vi. [ز.ع.] مردن.
kickback, *n.* پس‌زدن (ماشین وغیره)، لگدزدن، بازپرداخت.
kick.er, *n.* لگد زن، اعتراض‌کننده.
kick off, *vi. & n.* توپ زدن، شروع مسابقهٔ فوتبال.
kid [*kid*] (**- ded, - ding**) *n.&vt.* بزغاله، چرم بزغاله، کودك، بچه، کوچولو، دست انداختن، مسخره‌کردن.
kid.nap [*kídnæp*] (**- ed, - ped, - ing, - ping**) *vt.* بچه‌دزدی‌کردن، آدم سرقت‌کردن، آدم دزدی‌کردن.
kid.nap.per, kin.nap.er, *n.* آدم دزد، دزد انسان، بچه‌دزد.
kid.ney [*kídni*] *n.* گرده، کلیه، قلوه، مزاج، خلق، نوع.
kidney bean, *n.* [گ.ش.] لوبیاقرمز.
kill [*kil*] (**- ed, - ing**) *vt. & vi.* کشتن، بقتل رساندن، ذبح‌کردن، ضایع‌کردن.
K. two birds with one stone. بایك تیر دونشان زدن.
K. time. وقت رابه بطالت گذراندن.
kill.er [*kílə*] *n.* کشنده، قاتل.
kill.ing, *adj. & n.* قتل، توفیق ناگهانی، کشنده، [مج.] دلربا.
killjoy, *n.* خرمگس معرکه، کسی‌که عیش دیگری را منقص می‌کند، سرخر.
kiln [*kiln*] (**-ed, - ing**) *n. & vi.* کوره، اجاق، درکوره پختن.
ki.lo [*kí:lou*] *n.* یك کیلوگرم معادل هزارگرم.
kilo.calorie, *n.* کیلوکالری برابر با ۱۰۰ کالری‌کوچك.
kilo.cy.cle [*kílosàikl*] *n.* یکهزار دور درهرثانیه (در رادیو).
kilo.gram [*kílogræm*] *n.* کیلوگرم، هزارگرم، مخفف آن kilo یا kg.
kilo.liter [*kíloli:tə*] *n.* کیلولیتر.
kilome.ter [*kílomi:tə*] *n.* کیلومتر، هزارمتر.
kilo.ton, *n.* یکهزار تن.
kilo.watt [*kílowɔt*] *n.* کیلو وات.
kilt [*kilt*] (**- ed, - ing**) *vt., vi. & n.* دامن مردانه، بکمر زدن، بالا زدن، جامهٔ چین‌دار.
kil.ter, *n.* [انگلیس] ماشین چین‌دهنده، کسی‌که لباس چین‌دار میدوزد، مرتب.
KILT
ki.mo.no [*kimóunou*] (*pl.* **- s**), *n.* کیمونو، جامهٔ ژاپنی.
kin [*kin*] *adj. & n.* خویشاوند، قوم وخویش، خویشی.
Next of k. نزدیکترین خویشاوند.
kind [*kaind*] (**-er, - est**) *adj. & n.* گونه، نوع، قسم، جور، جنس، گروه، دسته، کیفیت، جنسی (در مقابل پولی)، غیر نقدی، مهربان، مهربانی، شفقت‌آمیز، با محبت.
In k. جنساً، عیناً.
kind.ness, *n.* مهربانی، لطف.
kin.der.gar.ten [*kíndəgà:t(ə)n*], *n.* کودکستان، باغ‌کودك.
kin.der.gart.ner, *n.* کودکستانرو.
kindhearted, *adj.* مهربان، خوش قلب.
kin.dle [*kíndl*] (**- d, kindling**), *vt. & vi.* روشن‌شدن، گرفتن، برافروختن.
kind.li.ness [*káindlinis*] *n.* مهربانی.
kind.ly [*káindli*] *adj. & adv.* مهربان، خوش‌خلق، دلپذیر، ملایم، لطفاً، از روی مرحمت.
kind of, *adv.* تاحدی، تا درجه‌ای.
kin.dred [*kíndrid*] *adj. & n.* خویش، خویشاوند، قوم وخویشی، وابستگی.
kine [*kain*]—*pl. of* **cow** [م.م.] گاوان.
kin.e.mat.ics, *n.pl.* جنبش شناسی، علم‌الحرکات، علم اجسام متحرك.
ki.ne.si.ol.o.gy, *n.* اصول مکانیزم، تشریح حرکات بدنی انسان، علم‌الحرکات بدن.
ki.net.ic [*ki-, kainétik*] *adj.* جنبشی، وابسته‌بحرکت، وابسته‌به‌نیروی محرکه.
kinetic energy, *n.* انرژی جنبشی، نیروی ناشی از حرکت، انرژی سینتیك.
ki.netics, *n.pl.* جنبش‌شناسی.
kin.folk, *n.* اقوام، خویشاوندان.
king [*kiŋ*] *n.* پادشاه، شاه، شهریار، سلطان.
kingbird, *n.* [ج.ش.] مرغ بهشتی، یکجور مرغ مگس‌گیر.
kingbolt, *n.* [مك.] شاه‌پیچ.
king crab, *n.* [ج.ش.] خرچنگ نعلی.
king.dom [*kíŋdəm*] *n* پادشاهی، کشور، قلمرو پادشاه.
king.fish.er [*kíŋfiʃə*] *n.* [ج.ش.] ماهی خوراك، مرغ ماهیخوار، چلق.
king.let, *n.* پادشاه‌کوچك وبی‌اهمیت، امیر، چکاوك.
kingmaker, *n.* سلطان ساز، کسی‌که درانتخاب پادشاه یا رئیس مؤثر است.
king of arms, *n.* [انگلیس]متصدی تشخیص وتعیین نشان‌های خانوادگی.
kingpin, *n.* میلهٔ بازی بولینگ، شخص مهم درمیان یکدسته.
King's English, *n.* اصطلاحات و لغات خاص انگلیسی علمی مصطلح در جنوب انگلیس، انگلیسی اصیل.
king's evil, *n.* مرض خنازیر.
king.ship, *n.* مقام سلطنت، شاهی.
king-size, - d, *adj.* بزرگ.
kink [*kiŋk*] (**- ed, - ing**) *n., vt. & vi.* گیر، پیچ، تاب، ویژه‌گی، فرزین، غش، حملهٔ ناگهانی، پیچیدن، پیچ‌خوردگی.
kinky, *adj.* پیچ‌خورده، گره خورده، موی وزکرده، فرفری.
kinsfolk [*kínzfouk*] *n.* خویشاوندان، قوم وخویشان.
kin.ship [*kínʃip*] *n.* خویشاوندی، قوم وخویشی، بستگی، نسبت.
kins.man [*kínzmən*] *n.* خویشاوند [از جنس مذکر].
kins.woman [*kínzwùmən*] *n.* خویشاوند (از جنس زن).
ki.osk [*kiɔ́sk*] *n.* مشتق از «کوشك فارسی»، کلاه فرنگی، خانهٔ تابستانی، دکه.
kip, *n., vt. & vi.* چرم دباغی، پوست گوساله وبره، دربستر رفتن، خوابیدن، بستر.
kip.per [*kípə*] (**- ed, - ing**) *n., vt. & vi.* نمك زدن ودودی‌کردن ماهیان، ماهی دودی، ماهی آزاد نر.
kirk [*kə:k*] *n., vt. & vi.* [م.م.- اسکاتلند] کلیسا، به‌کلیسا رفتن، کلیسای اسکاتلند.
kir.tle, *n.* جامهٔ بلند زنانه، نیم‌تنهٔ بلند.
kis.met [*kízmet*] *n.* قسمت، سرنوشت.
kiss [*kis*] (**-ed, - ing**) *n., vi. & vt.* بوسه، بوس، ماچ، بوسیدن، بوسه‌گرفتن‌از، ماچ‌کردن.
She gave me a k. بوسه‌ای بمن داد.
kiss.er, *n.* بوسنده، ماچ‌کننده.
kist, *n.* صندوقچه، چمدان، سبد، قفسهٔ‌سینه.
kit [*kit*] (**- ted, - ting**) *n., vt. & vi.* بچهٔ‌گربه، بچهٔ‌جانوران، بچه‌زائیدن(گربه)، تغار، سطل، توشهٔ سرباز، اسباب‌کار، بنهٔ سفر.
kitch.en [*kítʃin*] *n.* آشپزخانه، محل خوراك‌پزی.
kitch.en.ette, *n.* آشپزخانهٔ کوچك.
kitchenware, *n.* ظروف‌آشپزخانه.
kite [*kait*] (**- d, kiting**) *n., vi. & vt.* بادبادك، کاغذ هوائی، [ج.ش.] غلیوا، غلیواج، زغن، آدم درنده‌خو، طفیلی، دغل‌باز، آدم متقلب، پروازکردن، پروازبلند، سفته‌بازی‌کردن.
kith [*kiθ*] *n.* دانش ومعرفت، علم آداب معاشرت، وطن مألوف، همشهریان.
kithe (**- d, kithing**) *vt. & vi.* آشکار ساختن، اعلام داشتن، اعتراف کردن، معلوم شدن.
kit.ten [*kítn*] (**- ed, - ing**) *n., vt. & vi.* بچهٔ گربه، بچهٔ حیوان.
kit.ten.ish, *adj.* مثل بچه‌گربه.
kit.tle, *adj. & vt.* زیرك، چابك، هوشیار، حساس، بازیگوش.
kit.ty [*kíti*] (*pl.* **- ies**) *n.* گربه، پیشی، دختر جوان، زن سبك وجلف.
kitty-corner, - ed=cater-corner, *adv.* مورب، اریب.
ki.wi, *n.* [ج.ش.] کیوی، نوعی مرغ زلاند جدید، دانشجوی هوانوردی.
Klee.nex, *n.* دستمال‌کاغذی.
klep.to.ma.nia [*klèptouméiniə*], *n.* جنون سرقت، میل واشتیاق به دزدی.
klep.to.ma.ni.ac [*klèptouméinæk*] *adj.&n.* عاشق‌سرقت، علاقمندبه‌دزدی.
knack [*næk*] (**- ed, - ing**), *vt. & vi.* صدای شکستگی، صدای شلاق، استعداد، حقه، طرح، ابتکار، زرنگی، مهارت.
knack.ery, *n.* جنس بنجل وکهنه.
knap, *n.* نوك قلعه، بالای تپه، پشته.
knap.per, *n.* [ز.ع.- انگلیس-معمولاً درجمع] زانو، زانوها
knap.sack [*nǽpsæk*] *n.* کوله‌پشتی، توشه‌دان، کوله‌بار، پشتواره، چنته.
knave [*neiv*] *n.* آدم رذل، فرومایه، پست وحقیر.
knav.ery [*néivəri*] *n.* رذالت.
knav.ish [*néiviʃ*] *adj.* رذل صفت.
knead [*ni:d*] (**- ed, - ing**) *vt., n.&vi.* خمیر کردن، ورزیدن، سرشتن، آمیختن.
knead.er, *n.* خمیرگیر.
knee [*ni:*] *n. & vt.* زانو، زانوئی، دوشاخه، خم، پیچ، زانودار.
kneecap, *n.* کاسهٔ زانو.
knee-deep, *adj.* تا زانو، زانو رس.
knee-high, *adj.* تازانو، بزانورسیده.
kneel [*ni:l*] (**knelt, -ed, -ing**), *vt. & vi.* زانو زدن.
kneepan=kneecap=patella, *n.* کاسهٔ زانو، استخوان کشکك.
knell [*nel*] (**- ed, - ing**) *vi., n. & vt.* ناقوس عزا را بصدا درآوردن، صدای ضربهٔ ناقوس، صدای زنگ.
knew [*nju:*] (*p. of* **know**) *n.* ماضی فعل know، دانست.
knick.er.bock.er [*níkəbɔ́kə*] *n.* اهل نیویورك.
knick.ers [*níkəz*] *n. pl.* شلوار گشادکوتاهی‌که نزدیك زانو جمع شده باشد.
knick.knack [*níknæk*] *n.* خرت‌و پرت، چیز قشنگ‌وکم‌بها، [ز.ع.] بازیچهٔ‌کوچك.
knife [*naif*] (*pl.* **knives**) *n.* چاقو، کارد، گزلیك، تیغه.
knife (**- d, knifing**) *vt. & vi.* چاقو زدن (به)، کارد زدن (به).
knight [*nait*] (**- ed, -ing**) *n. & vi.* سلحشور، دلاور، قهرمان، شوالیه، نجیب‌زاده، بمقام سلحشوری ودلاوری ترفیع دادن.
knight-errant (*pl.* **knights - errant**) *n.* شوالیهٔ سیار، دلاور حادثه‌جوی سیار.
knight-errantry, *n.* سلحشوری سیار، جمعیت سلحشوران، مقام سلحشوری.

knight.hood [*náithud*] *n.* مقام سلحشوری، سمت سلحشوری، شوالیه‌گری.

knit [*nit*] (**- ted, - ting**) *vt. & vi.* بافتن، کشبافی کردن، بهم پیوستن، گره‌زدن، بستن.

knit.ter, *n.* بافنده.

knit.ting, *n.* بافندگی، کشبافی.

knitwear, *n.* ملبوس کشبافی، لباس کشباف.

knob [*nɔb*] *n.* قبه، دکمه، برآمدگی، دستگیره، دسته، گره.

knobbed, *adj.* قلمبه، قبه‌دار، دکمه‌دار.

knock [*nɔk*] (**- ed, - ing**) *vt., vi. & n.* کوبیدن، زدن، در زدن، بدگوئی کردن‌از، بهم‌خوردن، مشت، ضربت، صدای تغ‌تغ، عیبجوئی.

knock about [*nɔ́kəbaut*] *adj., vt. & vi.* سروصدا ایجاد کردن، پرسه‌زدن، نامرتب زندگی کردن.

knock down [*nɔ́kdáun*] *adj., n. & vt.* باضربت بزمین کوبیدن، گیج کردن، مجزا، مجزا کردن.

knock.er [*nɔ́kə*] *n.* زننده، کوبنده، آدم خرده‌گیر، مزاحم.

knock-kneed [*nɔ́kni:d*] *adj.* دارای زانوی کج، دارای حرکت کج ومعوج.

knock off, *vi.* دست کشیدن‌از، ازکار دست کشیدن، مردن، کشتن.

knock.out [*nɔ́kaut*] *n. & vt.* [مشت زنی] باضربت بیهوش کننده‌ای حریف را بزمین زدن ، ضربه فنی، ضربه فنی کردن، ازپا درآوردن، ویران کردن، ضربت‌قاطع، ممتاز، عالی.

knock up, *n., vt. & vi.* سردستی آماده کردن، بهم زدن، برخورد کردن، تحریک کردن، ازکار انداختن، بپایان رساندن، آبستن کردن، ناراحت کردن.

knoll [*noul, nɔl*] *n.* نوك تپه، قله، تیزی یا برآمدگی خاك از آب، ماهور.

knot [*nɔt*] (**- ted, - ting**) *n., vt. & vi.* گره، برآمدگی، دژپیه، غده، چیز سفت یا غلنبه، مشکل، عقده، واحدسرعت‌دریائی معادل ۶۰۷۶/۱۰ فوت درساعت، گره‌زدن، بهم‌پیوستن، گیرانداختن، گره خوردن، منگوله‌دار کردن، گره دریائی.

Tie a k. گره زدن یا بستن.

knot.ted, *adj.* گره‌دار، برآمده، غلنبه، سفت، دشوار، جمع شده، ازدحام کرده، کلاله‌دار، منگوله‌دار.

knot.ter, *adj.* گره‌زننده، ماشین گره‌زنی.

knot.ty [*nɔ́ti*] *adj.* گره‌دار، غامض.

knout [*naut*] *n.* شلاق، تازیانه زدن.

know [*nou*] (**knew, known, knowing**) *n., vt. & vi.* دانستن، آگاه بودن، شناختن.

K. for certain. یقین داشتن.

As far as I k. تا آنجا که من میدانم.

Known by all. معروف خاص وعام.

know.able, *adj.* قابل دانستن.

know.er, *n.* داننده.

know-how, *n.* فوت وفن، اطلاع، معلومات خاص، فنون، رموزکار، کاردانی.

know.ing [*nóuiŋ*] *adj. & n.* کاردان، فهمیده، باهوش، زیرکانه.

know-it-all, *n.* عالم نما، مدعی علم‌الیقین.

knowl.edge [*nɔ́lidʒ*] *n.* دانش، معرفت، وقوف، دانائی، علم، آگاهی.

It came to my k. that. من آگاهی یافتم که.

know.ledge.able [*nɔ́lidʒəbl*] *adj.* وارد بکار، قابل درك، باهوش، زیرك، مطلع.

know-noth.ing, *n.* نادان، جاهل، منکر وجود خدا.

knuck.le [*nʌ́kl*] *n., vi. & vt.* بند انگشت [مخصوصاً برآمدگی پنج انگشت]، قوزك پا یا پس زانوی چهارپایان، برآمدگی یا گره گیاه، قرحهٔ روده، تن در دادن به، تسلیم شدن، مشت زدن.

knucklebone, *n.* استخوان بندانگشت، استخوان قوزك، قاپ.

knuck.le-dust.er, *n.* پنجهٔ بوکس، بوکس‌باز.

knurl (**- ed, - ing**) *n., vt. & vi.* گره، برآمدگی، تپه، قبه، دانه، کنگره ، آلت کنگره سازی، کنگره‌دار کردن، خپله.

Ko (**- ed, - ing**) *vi. & n.* [در بوکس] باضربات متوالی ازمیدان بدر کردن، مغلوب کردن، ضربه فنی.

Ko.dak [*kóudæk*] *n., vt. & vi.* کداك، دوربین عکاسی ساخت کارخانهٔ کداك.

kohl.ra.bi [*kóulrá:bi*] (*pl.* **-es**), *n.* [گ.ش.] کلم قمری.

kola, *n.* [گ.ش.] مغز قهوهٔ سودانی، درخت کولا.

Kon.go (*pl.* **- s**) *n.* کنگو، کنگوئی.

Ko.ran, Alcoran, *n.* قرآن.

Ko.ran, - ic [*kərá:n, kɔ:rá:n, kɔ́:rən*] *adj. & n.* قرآنی، وابسته بقرآن، قرآن.

ko.rea [*koríə*] *n.* کشور «کره».

Ko.re.an, *n.* اهل کشور کره، زبان مردم کره.

ko.sher, *adj.* پاك، حلال، تهیه شده برطبق شریعت یهود.

kraal [*kra:l*] *n. & vt.* دهکدهٔ بومیان آفریقای جنوبی، کلبه، حصار، آغل، درحصار محصور کردن، دردهکده مسکن دادن.

K ration, *n.* بستهٔ کوچك مواد غذائی ارتشی برای موارد فوق‌العاده.

kraut=sauerkraut, *n.* کلم‌ترش.

Krem.lin [*krémlin*] *n.* کاخ کرملین، [مج.] دولت شوروی.

krim.mer, *n.* پوست گوسفندخاکستری.

ku.dos [*kjú:dɔs*] (*pl.* **ku.dos**), *vt. & n.* جلال، تجلیل، ستایش کردن.

Ku Klux Klan سازمان سری ضد سیاهپوستان آمریکا.

Kürd, *n.* کرد، اهل کردستان.

Kurd.ish, *adj. & n.* کردی.

Kur.di.stan, *n.* کردستان ، قالیچهٔ کردی.

kvass, *n.* کواس، آبجو کم‌الکل روسی.

ky.ack, *n.* خورجین.

ky.mog.ra.phy, *n.* فشارنگاری.

kyte, *n.* شکم، معده.

L

انگلیسی English	خط میخی پارسی Old Persian Cuneiform	پهلوی اشکانی Parthian Pahlavi	پهلوی ساسانی Sassanian Pahlavi	پهلوی کتابی Book Pahlavi	اوستائی Avestan	فارسی Modern
L	𐎾	[illegible]	[illegible]	[illegible]	–	ل

L [*el*] دوازدهمین حرف الفبای انگلیسی.

la [*la:*] *n. & interj.* [مو.] لا، نت ششم کلید دیاتونیك.

lab=laboratory, *n.* آزمایشگاه.

lab.da.num, *n.* مادهٔ معطر تلخی که ازانواع لادن بدست میآید.

la.bel [*léibəl*] (**- ed, - led, ing, - ling**) *n., vt. & vi.* برچسب، اتیکت، متمم سند یانوشته، تکهٔ باریك، لقب، اصطلاح‌خاص، برچسب‌زدن، طبقه‌بندی کردن.

la.bi.al [*léibiəl*] *adj.* لبی، شفوی وآویخته به‌لبهای فرج.

la.bi.al.ize (**- d, labializing**), *vt.* حرفی‌را بصورت شفوی اداکردن، بصورت لبی اداکردن.

la.bi.ate, *adj., & n. & vi.* [گ.ش.] دارای گلی که‌لبهٔ جامش شکافته، وابسته بگیاهان‌لبشکافته، لبشکافته کردن، لب‌دار کردن.

la.bile, *adj.* ناپایدار، گذرنده، عبورکننده، خطاکننده، نوسان‌دار.

la.bi.um (*pl.* **labia**) *n.* [ج.ش.ـ تش.] لب زیرین حشره، لبهٔ صدف حلزون، [گ.ش.] لب شکافتهٔ گلبرگ.

la.bor, la.bour [*léibə*] (*pl.* **labors**) (**- ed, - ing**) *n. & vt.* کار، رنج، زحمت، کوشش، درد زایمان، کارگر، عمله، حزب کارگر، زحمت کشیدن، تقلا کردن، کوشش کردن.

lab.o.ra.to.ry [*ləbɔ́rətəri*] *n.* آزمایشگاه، لابراتوار.

labor camp, *n.* اردوگاه‌کار.

la.bor.er, *n.* کارگر، عمله.

la.bor.ing, *adj. & n.* کار، کارگری، رنجبر.

la.bo.ri.ous [*ləbɔ́:riəs*] *adj.* زحمت‌کش، ساعی، دشوار، پر زحمت.

laborsaving, *adj.* تقلیل دهندهٔ زحمت کارگر، صرفه‌جوئی کننده درمیزان‌کار.

labor union, *n.* سندیکای کارگری، اتحادیهٔ کارگری.

lab.y.rinth [*lǽbərinθ*] (**- ed, - ing**) *n. & vt.* شکنج، لابیرنت، دخمهٔ پرپیچ وخم، ماز، پلکان مارپیچ، [مج.] پیچیدگی، چیز بغرنج.

lab.y.rin.thine [*lǽkədéizikəl*], *adj.* پرپیچ وخم، پرشکنج.

lac [*læk*] *vt. & n.* لاك، لاك والکل، چیز لاك والکل‌زده، لاك‌زدن.

lace [*leis*] (**- d, lacing**) *n., vt. & vi.* بندکفش، تور، توری، نوار، قیطان، بندکفش را بستن، یراق دوزی کردن، بنددار کردن.

lac.er.ate [*lǽsəreit*] (**- d, lacerating**) *vt.* پاره کردن، مجروح کردن، آزردن، عذاب دادن، دریدن.

lac.er.a.tion [*læsəréiʃən*] *n.* دریدگی، پارگی.

lac.er.a.tive, *adj.* برنده یا درنده.

lach.es (*pl.* **laches**) *n. & vt,* تنبلی، قصور، غفلت، سهل‌انگاری.

lach.ry.mal, lac.ri.mal [*lǽkriməl*] *adj.* [تش.] اشکی، اشك‌آور، کیسهٔ اشك، استخوان اشکی چشم، ویژهٔ اشك.

lach.ry.mose [*lǽkrimous*] *adj.* اشك‌زا، اشکبار، اشکی، غصه‌دار.

lac.ing, *n.* توری، یراق، یراق دوزی، ملیله دوزی.

la.cin.i.ate, la.cin.i.at.ed, *adj.* چاك‌دار، دندانه‌دار، شکافته، حاشیه‌دار.

lack [*læk*] (**-ed, - ing**) *n., vt. & vi.* نبودن، نداشتن، احتیاج، فقدان، کسری، فاقد بودن، ناقص بودن، کم داشتن.

L. of reason. فقدان عقل.

Fruit was not lacking. میوه کم‌نبود.

L. of money. بی‌پولی.

He lacks one finger. یك انگشت ندارد.

lack.a.dai.si.cal [lǽkədéizikəl], *adj. & adv.* نازدار، بی‌حال، بی‌اشتیاق.

lack.a.day=lack.a.dai.sy, *interj.* حرف ندا، علامت افسوس وتعجب.

lack.ey, lac.quey [lǽki] (**-ed, - ing**) *n., vt. & vi.* پادو، نوکر، فراش، چاکری کردن، نوکری کردن.

lackluster [lǽkl'ʌstə] *adj.* بی‌نور، تاریك، بدون زرق وبرق، تار وبی‌برق.

la.con.ic [ləkɔ́nik] *adj.* کم‌حرف، مختصرگو، کوتاه، موجز.

lac.quer [lǽkə] (**-ed, -ing**)*n. & vt.* [illegible]

lac.ri.ma.tion, *n.* ایجاد اشك.

lac.ri.ma.tor, lach.ry.ma.tor, *n.* گاز اشك‌آور، مادهٔ اشك‌آور.

lac.tate (**-d, lactating**), *n. & vt.* شیر ترشح‌کردن، شیر مکیدن، شیر دادن.

lac.ta.tion, *n.* تبدیل به‌شیر، ایجادشیر.

lac.te.al, *adj.* شیری،شیربر، کیلوس‌بر.

lac.tes.cent, *n.* شیری،شیرمانند،شیرده.

lac.tic [lǽktik] *adj.* وابسته به شیر، شبیه شیر، مربوط به شیر.

lac.tif.er.ous, *adj.* شیر دهنده، شیرآور، شیرزا.

lac.to.gen.ic, *adj.* موجب ترشح شیر، موجد شیر.

lac.tose, *n.* [ش.] قند شیر بفرمول $C_{12}H_{22}O_{11}$ که مصرف طبی دارد.

la.cu.na [ləkjú:nə] (*pl.* **-e, -s**) *n.* حفره، گودی،محفظه،فاصله،جای‌خالی،نقطهٔ‌ابهام.

la.cu.nar, la.cu.nal, lacu.nary, lacu.nate, *adj.* وابسته به حفره یا جای خالی.

la.cus.trine, *adj.* دریاچه‌ای، زیست‌کننده در دریاچه، استخری.

L. fish. ماهی دریاچه زی.

lacy [léisi] (**- ier, - iest**) *adj.* قیطانی، بنددار، شبکه‌ای، تور مانند.

lad [lǽd] *n.* پسربچه، جوانك.

lad.der [lǽdə] (**- ed, - ing**), *n., vt. & vi.* نردبان، نردبان بکار بردن، نردبان ساختن.

lad.die, *n.* پسربچه، معشوق، پسرك.

lade [leid] (**- d, lad.en, lad.ing**) *vi. & vt.* بارکردن،بارگیری کردن، خالی کردن، باملاقه خالی کردن.

Laden with honours. غرق در افتخارات.

lad.en [léidn] *adj.* مملو، بارگیری شده، سنگین، پر (por)، سنگین‌بار.

ladies' man, lady's man, *n.* مردی که علاقه زیادی بمعاشرت زنان دارد.

lading [léidiŋ] *n.* بارکشتی، محموله، بارگیری، عمل‌بارکردن.

Bill of l. بارنامه.

la.dle [léidl] (**-d, ladling**) *vt. & n.* ملاقه، باملاقه‌کشیدن، باملاقه برداشتن.

la.dy [léidi] (*pl.* **- ies**) *n.* بانو، خانم، زوجه، رئیسهٔ خانه.

ladybug=ladybeetle, *n.* [ج.ش.] پینه‌دوز.

ladyfinger, *n.* [گ.ش.] فلفل قرمز، نوعی موز کوچك.

lady-in-waiting (*pl.* **ladies-in-waiting**) *n.* ندیمهٔ ملکه، مستخدمهٔ مخصوص ملکه، خادمه.

la.dy.kin, *n.* خانم‌کوچولو.

ladylike [léidilaik] *adj.* بانووار، باوقار، زن صفت.

ladylove, *n.* معشوقه، محبوبه.

la.dy.ship, *n.* سرکار علیه، بانو.

lag [lœg] (**- ged, - ging**) *adj., n., vi. & vt.* کندی، لنگی،واماندگی،عقب ماندگی، عقب ماندن، لنگیدن، تأخیر کردن.

I shall not l. behind. من عقب نخواهم ماند.

la.ger [lá:gə] *n.* آبجو دیرپز، آبجو [illegible]

lag.gard [lǽgəd] *adj. & n.* آدم کند دست، آدم دست سنگین، عقب مانده.

lag.ging, *adj. & n.* کاهل، خسته‌کننده، آهسته، کند، عقبمانده.

lag.o.morph, lag.o.mor.pha, *n.* [ج.ش.] پستانداران جونده دارای دو ردیف دندان.

la.goon [ləgú:n] *n.* مرداب، تالاب.

la.gu.na=lagoon, *n.* مرداب، دریاچه، جای‌کم عمق دریا، چشمهٔ آب‌گرم.

la.ic, *adj.* وابسته بشخص دنیوی وغیر روحانی، شخصی‌که علم خاصی را نداند، عامی، غیرفنی.

la.i.cism, *n.* غیرروحانی بودن، غیرمعمم بودن.

la.i.cize (**- d, laicizing**) *vt.* بصورت غیرروحانی یاغیرعلمی درآوردن، جنبهٔ عامیانه دادن به.

laigh, *n.* زمین پست، حفره، گودی.

lain [lein] *n.* [ك.ـ د.گ.] طبقه، قشر زمین، [ك.ـ م.م.] اختفاء درلباس عوضی.

lair [lɛə] (**- ed, - ing**) *n., vt. & vi.* محل‌استراحت‌جانور وحشی،لانه،گل،لجن، گل‌آلودکردن، استراحت‌کردن، بلانه‌پناه‌بردن.

laird [lɛəd] *n.* [اسکاتلند] صاحب‌زمین، ملاك، خرده مالك، ملاك اسکاتلندی.

laissez-faire [léiseifɛ'ə] **laisser-faire,** *adj. & n.* عدم مداخله، سیاست عدم مداخلهٔ دولت درامور اقتصادی، سیاست اقتصادآزاد، بی‌بندوبار.

laissez-passer, *n.* پروانهٔ عبور، جواز.

la.i.ty [léiiti] (*pl.* **- ies**) *n.* عوام،مردم‌غیرروحانی، ناشی، غیرفنی‌وغیرعلمی.

lake [leik] (**- d, laking**) *n. & vi.* دریاچه، استخر.

lak.er, *n.* ماهی‌دریاچه، کشتی دریاچه‌پیما.

lam (**- med, - ming**) *vt., n. & vi.* فرار، زدن.

lama [lá:mə] *n.* کشیش بودائی، لاما، شتر بی‌کوهان آمریکای جنوبی، رنگ زرد مایل بقرمز.

lamb [lœm] (**- ed, - ing**) *vt., vi. & n.* بره، گوشت‌بره، آدم ساده.

lam.baste, lam.bast, *n. & vt.* تازیانه، شلاق، تازیانه زدن، زخم زبان زدن.

lam.ben.cy (*pl.* **- ies**) *n.* نرم سخنی، ملایمت درگفتگو، روشنائی ملایم.

lam.bent [lǽmbənt] *adj.* ملایم، نرم، دارای روشنائی ملایم.

lambskin [lǽmskin] *n.* پوست بره، پارچهٔ پوست بره‌نما.

lame [leim] (**-d, laming**) *adj., n., vt. & vi.* لنگ، چلاق، شل، افلیج، لنگ شدن، عاجز شدن.

lame duck, *n.* علیل وناتوان، از کار افتاده.

la.mel.la (**lamel.lae, lamellas**), *n.* لایه، صفحه، برگ، عضو شبیه لایه.

la.ment [ləmént] (**- ed, - ing**), *n. & vt.* سوگواری‌کردن، سوگواری، ضجه‌وزاری‌کردن.

lam.en.ta.tion, *n.* سوگواری، مرثیه‌خوانی، ضجه.

la.mia, *n.* ساحره، خون آشام.

lam.i.na, lam.in (*pl.* **- e, - s**), *n.* ورقه، لایهٔ نازك، پهنك‌برگ، شاخهٔ‌پرده‌ای.

lam.i.nal, lam.i.nar, *adj.* دارای ورقه‌های نازك.

lam.i.nate (**- d, laminating**), *n., adj., vt. & vi.* طبقه طبقه، ورقه ورقه، ورقه ورقه کردن، رویهم قرار دادن، متورق.

lam.i.na.tion, *n.* تورق،لایه‌لایه‌سازی.

lam.mer.gei.er, lam.mer.gey.er, *n.* [ج.ش.] کرکس ریشدار، لاشخور.

lamp [lœmp] (**- ed, - ing**) *n., vt.&vi.* لامپ،چراغ،لامپا،فانوس،درخشیدن.

lampblack (**- ed, -ing**) *vi. & n.* دودهٔ چراغ، سیاه یکدست، بادوده سیاه کردن.

lam.poon [lœmpú:n] (**-ed,-ing**), *n. & vt.* هجو، کنایه، هجوکردن.

lam.poon.ery, *n.* هجونامه سازی.

lam.ster, lam.is.ter, *n.* فراری، فراری از قانون.

la.nate, *adj.* پشمی، پشمالو.

lance [la:ns] (**-d, lancing**) *n., vi.&vt.* نیزه،ضربت‌نیزه، نیشترزدن، نیزه‌زدن.

lance corporal [lá:nskɔ́:pərəl], *n.* هم‌ردیف سرجوخه.

lance.let, *n.* نیشتر،[ج.ش.]نیزه‌ماهی.

lan.ce.o.late, - d, *adj.* نیشتر مانند، نیزه مانند، نیزه‌ای، نوك‌تیز.

lanc.er [lá:nsə] *n.* نیزه‌دار، نیزه زن، تشر زن، نیزه‌انداز.

lan.cet [lá:nsit] *n.* نیشتر، هرچیزی‌شبیه نیشتر ، پنجرهٔ نوك تیز.

lan.ci.nate (**- d,lancinating**), *vt. & vi.* بانیزه سوراخ‌کردن، پاره کردن.

land [lœnd] (**- ed, - ing**) *n., vt. & vi.* زمین،خشکی،خاك،سرزمین، دیار، به‌خشکی آمدن، پیاده‌شدن،رسیدن، بزمین‌نشستن.

I landed him one in the eye. ضربتی بچشم او زدم.

The plane landed. هواپیما فرودآمد.

lan.dau [lǽndɔ:] *n.* کالسکهٔ‌کروکی.

land.ed [lǽndid] *adj.* مالك، زمین‌دار، وابسته بزمین، فرود آمده.

landfall [lǽndfɔ:l] *n.* ورود بخشکی، دیدار خشکی، املاك و اراضی موروثی [غیرمنتظره]، ریزش زمین.

land.holder [lǽndhòuldə] *n.* ملاك، صاحب ملك، اجاره‌دار،زمین‌دار.

landing [lǽndiŋ] *n.* ورود بخشکی ، فرودگاه هواپیما ، بزمین نشستن هواپیما، پاگردان.

landing field, *n.* فرودگاه.

landing gear, *n.* چرخ هواپیما که هنگام‌نشستن هواپیما وزن‌آنرا تحمل‌میکند، عرادهٔ هواپیما،وسائل‌فرودآمدن.

landlady [lǽndlèidi] (*pl.* **-ies**), *n.* زن‌مهمانخانه‌دار، زن صاحب‌ملك، میزبان.

land.locked [lǽndlɔ́kt] *adj.* محاط در خشکی، محصور درخشکی.

land.lord [lǽndlɔ:d] *n.* موجر، مالك، صاحبخانه، ملاك.

land.lub.ber [lǽndlʌ'bə] *n.* آدم دریا ندیده، معتاد بزندگی‌بری.

landmark [lǽndma:k] *n.* نشان اختصاصی، نقطهٔ تحول تاریخ، واقعهٔ برجسته، راهنما.

Landmarks of the Iranian history. وقایع برجسته تاریخ ایران.

landmass, *n.* منطقهٔ وسیعی از زمین.

land.own.er, *n.* ملاك، صاحب ملك.

land-office business, *n.* کاروسیع وبسیط وسریع، کارپرسود یاپرموفقیت.

land-poor, *adj.* دارای‌اراضی بی‌حاصل‌وکم‌فایده،زمین‌دار بی‌پول.

land reform, *n.* اصلاحات ارضی.

land.scape [lǽn(d)skeip, -skip], *n., vt. & vi.* (باغداری) خاکبرداری وخیابان‌بندی‌کردن،دورنما، منظره، چشم‌انداز، بامنظره تزئین‌کردن.

landscape architect, *n.* معمار یا متخصص ساختن مناظر طبیعی‌نما.

land.side, *n.* ساحل، طرف روبه‌خشکی.

land.slide [lǽndslaid] *n.* زمین لغزه، ریزش خاك کوه کنار جاده.

landslip [lǽn(d)slip] *n.* [انگلیس] فرو ریزی، ریزش خاك‌کوه.

lands.man [lǽn(d)zmən] (*pl.* **- men**) *n.* ملوان ناآزموده، اهل خشکی (درمقابل دریانورد)، بومی، هم میهن، ملوان ساده‌که هنوز درجه‌ای نگرفته، کسیکه زندگی وشغلش درخشکی است.

land.ward [lǽndwəd] *adj. & adv.* بسوی خشکی، بسوی زمین.

lane [lein] *n., vt. & vi.* کوچه، راه باریك،گلو،نای، راه دریائی، مسیر که باخط‌کشی مشخص میشود ، خط سیر هوائی، کوچه ساختن، منشعب‌کردن.

lan.gouste=spiny lobster, *n.* خرچنگ خاردار.

lang syne [lœŋsáin]=**long ago** [اسکاتلند] مدتها قبل.

lan.guage [lǽŋgwidʒ] (**- d, languaging**) *n. & vt.* زبان، لسان، کلام، سخنگوئی، تکلم.

The English l. زبان انگلیسی.

lan.guid [lǽŋgwid] *adj.* سست، ضعیف، بی‌حال، آهسته، خمار.

lan.guish [lǽŋgwiʃ] (**- ed, - ing**) *n. & vi.* بیحال شدن، افسرده شدن، پژمرده شدن، بیمار عشق شدن، باچشمان پراشتیاق نگاه‌کردن، باچشمان خمارنگریستن.

lan.guor [lǽŋgə] *n.* مستی، ضعف، فتور، ماندگی، پژمردگی.

lan.guor ous [lǽŋgərəs] *adj.* مست، ضعیف، پژمرده.

lank [lœŋk] (**- er, - est**) *adj.* لاغر، نحیف، خمیده، خمار.

lanky [lǽŋki] *adj.* لندوك، دراز وباریك.

lan.o.lin, *n.* چربی پشم‌که درآرایش مورد استعمال دارد، لانولین.

lan.tern [lǽntən], *n.* فانوس، چراغ بادی، چراغ دریائی.

lant.horn=lantern, *n.* فانوس.

la.nu.gi.nous=la.nu.gi.nose, *adj.* کرکدار، پشمالو.

lan.yard [lǽnjəd] *n.* طناب‌کوتاه برای‌کشیدن چیزی، تسمه یا طناب، طناب پرچم، واکسیل نظامیان.

Lao, Lao.tian (*pl.* **- s**) *n.* لائوسی، اهل لائوس، زبان تائی، مردم تائی.

lap [lœp] (**- ped, - ping**) *n.* دامن لباس، لبهٔ لباس، سجاف، محیط، محل نشوونما، آغوش، سرکشیدن، حریصانه خوردن، لیس زدن، باصدا چیزی خوردن، شلپ شلپ

کردن، تاه کردن، پیچیدن.
Waves lapped at their feet.
امواج به‌پایشان میخورد.
lapdog, *n.* سگ دامن پرورده، سگ دست‌آموز.
la.pel [lœpél] *n.* برگردان، برگردان‌یقه.
lap.ful (*pl.* **lapfuls, laps.ful**), *n.* یك دامن پر، بقدر یك دامن، آنچه دریك دامن جا گیرد.
lap.i.dary, lap.i.dar.i.an, *adj.* & *n.* سنگ شناس، گوهرشناس، منقوش روی سنگ، وابسته به سنگ‌های قیمتی.
lap.in, *n.* خز، خرگوش.
lapis la.zu.li, *n.* سنگ ارمنی، [مع.] لاجوردکاشی، سنگ‌لاجورد، لاجورد اصل.
Lap.land [lœplœnd] *n.* لاپلند، ناحیهٔ شمال‌سوئد‌نروژ وفنلاند وشوروی که محل سکونت اقوام «لاپ» میباشد.
lap.pet, *n.* لاله‌گوش، نرمهٔ‌گوش، دامن، آویز، گوشت آویخته، لبهٔ آویختهٔ کلاه.
lapse [lœps] (- d, lapsing) *n.*, *vt.* & *vi.* نسیان، لغزش، خطا، برگشت، انحراف موقت، انصراف، مرور، گذشت‌زمان، زوال، سپری‌شدن، انقضاء، استفاده‌از مرورزمان، ترك اولی، الحاد، خرف شدن، سهو ونسیان کردن، سپری شدن، از مد افتادن، مشمول مرور زمان شدن.
lap.wing [lœpwiŋ] *n.* [ج.ش.] مرغ زیبا، زیباك، هدهد، شانه‌بسر.
lar (*pl.* **lar.es**) *n.* [روم قدیم] نام یکی‌از ارواح حافظ خانه، خانه.
lar.board [lá:bəd] سمت چپ‌کشی، سمت چپ.
lar.ce.ner=lar.ce.nist دزد،دلهدزد.
lar.ce.nous, *adj.* دزدانه، مربوط به دزدی
lar.ce.ny, *n.* دزدی، سرقت.
larch [la:tʃ] *n.* [گ.ش.] کاج اروپائی، صنوبر آراسته.
lard [la:d] (- ed, - ing) *n.*, *vt.* & *vi.* چربی خوك، گوشت خوك، چربی زدن، آرایش دادن، چرب زبانی.
Larded with Arabic words. آمیخته بالغات عربی.
lar.der [lá:də] *n.* دولابچه، گنجهٔ خوراك، خوراکی.
large [la:dʒ] (- r, - st) *adj.* & *n.* وسیع، جادار، پهن، درشت، لبریز، جامع، کامل، مفصل،بسیط، بزرگ، حجیم، هنگفت.
large.hearted=generous, sympathetic, *adj.* همدرد، مساعد، سخاوتمند، بخشنده، نظربلند.
large intestine, *n.* رودهٔ بزرگ، معاء غلاظ،قولون، روده فراخ.
large-minded, *adj.* آدم فهمیده، متفکر، آدم ظرفیت‌دار، دارای فکر وسیع.
large-scale, *adj.* بمقدار زیاد، نسبتاً زیاد، بمعیار وسیع.
lar.gess, - e [lá:dʒes] *n.* بخشش، دهش،انعام، سخاوت،آزادگی، مساعدت، وسعت‌نظر، گشاده دستی، بخشیدگی.
larg.ish, *adj.* نسبتاً بزرگ.
lar.i.at (- ed, - ing) *vt.* & *n.* کمند، باکمند بستن، باکمند دستگیر کردن.
lark [la:k] (- ed, - ing) *n.*, *vt.* & *vi.* خوشی، شوخی، [انگلیس] دوش زندگی، [ج.ش.] چکاوك و گونه‌های مشابه آن، قزلاخ، چکاوك شکارکردن، شوخی کردن، ازروی مانع بایرش اسب جهیدن، دست انداختن.
larkspur [lá:kspə:] *n.* [گ.ش.] گل زبان درقفا، دلفین (Delphinium).
lar.ri.kin, *adj.* & *n.* آدم نامرتب، الواط، ولگرد، لافزن.
lar.va [lá:və] (*pl.* - e, - s) *n.* کرم، کرم حشره، نوزاد حشره، لیسه.
lar.val [lá:vəl] *adj.* مربوط به‌کرم‌حشره یانوزاد حشره، لیسه‌ای.
lar.vi.cide, *n.* حشره‌کش، دافع کرم حشره.
la.ryn.ge.al, *adj.* & *n.* حنجره‌ای، وابسته بنای، صدای حنجره‌ای.
lar.yn.git.ic, *adj.* وابسته به نای.
lar.yn.gi.tis [lœrindʒáitis] *n.* [طب] آماس خشك نای، التهاب حنجره.
lar.yn.gol.o.gy, *n.* [طب] حنجره شناسی، خشك نای شناسی.
la.ryn.go.scope, *n.* دستگاه مخصوص معاینهٔ حنجره.
lar.yn.gos.co.py, *n.* حنجره بینی.
lar.ynx [lœriŋks] (*pl.* **la.ryn-ges, larynxes**) *n.* خشك‌نای، حنجره، حلقوم، خرخره.
las.car [lœskə] *n.* [ازکلمهٔ «لشکر» فارسی] نظامی و ملوان هند شرقی، توپچی،
las.civ.i.ous [ləsíviəs] *adj.* شهوانی، هرزه، شهوت‌انگیز.
la.ser, *n.* اشعه لایزر.
lash [lœʃ] (- ed, - ing) *vt.*, *n.* & *vi.* شلاق،تسمه،تازیانه، ضربه، مژگان،شلاق‌خوردن.
He received 10 lashes. ده ضربه شلاق خورد.
lashing, *n.* شلاق زنی.
lash-up, *n.* تعبیه، ابتکار، اسباب.
lass [lœs] *n.* دختر، زن جوان.
las.sie [lœsi]=**lass,** *n.*
las.si.tude [lœsitju:d] *n.* سستی، سستی‌تب، تبسبك، رخوت، خماری، بی‌میلی.
las.so [lœsou] (-ed, - ing) (*pl.* - s, - es) *n.* & *vt.* کمند، طناب خفت‌دار، کمند انداختن.
last [la:st] (- ed, - ing) *adj.*, *adv.*, *n.*, *vt.* & *vi.* پسین، آخر،آخرین، اخیر، نهائی، قطعی، دوام‌داشتن، دوام‌کردن، طول‌کشیدن، به‌درازکشیدن، پاپسین.
The meeting lasted till late in the evening. جلسه تا آخرهای شب دوام یافت.
The l. but one. یکی به آخر مانده.
last.ing [lá:stiŋ] *adj.* & *n.* دیرپای، بادوام، ماندنی، ثابت، پاینده،پایا.
A l. mark on foreign policy. اثر پایداری درسیاست خارجی.
Last Supper, *n.* آخرین شام حضرت عیسی با حواریون خود.
latch [lœtʃ] (- ed, - ing) *n.*, *vt.* & *vi.* قفل‌کردن، چفت‌کردن، محکم نگاهداشتن، بوسیلهٔ کلون محکم کردن، چفت.
latch.et, *n.* بندکفش، قیش، تسمه.
latchkey, *n.* کلید درخانه، کلید‌کلون‌در.
late [leit] (- r, - st) *adv.* & *adj.* دیر، دیر آینده، اخیر، تازه، گذشته، کند، تا دیر وقت، اخیراً، تا دیرگاه، زیاد، مرحوم.
Don't sit up l. تادیروقت‌بیدارنمان.
Of l. اخیراً.
On monday at the latest. منتها تا دوشنبه.
lat.en (- ed, - ing) *vt.* & *vi.* دیر شدن، دیرکردن.
la.ten.cy (*pl.* - ies) *n.* دورهٔ عکس‌العمل، پنهانی، ناپیدائی، پوشیدگی، دورهٔ کمون، مرحلهٔ پنهانی.
la.ten.si.fy, *vt.* بوسیلهٔ مواد شیمیائی تقویت کردن.
la.tent [léitənt] *adj.* پنهان، ناپیدا، پوشیده، درحال‌کمون، مکنون.
lat.er.ad, lat.er.al, *adv.* & *adj.* پهلوئی، جانبی، افقی، واقع درخط افقی.
lateral pass, *n.* پاس توپ فوتبال از پهلو.
la.tex [léiteks] (*pl.* **lat.i.ces** & **latexes**) *vt.* & *n.* شیرآبه، شیرهٔ گیاهی، لاستیك خام، بالاستیك ساختن.
lath [la.θ] (- ed, - ing) (*pl.* -s), *vt.* & *n.* توفال، توفال‌کوبی، آهن‌نبشی.
lathe, [leið] *n.* & *vt.* ماشین تراش، چرخ کوزه‌گری، تراش‌دادن، خراطی‌کردن.
lath.er [lœðə, lá:ðə] (-ed, - ing), *n.*, *vt.* & *vi.* کف صابون، کف یا عرق اسب، صابون زدن، کف بدهان آوردن، هیجان.
lath.ery, *adj.* مثل کف‌صابون، کف‌آلود.
lathing, *adj.* & *n.* توفال کوبی، تخته کوبی، تراشکاری.
lat.i.cif.er.ous, *adj.* صمغ‌آور.
Lat.in [lœtin] *adj.* & *n.* لاتین، زبان لاتین.
Lat.in.ate, *adj.* لاتینی.
Lat.in.ist, *adj.* دانشمند در زبان وفرهنگ لاتین.
Lat.in.ize, *vt.* & *vi.* لاتینی‌کردن.
lat.ish, *adj.* اندکی دیر، قدری دیر.

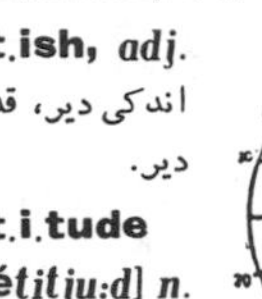

Parrallels showing latitude

lat.i.tude [lœtitju:d] *n.* عرض جغرافیائی، آزادی‌عمل،وسعت، عمل، بی‌قیدی.
lat.i.tu.di.nal, lat.i.tu.di.nar.i.an, *adj.* & *n.* وابسته‌بعرض جغرافیائی، باگذشت، گسترده‌فکر.
lat.i.tu.di.nar.i.an.ism, *n.* پیروی از وسعت‌نظر، پهناگرائی، وسیع‌نظری.
la.tium, *n.* لاتیوم، ناحیهٔ قدیمی مرکز ایتالیا واقع درجنوب شهر روم.
la.trine [lətrí:n] *adj.* & *n.* مستراح، آبریز،مستراح عمومی.
lat.ter [lœtə] *adj.* آخر، آخری، عقب‌تر، دومی، این یك، اخیر.
lat.tice,-d [lœtis,-t] *adj.*, *vt.* & *n.* کار مشبك، شبکه، شبکه‌بندی، شبکه‌کاری.
L. window, *n.* پنجرهٔ مشبك.
latticework, *n.* شبکه‌کاری، چیز مشبك، شبکه سازی.
laud [lɔ:d] (- ed, - ing) *n.* & *vt.* ستایش کردن، تمجید‌کردن، مدح کردن،ستایش.
laud.able, *adj.* قابل ستایش.
lau.da.num [lɔ́dnəm] *n.* تنتور افیون، مخلوط افیون.
lau.da.tion, *n.* ستایش، تمجید.
laud.a.tive, lau.da.to.ry, *adj.* مربوط به تحسین وتمجید.
laugh [la:f] (-ed, - ing) *vi.* & *n.* صدای خنده، خنده، خندیدن، خندان بودن.
L. in one's sleeve. زیرلب خندیدن.
laughingstock, *n.* مایهٔ خنده.
laugh.ter [lá:ftə] *n.* خنده، صدای خندهٔ بلند، قاه‌قاه خنده.
launch [lɔ:n(t)ʃ, la:n(t)ʃ] (- ed, - ing) *n.*, *vt.* & *vi.* به‌آب انداختن کشتی، انداختن، پرت‌کردن، روانه کردن، مأمورکردن، شروع کردن، اقدام‌کردن.
To l. a rocket. پرتاب موشك.
To l. an attack. شروع به حمله‌کردن.
launch.er, *n.* پرتاب‌کننده، حمله‌کننده، وسیلهٔ پرتاب.
launching pad, *n.* سکوی پرتاب موشك.
laun.der [lɔ́:ndə] (- ed, - ing), *n.*, *vt.* & *vi.* گازری‌کردن، شستن، اتوکشیدن، شسته شدن، شستشو.
laun.der.er, *n.* لباسشوی، گازر.
laun.der.ette, *n.* دستگاه لباسشوئی خودکار، ماشین رختشوئی.
laun.dress, *n.* لباس‌شوی زن.
Laun.dro.mat, *n.* ماشین لباسشوئی خودکار (درمغازه).
laun.dry [lɔ́:ndri] (*pl.* - ies) *n.* رختشوی خانه، لباسشوئی، رختهای شستنی.
laundry.man [lɔ́:ndrimən] (*pl.* - men) *n.* کارگر لباسشوی مرد، گازر.
lau.re.ate [lɔ́:riət] (-d, laure-ating) *adj.*, *vt.* & *n.* آراسته‌ببرگ غار، [مج.] جایزه‌دار، برجسته، ملك‌الشعراء.
L. head of caesar. سرآراسته به تاج افتخار قیصر.
lau.rel [lɔ́rəl] (- led, - ed, - ling, - ing) *vt.* & *n.* [گ.ش.] برگ‌بو، درخت غار، برگ غار که نشان افتخاربوده‌است، بابرگ بویاغار آراستن.
la.va [lá:və] *n.* گدازه، تودهٔ گداختهٔ آتشفشانی، مواد مذاب آتشفشانی.
la.vage, *n.* & *vt.* [گ.ش.] انجدان رومی، شستشوی معده یا زخم.
la.va.tion, *n.* شستشو.
lav.a.to.ry, *adj.* & *n.* دستشوئی،مستراح.
lave [leiv] (- d, laving) *vi.* ریختن، کشیدن، چکیدن، شستشو کردن.
Laved his foot in the stream. پای خودرا درجوی شست.
lav.en.der [lœvində] (- ed, -ing) *vt.* & *n.* [گ.ش.] اسطو خودوس عادی، عطر سنبل، بنفش کمرنگ.
la.ver, *n.* سنگاب، تغار، لگن، آب انبار، حوضچه.
lav.er.ock, lav.rock=lark, *n.*
lav.ish [lœviʃ] (- ed, - ing), *adj.* & *vi.* فراوانی، وفور، ولخرجی، اسراف‌کردن، ولخرجی کردن، افراط‌کردن.
law [lɔ:] *n.*, *vt.* & *vi.* قانون، حق، حقوق، قاعده، قانون مدنی، تعقیب‌قانونی‌کردن.
law-abiding, *adj.* مطیع قانون.
lawbreaker, *n.* قانون شکن، متمرد، یاغی.
law.ful [lɔ́:ful] *adj.* قانونی، مشروع، مجاز، حلال.
lawgiver, *n.* قانونگزار، واضع آئین‌نامه، شارع، مقنن.
law.less, *adj.* یاغی، بی‌قانون.
lawmak.er, *n.* قانون‌گزار، مقنن.
lawn [lɔ:n] (- ed, - ing) *n.* & *vt.* چمن، علفزار، مرغزار.
lawny, *adj.* پرچمن.
lawn mower, *n.* ماشین چمن‌زنی، چمن‌چین.
lawn tennis, *n.* بازی‌تنیس‌روی‌چمن.
lawsuit [lɔ́:sju:t] *n.* مرافعه، دعوی،دادخواهی، طرح‌دعوی‌درداد‌گاه.

law.yer [lɔ́:jə] *n.* وکیل دادگستری، مشاور حقوقی، قانوندان، فقیه، شارع، ملا، حقوقدان.

lax [læks] (- ed, - ing), (- er, - est) *adj., n. & vt.* سست، شل، سهل‌انگار، اسهال‌کار، لینت مزاج، شل‌کردن، ول‌کردن، رهاکردن.

lax.a.tion, *n.* سستی، رخوت.

lax.a.tive [lǽksətiv] *adj.* ضد یبوست، ملین.

lax.i.ty [lǽksiti] *n.* لینت،سستی،شلی.

lay [lei] (laid, laying) *n., vt. & vi.* خواباندن، دفن‌کردن، گذاردن، تخم [illegible]

The hens l. eggs. مرغها تخم میگذارند.

lay, *adj.* غیرمتخصص، ناویژه‌کار، خارج از سلك روحانیت، غیرروحانی.

lay by, *vt. & n.* کنارگذاردن، متروك‌کردن، ذخیره‌کردن، آبراه عریض.

layer [léiə] (- ed, - ing) *n., vt. & vi.* چینه، لایه، لا، طبقه‌بندی‌کردن، مطبق‌کردن، ورقه ورقه، ورقه.

lay.ered, *adj.* دارای لایه یا طبقه.

lay.ette [leijét] *n.* پوشاك‌طفل‌نوزاد.

lay in, *vt.* اندوختن، ذخیره‌کردن، ادعاکردن، رنگ‌آمیزی‌کردن.

lay.man (*pl.* - men) *n.* عامی، شخص غیر روحانی، خارج ازحرفه یافن خاصی، شخص غیر وارد، ناویژه‌کار.

lay off [léiɔ́:f] *n. & vt.* فصل کم کاری، متوقف‌ساختن، بخدمت‌خاتمه‌دادن.

lay on, *vi.* ضربه زدن، حمله‌کردن، یورش‌کردن، گستردن.

lay out [léiáut] *vt. & n.* طرح، ترتیب، بساط، اسباب، خرده‌ریز، برروی سطحی پخش‌کردن.

lay reader, *n.* قاری‌کلیسا، واعظ‌غیرروحانی.

lay to, *vt.* دروغ‌گفتن، تقلاکردن، مبادلهٔ ضربات کردن، نسبت دادن به.

lay up, *vt.* دچار تأخیرکردن یا شدن، انبار یاجمع‌کردن.

lazar, *n.* جذامی، گدا.

laz.a.ret.to, laz.a.ret (*pl.* -s), *n.* آسایشگاه بیماران فقیروجذامی، قرنطینه.

Laz.a.rus [lǽzərəs] *n.* (اسم خاص) ایلعازر، آدم مریض‌وفقیر، جذامی.

laze [leiz] (- d, lazing) *n., vt. & vi.* تنبل، کاهل، تنبلی‌کردن.

lazuli=lapis lazuli, *n.* لاجورد.

laz.u.line, *adj.* لاجوردی.

la.zy [léizi] (- ier, - iest) *adj., vi. & vt.* تنبل، درخورتنبلی، کند، بطیء، کندرو، باکندی حرکت‌کردن، سست بودن.

lazybones, *n.pl.* آدم بطیء و کندرو، تنبل.

la.zy.ish, *adj.* تنبل‌وار.

lea [li:] *n.* واحد اندازهٔ طول نخ و ریسمان، چمنزار، علفزار، مرتع، جلگهٔ سبز.

leach (- ed, - ing) *n., vt. & vi.* صافی‌کردن، ازصافی‌گذراندن، صافی، شستن.

leach.ate, *n.* مایعی‌که بوسیلهٔ شستشو از خاك یا واسطهٔ دیگری بگذرد.

leaching, *n.* سنگ‌شوئی، تصفیه بوسیلهٔ شستشو، دباغی‌بوسیلهٔ آب نمك و پوست درخت و غیره، تصفیهٔ خاك.

lead [led] (-ed, -ing) *n., vt. & adj.* سرب، شاقول، گلوله، رنگ‌سربی، سرب‌پوش کردن، سرب‌گرفتن، با سرب اندودن.

lead (led, leading) *adj., vi., vt. & n.* راهنمائی، رهبری، هدایت، سرمشق، تقدم، راه آب، مدرك، رهبری‌کردن، بردن، راهنمائی کردن، هدایت‌کردن، سرق دادن، بر آن‌داشتن، سردسته بودن، کشیده شدن، کشیدن.

L. out of danger. با راهنمائی از خطر رهانیدن.

Where does this road l. to? این راه بکجا میرود؟

Follow the l. of. دنبال چیزی رفتن، بچیزی تأسی‌کردن.

The party is led by him. حزب بوسیلهٔ او رهبری میشود.

lead.en [lédn] *adj.* سربی، مانند سرب، سربی رنگ، کند.

lead.er [lí:də] *n.* پیشوا، رهبر، راهنما، فرمانده، قائد، لیدر.

lead.er.less, *adj.* بی‌رهبر.

lead.er.ship [lí:dəʃip] *n.* رهبری.

lead-in (*pl.* - s) *adj. & n.* چیزی‌که بچیز دیگری منتهی شود، منتج.

leading [lí:diŋ] *adj.* راهنمائی، هدایت، نفوذ، عمده، برجسته.

leading lady, *n.* ستارهٔ زنی که نقش اول را در نمایش یا سینما بعهده دارد.

leading man, *n.* هنرپیشهٔ مرد اول نمایش یا فیلم سینمائی.

lead line=sounding line, *n.* ژرفاسنج.

lead.off, *adj., n. & vi.* عازم شدن، عزیمت‌کردن، رهبری‌کردن، رهبری، آغاز، ضربت.

lead on, *vt.* تشویق و ترغیب‌کردن، مشتبه‌کردن، وانمودکردن.

leads.man (*pl.* - men) *n.* ژرف‌پیما، کسی‌که‌گلولهٔ سربی بدریا می‌اندازدتا عمق‌آنرا تعیین نماید.

leaf [li:f] (*pl.* leaves), (- ed, - ing) *n., vi. & vt.* برگ، ورق، لایه، صفحه، لنگه، ورقه، دندانه، برگی‌شکل، برگ دادن، جوانه زدن،ورق زدن.

leaf.age=foliage, *n.* برگها.

leaf bud, *n.* [گ.ش.] غنچهٔ برگ.

leaf.less [lí:flis] *adj.* بی‌برگ.

leaf.let [lí:flit] *n.* کاسبرگ، برگچه، نشریه، جزوه، رساله، ورقه.

leaflike, *adj.* برگ مانند.

leafy [lí:fi] *adj.* برگدار، پربرگ.

league [li:g] (- d, leaguing), *n.,vt. & vi.* واحد راه‌پیمائی که تقریباً مساوی ۲/۴ تا ۴/۶ میل است، اتحادیه، پیمان، اتحاد، متحدکردن، هم‌پیمان‌شدن، گروه ورزشی.

lea.guer, *n., vt.&vi.* محاصره‌کردن، محاصره، عضو اتحادیه، عضو مجمع اتفاق ملل.

leak [li:k] (-ed, -ing) *n., vt. & vi.* رخنه، سوراخ، تراوش، نشست، چکه، تراوش‌کردن، نفوذکردن، فاش‌کردن یا شدن.

To take a l. شاش‌کردن.

leak.age [lí:kidʒ] *n.* تراوش، نشت، چکه، کمبود، کسر، کسری، فاش شدگی (اسرار)، مقداری‌که معمولاً برای‌کسری در اثر نشتی در نظر میگیرند.

leaky [lí:ki] (-ier, -iest) *adj.* سوراخ‌دار، رخنه‌دار، نشت‌کننده، چکه‌کن.

leal [li:l] *adj.* (اسکاتلند)وظیفه‌شناس، حقشناس، وفادار، صادق، بی‌عیب، دوست.

lean [li:n] (- ed, - ing) *adj., n., vt. & vi.* تکیه‌کردن، تکیه زدن، پشت دادن،کج شدن، خم شدن، پشت‌گرمی داشتن، متکی شدن، تکیه دادن بطرف، تمایل داشتن، لاغر، نزار، نحیف، اندك، ضعیف،کم سود، بیحاصل.

They l. on the wall آنها بدیوار تکیه میکنند.

lean.ing [lí:niŋ] *n.* تکیه، تمایل، میل، انحراف، کجی، (در جمع) تمایلات.

leant [lent] [انگلیس] ماضی فعل lean.

lean-to [lí:ntú:] *n. & adj.* جارطاقی، ساباط، دارای جارطاقی.

leap [li:p] (-ed, leapt, -ing), *n., vt. & vi.* جست، پرش، خیز، جستن، دویدن، خیز زدن.

Take a l. in the dark. دل‌بدریازدن.

By leaps and bounds. شلنگ‌انداز، زود زود.

leapfrog (-ged,-ging) *n. & vt.* بازی جفتك چارکش، با جست و خیز حرکت کردن، جفتك‌چارکش‌کردن، از یکدیگر بنوبت جلو زدن،گریز زدن، گره گره حرکت‌کردن.

leap year, *n.* سال‌کبیسه.

learn [lə:n] (-ed, learnt, learning) *vt. & vi.* آموختن، یادگرفتن، آگاهی‌یافتن، فراگرفتن، خبرگرفتن، فهمیدن، دانستن.

learn.able, *adj. & n.* یادگرفتنی.

learned [lə́:nid] *adj.* دانا، عالم، دانشمند، فاضل، عالمانه.

learn.er [lə́:nə] *n.* یادگیرنده.

learn.ing [lə́:niŋ] *n.* معرفت، دانش، یادگیری، اطلاع، فضل وکمال.

lease [li:s] (-d, leasing) *n. & vt.* اجاره،کرایه، اجاره‌نامه، اجاره دادن، کرایه کردن.

Put out on l. اجاره دادن.

leasehold [lí:should] *n.* اجاره‌داری، زمین اجاره‌ای، مال‌الاجاره.

leaseholder [lí:shòuldə] *n.* اجاره‌دار.

leash [li:ʃ] (-ed, -ing) *n. & vi.* افسار سگ و حیوانات مشابه، افسار بستن، بند زدن، (شکار) دستهٔ سه تائی.

leas.ing, *n.* دروغ‌گوئی،کذب.

least [li:st] *adv., adj. & n.* کمترین،کوچکترین، خردترین، اقل.

Not in the l. ابداً، بهیچوجه.

At least. اقلاً، دست‌کم، بهرحال.

least.ways, *adv.* [د.گ.] اقلاً.

least.wise, *adv.* دست‌کم، اقلاً.

leath.er [léðə] (- ed, - ing), *n. & vt.* چرم، بندچرمی، قیش، قیش‌چرمی، چرمی‌کردن، چرم‌گذاشتن به، شلاق زدن.

leath.er.oid, *adj.* چرم مانند.

leath.er.ette, *n.* کاغذیاپارچهٔ‌چرم‌نما.

leath.ern, *adj.* چرمی، ساخته شده از چرم، بشکل چرم.

leatherneck, *n.* ملوان، جزو افراد تفنگداران دریائی.

leath.ery, *adj.* چرمی.

leave [li:v] (left, leaving), *n., vt. & vi.* اجازه، اذن، مرخصی، رخصت، باقی‌گذاردن، رهاکردن، ول کردن،گذاشتن، دست‌کشیدن از، رهسپار شدن، عازم شدن، ترك‌کردن.

I beg l. اجازه میخواهم، مرخصی‌میخواهم.

He left them much money. او پول زیادی برای آنها بارث‌گذاشت.

He is on l. او در مرخصی است.

leave=leaf, *vi.* برگ دادن.

leaved, *adj.* [گ.ش.] برگ‌دار، شبیه برگ، پر برگ.

leav.en [lévn] (-ed, -ing) *n. & vt.* خمیر مایه، خمیر ترش، عامل کارگر، مخمرکردن، خمیرکردن، ورآوردن.

leave off, *vt. & vi.* متارکه‌کردن، قطع‌کردن، دست‌کشیدن از.

leaves [li:vz] (*pl.* leaf) صورت جمع کلمه leaf.

leave-taking, *n.* بدرودگوئی، خداحافظی، کسب اجازهٔ مرخصی، وداع.

leav.ings [lí:viŋz] *n.pl.* پس‌مانده، باقیمانده.

lech.er, *n. & vt.* آدم هرزه، فاسق، شهوتران، شهوترانی‌کردن.

lech.er.ous [létʃərəs] *adj.* شهوانی، شهوت‌پرست.

lech.ery [létʃəri] *n.* شهوترانی،هرزگی.

lec.tern [léktə:n] *n.* میز مخصوص قرائت، میز جاکتابی، تریبون.

lec.tion.ary (*pl.* - ies) *n.* آیات منتخبه یا قسمتی ازکتاب مقدس، صورت آیاتی‌که درکلیسا قرائت میشود.

lec.tor, *n.* قاری‌کتاب مقدس درکلیسای‌کاتولیك، مدرس.

lec.ture [léktʃə] (- d, lecturing) *n., vt. & vi.* سخنرانی، خطابه، کنفرانس، درس، سخنرانی کردن، خطابه‌گفتن، نطق‌کردن.

lec.tur.er [léktʃərə] *n.* مدرس، تدریس‌کننده، سخنران.

led [led] (*p. of* **lead**). زمان ماضی فعل lead.

ledge [ledʒ] *n.* طاقچه، لبه، برآمدگی.

ledg.er [lédʒə] *n.* دفترکل، سنگ پهن روی‌گور، تیر، تخته.

lee [li:](*pl.*-s)*adj.& n.* سمت پناه‌دار، آنسوی‌کشتی‌که از باددرپناه‌است، بادپناه، حمایت.

leeboard, *n.* ورق فلزی یا تختهٔ واقع درسمت بادپناه قایق.

leech [li:tʃ] (- ed, - ing) *n., vt. & vi.* زالو، حجامت، اسباب‌خون‌گیری، خفاش خون آشام، انگل، مزاحم، شفا دادن، پزشکی‌کردن، زالو انداختن، طبیب.

Apply a l. زالو انداختن.

leek [li:k] *n.* [گ.ش.] ترهٔ فرنگی،گندنا.

leer [liə] (-ed, -ing) *n. & vt.* جنبه، قیافه، رنگ قیافه، منظر، نگاه‌کج، نگاه چپ، نگاه دزدکی، از گوشهٔ چشم نگاه‌کردن، نگاه‌کج کردن، خالی، تهی، مجوف.

lees [li:z] *n.pl.* ته نشین، درده.

lee shore, *n.* ساحل در معرض باد، مایهٔ خطر، واقع در سمت پناه‌دار کشتی، سوی قسمت پناه‌دارکشتی، سمت پناه‌دارکشتی،کشتی بادپناه.

leeway [lí:wei] *n.* یك‌سو شدگی کشتی در اثر باد، حرکت یك‌سوری، انحراف، (مج.) مهلت، عقب‌افتادگی، راه‌گریز.

left [left] *adv., adj. & n.* چپ، در طرف چپ، جناح چپ.

Keep to the l. دست چپ بروید.

left (*past of* **leave**). زمان ماضی فعل leave.

left-hand, *adj.*

واقع در دست چپ، دست چپی، کج.

left-handed, *adj.* چپ دست، واقع در سمت چپ، ناشی.

left-hand.er, *n.* آدم چپ دست، دست چپی.

left.ism, *n.* چپ‌گرائی.

left.ist, *n.* چپ‌گرا.

leftover, *adj.* & *n.* پس‌مانده، باقیمانده، پس ماندهٔ غذا، بقایا.

left wing, *n.* شخص دست‌چپی، مربوط به‌جناح چپ.

left-wing.er, *n.* جناح چپی.

leg [*leg*] (**-ged, -ging**) *n.*, *vt.* & *vi.* ساق‌پا، پایه، ساقه، ران، پا، پاچه، پاچهٔ‌شلوار، بخش، قسمت، پازدن، دوندگی کردن.

leg.a.cy [*légəsi*] (*pl.* **-ies**) *n.* میراث، ارث.

le.gal [*lí:gəl*] *adj.* قانونی، شرعی، مشروع، حقوقی.

le.gal.ism, *n.* رستکاری‌ازراه‌نیکوکاری، افراط در مراعات قانون، اصول قانون‌پرستی.

le.gal.i.ty [*li(:)gœ́liti*] (*pl.* **-ies**) *n.* قانونی بودن، مطابقت با قانون، رعایت قانون.

le.gal.iza.tion [*lìgəlaizéiʃən*] *n.* قانونی کردن.

le.gal.ize [*lí:gəlaiz*] (**-d, lega-lizing**) *vt.* قانونی کردن، اعتبار قانونی دادن، برسمیت شناختن.

leg.ate [*légit*] (**-d, legating**), *n.* & *vt.* نمایندهٔ پاپ، سفیر، ایلچی، نمایندهٔ تام‌الاختیار، بارث گذاشتن، ارث، فرماندار.

leg.a.tee [*lègətí:*] *n.* موصی‌له، میراث‌بر، ارث‌بر.

le.ga.tion [*ligéiʃən*] *n.* سفارت، نمایندگی، ایلچی‌گری، وزارت مختار.

le.ga.to, *adv.* & *n.* [مو.] پیوسته، آرام و متناسب با الحان‌پی‌درپی.

le.ga.tor, *n.* ارث دهنده، میراث‌گذار.

leg.end [*lédδənd*] *n.* افسانه، نوشتهٔ روی سکه و مدال، نقش، شرح، فهرست علائم و اختصارات.

leg.end.ary [*lédδəndəri*] *adj.* & *n.* افسانه‌ای.

leg.er.de.main [*lédδədəméin*], *n.* تردستی، حقه بازی، حیله، شعبده.

le.ger.i.ty, *n.* سبکی، چابکی، چالاکی، تیزهوشی.

legged, *adj.* پا دراز، پا بلند، لندوك، پایه‌دار، پادار.

leg.ging, leg.gin, *n.* زنگار، ساق‌پوش، مچ‌پیچ.

leg.gy [*légi*] *adj.* پایه‌دار، پروپاچه‌دار.

leg.horn [*léghɔ:n*] *n.* کلاه سبدی‌ایتالیائی، نوعی‌مرغ وخروس کوچك.

leg.i.bil.i.ty [*lèdδibíliti*] *n.* خوانا بودن.

leg.i.ble [*lédδəbl, -ibl*] *adj.* خوانا، روشن.

le.gion [*lí:dδən*] *n.* لژیون، سپاه رومی، هنگ، گروه.

le.gion.ary [*lí:dδənəri*] *adj.* & *n.* سرباز هنگ، سرباز سپاهی.

le.gion.naire, *n.* سرباز هنگ، سرباز لژیون، عضو لژیون.

leg.is.late [*lédδisleit*] (**-d, leg-islating**) *vt.* & *vi.* قانون وضع کردن، وضع شدن (قانون).

leg.is.la.tion [*lèdδisléiʃən*] *n.* وضع‌قانون، تدوین و تصویب قانون، قانون.

leg.is.la.tive [*lédδislətiv, -leitiv*], *adj.* & *n.* قانون‌گذار، مقننه.

legislative assembly, *n.* مجلس قانونگذاری، مجلس شورای ملی.

legislative council, *n.* هیئت عالی مقننه در انگلیس، مجلس مقننه.

leg.is.la.tor [*lédδisleitə*] *n.* قانون‌گذار.

leg.is.la.ture [*lédδisleitʃə*] *n.* هیئت مقننه، مجلس، قوهٔ مقننه.

le.gist, *n.* قانون‌دان.

le.git.i.ma.cy [*lidδítiməsi*] *n.* درستی، بر حق بودن، حقانیت، قانونی بودن.

le.git.i.mate [*lidδítimit*] (**-d, legitimating**) *adj.* & *vt.* حلال‌زاده، درست، بر حق، قانونی، مشروع.

le.git.i.ma.tion, *n.* مشروعیت.

le.git.i.ma.tize = legitimize, *vt.* قانونی کردن، مشروع کردن، توجیه کردن.

le.git.i.mize = legitimatize, *vt.* مشروع کردن، قانونی کردن، توجیه کردن.

leg.man, *n.* خبرنگار محلی، پادو.

leg.ume, *n.* سبزی، گیاه خوردنی، بقولات، نیام.

lei (*pl.* **-s**) *n.* دستبند یا گردن‌بندی از گل‌وغیره که بر گردن میآویزند، گردن‌بندگل.

lei.sure [*léδə*] *n.* تن‌آسائی، آسودگی، فرصت، مجال، وقت‌کافی، فراغت.

At one's l. درسرفرصت، هنگام فراغت.

lei.sure.ly [*léδəli*] *adj.* & *adv.* با فراغت خاطر، تفریحانه، باهستگی.

leit.mo.tiv, leit.mo.tif, *n.* [مو.] عبارت برجسته و ملودی در موسیقی درام واگنر که چند دفعه تکرار میشود، موضوع مهم تکراری.

leman, *n.* عاشق، فاسق، معشوق، دلبر.

lem.ma (*pl.* **-s, lemmata**) *n.* مقدمهٔ موضوع، صغرای قیاس منطقی، کبرای قیاس منطقی، اصل موضوع.

lem.ming (*pl.* **-s**) *n.* [ج.ش.] موش صحرائی قطب شمال.

lem.on [*lémən*] *adj.* & *n.* لیمو، لیمو ترش، رنگ لیموئی.

lem.on.ade [*lèmənéid*] *n.* لیموناد، شربت آبلیمو.

lemon-juice, *n.* آبلیمو.

le.mur, *n* [ج.ش.] میمون پوزه‌دار ماداگاسکار، میمون پوزه‌دار، میمون لمور.

lend [*lend*] (**lent, lending**) *vi.* & *vt.* عاریه دادن، قرض دادن، وام دادن، معطوف داشتن، متوجه کردن، متوجه شدن.

It lends itself to that purpose. بدرد آن‌کار می‌خورد.

lend.er, *n.* قرض دهنده.

lend-lease, *n.* & *vt.* وام و اجاره.

length [*leŋθ*] *n.pl.* درازا، طول، قد، درجه، مدت.

Keep a person at arm's l. ازکسی دوری کردن.

At length. بالاخره، درنتیجه، کاملاً، کلاً.

length.en [*léŋθən*] (**-ed, -ing**), *vt.* & *vi.* درازکردن، طولانی کردن، کشیدن، دراز شدن.

length.ways, *adv.* ازدرازا، ازطول.

lengthwise [*léŋθwaiz*] *adj.* & *adv.* از درازا، از طول، بلند، دراز.

lengthy [*léŋθi*] *adj.* طویل، دراز.

le.nien.cy [*lí:niəns(i)*] **le.nience,** *n.* نرمی، ملایمت، آسان‌گیری، ارفاق.

le.nient [*lí:niənt*] *adj.* با مدارا، آسان‌گیر، ملایم، باگذشت، ضد یبوست، ملین.

Len.in.ism, *n.* عقاید اشتراکی لنین.

Len.in.ist, *adj.* & *n.* وابسته به‌لنین، پیرو لنین.

len.i.tive, *adj.* & *n.* مسکن درد، آرامی‌بخش، ملایم.

len.i.ty [*léniti*] (*pl.* **-ies**) *n.* نرمی، ملایمت، مدارا، رقت قلب، رحم، شفقت.

lens [*lenz*] (*pl.* **-es**), (**-ed, -ing**), *n.*, *vt.* & *vi.* ذره‌بین، عدسی، بشکل عدسی درآوردن.

Lent [*lent*] *n.* ۴۰ روز پرهیز و روزهٔ کاتولیك‌ها، صیام، ماه روزه.

len.ta.men.te, *adv.* [مو.] آهسته، ملایم (بنوازید).

lent.en [*léntən*] *adj.* وابسته به‌چله، روزهای پرهیز وروزه، بی‌گوشت، لاغر، نحیف، ناگوار، حزن‌آور.

len.tic, *adj.* آبزی، زیست‌کننده در آبهای راکد، وابسته به‌آبهای راکد.

len.ti.cel, *n.* [گ.ش.] عدسك، منفذ، خلل وفرج گیاهی.

len.ti.cel.late, *adj.* عدسك‌دار، منفذدار، خلل وفرج‌دار.

len.tic.u.lar, *adj.* عدسی‌وار، ذره‌بینی، [تش.] کوژ، وابسته به جلیدیه یا عدسی چشم، مرکب ازعدسی.

len.ti.cule, *n.* عدسك آبی، (طب) کك‌مك، کنمه، خال‌های ریز متن عکس.

len.til [*lént(i)l*] *n.* [گ.ش.] عدس، دانهٔ عدس، منجو، مرجمك.

len.tis.si.mo, *adv.* [مو.] خیلی ملایم وآهسته (بنوازید).

len.to, *adv.* [مو.] بطور ملایم، بطورآهسته (بنوازید).

Leo, *n.* [نج.] برج اسدکه پنجمین صورت فلکی منطقةالبروج است، [م.ل.] شیر.

le.o.nine [*lí:ənain*] *adj.* شیری، اسدی، شیر خو.

leop.ard [*lépəd*] *n.* [ج.ش.] پلنگ، گربهٔ وحشی.

le.o.tard, *n.* لباس کشباف‌مرکب‌ازشلوار پاچه بلند و بلوز (مخصوص رقص وورزش).

lep.er [*lépə*] *n.* خوره، جذامی، مبتلا به‌جذام.

lep.i.dote, *adj.* پوشیده از شوره یا پولك‌های شوره‌ای، دارای پوسته‌های شوره.

lep.re.chaun, *n.* [افسانهٔ ایرلندی] جن‌کوچکی که هرکس آنرا گرفتار میساخت گنج‌های نهفته را پیدا میکرد.

lep.rose, *adj.* پوسته‌پوسته، فلس‌دار، شوره‌دار، پولك‌دار.

lep.ro.sy [*léprəsi*] *n.* [طب] مرض جذام، جذام، خوره.

lep.rot.ic, *adj.* جذامی.

lep.rous [*léprəs*] *adj.* جذام‌دار، جذامی، خوره‌دار.

les.bi.an, *adj.* & *n.* وابسته به‌طبق‌زنی، وابسته به‌دفع شهوت یك زن با زن دیگر، زن طبق‌زن، همجنس‌باز (زن).

les.bi.an.ism, *n.* رابطهٔ جنسی زن با زن، دفع شهوت زنی با زن دیگر، طبق‌زنی.

lese majesty [*li:zmœ́dδisti*], **lèse ma.jes.té,** *n.* خیانت‌یاتوطئه‌علیه مقام سلطنت یا حکومت، خیانت علیه حکومت.

le.sion [*lí:δən*] *n.* غبن (ghabn)، زیان‌حاصله در اثرعدم اجرای عقدی، (طب و دامپزشکی) زخم، جراحت، خسارت، آسیب.

less [*les*] *prep.*, *adj.*, *adv.* & *n.* (بعنوان صفت تفضیلی little بکار رفته) کهین اصغر، کوچکتر، کمتر، پست‌تر.

A year l. 5 days. یك‌سال‌پنج‌روزکم.

les.see [*lesí:*] *n.* مستأجر، اجاره‌دار، اجاره‌نشین.

less.en [*lésn*] (**-ed, -ing**), *vi.* & *vt.* تقلیل یافتن، کمتر شدن، تخفیف یافتن، کمتر کردن، تقلیل‌دادن، کاستن، کاهش‌دادن.

less.er [*lésə*] *adj.* & *adv.* کمتر، کوچکتر، اصغر، صغیر.

Lesser Bear. [نج.] دب اصغر.

les.son [*lésn*] (**-ed, -ing**) *n.* & *vt.* درس، درس دادن به، تدریس کردن.

les.sor [*lesɔ́:*] *n.* اجاره دهنده، موجر.

lest [*lest*] *conj.* مبادا، شاید:

I feared l. I might wake him. ترسیدم (که) او را بیدار کنم.

let [*let*] (**-ted, -ting**) *n.*, *vt.* & *vi.* گذاشتن، اجازه دادن، رها کردن، ول کردن، اجاره دادن، اجاره رفتن، درنگ کردن، مانع، انسداد، اجاره دهی.

House to l. خانهٔ برای اجاره.

L. down. خفیف کردن، مأیوس کردن.

L. in. اجازهٔ دخول دادن (به).

L. me know. بمن اطلاع دهید.

let.down, *n.* تحقیر، یأس، نومیدی، شکست.

le.thal [*lí:θl*] *adj.* & *n.* وابسته به‌مرگ، کشنده، مهلك، مرگ‌آور.

le.thar.gic [*leθá:dδik*] *adj.* بیحال، سست.

leth.ar.gy [*léθədδi*] (*pl.* **-ies**) *n.* سبات، مرگ‌کاذب، خواب مرگ، بی‌علاقگی، بیحالی، سنگینی، رخوت، موت‌کاذب، تهاون.

Le.the [*lí:θi*] *n.* (افسانهٔ یونان) آب رودخانهٔ برزخ، (مج.) فراموشی، نسیان.

le.the.an, *adj.* وابسته به‌نهر فراموشی برزخ، نسیان‌آور.

let's = let us

let.ter [*létə*] (**-ed, -ing**) *n.*, *vi.* & *vt.* حرف‌الفباء، حرف، حرف چاپی، نامه، مراسله، کاغذ، ادبیات، آثارادبی، معرفت، دانش، باحروف‌نوشتن، باحروف‌علامت گذاشتن، اجازه دهنده.

L. of invitation. دعوت‌نامه.

Man of letters. ادیب، دانشمند.

letter carrier = mailman, *n.* نامه‌رسان، پستچی، چاپار.

let.tered [*létəd*] *adj.* دانا، فاضل، عالم، فرهنگی، باسواد، حرفی.

letterhead, *n.* سرنامه، عنوان چاپی بالای کاغذ.

lettering [*létəriŋ*] *n.* حروف‌گذاری، علامت‌گذاری با حروف.

letter of credit, *n.* (م.م.) اعتبارنامه، ورقهٔ اعتبار، اعتباراسنادی.

letter-perfect, *adj.* کلمه بکلمهٔ، جزء بجزء، کاملاً وارد، از بر.

letterpress [*létəpres*] *adj.* & *n.* منگنهٔ مسودهٔ کاغذهای کپیه، پرس‌نامه، چاپی، وابسته بحروف چاپی.

let.tuce [*létis*] *n.* [گ.ش.] کاهو.

let up, *n. & vi.* انقطاع، فروکش، مکث، کندکردن، مکث کردن، خفیف شدن.
leu.co.ma, leukoma, *n.* [تش.] لک‌قرنیه، لک‌سفیدروی چشم.
leu.ke.mia, *n.* [طب] سرطان خون.
leu.ko.cyte, *n.* [تش.] گویچهٔ سفید خون، گلبول سفید خون.
leu.ko.pe.nia, *n.* [طب] کمبود گویچه‌های سفید خون (بطور غیر طبیعی).
leu.ko.poi.e.sis, *n.* [تش.] ایجاد و تشکیل گویچه‌های سفید خون.
le.vant [*livǽnt*] *vi. & n.* خاور و شرق، مشرق، جاخالی کردن.
le.vant.er, *n.* ساکن خاور، شرقی، باد تند شرقی.
le.va.tor (*pl.* **- s, -es**) *n.* [تش.] عضلهٔ بالابر، ماهیچه‌ای که عضو را بالا میبرد.
le.vee [*lévi, leví:*] (**- d, levee-ing**) *n. & vt.* مجلس‌پذیرائی، سلام عام، بار عام دادن، خاکریز، بند، لنگرگاه.
lev.el [*lévl*] (**- ed, - led, -ing, -ling**), *n., adj., vi. & vt.* تراز، آلت ترازگیری، هموار، سطح‌برابر، هم‌تراز، هم‌پایه، یک‌نواخت، یک‌دست، موزون، هدف‌گیری، ترازسازی، ترازکردن، مسطح کردن یا شدن، نشانه گرفتن.

LEVEL (n 1)

To l. with the ground. با خاک یکسان کردن.
level best, *n.* خیلی عالی، خیلی خوب، بسیار عالی.
level crossing=grade crossing, *n.* محل تقاطع دوخط راه‌آهن.
lev.el.er, lev.el.ler, *n.* ترازگیر، ترازدار، برابرکننده، هم‌سطح‌کننده.
level.headed, *adj.* دارای قضاوت صحیح.
lever [*lí:və*] (**- ed, - ing**) *n., vt. & vi.* اهرم، دیلم، اهرم‌کردن، با اهرم بلند کردن، با اهرم تکان‌دادن(با up و over وغیره)، تبدیل به‌اهرم کردن، (در ترازو وغیره) شاهین، میله، میله اهرم.
They levered the stone up the wall. با اهرم سنگ را بالای دیوار بردند.
lever.age [*lí:vəridʒ*] *n.* شیوهٔ بکار بردن اهرم، کار اهرم، دستگاه‌اهرمی، وسیلهٔ نفوذ، نیرو، قدرت نفوذ (در امری).
lev.er.et, *n.* بچهٔ‌خرگوش‌یکساله، معشوقه.
Le.vi, *n.* لاوی فرزند یعقوب پیغمبر.
levi.able, *adj.* وضع‌کردنی، بستنی، قابل‌تحمیل، مالیات بستنی، وضع مالیات.
le.vi.a.than [*liváiəθən*] *n.* جانور بزرگ دریائی که درکتاب عهد عتیق نام برده شده، نهنگ.
levi.er, *n.* وضع‌کنندهٔ مالیات، مالیات وصول‌کن.
lev.i.gate (**- d, levigating**) *n., adj. & vt.* سبک، نرم، صیقلی، نرم‌کردن، سائیدن، خمیر کردن، صاف و صیقلی کردن.
lev.in, *n. & vi.* [د.گ.-انگلیس]برق، آذرخش، آذرخش زدن.
levi.rate, *n.* ازدواج مرد با زن برادر متوفای خود.

lev.i.tate (**- d, levitating**), *vt. & vi.* برخاستن، بلند شدن، شناورشدن.
lev.i.ta.tion[*lèvitéiʃən*] *n.* شناوری.
Le.vite, *n.* لاوی، زادهٔ لاوی، فرزند حضرت یعقوب.
lev.i.ty [*léviti*] (*pl.* **- ies**) *n.* سبک، سبک‌سری، رفتار سبک، لوسی.
lev.u.lose, *n.* [ش.] قندی بفرمول $C_6H_{12}O_6$ قند میوه‌جات.
levy [*lévi*] (**- ied, - ing**) *n.* وضع مالیات، مالیات‌بندی، مالیات، خراج، وصول مالیات، باج‌گیری، تحمیل، نام‌نویسی، مالیات بستن بر، جمع آوری کردن
lewd [*l(j)u:d*] (**- er, - est**) *adj.* هرزه، ناشی از هرزگی، شهوت‌پرست.
lex.i..cal, *adj.* کلمه‌ای، حرفی، لغوی، وابسته به‌فرهنگ لغات، وابسته به فرهنگ‌نویسی، واژه‌ای.
lex.i.cog.ra.phy [*lèksikɔ́grəfi*], *n.* لغت‌نویسی، فرهنگ‌نویسی، واژه‌نگاری.
lex.i.cog.ra.pher, *n.* لغت‌نویس.
lex.i.co.graph.ic, -al, *adj.* وابسته به‌فرهنگ‌نویسی، وابسته به‌واژه‌نگاری.
lex.i.con [*léksikən*] (*pl.* **-s, lexica**) *n.* فرهنگ، کتاب لغت، قاموس، واژه‌نامه، دیکسیونر.
li.a.bil.i.ty [*làiəbíliti*] (*pl.***-ies**), *n.* مسئولیت، دین، بدهی، قرض، شمول، احتمال، [در محاسبات] بدهکاری، استعداد، سزاواری.
li.a.ble [*láiəbl*] *adj.* مسئول، مشمول.
L. for damages. مسئول خسارت.
He is l. to become sick. مستعد یا آمادهٔ ناخوش شدن است.
li.aise, *vi.* ارتباط پیداکردن، رابطه داشتن، بستگی داشتن، رابط نظامی بودن.
li.ai.son [*liéizɔ*] *n.* رابطهٔ نامشروع، بستگی، رابطه، ارتباط، رابط.
li.ar [*láiə*] *n.* دروغگو، کذاب، کاذب.
li.ba.tion [*laibéiʃən*] *n.* ساغرریزی، نوشابه‌پاشی، نوشیدن‌شراب، تقدیم شراب به‌حضور خدایان.
li.bel [*láibəl*] (**-ed, -ing, -led, -ling**) *n., vt. & vi.* افترا، تهمت، توهین، هجو، افترا زدن.
li.bel.ee, li.bel.lee, *n.* [حق.] مدعی علیه، شخص مورد افترا.
li.bel.er, libeller, *n.* افترا زن.
li.bel.ous [*láibələs*] **li.bel.lous,** *adj.* هجوآمیز، افتراآمیز.
lib.er.al [*líbərəl*] *n. & adj.* آزاده، نظربلند، دارای سعهٔ نظر، روشنفکر، آزادی‌خواه، زیاد، جالب توجه، وافر، سخی.
liberal arts, *n.pl.* علوم انسانی، [در قرون وسطی] علوم سبعه.
lib.er.al.ism [*líbərəlizm*] *n.* اصول آزادی‌خواهی، وسعت نظر، آزادگی.
lib.er.al.i.ty[*lìbərǽliti*] *n.* سخاوت.
lib.er.al.iza.tion, *n.* آزادکردن، لیبرال کردن، ترقیخواه کردن.
lib.er.al.ize (-d, liberalizing), *vt. & vi.* روشنفکر کردن، سخاوتمند شدن، آزادیخواه کردن، آزادکردن، رفع ممانعت کردن.
lib.er.ate [*líbəreit*] (**-d, liberating**) *adj. & vt.* آزادکردن، رهاکردن، تجزیه کردن.
lib.er.a.tion [*lìbəréiʃən*] *n.* آزادکردن، نجات.
lib.er.a.tor [*líbəreitə*] *n.* آزادی‌بخش، آزادکننده.

Li.be.ria, *n.* کشور لیبریا.
lib.er.tar.i.an, *adj. & n.* طرفدار آزادی اراده، طرفدار آزادی فردی.
lib.er.tar.i.an.ism, *n.* طرفداری از آزادی فردی.
lib.er.tin.age, *n.* هرزگی، افسارگسیختگی.
lib.er.tine [*líbətain*] *adj. & n.* هرزه، افسارگسیخته، کسیکه پابندمذهب نیست، باده‌گسار و عیاش، غلام آزاد شده.
lib.er.ty [*líbəti*] (*pl.* **-ies**) *n.* آزادی، اختیار، اجازه، [illegible]
L. of the press. آزادی مطبوعات،
I have the l. to say that. اجازه میخواهم بگویم.
li.bid.i.nal, li.bid.i.nous, *adj.* وابسته به‌شهوت جنسی.
li.bi.do, *n.* شورجنسی، شهوت‌جنسی، هوس، تحریک شهوانی.
li.bra (*pl.* **- e**) *n. & adj.* یک رطل (pound) برابر با ۱۶ اونس(مخفف آن lb. است)، گیروانکه، برج میزان.
li.brar.i.an[*laibrέəriən*]*n.* کتابدار.
li.brar.i.an.ship, *n.* کتابداری.
li.brary [*láibrəri*] (*pl.* **-ies**) *n.* کتابخانه، قرائتخانه، کتابفروشی.
library science, *n.* علم‌کتابداری، علم تنظیم و محافظت ازکتب.
li.bra.tion, *n.* جنبش، نوسان، جنبش ترازوئی و حرکت موازنه‌ای، جنبش نمایان ماه، ارتعاش.
li.bret.tist, *n.* نویسندهٔ اشعار اپرا.
li.bret.to [*librétou*] (*pl.* **-s, li-bret.ti**) *n.* کتاب اشعار اپرا (opera)، اشعار اپرا.
Lib.y.an, *n.* اهل لیبی، ساکن لیبی.
lice [*lais*] (*pl. of* **louse**) [صورت جمع louse] شپش‌ها.
li.cens.able, *adj.* مجاز، قابل اجازه، پروانه‌دار.
li.cense, li.cence [*láisəns*] (**-d, licensing**) *n. & vt.* اجازه، پروانه، جواز، جواز شغل، اجازهٔ رفتن دادن، پروانه دادن، مرخص کردن.
li.cens.ee [*làisənsí:*] *n.* پروانه‌دار، صاحب جواز، دارندهٔ پروانه، لیسانسیه.
li.cens.er=li.cen.sor, *n.* پروانه دهنده.
li.cen.sure, *n.* پروانه، اجازه (بخصوص اجازهٔ‌موعظه وخطابه).
li.cen.ti.ate, *n.* دارندهٔ پروانه، دارای جواز، لیسانسیه.
li.cen.tious [*laisénʃəs*] *adj.* هرزه، ول، شهوتران، بداخلاق، مبنی‌برهرزگی.
li.chen [*láiken*] *n. & vt.* (گ.ش.) گلسنگ، باگلسنگ پوشاندن.
lich-gate [*litʃgeit*] *n.* طاق‌نمای مشرف بحیاط کلیسا، جای سرپوشیده.
lic.it, *adj.* مشروع، حلال، قانونی، روا، مجاز، حراج، فروش از طریق مزایده.
lick [*lik*] (**-ed, -ing**) *n., vt. & vi.* لیس، لیسه، لیسیدن، زبان زدن، زبانه کشیدن، فراگرفتن، تازیانه زدن، مغلوب کردن.
lick.er.ish, *adj.* مشتاق، مایل، آشپز ماهر، اشتهاآور، هوس‌ران.
lickety-split, *adv.* [ز.ع.-آمر.] با عجله، با سرعت و تعجیل.
licking, *n.* لیس‌زنی، لیس، شلاقزنی، بشکل درآوری.
lick into shape بشکل درآوردن (کنایه از بچهٔ خرس است که در اثرلیسیدن مادرش بصورت تمیزی درمیآید).
lickspittle, *n.* کاسه لیس، بادنجان دور قاب چین.
lic.o.rice [*líkəris*] *n.* [گ.ش.] شیرین‌بیان، مهک (Glycyrrhiza glabra).
lic.tor [*líktə*] *n.* یساول، پیشرو حاکم و غیره، متصدی مجازات.
lid [*lid*] *n. & vt.* سرپوش، کلاهک، دریچه، پلک چشم، جلد، کلاهک‌گذاشتن، دریچه‌گذاشتن، جفت زدن به.
lid.less, *adj.* بی‌دریچه، بی‌پلک.
lie [*lai*] (**lied, lying**) *n., vt. & vi.* دروغ‌گفتن، سخن نادرست‌گفتن، دروغ، کذب.
Give a person the l.=Give the lie to a person. کسی را بدروغ‌گوئی متهم‌کردن.
lie (lay, lain, lying) *vt. & vi.* درازکشیدن، استراحت کردن (با down)، خوابیدن، افتادن، ماندن، واقع شدن، قرار گرفتن، موقتاً‌ماندن، وضع، موقعیت، چگونگی.
The difference lies in this that.... تفاوت در اینجا است که.....
lie by, *vt. & n.* تورفتگی دیوار یا دوراهی، معبرتنگ، غیرفعال باقی ماندن، استراحت کردن.
lie detector, *n.* دروغ سنج، دستگاه کشف دروغ.
lie down, *vi.* استراحت‌کردن، استراحت کوتاه، تسامح کردن، از زیرکار شانه خالی‌کردن، درازکشیدن.
lief [*li:f*] (**-er, -est**) *adv., adj. & n.* محبوب، عزیز، گرانبها، مطبوع، دلپذیر، مطلوب، مایل، آماده، از روی میل، محبوبه.
liege [*li:dʒ*] *adj. & n.* صاحب تیول، ارباب، هم‌بیعت.
liege man[*lí:dʒmən*](*pl.***-men**)*n.* هم‌بیعت‌نسبت‌به‌تیولدار، وفادار، رعیت‌جان‌نثار.
lien [*lí(:)ən, li:n*] *n.* (حق.) حق تصرف مال یاملکی تا هنگامیکه بدهی وابسته‌بآن‌داده شود، حق رهن، حق‌گروی، طحال، سپرز.
L. on goods. حق حبس کالا.
li.enal, *adj.* [تش.] طحالی، سپرزی.
lie over, *vi.* معوق ماندن، بتأخیر افتادن، متمایل‌شدن، متمایل‌بودن، منتظرماندن.
lieu [*lju:*] *n.* جا، عوض، بجای، درعوض.
In lieu of. بجای، درعوض.
lie up, *vt.* (بعدازفعالیت)استراحت‌کردن، دربسترماندن، درآغل ماندن، درکنام ماندن.
lieu.ten.an.cy, *n.* [نظ.] درجهٔ ستوانی، ناوبانی، نیابت، قلمرو ستوانی.
lieu.ten.ant [*lefténənt, l(j)u:ténənt*] *n.* [نظ.] ستوان، ناوبان، نایب، وکیل، رسدبان.
lieutenant colonel, *n.* سرهنگ دوم، ناخدا دوم.
lieutenant commander, *n.* [نظ.-ن.د.] دریابان.
lieutenant general, *n.* [نظ.] سپهبد.
lieutenant governor, *n.* [آمر.] معاون فرماندار، نایب‌الحکومه.
lieutenant junior grade (*pl.* **lieutenants junior grade**) *n.* [نظ.-ن.د.] ستوان سوم.

life [*laif*] (*pl.* **lives**) *adj. & n.*
جان، زندگی، حیات، عمر، رمق، مدت، دوام، دوران زندگی، موجود، موجودات، حبس ابد.

A matter of l. and dealth.
موضوع حیاتی و مماتی.

Live a long l. عمر درازکردن.

Take one's own l. خودکشی کردن.

life belt [*làifbelt*] *n.*
کمربند نجات غریق، لاستیك نجات غریق.

life.blood [*láifblʌd*] *n.*
خون حیاتی، نیروی حیاتی.

lifeboat [*láifbout*] *n.* قایق نجات.

life.buoy [*láifbɔi*] *n.*
کمربند یا حلقهٔ نجات شناوری که برای نجات غریق بر روی آب شناور میباشد، گوی شناور.

life cycle, *n.* مدارج و مراحل مختلف حیاتی انسان و جانوران، دورهٔ زندگی.

life expectancy, *n.*
عمر متوسط، سن متوسط.

life-force=élan vital, *n.*
(فلسفهٔ برگسن) زیست نیرو، نشاط حیات.

life-giving, *adj.*
حیات‌بخش، نیروبخش، روانبخش.

lifeguard [*láifga:d*] *n.*
نگهبان، گارد، مأمور نجات غریق.

life insurance, *n.* بیمهٔ عمر.

life.less, *adj.* مرده، عاری از زندگی.

life.like, *adj.* زندگی مانند، واقعی.

lifeline [*láiflain*] *n.* (کف‌بینی) خط زندگی، طناب یا رسن نجات غواص، شاهراه.

lifelong [*láiflɔŋ*] *adj.*
مادام‌العمری، برای تمام عمر، برابر یك عمر.

life preserver [*láifprizə:və*] *n.*
وسیلهٔ نجات غریق وغیره، اسباب نجات.

lif.er, *n.*
[ز.ع.] محکوم به‌حبس‌ابد، حکم حبس ابد.

life raft, *n.* قایق نجات، قایق چوبی که برای نجات غریق بکارمیرود.

lifesaver, *n.* نجات دهندهٔ زندگانی، عضو دستهٔ نجات غریق و امثال‌آن.

lifesaving, *n.* نجات غریق، وسیلهٔ نجات غریق، نجات دهندهٔ زندگی.

life-size, -d [*láifsáiz(d)*] *adj.*
[درمورد مجسمه و تصویر وغیره] باندازهٔ شخص زنده، باندازهٔ طبیعی.

lifetime [*láiftaim*] *n.* عمر، مدت زندگی، دورهٔ زندگی، مادام‌العمر، ابد.

life vest, *n.*
وسیلهٔ نجات غریق که بشکل لباسی دوخته‌وبرتن میکنند و بهنگام لزوم‌آنرا باد مینمایند، لباس نجات غریق (life jacket).

lifeway, *n.* طرز زندگی.

lifework [*láifwə:k*] *n.*
کار یا نتیجهٔ یك عمر زندگی.

lift [*lift*] (**-ed, -ing**) *n., vt. & vi.*
بلندکردن، سرقت‌کردن، بالارفتن، مرتفع‌بنظر آمدن، بلندی، بالابری، یك وهله بلندکردن بار، دزدی، سرقت، ترقی، پیشرفت، ترفیع، آسانسور، بالارو، جرثقیل، بالابر.

L. up one's eyes. بالا نگریستن.

To ride on a l. سوارآسانسور شدن.

He gave me a l. home.
او مرا بمنزلم سواری داد.

The ban was lifted.
ممنوعیت مرتفع شد.

lift.er, *n.*
بالابر، بلندکننده، مرتفع‌کننده، برطرف‌کننده.

lift.man (*pl.* **- men**) *n.*
[انگلیس]آسانسورچی، متصدی‌آسانسور.

lift-off, *n.* بلند شدن هواپیما یا موشك.

lift truck, *n.* خودرو دارای جرثقیل.

lig.a.ment [*lígəmənt*] (*pl.* **-s**) *n.*
[تش.] پیوند، رباط، بند، وترعضلانی، بندیزه.

lig.a.men.tous, *adj.* رباطی.

li.gate (**- d, ligating**) *vt.*
بستن (شریان)، مسدود کردن رگ.

li.ga.tion, *n.*
بستن رگ، انعقاد، بند، رشته یا وسیلهٔ بستن.

lig.a.ture [*lígətʃ(u)ə*] *n.*
بخیه زنی، بند، نوار، زخم‌بند، شریان بند، شریان بندی، رشته، رباط، طلسم، (مو.) خط پیوند، خط ارتباط، کلیدکوك سازهای زهی، دو یا چند حرف متصل بهم.

light [*lait*] (**- ed, - ing**) (**- er, - est**) *n., adv., adj., vt. & vi.*
فروغ، روشنائی، نور، چراغ، آتش، کبریت، آتش زنه، لحاظ، جنبه، برق چشم، روشنی، وضوح، تابان، پرفروغ، آشکارکردن، آتش زدن، مشتعل شدن، آتش گرفتن، سبك وزن، کم وزن، ضعیف، خفیف، آهسته، اندك، آسان، کم قیمت، کم، قلیل، سهل‌الهضم، مختصر، کم‌ارزش، چابك، فرار، زود گذر، هوس‌آمیز، بی‌غم و غصه، وارسته، بی‌عفت، هوسباز، خل، دارای مشاعر ضعیف، سرگرم کننده، غیر جدی، بار را سبك‌کردن، تخفیف دادن، سبکبارکردن، فرود آمدن، واقع شدن، وقوع‌یافتن، سررسیدن، رخ‌دادن، دلداری دادن، بچه زائیدن، فارغ شدن، کم‌کردن، سست‌کردن.

a l. load. یك بار سبك.

To l. a cigarret. سیگارروشن‌کردن.

light.en [*láitn*] (**- ed, - ing**), *vt. & vi.* سبك‌کردن، سبکبارکردن، راحت‌کردن، کاستن، مثل برق درخشیدن، درخشیدن، روشن‌کردن، تنویر فکر کردن.

light.er [*láitə*] (**- ed, - ing**), *n. & vt.* فندك، کبریت، گیرانه، قایق باری، با قایق باری‌کالا حمل‌کردن..

lightfast, *adj.*
مقاوم در برابر نور، رنگ نرو.

light-footed=light-foot, *adj.*
ماهر، تردست، بادپا، فعال، چابك، سبك‌پا.

light-handed, *adj.*
سبك دست، آسان، راحت، ماهر، تردست.

light-headed, *adj. & n.*
[م.م.] سبك‌سر، بی‌فکر، گیج، حواس‌پرت.

lighthearted, *adj.* زنده دل، شاد، با نشاط، خوش قلب، مسرور، بی‌غم، امیدوار.

light heavyweight, *n.* [درمسابقات ورزشی و مشت‌بازی] نیم سنگین، وزن ششم.

lighthouse [*láithaus*] *n.*
فانوس‌دریائی، چراغ‌خانه، برج فانوس دریائی.

light.ing, *n.*
روشنائی، احتراق، اشتعال، نورافکنی، سایه‌روشن.

light.ish, *adj.* نسبتاً‌سبك، نسبتاً روشن.

light.less, *adj.* بی‌نور.

light meter, *n.*
اسباب‌کوچك نور سنجی، نور سنج.

light-minded, *adj.*
سبك مغز، بی‌فکر، خل، سبك.

light.ning [*láitniŋ*] *n.* آذرخش، برق (دررعد وبرق)، آذرخش زدن، برق زدن.

lightning bug=firefly, *n.* شب‌تاب.

lightning rod, *n.* میلهٔ برق‌گیر.

light-o'-love, *adj. & n.*
ناپایدار در عشق، زن هوسران، فاحشه.

light opera, *n.*
اپرای مفرح، اپرای سبك.

lightplane, *n.*
هواپیمای شخصی کوچك و سبك.

lightproof, *adj.*
ضدنور، محفوظ‌ازنور، غیرقابل‌نفوذ بوسیلهٔ‌نور.

lights [*laits*] *n.pl.*
شش (shosh)، ریهٔ جانوران.

lightship [*láitʃip*] *n.* کشتی‌فانوس‌دار.

light.some [*láitsəm*] *adj.*
خوشدل، شوخ، چابك، سبك، روشن، درخشان، برنگ روشن

lights-out, *n.* علائم مخابرات بوسیلهٔ نور، هنگام خاموشی، ساعت‌خواب.

light-struck, *adj.*
نور زده، نوردیده (در مورد شیشه‌یافیلم‌عکاسی)، در اثر نور محو و تار شده.

lightweight [*láitweit*] *adj. & n.*
(در مسابقات ورزشی و مشت‌زنی) خروس وزن، سبك وزن، کم وزن، سبك وزن.

light.wood, *n.*
(گ.ش.ـ آمر.) درخت‌کاج گرجستانی که چوبش خشك ودارای قیر است و خوب می‌سوزد، (استرالیا) نوعی درخت اقاقیا.

light-year, *n.* [نج.] سال نوری.

lig.ni.fi.ca.tion, *n.* چوبسازی.

lig.ni.fy (**-ied, -ing**) *vi. & vt.*
تبدیل به‌چوب‌کردن، چوب شدن، چوبی شدن.

lig.nite [*lígnait*] *n.* زغال قهوه‌ای، [مع.] نوعی ذغال سنگ، ذغال سنگ چوب نما.

lig.ule, *n.*
(گ.ش.) زائدهٔ‌کوچکی که بین برگ و غلاف قرار دارد، ملازه، گلبرگ‌تسمه‌ای، زبانك.

lik.able, like.able [*láikəbl*] *adj.*
دوست داشتنی.

like [*laik*] (**-d, liking**) *vt., vi. & n.* دوست داشتن، مایل بودن، دل خواستن، نظیربودن، بشکل یاشبیه (چیزی یا کسی)بودن، مانند، مثل، قرین، نظیر.

like (**- r, - st**) *prep., conj., adj. & adv.* همانند، متشابه، شبیه، بسان، هم‌شکل، هم‌جنس، متمایل، به‌تساوی، مثل، شاید، احتمالاً. فی‌المثل، مثلاً.

In l. manner. بهمینطور.

I do not feel l. working.
حال‌کارکردن ندارم.

like.li.hood [*láiklihud*] *n.*
احتمال، همانندی، امر محتمل.

like.ly [*láikli*] (**- ier, - iest**), *adj. & adv.* محتمل، باورکردنی، احتمالی.

like-minded, *adj.*
همفکر، دارای فکر متجانس.

lik.en [*láikən*] (**- ed, - ing**), *vt. & vi.* مانندکردن، شبیه‌کردن، شبیه شدن.

like.ness [*láiknis*] *n.*
شباهت، همانندی، شکل، شبیه، پیکر، تصویر.

likewise [*láikwaiz*] *adv.*
بهمچنین، چنین، نیز، هم، بعلاوه، همچنان.

lik.ing [*láikiŋ*] *n.* [م.م.] میل، تمایل، ذوق، علاقه، حساسیت، شهوت و میل.

Have a l. for. میل داشتن (به).

li.lac [*láilək*] *n.*
یاس بنفش، یاس شیروانی.

lil.i.a.ceous, *adj.* یاس مانند.

lil.ied, *adj.* به‌لطافت یاس، به‌ظرافت یاس، مزین به‌سوسن، شبیه سوسن.

Lil.li.pu.tian [*lìlipjú:ʃiən*] *adj. & n.* قدکوتاه، وابسته به‌جزیرهٔ خیالی‌لی‌لی‌پوت.

lilt [*lilt*] (**- ed, - ing**) *vt. & vi.*
آهنگ موزون، خوش نوا، جهش‌یاحرکت‌فنری، آهنگ خوش نوا و موزون خواندن، شعر نشاط انگیز خواندن، با سبکروحی حرکت‌کردن.

lilting, *adj.* خوشنوا، موزون، خوشحال.

lily [*líli*] (*pl.* **- ies**) *adj. & n.*
(گ.ش.) سوسن سفید، زنبق، زنبق رشتی.

lily-livered, *adj.* جبون، بزدل، ترسو.

lily of the valley, *n.*
(گ.ش.) زنبق الوادی، گل برف، موگه‌بهار.

lily-white, *n. & adj.*
سفید چون زنبق، خیلی سفید.

li.man, *n.* [جغ.] خلیج مصب رودخانه، مدخل رودخانه، مرداب.

limb [*lim*] (**-ed, -ing**) *n. & vt.*
عضو، عضو بدن، دست یا پا، بال، شاخه، قطع کردن عضو، اندام زبرین، اندام زیرین.

lim.bate, *adj.* حاشیه‌دار، عضودار.

lim.beck, lim.bec, *n. & vt.*
انبیق[مخصوص قرع]، با انبیق‌کارکردن.

lim.ber [*límbə*] *adj. & vt.* خمیده، سربزیر، مطیع، تاشو، خم شو، نرم، خم کردن، تاکردن، خمیده کردن، تمرین‌نرمش‌کردن.

limb.less, *adj.* بی‌عضو، بی‌شاخه.

lim.bo [*límbou*] *n.* کناردوزخ، برزخ.

lime [*laim*] (**- d, liming**) *vt., vi. & n.*
لیمو ترش، عصارهٔ لیمو ترش، آهك، چسب، کشمشك، سنگ‌آهك، آهك‌زنی، چسبناك کردن، آغشتن، با آهك‌کاری سفیدکردن، آبستن‌کردن.

lime.ade, *n.* شربت‌آبلیمو.

limekiln, *n.* کورهٔ‌آهك‌پزی.

lime.light [*láimlait*] *n.*
چراغ یا نور قوی، قسمتی از صحنهٔ نمایش‌که بوسیلهٔ‌نورافکن روشن‌شده‌باشد، محل موردتوجه و تماشای عموم.

li.men, *n.* آستانه، [ر.ش.] کمترین تحریك عصبی که برای ایجاد احساس لازم است، آستانهٔ احساس، شعور.

lim.er.ick [*límərik*] *n.*
شعر غیر مسجع پنج بندی، شعربندتنبانی.

limestone [*láimstoun*] *n.* سنگ‌آهك.

lime-twig, *n. & vt.* دام، تله‌انداختن.

limewater, *n.* آب‌آهك.

li.mic.o.line, *adj.* کرانه‌زی، زیست کننده در ساحل، وابسته بمرغان‌کرانه‌زی.

li.min.al, *adj.* آستانه‌ای، شعوری، وابسته بمختصرترین تحریك عصبی.

lim.it [*límit*] (**-ed, -ing**) *vt. & n.*
حد، حدود، کنار، پایان، اندازه، وسعت، محدود کردن، معین‌کردن، منحصر کردن.

There is no l. to it.
حد و حصری ندارد.

within the limits of. در حدود.

lim.it.able, *adj.* محدودیت‌پذیر.

lim.i.tary, *adj.*
محدود، منحصر، دارای قدرت محدود.

lim.i.ta.tion, -al [*lìmitéiʃən*] *n. & adj.* محدودیت، تحدید، محدودسازی، شرط.

lim.i.ta.tive, *adj.* محدودکننده، حصری.

limited, *adj.*
محدود، منحصر، مشروط، مقید.

L. liability company.
شرکت با مسئولیت محدود.

lim.it.er, *n.* محدودکننده.

limiting, *adj.*
محدود، مقید، معین، منحصرکننده.

lim.it.less *adj.* بی‌حد و حصر.

lim.i.trophe, *adj. & n.* واقع در مرز، مجاور مرزی، مجاور.

li.miv.o.rous, *adj.* فرو برندهٔ گل و لای، بلعندهٔ گل، لجن‌خوار.

lim.mer, *n.* کلاش، آدم رذل، دغـل، قلاش، ناقلا، بچهٔ بد ذات یا شیطان، زن سبکسر، زن هرزه، زن جلف.

limn [lim] (- ed, - ing) *vt.* مصور کردن، تذهیب کردن (کتاب وغیره)، رنگ آمیزی کردن، آب رنگ زدن.

lim.netic=lim.nic, *adj.* زیست کننده در آب شیرین، وابسته به آب شیرین.

lim.nol.o.gist, *n.* زیست‌شناس جانوران آب شیرین.

lim.nol.o.gy, *n.* بخشی از زیست‌شناسی که دربارهٔ موجودات آب شیرین بحث میکند.

lim.ou.sine [límu:zi:n] *n.* اتومبیل کالسکه‌ای، خودروسواری بزرگ.

limp [limp] (- ed, -ing) (- er, - est) *adj., n. & vt.* عمـل لنگیدن، شلیـدن، لنـگ، شـل، لنگی، شلیدن، لنگیدن، سکته داشتن.

lim.pet [límpit] *n.* جانور نرم تن خاره چسب، صدف‌کوهی.

lim.pid [límpid] *adj.* زلال، صاف، ناب، روشن، خالص.

lim.pid.i.ty [limpíditi] *n.* زلالی، صافی.

limp.sy, limpsey, limsy, *adj.* [د.گ.] سست و شل، نرم، قابل انحناء.

limy [láimi] (- ier, - iest) *adj.* آهکی، آهک‌دار، چسبناک، مثل لیمو ترش.

lin.age, line.age, *n.* سطربندی، سطرشماری.

linch.pin [lín(t)ʃpin] *n.* میخ‌آسه، میخ محور، سگدست.

lin.den(tree) [líndən] *n.* [گ.ش.] زیرفون، نمدار (Tiliaceae).

line [lain] *n.* خط، سطر، بند، ریسمان، رسن، طناب، سیم، جاده، دهنه، لجام.

All along the l. در سرتاسر خط.

line (- d, lining) *vt. & vi.* خط‌کشیدن، خـط انداختن در، خطدار کـردن، (نظ.) بخط کردن [با up]، آراستن، تراز کردن، آستر کردن، پوشاندن.

lin.eage [líniidʒ] *n.* سویه، دودمان، اصل و نسب، اجداد، اعقاب.

lin.eal [líniəl] *adj.* مربوط به‌خط، عمودی، اجدادی، خطی.

lin.eal.i.ty, *n.* خطی بودن.

lin.ea.ment, - al [líniəmənt], *adj. & n.* نشان ویژه، خط، طرح، سیما، طرح بندی، خطوط چهره، صفات مشخصه.

lin.ear [líniə] *adj.* خطی، طولی، دراز، باریک، کشیده.

lin.ear.ize (-d, -zing) *vt.* بصورت طولی درآوردن.

lin.ea.tion, *n.* خط‌کشی، ترسیم خط، خط‌گذاری.

line.breed, *vi. & vt.* اصلاح نژادی کردن، بهنژاد کردن.

line.breed.ing, *n.* بهنژادی، پرورش نژاد انسان یا حیوان در جهت یا هدف معینی (برای تقویت خصوصیات موردنظر).

line.man [láinmən] (*pl.* -men), *n.* سیم‌کش هوائی، بازرس خط‌آهن، (در فوتبال) بازیکن خط جلو.

lin.en [línin] *n. & adj.* کتان، پارچهٔ کتانی، جامهٔ زیر، رختشوئی.

wash one's dirty l. in public. نزاعهای خانگی را بر ملا کردن.

line of sight, *n.* خط‌دید، مسیر دید، خطی که قرنیهٔ چشم‌را به‌نقطهٔ ثابتی وصل نماید.

line of vision, *n.* خط مستقیمی که نقطهٔ زرد چشم را به‌نقطهٔ ثابتی وصل نماید.

lin.eo.late, lin.eo.lated, *adj.* [گ.ش.-ج.ش.] خطدار، دارای‌خطوط‌ریز، مخطط.

line out, *vt.* با خط علامت گذاشتن، (درخـت‌کاری) قلمهٔ درختان را درآوردن و بصورت مسطری کاشتن.

lin.er [láinə] *n.* کشتی یا هواپیمای مسافری، آستردوز، آستری، کسی که خط میکشد، خط‌کش.

lines.man [áinzmən] (*pl.* -men), *n.* سربازصف، سربازخط‌جبهه، خطبان، مواظب برخورد توپ با خط، سیم‌بان، سیمکش‌هوائی.

line.up [láinʌp] *vi. & n.* صف، تنظیم کردن، مرتب کردن، آماده و مجهز کردن، ترتیب جای بازیکنان فوتبال، طرزقرارگیری.

ling [liŋ] (*pl.* - s) *n.* (ج.ش.) ماهی روغنی اروپـای شمالی و آمریکا از خانوادهٔ Gadidae، (گ.ش.) خلنج جارو.

lin.ger [líŋgə] (- ed, - ing), *vt. & vi.* درنگ کردن، تأخیر کردن، دیر رفتن، مردد بودن، دم‌آخر را گذراندن.

lin.ger.er, *n.* درنگ‌کننده، تأخیرکننده.

lin.ge.rie [lɛ́:nʒəri:, lǽnʒəri] *n.* ملبوس کتانی، زیرپوش زنانه.

lin.go [líŋgou] (*pl.* -es, -s) *n.* زبان ویژه، زبان صنفی و مخصوص طبقهٔ خاص.

lin.gua [líŋgwə] (*pl.* - e) *n.* زبان یا عضو زبانی شکل، اصطلاحات خاص.

lingua fran.ca, *n.* زبان‌آمیخته با زبانهای دیگر، گویش‌مختلط، زبان بین‌المللی.

lin.gual, *adj.* زبانی، حرف زبانی یا ذو لفی.

lin.guist [líŋgwist] *n.* زبانشناس، متخصص زبانشناسی، زباندان.

lin.guis.tic, -al [liŋgwístik] *adj.* وابسته به‌زبانشناسی.

lin.guis.tics, *n.pl.* زبانشناسی.

lin.i.ment [línimənt] *n.* روغن مالیدنی، مرهم‌رقیق، روغن مالش.

lin.ing [láiniŋ] *n.* آستر، آستردوزی، خط‌کشی، تودوزی.

link [liŋk] (- ed, - ing) *adj., n., vt. & vi.* حلقهٔ زنجیر، دانهٔ زنجیر، پیوند، بند، میدان‌گلف، زنجیر، قلاب، متصل کردن، بهم پیوستن، جفت کردن.

link.age, *n.* اتصال، وسیلهٔ ارتباط، حلقه‌های زنجیر، رابطه.

linking verb, *n.* فعل معین.

link.man[liŋkmən]=**linkboy,** *n.* مشعلدار، حامل مشعل.

links [liŋks] *n.pl.* تپهٔ ساحلی، زمین بازی گلف.

linkup, *n.* ملاقات، میتینگ، وسیلهٔ اتصال، پیوندگاه.

linkwork, *n.* زنجیر، هرچیززنجیره‌دار.

linn, lin, *n.* استخر، دریاچهٔ کوچک، آبشار، پرتگاه.

lin.net [linit[*n.* (ج.ش.) مرغ کتان، سهرهٔ خانگی.

li.no.cut, *n.* چاپی که بوسیلهٔ کلیشه روی مشمع ایجاد میگردد.

li.no.le.um [linóuliəm] *n.* مشمع فرشی، مشمع کف اتاق.

li.no.type [láinətaip] *n.* ماشین حروف ریزی کـه سطر سطر حـروف را میریزد و سطر سطر برای چاپ آماده میکند.

lin.seed [línsi:d] *n.* [گ.ش.] تخم بزرك، بزرك، بذرکتان.

lin.sey-wool.sey [línziwúlzi] *n.* یکنوع پارچهٔ پشم‌ونخ یا پشم وکتان زبر، چرند.

lint [lint] *n. & vi.* پارچهٔ زخم‌بندی، کهنه، لیف‌کتان، (نظ.) فتیله، ضایعات پنبه.

lin.tel [líntl] *n.* [illegible]

li.on [láiən] (*pl.* - s) *n.* شیر، هژبر، شیر نر، (نج.) برج اسد.

lionhearted, *adj.* دلیر، شیردل.

li.on.iza.tion, *n.* توجه زیاد به‌شخص.

li.on.ize [láiənaiz] (-d, lioniz-ing) *vt. & vi.* مورد توجه زیاد قرارگرفتن، شیر کردن.

lip [lip] (- ped, - ping) *adj., n. & vt.* لب، لبه، کنار، طاقت، سخن، بیان، لبی، بالب لمس کردن.

lip.ide, lip.id, *n.* چربی، مواد چربی که شامل پیه وموم وفسفاتید و سروبروزیدها میباشد.

lip.less, *adj.* بی‌لب.

liplike, *adj.* لب مانند.

li.pol.y.sis, *n.* تجزیه و تحلیل چربی.

li.po.ma (*pl.* -s, lipoma.ta) *n.* [طب] تومر خوش خیم چربی، غدهٔ چربی.

li.pom.a.tous, *adj.* چربی مانند.

lip.o.phil.ic, *adj.* چربی دوست، چربی گرای.

lip.pen, *vt. & vi.* [اسکاتلند] محول کردن، اعتماد کردن.

lip.ping, *n.* قطعهٔ چوبی که در لای شکاف کمان تعبیه شده، لبچه، لوچه، لب‌زدن.

lip.py (-ier, -iest) *adj.* [د.گ.] جسور، گستاخ، پررو، دارای‌لب‌آویزان.

lip-read, *vt. & vi.* لب‌خواندن، کلمات‌را بوسیلهٔ حرکات لب فهمیدن [مثل کرها].

lip-reader, *n.* لب‌خوان.

lipreading, *n.* فهم کلمات ازراه حرکات لب، لبخوانی.

lip service, *n.* چاپلوسی، تملق.

lipstick, *n.* ماتیك لب، مداد لب.

li.quate (-d, liquating)*vt. & vi.* گداختن، آب کردن، ذوب کردن، قال کردن.

li.qua.tion, *n.* گداختن، تبدیل بآب کردن، گداز.

liq.ue.fa.cient, *n.* آبگونگر، گدازنده، مایع کننده، (طب) عامل‌موجب‌ترشح، ترشح کننده، مایع ترشح کننده.

liq.ue.fac.tion [lìkwifǽkʃən] *n.* آبگونه‌سازی، گدازش، تبدیل به‌مایع.

liq.ue.fi.a.ble, *adj.* قابل تبدیل به‌مایع، گدازپذیر.

liq.ue.fy=liq.ui.fy [likwifai], (- ied, - ing) *vt. & vi.* آبگون کردن، گداختن، تبدیل به‌مایع کردن.

li.ques.cence, *n.* مایع شدگی، حالت میعان، آبگونگی.

li.ques.cent, *adj.* مایع شونده.

li.queur [likjúə, - kjɔ́:] *n.* لیکور (نوشابهٔ الکلی).

liq.uid [líkwid] *adj. & n.* مایع، آبگونه، چیزآبکی، روان، سلیس، (در مورد کالا) نقد شو، پول شدنی، سهل و ساده.

liq.ui.date [líkwideit] (-d, liq-uidating) *vi. & vt.* تسویه کردن، حساب را وارِیز کردن، برچیدن، از بین بردن، مایع کردن، بصورت نقدینه درآوردن، سهام.

liq.ui.da.tion [lìkwidéiʃən] *n.* تسویه، از بین رفتن، واریز حساب، نابودی.

liq.ui.da.tor, *n.* حساب واریز کننده، برچیننده، از بین برنده.

li.quid.i.ty, *n.* قابلیت‌تبدیل به‌پول، تسویه پذیری، آبگون پذیری.

liq.uid.ize (- d, liquidizing), *vt.* بصورت مایع درآوردن، صاف کردن، تسویه کردن، از بین بردن.

li.quor [líkə] (- ed, - ing) *n., vt. & vi.* مشروب‌خوردن یاخوراندن، مشروب، نوشابه، مشروب‌الکلی، باروغن‌پوشاندن، چرب کردن، مایع زدن، مشروب زدن به.

liquorice [líkəris] *n.* [گ.ش.] شیرین بیان.

li.ra [lírə] (*pl.* lire, - s) *n.* لیرهٔ عثمانی، لیرهٔ ترك، لیرهٔ سابق اتریش.

lisp [lisp] (- ed, - ing) *vi., vt. & n.* نوك زبانی صحبت کردن، شل و سرزبانی تلفظ کردن، شلی‌زبان.

lis.some=lis.som [lísəm] *adj.* نرم، چابك، تاشو، چالاك، بنرمی.

list [list] (-ed, -ing) *n., vt. & vi.* فهرست، صورت، جـدول، سجـاف، کنار، شیار، نرده، میدان‌نبرد، تمایل، کجی، میل، درفهرست واردکردن، فهرست کردن، در لیست ثبت کردن، شیار کردن، آماده کردن، خوش آمدن، دوست داشتن، کج کردن.

lis.tel, *n.* [م.م.] کناره، حاشیه، باریکه، راه‌راه.

lis.ten [lísn] (- ed, - ing) *n., vt. & vi.* شنیدن، گوش دادن، پذیرفتن، استماع کردن، پیروی کردن از، استماع.

lis.ten.er [lísnə] *n.* مستمع، گوش دهنده، شنونده.

listen in, *vt.* استراق سمع کردن (بوسیلهٔ تلفن و غیره).

list.er, *n.* حاشیه‌دوز، سجاف‌دوز، ماشین‌خیش‌یاشیار، قاری.

list.ing, *n.* سجاف، اسم‌نویسی، فهرست‌نویسی، خیش‌کنی.

list.less [lístlis] *adj.* بی‌میل، بی‌توجه.

list price, *n.* فهرست قیمت اجناس، فهرستی که در آن قیمت اجناس یا آگهی و یا کالاهای تجارتی را نوشته‌اند، قیمت‌فاکتور.

lit [lit] (*past of* light) زمان‌گذشته فعل light.

lit.a.ny [lítəni] (*pl.* - ies) *n.* مناجات و دعای دسته جمعی بطورسؤال وجواب، مناجات و عبادت تهلیل‌دار.

li.ter, li.tre, *n.* لیتر.

lit.er.a.cy [lítərəsi] *n.* سواد، با سوادی، سواد خواندن و نوشتن.

lit.er.al [lítərəl] *adj.* تحت‌اللفظی، حرفی، لفظی، واقعی، دقیق، معنی اصلی.

lit.er.al.ize (- d, literalizing), *vt.* بصورت‌تحت‌اللفظی‌درآوردن، لفظ‌بلفظ معنی کردن، تحت‌اللفظی ترجمه کردن.

lit.er ary [lítərəri] *adj.* ادبی، کتابی، ادیبانه، ادیب، وابسته به‌ادبیات، ادبیاتی.

lit.er.ate [lítərit] *n. & adj.* باسواد، ادیب.

lit.e.ra.ti (*sing.* litteratus & litterati) *n.pl.* ادبا، فضلا، اهل قلم، دانشمندان.

lit.e.ra.tim, *adv.* حرف بحرف، کلمه بکلمه، تحت‌اللفظی.
lit.er.a.ture [*lít(ə)rətʃə*] *n.* ادبیات، ادب و هنر، مطبوعات، نوشتجات.
lithe [*laið*] (- r, - st) *adj.* نرم، خمشو، لاغر اندام.
li.thi.a.sis, *n.* (طب) ایجاد سنگ و ریگ در مجاری بدن(مثل سنگ مثانه و غیره).
lith.ic, *adj.* سنگی، ریگی، وابسته بریگ، وابسته به‌لیتوم.
lith.i.um, *n.* [ش.] لیتوم.
lith.o.graph [*líθəgra:f*] (- ed, - ing) *n., vt. & vi.* چاپ سنگی، حکاکی روی سنگ، حجاری، حك کردن.
li.thog.ra.pher, *n.* سنگ‌نگار، حجار.
li.thog.ra.phy [*liθɔ́grəfi*] *n.* چاپ سنگی، حکاکی بر روی سنگ.
li.thol.o.gy, *n.* سنگ‌شناسی، صخره‌شناسی.
lith.o.phyte, *n.* (گ.ش.-ج.ش.) گیاه سنگزی، مرجان‌آهکی.
lith.o.print, *vt.* با چاپ سنگی چاپ کردن، عکس از روی چاپ سنگی برداشتن.
lith.o.sphere, *n.* قسمت سخت زمین، سنگ‌کره.
Lith.u.a.ni.an, *adj. & n.* اهل کشور لیتوانی، زبان لیتوانی.
lit.i.ga.ble, *adj.* قابل طرح دعوی.
lit.i.gant [*lítigənt*] *n. & adj.* طرف دعوی، مرافعه کننده.
lit.i.gate [*lítigeit*] (-d, litigating) *vt. & vi.* طرح دعوی کردن، مرافعه کردن، تعقیب قانونی کردن.
lit.i.ga.tion [*litigéiʃən*] *n.* دعوی قضائی.
li.ti.gious [*litídʒəs*] *adj.* دعوائی.
lit.mus [*lítməs*] *n.* [ش.] مادهٔ آبی‌رنگی که از بعضی گلسنگ‌ها بدست میآید و در اثر اسید زیاد برنگ قرمز تبدیل میشود و هرگاه قلیا بدان بزنند باز برنگ آبی درمیآید، تورنسل.
litmus paper, *n.* کاغذ تورنسل.
li.to.tes [*láitoti:z*] *n.pl.* [بدیع] خفض‌جناح، کوچك قلم دادن‌چیزی برای‌افزایش اهمیت آن ویا اجتناب از انتقاد، شکسته نفسی.
litre=liter [*lí:tə*] *n.* لیتر.
lit.ter [*lítə*] (- ed, - ing) *n., vt. & vi.* تخت روان، کجاوه، محمل، برانکار یا چارچوبی که بیماران را با آن حمل میکنند، آشغال، نوزادانی که‌جانوری‌دریك وهله‌میزاید، زایمان، ریخته و پاشیده، زائیدن، آشغال پاشیدن.
lit.ter.a.teur, *n.* دانشمند، ادیب.
lit.tle [*lítl*] *adv., adj. & n.* اندك، کم، کوچك، خرد، قد کوتاه، کوتاه، مختصر، ناچیز، جزئی، خورده، حقیر، محقر، معدود، بچگانه، درخور بچگی، پست.
Little Bear=Ursa Minor, *n.* [نج.] دب اصغر.
lit.to.ral [*lítərəl*] *adj. & n.* کرانه‌ای، ساحل، کرانه، ناحیهٔ‌ساحلی، دریاکناری.
li.tur.gi.cal, *adj.* مربوط به‌علم‌العبادت.
li.tur.gi.ol.o.gy, *n.* دانش آئین‌نماز.
lit.ur.gist, *n.* پیشنماز، عالم‌در آئین‌نماز.
lit.ur.gy [*lítədʒi*] (*pl.* - ies) *n.* آئین نماز، آداب نماز، مناجات‌نامه.
liv.a.bil.i.ty, *n.* قابلیت زندگی در چیزی، زیست‌پذیری.

liv.able=live.able [*lívəbl*] *adj.* قابل زیستن، قابل معاشرت، قابل زندگی.
live [*liv*] (- d, living) *vt. & vi.* زندگی کردن، زیستن، زنده بودن.
L. up to one's principles. موافق مرام خود زیستن یا رفتار کردن.
live [*laiv*] *adj.* زنده، موثر، شدید، سرزنده.
live-bearing = viviparous, *adj.* زنده زا.
live.li.hood [*láivlihud*] *n.* وسیلهٔ معاش، معاش، اعاشه، معیشت.
live.long [*lívlɔŋ, láivlɔŋ*] *adj.* تمامی، همه، پایدار، طولانی و خسته کننده.
The l. night. شب دراز.
live.ly [*láivli*] (- ier, - iest), *adj. & n.* با روح، زنده، جالب توجه، سرزنده، از روی نشاط، با سرور و شعف.
liv.en [*láivn*] *vt. & vi.* (د.گ.-غالباً با up) چالاك شدن، زنده‌دل‌شدن، چابك شدن، با روح شدن.
liv.er [*lívə*] *n.* جگر، کبد، جگرسیاه، مرض کبد، ناخوشی‌جگر، زندگی کننده.
LIVER
liv.er.ied [*lívərid*] *adj.* ملبس، دارای لباس، درکسوت.
liv.er.ish [*lívəriʃ*] *n.* شبیه جگر، مبتلا بمرض جگر.
liverwort, *n.* (گ.ش.) غافث، داروی جگر.
liv.er.wurst=liver sausage, *n.* سوسیس‌جگرپخته.
liv.ery [*lívəri*] (*pl.* - ies), *adj. & n.* (حق.) تحویل، تسلیم، رد و بدل [مثل‌ضربات‌متبادله]، رهائی، نجات، (م.م.) لباس وخوراکی که بنوکرداده میشود، لباس مستخدم، جیره، علیق اسب، جامه، مستخدم.
livery.man [*lívərimən*] (*pl.* -men) *n.* نوکر باب، کسیکه لباس نوکری بر تن دارد.
livery stable, *n.* اصطبل مخصوص کرایه دادن‌اسب یا نگاهداری اسبهای‌دیگران.
livestock, live-stock [*láivstɔk*], *n.* چارپایان‌اهلی، مواشی وگاو و گوسفندی که برای‌کشتار یا فروش پرورش شود، احشام.
liv.id [*lívid*] *adj.* سربی رنگ، کبود، کبود شده، کوفته، خاکستری رنگ.
liv.ing [*líviŋ*] *n. & adj.* زندگی، معاش، وسیلهٔ‌گذران، معیشت، زنده، حی، در قید حیات، جاودانی.
living death, *n.* زندگی مرگبار، زندگی شبیه مرگ.
living room, *n.* اتاق نشیمن، سالن نشیمن.
living wage, *n.* مزدکافی برای امرار معاش.
lix.iv.i.ate (- d, lixiviating) *vt.* جدا کردن، تجزیه کردن‌بوسیلهٔ شستشو باقلیا یامادهٔ‌حلالی.
liz.ard [*lízəd*] *n.* (ج.ش.) مارمولك، سوسمار، بزمجه.

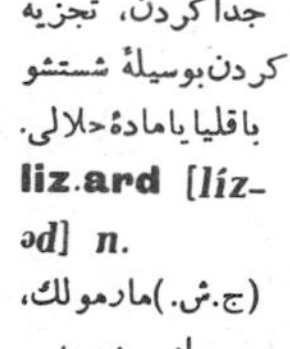
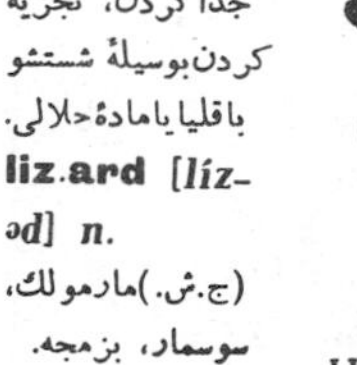
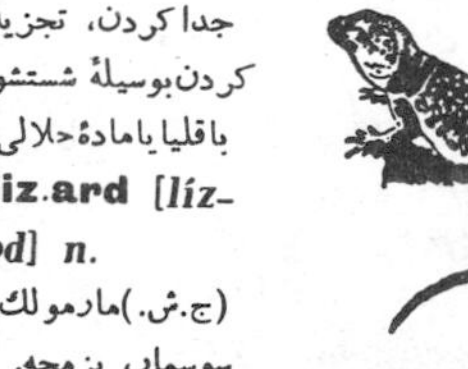
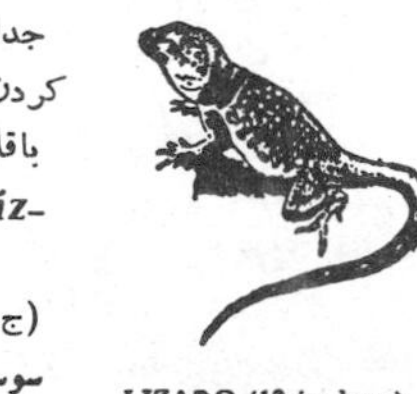

LIZARD (12 in. long)

lla.ma [*lá:mə*] (*pl.* - s) *n.* [ج.ش.] لاما، شتر بی‌کوهان آمریکای جنوبی، پشم لاما.
LLAMA (3 ft. high at shoulder)
Lloyd's [*lɔ́idz*] *n.* بزرگترین شرکت بیمهٔ انگلیسی.
lo [*lou*] *interj.* هان، اینك، آهای، ببین، بنگر.
loach (*pl.* - es) *n.* [ج.ش.] ماهی‌تیان (ازخانوادهٔ Cobitidae).
load [*loud*] (-ed, -ing) *n., vt. & vi.* بار، کوله بار، فشار، مسئولیت، بار الکتریکی، عمل پرکردن تفنگ باگلوله، عملکرد ماشین‌یا دستگاه، بارکردن، پر کردن، گرانبار کردن، سنگین‌کردن، فیلم (در دوربین) گذاشتن، بارگیری شدن، بار زدن، تفنگ یا سلاحی را پر کردن.
A l. of coal. یك بار ذغال.
The l. for an engine. بار موتور.
loaded, *adj.* (زع.-آمر.) مست، پولدار، دارای پول زیاد، بار شده، مملو، پر.
load.er, *n.* بارکننده.
loading, *n.* بارگیری، بار، محموله، آمیختن مواد خارجی به شراب.
load line, *n.* خط دورکشتی که وقتی کشتی کاملاً بارگیری شدآب تاآنجا میرسد.
loadstar, *n.* ستارهٔ قطبی، ستارهٔ‌راهنما.
loadstone [*lóudstoun*] *n.* [مع.] اکسید طبیعی‌آهن، آهن‌ربا، چیز جذاب.
loaf [*louf*] (*pl.* loaves) (- ed, - ing) *n., vt. & vi.* قرص‌نان، کله‌قند، تکه، وقت را بیهوده‌گذراندن، ولگردی‌کردن.
loaf.er [*lóufə*] *n.* آدم عاطل و باطل، ولگرد.
loam [*loum*] *adj. & n.* خاك رس وشن که باگیاه پوسیده‌آمیخته باشد، خاك‌گلدانی.
loamy [*lóumi*] *adj.* مثل خاك رس یا خاك (گلدانی).
loan [*loun*] (-ed, -ing) *n., vt. & vi.* وام، قرض، قرضه، عاریه، واژهٔ عاریه، عاریه دادن، قرض‌کردن.
loanword, *n.* واژهٔ‌عاریه، واژهٔ‌بیگانه.
loath loth [*louð*] *adj. & n.* بیزاری، بیمیل، بیزار، منفور، خشمگین، خشونت.
loathe [*louð*] (- d, loathing), *vt. & vi.* نفرت داشتن از، بیزاربودن، بدداشتن، منزجر بودن، بیزارکردن، سبب بیزاری شدن.
loath.ing [*lóuðiŋ*] *n.* بیمیلی، بیزاری، نفرت، تنفر.
loath.ly, *adj. & adv.* باتنفر، نفرت انگیز، زننده، بطور نفرت انگیز.
loath.some [*lóuðsəm*] *adj.* نفرت‌انگیز، زننده، دافع، بی‌رغبت‌کننده.
lob [*lɔb*] (- bed, - bing) *n., vt. & vi.* گوشت‌یاپوست‌آویخته، غبغب، چاق وچله، چاق، گوشت‌آلو، آدم خپله وسنگ، چیزی راسنگین بزمین زدن، با تنبلی وسنگینی حرکت‌کردن، خم شدن، بآهستگی‌پرتاب‌کردن.
lo.bar, *adj.* لخته‌ای، واقع در قسمتهای ریه، قطعه‌ای، آویزدار، لاله‌دار (مثل لالهٔ‌گوش).
lo.bate=lo.bat.ed, *adj.* دارای نرمه(مثل‌گوش)، مرکب از چند قطعه، دارای‌آویختگی، دارای غبغب یا زائدهٔ‌آویخته.
lob.by [*lɔ́bi*] (*pl.* - ies) (-ied, - ing) *n., vt. & vi.* تحمیل‌گری‌کردن، راهرو، دالان، سالن انتظار (درراه‌آهن‌وغیره)، سالن هتل ومهمانخانه، سخنرانی‌کردن، [آمر.] برای‌گذراندن لایحه‌ای (در سالن انتظار نمایندگان مجلسین) سخنرانی و تبلیغات‌کردن.
lob.by.er, lob.by.ist, *n.* کسیکه‌درپارلمان‌تبلیغ‌میکند.
lobe [*loub*] *n.* نرمه (مثل‌نرمهٔ‌گوش)، آویز، بخش پهن وگردی که بچیزی‌آویخته یا پیش‌آمده‌باشد، لخته، گوشه، بخشی ازعضله یامغز، قسمت‌نرم‌گوش، نرمهٔ‌گوش.
ear-lobe, n.
lob.lol.ly (*pl.* - ies) *n.* کاج استخری، آش اماج غلیظ، روستائی، بی‌دست و پا، دلقك، چالهٔ‌گل‌آلود.
lo.bo, *n.* [ج.ش.] گرگ مغرب‌آمریکا.
lo.bot.o.my, *n.* [جراحی] برش قسمتی از مغز.
lob.ster [*lɔ́bstə*] (*pl.* - s) *n.* (ج.ش.) خرچنگ‌دریائی، گوشت‌خرچنگ‌دریائی.
lob.u.lar, *adj.* شبیه نرمهٔ‌گوش، شبیه قطعهٔ‌کوچکی از چیزی.
lob.u.late, *adj.* آویزدار، لاله‌دار (مثل لالهٔ‌گوش)، نرمه‌دار، دارای زائدهٔ‌کوچك، منقسم به‌مقطعهای‌کوچك.
lob.u.la.tion, *n.* تقسیم به‌مقاطع‌کوچك، دارای مقاطع‌کوچك، آویز یا نرمهٔ‌کوچك، لختهٔ‌کوچك.
lob.ule, *n.* دالبر، لختهٔ‌کوچك، قطعهٔ کوچك، آویز کوچك، نرمهٔ‌کوچك، مقطع‌کوچك.
lo.cal [*lóukl*] *adj. & n.* لاخ، لاخی، محلی، مکانی، موضعی، محدود بیك محل.
L. train. ترن محلی.
L. anesthesia. بیهوشی موضعی.
local color, *n.* رنگ شاخص کوه و رودخانه و جنگل‌وغیره‌در نقشه، خصوصیات‌محلی.
lo.cale, *n.* محل، منطقه.
lo.cal.ism [*lóukəlizm*] *n.* اصطلاح‌محلی، آئین‌محلی، علاقهٔ‌محلی، کوته‌بینی.
lo.cal.i.ty [*loukǽliti*] (*pl.*-ies), *n.* جا، محل خاص، محل، موضع، مکان.
lo.cal.iza.tion [*lòukəlaizéiʃən*], *n.* تمرکز در نقطهٔ بخصوصی، محلی‌کردن، موضعی‌کردن.
lo.cal.ize [*lóukəlaiz*] *vi.* متمرکز‌کردن، در یك نقطه جمع کردن، محلی کردن، موضعی ساختن.
lo.cate [*loukéit*] (-d,locating), *vt. & vi.* تعیین محل‌کردن، جای چیزی را معین کردن، محل چیزی را تعیین کردن، معلوم‌کردن، مستقر ساختن.
lo.ca.tion [*loukéiʃən*] *n.* موقعیت، محل، تعیین محل، جا، مکان.
lo.ca.tor, *n.* موجر، اجاره دهنده، (آمر.) جایگزین‌شونده.
loch [*lɔx, lɔk*] *n.* دریاچه، خلیج، شاخابه.
lock [*lɔk*] (-ed, -ing), *n., vt. & vi.* طرهٔ گیسو، دستهٔ پشم، قفل، چخماق تفنگ، جفت و بست، مانع، سد متحرك، سدبالابر، چشمهٔ پل، محل پرچ یا اتصال دو یا چند ورق فلزی، قفل کردن، بغل گرفتن، راکد گذاردن، قفل شدن، بوسیلهٔ قفل بسته و محکم شدن، محبوس شدن.
LOCK IN CANAL
lock.age, *n.* عبورکشتی ازدریچهٔ

سد میان بالابر، هزینهٔ عبورکشتی ازسد بالابر.

lock.er [lɔ́kə] **n.** قفل‌کننده، قفسهٔ قفلدار، قفسهٔ قفلدار محصوص دانش‌آموزان و دانشجویان [که کتب خود را در آنجا گذارد].

locker room, n. اطاقی که دارای قفسه‌های قفلدار باشد (مثل اطاق رخت‌کن ورزشکاران).

lock.et [lɔ́kit] **n.** قوطی کوچکی برای یادگارهای خیلی کوچک (مثل طرهٔ گیسو) که بگردن میاویزند.

lockjaw, n. (طب) قفل شدن یاکلید شدن دهان که از علائم زودرس کزاز است، تریسموس.

locknut, n. مهره‌ای که وقتی بدور پیچ پیچیده شود قفل میشود. مهرهٔ قفلشو.

lock on, vt. با علائم مخابراتی و رادارچیزی راتعقیب کردن (مثل قمر مصنوعی و غیره).

lock out, n. & vt. مستخدمین را ازمزایای استخدامی‌محروم‌کردن [برای وادارکردن آنها به‌قبول‌شرایط کارفرما]، در تنگنا قرار دادن یا بمحل‌کارراه ندادن.

lock.ram, n. نوعی‌پارچهٔ‌کتانی، (د.گ.) مزخرف، مهملات، حرف مفت.

locksmith [lɔ́ksmiθ] **n.** قفلساز.

lock, stock, and barrel, n. & adv. [د.گ.]کاملاً، تمام‌موضوع، تمام‌وکمال.

lockup, n. & vt. بازداشتگاه، تعطیل‌کردن‌آموزشگاه، توقیف، حبس، زندان‌کردن.

lo.co.mo.tion [lòukəmóuʃən] **n.** حرکت، جنبش، نقل‌وانتقال نیروبوسیلهٔ‌حرکت، تحرك، نقل و انتقال، [مج.] مسافرت.

lo.co.mo.tive [lòukəmóutiv] **n. & adj.** وابسته‌به‌تحرك،متحرك، لوکوموتیو، حرکت دهنده، نیروی محرکه.

loc.u.lar, adj. [ج.ش.ـ گ.ش.] دارای حفره‌های کوچك، سلولدار، حجره‌دار.

loc.u.late, -d, adj. [گ.ش.] حفره‌دار، سلولدار، حجره‌دار.

loc.u.li.ci.dal, adj. [گ.ش.] شکوفا در شکاف پشت حفره یا حجرهٔ‌گرزن‌گیاه.

loc.u.lus (pl. **locu.li**), **loc.ule, n.** محوطه یاقسمت‌کوچك، اطاقك،حفره، محوطه یاحفرهٔ‌کوچك [مثل محوطهٔ درون مقبره یا سردابه]، (گ.ش.) سلول یا حفرهٔ تخمدان مرکب، حفرهٔ‌کیسهٔ‌گرده.

locum te.nens [lóukəm tì:nənz] (pl. **locum tenen.tes**) **n.** قائم‌مقام، جانشین، کفیل، جانشین‌موقت.

locus (pl. **lo.ci**) **n.** مکان هندسی، مکان، مثال ادبی.

lo.cust [lóu-kəst] **n.** (گ.ش.) خرنوب، اقاقیا، (ج.ش.)ملخ.

LUCUST (3 in long)

lo.cu.tion [lɔkjú:ʃən] **n.** سخن، بیان، نطق، سبك عبارت‌پردازی.

lode, load [loud] **n.** (د.گ.ـ انگلیس) راه‌آبی [water way]، رگهٔ معدن، سنگ طلا، هر چیز شبیه راه‌آبی.

lode.star, load.star, n. [نج.] ستارهٔ قطبی، ستارهٔ راهنما، راهنما.

lodestone, loadstone, n. آهن‌ربا.

lodge [lɔdʒ] (**-d, lodging**) **n., vt. & vi.** منزل، جا، خانه، کلبه، شعبهٔ فراماسونها، انبار، منزل دادن، پذیرائی‌کردن، گذاشتن، تسلیم کردن، قرار دادن، منزل‌کردن، بیتوته‌کردن، تفویض‌کردن، خیمه زدن، به‌لانه پناه بردن.

L. a complaint. عرضحال دادن، شکایت‌کردن.

lodg.er [lɔ́dʒə] **n.** مستأجر، ساکن، مسافر [مهمانخانه]، مهماندار.

lodg.ing [lɔ́dʒiŋ] **n.** مسکن، منزل، محل سکونت، اطاق‌کرایه‌ای.

lodging house, n. محل‌کرایه دادن اطاق، مسافرخانه، مهمانخانه.

lodg.ment, lodge.ment [lɔ́dʒ-mənt] **n.** منزل‌گیری، استقرار، جایگزینی، سپارش پول، ودیعه‌گذاری، [نظ.] موضع‌گیری.

loft [lɔft] (**-ed, -ing**) **n., vt. & vt.** اطاق‌زیرشیروانی،اطاق‌نزدیك‌سقف، کبوترخانه، آسمان، فراز، سقف، بلندکردن، درزیرشیروانی قرار دادن، توپ هوائی زدن.

lofty [lɔ́fti] **adj.** رفیع، عالی، بلند، بزرگ، بلندپایه، مغرورانه.

log [lɔg](**-ged,-ging**) **n., vt. &vi.** کنده، قطعه‌ای از درخت که اره نشده، سرعت سنج‌کشتی، کارنامه، صورت‌عملیات،سفرنامهٔ‌کشتی، گزارش سفرنامهٔ‌کشتی، گزارش سفر هوایپما، گزارش روزانهٔ عملیات هر هیئت یا عملیات موتور یا ماشین و غیره، کندهٔ درخت راکندن، درسفرنامه‌واردکردن، خلبانی‌یارانندگی‌کردن.

lo.gan.berry [lóugənberi] (pl. **-ies**) **n.** (گ.ش.) میوهٔ تمشك قرمز رنگ‌که‌آنرا تمشك خرس مینامند.

log=log.a.rithm, n. لگاریتم.

log.a.rithm [lɔ́gəriθm, -iðm] **n. & adj** [ر.] لگاریتم، انساب، پایهٔ لگاریتم.

Common l. لگاریتم بپایهٔ ۱۰.

log.a.rith.mic, adj. وابسته‌به‌لگاریتم.

logbook, n. روزنامهٔ دریا پیمائی، گزارش روزانهٔ سفرکشتی، سفرنامه.

loge, n. غرفه، جای ویژه در تآتر و غیره، لژ.

logged, adj. آهسته و کند شده در حرکت، (در مورد زمین) ازکنده پاك شده، تسطیح شده.

log.ger, n. چوب‌بر، الوارساز.

log.ger.head [lɔ́gəhed] **n.** احمق، کله خشك، (ج.ش.) لاك‌پشت دریائی، نوعی اردك دریائی، انواع مرغان مگس‌خوار، (گ.ش.) نوعی‌آفت‌پنبه، گیاهان جنس‌قنطوریون (centaurea).

log.gia (pl. **-s, loggie**) **n.** گالری سقفدار، ایوان سرپوشیده، سرپوشیده.

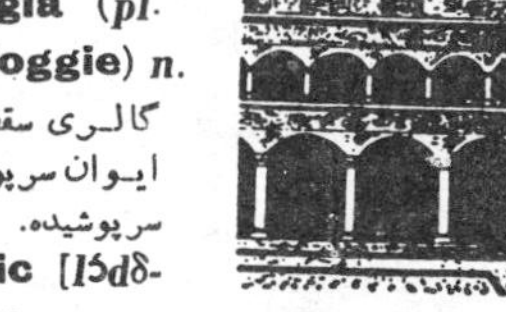

LOGGIA

log.ic [lɔ́dʒ-ik] **n.** منطق، استدلال، برهان.

log.i.cal [lɔ́dʒikl] **adj.** منطقی، استدلالی.

lo.gi.cian [loudʒíʃən] **n.** منطق‌دان.

lo.gis.tic, -al, adj. & n. منطقی، استدلالی، محاسبه‌ای، علم منطق.

lo.gis.ti.cian, n. آمایشگر.

lo.gis.tics, n.pl. آمایش، آمادها، [نظ.] مبحث تدارکات لشکرکشی، شعبه‌ای از فنون نظامی‌که در بارهٔ فن لشکرکشی و وسائط نقلیه و تهیهٔ اردوگاه وآذوقه و مهمات لازمه در طی لشکرکشی بحث میکند.

log.o.gram, log.o.graph, n. واژه یا علامت یا حرفی‌که مخفف‌کلمات‌یاکلمه‌ای باشد، چیستان یا معمائی متشکل ازکلماتی‌که‌باید با هم جمع شوند وکلمهٔ دیگری ازآن‌ساخته‌شود.

log.or.rhea, n. پراکنده‌گوئی، پرحرفی و بیهوده‌گوئی.

Lo.gos (pl. **lo.goi**) **n.** (فلسفه) اصل‌یا منشاء عقل عالم وجود، عقل‌کل، (مج.) پیامبر.

logo.type, n. علامت‌متمایزکننده، (زیست‌شناسی) وجه تسمیهٔ نوع جانور یا گیاه.

log.roll, vt. & vi. غلتانندن الوار و انداختن‌آنها به‌آب، همکاری‌کردن.

lo.gy=log.gy (**-ier, -iest**) **adj.** سنگین، سنگین در فکر و حرکت، بطیء، کُند.

loin [lɔin] **n.** کمر، صلب (solb)، گُرده.

loin.cloth, n. [illegible]

loi.ter [lɔ́itə] (**-ed, -ing**), **vt. & vi.** درنگ‌کردن، تأخیر کردن، دیر پائیدن، پابپاور کردن، معطل‌کردن، با تنبلی حرکت‌کردن.

loi.ter, loiterer [lɔ́itərə] **n.** کسیکه در رفتن تعلل‌کند، پرسه‌زن.

loll [lɔl] (**-ed, -ing**) **n., vi. & vt.** لم‌دادن، لمیدن، آویختن، لم، تکیه، زبان‌بیرون، بیرون افتادن.

lol.li.pop, lol.ly.pop, n. آب نبات یا شیرینی‌که در سر چوب نصب شده وبچه‌ها آنرا میمکند، خروسك.

lone [loun] **adj.** تنها، تك، دلتنگ، مجرد، بیوه، یکه، مجزا ومنفرد.

lone.ly [lóunli] (**-ier,-iest**) **adj.** تنها، بیکس، غریب، بی‌یار، متروك، بینوله.

lone.some[lóunsəm](**-r,-st**)**adj. &n.** تنها وبیکس، دلتنگ و افسرده، ملول.

long [lɔŋ] (**- er, - est**) **adv., adj. & n.** دراز، طولانی، طویل، مدید، کشیده، دیر،گذشته از وقت.

It will not take l. طول نخواهدکشید.

At long last. بالاخره، پس از مدتها.

As long as=so long as. مادامی‌که، بشرطی‌که.

He no longer went there. دیگرآنجا نرفت.

long (**-ed, -ing**) **vt. & vi.** اشتیاق داشتن، میل داشتن، آرزوی چیزی را داشتن، طولانی‌کردن، (درشعر)مناسب بودن.

longbow, n. کمان بزرگ، اغراق‌گوئی،کمان دستی.

long-distance, adj., vt. & n. از راه دور، دوربرد، مکالمات تلفنی ازراه دور.

lon.gev.i.ty [lɔndʒéviti] **n.** طول عمر، درازی عمر، دیرپائی، درازعمری.

lon.ge.vous, adj. دارای عمر دراز.

long.hair, long-haired, adj. & n. مشتاق، علاقمند به‌چیزی [مثل موسیقی وغیره]، علاقمندی‌وافروبیش‌ازاندازه،علاقمندی غیر عقلانی، دارای موی‌بلند، hippie.

longhand [lɔ́ŋhænd] **n.** خط معمولی، دستخط، دستینه، تمام نویسی.

longhead, n. کله دراز، شخص درازسر، مآل اندیش.

longheaded, adj. عاقل، مآل‌اندیش، دارای سر دراز، دراز سر.

longhorn, n. گوسفند شاخ دراز،گاو شاخ دراز.

lon.gi.corn, adj. [ج.ش.] دارای شاخك دراز.

long.ing [lɔ́ŋiŋ] **n.** اشتیاق، آرزوی زیاد، میل وافر، ویار، هوس.

long.ish, n. دراز، متمایل به‌درازی.

lon.gi.tude [lɔ́ndʒitju:d] **n.** درازا، طول‌جغرافیائی.

lon.gi.tu.di.nal, adj. وابسته بطول جغرافیائی.

long jump, n. [ورزش] پرش طول.

long-lived, adj. دارای عمر دراز، دراز عمری، معمر، پر عمر.

long play, Lp, n. صفحهٔ ۳۳ دور، صفحهٔ طولانی.

long-playing, n. & adj. صفحهٔ ۳۳ دور.

long-range, adj. مربوط به‌آینده‌دور، طویل‌المدت، دوربرد [illegible]

long.shore.man [lɔ́ŋʃɔ:mən] (pl. **- men**) **n.** باربر لنگرگاه بندر، وابسته به‌مسافات دور.

long shot, n. کسیکه در مسابقات [مثل مسابقهٔ اسب دوانی] شانس‌کمی برای برنده شدن دارد، نوعی شرط که احتمال بردن‌آن‌کم است.

Not by a long shot. بهیچوجه، اصلاً.

longsighted, adj. دور بین، [مج.]مآل‌اندیش، عاقل، عاقبت‌اندیش.

long.some, adj. [م.م.ـد.گ.] طولانی، معطول، خسته‌کننده، کسالت‌آور.

long-term, adj. درازمدت،طویل‌المدت.

lon.gueur (pl. **- s**) **n.** (درداستان) قسمت خسته‌کننده، راه پرپیچ وخم.

long-winded, adj. دراز نفس، پرچانه، پرگو، (نظ.) مستلزم وقت زیاد.

loo.by, n. آدم زشت‌وتراشیده نخراشیده.

look [luk] (**-ed,-ing**) **n., vt. &vi.** نگاه‌کردن، نگریستن، دیدن، چشم‌ابکاربردن، قیافه، ظاهر، بنظرآمدن، مراقب بودن، وانمود کردن، ظاهر شدن، جستجوکردن.

L. forward to something. انتظار چیزی را داشتن.

It looks as if…. چنین‌بنظرمیرسدکه….

He has good looks. اوخوش‌قیافه است.

He looks sad. او محزون بنظر میرسد.

look after مراقب بودن، مواظب بودن، توجه داشتن به.

look.er, n. نگاه‌کننده، خوش قیافه، نگهدار، شبان.

looker-on [lùkərɔ́n] (pl. **look-ers-on**) **n.** ناظر، تماشاچی، بیننده، شاهد.

look for نگران بودن، منتظر بودن، در جستجو بودن، بیمار بودن.

looking glass [lúkiŋglà:s] **n.** آئینه، آینه.

look.out [lúkáut] **adj. & n.** مراقب، دیده‌بان، دیدگاه، چشم‌انداز، دورنما، دید، مراقبت، عمل پائیدن، نظریه.

loom [lu:m] (**- ed, - ing**) **n., vt. & vi.** کارگاه بافندگی، دستگاه بافندگی، نساجی، جولائی، متلاطم‌شدن (دریا)، ازخلال ابر یا مه پدیدار شدن، از دور نمودارشدن، بزرگ جلوه‌کردن، رفعت، بلندی، جلوه‌گری ازدور، پدیدار ازخلال ابرها.

loon [lu:n] **n.** نوکرپست، آدم‌فرومایه، پسر بچه، فاحشه، رفیقه، (ج.ش.) انواع پنگوئن‌های ماهیخوار وغواص.

loo.ny, loo.ney, lu.ny (**-ier, -iest**) **adj.** احمق، دیوانه.

loop [lu:p] (**- ed, - ing**) **n., vt. & vi.** حلقه، حلقهٔ طناب،گره، پیچ، چرخ، خمیدگی، حلقه دارکردن،گره زدن، پیچ خوردن.

loop.hole (**- d, loopholing**),

vt. & n. مزغل ساختن،
سوراخ دیده‌بانی ایجادکردن، مزغل، سوراخ سنگر، سوراخ‌دیدبانی، راه‌گریز، مفر.

loose [*lu:s*] (**-r, -st, -d, loosing**) *adj., adv., vt. & vi.*
شل، سست، لق، گشاد، ول، آزاد، بی‌ربط، هرزه، بی‌بند و بار، لوس و ننر، بی‌پایه، بی‌قاعده، رها کردن، درکردن (گلوله وغیره)، منتفی کردن، برطرف کردن، شل و سست شدن، نرم و آزاد شدن، حل کردن، از قید مسئولیت آزاد ساختن، سبکبارکردن، پرداختن.

Of a l. texture. شل بافت.

loose end, *n.* انتهای تار یا نخ، سرآزادنخ، چیزاستفاده‌نشده، بیکارافتاده، عاطل، انتهای شل هرچیزی، باقیمانده، ته مانده.

loose-jointed, *adj.*
دارای مفاصل نرم وقابل انحناء (مثل کسانی که عملیات آکروباسی میکنند)، آکروبات.

loos.en [*lú:sn*] (**-ed, -ing**), *vi. & vt.* شل کردن، لینت‌دادن، نرم‌کردن، سست کردن، از خشکی درآوردن.

loot [*lu:t*] (**-ed,-ing**) *n., vt.& vi.*
غارت، چپاول، تاراج، استفادهٔ نامشروع، غارت کردن (شهری‌که اشغال شده)، چاپیدن.

loot.er, *n.* غارتگر.

lop [*lɔp*] (**-ped, -ping**) *n., vt. & vi.* تلاطم، متلاطم شدن،
شاخه‌های خشك را زدن، هرس کردن، چیدن، زدن (موی وغیره)، دست یا پای‌کسی‌را بریدن، با تنبلی حرکت‌کردن، شلنگ برداشتن.

lope [*loup*] (**-d, loping**) *n., vt. & vi.* خرامیدن، رقصیدن،
جست وخیزکردن، شلنگ انداختن، تاخت‌رفتن [اسب و غیره]، بجست و خیز درآوردن، جست و خیز و شلنگ‌تخته، تاخت، حرکت خرامان.

lop-eared, *adj.*
دارای‌گوش‌آویخته (مثل خرگوش).

lop.per, *n.* هرس‌کننده، قطع‌کننده.

lop.py, *adj.* لق، شل، ول، شل‌وآویزان.

lopsided, *adj.* یك‌وری، متمایل
بیك طرف، بی‌قرینه، کج، غیر متعادل.

lo.qua.cious [*loukwéiʃəs*] *adj.*
پرگو، وراج، پرحرف.

lo.quac.i.ty [*loukwǽsiti*] *n.*
پرحرفی.

lo.ral, *adj.* [تش.] وابسته به‌فاصلهٔ میان
چشم و منقار پرندگان (lore).

lo.ran, *n.* تعیین‌خط‌سیرهواپیما یاکشتی
بوسیلهٔ مخابرات رادیوئی.

lord [*lɔ:d*] (**-ed, -ing**) *n., vt. & vi.*
صاحب، خداوند، ارباب،خداوندگار، فرمانروا، لرد، شاهزاده، مالك، ملاك، حکمروائی کردن، مانند لرد رفتارکردن، عنوان لردی دادن به.

lord.ing, *n.*
لرد [بصورت خطاب]، لردکوچك.

lord.ling, *n.* لردکوچك یا بی‌اهمیت.

lord.ship [*lɔ́:dʃip*] *n.*
لردی، اربابی، آقائی، سیادت، بزرگی.

Lord's Prayer, *n.* «دعای‌خداوند».

Lord's Supper, *n.*
«شام خداوند»، «شام واپسین» (یعنی شامی‌که عیسی قبل از دستگیری و مصلوب شدنش با حواریون خود صرف نمود).

lore, - al [*lɔ:, lɔə*] *adj. & n.*
آموزش، معرفت، دانش، مجموعه‌معارف‌وفرهنگ یك‌قوم‌ونژاد، فرهنگ‌نژادی، افسانه‌ها وروایات قومی، فاصلهٔ بین‌چشم ومنقار (یادماغ) حیوانات.

lor.gnette [*lɔ:njét*] *n.*
ذره‌بین یا عینك دسته‌داری‌که در اپراها و نمایشگاهها بکارمیرود، عینك دسته بلند، عینك، عینك پنسی، عینك مخصوص روی بینی.

lo.ri.ca (*pl.* **- e**) *n.*
(روم قدیم) زرهٔ سینه و بالا تنه، (ج.ش.) پوستهٔ سخت‌حافظ جانوران (مثل‌صدف‌وحلزون‌وغیره).

lor.i.cate, -d, *adj. & n.*
دارای پوستهٔ محافظ، کاسه‌دار [مثل لاك‌پشت].

lo.ris, *n.*
[ج.ش.] دونوع بوزینهٔ تنبل سیلان‌وهندوستان.

lorn [*lɔ:n*] *adj.* گمشده، از دست
رفته، برباد رفته، نابود شده، متروك، نومید.

lor.ry [*lɔ́ri*] (*pl.* **- ies**) *n.*
کامیون، بارکش، ماشین باری، بارکش.

lose [*lu:z*] (**lost, losing**) *vt. & vi.* گم کردن،مفقودکردن، تلف‌کردن،
ازدست دادن، زیان‌کردن، منقضی شدن، باختن [درقماروغیره]، شکست خوردن.

Sleep was lost to me.
خواب بمن حرام شد.

lo.sel, *adj. & n.* [د.گ.] آدم بیکاره.

lo.sel.ry, *n.* بیکارگی.

lose out, *vi.*
[د.گ.] شکست خوردن، توفیق نیافتن.

los.er [*lú:zə*] *n.*
بازنده، ورق بازنده، اسب بازنده، ضررکننده.

loss [*lɔ(:)s*] *n.*
زیان، ضرر، خسارت، گمراهی، فقدان، اتلاف، (در جمع) تلفات، ضایعات، خسارات.

Heavy losses. تلفات یا خسارات سنگین.

lost [*lɔ(:)st*](*p. & pp. of* **lose**), *adj.* (ماضی واسم مفعول فعل lose)
گمشده، ازدست‌رفته، ضایع، زیان دیده، شکست خورده، گمراه، منحرف، مفقود.

lot [*lɔt*] (**-ted, -ting**) *n., vi. & vt.*
تکه، سهم، بخش، بهره، قسمت، سرنوشت، پارچه، قطعه، تودهٔ انبوه، قرعه، محوطه، قطعهٔ زمین، جنس‌عرضه‌شده برای فروش، کالا، بقطعات تقسیم‌کردن (با out)، تقسیم‌بندی‌کردن، جور کردن، بخش‌کردن، سهم‌بندی‌کردن، قرعه‌کشیدن، (با حرف بزرگ) لوط پیغمبر فرزند حاران و برادر ابرام.

Lo.thar.io=seducer, *n.*
اغواکننده، گمراه‌کنندهٔ زنان.

lo.tic, *adj.*
زیست‌کننده بر روی امواج سریع‌السیر، موج زی، سیلاب زی (در موردگیاه و جانور).

lo.tion [*lóuʃən*] *n.* شویه،
شستشو، محلول طبی مخصوص شستشوباضدعفونی کردن صورت و غیره، لوسیون.

lot.tery [*lɔ́təri*] (*pl.* **- ies**) *n*
قرعه‌کشی، بخت‌آزمائی، لاطاری، (مج.) امر شانسی، کار الله بختی، شانسی، قرعه.

lot.to=loto, *n.* لوتو (نوعی بازی).

lo.tus=lo.tos. [*lóutəs*] *n.*
(گ.ش.) کنار (konar)، درخت کنار، درخت سدر، (گ.ش.) یکجور نیلوفرآبی.

lotus-eater, lotos-eater, *n.* (م.ل.) کنار خوار، [مج.] آدم خیالپرست
وبیکاره و تنبل.

loud [*laud*] (**-er, -est**) *adj. & adv.*
با صدای بلند، بلندآوا، پرصدا، گوش‌خراش، زرق‌وبرق‌دار، پرجلوه، رسا،مشهور.

loud.en, *vt. & vi.*
بلند شدن (صدا)، صدا را بلندکردن.

loudmouthed, *adj.* پر سر و صدا،
پرهیاهو، وراج، دارای صدای بلند، بلندآواز.

loudspeaker, *n.* بلندگو.

lounge [*laundʒ*] (**-d, lounging**) *n., vt. & vi.*
لمیدن، لم دادن، محل استراحت و لم دادن، اطاق استراحت، سالن‌استراحت، صندلی‌راحتی، تن‌آسائی، وقت‌گذرانی به‌بطالت.

lounge car, *n.*
قطار دارای سالن استراحت و تفریح.

loung.er, *n.* کسیکه درنیمکت
یا در سالن انتظار استراحت میکند.

loup, *n., vt. & vi.*
(اسکاتلند) خیز، فرار، گریز، خیز زدن، فرار کردن، ذره‌بین‌کوچك.

lour [*láuə*]=**lower,** *n. & vi.*
تیره‌شدن، اخم، تغییر، اخم‌کردن، گرفته شدن.

louse [*laus*] (*pl.* **lice**)(**loused, lousing**) *n., vt. & vi.*
شپش، شپشه، شته، هر نوع شپشه یاآفت‌گیاهی و غیره شبیه شپش، شپش‌گذاشتن، شپشه‌کردن.

lousy [*láuzi*] (**-ier, -iest**) *adj.*
شپشو، کثیف، چرکین، اکبیری، نکبت، پست.

lout [*laut*] (**-ed, -ing**) *n., vt. & vi.* سرفرودآوردن، آدم‌بی‌دست و پا،
آدم‌نادان‌ونفهم، بیشعوردانستن، ریشخندکردن، نفهمی نشان دادن، ولگردی‌کردن.

lout.ish [*láutiʃ*] *adj.* دهاتی‌وار،
مسخره، بیشعور، خام دست و بی‌اطلاع.

lou.ver, lou.vre, *n.* بادگیر،
گنبد روزنه‌دار، (برای روشنائی یا دودکش)، فانوس،دودکش‌بخاری، منفذدودکش،نما، حائل.

lov.able=love.able [*lʌ'vəbl*], *adj.* دوست داشتنی، محبوب، جذاب.

lov.age, *n.* (گ.ش.) انجدان رومی.

love [*lʌv*] (**-d, loving**) *n., vt. & vi.* عشق، محبت، معشوقه،
دوست‌داشتن، عشق‌داشتن، عاشق بودن.

To fall in l. عاشق شدن.

love affair, *n.*
سر و سر عاشقانه، عشق و عاشقی، معاشقه.

lovebird, *n.*
[ج.ش.] طوطی سبز و کوچك.

love.less [*lʌ'vlis*] *adj.* بی‌عشق.

love.lorn, *adj.* دلخستهٔ عشق، عاشق
دلخسته، غمزدهٔ عشق، ماتم زدهٔ عشق، شیدا.

love.ly [*lʌ'vli*] (**-ier, -iest**) *adv., adj. & n.* دوست داشتنی، دلپذیر، دلفریب.

lovemaking, *n.* عشق‌ورزی.

lov.er [*lʌ'və*] *n.*
عاشق، دوستدار، فاسق، خاطرخواه.

love seat, *n.*
صندلی یا نیمکت دسته‌دار دونفری.

love-sick, *adj.* بیمار عشق، دلباخته.

love.some, *adj.*
محبوب، دلپذیر، عاشق، عاشق، مطبوع.

lov.ing [*lʌ'viŋ*] *adj.*
دوستدار، محبت‌آمیز، با محبت، محبوب.

loving-kindness, *n.*
مهربانی، لطف وعنایت، مرحمت،عطوفت،محبت.

low=moo, *vi., vt. & n.*
صدای‌گاو، مع‌مع‌کردن.

low [*lou*] (**-er, -est, -ed, -ing**), *adv., adj. & n.*
پست،کوتاه، دون، فرومایه، پائین،آهسته، پست و مبتذل، سربزیر، فروتن، افتاده، کم، اندك، خفیف، مشتعل شدن، زبانه‌کشیدن.

Have a l. estimate of. حقیر شمردن.

low beam, *n.*
چراغ نور پائین جلو اتومبیل.

lowborn [*lóubɔ́:n*] *adj.*
فرومایه، بداصل، بدگوهر، پست.

lowboy, *n.*
عضوحزب محافظه‌کار قدیم، میزچهارپایهٔ کشودار.

LOWBOY

lowbred, بی‌تربیت، پست، فرومایه.
[*lóubréd*] *adj.*

lowbrow, - ed [*lóubrau, -d*], *adj. & n.*
بی‌فرهنگ، بی‌ادب، بیسواد، دارای سلیقهٔ پست.

low-down [*lóudáun*] *adj. & n.*
خوار و خفیف، بی‌آبرو، بی‌شرف، بیشرمانه، حقایق امر، اصل حقیقت، سقوط.

low.er [*lóuə*] (**-ed, -ing**) *adj., vt. & vi.*
پائین‌آوردن، تخفیف دادن، کاستن‌از، تنزل‌دادن، فروکش‌کردن، خفیف‌کردن، پست‌تر، پائین‌تر.

The l. world. عالم اموات.

low.er, lour (**-ed, -ing**) *n., vt. & vi.* اخم، عبوس، ترشروئی،
هوای‌گرفته‌وابری، اخم‌کردن.

low.er.class.man (*pl.*-**men**)*n.*
شخصی‌که از طبقهٔ پائین است، پست، فرومایه.

low.er.most=lowest, *adj.*
خیلی پست‌تر، پائین‌تر، پائین‌ترین، اسفل.

low.ery, loury, *adj.* تیره و
گرفته، دارای ابرهای تیره و پر رعد و برق.

low frequency, *n. & adj.*
امواج‌رادیوئی دارای‌تناوب اندك، دون بسآمد.

low-key, *adj.*
با شدت‌کم، (در موردصدا) دارای صدای‌گرفته.

low.land [*lóulənd*] *n.*
زمین پست، پستی زمین.

low land.er [*lóuləndə*] *n.*
ساحل نشین، ساکن نواحی پست.

low-level, *adj.* پست، فرومایه،
مقام پست وکوچك، درسطح پائین.

low.li.head, *n.*
پستی، فرومایگی، فروتنی.

low.li.ness [*lóulinis*] *n.*
پستی، فرومایگی، فروتنی، بی‌ادبی.

low-low, *adj. & n.*
آهسته‌آهسته، حرکت یواشتر از معمول برای عادت‌کردن، به‌حمل بار سنگین.

low.ly [*lóuli*] (**-ier, -iest**), *adj., adv. & vt.*
پست، صغیر، افتاده،فروتن، بی‌ادب، بطورپست.

low-minded, *adj.*
کوته فکر،کوته نظر، دارای فکر بد و پست.

lown, *adj.* [د.گ.] آرام، ساکت.

low-necked, low-neck, *adj.*
[در مورد لباس زنان] یقه‌باز، دکولته.

low-pressure, *adj.*
فشارکم، فشار خفیف، سهل‌العبور.

low-spirited, *adj.* دارای‌روحیهٔ‌بد،
گرفته،کدر، افسرده، دل مرده، دلتنگ.

low-tension, *adj.*
[در برق] دارای فشار ضعیف، دارای ولتاژکم.

low-test, *adj.* [درموردبنزین] دارای
خاصیت فراری (farraari)، اندك.

lox (*pl.* **-es**) *n.*
اکسیژن مایع، آزاد ماهی دودی.

lox.o.drome, *n.* خطاریب، خط مایل.

loyal [*lɔ́iəl*] *adj. & n.*
با وفا، وفادار، صادق، وظیفه‌شناس، صادقانه، ثابت، یا بر جای، مشروع.

loy.al.ist [*lɔ́iəlist*] *n.*
وفادار نسبت بتاج و تخت.

loy.al.ty [*lɔ́iəlti*] (*pl.* **- ies**) *n.*
وفاداری، صداقت، وظیفه‌شناسی، ثبات قدم.

loz.enge [*lɔ́zindʒ*] *n.*
لوزی، شکل لوزی، قرص لوزی شکل.

LP, *n.*
صفحهٔ‌گرامافون دارای ۳۳ دور در دقیقه.

lub.ber [*lʌ'bə*] *adj., n. & vi.*

آدم کودن، آدم بی‌دست و پـا، ملـوان تازه‌کار، خام دستی کردن.

lu.bric=lu.bri.cious, *adj.*
لیز، نرم.

lu.bri.cant [*l(j)ú:brikənt*] **lube,** *adj. & n.*
روان سازنده، لینت دهنده، روغن، چرب کننده.

lu.bri.cate [*l(j)ú:brikeit*] (**- d, lubricating**) *vt. & vi.*
روغن زدن، چرب کردن، لیز کردن.

lu.bri.ca.tion [*l(j)ù:brikéiʃən*] *n.*
روغن زنی، گریس‌زنی.

lu.bri.ca.tor [*l(j)ú:brikeit*] *n.*
دستگاه روغن زنی.

lu.bri.cious, lu.bri.cous, *adj.*
لیز، نرم، هرزه، بیقرار، بی‌ثبات، لغزنده، گریزپا.

lu.bric.i.ty, *n.*
نرمی، لینت، شهوانی بودن، چربی، چرب بودن.

lu.bri.to.ri.um, *n.* جایگاه مخصوص روغن‌کاری ماشین، محل روغن‌کاری، چال، چالهٔ سرویس.

Lu.can, lukan, *adj.* اسم‌خاص‌مذکر، وابسته به‌لوقا، وابسته بانجیل لوقا، لوقائی.

lu.carne, *n.* پنجرهٔ عمودی خوابگاه.

lu.cen.cy, *n.* روشنی، شفافی.

lu.cent [*ljú:sənt*] *adj.*
تابناك، روشن وشفاف.

lu.cerne=lu.cern [*lu:sə':n*]= **alfalfa,** *n.*
[گ.ش.] یونجه (درآمریکا alfalfa گویند).

lu.cid [*l(j)ú:sid*] *adj.* شفاف، روشن، واضح، درخشان، زلال، براق، سالم.

lu.cid.i.ty [*l(j)u:síditi*] *n.*
روشنی، وضوح، آشکاری، دورهٔ‌سلامتی‌وهوشیاری، روشن بینی، شفاف بودن.

Lu.ci.fer [*l(j)ú:sifə*] *n.* شیطان.

lu.cif.er.in, *n.* رنگ دانهٔ شب‌تاب.

lu.cif.er.ous, *adj.*
نورافشان، نورانی، شب‌تاب، درخشان.

luck [*lʌk*] *n.*
شانس، بخت، اقبال، خوشبختی.

lucky [*lʌ'ki*] (**-er, -est**) *adj.*
خوش‌اقبال، خوش شانس، خوش یمن، خوش‌قدم.

lu.cra.tive [*l(j)ú:krətiv*] *adj.*
سودمند، پرمنفعت، نافع، موفق.

lu.cre [*l(j)ú:kə*] *n.* سود، پول، مال.

lu.cu.brate (**- d, lucubrating**) *vt. & vi.*
با نور چراغ‌کار کـردن، دودهٔ چـراغ خوردن، شب زنده‌داری کردن وزحمت کشیدن.

lu.cu.bra.tor, *n.*
زحمت‌کش، دود چراغ خور.

lu.cu.bra.tion, *n.*
مطالعهٔ سخت، دود چراغ‌خوری، شب زنده‌داری.

lu.cu.lent, *adj.*
نورانی، روشن، نورافشان، واضح.

lu.di.crous [*l(j)ú:dikrəs*] *adj.*
خنده‌آور، مضحك، مزخرف، چرند.

lu.es *n.pl.*
[طب] طاعون، کوفت، سیفیلیس، سفلیس.

luff [*lʌf*] (**-ed, -ing**) *n., vi. & vt.*
قسمت جلو بادکشتی، حرکت کشتی درجهت‌باد، حرکت لنگری جـرثقیل، قلاب مخصوص بـلند کردن چیزهـای سنگین، سرکشتی را در جهت بادگردانیدن، لنگر پیداکردن [جرثقیل].

lug [*lʌg*] (**-ged, -ging**) *vt. & vi.* گوشك، گوش‌پوش،
آویزه، دسته یاهرچیزی که بوسیلهٔ آن چیزی را حمل یا بیاویزند، هـر عضو جلوآمدهٔ چیزی، دیرك، تیر، آدم کله‌خر، کودن، عذاب‌دادن، بزور کشیدن، کشیدن و بردن، قـالب زدن [بـزور]، گنجانیدن، پس زدن دهنهٔ اسب، سنگین حرکت کردن، تکان تکان خوردن.

lug.gage [*lʌ'gidʒ*] *n.*
توشه، بنهٔ سفر، جامه‌دان، اثاثه.

lug.ger [*lʌ'gə*] *n.* زورق بادبانی‌که یك یا چند بادبان چهارگوش داشته باشد.

lug.gie, *n.* [مع.] کارگر سنگ شکن، [اسکاتلند] ظرف یا سطل چوبی دسته‌دار.

lug.sail, *n.*
بادبان چهارگوشی که بطور اریب بهزورق یا قایق آویخته شود.

LUGSAIL

lu.gu.bri.ous, [*l(j)u:gjú:briəs*], *adj.* محزون (بطوراغراق‌آمیزیا مضحك)، اندوهگین، غم‌انگیز، حزن‌انگیز، تعزیت‌آمیز.

luke [*lu:k*] *n.* لوقا، نام طبیب پولس رسول‌که انجیل لوقا بدو منسوب است.

lukewarm [*lú:kwɔ:m*] *adj.*
نیم‌گرم، ولرم، ملول، غیرصمیمی، بی‌اشتیاق.

lull [*lʌl*] (**-ed, -ing**) *vi., n. & vt.*
آرام‌کردن، فرونشاندن، ساکـت شدن، لالائـی خواندن، آرامش، سکون، آرامی.

L. to sleep. با لالائی خواب‌کردن.

lull.a.by [*lʌ'ləbai*] (*pl.* **- ies**), *vt. & n.* لالائی ، لالائی‌خواندن.

lum, *n.* [د.گ.] دودکش، نوك دودکش.

lum.ba.go [*lʌmbéigou*] *n.*
[طب] کمر درد، پشت‌درد، دردپشت.

lum.bar, *adj.* کمری، واقع درکمر، درمهرهٔ پشت، مهرهٔ کمر، ناحیهٔ کمر.

lum.ber [*lʌ'mbə*] (**-ed, -ing**), *adj., n., vt. & vi.*
تخته، الوار، تیر بریده، الوار را قطع کـردن، چوب بری‌کردن، سنگین حرکت‌کردن، سلانـه سلانه راه رفتن.

lum.ber.er, lum.ber.man, *n.*
تیر فروش، الوار فروش.

lumberjack, *n.*
چوب‌بر، کسیکه الوار و تیر اره میکند.

lumberyard, *n.* محوطه یا حیاط تیر فروشی‌که الوار درآن انباشته شده.

Lu.mi.nal, *n.*
[دارو سازی] ترکیب خواب‌آور.

lu.mi.nance, *n.* تشعشع، روشنائی.

lu.mi.nary [*l(j)ú:minəri*] (*pl.* **- ies**) *adj. & n.*
جسم‌روشن، جرم‌آسمانی، جرم‌نورافکن‌آسمانی، آدم نورانی، پرفروغ، شخصیت تابناك.

lu.mi.nesce (**- d, luminescing**) *vi.* پرتو افکندن، نور ساطع شدن.

lu.mi.nes.cence, *n.* تابناکی، [فیزیك] پدیدهٔ نورافشانی جسمی پس از قـرار گرفتن در معرض تابش اشعه، شب‌تابی.

lu.mi.nif.er.ous, lu.mi.nescent, *adj.* شب‌تاب، درخشان، تابناك.

lu.mi.nist, *n.* نقاش سایه روشن‌نما.

lu.mi.nos.i.ty [*l(j)ù:minɔ́siti*] (*pl.* **- ies**) *n.*
نورافکنی، جسم نورانی، فروغ، فروزندگی.

lu.mi.nous [*l(j)ú.minəs*] *adj.*
درخشان، فروزان، روشنی‌بخش، نورانی.

lum.mox, *n.*
[آمر.] آدم‌کودن، آدم ناشی و خام‌دست.

lump [*lʌmp*] (**- ed, - ing**) *n., vt. & vi.* قلنبه، کلوخه، گره، تکه، مجموع، آدم تنه‌لش، توده، دربست، یکجا، قلنبه کردن، توده‌کردن، بزرگ شدن.

lum.pen, *adj.*
محروم شده از حقوق اجتماعی وسیاسی وغیره.

lump.ish [*lʌ'mpiʃ*] *adj.*
سنگین، گنده، تنه‌لش، لخت (lakht)، کودن.

lumpy [*lʌ'mpi*] (**-ier, -iest**) *adj.*
موج‌دار، متلاطم، ناهنجار، قلنبه، ناصاف، سنگین.

lumpy jaw—actinomycosis, *n.* [دامپزشکی] بیماری «آکتینومیکوز».

lu.na, *n.* (روم قدیم) الههٔ ماه، ماه.

lu.na.cy [*lú:nəsi*] (*pl.* **-ies**) *n.*
دیوانگی، جنون، حماقت.

lu.nar [*l(j)ú:nə*] *adj.*
قمری، ماهی، وابسته بماه، ماهتابی، کم‌رنگ.

lu.nate, *adj.* هلالی، بشکل هلال.

lu.na.tic [*lú:nətik*] *adj. & n.*
دیوانه، مجنون، ماه‌زده.

lu.na.tion, *n.* یك ماه قمری.

lunch [*lʌn(t)ʃ*] (**- ed, - ing**), *n., vt. & vi.* ناهار، ظهرانه، ناهار خوردن.

lunch.eon [*lʌ'n(t)ʃən*] *n.*
ناهار، غذای مفصل.

lunch.eon.ette, *n.* رستوران یا محلی‌که غذاهای مختصر وسبك را می‌فروشد.

lunchroom, *n.*
رستورانی‌که غذاهای مختصرو آماده دارد.

lunes, *n.pl.*
حملهٔ جنون، حرکات جنون‌آمیز.

lu.nette, *n.*
ماه‌کوچك، ماهواره، ستارهٔ صغیر، هلالی شکل، نعل اسب، پنجرهٔ بالای در.

lung [*lʌŋ*] *n.* ریه، جگرسفید، شش.

lunge [*lʌndʒ*] (**- d, lunging**), *n., vt. & vi.* حملهٔ ناگهانی [مثلاً باشمشیر]، پرتاب‌ناگهانی، جهش، پیشروی ناگهانی، خیز، جهش‌کردن، خیز زدن.

lung.er, *n.*
پرتاب‌کننده، ضربت زننده، جهش‌کننده.

lu.ni,solar, *adj.*
خورشیدی و ماهی، شمسی و قمری.

lu.ni.tidal, *adj.*
وابسته بحرکت جزر و مد در اثر ماه.

lu.nu.late, *adj.* [گ.ش.ـج.ش.] شبیه هلال، هلالی، دارای اجزاء هلالی شکل.

lu.nule, *n.*
[تش.] هلال‌ته ناخن، [ج.ش.] هرعضوهلالی، هلال.

lu.pa.nar, *n.* فاحشه‌خانه، جنده‌خانه.

Lu.per.ca.lia, *n.* روز ۱۵ فوریه.

lu.pine, lu.pin, *adj. & n.*
شبیه‌گرگ، سبع، درنده، گرگوار.

lu.pus, *n.*
(طب) قرحهٔ آکله، سل‌جلدی، (نجـ.باحرف‌بزرگ) صورت فلکی «گرگ» یا «سرحان».

lurch [*lə:tʃ*] (**- ed, - ing**) *n., vt. & vi.* چرخش‌ناگهانی‌کشتی بیك‌سو، کج شدن، فریب، خدعه، گوش بزنگی، آمادگی، شکست فاحش، نوسان، تلوتلو خوردن.

Leave in the l. گرفتارگذاشتن.

lur.dane, *adj. & n.*
آدم تن‌لش، آدم تنبل.

lure [*ljue, ljɔ:*] *n., vt. & vi.*
وسیلهٔ تطمیع، طعمه یا چیز جالبی‌که سبب‌عطف توجه‌دیگری‌شود، گول‌زنك، فریب، تطمیع، بوسیلهٔ تطمیع بدام انداختن، بطمع‌طعمه‌یاسودی‌گرفتار کردن، فریفتن، اغوا کردن.

lur.er, *n.* فریب دهنده.

lu.rid [*ljúərid, ljɔ́:rid*] *adj.*
رنگ‌پریده، ترسناك، تیره، مستهجن، بطورترسناك یا غم‌انگیز، مـوحش، شعلهٔ تیره، شعلهٔ دودنما، رنگ زرد مایل‌بقرمز، کم‌رنگ وپریده، زننده.

lurk [*lə:k*] (**-ed, -ing**) *vt. & vi.*
کمین‌کردن، در تکاپو بودن، درکمین شکار بودن، در انتظار فرصت بودن، دزدکی عمل‌کردن، در خفا انجام دادن.

lus.cious [*lʌ'ʃəs*] *adj.*
خوشمزه، لذیذ، شیرین، دلپذیر، شهوت‌انگیز.

lush [*lʌʃ*] *adj., n.,vt. & vi.*
پرآب، آبدار، شاداب، پرپشت، با شکوه، مست کردن، مشروبخوار، الکلی.

lust [*lʌst*] (**-ed, -ing**) *n., vt.&vi.*
شهوت، هوس، حرص و آز، شهوت داشتن.

lus.ter, lus.tre [*lʌ'stə*] (**- ed, - ing, - d, - ring**) *n., vt. & vi.*
زرق‌وبرق، درخشندگی، جلوه، درخشش، لوستر، درخشیدن، جلوه داشتن، برق زدن.

lust.ful [*lʌ'stful*] *adj.* شهوانی.

lust.i.hood, *n.* سرکیفی، شادمانی، سرچنگی، پرشهوت، شهوانی.

lus.trate (**-d, lustrating**) *vt.*
پاك‌کردن، تطهیر کردن.

lus.trous [*lʌ'strəs*] *adj.* فروزنده، پر زرق و برق، پر جلوه.

lusty [*lʌ'sti*] (**-ier, -iest**) *adj.*
خوش بنیه، تندرست، قوی، شهوت‌انگیز.

lu.ta.nist, *n.*
[مو.] نوازندهٔ‌عود.

lute [*l(j)u:t*] (**-d, luting**), *n., vt. & vi.* گل (gel)، گل یا سیمان مخصوص درزگیری وبتونه، حلقهٔ لاستیکی مخصوص‌دهانهٔ‌بطری، مهروموم‌کردن، درزگیری کردن، عود زدن، عود.

LUTE

lu.te.in.ize (**- d, luteinizing**), *vt. & vi.* موجب ایجاد جسم زرد [در تخمدان] شدن، جسم زرد ایجادکردن.

Lu.ther.an [*lú:θərən*] *n.*
وابسته به‌مارتین لوتر ،کلیسای لوتران.

lu.ther.an.ism, *n.*
عقاید لوتر وکلیسای او.

lut.ist, *n.*
عود زن، سازندهٔ عود، عود نواز.

lux.ate (**- d, luxating**) *vt.*
جابجاکردن (در مـورد استخوان‌ها)، در رفتن مفاصل‌یا استخوانها.

lux.a.tion, *n.* دررفتگی‌مفصل‌استخوان.

luxe, *n.* تجمل، تجملی، لوکس.

lux.u.ri.ance, - cy [*lʌgzjúəriəns, lʌksj —*] *n.*
پرنعمتی، وفور، فراوانی، پربـرکتی، شکـوه و جلال، فراوان، حاصلخیز.

lux.u.ri.ant [*lʌgzjúəriənt, lʌksj —*] *adj.* وافر، مجلل، انبوه، پربرکت.

lux.u.ri.ate [*lʌgzjúərieit, lʌksj —*] *vt. & vi.*
پر برکت شدن، حاصلخیز شدن، پـرپشت شدن، فراوان شدن، وفوریافتن، شکوه‌یافتن، آب وتاب زیاد دادن، درتجمل زیستن، خوشگذران.

lux.u.ri.ous [*lʌgzjúəriəs, lʌksj-*], *adj.* خوش‌گذران، دارای‌زندگی‌تجملی، مجلل.

lux.u.ry [*lʌ'kʃəri*] (*pl.* **- ies**) *n.*
خوش‌گذرانی، تجمل، عیاشی، عیش، نعمت.

ly.can.thrope, *n.*
کسی‌که تصور میکندگرگ شده است، آدمی‌کـه بشکل‌گرگ درآمده باشد.

ly.cée [*lí:sei*] *n.* دبیرستان فرانسوی.

ly.ce.um [*laisí:əm*] *n.*

سالن سخنرانی عمومی، سالن بحث.

lye [*lai*] (**-d, lying**) *vt. & n.* آب قلیائی، قلیاب صابون‌پزی، قلیا زدن.

lying [*láiiŋ*] *adj.* دروغگوئی.

lying-in (*pl.* **lyings-in, lying-ins**) *n.* دوران استراحت و نقاهت بعد از زایمان، در بستر خوابی، دورهٔ نفاس.

lymph [*limf*] (*pl.* **-s**) *n.* لنف،چشمه‌یاجوی‌آب،آب زلال، جراحت،چرك، شیرهٔ غذائی.

lymph.ad.e.ni.tis, *n.* ورم غده‌های خلطی،آماس غدد لنفاوی.

lym.phat.ic [*limfǽtik*] *n. & adj.* لنفاوی، لنف‌بر، بلغمی، موجد لنف.

lymph cell, *n.* سلول لنف.

lymph gland, *n.* غدهٔ لنفاوی.

lym.pho.cy.to.sis, *n.* ازدیادگلبولهای سفید یك‌هسته‌ای خون.

lymph.oid, *adj.* لنفاوی، خلطی، شبیه بلغم یا خلط مائی.

lym.pho.ma.toid, lym.pho-ma.tous, *adj.* [در مورد غده] دارای بافت لنفی.

lym.pho.poi.e.sis, *n.* تشکیل بافت لنفی.

lyn.ce.an, *adj.* تیزبین، مانند جانور سیاه‌گوش.

lynch [*lin(t)ʃ*] (**-ed, -ing**) *vt.* بدون محاکمه مجازات کردن یا کشتن (توسط جماعت)، درکوچه و بازار گرداندن و مجازات کردن، بدنام‌کردن، زجرکشی کردن.

lynx [*liŋks*], (*pl.* **-es**) *n. & adj.* (ج.ش.) سیاه‌گوش، وشق، صورت‌فلکی‌شمالی.

LYNX (3 ft. long)

lynx-eyed, *adj.* تیزبین، تیزهوش.

ly.on.naise, *adj.* با پیاز تهیه شده، پیازدار.

lyo.phil, -e, lyo.philed, *adj.* خشك شده بوسیلهٔ انجماد سخت، بدست‌آمده در اثر خشك شدن بوسیلهٔ انجماد.

ly.oph.i.li.za.tion = freeze-drying, *n.* خشك‌کردن چیزی بوسیلهٔ منجمدکردن‌آن در لوله‌های خالی ازهوا.

ly.o.phobic, *adj.* دارای عدم تجانس با مایعی‌که در آن پراکنده شده (مثل سریشم)، ناپراکن.

ly.ra = lyre, *n.* لیر (واحد پول)، (مو.) بربط، چنگ، (نجـ.) صورت فلکی «بربط».

ly.rate, *adj.* بشکل چنگ یا بربط.

lyre [*láiə*] = **lyra,** *n.* (مو.)چنگ، بربط.

lyrebird, *n.* [ج.ش.] سه‌نوع‌مرغ‌شاخه‌نشین گنجشکی استرالیا از جنس Menura.

LYRE

lyr.ic, -al [*lírik(əl)*] *adj. & n.* مناسب برای نواختن یاخواندن‌باچنگ، بزمی، غزلی، موسیقی یا شعر بزمی.

lyr.i.cism, lyr.ism, *n.* غزل‌سرائی، پیروی از سبك اشعار بزمی.

lyr.ist, *n.* سرایندهٔ اشعار بزمی.

ly.sate, *n.* حاصل تجزیهٔ سلولی، محصول زوال و فساد تدریجی سلول.

ly.sis (*pl.* **ly.ses**) *n.* سقوط‌وزوال‌تدریجی مرض (مانندتب)، فروکش، زوال و فساد سلول و غیره، تحلیل ،کافتن.

M

انگلیسی English	خط میخی پارسی Old Persian Cuneiform	پهلوی اشکانی Parthian Pahlavi	پهلوی ساسانی Sassanian Pahlavi	پهلوی کتابی Book Pahlavi	اوستائی Avestan	فارسی Modern
M	[illegible]	[illegible]	[illegible]	[illegible]	[illegible]	م

M [*em*] *n. & adj.* سیزدهمین حرف الفبای انگلیسی، مرتبهٔ دوازدهم یا سیزدهم، هر چیزی بشکل حرف m.

mab, *n., vt. & vi.* نامرتب لباس پوشیدن، لباس ژولیده.

ma.ca.bre [*məká:br*] *adj.* وابسته برقص مرگ، مهیب، ترسناك، خوفناك.

Dance m. رقص مرگ.

mac.ad.am [*məkǽdəm*] *n. & vt.* سنگ‌فرش، سنگ فرش‌کردن خیابان.

mac.a.rize, *vt. & n.* خوشا بحال‌گفتن، اقوال عیسی که در طی آن «خوشا بحال» ذکر شده.

mac.a.ro.ni [*mæ̀kəróuni*] *n.* رشته فرنگی، ماکارونی، جوان خارجه رفته، ژیگولو، (ج.ش.) نوعی پنگوئن یا بطریق.

mac.a.ron.ic, *adj.* وابسته به‌ماکارونی، شعرملمّع.

mac.a.roon [*mæ̀kərú:n*] *n.* نان شیرینی مرکب از شکر و تخم مرغ و بادام، نان بادامی، ماکارونی،آدم لوده و مسخره، آدم جلف و خودساز.

ma.caw [*məkɔ́:*] *n.* [ج.ش.] طوطی دم بلندآمریکای جنوبی.

Mac.ca.bees, *n.pl.* خانوادهٔ میهن پرستان مکابی یهود، مکابیان.

mac.ca.boy, *n.* انفیهٔ جزایرمارتینیك.

mace [*meis*] *n. & vt.* پوست‌جوز، گل‌جوز، راف، گرز(gorz)، کوپال، چماق زدن، گول زنی، فریب، چماق.

ma.cé.doine, *n.* اختلاط، مخلوط، مخلوطی از سبزیجات پخته که در سالاد یا روی لرزانك و امثال‌آن‌بکارمیرود.

Mac.e.do.nian, *n.* مقدونی.

mac.er.ate (**-d, macerating**), *vt. & vi.* لاغرکردن، (مجـ.) ظلم‌کردن‌بر، زجر دادن، خیساندن، خیس شدن.

mac.er.a.tion, *n.* لاغری، زجر، خیساندن.

ma.chete, *n.* کارد بزرگ و سنگین.

Mach.i.a.vel.li.an [*mækiəvéliən*], *adj.* وابسته بعقاید سیاسی «ماکیاولی».

ma.chic.o.late (**-d, machico-lating**) *vt. & n.* مزغل‌دارکردن، سوراخ برج یا سنگر.

ma.chic.o.la.tion, *n.* مزغل‌سازی.

mach.i.nate (**-d, machinat-ing**) *vt. & vi.* دسیسه‌کردن، نقشه‌کشیدن، تدبیرکردن.

mach.i.na.tion [*mækinéiʃən*] *n.* دسیسه، تدبیر، طرح.

mach.i.na.tor, *n.* دسیسه‌کار، طرّاح نقشه.

ma.chine [*məʃí:n*] *n. & adj.* ماشین، دستگاه.

machine (**-d, machining**) *vt.* ماشین‌کردن، با ماشین رفتن.

machine gun, *n. & vt.* مسلسل، بمسلسل بستن.

machine gunner, *n.* مسلسل‌چی.

machinelike, *adj.* ماشین‌وار.

machine-made, *adj.* ساخته شده بوسیلهٔ ماشین.

ma.chin.ery [*məʃí:nəri*] *n.* ماشین‌ها، دستگاه، تشکیلات و سازمان.

The m. of government. تشکیلات و سازمان دولت.

machine shop, *n.* کارگاه محاسبات ماشینی.

machine tool, *n.* ابزارماشینی.

ma.chin.ist [*məʃí:nist*] **machi-nist's mate,** *n.* ماشین‌کار، چرخکار، ماشین‌ساز.

mack.er.el [*mǽk(ə)rəl*] (*pl.* **-s**), *n.* [ج.ش.] ماهی خال‌مخالی، ماهی اسقومری.

Mack.i.naw, *n.* پتوی ضخیم، قایق‌کف پهن چارگوش، کت‌کوتاه و سنگین.

mack.in.tosh = mac.in.tosh [*mǽkintɔʃ*] *n.* پالتو بارانی، پارچهٔ‌بارانی.

macra.me, *n.* توری ضخیم و ریشه‌دار.

mac.ro-, *adj.* رشد زیاد، دراز، بزرگ بطور غیرعادی.

mac.ro.bi.ot.ics, *n.pl.* دانش طولانی‌کردن عمر (از راه رژیم غذائی).

mac.ro.cosm, *n.* جهان، دنیا.

mac.ro.cyte, *n.* [گ.ش.] هاگدان بزرگ، لبهٔ هاگ بزرگ گیاه، گلبول‌قرمز بزرگ.

mac.ro.evolution, *n.* تحولات عظیم سیر تکامل.

mac.ro.gamete, *n.* [گ.ش.] سلول جنسی مادهٔ بزرگتر، کلان‌گانه.

macron, *n.* علامت «ـــ» که بالای حروف صدا دارگذارده میشود تا صدای‌آنها بلندتر شود.

mac.ro.phage, *n.* (طب) یاختهٔ بیگانه خوار درشت، کلان‌خوار.

mac.rop.ter.ous, *adj.* دارای بالهای دراز یا بزرگ، بزرگ بال.

mac.ro.scop.ic, *adj.* درشت نمود، نمودار به‌چشم، مرئی (قابل‌رؤیت بدون میکروسکپ و غیره که‌کلمهٔ مخالف‌آن microscopic یعنی ذره‌بینی است).

macru.rous, *adj.* [ج.ش.] مربوط به‌دستهٔ دم درازان از سخت پوستان، وابسته به‌خرچنگ‌های دریائی.

mac.u.late (**-d, maculating**), *vt., vi. & adj.* لکه‌دارکردن، آلودن، بی‌عفت‌کردن، لکه‌دار.

mac.u.la.tion, *n.* لکه‌دارکردن، ملوث‌نمائی.

mac.ule (**-d, maculing**) *n. vt. & vi.* لکهٔ خورشید (macula)، لکه، سیاهی، خال، لکه‌دار کردن.

mad [*mæd*] (**-der, -dest, -ded, -ding**) *adj., n., vt. & vi.* دیوانه، عصبانی، از جا دررفته، شیفته، عصبانی کردن، دیوانه کردن.

Drive m. دیوانه‌کردن.

Mad.a.gas.car, *n.* جزیرهٔ ماداگاسکار، مالاگازی.

mad.em(e) [*mǽdəm, mædá:m*], *n.* بانو، خانم، مادام، فاحشه.

mad-brained, *adj.* دیوانه، عجول.

madcap [*mǽdkæp*] *adj. & n.* دیوانه،آدم بی‌پروا و وحشی.

mad.den [*mǽdn*] (**-ed, -ing**), *vt. & vi.*

دیوانه کردن، عصبانی کردن. دیوانه شدن.
maddening, *adj.* دیوانه‌کننده.
mad.ding, *adj.* دیوانه‌کننده، دیوانه از غضب، برافروخته، ازکوره دررفته.
mad.dish, *adj.* دیوانه مانند.
mad-doctor, *n.* پزشک دیوانگان.
made [meid] *adj.* ساخته شده، مصنوع، ساختگی، تربیت شده.
Ma.dei.ra [mədíərə] *n.* نام جزیره‌ای است در اقیانوس اطلس، شراب محصول مادیرا.
ma.de.moi.selle [mædməzél] (*pl.* [illegible]) *n.* [illegible]
made-up, *adj.* ساختگی، تقلبی، مصنوعی، بزك‌کرده.
madhouse, *n.* تیمارستان.
mad.man [mǽdmən] *n.* مرددیوانه.
mad.ness [mǽdnis] *n.* دیوانگی.
Ma.don.na [mədɔ́nə] *n.* تصویر حضرت مریم، بانوی من، خانم من.
Madonna lily, *n.* [گ.ش.] گل سوسن، گل سوسن سفید.
ma.dras [mədrǽs] *n. & adj.* پیراهن درشت‌بافت سفید نخی. (باحرف‌بزرگ) شهر مدرس.
mad.ri.gal [mǽdrigəl] *n.* شعر بزمی. سرود عاشقانهٔ چند نفری.
mad.ri.lene, *n.* آبگوشت غلیظ گوجه فرنگی.
ma.dro.na, ma.dro.ne, ma.dro.no, *n.* [گ.ش.] توت‌فرنگی‌درختی، انگور خرس (Ericaceae).
madwort, *n.* (گ.ش.) منداب‌بشتری.
Mae.ce.nas (*pl.* -es) *n.* حامی و حافظ علم و ادب.
mael.strom [méilstroum] *n.* طوفان یاگرداب شدید.
mae.nad, me.nad (*pl.* -s) *n.* حوریان‌زیبای‌ملازم«دیونیسوس»،زنان‌باده‌گسار.
mae.stro (*pl.* -s & maestri), *n.* استاد، رهبر ارکستر، معلم.
maf.fick (-ed, -ing) *vi. & vt.* هلهله‌کردن، شادمانی‌کردن.
mag.a.zine [mægəzí:n] *n.* مجله، انبار مهمات، مخزن، خشاب اسلحه.
Mag.da.len, -e [mǽgdəli:n] *n.* فاحشهٔ‌تائب، اسم‌خاص‌مؤنث، دارالتأدیب‌فواحش.
mag.got [mǽgət] *n.* کرم حشره، کرم پنیر، خرمگس، وسواس.
Magi [méidδai] *n.pl.* مجوسیان.
mag.ic [mǽdδik] *adj. & n.* جادو، سحر، سحرآمیز.
mag.i.cal [mǽdδikəl] *adj.* جادوئی، وابسته به سحر وجادو، سحرآمیز.
ma.gi.cian [mədδíʃən] **ma.gi.an,** *n. & adj.* جادوگر، مجوسی.
mag.is.te.ri.al [mædδistíəriəl], *adj.* آمرانه، دیکتاتوروار، مطلق، دارای اختیار.
mag.is.tra.cy (*pl.* -ies) *n.* ریاست‌کلانتری یا دادگاه بخش، قاضی.
mag.is.tral, *adj.* دستوری، آمرانه، قاطع، قطعی، امری، مقتدر.
mag.is.trate [mǽdδistreit] *n.* رئیس‌کلانتری، رئیس بخش دادگاه، دادرس.
mag.is.tra.ture, *n.* ریاست‌کلانتری، دادگاه بخش، دادرسان.

Mag.na Char.ta, Mag.na Car.ta [mǽgnə tʃá:tə(ka:tə)] *n.* فرمان‌کبیر یافرمان آزادی‌صادره ازطرف«جان» پادشاه انگلیس در سال ۱۲۱۵.
mag.na cum laude, *adj. & adv.* بادرجهٔ‌عالی، باامتیازززیاد(درجهٔ‌علمی).
mag.na.nim.i.ty [mægnənímiti] (*pl.* -ies) *n.* بزرگواری، بزرگی طبع، علو طبع، بلند همتی.
mag.nan.i.mous [mægnǽniməs] *adj.* بلند نظر، بزرگوار، بلند همت.
mag.nate [mǽgneit] *n.* [illegible]
magnesia, *n.* منیزی، طباشیر.
mag.ne.sium [mægní:ziəm] *n.* [ش.] فلز منیزیم (Mg).
mag.net [mǽgnit]=**magneto,** *vi. & n.* آهن‌ربا، مغناطیس، جذب‌کردن.
mag.net.ic [mægnétik] *adj.* آهن‌ربائی.
magnetic field, *n.* میدان‌مغناطیسی.
magnetic pole, *n.* قطب مغناطیسی.
mag.net.ism [mǽgnətizm] *n.* جذبه، کشش.
mag.net.iz.able, *adj.* قابل مغناطیسی‌کردن.
mag.net.ization, *n.* مغناطیسی‌کردن.
mag.net.ize [mǽgnitaiz] (-d, magnetizing) *vi. & vt.* مغناطیسی‌کردن، کشیدن، شیفتن.
mag.ne.to [mægní:tou] (*pl.* -s), *n.* ماگنت،مغناطیس،(پیشوند)دارای‌مغناطیس.
mag.ne.to.electric, *adj.* مربوط به‌الکتریسیتهٔ القائی.
mag.nif.ic, *adj.* نامور، مشهور، معروف، برجسته، غرا، باشکوه.
mag.ni.fi.ca.tion, *n.* تجلیل، تکریم، بزرگ‌سازی.
mag.nif.i.cence [mægnífisənt], *n.* شکوه، عظمت، بزرگی، بخشش، کرم.
mag.nif.i.cent [mægnífisəns], *adj.* باشکوه، مجلل، عالی.
mag.nif.i.co (*pl.* -s, -es) *n.* شریف،بزرگزاده، آدم‌متنفذومتمول،آدم باوقار.
mag.ni.fi.er [mǽgnifaiə] *n.* بزرگ‌کننده، ذره‌بین، درشت‌کن.
mag.ni.fy [mǽgnifai] (-ied, magnifying) *vt. & vi.* زیر ذره‌بین بزرگ‌کردن، بزرگ‌کردن.
magnifying glass, *n.* ذره‌بین.
mag.nil.o.quence [mægníləkwəns] *n.* پرآب و تابی، قلمبه‌نویسی، گزاف‌گوئی.
mag.nil.o.quent [mægníləkwənt] *adj.* پرآب‌وتاب، قلنبه‌نویس،غرا.
mag.ni.tude [mǽgnitju:d] *n.* بزرگی، عظمت حجم، قدر، اهمیت، شکوه.
Mag.no.lia [mægnóuliə] *n.* [گ.ش.] ماگنولیاسه‌ها،گیاهان ماگنولیا.
magnum opus, *n.* (لاتین)کار بزرگ، مهمترین اثر ادبی‌یاهنری.
mag.pie [mǽgpai] *n.* کلاغ جاره، زاغی، کلاغ زاغی،آدم وراج، زن بد دهن.
ma.gus (*pl.* ma.gi) *n.* مجوس، مُغ، مؤبد، جادوگر، ساحر.
Magyar [mǽgja:] *n.* اهل‌مجارستان.
ma.hog.a.ny [məhɔ́gəni] (*pl.* -ies) *n.* (گ.ش.) درخت ماهون آمریکائی، چوب ماهون، رنگ قهوه‌ای مایل به‌قرمز.
ma.hout, *n.* فیلبان.

maid [meid] *n.* دوشیزه یا زن جوان، پیشخدمت مؤنث، دختر.
Old maid. زن شوهرنکرده و خانه مانده، پیردختر.
Maid of honour. ندیمهٔ درباری.
maid.en [méidn] *adj. & n.* دوشیزه، دختر باکره، جدید.
Maiden speech. نخستین نطق شخص.
Maiden name. نام خانوادگی زن پیش از شوهرکردن.
M. voyage. اولین سفرکشتی نو.
maidenhair [méidnhεə] *n.* [گ.ش.] پر سیاوشان موئی.
maidenhead, *n.* بکارت، بکری، پردهٔ بکارت.
maid.en.hood [méidnhud] *n.* دوشیزگی، بکارت، [مج.] تازگی.
maid-in-waiting (*pl.* maids-in-waiting) *n.* ندیمه،پیشخدمت‌مخصوص.
maid of hono(u)r, *n.* ندیمه، ساقدوش یا ملازم عروس، ندیمهٔ‌درباری.
maidservant, *n.* کلفت، مستخدمه.
ma.ieu.tic, *adj. & n.* وابسته بروش‌آموزشی سقراط، (درجمع) دانش مامائی.
mail [meil] (-ed, -ing) *n. & vt.* زره، جوشن، زره‌دارکردن، پست، نامه‌رسان، پستی، با پست فرستادن، چاپار.
Air mail. پست هوائی.
mail.able, *adj.* قابل ارسال با پست.
mailbag, *n.* کیسهٔ مراسلات پستی.
mailbox, *n.* صندوق پست.
mail.er, mail.man, *n.* نامه‌رسان.
mail order, *n.* سفارش‌کالابوسیلهٔ پست.
mail-order house, *n.* تجارت خرده‌فروشی بوسیلهٔ مکاتبات پستی.
maim [meim] (-ed, -ing) *n., adj., vt. & vi.* کسیرامعیوب‌کردن، معیوب‌شدن، اختلال‌یاازکارافتادگی‌عضوی،صدمه، جرح، ضرب و جرح، نقص عضو، چلاق‌کردن.
main [mein] *n.* نیرومند، عمده، اصلی، مهم، تمام،کامل، دریا، بااهمیت.
main.land [méinlənd, -lænd] *n.* قاره، خشکی، بر، قطعهٔ اصلی، قطعه.
main.mast [méinma:st] *n.* [د.ن.] شاه دگل، شاه‌تیر (درکشتی بادی).
main.sail, *n.* بادبان اصلی کشتی
mainspring [méinspriŋ] *n.* شاه‌فنر، انگیزهٔ اصلی، سبب عمده، دلیل‌اصلی.
mainstay [méinstei] *n.* (دریا نوردی) مهار اصلی که از نوك شاه‌دگل‌تا پای دگل جلو امتداد دارد، تکیه‌گاه اصلی، وابستگی عمده، نقطهٔ اتکاء.
mainstream, *n.* مسیراصلی، مسیر جویباری که درآن آب جریان دارد.
main.tain [me(i)ntéin] (-ed, -ing) *vt.* نگهداری‌کردن، ابقاکردن، ادامه‌دادن، حمایت‌کردن از، مدعی بودن.
main.tain.able, *adj.* قابل‌نگاهداری.
main.tain.er, *n.* نگاهدارنده، مدعی.
main.te.nance [méintənəns] *n.* نگهداری، تعمیر، قوت،گذران، خرجی، ابقاء.
main.top, *n.* نوك‌شاه‌دگل، سکویی‌که درست در رأس شاه دگل پائین واقع است.
mai.so.nette, *n.* خانهٔ‌کوچك.
mai.tre d'ho.tel (*pl.* maitres d'hotel)=**majordomo,** *n.* سرپیشخدمت، مدیر مهمانخانه، معشوقه.
maize [meiz] *n.* (گ.ش.) ذرت، بلال، رنگ ذرتی.

ma.jes.tic [mədδéstik] *adj.* بزرگ، باعظمت، با شکوه، شاهانه، عظیم.
maj.es.ty [mǽdδisti] (*pl.* -ies), *n.* (با ضمیر) اعلیحضرت [بصورت خطاب]، بزرگی عظمت وشأن واقتدار، برتری، سلطنت.
Your Majesty. اعلیحضرتا، علیاحضرتا.
ma.jor [méidδə] *adj. & n.* اکبر، بزرگتر، بیشتر، اعظم، بزرگ،کبیر، طویل، ارشد، سرگرد،بالغ، مهاد
M. premise. [من.]کبرای قضیه.
ma.jor.do.mo [meidδədóumou] *n.* [م.ل.] بزرگترخانه، متصدی امور خانوادگی، ناظر، خوانسالار، وکیل‌خرج، پیشکار، آبدار.
major general (*pl.* -s) *n.* سرلشکر.
ma.jor.i.ty [mədδɔ́riti] (*pl.* -ies), *n.* اکثریت، بیشین، بیشان.
By a m. vote. باکثریت‌آراء.
major premise, *n.* [من.]کبرای قیاس،کبرای قضیهٔ منطقی.
mak.able, *adj.* ساخته شدنی.
make [meik] (made,making), *vi. & vt.* ساختن، بوجودآوردن، درست‌کردن، تصنیف کردن، خلق‌کردن، باعث شدن،واداریامجبورکردن،تأسیس‌کردن،گائیدن.
What difference does it m.? چه تفاوتی میکند؟
American made. ساخت‌آمریکا.
Make a face. قیافه‌گرفتن، با صورت خود شکلك ساختن.
make, *n.* شبیه، نظیر، رفیق، معشوقه، کار،عمل، خاصیت، ساختمان، مزاج.
make-believe [méikbili:v], *adj. & n.* وانمود، تظاهر، افسانه، قصه،متظاهر، ساختگی.
make-do, *adj.* چارهٔ‌موقتی،وسیله،تدبیر.
make off, *vi.* ناگهان ترك‌کردن، با عجله ترك‌کردن.
make out, *vt.* معنی چیزی را پیدا کردن، سردرآوردن از، تنظیم‌کردن.
make over, *vt.* واگذارکردن، انتقال دادن، دوباره ساختن.
mak.er=makar [méikə] *n.* سازنده، خالق.
make.shift [méikʃift] *n.* چاره، وسیله، چارهٔ موقتی،آدم رذل.
make up [méikʌp] *n., vt. & vi.* ترکیب، ساخت، ساختمان یا حالت داستان ساختگی، (درتآتر)آرایش،گریم،ترکیب‌کردن، درست‌کردن، جبران کردن، جعل‌کردن، گریم کردن،بزك، توالت.
makeweight [méikweit] *n.* مقدارکمبودی‌که باید بوزن چیزی اضافه‌شود، چیز یا عضو مکمل، پارسنگ.
mak.ing [méikiŋ] *n.* ساخت، ساختمان، مایهٔ‌کامیابی، ترکیب، عایدی.
mal- پیشوندی بمعنی «بد»، «مضر».
mal.a.chite, *n.* مرمرسبز، مالاکیت.
mal.a.col.o.gy, *n.* [ج.ش.] نرم تن شناسی.
mal.adjusted, *adj.* ناسازگار، بی‌توافق، دژسازگار، کژسازگار.
mal.adjustment, *n.* کژسازگاری، تعدیل و تنظیم غلط، عدم تطبیق، عدم توافق.
mal.administer, *vt.* بد اداره‌کردن، بطور سوء اداره‌کردن.
mal.administration, *n.* سوءاداره.
mal.a.droit, *adj.* بی‌مهارت، ناشی، بی‌دست و پا، ناهنجار، زشت.

mal.a.dy [*mǽlədi*] (*pl.* **-ies**) *n.*
ناخوشی، فاسد شدگی، بیماری، مرض.

Mal.a.gasy, *adj. & n.* ماداگاسکار.

mal.aise, mal.ease, *n.*
[طب] ناراحتی، بیقراری، احساس مرض.

mal.a.pert, *adj.* بی‌شرم، گستاخ، جسور.

mal.a.prop, *n.*
کسیکه واژه‌ها را اشتباه بکارمیبرد.

mal.a.prop.ian
کسیکه لغات را غلط بکار میبرد.

mal.a.prop.ism, *n.* استعمال غلط
و عجیب و غریب لغات، سوء استعمال کلمات.

mal.ap.ro.pos, *adv.*
نابهنگام، بیموقع، بی‌محل، نابجا، نامناسب.

ma.lar, *adj.*
[ج.ش.] وابسته به شقیقه یا گونه، گونه‌ای.

ma.lar.ia [*məlɛ́əriə*] *n.* مالاریا، نوبه.

malarial, *adj.* وابسته به مالاریا، نوبه‌ای.

Ma.lay [*məléi*] *n.* مالایا، ماله.

Ma.lay.an, *adj. & n.*
اهل ماله (مالایا).

mal.content [*mǽlkəntent*] *adj.*
یاغی، سرکش، متمرد، ناراضی، آمادهٔ شورش.

mal de mer=seasickness, *n.*
ناخوشی دریا.

male [*meil*] *adj. & n.*
جنس نر، مذکر، مردانه، نرینه، نرین، گشن.

mal.e.dict, *adj. & vt.*
لعنت‌کرده‌بر، بدگوئی کردن، لعن کردن، ملعون.

mal.e.dic.tion [*mæ̀lidíkʃən*] *n.*
لعنت، بدگوئی، لعن.

mal.e.fac.tor [*mǽlifæktə*] *n.*
بدکار، تبه‌کار، جانی، جنایتکار، جنایت‌آمیز.

ma.lef.ic, *adj.*
زیان‌آور، مضر، موذی، حیله‌گر، شریر.

ma.lef.i.cence, *n.* تبه‌کاری، بدجنسی.

ma.lef.i.cent, *adj.*
زیان‌آور، تبه‌کار، شریر، شیطان، بدجنس.

mal.en.ten.du, *n.*
اشتباه فهمیدن، سوء تفاهم.

ma.lev.o.lent [*məlévələnt*] *adj.*
بدخواه، بدنهاد، (در مورد ستارهٔ بخت) نحس.

mal.fea.sance [*mæ̀lfíːzəns*] *n.*
بدکاری، بدکرداری، شرارت، کار خلاف قانون.

mal.formation [*mæ̀lfɔːméiʃən*], *n.* نقص خلقتی، ناهنجاری، بدشکلی، بدریختی.

mal.formed [*mæ̀lfɔ́ːmd*] *adj.*
بدریخت، ناقص، بدشکل، ناهنجار.

mal.function, *vi.* بد عمل‌کردن.

mal.ice [*mǽlis*] *n.* بدجنسی،
بدخواهی، عناد، کینه‌توزی، نفرت، قصد سوء.

ma.li.cious [*məlíʃəs*] *adj.*
از روی بدخواهی، از روی عناد.

ma.lign [*məláin*] (**- ed, - ing**), *adj., vt. & vi.* (طب) بدخیم، بدنهاد،
بدخواهی کردن، بدنام‌کردن.

A m. spirit. روح پلید.

ma.lig.nance,-cy [*məlígnənsi*] *n.*
بدخیمی، بدخواهی، بدجنسی.

ma.lig.nant [*məlígnənt*] *adj. & n.*
بدطینت، خطرناك، زیان‌آور، صدمه‌رسان، کینه‌جو،
بدخواه، متمرد، سرکش، (طب) بدخیم.

ma.lig.ni.ty [*məlígniti*] *n.*
بدطینتی، بدخیمی.

ma.linger [*məlíŋgə*] (**- ed, -ing**) *vi.* خودرا بناخوشی‌زدن، تمارض کردن.

mal.i.son, *n.* فحش، ناسزا، نفرین.

mal.kin, *n.* ماده‌شیطان، ماده دیو،
زن شلخته، مترسك، لولوی سرخرمن، گربه.

mall, *n.*
پیاده‌رو پردرخت و سایه‌دار، تفرجگاه.

mal.lard [*mǽləd*] (*pl.* **-s**) *n.*
[ج.ش.] اردك وحشی، نوعی مرغابی وحشی.

mal.le.a.bil.i.ty, *n.*
با خاصیت‌چکش‌خواری، نرمی، قابلیت انعطاف.

mal.lea.ble [*mǽliəbl*] *adj.*
چکش‌خور، نرم و قابل انعطاف.

mal.le.a.tion, *n.*
چکش‌خوری، جای چکش.

mal.let [*mǽlit*] (**- ed, - ing**), *n., vt. & vi.* گرز، پتك، چکش،
کلوخ‌کوب، چوگان، زدن، چکش زدن، کوبیدن.

mal.low [*mǽlou*] *n.*
(گ.ش.) پنیرك، پنبهٔ ایرانی، گل‌خطمی.

malm, *n.* سنگ‌آهکدار، خاك‌آهکدار.

malm.sey, *n.* شراب شیرین قبرس.

mal.nourished=undernourished, *adj.* دچارسوءتغذیه، بدتغذیه‌شده.

mal.nutrition [*mæ̀lnjuːtríʃən*], *n.* سوءتغذیه، تغذیهٔ‌ناقص، نرسیدن‌موادغذائی.

mal.occlusion, *n.*
[حق.ـ لاتین] با سوء نیت، دارای سوء نیت.

mal.odor, *n.* بوی زننده، بوی بد.

mal.odorous [*mæ̀lóudərəs*] *adj.*
بد بو.

mal.position, *n.*
جابجا شدگی جنین، حالت غیر طبیعی جنین.

mal.practice [*mæ̀lprǽktis*] *n.*
عمل سوء، سوء اداره، معالجهٔ غلط.

malt [*mɔːlt*] (**-ed, -ing**) *vt. & n.*
جو سبز شدهٔ خشك، مالت، آبجو ساختن، مالت
زدن، بحالت مالت درآوردن.

Malta [*mɔ́ːltə*] *n.* جزیرهٔ مالت.

Mal.ta fever, *n.* تب مالت، بروسلوز.

malt.ase, *n.*
[ش.] مالتاز، مادهٔ تخمیری حل شدنی.

Mal.tese [*mɔːltíːz*] *n.* اهل مالت.

Mal.thu.sian [*mælθjúːziən*] *adj.*
پیرو عقیدهٔ «توماس مالتوس».

malt liquor, *n.*
مشروبی شبیه‌آبجوکه با مالت تخمیر میشود.

mal.treat [*mæltríːt*] (**-ed,-ing**), *vt.* بدرفتاری کردن، بدکار کردن.

malt.ster, *n.* مالت‌ساز، سمنوساز.

mal.va.sia, *n.* [گ.ش.] نوعی انگور.

mal.ver.sa.tion, *n.* دغل‌بازی،
تقلب، اختلاس، خلاف، خیانت‌درامانت.

mam.ba, *n.*
[ج.ش.] مارهای زهردار مناطق گرمسیر.

mam.bo, mam.bu, *n.*
یك نوع رقص تند.

mam.ma, ma.ma [*mǽmaː, məmáː*] *n.* مادر، ماما.

mam.ma (*pl.* **-e**) *n.*
[ج.ش.ـ تش.] پستان، ممه.

mam.mal [*mǽməl*] *n.* پستاندار.

mam.mal.o.gy, *n.* یك شاخه از
جانورشناسی که راجع به‌پستانداران است.

mam.ma.ry, *adj.*
مربوط به‌پستانداران، مربوط به‌پستان.

mam.mate, *adj.* پستاندار.

mam.ma.to.cumulus, *n.*
ابر طوفانی کومولوس یا کومولواستراطوس.

mam.mer (**- ed, - ing**) *vi.*
با لکنت گفتن، من‌من کردن، گیج شدن.

mam.mi.form, mam.mil.la.ry, *adj.* پستان مانند، بصورت پستان.

mam.mil.late, -d, *adj.*
دارای پستان یا پستانك.

mam.mock (-ed, -ing) *n., vt. & vi.* پاره، ذره، ریزه، قراضه، دم‌قیچی، برش،
ریزه‌کردن، قطعه‌کردن، از دم قیچی ردکردن.

mam.mon [*mǽmən*] *n.*
[درکتب عهد جدید] ممونا، ثروت، دولت.

mam.mon.ism, *n.*
ثروت پرستی، دیو صفتی.

mam.mon.ite, *n.*
خادم ابلیس، ثروت دوست.

mam.moth [*mǽməθ*] *n. & adj.*
(ج.ش.) ماموت، فیل بزرگ دورهٔ ماقبل تاریخ.

A m. ox. گاو عظیم‌الجثه.

mam.my [*mǽmi*] (*pl.* **-ies**) *n.*
ماماں، لله، ددهٔ سیاه.

man [*mæn*] (**- ned, - ning**), (*pl.* **men**) *n., vt. & vi.* مرد،
انسان، شخص، بشر، نوکر، مستخدم، اداره کردن،
گرداندن [امور]، شوهر، مهره‌شطرنج، مردی.

M. cook. آشپز مرد، مردآشپز.

Play the m. مردانگی کردن.

M. and boy. از زمان بچگی.

man-about-town, *n.*
مرد فعال اجتماعی و جهانی.

man.a.cle [*mǽnəkl*] (**-d, manacling**) *vt. & n.*
دست‌بند (مخصوص دزدان و غیره)، قید، بند،
زنجیر، بخو، دستبند زدن، زنجیر کردن.

man.age [*mǽnidʒ*] (**-d, managing**) *vt. & vi.*
اداره کردن، گرداندن، از پیش بردن.

M. to do it. موفق بانجام امری شدن.

Managing Director. مدیر عامل.

man.age.abil.i.ty, *n.* قابلیت‌اداره.

man.age.able [*mǽnidʒəbl*] *adj.*
قابل اداره‌کردن، کنترل‌پذیر، رام.

man.age.ment [*mǽnidʒmənt*], *n.* اداره، ترتیب، مدیریت، مدیران، کارفرمائی.

man.ag.er [*mǽnidʒə*] *n.*
مدیر، مباشر، کارفرمان.

man-at-arms [*mæ̀nətáːmz*] *n.*
سرباز (بویژه‌سربازسوار ـ
نظام سنگین اسلحه).

man.a.tee, *n.*
[ج.ش.] گاودریائی، نهنگ
کوچك دریائی.

MANATEE

man.da.rin [*mǽndərin*] *adj. & n.*
(در چین قدیم) مأمورین عالیرتبه.

man.date [*mǽndit, -eit*] *n.*
وکالت‌نامه، قیمومت، حکم، فرمان، تعهد، اختیار.

man.da.to.ry [*mǽndətəri*] *adj.*
اجباری.

man.di.ble [*mǽndibl*] *n.*
[تش.ـ ج.ش.] فك، آرواره.

man.do.lin = man.do.line [*mǽndəlin*] *n.*
[مو.] ماندولین، عود فرنگی.

man.do.lin.ist, *n.* ماندولین‌نواز.

man.drag.o.ra, *n.* (گ.ش.)
مهرگیاه، سگ‌شکن.

man.drake [*mǽndreik*] *n.*
[گ.ش.] مردم گیاه، مهرگیاه.

man.drel=man.dril, *vi. & n.*
میله، منبه، قالب، مرغك، محور.

man.drill [*mǽndril*] *n.*
[ج.ش.] بوزینهٔ بزرگ و زشت و درنده‌خوی.

mane, *n.* یال.

man-eater [*mǽniːtə*] *n.*
جانوری‌که انسان را میخورد، آدمخوار.

ma.nege, ma.nege, *n.*
اسب سواری، آموزشگاه اسب سواری.

Ma.nes [*méiniːz*] *n.pl.*
(روم قدیم) ارواح اموات، مانی نقاش.

ma.neu.ver=manoeuvre [*mənúːvə*] *n.,vt. & vi.* مانور، تمرین‌نظامی.

man.ful [*mǽnful*] *adj.*
دلیر، شجاع، مردانه، مردوار، مصمم.

man.ga.nese [*mæ̀ŋgəníːz*] *n.*
منگنز.

mange [*meindʒ*] *n.*
گری، گر، جرب، کچلی.

man.ger [*méindʒə*] *n.* آخور.

man.gle [*mǽŋgl*] (**-d, mangling**) *n. & vt.* (پارچه‌بافی)دستگاه‌پرس،
له‌کردن، بریدن، پاره‌کردن، خرد کردن.

man.go [*mǽŋgou*] (*pl.* **-s, -es**), *n.* (گ.ش.) درخت انبه، میوهٔ انبه.

man.gy, mangey [*méindʒi*] *adj.*
گر، مبتلا به‌جرب، مبتلا به‌گری، جرب‌دار.

manhandle [*mǽnhæ̀ndl*] (**-d, manhandling**) *vt.*
بدرفتاری‌کردن، با خشونت اداره کردن.

Man.hat.tan, *n.* جزیرهٔ مانهاتان.

manhole [*mǽnhoul*] *n.*
سوراخ آدم‌رو، کوره.

man.hood [*mǽnhud*] *n.*
مردی، رجولیت، آدمیت، مردانگی، شجاعت.

man-hour, *n.*
واحد زمان‌کارکه برابر یك ساعت کار یك فرد
است و برای پرداخت مزد منظور میشود.

manhunt, *n.* تعقیب جنایتکاران.

ma.nia [*méiniə*] *n.*
دیوانگی، شیدائی، عشق، هیجان‌بی‌دلیل‌وزیاد.

ma.ni.ac [*méiniæk*] *adj. & n.*
آدم دیوانه، مجنون، دیوانه‌وار، عصبانی.

man.ic, *adj.* دیوانه، شیدا.

manic-depressive, *adj.*
دیوانگی و بهت‌زدگی و شیدائی، نوعی‌جنون.

Man.i.chae.an, Man.i.che an, Man.i.chee, *adj.*
پیرو مانی نقاش و پیغمبر ایرانی.

Man.i.chae.an.ism, *n.*
اصول فلسفهٔ مانی، مانویت.

man.i.cure [*mǽnikjuə, -kjɔː*], *n. & vt.* مانیکور، مانیکورزدن، آرایش کردن.

man.i.cur.ist [*mǽnikjùərist, -kjɔː*] *n.* مانیکورزن.

man.i.fest [*mǽnifest*] (**- ed, - ing**) *n., vt. & adj.* بازنمودکردن،
آشکار، آشکار ساختن، معلوم کردن، فاش کردن،
اشاره، خبر، اعلامیه، بیانیه، نامه.

man.i.fes.ta.tion [*mæ̀nifestéiʃən*] *n.* بازنمود، آشکارسازی، ظهور، ابراز.

Manifest Destiny, *n.*
لوازم قهری بسط‌وتوسعهٔ نژادی، سرنوشت ملی.

man.i.fest.er, *n.* آشکارکننده، مبین.

man.i.fes.to [*mænifestou*] (*pl.* **- s, - es**) *n. & vt.* اشعاریه،
بیانیه، اعلامیه، اعلامیه دادن.

man.i.fold [*mǽnifould*] (**-ed, -ing**), *vt., adj. & n.*
چندتا، چندبرابر، بسیار، زیاد، متعدد، گوناگونی،

MANIFOLD PIPE

متنوع کردن، چند برابر کردن.
To manifold a letter. از نامه چند نسخه برداشتن.

man.i.kin [*mǽnikin*] **mana-kin,** *adj. &n.* آدم کوتاه‌قد، مانکن، آدمك.

Ma.nila=Ma.nil.la [*mənílə*] *adj.* مانیلا پایتخت جزایر فیلیپین، کاغذمانیل.

ma.nip.u.late [*mənípjuleit*] **(-d, manipulating)** *n. & vi.* با دست عمل کردن، با استادی درست کردن، با مهارت انجام‌دادن، اداره کردن، دستکاری کردن.

ma.nip.u.la.tion [*mənìpjuléiʃən*] *n.* انجام‌بامهارت، دست‌کاری، بکاربری.

mankind [*mænkáind*] *n.* نوع انسان، جنس بشر، نژاد انسان.

manlike [*mǽnlaik*] *adj.* نر، مرد، نرینه، جنس نر، وحشی، مرد مانند.

man.ly [*mǽnli*] *adj. & adv.* مردوار، مردانه.

man-made, *adj.* ساخت بشر.

man.na [*mǽnə*] *n.* من، مائدهٔ آسمانی، (گ.ش.) ترنجبین، گزانگبین.

man.ne.quin [*mǽnikin*] *n.* مانکن، مدل (دختر)، مجسمهٔ چوبی.

man.ner [*mǽnə*] *n.* راه، روش، طریقه، چگونگی، طرز، رسوم، عادات، رفتار، ادب، تربیت، نوع، قسم.
In what m.? چگونه، چطور.
After the m. of. بسبك.
Good manners. آداب، حسن سلوك.

man.nered [*mǽnəd*] *adj.* دارای سبك یا رفتار بخصوص، تصنعی.

man.ner.ism [*mǽnərizm*] *n.* اطوار و اخلاق شخصی، سبك بخصوص نویسنده.

man.nish [*mǽniʃ*] *adj.* مردصفت، مردنما، دارای رفتار مردانه، مردانه.

manoeuvre [*mənú:və*] *n., vt. & vi.* عملیات نظامی و جنگی را تمرین کردن، مشق کردن، مانور دادن، طرح کردن، مانور.

man-of-war [*mǽnəvwɔ́:*] *n.* مرد جنگی، کشتی جنگی، رزمناو.

ma.nom.e.ter, *n.* فشار سنج [گاز یا بخار]، آلت سنجش فشار خون.

man.or [*mǽnə*] *n.* ملك اربابی، ملك تیولی، منزل، خانهٔ بزرگ.

ma.no.ri.al.ism, *n.* ارباب منشی.

manor house, *n.* خانه ارباب یا صاحب تیول.

man power, *n.* نیروی مردانه، تعداد اشخاص مورد استفاده، مشمولین نظام.

manse [*mæns*] *n.* خانهٔ مسکونی، محل سکنی، خانهٔ کشیش.

manservant, (*pl.* **menser-vants**) *n.* نوکر.

man.sion [*mǽnʃən*] *n.* عمارت چند دستگاهی، عمارت بزرگ.

man-size, *adj.* اندازهٔ مناسب یك‌مرد.

manslaughter [*mǽnslɔ:tə*] *n.* آدمکشی، قتل نفس.

manslayer, *n.* قاتل، آدمکش.

man.sue.tude, *n.* نرمی، ملایمت، مدارا، حلم، رامی، آموختگی، اهلیت، محبت.

man.ta, *n.* پتو یا جل اسب و قاطر، نوعی ردا، پارچه.

man.teau, *n.* لباس‌روپوش‌زنانه، مانتو.

man.tel [*mǽntl*] *n.* طاقچهٔ بالابخاری.

man.tel.et, *n.* جان‌پناه، حفاظ، ردا یا عبای کوتاه، نوعی شنل زنانهٔ کوتاه.

man.tel.let.ta, *n.* شنل بلند تا سر زانو مخصوص کاردینال کلیسای کاتولیك.

mantelpiece, *n.* طاقچهٔ بالابخاری، نمای بخاری، گچ‌بری دور بخاری.

man.tic, *adj.* وابسته به‌پیشگوئی، الهامی، فالگیری.

man.tilla [*mæntílə*] *n.* یك‌جور روسری زنانه.

man.tis [*mǽntis*] *n.* [ج.ش.] آخوندك.

man.tis.sa, *n.* (م.م.) اعشاری، ارقام اعشاری لگاریتم، عدد اعشاری.

MANTIS
(2.5–3 in. long)

man.tle [*mǽntl*] *n.* شنل زنانه، بالاپوش، ردا، پوشش، کلاه‌توری.

man-trap [*mǽntræp*] (*pl.*-**s**), *n.* تله آدمگیر، دام برای انسان.

man.tua, *n.* نوعی پارچهٔ ابریشمی، مانتو، شنل، نوعی جامه یا لباس شب.

man.u.al [*mǽnjuəl*] *adj. & n.* دستی، وابسته بدست، انجام شده با دست، کتاب دستی، نظامنامه، مقررات، کتاب راهنما.

ma.nu.bri.um (*pl.* **manubria, -s**) *n.* دستهٔ چاقو یا کارد، قبضهٔ تفنگ، (ج.ش.ـ تش.) عضو یا قسمت قبضه‌مانند، قسمت‌خنجری‌جناق، (گ.ش.) سلولهای استوانه‌ای میان جدار داخلی.

man.u.fac.to.ry [*mænjufǽktəri*] *n. & adj.* کارخانه، ساخت، کاردستی، کارگاه.

man.u.fac.ture [*mænjufǽktʃə*] **(-d, manufacturing)** *vt., vi. & n.* ساختن، جعل کردن، تولید کردن، مصنوع، تولید.

man.u.fac.tur.er, *n.* صاحب کارخانه، تولیدکننده، سازنده.

man.u.mis.sion, *n.* آزاد سازی، آزادی، [حق.] آزادی برده.

man.u.mit **(-ted, -ting)** *vt.* بنده را آزاد کردن، آزادی بخشیدن.

ma.nure [*mənjúə, -jɔ́:*] **(-d, manuring)** *n. &vt.* کوددادن، کود کشاورزی.

ma.nu.ri.al, *adj.* کوددار، وابسته‌بکود.

ma.nus, *n.pl.* (ج.ش.) دست، دست جیوان، قسمت انتهائی.

man.u.script [*mǽnjuskript*], *adj.&n.* دستخط، کتاب‌خطی، نسخهٔ‌خطی، نوشته.

man.ward, *adj. &adv.* بطرف‌انسان.

manwise, *adv.* مردانه، مردوار.

Manx cat, *n.* [ج.ش.] گربهٔ اهلی موکوتاه و دم کوتاه.

many [*méni*] *adj., n. & pron.* بسیار، زیاد، خیلی، چندین، بسا، گروه، بسیاری.
I have twice as many books as he has. من‌دو برابر او کتاب دارم.
Many of them. بسیاری از آنها.

manyfold, *adv.* چندین‌مرتبه، مکرر.

many-sided [*ménisáidid*] *adj.* چند پهلو، مبنی بر چند نظریه، چند ظرفیتی.

Mao.ri [*máu(ə)ri, má:ri*] (*pl.* **-s**), *n.* قبائل مائوری زلاند جدید.

map [*mæp*] **(-ped, -ping),** *vi. & n.* نقشه، نقشه‌کشیدن، ترسیم کردن.

ma.ple [*méipl*] *n.* (گ.ش.) افرا، آچ، چوب‌افرا.

ma.quette, *n.* ماکت، شکل کوچك چیزی.

mar [*ma:*] **(-red, -ring)** *vt. & n.* آسیب‌رساندن، زیان‌رساندن، معیوب کردن، ناقص کردن، بی‌اندام کردن، صدمه زدن، آسیب.

mar.a.thon, *n.* مسابقهٔ دو ماراتون، مسابقهٔ دو صحرائی.

ma.raud [*mərɔ́:d*] **(-ed, -ing),** *vt. & vi.* نهب و غارت کردن، بقصد غارت حمله کردن، دله دزدی یا تلاش کردن، غارت کردن، چپاول کردن.

mar.ble [*má:bl*] **(-d, marbling)** *n., adj., vt. & vi.* سنگ مرمر، تیله، گلولهٔ شیشه‌ای، تیلهٔ بازی، مرمری، رنگ ابری زدن، مرمرنما کردن.

mar.ble.ize **(-d, marbleizing)** *vt.* رنگ مرمر زدن، رنگ ابری کردن.

marbling, *n.* مرمرکاری.

mar.bly, *adj.* مرمرنما، مرمری.

mar.ca.site, *n.* حجرالنور مرغش، پیریت‌آهن، مارکسیت.

march [*ma:tʃ*] **(-ed, -ing),** *n., vt. & vi.* راه پیمائی، قدم‌رو، قدم‌برداری، گام نظامی، موسیقی نظامی یا مارش، سیر، روش، پیشروی، ماه‌مارس، راه‌پیمائی کردن، قدم‌رو کردن، نظامی وار راه رفتن، پیشروی کردن، تاختن بر.
m. past. رژه رفتن.

mär.chen, *n.pl.* داستان، حکایت، قصه.

march.er, *n.* رژه رونده، راه‌پیما.

mar.che.sa (*pl.* **marchese**) *n.* زن ایتالیائی، مارکیز، زوجهٔ مارکی.

mar.chio.ness [*má:ʃənis*] *n.* زوجهٔ مارکی، نوعی گلابی، کلفت.

Mar.di Gras [*má:digrá:*] *n.* سه روز قبل از چهارشنبهٔ تربیهٔ کاتولیك‌ها که در استان لویزیانا کاروان شادی حرکت میکنند.

mare [*mɛə*] (*pl.* **ma.ria**) *n.* مادیان، بختك، کابوس، عجوزه، جادوگر، مالیخولیا، سودا، (درسطح‌ماه) تاریکی، دریا.

mare clau.sum, *n.* دریای بسته.

mare li.be.rum, *n.* دریای آزاد.

mar.ga.rin, -e [*má:gərì:n, mà:dʒərí:n*] *n.* مارگارین، کرهٔ تقلیدی، کره‌نباتی.

mar.ga.rite, *n.* مروارید، گل مروارید، میکای مرواریدی.

mar.gay, *n.* [ج.ش.] گربهٔ پلنگی آمریکای جنوبی.

marge, *n. & vt.* حاشیه، کنار، لبه، حاشیه‌دار کردن.

mar.gent, *vt., adj. & n.* حاشیه، کناره، لبه، حاشیهٔ کتاب، تفسیر.

mar.gin [*má:dʒin*] **(-ed, -ing),** *vt. & n.* حاشیه، کنار، لبه، اندك، حاشیه‌دار کردن، حد، بودجه احتیاطی، مابه‌التفاوت.

mar.gin.al [*má:dʒinəl*] *adj.* وابسته به‌حاشیه، کم، حاشیه‌ای.

mar.gi.na.lia, *n.pl.* حواشی، یادداشتهای حاشیه، حواشی بر متن‌کتاب.

mar.grave, *n.* مرزدار، مرزبان.

mar.gra.vine, *n.* زن مرزبان.

mar.gue.rite [*má:gəri:t, mà:gərí:t*] *n.* [گ.ش.] گل داودی، مینای چمنی، گل مینا.

Mar.i.an, *adj.* وابسته به‌مریم، مریمی، وابسته بماری.

mar.i.gold [*mǽrigould*] *n.* [گ.ش.] گل همیشه بهار، گل جعفری.

mar.i.hua.na, mar.i.jua.na, *n.* [گ.ش.] تنباکوی وحشی بیابانی، بنهٔ شاهدانه، کنف، حشیش، ماری جوانا.

ma.ri.na, *n.* تفرجگاه‌ساحلی، لنگرگاه یا حوضچهٔ مخصوص توقف قایقهای تفریحی.

mar.i.nate **(-d, marinating),** *adj. & vt.* ترد کردن گوشت با خیس کردن آن در ماست یا آب‌لیمو و غیره.

ma.rine [*mərí:n*] *adj.&n.* دریائی، بحری، وابسته به‌دریانوردی، تفنگدار دریائی.
The merchant m. ناوگان بازرگانی.

mar.i.ner [*mǽrinə*] *n.* ملوان، دریانورد، کشتیران.

Mar.i.ol.a.try, *n.* مریم پرستی، پرستش مریم مادر عیسی.

mar.i.o.nette [*mæ̀riənét*] *n.* عروسك خیمه شب‌بازی، نوعی مرغابی.

Mar.i.ol.o.gy, *n.* مبحث‌مربوط‌به مریم، ادبیات‌مربوط‌به مریم باکره.

mar.i.po.sa lily, *n.* [گ.ش.] حشیشةالجمیل.

mar.ish, *n. & adj.* مرداب، باتلاق، مردابی، باتلاقوار.

mar.i.tal [*mǽritl, məráitl*] *adj.* شوهری، زوجی، ازدواجی، نکاحی.

mar.i.time [*mǽritaim*] *adj.* بحری، دریائی، وابسته به‌بازرگانی دریائی، وابسته بدریانوردی، استان بحری یا ساحلی.

mar.jo.ram [*má:dʒərəm*] *n.* [گ.ش.] مرزنگوش، مرزنجوش.

mark [*ma:k*] *n. & vt.* ارزه، نمره، نشانه، نشان، علامت، داغ، هدف، پایه، نقطه، درجه، مرز، حد، علامت گذاشتن، توجه کردن.

mark down, *n.* تنزل قیمت، پائین‌آوردن قیمت.

markdown, *vt.* پائین‌آوردن قیمت.

marked [*ma:kt*] *adj..* مشخص، علامت‌دار.

mark.er [*má:kə*] *n.* نشان‌گذار، علامت، نشانه.

mar.ket [*má:kit*] **(-ed, -ing),** *n. & vt.* بازار، محل دادوستد، مرکز تجارت، فروختن، در بازار داد و ستد کردن، در معرض فروش قرار دادن.

mar.ket.abil.i.ty, *n.* قابلیت عرضه در بازار.

mar.ket.able [*má:kitəbl*] *adj.* قابل فروش، قابل عرضه در بازار.

marketplace, *n.* میدان فروش کالا، بازار.

mark.ing, *n.* علامت‌گذاری، نشان.

marks.man [*má:ksmən*] (*pl.* **-men**) *n.* تیرانداز ماهر، نشانه‌گیر.

mark up, *n. & vt.* نرخ فروش را بالا بردن، افزایش نرخ اجناس.

marl [*ma:l*] **(-ed, -ing)** *n., vi.&vt.* پیچیدن‌طناب، دولا بستن، آهك‌رس، خاك آهكدار، خاك کود، با خاك آهكدار کود دادن.

mar.lin, *n.* [ج.ش.] ماهی‌شکاری بزرگ (از جنس Makaria)، نیزه ماهی.

marlinespike [*má:linspaik*] = **marlinspike,** *n.* (د.ن.) طناب‌بازکن، ریسمان واکن، طناب‌گشا، ماهی بالهٔ نرم اعماق دریا، نیزه ماهی.

marl.ite, *n.* خاك آهكدار.

mar.ma.lade [*má:məleid*] *n.* مربای نارنج، مربای به، لرزانك.

mar.mo.re.al, mar.mo.re.an, *adj.* مرمری، مرمرنما، ساخته شده ازمرمر.

mar.mo.set [*má:məzèt*] *n.* [ج.ش.] بوزینهٔ کوچك آمریکائی که دم انبوهی دارد.

mar.mot [*má:mət*] *n.* [ج.ش.] موش خرمای کوهی.

ma.roon [*mərú:n*] **(-ed, -ing),** *vi. & n.* (گ.ش.) شاه بلوط اروپائی،

رنگ خرمائی‌مایل بقرمز، درجزیره دورافتاده یاجاهای مشابهی رها شدن یا گیرافتادن.

marque [ma:k] *n.* انتقال،تلافی،مارك، علامت مخصوص، مدل‌مخصوص (باتومبیل‌وغیره).

mar.quee [ma:kí:] *n.* چادر بزرگ، خیمهٔ بزرگ، سایبان،آسمانه.

mar.quess [má:kwis] **mar.quis,** (*pl.* **- es**) *n.* مقام مارکین، مرزبان.

mar.que.try=mar.que.te.rie, *n.* تزئین با چوب وگوش ماهی.

mar.quise, *n.* زوجه مارکین، (گ.ش.) نوعی گلابی.

mar.riage [mǽridʒ] *n.* ازدواج،عروسی، جشن‌عروسی،زناشوئی،یکانگی، اتحاد، عقد، ازدواج، پیمان ازدواج.

Give in marriage. شوهر دادن.

Marriage license. گواهی‌نامهٔ‌ازدواج.

mar.riage.able [mǽridʒəbl] *adj.* بالغ، درخور عروسی، تنه شوهر.

married [mǽrid] *adj. & n.* شوهردار، عروسی‌کرده، متأهل، پیوسته، متحد.

A m. woman. زن شوهردار.

mar.ron (*pl.* **-s**) *n.* شاه بلوط اروپائی، رنگ شاه بلوطی.

mar.row [mǽrou] *n.* مغز استخوان، مخ، مغز، قسمت عمده، جوهر.

mar.ry [mǽri] (**-ied, marry-ing**) *n., vt. & vi.* عروسی‌کردن (با)، ازدواج‌کردن، شوهردادن.

Mars [ma:z] *n.* (نج.) ستارهٔ مریخ، بهرام، خدای جنگ.

marsh [ma:ʃ] *n. & adj.* مردآب، سیاه‌آب، لجن‌زار، باتلاق.

mar.shal [má:ʃəl] (**- ed, - led, -ing, -ling**) *n., vt. & vi.* ارتشبد، مارشال، کلانتر،سردسته، به‌ترتیب‌نشان دادن، راهنمائی کردن(باتشریفات)،مرتب‌کردن.

marsh.mal.low, *n.* گل ختمی، نوعی شیرینی خمیر مانند.

marshy [má:ʃi] *adj.* باتلاقی.

mar.su.pi.al [ma:sjú:piəl] *adj. & n.* جانور کیسه‌دار.

mar.su.pi.um, (*pl.* **marsu.pia**), *n.* [تش.-ج.ش.-گ.ش.]کیسه، جانوار کیسه‌دار.

mart [ma:t] *n., vi. & vt.* بازار، مرکز بازرگانی، مرکز حراج.

mar.ten [má:tin] (*pl.* **- s**) *n.* (ج.ش.)دله، سمور.

MARTEN (2 1/2 ft. long)

mar.tens.ite, *n.* [مع.] مادهٔ فلزی سخت و شکننده.

mar.tial [má:ʃəl] *n.* جنگی، لشکری، جنگجو، نظامی.

M. law. حکومت نظامی.

Court m. دادگاه نظامی، شورای نظامی.

Mar.tian [má:ʃjən] *adj.* مریخی، اهل کرهٔ مریخ.

mar.tin [má:tin] *n.* (ج.ش.) نوعی پرستوکه لانهٔگلی بر دیوارخانه میسازد،آدم‌گول‌خور، ساده‌لوح.

mar.ti.net [mà:tinét] *n.* آدم‌با انضباط و سخت‌گیر، سخت‌گیری‌وانضباط خشك، منجنیق سنگ‌انداز.

mar.tin.gale, *n.* تسمهٔ زیر گردن اسب، (د.ن.) طناب یا زنجیر زیرین دگل یا بادبان، شرط‌بندی.

Mar.tin.mas [má:tinmæs] *n.* جشن مارتین مقدس در ۱۱ نوامبر.

mart.let, *n.* (ج.ش.) پرستوی معمولی اروپائی، بادقپك.

mar.tyr [má:tə] (**- ed, - ing**), *n. & vt.* شهید، فدائی، شهیدراه‌خداکردن.

mar.tyr.dom[má:tədəm]*n.* شهادت.

mar.tyr.ol.o.gist, *n.* دانشمند تذکرهٔ شهدا.

mar.tyr.ol.o.gy (*pl.* **- ies**) *n.* تذکرهٔ شهدا، تاریخ‌شهدا، تاریخ‌شهدای مسیحی.

mar.tyry, *n.* شهادت، بشهادت دینی.

mar.vel [má:vəl] (**- ed, - led, -ing, -ling**) *n., vi. & vt.* چیز شگفت، شگفتی، تعجب، اعجاز، حیرت زده شدن، شگفت داشتن.

mar.vel.ous, mar.vel.lous [má:viləs] *adj.* حیرت‌آور، عجیب، جالب.

Marx.ian [má:ksiən] *adj.* وابسته به‌کارل‌مارکس، پیرو عقیدهٔ کارل مارکس.

Marx.ism [má:ksizm] *n.* فلسفهٔ مارکسیست، عقیدهٔ «مارکس».

Mary (*pl.* **-ies, -s**) *n.* مریم باکره، اسم خاص مؤنث.

mar.zi.pan [má:zipæ̀n, mà:zi:-pǽn] *n.* شیرینی (باخمیرآردبادام وشکر).

mas.cara, *n.* ریمل مژه و ابرو.

mas.cot [mǽskət] *n.* چیز خوش یمن، نظر قربانی.

mas.cu.line [má:skjulin, mǽs-], *adj.* نرین،مذکر، نر، نرینه،مردانه، گشن.

The m. gender. جنس‌نرین،جنس‌مذکر.

mas.cu.lin.i.ty, *n.* تذکیر، حالت مردی، مردی.

mas.cu.lin.ize, *vt.* مذکرکردن، شخصیت مردانه در زنی بوجودآوردن.

mash[mæʃ](**-ed,-ing**)*n., vt.&vi.* خیساندهٔ مالت، خمیرنرم، خوراك‌همه‌چیزدرهم، درهم و برهمی، نرم کردن، خرد کردن، خمیر کردن، شیفتن، مفتون‌کردن، لاس‌زدن،دلربائی.

Mashed potatoes. سیب‌زمینی‌پوره‌شده.

mash.er, *n.* ساطور، آلت قطع یا خردکردن.

mask [ma:sk] (**- ed, - ing**) *n. vi. & vt.* نقاب، روبند، ماسك،لفافه،بهانه، عیاشی، شادمانی، خوش‌گذرانی، ماسك زدن، پنهان‌کردن، پوشاندن، پوشانه.

masked, *adj.* ماسك زده.

mas.och.ism, *n.* مازوکیسم، لذت بردن ازدرد، لذت بردن‌ازجور و جفای معشوق یا معشوقه.

Ma.son [méisn] (**- ed, - ing**), *n. & vt.* بنا، بنای سنگ‌کار، خانه‌ساز، عضوفراموشخانه، فراماسون، با سنگ ساختن، بناکردن.

Ma.son.ic [məsɔ́nik] *adj.* وابسته به‌فراماسون.

mason jar, *n.* کوزهٔ دهان‌گشاد.

ma.son.ry [méisənri] (*pl.* **-ies**), *n.* بنائی.

masque [ma:sk] *n.* (قرون۱۶و۱۷) نمایش توأم با موسیقی ورقص، بالماسکه.

mas.quer.ade[mæ̀:skəréid](**-d, masquerading**) *vt. & n.* بالماسکه، رقص با نقاب‌هاب مضحك و ناشناس، تغییر قیافه، به‌لباس مبدل‌درآمدن، قیافهٔظاهری بخود دادن، لباس‌مبدل.

mass [mæs] (*pl.* **- es**) *vi. & n.* مراسم عشاء ربانی، توده، کپه، گروه، جمع،جرم، حجم، قسمت‌عمده، جمع‌آوری‌کردن، تودهٔ‌مردم.

To mass troops. جمع‌آوری یا تمرکز قشون.

In the mass. یکجا، مجموعاً.

The masses. توده (مردم).

Mas.sa.chu.sett, Mas.sa.-chu.setts, *n.* استان ماساچوست در اتازونی، نام يك قبیلهٔ سرخ‌پوست.

mas.sa.cre [mǽsəkə] (**- d, massacring**) *vt. & n.* قتل عام‌کردن،کشتار.

mas.sa.crer, *n.* کشتارکننده.

mas.sage[mǽsa:ð, mæsá:ð](**-d, massaging**) *n. & vt.* ماساژ، مشت و مال، ماساژ دادن.

mas.seur [mæsə́:] *n.* مشت و مال دهنده، ماساژ دهنده.

mas.sif, *n.* سد، مانع، تودهٔ‌سنگ.

mas.sive [mǽsiv] *adj.* بزرگ، حجیم، عظیم، گنده، فشرده، کلان.

mass production, *n.* بس‌فرآوری، تولید بمقدار زیاد، تولید ماشینی.

massy [mǽsi] (**-ier, -iest**) *adj.* وزین، جسیم، جامد، متراکم، غلیظ، چاق.

A m. rock. سنگ عظیم و سنگین.

mast [ma:st] *vi. & n.* تیر، دگل یکپارچه، دیرك، بادگل مجهز کردن.

mas.tec.to.my, *n.* (جراحی) پاره‌کردن و برداشتن پستان‌یا قسمتی از پستان.

mas.ter [má:stə] (**- ed, -ing**), *adj. & n.* دانشور، چیره‌دست، ارباب، استاد، کارفرما، رئیس، مدیر، مرشد، پیر، خوب یادگرفتن، استاد شدن، تسلط یافتن بر،رام‌کردن.

mas.ter ful [má:stəful] *adj.* با استادی.

master key [má:stəki:] *n.* کلید چندین قفل، قاعدهٔ‌کلی، شاه‌کلید.

mastermind, *n.&vt.* فکر بکر، دارای نبوغ فکری، ابداع‌کردن.

master of ceremonies, *n.* رئیس تشریفات، متصدی تفریحات یامعرف‌نطاق جلسه.

masterpiece [má:stəpi:s] *n.* شاهکار،کار استادانه،کار بی‌نظیر.

A. literary m. شاهکار ادبی.

master race, *n.* نژاد برتر.

mas.ter.ship [má:stəʃip] *n.* مقام استادی.

masterstroke, *n.* هنر، استادی، هنرنمائی، شاهکار، نازك‌کاری هنری.

masterwork, *n.* شاهکار،کار مهم، برجسته.

mas.tery [má:stəri] *n.* اربابی،سلطه.

masthead, *n.* (د.ن.) سر دگل.

mas.tic, *n.* کندر رومی، مصطکی، نوعی بتونه یا چسب.

mas.ti.cate [mǽstikeit] (**- d, masticating**) *vt. & vi.* جاوش‌کردن، جویدن، نرم‌کردن، خمیرکردن، بزاقی‌کردن.

mas.ti.ca.tion, *n.* جویدن، جاوش.

mas.ti.ca.to.ry, *adj. & n.* وابسته به‌جویدن.

mastic tree, mastic shrub, *n.* [گ.ش.] درخت بنه، درخت جاتلنقوش.

mas.tiff [mǽstif] *n.* [ج.ش.] سگ بزرگی که گوش‌ها ولبهایش آویخته است، بولدوگ.

MASTIFF (30 in. high at shoulder)

mas.ti.tis, (*pl.* **mastit.i.des**), *n.* [طب] ورم پستان،آماس غده‌های پستان.

mas.to.don [mǽstədɔn] *n.* (دیرین‌شناسی) پستانداری شبیه‌فیل که دردوران الیگوسن و پلیستوسن میزیسته.

mas.toid, *adj. & n.* پستانی، پستان مانند، حلمی.

M. bone. استخوان پشت‌گوش.

mas.toid.i.tis (*pl.* **mas.toid-iti.des**) *n.* التهاب زائدهٔ پستانی.

mas.tur.bate, *vi.* جلق زدن.

mas.tur.ba.tion, *n.* جلق، استمناء.

mat [mæt] (**-ted, -ting**) *adj., n., vt. & vi.* بوریا، حصیر،کفش پاك کن، پادری، زیر بشقابی، زیر گلدانی، بوریا پوش کردن، با حصیر پوشاندن، درهم گیر کردن.

mat.a.dor, -e [mǽtədɔ:] *n.* ماتادور،گاوباز اسپانیولی.

match [mætʃ] (**-er, -est**) *n., vt., vi. & adj.* حریف،همتا،نظیر، لنگه، همسر، جفت،ازدواج، زورآزمائی، وصلت‌دادن، حریف کسی بودن، جور بودن با، بهم‌آمدن، مسابقه،کبریت، چوب‌کبریت.

This color matches the wall. این رنگ بدیوار میخورد.

I am no match for him. من حریف او نیستم.

match.able, *adj.* بهم جور شدنی، سازگار.

match.less [mǽtʃlis] *adj.* بی‌همتا.

matchlock [mǽtʃlɔk] *n.* تفنگ فتیله‌ای.

matchmaker, *n.* دلال یا دلالهٔ ازدواج.

match point, *n.* آخرین امتیاز برای بردن مسابقه.

matchwood [mǽtʃwud] *n.* يك تکه چوب، چوب‌کبریت.

mate [meit] (**- d, mating**), *vt. & n.* لنگه، جفت، همسر،کمك، رفیق، همدم، شاگرد، شاه‌مات‌کردن، جفت‌گیری‌یاعمل جنسی‌کردن.

Cook's m. کمك‌آشپز.

ma.ter [méitə] *n.* مادر، سخت شامه، نرم شامه.

Dura m. سخت شامه.

Pia m. نرم شامه.

ma.te.ri.al [mətíəriəl] *n. & adj.* مادی، جسمانی، مهم، عمده،کلی، جسمی، اساسی، اصولی، مناسب، مقتضی، مربوط، جسم، ماده.

A. m. noun. (د.) اسم جنس.

ma.te.ri.al.ism [mətíəriəlizm], *n.* مادیت، ماده‌گرائی، ماده‌پرستی.

ma.te.ri.al.ist [mətíəriəlist] *n.* مادی، ماده‌گرای.

ma.te.ri.al.is.tic[mətìəriəlístik], *adj.* وابسته به‌مادیات،مربوط‌به‌ماده‌گرائی.

ma.te.ri.al.ize [mətíəriəlaiz] (**-d, materializing**) *vt. & vi.* مادی کردن، صورت خارجی بخودگرفتن، جامهٔ عمل بخود پوشیدن.

His dreams have materialized. خوابهای او تحقق یافته‌است.

ma.té.ri.el, ma.te.ri.el, *n.* قسمت‌مادی یامکانیکی هنر، تکنیك، تجهیزات.

ma.ter.nal [mətə́:nəl] *adj.* مادری، مادروار، مادرانه، امی، از مادری.

ma.ter ni.ty [mətə́:niti] (*pl.* **- ies**) *n. & adj.*

مادری، زایشگاه، وابسته‌به‌زایمان.
matey, *adj. & n.* رفیق،صمیمانه،دوستانه.
math.e.mat.i.cal [mæθimǽtikl] *adj.* وابسته به‌ریاضیات.
math.e.ma.ti.cian [mæθimətíʃən] *n.* ریاضی‌دان، عالم علم ریاضی.
math.e.mat.ics [mæθimǽtiks], *n.* ریاضیات، علوم ریاضی، علوم دقیقه.
mat.in [mǽtin] *adj.* بامدادی، صبحی، سحری، نغمهٔ سحری.
mat.in.al, *adj.* صبحگاهی، بامدادی.
mat.i.nee, mat.i.née [mǽtinei], *n.* نمایش یا برنامه یا جشن بعد از ظهر.
Mat.ins [mǽtinz] *n.pl.* نمازصبح.
ma.tri.arch, *n.* رئیسهٔ‌خانواده، مادر.
ma.tri.archy, *n.* مادر شاهی، مادر سالاری، شه‌مادری.
matri.ci.dal, *adj.* وابسته‌بمادرکشی.
matri.cide [méitrisaid] *n.* مادرکشی، قاتل مادر، مادرکش.
ma.tric.u.lant, *n.* قبول شده در دانشگاه.
ma.tric.u.late [mətríkjuleit] (-d, matriculating) *vt. & vi.* در دفتر دانشگاه یا دانشکده نام نویسی کردن، نام‌نویسی کردن، دردانشکده یادانشگاه‌پذیرفته شدن، قبول کردن، پذیرفتن.
ma.tric.u.la.tion [mətrikjuléiʃən] *n.* (اجازه) دخول‌یانام‌نویسی‌دردانشگاه.
mat.ri.mo.nial, *adj.* وابسته به‌عروسی.
mat.ri.mo.ny [mǽtriməni] (*pl.* - ies) *n.* زناشوئی، عروسی، ازدواج، نکاح.
matrix [méitriks] (*pl.* **ma.tri.ces, matrix.es**) *n.* زهدان، رحم، بچه‌دان، موطن، جای پیدایش.
ma.tron [méitrən] *n.* زن خانه‌دار، کدبانو، بانو، زن شوهردار، مدیره، سرپرستار.
ma.tron.ize (- d, matronizing) *vt.* ریاست‌کردن، مانند رئیسه رفتارکردن.
matron of honor, *n.* ساقدوش عروس، بانوی محترمهٔ ملازم عروس.
mat.ro.nym.ic, *n.* مادر نامی، اسم مشتق از طرف مادر، نسب مادری.
mat.ter [mǽtə] (- ed, -ing), *n., vt. & vi.* ماده، جسم، ذات، ماهیت، جوهر، موضوع، امر، مطلب، چیز، اهمیت، مهم بودن، اهمیت‌داشتن.
For that m. ازآن بابت.
M. of fact. حقیقت امر.
No m. what he says. هر چه میخواهد بگوید.
It does not m. اهمیت ندارد.
It does not m. when you go. هر وقت بروید عیبی ندارد.
matter of course, *adj.* چیز عادی یا طبیعی، بدیهی، نتیجهٔ منطقی.
matter-of-fact, *adj.* مبنی بر حقیقت امر، بطور واقعی.
mat.tery, *adj.* ماده مانند، جسم‌دار.
Mat.thew [mǽθju:] *n.* متی، نویسندهٔ انجیل متی، اسم‌مذکر.
matting [mǽtiŋ] *n.* بوریا، حصیر، بوریا بافی، پوشش حصیری.

mat.took [mǽtək], *n. & vi.* کلنگ دوسر، کلنگ دوسر بکار بردن.

TYPES OF MATTOCK

mattress [mǽtris] *n.* لائی، تشک.
mat.u.rate (-d, maturating) *vt. & vi.* رسیدن، بالغ شدن، سر باز کردن [دمل].
mat.u.ra.tion, *n.* بلوغ، رسیده‌شدن.
ma.ture [mətjúə, -tjɔ:] (-r, -st), *adj.* بالغ، رشدکرده، کامل، سر رسید شده.
mature (-d, maturing) *vt. & vi.* بحد بلوغ یا رشد رساندن، کامل کردن.
ma.tur.i.ty [mətjúəriti, - tjɔ-] *n.* بلوغ، کمال، سررسید.
ma.tu.ti.nal, *adj.* بامدادی،سحری،زود.
mat.zo, mat.zoh, *n.* خمیرفطیر، نان‌فطیر.
maud.lin [mɔ́:dlin] *n. & adj.* (باحرف‌بزرگ) اسم خاص‌مؤنث، مریم‌مجدلیه، ضعیف وخیلی احساساتی، سرمست.
maul [mɔ:l] *n. & vt.* چکش چوبی، تخماق،چماق،گرز، توپوز،ضربت سنگین، باچکش زدن یاکوبیدن، خرد کردن، له کردن، صدمه زدن.
maul.er, *n.* خردکننده،له‌کنندهٔ، خشن.
maund.er [mɔ́:ndə] (-ed, -ing), *vi.* بطورخواب‌آلودوسرگردان‌حرکت‌کردن، بطورنامفهوم حرف زدن.
mau.so.le.um [mɔ:səlí:əm] (*pl.* -s, mauso.lea) *n.* آرامگاه بزرگ، مقبره.
mauve [mouv] *n.* رنگ‌بنفش، قفائی، رنگ بنفش مایل بارغوانی سیر.
mav.er.ick, *n.* حیوان‌بیصاحب، آدم‌بی‌سرپرست، تک‌رو، مستقل.
maw [mɔ:] *n.* شکم، معده،حفرهٔ معده.
mawk.ish [mɔ́:kiʃ] *adj* حالت‌تهوع نسبت به غذای بد مزه، کسل‌کننده، بطورزننده احساساتی.
maxi, *n.* پیراهن زنانه دامن بلند.
max.il.la (*pl.* - e) *n.* [ج.ش.] استخوان‌آرواره، آرواره، آروارهٔ زیرین.
max.il.lary, *adj.* آرواره‌ای.
max.im [mǽksim] *n.* پند، مثل، گفتهٔ اخلاقی، قاعدهٔ‌کلی، اصل.
max.i.mal, *adj.* وابسته به‌حداکثر، وابسته به‌ضرب‌المثل.
max.i.mize (- d, maximizing), *vt.* به‌آخرین درجهٔ ممکن افزایش دادن، بحداعلی رساندن، بزرگ‌کردن.
max.i.mum [mǽksiməm] (*pl.*-s, maxi.ma) *adj. & n.* بیشترین، بیشین، بزرگترین و بالاترین رقم، منتهی درجه، بزرگترین، بالاترین، ماکسیمم.
M. pressure. بیشترین(حداعلای) فشار.
max.well, *n.* (فیزیک) ماکسول، واحد الکترو مغناطیسی.
may [mei] (might) *n., vi. & vt.* امکان داشتن، توانائی داشتن، قادربودن،ممکن است، میتوان، شاید، انشاءالله، ایکاش، جشن‌اول ماه مه، (مج.) بهارجوانی، ریعان شباب، مامعه.
He m. come late. ممکن‌است‌دیر بیاید.
He might have died. ممکن بود مرده باشد، ممکن بود بمیرد.
In order that I may go. برای اینکه بروم.
may.be [méibi] *adv.* شاید،احتمالاً.

May Day, *n.* روزاول‌ماه‌مه، روزکارگر.
may.flower, *n.* (گ.ش.)گل خفچه، (آمر.) خرغوس،کالبای باتلاقی.
mayhap, *adv.* [م.م.]شاید،ممکن‌است.
may.hem, *n.* [حق.] ضرب وشتم، جرح.
mayn't=may not
may.on.naise [meiənéiz] *n.* نوعی چاشنی غذا وسالاد، مایونز.
may.or [mɛ́ə] *n.* شهردار.
may.or.al, *adj.* وابسته به‌شهردار.
may.or.ess [mɛ́əsəlti] *n.* زن شهردار.
may.or.ship *n.* (دورهٔ) ریاست شهرداری.
Maypole [méipoul] *n.* تیری‌که باگلهای‌گوناگون‌آراسته‌ودرروزیکم مامعه در میدان شهر بدورآن میرقصند.
maze [meiz] (-d, mazing) *n., vt. & vi.* جای پرپیچ و خم، پیچ و خم، پلکان مارپیچ، سرسام، هذیان.
ma.zur.ka [məzə́:kə] *n.* رقص نشاطانگیز سه ضربی لهستانی.
mazy, *adj.* گیج، سردرگم.
me [mi:, mi] (در حالت مفعولی) مرا، بمن.
Give it to me. آنرا بمن بدهید.
mead [mi:d] *n.* نوشابهٔ الکلی‌مرکب از عسل وآب و مالت و مادهٔ مخمر، شهدآب.
mead.ow [médou] *n.* چمن، چمن‌زار، مرغزار، راغ، علفزار.
mea.ger, mea.gre [mí:gə] *adj.* لاغر، نزار، بی‌برکت، بی‌چربی، نحیف، ناچیز.
meal [mi:l] *n.* غذا، خوراکی،شام یا نهار،آرد [معمولاً غیر ازآردگندم] بلغور.
mealtime, *n.* موقع صرف غذا.
mealy [mí:li] *adj.* آردی، آردنما، ترد، خشک، لکه لکه.
mealymouthed, *adj.* کتمان‌گر، آدم چرب زبان، شیرین زبان، اهل تملق.
mean [mi:n] (meant, meaning) (-er, -est) *n., adj., vi. & vt.* میانه، متوسط، وسطی، واقع در وسط، حد وسط، متوسط،میانه‌روی، اعتدال، منابع‌درآمد،عایدی، پست فطرت، بدجنس، آب زیرکاه، قصد داشتن، مقصود داشتن، هدف داشتن، معنی ومفهوم‌خاصی داشتن، معنی دادن، میانگین.
What does it m.? معنی‌آن چیست؟
By means of. بوسیلهٔ.
I don't mean it. منظورم این نبود، جدی نمیگویم.
He was meant for a soldier. برای سربازی ساخته شده بود.
me.an.der, mae.an.der [miǽndə] (- ed, - ing) *n., vt. & vi.* پیچ، خم، دور،گردش، راه پر پیچ و خم، پیچ و خم‌داشتن، مسیر پیچیده‌ای راطی‌کردن، چماب.
me.an.drous, *adj.* پر پیچ و خم.
mean.ing [mí:niŋ] *n.* آرش، معنی، مفاد، مفهوم، فحوا، مقصود، منظور.
Well - m. دارای حسن نیت.
mean.ing.ful, *adj.* پرمعنی،معنی‌دار.
mean.ing.less [mí:niŋlis] *n.* بی‌معنی.
mean.ly, *adv.* از روی پستی، لئیمانه، فقیرانه، بطور بد.
mean.ness, *n.* پستی، لئامت.
mean.time, mean.while [mí:ntaim, mí:n(h)wail] *n. & adv.*

ضمناً، در این ضمن، در ضمن، در اثناء.
mea.sles [mí:zlz] *n.* سرخک (morbili و rubeola)، دانه‌های سرخک، سرخجه، خنازیر خوک، کرم کدو.
mea.sur.abil.i.ty, *n.* قابلیت اندازه‌گیری.
mea.sur.able [méʒərəbl] *adj.* قابل اندازه‌گیری.
mea.sure [méʒə] *n., vt. & vi.* اندازه، پیمانه، مقیاس، واحد، میزان، حد،پایه، درجه، اقدام، (شعر) وزن شعر، بحر، اندازه گرفتن، پیمانه‌کردن، سنجیدن، درآمدن،اندازه نشان دادن، اندازه داشتن.
Beyond m. زیادتر از حد.
mea.sured [méʒəd] *adj.* شمرده.
mea.sure.less, *adj.* بی‌شمار.
mea.sure.ment [méʒəmənt] *n.* اندازه‌گیری، اندازه.
measure up, *vi.* مناسب‌وبرابربودن.
meat [mi:t] *n.* گوشت (فقط‌گوشت چهارپایان)، خوراک، غذا، ناهار، شام، غذای اصلی.
meat.i.ness, *n.* گوشتی بودن.
meatman (*pl.* -men) *n.* قصاب،گوشت فروش.
me.a.tus (*pl.* -es) *n.* [تش.] مجرا، راه، روزنه، معبر.
meaty [mí:ti] (-ier, -iest) *adj.* گوشتی، گوشت‌دار، مغزدار، محکم، اساسی.
Mec.ca, mek.ka [mékə] *n.* مکه، مکهٔ معظمه.
me.chan.ic, -al [mikǽnik, -l], **mech.a.ni.cian,** *adj. & n.* مکانیک، مکانیک ماشین‌آلات، هنرور، مکانیکی، ماشینی.
mechanical drawing, *n.* ترسیم مکانیکی.
me.chan.ics, *n.pl.* نیرو‌وبرد،علمی‌که درباره‌ٔ اثر نیروبر اجسام‌بحث میکند،علم جراثقال، مکانیک، علم مکانیک.
mech.a.nism [mékənizm] *n.* ساختمان، اجزاء متشکلهٔ چیزی، اجزاء وعوامل مکانیکی، مکانیزم، ماشین، دستگاه.
mech.a.nist, - ic [mékənist], *adj. & n.* مکانیک، ماشین‌چی.
mech.a.ni.za.tion [mèkənaizéiʃən] *n.* مکانیزه‌کردن.
mech.a.nize [mékənaiz] (- d, mechanizing) *vt.* مکانیزه‌کردن، با ماشین‌آلات و لوازم مکانیکی مجهزکردن، با وسائل مکانیکی کارکردن.
med.al [médl] *n.* نشان، نشانی شبیه سکه، مدال، شکل، شبیه، صورت.
The reverse of the m. [م.ل.] پشت مدال، [مج.] جنبه یا طرف دیگر موضوع.
med.al.ist, med.al.list [médəlist] *n.* دارای مدال، برنده مدال.
me.dal.lion [midǽliən] (- ed, - ing) *vt. & n.* مدال بزرگ، مدالیون، با مدال بزرگ زینت دادن.
Medal of Freedom مدال‌آزادی.
Medal of Honor مدال افتخار.
med.dle [médl] (-d, meddling), *vt. & vi.* فضولی‌کردن، دخالت‌بیجاکردن، مداخله‌کردن، مخلوط‌کردن،آمیختن، پراکنده کردن، جماع‌کردن،وررفتن.
med.dle.some [médlsəm] *adj.* فضول، مداخله‌گر.
Mede [mi:d] *n.* اهل‌کشور ماد، مدی، ماد.
me.dia [mí:djə] (*pl.* medi.ae),

n. (تش.) پوشش‌میانی سرخرگ، رسانه‌ها.

me.di.a.cy, *n.*
وساطت، دخالت، شفاعت، میانجی‌گری.

me.di.ad, *adv.* بطرف وسط.

me.di.al [*mí:diəl*] *adj.*
میانی، وسطی، مابین، میانه، متوسط.

me.di.an [*mí:diən*] *adj.*
میانگین، وسطی، میانه، حدفاصل، میانی، (در مثلث) میانه، (باحرف‌بزرگ) اهل‌کشور ماد.

me.di.as.ti.num (*pl.* **medias-ti.na**) *n.* میان پرده، قاسم‌الصدر.

me.di.ate [*mí:dieit*] **(-d, me-diating)** *adj., vi. & vt.*
میانی، وسطی، واقع‌درمیان، غیرمستقیم،میانجی‌گری‌کردن، وساطت‌کردن. پا بمیان‌گذاردن، در میان واقع شدن.

To m. a peace.
برای صلح میانجیگری‌کردن.

me.di.a.tion [*mì:diéiʃən*] *n.*
میانجیگری، وساطت.

me.di.a.tor [*mí:dieitə*] *n.*
میانجی، دلال.

me.di.a.to.ry, me.di. a. tive, *adj.* وابسته به‌میانجی‌گری.

me.di.a.trix, *n.*
زنی‌که واسطهٔ بین خدا و خلق باشد، شفیعه.

med.ic, -al [*médik, -l*] *adj. & n.*
دوائی، شفابخش، داروئی،طبیب،پزشك،پزشکی.

me.di.ca.ble, *adj.* قابل معالجه.

me.dic.a.ment [*médikəmənt, mədíkəmənt*] *n.* دوا، مداوا.

med.i.cate **(- d, medicating),** *vt.* شفادادن، مداواکردن، داروئی‌کردن.

med.i.ca.tion, *n.*
تداوی، تجویزدوا، دارو.

me.dic.i.nal, *adj.* داروئی،شفابخش.

med.i.cine [*médsn*] *n.*
دارو، دوا، پزشکی، طب، علم طب.

medicine man, *n.* حکیم،جادوگر.

med.i.co (*pl.* **- s**) *n.* دانشجوی‌طب، دکتر، پزشك، طبیب، (پیشوند) پزشکی، طبی.

medie.val, mediae.val, *n. & adj.* قرون وسطی، قرون وسطائی.

medie.val.ism, *n.*
عقاید قرون وسطائی.

medie.val.ist, *n.*
متخصص در تاریخ وهنر وفرهنگ قرون وسطی.

medi.o.cre [*mí:dioukə, mì:dióukə*] *adj.* حدوسط، متوسط، میانحال، وسط.

medi.oc.ri.ty [*mì:diɔ́kriti*] (*pl.* **-ies**) *n.* میانگی، حدوسط، اندازهٔ متوسط.

med.i.tate [*méditeit*] **(- d, meditating)** *vt.*
تفکرکردن، اندیشه‌کردن، قصد کردن، تدبیر کردن، سربجیب تفکرفروبردن، عبادت‌کردن.

med.i.ta.tion [*mèditéiʃən*] *n.*
عبادت، تفکر، اندیشه، تعمق.

med.i.ta.tive [*méditeitiv*] *adj.*
تفکری.

med.i.ter.ra.nean [*mèditəréi-niən*] *adj. & n.*
وابسته بدریای مدیترانه، دریای مدیترانه.

M. sea. دریای مدیترانه.

me.di.um [*mí:diəm*] (*pl.* **- s & me.dia)** *adj & n.* (طب)محیط‌کشت، میانجی، واسطه، وسیله، متوسط، معتدل،رسانه.

M. wave. موج متوسط.

Through the m. of. بوسیلهٔ.

medium of exchange, *n.*
وسیلهٔ داد و ستد، وسیلهٔ مبادله.

med.lar, *n.*
(گ.ش.) ازگیل، درخت ازگیل.

med.ley [*médli*] (*pl.* **- s**) *n.*
آمیخته، اختلاط، مختلط،رنگارنگ، زدوخورد، (مو.) قطعه موسیقی مختلط.

me.dul.la (*pl.* **- e, - s**) *n.*
مغز حرام.

medulla ob.lon.ga.ta (*pl.* **- s, medullae oblonga.tae**) *n.*
[تش.] پیاز مغز تیره، بصل‌النخاع، مغزینه.

med.ul.lary, me.dullar, *adj.*
مغزی، نخاعی، دارای‌مغز، شبیه‌نخاع،مغزینه‌ای.

med.ul.lat.ed, *adj.*
دارای غلاف مخ‌دار، مغز حرام‌دار.

Me.du.sa [*midjú:zə*] (*pl.* **-e**) *n.*
(اساطیر یونان) عجوزهٔ مارموی، [ج.ش.] نجم‌البحر، ستارهٔ دریائی.

meed [*mi:d*] *n.*
کرایه، مزد، جایزه، پاداش، ارزش.

meek [*mi:k*] **(- er, - est)** *adj.*
فروتن، افتاده، بردبار، حلیم، باحوصله، ملایم، بیروح، خونسرد، مهربان، نجیب، رام.

meek.ness, *n.*
فروتنی، خونسردی ونرمی.

meer.schaum [*míəʃəm*] *n.*
(مع.) هیدروسیلیکات‌منیزیم، سرچپق یاسرقلیانی که از این سنگ ساخته‌میشود، کف‌دریا.

meet [*mi:t*] **(met, meeting),** *vi. & vt.* برخوردکردن، یافتن، معرفی شدن‌به، ملاقات‌کردن، تقاطع‌کردن، پیوستن.

meet, *adj. & n.* جلسه. نشست، نشست‌گاه، درخور، مناسب، دلچسب، شایسته، مقتضی.

meet.er, *n.* ملاقات‌کننده، برخوردکننده.

meeting [*mí:tiŋ*] *n.* جلسه، نشست، انجمن، ملاقات، میتینگ، اجتماع، تلاقی، همآیش.

mega.cycle, *n.*
یك میلیون دور، یك میلیون دور در دقیقه.

meg.a.lo.mania [*mègəlouméi-njə*] *n.* مرض بزرگ پنداری خویش، جنون انجام کارهای بزرگ.

meg.a.lop.o.lis, *n.*
شهر بسیار بزرگ، بزرگ شهر.

megaphone [*mégəfoun*] *n., vt. & vi.* بلندگو، با بلندگو حرف زدن.

mega.watt, *n.* یك میلیون وات.

meg.ohm, *n.*
یك میلیون اهم (واحد مقاومت الکتریکی).

meiny, mei.nie, *n.*
[م.م.ــ اسکاتلند] ملتزمین، جماعت همراهان.

mei.o.sis [*maióusis*] (*pl.* **meio-ses**) *n.* تقسیم‌کاهشی،
(م.ل.) تحقیر، نمایش مصغر چیزی، اطناب، (زیست شناسی) تغییرات متوالی هسته که منتهی به‌تشکیل سلول جدید میگردد، تقسیم سلولی.

mel.an.cho.lia (*pl.* **-s, -e**) *n.*
سودا، مالیخولیا، افسردگی، دلتنگی، گرفتگی.

mel.an.chol.ic, *adj.* مالیخولیائی.

A m. person. آدم افسرده، سودازده.

mel.an.choly [*mélənkəli*] *n. & adj.* مالیخولیا،سودا،سودازدگی، غمگین.

mé.lange (*pl.* **- s**) *n.* آمیزه، ترکیب، مخلوط، آمیختگی، اختلاط.

Mel.chiz.e.dek, *adj.*
«ملکی صدق»کاهنی‌که از ابراهیم عشرگرفت.

meld, *vt. & vi.*
(ورق‌بازی) ورق را روکردن، اعلام.

me.lee, melée [*méleei*] *n.*
ستیزه، غوغا، مغلوبه شدن جنگ.

mel.ic, *adj.* ترانه‌ای،سرودی، خواندنی.

me.lio.rate (-d, meliorating), *vt. & vi.* بهترشدن، بهبود یافتن، بهترکردن، اصلاح‌کردن، ترقی دادن.

me.lio.ra.tive, *adj.* بهتر شونده.

me.lio.ra.tor, *n.* بهبودی‌بخش.

me.lio.rism, *n.*
بهبودگرائی، بهبودطلبی.

me.lio.rist, *n.* بهبودگرای.

mell, *vt. & vi.*
مخلوط‌کردن. آمیختن، فضولی‌کردن.

mel.lif.er.ous, *adj.*
انگبینی، عسل‌دار، مولد عسل.

mol.lif.lu.ent, *adj*
سرشار از عسل، عسل‌دار، شیرین.

mel.lif.lu.ous [*melífluəs*] *adj.*
شیرین، ملیح.

mel.low [*mélou*] **(- er, - est),** *adj.* رسیده، نرم، جاافتاده، دلپذیر، مهربان.

me.lod.ic, *adj.* خوش‌نوا، ملیح، دلپذیر، خوش‌آهنگ،دارای‌ملودی.

me.lo.di.ous [*miloudiəs*] *adj.*
ملیح، دلپذیر، دارای ملودی.

mel.o.dist, *n.* سازندهٔ ملودی.

mel.o.dize (-d, melodizing), *vt. &vi.*
خوش‌آهنگ‌کردن، آهنگ ملودی ساختن.

melo.drama [*mélədra:mə*] *n.*
نمایش توأم با موسیقی وآوازکه پایانی خوش داشته باشد، عشق خوش فرجام.

melo.dramatic [*mèloderəmǽt-ik*] *adj.* مربوط به‌نمایش ملودرام.

mel.o.dy [*mélədi*] (*pl.* **- ies**) **(-ied, melodying)** *n., vt. & vi.*
آهنگ شیرین، صدای موسیقی ملیح، نوا.

mel.on [*mélən*] *n.* خربزه، هندوانه.

melt [*melt*] **(- ed, molten, - ing)** *n., vt. & vi.* گداز، آب شدن، گداختن، مخلوط‌کردن، ذوب‌کردن.

melt.able, *adj.* قابل ذوب، گداختنی.

melting point, *n.* نقطهٔ ذوب‌یاگداز.

mem.ber [*mémbə*] *n.*
اندام، عضو، کارمند، شعبه، بخش، جزء.

M. of a family. عضو خانواده.

mem.ber.ship [*mémbəʃip*] *n.*
عضویت.

mem.bra.na.ceous, *adj.*
(ج.ش.) دارای غشاء پرده، پردهٔ غشائی.

mem.brane [*mémbrein*] *n.*
پوشه، غشاء، شامه، پرده، پوست، پوسته.

mem.bra.nous [*membréinəs*], *adj.* پرده‌ای، غشائی.

me.men.to [*miméntou*] (*pl.* **-s, -es**) *n.* خاطره، یادگاری، نشان،یادآور.

memo [*mémou*]**=memorandum**

mem.oir [*mémwa:*] (*pl.* **- s**) *n.*
یادداشت، تاریخچه،سرگذشت، شرح‌حال، خاطره.

mem.o.ra.bilia, *n.pl.* خاطرات.

mem.o.ra.ble [*mémərəbl*] *adj.*
حائز اهمیت، جالب، یادآوردنی.

mem.o.ran.dum [*mèmərǽndəm*] (*pl.* **- s, memoranda**) *n.*
یادداشت، نامهٔ غیر رسمی، تذکاریه.

me.mo.ri.al [*mimɔ́:riəl*] *adj. & n.* یادبود، لوحهٔ یادبود، وابسته‌به‌حافظه.

Memorial stone. سنگ یادبود.

me.mo.ri.al.ist, *n.*
نویسنده یادبود یا لوحه.

me.mo.ri.al.ize [*mimɔ́:riəlaiz*] **(-d, memorializing)** *vt.*
برسم یادگار نگاه داشتن، یادآوری‌کردن.

To m. a certain day.
روز معینی را بعنوان یادبود جشن‌گرفتن.

mem.o.rize [*méməraiz*] **(- d, memorizing)** *vt.*
از برکردن، حفظ‌کردن، بخاطر سپردن، یاد سپردن،

mem.o.riz.er, *n.*
از برکننده، حفظ‌کننده.

mem.o.ry [*méməri*] (*pl.* **-ies),** *n.* حافظه، خاطره، یاد، یادگار، یادبود.

He has a bad m. حافظهٔ او بد است.

In m. of. بیادگار، بیادبود.

men [*men*] (*pl.* **of man**) *n.*
مردها، جنس ذکور.

men.ace [*ménəs*] *n. & vt.*
تهدید، چیزی‌که تهدیدکننده است، مخاطره، تهدیدکردن، ارعاب‌کردن، چشم‌زهره رفتن.

To m. a country with war.
کشوری را با خطر جنگ تهدیدکردن.

menad, maenad, *n.*
(مذهب‌یونان) حوری‌زیبائی که‌ملازم«دیونیسوس» بوده، زن باده‌گسار.

mé.nage, *n.*
مدیریت، مسئولیت، خانه‌داری، خانواده.

me.nag.er.ie [*minǽdʒəri*] *n.*
نمایشگاه جانوران، جایگاه دام و دد، دامگاه.

mend [*mend*] **(-ed,-ing)** *vt.& vi.*
تعمیر کردن، مرمت‌کردن، درست‌کردن، رفو کردن، بهبودی یافتن، شفا دادن.

On the m. رو به‌بهبود.

mendable, *adj.* اصلاح‌پذیر.

men.da.cious [*mendéiʃəs*] *adj.*
دروغگو، کاذب.

men.dac.i.ty [*mendǽsiti*] *n.*
دروغگوئی، کذب.

men.di.ant, men.di.cant [*mén-dikənt*] *adj. & n.*
گدا، درویش، دربدر، سائل، گدائی‌کننده.

me.nial [*mí:niəl*] *n.* دون، پست، نوکرمآبانه، چاکر، نوکر، آدم پست.

M. offices. مشاغل‌پست، نوکرمآبی.

men.in.git.ic, *adj.* مبتلا به‌مننژیت.

men.in.gi.tis [*mènindʒáitis*] (*pl.* **meningitides**)*n.*
[طب] آماس پاشام مغز، مننژیت.

men.o.pau.sal,*adj.* وابسته‌به‌یائسگی.

men.o.pause, *n.* یائسگی، بندآمدن قاعدگی، ایست طمث، سن یأس.

me.no.rah, *n.*
شمعدانی که درکشتی‌های‌جنگی یهود بکارمیرفته.

men.or.rha.gia, *n.* [تش.]خونریزی رحم، ازدیاد خون درقاعدگی، نزف‌الدم رحم.

men.sal, *adj.*
وابسته به‌میز، میزی، سفره‌ای.

mense, *n. & vi.*
حس تمیز، ظرافت، نزاکت، افتخار، پاداش، نزاکت داشتن، مزین ساختن.

men.ses, *n.pl.* طمث، قاعدگی‌زنان.

men.stru.al, *adj.* وابسته به‌قاعده‌گی.

men.stru.ate (-d, menstru-ating) *vt.*
دشتان شدن، قاعده شدن، حیض شدن.

men.stru.a.tion, *n.*
دشتان، حیض، قاعدگی زنان، طمث.

men.su.ra.bil.i.ty, *n.*
قابلیت اندازه‌گیری، پیمایش‌پذیری.

men.su.ra.ble, *adj.*
قابل پیمایش و اندازه‌گیری، پیمودنی.

men.su.ra.tion [*mènsjuəréiʃən*], *n.* پیمایش، انصاف، اندازه‌گیری.

men.tal [*méntl*] *adj.*

دماغی، روحی، مغزی، هوشی، فکری، روانی.
M. diseases. امراض روانی.

men.tal.i.ty [*mentǽliti*] *n.* ذهن، قوهٔ ذهنی، روحیه، طرز فکر، اندیشه.

men.tal.ly [*méntəli*] *adv.* فکراً، روحاً، ازنظرروانی.

men.thol [*ménθɔl*] *n.* [ش.] جوهر نعناع خشک، قلم مانتول.

men.tho.lat.ed, *adj.* نعناعدار.

men.tion [*ménʃən*] **(-ed, -ing),** *vt.* ذکر، اشاره، تذکر، یادآوری، نام بردن، ذکر کردن، اشاره کردن.
To make no m. of.... اسمی نبردن از....
There is no m. of it. ذکری از آن درمیان نیست.

men.tion.er, *n.* ذکرکننده.

men.tor [*méntɔ:*] *n.* ناصح، مربی، مرشد.

menu [*ménju:*] (*pl.* **menus**) *n.* فهرست خوراک، صورت غذا.

me.ow, miaow, miaou, me-aow, *n. & vi.* میومیو کردن، صدای گربه.

Meph.is.toph.e.les [*mèfistɔ́fili:z*] *n.* شیطان، مفیستوفل.

me.phit.ic, -al, *adj.* متعفن، بدبو.

me.phi.tis, *n.* بوی بد، بخار مهلک و متعفنی که از زمین بلند میشود.

mer.can.tile [*mə́:kəntail*] *adj.* تجارتی، بازرگانی.

mer.can.til.ism, *n.* سیاست بازرگانی، سیاست موازنهٔ بازرگانی کشور.

mer.can.tilist, *adj. & n.* طرفدار سیاست موازنهٔ اقتصادی.

mer.ce.nary [*mə́:sinəri*] (*pl.* **-ies**) *adj. & n.* سرباز مزدور، آدم اجیر، پولکی.

mer.cer [*mə́:sə*] *n.* پارچه‌فروش، بزاز.

mer.cery (*pl.* **-ies**) *n.* مغازهٔ پارچه فروشی، جنس بزازی، کالا.

mer.chan.dise [*mə́:tʃəndaiz*] **(-d, merchandising)** *vi. & n.* کالا، مال‌التجاره، تجارت کردن.

mer.chant [*mə́:tʃənt*] *adj., vt. & n.* بازرگان، تاجر، داد و ستد کردن، سوداگر.
M. ship. کشتی بازرگانی.

mer.chant.man [*mə́:tʃəntmən*] (*pl.* **-men**) *n.* مرد تاجر، کشتی تجارتی.

merchant marine, *n.* ناوگان بازرگانی.

mer.ci.ful [*mə́:siful*] *adj.* رحیم، کریم، رحمت‌آمیز، بخشنده، مهربان.

mer.ci.less [*mə́:silis*] *adj.* بیرحم.

mer.cu.rate, *vt.* با سیماب یا جیوه ترکیب کردن، جیوه زدن به.

mer.cu.ri.al [*mə:kjúəriəl*] *n. & adj.* سیمابی، جیوه‌دار، چالاک، تند، متغیر، متلون.

mer.cu.ro.chrome, *n.* مرکورکروم، داروی ضد عفونی قرمز رنگ.

mer.cu.rous, *adj.* جیوه‌دار، جیوه مانند.

mer.cu.ry [*mə́:kjuəri*] (*pl.*-**ies**), *n.* سیماب، جیوه، (نج.) تیر، پیک، پیغام‌بر، دزدماهر، (باحرف بزرگ) عطارد، یکی ازخدایان یونان قدیم.

mer.cy [*mə́:si*] (*pl.*-**ies**) *n.* رحمت، رحم، بخشش، مرحمت، شفقت، امان.

mere [*miə*] *n.* دریا، آب راکد، مرداب، محض، خالی، تنها، انحصاری، فقط.
M. motion. حرکت صرف.
Merely a question. فقط یک سؤال.

mer.e.tri.cious [*mèritríʃəs*] *adj* وابسته به‌فاحشه، فاحشه‌وار، زرق و برق‌دار وبد.

merge [*mə:dʒ*] **(-d, merging),** *vt. & vi.* یکی کردن، ممزوج کردن، ترکیب کردن، فرورفتن، مستهلک شدن، غرق شدن.

merg.er [*mə́:dʒə*] *n.* ممزوج کننده، یکی شدن دو یا چند شرکت، ادغام، امتزاج.

me.rid.i.an [*məridiən*] *n.* نیمروز، ظهر، خط نصف‌النهار، دایرهٔ طول، اوج، درجهٔ کمال.

me.rid.i.o.nal, *adj. & n.* نصف‌النهاری، اوجی.

me.ringue [*məræ̃ŋ*] *n.* سفیدهٔ تخم مرغ و شکر که روی شیرینی و کیک میگذارند، نوعی [illegible]

me.ri.no [*mərí:nou*] (*pl.* **-s**) *n.* گوسفند مرینوس، پشم مرینوس.

mer.it [*mérit*] **(-ed, -ing),** *vi. & n.* شایستگی، سزاواری، لیاقت، استحقاق، شایسته بودن، استحقاق داشتن.
To m. punishment. استحقاق تنبیه داشتن.

mer.i.to.ri.ous [*mèritɔ́:riəs*] *adj.* شایسته، مستحق.

mer.lin, *n.* [ج.ش.] شاهین، قوش کوچک اروپائی.

mer.maid [*mə́:meid*] *n.* زن‌ماهی، (افسانهٔ یونان) حوری دریائی، افسونگر.

mer.man (*pl.* **-men**) *n.* مردماهی، (افسانه یونان) مخلوق نیمه ماهی و نیمه مرد.

mer.ri.ment, *n.* ابراز شادی، نشاط.

mer.ry [*méri*] **(-ier, -iest)** *adj.* شاد، شاد دل، شادکام، خوش، خوشحال.
Make m. خوشی یا شادمانی کردن.

Merry-go-round [*mérigouràund*] *n.* چرخ‌فلک، چرخ گردان.

merrymaker, *n.* خوش، شادمان، شرکت کننده درجشن وسرور.

merrymaking, *n.* شادمانی.

més.al.liance [*mezǽliəns, mezaljâs*] *n.* پیوند ناجور، ازدواج با زیردستان.

mesdames [*meidá:m*] *pl.* [جمع] بانوان، خانمها.

mesdemoiselles [*mèidəmzél*], *n.pl.* [جمع] دخترخانمها، مادموازلها.

me.seems [*misí:mz*] *vt.* چنین بنظرم میرسد، بنظرم.

mes.encephalon, *n.* [تش.] مغز میانی.

mesh [*meʃ*] *n.,vi.&vt.* سوراخ توری‌پشه‌بند، سوراخ، چشمه، شبکه، تورمانند یا مشبک کردن.

mesh (-ed, -ing) *vt. & vi.* بدام انداختن، گیرانداختن، شبکه ساختن، تور ساختن، جورشدن، درهم گیرافتادن (مثل دنده‌های ماشین).

meshwork, *n.* شبکه، کارهای مشبک، شبکه‌کاری، توری‌بافی.

mes.mer.ic, *adj.* مربوط بخواب‌مصنوعی، درحالت‌خواب‌مغناطیسی، گیرنده، جاذب.

mes.mer.ism [*mézmərizm*] *n.* هیپنوتیزم، خواب مغناطیسی.

mes.mer.ize [*mézməraiz*] **(-d, mesmerizing)** *vt.* هیپنوتیزم کردن، هیپنوتیزم شدن.

meso.carp, *n.* [گ.ش.] قشر میانی غلاف میوه، میان‌بر.

meso.derm, *n.* لایهٔ وسطی جرثومه، میانپوست.

Meso.lith.ic, *adj.* [ز.ش.] وابسته بدورهٔ بین عصر حجر قدیم وجدید، میانسنگی.

Mes.o.po.ta.mia, *n.* بین‌النهرین.

Meso.zo.ic, *adj.* وابسته بدورهٔ زمین شناسی بین «پرمیان» و «دورهٔ سوم».

mess [*mes*] *n.* یک خوراک [از غذا]، یک ظرف غذا، هم‌غذائی (درارتش و غیره).

mess (-ed, -ing) *vt. & vi.* شلوغ کاری کردن، آلوده کردن، آشفته کردن.
Make a m. of. بد انجام دادن.

mes.sage [*mésidʒ*] **(-d, messaging)** *vt. & n.* پیام، پیغام دادن، رسالت کردن، پیغام.
M. satin. ساتین براق.

mes.sen.ger [*mésindʒə*] *n.* پیغام‌آور، پیک، فرستاده، رسول.

Mess hall سالن غذاخوری سربازخانه.

Mes.si.ah [*mesáiə*] *n.* مسیح موعود، مسیحا.

messieurs [*mesjə́:, mesj*] (*pl.* **of monsieur**). آقایان، حضرات.

messrs [*mésəz*] (*pl. of Mr.*). آقایان (مخفف کلمهٔ messieurs).

messy [*mési*] **(-ier,-iest)** *adj.* آشفته، بهم خورده، کثیف، شلوغ، شلوغ‌کار.
A m. cook. آشپز شورتی.

met [*met*] (*past of* **meet**) زمان ماضی و اسم مفعول فعل meet.

met.a.bol.i.cal, *adj.* سوخت‌وسازی، مربوط به‌متابولیزم.

me.tab.o.lism [*metǽbəlizm*] *n.* سوخت و ساز، دگرگونی، متابولیزم، تحولات بدن موجود زنده برای حفظ حیات.

met.al [*métl*] *n. & adj.* فلز، ماده، جسم، فلزی، مادهٔ مذاب.

met.al (-ed, -led, -ing, -ling) *vt.* سنگ ریزی کردن، فلزی کردن، بافلز پوشاندن.

me.tal.lic [*mitǽlik*] *adj.* فلزی.

met.al.lif.er.ous, *adj.* فلزدار.

met.al.lize=met.al.ize, *vt.* جوشکاری برقی کردن، بافلزکار کردن، فلزکردن.

met.al.log.ra.pher, *n.* فلز شناس.

met.al.log.ra.phy, *n.* [فلزشناسی] شرح فلزات، بررسی در ساختمان درونی فلزات، مطالعهٔ آلیاژهای فلزی.

met.al.loid, -al, *adj. & n.* فلزی، فلزدار، فلزمانند، شبه‌فلز.

met.al.lur.gi.cal [*mètələ́:dʒik(ə)l*] *adj.* وابسته به‌فن استخراج و ذوب فلزات.

met.al.lur.gist [*metǽlədʒist*] *n.* متخصص ذوب فلزات، ویژه‌گرفلزکاری.

met.al.lur.gy [*metǽlədʒi*] *n.* فن‌استخراج وذوب فلزات، فلزگری، فلزکاری.

metalwork, *n.* فلزکاری.

meta.mor.phic, *adj.* دگردیس.

meta.mor.phose [*mètəmɔ́:fouz*] **(-d, metamorphosing)** *n., vt. & vi.* تغییرشکل دادن، دگردیسی، دگردیس کردن، دگرگون کردن، تغییرماهیت دادن.

meta.mor.pho.sis [*mètəmɔ́:fəsis*] *n.* تغییرشکل، دگرگونی، دگردیسی.

meta.phase, *n.* [ز.ش.] یکی از مراحل تقسیم، پس‌گاه.

met.a.phor [*métəfə*] *n.* استعاره، صنعت استعاره، کنایه، تشبیه.

met.a.phor.i.cal [*mètəfɔ́rikl*], *adj.* استعاره‌ای، تشبیهی.

meta.phys.i.cal [*mètəfízikl*] *adj.* وابسته بعلم ماوراء طبیعی، علوم معقول.

meta.physician, *n.* دانشمند علوم ماوراء طبیعی.

meta.phys.ics [*mètəfíziks*] *n.pl* مبحث علوم ماوراء طبیعی.

meta.tarsus (*pl.* **-si**) *n.* [تش.] استخوان میان‌کف پا، پشت پا، کف پا.

me.tath.e.sis (*pl.* **metatheses**) *n.* [د.] قلب حروف، قلب و تحریف.

meta.zo.al, meta.zo.an, *adj & n.* چند یاخته‌ای، جانور چند یاخته‌ای، پریاخته.

mete [*mi:t*] *n.* خط مرزی، کرانه، سنگ مرزی، سرحد.

mete (-d, meting) *n. vt. & vi.* اندازه‌گرفتن، پیمودن، دادن، سهم‌دادن، پیمانه.

metem.psy.cho.sis (*pl.* **-choses**) *n.* فرهنگسار، حلول روح متوفی در بدن انسان یا جانور دیگری.

me.te.or [*mì:tiə*] *n.* شهاب ثاقب، شهاب، پدیدهٔ‌هوائی، تیرشهاب، سنگ‌آسمانی.

me.te.or.ic, *adj.* شهابی، درخشان، تند.

me.te.or.ite [*mí:tiərait*] *n.* سنگ آسمانی، شخانه.

me.te.or.it.ics, *n.pl.* [نج.] مبحث سنگهای‌سماوی، شهاب‌شناسی، علم‌احجارسماوی.

me.te.or.o.graph, -ic, *n. & adj.* دستگاه ضبط پدیده‌های جوی از قبیل گردباد و ابر و غیره، دستگاه هواشناسی.

me.te.or.oid, *n.* تیر شهاب، شهاب ثاقب، احجار سماوی، سنگ‌آسمانی.

me.te.oro.log.ic, -al [*mì:tiərəlɔ́dʒik, -l*] *adj.* وابسته به‌هواشناسی.

me.te.o.rol.o.gist [*mì:tiərɔ́lədʒist*] *n.* هواشناس.

me.te.o.rol.o.gy [*mì:tiərɔ́lədʒi*], *n.* مبحث تحولات جوی، علم هواشناسی.

me.ter, me.tre [*mí:tə*] *n. & vt.* اندازه، وسیلهٔ اندازه‌گیری، مقیاس، میزان، کنتور، مصرف سنج، وزن شعر، نظم، سجع‌وقافیه، متر، با متر اندازه‌گیری کردن، سنجیدن، اندازه‌گیری کردن، بصورت مسجع و مقفی درآوردن.

meth.ane, *n.* [ش.] متان CH_4.

meth.a.nol, *n.* [ش.] الکل متیلیک بفرمول CH_3OH.

me.thinks [*miθíŋks*] *impersonal v.* گویا، چنین مینماید، بنظرم چنین میرسد.

meth.od [*méθəd*] *n.* متد، روش، شیوه، راه، طریقه، طرز، اسلوب.

me.thod.ic, -al [*miθɔ́dik, -l*], *adj.* از روی متد و روش، مرتب.

meth.od.ism [*méθədizm*] *n.* پیروی‌ازمتد یا روش بخصوصی، (باحرف‌بزرگ) مذهب «متدیست».

Meth.od.ist [*méθədist*] *n.* فرقهٔ مسیحی «متدیست»، مؤمن به‌این مذهب.

meth.od.ize (-d, methodizing) *vi. & vt.* متدیست کردن، دراصول و عقاید دینی سخت‌گیری کردن، اصولی شدن، دارای روش یا قاعده‌ای کردن.

meth.od.ol.o.gy [*mèθədɔ́lədʒi*] *n.* گفتاردرروش واسلوب، علم‌اصول، روش‌شناسی.

Me.thu.se.lah [*miθjú:zələ*] *n.* «متوشالح»، کاهن بزرگ یهودکه بنابروایت‌کتاب مقدس ۹۶۹ سال زندگی‌کرده.

meth.yl, *n.* [ش.] متیل، ریشهٔ یک ظرفیتی هیدروکربن بفرمول CH_3.

me.tic.u.los.i.ty, *n.* دقت بسیار، وسواس‌دردقت.

me.tic.u.lous [mitíkjuləs] *adj.* باریک‌بین، خیلی دقیق، وسواسی، ترسو، کمرو.
met.o.nym, -ic, *adj.* & *n.* [بدیع] لغت یا کلمه‌ای که بصورت کنایه یا مجاز بکار میرود، کنایه، مجاز مرسل.
me.ton.y.my, *n.* [بدیع]کنایه، مجاز، ذکرکلمه‌ای بمنظوردیگری (غیر از معنی اصلی کلمه)، مجازمرسل.
me.tre=meter [mi:tə] *n.* متر.
met.ric, -al [métrik, -l] *adj.* & *n.* (بدیع) علم سجع، مبحث بحر و وزن شعر، اندازه‌ای، استاندارد یا معیار متری، متری.
metric system, *n.* سیستم مقادیر و اوزان و مقیاسات متریک.
metric ton, *n.* تن متریک یا تن هزارکیلوئی.
metrist, *n.* کسی که در مترکردن مهارت دارد، سازندهٔ نظم و شعر.
me.trol.o.gy, *n.* علم مقیاسات و پیمانه‌ها، علم اوزان و مقادیر.
met.ro.nome, *n.* میزانه شمار، اسبابی که برای تعیین زمان دقیق [مخصوصاً در موسیقی] بکار میرود.
me.trop.o.lis [mitrɔ́pəlis] (*pl.* **-es**) *n.* کلانشهر، شهربزرگ، مادرشهر.
met.ro.pol.i.tan [mètrəpɔ́litən], *adj.* & *n.* وابسته به‌پایتخت یا شهر عمده، مطرانی.
met.tle, -d [métl] *adj.* & *n.* خمیره، فطرت، جنس، گرمی، غیرت، جرأت.
mew [mju:] (**-ed, -ing**) *n., vt.* & *vi.* (ج.ش.) یاعو، مرغ نوروزی اروپائی، میومیوکردن، صدای‌گربه، پرریختن، موی ریختن، عوض‌شدن، حبس‌کردن، دراصطبل نگهداری‌کردن، (در جمع) اصطبل.
mewl (**-ed, -ing**) *n.* & *vi.* ناله‌کردن، میومیوکردن، نق‌زدن، ناله،میومیو، فریاد، نق.
The child mewls. بچه نق میزند.
Mex.i.can [méksikən] *n.* & *adj.* مکزیکی، اهل مکزیک.
mez.za.nine [mézəni:n] *n.* اشکوب کوتاه، نیم‌اشکوب که‌میان‌دوطبقهٔ‌ساختمان واقع باشد، نیم اشکوب.
mezzo-soprano, *n.* [مو.]میان‌صدا، کسی که صدایش‌میان soprano و contralto باشد.
mez.zo.tint, mez.zo.tin.to, (**-ed, -ing**) *n.* & *vt.* قلم‌زنی‌بطورسایه روشن، نقاشی‌سایه‌روشن‌کردن.
mi, *n.* [مو.] می، سومین نوت‌گام دیاتونیک موسیقی.
miaow [míau]=**miaou,** *n.* & *vi.* میومیوکردن، میومیو.
mi.as.ma [miœ́zmə] (*pl.* **-s, miasmata**) *n.* بخاربدبو، دم یادمهٔ‌بدبو، بخاریادمهٔ‌مسموم‌کننده.
mi.ca [máikə] *n.* [مع.] سنگ طلق، شیشهٔ معدنی، میکا، میکائی.
mice [mais] (*pl. of* **mouse**). [صورت جمع‌کلمهٔ mouse] موشها.
Mi.chael, *n.* میکائیل، میخائیل، فرشتهٔ اعظم.
Mich.ael.mas [míklməs] *n.* عید فرشتهٔ میکائیل (روز ٢٩ سپتامبر).
mick.le [míkl] *adj.* زیاد، بسیار.
mi.cro [máikrou] *n.* پیشوندی بمعنی: کوچک، کم، بزرگ کننده، (ج.ش.) پروانهٔ بید خیلی ریز.
mi.crobe [máikroub] *n.* زیاچه.
mi.cro.biologist, *n.* میکرب شناس.
mi.cro.biology, *n.* میکربشناسی.
mi.cro.copy, *n.* رونوشت خیلی کوچکتر از اصل.
mi.cro.cosm [máikrəkɔzm] *n.* جهان‌کوچک، عالم صغیر، بدن.
mi.cro.film, *n.* فیلم خیلی کوچک برای عکس‌های خیلی ریز.
mi.cro.gram, *n.* یک میلیونیم گرم.
mi.cro.graph, -ic, *adj.* & *n.* آلت ریز نویسی، ریزنگار.
mi.crog.ra.phy, *n.* ریزنگاری.
mi.crom.e.ter [maikrɔ́mitə] *n.* ریز پیما، خرد سنج، میکرومتر، ذره سنج.
mi.crom.e.try, *n.* اندازه‌گیری با ذره سنج، ریز سنجی.
Mi.cro.ne.sian, *n.* & *adj.* اهل جزایر میکرونزی.
mi.cron.ize, *vt.* بصورت ذرات ریز و پودر مانند درآوردن.
mi.cro.organism, *n.* جانوران‌کوچک و میکروسکپی، ریزجاندار.
mi.cro.parasite, *n.* انگل‌های کوچک و ذره‌بینی، ریزانگل.
mi.cro.phage=microphagus, *n.* سلول میکروب خوار کوچک، خرد خوار.
mi.cro.phone [máikrəfoun] *vt.* & *n.* میکروفن، بلندگو، با بلندگوصحبت‌کردن.
mi.cro.photograph, *n.* ریزعکس، عکس ذره‌بینی از اجسام خیلی ریز.
mi.cro.scope [máikrəskoup], *n.* & *vt.* ریزبین، میکروسکپ، ذره‌بین.
mi.cro.scop.ic,-al [màikrəskɔ́pik, -l] *adj.* وابسته به‌میکروسکپ، بسیارکوچک، ذره‌بینی.
mi.cro.wave, *n.* کهموج، موج خیلی‌کوچک الکترو مغناطیسی، ریزموج.
mic.tu.rate (**-d, micturating**) *vi.* ادرارکردن،دفع‌بول‌کردن، شاشیدن.
mid [mid]=**with,** *adj.* & *prep.* با، همراه با، نیمه، میانی، وسطی.
M. air. طبقهٔ میانی هوا، در میان هوا.
mid.day [míddéi] *n.* نیمروز، ظهر.
mid.den [mídn] *n.* تودهٔ فضله، تودهٔ‌کثافت، توده، تپهٔ‌کوچک.
mid.dle [mídl] *adj., vt., vi.* & *n.* میان، وسط، مرکز، کمر، میانی، وسطی، دروسط قراردادن.
The Middle East. خاورمیانه.
middle age, middle-aged, *adj.* & *n.* دورهٔ بین جوانی و پیری، میانسال.
Middle Ages, *n.pl.* قرون وسطی.
middlebrow, *n.* شخص با سواد وبدون تحصیلات عالیه.
middle class, *n.* طبقهٔ متوسط، طبقهٔ مابین اشراف و طبقهٔ پائین.
middle ear, *n.* گوش میانی.
mid.dle.man [mídlmœn] *n.* دلال، واسطه، نفروسط‌صف، آدم میانه‌رو، معتدل.
middle-sized, *adj.* دارای اندازهٔ متوسط، میان اندازه.
middleweight, *n.* میان وزن.
mid.dling [mídliŋ] *adj.* & *n.* وسط، میان، جملهٔ مشترک، (بصورت‌جمع) اجناس مختلف از درجهٔ متوسط.
mid.dy [mídi] (*pl.* **-ies**) *n.* دانشجوی سال دوم نیروی دریائی.
midg.et [mídʒit] *n.* & *adj.* آدم بسیار قدکوتاه، ریزاندام، ریزه.
midi, *n.* پیراهن زنانه با دامن متوسط.
mid.land [mídlənd] *adj.* & *n.* داخلهٔ‌کشور، بین‌الارضین، درونی.
midline, *n.* خط میانی، خط وسط.
mid most [mídmoust] *adj.* واقع در عین وسط، بسیار صمیمی، وسط.
midnight [mídnait] *n.* نیمه شب، نصف شب، دل شب، تاریکی عمیق.
midpoint, *n.* نقطهٔ‌میانی‌یانزدیک مرکز.
Mid.rash (*pl.* **Midrashim**) *n.* تفسیر کتاب مقدس یهود.
midrib, *n.* رگ میان، رگ میان برگ، خط یا برآمدگی حدفاصل.
mid.riff, *n.* & *adj.* مربوط به‌قسمت پائین‌سینه، [تش.] حجاب حاجز، تیغه، قسمت پائین سینه.
midsection, *n.* قطعهٔ‌میانی،میان‌بخش.
mid.ship.man [mídʃipmən] *n.* دانشجوی سال دوم نیروی دریائی، ناوآموز.
midst [midst] *n.* دل، قلب، قسمت وسط، در وسط، در میان.
midsummer [mídsʌmə] *n.* نیمهٔ تابستان، چلهٔ تابستان.
mid.way [mídwéi] *adv., adj.* & *n.* نیمه‌راه، وسط مسیر، متوسط، میانجی.
midweek, *n.* میان هفته، چهارشنبه.
mid.wife [mídwaif] *n.* ماما، قابله.
mid.wife.ry (*pl.* **-ies**) *n.* مامائی، قابلگی.
mid.win.ter [midwíntə] *n.* وسط زمستان، چلهٔ زمستان، انقلاب زمستانی.
midyear, *n.* نیمهٔ سال،امتحان‌نیمهٔ‌سال.
mien [mi:n] *n.* سیما، وضع،قیافه،ظاهر.
miff, *n., adj., vt.* & *vi.* زود رنج، رنجش، کدورت، قهر، قهرکردن، رنجیدن، پژمرده شدن.
might [mait] *n.* توانائی، زور، قدرت، نیرو، انرژی.
mighty [máiti] (**-ier, -iest**) *adj.* نیرومند، توانا، زورمند، قوی، مقتدر، بزرگ.
mi.gnon.ette [mìnjənét] *n.* (گ.ش.) اسپرک، یکجور گل میخک، یکجور توری ظریف، سبز مایل به‌سفید.
mi.graine, *n.* مرض سر درد، حملهٔ سر درد، میگرن.
mi.grant [máigrənt] *n.* & *adj.* کوچ کننده،مهاجر،سیار،جانورمهاجر، کوچگر.
mi.grate [maigréit, máigreit] (**-d, migrating**) *vi.* کوچیدن، کوچ کردن، مهاجرت کردن.
mi.gra.to.ry [máigrətəri] *adj.* وابسته‌به مهاجرت،مهاجرت‌کننده، جابجاشونده.
M. birds. پرندگان مهاجر.
mi.ka.do, *n.* میکادو(لقب‌امپراتور ژاپن)، رنگ زرد مایل بقرمز.
Mike [maik] *n.* مخفف‌اسم‌خاص«میکائیل»، مخفف‌کلمهٔ‌میکروفون.
milch [mil(t)ʃ] *adj.* شیر ده، دوشا، دوشیدن، شیر دوشیدن.
mild [maild] (**-er, -est**) *adj.* ملایم، سست، مهربان، معتدل.
The weather is m. هوا معتدل است.
M. eyes. چشمان مهربان.
mil.dew [míldju:] *n., vt.* & *vi.* پرمک، کپک، بادزدگی، زنگ‌گیاهی، کپرک‌زدن.
mile [mail] (*pl.* **-s**) *n.* مقیاس سنجش مسافت (میل) معادل ١٦٠٩/٣٥ متر.
mile.age [máilidʒ]=**mil.age,** *n.* سنجش برحسب میل (چندمیل‌درساعت‌یادرروز).
milepost, *n.* کیلومترشمارجاده.
mi.les glo.ri.o.sus, *n.* سرباز لاف زن و مغرور، چاخان.
milestone, *n.* & *vt.* فرسخ‌شمار،مرحلهٔ‌مهمی‌اززندگی،مرحلهٔ‌برجسته، با میل خود شمار نشان‌گذاری کردن.
mil.i.ary, *adj.* ارزنی، عرق‌گز، عرق‌گزی، کوچک و بیشمار.
mi.lieu (*pl.* **-s, -x**) *n.* محیط، اجتماع، قلمرو، دوروبر، اطراف.
mil.i.tan.cy, *n.* نزاع‌طلبی، جنگجوئی.
mil.i.tant [mílitənt] *adj.* ستیزگر، اهل نزاع و کشمکش، جنگ‌طلب.
mil.i.ta.rism [mílitərizm] *n.* جنگ‌گرائی، بسط وگسترش‌قوای‌نظامی.
mil.i.ta.rist [mílitərist] *n.* جنگ‌گرای، ارتش‌گرای، هواخواه توسعه یا سیاست نظامی.
mil.i.ta.ri.za.tion, *n.* نظامی‌کردن.
mil.i.ta.rize (**-d, militarizing**) *vt.* نظامی‌کردن، جنگ‌طلب‌کردن، دارای روح نظامی کردن.
mil.i.tary [mílitəri] *adj.* & *n.* نظامی، سربازی، نظام، جنگی، ارتش، ارتشی.
military police, *n.* [نظ.] دژبان.
mil.i.tate [míliteit] (**-d, militating**) *vi.* جنگیدن، نبردکردن، ستیزه‌کردن.
mi.li.tia [milíʃə] *n.* جنگجویان غیرنظامی، نیروی‌نظامی(بومی)، امنیه،مجاهدین.
milk [milk] (**-ed, -ing**) *n.* & *vt.* شیر،شیرهٔ‌گیاهی، دوشیدن، شیره کشیدن از.
milk-livered, *adj.* بزدل، نامرد.
milkmaid, *n.* دخترشیردوش، زن‌کارگرلبنیات، شیرفروش زن.
milk.man (*pl.* **-men**) *n.* شیر فروش، مرد شیر فروش.
milk of magnesia, *n.* مایع شیری رنگی که هیدرکسید منیزیم است و بعنوان ضد اسید و ملین بکار میرود.
milk shake, *n.* مخلوط شیر و شربت و بستنی.
milk tooth, *n.* دندان شیری (بچه).
milky [mílki] (**-ier, -iest**) *adj.* پر از شیر، شیری، شیری رنگ، شیردار.
milky way, *n.* [نج.] کهکشان، آسمان، دره، جادهٔ شیری، [در شعر] پستان زن.
mill [mil] *n.* & *vt.* آسیاب،ماشین، کارخانه، آسیاب کردن، کنگره‌دارکردن.
millboard [mílbɔ:d] *n.* مقوای جلدکتاب و امثال‌آن، مقوای‌کلفت.
mil.le.nar.ian.ism, *n.* اعتقاد بسلطنت هزار سالهٔ مسیح.
mil.le.nary, mil.li.ary, *adj.* هزاره.
mil.len.ni.al, *adj.* جشن هزار ساله.
mil.len.ni.um [miléniəm] (*pl.* **-s, millennia**) *n.* هزار سال، هزارمین سال، هزاره.
mill.er [mílə] *n.* آسیابان، (ج.ش.) یکجور پروانه.
mil.let [mílit] *n.* [گ.ش.] ارزن، گندمیان (gramineae).
mil.li.ampere, *n.* یک هزارم‌آمپر.
mil.li.gram [míligrœm] *n.* یک هزارم‌گرم.
mil.li.liter, *n.* یک هزارم لیتر.
mil.li.meter [mílimì:tə] *n.* میلیمتر.
mil.li.micron, *n.* یک‌هزارم‌میکرون.
mil.li.ner [mílinə] *n.* & *vt.* کلاه فروش، زنی که کلاه زنانه میدوزد.
mil.li.nery [mílinəri] *n.* کلاهدوزی.

milling, *n.* جنب وجوش، عمل آسیاب کردن، آرد سازی، زنجیرهٔ سکه.
milling machine, *n.* ماشین‌تراش.
mil.lion [*míljən*] (*pl.* **-s**) *n. & adj.* میلیون، هزار در هزار.
mil.lion.aire [*mìljənɛ'ə*] *n..* میلیونر.
mil.li.pede=mil.le.pede, *n.* [ج.ش.] هزار پا.
mil.li.second, *n.* یك هزارم ثانیه.
millstone, *n.* سنگ آسیاب،بارسنگین.
millwright, *n.* آسیابساز،ماشین‌ساز.
mi.lord, *n.* [م.ل.] لردمن، مرداشرافی‌ونجیب‌زادهٔ انگلیسی.
milt (**-ed, -ing**) *adj., vt. & n.* سپرز، اسپرز، طحال، تخم‌ماهی‌نر، بارور کردن.
Mil.ton.ic, Mil.to.nian, *adj.* وابسته به«جان میلتون» و اشعار او.
mime [*maim*] *n., vt. & vi.* نمایش خنده‌آور، تقلید، نمایش بدون‌گفتگـو، تقلید در آوردن.
mim.e.o.graph [*mímiougra:f*], *n. & vt.* ماشین‌تکثیر، تکثیر کردن،استنسیل.
mim.er, *n.* هنرپیشهٔ مقلد وکمیك.
mi.me.sis, *n.* (درفلسفهٔ‌ارسطو) تقلید، واگیری، تقلید هنر از واقعیات.
mi.met.ic, *adj.* وابسته به‌تقلید.
mim.ic [*mímik*] (**mimicked, mimicking**) *vt. & adj.* تقلیدکردن، مسخرگی کردن، دست انداختن، تقلیدی.
mim.ic.ry [*mímikri*] *n.* تقلید، شکلك‌سازی.
mi.mo sa [*mimóuzə*] *n.* [گ.ش.] حساسه، گیاه‌حساس، درخت گل ابریشم.
mina, *n.* [ج.ش.] مرغ مینا.
min.able, mine.able, *adj.* قابل استخراج (درمورد موادمعدنی)، استخراج‌شدنی.
min.a.ret [*minəret*] *n.* مناره.
mince [*mins*] (**-d, mincing**), *n., vt. & vi.* ریز ریز کردن، قیمه کردن، خرد کردن، حرف خود را خوردن، تلویحاً گفتن، قیمه، گوشت‌قیمه.
mincemeat, *n.* گوشت‌قیمه‌شده، مخلوطی‌از کشمش‌وشکروگوشت، قیمهٔ آمیخته باکشمش.
mince pie, *n.* کلوچهٔ گوشت‌دار، نوعی دسر غذا که بجای میوه در آن گوشت قرار دارد.
mincing [*mínsiŋ*] *adj.* ناز، نازدار، پر ادا واطوار، قیمه شده.
mind [*maind*] (**-ed, -ing**) *n., vt. & vi.* فکر، خاطر،ذهن،خیال، مغز، فهم، فکرچیزی‌راکردن، یادآوری کردن،تذکردادن، مراقب‌بودن، مواظبت کردن، ملتفت‌بودن، اعتناء کردن به، حذرکردن از، تصمیم داشتن.
Of the same m. یکدل، هم‌فکر، بعقیده؛ خود باقی.
put in m. یادآوری کردن.
Change one's m. منصرف شدن.
Never m. اهمیت ندهید، عیبی‌ندارد.
M. the step. ملتفت پله باشید.
mind.ful [*máindful*] *adj.* متفکر، اندیشناك، در فکر.
mind.less [*máindlis*] *adj.* بیفکر.
mine [*main*] *vi., vt., n. & pron.* کان، معدن، نقب، راه زیرزمینی، (نظ.) مین، منبع، مامن، مال من، مرا، معدن حفر کردن، استخراج کردن یا شدن، کندن.
mine-field. ناحیهٔ مین‌گذاری شده.
The pen is mine. قلم مال من است.
A friend of mine. یکی ازدوستانمن.

minelayer, *n.* کشتی مین‌گذار.
min.er.al [*mínərəl*] *adj. & n.* مادهٔ معدنی،کانی، معدنی، آب معدنی، معدن.
M. waters. آبهای معدنی.
min.er.al.ize (**-d, mineralizing**) *vt. & vi.* معدنی کردن، تبدیل بسنگ معدن کردن، مواد معدنی جمع کردن.
min.er.al.og.i.cal, *adj.* مربوط به‌معدن‌شناسی.
min.er.al.o.gist, *n.* معدن‌شناس.
min.er.al.o.gy [*mìnərǽlədʒi*], (*pl.* **-ies**) *n.* مبحث معدن شناسی، کان شناسی.
Mi.ner.va [*minə':və*] *n.* (روم قدیم) الههٔ صنایع یدی، خدای‌پزشکی.
min.e.stro.ne, *n.* سوپ غلیظ سبزی و لوبیا و ماکارونی.
minesweeper, *n.* [نظ.] کشتی مین جمع‌کن.
ming (**-ed,-ing**) *n. & vt.* بخاطر آوردن، ذکر کردن، مخلوط کردن.
min.gle [*míŋgl*] (**-d, mingling**) *vt. & vi.* ممزوج‌شدن، آمیختن، بخاطر آوردن، ذکر کردن. مخلوط کردن.
mini- پیشوندی‌است بمعنی کوچك، کوتاه.
min.i.a.ture [*mín(i)ətʃə*] *adj. & n.* نقاشی با تذهیب، مینیاتور.
min.i.a.tur.ist, *n.* مینیاتورساز.
min.i.a.tur.iza.tion, *n.* مینیاتورسازی.
min.i.a.tur.ize, *vt.* کوچك کردن، بصورت مینیاتور در آوردن.
min.i.fy (**-ied, minifying**) *vt.* کوچك کردن، خرد ساختن.
min.i.kin, *n. & adj.* خرد، ریز، ظریف، کوچولو، نازدار، عزیز.
min.im, -al, *adj. & n.* وابسته به‌حداقل، یك ششم دراکم، چکه، قطره، جانور بسیار ریز، آدم‌کوتوله، نقطه، حداقل، چیزکم اهمیت و خرد، کوچکترین ذره، هرچیز کوچك، خرد، ذره، کمترین.
min.i.mi.za.tion, *n.* کم‌انگاری، کوچك شماری، کمینه‌سازی.
min.i.mize [*mínimaiz*] (**-d, minimizing**) *vt.* کمینه‌کردن، به‌حداقل‌رساندن، کوچك‌شمردن،دست‌کم گرفتن.
min.i.miz.er, *n.* کم‌انگار، کوچك‌شمار.
min.i.mum [*mínimәm*] (*pl.* **-s, mini.ma**) *adj. & n.* کمترین، دست‌کم، حداقل، کمینه.
mining [*máiniŋ*] *n.* کان‌کنی، مین‌گذاری، معدن‌کاری، استخراج معدن.
min.ion [*mínjən*] *n.* شخص یا جانور سوگلی ، نوکریا وابستهٔ چاپلوس، معشوق.
The King's m. نوکر سوگلی شاه.
min.is.ter [*mínistə*] *n.* وزیر. وزیر مختار، کشیش.
Acting m. کفیل (وزارت‌خانه).
M. of Justice. وزیر دادگستری.
min.is.ter (**-ed, -ing**) *vi. & vt.* کمك کردن، خدمت کردن، پرستاری کردن، بخش کردن.
min.is.te.ri.al [*mìnistíəriəl*] *adj.* وابسته بوزیر یاکشیش، اداری.
min.is.trant [*mínistrənt*] *adj. & n.* خدمت‌کننده، خادم.
min.is.tra.tion [*mìnistréiʃən*], *n.* وزارت، تهیه، اجراء، اداره، خدمت.

min.is.try [*mínistri*] (*pl.* **-ies**) *n.* وزارت،وزیری، دستوری، وزارتخانه (با the).
M. of Education. وزارت‌آموزش و پرورش.
min.i.ver, min.e.ver, *n.* خز سفید، قاقم.
mink [*miŋk*], (*pl.* **-s**) *n.* [ج.ش.] مینك،سمور یا راسو.

MINK (2 ft. long)

min.now [*mínou*] (*pl.* **- s**) *n.* [ج.ش.] ماهی‌گولی، کپور ماهی، قنات.
Mi.no.an, *adj.* مربوط به‌تمدن باستان عصر مفرغ جزیرهٔ کرت.
mi.nor [*máinə*] *n., adj. & vi.* کمتر، کوچکتر، پائین رتبه، خردسال، اصغر، شخص نا بالغ، محزون،رشتهٔ فرعی،کهاد،صغری، دررشتهٔ ثانوی یا فرعی‌تحصیل کردن، کهاد.
M. premise (هند.) صغری.
M. offence. لغزش، خلاف جزئی.
mi.nor.i.ty [*mainɔ́riti*](*pl.* **-s**)*n.* کهین، اقلیت، بخش‌کمتر، عدم بلوغ.
The leader of the m. in the Senate. لیدر اقلیت در مجلس سنا.
minor league, *n.* دسته‌یاگروه‌فرعی ورزشی، تیمهای کودکان یا تازه‌کارها.
minor party, *n.* حزب اقلیت.
Mi.no.taur [*máinətɔ:, mín-*] *n.* [افسانهٔ یونان] جانوری‌که نیمی از بـدنش‌گاو و نیم دیگرش انسان بوده.
min.ster [*mínstə*] *n.* خانقاه راهبان، صومعه، دیـر، عبادتگاه رئیس راهبان‌کلیسا.
min.strel [*mínstrəl*] *n.* خنیاگر، نوازندهٔ سیار، شاعر، نقال.
min.strel.sy [*mínstrəlsi*] *n.* نوازندگی سیار، نقالی، داستانسرائی.
mint [*mint*] (**-ed, -ing**) *n., adj. & vt.* ضرابخانه، سکه‌زنی، ضرب‌سکه، سکه‌زدن، اختراع کردن، ساختن، جعل کردن، (گ.ش.) نعناع، شیرینی معطر با نعناع، نو، بکر.
mint.age, *n.* ضرب سکه، حق‌ضرب مسکوکات، سکه،اختراع.
mint julep, *n.* شربت جلاب، شربت محرك یا مقوی.
min.u.end, *n.* [ر.] کاهش‌یاب، مفروق منه.
min.u.et [*mìnjuét*] *n.* رقص‌گام آهستهٔ قرون ۱۷ و ۱۸ میلادی.
mi.nus [*máinəs*] *adj. & n.* منهای، منها،کمتر،کم شد با، علامت منفی.
He was m. 50 dollars. او پنجاه دلار از دست داد.
minus.cule, *adj. & n.* کوچك، خرد، مصغر، ریز، جزئی،حرف‌کوچك.
minus sign, *n.* علامت منها یا منفی.
min.ute [*mínit*] (**-d, minuting**) *adj., n. & vi.* دقیقه،دم، آن، لحظه، پیش‌نویس،مسوده، یادداشت، (بصورت جمع)گزارش وقایع، خلاصهٔ‌مذاکرات، خلاصه ساختن، صورت جلسه نوشتن، پیش‌نویس کردن، ریز، بسیار خرد، جزئی.
minute hand, *n.* عقربهٔ دقیقه شمار ساعت.
min.ute.man (*pl.* **-men**) *n.* [در انقلاب آمریکا] داوطلبانی که متعهد بودنـد بمحض احضار حاضر بخدمت نظام شوند.
mi.nu.tia [*mainjú:ʃii*] (*pl.* **-e**), *n.* جزئیات، فروع.
minx [*miŋks*] *n.* دختر گستاخ، زن هرزه، زن هر جائی، سگ دست‌آموز.

mir.a.cle [*mírəkl*] *n.* معجزه، اعجاز، واقعهٔ شگفت‌انگیز، چیزعجیب.
To perform a m. اعجازکردن.
mi.rac.u.lous [*mirǽkjuləs*] *adj.* معجزه‌آسا.
mi.rage [*mirá:ʒ*] *n.* سراب،کوراب، نقش برآب، امر خیالی، وهم.
mire [*máiə*] *n., vt. & vi.* گل و شل، بـاتلاق، کثافت، لجن، گـرفتاری، درمنجلاب فرو بردن، درگل فروبردن یا رفتن.
mir.ror [*mírə*] (**-ed, -ing**) *n. & vt.* آئینه،درآئینه‌منعکس‌ساختن، بازتاب کردن.
mirth [*mə:θ*] *n.* خوشی، خوشحالی، نشاط، شادی، عیش، شنگی.
mirth.ful [*mə':θful*] *adj.* شاد و خرم، شنگول.
mirth.ful.ness, *n.* شادی و نشاط.
miry [*máiəri*] **mir.ey,** *adj.* لجنی، آلوده.
mis - [*mis-*] پیشوندی‌است بمعنی «غلط»، «واشتباه»، «نادرست»، «بد»، «سوء»، «دشمنی».
mis.adventure [*misədvéntʃə*] *n.* رویدادناگوار، حادثهٔ ناگوار، بدبختی، بلا.
mis.alliance [*mísəláiəns*] *n.* وصلت ناجور، اتحاد و ائتلاف نامناسب.
mis.an.thrope [*mísənθroup*] *n.* مردم گـریز، انسان‌گریز.
mis.an.throp.ic [*mìsənθrɔ́pik*] *adj.* مربوط به‌انسان‌گریزی.
mis.application [*mísæplikéiʃən*] *n.* استعمال بیجا، اسناد غلط، سوء استعمال.
mis.apply [*mìsəplái*] (**- ied, misapplying**) *vt.* بطور غلط بکار بردن، بیموقع بکار بردن.
mis.apprehend [*mísæprihénd*] (**-ed, -ing**) *vt.* درست نفهمیدن، بد فهمیدن، نادرست فهمیدن.
mis.apprehension [*mísæprihénʃən*] *n.* سوء تفاهم، عدم درك.
mis.appropriate [*mísəpróuprieit*] *vt.* اختلاس‌کردن.
mis.be.got.ten, mis.be.got, *adj.* ناحق، اولاد نامشروع (حرامزاده).
mis.be.have [*mísbihéiv*] (**- d, misbehaving**) *vi.* درست رفتار نکردن، بی‌ادبی‌کردن.
mis.be.hav.iour -or[*mísbihéivjə*] *n.* بد رفتاری، سوء رفتار.
mis.be.lief, *n.* اعتقاد خطا، بدعت‌غلط.
mis.be.lieve (**-d, misbelieving**) *vi.* اعتقاد خطا پیداکردن، بی‌اعتقاد شدن.
mis.be.liev.er [*mísbilí:və*] *n.* بی‌اعتقاد، ملحد.
mis.brand, *vt.* مارك یا علامت دروغی گذاردن، بطریق غلط داغ‌کردن.
mis.calculate [*mískǽlkjuleit*], (**-d, miscalculating**) *vt. & vi.* اشتباه حساب‌کردن، پیش بینی غلط‌کردن.
mis.calculation [*mískǽlkjuléiʃən*] *n.* محاسبهٔ اشتباه، پیش‌بینی غلط.
mis.call [*miskɔ́:l*] (**-ed, -ing**), *vt.* اشتباهی صداکردن، غلط نامیدن.
mis.carriage [*miskǽridʒ*] *n.* بی‌نتیجگی، عدم‌توفیق، حادثهٔ ناگوار، سقط‌جنین غیر عمدی.
Have a m. بچه سقط‌کردن (غیر عمدی).
mis.carry [*miskǽri*] (**- ied, miscarrying**) *vi.*

محائی نرسیدن، نتیجه‌ندادن، عقیم‌ماندن، صدمه دیدن، اشتباه‌کردن، بچه انداختن(درائرکسالت و بطور غیرعمدی).

mis.cast, *vt.* بناحق انداختن، حساب غلط کردن، (درنمایش) بد بازی‌کردن، برای نقش خود مناسب نبودن.

mis.cege.na.tion, *n.* ازدواج سفید پوست با فردی از نژاد دیگر.

mis.cel.la.neous [*mìsiléiniəs*], *adj.* گوناگون، متفرقه.

mis.cel.la.nist, *n.* نویسندهٔ مطالب مختلف.

mis.cel.la.ny[*misələni,misélәni*], *n.* مجموعه‌ای از مطالب گوناگون، متنوعات.

mis.chance [*mistʃá:ns*] *n.* بدبختی، بدشانسی، رویداد بد، حادثهٔ ناگوار.

mis.chief [*mistʃif*] *n.* موذیگری، اذیت، شیطنت، شرارت.

mis.chie.vous [*místʃivəs*] *adj.* موذی، شیطان، بدجنس.

mis.ci.bil.i.ty, *n.* قابلیت آمیختن و اختلاط بدون از دست دادن خواص خود.

mis.ci.ble, *adj.* مخلوط شدنی، قابل اختلاط، حل‌پذیر.

mis.conceive [*mìskənsi:v*] (**-d, misconceiving**) *vt. & vi.* تصور غلط کردن، درست نفهمیدن، بد فهمیدن.

mis.conception[*mìskənsépʃən*], *n.* تصور غلط.

mis.conduct [*mìskɔ́ndəkt*] *n.* خلاف‌کاری، سوء رفتار، بداخلاقی، بدرفتاری.

mis.construe [*mìskənstrú:*], (**-d, misconstruing**) *vt.* بد تعبیر کردن، بد تفسیر کردن، دیر فهمیدن.

mis.count [*mìskáunt*] (**- ed, -ing**) *vi. & vt.* غلط شمردن، بد حساب‌کردن، بد تعبیر کردن.

mis.creant [*mískriənt*] *adj. & n.* بی‌وجدان، (آدم) پست، (آدم) خدانشناس، (شخص) بی‌دین، رافضی، بدعت‌گذار، خبیث.

mis.cue, *n. & vt.* سهو، بخطا زدن (گوی بیلیارد)، اشتباه‌کردن، خطا.

mis.deal [*misdí:l*] (**- dealt, -dealing**) *vi., vt. & n.* غلط دادن (در ورق)، برگ عوضی.

mis.deed [*misdí:d*] *n.* بدکرداری، خلاف، بزه، جرم، گناه، بدرفتاری، سوء عمل.

mis.deem (**-ed, -ing**) *vt.* بد قضاوت کردن، سوء ظن داشتن، شك.

mis.de.mean.or, -our [*mìsdimí:nə*] *n.* گناه، بزه، تخطی از قانون.

mis.di.rect [*mìsdirékt*] (**- ed, -ing**) *vt.* راهنمائی غلط‌کردن، گمراه‌کردن.

mis.di.rec.tion [*mìsdirékʃən*], *n.* راهنمائی غلط، گمراهی، عنوان غلط.

mis.do (**misdid, misdone, misdoing**) *vt. & vi.* بد انجام دادن، ناصحیح انجام دادن، کشتن.

mi.ser [*máizə*] *n.* آدم خسیس.

mis.er.a.ble [*míz(ə)rəbl*] *adj. & n.* بدبخت، تیره روز، تیره بخت.

mis.ery [*mízəri*] (*pl.* **- ies**) *n.* بدبختی، بیچارگی، تهی‌دستی، نکبت، پستی.

A life of m. زندگی نکبت‌بار.

mis.estimate (**- d, misestimating**) *vt.* غلط برآورد کردن، بناحق تقویم کردن.

mis.fea.sance, *n.* [حق.] سوء استفاده از اختیار قانونی، خطا.

mis.file, *vt.* بطورغلط یا در محل غیر مناسب بایگانی کردن.

mis fire [*mìsfáiə*] (**-d, misfiring**) *vi. & n.* درنرفتن (گلوله یا بمب).

mis.fit [*mísfít*] *n.* غیر متجانس با محیط، ناجور، نخاله.

mis.fortune [*misfɔ́:tʃən*] *n.* بدبختی، بیچارگی، بدشانسی.

mis.give [*misgív*] (**-gave,-given, - giving**) *vt. & vi.* بیمناك بودن، شبهه‌دار کردن، ترسناك کردن.

misgiving [*misgíviŋ*] *n.* بیم، شبهه، عدم اطمینان، ترس، بدگمانی.

mis.gov.ern [*mìsgʌ́vən*] (**- ed, -ing**) *vt.* بد اداره کردن.

misguide [*mìsgáid*] (**-d, misguiding**) *vt.* گمراه‌کردن، بد راهنمائی کردن.

mis.handle , (**-d, mishandling**) *vt.* بد بکار بردن، بد اداره کردن.

mis.hap [*mishǽp, míshæp*] *n.* رویداد ناگوار، بدبختی، قضا، حادثهٔ بد.

mish.mash=hodgepodge, *n.* مخلوط، آش شله قلمکار.

mis.inform [*mísinfɔ́:m*] (**- ed, -ing**) *vt. & vi.* گمراه کردن، اطلاع غیر صحیح دادن.

mis.information, *n.* اطلاع یا خبر نادرست.

mis.interpret [*mìsintə́:prit*], *vt.* بغلط تفسیر کردن.

mis.joinder, *n.* [حق.] اتحاد ناصحیح و تبانی اصحاب دعوی.

mis.judge [*misdʒʌ́dʒ*](**-d, misjudging**) *vt. & vi.* بد قضاوت کردن، بد داوری کردن.

mis.know (**-knew,-known , -knowing**) *vt.* بی‌اطلاع بودن از، بد شناختن، نفهمیدن.

mis.lay [*misléi*] (**-laid, - laying**) *vt.* گم کردن، جاگذاشتن (چیزی).

To m. a paper. کاغذی را جاگذاشتن (گم کردن)

mis.lead [*mislí:d*] (**-led,-leading**) *vt.* گمراه کردن، باشتباه انداختن، فریب دادن.

mis.like (**-d, misliking**) *vt. & n.* تنفر داشتن از، بد دانستن، انزجار.

mis.manage [*mismǽnidʒ*] (**-d, mismanaging**) *vt.* بد اداره کردن، بدگرداندن، بد درست کردن.

mis.marriage, *n.* پیوند نامناسب، عروسی ناجور.

mis.match, *n. & vt.* ازدواج ناجور، متناسب‌نبودن، ناجور بودن، بهم نخوردن.

mis.nomer [*misnóumə*] *n.* نام غلط، نام عوضی، اسم بی‌مسمی.

mi.sog.a.mist, *n.* بیزار ازازدواج.

mi.sog.a.my, *n.* بیزاری ازازدواج.

mi.sog.y.ny, *n.* تنفر از زن.

mi.sol.o.gy, *n.* بیزاری از علم و دانش و خرد، دانش گریزی.

miso.ne.ism, *n.* نوگریزی، دشمنی و عداوت با هر چیز نو و جدید یا تغییر یافته، مخالف با نظم نوین یا اصلاحات تازه.

mis.place [*mispléis*] (**-d, misplacing**) *vt.* در جای عوضی گذاشتن، گم کردن، جاگذاشتن.

mis.print [*mìsprínt*] *vt. & n.* غلط چاپی کردن، غلط چاپی

A book full of misprints. کتابی پر از اغلاط چاپی.

mis.prize (**-d,misprizing**) *vt.* ناچیز شمردن، کم بها شمردن، اهانت.

mis.pronounce [*mìsprənáuns*], *vt. & vi.* غلط تلفظ کردن.

mis.quotation [*mìskwoutéiʃən*] *n.* نقل قول غلط.

mis.quote [*miskwóut*] *vt.* غلط نقل کردن، بد نقل کردن.

mis.read [*misrí:d*] *vt. & vi.* بد تعبیر کردن، بد خواندن، بد ترجمه کردن، غلط خواندن.

mis.reckon(**-ed,-ing**)*n., vt.& vi.* بد حساب کردن، بد شمردن، حساب غلط کردن.

mis.remember, *vt. & vi.* غلط و اشتباه بخاطر آوردن، فراموش کردن.

mis.report, *vt.* اشتباه گزارش دادن.

mis.represent[*mísreprizént*]*vt.* بد نمایش دادن، بد جلوه دادن، مشتبه کردن.

mis.rule [*misrú:l*] (**-d, mis - ruling**) *n. & vt.* درهم و برهمی، آشوب، سوء اداره.

miss [*mis*] (**-ed, -ing**) *n., vt. & vi.* ازدست‌دادن، احساس‌فقدان‌چیزی‌را کردن، گم کردن، خطا کردن، نداشتن، فاقد بودن.

We missed you. جای شما خالی بود.

He barely missed falling into it. چیزی نمانده بود درآن بیفتد.

miss (*pl.* **- es**) *n.* دوشیزه.

Miss Homa Daryoosh. دوشیزه هما داریوش.

mis.sal [*mísəl*] *n.* کتاب‌نماز، کتاب‌دعا.

mis.send, *vt.* اشتباهاً فرستادن.

mis.shape (**-d, misshaping**), *vt.* تغییر شکل‌دادن، بد شکل کردن.

mis.sile [*mísail, mísl*] *adj. & n.* اسلحهٔ پرتاب کردنی، گلوله، موشك، پرتابه.

mis.sile man, *n.* موشك انداز.

mis.sile.ry, mis.sil.ry, *n.* موشك‌شناسی، مبحث ساختمان وپرتاب موشك.

missing, *adj.* گم، مفقود، ناپیدا.

mis.sion [*míʃən*] (**-ed, -ing**), *n., adj. & vt.* بمأموریت‌فرستادن، وابسته به مأموریت، مأموریت، هیئت اعزامی یا تبلیغی.

mis.sion.ary [*míʃən(ə)ri*] (*pl.* **-ies**) *n. & adj.* مبلغ مذهبی، وابسته بمبلغین، وابسته بهیئت اعزامی.

mis.sion.er, *n.* میسیونر، مبلغ‌مذهبی.

mis.sive [*mísiv*] *n.* نامهٔ رسمی.

mis.spell [*misspél*] (**-ed,-ing**), *vt. & vi.* با املای غلط نوشتن، املای غلط بکاربردن.

mis.spelling, *n.* غلط املائی.

mis.spend [*misspénd*] *vt.* تلف کردن، بر باد دادن، ناروا خرج کردن.

mis.state [*misstéit*] (**-d, misstating**) *vt.* درست بیان نکردن، غلط اظهار داشتن، غلط گفتن، اظهار غلط کردن.

mis.statement [*misstéitmənt*], *n.* اظهار غلط.

mis.step, *n.* قدم اشتباه و غلط، اشتباه در قضاوت.

missy [*mísi*] (*pl.* **- ies**) *n.* خانم کوچولو، دختر خانم، خانم.

mist [*mist*] (**-ed, -ing**)*n., vt. & vi.* مه، غبار، تاری چشم، ابهام، مه گرفتن.

mis.tak.able, *adj.* قابل اشتباه.

mis.take [*mistéik*] (**- took, -taken, -taking**) *vi., vt. & n.* اشتباه‌کردن، درست نفهمیدن، اشتباه.

Make a m. اشتباه کردن.

They mistook him for the king. او را با شاه اشتباه کردند.

You are mistaken. اشتباه کرده‌اید، در اشتباه هستید.

mis.ter [*místə*] (**-ed, - ing**) *n.* آقا (مختصر آن Mr. است).

mis.time [*mìstáim*] (**-d, mistiming**)*vt.* غلطوقت‌گذاشتن، بیموقع‌گفتن.

mis.tle.toe [*mísltou, mízltou*]*n.* [گ.ش.] داروش، دارواش(viscum album).

mis.translate,*vt.* ترجمهٔ غلط کردن.

mis.treat, *vt.* بد رفتاری کردن، دشنام دادن.

The guest was mistreated. نسبت بمهمان بد رفتاری شد.

mis.tress [*místris*] *n.* بانو، خانم، کدبانو، معشوقه، دلبر.

mis.trial [*mìstráiəl*] *n.* [حق.] محاکمهٔ غلط، دادرسی پوچ و بی‌نتیجه.

mis.trust [*mistrʌ́st*] *vt., vi. & n.* بدگمانی، اطمینان نکردن‌به، ظن‌داشتن.

mis.trust.ful [*mìstrʌ́stful*] *adj.* بدگمان.

mis.understand [*mísʌndəstǽnd*] (**-stood, -standing**) *vt.* درست‌نفهمیدن، بدتعبیر کردن، سوءتفاهم‌کردن.

He misunderstood me. او مقصود مرا بد فهمید.

misty [*místi*] *adj.* مه‌دار، مبهم.

mis.understanding [*mísʌndəstǽndiŋ*] *n.* سوء تفاهم.

mis.usage [*misjú:zidʒ*] *n.* سوءاستعمال، بدکاربردن.

mis.use [*misjú:z*] (**-d, misusing**) *n. & vt.* بد بکار بردن، بد رفتاری، سوء استفاده.

mis.write, *vt.* اشتباه نوشتن.

mite[*mait*]*n.* [ج.ش.]کرم ریز، کرم پنیر.

Not a m. هیچ، بهیچوجه.

A m. of a child. بچهٔ کوچولو.

mi.ter [*máitə*]=**mi.tre** (**-ed, -ing, mitred, mitring**) *n. & vi.* تاج، تاج اسقف.

mith.ri.date, *n.* (دارو سازی قدیم) پاد زهر، تریاق.

mit.i.ga.ble, *adj.* تخفیف دادنی.

mit.i.gate [*mítigeit*] (**-d, mitigating**) *vt.* سبك کردن، تخفیف دادن، تسکین دادن.

To m. pain. درد را تخفیف دادن.

mi.to.sis (*pl.* **mitoses**) *n.* (زیست شناسی) تقسیم هستهٔسلول بدوقسمت بدون کم شدن کروموزمها، تقسیم غیر مستقیم.

mitt [*mit*] *n.* دستکش بلند، دستکش بی‌سبال.

mit.ten [*mítn*]=**mitt,** *n.* دستکش دارای یك‌جا برای چهار انگشت‌ویکجا برای انگشت شست.

mix [*miks*] (**-ed, mixt, -ing**), *n., vt. & vi.* آشوردن، آمیختن، مخلوط کردن، اختلاط.

mixed [*mikst*] *adj.* مخلوط.

A m. school. مدرسهٔ مختلط (پسرانه و دخترانه).

mix.ture [*míkstʃə*] *n.* آشوره،

مخلوط، ترکیب، آمیزش، اختلاط، آمیزه.

mix-up, *n.* درهم و برهمی، اشتباه.

miz.zen.mast, *n.* دگل عقبی کشتی دو دگله.

mne.mon.ic, -al [*ni(:)mɔ́nik*], *adj.* وابسته بهقوهٔ حافظه.

moan [*moun*] (**-ed, - ing**) *n., vt. & vi.* ناله،زاری،شکایت،زاری کردن.

moat [*mout*] *vt. & n.* خندق، خاکریز، خندق کندن.

mob [*mɔb*] (**-bed,-bing**) *n.&vt.* انبوه مردم، جمعیت، غوغا، ازدحام کردن.

mo.bile [*móubail, -bil*] *adj. & n.* متحرك، قابل حرکت، قابل تحرك، سیال.

mo.bil.i.ty, *n.* جنبانی،تحرك، پویائی.

mobile home, *n.* خانهٔ متحرك،تریلی.

mo.bi.li.za.tion[*mòubilaizéiʃən*], *n.* بسیج.

mo.bi.lize [*móubilaiz*] (**-d, mo-bilizing**) *vt.* بسیج کردن، تجهیز کردن، متحرك کردن.

mob.oc.ra.cy (*pl.* **- ies**) *n.* حکومت اجامر و اوباش، غوغا سالاری.

mob.ster, *n.* عضو دستهٔ جنایتکاران،کانگستر.

moc.ca.sin, mocassin [*mɔ́kə-sin*]*n.*. کفش پوست گوزن، (ج.ش.)مار زهردار.

mo.cha [*móukə*] *n.* (مه.) قهوهٔ مکا، نوعی چرم نرم.

mock [*mɔk*] (**-ed, -ing**) *vt., vi., n. & adj.* ساختگی، تقلیدی، تقلید درآوردن،استهزاء کردن،دست انداختن، تمسخر.

mock.ery [*mɔ́kəri*] *n.* استهزاء، مسخره، زحمت بیهوده.

mockingbird, *n.* [ج.ش.] مرغ مقلدآمریکای شمالی.

mock-up, *n.* مدلی باندازهٔ طبیعی و کامل برای مطالعه وآزمایش.

mod.al, *adj.* کیفیتی، چونی، مقید.

mode [*moud*] *n.* رسم، سبك، اسلوب، طرز، طریقه،مد، وجه.

mod.el [*mɔ́dl*] (**- ed, – ing , -led, -ling**) *adj., vi., n. & vt.* مدل، نمونه، سرمشق، قالب، طرح، نقشه، طرح ریختن، ساختن، شکل دادن، مطابق مدل معینی درآوردن، نمونه قرار دادن.

A m. farm. مزرعهٔ نمونه.

mod.er.ate [*mɔ́dərit*] (**-d,mo-derating**) *adj., n., vi. & vt.* معتدل، ملایـم،آرام، میانه‌رو، مناسب، محدود، اداره کردن، تعدیل کردن.

mod.er.a.tion [*mɔdəréiʃən*] *n.* میانه‌روی، اعتدال.

mod.er.a.tor [*mɔ́dəreitə*] *n.* میانجی، مدیر، ناظم، تعدیل‌کننده، کندکننده.

mod.ern [*mɔ́dən*] *adj. & n.* نوین، امروزی،کنونی، جدید، مدرن.

mod.ern.ism [*mɔ́dənizm*] *n.* اصول امروزی،اصول تجدد، نوگرائی،نوین گرائی.

mod.ern.ist [*mɔ́dənist*] *n.* نوگرا، نوین گرا

mod.ern.iza.tion [*mɔdənaizéi-ʃən*] *n.* نوسازی، نوپردازی، نوین گری.

mod.ern.ize [*mɔ́dənaiz*] (**-d, modernizing**)*vt. & vi.* نوین کردن، بطرز نوینی درآوردن، بروش امروزی در آوردن.

mod.est [*mɔ́dist*] *adj.* با حیا، افتاده، فروتن، معتدل، نسبتاً کم.

mod.es.ty [*mɔ́disti*] *n.* عفت، فروتنی، آزرم، شکسته نفسی.

mod.i.cum [*mɔ́dikəm*] (*pl.* **- s**), *n.* مقدار کم، مقدار یا قسمت کوچك، اندك.

mod.i.fi.able, *adj.* قابل اصلاح و تعدیل.

mod.i.fi.ca.tion [*mɔ́difikéiʃən*], *n.* تغییر و تبدیل، تعدیل.

mod.i.fier[*mɔdifaiə*] *n.*. تعدیل کننده.

mod.i.fy [*mɔ́difai*] (**-ied,mo-difying**) *vt. & vi.* تغییر دادن، اصلاح کردن، تعدیل کردن.

mod.ish [*móudiʃ*] *adj.* شیك، مدپرست.

mo.diste, *n.* کسی که کلاه وجامهٔ زنان را میفروشد، کلاه فروش زنانه، کلاه‌دوز زنانه.

mod.u.late [*mɔ́djuleit*](**-d,mo-dulating**) *vt. & vi.* تعدیل کردن، میزان کردن، بمایه‌درآوردن، زیر و بم کردن، برابری کردن، مطابق کردن، [مو.] یك پرده یا مقام، به‌پرده یا مقام دیگری‌بردن، تغییر پرده و مقام دادن، تحریـر دادن، تنظیم کردن، ملایم کردن، نرم کردن، معتدل کردن، با آوازخواندن، تلحین کـردن، (برق) فرکانس و نوسانات امواج الکتریکی راتغییردادن، میزان کردن رادیو، [رادیو] دامنه و یـا فرکانس موج را تغییر دادن.

mod.u.la.tion [*mɔdjuléiʃən*] *n.* زیر و بم، نوسان صدا، نوسان، فرکانس.

mod.u.la.tor, *n.* تعدیل کننده، زیر و بم کننده.

mod.ule, *n.* اندازه گیری، حدود،حوزه، گنجایش، طرح،نقشهٔ کوچك، واحداندازه گیری، مقیاس، مدل،نمونه، قسمتی از سفینهٔ فضائی، اتاقك.

modus ope.ran.di (*pl.* **modi operandi**) *n.* طرز عمل، روش کار.

modus vi.ven.di (*pl.* **modi vivendi**) *n.* روش زندگی.

mog (**-ged, - ging**) *vi.* دور شدن، رفتن، عازم شدن، دزدانه رفتن.

mo.gul [*mogʌ́l, mə-, móugʌl*], *n.* مغول،شخص بزرگ و با نفوذ.

mo.hair [*móuhɛə*] *n.* موی مرغوز، پارچهٔ موهر.

Mohammedan [*mouhǽmi - dən*] *n.* محمدی، مسلمان.

Mohammedanism [*mouhǽ-midənizm*] *n.* اسلام.

Mohammedanize, *vt.*. مسلمان کردن.

moi.e.ty (*pl.* **– ies**) *n.* نیم، نیمه، نصف، نصفه، بخش، قسمت مساوی.

moist [*mɔist*] *adj.* نمناك، نمدار، تر،گریان، مرطوب، پر از آب.

A m. air. هوای مرطوب.

moist.en [*mɔ́isn*] (**-ed, -ing**), *vt. & vi.* تر کردن، نمدار کردن، ترشدن، مرطوب شدن.

mois.ture [*mɔ́istʃə*] *n.* رطوبت،نم.

mo.lar [*móulə*] *adj. & n.* دندان آسیاب.

mo.las.ses [*məlǽsiz*] *n.* شیرهٔ قند، شهد، ملاس، شیره.

mold (**-ed, - ing**) *vi., vt. & n.* قارچ انگلی گیاهـان،کپك قارچی، کپرك،کپرك زدن، قالب،کالبد، با قالب بشکل در آوردن.

mole [*moul*], *n.* (ج.ش.)کور موش، خال سیاه.

mo.lec.u.lar [*mɔlékjulə*] *adj.* مادیزه‌ای، ملکولی، ذره‌ای.

mol.e.cule[*mɔ́likju:l*]*n.* مادیزه.

molehill, *n.* تودهٔ خاکی که موش کور زیرزمینی درست میکند، [مج.] تپهٔ کوچك.

Make mountains out of molehills. کاهی راکوهی کردن.

mo.lest [*moulést*] (**-ed, -ing**), *vt.* آزار رساندن، معترض‌شدن، تجاوز کردن.

mol.li.fi.ca.tion [*mɔlifikéiʃen*], *n.* تسکین، دلجوئی، نرم کردن.

mol.li.fy [*mɔ́lifai*] (**-ied, mol-lifying**) *vt. & vi.* فرو نشاندن،آرام کردن، نرم کردن، تسکین دادن، خواباندن.

mol.lusk [*mɔ́ləsk*] **mol.lusc,** *n.* جانور نرم تن، حلزون.

mollycoddle [*mɔ́likɔdl*] *n. & vt.* آدم‌نازپرورده،شخص‌زن‌صفت، ناز کشیدن.

Molotov cocktail, *n.* بطری محتوی‌موادمنفجره که بجای‌نارنجك بکارمیرود.

mol.ten [*móultən*] *adj.* گداخته،آب شده، ریخته، ریختگی، ذوب شده.

mo.ly, *n.* [گ.ش.] سیر زرد اروپائی.

mo.lyb.de.num, *n.* [ش.] مولیبدنوم (Mo).

mo.ment [*móumənt*] *n.* لحظه، دم،آن، هنگام، زمان، اهمیت.

mo.men.tary [*móumənt(ə)ri*], *adj.* آنی، زودگذر،کم دوام، فانی.

mo.men.tous [*mouméntəs*] *adj.* مهم، خطیر، واجب، با اهمیت.

M. affairs. امور ضروری و مهم.

mo.men.tum [*mouméntəm*] (*pl.* **-s, momenta**) *n.* مقدار حرکت، مقدار جنبش آنی، نیروی حرکت آنی.

Mona.co, *n. & adj.* اهل موناکو، ناحیهٔ «موناکو» واقع در جنوب شرقی فرانسه.

mo.nad, *n.* یکه، واحد، ذرهٔ بسیط که نیروی ترکیبی یـك هیدروژن است، اتم، تك، جوهر الهی.

mo.nan.drous, *adj.* دارای‌یك‌شوهر.

mo.nan.dry, *n.* یك شوهری، زندگی با یك شوهر، اعتیاد به‌یك شوهر.

mon.arch [*mɔ́nək*] *n.* سلطان، پادشاه، ملکه ، شهریار.

mo.nar.chic, - al [*mɔná:kik, - əl*] *adj.* وابسته به‌حکومت سلطنتی، وابسته به‌سلطنت.

mon.ar.chy [*mɔ́nəki*] *n.* شهریاری، سلطنت مطلقه، رژیم سلطنتی.

mon.as.tery [*mɔ́nəstri*] (*pl.* **-ies**) *n.* صومعه، خانقاه راهبان، دیر، رهبانگاه.

mo.nas.tic[*mənǽstik*]*adj.*. رهبانی.

M. institutions. سازمان‌های رهبانی.

mo.nas.ti.cism, *n* رهبانیت.

mon.aural, *adj.* یك‌صدائی،یك‌صوتی.

Mon.day [*mʌ́ndi*] *n.* دوشنبه.

mon.e.tary [*mʌ́nitəri*] *adj* پولی.

mon.e.tize (**-d, monetizing**), *vt.* بصورت پول در آوردن.

mon.ey [*mʌ́ni*] (*pl.* **-s, mon-ies**) *n.* پول،اسکناس،سکه،مسکوك،ثروت.

To make m. پول درآوردن.

moneybags, *n.pl.* کیف پول،ثروت.

money changer, *n.* صراف.

moneylender, *n.* پول وام‌ده.

money order, *n.* حوالهٔ پستی و تلگرافی، حوالهٔ پول.

monger [*mʌ́ŋgə*] *vt. & n.* فروشنده، دلال، تاجر، بازرگان، فروختن.

Mon.gol, Mon.go.lian [*mɔ́ŋgɔl, mɔŋgóuliən*] *n. & adj.* منولی.

mon.gol.ism, *n.* مرض بلاهت منولی.

Mon.gol.oid, *adj.* وابسته بمرض بلاهت منولی.

mon.goose [*mɔ́ŋgu:s, mʌŋgú:s*] (*pl.* **-s**) *n.* (ج.ش.) نمس هندی، میمون پوزه دراز.

mon.grel [*mʌ́ŋgrəl*] *n. & adj.* دورگه، دوتخمه، پست نژاد.

monies, *pl.* پولها،مسکوکات،وجوهات.

mon.ism, *n.* اعتقاد وحدت خدا.

mo.ni.tion, *n.* اخطار، اندرز،آگاهی.

mon.i.tor [*mɔ́nitə*] *n., vt. & vi.* آگاهی دهنده، انگیزنـده، گوشیار، [دررادیو] به‌علائم رمزی مخابراتی گوش دادن، مبصر.

monk [*mʌŋk*] *n.* راهب، تارك دنیا.

monk.ery (*pl.* **- ies**) *n.* زندگی راهبی، رهبانیت،آئین رهبانیت.

mon.key [*mʌ́ŋki*] (**-ed, -ing**), (*pl.* **-s**) *n. & vt.* بوزینه، میمون، تقلیددرآوردن، شیطنت کردن.

mon.key.ish.ness, *n.* میمون‌صفتی.

monk.hood, *n.* رهبانیت.

mono-, mon- پیشوند بمعنی «یك» و «تك» و «واحد».

mon.o.cle [*mɔ́nəkl*] *n.* عینك یك چشمی.

mon.o.dist, *n.* نوحه‌سرا.

mon.o.dy (*pl.* **- ies**) *n.* نوحه، مرثیه، سرود عزا،آواز غم‌انگیز.

mo.nog.a.mist [*mɔnɔ́gəmist*] *n.* طرفدارداشتن یك همسر، یك زنه یایك‌شوهره.

mo.nog.a.mous [*mɔnɔ́gəməs*], *adj.* دارای یك همسر.

mo.nog.a.my [*mɔnɔ́gəmi*] *n.* داشتن یك‌همسر، یك‌زنی، یك‌شوهری،تك گائی.

mono.genesis, *n.* دارای یك ریشه یا اصل بودن.

mono.gram [*mɔ́nəgrœm*] *n.* رمز حروفی، طغرا، امضای هنری.

mono.graph [*mɔ́nəgra:f*] (**-ed, -ing**) *vt.&n.* ویژه‌نگاشت،رساله‌درباره‌ٔیك موضوع، امضاء با یك حرف، تك‌پژوهش.

mo.nog.y.ny, *n.* یك زنی، یك جفت گیری، یك زن گیری، داشتن یك زن.

mono.lingual, *adj.* یك زبانی، فقط بیك زبان.

mono.lith [*mɔ́nəliθ*] *n.* یکپارچه، تکسنگی، دارای یك سنگ.

mon.o.logue=mon.o.log [*mɔ́n-əlɔg*] *n.* تك سخنگوئی، صحبت یك نفری.

mono.mania [*mɔnoméiniə*] *n.* جنون در مورد بخصوصی، وسواس در چیزی.

mono.metallic, *adj.* مبنی بر یك فلز، دارای یك فلز.

mo.nom.e.ter, *n.* شعر یك بحری، شعر یك وزنی.

mo.no.mi.al, *adj. & n.* تك‌حرفی، دارای فقط یك جمله، یك‌زمانی، یك‌اصطلاحی.

mono.molecular, *adj.* دارای ضخامت بقدر یك ملکول، یك‌ملکولی.

mono.nuclear, *adj.* یك هسته‌ای، سلول یك هسته‌ای.

mo.noph.a.gy, *n.* آکل یك نوع غذا، یك نوع غذاخوری.

mo.noph.o.ny, *n.* [مو.] یك صدائی، دارای یك‌آهنگ ملودی.

mono.plane [*mɔ́nəplein*] *n.* هواپیمای یك باله.

mo.nop.o.list, -ic [*mənɔ́pəlist*], *adj. & n.* صاحب انحصار، وابسته بصاحب انحصار، سیاست‌انحصاری، انحصارگرای.

mo.nop.o.li.za.tion [*mənɔpə - laizéiʃən*]*n.* انحصار طلبی، انحصارکردن.

mo.nop.o.lize [*mənɔ́pəlaiz*]

(-d, monopolizing) *vt.*
بخود انحصار دادن، امتیاز انحصاری گرفتن.
mo.nop.o.ly [mənɔ́pəli] (*pl.* **-ies**) *n.*
انحصار، امتیاز انحصاری، کالای انحصاری.
mono.rail, *n.* ترن آویزان،
ریل واحد مخصوص حرکت ترن یك چرخه.
mono.syllabic [mɔnəsilǽbik], *adj.* یك هجائی.
mono.syllable [mɔ́nəsiləbl] *n.* یك هجا.
mono.the.ism [mɔ́nəθi:izm] *n.*
توحید، یکتا پرستی، اعتقاد به‌خدای واحد.
mono.the.is.tic, -al, *adj.*
وابسته به‌توحید.
mono.tone [mɔ́nətoun] *n. & adj.*
صدای یکنواخت، تکرار هماهنگ.
mo.not.o.nous [mənɔ́tənəs] *adj.*
یکنواخت، خسته‌کننده.
mo.not.o.ny [mənɔ́təni] *n.*
بی‌تنوعی، یك‌آهنگی، بی‌زیر و بم، یکنواختی.
mon.oxide [mɔnɔ́ksaid] *n*
[ش.] اکسیدی که اکسیژن وفلز آن برابر باشد.
mon.sei.gneur (*pl.* **messei-gneurs**) *n.*
ارباب من، آقای من، مسیو، کشیش کاتولیك.
mon.sieur [məsjə':] (*pl.* **-s**) *n.*
آقا، ارباب، مسیو.
mon.soon [mɔnsú:n] *n.*
باد موسمی، موسم بارندگی.
mon.ster [mɔ́nstə] *n.*
عفریت، هیولا، اعجوبه، عظیم‌الجثه.
mon.stros.i.ty [mɔnstrɔ́siti], (*pl.* **-ies**) *n.*
هیولائی، بی‌عاطفگی، شرارت بسیار، هیولا.
mon.strous [mɔ́nstrəs] *adj.*
غول پیکر، هیولا.
mon.tage [mɔ́ta:ð] *n.*
عکسی که ازچند قطعه عکس بهم‌چسبانده‌تشکیل شده‌باشد، قطعهٔ ادبی‌یا موسیقی‌مرکب‌ازقسمتهای گوناگون، تهیهٔ عکس‌های بهم پیوسته.
month (*pl.* **-s**) [mʌnθ] *n.*
ماه، ماه شمسی، ماه قمری، برج.
A m. from now. یکماه از این تاریخ.
month.ly [mʌ'nθli] (*pl.* **-ies**), *adv., adj. & n.*
ماهیانه، هر ماهه، ماهی یکبار، یکماهه.
The m. habit. عادت ماهیانهٔ زنان.
mon.u.ment, -al [mɔ́njumənt, -əl] *n. & adj.* مقبره، بقعه، بنای‌یادبود، بنای یادگاری، لوحهٔ تاریخی، اثرتاریخی.
A historical m. بنای تاریخی.
mon.u.men.tal.ize, *vt.*
بصورت یادبود درآوردن.
moo [mu:] (**-ed, -ing**) *n. & vi.*
(درموردگاو)صدای‌گاوکردن، صدای‌گاو.
mooch (**-ed, -ing**) *vt. & vi.*
ولگردی‌کردن، تلکه‌کردن.
mood [mu:d] *n.*
حالت،حوصله،حال، سردماغ، خلق، مشرب.
moody [mú:di] (**-ier, -iest**), *adj.* بداخلاق، اخمو،عبوس، ترشرو، بدخلق.
mool, *n.* خاك، زمین خشك، گور.
moon [mu:n] (**-ed, -ing**) *vt., vi. & n.*
ماه، مهتاب، سرگردان بودن، آواره بودن، ماه زده شدن، دیوانه‌کردن، بیهوده وقت گذراندن.
Once in a blue m. ندرتاً.
moonbeam, *n.* پرتوماه، ماهتاب.
mooncalf, *n.*
خل مادرزاد، احمق، ناقص‌الخلقه.

moon-eyed, *adj.*
شبکور، روزبین، خیره ومتحیر.
moonflower, *n.*
[گ.ش.] توت خاردار هندی.
moon.let, *n.*
[نج.] قمر یا ماه کوچك، ماهواره.
moonlight, *adj., n. & vi.*
نورمهتاب، مهتاب، مشروبات، بطور قاچاقی کارکردن.
moon.light.er, *n.*
کسیکه بطور قاچاقی کار میکند.
moon.shine, *n.* ماهتاب، حرف پوچ.
moon.shin.er, *n.* قاچاقچی شبانه.
moonstone, *n.*
یکجور سنگ مرواریدنما، حجرالقمر.
moonstruck, *adj.* ماه‌زده، دیوانه.
moony, moon.ey, *adj.* دیوانه.
moor [muə, mɔ:] (**-ed, -ing**), *n., vt. & vi.* زمین بایر، دشت، لنگر انداختن، اهل شمال افریقا، مسلمان.
moor.age, *n.* محل مهار کشتی.
Moor.ish [múəriʃ] *adj.*
وابسته به‌اهالی شمال افریقا.
moose [mu:s] *n.* (ج.ش.)گوزن‌شمالی.
moot [mu:t] (**-ed, -ing**) *adj., n., vt. & vi.*
بحث، مجلس خطابه و مناظره، انجمن، شورا، مطرح‌کردن، دادخواهی‌کردن، قابل بحث.
mop [mɔp] (**-ped, -ping**) *n., vt. & vi.* چوبی‌که کهنه یا پشم برسرآن می‌پیچند ومانند جارو بکارمیبرند، با چوب‌گرد-گیری پاك‌کردن (اطاق وغیره)، پاك‌کردن.
mope [moup] (**-d, moping**), *n. & vi.*
افسرده بودن، افسرده‌کردن، دلتنگ‌کردن.
mop up, *n., vt. & vi.*
با کهنه پاك‌کردن، از وجود دشمن پاك‌کردن.
mo.quette, *n.*
پارچهٔ مخمل‌نمای مخصوص فرش یارویهٔ‌صندلی.
mo.raine [mɔréin] *n.*
[ز.ش.] سنگ و خاکی که در اثرتودهٔ یخ‌غلتان جابجا و انباشته شود، یخ‌سفت، یخ‌رفت.
mor.al [mɔ́rəl] *adj. & n.*
اخلاقی، معنوی، وابسته بعلم اخلاق، روحیه، اخلاق، پند، معنی، مفهوم.
mo.rale [mɔrá:l] *n.* دلگرمی،
روحیه، روحیهٔ جنگجویان، روحیهٔ افراد مردم.
mor.al.ist, -ic [mɔ́rəlist, -ik], *n. & adj.* فیلسوف یا معلم اخلاق،اخلاقی.
mo.ral.i.ty [mərǽliti] *n.*
اخلاقیات، اخلاق.
mor.al.iza.tion, *n.* اخلاق‌گرائی.
mor.al.ize [mɔ́rəlaiz] (**-d, mor-alizing**) *vt. & vi.*
نتیجهٔ اخلاقی‌گرفتن از، اخلاقی‌کردن.
mo.rass [mərǽs] *n.* مرداب،باتلاق.
mor.a.to.ri.um [mɔrətɔ́:riəm] (*pl.* **-s, moratoria**) *n.*
[حق.] مهلت قانونی، استمهال.
mo.ray, *n.* [ج.ش.] مارماهی.
mor.bid [mɔ́:bid] *adj*
ناسالم،ناخوش،ویژهٔ‌ناخوشی، مریض،وحشت‌آور.
mor.bid.i.ty, *n.*
ناخوشی، فساد، شیوع مرض، حالت مرض.
mor.da.cious, *adj.*
گازانبری، تند،تیز، سوزآور، محرق.
mor.dant [mɔ́:dənt] (**-ed,-ing**), *adj., n. & vt.* زننده، جگرسوز، گوشه‌دار،
نیشدار، (رنگرزی) مادهٔ ثابت کننده، مادهٔ
ثبات بکاربردن.
Mor.de.cai, *n.* مردخای.
more [mɔ:, mɔə] *adj. & n.*
بیشتر، زیادتر، بیش.
What m. do you want?
دیگر چه میخواهید؟
The m. he gets the m. he wants.
هرچه بیشترمیگیرد بیشتر میخواهد.
mo.reen, *n.* پارچهٔ کلفت‌پرده‌ای.
more.over [mɔ:róuvə] *adv.*
علاوه براین، بعلاوه.
mo.res, *n.pl.* عادات،آداب، رسوم.
mor.ga.nat.ic [mɔ:gənǽtik] *n. & adj.* ازدواج‌کننده با پست‌تراز‌خود.
morgue [mɔ:g] *n.*
مرده‌خانه، جای امانت مردگانی که هویت آنها معلوم نیست، بایگانی راکد.
mor.i.bund [mɔ́ribʌnd] *adj.*
درحال‌نزع، درسکرات موت،روبه‌مرگ.
Mo.ris.co (*pl.* **-s, -es**) *n. & adj.* مغربی، عرب اسپانیولی، آرایش عربی.
Mor.mon [mɔ́:mən]*n.*
فرقهٔ مذهبی «مورمن».
morn [mɔ:n] *n.* صبحدم، سحرگاه.
morn.ing [mɔ́:niŋ] *n.*
بامداد، صبح، پیش‌ازظهر.
morning glory (*pl.* **-ies**) *n.*
(گ.ش.) نیلوفرپیچ.
morning star, *n.* ستارهٔ‌صبح،زهره.
Mo.roc.can, *adj.* مراکشی.
Mo.roc.co [mərɔ́kou] *adj. & n.*
مراکش، کشور مغرب.
mo.ron [mɔ́:rɔn] *n.*
آدم سبك‌مغز وکم‌عقل، آدم‌احمق‌وابله.
mo.rose [məróus] *adj.*
ترشرو، کج‌خلق، عبوس،وسواسی.
mor.pheme, *n.* واحد معنی‌دار لغوی،
کوچکترین واحد، بسیط‌کلمه، واژك.
Mor.pheus [mɔ́:fju:s] *n.*
[افسانهٔ یونان] الههٔ خواب،خواب‌پرور.
mor.phic, *adj.*
(ج.ش.) وابسته به شکل، وابسته به شکل شناسی، خواب‌آلود.
mor.phin, -e [mɔ́:fi:n] *n.*
جوهر منوم افیون، مرفین.
mor.phin.ism, *n.* ابتلا به‌مرفین.
mor.phol.o.gy, *n.pl.*
تاریخ تحولات‌لغوی، ریخت‌شناسی.
mor.phous, *adj.*
دارای شکل معین ومعلوم.
mor.ris, mor.rice [mɔ́ris] *n.*
نوعی رقص شش نفری.
mor.row [mɔ́rou] *n.* فردا،روزبعد.
On the m. فردای آن روز.
mor.sel [mɔ́:səl] (**-ed, -led, -ing - ling**) *n. & vt.*
لقمه، تکه، یك‌لقمه غذا، مقدارکم، لقمه‌کردن.
mort, *n.*
کشتار، مقدار زیاد، زن، جنس مؤنث، پیه‌خوك.
mor.tal [mɔ́:tl] *adj. & n.*
فانی، فناپذیر، ازبین‌رونده، مردنی،مرگ‌آور، مهلك، مرگبار، خونین،مخرب، انسان.
A. mortal sin. گناه بزرگ، کبیره.
mor.tal.i.ty, [mɔ:tǽliti] *n.*
میرش، مرگ ومیر، متوفیات، بشریت.
mor.tar [mɔ́:tə] (**-ed,-ing**) *n. & vt.*
هاون، هاون‌داروسازی، خمپاره، شفته، ساروج کردن، باخمپاره‌زدن.

MORTAR AND PESTLE

mort.gage [mɔ́:gidð] (**-d, mortgaging**) *vt. & n.*
گرو،رهن، گرونامه، گروگذاشتن.
They mortgaged their lives.
زندگانی خودرا وثیقه قراردادند.
mort.ga.gee [mɔ:gədʒí:]*n.*
مرتهن، گروگیر.
mort.ga.gor = mort.gag.er [mɔ:gədʒɔ́:] *n.* گروگذار، راهن.
mor.ti.cian [mɔ:tíʃən] *n.*
مقاطعه‌کارکفن‌ودفن، متصدی کفن‌ودفن.
mor.ti.fi.ca.tion [mɔ:tifikéiʃən], *n.* ریاضت، پست‌کردن، رنج، خجلت،فساد.
mor.ti.fy [mɔ́:tifai] (**-ied, mortifying**) *vi. & vt.* پست‌کردن،
ریاضت دادن،کشتن، آزردن، رنجاندن.
mor.tise = mor.tice [mɔ́:tis] (**-d, mortising**) *vt. & n.*
مادگی زبانه، کام، جای زبانه، جفت‌کردن، باکام محکم‌کردن.

MORTISE

mort.main, *n. & vi.*
انتقال‌ناپذیری، وقف، وقف‌کردن.
mor.tu.ary [mɔ́:tjuəri] (*pl.* **-ies**)*adj.&n.* مرده‌شوی‌خانه،دفن، مرده‌ای.
Mo.sa.ic [mouzéiik] (**mosaicked, mosaicking**) *vt., n. & adj.* وابسته به‌موسی، موسوی، (باحرف کوچك) موزائیك، باموزائیك آراستن، تکه‌تکه بهم‌پیوستن.
Moses [móuziz] *n.* حضرت موسی.
mo.sey, *vi.* بحال گردش‌راه‌رفتن.
Moslem [mɔ́zləm] (*pl.* **-s**) *adj. & n.* مسلمان، مسلم.
mosque [mɔsk] *n.* مسجد.
mos.qui.to [mɔskí:tou, məs-] (*pl.* **-s, -es**) *n.* [ج.ش.] پشه.
moss [mɔs] (**-ed, -ing**) *vt. & n.* خزه، باخزه پوشاندن.
mossy [mɔ́si] (**-ier, -iest**), *adj.* خزه‌مانند، خزه‌گرفته، باتلاقی، سیاه‌آب.
most [moust] *adv., adj. & n.*
بیشترین، زیادترین، بیش‌ازهمه.
M. rapidly. باسرع وقت.
M. people. بیشترمردم.
For the m. part. اکثراً.
The m. that I can do.
منتهاکاری‌که میتوانم بکنم.
most-favored, *adj.* کاملةالوداد.
mot (*pl.* **-s**) *n.*
لطیفه، بذله،نکته، [م.ل.] کلمه، سخن نغز.
mote [mout] *n.*
دره،خس، ریزه، خال، نقطه، خرده، اتم.
mo.tel, *n.* متل.
mo.tet, *n.* سرود چند صدائی.
moth [mɔθ] (*pl.* **-s**) *n.*
(ج.ش.) بید، پروانه، حشرات موذی.
mothball, *n.*
گلولهٔ نفتالین وضد بیدخوردگی.
moth-eaten, *adj.* بیدزده،بیدخورده.
moth.er [mʌ'ðə] (**-ed, -ing**), *vt., adj. & n.* مادری‌کردن، پروردن،
مادر، ننه، والده،مام، سرچشمه، اصل.
To m. a child.
نسبت‌به‌طفلی مادری‌کردن.
M. tongue. زبان مادری.
moth.er.hood [mʌ'ðəhud] *n.*
مادری.

mother-in-law, *n.*
مادرزن، مادرشوهر، نامادری.
motherland, *n.* میهن، مادرمیهن.
mother-of-pearl [*mʌ'ðərəv - pə:l*] *n.* صدف مروارید.
mo.tif [*mouti:f*] *n.*
موتیف، موضوع، اصل، مایهٔ اصلی، شکل‌عمده.
mo.tile, *adj.* & *n.*
جنبنده، قادربجنبش، قادربحرکت.
motion [*móuʃən*] (**-ed, -ing**), *n., vt.* & *vi.*
جنبش، تکان، حرکت، جنب و جوش، پیشنهاد،
[illegible] دارن، اشاره کردن.
To m. one to a seat.
با اشاره جای نشستن بکسی نشان دادن.
Put into motion. بحرکت درآوردن.
He was motioned to go.
باو اشاره شدکه برود.
motion picture, *n.* سینما.
mo.ti.vate [*móutiveit*] (**-d, motivating**) *vt.*
تحریك کردن، تهییج کردن، دارای‌انگیزه‌شدن.
mo.ti.va.tion, *n.* انگیزش، محرك.
mo.tive [*móutiv*] (**-d, motiving**) *adj., n., vt.* & *vi.*
انگیزه، محرك، داعی، سبب، علت، انگیختن.
mot.ley [*mɔ́tli*] (**-ier, -iest**), *adj.* & *n.* رنگارنگ، آمیخته، مختلط،
لباس رنگارنگ‌دلقکها، لباس جهل تکه.
mo.tor [*móutə*] *n., adj., vt.* & *vi.* موتور، ماشین، منبع نیروی مکانیکی،
اتومبیل، حرکت دهنده، اتومبیل راندن.
motorboat, *n.* قایق موتوری.
mo.tor.cade, *n.* کاروان موتوری.
motorcar, *n.* خودرو سواری.
motorcycle, *n.* موتورسیکلت.
mo.tor.ist [*móutərist*] *n.*
ماشین سوار.
mo.tor.iza.tion, *n.* موتوری‌کردن.
mo.tor.ize, *vt.*
موتوریزه‌کردن، موتوری کردن.
mo.tor.man [*móutəmən*] (*pl.* **-men**) *n.* رانندهٔ موتور.
motor pool, *n.* گروهی‌ازوسائط‌نقلیه
برای مقاصد نظامی یا حمل و نقل بنوبت.
motor scooter, *n.* رورورك‌موتوری.
motor vehicle, *n.*
وسیلهٔ نقلیهٔ موتوری.
mot.tle [*mɔ́tl*] *n., adj.* & *vt.*
خالدار، لکه‌دار، لکه لکه، ابری، رگه‌رگه، با
خالهای‌رنگارنگ‌نشان‌گذاردن، لکه‌دارکردن.
mot.to [*mɔ́tou*] (*pl.* **-es, -s**) *n.*
شعار، سخن زبده، پند، اندرز، حکمت.
mouf.lon, mouf.flon (*pl.***-s**) *n.*
[ج.ش.] قوچ کوهی.
mou.lage, *n.* [در جرم‌شناسی] انگشت-
نگاری یا نگارش اثر چیزی برای‌کشف جرم.
mould [*mould*], **mold,** *n., vt.* & *vi.*
قالب، کالبد، فطرت، الگو، کپك، کپك زدن.
moulder, *n., vt.* & *vi.*
قالب‌گر، خاك شدن، پوسیدن.
mouldy [*móuldi*] *adj.*
کپك‌زده، کهنه‌وفاسد.
moult, molt [*moult*] *vi.* & *vt.* پوست
انداختن، تولك رفتن، پرریختن، موی ریختن.
mound [*maund*] (**-ed, -ing**), *vt.* & *n.* تپه، پشته، برآمدگی،
با خاك ریز محصورکردن، خاك ریز ساختن.
mount [*maunt*] *n.* کوه، تپه.
M. Sinai. کوه سینا.
mount (**-ed, -ing**) *n., vt.* & *vi.*
بالارفتن [باup]، سوارشدن بر، بلندشدن، زیاد
شدن، بالغ‌شدن‌بر، سوارکردن، صعودکردن، نصب
کردن، صعود، ترفیع، مقوای عکس، پایه، قاب
عکس، مرکوب (اسب، دوچرخه و غیره).
The map is mounted on linen.
پشت نقشه پارچه چسبانده‌اند.
Mounted police. پلیس سوار.
moun.tain [*máuntin*] *n.* & *adj*
کوه، [بصورت جمع] کوهستان، کوهستانی.
moun.tain.eer [*màuntiníə*] (**-ed, -ing**) *vi.* & *n.*
کوه‌نورد، کوهستانی، کوه‌پیما، ساکن‌کوه، کوه
[illegible]
moun.tain.ous [*máuntinəs*], *adj.* کوهستانی، کوه‌مانند.
mountaintop, *n.* قلهٔ کوه.
moun.tant, *n.*
صعودکننده، بالارونده، سوارشونده، متصاعد.
moun.te.bank [*máuntibæŋk*], (**-ed, -ing**) *n., vt.* & *vi.*
شارلاتان، آدم حقه‌باز، حقه‌بازی کردن.
Mount.ie, *n.* پلیس سوار کانادا.
mount.ing [*máuntiŋ*] *n.*
پایه، نگین‌دار، آرایش، اسباب، سوارشدن‌یاکردن.
mourn [*mɔ:n*] (**-ed, -ing**), *vt.* & *vi.*
سوگواری کردن، ماتم‌گرفتن، گریه‌کردن.
mourn.ful [*mɔ́:nful*] *adj.*
سوگوار، عزادار.
mourn.ing [*mɔ́:niŋ*] *n.*
سوگواری، عزاداری، ماتم، عزا.
mouse [*maus*] (*pl.* **mice**) (**-d, mousing**) *n., vt.* & *vi.* (ج.ش.)
موش خانگی، موش گرفتن، جستجو کردن.
mousse.line, muslin, *n.*
موصلین، نوعی‌چیت پشت‌نما، شیشهٔ‌خطدار.
mous.tache [*məstá:ʃ, mus-*] = **mustachio,** *n.* سبیل.
mousy, mousey (**-ier, -iest**), *adj.* موش‌دار، موش‌صفت.
mouth [*mauθ*] *n., vt.* & *vi.*
دهان، دهانه، مصب، مدخل، بیان، صحبت، گفتن،
دهنه‌زدن(به)، دردهان‌گذاشتن(خوراك)، ادا و
اصول درآوردن.
mouth.ful [*máuθful*] (*pl.* **-s**), *n.* لقمه، دهن‌پر، مقدار.
mouthpiece [*máuθpi:s*] *n.*
دهانه، لبه، دهن‌گیر، سخنگو، عامل.
mouthy, *adj.* دهان‌دار، پرحرف.
move [*mu:v*] (**-d, moving**), *n., vi.* & *vt.* جنبیدن، لوشیدن،
تکان دادن، حرکت دادن، بجنبش درآوردن،
بازی‌کردن، متأثر ساختن، جنبش، تکان،حرکت،
اقدام، (دربازی) نوبت حرکت یابازی، بحرکت
انداختن، وادارکردن، تحریك کردن، پیشنهاد
کردن، تغییرمکان.
M. to pity. برحم‌آوردن.
move.abil.i.ty, *n.* قابلیت حرکت.
moveable, *adj.* قابل حرکت دادن.
move.less, *adj.* بی‌حرکت.
move.ment [*mú:vmənt*] *n.*
جنبش، تکان، حرکت، تغییرمکان، گردش، (مو.)
وزن، ضرب، نهضت.
mov.er, *n.* پیشنهاد دهنده،
پیشنهادکننده، تکان دهنده، انگیزه.
mov.ie [*mú:vi*] *n.* سینما.
moving staircase = **escalator,** *n.* پلهٔ روان، پلهٔ برقی، بالارو.
mow [*mou*] (**-ed, -ing**) *n., vt.* & *vi.* چیدن، علف چیدن،
چمن را زدن، تودهٔ یونجه یا کاه.
mow.er [*móuə*] *n.*
ماشین چمن زنی، علف‌چین، مسخره، شوخ.
mu, *n.*
حرف دوازدهم الفبای یونانی، (الکتریسیته)
فاکتور شدت نیروی لامپ الکترونی.
much [*mʌtʃ*] **more,** *n., adj.* & *adv.* زیاد، بسیار، خیلی‌بزرگ، کاملاً،رشدکرده،
عالی، عالی‌مقام، تقریباً، بفراوانی، دور.
M. rain. باران زیاد.
mu.cif.er.ous, *adj.*
دارای مخاط، بلغم‌دار.
mu.ci.lage [*mjú:silidʒ*] *n.*
لعاب، لزوجت‌گیاه، چسب، آب لیز.
mu.cin, *n.* [ش.] مادهٔ بزاقی.
muck [*mʌk*] (**-ed, -ing**) *n., vt.* & *vi.* کود، کودتازه، سرگین، کثافت،
پول، آلوده‌کردن، خراب‌کردن، زحمت کشیدن.
muck.er, *n.* & *vt.*
کناس، کودکش، پول جمع‌کن، ول‌گردیدن.
muck.rake (**-d, muckraking**) *n.* & *vt.*
چنگال یا بیل‌کودکشی، (در موردروزنامه‌وافکار
عمومی) کثافات و افتضاحات را علنی ساختن.
mucky [*mʌ́ki*] *adj.* کوددار، کثیف.
mu.cous [*mjú:kəs*] *adj.* مخاطی.
mu.cus [*mjú:kəs*] *n.*
خلط، بلغم، مادهٔ مخاطی، مادهٔ‌لزج.
mud [*mʌd*] (*pl.* **mudden**) (**-ded, -ding**) *n., vt.* & *vi.*
گل، لجن، گل‌آلودکردن، تیره‌کردن، افترا.
mud.dle [*mʌ́dl*] (**-d, muddling**) *n., vt.* & *vi.* گیج‌کردن، خراب‌کردن،
درهم وبرهم‌کردن، گیجی، تیرگی.
muddleheaded, *adj.*
کودن، خرف، گیج.
mud.dy [*mʌ́di*] (**-ier, -iest**), *adj., n., vt.* & *vi.*
گل‌آلود، پرازگل، تیره، گلی، گلی‌کردن.
mudguard, *n.* گلگیر.
mudslinger, *n.* تهمت‌زن.
mu.ez.zin, mu.az.zn [*mu(:)ézin*] *n.* [عربی است] مؤذن، اذان‌گو.
muff [*mʌf*] *n., vt.* & *vi.* دست‌پوش،
دست‌گرم‌کن، بدبازیکردن، ناشی، خیطی‌بالاآوردن.
muf.fin [*mʌ́fin*] *n.*
نوعی شیرینی یا کلوچه که‌گرماگرم باکره
میخورند، بشقاب سفالی‌کوچك.
muf.fle [*mʌ́fl*] (**-d, muffling**), *n.* & *vt.* چیزی‌که صدا را از بین ببرد،
صدا خفه‌کن، پیچیدن، دم دهان‌کسی راگرفتن،
چشم‌بستن، خاموش‌کردن، ساکت کردن.
muf.fler [*mʌ́flə*] *n.*
شال‌گردن، صداخفه‌کن، نمد، انبارلوله‌اگزوس.
mug [*mʌg*] (**-ged, -ging**) *n., vt.* & *vi.* آبخوری، لیوان، ساده لوح،
دهان، دهن‌کجی، کتك‌زدن، عکس‌شخص‌محکوم.
mug.gy [*mʌ́gi*] *adj.*
گرم، خفه، مرطوب، گرفته.
Mu.ham.mad.an, *adj.*
مسلمان، محمدی.
mu.lat.to [*mjulǽtou*] (*pl.* **-s, -es**) *n.* زادهٔ اروپائی وزنگی، دورگه.
mul.ber.ry [*mʌ́lbəri*] (*pl.***-ies**), *n.* [گ.ش.] توت سفید، توت معمولی، شاه‌توت.
Black m. [گ.ش.] توت سیاه.
mulch [*mʌl(t)ʃ*] (**-ed, -ing**), *n.* & *vt.* کودگیاهی، پهن، کودگیاهی‌دادن.
mulct [*mʌlkt*] (**-ed,-ing**) *n.* & *vt.*
جریمه، تاوان، لکه، عیب، جریمه‌کردن.
mule [*mju:l*] *n.* قاطر.
mu.ley, mul.ley, *n.* & *adj.* بی‌شاخ.
mu.li.eb.ri.ty, *n.*
عالم نسوان، وظایف زنانه، زنانگی، مادینگی.
mul.ish [*mjú:liʃ*] *adj.* قاطرمانند،
چموش، خیره‌سر، لجوج، کله شق، ترشرو.
mull [*mʌl*] (**-ed, -ing**) *n., vt.* & *vi.* ململ نازك، معطرکردن وبعمل
آوردن مشروبات، (باover) ژرف اندیشیدن.
mul.lah, mul.l, *n.*
[فارسی] ملا، آخوند.
mul.let [*mʌ́lit*] (*pl.* **-s**) *n.*
[ج.ش.] شاه ماهی.
Red m. [ج.ش.] شاه ماهی‌سرخ.
mul.lion [*mʌ́ljən*] (**-ed,-ing**), *n.* & *vt.*
جرز یا آلت عمودی
میان‌قسمتهای‌پنجره،
جرزدارکردن.

MULLIONS WINDOWS WITH MULLIONE

mul.ti- [*mʌ́lti*], **mult -**
پیشوند بمعنی «بسیار
و زیاد» و «دارای تعداد زیاد» و «متعدد» و
«بیشتر» و«چند».
mul.ti.cellular, *adj.* چند سلولی.
mul.ti.colored, *adj.* رنگارنگ.
mul.ti.dimensional, *adj.*
چند بعدی، دارای ابعاد متعدد.
mul.ti.far.i.ous [*mʌltifɛ́əriəs*], *adj.*
گوناگون، متعدد، بسیار، دارای انواع مختلف.
mul.ti.fold, *adj.*
چند تا، چندین، چند برابر، چندگانه.
mul.ti.form [*mʌ́ltifɔ:m*] *adj.* & *n.* چند شکلی، بسیار شکل، بسیار شکلی.
mul.ti.lateral, *adj.*
چند بر، چند پهلو، کثیرالاضلاع، چند جانبه.
mul.ti.millionaire, *n.*
میلیونری‌که ثروتش بچند میلیون برسد.
mul.ti.par.tite, *adj.* چند جزئی.
mul.ti.ped, *n.* بسیار پا، هزارپا.
mul.ti.phase, *adj.*
دارای چند نمود، (برق) چند فاز، چندحالتی.
mul.ti.ple [*mʌ́ltipl*] *n.* & *adj.*
چندین، متعدد، مضاعف، چندلا، گوناگون، مضرب،
چندفاز، مضروب.
mul.ti.plex, *adj., vt.* & *vi.*
چند تائی، متعدد، مرکب، (در تلفن وتلگراف)
چند خبر را همزمان بر روی یك‌سیم فرستادن.
mul.ti.pli.able, mul.ti.plic.a.ble, *adj.* قابل ضرب‌کردن، قابل تکثیر.
mul.ti.pli.cand, *n.*
[ر.] بس شمرده، مضروب.
mul.ti.pli.ca.tion [*mʌltiplikéiʃən*] *n.*
بس‌شماری، ضرب، افزایش، تکثیر.
M. table. جدول ضرب.
mul.ti.plic.i.ty [*mʌltiplísiti*], *n.* کثرت، تعدد.
mul.ti.pli.er, *n.*
افزاینده، وسیلهٔ افزایش، ماشین‌حساب(مخصوص
ضرب)، [دربرق] دستگاه‌تقویت‌کننده، افزایش
دهنده، چند برابرکننده، ضرب‌کننده.
mul.ti.ply [*mʌ́ltiplai*] (**-ied, multiplying**) *vt.* & *vi.*
ضرب کردن، تکثیر کردن، زاد و ولدکردن.
mul.ti.polar, *adj.* چند قطبی.
mul.ti.racial, *adj.* چند نژادی.
mul.ti.tude [*mʌ́ltitju:d*] *n.*
گروه، گروه بسیار، جمعیت کثیر، بسیاری.
mul.ti.tu.di.nous [*mʌltitjú:dinəs*] *adj.* کثیر، بیشمار، انبوه.
mul.ti.va.lent, *adj.*

(ش.) دارای چندین قدر، چندین بنیانی.
mul.ti.va.lence, *n.* چند بنیانی.
mum [mʌm] *adj., n. & vi.* مادر، خاموشی، سکوت، شخص خاموش، ساکت بودن.
Mum's the word. صداش را در نیارید.
mum.ble [mʌ'mbl] (-d, mum-bling) *vt. & vi.* زیر لب سخن گفتن، منمن کردن.
mum.bler, *n.* منمن کننده، کسیکه آهسته و ناشمرده سخن میگوید.
mum.bo jum.bo (*pl.* -s) *n.* طلسم، ورد، سخنان نامفهوم.
mum.mer [mʌ'mə] *n.* بازیگر، هنرپیشهٔ صامت، بازیگر نقابدار ایام نوئل.
mum.mery [mʌ'məri] (*pl.*-ies), *n.* لال بازی با نقاب، لودگی، زهد فروشی.
mum.mi.fi.ca.tion, *n.* حنوط، مومیائی.
mum.mi.fy (-ied, mummi-fying) *vt. & vi.* مومیائی کردن.
mum.my [mʌ'mi] (*pl.* -ies) *n.* مومیا، جسد مومیا شده.
mump (-ed, -ing) *vt. & vi.* خاموش و عبوس نشستن، ترشرو بودن، زیر لب گفتن، فریب دادن، گدائی کردن.
mumps [mʌmps] *n.* (طب) گوشك.
munch [mʌn(t)ʃ] (-ed, -ing), *n., vt. & vi.* جویدن، چیزهای جویدنی، ملچ ملوچ کردن.
mun.dane [mʌ'ndein] *adj.* این جهانی، دنیوی، خاکی.
mu.nic.i.pal [mju:nísip(ə)l] *adj.* وابسته بشهرداری، شهری.
mu.nic.i.pal.i.ty [mjun:ìsipǽliti] (*pl.* -ies) *n.* شهرداری، شهر یا بخشی که دارای شهرداری است.
mu.nic.i.pal.ize (-d, munic-ipalizing) *vt.* بدست شهرداری دادن، شهردار کردن، شهر سازی.
mu.nif.i.cence [mju:nífisəns] *n.* بخشش، بخشندگی، دهش، کرم، کرامت، بذل.
mu.nif.i.cent [mju:nífisənt] *adj.* بخشنده، کریم.
mu.ni.tion [mju:níʃən] *n. & vt.* قلعه، دفاع، مهمات، تدارکات، جنگ افزار تهیه کردن.
mu.ral [mjúərəl] *adj. & n.* دیواری، دیوارنما، واقع بر روی دیوار.
mur.der [mə':də] (-ed, -ing), *n., vt. & vi.* قتل، کشتار، آدمکشی، کشتن، بقتل رساندن.
M. will out. خون ناحق پنهان نمیماند.
mur.der.er [mə':dərə] *n.* قاتل.
mur.der.ous [mə':dərəs] *adj.* قاتلوار، کشنده، سبع.
mure (-d, muring) *vt.* (گرفتن) سوراخ، مسدود کردن، محصور کردن.
murk, mirk [mə:k] *n. & adj.* تاریك، تیره.
murky, mirky [mə':ki] *adj.* تیره.
mur.mur [mə':mə] (-ed, -ing), *n., vt. & vi.* زمزمه، سخن نرم، شکایت، شایعات، زمزمه کردن.
mur.rain [mʌ'rin] *n. & adj.* وبای گله، گوشت مرده، مرگ و میر، وبائی.
mus.ca.tel, *n.* [باده] انگور مشك، انگور یا شراب مو سکاتل.
mus.cle [mʌ'sl] *n. & vi.* ماهیچه، عضله، نیروی عضلانی، بزور وارد شدن.
muscle-bound, *adj.* دارای عضلات سفت و سخت، غیرقابل ارتجاع، سفت.
Mus.co.vite, *n.* اهل مسکو، زوسی.
mus.cu.lar [mʌ'skjulə] *adj.* عضلانی.
muscular dystrophy, *n.* [طب] تحلیل و فساد عضلانی (که مرضی است ارثی).
mus.cu.lar.i.ty *n.* عضلانی بودن.
mus.cu.la.ture, *n.* وضع و ترتیب ماهیچه‌ها، ساختمان عضلانی.
muse [mju:z] (-d, musing) *n., vt. & vi.* اندیشه کردن، تفکر کردن، در بحر فکر فرو رفتن، تعجب کردن، در شگفت ماندن، شگفت، (با حرف بزرگ) الههٔ شعر و موسیقی.
mu.se.um [mju:zíəm] *n.* موزه.
mush [mʌʃ] (-ed, -ing) *n. & vi.* حریرهٔ آرد ذرت، خمیر نرم، (در رادیو) صدای مزاحم، پارازیت، خش‌خش، حریرهٔ آرد ذرت تهیه کردن، سفر پیاده در برف، پیاده در برف سفر کردن، احساسات بیش از حد.
mush.room [mʌ'ʃrum] (-ed, -ing) *n., vi. & vt.* قارچ، سماروغ، بسرعت روییدن، بسرعت ایجاد کردن.
mushy, *adj.* حریره یا خمیرمانند، احساساتی.
mu.sic [mjú:zik] *n.* موزیك، موسیقی، آهنگ.
Set a poem to m. آهنگ برای شعری ساختن.
mu.si.cal [mjú:zikəl] *adj & n.* موزیکال، دارای آهنگ، موسیقی‌دار.
music hall, *n.* اطاق ساز و رقص، سالن موسیقی.
mu.si.cian [mju:zíʃən] *n.* موسیقی‌دان، نغمه‌پرداز، ساززن، نوازنده.
mu.si.cian.ship, *n.* نوازندگی.
mu.si.col.o.gist, *n.* موسیقی شناس.
mu.si.col.o.gy, *n.* موسیقی شناسی.
mus.ing, *adj. & n.* متفکر، فکور، تفکرآمیز، غرق در افکار.
musk [mʌsk] *n.* مشك، غالیه، بوی مشك، نافهٔ مشك.
mus.ket [mʌ'skit] *n.* تفنگ فتیله‌ای، شاهین کوچك نر.
mus.ke.teer [mʌskitíə] *n.* تفنگدار.
The three Musketeers. سه تفنگدار.
mus.ket.ry [mʌ'skitri] *n.* تیراندازی، تفنگ، تفنگ‌ها.
musk.melon, *n.* [گ.ش.] خربوزهٔ تخم قند، تیل.
musk.rat (*pl.* -s) *n.* (ج.ش.) موش آبی، کر موش، خز این موش.
musky, *adj.* مشك‌دار.
Mus.lim = Moslem, *n.* مسلمان.
mus.lin [mʌ'zlin] *n.* یکجور پارچهٔ پشت‌نماکه از آن جامه‌های زنانه و پرده درست میکنند، چیت موصلی.
muss [mʌs] (-ed, -ing) *n., vt. & vi.* درهم و برهم یا کثیف کردن، تلاش، تقلا، کوشش، بهم‌خوردگی، درهم و برهمی.
mus.sel, mus.cle [mʌ'sl] *n.* [ج.ش.] صدف دوکپه‌ای، صدف باریك دریائی و رودخانه‌ای.
mussy, *adj.* کثیف، بهم‌خورده.
must [mʌst] *n., vt. & vi.* باید، بایست، میبایستی، بایسته، ضروری، لابد.
mustache [məstá:ʃ] *n.* سبیل.
mus.tang [mʌ'stœŋ] *n.* اسب وحشی، گور اسب.
mus.tard [mʌ'stəd] *n.* خردل، درخت خردل.
mus.ter [mʌ'stə] (-ed, -ing), *n., vt. & vi.* (ارتش) لیست اسامی، فراخواندن، احضار کردن، جمع‌آوری کردن، جمع شدن، جمع‌آوری، اجتماع، آرایش، صف.
muster out, *vt.* بخدمت خاتمه دادن.
musty [mʌ'sti] *adj.* کپك‌زده، بوی ناگرفته، پوسیده، کهنه.
mu.ta.bil.i.ty [mjù:təbíliti] *n.* تغییرپذیری، [مج.] بی‌ثباتی، بیقراری، تلون.
mu.ta.ble [mjù:təbl] *adj* تغییرپذیر، بی‌ثبات، ناپایدار.
mu.tate, *vi. & vt.* تغییر دادن.
mu.ta.tion [mju:téiʃən] *n.* جهش، تغییر، دگرگونی، تحول، طغیان، انقلاب، شورش، تغییر ناگهانی.
mu.ta.tis mu.tan.dis [mju:téitis, mju:tœ́ndis] *adv.* (لاتین-حق.) تغییرات لازم داده شده.
mute [mju:t] (-d, muting), *adj., n., vt. & vi.* گنگ، لال، بی‌صدا، بی‌زبان، صامت، کر کردن، خفه کردن.
mu.ti.late [mjú:tileit] (-d, mu-tilating) *vt. & vi.* ناقص، فلج، قلب و تحریف شده، بی‌اندام کردن، اخته کردن، ناقص کردن، فلج کردن، تحریف شدن.
mu.ti.la.tion, *n.* قطع عضو، تحریف.
mu.ti.neer [mjù:tiníə] *n.* شخص یاغی، شخص متمرد، سرباز یاغی.
mu.ti.nous [miú:tinəs] *adj.* یاغی.
mu.ti.ny [mjú:tini] (ied, mut-inying) (*pl.* -ies) *n., vi. & vt.* شورش، یاغیگری، فتنه، طغیان کردن.
mut.ter [mʌ'tə] (-ed, -ing), *n., vt. & vi.* منمن، غرغر، لندلند، سخن زیر لب، منمن کردن، جویده سخن گفتن، غرغر کردن.
mut.ton [mʌ'tn] *n.* گوشت گوسفند (یك ساله و بیشتر)، گوسفند.
mu.tu.al [mjú:tʃuəl, -tjuəl] *adj.* دوسره، از دو سره، بین‌الاثنین، دوطرفه.
M. love. محبت دوجانبه.
mutual fund, *n.* شرکتی که بکار خرید سهام شرکتهای دیگر مبادرت کند.
mu.tu.al.ism, *n.* اصول همکاری، همزیستی دو موجود.
mu.tu.al.ize (-d, mutualiz-ing) *vt. & vi.* دوسره ساختن، بطور مشترك امری را انجام دادن، همزیستی کردن.
muz.zle [mʌ'zl] (-d, muzzl-ing) *n., vt. & vi.* پوزه، پوزه‌بند، دهان‌بند، دهنه، سرلولهٔ هفت‌تیر یا تفنگ، پوزه‌بند زدن، مانع فعالیت شدن.
muz.zy [mʌ'zi] *adj.* گرفته، گیج.
my [mai] *adj., pron. & interj.* مال من، متعلق بمن، مربوط بمن، ای‌وای.
My house. خانه‌ام.
my.col.o.gist, *n.* ویژه‌گر قارچ‌شناسی.
my.col.o.gy, *n.* قارچ شناسی، سماروغ شناسی.
my.na, my.nah, *n.* [ج.ش.] مرغ مینا.
my.o.car.di.um (*pl.* mycocar-dia) *n.* ماهیچهٔ قلب، عضلهٔ قلب، میان دل.
my.ol.o.gy, *n.* [تش.-طب] ماهیچه‌شناسی.
my.o.ma (*pl.* -s, myomata), *n.* [طب] غدهٔ بافت ماهیچه، غدهٔ ماهیچه‌ای.
myo.neural, *adj.* عضلانی وعصبی.
my.ope, *n.* آدم نزدیك بین.
my.o.pia [maióupiə] *n.* [طب] نزدیك بینی.
myr.i.ad [míriəd] *adj. & n.* ده هزار، هزارها، بیشمار.
myr.i.o.pod, myr.i.a.pod, *n. & adj.* [ج.ش.] هزارپا.
myr.me.col.o.gy, *n.* [ج.ش.] مورشناسی، مطالعهٔ علمی مورچگان.
myrrh [mə:] *n.* (گ.ش.) مُر، درخت مُرمَکی، نوعی صمغ.
myr.tle [mə':tl] *n.* (گ.ش.) مورد سبز، پروانش، گل تلفونی.
my.self [maisélf, misélf] (*pl.* ourselves) *pron.* خودم، شخص خودم، من خودم.
I hurt m. بخودم صدمه زدم.
mys.ta.gogue, *n.* مفسر اسرار دین.
mys.ta.go.gy, *n.* تفسیر رموز دینی، نماز عشاء ربانی.
mys.te.ri.ous [mistíəriəs] *adj.* اسرارآمیز، مرموز، مبهم.
mys.tery [místəri] (*pl.* -ies) *n.* رمز، راز، سر، معما، صنعت، هنر، حرفه، پیشه.
mys.tic, -al [místik, -l] *adj. & n.* متصوف، اهل تصوف، اهل سر، رمزی.
mys.ti.cism [místisizm] *n.* تصوف، عرفان، فلسفهٔ درویش‌ها.
mys.ti.fi.ca.tion [mistifikéiʃən] *n.* گیج سازی، مشکل وپیچیده‌سازی.
mys.ti.fy [místifai] (-ied, mystifying) *vt.* گیج کردن، رمزی کردن.
mys.tique, *n.* جذبه و شهرت معنوی، جیبهٔ عرفانی.
myth [miθ] *n.* افسانه، اسطوره.
myth.i.cal [míθikl] *adj.* افسانه‌آمیز، اسطوره‌ای.
myth.i.cize, *vt.* بصورت افسانه یا اسطوره درآوردن.
myth.o.log.ic,-al [miθəlɔ́dʒik, -l] *adj.* اساطیری، وابسته به‌اساطیر.
my.thol.o.gist [miθɔ́lədʒist] *n.* اساطیر شناس، افسانه‌شناس.
my.thol.o.gize (-d, mythol-ogizing) *vt.* بصورت افسانه درآوردن.
my.thol.o.gy [miθɔ́lədʒi] (*pl.* -ies) *n.* افسانه‌شناسی، اساطیر، اسطوره‌شناسی.
myth.o.poe.ia, *n.* ایجاد افسانه، افسانه سازی، رواج افسانه.
myth.o.po.et.ic, -al, *adj.* اساطیر سازی، وابسته به‌خلق‌اسطوره.

N

انگلیسی English	خط میخی پارسی Old Persian Cuneiform	پهلوی اشکانی Parthian Pahlavi	پهلوی ساسانی Sassanian Pahlavi	پهلوی کتابی Book Pahlavi	اوستائی Avestan	فارسی Modern
N						ن

N [en] *n.* & *adj.*
چهاردهمین حرف الفبای انگلیسی، چهاردهم.
nab [nœb] (**-bed,-bing**) *vt.* & *n.*
قاپیدن، دستگیر کردن، توقیف.
nab.ber, *n.* توقیف‌کننده، قاپنده.
nab.id, nab.i.dae, *n. pl.* & *adj.*
[ج.ش.] خانوادهٔ کک‌وساس وحشرات، خون‌آشام.
na.bob, *n.* نواب، نایب‌السلطنه، پولدار.
na.dir [néidiə] *n.*
نظیرالسمت، حضیض، ذلت، سمت‌القدم.
nag [nœg] (**-ged, - ging**) *n.,vt.* & *vi.*
اسب‌کوچک‌سواری، اسب‌پیر و وامانده، یابو، فاحشه، عیبجوئی‌کردن، نـق‌زدن، آزار دادن، مرتباً گوشزد کردن، عیبجو، نق‌نقو.
N. at. عیب‌جوئی‌کردن از، نق‌زدن‌به.
nag.ger, *n.* شخص نق زن.
na.iad [náiœd] (*pl.* **-s, - es**) *n.*
(افسانهٔ یونان) حوری موجود در یاچه‌ورودخانه، (گ.ش.) نیلوفر آبی، مهروی شناگر.
nail [neil] (**-ed, -ing**) *n.* & *vt.*
ناخن، سم، چنگـال، چنگ، میخ، میخ سرپهن، گل میخ، با میخ‌کوبیدن، با میخ الصاق کردن، بدام انداختن، قاپیدن، زدن، کوبیدن، گرفتن.
Nail some one down to his promise. کسی را وادار بانجام قول خودکردن.
na.ive [naii:v]=**na.if,** *adj.*
ساده و بی‌تکلف، بی‌ریا، ساده، بی‌تجربه، خام.
na.ive.te, na.ive.ty [naii:vti], *n.*
سادگی، بی‌ریائی، خام‌دستی.
na.ked [néikid] *adj.* & *adv.*
برهنه، عریان، عاری، لخت.
nam.by-pam.by, *adj.* & *n.*
بی‌مزه، بی‌روح، ساختگی و بی‌مغز.
name [neim] (**-d, naming**) *n., vt.* & *adj.*
نام، اسم، نام و شهرت، آبرو، علامت، نـامیدن، بنام صداکردن، نام دادن، مشهور، نامدار.
I was named after him.
نام او را روی من گذاشتند.
name.able, nam.able, *adj.*
شایستهٔ نام بردن، نامبردنی.
name.less [néimlis] *adj.* بی‌نام.
name.ly [néimli] *adj.* & *adv.*
یعنی، بنام، با ذکر نام، برای مثال.
nameplate, *n* پلاک اسم.
namesake [néimseik] *n.*
هم اسم، کسی که بنام دیگری نام‌گذاری شود.
nan.ny [nœni] *n.* پرستاربچه.
nan.ny goat [nœnigout] *n.*
بز ماده.
nap [nœp] (**-ped, - ping**) *n., vt.* & *vi.* چرت، خواب‌نیمروز، چرت‌زدن، پرز.
Take a n. چرت زدن.

na.palm, *n.* مادهٔ مخصوص‌تغلیظ‌بنزین و تهیهٔ بمب‌آتشزا و پرتاب شعله، بمب‌آتشزا.
nape [neip] *n.*
پشت گردن، پس گردن، قفا، هیره.
na.pery [néipəri] *n.* سفره‌وملافه‌های خانه، دستمال سفره و سفره و غیره.
naph.tha [nœfθə] *n.* نفتا،بنزین‌سنگین.
naph.tha.lene, *n.*
[ش.] هیدروکربن بفرمول $C_{10}H_8$، نفتالین.
nap.kin [nœpkin] *n.*
دستمال سفره، دستمال، سینه‌بند، پیش‌انداز.
nap.per, *n.* چرت‌زننده، چرت‌زن.
nap.py, *n.* (درفرش) کلفت وپرزدار، قدری مست، لول، چموش، آبجوی قوی.
nar.cis.sism, *n.*
عشق بخود، خودپرستی.
nar.cis.sist, -ic, *adj.* & *n.*
عاشق خود.
Nar.cis.sus [na:sísəs] (*pl.* **narcissuses, narcissi**) *n.*
(گ.ش.) نرگس، (افسانهٔ یونان) جوان‌رعنائی که عاشق تصویر خود شد.
nar.co.lep.sy, *n.* [طب] حالت‌خواب‌آلودگی و میل شدید به‌خواب، حملهٔ خواب.
nar.cot.ic [na:kɔ́tik] *adj.* & *n.*
مخدر، مسکن، مربوط به‌مواد مخدره.
nar.co.tize (**-d, narcotizing**) *vt.* داری مسکن‌دادن، تخدیر کردن.
naris (*pl.* **nares**) *n.*
منخرین، سوراخ بینی مهره‌داران.
nar.rate [nœréit] (**-d, narrating**) *vt.* & *vi.* داستانی را تعریف‌کردن، داستان سرائی کردن، نقالی کردن، شرح دادن.
nar.ra.tion [nœréiʃən] *n.*
گویندگی، داستان‌گوئی، توصیف.
nar.ra.tive [nœrətiv] *n.*
قصه،شرح،داستان،داستانسرائی، حکایت، روایت.
In a n. style. بسبک داستان.
nar.ra.tor, nar.rat.er, *n.*
گوینده، گویندهٔ داستان.
nar.row [nœrou] (**-ed, -ing**), *adj., vt., n.* & *vi.*
باریک، دراز و باریک، کم پهنا، محدود، باریک کردن، محدودکردن، کوته‌فکر.
N. circumstances. تنگدستی.
Have a n. escape. جان‌مفت‌بدر بردن.
narrow-minded, *adj.*
کوتاه نظر، کوته فکر، بدون سعهٔ نظر، دهاتی.
na.sal [néizl] *adj.* & *n.*
وابسته به‌بینی، وابسته به‌منخرین.
na.sal.iza.tion, *n.* تودماغی‌کردن.
na.sal.ize [néizəlaiz] (**-d, nasalizing**) *vi.* & *vt.*
از بینی‌اداء‌کردن (حروف)، تودماغی حرف‌زدن.
nas.cence, nas.cen.cy, *n.* زاد، تازه پیدا شدگی، نوظهوری وآغازی، تولد.
nas.cent [nœsnt] *adj.*
پیدایش یافته، در حال تولد.
nas.tur.tium [nəstə:ʃəm] *n.*
[گ.ش.] گل‌لادن (Tropaeolum majus).
nasty [ná:sti] (**-ier,-iest**) *adj.*
کثیف، نامطبوع، زننده، تند و زننده، کریه.
na.tal [néitəl] *adj.* زایشی، مولودی.
na.tant, *adj.*
[در مورد جانوران] شناور یا متحرك درآب.
na.ta.tion, *n.*
فن شنا، شناوری، شناگری.
na.tes, *n.pl.*
کپل‌ها، کفل‌ها، هر چیزی شبیه‌کفل.
na.tion [néiʃən] *n.*
ملت، قوم، امت، خانواده، طایفه، کشور.
na.tion.al [nœʃənəl] *adj.* & *n.*
ملی، قومی، وابسته به‌قوم یا ملتی،تبعه،شهروند.
na.tion.al.ism [nœʃənəlizm] *n.*
ملت‌پرستی، ملت‌گرائی، ملیت، ناسیونالیزم.
na.tion.al.ist, -ic [nœʃənəlist] *adj.* & *n.* ملت‌گرای، ملت دوست، طرفدار ملت، ناسیونالیست.
na.tion.al.i.ty [nœʃənœliti] *n.*
ملیت، تابعیت.
na.tion.al.iza.tion [nœʃənəlaizéiʃən] *n.* ملی سازی.
na.tion.al.ize [nœʃənəlaiz] (**-d, nationalizing**) *vt.* & *vi.*
ملی‌کردن، ملی شدن.
nationwide, *adj.* درسرتاسرکشور.
na.tive [néitiv] *n.* & *adj.*
بومی، اهلی، محلی.
N. country. میهن، وطن.
na.tiv.i.ty [nətíviti] (*pl.* **-ies**), *n.* (با The) تولد عیسی، پیدایش، ولادت.
nat.ty [nœti] (**-ier, -iest**) *adj.*
آراسته، قشنگتر، پاکیزه، ماهر، چالاك.
nat.u.ral [nœtʃərəl] *adj.* & *n.*
طبیعی، سرشتی، نهادی، ذاتـی، فطری، جبلی، بدیهی، مسلم، استعداد ذاتی، احمق، دیوانه.
nat.u.ral.ism, *n.* طبیعت‌گرائی، فلسفهٔ طبیعی، مذهب طبیعی، سبك ناتورالیسم.
nat.u.ral.ist, -ic [nœtʃərəlist], *n.* & *adj.* معتقد به‌فلسفهٔ طبیعی.
nat.u.ral.iza.tion [nœtʃərəlaizéiʃən] *n.* قبول تابعیت، خوگیری.
nat.u.ral.ize [nœtʃərəlaiz] (**-d, naturalizing**) *vt.* & *vi.*
بتابعیت‌کشوری درآمـدن، پـذیرفته شدن (در کشور)، جزو زبانی وارد شدن (کلمات)، بومی شدن (گیاه و جانور)، طبیعی شدن.

natural resources, *n.pl.*
منابع طبیعی.
natural selection, *n.*
فلسفهٔ انتخاب اصلح در طبیعت.
na.ture [néitʃə] *n.*
طبیعت، ذات،گوهـر، ماهیت، خوی، آفـرینش، گونه، نوع، خاصیت، سرشت.
Diseases of this n. اینگونه امراض.
naught, nought [nɔ:t] *adv., n.* & *adj.* هیچ،عدم، نیستی،صفر، نابودی، بی‌ارزش.
Bring to n. خراب یا معدوم‌کردن.
naugh.ty [nɔ́:ti] (**-ier,-iest**), *adj.* شیطان، بدذات، شریر، نافرمان، سرکش.
nau.sea [nɔ́:siə] *n.* دل‌آشوب، حالت تهوع، حالت استفراغ، انزجار.
nau.se.ate [nɔ́:sieit] (**-d, nauseating**) *vt.* & *vi.*
بالاآوردن، حالت‌تهوع‌دست‌دادن، متنفرساختن، از رغبت انداختن، منزجرکردن.
nau.se.at.ing, *adj.* تهوع‌آور.
nau.seous, *adj.* تهوع‌آور.
nau.ti.cal [nɔ́:tikəl] *adj.*
دریائی، مربوط به‌دریانوردی، ملوانی.
na.val [néivəl] *adj.*
وابسته به‌کشتی، وابسته به‌نیروی دریائی.
nave [neiv] *n.*
سالن‌کلیسا یا سایر سالنهای بزرگ.
na.vel [néivəl] *n.*
[تش.] ناف، سره، (مج.) میان، وسط.
na.vic.u.lar, *n.* & *adj.*
زورقی شکل، زورقی، استخوان ناوی.
nav.i.ga.ble [nœvigəbl] *adj.*
قابل‌کشتیرانی.
nav.i.gate [nœvigeit] (**-d, navigating**) *vt.* & *vi.*
کشتیرانی‌کردن، هدایت‌کردن (هواپیما وغیره).
nav.i.ga.tion [nœvigéiʃən] *n.*
کشتیرانی، دریانوردی.
nav.i.ga.tor [nœvigeitə] *n.*
کشتیران، دریانورد، هدایت‌گر.
nav.vy [nœvi] (*pl.* **- ies**) *n.*
کارگر غیر ماهر، کارگر حفار، ماشین‌حفاری.
na.vy [néivi] (*pl.* **-ies**) *n.*
نیروی دریائی، بحریه، ناوگان، کشتی جنگی.
N. blue. آبی سیر.
nay [nei] *adv.* & *n.* نه، خیر، رأی‌منفی.
Na.zi [ná:tsi] (*pl.* **Nazis**) *n.*
عضو حزب نازی‌آلمان هیتلری.
Ne.an.der.thal, *adj.* & *n.*
وابسته به‌انسان غارنشین، وابسته‌بهانسان‌وحشی و اولیه، خیلی‌کهنه.
neap [ni:p] *adj.* & *n.*
خفیف‌ترین جزر ومد، کهکشند.

Ne.a.pol.i.tan [niəpɔ́litən] *adj.* وابسته بشهر ناپل.
near [niə] (-ed, -ing, -er, -est) *adj., adv., prep., vt. & vi.* نزدیك، تقریباً، قریب، صمیمی، نزدیك‌شدن.
Nearest him. ازهمه نزدیك‌تر باو.
near.ly [níəli] *adv.* تقریباً، قریباً.
near.sight.ed, *adj.* نزدیك بین.
neat [ni:t] (-er, -est) *adj. & n.* پاکیزه، تمیز، شسته و رفته، مرتب، گاو.
neat.herd, *n.* گله‌بان، چوپان، گاودار.
neb, *n.* نوك (مخصوصاً نوك لاك‌پشت و پرنده)، منقار، بینی، پوزه، دهان.
neb.u.la [nébjulə] (pl. -s, -e), *n.* [نج.] سحاب، توده‌های عظیم گاز و گرد ما بین فواصل ستارگان جادهٔ شیری، لکه، میغ، ابر.
neb.u.lous [nébjuləs] *adj.* تار، محو، شبیه سحاب، بشکل ابر، تیره.
nec.es.sar.i.ly [nésisərili] *adv.* لزوماً.
nec.es.sary [nésisəri] (pl. -ies), *adj. & n.* لازم، واجب، ضروری، بایسته.
Light is n. to life. روشنائی لازمهٔ زندگی است.
It is n. for you to go. لازم است بروید.
ne.ces.si.tate [nisésiteit] (-d, necessitating) *vt.* بایسته کردن، ناگزیر ساختن، واجب کردن، مجبور کردن.
ne.ces.si.tous [nisésitəs] *adj.* لازم، واجب.
ne.ces.si.ty [nisésiti] *n.* بایستگی، ضرورت، نیاز، نیازمندی، لزوم، احتیاج.
neck [nek] (-ed, -ing) *n., vt. & vi.* گردن، گردنه، تنگه، ماچ و نوازش کردن.
neck.er.chief [nékətʃif] *n.* دستمال گردن، کاشکل.
neck.lace [néklis] *n.* گردن بند.
necktie [néktai] *n.* کراوات.
ne.crol.o.gy (pl. -ies) *n.* آمار متوفیات، ثبت اموات، آگهی فوت.
nec.ro.man.cer, *n.* غیبگو، ساحر.
nec.ro.man.cy [nékromænsi] *n.* غیبگوئی (ازطریق ایجاد رابطه با مردگان).
nec.ro.pha.gia, *n.* مردار خواری، علاقه به‌اجساد.
ne.crop.o.lis, *n.* گورستان، شهراموات.
ne.cro.sis (pl. necroses) *n.* مردن نسوج زنده، فساد، بافت مردگی، مردگی.
nec.tar [néktə] *n.* شراب لذیذ خدایان یونان، شهد، شربت، نوش.
nec.tar.ine [néktərin] *n.* (گ.ش.) هلوی شیرین وآبدار، شلیل.
née, nee [néi] *adj.* تولد یافته، زاده، موسوم به، نامیده‌شده، یعنی.
need [ni:d] (-ed, -ing) *n., vt. & vi.* نیاز، لزوم، احتیاج، نیازمندی، در احتیاج داشتن، نیازمند بودن، نیازداشتن.
Be in bad n. of something. احتیاج مبرم بچیزی داشتن.
This needs to be done carefully. اینکار مستلزم دقت است.
need ful [ní:dful] *adj. & n.* لازم، ضروری، نیازمند، ناگزیر، مایحتاج.
nee.dle [ní:dl] (-d, needling), *n., vt. & vi.* سوزن، سوزن، سرنگ و گرامافون وغیره، سوزن دوزی کردن، باسوزن تزریق کردن، طعنه زدن، اذیت کردن.
need.less [ní:dlis] *adj.* بی‌نیاز.
needlework, *n.* کار سوزن دوزی، گلدوزی.
needn't=need not لازم نیست.
needs [ni:dz] *adv.* لزوماً، برحسب لزوم، ناگزیر، نیازها.
needy [ní:di] *adj.* نیازمند.
ne.far.i.ous [nifέəriəs] *adj.* شریر، زشت، نابکار، بدکار، شنیع، ناهنجار.
ne.gate (-d, negating) *vt.* منفی کردن، خنثی کردن، بلااثر کردن.
ne.ga.tion [nigéiʃən] *n.* نفی.
neg.a.tive [négətiv] (-d, negativing) *n., vi., adj. & vt.* منفی، خنثی کردن، منفی کردن.
neg.a.tiv.ism, *n.* منفی گرائی، منفی بافی.
ne.glect [niglékt] (-ed, -ing), *n., vt. & vi.* فروگذاری، فروگذار کردن، غفلت، اهمال، مسامحه، غفلت کردن.
ne.glect.ful [nigléktful] *adj.* سربهوا، مسامحه کار.
neg.li.gee, neg.li.gé [négli:ʒei], *n.* لباس توی خانهٔ بانوان.
neg.li.gence [néglidʒəns] *n.* قصور، اهمال، فراموشکاری، غفلت، فروگذاشت.
neg.li.gent [néglidʒənt] *adj. & n.* مسامحه‌کار، بی‌دقت، فروگذار.
neg.li.gi.ble [néglidʒibl] *adj.* ناچیز، جزئی، بی‌اهمیت، قابل فراموشی.
ne.go.tia.ble [nigóuʃiəbl] *adj.* قابل مذاکره، قابل تبدیل به‌پول نقد.
ne.go.ti.ate [nigóuʃieit] *vt. & vi.* گفتگو کردن، مذاکره کردن، به‌پول نقد تبدیل کردن [چك و برات]، طی کردن.
ne.go.ti.a.tion [nigóuʃiéiʃən] *n.* مذاکره.
Ne.gress [ní:gris] *n.* زن سیاه‌پوست.
Ne.gro [ní:grou] (pl. -es) *adj. & n.* زنگی، سیاه، کاکا، سیاه پوست.
neigh [nei] (-ed, -ing) *n. & vi.* شیهه کشیدن (مثل اسب)، شیههٔ اسب.
neigh.bo(u)r [néibə] (-ed, -ing) *n., adj., vt. & vi.* همسایه، نزدیك، مجاور، همسایه شدن با.
neigh.bo(u)r.hood [néibəhud], *n.* همسایگی، مجاورت، اهل محل.
In the n. of. در حدود.
nei.ther [náiðə, ni:ðə] *pron., conj., adj. & adv.* نه این و نه آن، هیچیك، هیچیك از این دو.
N. this nor that. نه این و نه آن.
nem.a.tol.o.gy, *n.* [ج.ش.] کرم شناسی.
Nem.e.sis [némisis] (pl. Nemeses) *n.* الههٔ انتقام، کینه‌جوئی، انتقام، قصاص.
neo- [ní:ou]=**ne-** پیشوند بمعنی «جدید».
Ne.o.cene, *adj. & n.* [ز.ش.] قسمت اخیر عهد سوم زمین‌شناسی.
neo.classic, -al, *adj.* سبك نئوکلاسیك، احیاءکنندهٔ سبك‌های قدیمی.
neo.genesis, *n.* تولید جدید، تجدید، نوزایش.
ne.o.lith, *n.* آلت سنگی مربوط به‌عصر حجرجدید، نوسنگ.
ne.o.lith.ic [nìoulíθik] *adj.* وابسته به‌عصر حجر جدید، نوسنگی.
ne.ol.o.gism, *n.* واژه جدید، لغت اختراعی، نوواژه.
ne.ol.o.gy (pl. -ies) *n.* نوپردازی، استعمال واژه یا اصطلاح جدید.
ne.on [ní:ɔn] *adj. & n.* گاز نئون، چراغ نئون، شبیه روشنائی نئون.
ne.o.phyte [ní:oufait] *n.* جدیدالایمان، کارآموز، مبتدی، نوچه.
Neo.platonic, *adj.* وابسته به‌فلسفهٔ افلاطونی جدید.
Neo.platonism, *n.* مکتب افلاطونیون جدید.
ne.o.ter.ic, *adj. & n.* نوزاده، تازه بدنیاآمده، جدید، تازه، نویسندهٔ تازه.
neph.e.lom.e.ter, *n.* ابر سنج.
neph.ew [névju. (U.S.A.) néf-] *n.* پسر برادر، پسر خواهر، پسربرادرزن وخواهر شوهر و غیره.
neph.o.scope, *n.* ابربین، ابرسنج.
ne plus ul.tra (pl. -es) *n.* حداعلای ترقی، بالاترین درجه، ذروه.
nep.o.tism [népətizm] *n.* خویش وقوم‌پرستی، انتصاب برادر زاده یاخواهر زاده واقوام نزدیك به مشاغل مهم اداری.
Nep.tune [néptju:n] *n.* الههٔ اقیانوس، نپتون، (نج.) ستارهٔ نپتون.
Ne.re.id [níəriid] *n.* (افسانهٔ یونان) هریك از پنجاه حوری دریائی که دختران «نروس» بوده‌اند.
ner.va.tion, *n.* رگبرگ‌آذین، رگ وپی، اعصاب، ساختمان‌عصبی، شبکهٔ‌عصبی.
nerve [nə:v] (-d, nerving) *n. & vt.* عصب، پی، رشتهٔ‌عصبی، وتر، طاقت، قدرت، قوت قلب‌دادن، نیرو بخشیدن.
Get on one's n. عصبانی کردن.
nerve.less [nə́:vlis] *adj.* بی‌عصب، بی‌غیرت.
nerve-racking, nerve-wracking, *adj.* خسته کنندهٔ اعصاب، دشوار.
ner.vous [nə́:vəs] *adj.* عصبی، مربوط به‌اعصاب، عصبانی، متشنج.
The n. system. سلسلهٔ اعصاب.
N. breakdown. ضعف‌اعصاب، مرض‌عصبی.
nervous Nel.lie, *n.* آدم‌ترسو بی‌اثر، آدم‌محافظه‌کار و بی‌خاصیت.
ner.vure, *n.* رگبرگ، رگ‌بال، رگهٔ اصلی، شاهرگ، رگه‌بندی‌جانور.
nervy [nə́:vi] (-ier, -iest) *adj.* پرعصب، پررگ‌وپی، نیرومند، عصبانی، پررو.
ne.science, *n.* نادانی، اعتقاد باینکه حقایق غائی را نمیتوان بوسیلهٔ قیاس عقلانی فکر درك نمود.
ness, *n.* دماغه، برجستگی.
nest [nest] *n., vt. & vi.* آشیانه، لانه، آسایشگاه، پاتوق، لانه ساختن، آشیان‌کردن، آشیان گرفتن، در محل محفوظی جای‌گرفتن، پیچیدن.
nes.tle [nésl] (-d, nestling), *vt. & vi.* آشیان‌گرفتن، لانه کردن، آسودن، در آغوش کسی خوابیدن.
nest.ling [nés(t)liŋ] *n.* جوجهٔ‌آشیانه، بچهٔ پرندگان، آشیان‌گیری.
Nes.tor [néstə] *n.* (افسانهٔ یونان) پیرمرد مشاور وعاقل جنگ تروا، پیردانا ومشاور، پیرمرد.
Nes.to.ri.an, *adj. & n.* کلیسای نسطوری قدیم ایران.
net [net] (-ted, -ting) *adj., n., vt. & vi.* تور، توری، دام، شبکه، تارعنکبوت، تورماهی‌گیری وامثال آن، خالص، ویژه، خرج دررفته، اساسی، اصلی، بدام‌افکندن، با تورگرفتن، شبکه‌دار کردن، بتور انداختن.
N. weight. وزن خالص.
neth.er [néðə] *adj.* واقع درپائین، درزیر، زیر، پائین، واقع درزیر.
Neth.er.lands [néðələndz] *n. & adj.* هلند.
nethermost, *adj.* پست‌ترین، اسفل، پائین‌ترین، زیرترین.
netherworld, *n.* عالم‌اموات، عالم‌اسفل.
net.ting [nétiŋ] *n.* شبکه‌بندی، شبکه، توری دوزی، تورسازی.
net.tle [nétl] (-d, nettling), *n., vt. & vi.* (گ.ش.) گزنه، انواع گزنه تیغی گزنده، بوسیلهٔ گزنه گزیده شدن، [مج.] ایجاد بی‌صبری و عصبانیت‌کردن، برانگیختن، رنجه داشتن.
net.tle.some=irritating, *adj.* آزاردهنده، رنج‌آور.
network [nétwə:k] *n. & adj.* شبکه، شبکهٔ‌توری، شبکهٔ‌ارتباطی، وابسته به‌شبکه.
neu.ral, *adj.* عصبی، وابسته بعصب، وابسته به سلسله اعصاب.
neu.ral.gia [njuərǽldʒ(i)ə] *n.* [طب] درداعصاب، دردعصبی، مرض‌عصبی، پی‌درد.
neur.asthenia [njùərəsθí:niə], *n.* [طب] سردرد حساسیت بی‌مورد، ضعف‌اعصاب.
neu.ri.tis [njuəráitis] (pl. neuritides, -es) *n.* پی‌آماس، التهاب یاآماس و زخم عصبی که دردناك است و سبب ناراحتی عصبی وگاهی فلج میگردد.
neu.rol.o.gist, *n.* ویژه‌گر اعصاب.
neu.rol.o.gy, *n.* عصب‌شناسی، بحث علمی‌عصب‌شناسی، پی‌شناسی.
neu.ron, -e (pl. -s, -es) *n.* رشتهٔ مغزی وستون فقراتی، یاختهٔ عصبی.
neu.ro.sis (pl. neuro.ses) *n.* [طب] اختلال اعصاب، اختلال روانی، نژندی.
neu.rot.ic, [nju(ə)rɔ́tik] *n.* آدم عصبانی، دچاراختلال عصبی، عصبی، نژند.
neu.ter [njú:tə] (-ed, -ing), *vt., adj. & n.* خنثی کردن، اخته کردن، وابسته به جنس خنثی، خنثی، بی‌طرف، بی‌غرض، اسم یا صفتی که نه مذکرونه مؤنث است، خواجه.
neu.tral [njú:trəl] *adj. & n.* بیطرف، بدون‌جانبداری، خنثی، بیرنگ، نادرگیر.
neu.tral.ism, *n.* سیاست بی‌طرفی.
neu.tral.i.ty [nju:trǽliti] *n.* بیطرفی، نادرگیری.
neu.tral.i.za.tion [njù:trəlaizéiʃən] *n.* خنثی‌سازی، بیطرف‌کردن.
neu.tral.ize [njú:trəlaiz] (-d, neutralizing) *vt. & vi.* خنثی‌کردن، بطورشیمیائی خنثی‌کردن.
neu.tron, *n.* نیوترون، ذرهٔ بدون بارالکتریکی.
nev.er [névə] *adv.* هرگز، هیچگاه، هیچوقت، هیچ، ابداً، حاشا.
He has n. seen a lion. او هرگز شیرندیده است.
nevermore [névəmɔ́:] *adv.* هرگزدیگر، دیگرابداً.
nevertheless [nèvəðəlés] *adv.* بااینحال، با این‌وجود، علیرغم، هنوز، باز.
ne.vus, nae.vus (pl. ne.vi) *n.* [طب] خال مادرزادی، خال‌گوشتی.
new [nju:] (-er, -est) *adj., n. & adv.* تازه، جدید، نو، اخیراً، نوین، جدیداً.
N. year. سال نو.
newborn, *adj. & n.* نوزاد، تازه‌زائیده‌شده، تازه تولد شده.
new.com.er, *n.* تازه‌وارد، نوآیند.
new.el, *n.* تیرمیان‌پلکان‌مارپیچ، پایهٔ نرده.
new.fan.gled [njú:fæŋgld] *adj.* نوظهور، مندرآوردی، متجدد، مدتازه.

newfashioned, *adj.*
امروزی، مطابق مدروز، تازه.
newfound, *adj.* جدیدالاکتشاف،
جدیدالاختراع، تازه‌پیداشده، نوظهور، بدیع.
new.ly [*njú:li*] *adv.* بتازگی، اخیراً.
newlywed, *n.*
تازه ازدواج کرده، تازه‌داماد، تازه‌عروس.
new.moon, *n.* هلال ماه‌نو، اول ماه.
news [*nju:z*] *n.pl.* خبر، اخبار، آوازه.
A piece of n. یك خبر.
The latest n. آخرین خبر.
newsboy, *n.* پسرروزنامه‌فروش.
newscast, *n., vt. & vi.*
اخبار رادیوئی یا تلویزیونی، خبرپراکندن.
news conference, *n.*
مصاحبه و کنفرانس مطبوعاتی.
newsletter, *n.* خبرنامه.
news.pa.per, *vi. & n.*
روزنامه، روزنامه‌نگاری کردن.
news.pa.per.man (*pl.* **-men**), *n.* روزنامه‌نگار، صاحب‌وگردانندهٔ‌روزنامه.
newsprint, *n.*
ماشین‌چاپ روزنامه، طبع‌روزنامه.
newsreel, *n.* فیلم اخبارجاری روز.
news.stand, *n.*
روزنامه فروشی، دکهٔ روزنامه فروشی.
newsworthy, *adj.* قابل‌توجه‌عامه
برای‌درج‌درروزنامه، قابل‌انتشار، جالب‌وبموقع.
newsy [*njú:zi*] (**-ier, -iest**), *adj. & n.* پرخبر، دارای اخبارزیاد.
newt [*nju:t*] *n.*
[ج.ش.] سوسمارآبی، سمندرآبی.
New Testament, *n.*
کتب عهد جدید مسیحیان.
New.ton [*njú:tn*] *n.*
نیوتن، واحد نیرو در دستگاه M.K.S.
New World, *n.*
نیمکرهٔ غربی یا دنیای جدید، آمریکا.
next [*nekst*] *adj.*, **prep.**, *n. & adv.*
بعد، دیگر، آینده ، پهلوئی ، جنبی ، مجاور،
نزدیك‌ترین، پس‌ازآن، سپس، بعد، جنب، کنار.
N. week. هفتهٔ دیگر.
Our n. door neighbour.
همسایهٔ پهلوئی ما.
When I n. saw him, he was ill.
باردیگر که اورا دیدم ناخوش بود.
next of kin, *n.pl.* نزدیك‌ترین
خویشاوندان، منسوب‌بلافصل، وارث بلافصل.
nex.us [*néksəs*] (*pl.* **-es**) *n.*
اتصال، رابطه، رابطهٔ داخلی، گروه متحد.
ni.a.cin, *n.* [ش.] نیاسین، اسیدنیکوتینیك.
Ni.ag.a.ra [*naiǽgərə*] *n.*
رودخانه و آبشار نیاگارا.
nib [*nib*] (**-bed, -bing**) *n. & vt.*
نوك‌قلم، نوك، دسته، قلم‌تراشیدن.
nib.ble [*níbl*] (**-d, nibbling**), *n., vt. & vi.* لقمه‌یاتکهٔ کوچك،
گاز زدن، اندك‌اندك‌خوردن، مثل بزجویدن.
nice [*nais*] (**-r, -st**) *adj. & adv.* نازنین،
دلپسند، خوب، دلپذیر، مطلوب، مؤدب، نجیب.
ni.ce.ty [*náisiti*] (*pl.* **-ies**) *n.*
ظرافت، خوبی، دلپذیری، مطلوبی، احتیاط، دقت.

niche [*nitʃ*] (**-d, nich-ing**) *n. & vt.* تورفتگی‌دردیوار، طاقچه، توی دیوار گذاشتن.
It was well niched.

NICHE

خوب در دیوار جا داده شده بود.
nick [*nik*] (**-ed, -ing**) *n., vt. & vi.* شکستگی، شکاف، دندانه، موقع‌بحرانی،
سربزنگاه، دندانه‌دندانه کردن، شکستن.
In the n. of time. سربزنگاه.
The cup is nicked.
لبهٔ فنجان پریده‌است.
nick.el, -ic [*níkl*] *adj., n. & vt.*
نیکل، ورشو، سکهٔ پنج سنتی، آب‌نیکل‌دادن.
nick.name [*níkneim*] (**-d, nick-naming**) *n. & vt.*
کنیه، نام خودمانی، کنیه‌دادن، ملقب کردن.
nic.o.tine [*níkəti:n*] *n.*
[ش.] نیکوتین.
nic.ti.tate (**-d, nictitating**), *vi.* چشمك‌زدن، برهم زدن پلك‌چشم.
nid.i.fi.ca.tion, *n.* آشیانه سازی.
niece [*ni:s*] *n.*
خویش‌وقوم مؤنث، دختربرادریاخواهروغیره.
ni.el.lo (*pl.* **niel.li**) (**-ed, -ing**), *vt. & n.* سیاه‌قلم، مینای سیاه، سیاه قلم زدن.
nif.ty (**-ier, -iest**) *adj. & n.*
خیلی‌خوب، جذاب، زیرك، چالاك، نکته‌دان.
nig.gard [*nígəd*] *adj. & n.*
آدم خسیس، آدم تنگ‌چشم، لئیم.
nig.gard.ly [*nígədli*] *adj. & adv.*
خسیس، چشم‌تنگ، خسیسانه.
nig.ger [*nígə*] *n.*
کاکاسیاه (بتحقیر)، سیاه‌پوست.
niggling, *adj.* اندك، ایرادگیر.
nigh [*nai*] (**-er, -est, -ed, -ing**) *adv., adj., n., prep., vt. & vi.*
نزدیك، قریب، مجاور، تقریباً، نزدیك شدن.
night [*nait*] *adj., vi. & n.*
شب، غروب، شبهنگام، برنامهٔ‌شبانه، تاریکی.
Last n. دیشب.
The n. before last. پریشب.
He went by n. شبانه رفت.
night-blind, *adj.* شبکور.
nightcap, *n.*
شب‌کلاه، مشروب قبل ازخواب.
nightclub, *n. & vi.* کاباره، کاباره‌رفتن.
nightdress=nightclothes, *n.*
لباس خواب.
nightfall, *n.* شب‌هنگام، شبانگاه.
nightgown, *n.* لباس شب، پیژامه.
night.in.gale [*náitiŋgeil*] *n.*
[ج.ش.] هزاردستان، بلبل.
nightjar, *n.* [ج.ش.] بوف‌اروپائی.
nightlong, *adj. & adv.*
تمامی‌شب، درسرتاسرشب، ازسرشب تا بامداد.
night.ly [*náitli*] *adj. & adv.*
شبانه، هرشب.
night.mare, *n.*
کابوس، بختك، خواب ناراحت‌کننده وغم‌افزا.
night.mar.ish, *adj.*
کابوس‌مانند، ترسناك.
nighttime, *n.*
شب، شبانگاه (یعنی ازمغرب تا سپیده‌دم).
nightwalker, *n.* کسیکه شب
درخواب راه میرود، فاحشه، جانورشب‌پر.

ni.gres.cence, *n.*
سیاهی، سیاه‌شدگی، تیرگی، سیاه‌چردگی.
nig.ri.tude, *n.* سیاهی، تاریکی.
ni.hi.lism [*náiilizm*] *n.* پوچ‌گرائی،
اعتقاد به تباهی وفساد دستگاههای‌اداری‌ولزوم
ازبین رفتن‌آنها، انکارهمه‌چیز، عقاید‌نهیلیستی.
ni.hi.list [*náiilist*] *n.*
منکرهمه‌چیز، پوچ‌گرا.
nil [*nil*] *adj. & n.* صفر، هیچ، معدوم.
Nile, *n.* رودنیل.
nill (**-ed, -ing**) *vt. & vi.*
بی‌میل‌بودن، نخواستن، انکارکردن.
nim.ble [*nímbl*] *adj.*
فرز، چابك، چالاك، جلد، زرنگ، تردست.
nim.bus [*nímbəs*] (*pl.* **-s, nim-bi**) *n.* هاله، اوهام، ابرباران.
ni.mi.e.ty, *n.*
زیادی، حشو و زواید، بی‌اعتدالی، اطناب.
nin.com.poop [*nínkəmpu:p*] *n.*
ساده‌لوح، احمق.
nine [*nain*] *adj. & n.*
عدد نه، نه‌عدد، نه‌تا، نه‌نفر، نه‌چیز، نه‌تائی.
ninefold, *adj. & adv.*
نه‌برابر، نه‌بخشی.
ninepin [*náinpinz*] (*pl.* **-s**) *n.*
بازی بولینگ با ۹ میلهٔ چوبی.
nine.teen [*náintí:n*] *n. & adj.*
عدد نوزده، نوزدهمین‌مرتبه، نوزده‌تائی.
nine.teenth [*náintí:nθ*] *adj. & n*
نوزدهمین.
nine.ti.eth [*náintiiθ*] *n. & adj.*
نودمین، نودمین درجه یا مرتبه.
nine.ty [*náinti*] (*pl.* **-ies**) *n. & adj.* نود، عددنود، نودنفر، نودچیز.
nin.ny [*níni*] *n.* احمق، کودن.
ninth [*nainθ*] (*pl.* **-s**) *adj., adv. & n.* نهمین، نهمین‌مرتبه، یك‌نهم، درنهمین‌درجه.
nip [*nip*] (**-ped, -ping**) *vt., vi. & n.*
نیشگون، گازگرفتن، کش‌رفتن، جوانه‌زدن،
شکفتن، مانع رشدونموشدن، بباد‌انتقاد گرفتن،
دراثرسرما بیحس شدن، صدمه زدن ، دردناك
بودن، جفت‌جفت زدن، پریدن، جیم‌شدن، چیز،
چیزی، جزئی، نیش، نیشگون، زخم‌زبان، سرما
زدگی (گیاه وجوانه‌ها) یخزدگی‌گیاه، طعم‌تند و
تیز (مثل فلفل)، سوزش ، کش‌روی ، دزدی،
منگنه، گیره، ذره، خرده.
nip and tuck, *adj. & adv.*
پهلوبه‌پهلو، تقریباً برابر.
nip.per [*nípə*] *n.*
منگنه، فندقشکن، قندشکن، گازانبری.
nipping, *adj. & n.* سرد، گزنده، تند.
nip.ple [*nípl*] (**-d, nippling**) *n. & vt.* نوك پستان، نوك غده،
پستانك مخصوص‌شیربچه، ازنوك پستان‌خوردن.
nip.py (**-ier, -iest**) *adj.*
زننده، طعنه‌آمیز، سوزش‌دار، تندوتیز، چالاك.
ni.ter, ni.tre [*náitə*] *n.*
(ش.) natron، شورهٔ اشنان، نیترات‌سدیم.
nit.id, *adj.* روشن، براق، شفاف.
ni.trate [*náitreit*] (**-d, nitrat-ing**) *n., vt. & vi.* (ش.) نیترات،
نمك معدنی یا نمك‌آلی جوهرشوره، نیترات
سدیم یا پتاسیم، شوره، به نیترات تبدیل‌کردن.
ni.tric [*náitrik*] *adj.*
دارای نیتروژن با ظرفیت بالا.
ni.tro.gen [*náitrədʒən*] *n.*
ازت، نیتروژن.
ni.tro.gen.ize (**-d, nitroge-nizing**) *vt.* با نیتروژن‌ترکیب‌کردن،
تبدیل به‌ازت‌کردن، دارای‌نیتروژن‌کردن.
ni.trous [*náitrəs*] *adj.* دارای‌شوره،
شوره‌دار، دارای نیتروژن باظرفیت پائین.
nit.wit, *n.*
آدم پریشان‌حواس، آدم کله‌خشك واحمق.
nix (*pl.* **-es**) *adv., interj., n. & vt.*
حوری‌دریائی، هیچ، هیچکس، رأی مخالف‌دادن،
وتوکردن، منع‌کردن، اصلاً ، بهیچوجه، نه‌خیر.
no [*nou*] (*pl.* **-s, -es**) *adv., adj. & n.* پاسخ‌نه، منفی، مخالف، خیر، ابداً.
In n. time. خیلی زود.
N. admittance. ورود ممنوع است.
He had n. more to say.
دیگرسخنی نداشت‌که بگوید.
By no means. بهیچوجه.
No.=number, *n.* (مخفف کلمهٔ number یعنی «عدد»)، شماره، نمره.
No.ah, *n.* نوح پیغمبر.
nob [*nɔb*] *n.* دستگیره، قلنبه،
سر، ضربت برسر، کسیکه ازطبقات بالا باشد.
nob.by (**-ier, -iest**) *adj.* قلنبه،
درجهٔ یك، اعلی، ظریف، خیلی شیك، عالی.
No.bel prize [*nóubel práiz*] *n.*
جایزهٔ نوبل.
no.bil.i.ty [*noubíliti*] (*pl.* **-ies**)*n.*
نجابت، اصالت‌خانوادگی، طبقهٔ نجبا.
no.ble [*nóubl*] *adj. & n.* آزاده،
اصیل، شریف، نجیب، باشکوه.
no.ble.man [*nóublmən*] (*pl.* **-men**) *n.* نجیب‌زاده.
no.body [*nóubədi*] (*pl.* **-ies**), *pron. & n.*
هیچ‌کس، هیچ‌فرد، آدم بی‌اهمیت، آدم‌گمنام.
no.cent, *adj.* زیان‌رسان، مضر، مقصر.
noc.turn, *n.*
عبادت نیمه‌شب، سحرخوانی، شبانه.
noc.tur.nal [*nɔktə':nl*] *adj.*
شبانه، عشائی، واقع‌شونده درشب، نمایش‌شبانه.
noc.turne, *n.* [مو.] قطعهٔ‌موسیقی
دل‌انگیزورؤیائی، نقاشی ازمنظرهٔ شب.
noc.u.ous, *adj.* زیان‌آور، مضر.
nod [*nɔd*] (**-ded, -ding**) *n., vt. & vi.* تکاندادن سربعلامت توافق،
سرتکان دادن، با سراشاره‌کردن، تکان سر.
nod.al, *adj.*
گرهی، واقع درنزدیك‌گره، عقده‌ای.
no.dal.i.ty, *n.*
وابستگی به‌گره، نزدیکی به‌گره.
nod.dle *n.* پشت‌سر، پشت‌گردن، سر، کله.
node [*noud*] *n.* گره،
اشکال، دشواری، برآمدگی، ورم، غده، منحنی.
no.dose, no.dous, *adj.*
دارای برآمدگی‌های مشخص، گره‌دار، قنبلی.
nod.u.lar, *adj.*
گره‌دار، ورم‌کرده، قلنبه شده، گره‌گره.
nod.ule, *n.*
قلنبهٔ‌کوچك، کلوخه، برآمدگی، عقده.
no.dus (*pl.* **no.di**) *n.*
گره، اشکال، گرفتاری.
No.el [*nóuel, nouél*] *n.*
عیدنوئل، سرودمیلادمسیح، جشن میلادمسیح.
nog.gin, nag.gin, *n.* دیوارآجری،
سطل‌چوبی، لیوان‌چوبی، سر، سرانسان.
nohow, *adv.*
بهیچوجه، ابداً، بهرحال، ناجور.
noise [*nɔiz*] (**-d, noising**) *n., vt. & vi.* صدا، شلوغ، سروصدا، قیل‌وقال،
طنین، صدااه‌انداختن، پارازیت، شایعه وتهمت.
noise.less [*nɔ́izlis*] *adj.* بی‌صدا.
noi.some [*nɔ́isəm*] *adj.*
مضر، زیان‌بخش، بدبو، کریه، نامطلوب.
noisy [*nɔ́izi*] *adj.* پرسروصدا.
no.mad [*nɔ́məd, nɔ́mæd, nóum-*

œd] n. & adj. کوچ گر، بدوی،
چادرنشین، ایلیاتی، خانه بدوش، صحرانشین.

no.mad.ic, adj.
چادرنشین، وابسته به کوچ گری.

no.mad.ism, n. صحرانشینی، کوچ گری.

no-man's-land, n.
زمین بلاصاحب وغیرمسکون، باریکهٔ زمین حد فاصل بین نیروی متخاصم و نیروی خودی.

nom de plume [nɔ:(m)dəplym], *n.* اسم مستعار نویسندگان، کنیه.

no.men (*pl.* **nam.i.na**) *n.* اسم، نام.

no.men.cla.tor, n.
فهرست لغات واسامی، کنیه‌دهنده، لقب‌دهنده.

no.men.cla.ture [nóumənk – lèitʃə] *n.*
فهرست واژه‌ها واصطلاحات یك علم یا یك فن، مجموعهٔ لغات، نام، فهرست علائم واختصارات.

nom.i.nal [nɔ́minəl] *adj.*
اسمی، صوری، جزئی، کم‌قیمت.

nom.i.nate [nɔ́mineit] (**- d, nominating**) *vt.*
کاندیدکردن، نامیدن، معرفی کردن، نامزدکردن.

nom.i.na.tion [nɔminəˈiʃən] *n.*
نام‌گذاری، کاندید، تعیین، نامزدی(درانتخابات).

nom.i.na.tive [nɔ́minətiv] *n.* & *adj.*
حالت فاعلی، فاعلی، کاندید شده ، تعیین شده .

N. case. حالت‌فاعلیت.

nom.i.nee [nɔminí:] *n.*
نامزد، کاندیدشده، منصوب، تعیین‌شده، ذینفع.

nom.o.log.i.cal, adj.
وابسته به‌قانون، شبیه قانون، منطبق با قانون.

non -
پیشوندی‌است بمعنی«منفی» یا «خیر» و «غیر».

non.age, n. فاقد اهلیت قانونی، صغیر،
کمتر از سن قانونی، عدم بلوغ، عدم رشد.

nona.ge.nar.i.an, n. & adj.
آدم نود ساله (یاکمتر از صد سال)، نود ساله.

nonce [nɔns] *adj* & *n.*
فعلا"، مقصود فعلی، عجالتاً.

For the n. عجالتاً، در مورد فعلی.

non.cha.lance [nɔ́nʃələns] *n.*
سهل‌انگاری، لاقیدی، پشت‌گوش فراخی.

non.cha.lant [nɔ́nʃələnt] *adj.*
سهل‌انگار، اهمال‌کار، مسامحه‌کار، بی‌علاقه.

non.combatant [nɔnkɔ́mbə - tənt] *n.* غیر مبارز، افراد غیر نظامی.

noncommissioned officer, *n.* افسر دون رتبه، درجه‌دار، افسر وظیفه.

non.committal [nɔnkəmítl]*adj.*
ردکننده، غیر صریح، غیر مشخص.

non.conductor, n.
جسم غیر هادی، نارسانا.

non.conformist [nɔnkənfɔ́: mist] *adj* & *n.* ناپیرو، نامقلد،
معاند، ناموافق، مخالف‌کلیسای‌رسمی، خودرأی.

non.conformity [nɔnkənfɔ́: miti] *n.* ناپیروی، عدم رعایت، عدم
تشابه، عدم موافقت، معاندت، ناهمنوائی.

non.contagious, adj. غیر مسری.

non.cooperation, n. عدم همکاری.

non.de.script [nɔ́ndiskript] *adj.*
غیرقابل طبقه‌بندی، وصف‌ناپذیر، نامعین.

none [nʌn] *n., adj. & adv.*
هیچ،هیچیك، هیچکدام، بهیچوجه، نه،ابداً،اصلا.

N. of them. هیچکدام‌آنها.

He is n. of my friends.
او از دوستان من نیست.

non.entity[nɔnéntiti] (*pl.* **-ies**), *n.* چیز غیر موجود، چیز وهمی وخیالی، عدم.

none.such, adj. & n. چیزبی‌نظیر.

nonetheless, adv.
با این وجود، با اینحال.

non.fea.sance, n.
قصور در انجام امری، اهمال.

non.ferrous, adj.
بدون موادآهنی، غیرآهنی، فلزات غیرآهنی.

non.intervention, n. سیاست‌عدم
مداخله، سیاست‌کناره‌گیری، عدم مداخله.

non.metal, n. غیر فلز.

non.pa.reil [nɔ́npərèl] *adj. & n.*
غیر مساوی، بی‌همتا، بی‌نظیر.

non.partisan, adj. بیطرف.

non pla.cet (*pl.* **-s**) *n.* رأی‌منفی.

non.plus [nɔnplʌ'́s] (**-ed, -ing**), (*pl.* **-es, nonpluses**) *vt., n. & adj.* پریشانی، آشفتگی، بی تصمیمی، بی‌تصمیم،
بی‌تصمیم بودن، پریشان‌کردن.

non.productive, adj. نافرآور،
غیر مولد، غیر تولیدی.

non.representational, adj.
غیر طبیعی، مصنوعی، غیر حاکی.

non.residence, non.residen-cy, n.
عدم اقامت، غیر مقیم (بودن)، غیر ساکن.

non.resistance, n. عدم مقاومت.

non.restrictive, adj.
غیر حصری، عام.

non.sense [nɔ́nsəns] *n.* یاوه،مهمل،
مزخرف، حرف پوچ، بیمعنی، خارج از منطق.

non.sen.si.cal, adj. مزخرف،چرند.

non se.qui.tur, n. نامربوط،
عدم تعقیب، عدم استنباط قضایا، غیر منطقی.

non.stop [nɔ́nstɔ́p] *adj.*
بدون توقف، یکسره.

non.support, n.
عدم پشتیبانی، عدم پرداخت خرجی یانفقه.

non.syllabic, adj.
بدون هجائی، غیر هجائی.

non.union [nɔ́njú:njən] *adj.& n.*
کسیکه عضو اتحادیهٔ‌کارگری نیست، غیروابسته
بسندیکای‌کارگری.

non.use, n. عدم استفاده، بیمصرفی.

noo.dle [nú:dl] *n. & vi.*
رشته فرنگی، ماکارونی،احمق،ابداع‌کردن.

nook [nuk] *n.*
گوشه، قطعهٔ زمین پیش‌آمده، برآمدگی.

noon [nu:n] *n.* نیمروز،ظهر،وسط‌روز.

At n. هنگام ظهر.

noonday, n. ظهر، وسط روز، نیمروز.

no one=nobody, pron. هیچکس.

noon.tide, n.
نیمروز، ظهر، اوج، بالاترین نقطه.

noon.time, n. موقع ظهر، نیمروز.

noose [nu:s, nu:z] (**-d, noos-ing**) *n. & vt.*
کمند، خفت، دام، بند، تله، درکمند انداختن.

nope, adv. نفی، جواب منفی.

nor [nɔ:] *pron., conj. & adj.*
نه، این و نه آن، هیچ یك (با not و neither
بکار میرود).

Neither this n. that. نه این‌ونه‌آن.

N. was he authorized to go.
اجازه هم نداشت‌که برود.

Nor.dic [nɔ́:dik] *adj. & n.*
وابسته به‌شمال اروپا، شمالی.

norm [nɔ:m] *n.* هنجار،
اصل قانونی، قاعده، مأخذ قانونی، مقیاس یا
معیار، حد وسط، معدل.

nor.mal [nɔ́:məl] *adj. & n.*
عادی، معمول، طبیعی، میانه، متوسط، به‌هنجار.

nor.mal.i.ty [mɔ:mǽliti] *n.*
حالت عادی، به‌هنجاری.

nor.mal.iza.tion, n. عادی شدن.

nor.mal.ize (**- d, normaliz-ing**) *vt.* بصورت عادی‌ومعمولی‌درآوردن،
به‌هنجارکردن، تحت قانون و قاعده در آوردن.

normal school, n.
دانش‌سرا، دارالمعلمین.

Nor.man [nɔ́:mən] (*pl.* **-s**) *n. & adj.* اهل نرماندی، از نژاد نرمان.

nor.ma.tive, adj. هنجاری،
قاعده‌ای، اصولی، معیاری، قانونی، اصلی.

Norse [nɔ:s] *adj. & n.*
اهل اسکاندیناوی، مربوط به‌اسکاندیناوی.

north [nɔ:θ] *n., adj. & adv.*
شمال، شمالی، باد شمال، رو بشمال، در شمال.

northbound, adj. عازم‌شمال.

north.east [nɔ́:θí:st] *n., adj. & adv.* شمال خاوری، شمال شرقی، شمال شرق.

north.east.er, n.
باد شمال خاوری، نسیم شمال شرقی.

north.east.ern, adj.
شمال‌شرقی، مربوط به شمال‌شرقی.

north.ern [nɔ́:ðən] *adj. & n.*
شمالی، ساکن شمال، باد شمالی.

north.ern.er, n.pl. اهل شمال.

northern lights, n.
شفق شمالی، نور فجر شمالی (قطب).

North Star, n. [نج.] ستارهٔ قطبی.

north.ward(s) [nɔ́:θwəd(z)] *adj. & adv.*
بسوی شمال، شمالا"، روبشمال، قسمت شمالی.

north.west [nɔ́:θwést] *adj., adv. & n.* شمال باختری، شمال غرب، شمال غربی.

north.west.er, n.
باد شمال غربی، طوفان شمال غربی.

north.west.ern, adj. شمال غربی.

Nor.way [nɔ́:wei] *n. & adj.* نروژ.

Nor.we.gian [nɔ:wí:dʒən] *adj.*
نروژی.

nose[nouz](**-d,nosing**)*n.,vt.&vi.*
بینی، عضوبویائی، نوك برآمدهٔ هرچیزی،دماغه،
بوکشیدن، بینی مالیدن به، مواجه شدن با.

noseband, n. رودماغی، پوزبندِاسب.

nosebleed, n. رعاف، خون‌دماغ.

nose cone, n. دماغهٔ مخروطی شکل
نوك موشك و راکت، مخروط دماغه.

nose dive [nóuzdaiv] *n. & vi.*
شیرجهٔ ناگهانی در هواپیما، تنزل‌ناگهانی قیمت،
ناگهان شیرجه رفتن یا تنزل‌کردن.

nosegay [nóuzgei] *n.*
دستهٔ‌گل،گلدسته، دستهٔ‌گل یا یك دسته علف.

nosepiece, n.
رو دماغی، پوزه‌بند، پل عینك.

no-show, n. مسافری‌که جا برای خود
محفوظ‌کرده ولی برای سفر حاضر نمیشود.

nos.tal.gia [nɔstǽldʒiə] *n.*
دلتنگی برای میهن، احساس غربت.

nos.tal.gic, adj. دلتنگ، غریب.

nos.tril [nɔ́stril] *n.* سوراخ‌بینی،منخر.

nos.trum [nɔ́strəm] (*pl.* **-s**) *n.*
داروئی‌که علاج هر درد باشد، علاج هرچیز.

nosy, nosey (**-ier, -iest**) *adj. & n.* دارای شامهٔ تیز، فضول.

not [nɔt] *adv.* نه‌خیر، حرف منفی.

He has n. come. او نیامده‌است.

Do n. walk. راه نروید.

no.ta be.ne, n. قابل‌توجه، توجه‌شود.

no.ta.bil.i.ty [nòutəbíliti] (*pl.* **ies**) *n.* برجستگی، اهمیت، شهرت.

no.ta.ble [nóutəbl] *adj. & n.*
شخص برجسته، چیز برجسته، جالب توجه.

no.ta.rize, vt. دفتر اسناد رسمی را
اداره‌کردن، محضرداری‌کردن،گواهی رسمی
کردن.

notary public, n.
دفتر اسناد رسمی، صاحب محضر.

no.ta.tion [noutéiʃən]*n.* نمادسازی،
یادداشت،ثبت،توجه، بخاطرسپاری،حاشیه‌نویسی.

notch[nɔtʃ](**-ed,-ing**)*n., vt.&vi.*
شکاف، بریدگی، شکاف چـوبخط، سوراخ‌کردن،
شکاف ایجادکردن، چوبخط زدن، فرورفتگی.

note [nout] *n. & vt.*
(مو.)کلید پیانـو،آهنگ صدا، نـوت موسیقی،
خـاطرات، یادداشتهـا (در جمع)، تذکاریـه،
یادداشت‌کردن،ثبت‌کردن، بخاطرسپردن،ملاحظه
کردن، نوت موسیقی نوشتن.

Make a n. of. یادداشت‌کردن.

A man of n. مرد بزرگ یا برجسته.

It is to be noted that.
باید دانست‌که، باید ملتفت بودکه.

notebook, n. کتابچهٔ یادداشت، دفتر
یادداشت، دفتر تکالیف درسی.

not.ed [nóutid] *adj.*
برجسته، مورد ملاحظه.

noteworthy [nóutwə:ði] *adj.*
قابل توجه، قابل دقت، مورد توجه، با ارزش.

noth.ing [nʌ'θiŋ] *pron., adv. & n.* هیچ، نیستی، صفر، بی‌ارزش، ابداً.

I have n. to do with you.
دیگر نه من نه شما.

no.tice [nóutis] (**-d, noticing**), *vt. & n.* آگهی، خبر، اعلان، توجه،
اطلاع، اخطار، ملتفت‌شدن،دیدن،شناختن.

Till further n. تا اخطار ثانوی.

He noticed me. اومتوجه من شد.

no.tice.able [nóutisəbl] *adj.*
قابل توجه.

no.ti.fi.ca.tion [nòutifikéiʃən], *n.* اطلاع، اخطار، تذکر.

no.ti.fy [nóutifai] (**-ied, noti - fying**) *vt.*
آگاهی دادن، اعلام‌کردن، اخطارکردن.

no.tion, -al [nóuʃ(ə)n] *adj. & n.*
تصور،اندیشه، فکر،نظریه،خیال، ادراك،فکری.

no.to.ri.e.ty [nòutəráiəti] (*pl.* **-ies**) *n.* انگشت‌نمائی، رسوائی،آدم بدنام.

no.to.ri.ous [noutɔ́:riəs] *adj.*
بدنام، رسوا.

notwithstanding [nɔtwiθ - stǽndiŋ] *prep., adv. & conj.*
با وجود اینکه، علیرغم، با وجود، بدون توجه.

N. the fact that. با وجود اینکه.

nou.gat, n. شیرینی‌بادام‌دار، نان‌بادامی.

nou.me.non (*pl.* **-na**) *n.* (فلسفهٔ
کانت) مجرد، وجود مجرد، معقولات، معنویات.

noun [naun] *n.* اسم، نام، موصوف.

nour.ish [nʌ'riʃ] (**- ed, -ing**), *vt.* قوت دادن، غذادادن،خوراك دادن، تغذیه.

nourishing, adj. مغذی، مقوی.

nour.ish.ment [nʌ'riʃmənt] *n.*
غذا،قوت، خوراك، تغذیه.

nous, n. عقل، خرد، قوهٔ ادراك.

nouveau riche [nú:vouri:ʃ] *n.*
[فرانسه] تازه بدوران رسیده.

no.va (*pl.* **-s, - e**) *n.*
[نج.] ستاره‌ای‌که نورآن چند روزی زیاد شده
و دوباره‌کم شود، فانی ستاره، نواختر.

no.vac.u.lite, n. ساوسنگ.

no.va.tion, n. ابتکار، ابداع، نوسازی.

nov.el [nɔ́vəl] *n. & adj.*

نو، جدید، بدیع، رمان،کتاب داستان.
nov.el.ette, nov.el.et [nɔ́vəlét], n. داستان کوتاه.
nov.el.ist [nɔ́vəlist] n. رمان‌نویس.
no.vel.la (pl. - s, novelle) n. داستان، حکایت،رمان کوتاه.
nov.el.ty [nɔ́vəlti] (pl. - ies) n. تازگی، نوظهوری، چیزتازه، چیز نو.
No.vem.ber [no(u)vémbə] n. نوامبر، نام ماه یازدهم سال فرنگی.
nov.ice [nɔ́vis] n. نوآموز، مبتدی، جدیدالایمان، آدم ناشی، نوچه.
no.vi.tiate [nouvíʃiit] **no.vi-ciate,** n. مرحلهٔ تازه کاری، کارآموزی، تازه کار.
now [nau] conj., n., adj. & adv. حالا، اکنون، فعلاً، دراین‌لحظه، هان.
now.a.days [náuədeiz] adv. امروزه، این‌روزها.
no.way,-s, adv. به‌هیچ‌طریق، بهیچوجه.
no.where(s) [nóu(h)wɛə] adv. & n. هیچجا، هیچ کجا، درهیچ مکان.
nowise [nóuwaiz] adv. ابداً، هیچ، بهیچوجه، به‌هیچ‌عنوان.
nox.ious [nɔ́kʃəs] adj. مضر،مهلک.
noz.zle [nɔ́zl] n. سرلولهٔ آب، بینی، پوزه،دهانک.
nth, adj. درمرحله‌چند، درمرتبهٔ بیشمار.
nu.ance [nju:áns] (pl. - s) n. فرقجزئی، اختلاف مختصر، نکت‌دقیق‌وظریف.
nub, n. برآمدگی، قلنبه، تکه.
nub.ble, n. برآمدگی باگرهٔ کوچک،قنبلی.
nu.bile, adj. قابل ازدواج وهمسری.
nu.bil.i.ty, n. بلوغ، تنه‌شوهربودن.
nu.cle.ar, adj. هسته‌ای، مغزی، اتمی.
nu.cle.ate (-d, **nucleating**), adj., vt. & vi. بشکل‌هسته‌شدن، تشکیل هسته‌دادن، جمع‌شدن، هسته‌دار، دارای هسته.
nu.cle.on.ics, n.pl. [فیزیک] هسته‌شناسی،بحث‌هستهٔ اتمی.

nu.cle.us [njú:kliəs] (pl. - es, **nuclei**) n. هسته، مغز، اساس، لب،هستهٔ مرکزی.
nude [nju:d] adj. & n. لخت، برهنه، پوچ، عریان، بی‌اثر.
nudge [nʌdʒ] (-d, **nudging**), vt. & n. باآرنج زدن، سقلمه، اشاره‌کردن.
nud.ism, n. عریان‌گری، پیروی ازعقاید جماعت‌برهنگان، برهنگی.
nu.di.ty, n. برهنگی، عریان‌بودن.
nu.ga.to.ry, adj. پوچ، بی‌اثر، ناچیز.
nug.get [nʌ́git] n. قطعه، تکهٔ فلز.
nui.sance [njú:səns] n. آزار، مایهٔ تصدیع‌خاطر، مایهٔ رنجش، اذیت.
null [nʌl] adj. & n. ملغی، باطل، بلااثر، صفر.
null and void, adj. [حق.] بی‌اثر، باطل‌وبی‌اثر.
nul.li.fi.ca.tion, n. ابطال.
nul.li.fi.er, n. باطل‌کننده.
nul.li.fy [nʌ́lifai] (-ied, **nulli-fying**) vi. & vt. بی‌اثرکردن،لغوکردن.
nul.li.ty (pl. - ies) n. بطلان، بی‌اعتباری، نیستی، عدم، پوچی،صفر.
numb [nʌm] adj., vt. & n. بیحس،کرخت، بیحس یاکرخت کردن.
num.ber [nʌ́mbə] (-ed, -ing), n., adj., vt. & vi. عدد، رقم، شماره، نمره، شمردن، نمره‌دادن به، بالغ شدن‌بر.
A n. of books. تعدادی کتاب.
numbing, adj. کرخ، بیحس‌کننده.
numbskull=numskull, n. بیشعور.
nu.men (pl. **nu.mi.na**) n. الوهیت، خدائی، وجود الهی، خدا، روح.
nu.mer.a.ble, adj. قابل شمارش، معدود.
nu.mer.al [njú:mərəl] adj. & n.

شماره‌ای، عددی، هندسی، رقومی، شماره.
nu.mer.a.tion, n. شمارش، احتساب.
nu.mer.a.tor [njú:məreitə] n. برخه‌شمار، شمارنده،شمارشگر، صورت‌کسر.
nu.mer.i.cal [nju:mérikəl] adj. عددی، شماره‌ای، شمارشی.
nu.mer.ol.o.gy, n. مبحث معانی رمزی اعداد.
nu.mer.ous [njú:mərəs] adj بیشمار، بسیار، زیاد، بزرگ، پرجمعیت،کثیر.
nu.mi.nous, adj. ماوراءالطبیعه، اسرارآمیز، روحی،مقدس.
nu.mis.mat.ic, -s, adj. & n.pl. سکه‌شناسی، وابسته‌به‌سکه‌شناسی،مدال‌شناسی.
num.skull [nʌ́mskʌl] n. کله خشک، بی‌مغز، بیشعور.
nun [nʌn] n. راهبه، زن تارک دنیا.
nun.ci.a.ture, n. سفارت پاپ.
nun.cio [nʌ́nʃiou] (pl. -s) n. سفیر پاپ، ایلچی پاپ، پیک، رسول.
nun.nery [nʌ́nəri] n. صومعه.
nup.tial [nʌ́pʃəl] adj. & n. وابسته بعروسی، نکاحی، عروسی، زفافی.
nurse [nə:s] (-d, **nursing**), n., vt. & vi. پرستار، دایه، مهد،پرورشگاه، پروراندن، پرستاری‌کردن، شیر خوردن، باصرفه‌جوئی یا دقت بکاربردن.
N. a cold. سرماخوردگی را با ماندن درمنزل علاج‌کردن.
N. in luxury. در ناز و نعمت پروردن.
nursemaid, n. دایه، دختر پرستار.
nur.sery [nə́:səri] (pl. - ies) n. محل نگاهداری اطفال شیر خوار، پرورشگاه، شیر خوارگاه، قلمستان،گلخانه، نوزادگاه.
nursery rhyme, n. اشعار مخصوص کودکان.
nursing home, n. آسایشگاه‌پیران.
nurs.ling [nə́:sliŋ] n. بچهٔ‌شیرخوار.
nur.ture [nə́:tʃə] (-d, **nurtu-**

ring) n. & vt. پرورش، تربیت، تغذیه، غذا، بزرگ کردن (کودک)، بارآوردن بچه، پروردن.
nut [nʌt] (-ted, -ting) n. & vi. جوز، چرخ دندهٔ ساعت،آجیل، مهره، آجیل‌گردآوردن، دیوانه، خل.
Bolts and nuts. پیچ و مهره.
nu.ta.tion, n. اشاره با سر، سرفرودآوردن، خمیدگی، رقص‌محوری،گردش.
nut-brown, adj. رنگ قهوه‌ای فندقی، رنگ شاه بلوطی.
nutcracker, n. فندق شکن.
nut.meg [nʌ́tmeg] n. درخت جوز.
nu.tri.ent, adj. & n. مغذی، مادهٔ مغذی، مادهٔ مقوی از لحاظ غذائی.
nu.tri.ment [njú:trimənt] n. تغذیه،کسب نیروبوسیلهٔ‌غذا، قوت، غذا، خوراک.
nu.tri.tion [nju:tríʃən] n. تغذیه، تقویت، قوت‌گیری، قوت، خوراک، غذا.
nu.tri.tion.ist, n. ویژه‌گر تغذیه.
nu.tri.tious [nju:tríʃəs] **nu.tri-tive,** adj. مغذی.
nuts, adj. آجیل، دیوانه، مفتون.
nutshell [nʌ́tʃel] n. پوست فندق وبادام‌وغیره، مختصراً، ملخص‌کلام.
In a n. بطور خیلی مختصر.
nut.ty [nʌ́ti] (-ier, -iest) adj. پرگردو، پرفندق، معطر، دیوانه.
nuz.zle [nʌ́zl] (-d, **nuzzling**), vi. & vt. با پوزه‌کاویدن یا بوکردن، پوزه بخاک مالیدن، غنودن، عزیز داشتن.
nyc.ta.lop.ic, adj. شبکور.
ny.lon, n. نایلون.
nymph [nimf] (pl. - s) n. حوری، زن بسیار زیبا.
nymph.et, n. حوریچه، دختر کوچک و زیبا.
nym.pho.ma.nia, n. میل شدید زن بجماع، حشری بودن زن.

O

انگلیسی English	خط میخی پارسی Old Persian Cuneiform	پهلوی اشکانی Parthian Pahlavi	پهلوی ساسانی Sassanian Pahlavi	پهلوی کتابی Book Pahlavi	اوستائی Avestan	فارسی Modern
o	–	–	–	–	[Avestan characters]	–

O[ou] n. پانزدهمین حرف الفبای انگلیسی.
oaf, n. بچه‌ای‌که پریان بجای بچهٔ‌حقیقی بگذارند، بچهٔ ناقص‌الخلقه، ساده لوح.
oak[ouk] n. [گ.ش.] بلوط، چوب بلوط.
oak.en [óukən] adj. ساخته شده از چوب بلوط، بلوطی.
oa.kum [óukəm] n. الیاف قیراندودکنف مخصوص درزگیری.
oar [ɔ:, ɔə] (-ed, -ing) n., vt. & vi. پارو، پارو زدن.
Pull a good o. خوب پارو زدن.
Rest on one's oars. استراحت‌کردن.

oars.man (pl. -men) n. پارو زن، پارو زن مسابقات قایقرانی.
oa.sis [ouéisis] (pl. **oa.ses**) n. واحه،آبادی یا مرغزار میان‌کویر.
oat [out] (pl. - s) n. & vt. جودوسر، جوصحرائی،یولاف، شوفان، جودادن.
oat.en, adj. مرکب از دانه‌های جو.
oath [ouθ] (-ed, -ing) (pl. -s), n., vt. & vi. پیمان، سوگند، قسم‌خوردن.
Take an o. سوگند خوردن، قسم خوردن.
oatmeal [óutmi:l] n. آرد جو دوسر، شوربای‌آرد جو دوسر.

ob.du.ra.cy [ɔ́bdjurəsi] n. سخت‌دلی، لجاجت.
ob.du.rate [ɔ́bdjurit] adj. & vt. سخت‌دل، بی‌عاطفه، سرسخت، لجوج، سنگدل.
obe.di.ence [o(u)bí:djəns] n. اطاعت، فرمانبرداری، حرف‌شنوی.
obe.di.ent [o(u)bí:djənt] adj. & n. فرمانبردار، مطیع، حرف شنو، پیرو قانون.
obei.sance [o(u)béisəns] n. کرنش، احترام، تواضع، تعظیم.
ob.e.lisk [ɔ́bilisk] n. & vt. ستون هرمی شکل سنگی.
obese, adj. فربه،گوشتالو، چاق.

obe.si.ty, n. مرض‌چاقی، فربهی.
obey [o(u)béi] (-ed, -ing) vt. & vi. اطاعت‌کردن، فرمانبرداری‌کردن، حرف شنوی‌کردن، موافقت‌کردن، تسلیم شدن.
ob.fus.cate (-d, **obfuscat-ing**) vt. & adj. گیج‌کردن، مبهم وتاریک‌کردن.
ob.fus.ca.tion, n. مبهم و تاریک‌کردن.
obit, n. مرگ، وفات، مجلس ترحیم.
obiter dic.tum (pl. **obiter dic.ta**) n. (حق.) بیان ضمنی وتصادفی قاضی، در ضمن دادرسی، تذکر تصادفی.

obit.u.ary [o(u)bítjuəri, o(u)bít-ʃuəri] *n. & adj.*
آگهی درگذشت، وابسته به‌وفات.

ob.ject [ɔ́bdʒikt] (-ed, -ing), *n., vt. & vi.* چیز، شیئ، موضوع، منظره، هدف، مفعول، کالا،اعتراض کردن،مخالفت کردن.

ob.jec.ti.fy (-ied, -ing) *vt.*
خاصیت و ماهیت چیزی را معین کـردن، بنظر آوردن، بصورت مادی و خارجی مجسم‌کردن.

ob.jec.tion [əbdʒékʃən] *n.*
ایراد، اعتراض، مخالفت، استدلال مخالف.

I have no o.
حرفی ندارم، اعتراضی ندارم.

ob.jec.tion.able [əbdʒékʃənəbl], *adj. & n.* مورد ایراد، قبیح، ناشایسته.

ob.jec.tive [əbdʒéktiv] *adj. & n.*
قابل مشاهده، بی‌طرف،علمی‌وبدون‌نظرخصوصی، حالت مفعولی، برونی، مقصد، هدف، منظور.

ob.jec.tiv.i.ty, *n.*
مادیت، هستی، واقعیت، بیطرفی و بی‌نظری.

ob.late, *adj. & n.*
پهن شده در قطبین، پخت.

ob.la.tion, *n.* خیرات، اهداء نان.

ob.li.gate (-d, obligating), *adj., vt. & vi.* درمحظورقراردادن، متعهد و ملتزم‌کردن، ضامن سپردن، ضروری.

ob.li.ga.tion [ɔbligéiʃən] *n.*
التزام،محظور، وظیفه.

I am under his o. باو مدیونم.

oblig.a.to.ry [əblígətəri] *adj.*
الزامی، فرضی، واجب، (حق.) لازم،الزام‌آور.

oblige [o(u)-, əbláidʒ] (-d, **obliging**) *vt. & vi.* مجبورکردن،وادار کردن، مرهون‌ساختن، متعهدشدن، لطف‌کردن.

ob.li.gee, *n.* متعهدله، بستانکار، راهن.

obliging, *adj.* آمادهٔ خدمت، حاضرخدمت، مهربان، اجباری ، الزامی.

oblique [o(u)blí:k] *adj., n. & adv.*
اریب، مایل،غیرمستقیم،منحرف،جاده‌یامنفرجه.

ob.liq.ui.ty (*pl.* -ies) *n.*
انحراف اخلاقی،گمراهی،کجی.

ob.lit.er.ate [əblítəreit] (-d, **obliterating**) *vt.*
محوکردن، زدودن، پاك‌کردن،معدوم‌کردن.

ob.liv.i.on [əblíviən] (*pl.* -s) *n.*
فراموشی، نسیان، ازخاطرزدائی،گمنامی.

ob.liv.i.ous [əblíviəs] *adj.*
فراموشکار، بی‌توجه.

ob.long [ɔ́blɔŋ] *adj. & n.*
مستطیل، دراز، دوك‌مانند، کشیده، نگاه‌ممتد.

ob.lo.quy (*pl.*-ies) *n.* ناسزاگوئی، بدگوئی، سرزنش، افترا.

ob.nox.ious [əbnɔ́kʃəs] *adj.*
گزندآور، مضر،زیان‌بخش،نفرت‌انگیز، منفور.

oboe [óubou] *n.* [مو.] قرەنی.

ob.scene [əbsí:n] *adj.*
زشت و وقیح،کریه،ناپسند، موهن،شهوت‌انگیز.

ob.scen.i.ty [əbséniti, -sí:n-] *n.*
وقاحت، قباحت، زشتی.

ob.scu.ran.tism, *n.* تاریك‌اندیشی، مخالفت با روشنفکری، مخالفت باعلم‌ومعرفت، کهنه‌پرستی، سبك‌نگارش مبهم.

ob.scure [ob-, əbskjúə] (-r, -st, -d, **obscuring**) *adj., n. & vt.*
تیره، تار، محو، مبهم ، نامفهوم، گمنام، تیـره کردن، تاریك‌کردن،مبهم‌کردن،گمنام‌کردن.

ob.scu.ri.ty [ob-, əbskjúəriti] (*pl.* -ies) *n.*
تیرگی، تاری، ابهام، گمنامی.

ob.se.qui.ous [əbsí:kwiəs] *adj.*
چاپلوس، متملق، سبزی پاك‌کن، فرمانبردار.

ob.se.quy (*pl.* -ies) *n.*
مجلس ترحیم یا تجلیل متوفی، فرمانبرداری.

ob.serv.able [əbzə́:vəbl] *adj.*
قابل مراعات، قابل مشاهده، قابل‌گفتن.

ob.serv.ance [əbzə́:vəns] *n.*
رعایت.

ob.serv.ant [əbzə́:vənt] *n.*
مراعات‌کننده، مراقب، هوشیار.

ob.ser.va.tion [ɔbzəvéiʃən] *n.*
مراقبت، رعایت، مراعات، قوهٔ‌مشاهده،مطالعات، مشاهده، رصدکردن.

ob.serv.a.to.ry [əbzə́:vətəri], *n. & adj.* رصدخانه، زیج.

ob.serve [əbzə́:v] (-d, **observ-ing**) *vt. & vi.* رعایت‌کردن،مراعات‌کردن. مشاهده‌کردن، ملاحظه‌کردن، دیدن، گفتن.

ob.serv.er [əbzə́:və] *n.*
مشاهده‌کننده، مراقب، پیرو رسوم خاص.

ob.sess [əbsés] (-ed, -ing) *vt.*
آزاردادن، ایجاد عقدهٔ روحی کردن.

ob.ses.sion [əbséʃən] *n.*
عقدهٔ روحی، فکر دائم، وسواس.

ob.ses.sive, *adj. & n.*
عقده‌ای، دستخوش یك فکر یا میل قوی.

ob.so.lesce, *vi.*
کهنه شدن، منسوخ شدن، از رواج افتادن.

ob.so.les.cence, *n.*
کهنگی، منسوخی، متروکی، از رواج افتادگی.

ob.so.les.cent [ɔbsəlésənt] *adj.*
کهنه، منسوخ.

ob.so.lete [ɔ́bsəli:t] *adj.*
منسوخ، مهجور، متروکه، کهنه، ازکار افتاده.

ob.sta.cle [ɔ́bstəkl] *n.* گیر، مانع، رداع، سد جلو راه، محظور، پاگیر.

ob.stet.ric, -al, *adj.* زایمانی.

ob.ste.tri.cian, *n.* ماما، متخصص زایمان، قابله، پزشك متخصص زایمان.

ob.sti.na.cy [ɔ́bstinəsi] (*pl.* -ies) *n.* خیره‌سری، سرسختی، لجاجت.

ob.sti.nate [ɔ́bstinit] *adj.*
کله شق، لجوج، سرسخت.

ob.strep.er.ous, *adj.*
غوغائی، پرهیاهو، پرسروصدا، لجوج، دعوائی.

ob.struct [əbstrʌ́kt] (-ed, -ing) *vt. & vi.*
مسدودکردن، جلو چیزی راگرفتن، مانع‌شدن، ایجاد مانع‌کردن، اشکالتراشی‌کردن.

ob.struc.tion [əbstrʌ́kʃən] *n.*
انسداد، منع، جلوگیری ، گرفتگی.

ob.struc.tion.ism, *n.*
اشکالتراشی، خرابکاری.

ob.tain [əbtéin] (-ed, -ing), *vt. & vi.* بدست‌آوردن، فراهم‌کردن، گرفتن.

ob.trude [əbtrú:d] (-ed, **ob-truding**) *vi. & vt.*
بدون تقاضا چیزی را مطرح کردن،مزاحم‌شدن، متحمل شدن بر، جسارت‌کردن.

ob.trud.er, *n.* مزاحم، فضول.

ob.tru.sive [əbtrú:siv] *adj.*
مزاحم، فضول.

ob.tuse [əbtjú:s] (-r, -st) *adj.*
بیحس، کندذهن، منفرجه،زاویهٔ ۹۰ تا ۱۸۰ درجه.

ob.verse *n. & adj.* روی هرچیزی، رویسکه، روی اسکناس، طرف مقابل، [منـ.] قضیهٔ تالی، معکوس.

ob.vi.ate [ɔ́bvieit] *vi. & vt.*
مرتفع‌کردن، رفع‌کردن، رفع نیازکردن.

ob.vi.a.tion, *n.* رفع، ازبین بردن.

ob.vi.ous [ɔ́bviəs] *adj.* آشکار، هویدا، معلوم، واضح، بدیهی، مرئی، مشهود.

ob.vo.lute, *adj.* رویهم‌افتاده، منقبض‌شده.

oc.ca.sion, -al [əkéiʒən, -əl], (-ed, -ing) *adj., vt. & n.* موقع، مورد، وهله، فرصت مناسب، موقعیت، تصادف، باعث شدن، انگیختن.

On the o. of. بمناسبت.

oc.ca.sion.al, *adj.* وابسته به فرصت یاموقعیت، مربوط به‌بعضی‌ازمواقع‌یاگاه وبیگاه.

oc.ca.sion.al.ly [əkéiʒənəli] *adv.*
گهگاه،گاه و بیگاه، بعضی از اوقات.

Oc.ci.dent, -al [ɔ́ksidənt, -əl], *n. & adj.*
باختر، غرب،مغرب،مغرب‌زمین، اروپا، باختری.

oc.ci.put (*pl.* -s & **occipita**) *n.*
[تش.] استخوان قمحدوه، استخوان پس‌سر.

oc.clude (-d, **occluding**) *vi. & vt.* بستن، مسدودکردن، خوردن.

oc.clu.sion, *n.*
انسداد، بسته شدگی، جفت شدگی (دندانها) .

oc.cult [ɔkʌ́lt] (-ed, -ing), *n., adj., vt. & vi.*
ازنظرپنهان‌کردن،مخفی‌کردن، پوشیده، نهانی، سری، رمزی، مکتوم، اسرارآمیز، مستترکردن.

oc.cu.pan.cy, *n.*
اشغال، تصرف، سکنی، سکونت، اشغال مال.

oc.cu.pant [ɔ́kjupənt] *adj.*
ساکن، مستأجر، اشغال‌کننده.

oc.cu.pa.tion,-al, *adj. & n.*
شغل، پیشه، مربوط به حرفه، اشغال، تصرف.

occupational therapy, *n.*
درمان بوسیلهٔ اشتغال بکار،کاردرمانی.

oc.cu.pi.er, *n.* اشغال‌کننده، ساکن.

oc.cu.py [ɔ́kjupai] (-ied, **oc-cupying**) *vt.*
اشغال‌کردن، سرگرم‌کردن، مشغول‌داشتن.

oc.cur [əkə́:] (-red, -ring), *vi.* رخدادن، واقع‌شدن، اتفاق‌افتادن.

A thought occurred to me.
فکری بخاطرم خطور کرد .

oc.cur.rence [əkʌ́rəns] *n.* رخداد، وقوع، اتفاق، تصادف، رویداد، پیشامد،واقعه.

ocean [óuʃən] *n.* اقیانوس.

oceangoing, *adj.* اقیانوس‌پیما.

Oceania, *n.* اقیانوسیه.

oce.an.ic [òuʃiǽnik] *adj.* اقیانوسی.

Oce.a.nid, *n.* حوری دریائی.

ocean.og.ra.pher, *n.*
اقیانوس‌شناس.

ocean.o.graph.ic, *adj.*
مربوط به اقیانوس شناسی.

ocean.og.ra.phy, *n.*
شرح‌اقیانوس‌ها، شرح‌دریاها ، اقیانوس شناسی.

Oce.anus, *n.*
[افسانهٔ یونان] خدای دریا، خدای اقیانوس.

ocel.lat.ed, ocel.late, *adj.*
ریزچشم، دارای چشمها یا خالهای‌رنگارنگی.

oce.lot (*pl.* -s) *n.* [ج.ش.]
پلنگ‌راه‌راه آمریکائی(Felis pardalis).

ocher, ochre [óukə] *vt. & n.*
خاك سرخ،گل اخری، باگل‌اخری رنگ‌کردن.

o'clock [əklɔ́k] *adv.* (مخفف) (of the clock) ساعت، از روی ساعت.

oc.ta.gon,-al [ɔ́ktəgən,-l] *adj.& n.* هشت‌وجهی، هشت‌گونه، چیزهشت‌گوشه.

oc.ta.he.dral, *adj.* دارای‌هشت‌سطح.

oc.ta.he.dron, (*pl.* -s, **octahe-dra**) جسم هشت‌سطحی.

OCTAHEDRON

oc.tam.er.ous, *adj.* هشت عضوی ، هشت‌گانه، هشت عددی.

oc.tam.e.ter, -tre, *adj. & n.*
هشت وتدی (بدیع) دارای هشت‌وتد یا وزن.

Oc.to.ber [ɔktóubə] *n.* ماه اکتبر.

oc.to.ge.nar.i.an, *n. & adj.*
هشتادساله، وابسته به‌آدم ۸۰ ساله.

oc.to.ploid, *adj.* هشت لا، هشت‌گانه.

oc.to.pus [ɔ́ktəpəs] (*pl.* -es & **oc-topi, octo-podes**) *n.*
(ج.ش.) چرتنه، روده پای،هشت‌پا، هشت‌پایك، اختپوس.

OCTOPUS

oc.to.syllabic, *adj. & n.*
هشت هجائی، دارای هشت هجا، هشت هجائی.

oc.u.lar [ɔ́kjulə] *adj. & n.* چشمی، بصری، باصره‌ای، وابسته به‌دید چشم، فطری.

oc.u.list [ɔ́kjulist] *n.*
چشم پزشك، عینك ساز.

odd [ɔd] (-er, -est) *adj.*
طاق، تك، فرد، عجیب وغریب، آدم‌عجیب، نخاله.

O. or even. طاق یا جفت.

He does o. jobs. هرکار برسد میکند.

oddball, *adj. & n.* عجیب و غریب.

odd.i.ty [ɔ́diti] (*pl.* -ies) *n.*
چیز عجیب و غریب، غرابت.

odd.ment [ɔ́dmənt] *n.*
چیزهای متفرقه، تکه و پاره، چیز باقیمانده.

odds [ɔdz] *n.*
نابرابری، فرق، احتمال‌وقوع، تمایل بیك سو، احتمالات، شانس، عدم توافق، مغایرت.

Be at o. اختلاف داشتن.

odds and ends, *n.pl.*
خرت و پرت، تکه پاره، چیزهای متفرقه.

ode [oud] *n.*
قطعهٔ شعر بزمی، غزل، چکامه، قصیده.

Odin, *n.*
[افسانهٔ اسکاندیناوی] خدای خدایان.

odi.ous [óudiəs] *adj.*
کراهت‌آور، نفرت‌انگیز.

odi.um [óudiəm] (*pl.* -s) *n.*
نفرت، دشمنی،عداوت، رسوائی، زشتی، بدنامی.

odom.e.ter, *n.*
کیلومتر شمار اتومبیل و غیره.

odon.tol.o.gist, *n.* دندان شناس.

odon.tol.o.gy, *n.*
مبحث دندان، دندان‌شناسی، دندان پزشکی.

odor, odour [óudə] *n.*
بو، رایحه، عطر، عطر و بوی، طعم، شهرت.

odor.ant, *n. & adj.* معطر،چیزخوشبو.

odor.if.er.ous, *adj.*
بدبو، زننده، بودار، دارای بو.

odor.ize, *vt.* معطر و خوشبو ساختن.

odor.less, *adj.* بی‌بو.

odor.ous, *adj.* بودار، بدبو، متعفن.

Od.ys.sey [ɔ́disi] *n.*
قطعهٔ منظوم رزمی منسوب به‌هومر شاعر یونانی حاوی شرح مسافرتهای پر حادثهٔ «ادیسه».

Oed.i.pus, *n.* (افسانهٔ‌یونان) «ادیپوس».

of [ɔv,əv] *prep.*
از، از مبداء، از منشاء، از طرف، از لحاظ، در جهت، در سوی، در بارهٔ، بسبب، بوسیلهٔ.

The books of my son. کتابهای‌پسرم.

off [ɔ(:)f] *adv., prep., adj.,vt. & vi.*
از محلی بخارج، بسوی (خـارج)، عازم بسوی، دورتر، از یـك سو، ازکنار، از روی، ازکنار،

خارج از، دورتر، مقابل، عازم، تمام، کساد، بیموقع، غیر صحیح، مختلف.

Off and on. هر چند وقت یکبار.

O. to the war. رهسپار جنگ.

He is well o. وضع مالی او خوب است.

of.fal [ɔ́fəl] *n.* آشغال، آخال، کف، مواد زائد، لاشه.

off and on, *adv.* تناوب، بطور متناوب، گاهی.

offbeat, *adj. & n.* قطعهٔ موسیقی ناهماهنگ، مغایر، غیر متداول.

of.fend [əfénd] (**-ed,-ing**) *vt. & vi.* تجاوز کردن، خلاف کردن، تخطی کردن، رنجاندن، متغیر کردن، اذیت کردن، صدمه زدن،

of.fense, of.fence [əféns] *n.* گناه، تقصیر، حمله، یورش، هجوم، اهانت، توهین، تجاوز، قانونشکنی، بزه.

of.fen.sive [əfénsiv] *adj. & n.* مهاجم، متجاوز، اهانت آور، رنجاننده، کریه، زشت، یورش، حمله.

of.fer [ɔ́fə] (**- ed, - ing**) *n., vt. & vi.* تقدیم داشتن، پیشکش کردن، عرضه، پیشنهاد کردن، پیشنهاد، تقدیم، پیشکش، ارائه.

O. an excuse. عذر آوردن.

of.fer.ing [ɔ́fériŋ] *n.* پیشکش، ارائه.

of.fer.to.ry [ɔ́fətəri] *n.* سینی محتوی پول یا پول جمع آوری شده از حضار در کلیسا.

offhand [ɔ́(:)fhǽnd] *adv. & adj.* بی تأمل، بداهةً، بدون مقدمه، بدون تهیه.

of.fice [ɔ́fis] *n.* شغل، مقام، مسئولیت، احراز مقام، اشتغال، کار، وظیفه، خدمت، محل کار، اداره، دفتر کار.

The Post O. پستخانه.

office boy, *n.* پیشخدمت، فراش.

officeholder, *n.* شاغل مقام.

of.fi.cer [ɔ́fisə] (**-ed, -ing**) *n. & vt.* افسر، صاحب منصب، مأمور، متصدی، افسر معین کردن، فرماندهی کردن، فرماز دادن.

of.fi.cial [əfíʃəl] *n. & adj.* صاحب منصب، عالیرتبه، رسمی، موثق ورسمی.

of.fi.cial.dom, *n.* قاطبهٔ مأمورین، سیستم اداری.

of.fi.ci.ate [əfíʃieit] (**-d, offi-ciating**) *vt. & vi.* مراسمی را بجا آوردن، اداره کردن، بعنوان داور مسابقات را اداره کردن.

of.fi.cious [əfíʃəs] *adj.* فضول، مداخله کن، فضولانه، ناخواسته.

off.ing [ɔ́(:)fiŋ] *n.* آب ساحلی، در آیندهٔ نزدیك، در آن نزدیکی ها.

off.ish, *adj.* منزوی، خشن.

offprint (**- ed, - ing**) *n. & vt.* مقالهٔ نقل شده از روزنامه یا مجله.

offset [ɔ́(:)fset] (*pl.* **offsets**) (**offset, offsetting**) *n., vt. & vi.* چاپ افست، جابجاسازی، مبدأ، نقطهٔ شروع مسابقه، چین، خمیدگی، انحراف، وزنهٔ متعادل، رقم متعادل کننده، متعادل کردن، جبران کردن، خنثی کردن، چاپ افست کردن.

offshoot [ɔ́(:)fʃu:t] *n.* شاخهٔ نورسته، جوانه، ترکه، فرع، انشعاب، شعبه، مشتق.

offshore [ɔ́(:)fʃɔ:] *adv. & adj.* ازجانب ساحل، دور از ساحل، قسمت ساحلی دریا.

off side [ɔ́(:)fsáid] *adv. & adj.* (در بازی فوتبال و غیره) خارج از خط.

off.spring [ɔ́(:)fspriŋ] (*pl.* **- s** *&* **offspring**) *n.* زاد و ولد، فرزند، اولاد، مبداء، منشاء.

offstage, *adv. & adj.* خارج از صحنهٔ نمایش، در زندگی خصوصی.

off-white, *n.* رنگ زرد کمرنگ یا کرم نزدیك رنگ سفید.

off year, *n.* سال کم محصول، سال کم فعالیت، سال کسادی.

oft [ɔ(:)ft] *adv.* بارها، بسیار رخ دهنده، کثیرالوقوع، غالباً.

An oft-neglected factor. عاملی که غالباً فراموش میشود.

of.ten [ɔ́(:)fn] (**-er,-est**) *adj. & adv.* بارها، خیلی اوقات، بسی، کراراً، بکرات.

Very o. غالباً.

As o. as. هر چند دفعه که.

oftentimes, oft.times= often, *adv.* غالب اوقات.

ogle [óugl] *vt., vi. & n.* چشمچرانی کردن، چشمچرانی، نگاه عاشقانه کردن، با چشم غمزه کردن، عشوه.

ogre [óugə] *n.* غول، آدم موحش.

ogre.ish [óugəriʃ] *adj.* غول آسا.

oh, *interj.* ها، به، وه (علامت تعجب و اندوه).

oh, *n.* علامت صفر، عدد صفر.

ohm, *n.* [برق] واحد مقاومت برق در سلسلهٔ M.K.S.

ohm.age, *n.* مقاومت هادی برق.

ohm.me.ter, *n.* اهم سنج.

oil [ɔil] (**-ed, - ing**) *n., vi. & vt.* روغن، چربی، مرهم، نفت، مواد نفتی، رنگ روغنی، نقاشی با رنگ روغنی، روغن زدن به، روغن کاری کردن، روغن ساختن.

Pour o. on the flames. آتش خشم یا فتنه را دامن زدن.

O. one's tongue. چاپلوسی کردن.

oilcloth, *n.* پارچهٔ مشمع، پارچهٔ برزنت.

oil color, *n.* رنگ روغنی، روغن مخصوص نقاشی.

oil.er [ɔ́ilə] *n.* روغن کار، گریس کار، تانکر نفت.

oil paint, *n.* رنگ روغنی.

oil painting, *n.* نقاشی با رنگ روغنی.

oilseed, *n.* بذرها و دانه‌های روغنی.

oilskin, *n.* پارچهٔ برزنت، پارچهٔ مشمع، کت بارانی.

oily [ɔ́ili] *adj.* چرب، روغنی.

oint.ment [ɔ́intmənt] *n.* روغن، مرهم، پماد.

OK, okay [óukéi] *adv., n., vt & vi.* صحیح است، خوب، بسیارخوب، تصویب کردن، موافقت کردن، اجازه، تصویب.

okra, okro, *n.* (گ.ش.) بامیه، بامیا.

old [ould] (**-er, - est**) *adj. & n.* پیر، سالخورده، کهنسال، مسن، فرسوده، دیرینه، قدیمی، کهنه کار، پیرانه، کهنه، گذشته، سابقی، باستانی.

Grow o. بزرگ شدن، پیر شدن.

How o. are you? چند سال دارید؟

O. Testament. عهد عتیق.

old.en [óuldən] *adj.* کهنه، کهن، قدیمی، پیشین، سابق، زمان پیش.

Old English, *n.* زبان انگلیسی قدیم.

old-fashioned, *adj* از مد افتاده، کهنه پرست، محافظه کار.

Old Glory, *n.* [ز.ع.ـ آمر.] پرچم ایالات متحده.

old maid, *n.* دختر خانه مانده، اخمو و غرولندو، دمامه.

old.ster, *n.* آدم کار کشته که چهار سال در نیروی دریائی کار کرده باشد، پیرمرد، پیر.

Old Testament, *n.* پیمان یا وصیت قدیم، کتب عهد عتیق.

old-time, *adj.* قدیمی.

old-tim.er, *n.* کهنه کار، قدیمی.

oldwife (*pl.* **-wives**) *n.* زن پیر و غرولندو، عجوزه.

ole.ag.i.nous, *adj.* شبیه روغن، دارای خواص روغن، روغنی.

ole.an.der [òuliǽndə] *n.* [گ.ش.] وردالحمار، سم الحمار، خرزهره.

ole.as.ter, *n.* [گ.ش.] زیتون بری.

ole.ate, *n.* [ش.] نمك آلی اسید اولئیك، مایع روغنی.

ole.ic, *adj.* (ش.) وابسته بروغن، روغنی.

ole.in, *n.* (ش.) نمك آلی گلیسرول و اسید اولئیك.

ol.e.o.graph, -ic, *n. & adj.* عکس باسمه‌ای روغنی، عکس رنگی.

ol.eri.culture, *n.* سبزیکاری، سبزی فروشی، فرآوردن ونگاهداری سبزیجات.

ol.fac.tion, *n.* حس بویائی، حس شامه، بویائی، استشمام.

ol.fac.to.ry, *adj.* وابسته بحس بویائی.

ol.i.garch, - ic, *n. & adj.* عضو دسته یا حزب طرفدار حکومت عدهٔ معدود.

ol.i.gar.chy [ɔ́liga:ki] *n.* حکومت معدودی از اغنیا و ثروتمندان.

ol.i.goph.a.gous, *adj.* [در مورد بعضی حشرات] تغذیه کننده از گیاهان معدود و خاصی.

ol.i.gop.o.ly, *n.* [در بازرگانی] تولید کالا توسط افراد یا شرکتهای معدودی.

olio (*pl.* **olios**) *n.* شلوغ، در هم و برهم، مخلوط، چیز درهم ریخته.

ol.i.va.ceous, *adj.* زیتونی، سبز زیتونی، سبز مایل بزرد.

ol.ive [ɔ́liv] *adj. & n.* زیتون، درخت زیتون، رنگ زیتونی.

olive drab, *n.* سبز زیتونی.

Ol.i.ver, *n.* درخت زیتون، اسم خاص مذکر، چکش کوچك، پتك میخ سازی.

Olym.pi.ad [olímpiæd] *n.* آسمانی، بهشتی، جشنها و مسابقات قدیم یونان، مسابقات المپیك.

Olym.pi.an, *adj. & n.* وابسته بکوه المپ، آسمانی، وابسته بخدایان کوه المپ، وابسته بمسابقات المپیك.

Olym.pic [olímpik] = **olympian,** *adj.* مربوط به مسابقات المپیك.

omega, *n.* امگا، آخرین حرف الفبای یونانی، نهایت.

om.e.let, om.e.lette [ɔ́mlit] *n.* املت، خاگینه، کوکوی گوجه فرنگی.

omen [óumen] (*pl.* **-s**) *n.* فال، نشانه، پیشگوئی، بفال نیك گرفتن، شگون.

om.i.nous [ɔ́minəs] *adj.* بد شگون، نامیمون، شوم، بد یمن.

omis.si.ble, *adj.* قابل حذف.

omis.sion [omíʃən] *n.* از قلم افتادگی، حذف، فروگذاری، غفلت.

omis.sive, *adj.* حذفی.

omit [omít] (**-ted, - ting**) *vt.* انداختن، حذف کردن، از قلم انداختن.

om.ni.bus [ɔ́mnibəs] (*pl.* **- es**), *adj. & n.* اتوبوس، تودهٔ مردم، عامه.

om.ni.far.i.ous, *adj.* همه جور، جوربجور، متنوع، رنگارنگ.

om.nif.i.cent, *adj.* دارای قدرت خلاقه، خالق کل.

om.nip.o.tence [ɔmnípotəns] *n.* قدرت تام، قدرت مطلق، قادر مطلق، همه توانا.

om.nip.o.tent [ɔmnípotənt] *adj.* قادر مطلق، قادر متعال.

om.ni.pres.ence, *n.* حضور در همه جا در آن واحد [در مورد خدا].

om.ni.pres.ent, *adj.* حاضر در همه جا.

om.ni.science [ɔmnísiəns] *n.* همه چیز دانی، دانش بی پایان، علم لایتناهی.

om.ni.scient [ɔmnísiənt] *adj.* واقف بهمه چیز.

omnium-gath.er.um (*pl.* **-s**), *n.* مجموعهٔ اشیاء، مجموعهٔ اشخاص.

om.niv.o.ra, *n.pl.* [ج.ش.] جانوران همه چیز خوار مانند خوك و اسب آبی.

om.ni.vore, *n.* جانور همه چیز خوار.

om.niv.o.rous [ɔmnívərəs] *adj.* همه چیز خور، وابسته بجانوران همه چیز خور.

on [ɔn] *prep., adv., adj. & n.* روی، در روی، بر روی، بسر، بالای، در بارهٔ، راجع به، در مسیر، عمده، باعتبار، به، بعلت، بطرف، در بر، بر تن، به پیش، به جلو، همواره، بخرج.

On both sides. در هر دو طرف.

Serve a notice on some one. اخطار برکسی فرستادن.

The switch is on. چراغ برق روشن است.

On that date. در آن تاریخ.

on.a.ger *n.* (ج.ش.) گورخر کوچك.

onan.ism, *n.* درمالی، جلق، هوسرانی.

once [wʌns] *adv., adj. & n.* یکمرتبه، یکبار دیگر، فقط یکبار، یکوقتی، سابقاً.

O. upon a time. روزی، روزگاری.

once-over, *n.* مرور، نظر اجمالی.

on.col.o.gy, *n.* [طب] غده شناسی، تومور شناسی.

oncoming [ɔ́nkʌ́miŋ] *adj.* روی دهنده، پیشامد کننده، آینده، جلو رونده.

one [wʌn] (*pl.* **-s**) *pron., adj. & n.* یك، تك، واحد، شخص، آدم، کسی، شخصی، یك واحد، یگانه، منحصر، عین همان یکی، یکی از همان، متحد، عدد یك، یك عدد، شمارهٔ یك.

One book. یك کتاب.

One can easily see. یکنفر بآسانی میتواند ببیند.

O. of them. یکی از آنها.

One-eyed. یك چشم.

one another, *pron.* هر یك، یکدیگر، با یکدیگر.

one.ness, *n.* یکتائی، یگانگی، برابری، وحدت، یکی بودن.

oner.ous [ɔ́nərəs] *adj.* سنگین، گران، شاق، دشوار، طاقتفرسا.

one.self, one's self [wʌnsélf], *pron.* خود، خود شخص، نفس، درحال عادی.

one-shot, *adj. & n.* یکجا، یکمرتبه، بیك حمله، در یك حمله.

one-sided [wʌ́nsáidid] *adj.* یك پهلو، یك طرفه، یك جانبه، مغرضانه.

onetime, *adj. & adv.* یك زمانی، یکوقتی، سابقاً.

one-track, *adj.* کوتاه فکر، یك راهه، فاقد قوهٔ ارتجاعی، فقط در یك وهله.

one-upmanship, *n.* سبقت یا جلو افتادگی از حریف یا رقیب، یك قدم سبقت، دست پیش گیری.

one-way, *adj.* یك راهه، یك طرفه [مثل خیابان]، یك جانبه.

ongoing, *adj.* درحال پیشرفت، مداوم.

on.ion [ʌ́njən] *n.* [گ.ش.] پیاز.

onlooker [ɔ́nlùkə] *n.* ناظر، تماشاچی، مراقب، تماشاگر.

on.ly [óunli] *conj., adv., adj. & n.* فقط، تنها، محض، بس، بیگانه، عمده، صرفاً، منحصراً، یگانه، فقط بخاطر.

on.o.mas.tics, *n.pl.* علم اشتقاق‌لغات وطرزاستعمال آنها، علم‌اللغات، علم اشتقاق اسامی، دانش نام.

on.o.mat.o.poe.ia [ɔnəmætəpíə], *n.* تسمیهٔ صوفی، تسمیهٔ تقلیدی، صدا واژه.

onrush [ɔ́nrʌʃ] *n.* حمله، پیشروی، یورش.

on.set [ɔ́nset] *n.* تاخت‌وتاز، حمله، هجوم، اصابت، وهله، شروع.

onshore, *adj.* واقع در ساحل، روی ساحل، متوجه بطرف ساحل، روبساحل.

on side, *adv.* [در فوتبال] در داخل خط، خارج‌نشده[ازخط].

on.slaught [ɔ́nslɔ:t] *n.* یورش، حمله.

on.tog.e.ny, *n.* فردبالش، رشد شناسی، تاریخچهٔ رشد و رویش موجودات.

on.tol.o.gist, *n.* هستی شناس.

on.tol.o.gy, *n.* هستی شناسی، علم موجودات.

onus [óunəs] *n.* بار، تعهد، مسئولیت.

on.ward [ɔ́nwəd] **on wards,** *adj & adv.* بسوی جلو، به‌پیش، بجلو.

onyx, *n.* عقیق‌نگارنگ، عقیق‌سلیمانی، سنگ‌باباقوری، (طب) تاریکی پائین قرنیه.

oo.dles, oo.dlins, *n.pl.* فراوان، خیلی زیاد، توده، انباشته.

oo.gamete, *n.* [ج.ش.] سلول جنسی ماده، یاختهٔ جنسی ماده.

oo.genesis, *n.* تشکیل و تکامل تخم.

oo.go.ni.um (*pl.* **oogonia,-s**), *n.* (درقارچها وخزه‌ها) عضو مادگی.

ool.o.gy, *n.* تخم‌پرنده‌شناسی، تخم‌شناسی، بررسی و جمع‌آوری تخم پرندگان.

oomph, *n.* جاذبهٔ شخصی، دلربائی.

ooze [u:z] (**-d, oozing**) *n., vt. & vi.* شیره، شهد، چکیده، جریان، جاری،رسوخ، لجنزار، بستردریا،تراوش‌کردن، آهسته‌جریان یافتن، بیرون دادن، لای.

oozy, *adj.* لجنزار، پرلجن، لجن‌آلود، تراوش‌کننده.

opac.i.ty (*pl.* **-ies**) *n.* کدری، تاری، حاجب ماورائی، ابهام.

opal [óupəl] *n.* [مع.] عین‌الشمس، عین‌الهر، شیشهٔ شیری رنگ.

opal.es.cence, *n.* کدری، شیری رنگی، عین‌الشمس، تابش قوس‌وقزحی.

opal.es.cent, *adj.* شیری‌رنگ، کدری.

opal.ine, *adj.* شیشهٔ مات، شیری رنگ، برنگ عین‌الشمس.

opaque [oupéik] *adj. & n.* مات، غیر شفاف، مبهم، کدر، شیشه‌بارنگ‌مات.

open [óupən] (**-er, -est**) *adj.* باز، مفتوح، گشوده، سرگشاده، دایر، روباز، آزاد، آشکار، بی‌آلایش، مهربان، رك‌گو، صریح، در معرض، بی‌پناه، بی‌ابر، وارین نشده.

I will be o. with you. بی‌پرده با شما سخن خواهم‌گفت.

open (**-ed, -ing**) *vt. & vi.* بازکردن، گشودن، گشادن، افتتاح‌کردن، آشکار کردن، بسط دادن، مفتوح شدن، شکفتن، روشن شدن، خوشحال شدن.

open air, *adj.* در هوای‌آزاد.

open.er [óupnə] *n.* بازکننده، گشاینده، افتتاح کننده، مفتاح، بازکن.

openhanded, *adj.* گشاده دست، سخاوتمند، بخشنده، علنی.

open-hearth, *n.* کورهٔ فولاد سازی دهان باز.

open house, *adj. & n.* پذیرائی از مهمان، جشن عمومی.

open.ing [óupniŋ] *n.* دهانه، چشمه، سوراخ،سرآغاز، افتتاح، گشایش.

open letter, *n.* نامهٔ سرگشاده.

open-minded, *adj.* روشنفکر.

open ses.a.me, *n.* سحر، مفتاح رمز، مشکل‌گشا.

op.era [ɔ́pərə] *n.* اپرا، تماشاخانه، آهنگ اپرا.

op.er.a.ble, *adj.* عمل‌کردنی، عملی، (طب) قابل علاج و درمان.

opera glass, *n.* دوربین‌مخصوص‌اپرا.

opera house, *n.* تماشاخانه، اپرا.

op.er.ant, *n. & adj.* مؤثر، عامل، کارکننده، فعالیت‌کننده.

op.er.ate [ɔ́pəreit] (**-d, operating**) *vt. & vi.* بفعالیت واداشتن، بکار انداختن، گرداندن، اداره‌کردن، راه انداختن، دایر بودن، عمل جراحی‌کردن.

op.er.at.ic [ɔpərǽtik] *adj.* مربوط به‌اپرا.

op.er.a.tion, - al [ɔpəréiʃən], *adj. & n.* اداره، گرداندن، عمل جراحی، عمل، گردش، وابسته‌به‌عمل.

Come into o. دایر یا قابل اجرا شدن.

op.er.a.tion.al.ism, op.er.a-tion.ism, *n.* مکتب عملی.

op.er.a.tive [ɔ́pərətiv] *n. & adj.* عملی، کارگر، مؤثر، عامل، عمل‌کننده.

op.er.a.tor [ɔ́pərèitə] *n.* گرداننده، عمل‌کننده، تلفن‌چی.

op.er.et.ta [ɔpərétə] (*pl.* **-s**) *n.* اپرای کوچك.

ophid.i.an, *adj. & n.* شبیه مار، وابسته بمار، ماری.

ophi.ol.o.gy, *n.* مبحث مار شناسی.

oph.thal.mia, *n.* [طب] چشم درد، آماس چشم، رمد، التهاب ملتحمهٔ کرهٔ چشم.

oph.thal.mol.o.gist, *n.* چشم پزشك، ویژه گرچشم‌پزشکی.

oph.thal.mol.o.gy, *n.* چشم پزشکی، کحالی.

opi.ate [óupiət] *adj. & n.* افیون‌دار، خواب‌آور، مخدر، تسکین دهنده.

opine [oupáin] (**-d, opining**), *vt. & vi.* نظر یا عقیدهٔ خودرا اظهار داشتن، اظهار نظر کردن، نظریه دادن.

opin.ion [əpínjən, o-, ou-] *n.* نظریه، عقیده، نظر، رأی، اندیشه، فکر، گمان.

In my o. بنظر من، بعقیدهٔ من.

opin.ion.at.ed [əpínjəneitid] *adj.* خود رأی، مستبد، خود سر.

opi.um [óupiəm] *n.* افیون، تریاك.

opos.sum [əpɔ́səm] (*pl.* **-s**) *n.* [ج.ش.] صاریغ.

op.po.nent [əpóunənt] *adj. & n.* مخالف، ضد، معارض، حریف، طرف، خصم.

op.por.tune [ɔ́pətju:n] *adj.* بجا، بموقع، بهنگام، درخور، مناسب.

op.por.tun.ism, *n.* فرصت طلبی.

op.por.tun.ist [ɔ́pətju:nist, ɔpə-tjú:nist] *n.* فرصت‌طلب، نان‌بنرخ‌روزخور.

op.por.tu.ni.ty [ɔpətjú:niti] (*pl.* **-ies**) *n.* فرصت،مجال، دست یافت، فراغت.

op.pos.able, *adj.* مخالفت کردنی.

op.pose [əpóuz] (**-d,opposing**), *vt.&vi.* ضدیت کردن،مخالفت کردن،مصاف‌دادن.

op.pose.less, *adj.* بی‌مخالفت.

op.po.site [ɔ́pəzit] *adv., adj., prep. & n.* روبرو،مقابل،ضد،وارونه، ازروبرو، عکس‌قضیه.

O. to the house. روبروی خانه.

The o. sex. جنس مقابل.

op.po.si.tion, -al [ɔpəzíʃən,-əl], *adj. & n.* ضدیت، مخالفت، مقاومت، تضاد، مقابله.

op.press [əprés] (**-ed, - ing**), *vt.* ذلیل‌کردن، ستم‌کردن بر، کوفتن، تعدی‌کردن،درمضیقه‌قرار دادن، پریشان‌کردن.

op.pres.sion [əpréʃen] *n.* ستم، بیداد، جور، تعدی، فشار، افسردگی.

op.pres.sive [əprésiv] *adj.* ستم پیشه،خورد کننده، ناراحت کننده، غم‌افزا.

op.pres.sor [əprésə]*n.* ستمگر.

op.pro.bri.ous [əpróubriəs] *adj.* رسوا، ننگ‌آور.

op.pro.bri.um [əpróubriəm] (*pl.* **-s**) *n.* رسوائی، ننگ، خفت، زشتی، ناسزائی.

op.pugn (**-ed, -ing**) *vt. & vi.* مخالفت‌کردن با، مورد بحث قراردادن،مبارزه کردن با، دعواکردن، بمبارزه طلبیدن.

op.ta.tive, *adj.* آرزوئی، تمنائی، وابسته به طلب و تمنا.

op.tic, -al [ɔ́ptik, -l] *adj. & n.* وابسته‌به‌بینائی،چشمی، بصری،شیشهٔ عینك،چشم.

op.ti.cian [ɔptíʃən] *n.* عینك ساز، عینك فروش، دوربین ساز، دوربین فروش.

op.tics [ɔ́ptiks] *n.pl.* علم روشنائی، علم بینائی، فیزیك نور.

op.ti.mal, *adj.* مربوط به‌کمال مطلوب.

op.ti.mism [ɔ́ptimizm] *n.* فلسفهٔ خوش بینی، نیك بینی.

op.ti.mist [ɔ́ptimist] *n.* خوش بین.

op.ti.mis.tic,*adj.* خوش‌بین،خوش‌بینانه.

op.ti.mize (**-d, optimizing**), *vi. & vt.* خوش بین بودن، بهینه ساختن.

op.ti.mum (*pl.* **optima & op-timums**) *n.* بهینه، مقدار مطلوب، حالت مطلوب، درجهٔ لازم.

op.tion,-al [ɔ́pʃən -əl] *adj. & n.* خیار فسخ، خیار، اختیار، آزادی، اظهار میل.

You have no o. but to go. چاره‌ای جز رفتن ندارید.

op.tom.e.trist, *n.* عینك ساز.

op.to.met.ric, -al, *adj.* وابسته به‌میزان دید و عینك سازی.

op.tom.e.try, *n.* دید سنجی، تعیین میزان دید چشم، عینك سازی، عینك فروشی.

op.u.lence [ɔ́pjuləns] *n.* توانگری، دولتمندی، وفور، سرشار.

op.u.lent [ɔ́pjulənt] *adj.* وافر.

opus [ɔ́pəs, óupəs] (*pl.***opera& opuses**) *n.* اثر، کار، نوشته، قطعهٔ موسیقی.

opus.cule, *n.* اثرجزئی،چیزبی‌اهمیت.

opus.cu.lum (*pl.* **opuscula**)*n.* اثر یا نوشتهٔ بی‌اهمیت، اثر ادبی ناچیز.

or [ɔə, ɔ:, ə] *conj., prep., adv. & n.* یا، یا اینکه، یاآنکه، خواه، چه.

or.a.cle [ɔ́rəkl] *n.* الهام الهی، وحی، پیشگوئی، دانشمند.

orac.u.lar [ərǽkjulə] *adj.* وابسته به‌غیبگوئی، الهامی، وابسته بوحی.

oral [ɔ́:rəl] *adj. & n.* گفتاری، زبانی، شفاهی، دهانی، از راه دهان.

or.ange [ɔ́rin(d)ʒ] *n. & adj.* پرتقال، نارنج، مرکبات،نارنجی،پرتقالی.

or.ange.ade, *n.* شربت نارنج، آب پرتقال.

or.ange.ry (*pl.* **- ies**) *n.* نارنجستان، مرکبات.

orang.utan, orang.ou.tang [ɔrǽŋutǽŋ, -tǽn] *n.* [ج.ش.] اورانگوتان، بوزینهٔ دست‌دراز، میمون درختی برنئو و سوماترا.

orate (**-d, orating**) *vi. & vt.* سخنرانی‌کردن، نطق‌کردن، خواندن.

ora.tion [əréiʃən] *n.* نطق، سخنرانی، فصاحت و بلاغت، خطابه.

or.a.tor [ɔ́rətə] *n.* سخنران، ناطق، خطیب، مستدعی.

or.a.tor.i.cal [ɔrətɔ́rikəl] *adj.* وابسته به‌سخنرانی.

or.a.to.rio [ɔrətɔ́:riou] *n.* قطعهٔ موسیقی وآواز همراه با گفتار.

or.a.to.ry [ɔ́rətəri] (*pl.* **-ies**) *n.* شیوهٔ سخنرانی، فن خطابه، معانی بیان.

orb [ɔ:b] (**-ed,-ing**) *n., vt. & vi.* جسم‌کروی، گوی، عالم، احاطه‌کردن، بدورچیزی گشتن، بدور مدار معینی‌گشتن، کروی شدن.

or.bic.u.lar, *adj.* گرد، چرخی، کروی، مدور، کامل.

or.bit [ɔ́:bit] *n., vt. & vi.* حدقه، مدار، فلك، مسیر، دور، حدود فعالیت، قلمرو، بدور مداری‌گشتن، دایره‌وار حرکت‌کردن.

or.chard [ɔ́:tʃəd] *n.* باغ میوه.

or.ches.tra, -l [ɔ́:kistrə, -l], *adj. & n.* ارکست، دستهٔ نوازندگان، جایگاه ارکست.

or.ches.trate (**-d, orches-trating**) *vi. & vt.* هماهنگ وموزون‌کردن، ارکست تهیه کردن، بصورت ارکست درآوردن.

or.chid [ɔ́:kid] *n.* (گ.ش.) ثعلب، رنگ ارغوانی روشن.

or.dain [ɔ:déin] (**-ed, - ing**), *vt. & vi.* ترتیب دادن، مقدرکردن، وضع‌کردن، امرکردن، فرمان دادن.

or.deal [ɔ:dí:l, ɔ:díəl] *n.* امتحان سخت برای اثبات بیگناهی، کار شاق.

or.der [ɔ́:də] *n.* راسته، دسته، طبقه، زمره، صنف، آئین و مراسم، فرقه‌یا جماعت مذهبی، گروه خاصی، انجمن، دستهٔ اجتماعی، نظم، انتظام، آرایش، رسم، آئین،مقام، مرتبه، سبك، طرز، مرحله، نوع، دستور، امر، فرمان، امریه، فرمایش، حواله، برات.

By o. of. بفرمان، حسب‌الامر.

In o. to make it easier. برای سهولت امر.

order (**-ed, - ing**) *vt. & vi.* دستور دادن، امرکردن، سفارش دادن، مأمور کردن، منظم‌کردن، درست شدن، تنظیم‌کردن.

ordered, *adj.* فرموده، منظم، مرتب، دارای نظم و ترتیب.

or.der.ly [ɔ́:dəli] (*pl.* **- ies**) *n., adj. & adv.* منظم، مرتب، با انضباط، (نظ.) گماشته، مصدر، خدمتکار بیمارستان.

O. bin. صندوق زباله.

or.di.nal [ɔ́:dinl] *adj. & n.* ترتیبی، وصفی، عدد وصفی یا ترتیبی.

O. numbers. [د.] اعداد وصفی یا ترتیبی.

or.di.nance [ɔ́:dinəns] *n.* فرمان، امر، حکم، مشیت، تقدیر، آئین.

or.di.nary [ɔ́:dinəri, ɔ́:dnri] *n.* معمولی، عادی، متداول، پیش پا افتاده.

or.di.na.tion [ɔ:dinéiʃən] *n.* انتصاب، برگماری، دسته بندی، سنخیت.

ord.nance [ɔ́:dnəns] *n.* (نظ.) توپ، توپخانه، مهمات، ساز و برگ.

or.don.nance, *n.*

ترتیب، وضع، حکم، فرمان، سبك معماری.
or.dure, *n.* نجاست، براز، زباله.
ore [ɔ:, ɔə] *n.*
سنگ معدن، سنگ دارای فلز.
oregano, *n.* [گ.ش.] پونهٔ کوهی.
or.gan [ɔ́:gən], *n.*
ارگ، ارغنون، عضو، اندام، آلت، وسیله.
or.gan.dy, or.gan.die [ɔ́:gən-di] *n.* پارچهٔ ارگاندی.
or.gan.ic [ɔ:gǽnik] *adj.* عضوی،
ساختمانی، مؤثر در ساختمان اندام، اندام‌دار، اساسی، اصلی، ذاتی، بنیانی، حیوانی، آلی، وابسته به‌شیمی‌آلی، وابسته به‌موجودآلی.
or.ga.nism [ɔ́:gənizm] *n.* اندامگان،
سازواره، ترکیب موجود زنده، سازمان.
or.gan.ist, *n.* نوازندهٔ ارگ.
or.ga.ni.za.tion [ɔ:gənaizéiʃən], *n.* سازمان، تشکیلات.
or.ga.nize [ɔ́:gənaiz] (**-d, organizing**) *vt. & vi.* سازمان دادن،
تشکیلات دادن، درست‌کردن، سروصورت‌دادن.
or.ga.nol.o.gy, *n.*
اندام شناسی، مبحث ساختمان موجودات‌آلی.
or.ga.non (*pl.* **-s, organa**) *n.*
عضو بدن، وسیلهٔ کسب معرفت، سبك علمی، مجموعه‌ای از عقاید علمی و مدون.
or.gasm, *n.* شور وهیجان، شورشهوانی،
اوج لذت جنسی، حالت انزال در مقاربت.
or.gy [ɔ́:δi] (*pl.* **orgies**) *n.*
(روم و یونان قدیم) مجالس عیاشی ومیگساری بافتخار خدایان، میگساری‌وعیاشی.
ori.ent [ɔ́:riənt] (**-ed, - ing**), *vt., vi., adj. & n.*
خاور، کشورهای خاوری، درخشندگی بسیار، مشرق‌زمین، شرق، بطرف خاوررفتن، جهت‌یابی کردن، بجهت‌معینی‌راهنمائی‌کردن، میزان‌کردن.
ori.en.tal [ɔriéntl] *adj. & n.*
شرقی، مشرقی، آسیائی، خاوری.
Ori.en.tal.ist [ɔ:riéntəlist] *n.*
خاورشناس، مستشرق.
ori.en.tate [ɔ́:rienteit] (**-d, orientating**) *vi.* جهت‌یابی، راهنمائی،
توجه بسوی خاور، آشنا سازی.
ori.en.ta.tion [ɔ:rientéiʃən] *n.*
آشنائی، راهنمائی، جهت‌یابی.
or.i.fice [ɔ́rifis] *n.* روزنه، سوراخ.
or.i.gin [ɔ́riδin] *n.* خاستگاه،
اصل بنیاد، منشاء، مبداء، سرچشمه، علت.
Of a bad o. بدگهر، بدتبار.
orig.i.nal [əríδinl, o-] *adj. & n.*
اصلی، بکر، بدیع، منبع، سرچشمه.
The o. letter. عین نامه، نامهٔ اصلی.
orig.i.nal.i.ty [əriδinǽliti,o-], *n.* ابتکار، اصالت.
orig.i.nate [əríδineit] (**- d, originating**) *vt. & vi.*
سرچشمه گرفتن، ناشی شدن، آغاز شدن یاکردن.
orig.i.na.tor, *n.*
مبتکر، مؤسس، بنیانگذار.
ori.ole, *n.*
[ج.ش.] پری شاهرخ طلائی، مرغ انجیرخوار.
Ori.on [oráiən] *n.*
(نج.) منظومهٔجبار یا «النسق»، شکارچی ماهر.
or.i.son, *n.* نیایش، ستایش، دعا، تضرع.
or.na.ment, -al [ɔ:nəmənt, -l] (**-ed, -ing**) *vt., adj. & n.* پیرایه،
زیور، زینت، آراستن، آرایش، تزئین‌کردن.
or.na.men.ta.tion [ɔ:nəmentéiʃən] *n.* تزئین، آرایش.
or.nate [ɔ:néit] *adj.*
بیش‌ازحدآراسته، مزین، مصنوع، پرآب و تاب.

or.nery, on.ery, or.na.ry, *adj.*
عادی، معمولی، اذیت‌کننده، بد خلق.
or.ni.thol.o.gist [ɔ:niθɔ́ləδist], *n.* پرنده شناس.
or.ni.thol.o.gy [ɔ:niθɔ́ləδi] *n.*
مبحث پرنده شناسی.
orog.ra.phy, *n.* مبحث کوه شناسی.
oro.tund, *adj.* نیرومند،(درموردصدا)
قوی و واضح، پرصدا، بلند، صدا، رسا.
or.phan [ɔ́:fən] *adj., n., vt. & vi.*
طفل یتیم، بی پدر و مادر، یتیم‌کردن.
or.phan.age [ɔ́:fəniδ] *n.*
پرورشگاه یتیمان، دارالایتام، یتیم‌خانه.
Or.phe.us [ɔ́:fju:s] *n.*
(افسانهٔیونان) «ارفیوس» موسیقی‌دان و شاعر.
or.phic, -al, *adj.* دلکش، دلنواز،
مرموز، اسرارآمیز.
ort, *n.* تکه، باقیماندهٔ غذا، پس‌ماندهٔ غذا.
or.tho.don.tia, or.tho.don.tics, *adj. & n.* مبحث اصلاح دندانهای
کج و معوج در دندانپزشکی.
or.tho.dox [ɔ́:θədɔks] *adj.* قویم،
درست، دارای‌عقیدهٔ درست، مطابق عقایدکلیسای مسیح، مطابق مرسوم، پیروکلیسای ارتدکس.
or.tho.doxy [ɔ́:θədɔksi] *n.*
قویمی، راست دینی، ارتدکسی.
or.tho.genesis, *n.*
اصلاح و پرورش نژاد در طی زمان، جبرزمان.
or.thog.o.nal, *adj.* راست‌گوشه، قائم.
or.tho.graph.ic, *adj.* املائی.
or.thog.ra.phy [ɔ:θɔ́grəfi] (*pl.* **-ies**) *n.* درست نویسی، املاء، املاء صحیح.
or.tho.pe.dic, *adj.*
وابسته به‌استخوانپزشکی.
or.tho.pe.dics, or.tho.pae.dics, *n.pl.* [طب] شکسته‌بندی، اصلاح و
ترمیم عیوب استخوانی، استخوانپزشکی.
or.tho.pe.dist, *n.* استخوانپزشك.
or.thot.ro.pous, *adj.*
[گ.ش.] دارای تخمك راست، راست‌آسه.
os (*pl.* **os.sa, ora**) *n.* دهان، روزنه.
os.cil.late [ɔ́sileit] (**-d, oscillating**) *vi.& vt.* نوسان کردن، تاب
خوردن، ازاین‌سو به‌آن‌سوافتادن، مردد بودن.
os.cil.la.tion [ɔsiléiʃən] *n.* نوسان.
os.cil.la.tor, *n.* دستگاه تولید برق
نوسانی در رادیو، ارتعاش سنج، نوسان‌کننده.
os.cil.lo.gram,os.cil.lo.graph [ɔ́siləgra:f] *n.* نوسان سنج، نوسان‌نگار.
os.cu.late (**-d, osculating**), *vt. & vi.* بوسیدن، تماس نزدیك‌حاصل
کردن، برخوردکردن، صفات مشترك داشتن.
os.cu.la.tion, *n.*
بوسه، برخورد، تماس، اشتراك صفات.
osier [óuδə] *n.*
(گ.ش.) بید سبدی، بید مخصوص سبدبافی.
os.matic, *adj.* [ج.ش.] دارای اعضاء
بویائی، وابسته‌به‌بویائی.
os.mose, *vi. & vt.*
تراوش کردن، نفوذکردن در، بوسیلهٔ تراوش تجزیه کردن، بوسیلهٔ نفوذ تجزیه کردن.
os.mo.sis (*pl.* **-ses**) *n.*
نفوذیك‌حل کننده(مثل آب) ازیك‌پرده، خاصیت نفوذ و حلول، نفوذ، راند.
os.prey [ɔ́spri] (*pl.* **-s**) *n.*
[ج.ش.] همای استخوان خوار، عقاب دریائی.
os.se.ous, *adj.* استخوانی.
os.si.cle, *n.* استخوانچه.
os.si.fi.ca.tion [ɔsifikéiʃən] *n.*

تشکیل استخوان، مرحلهٔ تشکیل استخوان.
os.si.fy [ɔ́sifai] (**- ied, ossifying**) *vt. & vi.*
استخوانی شدن، استخوانی کردن، سخت کردن.
os.te.i.tis (*pl.* **os.te.it.i.des**), *n.* [طب] ورم استخوان، آماس استخوان.
os.ten.si.ble [ɔsténsibl] *adj.*
نمایان، ظاهر، قابل نمایش، صوری.
os.ten.ta.tion [ɔstentéiʃən] *n.*
خود نمائی، خود فروشی، تظاهر، نمایش.
os.ten.ta.tious [ɔstentéiʃəs], *adj.* متظاهر، خودنما.
os.te.oid, *adj. & n.*
استخوانوار، استخوان مانند، استخوانی.
os.te.ol.o.gist, *n.* استخوان شناس.
os.te.ol.o.gy, *n.* علم استخوانشناسی.
os.te.o.path, -ic, *adj. & n.*
متخصص بیماریهای استخوان، استخوانپزشك.
os.te.op.a.thy, *n.* درمان‌بوسیلهٔمالش
استخوان و مفاصل، انواع امراض‌استخوانی.
os.te.ot.o.my, *n.*
[جراحی] برش استخوان و جداکردن و خارج کردن قسمتی از استخوان.
os.ti.ole, *n.* سوراخ یا دهانهٔ‌کوچك.
os.ti.um (*pl.* **os.tia**) *n.*
[ج.ش.] روزنه، مدخل، دهانه.
ostler [ɔ́slə] *n.* میرآخور، مهتراصطبل.
os.tra.cism [ɔ́strəsizm] *n.* نفی بلد،
محرومیت از حقوق اجتماعی و وجههٔملی، طرد.
os.tra.cize [ɔ́strəsaiz] (**-d, ostracizing**) *vt.*
با آراء عمومی تبعیدکردن، از حقوق اجتماعی و سیاسی محروم کردن، از وجههٔ عمومی انداختن.
os.trich [ɔ́stritʃ] *n.* (ج.ش.) شترمرغ.
oth.er [Λ́δə] *pron., adv., adj. & n.* دیگر، غیر، نوع دیگر، متفاوت، دیگری.
O. than. غیر از، متفاوت با.
The o. day. آن روز، چند روز پیش.
One or o. of you. یکی‌از شما دو نفر.
Some time or o. یك وقتی، یك روزی.
Each o. یکدیگر، همدیگر.
otherguess, *adj. & adv.*
نوع دیگر، جور دیگر، بروش دیگر.
otherwhere, *adv.*
جای دیگر، در مکان دیگر.
oth.er.wise [Λ́δəwaiz] *adv.*
طور دیگر، وگرنه، والا، در غیر اینصورت.
otherworld, *n.*
دنیای دیگر، عالم ثانی، عالم باقی.
otherworldly, *adj.*
متوجه دنیای دیگر، آخرتی.
otic, *adj.* سمعی، وابسته بشنوائی، گوشی.
oti.ose, *adj.*
بی‌حرکت، بی‌مصرف، مهمل، بی‌نفع، بی‌سود.
oti.os.i.ty, *n.* مهملی، بیحرکتی.
oti.tis (*pl.* **otit.i.des**) *n.*
[طب] آماس‌گوش، گوش‌درد.
oto.lith, *n.* [ج.ش.] سنگ‌گوش.
ot.ta.va, *adv.* [مو.] هشت اکتاوی.
ot.ter [ɔ́tə] (*pl.* **- s**) *n.*
[ج.ش.] سمور دریائی، جانورماهیخوار.
Ot.to.man [ɔ́təmən] (*pl.* **-s**) *n. & adj.* کشور عثمانی، عثمانی.
O. Empire. امپراتوری عثمانی.
ouch, *n. & vt.* سنجاق، جواهر،
سنجاق قفلی، باگوهرآراستن، مزین‌ساختن.
ouch [autʃ] *interj.*
آخ، واخ [علامت تعجب و درد].
ought [ɔ:t] *v. auxiliary, n. & adv.* باید، بایست، بایستی، باید وشاید.

You o. to go. بایستی بروید.
oughtn't=ought not
نبایستی، شایسته نیست، نباید.
ounce [auns] *n.* اونس،
مقیاس وزنی برابر۳۱/۱۰۳۵گرم، چیزاندك.
our [áuə] *pron. & adj.*
مال ما، مال خودمان، برای ما، مان، متعلق بما، موجود در ما، متکی یا مربوط بما.
O. books. کتابهامان، کتابهای ما.
ours [áuəz] *pron.*
(ضمیراول‌شخص‌جمع) مال‌ما، مال خودمان.
It is o. مال ما است، از ما است.
This world of o. این دنیای ما.
our.self (*pl.* **- selves**) *pron.*
مال‌ما، خودمان.
oust [aust] (**-ed, - ing**) *vt.*
برکنارکردن، دورکردن، اخراج‌کردن.
oust.er, *n.*
اخراج، بی‌بهره‌سازی، محروم‌سازی، خلع‌ید.
out [out] *prep., adj., adv., n., vt., vi. & interj.*
خارج، بیرون‌از، خارج از، افشاء شده، آشکار، خارج، بیرون، خارج‌ازحدود، حذف‌شده، راه‌حل، اخراج‌کردن، اخراج‌شدن، قطع‌کردن، کشتن، خاموش‌کردن، رفتن، ظاهرشدن، فاش‌شدن، بیرونی.
Take o. درآوردن، بیرون‌آوردن.
O. upon him! خاك برسرش.
out.age, *n.*
سوراخ، راه‌خروج، زمان قطع برق، مدت.
out-and-out, *adj. & adv.*
درست، تمام، انجام شده، کامل، سرتاسر.
outback, *n. & adj.* جای‌دورافتاده.
outbalance (**-d, -balancing**), *vt.* سنگین‌تربودن از، پیشی‌جستن.
outbid [autbíd] *vt.*
[درمناقصه و مزایده] بیشتر پیشنهاد دادن از، روی‌دست‌کسی‌رفتن، بیشترتوپ‌زدن از.
outboard [áutbɔ:d] *adj. & adv.*
موتوربیرون از کشتی، قایق.
outbound [áutbaund] *adj.*
رهسپاردریا، عازم ناحیهٔ دوردست.
outbrave [autbréiv] (**-d, outbraving**) *vt.* شجاعت‌بیشتری‌ازدیگران
نشان‌دادن، درشجاعت سرآمدشدن.
outbreak [áutbreik] (**-broke, -broken, - breaking**) *vt. & n.*
وقوع، بروز، درگیر، ظهور، شیوع، طغیان.
outbuilding [áutbìldiŋ] *n.*
ساختمان دورافتاده ودورازساختمان اصلی.
outburst [áutbə:st] *n.*
طغیان، ظهور، فوران، انفجار، غضب.
outcast [áutka:st] *n. & adj.*
مطرود، رانده، دربدر، منفور.
outcaste [áutka:st] *n.*
[هندوستان] شخص خارج ازمذهب، مطرود.
outclass [autklá:s](**-ed, -ing**), *vt.* دارای‌مقام بلندتری بودن از، از حیث‌مرتبه
وطبقه برتری‌داشتن بر، برتری داشتن بر.
out.come [áutkΛm] *n.*
حاصل، نتیجه.
outcrop[áutkrɔp](**-ped,-ping**), *vi. & n.*
سربیرون‌کردن، رخ‌دادن، نمودارشدن، برون‌زد.
outcross (**-ed, - ing**) *vt.*
آمیزش‌کردن دوجنس مختلف باهم.
outcry [áutkrai] *n.*
فریاد، داد، غریو، حراج، مزایده، بیداد.
outcurve, *n.*
انحناء یا خمیدگی بطرف خارج.
outdated, *adj.* قدیمی، منسوخ.

outdistance [*autdístəns*] **(-d, outdistancing)** *vt.* خیلی جلوتراز دیگری‌افتادن (درمسابقه)، سبقت‌گرفتن بر.

outdo [*autdú:*] **(-ed, - ing)** *vt.* بهترازدیگری انجام دادن، شکست‌دادن.

outdoor [*áutdɔ́:*] **outdoors,** *adj.* بیرون،بیرونی، صحرائی، درهوای‌آزاد.

out.doors [*àutdɔ́:z*] *adv. & n.* خارج‌ازمنزل، درهوای‌آزاد، بیرون.

out.er [*áutə*] *adj. & n.* بیرونی.

The o. man. وضع ظاهر، لباس.

out.er.most [*áutəmoust*] *adj. & adv.* از اقصی نقطه، از دورترین نقطهٔ خارج.

outer space, *n.* فضای خارج ازهوا یا جو زمین.

outface [*autféis*] **(-d,-facing),** *vt.* کسی را از رو بدرکردن، پرروئی‌کردن.

outfall [*áutfɔ:l*] *n.* ریزشگاه، دهانه، محل تلاقی دوآبریز.

outfield [*áutfi:ld*] *n.* مزرعهٔ دورافتاده،بیرون از محیط،قسمت‌خارجی‌میدان.

out.fit[*áutfit*]**(-ted,-ting)***n.&vt.* تجهیز، ساز و برگ، همسفر، گروه، بنهٔ سفر، توشه. لوازم فنی، سازوبرگ‌آماده‌کردن، تجهیز کردن.

out.fit.ter [*áutfitə*] *n.* سازوبرگ فروش.

outflank [*autflǽŋk*]**(-ed, -ing),** *vt.* از جناح خارجی بدشمن حمله‌کردن.

outflow [*áutflou*] **(- flow, flown, - flowing)** *n. & vi.* بیرون‌ریزی، طغیان، ریزش، جریان، به بیرون جاری شدن.

outfox **(-ed, -ing)** *vt.* در حقه‌بازی و پشت هم‌اندازی، جلوتر بودن‌از، زرنگ‌تر بودن، کلاه سرکسی گذاشتن.

outgo [*áutgou*] **(outwent, out gone, outgoing)** **(*pl.* - ies),** *n., vt. & vi.* خروج، مخرج، هزینه، عزیمت، جلو زدن.

The outgoing boss. رئیس مستعفی یا عوض شده.

outgrow [*autgróu*] **(- grew, -grown, - growing)** *vt.* بزرگ‌تر شدن از، زودتر روئیدن از

You have outgrown your clothes. لباستان برایتان‌کوچك شده است.

outgrowth [*áutgrouθ*] *n.* فرع، نتیجه، حاصل، برآمدگی، گوشت زیادی.

outhouse [*áuthaus*] *n. & adj.* منزل یا حیاط پهلوئی یا دورافتاده.

out.ing [*áutiŋ*] *n. & adj.* گردش بیرون شهر، تفرج، وابسته‌به‌گردش یاسفرکوتاه.

out.land.ish [*autlǽndiʃ*] *adj.* بیگانه‌وار، عجیب و غریب.

outlast [*autlá:st*] *vt.* بیشتر طول‌کشیدن از، بیشتر زنده بودن از.

out.law [*áutlɔ:*] **(- ed, - ing),** *vt., adj. & n.* یاغی، متمرد، قانون‌شکن، چموش، یاغی‌شمردن، غیر قانونی اعلام‌کردن، ممنوع ساختن.

outlay [*áutlei*] **(-laid, -laying),** *n. & vt.* مبلغ سرمایه‌گذاری شده، خرج، بیرون‌گستردن، خرج‌کردن، هزینه، پرداخت.

out.let [*áutlet*] *n. & vt.* روزنه، مجرای خروج، بازار فروش، مخرج.

out.line [*áutlain*] **(-d, outlin-ing)** *n.& vt.* زمینه، شکل‌اجمالی، طرح،پیرامون،خلاصه، رئوس مطالب،طرح‌ریزی کردن، مختصریاخلاصهٔ چیزی راتهیه‌کردن.

outlive [*autlív*] **(- d, outliv - ing)** *vt.* بیشتر دوام‌آوردن، بیشتر زنده بودن از، بیشتر عمرکردن از.

outlook [*áutluk*] *n.* چشم‌انداز، دورنما، منظره، چشمداشت، نظریه.

outlying [*áutlaiiŋ*] *adj.* دور افتاده، دور از مرکز.

outmaneuver, *vt.* در مانور جلو افتادن، سبقت‌گرفتن بر.

outmatch [*autmǽtʃ*] *vt.* پیش‌افتادن‌از،عقب‌گذاشتن، قدم‌فراتر نهادن‌از.

outmode **(-d,-moding)***vt.,vi. & adj.* منسوخ‌شدن،ازمدافتادن، غیرمرسوم.

outnumber [*autnʌ́mbə*] **(-ed, -ing)** *vt.* ازحیث‌شماره‌بیشتربودن، افزون بودن بر، با تعداد زیادتر تفوق یافتن بر.

out-of-date [*autəvdéit*] *adj.* از مد افتاده، منسوخه، قدیمی.

out-of-door [*áutəvdɔ́:*] **out - of-doors,** *adj.* خارج از منزل، فضای‌آزاد، در هوای‌آزاد.

out-of-the-way [*áutəvðəwéi*], *adj.* دور، دور از دست، غیرقابل دسترس، دنج.

outpatient [*áutpèiʃənt*] *n.* بیمار سرپائی بیمارستان.

outplay [*autpléi*] *vt.* دربازی ـ پیش افتادن‌بر، درمسابقه‌جلوافتادن‌از.

outpoint **(- ed, - ing)** *vt.* (در مسابقه) سبقت‌گرفتن، پوان یا نمره بیشتر آوردن از.

outpost [*áutpoust*] *n.* پاسگاه دور افتاده، پایگاه مرزی.

outpour **(-ed, -ing)** *vt., vi. & n.* بیرون‌ریختن،بیرون‌روان‌شدن،بیرون‌ریزش.

output [*áutput*] *n.* تولید، بازده.

out.rage [*áutreidʒ, - ridʒ*] **(-d, outraging)** *n. & vt.* تخطی، غضب، هتك حرمت، از جادررفتن،سخت عصبانی‌شدن، بی‌حرمت‌ساختن، بی‌عدالتی کردن.

out.ra.geous [*autréidʒəs*] *adj.* ظالمانه، عصبانی‌کننده، بیدادگرانه.

outrange [*autréindʒ*] **(-d,out-ranging)** *vt.* دور رس بودن، خارج از تیررس بودن.

out.rank, *vt. & vi.* برتربودن، رتبهٔ بالاتر داشتن.

ou.tré, *adj.* خارج‌ازحدودمعمولی،خل.

outreach **(-ed, -ing)** *n., vi. & vt.* فرارسیدن‌از، توسعه‌یافتن، توسعه، برتری‌یافتن.

outride [*autráid*] **(-rode,-rid-den, -riding)** *vt., vi. & n.* در سواری پیش افتادن از، در برابر طوفان ایستادگی کردن، در مسابقه چیره شدن.

outrider [*áutraidə*] *n.* پیشرو.

out.rig.ger, *n.* پایه، پاروگیر، بست، تیر دگل قایق، دم طیاره.

outright [*autráit*] *adj. & adv.* یکجا، جمله، آشکارا، کاملاً، بیدرنگ.

outrun [*autrʌ́n*] **(-ran, - run, -ning)** *vt., n. & vi.* پیش‌افتادن، در دویدن جلو افتادن، پیشی جستن بر.

outsell **(-sold, - ing)** *vt.* بیشتر یا بهتر فروختن از، بهتر فروش رفتن.

outset [*áutset*] *n.* آغاز، ابتداء.

outshine [*autʃáin*] **(- shone, -shining)** *vt. & vi.* بیشتردرخشیدن، تحت الشعاع قرار دادن، پیشی‌گرفتن از.

outside [*áutsáid*] *prep., adv., adj. & n.* بیرون، برون، ظاهر، محیط، دست بالا، برونی.

O. opinion. رأی مردم، عقیدهٔمردم.

out.sid.er [*àutsáidə*] *n.* خارجی، بیگانه.

outsize, *n. & adj.* اندازهٔ غیر معمولی، اندازهٔ متفاوت با عادی.

outskirt [*áutskə:t*] *n.* دور از مرکز، حاشیه، مرز، حوالی، حومه.

outsmart **(-ed, -ing)** *vt.* پیشدستی‌کردن، زرنگی بیشتری بکار بردن.

outspoken [*áutspóukən*] *adj.* پرحرف، رك وراست.

outspread [*áutspréd*]**(-spread, -spreading)** *n., adj. & vt.* گسترش یافتن، توسعه، بسط، پراکنده.

outstanding [*autstǽndiŋ*]*adj.* برجسته، قلنبه، واریزنشده.

outstation, *n.* ایستگاه خارج از شهر، ایستگاههای حومه.

outstay [*autstéi*] **(-ed, -staid, -staying)** *vt.* بیش از حد لزوم ماندن، اقامت طولانی کردن.

outstrip [*autstríp*] **(- ped, -ping)** *vt.* پیش افتادن از، عقب‌گذاشتن، پیشی جستن از.

out.ward [*áutwəd*] **out.wards,** *n., adv. & adj.* بطرف‌خارج، بیرونی،ظاهری.

outwear [*autwɛ́ə*] **(-wore, -worn, -wearing)** *vt.* فرسوده‌شدن، کهنه شدن، گذراندن، بیشتردوام‌کردن.

O. the night. شب را بسربردن.

outweigh [*autwéi*]**(-ed, -ing),** *vt.* سنگین‌تربودن از، مهمتربودن از.

outwit [*autwít*] **(-ted, -ting),** *vt.* زرنگ‌تربودن از، گول زدن.

oval [*óuvəl*] *adj. & n.* تخم‌مرغی، بادامی، بیضی، تخم‌مرغی‌شکل.

ova.ry **(*pl.* - ies)** *n.* تخمدان.

ovate, *adj. & n.* تخم‌مرغی، بیضی.

ova.tion [*ouvéiʃən*] *n. & vt.* ستایش واستقبال، شادی وسرورعمومی، تحسین حضار.

ov.en [*ʌ́vən*] *n.* تنور، اجاق، کوره.

over [*óuvə*] *prep., adv., adj., vi. & vt.* بالای، روی، بالای‌سر، برفراز، آنطرف، درسرتاسر، دربالا، بسوی‌دیگر، متجاوزاز، بالائی، روئی، بیرونی، شفایافتن، پایان یافتن، به‌انتها رسیدن، پیشوندی‌بمعنی«زیاد»و«زیاده»و«بیش».

The house o. the way. خانهٔروبرو.

Girls of 16 years and o. دخترهای ۱۶ساله ببالا.

All the world o. درسرتاسرجهان.

Left o. باقی‌مانده، زیادآمده.

It is all o. with him. کارش تمام‌است، کارش خرابشد.

The meeting is o. جلسهٔ ملاقات تمام‌شده‌است.

overabundant, *adj.* بسیارفراوان.

overact [*òuvərǽkt*]**(-ed,-ing),** *vt. & vi.* درایفای نقش‌خود افراط‌کردن.

overactive, *adj.* فوق‌العاده فعال.

over.all [*óuvərɔ:l*] *adj., adv. & n.* بالاپوش، لباس‌کار، روبهمرفته، شامل همه‌چیز، همه‌جا، سرتاسر.

overawe [*òuvərɔ́:*] **(-d, over-awing)** *vt.* بیش‌ازحدترساندن، خیلی‌وحشت‌زده‌کردن.

overbalance [*òuvəbǽləns*] **(-d, -balancing)** *n. & vt.* سنگین‌تربودن‌از، چربیدن‌بر، چیزنامساوی.

overbear [*òuvəbɛ́ə*] **(- bore, -born, -bearing)** *vt. & vi.* بزمین‌زدن، مغلوب‌کردن، زیاد میوه‌دادن.

overbearing [*òuvəbɛ́əriŋ*] *adj. & n.* مغرور، ازخودراضی، منکوب‌گر، طاقت‌فرسا، غالب، قاطع.

overblown [*òuvəblóun*] *adj.* پرازشکوفه، رانده‌شده درائرباد.

overboard [*óuvəbɔ:d*] *adv.* بدریا، در دریا، ازکشتی‌بدریا، روی‌کشتی.

overburden [*òuvəbə́:dn*] **(-ed, -ing)** *n., vt. & vi.* بیش ازحد بارکردن، گران‌بارشدن، بارگران.

overcast [*óuvəkà:st*] **(over - cast, - ing)** *vt., adj., n. & vi.* تیره‌کردن، سایه افکندن ابر، ابردار کردن، پوشاندن، سایه‌انداختن، ابری، تیره، پوشیده.

overcautious, *adj.* بیش از اندازه محتاط، وسواسی.

overcharge [*òuvətʃá:dʒ*] **(- d, -ing)** *vt., vi. & n.* زیاد حساب‌کردن، درقیمت اجحاف‌کردن، قیمت اضافی، غلوکردن، بیش‌ازظرفیت پرکردن.

overcloud [*òuvəkláud*] **(- ed, -ing)** *vt. & vi.* ابری یاتیره‌شدن، با ابر پوشاندن، تیره‌کردن، افسرده‌کردن.

overcoat [*óuvəkout*] *n.* پالتو.

overcome [*òuvəkʌ́m*] **(-came, -come, -coming)** *vt.* چیره‌شدن، پیروزشدن بر، مغلوب ساختن، غلبه یافتن.

over.compensation, *n.* جبران بیش از حد لزوم.

over.confidence, *n.* اطمینان بیش از حد.

overcrowd [*òuvəkráud*] **(-ed, -ing)** *vt. & vi.* انبوه شدن، بسیار شلوغ‌کردن، ازدحام‌کردن.

overdevelop **(-ed, -ing)** *vt.* توسعه و عمران زیاد یافتن، (در عکسی) بیش‌از حد نور دیدن، نور زیاد دیدن.

overdo [*òuvədú:*] **(-did, -done, -ing)** *vt. & vi.* بیش از حد انجام دادن، بحد افراط رساندن.

overdose **(-d, -dosing)** *n. & vt.* داروی‌بیش‌ازحدلزوم، دوای‌زیادخوردن.

overdraft [*óuvədra:ft*]**=over-draw,** *vi. & n.* بیش‌ازاعتبارحواله‌کردن، بیش ازاعتباربرات‌کردن، چك بی‌محل.

overdraw [*òuvədrɔ́:*] *vt.* بیش از اعتبار حواله یاچك دادن.

overdress [*òuvədrés*] *n., vt. &vi.* رولباسی، پیراهن رو، بیش از حد لباس فاخر پوشیدن.

overdue [*òuvədjú:*] *adj.* دیرآمده، موعد رسیده، سررسیده.

The bill is o. سر رسید برات‌گذشته‌است.

overeat [*òuvərí:t*] *vi.* پرخوردن.

overemphasis, *n.* تأکیدبیش‌ازحد.

overemphasize, *vi. & vt.* بیش از حد تأکیدکردن.

overestimate [*òuvəréstimeit*] **(-d, -stimating)** *n. & vt.* زیاد برآوردکردن، غلوکردن، دست‌بالاگرفتن.

overexpose **(-d, -exposing),** *vt.* بیش از اندازهٔ لازم در معرض نوروغیره قراردادن، زیاد نور دادن (به‌عکس و غیره).

overflight, *n.* عبور با هواپیما از فراز منطقه‌ای.

overflow [*òuvəflóu*]**(-ed, -ing),** *n., vt., adj. & vi.* سرشارشدن‌یاکردن، لبریزشدن، طغیان‌کردن، طغیان، سیل، اضافی.

Overflowing with kindness

دارای محبتِ سرشار.

overfly, *vt.* ازروی(چیزی)عبور کردن.

overgrow [*òuvəgróu*] (**-grew, -grown, -growing**) *vt. & vi.* بیش از حد روئیدن، روی چیزی را پوشانیدن.

overhand [*óuvəhæ̀nd*] (**-ed, -ing**) *adv., vt., n. & adj.* دست ببالا، از پائین ببالا، بازی با دست بطرف بالا، رویهم، برعکس، یکطرفه، ترکی‌دوزی.

overhang [*òuvəhǽŋ*] (**-hung, -hanging**) *n., vi. & vt.* برآمدگی، تاق‌نما، آویزان‌بودن، تهدیدکردن، مشرف‌بودن.

over.haul [*òuvəhɔ́:l*] (**-ed, -ing**) *vt. & n.* [illegible] کردن، پیاده‌کردن ودوباره‌سوار کردن، سراسر بازدیدکردن، پیاده‌سوار کردن وبازدیدموتور.

overhead [*òuvəhéd*] *adv., adj. & n.* بالا، دربالای سر، مخارج کلی،سرجمع.

overhear [*òuvəhíə*] (**-heard, -hearing**) *vt. & vi.* از فاصلهٔ دور شنیدن، استراق سمع کردن.

overheat (**-ed, -ing**) *vt., vi. & n.* زیادگرم‌کردن، دوآتشه‌کردن،برافروختن.

overindulge [*òuvərindʌ́ldʒ*], (**-d, -indulging**) *vt. & vi.* زیادآزادگذاردن، افراط ورزیدن.

overindulgence [*òuvərindʌ́ldʒəns*] *n.* آزادی‌بیش‌ازحد دادن، افراط.

overjoy (**-ed, -ing**) *vt.* بیش ازحد لذت بردن، محظوظ‌کردن.

overland [*óuvəlæ̀nd*] *adv. & adj.* از راه خشکی، در روی‌زمین، ازراه‌زمینی.

overlap [*òuvəlǽp*] (**-ped, -ping**) *vt., vi. & n.* رویهم‌افتادن(دولبهٔ چیزی)، اصطکاك داشتن.

overlay (**-laid, -laying**) *vt. & n.* پوشش، اندود، پوشیدن، زیاد بارکردن، رویهم قراردادن، (اسکاتلند)کراوات.

Overlaid with gold. زراندود.

overleap [*òuvəlí:p*] (**-ed, -ing**), *vt.* جستن‌از، جستن‌ازروی، نادیده‌گذشتن‌از.

overload [*òuvəlóud*] (**-ed, -ing**), *vt. & n.* زیادپرکردن (تفنگ وغیره)، گرانبارکردن، زیادبارکردن، اضافه‌بار.

overlook [*òuvəlúk*] (**-ed, -ing**), *vt. & n.* مسلط یا مشرف‌بودن‌بر، چشم‌پوشی‌کردن،چشم‌انداز.

overlord [*óuvəlɔ:d*] *n. & vt.* خداوندگار، ارباب، سرور، مافوق.

overmaster [*òuvəmá:stə*] (**-ed, -ing**) *vt.* برتری‌یافتن‌بر، مهارت‌کامل پیداکردن‌در.

overmuch, *adv., adj. & n.* زیاد، زیاده‌ازحد، بحدافراط، بمقدارزیاد.

overnight [*òuvənáit*] *adv., adj., vi. & n.* درمدت‌شب، درمدت‌یك‌شب،شبانه.

overpass (**-ed, -ing**) *n. & vt.* گذشتن‌از، تجاوزکردن از، پل‌هوائی.

over.plus, *n. & adv.* اضافه، زائد، بیش‌ازاحتیاج.

overpower [*òuvəpáuə*] (**-ed, -ing**) *vt.* استیلایافتن‌بر، فتح‌وغلبه‌کردن.

overpraise (**-ed, -praising**) *vt. & n.* بیش‌ازحدتشویق‌وتحسین‌کردن.

overprice (**-d, -pricing**) *vt.* بیش‌ازحدقیمت‌گذاردن.

overproduce [*òuvəprədjú:s*] (**-d, -producing**) *vt. & vi.* بیش‌ازظرفیت یانیازتولیدکردن.

overproduction [*òuvəprədʌ́kʃən*] *n.* تولیداضافی یابیش‌ازحد،بس‌فرآوری.

overrate [*òuvəréit*] (**-d, overrating**) *vt. & n.* زیادبرآوردکردن، زیاد اهمیت دادن به.

overreach [*òuvərí:tʃ*] (**-ed, -ing**) *vt., vi. & n.* پا ازحد خود فراترنهادن، بیش‌ازحدگستردن.

overrefinement, *n.* تصفیهٔ‌بسیار، تهذیب‌بسیار، اراستگی‌فراوان.

override [*òuvəráid*] (**-rode, -ridden, -riding**) *vt. & n.* سواره‌گذشتن از، پایمال‌کردن ، باطل ساختن، برتری جستن بر، برتریا مهمتربودن.

overriding, *adj.* برجسته، مهم، برتر.

overripe, *adj.* بسیاررسیده، ترشیده.

overrule [*òuvərú:l*] (**-d, overruling**) *vt. & n.* ردکردن،کنارگذاشتن، مسلط شدن بر.

overrun [*òuvərʌ́n*] (**-ran, -run, -running**) *n., vt. & vi.* تاخت وتازکردن، تاراج‌کردن ، سرتاسر محلی را فراگرفتن،تجاوز،تجاسر،آب لبریزشده.

oversea, -s [*òuvəsí:(z)*] *adj. & adv.* آنطرف‌دریا(ها)، متعلق بماوراء دریاها، (مج.) بیگانه، خارجی.

oversee [*òuvəsí:*] (**-saw, seen, -seeing**) *vt. & vi.* سرکشی‌کردن‌به، مباشرت‌کردن بر، سرپرستی‌کردن.

over.seer [*óuvəsi(:)ə*] *n.* سرکار، مباشر، ناظر، سرپرست.

oversexed, *adj.* دارای تمایلات جنسی‌زیاد، شهوتران، شهوتی.

overshadow (**-ed, -ing**) *vt.* تاریك‌کردن، مسلط شدن بر، تحت‌الشعاع قرار دادن، سایه‌افکندن بر.

overshoe, -s [*óuvəʃu:*] *n. & adv.* روکفشی،گالش.

overshoot [*òuvəʃú:t*] (**-shot, shooting**) *vt. & vi.* بالاتر زدن، خطاکردن، پرت شدن، ازحد خارج شدن.

oversight [*óuvəsait*] *n.* اشتباه نظری، سهو، از نظر افتادگی.

oversimplify (**-ied, -simplifying**) *vi. & vt.* زیاد ساده‌کردن، خیلی سهل‌گرفتن.

oversize, *adj., vt. & n.* بزرگتر از اندازه، بزرگ اندازه.

oversleep [*òuvəslí:p*] (**-slept, -ing**) *vt. & vi.* خواب ماندن، دیر ازخواب‌بلندشدن، بیش ازحد معمول خوابیدن.

oversoul, *n.* حقیقت‌مطلق،روح‌الارواح.

overspend (**-spent, spend, -ing**) *vt. & vi.* زیادخرج‌یامصرف‌کردن، افراط‌کردن.

overspread (**-spread, -spreading**) *vt., n. & vi.* روی چیزی‌گستردن، پهن شدن، بسط یافتن.

overstate [*òuvəstéit*] (**-stated, -stating**) *vt.* اغراق‌گفتن در، اغراق‌آمیزکردن،غلوکردن.

overstay [*òuvəstéi*] (**-stayed, staid, -staying**) *vt.* بیش از حد معین توقف‌کردن، زیاد ماندن.

overstep [*òuvəstép*] *vt.* قدم‌فرا نهادن، تجاوزکردن، ازحد خود تجاوزکردن.

overstock [*òuvəstɔ́k*] *vt. & n.* زیادپرکردن، بیش ازحد اندوختن، زیادذخیره کردن، موجودی بیش از حد لزوم داشتن.

overstuff (**-ed, -ing**) *vt* با اشیاء زیادانباشتن، بیش ازحدلزوم انباشتن.

oversubtle, *adj.* بیش از حد ملاحظه‌کار، بیش از حد ناقلا.

overt [*óuvə:t, ouvə́:t*] *adj.* فاش، آشکار، معلوم، واضح، نپوشیده، عمومی.

overtake [*òuvətéik*] (**-took, -taken, -taking**) *vt.* رسیدن به، سبقت‌گرفتن بر، رد شدن از.

overtax [*òuvətǽks*] (**-ed,-ing**), *vt.* مالیات‌سنگین‌بستن‌بر، بارسنگین نهادن‌بر.

over-the-counter, *adj.* خارج از بورس فروخته شده.

overthrow [*òuvəθróu*] (**-threw, -thrown, -throwing**) *vt. & n.* برانداختن، بهم زدن، سرنگون‌کردن، منقرض کردن، مضمحل‌کردن، موقوف‌کردن، انقراض.

overtime [*óuvətaim*] *n., vt. & adv.* بیش‌ازوقت‌معین، بطوراضافه، اضافه‌کار.

overtone, *n. & vt.* صدای فرعی، قوی، شدیداللحن، مفهوم فرعی.

overtop (**-ped, -ping**) *vt. & adv.* برتری جستن بر، فائق‌آمدن بر، بلندتربودن.

over.ture [*óuvətjuə, — tʃə*] (**-d, overturing**) *vt. & n.* سوراخ، شکاف،آغاز عمل، پیش درآمد، افشاء، کشف، مطرح‌کردن، با پیش درآمدآغازکردن.

overturn [*òuvətə́:n*] *vt. & n.* واژگونی، واژگون‌کردن، برانداختن، مضمحل کردن، چپه‌کردن یا شدن.

overuse, *n. & vt.* استعمال مفرط.

overweary, *vt., adj. & adv.* زیاده خسته‌کردن، خسته‌شدن، واماندن، بسیارخسته.

overweening, *adj.&n.* بسیارمغرور.

overweigh [*óuvəwéit*] (**-ed, -ing**) *vt. & n.* گرانبارکردن، ظلم‌کردن، سنگین‌تر بودن از.

overweight, *adj., vt. & n.* چاق، سنگینی زیاد، وزن‌زیادی، سنگینی‌کردن،چاقی.

over.whelm[*òuvə(h)wélm*] (**-ed, -ing**) *vt. & vi.* سراسرپوشاندن، غوطه‌ور ساختن، پایمال‌کردن، مضمحل‌کردن، مستغرق در اندیشه شدن، دست پاچه‌کردن، درهم شکستن.

overwrite (**-wrote, -written, -writting**) *vt. & vi.* روی‌چیزی نوشتن، بالای محلی نوشتن،دومرتبه نوشتن، با پرداخت موافقت‌کردن، زیادنوشتن.

over.wrought [*òuvərɔ́:t*] *adj.* پرکار،کاربرده، تهیه شده از روی مهارت،عصبی.

ovi.duct, *n.* [ج.ش.ـ تش.] لولهٔ رحمی، لولهٔ فالوپ، مجرای عبور تخم، تخمراهه.

ovine, *adj. & n.* گوسفندی،شبیه‌گوسفند.

ovip.a.rous, *adj.* [ج.ش.] تخم‌گذار.

ovi.pos.it (**-ed, -ing**) *vi.* تخم‌گذاشتن، تخم ریختن (در حشرات).

ovoid, ovoi.dal, *adj. & n.* جسم تخم مرغی، تخم مرغی شکل.

ovu.lar, *adj.* وابسته به‌تخمك، تخمی.

ovu.late (**-d, ovulating**) *vi. & adj.* تخمك دادن، تخمك‌گذاردن، تولید اوُول کردن.

ovule, *n.* تخمك، تخمچه، اوُول.

ovum (*pl.* **ova**) *n.* یاختهٔ ماده، سلول نطفهٔ ماده، تخمك.

owe [*ou*] (*p.t.* **owed, ought,** *p.p.* **owed, owing**) *vt. & vi.* بدهکار بودن، مدیون بودن، مرهون بودن، دارا بودن.

owing to, *prep.* بعلت، زیرا.

owl [*aul*] *n.* (ج.ش.) جغد، بوف.

owl.et, *n.* [ج.ش.] جوجهٔ جغد،بوفچه.

owl.ish, *adj.* جغدمانند، جغدی.

own [*oun*] (**-ed, -ing**) *vt., adj., vi. & n.* داشتن، دارا بودن، مال خود دانستن، اقرارکردن، تن در دادن، خوذ، خودم، شخصی، مال‌خودم.

My o. book. کتاب خودم.

On one's o. مستقل.

He pays his o. money. پولش را خودش میدهد.

own.er, *n.* مالك، دارنده.

own.er.ship, *n.* مالکیت، دارندگی.

ox [*ɔks*] (*pl.* **oxen**) *n.* گاو نر.

ox.alis, *n.* [گ.ش.] ترشك.

oxeye, *n.* چشم‌گاوی، چشم بزرگ.

Oxford [*ɔ́ksfəd*] *n. & adj.* اکسفورد.

O. bags. شلوار خیلی‌گشاد.

O. shoes. کفش بندی اسپرت.

oxhide [*ɔ́kshàid*] *n.* پوست‌گاو.

ox.i.da.tion, *n.* عمل ترکیب اکسیژن با جسم دیگری.

ox.ide, ox.yde [*ɔ́ksaid*] *n.* [ش.] اکسید.

ox.i.dize [*ɔ́ksidaiz*] (**-d, oxidizing**) *vt.* با اکسیژن ترکیب‌کردن، زنگ زدن.

ox.lip, *n.* [گ.ش.] پامچال‌بلند(primula elatior).

Ox.o.nian, *n. & adj.* وابسته به‌دانشگاه اکسفورد.

Oxus, *n.* سیحون،آمودریا.

ox.y.gen, -ic [*ɔ́ksidʒən*] *n. & adj.* [ش.] اکسیژن، اکسیژن‌دار.

ox.y.gen.ate (**-d, oxygenating**) *vt.* اکسیژن زدن، اکسیژن‌آمیختن.

ox.ygen tent, *n.* [طب] چادراکسیژن مخصوص‌معالجهٔ سرماخوردگی و امثال‌آن.

oxy.mo.ron (*pl.* **oxymora**) *n.* استعمال‌کلمات مرکب ضدونقیض، استعمال‌کلمات مرکب متضاد (مثل cruel kindness).

oys.ter [*ɔ́istə*] *n.* (ج.ش.) صدف خوراکی.

ozone [*ouzóun*] *n.* (ش.) ازن، نوعی اکسیژن‌آبی‌کمرنگ‌گازی و تغییرگرای.

P

انگلیسی English	خط میخی پارسی Old Persian Cuneiform	پهلوی اشکانی Parthian Pahlavi	پهلوی ساسانی Sassanian Pahlavi	پهلوی کتابی Book Pahlavi	اوستائی Avestan	فارسی Modern
P						پ

P [*pi:*] *n.*
شانزدهمین حرف الفبای زبان انگلیسی.
pa [*pa:*] *n.* [ز.ع.] بابا، پاپا.
pace [*peis*] (**-d, pacing**) *n., prep., vi. & vt.*
گام،قدم، خرامش، شیوه،تندی، سرعت،گام‌زدن، باگامهای آهسته وموزون‌حرکت‌کردن، قدم‌زدن، پیمودن، (نظ.) باقدم‌آهسته رفتن، قدم‌رو کردن.
Keep p. with a person.
باکسی (درگام زدن) برابر بودن.
pacemaker, *n.* دستگاه تنظیم‌کنندهٔ ضربان قلب، سرمشق، راهنما، پیشقدم.
pac.er, *n.* گام زننده، یورقه.
pachy.derm, -al, *adj. & n.*
(ج.ش.) جانور پوست‌کلفت (مثل کرگدن).
pachy.der.ma.tous, *adj.*
پوست‌کلفت، (مج.) آدم پوست‌کلفت و بی‌رگ.
pac.i.fi.able, *adj.* تسکین‌پذیر.
pa.cif.ic [*pəsífik*] *adj. & n.*
آرام، صلحجو، (باحرف‌بزرگ)اقیانوس ساکن.
pac.i.fi.ca.tion [*pæ̀sifikéiʃən*], *n.* تسکین دادن،آرامش .
pa.cif.i.cism, pac.i.fism [*pəsífisizm, pǽsifizm*] *n.*
آرامش طلبی، صلحجوئی،آئین‌احتراز ازجنگ.
pa.cif.i.cist, pac.i.fist [*pəsífisist, pǽsifist*] *n.* صلحجو، آرامش‌طلب.
pac.i.fi.er, *n.*
صلحجو، تسکین دهنده، پستانك.
pac.i.fy [*pǽsifai*] (**-ied,-ing**), *vt.* آرام‌کردن، فرو نشاندن، تسکین دادن.
pack [*pæk*] (**-ed, -ing**) *n., adj., vi. & vt.* کوله‌پشتی،بقچه،دسته،گروه،یك بسته [مثل بسته سیگار و غیره]، یکدست ورق بازی، بسته‌بندی‌کردن، قراردادن، توده‌کردن، بزورچپاندن، بارکردن، بردن، فرستادن.
The space was packed with rags.
جای خالی را باکهنه‌گرفتند.
These books pack easily.
این‌کتابها را بآسانی میتوان بسته بندی‌کرد.
pack.age [*dǽkidʒ*] (**-d,pack-aging**) *vt. & n.*
بسته، عدل بندی، قوطی، بسته بندی‌کردن.
package deal, *n.*
مقاطعهٔ دربست و خرید یکجا.
pack-animal, *n.*
چهار پا، حیوان باربر.
pack.er [*pǽkə*] *n.*
عدل بند، بسته بند، حلب پرکن.
pack.et [*pǽkit*] *n. & vt.* بسته، بستهٔ کوچك، قوطی [سیگار و غیره]، بسته‌بندی کردن.
pack.ing [*pǽkiŋ*] *n.* باربندی،عدل بندی، بسته بندی،هرمادهٔمورد کار برددر بسته‌بندی.
packsack, *n.* کوله پشتی، خورجین.
packsaddle, *n.* پالان.
packthread, *n.* نخ قند وقاتمه.
pact [*pækt*] *n. & vt.* عهد، میثاق، پیمان، معاهده، پیمان بستن.
pad [*pæd*] (**-ded, - ding**) *n., vt. & vi.*
جاده، معبر، دزد پیاده، اسب راهوار، پیاده‌سفر کردن، قدم زدن، زیر پا لگدکردن، صدای پا، تشك، هر چیز نرم، لایـه، پشتی، آب خشك‌کن، مرکب خشك‌کن، بالشتك زخم‌بندی، باآب‌وتاب گفتن، لفاف‌کردن، بالایهٔ‌نرم یا بالشتك‌پوشاندن.
padding [*pǽdiŋ*] *n.* لایه، بالشتك، لفاف، له‌سازی، لگدمالی، پیمایش، لایه‌گذاری.
pad.dle [*pǽdl*] (**-d, paddling**), *n., vt. & vi.*
بیلچه، پاروی پهن قایقرانی، پارو زدن، بابالهٔ شنا حرکت‌کردن، دست وپا زدن، بادست‌نوازش کردن، وررفتن، باچوب‌پهن کتك‌زدن.
pad.dock [*pǽdək*] *n & vt.*
چراگاه، میدان‌تمرین اسب دوانی‌واتومبیل‌های کورسی،حصار،درحصار قراردادن،غوك.
pad.dy [*pǽdi*] (*pl.* **-ies**) *n. & adj.*
برنج‌آسیاب نکرده، مزرعهٔ شالیکاری،ایرلندی.
paddy wagon=patrol wagon, *n.* اتومبیل پلیس.
pad.lock [*pǽdlɔk*] (**-ed,-ing**), *n., vt. & vi.* قفل، انسداد، قفل‌کردن، بستن.
pa.dre [*pá:drei*] (*pl.* **-s**) *n.*
پدر روحانی،کشیش، قاضی عسکر.
pae.an [*pí:ən*] *n.*
(یونان قدیم) پیروزی‌نامه، رجز.
pa.gan [*péigən*] *adj. & n.*
کافر، مشرك، بت پرست، غیر مسیحی.
pa.gan.ism [*péigənizm*] *n.* الحاد.
page [*peidʒ*] (**-d, paging**) *n., vt. & vi.*
پسر بچه، پادو، خانه شاگرد، پیشخدمتی‌کردن، صفحه، برگ، صفحات‌را نمره‌گذاری کردن.
pag.eant [*pǽdʒənt*] *n., adj. & vt.*
صحنهٔ نمایش، نمایش مجلـل و تاریخی، مـراسم مجلل، رژه.
pag.eant.ry [*pǽdʒəntri*] (*pl.* **-ies**) *n.* نمایش با شکوه، نمایش پر جلوه.
pag.i.nal, *adj.* صفحه‌دار، صفحه‌ای.
pag.i.nate(-d, paginating) *vt.*
صفحه‌گذاری کردن، صفحه بندی کردن.
pag.i.na.tion, *n.* صفحه‌گذاری.
pa.go.da [*pəgóudə*] (*pl.***-s**), *n.* بتکده، ساختمـان بسبك مخصوص چین و ژاپون،پاگودا.

PAGODA

pail [*peil*] *n.* سطل،دلو، بقدر یك سطل.
pain [*pein*] (**- ed, - ing**) *n. vt. & vi.*
درد،رنج، زحمت، محنت، درددادن،دردکشیدن.
Under p. of death. باکیفر اعدام.
pain.ful [*péinful*] *adj.*
دردناك، محنت‌زا، ناراحت‌کننده.
pains.tak.ing [*péinztèikiŋ*] (**-ed, - ing**) *adj. & n.*
رنجبر، زحمت‌کش، ساعی، رنج برنده.
paint [*peint*] (**-ed, - ing**) *vt., vi. & n.* رنگ‌کردن، نقاشی‌کردن، رنگ شدن، رنگ‌نقاشی، رنگ.
paint.er [*péintə*] *n.* نقاش، پیکر نگار.
painting [*péintiŋ*] *n.* نقاشی.
pair [*pɛə*] (*pl.* **- s**) (**-ed, -ing**), *n., vt.& vi.* زوج،جفت، زن‌وشوهر، هرچیز دوجزئی، جفت‌کردن وشدن، جورکردن وشدن.
A p. of shoes. یك جفت‌کفش.
Pais.ley, *adj. & n.*
ساخته شده از پشم نرم،کشمیری.
pa.ja.ma, *n.* پیژامه، لباس‌خواب.
pal [*pæl*] (**- led, - ling**) *n., vi. & vt.* یار، شریك، همدست، رفیق‌شدن.
pal.ace [*pǽlis*] *n.* کاخ،کوشك.
pal.a din, *n.* پهلوان افسانه‌ای.
pal.an.quin, pal.an.keen [*pæ̀lənkí:n*] *n.* کجاوه، تخت روان، پالکی.
pa.lat.able [*pǽlətəbl*] *adj.*
مطبوع بذائقه، خوش طعم، لذیذ، دلپذیر.
pal.a.tal, *adj. & n.*
وابسته بکام، وابسته به‌سق، دهانی،کامی.
pal.a.tal.ize, *vt.*
[در مورد حروف] از سق اداکردن،کامی کردن.
pal.ate [*pǽlit*] *n. & vt.*
سق، سقف دهان،کام، ذائقه، طعم،چشیدن.
pa.la.tial [*pəléiʃəl*] *adj.* کاخی،مجلل.
pa.lat.i.nate, *n.*
ناحیهٔ قلمروکنت،کنت نشین، ساکن‌کنت نشین.
palating, *adj. & n.*
(تش.)استخوان‌کام، وابسته‌بسق، شبیه‌کاخ،مجلل، امیری‌که دارای‌امتیازات‌سلطنتی‌بوده،کنت‌نشین.
pa.lav.er [*pəlá:və*] (**-ed,-ing**), *vt., n. & vi.*
گفتگـوی مفصل، مکالمه، هرزه‌درائی، وراجی، پرحرفی‌کردن، از راه بدربردن، چاخان‌کردن.
pale [*peil*] (**-d, paling**) (**-r, -st**) *adj., n., vt. & vi.* کمرنگ،رنگ پریده،رنگ‌رفته،بی‌نور، رنگ‌پریده‌شدن، رنگ رفتن، درمیان‌نرده محصورکردن، احاطه‌کردن، میله‌دارکردن، نرده، حصاردفاعی، دفاع،ناحیهٔ محصور، قلمرو، حدود.
pa.le.ethnology, *n.*
مبحث شناسائی انسان‌های قدیم.
paleface, *n.*
نژادسفیدپوست، نژادآریائی قفقازی (به‌تحقیر).
Pa.leo.cene, *adj. & n.*
قسمتی از دوران سوم زمین شناسی، وابسته به دورهٔ «پالیوسین».
pa.le.og.ra.phy, *adj.*
کتابت قدیمی، شناسائی وکشف خطوط قدیمه.
pa.leo.lith, *n.* پارینه سنگ، آلات سنگی نتراشیدهٔ عصر حجر قدیم.
pa.leo.lith.ic, *adj.* پارینه سنگی، وابسته به‌دورهٔ دوم عصرحجرقدیم یاکهنه‌سنگی.
pa.le.on.tol.o.gist, *n.* دیرین‌شناس، ویژه‌گر زیست‌شناسی دوران قدیم یاکهنه‌سنگی.
pa.le.on.tol.o.gy, *n.*
مبحث زیست‌شناسی دوران قدیم، دیرین‌شناسی.
Pa.leo.zo.ic, *adj. & n.* دوران‌اول، وابسته به‌عهدی از زمین‌شناسی که ازآغاز دورهٔ «کامبریان» تا اوایل‌دورهٔ «پرمیان»طول‌کشیده.
Pal.es.tine [*pǽlistain*] *n.* فلسطین.
pal.es.tin.ian, *adj. & n.* فلسطینی.
pal.ette [*pǽlit*] *n.*
لوحهٔ سوراخ‌دار بیضی یا مستطیل مخصوص‌رنگ آمیزی نقاشی، جعبهٔ رنگ نقاشی.
pal.frey [*pɔ́:lfri*] (*pl.* **- s**) *n.*
مرکوب، اسب راهوار و رام.
pal.ing [*péiliŋ*] *n.*
نرده سازی، حصار سازی، نرده.
pal.i.sade [*pæ̀liséid*] (**-d, palisading**) *n. & vt.* صخرهٔ مشرف بر رودخانه،محجر، پرچین، باپرچین‌احاطه‌کردن.
pall [*pɔ:l*] (**-ed, -ing**)*n., vt.& vi.*
پارچهٔ ضخیم روی تابوت یا قبر، تابوت محتوی مرده، حائل، پرده، با پرده یا روپوش‌پوشاندن، بیزار شدن، بینوق‌شدن، ضعیف‌شدن،ضعیف‌کردن.
pallbearer, *n.* آدم‌نعش‌کش،تابوت‌بر.
pal.let [*pǽlit*] *n.*
مـالهٔ چوبی [معماری و غیره]، مـالهٔ مخصوص کوزه‌گران، مالهٔصافکاری، تختهٔ پهن، تشك‌کاهی.
pal.let.ize, *vt.*
روی سکوب بلند قرار دادن، بـوسیلهٔ سکـوب متحرك [کامیون و غیره] چیزی را حمل‌کردن.
pal.li.ate [*pǽlieit*] (**-d, pallia-**

ting) *vt. & vi.*
تسکین دادن، موقتاً آرام کردن.

pal.li.a.tion [pæliéiʃən] *n.*
تسکین، کاهش دادن.

pal.lia.tive [pǽliətiv] *adj. & n.*
مسکن.

pal.lid [pǽlid] *adj.*
رنگ رفته، کم رنگ، رنگ پریده، محو.

pall-mall, *n.*
چوگان مخصوص بازی پال مال، شلوغ.

pal.lor [pǽlə] *n*
کمرنگی، زردرنگی.

pal.ly [pǽli] *adj.*
همدستی، خودمانی، شریکی.

palm [pa:m] **(-ed, -ing)** *n., vi., adj. & vt.*
نخل، نخل، ... نشانهٔ پیروزی، کامیابی، کف دست انسان، کف پای پستانداران، کف هرچیزی، پهنه، وجب، با کف دست لمس کردن، کش رفتن، رشوه دادن.

P. off on a person.
با زرنگی بکسی رساندن یا فروختن.

palmate, palmat.ed, *adj.*
شبیه پنجه، گسترده، شبیه برگ نخل، دارای پای پرده دار، دارای انتهای پهن (مثل شاخ گوزن).

palm.er [pá:mə] *n.*
زوار امکنهٔ مقدسه که دو برگ خرما را صلیبوار به امکنهٔ مقدسه حمل میکند.

palm.ist, *n.*
کف بین.

palm.is.try, *n.* کف بینی، کف شناسی.

palmy [pá:mi] **(-ier, -iest)** *adj. & n.* نخلی، دارای نخل، برجسته، کامیاب.

pal.pa.bil.i.ty, *n.* قابل احساس و لمس.

pal.pa.ble [pǽlpəbl] *adj.* پرماسیدنی، پرماس پذیر، حس کردنی، قابل لمس، آشکار، واضح.

pal.pebral, *adj.*
پلکی، وابسته به پلک چشم.

pal.pi.tant, *adj.* تپنده.

pal.pi.tate [pǽlpiteit] **(-d, palpitating)** *vi. & vt.*
تپیدن، تپش کردن، تند زدن (نبض)، لرزیدن.

pal.sied, *adj.* افلیج، لرزان، متزلزل.

pal.sy [pɔ́:lzi] *(pl.* **-ies)** *n. & vt.*
فلج، زمین گیری، فلج کردن.

pal.ter [pɔ́:ltə] **(-ed, -ing)** *vi.*
دو پهلو سخن گفتن، زبانبازی کردن، سهل انگاشتن.

pal.tri.ness, *n.* پستی، حقارت، ناچیزی.

paltry, paultry [pɔ́:ltri] **(-ier, -iest)** *adj. & n.*
آشغال، چیز آشغال و ناچیز، جزئی.

pa.lu.dal, *adj.* مردابی، باتلاقی.

pal.u.dism, *n.* [طب] مالاریا، تب نوبه.

paly (-ier,-iest) *adj.* پریده رنگ.

pam.pas [pǽmpəs] *n.pl.*
دشت علفزار آمریکای جنوبی، دشت، مرتع.

pam.per [pǽmpə] **(-ed, -ing),** *vt.* بناز پروردن، نازپرورده کردن، متنعم کردن.

pamph.let [pǽmflit] *n.*
جزوه، رسالهٔ چاپی.

pam.phle.teer, *vi. & n.* رساله نویس، جزوه نویس، رساله نویسی کردن.

pan [pæn] **(-ned, -ning)** *n., vi., adj. & vt.* ماهی تابه، روغن داغ کن، تغار، کفهٔ ترازو، کفه، جُمجُمه، گودال آب، (افسانهٔ یونان) خدای مزرعه وجنگل وجانوران وشبانان، (مه.) سنگ شوئی کردن، استخراج کردن، سرخ کردن، بباد انتقاد گرفتن، بهم پیوستن، متصل کردن، بهم جور کردن، قاب، پیشوندی بمعنی «همه» و «سرتاسر».

PAN

pan.a.cea [pænəsíə] *n.*
اکسیر، نوشدارو، علاج عام، اسقولوفندریون.

Pan.a.ma [pǽnəmá:] *n. & adj.*
کشور جمهوری «پاناما».

pan.cake [pǽnkeik] *n. & vi.*
نان ساجی، نان شیرین و پهن [مثل کلوچه].

pan.chromatic, *adj.* همه رنگ، [در عکاسی] حساس نسبت بهمهٔ رنگها.

pan.cre.as [pǽn-, pǽŋkriæs], *n.* [تش.] لوزالمعده، خوش گوشت.

pan.cre.a.tin, *n.*
[ش.ـحیاتی] دیاستاز شیرهٔ لوزالمعده.

pan.da, *n.* [ج.ش.] مورچه خوار فلس دار هیمالیا.

GIANT PANDA (6 ft. long)

pan.dem.ic, *adj. & n.*
همه جاگیر، ناخوشی همه گیر، جانگیر.

pan.de.mo.ni.um [pændimóuniəm] *n.*
مرکز دوزخ، کاخ شیطان، دوزخ، غوغا.

pan.der [pǽndə] **pan.der.er (-ed, -ing)** *n., vt. & vi.*
جاکش، واسطهٔ کار بد، جاکشی کردن.

pane [pein] *n. & vt.* قطعه، تکه، قابشیشه، جام شیشه، دارای جام شیشه کردن.

pan.e.gyr.ic,-al [pænidʒírik, -al] *adj. & n.* ستایش آمیز، مدیحه، ستایش.

pan.e.gyr.ist, *n.* مدیحه سرا.

pan.el [pǽnl] **(-ed, -ing, -led, -ling)** *n., vi. & vt.*
تشک، پالان، قطعه، قاب سقف، قاب عکس، نقاشی بر روی تخته، نقوش حاشیه دار کتاب، (مج.) اعضای هیئت منصفه، فهرست هیئت یا عده ای که برای انجام خدمتی آماده اند، هیئت، قطعهٔ مستطیلی شکل، قسمت جلو (پیشخوان) اتومبیل و هواپیما و غیره، قاب گذاردن، حاشیه زدن به.

paneling, *n.*
قاب چهارچوب، قابکاری، قابسازی.

pan.el.ist, *n.* عضو هیئت مشاوره و مباحثه یا عضو هیئت رادیو و تلویزیون.

panel truck, *n.*
بارکش کوچک موتوری.

pang [pæŋ] *n. & vt.*
دردسخت، اضطراب سخت وناگهانی، تیرکشیدن، درد، سوزش ناگهانی، حملهٔ سخت.

panhandle, *n., vt. & vi.*
دستهٔ ماهی تابه، زمین باریکه، تکدی کردن.

pan.ic [pǽnik] *adj., vt. & n.*
وحشت، اضطراب وترس ناگهانی، دهشت، هراس، وحشت زده کردن، در بیم و هراس انداختن.

pan.icky [pǽniki] *adj.*
دستپاچه، مضطرب، هراسناک.

Pan.ja.bi, *n. & adj.*
پنجابی، زبان پنجابی.

pan.nier, pan.ier [pǽniə] *n.*
سبد صندوقی، لول، زوین زیر دامن.

pan.ni.kin [pǽnikin] *n.*
فنجان فلزی، لیوان کوچک، پیمانهٔ کوچک.

pan.o.plied, *adj.* مجهز و آراسته، زره پوشیده از سر تا پا، سرتاپا زره پوش.

pan.o.ply [pǽnəpli] **(-ied, panoplying)** *(pl.* **-ies)** *n.* زره کامل، سلاح کامل، کاملاً مجهز، تجهیزات و آرایش کامل.

pan.o.rama [pænərá:mə] *n.*
مناظر مختلفی که پی در پی پشت شهر فرنگ یا دوربین از نظر بگذرد، چشم انداز.

pan.o.ram.ic [pænərǽmik], *adj.* وسیع، چشم اندازدار.

pan.sy [pǽnzi] *(pl.* **-ies)** *n.*
[گ.ش.] بنفشهٔ فرنگی، بنفشهٔ سه رنگ، رنگ قرمز مایل به آبی.

pant [pænt] **(-ed, -ing)** *n., adj., vt. & vi.*
نفس نفس زدن، تند نفس کشیدن، دم کشیدن، ضربان داشتن (قلب و غیره)، ضربان، تپش.

pan.ta.loon [pæntəlú:n] *n.*
... دو عینکی، شلوار آویخته، دلقک، شلوار، نوعی شلوار و جوراب سرهم ...

pan.the.ism [pǽnθiizm] *n.*
فرضیه ای که خدا را مرکب از کلیهٔ نیروها و پدیده های طبیعی میداند، همه خدائی، وحدت وجود.

pan.the.on [pǽnθiən, pænθí:ən], *n.* معبد تمام خدایان وادیان مختلف، زیارتگاه.

pan.ther [pǽnθə] *(pl.* **-s)** *n.*
[ج.ش.] پلنگ، یوزپلنگ.

pant.ie, panty, *n.* تنکه پوش، تنکه.

pantile, *n.* آجرکاشی ناودانی مخصوص بام [مثل سفالهای ناودانی]، سوفال.

pan.tofle, *n.* کفش دم پائی، کفش راحتی.

pan.to.mime [pǽntəmaim] *n. & vt.* نمایش صامت مخصوصاً با ماسک، تقلید درآوردن.

pan.tropic, -al, *adj.* [گ.ش.] واقع درمناطق حاره، منتشر درنواحی گرمسیری.

pan.try [pǽntri] *(pl.* **-ies)** *n.*
آبدارخانه، شربت خانه، مخصوص لوازم سفره.

pants [pænts] *n.pl.*
شلوار، زیرشلواری، [ز.ع.] تنکه (tonokeh).

pap [pæp] *n. & vt.* نوک پستان، ممه، هرچیزی شبیه نوک پستان، قلّه، خوراک نرم و رقیق (مثل فرنی)، خمیر نرم، تفالهٔ گوشت یا سیب.

Pa.pa [pəpá, pǽpə] *n.*
بابا، پاپا، آقاجان، پاپ، کشیش ناحیه.

pa.pa.cy [péipəsi] *(pl.* **-ies)** *n.*
مقام پاپی، سمت پاپی، قلمرو پاپ.

pa.pal [péipl] *adj.* پاپی.

pa.paw, -paw.paw [pɔ:pɔ́:, pəpɔ́:] *n.* [گ.ش.] درخت پاپاو یا درخت نخل آمریکای جنوبی.

pa.paya [pəpáiə] *n.*
[گ.ش.] عنبهٔ هندی، پاپایه، میوهٔ عنبهٔ هندی.

pa.per [péipə] **(-ed,-ing)** *n., vi., adj. & vt.* کاغذ، روزنامه، مقاله، جواز، پروانه، ورقه، ورق کاغذ، (بصورت جمع) اوراق، روی کاغذ نوشتن، یادداشت کردن، با کاغذ پوشاندن.

paperback, -ed, *n. & adj.*
کتاب جلد کاغذی.

paperboard, *n.* مقوا، کاغذمقوائی.

paperhanger, *n.*
کسیکه کاغذ دیواری می چسباند.

paper knife, *n.* کارد کاغذبری.

paper money, paper currency, *n.* اسکناس، پول کاغذی.

papier-maché [pǽpiei mǽʃei], *n.* خمیر کاغذ، کاغذ مچاله.

pa.pil.la *(pl.* **-e)** *n.* پت، نوک پستان، برآمدگی نوکدار، برآمدگی کوچک، پاپیل، پستانک، زائدهٔ بافتی ریشهٔ پر و موی سر و بدن و امثال آن، استطالهٔ بافتی.

pa.pist [péipist] *n.* طرفدار پاپ.

pa.pist.ry, *n.* پاپ بازی.

pa.pri.ka, pap.ri.ca [pæprí:kə], *n.* (گ.ش.) میوهٔ رسیدهٔ فلفل قرمز.

papy.rus [pəpáiərəs] *(pl.* **-es, papyri)** *n.*
(گ.ش.) بردی، پاپیروس، درخت کاغذ.

par [pa:] *n., vt. & adj.* برابری، تساوی، تعادل، بهای رسمی سهم، برابر کردن.

par.a.ble [pǽrəbl] *n. & adj.*
مثال، مثل، تمثیل، قیاس، نمونه، داستان اخلاقی.

pa.rab.o.la [pərǽbələ] *(pl.* **-s)** *n.* سهمی، شلجمی، قطع مکانی، (هن.) قطع مخروط.

pa.rab.o.loid, *n.*
سطحی که در اثر گردش جسم شلجمی بدور خود تشکیل میگردد، قطع مخروطی.

para.chute [pǽrəʃu:t] **(-d, parachuting)** *n., vt. & vi.*
چتر نجات، پاراشوت، پاراشوت بکار بردن.

para.chut.ist [pǽrəʃu:tist] *n*
چتر باز، فرود آینده با چتر نجات.

pa.rade [pəréid] **(-d, parading)** *n., vi. & vt.*
رژه، سان، نمایش با شکوه، جلوه، نمایش، خودنمائی، جولان، میدان رژه، تظاهرات، عملیات دسته جمعی، اجتماع مردم، رژه رفتن، خودنمائی کردن.

par.a.digm [pǽrədaim, -dim] *(pl.* **-s & paradigmata)** *n.*
آیهٔ کتاب مقدس که مثالی را متضمن است، نمونه.

par.a.di.sal, *adj.* بهشتی.

par.a.dise [pǽrədais] *n.*
بهشت برین، فردوس، سعادت، خوشی.

par.a.dox [pǽrədɔks] *n. & vi.*
قیاس ضد و نقیض، بیان مغایر، اضداد، مهمل نما.

par.af.fin [pǽrəfin] *n. & vt.*
(ش.) پارافین.

par.a.gon [pǽrəgən] **(-ed, -ing)** *n., vt. & vi.*
معیار، مقیاس رفعت و خوبی، نمونهٔ کامل، رقابت کردن، بعنوان نمونه بکار بردن، برتری یافتن.

par.a.graph [pǽrəgra:f] **(-ed, -ing)** *n., vt. & vi.* پرگرد، پاراگراف، بند، فقره، ماده، بندبند کردن، فاصله گذاری کردن، انشاء کردن.

parakeet=parrakeet [pǽrəki:t, -ket] *n.* طوطی کوچک دراز دم.

par.al.lel [pǽrəlel] **(-ed,-ing),** *adj., adv., n., vt. & vi.*
موازی، متوازی، (مج.) برابر، خط موازی، موازی کردن، برابر کردن.

Draw a p. between.
با هم مقایسه یا تشبیه کردن.

paral-lel bars, *n.* [ورزش] پارالل زیمناستیک.

PARALLEL BARS

par.al.lel.epi.ped, *n.* متوازی السطوح، حجم متوازی السطوح، منشور متوازی السطوح.

par.al.lel.ism, *n.*
موازات، برابری، همسانی، مشابهت، ترادف عبارات، اشتراک وجه، تقارن.

par.al.lelo.gram [pærəléləgræm] *n.* متوازی الاضلاع.

pa.ral.y.sis [pərǽlisis] *(pl.* **paraly.ses)** *n.* فلج، رعشه، سکتهٔ ناقص، ازکارافتادگی، وقفه، بیحالی، رخوت، عجز.

par.a.lyt.ic [pærəlítik] *adj.*
افلیج، وابسته به فلج.

par.a.ly.za.tion, *n.* فلج سازی.

par.a.lyze [pǽrəlaiz] **(-d, paralyzing)** *vt.*
فلج کردن، ازکار انداختن، بیحس کردن.

pa.ram.e.ter, *n.*
نسبت میان تقاطع دوسطح، مقدارمعلوم ومشخص، پارامتر، مقداری از یک مدار.

para.mor.phism, *n.*
خاصیت دگردیسی.

par.a.mount [pǽrəmaunt] *adj.*

&n. قائق،حاکم‌عالیمقام، برتر، بزرگتر، برترین.
P. importance. درجهٔ اول اهمیت.

par.a.mount.cy, *n.* برتری، تفوق.

par.amour [pœ́rəmuə] *n.* فاسق، رفیقه، عاشق، معشوقه.

par.a.noia, *n.* [طب] جنون‌ایجاد سوء ظن شدیدو‌هذیان‌گوئی وفقدان بصیرت، پارانویا.

par.a.pet [pœ́rəpit] *n.* جان‌پناه، بسنگر، سپر، محجر، دیواره، نرده.

par.a.pher.na.lia [pœ̀rəfənéi-liə] *n.pl.* [حق.ـ مدنی] اموال‌شخصی‌زن، اثاث البیت، اثاث، اسباب، لوازم، متعلقات، ضمائم، لفافه.

para.phrase [pœ́rəfreiz] (**-d, paraphrasing**) *n., vt. & vi.* تفسیر، تأویل، ربط، ترجمهٔ آزاد، توضیح، نقل بیان، ترجمه و تفسیر کردن.

para.ple.gia, *n.* فلج پائین تنه، فلج نیمهٔ بدن، فلج پا، فلج اعضاء سافل، پافلجی.

par.a.site [pœ́rəsait] *n., vt. & vi.* انگل، طفیلی، صدای مزاحم، پارازیت.

par.a.sit.ism, *n.* انگلی، زندگی طفیلی، سورچرانی، کاسه لیسی، مزاحمت.

par.a.si.tize, *vt.* انگل شدن بر، طفیلی شدن.

par.a.sitol.o.gy, *n.* انگل شناسی.

par.a.sol [pœ́rəsɔl, pœ́rəsɔ̂l, pœ́rəsóul] *n. & adj.* چترآفتابی، هواپیمای یك باله.

para.sympathetic, *adj. & n.* [تش.] عمل‌کننده‌مانندستگاه‌عصبی‌نباتی، وابسته بدستگاه عصبی نباتی، پاراسمپاتی.

para.thyroid, *adj. & n.* (مربوطه به) غدد پاراتیروئید، مترشحه از غدد ماوراء درقی.

para.troop, *adj.* مربوط به‌چترباری.

para.trooper, *n.* سرباز چترباز.

para.typhoid, *adj. & n.* (طب) بیماری شبه حصبه، مربوط به‌شبه حصبه.

para.vane [pœ́rəvein] *n.* آلت مین جمع‌کن‌کشتی، اژدرمخرب‌زیردریائی.

par.boil [pá:bɔil] (**-ed, -ing**), *vt. & vi.* اندکی جوشاندن، جوشانده کردن، نیمه پختن.

par.cel [pá:sl] (**- ed, - led, -ing,-ling**) *adj.,adv., n., vt. & vi.* جزئی‌ازیك‌کل، بخش، قسمت، گره، دسته، بسته، امانت‌پستی، به‌قطعات‌تقسیم‌کردن، توزیع‌کردن، بسته‌بندی‌کردن، در بسته‌گذاشتن.

parch [pa:tʃ] (**-ed, -ing**) *vi., n. & vt.* برشته‌کردن، بریان کردن، نیم‌سوزکردن، خشك شدن (باحرارت)، تفتیدن، آفتاب سوخته‌کردن.
Parched with thirst. تشنهٔ سوخته.

parch.ment [pá:tʃmənt] *n.* کاغذ پوست، نسخهٔ خطی روی پوست آهو.

pard.ner=pard, *n.* یار، شریك.

par.don [pá:dn] (**-ed, - ing**), *vt., vi. & n.* پوزش، بخشش، آمرزش، گذشت، مغفرت، حکم بخشش، فرمان عفو، بخشیدن، معذرت‌خواستن.
Ask p. for one's sins. برای گناهان خودآمرزش طلبیدن.

par.don.able [pá:dənəbl] *adj.* قابل بخشیدن.

par.don.er [pá:dənə] *n.* کشیش‌آمرزندهٔ‌گناه، بخشنده.

pare [peə] (**-d, paring**) *vt.* سرشاخه چیدن، قسمتهای زائدچیزی راچیدن، تراشیدن، چیدن، کاستن، پوست‌کندن.

par.e.gor.ic, *adj. & n.* مسکن درد، تخفیف دهندهٔ درد، تنتور مسکن.

pa.ren.chy.ma, *n.* جرم اصلی، دژپیه، مغز غده، بافت اصلی.

par.ent [pɛ́ərənt] *n., adj. & vt.* پدر یا مادر، (در جمع) والدین، منشاء، بعنوان والدین‌عمل‌کردن.

par.ent.age [pɛ́ərəntidʒ] *n.* نسب.

pa.ren.tal [pəréntl] *adj.* والدینی، وابسته به‌پدرومادر.

pa.ren.the.sis [pərénθisis] (*pl.* **parenthe.ses**) *n.* جملهٔ معترضه، دو هلال، دو ابرو، پرانتز.

pa.ren.the.size (**-d, paren-thesizing**) *vt. & vi.* بطور معترضه‌گفتن، پرانتزگذاردن.

par.en.thet.ic [pœrenθétik] *adj.* بطور معترضه.

par.ent.hood, *n.* پدری، والدینی، مقام والدین، وظایف والدین.

pa.re.sis (*pl.* **pare.ses**) *n.* (طب) فلج ناقص، فلج خفیف، ضعف عضلانی.

par.helion (*pl.* **parhelia**) *n.* خورشیدکاذب، عکس خورشید.

pa.ri.ah [pœ́riə, pá:riə, pəráiə], *n.* منفور، از طبقهٔ پست در هندوستان.

pa.ri.es (*pl.* **pari.e.tes**) *n.* استخوانهای جداری [درآهیانه وغیره]، قسمت مثلثی شکل بند بدن‌کشتی چسب.

pa.ri.e.tal, *adj. & n.* جداری، دیواری، (تش.) استخوان‌آهیانه.

pari-mutuel [pari my:tyel] (*pl.* **- s**) *n.* شرط‌بندی در اسبدوانی.

pa.ri pas.su, *adv.* [لاتین] برابر، مساوی، همدرجه، هم‌مقام.

Par.is [pœ́ris] *n. & adj.* شهر پاریس، (افسانهٔ یونان) فرزند «پریام».

par.ish [pœ́riʃ] *n.* بخش یا ناحیهٔ قلمروکشیش‌کلیسا، بخش، شهر، محله، شهرستان، قصبه، اهل محله.
Go on the p. اعانهٔ محلی گرفتن.

pa.rish.io.ner [pəríʃənə] *n.* اهل بخش.

pa.ri.sian [pərízjən] *adj. & n.* پاریسی.

par.i.ty [pœ́riti] *n.* برابری، تساوی، زوج بودن، تعادل، جفتی.

park [pa:k] (**- ed, - ing**) *n., vt. & vi.* پارك، باغملی، گردشگاه، پردیز، شکارگاه محصور، مرتع، در ماندگاه اتومبیل نگاهداشتن، اتومبیل‌را پارك‌کردن، قراردادن.

parking, parking lot, *n.* ماندگاه، توقفگاه بی‌سقف (برای توقف وسائط نقلیه).

Par.kin.son's disease, *n.* [طب] مرض پارکینسن، فلج مرتعش.

parkway, *n.* بزرگراه، باغراه.

par.lance, *n.* مکالمه، مناظره، گفتگو، طرز سخن‌گفتن.

parle (**-d, parling**) *n., vt. & vi.* گفتگو، صحبت، مکالمه، گفتگوکردن.

par.ley [pá:li] (**-ed, - ing**) (*pl.* **-s**) *n., vt. & vi.* گفتگوی دونفری، مذاکره در بارهٔ صلح‌موقت، مکالمه‌کردن، مذاکره‌کردن.

par.lia.ment [pá:ləmənt] *n.* مجلس، مجلس شورا، پارلمان.

par.lia.men.tar.i.an [pà:limən-tɛ́əriən] *n. & adj.* نمایندهٔ مبرز، طرفدار حکومت پارلمانی.

par.lia.men.ta.ry [pà:liméntə-ri] *adj. & n.* هواخواه مجلس، مجلسی، پارلمانی.

par.lor, par.lour [pá:lə] *n. & adj.* اطاق نشیمن، اطاق پذیرائی.

parlor car, *n.* سالن استراحت قطار.

parlormaid, *n.* کلفت یا پیشخدمت سالن پذیرائی.

par.lous [pá:ləs] *adj. & adv.* خطرناك، زیرك، موذی، خیلی مهیب، بسیار.

pa.ro.chial [pəróukiəl] *adj.* بلوکی، بخشی، ناحیه‌ای، محدود، کوته نظر.

pa.ro.chial.ism [pəróukiəlizm] *n.* محدودیت در افکار و عقاید محلی، امور مربوط‌بناحیه یا بخش‌کلیسائی، [مج.] کوته نظری.

par.o.dy [pœ́rədi] (*pl.* **-ies**) *n. & vt.* استقبال شعری، نوشته یا شعری‌که تقلید از سبك دیگری باشد، تقلید مسخره‌آمیزکردن.

pa.role [pəróul] (**-d, paroling**), *n., adj., vt. & vi.* قول شرف، قول مردانه، آزادی زندانیان واسرا بقیدقول‌شرف، بقید قول شرف‌آزاد ساختن، قول شرف‌داده (درمورد زندانی واسیر)، عفومشروط.
Be (put) on the p. بقید قول شرف‌آزاد شدن.

pa.rot.id, *adj. & n.* [تش.] وابسته بغدهٔ بزاق زیرگوش، غدهٔ بناگوشی.

par.o.ti.tis, *n.* [طب] اریون، التهاب غدد بناگوشی، گوشك.

par.ox.ysm [pœ́rəksizm] *n.* (طب)گهگیری، حملهٔ ناگهانی مرض، تشنج.

par.quet [pá:kit, - ket, - ki, -kei] (**-ed, - ing**) *vt. & n.* آجرموزائیك، آجرچوبی کف‌اطاق، محل‌ارکستر نمایش، پائین صحنه، باچوب‌فرش کردن.

par.ra.keet, par.a.keet, *n.* (ج.ش.) طوطی کوچك دراز دم و سبز رنگ.

par.ri.cide [pœ́risaid] *n.* قاتل والدین، خائن بمیهن، پدرکش.

par.rot [pœ́rət] (**-ed, - ing**), *n., vt., adj. & vi.* (ج.ش.) طوطی، هدف، طوطی‌وارگفتن.

par.ry [pœ́ri] (**- ied, - ing**), (*pl.* **- ies**) *n., vt. & vi.* دفع‌کردن حملهٔ حریف، دورکردن، دفع حمله، دور سازی، طفره رفتن.
P. of debate. دفاع در مناظره.

parse [pa:z] (**-d, persing**) *vt. & vi.* اجزاء و ترکیبات جمله را معین‌کردن، جمله را تجزیه‌کردن، تجزیه شدن.

Par.si [pá:sí:] **Par.see,** *n.* پارسی، زرتشتی، زبان پارسی دورهٔ ساسانیان.

par.si.mo.nious [pà:simóuniəs], *adj.* صرفه‌جو.

par.si.mo.ny [pá:siməni] *n.* خست، امساك، صرفه‌جوئی، کم‌خرجی.

pars.ley [pá:sli] *n. & adj.* [گ.ش.] جعفری.

pars.nip [pá:snip] *n.* [گ.ش.] هویج وحشی، زردك وحشی.

par.son [pá:sn] *n.* کشیش بخش.

par.son.age [pá:sənidʒ] *n.* قلمروکشیش بخش، مقرکشیش بخش.

part [pa:t] *adv., adj., n., vi. & vt.* پاره، بخش، خرد، جزء مرکب چیزی، جزء مساوی، عنصر اصلی، عضو، نقطه، مکان، اسباب یدکی‌اتومبیل، مقسوم، تفکیك‌کردن، تفکیك‌شدن، جدا شدن، جداکردن، نقش‌بازیگر.
For the most p. بیشتر، اکثراً.
To take p. شرکت‌کردن.

par.take [pa:téik] (**par.took, partak.en, partaking**) *vt. & vi.* شرکت کردن، شریك شدن، بهره داشتن، قسمت بردن، خوردن، سهیم بودن در.

par.terre [pa:tɛ́ə] *n. & adv.* باغچهٔ‌گلکاری، بخشی از تماشاخانه‌که پشت سر نوازندگان است، در طول زمین.

par.the.no.genesis, *n.* ایجاد مولود بوسیلهٔ جنس مؤنث بدون‌عمل‌لقاح، تناسل بکری، بکرزائی.

Par.the.non [pá:θinɔn] *n.* «پارتنون» معبد خدای «آتنا» درآتن.

Par.thi.an [pá:θiən] *adj. & n.* پارتی، اشکانی، اهل‌پارت.

par.tial [pá:ʃəl] *adj. & n.* جانبدار، طرفدار، مغرض، جزئی، ناتمام، بخشی، قسمتی، متمایل به، علاقمند به.

par.tial.i.ty [pà:ʃiǽliti] (*pl.* **-ies**) *n.* طرفداری، جانبداری، تعصب، غرض.

par.ti.ble, *adj.* جداکردنی، قابل افراز، بخش‌پذیر.

par.tic.i.pant [pa:tísipənt] *n.& adj.* شرکت‌کننده، شریك، انباز، سهیم، همراه.

par.tic.i.pate [pa:tísipeit] (**-d, participating**) *vt. & vi.* شریك شدن، شرکت‌کردن، سهیم شدن.

par.tic.i.pa.tion [pa:tìsipéiʃən], *n.* مشارکت، مداخله، شرکت‌کردن.

par.ti.cip.i.al [pà:tisípiəl] *adj.* وابسته بوجه وصفی.

par.ti.ci.ple [pá:tisipl] *n. & adj.* (د.) وجه وصفی، وجه وصفی معلوم، وجه وصفی مجهول، صفت مفعولی.

par.ti.cle [pá:tikl] *n.* خرد، ریزه، ذره، لفظ، حرف.

parti-colo(u)red [pá:tikʌləd], *adj.* رنگارنگ، ابلق.

par.tic.u.lar [pətíkjulə] *adj. & n.* مخصوص، ویژه، خاص، بخصوص، مخصص، دقیق، نکته‌بین، خصوصیات، تك، منحصر بفرد.
She is too p. about her dress. زیاد بلباس مقید است.

par.tic.u.lar.ism, *n.* دلبستگی بمرام خاصی، اعتقاد باینکه نجات‌فقط برای برگزیدگان میسر است.

par.tic.u.lar.i.ty [pətìkjulǽriti], (*pl.* **- ies**) *n.* بستگی بعقاید خاصی، دارای خصوصیات معینی، خصوصیات برجسته، دقت زیاد، جزئیات.

par.tic.u.lar.ize [pətíkjuləraiz], *vt.* با ذکر جزئیات شرح دادن.

par.ti.san, par.ti.zan [pà:ti-zǽn, pá:tizən] *n.* شمشیرپهن‌ودسته‌بلند، طرفدار، حامی، پیرو متعصب، پارتیزان.

par.tite, *adj.* جدا شده، منقسم به‌قسمت‌های جدا جدا، (بصورت پسوند) جانبه، قسمتی.

par.ti.tion [pa:tíʃən] *n., vt. & vi.* تیغه، دیواره، وسیله یا اسباب‌تفکیك، حدفاصل، آپارتمان، تقسیم به‌بخش‌های‌جزء‌کردن، تفکیك کردن، جداکردن.
P. wall. تیغه، دیوار(جداکننده)، پارابان.

par.ti.tive [pá:titiv] *adj. & n.* وابسته به‌تیغه یادیواره یاتفکیك، وابسته‌به‌جزء.

part.ly [pá:tli] *adv.* چندی، یك چند، تا حدی، نسبتاً، در یك جزء، تا یك اندازه.

part.ner [pá:tnə] (**-ed, -ing**), *vi., n. & vt.* شریك‌شدن یاکردن، شریك، همدست، انباز، همسر، یار.

part.ner.ship [pá:tnəʃip] *n.* مشارکت، شرکاء.
Enter into partnership with some one. باکسی شریك شدن.

par.tridge [pá:tridʒ] (*pl.* **-s**) *n.* (ج.ش.) کبك.

part-time [pá:ttáim] *adj.* برخه‌کار، برخه‌کاری، نیمه‌وقت، پاره وقت.

par.tu.ri.ent, *adj.* بچه‌آور، بچه‌زا، کثیرالاولاد، بارور، ثمربخش.

par.tu.ri.tion, *n.* زایمان، بچه‌زائی.

par.ty [*pá:ti*] (*pl.* **-ies**) *n., adj. & vi.* قسمت، بخش، دسته، دستهٔ‌همفکر، حزب، دستهٔ متشکل، جمعیت، مهمانی‌دسته‌جمعی، پارتی، متخاصم، طرفدار، طرف، یارو، مهمانی دادن یا رفتن.

par.ve.nu, -e [*pá:vənju*] (*pl.* **-s**), *adj. & n.* تازه بدوران رسیده.

pash (-ed, -ing) *n., vt. & vi.* ضربت خردکننده، سقوط برف سنگین، باران شدید، یورش، نرمی، با زور پرتاب کردن، کوبیدن، رگبار تند باریدن، سر، کله.

Pa.sha, ba.shaw [*pæʃá:, pæʃə, pá:ʃə*] *n.* پاشا.

pass [*pa:s*] **(-ed, -ing)** *vt., n. & vi.* گذشتن، عبور کردن، سپری شدن، تصویب کردن، قبول شدن، رخ دادن، قبول کردن، تمام شدن، وفات کردن، پاس، سبقت‌گرفتن از، خطور کردن، پاس دادن، رایج شدن، اجتناب کردن، گذر، عبور، گذرگاه، راه، گردنه، کدوك، پروانه، جواز، گذرنامه، بلیط، پاس‌دادن توپ، نوازش با دست، شوخی، بذله.

pass.able [*pá:səbl*] *adj.* گذرپذیر، قابل قبول، قابل عبور.

pas.sage [*pǽsidʒ*] **(-d, passaging)** *n. & vt.* گذر، عبور، حق‌عبور، پاساژ، اجازهٔ‌عبور، سپری‌شدن، انقضاء، سفردریا، راهرو، گذرگاه، تصویب، قطعه، نقل قول، عبارت منتخبه از یك کتاب، رویداد، کارکردن مزاج.

passageway, *n.* راهرو، غلام‌گردش، محل عبور، گذرگاه.

pas.sant, *adj.* تصویرجانوریکه دست خود را بلندکرده، جلوافتاده، گذرنده، سبقت‌گیر، عابر، ناقل.

pass away, *vi.* مردن، درگذشتن.

passbook [*pá:sbuk*] *n.* دفتر حساب جاری، دفترچهٔ حساب پس‌انداز.

pas.sen.ger [*pǽs(i)n(d)ʒə*] *n.* گذرگر، مسافر، رونده، عابر، مسافرتی.

passerby [*pá:səbái*] (*pl.* **passersby**) *n.* رهرو، عابر، رهگذر (مخصوصاً بطور اتفاقی).

pas.ser.ine, *adj.* [ج.ش.] گنجشکی، شاخه نشین، وابسته به‌گنجشک.

pas.sim [*pǽsim*] *adv.* [لاتین] اینجا و آنجا، همه جا.

pass.ing [*pá:siŋ*] *adj., adv. & n.* گذرنده، زودگذر، فانی، بالغ‌بر، درگذشت.

pas.sion [*pǽʃən*] *n.* اشتیاق‌وعلاقهٔ شدید، احساسات تندوشدید، تعصب شدید، اغراض نفسانی، هوای نفس.

Fly into p. از جا در رفتن.

pas.sion.al, *adj. & n.* کتاب شرح مصائب شهدای راه دین، احساساتی.

pas.sion.ate [*pǽʃənit*] *adj.* آتشی مزاج، سودائی، احساساتی، شهوانی.

pas.sionflower, *n.* [گ.ش.] گل‌ساعت.

pas.sive [*pǽsiv*] *adj. & n.* انفعالی، مفعول، تأثرپذیر، تابع، بیحال، دستخوش عامل‌خارجی، غیرفعال، مطیع وتسلیم، کنش‌پذیر.

P. voice. فعل مجهول، بناء مجهول.

P. resistance. مقاومت منفی.

pas.siv.ism, *n.* فلسفهٔ‌صبروعدم‌جنبش، رفتار از روی بی‌حالی، کنش‌پذیرگرائی.

pas.siv.i.ty [*pæsíviti*] *n.* انفعال، بی‌ارادگی، کنش پذیری.

pass out, *vi.* ناگهان‌بیهوش‌شدن، مردن.

Pass over [*pá:sòuvə*] *n. & vt.* عید فصح، عید فطر، غفلت کردن.

pass.port [*pá:spɔ:t*] *n.* گذرنامه، تذکره، وسیلهٔ دخول، کلید.

pass up, *vt.* [آمر.ز.ع.] ردکردن، صرفنظر کردن.

password [*pá:swə:d*] *n.* نشانی، اسم شب، اسم عبور.

past [*pa:st*] *adj., n., adv., & prep.* گذشته، پایان‌یافته، وابسته بزمان‌گذشته، پیش، ماقبل، ماضی، گذشته از، ماورای، در ماورای، دور از، پیش از.

For some time p. چندی است.

Ten minutes past five. ده دقیقه از پنج گذشته.

paste [*peist*] **(-d, pasting),** *n., vt. & vi.* خمیر، چسب، سریش، گل یا خمیر، نوعی شیرینی، چسباندن، چسب زدن به، خمیر زدن.

pasteboard [*péistbɔ:d*] *n. & adj.* کاغذ مقوائی، کارت ویزیت، ورق بازی، قلابی.

pas.tel [*pæstel*] *adj. & n.* (گ.ش.) وسمه، نیل‌گیاه، ایساتیس رنگرزان، خمیر مواد رنگی، نقاشی با مداد رنگی.

pas.tern [*pǽstə:n*] *n.* [ج.ش.] بخولق، بخولق‌چهار پایان، قسمت سفلای پای اسب.

pas.teur.iza.tion [*pæstərai-zéiʃən*] *n.* پاستوریزه کردن.

pas.teur.ize [*pǽstəraiz*] **(-d, pasteurizing)** *vt.* سترون ساختن میکروب طبق روش پاستور.

pas.tiche, *n.* تقلید ادبی یا صنعتی از آثار استادان فن.

pas.tille, pas.til, pas.tile [*pæs-til, pæstí:l*] *n.* خمیری‌که برای بخور دادن بکار رود، بخور، قرص‌داروئی که‌روی آن‌شیرینی باشد، مداد رنگی.

pas.time [*pá:staim*] *n.* مشغولیات، سرگرمی، تفریح، کاروقت‌گذران، ورزش.

pas.tor, -al [*pá:stə, -l*] *adj. & n.* پیشوای روحانی، شبان، چوپان، شبانی، شعر روستائی.

pas.to.ral.ism, *n.* روش‌نامه‌نویسی‌اسقفی، چوپانی، سبك‌شعرروستائی.

pas.tor.ate [*pá:stəreit*] *n.* مقام شبانی‌کلیسا، پیشوائی روحانی، روحانیون.

past participle, *n.* [د.] اسم‌مفعول.

past perfect, *adj.* [د.] ماضی بعید.

pas.tra.mi, *n.* گوشت ادویه زده و دودی شدهٔ شانهٔ‌گاو.

pas.try [*péistri*] (*pl.* **-ies**) *n.* کماج وکلوچه ومانندآنها، شیرینی‌پزی، شیرینی.

past tense, *n.* [د.] زمان‌گذشته.

pas.tur.age, pas.ture [*pá:st-jəridʒ, pá:stʃə*] **(-d, pasturing),** *n., vt. & vi.* چراگاه، مرتع، گیاه و علف قصیل، چرانیدن، چریدن در، تغذیه‌کردن.

pas.ty [*péisti*] **(-ier, -iest)** (*pl.* **-ies**) *n. & adj.* چسب‌مانند، خمیرمانند، کلوچهٔ قیمه‌دار، شیرینی میوه‌دار، خمیری.

pat [*pæt*] **(- ted, - ting)** *n., adj., adv., vt. & vi.* نوازش، دست‌زدن‌آهسته، قالب، نوازش‌کردن، دست نوازش بر سرکسی‌کشیدن، آهسته دست‌زدن به، بهنگام، بموقع، بی‌حرکت، ثابت، بطورمناسب.

patch [*pætʃ*] **(-ed, -ing, -es),** *n., pl., vt. & vi.* تکه، وصله، مشمع روی زخم، قطعهٔ زمین، مدت، زمان‌معین، وصلهٔ‌ناجور، وصله‌کردن، وصله‌دوزی کردن، تعمیر کردن، بهم جور کردن.

patchwork [*pǽtʃwə:k*] *n.* وصله دوزی، مرصع، چهل تکه، قلابدوزی، کار سرهم‌بندی، جسته‌گریخته، آش شله‌قلمکار.

patchy [*pǽtʃi*] **(-ier, -iest)** *adj.* تکه تکه، وصله وصله، جوربجور، وصله‌دار.

patę [*peit*] *n.* کله، سر، سر یا قسمتی از سر انسان، مغز.

pa.té [*pætei*] *n.* نان شیرینی محتوی گوشت مرغ یاگوسفند ادویه زده، خمیر.

pa.tel.la (*pl.* **-e, -s**) *n.* (تش.) استخوان‌کشکك، کاسهٔ زانو، طشت‌کوچك.

pat.ent [*péit(ə)nt*] **(-ed, -ing),** *n., adj. & vt.* آشکار، دارای حق‌امتیاز، امتیازی، بوسیلهٔ حق امتیاز محفوظ‌مانده، دارای حق انحصاری، گشاده، مفتوح، آزاد، محسوس، حق‌ثبت اختراع، امتیاز نامه، امتیاز یا حق انحصاری بکسی دادن، اختراعی را (بنام خود) ثبت‌کردن.

P. right. حق امتیاز.

P. office, n. ادارهٔ ثبت اختراعات.

pat.en.tee [*pèitntí:*] *n.* صاحب اختراع ثبت شده، ذینفع اختراع به‌ثبت‌رسیده.

pa.ter [*péitə*] *n.* پدر، پدر روحانی (عنوان‌کشیشان است).

pa.ter.fa.mil.i.as [*péitəfəmí-liæs*] *n.* بزرگ خانواده، پیر قوم.

pa.ter.nal [*pətə':nl*] *adj.* پدری، پدرانه، دارای محبت پدری، از پدر.

P. uncle. عمو.

P. aunt. عمه.

pa.ter.nal.ism, *n.* پدرگرائی، پدرسروری.

pa.ter.ni.ty [*pətə':niti*] *n.* صفات‌پدری، رفتارپدرانه، اصلیت، اصل، منشاء.

pa.ter.nos.ter [*pǽtənɔ́stə*] *n.* دعای ربانی یا دعائی‌که عیسی تعلیم داده.

path [*pa:θ*] (*pl.* **-s**) *n.* باریکه‌راه، جاده، راه، مسیر، طریقت، جادهٔ مالرو.

pa.thet.ic, -al [*pəθétik*] *adj.* دارای احساسات شدید، رقت‌انگیز، تأثرآور، مؤثر، احساساتی، حزن‌آور.

pathfinder, *n.* راه‌یاب، بلدراه، پیشرو، کاشف.

path.less [*pá:θlis*] *adj.* بی‌راه، بدون جاده، ناشناخته.

patho.genesis, *n.* [طب] بیماریزائی، مبحث پیدایش ناخوشی.

pa.thol.o.gist [*pəθɔ́lədʒist*] *n.* پزشك ویژه‌گرآسیب‌شناسی، آسیب‌شناس.

pa.thol.o.gy [*pəθɔ́lədʒi*] (*pl.* **-ies**) *n.* (طب) آسیب‌شناسی، پاتولوژی.

pa.thos [*péiθɔs*] *n.* عامل و موجد ترحم و تأثر، ترحم، گیرندگی.

pathway [*pá:θwei*] *n.* معبر، جاده، گذرگاه، خط‌سیر، جادهٔ پیاده‌رو.

pa.tience [*péiʃəns*] *n.* بردباری، شکیبائی، شکیب، صبر، طاقت، تاب.

pa.tient [*péiʃənt*] *n. & adj.* شکیبا، بردبار، صبور، از روی‌بردباری، پذیرش، بیمار، مریض.

pat.i.na, pa.tine [*pǽtinə*] (*pl.* **s, - e**) *n. & vt.* زنگ مفرغ، جرم سبز، زنگار، قاب.

pat.io [*pá:tiou*] (*pl.* **- s**) *n.* حیاط، ایوان، طارمی، پاسیو.

pa.tois [*pǽtwa:*] *n. pl.* لهجهٔ ولایتی وشهرستانی، لهجهٔ‌محلی، لهجهٔ‌عوام.

pa.tri.arch [*péitria:k*] *n.* پدرشاه، رئیس خانواده، ریش‌سفیدقوم، ایلخانی، شیخ، بزرگ خاندان، پدر سالار.

pa.tri.archy (*pl.* **- ies**) *n.* پدر شاهی، پدرسالاری.

pa.tri.cian [*pətríʃən*] *n. & adj.* نجیب‌زاده، اعیان‌زاده، شریف، اشرافی.

pat.ri.cide [*pǽtrisaid*] *n.* پدرکشی، خائن به‌میهن، پدرکش.

pat.ri.lineal, *adj.* نسب پدری، وابسته بدودمان پدری.

pat.ri.mo.ni.al [*pæ̀trimóuniəl*], *adj.* وابسته به‌میراث، ارثی.

pat.ri.mo.ny [*pǽtriməni*] (*pl.* **-ies**) *n.* ارث پدری، ثروت موروثی، میراث.

pa.tri.ot, -ic [*péitriɔt, péitriəl, pǽtriɔt*] *adj. & n.* میهن‌پرست، هم‌میهن، میهن‌دوست، وابسته به وطن‌پرستی.

pa.tri.ot.ism [*péitriətizm, pǽt-*], *n.* میهن‌پرستی.

pa.tris.tic, -al, *adj.* وابسته به‌اولیاء و بزرگان مذهب.

pa.trol [*pətróul*] **(-led, -ling),** *n., vt. & vi.* (نظ.) گشت، گشتی، پاسداری، گشت‌زدن، پاسبانی کردن، پاسداری‌کردن.

pa.trol.man (*pl.* **- men**) *n.* پلیس گشتی، گشتی.

pa.tron [*péitrən*] *n.* حافظ، حامی، نگهدار، پشتیبان، ولینعمت، مشتری.

patron.age [*pǽtrənidʒ*] *n.* حمایت، پشتیبانی، سرپرستی، قیمومت.

pa.tron.ess [*péitrənis*] *n.* حامی مؤنث.

pa.tron.ize [*pǽtrənaiz*] **(-d, patronizing)** *vt.* رئیس‌واررفتارکردن، تشویق کردن، نگهداری کردن، مشتری شدن.

pat.ro.nym.ic, *n. & adj.* مشتق‌ازنام‌پدر، پدری، نام‌خانوادگی، پدرنامی.

pat.sy, *n.* فریب خورده، شخص‌گول خورده، نازك نارنجی.

pat.ten [*pǽtn*] *n.* کفش چوبی.

pat.ter [*pǽtə*] **(-ed, - ing)** *n., vt. & vi.* ذکرکردن، بطورسریع وردخواندن، تندتند حرف زدن، لهجهٔ‌محلی.

pat.tern [*pǽtən*] **(-ed, -ing),** *n., vt. & vi.* انگاره، طرح، الگو، صفات‌وخصوصیات‌فردی، خصوصیات، بعنوان نمونه یا سرمشق بکار رفتن، نظیر بودن، همتا بودن، تقلیدکردن، نقشه یا طرح ساختن، بعنوان الگو بکار بردن.

pat.ty, pat.tie [*pǽti*] (*pl.* **-ies**), *n.* نان شیرینی میوه‌دار یاگوشت‌دار.

pat.u.lous, *adj.* باز، گشاده، گشوده، منبسط، پهن.

pau.ci.ty [*pɔ́:siti*] (*pl.* **- ies**) *n.* عددکم، معدود، اندك، قلت، کمی، کمیابی، ندرت.

paul [*pɔ:l*] *n.* تعدادکم، اندك، اسم خاص مذکر.

paunch [*pɔ:n(t)ʃ*] *n. & vt.* شکم، محتویات‌شکم، امعاء، درشکم‌ریختن.

paunchy, *adj.* شکم‌گنده.

pau.per [*pɔ́:pə*] *n.* گدا، بی‌نوا، (حق.) معسر یا عاجز از پرداخت.

pau.per.ize [*pɔ́:pəraiz*] *vt.* گداکردن، فقیر کردن.

pause [*pɔ:z*] **(- d, pausing),** *n., vi. & vt.* مکث، توقف، وقفه، درنگ، مکث‌کردن.

Give p. to. دچار تأمل‌کردن.

pave [*peiv*] **(-d, pav.en, pav-ing)** *vt.* اسفالت‌کردن، سنگفرش‌کردن، صاف‌کردن، فرش‌کردن.

P. with stones. سنگ‌فرش‌کردن.

paved, *adj.* صاف شده، سنگفرش شده.

pave.ment [*péivmənt*], *n.* سنگفرش، پیاده‌رو، کف خیابان.

pa.vil.ion [*pəvíljən*]**(-ed,-ing),** *n. & vt.*

غرفهٔ نمایشگاه، عمارت کلاه‌فرنگی، چادرصحرائی، درکلاه خیمه زدن، درکلاه‌فرنگی جا دادن.

pav.ing *[péiviŋ] n.* سنگفرش، آجرفرش، مصالح سنگفرش.

paw *[pɔ:]* **(-ed, -ing)** *n., vi., vt. & adj.* پنجه، پا، چنگال، دست، پنجه‌زدن.

pawl *[pɔ:l] n. & vt.* گیره، عایق، شیطانك، با گیره یا عایق نگاه‌داشتن، میله‌گردان محور چرخ لنگر.

pawn *[pɔ:n]* **(-ed, -ing)** *n. & vt.* پیادهٔ شطرنج، گرو، گروگان، وثیقه، رهن دادن، گروگذاشتن.

pawnbroker *[pɔ́:nbròukə] n.* بنگاه رهنی، گروگیر، وام‌ده، مرتهن.

pawnshop *[pɔ́:nʃɔp] n.* بنگاه رهنی، مؤسسهٔ رهنی.

pax *[pæks] n.* صلح، بوسهٔ آشتی، لوحهٔ تمثال عیسی و مریم.

pay *[pei]* **(-ed, paid, -ing),** *vt., vi., adj. & n.* پرداختن، دادن، کار سازی داشتن، بجا آوردن، انجام دادن، تلافی کردن، پول دادن، پرداخت، حقوق ماهیانه، اجرت، وابسته به‌پرداخت.

It was well paid. مزد خوبی برای این‌کار داده شد.

P. down. نقد دادن.

pay.able *[péiəbl] adj.* پرداختنی، قابل پرداخت.

pay.ee *[peií:] n.* گیرنده، دریافت کنندهٔ وجه.

pay.er, pay.or, *n.* پرداخت‌کننده.

pay load, *n.* ظرفیت ترابری.

paymaster, *n.* مأمور پرداخت، سررشته‌دار.

pay.ment *[péimənt] n.* کارسازی، پرداخت، تأدیه، پول، وجه، قسط.

In p. of. در ازای، بعوض.

pay.nim *[péinim] n.* کافر، بی‌دین.

pay off, *vt., vi., adj. & n.* پرداخت‌کردن (تمام دیون)، تأدیه‌کردن، تسویه کردن، پرداخت، منفعت، جزای کیفر، نتیجهٔ نهائی.

pay.o.la, *n.* وام غیر مستقیم ومخفی که برای کارهای تجارتی داده میشود، رشوه.

payroll, *n.* لیست‌حقوق، صورت‌پرداخت.

pay up, *vt. & vi.* تمام وکمال پرداختن، حسابهای معوقه راتسویه‌کردن.

pea *[pi:]* (*pl.* **pease & peas**) *n.* (گ.ش.) نخودفرنگی (Pisum sativum).

Green pea. نخود سبز، نخود اتابکی.

Split peas. لپه.

peace *[pi:s] n. & vi.* صلح وصفا، سلامتی، آشتی، صلح، آرامش.

Hold your P. خاموش باش.

peace.able *[pí:səbl] adj.* آشتی‌پذیر، صلح‌دوست، آرام.

peace.ful *[pí:sful] adj.* مسالمت‌آمیز، آرام، صلح‌آمیز.

peacemaker *[pí:smèikə] n.* مصلح.

peach *[pi:tʃ]* **(-ed, -ing)** *n. vt. & vi.* (گ.ش.) هلو، شفتالو، هرچیزشبیه هلو، چیز لذیذ، زن یا دختر زیبا، فاش‌کردن.

peachy, *adj.* هلوئی.

pea.cock *[pí:kɔk] n., vt. & vi.* طاووس، مزین به‌پر طاووس، خرامیدن.

peafowl *[pí:faul]* (*pl.* **-s**) *n.* [ج.ش.] قرقاول بزرگ صحرائی جنوب آسیا.

pea green, *n.* زرد مایل بسبز، سبز نخودی.

peahen *[pí:hén] n.* (ج.ش.) طاووس ماده، طبیب، طب.

pea jacket *[pí:dʒækit] n.* ژاکت ضخیم ملوانان، کپنك (kapang).

peak *[pi:k]* **(-ed, -ing)** *adj., n., vt. & vi.* نوك، قله، رأس، کلاه نوك‌تیز، (مج.) منتهادرجه، حداکثر، کاکل، فرقس، دزدیدن، تیزشدن، بصورت نوك‌تیز درآمدن، به‌نقطهٔ اوج رسیدن، نحیف‌شدن.

P. speed. حداکثر سرعت.

peak.ed *[pi:kt] adj.* نوك تیز، قله‌دار، رنگ پریده، نزار.

peal *[pi:l]* **(-ed, -ing)** *vt., n. & vi.* صدای پیوسته، صدای مسلسل، غوغا، طنین‌متناوب، ناقوس یا زنگ، صدای ناقوس، غریدن، ترق و تروق کردن، هیاهو و غوغا کردن، صدای گوشخراش دادن.

pea.nut *[pí:nʌt] adj. & n.* (گ.ش.) بادام زمینی، پستهٔ زمینی، رنگ کتانی، رنگ کنف.

peanut butter, *n.* خمیر بادام‌زمینی.

pear *[pɛə] n.* [گ.ش.] گلابی، امرود.

pearl *[pə:l]* **(-ed, -ing)** *adj., n., vt. & vi.* مروارید، در، لؤلؤ، آب مروارید، مردمك چشم، صدف، با مروارید آراستن، صدف‌وار کردن، مرواریدی.

pearl.er, *n.* مرواریدگیر.

peas.ant *[pézənt] adj. & n.* روستائی، دهاتی، دهقانی، کشاورز، رعیت.

peas.ant.ry *[pézəntri] n.* رعایا، جماعت دهقانان، بی‌تربیتی.

pease *[pi:z]* (*pl.* **-s, peasen**), *n.* (انگلیس.) نخود، جمع کلمهٔ pea.

peat *[pi:t]* (*pl.* **-s**) *n.* تورب، ذغال‌سنگ نارس، کودگیاهی، معشوقه، عزیزدردانه، زن‌فاسد.

peb.ble *[pébl]* **(-d, pebbling),** *n. & vt.* ریگ، سنگریزه، شیشهٔ‌عینك، نوعی‌عقیق، باسنگریزه‌فرش کردن، باریگ‌حمله کردن، (چرمسازی) نقش ونگار ریگی‌دادن‌به.

pe.can *[pikǽn] n.* (گ.ش.) درخت گردوی آمریکای مرکزی.

pec.ca.ble *[pékəbl] adj.* جایزالخطا، دستخوش خطا.

pec.ca.dil.lo *[pèkədílou]* (*pl.* **-es, -s**) *n.* لغزش، اشتباه‌کوچك.

peck *[pek]* **(-ed, -ing)** *n., vt. & vi.* یك‌چهارم‌بوشل، نوك زدگی، سوراخ، نوك زدن، با نوك سوراخ کردن، دندان زدن.

peck.er *[pékə] n.* نوك‌زن، سوراخ کن، نوعی کلنگ، (ج.ش.) دارکوب، منقار، خورنده، بینی، دماغ.

pec.tin *[péktin] n.* (ش.) دلمهٔ گیاهی، ژلاتین گیاهی، پکتین.

pec.to.ral *[péktərəl] adj.* (تش.) سینه‌ای، صدری، درونی، باطنی.

pec.u.late *[pékjuleit]* **(-d, peculating)** *vi., n. & vt.* (حق.) اختلاس، حیف و میل، دزدی.

pec.u.la.tor, *n.* مختلس، دزد.

pe.cu.liar *[pikjú:liə] adj. & n.* عجیب و غریب، دارای اخلاق غریب، ویژه.

P. to. ویژه.

pe.cu.liar.i.ty *[pikjù:liǽriti] n.* صفت‌عجیب وغریب، حالت ویژگی، غرابت.

pe.cu.niary *[pikjú:niəri] adj.* پولی، نقدی، مالی، جریمه‌دار.

ped.a.gog.ic, -al *[pèdəgɔ́gik(l), -gɔ́dʒik(l)] adj.* وابسته به‌آموزش‌وپرورش.

ped.a.gog, -ue *[pédəgɔg] n.* آموزگار، معلم، آموزگار علم فروش.

ped.a.gogy *[pédəgɔgi, -gɔdʒi] n.* فن‌آموزش و پرورش کودك، للگی، تربیت.

ped.al *[pédl]* **(-ed, -ing, -led, -ling)** *adj., vt., n. & vi.* (در دوچرخه‌وچرخ خیاطی‌وغیره) رکاب، جاپائی، پدال، پائی، وابسته به‌رکاب، پازدن، رکاب زدن.

ped.ant *[pédnt] n.* فضل فروش، عالم نما، کرم‌کتاب.

pe.dan.tic *[pidǽntik] adj.* وابسته به‌عالم‌نمائی وفضل‌فروشی.

ped.ant.ry *[pédəntri] n.* فضل‌فروشی.

ped.dle *[pédl]* **(-d, peddling),** *vi. & vt.* دوره‌گردی کردن، طوافی کردن.

ped.dler *[pédlə], n.* دستفروش.

ped.dling *[pédliŋ] adj.* ناچیز، جزئی، نامشخص، بنجل.

ped.er.ast, *n.* بچه‌باز، لواط‌گر.

ped.er.as.ty, *n.* بچه بازی، لواط.

ped.es.tal *[pédistəl]* **(-ed, -ing, -led, -ling)** *vi. & n.* پایهٔ ستون، پایهٔ مجسمه، شالوده، محور، روی‌پایه قرار دادن، بلندکردن، ترفیع دادن.

pe.des.tri.an *[pidéstriən] n. & adj.* پیاده، وابسته به‌پیاده‌روی، مبتذل، بیروح.

pe.des.tri.an.ism, *n.* پیاده‌روی، ابتذال.

pe.di.at.ric, *adj.* مربوط به‌امراض کودکان.

pe.di.a.tri.cian, *n.* پزشك‌متخصص‌اطفال، ویژه‌گر بیماریهای کودکان.

pe.di.at.rics, *n.pl.* [طب] امراض کودکان، طب اطفال، پزشکی کودك.

ped.i.cle, *n.* ساقه، ساقهٔ اصلی، پایك.

pe.dic.u.lar, *adj.* شپشو، شپش‌وار.

ped.i.cure, *n.* مانیکور پا، معالجهٔ امراض دست و پا.

ped.i.gree *[pédigri:] n.* شجره‌نامه، نسب‌نامه، دودمان، تبار، اشتقاق، ریشه، نژاد.

ped.i.ment *[pédimənt] n.* (معماری) آرایش سنتوری، پایه، سنگفرش.

pe.dun.cle, ped.i.cel, *n.* [گ.ش.] ساقهٔ اصلی، ساقهٔ‌گل، [ج.ش.] ساق.

peek *[pi:k]* **(-ed, -ing)** *n. & vi.* زیرچشمی نگاه کردن، نگاه دزدانه.

peel *[pi:l]* **(-ed, -ing)** *n., vt. & vi.* پوست‌انداختن، پوست‌کندن، کندن، پوست، خلال، نردهٔ چوبی، مجمر.

peel.ing, *n.* پوست، قشر، پارچهٔ‌لباسی‌نازك، پوست‌انداختن.

peep *[pi:p]* **(-ed, -ing)** *n., vt. & vi.* نگاه زیر چشمی، نگاه دزدکی، طلوع، ظهور، نیش‌آفتاب، روزنه، روشنائی‌کم، جیك‌جیك، جیرجیر کردن، جیك زدن، با چشم نیم‌باز نگاه‌کردن، ازسوراخ نگاه‌کردن، طلوع کردن، جوانه‌زدن، آشکار شدن، کمی.

peep.er *[pí:pə] n.* نگاه‌کننده، آئینهٔ عینك، پنجره.

peephole, *n.* روزنه، دیدگاه، درز.

peer *[piə]* **(-ed, -ing)** *adj., vi., n. & vt.* همتا، جفت، قرین، همشان، عضومجلس‌اعیان، صاحب‌لقب اشرافی، رفیق، برابر کردن، هم‌درجه کردن، بدرجهٔ‌اشرافی (مثل کنت و غیره رسیدن)، برابر بودن با، بدقت نگریستن، باریك شدن، نمایان شدن، بنظر رسیدن، همال

peer.age *[píəridʒ] n.* مقام سناتوری، مقام اشرافی، اعیانی.

peer.ess *[píəris] n.* زوجهٔ سناتور، بانوی اشرافی.

peer.less *[píələs] n.* بی‌همتا.

pee.vish *[pí:viʃ] adj.* زود رنج، تند مزاج، ناراضی، عبوس، پست.

peg *[peg]* **(-ged, -ging)** *vi., vt. & n.* میخ، میخ چوبی، چنگك، عذر، بهانه، میخ زدن، میخکوب کردن، محکم کردن، زحمت کشیدن، کوشش کردن، درجه، دندانه، پا.

Peg.a.sus *[pégəsəs]* (*pl.* **pegasi**), *n.* (افسانهٔ یونان) اسب بالدار، ذوالجناح.

pej.o.ra.tive, *adj. & n.* تنزل دهنده، تحقیرآمیز، واژهٔ تحقیری.

Pe.king.-ese, Pe.kin.ese *[pì:kiní:z] n. & adj.* ساکن شهرپکن، زبان‌ولهجهٔ مردم پکن، سگ کوچك و دست‌آموز چینی، پکنی.

PEKINGESE

pe.koe *[pékou, pí:kou] n.* چای زرین، چای معطر.

pe.la.gian, pe.lag.ic, *adj. & n.* دریائی، دریانشین، ساکن دریا، جانوردریائی.

pelf *[pelf] n.* مال دنیا، جیفهٔ دنیا، پول، مال حرام.

pel.i.can *[pélikən] n.* [ج.ش.] مرغ سقا، مرغ ماهیخوار.

pe.lisse, *[pelí:s] n.* خرقهٔ زنانه، پوستین، بالاپوش بچگانه.

PELICAN (5 ft. long)

pel.let *[pélit]* **(-ed, -ing)** *n. & vt.* حب، گلوله، قرص، ساچمه یا خرج تفنگ، بشکل گلوله درآوردن، بشکل سرگنجشکی درآوردن، گلوله (یاشبیهٔ آن) به‌کسی‌پرت‌کردن، حب‌ساختن.

pel.li.cle, *n.* پوستهٔ نازك، شامه، غشاء نازك.

pell-mell *[pélmél] adv., adj. & n.* با بی‌نظمی، سراسیمه، پرآشوب، شلوغ‌پلوغ.

pel.lu.cid *[peljú:sid] adj.* شفاف، حائل ماوراء، بلورین، روشن، سلیس.

pelt *[pelt]* **(-ed, -ing)** *n., vt. & vi.* پرتاب‌کردن، شتاب‌کردن، ضربه، شتاب، پوست پشم‌دار، خامسوز، پوست‌خام، پوست‌کندن، پوستك، پی‌درپی‌زدن، پی‌درپی ضربت‌خوردن.

pelt.ing, *adj.* ناچیز، عصبانی، پوستی.

pel.try, *n.* پوست‌خام فروشی، پشم کنی ازپوست‌خام، پوست.

pel.vic, *n. & adj.* لگنی، واقع‌درنزدیك لگن‌خاصره، وابسته‌به‌لگن‌خاصره.

pel.vis *[pélvis]* (*pl.* **pelvises, pelves**) *n.* [ج.ش.-تش.] لگن‌خاصره، حفرهٔ‌لگن‌خاصره، لگنچهٔ کلیوی.

pem.mi.can, pem.i.can *[pémikən] n.* (درمیان سرخپوستان آمریکا) گوشت خشکاننده، اطلاعات خلاصه.

pen *[pen]* **(-ned, -ning),** *n. & vt.* قلم، کلك، شیوهٔ نگارش، نوشتن، آغل، حیوانات آغل، خانهٔ‌ییلاقی، نوشتن، نگاشتن، بستن، درحبس انداختن.

pe.nal *[pí:nəl] adj.* وابسته به جزا وکیفر، مجازاتی، کیفری.

penal code, *n.* [حق.] حقوق جزا، مجموعهٔ حقوق کیفری.

pe.nal.ize *[pí:nəlaiz]* **(-d, penalizing)** *vt.* جریمه‌کردن، تاوان دادن، تنبیه‌کردن.

pen.al.ty *[pénəlti]* (*pl.* **-ies**) *n.* جزا، کیفر، مجازات، تاوان، جریمه.

pen.ance *[pénəns] n. & vt.* توبه‌وطلب

بخشایش، پشیمانی، ریاضت، وادار به توبه کردن.
Do p. با ریاضت توبه کردن.
pence [pens] (pl. of penny) n. صورت جمع کلمهٔ penny.
pench.ant [pä(ŋ)ʃä(ŋ)] n. میل شدید، علاقه، ذوق، میل وافر، آمادگی.
pen.cil [pénsl] (-ed, -led, -ing, -ling) n., vt. & vi. مداد، مداد رنگی، نقاشی مدادی، مداد ابرو، هرچیزی شبیه مداد، مدادی، بامداد کشیدن.
pen.dant [péndənt] **pen.dent**, n. & adj. معلق، آویخته، لنگه، قرین، شیب، نامعلوم، بی تکلیف، ضمیمه شده، آویزشده.
pend.ing [péndiŋ] adj. & prep. [illegible]
pen.drag.on, n. فرماندهٔ کل قوا، پیشوا، دیکتاتور.
pen.du.lar, adj. آونگی.
pen.du.lous [péndjuləs] adj. نوسانی.
pen.du.lum [péndjuləm] (pl. -s), n. آونگ، جسم آویخته، پاندول، نوسان، تمایل.
pen.e.tra.ble [pénitrəbl] adj. سوراخ شدنی، کاویدنی، نفوذپذیر.
pen.e.trate [pénitreit] (-d, penetrating) vt. & vi. نفوذ کردن در، بداخل سرایت کردن، رخنه کردن.
penetrating, adj. نافذ، رسوخ کننده.
pen.e.tra.tion [pènitréiʃən] n. نفوذ، حلول، کاوش، زیرکی، کیاست، فراست.
pen.e.tra.tive [pénitrətiv] adj. نافذ، وابسته به نفوذ کردن.
pen.guin [péŋgwin] n. [ج.ش.] پنگوین، بطریق.
penholder, n. جاقلمی ودستهٔ قلم.
pen.i.cil.lin, n. پنی سیلین.

UING PENGUIN

pe.nile, adj. آلتی، شبیه آلت رجولیت.
pe.nin.su.la [penínsjulə] n. [جغ.] شبه جزیره، پیشرفتگی خاک درآب.
pe.nis (pl. penes, -es) n. آلت مردی، آلت رجولیت، ذکر، کیر.
pe.ni.tence [pénitəns] n. طلب مغفرت، پشیمانی، ندامت، توبه.
pen.i.tent [pénitənt] adj. & n. توبه کار، پشیمان، تائب، اندوهناک، نادم.
pen.i.ten.tial [pèniténʃəl] adj. وابسته به طلب مغفرت وندامت.
pen.i.ten.tia.ry [pèniténʃəri] (pl. -ies) adj. & n. ندامتگاه، ندامتی، دارالتأدیب، بازداشتگاه یا زندان مجرمین.
penknife [pénnaif] (pl. -knives) n. قلمتراش، چاقوی کوچک جیبی.
pen.man [pénmən] (pl. -men), n. اهل قلم، نویسنده، مصنف، ادیب، (م.م.) منشی.
pen.man.ship [pénmənʃip] n. خط، خوش خطی، طرز نوشتن.
pen name [pénneim] n. نام مستعار نویسنده، نام نویسندگی.
pen.nant, pen.on [pénənt] n. پرچم سه گوش، قلاب، پرچم دم چلچله ای.
pen.ni.less [péniləs] adj. بی پول.
pen.non [pénən] n. پرچم مثلثی شکل قرون وسطی.
pen.ny [péni] (pl. pennies & pence) n. کوچکترین واحد پول انگلیس وآمریکا، شاهی.
pen.ny-pinch, vt. ذره ذره پول خرج کردن، با لئامت خرج کردن.
pen.ny.roy.al, n. [گ.ش.] پونه.
pe.nol.o.gist, n. ویژه گر کیفرشناسی.
pe.nol.o.gy, n. کیفرشناسی، ادارهٔ زندان.
pen.sile, adj. آویخته، آویزان، معلق.
pen.sion [pénʃən] (-ed, -ing), vi. & n. حقوق بازنشستگی، مقرری، پانسیون، مزد، حقوق، مستمری گرفتن، پانسیون شدن.
pen.sion.ary (pl. -ies) adj. & n. بازنشسته، حقوق بگیر، مزدور، پولکی.
pen.sion.er [pénʃənə] n. بازنشسته، [illegible]
pen.sive [pénsiv] adj. اندیشناک، متفکر، افسرده، پکر، گرفتارغم، محزون.
pent [pent] adj. محصور، بسته (غالباً با up یا in)، مقید.
pen.tad, n. دستهٔ پنج تائی، دورهٔ پنجساله، مدت پنج روزه.
pen.ta.dac.tyl, pen.ta.dac-ty.late, adj. پنج انگشتی، دارای پنج—، پنجه، دارای پنج زائدهٔ شبیه پنجه.
pen.ta.gon [péntəgən] n. پنج بر، پنج پهلو، پنج گوشه، پنج ضلعی، (مج.) ارتش آمریکا.
pen.tag.o.nal [pentǽgənəl] adj. & n. پنج وجهی، جسم پنج وجهی.
pen.ta.gram, n. ستارهٔ پنج رأس، (هن.) شکل پنج ضلعی، شکل پنج تائی.
pen.ta.he.dron (pl. -s) n. جسم جامد پنج وجهی، شکل پنج وجهی.
pen.tam.er.ous, adj. (ج.ش.—گ.ش.) پنج جزئی، پنج تائی.
pen.tam.e.ter [pentǽmitə] n. شعر پنج بحری، شعر پنج وتدی.
Pen.ta.teuch [péntətju:k] n. اسفار پنجگانه، کتب پنجگانهٔ «عهدعتیق».
pen.tath.lon [pentǽθlɔn] n. [یونان قدیم] ورزشهای پنجگانه.
pen.ta.valent, adj. [ش.] پنج ظرفیتی، دارای پنج ظرفیت یا بنیان.
Pen.te.cost, -al [péntikɔst,-əl], adj. & n. عیدگلریزان، عید پنجاهه.
pent.house [pénthaus] n. ساباط، چارطاقی، کبوترخانه، اطاقک بالای بام.
pe.nult, pe.nul.ti.mate, n. یکی بآخرمانده، ماقبل آخر.
pe.num.bra (pl. -e, -s) n. شبه ظل، نیم سایه، سایه روشن.
pe.nu.ri.ous [pinjúəriəs] adj. [م.م.] تنگ چشم، خسیس، بی قوت، فقیر.
pen.ury [pénju(ə)ri] n. احتیاج، فقر، تنگدستی، نیازمندی زیاد، خست.
pe.on [pí:ɔn] (pl. -s, -es) n. فراش، غلام، پادو، پیک، قاصد، پاسبان.
pe.on.age [pí:ənidʒ] n. استفاده از سربازهای پیاده در خدمت، استفاده ازغلام برای کارهای بندگی، اعمال شاقه.
pe.o.ny [pí:əni] (pl. -ies) n. (گ.ش.) گل صدتومانی.
peo.ple [pí:pl] (pl. -s) (-d, peopling) n., vt. & vi. مردم، خلق، مردمان، جمعیت، قوم، ملت، آباد کردن، پرجمعیت کردن، ساکن شدن.
pep [pep] (-ped, -ping) n. & vt. حال، نیرو، بشاشت، چالاکی، نیرو دادن.
pep.per [pépə] (-ed, -ing) n., adj., vt. & vi. فلفل، فلفل کوبیده، فلفلی، باضربات پیاپی زدن، فلفل پاشیدن، فلفل زدن به، تیرباران کردن.
pepper-and-salt, adj. فلفل نمکی، پارچهٔ فلفل نمکی، رنگ فلفل نمکی.
pep.per.corn, n. & adj. دانهٔ فلفل، فلفل دانه، چیزکم بها، جزئی، ناچیز.
pep.per.mint [pépəmint] n. (گ.ش.) نعناع بیابانی، قرص نعناع.
pep.pery [pépəri] adj. فلفل دار، تند، تند و تیز، گرم، با روح.
pep.py, adj. پرنیرو، سرحال، چالاک.
pep.sin(e) [pépsin] n. [تش.] پپسین، آنزیم گوارندهٔ پروتئین در شیرهٔ معده.
per [pə:] prep., adv. & adj. با، توسط، [illegible] ازمیان، ازوسط، برطبق.
5 p. cent interest. بهرهٔ ۵ درصد.
per.adventure [pərədvéntʃə], adv. & n. اتفاقاً، تصادفاً، شاید.
per.am.bu.late [pərǽmbjuleit] (-d, perambulating) vt. & vi. پیمودن، گردش کردن در، دور زدن.
per.am.bu.la.tor [p(ə)rǽmbju-leitə] n. درشکهٔ بچگانه، کالسکهٔ بچه.
per an.num [pərǽnəm] adv. بقرار هر سالی، هر سالی، سالیانه.
per.cap.i.ta [pə:kǽpitə] adv. & adj. نفری، سرانه، بقرار هرنفری، هررأس، بطورسرانه، هرنفری.
per.ceive [pəsí:v] (-d, perceiving) vt. & vi. درک کردن، دریافتن، مشاهده کردن، دیدن، ملاحظه کردن.
per.cent [pəsént] n. & adv. بقرار درصد، از قرار صدی، درصد.
per.cent.age [pəséntidʒ] n. برحسب درصد، صدی چند، قسمت، مقدار.
per.cep.ti.ble [pəséptibl] adj. قابل درک، ادراک شدنی.
per.cep.tion, -al [pəsépʃən,-əl], adj. & n. درک، ادراک، مشاهده، قوهٔ ادراک، آگاهی.
per.cep.tive, adj. حساس و با هوش.
per.cep.tu.al, adj. ادراکی.
perch [pə:tʃ] (pl. -s) (-ed, -ing) vt., vi. & n. نشیمن گاه پرنده، چوب زیر پائی، تیر، میل، جایگاه بلند، جای امن، نشستن، قرار گرفتن، فرود آمدن، در جای بلند قرار دادن.
per.chance [pətʃá:ns] adv. شاید، ممکن است، توان بود، اتفاقاً.
per.cip.i.ence, n. دریافت، درک، فراست، بینش و ادراک، احساس، حس تشخیص.
per.cip.i.ent, n. & adj. فریس، مدرک، وابسته به ادراک و بینش.
per.co.late [pə́:kəleit] (-d, percolating) vt., n. & vi. تراوش کردن، نفوذ کردن، ردشدن، صاف کردن.
per.co.la.tor [pə́:kəleitə] n. قهوه جوش.
per.cuss (-ed, -ing) vt. & vi. بازدن انگشت یا آلت دیگری چیزی را آزمودن، [طب] دق کردن، آهسته زدن به.
per.cus.sion [pəkʌ́ʃən] n. & adj. ضربت، دق، (مو.) اسبابهای ضربی مثل طبل ودنبک.
per.cus.sion.ist, n. نوازندهٔ اسبابهای ضربی.
percussion instrument, n. [مو.] آلات موسیقی ضربی (مثل طبل و دایره).
per.cus.sive, adj. زدنی، تصادمی.
per.cutaneous, adj. [طب] زیر پوستی، از راه پوست، مؤثر در زیر پوست.
per.di.em, adv., adj. & n. [لاتین] بقرار روزی، هر روزی، روزانه.
per.di.tion [pədíʃən] n. تباهی، فنا، نیستی، مرگ روحانی.
per.durability, n. ماندگاری، دوام.
per.durable, adj. ماندگار، پایدار، همیشگی، ابدی، با دوام.
per.e.gri.nate (-d, peregrinating) vt. & vi. سفرکردن، سرگردان بودن، آواره بودن، درکشور خارجی اقامت کردن، بزیارت رفتن.
per.e.grine, adj. & n. بیگانه، ازخارجه آمده، مسافر، (ج.ش.) قوش تیز پر.
pe.remp.to.ry [pérəm(p)təri, pərém(p)təri] adj., adv. & n. قطعی، بی چون وچرا، آمرانه، خودرای، شتاب آمیز.
pe.ren.nial [pəréniəl] adj. & n. همیشگی، دائمی، ابدی، جاودانی، پایا، همه ساله.
per.fect [pə́:fikt] (-er, -est, -ed, -ing) adj., n., vt., adv. & vi. کامل، تمام، درست، بی عیب، تمام عیار، کاملاً رسیده، تکمیل کردن، عالی ساختن.
per.fect.ibil.i.ty, n. کمال پذیری.
per.fect.ible, adj. کمال پذیر.
per.fec.tion [pəfékʃən] n. & vt. کمال.
per.fid.i.ous [pəfídiəs] adj. پیمان شکن، خائن.
per.fi.dy [pə́:fidi] (pl. -ies) n. پیمان شکنی، خیانت، نقض عهد، بی دینی.
per.fo.rate [pə́:fəreit] (-d, perforating) vt., adj. & vi. سوراخ کردن، سفتن، منگنه کردن، رسوخ کردن.
per.fo.ra.tion [pə̀:fəréiʃən] n. ایجادسوراخ، لبهٔ کنگره ئی مثل تمبر پست.
per.force [pəfɔ́:s] adv. بناچار، ناگزیر، بزور، اجباراً.
per.form [pəfɔ́:m] (-ed, -ing), vt. & vi. انجام دادن، کردن، بجا آوردن، اجرا کردن، بازی کردن، نمایش دادن، ایفا کردن.
per.form.ance [pəfɔ́:məns] n. اجرا، نمایش، ایفا، کار برجسته، شاهکار.
per.form.er, n. ایفا کننده.
performing [pəfɔ́:miŋ] adj. بازیگر، انجام دهنده، وابسته به هنرهای نمایشی.
per.fume [pə́:fju:m] (-d, perfuming) n., vt. & vi. عطر، بوی خوش، معطر کردن.
P. oneself. عطر بخود زدن.
per.fum.ery [pəfjú:məri] (pl. -ies) n. عطرفروشی، عطرسازی، عطریات.
per.func.to.ry [pəfʌ́ŋktəri] adj. & n. باری بهرجهت، ازسرخودواکن، بی مبالات.
per.fuse (-d, perfusing) vt. پاشیدن، جاری ساختن، [طب] تزریق کردن.
per.go.la [pə́:gələ] (pl. -s) n. آلاچیق، سایبان، کلاه فرنگی.
per.haps [pəhǽps, prǽps] adv. & n. گویا، شاید، ممکن است، توان بود، اتفاقاً.
peri.car.di.um (pl. pericardia) n. [تش.—ج.ش.] برون شامهٔ دل، غشاء خارجی قلب، اطراف قلب.
Per.i.cle.an, adj. وابسته به پریکلس (Pericles).
peri.cranium (pl. pericrania) n. [تش.] قسمت خارجی جمجمه، سمحاق، (بشوخی) کله، مغز، فکر.
peri.gee, n. [نج.] حضیض (نقطه ای از مدار سیاره که بزمین نزدیکتر باشد).
peri.he.lion, n. [نج.] سمت الشمس، حضیض خورشید، نقطة الرأس.
per.il [péril] (-ed, -led, -ing,

-ling) *n., vt. & vi.*
خطر، مخاطره، بیم زیان، مسئولیت، در خطر انداختن، در خطر بودن.
per.il.ous [*périləs*] *adj.*
مخاطره‌آمیز، خطرناك.
pe.rim.e.ter [*pərímitə*] *n.*
(هن.) پیرامون، محیط، فضای احاطه کننده.
pe.ri.od [*píəriəd*] *n. & adj.* دوره،
مدت، موقع، گاه، وقت، روزگار، عصر، گـردش، نوبت، ایست، مکث، نقطهٔ پایان جملـه، جملهٔ کامل، قاعدهٔ زنان، طمث، حد، پایان، نتیجهٔ غائی، کمال، منتهادرجه، دوران، مربوط به‌دورهٔ بخصوصی.
At a later p. بعدها، بعداً.
Put a p. to. بپایان رساندن.
pe.ri.od.ic [*pìəriɔ́dik*] *adj.*
دوره‌ای، دوری، نوبتی، نوبت‌دار، متناوب.
pe.ri.od.i.cal [*pìəriɔ́dikl*] *adj. & n.* گاهنامه، نوبتی، مجله یا نشریه.
pe.ri.o.dic.i.ty (*pl.* **-ies**) *n.*
نوبت، دوری، تناوب، حالت تناوبی، دوره.
periodic table, *n.*
[ش.] جدول تناوبی عناصر.
peri.odon.tics, *n.pl.* مبحث امراض لثه
و بافت‌های محافظ اطراف دندان.
peri.pa.tet.ic [*pèripətétik*] *adj. & n.* وابسته به‌فلسفهٔ ارسطو، راه رونده، گردش کننده، سالك، دوره‌گرد، پیاده‌رو.
pe.riph.er.al, *adj.* پیرامونی،
دوره‌ای، وابسته به‌محیط، (مج.) خارجی، ثانوی.
pe.riph.ery [*pərífəri*] (*pl.* **-ies**), *n.* (هن.) پیرامون، دوره، محیط، حدود.
pe.riph.ra.sis (*pl.* **periphra.-ses**) *n.* استعمال واژه‌ها و عبارات زائد.
peri.scope [*périskoup*] *n.*
پریسکوپ، دوربین زیر دریائی‌مخصوص‌مشاهدهٔ اشیاء روی سطح‌آب، پیرامون‌بین.
peri.scop.ic [*pèriskɔ́pik*] *adj.*
وابسته به‌پریسکوپ یا پیرامون بین.
per.ish [*périʃ*] (**-ed, -ing**) *vi., n. & vt.*
مردن، هلاك‌شدن، تلف‌شدن، نابودکردن.
per.ish.abil.i.ty, *n.* نابود شدنی.
per.ish.able [*périʃəbl*] *adj. & n.*
نابودشدنی، هلاك‌شدنی، زودگندز، کالای‌فاسدشونده.
peri.style [*péristail*] *n.*
ردیف ستون‌های اطراف ایوان یا حیاط.
peri.to.ni.tis [*pèritənáitis*] *n.*
[طب] پریتونیت، التهاب صفاق.
peri.wig [*périwig*] *n. & vt.*
کلاه‌گیس، (ج.ش.) نوعی صدف خوراکی، کلاه‌گیس‌زدن.
peri.win.kle [*périwiŋkl*] *n. & vi.* (گ.ش.) پراونش، گل تلفونی، دختر، گل‌تلفونی چیدن، دختربازی کردن.
per.jure [*pə́:dʒə*] (**-d, perjur-ing**) *vt. & vi.* عهد شکستن، سوگند دروغ خوردن، گواهی‌دروغ دادن.
per.jur.er [*pə́:dʒərə*] *n.* کسیکه
دردادگاه معایر با سوگند خود دروغ بگوید.
per.ju.ry [*pə́:dʒəri*] (*pl.* **-ies**) *n.*
نقض عهد، سوگند شکنی، گواهی دروغ.
perk [*pə:k*] (**-ed, -ing**) *vt., adj., n. & vi.* سربالاگرفتن، سینه‌جلوه‌دادن، خودرا گرفتن، بادکردن، آراستن، صاف‌کردن، جوشیدن.
perky [*pə́:ki*] (**-ier, -iest**) *adj.*
گستاخ، جسورانه، خودنما، متکبر، چابك.
per.ma.frost, *n.* لایه منجمد دائمی
اعماق زمین (در منطقهٔ منجمده).
per.ma.nen.cy [*pə́:mənənsi*] (*pl.* **-ies**) **per.ma.nence,** *n.* پایداری،
ترتیب همیشگی، قرار دائمی، ثبات، دوام.
per.ma.nent [*pə́:mənənt*] *n. &*
adj. پایدار، ابدی، ثابت، ماندنی، سیردائمی.
per.manganate [*pə:mǽŋɡənət, -neit*] *n.* [ش.] نمك پرمنگنات.
per.me.abil.i.ty [*pə:miəbíliti*], *n.* نشست‌پذیری، قابلیت‌نفوذ، تراوائی، نفوذپذیری.
per.me.able [*pə́:miəbl*] *adj.*
نشست‌پذیر، نفوذپذیر.
per.me.ate [*pə́:mieit*] (**-d, per-meating**) *vt. & vi.*
نفوذکردن، سرایت‌کردن، نشت کردن.
permen.sem, *adv.* [لاتین] ماهیانه.
Per.mi.an, *adj. & n.*
[ز.ش.] وابسته بدورهٔ زمین‌شناسی «پرمیان».
per mill, *adv.* در هر هزار، در هزار.
per.mis.si.ble, *adj.* رخصت دادنی.
per.mis.sion [*pəmíʃən*] *n.*
اجازه، اذن، رخصت، دستور، پروانه، مرخصی.
By p. of. با اجازهٔ.
per.mis.sive [*pəmísiv*] *adj.*
آسان‌گیر، مجاز.
per.mit [*pəmít*] (**-ted, -ting**), *vt., n. & vi.* اجازه‌دادن، مجاز کردن،
رواکردن، ندیده‌گرفتن، پروانه، جواز، اجازه.
Weather permitting.
اگر هوا مساعد باشد.
It does not permit of any change.
تغییر بردار نیست.
per.mu.ta.tion [*pə:mjutéiʃən*], *n.* قلب و تحریف، استحاله.
per.mute (**-d, permuting**) *vt.*
پس و پیش‌کردن، قلب کردن، تغییر دادن.
per.ni.cious [*pəníʃəs*] *adj.*
زیان‌آور، مضر، کشنده، نابودکننده، مهلك.
per.nick.e.ty [*pəníkəti*] **per.s-nick.e.ty,** *adj.*
وسواسی، پرچانه، بهانه‌گیر، کار بسیار دقیق.
per.orate (**-d, perorating**), *vt. & vi.* سخن بدرازا کشاندن، نطق کردن.
per.ora.tion [*pèrəréiʃən*] *n.* نطق.
per.ox.ide [*pərɔ́ksaid*] *n. & vt.*
(ش.) اکسیدی‌که دارای مقدار زیادی اکسیژن باشد (مخصوصاً آب اکسیژنه).
per.pend, *vt. & vi.*
[م.م.] توجه‌کردن، دقیق بودن، تعمق کردن.
per.pen.dic.u.lar [*pə:pəndíkjulə*] *adv., adj. & n.*
عمودی، ستونی، ستون‌وار، ایستاده.
per.pe.trate [*pə́:pitreit*] (**-d, perpetrating**) *vt. & vi.*
مرتکب شدن، مرتکب‌کردن، مقصر بودن.
per.pet.u.al [*pəpétʃuəl, pəpétjuəl*] *adj. & n.* همیشگی، ابدی، مدام.
per.pet.u.ate [*pəpétjueit*] (**-d, perpetuating**) *vt.*
همیشگی کردن، دائمی‌کردن، جاودانی ساختن.
per.pe.tu.ity [*pə:pitjúiti*] *n.*
دوام، بقا، جاودانی، پایائی، ابد.
per.plex [*pəpléks*] (**-ed, -ing**), *vt. & vi.* بهت‌زده کردن،
گیج کردن، سردرگم کردن، سرگشته کردن.
per.plex.i.ty [*pəpléksiti*] (*pl.* **-ies**) *n.* سرگشتگی، حیرانی، حیرت، بهت.
per.qui.site [*pə́:kwizit*] *n.*
(حق.) چیز اکتسابی، عایدی اکتسابی، حـاصل زحمت و هنر شخصی، عایدی اضافه بر حقوق.
per.salt, *n.*
[ش.] نمك دارای خاصیت اسیدی.
per se, *adv. & adj.* [لاتین] در نفس
خود، بخودی خود، فی‌نفسه، مستقیماً.
per.se.cute [*pə:sikju:t*] (**-d, persecuting**) *vt.* آزارکردن،
جفا کردن، دائماًمزاحم شدن واذیت کردن.
per.se.cu.tion [*pə:sikjú:ʃən*] *n.*
زجر، شکنجه، آزار، اذیت.
per.se.ver.ance [*pə:sivíərəns*], *n.* پشتکار، استقامت، ثبات‌قدم، مداومت، اصرار.
per.se.vere [*pə:sivíə*] (**-d, per-severing**) *vt. & vi.* پشتکار داشتن،
استقامت بخرج دادن، ثابت قدم‌ماندن.
Per.sia [*pə:ʃə*] *adj.* ایران.
Per.sian [*pə́:ʃən*] *n. & adj.*
فارسی، ایرانی.
The P. Gulf. خلیج فارس.
Persian lamb, *n.*
گوسفند قره‌کل، پشم قره‌کل.
per.si.flage [*pə:siflá:ʒ*] *n.*
شوخی، شوخی کنایه‌دار، دست انداختن‌کسی.
per.sim.mon [*pəsímən*] *n.*
[گ.ش.] خرمالو، خرمندی.
per.sist [*pəsíst*] (**-ed, -ing**), *vt. & vi.* سماجت کردن،
پافشاری‌کردن، اصرارکردن، ایستادگی.
per.sist.ence=per.sist.en.cy [*pəsístəns*] *n.*
اصرار، ابرام، پافشاری، دوام، سماجت.
per.sist.ent [*pəsístənt*] *adj.*
مصر، پایا، مداوم، ایستادگی‌کننده، سمج.
per.snick.e.ty=per.nick.e.ty.
per.son [*pə́:sn*] *n.*
شخص، نفر، آدم، کس، وجود، ذات، هیکل.
The first p. اول شخص، متکلم.
The third p. سوم شخص، غائب.
per.sona (*pl,* **-e**) *n.*
شخصی، اشخاص یك کتاب، (درجمع) شخصیت‌ها.
per.son.able [*pə́:sənəbl*] *adj.*
خوش سیما، جذاب‌با شخصیت، شخصی.
per.son.age [*pə́:sənidʒ*] *n.*
شخص برجسته، شخصیت، بازیگران داستان.
per.son.al [*pə́:sənəl*] *adj., adv. & n.* شخصی، خصوصی، حضوری، مربوط‌به‌شخص.
P. effects. اموال شخصی، املاك شخصی.
P. equation.
استنتاج بر اساس استنباط شخصی و طرز تفکر خود (نه بر اساس استدلال صحیح).
per.son.al.ism, *n.*
خصوصیات شخص، فلسفهٔ فردی.
per.son.al.i.ty [*pə:sənǽliti*] (*pl.* **-ies**) *n.* شخصیت، هویت، وجود، اخلاق و خصوصیات شخص، صفت شخص.
per.son.al.ize (**-d, person-alizing**) *vt.*
شخصیت را مجسم‌کـردن و نشان دادن، دارای شخصیت‌کردن، جنبهٔ شخصی دادن به.
per.sona non grata, *n.*
شخص غیر قابل قبول، شخص پذیرفته نشده.
per.son.ate [*pə́:səneit*] *adj., vt. & vi.* جازده، در لباس عوضی
رل نمایش‌را بازی‌کردن، خود را بجای‌دیگری قلمداد‌کـردن، دارای شخصیت‌کـردن، وانمود کردن، تقلیدکردن از، گلوبسته.
per.son.i.fi.ca.tion [*pəsɔnifikéiʃən*] *n.*
تجسم شخصیت، عین، همانند دیگری.
per.son.i.fy [*pəsɔ́nifai*] (**-ied, -ing**) *vt. & vi.* دارای شخصیت‌کردن،
شخصیت دادن به، رل دیگری بازی‌کردن.
per.son.nel [*pə:sənél*] (*pl.* **-s**) *n.*
پرسنل، کارکنان، کارمندان، مجموعهٔ‌کارمندان یك اداره، ادارهٔ‌کارگزینی.
per.spec.tive [*pəspéktiv*] *adj. & n.* دید، بینائی، منظره، چشم‌انداز، مناظر و
مرایا، جنبهٔ فکری، لحاظ، سعهٔ نظر، روشن‌بینی، مآل‌اندیشی، تجسم شیء، خطور فکر، دیدانداز.
per.spi.ca.cious [*pə:spikéiʃəs*], *adj.* زیرك، بینا، تیزهوش.
per.spi.cac.i.ty [*pə:spikǽsiti*], *n.* زیرکی، فراست، کیاست، شخص تیزبین.
per.spi.cu.ity [*pə:spikjúiti*] *n.*
روشنی، وضوح، صراحـت، شفافی، روشن بینی، روش فکری، تیزبینی، زیرکی، عاقلی.
per.spic.u.ous [*pəspíkjuəs*] *adj.*
واضح، صریح، روشن، شفاف.
per.sp.i.ra.tion [*pə:spiréiʃən*] *n.*
عرق بدن، کار سخت، عرقریزی.
per.spire [*pəspáiə*] (**-d, per-spiring**) *vt., adj. & vi.* تعریق،
عرق ریختن، عرق‌کردن، دفع‌کردن.
per.suad.able [*pəswéidəbl*] *adj.*
قابل تشویق، وادارکردنی.
per.suade [*pəswéid*] *vt. & vi.*
وادارکردن، برآن داشتن، ترغیب‌کردن.
I am persuaded that.
من متقاعدم یا عقیده دارم‌که...
per.sua.sion [*pə(:)swéiʒn*] *n.*
تشویق، تحریك، اجبار، متقاعد سازی، نظریه‌یا عقیـدهٔ از روی اطمینان، اطمینان، عقیدهٔ دینی، نوع، قسم، ترغیب.
per.sua.sive [*pəswéisiv*] *adj. & n.*
تشویقی، مجاب‌کننده، متقاعدکننده، وادارکننده.
pert [*pə:t*] *adj. & adv.* بی‌پرده، گستاخ،
پررو، جسور، ماهر، غنچه‌دار، قشنگ، سرحال.
per.tain [*pətéin*] (**-ed, -ing**) *vi.*
وابسته‌بودن، مربوط‌بودن، متعلق‌بودن، مناسب.
per.ti.na.cious [*pə:tinéiʃəs*] *adj.*
لجوج، خودسر، خیره سر، کله شق، سمج.
per.ti.nac.i.ty [*pə:tinǽsiti*] *n.*
سماجت، سرسختی، لجاجت.
per.ti.nence, per.ti.nen.cy [*pə́:tinəns(i)*] *n.* ربط، وابستگی، دخل،
مناسبت، موقعیت، شایستگی، اقتضاء.
per.ti.nent [*pə́:tinənt*] *adj. & n.*
مربوط، وارد به، بجا.
per.turb [*pətə́:b*] (**-ed, -ing**) *vt.*
آشفتن، ناراحت‌کردن، مزاحم شدن.
per.tur.ba.tion [*pə:təbéiʃən*] *n.*
آشفتگی، انحراف، اختلال.
pe.ruke [*perú:k*] *n.*
کلاه‌گیس، موی مصنوعی.
pe.rus.al [*pirú:zəl*] *n.* مطالعه، مرور.
pe.ruse [*pirú:z*] (**-d, perus-ing**) *vt. & vi.* بررسی‌کردن، بدقت‌خواندن.
per.vade [*pə(:)véid*] (**-d, per-vading**) *vt. & vi.* فراوان‌باشایع‌بودن،
نفوذکردن، بداخل راه یافتن، پخش شدن.
per.va.sive [*pə(:)véisiv*] *adj.*
نافذ، فراگیرنده.
per.verse [*pə(:)və́:s*] *adj.*
منحرف، در خطا، گمراه، هرزه، فاسد.
per.ver.sion [*pə(:)və́:ʃən*] *n.*
انحراف، انحرافجنسی یا اخلاقی.
per.ver.si.ty [*pə(:)və́:siti*] *n.*
منحرف بودن، انحراف، کژی.
per.vert [*pə(:)və́:t*] (**-ed, -ing**), *vi., n. & vt.* منحرف‌کردن، از راه‌راست
بدرکردن، گمراه شدن، مرتد، آدم منحرف.
per.vi.ous [*pə́:viəs*] *adj.*
راه دهنده، نفوذپذیر، منفذدار، روشن‌بین.
pes.ky [*péski*] (**-ier, -iest**) *adj. & adv.* آزار رسان، زحمت دهنده، مزاحم.
pe.so [*péisou*] (*pl.* **-s**) *n.*
پسو، مسکوك‌آمریکای جنوبی.
pes.si.mism [*pésimizm*] *n.*

بدبینی،صفت بد، بدی مطلق، فلسفهٔ بدبینی.

pes.si.mis.tic [pèsimístik] *adj.* بدبین، وابسته به‌بدبینی.

pest [pest] *n.* طاعون، بلا،آفت، مایهٔ آزار و آسیب.

pes.ter [péstə] (**-ed, -ing**) *vt. & n.* اذیت کردن، بستوه آوردن، بیحوصله کردن.
Pestered with flies. معذب از دست مگس.

pesthouse, *n.* بیمارستان طاعونیها،آسایشگاه، خسته‌خانه.

pes.ti.cide, *n.* عامل ضد طاعون، مادهٔ ضدآفت،کشنده حشره موذی.

pes.tif.er.ous [pestífərəs] *adj.* طاعون‌آور، [illegible] مسری، مضر، آزار دهنده، عفونی.

pes.ti.lence [péstiləns] *n.* بیماری طاعون، ناخوشی همه جاگیر، آفت.

pes.ti.lent [péstilənt] *adj.* مهلك، طاعونی، طاعون‌آور.

pes.ti.len.tial [pèstilénʃəl] *adj.* وابسته به‌طاعون یا آفت.

pes.tle [pésl] *n., vt. & vi.* دستهٔ هاون، (د.گ.) ران‌گوسفند، ران خوك، خرد کردن، پودرساختن.

pet[pet] (**-ted, -ting**)*adj., vi., n. & vt.* حیوان‌اهلی‌منزل، دست‌آموز، عزیز، سوگلی، معشوقه، نوازش‌کردن، بناز پروردن.
A pet name. اسم خودمانی.

pet.al [pétl] *n. & adj.* [گ.ش.] گلبرگ، پنج برگ‌گل.

pe.tard [pitá:d] *n.*[نظ.]بمبدروازه، ریز، بمب دیوار کن، یکجور ترقه.
He is hoist with his own p. در چاهی‌که برای دیگران‌کنده افتاده است.

pe.ter [pí:tə] (**-ed, -ing**) *vi. & n.* (معمولاًبا out) کم‌آمدن، بپایان رسیدن، تمام شدن، ازپادرآمدن، ته‌کشیدن، از پا افتادن.

pe.tite, [pəti:t] *adj. & n.* ریزه‌اندام، زن‌یالباس کوچك‌اندازه.

pe.ti.tion [pitíʃən] (**-ed,-ing**), *vi., n. & vt.* دادخواست،عرضحال،عریضه، تظلم، دادخواهی کردن، درخواست‌کردن.

petit larceny, *n.* دله دزدی.

pe.trel [pétrəl] *n.* [ج.ش.] مرغ طوفان، مرغ باران.

pet.ri.fac.tion, pet.ri.fi.ca.tion [pètrifǽkʃən] *n.* تحجر، سنگ شدگی.

pet.ri.fy [pétrifai] (**-fied, pet-rifying**) *vt. & vi.* سنگ‌کردن‌باشدن، متحجر کردن، گیج کردن، ازکار انداختن.

pe.tro.chemical, *n. & adj.* پتروشیمی، شیمی نفت.

pe.trog.ra.pher, *n.* سنگ‌نگار.

pe.trog.ra.phy, *n.* سنگ‌نگاری.

pet.rol [pétrəl, pétrɔl] *n.* (انگلیس) بنزین.

pe.tro.leum [pitróuliəm] *n.* نفت خام، نفت، مواد نفتی.

pe.trol.o.gist, *n.* سنگ‌شناس.

pe.trol.o.gy (*pl.* **- ies**) *n.* سنگ شناسی، علم احجار.

pet.rous, *adj.* سنگی، سخت.

pet.ti.coat [pétikout] *adj. & n.* زیر پوش زنانه، زیر پیراهنی زنانه، هر چیزی شبیه شلیته.

pet.ti.fog (**-ged, -ging**) *vi. & vt.* مغلطه کردن، ازمرحله پرت کردن،مشاجره کردن.

pet.tish [pétiʃ] *adj.* زودرنج، بداخلاق، جوشی، ترشرو.

pet.ty [péti] (**-ier,-iest**) *adj.* جزئی، خرد، کوچك، غیر قابل ملاحظه، فرعی.

petty officer, *n.* درجه‌دار (نیروی دریائی).

pet.u.lance [pétjuləns] **pet.u.lan.cy,** *n.* بداخلاقی، زود رنجی، کج‌خلقی، تندی، گستاخی.

pet.u.lant [pétjulənt] *n. & adj.* زود رنج، شرم‌آور، آدم جسور، کج خلق، ترشرو.

pe.tu.nia [pitjú:niə] *n.* (گ.ش.) گل اطلسی، رنگ قرمز مایل بآبی.

pew[pju:] *n.* (درکلیسا)نیمکت، زندگی، مقام.

pe.wit [pí:wit, pjúit] **=peewit,** *n.* (ج.ش.) مرغ ریبا، [illegible]

pew.ter [pjú:tə] *adj. & n.* ترکیب قلع و سرب، مفرغ، ظروف مفرغی، جام پیروزی، جایزه، خاکستری.

Pha.e.thon, pha.e.ton, *n.* درشکه، (اساطیر یونان) فایتون، درشکه سوار، درشکه‌چی.

phago.cyte, *n. & vt.* [طب-زیست‌شناسی] سلول بیگانه خوار.

phago.cy.to.sis (*pl.* **-ses**) *n.* سلول خواری، بیگانه خواری.

pha.lange, -al=phalanx, *adj. & n.* استخوان انگشت یا پنجه، بند انگشت.

pha.lanx[fǽlæŋks, féilæŋks](*pl.* **phalanx.es, pha.lan.ges**)*n.* بند انگشت،دسته‌بهم فشردهٔ پیاده‌نظام سنگین‌اسلحه.

phal.lic, *adj.* وابسته‌به‌پرستش آلت‌مردی، وابسته به‌آلت‌رجولیت، وابسته به‌قضیب، کیری.

phal.li.cism, *n.* ذکرپرستی، پرستش کیر.

phal.lus (*pl.* **- s, phal.li**) *n.* آلت ذکور، آلت تناسلی مرد، کیر.

phan.tasm, fantasm [fǽntæzm] *n.* حاصل خیال و وهم، تصورخام، شبح، روح، تصوبرذهنی، ظاهرفریبنده، سایه.

phan.tas.ma(*pl.*-**s, phantas-ma.ta**) *n.* خیال، روح، چشم‌بندی، شبح.

phan.tas.ma.go.ria (*pl.* **-s**) *n.* منظره خیالی و عجیب و غریب و مجلل، مناظر متغیر اشیاء، تخیلات پی در پی و متغیر.

phantasy [fǽntəzi]=**fantasy,** *n.* خیالی، فانتزی.

phan.tom, pantom [fǽntəm], *adj. & n.* خیال، منظر، ظاهرفریبنده، شبح، خیالی، روح.

Phar.aoh [fɛ́ərou] *n.* فرعون، نوعی آبجو قوی.

phar.i.sa.ic, -al, *adj.* وابسته به«فریسی»، ریاکارانه.

phar.i.see [fǽrisi:] *n.* [مج.] زهد فروش، ریاکار، فریسی.

phar.ma.ceu.ti.cal [fàməsjú:tikl] **phar.ma.ceu.tic,** *adj. & n.* داروئی، وابسته به‌داروسازی، دارو.

phar.ma.ceu.tics, phar.ma.cy, *n.* مبحث‌داروها،داروگری،داروشناسی.

phar.ma.cist [fá:məsist] *n.* داروگر، داروشناس، داروفروش، داروساز.

phar.ma.col.o.gist, *n.* داروشناس.

phar.ma.col.o.gy, *n.* داروشناسی.

phar.ma.co.poe.ia, *n.* کتاب دستور داروسازی، دارونامه.

phar.ma.cy [fá:məsi](*pl.* **-ies**), *n.* داروخانه، انباردارو، داروسازی.

pha.ros [fɛ́ərɔs] *n.* فانوس دریائی، نورافکن دریائی، مناره.

pha.ryn.ge.al, *adj.* وابسته به حلق یاگلو، حلقی.

phar.yn.gi.tis (*pl.* **pharyn.git.i.des**) *n.* [طب] التهاب حلق، التهاب‌گلو.

phar.ynx [fǽriŋks] (*pl.* **- es, pha.ryn.ges**) *n.* [تش.] حلق،گلوگاه، حلقوم،گلو.

phase [feiz] *n. & vt.* منظر، وجهه، صورت، لحاظ، پایه، مرحله، دورهٔ تحول وتغییر، اهلهٔ قمر، جنبه، وضع، مرحله‌ای‌کردن.

phase.out, phase out, *n. & vt.* تدریجاً متوقف‌کردن‌کار یا تولید، توقف‌کار یا فرآوری بطورمرحله‌ای.

Ph. D.=Doctor of philosoply, [illegible]

pheas.ant [féznt] (*pl.* **- s**) *n.* (ج.ش.) قرقاول، مرغ بهشتی.

phel.lo.derm, *n.* [گ.ش.] بافت چوب‌پنبه‌ای.

phe.nol.o.gy, *n.* مبحث رابطهٔ بین‌آب و هوا و تغییرات حاصله در پدیده‌های زیست شناسی، پدیده شناسی.

phe.nom.e.nal [finɔ́minl] *adj. & n.* پدیده‌ای، حادثه‌ای، عارضی، عرضی، محسوس، پیدا، شگفت‌انگیز، فوق‌العاده.

phe.nom.e.nal.ism, *n.* پدیده‌گرائی.

phe.nom.e.nol.o.gist, *n.* پدیده شناس.

phe.nom.e.nol.o.gy, *n.* پدیده شناسی.

phe.nom.e.non [finɔ́minən] (*pl.* **phenomena & -s**) *n.* پدیده، حادثه، عارضه، نمود، تجلی، اثر طبیعی.

phi.lan.der [filǽndə] (**- ed, -ing**) *n. & vi.* زن‌باز، زن‌بازی‌کردن، دنبال زن افتادن، لاس زدن، زن دوست بودن.

phil.an.throp.ic, -al [filənɔ́rpik] *adj.* نوع پرست، بشر دوست.
P. feelings. احساسات نوع‌پرستانه.

phi.lan.thro.pist[filǽnθrəpist], *n.* خیرخواه بشر،آدم نیك اندیش، بشردوست.

phi.lan.thro.py [filǽnθrəpi] (*pl.* **- ies**) *n.* نوع پرستی، بشر دوستی.

phil.a.tel.ic, *adj.* مربوط به‌تمبرشناسی.

phi.lat.e.list [filǽtəlist] *n.* تمبر شناس.

phi.lat.e.ly [filǽtəli] *n.* تمبرشناسی، تمبر جمع کنی، جمع‌آوری تمبر.

phil.har.mon.ic, *adj. & n.* عاشق موسیقی، ارکسترسمفونی، فیلهارمونیك.

phil.hel.lene, phil.hel.len.ic, *adj. & n.* هواخواه (استقلال) یونان، دوست یونان.

phi.lip.pic, *n.* سخنرانی تند و انتقادی.

Philippine Islands, *n.* مجمع‌الجزایر فیلیپین.

phil.is.tine [fílistin,-tain] **phi-lis.tia,** *adj. & n.* آدم هرزه، آدم بی‌فرهنگ و بی‌ذوق و مادی.

phi.log.y.ny, *n.* زن‌دوستی،زن پرستی.

phil.o.log.i.cal [fìləlɔ́dʒikl] *n.* وابسته به واژه‌شناسی یا زبان شناسی تاریخی وتطبیقی.

phi.lol.o.gist [filɔ́lədʒist] *n.* واژه‌شناس،ویژه‌گردرزبانشناسی‌تاریخی‌وتطبیقی.

phi.lol.o.gy [filɔ́lədʒi] *n.* علم‌زبان، زبان شناسی، تاریخی وتطبیقی، لغت شناسی.

Phil.o.mel=nightingale, *n.* بلبل.

phi.los.o.pher [filɔ́səfə] *n.* فیلسوف.

phil.o.soph.ic, -al [filəsɔ́fik(l)], *adj.* فلسفی.

phi.los.o.phize [filɔ́səfaiz] *vt. & vi.* فیلسوفانه دلیل‌آوردن، فلسفی کردن.

phi.los.o.phy [filɔ́səfi] (*pl.* **-ies**) *n.* فلسفه، حکمت، وارستگی، بردباری، تجرد.

phil.ter, phil.tre [fíltə] *n. & vt.* مهر دارو، طلسم عشق.

phiz, *n.* صفیرگلولهٔ تفنگ.

phle.bi.tis (*pl.* **-bit.i.des**) *n.* [طب] التهاب وریدها.

phle.bot.o.mist, *n.* حجامت‌گر.

phle.bot.o.mize (**- d, phle-botomizing**) *vt. & vi.* [طب] حجامت کردن، رگ‌زدن.

phle.bot.o.my, *n.* [طب] رگ‌زنی، فصد، حجامت، نیشتر.

phlegm [flem] *n.* بلغم،مخاط،خلط،(مج.)سستی،بیحالی،خونسردی.

phleg.mat.ic [flegmǽtik] *adj. & n.* بلغمی مزاج، شخص‌خونسرد وبی‌رگ.

phlo.gis.tic, *adj.* سامی، وابسته به‌اصل‌آتش، مربوط به‌آماس و تب.

phlo.gis.ton, *n.* مایهٔ‌آتش، اصل‌آتش، سام.

phlox [flɔks] *n.* (گ.ش.) فلوکس.

pho.bia [fóubiə] *n.* [د.ش.]ترس‌بیخود، بیم، انزجار، نفرت،تشویش.

pho.bic, *adj.* وابسته به‌ترس‌بیجا،تشویشی.

phoe.be [fí:bi] *n.* (افسانهٔ یونان) دخترگاه، ماه، قمر،اسم‌مؤنث.

Phoe.bus [fí:bəs]=**Apollo,** *n.* خورشید.

Phoe.ni.cian [finíʃiən] *adj. & n.* فنیقی، اهل فنیقه.

phoe.nix [fí:niks] *n.* مرغ افسانه‌ای منحصر بفرد،عنقا، سمندر.

pho.nate (**-d, phonating**) *vi.* صدادار آوردن، دارای صوت بودن،مصوت‌کردن.

phone [foun] *vt., vi. & n.* (پسوند)صوت،آوا، صدا، تلفن، تلفن زدن.

pho.neme, *n.* واگ، واج، حرف صوتی، صدای صوتی، صدا، صوت.

pho.ne.mic, *adj.* واگی، واجی، وابسته‌به‌واج، صوتی، قریب‌التلفظ.

pho.ne.mics, *n.pl.* واجشناسی، علم شناسائی تلفظ‌کلمات و صداها، صوت‌شناسی.

pho.net.ic [founétik] *adj.* آوائی،مصوت، صدادار، مربوط به‌ترکیب‌اصوات.

pho.ne.ti.cian [fòunitíʃən] *n.* آواشناس، متخصص‌استعمال علائم‌وحروف خاصی برای نشان دادن طرز تلفظ‌کلمات، صوت شناس.

pho.net.ics, *n.pl.* آواشناسی، مبحث تلفظ صوتی حرف وکلمات، صوت‌شناسی.

phon.ic, *adj.* وابسته به‌آوا وپژواك، صدائی، صدادار، صوتی، جسم صدادار.

phon.ics, *n.pl.* دانش‌صدا وپژواك، علم‌الاصوات، تلفظ وهجاهای‌کلمات، صداشناسی.

pho.no.graph, pho.no.graph-ic [fóunəgra:f,-ik] *n.* صدانگار، دستگاه ضبط صوت، گرامافون، گرام.

pho.no.gram.mic, pho.no.gram.ic, *adj.* وابسته به‌گرامافون یا صدانگار.

pho.nog.ra.phy, *n.* صدانگاری، صوتی، تندنویسی از روی صدا، ضبط صدا.

pho.no.log.i.cal [fòunəlɔ́dʒikl], *adj.* وابسته به‌صوت شناسی یادگرگونی‌صدا درزبان.

pho.nol.o.gist, *n.* صوت شناس.

pho.nol.o.gy [founɔ́lədʒi] *n.*

واجگان،صداشناسی،دانش‌دگرگونی‌صدادرزبان.

pho.ny, pho.ney (**-ier,-iest**) (*pl.* **- ies**) *n.* & *adj.* نادرست، غیر موثق، غلط، حقه‌باز، ساختگی.

phos.gene [*fɔ́sdδi·n*] *n.* [ش.] گاز بیرنگ سمی بفرمول $COCl_2$.

phos.phate [*fɔ́sfeit*] *n.* & *vt.* (ش.) فسفات، نمك اسید فسفریك، فسفات‌زدن به.

phos.phat.ic, *adj.* فسفات‌دار، اسید فسفریك‌دار.

phos.pha.tize, *vt.* تبدیل بفسفات کردن، بافسفات یا اسید فسفریك‌ترکیب کردن.

phos.phide, *n.* [ش.] ترکیب دو ظرفیتی که از ترکیب فسفر با يك عنصر یا ریشه بدست آید.

phos.pho.res.cence [*fɔ̀sfəré-səns*] *n.* تابندگی‌فسفری،روشنائی، شب‌تابی.

phos.pho.res.cent[*fɔsfərésənt*], *adj.* تابنده [مثل فسفر]، شب‌تاب، درخشان.

phos.phor.ic [*fɔsfɔ́rik*] *adj.* فسفری، تابنده، شبیه فسفر، شب‌تاب.

phos.pho.rism, *n.* مسمومیت دراثر فسفر، تشعشع‌فسفری، شب‌تابی.

phos.pho.rous, *adj.* فسفری، تابنده، فسفردار.

phos.pho.rus [*fɔ́sfərəs*] (*pl.* **phosphori**) *n.* (ش.) فسفر (بعلامت اختصاری P)، جسم شب‌تاب، جسم تابنده.

pho.tic, *adj.* نورزی، نوری، وابسته به‌نور و روشنائی، وابسته به‌تولید نور.

pho.to [*fóutou*] =**photograph.**

pho.to.biotic, *adj.* & *n.* زنده‌بواسطهٔ نور، درنورزندگانی کننده، نورزی.

pho.to.chemistry, *n.* رشته‌ای از علم شیمی که در بارهٔ اثر نوردرمواد شیمیائی بحث مینماید، نورشیمی.

pho.to.conductive, *adj.* هادی‌نور، نوررسان.

pho.to.copy (*pl.* **- ies**) *n.* رونوشت برداری بوسیلهٔ عکاسی، فتوکپی.

pho.to.dynamic, *adj.* اثر روشنائی در جنبش‌گیاهان.

pho.to.electric, *adj.* فتوالکتریك، نوری و برقی.

pho.to.engraving, *n.* گراور سازی بوسیلهٔ عکاسی.

pho.to.genic, *adj.* & *n.* خوش‌عکس، ایجاد شده در اثر نور و روشنائی، روشنی‌زا.

pho.to.graph [*fóutəgra:f*] (**-ed, -ing**) *vt., vi.* & *n.* عکس، عکس برداشتن از، عکسبرداری‌کردن.

pho.to.graph.ic [*fòutəgrǽfik*], *adj.* وابسته به‌عکاسی، عکسی.

pho.tog.ra.phy [*fətɔ́grəfi*] *n.* عکاسی، عکسبرداری، لوازم عکاسی.

pho.to.gra.vure [*fòutəgrəvjúə*], *n.* & *vt.* گراور سازی ازروی شیشه عکاسی.

pho.to.kinesis, pho.to.cine-sis, *n.* حرکت در اثر نور، نورجنبش.

pho.tom.e.ter, *n.* روشنائی سنج، نور سنج.

pho.tom.e.try, *n.* نور سنجی.

pho.ton, *n.* واحد شدت نور وارده بشبکیهٔ چشم، فوتون.

pho.to.negative, *adj.* نورگریز، فرارکننده و دور شونده از نور.

photo-offset, *n.* چاپ افستی که فیلم عکاسی را برای‌چاپ‌بکار برد.

pho.to.phil.ic, pho.toph.i.lous, *adj.* [گ.ش.] نورگرای،رشدکننده درنورزیاد.

pho.to.pho.bia, *n.* فوتوفوبی، نور ترسی، نورگریزی.

pho.to.pia, *n.* [تش.ـ د.ش.] بینائی درنور زیاد.

pho.to.reconnaissance, *n.* [نظ.] عکسبرداری اکتشافی.

pho.to.sensitive, *adj.* دارای حساسیت نسبت به‌نور.

pho.to.sphere, *n.* نورکره، کرهٔ نور، فلك، آفتاب.

pho.to.stat, -ic, *adj., n., vt.* & *vi.* رونوشت برداری بوسیلهٔ عکاسی،دستگاه عکسبرداری از اسناد، رونوشت تهیه کردن.

pho.to.synthesis, *n.* نورخاست، ایجاد و تشکیل موادآلی در گیاهان بکمك روشنائی، [تش.ـش.] ترکیب مواد بکمك نور.

pho.to.tax.is, (*pl.* **- tax.es, -tax.ies**) *n.* نورگرائی، نورواکنش.

pho.tot.ro.pism, *n.* [زیست‌شناسی] گرایش بطرف نور، نورگرائی.

phras.al, *adj.* عبارتی،مربوط به‌کلمه‌بندی.

phrase [*freiz*] (**-d, phrasing**), *n., vt.* & *vi.* عبارت، تعبیر، اصطلاح، فراز،عبارت‌سازی،کلمه‌بندی، سخن‌موجز، پند و امثال، بعبارت در آوردن ، تعبیر درآوردن، تعبیر کردن، کلمه‌بندی کردن.

phra.se.o.gram, *n.* خط یا خطوط نمایندهٔ عبارات [درتندنویسی].

phra.se.ol.o.gist, *n.* عبارت‌پرداز، جمله‌ساز، نویسندهٔ ناصادق.

phrase.ol.o.gy [*frèiziɔ́lədδi*] *n.* عبارت‌پردازی،کلمه‌بندی، انشاء، فهرست، سبك.

phre.nol.o.gist [*frenɔ́lədδist*] *n.* جمجمه شناس، جمجمه‌خوان.

phre.nol.o.gy [*frenɔ́lədδi*] *n.* علم براهین جمجمه، جمجمه خوانی.

phrensy=frenzy, *n.* دیوانگی، شور.

phthi.ri.a.sis, pediculosis, *n.* آلودگی به‌شپش یا شپشك، شپشك داشتن.

phthi.sis [*θáisis*] (*pl.* **phthi-ses**) *n.* (طب) سل ریوی، فساد بافتها.

phy.lar, *adj.* وابسته به‌راسته و دسته،وابسته به‌قبیله و نژاد.

phy.le (*pl.* **phy.lae**) *n.* [یونان باستان] قبیله، عشیره، طایفه.

phyl.line, *adj.* برگی، برگ‌مانند.

phyl.loid, *adj.* & *n.* برگ وار، شبیه برگ.

phyl.loph.a.gous, *adj.* برگ‌خوار.

phyl.lo.pod, *n.* جانور برگ پای (مثل بعضی از خرچنگ‌ها).

phyl.lo.taxy, phyl.lo.tax.is, (*pl.* **-ies, -es**) *n.* [گ.ش.] وضع برگ، آرایش برگی.

phyl.lox.e.ra, *n.* [ج.ش.] شتهٔ مو، شته، کرم.

phy.log.e.ny, *n.* تکامل نژادی، تاریخ نژادی جانور یا گیاه.

phy.lum (*pl.* **phy.la**) **phy.lon,** *n.* نژاد، قبیله،اجداد، سلسله،دودمان، راسته.

phys.i.at.rics, *n. pl.* [طب] درمان امراض با وسائل طبیعی.

phys.ic [*fízik*] (**physicked, physicking**) *vt.* مسهل دادن، دوا دادن، شفادادن، مسهل، طب، فیزیك.

phys.i.cal [*fízikl*] *adj.* فیزیکی، طبیعی، مادی، جسمانی، بدنی.

P. exercise. ورزش بدنی.

P. sciences. علوم طبیعی.

physical therapy, *n.* [طب] تن درمانی، ورزش درمانی.

phy.si.cian [*fizíʃən*] *n.* پزشك.

phys.i.cist [*fízisist*] *n.* فیزیك‌دان.

phys.ics [*fíziks*] *n.* فیزیك.

phys.i.ognom.ic, *adj.* وابسته به‌قیافه‌شناسی، سیماشناس، سیمائی.

phys.i.ogno.my [*fìziɔ́nəmi*] *n.* سیماشناسی، قیافه‌شناسی، سیما، چهره، صورت.

phys.i.og.ra.phy, *n.* جغرافیای‌طبیعی، مبحث آثارو پدیده‌های طبیعی.

phys.i.o.log.ic, -al [*fìziəlɔ́dδik, -əl*] *adj.* وابسته به‌علم وظائف‌اعضاء، ساختمانی، وابسته به‌علم فیزیولوژی ،تنکردی.

phys.i.ol.o.gist [*fìziɔ́lədδist*] *n.* ویژه‌گر فیزیولوژی، تن‌کردشناس.

phys.i.ol.o.gy [*fìziɔ́lədδi*] (*pl.* **-ies**) *n.* تن‌کردشناسی، علم وظائف‌الاعضاء، فیزیولوژی، علم طبیعی.

phys.io.therapy = physical therapy, *n.* تن درمانی.

phy.sique [*fizí:k*] *n.* هیکل، سازمان بدن، ترکیب، هیئت،ساختمان بدن.

phy.to.gen.ic, *adj.* دارای منشاءگیاهی، گیاه‌زاد.

phy.to.geography, *n.* جغرافیای گیاهی.

phy.tog.ra.phy, *n.* طبقه‌بندی‌گیاهان روی‌زمین، گیاهشناسی‌توضیحی و تشریحی.

phy.tol.o.gy, botany, *n.* گیاه‌شناسی، علم گیاهان.

phy.ton, *n.* [گ.ش.] واحدگیاهی، پیوندگیاه.

phy.toph.a.gous, *adj.* گیاه‌خوار.

phy.toph.a.gy, *n.* گیاهخواری.

pi [*pai*] (*pl.* **-s**) *n.* حرف شانزدهم‌الفبای یونانی، عدد هشتاد ،(هن) نسبت پیرامون به شعاع دایره.

pi.al, *adj.* درهم و برهم، بی‌ترتیب.

pia ma.ter, *n.* [تش.] نرم شامه، ام‌الرقیق، ام‌الدماغ.

pi.a.nis.si.mo [*piənísimou*] *adj., n.* & *adv.* (مو.)خیلی‌نرم،خیلی‌آرام‌بنوازید.

pi.an.ist [*píənist, pjǽnist*] *n.* نوازندهٔ پیانو، پیانونواز.

pi.a.no [*piǽnou*] *adv., adj.* & *n.* (مو.) پیانو،آرام بنوازید، قطعه موسیقی‌آهسته وآرام.

pi.ano.forte [*piæ̀noufɔ́:ti*] *n.* پیانو، نوعی پیانو،آهنگ ملایم.

pi.az.za [*piǽtsə*] (*pl.* **-e, -s**) *n.* میدان (مخصوصاً در شهرهای ایتالیا)، بازار.

pic.a.resque [*pìkərésk*] *adj.* & *n.* شخص‌اوباش، داستانیکه‌قهرمان آن‌رذل‌است.

pic.a.yune, pic.a.yun.ish, *adj.* & *n.* جزئی، بی‌ارزش، پست، ناچیز.

pic.ca.lil.li [*píkəlili*] *n.* ترشی ادویه و سبزیجات.

pic.co.lo [*pílkəlou*] (*pl.* **-s**) *adj.* & *n.* (مو.) فلوت دارای صدای زیر.

pic.e.ous, *adj.* قیروار، قیردار، زفت‌دار، قابل‌اشتعال، آتشگیر.

pick [*pik*] (**-ed, -ing**) *vt., vi., adj.* & *n.* چیدن، کندن، کلنگ‌زدن (به)، با خلال‌پاك کردن، خلال‌دندان‌بکاربردن، نوك‌زدن به، برگزیدن، بازکردن (بقصددزدی)، ناخنك‌زدن، عیبجوئی کردن، دزدیدن، کلنگ، (مو.) زخمه، مضراب، خلال دندان (Toothpick)، خلال گوش[Earpick]، هرنوع آلت نوك‌تیز، گزین، انتخاب، عمل‌چیدن، گزیدن.

To p. pockets جیب‌بری کردن.

They p. apples. آنها سیب می‌چینند.

He picks a quarrel with me. بهانه می‌جویدکه با من دعواکند.

P. and choose. در سواکردن چیزی دقت و وسواس زیادداشتن.

P. to pieces. پاره پاره کردن، (مج.) سخت مورد انتقاد قرار دادن.

P. up health. بهبود یافتن.

pickaback [*píkəbæk*]=**piggy-back,** *n., adj.* & *adv.* بر پشت خود سوارکردن، کول‌کردن، کول.

pick.a.nin.ny, pic.a.nin.ny [*píkənini*] (*pl.* **-ies**) *n.* نی‌نی، بچهٔ کوچك، بچهٔ سیاه پوست.

pick.ax, -e [*píkæks*] *n., vi.* & *vt.* کلنگ دوسر، کلنگ روسی ،باکلنگ‌زدن.

pick.ed, *adj.* نوك‌تیز، نوك‌دار، خاردار، برگزیده، پاك‌کرده، انتخاب شده، لخت، پوست‌کنده، کلنگ‌خورده.

pickeer (**-ed, - ing**) *vi.* زد و خوردکردن، لاس زدن، جاسوسی‌کردن.

pick.er.el (*pl.* **-s**) *n.* [ج.ش.] اردك ماهی‌کوچك، گوشت اردك ماهی.

pick.et [*píkit*] (**-ed, - ing**) *n., vt.* & *vi.* دستك، میخ‌چوبی، میخچه، چوب نوك‌تیز، چوب پرچین، کشیك، اعتصاب کـردن، اعتصاب و جلوگیری از ورودسایرین بمحل‌کار، نرده‌کشیدن، مراقبت‌کردن، بستن، افسارکردن (اسب)، جلوکسی راه رفتن یا ایستادن.

picket line, *n.* صف‌کارگران‌اعتصابی.

picking, -s [*píkiŋ, -z*] *n.* جیب بری، دله دزدی، ناخنك زنی، پس‌مانده.

pick.le [*píkl*] (**-d, pickling**), *n., vt.* & *vi.* ترشی، پس‌رکه، خیار ترشی، وضعیت دشوار، ترشی انداختن.

A sorry p. وضع ناجور،گرفتاری.

picklock [*píklɔk*] *n.* & *adj.* قفل‌گشا، دزد، قفل شکن، قفل بازکن.

pick out, *vt.* جداکردن،انتخاب‌کردن.

pick over, *vt.* چیدن، برگزیدن.

pickpocket [*píkpɔkit*] *n.* جیب‌بر.

pick up [*píkʌp*] *vt.* & *n.* پیکاپ، دستگاه بـرقی نـاقل صدای‌گرامافون، انتخاب،رشد،ترقی، تجدیدفعالیت،چیدن، هرچیز انتخاب‌شده،آشنائی‌تصادفی، (دختر)بلندکردن، برداشتن، سوارکردن،گرفتن، بهبودی یافتن.

picky, *adj.* ضربه زننده، با نوك بردارنده، ناخنك‌زن.

pic.nic [*píknik*] (**-ed, - ing**), *n., vt.* & *vi.* گردش دسته جمعی، پیك نیك، به‌پیك‌نیك‌رفتن، دسته‌جمعی خوردن.

Pict [*pikt*] *n.* مردمان‌غیرسلتی‌انگلیس.

picto- پیشوندی‌بمعنی «عکس» و «تصویر».

pic.to.graph, *n.* خط تصویری، نشان یا علائم تصویری.

pic.to.ri.al [*piktɔ́:riəl*] *adj.* & *n.* تصویری، مصور، تصویرنما، مجسم‌سازنده.

pic.ture [*píktʃə*] (**-d, pictu-ring**) *n.* & *vt.* تصویر، عکس،منظره،سینما، باعکس‌نشان‌دادن، روشن ساختن، نقاشی‌کردن، تصور، وصف.

P. postcard. کارت پستال عکس‌دار.

P. to oneself. پیش خود مجسم‌کردن.

pic.tur.esque [*pìktʃərésk*] *adj.* & *n.* شایان‌تصویر، زیبا، بدیع،خوش‌منظره.

picture window, *n.* پنجرهٔ دل باز و خوش منظره، پنجرهٔ بزرگ.

pid.dle (**-d, piddling**) *vi.* & *vt.* کاربیهوده‌کردن، وقت‌گذراندن، بنازچیزخوردن، با خوراك بازی‌کردن، (زبان‌بچه) جیش‌کردن.

pid.dling, *adj.* جزئی، ناچیز، بی‌اهمیت.

pid.gin [*pídδin*] *n.* انگلیسی دست و

با شکسته و مخلوط با اصطلاحات چینی.

pie [*pai*] *n.* & *vt.*
کلاغ زنگی، کلاغ جاره، آدم ناقلا، جانورابلق، کلوچهٔ گوشت پیچ، کلوچهٔ میوه‌دار، پای، چیز آشفته ونامرتب، درهم ریختن.

Have a finger in the p.
درکاری دخالت یا فضولی کردن.

piebald [*páibɔ:ld*] *adj.* & *n.*
پیسه، ابلق، دورنگ، رنگارنگ، ناجور.

piece [*pi:s*] (**-d, piecing**) *n., vt.* & *vi.*
تکه، قطعه، پارچه، فقره، عدد، سکه، نمونه، قطعهٔ ادبی یا موسیقی، نمایشنامه، قسمت، بخش، یك تکه کردن، وصله کردن، ترکیب کردن، جور شدن، قندی، کمی، اسلحهٔ گرم.

P. goods.

A p. of one's mind. سخن‌رك، سرزنش.

Cut to pieces. پاره پاره کردن.

piece.meal [*pí:smi:l*] *adv., n., vt.* & *adj.*
به اجزاء ریز تقسیم کردن، خرد خرد، تکه تکه، بتدریج، تدریجی.

piecework, *n.* کار از روی مقاطعه.

pied [*paid*] *adj.* & *n.* ابلق، رنگارنگ، گوناگون، پرندهٔ رنگارنگ.

pier [*piə*] *n.*
ستون، جرز، اسکله، موج‌شکن، پایهٔ پل، لنگرگاه.

pierce [*piəs*] (**-d, piercing**) *vt., n.* & *vi.* سوراخ کردن
(با نیزه و چیز نوك تیزی)، سفتن، فرو کردن [نوك خنجروغیره]، شکافتن، رسوخ کردن.

pie.ta, *n.*
[درآثارهنری] نقاشی یامجسمهٔ مریم‌مادرعیسی.

pi.etism, *n.* پرهیزگاری، پارسائی، تقوا.

pi.etist, -ic, *adj.* & *n.*
وابسته به پرهیزگاری، پارسا.

pi.e.ty [*páiiti, páiəti*] (*pl.* **-es**), *n.* پرهیزگاری، پارسائی، خداترسی، تقوا.

pi.ezom.e.ter, *n.* فشارسنج، غلظت‌سنج، دستگاه سنجش شدت انفجار.

pif.fle [*pífəl*] (**-d, piffling**) *vi.* & *n.* چرند، ناچیز،
من‌من کردن، حرف بیهوده زدن، مهمل گوئی.

pig [*pig*] (*pl.* **- s**), (**-ged, -ging**), *n., vt.* & *vi.*
خوك، گراز، مثل‌خوك رفتار کردن، خوك‌زائیدن، آدم حریص وکثیف، قالب ریخته‌گری.

pi.geon [*pídʒin, -ən*] (*pl.* **pi-geons**) *n.* (ج.ش.)کبوتر، محبوبه،
دختر جوان، ترسو، ساده وگول‌خور.

pigeonhearted, *adj.* ترسو.

pigeonhole [*pídʒ(i)n houl*] *vt., adj.* & *n.* لانهٔ کبوتر، سوراخ، کاغذدان،
جعبهٔ مخصوص نامه‌ها، خانه خانه کردن.

pigeon-toed, *adj.* دارای پنجهٔ
برگشته، دارای پنجهٔ خمیده بداخل.

pig.gery [*pígəri*] (*pl.* **- ies**) *n.*
خوکدان، لانهٔ خوك، جای کثیف.

pig.gish [*pígiʃ*] *adj.* خوك مانند.

pig.gy.back, *adv., adj., n., vt.* & *vi.* برپشت یاشانه سوارشدن، کول کردن، کول، واگن مسطح (ویژهٔ حمل اتومبیل وغیره).

piggy bank, *n.* قلك.

pigheaded, *adj.*
کله خر، کله شق، سرسخت.

pig iron, *n.* آهن‌خام،
آهن‌کورهٔ قالگری، لختهٔ آهن، آهن توده.

pig.let, *n.* بچه‌خوك.

pig.ment [*pígmənt*] (**-ed,-ing**), *n., vi.* & *vt.* رنگیزه، رنگ دانه،
مادهٔ رنگی، مادهٔ ملونه، بامادهٔ رنگی رنگ کردن.

pig.men.ta.tion [*pìgməntéiʃən*], *n.* رنگ، رنگی شدن، تجمع رنگدانه‌هادر بافتها.

pigpen, pigsty, *n.*
خوکدانی، آغل خوك، جای کثیف.

pigtail, -ed, *adj.* & *n.*
دم خوك، گیس بافته، گیسوی بافته و پشت سر انداخته (مثل‌دختران چینی)، گوی‌توتون.

pike [*paik*] (*pl.* **-s**)(**-d, piking**), *n., vt.* & *vi.*
کلنگ دوسر، نیزهٔ دسته چوبی، میخ نوك تیز، نوك نیزه، هر چیز نوك تیز، قله، کوه نوك تیز، اردك ماهی، عزیمت کردن، سریعاً رفتن، رحلت کردن، نیزه‌زدن، با چیز نوك تیزسوراخ کردن.

pike.man (*pl.* **-men**) *n.*
کارگر کلنگ‌دار، سرباز نیزه‌دار.

pik.er, *n.*
دزد، سرباز نیزه‌دار، قمار بازکم جرأت.

pi.las.ter [*pilǽstə*] *n.* ستون
چهارگوش یامستطیل، پایهٔ‌مبل وصندلی، هرچیزی شبیه ستون یا استوانه، دیوار یا جرزستون‌نما.

pile [*pail*] *n., vt., vi.* & *adj.*
توده، کپه، کومه، مقدار زیاد، کرك، یك تارموی، خواب‌پارچه، پارچهٔ خزنما، ستون، ستون‌لنگرگاه، ستون‌پل، سد، موج‌شکن، توده کردن، کومه کردن، اندوختن، پرزقالی و غیره.

P. it on. اغراق‌آمیز کردن، انباشتن.

pi.le.ate, *adj.* دارای کلاهك، کاکل‌دار.

pile driver, *n.*
تیرکوب، ماشین یا دستگاه بلندکردن الوار.

pil.fer [*pílfə*] (**-ed, -ing**) *vt., n.* & *vi.* دله دزدی کردن، کش رفتن.

pil.grim [*pílgrim*] *n.* & *vi.*
زائر، زوار، مسافر، مهاجر.

pil.grim.age [*pílgrimidʒ*] (**-d, pilgrimaging**) *n.* & *vi.*
زیارت، زیارت‌اعتاب مقدسه، سفر، زیارت‌رفتن.

Go on p (به)زیارت رفتن.

piling, *n.*
ستون‌بندی، الوار یا تیر مخصوص ستون سازی.

pill [*pil*] (**-ed, - ing**) *n., vt.* & *vi.* حب، حب دارو، دانه، حب ساختن.

pil.lage [*pílidʒ*] (**-d,pillaging**), *n.* & *vt.* غارت، تاراج، غارت کردن.

pil.lar [*pílə*] *n.* & *vt.*
ستون، پایه، جرز، رکن، ارکان، ستون ساختن.

pillbox, *n.*
قوطی حب دارو وغیره، لانهٔ توپ و مسلسل.

PILLBOX (fort)

pil.lion [*píljən*] *adv., vi.* & *n.*
زین زنانه، ترك، ترك سوارشدن.

pil.lory [*píləri*] (*pl.* **-ies**), (**-ied, pillorying**) *n.* & *vt.*
قاپوق، نوعی آلت شکنجهٔ قدیمی که سر و دست مجرم را از سوراخ کوچك تخته‌سنگی گذرانده‌و فشار می‌دادند.

pil.low [*pílou*] (**-ed, - ing**) *n., vt.* & *vi.* بالش، ناز بالش، متکا، پشتی،
مخده، بالش‌وار قرارگرفتن، بربالش گذاردن.

pillowcase, *n.* روبالش، جلد بالش.

pi.lose, *adj.*
پوشیده از موی ریزیاکرك، مودار، موئین.

pi.lot [*páilət*] *n., adj.* & *vt.*
رهبر، لیدر، خلبان‌هواپیما، رانندهٔ کشتی، اسباب تنظیم‌وميزان‌کردن‌چیزی، پیلوت، چراغ‌راهنما، رهبری‌کردن، خلبانی‌کردن، راندن، آزمایشی.

pi.lot.age, *n.* راهنمائی‌کشتی، خلبانی.

pilot burner, *n.*
چراغ کوچك اجاق‌گاز و امثال آن، پیلوت.

pil.ule, pil.lule, *n.* حب‌کوچك.

pi.men.to [*piméntou*] (*pl.* **-s**), *n.* (گ.ش.) فلفل فرنگی شیرین، فلفل‌گینه.

pimp (**-ed, - ing**) *vi.* & *n.*
دلال محبت، جاکش، جاکشی کردن.

pimp.ing, *adj.* خرد، پست، علیل.

pim.ple [*pímpl*] *n.* & *vt.*
جوش، کورك، عرق‌گز، جوش‌درآوردن.

pin [*pin*] (**-ned, - ning**) *adj., n., vt.* & *vi.* سنجاق، میخ‌کوچك ساعت،
محور کوچکی که چیزی بدور آن بگردد، دستگیرهٔ در، گیره، گیرهٔ سر، گیرهٔ کاغذ، گیرهٔ رخت، (در بولینگ) [illegible] به، با سنجاق محکم کردن، متصل کردن به، گیر افتادن.

Don't care a p. هیچ در فکر نباش.

Pins and needles.
سوزن سوزن شدن اندام خواب رفته.

P. down a person to his promise. کسیرا ملزم به‌انجام وعده کردن.

pin.a.fore [*pínəfɔ:*] *n.* پیش‌بند.

pince-nez [*pœs nei*] *n.pl.*
عینك دماغی.

pin.cer [*pínsə*] *n.* & *vt.*
گاز انبر، ماشه، گیره، (ج.ش.) عضوگاز انبری جانوران (مثل خرچنگ).

pinch [*pin(t)ʃ*] (**-ed, - ing**) *vt., vi., n.* & *adj.*
نیشگون‌گرفتن، قاپیدن، مضیقه، تنگنا، موقعیت‌باریك، سربزنگاه، نیشگون، اندك، جانشین.

pinch.er, *n.*
نیشگون‌گیر، گازگیر، (در جمع) گاز انبر.

pincushion, *n.*
جا سنجاقی، بالشتك، سنجاق‌گیر.

Pin.dar.ic [*pindǽrik*] *adj.* & *n.* پیرو سبك مغلق‌نویسی شاعر یونانی موسوم به‌پندار، شعر بزمی، مغلق‌نویسی.

pin.dling, *adj.*
ظریف، نحیف، لاغر، اخمو، ترشرو.

pine [*pain*] (**-d, pining**) *n., vi., adj.* & *vt.*
غم واندوه، ازغم و حسرت نحیف‌شدن، نگرانی، رنج و عذاب دادن، غصه خوردن، (گ. ش.) کاج، چوب‌کاج، صنوبر، لاغر ونحیف شدن.

P. for home. دلتنگی برای وطن کردن.

pine.ap.ple [*páinæpl*] *n.*
(گ.ش.) آناناس.

ping [*piŋ*] (**-ed, - ing**) *n., vt.* & *vi.* صدای تیزی شبیه‌صدای اصابت‌گلوله
بدیوار، صدای غژ، صدای غژایجاد کردن.

Ping-Pong [*píŋpɔŋ*] (**- ed, -ing**) *n.* پینگ پونگ(بازی‌کردن).

pinhead, *n.* & *adj.*
سر سنجاق، چیزکوچك و ناچیز.

pin.ion [*pínjən*] (**-ed, - ing**), *vi.* & *n.* قسمت دور از مرکز بال پرنده،
بال، چرخ‌دندهٔ‌جناحی، پر و بال پرنده راکندن، دست کسی را بستن، کفتربندکردن.

pink [*piŋk*] *adj., n., vt.* & *vi.*
رنگ صورتی، سوراخ سوراخ‌کردن یا بریدن.

pin.kie, pin.ky, *n.* انگشت‌کوچك.

pink.ish, *adj.* مایل برنگ صورتی.

pin money, *n.*
پول جیبی شوهر به‌همسرش، مبلغ‌ناچیز.

pin.nace [*pínəs*] *n.*
کشتی‌کوچك پاروئی، زن، زن جاکش.

pin.na.cle [*pínəkl*] (**-d, pin-nacling**) *n.* & *vt.*
اوج، منتهی درجه، قلهٔ‌نوك تیز، رأس، برج.

pin.nate [*píneit*] *adj.*
شکل پر، دارای برگ در دوسوی برگدم.

pin.nule, pin.ule, *n.* (ج.ش.)بالچه، بالهٔ فرعی ماهی، پرهٔ شنای ماهی، برگچه.

pinpoint, *adj., n.* & *vt.*
چیزکوچك، با دقت اشاره‌کردن به.

pins and needles, *n.pl.*
احساس مورمور در اثر خواب رفتگی، عصبانی.

pinstripe, *n.*
راه راههای باریك روی پارچه.

pint [*paint*] *n.* پیمانهٔ وزن [illegible] کوارت.

RUDDER

PINTLE

SOCKET

PINTLE

pin.tle, *n.* (ز.ع.ـ آمر.)آلت مردی، ذکر، میله.

pin.to (*pl.* **-s, -es**) *adj.* & *n.*
رنگ برنگ، نقطه نقطه، خال خال.

pinup, *adj.* & *n.*
تصویر دختر زیبا، ویژهٔ نصب بدیوار.

pinup girl, *n.*
دختر زیبائی که عکسهایش بدیوار آویخته شود.

pinweed, *n.* (گ.ش.) بوتهٔ لادن.

pinwheel, *n.* چرخ‌گردنده، فرفره.

pinworm *n.* [ج.ش.] کرمك، کرم ریز سنجاقی انگل رودهٔ انسان از دستهٔ نماتدها.

pi.o.let, *n.* کلنگ دوسرویژهٔ کوهنوردی.

pi.o.neer [*pàiəníə*] (**-ed, -ing**), *adj., n., vt.* & *vi.*
پیشگام، پیشقدم، پیشرو، پیشقدم شدن.

pi.ous [*páiəs*] *adj.* پارسا،
پرهیزکار، زاهد، متقی.

pip [*pip*] (**-ped, -ping**) *n., vt.* & *vi.* انواع امراض‌مختلفی که‌سابقاً آنهارا کوفت،
سوءهاضمه و سرفه وامثال‌آن دانسته‌اند، اختلال مزاج، خال، لکه، (در مورد جوجه) سر از تخم درآوردن، (در مورد تخم) شکستن، شکستن و باز شدن، دانه‌یاتخم‌میوه‌هائی مثل‌سیب.

pip.age, pipe.age, *n.*
ترابری‌بوسیلهٔ‌لوله، لوله کشی، عوارض‌یاحق‌حمل بوسیلهٔ لوله.

pipe [*paip*] (**-d, piping**) *n., vt.* & *vi.* پیپ، چپق، (مو.)نی، نای، فلوت، نی‌زنی، لولهٔ
حمل مواد نفتی، ساقهٔ توخالی گیاه، نی زدن، فلوت زدن، با صدای تیز و زیر حرف زدن، صفیر زدن، لوله کشی‌کردن، لوله.

P. one's eye. [ز.ع.ـد.ن.]گریه‌کردن.

pipe-clay [*páipklei*] *vt.* & *n.*
گل سفید ویژهٔ سفیدکاری و ساختن سرچپق و چاپ چلوار، باگل سفید پاك کردن.

pipe cleaner, *n.*
لوله پاك کن، سیم لولهٔ چپق پاك‌کن.

pipe dream, *n.*
نقشهٔ خیالی و موهوم، امید واهی.

pipe fitter, *n.* لوله‌نصب‌کن، لوله‌کش.

pipe.ful [*páipful*] *n.*
باندازه یك پیپ پر.

pipe.less, *adj.* بدون‌لوله‌یا نی یا پیپ.

pipelike, *adj.*
پیپ مانند، لوله مانند، نی مانند.

pipeline, *n.* خط لوله، لوله‌کشی.

pip.er [*páipə*] *n.*
فلوت‌زن، جوجهٔ‌کبوتر، لوله‌کش.

pip.ing [*páipiŋ*] *adj., adv.* & *n.*
نی زنی، فلوت، لوله‌کشی.

pip.pin [*pípin*] *n.*
دانه، پند، تخم، سیب تخم‌دار، دانه‌دار.

pip-pip, *interj.* خداحافظ.
pi.quan.cy [pí:kənsi] *n.*
تند و تیزی، زنندگی، گوشه‌داری، طعنه‌آمیزی.
pi.quant [pí:kant, pí:kənt] *adj.*
تند و با مزه،گوشه‌دار،گزنده، هشیارکننده.
pique [pi:k] **(-d, piquing)** *n., vt., adj. & vi.* مشاجره،رنجش،
انزجار، تحریك کردن، زخم زبان زدن، پارچهٔ راه‌راه نخی، پیک، منبت‌کاری.
pi.ra.cy [páirəsi] (*pl.* **-ies**) *n.*
دزدی دریائی، دزدی هنری یا ادبی.
pi.rate [páiərət] **(-d, pirat-ing)** *n., vt. & vi.* دزددریائی،دزدادبی،
دزدی‌دریائی کردن، بدون اجازهٔ ناشریا صاحب حق طبع چاپ کردن، دزدی ادبی کردن.
pir.ou.ette [piruét] *n. & vi.*
[دررقص]چرخ‌سریع، چرخ‌روی‌پاشنه،چرخ‌زدن.
pis al.ler [pi:z álei] (*pl.***-s**) *n.*
آخرین چاره،آخرین پناه، چاره.
pis.ca.to.ri.al, pis.ca.to.ry, *adj.*
وابسته‌به‌ماهیگیری، وابسته به‌صید ماهی.
Pis.ces, *n.pl.* (نج.) برج حوت.
pis.ci.cul.ture, *n.* پرورش ماهی.
pis.ci.na (*pl.* **-s & -e**) *n.*
حوض ماهی، حوض شنا، سنگاب کلیسا.
pis.cine, *adj. & n.* شبیه‌ماهی،ماهی‌وار.
pis.civ.o.rous, *adj.* ماهیخوار.
pish [piʃ] **(-ed, -ing)** *interj., vt. & vi.* پیف، اه [علامت‌بی‌میلی‌و نفرت]،
اظهار نفرت کردن، اه و پیف کردن.
piss, *n., vi. & vt.* شاش، شاشیدن.
pis.soir, *n.* شاشگاه همگانی،
مستراح عمومی، آبریزگاه عمومی.
pis.tach.io (*pl.* **-s**) *n.*
درخت پسته، پسته.
pis.til [pístil] *n.*
[گ.ش.] گرزن،مادگی، آلت‌مادگی گل.
pis.til.late, *adj.*
مادگی‌دار، تولیدکنندهٔ مادگی.
pis.tol [pístl] **(-led, -ling, -ed, -ing)** *n., vt. & vi.*
تپانچه، هفت‌تیر، تپانچه در کردن.
pis.ton [pístən] *n.*
سنبه، میلهٔ متحرك، پیستون.
P. ring.
حلقهٔ فنری بین پیستون و استوانهٔ سیلندر.
P. rod.
دستهٔ پیستون، میلهٔ حرکت دهندهٔ پیستون.
pit [pit] **(-ted, -ting)** *n., vt. & vi.* چال،چال‌دار کردن،
گودال، حفره، چـاله، سیاه‌چال، هستهٔ آلبالو و گیلاس وآلو و غیره، برقابت واداشتن، هستهٔ میوه را درآوردن، در گود مبارزه قراردادن.
His face was pitted with small-pox.
صورتش بوسیلهٔ آبله سوراخ سوراخ شده بود.
pit-a-pat [pítəpǽt] *adj., adv., vi. &n.* باضربات‌تندومتوالی، درحال‌ضربان، درحال
بال بال، زننده، بال بال زننده، تپیدن.
pitch [pitʃ] **(-ed, -ing)** *n., vt. & vi.* قیر، پرتاب، ضربت‌باچوگان، نصب، استقرار،
اوج پرواز، اوج، سرازیری، جای شیب، پلکان، دانگ صدا، زیروبمی صدا، استوار کـردن، خیمه زدن، بر پاکردن، نصب‌کردن، (در بیس‌بال) توپ را بطرف چوگانزن پرتـاب‌کردن، توپ را زدن.
pitch-black, *adj. & n.*
قیرگون، خیلی سیاه.
pitched battle, *n.*
جنگ صف‌آرائی شده، جنگ سخت تن بتن.
pitch.er [pítʃə] *n.*
آفتابه،کوزه، پارچ، پرتاب‌کنندهٔ توپ.
pitch.fork [pítʃfɔ:k] *n. & vt.*
دوشاخه، چنگال، شانه، پنجه.
pitch in, *vi.* باسعی وجدیت
شروع بکارکردن، شروع‌بخوردن غذاکردن.
pitchy [pítʃi] **(-ier, -iest)** *adj.*
زفت‌اندود، قیراندود، قیرگون، سیاه و تاریك.
pit.e.ous [pítiəs, -jəs] *adj.*
رقت بار، دلسوز، رقت انگیز، جانگداز.
pitfall, *n.* دام، تله،گودال سرپوشیده.
pith [piθ] **(-ed, -ing)** *n. & vt.*
(تش.) مغز تیره، مغز حـرام، مغز میوه، مخ استخوان، اهمیت، قوت، برمعنی و عمیق.
pith.e.can.thro.pus, *n.*
[زیست‌شناسی] انسان اولیهٔ میمون نمـای دورهٔ پلیوسن که جمجمه‌اش در «جاوه» کشف شده.
pithy [píθi] **(-ier, -iest)** *adj.*
شبیه مغز، پرمغز، مختصر و مفید، مؤثر.
piti.able [pítiəbl] *adj.*
رقت‌بار، رقت‌انگیز، قابل ترحم.
piti.er, *n.* دلسوز، رحیم.
piti.ful [pítiful] *adj.* رقت‌انگیز.
piti.less [pítilis] *adj.*
بی‌ترحم، بیرحم.
pit.man (*pl.* **-men**) *n.*
گورکن، قبرکن،کارگر درون معدن، مقنی.
pit.tance [pítəns] *n.*
مبلغ جزئی، چندرقاز،کمك هزینهٔ مختصر.
pitted, *adj.*
حفره‌دار، سوراخ سوراخ، چاله چاله.
pitter-patter, *n., adj., adv. & vt.* چك‌چك‌باران‌وغیره، ضربان، تپش، بال‌بال.
pi.tu.i.tary, *adj. & n.*
(م.م.) غدهٔ هیپوفیز، بلغمی، مخاطی.
pity [píti] (*pl.* **-ies**) **(-ied, pitying)** *n., vt. & vi.* افسوس،دریغ،
بخشش، رحم، همدردی، حس‌ترحم، ترحم کردن، دلسوزی‌کردن، متأثر شدن.
I felt p. for him.
دلم برایش سوخت، دلم بحالش رحم‌آمد.
Take p. on. رحم‌کردن به (کسی).
What a p. حیف، چقدر حیف شد.
piv.ot [pívət] **(-ed, -ing)** *n., adj., vi. & vt.* محور، مدار، میله، پاشنه، محور
چرخ، (مج.) عضو مؤثـر، محوراصلی‌کار، نقطهٔ اتکاء، روی چیزی چرخیدن، روی پاشنه گشتن، چـرخیدن، چرخاندن، روی پاشنه چرخیدن.
pix.ie, pixy [píksi] (*pl.* **-ies**), *adj. &n.* پری، پریزادی‌که‌در ماهتاب‌میرقصد،
(مج.) آدم بازیگوش و خطرناك، بچهٔ شیطان.
pix.i.lat.ed, *adj.*
دارای عدم تعادل فکـری، خیلی حساس، بازی‌گوش، خل، سفیه، جادو شده، هوسباز.
piz.za, *n.* پیتزا (یکنوع‌غذای‌ایتالیائی).
piz.zle, *n.* آلت ذکور حیوان،
آلت نری‌گاو، شلاق ساخته‌شده ازذکرگاو.
placa.bil.i.ty, *n.* صلحجوئی.
placa.ble, *adj.* دلجوئی پذیر،
دلپذیر، مطبوع، مهربان، بخشنده، آرام.
plac.ard [plǽka:d] **(-ed, -ing),** *n., vt. & vi.* پروانهٔ رسمی، اعلامیهٔ رسمی،
اعلان، حمل یا نصب اعلان، شعار حمل‌کردن.
pla.cate [pleikéit, pləkéit] **(-d, placating)** *vt. & vi.*
آرام‌کردن، تسکین دادن، آشتی‌کردن.
pla.cat.er, *n.* آشتی دهنده، میانجی.
pla.ca.tion, *n.* آشتی، وفق، تسکین.
pla.ca.tive, *adj.*
تسکین‌پذیر، آشتی‌کننده.
place [pleis] *n., vt. & vi.*
میدان، فضا، جا، مکان، محل، درمحلی‌گذاردن، گذاشتن، جای دادن، وهله، مرتبه، صندلی.
P. of worship. پرستشگاه.
In the first P. اولاً.
Take some one's p. جای‌کسیرا‌گرفتن.
P. an order. سفارش دادن.
pla.ce.bo (*pl.* **-s, -es**) *n.*
(طب) دوای مریض راضی‌کـن، داروی دلخوش کنك و بی‌اثر، مایهٔ تسکین.
place-kick [pléiskik] **(-ed, -ing),** *n. & vt.* [فوتبال]توپ را از روی زمین
با پابطرف دروازه زدن.
place.less, *adj.* لامکان، بی‌جا.
place.ment, *n.* تهیهٔ‌کار،
کاریابی، تعیین دانشپایهٔ دانشجو ازروی‌امتحان.
place.name, *n.* نام‌جغرافیائی(محلی).
pla.cen.ta, -l (*pl.* **-e, -s**) *adj.&n.*
(تش.) جفت، جفت جنین، مشیمه، وابسته‌به‌جفت.
place setting, *n.*
وسائل میزغذاخوری (کاردوچنگال‌وغیره) برای یك نفر، مقام پشت‌میز.
plac.id, *adj.* آرام،ساکن، متین، مصفا.
pla.gia.rism [pléidʒ(i)ərizm] *n.*
دزدی ادبی.
pla.gia.rist [pléidʒ(i)ərist]=
pla.gia.rize (-d, plagiariz-ing) [pléidʒ(i)əraiz] *vi. & vt.*
آثار ادبی دیگران را سرقت‌کردن.
pla.gia.riz.er, *n.* دزد ادبی.
plague [pleig] **(-d, plaguing),** *vt. & n.* آفت، بلا، سرایت مرض، طاعون،
بستوه‌آوردن، آزاررساندن، دچارطاعون‌کردن.
plagu.er, *n.* مزاحم، مبتلابه‌طاعون‌کننده.
pla.guey, plaguy [pléigi] *adj.*
طاعونی، طاعون‌وار، آزاررسان، تصدیع‌آور.
plaice [pleis] *n.*
[ج.ش.] ماهی دیل، ماهی پهن، ماهی‌پیچ.
plaid [plæd, pleid] *adj. & n.*
پارچهٔ پیچازی، شطرنجی.
plain [plein] **(-er, -est) (-ed, -ing)** *adj., adv., vt. & n.*
پهن، مسطح، هموار، صاف، برابر، واضح، آشکار، رك وساده، ساده، جلگه، دشت، هامون، میدان یا محوطهٔ جنگ، بدقیافه، شکوه، شکوه‌کردن.
plain.clothes.man, *n.* پلیس‌مخفی.
plain sailing, *n.* پیشرفت‌بدون‌مانع.
plainsong, *n.*
مناجات‌باالحان، سرود مناجاتی وبدون‌موسیقی.
plainspoken, *adj.*
رك‌گو، صاف وپوست‌کنده، بی‌ریا وتزویر.
plaint [pleint] *n.* شکوه، زاری، تظلم.
plaint.ful=mournful, *adj.*
سوگوار، عزادار، غمگین‌کننده.
plain.tiff [pléintif] *n.*
[حق.] خواهان، دادخواه، عارض، شاکی، مدعی.
plain.tive [pléintiv] *adj.*
ناله‌آمیز، محزون، شکوه‌آمیز.
plait [plæt, (*U.S.A.*) pleit] **(-ed, -ing)** *vi. & n.* موی‌بافته، پیچیدن‌گیسو،
تاه، چین، گیس بافته، تاه‌زدن، چین‌دار کردن.
plan [plæn] **(-ned, -ning),** *n., vt. & vi.* برنامه،
طرح، نقشه، تدبیر، اندیشه، خیال، نقشه‌کشیدن.
pla.nar, *adj.* سطحی، مسطح، دووجهی.
plane [plein] *n., adj., vt. & vi.*
هواپیما، رنده‌کردن، بارنده صاف کردن، صاف کردن، پـرواز، جهش شبیه پرواز، سطح‌تراز، هموار، صاف، مسطح.
plane angle, *n.* [هن.] زاویهٔ‌مستوی.
plane geometry, *n.* هندسهٔ‌مسطحه.
plan.er, *n.* تختهٔ حروف‌کوب، رنده‌کش.
plan.et [plǽnit] *n.*
(نج.) سیاره، ستارهٔ سیار، ستارهٔ بخت.
plan.e.tar.i.um (*pl.* **-s, plan-etaria**) *n.* افلاك‌نما، سیاره‌نما، ستاره‌دیدگاه.
plan.e.tary [plǽnitəri] (*pl.* **-ies**) *adj. & n.*
وابسته به‌سیاره، ستاره‌ای، نجومی، جهانی.
plan.e.tes.i.mal, *n.* کوچك‌ستاره،
اجرام‌کوچك و بیشمارآسمانی، سیارات صغار.
plan.et.oid, -al, *adj. & n.*
اجرام ستاره مانند، سیاره‌ای شکل، سیاره‌ای.
plan.gent [plǽn(d)ʒənt] *adj.*
(در مورد صدا) پیچنده و پرارتعاش، پرصدا.
plan.gen.cy, *n.*
پرصدائی، ارتعاش، طنین.
pla.nim.e.ter, *n.*
مساحت سنج، سطح پیما، پهنه سنج.
plank [plæŋk] **(-ed, -ing)** *n. & vt.* قطعه، قسمت، واحد، قسمتی‌ازبرنامه، تخته،
تختهٔ میزوپیشخوان مهمانخانه، تخته‌پوش‌کردن، تخته تخته‌کردن.
P. down. نقد دادن، نقدکردن.
planking [plǽŋkiŋ] *n.*
الوار، تخته‌پوشی.
plank.ton, -ic, plank.ter, *n. & adj.* [ج.ش.] موجودات ریز و شناورآزاد
برسطح‌دریا[مثل‌گمزادانوآغازیان‌وجلبک‌ها].
plan.less, *adj.* بی‌نقشه.
plan.ner, *n.* نقشه‌کش.
pla.no-concave, *adj.*
از یکطرف مسطح و از طرف دیگر مقعر (کاو).
pla.no-convex, *adj.*
از یك سو پهن و ازطرف دیگر محدب (کوژ).
pla.nog.ra.phy, *n.*
فن ترسیم نقشه، نقشه نگاری، طراحی.
plant [pla:nt] **(-ed, -ing)** *vt., vi. & n.* کاشتن، کشت‌وزرع‌کردن، نهال‌زدن،
در زمین قرار دادن، مستقرکـردن، گیاه، نهال، نبات، کارخانه، ماشین‌آلات کارخـانه، دستگـاه ماشین.
P. out. نشاکردن، در فواصل معینی‌کاشتن.
plan.tain [plǽntin] *n.*
(گ.ش.) بارهنگ، درخت چنار، موز سبز.
plan.tar, *adj.*
[ج.ش.-تش.] وابسته بکف پا، کف‌پائی.
plan.ta.tion [plæntéiʃən] *n.*
کشت وزرع، مزرعه.
plant.er [plá:ntə] *n.*
کشاورز، زارع، کشتکار، صاحب مزرعه.
plant food, *n.* غذای‌گیاهی.
plan.ti.grade, *adj. & n.*
راه رونده روی‌کف پا، کفرو، جانور دوپا.
plantlike, *adj.* گیاه مانند.
plaque [pla:k, plæk] *n. & adj.*
پلاك، لوحه، نشان، صفحهٔ کوچك.
plash [plæʃ] **(-ed, -ing)** *vt., n. & vi.* ترشح کردن، صدای‌جلپ‌جلوپ ایجاد
کردن، چکه کردن، چکیدن، جلپ چلپ.
plasm, plasma, *n.*
(تش.) پلاسما، قسمت آبکی خون، خونابه.
plas.mat.ic, *n.*
خونابه‌ای، مثل پلاسما، وابسته به‌پلاسما.
plas.ter [plá:stə] **(-ed, -ing),** *n., vt. & vi.* گچ، خمیر مخصوص
اندود دیوار و سقف، دیـوار را باگچ و ساروج اندودکردن، گچ‌زدن، گچمالیدن، ضمادانداختن، مشمع انداختن روی.
plasterboard, *n.* گچ تخته،
تختهٔ مخصوص نصب بدیوار، لایه‌گچی.
plastering, *n.* اندود، گچ‌کاری.

plasterwork, *n.* گچ‌کاری.

plaster of paris, *n.* گچ‌پاریس، گچ ویژهٔ شکسته‌بندی و قالبگیری.

plas.tery, *adj.* گچی.

plas.tic [*plǽstik*] *adj. & n.* قالب‌پذیر، نرم، تغییرپذیر، قابل تحول وتغییر، پلاستیك، مجسمه سازی، مادهٔ پلاستیکی.

plas.tic.i.ty [*plæstísiti*] *n.* اندام‌پذیری، شکل‌پذیری، قـالب‌پذیری، حالت پلاستیکی، نرمی، انعطاف.

plas.ti.cize, *vt.* بصورت پـلاستیك درآوردن، نرم‌کردن، قالب پذیر کردن، از قالب درآوردن (مثل‌لاستیك).

plastic surgery, *n.* جراحی پلاستیك، جراحی ترمیمی و زیبائی.

plas.to.gene, *n.* [گ.ش.] اجسام بسیار ریز یاخته‌های گیاهی که عامل پدیده‌های حیاتی یاخته میباشند.

plas.to.mer, *n.* اجسام چند وجهی سخت و جامد.

plat (**-ted, -ting**) *vt. & n.* قطعه‌زمین‌کوچك، قطعه، نقشه، طرح، نقشه‌کشی، زمینه‌سازی، نقشه کشیدن، بافتن‌گیسو.

plate [*pleit*] *n.* صفحهٔ فلزی، ورقه یا صفحه، قـاب [مثل قاب ساعت]، پلاك، لـوح، لوحه، بشقاب، بقدر یك بشقاب.

P. glass. شیشهٔ جام.

plate (**-d, plating**) *vt.* روکش فلزی‌کردن، آبکاری فلزی‌کردن، روکش کردن، متورق‌کردن.

pla.teau [*plǽtou*] (*pl.* **-s, -x**) *n.* فلات، زمین مسطح.

pla.te.ful [*pléitful*] (*pl.* **-s**) *n.* بقدر یك بشقاب.

plate.let, *n.* صفحهٔ‌کوچك، [تش.] جسم مسطح‌وکوچك بویژه‌پلاکت‌های‌خونی، گردهٔ‌خون.

platelike, *adj.* بشقاب مانند.

plat.er, *n.* کلیشه ساز، صفحهٔ فـلـزی ساز، ماشین غلتك‌کاغذ سازی، اسب مخصوص مسابقهٔ اسب دوانی.

plat.form [*plǽtfɔ:m*] *n.* اعلامیهٔ سیاست دولت، اعلامیهٔ حزبی، برنامهٔ‌کار نامزدهای انتخاباتی، سکوب، بلندی قسمتی از کف سالن یا محلی، بنیاد یا اساس چیزی، سطح فکر، سطح مذاکره.

pla.ti.na, *adj. & n.* پلاتین یا طلای سفید طبیعی، برنگ طلای‌سفید.

plating [*pléitiŋ*] *n.* روکشی با سیم و زر و غیره، آبکاری فلزی.

pla.tin.ic, *adj.* وابسته به‌پلاتین.

plat.i.nize (**-d, platinizing**), *vt.* با پلاتین و ترکیباب آن مخلوط‌کردن یا اندودن، پلاتین روی چیزی کشیدن.

plat.i.noid, *adj. & n.* شبیه به‌پلاتین، آلیاژی ازمس ونیکل وتنگستن.

plat.i.nous, *adj.* محتوی‌پلاتین، دارای طلای سفید (مخصوصاً دوظرفیتی).

plat.i.num [*plǽtinəm*] *adj. & n.* پلاتین یا طلای سفید.

platinum blonde, *n.* دارای‌موی‌زرد مایل‌به‌سفید، دارای‌موی‌نقره‌فام.

plat.i.tude [*plǽtitju:d*] *n.* بی‌مزگی، بیاتی، پیش پا افتادگی، ابتذال.

plat.i.tu.di.nar.i.an, *n. & adj.* آدم بی‌مزه، عادی از لطف و مزه، مبتذل.

plat.i.tu.di.nize (**-d, platitudinizing**) *vt.* بی‌مزه بودن، بی‌مزگی‌کردن، پیش پا افتاده‌کردن.

plat.i.tu.di.nous, *adj.* بی‌مزه، مبتذل، تکراری وپیش‌پا افتاده.

Plato [*pléitou*] *n.* افلاطون.

Pla.ton.ic [*plətɔ́nik*] *adj.* پیرو افلاطون، افلاطونی.

Pla.to.nism [*pléitənizm*] *n.* فلسفهٔ افلاطون، فلسفهٔ ایده‌آلی.

Pla.to.nize (**-d, platonizing**), *vi. & vt.* پیروی ازروش‌افلاطونی، استدلال فلسفی‌افلاطونی کردن، پیروفلسفهٔ‌ایده‌آلی‌شدن.

pla.toon [*plətú:n*] *n.* گروه، جوخهٔ افراد.

plat.ter [*plǽtə*] *n.* دیس، بشقاب بزرگ، ظرف پهن، صفحهٔ‌گرامافون.

platy, *adj. & n.* شبیه بشقاب، پهن.

plau.dit [*plɔ́:dit*] *n., vt. & vi.* هلهلهٔشادی، صدای‌آفرین، تمجید، دست‌زدن.

plau.si.bil.i.ty [*plɔ:zibiliti*] (*pl.* **-ies**) *n.* باورکردنی‌ومعقول‌بودن.

plau.si.ble [*plɔ́:zibl*] *adj.* باورکردنی، پذیرفتنی، قابل استماع، محتمل.

plau.sive, *adj.* تمجیدآمیز، خوش‌آیند، وسیع، محتمل.

play [*plei*] (**-ed, -ing**) *n., vt. & vi.* بازی، نواختن‌سازوغیره، سرگرمی‌مخصوص، تفریح، بازی‌کردن، تفریح‌کردن، سازززدن، آلت موسیقی نواختن، زدن، رل‌بازی‌کردن، روی‌صحنهٔ نمایش ظاهرشدن، نمایش، نمایشنامه.

P. on the violin. ویولن‌زدن.

playact, *vi. & vt.* در تآتربازی‌کردن، هنرپیشه شدن، رل بازی کردن، رفتارمتظاهرداشتن، بخود بستن.

playbill [*pléibil*] *n.* برنامهٔ نمایش، اعلان نمایش [با ذکرنام بازیکنان وغیره].

playboy [*pléibɔi*] *n.* جوان عیاش، جوان دختر‌باز.

play.er [*pléiə*] *n.* نوازنده، بازیکن، هنرپیشه، بازیکن ورزشی.

playfellow [*pléifelou*] *n.* همبازی.

play.ful [*pléiful*] *adj.* سربهوا، اهل تفریح وبازی، بازیگوش، سرزنده وشوخ.

playgoer [*pléigòuə*] *n.* آدمی که غالباً به‌نمایش میرود، نمایش‌رو.

playground [*pléigraund*] *n.* زمین‌بازی، تفریحگاه.

playhouse [*pléihaus*] *n.* تآتر، نمایشگاه، اتاق بازی‌بچه، اتاق عروسك‌بچه.

playing card [*pléiiŋka:d*] *n.* ورق‌بازی.

playing field [*pléiiŋfi:ld*] *n.* میدان بازی.

play.let [*pléilit*] *n.* نمایش‌کوتاه.

playmate [*pléimeit*] *n.* همبازی، یار.

play off *adj., n., vt. & vi.* مسابقه را باتمام رساندن، درمسابقهٔحذفی‌شرکت کردن، وابسته به‌مسابقات حذفی، مسابقه حذفی.

playsuit, *n.* لباس ورزش.

plaything [*pléiθiŋ*] *n.* اسباب بازی، بازیچه.

playtime [*pléitaim*] *n.* هنگام بازی، موقع شروع نمایش.

play up, *vt.* اطمینان دادن به، تأکیدکردن.

play up to, پشتیبانی‌کردن از.

playwright [*pléirait*] *n.* پیس نویس، نمایشنامه نویس.

pla.za [*plá:zə*] *n.* میدان‌عمومی، میدان، بازار، میدان محل‌معامله.

plea [*pli:*] *n.* دادخواست، منازعه، مشاجره، مـدافعه، عذر، بهـانـه، تقاضا، استدعا، پیشنهاد، وعدهٔ مشروط، ادعا.

Under the p. of بعنوان، به‌بهانهٔ.

pleach (**-ed, - ing**) *vt.* درهم بافتن، درهم پیچیدن، درهم‌گیر افتادن.

plead [*pli:d*] (**-ed, pled, -ing**), *vt. & vi.* دردادگاه اقامه یا ادعاکردن، دادخواست‌کردن، لابه‌کردن، عرضحال دادن.

P. for. تقاضای... داکردن.

P. not guilty. اقرار بجرم نکردن.

plead.able, *adj.* قابل عرضحال‌دادن، قابل درخواست دادن.

plead.er [*plí:də*] *n.* عرضحال دهنده، درخواست‌کننده.

plead.ing [*plí:diŋ*] *adj. & n.* دفاع، برهان نمائی، شماعت، دادخواهی.

pleas.ance, *n.* شادی، خوشی، عیش، ادب، مطبوع‌بودن، خوش‌آیندی.

pleas.ant [*pléznt*] *adj.* خوش‌آیند، دلپذیر، خرم، مطبوع، پسندیده، خوش مشرب.

pleas.ant.ry [*plézəntri*] (*pl.* **-ies**) *n.* لطیف طبعی، بذله‌گوئی، شوخی.

please [*pli:z*] (**-d, pleasing**), *vi. & vt.* دلپذیرکردن، خشنود ساختن، کیف‌کردن، سرگرم‌کردن، خوشحال ساختن.

Hard to p. دیر راضی شو.

As you p. انشاءالله، هرطور بخواهید.

P. yourself. هر چه میخواهید بکنید.

Be pleased with. خوشوقت یا راضی شدن از.

p. open the window. خواهشمندم (لطفاً) پنجره را بازکنید.

pleas.ing [*plí:ziŋ*] *n.* خوش، باصفا، دلگشا، خوش‌آیند، بشاش، موجب مسرت.

plea.sur.abil.i.ty, *n.* لذت بخشی.

plea.sur.able [*pléðərəbl*] *adj.* فرح‌بخش، لذت‌بخش، لذیذ، مغتنم، عیاش.

plea.sure [*pléðə*] (**-d, pleasuring**) *vi., n. & vt.* لذت، خوشی، عیش، شهوتـرانی، انبساط، لـذت بخشیدن، خوشایند بودن، لذت بردن.

A man of p. آدم خوش‌گذران.

We have p. in informing you. خوشوقتیم که اطلاع دهیم...

Wi p. باکمال میل.

plea.sure.less, *adj.* بی‌لذت.

pleat [*pli:t*] (**-ed, -ing**) *n. & vt.* چین، چین‌وشکن، تاه‌زده، چین چین‌کردن.

pleated, *adj.* پلیسه‌دار، تاه‌دار.

pleb=plebe=plebeian, *n. & adj.* آدم طبقه سوم، خشن‌ورذل، دانشجوی سال اول نیروی دریائی.

plebe, *n.* دانشجوی سال اول دانشکدهٔ نظام یا دانشکدهٔ نیروی دریائی.

ple.be.ian [*pli:bí:ən*] *adj. & n.* [روم‌قدیم] تودهٔ‌مردم، طبقهٔ سوم، خشن، بی‌ادب.

pleb.i.scite [*plébisit*] *n.* همه‌پرسی، مردم‌خواست، رأی‌قاطبهٔ‌مردم، مراجعه‌بآراءعمومی.

plebs [*plebz*] (*pl.* **plebes**) *n.* تودهٔ، عامه، عوام، تودهٔ مردم روم قدیم.

plec.trum [*pléktrəm*] (*pl.* **- s, plec.tra**) *n.* زخمه، مضراب، انگشتانه.

pledge [*pledʒ*] (**-d, pledging**), *vi., n. & vt.* درگروگان، گرو، وثیقه، ضمـانـت، بیعانـه، بـاده نـوشی بسلامتی‌کسی، بسلامتی، نـوش، تعهد و التزام، گـروگذاشتن، بسلامتی کسی باده نوشیدن، متعهد شدن، التزام دادن.

P. one's honour قول شرف دادن.

pled.gor, pled.geor, *n.* دهندهٔ ضمانت یا بیعانه یا قول.

ple.iad [*pláiæd*] *n.* دستهٔ هفت نفری، هفت شخص نامدار.

Ple.ia.des, *n.pl.* (افسانهٔ یونان) هفت دختر اطلس که‌طبق‌روایات یونانی تبدیل به‌هفت ستاره شدند، پروین.

Pleis.to.cene, *adj.* [ز.ش.] پلیستوسن، عهد چهارم زمین‌شناسی.

ple.na.ry [*plí:nəri*] *adj.* کامل، جامع، غیر مقید، شامل تمام اعضاء.

plen.i.po.ten.tia.ry [*plènipətén∫əri*]=**plenipotent,** *n. & adj.* تام‌الاختیار، دارای اختیار مطلق.

plen ish (**-ed, - ing**) *vt.* پرکردن، با اثاثه انباشتن، تجهیزکردن.

plen.i.tude, plent.i.tude [*pl-énitju:d*] *n.* کمال، سرشاری، وفور، فراوانی.

plen.i.tu.di.nous, *adj.* وافر، سرشار.

plen.te.ous [*pléntjəs, -iəs*] *adj.* وافر، سرشار، پربار.

plen.ti.ful [*pléntiful*] *adj.* وافر، فراوان.

plen.ty [*plénti*] (*pl.* **- ies**) *n., adj. & adv.* فراوان، بسیار، فراوانی، بسیاری، کفایت، بمقدار فراوان.

In p. فراوان، زیاد.

plenum (*pl.* **- s, plena**) *n.&adj.* فضای اشغال شده بوسیلهٔ ماده، پر، پری، همگانی.

ple.o.mor.phic, *adj.* (گ.ش.ـ ج.ش.) چند شکلی، دارای اشکال و صور مختلف.

ple.o.nasm, *n.* تکرار بیمورد، حشو قبیح، سخن زائد.

ple.oph.a.gous *adj.* بسیار خوار، چند جانور خوار.

pleth.o.ra [*pléθərə*] *n.* ازدیاد خون در یك نقطه، افراط، ازدیاد.

pleu.ra (*pl.* **-e,-s**) *n.* [ج. ش.ـ تش.] شش‌شامه، پردهٔ جنب، غشاء مائی ریوی.

pleu.ri.sy [*plúərisi*] *n.* (طب) برسام، برسامه، ذات‌الجنب، آماس شامهٔریه.

pleu.rit.ic, *adj.* مبتلا بذات‌الجنب، برسامی.

pleus.ton, -ic, *n. & adj.* [گ.ش.] علفهای ریز و شناوری‌که روی سطح آب شیرین تشکیل چیزی بشکـل حصیر سبز میدهد و شامل جلبك‌های شناور نیز میباشد.

plex.i.form, *adj.* شبیه‌شبکه، شبکه‌ای، شبیه رگ، شبیه خزه‌های درهم پیچیده.

plex.us [*pléksəs*] (*pl.* **-es**) *n.* شبکه، چیزهای درهم پیچیده، پیچیدگی.

pli.a.bil.i.ty [*plàiəbíliti*] *n.* قابلیت انعطاف، خم‌پذیری.

pli.a.ble [*pláiəbl*] *adj.* خم‌پذیر، خم‌شو، انحناءپذیر، نرم شدنی، قابل انعطاف.

pli.an.cy [*pláiənsi*] *n.* انحناءپذیری، تغییرپذیری، نرم‌شدنی، تاشدنی، دمدمی مزاجی.

pli.ant [*pláiənt*] *adj.* نرم، خم‌شو، راضی‌شو، زود راضی شو، دمدمی مزاج، تاشو.

pli.cate (**-d, plicating**) *adj. & vt.* چین‌دار، تاخورده، چین‌دارکردن.

pli.ers [*pláiəz*] *n.pl.* [مك.] انبردست.

plight [*plait*] (**-ed, - ing**) *vt. & n.* متعهدشدن، تعهددادن، گرفتاری، مخمصه.

Be in a sad p. گرفتار بودن، وضع ناجوری داشتن.

P. oneself to a person. پیمان نامزدی‌باکسی بستن.

plim.soll [*plímsəl*] *n.* کفش‌راحتی.

Plimsoll mark, *n.*

خط شاخص حداکثر وزن بار کشتی.

plink (**-ed, - ing**) *vi., n. & vt.* صدای دقدق کردن، صدای دنگ‌دنگ کردن.

plinth [*plinθ*] (*pl.* **-s**) *n.* ته ستون، پایهٔ ستون، ازاره، پایهٔ مجسمه.

Pli.o.cene, *adj.* [ز.ش.] وابسته بدورهٔ پلیوسن، دورهٔ پلیوسن.

plis.sé, plis.se, *n.* چین یا تاه، طرح پارچهٔ برجستهٔ چین خورده، چین پلیسه.

plod [*plɔd*] (**-ded, -ding**) *vt., n. & vi.* آهسته‌ومحکم‌حرکت کردن،صدای‌پا،زحمت کشیدن، با زحمت‌کاری را انجام دادن.

plod.den [*plɔ́də*] *n.* آهسته‌رو، زحمتکش.

plop [*plɔp*] (**-ped, -ping**) *n., adv. & vi.* تلپ، صدای چیزپهنی که‌بر روی‌آب بیفتد،تلپی،باصدای تلپ، تلپی افتادن.

plo.sion=explosion, *n.* انفجار.

plot [*plɔt*] *n. & vi.* نقشه، طرح، موضوع اصلی، توطئه،دسیسه،قطعه،نقطه،موقعیت، نقشه‌کشیدن، طرح‌ریزی کردن، توطئه‌چیدن.

plot.ter [*plɔ́tə*] *n.* توطئه‌گر.

plover [*plʌ́və*] (*pl.* **- s**) *n.* (ج.ش.) مرغ‌باران، آبچلیك، ساده لوح.

plow [*plau*], **plough**(**-ed, -ing**) *n., vt. & vi.* خیش،

گاو آهن، شخم، ماشین برف پاك‌کن، شخم‌کردن ، شیارکردن، شخم زدن، باسختی جلورفتن، برف‌روفتن.

Put one's hand to the plough. مبادرت بکاری‌کردن .

plow.able, *adj.* قابل شخم‌زدن .

plow back, *vt.* عایدات حاصله ازکسب وکار را برای‌سرمایه‌ـ گذاری مجدد کنار گذاردن.

plowhead, *n.* چارچوبی که‌گاوآهن بدان متصل میشده، میلهٔ آهنی‌گاوآهن.

plowshare, ploughshare, *n.* گاوآهن، آهن خیش، تیغهٔ خیش.

ploy, *n.* تمحید،عمل،اقدام،کار،امر، ورزش،خوشی، وجد.

pluck[*plʌk*](**-ed,-ing**) *n.,vt.&vi.* شهامت، شجاعت، تصمیم، دل و جرأت، انقباض، کندن، چیدن، کشیدن، بصدا درآوردن، گلچین کردن، لخت‌کردن، ناگهان‌کشیدن.

P. up courage. دل وجرأت بخود دادن.

pluck.er, *n.* ماشین الیاف بازکن پشم.

plucky [*plʌ́ki*] (**-ier,-iest**) *adj.* پردل، باشهامت، دلیر، ترد، شکننده .

plug [*plʌg*] (**-ged, - ging**) *n. vt. & vi.* توپی، سوراخ‌گیره، در، سر،قاش، قاچ،دوشاخهٔ‌کلید اتصال،سربطری، توپی‌گذاشتن (در)، بستن، درچیزی را گرفتن، قاچ کردن ، تیرزدن، برق وصل‌کردن.

plum [*plʌm*] *n.* (گ.ش.) آلو، گوجه، آلوی برقانی، کار یا چیز دلچسب.

plu.mage [*plú:midʒ*] *n.* پرهای زینتی، پروبال، پرشاهین .

plu.mate, *adj.* [ج.ش.] پروبال‌دار، پردار، پرمانند، دارای پروبال زیبا.

plumb [*plʌm*] *n.* ژرف پیما، شاقول عمودی،گلولهٔ سربی.

plumb [*plʌm*] (**-ed, -ing**) *adv., vt., adj. & vi.* راست، بطـور عمودی، عمـوداً، درست، عیناً، لوله‌کشی‌کردن، ژرف‌یابی‌کردن، عمق پیمودن، عمودی قراردادن، باشاقول‌آزمودن، باسرب‌مهر وموم‌کردن، شاقولی افتادن،عمودبودن، سرب.

plum.ba.go [*plʌmbéigou*] (*pl.* **-s**) *n.* سرب سیاه، مغزمداد، گرافیت.

plumb bob, *n.* گلولهٔ شاقول، وزنهٔ سربی.

plum.be.ous, *adj.* سربی، پوشیده ازسرب، گیج، احمق.

plumb.er [*plʌ́mə*] *n.* لوله‌کش.

plumb.ery (*pl.* **- ies**) *n.* لوله‌کشی، سرب‌کاری، کارخانهٔ سرب‌کاری .

plum.bif.er.ous, *adj.* سربدار.

plumb.ing [*plʌ́miŋ*] *n.* لوله‌کشی‌خانه‌ها ، سرب‌کاری،مساحی.

plum.bism, *n.* [طب] مسمومیت دراثرسرب.

plumb line, *n.* شاقول، خط عمودی.

plum.bous, plum.bic, *adj.* سربدار، وابسته به سرب، سربی.

plumb rule, *n.* ریسمان‌کار یاشاقولی که روی تخته‌ای آویزان باشد، تختهٔ‌کار، خط‌کش معماری.

plume [*plu:m*] (**-d,pluming**), *n., vt. & vi.* پر، پرآرایشی، پرکلاه‌زنان، تل، باپرآراستن،آرایش دادن.

plume.let, *n.* پرچه، پرکوچك،(گ.ش.) برگچه.

plum.met [*plʌ́mit*] *vi., n. & vt.* گلولهٔ سربی، وزنهٔ شاقول، شاقـول، ژرف پیما، سرازیرشدن، نازل‌شدن، سرنگون‌وارافتادن.

plu.mose, *adj.* پردار، پرمانند، مودار، دارای دستهٔ‌پر.

plump [*plʌmp*] (**-er, - est**), (**-ed, -ing**) *adv., adj., vi., n. & vt.* گوشتالو، فربه، چاق وچله، فربه‌ساختن، گوشتالوکردن، چاق شدن، صدای تلپ تلپ، محکم افتادن یا افکندن.

Vote p. for. رأی بیك‌نفردادن .

plump.ish, *adj.* گوشتالو، سمین.

plum pudding [*plʌ́mpúdiŋ*]*n. & adj.* پودینگ‌آلوچه .

plu.mu.late, *adj.* [گ.ش.] دارای پرهای ظریف ورین.

plu.mule, *n.* کرك پر، پرکوچك، پرزبر، پررین، برگچه، پرچه، ساقه‌چه.

plumy (**-ier, -iest**) *adj.* پردار، باپرآراسته، شبیه‌پر، کرکی، نرم.

plun.der [*plʌ́ndə*] (**-ed,-ing**), *n., vt. & vi.* غارت،چپاول،تاراج، یغما، غنیمت،غارت‌کردن،چاپیدن .

plun.der.able, *adj.* چپاول‌پذیر،غارتی..

plun.der.age, *n.* غارت.

plun.der.ous, *adj.* غارتگر .

plunge [*plʌn(d)ʒ*] (**-d, plung-ing**) *vi., n. & vt.* غوطه،شیرجه،گودال عمیق، سرازیری تند،سقوط سنگین، فروبردن، غوطه‌ورساختن، شیب‌تندپیدا کردن، شیرجه رفتن، ناگهان داخل شدن.

Take the p. دل بدریا زدن.

plunk (**-ed, -ing**) *interj., vt., vi., n. & adv.* صدای تند وخشن درآوردن، قارقار کردن،تلپی افتادن، وزش، ضربت، با صدای تلپ.

plu.per.fect [*plú:pə́:fikt*] *adj. & n.* فعل ماضی بعید، خیلی‌عالی.

plu.ral [*plúərəl*] *n. & adj.* جمع، صیغهٔ جمع،صورت جمع،جمعی.

In the p. درجمع، بصیغهٔ جمع.

plu.ral.ism, plu.ral.i.ty [*plúərəlizm, pluərǽliti*] *n.* حالت تعدد، تعدد حزبی، حکومت ائتلافی،جمع گرائی، تعدد، وفور، چندگانگی.

plu.ral.ist, -ic [*plúərəlist, -ic*], *adj. & n.* معتقد به‌تعدد، تعدد حزبی، وابسته به تعدد یا ائتلاف حزبی.

plu.ral.iza.tion, *n.* جمع‌بندی .

plu.ral.ize (**-d, pluralizing**), *vt. & vi.* [د.]جمع‌بستن، بصیغهٔ‌جمع‌درآوردن.

plu.ri.axial, *adj.* چند محوری، چندآسه‌ای.

plus [*plʌs*] (*pl.* **-es, -ses**) (**-sed, -sing**) *n.,prep., adj., adv. & vt.* بعلاوه، باضافه، افزودن به، مثبت، اضافی.

plus fours, *n.pl.* شلوارگلف.

plush [*plʌʃ*] *adj. & n.* مخمل خوابدار، مجلل، باشکوه .

plushy, *adj.* خوابدار، مخملی، مجلل.

plus.sage, plus.age, *n.* اضافه، سرآمد، مقدار اضافی.

plus sign, *n.* علامت بعلاوه.

Plu.to [*plú:tou*] *n.* (افسانهٔ یونان) خدای عالم اسفل،ستارهٔ پلوتو.

plu.toc.ra.cy [*plu:tɔ́krəsi*] (*pl.* **-ies**) *n.* حکومت اغنیاء ، حکومت توانگران، طبقهٔ ثروتمند.

plu.to.crat [*plú:tokræt*] *n.* اشرافی، پولدار.

plu.to.ni.an, plu.to.nist, *adj.* دوزخی، آتشفشانی.

plu.ton.ic, *adj.* (ز.ش.) آذرین، آتشفشانی.

plu.to.ni.um, *n.* (ش.) پلوتونیوم.

Plu.tus, *n.* [افسانهٔ یونان] «پلوتوس» دارگونهٔ توانگری.

plu.vi.al, plu.vi.ne, plu.vian, *adj. & n.* بارانی،(ز.ش.) باران‌زا، پرباران.

plu.vi.om.e.ter=rain gauge, *n.* باران‌سنج.

plu.vi.om.e.try, *n.* باران‌سنجی .

plu.vi.os.i.ty, *n.* پربارانی، باران‌خیزی.

plu.vi.ous, plu.vi.ose, *adj.* پرباران.

ply [*plai*] (**-ied, -ing**)*n., vt. & vi.* لا، تاه، یك لای طناب ، تختهٔ چندلا، لایهٔ کاغذ، تاه‌کردن، چندلاکردن، دولاکردن ، رفت وآمد کردن، تردد کردن.

P. with questions. سؤال‌پیچ کردن.

P. some one with drink. باصرار نوشابه بکسی‌تعارف‌کردن.

plywood, *n.* تختهٔ چندلا.

pneu.mat.ic, - s [*nju:mǽtik*], *adj. & n.* بادی، هوائی، هوادار، پرباد، کارکننده باهوای فشرده، دارای چرخ یا لاستیك بادی.

P. tire. لاستیك باددار اتومبیل.

pneu.ma.tic.i.ty, *n.* خاصیت بادی یا هوائی ، خاصیت چیزی که با هوای فشرده‌کارمیکند.

pneu.ma.tol.o.gy, *n.* مبحث موجودات روحانی ، روح القدس شناسی، روح‌شناسی، علم خواص هوا وگازها.

pneu.ma.tom.e.ter, *n.* آلت سنجش‌گنجایش تنفس ریه، ریه‌سنج.

pneu.mec.to.my, *n.* عمل جراحی وبرداشتن نسج ریه.

pneu.mo.graph, *n.* دم‌نگار،دم‌سنج.

pneu.mo.nec.to.my, *n.* [جراحی] قطع وبرداشتن ریه یا قسمتی‌ازآن.

pneu.mo.nia [*nju·móuniə*] *n.* [طب]شُشاك،سینه‌پهلو،ذات‌الریه،التهاب‌ریه.

pneu.mon.ic, *adj.* سینه پهلوئی.

pneu.mo.trop.ic, *adj.* ریه‌گرای، متمایل به نسج ریوی.

pneu.mot.ro.pism, *n.* ریه‌گرائی.

poach [*poutʃ*] (**-ed, - ing**), *vt. & vi.* آب‌پزکردن [تخم‌مرغ باپوست]، فروکردن،دزدکی شکارکردن، برخلاف مقررات شکارصیدکردن، تجاوزکردن‌به،راندن،هل‌دادن، بهم‌زدن، لگدزدن، خیساندن، دزدیدن.

P. on another's preserves. [مج.] مشتری دیگری را ربودن.

poach.er [*póutʃə*]*n.* شکارچی دزدکی.

pock [*pɔk*] *vi. & n.* (طب) آبله، جای آبله، جوش چرك‌دار، آبله‌دار شدن.

pock.et [*pɔ́kit*] (**-ed, - ing**) *n., adj., vt. & vi.* جیب، کیسهٔ‌هوائی، پاکت، تشکیل کیسه دربدن، کوچك، جیبی، نقدی، پولی، جیبدار، درجیب گذاردن، درجیب پنهان‌کردن، بجیب‌زدن .

In p. [illegible]

Out of p. ضررکرده، ازجیب خارج شده.

P. one's pride. خود را ازتنگ وتا نینداختن.

pocket battleship, *n.* رزمناو تندرو وسبك.

pocketbook, *adj. & n.* کیف بغلی، جزوه دان، جـای‌کاغذ یا اسکناس پول، درآمد، کتابچه یا دفتربغلی، کتاب جیبی.

pocket edition, *n.* چاپ‌جیبی‌کتاب.

pock.et.ful [*pɔ́kitful*] (*pl.* **-s**), *n.* بقدریك جیب، یك‌جیب‌پر.

pocketknife (*pl.* **- knives**) *n.* چاقوی جیبی.

pocket money, *n.* پول جیب.

pockmark, *n. & vt.* جای‌آبله، آبله‌گون‌کردن، گودکردن.

pocky (**-ier, - iest**) *adj.* آبله‌ای، سیفیلیسی، وابسته به‌آبله، زشت.

po.co.cu.ran.te=indifferent, nonchalant, *adj.* لاابالی، بیحال.

po.co.cu.ran.tism, *n.* بیحالی.

pod [*pɔd*] (**-ded, - ding**) *n., vt. & vi.* غلاف، پوست‌برونی تخمدان،نیام، قوزهٔ پنبه، پوستهٔ محافظ، تشکیل نیام دادن.

podgy [*pɔ́dʒi*] *adj.* خپله، چاق، گوشتالو.

pod.ite, *n.* مقطع با بند پای بندپایان.

po.di.um (*pl.* **- s, podia**) *n.* بالکن جایگاه مخصوص، لژسلطنتی.

podo.phyl.lin, *n.* مادهٔ صمغی وتلخ و مسهلی مستخرجه از ریشهٔ مهرگیاه.

pod.zol.iza.tion, *n.* تشکیل خاك خاکستری یا سفید.

po.em [*póuim*] *n.* چامه، شعر، منظومه، چکامه، نظم.

po.e.sy [*póuisi*] *n.* شعر،شاعری.

po.et [*póuit*] *n.* شاعر، چکامه‌سرا .

po.et.as.ter, *n.* شاعرك، شعرباف.

po.et.ess [*póuitis*] *n.* شاعره.

po.et.ic, -al [*pouétik, -l*] *adj.* شاعرانه، شعری، نظمی،خیالی.

po.et.i.cize (**-d, poeticizing**)= **poe.et.ize,** *vt.* چامه نگاشتن، بشعردرآوردن، شاعرانه‌بحث‌کردن، شعرنوشتن.

po.et.ics, *n. pl.* رساله‌ای‌دربارهٔ شعروزیبائی‌شناسی، نظریهٔ‌شاعرانه، فنون‌شاعری.

po.et.iz.er, *n.* شعرپرداز .

poet laureate (*pl.* **poets lau-reate, -s**) *n.* ملك‌الشعرا،شاعربرجسته.

po.et.ry [*póuitri*] *n.* چامه سرائی، شعر، اشعار، نظم، لطف شاعرانه، فن‌شاعری.

po.grom [*pɔ́grɔw*] *vt. & n.* آزارو کشتارهمگانی، قتل عام‌کردن.

poi.gnan.cy [*pɔ́inənsi*](*pl*.**-ies**), *n*. تیزی، زنندگی، تلخی، ناگواری، حادی .

poi.gnant [*pɔ́inənt*] *adj*. تیز، تند وتلخ، زننده، نیشدار، گوشه‌دار .

poin.set.tia [*pɔinsétiə*] *n*. [گ.ش.] بنت قنسول.

point [*pɔint*] (**-ed, - ing**) *n*., *adj*., *adv*., *vt*. & *vi*. نوك، سر، نقطه، نکته،ماده، اصل،موضوع،جهت، درجه، امتیاز بازی، نمره درس، پوان، هدف، مسیر، مرحله، قله، پایان، تیزکردن، گوشه‌دار کردن، نوکدارکردن، نوك گذاشتن (به)، خاطر نشان‌کردن، نشان دادن، متوجه ساختن، نقطه گذاری‌کردن.

At the p. of. در سر ...

At the p. of the sword. در مقابل یا با نوك شمشیر.

Not to the p. غیرمربوط بموضوع.

Not to put too fine a p. on it. بی‌پرده یا بی‌رو دربایسی حرف‌زدن.

Come to the p. بموضوع رسیدن.

In p. of fact. درواقع.

Make a p. of. مهم‌دانستن، تذکردادن.

To the point. مربوط بموضوع، بمورد.

point-blank [*pɔ́intblǽŋk*] *adj*., *n*. & *adv*. مقابل‌هدف،رو به نشان،مستقیم،رك.

point.ed [*pɔ́intid*] *adj*. تیز، نوك‌دار، کنایه‌دار، نیشدار.

point.er [*pɔ́intə*] *n*. شاهین‌ترازو، عقربه، عقربك، اشاره کننده، نشان‌دهنده، نشان گیرنده، نکته، توصیهٔ مفید، نوعی سگ‌شکاری.

poin.til.lism, *n*. نقاشی نقطه نقطه .

point lace [*pɔ́intléis*]**=needle-point,** *n*. ملیله‌دوزی، سوزنکاری.

point.less [*pɔ́intlis*] *adj*. بیجا، بی‌معنی، بیهوده.

point of view, *n*. نقطهٔ نظر، دیدگاه، نظریه، دید.

pointy, *adj*. نوکدار، تیز، گوشه‌دار.

poise [*pɔiz*] (**-d, poising**) *n*., *vt*. & *vi*. توازن، وضع، وقار، ثبات، نگاهداری، آونگ یاوزنه ساعت، وزنهٔ متحرك، بحالت موازنه درآوردن ، ثابت واداشتن.

poised for attack. آماده بحمله .

poi.son [*pɔ́izn*] (**-ed, -ing**) *n*., *adj*., *vt*. & *vi*. زهر، سم،شرنگ، زهرآلود، سمی، مسموم کردن.

Take p. زهرخوردن.

poi.son.er [*pɔ́izənə*] *n*. مسموم کننده.

poi.son.ous [*pɔ́iznəs*] *adj*. زهردار، سمی.

poison gas, *n*. گازسمی .

poison hemlock, *n*. [گ.ش.] شوکران یونانی .

poison ivy, *n*. [گ.ش.]پیچك سمی آمریکائی(ازجنسRhus).

poison sumac, poison oak, *n*. [گ.ش.] سماق سمی آمریکائی.

poke [*pouk*] (**-d, poking**) *n*., *vt*. & *vi*. سیخونك، ضربت باچیز نوك تیز، فشار با نوك انگشت، حرکت، سکه، سُکه‌زدن، فضولی درکار دیگران، سیخ زدن، بهم‌زدن، هل‌دادن،سقلمه‌زدن، کنجکاوی کردن، بهم‌زدن آتش بخاری [با سیخ]، زدن، آماس.

P. one's nose. فضولانه دخالت‌کردن.

Buy a pig in a p. ندیده معامله‌کردن، نادیده خریدن.

P. fun at. مسخره کردن،کسی را دست انداختن.

poke bonnet [*póukbɔ́nit*] *n* کلاه زنانه‌ای‌که نوك جلوآمده‌ای دارد.

pok.er [*póukə*] *n*. سیخ بخاری، سیخ زن، بازی پوکر.

poker face, -d, *n*. & *adj*. چهرهٔخشك و بیحالت، قیافهٔ گرفته وخشك، بیعلاقه، نچسب.

pokey=jail, *n*. زندان.

poky, pokey [*póuki*] (**-ier, -iest**) *adj* پست،حقه، گرفته،دلگیر، کهنه.

Poland, *n*. لهستان.

Po.lack, Po.lak, *n*. لهستانی.

po.lar [*póulə*] *adj*. & *n*. قطبی، وابسته بقطب شمال و جنوب، دارای قطب مغناطیسی یاالکتریکی، متقارن، متقابل،متضاد.

P. molecules. ذرات قطبی یا متقارن.

po.lar.im.e.ter=polariscope, *n*. قطب سنج نور، قطب‌بین‌نور، قطبش‌سنج.

po.lar.i.scop.ic, *adj*. قطب‌سنجی‌نور.

Po.lar.is=north star, *n*. ستارهٔ قطبی.

po.lar.i.ty, *n*. قطبش، تمایل قطبی، توجه به‌قطب، تضاد، تقارن.

po.lar.iza.tion, *n*. ایجاد دوقطب، تضاد،قطبش.

po.lar.ize (**-d, polarizing**), *vt*. & *vi*. قطبش‌دادن، دوقطبی ساختن، بصورت‌متضاددرآوردن، متقارن‌کردن.

po.lar.iz.er, *n*. دوقطبی‌کننده، متضادکننده، قطبش دهنده، قطبنده.

pol.der, *n*. زمین پست ساحلی‌که بوسیلهٔ سدبندی مزروع گردد (در هلند).

pole [*poul*] (**-d, poling**) *n*., *adj*., *vt*. & *vi*. دستهٔ بلند چیزی، تیرچراغ‌برق، قطب‌دارکردن، تیردارکردن، با تیریادیرك محکم‌کردن، (با حرف بزرگ) لهستانی، قطب.

They are poles apart. یك دنیا با هم فرق دارند.

pole.ax=poleaxe [*póulæks*] *n*. & *vt*. تبرزین جنگی، با تبرزین‌زدن.

POLEAX

pole.cat [*póulkæt*] (*pl* **- s**) *n*. (ج.ش.) موش خرمای وحشی اروپائی.

po.lem.ic [*pɔlémik*] *adj*. & *n*. جدلی، اهل جدل، بحث، بحث وجدل.

po.lem.i.cist, *n*. جدلی،اهل‌بحث‌وجدل.

po.lem.i.cize=polemize, *vi*. بحث وجدل‌کردن، جدلی‌کردن.

po.lem.ist, *n*. اهل‌بحث‌وجدل، جدلی.

pol.er, *n*. کسیکه با چوب یا دیرك کار یا حرکت‌کند، اسب عصارخانه.

polestar, North Star, *n*. (نج.) ستارهٔ قطبی، راهنما، هادی، مورد توجه.

pole vault, *vt*. & *n*. پرش با نیزه، با نیزه پریدن.

po.lice [*pɔlí:s, pəlí:s*] (**-d, po-licing**) *n*. *pl*. & *vt*. ادارهٔ شهربانی، پاسبان، حفظ نظم وآرامش [کشوریا شهری‌را] کردن، بوسیلهٔ پلیس اداره وکنترل‌کردن.

police action, *n*. عملیات انتظامی محلی برای حفظ امنیت.

police court, *n*. ضابطین شهربانی، کلانتری.

police force, police power, *n*. نیروی انتظامی، نیروی‌پلیس، دادگاه‌پلیس.

po.lice.man (*pl*. **-men**) *n*. مأمورپلیس، پاسبان.

police reporter, *n*. خبرنگارنظامی، مخبرپلیس.

police state, *n*. ادارهٔ‌کشور بوسیلهٔ نیروی‌پلیس، حکومت پلیسی.

police station, *n*. کلانتری، مرکزپلیس.

pol.i.clinic, *n*. درمانکده، مطب، داروخانه.

pol.i.cy [*pɔ́lisi*] (*pl*. **-ies**) *n*. & *vt*. سیاست، خطمشی، سیاستمداری،مصلحت اندیشی،کاردانی، بیمه‌نامه، ورقهٔ بیمه، سندمعلق به‌انجام شرطی، اداره یا حکومت‌کردن.

P. holder. صاحب ورقهٔ بیمه، بیمه‌گذار.

po.lio=poliomyelitis, *n*. [طب] پولیومیلیت، بیماری فلج‌اطفال.

po.lio.myelitic, *adj*. وابسته‌به بیماری‌فلج کودکان، مبتلا به‌بیماری‌فلج کودکان.

po.lis (*pl*. **po.leis**) *n*. شهر.

pol.ish [*pɔ́liʃ*] (**-ed, -ing**) *n*., *adj*., *vt*. & *vi*. صیقل،جلا،واکس‌زنی، پرداخت،آرایش،مبادی‌آدابی،تهذیب،جلادادن، صیقل‌دادن، منزه‌کردن، واکس‌زدن،براق‌کردن.

Man of p. مرد آراسته یا مهذب.

Pol.ish [*pɔ́liʃ*] *adj*. & *n*. لهستانی.

po.lish.er [*pɔ́liʃə*] *n*. واکس‌زن، جلادهنده .

polish off, *vt*. [ز.ع.]ازجلوکسی‌درآمدن، تمام‌کردن،خوردن.

po.lite [*pəláit, po-*] (**-r, -st**) *adj*. با ادب، با نزاکت، مبادی‌آداب.

It is not p. to say that. گفتن این سخن شرط ادب نیست.

pol.i.tesse, *n*. ادب، نزاکت.

pol.i.tic, -al [*pɔ́litik, -əl*] *adj*. & *n*. دیپلوماسی، آراسته، مهذب ، باسیاست، سیاس، سیاسی، نمایندهٔ سیاسی، زندانی سیاسی.

The body p. ملت ودولت، جامعه.

political economy, *n*. اقتصاد سیاسی، علم ثروت.

political science, *n*. علوم سیاسی.

political scientist, *n*. ویژه‌گر علوم سیاسی.

pol.i.ti.cian [*pɔlitíʃən*] *n*. سیاستمدار، اهل سیاست، وارد درسیاست.

po.lit.i.cize, pol.i.tick, *vt*. & *vi*. سیاست بافی‌کردن، جنبهٔ سیاسی دادن به .

pol.i.tics [*pɔ́litiks*] *n*. *pl*. علم سیاست، سیاست، سیاست‌شناسی.

pol.i.ty [*pɔ́liti*] (*pl*. **- ies**) *n*. طرزحکومت، طرزاداره، سیاست.

pol.ka [*póulkə, pɔ́lkə*] (**-ed, -ing**) *vt*. & *n*. رقص لهستانی پولکا.

pol.ka.dot, *n*. & *vt*. [درپارچه]طرح نقطه‌نقطه، خال‌خال، گل‌باقلائی‌کردن .

poll [*poul*] (**-ed, - ing**) *n*., *adj*., *vt*. & *vi*. رأی‌جوئی، پهنه، رأی، اخذ رأی دسته جمعی ، تعداد آراء اخذ شده، محل اخذ آراء [معمولاًبصورت‌جمع]، فهرست نامزدهای انتخاباتی ، مراجعه به آراء عمومی، رای دادن یا آوردن، رأس‌کلاه.

P. 500 votes. ۵۰۰ رای بردن.

pol.lard [*pɔ́ləd*] (**-ed, - ing**), *vt*., *adj*. & *n*. جانور بی‌شاخ، درخت هرس شده، سبوس، هرس‌کردن .

pol.len [*pɔ́lən*] *n*. & *vt*. (گ.ش.) گرده،گرده افشانی‌کردن، دانهٔ‌گرده.

pol.len.ation, *n*. گرده افشانی.

pol.len.iz.er, *n*. درخت‌گرده افشان، درخت نر،گرده افشان.

pol.li.cal, *adj*. شستی.

pol.li.nate [*pɔ́lineit*]**pol.li.nize,** *vt*. [گ.ش.]گرده افشانی‌کردن.

pol.li.na.tion [*pɔlinéiʃən*] *n*. گرده افشانی.

pol.li.na.tor, *n*. گرده افشان.

pol.li.nif.er.ous, *adj*. گرده‌افشان.

pol.lin.i.um (*pl*. **pollinia**) *n*. [گ.ش.] تودهٔ ذرات گردهٔ گل.

pol.li.niz.er=pollenizer, *n*. گرده افشان.

pol.li.nose, *adj*. [ج.ش.] پوشیده از ... گردهٔ گیاهی.

pol.li.no.sis, pol.le.no.sis, *n*. [طب] تب یونجه.

poll.ster, *n*. ناظر انتخابات، متصدی اخذ رأی یا مراجعه بآراء عمومی.

poll tax, *n*. مالیات‌ثابت‌سرانه.

pol.lu.tant, *n*. آلوده کننده.

pol.lute [*pɔljú:t*] (**-d, pollut-ing**) *vt*. نجس‌کردن، آلودن، ملوث‌کردن.

pol.lut.er, *n*. آلوده‌کننده، ملوث‌کننده.

pol.lu.tion [*pɔljú:ʃən*] *n*. ناپاکی، لوث، آلودگی، کثافت.

Air p. آلودگی هوا.

po.lo [*póulou*] *n*. چوگان‌بازی.

pol.o.naise [*pɔlənéiz*] *n*. & *vi*. نوعی رقص موزون لهستانی، پولونزرقصیدن.

pol.troon [*pɔltrú:n*] *adj*. & *n*. آدم جبون وسرگردان، آدم ترسو، بزدل.

pol.troon.ery [*pɔltrú:nəri*] *n*. ترسوئی، جبن، بزدلی.

poly - پیشوندی بمعنی «چند» و «بسیار» و«بس».

poly.amide, *n*. [ش.] پلی‌آمید ترکیبی شامل چندگروه‌آمید.

poly.an.dric, poly.an.drous, *adj*. چند شوهره، وابسته بچند شوهر.

poly.an.dry [*pɔ́liændri*] *n*. چندشوهری، اختیار چند شوهر توسط زن درآن واحد، تعدد ازدواج.

poly.an.tha, *n*. [گ.ش.]گل سرخ.

poly.an.thus (*pl*. **- es, poly-anthi**)**=oxlip,** *n*. [گ.ش.] پامچال‌بلند(Primula elatior).

poly.carpel.lary, *adj*. دارای چند برچه.

poly.car.pic, poly.car.pous, *adj*. (گ.ش.) چند بار میوه‌آور (در فصل).

poly.chot.o.my, *n*. چند اشکوبی، چند بخشی.

poly.chromatic, *adj*. & *n*. بسیار رنگ، رنگارنگ، چند رنگ.

poly.chrome, *adj*. & *n*. چند رنگ، رنگارنگ، تهیهٔ عکسهای رنگی.

poly.chro.my, *n*. فن تهیهٔ نقوش الوان، رنگ‌آمیزی.

poly.clinic, *n*. درمانکده، درمانگاه عمومی، درمانگاه چندبخشی.

poly.cyclic, *adj*. چند دایره‌ای، چند حلقه‌ای، چند دوری.

poly.dac.tyl, -e, *adj*. & *n*. چندانگشتی، پرانگشت، شش‌انگشتی یا بیشتر.

poly.embryony, *n*. موجود چندجنینی، چندجرثومه‌ای، چند جنینی.

poly.ester, *n*. [ش.] نمك آلی مرکبی‌که تغلیظ شده و درپلاستیك‌سازی مصرف میگردد، الیاف یاپارچه‌پولی‌استر.

poly.estrous, poly.oestrous, *adj*. دارای بیش‌از یك‌دوره جفت‌گیری‌درسال.

poly.ethylene, *n.* [ش.] پولی‌اتیلن، چند اتیلن.

po.lyg.a.mist [pəlígəmist] *n.* مرد چندزنه، معتقد به تعدد زوجات، چندگان.

po.lyg.a.mous [pəlígəməs] *adj.* چندزنه، چند شوهره، چندگان.

po.lyg.a.my [pəlígəmi] *n.* چند همسری، تعدد زوجات، چند زن‌گیری، چندگانی، بس‌گانی.

poly.gene, *n.* چندژنی، عوامل توارثی غیرهمردیف.

poly.genesis, *n.* تعدد مبادی، پیدایش انسان از نژادها ومبادی مختلف.

poly.glandular, *adj.* چند غده‌ای، مربوط به چند غده.

poly.glot [pɔ́liglɔt] *adj.* & *n.* چندزبانی، متکلم بچند زبان.

poly.gon, -al [pɔ́ligən] *adj.* & *n.* [هن.] بسیاربهلو، چندگوشه، کثیرالاضلاع.

poly.graph, -ic, *adj.* & *n.* بسیارنویس، رونوشت‌بردار، نسخه‌بردار، صاحب تألیفات بسیار، ماشین‌کپی‌سازی، دروغ‌فاش‌کن.

po.lyg.y.nous, *adj.* (گ.ش.) دارای چندآلت مادگی، چندزنه.

po.lyg.y.ny, *n.* چندزنی، تعددزوجات.

poly.he.dral, *adj.* چند وجهی، چند سطحی.

poly.he.dron (*pl.* **- s, poly-hedra**) *n.* جسم چند وجهی، [هن.] کثیرالوجوه.

poly.mas.ti.gote, *adj.* & *n.* دارای چند تاژك، چند تاژکی.

poly.math, *n.* & *adj.* بحرالعلوم، دانشمندهمه‌چیزدان، جامع‌علوم معقول ومنقول.

poly.mer, *n.* [ش.] جسمی‌که ازترکیب ذرات متشابه‌التر کیب و ازتکرار واحدهای ساختمانی یکنواخت‌ایجادشده باشد، بسپار.

pol.ymer.ic, *adj.* (ش.) دارای ذرات و ترکیبات متعدد و مشابه چند نژادی، چندرگه، پولیمری، بسپاری.

po.lym.er.i.za.tion, *n.* پولیمریزه شدن، بسپارش.

po.lym.er.ize (**-d, polymer-izing**) *vt.* [درموردچند ذرهٔمشابه التركيب] باهم تركيب و جمع شدن و ذرهٔ بزرگتری‌تشکیل‌دادن، ترکیب شدن، بسپارشدن.

poly.morph, *n.* & *adj.* عضو یا موجود چند شکلی، موجود زنده‌ایکه چندین مرحلهٔ تغییر ودگردیسی‌داشته باشد، چندریخت.

poly.mor.phic, poly.mor.phous, *adj.* چند دگردیس، چندریخت.

poly.mor.phism, *n.* چندریختی.

Poly.ne.sian [pɔliní:ziən, -ʃiən], *adj.* & *n.* اهل جزایر پلینزی.

Poly.ni.ces, *n.* [افسانهٔ یونان] فرزند«ادیپوس» (Oedipus).

poly.no.mi.al, *adj.* & *n.* (ر.) کثیرالجمله، چندجمله‌ای، چندفورمولی.

pol.yp [pɔ́lip] *n.* [م.م.ـ ج.ش.] اختپوت (An octopus)، جنس مرجان‌آبی (Hydra) و شقایق نعمانی، [طب] بواسیر لحمی، پلیپ.

poly.pha.gia, bulimia, *n.* پرخوری، اشتهای‌زیاد، خورندهٔ‌غذاهای گوناگون.

po.lyph.a.gous, *adj.* پرخور، بسیار غذا، تغذیه‌کننده برگیاهان یا جانوران متعدد.

poly.phase, *adj.* [برق] سیستم برق چند فاز، جریان برق چندفاز.

poly.phone, *n.* چندآوا، (مو.) جعبهٔموسیقی، حرف دوصوتی یاچندصوتی.

po.lyph.o.ny, *n.* صداهای متعدد و گوناگون، چند نثرموزون ومقفی، چندآوائی.

poly.phy.let.ic, *adj.* از نژادهای مختلف، مختلف‌الاجداد.

poly.ploid, *adj.* & *n.* دارای‌کروموسومهائی چند برابر تعداداصلی.

pol.yp.nea, *n.* تنددمی، تنفس سریع، نفس نفس زنی.

poly.po.dy (*pl.* **-ies**) *n.* (گ.ش.) بسپایك، بسفایج، چندپائی، هزارپائی.

pol.yp.ous, pol.yp.ose, *adj.* شبیه بواسیر لحمی، شبیه‌گوشت زائد ساقه‌دار.

poly.se.mous, *adj.* دارای تعدد معانی، کثیرالمعنی، بسیارمعنی.

poly.se.my, *n.* تکثر و تعدد معانی.

poly.sepalous, *adj.* [گ.ش.] جداکاسبرگ.

poly.so.mic, *adj.* & *n.* [ج.ش.]دارای‌کروموسومهای بیش‌ازبقیه، زیاد کروموسوم، پرکروموسوم.

poly.sulfide, *n.* [ش.] سولفیدمرکب از چند اتم‌گوگرد در ذره‌خود.

poly.syllabic [pɔlisilǽbik] *adj.* [در موردکلمه] چند سیلابی، چند هجائی.

poly.syllable [pɔ́lisìləbl] *n.* & *adj.* کلمهٔ‌چندهجائی، لغت‌چندسیلابی، چندهجائی.

poly.technic, -al [pɔliteknik, -al] *adj.* & *n.* وابسته بتدریس هنرهای فنی مختلف، وابسته به علوم عملی مختلف، دانشکدهٔ‌صنعتی.

poly.the.ism [pɔ́liθi:izm] *n.* چندخداپرستی، پرستش خدایان متعدد.

poly.tonal, *adj.* [مو.] وابسته به‌استفاده از چندکلیدیا چندلحن موسیقی در یك وهله، چند لحنی.

poly.un.sat.u.rat.ed, *adj.* [ش.ـ درمورد اسید چرب] دارای حلقه‌های اشباع نشده.

poly.uria, *n.* [طب] ادرار زیاد.

poly.valence, poly.valency, *n.* حالت چند ظرفیتی، چند بنیانی.

poly.valent, *adj.* (طب) دارای پادگن‌ها یاپادتن‌های‌گوناگون، چند بنیانی، (ش.) چند ظرفیتی.

poly.zo.ic, *adj.* مرکب از شبه جانوران بسیار، پرزیوگانی.

pom.ace=pum.ace, *n.* گوشت سیب، گوشت میوه.

po.ma.ceous, *adj.* گوشتالو.

po.made [pɔmá:d, pəmá:d] (**-d, pomading**) *n.* & *vt.* پماد، روغن سر، روغن‌مالیدن.

po.ma.tum [pɔméitəm] *n.* عطر مخصوص پمادموی سر، پماد معطر.

pome (**-d, poming**) *vt.* & *n.* (گ.ش.) سیب، میوهٔ سیبی، گلوله‌باکره.

pome.gran.ate [pɔ́m-, póum-grænit] *n.* [گ.ش.] انار، درخت انار.

Pom.er.a.nian, *adj.* & *n.* اهل استان «پومرانیا»، (ج.ش.) سگ پشمالوی سیاه پومرانیا.

po.mif.er.ous, *adj.* [گ.ش.] دارای میوه‌های‌سیبی‌شکل، پر سیب.

pom.mel [pʌ́ml] (**-ed, -led, -ing, -ling**) **pum.mel,** *n.* & *vt.* جسم‌گلوله مانند، گلوله، قاش زین، قربوس زین، قبهٔ شمشیر، سر عصا، محکم زدن.

po.mol.o.gist, *n.* میوه‌کار، متخصص‌میوه.

po.mol.o.gy, *n.* میوه‌کاری علمی، میوه‌پروری، علم میوه‌کاری.

pomp [pɔmp] (**-ed, -ing**) *n.* & *vi.* شکوه، تجمل، جاه، غروروتظاهر، پرجلال‌شدن.

pom.pa.dour, *n.* طرزآرایش موی سر بطور پف‌کرده.

pom-pom [pɔ́mpɔm] *n.* مسلسل خودکار ۲۰ تا ۴۰ میلیمتری.

pom.pon, *n.* منگوله، حقه، انواع‌گل داودی، منگوله نما، گل‌کوکب، گل منگوله‌ای.

pom.pos.i.ty [pɔmpɔ́siti] *n.* دبدبه، شکوه، آب و تاب، جلوه وشکوه.

pomp.ous [pɔ́mpəs] *adj.* پرشکوه.

pon.cho (*pl.* **- s**) *n.* کلیجهٔ‌آمریکای جنوبی، کت‌بارانی.

pond [pɔnd] (**-ed, - ing**) *n.*, *vt.* & *vi.* تالاب، دریاچه، حوض‌درست‌کردن.

pon.der [pɔ́ndə] (**-ed, -ing**), *n.*, *vt.* & *vi.* سنجیدن، اندیشه کردن، تعمق کردن، تفکر کردن، سنجش.

pon.der.able [pɔ́ndərəbl] *adj.* & *n.* قابل تعمق و تفکر، قابل سنجش.

pon.der.ous [pɔ́ndərəs] *adj.* وزین، سنگین، خیلی سنگین، خیلی کودن.

pone, *n.* برجستگی، قلنبه، کسیکه‌ورق‌بازی را برمیزند، نان‌بیضی‌شکل آردذرت، نان‌شیرمال.

pon.gee [pɔndʒí] *n.* حریر چینی.

pon.iard [pɔ́njəd] (**-ed, -ing**), *n.* & *vt.* خنجر، دشنه، قمه، خنجر زدن.

pon.tic, *adj.* دندان مصنوعی، وابسته به‌دریای سیاه، شبیه دریای سیاه.

pon.ti.fex (*pl.* **pontifices**) *n.* عضو شورای کشیشان کاتولیك، شورای‌مذهبی.

pon.tiff [pɔ́ntif] *n.* کاهن بزرگ، کشیش بزرگ، پاپ.

pon.tif.i.cal [pɔntífikl] *adj.* & *n.* وابسته به‌پاپ‌یا اسقف، جامهٔ‌اسقفی.

pon.tif.i.cate [pɔntífikeit] (**-d, pontificating**) *n.*, *vi.* & *vt.* دوره یا مقام اسقفی یا پاپی یا کهانت، امامت، اسقفی‌کردن، فضل فروشی‌کردن.

pon.toon [pɔntú:n] (**-ed,-ing**), *n.* & *vt.* جسر، کرجی ته‌پهن‌که از روی‌آن عبورکنند، پل‌موقت نظامی زدن، پل موقت.

P. bridge. پل‌موقتی، تخته‌پل، جسر.

po.ny [póuni] **po.ney** (*pl.*-**ies**) (**-ied, ponying**) *n.*, *adj.*, *vt.* & *vi.* تاتو، اسب‌کوتاه وکوچك، ریز، تسویه حساب‌کردن، پرداختن، خلاصهٔ اخبار.

pony express, *n.* چاپار، پست سریع‌السیر قدیم.

poo.dle [pú:dl] (**-d, poo-dling**) *n.* & *vt.* (ج.ش.) نوعی‌سگ‌پشمالوی با هوش، پشم‌کوتاه کردن.

POODLE
(15 in. high at shoulder)

pooh [pu:pu] **poohpooh,** *interj.* & *n.* اه ویف، علامت انزجار و بی‌صبری.

pooh-pooh [pu:pú:]=**pooh,** *vi.* & *vt.* اه و پیف‌کردن، اظهارتنفر وانزجار.

pool [pu:l] (**-ed, - ing**) *n.*, *vt.* & *vi.* استخر، آبگیر، حوض، برکه، چالهٔ‌آب، کولاب، ائتلاف چند شرکت با یك دیگر، ائتلاف، عدهٔ کارمند آماده برای‌انجام‌امری، دستهٔ زبده وکارآزموده، ائتلاف‌کردن، سرمایه‌گذاری مشترك و مساوی کردن، شریك شدن، با هم اتحادکردن.

poolroom, *n.* اطاقشرط‌بندی مسابقهٔ اسب‌دوانی، اطاق‌مخصوص بیلیارد انگلیسی.

poop [pu:p] (**-ed, -ing**) *n.*, *vt.* & *vi.* کشتیدم، صدای قلب، صدای‌کوتاه، قسمت بلندعقب‌کشتی، صدای بوق ایجادکردن، قورت دادن، تفنگ درکردن، بادوگازمعده را خالی‌کردن، گوزیدن، با عقب‌کشتی تصادم‌کردن، فریفتن، آدم‌احمق، ازنفس افتادن، خسته وماندہ شدن، تمام شدن.

poor [puə, pɔ:] (**-er, - est**), *n.* & *adj.* فقیر، مسکین، بینوا، بی‌پول، مستمند، معدود، ناچیز، پست، نامرغوب، دون.

The p. بینوایان، فقرا.

P. law. قانون نگهداری ازفقرا.

poor farm, *n.* مزرعهٔ اردوی‌کار.

poorhouse, *n.* گداخانه، نوانخانه.

poor.ish, *adj.* نسبتاً فقیر، نسبتاًضعیف.

poor.ly, *adv.* بطورفقیرانه، بطورناچیز، بطورغیرکافی.

pop [pɔp] (**-ped, - ping**) *n.*, *adj.*, *adv.*, *vt.* & *vi.* زدن، ضربت ناگهانی زدن، بی‌مقدمه آوردن، بی‌مقدمه فشارآوردن، حمله‌کردن، ترکاندن، با صدا ترکیدن، برهن‌گذاردن، بسرعت‌عملی‌انجام دادن، انفجار، ترکیدن، مشروبات‌گازدار.

P. in. سرزدن، سری زدن به.

popcorn, *n.* ذرت بو داده، چس فیل.

pope [poup] *n.* پاپ پیشوای‌کاتولیکها، خلیفهٔ‌اعظم.

pop.ery [póupəri]=**roman cat-holicism,** *n.* کلیسای‌کاتولیك‌رم، پاپ‌بازی.

pop.eyed, *adj.* دارای چشمان برآمده، چشم برآمده.

popgun, *n.* تفنگ بادی بچگانه، [مج.] تفنگ خفیف.

pop.in.jay [pɔ́pindʒei] *n.* (ج.ش.) طوطی سبز رنگ و منقار و پا قرمز، طوطی صفت، آدم خودنما، ژستی.

pop.ish [póupiʃ] *adj.* وابسته بکاتولیك‌رومی، شبیه‌کاتولیك، پاپی.

pop.lar [pɔ́plə] *n.* [گ.ش.] درخت‌تبریزی، سپیدار، درخت‌صنوبر.

pop.lin [pɔ́plin] *n.* پوپلین، پارچهٔ زنانه پوپلین.

pop off, *n.* & *vt.* وراج، ناگهان ناپدیدشدن، جیم شدن، مردن، ترکیدن.

popover, *n.* نان شیرمال.

pop.per, *n.* ترك خورنده، چیزی یا کسی‌که صدای تپ‌تپ‌کند، اسلحهٔ‌صدادار، ذرت بودادنی، ظرف ویژه بودادن ذرت.

pop.py [pɔ́pi] (*pl.* **-ies**) *n.* (گ.ش.) خشخاش، کوکنار.

pop.py.cock [pɔ́pikɔk] *n.* [آمر.] حرف مزخرف، حرف‌توخالی.

poppyhead, *n.* تزئیناتی بشکل سرگل شقایق‌که‌درمعماری‌سبك گوتیك درکلیساها بکاررفته، گل‌آذین دسته‌ای.

pop.u.lace [pɔ́pjuləs] *n.* [آمر.] توده‌مردم، عوام‌الناس، سکنه، جمهور.

pop.u.lar [pɔ́pjulə] *adj.* محبوب، وابسته بتوده‌مردم، خلقی، ملی، توده‌پسند، عوام.

Popular Front, *n.* ائتلاف‌احزاب دست‌چپی و میانه‌رو (درمقابل حزب اکثریت)، جبههٔ ملی.

pop.u.lar.i.ty [pɔpjulǽriti] *n.* جلب محبوبیت عامه، محبوبیت، معروفیت.

pop.u.lar.iza.tion [pɔpjulərai-zéiʃən] *n.* اشتهار، تعمیم، محبوب‌سازی.

pop.u.lar.ize [pɔ́pjələraiz] (**-d, popularizing**) *vi.* & *vt.* مورد پسند عامه‌کردن، معروف و مشهورکردن.

pop.u.lar.iz.er, *n.*

مشهور و متداول کننده.

pop.u.late [pɔ́pjuleit] (-d, populating) vt & vi.
دارای جمعیت کردن، ساکن شدن، مسکون کردن.

pop.u.la.tion [pɔpjuléiʃən] n.
جمعیت، نفوس، تعداد مردم، مردم، سکنه.

pop.u.lous [pɔ́pjuləs] adj.
پرجمعیت، کثیرالجمعیت، بیشمار، زیاد، پر.

por.ce.lain [pɔ́:slin, -lein] n.
چینی، ظروف چینی، پورسلین.

por.ce.lain.ize (-d, porcelainizing) vt. تبدیل بچینی کردن.

porch [pɔ:tʃ] n.
هشتی، سرپوشیده، دالان، ایوان، رواق.

por.cine, adj.
[ج.ش.] وابسته بخوك، گرازوار، خوکی.

por.cu.pine [pɔ́:kjupain] (pl. -s) n. & vt. (ج.ش.) جوجه‌تیغی، خارپشت کوهی، تشی، خاردار کردن، خراشاندن.

pore [pɔ:] (-d, poring) n., vt. & vi. سوراخ ریز، منفذ، روزنه، خلل و فرج، در دریای تفکر غوطه‌ور شدن، (با over) بمطالعهٔ دقیق پرداختن، با دقت دیدن.

P. over. دقت کردن (در)، بادقت خواندن.

P. upon. اندیشه کردن در.

pored, adj. خلل و فرج‌دار.

pork [pɔ:k] n.
گوشت خوك، (م.م.) خوك، گراز.

pork barrel, n.
[آمر.] برنامهٔ دولتی دارای منافع مادی برای اشخاص تصویب کنندهٔ آن یا برای دولت.

pork.er [pɔ́:kə] n.
[ج.ش.] بچه خوك پرواری.

por.nog.ra.pher, n.
نویسندهٔ مطالب قبیح یا شهوت‌انگیز.

por.no.graph.ic [pɔ:nougrǽfik] adj. وابسته به‌عکس یا نوشتهٔ شهوت‌انگیز.

por.nog.ra.phy [pɔ:nɔ́grəfi] n.
الفیه و شلفیه، نقاشی یا نوشتهٔ خارج از اخلاق دربارهٔ مسائل جنسی، نوشتهٔ شهوت‌انگیز، نقاشی یا عکس محرك احساسات جنسی.

po.ros.i.ty [pɔ:rɔ́siti] (pl.-ies), n. پرمنفذی، تخلخل.

por.phy.roid, n.
شبیه سنگ آذرین سماکی، سماق‌نما.

por.phy.ry [pɔ́:firi] (pl.-ies) n.
[مع.] سنگ سماك، سنگ سماق، سنگ آذرین.

por.poise [pɔ́:pəs] n. & vi.
(ج.ش.) بالن یا نهنگ دندان‌دار، گرازدریائی، گرازماهی، خوك‌دریائی، مثل پورپوس شنا کردن.

por.ridge [pɔ́ridʒ] n.
شوربا، حریره، فرنی، (مج.) چیز مخلوط.

por.rin.ger [pɔ́rin(d)ʒə] n.
کاسهٔ آش‌خوری، پیاله، کلاه کاسه مانند.

port [pɔ:t] (-ed, -ing) adj., n., vt. & vi. بندر، بندرگاه، لنگرگاه، مأمن، مبدأ مسافرت، فرودگاه هواپیما، بندر ورودی، درب، دروازه، دردو، مخرج، شراب شیرین، بارگیری کردن، ببندر آوردن، حمل کردن، بردن، ترابردن.

por.ta.bil.i.ty [pɔ:təbíliti] n.
قابلیت حمل و نقل یا ترابری.

por.ta.ble [pɔ́:təbl] adj. & n.
قابل حمل و نقل، سفری، سبك، ترابرپذیر، دستی.

por.tage [pɔ́:tidʒ] n., vt. & vi.
بردن، حمل، بارکشی، کرایه، ظرفیت کشتی.

por.tal [pɔ́:tl] n. & adj. باب، سر در، دروازه، مدخل، ایوان، سیاهرگی.

port.cul.lis [pɔ:tkʌ́lis] n. & vt.
محجر یا نردهٔ کشوئی، در ورودی قلعه‌های قدیم، پنجرهٔ کشودار، بستن، مسدود کردن.

por.tend [pɔ:ténd] (-ed, -ing) vt.
ازپیش خبر دادن، پیشگوئی کردن، حاکی بودن.

por.tent [pɔ́:tent] n.
نشانه، فال بد، خبر بد، شگفتی، بدیمن بودن.

por.ten.tous [pɔ:téntəs] adj.
بدیمن، دارای فال بد، بدفرجام، بدشگون.

por.ter [pɔ́:tə] (-ed, -ing) n., vt. & vi. حمالی کردن، حمل کردن، آبجو، دربان، حاجب، باربر، حمال، ناقل امراض، حامل.

por.ter.age [pɔ́:təridʒ] n.
باربری، مخارج باربری.

port.fo.lio [pɔ:tfóuliou] (pl.-s) n.
کیف کاغذ، کیف جیبی، [illegible]، مقام، سهام،

Minister without p. وزیرمشاور.

porthole [pɔ́:thoul] n.
پنجرهٔ کشتی یاهواپیما، دریچه، مزغل، سوراخ برج.

por.ti.co [pɔ́:tikou] (pl. -s,-es), n. ایوان، رواق، سرسرا.

por.tion [pɔ́:ʃən] (-ed, -ing), n. & vt. بخش، جزء، تکه، بهره، سهم، نصیب، سرنوشت، قسمت، ارث، تسهیم کردن، سهم‌بندی کردن، بخشیدن.

por.tion.less [pɔ́:ʃənlis] adj.
بی‌حصه، بی‌سهم، بی‌ارث.

portland cement [pɔ́:tlənd simént] n. سیمان پورتلند.

port.man.teau [pɔ:tmǽntou] (pl. -s, -x) adj. & n.
جامه‌دان، چمدان، جارختی، جالباسی، خورجین، واژهٔ مرکب ازدو واژه، آمیخته.

port of call, n.
بندرواقع‌درمسیر کشتی، پاتوق.

port of entry, n.
بندرمقصد، بندر محل ورود.

por.trait [pɔ́:trit] n. & vt.
تصویر، نقاشی، عکس یا تصویر صورت، تصویر کردن.

por.trait.ist, n. پیکرنگار، صورتگر.

por.trai.ture [pɔ́:tritʃə] (-d, portraituring) n. & vt. نقاشی از صورت، پیکرنگاری، تعریف، تصویر کردن.

por.tray [pɔ:tréi] (-ed, -ing) vt.
تصویر کشیدن، توصیف کردن، مجسم کردن.

por.tray.al [pɔ:tréiəl] n. [م.م.]
تصویر، نمایش، مجسم‌سازی، تجسم، تعریف.

por.tray.er, n. پیکرنگار، صورتگر.

por.tress=por.t.eress, n.
دربانزن، زن‌دربان صومعه.

Por.tu.guese [pɔ:tjugí:z] n.pl. & adj. اهل کشور پرتقال، زبان پرتقالی.

pose [pouz] (-d, posing) n., vt. & vi.
مطرح کردن، گذاردن، قرار دادن، اقامه کردن، ژست گرفتن، وانمود شدن، قیافه گرفتن، وضع، حالت، ژست، قیافه‌گیری برای عکسبرداری.

pose=question, puzzle, baffle, vt. سؤال پیچ کردن، باسؤال گیر انداختن.

pos.er, po.seur [póuzə, pouzə́:], n. وانمودکن، ژستو، قیافه‌گیر، پرسش دشوار.

posh=elegant, fashionable, adj. & n. شیك ومد، مطابق مد روز.

pos.it (-ed, -ing) n. & vt. ادعا، قرار دادن، ثابت کردن، فرض کردن، فرض.

po.si.tion [pəzíʃən] (-ed, -ing), n., vt. & vi. موقعیت، وضع، وضعیت، موضع، نهش، شغل، مقام یافتن، سمت، منصب، قراردادن یا گرفتن.

Men of p. صاحبان مقام.

po.si.tion.er, n.
قرار دهنده، مستقر کننده.

pos.i.tive [pɔ́zitiv] adj. & n.
مثبت، قطعی، محقق، یقین، معین، مطلق، ساده.

pos.i.tiv.ism, n. مثبت گرائی.
فلسفهٔ عملی ومثبت، یقین، تحقق، قطع.

pos.i.tiv.i.ty, n.
مثبت بودن، اطلاق، یقین، قطع، صراحت، اثبات.

pos.se [pɔ́si] n.
نیروی اجتماعی، قدرت قانونی، دستهٔ افراد پلیس، جماعت، قدرت، امکان.

pos.sess [pəzés] (-ed, -ing), vt. دارا بودن، داشتن، متصرف بودن، در تصرف داشتن، دارا شدن، متصرف شدن.

P. oneself of. متصرف شدن.

pos.ses.sion [pəzéʃən] n.
تصرف، دارائی، مالکیت، ثروت، ید تسلط.

Be in p. of. متصرف بودن.

Take p. of. تصرف کردن.

pos.ses.sive [pəzésiv, po-] adj. & n. ملکی، حالت اضافه، حالت مضاف‌الیه.

pos.ses.sor [pəzésə] n.
متصرف، مالك، دارا.

pos.si.bil.i.ty [pɔsibíliti] n.
امکان، احتمال، چیز ممکن.

pos.si.ble [pɔ́sibl] adj., adv. & n. شدنی، ممکن، امکان‌پذیر، میسر، مقدور، امکان.

It is not p. to climb it.
نمی‌توان ازآن بالا رفت.

As far as p. تا سرحد امکان.

As soon as p. هرچه زودتر.

pos.sum [pɔ́səm]=**opossum**, n., vt. & vi. [ج.ش.] صاریغ، وانمود کردن.

post [poust] (-ed, -ing) prep., n., adv., vt. & vi.
پست، چاپار، نامه رسان، پستچی، مجموعهٔ پستی، بستهٔ پستی، سیستم پستی، پستخانه، صندوق پست، تعجیل، عجله، ارسال سریع، پست کردن، تیر تلفن وغیره، تیر دگل کشتی وامثال آن، پست نظامی، پاسگاه، مقام، مسئولیت، شغل، آگهی واعلان کردن.

By return of p.
با پست بعدی، با اولین پست.

post.age [póustidʒ] n.
حمل بوسیلهٔ پست، ارسال پست، مخارج پستی، حق پستی، تمبر پستی.

P. meter. ماشین خودکار تمبر پست.

P. stamp, n. تمبر پست.

post.al [póustl] adj. & n.
پستی، وابسته به‌پستخانه.

P. card=post card, n. کارت پستال.

P. union, n. اتحادیهٔ پستی بین‌المللی.

post.axial, adj. درپشت محور بدن.

postbox=mailbox, n. صندوق پست.

postboy [póustbɔi]=**postilion**, n. چاپار، چابك سوار نامه‌رسان.

postcard [póus(t)ka:d] n. & vt.
کارت پستال، بوسیلهٔ کارت پستال مکاتبه کردن.

post chaise [póustʃeiz] n.
[م.م.] کالسکهٔ پست.

post.classical, adj.
مربوط به‌دورهٔ بعد از کلاسیك.

post.consonantal, adj.
[د.] بلافاصله بعد از حرف‌بیصدا.

post.date [póustdeit] (-d, postdating) vt. & n.
بتاریخ ماقبل نوشتن، تاریخ ما قبل.

post.diluvian, adj. & n.
[ز.ش.] وابسته به‌بعدازطوفان، بعد ازطوفان نوح.

post.doctoral, adj. پس‌ازدکترا، مربوط به‌دورهٔ فوق دکترا، درجهٔ فوق دکتری.

post.er [póustə] n. & vt.
دیوارکوب، اعلان، آگهی، اعلان نصب کردن.

poster color, n.
شیشهٔ محتوی آبرنگ و خمیر رنگ.

poste res.tante [póust résta:nt], n. [م.ل.] پستی که‌درپستخانه میماندتاگیرنده برای دریافت آن مراجعه کند، پست‌رستان.

pos.te.ri.or [pɔstíəriə] n. & adj.
عقبی، پسی، عقب‌تر، دیرتر، خلفی، بعداز، کفل.

P. to. بعد از، عقب‌تر از.

pos.ter.i.ty [pɔstériti] n.
اولاد، اعقاب، زادگان، آیندگان.

pos.tern [póustə:n, -tən] n. & adj. درب عقبی، راه‌فرار، واقع‌درعقب، خلفی.

post exchange, n.
فروشگاه اختصاصی پادگان ارتش.

post.exilic, adj. [در تاریخ یهود]
وابسته به دورهٔ بعد از اسارت یهود در بابل.

post.form (-ed, -ing) vt.
(بعدازورقه کردن) بشکلی‌درآوردن، فرم دادن.

post-free [póustfrí:] =**post paid**, adj. بدون نیاز به تمبرزدن.

post.glacial, adj.
وابسته بدورهٔ بعد از عصر یخبندان.

post.graduate [póustgrǽdjuət] adj. & n.
وابسته به‌تحصیلات فوق لیسانس، دانش‌آموخته.

posthaste [póusthéist] (-d, -hasting) n., adv. & adj.
پیك تندرو، فوری، آنی، سریع‌السیر، باعجله.

post-horse [póusthɔ:s] n.
اسب چاپاری.

post.hu.mous [pɔ́stjuməs] adj.
متولد شده پس از مرگ‌پدر [در مورد طفل]، منتشر شده پس از مرگ نویسنده.

P. fame. شهرت پس از مرگ.

post.hypnotic, adj.
ناشی از اثرات بعدی خواب‌مغناطیسی.

pos.tiche, adj. & n.
مصنوعی، متن اضافی، زیور اضافی، کلاه‌گیس.

pos.til.ion, pos.til.lion [pɔstíljən, pə-] n. راهنما یایساول پست، پیشرو، منادی، نوعی کلاه‌زنانه.

postmark [póus(t)ma:k] (-ed, -ing) vt. & n. مهر باطلهٔ تمبر پست، تمبر را بوسیلهٔ مهرباطل کردن، اثرمهرتمبر.

postmaster. [póus(t)mà:stə] n.
رئیس پست، رئیس پستخانه.

P. general. وزیر پست.

post.meridian, adj.
بعد از ظهر، وابسته به‌بعد از نصف‌النهار.

post me.rid.i.em [póustmərídiəm] adj.
بعد ازظهر، پس از نیمروز (مخفف آن P.M.).

postmillenarian = postmillennialist, adj. & n.
معتقد بظهور ثانوی مسیح پس از هزار سال.

post-mor.tem [póus(t)mɔ́:təm], adj., n., vt & vi. معاینهٔ پس ازمرگ، پس‌ازمرگ، مرده‌رامعاینه وکالبدشکافی کردن.

P. examination. معاینهٔ جسد مرده.

post.nasal, adj. & n. واقع در یا مربوط به‌عقب‌بینی، فلس‌پشت‌سوراخ‌بینی‌سوسمار.

postnasal drip, n.
آبریزش ازعقب بینی.

post.natal, adj. وابسته به‌بعد ازتولد.

post.nuptial, adj.
وابسته به بعد ازعروسی.

post-obit, adj.
قابل اجرا پس از مرگ، بعد از فوت.

post office [póustɔfis] n.
پستخانه، ادارهٔ مرکزی پست.

post.operative, *adj.*
پس ازعمل جراحی.
post.orbital, *adj.*
(تش.) واقع در پشت کاسهٔ چشم.
postpaid [*póustpéid*] *adj.*
مخارج پستی قبلاً پرداخت شده، پاکت تمبردار یا امانتی که قبلاً مخارج پست آن پرداخت میشود.
post.par.tum, *adj.*
[لاتین] پس از وضع حمل.
post.pon.able, *adj.* بتأخیر انداختنی.
post.pone [*pous(t)póun*] (**-d, postponing**) *vt. & vi.*
عقب انداختن، بتعویق انداختن، موکول کردن، پست تر دانستن، در درجهٔ دوم گذاشتن.
post.pone.ment [*pous(t)póunmənt*] *n.*
تأخیر اندازی، تعویق، موکول بعد کردن.
post.pon.er, *n.* تأخیر انداز.
post.script [*póus(ts)kript*] *n.*
ذیل نامه، یادداشت الحاقی آخر نامه یا کتاب، ضمیمهٔ کتاب (مخفف آن P.S. است).
pos.tu.lant, *n.* جدیدالورود،
نامزد جدید، نامزد ورود بخدمت کلیسا.
pos.tu.late [*pɔ́stjuleit*] *adj., n., vt. & vi.* تقاضا، درخواست،
ادعا، قیاس منطقی، بدیهی شمرده، لازم دانستن، قیاس منطقی کردن، فرض نمودن.
pos.tu.la.tion, *n.*
قیاس منطقی، بدیهی شمردن.
pos.tur.al, *adj.* وضعی، کیفیتی.
pos.ture [*pɔ́stʃə*] (**-d, posturing**) *n., vt. & vi.*
وضع، حالت، پز، چگونگی، طرز ایستادن یا قرار گرفتن، قرار دادن.
post.vocalic, *adj.*
بلافاصله بعد از حرف باصدا.
post.war, *adj.* بعد ازجنگ.
posy [*póuzi*] (*pl.* **-ies**) *n.*
کلمات حك شده برانگشتری، دسته گل.
pot [*pɔt*](**-ted, -ting**) *n., vt.&vi.*
دیگ، دیگچه، قوری، کتری، آبپاش، هرچیز برجسته و دیگ مانند، ماری جوانا و سایر مواد مخدره، گلدان، درگلدان گذاشتن، در گلدان محفوظ داشتن، در دیگ پختن.
Go to p. خراب شدن.
po.ta.ble, *adj. & n.*
آشامیدنی، نوشیدنی، قابل شرب.
po.tage [*pɔtá:ʒ*] *n.*
آش، آبگوشت غلیظ.
pot.ash [*pɔ́tæʃ*] *vt. & n.*
پتاس، کربنات دوسود مشتق از خاکستر چوب، پتاس محرق، شخار خاکستر، پتاس زدن به.
po.tas.sic, *adj.* پتاس دار، پتاسی.
po.tas.si.um [*potǽsiəm*] *n.*
[ش.] پتاسیم.
po.ta.tion [*poutéiʃən*] *n.*
نوش، نوشیدن، شرب، جرعه، افراط درشرب.
po.ta.to [*pətéitou*] (*pl.* **-es**) *n.*
(گ.ش.) سیب زمینی، انواع سیب زمینی.
potato chip, *n.*
باریکهٔ سیب زمینی سرخ کرده، چیپز.
po.ta.to.ry, *adj.* میگساری، قابل شرب.
potbellied, *adj.* دارای شکم گنده.
potbelly, *n.* شکم گنده.
potboil (**-ed, -ing**) *vi.*
برای امرار معاش نویسندگی یا کارهای هنری مبتذل کردن.
potboiler, *n.* هنرمندیا کارهنری مبتذل.
potboy, *n.* پسرك یا پیشخدمت
آبجوفروشی، پادو فاحشه خانه.

po.ten.cy [*póutənsi*] **po.tence** (*pl.* **- ies**) *n.*
توان، قدرت، توانائی، نیرومندی، لیاقت.
po.tent [*póutənt*] *adj. & n.*
قوی، پرزور، نیرومند.
po.ten.tate [*póutənteit*] *adj. & n.* پادشاه، سلطان، شخص توانا، فرمانروای مقتدر.
po.ten.tial [*poutén∫əl*] *adj. & n.* عامل بالقوه، عامل، بالفعل، ذخیره‌ای، نهانی، پنهانی، دارای استعداد نهانی، پتانسیل.
potential energy, *n.* نهان توان،
انرژی نهانی، نیروی ذخیره، انرژی پتانسیل.
po.ten.ti.al.i.ty [*poutènʃiǽliti*], *n.* عاملیت بالقوه، عاملیت بالفعل، استعداد نهانی.
po.ten.ti.ate (**-d, potentiating**) *vt. & vi.*
نیرومند ساختن، مقتدر ساختن.
po.ten.ti.a.tion, *n.* نیرومندساختن.
pot.ful, *adj.&n.* دیگ پر، بقدر یك دیگ.
pot hat, *n.*
کلاه وکلای دادگستری (derby).
poth.e.cary=apothecary, *n.*
poth.er [*pɔ́ðə, pʌ́ðə*](**-ed,-ing**), *n., vt. & vi.*
سر و صدا، جنجال، هیاهو، آمد ورفت، حالت اضطراب، نگرانی، مضطرب شدن، آشوبناك کردن.
potherb, *n.* سبزیهای معطر خوراکی.
pothole, *n.* گودی یادست انداز (راه)،
چالاب، سوراخ گرد بر روی سنگفرش، حفره.
pothouse=tavern, *n.* میخانه.
po.tion [*póuʃən*] (**-ed, -ing**) *n. & vt.* جرعه، دارو یازهرآبکی،
شربت عشق، شربت عشق دادن به.
pot.latch (**-ed, -ing**) *n., vi. & vt.* جشن عمومی، مهمانی دادن، مجلس انس.
potluck, *n.* ماحضر، غذای مختصر.
pot.pour.ri [*póupú:ri*] *n.*
محفظهٔ عطر، عطرگل، تنوع، مخلوط درهم وبرهم.
pot roast, *vt. & n.* آب پز کردن،
گوشت آب پز شده، گوشت سرخ شده دردیگ.
pot.sherd [*pɔ́tʃə:d*] *n.*
تکهٔ سفال شکسته.
potshot=pot-shoot, *n., vt. & vi.* تیر الله بختی انداختن، گلولهٔ هوائی.
potstone, *n.* دیگ سنگ،
سنگ دیزی، (مع.) سنگ سقف معدن.
pot.tage [*pɔ́tidʒ*] *n.*
آش، شوربا، شوربای آرد جودوسر.
pot.ter [*pɔ́tə*] (**-ed, -ing**) *n., vt. & vi.* کوزه گر، سفالگر،
دیگ ساز، مزاحم شدن، مصدع شدن، پرسه زدن.
potter's clay, *n.* خاك کوزه گری.
potter's wheel, *n.* چرخ کوزه گری.
pot.tery [*pɔ́təri*] (*pl.* **-ies**) *n.*
کوزه گری، کوزه گرخانه، ظروف سفالین.
pot.ty [*pɔ́ti*] *adj. & n.* جزئی، آسان،
ناچیز، احمقانه، مغرور، لگن یا مستراح اطفال.
pouch [*pautʃ*] (**-ed, -ing**) *n., vt. & vi.* کیسه، کیسهٔ کوچك،
کیف پول، چنته، درجیب گذاردن، بلامیدن.
pouchy, *adj.* کیسه‌ای، کیسه مانند.
pouf [*pu:f*] *n.* پف دادن، قسمت پف کرده.
pou.larde=pou.lard, *n.*
[ج.ش.] مرغ اخته.
poult, *n.* جوجهٔ ماکیان و امثال آن.
poul.ter.er [*póultərə*] *n.*
دامپرور، پرورش دهندهٔ طیور.
poul.tice [*póultis*] *vt. & vi.*
ضماد، ضماد روی محل درد گذاردن.
poul.try [*póultri*] *n.*
مرغ و خروس، مرغ خانگی، ماکیان.
pounce [*pauns*] (**-d, pouncing**) *n., adj., vt. & vi.* گردهٔ نقاش،
خاکه ذغال، ضربت، مشت، پرتاب، استامپ، مهر، حمله باچنگال، یورش، عتاب، جهش، در حال حمله با پنجه، در حال خیز، درحال حمله با چنگال، با چنگال ربودن، مهر زدن به.
pouncet-box, *n.* (م.م.) قوطی
عطرپاش، (م.م.) قوطی محتوی گرد خوشبو.
pound [*paund*] (**-ed, -ing**) (*pl.* **-s**) *n., vt. & vi.* آغل حیوانات گمشده
وضاله، آغل، بازداشتگاه بدهکاران وجنایتکاران، استخر یا حوض آب، واحد وزن [امروزه معادل ۴۵۳٫۶۹۲۴۳ گرم میباشد]، لیره، واحد مسکوك طلای انگلیسی، ضربت، کوبیدن، آرد کردن، بصورت گرد درآوردن، با مشت زدن.
pound.age, *n.*
مقدار پولی برحسب لیره، وزن چیزی برحسب پوند یا رطل، محصورسازی حیوانات.
pound.er, *n.*
یك رطلی، وزن شده برحسب رطل، لیره دار، برحسب لیره، کوبنده، هاون.
pour [*pɔə, pɔ:*] (**-ed, -ing**) *n., vt. & vi.* ریزش، پاشیدن، تراوش
بوسیلهٔ ریزش، مقدار ریزش چیزی، ریزش بلاانقطاع ومسلسل، ریختن، روان ساختن، پاشیدن، افشاندن، جاری شدن، باریدن.
P. cold water on. دلسرد کردن.
P. oil on troubled water.
خشم کسی را با سخنان نرم فرو نشاندن.
It never rains but it pours.
وقتیکه میآید پشت سر هم میآید.
pour.boire=tip, *n.* انعام.
pour.par.ler=pour.par.ley, (**-ed, -ing**) *vt. & vi.*
جلسهٔ غیر رسمی برای مذاکره دراطراف عهدنامه یا موافقت نامه، تبادل نظر کردن.
pour.point, *vt. & n.* لحاف دوختن،
لباس لایه دار یا پنبه دار، لحاف پنبه دار.
pous.sette, *vi*
رقص دسته جمعی دایره وار، رقص چوبی.
pout [*paut*] (**-ed, -ing**)(*pl.*-**s**), *n., vt. & vi.*
لب کلفتی، جلوآمدگی لبها، لب و لوچه راجمع کردن، لب را بزیر آویختن، اخم کردن.
pout.er, *n., vt. & vi.* سیخونك زدن،
لب و لوچه دار، دارای لب و لوچهٔ آویخته.
pov.er.ty [*pɔ́vəti*] *n.* تنگدستی،
فقر، فلاکت، تهیدستی، کمیابی، بینوائی.
P.-stricken, adj بینوا، گرفتار فقر.
pow, *n.* صدای انفجار، صدای ضربه.
pow.der [*páudə*] (**-ed, -ing**), *n., vt. & vi.* پودر، پودرصورت،
گرد، باروت، دینامیت، پودرزدن به، گرد زدن به، گرد مالیدن، بصورت گرد درآوردن.
Keep one's p. dry.
برای هررویدادی آماده بودن.
It's not worth p. and shot.
آفتابه خرج لحیم است.
powder horn, *n.* دبهٔ باروت.
powder keg, *n.*
چلیك یا بشکهٔ باروت، چیزقابل انفجار.
powder puff, *n.* اسباب پودرزنی.
powder room, *n.*
مستراح یا توالت زنانه.
pow.dery [*páudəri*] *adj.*
گرد مانند، پودری، پودرمانند.
pow.er [*páuə*] (**-ed, -ing**) *n., vt. & vi.* زور، قدرت، برتری، توان،
نیرو، اقتدار، سلطه، نیروی برق، قدرت دیدن ذره بین، نیرو بخشیدن به، نیرومند کردن، زوربکار بردن.

pow.er.ful [*páuəful*] *adj. & adv.*
نیرومند، مقتدر.
powerhouse, *n.*
موتورخانه، مرکز قوهٔ محرکه، نیروگاه.
pow.er.less [*páuəlis*] *adj.* بی زور.
power mower, *n.*
چمن زن یا علف چین موتوری.
power of attorney وکالت نامه.
power plant, *n.* نیروگاه برق،
کارخانهٔ برق، نیروی محرکهٔ هواپیما واتومبیل، دستگاه تولید نیروی محرکهٔ وسیلهٔ نقلیه.
power politics, *n.pl.*
سیاست زور، سیاست جبر، زورطلبی.
power steering, *n.*
[در وسیلهٔ نقلیه] فرمان خودکار.
pow.wow [*páuwáu*] *n., vt. & vi.*
(در میان سرخ پوستان آمریکای شمالی) کاهن، جادوگر، (مجه.) مجلس انس پرسروصدا، کنفرانس پرتشریفات، نشست وگفتگوکردن.
pox [*pɔks*] (**-ed, -ing**) (*pl.*-**s**), *n., interj., vt. & vi.* (طب) آبله،
موجد آبله درپوست، آبله دار کردن یا شدن.
prac.tic=practical, *adj. & n.*
عملی.
prac.ti.ca.bil.i.ty, *n.* عملی بودن.
prac.ti.ca.ble [*prǽktikəbl*] *adj.*
عملی، قابل اجرا، صورت پذیر، عبور کردنی.
prac.ti.cal [*prǽktikl*] *adj. & n.*
کاربردی، عملی، بکارخور، اهل عمل.
prac.ti.cal.i.ty, *n.* عملی بودن.
practical nurse, *n.* کمك پرستار.
prac.tice=prac.tise [*prǽktis*] (**-d, practicing**) *n., vt. & vi.*
مشق، ورزش، تمرین، تکرار، ممارست، تمرین کردن، ممارست کردن، (بکاری) پرداختن، برزش، ورزیدن.
P. of medicine. پزشکی، طبابت.
Be out of p. تمرین نداشتن، واردکار نبودن.
Put in p. عملی کردن، اجراء کردن.
P. teacher, n.
دانشجوئی که بطور آموزشی تدریس کند.
practiced, practised, *adj.*
با تجربه.
prac.ti.tion.er [*prǽktíʃəne*] *n.*
شاغل، شاغل مقام طبابت یا وکالت.
prae.tor [*pri:tɔ:*] *n.* [روم قدیم]
پراتور، قاضی یا افسر مادون کنسول.
prae.to.ri.an [*pri:tɔ́:riən*] *adj. & n.* وابسته به قدرت قضاوت مادون کنسولی رومی.
prag.mat.ic, -s [*prægmǽtik, -s*] *n.pl. & adj.* عملی، فعال، واقع بین،
فلسفهٔ واقع بینی، واقعیت گرائی.
prag.ma.tism [*prǽgmətizm*] *n.*
فلسفهٔ عملی، تعصب در اثبات عقیدهٔ خود، جنبهٔ عملی، قطعیت، بدیهی بودن، مصلحت گرائی.
prag.ma.tist [*prǽgmətist*] *adj. & n.* پیرو فلسفهٔ عملی، مصلحت گرای.
prai.rie [*pre'əri*] *n.*
چمن، چمنزار، مرغزار، فلات چمن زار.
P. breaker, n.
خیش مخصوص شیار مرغزار وچمن.
P. schooner, n. گاری پهن
PRAIRIE SCHOONER
مهاجرین اولیهٔ آمریکائی.
praise [*preiz*] (**-d, praising**), *n., vt. & vi.*
ستایش، نیایش، تحسین، پرستش، تمجیدوستایش کردن، نیایش کردن، تعریف کردن، ستودن.

prais.er, *n.* ستایشگر.
praise.worth.i.ly, *adv.* بطور قابل ستایش، ستودنی.
praiseworthy [*préizwə:ði*] = **laudable,** *adj.* قابل‌ستایش،ستودنی.
pram [*prœm*] *n. & vt.* کالسکهٔ بچه.
prance [*pra:nş*] **(-d, prancing)** *n., vt. & vi.* خرامش از روی تکبر، جفتک‌زدن،با تکبر راه رفتن،[درمورد اسب] روی دوپا بلند شدن،سوار اسب جموش شدن.
prank [*prœŋk*] **(-d, pranking)** *n., vt. & vi.* شوخی، شوخی آمیخته با فریب، شوخی خرکی، مزاح، شوخ‌طبعی، شوخی‌زننده، آراستن.
prank.ish, *adj.* مربوط به شوخی‌خرکی یا شیطنت.
prank.ster, *n.* (د.گ. - آمر.) کسیکه شوخی زننده کند.
prate [*preit*] **(-d, prating),** *n., vi. & vt.* پچ‌پچ،ورور،یاوه‌گوئی،وراجی، پرگوئی، یاوه‌گوئی کردن، وراجی کردن.
prat.fall, *n.* روی‌کفل افتادن، امرتوهین‌آمیز.
prat.tle [*prœ́tl*] **(-d, prattling)** *n., vt. & vi.* پرگوئی کردن، حرف‌مفت‌زدن، ورزدن، وررو.
prat.tler [*prœ́tlə*] *n.* پرحرف، حرف مفت‌زن.
prawn [*prɔ:n*] **(-ed, -ing),** *vi. & n.* [ج.ش.]میگوگرفتن، جنس‌میگو.
prawn.er, *n.* صیاد میگو.
prax.e.ol.o.gy, *n.* رفتارشناسی، مطالعهٔ رفتار انسان.
pray [*prei*] **(-ed, -ing)** *vt. & vi.* دعا کردن، نمازخواندن، بدرگاه خدا استغاثه کردن، خواستارشدن، درخواست کردن.
P. consider my case. خواهش دارم بکار من رسیدگی کنید.
pray.er [*préiə*] *n.* نماز، دعا، تقاضا.
prayer.ful, *adj.* پردعا.
preach [*pri:tʃ*] **(-ed, -ing),** *n., vt. & vi.* موعظه‌کردن، وعظ‌کردن، سخنرانی مذهبی کردن، نصیحت کردن.
preach.er [*pri:tʃə*] *n.* واعظ.
preach.ment, *n.* موعظه.
preachy, *adj.* موعظه‌آمیز.
pre.am.ble [*pri:œ́mbl*] **(-d, preambling)** *n. & vi.* مقدمهٔ‌کتاب،مقدمهٔ سند، دیباچه،مقدمه‌وراهنمای نظامنامه یا مقررات، توضیحات، مقدمه نوشتن.
pre.arrange, *vt.* قبلاً ترتیب دادن، قبلاً تهیه کردن.
pre.assigned, *adj.* قبلاً تعیین شده، قبلاً تخصیص داده شده.
pre.axial, *adj.* واقع درجلومحور بدن.
preb.en.dary, *n.* دریافت مقرری از کلیسا ، وظیفه خوار کلیسا.
Pre.cambrian, *adj. & n.* قبل از دورهٔ زمین‌شناسی‌کامبریان.
pre.car.i.ous [*pikέəriəs*] *adj.* عاریه‌ای، بسته بمیل دیگری ، مشروط بشرایط معینی، مشکوک، مصر، التماس‌کن، پرمخاطره.
pre.cau.tion [*prikɔ́:ʃən*] *n. & vt.* احتیاط، پیش‌بینی، حزم، احتیاط‌کردن.
pre.cau.tion.ary [*prikɔ́:ʃənəri*], *adj.* پیش‌گیرانه، احتیاطی.
pre.cede [*pri:sí:d*] **(-d, preceding)** *n., vt. & vi.* مقدم بودن، جلوتر بودن از، اسبق‌بودن‌بر.
We were preceded by the guides. بلدها پیشاپیش ما میرفتند.
The year preceding that event. سال پیش ازآن واقعه .
prece.dence, prece.den.cy [*pri:sí:dəns, présidəns*] *n.* پیشی، اولویت، حق تقدم، امتیاز، سابقه.
prec.e.dent [*présidənt*], **preceding)** *vt., adj. & n.* سابقه‌داشتن، مقدم‌بر، مسبوق به‌سابقه، ماقبل.
It served as a p. سابقه شد .
pre.censor (-ed, -ing) *vt.* [فیلم یا مطبوعات را] سانسور کردن.
pre.cen.tor.ship, *n.* رهبری سرایندگان.
pre.cept [*prí:sept*] *n.* حکم، امر، فرمان، امریه ، خطابه ، مقررات ، نظامنامه، پند، قاعدهٔ اخلاقی.
pre.cep.tor [*pri:séptə*] *n.* معلم، پیر، مرشد، مربی.
pre.cep.tress, *n.* مربی‌زن .
pre.cess (-ed, -ing) *vi.* پیشرفتن، جلو افتادن، سبقت گرفتن، در خط سیر محور جسم گردنده تغییر پیدا شدن .
pre.ces.sion, *n.* پیشروی، سبقت، تقدم، تغییر جهت محور جسم گردنده (مثل فرفره)، انحراف مسیر.
pre.cinct [*prí:siŋkt*] *n.* حد، مرز، محوطه، بخش، حوزه، حدود.
pre.ci.os.i.ty, *n.* گرانبهائی، آدابدانی، تصنع، تظاهر.
pre.cious [*préʃəs*] *adj.* گرانبها، نفیس، پرارزش، تصنعی، گرامی.
precious, *adv.* قیمتی، بسیار، فوق‌العاده.
prec.i.pice [*présipis*] *n.* صخرهٔ پرتگاه، پرتگاه، سراشیبی تند.
pre.cip.i.ta.ble, *adj.* تعلیق‌پذیر.
pre.cip.i.tan.cy, pre.cip.i.tance, *n.* شتابزدگی، عمل یا فعالیت رسوبی، تعجیل بسیار.
pre.cip.i.tant [*prisípitənt*] *adj. & n.* شتابزده، جداشدنی، تعلیق شدنی ، با عجله، عامل رسوب.
pre.cip.i.tate [*prisípiteit*] **(-d, precipitating)** *n., adj., vt. & vi.* بشدت پرتاب کردن، شتاباندن، بسرعت عمل کردن، تسریع کردن، سراشیب تند داشتن، ناگهان سقوط کردن، غیرمحلول وته‌نشین‌شونده، جسم تعلیق شونده یا متراسب، خیلی سریع، بسیارعجول، ناگهانی، رسوبشیمیائی.
pre.cip.i.ta.tion [*prisìpitéiʃən*], *n.* شتاب، دستپاچگی،تسریع، بارش، ته‌نشینی.
pre.cip.i.ta.tive, *adj.* مربوط به تعجیل کردن .
pre.cip.i.ta.tor, *n.* تعجیل یا تسریع‌کننده، ته‌نشین‌کننده.
pre.cip.i.tous [*prisípitəs*] *adj.* شتابناک، از روی عجله، بی‌مهابا.
pré.cis [*préisi:*] (*pl.* **précis**) *n. & vt.* خلاصهٔ رئوس مطالب، تلخیص، چکیدهٔ مطلب، خلاصه نوشتن.
pre.cise [*prisáis*] **(-d, precising)** *adj. & vt.* دقیق ومختصر کردن، مختصر ومفید، جامع، صریح، دقیق،معین.
pre.ci.sian, *n.* شخص دقیق درمراعات قواعد اخلاقی ومذهبی، خیلی دقیق.
pre.ci.sion, [*prisíʒən*] *adj. & n.* دقت، صراحت، درستی، صحت، ظرافت، دقیق.
pre.ci.sion.ist, *n.* بسیاردقیق .
pre.clinical, *adj.* پیش بالینی، وابسته به زمانی که بیماری از نظر بالینی قابل تشخیص نشده باشد.
pre.clude [*pri:klú:d*] **(-d, precluding)** *vt.* مانع جلوراه ایجادکردن، مسدود کردن.
pre.clu.sion, *n.* انسداد، ایجاد مانع.
pre.co.cial, *adj.* [درموردجوجه] تازه ازتخم‌بیرون‌آمده یاموجود جدیدالولاده] دارای استقلال ازهنگام تولد.
pre.co.cious [*prikóuʃəs*] *adj.* زودرس، پیش‌رس، نابهنگام،باهوش.
A p. child. بچهٔ زودرس، بچهٔ باهوش.
pre.coc.i.ty [*prikɔ́siti*] *n.* زودرسی.
pre.cognition, *n.* اطلاع قبلی، الهام قبل از وقوع امری.
pre.conceive [*prì:kənsí:v*] **(-d, preconceiving)** *vt.* قبلاً تصور کردن، قبلاً عقیده پیداکردن.
pre.conception [*prì:kənsépʃən*] *n.* عقیدهٔ ازقبل تشکیل شده، حضورپیش ازوقت، تصدیق بلاتصور، تعصب .
pre.concert [*prì:kənsə́:t*] **(-ed, -ing)** *vt.* قبلاً قرار و مدارگذاردن، قبلاً همدست‌کردن.
pre.condition, *vt. & n.* شرط قبلی، شرط مقدمه، قبلاً شرط‌کردن.
pre.cur.sor [*pri:kə́:sə*] *n.* پیشرو، منادی، مادهٔ متشکلهٔ جسم جدید .
pre.cur.so.ry, *adj.* وابسته به پیشرو بودن.
pre.date = antedate, *vt.* قبل ازموقع بخصوص واقع شدن.
pred.a.to.ry [*prédətəri*], **pred.a.to.ri.al, pred.a.tor,** *adj. & n.* درنده، غارتگر،یغماگر، تغذیه‌کننده ازشکار.
pre.decease (-d, predeceasing) *vi., n. & vt.* قبل ازدیگری مردن، پیش از واقعهٔ معینی مردن.
prede.ces.sor [*prí:disesə*] *n.* اسبق، سابق،قبلی، جد،اجداد،(درجمع)پیشینیان.
My p. سلف من، متصدی پیش از من.
pre.designate (-d, predesignating) *vt.* قبلاً تعیین شده، مقدر، قبلاً تعیین کردن.
pre.designation, *n.* تعیین‌قبلی.
pre.des.ti.nate [*prì:déstineit*] **(-d, predestinating)** *adj., vt. & n.* مقدرشده، قبلاً تعیین شده، دارای سرنوشت ونصیب وقسمت ازلی، مقدرکردن.
pre.des.ti.na.tion [*prì:destinéiʃən*] *n.* سرنوشت، تقدیر، جبر وتفویض، فلسفهٔ جبری.
pre.destine [*pri:déstin*] = **predestinate (-d, predestining),** *vt.* مقدرشدن یاکردن، قبلاً تعیین کردن.
pre.determination [*prí:ditə:minéiʃən*] *n.* تقدیر،مقدرسازی، ازلی.
pre.determine [*prì:ditə́:min*] **(-d, predetermining)** *vt. & vi.* قبلاً مقدر کردن، قبلاً تعیین کردن.
pre.dic.a.ment [*pridíkəmənt*] *n.* مخمصه، حالت، وضع نامساعد، وضع‌خطرناک.
pred.i.cate [*prédikeit*, *pri:-*] *n., adj., vt. & vi.* مسند، خبر، مسندی، خبری، خبردادن، اطلاق‌کردن ، بصورت مسند قراردادن، مبتنی کردن، مستندکردن، گذارده.
P. nominative. اسم مسند، اسمی که درحال فاعلی بکار رفته.
pred.i.ca.tion, *n.* اسناد، اطلاق، اظهار، اثبات،موعظه،اعلام.
pred.i.ca.tive [*pridíkətiv*] *adj.* مسندی.
pre.dict [*pridíkt*] **(-ed, -ing),** *vt.&vi.* پیشگوئی کردن،قبلاً پیش‌بینی کردن.
pre.dict.a.ble, *adj.* قابل پیش‌گوئی یا پیش‌بینی.
pre.dic.tion [*pridíkʃən*] *n.* پیشگوئی.
pre.digest (-ed, -ing) *vt.* قبلاً هضم کردن، (مجـ.) بزبان ساده و قابل فهم درآوردن برای استفاده آماده‌کردن.
pre.digestion, *n.* هضم سریع و از روی عجله، هضم مصنوعی بوسیلهٔ دارو وغیره، سهل‌الهضم سازی، تسهیل.
predi.lec.tion [*prì:dilékʃən*] *n.* تمایل قبلی، رجحان، برگزیدگی، جانبداری.
pre.dispose [*prì:dispóuz*] **(-d, predisposing)** *vt. & vi.* مستعدکردن، زمینه را مهیا ساختن.
pre.disposition [*prí:dispəzíʃən*] *n.* آمادگی، استعداد، تمایل‌قبلی.
pre.dom.i.nance [*pri:dɔ́minəns*] = **pre.dom.i.nan.cy, pre.em.i.nence,** *n.* برتری،علو،رجحان،تفوق.
pre.dom.i.nant [*pri:dɔ́minənt*], *adj.* غالب، مسلط، حکمفرما، نافذ، عمده، برجسته.
pre.dom.i.nate [*pri:dɔ́mineit*], **(-d, predominating)** *adj., vt. & vi.* (نجـ.) دارای‌نفوذ نجومی،قاطع بودن، نفوذقاطع‌داشتن، مسلط بودن، چربیدن.
pre.em.i.nence, *n.* تفوق، برتری، تقدم.
pre.em.i.nent [*pri:éminənt*] *adj.* مقدم، برتر، افضل.
pre.empt [*pri:ém(p)t*] **(-ed, -ing)** *vi. & vt.* با حق‌شفعه خریدن، حق تقدم پیداکردن، پیشدستی کردن.
pre.emp.tion [*priém(p)ʃən*] *n.* حق شفعه، پیشدستی.
pre.emp.tive [*pri:ém(p)tiv*] *adj.* وابسته به‌حق شفعه، وابسته به‌پیشدستی.
preen [*pri:n*] **(-ed, -ing)** *n., vt. & vi.* سنجاق سینه، خود را آراستن، با منقار و زبان‌خود را آراستن، بخودبالیدن .
P. oneself. خودآرایی‌کردن.
preen.er, *n.* خودآرا .
pre.exilian, pre.exilic, *adj.* وابسته به قبل از دورهٔ اسارت یهود در بابل.
pre.exist [*prì:igzíst*] **(-ed, -ing)** *vi. & vt.* قبلاً وجود داشتن، ازلی بودن، قبلاً موجودشدن.
pre.existence [*prì:igzístəns*] *n.* تقدم وجود، ازلیت، موجودیت قبلی.
pre.existent [*prì:igzístənt*] *adj.* دارای تقدم درجود، ازلیت، موجود ازقبل.
pre.fab = prefabricate (-d, prefabricating) *n. & adj.* پیش‌ساخته، پیش‌ساختن، پیش‌سازی شده.
pre.fabrication, *n.* پیش‌سازی.
pref.ace [*préfis*] **(-d, prefacing)** *vi., vt. & n.* دیباچه، مقدمه، سرآغاز، آغاز، پیش‌گفتار، دیباچه‌نوشتن.
pre.fect [*prí:fekt*] *n.* (در روم قدیم) رئیس، فرمانده، افسرارشد.
pre.fec.tur.al [*pri:féktʃərəl*], *adj.* وابسته به‌مقام ریاست یا دورهٔ ریاست.
pre.fec.ture [*prì:fektʃə*] *n.* ادارهٔ ریاست، مقام ریاست، دورهٔ ریاست.
pre.fer [*prifə́:*] **(-red, -ring),**

vt. ترجیح‌یافتن یادادن، برتری‌دادن، رجحان‌دادن، برگزیدن.

P. to. ترجیح دادن‌بر.

pref.er.a.ble [préfərəbl] *adj.* مرجح، دارای رجحان، قابل ترجیح، برتر.

pref.er.ence [préfərəns] *n.* برتری، رجحان، ترفیع، مزیت، اولویت، تقدم.

Have a p. for. ترجیح دادن.

pref.er.en.tial [prèfərénʃl] *adj.* امتیازی، امتیازدهنده، مقدم، ترجیحی، ممتاز.

pre.fer.ment [prifə́:mənt] *n.* ترفیع، ارتقاء، حق‌تقدم، ازپیش، مقام‌افتخاری.

preferred stock, *n.* سهم ممتاز.

pre.figure [pri:fígə] **(-d, prefiguring)** *vt. & vi.* از پیش‌نشان دادن، ازپیش تصور کردن، قبلاً اعلام‌کردن، قبلاً نشان دادن.

pre.fix, -al [pri:fíks]**(-ed, -ing),** *vt. & n.* قبلاً تعیین‌کردن، درجلو چیزی قراردادن، پیشوند، عنوان قبل از اسم شخص .

pre.flight, *adj.* قبل ازشروع پرواز (هواپیما) .

preg.na.bil.i.ty, *n.* قابلیت تسخیر، ربایش، قابلیت آبستن شدن .

preg.na.ble, *adj.* قابل آبستنی.

pregnan.cy, *n.* آبستنی، بارداری.

preg.nant [prégnənt] *adj.* آبستن، باردار، حاصلخیز، متضمن، حامله.

pre.heat (-ed, -ing) *vt.* قبلاً حرارت دادن،قبلاً گرم کردن.

pre.hen.sile [prihénsail] *adj.* گیرکننده، گیرنده، قابض، مخصوص گرفتن و چیدن برگ، دارای استعداد هنری، درك کننده.

pre.hen.sil.i.ty, *n.* قوهٔ ماسکه .

pre.hen.sion, *n.* (حق.) قبض، اخذ، گرفتن، تسلیم، تحویل.

pre.his.tor.ic, -al [prì:(h)istɔ́rik] *adj.* پیش‌تاریخی، وابسته بقبل ازتاریخ، ماقبل تاریخی.

pre.history, *n.* پیش‌تاریخ، ماقبل تاریخ، تاریخ قبلی، سابقه.

pre.hominid=pre.hominidae *n. & adj.* [ج.ش.] پستانداران معدوم انسان نمای اولیه.

pre.judge [pri:dʒʌ́dʒ] **(-d, prejuding)** *vt.* تصدیق بلاتصورکردن، بدون رسیدگی قضاوت‌کردن، پیش‌داوری‌کردن.

pre.judg.ment [pri:dʒʌ́dʒmənt], *n.* تصدیق بلاتصور، قضاوت قبل از وقوع.

prej.u.dice [prédʒudis] **(-d, prejudicing)** *n., vt. & vi.* تبعیض، تعصب، غرض، غرض‌ورزی، قضاوت‌تبعیض‌آمیز، خسارت وضرر، تبعیض کردن، پیش‌داوری.

prej.u.di.cial, prej.u.di.cious, *adj.* زیان‌رسان، تبعیض‌آمیز.

It is p. to him. به او لطمه میزند .

prel.a.cy [préləsi] *(pl. -ies) n.* مقام اسقفی، مطرانی، حکومت روحانی.

prel.ate [prélət] *n.* مطران، خلیفه، اسقف اعظم، کشیش ارشد.

pre.lect=prae.lect, *vi.* سخنرانی‌کردن، خطابه خواندن، تدریس کردن.

pre.lec.tion, *n.* خطابه، سخنرانی.

pre.lim.i.nary [prilíminəri] *n., adv. & adj.* آستانه‌ای، اولیه، مقدمات، مقدماتی، ابتدائی، امتحان مقدماتی.

prel.ude [prélju:d] **(-d, preluding)** *n., vt. & vi.* پیش درآمد، مقدمه، قسمت مقدماتی.

pre.mature [prémətjuə, prí:mətjuə:, prè-, prí:mətjúə] *vi., n. & adj.* پیش‌رس، قبل‌ازموقع، نابهنگام، نارس.

pre.maturity, *n.* زودرسی، نابهنگامی.

pre.med=premedical, *adj. & n.*

pre.medical, *adj.* دورهٔ مقدماتی پزشکی، وابسته‌به‌پیش‌پزشکی.

pre.meditate [pri:méditeit] **(-d, premeditating)** *vt. & vi.* قبلاً فکرچیزی راکردن، مطالعهٔ قبلی‌کردن.

premeditated, *adj.* [حق.] با قصد قبلی، عمدی.

pre.meditation [prì:meditéiʃən] *n.* قصد قبلی، عمد.

pre.mier, premiere [prémiə, prí:miə] *adj., n., vt. & vi.* مقدم، برتر، والاتر، نخستین،مهمتر،رئیس،رهبر، نخست وزیر، نخستین نمایش یك نمایشنامه، هنرپیشهٔ برجسته.

pre.mier.ship, *n.* نخست وزیری، دفترنخست‌وزیری، مقام نخست‌وزیری، اولویت.

pre.millennial, *adj.* وابسته بظهورثانوی عیسی قبل ازهزارسال.

prem.ise [prémis] **(-d, premising)** *n., vt. & vi.* قضیهٔ ثابت یا اثبات شده، بنیاد و اساس بحث، صغری و کبرای قیاس منطقی، فرض قبلی، فرضیهٔ مقدم، فرض‌منطقی‌کردن .

pre.mi.um [prí:miəm] *(pl. -s), adj & n.* جایزه، پاداش عمل، پاداش نیکو، صرف برات، حق صرافی، انعام، مزایا، وثیقه، حق‌بیمه.

Put a p. on. تشویق‌کردن.

At a p. با صرف، مورد تقاضای زیاد، پرارزش.

pre.mix (-ed, -ing) *vt. & n.* قبل‌ازمصرف مخلوط کردن، پیش‌آمیختن.

pre.molar, *adj & n.* مربوط بدندانهای آسیاب کوچك، دندان‌آسیاب کوچك.

pre.monish (-ed, -ing) *vt. & vi.* قبلاً برحذر داشتن، قبلاً اخطار کردن.

pre.mo.ni.tion [prì:məníʃən] *n.* تحذیر، اخطار، برحذر داشتن، فکرقبلی.

pre.mon.i.to.ry [pri:mɔ́nitəri], *adj.* اخطارکننده، تحذیرکننده، برحذردارنده.

pre morse, *adj.* ازسرکوتاه شده، بریده شده.

pre.mu nition, *n.* پیش‌بندی، جلوگیری، مقاومت دربرابرمرض.

pre.natal, *adj.* پیش‌زادی.

prenominate (-d, prenominating) *adj & vt.* قبلاً ذکر شده، قبلاً نامبرده شده، قبلاً ذکرکردن.

pre.notion, *n.* پیش‌اندیشه، احساس قبلی نسبت بچیزی، تحذیر، اخطار.

pren.tice [préntis] **= apprentice, learner,** *n. & vt.* شاگرد، شاگردی کردن.

pre.occupation [prì:ɔkju-péiʃən] *n.* اشتغال قبلی، کارمقدم، تمایل، شیفتگی، اشتغال.

pre.occupied [prì:ɔ́kjupaid], *adj.* پریشان‌حواس، شیفته، پرمشغله، گرفتار.

pre.occupy [prì:ɔ́kjupai] **(-ied, -ing)** *vt.* ازپیش اشغال یا تصرف کردن.

pre.operative, *adj.* وابسته‌بمرحلهٔ پیش ازعمل (جراحی)، قبل ازعمل.

pre.orbital, *adj. & n.* واقع درجلو کاسهٔ چشم، وابسته به قبل از قرار گرفتن درمدار، پیش‌مداری.

pre.ordain [prì:ɔ:déin] *vt.* قبلاً مقررداشتن، قبلاً وقوع‌امری راترتیب دادن.

prep [prep] **(-ped, -ping)** *n. & adj.* مدرسهٔ مقدماتی، مسابقهٔ آزمایشی، مدرسهٔ ابتدائی، دبستان.

prep.a.ra.tion [prèpəréiʃən] *n.* آمادش، پستایش، تهیه، تدارك، تهیهٔ مقدمات، اقدام مقدماتی، آماده سازی، آمادگی.

It is in p. دردست تهیه است.

Make preparations for some-thing. تدارك چیزی را دیدن.

pre.par.a.tive [pripǽrətiv] *n., adv. & adj.* پستاگرانه، پستائی، تدارکی، مربوط به‌تهیه کردن چیزی.

pre.par.a.to.ry [pripǽrətəri], *n., adv. & adj.* پستائی، مقدماتی، مربوط به تهیه یا مقدمات.

P. school. مدرسهٔ مقدماتی.

pre.pare [pripɛ́ə] **(-d, preparing)** *adj., vt. & vi.* پستاکردن، مهیا ساختن، مجهزکردن، آماده شدن، ساختن.

p. for war. آمادهٔ جنگ شدن.

pre.pared.ness [pripɛ́ədnis] *n.* آمادگی، پستابودن.

pre.pay [prì:péi] **(-paid,-ing),** *vt.* پیش دادن، قبلاً پرداختن، جلودادن.

pre.payment [pri:péimənt] *n.* پیش پرداخت، پیش‌قسط.

pre.pense, *adj.* عمدی، قصدی، پیش اندیشیده.

pre.pon.der.ance [pripɔ́ndərəns] *n.* برتری، مزیت، فضیلت، فزونی، سنگین‌تری.

pre.pon.der.ant [pripɔ́ndərənt], *adj.* برتر، مسلط، دارای مزیت .

pre.pon.der.ate [pripɔ́ndəreit], **(-d, preponderating)** *vt., adj & vi.* سنگین‌تربودن، چربیدن‌بر، افزودن، فزونی.

prep.o.si.tion, -al [prèpəzíʃən, -əl] *adj. & n.* حرف اضافه، حرف‌جر، حرف پیش‌نهاده.

pre.possess [prì:pəzés] **(-ed, -ing)** *vt.* قبلاً بتصرف آوردن، تحت تأثیرعقیده‌یامسلکی قراردادن، قبلاً تبعیض فکری داشتن.

pre.possession [prì:pəzéʃən] *n.* تصرف‌قبلی، اشغال‌قبلی، تمایل بیجهت، تعصب.

pre.pos.ter.ous [pripɔ́stərəs], *adj.* نامعقول، غیرطبیعی، مهمل، مضحك.

pre.po.ten.cy, *n.* قدرت کامل، نفوذ بسیار، غلبه، تفوق بسیار.

pre.puberty, *n.* دورهٔ قبل‌ازبلوغ.

pre.puce, *n.* پوست ختنه‌گاه، غلفه.

pre.record=prescore, *vt.* قبلاً ضبط (صوت) کردن، قبلاً ثبت کردن.

pre.requisite [prì:rékwizit], *n. & adj.* پیش‌نیاز، پیش‌بایست، لازمه، شرط‌لازم، شرط قبلی، لازمهٔ امری.

pre.rog.a.tive [prirɔ́gətiv] *n. & adj.* حق‌ویژه، امتیازمخصوص، حق‌ارثی، امتیاز.

pres.age [présidʒ] **(-d, presaging)** *n., vt. & vi.* نشانه، نشان، علامت، فال‌نما، شگون، گـواهی دادن‌بر، خبردادن از، پیشگوئی کردن.

presager, *n.* رسول، خبرآورنده، پیشگو.

pres.by.ope, pres.by.o.pia, *n.* [درچشم‌پزشکی] شخص‌پیرچشم، شخص دوربین.

pres.by.ter [prézbitə] *n.* کشیش سرپرست‌کلیسا، شیخ‌کلیسا، شبان.

Pres.by.te.ri.an [prèzbitíəriən], *adj. & n.* وابسته‌بکلیسای‌مشایخی‌پروتستان.

Pres.by.te.ri.an.ism [prèzbitíəriənizm] *n.* پیروی ازعقاید کلیسای مشایخی پروتستان.

pres.by.tery [prézbit(ə)ri] *n.* دادگاه شرعی، محل جلوس کشیش.

pre.school, *adj. & n.* وابسته‌بدورهٔ پیش‌کودکستان، کودکستان، کودکستانی.

pre.science [préʃiəns, prí:-] *n.* پیش‌دانی، آگاهی ازپیش، علم غیب، الهام.

pre.scient [préʃiənt, prí:-] *adj.* عالم بغیب یا آینده، قبلاً آگاه.

pre.scientific, *adj.* مربوط بدورهٔ قبل ازعلوم جدید.

pre.scind [prí:skind] *vt. & vi.* جداکردن، تجزیه‌کردن، قطع نظر کردن.

pre.scribe [priskráib] **(-d, prescribing)** *vi. & vt.* تجویز کردن، نسخه نوشتن، تعیین کردن.

pre.script [prí:skript] *adj. & n.* مقررشده، امرصادرشده، تجویزشده، امریه.

pre.scrip.ti.ble, *adj.* قابل تجویز.

pre.scrip.tion [priskrípʃən] *n.* صدور فرمان، امریه، نسخه‌نویسی، تجویز، نسخه.

pre.scrip.tive [priskríptiv] *adj.* وابسته به نسخه‌نویسی، تجویزی.

pre.sell, *vt.* پیش‌فروش‌کردن.

pres.ence [prézəns] *n.* پیشگاه، پیش، درنظرمجسم‌کننده، وقوع وتکرار، حضور.

P. of mind. حضور ذهن.

P. chamber. سالن پذیرائی، سالن‌بارعام.

pres.ent [prézənt] **(-ed, -ing),** *adv., vt., vi., adj. & n.* پیشکش، هدیه، ره‌آورد، اهداء، پیشکشی، زمان حاضر، زمان حال، اکنون، موجود، آماده، مهیا، حاضر، معرفی‌کردن، اهداءکردن، ارائه دادن.

The p. writer. اینجانب مؤلف‌کتاب.

For the p. عجالتاً.

Make a p. of. پیشکش‌کردن، تعارف‌کردن.

Make one a p. بکسی پیشکشی دادن.

P. some one with a book. کتابی را بکسی پیشکش‌کردن.

He is p. او حاضراست.

pre.sent.abil.i.ty, *n.* قابلیت ارائه.

pre.sen.ta.tion, -al [prèzəntéiʃən, -əl] *n. & adj.* معرفی، نمایش، ارائه، عرضه، تقدیم.

P. copy. نسخهٔ تقدیمی (مؤلف).

pre.sent.er, pre.sen.tor, *n.* ارائه‌کننده، معرفی‌کننده.

pre.sen.tient, *adj.* قبلاً متوجه، گوش‌بزنگ، آماده، قبلاً مستعد، درانتظار.

pre.sen.ti.ment [prizéntimənt], *n.* عقیدهٔ قبلی نسبت بچیزی، احساس وقوع امری‌ازپیش، روشن‌بینی‌قبلی، دلهره .

pres.ent.ly [prézəntli] *adv.* بزودی، عنقریب، لزوماً، حتماً، آناً، فعلاً.

pre.sent.ment [prizéntmənt] *n.* نمایش، ارائه، شرح، بیان، حضور، طرزنمایش.

present participle, *n.* [د.] وجه وصفی معلوم.

present perfect, *adj. & n.* [د.] مربوط به ماضی نقلی، ماضی‌نقلی.

present tense, *n.* [د.] زمان حال.

pre.serv.able [prizə́:vəbl] *adj.* قابل حفظ‌ونگهداری.

pres.er.va.tion [prèzəvéiʃən], *n.* نگهداری، حفظ، محافظت، جلوگیری، حراست.

It is in a good state of p. خوب ازآن نگهداری میشود.

pre.serv.a.tive [prizə́:vətiv] *n. & adj.* نگاهدارنده، محافظ، کاپوت.

pre.serve [prizə́:v] **(-d, preserving)** *n., vt. & vi.* قرق شکارگاه، شکارگـاه، مـربا، کنسرومیوه، نگاهداشتن، حفظ کردن، باقی نگهداشتن.

pre.serv.er [prizə́:və] *n.* محافظ، نگهدارنده .

pre.set, *vt.* قبلاً چیدن وقرار دادن، قبلاً مرتب کردن.

pre.side [*prizáid*] **(-d, presiding)** *vt. & vi.* کرسی ریاست را اشغال کردن ، ریاست کردن بر، ریاست جلسه را بعهده داشتن، اداره کردن، هدایت کردن، سرپرستی کردن.

Presided over by. بریاست.

pres.i.den.cy [*prézidənsi*] *n.* ریاست، نظارت، مقام یا دورهٔ ریاست جمهوری.

pres.i.dent [*prézidənt*] *n. & adj.* رئیس، رئیس جمهور، رئیس دانشگاه.

pres.i.den.tial [*prèzidénʃəl*] *adj.* وابسته به ریاست جمهور.

pre.sid.i.al, pre.sid.i.ary, *adj.* [نظ.] پادگانی، ساخلوی.

pre.sidio, *n.* پادگان، دژ، زندان.

pre.sid.i.um (*pl.* **presid.ia,-s**), *n.* [درشوروی] هیئت عاملهٔ دائمی شاغل در دورهٔ فترت، هیئت رئیسه.

pre.sig.ni.fy (-ied, -ing) *vt.* پیشگوئی کردن، ازپیش مشعربودن بر.

press [*pres*] **(-ed, - ing)** *adj., n., vi. & vt.* فشار، ازدحام، جمعیت، ماشین چاپ، مطبعه، مطبوعات،جراید،وارد آوردن،فشردن،زورزدن، ازدحام کردن، اتوزدن، دستگاه پرس، چاپ.

In the p. زیرچاپ، تحت طبع.

I am pressed for space. ازحیث جا در زحمتم، جایم تنگ است.

He is pressed for money. ازبی پولی درمضیقه است.

P. agent. نمایندهٔ مطبوعاتی.

pressboard, *n.* تختهٔ فشاری، تختهٔ اتو، میزاتو.

press box, *n.* [درمسابقات] لژمطبوعاتی،جایگاه گزارشگران.

press conference, *n.* مصاحبهٔ مطبوعاتی.

press-gang [*présgæŋ*] *vt. & n.* [نظ.] دستهٔ مأمور جلب مشمولین.

press.ing [*présiŋ*] *n. & adj.* فشار، فشارآور، مبرم، مصر،عاجل.

press.man [*présmən*] *n.* ماشین چی،متصدی ماشین چاپ، مخبرمطبوعاتی.

pressmark [*présma:k*] *n.* حروف رمزی مشخصهٔ کتب کتابخانه، شمارهٔ کتاب.

press release, *n.* مطلب مطبوعاتی (جهت چاپ در روزنامه).

pressroom, *n.* اطاق ماشین چاپ.

pres.sure [*préʃə*] *vt. & n.* فشار، بارسنگین مصائب وسختیها، مشقت،فشردن.

At a high p. با فشار وفعالیت زیاد.

pressure cabin, *n.* هواپیمای دارای دستگاه تهویهٔ مقاوم بافشارهوا.

pressure-cook,-er, *n., vt. & vi.* دیگ زودپز، دردیگ زودپز پختن، تحت فشار پختن.

pressure gauge, *n.* فشارسنج آبگونه ومواد منفجره.

pressure suit, *n.* لباس مخصوص پرواز درارتفاعات زیاد.

pres.sur.ize (-d, pressurizing) *vt.* (درهواپیماوغیره) فشارهوای داخل سفینه راتنظیم کردن.

pres.ti.dig.i.ta.tion = sleight of hand, *n.* تردستی.

pres.ti.dig.i.ta.tor, *n.* آدم تردست.

pres.tige [*prestí:ʒ*] *n.* حیثیت، اعتبار، آبرو، نفوذ، قدر ومنزلت.

pres.tis.si.mo, pres.to [*prèstísimou, préstou*] *adv. & n.* (مو.) با ضربات تند (بنوازید)، تند.

pre.stress, *vt.* با سیم ومیلهٔ آهن تقویت کردن،تحکیم کردن.

pre.sum.able [*prizjú:məbl*] *adj.* فرض محتمل، قابل استنباط، قابل استفاده.

pre.sum.ably, *adv.* احتمالاً.

pre.sume [*prizjú:m*] **(-d, presuming)** *vt. & vi.* فرض کردن، مسلم دانستن، احتمال کلی دادن، فضولی کردن.

presuming [*prizjú·miŋ*]**=presumptuous,** *adj.* ازخود راضی، جسور، [illegible]

pre.sump.tion [*prizʌ́m(p)ʃən*], *n.* فرض، احتمال، استنباط، گستاخی،جسارت.

pre.sump.tive [*prizʌ́m(p)tiv*], *adj.* گستاخ، جسور، فرضی، احتمالی.

pre.sump.tu.ous [*priʌ́m(p)-tʃuəs*] *adj.* گستاخ، جسور، مغرور، خودبین.

pre.sup.pose [*prì:səpóuz*] **(-d, presupposing)** *vt.* پیش بنداشتن، ازپیش فرض کردن، دربرداشتن، متضمن بودن.

pre.sup.po.si.tion [*prì:sʌpəzíʃən*] *n.* پیش بندار، فرض قبلی،پیش انگاری.

pre.tend [*priténd*] **(-ed, -ing),** *adj., vi. & vt.* وانمود کردن، بخودبستن، دعوی کردن.

P. ignorance. تجاهل (یا تظاهر بنادانی) کردن.

P. to. وانمود یا ادعاکردن.

pre tend.er [*priténdə*] *n.* وانمودگر،عذرآورنده، متظاهر،مدعی تاج وتخت.

pre.tense, pre.tence [*priténs*], *n.* وانمودسازی، تظاهر، بهانه، ادعا.

Under the p. of. به بهانهٔ.

pre.ten.sion [*priténʃən*] *vt. & n.* وانمود،ادعا،دعوی،خودفروشی،تظاهر، قصد.

pre.ten.tious [*priténʃəs*] *adj.* پرمدعا، پرجلوه، پرادعا ومتظاهر.

pret.er.it, -e [*prétərit*] *adj.* وابسته بفعل ماضی، زمان ماضی.

pre.ter.nat.u.ral [*prì:tənǽt-ʃərəl*] *adj.* غیرعادی، غیرطبیعی، مافوق طبیعی.

pre.test, *n., vt. & vi.* پیش آزمون، امتحان مقدماتی، امتحان مقدماتی بعمل آوردن.

pre.text [*prí:tekst*] *vt. & n.* بهانه، عذر، دستاویز، مستمسک، بهانه آوردن.

pre.tor [*prí:tɔ:*], **pre.to.ri.an= praetor, praetorian,** *n.* افسر،قاضی.

pre.treat, *vt.* قبلاً معالجه کردن، ازقبل بحث کردن.

pre.treat.ment, *n.* معالجهٔ قبلی.

pret.ty [*príti*], **pret.ti.fy (-ier, -iest)** *adv., vt., n. & adj.* تاحدی قشنگ، شکیل، خوش نما، خوب، بطور دلپذیر، قشنگ کردن، آراستن.

P. much. تقریباً، خیلی نزدیک به.

pret.ty.ish, *adj.* نسبتاً زیبا.

pre.typify (-ied, - ing) *vt.* قبلاً نشان دادن، قبلاً اعلام کردن.

pret.zel [*prétsəl*] *n.* چوب شور (مزهٔ آبجو وغیره)، بیسکویت نمکی.

pre.vail [*privéil*] **(-ed, -ing),** *vi.* چربیدن، غالب آمدن، مستولی شدن، شایع شدن..

prev.a.lence [*prévələns*] *n.* شیوع، پخش، نفوذ، تفوق، درجهٔ شیوع، رواج.

prev.a.lent [*prévələnt*] *adj. & n.* رایج، شایع، متداول، فائق، مرسوم، برتر.

pre.var.i.cate [*privǽrikeit*] **(-d, prevaricating)** *vi. & vt.* دوپهلوحرف زدن، زبان بازی کردن، دروغ گفتن.

pre.var.i.ca.tion [*privæ̀rikéiʃən*] *n.* دروغگوئی، حرف دوپهلو.

pre.var.i.ca.tor [*privǽrikeitə*], *n.* دروغگو، دوپهلوحرف زن.

pre.ve.nance, *n.* توجه باحتیاجات دیگران، دراندیشهٔ حوائج خلق.

pre.ven.ience, *n.* پیش روندگی، ازلیت،خاصیت جلوگیری کننده، منع،جلوگیری.

pre.ven.ient, *adj.* پیش رونده، ازلی.

pre.vent [*privént*] **(-ed, -ing),** *vt. & vi.* جلوگیری کردن، پیش گیری کردن، بازداشتن، مانع شدن، ممانعت کردن.

pre.vent.abil.i.ty, *n.* قابلیت جلوگیری، بازداشتنی بودن.

pre.vent.able=pre.vent.ible [*privéntəbl, -ibl*] *adj.* قابل جلوگیری.

pre.ven.t.ative [*privéntətiv*]**= preventive** *adj. & n.* پیشگیر، جلوگیری کننده.

pre.ven.tion [*privénʃən*] *n.* پیشگیری، جلوگیری.

pre.ven.tive [*privéntiv*] *adj. & n.* پیش گیر، جلوگیری کننده، مانع.

pre.view [*prí:vjú:*] **=pre.vue,** *vt. & n.* پیش دید، پیش دیدکردن، قبلاً رؤیت کردن، اطلاع قبلی، پیش چشی.

pre.vi.ous [*prí:viəs*] *adj. & adv.* پیشین، قبلی،سابقی، اسبقی، جلوتر، مقدم.

P. to. پیش از، قبل از.

P. question. سؤال قبلی، پیشنهادکفایت مذاکرات واخذ رأی.

pre.vi.sion [*pri:víʒən*] **(-ed, -ing)** *n. & vt.* پیش بینی، تحذیر، پیش بینی کردن.

pre.vi.sion.al, pre.vi.sion.a-ry, *adj.* وابسته به پیش بینی.

pre.war [*prí:wɔ́:*] *adj.* مربوط به قبل ازجنگ، پیش ازجنگ.

prey [*prei*] *n., vt. & vi.* شکار، نخجیر، صید، طعمه، قربانی، دستخوش، صیدکردن، دستخوش ساختن، طعمه کردن.

Beast of p. جانور درنده.

A p. to disease. دستخوش مرض.

Pri.am [*práiəm*] *n.* (افسانهٔ یونان)پریام پادشاه تروا وپدر«هکتور».

Pri.a.pus (*pl.* **-es, priapi**) *n.* خدای قدرت تناسلی جنس مذکر، کیر.

price [*prais*] **(-d, pricing)** *n., vt. & vi.* ارزش، قیمت، بها، بهاقائل شدن،قیمت گذاشتن.

High-priced. پربها.

P. cutter. ارزان فروش (برای درهم شکستن رقابت).

price index=price relative, *n.* شاخص قیمت.

price.less [*práislis*] *adj.* بسیار پرقیمت.

price tag, *n.* برچسب قیمت کالا.

prick [*prik*] **(-ed, -ing)** *adj., n., vt. & vi.* خراش سوزن، نقطه، زخم بقدر سر سوزن، جزء کوچك چیزی، هدف، منظور، نقطهٔ نت موسیقی، چیزخراش دهنده (مثل نوك سوزن)، خار، تیغ، نیش، سیخونك، آلت ذکور، راست،شق، خلیدن، باچیز نوك تیزفروکردن، خراش دادن، باسیخونك بحرکت واداشتن، تحریك کردن، آزردن.

Prick a hole in. سوراخ کردن.

P. up one's ears. گوش فرا دادن، گوش تیز کردن.

prick.er [*príkə*] *n.* خراشنده، سیخ زننده.

prick.et, *n.* شمعدان شاخه دار، شمع مخصوص شمعدان، گوزن راست شاخ نر دوساله، مناره.

prick.le [*príkl*] **(-d, prickling)** *n., vt. & vi.* خراش کوچك،خار، خارتیغ، خارنوك تیز،تیرکشیدن، نیش، سلك زدن.

prick.ly [*príkli*] *adj.* تیغدار، زبر، خراش دهنده.

pride [*praid*] **(-d, priding),** *n. & vt.* مباهات، بهترین، فخر، افاده، غرور، تکبر، سبب مباهات، تفاخرکردن، [illegible]

Take p. in. مباهات کردن به.

The p. of life. بهار عمر.

pride.ful, *adj.* مغرور، پرمباهات، برتر.

pri.er=pry.er, *n.* آدم کنجکاو، فضول.

priest [*pri:st*] *n. & vt.* کشیش، مجتهد، روحانی، کشیشی کردن.

priest.hood [*prí:sthud*] *n.* کشیشی، مقام کشیش، کشیش بودن.

prig [*prig*] **(-ged, -ging)** *n., vt., adj. & vi.* شخص منفور، میخ کوچك، آدم خودنما، نکته گیر، ایرادگیر، کش رفتن، دزدیدن، التماس کردن،دله دزد.

prig.gish [*prígiʃ*] *adj.* خودنما، ایرادی، سخت گیر.

prill, *vt. & n.* بصورت کپسول درآوردن، سیال و جاری ساختن، قرص استوانه ای شکل.

prim [*prim*] **(-med, - ming),** *n., adj., vt. & vi.* برگ نو، یاسم، نوار ابیض، رسمی وخشك،خیلی محتاط، تمیز، رسمی وخشك بودن،خودراگرفتن، آراستن.

prima ballerina, *n.* هنرپیشهٔ اول بالت.

pri.ma.cy [*práiməsi*] *n..* برتری، تقدم.

prima don.na [*prí:mə dɔ́nə*], (*pl.* **-s**) *n.* خوانندهٔ برجستهٔ زن اپرا یا کنسرت .

pri.ma fa.cie [*pràimə féiʃii:*], *adj. & adv.* درنظراول، بایك نظر، بدیهی، مشهود.

pri.mal [*práiməl*] *adj. & n.* اولیه، بسیارقدیمی.

pri.mary [*práiməri*] *adj. & n.* ابتدائی، مقدماتی، نخستین، عمده، اصلی.

P. school. دبستان.

pri.mate [*práimət*] *adj. & n.* پیشوا،راستهٔ پستانداران نخستین پایه،کشیش ارشد.

prime [*praim*] **(-d, priming),** *n., adj., vt., adv. & vi.* آغاز، بهارجوانی،کمال، بهترین قسمت،نخستین، اولیه، اصلی، برجسته، عمده، بارکردن، تفنگ را پرکردن، بتونه کاری کردن، قبلاً تعلیم دادن، آماده کردن، مجهزساختن، تحریك کردن.

P. of life. بهارعمر، عنفوان جوانی.

prime cost, *n.* قیمت تمام شدهٔ محصول.

prime minister, *n.* نخست وزیر، صدراعظم.

prime mover, *n.* عامل متحرك کل، خدا (با حرف بزرگ).

prim.er [*práimə, prímə*] *n. & adj.* کتاب الفباء، مبادی اولیه، بتونه، چاشنی، وابسته بدوران بشر اولیه، باستانی، ابتدائی.

pri.me.val, *adj.* پیشین،اولیه،بسیارکهن، باستانی.

priming [*práimiŋ*] *n.* بتونه کاری، آسترکاری، چیدن برگ ازساقهٔ تنباکو.

pri.mip.a.ra (*pl.* **-s, e**) *n.* دارای یك اولاد، زنی که شکم اولش است.

pri.mi.par.i.ty, *n.* يك‌اولادی.

pri.mip a rous, *adj.* دارای‌يك‌اولاد.

prim.i.tive [*prímitiv*] *adj.* & *n.* پيشين، قديم، بدوی، انسان اوليه.

prim.i.tiv.ism, *n.* توحش، بدويت، اتكا به مبادی اوليه.

pri.mo, *adv., adj.* & *n.* اولاً، ابتدائی.

pri.mo.gen.i.tor, *n.* اجداد، نياكان.

pri.mo.gen.i.ture [*pràimoudʒénitʃə*] *n.* نخست زادگی، ارشديت، حق ارشدی.

pri.mor.di.al [*praimɔ́:diəl*] *adj.* & *n.* بسيار كهن، خاستگاهی، اصل‌نخستين، عنصر نخستين، اساسی، اصلی.

primp (**-ed, -ing**) *vt.* & *vi.* مزين ساختن، آراستن، مرتب و منظم ساختن.

prim.rose [*prímrouz*] *n., adj.* & *vi.* (گ.ش.) پامچال، زهرالربيع، پرنشاط، زردكمرنگ، پامچال چيدن.

prim.u.la [*prímjulə*] =**primrose,** *n.* (گ.ش.) گل پامچال.

pri.mum mob.i.le (*pl.* **-s**) *n.* آسمان دهم، محرك اصلی.

pri.mus [*práiməs*] *n.* شخص يا چيز درجهٔ اول، چراغ خوراك‌پزی.

prince [*prins*] (**-d, princing**), *n.* & *vi.* شاهزاده، وليعهد، فرمانروای مطلق، شاهزاده بودن، مثل‌شاهزاده رفتاركردن، سروری كردن.

P. of historians. سلطان المورخين.

prince consort (*pl.* **princes consort**) *n.* همسر شاهزاده.

prince.dom [*prínsdəm*] *n.* شاهزادگی، حوزه‌حكومت‌شاهزاده.

prince of Wales, *n.* وليعهد ذكور وارث تاج و تخت انگليس.

prince.ship, *n.* شاهزادگی.

prin.cess, prin.cesse [*prinsés*], *vi., adj.* & *n.* شاهدخت، شاهزاده خانم، همسرشاهزاده، مثل شاهزاده خانم رفتاركردن.

prin.ci.pal [*prínsipl*] *adj.* & *n.* عمده، اصلی، مهم، رئيس، مديرمدرسه، مطلب‌مهم، سرمايهٔ اصلی، مجرم اصلی.

Lady p. مديره، رئيسه.

prin.ci.pal.i.ty [*prinsipǽliti*], *n.* شاهزادگی، قلمرو شاهزاده.

principal parts, *n.pl.* [درافعال انگليسی] قسمتهای اصلی زمانهای فعل‌كه سايرزمانها را ازآن ميسازند.

prin.cip.i.um (*pl.* **principia**) *n.* اصل عمده واساسی، اس‌اساس، اصل، پايه.

prin.ci.ple [*prínsipl*] *n., vt.* & *vi.* قانون ياأصلی‌علمی يااخلاقی، اصل، سرچشمه، حقيقت، مبادی‌واصول، [درجمع] معتقد باصول ومبادی‌كردن، اخلاقی كردن.

In p. اصولاً.

prin.cox=**princock,** *n.* جوان ژيگولو، جوان‌جلف.

print [*print*] (**-ed, -ing**) *n., vt.* & *vi.* عكس‌چاپی، موادچاپی، چاپ‌كردن، منتشر كردن، ماشين كردن.

In print. چاپشده، موجود برای فروش.

Out of print. (درموردكتاب ومجله) تمام شده، ناياب.

print.abil.i.ty, *n.* شايستگی برای چاپ.

print.able [*printəbl*] *adj.* قابل چاپ.

printed matter, *n.* مطبوعات، اوراق چاپی.

print.er [*príntə*] *n.* چاپ‌كننده، صاحب چاپخانه، مطبعه.

Printer's ink. مركب چاپ.

print.ery=**printing office,** *n.* چاپخانه.

printing [*príntiŋ*] *n.* چاپ، طبع، چاپ‌پارچه، باسمه‌زنی.

P.-press. ماشين چاپ.

P.-office. چاپخانه، مطبعه.

P. shop. چاپخانه.

P. plate=*p. surface.* صفحهٔ چاپ.

pri.or [*práiə*] *adj.* & *n.* پيشين، قبلی، جلوی، مقدم، اسبق، رئيس‌سومعه.

P. to. پيش از، مقدم بر.

pri.or.ate, *n.* مقام‌اسبق.

pri or.ess [*práiəres*] *n.* راهبه، رئيسهٔ‌صومعه.

pri.or.i.ty [*praiɔ́riti*] *n.* حق‌تقدم، برتری.

pri.or.ship, *n.* تقدم، حق‌تقدم، اولويت.

pri.o.ry [*práiəri*] *n.* دير يا خانقاه‌كوچكتر ازصومعه.

prism [*prízm*] *n.* شوشه، منشور، رنگهای‌شوشه، بلور.

pris.mat.ic [*prizmǽtik*] *adj.* منشوری.

pris.moid, *n.* منشوروار.

pris.on [*prízn*] *vt.* & *n.* زندان، محبس، حبس، وابسته بزندان، زندان‌كردن.

pris.on.er [*príz(ə)nə*] *n.* زندانی، اسير.

Take p. اسيركردن، زندانی‌كردن.

pris.sy, *adj.* آراسته، مرتب، تروتميز، مرد ياجوان‌زن‌صفت.

pris.tine [*prístain,-tin*] *adj.* پيشين، اولی، طبيعی ودست‌نخورده، تروتازه.

prith.ee [*príði*] *interj.* لطفاً

pri.va.cy [*práivəsi*] *n.* خلوت، تنهائی، پوشيدگی، پنهانی، اختفاء.

Disturb one's p. مخل‌آسايش‌كسی‌شدن.

pri.vate [*práivit*] *adj.* & *n.* اختصاصی، خصوصی، محرمانه، مستور، سرباز، (جمع) اعضاء تناسلی.

In p. درخلوت، محرمانه.

pri.va.teer [*pràivətíə*] *n.* & *vi.* كشتی‌تجارتی كه هنگام جنگ‌توسط‌دولت‌مصادره ومسلح‌ميشود، فرماندهٔ‌كشتی بازرسی، دركشتی تجارتی مسلح‌كاركردن.

private first class, *n.* سرباز يكم.

private school, *n.* مدرسهٔ ملی.

pri.va.tion [*praivéiʃən*] *n.* محروميت، محروم سازی، تعليق مقام، سختی.

priv.et [*prívit*] *n.* [گ.ش.] برگنو، مندارچه (Ligustrum vulgare).

priv.i.lege [*prívilidʒ*] (**-d, privileging**) *n.* & *vt.* امتياز، رجحان، مزيت، حق‌ويژه، امتيازمخصوصی اعطا كردن، بخشيدن.

priv.i.leged [*prívilidʒd*] *adj.* امتيازدار، دارای امتياز يا حق‌ويژه، مصون.

privy [*prívi*] *adj.* & *n.* صميمی، محرم‌اسرار، اختصاصی، دزدكی، مستراح.

P. chamber. اطاق خلوت.

P. council. شورای سلطنتی، شورای اختصاصی.

privy purse, *n.* اعتبارمخصوص هزينه‌های خصوصی پادشاه.

prize [*praiz*] (**-d, prizing**) *n., adj., vi.* & *vt.* انعام، جايزه، ممتاز، غنيمت، ارزش بسيارقائل شدن، مغتنم شمردن.

prizefight, *n.* مسابقهٔ مشت‌زنی‌جايزه‌دار.

prizefighter, *n.* مشت‌زن حرفه‌ئی.

prizefighting, *n.* مشت‌زنی حرفه‌ئی.

priz.er, *n.* ارزياب، قيمت‌گذار، برندهٔ جايزه.

prizewinner, *n.* برندهٔ جايزه.

pro [*prou*] *prep., n., adj.* & *adv.* بنفع، طرفدار، (كلمهٔ مقابل con است)، جنبهٔ مثبت، له، موافق، حرفه‌ای، برای، بخاطر.

Pros and cons. موافقين ومخالفين، جنبه‌های موافق ومخالف امری.

prob.a.bil.i.ty [*prɔbəbíliti*] *n.* احتمال.

prob.a.ble [*prɔ́bəbl*] *adj.* & *n.* احتمالی، محتمل، باوركردنی، امراحتمالی.

The story is p. اين داستان راست مينمايد.

P. cause. علت احتمالی.

prob.a.bly, *adv.* محتملاً شايد.

pro.bang, *n.* ميلهٔ‌گلو پاك‌كن جراحی.

pro.bate [*próubit, –beit*] (**-d, probating**) *n.* & *vt.* رونوشت‌گواهی‌شدهٔ‌وصيت‌نامه، گواهی‌حصروراثت، گواهی نمودن صحت وصيت‌نامه، محاكمه‌كردن، استنطاق‌كردن، تحت آزمايش يانظرقراردادن.

Grant p. of a will. صحت وصيت نامه‌ای را گواهی‌كردن.

P. court. دادگاه رسيدگی بصحت وصايا وماترك متوفی.

pro.ba.tion,-al [*proubéiʃən,-l*], *n.* & *adj.* آزمايش، امتحان، آزمايش‌حسن رفتار و آزمايش صلاحيت، دورهٔ‌آزمايش و كارآموزی، ارائهٔ‌مدرك‌ودليل، آزادی‌بقيد التزام.

On p. درمرحلهٔ آزمايش.

P. officer. مأمور رسيدگی به‌عمليات وطرزرفتارزندانيانی كه بقيدالتزام آزاد شده‌اند.

pro.ba.tion.ary [*proubèiʃənəri*], *adj.* وابسته به دورهٔ‌كارآموزی يا آزمايشی، وابسته به التزام.

pro.ba.tion.er [*proubéiʃənə*] *n.* كارمند استاژ، كارمند تحت آزمايش، زندانی آزاد شده بقيد شرف.

proba.tive, pro.ba.to.ry, *adj.* آزمايشی، اكتشافی، دال‌براثبات، مشروط.

probe [*proub*] (**-d, probing**), *vt., vi.* & *n.* جستجو، كاوش، تحقيق، نيشتر، رسيدگی، اكتشاف جديد، غور وبررسی‌كردن.

prob.er, *n.* محقق، كاوش كننده، مكتشف.

prob.it, *n.* واحد قياس احتمالات‌آماری براساس حداقل انحراف ازميزان متوسط.

probi.ty [*próubiti*] *n.* پاكدامنی، راستی، پيروی دقيق از اصول.

prob.lem [*prɔ́bləm*] *adj.* & *n.* مسئله، مشكل، چيستان، معما، موضوع.

P. play. نمايش انتقادی اجتماعی.

prob.lem.at.ic,-al [*prɔbləmǽtik(l)*] *adj.* مسئله‌ای، غامض، گيج‌كننده، حيرت‌آور.

pro.bos.ci.de.an, pro.bos.cid.i.an, *adj.* & *n.* وابسته بخرطوم، داران عاجدار، راستهٔ پستانداران خرطوم‌دار.

pro.bos.cis [*proubɔ́sis, prə-*] (*pl.* **proboscises**=**proboscides**)*n.* خرطوم، پوزهٔ‌دراز، آلت مكيدن حشره.

pro.caine, novocaine, *n.* [ش.] پروكئين، نمك قليائی بيحس‌كننده.

pro.ce.dure [*prousí:dʒə*] *n.* رويه، طرزعمل، روش، آئين‌دادرسی، روند.

pro.ceéd [*prousí:d*] (**-ed,-ing**), *n., vt.* & *vi.* پيش‌رفتن، رهسپارشدن، حركت كردن، اقدام كردن، پرداختن به، ناشی شدن از، عايدات.

How shall we p.? چگونه بايد اقدام‌كرد؟ تكليف چيست؟

P. against some one. عليه‌كسی دادخواهی‌كردن.

proceeding [*prousí:diŋ*] *n.pl.* جريان عمل، اقدام، پيشرفت، طرز، روند.

pro.ceeds [*próusi:dz*] *n.pl.* محصول، عايدات، وصولی، سودويژه، حاصل‌فروش.

process [*próuses, prɔ́ses*] (**-ed, -ing**) (*pl.* **-es**) *adj., n., vt.* & *vi.* مراحل‌مختلف چيزی، پيشرفت تدريجی‌ومداوم، جريان عمل، مرحله، دورهٔ عمل، طرزعمل، تهيه كردن، مراحلی را طی‌كردن، بانجام رساندن، تمام‌كردن، فراگرد، فراشد، روند، فرآيند.

In the p. of در دست‌عمل، درطی.

In p. of time. بمرور زمان.

proces.sion, -al [*prəseʃən, pro-*] (**-ed, -ing**) *adj., vt.* & *n.* حركت دسته‌جمعی، ترقی تصاعدی، ترقی، بصورت‌صفوف منظم، دسته‌راه‌انداختن، درصفوف‌منظم‌پيشرفتن.

P. printing. چاپ‌كليشهٔ چند رنگ.

Funeral p. مراسم تشييع جنازه.

proces.sor, *n.* عمل‌كننده، تكميل‌كننده، تمام‌كننده.

procès-verbal [*prɔ́sei vɛərbál*] (*pl.* **procès-verbaux**) *n.* صورت مجلس، صورت جلسه، نشست‌نامه.

pro.claim [*proukléim*] (**-ed, -ing**) *n., vt.* & *vi.* اعلان‌كردن، علناً اظهار داشتن، جارزدن.

P. war. اعلان جنگ دادن.

pro.claim.er, *n.* اعلام‌كننده، جارزن.

proc.la.ma.tion [*prɔkləméiʃən*], *n.* اعلان، آگهی، انتشار، بيانيه، اعلاميه، ابلاغيه.

pro.cliv.i.ty [*prouklíviti*] *n.* تمايل (باركلبر بدی)، تمايل طبيعی بچيزبد.

pro.consul [*pròukɔ́nsl*] *n.* (روم قديم) افسر دارای‌بعضی اختيارات‌كنسولی، فرماندار، فرماندار مستملكات.

pro.consular [*pròukɔ́nsjulə*], *adj.* وابسته به فرمانداران رم قديم.

pro.consulship, *n.* مقام فرمانداری در رم قديم.

pro.cras.ti.nate [*proukrǽstineit*] (**-d, procrastinating**) *vt.* & *vi.* بدفع‌الوقت‌گذراندن، معوق‌گذاردن.

pro.cras.ti.na.tion, *n.* طفره، تعويق.

pro.cras.ti.na.tor, *n.* طفره‌رو، تعويق‌انداز.

pro.cre.ate (**-d, procreating**), *vt.* & *vi.* توليدكردن، زادن.

pro.cre.ative, pro.cre.ant, *adj.* وابسته‌بايجادكردن‌بازادن.

pro.cre.ator, pro.cre.ation, *n.* موجد، سازنده، زايش، فرآوری.

proc.tor [*prɔ́ktə*]*n., adj., vi* & *vt.* وكيل‌قانونی، بازرس دانشجويان، متولی، ناظر، نايب، ممتحن، نظارت‌كردن، بازرسی كردن.

proc.tor.ship, *n.* وكالت، نظارت.

pro.cum.bent, *adj.* (درموردگياه) خوابيده روی زمين، دمر.

pro.cur.able [*prəkjúərəbl, pro-*], *adj.* بدست‌آوردنی، قابل حصول.

pro.cur.ance, proc.u.ra.tion

n. تحصیل چیزی، خرید، نیابت، حصول، جاکشی، دلالی محبت.

proc.u.ra tor [prɔ́kjureitə] *n.* وکیل، عامل، گماشته، ناظرهزینه، نایب.

pro.cure [pro(u)kjúə, prə-] (**-d, procuring**) *vt.* & *vi.* بدست‌آوردن، تحصیل کردن، جاکشی کردن.

pro.cure.ment, *n.* بدست‌آوری، تهیه.

pro.cur.er, *n.* بدست‌آورنده، فراهم سازنده، جاکش، دلال‌محبت.

pro.cur.ess, *n.* زن‌دلال‌محبت، دلاله.

prod [prɔd] (**-ded, -ding**) *vt.*, *vi.* & *n.* سیخ‌زدن، سك‌زدن، برانگیختن، ترغیب.

prod.i.gal [prɔ́digəl] *n.*, *adj.* & *n* ولخرج، مسرف، اسراف‌آور، متلف، پرتجمل.

prod.i.gal.i.ty [prɔdigǽliti] *n.* ولخرجی، اسراف.

pro.di.gious [prədídʒəs, pro-], *adj.* حیرت‌آور، شگفت، غیرعادی.

prod.i.gy [prɔ́didʒi] *n.* چیزغیرعادی، اعجوبه، شگفتی، بسیار زیرك.

A p. violinist. ویلن‌زن فوق‌العاده.

pro.duce [prədjú:s, pro-] (**-d, producing**) *vi.*, *vt.* & *n.* فرآوردن، تولیدکردن، محصول، ارائه‌دادن، زائیدن.

pro.duc.er [prədjú:sə, pro-] *n.* فرآورگر، فرآور، تولیدکننده.

P. goods. اجناس تولیدی.

pro.duc.ible, *adj.* قابل تولید.

prod.uct [prɔ́dəkt] *n.* & *vt.* فرآورده، محصول، حاصل، حاصلضرب، بسط‌دادن، ایجادکردن.

pro.duc.tion [prədʌ́kʃən, pro-], *adj.* & *n.* فرآوری، تولید، عمل‌آوری، ساخت، استخراج، فرآورده.

pro.duc.tive [prədʌ́ktiv, pro-], *adj.* فرآور، مولد ثروت، تولیدکننده، مولد، پرحاصل.

pro.duc.tiv.i.ty [prɔdʌktíviti] *n.* فرآورش، حاصلخیزی، باروری، سودمندی.

pro.em [prouem] *n.* رسالهٔمقدماتی، مقدمه، سرآغاز، مقدمهٔ سخنرانی، شروع.

prof=pro.fes.sor, *n.* پرفسور.

prof.a.na.tion [prɔfənéiʃən] *n.* کفرگوئی، بی‌حرمتی، بدزبانی.

pro.fan.a.tory, *adj.* کفرآمیز.

pro.fane [proufein] *adj.*, *n.*, *vt.* & *vi.* کفرآمیز، بدزبان، بی‌حرمتی کردن.

pro.fan.i.ty [proufǽniti] *n.* کفر، بی‌حرمتی بمقدسات، کفرگوئی، ناسزا.

pro.fess [prəfés, pro-] (**-ed, -ing**) *vt.* & *vi.* ادعاکردن، اظهارکردن، تدریس کردن، ابراز ایمان کردن.

A professed lover. عاشق معترف.

pro.fes.sion, -al [prəféʃən, pro-], *adj.* & *n.* پیشه، حرفه، شغل، اقرار، اعتراف، حرفه‌ئی، پیشگانی، پیشه‌کار.

He is a physician by p. پیشهٔ اوپزشکی است.

The learned professions. علوم سه‌گانه(دین وپزشکی وحقوق).

pro.fes.sion.al.ism [prəféʃənəlizm, pro-] *n.* حرفه‌ئی‌بودن، صفات وعادات مخصوص اهل‌حرفه، حرفه‌ئی.

pro.fes.sion.al.ize, *vt.* & *vi.* حرفه‌ئی کردن، حرفه‌ئی شدن.

pro.fes.sor [prəfésə, pro-] *n.* استاد، پرفسور، معلم دبیرستان یا دانشکده.

pro.fes.so.ri.al, *adj.* وابسته به‌استادی، استادوار، استادانه.

pro.fes.sor.ship, *n.* استادی، مقام استادی.

prof.fer [prɔ́fə] (**-ed, -ing**) *n.*, *vt.* & *vi.* پیشنهاد، عرضه، تقدیم، پیشنهادکردن، تقدیم داشتن، عرضه‌داشتن.

pro.fi.cien.cy [prəfíʃənsi] *n.* زبردستی، چیرگی، مهارت، تخصص، کارآئی.

pro.fi.cient [prəfíʃənt] *adj.* & *n.* زبردست، چیره، ماهر، حاذق، متخصص.

pro.file [próufi:l, próufail] (**-d, profiling**) *n.*, *vt.* & *vi.* نیمرخ، برش‌عمودی، نقشهٔ‌برش‌نما، عکس نیمرخ، برجسته، نموداریا منحنی مخصوص‌نمایش‌چیزی.

prof.it [prɔ́fit] (**-ed, -ing**) *n.*, *vt.*&*vi.* سود، فایده، منفعت، مزیت، برتری، منفعت بردن، فایده رساندن، عایدی داشتن.

P. by سود بردن یا استفاده‌کردن از.

prof.it.abil.i.ty, *n.* سودبخشی.

prof.it.able [prɔ́fitəbl] *adj.* سودبخش، مفید.

profit and loss, *n.* حساب سود وزیان.

prof.i.teer [prɔfitíə] *n.* & *vi.* استفاده‌چی، استفاده‌چی بودن، اهل استفادهٔ زیاد بودن.

prof.it.less [prɔ́fitlis] *adj.* بیسود.

profit sharing, *n.* سهیم‌کردن کارگر درسودکارخانه، مشارکت درسود.

prof.li.ga.cy [prɔ́fligəsi] *n.* هرزگی، ولگردی، ولخرجی.

prof.li.gate [prɔ́fligit] *adj.*, *n.* & *vt.* هرزه، بی‌بند وبار، فاسدالاخلاق، ولخرج.

pro for.ma, *n.* & *adj.* مقدماتی، مسوده شده، فاکتورمقدماتی.

P. invoice. سیاههٔ مقدماتی، پیش‌فاکتور.

pro.found [prəfáund, pro-] *adj.* & *n.* عمیق، ژرف.

pro.fun.di.ty [prəfʌ́nditi, pro-], *n.* عمق، ژرفا.

pro.fuse [prəfjú:s, pro-] *adj.* & *vt.* فراوان، وافر، سرشار، ساری، لبریز، سرشارساختن.

pro.fu.sion [prəfjú:ʒən, pro-] *n.* فراوانی، بخشش، اسراف، سرشاری، وفور.

prog (**-ged, -ging**) *n.*, *vt.* & *vi.* سیخونك زدن، با میخ‌نوك تیز فشاردادن، پرسه زدن، خزیدن، کاوش کردن.

pro.gen.i.tor [proudʒénitə] *n.* جد، نیا، پدربزرگ، اجداد، پیشرو، نمونه.

prog.e.ny [prɔ́dʒəni] *n.* اولاد، فرزند، اخلاف، سلاله، دودمان.

prog.no.sis, prog.no.ses, *n.* پیش‌بینی‌مرض، بهبودی ازمرض دراثرپیش‌بینی جریان مرض، پیش‌بینی، مآل‌اندیشی.

prog.nos.tic [prɔgnɔ́stik] *adj.* & *n.* وابسته به‌آثار آتی وپیش‌بینی مرض.

prog.nos.ti.cate [prɔgnɔ́stikeit] (**-d, prognosticating**) *vt.* & *vi.* پیش‌بینی کردن، تشخیص‌دادن قبلی مرض.

prog.nos.ti.ca.tion [prɔgnɔstikéiʃən] *n.* پیشگوئی، پیش‌بینی، تشخیص قبلی‌مرض.

prog.nos.ti.ca.tor, *n.* پیشگو، تشخیص دهنده قبلی مرض.

pro.gram [próugræm] **pro.gramme** (**-ed, -med, -ing, -ming**) *n.*, *vt.* & *vi.* برنامه، دستور، نقشه، روش‌کار، پروگرام، دستورکار، برنامه تهیه کردن، برنامه‌دارکردن.

pro.gram.mer, *n.* تهیه کننده برنامه، طرح‌ریز، برنامه‌ریز.

prog.ress [próugres] (**-ed, -ing**), *vt.*, *vi.* & *n.* پیشرفت‌کردن، پیشروی، حرکت، ترقی، جریان، گردش، سفر.

Make p. پیشرفت‌کردن، ترقی‌کردن.

Be in p. جریان یا ادامه داشتن.

pro.gres.sion [prougréʃən] *n.* فرایازی، تصاعد، توالی، تسلسل، پیشرفت.

pro.gres.sive [prougrésiv] *adj.* & *n.* مترقی، ترقی‌خواه، تصاعدی، جلورونده.

pro.gres.siv.ist, *adj.* & *n.* ترقی‌خواه، پیشرفت‌گرای.

pro.hib.it [prouhíbit] (**-ed, -ing**) *vt.* منع‌کردن، ممنوع‌کردن، تحریم‌کردن، نهی.

pro.hi.bi.tion [pròu(h)ibíʃən] *n.* منع، نهی، تحریم، ممانعت، قدغن، صدورحکم‌منع.

pro.hi.bi.tion.ist [pròu(h)ibíʃənist] *n.* طرفدار منع مسکرات.

proj.ect [proudʒékt, prə-] (**-ed, -ing**) *n.*, *vt.*, *vi.* & *adj.* نقشه‌کشیدن، طرح‌ریزی کردن، برجسته‌بودن، پیش‌افکندن، پیش‌افکند، پرتاب‌کردن، طرح، نقشه، پروژه.

pro.ject.able, *adj.* قابل طرح‌ریزی، قابل پرتاب‌کردن.

pro.jec.tile [próudʒéktail] *adj.* & *n.* جسم‌پرتاب‌شونده، مرمی، موشك، پرتابه.

pro.jec.tion, -al [proudʒékʃən], *adj.* & *n.* پیش‌آمدگی، پیش‌افکنی، برآمدگی، نقشه‌کشی، پرتاب، طرح، طرح‌ریزی، تجسم، پرتوافکنی، نورافکنی، آگراندیسمان، پروژه.

pro.jec.tive, *adj.* & *n.* تصویری، طرحی، ایجاد شده بوسیلهٔ انعکاس یا تصویر، جلوآمده.

P. geometry. هندسهٔ‌فضائی، هندسهٔ‌تصویری.

pro.jec.tor [proudʒéktə, prə-] *n.* پرتوافکن، طرح ریز، پروژکتور.

pro.jet (*pl.* **projets**) *n.* نقشه، پروژه، طرح پیشنهادی.

pro.late, *adj.*, *vt.* & *n.* منبسط، کشیده شده، دوکوار، دراز.

pro.le.gom.e.non (*pl.* **prolegomena**) *n.* پیش‌گفتار، مقدمه، مقدماتی، کلمات مقدماتی.

pro.lep.sis (*pl.* **prolepses**) *n.* تقدیم یاتقدم‌امری، تمهید یامقدمه، تخیل، فرض قبلی، صحبت ازآینده چنانچه گوئی گذشته است.

pro.le.tar.i.an [pròulitɛ́əriən], *n.* & *adj.* عضوطبقهٔ‌کارگر، کارگر، وابسته‌بکارگر، کارگری.

pro.le.tar.i.an.ize = pro.le.tar.ize, *vt.* جزو طبقهٔ رنجبر وکارگر درآوردن.

pro.le.tar.i.at, -e [pròulitɛ́əriət] *adj.* & *n.* کارگرورنجبر، طبقهٔ‌کارگر.

pro.lif.er.ate (**-d, proliferating**) *adj.*, *vt.* & *vi.* پربارشدن، زیاد شدن، کثیر شدن، بسط و توسعه یافتن.

pro.lif.er.a.tion, *n.* تکثیر، ازدیاد.

pro.lif.er.ous, *adj.* تکثیر شونده، بارور شونده بوسیلهٔ پیازیاجوانه زنی و امثال آن، قابل تکثیر، شکوفا، پربار.

pro.lif.ic [proulífik] *adj.* پرزا، حاصلخیز، بارور، نیرومند، پرکار، فراوان.

pro.lix [proulíks, próuliks] *adj.* دراز، طولانی، خسته‌کننده، روده دراز، پرگو.

pro.lix.i.ty [proulíksiti] *n.* اطناب، پرگوئی، روده‌درازی.

pro.log.ize, pro.logu.ize, *vi.* مقدمه نوشتن، مقدمه‌گفتن، پیش‌گفتارگفتن.

pro.logue [próulɔg] = **prolog,** *n.* & *vt.* پیش‌درآمد، سرآغاز، مقدمه، پیش‌گفتار.

pro.long [proulɔ́ŋ] (**-ed, -ing**) = **pro.lon.gate,** *vt.* & *n.* طولانی‌کردن، امتداددادن، درازکردن، امتداد یافتن، بتأخیر انداختن، طفره رفتن، بطول انجامیدن.

pro.lon.ga.tion [pròulɔŋgéiʃən], *n.* ممتدکردن، طولانی‌کردن، تطویل.

pro.lu.sion, *n.* اثرهنری‌مقدماتی، مقالهٔ مقدماتی، مقالهٔ‌آزمایشی، تمهید، تحصیر.

prom, *n.* مجلس رقص رسمی دبیرستان یا دانشکده.

prom.e.nade [prɔminá:d, -néid], (**-d, promenading**) *vt.* & *n.* گردش، تفرج، سیر، گردشگاه، تفرجگاه، گردش رفتن، تفرج کردن، گردش کردن.

P. deck. عرشهٔ فوقانی تفریحگاه‌کشتی.

prom.e.nad.er, *n.* گردش‌کننده، تفریح‌کننده.

Pro.me.theus [prəmí:θju:s, pro-] *n.* [افسانهٔ یونان] «تیتان» فرزند «یاپتوس».

Pro.me.thean [prəmí:θiən, pro-], *adj.* وابسته به پرومیتوس (درافسانه یونان).

prom.i.nence [prɔ́minəns] *n.* برجستگی، امتیاز، پیشامدگی، برتری.

prom.i.nent [prɔ́minənt] *adj.* برجسته، والا.

prom.is.cu.i.ty [prɔmiskjú:iti], *n.* بیقاعدگی، بیقیدی درامور اخلاقی وجنسی.

pro.mis.cu.ous [prɔmískjuəs], *adj.* & *adv.* بیقاعده، بیقید درامورجنسی.

prom.ise [prɔ́mis] (**-d, promising**) *vt.*, *n.* & *vi.* وعده، قول، عهد، پیمان، نوید، انتظار، وعده‌دادن، قول‌دادن، پیمان‌بستن.

A youth of p. جوان خوش‌آتیه.

These clouds p. rain. این ابرها خبر ازباران میدهند.

He promised me the loan of his book. قول دادکتابش رابمن‌عاریه بدهد.

Promised land. سرزمین موعود بنی‌اسرائیل، کنعان.

promising [prɔ́misiŋ] *adj.* امیدبخش، نوید دهنده، محتمل.

prom.i.sor, *n.* [حق.] متعهد، وعده دهنده.

prom.is.so.ry [prɔ́misəri] *adj.* وابسته به تعهد یا قول.

promissory note, *n.* سفته.

prom.on.to.ry [prɔ́məntəri] *n.* دماغهٔ بلند، رأس، پرتگاه، برآمدگی، دماغه.

pro.mote [prəmóut] (**-d, promoting**) *vt.* & *vi.* ترفیع‌دادن، ترقی‌دادن، ترویج کردن.

pro.mot.able, *adj.* قابل ترویج.

pro.mot.er [prəmóutə] *n.* پیش‌برنده، ترقی دهنده، ترویج کننده.

pro.mo tion [prəmóuʃən] *n.* ترفیع، ترقی، پیشرفت، جلواندازی، ترویج.

pro.mo.tive, *adj.* ترویجی.

prompt [prɔm(p)t] (**-ed, -ing**) (**-er, -est**) (*pl.* **-s**) *adj.*, *n.*, *vt.*, *vi.* & *adv.* سریع‌کردن، بفعالیت واداشتن، برانگیختن، سریع، عاجل، آماده، چالاك، سوفلوری کردن.

promptbook, *n.* نسخهٔ‌نمایشنامه که به‌سوفلورنمایش‌اختصاص‌دارد.

prompt.er [prɔ́m(p)tə] *n.* سوفلور، وادارکننده.

promp.ti.tude [prɔ́m(p)titju:d], *n.* چالاکی، سرعت، سریع‌العملی، زرنگی.

promul.gate [prɔ́məlgeit, prɔmʌ́lgeit] (**-d, promulgating**), *vt.* اعلام‌کردن، انتشاردادن، ترویج کردن.

promul.ga.tion, promul.ga.tor, *n.* اعلام، اعلام دارنده، ترویج.

prone [proun] *adj.* & *n.* متمایل، مستعد، مهیا، درازکش، دمر.

prong [prɔŋ] (**-ed, -ing**) *n.*

& vt. چنگک، چنگال، تیزی چنگال، تیزی دندان، شاخهٔ رود یا نهر، شعبه، زبانه، با چنگک سوراخ کردن، با چنگک صاف کردن (زمین)، دارای چنگک یا چنگال کردن.
pronged [prɔŋd] adj. چنگک‌دار.
pro.nom.i.nal [prounɔ́minəl] n. & adj. ضمیری، وابسته بضمیر، شبیه ضمیر.
pro.noun [próunaun] n. ضمیر.
pro.nounce [prənáuns] (-d, pronouncing) vt. & vi. تلفظ کردن، رسماً بیان کردن، اداکردن.
P. guilty. مجرم قلمداد کردن.
pro.nounce.able, adj. قابل تلفظ.
pro.nounce.ment, n. اظهار عقیدهٔ رسمی، صدوررأی، اعلامیهٔ رسمی.
pron.to, adv. سریعاً، عاجلانه.
pro.nun.ci.a.tion [prənʌnsiéiʃən] n. تلفظ،بیان،ادای‌سخن،طرزتلفظ،سخن.
proof [pru:f] (-ed, -ing) n., adj., vt. & adv. دلیل،گواه،نشانه، مدرك، اثبات، مقیاس‌خلوص الکل، محك، چرکنویس.
Put to p. آزمایش کردن.
P. against cold. دافع سرما.
P. read. نمونهٔ چاپی را غلط‌گیری کردن.
P. reader. مصحح نمونه‌های چاپی.
proof.er, n. آزمون کننده.
proofroom, n. اطاق غلط‌گیری نمونه‌های چاپی مطبعه.
prop [prɔp] (-ped, -ping), n., vt. & vi. حائل، نگهدار، پایه، تیر، شمع [در معدن]، نگهداشتن، پشتیبانی کردن، حائل کردن‌یاشدن.
prop.a.gan.da [prɔpəgǽndə] n. تبلیغ، تبلیغات، پروپاگاند.
prop.a.gan.dist, adj. & n. مبلغ.
prop.a.gan.dize, vt. & vi. تبلیغات کردن.
prop.a.gate [prɔ́pəgeit] (-d, propagating) vt. & vi. گستردن، [بوسیلهٔ تولید مثل] تکثیر کردن، زیادکردن، پروردن، قلمه زدن، منتشر کردن، انتشار دادن.
prop.a.ga.tion [prɔpəgéiʃən] n. تکثیر، تبلیغ، انتشار، رواج، پراکنی، گسترش.
pro.pane, n. [ش.] پارافین گازی‌ومشتعل‌هیدروکاربنی، پروپان.
pro.pel [prɔpél] (-led, -ling), vt. & vi. بجلوراندن، سوق دادن، بردن، حرکت دادن.
pro.pel.lant, pro.pel.lent, n. & adj. عامل، انگیزه،محرك، نیروی‌محرکه.
pro.pel.ler=pro.pel.lor [prɔpélə] n. پروانه هواپیما وکشتی و غیره.
pro.pense=inclined, disposed, adj. مایل، متمایل.
pro.pen.si.ty [propénsiti] n. تمایل طبیعی، میل باطنی، رغبت، گرایش.
prop.er [prɔ́pə] adj., n. & adv. شایسته، چنانکه شاید و باید، مناسب، مربوط، بجا، بموقع، مطبوع.
P. formalities. فورمالیته وآداب لازم.
P. to spring. مخصوص بهار.
P. licking. کتك حسابی.
proper adjective, n. [د.] صفت مرکب از اسم خاص.
proper noun, n. اسم خاص.
prop.er.tied [prɔ́pətid] adj. سهامدار، ملاك، متمکن، دارای خواص معین.
prop.er.ty [prɔ́pəti] n. & vt. دارائی، مال، خاصیت، صفت خاص، استعداد.

proph.e.cy [prɔ́fisi] n. غیبگوئی، نبوت، پیغمبری، پیشگوئی، رسالت، ابلاغ.
proph.e.sy [prɔ́fisai] (-ied, -ing) vt. & vi. غیبگوئی یا پیشگوئی کردن.
proph.et [prɔ́fit] n. پیامبر، پیغمبر، نبی.
pro.phet.ic, -al [prəfétik(əl), pro-] adj. نبوتی، مبنی بر پیشگوئی.
pro.phy.lac.tic [prɔfilǽktik], n. & adj. مانع بروزمرض، پیشگیری کننده،پیشگیر.
pro.phy.lax.is (pl. prophylaxes) n. [طب] طب پیشگیری، طب استحفاظی.
pro.pin.qui.ty [proupíŋkwiti] n. نزدیکی، خویشی، شباهت، قرابت، مجاورت.
pro.pi.ti.a.ble, adj. آرام‌کننده، قابل تسکین، استمالت‌پذیر.
pro.pi.ti.ate [propíʃieit] vt. خشم‌رافرونشاندن، استمالت کردن، تسکین‌دادن.
pro.pi.ti.a.tion [pròupiʃiéiʃən] n. دلجوئی، فرونشاندن خشم وغضب، استمالت.
pro.pi.ti.a.tor [proupíʃieitə] n. تسکین‌دهنده، دلجوئی کننده.
pro.pi.ti.a.to.ry [proupìʃiətəri], adj. & n. وابسته به‌تسکین یا دلجوئی.
pro.pi.tious [proupíʃəs] adj. خوش‌یمن، میمون، شفیع، خیرخواه، مساعد.
pro.pone (-d, proponing) vt. [اسکاتلند] پیشنهاد کردن، ارائه دادن.
pro.po.nent, adj. & n. استدلال کننده، توضیح دهنده، طرفدار.
pro.por.tion,-al [prəpɔ́:ʃən, -əl] (-ed, -ing) vt. & n. تناسب، نسبت، درجه،سهم، قسمت، قیاس،شباهت، مقدار، قرینه، متناسب کردن، متقارن کردن.
A large p. of. قسمت زیادی از.
Out of p. بی‌تناسب، خارج ازاندازه.
pro.por.tion.ate [prəpɔ́ʃənit] (-d, proportionating) adj. & vt. متناسب، درخور،فراخور، متناسب کردن.
P. to. بفراخور، متناسب با.
pro.pos.al [prəpóuzəl] n. پیشنهاد، طرح، طرح پیشنهادی، اظهار، ابراز.
pro.pose [prəpóuz] (-d, proposing) vt. & vi. پیشنهاد کردن، پیشنهاد ازدواج کردن.
P. a man for chairman. کسی را برای ریاست پیشنهاد کردن.
pro.pos.er, n. پیشنهاد کننده.
prop.o.si.tion [prɔpəzíʃən] (-ed, -ing) vt. & n. موضوع، قضیه،کار، مقصود، قیاس‌منطقی،پیشنهاد کردن به، دعوت بمقاربت جنسی کردن.
pro.pound [prəpáund] (-ed, -ing) vt. & vi. مطرح کردن، پیشنهاد کردن، ارائه دادن، تقدیم کردن، رواج دادن.
pro.pri.e.tary [prəpráiətəri] n.& adj. اختصاصی، متعلق به‌ملاك، وابسته به‌مالك.
P. company. شرکت اختصاصی.
pro.pri.e.tor [proupráiətə] n. مالك، ملاك، متصرف، صاحب حق طبع کتاب.
pro.pri.e.tor.ship [prəpráiətəʃip, pro-] n. مالکیت، صاحب ملك یامغازه بودن.
pro.pri.e.tress [prəpráiətris], n. (مونث) مالك، ملاك.
pro.pri.e.ty [prəpráiəti, pro-], (pl. -ies) n. تناسب، نزاکت، قواعد متداول ومرسوم رفتار و آداب سخن، مراعات آداب نزاکت، برازندگی.

pro.pul.sion [prəpʌ́lʃən, pro-], n. نیروی محرکه، خروج، دفع،پیش‌راندن.
pro.pul sive [prəpʌ́lsiv, pro-], adj. دافع، بیرون ریزنده.
pro ra.ta [pròu réitə] adv. & adj. بتناسب، برحسب نسبت‌معین، بهمان‌نسبت.
pro.rate (-d, prorating) vi., n. & vt. از روی نسبت صحیح تقسیم کردن.
pro.ra.tion, n. بخش به‌تناسب، تقسیم به نسبت، توزیع برحسب مدت یا نسبت.
proro.ga.tion [pròurougéiʃən, pròurə-] n. تمدید،طفره‌زنی،اطاله،تعویق.
pro.rogue [proróug] **pro.ro.gate** (-d, proroguing) vt. & vi. تعطیل کردن، بتعویق انداختن، تعطیل شدن.
pro.sa.ic [prouzéiik] adj. خالی ازلطف،کسل کننده، وابسته به‌نثر، نثری.
pro.sce.ni.um [prousí:niəm] n. صحنهٔ نمایش، جلوصحنه، پیشگاه، پیش‌صحنه.
P. arch. طاق بالای پردهٔ نمایش.
pro.scribe [prouskráib, pro-] (-d, proscribing) vt. تبعید کردن، ممنوع ساختن، تحریم کردن، نهی کردن، بدداشتن، بازداشتن‌از.
pro.scrip.tion [prouskrípʃən, pro-] n. ترك،منع، تخطئه، تبعید، محکومیت، محرومیت.
prose [prouz] (-d, prosing), vt., vi., adj. & n. نثر، سخن منثور، به نثردرآوردن، نثرنوشتن.
pro.sec.tor, n. تشریح کنندهٔ بدن مرده،کالبد شکاف،پیکرگر.
pros.e.cut.able, adj. قابل تعقیب.
pros.e.cute [prɔ́sikju:t] vt. & vi. تعقیب قانونی کردن،دنبال کردن، پیگرد کردن.
prosecuting attorney, n. مدعی‌العموم، دادستان.
pros.e.cu.tion, pros.e.cu.tor [prɔsikjú:ʃən, prɔ́sikju:tə] n. تعقیب‌قانونی،پیگرد، پیگرد کننده، تعقیب کننده.
pros.e.lyte [prɔ́silait] (-d, proselyting) n., vt. & vi. جدیدالایمان، کسیکه تازه بدینی وارد شود، نوآموزمذهبی، عضوتازهٔ‌حزب، بدین‌تازه‌ای‌وارد کردن، تبلیغ کردن، تبلیغ شدن.
pros.e.lyt.ize [prɔ́silitaiz] vt. & vi. بدین تازه‌ای وارد شدن یاکردن.
prose poem, n. نثر مسجع.
pros.er, n. نثرنویس.
Pro.ser.pi.na, Pros.er.pine, n. (افسانهٔ یونان) دختر «زاوش».
pro.sod.ic, -al, adj. عروضی.
pros.o.dist, n. دانشمند عروض وبدیع.
pros.o.dy [prɔ́sədi] n. علم عروض، علم بدیع، قواعد بدیعی وعروضی.
pro.so.po.poe.ia, n. (عروض) تعریف شخص غایب بصورت متکلم وحده، حاضردانستن شخص غایب، تجسم.
pros.pect [prɔ́spekt] (-ed, -ing) vi., n. & vt. معدن‌کاوی کردن، دورنما، چشم‌انداز، انتظار، پیش‌بینی، جنبه، منظره، امیدانجام‌چیزی، اکتشاف کردن، مساحی.
pro.spec.tive [prɔspéktiv] adj. مربوط به‌آینده، مؤثر درآینده.
pros.pec.tor [prɔspéktə] n. اکتشاف کننده،معدن‌یاب، معدن‌کاو.
pro.spec.tus [prɔspéktəs] (pl. -es) n. آینده‌نامه، اطلاع نامه،شرح چاپی دربارهٔ شرکت یا معدنی که برای آن باید سرمایه جمع‌آوری شود.
pros.per [prɔ́spə] (-ed, -ing), vt.&vi. موفق‌شدن، کامیاب‌شدن، پیشرفت کردن.
pros.per.i.ty [prɔspériti] n.

موفقیت، کامیابی.
pros.per.ous [prɔ́spərəs] adj. کامیاب، موفق.
pros.tate (gland)=pros.tat.ic, adj. & n. غدهٔ پروستات.
pros.ta.tec.to.my, n. بیرون‌آوردن غدهٔ پروستات.
pros.tho.don.tics, n.pl. [دندانپزشکی] مبحث دندانسازی.
pros ti.tute [prɔ́stitju:t] (-d, prostituting) n., adj., vi. & vt. فاحشه،فاحشه شدن، برای‌پول خودراپست کردن.
pros.ti.tu.tion [prɔstitjú:ʃən], n. فحشاء، جندگی.
pro.sto.mi.um (pl. prostomia) n. [ج.ش.] قسمت جلو سرنرم‌تنان وحلزونها.
pros.trate [prɔ́streit] (-d, prostrating) adj. &vt. بخاك‌افتاده (درحال عبادت یا خضوع)، روی زمین‌خوابیده، دمر خوابیده، افتادن، درمانده و بیچاره شدن.
P. oneself. بخاك افتادن، خود را پست کردن.
pros.tra.tion [prɔstréiʃən] n. بخاك افتادن،درماندگی، دمر بودن.
prosy [próuzi]=**prosaic, tedious,** adj. کسل کننده، با اطناب.
pro.tag.o.nist [proutǽgənist], n. بازیگرعمده،پیشقدم،پیش‌کسوت، سردسته.
prot.a.sis (pl. protases) n. نخستین قسمت درام قدیم رومی، مقدمه.
pro.te.an [próutiən, proutí:ən], adj. & n. شبیه Proteus، متغیر، شکل‌پذیر،گوناگون، متلون.
pro.tect [prətékt, pro-] (-ed, -ing) vt.&vi. حراست کردن، نیکداشت کردن، نگهداری کردن، حفظ کردن، حمایت کردن.
Soldiers p. our frontiers. سربازان مرزهای ما را حفاظت میکنند.
P. a bill. وجه براتی را تأمین کردن.
pro.tec.tion [prətékʃən, pro-], n. حراست، حمایت، حفظ، نیکداشت،تأمین نامه.
Be under a person's p. درپناه کسی بودن، تحت حمایت کسی بودن.
pro.tec.tion.ism [prətékʃənizm, pro-] n. سیستم حمایت ازتولیدات داخلی.
pro.tec.tion.ist [prətékʃənist, pro-] adj. & n. طرفدارحمایت ازمصنوعات داخلی.
pro.tec.tive [prətéktiv, pro-], adj. & n. محافظ،وابسته‌به‌حفظ‌یاحراست.
pro.tec.tor [prətéktə, pro-] n. نگهدار، پشتیبان، حامی، سرپرست،قیم، نیکدار.
pro.tec.tor.ate [prətéktərət, pro-] n. سرپرستی، قیمومت، کشورتحت‌الحمایه.
pro.té.gé, -e [prɔ́teʒei] n. تحت‌الحمایه، حمایت شده، شاگرد، نوچه.
pro tem, pro tem.po.re [próutémpəri] adv. & adj. فعلاً، موقتاً، موقت، شاغل مقامی بطورموقت.
pro.tend (-ed, -ing) vt. & vi. امتداد یافتن، بسط داشتن، جلوآمدن.
pro.ten.sive, adj. مدت‌دار، مزمن.
proter.an.thous, adj. [گ.ش.] دارای گلهائیکه قبل ازبرگ ظاهر گردد.
proter.an.thy, n. گل‌آوری قبل ازبرگ‌آوری.
pro.test [prətést, pro-] (-ed, -ing) vi., vt. & n. اعتراض، پروتست، واخواست رسمی، شکایت، واخواست کردن، اعتراض کردن.

Prot.es.tant [prɔ́tistənt] adj. & n. عضوفرقهٔ مسیحیان‌پروتستان.

Prot.es.tant.ism [prɔ́tistənt-izm] n. اصول‌آئین پروتستانت.

protes.ta.tion [prɔtestéiʃən] n. اعتراض، واخواهی، اظهار جدی، ادعا، تصریح.

Pro.teus [próutju:s] (pl. -es, protei) n. (افسانهٔ یونان) خدای دریاکه اشکال مختلفی بخود میگرفته.

pro.tha.la.mi.on, pro.tha.la.mi.um (pl. prothala.mia) n. ترانهٔ مخصوص جشن ازدواج، سرود مبارك باد.

proth.e.sis (pl. prothe.ses) n. [illegible] (جراحی ودندانسازی) دندانیا عضومصنوعی.

pro.to.col [próutəkɔl] n.,vt. & vi. پیوندنامه، مقاوله نامه، موافقت مقدماتی، پیش‌نویس‌سند، (دردفرانسه) آداب ورسوم،تشریفات، مقاوله‌نامه نوشتن.

pro.ton, -ic [próutɔn] adj. & n. (فیزیك-ش.) هستهٔ اتم‌سبك‌ودارای‌تعدادمساوی اتم هیدروژن.

pro.to.plasm, -ic [próutoplæzm, -ik] n. & adj. سفیدهٔ یاخته، جرم‌زنده، مادهٔ اصلی‌جسم‌سلولی.

pro.to.typ.al, pro.to.typ.ic, adj. وابسته بطرح اصلی یا نمونهٔ اصلی.

pro.to.type [próutotaip] n. نخستین‌بشر، اصل‌ماده، نخستین‌آفریده، نمونهٔ اصلی، شکل‌اولیه، مدل، پیش‌الگو،پیش‌گونه.

pro.to.zo.an, adj. & n. تك‌یاخته، وابسته به‌تك یاختهٔ آغازی.

pro.to.zoology, n. تك‌یاخته‌شناسی.

pro.tract [proutrǽkt] (-ed, -ing) vt. طول دادن، درازکردن، امتداد دادن.

pro.trac.tion [proutrǽkʃən] n. تمدید، امتداد، نقشه‌کشی طبق مقیاس‌معینی.

pro.trac.tive, adj. جلوآمده،اطاله‌دار، درازکننده یا شونده.

pro.trac.tor [proutrǽktə] n. گوشه‌سنج، زاویه سنج، (تش.) عضلهٔ ممدده.

pro.trude [proutrú:d] (-d, protruding) vt. & vi. برآمدگی داشتن، جلوآمده‌بودن. تحمیل‌کردن.

pro.tru.sil.i.ty, n. جلوآمدگی.

pro.tru.sion [proutrú:ʒən] n. پیش‌آمدگی، پیش‌رفتگی، جلوافتادگی،تحمیل.

pro.tru.sive [proutrú:siv] adj. جلوآمده، برآمده.

pro.tu.ber.ance, -cy [protjú:bərəns] n. برآمدگی، قلنبگی، تورم، بادکردگی.

pro.tu.ber.ant [proutjú:bərənt], adj. برآمده، متورم، بادکرده.

proud [praud] (-er, -est) adj. گرانسر، مغرور، متکبر، خودخواه، مفتخر، سربلند، برتن.

He was p. of his wealth. بهدارائی خود مغروربود.

I am p. of him. من‌به اوافتخارمیکنم.

prov.able [prú:vəbl] adj. قابل‌اثبات.

prove [pru:v] (-d, proven, proving) vt. & vi. اثبات‌کردن، محقق کردن، ثابت کردن، (در چاپخانه) نمونه‌گرفتن، محك‌زدن.

prov.e.nance, n. زادگاه، منشاء، اصل، حد، منطقهٔ قدرت یادرك.

prov.en.der [prɔ́vində] n. & vt. علیق، علوفه، خواربار، آذوقه، غذا،علیق‌دادن.

prov.erb [prɔ́və:b] vt. & n. مثل، ضرب‌المثل، گفتارحکیمانه،مثل زدن.

He is a p. for misery. درخست ضرب‌المثل است.

pro.ver.bi.al [prɔvə́:biəl, prə-], adj. وابسته بضرب‌المثل.

pro.vide [prəváid, pro-] (-d, providing) vt. & vi. آماده‌کردن، تهیه دیدن، وسیله فراهم کردن، میسر ساختن، تأمین‌کردن، توشه‌دادن.

P. for one's safety. وسائل سلامت‌کسی را فراهم‌کردن.

P. for in the budget. در بودجه پیش‌بینی کردن.

P. a person with a thing. چیزی را برای‌کسی تهیه‌کردن.

provided [prəváidid, pro–] adj. & conj. آماده، مشروط، درصورتیکه.

prov.i.dence [prɔ́vidəns] n. & adj. مشیت‌الهی، صرفه‌جوئی، آینده‌نگری.

prov.i.dent, prov.i.den.tial [prɔ́vidənt, prɔvidénʃəl] adj. صرفه‌جو، آینده‌نگر،مآل‌اندیش،خوشبخت،مشیتی.

providing [prəváidiŋ, pro-], conj. مشروط براینکه، درصورت.

prov.ince [prɔ́vins] n. استان، ایالت، ولایت.

pro.vin.cial [prəvínʃəl, pro-] n. & adj. استانی، ایالت‌نشین،کوته‌فکر، ایالتی.

pro.vin.cial.ism [prəvínʃəlizm, pro-] n. گویش‌یا لهجهٔ محلی، عقایدوافکارمحدود محلی.

pro.vin.cial.ize (- d, provincializing) vt. شهرستانی‌کردن، تبدیل باستان‌کردن.

pro.vi.sion [prəvíʒən, pro-] (-ed, -ing) n. & vt. توشه، تهیه، تدارك،شرط، بند، ماده، قوانین، سورسات رساندن، مقرر داشتن، شرط‌کردن.

pro.vi.sion.al [prəvíʒənəl, pro–], adj. & n. موقت، موقتی، شرطی، مشروط.

pro.vi.so [prəváizou, pro-] (pl. -s, -es) n. شرط، قید، بند، جملهٔ‌شرطی.

pro.vi.so.ry, adj. شرطی، احتیاطی.

prov.o.ca.tion [prɔvəkéiʃən] n. انگیختگی، برافروختگی، انگیزش، تحریك.

pro.voc.a.tive [prəvɔ́kətiv,pro-], adj. & n. محرك، برانگیزنده،عصبانی کننده.

P. of love. عشق‌انگیز.

pro.voke [prəvóuk, pro-] (- d, provoking) vt. برافروختن، خشمگین‌کردن، تحریك‌کردن، دامن‌زدن، برانگیختن.

P. to anger. خشمگین‌کردن.

pro.vost [prɔ́vəst] n. رئیس، شهردار، کشیش، ناظم دانشکده.

prow [prau] adj. & n. دماغهٔ‌کشتی، (درشعر) کشتی، عرشهٔ‌کشتی.

prow.ess [práuis] n. دلاوری.

prowl [praul] (-ed, -ing) n., vt. & vi. دربی‌شکارگشتن، پرسه‌زدن، تلاش، پرسه، جستجو، تکاپو، سرقت.

prowl.er, n. پویان، کنجکاو، ولگرد.

prox.i.mate [prɔ́ksimət] adj. نزدیك، پیوسته، بیفاصله، مستقیم، تقریبی.

prox.im.i.ty [prɔksímiti] n. نزدیکی، مجاورت.

proximity fuze, n. فیوزمخصوص‌انفجارمرمی (پرتابه)ازمسافت‌دور.

prox.i.mo [prɔ́ksimou] n. درماه آینده، مربوط بماه‌آینده.

proxy [prɔ́ksi] (pl. proxies, proxied, proxying) n., adj. & vi. وکیل، نماینده، وکالت، وکالتنامه، بنمایندگی دیگری رأی دادن.

prude [pru:d] n. & adj. امل، متظاهر،کوته‌فکر.

pru.dence [prú:dəns] n. احتیاط، حزم، ملاحظه، پروا.

pru.dent, pru.den.tial [prú:dənt, pru:dénʃəl] adj. محتاط، ازروی احتیاط.

prud.ery [prú:dəri] n. امل‌بودن، تظاهر، کوته‌فکری.

prud.ish [prú:diʃ] adj. با احتیاط، امل.

prune [pru:n] (-d, pruning), n., vt. & vi. (گ.ش.) آلو،گوجه‌برقانی، آلوبخارا، آراستن، سرشاخه زدن، هرس‌کردن.

pruning hook, n. دسقاله، داسقاله.

pru.ri.ence, pru.ri.en.cy [prúəriəns(i)] n. خارش، حکه، هرزگی.

pru.ri.ent [prúəriənt] adj. خارش‌دار، کرمکی، دارای فکر شهوانی، هرزه.

pry [prai] (pried, prying) n., vt. & vi. با دقت نگاه‌کردن،کاوش‌کردن، فضولانه‌نگاه‌کردن، با دیلم یا اهرم بلندکردن، اهرم، دیلم، کنجکاوی، فضولی، فضول.

pryer, n. فضول، مداخله‌گر.

psalm [sa:m] n., vt. & vi. مزمور، سرود روحانی، سرود، سرود مذهبی‌خواندن.

P. book. کتاب مزامیر داود، سرودنامه.

psalm.ist [sá:mist] n. مزمورخوان.

psalmo.dy [sá:mədi, sǽlmedi], n., vt. & vi. مزمورخوانی،سرودخوانی.

psal.teri.um (pl. psal.teria), n. (ج.ش.) معدهٔ سوم نشخوارکنندگان.

psal.tery [sɔ́:lt(ə)ri] = **psal.try,** n. (مو.) قانون‌یاسنتورانگشتی‌یامضرابی،سرود.

pseud-, pseudo- پیشوند بمعنی «کاذب» «ساختگی» «دروغ».

pseu.do [(p)sjú:dou] = **sham, spurious,** adj. کاذب، دروغی.

pseu.do.carp, n. میوهٔ کاذب، میوهٔ فرعی، شبه میوه.

pseu.do.classic, adj. & n. شبه کلاسیك، کلاسیك‌کاذب.

pseu.do.nym [(p)sjú:dənim] n. اسم مستعار، تخلص.

pshaw [ʃɔ:] (-ed, - ing) interj., vt. & vi. (علامت‌تعجب)آه،واه، آه‌گفتن،اوه.

psit.ta.cine, adj. & n. طوطی‌وار.

Psy.che [(p)sáiki] n. (افسانهٔ یونان) شاهزادهٔ زیبائی‌که «کوپید» (Cupid) بدام عشقش گرفتارشد، روان، روح.

psy.chi.at.ric, -al [(p)sàikiǽtrik, -l] adj. وابسته به روانپزشکی.

psy.chi.a.trist [(p)sàikáiətrist], n. روانپزشك.

psy.chi.a.try [(p)saikáiətri] n. [طب] معالجهٔ ناخوشیهای دماغی، پزشکی‌روانی، طب روحی، روانپزشکی.

psy.chic, -al [(p)sáikik, -l] adj. & n. روحی، روانی، ذهنی، واسطه، پدیدهٔ روحی.

psy.cho, n. آدم دیوانه، بیمار روانی.

psy.cho.analysis [(p)sàikouənǽlisis] n. تحلیل روانی، روانکاوی.

psy.cho.analyst [(p)sàikouǽnəlist] n. روانکاو.

psy.cho.analytic, - al [(p)sàikouænəlítik, -l] adj. وابسته بروانکاوی.

psy.cho.analyze, vt. روانکاوی کردن، بوسیلهٔ تجزیه وتحلیل‌روانی‌معالجه‌کردن.

psy.cho.biology [(p)saikɔ́lədʒi] n. علم مطالعهٔ ارتباط میان روانشناسی وزیست‌شناسی، زیست‌شناسی‌روانی.

psy.cho.genetic, psy.cho-gen.ic, adj. موجد محرکات ذهنی.

psy.chog.no.sis = psy.chog-no.sy, n. مطالعهٔ عمیق روانی، تحقیقات‌روانی، روان‌پژوهش.

psy.cho.log.ic, -al, adj. وابسته به‌روانشناسی.

psy.chol.o.gist [(p)saikɔ́lədʒist] n. روانشناس.

psy.chol.o.gize (-d, psychologizing) vt. & vi. پژوهش روانشناسی کردن، روانکاوی کردن.

psy.chol.o.gy [(p)saikɔ́lədʒi] n. روانشناسی، معرفةالنفس، معرفةالروح.

psy.chom.e.try, n. روان‌سنجی، آزمایش هوش.

psy.cho.path, -ic [(p)sáikoupæθ, -ik] adj. & n. بیمار روانی، مبتلا بامراض روانی.

psy.cho.pathology, n. علم‌آسیب شناسی روانی.

psy.chop.a.thy, n. معالجهٔ‌روانی، اختلالات فکری وروانی، اختلالات روانی.

psy.cho.sis, n. بیماری روانی، جنون.

psy.cho.so.mat.ics, n.pl. [طب] علم روان‌تنی، روان‌تنائی.

psy.cho.therapeutic, -s, n. pl. & adj. وابسته بدرمان روانی.

psy.cho.therapy, n. درمان روانی، تداوی روحی.

psy.chot.ic, adj. & n. بیمار روانی، دیوانه.

ptar.mi.gan [tá:migən] (pl.-s), n. [ج.ش.] با قرقره.

PT boat = motor torpedo boat, n. ناوچهٔ اژدرافکن.

pter.i.dol.o.gy, n. مطالعهٔ علمی سرخسها، سرخس شناسی.

pte.rid.o.phyte, pter.i.doph-y.ta, n. [گ.ش.] گیاهان آوندی خانوادهٔ سرخس، نهانزادآوندی.

pte.rido.sperm = seed fern, n. سرخس تخمی.

ptero.dac.tyl [(p)tèrədǽktil] n. [دیرین شناسی] دسته‌ای از سوسماران بالدار عهد ژوراسیك سفلی تا عهدمسوزوئیك.

ptero.dac.ty.loid, ptero.dac.-tylous, adj. شبیه سوسماران بالدار.

pti.san, n. ماشعیر،گندم پوست‌کنده.

Ptol.e.ma.ic [tɔliméiik] adj. وابسته به بطلمیوس جغرافیدان و منجم.

pto.maine [(p)tóumein, touméin], n. [ش.] موادآلی‌قلیائی‌سمی‌که‌دراثرپوسیدگی باکتریها برروی مواد ازتی تشکیل میگردد.

pub [pʌb] n. (انگلیس) میخانه.

pu.ber.tal, pu.ber.al, adj. وابسته به‌بلوغ.

pu.ber.ty [pjú:bəti] n. بلوغ، رسیدگی، سن‌بلوغ.

pu.bes, n.pl. موی زهار، موی شرمگاه، ناحیهٔ زهار یا عانه، شرمگاه،کرك، پوشیدگی ازكرك.

pu.bes.cence, n. سن بلوغ، بلوغ، رویش مو درپشت زهار.

pu.bis (*pl.* **pu.bes**) *n.* [تش.] استخوان شرمگاه، عظم عانه.

pub.lic [*pʌ'blik*] *adj.* & *n.* عمومی، همگانی، ملی، اجتماعی،عموم،عامه.

Of p. utility. عام‌المنفعه.

P. life. زندگی‌سیاسی،زندگی‌غیرخصوصی.

pub.li.can [*pʌ'blikən*] *n.* مأمور وصول مالیات، بیگانه، صاحب‌میخانه.

pub.li.ca.tion [*pʌblikéiʃən*] *n.* نشر، انتشار، طبع ونشر، اشاعه، نشریه.

public defender, *n.* [حق.] وکیل تسخیری.

public house, *n.* کاروانسرا، مهمانخانه، (انگلیس) میخانه.

pub.li.cist [*pʌ'blisist*] *n.* روزنامه‌نگار، ناشر، تبلیغاتچی.

pub.lic.i.ty [*pʌblísiti*] *n.* تبلیغات.

pub.li.cize, *vt.* تبلیغات‌کردن، آگهی کردن، باطلاع عموم رساندن.

public relations, *n.pl.* روابط‌عمومی.

public sale, *n.* حراج، مزایده.

public school, *n.* دبیرستان شبانه‌روزی، مدرسهٔ عمومی.

public servant, *n.* مستخدم دولت، خادم ملت.

public service, *n.* خدمت بجامعه، استخدام دولتی.

public-spirited, *adj.* دارای روحیهٔ اجتماعی.

public works, *n.pl* تأسیسات عام‌المنفعه، امورعام‌المنفعه.

pub.lish [*pʌ'bliʃ*] (**-ed, -ing**), *vt.* & *vi.* چاپ‌کردن، طبع ونشرکردن، منتشرکردن.

pub.lish.able, *adj.* قابل نشر.

pub.lish.er [*pʌ'bliʃə*] *n.* ناشر.

puce [*pju:s*] *n.* رنگ آلبالوئی.

puck [*pʌk*] *n.* & *vt.* جن، بچهٔ شیطان، سیخونک‌زدن.

pucka [*pʌ'kə*]=**pukka** (در هند) خوب، تمام عیار، محکم، بادوام، ساخته شده.

puck.er [*pʌ'kə*] **puck.ery** (**-ed, -ing**) *n., vt.* & *vi.* چروک،چین، جمع‌شدگی، چروک شدن، درهم‌کشیدن.

puck.ish [*pʌ'kiʃ*] *adj.* شیطان.

pud.ding [*púdiŋ*] *n.* دسرمحتوی آرد برنج وتخم مرغ شبیه فرنی.

pud.dle [*pʌ'dl*] (**-d, puddling**), *n., vt.* & *vi.* گودال، چالهٔ فاضل‌آب،دست انداز، مخلوط‌کردن، گل‌گرفتن، گل‌آلودکردن.

puddling [*pʌ'dliŋ*] *n.* تبدیل آهن لخته به‌آهن ساخته یا فولاد.

pu.den.cy, *n.* آزرم، شرم، حجب.

pu.den.dum (*pl.* **puden.da**) *n.* [تش.] فرج، آلت تناسل (زن یا مرد)،شرمگاه.

pudgy [*pʌ'dʒi*] *adj.* خپله، چاق، گوشتالو.

pueb.lo [*puéblo:*] *adj.* & *n.* دهکدهٔ سرخ پوستان.

pu.er.ile [*pjú:ərail*]=**juvenile, childish, silly,** *adj.* بچگانه،کودکانه، احمقانه.

pu.er.il.i.ty [*pjù:əríliti*] *n.* بچگی، نادانی.

puff [*pʌf*] (**-ed, -ing**) *interj., adj., vi., vt.* & *n.* فوت،پف، دود ویا بخار، قسمت پف‌کردهٔ جامهٔ زنانه، غذای‌پف‌دار، مشروب گازدار، پفك، پك زدن، چپق یا سیگار کشیدن، بلوف‌زدن، لاف‌زدن، پف‌کردن، منفجر کردن، منفجرشدن،وزش‌باد،وزیدن.

puff.er [*pʌ'fə*] *n.* پف‌کننده، سیگاری، اهل دود، بیگودی گیسو.

puff.ery, *n.* تبلیغات‌پرسروصدا.

puf.fin [*pʌ'fin*] *n.* [ج.ش.] مرغان دریائی از خانوادهٔ بطریق یاپنگوئن.

puffy, *adj.* پف‌کرده، بادکرده، باددار.

pug [*pʌg*] (**-ged,-ging**), *vt., n.* & *vi.* ضایعات‌غله، کاه،خاشاك گندم، تفالهٔ‌سیب، آدم محبوب، فاحشه، کرجی‌بان، سگ‌کوتاه‌قامت چینی، بینی‌کوتاه و بزرگ وسربالا، آدم کوتوله، طرهٔ‌گیسو، خاك رس، ازبیخ درآوردن، کندن، میناکاری‌کردن، سیخونك‌زدن.

PUG

pu.gi.lism [*pjú:dʒilizm*]=**boxing,** *n.* مشت‌زنی، بوکس‌بازی.

pu.gi.list, -ic [*pjú:dʒilist, -ik*], *adj.* & *n.* مشت‌زن، ستیزه‌گر، ستیزه‌جو، دعوائی.

pug.na.cious [*pʌgnéiʃəs*] *adj.* جنگجو، ستیزه‌گر.

pug.nac.i.ty [*pʌgnǽsiti*] *n.* ستیزه‌جوئی.

pug-nosed, *adj.* دارای بینی کوتاه وسربالا، پهن‌بینی.

pu.is.sance [*pwísəns, pjú:isəns*], **strength, power,** *n.* توان، قدرت، نیرو، توانائی.

pu.is.sant [*pwísəns, pjú:isənt*], *adj.* توانا، نیرومند.

puke (**-d, puking**) *n., vt.* & *vi.* استفراغ‌کردن، قی، استفراغ، بالاآوردن.

puke, *n.* رنگ آبی‌تیره،آبی‌سیر.

pul.chri.tude, *n.* زیبائی، خوش‌اندامی، قشنگی.

pul.chri.tu.di.nous, *adj.* زیبا.

pule[*pju:l*] =**whine, whimper** (**-d, puling**) *vi.* & *vt.* ناله وشکایت‌کردن، باصدا حرکت‌کردن.

pull [*pul*] (**-ed, -ing**) *vt., n.* & *vi.* کشیدن، بطرف خودکشیدن، کشیدن دندان، کندن، پشم کندن از، چیدن.

P. a good oar. خوب پارو زدن.

P. to pieces. خردکردن، سخت انتقادکردن.

Give a p. at. کشیدن.

P. oneself together. خودراجمع‌وجور کردن، حواس خود را جمع‌کردن.

P. one's leg. کسی را فریب دادن، دست انداختن، تمسخرکردن.

P. one's teeth. دندانهای‌کسی‌راکشیدن.

P. stakes=*pull up stakes.* [ز.ع.آمر.] تغییرمنزل‌دادن، رفتن.

P. strings=*p. wires.* اعمال نفوذکردن، دسیسه‌کردن.

P. the string. توپ بازی را نزدیك زمین زدن.

pullback, *n.* پس‌رفتن، عقب‌زدن، قلاب، فنر.

pull.er [*púlə*] *n.* دستگاه‌کشش،کشنده.

pul.let [*púlit*] *n.* جوجهٔ مرغ‌یکساله و کمتر، مرغ جوان، مرغ تازه تخم‌کرده.

pul.ley [*púli*] (*pl.* **-s**) *n.* قرقره، چرخچه، چرخك.

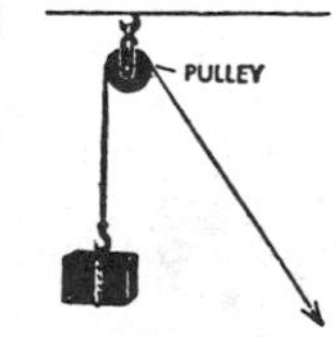

PULLEY

pull in, *vt.* نقشه یا عملی را متوقف ساختن، متوقف شدن، [ز.ع.] توقیف کردن.

Pull.man [*púlmən*] *n.* واگن تخت‌خواب‌دار راه‌آهن.

pull off, *n.* & *vt.* با وجود مشکلات بکارخود ادامه دادن، مقاومت کردن، نیروی‌کشش برقی.

pull out, *vi.* & *n.* ترك‌کردن، عازم شدن، بیرون‌آمدن.

pull over [*púl òuvə*] *vi., adj.* & *n.* اتوموبیل را بکنار جاده راندن، کنار زدن، پیراهن‌کش‌ورزش، عرق‌گیر، ژاکت.

pull through [*púlθrù:*] *vi., n.* & *vt.* در تنگنا کمك‌یافتن، درسختی بکسی کمك کردن، در وضع خطرناکی انجام وظیفه‌کردن.

pul.lu.late (**-d, pullulating**) *vi.* جوانه‌زدن، غنچه‌کردن، رشد ونموکردن.

pul.lu.la.tion, *n.* تکثیر، جوانه‌زنی.

pul.mo.nary [*pʌ'lmənəri*] *adj.* & *n.* ریوی، وابسته به‌ریه.

P. artery. [تش.] شریان ریوی.

P. vein. [تش.] ورید ریوی.

pulp [*pʌlp*] (**-ed, -ing**) *n., vi.* & *vt.* مغزساقه،مغزنیشکر، خمیرکاغذ، حالت خمیری، جسم خمیر مانند، بصورت تفاله درآوردن، گوشتالوشدن.

pul.pit [*púlpit*] *n., vt.* & *vi.* منبر، سکوب خطابه، بالای منبررفتن.

pulpwood, *n.* خمیر چوب مخصوص‌کاغذسازی.

pulpy [*pʌ'lpi*] *adj.* گوشتالو،کاغذی.

pul.sant, pul.sa.tile, *adj.* پرجهند، پرضربان، ضربانی، دارای تپش.

pul.sate [*pʌlséit, pʌ'lseit*] (**-d, pulsating**) *vi.* جهندکردن، زدن(نبض)، تپیدن [قلب]، تکان دادن، بضربان افتادن.

pul.sa.tion [*pʌlséiʃən*] *n.* جهندش، ضربان، اهتزاز، تپش، نوسان، ارتعاشات.

pul.sa.to.ry, *adj.* تپشی، ضربانی.

pulse [*pʌls*] (**-d, pulsing**) *n., vt.* & *vi.* نبض، جهند، زدن، تپیدن.

Stir one's pulses. خون‌آدم را بجوش آوردن، احساسات شخص را تحریك‌کردن.

pul.sim.e.ter, pul.som.e.ter, *n.* جهندسنج، تپش‌سنج، نبض‌سنج، تلمبهٔ‌بخار.

pul.sion=**propulsion,** *n.* راندن.

pul.ver.a.ble, pul.ver.iz.able, *adj.* قابل‌تبدیل به‌پودر، پودرشدنی، خوردکردنی.

pul.ver.i.za.tion, *n.* پودرسازی.

pul.ver.ize [*pʌ'lvəraiz*] *vt.* & *vi.* سائیدن، نرم‌کردن، پودرکردن، نرم کوبیدن.

pu.ma [*pjú:mə*] (*pl.* **-s**) *n.* [ج.ش.] یوزپلنگ درندهٔ آمریکائی.

pum.ice [*pʌ'mis*] *vt.* & *n.* سنگ‌پا، سنگ‌خارا، سنگ پا زدن.

pum.mel [*pʌ'ml*]=**pound.beat,** (**-led, -ed, -ling, -ing**) *vi.* & *vt.* کوبیدن، زدن، له‌کردن.

pump [*pʌmp*] (**-ed, -ing**) *n., vt.* & *vi.* تلمبه، تلمبه‌زنی، صدای تلمبه، تپش، تپ‌تپ، با تلمبه‌خالی‌کردن، با تلمبه بادکردن، تلمبه‌زدن.

pum.per.nick.el, *n.* نان جوسیاه سبوس‌دارآلمانی.

pump.kin [*pʌ'm(p)kin*] *n.* (گ.ش.) کدوتنبل، (د.گ.) آدم کله‌خشك.

pun [*pʌn*] (**-ned, -ning**) *n., vt.* & *vi.* جناس، تجنیس، جناس ساختن.

punch [*pʌn(t)ʃ*] (**-ed, -ing**), *vi., vt., adj.* & *n.* مشروب مرکب‌ازشراب ومشروبات‌دیگر، کوتاه، قطور، مشت،ضربت‌مشت، قوت، استامپ،مهر، مشت زدن‌بر، منگنه کردن، سوراخ کردن، پهلوان کچل.

pun.cheon [*pʌ'n(t)ʃən*] *n.* خنجر، بشکه‌یاخمرهٔ باده، قلم‌سنگتراشی، تیرچوبی کوتاه.

punch.er, *n.* منگنه‌کننده،سوراخ‌کننده.

pun.chi.nel.lo [*pʌn(t)ʃinélou*] (*pl.* **-s, -es**) *n.* پهلوان‌کچل، آدم خپله، لوده، مسخره، دلقك، نمایش پهلوان‌کچل.

punching bag, *n.* کیسهٔ شنی مشت‌بازی، کیسهٔ‌مشت.

punc.tate, *adj.* نقطه نقطه، خال خال، نوك‌تیز، مثل‌نقطه.

punc.til.io [*pʌŋktíliou*] (*pl.* **-s**), *n.* نکتهٔ دقیق درآئین رفتار، دقت، دقایق.

punc.til.i.ous [*pʌŋktíliəs*] *adj.* دقیق، نکته‌سنج، بسیارمبادی‌آداب.

punc.tu.al [*pʌ'ŋktʃuəl*] *adj.* دقیق، وقت‌شناس، خوش‌قول، بموقع، ثابت دریك نقطه، (مثل نقطه) لایتجزی، نکته‌دار، معنی‌دار، نیشدار، صریح، معین، مشروح، باذکر جزئیات دقیق، آداب دان.

punc.tu.al.i.ty [*pʌŋktʃuǽliti*], *n.* دقت‌بسیار، توجه به‌جزئیات، وقت‌شناسی.

punc.tu.ate [*pʌ'ŋktʃueit*] (**-d, punctuating**) *adj., vt.* & *vi.* نقطه‌گذاری کردن، نشان‌گذاری کردن، نقطه‌دار.

punc.tu.a.tion [*pʌ'ŋktʃuéiʃən*], *n.* نقطه‌گذاری، نشان‌گذاری.

punc.tu.late, *adj.* [ج.ش.] خال‌خال، نقطه نقطه، سوراخ‌سوراخ.

punc.ture [*pʌ'ŋktʃə*] (**-d, puncturing**) *n., vt.* & *vi.* سوراخ، پنچر، سوراخ‌کردن، پنچرشدن.

pun.dit[*pʌ'ndit*] *n.* دانشمند،واردبکار.

pun.gen.cy [*pʌ'ndʒənsi*] *n.* زنندگی، تندی.

pun.gent [*pʌ'ndʒənt*] *adj.* پرادویه، تند، زننده، گوشه‌دار، تیز، نوك‌تیز، سوزناك.

Pu.nic [*pjú:nik*] *adj.* & *n.* کارتاژی، اهل کارتاژ قدیم، قرطاجنی، خائن.

P. faith. خیانت، غدر، نقض‌پیمان.

pu.ni.ness, *n.* ریزگی، کوچك‌اندامی، ضعف، خاموشی، تازه‌کاری، جوانی، کوچکی.

pun.ish [*pʌ'niʃ*] (**-ed, -ing**), *vt.* & *vi.* ادب‌کردن، تنبیه‌کردن، گوشمال‌دادن، مجازات‌کردن، کیفردادن.

pun.ish.able[*pʌ'niʃəbl*] *adj.* قابل مجازات، سزاپذیر.

pun.ish.ment [*pʌ'niʃmənt*] *n.* مجازات، تنبیه، گوشمالی، سزا.

pu.ni.tive [*pjú:nitiv*] *adj.* کیفری، تنبیهی، تأدیبی، مجازاتی.

punk [*pʌŋk*] *adj.* & *n.* چوب پوسیده، آتش‌زنه، جوان ولگرد، بی‌ارزش.

pun.ster [*pʌ'nstə*] *n.* جناس‌گو، تجنیس‌ساز، ابهام‌گو.

punt [*pʌnt*] (**-ed, -ing**) *n., vt.* & *vi.* زدن‌توپ، توپ فوتبال را قبل از تماس بازمین‌زدن.

punt.er [*pʌ'ntə*] *n.* (فوتبال) توپ زن.

pun.ty, pon.tee, *n.* میلهٔ‌شیشه‌گری.

pu.ny [*pjú:ni*] *n.* & *adj.* ریزه‌اندام، ضعیف، درجهٔ‌پست، کوچك، قدکوتاه.

pup [*pʌp*] (**-ped, -ping**) *n.* & *vi.* توله سگ، بچهٔ سگ ماهی، تولهٔ زائیدن.

pu.pa [*pjú:pə*] (*pl.* **-e, -s**) *adj.* & *n.* (ج.ش.) نوچه، بادامه، شفیره.

pu.pil [*pjú:pl, pjú:pil*] *n.* شاگرد، دانش‌آموز، مردمك چشم، حدقه.

pu.pil.age, pu.pil.lage, *n.*
دورهٔ شاگردی، مرحلهٔ شاگردی، تلمذ.
pup.pet [pʌ'pit] *n.*
عروسك، عروسك خیمه‌شب‌بازی، دست‌نشانده.
pup.pe.teer, *n.* خیمه‌شب‌باز، بازیگر.
pup.pet.ry, *n.*
خیمه‌شب‌بازی، عروسك بازی.
pup.py [pʌ'pi] *n.*
توله‌سگ، جوانك خودنما و نادان.
pup.py.ish [pʌ'piiʃ] *adj.*
توله‌سگ مانند، خودساز.
pur.blind [pə':blaind] *adj. & vt.*
نابینا، نیم‌کور، دارای چشم تار، نیم‌کور کردن.
pur.chase [pə':tʃəs] *n., vt. & vi.*
خریداری، ابتیاع، خرید، درآمد سالیانهٔ زمین.
pur.chas.er [pə':tʃəsə] *n.* خریدار.
pure [pjuə] (**-r, -st**) *adj., adv., vt. & n.*
خالص، پاك، تمیز، ناب، ژاو، (نژاد) اصیل، خالص کردن، پالایش کردن، بینش.
P. of guilt. بی‌گناه، بی‌تقصیر.
Pureblood=Pure-blooded. adj.
پاك نژاد، دارای خون پاك.
purebred, *adj. & n.*
پاك نژاد، اصیل، جانور یا گیاه خوش‌نژاد.
pu.ree [pjúərei] (**-d, puree-ing**) *n. & vt.*
پوره [مثل پورهٔ سیب‌زمینی وغیره]، پوره کردن.
pur.fle (**-d, purfling**) *vt., adj. & n.*
حاشیه‌دوزی کردن، حاشیه‌دار تزئین کردن، منبت کاری کردن، آرایش‌دادن، آرایش، حاشیه‌دوزی.
pur.ga.tion [pəːgéiʃən] *n.*
تصفیه، تطهیر، پالایش، تنقیه، برائت، پاکسازی.
pur.ga.tive [pə':gətiv] *adj. & n.*
مسهل، کارکن، پاك‌کننده، تطهیری، پاکساز.
pur.ga.to.ri.al [pə':gətɔ́:riəl], *adj.*
برزخی، تطهیری.
pur.ga.to.ry [pə':gətəri] *adj., vt. & n.*
(عالم) برزخ، وسیلهٔ تطهیر، تطهیری، پالایشی، دربرزخ قراردادن.
purge [pəːdʒ] (**-d, purging**), *n., vt. & vi.* پاك کردن، تهی کردن،
خالی کردن، زدودن، تنقیه کردن، تطهیر کردن، تبرئه کردن، تطهیر، پالایش، سرشاخه‌زنی، مسهل، کارکن، تصفیه حزب یادولت ازعناصر نادلخواه.
pu.ri.fi.ca.tion [pjùərifikéiʃən], *n.* تطهیر، پالایش، خالص‌سازی، تخلیص، شستشو.
pu.ri.fi.ca.tor, *n.*
تصفیه کننده، تطهیر کننده، پاك‌کننده.
pu.ri.fi.er, *n.* تطهیر کننده، پالاینده.
pu.ri.fy [pjúərifai] (**-ied,-ing**), *vt. & vi.* پاك کردن، تصفیه کردن، پالودن.
pur.ism, *n.*
واژه یا اصطلاح اصیل وصحیح، افراط در استعمال صحیح الفاظ، لفظ قلم نویسی.
pur.ist [pjúərist] *n. & adj.*
شخصیکه دراستعمال کلمات صحیح وسواس دارد.
pu.ri.tan [pjúəritən] *adj. & n.*
فرقه‌ای از پروتستانهای انگلستان که زمان الیزابت علیه سنن مذهبی قیام نمودند وطرفدار سادگی درنیایش بودند، پاکدین.
pu.ri.tan.ism [pjúəritənizm] *n.*
آئین پاکدینان مسیحی.
pu.ri.ty [pjúəriti] *n.* خلوص،
پاکی، صافی، پاکدامنی، عفت، طهارت، صفا.
purl [pəːl] (**-ed,-ing**) *n., vt. & vi.* مشروب‌مالت، آبجو
دارای ادویهٔ معطر، گلابتون، زری، کوك برجسته وقلابی، حاشیه، حلقهٔ دود یا بخار، صدای شرشر، زمزمهٔ آب، مثل فرفره چرخیدن، واژگون‌شدن، زردوزی کردن، باشرشر جاری‌شدن، حلقه‌حلقه‌شدن.

pur.lieus [pə':lju:z] *n.pl.* دیدارگاه،
استراحتگاه، گردشگاه، مکان، جا، حد، مرز.
pur.loin [pəːlɔ́in] (**-ed, -ing**), *vt. & vi.* ربودن، دزدیدن.
pur.ple [pə':pl] (**-d,purpling**), *vi., vt., adj. & n.* رنگ ارغوانی، زرشکی،
جامهٔ ارغوانی، جاه‌وجلال، ارغوانی کردن یاشدن.
Purple Heart, *n.* [در اتازونی]
نشان نظامی مخصوص مجروحین جنگ.
purple passage, purple patch, *n.* نوشتهٔ آراسته به صنایع بدیعی.
pur.plish [pə':pliʃ] *adj.*
متمایل به رنگ ارغوانی.
pur.port [pə':pət] (**-ed, ing**), *vt. & n.* مفهوم، مضمون، معنی، مفاد،
ادعا، قصد، عذر، بهانه، مفهوم شدن، فهماندن.
pur.pose [pə':pəs] (**-d, pur-posing**) *n., vt. & vi.*
قصد، عزم، منظور، هدف، مقصود، پیشنهاد، در نظر داشتن، قصد داشتن، پیشنهاد کردن، نیت.
It does not serve our p.
بکارما (یا بدرد ما) نمیخورد.
To good p. با تأثیرخوب.
He speaks to the p.
با منظور سخن میگوید، سخنش مربوط است.
For purposes of. ازنظر، ازلحاظ.
On purpose. عمداً، قصداً، ازروی عمد.
purr [pəː] (**-ed, -ing**) *n., vt. & vi.* فرفر، صدای خرخر گربه، خرخر کردن.
purse [pəːs] (**-d, pursing**) *n., vt. & vi.* کیسه، جیب، کیسهٔ پول،
کیف پول، پول، دارائی، وجوهات خزانه، غنچه کردن، جمع کردن، پول‌دزدیدن، جیب‌بری کردن.
The public P. خزانهٔ ملی، بیت‌المال.
purs.er [pə':sə] *n.*
کیسه‌دوز، تحویلدار، صندوقدار.
pur.si.ness, *n.*
پف‌کردگی، تنگی‌نفس، باد غرور.
purs.lane, *n.* [گ.ش.] خرفه.
pur.su.ance [pəsjú:əns] *n.* تعاقب.
pur.su.ant [pəsjú:ənt] *n. & adj.*
متعاقب، مطابق، پیرو، دنبال‌کننده.
P. to. بدنبال، پیرو، درتعقیب.
pur.sue [pəsjú:] (**-d, pursu-ing**) *vi. & vt.* تعقیب کردن، تعاقب
کردن، تحت تعقیب قانونی قراردادن، دنبال کردن، اتخاذ کردن، پیگیری کردن، پیگرد کردن.
pur.su.er [pəsjú:ə] *n.* تعقیب کننده.
pur.suit [pəsjú:t] *n.* تعقیب، پیگرد،
تعاقب، حرفه، پیشه، دنبال، پیگیری.
pur.sui.vant [pə':swivənt] *vt. & n.* مأمور ابلاغ یا اخطاریه، نامه رسان،
مأمور، پیشخدمت، درالتزام بودن، رسالت کردن.
pur.sy [pə':si] **pus.sy** (**-ier, -iest**) *adj.*
فربه، گوشتالو، ثمین، چاق، تنگ‌نفس.
pu.ru.lent, *adj.* چرکدار، چرکی.
pur.vey [pəːvéi] (**-ed,-ing**), *n., vt. & vi.*
تهیه، تدارك، تهیهٔ آذوقه، تهیهٔ سورسات، تهیه کردن، سورسات تهیه کردن.
pur.vey.ance, pour.vey.ance, *n.* تهیهٔ خواربار، آذوقه، آذوقه‌رسانی.
pur.vey.or [pə(:)véiə] *n.*
آذوقه رسان.
pur.view [pə':vju:] *n.*
مواد اساسی، وسعت، حدود، میدان، رسائی، قلمرو اجراء، چشمرس، میدان‌دید، موضوع مورد بحث، حدود صلاحیت.
pus [pʌs] *n.* چرك، ریم، فساد.
push [puʃ] (**-ed, - ing**) *adj.,*
interj., n., vi. & vt. چیزی را زور
دادن، با زور جلو بردن، هل دادن، شاخ زدن، یورش بردن، زور، فشار، بجلو، هل، تنه.
I am pushed for money.
از بی‌پولی درفشار یا مضیقه هستم.
P. off. عازم شدن، شروع کردن، رفتن.
P. over. حریف قابل شکست، آدم
بی‌مقاومت، آدم ضعیف، چیزیکه آسان بدست آید.
P.-up. تمرین شنا روی زمین.
push button, *adj. & n.*
دکمهٔ زنگ اخبار، وسائل خودکار، خودکار.
pushcart [púʃkà:t] *n.* ارابهٔ دستی.
push.er [púʃə] *n.* زوردهنده.
push.ing [púʃiŋ] *adj.*
دلیر، ماجراجو، جسور، باپشتکار، پررو.
pushy, *adj.* بازور، تحمیل کننده.
pu.sil.la.nim.i.ty [pjù:siləními-ti] *n.* ترسوئی، بزدلی، جبن، کم‌دلی، کم‌جرأتی.
pu.sil.lan.i.mous [pjù:silǽni-məs] *adj.* ترسو، ضعیف، بزدل، جبون.
puss [pus] *n.* چرك، گربه، پیشی،
دخترك، زن‌جوان، لب، دهان، چهره.
pussy [púsi] (*pl.* **-ies**) *adj. & n.*
چرکدار، چرکی، گربه، دخترك، بیدمشك، شبدر صحرائی، گربه‌وار، مثل پیشی.
pussy.foot, *vi. & n.*
(مثل گربه) دزدکی راه رفتن، آهسته ودزدکی کاری کردن، طفره رفتن، تمجمج کردن.
pussy willow, *n.* [گ.ش.] بیدمشك،
بیدکمرنگ (Salix discolor).
pus.tu.lar, *adj.* کورکدار، چرکدانه‌ای.
pus.tu.la.tion, *n.*
کورك، ایجاد جوش یا چرکدانه.
pus.tule, *n.* چرکدانه،
جوش چرکدار، کورك، بثورات چرکی پوست.
put [put] (**put, putting**) *adj., n., vt. & vi.* گذاردن، قرار دادن،
تحمیل کردن بر (با to)، بزورواداشتن، عذاب دادن، تقدیم داشتن، ارائه دادن، در اصطلاح یا عبارت خاصی درآوردن، ترجمه کردن، تعبیر کردن، عازم کاری شدن، بفعالیت پرداختن، بکار بردن، گذاشتن، منصوب کردن، واداشتن، مجبور ساختن، ترغیب کردن، متصف کردن، منتسب کردن، فرض کردن، تصور کردن، ثبت کردن، وارد دفتر کردن، بجای چیزی گذاردن، تعویض کردن، عمل گذاردن، استقرار، پرتاب، عمل انداختن، پرت، سعی، ثابت، مستقر، پابرجای.
P. something across a person.
بکسی فهماندن، کسی را گول زدن یا سرزنش کردن.
P. aside. کنار گذاشتن.
P. down. نوشتن، منکوب کردن، نسبت‌دادن.
P. in an appearance.
حضور پیداکردن، خود را نشان دادن.
P. in for a post. داوطلب شغلی شدن.
P. into words. بعبارت درآوردن.
What p. him to doing that?
چه چیز او را وادار بکردن آنکار کرد.
Be hard p. to it.
در فشار بودن، مجبور بودن.
P. through. [خوب] انجام دادن.
P. up for sale. بمعرض فروش گذاردن.
P. one's back up.
اوقات کسی را تلخ کردن.
P. forth.
تصریح کردن، پیشنهاد کردن، علنی ساختن، صادر کردن، اجرا کردن، کوشش کردن.
P. forward=propose. پیشنهاد کردن.
P. in mind=remind. بیادآوردن.
P. paid to. تمام کردن، بپایان رساندن.
P. the arm on. [ز.ع.] پول خواستن.

توقیف کردن، سرقت کردن.
P. together. ساختن، بوجود آوردن،
ترکیب کردن، جمع وجور کردن، ترکیب کردن.
P. to it. تحت فشار قراردادن،
اشکالتراشی کردن، سختگیری کردن.
put about, *vi.*
(در مورد کشتی) تغییر مسیر دادن، تغییر جهت دادن، برگشتن، پریشان شدن.
put across, *vt.* فهماندن،
با حقه بازی موفق شدن، دوز وکلك چیدن.
pu.ta.tive [pjú:tətiv] *adj.*
مشهور، قلمداد شده، مفروض، مورد قبول عامه.
Mary was his p. daughter.
مشهور بود که مریم دختر اوست.
put by, *vt.*
منصرف‌شدن، قطع کردن، کنار گذاردن، اندوختن.
put off, *n., vt. & vi.*
طفره، بهانه، عذر، تعویق، انصراف، تأخیر کردن، طفره رفتن، از سرباز کردن، ببعدموکول کردن.
put on, *vt. & vi.* تحمیل کردن،
گذاردن، صرف کردن، بخود بستن، وانمود کردن، بکار انداختن، اعمال کردن، بکار گماردن، افزودن، انجام دادن، دست انداختن.
put out, *n., vt. & vi.* تقلاکردن،
منتشر ساختن، ایجاد کردن، تهیه کردن، آشفته کردن، رنجاندن، برانگیختن، از ساحل عازم شدن، خاموش کردن.
pu.tre.fac.tion [pjú:trifǽkʃən], *n.* فساد، تعفن، عفونت، پوسیدگی، گندیدگی.
pu.tre.fac.tive, *adj.* فاسد کننده.
pu.tre.fy [pjú:trifai] (**-ied, putrefying**) *vt. & vi.*
گندیدن، متعفن‌شدن، پوسیدن، فاسد شدن، چرك نشستن، چرك کردن، گنداندن.
pu.tres.cence, putrescency [pju:trésəns] *n.*
گندیدگی، فساد، پوسیدگی.
pu.tres.cent [pju:trésənt] **pu.-tres.ci.ble,** *adj.* گندیده، فسادپذیر.
pu.tres.cine, *n.*
[ش.] مادهٔ سمی درگوشت فاسد.
pu.trid [pjú:trid] *adj.* فاسد، متعفن.
pu.trid.i.ty [pju:tríditi] *n.*
گندیدگی، تعفن.
putsch (*pl.* **-es**) *n.*
توطئهٔ محرمانه برای برانداختن حکومت.
putt [pʌt] *n., vt. & vi.*
ضربت توپ‌گلف نزدیك سوراخ، زدن توپ.
put.tee [pʌ'-ti] *n.*
پاپیچ، مچ‌پیچ.
put.ter, *n. & vi.*
(بازی گلف) چوگان دسته کوتاه، ول گشتن، مهمل گشتن، (معمولاً با about و around) ور رفتن.

A B
PUTTEES

put through, *vt.*
بنتیجه رساندن، ارتباط پیداکردن، واداشتن.
putting green, *n.*
چمن سبز نزدیك محل سوراخ گلف.
put to, *vt., n. & vi.* درتنگنا قرار
دادن، [دربامدادشکار] بگروه شکارچی پیوستن.
put.ty [pʌ'ti] *n. & vt.*
بتونه، سرنج، زاموسقه، آدم ساده و زود باور، بتونه کردن، زاموسقه زدن.
put up, *vt., adj. & n.*
درظرف گذاردن، بسته‌بندی کردن، کنسرو کردن، کنار گذاردن، متحمل شدن، برگزیدن، بیگودی بگیسو زدن، علنی ساختن، طرح کردن، منزل دادن، ساختن، بنا کردن.

P. U. to=incite, instigate.
تحریك‌کردن، برانگیختن.

P. U. with.
تحمل‌خواری کردن، متحمل شدن،طاقت آوردن.

puz.zle [*pΛ'zl*] (**-d, puzzling**), *n., vt. & vi.* گیج کردن، آشفته کردن، متحیرشدن، لغز،معما،چیستان، جدول معما.

P. out. با فکرزیاد حل کردن.

puz.zle.ment [*pΛ'zlmənt*] *n.*
حیرت، سرگشتگی، بغرنجی.

puz.zler [*pΛ'zlə*] *n.*
لغزساز،گیج کننده.

pyg.mae.an, pyg.me.an=pygmy, *adj.*
قدکوتاه، کوتوله، وابسته به‌پیگمی‌ها.

pyg.my [*pígmi*] **pig.my,** *adj. & n.* کوتاه،قدکوتاه، آدم کوتاه‌قد،میمون،پیگمی.

py.ja.mas [*pidδá:məz, pə-*]=**pajamas,** *n.*
پیژامه (پای جامه)، لباس خواب‌مردانه.

pyk.nic, pyc.nic, *adj. & n.*
آدم شکم‌گنده، دارای شکم‌بزرگ واندام‌خپله.

py.lon [*páilɔn*] *n.*
شاه‌تیر، پیل یاتیربرق، راهرو، در، برج.

py.o.gen.ic, *adj.* تب‌آور،حرارت‌زا.

py.or.rh(o)ea [*pàiərí:ə*] *n.*
چرك، چرك دندان، پیوره.

py.ral.i.did, *adj. & n.*
[ج.ش.] خانوادهٔ بزرگی از پروانه‌ها.

pyr.a.mid [*pírəmid*] (**-ed, -ing**), *n., vi. & vt.* (هن.) هرم، (درجمع) اهرام، شکل هرم‌ساختن، رویهم انباشتن.

py.ram.i.dal, pyr.a.mid.i.cal, *adj.* هرمی.

pyre [*páiə*] *n.*
توده، تودهٔ هیزم مخصوص آتش زدن جسدمرده.

py.rene, *n.* تخم‌سیب و گلابی وغیره، هستهٔ میوه، هیدروکاربن سفید و متبلور.

py.ret.ic, *adj.*
وابسته به‌تب، تب‌آور، داروی تب‌بر.

py.rex (*pl.* **-es**) *n.* شیشهٔ پیرکس.

py.rex.ia, *n.* تب.

py.rex.i.al, py.rex.ic, *adj.*
وابسته به‌تب.

pyric, *adj.* آتشی، مربوط به‌سوختن.

py.rite, *n.* [مع.] سوافیدآهن.

py.ro.chemical, *adj.*
وابسته به‌فعالیت شیمیائی درگرمای زیاد.

py.ro.gen, *n.* برق، عنصر قابل اشتعال، مادهٔ تب‌آور.

py.ro.gen.ic= py.rog.e.nous, *adj.* گرمازا، گرمی بخش، تب‌آور، آذرین.

py.ro.man.cy, *n.*
تفأل باآتش، آتش‌بینی، جادوگری با آتش.

py.ro.mania, *n.* جنون ایجادحریق.

py.rom.e.ter, *n.*
آلت سنجش گرمای زیاد، آذر سنج.

py.rom.e.try, *n.*
گرماسنجی، آذرسنجی.

py.rope, *n.* (مع.) هرنوع گوهر برنگ قرمز روشن، لعل قرمزسیر.

py.ro.phor.ic, *adj.* آتش‌زا، نورزا.

py.ro.tech.nic, -al [*pàiərouté-knik,-l*] *adj & n.*
مربوط به‌فن آتشبازی، مربوط به استفاده از آتش در علم و هنر، آتش‌بازی.

py.rox.ene, *n.*
[مع.] پیروکسین، مادهٔ معدنی بلوری وسفید.

pyr.rhic [*pírik*] *adj. & n.*
(نش) وتدی که مرکب از دو هجای کوتاه و غیر مشدد باشد، وابسته به «پیروس».

P. victory.
پیروزی که خیلی گران تمام‌شود،فتح بیفایده.

Py.thag.o.re.an [*piθœ̀gərí:ən*], *adj. & n.* پیرو یا وابسته به فلسفهٔ فیثاغورث (Pythagoras) یونانی.

py.thon [*páiθɔn, —ən*] *n.*
(افسانهٔ یونان) اژدها، افعی، غیبگو.

py.uria, *n.*
[طب] وجود چرك در ادرار، ادرارچرکدار.

pyx, *n., vt. & vi.* جعبهٔ قطب‌نما، جعبهٔ کوچك، صندوقچه، درجعبه‌گذاردن.

pyx.id.i.um (*pl.* **-dia**) *n.*
(گ.ش.) کپسول گیاهی که نیمی از آن دراثر شکفتن بازواز نیم‌پائینش جدا میگردد، مجری.

pyx.ie, pix.ie, pixy, *n.*
[گ.ش.] بوتهٔ خزنده وهمیشه بهار.

Q

انگلیسی English	خط میخی پارسی Old Persian Cuneiform	پهلوی اشکانی Parthian Pahlavi	پهلوی ساسانی Sassanian Pahlavi	پهلوی کتابی Book Pahlavi	اوستائی Avestan	فارسی Modern
Q	—	—	—	—	—	—

Q [*kju:*] *n.*
هفدهمین حرف الفبای انگلیسی.

quack [*kwœk*] (**-ed, -ing**) *n., adj., vt. & vi.* صدای اردك، قات قات، آدم شارلاتان، چاخان، دروغی، ساختگی، قلابی، قات قات کردن، صدای اردك کردن،دوای قلابی دادن.

quack.ery [*kwœ́kəri*] *n.*
حقه بازی، شارلاتان بازی، حیله‌گری.

quack.ish [*kwœ́kiʃ*] *adj.* قلابی.

quad [*kwɔd*]=**quad.ran.gle,** *n.*

quad, *n.* (در سیم تلگراف) سیم چهار لای بهم پیچیدهٔ عایق، (در مطبعه) قطعهٔ سربی.

quad (**-ded, -ding**) *vt.* [ز.ع.— انگلیس] زندانی‌کردن، در زندان افکندن.

quad=quad.rup.let, *n.* چهارقلو.

quad.ran.gle [*kwɔ́drœŋgl*] *n.*
چهارگوشه، چهارگوش، چهار دیواری، مربع.

qua.dran.gu.lar [*kwɔdrœ́ŋgjulə*] *adj.* مربع، چهارگوشه.

quad.rant [*kwɔ́drənt*] *n. & adj.*
ربع دایره، ربع کره، یك چهارم، چهارگوش.

quad.rat, *n. & vt.* ارتفاع سنج، قطعه‌زمین‌مستطیل، به‌قطعات‌مستطیل‌تقسیم کردن.

quad.rate, *adj. & n.*
چهار یك، چهارگوش، عدد مربع، مجذور.

quad.ra.ture, *n.* مربع سازی، یك چهارم، ربع، [نج.] تربیع.

qua.dren.ni.al, *adj. & n.*
چهار سال یکبار.

qua.dren.ni.um (*pl.* **-s, quadrennia**) *n.*
دورهٔ چهار ساله، مدت چهار ساله، چهارسال.

quadri-, quadr-, quadru-
پیشوند بمعنی «چهارتائی» و «چهارگانه».

quad.ri.lat.er.al [*kwɔdrilœ́tərəl*] *n. & adj.*
مربوط به‌چهارگوش، چهارگوش، چهارضلعی.

qua.drille [*kə-, kwədríl*] (**-d, quadrilling**) *adj., vi. & n.*
رقص گروهی، نوعی بازی ورق چهارنفری، شطرنجی، چهارگوش، رقص چهارنفری‌کردن.

quad.ri.par.tite, *adj.*
چهارجزئی،چهارتائی، چهارسوئی، چهارجانبه.

quad.ri.valent, *adj. & n.*
چهاربنیانی، چهار ارزشی.

qua.droon, *n.* ازنژاد سفید وسیاه.

qua.drum.vi.rate, qua.drumvir, *n.*
[م.م.] انجمنی‌مرکب ازچهارتن، چهارنفری.

quad.ru.ped [*kwɔ́druped*] *adj. & n.* [ج.ش.] چهارپا، جانورچهارپا، ستور.

quad.ru.pe.dal, *adj.* چهارپائی.

quad.ru.ple [*kwɔ́drupl*] (**-d, quadrupling**) *n., adj., vt. & vi.*
چهاربرابر، چهارلا، چهاربرابر کردن.

quad.rup.let [*kwɔ́druplet*] *n.*
چهارگانه، اربعه، چهارقلو.

qua.dru.pli.cate (**- d, quadruplicating**) *adj., n. & vt.*
چهارنسخه‌ای، چهاربرابر، چهاربرابر کردن،در چهار نسخه تهیه‌کردن.

quaff [*kwa:f, kwɔ(:)f*] (**-ed, -ing**) *n., vt. & vi.*
زیاد نوشیدن، سرکشیدن، جرعه.

quaff.er, *n.* باده‌گسار،نوشنده.

quag=marsh, bog, *n. & vi.*
باتلاق، لرزیدن، لرزاندن.

quagmire [*kwœ́gmaiə*] *n. & vt.*
مرداب، باتلاق، درلجن انداختن.

quail [*kweil*] (**-ed, -ing**) (*pl.* **-s**) *n., vt. & vi.*
(ج.ش.) بلدرچین، بدبده، شانه خالی‌کردن، از میدان دررفتن، ترسیدن، مردن، پژمرده شدن، لرزیدن، بی‌اثربودن، دلمه شدن.

quaint [*kweint*] *adj.*
خیلی‌ظریف، از روی مهارت، عجیب وجالب.

quake [*kweik*] (**-d, quaking**), *n., vt. & vi.*
لرزیدن، تکان خوردن، لرزش داشتن، بهیجان آمدن، مرتعش شدن، لرزش،لرزه.

quak.er [*kwéikə*] *n. & vi.*
لرزنده، مرتعش، ملخ، عضوفرقهٔ کویکر.

qual.i.fi.ca.tion [*kwɔlifikéiʃən*], *n.* صفت، شرط،قید،وضعیت، شرایط، صلاحیت.

Without q. مطلقاً، بی‌قید وشرط.

qualified [*kwɔ́lifaid*] *adj.*
شایسته، قابل، دارای شرایط لازم، مشروط.

qual.i.fi er [*kwɔ́lifaiə*] *n.*
ملایم‌سازنده، فرع اسم یا صفت، کلمهٔ توصیفی.

qual.i.fy [*kwɔ́lifai*] (**-ied, qualifying**) *vi., n. & vt.* محدودکردن، تعیین کردن، قدرت را توصیف کردن، از بدی چیزی کاستن، منظم کردن، کنترل کردن.

qual.i.ta.tive [*kwɔ́litətiv,- tèitiv*] *adj.* مقداری، چونی.

qual.i.ty [*kwɔ́liti*] (*pl.* **-ies**) *n. & adj.* چونی، کیفیت،وجود، خصوصیت،طبیعت، نوع، ظرفیت، تعریف، صفت،نهاد، چگونگی.

Of good q. جنس خوب، مرغوب.

qualm [*kwa:m, kwɔ:m*] *n.*
حالت تهوع، عدم اطمینان، بیم،تردید، ناخوشی همه‌جاگیر.

quan.da.ry [*kwɔndɛ'əri, kwɔ́ndəri*] *n.* سرگردانی، گیجی، تحیر،حیرت،معما.

quan.ti.fi.able, *adj.*
قابل سنجش یا تعیین.

quan.ti.fi.ca.tion, *n.*
معرفی عناصر یك جسم، تعریف، تعیین خاصیت.

quan.ti.fy (**-ied, -ing**) *vt.*
کمیت‌را تعیین کردن، چندی بیان کردن، محدود کردن، کیفیت چیزی را معلوم کردن.

quan.ti.tate (**-d, quantitating**) *vt.* چندی چیزی را تعیین کردن.

quan.ti.ta.tion, *n.* چندی سنجی.

quan.ti.ta.tive [*kwɔ́ntitèitiv, —tətiv*] *adj.* مقداری، کمی،چندی، بیان‌شده برحسب‌صفات، وابسته بخاصیت حرف هجادار.

Q. analysis. تجزیهٔ کمی.

quan.ti.ty [*kwɔ́ntiti*] (*pl.* **-ies**), *n.* مقدار، چندی، کمیت، قدر، اندازه، حد، مبلغ.

quan.tize, *vt.* با تئوری و فرمول صفات و کیفیت چیزی را تعیین کردن، نیرو را با فرمول اندازه‌گیری کردن.

quan.tum (*pl.* **quanta**) *n.* مقدار، کمیت، اندازه، درجه، میزان، مبلغ.

quar.an.tine [*kwɔ́rənti:n*] (**-d, quarantining**) *vi., n. & vt.* قرنطینه، قرنطینه، محل قرنطینه، قرنطینه کردن.

quar.rel [*kwɔ́:rəl*] (**-ed, -ing, -led, -ling**) *vi., n. & vt.* پرخاش، نزاع، دعوی، دعوا، ستیزه، اختلاف، گله، نزاع کردن، دعوی کردن، ستیزه کردن.

quar.rel.some [*kwɔ́rəlsəm*] *adj.* ستیزه‌جو.

quar.ri.er, *n.* کارگر معدن سنگ.

quar.ry [*kwɔ́ri*] (**-ied, -ing**) (*pl.* **-ies**) *vt., vi. & n.* لاشهٔ شکار، شکار، صید، تودهٔ انباشته، شیشهٔ الماسی چهارگوش، آشکار کردن، معدن سنگ.

quart [*kwɔ:t*] *n.* کوارت، پیمانه‌ای در حدود یک لیتر.

quar.tan, *adj. & n.* چهار روز یکبار، بطور چهارگانه.

quar.ter [*kwɔ́:tə*] (**-ed, -ing**), *vt., vi., adj. & n.* یک‌چهارم، یک‌چارک، چهارک، ربع، مدت سه ماه، محل، اقامتگاه، محله، بخش، ربعی، به‌چهار قسمت مساوی تقسیم کردن، پناه بردن به.

A q. past 4. ساعت چهار و ربع.

At close quarters. ازنزدیک، پهلوی.

quar.ter.age, *n.* قسط سه ماهه، مزد سه ماهه، خانه، جا.

quarterback, *vt., vi. & n.* (در فوتبال) بازیکن خط‌حمله، کارفرمائی کردن.

quarter day [*kwɔ́:tədèi*] *n.* روز پرداخت قسط، موعد پرداخت.

quarterdeck [*kwɔ́:tədèk*] *n. & vi.* عرشهٔ کوچک عقب‌کشتی، قسمتی از عرشهٔ کشتی جنگی مخصوص انجام تشریفات نظامی و غیره.

quarterfinal, *adj. & n.* دورهٔ یک چهارم نهائی در مسابقات حذفی.

quartering, *adj. & n.* تردد، قائمه، تقسیم چیزی بچهار بخش، زاویهٔ نود درجه.

quar.ter.ly [*kwɔ́:təli*] *adj., adv. & n.* سه ماهه، (مجله‌وغیره) سه ماه‌یکبار.

quartermaster [*kwɔ́:təmà:stə*], *n.* (نظ.) سررشته‌دار، متصدی.

quar.tern [*kwɔ́:tən*] *n.* نان بوزن چهار پوند [رطل]، یک چهارم پوند، یک چهارم پینت، یک‌گیل (**gill**).

quartersaw (**-ed, -n, -ing**), *vt.* الوار را بچهار قسمت بریدن، چوب را بچهار قسمت اره کردن.

quarterstaff [*kwɔ́:təstà:f*] *n.* چماق، گرز، واحد بموت.

quar.tet [*kwɔ:tét*]=**quar.te-tte**, *n.* قطعهٔ موسیقی مخصوص چهار تن خواننده یا نوازنده، گروه چهار تنی که قطعه‌ای را بسرایند.

quar.to [*kwɔ́:tou*] *n.* ربع کاغذی، درکاغذهای یک ربعی چاپ شده.

quartz [*kwɔ:ts*] *n.* [مع.] کوارتز، درکوهی، سنگ چینی.

quash [*kwɔʃ*] (**-ed, -ing**) *vt. & vi.* نقض کردن، باطل کردن، الغاء کردن، باضربه‌زدن، له کردن، فرونشاندن.

qua.si [*kwéisai*] *adj. & adv.* شبیه، شبه، بصورت پیشوند نیز بکاررفته وبمعنی «شبه» و «بظاهر شبیه» است.

quater.nary, *adj. & n.* دوران چهارم، چهارواحدی، چهار عضوی، چهارتائی.

qua.ter.ni.on, *n.* ورق کاغذی که چهار تاه خورده باشد، قسمت چهارگانه، بخش چهارگانه، چهار.

qua.train [*kwɔ́trein*] *n.* شعر چهار سطری، رباعی.

qua.ver [*kwéivə*] (**-ed, -ing**), *n., vt. & vi.* لرزش وتحریر صدا درآواز، ارتعاش، ارتعاش‌داشتن.

quay [*ki:*] *n.* اسکله، دیوار ساحلی.

quay.age, *n.* [illegible]

quayside, *n.* زمین اطراف بارانداز.

quean, *n.* جنده، فاحشه، دختر.

quea.sy=quea.zy [*kwí:zi*] *adj.* تهوع‌آور، لطیف مزاج، وسواسی، زیاد دقیق.

Que.bec, *n.* استان «کبک» در مشرق کانادا.

queen [*kwi:n*] *vt., vi. & n.* شهبانو، ملکه، زن پادشاه، (ورق‌بازی) بی‌بی، (درشطرنج) وزیر، ملکه شدن.

Q. consort. زن یا همسر پادشاه.

Q. mother. ملکهٔ مادر.

queenlike, *adj.* ملکه‌وار.

queer [*kwiə*] (**-er, -est**) *n., adj., adv. & vt.* عجیب وغریب، غیرعادی، خل، خنده‌دار، مختل کردن، گرفتار شدن.

queer.ish [*kwíəriʃ*] *adj.* عجیب، خل.

quell [*kwel*] (**-ed, -ing**) *n. & vt.* فرونشاندن، سرکوبی کردن، تسکین دادن.

quench [*kwen(t)ʃ*] (**-ed, -ing**), *n., vt. & vi.* فرونشاندن، دفع کردن، خاموش کردن، اطفا.

water quenches thirst. آب عطش را فرو مینشاند.

quench.er, *n.* اطفاکننده، تسکین‌دهنده.

quer.u.lous [*kwér(j)uləs*] *adj.* کج‌خلق، زودرنج، گله‌مند، ستیزه‌جو، شکوه‌گر.

que.ry [*kwíəri*] (**-ied, query-ing**) (*pl.* **-ies**) *vt. & n.* تحقیق و بازجوئی کردن، پرسیدن، استنطاق کردن، پرسش، سؤال، تردید، جستار، استفسار.

Raise a q. سؤال یا ایراد کردن.

quest [*kwest*] (**-ed, -ing**) *n., vt. & vi.* جستجو، تلاش، جویش، طلب، بازجوئی، تحقیق، جستجو کردن.

quest.er, *n.* جستجوکننده، جوینده.

ques.tion [*kwéstʃən*] (**-ed,-ing**), *n., vt. & vi.* سؤال، پرسش، استفهام، مسئله، موضوع، پرسیدن، تحقیق کردن، تردید کردن در.

Out of the q. غیر عملی، غیرممکن.

Put a q. to someone. سؤال از کسی کردن، چیزی از کسی پرسیدن.

ques.tion.able [*kwéstʃənəbl*], *adj.* مشکوک.

ques.tion.er [*kwéstʃənə*] *n.* سؤال کننده، پرسشگر.

question mark, *n.* علامت سؤال، پرسش‌نشان.

ques.tion.naire [*kèstiɔnɛ́ə, kwèstʃənɛ́ə*] *n.* پرسشنامه.

queue [*kju:*] (**-d, -ing**) *n., vt. & vi.* صف اتوبوس و غیره، صف، در صف ایستادن.

quib.ble [*kwíbl*] (**-d, quibbl-ing**) *n., vt. & vi.* کنایه، نیش‌کلام، نیرنگ در سخن، زبان بازی کردن، ایهام‌گوئی کردن، محاجه، محاجه کردن.

quick [*kwik*] (**-er, -est**), *adj. & n.* تند، چابک، فرز، سریع، زنده.

Q. wit. هوش زیاد، تیز هوشی.

quick.en [*kwík(ə)n*] (**-ed,-ing**), *n., vt. & vi.* زنده کردن، جان‌دادن‌به، روح بخشیدن، تسریع‌شدن، تخمیر کردن، زنده شدن.

quick-freeze, *vt. & n.* [غذارا] بسرعت‌سرد کردن [برای‌حفظ‌موادغذائی‌ازفساد].

quick.ie, quicky, *n.* چیزیکه بسرعت انجام‌شود.

quicklime [*kwíklaim*] *n.* آهک زنده، آهک خام.

quick.ly, *adv.* بسرعت، تند.

quicksand [*kwíksænd*] *n.* ریگ روان، تله، دام، ماسهٔ متحرک.

quickset [*kwíksét*] *adj. & n.* (گ.ش.) ولیک، بوته‌های پرچینی ازقبیل‌خفچه و غیره، پرچین خفچه، خارپشته.

quicksilver [*kwíksilvə*]=**mer-cury**, *n.* جیوه.

quickstep, *n.* گام‌سریع، رقص‌تند.

quick-tempered, *adj.* تند مزاج.

quick-witted, *adj.* تیز هوش.

quid [*kwid*] (*pl.* **-s**) *n. & vi.* نشخوار، یک لیره، نشخوار کردن.

quid.di.ty, *n.* چیستی، ذات، ماهیت، جوهر، ناچیز.

quid pro quo [*kwíd proukwóu*], *n.* [لاتین]درعوض، بجای، عوض، جبران، تعویض.

qui.es.cence [*kwaiésəns*] *n.* سکون، بی‌حرکتی، خاموشی، جزم.

qui.es.cent [*kwaiésnt*] *adj.* ساکن.

qui.et [*kwáiət*] (**-ed, -ing**) *vt., vi., adv., adj. & n.* آرامش، سکون، رفاه، آرام، ساکن، خاموش، بیصدا، آرام کردن، بیصدا کردن، ساکت کردن.

It was all q. خبری نبود.

qui.et.en [*kwáiətən*]=**quiet**, *vt. & vi.* آرام کردن، تسکین‌دادن، ساکت کردن.

qui.et.er, *n.* آرام‌کننده، آرامتر.

qui.et.ism, *n.* آرامش‌گرائی، فرقهٔ متصوفهٔ اهل سکوت، تسلیم، سکوت.

qui.e.tude [*kwáiətju:d*]=**quiet-ness, repose**, *n.* آرامش، سکون.

qui.e.tus [*kwaií:təs*] *n.* رهائی، خلاصی، تبرئه، پاکی، برائت، مفاصا.

quill [*kwil*] (**-ed, -ing**) *n. & vt.* پر بلند بال پرنده، ساقهٔ تو خالی پر، تیغ‌جوجه‌تیغی، قلم پر، چین دادن، پر کندن از.

quilt [*kwilt*] (**-ed, -ing**) *vi., n. & vt.* لحاف، بالاپوش، مثل لحاف‌دوختن.

quilt.er, *n.* لحاف‌دوز.

quince [*kwins*] *n.* [گ.ش.] درخت به، به.

qui.nine [*kwini:n*] *n.* گنه‌گنه، جوهر گنه‌گنه.

quin.quen.nial, *adj. & n.* هر پنج سال یکبار، پنج ساله، دورهٔ پنج ساله.

quin.quen.ni.um (*pl.* **-s, -quennia**) *n.* دورهٔ پنج ساله.

quin.que.valent, quin.qui.va-lent=pentavalent, *adj.* پنج بنیانی.

quint, *n.* مالیات پنج یک، خمس، قایق پنج بادبانی.

quin.tal [*kwíntl*] *n.* کنتال، واحد وزنی معادل ۱۰۰ کیلوگرم.

quin.tes.sence [*kwintésəns, kwíntəsəns*] *n.* پنجمین وبالاترین عنصر وجود، عنصر پنجم‌یعنی «اثیر» یا «اتر»، جوهر، اصل.

quin.tes.sen.tial, *adj.* جوهری، اصلی.

quin.tet, quin.tette [*kwintét*], *n.* قطعهٔ موسیقی مخصوص ساز و آواز پنج نفری، پنج نفری، پنجگانه.

quin.tu.ple (**-d, quintupling**), *adj., vi., n. & vt.* پنج برابر، ضرب در پنج، پنجگانه، تبدیل به‌پنج کردن.

quin.tup.let [*kwíntjuplit*] *n.* پنج قلو، پنجگانه، پنج تائی.

quin.tu.pli.cate (**-d, quintu-plicating**) *adj., n. & vt.* پنج برابر کردن، پنجمین، پنجمین‌واحد، خامس.

quip [*kwip*] (**-ped, -ping**) *n., vt. & vi.* کنایه، گوشه، مزه‌ریختن، طعنه، بذله، طنز، لطیفه، طعنه‌زدن، ایهام گفتن.

quire [*kwáiə*] (**-d, quiring**), *vt. & n.* چهار ورق کاغذکه تا شده و هشت ورق شده باشد، ورق هشت برگی، کاغذ را دسته کردن.

quirk [*kwə:k*] (**-ed, -ing**) *vi., n. & vt.* تزئینات یا خصوصیات خط‌نویسی شخص، خصوصیات، تغییر ناگهانی، حیاط، تغییر فکر، دمدمی مزاجی، تناقض‌گوئی، تغییر جهت دادن (بطور سریع).

quirt (**-ed, -ing**) *n. & vt.* تازیانهٔ دسته‌کوتاه، با تازیانهٔ دسته‌کوتاه زدن.

quis.ling, *n.* حاکم دست نشاندهٔ اجنبی.

quit [*kwit*] (**-ted, -ting**) *n., adj., vt. & vi.* ترک، متارکه، رها سازی، خلاصی، ول کردن، دست‌کشیدن از، تسلیم شدن.

quitclaim (**-ed, -ing**) *vt. & n.* ترک دعوی، چشم پوشیدن از، واگذار کردن.

quite [*kwait*] *adv.* کاملاً، بکلی، تماماً، سراسر، واقعاً.

quits [*kwits*] *adj. & n.* مفاصا، واریز شده، بی‌حساب، تلافی شده.

I will be q. with him. تلافی بر سرش در خواهم آورد.

quit.tance [*kwítəns*] *n. & vt.* رسید مفاصا، برائت، پاکی، تبرئه، پاداش، بازپرداختن، جبران کردن.

quit.ter, *n.* واگذارنده، ترک‌کننده، آدم ترسو، آدم بیوفا.

quiv.er [*kwívə*] (**-ed, -ing**) *n., adj., vt. & vi.* ترکش، تیردان، بهدف خوردن، درتیردان‌قرارگرفتن، لرزیدن، ارتعاش.

qui vive [*kì:ví:v*] *n.* مراقب، گوش بزنگ.

quix.ote [*kwíksɔt*] *n.* آدم خیال پرست.

quix.o.tism, quix.o.try, *n.* خیالپرستی.

quiz [*kwiz*] (*pl.* **quizzes**) (**-zed, -zing**) *n., vt. & vi.* امتحان، آزمایش کردن، چیزعجیب، مسخره کردن، شوخی، پرسش وآزمون.

quiz.zi.cal [*kwízikl*] *adj.* عجیب وغریب، شوخ، مبهوت، مات.

quiz.zi.cal.i.ty, *n.* غرابت.

quod [*kwɔd*]=**prison**, *n.* زندان.

quoin [*kɔin, kwɔin*](**-ed, -ing**), *n. & vt.* سنگ زاویه، سنگ نبش، آجر نبش، کنج، سنگ نبش‌گذاشتن، گوه، گوشه.

quoit [*kɔit, kwɔit*] *n., vt. & vi.* نعل یا حلقهٔ آهنی‌که در بازی پرت مینمایند تا روی میخی بیفتد، بازی میخ و حلقه، افکندن.

quon.dam [*kwɔ́ndæm*]=**for-mer, sometime**, *adj.* قبلی، مربوط به چندی قبل، سابق.

quo.rum [*kwɔ́:rəm*] (*pl.* **-s**) *n.*
حد نصاب، اکثریت لازم برای مذاکرات.
quo.ta [*kwóutə*] (*pl.* **-s**) *n.*
سهمیه، سهم، بنیچه.
quot.able [*kwóutəbl*] *adj.*
نقل‌کردنی، شایستهٔ نقل‌قول‌کردن.
quo.ta.tion [*kwoutéiʃən*] *n.*
نقل قول، بیان، ایراد، اقتباس، عبارت، مظنه.
quotation mark, *n.*
علامت نقل قول (یعنی این علائم „ “).
quote [*kwout*] (**-d, quoting**), *n., vt. & vi.* نقل‌قول‌کردن، ایرادکردن، مظنه دادن، نقل بیان‌کردن.
quo.tid.i.an, *adj. & n.*
روزانه، یومیه، روزمره، پیش پا افتاده.
quo.tient [*kwóuʃənt*] *n.*
(ر.) بهر، خارج قسمت.
Qur'an, Quran=koran, *n.*
قرآن.

R

انگلیسی English	خط میخی پارسی Old Persian Cuneiform	پهلوی اشکانی Parthian Pahlavi	پهلوی ساسانی Sassanian Pahlavi	پهلوی کتابی Book Pahlavi	اوستائی Avestan	فارسی Modern
R	𐎼 𐎽	𐭓	𐭥	[illegible]	𐬭	ر

R [*a:*]
حرف «ر» هیجدهمین حرف الفبای انگلیسی.
rab.bet (**-ed, -ing**) *n., vt. & vi.*
کنش‌کاو، دارای کنش‌کاوکردن، باکنش‌کاو بهم پیوستن، جفت‌کردن نر و مادگی یاکام و زبانهٔ لبهٔ تخته و امثال آن.
rab.bi [*rǽbai*] (*pl.* **-s, -es**) *n.*
خاخام، عالم یهودی.
rab.bit [*rǽbit*] (*pl.* **-s**) (**-ed, -ing**) *n., vt. & vi.*
خرگوش، شکار خرگوش‌کردن.
rab.ble [*rǽbl*] (**-d, rabbling**), *adj., n. &vt.* دسته، تودهٔ‌طبقات‌پست،ازدحام، اراذل واوباش، با اراذل واوباش‌حمله‌کردن‌به.
rab.ble.ment, *n.*
ازدحام، تودهٔ مردم پست.
rabble-rouser, *n.*
تحریك‌کنندهٔ تودهٔ مردم، عوام‌انگیز.
rab.id [*rǽbid*] *adj.* بد اخلاق، متعصب، خشمگین، هار، وابسته به‌هاری.
ra.bid.i.ty, *n.* هاری.
ra.bies [*réib(i)i:z*] *n.pl.*
گزیدگی سگ هار، بیماری هاری.
rac.coon=ra.coon [*rəkú:n*] (*pl.* **-s**) *n.* [ج.ش.] راکون.
race [*reis*] (**-d, racing**) *n., adj., vt. & vi.* مسابقه، گردش، دور، دوران، مسیر، دویدن، مسابقه دادن، بسرعت رفتن، نژاد، نسل، تبار، طایفه، قوم، طبقه.
racecourse, *n.* اسپریس،دور مسابقه.
ra.ceme [*rǽsi:m, ræsí:m*] *n.*
[گ.ش.] خوشه، گل‌آذین خوشه‌ای.
rac.er [*réisə*] *n.*
مسابقه‌گذار، مسابقه دهنده، سریع‌السیر، تندرو.
racetrack, *n.*
خط سیر مسابقه، مسیر مسابقه.
ra.chi.tis, rha.chi.tis, *n.*
[طب-م.ل.] آماس یا ورم مهرهٔ پشت.
ra.cial [*réiʃəl*] *adj.* نژادی.
racing [*réisiŋ*] *adj. & n.* [مج.] مسابقه، رقابت، مربوط بمسابقه، مسابقه دهنده.
rac.ism, *n.* نژاد پرستی، تبعیض نژادی.
rac.ist, *n.* نژاد پرست.
rack [*ræk*], (**-ed, -ing**) *n., vt. & vi.* چنگك جا لباسی، جاکلاهی، نوعی آلت شکنجه مرکب ازچند سیخ یا میلهٔ نوك تیز، شکنجه، چرخ دنده‌دار، عذاب دادن، رنج بردن، بشدت‌کشیدن، دندانه دار کردن، روی چنگك‌گذاردن لباس و غیره.
rack.et [*rǽkit*]=**rac.quet,** (**-ed, -ing**) *n., vt. & vi*
راکت، راکت تنیس، جار و جنجال، سر و صدا، صدای غیر متجانس، عیاشی و خوشگذرانی، مهمانی پر هیاهو.
rack.e.teer [*rækitíə*] *n., vt. & vi.* اخاذ (akhaaz)، قلدر باجگیر، قاچاقچی، ازراه‌قاچاق‌یاشیادی‌پول‌بدست‌آوردن.
rack.ety [*rǽkiti*] (**-ier, -iest**), *adj.* پرهیاهو، پرسروصدا، عیاش، خوشگذران.
rac.on.teur [*rækɔtə':*] *n.*
داستانسرا، قصه‌گوی زبردست.
racy [*réisi*] (**-ier, -iest**) *adj.*
دارای طعم اصلی، دارای صفات اصلی ونژادی، تند، با مزه، با روح، با نشاط، مهیج، جلف.
ra.dar, *n.* رادار.
ra.dar.man, *n.* متصدی رادار.
ra.di.al [*réidiəl*] *adj. & n.*
پرتوی،شعاعی، محوری، مربوط به‌رادیو، تابشی.
ra.di.an, *n.*
[ر.] واحداندازه‌گیری سطح زاویه‌دار، رادیان، زاویهٔ مرکزی قوس دایره.
ra.di.ance [*réidiəns*]=**ra.di.an-cy,** *n.* تشعشع، درخشندگی، پرتو، شید.
ra.di.ant [*réidiənt*] *adj. & n.*
تابناك،متشعشع، پرجلا،درخشنده، شعاعی، ساطع.
ra.di.ate [*réidieit*] (**-d, radi-ating**) *vt., vi., adj. & n.* تابیدن، پرتو افکندن، شعاع افکندن، متشعشع شدن.
ra.di.a.tion, -al [*rèidiéiʃən*] *n.*
تابش، پرتوافشانی، تشعشع، برق، جلا.
ra.di.a.tive, *adj.* متشعشع،تابشی.
ra.di.a.tor [*réidieitə*] *n.* دماتاب، رادیاتور،گرما تاب، خنك‌کن بخاری.
rad.i.cal [*rǽdikl*] *n. & adj.*
ریشه، قسمت اصلی، اصل، سیاست مدار افراطی، طرفدار اصلاحات‌اساسی، بنیان، بن‌رست، ریشگی.
rad.i.cal.ism [*rǽdikəlizm*] *n.*
گرایش به‌سیاست افراطی، تندروی وافراط.
rad.i.cate (**-d, radicating**), *vt. & vi.*
ریشه‌دارکردن، ریشه‌گرفتن، ریشه‌دار شدن.
ra.dio [*réidiou*] (*pl.* **-s, -ed, -ing**) *adj., vt., vi. & n.*
رادیو، رادیوئی، با رادیو مخابره‌کردن، پیام رادیوئی فرستادن.
ra.dio.active [*réidiouǽktiv*], *adj.* رادیواکتیو، پرتو افشان، تابش‌دار.
ra.dio.activity [*réidiouæktí-viti*] *n.* رادیواکتیویته،تابش، پرتوافشانی.
ra.dio.broadcast, *vt.*
پخش و سخن پراکنی بوسیلهٔ رادیو.
ra.dio.cast, *vt.* توسط رادیو گستردن.
ra.dio.gram [*réidiougræ̀m*] *n.*
عکسبرداری بوسیلهٔ اشعهٔ مجهول، پیام رادیو تلگرافی، پیام رادیوئی، پرتونگاره.
ra.dio.graph, -ic [*réidiougrà:f*], *n., vt. & adj.* پوتونگار، عکس رادیوئی، پیام‌رادیو تلگرافی‌فرستادن، مخابرات رادیوئی.
ra.di.og.ra.phy [*rèidiɔ́grəfi*] *n.*
عکسبرداری‌رادیوئی،مخابررادیوئی،پرتونگاری.
ra.dio.isotope, *n.*
ایزوتوپ رادیو اکتیو، ایزوتوپ پرتو افشان.
ra.di.ol.o.gist, *n.* پرتوشناس.
ra.di.ol.o.gy, *n.*
پرتوشناسی، رادیولوژی.
ra.dio.therapy, *n.* پرتودرمانی، رادیو تراپی، درمان بوسیلهٔ نیروی تشعشعی.
rad.ish [*rǽdiʃ*] *n.*
[گ.ش.] تربچه، برگ یا علف تربچه.
ra.di.um [*rédiəm*] *n.* رادیوم.
ra.di.us [*réidiəs*] (*pl.* **radii, -es**) *n. & vt.* شعاع، شعاع دایره، زند زبرین، نصف قطر، برش‌دادن.
ra.dix (*pl.* **radices**) *n.*
منشاء، سرچشمهٔ اولیه، پایه، منبع اصلی.
raff.ish [*rǽfiʃ*] *adj.* بی‌ارزش،بدنام.
raf.fle [*rǽfl*] (**-d, raffling**), *n. & vt.*
نوعی بازی قدیمی، لاتار، بخت‌آزمائی‌کردن.
raft [*ra:ft*] *n., vt. & vi.*
دستهٔ‌الوارشناوربرآب، دگل،قایق‌مسطح‌الواری، با قایق الواری رفتن یا فرستادن.
raf.ter [*ra:ftə*] *n., vt. & vi.*
تیرعرضی‌طاق، پالار،گلهٔ‌مرغ، الواردارکردن.
rafts.man [*rá:ftsmən*](*pl.***-men**), *n.* جاشو، مردی‌که الوار را بهم می‌چسباند.
rag [*ræg*] (**-ged, -ging**) *n., vt. & vi.* کهنه، لته، ژنده، لباس مندرس،کهنه شدن، بی‌مصرف شدن.
rag.a.muf.fin [*rǽgəmʌfin*] *n.*
ژولیده، آدم‌کثیف و بی‌سر و پا، ژنده‌پوش.
rag doll, *n.* عروسك پارچه‌ئی.
rage [*reidʒ*] (**-d, raging**) *n. & vi.* دیوانگی، خشم، غضب، خروشیدن، میل مفرط، خشمناك شدن، غضب‌کردن، شدت داشتن.
rag.ged [*rǽgid*] *adj.*
زبر،خشن، ناصاف، ناهموار، ژنده،کهنه.
rag.gedy, *adj.* ژنده.
rag.lan, *n.*
پالتو آستین‌گشاد سبك و فراخ.
rag.man [*rǽgmən*] *n.* کهنه‌خر، کهنه‌فروش، سند دارای اسامی ومهر وامضاهای‌زیاد.
ra.gout [*rægú:*](**-ed, -ing**) *vt. & n.* راگو، راگوپختن، پرادویه‌کردن، تندوبامزه.
ragpicker, *n.* کهنه‌وژنده‌جمع‌کن.
rag.tag and bobtail [*rǽgtæg*] =**rabble,** *n.* تودهٔ مردم پست.
rag.time [*rǽgtaim*] *n.* موسیقی ضربی، ضرب و رنگ (reng) در موسیقی.
ragweed, *n.* [گ.ش.] نوعی ابروسیا.
rah=hurrah, *interj., n. & vi.*
هورا، براوو، هوراکشیدن.
rah-rah, *adj. & vi.*
دارای روحیهٔ دانشجوئی، شعار دهنده برای دانشکده، هورا هورا گفتن.
raid [*reid*] (**-ed, -ing**) *n., vt. & vi.* تاخت و تاز، یورش، حملهٔ‌ناگهانی، ورود ناگهانی‌پلیس،یورش‌آوردن، هجوم‌آوردن.
raid.er [*réidə*] *n.* مهاجم، یورش برنده.
rail [*reil*] (*pl.* **-s, -ed, -ing**), *n., vt., adj. & vi.* سرزنش، توبیخ، سرکوفت، طعنه، ریل خط‌آهن، خط‌آهن، نرده، نرده‌کشیدن، توبیخ‌کردن.
rail.er, *n.* سرزنش‌کننده، طعنه زن.
railing [*réiliŋ*] *n.* نرده، ریل، سرزنش.
rail.lery [*réiləri*] (*pl.* **-ies**) *n.*
شوخی، استهزاء، سرزنش، انتقاد، توبیخ.
rail.road [*réilroud*] (**-ed, -ing**), *n., vt., adj. & vi.*
راه‌آهن، با راه‌آهن فرستادن یا سفرکردن، سرهم‌بندی‌کردن، پاپوش درست‌کردن.
rail.road.er, *n.* کارگر راه‌آهن.
rail.way [*réilwei*] *n.*
خط‌آهن، راه‌آهن، وابسته به‌راه‌آهن.
rai.ment [*réimənt*] *n. & vt.*
جامه، پوشاك، ملبوس پوشاندن.

rain [rein] (-ed, -ing) n., vt. & vi. باران، بارش، بارندگی، باریدن.

R. or shine. چه باران باشد چه آفتاب.

R. cats and dogs. سخت باریدن.

It never rains but it pours. وقتیکه میآید پشت سرهم میآید.

R. coat. پالتو بارانی.

R. drop. ژیگ، قطرهٔ باران.

R. fall. بارندگی، میزان بارندگی.

rain.bow [réinbou] (-ed, -ing), n., vt., adj. & vi. رنگین‌کمان،قوس‌وقزح، بصورت رنگین‌کمان درآمدن.

rain forest, n. جنگل انبوه مناطق گرم و مرطوب باران.

rainmaking, n. ایجاد باران.

rainproof, adj., n. & vt. عایق باران، ضد باران کردن.

rainspout, n. ناودان.

rainstorm, rainsquall, n. باد و باران، باران شدید، باران توأم با توفان.

rainy [réini] (-ier, -iest) adj. بارانی، پر باران، خیس، تر، رگبارگرفته.

raise [reiz] (-d, raising) n., vt. & vi. بالا بردن، بالاکشیدن، بارآوردن، رفیع‌کردن، بر پـا کردن، برافـراشتن، بیدار کردن، توئیدکردن، پروراندن، زیاد کردن، ازبین‌بردن، دفع‌کردن، ترفیع، اضافه‌حقوق.

He raised many objections. مخالفتهای زیادی کرد.

rai.sin [réizn] n. کشمش، رنگ‌کشمشی، رنگ قرمز مایل بآبی.

rai.son d'etre [réizɔ déitr] n. علت وجودی، علت بقا.

raj [ra:dʒ] n. [هندوستان] سلطنت، حکومت.

Ra.ja [rá:dʒə] **Ra.jah,** n. [هندوستان] راجا، امیر یا پادشاه، فرمانروا.

rake [reik] (-d, raking) n., vt. & vi. شیار، اثر، شن‌کش، چنگک، چنگال، خط سیر، جای پا، جادهٔ باریک، شکاف، خمیدگی، شیب، هرزه، فاجر، بداخلاق، فـاسد، دگه، سفر، با سرعت جلو رفتن، با چنگک جمع کردن، جمع‌آوری کردن.

rak.ish [réikiʃ] adj. پست، هرزه، بدکار، فاجر، جلف و زننده.

ral.ly [rǽli] (pl. -ies) (rallied, rallying) vt., n. & vi. صف‌آرائی، دوباره جمع‌آوری کـردن، دوباره بـکار انداختن، نیروی تازه دادن به، گردآمدن، سرو صورت‌تازه‌گرفتن، پشتیبانی کردن، تقویت‌کردن، بالا بردن قیمت.

ram [rǽm] (-med, -ming), n., vt., adj. & vi. قوچ، گوسفند نر، دژکوب، پیستون منگنهٔ آبی، تلمبه، کلوخ‌کوب، کـوبیدن، فـرو بردن، بنقطهٔ مقصود رسانیدن، سنبه زدن، بادژکوب خراب‌کردن، برج حمل.

Ram.a.dan [rǽmədæn] **Ram.a.zan,** n. ماه رمضان (عربی)، ماه صیام.

ram.ble [rǽmbl] (-d, rambling) n., vt. & vi. ولگـردی، سرگردانـی، پریشانـی، بی‌هدفـی، کردن، پرسه زدن.

ram.bler [rǽmblə] n. ولگرد، سرگردان.

ram.bunc.tious, adj. وحشی، غیرقابل‌کنترل، بی‌قانون و قاعده.

ram.i.fi.ca.tion [rǽmifikéiʃən], n. انشعاب، شاخه‌شاخگی.

ram.i.form, adj. شاخه مانند، منشعب.

ram.i.fy [rǽmifai] (-ied, ramifying) vt. & vi. شاخه‌شاخه شدن، منشعب شدن، شاخه دادن، شاخه بستن.

ramp [rǽmp] (-ed, -ing) n., vt. & vi. سرازیر شدن، خزیدن، صعودکردن، بالا بردن یا پائین‌آوردن، سکوب سراشیب، سرازیر، پلهٔ‌سراشیب، پیچ، دست‌انداز، پلکان، سطح شیب‌دار.

ram.page [rǽmpéidʒ] n. & vi. دیوانگی‌کردن، وحشیگری کردن، داد و بیداد.

ram.pa.geous [rǽmpéidʒəs], adj. پرهیاهو، خودسروخروشان.

ram.pan.cy, n. شیوع، فراوانی.

ram.pant [rǽmpənt] adj. شایع، منتشر شده، فراوان، حکمفرما.

ram.part [rǽmpa:t, -pət] (-ed, -ing) n. & vt. بارو، استحکامات، دارای استحکامات کردن، برج و بارو ساختن.

ram.rod [rǽmrɔd] n., vt. & adj. سنبه، میل،سنبهٔ تفنگ یا توپ، سیخ، خم شدنی، تحت‌قاعده ونظم درآوردن.

ram.shackle [rǽmʃækl] adj. & n. متزلزل، ناپایدار، شل، لکنتی، بد خلق.

ran (p. of run) زمان ماضی‌فعل run.

ranch [rǽn(t)ʃ, ra:n(t)ʃ] (-ed, -ing) vt., vi., adj. & n. مزرعه یا مرتع احشام، دامداری‌کردن، درمرتع پرورش احشام‌کردن.

ran.che.ro, rancher (pl.-s) n. [جنوب‌آمر.] دامدار،گله‌دار، چوپان.

ranch.man [rǽn(t)ʃmən, -á:-]= **ranchero,** n. گله‌دار، دامدار.

ran.cid [rǽnsid] adj. ترشیده، بو گرفته، باد خورده، فاسد، نامطبوع، متعفن.

ran.cid.i.ty, n. ترشیدگی، تعفن، بادخوردگی.

ran.cor [rǽŋkə] **rancour,** n. بدخواهی، خصومت دیرین، عداوت.

ran.cor.ous [rǽŋkərəs] adj. معاند، دارای عداوت ودشمنی دیرین.

rand, n. & vt. مرز، کنار، حاشیه، لبه، برآمدگی لبهٔ طبقات سنگ، نوار، تسمهٔ آهنی، تکهٔ درازگوشت، بصورت نواریاتسمه‌درآوردن.

ran.dom [rǽndəm] n., adj. & adv. تصادفی، مسیر ناگهانی، خط سیراتفاقی، فکر تصادفی، غیرعمدی.

At r. بدون قید، تصادفی.

ran.dom.ize, vt. بصورت اتفاقی یـا تصادفی درآوردن، بصورت آمار تصادفی نشان دادن.

rang [rǽŋ] (p. of ring). زمان ماضی فعل ring.

range [rein(d)ʒ] (-ed, ranging), n., vt. & vi. رسائی، چشم‌رس، تیررس، برد، دسترسی، حـدود، خط مبنا، منحنی مبنا، در صف‌آوردن، آراستن، مرتب کـردن، میزان کردن، عبورکردن، مسطح‌کردن، سیر وحرکت کردن.

rang.er [réin(d)ʒə] n. جنگل‌بان، تفنگدارسواره، هنگ‌سوار، ولگردخانه بدوش.

ra.nine, adj. وابسته بوزغ، قورباغه‌ای، وابسته به‌ناحیهٔ زیر نوک زبان.

rank [rǽŋk] (-ed, -ing) (-er, -est) adj., n., vt., adv. & vi. [در مورد جانور] طلب شده، ترتیب، نظم،شکل، سلسله، مقـام، صف، ردیف، قطـار، رشته، شأن، رتبه، آراستن، منظم کـردن، درجه دادن، دسته‌بندی‌کردن، انبوه، ترشیده، جلف.

rank and file, n. شئون مختلف نظامی، نفرات.

rank.er [rǽŋkə] [نظ.] سربازـافسر، سربازی‌کرده، افسر ترفیع یافته، افسر صفی.

ran.kle [rǽŋkl] (-d, rankling) vt., n. & vi. چرک نشستن، چرک جمع کردن، جـان‌گداز بودن، جانسوز بـودن، عذاب دادن.

ran.sack [rǽnsæk] (-ed,-ing), vt., n. & vi. جستجوکردن، زیادکاوش‌کردن، غارت‌کردن، چپاول کردن، لخت‌کردن، چپاول.

ran.som [rǽnsəm] (-ed, -ing), n., vt. & vi. فدیه، خونبها، غرامت جنگی، جزیه، آزادی کسی یا چیزی را خریدن، فدیه دادن.

For a r. باگرفتن فدیه.

ran.som.er, n. فدیه‌دهنده.

rant [rǽnt] = **ranten** (-ed, -ing) n., vt. & vi. لفاظی‌کردن، یاوه‌سرائی کردن، بیهوده‌گفتن، سرزنش‌کـردن، یاوه‌سرائی، بیهوده‌گوئی.

rant.er [rǽntə] n. یاوه‌گو.

rap [rǽp] (-ped, -ping) n., vt. & vi. صدای دق‌الباب، سرزنش سخت، زخم زبان، ضربت تند و سریع زدن، تقصیر.

R. at the door. در زدن.

I don't care a r. بی‌خیالش باش.

ra.pa.cious [rəpéiʃəs] adj. درنده‌خو، ژیان.

ra.pac.i.ty [rəpǽsiti] (pl.-ies), n. آز، غارتگری، یغماگری، درنده‌خوئی.

rape [reip] (-d, raping) vt. & n. هتك ناموس‌کردن، تجاوز بناموس کردن، بزور بردن یا گرفتن.

Ra.pha.el [rǽfeiəl] n. رفائیل.

rap.id [rǽpid] adj., n. & adv. تند، سریع، تند رو، سریع‌العمل، چابك.

R.-fire. [نظ.] آتش سریع، آتش مسلسل.

ra.pid.i.ty [rəpíditi] n. سرعت، تندی.

ra.pier [réipiə] n. شمشیر دو دم، سخمه، سخمه زنی.

rap.ine [rǽpin, rǽpain] n., vt. & vi. غارت، دستبرد، ربایش، غصب، غارت‌کردن.

rap.ist, n. مرتکب زنای بعنف.

rap.per, n. دق‌الباب‌کننده، صدای تق‌تق‌کننده.

rap.port [rǽpɔ:] n. نسبت، ربط، توافق، مناسبت، سازگاری.

rap.proche.ment [rǽprɔʃma], n. ایجاد روابطحسنه، نزدیکی، تمایل بدوستی.

rap.scal.lion [rǽpskǽliən] n. آدم بی‌شرف، آدم رذل، پست، بی‌شرف، رذل.

rapt [rǽpt] (p.p. of rap) adj., n. & vt. مسحور، ربوده‌شده، برده‌شده، مجذوب.

rap.ture [rǽptʃə] (-d, rapturing) n., vt. & vi. ازخود بیخودی، شعف و خلسهٔ روحـانی، حالت جـذب وانجذاب، وجد روحـانی، ربایش، جذبه، شور، بوجدآوردن، ازخود بیخودکردن، خلسه.

rap.tur.ous [rǽptʃərəs] adj. دارای شوروشعف، هیجان انگیز.

rare [rɛə] adj. & adv. نادر، کمیاب، کم، رقیق، لطیف، نیم پخته.

rar.e.fac.tion, - al, adj. & n. ترقیق.

rar.e.fac.tive, adj. رقیق شونده.

rar.e.fy=rar.i.fy (-ied, -ing), vt.&vi. رقیق‌کردن، منبسط‌کردن، تصفیه‌کردن.

raring, adj. پر از اشتیاق، مشتاق.

rar.i.ty [rɛ́əriti] (pl. -ies) n. کمیابی، کمی، چیز کمیاب، نادره، تحفه.

ras.cal [rá:skl] adj. & n. نابکار، آدم رذل، شخص پست، آدم حقه‌باز، پست‌فطرت.

ras.cal.i.ty, n. رذالت، نابکاری.

rase (-d, rasing) vt. & vi. بریدن، خراش‌دادن، خراشیدن، تراشیدن، مسطح کردن، با خاك یکسان‌کردن، له‌کردن.

rash [rǽʃ] (-er, -est) adj., adv. & n. تند، عجول، بی‌پروا، بی‌احتیاط، محل خارش یا تحریك روی پوست، جوش، دانه.

rash.er [rǽʃə] n. ورقهٔ نازك‌گوشت سرخ‌کردنی، قسمت.

rasp [ra:sp] (-ed, -ing) n., vt. & vi. سوهان زدن، تراش‌دادن، باصدای سوهان‌گوش راآزردن، سوهان، صدای سوهان.

rasp.ber.ry [rá:zbəri] (pl. -ies), n. (گ.ش.) تمشك.

rasp.er, n. سوهان‌زن، ساینده.

raspy, adj. دارای‌صدای‌گوش‌خراش.

ra.sure, n. [ك.] تراش، خراش، زدودگی، خراشیدگی.

rat [rǽt] (-ted, -ting) n., vt. & vi. (ج.ش.) موش صحرائی، آدم موش صفت، موش‌گرفتن،کشتن، دستهٔ خـود را ترك‌کردن، خیانت.

rat.able, rate.able [réitəbl], adj. مشمول مالیات، قابل تقویم، نرخ بردار.

ratch [rǽtʃ] n., vi. & vt. کنار یا لبهٔ‌کشتی، سگ‌شکاری، علامت سفید، کشیدن.

ratch.et [rǽtʃit] vt., n. & vi. ضامن چرخ دنده، گیرهٔ عایق، چرخ ضامن‌دار، ضامن‌دار کردن.

ratchet wheel, n. چرخ‌ضامن، چرخ دندانه‌دار متحرك بوسیلهٔ موتور.

rate [reit] (-d, rating) n., vt. & vi. درجند، نرخ، سرعت، روش، طرز، منوال، نرخ بستن‌بر، بهاگذاشتن بر، برآوردکردن، شمردن.

At the r. of. از قرار.

At any r. بهرقیمت، بهرصورت، بهرمظنه.

I r. him among poets. من او را در زمرهٔ شعرا میدانم.

rat.er [réitə] n. سرزنش‌کننده، نرخ‌بند، تخمین‌زن، ارزیاب.

rath.er [rá:ðə] adv. سریع‌تر، بلکه، بیشتر، تا یك اندازه، نسبتاً، بـا میل بیشتری، ترجیحاً.

I would r. resign than flatter. بهتر میدانم استعفا دهم تا اینکه تملق بگویم.

It is rather cold. نسبتاً هوا سرداست.

rat.i.fi.ca.tion [rǽtifikéiʃən], n. تصدیق، تصویب، [حق.] قبول، قبولی، انعقاد.

rat.i.fy [rǽtifai] (-ied, -ing), vt. بتصویب رساندن، تصویب‌کردن.

rating [réitiŋ] n. سرزنش، دسته‌بندی، درجه، رتبه، نرخ.

ra.tio [réiʃiou] (pl. -s) n. نسبت، نسبیت، نسبت معین وثابت، قسمت، سهم.

rati.oci.nate (-d, ratiocinating) vi. استدلال‌کردن، دلیل‌آوردن.

rati.oci.na.tion [rǽtiɔsinéiʃən], n. استدلال.

rati.oci.na.tive, adj. استدلالی.

ra.ti.oci.na.tor, n. استدلال‌کننده.

ra.tion [rǽʃən] (-ed, -ing), vi., n. & vt. [نظ.] جیره، مقدار جیرهٔ روزانه، سهم، خارج قسمت، سهمیه، سهم دادن، جیره بندی‌کردن.

ra.tio.nal [rǽʃənəl] adj. & n. مستدل، مدلل، معقول، عقلانی، منطقی.

ra.tio.nale, n. توضیح اصول عقاید، اس اساس، بنیاد و پایه.

ra.tio.nal.ism [rǽʃənəlizm] n. فلسفهٔ عقلانی، عقل‌گرائی.

ra.tio.nal.ist, -ic [rǽʃənəlist, -ik] n. & adj. معتقد بفلسفهٔ عقلانی.

ra.tio.nal.i.ty, n. عقلانیت.

ra.tio.nal.iza.tion [rǽʃənəlaizéiʃən] n.

انطباق با اصول عقلانی، عقلانی کردن، توجیه.

ra.tio.nal.ize [*rǽʃənəlaiz*] (-d, **rationalizing**) *vt.* منطقی کردن، با استدلال عقلی توجیه یا تفسیر کردن.

ratlike, *adj.* موش‌وار.

rat.line [*rǽtlin*] *n.* [د.ن.] نردبان طنابی کشتی.

rat race, *n.* عملیات رقابت‌آمیز عنیف وشتاب‌آمیز.

ratsbane [*rǽtsbein*] *n.* مرگ‌موش، (گ.ش.) گیاهان سمی قاتل موش.

rattail, *n. & adj.* دم موشی، دم موش، هر چیزی شبیه دم موش.

rat.tan [*rætǽn*] *n. & vt.* درخت‌خون سیاوشان، خیزران، باعصای‌خیزران تنبیه کردن، چوبدستی.

rat.ter [*rǽtə*] *n.* موش‌گیر، کارشکن، خرابکار، خائن.

rat.tle [*rǽtl*] (-d, **rattling**), *vi., n. & vt.* تغ‌تغ کردن، تلق‌تلق کردن، وراجی کردن، تق‌تق، جغجغه.

rat.tler [*rǽtlə*] *n.* جغجغه، چیزی که تغ‌تغ کند، مار زنگی.

rattlesnake [*rǽtlsneik*] *n.* [ج.ش.] مارجلاجل، مار زنگوله‌دار، مارزنگی.

rattling [*rǽtliŋ*] *adj. & adv.* جانانه، بشاش، تند، خیلی تند، خیلی خوب.

rat.tly, *adj.* دارای صدای تق‌تق.

rattrap, *n.* تله موش، دام‌بلا.

rat.ty, *adj.* موشی، موش‌وار، موش مانند.

rau.cous [*rɔ́:kəs*] = **hoarse,** *adj.* خشن، زمخت، ناهنجار، خیلی نامرتب.

rav.age [*rǽvidʒ*] (-d, **ravaging**) *n., vt. & vi.* غارت، یغما، تاخت و تاز، ویرانی، ستمگری، ویران‌کردن، غارت کردن، تاخت وتاز کردن، بلا زده کردن.

rav.ag.er, *n.* یغماگر، ویرانگر.

rave [*reiv*] *n., vi. & vt.* دیوانه شدن، جار و جنجال راه انداختن، بابیحوصلگی‌حرف‌زدن، دیوانگی، غوغا.

rav.el [*rǽvl*] (-led, -ed, -ling, -ing) *n., vt. & vi.* (در بافندگی) شانهٔ مخصوص جداکردن تارهای‌نخ، پیچ‌انداختن‌در، گره‌دار کردن، دام بلا، چیز درهم پیچیده، نخ گوریده، گوریدگی، ازهم جدا کردن الیاف.

rav.el ment, *n.* گوریدگی.

ra.ven [*réivn*] = **rav.in, -e** (-ed, -ing) *adj., vi., n. & vt.* کلاغ سیاه، غراب، کلاغ زنگی، مشکی، حرص زدن، غارت کردن، قاپیدن، باولع بلعیدن.

rav.en.ous [*rǽvənəs*] *adj.* بسیارگرسنه، پرولع، پراشتیاق.

rav.in, rav.en, *n. & adj.* صید، شکار، طعمهٔ شکاری، چپاول.

ra.vine [*rəví:n*] *n. & vt.* آبکند، درهٔ تنگ و عمیق، دارای درهٔ‌تنگ کردن.

rav.i o.li, *n.pl.* نوعی غذای ایتالیائی ازگوشت و نشاسته.

rav ish [*rǽviʃ*] (-ed, -ing), *vt. & vi.* قاپیدن، ربودن، مسحورکردن، ازخود بیخودشدن، بعفت و ناموس تجاوزکردن.

rav.ish.ment [*rǽviʃmənt*] *n.* ربایش، هتك ناموس، معراج، از خود بیخودی.

raw [*rɔ:*] (-er, -est) *adj., vt. & n.* نارس، کال، خام، نپخته، بی‌تجربه، جریحه‌دار، سرد، جریحه‌دار کردن.

R.-boned. لاغر، استخوان درشت.

R. deal. رفتار ناجوانمردانه، کردار خشن.

R. material. مواد خام، با موادخام‌ساختن.

rawhide [*rɔ́:hàid*] *n. & vt.* پوست‌خام، پوست‌باغی نشده، تازیانه، تازیانه‌زدن.

rax, *n., vt. & vi.* کشیدن بدن (هنگام بیدار شدن)، کشیدن.

ray [*rei*] (-ed, -ing) *n., vt. & vi.* شعاع، پرتو، روشنائی، تشعشع، اشعهٔ تابشی، برق زدن، درخشیدن، تشعشع داشتن.

ray.less, *adj.* بی‌شعاع، بی‌پرتو.

ray.on [*réiɔn*] *n.* پرتو، ابریشم‌مصنوعی، ریون.

raze [*reiz*] (-d, **razing**) *vt. & n.* ویران‌کردن، محوکردن، تراشیدن.

R. to the ground. باخاك‌یکسان‌کردن.

ra.zor [*réizə*] *n. & vt.* تیغ صورت تراشی، باتیغ تراشیدن.

razorback, *n.* [ج.ش.] خوك نیمه‌وحشی دو رگهٔ جنوب شرقی اتازونی.

razz (-ed, -ing) *n. & vt.* (گ.ش.) تمشك، (ز.ع.-آمر.) شوخی کردن.

razzle-dazzle, *n.* تحیر، گیجی، زرق و برق.

razz.ma.tazz raz.ma.taz, *n.* زرق و برق، هیاهو، بیا و برو.

re [*ri:*] *prep., n. & vt.* برگشت‌دادن، درباره، عطف‌به، باتوجه به (مخفف reference).

re.absorb (-ed, -ing) *vt.* بازدرآشامیدن، دوباره مکیدن وجذب کردن.

re.absorption, *n.* جذب ثانوی.

reach [*ri:tʃ*] (-ed, -ing) *n., vi. & vt.* رسیدن به، نائل شدن به، کشش، حصول، رسائی، برد.

As far as the eye can r. تا چشم کار میکند.

Within easy r. of. در نزدیکی، در دسترس.

re.act [*riǽkt*] (-ed, -ing), *vt. & vi.* واکنش نشان دادن، واکنش کردن، عکس‌العمل نشان دادن، تحت تأثیر واقع شدن.

re.ac.tance, *n.* واکنش برق، واکنش.

re.ac.tant, *n. & adj.* واکنش‌کننده.

re action, -al [*riǽkʃən*] *adj. & n.* واکنشی، عکس‌العمل، انعکاس، واکنشی.

re.ac.tion.ary [*riǽkʃənəri*] *n. & adj.* ارتجاعی، استبدادی، مرتجع، آدم‌مرتجع، واکنشی.

re.activate, *vt.* دوباره‌فعال‌کردن.

re.activation, *n.* فعالیت مجدد.

re.active, *adj.* واکنش‌دار.

re.actor, *n.* عامل‌واکنش، عامل عکس‌العمل، رآکتور.

read [*ri:d*] (**read, reading**) *vt., n., adj. & vi.* قرائت‌کردن، خواندن، تعبیرکردن.

read.able [*rí:dəbl*] *adj.* خواندنی.

read.er [*rí:də*] *n.* خواننده، غلط‌گیر، کتاب‌قرائتی، قاری.

read.er.ship, *n.* خوانندگی، قرائت.

read.i.ness [*rédinis*] *n.* آمادگی.

read.ing [*rí:diŋ*] *n. & adj.* خواندن، قرائت، مطالعه.

ready [*rédi*] (-ied, **readying**) (-ier, -iest) *adj., vt. & adv.* آماده‌کردن، مهیاکردن، حاضرکردن، آماده.

R.—made = ready-to-wear. حاضروآماده [مثل لباس دوخته].

R. room. اطاق انتظارخلبانان.

R.-witted, adj. حاضرالذهن، باهوش.

re.agent [*riéidʒənt*] *n.* [ش.] معرف، موضوع‌آزمایش روانی.

re.al [*riəl*] (*pl.* -s, -es) *adj., adv. & n.* حقیقی، واقعی، موجود، غیرمصنوعی، طبیعی، اصل، بی‌خدشه، صمیمی، صحیح.

re.al.ism [*ríəlizm*] *n.* واقع‌بینی، واقع‌گرائی، رئالیسم، تحقق‌گرائی.

re.al.ist, -ic [*ríəlist, -ik*] *adj. & n.* واقع‌بین، تحقق‌گرای.

re.al.i.ty [*riǽliti*] (*pl.* -ies) *n.* حقیقت، واقعیت، هستی، اصلیت، اصالت‌وجود.

re.al.iz.able [*riəláizəbl, ríəlaizəbl*] *adj.* قابل‌درك، قابل تحقق، نقدشدنی.

re.al.iza.tion [*rìəlaizéiʃən*] *n.* ادراك، درك، تحقق، تفهیم.

re.al.ize [*ríəlaiz*] (-d, **realizing**) *vt & vi.* واقعی‌کردن، درك‌کردن، فهمیدن، دریافتن، تحقق‌یافتن، نقدکردن.

re.al.ly [*ríəli*] *adv.* واقعاً، راستی.

realm [*relm*] *n.* قلمروسلطان، متصرفات، مملکت، ناحیه.

re.al.po.li.tik, *n.* سیاست‌تجربی، سیاست عملی (نه فرضی واخلاقی)، سیاست زور.

re.al.tor [*ríəltə*] *n.* [آمر.] دلال معاملات ملکی.

re.al.ty [*ríəlti*] *n.* مستغل، دارائی غیرمنقول، ملك.

ream [*ri:m*] (-ed, -ing) *n., vi. & vt.* یك بندکاغذ ۴۸۰ برگی یا ۵۱۶ برگی، ۵۰۰ ورق‌کاغذ، (سوراخ چیزیرا) گشادکردن.

reap [*ri:p*] (-ed, -ing) *vi., n. & vt.* دروکردن، جمع‌آوری کردن، بدست‌آوردن.

reap.er [*rí:pə*] *n.* دروگر، ماشین‌درو.

re.appraisal, *n.* ارزیابی تازه.

rear [*riə*] (-ed, -ing) *adj., n., vt., adv. & vi.* پروردن، تربیت‌کردن، بلند کردن، افراشتن، نمودارشدن، عقب، پشت، دنبال.

R. attack. حمله ازپشت.

R. guard, n. عقبدار، پس‌قراول.

R.-guard action, n. [نظ.] عملیات تدافعی عقب جبههٔ جنگ.

re.arm [*rì:á:m*] (-ed, -ing), *vt. & vi.* تجدیدتسلیحات کردن، دوباره‌مسلح‌شدن‌یاکردن.

re.armament [*rì:á:mənt*] *n.* تجدید تسلیحات.

rear.ward [*ríəwəd*] *n., adv. & adj.* عقبدار، پس‌قراول، بطرف عقب، عقبی.

reas.on [*rí:zn*] (-ed, -ing) *n., vt. & vi.* دلیل، سبب، علت، عقل، خرد، شعور، استدلال‌کردن، دلیل‌وبرهان‌آوردن.

The r. is that... دلیلش اینست‌که...

It stands to r. منطقی‌است.

You have r. حق با شما است.

I reasoned him out of his fears. اورا با دلیل‌متقاعدکردم‌که ترس مورد ندارد.

rea.son.abil.i.ty, *n.* معقولیت.

rea.son.able [*rí:zənəbl*] *adj. & adv.* معقول، مستدل.

rea.son.er, *n.* استدلال‌کننده.

reasoning [*rí:z(ə)niŋ*] *n.* استدلال، دلیل وبرهان.

rea.son.less [*rí:znlis*] *adj.* بی‌دلیل.

re.assurance [*rì:əʃúərəns*] *n.* اطمینان مجدد، بیمهٔ اتکائی، بیمهٔ ثانوی.

re.assure [*rì:əʃúə*] *vt.* دوباره اطمینان‌دادن، دوباره قوت‌قلب‌دادن.

re.bar.ba.tive, *adj.* تحریك‌کننده.

re.bate [*rí:beit*] (-d, **rebating**) *n., vt. & vi.* کاستن، کم‌کردن، کندکردن، بی‌ذوق‌کردن، تخفیف، کاهش.

re.bec, re.beck, *n.* [مو.] کمانچهٔ سه سیمهٔ قدیمی.

reb.el [*réb(ə)l*] (-led, -ling), *n., adj., vt. & vi.* یاغی، سرکش، آدم فسادگسیخته، متمرد، یاغی‌گری کردن، تمرد کردن، شوریدن، شورشی، طغیانگر.

re.bel.lion [*ribéljən*] *n.* طغیان، سرکشی، شورش، تمرد.

re.bel.lious [*ribéljəs*] *adj.* سرکش، متمرد.

re.bind [*rì:báind*] *vt. & n.* دوباره صحافی کردن، دوباره ملزم‌ساختن.

re.birth [*rì:bə́:θ*] *n.* بازازاد، تولدتازه، تولد روحانی، تجدیدحیات.

re.born [*rí:bɔ́:n*] *adj.* تولد تازه‌یافته، تغییرحالت روحانی‌یافته.

re.bound [*rì:báund*] (-ed, -ing), *vt., vt. & n.* دوباره بجای اول برگشتن، حرکت‌ارتجاعی داشتن، منعکس‌شدن، پس‌زدن، برگشتن، جهش‌کردن، دارای قوهٔ ارتجاعی، واکنش، اعاده.

re.broadcast, *vt. & n.* برنامهٔ‌مکرر، برنامهٔ تکراری پخش‌کردن (رادیوتلویزیون).

re.buff [*ribʌ́f*] (-ed, -ing), *vt., vi. & n.* جلوگیری‌کردن، ردکردن، منع، رد، دفع.

Meet with a r. تودهنی خوردن.

re.build, *vt., vi. & n.* بازساختن، دوباره ساختمان‌کردن، چیزدوباره ساخته شده.

re.buke [*ribjú:k*] (-d, **rebuking**) *n. & vt.* گوشمالی، توبیخ‌کردن، ملامت‌کردن، ملامت، زخم‌زبان.

re.bus [*rí:bəs*] *n. & vt.* معمای مصور، نشاندادن واژه‌ها بصورت مصور.

re.but [*ribʌ́t*] (-ted, -ting), *vt., n. & vi.* ردکردن، برگرداندن، جواب متقابل دادن، پس‌زدن.

re.but.tal [*ribʌ́t(ə)l*] *n.* رد، تکذیب، دفع، عمل متقابل، پس‌زنی.

re.but.ter, *n.* پاسخ‌رد، ردکننده.

re.cal.ci.trance, re.cal.ci.tran.cy [*rikǽlsitrəns(i)*] *n.* سرسختی، کله‌شقی، جواب رد، تمرد، سرکشی.

re.cal.ci.trant [*rikǽlsitrənt*], *n. & adj.* متمرد، سرسخت، سرکش.

re.calculate, *vt.* دوباره حساب‌کردن، بازشمردن.

re.calculation, *n.* تجدیدمحاسبه.

re.ca.les.cence, *n.* [فیزیك] پس‌دادن حرارت فلز درائرسردشدن.

re.call [*rikɔ́:l*] (-ed, -ing), *vt. & n.* بیادآوردن، فراخواندن، معزول‌کردن.

re.cant [*rikǽnt*] (-ed, -ing) *vt. & vi.* حرف خود را رسماً پس‌گرفتن، گفتهٔ خود را تکذیب‌کردن، بخطای خود اعتراف‌کردن.

re.cap (-ped, -ping) *n. & vt.* روکش‌زدن، روکش‌کردن‌لاستیك، تایرروکش‌شده.

re.capitalize (-d, **recapitalizing**) *vt.* ترکیب‌سرمایهٔ شرکتی‌را تغییردادن، سرمایه‌گذاری مجددکردن.

re.ca.pit.u.late [*rì:kəpítjuleit*] (-d, **recapitulating**) *vt. & vi.* رئوس مطالب را تکرارکردن، (زیست شناسی) صفات‌ارثی را درطی‌چندنسل‌تکراری‌کردن.

re.ca.pit.u.la.tion [*rí:kəpitjuléiʃən*] *n.* تکرار رئوس مطالب، تکرار، دورهٔ سیرتکامل، تکرار رشدونمو، تکرار.

re.capture [*rì:kǽptʃə*] *n. & vt.* پس‌گرفتن، دوباره تسخیرکردن، پس‌گیری.

re.cast [*rì:ká:st*] (**recast, recasting**) *vt., vi. & n.* ازنوریختن، ازنو قالب‌کردن، ازنوطرح‌کردن.

re.cede [risí:d] (**-d, receding**) *vt. & vi.* کنار کشیدن،عقب کشیدن، خودداری کردن از، دور شدن، بعقب سرازیر شدن، پس رفتن.
re.ceipt [risí:t] (**-ed, -ing**), *n., vt. & vi.* رسید، اعلام وصول، دریافت، رسید دادن، اعلام وصول نمودن، وصول کردن، [م.م.] بزهکاران را تحویل گرفتن.
re.ceiv.able [risí:vəbl] *adj.* دریافت کردنی، قابل وصول، پذیرفتنی، قابل قبول، (درجمع) بروات وصولی.
re.ceive [risí:v] (**-d, receiving**) *vt. & vi.* دریافت کردن، رسیدن، پذیرفتن، پذیرائی کردن از، جادادن،وصول کردن.
R. attention. مورد توجه واقع شدن.
R. a wound. زخم خوردن.
re.ceiv.er [risí:və] *n.* دریافت کننده، گیرنده، دستگاه گیرنده، گوشی، متصدی دریافت.
re.ceiv.er.ship [risí:vəʃip] *n.* [حق.] مقام امانت، امانت دادگاه.
re.cen.cy, *n.* تأخر، تازگی.
re.cen.sion, *n.* تجدیدچاپ، چاپ تازه، چاپ اصلاح شده.
re.cent [rí:sənt] *adj.* تازه، جدید، اخیر، متأخر، جدیدالتأسیس.
re.cep.ta.cle [riséptəkl] *n.* نهنج، ظرف، جا، حاوی، حفرهٔ درون سلولی گیاه.
re.cep.tion [risépʃən] *n.* پذیرائی، مهمانی، پذیرش، قبول، برخورد.
re.cep.tion.ist, *n.* پذیرگر.
re.cep.tive [riséptiv] *adj.* پذیرنده، پذیرا، شنوا، حاضر بقبول.
re.cep.tiv.i.ty, *n.* قدرت پذیرش.
re.cess [risés] (**-ed, -ing**) *n., vt.& vi.* عقب نشینی، پسرزنی، پس رفت کردن، بازگشت، فترت، دورهٔ فترت، تعطیل موقتی، تنفس، گوشه، کنار، پستی، تورفتگی، موقتاً تعطیل کردن، طاقچه ساختن، مرخصی گرفتن، تنفس کردن.
re.ces.sion [riséʃən] *n.* پس رفت، بازگشت، اعاده، کسادی، بحران اقتصادی.
re.ces.sion.al [riséʃənəl] *adj. & n.* تنفسی، تعطیلی، وابسته بموقع تنفس، فترتی.
re.ces.sive [risésiv] *adj. & n.* مایل ببازگشت، ارتجاعی، بازگشتی، پس رفتی.
re.cid.i.vism=recidivation, *n.* عود، بازگشت، بازگشت به، تکرار جنایات.
re.cid.i.vist, *n.* عامل تکرار جرم، تکرار کنندهٔ جرم.
rec.i.pe [résipi(:)] (*pl.* **-s**) *n.* دستورالعمل، دستور خوراک پزی، خوراک دستور.
re.cip.i.ent [risípiənt] *adj. & n.* گیرنده، دریافت کننده، وصول کننده.
re.cip.ro.cal [risíprəkl] *adj. & n.* متقابل، عمل متقابل، دوجانبه، دوطرفه.
re.cip.ro.cate [risíprəkeit] (**-d, reciprocating**) *vt. & vi.* دادن و گرفتن، تلافی کردن، عمل متقابل کردن، معاملهٔ بمثل کردن، جبران کردن.
re.cip.ro.ca.tion [risìprəkéiʃən] *n.* عمل متقابل.
rec.i.proc.i.ty [rèsiprɔ́siti] *n.* معاملهٔ بمثل، عمل متقابل.
re.ci.sion, *n.* برش، قطع، سرشاخه زنی، هرس، فسخ.
re.cit.al [risáit(ə)l] *n.* ازبرخوانی، تک نوازی، رسیتال.
rec.i.ta.tion [rèsitéiʃən] *n.* ازبرخوانی، ازحفظ خوانی، بازگو نمودن درس حفظی، شرح، ذکر، بیان، تعریف موضوع.
rec.i.ta.tive [rèsitətí:v] *n. & adj.* بیانی، ازبرخوانی، ازبرخواندن، درس را پس دادن، یکایک شمردن، جواب دادن، به‌تنهائی نواختن.
re.cite, *vt. & vi.* ازبرخواندن، باصدائی موزون خواندن.
re.cit.er, *n.* خواننده، تک نواز.
reck [rek] (**-ed, -ing**) *vt. & vi.* پرواداشتن، بیم داشتن، باک داشتن.
reck.less [réklis] *adj.* بی‌پروا، بی‌باک، بی‌ملاحظه، بی‌اعتنا.
reck.on [rék(ə)n] (**-ed, -ing**), *vt. & vi.* شمردن، حساب پس دادن، روی چیزی حساب کردن، محسوب داشتن، گمان کردن.
re.claim [rikléim] (**-ed,-ing**), *vt., n. & vi.* اصلاح شدن، مرمت کردن، اصلاح کردن، نجات دادن، زمین بائر را دایر کردن.
re-claim, *vt. & n.* مجدداً ادعا کردن، تقاضای مجدد.
re.claim.able, *adj.* قابل استرداد، ادعاپذیر.
rec.la.ma.tion [rèkləméiʃən] *n.* استرداد، آبادسازی، احیاء اراضی، احیاء.
re.cline [rikláin] (**-d, reclining**) *vi. & vt.* برپشت خم شدن باخوابیدن، سرازیر کردن، خم شدن، تکیه کردن.
rec.luse [riklú:s] *adj. & n.* دورافتاده، تنها، منزوی، گوشه نشین.
re.clu.sive, *adj.* خلوت، دنج.
rec.og.ni.tion [rèkəgníʃən] *n.* شناخت، شناسائی، به رسمیت شناختن، تشخیص.
rec.og.niz.abil.i.ty, *n.* شناسائی.
rec.og.niz.able [rékəgnàizəbl], *adj.* شناختنی، قابل تشخیص، شناخت پذیر.
re.cog.ni.zance [rikɔ́(g)nizəns], *n.* التزام، تعهدنامه، سپردهٔ التزامی، وجه الضمانه.
rec.og.nize [rékəgnaiz] (**-d, recognizing**) *vt. & vi.* تشخیص دادن، شناختن، برسمیت شناختن، تصدیق کردن.
re.coil [rikɔ́il] (**-ed, - ing**) *n., vt. & vi.* بحال خود برگشتن، بحال نخستین برگشتن، پس زدن، عود کردن، پس نشستن، فنری بودن، (با on و upon) واکنش داشتن بر.
re-collect [rèkəlékt](**-ed,-ing**), *vt. & vi.* دوباره جمع کردن، بخاطر آوردن، دربحر تفکر غوطه ور شدن، مستغرق شدن در.
rec.ol.lec.tion [rèkəlékʃən] *n.* تجدید خاطره، تفکر، بخاطر آوردن.
rec.om.mend [rèkəménd] (**-ed, -ing**) *vt. & vi.* سفارش کردن، توصیه کردن، توصیه شدن، معرفی کردن.
rec.om.mend.able, *adj.* قابل توصیه.
rec.om.men.da.tion [rèkəmendéiʃen] *n.* توصیه، نامهٔ پیشنهاد، نظریه.
rec.om.mend.a.to.ry, *adj.* توصیه آمیز.
re.commit (**-ted, - ting**) *vt.* دوباره به کمیسیون ارجاع کردن، توصیه کردن، دوباره مرتکب شدن، دوباره زندانی کردن.
rec.om.pense [rékəmpens] (**-d, recompensing**) *n., vt. & vi.* [حق.] غرامت، خسارت، جبران، عوض، رفع خسارت، عوض دادن، غرامت پرداختن.
re.compose (**-d, recomposing**) *vt. & vi.* دوباره انشاء کردن.
rec.on.cil.able, *adj.* قابل تلفیق.
rec.on.cile [rékənsail](**-d, reconciling**) *vt. & vi.* صلح دادن، آشتی دادن، تطبیق کردن، راضی ساختن، وفق دادن.
rec.on.cil.i.a.tion [rèkənsiliéiʃən] *n.* اصلاح، آشتی، مصالحه، تلفیق.
rec.on.cil.ia.to.ry, *adj.* مصالحه آمیز.
recon.dite [rékəndait, rikɔ́ndait]*adj.* پوشیده، نهان، مرموز، عمیق، پیچیده.
re.condition [rì:kəndíʃən] (**-ed, -ing**) *vt.* قسمتهای فرسوده را تعمیر و تعویض کردن، سروصورت دادن به، نوکاری کردن.
re.con.nais.sance [rikɔ́nisəns], *n.* شناسائی، بازدید مقدماتی، اکتشاف.
recon.noi.ter, reconnoitre [rèkənɔ́itə] (**-red, -ed, - ring, -ing**) *vt. & vi.* شناسائی کردن، بازدید کردن، عملیات اکتشافی کردن.
re.consider [rì:kənsídə] (**-ed, -ing**) *vt. & vi.* دوباره نظر کردن، مجدداً در امری مطالعه کردن.
re.consideration [rì:kənsidəréiʃən] *n.* تجدید نظر.
re.construct [rí:kənsìdəréiʃən], *vt.* نوسازی کردن، ازنوساختن، احیاء کردن.
re.construction [rì:kənstrʌ'kʃən] *n.* تجدید بنا، نوسازی، نمونهٔ مطابق اصل، مدل.
re.convert (**-ed, -ing**) *vt. & vi.* تغییر حال مجدد یافتن، برای دومین بار بدین یا آئینی گرویدن، پولی را مجدداً تسعیر کردن.
re.convey, *vt.* بمحل اولیه بازگرداندن، دوباره حمل کردن.
re.cord [rikɔ́:d, rékɔ:d] (**-ed, -ing**) *vt. & vi.* نگاشتن، ثبت کردن، ضبط کردن، ضبط شدن.
re.cord, *n., adj. & adv.* ثبت، یادداشت، نگارش، تاریخچه، صورت مذاکرات، صورت جلسه، سابقه، پیشینه، بایگانی، ضبط، رکورد، حد نصاب مسابقه، نوشته، صفحهٔ گرامافون، نام نیک، مدرکی.
R. changer. صفحه عوض کن خودکار گرامافون.
R. player. گرامافون برقی، گرام.
He broke the record. رکورد را شکست.
re.cord.er [rikɔ́:də] *n.* صدانگار، ضبط کننده، دستگاه ضبط صوت، بایگان.
recording, *n.* ثبت، ضبط، صفحهٔ گرامافون.
re.count [ri:káunt] (**-ed, -ing**), *n., vi. & vt.* برشمردن، یکایک گفتن، تعریف کردن، شمارش مجدد.
re.coup [ri.kú:p] (**-ed, -ing**), *vt. & vi.* دوباره بدست آوردن، جبران کردن، تلافی کردن.
To r. a loss. جبران ضرر.
re.coup.able, *adj.* قابل جبران.
re.coup.ment, *n.* جبران، کسب مجدد.
re.course [rikɔ́:s] *n. & vi.* مراجعه، اعاده، چاره، وسیله، توسل، پاتوق، میعادگاه، متوسل شدن به، مراجعه کردن به.
Have r. to. متوسل شدن به.
re.cov.er [rikʌ'və] (**-ed, -ing**), *n., vt. & vi.* دوباره بدست آوردن، بازیافتن، بهبودی یافتن، بهوش آمدن، دریافت کردن.
re.cov.er.able, *adj.* بازیافتنی.
re.cov.ery [rikʌ'vəri] (*pl.*-**ies**), *n.* بهبودی، بازیافت، حصول، تحصیل چیزی، استرداد، وصول، جبران، بخودآئی، بهوش آمدن.
R. room. اطاق مخصوص بهوش آمدن بیماران بعداز عمل جراحی.
rec.re.ant [rékriənt] *adj. & n.* تسلیم شونده، ترسو، بی‌وفا، ناسپاس، خائن.
rec.re.ate (**-d, recreating**), *vt., n. & vi.* تفریح کردن، تفریح دادن، وسیلهٔ تفریح را فراهم کردن، تمدد اعصاب کردن، ازنوخلق کردن.
rec.re.a.tion [rèkriéiʃən] *n. & adj.* خلق مجدد، تفریح.
rec.re.a.tive, *adj.* دوباره ایجاد کننده، تفریحی.
re.crim.i.nate (**-d, recriminating**) *vt. & vi.* اتهام متقابل وارد آوردن، دعوای متقابل طرح کردن، دوباره متهم ساختن.
re.crim.i.na.tion [rikrìminéiʃən] *n.* اتهام متقابل، تهمت متقابل.
re.cru.desce (**-d, recrudescing**) *vi.* برگشتن، عود کردن.
re.cru.des.cence [illegible] *n.* برگشت، عود، ظهور مجدد، برگشتگی، تجدید.
re.cru.des.cent, *adj.* عود کننده.
re.cruit [rikrú:t] (**-ed, -ing**), *n. & vt.* تازه سرباز، کارمند تازه، نوآموز، استخدام کردن، نیروی تازه گرفتن، حال آمدن.
re.cruit.ment, *n.* استخدام، سربازگیری.
rec.tal, *adj.* [تش.] وابسته براست روده، وابسته به معاء غلاظ، وابسته به مقعد.
rec.tan.gle [réktæŋgl] *n.* [هن.] راست گوشه، مربع مستطیل، چهارگوش دراز.
rec.tan.gu.lar [rektǽŋgjulə], *adj.* مستطیل، بشکل راست گوشه.
rec.tan.gu.lar.i.ty, *n.* مستطیلی.
rec.ti.fi.able [réktifàiəbl] *adj.* قابل تصحیح یا جبران.
rec.ti.fi.ca.tion [rèktifikéiʃən], *n.* راستگری، تصحیح، جبران.
rec.ti.fi.er [réktifàiə] *n.* راستگر، اصلاح کننده، وسیلهٔ اصلاح، اسباب تقطیر.
rec.ti.fy [réktifai] (**-ied, -ing**), *vt.* تصحیح کردن، برطرف کردن، جبران کردن.
rec.ti.linear [rèktilíniəl,-línjə], *adj.* دارای مسیر مستقیم، سیرکننده درخط مستقیم.
rec.ti.tude [réktitju:d] *n.* راستگری، راستی، درستی، درستکاری، صحت، صحت عمل.
rec.tor [réktə] *n.* کشیش بخش، رئیس دانشگاه، رهبر، پیشوا.
rec.to.ry [réktəri] *n.* خانهٔ کشیش بخش، درآمد کشیش بخش.
rec.tum [réktəm](*pl.*-**s, recta**), *n.* [تش.] راست روده، معاء مستقیم، مقعد.
re.cum.ben.cy, *n.* تکیه، اتکاء (با on و upon)، خمیدگی، تمایل، استراحت.
re.cum.bent [rikʌ'mbənt] *adj. & n.* خوابیده، خم، [گ.ش.] برزمین گستر.
re.cu.per.ate [rikjú:pəreit] (**-d, recuperating**) *vt. & vi.* بهبودی یافتن، نیروی تازه یافتن، حال آمدن.
re.cu.per.a.tion [rikjù:pəréiʃən] *n.* بهبودی، رمق تازه، نیروی تازه.
re.cu.per.a.tive [rikjú:pərətiv], *adj.* اعاده دهنده، بهبودی بخش.
re.cur [rikə':] (**-red, -ring**) *vi.* عود کردن، تکرار شدن، دورزدن، باز رخدادن.
re.cur.rence [rikʌ'rəns] *n.* بازرخداد، بازگشت، رویدادن مجدد، عود.
re.cur.rent [rikʌ'rənt] *adj.* عود کننده، راجعه، بازگشت کننده، باز رخدادگر.
re.curve (**-d, recurving**) *vt. & vi.* برگشته کردن، کج کردن.
recu.san.cy, recu.sance, *n.* سرپیچی، امتناع ازحضور درمجالس عبادت.
recu.sant, *adj. & n.* ممتنع، متمرد.
red [red] (**-der, -dest**) *adj. & n.* قرمز، سرخ، خونین، انقلابی، کمونیست.

re.dact (-ed, -ing) *vt.* تنظیم کردن، درآوردن (بصورت خاصی)، انشاء کردن، آمادهٔ چاپ کردن، تحریر کردن.
re.dac.tor, *n.* سردبیر.
red-blooded, *adj.* نیرومند، شهوانی.
redbreast [rédbrèst]=robin, *n.* پرندهٔ‌سینه‌سرخ، سینه‌سرخ.
redbud, *n.* [گ.ش.] درخت ارغوان، گل ارغوان.
red-carpet, *adj.* [مج.] تشریفات واحترامات رسمی.
redcoat [rédkòut] *n.* سربازانگلیسی (بویژه درجنگ استقلال آمریکا).
Red Cross, *n. & adj.* صلیب‌سرخ.
red.den [rédn] (-ed, -ing), *vt. & vi.* قرمز کردن، قرمزشدن.
red.dish [rédiʃ] *adj.* مایل بقرمز، مایل‌بسرخی زننده.
rede (-d, reding) *vt., vi. & n.* مشورت، پند، تدبیر، مشورت‌دادن، حدس زدن، هدایت کردن، واقعه، جریان، وقوع، مصلحت.
re.decorate, *vt.* تزئینات تازه کردن، مجدداً آراستن.
re.decoration, *n.* نوآرائی.
re.dedication, *n.* اهداء مجدد، تقدیم مجدد.
re.deem [ridí:m] (-ed, -ing) *vt.* بازخریدن، ازگرودرآوردن، رهائی‌دادن.
re.deem.able [ridí:məbl] *adj.* بازخریدنی، قابل درآوردن ازگرو.
re.deem.er [ridí:mə] *n.* فدیه دهنده، رهائی‌بخش، نجات دهنده.
re.deliver, *vt.* ازنونجات دادن، دوباره مستخلص کردن، دوباره تحویل‌دادن.
re.demp.tion, -al [ridém(p)ʃən] *n. & adj.* بازخرید، خریداری و آزادسازی، رستگاری.
re.demp.tive [ridém(p)tiv] *adj.* رستگاری‌بخش، بازخریدنی.
re.de.ploy.ment, *n.* نقل وانتقال.
re.design, *n. & vt.* طراحی‌مجدد کردن، سروصورت ظاهری دادن‌به.
red-handed, *adj. & adv.* دست‌بخون‌آلوده، درحین ارتکاب جنایت.
redhead, *adj.* موقرمز، دارای‌موی‌سرخ.
red-hot, *adj. & n.* تفته، تاب‌آمده، عصبانی، تازه.
Red Indian, *n.* سرخ‌پوست‌آمریکائی.
redintegrate (-d, redintegrating) *adj., vt. & vi.* تجدید شونده، دوباره‌مستقرشونده، دوباره‌درست کردن، دوباره برقرارکردن، تجدید کردن، دوباره یکی شدن.
re.direct [rí:dirékt] *vt.* بازپرسی ازشهود بعداز بازجوئی متهم، دوباره راهنمائی کردن.
re.direction, *n.* راهنمائی مجدد.
red-letter, *adj.* باحروف‌قرمز، مربوط به روزهای تعطیل‌واعیاد، مخصوص ایام خوشحالی، فراموش نشدنی.
red light, *n.* چراغ‌قرمز، چراغ خطر.
red-light district, *n.* محلهٔ فواحش.
red-neck, *n.* [درجنوب‌اتازونی] کارگردهاتی.
re.do [rí:dú:] *vt. & n.* دوباره‌انجام‌دادن، دوباره اتاق راتزئین‌کردن.
red oak, *n.* [گ.ش.] بلوط دم‌دار.
red.o.lence [rédələns] *n.* بوداشتن، بو، عطر، خاطرات‌گذشته.
red.o.lent [rédələnt] *adj.* معطر، بودار، حاکی.
re.double [ridʌ́bl] (-d, redoubling) *vi., vt. & n.* دوچندان‌کردن، افزودن، دوبرابرکردن.
re.doubt [ridáut] *n.* موضع محصوردفاعی کوچک، حفاظ‌استحکامات.
re.doubt.able [ridáutəbl] *adj.* ترسناک، موحش، مستحکم، سهمناك.
re.dound [ridáund] (-ed, -ing), *vi.* کمك کردن، منجرشدن، لبریزشدن.
re.dress [ridrés] (-ed, -ing), *n. & vt.* جبران خسارت، تصحیح، التیام، دوباره پوشیدن، جبران‌کردن، فریادرسی.
redskin [rédskin] *n.* سرخ‌پوست‌آمریکای شمالی.
red tape, *n.* نوارباریك قرمز، [مج.] فرمالیتهٔ اداری.
re.duce [ridjú:s] (-d, reducing) *vt. & vi.* کم‌کردن، کاستن(از)، تنزل‌دادن، فتح‌کردن، استحاله کردن، مطیع کردن.
R. to writing. روی کاغذآوردن.
R. to poverty. بگدائی انداختن.
R. to obedience. مطیع کردن.
re.duc.er, *n.* کاهنده، تقلیل‌دهنده، عامل کم کننده، احیاکننده.
re.duc.tion, -al [ridʌ́kʃən], *adj. & n.* اختصار، تبدیل، کاهش، تقلیل، احیاء، احاله.
re.dun.dan.cy [ridʌ́ndənsi] *n.* افزونگی، حشو، سخن‌زائد، فراوانی، ربع، اطناب.
re.dun.dant [ridʌ́ndənt] *adj. & n.* دارای اطناب، حشو، افزونه.
re.du.pli.cate [ridjú:plikeit] (-d, reduplicating) *n., adj., vt. & vi.* دوبرابرکردن، تکرارکردن، دوچندان، نسخهٔ دوم، المثنی.
re.du.pli.ca.tion [ridjù:plikéiʃən] *n.* تکرار، دوبرابرکردن.
redwing [rédwiŋ] *n.* [ج.ش.] باسترك اروپائی.
redwood [rédwud] *n. & adj.* [گ.ش.] درخت غول، درخت ماموت.
re.echo [ri:ékou] (-ed, -ing), (pl. -es) *n., vi. & vt.* بازپژواك، دوبارەمنعکس شدن (صدا درکوه وغیره).
reechy, *adj.* فاسد، بدبو، ترشیده.
reed [ri:d] *n.* (گ.ش.) نی، نی شنی، قصب، ساخته شده ازنی، (مو.) آلت موسیقی بادی.
re.educate, *vt.* دوباره تربیت و هدایت کردن، دوباره آموزش‌دادن، بازآموختن.
re.education, *n.* تربیت‌مجدد، بازآموزش.
reedy [rí:di] *adj.* نیزار، نائی، نی‌مانند، گره‌دار، گیره‌دار، باریك.
reef [ri:f] (-ed, -ing) *vi., vt. & n.* تپه‌دریائی، جزیره‌نما، مرض‌جرب، پیچیدن وجمع‌کردن بادبان، جمع کردن.
reef.er [rí:fə] *n.* بادبان جمع‌کن، جرب‌دار، پالتوکوتاه وضخیم ملوانی.
reef knot, *n. & vt.* گره‌مربع‌مخصوص توگذاشتن یا جمع کردن بادبان، توگذاشتن.
reek [ri:k] (-ed, -ing) *n., vt. & vi.* بخار، بخار دهان، بخار از دهان خارج کردن، متصاعد شدن، بوی‌بد دادن.
reel [ri:l] (-ed, -ing) *n., vi. & vt.* نخ پیچیده بدور قرقره، ماسوره، قرقرهٔ فیلم، حلقهٔ فیلم، مسلسل، متوالی، پشت سرهم، چرخیدن، گیج‌خوردن، یله‌رفتن، تلوتلوخوردن.
re.elect (-ed, -ing) *vt.* تجدید انتخاب‌کردن، دوباره‌گزیدن.
re.election, *n.* تجدید انتخاب.
re.employ (-ed, -ing) *vt.* دوباره بخدمت خواندن، دوباره استخدام کردن.
re.enactment, *n.* تصویب مجدد قانون،اجراء یا نمایش‌مجدد.
re.enforce, *vt. & vi.* ازنوتقویت کردن، نیروبخشیدن به، مسلح کردن.
Reenforced concrete. بتون‌مسلح.
re.entrance, *n.* دخول مجدد.
re.entrant, *adj. & n.* متوجه بسمت داخل، مقعر، دوباره داخل شونده، درون‌رو.
re.entry, *n.* ورود مجدد، دخول مجدد، تملك مجدد.
re.establish, *vt.* دوباره برقرار یا تأسیس کردن.
reeve [ri:v] (rove, -d, reeving) *n. & vt.* (ج.ش.) یلوهٔ ماده، کدخدا، کلانتر، آغل‌گوسفند، مرغـدانی، طناب، رشته، طناب را از شکاف یا سوراخ‌گذراندن، از تنگنا یا جای باریکی‌گذشتن، نخ را از سوراخ سوزن گذراندن، خم کردن، پیچاندن.
re.examine, *vt.* دوباره امتحان‌کردن، ازنوآزمودن.
re.fec.tion [rifékʃən] *n.* تجدیدقوا.
re.fec.to.ry [riféktəri, -tri] (pl. -ies) *n.* سالن ناهار خوری (بویژه در صومعه).
re.fer [rifə́:] (-red, -ring), *vt. & vi.* مراجعه‌کردن، فرستادن، بازگشت دادن، رجوع کردن به، منتسب کـردن، منسوب داشتن، عطف‌کردن به.
This book is much referred to. این کتاب خیلی مورد مراجعه است.
Matter referred to above. موضوعی‌که در بالا بدان اشاره شد.
refer.able, *adj.* مراجعه‌کردنی.
ref.er.ee [rèfərí:] (-d, refereeing) *n., vt. & vi.* داور مسابقات، داور، داوری‌کردن، داور مسابقات شدن.
ref.er.ence [réfərəns] (d, referencing) *n., vt. & vi.* مراجعه، رجوع، بازگشت، عطف، اشاره، دلبستگی، کتاب مخصوص مراجعات علمی و ادبی و غیره.
ref.er.en.dum [rèfəréndəm] (pl. -s, referenda) *n.* همه‌پرسی، رفراندم، مراجعه بآراء عمومی، کسب تکلیف.
refer.ent, ref.er.en.tial, *adj. & n.* مورد مراجعه، ارجاعی.
re.fer.ral, *n.* مراجعه، رجوع، اشاره.
re.fill [rì:fíl] (-ed, -ing) *n., vt. & vi.* یدکی، تعویض، دوباره پر کردن.
re.fill.able, *adj.* دوباره پرکردنی، قابل تعویض (مثل مغز مداد و خودکار).
re.fine [rifáin] (-d, refining), *vt. & vi.* پالودن، تصفیه‌کردن،خالص کردن، تهذیب کردن، پاك شدن، تصحیح‌کردن.
re.fine.ment [rifáinmənt] *n.* تهذیب، تزکیه، پالودگی.
re.fin.ery [rifáinəri] (pl. -ies) *n.* پالایشگاه، تصفیه‌خانه.
re.finish, *vt.* [در مورد مبل] روکاری تازه‌کردن، صیقل‌بارنگ وروغن تازه دادن به.
re.fit [ri:fít] (-ted, -ting) *vt., n. & vi.* تعمیر کردن، دوباره‌آماده‌کارکردن.
re.flect [riflekt] (-ed, -ing), *vt., n. & vi.* بازتاب‌دادن‌یابافتن، منعکس کردن، برگرداندن، فکرکردن، منتج شدن به.
re.flec.tion, re.flex.ion [rifléḱʃən] *n.* انعکاس، بازتاب، اندیشه، تفکر، پژواك.
re.flec.tion.al, re.flec.tive, *n. & adj.* بازتابنده، منعکس سازنده، صیقلی، وابسته بطرز تفکر، فکری.
re.flec.tor [rifléktə] *n.* بازتابنده، جسم منعکس کننده، جسم صیقلی، آلت انعکاس.
re.flex [rí:fleks] *adj. & n.* بازتاب، واکنش، عکس‌العمل غیر ارادی.
re.flex.ive [rifléksiv] *adj. & n.* واکنشی، بازتابی.
re.flex.ol.o.gy, *n.* بازتابشناسی، عکس‌العملشناسی.
re.flux [rí:flʌks] *adj., n., vt. & vi.* برگشت، جزر، سیرقهقرائی، فروکشی.
re.forest [rì:fɔ́rist] (-ed, -ing), *vt. & vi.* مجدداً درخت‌کاری‌کردن، جنگل تازه احداث‌کردن، احیای جنگل‌کردن.
re.forestation [ri:fɔ̀ristéiʃən], *n.* احیای جنگل.
re.forge (-d, reforging) *vt.* دوباره جعل‌کردن، دوباره بر سندان‌کوفتن.
re.form [rifɔ́:m] (-ed, -ing), *n., adj., vt. & vi.* بهسازی، بازساخت، بهسازی‌کردن، اصلاح کردن،درست کردن،تهذیب کردن، ترمیم‌کردن، اصلاحات، تجدیدبسازمان.
re.form.able, *adj.* اصلاح‌پذیر.
ref.or.ma.tion, -al [rè:fɔ:méiʃən,-əl] *adj. & n.* اصلاح، تهذیب، اصلاحات.
re.for.ma.tive [rifɔ́:mətiv] *adj.* اصلاحی.
re.for.ma.to.ry [rifɔ́:mətəri] *n. & adj.* بهسازگاه، دارالتأدیب.
re.form.er [rifɔ́:mə] *n.* بهساز، بهسازگر، مصلح، اصلاح طلب، پیشوای جنبش.
re.form.ist [rifɔ́:mist] *n. & adj.* بهسازگر، اصلاح طلب، اصلاح‌طلبانه.
re.formulate, *vt.* از نو فرمول‌بندی‌کردن، ازنوسازمان دادن به.
re.fract [rifrǽkt] (-ed, -ing), *adj. & vt.* منکسر کردن، برگرداندن، شکستن، انکسار.
re.frac.tion [rifrǽkʃən] *n.* شکست، انکسار، تجزیه، انحراف، تخفیف.
re.frac.tom.e.ter, *n.* انکسارسنج.
re.frac.to.ry [rifrǽktəri] *adj. & n.* سرکش، گردنکش، سرسخت، جسم‌نسوز، مقاوم.
re.frain [rifréin] (-ed, -ing) *vt., n. & vi.* خودداری‌کردن، منع‌کردن، نگاه داشتن.
re.frain.ment, *n.* خودداری، اجتناب.
re.fran.gi.bil.i.ty, *n.* شکستنی بودن، قابلیت انکسار، انکسارپذیری.
re.fran.gi.ble, *adj.* قابل انکسار.
re.fresh [rifréʃ] (-ed, -ing), *vt. & vi.* تازه‌کردن، نیروی‌تازه‌دادن‌به، ازخستگی‌بیرون آوردن، روشن‌کردن، با طراوت‌کردن.
re.fresh.er [rifréʃə] *n.* طراوت‌بخش، تازه‌کننده.
re.fresh.ment [rifréʃmənt] *n.* نیروبخشی، تازه سازی، رفع خستگی، نوشابه.
re.frig.er.ant, *adj. & n.* سردکن، تب‌بر، خنك‌کن، کولر.
re.frig.er.ate [rifrídʒəreit] (-d, refrigerating) *vt., vi. & adj.* خنك‌کردن، سردکردن، خنك نگاهداشتن.
re.frig.er.a.tion [rifrìdʒəréiʃən], *n.* سردسازی، خنك‌کنی، نگاهداشتن دریخچال.
re.frig.er.a.tor [rifrídʒəreitə] *n.* یخچال، یخچال برقی.
re.frin.gent, *adj.* شکننده، منکسرکننده، منکسر شده.
reft [reft] *adj. & n.* شکافته، شکافدار.
re.fuel, *vt. & vi.* سوخت‌گیری (مجدد) کردن.

ref.uge [réfju:dδ] *n., vt. & vi.* پناه، پناهگاه، ملجاء، پناهندگی، تحصن، پناه دادن، پناه بردن.

Take r. in. پناه بردن به.

ref.u.gee [rèfju:dδí:] *n., vi. & adj.* مهاجر،فراری،پناهندهٔسیاسی،آوارهشدن.

re.ful.gence [rifΛ'ldδəns] *n.* درخشندگی، شکوه، جلال، تشعشع، نورافشانی.

re.ful.gent [rifΛ'ldδənt] *adj.* نورافشان، درخشنده، متشعشع، درخشان.

re.fund [rifΛ'nd] (**-ed, -ing**) *n., vt. & vi.* پس‌پرداخت، پس دادن، مجدداً پرداختن، استرداد.

re.furbish, *vt.* [illegible]

re.fus.al [rifjú:zəl] *n.* اباء، امتناع، استنکاف، خودداری، رد.

re.fuse [rifjú:z] (**-d, refusing**) *adj., n., vt. & vi.* ردکردن، نپذیرفتن، قبول نکردن، مضایقه کردن، فضولات، آشغال، آدم بیکاره.

He was refused employment. باوکار ندادند.

re.fut.able [réfjutəbl] *adj.* ردکردنی، تکذیب‌پذیر.

ref.u.ta.tion [rèfjutéiʃən] *n.* تکذیب، اثبات اشتباه‌کسی ازراه استدلال.

re.fute [rifjú:t] (**-d, refuting**), *vt.* ردکردن، تکذیب‌کردن، اشتباه‌کسی را اثبات‌کردن.

re.gain [ri:géin] (**-ed, -ing**) *vt. & n.* دوباره بدست‌آوردن، بازیافتن، دوباره پیداکردن، دوباره رسیدن به، غالب شدن بر.

re.gal [rí:g(ə)l] *adj. & n.* پادشاهی،شاهوار.

re.gale [rigéil] (**-d, regaling**) (*pl.* **re.ga.lia**) *n., vt. & vi.* خوراك لذیذ، مهمانی، سور دادن.

re.gale.ment, *n.* خوشگذرانی،عیاشی.

re.ga.lia [rigéiliə] *n.pl.* امتیازات سلطنتی، نشانها و علائم پادشاهی، لباس شاهانه‌یافاخر.

re.gard [rigá:d] (**-ed, -ing**), *n., vt. & vi.* ملاحظه، مراعات، رعایت، توجه، درود، سلام، بابت، باره، نگاه، نظر، ملاحظه‌کردن، اعتناکردن به، راجع بودن به، وابسته بودن‌به، نگریستن، نگاه‌کردن،احترام.

R. for others. ملاحظهٔ دیگران.

re.gar.dant, *adj. & n.* نگاه‌کننده به‌عقب، ملاحظه‌کننده، با ارزش.

regarding [rigá:diŋ] *prep.* عطف به، راجع به، در موضوع.

re.gard.less [rigá:dlis] *adj. & adv.* صرفنظر از، با وجود، علیرغم.

re.gat.ta [rigǽtə] (*pl.* **-s**) *n.* مسابقهٔ کرجی‌رانی، پارچهٔ نخی سفت‌بافت.

re.gelation, *n.* انجماد مجدد.

re.gen.cy [rí:dδənsi] (*pl.* **-ies**), *adj. & n.* اداره یا محل‌کار یا حکومت نایب‌السلطنه.

re.gen.er.a.cy, *n.* باززائی، تولید مجدد، تجدید نیرو، تولد تازه، نوزائی.

re.gen.er.ate [ri:dδénəreit] (**-d, regenerating**) *adj., n., vt. & vi.* باززادن، تهذیب‌کردن، زندگی تازه و روحانی یافته، دوباره خلق شدن یاکردن.

re.gen.er.a.tion [ri:dδenəréiʃən], *n.* باززاد،نوزایش، تهذیب اخلاق، اصلاح.

re.gen.er.a.tive, *adj.* احیاءکننده.

re.gen.er.a.tor, *n.* باززا، نوزا، مولد، بوجودآورنده، خالق، تقویت‌کننده.

re.gent [rí:dδənt] *adj. & n.* نایب‌السلطنه، نمایندهٔپادشاه، رئیس، عضوشورا.

reg.i.cide [rédδisaid] *n.* شاه‌کش، قتل شاه یا حکمروا.

re.gime, ré.gime [reiδí:m, réiδi:m] *n.* رژیم،روش،حکومت،پرهیز غذائی.

reg.i.men [rédδimen] *n.* پرهیز غذائی، رده، دسته، حکومت.

reg.i.ment [rédδimənt] (**-ed, -ing**) *n., vt. & vi.* (نظ.) هنگ، گروه بسیار، دسته دسته‌کردن، تنظیم‌کردن.

reg.i.men.tal [rèdδiméntl] *adj. & n.* لباس‌هنگ، لباس‌افسری، وابسته‌به‌هنگ.

reg.i.men.ta.tion [redδimentéiʃən] *n.* گروه‌بندی، بصورت‌هنگ درآوردن.

re.gion [rí:dδən] *n.* ناحیه، فضا، محوطهٔ بسیار وسیع و بی‌انتها.

re.gion.al.ism, *n.* ناحیه‌گرائی، تقسیم‌کشور بنواحی، منطقه‌سازی.

re.gion.al.ist, -ic, *adj. & n.* منطقه‌ای، ناحیه‌گرای.

reg.is.ter [rédδistə] (**-ed, -ing**), *n., vt. & vi.* دفتر ثبت، ثبت‌آمار، دستگاه تعدیل‌گرما، پیچ، دانگ صدا، لیست یا فهرست،ثبت‌کردن، نگاشتن، دردفتروارد‌کردن، نشان دادن، منطبق‌کردن.

registered mail, *n.* پست سفارشی.

registered nurse, *n.* پرستار دیپلمهٔ دارای پروانهٔ رسمی.

reg.is.tra.ble, *adj.* قابل ثبت.

reg.is.trar [rèdδistrá:, rédδistra:] *n.* ثبت‌کننده،کارمند ادارهٔ ثبت، مدیر دروس.

reg.is.tra.tion [rèdδistréiʃən], *n.* ثبت،نام‌نویسی،اسم‌نویسی، موضوع ثبت‌شده.

reg.is.try [rédδistri] (*pl.* **-ies**), *n.* محضر، دفتر ثبت اسناد، دفتر، فهرست.

reg.nant [régnənt] *adj.* حاکم، سلطنت‌کننده، حکمفرما، مسلط،شایع.

re.gress [rí:gres] (**-ed, -ing**), *n., vt. & vi.* پس‌رفتن، پس‌رفت‌کردن، برگشت، پس‌روی، سیر قهقرائی‌کردن.

re.gres.sion [ri:gréʃən] *n.* پسرفت، برگشت، عود، سیر قهقرائی.

re.gres.sive [ri:grésiv] *adj.* پسرفت‌کن، برگشت‌کننده، عودکننده، کاهنده.

re.gret [rigrét] (**-ted, -ting**), *vi., vt. & n.* پشیمانی، افسوس، تأسف، افسوس‌خوردن، حسرت بردن، نادم شدن، تأثر.

It is much to be regretted that. بسیار جای تأسف است‌که...

We r. the error. از اشتباهی‌که شده است تأسف داریم.

re.gret.ful [rigrétful] *adj.* پر تأسف، پشیمان، متأثر.

re.gret.ta.ble [rigrétəbl] *adj.* قابل تأسف.

reg.u.lar [régjulə] *adj., adv. & n.* منظم، مرتب، با قاعده، معین، مقرر، عادی.

A r. cook. یك‌آشپز حسابی یا مرتب.

R. army. آرتش ثابت و منظم‌کشور.

reg.u.lar.i.ty [règjulǽriti] *n.* نظم و قاعده، ترتیب.

reg.u.lar.ize [régjuləraiz] (**-d, regularizing**) *vt.* منظم‌کردن، تنظیم کردن، نظم دادن، مرتب‌کردن.

regular solid, *n.* [هن.]کثیرالاضلاع پنج ضلعی منظم.

reg.u.late [régjuleit] (**-d, regulating**) *vt. & vi.* تنظیم‌کردن، میزان‌کردن، درست‌کردن.

reg.u.la.tion [règjuléiʃən] *n. & adj.* تنظیم، تعدیل، قاعده، دستور، قانون، آئین‌نامه.

reg.u.la.tor [régjuleitə] *n.* تنظیم‌کننده، تعدیل‌کننده، آلت تعدیل.

reg.u.la.to.ry, *adj.* تنظیمی.

reg.u.lus (*pl.* **-es**) *n.* ستارهٔقلب‌الاسد، فلز ناخالص، شاه یا سلطان دست نشانده.

re.gur.gi.tate (**-d, regurgitating**) *vi. & vt.* [طب] برگشتن، برگرداندن، قی‌کردن.

re.gur.gi.ta.tion, *n.* برگشت، برگشت خون، استفراغ، قی.

re.ha.bil.i.tant, *n.* نوتوان، بیمار یا معلول در حال نوتوانی.

re.ha.bil.i.tate [rì:(h)əbíliteit] (**-d, rehabilitating**) *vt.* نوتوان‌کردن، توانبخشی‌کردن،دارای‌امتیازات اولیه‌کردن، تجدید اسکان‌کردن، اعادهٔ حیثیت کردن، ترمیم‌کردن، بحال نخست برگرداندن.

re.ha.bil.i.ta.tion [rí:(h)əbìlitéiʃən] *n.* نوتوانی، نوسازی، توانبخشی، تجدید اسکان،احیای‌شهرت‌یااعتبار.

re.hash [rì:hǽʃ] (**-ed, -ing**), *vt. & n.* تعمیرکردن، بحث‌های قدیمی را دوباره‌بصورت‌جدیدی مطرح کردن، تکرار مکررات، چیزتکراری.

re.hearing, *n.* جلسهٔ دادرسی مجدد، تجدید جلسهٔ دادگاه.

re.hears.al [rihə':səl] *n.* تمرین نمایش، تکرار، تمرین.

re.hearse [rihə':s] (**-d, rehearsing**) *vt. & vi.* گفتن، تمرین‌کردن، تکرارکردن.

re.hears.er, *n.* تمرین‌کننده.

re.house [rì:háuz] *vt.* بخانهٔ جدید رفتن.

reign [rein] (**-ed, -ing**) *n., vt. & vi.* سلطنت، حکمرانی،حکومت،حکمفرمائی، سلطنت یا حکمرانی‌کردن، حکمفرما بودن.

re.im.burs.able, *adj.* قابل‌پرداخت.

re.im.burse [rì:imbə':s] (**-d, reimbursing**) *vt.* بازپرداخت‌کردن، بازپرداختن، جبران‌کردن، هزینهٔ‌کسی یاچیزی را پرداختن، خرج چیزی را دادن.

re.im.burse.ment [rì:imbə':smənt] *n.* بازپرداخت.

re.impression, *n.* تجدید چاپ.

rein [rein] (**-ed, -ing**) *n., vt. & vi.* افسار، زمام، عنان، لجام، افسارکردن، کنترل، ممانعت، لجام زدن، راندن، مانع شدن.

Assume the reins of government. زمام امور را در دست‌گرفتن.

re.in.car.nate, *vt. & vi.* تجسم یازندگی تازه دادن، حلول‌کردن، تجلی‌کردن.

re.incarnation [rì:inka:néiʃən], *n.* تجدید تجسم، تناسخ در جسم تازه، حلول.

re.in.car.na.tion.ist, *n.* تناسخی.

rein.deer [réindiə] *n. & adj.* (ج.ش.)گوزن شمالی، وابسته‌بدوران‌کهنه‌سنگی اروپا.

re.infection, *n.* عفونت مجدد.

re.inforce [rì:infɔ́:s] *vt., n. & vi.* تقویت‌کردن، محکم‌کردن، مددکردن.

reinforced concrete, *n.* بتون مسلح.

re.inforcement [rì:infɔ́:smənt], *n.* تقویت، مدد.

re.inforcer, *n.* تقویت‌کننده.

rein.less, *adj.* بی‌لجام.

reins, *n.pl.* کلیه‌ها، محل‌کلیه در بدن، [مج.] کمر.

reins.man (*pl.* **-men**) *n.* اسب سوار، سوارکار ماهر.

re.instate [rì:instéit] (**-d, reinstating**) *vt.* دوباره‌گماشتن، دوباره برقرارکردن، از نو به‌مقام اولیهٔ خود رساندن، تثبیت‌کردن.

re.instatement, *n.* تثبیت در مقام.

re.insurance [rì:inʃúərəns] *n.* بیمهٔ مجدد، بیمهٔ اتکائی.

re.insure [rì:inʃúə] *vt. & vi.* بیمهٔ اتکائی‌کردن، دوباره بیمه‌کردن.

re.integrate, *vt.* مجدداً برقرارکردن، [illegible] اوری و متحد گردن، سر و سامان دادن.

re.interpret, *vt.* دوباره‌تفسیرکردن.

re.investment, *n.* سرمایه‌گذاری مجدد.

re.issue [rì:íʃju, rì:ísju] *vi., n. & vt.* چاپ‌مجدد، دوباره‌منتشرکردن.

re.it.er.ate [rì:ítəreit] (**-d, reiterating**) *vt. & adj.* تکرارکردن، تصریح‌کردن.

re.it.er.a.tion [rì:itəréiʃən] *n.* تصریح، تکرار.

re.it.er.a.tive, *adj. & n.* تکراری، [د.]کلمهٔ دال بر تکرار.

re.ject [ridδékt] (**-ed, -ing**), *vt. & n.* وازدن، نپذیرفتن، نپسندیدن، ردکردن، امتناع‌کردن از، دورانداختن، مازاد، مطرود، وازده، (در جمع) فضولات.

re.jec.tion [ridδékʃən] *n.* رد، مردود سازی، وازنی، ردی.

re.joice [ridδɔ́is] (**-d, rejoicing**) *vt. & vi.* خوشی‌کردن، شادی‌کردن، وجدکردن.

rejoicing [ridδɔ́isiŋ] *n.* شادی، وجد.

re.join [ridδɔ́in] (**-ed, -ing**) *vt.* پاسخ‌دفاعی‌دادن،درپاسخ گفتن،دوباره‌پیوستن‌به.

re.join.der [ri:dδɔ́ində] *vt. & n.* پاسخ دفاعی، جواب، پاسخ دفاعی دادن.

re.ju.ve.nate [rì:dδú:vəneit] (**-d, rejuvenating**) *vt. & vi.* دوباره جوان‌کردن، جوانی از سرگرفتن.

re.ju.ve.na.tion [ridδù:vənéiʃən], *n.* بازجوانی، دوباره‌جوان‌سازی.

re.ju.ve.nes.cence, *n.* نوگشتگی، تجدید جوانی، تجدید حیات.

re.lapse [rilǽps] (**-d, relapsing**) *vi., n. & vt.* برگشت، عود، عودت، مرتد، بحال‌نخستین‌برگشتن، عودکردن.

re.lat.able, *adj.* بازگوپذیر، نقل‌کردنی.

re.late [riléit] (**-d, relating**), *vi., n. & vt.* بازگوکردن، گزارش دادن، شرح دادن، نقل‌کردن،گفتن.

re.la.tion,-al [riléiʃən] *adj. & n.* وابستگی، نسبت، ارتباط، شرح، خویشاوند، کارها، نقل قول، وابسته به‌نسبت یاخویشی.

Is he any r. to you? آیا با شما هیچ خویشی دارد؟

re.la.tion.ship [riléiʃənʃip] *n.* خویشی، وابستگی، نسبت.

rel.a.tive [rélətiv] *adj. & n.* منسوب، نسبی، وابسته.

R. humidity. رطوبت نسبی.

rel.a.tiv.ism, *n.* نسبیت، نسبیت‌گرائی.

rel.a.tiv.i.ty [rèlətíviti] *n.* فرضیهٔ نسبی، فلسفهٔ نسبیه، نسبی بودن، نسبیت.

rel.a.tiv.ize, *vt.* بصورت نسبی درآوردن.

re.lax [rilǽks] (**-ed, -ing**), *vt. & vi.* لینت دادن، شل‌کردن، کم‌کردن،

تمدد اعصاب کردن، راحت کردن.

re.lax.a.tion [rì:læksèiʃən] *n.* سست سازی، تخفیف، تمدد اعصاب، استراحت.

re.lay [riléi] (**-ed, - ing**) *n., vt. & vi.* بازپخش، بازپخش کردن،دستگاه تقویت نیروی برق یا رادیو و تلگراف و غیره، ایستگاه تقویت،مسابقهٔ دو امدادی، تقویت کردن.

re.leas.able [rilí:səbl] *adj.* قابل ترخیص یا نشر.

re.lease [rilí:s] (**-d, releas-ing**) *vt., n. & vi.* رها کردن، آزاد کردن،مرخص کردن، منتشر ساختن،رهائی، آزادی، استخلاص، ترخیص، بخشش.

rel.e.gate [réligeit] (**-d, rele-gating**) *vt.* انداختن، موکول کردن، محول کردن، واگذار کردن، منتسب کردن.

rel.e.ga.tion [règigéiʃən] *n.* احاله.

re.lent[rilént](**-ed, -ing**)*vt .& vi.* نرم شدن، رحم بدل آوردن، پشیمان شدن.

re.lent.less [riléntlis] *adj.* بیرحم.

rel.e.vance, rel.e.van.cy [réli-vəns(i)] *n.* رابطه، ربط، ارتباط.

rel.e.vant [rélivənt] *adj.* مربوط، مناسب، وابسته، مطابق، وارد.

re.li.abil.i.ty [rilàiəbíliti] *n.* قابلیت اعتماد، اعتبار.

re.li.able [riláiəbl] *adj.* قابل اطمینان، موثق، معتبر، قابل اتکاء.

re.li.ance [riláiəns] *n.* اعتماد، توکل، تکیه، اتکاء، دل گرمی.

re.li.ant [riláiənt] *adj.* موثق،متکی.

rel.ic [rélik] *n.* اثر، آثار مقدس، عتیقه، یادگار باستانی.

re.lief [rilí:f] *n. & adj.* آسودگی، راحتی، فراغت، آزادی، اعانه، کمك، امداد، رفع نگرانی، تسکین، حجاری برجسته، خط برجسته، برجسته کاری، تشفی، ترمیم، آسایش خاطر، گره گشائی، جبران، جانشین، تسکینی.

re.lieve [rilí:v] (**-d, reliev-ing**) *vt. & vi.* خلاص کردن [از درد و رنج و عذاب]،کمك کردن، معاونت کردن، تخفیف دادن، تسلی دادن، فرونشاندن، برکنار کردن، تغییر پست دادن، برجستگی، داشتن، برجسته ساختن، ربودن.

re.li.gion [rilídʒən] *n.* کیش، آئین، دین، مذهب.

re.li.gion.ist, *n.* پیرو متعصب دین.

re.li.gi.os.i.ty, *n.* خشکه مقدس بودن، تعصب مذهبی، مجلس عبادت، مجلس مذهبی.

re.li.gious [rilídʒəs] *adj. & n.* مذهبی، راهبه، تارك دنیا، روحانی.

re.lin.quish [rilíŋkwiʃ] (**-ed, -ing**) *vt. & vi.* ول کردن، ترك کردن، چشم پوشیدن.

re.lin.quish.ment, *n.* انصراف.

rel.i.quary [rélikwəri] (*pl.***-ies**), *adj. & n.* جعبهٔ اشیاء متبرکه، ظرف مخصوص نگهداری آثار مقدس یا باستانی، محفظهٔ عتیقه، باقیمانده.

rel.ish [réliʃ] (**-ed, -ing**) *n., vi. & vt.* ذائقه، مزه، طعم، چاشنی، ذوق، رغبت، اشتها، مزه آوردن، خوش مزه کردن، با رغبت خوردن، لذت بردن از.

rel.ish.able, *adj.* خوش طعم، لذیذ.

re.lu.cent, *adj.* براق، منعکس کنندهٔ نور، متشعشع، نور افشان، خیره کننده.

re.luc.tance [rilʌ́ktəns] **re-luc.tan.cy,** *n.* بی میلی، اکراه، بیزاری، مخالف،مقاومت مغناطیسی.

re.luc.tant [rilʌ́ktənt] *adj.* بی میل.

rel.uc.tiv.i.ty, *n.* [برق] مقاومت ویژهٔ مغناطیسی، واکنش نفوذپذیری مغناطیسی.

re.lume (**-d, reluming**) *n. & vt.* روشن کردن، برافروختن، مشتعل کردن.

re.ly [rilái] (**-ied, relying**), *vt. & vi.* اعتماد کردن، تکیه کردن (با on و upon).

re.main [riméin] (**-ed, -ing**), *n., vt. & vi.* ماندن، اقامت کردن، مانده، اثر باقیمانده، (درجمع) بقایا.

I r. yours truly. ارادتمند شما.

re.main.der [riméində] *n., vt., vi. & adj.* باقیمانده، مانده، پس مانده، غیرقابل مصرف، باتخفیف فروختن.

re.mand [rimá:nd] (**-ed,-ing**), *vt. & n.* به بازداشتگاه برگرداندن، احضار کردن، اعاده دادن.

re.mark [rimá:k] (**-ed, -ing**), *n., vt. & vi.* ملاحظه کردن، اظهار داشتن، اظهار نظر به دادن، اظهار، بیان، توجه.

re.mark.able [rimá:kəbl] *adj. & n.* قابل توجه، عالی، جالب توجه.

re.marriage [rì:mæridʒ] *n.* ازدواج مجدد، تجدیدفراش.

re.match, *n.* مسابقهٔ برگشت.

re.me.di.able [rimí:diəbl] *adj.* درمان پذیر، چاره پذیر، قابل علاج.

re.me.di.al [rimí:diəl] *adj.* علاجی، چاره ساز، شفابخش، مفید، درمانی.

rem.e.dy [rémidi] (**-ied,-ing**), (*pl.* **-ies**) *vi., n. & vt.* گزیر، علاج، دارو، درمان، میزان، چاره، اصلاح کردن، جبران کردن، درمان کردن.

re.mem.ber [rimémbə] (**- ed, -ing**) *vt. & vi.* بخاطر آوردن، یادآوردن، بخاطر داشتن

R. me to him. سلام مرا باو برسانید.

re.mem.ber.able, *adj.* یادآوردنی.

re.mem.brance [rimémbrəns], *n.* یادآوری، تذکر، خاطر، ذهن، یادگاری.

re.mind [rimáind] (**-ed, -ing**), *vt.* یادآوری کردن، یادآور شدن، بیادآوردن.

R. me of it. یاد من بیاورید.

re.mind.er [rimáində] *n.* یادآوری کننده، یادآوری.

re.mind.ful, *adj.* پر خاطره.

rem.i.nisce *vt. & vi.* یادآوری کردن، بخاطر آوردن.

rem.i.nis.cence [rèminísəns] *n.* خاطره، یادداشت، یادبود، یادآوری،نشانه.

rem.i.nis.cent [rèminísənt] *adj.* یادبود، خاطره.

re.mise (**-d, remising**) *vt., vi. & n.* واگذار کردن، انتقال دادن، گذشت کردن.

re.miss [rimís] *adj.* بی مبالات، بی قید، غفلت کار، سست.

re.mis.sion [rimíʃən] *n.* بخشش، آمرزش، عفو، گذشت، تخفیف، بهبودی بیماری.

re.mit [rimít] (**-ted, -ting**) *n., vt. & vi.* بخشیدن، آمرزیدن، معاف کردن، فرونشاندن، پول رسانیدن، وجه فرستادن.

re.mit.ment, *n.* پرداخت.

re.mit.ta.ble, *adj.* قابل پرداخت.

re.mit.tance [rimítəns] *n.* فرستادن پول، پول، پرداخت، تأدیه.

re.mit.ter, *n.* پرداخت کننده.

re.mit.tent, *adj. & n.* سبك شونده، تخفیف یابنده، موقتاً تسکین دهنده.

rem.nant [rémnənt] *adj. & n.* باقی مانده، بقیه، اثر، بقایا[درجمع]، آثار.

re.mod.el, *vt.* تغییر وضع دادن، عوض کردن، تعمیر کردن.

re.mon.strance [rimɔ́nstrəns], *n.* سرزنش، نکوهش، تعرض، اعتراض، مخالفت.

re.mon.strant, *adj. & n.* معترض.

re.mon.strate [rimɔ́nstreit], (**-d, remonstrating**) *vt. & vi.* تعرض کردن، با تعرض و نکوهش گفتن.

re.mon.stra.tion, *n.* نکوهش.

re.mon.stra.tive, *adj.* نکوهشی.

re.mon.stra.tor, *n.* نکوهشگر.

rem.o.ra, *n.* [ج.ش.] ماهی چسبنده.

re.morse [rimɔ́:s] *n.* پشیمانی، افسوس، ندامت، پریشانی، غم.

re.morse.ful, *adj.* اندوهناك، نادم.

re.morse.less, *adj.* سرسخت، ظالم.

re.mote [rimóut] (**-r, -st**) *adj.* دور، پرت، دوردست، جزئی، کم، بعید، متحرك.

re.mount [rì:máunt] *n., vt. & vi.* دوباره بالا رفتن، برگشتن، دوباره سوار کردن.

re.mov.able [rimú:vəbl] *adj.* برداشتنی، قابل رفع.

re.mov.al [rimú:vəl] *n.* رفع، ازاله.

re.move [rimú:v] (**-d, remov-ing**) *n., vt. & vi.* برداشتن، ازجابرداشتن، بلندکردن، رفع کردن، دور کردن، برطرف کردن، بردن.

re.mu.ner.ate [rimjú:nəreit] (**-d, remunerating**) *vt. & vi.* پاداش دادن به، تلافی کردن، تاوان دادن.

re.mu.ner.a.tion [rimjù:nəréiʃən] *n.* اجر، پاداش.

re.mu.ner.a.tive [rimjú:nərətiv] *adj.* پاداشی.

re.mu.ner.a.tor, *n.* اجر دهنده.

ren.ais.sance [rənéisəns, rənéisas] *n. & adj.* دورهٔ تجدد ادبی وفرهنگی، رنسانس.

re.nal, *adj.* [تش.] کلیه‌ای،وابسته به کلیه‌ها.

re.nas.cence [rinǽsəns, rinéisəns] *n.* نوزایش، تجدید حیات، تولد مجدد، زندگی مجدد.

re.nas.cent [rinǽsənt] *adj.* تجدید حیات کننده.

ren.coun.ter, ren.con.tre [renkáuntə, ra:(ŋ)kɔ(n)tr] (**-ed, -ing**) *vt. & vi.* با خصومت روبرو شدن، مقابله کردن، مصاف.

rend [rend] (**rent, - ing**) *vt. & vi.* پاره کردن، چاك زدن، دریدن، کندن.

ren.der [réndə] (**-ed, - ing**), *n., vt. & vi.* تحویل دادن، تسلیم داشتن، پس دادن، منتقل کردن، ارائه دادن، ترجمه کردن، درآوردن.

R. help. کمك کردن، کمك دادن.

ren.dez.vous [radevu:, rɔ́ndivu:] (**-ed, -ing**) *n.pl., vt. & vi.* آمدگاه، وعده‌گاه، پاتوق، میعاد، قرار ملاقات گذاشتن.

ren.di.tion [rendíʃən] *n.* تسلیم، بازگردانی، پرداخت، تحویل، ترجمه، تفسیر.

ren.e.gade [rénigeid] *adj., vi. & n.* عیسوی مسلمان‌شده، برگشته، مرتد، خائن.

re.nege (**-d, reneging**) *vt., n. & vi.* انکار کردن، قبول نکردن، ترك تابعیت کشور یا دین خود را کردن، [د.گ.] گول زدن.

re.negotiation, *n.* مذاکره مجدد.

re.new [rinjú:] (**-ed, - ing**), *vt. & vi.* بازنو کردن، تجدید کردن، نو کردن، تکرار کردن.

re.new.abil.i.ty, *n.* قابلیت تجدید.

re.new.able [rinjú:əbl] *adj.* تجدید شدنی.

re.new.al [rinjú:əl] *n.* تجدید، تکرار، بازنوکنی.

re.new.er, *n.* تجدیدکننده.

ren.i.form, *adj.* [ج.ش.] شبیه کلیه، کلیه مانند.

ren.net [rénit] *n. & vt.* شیردان، پنیر مایه، مایه، سیب انگلستان، مایهٔ ماست.

re.nounce [rináuns] (**-d, re-nouncing**) *n., vt. & vi.* انکار کردن، سرزنش یا متهم کردن.

re.nounc.er, *n.* سرزنش وانتقادکننده.

ren.o.vate [rénoveit, rénə-] (**-d, renovating**) *vt. & vi.* بازنوساختن، نوکردن، تعمیر کردن، ازسرگرفتن.

ren.o.va.tion [rènovéiʃən] *n.* بازنوساخت، تعمیر، اصلاح، نوسازی.

ren.o.va.tor, *n.* بازنوسازنده، بدعتکار.

re.nown [rináun] *n. & vt.* آوازه، نام، شهرت، معروفیت، اشتهار، صیت، مشهور کردن.

rent [rent] (**- ed, - ing**) *n., vt. & vi.* اجاره، کرایه، مال الاجاره، منافع، اجاره کردن، کرایه کردن، اجاره دادن.

rent.able [réntəbl] *adj.* قابل اجاره.

rent.al [réntl] *adj. & n.* اجاره نامه، وجه اجاره، اجاره‌ای.

R. library, n. کتابخانهٔ دارای کتب کرایه‌ای.

rent.er, ren.tier [réntə, ratiei], *n.* موجر، اجاره دهنده، بکرایه واگذارنده.

re.nun.ci.a.tion [rinʌnsiéiʃən], *n.* چشم پوشی، ترك، کناره گیری، قطع علاقه.

re.organization [rì:ɔ:gənaizéiʃən] *n.* تشکیلات مجدد، صورت جدید.

re.organize [rì:ɔ́:gənaiz] *vi. & vt.* تشکیلات مجدد، دوباره متشکل کردن.

re.pair [ripέə] (**-ed, -ing**) *n. & vi.* تعمیر کردن، جبران کردن، دوباره دایر کردن، مرمت کردن، مرمت، اصلاح، خراب، نیازمند تعمیر.

Out of r. خراب، نیازمند تعمیر.

R. man. متصدی تعمیرات.

rep.a.ra.ble, re.pair.able [répərəbl, ripέərəbl] *adj.* قابل جبران، اصلاح پذیر، تعمیرپذیر.

rep.a.ra.tion [rèpəréiʃən] *n.* جبران غرامت، تاوان، تعمیر، عوض، اصلاح.

re.par.a.tive, *adj.* جبرانی.

rep.ar.tee [rèpa:tí:] *n.* حاضر جوابی، جواب شوخی آمیز.

re.parti.tion, *adj. & n.* توزیع، تقسیم، توزیع مجدد، وابسته به تقسیمات.

re.past [ripá:st] *vt., vi. & n.* خوراك، ضیافت، غذاخوردن، وقت غذا خوری.

re.patri.ate [ri:pǽtrieit, -péi-] (**-d, repatriating**) *vt. & n.* بمیهن خود برگرداندن، بمیهن خود برگشتن.

re.patri.a.tion [rí:pætréiʃən] *n.* برگشتن یا برگرداندن بمیهن.

re.pay [ri:péi] (**-paid, - pay-ing**) *vt., n. & vi.* پس دادن، برگرداندن، تلافی، پس دادن به.

re.pay.able [ri:péiəbl] *adj.* پس دادنی.

re.pay.ment [ri:péimənt] *n.* غرامت، پرداخت مجدد.

re.peal [ripí:l] (**-ed, -ing**) *vt. & n.* لغو کردن، احضار کردن، احضار، بازگردانی، الغاء، لغو، فسخ.

re.peal.able, *adj.* لغوکردنی.
re.peal.er, *n.* لغوکننده.
re.peat [*ripí:t*] **(-ed, -ing)** *vt., vi. & n.* دوباره گفتن، تکرارکردن، دوباره انجام دادن، دوباره ساختن، تکرار، تجدید.
re.peat.able, *adj.* تکرارکردنی.
repeated, *adj.* پی‌درپی، مکرر.
re.peat.er [*ripí:tə*] *n.* تکرارکننده، ساعت زنگی، بازگوکننده.
re.pel [*ripél*] **(-led, -ling),** *vi. & vt.* دفع‌کردن، ردکردن، نپذیرفتن، جلوگیری‌کردن‌از، بیزاری‌کردن، مقابله‌کردن.
re.pel.lent [*ripélənt*] *adj. & n.* مانع، دافع، راننده، بیزارکننده.
re.pel.ler, *n.* دافع.
re.pent [*ripént*] **(-ed, -ing),** *adj., vt. & vi.* اصلاح شدن، توبه‌کردن، پشیمان شدن، نادم.
re.pent.ance [*ripéntəns*] *n.* توبه، پشیمانی، ندامت، اصلاح مسیر زندگی.
re.pent.ant [*ripéntənt*] *adj.* تائب.
re.pent.er, *n.* توبه‌کار.
re.people, *vt.* دوباره‌مسکون‌ساختن.
reper.cus.sion [*rì:pəkʌ́ʃən*] *n.* بازگردانی، پس‌زنی، انعکاس، برگشت، دفع، عکس‌العمل، واکنش، [طب] دفع یا پیشگیری.
rep.er.toire [*répətwa:*] *n.* فهرست نمایش‌های آماده برای نمایش‌دادن.
rep.er.to.ry [*répətəri*] **(pl. -ies),** *n.* فهرست، مجموعه، انبار، مخزن، کاتالوگ.
rep.e.ti.tion [*rèpitíʃən*] *n.* بازگوئی، بازگو، تکرار، تجدید، اعاده.
rep.e.ti.tious, *adj.* تکراری، مکرر.
re.pet.i.tive, *adj.* تکراری.
re.pine [*ripáin*] **(-d, repining),** *vi.,vt.& n.* ناراضی‌بودن، شکایت‌کردن، شکوه.
re.place [*ri:pléis*] **(-d, replacing)** *vt.* چیزی را تعویض‌کردن، جابجاکردن، جایگزین‌کردن.
re.place.able [*ri:pléisəbl*] *adj.* قابل تعویض.
re.place.ment [*ri:pléismənt*] *n.* تعویض، جایگزین.
re.plen.ish [*ripléniʃ*] **(-ed, -ing)** *vt. & vi.* دوباره پرکردن، ذخیرهٔ تازه دادن.
re.plen.ish.ment [*ripléniʃmənt*] *n.* دوباره پرکردن.
re.plete [*riplí:t*] *adj., vt. & n.* کاملاً پر، لبریز، چاق، تکمیل، انباشته.
re.ple.tion [*riplí:ʃən*] *n.* پری، پرسازی، انباشتگی، [طب] پر خون.
rep.li.ca [*réplikə*] *n.* نسخهٔ‌عین، المثنی.
re.pli.ca.tion, *n.* تاه، تاشدگی، پاسخ، انعکاس، رونوشت، دفاع.
re.pli.er, *n.* پاسخ دهنده.
re.ply [*riplái*] **(-ied, -ing)** *n., vt. & vi.* پاسخ، جواب، پاسخ دادن، جواب کتبی یا شفاهی، دفاعیه.
re.port [*ripɔ́:t*] **(-ed, -ing)** *n., vt. & vi.* شهرت، انتشار، صدا، گزارش‌دادن، گزارش.
R. card. کارنامهٔ دانشجو.
re.port.able, *adj.* گزارش دادنی.
re.port.age, *n.* گزارش، شرح جریان امر، رپرتاژ.
re.port.er [*ripɔ́:tə*] *n.* گزارشگر، خبرنگار.
re.pose [*ripóus*] **(-d, reposing),** *n., vt. & vi.* گذاردن، آرمیدن، درازکشیدن، غنودن.
re.pose.ful, *adj.* متکی، غنوده.
re.pos.it **(-ed, -ing)** *vt.* ودیعه‌گذاردن، سپردن، جابجاکردن.
re.pos.i.to.ry [*ripɔ́zitəri*] **(pl. -ies)** *adj. & n.* انبار، مخزن، صندوق تابوت، ظرف، رازدار.
re.possess **(-ed, -ing)** *vt. & vi.* مالکیت مجدد یافتن.
re.possession, *n.* تملک ثانوی.
rep.re.hend [*rèprihénd*] **(-ed, -ing)** *vt. & vi.* سرزنش‌کردن، توبیخ‌کردن.
rep.re.hen.si.ble [*rèprihénsibl*], *adj.* سزاوار سرزنش، درخوراتنبیه‌کردنی.
rep.re.hen.sive, *adj.* ملامت‌آمیز.
rep.re.sent [*rèprizént*] **(-ed, -ing)** *vt. & vi.* نمایش دادن، نمایاندن، فهماندن، نمایندگی کردن، وانمودکردن، بیان‌کردن.
We are not represented in that port. ما درآن بندر نماینده نداریم.
rep.re.sent.able, *adj.* قابل عرضه.
rep.re.sen.ta.tion, -al [*rèprizentéiʃən*] *n. & adj.* نمایش، نمایندگی، تمثال، نماینده، ارائه.
rep.re.sent.a.tive [*rèprizéntətiv*] *adj. & n.* نماینده، حاکی‌از، مشعربر.
rep.re.sent.er, *n.* معرفی‌کننده.
re.press [*riprés*] **(-ed, -ing),** *vt., n. & vi.* بازفشردن، بازکوفتن، فرونشاندن، سرکوب‌کردن، در خودکوفتن.
re.pres.sion [*ripréʃən*] *n.* سرکوبی.
re.pres.sive [*riprésiv*] *adj.* مانع شونده، سرکوب‌کننده.
re.pres.sor, *n.* عامل مانع شونده.
re.prieve [*riprí:v*] **(-d, reprieving)** *vt. & n.* مجازات‌کسی را بتعویق انداختن، رخصت.
rep.ri.mand [*réprima:nd, rèprimá:nd*] **(-ed, -ing)** *n., vt. & vi.* سرزنش‌کردن، سرزنش وتوبیخ‌رسمی، مجازات.
re.print [*ri:prínt*] **(-ed, -ing),** *vt. & n.* مجدداً بطبع رساندن، چاپ تازه.
re.pri.sal [*ripráizl*] *vt. & n.* جبران، تلافی، انتقام، تلافی‌کردن.
re.proach [*ripróutʃ*] **(-ed,-ing),** *n. & vt.* سرزنش، عیب‌جوئی، توبیخ، رسوائی، ننگ، عیب‌جوئی‌کردن از، خوارکردن.
re.proach.able, *adj.* قابل توبیخ.
re.proach.er, *n.* ملامت‌کننده.
re.proach.ful [*ripróutʃful*] *adj.* ملامت‌آمیز، پرسرزنش.
rep.ro.bate [*réproubeit*] **(-d, reprobating)** *vt., vi., adj. & n.* مردود، فاسد، بداخلاق، هرزه، محرومیت.
rep.ro.ba.tion [*rèproubéiʃən*], *n.* مردودیت، هرزگی، فساد اخلاق، تباهی.
re.pro.duce [*rì:prədjú:s*] *vt. & vi.* تکثیرکردن، چاپ‌کردن، دوباره ساختن.
re.pro.duc.er [*rí:prədjú:sə*] *n.* تکثیرکننده.
re.pro.duc.ibil.i.ty, *n.* قابلیت تکثیر، قابلیت ساخت یا تولید مجدد.
re.pro.duc.ible [*ri:prədjú:sibl*], *adj.* قابل تکثیر.
re.pro.duc.tion [*ri:prədʌ́kʃən*], *n.* هم‌آوری، تکثیر، توالدوتناسل، تولیدمثل.
re.pro.duc.tive [*rì:prədʌ́ktiv*], *adj.* مولد، تناسلی.
re.proof [*riprú:f*] *n.* سرزنش، نکوهش، ملامت، توبیخ ملایم.
re.prove [*riprú:v*] **(-d, reproving)** *vt.* سرزنش‌کردن، نکوهش‌کردن، ملامت‌کردن.
rep.tile [*réptail*] *adj. & n.* حیوان خزنده، آدم پست، سینه مال رونده.
rep.til.ian, *adj. & n.* خزنده.
re.pub.lic [*ripʌ́blik*] *n.* جمهوری.
R. of letters. جمهور اهل ادب.
re.pub.li.can [*ripʌ́blikən*] *n. & adj.* جمهوری‌خواه، جمهوری، گروهی، اجتماعی.
re.pub.li.can.ism, *n.* جمهوریخواهی.
re.pub.li.can.ize **(-d, republicanizing)** *vt* جمهوری‌کردن.
re.publication, *n.* تجدید چاپ، انتشار مجدد.
re.publish **(-ed, -ing)** *vt.* دوباره چاپ‌کردن، دوباره منتشرکردن.
re.pu.di.ate [*ripjú:dieit*] **(-d, repudiating)** *vt.* ردکردن، انکارکردن، منکر شدن.
re.pu.di.a.tion [*ripjù:diéiʃən*], *n.* انکار، ردی.
re.pug.nance, -cy [*ripʌ́gnəns*], *n.* مغایرت، ناسازگاری، تناقض، مخالفت.
re.pug.nant [*ripʌ́gnənt*] *adj.* متناقض، مخالف، تنفرانگیز، زننده.
re.pulse [*ripʌ́ls*] **(-d, repulsing)** *vt. & n.* دفع، رد، پس‌زنی، دفع‌کردن، راندن.
re.pul.sion [*ripʌ́lʃən*] *n.* دفع، عدم پذیرش، عقب‌زنی، تنفر، دشمنی.
re.pul.sive [*ripʌ́lsiv*] *adj.* متنفر، دافع، زننده، تنفرآور.
rep.u.ta.bil.i.ty, *n.* اعتبار، نیکنامی، اشتهار، قابلیت اشتهار.
rep.u.ta.ble [*répjutəbl*] *adj.* قابل شهرت، مشهور، قابل اطمینان.
rep.u.ta.tion [*rèpjutéiʃən*] *n.* شهرت، اعتبار، آبرو، خوشنامی، اشتهار، آوازه.
Have the r. of. مشهور بودن‌به.
re.pute [*ripjú:t*] **(-d, reputing)** *n., vt. & vi.* آوازه‌داشتن، شمردن، فرض‌کردن، شهرت داشتن، اشتهار.
reputed [*ripjú:tid*] *adj.* مشهور.
re.quest [*rikwést*] **(-ed,-ing),** *n., vt. & vi.* خواهش، درخواست، تقاضا، خواسته، تمناکردن، تقاضاکردن.
At the r. of. برحسب‌تقاضای.
Your presence is requested. خواهشمندیم حضور بهم رسانید.
re.quest.er, *n.* خواهش‌کننده، متقاضی.
requi.em [*rékwiem*] *n.* نماز وحشت، نماز میت، فاتحه.
re.quire [*rikwáiə*] **(-d, requiring)** *vt., n. & vi.* بایستن، لازم‌داشتن، خواستن، مستلزم بودن، نیازداشتن.
re.quire.ment [*rikwáiəmənt*] *n.* دربایست، نیازمندی، تقاضا، احتیاج، الزام، نیاز، ایجاب، التزام.
req.ui.site [*rékwizit*] *adj. & n.* بایسته، شرط‌لازم، لازمه، احتیاج، چیزضروری، ضرورت، لزوم.
req.ui.site.ness, *n.* ضرورت، لزوم.
req.ui.si.tion [*rèkwizíʃən*] **(-ed, -ing)** *n. & vt.* درخواست، تقاضا، سخره، چیز مورد تقاضا، بازگرفتن، مصادره‌کردن، درخواست‌رسمی‌کردن.
re.quit.al [*rikwáitl*] *n.* سزا، تاوان.
re.quite [*rikwáit*] **(-d, requiting)** *vt.* سزادادن، پاداش دادن، تاوان دادن، جبران‌کردن.
re.quit.er, *n.* عوض دهنده، اجردهنده.
re.run, *n. & vt.* عمل دوباره دویدن، نمایش مجدد فیلم.
res, *n.pl.* شیء، چیز، شیء بخصوص، ماده.
re.salable, *adj.* قابل فروش مجدد.
re.sale, *n.* فروش مجدد، حراج مجدد.
re.scind [*risínd*] **(-ed, -ing)** *vt.* باطل ساختن، لغوکردن، فسخ‌کردن.
re.scis.sion, *n.* [حق.] فسخ، ابطال.
re.script [*rí:skript*] *n.* فرمان، حکم، دستخط، فتوای پاپ، رساله.
res.cue [*réskju:*] **(-d, rescuing)** *vt., vi. & n.* رهائی دادن، رهانیدن، خلاصی.
res.cu.er [*réskjuə*] *n.* رهادهنده، مستخلص‌کننده.
re.search [*risə́:tʃ*] *n., vt. & vi.* پژوهش، جستجو، تجسس، تحقیق، تتبع، کاوش، پژوهیدن، پژوهش‌کردن.
re.search.er, *n.* پژوهشگر.
re.sect.able, *adj.* قطع‌کردنی.
re.sec.tion, *n.* برش، قطع.
re.sem.blance [*rizémbləns*] *n.* شباهت، تشابه، همانندی، همشکلی، مقایسه.
re.sem.ble [*rizémbl*] **(-d, resembling)** *vt.* شباهت‌داشتن، مانستن، تشبیه‌کردن، مانند بودن، همانندکردن یا بودن.
re.sent [*rizént*] **(-ed, -ing)** *vt.* منزجر شدن از، رنجیدن از، خشمگین شدن‌از، اظهار تنفرکردن از، اظهار رنجش‌کردن.
re.sent.ful [*rizéntful*] *adj.* بی‌میل.
re.sent.ment [*rizéntmənt*] *n.* رنجش، خشم، غیظ.
res.er.va.tion [*rèzəvéiʃən*] *n.* ذخیره، رزروکردن صندلی یا اتاق‌درمهمانخانه وغیره، کتمان، تقیه، شرط، قید، استثناء، احتیاط، قطعهٔ زمین اختصاصی (برای سرخ پوستان یا مدرسه و غیره).
re.serve [*rizə́:v*] **(-d, reserving)** *n., vt., adj. & vi.* پس‌نهاد، کنارگذاشتن، پس‌نهادکردن، نگه داشتن، اختصاص دادن، اندوختن، اندوخته، ذخیره، احتیاط، یدکی، (درموردانسان) تودار بودن، مدارا.
I was reserved for it. تنها برای من مقدر شده بود.
R. fund. سرمایهٔ احتیاطی.
foreign exchange r. ذخیرهٔ ارزی.
re.served [*rizə́:vd*] *adj.* رزروشده، محتاط، خاموش، کم‌حرف، اندوخته، ذخیره.
re.serv.ist [*rizə́:vist*] *n.* سرباز یا افسرذخیره.
res.er.voir [*rézəvwa:, -vwɔ:*] *n. & vt.* مخزن، آب انبار، ذخیره، مخزن‌آب.
re.shape, *vt. & vi.* تغییر شکل دادن، تجدید وضع‌کردن.
re.shipment, *n.* حمل مجدد.
re.shuffle, *vt.* برزدن، تجدید سازمان کردن، تغییرات سازمانی دادن.
re.side [*rizáid*] **(-d, residing),** *vi.* اقامت داشتن، مسکن داشتن، مقیم شدن.
res.i.dence [*rézidəns*] *n.* محل اقامت، اقامتگاه.
Take up one's r. in a city. در شهری اقامت‌کردن یا ساکن شدن.
res.i.den.cy [*rézidənsi*] *n.* محل اقامت، اقامتگاه، [طب] اقامت پزشک در بیمارستان برای‌کسب تخصص.
res.i.dent [*rézidənt*] *adj.&n.* مقیم.
res.i.den.tial [*rèzidénʃl*] *adj.* مسکونی، وابسته به اقامت، قابل‌سکنی، محلی.
re.sid.u.al [*rizídjuəl*] *adj. & n.* رسوبی، وابسته به‌رسوب یا باقیمانده.
re.sid.u.ary [*rizídjuəri*] **(pl. -ies)** *adj. & n.* وارث طبقهٔ دوم، موصی‌له، باقی‌مانده، رسوبی.

res.i.due [rézidju:] *n.* پس‌مانده، تفاله، مانده، قسمت باقیمانده، فاضل، زیادتی، ته‌نشین.
re.sign [rizáin] (**-ed, -ing**), *vt. & vi.* مستعفی‌شدن، کناره گرفتن، تفویض‌کردن، استعفا دادن از، دست کشیدن.
R. oneself. تن در دادن.
res.ig.na.tion [règzignéiʃən] *n.* استعفا، واگذاری، کناره گیری، تفویض، تسلیم.
re.sile (**-d, resiling**) *vi.* انعطاف داشتن، برگشتن، به‌عقب برگشتن، مرتجع شدن.
re.sil.ience, re.sil.ien.cy [riziliəns(i)] *n.* جهندگی، حالت ارتجاعی.
re.sil.ient [rizíliənt] *adj.* عدول کننده، ارتجاعی.
res.in [rézin] **res.in.ate** (**-ed, -ing**) *n., vt. & vi.* صمغ‌کاج، انگم‌کاج، راتیانه، رزین، صمغ، باصمغ پوشاندن.
res.in.i.fy (**-ied,resinifying**) *vt. & vi.* تبدیل به صمغ یا رزین کردن، صمغی‌شدن.
res.in.ous [rézinəs] *adj.* صمغی.
re.sist [rizíst] (**-ed, -ing**) *vi., vt. & n.* پایداری، پایداری کردن، استقامت کردن، مانع شدن، مخالفت کردن با.
R. an attack. حمله‌ای را دفع کردن.
re.sist.ance [rizístəns] *n.* پایداری، عایق مقاومت، مقاومت، سختی، مخالفت.
re.sist.ant [rizístənt] *adj. & n.* مقاوم، پایدار.
re.sist.er [rizístə] *n.* مقاوم.
re.sist.ibil.i.ty, *n.* استعداد مقاومت.
re.sist.ible, *adj.* قابل مقاومت.
re.sis.tiv.i.ty, *n.* مقاومت‌ویژه، ستهٔ ویژه، قابلیت مقاومت، مقاومت اشیاء.
re.sis.tor, re.sis.ter, *n.* اسباب مقاوم در برابر برق، مقاوم.
res.o.lute [rézəl(j)u:t] *adj., n. & vi.* صاحب عزم، ثابت قدم، پا برجا، مصمم، ثابت، تصویب کردن.
res.o.lu.tion [rèzəl(j)ú:ʃən] *n.* تحلیل، تجزیه، حل، نتیجه، ثبات‌قدم، عزم، قصد، نیت، تصمیم، تصویب.
re.solve [rizɔ́lv] (**-d, resolving**) *vt., n. & vi.* رفع کردن، مقرر داشتن، تصمیم گرفتن، رأی‌دادن.
re.solv.ent, *n. & adj.* [طب] محلل، حلال، جواب، حل، حل مسئله.
res.o.nance [rézənəns] *n.* [در صوت] تشدید، پیچش صدا، طنین.
res.o.nant [rézənənt] *n. & adj.* طنین‌دار.
res.o.nate (**-d, resonating**), *vt. & vi.* پیچیدن، طنین انداختن.
res.o.na.tor, *n.* مشدد، اسباب‌ارتعاش.
re.sorp.tion, *n.* آشام یاجذب دوباره، مکیدن‌مجدد، بلع دوباره.
re.sort [rizɔ́:t] (**-ed, -ing**) *vi., vt. & n.* ملجاء، پناهگاه، پاتوق، ملاقات مکرر، رفت و آمد مکرر، دوباره دسته‌بندی کردن، متشبث‌شدن‌به، متوسل شدن.
In the last r. درآخرین وهله.
re.sound [rizáund] (**-ed,-ing**) *vi., n. & vt.* منعکس کردن، پژواك یا انعکاس صدا.
re.source [risɔ́:s] *n.* وسیله، کاردانی، منبع، ممر، مایه، ابتکار.
re.source.ful [risɔ́:sful] *adj.* کاردان، پرمایه‌ومبتکر.
re.spect [rispékt] (**-ed,-ing**), *vi., vt., adj. & n.* رابطه، نسبت، رجوع، مراجعه، احترام، ملاحظه، احترام گذاشتن به، محترم داشتن، بزرگداشت، بزرگداشتن.
In this r. از این جنبه یا نظر.
Hold in r. احترام‌گذاردن به.
re.spect.abil.i.ty, *n.* احترام.
re.spect.able [rispéktəbl] *adj. & n.* محترم، قابل احترام.
res.pect.ful [rispéktful] *adj.* مؤدب، باادب، پراحترام.
re.spec.tive [rispéktiv] *adj.* مربوطه، بترتیب مخصوص خود، نسبی.
res.pi.ra.ble, *adj.* قابل تنفس.
res.pi.ra.tion, -al [rèspiréiʃən], *vt., adj. & n.* تنفس، دم زنی.
res.pi.ra.tor [réspireitə] *n.* دستگاه تنفس مصنوعی، دهان بند طبی.
res.pi.ra.to.ry [réspirèitəri, rispáiərətəri] *adj.* تنفسی.
re.spire [rispáiə] (**-d, respiring**) *vt. & vi.* دم زدن، نفس‌کشیدن، تنفس‌کردن، امید تازه پیداکردن، بو کردن، بهوش آمدن.
res.pite [réspit, réspait] (**-d, respiting**) *n. & vt.* امان، مهلت، فرجه، استراحت، تمدید مدت، رخصت، فرجه‌دادن.
re.splen.dence, re.splen.den.cy [rispléndəns(i)] *n.* درخشندگی، جلوه، شکوه، تلألؤ.
re splen.dent [rispléndənt] *adj.* پر جلوه، درخشنده، پر تلألؤ.
re.spond [rispɔ́nd] (**-ed,-ing**) *n., vt. & vi.* پاسخ‌دادن، واکنش‌نشان‌دادن، پاسخ.
It does not r. to treatment. معالجه درآن مؤثر نیست.
re.spon.dent [rispɔ́ndənt] *adj. & n.* مطابق، موافق، جوابگو، واکنش‌دار.
re.spond.er, *n.* پاسخگو، جوابگو، مادهٔ اصلی خرج فشنگ، برق سنج.
re.sponse [rispɔ́ns] *n.* جوابگوئی، پاسخ، واکنش.
re.spon.si.bil.i.ty [rispɔnsibíliti] (*pl.* **-ies**) *n.* مسئولیت، عهده، ضمانت، جوابگوئی.
re.spon.si.ble [rispɔ́nsibl] *adj.* مسئول، عهده‌دار، مسئولیت‌دار، معتبر، آبرومند.
Cold was r. for his defeat. سرما علت شکست او بود.
re.spon.sive [rispɔ́nsiv] *adj.* واکنشی، پاسخی، علاقمند، متوجه.
res pu.bli.ca (*pl.* **-è**) *n.* رفاه عمومی، جمهوری، کشور، کشورجمهوری، دولت.
rest [rest] (**-ed, -ing**) *vi., vt. & n.* استراحت، محل استراحت، آسایش، آسودن، استراحت کردن، آرمیدن، تجدید قوا کردن، تکیه دادن، متکی بودن به، الباقی، نتیجه، بقایا، سایرین، دیگران، باقیمانده.
You may r. assured. میتوانید مطمئن باشید.
Among the r. ازآن جمله.
re.state [ri:stéit] *vt.* مجدداً بیان کردن، تصریح کردن، بازگفتن.
re.statement [ri:stéitmənt] *n.* بیان مجدد، بازگوئی.
res.tau.rant [réstəra, réstərənt], *n.* رستوران، کافه.
res.tau.ra.teur, res.tau.ran.teur, *n.* صاحب رستوران، مهمانخانه‌دار.
rest.ful [réstful] *adj.* پرآسایش.
rest home=sanatorium, *n.* آسایشگاه.
rest house, *n.* مهمانسرا.
resting, *adj.* خوابیده، ایستا، ساکن.
res.ti.tu.tion [rèstitjú:ʃən] *n.* اعاده، بازگردانی، جبران، تلافی، ارتجاع.
res.tive [réstiv] *adj.* کله شق، رام‌نشو، بیقرار، سرکش، چموش.
rest.less [réstlis] *adj.* بی‌قرار.
re.stor.able, *adj.* قابل اعاده.
res.to.ra.tion [rèstəréiʃən] *n.* استقرار مجدد، تجدید، اصلاح، استرداد.
re.stor.ative [ristɔ́:rətiv] *adj. & n.* تجدید یا مسترد کننده، اعاده کننده.
re.store [ristɔ́:] (**-d, restoring**) *vt. & vi.* پس دادن، بحال اول برگرداندن، تعمیر کردن، اعاده‌دادن.
R. to health. بهبود یا شفا دادن.
re.stor.er [ristɔ́:rə] *n.* اعاده‌دهنده.
re.strain [ristréin] (**-ed,-ing**), *vt. & vi.* جلوگیری کردن از، نگهداشتن، مهار کردن.
re.strain.able, *adj.* محدود ساختنی.
re.straint [ristréint] *n.* جلوگیری، منع، نگهداری، خودداری.
re.strict [ristríkt] (**-ed,-ing**), *vt. & vi.* محدودکردن، منحصر کردن به.
re.stric.tion [ristríkʃən] *n.* تحدید، تضییق، جلوگیری، منع، محدودیت.
re.stric.tive [ristríktiv] *adj. & n.* [طب] داروی‌پیش‌گیر، جمله‌یا عبارت حصری یا محدود کننده، محدود سازنده.
rest room, *n.* استراحتگاه، مستراح.
re.sult [rizʌ́lt] (**-ed, -ing**), *vi. & n.* پی‌آمد، دست‌آورد، نتیجه دادن، ناشی شدن، نتیجه، اثر، حاصل.
re.sult.ant [rizʌ́ltənt] *adj. & n.* منتجه، بردار، برآیند، حاصل، منتج‌شونده.
re.sume [rizjú:m] (**-d, resuming**) *vi. & vt.* ادامه یافتن، ازسرگرفتن، دوباره بدست آوردن، بازیافتن.
ré.su.mé, re.su.me [rézjumei], *n.* حاصل، خلاصه، چکیدهٔ کلام.
re.sump.tion [rizʌ́m(p)ʃən] *n.* از سرگیری، ادامه، تجدید، شروع، بازیافت.
re.supine, *adj.* تاقباز، برپشت، بی‌حس، بی‌عاطفه، بی‌حال، سست، بعقب‌برگشته.
re.sur.gence, *n.* بازخیز، تجدید حیات، تجدید فعالیت، طغیان مجدد.
re.sur.gent, *adj.* طغیان‌کننده، بازخیزگر.
res.ur.rect [rèzərékt] (**-ed, -ing**) *vi. & vt.* زنده‌کردن، احیاکردن، رستاخیزکردن.
res.ur.rec.tion,-al [rèzərèkʃən], *n. & vt.* رستاخیز، قیام، قیام عیسی ازمردگان، احیاء، رستاخیز کردن.
re.sus.ci.tate [risʌ́siteit] (**-d, resuscitating**) *vi. & vt.* زنده‌کردن، احیاءکردن، بهوش‌آوردن.
re.sus.ci.ta.tion [risʌsitéiʃən], *n.* احیاء، بهوش‌آوری.
re.sus.ci.ta.tive, *adj.* حیات‌بخش.
re.sus.ci.ta.tor, *n.* زنده‌کننده، بهوش‌آورنده.
re.tail [rí:teil] (**-ed, - ing**) *n., adj., vt. & vi.* خرده فروشی، جزئی، خرد، جزء جزء، خرده فروشی کردن.
re.tail.er [rí:teilə] *n.* خرده فروش.
re.tain [ritéin] (**-ed, -ing**) *vi. & vt.* نگاه‌داشتن، از دست‌ندادن، حفظ کردن.
re.tain.er [ritéinə] *n.* حکم نگاهداری و ضبط، ملازم، مستخدم، گیره.
re.tal.i.ate [ritǽlieit] (**-d, retaliating**) *vt. & vi.* تلافی‌کردن، تاوان دادن، عین چیزی را بکسی برگرداندن.
re.tal.i.a.tion [ritæliéiʃən] *n.* تلافی، عمل متقابل.
re.tard [ritá:d] (**-ed, - ing**), *vi., vt. & n.* تأخیرکردن، کند ساختن، معوق‌کردن، بتعویق‌انداختن، عقب‌افتاده، دیرکار.
re.tard.ant, *adj. & n.* عقب‌انداز.
re.tard.ate, *n.* کند ذهن.
re.tar.da.tion [rì:ta:déiʃən] *n.* تأخیر، کم هوشی، عدم رشد فکری، شتاب منفی.
retarded, *adj.* عقب افتاده (از لحاظ هوش و رشد بدنی).
re.tard.er, *n.* دیرکار، تأخیرکننده، کندساز، معوق.
retch [ri:tʃ] *vt. & vi.* اوغ زدن، قی کردن.
re.ten.tion [riténʃən] *n.* نگهداری، نگاهداری، ابقاء، ضبط، حافظه.
re.ten.tive [riténtiv] *adj. & n.* نگهدارنده، حافظ، ضبط کننده، قابض.
ret.i.cence[rétisəns] **ret.i.cen.cy,** *n.* خاموشی، سکوت،، کم گوئی.
ret.i.cent [rétisənt] *adj.* محتاط در سخن، کم‌گو.
ret.i.cle [rétikju:l] *n.* شبکهٔ دوربین نجومی.
re.tic.u.lar, *adj.* مشبک، شبکه‌ای.
re.tic.u.late, (**-d, reticulating**) *adj., vt. & vi.* مشبک‌کردن، شبکه کردن، مشبک.
re.tic.u.la.tion, *n.* شبکه‌بندی.
ret.i.cule, *n.* شبکه، شبکهٔ شطرنجی و امثال آن.
re.tic.u.lum (*pl.* **reticu.la**) *n.* (ج.ش.) نگاری، شیردان جانور نشخوارکننده، ساختمان شبکه‌ای، شبکه، (تش.) بافت نگاهدارندهٔ اعصاب، بافت همبند ومشبك.
ret.i.form, *adj.* شبکه‌وار، مشبک.
ret.i.na [rétinə] (*pl.* **-s, -e**) *n.* [تش. ــ ج.ش.] شبکیهٔ چشم.
ret.i.nue [rétinju:] *n.* همراهان، خدم‌وحشم، ملتزمین، نگهداری، حفظ.
re.tire [ritáiə] (**-d, retiring**), *vt., n. & vi.* کناره‌گیری‌کردن، استراحتگاه، استراحت کردن، بازنشسته‌کردن یا شدن، پس‌رفتن.
retired [ritáiəd] *adj.* بازنشسته.
re.tire.ment [ritáiəmənt] *n.* بازنشستگی.
retiring [ritáiəriŋ] *adj.* کناره‌گیر.
re.tool, *vt.* مجدداً با ابزارتجهیز کردن.
re.tort [ritɔ́:t], (**-ed, -ing**) *vt., vi. & n.* برگرداندن، پس‌دادن، جواب متقابل دادن، جواب متقابل، تلافی.
re.touch [rì:tʌ́tʃ] *n., vt. & vi.* دستکاری کردن، (درعکسی) رتوشه کردن.
re.trace [rì:tréis] (**-d, retracing**) *n.& vt.* ردپای‌چیزی رادوباره گرفتن.
re.tract [ritrǽkt] (**-ed,-ing**), *vt. & vi.* منقبض‌کردن، تورفتن، جمع شدن.
re.tract.able, retractile, *adj.* انکارپذیر، جمع شدنی، پس‌رفتنی.
re.trac.til.i.ty, *n.* قابلیت انقباض.
re.trac.tion [ritrǽkʃən] *n.* استغفار، توکشیدن، انقباض، استرداد.
retread, re-tread [ritrí:d] *vt., n. & vi.* روکش‌کردن‌لاستیک، تایر روکش‌شده.
re.treat [ritrí:t] (**-ed, -ing**), *vi., vt. & n.* عقب‌نشینی کردن، عقب‌نشینی، کناره گیری، گوشهٔ عزلت، انزوا، عقب نشاندن، پس گرفتن، عقب‌زدن.
Beat a r. عقب‌نشینی کردن.
re.trench [ritrén(t)ʃ] (**-ed, -ing**) *vt. & vi.* قطع کردن، حذف

کردن، کم کردن، دارای سنگر موقتی زیرزمینی کردن، از نو خندق ساختن، مستحکم کردن.
re.trench.ment [ritrénʃmənt] *n.* مستحکم‌سازی، از نوسنگرسازی.
re.trial, *n.* آزمایش مجدد، محاکمهٔ مجدد.
ret.ri.bu.tion [rètribjú:ʃən] *n.* کیفر، مجازات، تلافی، کیفری، مجازاتی، سزا.
re.trib.u.tive [ritríbjutiv] *adj.* کیفری، سزائی.
re.triev.able [ritrí:vəbl] *adj.* بازیافتنی.
re.triev.al [ritrí:vəl] *n.* بازیابی.
re.trieve [ritrí:v] (-d, retrieving) *vi., vt. & n.* باز یافتن، دوباره بدست آوردن، پس گرفتن، جبران کردن، اصلاح یا تهذیب کردن، حصول مجدد.
re.triev.er [ritrí:və] *n.* سگ مخصوص یافتن شکار ومجروحین.
ret.ro.ac.tion, *n.* پس کردار، پس کنش، عطف بگذشته، عطف بماسبق، عمل معکوس.
ret.ro.active [rì:trouǽktiv] *adj.* معطوف به گذشته، پس کنشی.
ret.ro.flex.ion, ret.ro.flec-tion, *n.* برگشتگی.
ret.ro.gra.da.tion, *n.* انحطاط، سیر قهقرائی، قفاروی، پس‌روی.
ret.ro.grade [rétrəgreid] (-d, retrograding) *adv., adj., vt. & vi.* برگشت دهنده، انحطاط دهنده، قفائی، تنزل کننده، قهقرائی، بقهقرا رفتن، پس‌رفتن.
ret.ro.gress, *vi. & vt.* بقهقرا رفتن، پس‌رفتن، برگشتن، ترقی معکوس کردن.
ret.ro.gres.sion [rèt—, rì:trougréʃən] *n.* پسرفت، برگشت، پس‌روی، حرکت قهقرائی، قفاروی.
ret.ro.gres.sive [rèt-, rì:trəgrésiv] *adj.* برگشت کننده، قهقرائی، قفاروی، پس‌رو.
ret.ro-rocket, *n.* موشک اضافی فضا پیماکه آنرا در جهت مخالف حرکت دهد.
re.trorse, *adj.* بطرف پائین و عقب خم شده.
ret.ro.spect [rét-, rí:trouspekt], *adj., vt., vi. & n.* شامل گذشته، عطف بماسبق کننده، نگاه به گذشته، مسیر قهقرائی، پس‌نگری، پس‌نگرانه.
ret.ro.spec.tion [rì:-, rètrouspékʃən] *n.* پس‌نگری، نگاه به‌قهقرا.
ret.ro.spec.tive [rì:, rètrouspéktiv] *n. & adj.* عطف کننده بماسبق.
re.turn [ritə́:n] (-ed, -ing) *vi., vt., adj. & n.* بازگشت، برگشتن، مراجعت کردن، رجعت، اعاده.
On my r. در مراجعتم.
R. ticket. بلیط مراجعت.
re.turn.able [ritə́:nəbl] *adj.* قابل برگشت، بازگشتنی.
re.turn.ee, *n.* بازگشته، مراجعت کننده، بازگشت کننده.
re.union [ri:jú:njən] *n.* بازپیوست، بهم‌پیوستگی، تجدید دیدار، تجدید جلسه.
re.us.able, *adj.* قابل استفاده مجدد.
rev (-ved, -ving) *vi., n. & vt.* دور موتور، گردش، تندگشتن، دور برداشتن.
re.valuation, *n.* بهاگذاری مجدد.
re.vamp [rì:vǽmp] *vt.* دوباره رویه انداختن، دوباره وصله یا سرهم بندی کردن، نو نما کردن، وصله پینه کردن.
re.veal [riví:l] (-ed, -ing) *vt.* آشکار کردن، فاش کردن، معلوم کردن.
re.veal.er, *n.* آشکار کننده.
rev.eil.le [rəvéli, rivǽli] *n.* [نظ.] شیپور بیدار باش، طبل بیدار باش.
rev.el [révl] (-ed, -led, -ing, -ling) *vt., vi. & n.* شادی کردن، عیاشی کردن، لذت بردن، کیف.
rev.e.la.tion [rèviléiʃən] *n.* فاش‌سازی، آشکارسازی، افشاء، وحی، الهام.
rev.el.er, rev.el.ler [révələ] *n.* عیاش.
rev.el.ry [révəlri] *n.* عیاشی، خوشگذرانی.
re.venge [rivén(d)ʒ] (-d, revenging) *vt., vi. & n.* خونخواهی کردن، کین‌خواهی کردن، انتقام‌کشیدن، انتقام.
I revenged myself upon him. انتقام خود را از او کشیدم.
re.venge.ful [rivén(d)ʒful] *adj.* کینه‌توز.
re.veng.er, *n.* انتقام‌گیرنده.
rev.e.nue [révənju:] *n.* عایدی، منافع، بازده، درآمد، سود سهام.
re.ver.ber.ate [rivə:bə'reit] (-d, reverberating) *adj., vt. & vi.* پیچیدن، طنین انداختن، ولوله انداختن.
re.ver.ber.a.tion [rivə́:bəréiʃən], *n.* طنین، ولوله.
re.ver.ber.a.tive, *adj.* طنین‌انداز.
re.vere [rivíə] (-d, revering), *vt. & n.* حرمت کردن، احترام گذاردن، حرمت، احترام.
rev.er.ence [révərəns] (-d, reverencing) *n. & vt.* حرمت، احترام، تکریم، احترام گذاردن.
rev.er.end [révərənd] *adj. & n.* جناب کشیش.
rev.er.ent [révərənt] *adj.* محترم.
rev.er.en.tial [rèvərénʃəl] *adj.* احترامی، حرمتی.
rev.er.ie, rev.ery [révəri(:)] (*pl.* -ies) *n.* خیال واهی، خیال‌خام.
re.vers, *n.pl.* لبهٔ برگشته، برگردان.
re.ver.sal [rivə́:sl] *n.* نقض، برگشت، واژگونسازی، واژگونی.
re.verse, -d [rivə́:s] (-d, reversing) *adj., vi., vt., adv. & n.* وارونه، معکوس، معکوس کننده، پشت (سکه)، بدبختی، شکست، وارونه کردن، برگرداندن، پشت‌ورو کردن، نقض کردن، واژگون کردن.
re.vers.ible [rivə́:sibl] *adj. & n.* برگرداندنی، لغوکردنی، قابل نقض، پشت و روکردنی، (درمورد لباس) دو رو.
re.ver.sion [rivə́:ʃən] *n.* ترجمهٔ مجدد، برگشتگی بعقب، عود، رجوع.
re.vert [rivə́:t] (-ed, -ing) *vi., vt. & n.* برگشتن، رجوع کردن، اعاده دادن، برگشت.
re.vest (-ed, -ing) *vt. & vi.* جامهٔ روحانی پوشیدن، روکش کردن، دوبارهٔ گماشتن.
re.vet (-ted, -ting) *vt.* دوباره (جامه) پوشاندن، سنگ‌چین کردن.
re.vet.ment, *n.* سنگ‌چینی، پوشش.
re.view [rivjú:] (-ed, -ing), *vi., vt. & n.* بازدید، تجدیدنظر، رژه، نشریه، مجله، سان‌دیدن، بازدید کردن، انتقاد کردن، مقالات انتقادی نوشتن، بازبین، دوره کردن.
re.view.er, *n.* منتقدادبی، بازبین‌گر.
re.vile [riváil] *vt., vi. & n.* ناسزا گفتن، فحش‌دادن، ناسزا.
re.vile.ment, *n.* ناسزاگوئی.
re.vis.able, *adj.* قابل تجدید نظر.
re.vise [riváiz] (-d, revising), *vt. & vi.* تجدیدنظر کردن، اصلاح کردن، اصلاح نمودن، دوباره چاپ کردن، حک‌واصلاح کردن.
re.vi.sion [rivíʒən] *n.* بازبینی، بازدید، تجدید نظر، مرور، اصلاح، چاپ تازه، چاپ اصلاح شده، رسیدگی ثانوی.
re.vi.sion.ary, *adj.* تجدیدنظری.
re.visit, *vi., n. & vt.* ملاقات‌مجدد، دوباره ملاقات کردن، بازدید کردن.
re.vi.tal.iza.tion, *n.* تجدید حیات.
re.vitalize, *vt.* قدرت وزندگی تازه دادن (به)، باززنده‌ساختن.
re.viv.al [riváivəl] *n.* احیاء، تجدید، تمدید، استقرارمجدد، تقویت.
re.viv.al.ist, -ic [riváivəlist], *adj. & n.* احیاگر، [illegible]
re.vive [riváiv] (-d, reviving), *vt. & vi.* زنده شدن، دوباره دایرشدن، دوباره رواج پیدا کردن، نیروی تازه دادن، احیاء کردن، احیاءشدن، بازجان بخشیدن، بهوش آمدن.
re.vivification, *n.* بازجان‌بخشی، تجدیدحیات، رونق تازه، بهوش آوردن.
re.viv.i.fy, *vt. & vi.* نیروی تازه دادن، بهوش آوردن.
rev.i.vis.cence, *n.* زنده سازی، بهوش آوری، نیروبخشی.
rev.o.ca.ble [révəkəbl] *adj.* قابل فسخ، ابطال‌پذیر.
rev.o.ca.tion [rèvəkéiʃən] *n.* لغو، الغاء، فسخ، باطل‌سازی، برگردانی.
re.vok.able, *adj.* قابل فسخ.
re.voke [rivóuk] (-d, revoking) *n., adj., vt. & vi.* لغوکردن، مانع شدن، الغاء، فسخ، ابطال.
re.volt [rivóult] (-ed, -ing), *vt., vi. & n.* شورش یا طغیان کردن، اظهار تنفر کردن، طغیان، شورش، بهم خوردگی، انقلاب، شوریدن.
R. at or against. علیه کسی شوریدن.
rev.o.lute, *adj.* لب‌برگشته، پیچیده.
rev.o.lu.tion [rèvəljú:ʃən] *vt. & n.* واگشت، شورش، آشوب، انقلاب، حرکت انقلابی، چرخش.
rev.o.lu.tion.ary [rèvəl(j)ú:ʃənəri] *adj. & n.* انقلابی، چرخشی.
rev.o.lu.tion.ist, *adj. & n.* پیشوای انقلاب، انقلابی، واگشت‌گر.
rev.o.lu.tion.ize [rèvəljú:ʃənaiz] (-d, revolutionizing) *vt. & vi.* انقلابی کردن، تغییرات اساسی دادن.
re.volve [rivɔ́lv] (-d, revolving) *vi. & vt.* چرخیدن، گردیدن، گردش کردن، سیر کردن، دور زدن، تغییر کردن.
re.volv.er [rivɔ́lvə] *n.* هفت‌تیر.
revolving, *adj.* راجعه، رجعی، گردنده، دورانی، چرخنده.
revolving fund, *n.* تنخواه‌گردان.
re.vue [rəvy, rivjú:] *n.* نمایشنامهٔ انتقادی، جُنگ نمایش.
re.vul.sion [rivʌ́lʃən] *n.* تنفر شدید، جابجا شدن درد، ردع، انحراف درد، جابجاساختن درد، تغییر ناگهانی، عمل‌کشیدن.
re.vul.sive, *adj.* جابجاشونده، تنفرآور.
re.wake, *vt. & vi.* دوباره برانگیختن، دوباره بیدار کردن.
re.ward, [riwɔ́:d] (-ed, -ing), *vt., vi. & n.* پاداش‌دادن، اجردادن، سزا، تلافی کردن، پاداش، مزد، تلافی، جایزه، انعام، فوق‌العاده، [حق.] جبران خدمت، اجر.
re.word [rì:wə́:d] *vt.* لغات متنی را عوض کردن، با واژه‌های دیگری بیان کردن.
re.write [rì:ráit] *vt. & vi.* دوباره نوشتن، از نو طرح ریختن.
rex [reks] (*pl.* -es) *n.* پادشاه.
rey.nard, *n.* روباه، شغال.
re.zone, *vt.* محیط‌چیزی‌رااصلاح کردن، محیط را تغییر دادن، ازنومحدوده‌تعیین کردن.
Rham.nus, *n.* [گ.ش.] عناب.
rhap.sod.ic, -al, *adj.* [یونان باستان] سروده شده بوسیلهٔ دوره‌گرد، مربوط باشعار حماسی، مهیج، پرهیجان.
rhap.so.dy [rǽpsədi] (*pl.* -ies), *n.* اشعارحماسی‌مخصوص‌نقالان‌وداستان‌گویان، شعر رزمی، قطعهٔ موسیقی ممزوج و احساساتی.
rhe.o.stat,-ic [rí:oustæt] *adj. & n.* [برق] روستات، دستگاه تنظیم جریان‌های متغیربرق، دستگاه یا جعبهٔ تنظیم مقاومت.
rhet.o.ric,-al [rétərik,-l] *adj. & n.* علم بدیع، علم‌معانی بیان، معانی بیان، فصاحت و بلاغت، لفاظی، خطابت، قدرت نطق و بیان، وابسته‌بعلم بدیع یا معانی بیان.
rhet.o.ri.cian [rètəríʃən] *n.* آموزگار معانی بیان، عالم در علم بدیع.
rheum [ru:m] *n.* آب بینی، ریزش آب‌چشم یا دهان، دردرماتیسم، سرما خوردگی، نزله، باد مفاصل.
rheu.mat.ic [ru:mǽtik] *adj. & n.* رماتیسم گرفته، آدم مبتلا بدرد مفاصل.
rheu.ma.tism [rú:mətizm] *n.* [طب] مرض رماتیسم، جریان، فلو، ریزش.
rhi.nal, *adj.* وابسته به‌بینی.
rhi.no [ráinou] *n.pl.* کرگدن، اسب‌آبی، قایق باربر.
rhi.noc.er.os [rainɔ́sərəs] (*pl.* -s, -es) *n.* [ج.ش.] کرگدن، ردهٔ کرگدنها.
rhi.zoid, -al, *adj. & n.* [گ.ش.] ریشه مانند، ریشه‌نما.
rhi.zo.mor.phous, *adj.* ریشه‌مانند.
rhi.zo.pod, -al, *adj. & n.* [ج.ش.] ریشه‌پایان، وابسته به تیرهٔ ریشه‌پایان.
rho.do.den.dron [ròudədéndrən], *n.* [گ.ش.] گل‌صدتومانی.
rhodomontade = rodomontade, *n.* گزاف‌گوئی، فریاد، لاف‌زنی.
rhomb [rɔm(b)] (*pl.* -s) *n.* [هن.] لوزی، منشور شش وجهی دارای وجوه متوازی‌الاضلاع، دایره، چرخ.
rhom.boid, -al, *adj. & n.* [هن.] لوزی، متوازی‌الاضلاع، شبیه لوزی.
rhom.bus (*pl.* -es, rhombi), *n.* [هن.] متوازی‌الاضلاع، لوزی شکل.
rhu.barb [rú:ba:b] *n.* (گ.ش.) ریوندچینی، ریواس، رنگ لیموئی.
rhyme, rime [raim] (-d, rhyming, riming) *n., vt. & vi.* قافیه، پساوند، شعر، سخن قافیه‌دار، نظم، قافیه ساختن، هم‌قافیه شدن، شعر گفتن.
rhym.er=rim.er, *n.* قافیه‌پرداز.
rhyme.ster, rime.ster, *n.* قافیه‌ساز، شاعر بی‌استعداد و کم‌مایه، شاعرک.
rhythm [ríðm] *n.* وزن، سجع، میزان، آهنگ موزون، نواخت.
rhyth.mic, -al [ríðmik,-l] *adj.* مسجع، دارای وزن یا آهنگ، پرنواخت.
ri.al, *n.* واحد پول ایران.
rib [rib] (-bed, -bing) *n. & vt.* دنده، تکهٔ گوشت دنده‌دار، دنده‌دار کردن، گوشت دنده، هر چیز شبیه دنده، پشت‌بند زدن، مرز گذاشتن، نهر کندن، شیاردار کردن.
rib.ald [ríbəld] *adj. & n.* دون، هرزه، بدهن، بدزبان، آدم هرزه، فاحشه.
rib.al.dry [ríbəldri] *n.* پستی، هرزگی.
rib.and [ríbən] = **rib.band,** *n.* لایه، پشت‌بند، نوار، نوار تزئینی، روبان، تیر.
rib.bing, *n.* ساختمان دنده‌های هرچیز.

راهها یا خطوط برجسته، مجموعهٔ تیر یا دگل‌های کشتی،مجموعهٔ رگبرگ‌های برگ، مسخرگی.

rib.bon [ríbən] n. & vt. نوار، روبان، نوار ماشین تحریر، نوارضبط صوت وامثال آن، نوار فلزی، تسمه، تراشه.

rib cage, n. قفسهٔ سینه، قفسهٔ صدری.

rice [rais] n.pl., vt. & adj. (گ.ش.) برنج، (درجمع) دانه‌های برنج، بصورت رشته‌های برنج مانند درآوردن.

rice paper, n. کاغذ برنج، کاغذ نازك.

ric.er, n. [آشپزی] رندهٔ مخصوص رشته کردن سیب‌زمینی و خمیر.

rich [ritʃ] (-er, -est) adj. & n. توانگر، دولتمند، گرانبها، باشکوه، غنی، پر پشت، (درموردخوراك) زیاده‌چرب‌یاشیرین.

rich.en, vt. غنی‌ترکردن، غنی کردن.

rich.es [rítʃiz] n.pl. وسیلهٔ ثروتمندی، ثروت، پول، مال، جواهرات، ثروت زیاد.

rick [rik] n. & vt. پیچ‌خوردگی، پیچ، کومه‌کردن، کومه، پشته، توده.

rick.ets [ríkits] n.pl. [طب] نرمی استخوان، استخوان نرمی.

rick.ety [ríkiti] adj. [طب] نرم استخوان، سست، ضعیف، لق، زهواردررفته.

rick.sha [ríkʃə, –ʃɔ:] **rick-shaw,** n. کالسکهٔ چینی که بجای اسب انسان آنرا میبرد.

ric.o.chet [rìkəʃét, rìkəʃéi, ríkəʃət, ríkəʃet] (-ed, -ted, -ing, -ting) n. & vi. کمانه، کمانه کردن، باگلولهٔ کمانه‌دارزدن.

ric.tus [ríktus] (pl. -es) n. چاك دهان، گشادی دهان، چاك دهان پرندگان.

rid [rid] (-ded, -ding) vt. & vi. پاك کردن از، رهانیدن از، خلاص کردن.

To get r. of. از شر چیزی خلاص شدن.

rid.dance [rídəns] n. رهائی، خلاصی.

rid.dle [rídl] (-d, riddling), n., vt. & vi. سوراخ‌سوراخ کردن،غربال کردن، سرند، معما، چیستان، لغز، رمز، جدول معما، گیج وسردرگم کردن، تفسیر یا بیان کردن.

ride [raid] (rode, rid, ridden, riding) n., vt. & vi. سواری، گردش سواره، سوارشدن.

He rides a bicycle. او دوچرخه سوار میشود.

rid.er [ráidə] n. سوارکار، الحاقیه.

ridge [ridʒ] (-d, ridging) n., vt. & vi. برآمدگی، مرز، لبه، خط‌الرأس، نوك،مرزبندی کردن، شیاردار کردن.

ridgy, adj. مضرس، لبه‌دار، برآمده.

rid.i.cule [rídikju:l] (-d, ridiculing) n. & vt. استهزاء، ریشخند، تمسخرکردن، دست‌انداختن.

ri.dic.u.lous [ridíkjuləs] adj. مسخره‌آمیز، مضحك، خنده‌دار.

ri.ding [ráidiŋ] adj. & n. سواری، گردش ومسافرت، لنگرگاه، بخش.

Ries.ling, n. انگورسفید نواحی داین، شراب سفید.

rife [raif] (-r, -st) adv., n. & adj. شایع، پر، مملو، فراوان، عادی، زیاد، عمومی.

riff.raff [rífræf] adj. & n. آشغال، تهمانده، زیادی، توده، انبوه.

ri.fle [ráifl] (-d, rifling) n., vt. & vi. دزدیدن، لخت کردن، تفنگ، عدهٔ تفنگدار.

ri.fle.ry, n. استعمال تفنگ، تیراندازی، تفنگداری.

rifling, n. خان درون لولهٔ تفنگ.

rift [rift] n., vt. & vi. خراش، بریدگی، شکاف دهنه، چاك، دریدگی، چاك دادن، شکافتن، بریدن، برش دادن.

rig [rig] (-ged, -ging) n., vi. & vt. بادگل‌وبادبان‌آراستن، مجهزکردن، آماده‌شدن،با خدعه و فریب درست کردن، گول زدن، دگل‌آرائی، وضع حاضر، سر و وضع، اسباب،لوازم، لباس، جامه، تجهیزات.

rigamarole=rigmarole, n.

rig.ging [rígiŋ] n. مجموع طناب وبادبانهای کشتی، اسباب.

right [rait] (-ed, -ing) (-er, -est) adj., adv., n., vt. & vi. مستقیم،راست، درست، صحیح، واقعی، بجا،حق، عمودی، قائمه، دستکار، در سمت راست، درست کردن، اصلاح کردن، دفع ستم کردن از، درست شدن، قائم نگاهداشتن.

Do a thing the r. way. کاری را چنانکه باید انجام دادن.

In one's r. mind. عاقل، درحال عقل.

Be in the r. ذیحق بودن.

You did r. کارصحیحی کردید.

right-angle, n. & adj. زاویهٔ قائمه.

righ.teous [ráitʃəs, ráitjəs] adj. نیکوکار، عادل، درستکار، صالح، پرهیزکار.

right.ful [ráitful] adj. ذیحق، محق، مشروع، حقیقی، دارای‌استحقاق.

right-hand, n. دست راست.

right-hand, -ed, adj. دردست‌راست، راست‌دست.

right-hand.er, n. آدم راست دست.

right.ism, n. راست‌گرائی، جناح‌راستی.

right.ist, adj. & n. جناح راستی.

right.ly [ráitli] adv. بطورصحیح.

right-of-way [ràitəvwéi] n. (حق.) حق عبور ازروی ملك دیگری، حق‌تقدم درعبور وسائط نقلیه.

Right Reverend, n. جناب‌کشیش (عنوان روحانیون مسیحی است).

right wing, n. جناح راست.

right-wing.er, n. جناح راستی.

rig.id [rídʒid] adj. سخت،سفت‌ومحکم، نرم‌نشو، جدی، جامد،صلب.

ri.gid.i.fi.ca.tion, n. استحکام، سفتی.

ri.gid.i.fy (-ied, rigidifying), vt. سفت‌شدن، سخت‌شدن، محکم کردن.

ri.gid.i.ty [ridʒíditi] n. سختی، استحکام، سفتی.

rig.ma.role [rígməroul] adj. & n. چرند، جفنگ، حرف‌بی‌ربط، بی‌ربط، بی‌معنی.

rig.or, rig.our [rígə, ráigɔ:] n. سختی، سختگیری، خشونت، تندی، دقت‌زیاد.

rig.or mor.tis, n. جمودنعشی که ۶ تا ۱۰ ساعت پس از مرگ پیدا میشود.

rig.or.ous [rígərəs] adj. شدید، سخت.

rile [rail] (-d, riling) vt. آزردن، متغییرکردن، مغشوش کردن، هم‌زدن.

rill, -e [ril] adj., n. & vt. جویبار، جوی‌کوچك، شیارهای ساحلی دریا، جاری‌شدن.

rim [rim] (-med, -ming) vi. & vt. لبه، قاب‌عینك، دوره‌دارکردن، زهوارگذاشتن، لبه‌دار یا حاشیه‌دارکردن.

rime [raim] (-d, riming) n. & vt. شبنم یخ‌زده،سرماریزه،پله، قافیه، سجع،پساوند، شعر، یخ‌زدگی، قافیه‌دارکردن.

rimy, adj. منجمد، قافیه‌دار.

rind [raind] n. پوست، قشر، ظاهر، پوستهٔ بیرونی هرچیزی، پوست کندن.

ring [riŋ] (rang, rung, ringing) n., vt. & vi. حلقه،محفل، گروه، انگشتر، میدان،عرصه،گود، جسم حلقوی، طوقه، صحنهٔ ورزش، چرخ‌خوردن، حلقه‌زدن، گردآمدن، احاطه کردن، زنگ‌اخبار، صدای زنگ تلفن، طنین، ناقوس، زنگ زدن، صداکردن، پیچیدن، طنین‌انداختن

R. a bell. زنگ اخبارزدن.

ringdove, n. [ج.ش.] قمری، فاخته، کبوترجنگلی.

rin.gent, adj. [گ.ش.] دارای دهن‌باز، دارای لبان برگشته.

ring.er [ríŋə] n. طنین‌انداز،زنگ‌زدن.

ring finger, n. انگشت انگشتر، انگشت چهارم دست چپ.

ringleader [ríŋli:də] n. سردسته، سرحلقه، رهبرشورشیان.

ring.let [ríŋlit] n. حلقهٔ زلف، طره، کلاله، انگشتری کوچك.

ringmaster, n. رئیس سیرك، رئیس گود، پیش‌کسوت.

ringneck, n. مرغ‌طوقدار، کبوترطوقی.

ringside, adv., adj. & n. درکنارصحنه ورزش، درکنارتشك کشتی یا رینگ مشت‌بازی.

ringworm [ríŋwə:m] n. (طب) عفونت قارچی، کچلی، کرم‌حلقه‌دار.

rink [riŋk] (-ed, -ing) n. & vi. میدان یخ‌بازی، سرخوری روی یخ، سلحشور، (درمیدان یخ‌بازی) یخ‌بازی کردن.

rinse [rins] (-d, rinsing) vt., vi. & n. باآبشستن، باآب‌پاك کردن،شستشو.

ri.ot [ráiət] (-ed, -ing) n., vt. & vi. آشوب، شورش، فتنه، بلوا، غوغا، داد وبیداد، عیاشی کردن، شورش کردن.

ri.ot.er, n. بلواگر، آشوبگر، شورشی.

ri.ot.ous [ráiətəs] adj. آشوبگرانه.

rip [rip] (-ped, -ping) n., vt. & vi. شکافتن، پاره کردن، دریدن، شکاف، چاك.

ri.par.i.an, adj. & n. رودکنار، رودکناری، وابسته بکنار رودخانه، ساحل رودخانه‌زی.

ripe [raip] adj. رسیده، پخته، جا افتاده، بالغ، چیدنی، پرآب.

rip.en [ráipən] (-ed, -ing) vt. & vi. رسیده کردن یاشدن، عمل‌آمدن، کامل‌شدن.

ri.poste, re.post, vt., vi. & n. ضربت متقابل و تند، پاسخ تند وآماده، حاضر جوابی، (درشمشیر بازی) ضربت‌سریع، جواب، ضربهٔ متقابل زدن.

rip.per, n. چاك دهنده.

rip.ping [rípiŋ] adj. شکافنده، عالی.

rip.ple [rípl] (-d, rippling), n., vt. & vi. موج‌دار شدن، دارای سطح ناهموار، بطورموجی حرکت کردن، مانندآب مواج شدن.

rip.pler, n. موجدار.

rip.rap (-ped, -ping) n. & vt. سنگریزه، سنگچینی بی‌ترتیب، صدای‌وزش‌بادتند، سنگریزی کردن.

rip-roaring, adj. پرسروصدا، هیجان‌انگیز.

ripsaw, vt. & n. [نجاری] ارهٔ مخصوص برش طولی چوب، اره کردن.

rise [raiz] (rose, risen, rising) n., vt. & vi. برخاستن،طالع‌شدن، بلند شدن، از خواب برخاستن، طغیان کردن، بالاآمدن، طلوع کردن، سر بالا رفتن، صعود کردن، ناشی شدن از، سر زدن، قیام، برخاست، صعود، طلوع، سربالائی، پیشرفت، ترقی.

The r. in the cost of living. ترقی هزینهٔ زندگی.

He rose up to go. او برخاست که برود.

ris.er [ráizə] n. برخیزنده، بلند شونده، سحر خیز، خیز پله.

ris.i.bil.i.ty [rìzibíliti] (pl.-ies), n. توانائی خندیدن، خنده‌دار بودن.

ris.i.ble [rízibl] adj. خنده‌آور.

rising [ráiziŋ] adj. طالع، در حال ترقی یا صعود.

risk [risk] (-ed, -ing) n., vt. & vi. خطر، مخاطره، ریسك، احتمال‌زیان و ضرر، گشاد بازی، بخطر انداختن.

At the r. of his life. با در خطر انداختن جان خود.

risky, adj. پرمخاطره، ریسك‌دار.

rite [rait] n. فرمان اساسی، مراسم، تشریفات مذهبی، آداب.

rit.u.al [rítjuəl, rítʃuəl] adj. & n. تشریفات مذهبی، آئین پرستش، تشریفات.

rit.u.al.ism [rítjuəlizm] n. تشریفات دوستی.

rit.u.al.ist, -ic [ritjuəlist, -ik] adj. ویژه‌گرتشریفات مذهبی، وابسته به‌تشریفات.

rit.u.al.ize, vt. رسمی‌وتشریفاتی کردن، شعائردینی رابجاآوردن، قائل به‌تشریفات‌شدن.

ritzy, adj. خیلی شیك، شیك‌پوش.

ri.val [ráivl] (-ed, -ing) adj., n., vt. & vi. رقیب، حریف، هم‌چشم، هم‌چشمی کننده، نظیر، شبیه، هم‌چشمی، رقابت کردن.

ri.val.ry [ráivəlri] n. رقابت، هم‌چشمی.

rive [raiv] (rived, riven, riving) vt., vi. & n. شکافتن، جداکردن، ترکیدن.

riv.er [rívə] n. رودخانه.

R. side. رودکنار، کناررودخانه،زمین‌ساحلی.

riverbed, n. بستر رودخانه.

riv.er.ine, adj. سواحل رودخانه، رودخانه‌ای، رودمانند.

riv.et [rívit], (-ed, -ted, -ing, -ting) vt. & n. پرچ‌کردن،پرچین کردن، بامیخ‌پرچ‌محکم کردن، بهم‌میخ‌زدن،محکم کردن.

riv.et.er, n. پرچ‌کننده.

Riv.i.era [rìvie'ərə] n. ناحیهٔ ساحلی فرانسه وایتالیادراطراف‌مدیترانه.

riv.u.let [rívjulit] n. جویبار، جوی‌کوچك، نهرکوچك.

roach [routʃ] (-ed, -ing), (pl. -es) vt. & n. ماهی ریزقنات، سوسك‌حمام، کجوله، تخته‌سنگ،صخره.

road [roud] n. جاده، راه، معبر، خیابان، راه‌آهن.

road.abil.i.ty, n. [درمورد اتومبیل] راهواری، قابل مسافرت درجاده، جاده‌رو.

roadbed [róudbèd] n. زیرسازی‌راه، کف جاده، کف خیابان.

road hog, n. رانندهٔ متجاوز بحقوق سایر رانندگان درجاده.

roadrunner, n. [ج.ش.] مرغی شبیه فاختهٔ‌تکزاس، کوکوسان.

roadside [róudsaid] n. & adj. کنارجاده.

road.stead [róudsted] n. لنگرگاه طبیعی، کشتی‌گاه.

road.ster [róudstə] n. اسب‌سواری، مرکب.

roadway [róudwei] n. سواره‌رو، وسط خیابان، زمین جاده.

roadwork, n. تمرین عملی برای مسابقات مشت‌زنی وغیره.

roam [roum] (-ed, -ing) n., vt. & vi. پرسه زدن، تکاپو، گشتن، سیر کردن، گردیدن،سرگردانی.

roan [roun] adj. & n. قزل، سرخ‌تیره، زربور، اسب قزل،تیماج.

roar [rɔ:, rɔə] (-ed, -ing) vi., vt. & n. خروش،خروشیدن، غرش‌کردن، غریدن، دادزدن، دادکشیدن.

Set in a r. ازخنده روده برکردن.

roast [roust] (**-ed, -ing**) *n., adj., vt. & vi.* کباب‌کردن، بریان‌کردن، برشته شدن.

roast.er [róustə] *n.* سرخ‌کننده.

rob [rɔb] (**-bed, -bing**) *n., vt. & vi.* دستبرد زدن، دزدیدن، ربودن، چاپیدن، لخت‌کردن.

R. a person of his money. پول‌کسی را دزدیدن.

rob.ber [rɔ́bə] *n.* دزد، راهزن، غارتگر، چپاولگر، سارق.

rob.bery [rɔ́bəri] (*pl.* **-ies**) *n.* دزدی، سرقت [illegible]

robe [roub] (**-d, robing**) *n., vt. & vi.* ردا، لباس بلندو گشاد، جامهٔ بلند زنانه، پوشش، جامه در بر کردن.

rob.in [rɔ́bin] *n.* [ج.ش.] سینه سرخ.

Rob.in Good.fel.low [rɔ́bin-gúdfelou] *n.* [در افسانهٔ انگلیسی] روح خبیث، جن.

Rob.in Hood [rɔ́bin húd] *n.* [در افسانه‌های قرون وسطی] رابین‌هود یاغی جنگل‌نشین و جوانمرد انگلیسی، حامی ضعفا.

ro.bot [róubɔt] *n.* آدمک، آدم مصنوعی، آدم ماشینی، دستگاه خودکار.

ro.bust [roubʌ́st] *adj.* قوی هیکل، تنومند، ستبر، هیکل‌دار.

ro.bus.tious, *adj.* نیرومند، ستبر.

roc [rɔk] *n.* (در شطرنج) رخ، سیمرغ.

rock [rɔk] (**-ed, -ing**) *n., vt. & vi.* تکان نوسانی دادن، جنباندن، نوسان‌کردن، سنگ، تخته‌سنگ یا صخره، سنگ خاره، صخره، جنبش، تکان.

rock and roll, rock'n'roll, *n.* رقص راک‌اندرول، رقص بجنبان و بچرخان.

rock bottom, *adj. & n.* کمترین و نازلترین قیمت، پائین‌ترین قسمت.

rockbound, *adj.* خاربست، سنگ‌بست، احاطه شده با صخره.

rock candy, *n.* نبات.

rock.er [rɔ́kə] *n.* چوب زیر گهواره، روروك، غلتانك، قید، لاوك خاکشوئی، کفش یخ‌بازی، صندلی گهواره‌ای.

rock.et [rɔ́kit] (**-ed, -ing**), *n., vt. & vi.* پرتابه، موشك، فشفشه، راکت، با سرعت از جای جستن، بطور عمودی از زمین بلند شدن، موشك‌وار رفتن.

R. plane. هواپیمای موشکی.

rock.e.teer, *n.* هدایت‌کنندهٔ پرتابه یا موشك، دانشمند پرتابه شناس.

rock.et.ry [rɔ́kitri] *n.* فن پرتاب موشك.

rock garden, *n.* باغچه‌ایکه با سنگ تزئین شده.

rocking chair, *n.* صندلی گهواره‌ای، صندلی تاب، صندلی راحتی تکان‌خور.

rocky [rɔ́ki] (**-ier, -iest**) *adj. & n.* پرصخره، سنگلاخ، سخت، پرصلابت.

ro.co.co [ròukóukou] *adj. & n.* سبك هنری قرن ۱۸ میلادی، عجیب‌وغریب، منسوخ.

rod [rɔd] *adj., vt. & n.* عصا، چوب، ترکه، میل، میله، قدرت، برق‌گیر، میله‌دار کردن.

ro.dent [róudənt] *adj. & n.* جانور جونده (مثل موش).

ro.deo [roudéiou] *n. & vi.* بازار مال‌فروشان، نمایش‌سوارکاری، سوارکاری کردن.

rod.less, *adj.* بی‌میله.

rodlike, *adj.* میله مانند.

rodo.mon.tade, *vi., adj. & n.* گزاف، بیهوده، لاف زدن، گزافه گوئی کردن.

roe [rou] (*pl.* **-s**) *n.* (ج.ش.) گوزن کوچك، گوزن مادّه.

roe.buck (*pl.* **-s**) *n.* [ج.ش.] گوزن نر، شوکا.

roent.gen, *adj. & n.* رونتگن، واحد بین‌المللی تشعشع اشعهٔ مجهول.

rogue [roug] (**-d, roguing**), *adj., n., vt. & vi.* آدم‌دغل، آدم‌قاچاق، ناقلا، بذله‌گو، هرس‌کردن، از علف هرزه پاك کردن، حیوان عظیم‌الجثهٔ سرکش، اسب چموش، گول زدن، رذالت و پستی نشان دادن.

rogu.ery [róugəri] *n.* بدذاتی، دغلی.

rogu.ish [róugiʃ] *adj.* دغل‌وار.

roil (**-ed, -ing**) *vt., vi. & n.* آشفته‌کردن، مخلوط‌کردن، سرگردان شدن، دنبال هم دویدن، با جیغ و داد بازی‌کردن.

rois.ter [rɔ́istə] *vi. & n.* عیاشی و شب زنده‌داری کردن، عیاش.

role=rôle [roul] *n.* بخش، طومار، رل، وظیفه، (بازی‌درتآتر) نقش.

roll [roul] (**-ed, -ing**) *n., vt. & vi.* طومار، لوله، توپ (پارچه وغیره)، صورت، ثبت، فهرست، پیچیدن، چیز پیچیده، چرخش، گردش، غلتك، نورد، غلتاندن، غلت دادن، غل دادن، غلتك زدن، گردکردن، بدوران انداختن، غلتیدن، غلت خوردن، گشتن، تلاطم داشتن.

The stone rolled down the hill. سنگ بپائین تپه غلتید.

He rolls the snow into a ball. او برف را بصورت گلوله درمیآورد.

Call the r. حاضر و غایب‌کردن.

A r. of film. یك حلقه فیلم.

roll call, *n.* حاضر وغایب، [نظ.] شیپورجمع، حضوروغیاب، نامیدن افراد، حضور و غیاب سازمانی.

roll.er [róulə] *n.* غلتك، بام غلتان، استوانه، نورد.

roll.er coaster, *n.* راه‌آهن مرتفع و پیچ و خم‌دار تفریحگاه‌های کودکان و غیره.

roller skate, *n. & vi.* اسکیتینگ، کفش بلبرینگ‌دار، اسکیت‌کردن.

rol.lick [rɔ́lik] (**-ed, -ing**) *n. & vt.* خوشی کردن، جست‌وخیزکردن، خوشی.

rolling mill, *n.* کارخانهٔ تولید ورق‌آهن و فولاد، ماشین غلتك‌دار، کارخانهٔ شیشهٔ جام.

rolling pin, *n.* وردنه، تیرك.

roll out, *vi. & n.* از تختخواب بیرون‌آمدن، گسترده شدن.

ro.ly-po.ly [róuli póuli] *n. & adj.* آدم پست، آدم خپله، چاق و چله.

Ro.man [róumən] *adj. & n.* رومی، اهل روم، لاتین، حروف رومی.

Roman Catholic, *adj. & n.* وابسته به‌کلیسای‌کاتولیك روم.

ro.mance [roumǽns] (**-d, romancing**) *adj., n., vt. & vi.* افسانه، رمان، کتاب‌رمان، داستان‌عاشقانه، بصورت تخیلی درآوردن.

Ro.man.esque [ròumənésk], *adj. & n.* مشتق از زبان لاتین، رومی، وابسته به‌تمدن‌رومی، ازنژاد رومی، بسبك‌رومی.

Ro.ma.nian, *adj. & n.* زبان رومانی، اهل رومانی.

Ro.man.ic [roumǽnik] *adj. & n.* اهل روم، زبان رومی، متکلم بزبان رومی.

ro.man.tic [romǽntik] *adj. & n.* تصوری، خیالی، واهی، غیرممکن، غریب.

ro.man.ti.cism [roumǽntisizm], *n.* مکتب هنری رومانتیك.

ro.man.ti.cist [roumǽntisist], *n.* هنرمند رومانتیك.

ro.man.ti.cize [roumǽntisaiz] (**-d, romanticizing**) *vt. & vi.* بصورت خیالی درآوردن، داستان خیالی نوشتن.

Rom.a.ny [rɔ́məni] *adj. & n.* کولی، زبان کولیها.

Rom.ish, *adj.* رومی‌وار، کاتولیکی.

romp [rɔmp] (**-ed, -ing**), *vi. & n.* با جیغ و داد بازی کردن، سروصدا.

romp.er [rɔ́mpə] *n.* آدم پرسروصداوجیغ وداد‌کن، روپوش بچگانه.

rood [ru:d] *n.* چلیپا، صلیب، معیاس سطحی معادل یك چهارم جریب، مقیاس طولی‌که درانگلستان ۷ الی ۸ یارداست.

roof [ru:f] (**-ed, -ing**) *adj., n. & vt.* پوشش، سقف، طاق، بام، [م.ل.] خانه، مسکن، طاق‌زدن، سقفدار کردن.

roof.er, *n.* سقف‌ساز.

roof.ing, *adj. & n.* مصالح ساختن بام، سقف‌سازی، پوشش، بام.

roof.less, [rú:flis] *adj.* بی‌سقف.

rook [ruk] (**-ed, -ing**) *n., vt. & vi.* (شطرنج) رخ، کلاغ سیاه، کلاغ زاغی، کلاهبردار، کلاهبرداری‌کردن.

rook.ery [rúkəri] (*pl.* **-ies**) *n.* زادگاه زاغها وپرندگان‌مشابه، جای شلوغ.

rook.ie, *n.* تازه‌کار.

room [ru(:)m] (**-ed, -ing**) *n., adv., vt. & vi.* اتاق، خانه، جا، فضا، محل، موقع، مجال، مسکن گزیدن، منزل دادن به، وسیع‌تر کردن.

room.er [rú(:)mə] *adv. & n.* مستاجر، مسافر.

room.ette, *n.* اتاقك یاکوپهٔ یك نفری ترن.

room.ful [rú(:)mful] *n.* جادار، بقدر یك اتاق پر.

rooming house, *n.* خانهٔ دارای‌آپارتمان و اتاقهای مبلهٔ کرایه‌ای.

roomy [rú(:)mi] *adj.* وسیع، جادار.

room-mate, *n.* هم‌اتاق.

roost [ru:st] (**-ed, -ing**) *n., vt. & vi.* نشیمنگاه پرنده، لانهٔ مرغ، جای شب‌بسربردن، شب بسر بردن، بیتوته کردن، منزل‌کردن.

roost.er [rú:stə] *n.* (آمر.) خروس، جوجهٔ خروس، آدم ستیزه‌جو.

root [ru:t] (**-ed, -ing**) *n., vt. & vi.* [گ.ش.] ریشه، بن، اصل، (در جمع) اصول، بنیاد، بنیان، پایه، اساس، سرچشمه، زمینه، ریشه‌کن‌کردن، داد زدن، غریدن، از عددی ریشه‌گرفتن، ریشه‌دار کردن.

root beer, *n.* مشروب شیرین معطر با ریشهٔ گیاه.

root.let, *n.* ریشه‌چه، ریشهٔ فرعی.

rootstock, *n.* [گ.ش.] ساقهٔ زیر زمینی، [مج.] اصل، منبع.

rooty (**-ier, -iest**) *adj.* ریشه‌ای، ریشه‌دار، شبیه ریشه.

rope [roup] (**-d, roping**) *n., vt. & vi.* طناب، رسن، ریسمان، با طناب بستن، بشکل طناب درآمدن.

ropedancer, *n.* بندباز، ریسمان‌باز، آکروبات بندباز.

rop.er, *n.* طناب‌باف، طناب‌دار.

rop.ery, *n.* طناب‌بافی، طناب‌بازی.

ropewalker, *n.* آکروبات طناب‌باز، بندباز.

ropeway, *n.* سیم نقاله، طناب‌راه.

ro.sa.ceous, *adj.* [گ.ش.] از خانوادهٔ گل سرخ، شبیه‌گل سرخ.

ropy (**-ier, -iest**) *adj.* طناب‌شکل.

ro.sa.ry [róuzəri] (*pl.* **-ies**) *n.* تسبیح، ذکر با تسبیح، گلستان.

rose [rouz] *adj., n. & vt.* [گ.ش.] گل سرخ، رنگ‌گلی، سرخ‌کردن.

ro.se.ate [róuziət, –éit] (**-d, roseating**) *adj.* گلگون، گلی، پرگل، بشاش، خوش‌بین.

rose-colored, *adj.* گلی، گلگون.

rose.mary [róuzməri] *n.* [گ.ش.] اکلیل‌کوهی، رزماری.

rose of Shar.on, *n.* [گ.ش.] بامیهٔ شامی.

ro.se.o.la, *n.* (طب) لکه‌های سرخ بدن‌که نشانهٔ‌سیفیلیس است، جوش‌های سرخ بدن، بدل سرخك، سرخجه.

ros.ery, *n.* باغچه‌گل سرخ، گلستان.

ro.sette [rouzét] *n.* گل لباس، گل نوار، گل‌کفش، گل و بوته، گل کاغذی، گوشت قسمت پشت بازوی‌گاو، طوقی.

rose water *vt., n. & adj.* گلاب، لطافت، لطیف، احساساتی، گلاب‌زدن.

rosewood [róuzwùd] *n.* [گ.ش.] چوب بلسان‌بنفش، نوعی اقاقیای بلند.

ros.i.ly [róuzili] *adv.* برنگ قرمز، با رضایت، با شادی.

ros.in [rɔ́zin] *vt. & n.* [گ.ش.] راتیانه، کلوفون، کلوفون زدن.

ros.ter [róustə, rɔ́stə] (**-ed, -ing**) *vt. & n.* صورت، فهرست، وارد صورت کردن.

ros.tral, *adj. & n.* وابسته‌بمنبر یا کرسی خطابه، منقاری، نوك‌دار، شاخك‌دار.

ros.trum [rɔ́strəm] (*pl.* **rostra, -s**) *n.* منبر، کرسی خطابه، منقار، پوزه، تاج.

rosy [róuzi] *adj. & vt.* گلگون، سرخ، لعل فام، خوشبو، گل پاشیده، گلی کردن.

rot [rɔt] (**-ted, -ting**) *vt., vi. & n.* پوسیدن، ضایع شدن، فاسدکردن.

ro.ta [róutə] *n.* فهرست اسامی شاگردان یا سربازان، دادگاه‌کاتولیکی.

ro.tame.ter, ro.tome.ter, *n.* دستگاه مخصوص اندازه‌گیری جریان‌آب.

Ro.tar.i.an [routéəriən] *n.* عضو باشگاه روتاری.

ro.ta.ry [róutəri] *adj. & n.* گردنده، چرخنده، ماشین چرخنده.

R. cultivator. دستگاه شخم چرخان.

R. engine. ماشین چرخنده، موتور دوار.

ro.tat.able, *adj.* قابل‌گردش، آیش‌دار.

ro.tate [routéit] (**-d, rotating**), *adj., vt. & vi.* محوری، چرخیدن، بر محور خودگردیدن.

ro.ta.tion, -al [routéiʃən] *adj. & n.* چرخش، دوران، گردش بدور.

ro.ta.tive, *adj.* چرخنده، گردنده.

ro.ta.to.ry [róutətəri] *adj.* چرخشی، دوار، گردشی.

rote [rout] *n., vt. & vi.* صدای‌موج، عادت، کاری‌که ازروی عادت بکنند، عادتاً تکرار کردن.

ro.tis.ser.ie, *n.* مغازهٔ خوراك‌پزی، چرخ دوار جهت‌کباب‌کردن مرغ.

ro.tor, *n.* قسمت‌گردندهٔ ماشین، بردار ثابت، چرخان.

rot.ten [rɔ́tn] *adj.* پوسیده، فاسد، خراب، زنگ زده، روبفساد.

rot.ter [rɔ́tə] *n.* آدم نالایق، آدم بی‌عقل و بیشعور، آدم فاسد.

ro.tund [routʌ'nd] *adj. & n.* گوشتالو، خپله، تپل، گلولەوار، پرآب و تاب.
ro.tun.da, ro.ton.da [routʌ'n-də] *n.* ساختمان مدور، ساختمان گنبددار.
ro.tun.di.ty [routʌ'nditi] *n.* فربهی، چاقوتپلی بودن.
rouble=ruble [rú:bl] *n.* منات روسی، روبل.
roué [rúei] *n.* آدم هرزه، فاسد.
rouge [ru:ʒ] (-d, rouging) *n., adj., vt. & vi.* سرخاب، گرد زنگ‌آهن، سرخاب مالیدن.
rough [rʌf] (-er, -est) *n., adv., adj., vt. & vi.* زبر، خشن، درشت، زمخت، ناهموار، ناهنجار، دستمالی کردن، بهم زدن، زمخت کردن.
Have a r. time. بدگذراندن.
R. it. تحت شرایط بدوی زیستن.
rough.age [rʌ'fidʒ] *n.* مواد خوراکی زبر(مثل سبوس یادانهٔ انار).
rough-and-ready, *adj.* خشن، سریع العمل.
rough-and-tumble, *adj. & n.* بی‌نظم و ترتیب، بیقاعده، شلم شوربا.
roughcast [rʌ'fká:st] *vt. & n.* اندوده بهشن‌وآهک، گل‌مالی شده، اجمالاً درست کردن، ناقص، ناتمام، اندود شن وآهک.
roughdry [rʌ'fdrái] *vt., adj. & vi.* بدون‌صافکاری واتوکشی خشک‌کردن، اطونشده.
rough.en [rʌ'fən] (-ed, -ing) *vt. & vi.* زبرکردن، خشن‌کردن یاشدن.
roughhew [rʌ'fhjú:] (-ed, roughhewn, -ing) *vt. & adj.* ناصاف بریدن، درشت بریدن، طرح‌کردن.
rough.ish, *adj.* با خشونت.
rough.neck [rʌ'fnèk] *n. & adj.* شخص خشن، گردن‌کلفت.
rough.rid.er [rʌ'fráidə] *n.* سوارکار ماهر اسبهای چموش و وحشی.
roughshod [rʌ'fʃɔd, rʌ'fʃɔ'd], *adj.* دارای نعل پاشنه‌دار، دارای میخ‌مخصوص.
rou.lette [ru:lét] (-d, rou-letting) *n., vt. & vi.* اسباب قمار، چرخان، رولت، با رولت قمارکردن.
round [raund] (-ed, -ing) *n., adv., adj., prep., vt. & vi.* گرد (gerd) کردن، کامل‌کردن، تکمیل‌کردن، دور زدن، مدور، گردی، منحنی، دایره‌وار، عدد صحیح، مبلغ‌زیاد.
Make one's rounds. گشت زدن، دور زدن.
Tea was served r. بهمه چای‌داده شد.
All the year r. در سر تا سر سال.
R. figures. اعداد بدون خرده وکسری.
R. trip ticket. بلیط دوسره.
round about [ráundəbaut] *adj., adv. & n.* (در سخن) دور سر گرداندن مطلب، پرپیچ وخم.
rounded, *adj.* بصورت‌عددصحیح، گرد شده، شفاف شده، تمام شده، پر، تمام.
roun.de.lay [ráundilei] *n.* چهچهه، رقص دایره‌وار [م.م.]، کروی شکل.
round.er [ráundə] *n.* کسی که دور میزند، آدم بدنام، آلت استهزاء.
roundhouse, *n.* [ذ.ن.] اطاق عقبی، عرشهٔ فوقانی کشتی.
round.ish [ráundiʃ] *adj.* مدور، گردنما.
round.let, *n.* کمی گرد و دوار، صفحهٔ گرد.
round robin, *n.* درخواست کتبی، انجام مسابقه بنوبت.
round table, *n.* کنفرانس میزگرد.
round trip, *n.* سفر رفت و برگشت، سفر دوسره.
round up, *vt. & n.* جمع‌آوری (کردن) اشیاء یا اشخاص پراکنده.
roundworm, *n.* [ج.ش.] انواع کرمهای گرد، انگل روده.
rouse [rauz] (-d, rousing), *n., vt. & vi.* رم دادن، از خواب بیدار شدن، حرکت دادن، بهم‌زدن، بهیجان‌درآوردن، میگساری، بیداری.
rous.er, *n.* برانگیزنده، دروغ شاخدار، دروغ خیلی بزرگ، مایهٔ حیرت.
roust (-ed, -ing) *vt., n. & vi.* برانگیختن، بهم‌زدن، فرادادن.
roustabout, *n.* کارگر اسکله یا بندرگاه، عملهٔ ولگرد.
rout [raut] (-ed, -ing) *n., vt. & vi.* باپوزه‌کاویدن، جمع، گروه، بی‌نظمی و اغتشاش، بطور آشفته گریزاندن، کاملاً شکست دادن، تار و مار کردن.
Put to r. تار و مار یا منهزم‌کردن.
route [ru:t] (-d, routing) *n., vt. & vi.* مسیرچیزیرا تعیین‌کردن، خط سیر، جاده، مسیر، راه، جریان معمولی.
rou.tine [ru:tí:n] *adj. & n.* کار عادی، جریان عادی، جریان، عادت جاری.
As a matter of r. بعنوان یك‌کار عادی.
rou.tin.ize (-d, routinizing) *vt.* عادی یاروزمره‌کردن، بجریان عادی انداختن.
rove [rouv] (-d, roving) *n., vt. & vi.* پرسه زدن، آواره شدن، راهزنی‌دریائی کردن، گردش کردن، ول‌گردیدن، سرگردانی و بی‌هدفی.
ro.ver [róuvə] *n.* سیار، ولگرد خانه بدوش، دزد دریائی، عیار.
row [rou] (-ed, -ing) *n., vt. & vi.* پارو زدن، راندن، ردیف، قطار، راسته، صف، ردیف‌چندخانه، ردیف‌کردن، قرار دادن، بخط‌کردن، قیل و قال.
R. 30 to the minute. دقیقه‌ای سی پارو زدن
Kick up a r. دعوا راه انداختن.
row.boat, *n.* قایق پاروئی.
row.an, row.en [róuan, ráuən] *n.* [گ.ش.] سماق‌کوهی.
row.an.berry (*pl.* -ies) *n.* [گ.ش.] میوهٔ سماق‌کوهی.
row.dy [ráudi] (-ier, -iest), *adj., vi. & n.* پر سر و صدا، خشن، داد و بیدادکن، سرکش، سروصداو آشوب کردن.
row.dy.ish, *adj.* چموش، بد قلق.
row.dy.ism [ráudiizm] *n.* چموشی، بد قلقی، ایجادسروصدا وآشوب.
row.el [ráuil] (-ed, -led, -ing, -ling) *n., vt. & vi.* چرخك، چرخك‌مهمیز، مهمیز، حلقهٔ‌دهانهٔ‌اسب، هر چیزی شبیه مهمیز و سیخك، مهمیززدن.
row.lock [rʌ'lək] **oarlock,** *n.* ضامن‌پارو، آچرنما.
roy.al [rɔ'iəl] *adv., n. & adj.* سلطنتی، شاهانه، ملوکانه، همایونی.
His R. Highness. والاحضرت.
roy.al.ist [rɔ'iəlist] *adj. & n.* طرفدارسلطنت.
roy.al.ty [rɔ'iəlti] (*pl.* -ies) *n.* حق‌الامتیاز، حق‌التألیف، حق‌الاختراع، اعضای خانوادهٔ سلطنتی، مجلل، ازخانوادهٔ سلطنتی.
rub [rʌb] (-bed, -bing) *n., vt. & vi.* مالیدن، سودن، سائیدن، پاك‌کردن، اصطکاك پیداکردن، سائیده شدن.
R. with ointment. روغن مالیدن.
R. shoulders with others. با مردم آمیزش‌کردن.
rub-a-dub [rʌ'bədʌb] *n.* دور دور، دام دام [صدای‌کوس یا طبل].
rub.ber [rʌ'bə] *n. & adj.* رزین، لاستیك، کائوچو، لاستیکی، ابریشمی یا کاپوت، مالنده یا ساینده.
rub.ber.ize [rʌ'bəraiz] (-d, rubberizing) *vt.* با لاستیك پوشاندن.
rubberneck [rʌ'bənek] *vi. & n.* آدم فضول و خالهوارس، جهانگرد، فضولی کردن، سیاحت‌کردن.
rubber plant, *n.* [گ.ش.] درخت‌کائوچو (Ficus elastica).
rubber stamp, *vt. & n.* مهر لاستیکی، بامهرلاستیکی‌مهرکردن، تصدیق‌کردن.
rub.bish [rʌ'biʃ] *n. & adj.* بی‌ارزش، آشغال، زباله، چیز پست و بی‌ارزش.
rub.ble [rʌ'bl] *n. & vt.* سنگ نتراشیده، قلوه سنگ، پاره‌آجر، خرده سنگ، ویران‌کردن.
rubdown, *n. & vt.* مشت ومال‌دادن، مالش سریع‌بدن [مثلاً بعد ازحمام]، مشت‌ومال.
ru.be.fa.cient, *adj. & n.* [طب] قرمزکننده، دوای محمر.
ru.be.faction, *n.* قرمز سازی، قرمزی پوست، حمراء.
ru.bel.la, *n.* [طب] روبلا، سرخچه، داروی محمره، قرمزکنندهٔ پوست.
Ru.bi.con [rú:bikən] *n.* رودی‌درشمال‌ایتالیا، مرز، خط مرزی، حدمعین.
ru.bi.cund [rú:bikʌnd] *adj.* رنگ‌مایل‌به‌قرمز، سرخی، سرخ‌رو، سرخ رنگ.
ru.bi.ous, *adj.* قرمز یاقوتی.
ru.ble, rou.ble, *n.* روبل، واحد پول روسیهٔ شوروی یعنی یك منات طلا.
ru.bric, -al [rú:brik] *adj. & n.* عنوان، سرفصل، عنوانی‌که با حروف‌قرمز نوشته یا چاپ شده باشد، خط قرمز، روال.
ru.bri.cate=ru.bri.cize (-d, rubricating) *vt.* بخط قرمز نوشتن یا چاپ‌کردن، قرمز نشان دادن، دارای عنوان قرمز کردن، تذهیب.
ruck [rʌk] (-ed, -ing) *n., vt. & vi.* (د.گ.) توده، کپه، تودهٔ خرمن، انبار حبوبات، جمعیت و ازدحام، چین و چروك و تاه، پارچه یاکاغذ باطله، خط، شیار، چمباتمه زدن، توده‌کردن، مردم‌عادی.
R. sack. کوله پشتی.
ruck.us (*pl.* -es) *n.* [ز.ع.ـد.گ.] غوغا، آشوب، همهمه، هیاهو.
ruc.tion [rʌ'kʃən] *n.* [د.گ.] همهمه، سروصدا، قیل و قال، داد.
rud.der [rʌ'də] *n.* (د.ن.) سکان، سکان هواپیما، وسیلهٔ هدایت یا خط سیر.
rud.dy [rʌ'di] *adj., vt. & adv.* شنجرفی، قرمزرنگ، گلگون، گلچهره، سرخ‌کردن.
rude [rú:d] (-r, -st) *adj.* خشن، زمخت، ناهموار، خام، گستاخ، جسور.
ru.di.ment, -al [rú:dimənt, -l], *adj. & n.* [در جمع] مقدمات، علوم مقدماتی، چیزبدوی، اولیه، ابتدائی.
ru.di.men.ta.ry [rù:diméntəri], *adj. & n.* ناقص، اولیه، بدوی، ابتدائی.
rue [ru:] (-d, ruing) *n., vt. & vi.* پشیمان‌شدن، افسوس‌خوردن، دلسوزی کردن، پشیمانی، ناگواری، غم، غصه، ندامت.
rue.ful [rú:ful] *adj.* اندوهناك، سوگوار.
ru.fes.cent, *adj.* حنائی رنگ.
ruff, -e [rʌf] (-ed, -ing) *n., vt. & vi.* یقهٔ‌گرد وحلقوی چین‌دار مردان و زنان قرون ۱۶ و ۱۷ میلادی، غرور، تکبر، پرخاش، تاه‌کردن، چروك‌کردن، ناهموارکردن.
ruf.fi.an [rʌ'fjən] *adj. & n.* لوطی، آدم بی‌شرف، گردن‌کلفت، وحشی.
ruf.fi.an.ism [rʌ'fjənizm] *n.* الواتی، چاقوکشی، وحشیگری.
ruf.fle [rʌ'fl] (-d, ruffling), *n., vt. & vi.* موجدارکردن(مثل‌بادبرآب)، برهم‌زدن، ناصاف‌کردن، ناهموارکردن، ژولیده کردن، گره زدن، برآشفتن، تلاطم.
rug [rʌg] (-ged, -ging) *n., vt. & vi.* قالیچه، فرش‌کردن.
ru.gate, *adj.* گوریده، پیچ و تابدار.
Rug.by [rʌ'gbi] *n.* رگبی (یکنوع توپ بازی).
rug.ged [rʌ'gid] *adj.* ناهموار، زمخت، نیرومند، تنومند، بی‌تمدن، سخت، شدید.
rug.ged.iza.tion, *n.* با دوام سازی، تحکیم.
rug.ged.ize (-d, ruggedizing) *vt.* [در مورد ماشین‌آلات] محکم و با دوام ساختن.
ru.gos.i.ty (*pl.* -ies) *n.* چروك خوردگی، چین‌چین، چین و چروك.
ru.in [rú:in] (-ed, -ing) *n., vt. & vi.* نابودی، خرابی، خرابه، ویرانه، خراب‌کردن، فناکردن، فاسدکردن، تباهی.
ru.in.ate (-d, ruinating) *n., vt. & vi.* ویران‌کردن، خراب‌کردن، منهدم‌کردن، معدوم‌کردن.
ru.i.na.tion, *n.* ویرانی، خرابی، تباهی.
ru.in.er, *n.* خرابکار، ویرانگر.
ru.in.ous [rú:inəs] *adj.* ویرانگر، ویران، خراب، خراب‌کننده، خانمان برانداز.
rule [ru:l] (-d, ruling) *n., vt. & vi.* قاعده، دستور، حکم، قانون، فرمانروائی، حکومت‌کردن، اداره کردن، حکم‌کردن، گونیا.
He rules his family kindly. او با مهربانی بر فامیل خود حکومت میکند.
rule.less, *adj.* بی‌قاعده.
rule of thumb, *n.* حساب انگشت، حساب تخمینی و فرضی.
rule out, *vt.* غیرمحتمل شمردن، ممنوع ساختن، جلوگیری‌کردن.
rul.er [rú:lə] *n.* فرمانروا، حکمران، رئیس، سر، خط‌کش.
rul.er.ship, *n.* فرمانروائی.
rul.ing [rú:liŋ] *adj. & n.* تصمیم، حکم، حکمرانی، رایج، متصدی.
rum [rʌm] (-mer, -mest) *adj. & n.* عجیب وغریب، بد، عرق‌نیشکر، رم.
rum.ba, rhum.ba, *n.* [درکوبا] رقص سیاهان، رقص رومبا.
rum.ble [rʌ'mbl] (-d, rumbling) *n., vt. & vi.* صدای ریز و سنگین درآوردن، غریدن، چیز پر سر و صدا، شکایت، چغلی، غر و لند.
ru.men (*pl.* rumina, -s) *n.* شکمبه، سیرابی.
ru.mi.nant, [rú:minənt] *n. & adj.* جانور پستاندار نشخوارکننده، [مج.] فکور.
ru.mi.nate [rú:mineit] (-d, ruminating) *vt., adj. & vi.* نشخوارکردن، اندیشه کردن، دوباره جویدن.
ru.mi.na.tion [rù:minéiʃən] *n.* نشخوار، اندیشناکی.
ru.mi.na.tor, *n.* نشخوارکننده.

rum.mage [rʌ'midʒ] (**-d, rum-maging**) *n., vt. & vi.* جستجو، تحقیق،کاوش، بازرس‌کشتی، اغتشاش، آشفتگی، خاکروبه،کاویدن، زیرورو کردن، بهم زدن، خوب گشتن.

rummage sale, *n.* حراج هدایای تقدیمی بکلیسا برای امورخیریه.

rum.my, *adj. & n.* عجیب، مست لایعقل، بازی ورق «رامی».

ru.mor, ru.mour [rú:mə] (**-ed, -ing**) *vt. & n.* شایعه، شایعه‌گفتن و یا پخش کردن.

rump [rʌmp] *n. & vt.* کفل، صاغری،کفل انسان، دنبهٔ گوسفند.

rum.ple [rʌ'mpl] (**-d, rum-pling**) *n., vt. & vi.* مچاله‌کردن، چروك دادن، تاه و چین دادن.

rum.pus [rʌ'mpəs] *n.* غوغا،هنگامه.

run [rʌn] (**ran, run, run-ning**) *vt., vi., adj. & n.* دویدن، پیمودن، پخش‌شدن، جاری‌شدن، دوام یافتن، ادامه‌دادن، اداره‌کردن، نشان‌دادن، ردیف، سلسله، ترتیب، محوطه،سفروگردش، ردپا،حدود، مسیر، امتداد.

R. into. بر خوردن به.

R. short. کسر آوردن، باقی‌دار شدن.

The show will r. for six weeks. نمایش شش هفته دوام خواهد یافت.

He runs fast. او تند می‌دود.

The colors of this cloth r. این پارچه رنگ پس میدهد.

R. away with. فرار کردن با...

In the long r. بمرور زمان، بالاخره.

On the r. از روی عجله، فراری.

runabout [rʌ'nəbaut] *n.* آواره، سرگردان، اتومبیل سبك.

run.a.gate [rʌ'nəgeit]=**rene-gade,** *n.* مرتد، از دین برگشته.

run away [rʌ'nəwei] *adj., vi. & n.* گریزان، فراری،گریختن، شخص فراری.

run.ci.nate, *adj.* [گ.ش.] مضرس، دارای دندانه‌های اره مانند.

run.dle, *n.* پلهٔ نردبان، استوانهٔ گردنده،گوی، نهال.

run down, *adj. & vt.* تا آخرین نفس دنبال‌کردن، مندرس، کهنه.

rune [ru:n] *n.* نشان مرموز، سخن مرموز، طلسم، (ك) سخن

rung [rʌŋ] *n. & adj.* اسپوك، میلهٔ‌چرخ‌فرمان، پلهٔ‌نردبان، پله،مرحله.

ru.nic, *adj.* رمزی، طلسمی.

run.nel, *n.* جوی، ابجو، نهر کوچك.

run.ner [rʌ'nə] *n.* ریشهٔ‌هوائی، دونده، گردنده، گشتی، افسرپلیس، فروشندهٔ سیار، ولگرد، متصدی، ماشین‌چی، ادارهٔ‌کنندهٔ شغلی.

RUNNER
(strawberry plant)

runner-up, *n.* دومین نفر یا تیم برندهٔ مسابقه.

run.ning [rʌ'niŋ] *adj., n. & adv.* دونده، مناسب برای مسابقهٔ دو، جاری،مداوم.

R. fight. جنگ و گریز.

run off, *vt. & n.* زائده، وازده، آشغال، زهاب، آب زه‌کشی.

run-of-the-mill, *adj.* برجسته نبودن در جنس، متوسط، عادی.

run on, *adj., vi. & n.* ادامه دادن، بتفصیل بیان‌کردن، بدون وقفه.

run out, *vi. & n.* بآخر رسیدن، خسته شدن، مردود شدن.

Run out of. تمام شدن، تمام‌کردن.

run over, *adj., vi. & n.* لبریز شدن، مرور کردن، زیرگرفتن.

runt [rʌnt] *n.* (ج.ش.)کبوتر خانگی درشت،کوتوله،گاو مادهٔ کوچك.

runty (**-ier, -iest**) *adj.* پست،کوچك، حقیر، ناچیز.

run up, *vi. & n.* بسرعت‌خرج و تلف‌کردن، شلیك‌کردن، رسیدن.

runway [rʌ'nwei] *n.* باند فرودگاه، مجرا، راهرو، ردپا.

ru.pee [ru:pí:] *n.* روپیه، واحد پول نقرهٔ هندوستان.

rup.ture [rʌ'ptʃə] (**-d, rup-turing**) *n., vt. & vi.* گسیختگی، قطع، شکستگی، جدائی،گسیختن، جداکردن، [illegible]

ru.ral [rúərəl] *adj. & n.* روستائی، رعیتی.

ru.ral.ism, *n.* روستامنشی،روستاگرائی.

ru.ral.iza.tion, *n.* ایجاد زندگی روستائی.

ru.ral.ize (**-d, ruralizing**), *vt. & vi.* روستائی شدن، ده نشینی‌کردن.

ruse [ru:z] *n.* حیله، نیرنگ،مکر.

rush [rʌʃ] *n., vt. & vi.* (گ.ش.) نی بوریا، بوریا، انواع‌گیاهان خانوادهٔ سمار، یك پر كاه، جزئی، حمله، یورش، حرکت شدید، ازدحام مردم، جوی، جویبار، هجوم بردن، بر سر چیزی پریدن،کاری را با عجله و اشتیاق انجام دادن.

R. through. با شتاب‌گذشتن از.

rush.ee, *n.* دانشجوی‌داوطلب‌شرکت‌در شبانه روزی پسرانه یا دخترانه.

rush.er, *n.* حمله‌کننده.

rushy [rʌ'ʃi] *adj.* بوریائی،پرحمله.

rusk [rʌsk] *n.* نان برشتهٔ تخم مرغدار، نوعی بیسکویت.

Russ=Russian (*pl.* **Russ,-es**), *n. & adj.* روسی، اهل روسیه.

rus.set [rʌ'sit] *n. & adj.* حنائی، خرمائی، روستائی، ضخیم، زبر.

Rus.sian [rʌ'ʃən] *adj. & n.* روسی، زبان روسی، اهل روسیه.

Rus.sian.ize (**-d, Russianiz-ing**) *vt.* روسی‌کردن.

Rus.si.fi.ca.tion, *n.* روسی سازی.

Rus.si.fy (**-ied, Russifying**) *vt.* روسی‌شدن، دارای عقاید وتمایلات روسی‌کردن.

rust [rʌst] (**-ed, -ing**) *n., vt. & vi.* زنگ، زنگار، زنگ زدن.

rus.tic, -al [rʌ'stik, -l] *adj. & n.* روستائی، مربوط به‌دهکده، دهاتی، مسخره.

rus.ti.cate (**-d, rusticating**) *vi. & vt.* ساکن‌ده شدن، بااخراج‌تنبیه‌کردن.

rus.ti.ca.tion, *n.* دهاتی‌سازی، اخراج.

rus.tic.i.ty [rʌstísiti] *n.* روستامنشی، سادگی.

rus.tle [rʌ'sl] (**-d, rustling**), *n., vt. & vi.* صدای برگ خشك، خش خش‌کردن، صداکردن، صدا درآوردن از، صدای برگ خشك ایجادکردن.

rust-proof, *adj. & vt.* پادزنگ، ضد زنگ، غیر قابل زنگ زدن.

rusty [rʌ'sti] (**-ier, -iest**) *adj.* زنگ زده، فرسوده، عبوس، ترشرو.

rut [rʌt] (**-ted, -ting**) *n., vt. & vi.* مستی، شور، شهوت، فحلی،گشن آمدن، گرمی، مست شهوت شدن، شور پیداکردن، فحل شدن، رد جاده، اثر، خط شیار، عادت، روش، شیاردارکردن، خط انداختن.

ru.ta.ba.ga, *n.* [گ.ش.] نوعی‌کلم.

ruth [ru:θ] *n.* رحم، شفقت، دلسوزی، تأسف، (با حرف بزرگ) اسم خاص‌مؤنث.

ruth.ful, *adj.* اندوهگین،پرترحم.

ruth.less [rú:θlis] *adj.* بیباك،ظالم.

rut.tish, *adj.* شهوانی، وحشی، پوسیده.

rut.ty, *adj.* پرچاله چوله، شهوانی، هوسران.

rye [rai] *n.* [گ.ش.] چاودار،گندم سیاه، مردکولی.

R. bread. نان‌گندم سیاه، نان چاودار.

S

انگلیسی English	خط میخی پارسی Old Persian Cuneiform	پهلوی اشکانی Parthian Pahlavi	پهلوی ساسانی Sassanian Pahlavi	پهلوی کتابی Book Pahlavi	اوستائی Avestan	فارسی Modern
S	[illegible]	[illegible]	[illegible]	[illegible]	[illegible]	س

S [es] *n.* نوزدهمین حرف الفبای انگلیسی.

Sab.ba.tar.i.an, *n.* مسیحی معتقد به تعطیل‌کار وعبادت‌دریکشنبه‌ها.

Sab.ba.tar.i.an.ism, *n.* اعتقاد به تعطیل‌کار وعبادت دریکشنبه‌ها.

Sab.bath [sǽbəθ] *n.* شنبه، یکشنبه.

Sabbatical year, *n.* مرخصی هرهفت سال یکبار.

sa.ber, sa.bre [séibə] *adj. & n.* شمشیربلندنظامی، باشمشیرزدن، باشمشیر کشتن.

saber rattling, *n.* قدرت‌نمائی، نمایش نیروی نظامی.

saber-toothed, *adj.* تیزدندان، دندان شمشیری.

sa.ble [séibl] (*pl.*-s) *adj. & n.* [ج.ش.] سمور، رنگ سیاه، لباس سیاه، مشکی.

sabot [sǽbou] *n.* کفش چوبی روستائیان اروپا.

sab.o.tage [sǽbota:ʒ] (**-d, sab-otaging**) *n., vt. & vi.* خرابکاری عمدی،کارشکنی وخراب‌کاری، خرابکاری‌کردن.

sab.o.teur, *n.* خرابکار.

sa.bra, *n.* اسرائیلی بومی فلسطین.

sab.u.lous, *adj.* ماسه‌ای، شن‌زار، ریگ‌زار، ماسه‌دار، دارای شن‌ریزه.

sac [sæk] *n.* [تش.-ج.ش.] کیسه،عضوکیسه‌مانند جانور.

sac.chari.fy (**-ied, sacchar-ifying**) *vt.* تبدیل به‌قندکردن.

sac.cha.rin [sǽkərin] *n.* [ش.] ساخارین.

sac.cha.rine, *adj.* [ش.] شکری، شیرین، قندی، محتوی قند.

sac.cha.rin.i.ty, *n.* حالت قندی، شیرینی.

sac.cha.rom.e.ter, *n.* قند سنج.

sac.er.do.tal [sæ̀sədóutl] *adj.* کشیشی، وابسته به‌کشیشان، درخورکشیشان.

sac.er.do.tal.ism [sæ̀sədóutəl-izm] *n.* کشیش مآبی، آخوندبازی.

sa.chet [sǽʃei] *n.* عطردان، بالشتك یاکیسهٔ‌کوچکی که درآن عطر خوشبو میریزند و در لباس می‌گذارند.

sack [sæk] (**-ed, -ing**) *vt. & n.* کیسه، گونی، جوال، پیراهن‌گشادوکوتاه، شراب سفید پر الکل و تلخ، یغما، غارتگری، بیغما بردن، اخراج‌کردن یا شدن، درکیسه‌ریختن.

sack.but [sǽkbʌt]=**trom-bone,** *n.* (مو.)شیپورقدیمی، ترومبون، چنگ.

sackcloth [sǽkklɔ(:)θ] *n.* پارچهٔ‌کیسه‌دوزی،کرباس، پارچهٔ‌گونی.

sacker, *n.* غارتگر، یغماگر،کیسه پرکن،کیسه‌ساز.

sack.ful, *n.* بقدر یك‌گونی.

sack.ing [sǽkiŋ] *n.* گونی، چنائی، در حال یورش و چپاول.

sac.ra.ment [sǽkrəmənt] (-ed, -ing) n. & vt.
رسم‌دینی، آئین‌دینی، تقدیس کردن، نشانه، سوگند.

sac.ra.men.tal [sæ̀krəméntl], adj. وابسته به‌مراسم مذهبی.

sa.cred [séikrid] adj.
مقدس، روحانی، خاص، موقوف، وقف شده.

sacred cow, n.
شخص مصون از انتقاد، گاو مقدس.

sac.ri.fice [sǽkrifais] (-d, sacrificing) n., vt. & vi.
قربانی، قربانی برای شفاعت، فداکاری، قربانی دادن، فداکاری کردن، قربانی کردن.

sac.ri.fi.cial [sæ̀krifíʃl] adj.
مستلزم فداکاری، فداکارانه، وابسته به‌قربانی.

sac.ri.lege [sǽkrilidʒ] n. توهین به مقدسات، سرقت اشیاء مقدسه، تجاوز بمقدسات.

sac.ri.le.gious [sæ̀krilídʒəs] adj.
موهن بمقدسات، مربوط به‌بیحرمتی به‌شعائر مذهبی.

sac.ris.tan [sǽkristən] n.
متصدی حفاظت ظروف مقدسهٔ کلیسا.

sac.ris.ty [sǽkristi] (pl.-ies) n.
محل نگاهداری ظروف مقدسهٔ کلیسا.

sac.ro.sanct [sǽkrousæŋkt], adj. مقدس، قدوس، منزه.

sac.ro.sanc.ti.ty, n.
تقدس، پاکدامنی، قدوسیت.

sacrum (pl. sacra) n.
استخوان خاجی، عظم عجز (azm-e-ajoz).

sad [sæd] (-der, -dest) adj. & adv. غمگین، اندوهگین، غمناک، نژند، محزون، اندوهناک، دلتنگ، افسرده و ملول.

sad.den [sǽdn] (-ed, -ing), vt. & vi. غمگین کردن، افسرده شدن.

sad.dle [sǽdl] (-d, saddling), n., vt. & vi. زین، پالان زدن، سواری کردن، تحمیل کردن، زین کردن.

saddlebag, n. خورجین.

saddlecloth, n.
عرقگیر اسب، نمد زیر زین.

saddle horse, n. اسب سواری.

sad.dler [sǽdlə] n.
زین‌ساز، سراج، اسبسواری.

sad.dlery [sǽdləri] n. سراجی.

Sad.du.cee [sǽdjusi:] n. صدوقی.

sadism [sá:dizm] n.
نوعی انحراف‌جنسی که شخص دراثر آن ازآزار دادن لذت میبرد، بیرحمی.

sadist, -ic [sá:dist,-ik] adj.
سادیست، کسیکه اززجردیگران لذت میبرد.

sa.fa.ri, n. & vi. سفری، سیاحت اکتشافی درافریقا، سیاحت کردن.

safe [seif] (-r, -st) adj. & n.
ایمن، سالم، بی‌خطر، صحیح، اطمینان بخش، صدمه نخورده، امن، محفوظ، گاوصندوق.

It is s. to say. بجرأت میتوان گفت.

safe-conduct [séifkɔ́ndəkt] n.
خط امان، امان‌نامه، امان دادن، رخصت عبور.

safecracker, n. دزدصندوق‌بازکن.

safe-deposit, n. گاوصندوق، صندوق‌آهن مخصوص امانت اشیاءگرانبها.

safeguard [séifga:d] (-ed, -ing) n., vt. & vi.
حفاظ، پناه، حفظ کردن(ازخطر)، حراست کردن.

safekeeping [séifkí:piŋ] n.
حفاظت، حفظ چیزی ازخطروغیره، امانت.

safe.ty [séifti] n.
ایمنی، سلامت، امنیت، محفوظیت.

safety belt, n. کمربند ایمنی.

safety glass,n. (درجمع) عینک‌ایمنی، شیشهٔ‌ایمنی، شیشهٔ بی‌خطراتومبیل، شیشهٔ نشکن.

safety razor, n. تیغ خودتراش.

safety valve, n. دریچهٔ اطمینان.

saf.flow.er, n.
[گ.ش.] کافشه، کافیشه، کاجره، گل‌رنگ.

saf.fron [sǽfrən] n., vt. & vi.
[گ.ش.] زعفران، زعفرانی، زعفرانی‌کردن، زعفران زدن به.

sag [sæg] (-ged, -ging) n., vt. & vi. خمشدن، فرونشستن، ازوسط خم شدن، آویزان شدن، ضعیف‌شدن، شکم‌دادن.

saga, n. حماسه، حماسهٔ اسکاندیناوی.

sa.ga.cious [səgéiʃəs] adj.
دانا، زیرک، عاقل، باهوش، بافراست.

sa.gac.i.ty [səgǽsiti] n.
فراست، هوش، دانائی، عقل، زیرکی.

sage [seidʒ] n., adj. & adv.
عاقل، دانا، بصیر، بافراست، حکیم.

sage.brush [séidʒ brʌʃ] n.
[گ.ش.] درمنه، برنجاسف.

sag.it.tal, adj. سهمی، پیکانی، شبیه‌سهم یا تیروکمان، [تش.] وابسته به درز سهمی‌جمجمه.

Sag.it.tar.i.us (pl. Sagittarii), n. کماندار، تیرانداز، [نج.] صورت فلکی‌قوس.

sa.go [séigou] (pl. -s) n.
درخت نخل ساگو، شیرینی که بـا نشاستهٔ ساگو تهیه شود، پنیر خرما.

sa.hib [sá:ib] n.
(در هند) آقا (در خطاب به‌خارجی‌ها).

said, adj. (ماضی واسم مفعول‌فعل say). گفته شده، مذکور، بیان شده، گفت.

sail [seil] (-ed, -ing) n., vt. & vi. بادبان، شراع، کشتی بادی، هر وسیله‌ای که با بادبحرکت درآید، باکشتی‌حرکت کردن، روی هوا با بال‌گسترده پروازکـردن، با ناز و عشوه حرکت کردن.

How many day's s. is it?
چند روز راه است با کشتی؟

sailboat, n.
قایق بادبانی، کشتی بادبانی، کشتی بادی.

sailcloth [séilklɔ(:)θ] n.
پارچهٔ بادبانی، پارچهٔ شراعی، بادبان.

sail.er, sail.or, n.
دریا نورد، ملوان، قایق بادبانی، ملاح، ناوی.

sailing [séiliŋ] n.
کشتیرانی، پارچهٔ بادبانی، سفر دریائی.

sailor, n. ملوان، ناوی.

saint [seint] (-ed, -ing) n., vt. &vi. مقدس، «اولیاء»، آدم پرهیزکار، عنوان روحانیون مثل «حضرت» که در اول اسم آنها میآید و مخفف آن St. است، جزومقدسین و اولیاء محسوب داشتن، مقدس شمردن.

Saint Ber.nard, n.
سگ راهنمای کوهستان، نوعی سگ بزرگ.

sainted [séintid] adj. تقدیس شده.

saint.hood [séinthud] n.
تقدس، حضرت، قدوسیت.

sake [seik] n.
منظور، دلیل، خاطر، جهت، برای، بمنظور.

For his s. برای خاطر او.

sa.ker, n. [ج.ش.] شاهین اروپائی.

sal, n. [ش.] نمک.

sa.laam [səlá:m] (-ed, -ing) n., vt. & vi. سلام، سلام‌کردن.

sal.abil.i.ty, n. قابلیت فروش.

sal.able, sale.able [séiləbl], adj. قابل‌فروش، فروختنی، قابل‌خرید، معامله‌ای.

sa.la.cious [səléiʃəs] adj.
شهوتران، شهوانی، شهوت‌پرست، هرزه.

sal.ad [sǽləd] n. سالاد.

salad dressing, n.
چاشنی و ادویهٔ مخصوص سالاد.

sal.a.man.der [sǽləmændə] n.

SALAMANDER

(ج.ش.) سمندر، یکجور سوسمار یا مارمولك.

sa.la.mi, n. سوسیك نمك زده، گوشت خوك و یاگوشت‌گاو خشك شده.

sal.a.ried, adj.
حقوق بگیر، کارمند حقوق بگیر، دارای‌حقوق.

sal.a.ry [sǽləri] (-ied, salarying) (pl. -ies) n., vt. & vi.
حقوق، شهریه، مواجب، حقوق دادن.

sale [seil] n.
فروش. بازار فروش، قابل فروش، حراج.

salep, saleb, n. [گ.ش.]سحلب، ثعلب.

sales, adj. & n. فروشی، برای فروش، حراجی، جنس فروشی، فروش.

salesclerk, n. فروشندهٔ مغازه.

sales.man [séilzmən] n.
فروشنده، ویزیتور، فروشندهٔ سیار.

sales.man.ship [séilzmənʃip] n.
فروشندگی، هنر فروشندگی.

salesroom, n. محل فروش، فروشگاه.

saleswoman, n. بانوی فروشنده.

sa.lience, sa.lien.cy, n.
برجستگی، چابکی درجست‌وخیز، جلوآمدگی، برتری، نکتهٔ برجسته، موضوع برجسته.

sa.lient, -iant [séiljənt] adj. & n.
بیرون‌آمده، در حال جست وخیز (تصویر شده)، برجسته، چشمگیر، بیرون‌زده.

sal.i.fy (-ied, -ing) vt.
تبدیل به‌نمك کردن، نمك‌زدن.

sa.lim.e.ter, n. نمك سنج.

sa.li.na, n. باتلاق نمکزار، دریاچهٔ‌نمك.

sa.line [séilain] adj. & n.
محلول نمك، درجهٔ‌شوری، نمك‌دار، نمکین، شور.

sa.lin.i.ty, n. شوری.

sa.li.va [səláivə] n. بزاق، آب دهان.

sal.i.vary [səláivəri] adj. بزاقی.

sal.i.vate (-d, salivating) vt. & vi. خدوآوردن، بزاق ترشح کردن، بزاق ایجاد کردن.

sal.i.va.tion, n.
بزاق‌آوری، ایجاد بزاق، خدوسازی.

Salk vaccine, n. واکسن پولیو.

sal.low [sǽlou] n. & vt.
درخت بید، رنگ خاکستری مایل بزرد وسبز، زرد رنگ (مثل مریض)، زردرنگ کردن.

sal.ly [sǽli] (-ied, -ing), (pl. -ies) n., vt. & vi.
یورش، حمله، حرکت‌سریع، شلیك، یورش‌آوردن، شلیك کردن، حمله‌ورشدن، جواب‌سریع‌وزیرکانه.

salm.on [sǽmən] (pl. -s) n.
(ج.ش.) ماهی آزاد، قزل‌آلا.

sa.lon, sa.loon [sǽlɔn, səlú:n], n. تالار، سالن‌زیبائی، رستوران، مشروبفروشی.

salt [sɔ:lt] (-er, -est, -ed, -ing) n., vt., vi. & adj.
نمك طعام، نمك میوه، نمك‌هـای طبی، نمکدان، نمك زدن به، نمك پاشیدن، شور کردن.

He is not worth his s.
لایق نگهداشتن نیست، بدرد نمی‌خورد.

sal.ta.tion, n.
جست و خیز، رقـص، جنبش ناگهانـی، جهش ناگهانی، جهش خون شریان، پیشروی بتدریج.

sal.ta.to.ri.al, sal.ta.to.ry, adj. رقصی، جست و خیزی، افتان و خیزان.

sal.tern, n.
کارخانه یا معدن استخراج نمك.

salt grass, n. [گ.ش.]علف‌شورهزار.

sal.tine, n. نان بیسکویت نمکدار.

salt.pe.ter [sɔ́:ltpì:tə] n.
شورهٔ قلمی، نیترات پتاسیم، شورهٔ برگ‌تنباکو.

saltshaker, n. نمکدان، میکروفون.

saltwater, adj.
آب نمك، زیست‌کننده در آب شور.

saltworks, n.pl. محل‌استخراج‌نمك.

salty [sɔ́:lt(i)] adj. نمکین، شور.

sa.lu.bri.ous [səlú:briəs] adj.
سازگار، گوارا، سالم، صحت‌بخش، سودمند.

sa.lu.bri.ty [səlú:briti] n.
سازگاری، گوارائی، مفیدبودن.

sal.u.tary [sǽljutəri] adj.
سالم ومفید، سلامت‌بخش، سودمند، درودی.

sal.u.ta.tion, -al [sæ̀ljutéiʃən], adj. & n.
سلام، درود، تهنیت، تعارف، سلام اول نامه.

sa.lu.ta.to.ry, adj. درودی، تهنیتی.

sa.lute [səlú:t] (-d,saluting), n., vt. & vi. سلام، احترام نظامی، سلام‌کردن، سلام دادن، تهنیت گفتن، درود.

sal.vage [sǽlvidʒ] (-d, salvaging) n., vi. & vt. نجات مال یا جان‌کسی، نجات‌کسی از خطر، ازخطر نابودی نجات دادن، مصرف‌مجدد آشغال وزوائدهرچیز.

sal.vage.able, adj. قابل نجات.

sal.vag.er, n. خریدار اسقاط.

sal.va.tion,-al [sælvéiʃn] adj. & n. رستگاری، نجات، رهائی، سبب نجات.

Salvation Army, n.
تشکیلات مسیحیان که هدفش تبلیغ دینی و کمك بفقرا است.

salve[sa:v](-d,salving)n.,vt.&vi.
ضماد، مرهم، مرهم تسکین‌دهنده، [مج.] داروی تسکین دهنده، ضمادگذاشتن، تسکین دادن.

sal.ver [sǽlvə] n. سینی، سینی‌پایه‌دار، شیشه‌ای، شفا دهنده، مرهم‌گذار، التیام دهنده.

sal.vo [sǽlvou] (pl. -es,-s) n., vt. & vi. شلیك توپ برای ادای احترام، توپ سلام، اظهار احساسات شدید، شلیك‌کردن.

Sa.mar.i.tan [səmǽritn] adj. & n. سامری، سامرهٔ فلسطین، نیکوکار.

sam.ba, n. رقص برزیلی سامبا.

same [seim] adj., adv. & n.
یکسان، یکنواخت، همان چیز، همان، همان‌کار، همان جور، بهمان اندازه.

Both are the s. هر دو یکی‌است.

Sa.mo.an, n. & adj.
وابسته‌به یا اهل جزیرهٔ ساموا واقع در پلینزی.

sam.o.var [sǽmova:] n.
[روسی است] سماور.

sam.pan [sǽmpæn] n.
قایق سقف‌حصیری و بادبانی.

sam.phire, n.
[گ.ش.] رازیانهٔ‌آبی، کاکله، کاکل.

sam.ple [sá:mpl] (-d, sampling) vt. & n.
نمونه، مسطوره، الگـو، آزمون، واحـد نمونه، نمونه‌گرفتن، نمونه نشان دادن، خوردن.

sam.pler [sá:mple] n. نمونه‌بردار.

sampling, adj.
نمونه‌گیری، نمونه‌برداری، مزه‌کردن.

san.a.tive, san.a.to.ry, adj.
شفا دهنده، علاج‌کننده بهبودی دهنده.

san.a.to.ri.um=sanatarium, =sanitorium, n.
آسایشگاه، بیمارستان مسلولین.

sanc.ti.fi.ca.tion [sæ̀ŋktifikéiʃn] n. تقدیس، تطهیر.

sanc.ti.fi.er, n. تقدیس‌کننده.

sanc.ti.fy [sǽŋktifai] (**-ied, -ing**) *vt.* تقدیس کردن، برای امر مقدسی تخصیص دادن، تطهیر کردن، پاك کردن، مقدس شمردن.
sanc.ti.mo.ni.ous [sæ̀ŋktimóunjəs] *adj.* مقدس نما، مقدس.
sanc.ti.mo.ny, *n.* مقدس‌نمائی، تقدس.
sanc.tion [sǽŋkʃn] *n., vt. & vi.* فرمان، فتوای کلیسائی، سوگند، تصویب، جواز، تأیید رسمی، دارای مجوزقانونی‌دانستن، ضمانت اجرائی معین کردن، ضمانت اجرائی قانون.
sanc.ti.ty [sǽŋktiti] (*pl.*-**ies**), *n.* تقدس، پرهیز کاری، حرمت، علو مقام.
sanc.tu.ary [sǽŋktjuəri] (*pl* -**ies**) *n.* جایگاه مقدس، حرم مطهر، مخفیگاه، پناهگاه، تحصن، حق بست نشینی.
sanc.tum [sǽŋktəm] (*pl.* **-s, sancta**) *n.* خلوتگاه، خلوت، حریم، قدس، جایگاه مقدس.
sanctum sanc.to.rum, *n.* قدس‌الاقداس (The holy of holies).
sand [sænd] (**-ed, -ing**) *n., vt. & vi.* ماسه، شن، ریگ، شن‌کرانه‌دریا، شن پاشیدن، سنباده زدن.
san.dal [sǽndl] *n., vt. & vi.* کفش بی‌رویه، صندل، سرپائی، کفش راحتی، درخت صندل، صندل پوشیدن.
sandalwood [sǽndlwud] *n.* [گ.ش.] چوب محکم و سخت صندل سفید.
sandbag, *n. & vt.* کیسهٔشن، گونی پر ازشن، (با کیسهٔشن) ایجاداستحکامات دفاعی کردن.
sandbar, *n.* دیوار شنی ساحلی، کران ماسه.
sandblast, *vt. & n.* شن‌شوئی، باپاشیدن‌ماسه (بهمراه بادفشارقوی) پاك کردن.
sand-blind, *adj.* دارای چشم تار.
sandglass [sǽndglaːs] *n.* ساعت ریگی.
sand.pa.per [sǽndpèipə] *vt. & n.* کاغذ سنباده، کاغذ سنباده زدن به.
sandpiper [sǽndpàipə] *n.* [ج.ش.] یلوه، نوعی مارماهی کوچك.
sandstone [sǽndstoun] *n.* سنگ‌ماسه، سنگ ریگی، سنگ‌سیاه، ماسه‌سنگ.
sandstorm, *n.* ماسه باد، طوفان شن.
sand trap, *n.* فرورفتگی مصنوعی شن در میدان گلف.
sand.wich [sǽn(d)widʒ, -witʃ] (**-ed, -ing**) *n., vt. & vi.* ساندویچ، ساندویچ درست کردن، درتنگنا قراردادن.
sandy [sǽndi] *adj.* ماسه‌ای، شنی.
sane [sein] (**-r, -st**) *adj.* دارای عقل سلیم، عاقل، سالم، معقول، معتدل.
sang [sæŋ] *n.* [فرانسه] خون.
san.gui.nary [sǽŋgwinəri] *adj.* خونی، دموی، امیدوار.
san.guine [sǽŋgwin] *adj., adv. & n.* خونی، دموی، سرخ، قرمز، برنگ‌خون.
san.guin.i.ty, *n.* دموی بودن، [ح.م.] هم خونی، قرابت نسبی، برنگ خون.
san.guin.o.lent, *adj.* محتوی خون.
sa.ni.ous, *adj.* خونابه‌دار.
san.i.tar.ium=sanatorium [sæ̀nitέəriəm] *n.* آسایشگاه.
san.i.tary [sǽnitəri] *adj.* بهداشتی.
sanitary napkin, *n.* نواربهداشتی، دستمال کاغذ ضدعفونی مخصوص قاعدگی زنان.
san.i.tate, *vt.* صحی کردن، دارای لوازم بهداشتی کردن.

san.i.ta.tion [sæ̀nitéiʃn] *n.* مراعات اصول بهداشت، بهسازی، سیستم تخلیهٔ فاضل‌آب.
san.i.tize, *vt.* مطابق اصول بهداشت کردن، از روی اصول بهداشتی عمل کردن.
sank [sæŋk] (*p. of* **sink**) (زمان ماضی فعل sink) غرق شد، فرو رفت.
sans [sænz, sa] *prep.* [ك.] بدون، محروم از، فاقد.
San.skrit=Sanscrit [sǽnskrit] *adj. & n.* سانسکریت، سانسکریتی.
San.ta Claus=Santa Klaus [sǽntə klɔ́ːz] *n.* بابانوئل.
sap [sæp] (**-pped, -pping**) *n., vt. & vi.* شیره، شیرهٔگیاهی، عصاره، خون، شیره کشیدن از، ضعیف کردن.
sap.id, *adj.* خوش مزه، با مزه، مطبوع.
sa.pid.i.ty, *n.* خوش‌ذائقگی، خوشمزگی.
sa.pi.ence [séipjəns]=**wisdom,**
sa.pi.ent, *adj.* دانا، دانشمند، خردمند.
sap.less, *adj.* بی‌شیره، بی‌نیرو، بیمزه.
sap.ling [sǽpliŋ] *n.* نهال، قلمهٔ درخت، درخت تازه و جوان.
sap.o.na.ceous, *adj.* صابونی، صابون‌دار، لیز (مثل صابون).
sap.o.nat.ed, *adj.* صابون‌دار، صابون زده، دارای‌محلول صابونی.
sa.pon.i.fi.ca.tion, *n.* صابون‌سازی.
sa.pon.i.fy (**-ied, -ing**) *vt. & vi.* تبدیل بصابون کردن، صابونی شدن.
sap.o.rif.ic, *adj.* خوش‌مزه، خوش‌طعم.
sap.o.rous, *adj.* خوش طعم، لذیذ.
sap.per [sǽpə] *n.* عصاره‌گیر، [نظ.] نقب زن، سربازکلنگ‌دار و نقب زن.
sap.phire [sǽfaiə] *n. & adj.* یاقوت کبود، صفیر کبود، رنگ کبود.
sap.py [sǽpi] (**-ier, -iest**) *adj.* آبدار، پرشیره، مرطوب، خیلی احساساتی، ضعیف، کودن، معتاد به مشروبات، شنگول.
sa.proph.a.gous, *adj.* تغذیه‌کننده از مواد پوسیده و آلی، پوده‌خوار.
sap.ro.phyte, sap.ro.phite, *n.* پوده زی، خورندهٔ مواد پوسیده.
sap.ro.zo.on, *n.* جانور پوده زی.
Sar.a.cen [sǽrəsn] *n.* عرب، [مج.] مسلمان، کافر، وحشی.
sar.casm [sáːkæzm] *n.* طعنه، ریشخند، سرزنش، سخن طعنه‌آمیز.
sar.cas.tic [saːkǽstik] *adj.* طعنه‌آمیز، نیشدار.
sar.co.ma (*pl.* **-s, sarcomata**) *n.* تومور بدخیم بافت پیوندی، تومور بدخیم نسج همبند، تومور سرطانی.
sar.coph.a.gous = carnivorous, *adj.* گوشتخوار.
sar.coph.a.gus [saːkɔ́fəgəs] (*pl.* **-es, sarcophagi**) *n.* تابوت سنگ آهکی، تابوت، گوشتخوار.
sar.coph.a.gy, *n.* گوشتخواری.
sar.dine [saːdíːn] (*pl.* **-s**) *n.* (ج.ش.) ماهی ساردین، ماهیان ریز.
sar.don.ic [saːdɔ́nik] *adj.* طعنه‌آمیز، کنایه‌آمیز.
sar.sa.pa.ril.la [sàːsəpərílə] *n.* [گ.ش.] عشبهٔ بیابانی.
sar.to.ri.al [saːtɔ́ːriəl] *adj.* مربوط به‌خیاطی، مربوط بلباس مردانه.
sash [sæʃ] (*pl.* **-es**) *vt. & n.* عمامه، کمربند، حمایل نظامی و غیره، ارسی، قاب دور شیشهٔ در یا پنجره که شامل میله‌های چوبی بین شیشه‌ها نیز میباشد، پنجره، پنجرهٔ گلخانه، حمایل زدن، پنجره گذاردن.
sass (**-ed, -ing**) *vt. & n.* با بی‌احترامی صحبت کردن با، گستاخانه سخن گفتن با، بیشرمانه گفتگو کردن.
sas.sa.fras [sǽsəfræs] *n.* [گ.ش.] ساسافراس.
Sas.sa.nian, Sa.sa.nian, *adj. & n.* ساسانی
Sas.sanid, *adj. & n.* ساسانی، وابسته بسلسلهٔ ساسانی.
Sa.tan [séitn]=**devil,** *n.* شیطان.
Sa.tan.ic [sətǽnik] *adj.* شیطانی
satch.el [sǽtʃl] *n.* چنته، کیف بنددار، کیف مدرسه، خورجین.
sate [seit] (**-d, sating**) *vt.* سیر کردن، راضی کردن، فرونشاندن.
sa.teen, sa.tine [sætíːn] *n.* اطلس‌نما، ساتین.
sat.el.lite [sǽtəlait] *adj. & n.* پیرو، انگل، ماه، ماهواره، قمر.
sa.tia.ble [séiʃiəbl] *adj.* اقناع‌شدنی.
sa.ti.ate [séiʃieit] (**-d, satiating**) *vt., adj. & vi.* سیر کردن، فرونشاندن، اشباع شدن، اقناع‌شده.
sa.ti.a.tion, *n.* اقناع، اشباع.
sa.ti.e.ty [sətáiəti] *n.* سیری، بی‌نیازی.
sat.in [sǽtin] *n. & adj.* اطلس، دبیت، اطلسی، جلا، پرداخت.
satinwood [sǽtinwud] *n.* [گ.ش.] خشب اخضر.
sat.iny, *adj.* اطلسی.
sat.ire [sǽtaiə] *n.* طنز، هجونامه، طعنه، سخریه، هزلیات.
sa.tir.ic, -al [sətírik, -l] *adj.* هزلی.
sat.i.rist [sǽtərist] *n.* هجو نویس.
sat.i.rize [sǽtəraiz] (**-d, satirizing**) *vi. & vt.* هجو کردن، مسخره کردن.
sat.is.fac.tion [sæ̀tisfǽkʃn] *n.* رضامندی، رضایت، ارضاء.
sat.is.fac.to.ry [sæ̀tisfǽktori], *adj.* رضایتبخش.
sat.is.fi.able, *adj.* راضی شدنی، راضی کردنی.
sat.is.fy [sǽtisfai] (**-ied,-ing**), *vt.&vi.* راضی کردن، خشنود کردن، قانع کردن.
satrap [sǽtrəp] *n.* ساتراپ، استاندار قدیم ایران.
sat.u.ra.ble, *adj.* اشباع شدنی.
sat.u.rate [sǽtʃəreit] (**-d, saturating**) *adj., n. & vt.* اشباع کردن، سیر کردن، آغشتن.
saturated, *adj.* اشباع‌شده، سیرشده.
sat.u.ra.tion [sæ̀tʃəréiʃn] *n.* اشباع.
sat.u.ra.tor, *n.* اشباع‌کننده.
Sat.ur.day [sǽtədi] *n.* روز شنبه.
Sat.urn [sǽtəːn] *n.* (افسانهٔ یونان—روم) خدای بذرکاری، زحل.
sat.ur.na.lia [sæ̀təːnéiljə] *n.pl.* (روم‌قدیم) جشن‌خدای‌زحل، عیاشی، هرزگی.
sat.ur.nine [sǽtəːnain] *adj. & n.* سنگین، شوم، افسرده، دلتنگ، سربی.
sat.urn.ism=lead poisoning, *n.* مسمومیت از سرب.
satyr, -ic [sǽtə] *adj. & n.* [افسانهٔ یونانی] موجود نیمه انسان و نیمه بز، آدم‌شهوانی، وابسته به ساتیر.

saty.ri.a.sis (*pl.* **-ses**) *n.* نعوظ یا شدت حس شهوت در مرد، شدت شبق.
sauce [sɔːs] (**-d, saucing**), *vt. & n.* سوس، چاشنی، آب خورش، چاشنی غذا، رب، چاشنی‌زدن‌به، خوشمزه کردن، نم زدن.
sauce.pan [sɔ́ːspən] *n.* روغن دان، کماجدان، ماهی تابه.
sau.cer [sɔ́ːsə] *vt. & n.* نعلبکی، زیرگلدانی، بشقاب کوچك، درنعلبکی‌ریختن.
saucy [sɔ́ːsi] *adj.* خوشمزه، پررو.
Saudi Ara.bia, *n. & adj.* کشور پادشاهی عربستان سعودی.
sauer kraut [sáuərkraut] *n.* کلم رنده شده و آب پز با سرکه.
sau.na, *n.* حمام بخار فنلاندی.
saun.ter [sɔ́ːntə] (**-ed, -ing**), *vi. & n.* ولگردی کردن، پرسه زدن.
sau.sage [sɔ́sidʒ] *n.* سوسیس، سوسیگ، رودهٔ محتوی گوشت چرخ شده.
sau.té [sóutei] *n., adj. & vt.* (در مورد غذا) در روغن سرخ کرده، سرخ کردن.
sau.terne, *n.* شراب زرد نیمه شیرین.
sav.age [sǽvidʒ] (**-d, savaging**) *adj., n., vt. & vi.* سبع، وحشی، رام نشده، غیراهلی، وحشی‌شدن، وحشی کردن.
sav.age.ry [sǽvidʒri] (*pl.*-**ies**), *n.* بیرحمی، وحشیگری، دد و دام.
sa.van.na [səvǽnə] **sa.vannah,** *n.* دشت بی‌درخت، زمین هموار.
sa.vant [sǽvənt] *n.* دانشمند، دانا.
save [seiv] (**-d, saving**) *n., prep., conj., vt. & vi.* نجات دادن، رهائی بخشیدن، نگاه داشتن، اندوختن، پس‌انداز کردن، فقط، بجز، بجزاینکه.
saveable, savable, *adj.* پس‌انداز کردنی، اندوختنی.
sav.er [séivə] *n.* نجات دهنده، پس‌اندازکن.
sav.ing [séiviŋ] *prep., adj., conj. & n.* نجات دهنده، رستگارکننده، پس‌انداز.
sav.ior, sav.iour [séivjə] *n.* نجات دهنده، ناجی.
sa.vor, sa.vour [séivə] (**-ed, -ing**) *n., vt. & vi.* حس ذائقه، مزه، طعم، بو، مزه کردن، فهمیدن، دوست داشتن.
It savours of revenge. بوی انتقام یاکینه جوئی از آن میآید.
sa.vory, sa.voury [séivəri] *adj. & n.* خوش طعم، مطبوع طبع، مورد پسند.
sa.voy cabbage, *n.* کلم پیچ.
sav.vy, sav.vey, *vt., vi., adj. & n.* ادراك، فهم، فهمیدن، درك کردن، زرنگ، دانا.
saw [sɔː] (**-ed, sawn, -ing**), *n., vt. & vi.* سخن، لغت یا جملهٔ ضرب‌المثل، مثال، امثال و حکم، اره، هر اسبابی‌شبیه اره، ماشین اره، اره کردن، اره‌شدن.
saw (*p. of* **see**) *n.* (زمان ماضی فعل see) دید.
saw.dust [sɔ́ːdʌst] *vt., adj. & n.* خاك اره، با خاك اره پوشاندن، پوچ.
saw-edged, *adj.* دارای لبهٔ دندانه دندانه، دارای لبهٔ مضرس.
sawfish (*pl.* **-es**) *n.* [ج.ش.] اره ماهی.
sawmill, *n.* کارخانهٔ چوب بری و الوارسازی، کارخانهٔ اره‌کشی، ماشین اره‌کشی.
sawtooth = saw-toothed, *adj.* دارای دندانهٔ اره مانند، دندانه دندانه.
sawyer [sɔ́ːjə] *n.* اره‌کش، درخت ریشه‌کن شده و شناور.

sax.horn [sǽkshɔ:n] *n.*
[مو.] شیپور برنجی صدا بلند.
sax.i.frage [sǽksifridʒ] *n.*
[گ.ش.] سفرس، گیاه سنگروی.
Sax.on [sǽksn] *adj.* & *n.*
ساکسون، از نژاد آنگلوساکسون.
sax.o.phone [sǽksəfoun] *n.*
[مو.] ساکسوفون، نوعی آلت موسیقی بادی.
sax.o.phon.ist, *n.* نوازندهٔ ساکسوفون.

SAXOPHONE

say[sei](**said, saying**), *adv. n., vt. & vi.*
گفتن، اظهارداشتن، حرف زدن، بیان کردن، سخن گفتن، صحبت کردن، سخن، حرف، اظهار، نوبت حرف زدن، مثلاً.
I said nothing. من حرفی نزدم.
say.able, *adj.* گفتنی.
say.er, *n.* گوینده.
say.ing [séiiŋ] *n.*
گفته، گفتار مشهور، پند، حکمت، اظهار.
say-so, *n.* حق بیان، دستور، بیان، اظهار.
scab [skæb] (**-bed, -bing**) *n., vt. & vi.*
پوست زخم، اثر زخم، گر، گری، جرب، پوسته پوسته شدن، دلمه بستن زخم، دله.
scab.bard [skǽbəd](**-ed,-ing**), *vt. & n.* نیام، غلاف شمشیر، حفاظ، غلاف کردن.
scab.by (**-ier, -iest**) *adj.* دله‌دار، گردار، جرب‌دار، دارای خالهای جرب مانند.
sca.bies, *n.pl.* خارش، جرب، گال.
sca.bi.et.ic, *adj.* خارش‌دار.
sca.bi.ous, *n. & adj.* دله‌دار، دلمه‌مانند، جرب‌دار، دلمه بسته، کثیف، نکبتی.
scab.rous, *adj.* زننده، هرزه، ناهموار، زبر، پوسته پوسته، دان‌دان، خشن.
scaf.fold [skǽfəld] (**-ed,-ing**), *n., adj., vt. & vi.*
چوب‌بست، داربست، دار، تخته‌بندی، سکوب‌باچهار چوب، تخته‌بندی کردن، سکوب زدن، بدار آویختن.
scaf.fold.ing, *n.*
سکوب‌بندی، چوب‌بست سازی، داربست.
scal.able, *adj.* قابل درجه‌بندی، تفوق‌پذیر، بالارفتنی، پوست‌کندنی.
scal.age, *n.* میزان، درجه، توزین.
scal.a.wag [skǽləwæg] *n.*
جانور نحیف و کم‌ارزش، آدم رذل، جمهوریخواه.
scald [skɔ:ld] (**-ed, -ing**) *n., adj., vt. & vi.*
باآب گرم سوزاندن، آب‌جوش‌ریختن روی، تاول زده کردن، تاول، اثر آب‌جوش برروی پوست، سوختگی، آب‌پز کردن.
scale [skeil] (**-d, scaling**) *n., adj., vt. & vi.* [در جمع] کفهٔ ترازو، ترازو، وزن، (ج.ش.) پولک، باپوستهٔ بدن جانور، فلس، هر چیز پله پله، هر چیز مدرج، اعداد روی درجهٔ گرما سنج و غیره، مقیاس، اندازه، معیار، درجه، میزان، مقیاس نقشه، وسیلهٔ سنجش، خط مقیاس، تناسب، نسبت، مقیاس کردن، توزین کردن، سنجیدن، ابعاد چیزی را معلوم کردن، پوست‌کندن از، پولک کندن، صعود کردن، نوت یا کلید موسیقی.
On the s. of one inch to the mile. بمقیاس یك اینچ در یك میل.
scaled, *adj.* پولك‌دار، مدرج، فلس‌دار.
scale-down, *n.*
کاهش تدریجی، کاهش به‌نسبت ثابت.
scalelike, *adj.*
فلس مانند، ترازو مانند.
scalepan, *n.* کفهٔ ترازو.
scal.er, *n.* بالا رونده.
کسیکه مقیاس بکار میبرد، قپاندار، کوهنورد.

scal.lion (**-ed, -ing**) *n. & vi.* (گ.ش.) موسیر، تره‌فرنگی، پیازچه، پیازی‌شدن.
scal.lop [skɔ́ləp, skǽləp] (**-ed, -ing**) *n., vt. & vi.*
(ج.ش.) حلزونهای دوکپه‌ای، گوش‌ماهی، دوختن لبهٔ تزئینی بلباس، پختن، حلزون گرفتن.
scalp [skælp] (**-ed, -ing**) *n., vt. & vi.*
پوست فرق سر، پوست سر با مو، جمجمه، فرق سر، الك، غربال، پوست‌کندن از سر.
scal.pel [skǽlpl] *n. & vt.*
چاقوی کالبد شکافی، چاقوی کوچك جراحی، با چاقوی جراحی بریدن، پاره پاره کردن.
scaly [skéili] (**-ier, -iest**) *adj.*
فلس مانند، فلس‌فلس، پولك‌دار، زبر، ناهموار.
scamp [skæmp] (**-ed, -ing**), *n. & vt.* (م.م.) دزد سرگردنه، راهزن [سواره]، آدم رذل، بچهٔ بد ذات‌وشیطان، عبوراً چیزیرا لمس کردن، پرسه‌زدن، وررفتن.
scam.per [skǽmpə] (**-ed,-ing**), *n. & vi.* چهار نعل، بتاخت رفتن، چهار نعل دویدن، گریز، فرار با شتاب، پرواز سریع.
scan [skæn] (**-ned, -ning**), *n., vt. & vi.* تقطیع کردن‌شعر، با وزن خواندن[اشعار]، بطوراجمالی بررسی کردن.
scan.dal [skǽndl] (**-ed, -led, -ing, -ling**) *vt. & n.* رسوائی، افتضاح، ننگ، تهمت، تهمت‌زدن.
scan.dal.iza.tion, *n.*
ایجاد افتضاح، فضاحت.
scan.dal.ize [skǽndəlaiz] (**-d, scandalizing**) *vt.*
مفتضح کردن، تهمت ناروا زدن به، رسوا کردن.
scandalmonger [skǽndlmʌŋgə] *n.* پخش‌کنندهٔ شایعات افتضاح آمیز.
scan.dal.ous [skǽndələs] *adj.*
افتضاح آمیز، رسوائی آور.
scan.sion [skǽnʃn] *n.*
تقطیع شعری، قرائت شعر با وزن.
scant [skænt] (**-er, -est, -ed, -ing**) *adv., adj., n. & vt.*
اندك، کم، معدود، قلیل، نحیف، مقدار قلیل، کم دادن، بخیلانه دادن، تخفیف یافتن، ناکافی.
S. of money. کم‌پول، بی‌پول.
scanty [skǽnti] *adj.*
کم، اندك، قلیل، غیرکافی.
scape (**-d, scaping**) *n., vt. & vi.* (ج.ش.) میله، ساقه، مفصل اصلی، ساقهٔ پر، فرار، وسیلهٔ فرار، هوس، وسواس، پشت پا زنی، لگد زنی، فرار کردن.
scapegoat [skéipgout] *n. & vt.*
(م.م.) بز طلیعه، کسیکه قربانی دیگران شود، کسی را قربانی دیگران کردن.
scapegrace [skéipgreis] *n.*
آدم بی‌پروا وبی‌ملاحظه، اصلاح‌ناپذیر.
scaph.oid, *adj. & n.*
[گ.ش.-تش.] ناوی، زورقی.
scap.u.la (*pl.* **-s, -e**) *n.*
(تش.) شانه، کتف، استخوان کتف، کمربند شانه‌ای.
scap.u.lar, *adj. & n.*
(تش.) استخوان سر شانه، کتف، عبای کوتاه شانه پوش، ردای بی‌آستین باشلق‌دار، کتفی.
scar [ska:] (**-red, -ring**) *n., vt. & vi.* جای زخم یا سوختگی، اثرگناه، شکاف، اثرزخم داشتن، اثر زخم گذاشتن.
scar.ab [skǽrəb] *n.*
(م.م.) تخماق یاکلوخ کوب، زمین کوب، تکهٔ جواهر، سوسك سرگین غلتان.
scar.a.mouch, scar.a.mouche [skǽrəmautʃ] *n.*
(با حرف بزرگ اسم خاص) دلقك بزدل و

کتك خور نمایش کودکان ایتالیا، عروسك دلقك نمای خیمه شب بازی، آدم بزدل و پست.
scarce [skeəs] (**-r, -st**) *adv. & adj.* کمیاب، کم، نادر، اندك، تنگ، قلیل، ندرتاً.
scar.ci.ty [skéəsiti] *n.* کمیابی.
scare [skeə] (**-d, scaring**) *n., adj., vt. & vi.*
ترساندن، چشم زهره گرفتن، هراساننده، گریزاندن، ترسیدن، هراس کردن، بیم، خوف، رمیدگی، رم، هیبت، محل هراسناك.
scar.er, *n.* ترساننده.
scarecrow [skéəkrou] *n.*
مترسك، لولو، آدمك سر خرمن، موجب ترس.
scaremonger [skéəmʌŋgə]= **alarmist,** *n.*
آدمی که ایجاد وحشت بیمورد کند، ترساننده.
scarey, scary, *adj.* ترسناك، ترسان.
scarf [ska:f] (*pl.* **-s, scarves**), (**-ed, -ing**) *n., vt. & vi.*
حمایل ابریشمی و امثال آن، شال گردن، شال گردن بستن، درشال پیچیدن، روسری.
scar.i.fi.ca.tion, *n.* تیغ زنی.
scar.i.fi.er, *n.* شکافنده، تیغ زننده.
scar.i.fy [skǽrifai] (**-ied, scarifying**) *vt. & vi.* تیغ‌زدن، از روشکافتن، نیشترزدن، بهم زدن، شدیداً انتقاد کردن.
scar.i.ous, *adj.* (گ.ش.) دارای ظاهر خشك و پلاسیده، چروکیده، (ج.ش.) خشك.
scar.la.ti.na=**scarlet fever,** *n.* [طب] تب مخملك.
scar.let [ská:lit] *adj. & n.* قرمز مایل بزرد، سرخ شدگی، سرخ جامه، پارچهٔ مخمل.
scarlet fever, *n.*
[طب] تب سرخ، تب مخملك.
scarp (**-ed, -ing**) *n. & vt.*
دیوار درونی خندق، سراشیبی خندق، سراشیب کردن، بریدن، عمودی بریدن.
scar.ry, *adj.* دارای جای زخم، دارای نشان داغ یا نشان جراحت و زخم.
scart (**-ed, -ing**) *n., vt. & vi.* خراش، تراش، خراشیدن، زدودن.
scar tissue, *n.*
بافت همبند جای زخم، محل التیام زخم.
scat (**-ted, -ting**) *vt., vi. & n.* (موسیقی جاز) آوازبی‌معنی، (بشوخی) گمشو، دورشو، گمشدن، دور شدن، مالیات، صدای پاره شدن چیزی، رگبار باران.
scathe [skeið] (**-d, scathing**), *vt. & n.* صدمه، خسارت، زیان، صدمه زدن، رنجه‌دادن، سبب خسارت شدن.
scathing [skéiðiŋ] *adj.*
سوزان، داغدار.
sca.tol.o.gy, ska.tol.o.gy, *n.*
مبحث مدفوعات و نجاسات، بی‌نزاکتی.
sca.toph.a.gous=**coprophagous,** *adj.* کثافت خوار، سرگین‌خوار.
scat.ter [skǽtə] (**-ed, -ing**), *vi., vt., adj. & n.* پراکندن، پخش کردن، ازهم جدا کردن، پراکنده‌وپریشان کردن، افشاندن، متفرق کردن.
scatterbrain, -ed, *adj. & n.*
آدم گیج و بی‌فکر، آدم پریشان فکر.
scatter rug, *n.* قالیچهٔ کوچك.
scav.enge (**-d, scavenging**), *vt. & vi.* تنظیف کردن، سپوری کردن، تمیز کردن، در آشغال کاوش کردن.
scav.eng.er [skǽvin(d)ʒə] (**-ed, -ing**) *n., vt. & vi.*

جانور لاشخور، جانور کثافت‌خور، سپور، تنظیف کردن، سپوری کردن، جاروب کردن.
sce.nar.io [siná:riou] (*pl.* **-s, scenari**) *n.* متن یانمایشنامهٔ فیلم‌سینمائی، (در جمع) دستور نوشتهٔ ورود وخروج بازیگران نمایش، زمینه یا طرح راهنمای فیلم صامت.
scend (**-ed, -ing**) *n. & vi.*
در اثر حرکت امواج بالا وپائین رفتن [کشتی].
scene [si:n] (**-ed, -ing**) *vt. & n.*
منظره، چشم‌انداز، مجلس، پردهٔ جزء صحنهٔ نمایش، صحنه، جای وقوع، مرحله.
Make a s. داد و بیداد راه انداختن.
sce.nery [sí:nəri] *n.*
چشم‌انداز، منظره، صحنه سازی.
sce.nic, -al [sí:nik, sénik] *adj. & n.* صحنه‌ای، نمایشی، مجسم‌کننده، خوش‌منظر.
scent [sent] (**-ed, -ing**) *n., vt. & vi.* بو، عطر، رد شکار، سراغ، سر رشته، پی، رایحه، خوشبوئی، ادراك، بوکشیدن.
scent.ed, *adj.* عطر زده، معطر، خوشبو.
scent.less [séntlis] *adj.* فاقدبو.
scep.ter [séptə] (**-ed, -ing**) *vt. & n.* عصای سلطنتی، قدرت یا اقتدار سلطنتی، گرز، دارای قدرت واختیارات سلطنتی بودن.
scep.tered, *adj.*
دارای عصای سلطنتی، شاه، شاهانه.
sceptic, -al=**skeptic**[sképtik], *n. & adj.*
شکاك، پیرو فلسفهٔ بدبینی، سوفسطائی، آدم بدبین.
sched.ule [ʃédju:l, skédju:l] (**-d, scheduling**)*n. & vt.* فرانما، جدول، صورت، فهرست، برنامه، دربرنامه گذاردن، صورت یا فهرستی ضمیمه کردن، برنامه ریزی کردن.
sche.mat.ic, *n.&adj.* قیاسی، نموداری.
sche.ma.tist, *n.* تلفیق‌کننده، بدعتکار.
sche.ma.ti.za.tion, *n.*
بدعتکاری، طرح ریزی، برنامه‌ریزی.
sche.ma.tize (**-d, schematizing**) *vt.* بصورت برنامه درآوردن، طرح یا نقشه‌ای تهیه کردن، ابتکار کردن.
scheme [ski:m] (**-d, scheming**) *n., vt. & vi.* برنامه، طرح، نقشه، ترتیب، رویه، تدبیر، تمهید، نقشه طرح کردن، توطئه چیدن، تدبیر کردن.
schem.er, *n.* تمهیدکننده.
scher.zo [skéətsou] (*pl.* **-s, scherzi**) *n.* [مو.]قطعهٔ نشاط‌انگیزوهزلی.
schil.ler [ʃílə] *n.* تلألؤ و زرق وبرق ذرات سنگ معدنی، زرق و برق یا شب‌تابی.
schism [sízm]=**schismatism,** *n.* جدائی، شقاق، انفصال، اختلاف، ایجادجدائی، تفرقه، اختلاف و تفرقه در کلیسا.
schis.mat.ic, -al [sizmǽtik,-l] *n. & adj.* تفرقه‌انداز، تفرقه‌جویانه.
schis.ma.tist, *n.* تفرقجو.
schis.ma.tize (**-d, schismatizing**) *vt. & vi.*
شقاق داشتن، جدا شدن از، تفرقه انداختن.
schist, shist, *n.* [مع.] شیست متورق.
schizo, *n.*
شخص مبتلا به‌بیماری جنون جوانی.
schiz.oid, *adj. & n.*
مبتلا به‌اختلال روانی و جنون گوشه‌گیری.
schiz.o.phrene=**schizophrenic,** *n.* مبتلا بجنون جوانی.
schiz.o.phre.nia, *n.* جنون‌جوانی.
schmaltz, schmalz, schmaltzy, *adj. & n.* کوچك وکم اهمیت، موسیقی یا اثر هنری خیال‌انگیز و رؤیائی.

schnau zer, *n.* [ج.ش.] سگ «تریر» آلمانی نژاد.

SCHNAUZER (48-20 in. high at shoulder)

schnit.zel, *n.* کتلت گوشت گوساله، شنیتزل.

schnook=dolt, *n.* احمق،خرشو.

schol.ar [*skɔ́lə*] *adj. & n.* دانشور، دانش‌پژوه،محقق، اهل‌تتبع، ادیب،شاگردممتاز.

schol.ar.ly, *adj.* دانشمند، فاضل، پژوهشگر، دانشمندانه.

schol.ar.ship [*skɔ́ləʃip*] *n.* بمقیاس دانش، کمک هزینه تحصیلی، دانشوری

scho.las.tic, -al [*skəlǽstik*] *adj. & n.* مدرسه‌ای، آموزشگاهی، استادانه، دقیق.

scho.las.ti.cism [*skəlǽstisizm*], *n.* شیوهٔ تعلیم و فلسفهٔ مذهبی قرون وسطی.

school [*sku:l*] **(-ed, -ing)** *n., vt., adj. & vi.* مدرسه،آموزشگاه،مکتب، دبستان، دبیرستان، تحصیل در مدرسه، تدریس درمدرسه، مکتب علمی یا فلسفی، دسته، جماعت همفکر، جماعت، گروه، دسته‌ماهی، گروه‌پرندگان، تربیت کردن، بمدرسه فرستادن، درس دادن.

Primary s. مدرسهٔ ابتدائی.

Law s. دانشکدهٔ حقوق.

To s. children. بچه‌ها را بمدرسه‌فرستادن.

A s. of fish. گروه ماهیان.

schoolfellow [*skú:lfèlou*]= **schooling** [*skú:liŋ*] *n.* تدریس، تعلیم، تحصیل، کسب‌دانش.

schoolmate, *n.* هم مدرسه، دوست.

school.man [*skú:lmən*]= **schoolastic,** *n.* پیرو روش تحقیقی قرون وسطی، مدرسه‌ئی.

school.marm, school.ma'am, *n.* خانم معلم، خانم‌دبیر، مدیرهٔ‌مدرسه.

schoolmaster [*skú:lmà:stə*], *n. & vt.* مدیر آموزشگاه، ناظم مدرسه، مکتب‌دار، مثل رئیس مدرسه رفتارکردن.

schoolmate, *n.* هم شاگردی، هم مدرسه‌ای، هم‌آموز.

schoolmistress [*skú:lmistris*], *n.* مدیرهٔ‌آموزشگاه، خانم رئیس.

schoolroom [*skú:lrum*] = **classroom,** *n.* کلاس، اطاق درس.

schooltime, *n.* ساعات درس مدرسه، دورهٔ تحصیلی.

schoolwork, *n.* درس مدرسه، تکلیف شبانهٔ دانشجو.

schoo.ner [*skú:nə*] *n.* قایق دو دکلی، گاری سفری، گاری روپوش‌دار.

sci.at.ic, *adj. & n.* [تش.] در ناحیهٔ چاربند، ناحیهٔ چاربند، عرق‌النساء، ورکی.

sci.at.i.ca [*saiǽtikə*] *n.* [طب] سیاتیک، درد عصب نسائی.

sci.ence [*sáiəns*] *n.* علم، دانش، (جمع) علوم.

Natural sciences. علوم طبیعی.

science fiction *n.* داستان تخیلی علمی، افسانهٔ علمی.

sci.ent=knowing, *adj.* دانا.

sci.en.tif.ic [*sàiəntífik*] *adj. & n.* وابسته بعلم، طالب علم،علمی.

sci.en.tism, *n.* پیروی از روش علمی.

sci.en.tist, *adj. & n.* عالم،دانشمند.

scim.i.tar [*símitə*] *n.* شمشیرهلالی شکل،شمشیر،کارد دسته دراز و نوك برگشته.

scin.til.la [*sintílə*] *n.* جرقه، اثر.

scin.til.lant=scintillating, sparkling, *adj.* جرقه زننده، بارقه‌دار.

scin.til.late [*síntileit*] **(-d, scintillating)** *vt. & vi.* جرقه زدن، برق زدن، ساطع شدن، درخشیدن.

scin.til.la.tion [*sìntiléiʃn*] *n.* برق زنی، درخشش، جرقه، برق.

scin.til.la.tor, *n.* جرقه زننده.

sci.on [*sáiən*]=**cion,** *n.* قلمه، نهال، ترکه، نو، تازه، نورسته، فرزند.

scir.rhoid, scir.rhous, *adj.* [در مورد تومور] سخت، سفت، زره‌ای.

scir.rhus (*pl.* **-es, scirrhi**) *n.* [طب] تومور سفت و سخت

scis.sile, *adj.* برنده، قطع کننده.

scis.sion, *n.* برش، بریدگی، چاك، قطع، تقسیم، تفرقه، پراکندگی، اختلاف.

scis.sor **(-ed, -ing)** *vt. & vi.* قیچی کردن، بریدن.

scis.sors [*sízəz*] *n.pl.* قیچی، مقراض، چیز برنده، قطع کننده.

scle.ra (*pl.* **-s, -e**) *n.* [تش.] صلبیه یا سفیدهٔ سخت چشم.

scle.ro.der.ma, *n.* مرض پینه خوردگی پوست، تصلب پوست.

scle.roid=sclerous, *adj.* متصلب.

scle.ro.sis (*pl.* **scleroses**) *n.* سفت شدگی بافتها، تصلب بافت.

scle.rot.ic, *adj. & n.* متصلب، سخت.

scle.rous=hard, indurated, *adj.* متصلب، پینه خورده.

scoff [*skɔf*] **(-ed, -ing)** *n., vt. & vi.* تمسخر، طنز، طعنه، ریشخند، استهزاء، اهانت واردآوردن، تمسخرکردن.

scoff.er, *n.* تمسخرکننده.

scold [*skould*] **(-ed, -ing)** *n., vt. & vi.* آدم بد دهان، زن غرولندو، سرزنش کردن، بد حرفی کردن، اوقات تلخی کردن [به]، چوبکاری کردن.

scold.er, *n.* سرزنش‌کننده.

scolding, *n.* چوبکاری، سرزنش.

sconce [*skɔns*] **(-d,sconcing),** *n., vt. & vi.* حفاظ، پوشش، پناه، پرده یا پوشش محافظ، جمجمه، استعداد، جریمه، جریمه‌کردن، تاقچه، تاقچهٔ سر بخاری.

scone, scon [*skɔn, skoun*] *n.* کلوچه یاکیك چای، بیسکویت.

scoop [*sku:p*] **(-ed, -ing)** *n., vi. & vt.* چمچه، ملاقه، خاك‌انداز، کج‌بیل، اسباب مخصوص درآوردن‌چیزی [شبیه قاشق]، ملاقه زنی، حرکت شبیه چمچه زنی، بقدریك‌چمچه، بیرون‌آوردن، گود کردن، کندن.

scoot [*sku:t*] *vt., vi., interj. & n.* بسرعت و مثل تیر شهاب رفتن، جستن، سرعت داشتن، ناگهان سر خوردن، لیز خوردن.

scoot.er [*skú:tə*] *n. & vi.* روروك مخصوص بچه‌ها، قایق موتوری ته پهن، روروك سواری‌کردن.

scop, *n.* (م.م.) شاعر، نقال.

scope [*skoup*] *n.* هدف، منظور، نقطهٔ توجه، طرح نهائی، فحوا، منظور، مفاد، مطمح‌نظر، میدان‌دید، آزادی‌عمل، میدان،قلمرو.

scop.u.la (*pl.* **-s, -e**) *n.* (ج.ش.) دستهٔ موی شبیه جاروب، کلالهٔ مو.

scop.u.late, *adj. & n.* کلاله مانند.

scor.bu.tic, -al, *adj.* ناشی ازکمبود ویتامین C.

scorch [*skɔ:tʃ*] **(-ed, - ing),** *vt., vi. & n.* بطور سطحی سوختن، تاول زدن، سوزاندن، بودادن، سوختگی، تاول.

scorched, *adj.* بو داده، سوخته.

scorch.er [*skɔ́:tʃə*] *n.* داغ،سوزان، سریع‌الحرکت، تحریك‌کننده، برافروزنده.

scorching, *adj.* سوزان، داغ.

score [*skɔ:, skɔə*] **(-d, scoring)** (*pl.* **-s**) *n., vi. & vt.* نشان، حساب، چوب خط، نمره، مدارك، نمرهٔ امتحان، با چوب خط حساب کردن، علامت گذاردن، حساب کردن، بحساب آوردن، تحقیر کردن، ثبت کردن، (در مسابقه) پوان آوردن.

Scores of people. انبوه مردم.

S. it under. زیرآن خط بکشید.

S. board. تابلو ثبت امتیازات بازی.

score.less, *adj.* بی‌امتیاز، بی‌حساب.

scor.er [*skɔ́:rə*] *n.* حساب نگهدار

sco.ria (*pl.* **-e**) *n.* تفالهٔ معدنی، کف، روباره، سرباره.

sco.ri.fi.ca.tion, *n.* تفاله‌گیری، کف‌گیری، تفاله‌سازی.

sco.ri.fy (-ed, -ing) *vt.* تبدیل به‌تفاله‌کردن، تبدیل به‌کف کردن.

scorn [*skɔ:n*] **(-ed, -ing)** *n., vt. & vi.* تمسخر، تحقیر، بی‌اعتنائی، حقارت، خوار شمردن، اهانت کردن، استهزاء کردن،خردانگاری، خردانگاشتن.

Scor.pio [*skɔ́:piou*] *n.* (نج.) برج عقرب، برج هشتم.

scor.pi.on [*skɔ́:pjən*] *n.* (ج.ش.) کژدم، عقرب.

Scot [*skɔt*] *n. & vt.* باج،مالیات، مالیات بستن بر، (باحرف بزرگ) اسکاتلندی.

scotch [*skɔtʃ*] **(-ed, -ing)** *n., vi., adj. & vt.* ویسکی اسکاتلندی، (باحرف‌بزرگ)اسکاتلندی، چاك، خراش، زخم، چاك‌دادن، زخمی‌کردن، له‌کردن، مسدودکردن، مانع غلتیدن شدن، مردد‌بودن، نوارچسب‌اسکاچ.

scot-free [*skɔ́tfrí:*] *adj.* معاف از مالیات، [مج.] بی‌صدمه، سالم.

Scot.land Yard, *n.* ادارهٔ کارآگاهی لندن.

sco.to.pia, *n.* بینائی در تاریکی، چشمهای معتاد بتاریکی.

Scots [*skɔts*] *adj. & n.* اسکاتلندی.

Scots.man [*skɔ́tsmən*]=**scotchman,** *n.* اسکاتلندی.

Scot.ti.cism, *n.* آداب و خصوصیات اسکاتلندی، خسیسی.

Scot.tish [*skɔ́tiʃ*] *adj. & n.* اسکاتلندی، خسیسانه.

scoun.drel [*skáundrəl*]=**villain,** *adj. & n.* ارقه، لات، رذل.

scour [*skáuə*] **(-ed, -ing)** *n., vt. & vi.* پاك‌کردن، شستن، صابون‌زدن،صیقلی کردن، تطهیر کردن،پرداخت کردن، زدودن، تکاپو کردن، جستجو کردن.

scour.er, *n.* پشم شو، تمیزکننده.

scourge [*skə:dʒ*] **(-d, scourging)** *n., vt. & vi.* تازیانه، شلاق، بلا، وسیلهٔ تنبیه، غضب خداوند،گوشمالی، تازیانه زدن، تنبیه‌کردن.

scourg.er, *n.* تازیانه زن، موجب بلا.

scour.ing, *n.* پشم شوئی، تمیزکاری.

scout [*skaut*] **(-ed, -ing)** *n., vt. & vi.* پیش‌آهنگ، پیشاهنگی کردن، دیده‌بانی کردن، عملیات اکتشافی کردن،پوئیدن، دیده‌بان، مأمور اکتشاف.

S. master. مربی پیشاهنگان.

scout.er, *n.* پیشاهنگ سیار، پیشاهنگ بیش از هیجده سال، مأمور اکتشاف.

scow [*skau*] *n. & vt.* قایق چهارگوش و ته پهن، قایق تفریحی، باقایق چهارگوش حمل کردن.

scowl [*skaul*] **(-ed, -ing)** *n., vt. & vi.* ابرودرهم‌کشی، اخم، ترشروئی، اخم کردن.

scowl.er, *n.* آدم ترشرو، آدم مهمل.

scrab.ble (-d,scrabbling) *vi., vt. & n.* دست مالی کردن، خطخط کردن، سرسری چیزنوشتن، دست‌مالی، تقلا.

scrag [*skræg*] **(-ged, -ging),** *vt. & n.* آدم‌لاغر، جانورنحیف، چیز لاغر، گلوی کسی یاچیزی راگرفتن، خفه کردن.

scrag.gy (-ier, -iest) *adj.* خشن، دارای دندانه‌های غیر منظم، لاغر.

scram.ble [*skrǽmbl*] **(-d, scrambling)** *vi., n. & vt.* با دست و پا بالارفتن، تقلاکردن، باز حمت جلو رفتن، تلاش، تقلا،کوشش، (تخم‌مرغ) املت درست کردن.

scram.bler, *n.* پرتقلا، کوشا.

scrap [*skræp*] **(-ped, -ping)** *adj., vt., n. & vi.* تکه، پاره، قراضه، عکس یا قسمتی ازکتاب یا روزنامه که بریده شده، تهمانده، ماشین‌آلات اوراق، آشغال،جنگ، نزاع، اوراق‌کردن.

scrapbook, *n.* مجموعهٔ عکسها وقطعاتی که‌از کتب مختلف بریده شده، مجموعه، مرقع، دفتر اجناس اوراق.

scrape [*skreip*] **(-d,scraping),** *vi., vt. & n.* پنجول زدن، با ناخن و چنگال‌خراشیدن، خاراندن، پاك‌کردن،زدودن، باکهنه یا چیزی سائیدن یا پاك کردن،تراشیدن، خراشیدن، خراش، اثر خراش، گیر، گرفتاری.

scrap.er [*skréipə*] *n.* خراشنده، زداینده.

scrap.per, *n.* جنگی، دعوائی، اوراق‌کننده.

scrap.pi.ness, *n.* پاره پارگی، اوراق شدگی، ستیزه‌جوئی، فتنه‌جوئی.

scrap.py [*skrǽpi*] **(-ier,-iest),** *adj.* پاره پاره، تکه تکه، ستیزه‌جو.

scratch [*skrætʃ*] **(-ed, -ing),** *adj., vi., n. & vt.* خراشیدن، خاراندن، خط زدن، قلم زدن، خراش، تراش.

scratch.er, *n.* خراشنده.

scratch paper, *n.* کاغذ یادداشت، کاغذ مسوده، کاغذ سیاهه.

scratchy [*skrǽtʃi*] *adj.* خراش‌دار.

scrawl [*skrɔ:l*] **(-ed, -ing)** *n., vt. & vi.* بد نوشتن، با شتاب نوشتن، خرچنگ قورباغه‌ای نوشتن، نامرتب و غیر استادانه نقاشی کردن، خط خطی کردن،گشاد نشستن.

scrawny [*skrɔ́:ni*] *adj.* لاغر و استخوانی.

scream [*skri:m*] **(-ed, -ing),** *vi., n. & vt.* جیغ‌زدن، ناگهانی گفتن، جیغ.

scream.ing.ly, *adv.* بی‌اندازه، بی‌نهایت.

scree [*skri:*] *n.* سنگریزه.

screech [*skri:tʃ*] **(-ed, -ing)** *vt., vi. & n.* صدای‌بلند، جیغ، فریادشبیه جیغ، صدای گوشخراش،فریادکردن، جیغ کشیدن،صدای ناهنجار (مثل صدای ترمزماشین) ایجادکردن.

screech.er, *n.* دارای‌صدای‌گوشخراش.

screed [*skri:d*] *n.* سخن یا نامهٔ دراز و خسته‌کننده، درد دل، تکه پاره، باریکهٔ زمین، دریدگی، نوار، نواره.

screen [*skri:n*] **(-ed, -ing),** *vt., n. & vi* پرده، پردهٔ سینما، صفحهٔ تلویزیون، غربال، دیوار، تختهٔ حفاظ، تور سیمی، پنجرهٔ توری‌دار، الك کردن، غربال کردن، تور سیمی نصب‌کردن [بهدر و پنجره]، روی پردهٔ سینما یا تلویزیون نمایش دادن.

screen.able, *adj.* قابل نمایش بر روی پرده (تلویزیون و غیره).

screening, *n.* سرند، نمایش برروی پردهٔ تلویزیون، آزمایش.

screenplay, *n.* نمایشنامهٔ رادیوئی و سینمائی یا تلویزیونی.

screenwriter, *n.* نویسندهٔ نمایشنامه‌های رادیوئی و تلویزیونی.

screw [skru:], **(-ed, -ing),** *n., vt. & vi.* پیچ خوردگی، پیچاندن، پیچیدن، پیچ دادن، (بوسیلهٔ پیچ) وصل کردن، گائیدن، پیچ.

MACHINE SCREW
MACHINE SCREW
WOOD SCREW
LAG SCREW
SET SCREW
SCREWS

screwball, *adj. & n.* آدم بوالهوس، آدم عجیب غریب، ابله.

screw.driv.er, *n.* [مك.] آچار پیچ گوشتی، پیچ کش.

screw.like, *adj.* شبیه آچار، آچارمانند.

screw thread, *n.* شیار قلاوین، شیار برجسته و مارپیچی درون پیچ، خان درون‌پیچ.

screwy, *adj.* خل، عجیب وغریب، گمراه کننده.

scrib.ble [skribl] *adj.* با شتاب نوشتن، بدنوشتن، خط بد، خط ناخوانا.

scrib.bler [skriblə] *n.* نویسندهٔ بد.

scribe [skraib] **(-d, scribing),** *n., vt. & vi.* کاتب نسخه‌های خطی، منشی، کتابت کردن، حکاکی کردن.

scrib.er, *n.* کاتب، محرر.

scrim.mage [skrimidʒ] **(-d, scrimmaging)** *n., vt. & vi.* غوغا، داد و بیداد، هنگامه، کشمکش، در تکاپو بودن، دست و پنجه نرم کردن.

scrimp [skrimp] **(-ed, -ing),** *adj., vt. & vi.* قلیل، اندك، ناچیز، نحیف، تقلیل دادن، امساك کردن، خست کردن.

scrimpy, *adj.* خسیس، ناکافی، کم.

scrim.shaw (-ed, -ing) *n., vi. & vt.* اشیاء منبت کاری یا حکاکی شدهٔ زینتی، کارمنقور، هنر منبت کاری، قلمزنی کردن.

scrip [skrip] *n.* انبان، توشه‌دان، گواهی‌نامهٔ موقت، نوشته.

script [skript] **(-ed, -ing)** *n., adj. & vt.* سند، متن سند، دستخط، متن نمایشنامه، حروف الفبا، بصورت متن نمایشنامه در آوردن.

scrip.tur.al, *adj.* مطابق متن کتاب مقدس.

scrip.ture [skriptʃə] *n.* کتاب مقدس، تورات و انجیل، کتاب آسمانی.

scriv.en.er [skrivnə] *n.* نویسنده، کاتب (در دفتر)، وام ده، محرر.

scrof.u.la [skrɔfjulə] *n.* [طب] خنازیر، سل غدد لنفاوی گردن.

scrof.u.lous, *adj.* خنازیری.

scroll [skroul] **(-ed,-ing)** *n., vt. & vi.* طومار، پیچك، نوشته یا فهرست طولانی، طومار نوشتن، کتیبه نوشتن، ثبت کردن.

scrooge, *n.* آدم خسیس و لئیم.

scro.tal, *adj.* وابسته به کیسهٔ بیضه.

scro.tum *(pl.* **-s, scrota)** *n.* [تش.] کیسهٔ بیضه، پوست بیضه.

scrouge [skraundʒ] **(-d, scrouging)** *vt. & vi.* هجوم آوردن، ازدحام کردن.

scrounge (-d, scrounging), *n., vt. & vi.* علیق جمع آوری کردن، تلاش کردن، تلاش، تکاپو، صرفه جوئی کردن.

scrub [skrʌb] **(-bed, -bing),** *n., vt. & vi.* درخت یا بوتهٔ کوتاه ورشد نکرده، زمین پوشیده از خار و خاشاك و غیر قابل عبور، خارستان، تیغستان، آدم گمنام، مالش، سایش، تمیزکاری، ضد عفونی برای عمل جراحی، مالیدن، خراشیدن، تمیز کردن، ستردن.

scrub.ber, *n.* لته‌مال، نظیف کننده.

scrub.by, *adj.* گمنام، تمیز، پاك شده.

scruff [skrʌf] **(-ed, -ing)** *n., vt. & vi.* شوره‌سر، سبوسه، آدم بی‌عرضه و فقیر، پردهٔ نازك، غشاء، قفا، پس گردن، دون شمردن.

scruffy, *adj.* ژولیده، ناهنجار، ناسترده.

scrump.tious [skrʌ'm(p)ʃəs], *adj.* دلپذیر، زیبا، شیك، مطبوع.

scrunch (-ed, -ing) *vi., vt. & n.* صدای بهم خوردن چیزی [مثل صدای سنگریزه]، در هم شکستن، بهم فشردن، مچاله کردن، منقبض کردن.

scru.ple [skrú:pl] **(-d, scrupling)** *vi., n. & vt.* اندك، ذره، واحد سنجش چیز جزئی، تردید، بیم، محظور اخلاقی، نهی اخلاقی، وسواس، باك، تردید داشتن، دو دل بودن، وسواس داشتن.

scru.pu.lous [skrú:pjuləs] *adj.* محتاط، وسواسی، ناشی از وسواس یا دقت زیاد.

scru.ta.ble, *adj.* قابل کشف (در مورد رمز و غیره)، قابل درك، کشف شدنی، خوانا.

scru.ti.neer [skrù:tiníə] *n.* بازرس، ممیز، (انگلیس) بازرس آراء.

scru.ti.nize [skrú:tinaiz] **(-d, scrutinizing)** *vi. & vt.* موشکافی کردن، مورد مداقه قرار دادن.

scru.ti.niz.er, *n.* موشکاف، دقیق.

scru.ti.ny [skrútini] *n.* موشکافی، بررسی، رسیدگی، مداقه، تحقیق.

scu.ba, *n.* وسیلهٔ تنفس درزیر آب.

scud [skʌd] **(-ded, -ding)** *n., vt. & vi.* حرکت تند وسریع، حرکت سریع ابر، تندراه رفتن، سبك رفتن، تکان خوردن.

scuff [skʌf] **(-ed, -ing)** *n., vt. & vi.* صدای خراش، خراش، فرسایش، سائیدن، کلش کلش کردن، با مشت حمله کردن، مشت خوردن.

scuf.fle [skʌ'fl] **(-d, scuffling)** *n., vt. & vi.* نزاع، غوغا، کشمکش، جنجال، مشاجره، کشمکش کردن، دست بیقه شدن با.

scull [skʌl] **(-ed, -ing)** *n., vt. & vi.* پاروی عقب کشتی، پارو زدن.

scull.er, *n.* قایقران.

scul.lery [skʌ'ləri] *(pl.***-ies)** *n.* جای شستن ظروف کثیف آشپزخانه، اطاق کوچك نزدیك آشپزخانه برای نگاهداشتن ظروف و کارد و چنگال، شربتخانه.

scul.lion [skʌ'ljən] *adj. & n.* شاگرد آشپز، پست، دون، پادو.

sculpt (-ed, -ing) *vt. & vi.* حجاری کردن، منقور کردن.

sculp.tor, sculp.tress, *n.* مجسمه ساز، حجار، پیکرتراش، تندیس گر.

sculp.tur.al, *adj.* مجسمه‌ای، تندیسی.

sculp.ture [skʌ'lptʃə] **(-d, sculpturing)** *n., vt. & vi.* مجسمه سازی، پیکرتراشی، سنگتراشی کردن.

scum [skʌm] **(-med, -ming),** *n., vi. & vt.* تفاله، پس‌مانده، کف، طبقهٔ وازدهٔ اجتماع، درده گرفتن.

scum.my, *adj.* کف آلود.

scup.per [skʌ'pə] **(-ed, -ing),** *n. & vt.* سوراخ زهکشی دیوارهٔ کشتی، مجرای فاضل آب روی عرشهٔ کشتی، مجاری فاضل آب، راه آب، مجرای ناودان، کمین کردن.

scurf [skə:f] **(-ed, -ing)** *n. & vt.* سبوسه، پوسته، شورهٔ سر، وازدهٔ اجتماع، سفیدك زدن، با شوره پوشاندن، زدودن.

scurfy, *adj.* شوره‌دار.

scur.ri.lous, scur.rile, *adj.* فحاش، بددهن، ناسزاگو.

scur.ril.i.ty [skʌríliti] *n.* فحاشی، بددهانی.

scur.ry [skʌ'ri] **(-ied, -ing),** *n., vt. & vi.* حرکت تند و سریع، حرکت از روی دستپاچگی، مسابقهٔ کوتاه، سراسیمگی، بسرعت حرکت دادن.

scur.vy [skə'ːvi] **(-ier, -iest),** *adj. & n.* پوشیده از شوره، پست، منفور، کمبود ویتامین C

scut, *n.* دم کوتاه [خرگوش و غیره].

scutch (-ed, -ing) *vt. & n.* تیشهٔ معماری، شلاق زدن، کتك زدن، پنبه‌زنی کردن، پهن کردن، باز کردن.

scutch.eon [skʌ'tʃən]**=escutcheon,** *n.* سپر، سپر حاوی نشان خانوادگی.

scu.tel.lum *(pl.* **scutella)** *n.* سپرچه، پوشش سپر مانند جانوران، فلس.

scut.tle [skʌ'tl] **(-d, scuttling)** *n. & vt.* سطل ذغال، جا ذغالی، کج بیل، گام تند، گریز، عقب نشینی، روزنه، دریچه، سوراخ کردن، بسرعت دویدن، دررفتن.

Scyl la [sílə] *n.* صخره‌ای در ساحل ایتالیا روبروی گرداب معروف به «شاریبدیس» در سیسیل.

scythe [saið] **(-d, scything),** *n. & vt.* داس، با داس بریدن، درو کردن.

Scyth.i.an [síðiən] *adj. & n.* سکائی، سیت، زبان سکائی.

sea [si:] *adj. & n.* دریا.

At s. در سفر دریا، در دریا سرگشته.

seabed, *n.* کف دریا، بستر اقیانوس.

seaboard [sí:bɔ:d] *adj. & n.* کرانهٔ دریا.

seaborne, *adj.* دریابرد، حمل شده از راه دریا، بوسیلهٔ کشتی حمل شده.

seacoast, *n.* ساحل دریا، دریاکنار.

seacraft, *n. & adj.* دریا نوردی، وارد برموز دریا نوردی.

sea dog, *n.* ملوان کهنه کار، [ج.ش.] خوك دریائی، گاو دریائی.

seafarer [sí:feərə] *n.* دریا نورد، بحر پیما.

seafaring [sí:feəriŋ] *n. & adj.* دریا نوردی.

seafood, *n.* غذاهای مرکب از جانوران دریائی (مثل خرچنگ وغیره).

seafront, *n.* اسکلهٔ کنار دریا، مشرف بدریا.

seagoing, *n. & adj.* دریاپیما، دریانورد.

sea horse, *n.* (افسانهٔ روم) موجود افسانه‌ای که نصف بدنش اسب و نصف دیگرش ماهی بوده، گراز ماهی.

seal [si:l], *(pl.* **-s, -ed, -ing)** *vt., vi. & n.* (ج.ش.) خوك آبی، گوساله ماهی، مهر(mhor)، نشان، تضمین، مهر کردن، صحه گذاشتن، مهر و موم کردن، بستن، درزگیری کردن.

FUR SEAL (5 6 ft. long)

Set one's s. to. مهر یا تصدیق کردن.

Under my hand and s. بامضاء و مهر من.

sea-lane, *n.* جادهٔ دریائی، مسیر دریائی.

seal.ant, *n.* عامل درزگیر، وسیلهٔ بتونه کاری، وسیلهٔ مهر و موم.

seal.er, *n.* شکارچی گوساله ماهی، مهردار، مهر زن، بتونه یا آستری رنگ.

seal off, *vt.* [توسط پلیس] محاصره کردن، ممنوع الورود کردن، مهر و موم کردن.

seam [si:m] **(-ed, -ing)** *n., vt. & vi.* درز، شکاف، درزلباس، خط اتصال، درز گرفتن، درز دادن، بوسیلهٔ درزگیری بهم متصل کردن، بهم پیوستن، رگهٔ نازك معدن.

sea.man [sí:mən] *(pl.* **-men)** *n.* ملوان، جاشو، [کلمهٔ مخالف landsman].

sea.man.ship [sí:mənʃip] *n.* [ن.د.] مهارت در دریا نوردی، کار آزمودگی دریائی.

seam.er, *n.* درزگیر.

seam.less, *adj.* بدون درز، یکپارچه.

seamlike, *adj.* درز مانند.

seam.ster (-ed, -ing) *n. & vt.* درزگیر، خیاط، درزگیری کردن.

seam.stress [sémstris] *n.* زن دوزنده، خیاط زنانه.

seamy [sí:mi] *adj.* درزدار.

The s. side. جنبهٔ نازیبای چیزی.

se.ance [seias; séia:(n)s] *n.* نشست، جلسه، جلسهٔ احضار ارواح و غیره.

seaplane [sí:plein] *n.* هواپیمای دریائی.

seaport [sí:pɔ:t] *n.* بندر ساحلی دریا، بندر، شهرساحلی، دریابندر.

sear [siə] **(-ed, -ing)** *adj., n., vt. & vi.* علامت داغ، پژمرده، خشکیده، از کار افتاده، خسته، خشکاندن، سوزاندن، داغ کردن، پژمرده کردن یا شدن.

search [sə:tʃ] **(-ed, -ing)** *n., vt. & vi.* جستجو، تجسس، تکاپو، بازرسی، کاوش، جستجو کردن، گشتن، بازرسی کردن.

In s. f. در جستجوی.

search.able, *adj.* قابل جستجو.

search.er [sə'ːtʃə] *n.* جستجو کننده.

searchlight, *n.* نورافکن، اشعهٔ نور افکن.

sea.scape [sí:skeip] *n.* منظرهٔ دریائی، منظرهٔ هوائی دریا، دورنمای دریا.

seashell, *n.* (ج.ش.) صدف حلزونی یا خرچنگ.

seashore [sí:ʃɔ:] *n.* ساحل دریا.

seasick [sí:sik] *adj.* دریا زده، مبتلا به استفراغ و بهم خوردگی حال در سفر دریا.

sea.sick.ness, *n.* دریا زدگی، تهوع و بهم خوردگی حال در سفر دریا.

seaside [sí:sáid] *n.* دریاکنار.

sea.sid.er, *n.* ساحلی، ساکن دریاکنار.

sea.son [sí:zn] **(-ed, -ing)** *n., vt. & vi.* فصل، فرصت، هنگام، دوران، چاشنی زدن، ادویه زدن، معتدل کردن، خودادن.

sea.son.able [sí:zənəbl] *adj.* مناسب فصل، بموقع، بهنگام.

sea.son.al [sí:zənl] *adj.* فصلی.

seasoning [sí:zəniŋ] *n.* چاشنی، ادویه زنی، دارو زنی بچوب، مطبوع کننده.

seastrand, *n.* دریاکنار.

seat [si:t] **(-ed, -ing)** *n., vt. & vi.* جا، صندلی، نیمکت، نشیمنگاه، مسند، سرین، کفل، مرکز، مقر، محل اقامت، جایگاه، نشاندن، جایگزین ساختن.

seat belt, *n.* کمربند صندلی هواپیما.

seat.er, *n.* جالس، کرسی نشین.

seating, *n.* جا، تهیهٔ جا، محل استقرار، نشیمن.

seawall, *n.* دیوار یا سد دریائی.

sea.ward, -s [*sí:wəd*] *adv., adj. & n.* بسوی‌دریا، اطراف‌دریا، روبدریا.

seaway, *n.* دریاراه، [د.ن.] دریای متلاطم، مسیر کشتی، راه دریائی.

seaweed [*sí:wi:d*] *n.* [گ.ش.] جلبك دریائی، خزهٔ دریائی.

sea.wor.thi.ness, *n.* قابل سفر دریا، محکم برای دریا.

seaworthy [*sí:wə:ði*] *adj.* آمادهٔ دریا، کشتی محکم.

sec, *adj. & n.* خط قاطع، دوم، ثانوی، خشك، [در مورد شراب] تلخ.

se.cant, *n. & adj.* قاطع، قطع، [illegible] متقاطع.

SECANT

sec.a.teur, *n.* قیچی باغبانی، شاخه قطع‌کن.

se.cede [*sisí:d*] (**-d, seceding**) *vt. & vi.* کناره‌گیری کردن، از عضویت خارج شدن، منتزع شدن، جدارفتن.

se.ces.sion [*siséʃən*] *n.* جدااروی، تجزیه طلبی، انشعاب حزبی، انفصال، انتزاع.

se.ces.sion.ism, *n.* تجزیه طلبی.

se.ces.sion.ist, *n.* تجزیه‌طلب، جدارو.

se.clude [*siklú:d*] (**-d, secluding**) *vt. & vi.* جداکردن، مجزاکردن، منزوی‌کردن، گوشهٔ‌انزوا اختیارکردن، منزوی شدن.

secluded [*siklú:did*] *adj.* منزوی.

se.clu.sion [*siklú:ʒən*] *n.* جدائی، انزوا، گوشه‌نشینی.

se.clu.sive, *adj.* انزواگزین، منزوی.

sec.ond [*sékənd*] (**-ed, -ing**), *adj., adv., n., vt. & vi.* دوم، دومی، ثانی، دومین بار، ثانوی، مجدد، ثانیه، پشتیبان، کمك، لحظه، درجهٔ دوم بودن، دوم‌شدن، پشتیبانی کردن، تأیید کردن.

Darius the s. داریوش دوم.

He is s. to none. دومی ندارد.

sec.ond.ary [*sékəndəri*] *adj. & n.* فرعی، کمکی، حاکی اززمان‌گذشته، ثانوی.

second-best, *n., adv. & adj.* دومین نفر، معاون، نفر بعدی، درجهٔ دو.

sec.ond.er [*sékəndə*] *n.* تأییدکننده، دوم شونده.

second fiddle, *n.* کسیکه دارای وظایف فرعی و یا ثانوی است، شخص فرعی.

second-guess, *vt.* پیش‌بینی کردن.

second hand, *n., adj. & adv.* نیم‌دار، کارکرده، مستعمل، دست دوم، عاریه.

second lieutenant, *n.* [نظ.] ستوان دوم.

second-rate, *adj.* درجه‌دو، وسط، جنس پست.

se.cre.cy [*sí:krisi*] *n.* رازداری، راز پوشی، پوشیدگی، سری‌بودن، اختفا، نهانکاری.

se.cret [*sí:krit*] *adj., adv. & n.* نهان، نهانی، موضوع سری، مجهول، رمز، مخفی، دستگاه سری، محرمانه، اسرارآمیز، پوشیده.

In s. در نهان، در خفا، محرمانه.

sec.re.tar.i.at [*sèkrətɛ́əriət*] *n.* دبیرخانه، هیئت دبیران وکارمندان دفتری.

sec.re.tar.i.al [*sèkritɛ́əriəl*] *adj.* وابسته بدبیرخانه، وابسته‌بمنشیگری.

sec.re.tary [*sékritəri*] (*pl.* **-ies**), *adj. & n.* دبیر، منشی، رازدار، محرم‌اسرار.

secretary-general (*pl.* **secretaries-general**) *n.* دبیرکل.

secret ballot=australian ballot, *n.* رأی مخفی، ورقهٔ رأی مخفی دارای اسامی چاپی‌کاندیداها.

se.crete [*sikrí:t*] (**-d, secreting**) *vt.* ترشح‌کردن، تراوش کردن، پنهان‌کردن.

se.cre.tion [*sikrí:ʃən*] *n.* تراوش، ترشح، دفع، پنهان سازی، اختفا.

sec.re.tion.ary, *adj.* ترشح کننده.

se.cre.tive [*sí:kritiv, sikrí:tiv*], *adj.* ترشحی، تراوشی، سری، پنهان‌کار، مرموز.

sect [*sekt*] (**-ed, -ing**) *n., adj. vi. & vt.* فرقه، مسلك، حزب، دسته، دستهٔ مذهبی، مکتب فلسفی، بخش، قسمت، بریدن، قسمت کردن.

sec.tar.i.an [*sektɛ́əriən*] *adj. & n.* تیره‌ای، فرقه‌ای، حزبی، فرقه‌گرای، کوته‌بین.

sec.tar.i.an.ism [*sektɛ́əriənizm*] *n.* فرقه‌گرائی.

sec.tar.i.an.ize (**-d, sectarianizing**) *vt. & vi.* با احساسات و تعصبات مسلکی آمیختن، فرقه‌ای کردن.

sec.tion [*sékʃən*] (**-ed, -ing**), *n., vt. & vi.* برش، مقطع، برشگاه، بخش، قسمت، قطعه، دسته، گروه، دایره، قسمت قسمت کردن، برش‌دادن.

sec.tion.al [*sékʃənl*] *adj. & n.* بخش بخش، قطعه قطعه، بخشی، محله‌ای.

sec.tion.al.ism [*sékʃənəlizm*] *n.* استان‌گرائی، طرفداری ازمحله‌یا استان‌بخصوصی.

sec.tor [*séktə*] (**-ed, -ing**) *vi. & n.* [هن.] قطاع‌دایره، قسمتی‌ازجبهه، خط‌کش ریاضی، ناحیه، محله، بخش، جزء، تقسیم کردن.

sec.to.ri.al, *adj. & n.* بخشی، مربوط به‌قطاع دایره، برش، دندان‌آسیاب.

sec.u.lar [*sékjulə*] *adj. & n.* وابسته بدنیا، دنیوی، غیر روحانی، عامی.

sec.u.lar.ism [*sékjulərizm*] *n.* دنیویت، دنیاگرائی.

sec.u.lar.ist, -ic [*sékjulərist*], *adj. & n.* دنیاپرست، دنیاگرای.

sec.u.lar.i.ty, *n.* مادیت، دنیا پرستی، عرفیت.

sec.u.lar.iza.tion, *n.* مادیت، دنیاپرستی، عرفیت، دنیوی‌کردن.

sec.u.lar.ize [*sékjuləraiz*] (**-d, secularizing**) *vt.* دنیوی‌کردن، غیر روحانی‌کردن، ازقید‌کشیشی و رهبانیت رها شدن، عمومی کردن.

se.cure [*sikjúə*] (**-d, securing**) *adj., vi., n. & vt.* امن، بی‌خطر، مطمئن، استوار، محکم، درامان، تأمین، حفظ‌کردن، محفوظ داشتن، تأمین کردن.

se.cur.i.ty [*sikjúəriti*] *n.* امان، امنیت، آسایش خاطر، اطمینان، تأمین، مصونیت، وثیقه، گرو، تضمین، ضامن.

Security Council, *n.* شورای امنیت سازمان ملل متحد.

se.dan [*sidǽn*] *n.* خودروسواری دارای دوصندلی عقب‌وجلو.

se.date [*sidéit*] (**-d, sedating**), *adj.* آرام، ملایم، متین، موقر، جدی، تسکین دهنده.

se.da.tion, *n.* تسکین.

sed.a.tive [*sédətiv*] *adj. & n.* داروی مسکن.

sed.en.tary [*sédəntəri*] *adj.* نشسته، غیرمهاجر، مقیم دریك جا، غیرمتحرك.

sedge [*sedʒ*] *n.* [گ.ش.] سعدکوفی، جگن، زنبق زرد.

sedgy [*sédʒi*] *adj.* پر از جگن.

sed.i.ment [*sédimənt*] (**-ed, -ing**) *n., vt. & vi.* ته نشست، لای، رسوب، درده، رسوب‌کردن.

sed.i.men.ta.ry [*sèdiméntəri*] *n. & adj.* رسوبی، ته نشسته، درده.

sed.i.men.ta.tion, *n.* رسوب‌سازی، لای‌گیری، ته نشینی، درزگیری، لایه‌گذاری.

se.di.tion [*sidíʃən*] *n.* آشوب، فتنه، فساد، شورش، اغتشاش، فتنه‌جوئی.

se.di.tion.ary, *n.* فتنه‌جو.

se.di.tious [*sidíʃəs*] *adj.* فتنه‌جویانه، فتنه‌گر.

se.duce [*sidjú:s*] (**-d, seducing**) *vt. & vi.* اغوا کردن، گمراه‌کردن، از راه بدرکردن، فریفتن.

se.duc.er, *n.* گمراه‌کننده.

se.duc.tion [*sidʌ́kʃən*] *n.* گمراه سازی، گول زنی، فریفتگی، اغوا.

se.duc.tive [*sidʌ́ktiv*] *adj.* اغواکننده، گمراه‌کننده، فریبا.

sed.u.lous [*sédjuləs*] *adj.* کوشا، ساعی.

see [*si:*] (**saw, seen, -ing**), *n., vi. & vt.* دیدن، مشاهده‌کردن، نگاه کردن، فهمیدن، مقر یاحوزهٔ اسقفی، بنگر.

May I s. you home? اجازه میدهید شما را بخانه برسانم؟

I will s. about it. من‌آن را رسیدگی خواهم‌کرد، يك‌كار ميكنم.

S. into. وارسی یا تحقیق‌کردن.

see.able, *adj.* دیدنی، قابل دید.

seed [*si:d*] (**-ed, -ing**) (*pl.* **-s**), *n., adj., vt. & vi.* بذر، دانه، تخم، ذریه، اولاد، تخم‌آوری، تخم ریختن، کاشتن.

seedbed, *n.* جای تخم ریزی، محل رشد و نمو.

seeded, *adj.* بذردار، بازیکن‌سابقه‌دار.

seed.er [*sí:də*] *n.* بذر افشان، تخم‌پاش.

seed.ful, *adj.* پر از بذر، پرتخم.

seed.less [*sí:dlis*] *adj.* بی‌تخم، بی‌هسته.

seedlike, *adj.* بذر مانند.

seed.ling [*sí:dliŋ*] *n. & adj.* نهال تخمی، جوانهٔ‌کوچك درخت، جوانه.

seeds.man [*sí:dzmən*] *n.* بذرکار، بذرپاش، بذرافشان، تخم‌گیاه فروش.

seedtime, *n.* موقع‌تخم‌کاری، فصل بذر.

seedy [*sí:di*] (**-ier, -iest**) *adj.* تخمی، تخم‌دار، بتخم‌افتاده، مندرس، ازکارافتاده.

seeing [*sí:iŋ*] *n., conj. & adj.* دید، مشاهده، قوهٔ دید، بینش، رؤیت، بینا، دیدن.

seek [*si:k*] (**sought, -ing**) *vi., n. & vt.* جستجوکردن، جوئیدن، طلبیدن، پوئیدن.

seek.er, *n.* جستجوکننده، پویا، جویا.

seel (**-ed, -ing**) *vt.* [در مورد عقاب] چشم را بستن (بوسیلهٔ دوختن پلك چشم)، چشم خود را بستن، کورکردن.

seem [*si:m*] (**-ed, -ing**) *vt. & vi.* بنظرآمدن، نمودن، مناسب بودن، وانمود شدن، وانمودکردن، ظاهر شدن.

He seems to have died. ظاهراً مرده است.

seeming [*sí:miŋ*] *adv., n. & adj.* ظاهری، نمایان، ظاهرنما، زیبائی، جلوه.

seem.ly [*sí:mli*] (**-ier, -iest**), *adv. & adj.* شایسته، زیبنده، خوش منظر، بطور دلپذیر.

seep [*si:p*] (**-ed, -ing**) *vi. & n.* تراوش طبیعی، رسوخ، چکه، تراوش‌کردن، از میان سوراخهای ریز نفوذکردن، چکه کردن.

seep.age [*sí:pidʒ*] *n.* رسوخ، چکه، نفوذ، مقدار رسوخ شده.

seer [*siə*] (*pl.* **-s**) *n.* بیننده، پیش‌بینی‌کننده، غیبگو، پیغمبر.

seer.ess, *n.* زن غیبگو، پیغمبر زن.

seer.suck.er, *n.* پارچهٔ راه راه نخی.

see.saw [*sí:sɔ́:, si:sɔ:*] (**-ed, -ing**) *adj., vi., n. & vt.* اللهٔ‌کلنگ، بالا و پائین رفتن، الله‌کلنگ‌کردن.

seethe [*si:ð*] (**-d, sodden, seething**) *n., vt. & vi.* غلیان، جوش و خروش، [illegible]

S. with anger. از غضب بجوش‌آمدن.

seg.ment [*ségmənt*] (**-ed, -ing**), *n., vi. & vt.* قطعه، بخش، قسمت، حلقه، بند، مقطع، قطعه قطعه کردن، به‌بخشهای مختلف تقسیم کردن.

seg.men.tary, *adj.* بند بند.

seg.men.ta.tion [*sègmentéiʃən*], *n.* تقسیم بچندقسمت‌یا قطعه، قطعه قطعه‌سازی.

seg.re.gate [*ségrigeit*] (**-d, segregating**) *vt., vi., n. & adj.* جدا، سوا، تك، جدا سازی، تفکیك، جداکردن، تبعیض نژادی قائل شدن.

segregated, *adj.* جدا شده.

seg.re.ga.tion [*sègrigéiʃən*] *n.* جدائی، افتراق، تفکیك، تبعیض نژادی.

seg.re.ga.tion.ist, *n.* جدائی‌گرای، طرفدار جدائی نژاد سفید و سیاه.

seg.re.ga.tive, *adj.* تجزیه طلب، طالب جدائی، وابسته به‌تفکیك وتبعیض.

sei.gneur [*sí:njə*] *n.* امیر، شاهزاده، سنیور، فئودال، آقا.

sei.gnior [*séinjə:, -jɔ:*] *n.* آقا، ارباب، صاحب تیول.

sei.gniory (*pl.* **-ies**) **sei.gnory,** *n.* امارت، قلمرو امرای دورهٔ ملوك‌الطوایفی.

sei.gno.ri.al [*seinjɔ́:riəl*]= **sei.gnior.al,** *adj.* اربابی.

seine [*sein*] (**-d, seining**) *vt., n. & vi.* توربزرگ ماهی‌گیری، با تورماهی‌گرفتن.

seis, seize, *vt.* مالك‌شدن، تصاحب‌کردن.

seism=earthquake, *n.* زلزله.

seis.mic [*sáizmik*] *adj.* وابسته بزمین‌لرزه، مرتعش، متزلزل.

seis.mic.i.ty, *n.* حالت ارتعاش.

seis.mism, *n.* پدیده‌های زمین لرزه، فعالیت لرزشی‌وارتعاشی.

seis.mo.gram [*sáizməgræm*] *n.* منحنی‌های ترسیم شده بوسیلهٔ زلزله نگار.

seis.mo.graph, -ic [*sáizməgra:f*] *n.* لرزه‌نگار، زلزله‌نگار، زلزله‌سنج.

seis.mog.ra.phy [*saizmɔ́grəfi*], *n.* زلزله‌نگاری.

seis.mol.o.gist, *n.* زلزله شناس.

seis.mol.o.gy [*saizmɔ́lədʒi*] *n.* زلزله شناسی، لرزه شناسی.

seize [*si:z*] (**-d, seizing**) *vi. & vt.* بتصرف‌آوردن، ربودن، قاپیدن، توقیف کردن، دچارحمله(مرض‌وغیره)شدن، درك‌کردن.

seizing, *n.* ضبط، مصادره، تصرف، توقیف، قاپیدن، بهم‌بستن.

sei.zure [*sí:ʒə*] *n.* ربایش، تصرف، ضبط، حملهٔ ناگهانی مرض.

sel.dom [*séldm*] *adv. & adj.* بسیارکم، بندرت، خیلی‌کم، ندرتاً.

se.lect [*silékt*] (**-ed, -ing**) *adj., n., vt. & vi.* برگزیده، ممتاز، منتخب،

سواکرده، گزیدن، جداکردن، انتخاب کردن.

se.lec.tion [*siléкʃən*] *n.* گزین، انتخاب، گزینش، اختیار، گلچین، منتخبات.

Natural s. بقای احسن، انتخاب طبیعی.

se.lec.tive [*siléktiv*] *adj.* گزینشی، انتخابی، برگزیده، انتخاب‌کننده، مبنی بر انتخاب، دارای حسن انتخاب، گلچین کننده.

selective service, *n.* خدمت داوطلبانهٔ نظام.

se.lec.tiv.i.ty [*sìlektíviti*] *n.* حسن انتخاب.

se.lec.tor [*siléktə*] *n.* انتخاب کننده، گلچین کننده.

sel.e.nol.o.gy, *n.* مبحث ماه، ماه شناسی.

self [*self*] (*pl.* **selves, -ed, -ing**) *n., vi., vt., pron. & adj.* خود، خویش، خویشتن، نفس، نفس خود، عین، شخصیت، جنبه، حالت، حال، وضع، لقاح کردن.

self-abandoned, *adj.* متروکه، رها شده، تسلیم هوای نفس شده.

self-abandonment, *n.* افسارگسیختگی، پیروی از هوی و هوس.

self-abasement, *n.* پست‌سازی‌یا تحقیرخود، فروتنی، کف نفس، تذلیل نفس.

self-abnegation, *n.* انکار نفس.

self-absorption, *n.* خودجذبی، غرق در خویش، غرق شدن در افکار.

self-abuse, *n.* سوءاستفاده‌ازاستعدادهای خود، جلق، استمناء با دست، توهین بنفس.

self-accusation, *n.* اتهام به‌خود، عمل تهمت زدن به‌خویشتن.

self-accusatory, *adj.* متهم‌کنندهٔ نفس خود، خود را مقصر داننده.

self-acquired, *adj.* کسب و تحصیل شده بوسیلهٔ خود شخص (نه ازراه توارث).

self-action, *n.* عمل‌فی‌نفسه، خودعملی.

self-active, *adj.* فاعل در نفس خود.

self-addressed, *adj.* آدرس‌دار (جهت ارجاع به‌فرستنده).

self-adjusting, *adj.* بخودی خود میزان شونده، خودمیزان.

self-adjustment, *n.* خودمیزانی، انطباق خود با محیط یا چیز دیگری.

self-admiration=self-conceit, *n.* تحسین خود، خودپسندی.

self-affected, *adj.* خودپسند، تن‌آسا.

self-aggrandizement, *n.* تعریف‌ازخود، بالابری‌مقام‌خود، خودبزرگسازی.

self-analysis, *n.* خود شناسی، تجزیه و تحلیل خویشتن.

self-annihilation, *n.* نابودی نفس، کشتن نفس، خودنابودسازی.

self-applauding, *adj.* خودستا، تعریف‌کننده از خود.

self-applause, *n.* تعریف و تمجید از خود، خودستائی.

self-appointed, *adj.* خودگمارده، منصوب شده بوسیلهٔ خویشتن.

self-assertion, *n.* خودبیانگری، خودپسندی، خود را جلو اندازی.

self-assertive, *adj.* خودبیانگر.

self-awareness, *n.* خودآگاهی، آگاهی از خود، خویشتن شناسی، وقوف.

self-blind.ed, *adj.* خودکور، نادان، گمراه شده توسط نفس خود.

self-born, *adj.* خودزاده، پیدا شده در نفس انسان، از خودبوجودآمده.

self-care, *n.* توجه از خود، خودپائی.

self-centered, *adj.* ثابت ونامتحرك، متوجه نفس خود، خودگرای.

self-charg.ing, *adj.* تحمیل‌شونده بنفس خود، خودکار، خودبخود پرشونده.

self-command, *n.* خودداری، کف نفس، خودفرمانی.

self-complacency, *n.* ازخود راضی‌گری، تن‌آسائی، خودخوشآیندی.

self-complacent=self-satisfied, *adj.* ازخودراضی، خودخوشآیند.

self-composed, *adj.* خوددار، مستولی بر احساسات خود، آرام.

self-concerned, *adj.* بفکر خود.

self-confessed, *adj.* معترف، خستو.

self-confidence, *n.* اعتمادبخود، اعتماد بنفس، غرور بیجا، از خود راضی‌گری.

self-confident, *adj.* مطمئن بخود.

self-congratulation, *n.* تبریك بخود، تعریف از خود، تجلیل نفس.

self-conscious, *adj.* خودآگاه، خودپسند، خجالتی، خجول.

self-con.se.cra.tion, *n.* تقدیس نفس خود، ترك نفس خود.

self-consequence, *n.* خود فزون‌شماری، اهمیت بخود.

self-consistent, *adj.* قائم‌بالذات.

self-constituted, *adj.* خود ساخته، تشکیل شده بوسیلهٔ نفس خود.

self-contained, *adj.* خوددار، تودار، باحوصله، محتاط، جامع، برون‌بی‌نیاز.

self-con.tem.pla.tion, *n.* تفکر، تعقل در نفس خود، خوداندیشی.

self-contempt, *n.* تحقیرنفس، تذلیل نفس، خود دون‌شماری.

self-contradiction, *n.* تضاد نفس، معارضه بانفس، تناقض‌گوئی.

self-contradictory, *adj.* متناقض.

self-control, *n.* خودداری، مسك نفس، کف‌نفس، قوهٔ خودداری.

self-controlled, *adj.* خوددار.

self-correcting, *adj.* خود بخود اصلاح شونده، اصلاح‌کنندهٔ نفس خود.

self-created, *adj.* خودآفریده، خودآ.

self-cul.ti.va.tion, *n.* پرورش‌نفس.

self-culture, *n.* پرورش‌نفس، تزکیهٔ نفس، خودپروری.

self-deceit, *n.* اغفال نفس، خود راگول زنی، خودفریبی.

self-deceived, *adj.* اغفال شده، فریب نفس خورده، خودفریفته.

self-deceiver, *n.* [شخص]خودفریب.

self-deception, *n.* فریب نفس، خود فریبی.

self-defense, *n.* خودپدآفند، دفاع از نفس، دفاع از خود یا اموال خود

self-defen sive, *adj.* مدافع‌خود.

self-deluded, *adj.* گمراه، مشتبه.

self-denial, *n.* خودانکاری، انکار نفس، ترك لذات نفس، ترك نفس.

self-dependence, self-reliance, *n.* اتکاء بنفس، اعتماد بنفس.

self-dependent, *adj.* متکی بخود.

self-depreciation, *n.* تحقیر نفس، کوچك شماری خود، حفض جناح.

self-destroyer, *n.* نابودکنندهٔ خود، خودویرانگر.

self-destruction = suicide, *n.* خودکشی، خودویرانگری.

self-determination, *n.* تصمیم پیش خود، خود رأیی.

self-determinism, *n.* نفس‌گرائی، خود رأیی.

self-development, *n.* توسعهٔ نفس، پیشرفت نفس، خود پیش برد.

self-devoted, *adj.* از خودگنشته.

self-devotion, *n.* خودفدائی، فداکاری، ایثار نفس، از خودگنشتکی.

self-devouring, *adj.* خودبلع، خود خور، حریص.

self-digestion, *n.* جذب خود بخود مواد غذائی (بدون هضم).

self-directed, *adj.* بهدایت نفس خود، پیش خودی.

self-discipline, *n.* تأدیب نفس، انضباط نفس، تأدیب.

self-discovery, *n.* کشف باطن و استعدادهای نهانی و نقاط ضعف خود، شناسائی نفس، خودیابی.

self-distributing, *adj.* توزیع شونده بطور خودکار.

self-division, *n.* تقسیم خود بخود.

selfdom, *n.* جوهر نفس، شخصیت، فردیت، خودیت.

self-doubt, *n.* عدم اعتماد بنفس، عدم ایمان بنفس، شك.

self-driven, *adj.* خودکار، خودرو (rov).

self-educated, *adj.* خودآموخته، پیش خود تحصیل‌کرده، پیش خوددرس‌خوانده.

self-effacement, *n.* افتادگی، خودرا تحت‌الشعاع‌قراردادن، ناچیزشماری‌خود.

self-employed, *adj.* دارای شغل‌آزاد، ارباب خود.

self-employment, *n.* شغل‌آزاد.

self-energizing, *n.* مولد نیرو در خود، دارای نیروی خودکار.

self-enforcing, *adj.* دارای قدرت تحمیل ارادهٔ خود بر دیگران.

self-enrichment, *n.* تکامل نفس.

self-esteem, *n.* احترام‌بنفس.

self-evident, *adj.* بدیهی، خودآشکار.

self-exaltation, *n.* تجلیل نفس، بخود بالیدن.

self-examination, *n.* خودآزمائی، درون خویشتن بینی.

self-executing, *adj.* [در مورد قرارداد] خود بخود و الزام‌آور، دارای مادهٔ لازم الاجرا، عامل فی‌نفسه.

self-existence, *n.* قائمیت بالذات، واجب‌الوجودی.

self-existent, *adj.* واجب الوجود.

self-explaining = self-explanatory, *adj.* بدیهی، واضح فی‌نفسه، واضح، آشکار، بی‌نیاز از توصیف.

self-expression, *n.* خودبیانگری، ابراز و تصریح عقاید و خصوصیات خود.

self-expressive, *adj.* خودبیانگر، پا فشار در عقیدهٔ خود.

self-flattery, *n.* خودستائی.

self-forgetful, *adj.*

self-formed, *adj.* خود ساخته، خود بخود تشکیل شده.

self-fruitful, *adj.* قابل‌گشن‌گیری و تولید مثل بوسیلهٔ‌گردهٔ خود، خود بخودگرده افشان.

self-giving, *adj.* فداکار، ازخودگذشته.

self-glorification, *n.* تفاخر، بزرگ شماری خود، لاف، خود ستائی.

self-glory, *n.* خود ستائی، غرور.

self-governed, *adj.* خود مختار.

self-government, *n.* حکومت‌بر‌نفس، خودداری، حکومت‌خودمختار، حکومت مستقل، حکومت‌تودهٔ‌مردم، خودفرمانی.

self-help, *n.* کمك بخود، کمك بنفس (بدون استفاده‌ازمنابع‌خارجی)، اعاشهٔ‌از راه‌کار شخصی.

self.hood, *n.* خویشتن، فردیت، شخصیت، خودپسندی، خودیت.

self-image, *n.* خویشتن شناسی، تجسم نفس و اعمال خود، پیش خود مجسم سازی.

self-immolation, *n.* قربانی‌کردن خود، تمایل به‌خودکشی، فدا سازی خود.

self-importance, *n.* خود بینی، خودستائی، خود رابزرگ‌شماری.

self-imposed, *adj.* برخودتحمیل‌شده، بخود بسته، تسنعی.

self-improvement, *n.* اصلاح خود، تزکیهٔ نفس خود، خود بهسازی.

self-incrimination, *n.* مقصر شماری خود.

self-induced, *adj.* اغوا شده توسط نفس‌خود، ایجادشده‌درخودفرد.

self-indulgence, *n.* افراط، زیاده روی.

self-indulgent, *adj.* افراطکار.

self-initiated, *adj.* خودآغاز، ابتکاری.

self-in.struct.ed = self-taught, *adj.* خودآموخته.

self-interest, *n.* نفع شخصی، غرض شخصی.

self.ish [*sélfiʃ*] *adj.* خودپسند، خودپرست، خودخواه.

self-knowing, *adj.* واقف بنفس خود، خود شناس.

self.less [*sélflis*] *adj.* عاری از نفس‌پرستی، فارغ ازخود.

self-loader, *n.* تفنگ خودکار.

self-love, *n.* حب نفس، خود دوستی.

self-luminous, *adj.* خود افروز، خویشتاب.

self-made, *adj.* خود ساخته.

self-murder, *n.* خودکشی.

self-operating, self-operative, *adj.* خودکار.

self-perpetuation, *n.* خودجاوید سازی، پایا در نفس خود، قائم بذات، جاودان.

self-pity, *n.* دلسوزی بحال خود، ترحم‌بخود.

self-pleased, *adj.* از خود راضی.

self-possessed, *adj.* آرام، متین.

self-possession, *n.* متانت، آرامی، خودداری.

self-preservation, *n.* حفظ جان، صیانت نفس، بقاءخود.

self-proclaimed, *adj.* پیش‌خوداظهارشده، ادعاشده ازجانب‌خودشخص.

self-propulsion, *n.* حرکت توسط نیروی خود، پیشروی توسط‌نیروی‌خویش.

self-protection, *n.* دفاع از نفس، صیانت نفس، حفاظت‌ازخود.

self-purification, *n.* تزکیهٔ‌نفس، خودپالائی، خودپاکسازی.

self-realization, *n.* درك نفس، نیل‌به‌استعدادها وامکانات نفس.

self-recording, *adj.* خودنگار، ثبت شونده بطور خودکار.

self-regard, *n.* عزت‌نفس، حفظ منافع شخصی، self-respect.

self-regulating, *adj.* خود بخود تنظیم شونده.

self-reliance, *n.* اتکاء بنفس خود، اعتماد بنفس.

self-renunciation, *n.* انکار نفس.

self-repression, *n.* خودسرکوبی، مسك‌نفس، خودداری، ترك‌نفس، حفظ‌اسرارخود.

self-respect, *n.* احترام بخود، شرافت نفس، مناعت طبع، عزت نفس.
self-restraining, *adj.* منع‌کنندهٔ نفس، مسك‌کنندهٔ نفس، خوددار.
self-revelation, *n.* خودآشکارسازی، مکاشفهٔ نفس، افشاء افکار و احساسات شخصی.
self-righteous, *adj.* معتقد بعدالت وتقوی خود.
self-sacrifice, *n.* فداکاری، از خودگذشتگی.
selfsame [*sélfseim*] *adj.* همان، عین،درست‌همان.
self-satisfaction, *n.* خودخوشنودی، از خود راضی گری، خودپسندی، ارضاء نفس.
self-scrutiny, *n.* خود شناسی، درون خویشتن بینی،
self-searching, *adj.* خودپژوه.
self-seeker, *n.* خودجو، نفس پرست، در پی انجام خواهش‌های نفس.
self-selection, *n.* انتخاب‌کالا توسط مشتری، خودگزینی.
self-service, *n.* خودزاوری، خودیاوری، کمك‌بوسیلهٔ‌خودشخص، (دررستوران) تهیه و انتخاب غذا توسط خود شخص.
self-slaughter, *n.* خودکشی.
self-study, *n.* مطالعهٔ پیش خود.
self-styled, *adj.* بنا بگفتهٔ‌خود،ظاهری.
self-sufficiency, *n.* خودبسی، خودبسندگی، استغناء،غرور، کف‌نفس،استغناء طبع.
self-sufficient, *adj.* خودبس، خودبسنده،مستغنی، بی‌نیاز ازغیر،خوداستوار.
self-sustained, *adj.* تأیید شدهٔ‌نفس، مورد پشتیبانی نفس، تحمیل شده بنفس.
self-taught, *adj.* خودآموز، نزد خود تحصیل‌کرده، پیش خود یادگرفته، خودآموخته.
self-will, -ed, *adj.* & *n.* ارادهٔ شخصی، خود رأیی، هوای نفس.
self-worship, *n.* خود پرستی، پرستش خویشتن.
Sel.juk, Sel.ju.ki.an, *adj.* & *n.* سلجوقی، مربوط بەدورهٔ سلجوقیان.
sell [*sel*] (**sold, selling**) *n.*, *vt.* & *vi.* فروش ومعامله،فروختن، بفروش رفتن.
I sold the book for 50 Rials. کتاب را (به) ۵۰ ریال فروختم.
sell.able, *adj.* قابل فروش، فروختنی.
sell.er [*sélə*] *n.* فروشنده.
sell out, *n.* & *vi.* تآتری‌که تمام بلیطهایش بفروش رفته، یکجا فروختن، خیانت‌کردن.
sel.vage, sel.vedge [*sélvidʒ*] *n.* گرد بافت، (مج.) لبه، حاشیه، مرز.
selves [*selvz*] (*pl. of* **self**). [صورت‌جمع self]،خودشان، خودمان،خودتان.
se.man.tics [*simǽntiks*] *n.pl.* علم معانی، علم لغات و معانی، معنی‌شناسی.
sem.a.phore [*séməfɔ:*] (-**d, semaphoring**) *n.*, *vi.* & *vt.* مخابره‌بوسیلهٔ پرچم، بوسیلهٔ‌پرچم‌مخابره‌کردن.
sem.bla.ble, *adj.* & *n.* مشابه، مناسب، شباهت، شبیه، آشکار، ظاهر.
sem.blance [*sémbləns*] *n* صورت ظاهر، شباهت، قیافه، ظن قوی، تظاهر.
se.mé, *adj.* & *n.* نشان داده شده، افشانده، پراکنده.
se.men [*sí:men*] (*pl.* **semina**), *n.* نطفه، منی، دانه، تخم.
se.mes.ter [*siméstə*] *n.* نیمسال، دوره ۱۶ هفته‌ای دانشگاه.
se.mes.tral, se.mes.tri.al, *adj.* وابسته به نیمسال تحصیلی.

semi [*sémi*] *n.* پیشوندی‌بمعنی: نیم، نصف شده، تقریباً نصف، نیمه، تا حدی.
semi.annual, *adj.* شش‌ماه‌یکبار، دارای دوام شش ماهه، شش ماهه، نصف سالی.
semi.aquatic, *adj.* نیمه‌آبزی.
semi.arid, *adj.* نسبتاً کم‌آب.
semi.automatic, *adj.* & *n.* نیمه خودکار.
semi.autonomous, *adj.* نیمه خود مختار.
semi.breve=whole note, *n.* نت‌کامل.
semi.circle, *n.*, *vt.* & *vi.* نیمدایره، نیم دایره تشکیل دادن
semi.circular, *adj.* بشکل‌نیمدایره.
semi.civ.i.lized, *adj.* نیمه متمدن.
semi.co.lon, *n.* نقطه وویرگول بدین‌شکل «؛» یا «;».
semi.conductor, *n.* نیمه‌رسانائی، جسم نیمه‌هادی [مثل ژرمانیوم وسیلیکون].
semi.conscious, *adj.* نیمه هوشیار، نیمه‌آگاه، نیمه بیهوش.
semi.diurnal, *adj.* نیمروزه، در نصف روز انجام‌گرفته، دومرتبه در روز.
semi.divine, *adj.* نیمه‌الهی، نیمه‌خدا.
semi.dome, *n.* نیمه‌گنبد.
semi.domesticated, *adj.* نیمه اهلی.
semi.erect, *adj.* نیم شق، نیمه ایستاده، نیمه قائم.
semi.final, *adj.* & *n.* نیمه نهائی [در جدول مسابقات حذفی]، مربوط بەدورهٔ نیمه نهائی، دورهٔ نیمه نهائی.
semi.finalist, *n.* کسیکه بمرحلهٔ مسابقات نیمه نهائی رسیده.
semi.fluid, *adj.* & *n.* نیم‌آبگون. نیم مایع، نیمه‌آبکی.
semi.formal, *adj.* نیمه رسمی.
semi-independent, *adj.* نیمه مستقل، نیمه خودمختار.
semi.liquid, *adj.* & *n.* نیمه مایع، مایع غلیظ، مایع جسبنده.
semi.lunar, *adj.* هلالی، بشکل نیمماه، کمانی، قوسی.
semi.monthly, *adv.*, *adj.* & *n.* ماهی‌دوبار، دوهفته یکبار، نشریهٔ‌دوهفته‌یکبار.
semi.nal, *adj.* وابسته به منی، نطفه‌ای، بدوی، اصلی.
sem.i.nar [*sèminá:*] *n.* سمینار، جلسهٔ بحث‌وتحقیق دراطراف‌موضوعی.
sem.i.nar.i.an, *n.* دانشجوئی‌که در جلسات بحث‌وتحقیق شرکت میکند.
sem.i.nary [*séminəri*] *n.* & *adj.* مدرسهٔ علوم دینی، رستن‌گاه.
Sem.i.nole (*pl.* -**s**) *n.* قبیلهٔ سرخ‌پوست ساکن فلوریدا.
semi.nomad, -ic, *adj.* & *n.* مردم نیمه چادرنشین، نیمه بیابانگرد.
semi.official, *adj.* نیمه رسمی.
semi.opaque, *adj.* کمی حاجب ماوراء،نیمه شفاف، نیمه‌کدر.
semi.parasitic, *adj.* نیمه‌انگلی.
semi.permanent, *adj.* نیمه جاودان، دارای مدت محدود.
semi.permeable, *adj.* نیمه‌تراوا.
semi.private, *adj.* نیمه خصوصی.
semipro, *adj.* نیمه حرفه‌ای.
semi.public, *adj.* نیمه‌همگانی، نیمه عمومی، نیمه دولتی.
semi.religious, *adj.* نیمه مذهبی.

semi.skilled, *adj.* نیمه ماهر.
semi.solid, *adj.* & *n.* نیمه جامد.
Sem.ite [*sí:mait, sém–*] *n.* سامی،کسی‌که ازنسل سام‌بن‌نوح باشد.
semi.terrestrial, *adj.* نیمه‌خاکی.
Se.mit.ic [*simítik, se–*] *adj.* & *n.* سامی، ازنژاد سام‌بن‌نوح، زبان سامی.
Se.mit.ics, *n.pl.* مطالعهٔ زبان‌وادبیات وتاریخ سامی، نژادشناسی سامی.
Sem.i.tism, *n.* سامی‌گرائی.
semi.tone, *n.* [مو] نیم‌گام.
semi.trans.lu.cent, *adj.* نیمه کدر، نیمه شفاف.
semi.transparent, *adj.* نیمه شفاف.
semi.weekly, *adj.* & *n.* رخ دهنده دو مرتبه در هفته، نیم هفتگی.
semi.year.ly, *adj.* شش‌ماهه، نیم‌ساله.
sem.pi.ter.nal, *adj.* جاودانی،ابدی.
sem.pi.ter.ni.ty, *adj.* ابدیت.
sen.ate [*sénit*] *n.* مجلس سنا.
sen.a.tor [*sénətə*] *n.* عضو مجلس سنا، نمایندهٔ مجلس سنا، سناتور.
sen.a.to.ri.al, sen.a.to.ri.an, *adj.* وابسته به‌مجلس سنا یا اعضای‌آن.
sen.a.tor.ship, *n.* مقام سناتوری.
send [*send*] (**sent, sending**), *n.*, *vt.* & *vi.* فرستادن، روانـه‌کردن، گسیل داشتن، اعـزام داشتن، ارسال داشتن، مرخص‌کردن.
S. back. پس‌فرستادن، برگرداندن.
S. word. پیغام دادن، خبرکردن.
S. for. دعوت‌کردن، احضارکردن.
send.er [*séndə*] *n.* فرستنده.
send-off [*séndɔ:f*] *n.* & *vt.* مشایعت‌کردن، همراهی،آئین‌بدرود ودعای‌خیر.
se.nec.ti.tude, *n.* سالخوردگی، دوام، کهولت.
se.nesce (-**d, senescing**) *vi.* پیر شدن.
se.nes.cence [*senésəns*] *n.* پیری.
se.nes.cent, *adj.* پیر، سالخورده.
senile [*sí:nail*] *adj.* & *n.* سالخورده، پیرمرد، وابسته به‌پیری، خرف.
sen.il.i.ty [*siníliti*] *n.* پیری، کهولت، سالخوردگی، خرف بودن.
sen.ior [*sí:njə*] *adj.* & *n.* بزرگتر، مهـتر، ارشد، بالاتر، بالارتبه،قدیمی.
se.nior.i.ty [*si:niɔ́riti*] *n.* ارشدیت.
sen.net, sinnet, *n.* [م.م.] شیپور علامت شروع نمایش یا ختم‌آن.
se.no.ra, se.no.ra [*senjɔ́:rə*] *n.* [در اسپانیا–ایتالیا]، بانو، خانم.
se.no.ri.ta, se.no.ri.ta [*sènjɔ:rí:tə*] *n.* (اسپانیا–ایتالیا) دوشیزه، دختر خانم.
sen.sate (-**d, sensating**) *adj.* & *vt.* حساس،آمادهٔ پذیرش حس، احساس‌کردن، با احساسات درك‌کردن.
sen.sa.tion [*senséiʃn*] *n.* احساس، حس، شور، تأثیر، [م.م.] ظاهر.
sen.sa.tion.al [*senséiʃənl*] *adj.* شورانگیز،مهیج، احساساتی،مؤثر، حسی.
sen.sa.tion.al.ism [*senséiʃnə–lizm*] *n.* پیروی از مسائل احساساتی و شورانگیز،پیروی از عواطف و احساسات.
sense [*sens*] (-**d, sensing**) *n.* & *vt.* حواس پنجگانه، حس، احساس، هوش، شعور، معنی، مفاد، حس تشخیص، مفهوم، احساس‌کردن، پی بردن.

He is out of his senses. حواسش پریشان است.
Talk s. حرف حسابی زدن.
sense less [*sénslis*] *adv.* & *adj.* بیحس، بیمعنی، احمق،احمقانه.
sen.si.bil.i.ty [*sènsibíliti*] *n.* حساسیت، احساس و درك، هش.
sen.si.ble [*sénsibl*] *adj.* & *n.* معقول، محسوس، مشهود، بارز.
sen.si.tive [*sénsitiv*] *adj.* & *n.* حساس، نفوذپذیر، دارای حساسیت.
sen.si.tiv.i.ty [*sènsitíviti*] *n.* حساسیت، میزان حساسیت.
sen.si.tiza.tion, *n.* حساس سازی.
sen.si.tize [*sénsitaiz*] (-**d, sensitizing**) *vt.* & *vi.* حساس‌کردن، حساس شدن.
sen.si.tiz.er, *n.* حساس‌کننده.
sen.sor, *n.* حساس، حسی،گیرنده یا دریافت‌کنندهٔ خاطرات حسی، ضبط‌کننده.
sen.so.ri.al, *adj.* حسی، عضو حسی.
sen.so.ry [*sénsəri*] *adj.* & *n.* وابسته بمرکز احساس، حساس، حسی.
sen.su.al [*sénsjuəl*] *adj.* شهوانی، جسمانی، خوش‌گذران، نفسانی.
sen.su.al.ism=sensuality, *n.* شهوانیت، جسمانیت، حس‌گرائی.
sen.su.al.ist, -ic [*sénsjuəlist*], *n.* & *adj.* پیرو هوای نفس و احساس.
sen.su.al.ize (-**d, sensualizing**) *vt.* پیروی از هوای نفس‌کردن.
sen.sual.i.ty, *n.* شهوانیت، نفسانیت، نفس‌گرائی، شهوت‌پرستی.
sen.su.ous [*sénsjuəs*] *adj.* وابسته بـه‌حواس یا احساسات، مبنی بـر لذات جسمانی، پیرو محسوسات و لذات نفسانی.
sent [*sent*] (*p. & pp. of* **send**). (ماضی‌واسم‌مفعول‌فعل send)،فرستاد،فرستاده.
sen.tence [*séntəns*] (-**d, sentencing**) *n.*, *vt.* & *vi.* جمله، حکم، فتوی، رأی، قضـاوت،گفته، رأی دادن، محکوم‌کردن.
Sentenced to death. محکوم بمرگ.
sen.ten.tial, *adj.* جمله‌ای.
sen.ten.tious [*senténʃəs*] *adj.* پرمغز، اغراق‌آمیز، نصیحت‌آمیز، اندرزآمیز.
sen.tience, *n.* دریافت،ادراك،درك،زندگی، فکری، مبنای‌حس و حساسیت،حساسیت‌جسمانی.
sen.tient [*sénʃənt*] *adj.* & *n.* درك‌کننده، باادراك،حساس، دستخوش‌احساسات.
sen.ti.ment, -al [*séntimənt,-l*], *n.* & *adj.* احساس، عاطفه، تمایل، نیت، مقصود، ضعف ناشی از احساسات ، احساساتی.
sen.ti.men.tal.ism, sen.ti - men.tal.i.ty, *n.* گرایش بسوی‌احساسات، حالت احساساتی، پیروی ازعواطف‌واحساسات.
sen.ti.men.tal.ize [*sèntimén – təlaiz*] (-**d, sentimentalizing**), *vt.* & *vi.* احساساتی‌کردن، بااحساسات‌آمیختن.
sen.ti.nel [*séntinəl*] (-**ed, -led, -ing, -ling**) *vt.* & *n.* نگهبان، قراول، دیده‌بان، کشیك، نگهبانی‌کردن.
sen.try [*séntri*] *n.* نگهبان،کشیك، قراول، نگهبانی.
sepal [*sépəl*] *n.* [گ.ش.] کاسبرگ.
sep.a.ra.bil.i.ty [*sèpərəbíliti*] *n.* تفکیك‌پذیری.
sep.a.ra.ble [*sépərəbl*] *adj.* جدا شدنی، جداکردنی، قابل تفکیك، مجزا.
sep.a.rate [*sépərit*] (-**d, separating**) *adj.*, *n.*, *vt.* & *vi.*

جدا، سوا، جداگانه، علیحده، اختصاصی، جدا کردن،سواکردن، تفکیك‌کردن، متارکه‌کردن.

sep.a.ra.tion [*sèpəréiʃən*] *n.* جدائی، فراق،دوری، تفکیك، متارکه، انفصال.

sep.a.rat.ism, *n.* جداگرائی، جداسازی، تفکیك، تجزیه‌طلبی، کناره‌گیری.

sep.a.rat.ist [*sépərətist*] *n.* جداگرای، تجزیه طلب.

sep.a.ra.tor [*sépərèitə*] *n.* آلت‌خامه‌گیری، دستگاه تجزیه، فارق،جداساز.

se.pia [*sí:piə*] *adj. & n.* رنگ قرمز قهوه‌ای، (ج.ش.) سیبیا و سوبیا، رنگ سوبیائی.

se.poy [*sí:pɔi*] *n.* سرباز، سپاهی، پاسبان محلی.

sep.sis [*sépsis*] (*pl.* **sep.ses**) *n.* [طب] مسمومیت عفونی حاصله در اثر جذب باکتریها و مواد فاسد بخون، گندیدگی.

sep.tate, *adj.* دیواردار، جدا جدا.

Sep.tem.ber [*septémbə*] *n.* سپتامبر، نهمین ماه تقویم مسیحی.

sep.ten.nial, *adj.* هفت سال یکبار، هفت ساله.

sep.tet=sep.tette, *n.* دستهٔ هفت نفری، هفتگانه.

sep.tic [*séptik*] *adj.* وابسته‌به‌گندیدگی، جسم عفونی، مادهٔ عفونی،گندیده،آلوده،چرکی.

septic tank, *n.* مخزن‌فاضل‌آب، تانك مستراح،گندانبار.

sep.tu.age.nar.i.an [*séptjuədδinɛ'əriən*] *adj. & n.* هفتاد، هفتادمین، بین‌هفتاد تا هشتاد سالگی، هفتاد ساله.

sep.tum (*pl.* **-s, septa**) *n.* تیغه، (گ.ش.ـج.ش.) دیواره، جدار، حاجز، (در بینی) پره، (تش.) حفره‌های بینی، پرهٔ بینی.

sep.ul.cher, sep.ul.chre [*sépəlkə*] (**-ed, sepulchering**) *n. & vt.* گور، قبر، مزار، مقبره، قبر ساختن،دفن‌کردن.

se.pul.chral [*sipΛ'lkrəl*] *adj.* آرامگاهی،گوری، مقبره‌ای،دفنی، حزن‌انگیز.

se.qua.cious, *adj.* مقلد، پیرو، مرید، اهل تقلید، تابع، نرم،چکش خور، لوله شو، نصیحت‌پذیر.

se.quac.i.ty, *n.* تقلید، پیروی.

se.quel [*sí:kwəl*] *n.* پی‌آیند، دنباله، عقبه، نتیجه، پایان، انجام، خاتمه.

se.quence [*sí:kwəns*] (**-d, sequencing**) *n. & vt.* پی‌رفت، توالی، ترادف، تسلسل، تابعیت، رشته، ترتیب، به‌ترتیب مرتب‌کردن.

se.quent [*sí:kwənt*] *adj. & n.* پیرو، تابع، پی دریی، منتج، ناشی، نتیجه.

se.quen.tial [*si·kwénʃəl*] *adj.* مداوم، دائمی، پی‌درپی، متوالی، پی‌رفتی.

se.ques.ter [*si(:)kwéstə*] (**-ed, sequestering**) *vt., vi. & n.* جدائی، تفرقه، توقیف‌کردن، جداکردن، مصادره‌کردن.

seques.trate [*si(:)kwéstreit*], (**-d, sequestrating**) *vt., vi., adj. & n.* توقیف‌کردن، جداکردن، تجزیه‌کردن، مصادره.

seques.tra.tion [*sì:kwestréiʃn*] *n.* انزوا، مصادره، توقیف، جداسازی، تجزیه، توقیف غیر قانونی.

se.quin [*sí:kwin*] *n.* سکهٔ زر قدیمی در ایتالیا و عثمانی، پولك.

se.quoia, *n.* (گ.ش.) سرخچوب‌که از درختان خانوادهٔ‌کاج (Pinaceae) میباشد.

se.ra.glio [*será:liou*] (*pl.* **-s, seragli**) *n.* اندرون، حرم، حرمسرا، شبستان، انبار.

ser.aph [*sérəf*] (*pl.* **-s**) *n. & adj.* سراف، اسرافیل، (در جمع) فرشتگان سرافین.

se.raph.ic [*seræ'fik*] *adj.* وابسته بفرشتگان سرافین.

Serb [*sə:b*] *adj. & n.* صربستانی، قوم صرب از نژاد اسلاو.

Serbi.a, *n.* کشور سابق «صربیا» که امروزه جـزء جمهوری یوگوسلاوی است.

Ser.bi.an [*sə':biən*] *adj. & n.* صرب، صربستانی، زبان صربستانی.

sere [*siə*] *adj. & n.* تغییر وسیر تکاملی‌محیط زیست‌گیاهان‌وجانوران، خشك، خشکیده، پژمرده.

ser.e.nade [*sèrinéid*] (**-d, serenading**) *n., vt. & vi.* سازوآواز شبانه و عاشقانه در هوای‌آزاد و در آستانهٔ معشوق، قطعهٔ موسیقی عاشقانه(خواندن).

ser.e.nad.er, *n.* سرایندهٔ‌آوازعاشقانه.

ser.en.dip.i.ty, *n.* خوشبختی، تحصیل نعمت غیرمترقبه، نعمت غیرمترقبه.

se.rene [*sirí:n*] (**-d, serening**) *adj., n. & vt.* آرام، ساکت، باز، روشن، صاف، بی‌سروصدا، متین، آسمان صاف، متانت، صافی، صاف‌کردن.

se.ren.i.ty [*siréniti*] *n.* آرامش، بی‌سروصدائی، صافی، صفا، وقار.

serf [*sə:f*] *n.* برده، زارع‌بی‌زمین‌وفقیر.

serf.age, serfdom, serf-hood, *n.* بردگی، غلامی، برزگری فلاکت بار.

serf.ism, *n.* بردگی، قره‌نوکری.

serge [*sə:dδ*] *n. & vt.* سرژ، پارچهٔ صوف پشمی، «سرجیوس» اسم خاص مذکر، (در صحافی) ته‌دوزی‌کردن.

ser.geant [*sá:dδənt*] = **serjeant,** *n.* (نظ.)گروهبان، مأمور اجرا.

sergeant at arms, *n.* مأموراجرا، فراش (انجمنها ومجالس).

sergeant major (*pl.* **-s, sergeants major**) *n.* [نظ.] گروهبان یکم.

se.ri.al [*síəriəl*] *adj. & n.* مسلسل، ردیفی، نوبتی، رده‌ای، دوری، ترتیبی، جزء بجزء، سریال، نشریه.

se.ri.al.ist, *n.* داستان نویس سریال.

se.ri.al.iza.tion, *n.* تسلسل، ترتیب.

se.ri.al.ize (**-d, serializing**), *vt.* مسلسل‌کردن، مرتب‌کردن، سریال‌کردن.

se.ri.ate (**-d, seriating**) *adj., vt. & vi.* دارای تسلسل یا شمارهٔ ترتیب، مسلسل، پشت‌سرهم، پشت‌سرهم‌آوردن.

se.ri.atim [*sìəriéitim*] *adj. & adv.* بطورمسلسل، بطور ردیف، جزءجزء، بدفعات.

seri.culture [*sèrikΛltʃə*] *n.* [ج.ش.] پرورش کرم‌ابریشم، پرورش نوغان.

seri.cul.tur.ist [*sèrikΛ'ltʃərist*], *n.* پرورش دهندهٔ‌کرم ابریشم.

se.ries [*síəriz*] *adj. & n.pl.* سری، رشته، سلسله، ردیف، صف، مجموعه، رده.

In s. بطورمسلسل، سریال.

se.rio.comic, *adj. & n.* هم‌جدی وهم‌خنده‌دار.

se.ri.ous [*síəriəs*] *adj.* جدی، مهم، خطیر، سخت، خطرناك، وخیم.

Are you s.? جداً میگوئید؟

S.–minded. دارای فکرجدی.

serjeant [*sá:dδənt*] =**ser.geant,** *n.* گروهبان.

ser.mon, -ic [*sə':mən*] *adj., vt., vi. & n.* موعظه، وعظ، خطبه، خطابه، اندرز، گفتار، وابسته بموعظه، موعظه‌کردن.

ser.mon.ize (**-d, sermonizing**) *vt. & vi.* وعظ‌کردن، موعظه‌کردن.

se.rol.o.gist, *n.* سرم‌شناس، ویژه‌گر سرم شناسی.

se.rol.o.gy, *n.* خونابه‌شناسی، سرم‌شناسی.

se.ro.sa (*pl.* **-e, -s**) *n.* مشیمهٔ‌کاذب، غشاء سروزی.

se.r.o.tine, *adj.* دیرشکوفا، بعدی، عقب‌افتاده، دیررس.

serot.i.nous, se.rot.i.nal, *adj.* دیررس، دیرشکوفا.

ser.pent [*sə':pənt*] *n.* مار، ماربزرگ، ابلیس، (نج.)صورت فلکی‌حیه.

ser.pen.tine [*sə':pəntain*] *adj & n.* (مع.)سنگ‌مار، شکل‌مارپیچ، مارمانند.

ser.rate [*séreit; seréitid*] (**-d, serrating**) *adj. & vt.* دندانه دندانه، اره‌ای، مضرس، مضرس‌کردن.

ser.ra.tion, *n.* دندانه، تضریس.

ser.ried [*sérid*] *adj.* تنگ هم، بهم چسبیده، بهم فشرده، مضرس.

ser.ru.late, ser.ru.lat.ed, *adj.* دارای دندانه‌های ظریف، مضرس.

ser.ru.la.tion, *n.* تضرس،دندانه‌داری.

ser.ry, *vt. & vi.* ازدحام‌کردن، بهم فشردن، بهم چسبیدن.

se.rum [*síərəm*] (*pl.* **-s, sera**), *n.* آب خون، خونابه، سرم، آب پنیر.

ser.vant [*sə':vənt*] *n.* نوکر، خدمتکار، خادم، پیشخدمت، بنده.

serve [*sə:v*] (**-d, serving**) *n., vt. & vi.* خدمت‌کردن، خدمت انجام‌دادن، بکاررفتن، بدردخوردن، (دربازی) توپ را زدن، فراهم‌کردن.

S. at table. پیشخدمتی‌کردن.

S. notice on. اخطارکتبی دادن به.

serv.er [*sə':və*] *n.* خدمتکار، کمك‌کننده، نوکر، (دربازی) بازیکنی که توپ را میزند.

ser.vice [*sə':vis*] (**-d, servicing**) *adj., vt. & n.* زاوری، خدمت، استخدام، نوکری، کار، وظیفه، عبادت، تشریفات، کمك، بنگاه، سرویس، یکدست‌ظروف، اثاثه، لوازم، نظام‌وظیفه، (گ.ش.)سنجد، درخت سنجد، وابسته‌بخدمت، سرویس‌کردن، ماشینی‌را تعمیر و روغن‌کاری‌کردن.

I am at your s. در خدمت شما هستم.

ser.vice.abil.i.ty, *n.* بکار خوری، بدرد خوری، قابلیت استفاده.

ser.vice.able [*sə':visəbl*] *adj.* سودمند، بدرد خور، قابل استفاده.

ser.vice.man (*pl.* **-men**) *n.* عضو ارتش، تعمیرکار.

service station, *n.* ایستگاه بنزین‌گیری و تعمیرگاه.

ser.vi.ette [*sə:viét*] *n.* دستمال‌سفره.

ser.vile [*sə':vail*] *adj. & n.* پست، دون، شایستهٔ نوکران، چاپلوس.

ser.vil.i.ty [*sə:víliti*] *n.* نوکرمآبی.

ser.vi.tor [*sə':vitə*] *n.* مستخدم،خدمتکار، نوکر، زیردست، تابع.

ser.vi.tude [*sə':vitju:d*] *n.* بندگی، بردگی، خدمت اجباری، رعیتی.

ses.a.me [*sésəmi*] *n.* [گ.ش.]کنجد، بوتهٔ‌کنجد، سمسم.

ses.qui.centennial, *adj. & n.* صد و پنجاهمین سالگرد، جشن صد و پنجاهمین.

ses.sile, *adj.* (گ.ش.)چسبیده، بی‌ساقه، بی‌پایه.

ses.sion, -al [*séʃn*] *adj. & n.* جلسه، نشست، مجلس، دورهٔ تحصیلی.

The house went into secret s. مجلس جلسهٔ خصوصی تشکیل داد.

ses.tet, *n.* شش بیت‌آخر سانت یا غزل.

set [*set*] (**set, setting**) *n., adj., vt. & vi.* دست، دستگاه، دسته، یکدست [ظرف و غیره]، دوره، مجموعه، جهت، سمت،قرارگرفته، واقع‌شده، لجوج،دقیق، روشن، مصمم، قراردادن،گذاردن، نهادن، مرتب‌کردن، چیدن، نشاندن،کارگذاشتن، سوارکردن، جا انداختن،آغازکردن، مستقرشدن، بکارانداختن، تنظیم‌کردن، محکم بستن، سفت‌کردن.

S. about. عازم شدن.

S. aside. کنارگذاردن، رزروکردن.

S. at. تاختن بر، روی‌آوردن بر.

S. forth. بخارج فرستادن، در معرض دید قراردادن، نشان‌دادن، چاپ‌کردن، اعلام‌کردن.

S. upon. تاختن بر، هجوم‌آوردن بر.

S. in motion. راه انداختن.

S. the pace. پیشقدم شدن.

set back [*sétbæ̀k*] (**-ed,-ing**), *n., vt. & vi.* مانع، شکست، تنزل، معکوس، پس زدن، عقب کشیدن.

set down, *vt. & n.* یادداشت‌کردن، نوشتن، بزمین‌گذاشتن، پیاده‌کردن، نشاندن.

set-in, *adj., n., vt. & vi.* بسته شدن [شیر و غیره]، شروع‌کردن.

set on, *vt. & vi.* تحریك‌کردن به، پیش رفتن، حمله‌کردن.

set out, *vt. & n.* عازم شدن، تنظیم، شروع بکارکردن، محدودکردن.

set.tee [*setí:*] *n.* نیمکت.

set.ter [*sétə*] *n.* تولهٔ شکاری وپشمالوی‌بوئی، آهنگساز، گذارنده.

setting [*sétiŋ*] *n.* آهنگ، مقام، جای نگین، قرارگاه، کارگذاری، وضع ظاهر.

set.tle [*sétl*] (**-d, settling**) *n., vt. & vi.* واریز، تسویه، جا دادن، مقیم‌کردن، ساکن‌کردن، واریزکردن، تصفیه کردن، معین‌کردن، ته نشین شدن، تصفیه حساب کردن، نشست‌کردن.

set.tle.ment [*sétlmənt*] *n.* واریز، تصفیه، تسویه، پرداخت، توافق،ته‌نشینی، مسکن،کلنی، زیستگاه.

set.tler, set.tlor [*sétlə*] *n.* مهاجر تازه، مقیم، ماندگار.

set to [*séttú:*] *vi. & n.* زد و خورد، نبرد، مشت‌بازی،درگیری، بااشتیاقشروع کردن.

set up, *vt., vi. & n.* وضع، ترتیب، وضع‌بدن، نصب‌کردن،واگذاشتن.

sev.en [*sévn*] *adj. & n.* هفت، هفتم، هفتمین، یك هفتم، هفت چیز.

S. seas. هفت دریا.

sev.en.teen [*sèvntí:n*] *adj. & n.* هفده، هفده چیز.

sev.en.teenth [*sèvntí:nθ*] *adj. & n.* هفدهمین.

sev.enth [*sévnθ*] (*pl.* **-s**) *adv., adj. & n.* هفتم، هفتمین، یك هفتم.

sev.en.ti.eth [*séventiiθ*] *adj. & n.* هفتادم، هفتادمین.

sev.en.ty [*sévnti*] *adj. & n.* هفتاد، هفتاد ساله، عدد یا علامت هفتاد.

sev.er [*sévə*] (**-ed, -ing**) *vi. & vt.* جداکردن، بریدن، منفصل‌کردن.

sev.er.abil.i.ty, *n.* قابلیت جدا شدن، قابلیت سوا شدن، قابلیت تقسیم.

sev.er.able, *adj.* جدا شدنی، سوا شدنی، تفکیك‌پذیر.

sev.er.al [*sévərəl*] *adv., pron., adj. & n.*

چند، چندین، برخی از، جدا، مختلف، متعدد.

sev.er.ance [sévərəns] *n.* جدا سازی، تفکیک، جدائی، مجزائی، تجزیه.

se.vere [sivíə] *adj.* سخت، سخت‌گیر، طاقت فرسا، شاق، شدید.

se.ver.i.ty [sivériti] *n.* سختی، شدت، سخت‌گیری، دقت، خشونت.

sew [sou] (**-ed, -ing**) *vt. & vi.* دوختن، دوزندگی کردن، خیاطی کردن.

sew.age [sjú:idʒ] *n.* فاضلاب، گنداب، هرزآب، اگو، پس‌آب.

sew.er [sjú:ə] (**-ed, -ing**) *n. & vt.* گنداب، مجرای فاضل‌آب، اگو، بخیه زننده، ماشین دوزندگی، گنداب‌راه، مجرای فاضلاب ساختن.

sew.er.age [sjú:əridʒ] *n.* فاضلاب، زهکشی، مجموع مجرای فاضلاب.

sew.ing [sóuiŋ] *n.* دوزندگی، دوختن پارچهٔ لباسی، حاشیه‌دوزی.

S.-machine. ماشین دوزندگی.

sex [seks] (**-ed, -ing**) *n. & vt.* جنس (مذکر یا مؤنث)، تذکیروتأنیث، احساسات جنسی، روابط‌جنسی، جنسی، سکس، سکسی کردن.

The female s. جنس‌مؤنث، اناث، مادین.

sex appeal, *n.* جاذبهٔ جنسی.

sexed, *adj.* وابسته به تذکیر وتأنیث، بطور مشخص نر یا ماده، دارای خاصیت جنسی (اعم از نر یا ماده).

sex.i.ness, *n.* شهوت انگیزی، جاذبهٔ جنسی.

sex.less *adj.* خنثی، عاری از جذبه یا میل جنسی.

sex.ol.o.gy, *n.* جنس‌شناسی، مبحث مطالعات جنسی.

sext, *n.* نماز ساعت شش، عبادت ساعت

sex.tant [sékstənt] *n.* یك ششم دایره، زاویه یا قوس دارای ۶۰ درجه، (نج.) آلت زاویه‌یاب، ذات‌السدس.

sex.tet=sex.tette [sekstét] *n.* [مو.] نغمهٔ شش‌سازه یا شش‌آوازه، شش‌بیت آخر غزل، شش‌گانه.

sex.ton [sékstən] *n.* خادم‌کلیسا، متولی، گورکن.

sex.tu.ple (**-d, sextupling**), *adj., n., vt. & vi.* شش‌برابر، شش چندان، [مو.] دارای شش‌ضربه، شش‌گانه، شش‌لا، شش برابر کردن.

sex.tup.let, *n.* شش‌گانه، شش قلو.

sex.tu.pli.cate (**-d, sextu-plicating**) *adj., n. & vt.* شش‌گانه، شش برابر کردن، تبدیل به‌شش‌کردن.

sex.u.al [sékʃuəl] *adj.* جنسی، تناسلی، وابسته به‌آلت تناسلی و جماع.

sexual intercourse, *n.* مقاربت‌جنسی، جفت‌گیری، جماع، آمیزش‌جنسی.

sex.u.al.i.ty [sèkʃuǽliti] *n.* جنسیت، تمایلات جنسی.

sexy, *adj.* [ز.ع.] دارای تمایلات جنسی، شهوت‌انگیز، دارای احساسات شهوانی.

sh, *interj.* ساکت، هیس.

shab.by [ʃǽbi] *adj.* پست، دون، نخ‌نما، کهنه، ژنده.

shack [ʃæk] (**-ed, -ing**) *n., vt. & vi.* کلبه، خانه، خانهٔ کوچك و سردستی ساخته‌شده، کاشانه، زیستن.

shack.le (**-d, shackling**) *n., vi. & vt.* پابند، دستبند، قید، مانع، پابندزدن.

shacklebone, *n.* استخوان مچ دست، استخوان قاپ.

shad [ʃæd] (*pl.* **shads**) *n.* [ج.ش.] شاماهی خوراکی اروپا و شمال‌آمریکا.

shad.dock, *n.* [گ.ش.] سدابها، دارابی.

shade [ʃeid] (**-d, shading**) *n., vt. & vi.* سایه، حباب چراغ یا فانوس، آباژور، سایه‌بان، جای‌سایه‌دار، اختلاف جزئی، سایه رنگ، سایه‌دار کردن، سایه افکندن، تیره کردن، کم کردن، زیر و بم کردن.

A s. better. یك جزئی بهتر.

shade.less, *adj.* بدون سایه.

shading [ʃéidiŋ] *n.* سایه (در نقشه‌کشی)، اختلاف جزئی (در رنگ و معنی و غیره)، توصیف، اصلاح.

shad.ow [ʃǽdou] *adj., vt. & n.* سایه، ظل، سایه افکندن بر، رد پای کسی را گرفتن، دنبال کردن.

shad.ow.less, *adj.* بی‌سایه.

shadowlike, *adj.* سایه‌مانند.

shad.owy [ʃǽdoui] *adj. & adv.* سایه‌دار، سایه افکن، سایه مانند، زودگذر.

shady [ʃéidi] *adj.* سایه‌دار، سایه افکن، مشکوك، مرموز.

shaft [ʃa:ft] (*pl.* **-s, shaves**) *n., vt. & vi.* میله، استوانه، بدنه، چوبه، قلم، ساقه، دسته، چوب، تیر، پرتو، چاه، دودکش، بادکش، نیزه، خدنگ، گلوله، ستون، تیر انداختن، پرتو افکندن.

shag [sæg] (**-ged, -ging**) *adj., n.&vt.* موی زبر، موی کرك شده، موی درهم و برهم، توتون زبر، پارچهٔ موئی زبر، آویزان بودن، درهم و برهم ساختن، پرموساختن، خشن‌ساختن، تکان دادن، لرزاندن.

shag.gy [ʃǽgi] (**-ier, -iest**) *adj.* زبر، درهم، کرك شده، مو دراز، پرمو، پشمالو.

sha.green [ʃægrí:n] *adj. & n.* ساغری، کمیت، چرم‌دانه‌دار، نوعی پارچهٔ ابریشمی دانه‌دار، شبیه چرم دانه‌دار.

shah [ʃa:] *n.* [فارسی] شاه، پادشاه.

shakable, shakeable, *adj.* تکان دادنی، تکان خوردنی.

shake [ʃeik] (**shook, shaken, shaking**) *n., vt. & vi.* ارتعاش، تکان، لرزش، تزلزل، لرز، تکان دادن، جنباندن، آشفتن، لرزیدن.

S. one's fist at some one. با مشت کسی را تهدید کردن.

Shake a leg. رقصیدن، پای کوبی کردن.

shake down [ʃéikdaun] *vi., n. & adj.* آوار، فروریختگی، تجزیه، جیب کسی را کاملا خالی کردن، بیتوته کردن، آزمودن.

shake-out, *vt. & n.* با تکان بیرون بردن، لرزاندن، رکود.

shak.er [ʃéikə] *n.* لرزاننده، تکان دهنده، ماشین تکان دهنده، آدم مزور و لاف زن، آدم ولگرد و آواره.

Shake.spear.ean, Shake-spear.ian, Shak.sper.ian [ʃeikspíəriən] *n.* وابسته به‌شکسپیر.

shake up, *vt. & n.* تکان سخت دادن، احساسات را تحریك کردن، سرهم‌بندی، دگرگونی.

shako (*pl.,* **-s, -es**) *n.* کلاه بلند نظامی.

SHAKO

shaky [ʃéiki] *adj.* لرزنده، لرزان، متزلزل، سست، ضعیف.

shale [ʃeil] *n., vt. & vi.* سنگ‌رست، پوست، پوشش، صدف، سنگ‌نفت‌زا، صدف کندن، شورهٔ سر، پولك.

shall [ʃæl, ʃəl, ʃl] (*p. & pp.* **should**) باید، بایست، بایستی، فعل معین.

S. I go? بروم؟، آیا بایدبروم؟

shal.lop [ʃǽləp] *n.* کرجی پاروئی، کشتی کوچك دو دگله.

shal.lot [ʃəlɔ́t] *n.* (گ.ش.) موسیر، پیازکوچك، لولهٔ نازك.

shal.low [ʃǽlou] (**-ed, -ing**), *n., vt. & vi.* کم‌ژرفا، کم‌عمق، کم‌آب، سطحی، کم‌عمق کردن.

shalt [ʃælt] [د.] دوم شخص مفرد حاضر فعل shall.

sham [ʃæm] (**-med, -ming**) *n., adj., vt. & vi.* قلابی، ساختگی، دروغی، ریاکاری، وانمود کردن، بخودبستن، تظاهر کردن.

sha.man, *adj. & n.* کشیش یا کاهن یا جادوگر مردم قدیم شمال‌آسیا و اروپا.

sha.man.ism, *n.* پیروی از عقاید جادوگران و کاهنان دوران اولیهٔ تمدن بشر، جادوگری.

sham.ble [ʃǽmbl] (**-d, shambling**) *adj., n., vt. & vi.* (بصورت‌جمع) کشتارگاه، (مج.) قتلگاه، تلوتلو خوردن، سلاخی کردن، کشتار کردن.

sham.bles [ʃǽmblz] *n.pl.* کشتارگاه، (مج.) قتلگاه، صحنهٔ کشتار.

shame [seim] (**-d, shaming**), *vi., vt. & n.* شرم، خجلت، شرمساری، آزرم، ننگ، عار، شرمنده کردن، خجالت‌دادن، ننگین کردن.

Put to s. شرمسار یا رسوا کردن.

shame.faced, shame.fast [ʃéimfèist] *adj.* کمرو، خجالت‌کش، خجالتی، ترسو، خجول.

shame.ful, *adj.* شرم‌آور، ننگین.

shame.less [ʃéimlis] *adj.* بی‌حیا، بی‌شرم، بی‌شرمانه، ننگ‌آور.

sham.mer, *n.* شیاد، متقلب، حیله‌گر.

sham.poo [ʃæmpú:] (**-ed,-ing**), *vt. & n.* سرشوی، سرشویه، باشامپو یا سرشوی‌شستشودادن.

sham.rock [ʃǽmrɔk] *n.* رنگ سبز شبدری، [گ.ش.] شبدر ایرلندی.

Shan (*pl.* **shan, shans**) *n.* [د.ك.ـ اسکاتلند] خجل، کمرو، محجوب، خجالتی.

shan.dy.gaff [ʃǽndigæf] **shan-dy,** *n.* پرصدا، بلند، رؤیائی، تصوری، خوشحال.

shang.hai [ʃæŋhái] (**-ed,-ing**), *adj., vt. & n.* آدم‌دزدی، ربودن ملوان (بقصد اخاذی و غیره).

Shangri -la, *n.* بهشت خیالی، شهر زیبا، سرزمین دلخواه.

shank [sæŋk] *n.* ساق پا، ساق جوراب، (تش.) درشت نی، قصبهٔ کبری، ساقه، میله [بدنهٔ ستون و غیره].

shan't [ʃa:nt] مخفف‌کلمات shall not.

shan.tung [ʃæntʌ́ŋ] *n.* پارچهٔ ابریشمی خشن چینی.

shan.ty [ʃǽnti] (**-ed, -ing**) *n., adj. & vi.* کلبه، درکلبه زندگی کردن.

S. town. شهر یا قسمتی ازشهر که ازکلبه‌های کوچك تشکیل شده است، چادرآباد، حصیرآباد.

shap able, shape.able, *adj.* شکل‌پذیر، قابل شکل‌گیری، مناسب، موزون.

shape [ʃeip] (**-d, shaping**) *n., vt. & vi.* شکل، صورت، قواره، اندام، تجسم، شکل‌دادن‌به، تشکیل دادن.

shaped [ʃeipt] *adj.* بشکل درآمده.

shape.less [ʃéiplis] *adj.* بی‌شکل، فاقد شکل معین، بد شکل.

shap.er, *n.* بشکل درآورنده.

shape.ly [ʃéipli] *adj.* خوش ترکیب، شکیل، خوش برو رو.

shard [ʃa:d]=**sherd**(**-ed,-ing**), *n., vt. & vi.* خرده ریز، پاره‌سفال، صدف، سفال، کوزهٔ شکسته، شکستن و بصورت قطعات ریز درآوردن.

share [ʃeə] (**-d, sharing**) *n., vt. & vi.* سهم، حصه، بخش، بهره، قسمت، بخش‌کردن، سهم‌بردن، قیچی کردن.

They s. the same desk. آنها مشترکاً از یك میز استفاده میکنند.

share.crop.per, *n.* زارع، مستأجر، زارع سهم‌گیر.

shareholder [ʃɛ́əhòuldə] *n.* سهم‌دار، صاحب سهم.

shar.er, *n.* سهیم، سهم‌دار، شریك.

shark [ʃa:k] (**-ed, - ing**) *n., vt. & vi.* (ج.ش.) سگ دریائی، کوسه ماهی، متقلب، گوش‌بری، گوش بری کردن.

S. skin. پوست‌کوسه، چرم کوسه ماهی، پارچهٔ شبیه پوست‌کوسه.

sharp [ʃa:p] (**-ed, -ing**) *adv., adj., n., vt. & vi.* تیز، نوك‌دار، تند، زننده، زیرك، تیز کردن.

sharp.en [ʃá:pən] (**-ed,-ing**), *vt. & vi.* تیزکردن، تیزشدن، نوك تیز کردن، تقلب کردن، تندکردن.

sharp.en.er, *n.* تیزکننده، مدادتراش.

sharp.er [ʃá:pə] *n.* مداد تراش، آدم دغل وکلاهبردار.

sharp-eyed, *adj.* تیزبین، ریزبین.

sharp-fanged, *adj.* تیز دندان.

sharp-set, *adj.* دارای لبهٔ تیز، (مج.) گرسنه، بسیار مشتاق، حریص، با اشتها.

sharpshooter [ʃá:pʃù:tə] *n.* تیرانداز ماهر، زنجرهٔ دارای سرمخروطی.

sharp-sighted, *adj.* تیزبین، تیز نظر، هوشیار، دارای فکر صائب.

sharp-tongued, *adj.* بدزبان، فحاش، بکار برندهٔ سخنان زننده.

sharp-witted, *adj.* تیز هوش، تیز فهم، هوشیار.

shash.lik, shas.lik, *n.* کباب، شَشلیك.

shat.ter [ʃǽtə] (**-ed, -ing**), *n., vt. & vi.* خردکردن، داغان‌کردن، شکستن، (درجمع) قطعات شکسته.

shatterproof, *adj.* نشکن، ضد خرد شدن، خرد نشو.

shave [ʃeiv] (**shaved, shaven, shaving**) *n., vt. & vi.* تراشیدن، رنده‌کردن، ریش‌تراشی، تراش.

Have a close s. ازته‌تراشیدن، [مج.] جان مفت بدر بردن.

shav.er [ʃéivə] *n.* تراشنده، صورت تراش، سلمانی، رنده.

sha.vetail, *n.* قاطر بارکش، افسر تازه‌کار، ستوان‌سوم.

Sha.vi.an [ʃéiviən] *adj. & n.* پیرو عقاید اجتماعی و سیاسی وادبی برنارد شاو، شوخی‌گوشه‌دار.

shav.ie, *n.*

shav.ing [ʃéiviŋ] *n.* تراشه، چیز تراشیده، اصلاح، صورت تراشی.

shaw [ʃɔ:] *n.* درختستان، بیشه، ردیف درختان.

shawl [ʃɔ:l] (**-ed, -ing**) *vt. & n.* شال، دستمال‌گردن، شال‌گردن بستن.

she [ʃi:] *pron. & n.*

او،آن دختریازن، جانور ماده.

sheaf [ʃi:f] (*pl.* **sheaves**) *vt. & n.* دسته، بافه، بغل، دسته یا بافهٔ گندم، دستهٔ گل یا گیاه، بافه کردن،دسته کردن.

shear [ʃiə] (**sheared, shorn, shearing**) *n., vt. & vi.* چیدن مو، چیدن پشم گوسفند و غیره، بریدن، شکاف دادن، قیچی کردن، اسباب برش قیچی، ماشین برش.

To shear a sheep. پشم گوسفندراچیدن.

sheared, *adj.* چیده شده، قیچی شده.

shear.er, *n.* پشم چین.

sheath, sheathe [ʃi:θ, ʃi:ð] (**-ed, -ing**) (*pl.* **sheaths**) *n., vt. & vi.* نیام، غلاف، جلد، پوش، غلافدار کردن، پوشاندن، کندکردن،غلاف کردن.

sheathing [ʃi:ðiŋ] *n.* پوشش، غلاف، مصالح مخصوص غلاف یا پوشش.

sheave (**-d, sheaving**) *n., vt. & vi.* (در قرقره) چرخ طناب خور، چرخ قرقره، دسته کردن، بصورت بافه درآوردن.

shed [ʃed] (**shed, -ded,-ding**), *n., adj., vt. & vi.* ریختن، انداختن، افشاندن، افکندن، خون جاری ساختن، جاری ساختن، پوست انداختن، پوست ریختن، برگ ریزان کردن، کپر، آلونك.

To s. blood. خونریزی کردن.

she'd مخفف کلمات she would و she had.

shed.der, *n.* ریزنده، ریزان، جانور پوست انداز.

sheen [ʃi:n] (**-ed, -ing**) *n. & vi.* درخشندگی،زیبائی،تابش، برق، درخشیدن.

sheeny, *adj.* پر زرق و برق، براق.

sheep [ʃi:p] *n.* (ج.ش.)گوسفند، چرم گوسفند،آدم ساده ومطیع.

sheep.cote, sheepfold, *n.* آغل گوسفند.

sheep dog, *n.* [ج.ش.] سگ گله.

sheepherder, *n.* چوپان،شبان بیابانی.

sheepherding, *n.* چوپانی.

sheep.ish [ʃi:piʃ] *adj.* گوسفندوار، ساده دل، ترسو، کمرو.

sheepshearing, *n.* پشم چینی.

sheepskin, *n.* پوستین،پوست گوسفند.

sheer [ʃiə] (**-ed, -ing**) *adj., adv., n., vt. & vi.* صرف، محض، خالص، راست، تند، مطلق، بطور عمود، یك راست، پاك،بکلی، مستقیماً،ظریف، پارچهٔ ظریف، حریری، برگشتن، انحراف حاصل کردن، کنار رفتن، کنار زدن.

sheet [ʃi:t] (**-ed, -ing**) *adj., vi., n. & vt.* ورقه، ورق، صفحه، ملافه، تخته، پهنه، سطح، متورق، ورقه ورقه، ورقشده، ملافه کردن، ورقه کردن.

sheet anchor [ʃi:t æŋkə] *n.* (د.ن.) لنگر سنگین کمرکشتی، نقطهٔ اتکاء.

sheet glass, *n.* ورقشیشه، شیشهٔ ورق.

sheet.ing, *n.* مصالح ورقه سازی، پوششی، لفاف، ملافه وغیره، هرچیزی بشکل ورقه.

sheetlike, *adj.* ورقه مانند.

sheet metal, *n.* فلز ورق، ورق فلز.

sheikh, sheik [ʃeik, ʃi:k] *n.* (عربی) شیخ، رئیس قبیله، رئیس خانواده، رئیس.

sheikh.dom, sheik.dom, *n.* شیخ نشین، قلمرو شیخ.

shek.el [ʃékl] (*pl.* **-s**) *n.* واحد وزن و پول بابل قدیم.

shel.drake [ʃéldreik] (*pl.* **-s**) *n.* [ج.ش.] اردك وحشی دریائی.

shelf [ʃelf] (**-ed, -ing**) (*pl.* **shelves**) *vt. & n.* تاقچه، رف، فلات قاره، هر چیز تاقچه مانند، در تاقچه گذاشتن،کنار گذاشتن.

On the shelf. در تاقچه گذارده، [مج.] راکد، بدون استفاده.

shelflike, *adj.* تاقچه مانند.

shell [ʃel] (**-ed, -ing**) *adj., n., vt. & vi.* پوست، قشر، صدف حلزون، کاسه یا لاك محافظ جانور [مثل کاسهٔ لاك پشت]، عامل محافظ، حفاظ، جلد، پوست فندق و غیره، کالبد، بدنهٔ ساختمان،گلولهٔ توپ، پوکهٔ فشنگ، قشر زمین، سبوس گیری کردن، پوست کندن از، مغزمیوه را درآوردن [ازپوست]، بمباران کردن، بتوپ بستن، فلس ریختن، پوست انداختن.

S. off. با نارنجك مورد حمله قرار دادن.

she'll [ʃi:l] مخفف عبارات زیر، she shall, she will.

shel.lac, shel.lack [ʃəlǽk] (**-ed, -ked, -ing, -king**) *vt., n. & vi.* لاك مخصوص لاك و الکل، بالاك جلا دادن، شکست مفتضحانه خوردن یادادن.

shelled, *adj.* پوستدار، صدفدار.

shellfish [ʃélfiʃ] *n.* حلزون صدفدار، نرم تن صدفدار.

shell out=pay, *vt., n. & vi.* پرداختن، هزینهٔ چیزیرا قبول کردن.

shell shock (**-ed, -ing**) *n. & vt.* اختلال روحی در اثر صدای انفجار نارنجك و امثال آن، وحشت و اضطراب حاصله از صدای انفجار.

shellwork, *n.* تزئینات صدف مانند.

shelly, *adj.* صدفی، پوسته پوسته.

shel.ter [ʃéltə] (**-ed, -ing**) *n. vi. & vt.* پناهگاه، جان پناه، محافظت، حمایت، محافظت کردن، پناه دادن.

shel.ter.less, *adj.* بی حفاظ، بی پناه.

shelve [ʃelv] (**-d, shelving**), *vt., n. & vi.* تاقچه دار کردن، در قفسه گذاردن، قفسه دار کردن، کنار گذاردن، شیب دار کردن یا شدن، بیمصرف کول کردن.

shelv.er, *n.* درقفسه گذار، در تاقچه گذار.

shelv.ing, *n.* موادیکه ازآن تاقچه میسازند، شیب، درجهٔ شیب، تاقچه یا قفسه بندی.

Shem, *n.* سام فرزند بزرگ نوح پیغمبر.

she.nan.i.gan, *n.* حقه یا حیله برای عطف توجه، شیطنت،چرند.

shend (**shent, -ing**) *vt.* دستپاچه کردن، جلو افتادن از.

shep.herd [ʃépəd] (**-ed, -ing**), *n. & vt.* چوپان، شبان، چوپانی کردن.

S. dog, *n.* سگ گله.

shep.herd.ess [ʃépədes, –is] *n.* چوپان زن، شبانکاره که زن باشد.

sher.bet [ʃə':bət] =**sher.bert,** *n.* (از فارسی «شربت») بستنی میوه، لیموناد.

sher.iff [ʃérif] *n.* کدخدا، ضابط شهربانی، داروغه، کلانتر.

sher.ry [ʃéri] **sher.ris,** *n.* شراب شیرین یا تلخ اسپانیولی.

she's [ʃi:z] =she has و she is.

Shet.land [ʃétlənd]=**Zetland,** *n. & adj.* جزایر «شتلاند»، اسب کوچك وبال بلند.

sheugh, sheuch, *n.* خندق، حفره، نهرآب.

shew [ʃou] *n., vi. & vt.* نشاندادن، نشان، ارائه،(درقدیم معادل show بوده).

S. bread, *n.* نان فطیر تبرك شده در مراسم دینی یهود.

Shia=shiite (*pl.* **shia, shias**), *n.* شیعه، پیرو مذهب شیعه.

shib.bo.leth [ʃibəleθ] *n.* آزمون، محك، امتحان، اصطلاح پیش پا افتاده و مرسوم، بیان رایج، اسم رمز.

shield [ʃi:ld] *n., vt. & vi.* سپر، پوشش، حامی، حفاظ، پوشش محافظ،بوسیلهٔ سپر حفظ کردن، حفاظ پیدا کردن.

shield.er, *n.* سپردار.

shier, shiest (*comp. & sup. of* **shy**) *n.* چموش، کمروتر، کمروترین.

shift [ʃift] (**-ed, -ing**) *n., vi. & vt.* تغییر مکان، انتقال، تغییر جهت، پوش، تناوب، نوبت، نوبتی، تعویض، نوبت کار،استعداد، ابتکار، تعبیه، نقشهٔ خائنانه، حقه، توطئه، پخش کردن، تعویض کردن، تغییر مکان دادن، انتقال دادن، تغییر مسیر دادن، جابجا کردن، تحول پیدا کردن، دستخوش تغییر و تحول شدن، چاره اندیشیدن،طفره رفتن، اداره کردن، گذران کردن.

shift.able, *adj.* قابل تعویض،یاانتقال.

shift.er, *n.* تعویض کننده.

shifting pedal, *n.* [درپیانو]رکاب صداخفه کن، (مج.) وسیلهٔ تخفیف و تضعیف چیزی.

shift.less [ʃiftlis] *adj.* بیدست و پا، بی وسیله، بیچاره.

shifty [ʃifti] *adj.* زرنگ، دستوپادار، باابتکار، باتدبیر، حیله گر، فریب آمیز، متغیر، بی ثبات.

Shi.ite, *n.* مسلمان شیعه، پیرو شیعه.

shil.ling [ʃiliŋ] *n.* شیلینگ واحد پول انگلیس.

shilly-shally [ʃiliʃæli] (**shilly-shallied, shilly-shallying**) *n., adj., adv. & vi.* مردد، دو دل، تردید، دو دلی داشتن.

shim (**-med, -ming**) *vt. & n.* خط سفید پیشانی اسب، نظر، یك نگاه، توفال، بیلچه، بیلچه زدن، هموار کردن.

shim.mer [ʃimə] (**-ed, -ing**), *n., vt. & vi.* سوسو زدن، روشن و خاموش شدن، روشنائی لرزان داشتن، دارای تصویر یا شکل لرزان و مرتعش بودن، تموج داشتن، موج زدن.

shim.mery, *adj.* دارای نور لرزان، سوسو زننده.

shim.my, shim.mey (**-ed, -ing**) *n. & vi.* (چرخ وسیلهٔ نقلیه) تاب داشتن،لرزش داشتن، تکان تکان خوردن(اتومبیل).

shin [ʃin] (**-ned, -ning**) *n., vt. & vi.* پیاده و باسرعت رفتن، قلم پا، ساق پا، قلم پای خوك،گوشت قلم پا.

S. bone=tibia, *n.* استخوان قلم پا.

shin.dig, shin.dy, *n.* [ز.ع.–آمر.] مجلس انس ورقص، بزم.

shine [ʃain] (**shone, shined, shining**) *vt., vi., adj. & n.* تابیدن، درخشیدن، نورافشاندن، دارای انعکاس نور روشن شدن، روشنی، فروغ، تابش،درخشش.

shin.er, *n.* درخشان، تابان، آدم باهوش، آدم زرنگ،واکسی،واکس کفش، چیزدرخشنده، ستاره،کلاه ابریشمی،کفش چرمی براق، پول زر یا نقره، لیرهٔ طلا، [ز.ع.] پول،سکه ، چشم، چشم کبود شده (دراثرضربت وغیره)، (درجمع) انواع ماهیان کوچك و نقره فام آمریکائی (Cyprinidae).

shin.gle [ʃiŋgl] (**-d, shingling**) *vt. & n.* توفال، تخته کوبی، توفال چوبی یاسیمانی وغیره، توفال کوبی کردن، [مج.] پوشاندن، موی سر را ازته زدن.

shin.gler, *n.* توفال کوب، ماشین چکش کاری آهن گداخته.

shin.i.ness, *n.* زرق وبرق، جلا.

shining, *adj.* درخشان، تابناك.

shinleaf (*pl.* **-s**) *n.* [گ.ش.]امرود.

shin.nery, *n.* درختستان، قلمستان.

shin.ny=shin.ney (**-ed,-ing**), *vi. & n.* بازی هاکی که با توپ چوبی بازی شود، چوب بازی هاکی، شینی بازی کردن.

shinplaster, *n.* اسکناس کم ارزش وبدون پشتوانه.

Shin.to, *adj. & n.* شینتو، مذهب ارواح پرستی در ژاپن.

shiny [ʃáini] *adj. & adv.* صیقلی، براق، آفتابی، درخشان، پرنور.

ship [ʃip] (**-ped, -ping**) *n., vt. & vi.* کشتی، جهاز، کشتی هوائی، هواپیما، باکشتی حمل کردن، فرستادن، سوار کشتی شدن، سفینه، ناو.

S. building, *n.* کشتی سازی.

shipboard, *n.* پهلوی کشتی، درکشتی، سوار کشتی، کنار کشتی، صحنهٔ کشتی، عرشه.

ship.man, *n.* ملوان، دریانورد.

shipmaster, *n.* [م.م.] شراعبان، ناخدا، رئیس کشتی.

shipmate, *n.* همقطار [درکشتی].

ship.ment [ʃípmənt] *n.* حمل، محموله، کالای حمل شده باکشتی.

ship of the line, *n.* کشتی جنگی بزرگ.

ship.pa.ble, *adj.* قابل کشتیرانی، قابل حمل باکشتی، قابل ارسال.

ship.per [ʃípə] *n.* دریانورد، حمل کنندهٔ کالا باکشتی، مسافرکشتی، محمولهٔ کشتی، اهرم ساعت.

ship.ping, *n.* ترابری، حمل، کشتیرانی، ناوگان.

ship-rigged, *adj.* [د.ن.] دارای بادبان مربع.

ship.shape [ʃípʃeip] *adj. & adv.* تروتمیز، مرتب، بطور تروتمیز.

shipside, *n. & adj.* کنار کشتی، واقع درکنار کشتی.

ship.wreck [ʃíprek] (**-ed,-ing**), *vt. & n.* کشتی شکستگی، غرق کشتی، غرق، کشتی شکسته شدن.

shipwright, *n.* کشتی ساز.

shipyard, *n.* محل کشتی سازی، کارخانهٔ کشتی سازی.

shire [ʃáiə] (**-d, shiring**) *n. & vt.* استان، ایالت، ناحیه، بهاستان تقسیم کردن.

S. town, *n.* مرکز کنت نشین، شهرداری،محکمهٔ دادگستری.

shirk [ʃə:k] (**-ed, -ing**) *vt., vi. & n.* شانه خالی کردن از، از زیرکاری دررفتن، روی گرداندن از، طفره زدن، اجتناب،طفره رو.

shirk.er, *n.* آدم طفره رو.

shirr (**-ed, -ing**) *n. & vt.* پارچه را بهم کوك زدن، چین دادن، پختن.

shirring, *n.* کوك زنی، چین زنی.

shirt [ʃə:t] (**-ed, -ing**) *vt. & n.* پیراهن، پیراهن پوشیدن.

shirt.ing, *n.* پیراهن، پارچهٔ پیراهنی.

shirtmaker, *n.* پیراهن دوز.

shirttail, *n. & adj.* دامن پیراهن، پشت پیراهن.

shirtwaist, *n.* بلوز زنانه.

shish ke.bab, *n.* [آمر.]چلوکباب برگ.

shit, *vi., vt. & n.* ریدن، گه، ان، عن.

shit.tah (*pl.* **shittahs, shittim**) *n.* (گ.ش.) درخت صمغ سنگالی،چگرد.

shiv.er [ʃívə] (**-ed, -ing**) *n.,*

vt. & vi. لرزه، لرز، ارتعاش، لرزیدن، ازسرما لرزیدن، ریزه، تکه، خردکردن.

S. with cold. ازسرما لرزیدن.

shiv.ery [ʃívəri] *adj.* لرزه، لرزان، مرتعش، شکننده.

shoal [ʃoul] (**-ed, -ing**) *adj., n., vt. & vi.* پایاب، کم‌عمق، تنگ، کم جای، تپهٔ زیر آبی، گروه، دسته شدن، کم‌ژرفا، کم‌عمق شدن.

shoat, *n.* خوك کمتر ازیك‌سال، بچه‌خوك.

shock [ʃɔk] (**-ed, -ing**) *n., adj., vt. & vi.* تکان، صدمه، هول، هراس، ناگهانی، لطمه، تصادم، تلاطم، ضربت سخت، تشنج‌سخت، توده، خرمن، توده‌کردن، خرمن کردن، تکان سخت خوردن، هول وهراس پیدا کردن، ضربت سخت زدن، تکان سخت خوردن، دچارهراس سخت شدن.

shock.er [ʃɔ́kə] *n.* اخبارموحش، مطالب‌مهیج، تحریك‌کننده.

shocking [ʃɔ́kiŋ] *adj.* منزجرکننده، مایهٔ انزجار، برخورنده، بد.

shock troops, *n.pl.* [نظ.]گروه تهاجمی، گروه حمله.

shod [ʃɔd] *adj.* کفش پوشیده، گل‌آلود، نعل‌کفش.

shod.dy [ʃɔ́di] (**-ied, -ing**), *adj. & n.* پارچهٔ پست، پست، جازده، جنس‌بنجل، کالای‌تقلبی.

shoe [ʃu:] (**shod, -d, shoe-ing**) *n. & vt.* کفش، نعل اسب، کفش پوشیدن، دارای‌کفش‌کردن، نعل‌زدن به.

shoeblack, *n.* واکس‌زن، واکسی.

shoehorn, *n. & vt.* پاشنه‌کش‌کفش، پاشنه‌کش بکاربردن.

shoelace, *n.* بندکفش.

shoemaker, *n.* کفش‌دوز، کفاش.

shoer, *n.* نعلبند.

shoestring, *n. & adj.* بندکفش.

shoe tree, *n.* قالب‌کفش.

shog (**-ged, -ging**) *vi., vt. & n.* [د.گ. ـ انگلیس] تکان خوردن، تکان‌دادن.

shoo [ʃu:] (**-ed, -ing**) *interj., vt. & vi.* کیش [برای راندن‌مرغ‌وغیره] کیش‌کردن، باکیش فرادادن، چخ.

shook [ʃuk] (زمان ماضی فعل shake)

shook (**-ed, -ing**) *vt. & n.* مجموع تخته‌های لازم برای ساختن بشکه و چلیك وامثال‌آن، روکش‌چوب مخصوص‌جعبه یا مبل وغیره، دسته، بسته، بسته‌کردن.

shoot [ʃu:t] (**shot, shooting**), *vt., vi., n. & interj.* درکردن (گلوله و غیره)، رهاکردن (ازکمان وغیره)، پرتاب کردن، زدن، گلوله زدن، رها شدن، آمپول‌زدن، فیلمبرداری‌کردن، عکسبرداری کردن، دردکردن، سوزش داشتن، جوانه زدن، انشعاب، رویش انشعابی، رویش شاخه، درد، حرکت تند وچابك، رگهٔ معدن.

She was shot for a spy. او را به تهمت جاسوسی تیرباران‌کردند.

shoot.er [ʃú:tə] *n.* تیرانداز، تفنگ درکن.

shooting gallery, *n.* میدان تیراندازی تمرینی.

shooting star, *n.* شهاب ثاقب، ستارهٔ ثاقب، تیرشهاب.

shop [ʃɔp] (**-ped, -ping**) *n., vi. & vt.* دکان، مغازه، کارگاه، تعمیرگاه، فروشگاه، خریدکردن، مغازه‌گردی‌کردن، دکه.

shopkeeper, *n.* دکاندار، مغازه‌دار.

shop.lift.er, *n.* دزد مغازه.

shop.lift.ing, *n.* بلندکردن جنس ازمغازه.

shop.per [ʃɔ́pə] *n.* خریدار، مغازه‌رو، کاسب خرده فروش.

shoptalk, *n.* صحبت بازاری، گفتگو دربارهٔ وضع‌کسب.

shopworn, *adj.* کهنه ورنگ رفته دراثرماندن درمغازه.

shore [ʃɔ:] (**-d, shoring**) *n., vt. & vi.* کناردریا، لب (دریا)، کرانه، ساحل، بساحل رفتن، فرودآمدن، ترساندن.

shore leave, *n.* [د.ن.] مرخصی ملوانان وافسران برای رفتن بخشکی.

shorn [ʃɔ:n] *p.p. & n.* اسم مفعول فعل shear

short [ʃɔ:t] (**-ed, -ing**) *adj., adv., n., vt. & vi.* کوتاه، مختصر، قاصر، کوچك، باقی‌دار، کسردار، کمتر، غیرکافی، خلاصه، شلوارکوتاه، تنکه، یکمرتبه، بی‌مقدمه، پیش‌ازوقت، ندرتاً، کوتاه‌کردن، (برق) اتصالی پیداکردن.

Make s. work of something. کلك چیزی راکندن.

The long and the s. of it. مختصراً، خلاصه.

short.age [ʃɔ́:tidʒ] *n.* کسری، کمبود.

shortbread [ʃɔ́:tbred] *n.* کلوچهٔ ترد، کماج.

shortcake [ʃɔ́:tkeik] *n.* نان روغنی، کلوچهٔ ترد.

shortchange, *vt., n. & adj.* کم‌دادن (پول)، کم تحویل دادن (پول)، [م.م.] فریب دادن.

short circuit, *vt., vi. & n.* اتصالی شدن دوسیم برق، اتصال‌کوتاه.

shortcoming [ʃɔ́:tkʌmiŋ, ʃɔ:tkʌ'miŋ]=**deficiency, de-fect,** *n.* قصور، کاستی، نکته‌ضعف، کمبود.

shortcut (**-cut, -cutting**), *n., adj., vt. & vi.* راه میان‌بر، طریقهٔ‌اقتصادی، میان‌بر کردن.

short division, *n.* تقسیم باختصار.

short.en [ʃɔ́:tn] (**-ed, -ing**), *vt. & vi.* کوتاه‌کردن، مختصر کردن، کاستن.

short.en.er, *n.* روغن تردکننده، مختصر کننده.

shortening [ʃɔ́:tniŋ] *n.* روغن تردکنندهٔ شیرینی وغیره.

shorthand [ʃɔ́:thænd] *adj. & n.* تندنویسی، مختصرنویسی.

shorthorn [ʃɔ́:thɔ:n] *n.* [ج.ش.] جانور شاخ‌کوتاه، نژادگاو شاخ‌کوتاه شمال انگلیس، آدم بی‌تجربه.

short-lived, *adj.* کم‌عمر، کوتاه مدت، بی‌دوام.

short order, *n.* [دررستوران] خوراکی‌که زودمهیا میشود.

short ribs, *n.pl.* گوشت با استخوان دنده.

short sight, -ed = myopia, *n. & adj.* نزدیك‌بینی، کوتاه‌نظری، نزدیك‌بین، کوته‌نظر.

shortstop [ʃɔ́:tstɔp] *n.* (در بازی بیس‌بال) موقعیت بازیکن مدافع در داخل میدان.

short story, *n.* داستان‌کوتاه.

short-tempered, *adj.* ازجا در رفته، عصبانی، زودرنج.

short-term, *adj.* کوتاه‌مدت، مختصر.

shortwave, *n.* (رادیو) موج‌کوتاه.

short-winded, *adj.* دارای تنگی نفس، ازنفس افتاده.

shot [ʃɔt] *vt., vi., adj. & n.* گلوله، تیر، ساچمه، رسائی، پرتابه، تزریق، جرعه، یك گیلاس مشروب، فرصت، ضربت توپ بازی، منظرهٔ فیلمبرداری‌شده، عکس، رها شده، اصابت کرده، جوانه زده.

Small s. ساچمه.

Fire a s. تیرخالی‌کردن.

shotgun, *adj. & n.* تفنگ‌ساچمه‌ای.

shot put, *n.* پرتاب‌وزنه (درورزش).

shot-putter, *n.* شرکت‌کننده درپرتاب وزنه، وزنه‌پران.

shot.ten, *adj.* بی‌ارزش، بی‌فایده، (استخوان) دررفته، جابجا شده، دلمه شده.

should زمان ماضی واسم مفعول فعل معین shall

shoul.der [ʃóuldə] (**-ed, -ing**), *n., vt. & vi.* شانه، دوش، کتف، هرچیزی شبیه‌شانه، جناح، باشانه زوردادن، هل‌دادن.

Put one's s. to the wheel. بکارچسبیدن، تن بکاردادن.

Give a cold s. to some one. بکسی بی‌اعتنائی کردن.

S. arms. [نظ.] پیش‌فنگ.

shoulder board, *n.* [نظ.]سردوشی.

shouldn't. should not، نبایستی.

shout [ʃaut] (**-ed, -ing**) *n., vt. & vi.* فریاد، داد، جیغ، فغان، فریاد زدن، جیغ زدن، دادزدن.

shout.er, *n.* فریاد زننده، جارچی.

shove [ʃʌv] (**-d, shoving**) *n., vt. & vi.* هل، پرتاب، تنه، هل‌دادن، تنه زدن، با زورپیش‌بردن، پرتاب‌کردن، کشیدن (شمشیر)، پرتاب شدن.

shov.el [ʃʌ'vl] (**-ed, -led, -ing, -ling**) *n., vt. & vi.* خاك‌انداز، بیل، پارو، کج‌بیل، بیلچه، بیل‌زدن، با بیل‌کندن، انداختن.

shov.el.ful [ʃʌ'vlful] *n.* بقدر یك بیلچه.

shov.el.man, *n.* کارگر بیل‌زن.

shov.er, *n.* هل دهنده.

show [ʃou] (**-ed, shown, -ing**), *vi., vt. & n.* نشان‌دادن، نمودن، ابرازکردن، فهماندن، نشان، ارائه، نمایش، جلوه، اثبات.

An interesting s. نمایش جالب.

S. to the door. تا دم درکسی را همراهی کردن.

S. one out. راه بیرون رفتن را بکسی نشان دادن، بیرون‌کردن.

showboat, *n.* قایق دارای صحنهٔ نمایش، نمایش درقایق.

showcase, *n. & vt.* ویترین، جعبه‌آینه، درویترین نمایش‌دادن.

showdown [ʃóudaun] *n.* مرحلهٔ نهائی مسابقات، آزمایش نیرو.

show.er [ʃáuə] (**-ed, -ing**), *vi., vt & n.* رگبار، درشت‌باران، دوش، باریدن، دوش گرفتن.

A s. of bullets. رگبارگلوله.

shower bath, *n.* حمام دوش، دوش.

show.ery [ʃáuəri] *adj.* رگباری.

show.ing [ʃóuiŋ] *n.* نمایش، جلوه، ارائه، آشکارسازی، اظهار، علامت، مظهر.

show.man [ʃóumən] *n.* نمایشگر، نمایش دهنده، آدم چاخان، تبلیغاتچی.

show.man.ship [ʃóumənʃip] *n.* فن نمایش، نمایشگری.

show off, *n., vt. & vi.* خودنمائی‌کردن، آدم خودنما.

showpiece, *n.* نمونهٔ‌ممتاز ویژهٔ نمایش.

showplace, *n.* نمایشگاه، ورزشگاه.

showroom, *n.* نمایشگاه‌کالا، سالن نمایشگاه.

show up, *vt., vi. & n.* کسی‌رالودادن، حاضر شدن، حضور یافتن، سرموقع حاضرشدن.

showy [ʃóui] *adj.* خوش‌نما، زرق وبرق دار، خودنما، پرجلوه.

shrap.nel [ʃrǽpnəl] *n.* شرپنل، گلولهٔ‌انفجاری، گلولهٔ‌افشان.

shred [ʃred] (**-ded, -ding**), *n., vt. & vi.* پاره، تکه، ریز، خرده، ذره، سرتکهٔ پارچه، پاره‌کردن، باریك بریدن.

shred.der, *n.* پاره‌پاره کننده.

shrew [ʃru:] *n.* [illegible]

shrewd [ʃru:d] *adj.* زیرك، ناقلا، باهوش، حیله‌گر، موذی، زرنگ.

shrew.ish [ʃrú:iʃ] *adj.* زن غرغرو، بدجنس، آب‌زیرکاه، سلیطه، پتیاره.

shriek [ʃri:k] *n., vt. & vi.* جیغ زدن (مثل بعضی از پرندگان)، فریاد دلخراش زدن، جیغ، فریاد.

shrift [ʃrift] *n.* اقراربگناه، آئین‌توبه وبخشش، اعتراف‌بگناه.

shrill [ʃril] (**-ed, -ing**) *n., adv., adj., vt. & vi.* تیز، روشن، مصر، مصرانه، صدای خیلی زیر، شبیه صفیر، جیغ کشیدن.

shrimp [ʃrimp] (**-ed, -ing**) *n.* (ج.ش.) میگو، ماهی میگو، روبیان.

SHRIMP (2 in. long)

shrine [ʃrain] *vt. & n.* معبد، جای مقدس، زیارتگاه، درمعبدقراردادن.

shrink [ʃriŋk] (**shrank, sh-runk, shrunken, shrinking**), *n., vt. & vi.* چروك‌شدن، جمع شدن، کوچك شدن، عقب‌کشیدن، آب رفتن (پارچه)، شانه خالی‌کردن از.

shrink.able, *adj.* جمع‌شدنی، چروك خوردنی.

shrink.age [ʃríŋkidʒ] *n.* انقباض، چروك، چروك خوردگی، آب‌رفتگی.

shrink.er, *n.* چروك خورنده، چروك دهنده.

shrive [ʃraiv] (**-d, shrove, shriven, shriving**) *vt. & vi.* اعتراف گرفتن، توبه دادن وبخشیدن، گناهان خود را اعتراف‌کردن، آمرزش.

shriv.el [ʃrívl] (**-ed, -led, -ing, -ling**) *n., vt. & vi.* چروك‌شدن، چین‌خوردن، خشك شدن.

shroud, [ʃraud], (**-ed, -ing**) *n., vt. & vi.* کفن، پوشش، لفافه، طناب اتصال بادبان بنوك عرشهٔ کشتی، پوشاندن، در زیر حجاب نگاه‌داشتن، کفن کردن.

SHROUDS

Shrovetide, *n.* (مسیحیت) سه‌روز قبل‌ازچهارشنبهٔ توبه.

Shrove Tuesday [ʃróuvtú:zdi], *n.* (مسیحیت) سه‌شنبهٔ قبل‌ازچهارشنبهٔ توبه.

shrub [ʃrʌb] *n. & vt.* بوته، گلبن، بوتهٔ توت فرنگی، درختچه، بوته‌دار کردن.

shrub.bery [ʃrʌ'bəri] *n.*

بوته‌زار، درختچه‌زار.

shrub.by, *adj.* پربته،
پوشیده‌ازبوته، بوته‌زار، مانندگلچین، شبیه‌بوته.

shrug [ʃrʌg] **(-ged, -ging)** *n., vt. & vi.* شانه‌را بالاانداختن، منقبض
کردن. بالا انداختن شانه، مطلبی را فهماندن.

shrug off, *vt.*
تکان دادن، با بی‌اعتنائی تلقی‌کردن.

shuck [ʃʌk] **(-ed,-ing)** *n., vt. & vi.* پوسته، سبوس، پوست‌نخود وغیره، زدودن.

shud.der [ʃʌ'də] **(-ed, -ing),** *n., vt. & vi.* لرزیدن، مشمئزشدن، ارتعاش.

shud.dery, *adj.* مرتعش، ارزان.

shuf.fle [ʃʌ'fl] **(-d, shuffling),** *n., vt. & vi.* برزدن، بهم‌آمیختن،
بهم مخلوط‌کردن،این سو وآن‌سو حرکت‌کردن،
بیقرار بودن.

shuffleboard [ʃʌ'flbɔːd] *n.*
بازی شافل بورد.

shun [ʃʌn] **(-ned, -ning)** *n. & vt.* دوری و اجتناب،
پرهیزکردن، اجتناب‌کردن از، گریختن.

shun.ner, *n.* پرهیزکننده.

shunt [ʃʌnt] **(-ed, -ing)** *n., vt. & vi.*
ترن را بخط دیگری انداختن، منحرف کردن،
تغییرجهت‌دادن، ازمیان بردن، کنارگذاشتن.

shunt.er [ʃʌ'ntə] *n.* تغییرمسیردهنده.

shush (-ed, -ing) *interj., vi., vt. & n.*
هش، ساکت، هیس، ساکت‌کردن، هیس‌گفتن.

shut [ʃʌt] **(shut, shutting),** *adj., n., vt. & vi.* بستن، برهم‌نهادن،
جوش‌دادن، بسته‌شدن، تعطیل‌شدن،تعطیل‌کردن،
پائین‌آوردن، بسته، مسدود.

shut down, *n. & vi.*
بستن، تعطیل شدن، بسته شدن، تعطیل.

shut-in, *adj. & vt.*
حبس‌کردن، مریض‌بستری.

shut off, *vt. & n.*
مسدودکردن، قطع‌کردن، بستن.

shut out, *vt. & n.*
(ورزش) یوان نیاوردن، باختن.

shut.ter [ʃʌ'tə] **(-ed, -ing),** *vt. & n.* پشت‌پنجره، پشت‌دری، حائل، (دوربین
عکاسی و غیره) دیافراگم، دریچه‌دارکردن.

shut.tle [ʃʌ'tl] **(-d,shuttling),** *n., vt. & vi* ماکو، ترنی‌که‌فقط درمسیر
معینی آمدورفت‌کند، لرزنده، رفت‌وآمدن‌کردن.

shuttlecock, [ʃʌ'tlkɔ́k] *vt. & n.* گوی پردار مخصوص‌بازی
بدمینتن، سردواندن.

SHUTTLECOCK

shut up, *vt. & vi.* باعث وقفه درتکلم
شدن، خفه کردن، (امر)
خفه شوا

shy [ʃai] (*pl.* **shies) (shier, shyer, shiest, shyest, shied, shying)** *adj., n., vt. & vi.*
خجالتی، کمرو، رموك، ترسو، مواظب، آزمایش،
پرتاب، رم‌کردن، پرت‌کردن، ازجاپریدن.

shy.ster [ʃáistə] *n. & vi.*
کسیکه درقانون و سیاست فاقد اصول اخلاقی
است، بی‌همه‌چیز، بی‌مرام، دغل‌کاری‌کردن.

si.al.a.gog.ic, *adj.*. بزاق‌آور،خدوآور.

Si.a.mese [sàiəmíːz] *adj. & n.*
اهل‌کشورسیام،اهل‌کشورتایلند (Thailand).

Siamese twin, *n.*
یکی‌ازدوقلوهای بهم‌چسبیده،هیولای زوج.

sib, *adj. & n.* خویش وقوم،
منسوب، منسوب نسبی، برادریاخواهر.

Si.be.ria [saibíəriə] *n.* سیبریه.

Si.be.ri.an [saibíəriən] *adj.*
سیبریه‌ای.

sib.i.lant [síbilənt] *adj. & n.*
صفیری، حرف صفیری، صدای هیس.

sib.i.late (-d, sibilating) *vt. & vi.* هیس‌کردن، سوت زدن،
مانند حرف «س» تلفظ‌کردن.

sib.i.la.tion, *n.* تلفظ بشکل‌حرف«س».

sib.ling, *n.* همنیا، هم‌نژاد، برادریاخواهر.

sib.yl, syb.il [síbil] *n.*
زن غیب‌گو، غیبی، ساحره، نبیه، فالگیر.

si.byl.ic, si.byl.lic, *adj.*
غیبگویانه، وابسته به زن غیبگو یا ساحره.

sib.yl.line [síbilain] *adj.* الهامی.

sic=such, *adj.* چنین.

sic, sick [sik] **(-ced, sicked, -cing, sicking)** *vt. & adv*
جستجوکردن، علامت‌جایی بمعنی «عمداً چنین
نوشته شده».

Si.cil.ian [sisíljən] *adj. & n.*
اهل جزیرهٔ سیسیل، سیسیلی.

sick [sik] *adj., n., vt. & vi.*
ناخوش، بیمار، ناساز، ناتندرست،مریض،مریض
شدن، (سگ را) کیش‌کردن، برانگیختن.

S. at heart. روحاً‌کسل، دلشکسته.

sickbed, *n.* تخت مریض یا بیمارستان.

sick.en [síkn] **(-ed, -ing)** *vt. & vi.*
مریض‌کردن یاشدن، بیمارکردن، ناخوش‌کردن.

sick.en.er, *n.*
چیز ناخوش‌کننده، مریض‌کن، چیزتهوع‌آور.

sick.en.ing, *adj.*
تهوع‌آور، بیزارکننده، بیمارکننده.

sick.er, -ly, *adv. & adj.*
[اسکاتلند] سالم، سلامت، قابل‌اطمینان، محققاً.

sick.ish [síkiʃ] *adj.*
کمی ناخوش، کسل، تا اندازه‌ای‌تهوع‌آور.

sick.le [síkl] **(-d, sickling),** *adj., n., vt. & vi.* داس،دهره، بشکل‌داس،
با داس‌بریدن، بشکل‌داس (نیمدایره) درآوردن.

sick leave, *n.* مرخصی استعلاجی.

sick.ly, *adj.* بیمار، ناخوش، ناتوان.

sickroom, *n.* اتاق بیمار.

side [said] **(-d, siding)** *adj., n., vt. & vi.* طرف، سو، سمت، پهلو،
جنب، طرفداری‌کردن از، دریکسوقراردادن.

Take sides with.
طرفداری ازکسی‌کردن.

He is on our s. اوطرف ما است.

Right s. of a cloth. روی پارچه.

side arm, *adv., n. & adj.*
اسلحهٔ‌کمری، ازپهلو، کمری.

sideboard [sáidbɔːd] *n.*
میز دم‌دستی، میز پادیواری، میزکناری.

side.burns, *n.pl.*
لاپات، موی‌سر درجلوگوشها، خطریش.

sidecar, *n.*
اتاقك موتورسیکلت، درشکهٔ چهارچرخه.

side dish, *n.* غذاهای فرعی (مثل‌آش
وکوکو وغیره‌که درسرسفره‌گذارند).

side effect, *n.*
اثرفرعی(دارو)، اثر زیان‌آور،واکنش‌ثانوی.

side-glance, *n.*
نظربیك‌طرف، نظرفرعی، نظراجمالی.

side issue, *n.*
موضوع فرعی،مسئلهٔ فرعی.

sidekick, *n.*
شخص تابع، آدم پیرو، شخص وابسته.

sidelight [sáidlait] *n.*
اطلاعات ضمنی وفرعی، روشنائی غیرمستقیم.

sideline, *vt. & n.* خطوط طرفین
میدان‌بازی، ازبازی یا معرکه خارج‌کردن، کار
یا چیز فرعی.

sidelong [sáidlɔŋ] *adv. & adj.*
یکوری،کج، بطوراریب، درکنار، جانبی.

si.de.re.al [saidíəriəl] *adj.*
ستاره‌ای، وابسته به ثوابت، نجومی.

sidesaddle, *adv. & n.*
زین‌زنانه، زین یکوری، با زین زنانه.

sideshow, *n.*
نمایش فرعی، موضوع فرعی، انحراف‌اتفاقی.

sideslip, *n. & vi.*
یکورشدن، سرخوردن [اتومبیل و امثال آن].

sidespin, *n.*
چرخش بیك‌سو، چرخش انحرافی.

sidesplitting, *adj.* روده‌برازخنده،
موجب تشنج پهلوها (در اثرخنده وغیره).

side step (-ped, -ping) *n., vt. & vi.* کنار رفتن (درمشت‌بازی
برای اجتناب ازمشت حریف)، گریز، سویکام.

sideswipe, *vt. & vi.*
پهلوزدن‌به، برخوردکردن به پهلوی چیزی.

sidetrack (-ed, -ing) *vt. & n.*
جادهٔ فرعی، ازامراصلی منحرف شدن.

side view, *n.* نیمرخ، ازپهلو.

sidewalk, *n.* پیاده‌رو.

sidewall, *n.* جدار، دیوار پهلوئی،
کنارهٔ لاستیك اتومبیل.

side.ward, side.wards, *adv. & adj.* یکور، پهلوئی، ضلعی، ازپهلو.

side.way, -s [sáidwei(z)] *n., adj. & adv.* غیرمستقیم،یك‌طرفه، فرعی، ازپهلو.

sidewinder, *n.* نوعی‌مارزنگی‌کوچك،
ضربت‌سنگین‌ازپهلو، نوعی موشك‌ضدهوائی.

siding [sáidiŋ] *n.*
جانبداری، طرفداری، بستگی بحزب، پهلوئی.

si.dle [sáidl] **(-d, sidling)** *n., vt. & vi.*
یکور راه‌رفتن، یکورکردن،یکوری، اریب.

siege [siːdʒ] *vt. & n.*
محاصره، احاطه، محاصره‌کردن.

si.er.ra, *n.* رشته‌کوه تیز و
دندانه‌دار، رشته جبال‌تیز ودندانه‌دار.

si.es.ta [siéstə] *n. & vi.*
خواب نیمروز، قیلوله،خواب بعدازظهرکردن.

sieve [siv] **(-d, sieving)** *n., vi. & vt.* الك، آردبیز، پرویزن،
غربال، الك‌کردن، غربال‌کردن.

sift [sift] **(-ed, -ing)** *n., vt. & vi.*
الك‌کردن، بیختن، وارسی‌کردن، الك.

sift.er [síftə] *n.* الك‌کننده.

sigh [sai] **(-ed, -ing)** *n., vi. & vt.* آه،
آه‌کشیدن، افسوس خوردن، آه حسرت‌کشیدن.

sight [sait] **(-ed, - ing)** *adj., n., vt. & vi.* بینائی، بینش، باصره، نظر،
منظره، تماشا، آلت نشانه روی، جلوه، قیافه،
جنبه، چشم، قدرت دید، دیدگاه، هدف، دیدن،
دید زدن، نشان‌کردن، بازرسی‌کردن.

Lose one's s. کورشدن.

At first s. درنظراول، بیك نگاه.

sight.less [sáitlis] *adj.*
کور، نابینا، نامرئی، دیده‌نشده.

sight.ly [sáitli] *adj. & adv.*
[م.م] مرئی، مقبول، مطبوع نظر، موردنظر.

sight-seeing [sáitsìːiŋ] *adj. & n.* دیدارمناظرجالب (شهر وغیره)، تماشا.

sig.il, *n.* مهر، امضاء، علامت‌نجومی، علائم‌رمزی.

sig.mate, *adj.* بشکل‌حرف S.

sig.moid, *adj. & n.*
مانند S ، پیچیده، حلقوی، هلالی.

sign [sain] **(-ed, -ing)** *n., vt. & vi.* نشان، نشانه، علامت، اثر،
صورت، آیت، تابلو، اعلان، امضاءکردن، امضاء،
نشان‌گذاشتن، اشاره‌کردن.

I had it signed. آنرا بامضاء رساندم.

sig.nal [sígnəl] **(-ed, -led, -ing, -ling)** *vt., vi., adj. & n.*
علامت، نشان، راهنما، اخطار، آشکار، مشخص،
باعلامت ابلاغ‌کردن، با اشاره‌رساندن،خبردادن.

sig.nal.er [sígnələ] **sig.nal.ler,** *n.* علامت دهنده.

sig.nal.iza.tion, *n.* علامت‌گذاری.

sig.nal.ize [sígnəlaiz] **(-d, signalizing)** *vt. & vi.*
برجسته‌کردن، علم (alam) کردن،مشهورکردن.

sig.nal.ly, *adv.* آشکارا، بطوربرجسته.

sig.nal.man, *n.* متصدی‌علائم، دیدبان.

sig.na.to.ry [sígnətəri] *adj. & n.*
امضاءکننده، صاحب‌امضاء، امضائی.

sig.na.ture [sígnətʃə] **(-d, signaturing)** *vt. & n.*
امضاء، دستینه، صحه، توشیح، امضاءکردن.

signboard, *n.*
لوحه، سرلوحه، تختهٔ اعلان، اعلان.

sign.er, *n.* امضاءکننده.

sig.net [sígnit] *n. & vt.* مهر، خاتم،
انگشتری خاتم‌دار، مهرکردن.

sig.ni.fi.able, *adj.*
قابل نمایش بوسیلهٔ علامت یا رمز.

sig.nif.i.cance [signífikəns] *n.*
معنی، مقصود، مفاد، مفهوم، اهمیت، قدر.

sig.nif.i.cant [signífikənt] *adj. & n.* پرمعنی، مهم، قابل‌توجه،حاکی‌از، عمده.

sig.ni.fi.ca.tion [sìgnifikéiʃn] *n.*
معنی، مفهوم، مفاد، تعیین، اظهار، ابلاغ.

sig.ni.fi.er, *n.* دلالت‌کننده.

sig.ni.fy [sígnifai] **(-ied, signifying)** *vi. & vt.* معنی دادن،
دلالت‌کردن‌بر، حاکی بودن‌از، باشاره‌فهماندن،
معنی بخشیدن.

sign language, *n.* زبان‌علامات،
زبان مخصوص‌کرها، مکالمه با اشاره.

sign of aggregation (ر.) علائم
مخصوص جملهٔ جبری (مثل پرانتز وغیره).

si.gnor [síːnjɔː] (*pl.*-**s, -i**) *n.*
[ایتالیا] آقا،شخص محترم، مسیو.

si.gno.ra [siːnjɔ́ːrə] (*pl.* **s, -e**), *n.* [ایتالیا] بانوی محترمه، خانم.

si.gno.ri.na [sìnjɔːríːnə] (*pl.* **-s, -e**) *n.* [ایتالیا] دوشیزه، مادموازل.

signpost *n.*
تابلواعلان، تیرحامل اعلان، تابلو راهنما.

sike=syke, *n.* (د.گ. – انگلیس)
نهرکوچك، نهری‌که در تـابستان خشك شود،
جوی‌آب، ناودان، خندق.

si.lage [sáilidʒ] *n.*
علف‌تازه مانده، قصیل سبز.

si.lence [sáiləns] **(-d, silencing)** *n., vt. & vi.*
خاموشی، سکوت،آرامش، فروگذاری، ساکت
کردن، آرام‌کردن، خاموش شدن.

Keep s. خاموش شدن، خاموش بودن.

si.lenc.er [sáilənsə] *n.* خاموش‌کننده،
فرونشاننده، ساکت‌کننده، صدا خفه‌کن.

si.lent [sáilənt] *adj. & n.*
خاموش، ساکت، بیصدا، آرام، صامت، بیحرف.

sil.hou.ette [sìluét] **(-d, silhouetting)** *n., vt. & vi.*
نیمرخ، نیمرخ هرچیزی برنگ سیاه یا برنگ

یکدست،محیط‌مرئی، نقاشی‌سیاه‌یکدست، بصورت نیمرخ سیاه نشاندادن.

sil.i.ca [sílikə] *n.* سیلیکا، سیلیس.

silk [silk] (**-ed, -ing**) *adj., vt., vi. & n.* ابریشم، نخ ابریشم، نخ‌ابریشم مخصوص‌طراحی،پارچهٔ ابریشمی،لباس‌ابریشمی.

silk.en [sílkn] *adj. & vt.* ابریشمی، نرم، ابریشم‌پوش، حریری، براق، صاف، ابریشم‌نما کردن.

silkworm [sílkwə:m] *n.* کرم ابریشم،کرم پیله.

silky [sílki] *adj.* ابریشم‌نما، ابریشمی، نرم، چاپلوسانه.

sill=cill [sil] (**-ed, -ing**) *n. & vt.* آستانه، پایه، تیرپایه، آستانهٔ در، کسلهٔ بستری، دارای‌آستانه یا پایه نمودن.

sil.ly [síli] *adj., n. & adv.* نادان، ابله، سبک‌مغز، چرند، احمقانه.

si.lo [sáilou] (**-ed, -ing**) *vt. & n.* انبارغله، درسیلوگذاردن.

silt [silt] (**-ed, -ing**) *n., vt. & vi.* لای، لجن،گل، کف، درده، تهمانده، لجن‌گرفتن، لیمون.

sil.ta.tion, *n.* تشکیل لجن.

sil.van [sílvən]=**syl.van,** *adj.* جنگلی، طبیعی.

sil.ver [sílvə] *n., adj., vt. & vi.* نقره، سیم، نقره‌پوش‌کردن، نقره‌فام شدن.

sil.ver.i.ness, *n.* نقره‌فامی، سفیدی.

sil.vern, *adj.* نقره‌فام، دارای صدای نقره، سیمین، نقره‌ای، سیمابی.

silver-plate (**-d, - plating**), *n. & vt.* نقره‌اندود،آب‌نقره، ظرف نقره، بانقره‌اندودن.

silversmith, *n.* نقره‌ساز، نقره‌کار، سیمگر.

silver spoon, *adj. & n.* قاشق‌نقره، ثروت موروثی، دارای ثروت موروثی، ثروتمند.

silver-tongued, *adj.* فصیح، چرب زبان.

silverware, *n.* ظروف نقره.

sil.very [sílvəri] *adj.* نقره‌فام، سیمین، سفید، براق، صاف،سیم‌اندود.

sil.vi.cal, *adj.* جنگلی.

sil.vics, syl.vics, *n.pl.* جنگل‌شناسی.

sil.vi.cul.ture, *n.* پرورش جنگل.

sil.vi.cul.tur.ist, *n.* ویژه‌گر پرورش جنگل.

sim.i.an [símiən] *n. & adj.* میمون، بوزینه، شبیه میمون، میمون‌مانند.

sim.i.lar [símilə] *n.& adj.* همگونه، مانند، شبیه، مطابق، همانند، مشابه، یکسان.

sim.i.lar.i.ty [sìmilǽriti] *n.* تشابه، مشابهت، مانندبودن، همگونگی.

sim.i.le [símili] *adj. & n.* تشبیه، صنعت‌تشبیه، استعاره، تشابه، شبیه.

si.mil.i.tude [simílitju:d] *n.* شباهت صورت، بیرون، ظاهر، تشبیه، تمثیل.

sim.mer [símə] (**-ed, - ing**), *vt., n. & vi.* آهسته جوشیدن، بجوش و خروش‌آمدن، نیم‌جوش کردن، بجوش‌آمدن،جوش.

Si.mon, *n.* شمعون.

si.mo.nize (**-d, simonizing**), *vt.* واکس‌زدن، برق‌انداختن [با واکس].

simo.ny [sáiməni] *n.* خریدوفروش مناصب روحانی وموقوفات وعواید دینی.

sim.per [símpə] (**-ed, -ing**), *n., vi. & vt.* بیجا خندیدن، سفیهانه خندیدن، خندهٔ زورکی کردن، پوزخند زدن، سوسوزدن [نور].

sim.per.er, *n.* چشمک‌زن، خنده‌کننده بدون دلیل.

sim.ple [símpl] (**-d, simpl-ing**) (**-r, -st**) *n., adj., vt., adv. & vi.* ساده، بسیط، بی‌تکلف، ساده‌دل، خام، ناآزموده، نادان، ساده‌کردن.

simpleminded, *adj.* ساده‌لوح، ساده‌دل،کم استعداد.

sim.ple.ton [símpltən] *n.* ساده‌لوح، احمق، ابله.

sim.plic.i.ty [simplísiti] *n.* سادگی، بی‌آلایشی، ساده‌دلی، بسیطی.

It is s. itself سادهٔ ساده‌است.

sim.pli.fi.ca.tion [sìmplifikéi-ʃən] *n.* ساده‌سازی، ساده‌گردانی، مختصرسازی.

sim.pli.fi.er, *n.* ساده‌کننده، مختصرکننده.

sim.pli.fy [símplifai] (**-ied, simplifying**) *vt.* ساده‌کردن، آسان‌تر کردن، مختصر کردن.

sim.plism, *n.* سادگی، گرایش‌سادگی و بی‌آلایشی.

sim.plis.tic, *adj.* ساده طبع، ساده.

sim.ply, *adv.* بسادگی، واقعاً، حقیقتاً.

sim.u.la.crum [sìmjuléikrəm], (*pl.* **simulacra, -s**) *n.* نمودناك، صورت‌خیالی، خیال، تمثال، شبح، شباهت‌وهمی، شباهت ریائی، شباهت تصنعی.

sim.u.lar, *adj. & n.* متظاهر، وانمودکننده، قلابی، صوری.

sim.u.late [símjuleit] (**-d, si-mulating**) *adj., vt. & vi.* صوری، وانمودکردن، بخودبستن، مانند بودن، تقلیدکردن، شباهت داشتن به.

sim.u.la.tion [sìmjuléiʃn] *n.* وانمود، تظاهر، ظاهرسازی، تقلید، تمارض.

sim.u.la.tive, *adj.* صوری، دارای شباهت ظاهری، تقلیدی.

sim.u.la.tor, *n.* وانمودگر، متظاهر.

simul.ta.ne.i.ty, *n.* همبودی، مقارنه، همزمانی، همزمان، همبود.

simul.ta.neous [sìməltéinjəs], *adj.* همبود، باهم واقع شونده، همزمان.

sin [sin] (**-ned, -ning**) *n., vt. & vi.* گناه، معصیت، عصیان، خطا،بزه، گناه ورزیدن، معصیت‌کردن، خطاکردن.

since [sins] *adv., prep. & conj.* بعداز، پس از، ازوقتی‌که، چون‌که، نظر باینکه، ازاینرو، چون، ازآنجائی‌که

sin.cere [sinsíə] *adj.* بی‌ریا، راست‌نما، مخلص، صادق، صمیمی.

sin.cer.i.ty [sinsériti] *n.* صدق وصفا، بی‌ریائی، خلوص، صمیمیت.

si.ne.cure [sáinikjuə] *adj. & n.* هر شغلی‌که‌متضمن‌مسئولیت مهمی نباشد،جیره‌خور ولگرد،وظیفه گرفتن‌وول گشتن،مفت‌خوری و ولگردی.

sine die [sáinidáii(:)] *adv. & adj.* تا تاریخ غیرمحدود، برای همیشه.

sine qua non [sáinikweinɔ́n], *n. & adj.* [لاتین]امر ناگزیر،امرلازم،لاینفك.

sir.loin [sə́:lɔin] *n.* گوشت راسته، گوشت‌کمرگوسفند یا خوك.

sin.ew [sínju:] (**-ed, -ing**) *vt. & n.* رگ‌وپی، پی، وتر، تار وپود، رباط.

sin.ewy [sínju:i] *adj.* پی‌دار، سخت پی، باأسطقس، نیرومند.

sin.ful [sínful] *adj.* عاصی،گناهکار.

sing [siŋ] (**sang, sung, sing-ing**) *n., vt. & vi.* آواز، سرود، سرودن، تصنیف، آواز خواندن، سرود خواندن، سرائیدن.

sing.able, *adj.* خواندنی، سرودنی.

singe [sin(d)ʒ] (**-d, singeing**), *vt. & n.* سوختگی‌سطحی،سوختن، بوداده، بطور سطحی سوختن،داغ‌کردن، فرزدن.

They singed his beard. ریشش را بودادند (دود دادند).

sing.er, *n.* خواننده، آواز خوان، سراینده، نغمه‌سرا.

sin.gle [síŋgl] (**-d, singling**), *adj., n., adv., vt. & vi.* واحد، منفرد، [illegible] جدا کردن، برگزیدن، انتخاب کردن. (Out

single-breasted, *adj.* دارای‌دکمه دریك طرف‌کت،کت دو یاسه دکمه.

single file, *n. & adv.* صف نظامی که یکی‌یکی‌پشت‌سرهم‌باشند، یك ردیف، ستون.

single-foot (**-ed, -ing**) (*pl.* **-s**) *n. & vi.* تك روی، اسب تك‌رو، تکاور، تك‌روبودن.

single-footer, *n.* تك‌رو.

single-handed, *adj. & adv.* یك تنه، دست‌تنها، تنهائی.

single-hearted, *adj.* امین، وفادار، بی‌ریا، یکدل.

single-minded, *adj.* امین، بی‌تزویر، مصمم، بااراده.

single-phase, *adj.* برق یك‌فاز.

single-space (**-d, -spacing**), *vt. & vi.* [درماشین‌نویسی] درمیان سطور فقط‌یك فاصله‌گذاردن، تك‌فاصله‌کردن.

sin.glet [síŋglit] *n.* زیرپوش مردانه، خط واحد.

sin.gle.ton [síŋgltən] *n.* یگانه، (دربازی ورق) تك‌ورق،ورقی‌که دردست‌بازیکن نظیری ندارد، یك‌سطر شعر یابند منحصر بفرد.

sin.gly, *adv.* یك‌یك، یکان‌یکان، جداجدا، فردأفرد، به‌تنهائی، تنها، انفراداً.

singsong [síŋsɔŋ] *vt., adj., vi. & n.* بطوریك‌نواخت یا یك‌وزن‌خواندن، یك‌نواخت، یك وزن، آواز،سرود یك‌نواخت.

sin.gu.lar [síŋgjulə] *adj. & n.* مفرد، تك، فرد، فرید، فوق‌العاده،خارق‌العاده، غریب، [د.] واژهٔ مفرد، صیغهٔ مفرد، غرابت، شگفتی، یکتائی، منحصر بفردی.

sin.gu.lar.i.ty [sìŋgjulǽriti] *n.* غرابت، شگفتی، یکتائی، منحصر بفردی.

sin.gu.lar.ize, *vt.* تك‌کردن، بشکل مفرد درآوردن.

Sin.i.cism, *n.* متابعت از آداب و رسوم چینی، چینی‌پرستی.

Sin.i.cize=sin.i.fy (**-d, Sini-cizing**) *vt.* مطابق‌آداب و رسوم چینی کردن، جنبهٔ چینی دادن، چینی‌کردن.

sin.is.ter [sínistə] *adj.* گمراه کننده، بدخواه، کج، نادرست، خطا، فاسد، بدیمن، بدشگون، نامیمون، شیطانی.

sinis.tral, *adj. & n.* بدیمن، بدشگون، نامیمون، مغایر،چپی،تمایل بچپ، غیرمشروع، آدم‌چپ دست.

sink [siŋk] (**sank, sunk, sun-k.en, sinking**) *n., vt. & vi.* دستشوئی آشپزخانه، وان‌دستشوئی، فرو رفتن، رسوخ، ته نشینی، حفره یاگودال، نزول‌کردن، غرق شدن، ته رفتن، نشست‌کردن،گود افتادن.

sink.able [síŋkəbl] *adj.* نشست‌کردنی، غرق‌کردنی یا شدنی.

sink.age, *n.* درجهٔ فرو رفتگی.

sink.er [síŋkə] *n.* وزنهٔ‌ریسمان‌ماهی‌گیری، وزنه،مته‌کار، قالب‌ریز.

sinkhole, *n.* چاه فاضل‌آب،گودال، منجلاب، تلهٔ‌پول.

sinking fund [síŋkiŋ fʌ́nd] *n.* وجه استهلاکی.

sin.less [sínlis] *adj.* بی‌گناه، معصوم.

sin.ner [sínə] *n.* عاصی، بزهکار، گناهکار.

si.nol.o.gist [sinɔ́lədʒist]= **sino.logue,** *n.* چین‌شناس، ویژه‌گر فرهنگ و ادبیات و تاریخ‌چین.

Si.nol.o.gy [sinɔ́lədʒi] *n.* چین‌شناسی، مطالعهٔ ادبیات و رسوم چین.

sin.ter (**-ed, -ing**) *vi., vt. & n.* خاکستر، ته مانده و زوائدذوب آهن، رسوب، بستن‌وسخت شدن، موادمتحجرشده دردهانهٔ‌چشمهٔ آب گرم.

sin.u.ate (**-d, sinuating**) *adj. & vi.* (در مورد برگ)دارای حاشیهٔ موجی، موجی، موجدار، کنگره‌کنگره، موجدارکردن.

sin.u.os.i.ty [sìnjuɔ́siti] *n.* موج، شیارموجی، انحراف اخلاقی، حرکت موجی.

sin.u.ous [sínjuəs] *adj.* موجی، دارای شیارهای موجی، مارپیچی، غیرمستقیم، گمراه‌کننده.

si.nus [sáinəs] *n.* [تش.] درون‌حفره‌های پیشانی وگونه‌ها،معصره، مخ، ناسور،گودال،کیسه، حفره، جیب.

si.nus.i.tis, *n.* [تش.] ورم سینوس‌ها.

Sion=zion, *n.* صهیون.

sip [sip] (**-ped, -ping**) *n., vt. & vi.* جرعه، چشش، مزمزه،خرده‌خرده‌نوشی، مزمزه‌کردن، خرد خردآشامیدن، چشیدن.

si.phon, [sáifən] (**-ed, -ing**) *n., vt. & vi.* زانوئی،لولهٔ‌خمیده یا شترگلو، سیفون، ازلوله‌یا سیفون رد کردن.

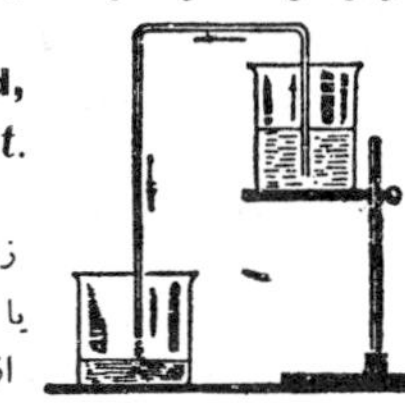
SIPHON

sir [sə(:)] *n.* آقا، شخص محترم، لرد، شخص والامقام.

sire [sáiə] *vt. & n.* اعلیحضرتا، حضرتا، پدر، نیا، پس انداختن، پدری‌کردن.

Si.ren, Si.ren.ic [sáiərən] *n. & adj.* حوری دریائی، زن‌دلفریب، سوت‌کارخانه، آژیر، حوری مانند.

Sir.i.us [síriəs] *n.* (نج.) صورت فلکی شعرای‌یمانی، ستارهٔ کاروان کش درکلب‌اکبر، سگ سیف‌الجبار، شباهنگ.

si.roc.co [sirɔ́kou] *n.* بادسام، بادگرم وگردبادمانند،گرم‌باد.

sir.rah=sir.ra [sírə] *n.* [م. م. ـ د.گ.] یارو، مردکه،زنکه.

sir.ree=sir.ee, *n.* [ز.ع.ـ آمر.] آقاجان، آقای‌خودم.

sis.si.fied, sis.sy [sísi] *adj.* خواهر، دختر، مردیابچهٔ زن صفت.

sis.ter [sístə] *n. & vt.* خواهر، همشیره، پرستار،دختر،تارك‌دنیا، خواهری‌کردن.

sis.ter.hood [sístəhud] *n.* خواهری، انجمن‌خیریهٔ مذهبی نسوان.

sister-in-law (*pl.* **sisters-in-law**) *n.* خواهرزن، خواهر شوهر، زن‌برادر، جاری، زن‌برادرزن.

sis.ter.ly, *adj.* خواهرانه، خواهروار.

Sis.y.phus, *n.* [افسانهٔ‌یونان]سیسیفوس که محکوم‌به غلطاندن‌سنگی بروی‌کوه بود.

sit [sit] (**sat, sitting**) *n., vt. & vi.* نشستن، جلوس‌کردن، قرارگرفتن.

S. for an examination. در امتحانی وارد شدن یا شرکت کردن .

si.tar, sit.tar, *n.* [فارسی]سه‌تار.

sit-down, sit down, *n., vt. & vi.* اعتصاب کارمندان، بنشینید، بفرمائید.

site [sait] **(-d, siting)** *vt. & n.* جا، محل، مکان، زمین زیرساختمان.

sit-in, *n.* قطع کار، اعتصاب، حضور در محلی بعنوان اعتراض.

si.tol.o.gy, *n.* علم تغذیه ورژیم غذائی.

sitting [sítiŋ] *n. & adj.* جلسه، نشست، جا، نشیمن، صندلی، نشسته.

sitting duck, *n* هدف بی‌دفاع وآسان (جهت حمله وانتقاد).

sitting room, *n.* اتاق نشیمن.

sit.u.ate (-d, situating) *adj. & vt.* (حق.) واقع در، واقع شده، درمحلی گذاردن، جا گرفتن .

situated [sítjueitid] *adj.* واقع شده‌در، واقع در، جایگزین.

sit.ua.tion, -al [sìtjuéiʃn], *adj. & n.* موقعیت، وضعیت، جایگزینی، وضع، حالت، حال، جا، محل، موقع، شغل.

si.tus, *n.pl.* موقعیت، ناحیه،محل، وضع.

six [siks] *pron., adj. & n.* شمارهٔ شش، شش، ششمین.

At sixes and sevens. درهم وبرهم، بلاتکلیف، سردرگم.

six-by-six, *n.* شش درشش، ماشین شش چرخه، وسیلهٔ نقلیهٔ شش چرخه .

six.pence [síkspəns] *n. pl.* سکهٔ نیم‌شیلینگی ، شش‌پنسی .

six.teen [síkstí:n] *adj., n. & pron.* شانزده، شمارهٔ شانزده، شانزدهمین.

six.teenth [síkstí:nθ] **(pl. -s),** *adj. & n.* شانزدهمین، شانزدهم.

sixth [siksθ] **(pl. -s)** *n., adj. & adv.* ششم،ششمین، یك‌ششم،شش‌یك،سدس،سادس.

six.ti.eth [síkstiiθ] *adj. & n.* شصتم، شصتمین، یك‌شصت، یك‌شصتم.

six.ty [síksti] *pron., adj. & n.* شمارهٔ شصت، شصت.

siz.able, size.able [sáizəbl] *adj.* قابل ملاحظه، بزرگ .

size [saiz] **(-d, sizing)** *adj., vt., vi. & n.* اندازه، قد، مقدار، قالب، سایز، ساختن یادرجه‌بندی کردن برحسب اندازه، چسب‌زنی، آهارزدن ، برآوردکردن.

Of a large s. بزرگ اندازه.

Of my s. باندازهٔ من.

siz.zle [sízl] **(-d, sizzling)** *n. vt. & vi.* صدای هیس کردن، جلزولز کردن، صدای‌سوختن کباب روی آتش.

siz.zler, *n.* هیس کننده،جلزولز کننده، سوزنده، بسیارگرم.

skald, -ic, *adj. & n.* شاعر قدیمی اسکاندیناوی، داستان‌نویس.

skate [skeit] **(-d, skating), (pl. -s),** *vi., vt. & n.* یارو، آدم پست، اسب مردنی، [ج.ش.]لقمه‌ماهی، ماهی‌چهارگوش، کفش یخ‌بازی، سُر خوردن، اسکیت بازی کردن، سرسره بازی کردن، کفش چرخدار.

WINTER SKATE (4 ft. long)

skat.er [zkéitə] *n.* اسکیت‌باز .

ske.dad.dle [skidǽdl] **(-d, skedaddling)** *vi. & n.* فرارکردن، گریختن، پابفرار گذاردن ،با عجله‌رفتن.

skeet (-ed, -ing) *n., vt. & vi.* باسرعت‌حرکت کردن، شتاب کردن، فواره زدن آب، پرتاب کردن، انداختن، تمرین‌تیراندازی.

skeg=skag, *n.* قسمت عقب‌کشتی، قسمت عقب انبار یاته‌کشتی.

skein [skein] **(skean, skeane, skeining)** *vt. & n.* کلاف، دسته، کلاف نخ یا پشم،هرچیزی شبیه کلاف پیچیدن.

skel.e.tal, *adj.* اسکلتی، وابسته به استخوان‌بندی، کالبدی.

skel.e.ton [skélitn] *vt., n. & adj.* کالبد،اسکلت، استخوان‌بندی، ساختمان،شالوده، طرح، طرح‌ریزی.

skel.e.ton.ize (-d, skeletonizing) *vt. & vi.* بشکل استخوان بندی درآوردن، شالودهٔ‌چیزی را ریختن.

skeleton key, *n.* کلیدی‌که چندین قفل رابازکند،شاه‌کلید.

skelp=skel.pit (-ed,-ing) *n., vt. & vi.* ضربت، چابك، سیلی، شتاب کردن.

skep.sis, *n.* فلسفهٔ بدبینی، شکاکی.

skep.tic, -al, *adj. & n.* آدم شکاك در دین وعقاید مذهبی، شك‌گرای، مشکوك.

skep.ti.cism, *n.* شك‌گرائی، فلسفهٔ‌شکاکی، وبدبینی،تردید، شك، انتقادمضروازروی‌بدبینی.

sketch [sketʃ] **(-ed, -ing)** *n., vi. & vt.* طرح،انگاره، نقشهٔ‌ساده،مسوده،شرح، پیش‌نویس آزمایشی، زمینه، خلاصه، ملخص، مسوده کردن، پیش نویس چیزی راآماده کردن.

sketchbook, *n.* کتاب محتوی قطعات‌کوتاه ادبی،کتاب مسوده.

sketch.er [skétʃə] *n.* طراح.

sketchy [skétʃi] *adj.* سردستی، از روی عجله، ناقص، سطحی.

skew [skju:] **(-ed, -ing)** *adj., n., vt. & vi.* کجی، انحراف، اریبی،منحرف، کج‌نگاه کردن، کج‌حرکت کردن، کج یااریب گذاردن، تحریف کردن، نامتوازن.

skew.er [skjúə]**(-ed,-ing)***vt. & n.* سیخ کباب، بسیخ‌کباب زدن، بسیخ زدن.

ski [ski:, ʃi:] **(-ed, -ing) (pl. skis, ski, skiis)** *n., vt. & vi.* اسکی، اسکی‌بازی‌کردن.

ski.ag.ra.phy, *n.* پرتونگاری، عکس‌برداری ازسایه،رادیوگرافی.

skid [skid] **(-ded, skidding),** *n., vt. & vi.* تیر حائل، تیرپایه، لغزیدن، غلتگاه، سرخوردن ، ترمزماشین، تختهٔ پل، راه شکست، مسیرسقوط،ترمز کردن،سریدن،سرانیدن.

skid.doo, ski.doo, *vi.* عازم شدن، رفتن،برو،گمشو.

skid row, *n.* محلهٔ مشروب فروشهای‌ارزان، ناحیهٔ‌پست.

ski.er, skii.er, *n.* اسکی‌باز.

skiey=skyey, *adj.* آسمانوار، وابسته بآسمان، آسمانی.

skiff [skif] **(-ed, -ing)** *n., vt. & vi.* کرجی پاروئی کوچك، قایق‌سریع‌السیر، قایقرانی کردن.

ski.ing, *n.* اسکی بازی.

ski lift, *n.* دستگاه حمل اسکی‌بازان وبا تماشاچیان بقلهٔ‌کوه، تلسکی، تخت‌روان.

skill [skil] **(-ed, -ing)** *adj., vi. & n.* چیره‌دستی، ورزیدگی، مهارت، استادی، زبر دستی، هنرمندی، کاردانی، مهارت عملی داشتن، کاردان بودن، فهمیدن .

skil.let [skílit] *n.* کماجدان پایه‌دار، دیگچه، کتری.

skill.ful [skílful] *adj.* ماهر، استادکار.

skill-less, skil.less, *adj.* ناشی، بی‌مهارت.

skim [skim] **(-med, -ming),** *adj.,n.,vt.& vi.* کف،ریم، کف‌گیری، تماس اندك، شیرخـامه‌گرفته، کف‌گرفتن‌از، سرشیر گرفتن‌از، تماس‌مختصرحاصل کردن، بطورسطحی موردتوجه‌قراردادن، بطورسطحی‌خواندن.

skim.mer [skímə] *n.* کفگیر، آلت‌سرشیرگیری، مطالعه‌کنندهٔ‌سطحی.

skim milk=skimmed milk, *n.* شیرخامه‌گرفته ورقیق.

skimp [skimp] *adj., vt. & vi.* کم، غیرکافی، نحیف، کم‌دادن، خسیسانه دادن.

skimpy [skímpi] *adj.* لئیم، خسیس،قلیل، اندك، نحیف،ناقص.

skin [skin] **(- ned, skinning),** *n., vt. & vi.* پوست، چرم، جلد، پوست‌کندن، باپوست پوشانـدن، لخت کردن.

skin-deep, *adj.* سطحی، فقط تا روی‌پوست،روئی، ظاهری.

skin dive, *vi.* زیرآبی رفتن، غوص کردن.

skin diver, *n.* غواص.

skinflint [skínflint] *n.* جوکی، آدم دندان‌گرد، آدم ممسك، خسیس.

skink (-ed, -ing) *vt. & n.* (ج. ش.) انواع سوسمارهای شنزی، سقـنقر ، بیرون‌کشیدن، ریختن.

skin.ner, *n.* پوست‌فروش، پوست‌کن ، گول‌زن،قاطرچی.

skin.ny [skíni] *adj.* پوستی،لاغر، پوست و استخوان.

skintight, *adj. & n.* بپوست چسبیده،(درمورد لباس)چسبیده‌بتن.

skip [skip] **(-ped, skipping),** *n., vt. & vi.* (از روی چیزی) پریدن، ورجه ورجه‌کردن، از قلم‌اندازی، سفیدگذاردن قسمتی از نقاشی ، جست و خیز کردن، تپیدن، پرش‌کردن،رقص‌کنان‌حرکت کردن، لی‌لی کردن، بالا وپائین رفتن .

ski pole, *n.* چوب اسکی‌بازی.

skip.per [skípə] **(-ed, -ing),** *n. & vt.* جست وخیزکننده، ناخدای‌کشتی، فرماندهٔ دستهٔ نظامی، فرمانده یاخلبان‌هواپیما،کاپیتان، رهبر.

skirl [skə:l] **(-ed, -ing)** *n., vi. & vt.* صدای جیغ، جیغ ، صدای‌زیر، صدای نی‌انبان،صدای‌گردباد، بسرعت‌باد فرارکردن.

skir.mish [skə':miʃ] **(-ed,-ing),** *vi. & n.* کشمکش، زد وخورد، جنگ جزئی،زد وخوردکردن.

skir.mish.er [skə':miʃə] *n.* زدوخوردکننده.

skirt [skə:t] **(-ed,-ing)***n.,vt.& vi.* دامن‌لباس، دامنه، دامنهٔ‌کوه، حومهٔ‌شهر،حوالی، دامن دوختن ، دامن‌دار کردن ، حاشیه گذاشتن به، ازکنارچیزی رد شدن، دورزدن، احـاطه کردن.

skirt.er, *n.* غوطه‌زدن، زیر ورو شدن ، بریدن، پارچهٔ‌دامنی،حاشیه رو.

ski run, *n.* سرازیری یا مسیر مناسب برای اسکی بازی.

ski suit, *n.* لباس اسکی .

skit [skit] **(-ted, -ting)** *n., vi. & vt.* مسخره، طعنه،کنایهٔ گوشه‌دار ، قطعهٔ خوش مزه، داستان مضحك کابارهها ونمایشهای واریته،شوخی طعنه‌آمیزکردن، (با at) هجو کردن، لی‌لی کردن، با جست وخیز رقص کردن.

skit.ter (-ed, - ing) *n., vt. & vi.* حرکت سریع، جست‌وخیز، لیزخوری، پریدن وسرخوردن (بویژه برسطح‌آب).

skit.tish [skítiʃ] *adj.* چموش،رم‌کننده،لاسی،اهل‌حال،تغییرپذیر،ترسو.

skit.tle [skítl] **(-d, skittling),** *vi., vt. & n.* (درجمعـ بازی ninepins که در طی آن توپی بطرف میخ پرتابمیکنندو درصورت اصابت به میخ برنده محسوبمیشوند، میخهای بازی مزبور، (در جمع) بازی، تفریح.

skiv.er, *n.* چرم نازك‌شدهٔ پوست گوسفند ، تیماج صحافی وغیره ، پوست تراش.

skiv.vy, *n.* [معمولاً درجمع] زیرپوش ، زیرپیراهن و زیرشلواری‌کوتاه ، شورت .

skoal (-ed, -ing) *vi. & n.* [مشروبات الکلی] بسلامتی‌کسی نوشیدن.

skul.dug.gery, skull.dug.ge-ry, *n.* رفتار زیر جلکی و خائنانه، تقلب .

skulk [skʌlk] **(-ed, -ing)** *n., vt. & vi.* (درمورد روباه) دسته، گـروه، دزدکی حرکت کردن، از زیر مسئولیت فرارکردن،آدم بی‌بند وبار.

skulk.er [skʌ'lkə] *n.* ازز‌یرکاردررو.

skull [skʌl] *n.* (تش.) کاسهٔسر، جمجمه، فرق سر .

Have a thick s. کودن یا خرف بودن.

S. and crossbones=skulls and crossbones. جمجمهٔ مرده و دواستخوان چلیپائی (که علامت مرگ و خطـر است ودر داروخانه‌ها بالای‌قسمت‌داروهای‌سمی‌میگذارند).

skullcap, *n.* عرقچین، کلاه‌بره .

skull practice, *n.* کلاس تعلیم فنون مسابقه، جلسهٔ مشورت دربارهٔ مسابقه.

skunk [skʌŋk] **(-ed, -ing) (pl. -s)** *vt. & n.* (ج . ش.) راسوی متعفن‌آمریکائی، آدم‌بدرفتار یا پست ، شکست دادن ، فریفتن .

sky [skai] **(pl. skies) (-ied, -ed, -ing)** *vi., vt. & n.* آسمان ، فلك ، در مقام منیعی قراردادن، زیاد بالا بردن،توپ هوائی زدن،آب وهوا.

Under the open s. در هوای‌آزاد .

skylark [skáila:k] *vi. & n.* چکاوك، غزلاغ، تفریح‌وجست وخیزکردن .

skylight [skáilait] *n. & vt.* پنجرهٔ سقفی، پنجرهٔ طاق.

skyline, *n.* افق‌مرئی، خط افق‌که محل تقاطع زمین وآسمان‌است.

skyrocket, *n., vt. & vi.* موشك هوائی، مثل موشك بهوا پرتـاب‌کردن، بسرعت‌بالابردن،ازدیاد سریع قیمت وغیره.

sky.scrap.er, *n.* آسمان خراش، رفیع، بلند.

sky.ward [skáiwəd] *adv.* بسوی آسمان ، بطرف‌آسمان، بطرف بالا.

skyway, *n.* راه هوائی، پل‌هوائی.

slab [slæb] **(-bed, -bing)** *adj., n.,vt. & vi.* تخته سنگ، تکه،ورقه،باریکه، قطعه، لوحه،غلیظ، لیز، چسبناك، لزج، تکه‌تکه کردن، با اره‌تراشیدن، سقفرا باتخته‌پوشاندن، باریکه‌باریکه شدن.

slack [slæk] **(-ed, -ing)** *adv., adj., n., vt. & vi.* قطع، انقطاع،دامن آویخته وشل‌لباس یاهرچیز آویخته‌وشل،(درجمع)شلوارکارکرباسی، سکون، کسادی، شلی، سست، کساد، پشت‌گـوش فراخ ، فراموشکار، کند، بطیء، سست‌کردن، شل کردن، فرونشاندن،کسادکردن،گشاد، شل،ضعیف.

slack.en [slǽkn] **(-ed, -ing),** *n., vt. & vi.* سست‌کردن،شل‌کردن‌یاشدن، آهسته‌کردن، کندکردن،کم‌شدن، نحیف کردن.

slack.er [slǽkə] *n.* کسی‌که از انجام وظیفه شانه‌تهی‌کند،آدم‌سست و بی‌حال، سست‌کننده،دریچه،فراری‌ازخدمت‌نظام.

slag [slæg] **(-ged, -ging)** *vt. & n.* تفاله، کف،چرك،درده، خاکستر، گدازآتشفشانی،

فلزنیم‌سوخته، مزخرف، آشغال، تفاله گرفتن از.

slain [slein] (pp. of **slay**).
مقتول، کشته شده.

slake [sleik] (-d, slaking) n., vt. & vi. فروکشی، تخفیف، کاهش، فرونشستن، معتدل‌شدن، کاهش یافتن، آبدیده کردن.

sla.lom, n. مسابقهٔ سرعت اسکی بازی.

slam [slœm] (-med, -ming), n., adv., vt. & vi. ضربت سنگین، صدای بستن‌در و امثال آن با صدای بلند، در را با شدت بهم زدن، بهم کوفتن.

slam-bang, adj., n., adv. & vi. پر ادعا و ناخشنود رفتار کردن، با سر و صدای بلند، بی‌محابا.

slan.der [slá:ndə] (-ed, -ing), n., vt. & vi. سعایت، تهمت یا افترا، تهمت‌زدن.

slan.der.er [slá:ndərə] n. مفتری.

slan.der.ous [slá:ndərəs] adj. افترا آمیز.

slang [slœŋ] (-ed, -ing) adj. & n. بزبان عامیانه، واژهٔ عامیانه و غیرادبی، بزبان یا لهجهٔ مخصوص، اصطلاح عامیانه.

slangy [slœ́ŋi] adj. عامیانه.

slant [sla:nt] (-ed, -ing) adj., adv., n., vt. & vi. کجی، خط کج، سطح اریب، شیب، نگاه کج، نظر، کج، اریب، سراشیب، کج‌رفتن، کج کردن، شیب پیدا کردن، تحریف کردن.

slant.ways, slantwise [slá:nt-waiz] adv. یک‌وری، بطور اریب.

slap [slœp] (-ped, -ping) vt., vi., adv. & n. با کف دست زدن، سیلی، تودهنی، ضربت، ضربت سریع، صدای چلپ چلوپ، سیلی زدن، تپانچه‌زدن، زدن.

slapdash, adv., adj. & n. عجول و بی‌دقت، بی‌پروا، ناگهان، غفلتاً، عیناً، کاری که سرسری یا ازروی بی‌پروائی انجام دهند، پوشش تگرگی.

slap down, vt. ناگهان توقیف کردن، متوقف ساختن.

slap.jack, n. نوعی بازی ورق.

slapstick [slœ́pstik] adj. & n. نمایش خنده‌دار همراه باشوخی وسروصدا.

slash [slœʃ] (-ed, -ing) n., vt. & vi. شکاف، ضربهٔ سریع، چاک لباس، برش، چاک دادن، شکاف دادن، زخم زدن، بریده‌بریده کردن، تخفیف‌زیاد دادن.

slashing, n. & adj. بی‌امان، شدید، باروح، سرحال، تخفیف زیاد، عظیم، چاک.

slat [slœt] (-ted, -ting) adj., vi., vt. & n. تختهٔ باریک، لوحهٔ سنگ باریک، توفال، سراشیبی یا تمای بام، میله، چوب مداد، میلهٔ پشت صندلی، کفل، دنده‌ها، توفالی، باریک، میله میله، زدن، پرتاب شدن، شکافتن، ضربهٔ شدید.

slate [sleit] (-d, slating) vt., vi., adj. & n. تخته سنگ، لوح سنگ، ورقهٔ سنگ، تورق، سنگ متورق، سنگ‌لوح، ذغال‌سنگ سخت وسنگی، شرح وقایع (اعم از نوشته یا نانوشته)، فهرست نامزدهای انتخاباتی، با لوح سنگ پوشاندن، واقعه‌ای را ثبت کردن، تعیین کردن، مقدر کردن.

slatelike, adv. شبیه سنگ لوح.

slat.er, n. ماشین یا تیغهٔ تراش پوست خام، کسی که پوست خام را می‌تراشد، سرزنش کننده، کارگر سنگ لوح.

slath.er (-ed, -ing) n. & vt. مقدار زیاد، مقدار فراوان، بیش از اندازه، خیلی پخش کردن، بطور افراط مصرف کردن.

slat.tern [slœ́tə(:)n] (- ed, -ing) adj. & n. آدم شلخته، هردمبیل، آدم ژولیده، زن شلخته، فاحشه‌وار.

slaty=slat.ey [sléiti] adj. شبیه‌سنگ لوح، باریکه باریکه، تکه تکه.

slaugh.ter [slɔ́:tə] (-ed, -ing), n. & vt. کشتار فجیع، قتل‌عام، خونریزی، ذبح، کشتار کردن.

slaugh.ter.er [slɔ́:tərə] n. کشتار کننده.

slaughterhouse, n. کشتارگاه، قصابخانه، مسلخ.

Slav [slœv] n. اسلاو، از نژاد اسلاو، اسلاوزبان.

slave [sleiv] (-d, slaving) n., adj., vt. & vi. غلام، بنده، برده، بنده‌وار، اسیر، غلامی کردن.

slave driver, n. نظارت‌کننده بر کار برده‌ها، کارفرمای سخت‌گیر.

slaveholder, n. برده دار، صاحب برده.

slaver [sléivə] (-ed, -ing), vt., n. & vi. کشتی حامل بردگان، برده فروش، تاجر برده، آب‌دهان، آب‌دهان روان ساختن، چاپلوسی کردن، گلیز مالیدن، بزاق از دهان ترشح کردن، آب‌افتادن‌دهان (از شوق).

slavery [sléivəri] n. بندگی، بردگی.

slave trade, n. برده فروشی.

slav.ey [slœ́vi, sléivi] n. (انگلیس) نوکر، نوکر مرد.

Slav.ic [slœ́vik, slavɔ́nik] adj. & n. وابسته بنژاد اسلاو، زبان اسلاوی.

slav.ish [sléiviʃ] adj. بنده‌وار، درخور بندگان، غلام‌صفت، وابسته بتقلید کورکورانه.

slaw [slɔ:] n. سالاد کلم.

slay [slei] (slew, slain, slaying) vt. & vi. باخشونت کشتن، بقتل رساندن، کشتار کردن، ذبح کردن.

slay.er [sléiə] n. قاتل.

sleave (-d, sleaving) n., vt. & vi. تار، ابریشم‌خامه، نخ گوریده، (مج.) وضع آشفته، گوریده، جدا کردن.

slea.zi.ness, n. شلی، سستی.

slea.zy, adj. سست، شل (shol).

sled [sled] (- ded, -ding) n., vt & vi. سورتمه، سورتمه راندن، باسورتمه حمل کردن.

sledge [sledδ] (-d, sledging), n., vt. & vi. سورتمه، غلتک، چکش آهنگری، پتک، پتک‌زدن، سورتمه‌راندن.

sledgehammer [slédδhœ̀mə] (-ed, -ing) n., vt., adj. & vi. چکش سنگین، پتک، ضربت مؤثر، باپتک‌زدن.

sleek [sli:k] (- ed, -ing) n., vt., adj. & vi. نرم، براق، صیقلی، صاف، شفاف، چرب و نرم، صیقلی کردن، صاف کردن.

sleep [sli:p] (slept, sleeping), n., vt. & vi. خواب، خوابیدن، خواب رفتن، خفتن.

He couldn't get to s. خوابش نمی‌برد.

The room sleeps 10 men. اتاق جای خواب ده نفر را دارد.

sleep.er [slí:pə] n. خواب رونده، خوابیده، واگن تختخوابدار، آهن زیر ساختمان.

I am a light s. خواب من سبک است.

sleep.i.ness, n. خواب‌آلودی، سستی.

sleeping bag, n. کیسهٔ خواب [برای کوه نوردان و غیره].

sleeping car, n. واگن تختخواب دار راه‌آهن.

sleeping sickness, n. [طب] داءالنوم، مرض خواب.

sleepwalk (-ed, -ing) vi. & n. در خواب راه رفتن، خوابگردی.

sleepy [slí:pi] adj. خواب‌آلود.

I feel s. خوابکی شده‌ام.

sleepyhead, n. آدم خواب‌آلود.

sleet [sli:t] (-ed, -ing) n. & vi. برف و باران، بوران، تگرگ ریز باریدن.

sleeve [sli:v](-d, sleeving)vt. & n. آستین، آستین‌زدن‌به، درآستین داشتن.

sleeve.let, n. نیم‌آستین.

sleigh [slei] (-ed, -ing) vi. & n. درشکهٔ سورتمه، سورتمه راندن.

sleight [slait] n. & adj. زبردستی، زرنگی، حیله، تردستی.

sleight of hand, n. تردستی.

slen.der [sléndə] adj. بلند و باریک، باریک، قلمی، کم، سست، ضعیف، ظریف، قلیل.

slen.der.ize (-d, slenderizing) vt. لاغر کردن، لاغر اندام شدن، باریک کردن.

sleuth [slú:θ] (-ed, -ing) n., vt. & vi. کارآگاه، رد پای کسی را گرفتن.

sleuthhound [slú:θ haund] n. تازی بوئی، (مج.) کارآگاه زبردست.

slew [slu:] (p. of slay) n. (زمان گذشتهٔ فعل slay)، کشت.

slew n. & adj. مقدار زیاد، گروه، محل باتلاقی، دریاچه.

slice [slais] (-d, slicing) vt., vi. & n. برش، قاش، تکه، باریکه، باریک، گوه، سهم، قسمت، تیغهٔ گوشت‌بری، قاش کردن، بریدن.

slick [slik] (-ed, -ing) adv., adj., n. & vt. سطح صاف، سطح صیقلی، لیز، ساده، مطلق، ماهر، صاف، نرم، یک‌دست، نرم و صاف کردن، یکدست کردن، جذاب.

slick.er [slíkə] n. صیقل‌زن، حقه‌باز، زرنگ.

slide [slaid] (slid, -ing) adj., n., vt. & vi. لغزش، سرازیری، سراشیبی، ریزش، سرسره، کشو، اسباب لغزنده، سورتمه، تبدیل تلفظ حرفی به حرف دیگری، لغزنده، سرخورنده، پس و پیش رونده، لغزیدن.

slid.er, n. سر (sor) خورنده، لغزنده.

slide rule, n. خط‌کش ریاضی، خط‌کش مهندسی.

SLIDE RULE

slight [slait] (-ed, -ing) adj., adv., n., vt. & vi. مقدار ناچیز، شخص بی‌اهمیت، ناچیز شماری، بی‌اعتنائی، تحقیر، صیقلی، تراز، لاغر، نحیف، باریک اندام، پست، حقیر، فروتن، کودن، قلیل، اندک، کم، ناچیز شمردن، تراز کردن.

He had a s. pain. درد اندکی داشت.

slight.ly, adv. کمی، اندکی.

slim [slim] (-med, - ming) (-mer, -mest) adj., vt. & vi. نازک، لاغر، باریک اندام، لاغرشدن وکردن.

slime [slaim] (-d, sliming) n., vi. & vt. لجن وگل، لعاب، چیزچسبناک، لجن مال کردن، خزیدن.

slim.sy, slimp.sy, adj. زودشکن و بدساخت، لاغر، باریک‌اندام، نحیف.

slimy [sláimi] adj. لجن‌مال، لجن‌آلوده، لزج، لیز.

sling [sliŋ] (slung, slinging), adj., vt., vi. & n. قلاب سنگ، فلاخن، رسن، بند، تسمهٔ تفنگ، زنجیر، زنجیردار، پرتاب کردن، انداختن، پراندن.

slingshot, n. تیرکمان بچه‌گانه.

slink [sliŋk] (slunk, -ing) adj., n., vt. & vi. پوست برهٔ تودلی، انسان یاحیوان رشد نکرده و ضعیف، حرکت دزدکی، نظرچشمی، نگاه دزدکی، گامهای دزدکی، سقط شده، نوزاد زودرس، لاغر.

slip [slip] (-ped, -ping) adj., n., vt. & vi. لغزش، خطا، سهو، اشتباه، لیزی، گمراهی، قلمه، سرخوری، تکهٔ کاغذ، زیرپیراهنی، ملافه، روکش، متکا، نهال، اولاد، نسل، لغزیدن، گریختن، سهو کردن، اشتباه کردن، ازقلم انداختن.

Give some one the s. از دست کسی گریختن یا خلاص شدن.

It slipped my attention. از زیر چشمم در رفت، ملتفت نشدم.

slipcover, n. & vt. پوششی که زود پوشیده یا خارج شود، بلوزی که زود پوشیده یا خارج شود، ژاکت، ملافه، روکش بالش.

slipe (-d, sliping) n., vt. & vi. باریکه، تکه، ضربت، پوست کندن آن، باریکه — باریکه کردن، سریدن، یواشکی رفتن.

slipknot [slípnɔt] n. گرهٔ خفت، گرهٔ زودگشا، گرهٔ متحرک.

slip-on, n. لباس گشاد.

slipover, adj. & n. لغزنده، بسهولت جابجا شونده، روکش متکا.

slip.per [slípə] adj. & n. لغزنده، تاشو، لیز، کفش راحتی.

slip.pery [slípəri] adj. لیز، لغزنده، بی‌ثبات، دشوار، لغزان.

slip.py [slípi]=**slippery,** adj.

slip.shod [slípʃɔd] adj. پاشنه خوابیده، لاابالی، لاقید، شلخته.

slip up, n. & vi. سرخوردن، [د.گ.] اشتباه کردن، شکست‌خوردن.

slit [slit] (slit,slitting)adj.,n.& vt. چاک، شکاف، درز، چاک‌دادن، شکافتن، دریدن.

slith.er [slíδə] (-ed, -ing) n., vt. & vi. لغزش، غلت، آشغال، سنگریزه، تراشه، شکاف، سریدن، خزیدن، غلتیدن.

slith.ery, adj. [د.گ.] لیز، لغزنده.

sliv.er [slívə, sláivə] (-ed,-ing), n., vt. & vi. تکهٔ باریک، تراشه، قاش، تجاروب، آشغال، فتیلهٔ نخ، بریدن، قاش کردن، تراشه کردن، چاک‌خوردن.

slob, n. گل، لجن، نشئی لجن، آدم نامرتب و کثیف، آدم کثیف و ژولیده.

slob.ber [slɔ́bə] (-ed, - ing), n., vt. & vi. گل، لجن، آبدهان، بزاق، گلیز، گریهٔ بچگانه، تلفظ کلمات با جاری‌ساختن آب‌دهان، آبدهان روان‌ساختن، بزاق زدن به، دهان را آب انداختن، دارای احساسات بچگانه شدن، مثل بچه بوسیدن یا گریستن.

slob.bery, adj. لجن مالی، تف‌کاری.

sloe [slou] adj. & n. (گ.ش.) آلوچهٔ جنگلی، آلوچه، گوجه، آبی تیره.

sloe-eyed, adj. دارای چشمان آبی پررنگ.

slog [slɔg] (-ged, - ging) n., vt. & vi. ضربت سخت، سیلی، کوشش سخت، تقلا، ضربت سخت‌زدن، پرتاب کردن، تقلا کردن.

slo.gan [slóugən] n. خروش، نعره، ورد، تکیه‌کلام، شعار، آرم.

slo.gan.eer (-ed, -ing) n. & vi. شعارساز، شعارپرداز، شعارنویسی کردن.

sloop [slu:p] (-ed, -ing) n. & vt. کرجی یک دگلی قدیمی، قایق جنگی، ارابهٔ مخصوص حمل الوار، با ارابه (الوار) حمل کردن.

slop [slɔp] (-ped, - ping) n., vt. & vi. هر نوع لباس گشاد و ئی،

روپوش کتانی پزشکان و امثال‌آن، شلوارگشاد، لجن، باتلاق، مشروب رقیق و بی‌مزه، غذای رقیق و بی‌مزه، پساب آشپزخانه و امثال‌آن، تفاله، آدم بی‌بند و بار، آدم کثیف، لبریز شدن، آشغال خوری.

slop basin, *n.* جام پای سماور، تشتك زیر سماور و قهوه‌جوش.

slope [*sloup*] (**-d, sloping**), *adj., n., adv., vt. & vi.* شیب‌دار، زمین سراشیب، شیب، سرازیری، سربالائی، کجی، انحراف، سراشیب کردن، سرازیر شدن.

slop.py [*slɔ́pi*] *adj.* کثیف، درهم و برهم، نامرتب، شلخته.

slopwork, *n.* دوخته فروشی، لباس دوخته.

slopworker, *n.* دوخته فروش، شلخته‌کار.

slosh (**-ed, -ing**) *n., vt. & vi.* لجن، گل، غذای چسبناك، مشروب لزج، در آب چلپ و چلوپ کردن، خود را با لجن و گل‌ولای آلودن، ول گشتن.

slot [*slɔt*] (**-ted, -ting**) *vt. & n.* کلون در، چفت در، تختهٔ باریك، سوراخ جای کلید، چاك، شکاف یا سوراخی‌که برای انداختن پول در قلك و تلفن خودکار و امثال‌آن تعبیه شده، سوراخ کردن، چاك، در شکاف یا سوراخ [پول و غیره] انداختن، چفت کردن.

sloth [*slouθ*] (*pl.* **-s**) *n. & adj.* تنبلی، سستی، بیکاری، کاهلی، تنبل، تنبل‌بودن.

sloth.ful [*slóuθful*] *adj.* تنبل، سست، کاهل، دیرپای، عقب‌افتاده، بی‌حال.

slot machine, *n.* ماشین خودکاری‌که پول در سوراخ آن انداخته و کالای مطلوب را تحویل میگیرند.

slouch [*slautʃ*] (**-ed, -ing**), *vi., vt., adj. & n.* آدم بی‌دست‌وپا، آدم بی‌کاره و بی‌کفایت، تنبل، با سر خمیده و دولا دولا راه‌رفتن، سربزیر، خمیده بودن، آویخته بودن، آویختن، پوست انداختن.

slouchy [*sláutʃi*] *adj.* دولا دولا راه رونده، خمیده، تنبل، بی‌عرضه.

slough [*slau*] **sluff** (**-ed, -ing**) *n., vi. & vt.* لجن‌زار، لجن، باتلاق، نهر، انحطاط، درلجن گیرافتادن، پوست ریخته‌شدهٔ مار، پوست مار، پوستهٔ خارجی، پوست، سبوس، پوست دلهٔ زخم، پوسته پوسته شدگی، پوست انداختن، ضربهٔ سنگین زدن.

sloughy, *adj.* لجن‌زار، پر از لجن، دله بسته، شبیه دله، شبیه پوست مرده.

Slo.vak [*slóuvæk*] *adj. & n.* نژاد اسلواك ساکن قسمت مرکزی چکوسلواکی.

slov.en [*slʌ́vn*] *adj. & n.* لوطی، هرزه، شلخته، ژولیده، هردمبیل.

slov.en.ly [*slʌ́vənli*] *adj. & adv.* شلخته، هردمبیل، نامرتب، ژولیده، لاابالی.

slow [*slou*] (**-ed, -ing**) *adj., n., adv., vt. & vi.* آهسته، کند، تدریجی، کودن، تنبل، یواش، آهسته کردن یا شدن.

slow down کند کردن، آهسته کردن.

S. to anger. دیر غضب.

slow-footed, *adj.* کندرو، آهسته.

slow.ish, *adj.* نسبتاً کند.

slow.poke, *n.* آدم کند دست.

slow-witted, *adj.* کند ذهن.

slub (**-bed, -bing**) *vt. & n.* ابریشم نیم‌تاب، نخ نیم‌تاب، پشم نیم‌رشته، سرهم بندی کردن، کثیف کردن.

slub.ber (**-ed, -ing**) *n. & vt.* لجن، کثافت، نخ نیم‌تاب، سرهم بندی کردن، کثیف کردن، لك کردن.

sludge [*slʌdʒ*] (**-d, sludging**), *n., vt. & vi.* لجن، لای، پوستهٔ یخ، جای کثیف و لجن‌آلود، آدم شلخته، لجن‌مال شدن، کثیف شدن.

sludgy, *adj.* لجن‌آلوده، پر از لجن.

slue, *n., vt. & vi.* طرز قرارگیری، بدور محور ثابتی گشتن، چرخیدن، تابیدن.

slug [*slʌg*] (**-ged, -ging**), *vt., vi. & n.* گلولهٔ بی‌شکل، چارپاره، جانور کندرو، جانور تنبل، گردونهٔ کندرو، اسب کندرو، (آمر.) یك جرعه مشروب، تکهٔ فلزخام، مثل حلزون حرکت کردن، یواش‌یواش و کرم‌وار حرکت کردن، بیهوده وقت‌گذراندن، لول زدن، ضربت مشت، ضربت سنگین زدن به.

S. abed, n. آدم تنبل و پر خواب.

slug.gard [*slʌ́gəd*] *n. & adj.* آدم تنبل، تنبل‌وکند.

slug.ger, *n.* آدم تنبل، مشت زن، ضربه زن، مشت‌باز.

slug.ging, *n.* ضربه زنی، مشت زنی.

slug.gish [*slʌ́giʃ*] *adj.* گرانجان، تنبل، لش، کند، بطیء، آهسته‌رو، کساد.

sluice [*slu:s*] (**-d, sluicing**) *n., vt. & vi.* آبگیر، بند سیل‌گیر، سد، دریچهٔ تخلیه، انبار، بندگذاشتن، ازبندباردریچهٔ جاری شدن، خیس کردن، [مع.] سنگ‌شوئی کردن.

slum [*slʌm*] (**-med, -ming**), *n. & vi.* محلهٔ کثیف، خیابان پرجمعیت، محلات پر جمعیت و پست شهر.

slum.ber [*slʌ́mbə*] (**-ed, -ing**), *adj., n., vt. & vi.* چرت، خواب سبك، چرت زدن، چرتی.

slum.ber.er, *n.* چرت‌زننده.

slum.mer, *n.* ساکن محلات کثیف، زاغه نشین.

slump [*slʌmp*] (**-ed, -ing**) *n., vi. & vt.* زمین باتلاق، کاهش‌فعالیت، رکود، دورهٔ رخوت، افت، ریزش، یکباره پائین آمدن یا افتادن، یکباره فرو ریختن، سقوط کردن، خمیده شدن.

slung [*slʌŋ*] (*p. of* **sling**), (زمان ماضی فعل sling)، پرتاب شده.

slunk [*slʌŋk*] (*p. of* **slink**). (زمان ماضی فعل slink)

slur [*slə:*] (**-red, -ring**) *n., vt. & vi.* نشان، اشاره، پیوند، خط اتحاد، لکهٔ ننگ، تهمت، لکهٔ بدنامی، مطلبی‌را نادیده گرفتن و رد شدن، با عجله کاری راانجام دادن، مطلبی را حذف کردن، طاس گرفتن [برای تقلب در نرد]، تقلب.

slurp (**-ed, -ing**) *n., vt. & vi.* صدای مکیدن درآوردن [در موقع آشامیدن یا خوردن]، با صدا خوردن یا آشامیدن.

slur.ry (**-ed, -ing**) *adj., n., vt. & vi.* مادهٔ آبکی[مثل آب آهك]، تبدیل‌به محلول آبکی کردن، آبکی، لکه‌دار کردن، مبهم.

slush [*slʌʃ*] (**-ed, -ing**) *n., vt. & vi.* لجن، گل و شل، برفاب، برف آبکی، گل نرم، دوغاب، باچلپ‌وچلوپ شستن، با دوغاب پر کردن.

S. fund. سرمایه‌ای‌که ازفروش‌اشیاء پس‌مانده‌بدست‌آمده.

slut [*slʌt*] *n.* زن شلخته، زن هرزه و شهوت‌پرست، دختر بی‌شرم، دختر پیشخدمت.

slut.tish, *adj.* شلخته‌وار، هرزه.

sly [*slai*] (*pl.* **slies**) (**slier, slyer, sliest, slyest, -ied, slying**) *adj. & vi.* گربز، ناقلا، آدم تودار، آدم آب زیرکاه، موذی، محیل، شیطنت‌آمیز، کنایه‌دار.

On the s. بطور دزدکی، زیر جلکی.

smack [*smæk*] (**-ed, -ing**) *n., adv., vt. & vi.* ماچ، صدای سیلی یا شلاق، مزه، طعم، چشیدن مختصر، با صدا غذا خوردن، ماچ‌صدادار کردن، مزهٔ مخصوصی‌داشتن، کف دستی‌زدن، کتك‌زدن، کاملاً، یکراست.

smack.er, smacking, *n.* سیلی زننده، خوش طعم، دوست داشتنی، صدای ملچ‌ملوچ، صدای ماچ، مهم، فعال، کتك.

small [*smɔ:l*] *vt., vi., adv., adj. & n.* کوچك، کوچك‌اندازه، محقر، خفیف، پست، غیرمهم، جزئی، کم، دون، کوچك‌شدن‌یا کردن.

A s. shop. مغازهٔ کوچك.

small-fry, *adj.* کوچك، بچگانه.

small hours, *n.pl.* ساعات عبادت صبحگاهی، سحرگاهان.

small intestine, *n.* [تش.] رودهٔ کوچك، معاء دقاق، رودهٔ باریك.

small.ish [*smɔ́:liʃ*] *adj. & n.* نسبتاً کوچك.

small-minded, *adj.* کوته نظر، دارای ذوق و استعداد محدود.

smallpox [*smɔ́:lpɔ́ks*] *n.* [طب] آبله، مرض آبله، جای آبله.

small-scale, *adj.* بمقدار کم، بمقیاس کم.

smal.to, *n.* خرده شیشهٔ رنگین روی آجر موزائیك.

sma.rag.dite, *n.* زمرد سبز.

smart [*sma:t*] (**-ed, -ing**), *adv., adj., vt. & vi.* زیرك، ناتو، باهوش، شیك، جلوه‌گر، تیر کشیدن [از درد]، سوزش‌داشتن.

smart al.eck, *n.* آدم‌جلف، ژیگولو.

smart.en [*smá:tn*] (**-ed, -ing**), *vt. & vi.* قشنگ کردن، زیبا کردن (با up)، آراستن.

smarty, smartie, *n.* ناقلا.

smash [*smæʃ*] (**-ed, -ing**) *n., adj., adv., vt. & vi.* تصادم، خردشدگی، برخورد، خرد کردن، شکست دادن، درهم شکستن، بشدت زدن، منگنه کردن، پرس کردن، ورشکست‌شدن.

smash.er, *n.* خرد کننده، درهم شکننده.

smashup, *n.* کاملاً خرد شده، نابودی، تصادم.

smat.ter (**-ed, -ing**) *n., vt. & vi.* جاهلانه حرف‌زدن، دست و پا شکسته حرف‌زدن.

smat.ter.er, *n.* کسیکه از روی بی‌اطلاعی حرف میزند، کسیکه بریده بریده حرف میزند.

smattering [*smǽtəriŋ*] *n. & adj.* دانش سطحی، معلومات دست و پاشکسته.

smear [*smiə*] (**-ed, -ing**) *n. & vt.* لکه، آغشتن، آلودن، لکه‌دار کردن.

Smeared with tar. کثیف ولکه‌دار در اثرقیر، قیر اندود.

smear word, *n.* عنوان یا لقب اهانت آمیز، تهمت.

smeary, *adj.* آغشته، آلوده، چرك، چرب، چسبناك، کثیف، لکه‌دار.

smell [*smel*] (**smelt, -ed, -ing**), *n., vt. & vi.* بو، رایحه، عطر، استشمام، بوکشی، بوئیدن، بو کردن، بودادن، رایحه داشتن، حاکی بودن‌از.

S. sweet. خوش بوبودن، بوی‌خوش.

smelly [*sméli*] *adj.* بودار، بدبو، متعفن.

smelt [*smelt*] (*pl.* **-s**) *vt. & vi.* گداختن، تصفیه کردن، گداخته شدن.

smelt.er, *n.* قالگر، گدازکار، گدازنده، ذوب کننده.

smelt.ery, *n.* کارخانهٔ ذوب‌فلزات، کارخانهٔ گدازگری.

smile [*smail*] (**-d, smiling**), *n., vt. & vi.* لبخند، تبسم، لبخندزدن.

smiler, *n.* لبخند زن.

smirch [*smə:tʃ*] (**-ed, -ing**), *n. & vt.* لکه، کثافت، ننگ، لکه‌دار کردن.

smirk [*smə:k*] (**-ed, -ing**) *vi. & n.* پوزخند، لبخندمغرورانه‌زدن، پوزخندزدن.

smirky, *adj.* لبخنددار، زلال، صاف.

smite [*smait*] (**smote, smitten, smiting**) *n., vt. & vi.* زدن، شکست‌دادن، خرد کردن، شکستن، کشتن، ذلیل کردن، کوبیدن.

smith [*smiθ*] *n.* زرگر، آهنگر، فلز ساز، فلزکار.

smith.er.eens [*smíðərí:nz*] *n.pl.* قطعات، تکه‌های ریز.

smith.ery, *n.* آهنگری، کار وهنر وحرفهٔ فلزکاری، فلزسازی.

smithy [*smíði, smíθi*] *n.* آهن‌فروشی، فلزفروشی، آهنگری، آهنگر.

smock [*smɔk*] (**-ed, -ing**) *vt., vi. & n.* روپوش زنانه، روپوش‌زنانه‌دوختن.

smog, *n.* دودمه، مه غلیظی‌که در اثر دود یا بخارهای شیمیائی ایجاد میشود، هوای آلوده بهدود و بخار.

smok.able, smoke.able, *adj.* قابل تدخین، دودشدنی، دودکردنی، دود دادنی.

smoke [*smouk*] (**-d, smoking**), *n., vt. & vi.* دود، مه‌غلیظ، استعمال دود، استعمال دخانیات، دودکردن، دود دادن، سیگار کشیدن.

smokehouse, *n.* دودخانه، محل دوددادن‌گوشت ماهی وپوست دباغی‌وغیره.

smoke.less [*smóuklis*] *adj.* بی‌دود.

smok.er [*smóukə*] *n.* اهل دخانیات، اهل‌دود، دوددهندهٔ میوه‌وگوشت و امثال‌آن، وسیله‌ای‌که تولید دودکند، واگن‌یا اتاق مخصوص استعمال دخانیات.

smoke screen, *n.* پردهٔ دود، موجب تاریکی و ابهام.

smokestack, *n.* دودکش‌لکوموتیو، دودکش‌کشتی، دودکش‌ساختمان.

smoking jacket, *n.* ژاکت‌مردانه، لباس‌اسموکینگ.

smoky [*smóuki*] *adj.* دودی، پردود، دودگرفته، دودکن، دودکننده.

smol.der, smoul.der [*smóuldə*] (**-ed, -ing**) *n., vt. & vi.* سوختن و دودکردن، بی‌آتش سوختن، خاموش کردن، خفه‌کردن.

smooch (**-ed, -ing**) *n., vt. & vi* بوسیدن و عشقبازی کردن، بوس وکنار، لکه، کثافت.

smoochy, *adj.* ماچی، کثیف، نوازش‌کننده.

smooth [*smu:ð*] (**-ed, -ing**), *adj., n., adv., vt. & vi.* سطح صاف، قسمت‌صاف هرچیز، هموار، نرم، روان، سلیس، بی‌تکان، بی‌مو، صیقلی، ملایم، دلنواز، روان کردن، آرام‌کردن، تسکین دادن، صاف شدن، ملایم شدن، صاف کردن، بدون اشکال بودن، صافکاری‌کردن.

A s. life. زندگی یك نواخت و راحت.

smoothbore, *adj. & n.* تفنگ بی‌خان، بی‌خان.

smoothen (**-ed, -ing**) *vt. & vi.* صاف شدن، نرم شدن، صاف و صیقلی شدن، صافکاری کردن، صاف کردن، رنده کردن.

smooth.er, *n.* صافکار، نرم‌وصاف‌کننده.

smooth-tongued, *adj.* چرب زبان، خوش بیان، چاپلوس.

smor.gas.bord, *n.* میزغذاهای متنوع که شخص از آن انتخاب میکند.

smote [*smout*] (*p. of* **smite**). (زمان ماضی فعل smite).

smoth.er [*smʌ'ðə*] (**-ed, -ing**), *n., vt. & vi.* خفه کردن، در دل نگاه داشتن، خفه شدن، خاموش کردن.

smoth.ery, *adj.* خفه کننده.

smudge [*smʌdʒ*] (**-d, smudging**) *n., vt. & vi.* لك، لکه، ایجاد دود برای دفع حشرات، لك کردن، سیاه شدن.

smug [*smʌg*] (**-ged, -ging**), *n., adj. & vt.* خودبین، از خود راضی، کوته نظر، آبرومند، تمیز کردن و سر وصورت دادن به.

smug.gle [*smʌ'gl*] (**-d, smuggling**) *vt. & vi.* قاچاق کردن.

smug.gler [*smʌ'glə*] *n.* قاچاقچی.

smut [*smʌt*] (**-ted, -ting**) *n., vt. & vi.* دوده، سخن زشت، رنگ سیاه، لکه، هزل، تصاویر و داستانهای خارج از اخلاق، سیاه و لکه دار کردن، زنگ زدن.

smutch (**-ed, -ing**) *n. & vt.* اثر و یا نشان آلودگی، لکهٔ کثیف، کثیف کردن، آلوده کردن، لکه دار کردن.

smut.ty, *adj.* با سیاهك آلوده شده، با دوده لکه دار شده، شبیه دوده، دوده زده.

snack [*snæk*] (**-ed, -ing**) *vt., vi., adj. & n.* خوراك مختصر، خوراك سرپائی، ته بندی، زیرك، سریع، چالاك، بسرعت.

S. bar. مغازهٔ اغذیه فروشی.

snaf.fle, -s [*snæ'fl*] (**-d, snaffling**) *n., vi. & vt.* میخ طویله و زنجیر، با میخ طویله و زنجیر بستن، دزدیدن، سرقت کردن، لجام.

sna.fu, *n., vt. & adj.* کج، ناتو، اشتباه، آشفته بودن، درهم و برهم کردن.

snag [*snæg*] (**-ged, -ging**) *vt., vi. & n.* مانع، گره، گیر، بمانعی برخورد کردن.

snaggletoothed, *adj.* دارای دندان گراز یا بدشکل.

snag.gy, *adj.* ناصاف، برآمده، پراشکال.

snail [*sneil*] (**-ed, -ing**) *n., vt. & vi.* (ج.ش.) حلزون، لیسك، نرم تن صدفدار، بشکل مارپیچ جلو رفتن، وقت تلف کردن، انسان یا حیوان تنبل و کندرو.

snaillike, *adj.* حلزون وار.

snail-paced, *adj.* کند، دارای قدمهای کند و آهسته، بطئ.

snake [*sneik*] (**-d, snaking**), *n., vt. & vi.* (ج.ش.) مار، دارای حرکت مارپیچی بودن، مارپیچی بودن، مارپیچ رفتن.

snakebite, *n.* مارگزیدگی، نیش مار، تریلیوم، ویسکی.

snakelike, *adj.* [ج.ش.] شبیه مار، مارسان.

snaky [*snéiki*] *adj.* ماروار، مارمانند، موذی، خائن، ماردار.

snap [*snæp*] (**-ped, -ping**), *adj., n., adv., vt. & vi.* بشکن، قاپیدن، گاز ناگهانی سگ، قزن قفلی، گیرهٔ فنری، لقمه، یك گاز، مهرزنی، قالب زنی، چفت، قفل کیف و غیره، عجله، شتابزدگی، ناگهانی، بی مقدمه، گاز گرفتن، قاپیدن، چسبیدن به، قاپ زدن، سخن نیشدار گفتن، عوعو کردن، بشکن زدن، حاضرجوابی کردن، به کسی پریدن.

S. one's fingers. بشکن زدن.

snapdragon [*snæpdrægən*] *n.* [گ.ش.] گل میمون.

snap fastener, *n.* دکمهٔ قابلمه، دکمهٔ فشاری.

snap.pish [*snæpiʃ*] *adj.* گازگیر، کج خلق، خشمگین، دارای مزهٔ بد.

snap.py [*snæpi*] *adj.* گازگیر، سرزنده، با روح، جرقه دار، شیك، تند.

snap shot [*snæpʃɔt*] *n., adj. & vt.* عکس فوری، بعجله انجام شده، فوری، عکس فوری گرفتن.

snare [*snɛə*] (**-d, snaring**), *n. & vt.* دام، تله، بند، کمند، بدام انداختن، باتله گرفتن.

BENT SAPLING
NOOSE
TRIP
BAIT

SNARE

snarl [*sna:l*] (**-ed, -ing**) *n., vt. & vi.* تله، کمند، گره، گرفتاری، گوریدگی، شوریدگی، بغرنجی، برجسته کردن، نمودار کردن، بغرنج کردن، دندان قروچه کردن، غرولند کردن، خشمگین ساختن، گره خوردن.

snash (**-ed, -ing**) *n. & vi.* توهین، بی احترامی، دست اندازی، مسخره، گستاخی کردن.

snatch [*snætʃ*] (**-ed, -ing**) *n., vt. & vi.* ربایش، ربودگی، قاپزنی، ربودن، قاپیدن، بردن، گرفتن، مقدار کم، جزئی.

snatch.er, *n.* قاپنده، رباینده.

snatchy, *adj.* جزئی، منقطع، با عجله انجام شده، [مج.] قطع شده.

snaz.zy, *adj.* بسیار جالب، بسیار جاذب.

sneak [*sni:k*] (**-ed, -ing**) *n., adj., vt. & vi.* دزدکی حرکت کردن، خود را پنهان ساختن، حرکت پنهانی.

sneak.er [*sni:kə*] *n.* کسی که دزدکی راه میرود، کفش کتانی.

sneaky [*sni:ki*] *adj.* آب زیرکاه.

sneap (**-ed, -ing**) *n. & vt.* [د.گ.] سرزنش کردن، ملامت کردن، سرزنش.

sneer [*sniə*] (**-ed, -ing**) *n., vt. & vi.* استهزاء، نیشخند، تمسخر، پوزخند، پوزخند زدن، با تمسخر بیان کردن.

sneeze [*sni:z*] (**-d, sneezing**), *n., vi. & vt.* ستوسه، عطسه، عطسه کردن.

sneezy, *adj.* عطسه ای، عطسه آور.

snell (**-ed, -ing**) *adv., n., vt. & adj.* سریع، فعال، مشتاق، زیرك، تیزهوش، سخت، خشن، بند قلاب ماهیگیری، بند زدن (به قلاب ماهیگیری).

snick (**-ed, -ing**) *n., vt. & vi.* جزءچیزی را بریدن، ضربت سریع زدن، گره زدن، چفت کردن، چفت، کشیدن، بحرکت آوردن، سهم، قسمت.

snick.er [*snikə*] **snig.ger** (**-ed, -ing**) *vt. & n.* پوزخند زدن، نیشخند زدن، باصدا خندیدن، شیهه کشیدن، نیشخند، پوزخند.

snide, *adj. & n.* [ز.ع.] آدم عوام فریب، حقه باز، زرنگ، کنایه آمیز، (حرف) نیشدار.

sniff [*snif*] (**-ed, -ing**) *n., vt. & vi.* بینی گرفتن، فن فن کردن، آب بینی را بالا کشیدن، بو کشیدن، موس موس کردن، استشمام کردن.

snif.fle [*snifl*] (**-d, sniffling**), *vi. & n.* تودماغی صحبت کردن، درحال عطسه صحبت کردن، عطسه، زکام، صحبت تودماغی، فن فن، بافن فن صحبت یا گریه کردن.

sniffy [*snifi*] *adj.* اهانت آمیز، اظهار تنفر کننده، فن فن کننده.

snif.ter (**-ed, -ing**) *n. & vi.* خرخر، خرناس، طوفان شدید، وزش سخت، خرخر کردن، زکام داشتن.

snig.gle (**-d, sniggling**) *n., vt. & vi.* مار ماهی صید کردن [باقلاب مخصوص]، لولیدن، تکان خوردن، مار ماهی گرفتن.

snip [*snip*] (**-ped, -ping**) *n., vt. & vi.* چیدن، زدن، قیچی کردن، پشم چیدن، بسرعت قاپیدن، کش رفتن، قطعه، برش، آدم احمق، تهسیگار، آدم کوچك یا بی اهمیت.

snipe [*snaip*] (**-d, sniping**), (*pl.* **-s**) *n., vt. & vi.* (ج.ش.) نوك دراز، پاشله، از کمینگاه تیر به اردوی دشمن زدن، از کمین گاه بسوی دشمن تیراندازی کردن [با at]، پاشله شکار کردن.

snip.er [*snáipə*] *n.* تیرانداز ازخفا.

snip.pet [*snipit*] *n.* چیز کوچك، ریز، خرده ریز، پارچهٔ سرقیچی.

snip.py, *adj.* پست، تند، تیز، خرده، مغرور، تکه پاره، قطعه.

snips, *n.pl.* قیچی آهن بری، قیچی.

snip-snap (**-ped, -ping**) *n., adj. & vi.* جواب زیرکانه، (باقیچی) صدای تیك تیك درآوردن، صدای تیك تیك.

snit, *n.* تحریك، هیجان، عصبانیت.

snitch (**-ed, -ing**) *vi., vt. & n.* خبرکش، دله دزدی کردن، کش رفتن.

sniv.el [*snivl*] (**-ed, -led, -ing, -ling**) *n., vt. & vi.* آب بینی، فین، زکام، نزله، از بینی جاری شدن، آب بینی را با صدا بالا کشیدن، دماغ گرفتن.

snob [*snɔb*] (**-bed, -bing**) *vt. & n.* قلمبه، برجستگی، مغرور، افاده ای، با بغض شدید گریستن.

snob.bery [*snɔ́bəri*] *n.* رفتار از روی خودستائی، افاده، افاده فروشی.

snob.bish [*snɔ́biʃ*] *adj.* پرافاده، مغرور.

snob.bism=snobbery, *n.* افاده.

snook (**-ed, -ing**) (*pl.* **-s**), *vi. & n.* بو کشیدن، جستجو کردن، کش رفتن، عطسه، زفیر، گوشه و کنایه.

snook.er [*snú:kə*] *n.* بازی شبیه بیلیارد، بوکش، جستجوکننده، طعنه زن، بویا.

snoop [*snu:p*] (**-ed, -ing**) *vi., vt. & n.* نگاه تجسس آمیز کردن، بدنبال غذا پوئیدن، بدنبال متخلفین قانون گشتن، مخفیانه تحقیقات بعمل آوردن، جستجو کننده، جاسوس.

snoopy, *adj.* دزدکی، پویان، بعمل آورندهٔ تحقیقات محرمانه.

snooze [*snu:z*] (**-d, snoozing**), *vi. & n.* چرت زدن، چرت، خواب کوتاه، بیهوده وقت گذراندن.

snoo.zle (**-d, snoozling**) *vt. & vi.* نوازش کردن، پوزه بخاك مالیدن [مثل سگ]، بخواب رفتن، چرت زدن.

snore [*snɔ:, snɔə*] (**-d, snoring**) *n., vt. & vi.* خرناس، خرویف، خرویف کردن، خرخر کردن.

snor.er [*snɔ́:rə*] *n.* خرناس کش.

snor.kel (**-led, -ling**) *vi. & n.* لولهٔ دخول وخروج هوا در زیر دریائی، لولهٔ مخصوص تنفس درزیر آب، بالولهٔ تنفس زیرآبی رفتن.

snort [*snɔ:t*] (**-ed, -ing**) *n., vt. & vi.* خرناس، خرخر، جرعهٔ مشروب، خرویف کردن، زفیر کشیدن، غریدن.

snot [*snɔt*] *n.* اندماغ، آب بینی، چلم، جوان گستاخ.

snout [*snaut*] (**-ed, -ing**) *n., vt. & vi.* پوزه، خرطوم فیل، پوزه دار از جانور، سرلولهٔ آب، لولهٔ کتری وغیره، پوزه زدن به.

snow [*snou*] (**-ed, -ing**) *n., vt. & vi.* برف، برف باریدن، برف آمدن.

To be snowed under. زیر برف ماندن.

snowball, *vt., vi. & n.* گلولهٔ برف، گلولهٔ برف بازی، با گلولهٔ برف زدن، بسرعت زیاد شدن.

snow-blind, -ed, snow blindness, *n. & adj.* برف کور، برف کوری.

snow boot, *n.* پوتین برف یا اسکی.

snowbound, *adj.* محصور در برف.

snowcap, *n.* قلهٔ برفی، کلاهك برفی، کلالهٔ برفی، برف کلاه.

snowdrift, *n.* [گ.ش.] تره تیزك سنگی، برف باد آورد، برف توده.

snowfall, *n.* بارندگی برف، نزول برف.

snowflake, *n.* دانهٔ برف، برف ریزه.

snow job, *n.* سرهم بندی، ماست مالی.

snow.man, *n.* آدم برفی، آدمك برفی.

snow.mo.bile, *n.* اتومبیل مخصوص حرکت روی برف، اتومبیل برفی.

snowplow, *n.* برفروب.

snowshoe, *n. & vi.* کفش برفی، کفش اسکی، با کفش برفی راه رفتن.

snow tire, *n.* (اتومبیل) تایر یخ شکن، لاستیك مخصوص حرکت روی برف، تایر زمستانی.

snowy [*snóui*] *adj.* برفی، پوشیده از برف، سفید همچون برف، سفید.

snub [*snʌb*] (**-bed, -bing**) *n., adj., vt. & vi.* پهن و کوتاه، کلفت و کوتاه، نوك سرزنش، منع، جلوگیری، سرزنش کردن، نوك کسی را چیدن، (دارای بینی) سربالا، خاموش کردن (سیگار).

snub.ber, *n.* توبیخ کننده، سرزنش کننده، کمك فنر.

snub-nosed, *adj.* دارای بینی کوتاه و سربالا، پهن بینی.

snuff [*snʌf*] (**-ed, -ing**) *n., vt. & vi.* نوك فتیله، توبیخ، ملامت، فوت، خاموش سازی بافوت، پف، انفیه، انفیه زنی، نفس، شهیق، دم زنی، بافوت خاموش کردن، خاموش شدن، عطسه کردن، انفیه زدن.

snuffbox, *n.* انفیه دان، قوطی انفیه.

snuff.er [*snʌ'fə*] *n.* وسیله یا کسیکه چراغی را روشن یا خاموش کند، معتاد به انفیه، سوراخ بینی.

snuf.fle [*snʌ'fl*] (**-d, snuffling**) *n., vt. & vi.* با صدای بلند نفس کشیدن، بازحمت از بینی نفس کشیدن، تودماغی حرف زدن، بو کشیدن، زهدفروشی کردن، صدای خس خس بینی، نالیدن.

snug [*snʌg*] (**-ged, -ging**), (**-ger, -gest**) *adv., adj., n. & vi.* آماده و مجهز، گرم و نرم، باندازه، راحت و آسوده، امن و امان، دنج، راحت، آسوده، غنودن، بطور دنج قرار گرفتن.

snug.gle [*snʌ'gl*] (**-d, snuggling**) *vt. & vi.* خود را برای گرم شدن یا غنودن جمع کردن، مچاله شدن، جمع شدن، در بستر غنودن، در بر گرفتن.

so [*sou*] *adv., conj., adj. & pron.* چنین، اینقدر، اینطور، همچو، چنان، بقدری، آنقدر، چندان، همینطور، همچنان، همینقدر، پس، بنابراین، ازآنرو، خیلی، باین زیادی.

S. much the better. چه بهتر.

I do not think s. گمان نمی کنم.

They can, if they wish so. اگر مایل باشند می توانند.

soak [*souk*] (**-ed, -ing**) *n., vt. & vi.* خیساندن، خیس خوردن، رسوخ کردن، بوسیلهٔ مایع اشباع شدن، غوطه دادن، در آب فرو بردن، عمل خیساندن، خیس خوری، غوطه، غوطه وری، غسل.

soak.er [*sóukə*] *n.* جذب کننده.

so-and-so, *n., adv. & adj.* فلان وفلان، اینکار و آنکار، چنین وچنان، اینطور و آنطور.

soap [soup] (-ed, -ing) *n. & vt.* صابون، صابون‌زدن.

soapbox, *adj. & n.* جعبهٔ صابون،جعبه یاسکوب چوبی مخصوص‌نطق درکنار خیابانها ومیدان‌های عمومی.

soap.mak.ing, *n.* صابون سازی.

soap opera, *n.* نمایش‌های تلویزیونی یارادیوئی پراحساسات‌وکم ارزش.

soapy [sóupi] *adj.* صابونی، صابون‌دار.

soar [sɔː, sɔə] (-ed, -ing) *n., vt. & vi.* بلندپروازی کردن، بلندپرواز کردن، بالارفتن، بالغ شدن‌بر، صعود کردن، بالاروی.

sob [sob] (-bed, -bing) *n., vt. & vi.* هق‌هق، بغض‌گریه، گریه،گریه کردن، همراه باسکسکه وبغض‌گریه کردن.

S. one's heart out. زارزارگریستن.

so.ber [sóubə] (-ed, -ing) (-er, -est)=**so.ber.ize,** *vt., vi. & adj.* هوشیار، بهوش،عاقل، میانه‌رو، معتدل، متین، سنگین، موقر، آدم‌هشیار[دربرابرمست]،هوشیار بودن، بهوش‌آوردن،ازمستی درآوردن.

so.bri.e.ty [soubráiəti] *n.* هشیاری [دربرابرمستی]، متانت، اعتدال.

so.bri.quet [sóubrikei] *n.* لقب،کنیه، لقب خیالی.

so-called [sóukɔ́:ld] *adj.* باصطلاح، که‌چنین نامیده شده، کذائی.

soc.cer [sɔ́kə] *n.* فوتبال، بازی‌فوتبال.

so.cia.bil.i.ty [sòuʃəbíliti] *n.* جامعه‌پذیری،قابل‌معاشرت‌بودن، معاشرت‌پذیری.

so.cia.ble [sóuʃəbl] *adj. & n.* معاشر، قابل معاشرت، خوش معاشرت، خوش – مشرب، انس گیر، دوستانه،جامعه‌پذیر.

so.cial [sóuʃl] *adj. & n.* اونسی، دسته جمعی، وابسته بجامعه، اجتماعی، گروه– دوست، معاشرتی، جمعیت دوست، تفریحی.

so.cial.ism [sóuʃəlizm] *n.* سوسیالیزم، جامعه گرائی.

so.cial.ist, -ic [sóuʃəlist, –ik], *n. & adj.* جامعه‌گرای، سوسیالیست، طرفدار توزیع وتعدیل ثروت.

so.cial.ite [sóuʃəlait] *n.* معاشر، شخص مقتدر در جامعه، شخص طرازاول جامعه.

so.ci.al.i.ty, *n.* جامعه جوئی،

so.cial.iza.tion, *n.* اجتماعی کردن.

so.cial.ize [sóuʃəlaiz] (-d, so-cializing) *vt. & vi.* اجتماعی کردن، بکارهای اجتماعی تخصیص‌دادن، بصورت سوسیالیستی درآوردن.

socialized medicine, *n.* بیمهٔ پزشکی همگانی.

social science, *n.* علم‌الاجتماع، جامعه‌شناسی،(جمع)علوم‌اجتماعی.

social security, *n.* بیمه و بازنشستگی همگانی.

social work, *n.* خدمات اجتماعی.

so.ci.e.tal, *adj.* وابسته به‌اجتماع.

so.ci.e.ty [səsáiəti] *adj. & n.* انجمن، مجمع،جامعه، اجتماع، معاشرت،شرکت، حشر و نشر، نظام اجتماعی، گروه، جمعیت، اشتراك مساعی، انسکان.

so.cio.economic, *adj.* اجتماعی واقتصادی، وابسته به‌اقتصاداجتماعی.

so.ci.o.log.i.cal [sòusiəlɔ́dʒikl], *adj.* وابسته‌به جامعه‌شناسی.

so.ci.ol.o.gist [sòusiɔ́lədʒist] *n.* جامعه شناس، انسکان‌شناس.

so.ci.ol.o.gy [sòusiɔ́lədʒi] *n.* جامعه‌شناسی، انسکان‌شناسی.

so.cio.political, *adj.* اجتماعی و سیاسی.

sock [sɔk] (-ed, -ing) *n., adv., vt. & vi.* جوراب ساقه‌کوتاه، کفش راحتی بی‌پاشنه، جوراب پوشیدن، ضربت زدن، ضربه، مشت‌زدن، یکراست،درست.

sock.et [sɔ́kit] (-ed, -ing), *vt. & n.* حفره، جا، خانه،کاسه، گوده،حدقه، جای شمع (در شمعدان)، سرپیچ، کاسهٔ چشم، در حدقه یا سرپیچ قراردادن.

Socrates [sɔ́krətiːz] *n.* سقراط.

So.crat.ic [sɔkrǽtik] *adj. & n.* سقراطی، پیرو حکمت سقراط.

sod [sɔd] (-ded, -ding) *n., vt., adj. & vi.* چمن،مرغزار،کلوخ‌چمنی، با چمن، پوشاندن،چمن ایجادکردن، خیس شدن.

so.da [sóudə] *n.* (ش.) قلیا، جوش شیرین، سودا،کربنات سدیم، لیموناد.

soda fountain, *n.* مغازهٔ‌لیمونادفروشی، شیرمخصوص لیمونادوسودا.

so.dal.i.ty, *n.* همراهی، دوستی،اتحاد، یگانگی،همبستگی.

soda pop, *n.* نوشیدنی‌غیر الکلی (مثل‌کوکاکولا).

sod.den [sɔ́dn] (-ed, -ing), *adj., vt. & vi.* جوشانده،چروکیده‌وپژمرده، [در اثر جوشاندن] بی‌مصرف، نیم‌پخته، اشباع شده، خیس، خیس‌شدن، گیج و کند ذهن.

so.di.um [sóudiəm] *n.* [ش.] فلز نرم و مومی شکل نقره فام، سدیم.

sodium chloride, *n.* [ش.] نمك‌طعام.

Sod.om, *n.* شهر«سدوم»، مرکز فساد.

Sod.om.ite, *n.* بچه باز، اهل لواط، لواط‌گر.

sod.omy, *n.* بچه‌بازی، لواط،جماع غیرطبیعی.

so.fa [sóufə] *n.* نیمکت، نیمکت مبلی‌نرم وفنری.

soft [sɔft] *adv., n. & adj.* نرم، لطیف، ملایم، مهربان، نازك،عسلی، نیم‌بند، سبك، شیرین،گوارا، (در مورد هوا) لطیف.

S. sawder. چاپلوس.

softball, *n.* [ورزش] بیس‌بال‌دارای توپ‌نرم.

soft-boiled, *adj.* (در مورد تخم‌– مرغ) نیم‌بند، حساس،احساساتی، دل‌رحیم.

soft.en [sɔ́fn] (-ed, -ing) *n., vt. & vi.* نرم‌کردن، ملایم‌کردن، آهسته‌ترکردن، شیرین کردن، فرونشاندن، خوابانیدن،کاستن از،کم‌کردن، نرم شدن.

soft.en.er [sɔ́fnə] *n.* نرم کننده.

softhead, -ed, *adj. & n.* آدم‌احمق،کم عقل، نئر.

softhearted, *adj.* نازك دل، نرم دل، دل‌رحیم.

soft pedal (-ed, -ing) *vt. & n.* (در پیانو) رکاب تخفیف صدا، وسیلهٔ خفه‌کردن صدا، باركاب پائی صدا را خفه کردن، در سخن امساك‌کردن، مبهم‌کردن.

soft sell, *n. & vt.* با نرمی وملایمت بفروش رساندن.

soft-spoken, *adj.* [مج.] معتدل،دارای صدای نرم وملایم.

softy, soft.ie (*pl.* **softies**) *n.* پسرضعیف وزن‌نما، آدم‌ضعیف وسست‌عنصر.

sog.gy [sɔ́gi] *adj.* خیس،تر.

soil [sɔil] (-ed, -ing) *n., vt. & vi.* خاك، کثیف‌کردن، لکه‌دارکردن، چرك‌شدن، خاك، زمین،کشور، سرزمین،مملکت، پوشاندن باخاك، خاکی‌کردن.

soil.age, *n.* آلودگی، آشغال،علف‌تازه،علوفهٔ‌حیوانات.

soil pipe, *n.* لولهٔ فاضل‌آب مستراح.

soi.ree [swáːrei], **soi.rée,** *n.* [فرانسه] مهمانی شب، شب‌نشینی.

so.journ [sɔ́dʒəːn] (-ed, -ing), *n. & vi.* اقامت موقتی، موقتاً اقامت‌کردن.

so.journ.er, *n.* ساکن موقتی، آدم‌سیار.

sol [sɔl] *n.* خورشید، زر، طلا، الههٔ خورشید.

sol.ace [sɔ́lis] (-d, solacing), *n., vi. & vt.* تسلیت‌خاطر،مایهٔ‌تسلی، آرامش، تسکین، آرام‌کردن، تسلی‌دادن، تسلیت‌گفتن.

sol.ace.ment, *n.* تسلیت، تسلی.

so.lar [sóulə] *adj. & n.* وابسته بخورشید، خورشیدی.

so.lar.i.um [so(u)lɛ́əriəm] (*pl.* **solaria**) *n.* ساعت‌آفتابی، اتاق‌آفتاب‌رو، اطاق‌مریضخانه که درآن مریض حمام‌آفتاب میگیرد.

so.lar.ize (-d, solarizing) *vt. & vi.* زیاد درآفتاب ماندن و خراب شدن، استفاده‌کردن ازنور آفتاب، در معرض آفتاب قراردادن.

solar system, *n.* منظومهٔ شمسی.

sol.ate (-d, solating) *vi.* [ش.] بصورت محلول درآوردن.

so.la.ti.um [so(u)léiʃiəm] (*pl.* **solatia**) *n.* جبران خسارت، غرامت‌برای ترضیهٔ‌خاطر.

sold [sould] (*p. of* **sell**). (زمان ماضی واسم مفعول فعل sell)، فروخته شده، بفروش رفته، فریفته، اغواشده.

sol.der [sɔ́(ː)də, sɔ́ldə] (-ed, -ing) *n., vi. & vt.* لحیم، کفشیر، جوش، وسیلهٔ التیام واتصال،لحیم کردن، جوش دادن، التیام‌دادن.

sol.der.er, *n.* لحیم‌گر.

sol.dier [sóuldʒə] (-ed, -ing), *n. & vi.* سرباز، نظامی،سپاهی،سربازی‌کردن، نظامی‌شدن.

sol.diery [sóuldʒəri] *n.* سربازی، نیروی نظامی، یك‌دسته‌سرباز.

sole [soul] (-d, soling) *adj., n. & vt.* کف‌پا، تخت‌کفش،تخت،زیر، قسمت‌ته‌هرچیز،شالوده،تنها، یگانه،منحصربفرد، (بکفش) تخت زدن.

sole.cism [sɔ́lisizm] *n.* غلط دستوری، غلط‌اصطلاحی، بی‌ترتیبی.

sole.cis.tic, *adj.* دارای‌غلط‌دستوری.

sole.ly, *adv.* فقط، منحصراً، بتنهائی.

sol.emn [sɔ́ləm] *adj. & adv.* رسمی، موقر، جدی،گرفته، موقرانه، با تشریفات.

so.lem.ni.fy (-ied, solemnifying) *vt.* موقرساختن، جدی‌گرفتن.

so.lem.ni.ty [səlémniti] *n.* هیبت، وقار، آئین‌تشریفات،مراسم‌سنگین.

sol.em.ni.za.tion, *n.* رسمیت، وقار.

sol.em.nize [sɔ́ləmnaiz] (-d, solemnizing) *vt. & vi.* باتشریفات انجام دادن.

sole ness, *n.* تنهائی، انفراد.

sol-fa, *n., vt. & vi.* (مو.) نت خوانی، سولفش، سرودن ترانه‌بانت.

sol.fege, sol.feg.gio, *n.* [مو.] نت خوانی، سولفش‌خوانی.

soli (*pl. of* **solo**) *n.* (صورت‌جمع کلمهٔ solo)، تك‌نوازان،تنهاخوانان.

so.lic.it [səlísit] (-ed, -ing), *vt. & vi.* درخواست‌کردن، التماس‌کردن، خواستن، تقاضا کردن، جلب کردن، تشجیع کردن، تهییج‌کردن، بیرون‌کشیدن، وسوسه‌کردن.

so.lic.i.tant, *n.* متقاضی، تشجیع‌کننده.

so.lic.i.ta.tion [səlìsitéiʃn] *n.* درخواست، تقاضا، التماس،جلب دعوت، تشجیع.

so.lic.i.tor [səlísitə] *n.* [حق.] وکیل، کسی‌که اسناد ومدارك عرضحال را تهیه میکند.

so.lic.i.tous [səlísitəs] *adj.* مشتاق، آرزومند، مایل، نگران، دلواپس.

so.lic.i.tude [səlísitjuːd] *n.* نگرانی، پروا، اندیشه، اشتیاق، دقت‌زیاد.

sol.id [sɔ́lid] *adj., adv. & n.* جامد، جسم، مادهٔ جامد، سفت، سخت، مکعب، سه‌بعدی،محکم، استوار، قوی، خالص،ناب،بسته، منجمد، سخت، یك پارچه، مکعب، حجمی،سه بعدی، توپر، نیرومند، قابل اطمینان، فضائی.

sol.i.dar.i.ty [sɔlidǽriti] *n.* اتحاد، انسجام، بهم‌پیوستگی، مسئولیت مشترك، همکاری، همبستگی.

solid geometry, *n.* هندسهٔ سه‌بعدی، هندسهٔ فضائی.

so.lid.i.fi.ca.tion, *n.* سفت‌سازی، استقرار، استحکام.

so.lid.i.fy [səlídifai] (-ied, solidifying) *vt. & vi.* جامدکردن،سفت کردن یا شدن، یك‌پارچه شدن، متبلورکردن.

so.lid.i.ty [səlíditi] *n.* جمود، استحکام، استواری،سختی،سفتی.

so.lil.o.quist, so.lil.o.quiz.er, *n.* تك‌گو،کسیکه با خود حرف میزند.

so.lil.o.quize [səlíləkwaiz] (-d, soliloquizing) *vi. & vt.* باخود گفتگوکردن، باخودگفتن، تك‌گوئی کردن.

so.lil.o.quy [səlíləkwi] *n.* تك‌گوئی، گفتگوباخود، نمایش‌یامقاله‌یاسخنرانی‌یکنفری.

solip.sism, *n.* فرضیه‌ای که‌معتقد است نفس انسان چیزی جز خود و تغییرات‌حاصله‌در نفس خود را نمی‌شناسد، نفس گرائی.

solip.sist, -ic, *adj. & n.* نفس گرای.

sol.i.taire [sɔlitɛ́ə] *n.* تك‌بازی، نگین‌تکی، بازی یك‌نفره [ورق]،منفرد،تك.

sol.i.tary [sɔ́litəri] *adj. & n.* تنها، مجرد،گوشه‌نشین، منزوی، پرت.

sol.i.tude [sɔ́litjuːd] *n.* تنهائی، انفراد، خلوت، جای خلوت.

sol.i.tu.di.nar.i.an, *n.* گوشه نشین، منزوی.

so.lo [sóulou] *adj., adv., n., vi. & vt.* (مو.)تك‌نوازی،تك‌خوانی،بطورانفرادی.

so.lo.ist [sóulouist] *n.* تك نواز، تك‌خوان، خلبان تك‌پرواز.

so long, *interj.* [آمر. ــ ز.ع.] خداحافظ، بامیددیدار.

so long as, *conj.* تا وقتی‌که، مادامی‌که.

sol.stice [sɔ́lstis] *n.* [نج.] انقلاب، تحویل، نقطهٔ انقلاب، تحول.

sol.sti.tial, *adj.* انقلابی، تحویلی، تحولی،دارای‌دورهٔ‌تحول کوتاه.

sol.u.bil.i.ty [sɔljubíliti] *n.* قابلیت حل.

sol.u.ble [sɔ́ljubl] *adj. & n.* قابل حل، حل‌شدنی، محلول.

so.lus, *adj. & adv.* تنها، به‌تنهائی.

so.lu.tion [səljúːʃn] *n.* شولش، چاره‌سازی، حل، محلول، راه‌حل،تأدیه، تسویه.

solv.abil.i.ty, *n.* قابلیت‌حل، محلولی.

solv.able, *adj.* حل شدنی، محلول، [م.م.]قادر بتأدیهٔ‌وام،واریز شدنی،قابل‌پرداخت.

solv.ate (-d, solvating) *n., vt. & vi.* مادهٔ محلول،حل‌شدن،محلول‌شدن.

solve [sɔlv] (-d, solving) *vt. & vi.* حل‌کردن،رفع‌کردن، گشادن، بازکردن.

sol.ven.cy [sɔ́lvənsi] *n.*
حل شدنی، حل کردنی، تحلیل‌بردنی، پرداختنی، عدم اعسار، ملائت، قدرت‌پرداخت دین.
sol.vent [sɔ́lvənt] *adj. & n.*
حلال، مایع‌محلل، قادر به‌پرداخت قروض.
solv.er, *n.* حل‌کننده.
so.mat.ic, *adj.* بدنی(در مقابل روحی یاروانی)، تنی، طبیعی، جسمی، مادی، کالبدی.
so.ma.tol.o.gy, *n.*
علم اجسام،کالبدشناسی، علم‌طبیعیات وکالبد.
som.ber, som.bre [sɔ́mbə] *n. & adj.* سایه‌دار، تاریك، غم‌انگیز، محزون.
som.bre.ro [sɔmbrɛ'ərou] *n.*
کلاه‌لبه پهن اسپانیولی.
som.brous, *adj.*
[illegible] حزن‌انگیز، سهی، پرر[illegible].
some [sʌm, səm] *adj., adv., n., pl. & pron.* برخی، بعضی، برخی از، اندکی، چندتا، قدری،کمی از، تعدادی، غالباً، تقریباً،کم‌وبیش، کسی،شخص یا چیزمعینی.
S. two hours. یکی دوساعتی.
some.body [sʌ'mbɔdi, sʌ'mbədi] *pron. & n.*
یك‌کسی، کسی، یك‌شخصی، شخصی.
some.day, *adv.*
روزی، یکروز (درآینده).
somehow [sʌ'mhau] *adv.*
بطریقی، بیك‌نوعی، هرجورهست، هرجور.
some.one [sʌ'mwʌn] *pron.*
کسی، شخصی، یك‌کسی، آدمی.
someplace, *adv.* جائی، یك‌جائی.
som.er.sault [sʌ'məsɔ:lt] **som.er.set** (**-ed, -ing**) *vi. & n.*
شیرجه، معلق، پشتك، معلق‌زدن.
some.thing [sʌ'mθiŋ] *adv. & n.*
چیزی، یك‌چیزی، تا اندازه‌ای،قدری.
some.time [sʌ'mtaim] *adj. & adv.* یکوقتی، یك‌زمانی، گاهگاهی، سابقاً.
some.times [sʌ'mtaimz] *adj. & adv.*
گاهی، بعضی اوقات، بعضی‌مواقع، گاه‌بگاهی.
some.way=some.ways, *adv.*
بطریقی، بیك‌نحوی.
some.what [sʌ'm(h)wɔt] *adv. & pron.*
قدری، مقدار نامعلومی، تاحدی،مختصری.
somewhen, *adv.*
در یك وقتی، گاهی، یك‌موقعی.
somewhere [sʌ'm(h)wɛə],
somewheres, *n. & adv.*
یك‌جائی، دریك محلی، درمکانی.
som.nam.bu.lant, som.nam.bu.lar, *adj.* خوابگرد،
در خواب راه رونده، معتادبه راه‌رفتن‌درخواب.
som.nam.bu.late (**-d, somnambulating**) *vi.*
در خواب راه رفتن، خوابگردی‌کردن.
som.nam.bu.la.tion, *n.*
راه رفتن درخواب، خواب‌گردی.
som.nam.bu.lism [sɔmnǽm-bjulizm] *n.* راه‌رفتن‌درخواب (اعم ازخواب‌طبیعی یا مغناطیسی)، خواب گردی.
som.nam.bu.list, -ic, *n.*
کسیکه در خواب راه میرود، وابسته به‌راهروی درخواب، خواب‌گرد.
som.ni.fa.cient, som.nif.ic, *adj. & n.* خواب‌آور،خواب‌آلود.
som.no.lence [sɔ́mnələns],
som.no.len.cy, *n.*
حالت خواب‌آلودی، حالت‌خواب وبیداری.
som.no.lent [sɔ́mnələnt] *adj.*
خواب‌آلود، درحالت خواب وبیدار.
so much, *adv., pron. & adj.*
اینقدر،آنقدر زیادکه، بقدری، بسیار.
son [sʌn] *n.*
فرزند ذکور، پسر، ولد، زاد، مولود.
so.nance, *n.* صدا، آهنگ، طنین.
so.nant, *adj. & n.* صدادار، دارای آهنگ، صوتی، بآهنگ صدا، طنین‌دار.
so.nar, *n.* دستگاه‌کاشف زیردریائی بوسیلهٔ امواج صوتی.
so.na.ta [sənáːtə] *n.* [مو.] سوناتا.
sonde, *n.* اسباب اندازه‌گیری اوضاع فیزیکی وجوی ارتفاعات زیاد ماوراءجو.
song [sɔŋ] *n.* [illegible]، نغمه، آواز، [illegible] تصنیف، ترانه، شعر.
songbook, *n.* کتاب سرود، آوازنامه.
songfest, *n.*
دسته‌ای که‌آواز معروف ومحبوب یا آهنگهای محلی جالبی را اجراء میکنند، مجلس‌آواز.
song.ful, *adj.* پرآواز، پرنغمه.
song.less, *adj.* بی‌آواز، بی‌نغمه.
song.ster, [sɔ́ŋstə] *n.*
آواز خوان، غزل خوان، نغمه‌سرا.
songwriter, *n.* سرودنویس، کسیکه شعر آهنگهای معروف را میسراید.
son.ic, -al, *adj.* شنودی،صوتی،وابسته بسرعت صوت، سماعی، درمیدان شنوائی.
sonic boom, *n.*
صدای برخوردهوابا جلو هواپیمای‌دارای‌سرعت مافوق صوت، انفجار صوتی.
son-in-law (*pl.* **sons-in-law**), *n.* داماد، ناپسری.
son.less, *adj.* بی‌فرزند، بی‌پسر.
son.net [sɔ́nit] *n., vt. & vi.*
غزل، غزل یا قطعهٔ شعر۱۴ سطری.
son.ne.teer [sɔnitíə] *n., vt. & vi.* غزلسرا، سازندهٔ غزل، غزل‌سرائی کردن.
son.nish, *adj.* فرزندوار.
son.ny, *n.* فرزندجان، پسرم.
so.nor.i.ty [sənɔ́riti] *n.*
پرصدائی، پرطنینی.
sono.rous [sənɔ́:rəs] *adj.*
صدادار، طنین انداز، قلنبه، بلند، پرصدا.
soon [su:n] *adv. & adj.*
بزودی،زود، عنقریب، قریباً، طولی‌نکشید.
soon.er, *n.*
زودتر، بومیان «اوکلاهما» دراتازونی.
soot [sut] (**-ed, -ing**) *vt. & n.*
دوده، دودهٔ بخاری،رنگ سیاه دوده، دوده‌زدن.
sooth [su:θ] *adj. & n.*
راستی، براستی، درحقیقت، راستگو، تسکین‌دهنده، تفأل، پیشگوئی، ضرب‌المثل.
soothe [su:ð] (**-d, soothing**), *vt. & vi.* آرام‌کردن، تسکین‌دادن،دل‌بدست آوردن، دلجوئی کردن، استمالت کردن.
soothing, *adj.* آرامش بخش، آرامی‌بخش، دارای اثرتسکین دهنده، تسلیت.
sooth.say (**-said, -saying**) *vi. & n.* فال‌گرفتن، طالع‌دیدن، پیشگوئی‌کردن.
sooth.say.er [sú:θsèiə] **sooth-say.ing,** *n.* [م.م.] فال‌بین،
فال بینی، (ج.ش.) آخوندك.
sooty, *adj. & vt.*
دوده‌ای،سیاه، دوده‌ای‌کردن.
sop [sɔp] *n., vt. & vi.* غذای مایع، آبگوشت،سوپ،شیر،خیس،خیساندن،جذب‌کردن.
Sopping wet. خیس و تر.
soph.ism [sɔ́fizm] *n.* سفسطه،مغالطه.
soph.ist, -ic [sɔ́fist] *adj. & n.*
سوفسطائی، مغالطه‌کن، زبانباز، سفسطه باز.
so.phis.ti.cate (**-d, sophisticating**) *vt. & n.* خبره‌وپیشرفته‌کردن، سفسطه‌کردن، رنگ و آب فریبنده زدن به، از اصالت و سادگی انداختن،فریبنده.
sophisticated [səfístikèitid], *adj.* خبره وماهر، مشکل وپیچیده،درسطح بالا، مصنوعی، غیرطبیعی،تصنعی، سوفسطائی.
so.phis.ti.ca.tion [səfistikéiʃn], *n.* سفسطه،دلفریبی،اغوا،تحریف،مهارت،کمال.
soph.is.try [sɔ́fistri] *n.* سفسطه، مغالطه، زبان‌بازی، برهان‌تراشی، فریب.
soph.o.more [sɔ́fəmɔ:] *n.*
[آمر.] دانشجوی سال دوم.
soph.o.mor.ic, *adj.* [illegible]
-so.phy, -so.phy, *n.*
پسوندی بمعنی «دانش» و «شناسی»، صوفی، [م.م.] شخص عاقل، با خرد، دانا.
sopo.rif.ic [sɔpərífik, sòu-] *adj. & n.* خواب‌آلود، کرخت، داروی خواب‌آور.
sop.py [sɔ́pi] *adj.*
خیس، مرطوب، خیلی خیس و لغزنده.
so.prano [səprá:nou] *n. & adj.*
[مو.] صدای زیر، ششدانگ، صدای بلند.
sor.cer.er [sɔ́:sərə] *n.*
جادوگر، ساحر.
sor.cery [sɔ́:səri] *n.*
جادوگری، افسونگری.
sor.cer.ous, *adj.*
وابسته به‌جادوگری، ساحر، سحرآمیز.
sor.did [sɔ́:did] *adj.*
پست، خسیس،چرك،کثیف، دون، شلخته، هرزه.
sore [sɔ:, sɔə] *adj., n. & adv.*
زخم، ریش، جراحت، جای زخم، دلریش‌کننده، سخت، دشوار، مبرم، خشن، دردناك.
sorehead, -ed, *adj. & n.*
سر درد، شخص کم ظرفیت که در اثر باخت یا شکست عصبانی میشود، زودرنج.
sore.ly [sɔ́:li] *adv.* بشدت، بسختی، بسیار.
Help is s. needed.
کمك بشدت مورد نیاز است.
sore throat, *n.* [طب]گلو درد.
sor.ghum, *n.* [گ.ش.] ذرت‌خوشه‌ای.
so.ri.tes, *n.pl.* مسلسل، تسلسل منطقی.
so.rop.ti.mist, *n.*
عضو انجمن‌های خواهری و خدمات اجتماعی.
so.ro.ral, *adj.* خواهری، خواهرانه.
so.ror.i.ty [sərɔ́riti] *n.*
خواهری، انجمن‌های خیریه یاکلوب نسوان.
sorp.tion, *n.* جذب، جذب سطحی.
sor.rel [sɔ́rəl] *n.*
اسب‌کرند،گوزن نر سه ساله.
sor.row [sɔ́rou] (**-ed, -ing**), *n., vt. & vi.*
غم، غـم و اندوه، غصه، حـزن، مصیبت، غمگین کردن، غصه‌دارکردن، تأسف خوردن.
sor.row.ful [sɔ́rouful] *adj.*
غمگین، محزون، افسرده، اندوهناك، دژکام.
sor.ry [sɔ́ri] (**-ier, -iest**) *adj.*
متأثر، متأسف، غمگین، ناجور، بدبخت.
I felt s.. غمگین شدم، دلم سوخت.
sort [sɔ:t] (**-ed, -ing**) *n., vi. & vt.* جور، قسم، نوع،گونه، طور، طبقه،رقم،جورکردن، سواکردن، دسته‌دسته کردن، جور درآمدن، پیوستن، دمساز شدن.
Nothing of the s.
ابداً چنین چیزی نیست.
We had coffee of a s.
قهوه خوردیم اما چه قهوه‌ای؛ اسمش قهوه بود.
Out of sorts. بیکر.
sor.tie [sɔ́:ti] *n.*
(نظ.) حملهٔ پادگان محاصره شده بمحاصره کنندگان، یورش، یورش‌آوردن.
sort of, *adv.*
بمقدار متوسط، نسبتاً، بمیزان متوسط، تقریباً.
SOS [ésoués] *n.* مخفف‌کلمات save our ship (علامت خطرو درخواست‌کمك).
so-so [sóusóu] *adj. & adv.*
نه، نه خوب ونه بد، حدوسط، احتمالاً، محتمل.
sot [sɔt] *n., vt., vi. & adj.*
احمق، ساده‌لوح،مست،احمق کردن، مست کردن.
so.te.ri.ol.o.gy, *n.*
رستگاری شناسی،مبحث نجات، رستگاری.
sot.to vo.ce [sɔ́tou vóutʃi] *adj. & adv.* نجوا،صدای خیلی یواش، آهنگ [illegible]
sou.brette [su:brét] *n.*
خادمه، بانوئی‌که در نمایشات نقش فضولباشی و دسیسه‌کار را بازی‌میکند، مسخره.
soubriquet=sobriquet [sóu-brikei] *n.* لقب،کنیه، لقب خیالی.
sou.ffle [sú:flei] *adj. & n.*
خوراك مـرکب از زردهٔ تخم مرغ وگـوشت و پنیر وشکلات، پارچهٔ نازك‌گل برجستهٔزنانه، پف کردن یا بالاآمدن‌غذا، (غذای)پف‌کرده.
sough [sau, sʌf] (**-ed, -ing**), *vt., vi. & n.*
صدای زمزمه یا آه، زمزمه یاخش‌خش‌کردن.
sought [sɔ:t] (*p. of* **seek**).
(زمان‌ماضی و اسم‌مفعول‌فعل seek).
soul [soul] *n. & adj.* روح، جان، روان، جاندار، (آمر.) وابسته به سیاهپوستان.
soul brother, *n.* سیاهپوست.
soul.ful [sóulful] *adj.*
پراز احساسات، باروح، سرزنده.
soul.less [sóullis] *adj.*
بی‌روح، بی‌عاطفه.
soul-searching, *n.* خودکاوی، بررسی‌دقیق احساسات و انگیزه‌های خود.
sound [saund] (**-ed, -ing**) *n., adv., adj., vt. & vi.*
صدا،آوا، سالم،درست، بی‌عیب، استوار،بی‌خطر، دقیق، مفهوم، صدا دادن، بنظر رسیدن، بگوش خوردن، بصدا درآوردن، نواختن، زدن، بطور ژرف، کاملاً، ژرفاسنجی‌کردن، گمانه‌زدن.
sound barrier, *n.* مانع صوتی.
soundboard, sounding board, *n.* تختهٔ موجد صدا، کمان ویولن وتار، (مج.)عامل انتشارعقاید.
sound.er [sáundə] *n.*
ژرفا سنج،هرچیزیکه صدا میکند.
sound.less, *adj.*
بی‌صدا، خاموش، ساکت.
soundproof, *adj.*
ضد صدا، مانع نفوذصدا، عایق‌صدا.
soup [su:p] (**-ed, -ing**) *n. & vt.* آشامه، آبگوشت، سوپ.
Souped-up, *adj.* تعمیر و تقویت‌کردن، سرعت اسب مسابقه‌را زیادکردن.
soupy, *adj.* شبیه‌آبگوشت، آبکی.
sour [sáuə] (**-ed, -ing**) *adj., n., vt. & vi.* ترش، تند، ترش‌بودن، مزهٔ‌اسیدداشتن[مثل‌غوره وغیره]، ترش شدن.
source [sɔ:s] *n.*
چشمه،سرچشمه،منبع، منشاء، مایه،مبداء، مأخذ.
S. books. کتب مورداستفاده، مأخذ ومنابع.
souse [saus] (**-d, sousing**) *n., vt. & vi.* در ترشی فرو بردن، بـا ترشی مخلـوط‌کـردن، غسل دادن، درآب غوطه‌ورشدن، ترشی‌انداختن، بطورکامل‌پوشاندن، حمله‌کردن، بسختی افتادن، آب نمـك، ترشی، آهار، فروبری، غستشو،مست،مست‌کردن‌باشدن.
south [sauθ] *adv., adj. & n.*

جنوب، جنوبی، بسوی جنوب، نیم‌روز.

southbound, *adj.* عازم جنوب.

south.east [*sáuθí:st*] *adj., adv. & n.* جنوب خاوری، جنوب شرقی.

south.east.er [*sàuθí:stə*] *n.* باد جنوب شرقی، توفان جنوب شرقی.

south.east.ern.er, *n.* ساکن نواحی جنوب شرقی.

south.east.ern.most, *adj.* در دورترین نقطهٔ جنوب شرقی.

south.east.ward, *adj. & adv.* بطرف جنوب شرقی، در جهت جنوب خاوری.

south.er, *n.* باد جنوبی.

south.ern [*sʌ'ðən*] *adj. & n.* جنوبی، اهل جنوب، جنوباً، بطرف جنوب.

South.ern.er [*sʌ'ðənə*] *n.* جنوبی، اهل جنوب [در ایالات متحده].

southern lights=aurora australis, *n.* شفق جنوبی.

south.ern.most, *adj.* در اقصی نقطهٔ جنوب.

south.land, *n.* سرزمین جنوب، کشور نیمروز.

southpaw, *n. & adj.* چپ دست.

South Pole, *n.* قطب جنوب.

south.ward [*sáuθwəd*] **south-wards,** *adj., adv. & n.* بطرف جنوب، متمایل بجنوب، بسوی جنوب.

south.west [*sàuθwést*] *adj. & n.* واقع در جنوب غربی، باد جنوب غربی.

south.west.er [*sàu(θ)wéstə*] *n.* باد جنوب غربی، توفان یا تند باد جنوب‌غربی.

south.west.ern [*sàuθwéstən*], *adj.* واقع در جنوب غربی.

south.west.ern.er, *n.* اهل جنوب غربی.

south.west.ward, south-west.wards, *adv., adj. & n.* بسوی جنوب‌غربی، درجهت جنوب‌باختری.

sou.ve.nir [*sú:vəniə*] *n.* یادگار، سوغات، یادبود، خاطره، ره‌آورد.

sov.er.eign [*sɔ́vrin*]=**sovran,** *adj. & n.* پادشاه، شهریار، لیرهٔ زر، با اقتدار، دارای قدرت عالیه.

sov.er.eign.ty [*sɔ́vrinti*]=**sov-ran.ty,** *n.* سلطه، حق حاکمیت، پادشاهی، قدرت.

So.vi.et [*sóu-, sɔ́viet*] *adj. & n.* هیئت حاکمهٔ اتحاد جماهیر شوروی، شوروی.

So.vi.et.ize [*sóu-, sɔ́viətaiz*] **(-d, sovietizing)** *vt.* مطابق رژیم شوروی کردن.

sow [*sou*] **(-ed, -ing)** *n., vt. & vi.* ماده خوک جوان، نزدیك زایمان، شلخته، بذرافشانی، کاشتن، کشت کردن.

sow.er [*sóuə*] *n.* برزگر، تخم افشان.

sox (*pl. of* **sock**). (صورت جمع کلمهٔ sock)، جورابها.

soy [*sɔi*] *n.* سبوس یا چاشنی چینی یا ژاپونی مرکب ازلوبیای‌جوشانده وشیر و غیره.

soya (bean) *n.* [گ.ش.] لوبیای روغن، لوبیای ژاپنی، سوژا، سویا.

Spa [*spa:*] *n.* چشمهٔ معدنی، آب معدنی.

space [*speis*] **(-d, spacing),** *n., vi. & vt.* فضا، وسعت، مساحت، جا، فاصله، مهلت، فرصت، مدت معین، زمان کوتاه، دوره، در فضا جا دادن، فاصله دادن، فاصله داشتن.

S. out. زیاد فاصله دادن، گشادتر کردن.

spacecraft=spaceship, *n.* ناوبز، فضاپیما، سفینهٔ فضائی، فضاکشتی.

space flight, *n.* پرواز فضائی.

space.less, *adj.* بی‌حد وحصر، بی‌مرز.

space.man, *n.* مسافر فضائی، فضانورد، اهل کرات دیگر.

space.ship =spacecraft, *n.* کشتی فضائی، سفینهٔ فضائی، ناوبز، فضاکشتی.

space station, space plat-form, *n.* پایگاه فضائی، ایستگاه فضائی.

space suit,=G. suit, *n.* لباس فضانوردی، فضا جامه.

space.ward, *adv.* بسوی فضا، بجانب فضا.

spacial=spatial, *adj.* فضائی.

spacing, *n.* فاصله گذاری، مراعات فواصل.

spa.cious [*spéiʃəs*] *adj.* فراخ، جادار، وسیع، جامع، گشاد، فضا دار، مفصل.

spack.le (-d, spackling) *vt.* بتونه، بتونهٔ نقاشی، بتونه کاری کردن، با بتونه پر کردن.

spade [*speid*] **(-d, spading),** *n., vt. & vi.* بیل، بیلچه، (در ورق) خال پیك، خال دل سیاه، بیل زدن، با بیل کندن، با بیل برگرداندن.

Call a spade a spade. رك وپوست کنده حرف‌زدن.

spade.ful [*spéidful*] *n.* بقدر يك بيل.

spa.ghet.ti [*spəgéti*] *n.* خوراك رشته فرنگی، رشته فرنگی.

Spain [*spein*] *n.* کشور اسپانیا.

spake [*speik*] (*p. of* **speak**). (زمان ماضی قدیمی فعل speak).

spall (-ed, -ing) *n., vt. & vi.* خرده ریز، توفال، سنگ‌ریزه، با چکش‌تراش‌دادن وبشکل درآوردن، خرد شدن‌سنگ‌هادراثر آب وهوا، ورقه ورقه کردن.

span [*spœn*] **(-ned, -ning),** *vt., vi., adv. & n.* اندازه، ظرفیت، وجب، یك‌وجب، مدت معین، فاصلهٔ معین، وجب کردن، اندازه‌گرفتن، پل‌بستن، تاق بستن.

span.gle [*spœ́ŋgl*] **(-d, span-gling)** *n., vt. & vi.* پولك وسنگهای بدلی زینت لباس، منجوق، هر چیززرق‌وبرق‌دار، درخشش، با پولك‌مزین کردن.

Span.iard [*spœ́njəd*] *n.* اسپانیولی.

span.iel [*spœ́njəl*] *n.* سگ پشمالو وآویخته‌گوش، آدم‌چاپلوس.

Span.ish [*spœ́niʃ*] *adj. & n.* اسپانیولی، اسپانیائی.

spank [*spœŋk*] **(-ed, -ing)** *vt., vi. & n.* بادست بکفل‌زدن، درکونی‌زدن، باسرعت حرکت کردن.

span.ner [*spœ́nə*] *n.* آچار، مهره پیچ، مهره‌گشا، بست، بندقیقاجی، میلهٔ‌الصاقی، گلنگدن، وجب کننده.

spar [*spa:*] **(-red, -ring)** *n., vi. & vt.* تیردگل، (درساختمان) تیرآهن‌یا الوار، مشت بازی کردن، مشاجره کردن، نزاع.

spare [*spεə*] **(-d, sparing)** *n., adj., vt. & vi.* دریغ داشتن، مضایقه کردن، چشم پوشیدن از، بخشیدن، برای یدکی نگاه داشتن، در ذخیره نگاه داشتن، مضایقه، ذخیره، یدکی، لاغر، نحیف، نازك، کم حرف.

It will s. you trouble. زحمت شما راکم خواهدکرد.

spare.able, *adj.* یدکی‌شدنی، قابل صرفه‌جوئی، قابل امساك، دریغ شده.

spare.ribs, *n.pl.* گوشت دنده.

sparge (-d, sparging) *n., vi. & vt.* پاشیدن، گل مالی کردن، پخش کردن.

sparing [*spε'əriŋ*] *adj.* کم، ناچیز، مضایقه کننده، صرفه‌جو، ممسك، پس‌اندازکن.

spark [*spa:k*] **(-ed, -ing)** *n., adj., vt. & vi.* ژابیش، اخگر، جرقه، بارقه، جرقه زدن.

spar.kle [*spá:kl*] **(-d, sparkl-ing)** *n., vt. & vi.* تلألـو داشتن، جـرقه زدن، چشمك زدن، برق، تلألؤ، جرقه، درخشش.

spar.kler, *n.* جرقه زن، پرتلألؤ، آتشبازی جرقه‌دار، گوهردرخشان (مثل‌الماس).

spark plug, *n. & vt.* [مك.] شمع(مولدجرقهٔ موتور)، آغاز کردن، بانی‌شدن.

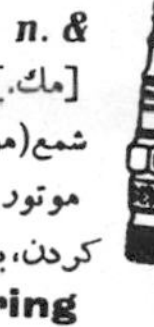

SPARK PLUG

sparring partner, *n.* حریف مشت بازی (هنگام تمرین مشت بازی).

spar.row [*spœ́rou*] *n.* (ج.ش.) گنجشك خانگی، انواع گنجشك.

sparse [*spa:s*] *adj.* کم‌پشت، پراکنده، تُنُك، گشادگشاد.

spar.si.ty [*spáisiti*], **sparse-ness,** *n.* تنکی، کم پشتی، پراکندگی، تُنُك‌بودن.

Spar.tan [*spá:tən*] *adj. & n.* اسپارتی، آدم دلیر و با انظباط، بی‌تجمل.

spasm [*spœ́zm*] *n.* شنجه، تشنج موضعی، حالت تشنج و اضطراب.

spas.mod.ic, -al [*spœzmɔ́dik*], *adj.* تشنجی، بگیر و ول‌کن، همراه‌باانقباضات.

spas.tic, -al, *adj. & n.* انقباضی، تشنجی، مبتلا به‌فلج تشنجی.

spas.tic.i.ty, *n.* حالت تشنج، حالت‌بگیروول‌کن، حالت‌انقباضی.

spat [*spœt*] (*p. of* **spit**). (زمان ماضی فعل spit).

spat (-ted, -ting) *n., vt. & vi.* حلزون خوراکی خیلی کوچك، بچهٔ حـلزون، مرافعه، کشمکش کردن، سیلی، سیلی‌زدن.

spate, *n.* طغیان رود، سیل، سیلاب، رگبار، تعـداد خیلی زیاد، هجوم بی‌مقدمه، سیل‌کلمات.

spa.tial [*spéiʃəl*] **spa.cial,** *adj.* فضائی، فاصله‌ای.

spat.ter [*spœ́tə*] **(-ed, -ing),** *n., vt. & vi.* پاشیدن، آلودن، ترشح، ترشح کردن، مقدارکم.

spat.u.la [*spœ́tjulə*] *n.* کفگیر، (طب) مرهم‌کش، کاردك مخصوص‌پهـن کـردن و مالیدن مرهم روی‌پارچه وزخم و غیره.

spat.u.late, spath.u.late, *adj.* شبیه‌مرهم‌کش، قاشقی‌شکل، زورقی‌شکل، کفگیری.

spav.in [*spœ́vin*] *n.* [دامپزشکی] ورم استخوان‌پای اسب.

spawn [*spɔ:n*] **(-ed, -ing)** *n., vt. & vi.* تخم‌ماهی، اشپل، بذر، جرم، تخم ریـزی کردن (حیوانات دریائی)، تولید مثل کردن.

spay (-ed, -ing) *vt.* عقیم‌کردن (جانور ماده)، بی‌تخمدان کردن.

speak [*spi:k*] **(spoke, spoken, speaking)** *vt. & vi.* سخن‌گفتن، حرف زدن، صحبت کـردن، تکـلم کردن، گفتگو کردن، سخنرانی کردن.

We are not on speaking terms. باهم حرف نمیزنیم، با هم‌قهر هستیم.

speak.able, *adj.* گفتنی.

speak.er [*spí:kə*] *n.* گوینده، حرف‌زن، متکلم، سخنران، سخـنگو، ناطق، رئیس مجلس شورا.

spear [*spiə*] **(-ed, - ing)** *n., adj., vt. & vi.* نیزه، سنان، نیزه‌دار، نیزه‌ای، با نیزه‌زدن.

spear.er, *n.* نیزه‌دار.

spearhead, *n. & vt.* نوك نیزه، هرچیز نوك‌تیز، رهبری کردن، پیشگامی کردن.

spear.man [*spíəmən*] *n.* نیزه‌دار، نیزه‌انداز.

spearmint, *n.* [گ.ش.] نعناع.

spearwort, *n.* [گ.ش.] آلاله.

spe.cial, -ly [*spéʃl*] *adv., adj. & n.* ویژه، مخصوص، خاص، استثنائی، مخصوصاً.

spe.cial.ist, -ic [*spéʃəlist, -ik*], *adj. & n.* متخصص، ویژه‌گر، ویژه‌کار.

spe.cial.iza.tion [*spèʃəlai-zéiʃn*] *n.* ویژه‌گری، ویژه‌کاری.

spe.cial.ize [*spéʃəlaiz*] **(-d, specializing)** *vt. & vi.* ویژه‌گری یا ویژه‌کاری کردن، متخصص شدن.

spe.cial.ty, spe.ci.al.i.ty [*spèʃiœ́liti*] *n.* کالای‌ویژه، داروی‌ویژه یا اختصاصی، اسپسیالیته، اختصاص، کیفیت‌ویژه، تخصص، رشتهٔ‌اختصاصی، ویژه‌گری.

spe.cie [*spí:ʃi*] *n.* سکه [بخصوص‌سکهٔ‌طلاو نقره]، پول، وابسته بسکه.

spe.cies [*spí:ʃiz*] *n.pl. & adj.* نوع، گونه، قسم، بشر، انواع.

spec.i.fi.able, *adj.* قابل تعیین یا تخصیص.

spe.cif.ic [*spisífik*] *adj. & n.* ویژه، مخصوص، معین، بخصوص، خاص، اخص.

spec.i.fi.ca.tion [*spèsifikéiʃn*], *n.* تصریح، تشخیص، ذکرخصوصیات، مشخصات.

spec.i.fy [*spésifai*] **(-ied, spe-cifying)** *vt.* تعیین کردن، معین کردن، معلوم کردن، جنبهٔ‌خاصی قائل شدن برای، مشخص کـردن، ذکر کـردن، مخصوصاً نام بردن، تصریح کردن.

spec.i.men [*spésimin, -mən*] *n.* نمونه، مسطوره، فرد، شخص.

spe.ci.os.i.ty, *n.* تصریح، کیفیت معین و مشخص، صراحت، وضوح.

spe.cious [*spí:ʃəs*] *adj.* خوش‌منظرو بدنهاد، دارای ظاهر زیبا وفریبنده، ظاهراً صحیح، بطورسطحی درست، ظاهراً منطقی و درست ولی واقعاً عکس‌آن.

speck [*spek*] **(-ed, -ing)** *vt., vi. & n.* لك، نقطه، خال، لکه یاخال‌میوه، ذره، لکه‌دار کردن، خالدار کردن.

speck.le [*spékl*] **(-d, speckl-ing)** *n. & vt.* نقطه، لکـهٔ کوچـك، خال، رنگ، نـوع، قسم، نقطه نقطه یا خال خال کردن.

specs [*speks*] *n.pl.* مشخصات، عینك.

spec.ta.cle [*spéktəkl*] *n.* تماشا، منظره، نمایش، (در جمع) عینك.

spec.tac.u.lar [*spektœ́kjulə*] *adj. & n.* تماشائی، منظرهٔ دیدنی، نمایش‌غیرعادی.

spec.tate (-d, spectating) *vi.* تماشاچی بودن، حاضر و ناظر بودن.

spec.ta.tor [*spektéitə*] *adj. & n.* تماشاگر، تماشاچی، بیننده، ناظر.

spec.ter, spec.tre [*spéktə*] *n.* شبح، روح، خیال و فکر، تخیل، وهم.

spec.tral [*spéktrəl*] *adj.* روح مانند، روحی، خیالی، طیفی، بینائی.

spec.tro.gram, *n.* طیف نگاره.

spec.tro.graph, -ic, *n.* طیف نگار، طیف سنج، کاغذ یا صفحهٔ طیف‌نما.

spec.tro.scope [*spéktrəskoup*], **spec.tros.co.py**, *n.*
بینائی بین، طیف بین، طیف‌نما، طیف بینی.

spec.trum [*spéktrəm*] (*pl.* **-s, spec.tra**) *n.* بینائی، طیف، خیال، منظر، شبح، رنگ‌های‌برقی در طیف بین.

spec.u.late [*spékjuleit*] (**-d, speculating**) *vt., vi. & n.*
اندیشیدن، تفکر کردن، معاملات قماری کردن، احتکار کردن، سفته‌بازی کردن.

spec.u.la.tion [*spèkjuléiʃn*] *n.*
احتکار، سفته‌بازی، تفکر و تعمق، زمین‌خواری.

spec.u.la.tive [*spékjulətiv*] *adj.*
احتکارآمیز، تفکری، مربوط به‌اندیشه.

spec.u.la.tor [*spékjuleitə*] *n.*
محتکر، سفته‌باز، زمین‌خوار.

speech [*spi:tʃ*] *n.* سخن، حرف، گفتار، صحبت، نطق، گویائی، قوهٔ ناطقه، سخنرانی.

speech.ify (**-ied, speechifying**) *vi.* سخنوری کردن، نطاقی کردن، سخنرانی کردن.

speech.less [*spí:tʃlis*] *adj.*
صامت، لال، گنگ (gong).

speed [*spi:d*] (**sped, speeded, speeding**) *n., adj., vt. & vi.*
تندی، سرعت، عجله، شتاب، کامیابی، میزان‌شتاب، درجهٔ تندی، وضع، حالت، شانس خوب داشتن، کامیاب بودن، با سرعت راندن، سریع‌کار کردن، تسریع کردن.

God s. you! خدا بهمراه.

speedboat, *n.*
کرجی‌یا قایق موتوری سریع‌السیر.

speed.er, *n.* عجله کننده، شتابکر.

speed limit, *n.*
حداکثر سرعت مجاز در جاده‌ها وغیره.

speed.om.e.ter [*spi:dɔ́mitə*] *n.*
سرعت سنج، کیلومتر شمار ساعتی.

speed.ster, *n.* بادپا، تند رو.

speedway, *n.* جادهٔ سریع‌السیر.

speedy, speed.i.ness, *adj. & n.*
سریع‌السیر، سریع، چابک، سرعت.

spele.ol.o.gist, *n.*
ویژه‌گر غارشناسی، غارشناس.

spele.ol.o.gy, *n.* غارشناسی، مطالعهٔ غارها از لحاظ زمین‌شناسی و تاریخی.

spell [*spel*] (**spelled, spelt, spelling**) *n., vi. & vt.*
هجی کردن، املاء کردن، درست نوشتن، پی بردن به، خواندن، طلسم کردن، دل کسی را بردن، سحر، جادو، طلسم، جذابیت، افسون، حملهٔ ناخوشی، حمله.

spell.bind (**spellbound, spellbinding**) *vt.*
سحر کردن، مجذوب کردن، مفتون ساختن.

spell.bind.er, *n.*
جادوگر، محسور کننده، مجذوب کننده.

spellbound, *adj.*
افسون شده، مسحور، مفتون، مجذوب.

spell.er [*spélə*] *n.* کتاب املاء، هجی کننده، کسیکه لغت را هجی میکند.

spelling [*spéliŋ*] *n.* املاء، هجی.

spelt [*spelt*] (*p. & pp. of* **spell**). *n.* (زمان ماضی و اسم مفعول فعل spell).

spend [*spend*] (**spent, spending**) *vt. & vi.*
صرف کردن، پرداخت کردن، خرج کردن، تحلیل رفتن قوا، تمام شدن، صرف شدن.

spend.able, *adj.*
خرج کردنی، خرج شدنی.

spend.thrift [*spéndθrift*] *adj. & n.* ولخرج، مسرف، خراج، دست ودلباز.

spent [*spent*] *adj.*
بی‌رمق، نیروی خود را ازدست‌داده، ازپادرآمده، کوفته، خسته، رها شده، کم‌زور، خرج‌شده.

sperm [*spə:m*] (*pl.* **-s**) *n.*
منی، نطفه، بذر، موجب ایجاد چیزی، منی‌دانه.

sper.ma.ceti [*spə:məséti, sí:ti*], *n.* موم‌کافوری، روغن‌سرنهنگ، موم‌سفید.

sper.ma.ry, *n.*
بیضه، غدهٔ تولیدکنندهٔ منی، محل‌تولید منی.

sper.mat.ic, *adj.*
[ج.ش.] نطفه‌ای، بیضه‌ای، بذری، تخمی.

sper.mato.zo.id, *n.*
[گ.ش.] یاختهٔ نر ومتحرك.

sper.mato.zo.on (*pl.* **spermatozoa**) *n.* اسپرماتوزوئید، یاختهٔ متحرك نطفهٔ بالغ جنس نر، منی‌دانه.

sperm whale, *n.* [ج.ش.] عنبرماهی، نهنگ عنبر (Physeter Catodon).

spew [*spju:*] (**-ed, - ing**) *n., vt. & vi.* قی کردن، فوران کردن [مواد آتشفشانی]، بافشارخارج کردن، بخارج ریختن.

sphag.num, *n.*
[گ.ش.] اسفاگنوم، خزه، خزهٔ خشك‌شده.

spher.al, *adj.*
کروی، مستدیر، بشکل دایره.

sphere [*sfiə*] *n. & vt.*
کره، گوی، جسم کروی، فلك، گردون، دایره، محیط، مرتبه، حدود فعالیت، دایرهٔ معلومات، احاطه کردن، بصورت کره درآوردن.

spheri.cal, -ly [*sférikl*] *adj. & adv.* کروی، گوی‌مانند.

spherical geometry, *n.*
هندسهٔ کروی.

sphe.ric.i.ty, *n.* کرویت، حالت کروی.

spherics, *n.pl.* کرویات، هندسهٔ کروی.

spheroid, -al [*sfíərɔid*] *n. & adj.* شبه‌کره، کروی، کره مانند، مستدیر.

spherule, *n.* گویچه، گوی کوچك، کرهٔ کوچك، جسم کروی کوچك.

sphery, *adj.*
[ك.] ستاره‌ای شکل، کروی، مستدیر.

sphinc.ter, -al, *n. & adj.*
[تش.] ماهیچه باسطه، چلانه، چلانگر.

sphinx [*sfiŋks*] (*pl.* **-es, sphinges**) *n*
مجسمهٔ ابوالهول، موجودعجیب، مرد مرموز، موجود افسانه‌ای دارای بدن شیروسرو سینهٔ زن.

SPHINX AT GIZA

sphyg.mo.graph, -ic, *n. & adj.*
[طب] نبض‌نگار.

spi.cate, *adj.* [گ.ش. ـ ج.ش.]
میخ‌مانند، میخی‌شکل، خارمانند.

spice [*spais*] (**-d, spicing**) *vt. & n.* ادویه، چاشنی‌غذا، ادویه‌زدن به.

spic.ery, *n.* ادویه‌جات، ادویه، عطاری.

spic.i.ness, *n.* خوشمزگی، تندوتیزی.

spick-and-span, spic-and-span [*spík ən(d) spǽn*] *adj.*
نو، کاملاً تازه، تروتمیز، آراسته ومرتب.

spic.u.la, spic.ule (*pl.* **spiculae**) *n.*
خار، سیخك، شاخك‌حساس‌نوك‌تیز، سنبله.

spic.u.late, *adj.*
سوزنی‌شکل، سیخك‌مانند.

spic.u.lum (*pl.* **spicula**) *n.*
نوك‌نیزه، نیزهٔ کوچك، سیخك، شبه‌ستون‌فقرات.

spicy [*spáisi*] *adj.*
ادویه‌دار، ادویه‌زده، تند، معطر، جالب.

spi.der [*spáidə*] *n.*
(ج.ش.) عنکبوت، کارتنه، کارتنك.

spi.dery [*spáidəri*] *adj.*
شبیه‌عنکبوت، شبیه تارعنکبوت.

spig.ot [*spígət*] *n.* توپی، لب‌لوله‌که درلولهٔ دیگری جا می‌افتد، شیرآب، سوراخ‌گیر.

spike [*spaik*] (**-d, spiking**) *n., vt. & vi.* میخ، میله، تیر، میخ‌بزرگ، میخ‌طویله، میخ بلند کف‌کفش فوتبالیست‌ها و ورزشکاران، میخدار کردن، میخکوب کردن.

spikelike, *adj.* میخی، باشکل میخ.

spike.nard [*spáikna:d*] *n.*
(ی.م.) روغن یا مرهم معطر، سنبل‌هندی.

spiky [*spáiki*] *adj.*
میخ مانند، تیز، تندوتیز، پرگاز، فورانی.

spin [*spin*] *n., vt. & vi.*
فرفره، چرخش (بدورخود)، (دورخود) چرخیدن، ریسیدن، رشتن، تنیدن، بدرازا کشاندن، چرخیدن.

spin.ach, spin.age [*spínidʒ*] *n.*
(گ.ش.) اسفناج، خوراك اسفناج.

spi.nal, -ly [*spáinl*] *adv., adj. & n.* وابسته به‌تیرهٔ پشت، فقراتی، پشتی، صلبی.

spinal column, *n.*
ستون‌فقرات، تیرهٔ‌پشت، ستون‌مهره.

spinal cord, *n.*
مغزتیره، نخاع، مغزحرام، نخاع‌شوکی.

spin.dle [*spíndl*] (**-d, spindling**) *n., vt. & vi.*
دوك، دوك نخ ریسی، هرچیزی شبیه‌دوك، دسته کوك ساعت، رقاصك ساعت، بشکل دوك‌درآمدن، دراز و باریك شدن.

spin.dly [*spíndli*] *adj.* دوك‌وار.

spin.drift [*spíndrift*] *n.*
موج لبریز دریا، برف یاغبار باد آورده.

spine [*spain*] *n.*
تیرهٔ‌پشت، ستون فقرات، مهره‌های پشت، تیغ یا برآمدگی‌های بدن موجوداتی مثل جوجه‌تیغی.

spine.less [*spáinlis*] *adj.*
بی‌مهره، بی‌جرأت، بدون ستون فقرات.

spi.nes.cent, *adj.*
خاردار، مهره‌دار، نوك تیز، دارای تیرهٔ‌پشت.

spin.et [*spinét*] *n.* [مو.] سنتورچنگی، پیانوی کوچك، ارگ برقی کوچك.

spin.ner [*spínə*] *n.*
نخ ریس، نختاب، تابنده، عنکبوتی که‌تارمی‌تند، کارگر یا ماشین نخ‌ریسی.

spinning wheel, *n.*
چرخ نخ ریسی، دوك نخ ریسی.

spin.ster [*spínstə*] *n.*
دختر خانه مانده، دختر ترشیده.

spin.ster.hood [*spínstəhud*] *n.*
نخ ریسی، ترشیدگی [زن]، خانه‌ماندگی.

spin.ster.ish, *adj.* مثل‌دختر ترشیده.

spi.nule, *n.* چرخ ریز، پیچ ریز، چرخ خاردار، خارهای ریزچرخ وغیره.

spiny, spi.nose, *adj. & n.*
پوشیده شده از خارهای‌زیاد، دشوار، مهره‌مانند.

spira.cle, *n.* سوراخ تنفس، مجرا.

spi.ral [*spáiərəl*] (**-ed, -ing**), *adj., n., vt. & vi.* مارپیچی، مارپیچ، حلزونی، بشکل مارپیچ، بشکل مارپیچ درآوردن، بطورمارپیچ حرکت کردن.

spire [*spáiə*] (**-d, spiring**) *n., vi. & vt.* منارمخروطی، ساقهٔ‌باریك، مارپیچ، نوك‌تیزشدن، مخروطی شدن.

spir.it [*spírit*] (**-ed, -ing**) *n. & vt.* روح، جان، روان، رمق، روحیه، جرأت، روح‌دادن، بسر خلق آوردن.

The Holy S. روح‌القدس.

spir.it.ism, *n.* اعتقاد به‌وجود روح و بازگشت ارواح بعالم مادی، روح‌گرائی.

spir.it.less [*spíritlis*] *adj.*
بی‌روح، کم دل، بی‌جرأت.

spir.it.ous, *adj.*
الکل‌دار، مشتق از الکل، فعال، زنده، خالص.

spirits, *n.pl.* مشروبات الکلی.

spir.i.tu.al, -ly [*spíritʃuəl*] *adv., adj. & n.* روحانی، معنوی، روحی، غیرمادی، بطورروحانی.

spir.i.tu.al.ism [*spíritʃuəlizm*], *n.* اعتقاد به احضار ارواح، اعتقاد به ارواح.

spir.i.tu.al.ist, -ic [*spíritʃuəlist, -ik*] *adj. & n.* طرفداراصول‌روحانیت و معنویت، معتقد بارتباط‌باارواح، روحانی.

spir.i.tu.al.i.ty [*spìritʃuǽlity*], *n.* روحانیت، معنویت، عالم‌روحانی، روحیهٔ‌مذهبی.

spir.i.tu.al.iza.tion [*spìritʃuəlaizéiʃn*] *n.* روحانیت، جنبهٔ‌روحانی‌دادن‌به.

spir.i.tu.al.ize [*spíritʃuəlaiz*] (**-d spiritualizing**) *vt.*
روحانی کردن، بطور معنوی تفسیر کردن.

spir.i.tu.os.i.ty, *n.* روحانیت، معنویت، کیفیت معنوی، عالم غیرمادی.

spir.i.tu.ous [*spíritʃuəs*] *adj.*
دارای حالت روحانی، مربوط بعالم معنویات، فعال، سرزنده، دارای الکل.

spi.ro.chete, spi.ro.chaete, spi.ro.chae.ta, *n.*
[طب] اسپیروکت، هرنوع باکتری مارپیچ.

spi.ro.graph, -ic, *adj. & n.*
[طب] دستگاه تنفس نگار، دم‌نگار.

spiry, *adj.* پیچاپیچ، مارپیچ، مخروطی.

spit [*spit*] (**spat, spitted, spitting**) *n., vt. & vi.*
سیخ‌کباب، شمشیر، دشنه، بسیخ کشیدن، سوراخ کردن، تف‌انداختن، آب‌دهان پرتاب کردن، تف، آب دهان، بزاق، (مثل‌تف) بیرون پراندن.

spite [*spait*] *n.* لج، کینه، بغض، بدخواهی، غرض، کینه ورزیدن، برسرلج آوردن.

In s. of the fact that.
علیرغم اینکه، باوجود اینکه.

spite.ful [*spáitful*] *adj.*
کینه‌توز، معاند.

spitfire, *n.* آتشبار، چیزی‌که آتش پرتاب میکند، آدم لجوج وکینه‌توز.

spit.tle [*spítl*] *n.*
مایع مترشحه از غدد بزاقی، تف، آب‌دهان.

spit.toon [*spitú:n*] *n.*
تفدادن، خلطدان، سلفدان.

splash [*splæʃ*] (**-ed, -ing**) *n., vt. & vi.* شتك، صدای ترشح، چلپ چلوپ، صدای‌ریزش، ترشح کردن، چلپ‌چلوپ کردن، ریختن [باصدای ترشح]، دارای ترشح، دارای‌صدای چلپ چلوپ.

splashy, *adj.*
دارای ترشح، دارای صدای چلپ‌چلوپ.

splat.ter (**-ed, -ing**) *n., vt. & vi.* ترشح کردن، چلپ‌چلوپ کردن، کفگیر.

splay [*splei*] (**-ed, -ing**) *n., adj., vt. & vi.*
منبت‌کاری کردن، بازکردن، گسترده.

splayfoot, -ed, *adj. & n.*
پای پهن وبزرگ.

spleen [*spli:n*] *n. & vt.*
(تش.) طحال، اسپرز، جسارت، خشمناك کردن.

splen.dent, *adj.* مشعشع، پرفروغ.

splen.did,-ly [*spléndid*] *adj. & adv.*
باشکوه، باجلال، عالی، براق، پرزرق وبرق.

splen.dif.er.ous, -ly, *adj. & adv.*
با شکوه وجلال، پرشکوه.

splen.dor [spléndə] **splendour,** *n.* شکوه وجلال، زرق وبرق.
splen.dor.ous=splen.drous, *adj.* باشکوه، مجلل.
sple.nec.to.my, *n.* (طب) عمل‌جراحی برداشتن‌طحال.
sple.net.ic, -al [splinétik] *adj.* & *n.* کج خلق، عبوس، ترشرو،مالیخولیائی.
splenic, *adj.* اسپرزی، طحالی.
sple.ni.us (*pl.* splenii) *n.* (تش.) ماهیچهٔ سرجنبان، عضلهٔ طحالی.
splice [splais] (-d, splicing) *vt.* & *n.* بهم‌تابیدن، باهم‌متصل کردن،پیوندکردن.
splic.er, *n.* متصل‌کننده، پیونددهنده.
spline, *n.* & *vt.* نوار باریك، لبهٔ‌کام وزبانه، زبانه‌دار کردن.
splint [splint] **splent** (-ed, -ing) *n.* & *vt.* برآمدگی کوچك، توفال، آهن‌نبشی، خرد وقطعه‌قطعه‌کردن. تراشه کردن، تراشه، نوار یا تراشه‌ایکه برای بستن استخوان شکسته بکارمیرود.
splin.ter [splíntə] (-ed, -ing), *n.*, *vt.* & *vi.* باریکهٔ چوب، تراشه، خرده شیشه، تراشه‌کردن، متلاشی شدن وکردن.
splintery [splíntəri] *adj.* تراشه‌وار، ریزریز.
split [split] (split, splitted, splitting) *n.*, *adj.*, *vi.* & *vt.* شکافتن، دونیم کردن، از هم جدا کردن، شکاف، نفاق، چاك.
S. one's sides. از خنده روده‌برشدن.
S. the difference. میانه راگرفتن، مصالحه‌کردن.
split hair, *adj.* موشکافی.
split pea, *n.* [گ.ش.] نخود دوله، لپه.
split personality, *n.* [ر.ش.] تعدد شخصیت، شخصیت‌دونیم.
split second, *n.* قسمتی از ثانیه، آن.
split shift, *n.* تقسیم ساعات‌کاربدو یا چند قسمت.
split.ter, *n.* نفاق انداز،شکاف‌دهنده.
splore (-d, sploring) *n.* & *vi.* سرور، نشاط، شادمانی‌کردن.
splotch [splɔtʃ] (-ed, -ing) *n.* & *vt.* ریزش‌یاپاشیدن (لجن یاکثافت‌وغیره)، لکه، نقطه، وصله، تکه، لکه‌لکه‌کردن.
splotchy, *adj.* لکه‌لکه، خال‌خال.
splurge [splə:dʒ] (-d, splurging) *vi.*, *vt.* & *n.* شادمانی، خوشی، تفریح وولخرجی‌کردن،ریخت وپاش، بعرخ دیگران‌کشیدن.
splut.ter [splʌ́tə] (-ed, -ing), *n.*, *vt.* & *vi.* ترشح، صدای‌چلپ وچلوپ زیاد، اخ‌تف‌کردن، اهن‌وتلپ‌کردن، ترشح‌کردن.
splut.tery, *adj.* تفی، تف‌آلود، باچلپ و جلوپ واهن‌وتلپ.
spoil [spɔil] (-ed, spoilt, -ing), *n.*, *vt.* & *vi.* غنیمت، یغما، تاراج، سودبادآورده، فساد، تباهی، ازبین بردن، غارت‌کردن، ضایع‌کردن، فاسد کردن، فاسد شدن، پوسیده شدن، لوس‌کردن.
spoil.able, *adj.* فساد پذیر، خراب شدنی.
spoil.age, *n.* تاراج، غارت، ضایعات.
spoil.er [spɔ́ilə], **spoilsman,** *n.* غارتگر، تباه‌کننده، فاسد سازنده، خریدارغنائم جنگی،مخل عیش دیگران.
spoilsport, *n.* کسیکه بازی دیگران را خراب میکند، کسی‌که عیش دیگران را منغص میکند.
spoke [spouk] *n.*, *vt.* & *vi.* پرهٔ‌چرخ، میلهٔ چرخ، اسپوك، میله‌دار کردن،محکم‌کردن.
spo.ken [spóukən] (*pp. of* speak) *adj.* (اسم‌مفعول‌فعل speak)، گفته شده.
spokes.man [spóuksmən] *n.* سخنران، ناطق، سخنگو.
spokes.woman, *n.* سخنگوی زن.
spo.li.ate=despoil (-ed, -ing), *vt.* & *vi.* چپاول کردن، غارت‌کردن،دزدیدن.
spo.li.a.tion [spòuliéiʃn] *n.* چپاول، یغماگری،دزدی.
spon.dee [spɔ́ndi:] *n.* [شعر] وتدی که دارای دوهجای درازباشد.
sponge [spʌn(d)ʒ] *n.*, *vt.* & *vi.* اسفنج، انگل، طفیلی، ابرحمام، با اسفنج پاك کردن یا تر کردن، جذب‌کردن، انگل شدن، طفیلی کردن یاشدن.
Throw up the s. لنگ‌یا سپرانداختن.
He sponged on me for his dinner. ناهار را انگل من شد.
sponge cake, *n.* کیکی که با روغن‌نباتی درست میشود، کیك پف‌آلود.
spong.er [spʌ́n(d)ʒə] *n.* طفیلی، درکش.
spongy [spʌ́n(d)ʒi] *adj.* اسفنجی، شبیه اسفنج، نرم ومتخلخل ، نرم.
spon.sor [spɔ́nsə] (-ed, -ing), *vt.* & *n.* ضامن، ملتزم، التزام دهنده، حامی،کفیل، متقبل، ضمانت‌کردن، مسئولیت را قبول‌کردن، بانی، بانی‌چیزی‌شدن.
spon.sor.ship, *n.* ضمانت، تکفل، عهده‌گیری، اعانت.
spon.ta.ne.i.ty [spɔntəní:iti] *n.* خودبخودی، ناگهانی، بی‌سابقگی، فوریت.
spon.ta.ne.ous [spɔntéinjəs], *adj.* خودبخود، خودانگیز، بی‌اختیار، فوری.
spoof (-ed, -ing) *n.*, *vt.* & *vi.* حقه بازی‌کردن، کلاهبرداری، مسخره، دست انداختن.
spook [spu:k] (-ed, -ing) *n.*, *vt.* & *vi.* روح، شبح، دیو، جن، ترساندن.
spook.ish, spooky, *adj.* شبح‌وار.
spool [spu:l] (-ed, -ing) *n.*, *vt.* & *vi.* قرقره، ماسوره، هرچیزی شبیه قرقره، دورقرقره پیچیدن.
spoon [spu:n] *n.*, *vt.* & *vi.* قاشق، چمچه، با قاشق برداشتن، (ز.ع.) بوس و کنارکردن.
spoon-feed, *vt.* & *vi.* باقاشق‌غذادادن.
spoon.ful [spú:nful] (*pl.* -s) *n.* باندازهٔ یك قاشق.
spoor [spuə, spɔ:] (-ed, -ing), *n.*, *vt.* & *vi.* ردپا، ردپای‌کسی راگرفتن.
spo.rad.ic, -al [sporǽdik] *adj.* تك‌وتوك،تك‌تك،پراکنده، انفرادی،گاه‌وبیگاه.
spore [spɔ:, spɔə] (-d, sporing) *n.*, *vt.* & *vi.* هاگ، تخم میکروب، تخم قارچ،هاگ‌آوردن.
spo.ro.genesis, spo.rog.e.ny, *n.* هاگ‌زائی،هاگ‌آوری،تشکیل‌هاگ.
spo.ro.gen.ic, spo.rog.e.nous, *adj.* هاگ‌آور، هاگ‌زا.
spo.ro.zo.an, spo.ro.zo.al, *n.* & *adj.* [ج.ش.] اسپروزا، آغازیان انگلی.
sport [spɔ:t] (-ed, -ing) *n.*, *adj.*, *vt.* & *vi.* ورزش،سرگرمی، بازی، شوخی، ورزش تفریحی، شکار و ماهیگیری و امثال‌آن، آلت‌بازی، بازیچه، استهزاء،ورزشی، تفریحی، سرگرم‌کردن، نمایش تفریحی، بازی کردن، پوشیدن وبرخ دیگران‌کشیدن، ورزش وتفریح‌کردن.
Make s. of. کسی را دست‌انداختن.
sport.ful, *adj.* بازیگوش،شوخ، تفریحی، خوشگذران.
spor.tive [spɔ́:tiv] *adj.* سرگرم‌تفریح و ورزش، ورزشی، تفریحی.
sports car=sport car, *n.* اتومبیل شکاری، اتومبیل‌کورسی.
sport shirt, *n.* پیراهن یقه‌باز ورزشی.
sports.man [spɔ́:tsmən] *n.* ورزشکار، ورزش‌دوست، ورزشکارجوانمرد.
sports.man.like [spɔ:tsmən-laik] *adj.* مانند ورزشکار، جوانمرد.
sports.man.ly, *adj.* مردانه‌وار.
sports.man.ship [spɔ:tsmənʃip] *n.* ورزشکاری، ورزش‌دوستی، مردانگی.
sportswoman, *n.* زن ورزشکار.
sportswriter, *n.* وقایع‌نگار ورزشی، خبرنگاروورزشی‌روزنامه.
sporty, *adj.* ورزشی،ورزشکارانه، جلف.
spor.u.late (-d, sporulating) *vt.* & *vi.* هاگ‌آورشدن، تولید هاگ‌کردن.
spot [spɔt] (-ted, -ting) *n.*, *adj.*, *vt.* & *vi.* نقطه، خال،مکان، محل، لکه، زمان‌مختصر، لحظه، لکه‌دارکردن‌باشدن، باخال‌تزئین‌کردن، درنظر گرفتن، کشف‌کردن، آماده‌پرداخت، فوری.
On the s.=upon the s. فوراً، در زحمت، در خطر، درمحل، نقد فی‌المجلس.
spot-check, *vt.* & *vi.* بطورچند درمیان‌آزمودن، سرسری‌وبا عجله‌رسیدگی‌کردن.
spot.less, -ly [spɔ́tlis] *adj.* & *adv.* بی‌عیب، بی‌لکه، بی‌خال.
spotlight [spɔ́tlait] (-ed, -ing), *n.* & *vt.* نورافکن، شخصی که در زیر نورافکن صحنهٔ نمایش قرارگرفته، چراغ نورافکن.
spot.ty [spɔ́ti] *adj.* پرازلکه، آلوده، متناوب،چند درمیان.
spous.al, *adj.* & *n.* ازدواج، عروسی، زفاف، وابسته به عروسی.
spouse [spauz] (-d, spousing), *n.* & *vt.* زن یا شوهر، همسر، زوج، زوجه، همسر کردن.
spout [spaut] (-ed, -ing) *n.*, *vt.* & *vi.* لوله، دهانه، شیرآب، ناودان، فواره، فوران، جوش، غلیان، پرش، جهش‌کردن، پریدن، فواره زدن، فوران‌کردن.
sprain [sprein] (-ed, -ing), *n.* & *vt.* رگ‌به‌رگ کردن یاشدن، بدرد آوردن، رگ‌برگ شدگی، پیچ خوردن.
sprat [sprœt] *n.* (ج.ش.) ماهی‌خسی، شاه‌ماهی کوچك.
sprawl [sprɔ:l] (-ed, -ing) *n.*, *vt.* & *vi.* پهن نشستن، گشادنشستن، هرزه روئیدن، بی‌پروا درازکشیدن یا نشستن، بطورغیرمنظم پخش شدن، پراکندگی.
spray [sprei] (-ed, -ing) *n.*, *vt.* & *vi.* شاخهٔ‌کوچك، ترکه، ریزش، ترشح، قطرات ریز باران‌که باد آنرا باطراف میزند، افشان، چیز پاشیدنی، سم‌پاشی، دواپاشی، تلمبه‌سم‌پاش، گردپاش، آب پاش، سمپاشی کردن، پاشیدن، افشاندن، زدن [دارو وغیره].
S. a tree. درختی را سم‌پاشی‌کردن.
spray.er [spréiə] *n.* گردپاش، سم‌پاش.
spray gun, *n.* تلمبهٔ سمپاش، گردپاش.
spread [spred] (spread, spreading) *adj.*, *n.*, *vt.* & *vi.* پخش‌کردن، گستردن، فرش‌کردن، گسترش‌یافتن منتشرشدن، بسط وتوسعه‌یافتن، گسترش.
spreader [sprédə] *n.* پخش‌کننده، شایع‌کننده، منتشرکننده.
spree [spri:] (-d, spreeing) *n.* & *vi.* خوشی، نشاط،مستی، شوخی، سرخوشی، میخوارگی، ولگردی وقانون‌شکنی.
sprig [sprig] (-ged, -ging), *n.* & *vt.* شاخهٔ‌کوچك، ترکه، بوته، میخ کوچك بی‌سر، نوباوه، جوانك، گلدوزی‌کردن، بشکل‌شاخ‌وبرگ‌درآوردن.
spright.ful, -ly, *adj.* & *adv.* پرنشاط، سرزنده وبانشاط، سرچنگ، سرحال.
spright.ly [spráitli] *adj.* & *adv.* خوشحال، بانشاط، سرزنده، چالاك، شنگول.
spring [spriŋ] (sprang, sprung, springing) *n.*, *vt.* & *vi.* بهار، چشمه، سرچشمه، فنر، انبرك،جست‌وخیز، حالت فنری، حالت ارتجاعی فنر، پریدن،جهش کردن، جهیدن، قابل ارتجاع بودن،حالت‌فنری داشتن، ظاهرشدن.
springboard, *n.* تختهٔ شیرجه، واگن سبك.
spring.bok [spríŋbɔk] (*pl.*-s), *n.* (ج.ش.) غزال‌آفریقائی.
springe, *n.*, *vt.* & *vi.* دام،کمند، دام افکندن.
springhead, *n.* سرچشمه،چشمه،فواره.
spring.let, *n.* چشمهٔ‌کوچك،فنرکوچك.
springtime [spríŋtaim] *n.* فصل بهار، جوانی، شباب، بهار زندگانی.
springy [spríŋi] *adj.* فنری، جهنده، قابل‌ارتجاع، سرچشمه‌وار.
sprin.kle [spríŋkl] (-d, sprinkling) *n.*, *vt.* & *vi.* ترشح،ریزش‌نم‌نم، پوش‌باران، چکه، پاشیدن، ترشح‌کردن، پاشیده شدن، گلنم‌زدن، آب‌پاشی کردن.
sprin.kler [spríŋklə] *n.* & *vt.* آب‌پاش،گلاب‌پاش، باآب پاش پاشیدن.
sprint [sprint] (-ed, -ing) *vi.*, *vt.* & *n.* دو-رعت، باحداکثر سرعت دویدن.
sprint.er [spríntə] *n.* قهرمان دوسرعت.
sprit, *n.* & *vi.* جوانه یا شاخهٔ‌کوچك، نی،گیاه بوریا مانند، نقطه یا خال‌تیره رنگ، جوانه زدن.
sprite [sprait] *n.* روح،شبح،جن،الهام.
sprock.et [sprɔ́kit] *n.* (مك.) دندهٔ چرخ زنجیرخور، چرخ‌دنده.
sprout [spraut] (-ed, -ing) *vt.*, *vi.* & *n.* جوانه زدن، سبزشدن،جوانه،شاخه.
spruce [spru:s] (-d, sprucing) *adj.*, *n.*, *vi.* & *vt.* آراسته،پاکیزه، قشنگ، (گ.ش.)انواع‌کاج میلاد، صنوبر.
sprucy, *adj.* قشنگ،پاکیزه، آراسته.
sprung [sprʌŋ] (*p. of* spring). (زمان ماضی فعل spring).
spry [sprai] (-ier, -er, -iest, -est) *adj.* چابك،چالاك، زرنگ، فرز، باهوش، دانا.
spud [spud] (-ded, -ding) *n.*, *vt.* & *vi.* کج‌بیل، چاقوی‌کوتاه، بیلچهٔ‌مخصوص‌کندن علف هرزه، (گ.ش.) سیب زمینی، بابیل‌کندن (منهدم‌کردن).
spume [spju:m] (-d, spuming) *vt.*, *vi.* & *n.* کف روی دیگ، کف‌کردن، کف.
spu.mo.ni, spumo.ne, *n.* بستنی میوه ومغزبادام ومیوه‌جات ایتالیائی.
spun [spʌn] (*p. of* spin). (زمان ماضی واسم مفعول فعل spin)

spunk [*spʌŋk*] (**-ed, -ing**)*vt.*, *vi.* & *n.* دلیری، دل، جرأت، چوب آتشزنه، آتش گرفتن.

spunky [*spʌ́ŋki*] *adj.* پرحرارت، باروح، غیور.

spun yarn, *n.* نخ تابیده.

spur [*spəːr*] (**-red,-ring**), *n.*, *vt.* & *vi.* مهمیز، سیخ،مهمیز زدن.

HORSEMAN'S SPUR

On the s. of the moment. درسر بزنگاه، بلامقدمه.

spu.ri.ous [*spjúəriəs*] *adj.* قلب، بدلی، بدل، جعلی، الکی، نادرست، حرامزاده.

spurn [*spəːn*] (**-ed, -ing**) *n.*, *vt.* & *vi.* لگد زدن، پشت پازدن، رد کردن.

spurn.er, *n.* لگدزن، ردکننده.

spur.ri.er, *n.* مهمیزساز.

spur.ry, spur.rey, *n.* شبیه مهمیز یا سیخك،نوك تیز،ثاقب، مهمیزدار.

spurt [*spəːt*] (**-ed, -ing**) *n.*, *vt.* & *vi.* کوشش ناگهانی وکوتاه، جنبش تند وناگهانی، خروج ناگهانی، فوران، جهش، جوانه زدن،فوران کردن، جهش کردن.

sput nik, *n.* [روسی] قمرمصنوعی، ماهواره.

sput.ter [*spʌ́tə*] (**-ed, -ing**), *n.*, *vt.* & *vi.* تند و مغشوش سخن گفتن، با خشم سخن گفتن، تف پراندن،با خشم اداکردن، بیرون انداختن.

spu.tum [*spjúːtəm*] (*pl.* **-s, sputa**) *n.* تف، بزاق، خلط سینه.

spy [*spai*] (**-ied, spying**) *n.*, *vi.* & *vt.* جاسوس، جاسوسی کردن.

spyglass, *n.* تلسکوپ کوچك، دوربین کوچك.

squab (*pl.* **-s**) *n.* & *adj.* خپله، چاق وچله، تپلی، کوسن، نیمکت، جوجه.

squab.ber, *n.* ستیزه‌گر، پیشجواب.

squab.ble [*skwɔ́bl*] (**-d, squabbling**) *n.*, *vt.* & *vi.* جروبحث کردن، ستیزه، داد وبیداد، نزاع مختصر،ستیزه کردن .

squad [*skwɔd*] (**-ded, -ding**), *vt.* & *n.* (نظ) گروه، جوخه، دسته، بصورت جوخه یا دسته درآوردن.

squad.ron [*skwɔ́drən*] *n.* (نظ.) بخش، دسته‌ای ازمردم، گروه هواپیما.

squal.id [*skwɔ́lid*] *adj.* & *n.* چرك، ناپاك،کثیف، بدنما، زننده، بدظاهر.

squall [*skwɔ́ːl*] (**-ed, -ing**) *n.*, *vt.* & *vi.* توفانی شدن (معمولاً همراه باران یابرف)، باد بی‌سابقه وشدید، باد، بوران، توفان.

squa.loid, *adj.* [ج.ش.]شبیه کوسه‌ماهی.

squal.or [*skwɔ́lə*] *n.* درهم وبرهمی و کثافت، آلودگی، کثافت کاری، ژولیدگی.

squa.mous, -ly, *adj.* & *adv.* فلسی، فلس‌دار، پولك پولك.

squamu.lose, *adj.* دارای فلس‌های ریز، دارای پولك‌های‌ریز.

squan.der [*skwɔ́ndə*] (**-ed, -ing**) *n.*, *vt.* & *vi.* برباد دادن، تلف‌کردن، ولخرجی، اسراف.

squan.der.er, *n.* متلف.

square [*skwεə*] (**-d, squaring**), *adj.*, *n.*, *adv.*, *vt.* & *vi.* چارگوش،مربع، توان‌دوم، مجذور، جذر،میدان، منصف، منظم، حسابی ، عادلانه، برابر، راست حسینی، چهارگوش کردن، مربع کردن، بتوان دوم بردن، مجذورکردن، وفق دادن، جور درآوردن،وادارکردن.

S. root. ریشهٔ جذر.

A s. person. آدم معمولی.

square dance, *n.* رقص‌محلی‌آمریکا، رقص چوبی.

square deal, *n.* تقلب نکردن، باشرف‌بودن، رك‌وراست.

squar.ish, *adj.* تقریباً مربع، تاحدی چهارگوش.

squash [*skwɔʃ*] (**-ed, -ing**) *n.*, *adv.*, *vt.* & *vi.* له کردن،کوبیدن و نرم کردن، خفه کردن، شربت‌نارنج، افشرهٔ نارنج،(گ.ش.) کدو، کدوی‌رشتی، کدومسما.

squash.er, *n.* له‌کننده.

squashy [*skwɔ́ʃi*] *adj.* لهشونده، بسهولت خردوله‌شونده، کدرنگ.

squat [*skwɔt*] (**-ted, -ting**), *n.*, *adj.*, *vt.* & *vi.* چمباتمه‌زدن، قوزکردن، محل‌چمباتمه زنی، چاق‌وخپل.

squat.ter [*skwɔ́tə*](**-ed, -ing**), *n.* & *vi.* چمباتمه‌زن،قوزکن، اقامت‌گزین درزمین غیرمعمور.

squat.ty, *adj.* ضخیم، خپله،کلفت.

squaw [*skwɔː*] *n.* زن سرخپوست‌آمریکائی، مردزن‌نما.

squawk [*skwɔːk*] (**-ed, -ing**), *n.* & *vi.* جیغ‌ناگهانی‌زدن، اعتراض‌کردن، غرولند کردن، صدای اردك درآوردن، قدقدکردن، جیغ، فریاد.

squeak [*skwíːk*] (**-ed, -ing**), *n.*, *vt.* & *vi.* جیغ و فریادکشیدن (مثل جغد یاموش)، با صدای جیغ‌صحبت‌کردن، با جیغ و فریاد افشاءکردن، جیرجیر.

squeal [*skwiːl*] (**-ed, -ing**), *n.*, *vt.* & *vi.* جیغ‌ممتد، جیغ، داد، دعوا، نزاع،فریاد،جیغ کشیدن[مثل‌خوك]، فاش‌کردن.

squea.mish [*skwíːmiʃ*] *adj.* استفراغی، بی‌میل،سخت‌گیر، نازك‌نارنجی، باحیا.

squeeze [*skwiːz*] (**-d, squeezing**) *n.*, *vi.* & *vt.* فشردن،له‌کردن، چلاندن، فشاردادن،آبمیوه‌گرفتن، بزور جا دادن، زورآوردن، فشار، فشرده،چپاندن.

squeez.er, *n.* فشاردهنده، آبمیوه‌گیر.

squelch [*skwel(t)ʃ*] (**-ed,-ing**), *n.*, *vt.* & *vi.* صدای چلپ‌چلوپ‌پوتین درزمین گل‌آلود،خردکردن، له‌کردن،سرکوبی.

squelch.er, *n.* له‌کننده،چلپ‌چلوپ کننده.

squib [*skwib*] (**-bed, -bing**), *n.*, *vt.* & *vi.* فشفشه،آتش‌بازی، دارای صدای‌فش‌فش،کنایه،فشفشه درکردن،کنایه زدن.

squid [*skwid*] (**-ded, -ding**), *n.* & *vi.* (ج.ش.) انواع سرپاوران ۱۰ بازوئی، قلاب‌سنگین ماهیگیری.

squig.gle (**-d, squiggling**) *n.* در دهان قرقره‌کردن، لولیدن، موج‌دارشدن.

squilgee=squeegee, *n.* & *vt.* کفگیرك، باکهنه پاك‌کردن، باماله پاك‌کردن.

squin.ny (**-ied, squinnying**), *adj.*, *n.*, *vt.* & *vi.* زیرچشمی نگاه کردن، کج‌کج‌نگاه‌کردن، بادقت جستجوکردن.

squint [*skwint*] (**-ed, -ing**), *n.*, *adj.*, *vt.* & *vi.* لوچ، چپ، لوچی، دوبینی، احولی، لوچ‌بودن،چپ نگاه‌کردن، نگاه با چشم نیم باز.

squint-eyed, *adj.* لوچ، احول.

squire [*skwáiə*] (**-d,squiring**), *n.*, *vt.* & *vi.* همراهی‌کردن، عنوانی مثل (آقا)، ملاك‌عمده، ارباب،سلحشور.

squirm [*skwəːm*] (**-ed, -ing**), *vt.*, *vi.* & *n.* پیچ‌وتاب خوردن، لولیدن، حرکت ماروار، ناراحتی نشان دادن.

squirmy, *adj.* پرپیچ وتاب‌ولول‌خور.

squir.rel [*skwírəl*] (*pl.* **-s**) *n.* (ج.ش.) موش خرما، سنجاب‌یا خزموش .

COMMON GRAY SQUIRREL (1 1/2 ft. long)

squirt [*skwəːt*] (**-ed, -ing**) *n.*, *vi.* & *vt.* آب دزدك ، آب‌پران ، فوارهٔ کوچك ، آدم بیشرم ، اسهال ، آب را بصورت فواره بیرون دادن، پراندن، تندروان‌شدن.

squish (**-ed, -ing**) *n.*, *vt.* & *vi.* صدای شکستن یا پرتاب‌چیزی، له‌کردن، خورد کردن.

squishy, *adj.* جیغ ودادی، دارای صدای ترق و تروق ، پیچ وتابدار.

stab [*stæb*] (**-bed, -bing**) *n.*, *vi.* & *vt.* خنجر زدن، زخم زدن، سوراخ‌کردن، زخم چاقو، تیر کشیدن.

S. in the back. ضربت از پشت سر، حملهٔ خائنانه.

stab.ber [*stǽbə*] *n.* خنجرزن، سخمه زن،زخمی که تیرمیکشد.

sta.bile, *adj.* & *n.* مستقر وپایدار، بدون حرکت، بی‌حرکت، مقاوم دربرابر گرما.

sta.bil.i.ty [*stəbíliti*] **sta.bleness,** *n.* استواری، استحکام،ثبات، پایداری.

sta.bi.li.za.tion [*stèi–, stæ̀bilaizéiʃn*] *n.* پابرجا سازی، تثبیت،استواری، ایجاد موازنه، تحکیم.

sta.bi.lize [*stéi–, stǽbilaiz*] (**-d, stabilizing**) *vt.* & *vi.* تثبیت‌کردن، بحالت موازنه درآوردن، پابرجا شدن یاکردن، استوارکردن، ثابت‌شدن.

sta.bi.liz.er [*stéi–, stǽbilaizə*]*n.* متعادل کننده، استوارکننده، (درکشتی وهواپیما وغیره) وسیله‌ای‌که ازنوسانات وتکان‌جلوگیری میکند.

sta.ble [*stéibl*] (**d, stabling**), *adj.*, *n.*, *vt.* & *vi.* استوار، محکم، پابرجا، ثابت، بائبات، مداوم، محکم کردن، ثابت‌کردن، استوار شدن، طویله، اصطبل، در طویله بستن، جا دادن.

sta.bler, *n.* اصطبل‌دار، مهتر.

stac.ca.to [*stəkáːtou*] (**-ed, -ing**) *adj.*, *adv.* & *vt.* [مو.] قطع‌شده، منقطع،بطورفشرده، بطوربریده‌بریده اداکردن.

stack [*stæk*] (**-ed, -ing**) *n.*, *vt.* & *vi.* توده، کومه،خرمن، دودکش، دسته، بسته، پشته، مقدار زیاد، قفسهٔ کتابخانه، توده‌کردن، کومه‌کردن، انباشتن.

stack up, *vi.* روی‌هم انباشتن، جمع‌کردن، اندازه گرفتن.

stad.dle, *n.* قسمت تحتانی، چوب‌دستی، تکیه‌گاه، نقطهٔ‌اتکاء،عصای‌زیربغل،درخت‌کوچك.

sta.di.um [*stéidiəm*] (*pl.* **-s, stadia**) *n.* ورزشگاه، میدان ورزش، مرحله، دوره.

staff [*staːf*] (**-ed, -ing**) (*pl.* **staves, -s**) *adj.*, *n.*, *vt.* & *vi.* چوب‌بلند، تیر،چوب‌پرچم، ستادارتش،کارمندان، پرسنل، افسران و صاحبمنصبان، اعضاء، هیئت، باکارمند مجهزکردن وشدن.

The General S. ستادکل‌ارتش.

staff.er, *n.* کارمنداداره،مخبر روزنامه، سردبیر روزنامه.

staff officer, *n.* [نظ.] افسر ستاد.

staff sergeant, *n.* [نظ.] گروهبان دوم.

stag [*stæg*] (**-ged, -ging**) (*pl.* **-s**) *n.*, *vt.* & *vi.* گوزن(قرمز نر)، کره اسب، حیوان نر [بطورکلی]، جلسه یا مهمانی مردانه، کوتاه‌کردن، بریدن، جاسوسی کردن، پائیدن.

stage [*steidʒ*] (**-d, staging**), *adj.*, *n.*, *vt.* & *vi.* صحنهٔ نمایش، پرده‌گاه، مرحله،منزل، پایه،وهله،طبقه،درصحنه ظاهرشدن، مرحله‌دارشدن، اشکوب.

Go on the s. هنرپیشگی‌کردن، درصحنه ظاهرشدن.

S manager. کارگردان نمایش.

On the s. شاغل، درحال عمل، روی صحنه.

stagecoach, *n.* کالسکه، دلیجان.

stagecraft, *n.* فن‌نمایش‌وصحنه‌سازی.

stage direction, *n.* مدیریت،کارگردانی.

stage manager, *n.* مدیرنمایش، کارگردان نمایش.

stag.er [*stéidʒə*] *n.* آدم کهنه کار ، گرگ باران‌دیده، بازیگر

stage set, *n.* تنظیم صحنه برای ایفای نقش معینی از نمایش ، تعویض سن .

stagestruck, *adj.* مسحور صحنه شده، عاشق صحنه نمایش.

stag.ger [*stǽgə*] (**-ed, -ing**), *adj.*, *n.*, *vt.* & *vi.* تلوتلو خوردن، پله‌رفتن،لنگیدن، گیج‌خوردن، بتناوب کارکردن، متناوب، تردیدداشتن.

stag.ger.er [*stǽgərə*] = **staggery,** *n.* تلوتلو خور، گیج.

stag.gy, *adj.* نر، دارای علائم ونشانه‌های‌نر.

staging [*stéidʒiŋ*] *n.* چوب‌بست، اسکلت، رانندگی کالسکه، نمایش، برصحنه‌آوری، با کالسکه سفرکردن.

staging area, *n.* منطقهٔ عملیاتی، منطقه شروع عملیات.

stag.nan.cy, *n.* رکود، بی‌حرکتی.

stag.nant, -ly [*stǽgnənt*] *adj.* & *adv.* بدون حرکت، راکد، ایستا، کساد.

stag.nate [*stǽgneit*] (**-d, stagnating**) *vt.* & *vi.* راکد شدن، ازجنبش ایستادن، گندیده شدن،کساد شدن.

stag.na.tion [*stægnéiʃn*] *n.* رکود، کسادی،ایستائی.

stagy [*stéidʒi*] *adj.* درخور نمایشگاه، نمایشی، صحنه‌ای، مناسب نمایش، پرجلوه.

staid [*steid*] *adj.* متین، موقر، آرام، ثابت، سنگین.

staid (*p.* of **stay**). (زمان‌گذشتهٔ فعل stay).

stain [*stein*] (**-ed, -ing**) *n.*, *vt.* & *vi.* لك، لکه، داغ، آلودگی، آلایش، ننگ، لکه‌دارکردن، چرك کردن، زنگ زدن، رنگ‌شدن، رنگ پس‌دادن،زنگ زدگی.

stain.able, *adj.* لکه‌پذیر، زنگ‌بردار.

stained glass, *n* شیشهٔ رنگی.

stain.less [*stéinlis*] *adj.* زنگ ناپذیر، ضد زنگ.

S. steel. فولاد زنگ نزن.

stair [*stεə*] *n.* پله، نردبان، پلکان، مرتبه، درجه.

staircase, *n.* پلکان، پلکان نردبانی، راه‌پله.

stairway, *n.* پلکان، راهرو‌پله.

stake [*steik*] (**-d, staking**), *n.*, *vt.* & *vi.* ستون‌چوبی،سنگی تزئینی، میخ‌چوبی، گرو، شرط، شرط‌بندی مسابقه باپول

روی میز در قمار، بچوب یا بمیخ بستن، قائم کردن، محکم‌کردن، شرط‌بندی کردن، شهرت خود را بخطر انداختن، پول‌در قمارگذاشتن.
At s. در معرض خطر.
stakeholder [*stéikhouldə*] *n.* شرط‌بند، گروگذار، نگهدارندهٔ‌بانك درقمار.
stalac.tite[*stəǽləktait*], *n.* (ز.ش.) گلفهشنگ.
sta.lag, *n.* بازداشتگاه افسران و درجه‌داران زمان جنگ‌درآلمان.

STALACTITES(A) AND STALAGMITES (B)

stalag.mite [*stǽləgmait*] *n.* [ز.ش.] استالاگمیت، زیرگلفهشنگ.
stale [*steil*] (**-d, staling**) *n., adj., vt. & vi.* پرزور وکهنه (مثل آبجو)، [م.م.]کهنه، بیات، مانده، بوی‌ناگرفته، مبتذل، بیات‌کردن، تازگی و طراوت چیزی را ازبین بردن، مبتذل‌کردن.
stalemate [*stéilméit*] (**-d, stalemating**) *n. & vt.* بن‌بست، [در شطرنج] پات کردن،پات‌شدن، مات‌ومبهوت.
stalk [*stɔ:k*] (**-ed, -ing**) *n., vt. & vi.* خرامیدن، قدم‌زدن وحرکت کردن بااحتیاط، راه‌رفتن [ارواح و شیاطین]،کمین کردن، ساق، ساقه، پایه، چیزی‌شبیه ساقه.
stalk-eyed, *adj.* [ج.ش.] دارای چشمان‌جلو آمده، ورقلنبیده.
stalk.less, *adj.* بی‌ساقه.
stalky, *adj.* باساقه، ساقه‌دار.
stall [*stɔ:l*] (**-ed, -ing**) *n., vt. & vi.* جای ایستادن اسب در طویله،آخور، غرفه، دکهٔ چوبی‌کوچك، بساط، صندلی لژ، جایگاه ویژه، به آخور بستن، از حرکت بازداشتن، مـاندن، ممانعت‌کردن، قصورورزیدن، دورسر گرداندن، طفره، طفره‌زدن.
stal.lion [*stǽljən*] *n.* نریان، اسب نر، معشوقه، فاحشه.
stal.wart[*stɔ́:lwət*] **stal.worth,** *adj. & n.* ستبر، تنومند، قوی، بی‌باك، مصمم، شدید.
sta.men [*stéimen*] (*pl.* **-s**) *n.* (گ.ش.) پرچم، جرثومهٔ‌نرگیاه، پود.
stam.i.na [*stǽminə*] *n.* بنیه، نیروی حیاتی، طاقت، استقامت، پرچم.
stam.i.nate, *adj.* [گ.ش.] پرچم‌دار، دارای جرثومهٔ‌نر.
stam.mer [*stǽmə*] (**-ed,-ing**), *n., vi. & vt.* لکنت پیدا کردن، گیر کردن (زبان)، لکنت، من‌من‌کردن.
stam.mer.er, *n.* الکن.
stamp [*stæmp*] (**-ed, -ing**) *n., vt. & vi.* مهر (mohr)، نشان، نقش، باسمه، چاپ، تمبر پست، جنس، نوع، پا بزمین‌کوبیدن، مهر زدن، نشان‌دارکردن، کلیشه‌زدن، نقش بستن، منقوش کردن، منگنه کردن، تمبرزدن، تمبرپست‌الصاق کردن.
s. one's foot. پا بزمین‌کوبیدن.
This letter is insufficiently stamped. تمبر این نامه‌کافی‌نیست.
stam.pede [*stæmpí:d*] *n., vt. & vi.* رم، وحشت، ترس ناگهانی یك‌گله اسب، رمیدن،فرارکردن، صدای‌کوبیدن‌پا.
stamp.er, *n.* ماشین منگنه، تمبر الصاق‌کن، اسباب کوبیدن،

چکش‌وامثال آن،هرنوع‌ماشین‌مهرزنی‌وچاپ‌زنی.
stance [*stæns*] *n.* وضع، حالت،ساختمان، طرزایستادن، ایستایش.
stanch [*sta:n(t)ʃ*] (**-ed, -ing**), *adj., n., vt. & vi.* وفادار،پایدار،دوآتشه، بندآوردن، جلو خونریزی را گرفتن، خاموش کردن، ساکت شدن، ساکن شدن، فرونشاندن.
stanch.er, *n.* بندآور خون وغیره.
stan.chion [*stá:nʃən, stǽn–*] (**-ed, -ing**) *vt. & n.* پایه، تیر، میل، شمع، حائل، نگهدار، سایبان‌یاچادرجلو مغازه، مهار یا محدودکردن، تیردارکردن.
stand [*stænd*] (**stood, stand-ing**) *vt. & vi.* ایستادن، ایست کردن، توقف‌کردن، ماندن، راست شدن،قـرار گرفتن،بودن،واقع‌بودن،واداشتن،عهده‌دارشدن.
S. by. ایستادن، ایستادن وتماشاکردن، گوش بزنگ بودن، آماده‌بودن، آمادهٔ‌خدمت.
S. for. نشان (چیزی) بودن، داوطلب بودن،کاندید بودن، پشتیبانی‌کردن از.
S. on. اصرار ورزیدن، پافشاری‌کردن.
As matters s. با وضع‌کنونی.
S. one's ground. موقعیت خود را حفظ کردن، جانخوردن.
stand, *n.* ایست، توقف، مکث، وضع،موقعیت،شهرت،مقام، پایه، میزکوچك، سه‌پایه، دکـه، دکان، بساط، ایستگاه، توقفگاه، جایگاه گواه‌دردادگاه،سکوب تماشاچیان مسابقات.
Come to a s. متوقف‌شدن، بازایستادن.
Of good standing. معتبر، دارای شهرت خوب.
stan.dard [*stǽndəd*] *adj. & n.* معیار ، الگو، قالب، مقرر، قانونی، نمونهٔ قبول شده، معین،متعارفی، نشان،پرچم،متداول،مرسوم.
S.–bearer. پرچمدار، (مج.) پیشوا، رهبر.
S. of living=S. of life. سطح زندگی.
stan.dard.iza.tion [*stændə–daizéiʃn*] *n.* طبقه‌بندی،معیارگیری.
stan.dard.ize [*stǽndədaiz*] *vt. & vi.* بامعیارمعینی‌سنجیدن وطبقه‌بندی کردن، مطابق درجهٔ معینی درآوردن، مرسوم کردن.
stand by, *n. & vi.* دم دست، حاضر بودن، دم‌دست بودن، آمادهٔ خدمت.
stand.ee, *n.* [درنمایش وغیره] شخص ایستاده (بخاطر نبودن‌جا).
stand in, *vi., vt. & n.* عوض، جانشین، جانشین‌هنرپیشه شدن، قرب و منزلت.
standing army, *n.* ارتش دائمی.
standing committee, *n.* کمیتهٔ دائمی.
stand off, *adj., n., vt. & vi.* محشورنبودن، دفع کردن، بدفع‌الوقت‌گذراندن، سرد، گریز کردن، (درمسابقه)مساوی‌یاهیچ‌به‌هیچ.
stand.off.ish [*stændɔ́:fiʃ*] *adj.* سرد، غیر صمیمی، کناره‌گیر.
stand out, *adj., n. & vt.* برجسته بودن، دوام آوردن، ایستادگی کردن، برجسته، عالی.
standpat, *adj. & n.* (دربازی‌پوکر) ورق عوض نکردن، محافظه‌کار، مخالف تغییر.
standpoint [*stǽndpɔint*] *n.* نقطهٔ ثابت، نقطهٔ‌نظر، دیدگاه.
standstill [*stǽndstil*] *n. & adj.* ایست، وقفه، تعطیل، بدون حرکت، ثابت.
Come to a s. بحالت سکون درآوردن.
stand-up [*stǽndʌp*] *vt., vi., adj. & n.* برپا ماندن، روی پا ایستادن، ایستاده، بااستقامت، (یقه)آهاردار و سفت.
stank [*stæŋk*] (*p. of* **stink**). (زمان ماضی قدیمی فعل stink).

stan.na.ry, *n.* معدن‌قلع، قلع‌کاری، قلع‌خیز، کان‌قلع.
stan.za [*stǽnzə*] *n.* بند، بندشعر، قطعهٔ بندگردان، تهلیل.
stan.za.ic, *adj.* متشکل‌ازچندبند شعر.
sta.ple [*stéipl*] (**-d, stapling**), *adj., vt. & n.* ستون، تیر، عمود، چهارپایـهٔ تخت، گیرهٔ‌کاغذ، بست‌آهنی، کالای اصلی بـازار، مصنوعات مهم و اصلی‌یك محل،جزء اصلی‌هرچیزی، قلم‌اصلی، فقرهٔ اصلی، طبقه بندی یاجورکردن، مواد خام.
sta.pler, *n.* فروشندهٔ‌پشم‌وپنبه وامثال آن، ماشین عدل بندی، ماشین گیره‌زنی به‌کاغذ.
star [*sta:*] (**-red, -ring**) *adj., n., vi. & vt.* ستاره، اختر، کوکب، نجم، باستاره‌زینت‌کردن، (درتآتر) ستارهٔ نمایش‌وسینما شدن، درخشیدن.
Fixed stars. ستارگان ثابت، ثوابت.
star.board [*stá:bəd*] *adj., n. & vt.* (د.ن.) سمت راست کشتی، واقع درسمت راست‌کشتی، بطرف‌راست‌حرکت‌کردن.
starch [*sta:tʃ*] (**-ed, -ing**) *adj., n. & vt.* نشاسته،آهار،آهارزدن، تشریفات.
starchy [*stá:tʃi*] *adj.* دارای‌نشاسته، شبیه نشاسته، رسمی، آهاری، آهاردار.
star-crossed, *adj.* بدشانس، دارای ستارهٔ نحس.
star.dom, *n.* ستارگی، ستاره شدن سینما وغیره.
stardust, *n.* ستارگان متکاثف‌ابرمانند کهکشان، (ز.ع.) حالت مسحورکننده و تخیلی.
stare [*stɛə*] (**-d, staring**) *n., vt. & vi.* خیره‌نگاه‌کردن، رك نگاه‌کردن، ازروی‌تعجب ویا ترس نگاه‌کردن، خیره شدن.
starfish [*stá:fiʃ*] *n.* (ج.ش.) ستارهٔ دریائی (Asterias vulgaris)، نجم‌البحر.
star.gaze (**-d, stargazing**) *vi.* بستاره‌هاخیره‌شدن، درعالم‌تخیل‌واوهام‌غرق‌شدن.
stark [*sta:k*] *adj. & adv.* خشن،زبر، شجاع، خشك‌وسرد [درموردسرزمین]، شاق، قوی، کامل، سرراست، رك، صرف، مطلق، حساس، سفت، سرسخت، پاك، تماماً .
S. naked. بکلی لخت، لخت‌مادرزاد.
star.less, *adj.* بی‌ستاره.
star.let, *n.* ستارهٔ‌کوچك، ستاره‌کوره.
starlight, *n. & adj.* وابسته‌بنورستاره، نـور ستاره، [مج.] نور ضعیف، نورچشمك‌زن.
starlike, *adj. & adv.* ستاره مانند.
star.ling [*stá:liŋ*] *n.* (ج.ش.) سار.
starlit, *adj.* روشن شده از نور ستاره.
star.ry [*stá:ri*] *adj.* پرستاره، ستاره‌ای، درخشان،معروف.
starry-eyed, *adj.* رؤیائی، خیال‌اندیش، خیال‌پرور.
star-spangled, *adj.* مزین به ستاره، ستاره نشان.
S.–S. Banner. پرچم‌آمریکا.
start [*sta:t*] (**-ed, -ing**) *n., vt. & vi.* شروع‌کردن، عازم شدن، عزیمت کردن،ازجا پریدن، رم‌کردن، شروع، آغـاز، مبداء، مقدمه، ابتدا، فرصت، فرجه.
S. on a journey. عازم سفرشدن.
start.er [*stá:tə*] *n.* شروع‌کننده.
star.tle [*stá:tl*] (**-d, star-tling**) *n., vt. & vi.* از جا پراندن، تکان دادن، رم دادن، رمانیدن، وحشت زده‌شدن، جهش، پرش، وحشت زدگی.
star.va.tion [*sta:véiʃn*] *n.* گرسنگی، رنج و محنت، قحطی، قحطی‌زدگی.
starve [*sta:v*] (**-d, starving**), *vt. & vi.* گرسنگی‌کشیدن، از گرسنگی مردن، گرسنگی دادن، قحطی‌زده شدن .
starve.ling [*stá:vliŋ*] *n.* گرسنگی خورده، قحطی زده.
stash (**-ed, -ing**) *n. & vt.* انبارکردن، ذخیره‌کردن (در محل مخفی‌برای آینده)، انباشتن، محبوس‌کردن، پنهانگاه.
stasis (*pl.* **stases**) *n.* [طب] گرفتگی (در جریان چیزهائی مثل خون در رگ یا مدفوع در روده)، (فیزیك) حالت سکون، تعادل.
stat.able, state.able, *adj.* اظهارکردنی، قابل اظهار یا توضیح.
state [*steit*] (**-d, stating**) *n. & vt.* توضیح دادن، جـزء بجـزء شرح دادن، اظهار داشتن، اظهار کردن ، تعیین کردن، حال، حالت، چگونگی، کیفیت، دولت، استان، ملت، جمهوری، کشور، ایالت، کشوری، دولتی.
statecraft [*stéitkra:ft*] *n.* سیاستمداری، کشورداری، ملك‌داری.
state guard, *n.* نیروی نظامی ایالتی، ارتش ایالتی.
state.hood, *n.* ایالتی، حالت و شرایط ایالات‌آمریکا.
state.ly [*stéitli*] *adj. & adv.* باوقار، مجلل، باشکوه.
state.ment [*stéitmənt*] *n.* اظهار، بیان،گفته،تقریر، اعلامیه، شرح،توضیح.
stateroom [*stéitru(:)m*] *n.* [درهتل وغیره] اتاق ویژهٔ تختخواب‌دارومجلل.
states.man [*stéitsmən*] *n.* سیاستمدار، رجل سیاسی، زمامدار.
states.man.like[*stéitsmənlaik*], **states.man.ly,** *adj.* سیاستمدارانه.
states.man.ship [*stéitsmən–ʃip*] *n.* زمامداری، سیاستمداری.
stat.ic, -al [*stǽtik*] *adj. & n.* ایستا، ساکن، ایستاده، وابسته به‌اجسام ساکن.
stat.ics [*stǽtiks*] *n.pl.* ایستاشناسی، مبحث اجسام ساکن، مبحث اجسام ایستا.
sta.tion, -al [*stéiʃən,-l*] (**-ed, -ing**) *vt., adj. & n.* ایستگاه،جایگاه، مرکز، جا، درحال سکون، وقفه، سکون، پاتوق، ایستگاه اتوبوس وغیره، توقفگاه‌نظامیان وامثال آن، موقعیت اجتماعی، وضع، رتبه، مقام، مستقر کردن، دربست معینی‌گذاردن.
Gas s. [آمر.] پمپ بنزین.
Power s. کارخانهٔ برق، مرکز نیروی‌برق.
sta.tion.ary [*stéiʃnəri*] *adj.* ساکن، ایستاده، بی‌تغییر، ایستا.
sta.tio.ner [*stéiʃənə*] *n.* نوشت افزار فروش، فروشندهٔ لوازم‌التحریر.
sta.tio.nery [*stéiʃənəri*] *n.* نوشت افزار، لوازم‌التحریر.
stationmaster, *n.* رئیس‌ایستگاه.
station wagon, *n.* ماشین‌کبریتی، استیشن واگن.
stat.ist, *n. & adj.* سیاستمدار، آمارگر، ساکن، بی‌حرکت.
sta.tis.tic, -al [*stətístik, –əl*], *adj. & n.* آماری، احصائی، سرشماری.
stat.is.ti.cian [*stætistíʃən*] *n.* آمارشناس، آمارگر، متخصص‌فن‌احصائیه.
sta.tis.tics [*stətístiks*] *n.pl.* آمار، احصائیه، فن آمارگری، آمارشناسی.
stat.ol.a.try, *n.* حکومت پرستی، حمایت از قدرت مرکزی.
stat.u.ary [*stǽtjuəri*] *adj. & n.*

مجسمه‌سازی،مجسمه‌ساز، هیکل‌تراشی، تندیسی.

stat.ue [*stǽtju:*] *n.* تندیس، پیکره، مجسمه،هیکل، پیکر، تمثال، پیکرسازی.

stat.u.esque, -ly [*stæ̀tjuésk*], *adj. & adv.* تندیس‌وار، خوش‌هیکل، مجسمه‌وار، شبیه مجسمه، سبک‌مجسمه.

stat.u.ette [*stæ̀tjuét*] *n.* مجسمهٔ کوچك، تندیسك.

stat.ure [*stǽtʃə*] *n.* قد، قامت، رفعت، مقام، قدروقیمت، ارتفاع‌طبیعی‌بدن‌حیوان.

sta.tus [*stéitəs*] *n.* وضع، وضعیت، حالت، حال، پایه،مقام، شأن.

status quo, *n.* وضع موجود، وضع‌کنونی، حالت طبیعی.

stat.ut.able, *adj.* قابل تقنین، بصورت قانون‌موضوعه درآوردنی.

stat.ute [*stǽtju:t*] *n.* قانون موضوعه، قانون، حکم، اساسنامه.

statute book, *n.* کتاب نظامنامه، کتاب قانون، (مج.) قوانین موضوعه.

statute of limitations, *n.* قانون مرور زمان.

stat.u.to.ry [*stǽtju:təri*] *adj.* طبق قانون موضوعه، قانونی، مقرر،طبق‌قانون.

staunch, stanch [*stɔ:n(t)ʃ, sta:n(t)ʃ*] *adj., vt. & n.* بندآوردن (جریان چیزی)، وفادار، ثابت قدم، بی‌شائبه، بی‌رخنه، بی‌منفذ.

stave [*steiv*] **(staved, stove, staving)** *n., vi. & vt.* میلهٔ‌نردبان، چماق، دندهٔ‌بشکه، چوب، شیارهای نازك چوب، لولهٔ آب، شبیه لوله، ایجاد سوراخ کردن، شکستن، ریزش‌کردن، بشکل چوب‌دستی یا چماق وغیره‌درآوردن، باچماق‌زدن، کوبیدن، (مو.) روی خط حامل نوشتن، حامل، بند شعر.

stave off, *vt.* دفع‌کردن.

staves (*pl. of* **staff**). (صورت جمع کلمهٔ staff).

stay [*stei*] **(-ed, staid, -ing),** *n., vt. & vi.* ماندن، توقف‌کردن، نگاه داشتن، باز داشتن، توقف، مکث، ایست، سکون، مانع، عصاء، نقطهٔ اتکاء، تکیه، مهار، حائل، توقفگاه.

S. up. بیدار ماندن.

stay-at-home, *adj.&n.* خانه‌نشین

stay.er [*stéiə*] *n.* کسی یا چیزی‌که توقف‌میکند، نگاهدار،حائل.

staying power, *n.* نیروی پایداری، بنیه، طاقت، قدرت، استحکام.

stead [*sted*] **(-ed, -ing)** *n.& vt.* مکان،جا،محل،دهکده،مقر،مسکن،مزرعه، عوض، بجای، بعوض، جادادن، گذاشتن، حمایت‌کردن، مفید بودن.

stead.fast [*stédfəst*] *adj. & adv.* ثابت قدم، استوار، پابرجای، خیره.

steady [*stédi*] **(-ier, -iest), (-ied, -ing)** *n., adj., adv., vt. & vi.* یکنواخت، محکم، پرپشت، استوار،ثابت، بی‌دربی، مداوم،پیوسته‌ویکنواخت کردن، استوارپامحکم‌کردن، ساکن شدن.

steak [*steik*] *n.* باریکهٔ‌گوشت‌کبابی.

steal [*sti:l*] **(stole, stolen, stealing)** *n., vi. & vt.* دزدیدن، بسرقت‌بردن، ربودن، بلندکردن‌چیزی.

S. a look. دزدانه نگاه‌کردن.

stealth [*stelθ*] *n.* نهان، خفا، خفیه، خفیه‌کاری، حرکت دزدکی.

stealthy [*stélθi*] *adj.* دزدکی، زیرجلکی، یواشکی.

steam [*sti:m*] **(-ed, -ing)** *n., vt. & vi.* بخار، دمه، بخارآب، بخار دادن، بخار کردن.

steamboat, *n. & vi.* کشتی‌بخار، قایق‌بخاری، باکشتی‌بخارسفر کردن.

steam boiler, *n.* دیگ بخار.

steam engine, *n.* موتور بخار، ماشین‌بخار.

steam.er [*stí:mə*] *n.* کشتی‌بخار، ماشین بخار، دیگ بخارپز.

steamroller (-ed, -ing) *n., vt. & vi.* جاده‌صاف‌کن دارای نیروی‌بخار، باجاده‌صاف‌کن‌جاده را صاف‌کردن، خردکردن.

steamship, *n.* کشتی بخار.

steamy [*stí:mi*] *adj.* شبیه‌بخار،دارای بخار مه‌آلود، تحریك‌شده، پرحرارت، پر بخار.

steed [*sti:d*] *n.* اسب، اسب سواری، اسب تندرو، اسب جنگی.

steek (-ed, -ing) *n., vt. & vi.* سوراخ‌کردن، دوختن، بستن، سجاف‌کردن.

steel [*sti:l*] **(-ed, -ing)** *n., adj. & vt.* پولاد، پولادین، فولاد، شمشیر، پولادی، پولادی‌کـردن، محکم، استوار، آب‌فولاددادن، مانند فولادمحکم‌کردن.

steelworker, *n.* پولادگر،آهن‌کار.

steely [*stí:li*] *adj.* پولادی، آهنین، سخت، پولادین.

steel.yard [*stí:lja:d*] *n.* قپان، هرچیزی شبیه قپان.

steen.bok, stein.bock [*stí:n-bɔk*] *n.* [ج.ش.] آهوی‌کوچك آفریقا.

steep [*sti:p*] **(-ed, -ing)** *n., adj., vt., vi. & adv.* سرازیر، تند، سراشیب، گزاف،فروکردن(درمایع)، خیساندن، اشباع‌کردن، شیب‌دادن، مایع (جهت‌خیساندن).

steep.en [*stí:pən*] **(-ed, -ing),** *vt. & vi.* سرازیر شدن، سراشیب‌کردن، دم‌کردن، خیساندن، ترقی‌کردن.

stee.ple [*stí:pl*] *n.* منارهٔ‌کلیسا، برج، ساختمان بلند، برج‌کلیسا.

steeplechase [*stí:pltʃeis*] *n.* اسبدوانی‌باپرش‌ازمانع،اسبدوانی‌صحرائی.

steer [*stiə*] **(ed,-ing)** *n., vt. & vi.* راندن، بردن، راهنمائی کردن، هدایت کردن، گوسالهٔ پرواری، رهبری، حکومت.

steer.age [*stíəridʒ*] *n.* راهنمائی، هدایت، اداره، تربیت، سکان.

steering committee, *n.* کمیتهٔ رهبری،کمیتهٔ مأمور تهیهٔ برنامه کار یك مجلس یا مجمع.

steering wheel, *n.* رل، چرخ فرمان، چرخ سکان، فرمان اتومبیل.

steers.man [*stíəzmən*] *n.* راننده، شراعبان، سکاندار.

steeve (-d, steeving) *n., vt. & vi.* (در انبارکشتی) بارکردن، تنگ هم‌چیدن، خفت‌کردن، میله‌ای‌که نوك آن قلابی دارد و برای آزمایش محتویات‌عدل پنبه و امثال‌آن بکار میرود، سیخك.

stein, *n.* لیوان دسته‌دار آبجو خوری.

ste.la, stele (*pl.* **stelae**) *n.* ستون‌سنگی‌یادبود، یادبودیالوح‌سنگی،دستگیره، (گ.ش.) استوانهٔ آوندی.

stel.lar [*stélə*] *adj.* اختری، ستاره‌وار، شبیه ستاره، درخشان، پرستاره.

stel.late, *adj.* پرتودار، اختروار، ستاره مانند، (چون ستاره) شعاع‌دار.

stel.li.form, *adj.* بشکل ستاره، ستاره‌وار، ستاره‌وش.

stel.li.fy, *vt.* بشکل ستاره درآوردن، بشکل ستاره درآمدن.

stem [*stem*] **(-med, -ming),** *n., vt. & vi.* ستاك، ساقه، تنه، میله، گردنه، دنباله، دستهٔ،ریشه،اصل، دودمان، ریشهٔ لغت، قطع‌کردن، ساقه‌دارکردن، بندآوردن.

stench, -ful [*sten(t)ʃ*] *adj. & n.* دود یا بوی قوی، بوی زننده، تعفن، گند.

sten.cil [*sténs(i)l*] **(-ed, -led, -ing, -ling)** *vt. & n.* استنسیل، استنسیل کردن.

steno=stenographer, *n.* تندنویس.

steno.graph, -ic, -al, *n. & adj.* تند نویسی، الگوی حروف، تندنویس.

ste.nog.ra.phy [*stenɔ́grəfi*] *n.* تند نویسی، مختصر نویسی، کوتاه‌نویسی.

steno.ha.line, *adj.* زیست‌کننده درآب شور به‌غلظت‌بخصوصی.

ste.no.sis, *n.* [طب] تنگ شدن یا انقباض بعضی از مجراهای بدن، تنگی مجرا.

steno.typ.ist, *n.* متصدی دستگاه ضبط سخنرانی.

sten.tor, *n.* شخصی که‌صدای‌بلندی‌دارد.

sten.to.ri.an [*stentɔ́:riən*] *adj.* خیلی بلند (در مورد صدا)، صدا بلند، رسا.

sten.to.ro.phon.ic, *adj.* دارای صدای بلند، دارای صدای‌رسا.

step [*step*] **(-ped, -ping)** *n., vt. & vi.* گام، قدم، صدای پا، پله، رکاب، پلکان، رتبه، درجه، قدم برداشتن، قدم زدن.

S. into. بسهولت بدست‌آوردن.

stepbrother, *n.* نابرادری.

step-by-step, *adj.* قدم بقدم، تدریجی، گام‌بگام.

stepchild, *n.* فرزندخوانده، نافرزندی.

step-cline, *n.* شیب بیقاعده یا منقطع.

stepdaughter, *n.* نادختری، دختر خوانده.

stepfather, *n.* شوهر مادر ، پدراندر، ناپدری.

stepladder, *n.* نردبان متحرك.

steplike, *adj.* پله‌وار.

stepmother, *n.* زن‌پدر، نامادری،مادر.

step out, *vi.* از محلی خارج شدن، قدم تندکردن.

stepparent, *n.* والدین غیرصلبی.

steppe [*step*] *n.* جلگهٔ‌وسیع‌بی‌درخت.

stepped, *adj.* پله دار.

stepped-up, *adj.* تشدید شده، تسریع‌شده.

step.per, *n.* پله‌ساز، چیزی‌که برای پله بکار می‌رود.

stepping-stone, *n.* جاپا، سنگ زیرپا.

stepsister, *n.* ناخواهری،خواهراندر.

stepson, *n.* ناپسری، پسرزن،پسرشوهر، فرزندخوانده.

step up, *vt.* برخاستن، اضافه‌کردن، عمل‌کردن.

ster.cov.o.rous, *adj.* کثافت‌خوار [مانند سوسك‌وبعضی حشرات].

stereo, *adj. & n.* مخففواژه‌های stereotype, stereophonic.

ste.reo.graph, -y, *n., vt. & vi.* نوشته یا تصویر برجسته نما، برجسته‌نماکردن.

stereo.graph.ic, *adj.* برجسته،خط‌برجسته، وابسته بترسیمات برجسته.

stereo.met.ric, *adj.* [در مورد جسم جامد] بسهولت قابل اندازه‌گیری.

stereo.phonic, *adj.* استروفونیك، دارای دستگاه تقویت‌کنندهٔ صوت از سه‌جهت.

stereo.scope [*stériəskoup*] = **stere.os.co.py,** *n.* جهان‌نما،دوربین یا عینك برجسته‌نما، مبحث اشکال برجسته.

ste.reo.scop.ic [*stèriəskɔ́pik*], *adj.* برجسته بینی، برجسته‌بین.

ste.reo.tap.is, *n.* جامدگرائی.

stereo.type [*stériətaip*] **ste-reotypy (-d, stereotyping),** *n. & vt.* کلیشه، کلیشه‌کردن،باکلیشه چاپ‌کردن، یك‌نواخت‌کردن، رفتارقالبی‌داشتن.

stereotyped, *adj.* [مج.]تقلیدشده، فاقد نبوغ وابتکار، دارای رفتارقالبی.

steric, -al, *adj.* وابسته بطرز استقرار اجزاء اتم درفضا.

ster.ile [*stérail*] *adj.* نازا، عقیم، بی‌بار، بی‌حاصل، بایر،سترون.

ste.ril.i.ty [*stəriliti*] *n.* سترونی، عقیمی، نازائی، بی‌باری.

ster.i.lize [*stérilaiz*] **(-d, ster-ilizing)** *vt. & vi.* سترون‌کردن، نازا کردن، بی‌بار یا بی‌حاصل کردن.

ster.i.liza.tion [*stèrilaizéiʃən*], *n.* سترونی، گندزدائی،سترون‌سازی،عقیم‌کردن.

ster.ling [*stə́:liŋ*] *n. & adj.* دارای عیار قانونی،تمام‌عیار، ظاهر وباطن‌یکی، واقعی، لیرهٔ استرلینگ.

stern [*stə:n*] *adj. & n.* سخت‌گیر، عبوس، سخت ومحکم، عقب‌کشتی،کشتیدم.

ster.nal, *adj.* وابسته بجناغ سینه، جناغی.

stern.most, *adj.* عقب‌ترین قسمت‌کشتی.

sternpost, *n.* تیر عمودی عقب‌کشتی.

ster.num (*pl.* **-s, sterna**) *n.* [تش.] استرنم، جناغ سینه، استخوان‌جناغ.

ster.nu.ta.tion, *n.* صدای عطسه، عطسه.

ster.nu.ta.tor, *n.* داروی عطسه‌واشك‌آور.

stern.ward, stern.wards, *adv. & adj.* بطرف عقب‌کشتی.

sternway, *n.* (درکشتیرانی) حرکت بعقب.

ster.tor, *n.* صدای خس خس سینه.

ster.to.rous [*stə́:tərəs*] *adj.* خرناس‌کشنده، دارای‌صدای خرخر و خس‌خس.

stetho.scope [*stéθəskoup*] *n.* گوشی طبی، گوشی‌ضربان سنج .

steve.dore [*stí:vidɔ:*] **(-d, ste-vedoring)** *n., vi. & vt.* متصدی یاناظربارگیری وباراندازی، بارگیری و باراندازی‌کردن، کارگربار انداز.

stew [*stju:*] **(-ed, -ing)** *n., vt. & vi.* تاس‌کباب، نگرانی، گرمی، داغی، آهسته جوشاندن، آهسته پختن، دم‌کردن.

stew.ard [*stjú:əd*] **(-ed, -ing),** *vi., vt. & n.* وکیل‌خرج، پیشکار، مباشر، ناظر،مباشرت کردن.

stew.ard.ess [*stjú:ədis*] *n.* ناظرخرج مؤنث، مهماندارهواپیما.

stew.ard.ship [*stjú:ədʃip*] *n.* نظارت، نظارت‌خرج، رفاقت ومعاونت، مباشرت.

stewpan, *n.* قابلمهٔ تاس‌کباب‌پزی، ظرف‌آبگوشت‌پزی، آبگوشت پز.

sthen.ic, *adj.* فعال، حاد، تندکار، قوی، خطرناك، وخیم، شدید، نیرومند.

stich.o.myth.ia, *n.* سوال وجواب دو نفری (در نمایش)، مکالمات‌کوتاه.

stick [*stik*] **(-ed, stuck,-ing),** *n., vt., vi., adj. & adv.* چسبیدن، فرو رفتن، گیر کردن، گیر افتادن، سوراخ‌کردن، نصب‌کردن، الصاق‌کردن، چوب،

عصا، چماق، وضع، چسبندگی. چسبناك، الصاق، تأخیر، پیچ‌درکار، تحمل کردن، چسباندن، تردید کردن، وقفه.

S. to one's word. سرقول خود ایستادن، بقول خود وفا کردن.

S. up to. مقاومت کردن با.

stick around, *vi.* درنگ کردن، تأخیر کردن، بانتظار چیزی بودن.

stick.er [*stíkə*] *n.* دشنه، دشنه‌زن، برچسب، اتیکت چسب‌دار، مصر، سرسخت.

stick-in-the-mud, *n.* بیمرضه، طفره‌رو، آدم کند، آدم عقب مانده، محافظه‌کار.

stick.le, *vi., adj. & n.* میانجیگری کردن، مداخله کردن، تردید، سراشیب، آشفتگی.

stick.ler [*stíklə*] *n.* سخت‌گیر، جدی، لجوج، سمج، خیلی دقیق، مصر، گیج کننده.

stick out, *vi. & vt.* اصرار کردن، پیش‌آمدگی داشتن، جلو آمدن، متحمل شدن.

stick up, *n., vt. & vi.* سرقت مسلحانه، سر برافراشتن، برجستگی داشتن.

sticky [*stíki*] *adj. & vt.* چسبناك، چسبنده، دشوار، سخت، چسبناك کردن.

stiff [*stif*] *adj., adv., vt. & n.* سفت، شق، سیخ، مستقیم، چوب شده، مغلق، سفت کردن، شق کردن.

Make a s. denial. پاك حاشا کردن.

Keep a s. upper lip. خم به‌ابرو نیاوردن.

stiff.en [*stífn*] *vt. & vi.* سفت وسخت کردن، شق کردن، سفت شدن.

stiff.en.er, *n.* سفت کننده.

stiff-necked, *adj.* کله‌شق، گردن‌کلفت، سرسخت.

sti.fle [*stáifl*] **(-d, stifling),** *n., vt. & vi.* خفه کردن، خاموش کردن، فرونشاندن.

stig.ma [*stígmə*] (*pl.* **stigmata, -s**) *n.* کلاله، داغ، داغ‌ننگ، لکهٔ ننگ، برآمدگی، خال.

stig.mat.ic, stig.ma.tist, *adj. & n.* درمعرض تهمت، ننگین، بدنام، معیوب.

stig.ma.tism, *n.* ننگ‌آوری، خال‌داری، ننگ، نورمتمرکز در یك نقطه.

stig.ma.ti.za.tion, *n.* بدنام سازی.

stig.ma.tize [*stígmətaiz*] **(-d, stigmatizing)** *vt. & vi.* داغ ننگ زدن بر، نشان‌دار کردن، لکه‌دار کردن.

stile [*stail*] *n.* نردبان، پلکان، سنگچین، باهو، چوب عمودی چهارچوب درب.

sti.let.to [*stilétou*] (*pl.* **-s, -es**), *n. & vt.* دشنه، کارد، دشنه زدن.

still [*stil*] *adj. & adv.* آرام، خاموش، ساکت، بی‌حرکت، راکد، همیشه، هنوز، بازهم، هنوزهم، معذلك.

still (-ed, -ing) *vt., vi. & n.* آرام کردن، ساکت کردن، خاموش شدن، دستگاه تقطیر، عرق گرفتن‌از، سکوت، خاموشی.

STILL

Keep s. ساکت باشید.

stillbirth, stillborn, *adj. & n.* زایمان بچهٔ مرده، جنین مردهٔ بدنیا آمده.

still life, still lifes, *adj. & n.* (در نقاشی) تصاویر اشیاء بی‌جان (میوه وبطری وغیره).

stil.ly [*stíli*] *adj. & adv.* بآرامی، بآرامش، آرام، ساکن.

stilt, *n. & vt.* باچوب‌پا راه‌رفتن، چوب‌پا، عصای زیربغل، میله، پادراز.

stilt.ed [*stíltid*] *adj.* دارای چوب‌پا، با آب وتاب، (مج.) باشکوه، قلنبه.

stim.u.lant [*stímjulənt*] *adj. & n.* محرك، مهیج، مشروب الکلی، انگیزه، انگیختگر.

stim.u.late [*stímjuleit*] **(-d, stimulating)** *vt. & vi.* تحریك کردن، تهییج کردن، انگیختن.

stim.u.la.tion [*stìmjuléiʃən*] *n.* تحریك، برانگیختن، انگیزش.

stim.u.la.tor, stim.u.lat.er, *n.* انگیختگر، تحریك کننده، برانگیزنده، انگیزگر، محرك.

stim.u.lus [*stímjuləs*] (*pl.* **stimuli**) *n.* محرك، انگیختار، انگیزه، وسیلهٔ تحریك، تحرك، تحریك.

sting [*stiŋ*] **(stung, -ing)** *n., vi. & vt.* نیش، زخم نیش، خلش، سوزش، گزیدن، تیرکشیدن، نیش‌زدن.

sting.er, *n.* نیش حشرات، سرزنش.

stingray, *n.* (ج.ش.) نوعی ماهی پهن برقی.

stin.gy [*stín(d)ʒi*] *adj.* گران‌کیسه، خسیس، تنگ‌چشم، لئیم، ناشی از خست.

stink [*stiŋk*] **(stank, stunk, stinking)** *vi., n. & vt.* تعفن، گند، بوی‌بد دادن، بدبو کردن، تعفن داشتن، بدبودن.

stink.ard, *n.* جانور بدبو، آدم نفرت انگیز، متعفن.

stink.er, *n.* آدم متعفن وپست، شخص نفرت‌انگیز.

stinking, *adj.* زننده، بدبو، نفرت‌آور.

stint [*stint*] **(-ed, -ing)** *vt., n. & vi.* محدود کردن، از روی لئامت دادن، مضایقه کردن، کم دادن، بقناعت واداشتن.

sti.pend [*stáipend*] *n.* مواجب، حقوق، جیره، دستمزد.

sti.pen.di.ary [*staipéndiəri*] *n. & adj.* مزدور، وظیفه‌خوار، حقوق‌بگیر.

stip.ple [*stípl*] **(-d, stippling),** *vt. & n.* بانقطه‌سایه‌زدن یا نقشی ایجاد کردن، لکه‌دار کردن، منقوط کردن، ترسیم با نقطه.

stip.u.late [*stípjuleit*] **(-d, stipulating)** *adj., vi. & vt.* میثاق بستن، پیمان بستن، تصریح کردن.

stip.u.la.tion [*stìpjuléiʃən*] *n.* تصریح، شرط ضمن عقد، ماده، قرارداد.

stip.ule, -d [*stípju:l*] *adj. & n.* (گ. ش.) گوشوارك برگ، گوشوارك گیاه.

stir [*stə:*] **(-red, -ring)** *vt., vi. & n.* جنبش، حرکت، فعالیت، جم‌خوردن، تکان دادن، بجنبش در آوردن، حرکت دادن، بهم زدن، بجوش آوردن، تحریك کردن باشدن.

stirring [*stə́:riŋ*] *adj. & n* تکان دهنده، بهم زننده، هیجان‌آور، پرتحرك.

stir.rup [*stírəp*] *n.* رکاب، هرچیزی شبیه رکاب، استخوان رکابی.

stitch [*stitʃ*] **(-ed, -ing)** *vt., vi. & n.* کوك، بخیه، بخیهٔ جراحی، بخیه‌زدن.

stithy, *n.* سندان، دکان آهنگری.

sti.ver [*stáivə*] *n.* پشیز، غاز، ذره.

stoat [*stout*] (*pl.* **-s**) *n.* [ج.ش.] قاقم، قاقم وسمور وامثال آن.

stoc.ca.do, stoc.ca.ta, *n.* [در شمشیر بازی] پرتاب یا ضربهٔ شمشیر.

sto.chas.tic, *adj.* اتفاقی، اللهٔ بختی، دارای تغییر درمواقع مختلف.

stock [*stɔk*] *n.* موجودی، مایه، ذخیره، کالا، کنده، تنه، ته ساقه، قنداق تفنگ، پایه، دسته، ریشه، نیا، سهام، سرمایه، مواشی، پیوندگیر.

stock (-ed, -ing) *adj., adv., vt., vi. & n.* حاضر، موجود، دم دست، درانبار، آماده، انبار کردن، ذخیره کردن.

Have in s. موجود داشتن، انبار کردن.

Take s. بموجودی رسیدگی کردن.

stock.ade [*stɔkéid*] *vt. & n.* ایجاد مانع، انسداد، مسدود ساختن، حصاربندی.

stockbroker, *n.* دلال سهام شرکتها.

stockbroking, stockbrokerage, *n.* دلالی بورس واوراق بهادار.

stock company, *n.* شرکت سهامی.

stock exchange, *n.* بورس سهام.

stockholder, *n.* سهامدار شرکتها، صاحب سهم، صاحب موجودی، ذخیره نگهدار.

stock.ing [*stɔ́kiŋ*] *n.* جوراب زنانهٔ ساقه بلند.

stock-in-trade, *n.* موجودی کالای مغازه، مال‌التجاره، لوازم وابزار کار، فوت وفن.

stock.ish, *adj.* کودن، قطور، تنومند.

stock market, *n.* بورس سهام وارز، بورس کالاهای مختلف.

stockpile, *n. & vt.* انباشته، ذخیره، انباشته کردن، توده کردن.

stock room, *n.* انبار، انبار کالا.

stocky [*stɔ́ki*] *adj.* کوتاه، کلفت، چارشانه، خشن، قوی.

stockyard, *n.* دامگاه، محوطه دامداری، محل فروش دام.

stodge (-d, stodging) *vt., vi. & n.* درگل ولای ماندن، در وهل ماندن.

stodgy [*stɔ́dʒi*] *adj.* گردن‌کلفت، انباشته، سنگین وکندرو، سنگین، لخت، قلنبه.

sto.gie, sto.gy [*stóugi*] *n.* سیگار برگ باریك گران قیمت، کفش زمخت.

sto.ic, -al [*stóuik, -l*] *adj. & n.* رواقی، پیرو فلسفهٔ رواقیون.

Sto.i.cism [*stóuisizm*] *n.* فلسفهٔ رواقیون.

stoke [*stouk*] **(-d, stoking),** *vt., vi. & adj.* آتش کردن، تابیدن، سوخت ریختن در.

stok.er [*stóukə*] *n.* متصدی سوخت کوره، سوخت، سیخ بخاری.

stole [*stoul*] **(-d, stoling),** *n.* (درکلیسا) جامهٔ سفید حمایل دار، خرقه.

sto.len [*stóulən*] (*pp. of* **steal**), (اسم مفعول فعل stael).

stol.id [*stɔ́lid*] *adj.* بی‌عاطفه، بلغمی، بی‌حس، بی‌حال، فاقداحساس.

sto.lid.i.ty [*stəlíditi*] *n.* بیحسی.

stom.ach [*stʌ́mək*] *n., vt. & vi.* یمینه، معده، میل، اشتها، تحمل کردن.

S. for fighting. حوصلهٔ دعوا کردن.

stomachache, *n.* دل‌درد، درد معده.

stom.ach.er [*stʌ́məkə*] *n.* پیش‌دامنی قدیمی زنانه ومردانه، سینه‌بند.

sto.mach.ic, *n. & adj.* معدی، شکمی، اشتهاآور، شربت اشتهاآور.

sto.mal=stomatal, *adj.* دهان‌دار، وابسته به‌دهان، دهانی.

sto.mat.ic, *adj.* وابسته بدهان، دهانی، شبیه‌دهان، فمی.

sto.ma.tol.o.gy, *n.* دهان پزشکی.

stoma.tous, *adj.* دهان‌دار، روزنه‌دار.

stomp, *n., vt. & vi.* پایکوبی، لگدکوبی کردن.

stone [*stoun*] *adj., n., vt. & vi.* سنگ، هسته، سنگ میوه، سنگی، سنگ‌قیمتی، سنگسار کردن، هسته درآوردن‌از، تحجیر کردن.

Leave no s. unturned. همهٔ وسایل را بکار بردن، بهر دری‌زدن.

Stone Age, *n.* [ز.ش.] عصر حجر.

stone-blind, *adj.* کاملاً کور.

stonecrop, *n.* (گ.ش.) گل‌ناز.

stonecutter, *n.* سنگ‌تراش، ماشین‌سنگ‌بری.

stonecutting, *n.* سنگ‌بری.

stone-deaf, *adj.* کاملاً کر.

stonemason, *n.* سنگ‌تراش.

stonemasonry, *n.* سنگ‌کاری.

stoneware, *n.* ظروف سفالین سنگ‌نما.

stonework, *n.* ساختمان سنگی، کارخانهٔ سنگ بری.

stony=stoney [*stóuni*] **(-ier, -iest)** *adj.* سنگی، پرسنگ، سنگلاخ، سخت.

stonyhearted, *adj.* سنگدل، بی‌رحم.

stood [*stud*] (*p. of* **stand**). (فعل ماضی stand).

stooge, *n. & vi.* آلت دست، دست‌نشانده، دلقك، آلت دست‌شدن.

stool [*stu:l*] *n., vt. & vi.* چارپایه، عسلی، کرسی، صندلی مستراح فرنگی، مدفوع، پیخال، سکوب، ادرار کردن.

stoop [*stu:p*] **(-ed, -ing)** *n., vi. & vt.* دولاشدن، خم‌شدن، سرفرود آوردن، خمیدگی، تمکین، خشوع کردن.

stop [*stɔp*] **(-ped, -ping)** *n., vi., vt., adj. & n.* ایستادن، توقف کردن، ازکار افتادن، مانع‌شدن، نگاه‌داشتن، سدکردن، تعطیل کردن، خواباندن، بندآوردن، منع، توقف، منزلگاه بین راه، ایستگاه، نقطه.

stopcock [*stɔ́pkɔk*] *n.* شیرآب، ترمز، وسیلهٔ توقف.

stope (-d, stoping) *vi., vt. & n.* حفرهٔ پله مانند برای استخراج سنگ‌معدن، استخراج کردن.

stopgap [*stɔ́pgæp*] *n. & adj.* چارهٔ موقت، وسیلهٔ موقت، دریچهٔ انسداد.

stoplight [*stɔ́plait*] *n.* چراغ علامت توقف وسائط نقلیه، چراغ‌ترمز.

stopover [*stɔ́pòuvə*] *n.* در وسط راه ایستادن، توقفگاه بین‌راه.

stop.page [*stɔ́pidʒ*] *n.* جلوگیری، منع، بازداشت، سد، خط، ایست.

stop payment, *n.* دستور عدم پرداخت چك بانك.

stop.per [*stɔ́pə*] **(-ed, -ing),** *n. & vt.* چوب‌پنبه، سربطری، توپی، جلوگیری کننده، بادربچه بستن، باچوب‌پنبه بستن.

stop.ple [*stɔ́pl*] **(-d, stoppling),** *vt. & n.* متوقف کننده، توقف، مسدود کردن.

stopwatch [*stɔ́pwɔtʃ*] *n.* کرونومتر، گام‌شمار، قدم‌شمار.

stor.able, *adj. & n.* انبار شدنی، انبار کردنی.

stor.age, [*stɔ́:ridʒ*] *n.* ذخیره سازی، انبار کالا، مخزن.

store [*stɔ:, stɔə*] **(-d, storing),** *adj., n., vt. & vi.* انبار، مخزن، ذخیره، اندوخته، موجودی، مغازه، دکان، فروشگاه، اندوختن، انبار کردن.

Set no great s. by. مهم ندانستن.

In s. در انبار، در ذخیره.

storehouse, storeroom, *n.* انبار، مخزن، انبار کالا.

storekeeper, *n.* انباردار، دکاندار.

sto.ried [*stɔ́:rid*] *adj.* حکایت شده، داستانی، موجدار.

stork [*stɔ:k*] *n.* [ج.ش.] لك‌لك.

storm [stɔ:m] (**-ed, -ing**) *vi., vt. & n.* کولاک، توفان، تغییر ناگهانی هوا، توفانی شدن، باحمله گرفتن، یورش آوردن.

stormbound, *adj.* قطع رابطه شده در اثر توفان، توفان زده، گرفتار توفان.

storm.i.ness, *n.* حالت توفانی.

storm trooper, *n.* گارد حملهٔ آلمان نازی، گروه توفان، (مج.) بیرحم.

storm window, *n.* پنجرهٔ زمستانی، کرکرهٔ چوبی بادشکن.

stormy [stɔ́:mi] *adj.* توفانی، کولاک‌دار، پرآشوب.

story [stɔ́:ri] (**-ied, -ing**), (*pl.* **-ies**) *vi., vt. & n.* حکایت، داستان، نقل، روایت، گزارش، [illegible]، داستان گفتن، بصورت داستان درآوردن.

To make a long s. short. مختصر گفتن.

storyteller, *n.* قصه‌گو، داستان‌سرا، نقال، راوی.

stound, *n. & vi.* لحظه، وقفه، فصل، دوران، درد، غم، حمله، درد کردن.

stoup [stu:p] *n.* تنگ، سبو، قدح آب مقدس.

stour, *adj. & n.* عظیم، غول‌آسا، بزرگ، قوی، تنومند، خشن، سخت، شق، مقتدر، متعدد، کشمکش، عجله، هیجان، اختلاف، توفان.

stout [stout] (**-er, -est**) *adj. & n.* ستبر، نیرومند، قوی بنیه، محکم، نوعی آبجو.

stout.en (**-ed, -ing**) *vi. & vt.* نیرومند شدن، نیرومند ساختن، عازم شدن.

stouthearted, *adj.* قوی‌دل، دلیر.

stout.ish, *adj.* مقوی، قوی، تنومند، بااسطقس.

stout.ness, *n.* گردن‌کلفتی، ستبری.

stove [stouv] *n.* بخاری، فرخوراک‌پزی، گرمخانه، کوره.

stovepipe, *n.* لولهٔ بخاری.

sto.ver, *n.* آذوقه، خواربار، علوفه.

stow [stou] (**-ed, -ing**) *vt. & vi.* تنگ هم‌چیدن، خوب جادادن، پر کردن، مخفی کردن، پریدن، انباشتن، بازداشتن.

stow.age, *n.* تنگ هم‌چینی، اجرت تنگ هم‌چیدن کالا.

stow away [stóuəwei] *vi. & n.* مسافرت قاچاقی کردن با کشتی وغیره، مسافر قاچاق.

stra.bis.mic, *adj.* [طب] لوچ، احول، دوبین.

stra.bis.mus, *n.* [طب] لوچی، احولی، دوبینی، چپ‌چشم بودن.

strad.dle [strǽdl] (**-d, strad-dling**) *vt., vi., n. & adv.* گشادنشستن، گشادایستادن، گشادگشاد راه رفتن، سوار شدن، میان دوپا قرار دادن، گشادنشینی، گشادبازی.

strafe [stra:f] (**-d, strafing**), *n. & vt.* با هواپیما زیر رگبار مسلسل وتوپ گرفتن، بباد انتقاد گرفتن، سرگردان.

strag.gle [strǽgl] (**-d, strag-gling**) *vt., vi. & n.* متفرق شدن، هرزه روئیدن، سرگردان بودن، سرگردان، آواره.

strag.gler, *n.* سرگردان، آواره، ولگرد.

strag.gly, *adj.* (بصورت نامرتب) پراکنده، آواره، متواری، پرت، دورافتاده.

straight [streit] *adv., adj. & n.* راست، مستقیم، درست، رك، صریح، بی‌پرده، راحت، مرتب، عمودی، افقی، بطور سرراست، مستقیماً.

Keep a s. face. ازخنده خودداری کردن، قیافه بی‌تفاوت گرفتن.

straight angle, *n.* زاویهٔ ۱۸۰ درجه.

straight-arm, *vt. & n.* حریف را بامشت جلوآمده از خوددور کردن.

straightaway, *adv., adj. & n.* یکراست، فوراً، بلادرنگ، رك وبی‌پرده.

straight.en [stréitn] (**-ed, -ing**) *vt. & vi.* راست کردن، درست کردن، مرتب کردن.

straight.en.er, *n.* استوارکننده، صاف‌کننده.

straight face, -d, *adj. & n.* چهرهٔ رسمی وبی‌نشاط، قیافهٔ بی‌تفاوت.

straightforward, -s [strèitfɔ́:wəd] *adj. & adv.* راست، درست، بی‌پرده، رك، سرراست، آسان.

straight.ish, *adj.* راست، مستقیم، رك، سرراست.

straightway [stréitwei] *adj. & adv.* بلادرنگ، فوراً، مستقیماً، سرراست.

strain [strein] (**-ed, -ing**) *n., vt. & vi.* کشش، زور، فشار، کوشش، دردسخت، تقلا، دررفتگی یا ضرب عضو یا استخوان، آسیب، رگه، صفت موروثی، خصوصیت نژادی، نژاد، اصل، زودبکار بردن، زورزدن، سفت کشیدن، کش دادن، زیاد کشیدن، پیچ دادن، کج کردن، پالودن، صاف کردن، کوشش زیاد کردن، تقلا کردن، ازصافی رد کردن.

It is a s. on one's energy. بنیروی شخص خیلی فشار میآورد، خیلی زور میبرد.

Strained relations. روابط تیره.

strain.er [stréinə] *n.* صافی، پالایش‌کننده، آب میوه‌گیر، بغاز.

strait [streit] *adj. & n.* تنگ، باریك، دشوار، باب، بغاز، تنگه، درمضیقه، در تنگنا، تنگنا.

strait.en [stréitn] (**-ed, -ing**), *vt. & vi.* تنگ کردن، باریك کردن، در تنگی و مضیقه گذاردن، زورآوردن، محدود کردن.

straitjacket, straightjack-et, *n. & vt.* ژاکت ویژهٔ خفت کردن دیوانگان.

straitlaced, straightlaced, *adj.* باتور محکم بسته شده، کرست بسته، شکم بنددار، منحصر، محدود، در فشار.

stramash *n.* انهدام، اضمحلال، خرد کردن، جنجال، سروصدا.

strand [strænd] (**-ed, -ing**), *n., vt. & vi.* کنار دریا، کنار رود، کرانه، بندرگاه، رشته، لا، لایه، رودخانه، مجرا، مسیر، رسیدن، بصخره خوردن کشتی، تنها گذاشتن، گیر افتادن، متروك ماندن، بهم بافتن و بصورت طناب درآوردن.

strandline, *n.* خط ساحلی، خط کرانه.

strange [strein(d)ʒ] *adj.* ناشناس، بیگانه، خارجی، غریبه، عجیب، غیرمتجانس.

I am s. to it. باآن آشنا نیستم.

S. to say. یك چیز غریب اینست که.

stran.ger [stréin(d)ʒə] *adj., vt. & n.* غریبه، بیگانه، غریب، بیگانه کردن.

stran.gle [strǽŋgl] (**-d, stran-gling**) *vt., n. & vi.* گلوی کسی را فشردن، خفه کردن.

stran.gler, *n.* خفه کننده.

stran.gu.late (**-d, strangu-lating**) *vt., adj. & vi.* خفه کردن، خفقان ایجاد کردن، گلوافشردن.

stran.gu.la.tion [strǽŋgjuléiʃn] *n.* فشردگی، اختناق، خفه‌سازی، حالت خفقان.

strap [stræp] *n.* تسمه، بندچرمی، فیش، تازیانه‌زنی، تسمهٔ فلزی.

strap (**-ped, -ping**) *vt. & vi.* باتسمه بستن، با تسمه نگاهداشتن، کشیدن، تیز کردن [تیغ]، باتسمه آویختن.

strap.pa.do (**-ed, -ing**) *vt. & n.* مچ‌دستهای مجرم را برپشت او بستن وآویختن وی از طناب (برای شکنجه).

strap.per, *n.* تازیانه‌زن، تسمه‌کار، تسمه‌بند.

strapping [strǽpiŋ] *n. & adj.* آدم لات وبی‌پول، تسمه‌زنی، تسمه زده.

strat.a.gem [strǽtədʒəm] *n.* حیلهٔ جنگی، تدبیر جنگی، لشکرآرائی، تمحید.

stra.te.gic,-al [strətí:dʒik(l)] *adj.* سوق‌الجیشی، وابسته به رزم‌آرائی.

strat.e.gist [strǽtidʒist] *n.* متخصص فن لشکرکشی وتدابیر جنگی، رزم‌آرا.

strat.e.gy [strǽtədʒi] *n.* رزم‌آرائی، استراتژی، فن تدابیر جنگی، فن لشکرکشی.

strat.i.fi.ca.tion [strǽtifikéiʃn] *n.* قشربندی، لایه‌بندی، تشکیل چینه، تشکیل طبقات زمین، چینه بندی.

strat.i.form, *adj.* چینه‌ای، طبقه مانند، طبقه‌وار.

strat.i.fy [strǽtifai] (**-ied, -ing**), *vt. & vi.* چینه‌چینه کردن، طبقه طبقه کردن.

stra.tig.ra.phy, *n.* وضع وساختمان طبقات زمین، چینه شناسی.

stra.toc.ra.cy (*pl.* **-ies**) *n.* سربازسالاری، حکومت نظامیان.

strato.sphere [stréitəsfiə, strǽ-] *n.* [هواشناسی] طبقهٔ فوقانی جو از ۱۱ کیلومتر ببالا، هواکره.

stratum [stréitəm] (*pl.* **-s, strata**) *n.* لایه، چینه، طبقه، پایه، رتبه، طبقهٔ نسج‌سلولی، قشر.

stratus (*pl.* **strati**) *n.* [هواشناسی] ابرگسترده ونزدیك بزمین.

straw [strɔ:] *n. & adj.* ماشوره، کاه، بوریا، حصیر، نی، پوشال بسته‌بندی، ناچیز.

A s. hat. کلاه سبدی یا حصیری.

straw.berry [strɔ́:bəri] *n.* (گ.ش.) توت فرنگی، چلیك خوراکی.

strawboard, *n.* مقوای کاهی.

straw yellow, *n.* رنگ زرد براقمایل بقرمز، رنگ زرد کهربائی.

stray [strei] (**-ed, -ing**) *adj., n., vi. & vt.* سرگردان، ولگردی، ولگرد، راه گذر، جانور بی‌صاحب، آواره کردن، سرگردان شدن، منحرف شدن، گمراه شدن.

streak [stri:k] (**-ed, -ing**) *n., vt. & vi.* خط، رگ، رگه، ورقه، تمایل، میل، نوار یارگهٔ نواری، سپیده‌دم، بسرعت حرکت کردن، خط‌خط کردن.

streaky [strí:ki] *adj.* خطدار، رگه‌دار، دارای اخلاق وخصوصیات فردی، ناصاف، قابل تغییر.

stream [stri:m] *n., vt. & vi.* جریان، نهر، رود، جوی، جماعت، جاری‌شدن، ساطع کردن، بطورکامل افراشتن (پرچم).

stream.er [strí:mə] *n. & vt.* ستون‌نور، تیغ آفتاب، نواریا پرچم درحال اهتزاز، نوار لباس یاکلاه، (روزنامه نگاری) عنوان چشمگیر مقاله.

stream.let [strí:mlit] *n.* جویبار، نهر کوچك.

streamline [strí:mlain(d)] (**-d, -lining**) *vt. & n.* [درمورد اتومبیل و غیره] دارای شکلی که مقاومت هوا را درمقابل آن کم کند، ساده و مؤثر کردن.

streamliner, *n.* قطار یا هواپیمائی که مقاومت هوا رادرهم‌شکسته وآنرا تعدیل کند، قطار سریع وشیك.

streek (**-ed, -ing**) *vt. & vi.* درازکردن، گستردن، شروع کردن.

street [stri:t] *adj. & n.* خیابان، کوچه، خیابانی، جاده، مسیر.

streetcar, *n.* تراموای شهری.

streetwalker, *n.* فاحشه، زن کوچه‌گرد.

strength [streŋθ] (*pl.* **-s**) *n.* نیرو، زور، قوت، قوه، توانائی، دوام، استحکام.

strength.en [stréŋθən] (**-ed, -ing**) *vt. & vi.* نیرومند کردن، قوی کردن، تقویت دادن، تقویت یافتن، تحکیم کردن.

stren.u.ous [strénjuəs] *adj.* باحرارت، مصر، بلیغ، فوق‌العاده، فعال، شدید.

strep throat, *n.* [طب] گلودرد میکروبی، گلودرد استرپتوکوکی.

strep.to.bacillus, *n.* [میکروب شناسی] باسیلهای زنجیری وپیوسته.

strep.to.my.cin, *n.* آنتی‌بیوتیکی بفرمول $C_{21}H_{39}N_7O_{12}$.

stress [stres] (**-ed, -ing**) *n. & vt.* فشار، تقلا، قوت، اهمیت، تأکید، مضیقه، سختی، پریشان کردن، مالیات زیادبستن، تأکید کردن.

stretch [stretʃ] (**-ed, -ing**), *vt. & vi.* کشیدن، امتداد دادن، بسط دادن، منبسط کردن، کش آمدن، کش آوردن، کش دادن، گشاد شدن.

stretch, *n. & adj.* بسط، ارتجاع، قطعه (زمین)، اتساع، کوشش، خط ممتد، دوره، مدت.

stretch.abil.i.ty, *n.* قابلیت بسط.

stretch.able, *adj.* بسط یافتنی.

stretch.er [strétʃə] *n.* تخت روان، برانکار، بسط یابنده.

strew [stru:] (**-ed, strewn, -ing**) *vt.* ریختن، پاشیدن، پخش کردن.

strew.ment, *n.* پراکندگی، بهم ریختگی، آشفتگی.

stria (*pl.* **-e**) *n.* خط، شیار، خیاره، نوارباریك، هریك ازخطوط موازی.

stri.ate (**-d, striating**) *vt. & adj.* خطدار، شیاردار، مخطط کردن.

strick.en [stríkn] *adj.* دچار، مبتلا، محنت‌زده، مصیبت‌زده، اندوهگین.

S. in years. سالخورده.

strict [strikt] *adj.* سخت، اکید، سخت‌گیر، یك‌دنده، محض، نص صریح، محکم.

stric.ture [stríktʃə] *n.* خشونت، سخت‌گیری، باریك‌بینی، جراحت، تنگی، ضیق.

stride [straid] (**strode, strid-den, strid.ing**) *n., vt. & vi.* گامهای بلند برداشتن، با قدم‌پیمودن، گشادگشاد راه رفتن، قدم زدن، قدم، گام، شلنگ برداشتن.

Take in one's s. بسهولت انجام‌دادن.

stri.den.cy, *n.* گوشخراشی.

stri.dent, -ly [stráidənt] *adv. & adj.* گوش خراش، دارای صدای مزاحم.

strid.er, *n.* گام زننده.

strid.u.late, *vi.* جیرجیر یاخش‌خش کردن، صدا درآوردن، تولید صدای گوشخراش کردن.

strife [straif] *n.* ستیزه، نزاع، دعوا، سعی بلیغ، تقلا، کشاکش.

strig.il, *n.* بدن‌خراش، قشو، برس‌یا ماهوت‌پاکن مخصوص بدن، یکرشته تزئینات موجی ساختمان.

strike [straik] (**struck, stric-ken, striking**) *vt., vi. & n.*

زدن، ضربت‌زدن،خوردن‌به، بخاطرخطور کردن، سکه ضرب کردن، اعتصاب کردن، اصابت، اعتصاب‌کردن، اعتصاب، ضربه، برخورد.

S. an attitude. حالتی بخودگرفتن.

S. a balance. بحالت‌موازنه درآوردن.

Struck with terror. وحشت‌زده.

They are on s. اعتصاب‌کرده‌اند.

S. breaker. کارگر اعتصاب‌شکن.

strik.er [*stráikə*] *n.* زننده،ساعت زنگی، اعتصاب‌کننده.

striking [*stráikiŋ*] *n. & adj.* برجسته، قابل‌توجه، مؤثر، گیرنده، زننده.

string [*striŋ*] (**strung, -ing**), *n., vt. & vi.* زه، زه‌دار کردن، نخ، ریسمان، رشته، سیم، ردیف، سلسله، قطار، نخ‌کردن[باسوزن‌وغیره]، زه‌انداختن‌به، کشیدن.

Pull the s. گربه رقصاندن، دیگران را آلت قراردادن.

string bean, *n.* انواع لوبیا سبز.

stringed, *adj.* سیم‌دار، سیمی، طنابی.

S. instrument. ساززهی.

strin.gen.cy, *n.* شدت، کسادی، سختگیری، تندوتیزی.

strin.gent [*strín(d)ʒənt*] *adj.* سخت، دقیق، غیرقابل کشش، کاسد، تندوتیز، سختگیر، خسیس، محکم بسته شده.

string quartet, *n.* ارکست‌چهار نفری مرکب‌از سازهای‌زهی.

strip [*strip*] (**-ped, -ping**) *vt., vi. & n.* برهنه‌کردن، محروم کردن‌از، لخت‌کردن، چاك‌دادن، تهی کردن، باریکه، نوار.

S.-crop. بصورت ردیف باریك‌کاشتن (غلات وغیره).

stripe [*straip*] (**-d, striping**), *vt. & n.* مارك، علامت، درجهٔ نظامی، پاگون،خطراه‌راه، یراق، پارچهٔراه‌راه،راه‌راه‌کردن،تازیانه‌زدن.

striping, *n.* هاشورزنی، خط‌خطی‌کردن.

strip.ling [*strípliŋ*] *n.* نورسته، نوجوان.

strip.per, *n.* پوست‌کن، کسیکه‌چیزی‌را باریکه باریکه جدا میکند، کسیکه رقص برهنه میکند.

strip.tease, *n.* رقص همراه با برهنگی تدریجی رقاصه.

stripy, *adj.* راه راه، مخطط، خط‌خط.

strive [*straiv*] (**strove, strived, striv.en, striving**) *vi.* کوشیدن، کوشش‌کردن، جد وجهدکردن، نزاع کردن.

striv.er, *n.* کوشا، ستیزه‌جو.

strode [*stroud*] (*p. of* **stride**). (زمان‌گذشتهٔ فعل stride).

stro.ga.noff, *adj.* بیف‌استروگانوف، گوشت پختهٔ نازك باخردل.

stroke [*strouk*] (**-d, -ing**) *n. & vt.* ضربه،ضربت،لطمه،ضرب،حرکت،تکان،لمس کردن، دست‌کشیدن روی، نوازش کردن، زدن، سرکش گذاردن [مثل‌سرکش روی حرف‌کاف].

stroll [*stroul*] *n., vt. & vi.* قدم زنی، گردش، پرسه‌زنی، قدم زدن.

stroll.er, *n.* قدم زن، پرسه‌زن.

stro.ma, -al (*pl.* **stromata**), *adj. & n.* بافت نمدی،گستر، بافت بنیادی.

strong [*strɔŋ*] (**-er, -est**) *adj. & adv.* نیرومند، قوی، پرزور، محکم، سخت.

They are 500 s. نیروی‌آنها عبارت از ۵۰۰ تن‌است.

strong-arm, *vt., adj. & n.* دست‌قوی،قدرت، اعمال‌زور کردن،قلدری‌کردن.

strongbox, *n.* گاوصندوق.

stronghold [*strɔ́ŋhould*] *n.* دژ، قلعهٔ نظامی، سنگر، پناهگاه، [مجـ.] مأمن.

strong.ish, *adj.* نسبتاً قوی.

strong.ly, *adv.* شدیداً، قویاً، جداً.

strong-minded, *adj.* دارای فکر نیرومند، دارای افکار مردانه.

stron.ti.um, *n.* [ش.] استرونتیوم، عنصر سبك دوظرفیتی.

strop [*strɔp*] (**-ped, -ping**), *vt. & n.* تسمه، طناب کوتاه، چرم تیغ تیزکن، بچرم‌کشیدن وتیزکردن.

stro.phe [*stróufi*] *n.* (در یونان باستان) چرخش هنگام رقص همراه باآواز دسته جمعی، چرخ.

strow (**strowed, strown, -ing**)*vt.* [م.م.]پخش‌کردن،پهن‌کردن،گستردن.

struck [*strʌk*] *adj. & n.* در حال اعتصاب، بصورت پسوند نیز بکار رفته و بمعنی «ضربت‌خورده» و«مصیبت‌دیده» و«زده»میباشد.

struc.tur.al [*strʌ'ktʃərəl*] *adj.* ساختمانی، وابسته به‌ساختمان، وابسته‌به‌بنا.

structural steel, *n.* تیر فولاد یاآهن ساختمانی.

struc.ture [*strʌ'ktʃə*] (**-d, structuring**) *vt., vi. & n.* ساخت، ساختمان، ترکیب، سبك،سازمان، بنا، تشکیلات دادن، پی‌ریزی‌کردن، ساختار.

stru.del, *n.* ورقهٔ نازك خمیر پخته‌که لوله شده ولای آن شیرینی باشد.

strug.gle [*strʌ'gl*] (**-d, strug-gling**) *n., vt. & vi.* ستیز، کشاکش، تقلاکردن، کوشش‌کردن، دست وپاکردن، تقلا، کوشش، دست‌وپا، منازعه، کشمکش، تنازع.

S. for existence. تنازع بقا.

strug.gler, *n.* تقلاکننده.

strum [*strʌm*] (**-med,-ming**), *n., vt. & vi.* نواختن سازهای‌زهی،مضراب‌زدن،مرتعش‌کردن.

strum.pet [*strʌ'mpit*] *n.* فاحشه، زن‌بدکار.

strung [*strʌŋ*] (*p. & pp. of* **string**). (زمان‌گذشته واسم مفعول فعل string).

strut [*strʌt*] (**-ted,-ting**)*n.,vt. & vi.* خرامیدن، خرامش، قدم‌زنی با تبختر.

strut.ter, *n.* خرامنده.

strych.nin, strych.nine [*stríknin, stríkni:n*] *n.* [ش.] استرکنین.

stub [*stʌb*] (**-bed, -bing**) *n., vt. & vi.* کنده، ریشه، ته‌سیگار، ته‌چك، ته‌سوش، ته، ته‌بلیط،کوتوله، از بیخ کندن، تحلیل بردن، راندن، کوبیدن.

stub.ble [*stʌ'bl*] *n.* کاهبن،کلش، ریش زبر، موی نتراشیده، ته‌ریش.

stub.bly (**-ier, -iest**) *adj.* پوشیده‌ازکاهبن،شبیه کاهبن،زبر، پرمو،نتراشیده.

stub.born [*stʌ'bən*] *adj.* سمج، خودسر، سرسخت، لجوج، خیره‌سر،کله‌شق.

stub.by [*stʌ'bi*] *adj.* پرازکندهٔدرخت، ریشه‌دار، سیخ‌سیخ، زبر.

stuc.co [*stʌ'kou*] (*pl.* **-s, -es**), *n. & vt.* گچ، اندودگچ وسیمان، گچ‌کاری روی‌بنا، باگچ‌سفیدکردن، گچ کاری کردن.

S. work. گچ‌کاری، تزئینات‌گچ‌کاری.

stuck [*stʌk*] (*p. of* **stick**). (زمان‌گذشتهٔ فعل stick).

stuck-up [*stʌ'kʌ'p*] *adj.* [د.گـ.]گستاخ، خودبین، خود ستا، مغرور.

stud [*stʌd*] (**-ded, -ding**) *n. & vt.* گل میخ، قپه، دکمهٔ سردست، دسته، اسب تخمی، حیوانی‌که برای اصلاح نژاد نگهداری میشود، داربست، میخ‌زدن، نشاندن، آراستن،مرصع‌کردن، پرکردن.

studding, *n.* مصالح‌ساختمانی ازقبیل تیروغیره، توفال‌کوبی، ارتفاع اتاق.

stu.dent [*stjú:dənt*] *n.* دانشجو، دانش‌آموز، شاگرد، اهل‌تحقیق.

stu.dent.ship, *n.* شاگردی، تلمذ.

studhorse, *n.* اسب مخصوص تخم‌کشی واصلاح نژاد.

stud.ied, *adj.* از روی مطالعه، دانسته، عمدی، تعمدی، ازپیش آماده‌شده.

stu.dio [*stjú:diou*] *n.* پیشه‌گاه، اتاق‌کار، کارگاه، کارخانه، هنرکده، کارگاه‌هنری.

S. couch. کاناپهٔ تختخوابی.

stu.dious [*stjú:diəs*] *adj.* زحمتکش، ساعی، کوشا،درس خوان، کتاب‌خوان، مشتاق، خواهان، پرزحمت، بلیغ، جاهد.

study [*stʌ'di*] (**-ied, -ing**) (*pl.* **-ies**) *n., vt. & vi.* تحصیل،درس، مطالعه، غور و بررسی، موضوع تحصیلی، اتاق مطالعه، تحصیل کردن، مطالعه ــ کردن، درس‌خواندن، بررسی کردن، خوانش.

S. hall. اتاق مطالعه، سالن مطالعه.

stuff [*stʌf*] (**-ed, -ing**) *n., vt. & vi.* چیز، ماده، کالا، جنس، مصالح، پارچه، چرند، پرکردن، تپاندن، چپاندن، انباشتن.

S. and nonsense. مزخرف، مهمل.

S. up a hole. سوراخی راگرفتن.

stuffed shirt, *n.* آدم خوش ظاهر و توخالی.

stuff.ing [*stʌ'fiŋ*] *n.* لائی، پرکنی، قیمه، گیپا، بوغلمه، چاشنی.

stuffy [*stʌ'fi*] (**-ier, -iest**) *n. & adj.* خفه، دلتنگ‌کننده، اوقات تلخ،مغرور، محافظه‌کار، بداخم، لجوج.

stul.ti.fi.ca.tion [*stʌltifikéiʃn*], *n.* احاله بمحال، تعلیق بمحال،احمق ساختن.

stul.ti.fy [*stʌ'ltifai*] *vt.* خنثی‌کردن، احمق‌کردن، خرف‌کردن.

stum.ble, -r [*stʌ'mbl*] (**-d, stumbling**) *n., vt. & vi.* لغزیدن، سکندری خوردن، سهوکردن، تلوتلو ــ خوردن، لکنت داشتن، اتفاقاً برخوردن‌به.

stumbling block, *n.* سنگ لغزش، مانع، موجب لغزش، سبب‌سقوط.

stump [*stʌmp*] (**-ed, -ing**) *n., adj., vt. & vi.* کندهٔ درخت، ته سیگار، بیخ وبن، صدای‌افتادن چیز سنگین،سقوط‌با صدای سنگین، خپله،کوتاه قد،خسته‌وکوفته،ازپا درآمده، بریدن،قطع‌کردن، سنگین افتادن، گیج کردن، دست‌پاچه شدن.

stumpy [*stʌ'mpi*] *adj. & n.* خپله،کوتاه و پهن، پرازکنده درخت.

stun [*stʌn*] (**-ned, -ning**)*vt.&n.* گیج‌کردن، بی‌حس‌کردن،حیرت‌زده کردن، گیجی.

stung [*stʌŋ*] (*p. & pp. of* **sting**). (اسم مفعول وزمان‌گذشتهٔ فعل sting).

stunk [*stʌŋk*] (*p. & pp. of* **stink**). (اسم مفعول و زمان‌گذشتهٔ فعل stink).

stun.ner, *n.* آدم‌گیج، گیج‌کننده.

stunt [*stʌnt*] (**-ed, -ing**) *n., vt. & vi.* از رشد بازماندن، کوتاه نگاه داشتن، کوتاه، زور، شاهکار، شیرین‌کاری، شیرین کاری کردن.

stu.pe.fa.cient, stu.pe.fi.er, *n. & adj.* گیج‌کننده، بکرکننده، مخدر، تخدیرکننده.

stu.pé.fac.tion [*stjù:pifǽkʃən*], *n.* گیجی،گیج سازی، بیهوشی،تخدیر، بهت.

stu.pe.fy [*stjú:pifai*] (**-ied, stu-pefying**) *vt. & vi.* گیج‌کردن، بیهوش‌کردن، تخدیرکردن، کودن کردن، خرف‌کردن، متحیر کردن یاشدن.

stu.pen.dous, -ly [*stjupéndəs*], *adj. & adv.* بهت آور، شگفت انگیز،شگفت، حیرت‌آور،عجیب،گزاف.

stu.pid, -ly [*stjú:pid*] *adv., adj. & n.* کند ذهن، نفهم،گیج، احمق، دبنگ.

stu.pid.i.ty [*stju(:)píditi*] **stu-pid.ness,** *n.* بیهوشی، حماقت، کندذهنی، بی‌علاقگی.

stu.por [*stjú:pə*] *n.* خرفتی،بی‌حسی،کندذهنی،گیجی، بلاهت، بهت.

stur.dy [*stə':di*] *adj. & n.* محکم، ستبر، تنومند، قوی هیکل، خوش بنیه، درشت.

stur.geon [*stə':dʒən*] *n.* [ج.ش.] سگ‌ماهی، ماهی خاویار.

stut.ter [*stʌ'tə*] (**-ed, -ing**), *n., vt. & vi.* لکنت داشتن، بالکنت حرف‌زدن، لکنت.

sty [*stai*] (**-ied, stying**) *n., vt. & vi.* جای خوك یاگراز، طویلهٔ‌خوك، درطویله قراردادن.

sty, stye [*stai*] (*pl.* **sties, styes**) *n.* [طب]گل مژه، سنده سلام.

Styg.ian [*stídʒiən*] *adj.* وابسته برودخانهٔ استیکس [Styx]، تاریك.

sty.lar, *adj.* ستون‌وار، مانند قلم یاگوه.

sty.late, *adj.* [گ.ش.] ساقه‌دار، دارای ساقه یاستون‌ثابت.

style [*stail*] (**-d, styling**) *n., vt. & vi.* سبك، شیوه، روش، خامه، سبك نگارش، سلیقه، سبك متداول، قلم، میله، متداول شدن، معمول کردن، مدکردن، نامیدن.

sty.let, *n.* دشنه، خنجر، قلم‌گراور سازی وحکاکی، سیخ.

sty.lif.er.ous, *adj.* [ج.ش.]پرستون، ستون‌دار، نیزه‌مانند.

sty.li.form, *adj.* نیزه‌ای شکل، نیزه مانند، بشکل قلم.

styl.ish, -ly [*stáiliʃ*] *adj. & adv.* شیك، باسلیقه، زیبا، باب روز، مطابق مدروز.

styl.ist, -ic, -al [*stáilist*] *adj. & n.* سبك‌دار، سبکی، ازنظرسبك ادبی، قاضی‌سلیقه، خوش سلیقه، متخصص مد.

sty.lis.tics, *n.pl.* سلیس نگاری، فن‌نگارش، سبك‌شناسی.

styl.iza.tion, *n.* مدسازی،ایجاد سبك.

styl.ize, -d, *vt.* به‌روش یا سبك خاصی درآوردن، سبك‌وار.

sty.loid, *adj.* [تش.] نیزه‌ای، سهمی، شبیه‌نیزه.

sty.lus, sti.lus [*stáiləs*] (*pl.* **sty.li, styluses**) *n.* قلم فولادی حکاکی وگراورسازی، سوزن.

sty.mie [*stáimi*] *vt. & n.* قرارگرفتن توپ‌گلف یك بازیکن در جلو توپ بازیکن دیگر، مانع شدن،گیرکردن.

styp.tic, *n. & adj.* داروی بندآور خون، قابض، خون‌بند.

styp.tic.i.ty, *n.* بندآوری خون، قبض.

Styx [*stiks*] *n.* (افسانهٔ یونان) رودخانهٔ عالم اسفل.

su.abil.i.ty, *n.* قابلیت تعقیب.

su.able, *adj.*

[حق.] قابل تعقیب قانونی، قابل پیگرد.

sua.sion [swéiðən] *n.* اغواء، تحریك، ترغیب.

sua.sive, *adj.* وادارکننده، ترغیب‌آمیز، تحریك‌آمیز.

suave, -ly [sweiv] *adj.* فهمیده و بادب، نرم، ملایم، مؤدب، خوش‌خوراك، شیك.

suav.i.ty [swǽviti] *n.* نرمی، ملایمت، نزاکت، فهمیده و مؤدب بودن.

sub [sʌb] *adj., n., vt. & vi.* (پیشوند) خرده، زیر، تحت، تابع، مادون، فرع، جای کسی‌راگرفتن، جایگزین کردن.

sub.acid, *adj.* [illegible]، ملس، ترش، وشیرین.

sub.acute, *adj.* [طب] نیمه حاد.

sub.adult, *n.* نزدیك سن تکلیف، نیمه‌بالغ.

sub.agency, *n.* عاملیت جزء، نمایندگی فرعی.

sub.alpine, *adj.* ساکن دامنهٔ کوهستان آلپ، مربوط به‌دامنه‌کوه(بارتفاع۴تا۶هزارپا).

sub.al.tern [sʌ'bəltən] *adj. & n.* تابع، زیردست، افسر جزء، مادون، فرعی.

sub.alternation, *n.* توالی، تناوب، تواتر، حالت تبعی.

sub.aqueous, *adj.* زیرآبی،زیرمایع.

sub.atmospheric, *adj.* تحت جوی، پائین‌تر ازجو.

sub.average, *adj.* زیر حدمتوسط.

sub.base, *n.* زیربنا، بنیاد، قرارگاه.

sub.basement, *n.* زیرزمین،سردابه.

subchaser, *n.* تعقیب‌کنندهٔ‌زیردریائی.

sub.class, *n.* بخش اولیهٔ یك طبقه، طبقهٔ فرعی، شعبهٔ فرعی، تحت‌راسته،ردیزه.

sub.clinical, *adj.* [در مورد بیماری] غیر قابل تشخیص در معاینات‌بالینی.

sub.committee [sʌ'bkəmiti] *n.* کمیتهٔ فرعی، سوکمیسیون.

sub.conscious, -ly[sʌbkɔ́nʃəs], *adv., adj. & n.* ناخودآگاه، نیمه هشیار، نیمه‌آگاه، درحالت ناخود آگاهی.

sub.continent, -al [sʌbkɔ́n-tinənt] *adj. & n.* شبه قاره.

sub.contract [sʌbkɔ́ntrækt], *vt., n. & vi.* قرارداد فرعی بستن، قرارداد یاکنترات دست دوم، مقاطعه‌کاری فرعی، قراردادفرعی.

sub.contractor [sʌ'bkəntrǽk-tə] *n.* مقاطعه‌کار فرعی.

sub.culture, *n.* خرده‌فرهنگ، فرهنگ‌فرعی،[میکروب‌شناسی]کشت‌فرعی،کشت دوم‌میکروب.

sub.cutaneous [sʌbkjutéi-niəs] *adj.* زیر پوستی، تحت‌الجلدی.

sub.cutis, *n.* عمیق‌ترین‌قسمت‌زیرپوست.

sub.dividable, *adj.* قابل تقسیم بچندبخش،بخشیزه پذیر.

sub.divide [sʌbdiváid] *vt. & vi.* بقسمت‌های جزء تقسیم کردن، باجزاءفرعی‌تقسیم بندی‌کردن، بخشیزه کردن.

sub.divider, *n.* تقسیم کننده باجزاء فرعی،بخشیزه‌گر.

sub.division [sʌ'bdiviʒən] *n.* بخشیزه،بخش فرعی.

sub.duct, *vt. & vi.* کشیدن، بیرون بردن، ربودن، تفریق‌کردن،کسرکردن.

sub.due [səbdjúː] (-d, -duing), *vt.* مطیع‌کردن، مقهور ساختن،رام‌کردن.

sub.du.er, *n.* مطیع‌کننده،منکوب‌کننده.

su.ber, *n.* [گ.ش.] بافت چوب‌پنبه‌ای.

su.be.re.ous, su.ber.ic, *adj.* دارای بافت چوب‌پنبه‌ای.

su.ber.iza.tion, *n.* ایجاد بافت چوب‌پنبه‌ای درچوب.

su.ber.ize, *vt.* تبدیل به‌بافت چوب‌پنبه‌ای شدن.

sub.family, *n.* خانوادهٔ فرعی، تیرهٔ فرعی.

sub.genus, *n.* سردیزه،جنس فرعی،تیرهٔ فرعی.

sub.glacial, *adj.* وابسته به زیر تودهٔ یخ، وابسته بدورهٔ فرعی یخبندان.

sub.group, *n.* [illegible]

sub.head [sʌ'bhed] *n.* عنوان جزء یا فرعی، عنوان فرعی مقاله.

sub.human [sʌbhjúːmən] *n. & adj.* مادون انسان، دارای صفاتی‌شبیه انسان.

sub.ja.cent, *adj.* واقع درزیر، مادون.

sub.ject [sʌ'bdʒikt, səbdʒékt] (-ed, -ing)*n., vt., adj. & vi.* نهاد، فاعل،مبتدا، شیئ، موضوع، فرد،شخص،مبحث، موضوع مطالعه، مطلب،تحت، مادون، تحت‌تسلط، در معرض، در خطر، مطیع کردن، تحت‌کنترل درآوردن، در معرض بودن یا قراردادن.

S. to his approval. با تصویب او، بشرط‌تصویب او.

S. and predicate. [د.] مسندومسندالیه.

sub.jec.tion, *n.* انقیاد،استیلا،زیردی.

sub.jec.tive [səbdʒéktiv] *adj. & n.* درونی، ذهنی، معقول، وابسته بطرز تفکرشخص، فاعلی،خصوصی، فردی.

sub.jec.tiv.ism, *n.* درون‌گرائی، معقولیت، موضوعیت، حالت نظری، ذهن‌گرائی، اصالت ذهن‌وحس، فردیت تفکر.

sub.jec.tiv.i.ty [sʌbdʒektíviti], *n.* درونی بودن، فردیت، فاعلی بودن.

subject matter, *n.* موضوع اصلی، مطلب، موضوع.

sub.join [sʌbdʒɔ́in] *vt.* افزودن، درپایان افزودن،اضافه‌کردن.

sub ju.di.ce, *adv.* قبل از محاکمه، مورد مطالعهٔ دادگاه، بدون‌تصمیم‌قضائی.

sub.ju.gate [sʌ'bdʒugeit] *vt.*, تحت‌انقیاددرآوردن، مطیع کردن‌منکوب کردن.

sub.ju.ga.tion [sʌbdʒugéiʃən], *n.* انقیاد، اطاعت، مقهور سازی، مطیع سازی.

sub.ju.ga.tor, *n.* مطیع سازنده.

sub.junc.tive [sʌbdʒʌ'ŋktiv], *n. & adj.* [د.] وجه شرطی، وابسته بوجه شرطی.

sub.kingdom, *n.* قلمرو تابعه، سلطنت تابع،سلطنت دیگری.

sub.late (-d, sublating) *vt. & vi.* برداشتن، منکرشدن، تغییرشکل‌یافتن.

sub.let, sub.lease [sʌ'blét, sʌ'blíːs] *vt., vi. & n.* اجارهٔ‌فرعی‌دادن، حق‌اجاره بمستأجرفرعی‌دادن.

sub.li.mate, sub.lime [sʌ'bli-meit, səbláim] (-d, sublimating) *adj., n., vt. & vi.* تصفیه کردن، پاك کردن، تصعیدکردن، متعال‌کردن، بالابردن، متصاعدکردن، منزه، متعال.

sub.li.ma.tion [sʌbliméiʃən] *n.* تصعید، تعالی، توجه‌بعالم بالاوامور عالیه.

sub.lime, *adj.* برین، والا، رفیع، بلندپایه، عرشی.

sub.liminal, *adj.* غیرکافی برای ایجاد تحریك عصبی یا احساس، خارج ازمرحلهٔ‌آگاهی، نیمه‌خودآگاه.

sub.lim.i.ty [səblímiti] *n.* بلندی، افراشتگی، تعالی، علومقام، رفعت.

sub.lingual, *adj.* [تش.] زیرزبانی، واقع در زیر زبان.

sub.lunar=sub.lu.nary, *adj.* زمینی، این‌جهانی، دنیوی، واقع در زیر قمر.

sub.machine.gun, *n.* [نظ.] مسلسل خودکار یا نیمه خودکار، مسلسل دستی.

sub.marine [sʌ'bməriːn] *adj., n., vi. & vt.* زیر دریائی، تحت‌البحری، زیردریاحرکت کردن، بازیردریائی‌حمله‌کردن.

sub.maxilla, -ry (*pl.* -e, -s), *n. & adj.* [ج.ش.] آروارهٔ پائین، وابسته به‌استخوان فك‌پائین.

sub.merge, sub.merse [sʌb-mə'ːdʒ, sʌbmə'ːs] (-d, submerg-ing) *vi., adj. & vt.* درآب‌فروبردن، زیر آب کردن، غوطه‌ورساختن، پوشاندن،مخفی کردن.

sub.mer.gence [sʌbmə'ːdʒəns], *n.* فروبری (درآب)، مخفی‌سازی.

sub.mer.gible [sʌbmə'ːdʒəbl], *adj.* غوطه‌ور کردنی، قابل‌فروکردن‌درآب.

sub.mers.ible, *adj.* قابل فرو رفتن یا فروبردن در زیرآب.

sub.mer.sion, *n.* فرورفتگی در زیرآب.

sub.microscopic, *adj.* خیلی ریز وغیر مرئی با میکروسکوپ.

sub.mis.sion [səbmíʃən] *adj. & n.* مطیع، تابع، تسلیم، واگذاری، تفویض، فرمانبرداری، اطاعت، اظهار اطاعت، انقیاد.

sub.mis.sive [səbmísiv] *adj.* مطیع، فروتن، حلیم، خاضع، خاشع، سربزیر.

sub.mit [səbmít] (-ted, -ting), *vt. & vi.* تسلیم شدن، تقدیم داشتن،ارائه دادن، پیشنهادکردن، گردن‌نهادن، مطیع شدن.

To s. a request. تقاضائی تقدیم یا تسلیم‌کردن.

sub.multiple, *n.* [ر.] خارج قسمت، برخه‌شمار، مضرب.

sub.nor.mal [sʌ'bnɔ́ːməl] *adj. & n.* غیر طبیعی، مادون‌عادی، کم‌هوش.

sub.oceanic, *adj.* واقع در عمق اقیانوس، زیراقیانوسی.

sub.ocular, *adj. & n.* [ج.ش.] زیر چشم، واقع در زیرچشم.

sub.orbital, *adj.& n.* زیرکاسهٔ‌چشمی، درزیرچشم، زیرمدارزمین.

sub.order, *n.* راستهٔ فرعی، طبقه‌بندی فرعی، ردیزه، خرده راسته.

sub.or.di.nate [səbɔ́ːdinit] (-d, subordinating) *adj., n. & vt.* مادون، وابسته، فرعی، پائین‌تر، مرئوس، تابع قراردادن، زیردست یامطیع‌کردن، فرمان‌بردار.

sub.or.di.na.tion[səbɔːdinéiʃən], *n.* اطاعت،مادونی، مرئوسی،تبعیت، فرمان‌برداری.

sub.or.di.na.tive, *adj.* تابع، مادون، تبعی.

sub.orn [səbɔ́ːn] (-ed, -ing) *vt.* [م.م.] دزدکی ومحرمانه چیزی‌کسب‌کردن، کسی را بکاربد اغواء کردن.

sub.or.na.tion [sʌbɔːnéiʃən] *n.* اغواء بکاربد، زیرپا نشینی، اغواء .

sub.plot, *n.* زیرداستان، داستان یا موضوع فرعی‌وتبعی‌رمان یانمایشنامه.

sub.poe.na [sʌbpíːnə] (-ed, -ing) *vt., adv. & n.* [حق.] خواست برگ، احضاریه، حکم احضار.

sub.region, -al, *n. & adj.* یکی از تقسیمات اولیهٔ ناحیه، بخش، ناحیه.

sub.ro.gate (-d, subrogat-ing) *vt.* قائم‌مقام‌تعیین‌کردن، بجای‌دیگری تعهداتی بعهده‌گرفتن، جانشین دیگری‌کردن.

sub.ro.ga.tion, *n.* [حق.] جانشینی،وکالت،نیابت،جانشین‌سازی.

sub ro.sa, *adv.* [م.ل.] زیر درخت گل‌سرخ، [مج.] محرمانه، خصوصی.

sub.saline, *adj.* نیمه‌شور.

sub.saturated, *adj.* [illegible]

sub.saturation, *n.* شبه اشباع.

sub.scapular, *adj. & n.* [تش.] واقع در زیر استخوان شانه، زیرکتفی.

sub.scribe [səbskráib] (-d, subscribing) *vt. & vi.* تصویب کردن،تصدیق کردن، صحه‌گذاردن، آبونه شدن، متعهد شدن، تقبل‌کردن.

sub.scrib.er, *n.* مشترك روزنامه وغیره، امضاکننده.

sub.script, *n. & adj.* چیزی‌که درپائین‌نامه نوشته شود (مثلاً امضاء ذیل نامه وغیره)، زیر نویس، امضاء.

sub.scrip.tion [səbskrípʃən] *n.* اشتراك، وجه‌اشتراك مجله، تعهد پرداخت.

sub.se.quent [sʌ'bsikwənt] *adj. & n.* پس‌آیند، بعدی، بعد، پسین، لاحق، مابعد، دیرتر، متعاقب.

In s. years. در سالهای بعد.

sub.serve [səbsə'ːv] (-d, sub-serving) *vt. & vi.* زیرزاوری‌کردن، بدردخوردن، مخدوم‌بودن، عبید بودن.

sub.ser.vi.ence, sub.ser.vi-en.cy, *n.* سودمندی، کمك، چاپلوسی، تملق، زیرزاوری.

sub.ser.vi.ent [səbsə'ːviənt] *adj.* چاپلوس، پست، تابع، مادون، سودمند، متملق.

It is s. to our purpose. بکار ما می‌خورد، برای ما سودمند است.

sub.shrub, *n.* شاخهٔ‌کوچك، شاخهٔ فرعی، گیاه‌کوچك، گیاهیزه.

sub.side [səbsáid] (-d, sub-siding) *vi.* (دردوغیره)واگذاشتن، نشست‌کردن، فرو نشستن، فروکش‌کردن.

His anger subsided. غضبش‌فرونشست.

sub.sidence [sʌ'bsidəns, səb-sáidəns] *n.* فرونشست،فروکش، نشست، فرونشینی، فروکشی، تخفیف‌درد وغیره.

sub.sid.i.ary [səbsídiəri] *adj. & n.* کمکی، معین، مؤید، متمم، فرعی، تابع.

S. company. شرکت فرعی، شرکت تابعه.

sub.si.di.za.tion, *n.* کمك مالی.

sub.si.dize [sʌ'bsidaiz] (-d, subsidizing) *vt.* کمك هزینه دادن، کمك‌خرج دادن.

sub.si.diz.er, *n.* کمك‌مالی‌دهنده.

sub.si.dy [sʌ'bsidi] *n.* اعانه،کمك هزینه،کمك مالی.

sub.sist [səbsíst] (-ed, -ing), *vt., n. & vi.* زیست‌کردن، ماندن، گذران‌کردن.

sub.sist.ence [səbsístəns] *n.* اعاشه، زیست، گذران، معاش، خرجی، وسیلهٔ معیشت، امرار معاش، دوام، نگاهداری.

sub.sist.ent, *adj. & n.* اعاشه‌کننده، مدد معاش‌بگیر.

sub.soil [sʌ'bsɔil] (-ed,-ing),

vt. & n. زیرخاك، خاك‌زیر را شخم‌زدن، شخم‌عمیق‌زدن.

sub.solar, *adj.* زیرآفتابی، واقع در نواحی گرمسیر، در ظل‌آفتاب.

sub.sonic, *adj.* مادون‌سرعت‌سیرصوت.

sub.species, *n.* گونیزه، زیرگونه، قسم فرعی، جنس فرعی ازیك‌نژاد.

sub.specific, *adj.* زیرگونه‌ای.

sub.stance [sʌ'bstəns] *n.* جسم، ماده، شیئ، جنس، مادهٔ اصلی، ذات، مفاد، مفهوم، استحکام، دوام، مسند.

sub.stan.tial [səbstǽnʃəl] *adj. & n.* ذاتی، جسمی، اساسی، مهم، محکم، قابل توجه.

sub.stan.ti.al.i.ty, *n.* ذاتیت، جسمیت، حالت اساسی.

sub.stan.ti.ate [səbstǽnʃieit], **(-d, substantiating)** *vt.* ماهیت جسمانی دادن‌به، شکل مادی بخشیدن‌به، با دلیل ومدرك اثبات کردن.

sub.stan.ti.a.tion [səbstæ̀nʃiéiʃən] *n.* تحقق، اثبات، تجسم.

sub.stan.ti.a.tive, *adj.* محقق شده، بادلیل اثبات شده، تجسم یافته.

sub.stan.ti.val [sʌbstəntáivəl], *adj.* [د.] اسمی، مربوط به‌اسم.

sub.stan.tive [sʌ'bstəntiv] *n. & adj.* قائم بذات، متکی بخود، مقدار زیاد، دارای ماهیت واقعی، حقیقی، شبیه‌اسم، دارای خواص‌اسم.

sub.station [sʌ'bstèiʃən] *n.* ایستگاه فرعی، شعبه، خرده‌ایستگاه.

sub.stit.u.ent, *adj. & n.* عوض، تعویض، قابل تعویض، توکیلی.

sub.sti.tut.able, *adj.* قابل تعویض.

sub.sti.tute [sʌ'bstitju:t] **(-d, substituting)** *n., adj., vi. & vt.* عوض، جانشین، تعویض، جانشین‌کردن، تعویض کردن، جابجاکردن، بدل.

sub.sti.tu.tion, -al [sʌbstitjú:ʃən] **sub.sti.tu.tion.ary,** *adj. & n.* تعویضی، جانشینی، علی‌البدلی، کفالت.

sub.sti.tu.tive, *adj.* وابسته به‌تعویض یا جابجاسازی.

sub.stratum [sʌ'bstréitəm] **(*pl.* -s, substrata)** *n.* زیرلایه، طبقهٔ زیر، بنیاد، پی، طبقهٔ زیر.

sub.struc.tion, -al, sub-structure, *adj. & n.* زیرساخت، زیرسازی، زیر ساختمان، زیربنا.

sub.sume [səbsjú:m] **(-d, subsuming)** *vt.* رده‌بندی‌کردن، شامل‌کردن، استقراءکردن، استنتاج کردن.

sub.sump.tion, *n.* رده‌بندی، مشمول، فرع، استقراء، نتیجه‌گیری، استنتاج.

sub.teen, *n.* پائین‌تر ازسن ۱۳.

sub.temperate, *adj.* گرمسیری، زیر منطقهٔ معتدله.

sub.tenancy, *n.* اجاره‌داری‌دست‌دوم.

sub.tenant, *n.* مستأجر دست دوم.

sub.tend [səbténd] **(-ed, -ing),** *vt.* در زیرچیزی بسط یافتن، شامل بودن.

sub.ter.fuge [sʌ'btəfju:dʒ] *n.* طفره، گریز، طفره‌زنی، اختفاء، عذر، بهانه.

sub.ter.ra.nean [sʌbtəréiniən], **sub.ter.ra.ne.ous,** *adj. & n.* زیر زمینی، نهانی، تحت‌الارضی.

sub.tile (-r, -st) *adj.* نرم، ظریف، محیل، مکار، حیله‌گر.

sub.title [sʌ'btàitl] **(-d, subtitling)** *vt. & n.* (درفیلم‌سینما)زیرنویس، لقب فرعی، عنوان فرعی، عنوان فرعی‌مقاله.

sub.tle [sʌ'tl] **(-r, -st)** *adj.* زیرك، محیل، ماهرانه، دقیق، لطیف، تیزونافذ.

sub.tle.ty [sʌ'tlti] *n.* باریك‌بینی، موشکافی، زیرکی، لطافت، تیزبینی ومهارت.

sub.tract [səbtrǽkt] **(-ed, -ing)** *vt. & vi.* کاستن، کم‌کردن، تفریق شدن، منها کردن.

sub.tract.er, *n.* تفریق‌کننده.

sub.trac.tion [səbtrǽkʃən] *n.* کاهش، تفریق، کاستن، منها.

sub.trac.tive, *adj.* کاهشی، تفریقی، کاهنده، دارای علامت‌تفریق.

sub.tra.hend, *n.* [ر.] کاسته، عددی‌که ازعدد دیگر کسرمیشود.

sub.tropics, *n.pl.* زیر استوائی، نواحی‌زیرگرمسیری.

sub.urb [sʌ'bə:b] *adj. & n.* حومهٔ شهر، برون‌شهر.

sub.ur.ban [səbə:bən] *adj. & n.* اهل حومهٔ شهر، برون شهری.

sub.ur.ban.ite, *n.* ساکن حومه.

sub.ur.bia, *n.* حومهٔ شهر، حومه‌نشینی.

sub.ven.tion, -ary [səbvénʃən], *n.* اعانهٔ نقدی‌دولت به‌بنگاه‌عام‌المنفعه، کمك‌مالی، اعانه، تخصیص اعانه، کمك هزینه.

sub.ver.sion, -ary [səbvə':ʃən], *adj. & n.* درون واژگونی، انهدام، تخریب، خرابکاری، وابسته‌به‌خرابکاری.

sub.ver.sive [səbvə':siv] *adj. & n.* واژگون، ویران، توطئه‌گر، خرابکار، خرابکارانه.

sub.vert [səbvə':t] **(-ed, -ing),** *vt. & vi.* واژگون ساختن، برانداختن، موقوف‌کردن، خرابکاری کردن، درون واژگون سازی کردن.

sub.vert.er, *n.* واژگونگر، سرنگون‌کننده، تضعیف‌کننده، توطئه‌گر.

sub.way [sʌ'bwei] *n.* زیرراه، راه زیرزمینی، ترن زیرزمینی، مترو.

suc.ceed [səksí:d] **(-ed, -ing),** *vt. & vi.* کامیاب شدن، موفق‌شدن، نتیجه بخشیدن، بدنبال‌آمدن، بطور توالی قرارگرفتن.

To s. in doing something. موفق بانجام‌کاری شدن.

S. to the throne. وارث تخت شدن.

suc.cess [səksés] *n.* کامیابی، موفقیت، پیروزی، نتیجه، توفیق، کامروائی.

suc.cess.ful [səksésful] *adj.* کامیاب، موفق، پیروز، نیك انجام، عاقبت‌بخیر.

suc.ces.sion [səkséʃən] *adj. & n.* پی‌آئی، توالی، ترادف، ردیف، جانشینی، وراثت.

suc.ces.sive [səksésiv] *adj.* پی‌درپی، پیاپی، متوالی، مسلسل، ارثی، توارثی.

suc.ces.sor [səksésə] *n.* [حق.] جانشین، خلف، اخلاف، قائم‌مقام.

suc.cinct [səksíŋkt] *adj. & n.* موجز، کوتاه، مختصر، مجمل، فشرده، چکیده.

suc.cor, suc.cour [sʌ'kə] **(-ed, -ing)** *vt.&n.* یاری، کمك، کمك‌برای رهائی‌ازپریشانی، موجب کمك، یاری کردن.

suc.cor.er, *n.* کمك، یار.

suc.cu.bus (*pl.* succubi) *n.* [افسانه]جن‌یا دیوماده‌ای‌که بصورت زن‌درآمده با مردان همخواب میشود.

suc.cu.lence, *n.* شادابی، پرآبی، آبداری، حالت آبکی.

suc.cu.lent [sʌ'kjulənt] *adj. & n.* آبدار، شاداب، پرطراوت.

suc.cumb [səkʌ'm] **(-ed, -ing),** *vi.* از پای‌درآمدن، تسلیم‌شدن، سرفرودآوردن.

suc.cus.sion, *n.* تکان سخت، لرزش، لرزش مایعات، تشنج.

such [sʌtʃ] *pron, adv. & adj.* چنین، یك‌چنین، اینقبیل، اینجور، اینطور.

I had never seen s. a book. من هرگز چنین‌کتابی ندیده بودم.

S. a large hat. کلاه باین بزرگی.

S. as are happy. آنهائی‌که خوشبخت هستند.

No s. thing. هیچ همچو چیزی نیست، ابداً، بهیچوجه.

suchlike [sʌ'tʃlaik] *pron. & adj.* ازاین‌گونه، این قبیل، مانندآن، امثال‌آن.

suck [sʌk] **(-ed, -ing)** *n., vt. & vi.* مکیدن، مك‌زدن، شیرهٔ‌کسی راکشیدن، مك، مك‌زنی، شیردوشی.

Give s. to. شیردادن به.

Take a s. at. مکیدن، مك‌زدن.

suck.er [sʌ'kə] *n., vt. & vi.* طفل شیرخوار، حیوان یا عضو یا آلت مکنده، خروس‌قندی، آب‌نبات‌مکیدنی، احمق.

suck.le [sʌ'kl] **(-d, suckling),** پستاندار شیرخوار، کودك‌شیرخوار، طفل‌رضیع.

suck.ling [sʌ'kliŋ] *n.* کودك شیرخوار، طفل رضیع.

suc.tion [sʌ'kʃən] *n. & vt.* مك‌زنی، جذب بوسیلهٔ‌مکیدن، جذب، عمل‌مکیدن، مکش، سوپاپ تلمبه.

su.da.to.ri.um (*pl.* sudatoria), *n.* (روم قدیم) حمام‌گرم که موجب عرق‌زیاد گردد، گرمخانهٔ حمام، حمام بخار.

su.da.to.ry, *n. & adj.* خوی‌آور، گرمابه، داروی‌عرق‌آور.

sud.den [sʌ'dən] *adj., adv. & n.* ناگهانی، ناگهان، بی‌خبر، بی‌مقدمه، فوری، تند، بطور غافلگیر، غیرمنتظره، سریع.

All of a s.=On a sudden. ناگهان، غفلتاً.

sudden death, *n.* مرك ناگهانی، (درمسابقات) ناگهان‌باخت.

su.do.rif.er.ous, su.do.rif.ic, *adj. & n.* عرق‌آور، تولیدکننده عرق، عرق‌زا، معرق.

suds [sʌdz] *n.pl.* آب صابون، کف صابون.

sudsy, *adj.* کف‌آلود، کفدار، پرکف.

sue [sju:] **(-d, suing)** *vt. & vi.* تقاضاکردن، تعقیب قانونی کردن، دعوی‌کردن. ادعای خسارت‌کردن.

suede [sweid] **suede,** *n.* چرم جیر، پارچهٔ جیر، چرم مخمل نما.

su.er, *n.* عرضحال دهنده، شاکی.

su.et [sjúit] *n.* پیه، چربی سخت دور کلیه و کمر گوسفند.

suf.fer [sʌ'fə] **(-ed, -ing)** *n., vt. & vi.* تحمل کردن، کشیدن، تن دردادن به، رنج بردن.

S. pain. دردکشیدن.

suf.fer.able [sʌ'fərəbl] *adj.* تحمل پذیر.

suf.fer.ance [sʌ'fərəns] *n.* رضایت‌ضمنی، سکوت موجب رضا، انقیاد، طاقت، شکیبائی.

suf.fer.er, *n.* متحمل، زحمتکش.

suf.fice [səfáis] **(-d, sufficing)** *vt. & vi.* بس‌بودن، کفایت‌کردن، کافی بودن، بسنده بودن.

S. it to say that.... همین قدربس‌که.

suf.fi.cien.cy [səfíʃənsi] *n.* کفایت، شایستگی، قابلیت، مقدارکافی، بسندگی.

suf.fi.cient [səfíʃənt] *adj.* بس، بسنده، کافی، شایسته، صلاحیت‌دار، قانع.

Small punishment is s. for small sins. تنبیه کم برای گناهان کوچك کافی است.

suf.fix, -al [sʌ'fiks] **(-ed, -ing),** *adj., n., vt. & vi.* پسوند، پساوند، پسوندی، پساوند ساختن، پسوند نصب کردن.

suf.fo.cate [sʌ'fəkeit] **(-d, suffocating)** *vt. & vi.* خفه‌کردن، خاموش‌کردن.

suf.fo.ca.tion [sʌfəkéiʃən] *n.* خفه‌سازی، خفقان، اختناق، خفگی.

suf.fra.gan [sʌ'frəgən] *adj. & n.* تابع، تابع منطقه یا قسمت دیگری، دستیار.

suf.frage [sʌ'fridʒ] *n.* حق رأی و شرکت در انتخابات، رأی.

suf.frag.ette [sʌfrədʒét] *n.* زن طرفدار حق رأی وانتخاب‌زنان.

suf.frag.ist [sʌ'frədʒist] *n.* هواخواه دادن‌حق رأی یاحق انتخاب‌به‌نسوان.

suf.fuse [səfjú:z] **(-d, suffusing)** *vt.* پرکردن، فراگرفتن، پوشاندن، اشباع‌کردن.

suf.fu.sion [səfjú:ʒən] *n.* پری [pori]، اشباع، زیرریزی.

Su.fi, *adj. & n.* صوفی، اهل طریقت.

Su.fic, *adj.* صوفیانه.

Su.fism, *n.* تصوف، طریقت، عرفان.

sug.ar [ʃúgə] **(-ed, -ing)** *n., vt., adj. & vi.* قند، شکر، شیرینی، مادهٔ قندی، با شکرمخلوط‌کردن، تبدیل‌به شکر کردن، شیرین‌کردن، متبلور شدن.

sugar beet, *n.* چغندر قند.

sugarcane, *n.* نیشکر.

sugarcoat, *vt. & vi.* [روی داروی تلخ را] با شکرپوشاندن.

sugarloaf, sugar-loaf, *n. & adj.* کله قند، کله‌قندی، بشکل کله‌قند.

sugar maple, *n.* [گ.ش.] افرای قندی، افرای‌سخت.

sug.ary [ʃúgəri] *adj.* شکری، قندی، قنددار، شیرین، ملیح، شیرین‌زبان.

sug.gest [sədʒést] **(-ed, -ing),** *vt. & vi.* اشاره‌کردن‌بر، بفکرخطوردادن، اظهارکردن، پیشنهاد کردن، تلقین‌کردن.

sug.gest.er, *n.* اظهارکننده، پیشنهاد دهنده.

sug.gest.ible, *adj.* اشاره‌کردنی، پیشنهادکردنی.

sug.ges.tion [sədʒéstʃən] *n.* اشاره، تلقین، اظهارعقیده، پیشنهاد، الهام.

sug.ges.tive [sədʒéstiv] *adj.* اشاره‌کننده، دلالت‌کننده، وسوسه آمیز.

su.i.ci.dal, *adj.* وابسته یا متمایل به‌خودکشی.

su.i.cide [s(j)ú:isaid] **(-d, suiciding)** *n., adj. & vi.* خودکشی، انتحار، خودکشی‌کردن، وابسته‌به‌خودکشی.

suit [s(j)u:t] **(-ed, -ing)** *n., vt. & vi.* درخواست، تقاضا، دادخواست، عرضحال، مرافعه، خواستگاری، یکدست لباس، پیروان،

خدمتگزاران،ملتزمین،توالی،تسلسل،نوع،مناسب بودن،وفق‌دادن، جورکردن،خواست‌دادن، تعقیب کردن،خواستگاری‌کردن، جامه،لباس دادن‌به.

S. the action to the word. کردار را باگفتار وفق بده.

It does not s. my taste. بذائقهٔ من خوش نمی‌آید.

S. oneself. موافق دلخواه عمل‌کردن.

suit.abil.i.ty [s(j)ùtəbíliti] *n.* درخوربودن، مناسبت،برازندگی، شایستگی.

suit.able [s(j)ú:təbl] *adj. & adv.* در خور، مناسب، شایسته، فراخور، مقتضی.

suitcase, *n.* چمدان.

suite [swi:t] *n.* دنباله، رمه، همراهان، ملازمین،رشتهٔ مسلسل، آپارتمان، اتاق مجلل هتل، قطعهٔموسیقی.

suit.or [s(j)ú:tə] (**-ed, -ing**), *vi., n. & vt.* خواستگاری‌کردن،عشقبازی کردن، عرضحال‌دهنده، مدعی، خواستگار.

sul.fate, sul.phate (**-d, sulfating**) *n. & vt.* (ش.) زاج، توتیا، سولفات، با اسید سولفوریك آمیختن.

sul.fur, sul.phur (**-ed, -ing**), *n., adj. & vt.* (ش.) گوگرد، گوگرددارکردن،(کیمیاگری) اصل احتراق.

sul.fu.re.ous, *adj.* دارای‌گوگرد، دارای سنگ‌گوگرد.

sul.fu.ret, sul.fu.rate (**-ed, -ted, -ing, -ting**) *n. & vt.* باگوگرد ترکیب‌کردن، باگوگردآمیختن.

sulfuric acid, *n.* [ش.] جوهر گوگرد بفرمول H_2SO_4.

sul.fu.rize (**-d, sulfurizing**), *n., vt. & vi.* [ش.] باگوگرد ترکیب‌کردن، بخوردادن.

sul.fu.rous, sul.phu.rous, *adj.* گوگردی، شبیه‌گوگرد،مشتعل.

sulk [sΛlk] (**-ed, -ing**) *n., vt. & vi.* قهر، اخم، ترشروئی، بداخمی‌کردن.

sulky [sΛ'lki] *adj. & n.* قهر، رنجیده، دلخور، ترشرو، عبوس، بد اخم.

sul.len [sΛ'lən] *adj.* عبوس، ترشرو،کج خلق، غیر معاشر، عبوسانه.

sul.ly [sΛ'li] (**-ied, sullying**), *n., vt. & vi.* آلوده شدن، لکه‌دار کردن، کثافت، آلودگی.

sul.tan [sΛ'ltən] *n.* سلطان.

sul.tana [sΛltá:nə] **sul.tan - ess,** *n.* سلطانه، زن یا مادریادختر سلطان.

sul.tan.ate, *n.* سلطنت، قلمرو سلطان.

sul.try [sΛ'ltri] *adj.* شرجی، خیلی‌گرم و مرطوب، سخت،داغ.

sum [sΛm] (**-med, -ming**) *n., vt. & vi.* مبلغ،حاصل‌جمع، روی‌هم، خلاصه،مختصر،حساب‌کردن، باهم جمع کردن، مختصر و موجزکردن،خلاصه نمودن.

For the s. of. بمبلغ.

To s. up. بطور خلاصه.

su.mac, su.mach, shu.mac, *n.* (گ.ش.) سماق.

Su.meri.an, *adj. & n.* سومری.

sum.ma.ri.za.tion, *n.* خلاصه سازی، تلخیص.

sum.ma.rize [sΛ'məraiz] (**-d, summarizing**) *vt.* خلاصه‌کردن، بطور مختصر بیان‌کردن.

sum.ma.riz.er, *n.* تلخیص‌کننده.

sum.ma.ry [sΛ'məri] *adj. & n.* خلاصه، مختصر، موجز،اختصاری، ملخص،انجام شده بدون تأخیر،باشتاب.

sum.ma.tion, -al, *adj. & n.* جمع‌زنی، افزایش، جمع، مقامی، خلاصه.

sum.mer [sΛ'mə] (**-ed, -ing**), *vt. & n.* تابستان، تابستانی، چراندن، تابستانرا بسر بردن،ییلاق.

summersault=somersault, *n. & vt.* معلق، پشتك، پشتك‌زدن.

sum.mery [sΛ'məri] *adj.* تابستانی، شبیه تابستان، تابستانی.

sum.mit [sΛ'mit] *n.* قله، نوك، اوج، ذروه، اعلی‌درجه.

sum.mon, -s [sΛ'mən, -z] (**-ed, -ing**) *n., vt. & vi.* فراخوانی، احضار، فراخواندن، احضارقانونی‌کردن.

sum.mon.er, *n.* احضارکننده.

sump [sΛmp] *n.* [illegible] اسهر آب کثیف، لجن و کثافت، مخزن.

sump.ter [sΛ'm(p)tə] *adj. & n.* اسب بارکش، یابو، قاطرچی، بار.

sump.tu.ary [sΛ'm(p)tjuəri] *adj.* هزینه‌ای، خرجی، وابسته به‌تعدیل هزینه.

sump.tu.ous [sΛ'm(p)tjuəs] *adj.* مجلل، پرخرج،گران وعالی.

sum total, *n.* جمع‌کل،سرجمع،مجموع.

sun [sΛn] (**-ned, -ning**) *n., vt. & vi.* آفتاب، خورشید، در معرض آفتاب قرار دادن، تابیدن.

sunbaked, *adj.* آفتاب پخته، در-آفتاب خشك شده، حرارت آفتاب دیده.

sunbath, *n.* حمام آفتاب.

sun.bathe (**-d, sunbathing**), *vi. & n.* حمام‌آفتاب‌گرفتن.

sunbeam [sΛ'nbi:m] *n.* پرتوآفتاب، تیغ‌آفتاب، آدم مسرور.

sun.burn [sΛ'nbə:n] (**-ed,-ing**), *n., vt. & vi.* آفتاب سوخته‌کردن، آفتاب زدگی.

sun.dae [sΛ'ndi] *n.* بستنی‌ومغزگردو.

Sun.day, -s [sΛ'ndi] (**-ed,-ing**), *n., adj., vt. & vi.* یکشنبه، مربوط به‌یکشنبه، تعطیلی، یکشنبه‌راگذراندن.

sun deck, *n.* عرشهٔ آفتاب‌گیرکشتی، ایوان‌آفتابگیر.

sun.der [sΛ'ndə](**-ed, -ing**)*vt. & vi.* [دراصطلاح‌شاعرانه] جدا کردن، بریدن.

sundial [sΛ'ndaiəl] *n.* شاخص‌آفتاب، (گ.ش.) ترمس پایا.

sun.down [sΛ'ndaun] *n.* غروب.

sun.dries, *n.pl.* متفرقه، گوناگون.

sun.dry [sΛ'ndri] *pron., adv. & adj.* گوناگون، متفرقه، مخلفات.

sunflower [sΛ'nflauə] *n.* (گ.ش.) گل‌آفتاب‌گردان، گیاه‌آفتاب‌گرا.

sunglasses, *n.pl.* عینك آفتابی.

sunk.en, *adj.* فرو رفته، خالی، درته‌آب، غرق شده.

sun.less, *adj.* بی‌نور، بی‌آفتاب.

sunlight [sΛ'nlait] *n.* نور خورشید، تابش‌آفتاب، انعکاس نورخورشید.

sunlit [sΛ'nlit] *adj.* روشن از فروغ‌آفتاب.

sun.na, *n.* [در دین اسلام] سنت، رسم.

Sun.ni, Sun.nite, *adj. & n.* سنی، اهل سنت، پیرو مذهب سنت.

Sun.nism, *n.* سنی‌گری، مذهب تسنن.

sun.ny [sΛ'ni] *adj.* آفتابی، روشن، آفتابرو، رو بآفتاب، تابناك.

sunny-side up, *adj.* [در مورد تخم مرغ] فقط یك طرفش پخته.

sunrise [sΛ'nraiz] *n.* طلوع آفتاب، طلوع‌خورشید، تیغ‌آفتاب، مشرق.

sunset [sΛ'nset] *n.* غروب آفتاب، مغرب، افول.

sunshade [sΛ'nʃeid] *n.* سایه، چترآفتابی، سایبان، ساباط، آفتاب‌گردان.

sunshine [sΛ'nʃain] *n.* تابش‌آفتاب، نور آفتاب.

sun.shiny, *adj.* آفتاب‌گیر،منور از نورآفتاب.

sunspot, *n.* (نجـ.) لکهٔ روی خورشید.

sunstroke [sΛ'nstrouk] *n.* [طب] آفتابزدگی، گرما زدگی.

sunstruck, *adj.* آفتابزده، گرمازده.

suntan, *n.* قهوه‌ای‌شدن‌پوست بدن‌دراثر آفتاب، قهوهٔمایل بسرخ.

sunup, *n.* [د.ک.] طلوع آفتاب.

sup [sΛp](**-ped,-ping**)*n.,vt.&vi.* شام خوردن، شام دادن، مشروب، مقدار.

su.per [s(j)ú:pə] *adj. & n.* اعلی، بسیارخوب، بزرگ اندازه، عالی، خوب.

super- پیشوندی است بمعنی «مربوط ببالا» و «واقع درنوك چیزی» و «بالائی» و «فوق» و«برتر»و «مافوق» و «ارجح» و «بیشتر» و «اَبَر».

su.per.a.ble, *adj.* مغلوب شدنی، تفوق‌یافتنی، فائق شدنی.

su.per.abound (**-ed, -ing**) *vi.* وافر بودن، بوفور یافت شدن، بیش ازحدبودن.

su.per.abundance, *n.* وفور، وفور نعمت، فراوانی.

su.per.abundant [s(j)ù:pərəb-Λ'ndənt] *adj.* زیاد، فراوان، وافر، خیلی‌زیاد، دارای‌وفور.

su.per.an.nu.ate [s(j)ù:pərœ́n-jueit] (**-d, superannuating**), *vt. & vi.* متروکه دانستن، بازنشسته دانستن یاشدن، کهنه شدن،ازمد افتادن، سالخورده‌شدن.

su.per.an.nu.a.tion [s(j)ú:pə-rœ̀njuéiʃən] *n.* سالخوردگی، کهولت، بازنشستگی،تقاعد.

su.perb [s(j)u:pə':b] *adj.* عالی، بسیار خوب، باشکوه، باوقار.

su.per.cargo [s(j)ú:pəkà:gou] *n.* مباشرکارهای بازرگانی وفروش کالا درکشتی.

su.per.charge [s(j)ú:pətʃa:dʒ] (**-d, supercharging**) *vt.* تجاوزکردن، لبریز شدن، نیروی برق بیش از اندازه‌رساندن به (ماشین‌وغیره)،دستگاه تشدید.

su.per.cil.i.ary, *adj. & n.* (تش.-ج.ش.) مربوط به‌ابرو،ابروئی، فوق ابروئی.

su.per.cil.ious [s(j)ù:pəsíliəs], *adj.* مغرور، خود فروش، از روی خود خواهی.

su.per.conductive, su.per-conductor, *adj. & n.* بس‌رسانا، (برق) خیلی هادی، بیش ازحد لزوم هادی.

su.per.ego, *n.* اَبَرخود، (فروید) شخصیت اخلاقی، نفس اماره، وجدان.

su.per.eminence, *n.* اَبَرپایگی، ادج، رفعت، علو مقام.

su.per.eminent, *adj.* اَبَرپایه، بسیاربلند، برجسته، فوق‌العاده‌برجسته.

su.per.er.o.ga.tion [s(j)ú:pərè-rəgéiʃən] *n.* بس‌پردازی، انجام‌کاری بیش ازحد وظیفه، افراط در انجام وظیفه، زیاده روی درکار، خوش خدمتی.

su.per.erog.a.to.ry [s(j)ú:pərər-ɔ́gətəri] *adj.* وابسته به بس‌پردازی، غیرضروری،زیاد، نافله، زائد، بیش ازحدلزوم.

su.per.fi.cial [s(j)ù:pəfíʃəl] *adj. & n.* صوری،سطحی،واقع‌برروی‌سطح،ظاهری.

su.per.fi.ci.al.i.ty [s(j)ù:pəìʃiœ́l-iti] *n.* سطحی[بودن]، دانش‌سطحی، بیمایگی.

su.per.fi.cies, *n.pl.* رو، سطح، روکار، ظاهر، نما، جبهه.

su.per.fine [s(j)ú:pəfàin] *adj.* اعلی، بسیار ظریف، دارای دانه‌های خیلی‌ریز.

su.per.flu.i.ty[s(j)ù:pəflú:iti] *n.* زیادی، افراط، فراوانی بیش ازحد.

su.per.flu.ous[s(j)u:pə'fluəs]*adj.* زائد، زیادی، غیر ضروری، اطناب آمیز.

su.per.highway, *n.* اَبَرشاهراه، بزرگراه، جادهٔ وسیع، شاهراه، اتوبان.

su.per.human, -ity [s(j)ù:pə-hjú:mən] *n. & adj.* اَبَرانسان، فوق بشری، مافوق انسانی، برتر از انسان.

su.per.impose [s(j)ù:pərim-póuz] (**-d, superimposing**) *vt.* روی چیزی قرارگرفتن،اضافه‌شدن بر.

su.per.imposition, *n.* تحمیل زائد،قرارگیری برروی چیزدیگر.

su.per.in.tend [s(j)ù:pərinténd] (**-ed, -ing**) *vt. & vi.* ریاست‌کردن، نظارت‌کردن‌بر، سرپرستی‌کردن.

su.per.in.tend.ence [s(j)ù:pə-rinténdəns] **su.per.in.tend.en-cy,** *n.* ریاست، مدیریت، نظارت، مباشرت،سرپرستی.

su.per.in.tend.ent [s(j)ù:pə-rinténdənt] *adj. & n.* مدیر، رئیس، سرپرست، ناظر، مباشر.

su.pe.ri.or [s(j)u:píəriə]*adj., adv. & n.* بالائی،بالاتر، مافوق، ارشد، برتر، ممتاز.

su.pe.ri.or.i.ty [sju:pìəriɔ́riti] *n.* برتری، بزرگتری، ارشدیت، تفوق.

su.per.la.tive [sju:pə'lətiv] *adj. & n.* عالی، بالاترین، بیشترین، درجهٔ عالی، [د.] صفت عالی، افضل، مبالغه‌آمیز.

su.per.man [s(j)ú:pəmœn] *n.* موجودمافوق انسان،اَبَرمرد.

su.per.market, *n.* اَبَربازار، فروشگاه بزرگ.

su.per.nal [s(j)u:pə':nəl] *adj. & n.* آسمانی، علوی،بلند،وابسته‌بعالم‌بالا،بهشتی.

su.per.natant, *adj. & n.* شناور برروی سطح [مانند روغن برروی‌آب].

su.per.natural [s(j)ù:pənœ́t-ʃərəl] *adj. & n.* ماوراء طبیعی، فوق‌العاده.

su.per.naturalism, *n.* فلسفهٔ ماوراءطبیعه.

su.per.normal, -ity [s(j)ù:-pənɔ́:məl] *adj. & n.* فوق عادی.

su.per.nu.mer.ary [s(j)ù:pən-jú:mərəri] *adj. & n.* زیاده، بیش از اندازهٔ عادی، فوق عددی،اضافی.

su.per.or.di.nate, *adj.* شخص بالاتر، مافوق،ارشد، فرمانفرما.

su.per.physical, *adj.* ماورای جسم، ماورای عالم مادی، اَبَرجسمی.

su.per.pose (**-d, superposing**) *vt.* منطبق‌کردن‌با، قراردادن (روی).

su.per.power, *n.* ابرقدرت،ابرنیرو.

su.per.scribe (**-d, superscribing**) *vt.* روی چیزی‌حك‌کردن یا نوشتن، روی صفحه‌ای‌گراورکردن.

su.per.scrip.tion [s(j)ù:pəsk-rípʃən] *n.* عنوان روی‌پاکت، عنوان، نوشتهٔ روی چیزی، توضیح، آدرس، نشانی روی نامه،ظهرنویسی.

su.per.sede [s(j)ù·pəsí·d] (**-d, superseding**) *vt. & vi.* جانشین شدن، جایگزین‌چیز دیگری‌شدن.

su.per.sed.er, *n.* لغوکننده، جانشین.

su.per.sensitive, *adj.* فوق‌العاده حساس، حساس شده، حساس.

su.per.sensory=supersen - sible, *adj.* مافوق احساس.

su.per.serviceable, *adj.* بیش ازحد لازم، بی‌اندازه تشریفاتی ورسمی.

su.per.ses.sion [s(j)ù·pəséʃən], *n.* الغاء، لغو سازی، جانشینی، لغوشدگی.

su.per.sonic, -s, *adj. & n.pl.* سرعت مافوق صوت، فراصوت، فراصوتشناسی.

su.per.sti.tion [s(j)ù:pəstíʃən]*n.* موهوم پرستی، خرافات، موهوم،موهومات.

su.per.sti.tious [s(j)ù:pəstíʃəs], *adj.* خرافاتی، موهوم‌پرست، موهوم.

su.per.stratum, *n.* رولایه، اَبَرلایه،طبقهٔ خیلی بالا، [ز.ش.] طبقهٔ فوقانی.

su.per.structure [s(j)ú:pəstrʌktʃə] *n.* روبنا،سازمانهای اداری ومدیریهٔ کشور، روساخت، بنای فوقانی.

su.per.substantial, *adj.* مافوق وجود یا جوهر مادی، روحی.

su.per.subtle, *adj.* فوق‌العاده ظریف، بسیار ناقلا، زرنگ.

su.per.vene [s(j)ù:pəví:n] (**-d, supervening**) *vt. & vi.* ناگهان رخ دادن،اتفاقاً آمدن،سرزده واردشدن، تصادفی روی دادن، غیر مترقبه‌بودن.

su.per.ve.nience, *n.* امر غیر مترقبه،رویدادناگهانی.

su.per.vise [s(j)ú:pəvaiz] (**-d, supervising**) *vt. & vi.* نظارت‌کردن، برنگری‌کردن، رسیدگی‌کردن.

su.per.vi.sion [s(j)ù·pəvíδən] *n.* برنگری، نظارت، سرپرستی.

su.per.vi.sor [s(j)ú:pəvaizə] *n.* برنگر،مباشر، ناظر، سرپرست.

su.per.vi.so.ry [s(j)ù:pəváizəri], *adj.* وابسته به‌نظارت وسرپرستی، وابسته‌به‌برنگری.

su.pi.nate (**-d, supinating**), *vt. & vi.* روبه‌بالاکردن دست، بخارج‌برگرداندن دست.

su.pi.na.tion, *n.* قراردادن‌کف دست روبه‌بالا، طاق‌باز خوابی، برپشت‌خوابی.

su.pine [s(j)ú·pain] *n. & adj.* برپشت خوابیده، تاق‌باز، بیحال، سست.

sup.per [sʌ'pə] *n.* شام، عشای ربانی یا «شام‌خداوند».

sup.plant [səplá·nt] (**-ed,-ing**), *vt.* از ریشه‌کندن، جای‌چیزی راگرفتن، جابجا شدن، جابجا کردن، تعویض‌کردن.

sup.ple [sʌ'pl] (**-d, suppling, -r, -st**) *adj., vt. & vi.* نرم، [دربافت] قابل ارتجاع، کش‌دار، تغییر پذیر، نرم‌شدن، راضی‌شدن، انعطاف‌پذیر.

sup.ple.ment, -al [sʌ'plimənt, -l] (**-ed, -ing**) *vt., adj. & n.* متمم، مکمل،ضمیمه، الحاق،زاویهٔ مکمل،تکمیل کردن، ضمیمه شدن‌به،پس‌آورد، هم‌آورد.

sup.ple.men.tary [sʌplimén - təri] *adj. & n.* اضافی، متمم،مکمل،تکمیلی،پس‌آورده، هم‌آورده.

sup.ple.men.ta.tion, *n.* تکمیل، اتمام، پس‌آوری،هم‌آوری.

sup.pli.ant [sʌ'pliənt] *adj. & n.* استدعاکننده، مستدعی، ملتمس، متقاضی.

sup.pli.cant [sʌ'plikənt] *n. & adj.* ملتمس، درخواست‌کننده، تضرع‌کننده.

sup.pli.cate [sʌ'plikeit] (**-d, supplicating**) *vt. & vi.* درخواست‌کردن، التماس‌کردن، استدعاکردن.

sup.pli.ca.tion [sʌplikéiʃən] *n.* التماس، تضرع،استدعا.

sup.pli.ca.to.ry, *adj.* التماس‌آمیز.

sup.pli.er, *n.* تهیه‌کننده،رساننده،کارپرداز،متصدی ملزومات.

sup.ply [səplái] (**-ied, sup - plying**) *n., vt. & vi.* فرآورده، تهیه‌کردن،رساندن، دادن‌به، عرضه‌داشتن،تدارك دیدن، تولیدکردن، موجودی، لوازم، آذوقه.

S. someone with paper. کاغذبرای کسی تهیه‌کردن یا باو رساندن.

In great s. فراوان، بمقدار زیاد.

S. and demand. عرضه و تقاضا.

sup.port [səpɔ́:t] (**-ed, -ing**), *vt., n. & vi.* تحمل‌کردن، حمایت‌کردن، متکفل بودن، نگاهداری، تقویت، تأیید، کمك، پشتیبان، زیربرد،زیربری، پشتیبانی‌کردن.

sup.port.able, *adj.* قابل تحمل، حمایت‌کردنی، تاب‌آوردنی.

sup.port.er [səpɔ́·tə] *n.* حامی، پشتیبان، نگهدار.

sup.pos.able, *adj.* انگاشتنی، فرض‌کردنی، قابل فرض، تصورکردنی، مفروض، فرض‌کردن، گمان‌کردن، خیال‌کردن.

sup.pose [səpóuz] (**-d, suppos- ing**) *vt. & vi.* انگاشتن، فرض‌کردن، گمان‌کردن، پنداشتن.

sup.po.si.tion, -al [sʌpəzíʃən], *n. & adj.* فرض، تصور، احتمال، گمان، پندار، انگاشت، فرضی، انگاشتی.

sup.pos.i.to.ry, *n. & adj.* [طب] شیاف، شاف، شیاف طبی، دوای‌مقعدی.

sup.press [səprés] (**-ed,-ing**), *vt.* موقوف‌کردن، توقیف‌کردن، فرونشاندن، خواباندن، پایمال‌کردن،مانع‌شدن،تحت فشار قرار دادن، منکوب‌کردن.

sup.pres.sion [səpréʃən] *n.* جلوگیری، توقیف، موقوف سازی، فرو نشانی.

sup.pres.sive, sup.pres.sor, *adj.* جلوگیری‌کننده، فرونشاننده، موقوف سازنده.

sup.pu.rate [sʌpjuəreit] (**-d, suppurating**) *vt. & vi.* چرك‌کردن، چرك نشستن، فسادجمع‌شدن.

sup.pu.ration [sʌpjuəréiʃən] *n.* تولید جراحت، ترشح ریم،ترشح چرك،جراحت.

su.pra, *adv.* پیشوندی بمعنی «بالا» و «روی» و «مافوق»، بعلاوه،قبلاً، ببالا نگاه‌کنید، بفوق‌مراجعه شود.

su.prem.a.cy [s(j)uprémәsi] *n.* برتری، تفوق، بلندی، افراشتگی، رفعت .

su.preme [s(j)u:prí·m] *adj.* عالی، اعلی، بزرگترین، منتهی، افضل، انتها.

The S. Being. خدای تعالی.

S. Court. [حق.] دادگاه عالی، دیوان‌کشور.

sur.cease [sə:sí:s] (**-d, sur - ceasing**) *n., vt. & vi.* دست‌کشیدن از، پایان یافتن، بپایان رساندن، پایان،استراحت، بازایستادن.

sur.charge [sə':tʃa·dδ, sə:tʃá:dδ], *n. & vt.* زیاد ستاندن،زیاد بارکردن، تحمیل‌کردن،زیاد پرکردن، اضافه‌کردن، نرخ اضافی،مالیات‌اضافی،جریمه، اضافه‌بها.

surd, *adj. & n.* گنگ، اصم، بی‌صدا، صامت، رادیکال.

sure [ʃuə, ʃɔə, ʃɔ:] *adj. & adv.* یقین، خاطر جمع، مطمئن، از روی‌یقین،قطعی، مسلم، محقق، استوار، راسخ،یقیناً.

Be s. to go. حتماً بروید.

surefire, *adj.* [ز.ع.ـ آمر.] یقین، مطمئن، نتیجه‌بخش.

surefooted, *adj.* ثابت قدم، بی‌لغزش، دارای‌گامهای‌ثابت.

sure.ly [ʃúəli, ʃɔ́ə-, ʃɔ́:-] *adv.* یقیناً، محققاً، مسلماً، بطورحتم.

sure.ty [ʃɔ́·ti, ʃúəti] *n.* ضامن، پابندان،کفیل،گرو، وثیقه، اطمینان.

Stand s. for a person. ضامن‌کسی شدن.

surf [sə:f] *n.* خیزاب دریاکنار، موج.

sur.face [sə':fis] (**-d, surfac- ing**) *n., vt., adj. & vi.* رویه، سطح، ظاهر، بیرون، نما، ظاهری،سطحی، جلا دادن، تسطیح‌کردن، بالاآمدن(به‌سطح‌آب).

surfboard, *vi. & n.* تختهٔ مخصوص اسکی روی آب، اسکی آبی بازی‌کردن.

sur.feit [sə'·fit] (**-ed, -ing**), *n., vt. & vi.* پرخوردن، زیاده‌روی، امتلاء.

S. oneself. پرخوردن.

sur.feit.er, *n.* پرخور.

surf-riding, *n.* موج‌سواری، موج‌بازی.

surge [sə:dδ] (**-d, surging**) *n., vi. & vt.* موج بلند، موج غلتان، موج خروشان، جریان سریع وغیرعادی برق موجی از هوا، تشکیل‌موج دادن، موجدار بودن، خروشان بودن، موج‌زدن.

sur.geon [sə'·dδən] *n.* جراح.

sur.gery [sə'·dδəri] *n.* جراحی، اتاق جراحی، عمل جراحی، تشریح.

sur.gi.cal [sə'dδikəl] *adj. & adv.* وابسته به‌جراحی، عمل جراحی.

sur.ly [sə':li] *adv. & adj.* تندخوو گستاخ، ناهنجار، باترشروئی.

sur.mise [sə'·maiz] (**-d, sur - mising**) *vi., vt. & n.* حدس زدن، گمان بردن،حدس، گمان، تخمین،ظن.

sur.mount [sə:máunt] (**-ed, -ing**) *vt. & vi.* بالا قرارگرفتن، غالب آمدن‌بر، برطرف‌کردن، از میان برداشتن، فائق‌آمدن.

sur.mount.able [sə:máuntəbl], *adj.* برطرف‌کردنی، بالاقرارگرفتنی، فائق‌شدنی.

sur.name [sə':neim] (**-d, sur- naming**) *n. & vt.* نام خانوادگی، کنیه، لقب، عنوان، لقب‌دادن.

sur.pass [səpá·s] (**-ed, -ing**), *vt. & vi.* پیش‌افتادن از، بهتربودن از، تفوق جستن.

sur.plice [sə'·plis] *n.* ردای‌کتانی سفید وگشاد کشیشان.

sur.plus [sə':pləs] *adj. & n.* زیادتی، مازاد، زائد، باقی‌مانده، اضافه.

sur.pris.al, *n.* حیرت، شگفتی.

sur.prise, sur.prize [səpráiz] (**-d, sur. pris.ing**) *vt. & n.* تعجب، شگفت، حیرت، متعجب ساختن، غافلگیرکردن.

sur.re.al.ism, *n.* سبك نگارش خیالی، سور رئالیسم.

sur.ren.der [səréndə] (**- ed, -ing**) *n., vt. & vi.* واگذارکردن، سپردن، رها کردن، تسلیم شدن، تحویل دادن، تسلیم، واگذاری، صرفنظر.

sur.rep.ti.tious [sʌrəptíʃəs], *adj.* نهانی، زیر جلی، پنهان، محرمانه.

sur.ro.gate [sʌ'rəgit] *n., adj. & vt.* جانشین، قائم‌مقام، عوض،جایگیر، جانشین‌شدن، قائم‌مقام شدن، وکیل شدن.

sur.round [səráund] (**-ed, -ing**) *vi., n. & vt.* فراگرفتن، محاصره‌کردن، احاطه شدن، احاطه.

Surrounded by enemies. درمحاصره دشمنان،احاطه شده بوسیلهٔ دشمنان.

sur.tax [sə':tæks] *n.* اضافه مالیات، جریمهٔ مالیاتی.

sur.veil.lance [sə:véiləns] *n.* نظارت، مراقبت، پائیدن، مبصری.

Under s. تحت نظر.

sur.veil.lant, *n.* ناظر،مراقب، مواظب، محافظ، بپا، مبصر کلاس.

sur.vey [səvéi, sə'·vei] (**-ed, -ing**) *vi., vt. & n.* پیمایش،زمینه‌یابی، بازدیدکردن، ممیزی‌کردن، مساحی کردن، پیمودن، بررسی‌کردن، بازدید، ممیزی، برآورد، نقشه‌برداری، بررسی، مطالعهٔ مجمل،برديد.

sur.vey.or [səvéiə] *n.* زمین‌پیما، مساح، نقشه‌بردار، بازبین، مبصر کلاس، پیمایشگر.

surveyor's level, *n.* تراز مساحی‌یاپیمایش، تراز نقشه‌برداری.

sur.viv.al [səváivəl] **sur.viv - ance,** *n.* ابقاء، بقا، برزیستی.

S. of the fittest. بقای انسب، بقای اصلح.

sur.vive [səváiv] (**-d, survi- ving**) *vt. & vi.* زنده ماندن، باقی بودن، بیشتر زنده‌بودن از، گذراندن، سپری‌کردن،طی‌کردن، برزیستن.

sur.viv.er, *n.* بیشترعمرکننده، جاوید، بازمانده، برزیستگر.

sur.vi.vor [səváivə] *n.* شخص زنده، باقیمانده.

sus.cep.ti.bil.i.ty [səsèptibíliti], *n.* استعداد، آمادگی،قابلیت،حساسیت،فروگیری.

sus.cep.ti.ble [səséptibl] *adj.* مستعد، فروگیر، حساس، مستعد پذیرش.

sus.cep.tiv.i.ty, *n.* حساسیت،استعداد.

sus.pect [səspékt] (**-ed, -ing**), *adj., n., vt. & vi.* بدگمان شدن از، ظنین‌بودن از،گمان کردن، شك داشتن، مظنون بودن، مظنون، موردشك.

sus.pend [səspénd] (**-ed, -ing**), *vt. & vi.* آویزان‌شدن‌یاکردن،اندروابودن، معلق‌کردن، موقتاً بیکارکردن، معوق‌گذاردن.

sus.pend.er, *n.* معلق، بند شلوار، بند جوراب.

sus.pense [səspéns] *n. & adj.* معلق، در حال تعلیق، مردد، اندروائی،آویزانی.

sus.pen.sion [səspénʃən] *n.* توقف، وقفه، تعطیل، ایست، تعلیق، بی‌تکلیفی، آویزان،آویزانی،اندروا، آونکان، اندروائی، آویزش.

S. bridge. پل معلق.

sus.pen.sor, -y, *adj. & n.* آویزه. آویزگر، معلق، موجب تعلیق، نگاهدارنده، بیضه‌بند.

sus.pi.cion [səspíʃən] (**-ed, -ing**) *n. & vt.* بدگمانی، سوء ظن، تردید، مظنون بودن.

sus.pi.cious [səspíʃəs] *adj.* بدگمان، ظنین، حاکی از بدگمانی، مشکوك.

sus.pi.ra.tion, *n.* نفس‌عمیق،آه.

sus.pire (**-d, suspiring**) *vi. & vt.* آه‌کشیدن، نفس‌عمیق‌کشیدن.

sus.tain [səstéin] (**-ed, -ing**), *vt. & vi.* نگهداشتن، متحمل شدن، تحمل‌کردن، تقویت‌کردن، حمایت‌کردن از.

S. a loss. متحمل خسارتی‌شدن.

sus.tain.able, *adj.*

قابل تحمل، تاب‌آوردنی.
sus.te.nance [sʌ'stinəns] *n.* نگهداری، تغذیه، معاش، اعانت.
sus.ten.ta.tion, sus.ten.tion, *n.* اطعام،اطعام‌مساکین،نگهداری،استعانت‌مالی.
sut.ler [sʌ'tlə] *n.* آذوقه‌رسان.
sut.tee [sʌtí:] *n.* ستی، زن هندوکه خود را روی جنازهٔ شوهرش میسوزاند.
su.tur.al, *adj.* درزی، بخیه‌ای.
su.ture [sjú:tʃə] (-d, sutur-ing) *n. & vt.* درز، بخیه، شکاف، چاك، دوختن.
su.ze.rain, -ty [sú:zərein, sú:zərinti] *n.* ارباب، [illegible] مطلقه.
svelt, -e [svelt] *adj.* باریك‌اندام، نازك، ظریف، زن‌باکمال.
swab [swɔb] (-bed, -bing), *vi., vt. & n.* جاروب، اسفنج زمین شوئی، لوله پاك‌کن، سنبهٔ جراحی، گرد وخاك گرفتن، زدودن، پیچیدن،تاب خوردن، سنبه زدن، باکهنه آب چیزی راکشیدن ،پنبه برای‌پاك کردن زخم وگوش وغیره.
swad.dle [swɔ́dl] (-d, swad-dling) *vt.* قنداق‌کردن،درقنداق‌پیچیدن.
swaddling clothes, *n.pl.* پارچهٔ قنداقی، قنداق.
swag [swæg] (-ged, -ging), *n., adj., vt. & vi.* تاب خوردن، تلوتلو خوردن، بنوسان درآوردن، تاب دادن، غارت، گودال،اشتخر،کوله‌پشتی.
swage, *n., vt. & vi.* قالب یاپرس آهنگری، قالب ریزی کردن، بشکل قالب در آوردن.
swag.ger [swǽgə] (-ed,-ing), *adj., n., vt. & vi.* خودفروشانه‌گام زدن، باتکبر راه رفتن، کبر فروشی، خودستائی، مغرور،(انگلیس) شیك.
swain, -ish [swein] *adj. & n.* نوکر، خادم شوالیه، جوان روستائی، عاشق.
swale, *n. & vi.* سرزمین‌گودومرطوب.
swal.low [swɔ́lou] (-ed,-ing), *vi., vt. & n.* پرستو، چلچله، مری، عمل بلع، قورت دادن، فرو بردن، بلعیدن.
swal.low.er, *n.* قورت دهنده، بلعنده.
swallowtail, -ed, *adj. & n.* دم چلچله‌ای، دم فاخته‌ای.
swam [swæm] (*p. of* swim). (زمان ماضی فعل swim)، شناکرد.
swa.mi (*pl.* -s, -es) *n.* مرتاض هندی، رهبر منهبی هندی، مرشد.
swamp [swɔmp] (-ed, -ing), *n., vt., adj. & vi.* سیاه‌آب،مرداب،باتلاق، در باتلاق فروبردن،دچارکردن، مستغرق شدن.
swamp.er, *n.* جانور یا چیزیکه در مرداب فرو رود، ساکن مرداب، کسیکه الوار را جمع‌آوری‌میکند.
swampland, *n.* باتلاق، مرداب.
swampy [swɔ́mpi] *adj.* باتلاقی، لجن‌زار.
swan [swɔn] (-ned, -ning), (*pl.* -s) *vt., vi. & n.* (ج.ش.) قو، دجاجه، پرسه‌زدن.
swank,-y [swæŋk,-i](-ed,-ing), *adj., n. & vt.* سرحال‌وچابك، جست‌وخیزکن، قروغمزه‌آمدن، ناز وعشوه، خود فروشی، عالی، شیك وباشکوه.
swan.nery [swɔ́nəri] *n.* محل پرورش قو.
swans.down, *n.* پرنرم وظریف قو.
swan song, *n.* واپسین‌عمل‌یا اثریا گفتار،صدای قو، بانگ خداحافظی، وداع.

swap [swɔp] (-ped, -ping), *vi., n., adv. & vi.* معاوضه،عوض‌کردن،مبادله‌کردن، بیرون‌کردن، جانشین کردن، اخراج کردن .
sward [swɔ:d] *n. & vt.* چمن، مرغزار، سطح چمنزار، تبدیل بمرغزارکردن.
swarm [swɔ:m] (-ed, -ing) *n., vt. & vi.* گروه،دستهٔ زیاد،گروه زنبوران، ازدحام، ازدحام‌کردن، هجوم آوردن.
swart [swɔ:t] *adj.* [درمورد قیافه] سبزهٔ مایل به سیاه، دارای‌صفت زشت، بدصفت، بدطینت، تیره ومبهم،سیاه‌چرده.
swarth, *adj. & n.* چمن، مرغزار، دستهٔ علف خشك، سبزه‌رو.
swarthy, *adj.* سیاه‌چرده،سبزهٔتند،تیره‌روی.
swash (-ed, -ing) *adj., n., vt. & vi.* صدای چلپ چلوپ، سرو صدا، جریان‌آب،زمین‌لیزوگل‌آلود،باسرو صداچیزی را شستن، چلپ چلوپ کردن.
swash.buck.le (-d, -ing) *vi.* هیاهو ودعواکردن، لباس‌پرزرق وبرق‌پوشیدن.
swash.buck.ler [swɔ́ʃbʌklə] *n.* آدم دعوائی وپرهیاهووغره. دارای زرق وبرق.
Swas.ti.ka [swɔ́stikə, swǽs-] *n.* صلیب شکستهٔ آلمان نازی.
swat [swɔt] (-ted,-ting) *vt., vi. & n.* ضربت سخت خوردن‌یازدن، چمباتمه‌نشستن، ضربت، بامگس‌کش زدن.
swath, swathe [swɔ:θ, sweiδ] (-ed, -ing) *n. & vt.* ردپا، ردیف باریك، راه باریك ، اثر ماشین چمن‌زنی، پیچیدن، قنداق‌کردن، نوار.
swats, *n.pl.* [اسکاتلند] آبجو تازهٔ انگلیسی، مشروب‌الکلی.
swat.ter, *n.* ضربت سخت زننده، مگس‌کش.
sway [swei] (-ed, -ing) *n., vt. & vi.* این سو وآنسو جنبیدن، تاب خوردن، درنوسان‌بودن،تاب،نوسان،اهتزاز،سلطه،حکومت کردن،متمایل‌شدن‌یاکردن(بعقیده‌ای).
sway.er, *n.* نوسان‌دار.
swear [swɛə] (swore, sworn, swearing) *vt., n. & vi.* ناسزا، سوگند خوردن، قسم دادن، فحش، ناسزاگفتن.
S. one to secrecy. کسیرا بپوشیده داشتن‌رازی قسم‌دادن.
swear.er [swɛ́ərə] *n.* آدم بددهان وفحاش.
swear in, *vt.* باسوگند بشغلی وارد کردن، با مراسم تحلیف‌بکاری گماشتن.
swearword, *n.* قسم دروغ، بددهانی، کفرگوئی، فحش، ناسزا.
sweat [swet] (-ed, sweat, -ing) *n., vt. & vi.* خوی، عرق‌کردن، عرق، عرقریزی، مشقت‌کشیدن.
sweatbox, *n.* زندان مجرد.
sweat.er [swétə] *n.* عرق‌گیر، کسیکه عرق میکند، پلوور، ژاکت.
sweat pants, *n.pl.* شلوار ورزش.
sweat shirt, *n.* عرق‌گیر، پلوور نخی.
Swede [swi:d] *n.* اهل‌سوئد.
Swed.ish [swí:diʃ] *adj. & n.* سوئدی، اهل‌سوئد.
sweep [swi:p] (swept, sweeping) *vi., adv., n. & vt.* روفتن، جاروب کردن، زدودن، ازاین‌سو بآن سوحرکت دادن، بسرعت گذشتن ازوسعت، میدان‌دید، جارو.
sweep.er [swí:pə] *n.* جاروکش،سپور.

sweep.stakes, sweep.stake [swí:psteik(s)] *n.pl.* شرط بندی اسبدوانی.
sweet [swi:t] *adv., adj. & n.* شیرین، خوش، مطبوع، نوشین.
S. tooth. میل زیاد بخوردن شیرینی.
sweet-and-sour, *adj.* ترش و شیرین.
sweetbread [swí:tbred] *n.* تیموس حیوانات جوان، دنبلان، لوزالمعده.
sweetbrier [swi:tbráiə] *n.* [گ.ش.]گل سرخ اروپائی.
sweet corn, *n.* [گ.ش.] ذرت شیرین،ذرت هلندی.
sweet.en [swí:tn] (-ed,-ing), *vt.&vi.* شیرین‌کردن،شیرین‌شدن،ملایم کردن.
sweetheart [swí:tha:t] **sweet-ie pie,** *n.* معشوقه، دلبر، یار، دلارام، نوعی نان شیرینی بشکل‌قلب.
sweet.ie, *n.* [در صحبت خودمانی] عزیزم، مامانی.
sweet.ish [swí:tiʃ] *adj.* چیز نسبتاًشیرین، شیرین، نوشین.
sweetmeat [swí:tmi:t] *n.* حلویات، شیرینی‌جات، غذای شیرین، شیرینی.
sweetshop, *n.* [انگلیس] شیرینی فروشی، قنادی.
sweet-talk (-ed, -ing) *vt. & vi.* ریشخندکردن، چاپلوسی‌کردن تملق‌گفتن.
sweet tooth, *n.* علاقمند به شیرینی، شیرینی دوست.
sweet william [swí:twiljəm] *n.* (گ.ش.) گل میخك شاعر،حسن‌یوسف.
swell [swel] (-ed, swollen, -ing) *adj., n., vt. & vi.* بادکردن، آماس‌کردن، متورم‌کردن، باد غرور داشتن، تورم، برجستگی، برجسته، شیك، زیبا، (د.گ.-آمر.) عالی.
swel.ter [swéltə] (-ed, -ing), *n., vt. & vi.* از گرما بیحال شدن، خیس شدن، هوای گرم.
swept [swept] *adj.* جاروب شده، متمایل، پیچدار، پیچ خورده، کجشده.
swerve [swə:v] (-d, swerv-ing) *n., vt. & vi.* منحرف‌شدن، عدول کردن، طفره‌زدن، کج شدن،منحرف کردن.
swift [swift] *adv., n. & adj.* سریع، چابك، تندرو، فرز، باسرعت.
S. to anger. زود غضب.
swig [swig](-ged,-ging) *n., vt. & vi.* جرعهٔ طولانی نوشیدن، آشامیدن، جرعه.
swill [swil](-ed,-ing) *n., vt. & vi.* سر کشیدن، زودخوردن، خیس‌کردن، آشغال.
swim [swim] (swam, swim-med, swum, swimming) *n., vt., adj. & vi.* شناکردن،شناور شدن،شنا،شناوری.
Eyes swimming with tears. چشمان اشکبار.
swim.mable, *adj.* قابل شناوری، شناکردنی.
swim.mer, *n.* شناگر، شناکننده.
swim.my, *adj.* متمایل بگیجی، فطرتاًگیج، گیج، مبهوت.
swimsuit, *n.* لباس شنا.
swin.dle [swíndl] (-d, swin-dling) *n., vt. & vi.* گوش‌بری‌کردن، گول زدن، مغبون‌کردن، فریب، حیله،تقلب.
swin.dler [swíndlə] *n.* گول‌زن، گوش‌بر، قاچاق، متقلب،کلاه‌گذار، کلاه‌بردار.
swine [swain] *n.pl.* (ج.ش.) خوك،گراز، آدم پرخور یا حریص.
swineherd, *n.* خوك‌چران،گرازبان.
swing [swiŋ] (swung, swinging) *vt., vi., n. & adj.* آونگان کردن‌یاشدن،تاب‌خوردن،چرخیدن، تاب، نوسان، اهتزاز، آونگ، نوعی رقص و آهنگ‌آن.
In full s. کاملاً دایر یا در جریان.
S. open. بانوسان باز شدن.
swing.able, *adj.* نوسانی، چرخاندنی.
swinge (-d,swingeing) *vt. & n.* سخت زدن، قایم زدن، زخم زبان زدن، تلوتلو- [illegible] چرخیدن، لنگر.
swing.er, *n.* نوسان‌دار، آونگی، ولگرد، هوسران، لذت‌طلب.
swingy, *adj.* نوسانی، نوسان‌دار، آونگی.
swin.ish [swáiniʃ] *adj.* وابسته به خوك، شبیه خوك، خوك‌صفت.
swink (-ed, -ing) *vi. & n.* کارکردن،زحمت کشیدن، مشقت، رنج،زحمتکش.
swipe [swaip] (-d, swiping), *n., vt. & vi.* ضربت‌سخت، حرکت‌جاروئی، جرعهٔ طولانی، ضربهٔ‌تند وشدید زدن، کش‌رفتن.
swirl [swə:l] (-ed, -ing) *n., vt. & vi.* چرخش، چرخ خوری، حرکت چرخشی،گردیدن،گشتن، باعث چرخش شدن.
swish [swiʃ] (-ed, -ing) *n., adj., vt., adv. & vi.* صدای‌فش‌فش‌کردن، باصدای‌فش‌فش‌زدن،فش‌فش، صدای ضربت تازیانه، باهوش، پیرومد.
swish.er, *n.* ایجادکنندهٔصدای‌فش‌فش.
Swiss [swis] *adj. & n.* سویسی.
Swiss steak, *n.* گوشت خردکردهٔ مخلوط باآرد وچاشنی سرخ‌کرده، شامی.
switch [switʃ] (-ed, -ing) *n., vt. & vi.* ترکه، چوب‌زدن، سویچ برق، سویچ‌زدن، جریان‌را عوض‌کردن، تعویض.
S. it on. آنرا روشن‌کنید.
S. it off. آنرا خاموش‌کنید.
Let us s. places. بیاجایمانراعوض‌کنیم.
switchback [swítʃbæk] *n. & adj.* پرپیچ و خم.
switchblade knife, *n.* چاقوی ضامن‌دار.
switch board, *n.* صفحهٔ‌کلید برق یاتلفن، صفحهٔ تقسیم‌برق.
switch cane, *n.* [گ.ش.]نی‌بودیا.
switch.man (*pl.* -men) *n.* سوزن‌بان راه‌آهن، سوزنچی.
switchyard, *n.* [راه آهن] محل اتصال یا تعویض واگنها.
swith.er, *vi. & n.* درنگ‌کردن، مردد بودن، تردید.
Swit.zer=Swiss, *n.* سویسی.
Swit.zer.land, *n.* سویس.
swiv.el [swívəl] (-ed, -led, -ing, -ling) *n., vt. & vi.* گردنده، حلقهٔ‌گردان، قسمت گردندهٔ میخ یاپیچ سرپهن، روی محور گردیدن، چرخاندن.
swivel chair, *n.* صندلی چرخان.
swiz.zle (-d, swizzling) *n., vt. & vi.* انواع مشروبات الکلی محتوی یخ‌وشکر، مشروب‌مست‌کننده، آشامیدن، بلعیدن.
swol.len [swóulən] (*pp. of* swell). (اسم‌مفعول‌فعل swell)، ورم‌کرده، آماس‌کرده.
swoon [swu:n] (-ed, -ing) *n., vt. & vi.* غش، ضعف، غش‌کردن، سست‌شدن.
swoon.er, *n.* غش‌کننده.
swoop [swu:p] (-ed, -ing) *n., vt. & vi.* [در مورد شاهین] بسرعت پائین آمدن، قاپیدن، چپاول کردن، ازبین بردن، حرکت‌سریع‌نزولی.

At one s. بایك حمله، در یك وهله.

swoopstake *adv.* الله‌بختی، شانسی.

swoosh (-ed, -ing) *vi., n. & vt.* صدای چلپ چلوپ، صدای خش خش کردن.

sword [*sɔ:d*] *n.* شمشیر.

swordlike, *adj.* شمشیر مانند.

swordplay, *n.* فن شمشیر بازی، مبارزه، زور آزمائی.

swords.man [*sɔ́:dzmən*] *n.* شمشیرزن، شمشیر باز.

swordsman.ship[*sɔ́:dzmənʃip*], *n.* شمشیر بازی.

swore [*swɔ:*] (*p. of* **swear**).

sworn [*swɔn*] (*pp. of* **swear**).

swot [*swɔt*] **(-ted, -ting)** *n. & vi.* کارگر زحمتکش، پرکار،حفار، حفر کننده، خرد کنند، خرد کردن، جان کندن.

swum [*swʌm*] (*pp. of* **swim**).

swung [*swʌŋ*] (*p. & pp. of* **swing**).

Syb.a.rite [*síbərait*] *n.* ساکن‌شهر «سیباریس»،عیاش، خوشگذران.

Syb.a.rit.ic [*sìbərítik*] *adj.* عیاش.

Syb.a.rit.ism, *n.* عیاشی‌وشهوترانی.

syc.a.mine, *n.* [گ.ش.] شاه‌توت، توت سیاه.

syc.a.more [*síkəmɔ:*] *n.* (گ.ش.) انجیرمصری، درخت چنار.

syco.phan.cy, *n.* چاپلوسی، تملق، مفت‌خوری، کاسه‌لیسی.

syco.phant, -ic, -al[*síkəfənt*], *adj. & n.* آدم چاپلوس، متملق، انگل.

syl.la.bary [*síləbəri*] *n.* فهرست سیلاب یاهجاهای کلمات،جدول راهنمای تلفظ هجاهای مقطع کلمات، هجابندی.

syl.lab.ic [*silǽbik*] *n. & adj.* هجائی، دارای هجاهای شمرده، هجانما.

syl.lab.i.ca.tion[*silæ̀bikéiʃən*], *n.* تجزیهٔ هجائی، هجا بندی.

syl.lab.i.fy [*silǽbifai*] **(-ied, syllabifying)** *vt.* هجابندی کردن، تقسیم بههجای مقطع کردن.

syl.la.ble [*síləbl*] **(-d, sylla - bling)** *n., vt. & vi.* هجاء، سیلاب، جزءکلمه، مقطع کلمه، هجابندی کردن.

syl.la.bus [*síləbəs*] (*pl.* **syllabi, -es**) *n.* خلاصهٔ مفید، رئوس مطالب، برنامه.

syl.lo.gism [*sílədʒizm*] *n.* قیاس،قیاس منطقی،قضیهٔمنطقی، صغری‌وکبری.

syllogistic, -al[*sìlədʒístik*]*adj. & n.* استدلالی، قیاسی.

syl.lo.gize (-d, syllogizing)*vt. & vi.* بشکل منطقی‌درآوردن، صغری وکبری چیدن، قیاس‌کردن، استدلال منطقی کردن.

sylphlike, *adj.* شبیه جن هوائی.

syl.va =silva, *n.* درختان‌جنگلی‌یك‌ناحیه، درخت‌نامه.

syl.van [*sílvən*] *adj. & n.* ساکن جنگل، جنگلی، پردرخت.

syl.vat.ic, *adj.* وحشی، غیر متمدن، جنگلی.

sym.bi.on, -ic, *adj. & n.* موجود زنده‌ای‌که بصورت‌دسته جمعی‌باهمزیستی زندگی‌کند، هم‌زی، هم‌زیست.

sym.bi.ont, -ic=symbion, *n. & adj.* موجود زندهٔ اجتماعی یا همزی.

sym.bi.o.sis (*pl.* **- ses**) *n.* همزیگری،همزیستی، زندگی تعاونی، همزیستی وتجانس‌دوموجود مختلف یادوگروه مختلف باهم.

sym.bi.ot.ic, *adj.* وابسته‌به‌همزیگری.

sym.bol [*símbəl*] **(-ed, -ing),** *n., vi. & vt.* نشان، علامت، نماد، رمز، اشاره، رقم، بصورت سمبول‌درآوردن.

sym.bol.ic, -al [*simbɔ́lik(-əl)*], *adj. & n.* نمادی، نمادین، رمزی، نشان‌دار،علامت‌دار،حاکی،دال‌بر.

sym bol.ism [*símbəlizm*] *n.* نماد، نمایش بوسیلهٔ علائم، مکتب‌رمزی،نشان‌پردازی.

sym.bol.ist, -ic, *adj. & n.* نویسنده یا هنرمندی که بسبك سمبولیك آثاری خلق میکند،نشان‌پرداز، نشان‌کار، نمادگر،نماد ساز، نمادپرداز.

sym.bol.iza.tion [*sìmbəlaizéiʃən*] *n.* نمادگری، نمادپردازی، نمادسازی، نماد آوری، دلالت(بر)، استعمال‌علائم‌و نشانهای‌رمزی.

sym.bol.ize [*símbəlaiz*] **(-d, symbolizing)** *vi.* نمادپردازی کردن، نشان‌بودن از، نشانه‌بودن، حاکی‌بودن از.

sym.met.ric, -al [*simétrik(əl)*], *adj.* متناسب، برابر، هم‌اندازه، متقارن،منظم.

sym.me.trize, *vt.* باهم‌قرینه‌کردن،متقارن‌ساختن،هم‌آراسته‌کردن

sym.me.try [*símitri*] *n.* هم‌آراستگی، هم‌جور، قرینه، تناسب، تقارن، مراعات‌نظیر، تشابه، همسازی.

sym.pa.thet.ic [*sìmpəθétik*], *adj.* همدرد، دلسوز، شفیق، غمخوار، موافق.

sympathetic nervous system, *n.* [م.م.-تش.] دستگاه‌عصبی‌خودکار، دستگاه‌عصبی سمپاتیك.

sym.pa.thize [*símpəθaiz*] *vi.* همدردی یا همفکری کردن،جانبداری کردن.

sym.pa.thiz.er [*símpəθàizə*] *n.* همدرد، غمخوار، جانبدار.

sym.pa.thy [*símpəθi*] *n.* همدمی، همدردی، دلسوزی، رقت، همفکری، موافقت.

sym.pa.try, *n.* هم‌بومی، هم محلی.

sym.phon.ic, -al[*simfɔ́nik*]*adj.* هم‌آهنگ، هم‌نوا، موزون، شبیه سمفونی.

sym.pho.nist, *n.* هم‌نواگر، نوازندهٔ عضو ارکست، آهنگ‌ساز، تصنیف‌ساز.

sym.pho.ny [*símfəni*] *n.* سمفونی،قطعهٔ طولانی موسیقی،هم‌نوا، هم‌نوائی.

sym.phy.sis (*pl.* **symphyses**), *n.* همرویش، عضوپیوسته،عضوجوش‌خورده.

sym.po.si.um [*simpóuziəm*] (*pl.* **symposia, -s**) *n.* هم‌نشست،همسگالی، بزم پس از شام، مجلس مذاکرهٔ دوستانه،مقالات گوناگون دربارهٔ یك موضوع، ضیافت.

symp.tom [*sím(p)təm*] *n.* هم‌افت، نشان، نشانه، اثر، دلیل، علائم مرض، علامت.

symp.to.mat.ic [*sìm(p)təmǽtik*] *adj.* مطابق‌نشانهٔ‌بیماری، نماینده،حاکی، حاکی از علائم مرض، [طب] نشانهٔ بیماری.

symp.tom.a.tol.o.gy, *n.* [طب]علم شناسائی‌نشانه‌های‌بیماری،هم‌افت‌شناسی.

syn.a.gogue, syn.a.gog [*sínəgɔg*] *n.* کنیسه، پرستشگاه یهود.

syn.chron.ic, -al=synchronous, *adj.* همگاه،همزمان، هموقت.

syn.chro.nism, *n.* همگاهی، همزمانی، هم وقتی، ایجاد همزمانی، انطباق.

syn.chro.nis.tic, *adj.* همگاه.

syn.chro.ni.za.tion [*sìŋkrənaizéiʃən*] *n.* همگاه‌سازی، همگاهی، همزمانی، تقارن، منطبق.

syn.chro.nize [*síŋkrənaiz*] **(-d, synchronizing)** *vt. & vi.* همگاه بودن، همزمان کردن، از حیث زمان باهم مطابق کردن، انطباق زمانی داشتن.

syn.chro.niz.er, *n.* دستگاه‌همزمان‌کننده، همگاهگر، همزمانساز.

syn.chro.nous [*síŋkrənəs*] *adj.* هم‌زمان، همگاه، واقع شونده بطور هم‌زمان.

syn.chro.ny, *n.* همگاهی، هم‌زمانی،انطباق، تقارن، هم عصری،هم‌آهنگی.

syn.cline, *n.* [ز.ش.] ناودیس.

syn.co.pate [*síŋkəpeit*] **(-d, syncopating)** *vt.* هم‌برش‌کردن، از میان کوتاه‌کردن، مخفف کردن، غش‌کردن، حالت غش یا سنکوپ پیداکردن، غشی‌شدن.

syn.co.pe [*síŋkəpi*] *n.* سنکوپ، بیهوشی، غش، حذف هجا، توقف،مکث،همبرش.

syn.cret.ic, *adj.* وابسته‌به همتائی، تلفیق‌کنندهٔ عقاید مختلف، وفق دهنده.

syn.cre.tism, *n.* اعتقاد به‌توحید عقاید، همتائی، تلفیق و تألیف عقاید مختلف.

syn.de.sis, *n.* بهم‌پیوستگی، بهم‌بستگی، هم‌چسبی.

syn.di.cal.ism [*síndikəlizm*] *n.* پیروی از اصول اتحادیهٔ صنفی، اتحادیه‌گرائی.

syn.di.cate [*síndikit*] **(-d,syndicating)** *n., vt. & vi.* اتحادیهٔ صنفی، سندیکا، تشکیل‌اتحادیه دادن.

syn.drome, *n.* [طب] مجموعهٔ علائم بدنی وذهنی مرض، علائم مشخصهٔ‌مرض، همرفت.

syn.ec.do.che, *n.* (بدیع) ذکر جزء وارادهٔ کل، هم‌دریافت.

syn.ecology, *n.* بوم‌شناسی گروهی.

syn.er.gism. *n.* هم‌نیروزاد، [فیزیولوژی] همکاری، کار توأم ودسته‌جمعی.

syn.er.gy, *n.* هم‌نیروزائی، کار توأم، اشتراك مساعی، همکاری،یاری.

syn.od, -al [*sínəd*] *adj. & n.* شورای‌کلیسائی، مجلس مناظرهٔ مذهبی.

syn.od.i.cal, syn.od.ic, *adj.* (کلیسا) مربوط به شورای‌کلیسائی.

syn.o.nym [*sínənim*] *n.* واژهٔ مترادف، لفظ مترادف، هم معنی.

syn.on.y.mous [*sinɔ́niməs*] *adj.* هم‌معنی، مترادف، دارای ترادف، دارای تشابه.

syn.on.y.my, *n.* فهرست‌واژه‌های‌هم‌معنی، هم معنائی، ترادف، مترادف نویسی، جناس.

syn.op.sis [*sinɔ́psis*] (*pl.* **synopses**) *n.* خلاصه،مجمل،اجمال،مختصر.

sy.nop.size (-d, synopsizing) *vt.* خلاصه‌کردن، بصورت اجمال درآوردن، بصورت مجمل بیان کردن.

syn.op.tic,-al [*sinɔ́ptik*] *adj.* مختصر، کوتاه، خلاصه، اجمال، هم نظیر.

syn.tac.tic, -al [*sintǽktik(l)*], *adj.* طبق‌قواعدصرف‌ونحوی، ترکیبی، نحوی.

syn.tac.tics, *n.pl.* نحو، علم صرف ونحو، علم ترکیب لغات.

syn.tax [*síntæks*] *n.* علم نحو، ترکیب، هم‌آهنگی قسمتهای مختلف.

syn.the.sis [*sínθisis*] (*pl.* **syntheses**) *n.* ترکیب، تلفیق، [ش.]امتزاج، پیوند، هم‌گذاری.

syn.the.size [*sínθisaiz*] **(- d, synthesizing)** *vt.* ترکیب کردن، آمیختن، ترکیب شدن، هم‌گذاری کردن.

syn.thet.ic,-al [*sinθétik*]*adj.& n.* ترکیبی، مرکب از مواد مصنوعی، همگذاشت.

synthetic rubber, *n.* لاستیك مصنوعی، لاستیك ساختگی، لاستیك همگذاشت.

syn.the.tize [*sínθitaiz*]=**synthesize,** *vt.* همگذاری‌کردن،آمیختن.

syph.i.lis [*sífilis*] *n.* [طب] کوفت، سفلیس، آبله فرنگی.

syph.i.lit.ic [*sìfilítik*] *adj. & n.* [طب] سفلیس شناسی، سفلیسی.

syph.i.lo.ma, *n.* تومور سفلیسی.

syphon [*sáifən*]=**siphon,** *n.* سیفون.

Syr.i.an, *n.* اهل‌سوریه،سوریه‌ای.

syr.inge, -al [*sírin(d)ʒ,-l*] *vi., vt. & n.* سرنگ، آبدزدك، تزریق‌کردن.

syr.up, sir.up [*sírəp*] *n. & vt.* شربت، محلول غلیظ قندی داروئی، شهره، شیره یاشهد زدن‌به.

syr.upy, sir.upy,*adj.* شربتی،شهددار.

sys.tal.tic, *adj.* منقبض ومنبسط شونده بصورت‌متناوب.

sys.tem [*sístim*] *n.* هَمَست، همستاد، روش، طریقه، سلسله،رشته، دستگاه، جهاز،طرز، اسلوب، قاعده، رویه، نظم، منظومه،نظام.

sys.tem.at.ic, -al [*sìstimǽtik(əl)*] *adj.* قاعده‌دار، باهَمَست، هَمَست‌دار.

sys.tem.a.ti.za.tion [*sístimətaizéiʃən*] *n.* رده‌بندی‌کردن، اسلوبی کردن،هَمَست‌کاری.

sys tem.a.tize[*sístimətaiz*] **(-d, systematizing)** *vt. & vi.* دارای روش یا قاعده کردن، اسلوب دادن‌به.

sys.tem.ic, *adj.* هَمَستی،بدنی،جهازی.

sys.tem.ize (-d, systemizing) *vt.* دارای‌هَمَست‌کردن،طبقه‌بندی‌کردن.

sys.to.le, *n.* دل‌تربخش، مرحلهٔ انقباضی یك دوره کار قلب، انقباض‌قلب،کوتاه‌سازی‌هجا.

syz.y.gy, *n.* جفت، جفت‌متقارن، استقرار سه ستاره در خط مستقیم.

T

انگلیسی English	خط میخی پارسی Old Persian Cuneiform	پهلوی اشکانی Parthian Pahlavi	پهلوی ساسانی Sassanian Pahlavi	پهلوی کتابی Book Pahlavi	اوستائی Avestan	فارسی Modern
T	𐎫 𐎬					ت

t [*ti:*] *n.* بیستمین‌حرف الفبای انگلیسی، هرچیزی شبیه حرف T.

tab [*tæb*] (**-bed, -bing**) *n. & vt.* صورتحساب،هزینه، برگ، باریکه، حساب، شمارش،باریکه دادن‌به، نوارزدن‌به، نشان‌دارکردن، گلچین‌کردن.

Keep a t. on something. مواظب‌چیزی‌بودن،حساب‌چیزی را داشتن.

tab.ard [*tǽbəd*] *n.* شنل روی زره‌سلحشوران.

tab.by [*tǽbi*] *adj. & n.* حریر موجدار، اعتابی، گربهٔ ماده، زن نمام.

tab.er.na.cle [*tǽbənæ̀kl*] (**-d, tabernacling**) *n., vt. & vi.* خیمه، پرستشگاه موقت، مرقد، جایگزین‌شدن.

tab.la.ture, *n.* نوعی‌علائم‌موسیقی، شرح روشن‌ونمودار، تصویر خیالی، تصور، تجسم بصورت وضوح، مقطع، تصویر، نقاشی.

ta.ble [*téibl*] (**-d, tabling**) *vt., vi. & n.* میز، سفره، خوان، لوح، جدول، لیست، فهرست، (در مجلس) ازدستورخارج کردن، معوق‌گذاردن، روی میز گذاشتن، درفهرست نوشتن، کوهمیز.

Turn the tables on some one. ورق را برگرداندن، برفاتح خود غالب‌شدن.

tab.leau [*tǽblou*] (*pl.* **-s, -x**) *n.* پردهٔ‌نقاشی، تابلو، دورنمای نقاشی، جدول.

tablecloth, *n.* سفره، رومیزی.

ta.ble d'hote [*tá·bl dóut*] *n.* خوراك رسمی و روزانهٔ مهمانخانه.

ta.ble.land, *n.* فلات، زمین هموار ومسطح.

tablesalt, *n.* نمك طعام.

tablespoon, *n.* قاشق سوپخوری.

ta.ble.spoon.ful, *n.* بقدر يك قاشق سوپ خوری.

tab.let [*tǽblit*] *n. & vt.* لوح، لوحه، صفحه، تخته، ورقه، قرص، برلوح نوشتن.

table tennis, *n.* بازی پینگ پنگ، تنیس رومیزی.

tableware, *n.* لوازم میز یا سفره، ظروف سفره، کارد وچنگال.

tab.loid [*tǽblɔid*] *adj. & n.* خلاصه شده، تلخیص‌شده، چکیده، روزنامهٔ‌نیم‌قطع ومصور.

ta.boo, ta.bu [*təbú:*] (**-ed, -ing**) *vt. & n.* تابو، حرام، منع یانهی مذهبی، حرام شمردن.

ta.bor [*téibə*] **ta.bour** (**-ed, -ing**) *vi., vt. & n.* دمبك، تبیره، تنبور، طبل، تنبور زدن، تبیره زدن.

tab.u.lar [*tǽbjulə*] *adj.* جدولی، فهرستی، تخته‌ای، لوحی، کوهمیزی.

tabula ra.sa [*tǽbjulə réizə*], *n.* مرحلهٔ فرضی فکری خالی‌ازافکار وتخیلات، فکر ساده و بدون تصور اطفال، سپیدلوح.

tab.u.late [*tǽbjuleit*] (**-d, tabulating**) *adj., vi. & vt.* جدول بندی‌کردن، فهرست کردن، مسطح‌کردن، تخت‌کردن، تخت ومسطح، هموار.

tab.u.la.tion [*tæ̀bjuléiʃən*] *n.* جدول‌بندی، تنظیم بصورت جدول، تسطیح.

tab.u.lator [*tǽbjulèitə*] *n.* [در مورد ماشین تحریر] جدول بند.

ta.chom.e.ter, *n.* سرعت سنج، سرعت‌نما.

ta.chyg.ra.phy, *n.* تند نویسی، تندنگاری.

tac.it [*tǽsit*] *adj.* ضمنی، ضمناً، مفهوم، مقدر، خاموش، بآرامی وسکوت.

tac.i.turn [*tǽsitə:n*] *adj.* کم حرف، کم گفتار، کم‌سخن، خاموش، آرام.

tac.i.tur.ni.ty [*tæ̀sitə́:niti*] *n.* کم حرفی، خاموشی، سکوت، آرامش.

tack [*tæk*] (**-ed, -ing**) *n., vi. & vt.* میخ سرپهن کوچك، پونز، رویه، مشی، خوراك، میخ‌زدن، پونز زدن، ضمیمه کردن.

tack.le [*tǽkl*] (**-d, tackling**), *vt. & n.* اسباب، لوازم‌کار، طناب وقرقره، گلاویز شدن‌با، نگاه داشتن، ازعهده برآمدن، دارای اسباب و لوازم‌کردن، بعهده‌گرفتن، افسارکردن.

tacky [*tǽki*] *adj. & n.* چسبناك، رنگ و رو رفته، نخ‌نما، کهنه.

tact [*tækt*] *n.* عقل، ملاحظه، نزاکت، کاردانی، مهارت، سلیقه، درایت.

tact.ful [*tǽktful*] *adj.* مبادی‌آداب، بانزاکت، موقع شناس.

tac.tic, -al [*tǽktik, -əl*] *adj.&n.* جنگ‌فنی، وابسته به‌رزم‌شیوه، جنگ‌فن، رزم‌شیوه، رزم‌آرا، ماهردرفنون‌جنگی، تاکتیك‌یارزم‌آرائی.

tac.ti.cian[*tæktíʃən*]*n.* جنگ‌فن‌گر، رزم‌آرا، باتدبیر، متخصص فنون جنگی.

tac.tics [*tǽktiks*] *n.pl.* جنگ‌فن، تدابیر جنگی، جنگ‌دانی، رزم‌آرائی، فنون.

tac.tile [*tǽktail*] *adj. & n.* لمس کردنی، وابسته‌بحس بساوائی، لامسه‌ای.

tac.til.i.ty, *n.* قابلیت لمس، محسوسیت، لمس، بساوائی.

tac.tion, *n.* لمس، تماس، دست‌مالی.

tact.less, *adj.* بدون مبادی‌آداب، بی‌مهارت، بی‌سلیقه، بی‌نزاکت، موقع‌نشناس.

tac.tual, -ly, *adj. & adv.* وابسته بحس بساوائی، لامسه‌ای.

tad.pole [*tǽdpoul*] *n.* بچهٔ وزغ، بچهٔ قورباغه.

taf.fe.ta [*tǽfitə*] *n.* (فارسی است) پارچهٔ تافته، خوش مزه، مجلل.

taff.rail [*tǽfril, tǽfreil*] *n.* [د.ن.] قسمت فوقانی و مسطح عقب‌کشتی، نردهٔ قسمت‌عقب‌کشتی.

TAFFRAIL

taf.fy [*tǽfi*] *n.* تافی، نوعی آب‌نبات.

tag [*tæg*] (**-ged, - ging**) *n., vt. & vi.* برچسب، منگوله‌یانوار، بندگردان‌سرود، تهلیل، مثال یاگفتهٔ مبتذل، ضمیمه کردن، ضمیمه‌شدن‌به، اتیکت چسباندن‌به، برچسب‌زدن، بدنبال آوردن، گرگم‌بهوا بازی‌کردن.

tag end, *n.* آخرین قسمت، انتها.

tag line, *n.* جملهٔ نهائی نمایش وغیره، نقطهٔ حساس.

tagrag and bobtail, tag, rag, and bobtail = rabble, *n.* تودهٔ مردم پست، اراذل واوباش.

Ta.hi.tian, *adj. & n.* اهل جزیرهٔ «تاهیتی» درجزایرپلینزی.

tail [*teil*] (**-ed, -ing**) *adj., vt. & n.* دم، دنباله، عقب، تعقیب کردن.

tailboard, *n.* تختهٔ عقب‌گاری وکامیون برای تخلیهٔ بار.

tailcoat, *n.* کت‌دامن گرد مخصوص مواقع رسمی.

tail end, *n.* قسمت انتهائی، قسمت نهائی، انتها، دنباله.

tail.er, *n.* طفیلی، جاسوس، تعاقب‌کننده.

tail fin, *n.* باله‌دم ماهی.

tailgate, *n.&vi.* دربِ‌عقب‌اتومبیل، با فاصله‌کم وخطرناك دنبال ماشین دیگر حرکت کردن.

tailing, *n.* پس مانده، تکه، انتها، دنباله، تعقیب.

tail lamp, taillight, *n.* چراغ عقب اتومبیل.

tail.less [*téillis*] *adj.* بی‌دم.

tai.lor [*téilə*] (**- ed, -ing**) *n., vt. & vi.* خیاط، دوزندگی کردن.

T. made. [درمورد لباس] سفارشی دوخته شده، خیاط دوز.

tailpiece, *n.* بخش‌آخرهرچیز، سیم‌گیر، زه‌گیر، آرایش ته فصل‌کتاب و غیره.

tailspin, *n., vt, vi.* سقوط، زوال، اضمحلال، گیجی وبیهوشی، سقوط‌کردن.

taint [*teint*] (**-ed,-ing**) *n., vt. & vi.* لکه‌دارکردن، رنگ‌کردن، آلوده شدن، لکه، ملوث‌کردن، فاسدکردن، عیب.

Ta.jik, Ta.djik, Ta.dzhik, *n.* تاجیك.

take [*teik*] (**took, taken, taking**) *n., vt. & vi.* گرفتن، ستاندن، لمس‌کردن، بردن، برداشتن، خوردن، پنداشتن.

T. off one's hat to. باحترام‌کلاه ازسربرداشتن.

T. after. شبیه بودن، پیروی و تقلیدکردن از.

T. apart. جداکردن، تفکیك‌کردن.

T. care of. مواظبت‌کردن‌از، بامری رسیدگی‌کردن.

T. effect. صورت عمل بخودگرفتن، مؤثر واقع شدن.

T. for granted. درست شمردن، صحیح فرض‌کردن، مفروض دانستن، عادی‌شمردن.

T. heart. دل وجرأت پیداکردن.

T. hold. محکم‌گرفتن، چسبیدن‌به، متمسك‌شدن به.

T. part. مشارکت‌کردن در.

T. place. بوقوع پیوستن، رویدادن.

T. root. ریشه‌دارشدن، ریشه‌دواندن.

T. shape. شکل معینی بخودگرفتن.

T. stock. صورت برداشتن از، تقویم‌کردن.

T. the field. وارد میدان مبارزه شدن.

T. the floor. [در مجلس مقننه وغیره] برپاخاستن ورسماً سخن‌گفتن، پشت‌کرسی خطابه رفتن.

T. to task. مؤاخذه‌کردن، حساب خواستن از.

T. back. پس‌گرفتن، مسترد داشتن.

T. down, adj., vt. & n. یادداشت‌کردن، نوشتن، پائین‌آوردن.

T. home pay. حقوق خالص‌پس ازکسر مالیات وکسوردیگر.

T. in. قبول‌کردن، جادادن، پذیرفتن، درك‌کردن.

T. off. درآوردن(لباس)، برداشتن(کلاه)، پروازکردن، کم‌کردن، عزیمت، کاریکاتور.

T. on. پوشیدن، اضافه‌کردن، تعهدکردن، بخودگرفتن، هایهوکردن، بخودبستن، وانمود.

T. out. درآوردن لباس وغیره، حذف‌کردن، بردن.

T. over. کاری را ازکسی تحویل‌گرفتن.

T. up. برداشتن، گرفتن، اشغال‌کردن.

talc [*tælk*] (**-ed, -ing**) *n. & vt.* طلق، طلق‌زدن به، باطلق‌ساختن.

talcum powder, *n.* پودر تالك، پودر طلق.

tale [*teil*] *n.* افسانه، داستان، قصه، حکایت، شرح، چغلی، خبرکشی، جمع، حساب.

Tell tales. چرندگفتن، چغلی یا سخن‌چینی کردن.

T. bearer. سخن‌چین، خبرکش.
tal.ent, -ed [tǽlənt] *adj. & n.* استعداد، نعمت خدا داده، درون داشت.
tal.is.man, -ic, -al [tǽlizmən] *adj. & n.* طلسم، تعوید، جادو، جادوگرانه.
talk [tɔ:k] **(-ed, -ing)** *vt., n. & vi.* گفتگو، صحبت، حرف، مذاکره، حرف‌زدن.
Small t. صحبت بی‌اهمیت، مهمل.
T. back. پیش جوابی کردن.
talk.a.tive [tɔ́:kətiv] *adj.* پرگو، پرحرف، وراج، پرچانه.
talk down, *vt.* ساکت کردن، از رو بردن.
talk.er [tɔ́:kə] *n.* آدم ناطق، ناطق، سخنگو.
talk.ie [tɔ́:ki] *n.* فیلم‌ناطق، (در جمع) صنعت فیلم‌ناطق.
talking-to, *n.* سرزنش رسمی، نصیحت، توبیخ، اخطار، تنبیه.
talk over, *vt.* موردبحث ومذاکرهٔ مجدد قرار دادن.
talky, *adj.* پرحرف، حراف.
tall [tɔ:l] **(-er, -est)** *adv., n., & adj.* بلند، قد بلند، بلندبالا، بلندقد، اغراق آمیز، گزاف، شاق، آدم یا چیز بلندقد.
How t. is it? بلندی آن چقدر است؟
tall.ish [tɔ́:liʃ] *adj.* نسبتاً بلند.
tal.low [tǽlou] **(-ed, -ing),** *n., vi. & vt.* پیه‌آب‌کردن، پیه‌نهنگ‌وغیره که برای‌شمع سازی بکار میرود، پیه‌مالی کردن.
tal.lowy, *adj.* پیه‌مانند، چرب، پیه‌اندود.
tal.ly [tǽli] (*pl.* **-ies**) **(-ied, tallying)** *n., vi. & vt.* چوبخط، حساب، جای چوبخط، برچسب، اتیکت، نظیر، قرین، علامت، نشان، تطبیق کردن، مطابق بودن، با چوبخط حساب کردن.
tal.ly.ho [tæ̀lihóu] *n. & vi.* صدای شکارچی در موقع دیدن روباه، آهای، کالسکهٔ سریع‌السیر مسافری، آهای‌گفتن.
tal.ly.man [tǽlimən](*pl.*-**men**), *n.* حسابدار، فروشندهٔ اقساطی.
Tal.mud, -ic [tǽlmʌd] *n. & adj.* تلمود، مجموعهٔ قوانین شرعی وعرفی یهود.
tal.on [tǽlən] *n.* چنگال، ناخن، پنجه، پاشنهٔ پا، پاشنه.
ta.lus (*pl.* **ta.li**) *n.* [ز.ش.] تودهٔ سنگریزه درپای صخره، شیب، رام شدنی، (تش.) استخوان قاپ، مچ پا.
tam.able, tame.able [téiməbl], *adj.* رام شدنی، رام‌کردنی.
tam.a.rack, *n.* [گ.ش.] سیاه‌کاج.
tam.a.rind [tǽmərind] *n.* [گ.ش.] تمبر هندی.
tam.a.risk, *n.* [گ.ش.] گز، درخت‌گز.
tam.bour (-ed, -ing) *n., vt. & vi.* تنبور، دهل، تنفس نگار، نبض‌نگار.
tam.bou.rine [tæ̀mbəri:n] *vi. & n.* دایره زنگی، دایره، دایره‌زنگی‌زدن.
tame [teim] **(-d, taming)** *vt., vi. & adj.* رام، اهلی، بیروح، بیمزه، خودمانی، رام‌کردن.
tame.less [téimlis] *adj.* رام نشدنی.
Tam-o'-shanter [tæ̀məʃǽntə] *n.* کلاه‌منگوله‌دار یادکمه‌دار.
tamp [tæmp] **(-ed, -ing)** *n., vt. & vi.* سوراخی را با شن و غیره پرکردن، بوسیلهٔ ضربات متوالی بالا یا پائین راندن.

TAM-O-SHANTER

tam.per [tǽmpə]**(-ed, -ing)** *vt., vi. & n.* مذاکرات پنهانی وزیر جلی داشتن، رشوه دادن، مداخله وفضولی‌کردن، ناخنک‌زدن.
tam.pon (-ed, -ing) *vt. & n.* توپی یا کهنهٔ مخصوص گرفتن سوراخی، باکهنه گرفتن (سوراخ)، پنبه یا کهنهٔ قاعدگی.
tam-tam, *n.* طبل‌هندی.
tan [tæn] **(-ned, -ning)** *n., adj., vt. & vi.* دباغی کردن، برنگ قهوه‌ای و سبزه درآوردن، باحمام آفتاب پوست بدن‌راقهوه‌ای‌کردن، برنزه، مازوی‌دباغی، پوست مازو، مازوئی، قهوه‌ای مایل‌بزرد.
tan.dem [tǽndəm]*n.,adv.&adj.* درشکه یا دوچرخهٔ دونفری، جفت، قطار، دواسبه.
Sitting t. پشت سرهم نشستن.
tang [tæŋ] **(-ed, -ing)** *adj., n., vt. & vi.* (درچاقو وچفت‌ولولاوغیره) زبانه، زبانه‌دارکردن، بوی تند، مزهٔ تند، رایحهٔ تند، نیش.
tan.gen.cy, *n.* حالت مماس، حالت جیبی (Jaybee).
tan.gent, -ial [tǽn(d)ʒənt] *adj. & n.* مماس، تماس، خط مماس، جیب.
T. plane. سطح مماس.
tan.ger.ine [tæ̀n(d)ʒəri:n] *adj. & n.* (گ.ش.) نارنگی.
tan.gi.ble [tǽn(d)ʒəbl] *adj. & n.* قابل‌لمس، محسوس، پرماس‌پذیر، لمس‌کردنی.
tan.gle [tǽŋgl] **(-d, tangling),** *n., vt. & vi.* درهم وبرهم‌کردن، درهم‌پیچیدن، گرفتارکردن، گیرافتادن، درهم‌گیر انداختن، گوریده‌کردن.
tan.go [tǽŋgou] *n. & vi.* رقص تانگو، رقص‌چهارضربی اسپانیولی، تانگو رقصیدن.
tangy, *adj.* زبانه‌دار، دارای‌مزه‌تند.
tank [tæŋk] **(-ed, -ing)** *vt. & n.* تانک، مخزن، درتانک یامخزن‌جای‌دادن.
tank.age, *n.* مخزن سازی، گنجایش تانک یا مخزن، مواد ائدکشتارگاه.
tan.kard [tǽŋkəd] *n.* آبخوری بزرگ، آفتابه.
tank.er [tǽŋkə] *n.* کشتی نفت‌کش، تانک، اتومبیل نفت‌کش.
tan.ner [tǽnə] *n.* [ز.ع.] شش پنس، دباغ، پوست‌پیرا.
tan.nery [tǽnəri] *n.* دباغی، دباغ خانه.
tan.nic [tǽnik] *adj.* [ش.] مازوئی، مازودار، دارای جوهرمازو.
tan.nin [tǽnin] *n.* [ش.] جوهر مازو، تانین.
tan.nish, *adj.* مازوودار، سبزه‌رو.
tan.ta.lize [tǽntəlaiz] **(-d, tantalizing)** *vt. & vi.* امیدوار و سپس محروم کردن، کسی را دست انداختن، سردواندن، آزاردادن.
tantamount [tǽntəmaunt]*adj.* برابر، معادل، هم‌کف، همپایه، بمثابهٔ.
tantrum [tǽntrəm] *n.* کج خلقی، اوقات تلخی، خشم، غیظ، قهر.
Tao, *n.* (درچین) راه، طریق، (فلسفهٔ‌چین) مسیرطبیعت، حقیقت، طریقت، روستائی، دهاتی.
Tao.ism, *n.* پیروی از طریقت چینی.
tap [tæp] **(-ped, -ping)** *n., vt., adj. & vi.* شیرآب، ضربت‌آهسته، ضربات‌آهسته و پیوسته زدن، شیرآب زدن‌به، از شیرآب جاری کردن، بهره برداری‌کردن از، سوراخ چیزیرا بندآوردن.
On t. دارای شیرآب، (میه.) مجهز، آماده.
T. dance. رقص روی پنجه وپاشنهٔ پا.
T. at a door. دق‌الباب‌کردن.
tape [teip] **(-d, taping)** *n., vt. & vi.* بانوار یا قیطان بستن، نوار، نوار ضبط صوت، نوار چسب، نوارزدن، ضبط‌کردن.
tapeline, tape measure, *n.* متر مخصوص اندازه‌گیری، نوار متر.
ta.per [téipə] **(-ed, -ing)** *n., adj. & vt.* شمع مومی، باریک شونده، نوک تیز، باریک‌شدن، مخروطی‌شدن.
tape-record, *vt.* روی نوار ضبط صوت صدا را ضبط‌کردن.
tape recorder, *n.* دستگاه‌ضبط‌صوت.
taper off, *vt. & vi.* کم‌کم‌باریک‌شدن، مخروطی‌شدن، تدریجاً متوقف شدن.
tap.es.try [tǽpistri] *n.* پردهٔ قالیچه نما، پردهٔ‌نقش‌دار، ملیله‌دوزی.
tapeworm [téipwə:m] *n.* [ج.ش.] کرم کدو، کرم یکتا، حب‌القرع.
taphole, *n.* سوراخ جای شیرآب، سوراخ بشکه، سوراخ.
tap.i.o.ca [tæ̀pióukə] *n.* نشاستهٔ کاساو، یا دمانیوک.
ta.pir [téipə], *n.* [ج.ش.] خوک خرطوم درازمالایا.
tap.is, *n.* فرش، پارچهٔ‌منقوش، پرده‌ای یا رومیزی‌یافرش.

SOUTH AMERICAN TAPIR

tap.per, *n.* دق‌الباب‌کننده، توپی‌گذار.
taproom [tǽprum] *n.* محل پیاله فروشی، بار مشروب فروشی.
taproot [tǽpru:t] *n.* ریشهٔ عمودی اصلی، مهرریشه.
tap.ster [tǽpstə] *n.* ساقی، پیشخدمت میخانه.
tar (-red, -ring) *n., vt. & vi.* قیر، قیرمالیدن‌به، قیرزدن.
tar.an.tel.la [tæ̀rəntélə] *n.* رقص تند دونفری‌ایتالیائی.
tar.an.tism, *n.* [طب] جنون رقص.
ta.ran.tu.la [tərǽntjulə] *n.* [ج.ش.] رطیل.
tar.boosh, tar.bush [tá:bú:ʃ], *n.* [عربی است] طربوش، فینه.
tar.di.grade, *adj. & n.* کندرو، جانورکندرو، جانورتنبل.
tar.do, *adj.* [مو.] آهسته (بنوازید).
tar.di.ness, *n.* دیرکرد، تأخیرورود، دیرآمدن.
tar.dy [tá:di] *adj.* دارای‌تأخیر، دیر، دیرآینده، کند، کند رو، تنبل، سست.
tare [tɛə] *vt. & n.* وزن‌خالص (بدون احتساب وزن‌ظرف)، وزن‌خالص‌چیزیرا احتساب کردن، (گ.ش.) ویسیای صحرائی، ماشک.
targe [ta:dʒ] *vt. & n.* (اسکاتلند) آماج، هدف، سپر، سند، زدن، پرسیدن.
tar.get [tá:git] *vt. & n.* نشانگاه، هدف، نشان، هدف‌گیری‌کردن، دارای‌هدف.
T. date. تاریخ معینی برای‌انجام‌امری.
Tarheel, *n.* اهل استان‌کارولینای شمالی آمریکا.
tar.iff [tǽrif] **(-ed, -ing)** *vt. & n.* تعرفهٔ گمرکی، تعرفه بندی کردن.
tarn [ta:n] *n.* دریاچهٔ عمیق وکوچک کوهستانی.
tar.nish [tá:niʃ] **(-ed, -ing)** *vt., vi. & n.* تیره‌کردن، کدرکردن، لکه‌دارکردن.
tar.nish.able, *adj.* کدرکردنی.
taro [tá:rou] *n.* [گ.ش.] گوش‌فیل نواحی‌گرمسیر.
tar paper, *n.* کاغذ قیر اندود.
tar.pau.lin [ta:pɔ́:lin] *n. & vt.* پارچهٔ‌کرباسی قیراندود وعایق‌آب، با تارپولین پوشاندن.
tar.pon [tá:pɔn] (*pl.*-**s**) *n.* [ج.ش.] ماهی بزرگ و باریک مدیترانه.
tar.ra.gon, *n.* [گ.ش.] ترخون[سبزی خوراکی].
tar.ri.ance, *n.* درنگ، اقامت، توقف.
tar.ry [tá:ri] **(-ied, tarrying),** *n., adj., vt. & vi.* قیری، قیراندود، درنگ، درنگ‌کردن، تأخیر کردن.
tar.sal, *adj. & n.* وابسته بقوزک پا، مچ‌پائی، استخوان قوزک پا.
tar.sus (*pl.* **tarsi**) *n.* (تش.) استخوان قوزک‌پا، قوزک‌پا، ساق پای‌مرغ.
tart [ta:t] *adj. & n.* ترش‌مزه، تند، زننده، ترش، مزه غوره، زن‌هرزه، نان شیرینی مربائی.
tar.tan [tá:tən] *n.* یکجور پارچهٔ پشمی شطرنجی، پارچهٔ‌پیچازی.
tar.tar [tá:tə] *adj. & n.* زبان تاتاری، تاتار، تهٔ‌نشین، رسوب، بارهٔ‌دندان، درده.
tar.tar.ic [ta:tǽrik] *adj.* تاتاری، آسید تارتاریک، جوش‌ترش.
tar.tar.ous, *adj.* درده مانند، دردی شکل، مشتق از دردهٔ شراب، دارای بارهٔ دندان.
Tar.ta.rus [tá:tərəs] *n.* (افسانهٔ یونان) دوزخ، عالم اسفل، جهنم.
tart.ish, *adj.* کمی‌ترش.
task [ta:sk] **(-ed, -ing)** *n. & vt.* کار، وظیفه، تکلیف، امرمهم، وظیفه، زیادخسته‌کردن، بکاری‌گماشتن، تهمت‌زدن، تحمیل‌کردن.
Take to task. مورد مؤاخذه قرار دادن.
T. force. [نظ.] یگان مستقل.
taskmaster [tá:skmæ̀stə] *n.* کارفرما، سرکار، مباشر ظالم، جبار، سختگیر.
tas.sel [tǽsl] **(-ed, -ing, -led, -ling)** *vt., vi. & n.* منگوله، ریشه، چنبره، آویزدن، منگوله زدن‌به، کاکل‌ذرت.
taste [teist] **(-d, tasting)** *n., vt. & vi.* چشیدن، لب زدن، مزه‌کردن، مزه‌دادن، مزه، طعم، چشائی، ذوق، سلیقه.
taste.ful [téistful] *adj.* باسلیقه (درست‌شده)، خوش‌ذوق، باذوق، خوشمزه.
taste.less [téistlis] *adj.* بیمزه، بی‌سلیقه، بی‌ذائقه.
tast.er [téistə] *n.* کارشناس چشیدن مزهٔ شراب وچای وغیره، مزه سنج، چشنده.
tast.i.ly [téistili] *adv.* بطورخوش‌مزه.
tasty [téisti] *adj. & n.* باسلیقه تهیه شده، خوش‌طعم، خوشمزه، گوارا.
tat [tæt] **(-ted, -ting)** *n., vt. & vi.* توری‌حاشیه بافتن، نوار توری بافتن، دارای حاشیهٔ‌توری‌کردن، حاشیهٔ‌توری گذاشتن (به).
Ta.tar, *n.* تاتار، تاتاری.
tat.ter (-ed, -ing) *n., vt. & vi.* تکهٔ‌پارچه، لباس پاره‌پاره، ژنده، ژنده‌پوش، رشته‌رشته، پاره‌پاره‌کردن، تکه تکه شدن، تن‌پوش‌هندس.
tat.ter.de.ma.lion [tæ̀tədiméiljən] *adj. & n.* آدم ژنده پوش.
tat.ting [tǽtiŋ] *n.* توری‌حاشیهٔ‌لباس.
tat.tle [tǽtl] **(-d, tattling),** *n., vt. & vi.* حرف مفت، یاوه، دری‌وری‌گفتن، فاش‌کردن.

tat.too, ta.too [tætú:] (-ed, -ing) *n., vi. & vt.* خال‌کوبی، خال سوزنی، خال کوبیدن.

taught [tɔ:t] (*p. & pp. of* teach), *adj.* [ماضی‌واسم مفعول‌فعل teach]، آموخته.

taunt [tɔ:nt] (-ed, -ing) *n., adj., vt. & vi.* دست‌انداختن‌ومتلك‌گفتن، سرزنش کردن، شماتت‌کردن، طعنه‌زدن،طعنه.

taunt.er, *n.* متلك‌گو،سرزنش کننده.

tau.rine, *adj. & n.* گاوی، وابسته بتیرهٔ گاو، گاومانند، ثوری.

Tau.rus, *n.* [نج.] برج ثور، گاوگردون، گاو.

taut [tɔ:t] (-ed, -ing) *adj. & vt.* سفت،شق، محکم کشیدن، کشیده،... پیچیدن،محکم بسته‌شده (مثل‌طناب‌دوریك‌بسته)

taut.ness, *n.* آمادگی، کشیدگی و سفتی.

tau.to.log.i.cal [tɔ̀:təlɔ́dʒikəl], *adj.* حشو و زوائدی.

tau.tol.o.gy [tɔ:tɔ́lədʒi] *n.* تکرار، حشو و زوائد، حشوقبیح.

tav.ern [tǽvə(:)n] *n.* میخانه.

tav.ern.er, *n.* میخانه‌دار، می‌فروش.

taw (-ed, -ing) *n., vi. & vt.* زاغ زدن به‌پوست، دباغی‌کردن، سفت کردن، تیله بازی‌کردن، تیله، مهره‌بازی.

taw.dry [tɔ́:dri] *n. & adj.* زرق وبرقدار، جلف، مزخرف.

tawny [tɔ́:ni] *adj. & n.* گندم‌گون،سبزه، اسمر، تیره، زردمایل‌بقهوه‌ای.

tax [tæks] (-ed, -ing) *n., vt. & vi.* مالیات، باج، خراج، تحمیل، تقاضای سنگین، ملامت، تهمت،سخت‌گیری،مالیات‌بستن، مالیات‌گرفتن از،متهم‌کردن، فشارآوردن‌بر.

taxable [tǽksəbl] *adj.* مالیات بردار، مشمول مالیات.

tax.a.tion [tækséiʃn] *n.* وضع مالیات، مالیات‌بندی، مالیات.

tax-free, *adj.* بخشوده ازمالیات.

tax-exempt, *n. & adj.* معاف‌ازمالیات.

taxi [tǽksi] (*pl.* -s, -ies) (-ed, -ing, taxying) *n., vt. & vi.* باتاکسی رفتن، تاکسی، خودروی (هواپیما).

taxi.cab [tǽksikæ̀b] *n.* تاکسی.

tax.i.der.mist [tǽksidə:mist] *n.* ویژه‌گر پرکردن پوست حیوانات باکاه وغیره، پوست‌آرا.

taxi.der.my [tǽksidə:mi] *n.* پرکردن پوست‌حیوانات‌باکاه‌وغیره،پوست‌آرائی.

taximan, *n.* رانندهٔ‌تاکسی.

tax.i.me.ter [tǽksimì:tə] *n.* مسافت سنج، مسافت‌نمای تاکسی.

taxi stand, *n.* ماندگاه مجاز تاکسی.

tax.ite, *n.* [مع.] صخرهٔ آتشفشانی.

taxiway, *n.* جاده یا راه تاکسی‌رو، فرودگاه.

tax.on.o.my, *n.* رده‌آرائی، علم رده‌بندی، طبقه بندی.

taxpayer, *n.* مالیات پرداز، مالیات دهنده.

T.B. [tí:bí:]=**tuberculosis,** *n.* [طب] باسیل سل، مرض سل.

T-bone, *n.* گوشت واستخوان‌گاو بشکل حرفT.

tea [ti:] *n.* چای، رنگ چای.

Take t. چای خوردن یاصرف‌کردن.

tea bag, *n.* پاکت محتوی چای فوری.

teach [ti:tʃ] (taught, teaching) *vt. & vi.* آموختن، تعلیم دادن، درس دادن، مشق‌دادن،معلمی یا تدریس کردن.

teach.abil.i.ty, *n.* آمادگی جهت یادگرفتن.

teach.able [tí:tʃəbl] *adj.* آموختنی، تعلیم‌پذیر، یاددادنی، قابل تعلیم.

teach.er [tí:tʃə] *n.* آموختار، آموزگار، معلم، مربی، مدرس، دبیر.

teachers college, *n.* دانشسرا.

teach.er.ship, *n.* معلمی،آموختاری.

teacup, *n.* فنجان چای.

tea.cup.ful, *n.* بقدر یك فنجان‌چای.

teahouse, *n.* قهوه‌خانه، چای‌خانه.

teak [ti:k] **teakwood,** *n. & adj.* [گ.ش.] درخت ساج، چوب ساج.

teakettle, *n.* قوری‌چای، کتری چای

teal [ti:l] *n.* [ج.ش.] مرغابی جره.

team [ti:m] (-ed, - ing) *adj., n., vt. & vi.* گروه، گروهه، دسته، دست، جفت، یك دستگاه،تیم، دسته‌درست کردن، بصورت دسته یا تیم‌درآمدن.

teammate, *n.* همگروه، عضو تیم، همکار، همقطار.

team.ster [tí:mstə] *n.* کامیون‌ران، رانندهٔ یك‌جفت حیوان یا دستگاه‌اسب ودرشکه.

teamwork, *n.* روح همکاری،کار دسته جمعی.

tea party, *n.* عصرانهٔ‌چای،مهمانی‌چای.

teapot, *n.* قوری‌چای.

tear, *n.* (معمولاً بصورت‌جمع)اشك،سرشك، گریه.

tear [tɛə] (tore, torn, tearing) *n., vt. & vi.* گسیختن، گسستن، پارگی، چاك، پاره کردن، دریدن، چاك‌دادن.

To t. apart. ازهم‌گسیختن.

T. to pieces. پاره پاره‌کردن.

T. a hole in. سوراخ‌کردن.

tearaway, *n.* از روی بیمیلی جدا شدن از.

tear down, *n. & vt.* پاره پاره و متلاشی کردن،درهم‌دریدن.

teardrop, *n.* اشك، قطرهٔ اشك.

tear.ful [tíəful] *adj.* اشکبار، گریان.

tear gas, *n.* گاز اشك‌آور.

tear.less [tíəlis] *adj.* بی‌اشك، تهی از اشك.

tearoff, *vt.* کندن‌از، پاره پاره‌کردن.

tea.room, *n.* اتاق چای، رستوران‌کوچك ودنج مخصوص نسوان.

tear up, *vt.* پاره‌کردن، درهم دریدن.

tease,teaze[ti:z](-d, teasing), *n., vi. & vt.* آزاردادن،اذیت کردن، کسی‌را دست انداختن، سخنان نیشدارگفتن، اذیت، پوش دادن مو.

tea.sel, tea.zel, tea.zle(- ed, -ing) *vt. & n.* (گ.ش.) بوتهٔ خار، خارخسك، شانهٔ چوپان، خار، ماشین خار زنی، خارزدن، شانه‌زدن (به‌پرزپارچه و غیره).

teas.er [tí:zə] *n.* اذیت‌کننده، شانه‌کنندهٔ پشم.

tea shop, *n.* رستوران، نهار خوری، قهوه‌خانه.

teaspoon, *n.* قاشق چای‌خوری.

tea.spoon.ful (*pl.* -s, teaspoonsful) *n.* بقدر یك‌قاشق‌چای خوری.

teat [ti:t] *n.* نوك پستان، ممه، شبیه نوك‌پستان،پستانك.

tech.nic, -al [téknik,-əl] *adj. & n.* فن،اصطلاحات‌وقواعدفنی، فنی، صناعت.

tech.ni.cal.i.ty[tèknikǽliti](*pl.* -ies) *n.* رموزفنی، اصطلاحات‌فنی، نکتهٔ‌فنی.

tech.ni.cian [tekníʃən] *n.* متخصص‌فنی، ذیفن،کارشناس‌فنی، اهل‌فن، کاردان.

tech.ni.col.or, *adj. & n.* [در مورد فیلم رنگی] رنگارنك.

tech.nique [tekní:k] *n.* فن، اصول، مهارت، روش‌فنی، تکنیك، شیوه.

tech.noc.ra.cy, *n.* حکومت ارباب فن، حکومت‌کارشناسان‌فنی.

tech.no.log.i.cal[téknəlɔ́dʒikəl], *adj.* اصول فنی، فنونی.

tech.nol.o.gist [teknɔ́lədʒist], *n.* فن شناس.

tech.nol.o.gy [teknɔ́lədʒi] *n.* آشنائی باصول فنی، فن‌شناسی، فنون.

techy [tétʃi] *adj.* زودرنج،حساس، کج خلق.

tec.ton.ics, *n.pl.* ساختمان‌شناسی، مبحث ساختمان طبقات زمین‌شناسی.

teddybear [tédi bɛ'ə] *n.* خرس عروسکی.

te.di.ous [tí:diəs] *adj.* ملالت‌آور، خسته‌کننده،کسل کننده، کج‌خلق، ناراضی.

A t. job. کار ملالت‌آور.

te.di.um [tí:diəm] *n.* یکنواختی، ملالت، خستگی، دلتنگی، بیزاری،طاقت‌فرسائی.

tee [ti:] (-ed, -ing) *vt. & n.* حرف T، هرچیزی بشکلT، (دربازی گلف)گوهٔ زیرتوپ، توپ را روی‌گوه قراردادن.

teem [ti:m] (-ed, -ing) *vt. & vi.* پربودن، فراوان بودن، بارور بودن،زائیدن.

teen (-ed, -ing) *vt., adj. & n.* آسیب، غصه، رنج، درد، اندوه، خشم، تنفر،سنین ۱۳ الی۱۹ سالگی.

teen-age, teen.er, teen-ag.er, *adj. & n.* نوجوان (از ده تا ۱۹ ساله).

teens [ti:nz] *n.pl.* سنین ۱۳تا۱۹، نوجوان ده تا ۱۹ ساله، ده تانوزده سالگی.

tee.ny, tiny, *adj.* ریز، ریزه،کوچك، ناچیز.

tee off, *vi.* شروع‌کردن، آغازکردن، محکم‌زدن(با on).

teepee [tí:pi:] **tepee,** *n.* چادر یاخیمهٔ سرخ‌پوستان.

tee shirt=T-shirt, *n.* پیراهن بی‌یقه،زیرپیراهنی.

tee.ter [tí:tə] (-ed, -ing) *n., vt. & vi* بالا وپائین رفتن ، الله‌کلنگ بازی کردن، پس وپیش رفتن، تلوتلو خوردن.

teeth [ti:θ] *n.pl.* (صورت جمع کلمهٔtooth)، دندانها.

teethe [ti:ð] (-d, teething) *vi. & vt.* دندان درآوردن.

tee.to.tal [ti:tóutəl] (-ed, -ing, -led, -ling) *adj.* وابسته به‌طرفداری ازمنع مسکرات کردن.

tee.to.tal.er, tee.to.tal.ler [ti:tóutələ] *n.* طرفدار منع استعمال مشروبات الکلی.

tee.to.tal.ism, *n.* پیروی‌ازاصل منع استعمال مسکرات.

tee.to.tal.ist, *n.* طرفدار منع مسکرات.

teg.men.tum, teg.u.men.tum (*pl.* tegmen.ta, tegumen.ta), *n.pl.* پوست طبیعی، پوست،غشاء پوششی.

teg.u.ment [tégiumənt] *n.* پوشش طبیعی پوست، جلد، پوشش اندام.

tele.cast (-ed, -ing) *vt. & n.* برنامهٔ تلویزیونی‌پخش کردن، برنامهٔ‌تلویزیونی.

tele.communication, *n.* مخابرات‌تلفنی‌وغیره ازمسافات‌دور،ارتباط‌دور بُرد.

tele.film, *n.* فیلم تلویزیونی.

tel.e.gen.ic, *adj.* دارای‌استعداد شرکت در برنامه‌های تلویزیونی، مناسب‌برای برنامهٔ تلویزیونی.

tel.e.gram [téligræm] (-med, -ming) *n., vt. & vi.* تلگرام، تلگراف، تلگراف‌کردن.

tel.e.graph [téligra:f], (-ed, -ing) *n., vt. & vi.* تلگراف، دستگاه تلگراف، مخابرهٔ تلگرافی.

te.leg.ra.pher, te.leg.ra.phist [telégrəfə, telégrəfist] *n.* تلگرافچی.

tel.e.graph.ic [tèligrǽfik] *adj.* تلگرافی، مختصر، موجز.

te.leg.ra.phy [telégrəfi] *n.* فن تلگراف، تلگراف.

tele.me.ter, *n., vt. & vi.* مسافت سنج، چندی سنج،بامسافت‌سنج سنجیدن.

te.lem.e.try, *n.* مسافت سنجی، چندی سنجی از راه‌دور.

tel.e.o.log.ic, -al [tèliəlɔ́dʒik, -əl] *adj.* وابسته به‌پایان‌شناسی.

tel.e.ol.o.gist [tèliɔ́lədʒist] *n.* پایان‌شناس.

tel.e.ol.o.gy [tèliɔ́lədʒi] *n.* حکمت‌علل‌غائی،پایان‌شناسی،مطالعهٔ‌حکمت‌غائی.

tel.e.path.ic [tèlipǽθik] *adj.* وابسته به دورهم اندیشی، وابسته به توارد یا انتقال فکر.

te.lep.a.thy [telépəθi] *adj.* ارتباط افکار بایکدیگر، دورهم‌اندیشی.

tel.e.phone [télifoun] (-d, telephoning) *n., vt. & vi.* دورگو، تلفن، تلفن‌زدن، تلفن‌کردن.

telephone book, *n.* دفترتلفن.

telephone receiver, *n.* گوشی تلفن.

tel.e.phon.ic, *adj.* تلفنی.

tel.e.phon.ist [teléfənist] *n.* تلفنچی.

tele.pho.to [tèlifóutou] *adj. & n.* دستگاه مخابرهٔ‌عکس از مسافات‌دور.

tele.photography, tele.pho.tographic [tèlifətɔ́grəfi, tèlifòutəgrǽfik] *adj. & n.* عکسبرداری از مسافات دور.

tele.printer, *n.* تله تایپ، ماشین ثبت مخابرات تلگرافی،دورنویس.

tel.e.scope [téliskoup](-d, telescoping) *n. & vt.* دوربین نجومی، تلسکوپ، تلسکوپ بکاربردن.

tel.e.scop.ic, -al[tèliskɔ́pik]*adj.* وابسته بدوربین نجومی.

Tele.type, Tele.type.writ.er [télətaip, tèlətáipraitə] *n., vi. & vt.* ماشین تحریر خودکار گیرندهٔ پیام از مسافات دور، با ماشین تحریر ازمسافات دور مطالبی تحریر کردن، تله‌تایپ،دورنگاره.

tele.typist, *n.* متصدی‌دورنگاره.

tele.view (-ed, -ing) *vi.* به‌برنامه‌های تلویزیونی نگاه‌کردن.

tele.viewer, *n.* بینندهٔ‌برنامهٔ‌تلویزیونی.

tel.e.vise, *vt. & vi.* درتلویزیون‌نشان دادن، برنامهٔ تلویزیونی ترتیب‌دادن.

tel.e.vi.sion [télivìʒən] *n.* دورنشان، تلویزیون.

tel.e.vi.sor, *n.* بینندهٔ‌برنامهٔ تلویزیون.

tel.e.visual, *adj.* تلویزیونی.

telic, -al, *adj.* متضمن نتیجهٔ غائی، نهائی،دارای‌هدف‌نهائی.

tell [tel] (told, telling) *vt. & vi.*

گفتن، بیان کردن، نقل کردن، فاش کردن، تشخیص دادن، فرق گذاردن، فهمیدن.

tell.er [*télə*] *n.* گوینده، قائل، رأی شمار، تحویلدار.

tell off, *vt.* شمردن و کنار گذاردن، تعیین کردن، توبیخ کردن، مردود شمردن.

telltale [*télteil*] *vt., adj. & n.* سخن‌چین، خبرکشی کردن.

tel.lu.ri.an, *adj. & n.* زمینی، خاکی، ساکن زمین، دستگاه سنجش حرکات زمین.

tel.ly, *n.* [ز.ع.ـ.د.گ.] تلویزیون.

tem.er.ar.i.ous, *adj.* بی‌پروا، بی‌باك، متهور، تند، تصادفی.

te.mer.i.ty [*timériti*] *n.* بی‌پروائی، تهور، بیباکی، جسارت.

tem.per [*témpə*] (**-ed, -ing**), *n., vt. & vi.* آب دادن [فلز]، درست ساختن، درست خمیر کردن، ملایم کردن، معتدل کردن، میزان کردن، مخلوط کردن، مزاج، حالت، خو، خلق، قلق، خشم، غضب.

To lose one's t. از جا دررفتن.

tem.per.able, *adj.* [درمورد فلز] آب دادنی.

tem.per.a.ment [*tempərəmənt*], *n.* مزاج، حالت، طبیعت، خُلق، فطرت.

tem.per.a.men.tal, *adj.* مزاجی، خلقی، خوئی.

tem.per.ance [*tempərəns*] *n.* اعتدال، میانه‌روی، طرفداری ازمنع نوشابه‌های الکلی، خودداری.

tem.per.ate [*témpərit*] *adj. & vt.* معتدل، ملایم، میانه‌رو.

T. zone. منطقهٔ معتدله.

tem.per.a.ture [*témp(ə)ritʃə*] *n.* درجهٔ گرما، درجهٔ حرارت، دما.

tem.pest [*témpist*] (**-ed, -ing**), *n., vt. & vi.* توفان، تندباد، تندی، جوش و خروش، هیجان، توفان ایجاد کردن، توفانی شدن.

tem.pes.tu.ous [*tempéstjuəs*], *adj.* توفانی، تند، پرتوپ وتشر.

Tem.plar [*témplə*] *adj. & n.* زائر بیت‌المقدس، معبدی، وابسته بمعبد، عضو جمعیت فراماسون، عضو فرقه‌ای از صلیبیون نظامی قرون وسطی.

tem.ple [*templ*] *n.* پرستشگاه، معبد، (تش.) شقیقه، گیجگاه.

tem.po [*témpou*] (*pl.* **-s, tem-pi**) *n.* [مو.] وقت، زمان، گام، میزان سرعت.

tem.po.ral, -ly [*témpərəl*] *adj., adv. & n.* دنیوی، غیر روحانی، جسمانی، زمانی، وابسته بگیجگاه، شقیقه‌ای، موقتی، زودگذر، فانی.

tem.po.ral.i.ty [*tèmpərǽliti*] *n.* دارائی دنیوی، درآمد رو حانیون، بیدوامی، زودگذری، جسمانیت، عرفیت.

tem.po.ral.ize (**-d, tempo-ralizing**) *vt.* بدفع‌الوقت گذراندن، وقت گذراندن، مطابق مقتضیات وقت عمل کردن، تسکین‌دادن.

tem.po.rary [*témpərəri*] *adj. & n.* موقتی، آنی، زودگذر.

tem.po.ri.za.tion, *n.* وقت‌گذرانی.

tem.po.rize [*témpəraiz*] (**-d, temporizing**) *vi. & vt.* بدفع‌الوقت گذراندن، وقت‌گذراندن.

tempt [*tem(p)t*] (**-ed, -ing**), *vt.* اغوا کردن، فریفتن، دچار وسوسه کردن.

tempt.able, *adj.* قابل اغوا، فریفته شدنی، وسوسه پذیر.

temp.ta.tion [*tem(p)téiʃən*] *n.* اغوا، وسوسه، فریب، آزمایش، امتحان.

temp.ter [*tém(p)tə*] *n.* وسوسه‌گر، فریبنده، اغواکننده، شیطان.

tempting, *adj.* وسوسه انگیز، اغواکننده، هوس‌انگیز.

ten [*ten*] *adj. & n.* ده، شمارهٔ ۱۰، (درجمع) چندین، خیلی.

ten.a.bil.i.ty, *n.* قابلیت تصرف، قابلیت نگهداری، دفاع‌پذیری.

ten.a.ble [*ténəbəl*] *adj.* نگاهداشتنی، قابل مدافعه، قابل تصرف.

te.na.cious [*tenéiʃəs, ti—*] *adj.* سرسخت، محکم، چسبنده، سفت، مستحکم، استوار.

te.nac.i.ty [*tenǽsiti*] *n.* سختی، سفتی، چسبندگی، اصرار، سرسختی.

ten.an.cy [*ténənsi*] *n.* اجاره داری، مدت اجاره، مالکیت موقت.

ten.ant [*ténənt*] (**-ed, -ing**), *n. & vt.* کرایه‌نشین، مستأجر، اجاره‌دار، اجاره کردن، متصرف بودن.

tenant.less [*ténəntlis*] *adj.* بدون مستأجر، [در مورد املاك] خالی، اشغال نشده.

ten.ant.ry [*ténəntri*] *n.* اجاره نشینی، اجاره داری، کلیهٔ مستأجرین یك ملك.

ten-cent store, *n.* فروشگاه دارای کالاهای ارزان.

tench [*ten(t)ʃ*] (*pl.* **tench, tenches**) *n.* [ج.ش.] ماهی گول آبشیرین اروپا و آسیا.

tend [*tend*] (**-ed, -ing**) *vt. & vi.* نگهداری کردن از، توجه کردن، پرستاری کردن، مواظب بودن، متمایل بودن به، گرایش داشتن.

tend.en.cy [*téndənsi*] *n.* گرایش، تمایل، میل، توجه، استعداد، زمینه، علاقه‌مختصر.

ten.den.tious [*tdnpénʃəs*]=**ten-den.cious,** *adj.* دارای گرایش ویژه وعمدی، متمایل، متوجه، رسیدگی کننده.

ten.der [*téndə*] (**-ed, -ing**), *adj., n., vt. & vi.* نازك، حساس، لطیف، دقیق، ترد و نازك، باریك، محبت‌آمیز، باملاحظه، حساس بودن، تردکردن، لطیف کردن، انبار، ارائه دادن، تقدیم کردن، پیشنهاد، پول رایج، مناقصه و مزایده.

A t.-hearted man. مردی دلرحیم.

Of t. age. خردسال.

Call for tenders. بمزایده یا مناقصه دعوت کردن، آگهی مناقصه‌دادن.

tenderfoot [*téndəfut*] (*pl.* **-s, tender.feet**) *n.* پیش‌آهنگ تازه‌کار، [مغرب آمر.] آدم تازه وارد، تازه‌کار.

tenderhearted, tender - heft.ed, *adj.* دل نازك، دلرحیم.

ten.der.iza.tion, *n.* ترقیق، نازك سازی.

ten.der.ize, *vt.* حساس کردن، ترد کردن، خوابانیدن گوشت (در ماست و غیره) برای ترد ونازك کردن آن.

tenderloin, *n.* گوشت پشت مازو.

tender-minded, *adj.* دارای فکر حساس، رقیق‌القلب، مهربان.

ten.don [*téndən*] *n.* (در گوشت) پوره، [تش] پی، وتر، زردپی، (در جمع) اوتاد.

ten.dril [*téndril*] *n. & adj.* پیچك، ریشهٔ پیچك.

ten.e.brif.ic, te.neb.ri.ous=ten.e.brous [*ténibrəs*] *adj.* تاریك‌کننده، تاریکی‌آور، ظلمانی، تاریك کننده.

ten.e.ment [*ténimənt*] *n.* ملك استیجاری، مستغلات، آپارتمان.

ten.et [*ténit*] *n.* انگاشته، انگاره، عقیده، اصول، مرام، معتقدات منجی، پایه تفکر.

ten.fold [*ténfould*] *adv. & adj.* ده برابر، ده‌چندان.

ten.nis [*ténis*] *n.* تنیس.

tennis shoe=sneaker, *n.* کفش تنیس، کفش کتانی.

ten.on [*ténən*] (**-ed, -ing**) *vi., vt. & n.* زبانه، زبانه‌دار کردن.

ten.or [*ténə*], **ten.our,** *adj. & n.* فحوا، مفاد، نیت، رویه، تمایل، صدای زیر مردانه.

tenpin, *n.* بازی بولینگ ده میله‌ای.

tense [*tens*] (**-d, tensing**) *n., adj., vt. & vi.* (عصب یا طناب) کشیده، عصبی و هیجان زده، زمان فعل، تصریف زمـان فعل، سفـت، سخت، ناراحت، وخیم، وخیم شدن، تشدید یافتن.

ten.sile [*ténsail*] *adj.* قابل انبساط، کشدار.

ten.sion [*ténʃən*] (**-ed, -ing**), *vt. & n.* کشش، امتداد، تمدد، قوهٔ انبساط، سفتی، فشار، بحران، تحت فشار قراردادن.

ten.sion.al, *adj.* کششی، انبساطی.

tension.less, *adj.* بیفشار، بی‌کشش.

ten.si.ty [*ténsiti*] *n.* قوهٔ کشش، سفتی، شدت، وخامت.

ten.sor, *n.* (تش.) عضلهٔ ممدده، تانسور.

tent [*tent*] (**-ed, -ing**) *n., vt. & vi.* چادر، خیمه، خیمه زدن، توجه، توجه کردن، آموختن، نوعی شراب شیرین اسپانیولی.

ten.ta.cle [*téntəkl*] *n.* [ج.ش.] شاخك حساس، ریشهٔ حساس، موی حساس جانور [مثل موی سبیل گربه]، بازوچه.

ten.tac.u.lar, *adj.* بازوچه‌ای، [ج.ش.] دارای شاخك حساس، شبیه شاخك حساس.

ten.ta.tive [*téntətiv*] *adj. & n.* آزمایشی، تجربی، امتحانی، عمل تجربی.

ten.ter [*téntə*] (**-ed, -ing**) *n. & vt.* (نساجی) چهارچوب پارچه‌خشك کنی، نگهدار، مستحفظ، خیمه‌دار، خیمه‌دوز.

tenterhook [*téntəhùk*] *n.* (نساجی) گیرهٔ چهارچوب پارچه خشك کنی.

tenth [*tenθ*] (*pl.* **-s**) *n., adj. & adv.* دهم، دهمین، دهیك، عشر، عشریه.

tenth-rate, *adj.* درجهٔ دهم، از پائین‌ترین جنس، پائین‌ترین درجه.

tent.less, *adj.* بی‌چادر، (اسکاتلند) بی‌توجه، بی‌دقت، لاابالی.

tentmaker, *n.* خیمه دوز، خیام.

te.nu.i.ty [*tenjúiti*] *n.* نازکی، باریکی، رقت، سادگی، لطافت، قلت.

ten.u.ous [*ténjuəs*] *adj.* رقیق، نازك، باریك، لطیف، دقیق، بدون نقطهٔ اتکاء.

ten.ure [*ténjuə*] *n.* حق‌تصدی، تصرف، نگاهداری، اشغال، اجاره‌داری، تصدی.

te.pee, tipi, teepee [*tí:pi:*] *n.* خیمهٔ مخروطی سرخ پوستان.

tep.id [*tépid*] *adj.* نیم‌گرم، ولرم، سست.

te.pid.i.ty [*tepíditi*] *n.* نیم‌گرمی، ملولی، سستی، فتور.

ter.a.to.ma (*pl.* **-s, terato-mata**) *n.* تومور متشکلهٔ از انساج مختلف جنینی.

tercel, *n.* [ج.ش.] قوش نر، قوش چاردانگ.

ter.centenary [*tə:sentí:nəri*], **ter.centennial,** *adj. & n.* [جشن] سیصد سالگی، سه‌قرن، سیصدساله.

ter.giver.sate, *vi.* مرتد شدن، از مسلك خود دست کشیدن.

ter.gi.ver.sa.tion, *n.* برگشت، ارتداد، بی‌ثباتی، تناقض گوئی.

ter.gi.ver.sa.tor, *n.* مرتد، طفره‌رو.

term [*tə:m*] (**-ed, -ing**) *vt. & n.* مدت، دوره، دورهٔ انتصاب، جمله، اصطلاح، عبارت، نیمسال، سمستر، ثلث تحصیلی، شرایط، روابط، فصل، موقع، هنگام، نامیدن.

In terms of. برحسب، بزبان.

ter.ma.gant [*tə':məgənt*] *adj. & n.* پرجنجال، داد و بیداد کن، پتیاره، سلیطه.

ter.mi.na.ble [*tə':mìnəbl*] *adj.* فسخ پذیر، قابل فسخ، پایان یافتنی، انتهائی.

ter.mi.nal [*tə':minəl*] *n. & adj.* نهائی، انتهائی، واقع درنوك، پایان، انتها، آخر خط راه‌آهن یا هواپیما، پایانه.

Bus t. انتهای خط اتوبوس، پایانه.

ter.mi.nate [*tə':mineit*] (**- d, terminating**) *vt. & vi.* بپایان رساندن، خاتمه دادن، منقضی کردن، فسخ کردن، محدود کردن، خاتمه یافتن.

To t. a contract. بقراردادی خاتمه دادن.

ter.mi.na.tion, -al [*tə:minéiʃən*], *n.* پایان، خاتمه، انتها، فسخ، ختم.

Bring to a t. بپایان رساندن.

ter.mi.na.tor, *n.* بپایان رساننده، فسخ‌کننده.

ter.mi.no.log.i.cal [*tə:minəlɔ́dʒikəl*] *adj.* وابسته بمجموعهٔ اصطلاحات، وابسته به اصطلاحات علمی وفنی.

ter.mi.nol.o.gy [*tə:minɔ́:lədʒi*] *n.* اصطلاحات علمی یا فنی، کلمات فنی، واژگان.

ter.mi.nus [*tə':minəs*] (*pl.* **ter-mi.ni, -es**) *n.* ایستگاه نهائی، پایانه.

ter.mite [*tə':mait*] *n.* [ج.ش.] موریانه.

term.less, *adj.* بی‌وعده، بی‌مدت، بی‌پایان، غیر قابل توصیف، بدون شرط.

term paper, *n.* رسالهٔ کوتاه.

tern [*tə:n*] *n. & adj.* (ج.ش.) پرستوك دریائی، چلچلهٔ دریائی، یك دستهٔ سه‌تائی.

ter.na.ry, ter.nate, *adj.* سه برگچه‌ای، سه‌گانه، سه‌تائی، سومین، گروه سه‌تائی.

terp.si.cho.re.an [*tə:psikəríən*], *adj. & n.* وابسته به رقص، رقاص.

ter.race [*térəs*] (**-d, terrac-ing**) *adj., vt., vi. & n.* بهار خواب، تراس، تراس دار کردن، تختان، تختان‌دار کردن.

terra-cotta [*térə kɔ́tə*] (*pl.* **-s**), *n.* سفالینه، گلصورت‌سازی، قرمز مایل بقهوه‌ای.

ter.ra fir.ma [*térə fé:mə*] *n.* خشکی، خاك، قطعهٔ اصلی، خطهٔ بدون جزیره.

ter.rain [*térein, teréin*] *n. & adj.* زمینه، عوارض زمین، زمین، ناحیه، نوع زمین.

ter.ra.pin [*térəpin*] *n.* [ج.ش.] لاك‌پشت‌خوراکی سواحل فلوریدا.

terr.aqueous, *adj.* شامل خشکی ودریا، زمینی ودریائی.

ter.rar.i.um (*pl.* **terraria, -s**), *n.* گلخانه، نمایشگاه جانوران خشکی.

ter.rene, *adj. & n.* خاکی، زمینی، دنیوی، زمین، سرزمین.

ter.res.tri.al [*tiréstriəl*] *adj. & n.* زمینی، خاکی، این جهانی، دنیوی.

ter.ri.ble [*téribl*] *adj.* وحشتناك، وحشت‌آور، ترسناك، هولناك، بسیار بد.

ter.ric.o.lous, *adj.* [ج.ش.ـ.گ.ش.] خاکزی، خاکی.

ter.ri.er [*tériə*] *n.* فهرست مایملك،

[ج.ش.] سگ بوئی شکاری، سگ‌تری‌یر.

ter.rif.ic, -al [tərífik] *adj.* ترسناك، هولناك، مهیب، عظیم، فوق‌العاده.

ter.ri.fy [térifai] (**-ied, ter - rifying**) *vt.* وحشت زده کردن.

ter.ri.to.ri.al [tèritɔ́:riəl] *adj.* & *n.* زمینی، ارضی، داخلی، محلی،منطقه‌ای.

ter.ri.to.ri.al.iza.tion, *n.* ایجاد ناحیه، محدودکردن بیك‌ناحیه.

ter.ri.to.ri.al.ize (**-d, terri - torializing**) *vt.* محدود بیك‌ناحیه کردن، بصورت خطه‌درآوردن، بنواحی متعددتقسیم کردن، بصورت‌قلمرودرآوردن.

territorial waters, *n.pl.* آبهای ساحلی

ter.ri.to.ry [téritəri] *n.* خاك، خطه، زمین، ملك،کشور، قلمرو.

ter.ror [térə] *n.* دهشت، ترس‌زیاد، وحشت، بلا،بچهٔ شیطان.

ter.ror.ism [térərizm] *n.* ارعابگری، ایجادترس‌ووحشت‌درمردم.

ter.ror.ist, -ic [térərist,-k] *adj.* & *n.* ارعابگر،طرفدارارعاب‌وتهدید.

ter.ror.iza.tion, *n.* حکومت باتهدید و ارعاب، عمل ترور کردن، تهدید وارعاب،ارعابگری.

ter.ror.ize [térəraiz] (**-d, ter - rorizing**) *vt.* & *vi.* ارعابگری‌کردن، باتهدید وارعاب‌کاری انجام دادن، بـا تهدید و ارعاب حکومت کردن، ترورکردن.

terse [tə:s] *adj.* موجز، بی‌شاخ وبرگ، مختصر ومفید، مختصر.

ter.tian [tə́:ʃən] *adj.* & *n.* هرسه روزیکبار، سه یك.

ter.tiary [tə́:ʃ(i)əri] *adj.* & *n.* سومین، ثالث، قسمت سوم، دوران سوم.

ter.valent, *adj.* [ش.] سه ظرفیتی.

tes.sel.late (**-d, tessellat - ing**) *vt.* بصورت سنگهای چهارگوش‌کوچك درآوردن، باموزائیك زینت دادن، با موزائیك فرش‌کردن.

test [test] (**-ed, -ing**) *n., vt., adj.* & *vi.* آزمون، آزمایش، امتحان کردن، محك، معیار، امتحان‌کردن، محك زدن، آزمون‌کردن.

Put to t. آزمودن، محك‌زدن.

tes.ta (*pl.* **-e**) *n.* پوسته، [گ.ش.] تستا، کوزل، قشر خارجی دانه.

test.able [téstəbl] *adj.* آزمون‌پذیر،امتحان‌پذیر، آزمایشی،شهادت‌پذیر.

tes.ta.ceous, *adj.* صدفی، صدفدار، دارای رنگ‌آجر زرد.

tes.ta.ment [téstəmənt] *n.* وصیت‌نامه، پیمان، تدوین وصیت‌نامه، عهد.

tes.ta.men.ta.ry [sèstəméntəri], *adj.* وصیتی، وابسته بوصیت‌نامه، وصیت شده.

tes.tate [tésteit] (**-d, testat - ing**) *n.* & *adj.* (شخص) وصیت‌کرده، دارای‌وصیت، شاهد، وصیت‌کردن، شهادت‌دادن.

tes.ta.tor [téstéitə] *n.* موصی، وصیت‌کننده، شاهد، میراث‌گذار.

tes.ter [téstə] *n.* آزمایش‌کننده، ممتحن، آزمونگر.

tes.ti.cle, *n.* خایه، بیضه، خصیه، تخم.

tes.ti.fi.er, *n.* شاهد، گواه، تصدیق‌کننده.

tes.ti.fy [téstifai] (**-ied, tes - tifying**) *vt.* & *vi.* گواهی دادن، شهادت دادن، تصدیق‌کردن.

tes.ti.mo.nial [tèstimóuniəl], *adj.* & *n.* گواهی‌نامه،شهادت،تصدیق‌نامه، سفارش‌وتوصیه،رضایت‌نامه،شاهد، پاداش،جایزه.

tes.ti.mo.ny [téstiməni] *n.* گواهی، شهادت، تصدیق، مدرك، دلیل، اظهار.

Bear t. گواهی دادن، شهادت دادن.

tes.ti.ness, *n.* زود رنجی‌و کج‌خلقی.

tes.tis (*pl.* **testes**) *n.* (تش.) بیضه، خایه، تخم، گواهی، شهادت.

test match, *n.* مسابقهٔ‌آزمایشی. مسابقات قهرمانی‌کریکت انگلیس واسترالیا.

test paper, *n.* کاغذ مخصوص آزمایش، ورقهٔ امتحان، آزمون برگ.

test pilot, *n.* خلبان آزمایش کنندهٔ هواپیما.

test-tube, *adj.* & *n.* [ش.] لولهٔ آزمایش.

tes.ty [tésti] *adj.* زود رنج، کج‌خلق.

tet.a.nize (**-d, tetanizing**) *vt.* [طب] بحالت انقباض دائم درآوردن.

tet.a.nus [tétənəs] *n.* کزاز، تشنج.

tetchy [tétʃi] *adj.* زودرنج، تندمزاج، ناراضی‌نما، کج‌خلق.

tete-a-tete [téita:téit] *adv., adj.* & *n.* دوبدو، محرمانه، گفتگوی دوبدو.

teth.er [téðə] (**-ed, -ing**) *vt.* & *n.* کمند، افسار، حدود،وسعت،افسارکردن.

tet.ra- [tétrə] = **tetr-** پیشوندیست مشتق ازکلمهٔ یونانی بمعنی«چهار» و « دارای چهار قسمت» و «اربعه».

tet.rad, -ic, *adj.* & *n.* چهار،گروه چهارتائی، اربعه،چهارارزشی.

te.trag.o.nal, *adj.* (هن.) دارای چهار زاویه، چهارکنجی.

tet.ra.he.dral, *adj.* چهار ضلعی.

tet.ra.he.dron (*pl.* **-s,-hedra**) *n.* [هن.] جسم چهار سطحی ، چهارضلعی.

TETRAHEDRON

te.tral.o.gy, *n.* [یونان‌باستان] چهارنمایش،چهاردرام‌باترا‌ژدی.

te.tram.er.ous, *adj.* چهار جزئی، چهارتائی، چهارپر.

te.tram.e.ter, *n.* & *adj.* شعر چهاررونتدی، چهار وزنی.

tet.ra.pet.al.ous, *adj.* دارای چهارگلبرگ.

tet.ra.ploi.dy, *n.* چهارتائی.

te.trap.ter.ous, *adj.* چهارباله، دارای چهار بال، چهار جناحی.

tetrarchy, *n.* یکی از استانهای‌چهارگانه،حکومت‌چهارنفری.

tet.ra.valent, *adj.* & *n.* چهار ظرفیتی، چهار بنیانی.

Teu.ton [tjú:tən] *n.* نژاد قدیمی ژرمن، توتنی

Teu.ton.ic [tju:tɔ́nik] *n.* & *adj.* توتنی، ازنژاد قدیم‌آلمانی، زبان‌قدیم توتنی.

text [tekst] *n.* متن، نص، موضوع، کتاب درسی، مفاد.

textbook, *n.* کتاب درسی،کتاب اصلی دریك موضوع،رساله.

texbookish, *adj.* وابسته به کتاب درسی، شبیه متن‌کتب‌درسی.

tex.tile [tékstail] *n.* پارچه، پارچهٔ بافته، [در جمع] منسوجات.

tex.tu.al [tékstjuəl] *adj.* مربوط به متن یا نص،لفظی، متنی.

tex.tu.ary, *adj.* & *n.* مربوط به متن، لفظی، متنی،متن.

tex.ture [tékstʃə] (**-d, textur - ing**) *n.* & *vt.* بافندگی، شالوده، بافته، پارچهٔ منسوج، بافت، تاروپود، دارای بافت ویژه‌ای نمودن.

Thai (*pl.* **-s**) *n.* اهل‌کشور تایلند، زبان رسمی تایلند.

thaler [tá:lə] *n.* یکنوع سکهٔ بزرگ نقرهٔ آلمانی.

thal.lus (*pl.* **-es, thal.li**) *n.* [گ.ش.] پایه، ریسه، ساقه، بدنهٔ گیاه.

than [ðæn, ðən, ðn] *prep.* & *conj.* نسبت به، تا، که، تااینکه، بجز، غیر از.

thane, thegn [θein] *n.* [حق. قدیم انگلیس] خان، تیولدار آزاده.

thaneship, *n.* قلمرو یا موقعیت ومقام‌خان، مقام خانی.

thank [θæŋk] (**-ed, -ing**) *n., vt.* & *vi.* تشکر،سپاس، سپاسگزاری،اظهار تشکر، تقدیر،سپاسگزاری‌کردن، تشکر کردن.

thank.ful [θǽŋkful] *adj.* سپاسگزار، متشکر، ممنون، شاکر.

thank.less [θǽŋklis] *adj.* ناسپاس، حق ناشناس، ناشکر، بیهوده.

thanksgiving [θǽŋksgiviŋ; θæŋksgíviŋ] *n.* سپاسگزاری، شکرگزاری.

Thanksgiving Day, *n.* (آمر.) چهارمین پنجشنبهٔ ماه نوامبر،روزشکرگزاری.

that [ðæt] (*pl.* **those**) *conj., pron., adj., n.* & *adv.* آن، اشاره بدور، آن یکی، که، برای آنکه.

Is t. right? آیا درست است؟

It is like t. I had before. مانندآنست‌که پیشتر داشتم.

we eat t. we may live. میخوریم تازنده بمانیم.

thatch [θætʃ] (**-ed, -ing**) *n., vt.* & *vi.* کاه وپیزر مخصوص‌اندود وپوشش بام، کاهگل، کاه پوش‌کردن، کاه اندودکردن.

thau.ma.tur.gy, *n.* معجزه، جادو، کارخارق‌العاده، خرق عادت،معجزه، اعجاز.

thaw [θɔ:] (**-ed,-ing**) *n., vi.* & *vt.* آب شدن (یخ وغیره)، گداختن، گرم‌شدن.

Snow thaws برف آب میشود.

the [ðə, ði(:)] *n.* حرف تعریف برای چیز یا شخص‌معینی.

T. large one. آن یکی بزرگه.

T. book that. کتابی که.

T. rich. توانگران، دولتمندان.

the.a.ter, the.a.tre [θíətə] *n.* تآتر، تماشاخانه، بازیگر خانه، تالارسخنرانی.

the.a.ter.go.er, *n.* شخصی‌که مکرر به تآتر میرود، تماشاخانه‌رو.

the.at.ri.cal, - ity [θiǽtrikəl, –iti] *adj.* & *n.* وابسته به تماشاخانه، تآتری، درخورتماشا.

the.at.ri.cal.ism, *n.* تماشاخانه‌گرائی، پیروی ازروش تماشاخانه، تماشاخانه مسلکی.

the.at.ri.cal.ize (**-d, theatri - calizing**) *vt.* & *vi.* تماشاخانه‌ای کردن، بصورت‌تآتر درآوردن، بروی‌صحنه‌آوردن.

the.at.rics, *n.pl.* فن نمایش وتآتر.

thee [ði:] *pron.* تورا، ترا، بتو.

theft [θeft] *n.* دزدی، سرقت.

the.ine, the.in, *n.* [ش.] تئین‌که درچای یافت میشود.

their, -s [ðeə, – z] *adj.* & *pron.* شان، خودشان، مال ایشان،مال‌آنها.

the.ism [θí:izm] *n.* اعتقاد بخدا، خداشناسی، توحید، یزدان‌گرائی.

the.ist [θí:ist] *n.* یزدان‌گرای، معتقد بخدا، خداشناس،موحد، خداپرست.

the.is.tic, -al [θi:ístik(l)] *adj.* یزدان‌گرایانه، خدا پرستانه.

them [ðəm, ðem] *pron* & *adj.* ایشان‌را، بایشان، بآنها.

the.mat.ic [θimǽtik] *adj.* فرهشتی، ریشه‌ای، مربوط بموضوع، موضوعی، مطلبی، مقاله‌ای.

theme [θi:m] *n.* موضوع،مطلب،مقاله، فرهشت،انشاء، ریشه، زمینه، مدار، نت، شاهد.

them.selves [ðəmsélvz] *pron.* خودشان، خودشانرا.

then [ðen] *adv., adj., conj.* & *n.* سپس، پس (ازآن)، بعد، آنگاه، در آن هنگام، درآنوقت، آنوقتی، متعلق بآن زمان.

Now and t. گاه وبیگاه، هرچند وقت یکبار.

thence [ðens] *adv.* ازآنجا، ازآن زمان، پس ازآن، ازآن‌جهت،دیگر.

thenceforth [ðènsfɔ́:θ] *adv.* ازآن‌پس، سپس.

thenceforward, -s [ðènsfɔ́: wəd] *adv.* ازآن‌پس، ازآنجا ببعد،ازآن وقت .

the.o.cen.tric, *adj.* متوجه بخدا، خداگرای، خدا دوست،خدامرکز.

the.o.cen.tric.i.ty, the.o.cen - trism, *n.* توجه بخدا، خدادوستی.

the.oc.ra.cy [θiɔ́krəsi] *n.* یزدان‌سالاری،حکومت‌خدا،حکومت روحانیون.

the.o.crat [θí:oukræt] *n.* خداوندکشور، طرفدار یزدان‌سالاری.

the.o.crat.ic, -al [θi:oukrǽtik], *adj.* مربوط بحکومت خدائی، مربوط بخدا سالاری.

the.od.i.cy, *n.* اعتقاد بعدالت خدائی.

the.od.o.lite [θiɔ́dəlait] *n.* تئودولیت، دوربین مهندسی، زاویه‌سنج‌طول‌یاب.

the.og.o.ny, *n.* نسب نامهٔ خدایان، مطالعه و شناسائی اجداد واعقاب خدایان.

the.o.lo.gian [θi:əlóuðʒ(i)ən] *adj.* & *n.* متخصص‌الهیات، حکیم‌الهی، خداشناس.

the.o.log.i.cal [θi:əlɔ́dʒikəl] *adj.* وابسته بعلوم‌الهی.

the.ol.o.gize (**-d, theologiz - ing**) *vi.* & *vt.* درعلم‌الهیات بحث‌کردن.

the.ol.o.gy [θiɔ́lədʒi] *n.* یزدان‌شناسی، علم دین، الهیات، حکمت الهی، خدا شناسی.

the.on.o.my, *n.* حکومت خدائی، کشوری‌که خدا پادشاه‌آن‌باشد.

the.oph.a.ny, *n.* تجلی خدا به انسان، ظهور خدابه انسان.

the.o.rem [θíərəm] *n.* قضیه، برهان، مسئله، قاعده، نکره.

the.o.re.ti.cian = theorist, *n.* نگرشگر، ویژه‌گر درتئوری.

the.o.rist [θíərist] *n.* متخصص‌علوم نظری، نگرشگر، طرفدار استدلال‌نظری.

the.o.ri.za.tion, *n.* نگرشگری،تحقیقات نظری، استدلال نظری.

the.o.rize [θíəraiz] (**- d, the - orizing**) *vt.* & *vi.* نگرشگری‌کردن، استدلال نظری‌کردن، تحقیقات نظـری کردن، فرضیه بوجودآوردن،فرضیه‌ای‌بنیادنهادن.

the.o.ry [θíəri] *n.* اصول نظری، علم‌نظری، اصل‌کلی، فرض علمی، تحقیقات نظری، نگرش، نظریه.

the.o.soph.i.cal [θi:əsɔ́fikəl],

adj. وابسته به‌عرفان، عرفانی.
the.os.o.phist [θiɔ́səfist] n. عارف، اهل‌عرفان.
the.os.o.phy [θiɔ́səfi] n. عرفان، خداشناسی، حکمت الهی.
ther.a.peu.tic, -al [θèrəpjú:tik (əl)] adi. درمانی، وابسته‌بدرمان شناسی، معالج.
ther.a.peu.tist, ther.a.pist [θèrəpjú:tist] n. [طب] متخصص درمان شناسی، درمان شناس.
ther.a.py [θérəpi] n. [طب] درمان، معالجه، مداوا، تداوی.
there [ðεə] adv., adj., pron. & n. آنجا، درآنجا، به آنجا، بدانجا، دراینجا، در این موضوع، آنجا، آن مکان.
T. is a man who. مردی هست که.
T. was a king. پادشاهی بود.
there.about, - s [ðε'ərəbáut(s)], adv. درآن حدود، در همان نزدیکی، تقریباً.
thereafter [ðεərá:ftə] adv. پس ازآن، ازآن‌پس، بعد ازآن، بعدها.
thereat [ðεərǽt] adv. ازآن بابت، در آنجا.
thereby [ðεəbái] adv. بدان وسیله، ازآن راه، بموجب‌آن، درنتیجه.
there.fore [ðεərfɔ́:] adv. & n. برای‌آن (منظور)، از اینرو، بنابراین، بدلیل آن، سپس.
therefrom [ðεəfrɔ́m] adv. ازآن، ازآنجا، ناشی‌ازآن.
therein [ðεərín] adv. درآن، درآنجا، ازآن بابت، ازآن حیث.
thereinafter [ðε'əriná:ftə] adv. پیروآن، بدنبال‌آن، در تعقیب‌آن، بعداً.
thereinto, adv. در داخل‌آن، درجزءآن، در ضمن‌آن.
thereof [ðεərɔ́v] adv. ازآن، وابسته بآن، متعلق‌بآن، ازآنجا.
thereon [ðεərɔ́n] adv. برآن، براین، روی‌آن، درآنجا.
thereto [ðεətú:] adv. بآن، بدان، بعلاوه.
thereunder [ðεərʌ́ndə] adv. درزیرآن، بموجب‌آن، درذیل آن.
there.unto [ðεərʌ́ntu:] adv. بآن، بدآن، بضمیمهٔ‌آن، پیوسته‌به‌آن.
thereupon [ðε'ərəpɔ́n]adv. در نتیجه، بنابراین، بیدرنگ، پس ازآن.
therewith,-al [ðεəwíθ,-ɔ́:l] adv. باآن (نامه‌یا قرارداد)، بهپیوست، درآن‌هنگام، بدانوسیله، بیدرنگ، فوراً، درنتیجهٔ‌آن، ازآن بابت، علاوه‌براین، بعلاوه.
the.ri.ac, -al, adj. & n. تریاق، معجون، پادزهر، شیرهٔ‌قند، تریاقی.
therm [θə:m] n. کالری‌کوچك، معادل هزارکالری بزرگ، واحد گرما، حمام، داغ، حمام عمومی، گرما.
ther.mae, n.pl. چشمهٔ‌آب‌گرم، حمام آب‌گرم.
ther.mal [θə́:məl] adj. & n. دمائی، گرمائی، حرارتی، گرم.
ther.mic, -al, adj. گرمائی، وابسته بگرما، حرارتی.
ther.mo.du.ric, adj. & n. قادربه استقامت دربرابر حرارت‌زیاد، دماپای.
ther.mo.dynamic, -al, adj. وابسته بعلم ترمودینامیك، دماپویا.
ther.mo.dynamics [θə́:mou dəinǽmiks] n.pl. دانش‌دماپویائی، مبحث فعالیت‌مکانیکی‌ورابطهٔ‌آن‌باحرارت.
ther.mo.electric, adj. وابسته به‌رابطهٔ‌برق‌وحرارت، دمابرقی.
ther.mo.electricity, n. ایجاد جریان برق در اثرحرارت، دمابرق.
ther.mo.gram, n. دمانگاشت، گرمانگار، دمانگاره.
ther.mo.graph n. گرمانما، گرماسنج خودکار، دمانما.
ther.mog.ra.phy, n. دمانگاری، گرمانگاری.
ther.mo labile, adj. بی‌ثبات یاناپایدار درمقابل حرارت، دماناپای.
ther.mol.y.sis, n. (ش.) تجزیه شیمیائی در اثر حرارت، تحلیل حرارت بدن.
ther.mom.e.ter, ther.mom.e.tre [θəmɔ́mitə] n. گرما سنج، گرمانما، میزان‌الحراره، درجه، دماسنج.
ther.mom.e.try, n. گرماسنجی، دماسنجی.
ther.mo.phile, n. گرما دوست، دمادوست، دماگرائی.
ther.mos [θə́:mɔs] n. فلاسك، ترمس، قمقمه، محفظه یا ظرف عایق حرارت.
ther.mo.stat, -ic [θə́:moustǽt, -ik] adj. & n. آلت‌تعدیل گرما، دستگاه‌تنظیم‌گرما.
ther.mot.ro.pism, n. دماگرائی، حساسیت نسبت بگرما، گرماگرائی.
the.sau.rus [θi(:)sɔ́:rəs] (pl. -ri, -es) n. گنجینه، خزانه، انبار، مخزن، [مج.] فرهنگ جامع، قاموس، مجموعهٔ‌اطلاعات.
these [ði:z] (pl. of this), pron. & adj. اینها، اینان.
the.sis [θí:sis] (pl. theses) n. پایان نامه، رساله، قضیه، فرض، گذاره.
Thes.pi.an [θéspiən] adj. & n. وابسته به «تسپیس»شاعر یونانی،هنرپیشه.
thet.ic, -al, adj. وضع شده، مقرر، معین، ثابت، مطلق، وابسته به‌یاشامل پایان‌نامه.
the.ur.gist, n. معجزه‌کننده، جادوگر.
the.ur.gy, n. معجزه، جادو،سحر.
thews[θju:z] n. نیروی‌عضلانی، عضله، عادت، راه ورسم،رفتار، منش، تقوی، وتر.
they [ðei] pron. آنها، ایشان، آنان.
they'd=they had,they would.
they'll=they will, they shall.
they're=they are.
they've=they have.
thick [θik] adv., adj. & n. کلفت،ستبر، ضخیم، غلیظ، سفت، انبوه، گل‌آلود، تیره، ابری، گرفته، محزون،زیاد، پرپشت.
thick and thin, n. در هرحال، در دشواری و سهولت، راسخ.
thick.en [θíkən] (-ed, -ing), vt. & vi. کلفت کردن،ستبر کردن،ضخیم کردن، پرپشت کردن، کلفت‌تر شدن، غلیظ شدن.
thick.et [θíkit] n. بیشه، درختزار انبوه.
thick.et.ed, adj. پوشیده شده بوسیلهٔ جنگل و درختزار.
thick.ety, adj. بیشه‌زار، بیشه‌مانند.
thickheaded, adj. احمق، نادان، کم‌هوش، خرف.
thick.ish [θíkiʃ] **thick.ly, adj. & adv.** نسبتاً ضخیم، نسبتاً انبوه.
thickset [θisét] adj. & n. انبوه، پرپشت، تنگ‌هم، تنگ، کلفت،قطور.
thick-skinned, adj. پوست‌کلفت، بی‌احساس.
thief [θi:f] (pl. thieves) n. دزد، سارق.
thieve [θi:v] (-d, thieving), vt. & vi. دزدی‌کردن، دزدیدن.
thiev.ery [θí:vəri] n. دزدی،سرقت.
thiev.ish [θí:viʃ] adj. خوگرفته بدزدی،دست‌کج،دزدوار،دزدانه، درخوردزدان.
thigh [θai] n. [تش.] ران.
thighbone, n. استخوان ران.
thim.ble [θímbl] n. انگشتانه، لولهٔ فلزی‌کوتاه.
thim.ble.ful [θímblful] n. باندازهٔ یك انگشتانه، یك‌خرده، یك‌جرعه.
thim.ble.rig [θímblrig] (-ged, -ging) n. & vt. شعبده‌بازی کردن، [بوسیلهٔ‌فنجان‌بازی]گول‌زدن، فریب دادن، مغبون کردن.
thim.ble.rig.ger [θímblrìgə] n. فنجان باز، مهره‌باز، شعبده‌باز،فریبکار.
thin [θin](-ned, -ning) (-ner, -nest) adv., adj., vt. & vi. نازك،باریك،لاغر، نزار، کم‌چربی، کم‌پشت،رقیق، کم‌مایه، سبك، رقیق و آبکی، کم جمعیت، بطور رقیق، نازك‌کردن،کم کردن، رقیق کردن، لاغر کردن، نازك شدن، دقیق شدن، کم‌پشت کردن.
thine [ðain] adj. & pron. ازآن تو، مال تو.
thing [θiŋ] n. & adv. چیز،شیء،کار، اسباب،دارائی، اشیاء، جامه، لباس، موجود.
The t. is. موضوع اینست که.
poor t. بیچاره!
thing.um.my [θíŋəmi] n. چیز، همان، اسمش.
think [θiŋk] (thought, thinking) adj., vt., n. & vi. اندیشیدن، فکر کردن، خیال کردن، گمان کردن.
T. over. مورد تأمل قرار دادن.
T. little of. ناچیز شمردن.
We thought of you. جای شما راخالی‌کردیم، جای‌شما سبز بود.
think.able [θíŋkəbl] adj. فکر کردنی، اندیشه پذیر، قابل‌فکر، ممکن.
think.er. n. اندیشمند، فکر کننده، اندیشنده، متفکر، فکور.
A great t. اندیشمندبزرگ، آدم فکور.
thin.ner, n. نازك‌کننده، کم‌کننده، رقیق‌کننده، نازکتر، کم‌پشت‌تر.
thin.nish, adj. نسبتاً لاغر.
thin-skinned, adj. دارای پوست نازك، پوست نازك، (مج.) حساس، نازك‌نارنجی.
third [θə:d] adj., adv., vt. & n. سوم، سومی، ثالث، یك سوم، ثلث، به سه‌بخش تقسیم کردن.
T. party. شخص ثالث.
third party, n. شخص ثالث.
third person, n. سوم شخص.
thirl (-d, -ing) n. & vt. سوراخ، حفره، پنجره، لرزش، طنین، سوراخ سوراخ کردن، دریدن، گرفتار کردن، محدود کردن.
thirst [θə:st] n. & vi. تشنگی، عطش، آرزومندی، اشتیاق، تشنه‌بودن، آرزومند بودن، اشتیاق داشتن.
To t. for revenge. آرزوی‌انتقام‌داشتن.
thirsty [θə́:sti] adj. تشنه، عطش‌دار، خشك، بی‌آب، مشتاق.
T. for fame. تشنهٔ شهرت.
thir.teen [θə́:tí:n] adj., pron. & n. سیزده، عدد سیزده.
thir.teenth [θə́:tí:nθ] adj. & n. سیزدهم، سیزدهمین، یك سیزدهم.
thir.ti.eth [θə́:tiiθ] adj. & n. سی‌ام، سی‌امین، یك‌سی‌ام.
thir.ty [θə́:ti] adj. & n. سی، عددسی.
this [ðis] (pl. these) pron., adj., n. & adv. این،(صورت‌جمع‌آن these است).
T. morning. امروز صبح.
this.tle [θísl] n. [گ.ش.] خار، بوتهٔ خار، شوك، بادآور، شوك مبارك، تاتاری.
this.tly, adj. خاردار.
thith.er [ðíðə] adv. & adj. آنجا، به‌آنجا، بدآنسو، به‌آنطرف، آنطرف‌تر،دورتر.
thith.er.ward=thith.er.wards, adv. بآنطرف، بدانسو.
thole [θoul] (-d, tholing) n., vt. & vi. کشیدن، تحمل کردن، گذاردن، اجازه‌دادن،چوب‌یا میلهٔ‌اهرم‌پارو، گنبد، قبه.
thong [θɔŋ] (-ed, -ing) n. & vt. تسمه، قیش، شلاق‌زدن، باتسمه‌بستن.
Thor [θɔ:] n. (نج.) برج‌ثور، گاو.
tho.rac.ic,adj. صدری، وابسته‌به‌قفسهٔ‌سینه.
tho.rax [θɔ́:ræks] (pl. -es) n. سینه،صدر، قفسهٔ سینه.
thorn, -ed [θɔ:n] vt. & n. خار، تیغ،سرتیز، موجب ناراحتی تیغ‌دار کردن.
thornlike, adj. خارمانند.
thorny [θɔ́:ni] adj. تیغستان، خاردار، تیغ‌تیغی، خار مانند.
thor.ough [θʌ́rə] prep., adv., n. & adj. از اول تاآخر، بطورکامل،کامل، تمام.
thor.ough.bred [θʌ́rəbrèd] n. &adj. اصیل، خوش جنس، با تجربه، کاردیده.
thor.ough.fare [θʌ́rəfεə] n. راه عبور، شارع عام، شاهراه، معبر.
thoroughgoing, adj. بسیاردقیق، تمام وکمال.
thorough-paced, adj. دقیق‌گام، خوش روش، بهمه جور قدم تربیت‌شده، قابل.
those [ðouz] (pl. of that) adj. & pron. آنها، آنان.
thou [ðau] (pl. -s) (-ed,-ing), pron., n., vi. & vt. تو، «تو» بکسی‌خطاب کردن،یك‌هزاردلار.
though [ðou] adv. & conj. بهرحال، باوجودآن، بهرجهت، اگرچه، گرچه، هرچند، بااینکه، باوجوداینکه، ولو،ولی.
thought [θɔ:t] n. گمان، اندیشه، فکر،افکار، خیال،عقیده، نظر،قصد،سر، مطلب، چیز فکری، استدلال، تفکر.
thought.ful [θɔ́:tful] adj. اندیشمند، با ملاحظه، بافکر، فکور، متفکر، اندیشناك.
T. hours. ساعات تفکر.
thought.less [θɔ́:tlis] adj. بی‌فکر، بی‌ملاحظه، لاقید، ناشی از بی‌فکری.
thought-out, adj. تفکرشده، فکرشده، سنجیده، مطالعه شده.
thoughtway, n. طرز تفکر.

thou.sand [θáuzənd] (pl. -s), n. & adj. هزار.

thou.sandth [θáuzənθ] adj. & n. یك‌هزارم، یك‌هزار، هزارم.

thrall [θrɔ:l] (-ed, -ing) n. & vt. بنده، غلام، بندگی، بنده‌کردن.

thrall.dom, thral.dom [θrɔ́:ldəm] n. بندگی، اسارت، عبودیت.

thrash [θræʃ] (-ed, -ing) n., vt. & vi. کوبیدن، ازپوست درآوردن، کتك زدن، کوزَل‌کوبی.

T. out. بابحث زیاد پیداکردن.

thrash.er [θrǽʃə] n. کوبنده، ازپوست درآورنده، ماشین غله‌پاك‌کنی، خرمن‌کوب.

thra.son.i.cal, adj. لافزن، از روی لافوگزاف.

thraw (-ed, -ing) n., vt. & vi. حالت نزع،رنج، درد، عصبانیت،خشم،دردبردن، دردکشیدن، پیچ خورده، در رفته.

thread [θred] (-ed, -ing) n., vt., adj. & vi. نخ، ریسمان،قیطان،رزوه، شیارداخل پیچ‌ومهره، شیار، برجستگی، رگه، رشته، نخ کـردن، بند کشیدن، نخ‌کشیدن‌به، موجی کردن، دارای‌خطوط برجسته‌کردن، حدیده وقلاویز کردن، رشته‌رشته شدن، مثل نخ باریك‌شدن.

Hang by a. t. به موئی بند بودن.

threadbare [θrédbεə] adj. [در مورد پارچه] نخ نما، مندرس.

threadlike[θrédlaik]adj. نخ مانند.

thready, adj. نخ مانند، باریك، نازك، چسبناك، رشته رشته، باصدای باریك.

threat [θret] (-ed, -ing) n., vt. & vi. تهدید، تهدیدکردن، ترساندن.

threat.en [θrétn] (-ed,-ing), vt. & vi. تهدیدکردن، ترساندن، خبردادن از.

T. with death. تهدید بقتل‌کردن.

It threatens to rain. خیال باریدن دارد.

three [θri:] n., pron. & adj. سه، شمارهٔ۳.

three-decker, n. هرچیز سه‌طبقه‌ای یا سه‌لایه‌ای.

three.fold [θrí:fould] adj. & adv. سه برابر، سه‌لا، سه‌دفعه، سه‌مرتبه، سه‌گانه.

three.pence [θrépəns, θrí-] (pl. -es) n. سکهٔ سه‌پنی.

three.pen.ny [θrépəni, θrí–] adj. دارای ارزش سه‌پنی.

three-ply, adj. سه‌لا،سه‌لایه.

threescore [θrí:skɔ́:] adj. شصت، شصت‌تائی،سه‌ضرب در بیست.

three.some [θrí:səm] adj. & n. سه‌نفری، بازی سه‌نفری.

thren.o.dy [θrí:no(u)di] n. مرثیه، سوگ‌شعر،شعرعزا.

thresh [θreʃ] (-ed, -ing) n., vt. & vi. کوبیدن، از پوست درآوردن، خرمن‌کوبی‌کردن.

thresh.er [θréʃə] n. ماشین خرمن‌کوب، (ج.ش.) کوسه ماهی درندهٔ سواحل آمریکا واروپا(Alopias vulpinus).

thresh.old [θréʃould] adj. & n. آستانه، آستانه مانند، آستانه‌ای.

threw [θru:] (p. of **throw**). (زمان‌ماضی‌فعل throw)، پرتاب‌کرد،انداخت.

thrice [θrais] adv. سه‌بار، سه‌دفعه، سه‌مرتبه.

thrift [θrift] n. صرفه‌جوئی، خانه‌داری، عقل معاش.

thrift.less [θríftlis] adj. ولخرج، بی‌عقل‌معاش، دست‌باد.

thrifty [θrífti] adj. خانه‌دار، صرفه‌جو،مقتصد.

thrill [θril] (-ed, -ing) n., vt. & vi. هیجان، بهیجان‌آوردن، بتپش درآوردن، لرز، لرزه.

thrill.er [θrílə] n. (هرچیز)هیجان انگیز، مرتعش‌کننده، بلرزه درآورنده، مختلج.

thrive [θraiv] (throve, thri-ved, thriven, thriving) vi. پیشرفت کردن، رونق‌یافتن، کامیاب شدن.

throat [θraut] (-ed, -ing). vt. & n. گلو، نای، دهانه، [مج.] صدا، دهان، ازگلو اداکردن.

throaty [θróuti] adj. دارای‌گلوی بزرگ، دارای صدای‌گرفته‌وخشن.

throb [θrɔb] (-bed, -bing) vi. & n. تپش،زدن، تپیدن، لرزیدن،تپش‌داشتن، ضربان.

throe [θrou] (-d, throing) n. & vi. تیرکشیدن(درد)،زایمان،رنج،گیرودار.

throne [θroun] (-d,throning), n., vt. & vi. تخت، سریر، اورنگ، برتخت‌نشستن.

throng [θrɔŋ] (-ed, -ing) n., vt. & vi. گروه، جمعیت، ازدحام، هجوم، ازدحام‌کردن.

thros.tle [θrɔ́sl] n. (ج.ش.) باسترك، دستگاه پشم‌ریسی.

throt.tle [θrɔ́tl] (-d, throttl-ing) n., vi. & vt. گلو، دریچهٔ کنترل بخار یا بنزین، خفه کردن، گلورا فشردن، جلو را گرفتن، جریان‌بنزین‌را کنترل‌کردن.

throt.tler, n. خفه‌کننده.

through=thru [θru:] adv., n. & adj. ازمیان،ازوسط،ازتوی، بخاطر، بواسطهٔ، سرتاسر،ازآغازتا انتها،کاملاً، تمام شده، تمام.

Go t. with. بپایان رساندن.

A t. ticket. بلیط یکسره (بدون توقف).

through.ith.er, through.oth-er, adv. & adj. دستپاچه، پریشانحال.

throughout [θru:áut] prep., adj. & adv. سراسر، تماماً، از درون وبیرون، بکلی.

throve [θrouv] (pl. of **thrive**). (زمان‌ماضی‌فعل thrive)،موفق‌شد، کامیاب‌شد.

throw [θrou] (threw, thrown, throwing) n., vt. & vi. پرتاب، انداختن، پرت‌کردن، افکندن، ویران‌کردن.

throw away, n. & vt. دورانداختن، آشغال، چیز دور انداخته، چیز بی‌مصرف.

throw back [θróubæk] n. & vt. ترقی وپیشرفت را عقب انداختن، باعث تأخیر شدن، رجعت، برگشت به‌خصال نیاکان.

throw in, vt. (کلاچ‌را)درد‌نده‌انداختن، تزریق‌کردن، مشارکت کردن، افزودن‌بر.

throw off, vt. دورانداختن، بیرون دادن، فرار کردن (ازتعقیب‌کنندگان).

throw out, vt. بیرون انداختن.

throw over, vt. ترك‌کردن.

throw up, vt. & vi. بلندکردن، کناره‌گیری‌کردن‌از، قی‌کردن.

thrum [θrʌm] (-med,-ming), n., adj., vt. & vi. ریشه، ته نخ، ریشه یا نخ‌آویخته، صدای‌تپ‌تپ‌بازدن‌روی میز، بانخ یاریشه پوشانده شده، ریشه‌دار، مضراب زدن، اندك زرزركردن(درساز)،روی میز زدن.

thrush [θrʌʃ] n. باسترك،(طب)برفك.

thrust [θrʌst] (thrust, -ing), n., vt. & vi. دوراندگی، فروکردن، انداختن، پرتـاب‌کـردن، چپاندن، سوراخ‌کردن، رخنه‌کردن در، بزور باز کردن، نیرو، فشار موتود، نیروی پرتاب، زور، فشار.

thud [θʌd] (-ded, -ding) n., vi. & vt. صدای خفه وآهسته ایجادکردن، ضربه، ضربه‌های متوالی، تپ‌تپ، هنهن.

thug [θʌg] n. آدم‌کش، بی‌شرف، قاتل، گردن‌کلفت.

thug.gee, thug.gery, n. قتل، آدم‌کشی، ترور.

thug.gish, adj. مثل آدمکش.

Thu.le, n. [در قدیم] آخرین‌نقطهٔ شمالی مسکون دنیا (بعقیدهٔ بعضی «نروژ»).

thumb [θʌm] (-ed, -ing) n., vi. & vt. شست، با شست لمس کردن یاسائیدن.

Rule of t. قاعدهٔ عملی، راه تجربی.

thumb index, n. نویسه‌نما.

thumbnail, adj. & n. کوچك، ناخن شست، هرچیزی‌که باندازهٔ ناخن باشد.

thumbprint (-ed, -ing) n. & vt. اثرشست، اثرشست‌گذاشتن.

thumbscrew, n. & vt. اشکلك شست، باشست پیچاندن.

thumbtack (-ed, -ing) vt. & n. پونز، پونززدن‌به، باپونز محکم‌کردن.

thump [θʌmp] (-ed, -ing) n., vt. & vi. ضربت، باچیزپهن وسنگین (مثل چماق) زدن، صدای تلپ، با صدای تلپ تلپ زدن یا راه‌رفتن.

thun.der [θʌ́ndə] (-ed, -ing), n., vi. & vt. تندر، آسمان غرش، رعد،رعدزدن، آسمان‌غرش کردن، باصدای‌رعدآسا اداکردن.

thunderbird, n. (ج.ش.) آلاگزنهٔ استرالیائی، مرغ افسانه‌ای موجد رعدوبرق.

thun.der.bolt, vt. & n. آذرخش، صاعقه، صاعقه‌زدن.

thunderclap, n. صدای صاعقه مانند، صدای تندر، غرش رعد.

thundercloud, n. ابر صاعقه‌دار.

thun.der.er, n. تُندرگر.

thunderhead, n. توده ابری‌که حاشیه‌اش سفید است وقبل ازرعد وبرق درآسمان ظاهرمی‌شود.

thun.der.ing, adj. & n. رعدزن، صاعقه‌انداز، غریب، رعدآسا.

thun.der.ous [θʌ́ndərəs] adj. تندردار، رعدآسا، صاعقه‌وار.

thundershower, n. رگبار همراه بارعد وبرق.

thunderstorm, n. توفان تندری، توفان‌همراه باآذرخش وصاعقه.

thunderstrike (-struck, -striking) vt. دچار صاعقه شدن، دچاررعد وبرق شدن، صاعقه‌زدن، مبهوت‌شدن.

thu.ri.ble, n. مجمر، بخوردان، بخورسوز.

Thurs.day, -s [θə:zdi] adv. & n. پنجشنبه.

thus [ðʌs] adv. & n. بدین‌گونه، بدینسان، ازاین‌قرار،اینطور،چنین، مثلاً، بدین‌معنی‌که، پس، بنابراین.

T. far. تا این درجه، تا این‌اندازه.

thwack [θwæk] (-ed, -ing), vt., vi. & n. باچوب پهن‌کتك زدن، زدن، پر کردن، ضربت.

thwart [θwɔ:t] (-ed, -ing) vt., vi., adv., adj., n. & prep. بی‌نتیجه‌گذاردن،خنثی‌کردن، حائل‌کردن، عقیم گذاردن، مخالفت‌کردن با، انسداد، اریب،کج، درسرتاسر(چیزی) ادامه دادن یاکشیدن.

thwartwise, adj. & adv. بطور اریب، بطور متقاطع، اریب، متقاطع.

thy [ðai] adj. مال‌تو، ات، ت(مثل «کتابت» و «خانه‌ات»).

thyme [taim] n. [گ. ش.] آویشن، صعتر.

thy.mus, n. [تش.] غدهٔ تیموس.

thy.roid [θáirɔid] adj & n. سپرَدیس، سپر مانند، وابسته بغدهٔ درقی.

thy.self [ðaisélf] pron. خودت، خودتو.

ti.ara [taiá:rə,tiá:rə] n. تارك (tarok)،کلاه پادشاهی (در ایران‌قدیم)، تاج پادشاهی، تاج پاپ، تاج یاکلاه.

Ti.bet.an [tibétən] adj. & n. اهل کشور تبت، تبتی.

tib.ia [tíbiə] (pl. -s, -e) n. (تش.) درشت نی، قصبهٔ کبری.

tib.i.al, adj. وابسته بدرشت‌نی.

tic [tik] n. [طب]انقباض‌غیرعادی عضلات، حرکات غیر ارادی اندامها.

tick [tik] (-ed, -ing) n., adj., vt. & vi. تیك تیك، چوبخط، سخت‌ترین مرحله، علامت،نشانی‌بدین‌شکل «√»،خط‌نشان گذاردن، خط‌کشیدن، چوبخط‌زدن، نسیه بردن، انواع‌ساس‌وکنه‌وغریب‌گزوغیره، تیك‌تیك‌کردن.

tick.er [tíkə] n. ساعت، دارای‌صدای تیك تیك، تلگراف.

T. tape. نوار ضبط دستگاه تلگراف.

tick.et [tíkit] (-ed, -ing) n., vt. & vi. بلیط، ورقه، آگهی،برچسب، برچسب‌زدن‌به، بلیط منتشرکردن، بلیط‌دار کردن.

tick.le [tíkl] (-d, -ling) n., vt. & vi. غلغلك دادن، غلغلك،خاریدن.

tick.ler [tíklə] n. غلغلك دهنده، بهم زننده، تحریك‌کننده، قمقمهٔ‌کوچك.

tick.lish [tíkliʃ] adj. غلغلکی،حساس.

tick.tack, tic.tac, n. تیك تاك، صدای تپش دل، ضربان، تیك‌تیك.

tid.al [táidl] adj. جزرومدی،کشندی.

tidal wave, n. موج‌کشند.

tid bit [tídbit] **tit.bit,** n. لقمه چرب و نرم، چیزعالی، خرده ریز.

tide [taid] (-d, tiding) n., vt. & vi. جریان، عید، کشندداشتن، جزر ومد ایجادکردن، اتفاق افتادن، کشند.

Go with the tide. همرنگ جماعت‌شدن، طبق‌مقتضیات‌رفتارکردن.

Christmas t. فصل عید میلاد.

tide.land, n. زمین ساحلی دستخوش جزر ومد.

tide.less, adj. بی‌کشند، بدون جزر ومد، بی‌جزرومد، بی‌فصل، بیموقع.

tidewater, n. آب جزرومدکه بخشکی میرسد، [مج.] خط ساحلی،کشندآب.

tideway, n. مسیرجزرومد، روگاه جزر ومد،کشندراه.

ti.dy [táidi] (-ied, tidying) n., adj., vi., adv. & vt. بطورمنظم،مرتب، پاکیزه، منظم‌کردن، آراستن، مرتب‌کردن.

tie [tai] (tied, tying, tieing), n., vt. & vi. دستمال‌گردن، کراوات، بند، گره، قید، الزام، علاقه، رابطـه، برابری، تساوی، بستن، گره‌زدن،زدن.

tiepin, n. سنجاق‌کراوات، سنجاق مدال وزینت آلات زنانه.

tier [tiə] n., vi. & vt. ردیف‌صندلی،

ردیف، رده، صف، ردیف کردن، ردیف‌شدن.

tierce [tiəs] adj. & n. ثلث‌کردن، به سه قسمت تقسیم کردن، سه‌ورق جور آوردن.

tie up [táiʌp] vt. & n. انسداد، بستن، پیچیدن، مقید کردن، حبس کردن.

tiff [tif] (-ed, -ing) vt., vi. & n. کدورت، کج‌خلقی، کج‌خلقی کردن.

tif.fa.ny, n. پارچهٔ ململ، پارچهٔ توری ابریشمی نازك.

tif.fin [tífin] (-ed, -ing) n., vi. & vt. [درهند] ناهارمختصر، ناهارخوردن.

ti.ger [táigə] (pl. -s) n. [ج.ش.] ببر، پلنگ.

ti.ger.ish, -ly, tigerlike, adj. & adv. درنده‌خو، ببرصفت.

tiger lily, n. [گ.ش.] سوسن‌بلندآسیائی.

tight [tait] adj. & adv. سفت، محکم، تنگ (tang)، کیپ، مانع دخول هوا یا آب‌یاچیزدیگر، خسیس، کساد.

tight.en [táitn] (-ed, -ing), vt. & vi. سفت‌کردن، محکم‌کردن، تنگ کردن، فشردن، بستن، کیپ کردن، سفت‌شدن.

tight.en.er, n. سفت‌کننده، تنگ‌کننده، کیپ‌کننده.

tightfisted, adj. خسیس، پست.

tight-lipped,tight-mouthed, adj. کم‌حرف، خاموش، رازدار.

tightrope [táitròup] n. طناب بندبازی.

tights [taits] n.pl. جامهٔ چسبان وخفت (kheft)، لباس‌تنگ.

ti.gress [táigris] n [ج.ش.] ببرماده، ماده‌پلنگ.

Tigris, n. رود دجله.

tike=tyke [taik] n. سگ، آدم خام‌دست و بی‌تجربه، کودك.

tile [tail] (-d, tiling) vt., vi. & n. آجرکاشی، سفال، باآجرکاشی فرش کردن.

Glazed t. آجرکاشی، آجرلعابی.

till [til] prep. & conj. تا، تا اینکه، تاآنکه، تاوقتیکه.

till (-ed, -ing) n., vt. & vi. کشت کردن، زراعت کردن، زمین راکاشتن، دخل پول، کشو، دخل‌دکان، قلك، یخرفت.

till.able [tíləbl] adj. قابل‌کشت‌وزرع.

till.age [tílidʒ] n. کشت، کشاورزی، کشت‌وزرع.

til.ler [tílə] (-ed, -ing) n., vt. & vi. کشاورز، زارع، کشتکار، اهرم‌سکان‌کشتی، جوانه، جوانه زدن.

til.ler.man (pl. -men) n. شخم‌زن.

tilt [tilt] (-ed, -ing) adj., n., vt. & vi. کج شدن، یك‌وری‌شدن، کج‌کردن، در اهتزاز بودن، در نوسان بودن، شیب داشتن، مسابقهٔ نیزه سواری، شمشیر بازی سواره درقرون‌وسطی، زدوخورد، منازعه، برخورد، سرعت، شتاب، پرتاب، شیب، سرازیری، کجی، تمایل، حالت‌یك‌وری بودن.

tilth [tilθ] n. کشت، زمین کشت‌شده، زمین مزروعی.

tim.bal, tymbal, n. نقاره، دهل، کوس.

tim.ber [tímbə] (-ed, -ing), n., adj., vt. & vi. چوب، تیر، الوار، کنده، درخت الوار، صدای خشك، ناهنجار، طنین‌دارشبیه‌صدای‌زنگ، با الوار وتیرپوشاندن.

tim.ber.land, n. جنگل، جنگل‌چوب الوار.

timberline, n. [درمناطق سردوکوهستانی] خط مفروضی که بالای‌آن هیچ درختی رشد نمیکند.

tim.ber.man, n. الوارفروش، نجار.

tim.bre, tim.brel [tɛ́:(m)br, tímbrəl] n. دایره‌زنگی.

time[taim](-d, timing) n., vi., vt., adv. & adj. وقت، زمان، گاه، فرصت، مجال، (در جمع) زمانه، ایام، روزگار، مدروز، عهد، مدت، وقت معین کردن، متقارن ساختن، مرور زمان‌راثبت‌کردن، زمانی، موقعی، ساعتی.

T. Zone. بخش‌زمانی، گاه‌بخش.

At all times. در همهٔ اوقات، پیوسته.

Some t. or other آخر یك‌وقتی.

What t. is it? چه‌ساعتی است؟

We had a good t. ایام خوشی داشتیم.

Once upon a t. یکی بود یکی نبود، یك‌زمانی.

time deposit, n. سپردهٔ بانکی مدت‌دار.

time draft, n. برات مدت‌دار.

time exposure, n. مدت بازماندن دیافراگم دوربین‌عکاسی.

time-honored, adj. مورد احترام بعلت قدمت.

timekeeper, n. کارمند ثبت اوقات، وقت نگهدار، گاه‌نگهدار.

time killer, n. وقت تلف‌کن، وقت‌کش.

time-lapse, adj. مرورزمان، گاه‌گذشت.

time.less [táimlis] adj. & adv. نامناسب، بی‌انتها.

time.ly [táimli] adj. & adv. بموقع، بهنگام، بجا، بوقت.

time-out, n. ساعت‌غیبت‌کارگر، وقفه، فاصله، ایست، (دوروزش) تایم، مهلت.

timepiece, n. ساعت، گاه‌شمار.

time-saver, n. صرفه‌جوئی‌کننده دروقت، گاه‌اندوز.

timetable, n. گاه‌فهرست، صورت اوقات، برنامهٔ‌ساعات‌کار، جدول‌ساعات‌کار.

tim.id [tímid] adj. ترسو، کمرو، محجوب.

ti.mid.i.ty [timíditi] **tim.id.ness,** n. حجب، کمروئی، ترسوئی، بزدلی، جبن.

timing, n. تنظیم‌سرعت‌چیزی، تنظیم‌وقت.

ti.moc.ra.cy, n. (افلاطون) شرف‌سالاری، (ارسطو) مالك‌سالاری.

tim.o.rous [tímərəs] adj. بزدل، ترسو، جبون.

Tim.o.thy [tíməθi] n. اسم خاص مذکر، تیموتاوس.

tim.pa.ni, n. [مو.] نقاره، دهل، کوس.

tin [tin] (-ned, -ning) n., vi., adj. & vt. قلع، حلبی، حلب، قوطی، باقلع یاحلبی پوشاندن، سفیدکردن، درحلب‌یاقوطی‌ریختن، حلب کردن.

tin can, n. قوطی حلبی.

tinct, adj. & n. رنگی، رنگ(رقیق)دار، دارای ته‌رنگ، رنگ، اثر یا رنگ‌جزئی.

tinc.ture [tíŋkt∫ə] (-ed, -ing), vt. & n. تنتور، طعم جزئی، اثرجزئی، رنگ‌جزئی، ته‌رنگ، رنگ‌زدن، آلودن.

tin.der, tin.dery [tíndə, tíndəri], adj. & n. آتش‌زنه، آتش‌افروز، فتیلهٔ فندك، گیرانه.

tinderbox, n. فندك، قولان، جای‌گیرانه.

tine [tain] (tined, tint, tin-ing) n., vt. & vi. شاخ فرعی، دندانه، نوك‌شاخه‌یاسیخ، چنگك‌خیش، ازدست دادن، گم‌کردن، بافتن.

tinfoil, n. ورق قلع، ورق‌حلب، حلبی، ورقهٔ نازك‌قلعی.

ting [tiŋ] (-ed, -ing) n., vt. & vi. صدای‌زنگ (دادن)، طنین، طنین‌انداختن.

tinge, n., vt. & vi. رنگ‌کم، سایه‌رنگ، کمی رنگ‌زدن.

tin.gle [tíŋgl] (-d, tingling) vt., vi. & n. صدا (کردن)، طنین (انداختن)، حس خارش، سوزش‌کردن، حس خارش یا سوزش‌داشتن، صدا.

ti.ni.ness, n. ریزی، کوچکی.

tin.ker [tíŋkə] (-ed, -ing) n., vt. & vi. بند زن، وصال [vassaal]، سرهم‌بندی، وصلهٔ‌کاری، تعمیر کردن، بند زدن.

tin.ker.er, n. بندزن، سرهم‌بند، وصله‌زن، حلبی‌ساز.

tin.kle [tíŋkl] (-d, tinkling), n., vt. & vi. جرنگ جرنگ، صدای جرنگ، صدای جرنگ جرنگ کردن، طنین داشتن، دارای طنین‌کردن.

tin.kly, adj. طنین‌دار، جرنگ جرنگی.

tin.man [tínmən] **tin.ner,** n. حلبی‌ساز.

tin.ny [tíni] adj. قلع‌دار، قلعی، قلع مانند، حلبی‌ساز، قلع‌کار.

Tin Pan Alley, n. کوچهٔ موسیقی‌دانان و آهنگ سازان، جماعت موسیقی دانان.

tinplate, n. & vt. آهن‌سفید، با قلع پوشاندن، حلبی‌کردن، ورق‌حلبی.

tin.sel [tínsl] (-ed, -led, -ing, -ling) vt., adj. & n. پولك، نقده، زرق وبرقدار، پولك‌زدن.

tinsmith, n. حلبی‌ساز، آهن‌کوب.

tint [tint] (-ed, -ing) vt., vi. & n. رنگ، ته‌رنگ، رنگ‌مختصر، سایه‌رنگ، دارای‌ته‌رنگ‌یاسایه رنگ نمودن.

tin.tin.nab.u.la.tion [tìntinæ̀bjuléi∫ən] n. جرنگ جرنگ، طنین‌زنگ، طنین ناقوس.

tin.ware, n. ظروف حلبی، حلبی‌آلات.

tin.work, n. قلع کاری، کارخانهٔ‌قلع‌کاری.

ti.ny [táini] (pl. -ies) adj. & n. ریز، خرد، کوچولو، بچهٔ‌کوچولو، بسیار کوچك.

tip [tip] (-ped, -ping) n., vi. & vt. پول‌چای، انعام، اطلاع محرمانه، ضربت آهسته، نوك‌گذاشتن، نوك‌دار کردن، کج کردن، سرازیر کردن، یك‌وری‌شدن، انعام دادن، محرمانه رساندن، نوك، سرقلم، رأس، تیزی نوك چیزی.

tip-off, n. اخطار، اطلاع نهانی.

tip.per, n. انعام دهنده، کج‌کننده، واژگون‌کننده، تخلیه‌کننده.

tip.pet [típit] n. خزدورگردن وسردست، گردن‌پوش.

tip.ple [típl] (-d, tippling) n., vt. & vi. دائم‌الخمربودن، میگساری کردن، همیشه‌نوشیدن، مست‌کردن، مشروب، نوشابه.

tip.pler [típlə] n. میگسار، دائم‌الخمر، نوشابه‌فروش.

tip.si.ness, n. مستی، لولی، سرخوشی.

tipstaff [típsta:f] (pl. -s, tip-staves) n. عصای سرفلزی، چماقدار، یساول.

tip.ster [típstə] n. فروشندهٔ‌اسرار واطلاعات محرمانه، خبرچی.

tip.sy [típsi] adj. لول، لول‌شدن، مست، تلوتلوخور.

tiptoe [típtou] adv., n., adj. & vi. با نوك پا راه‌رفتن، نوك‌پنجه.

On t. هوشیار، زیرك، نوك‌پا، روی نوك‌پا ایستاده.

tip-top [típtɔ́p] adj. & n. نوك، بالاترین درجه، بهترین، اعلی درجه.

ti.rade, n. سخنرانی درازوشدیداللحن.

tire [táiə] (-d, tiring) vt. & n. خسته‌کردن، خسته، ازپادرآمدن، لاستیك‌چرخ، لاستیك، لاستیك‌زدن به.

tired, -ly [táiəd] n., adj. & adv. خسته، سیر، بیزار، خستگی، باخستگی.

tire.less [táiəlis] adj. بی‌لاستیك، خستگی‌ناپذیر.

tire.some [táiəsəm] adj. خسته‌کننده، مزاحم، طاقت‌فرسا.

tirewoman [táiəwùmən] n کلفت (kolfat)، پیشخدمت‌زن.

tiring-house, tiring-room, n. [در تآتر] محل تعویض لباس هنرپیشه.

tiro, tyro [táiərou] (pl. -s, -es) n. [م.م.] نوچه، نوآموز، تازه‌کار، مبتدی، کارآموز.

ti.sane, n. داروهای خیسانده، داروهای جوشانده.

tis.sue [tísju:, ti∫ju:, tí∫u:] n. بافته، بافت، نسج، رشته، پارچهٔ بافته.

tissue paper, n. دستمال‌کاغذی نازك.

tit [tit] n. تلافی، ضربه، یابو، دختریازن، نوك‌پستان، ممه.

T. for tat. این به‌آن‌در.

Ti.tan [táitən] adj & n. [افسانهٔ‌یونان] تیتان، غول‌پیکر، خدای‌خورشید.

ti.tan.ic [taitǽnik] adj. (باحرف‌بزرگ) غول‌آسا، خیلی کلان، وابسته‌به عنصر تیتانیوم.

titbit [títbit] **tid.bit,** n. قسمت لذیذ غذا، لقمهٔ خوشمزه، تکهٔ لذیذ و باب دندان، شایعات، اراجیف، خرده ریز.

tith.able, adj. & n. عشر دهنده، عشرگرفتن، مشمول عشریه.

tithe [taið] (-d, tithing) n., vt., adj. & vi. ده‌یك، عشر، عشریه، ده‌یك گرفتن از.

tith.er, n. عشر دهنده، عشرگیرنده.

tit.il.late [títileit] (-d, titillating) vt. & vi. غلغلك دادن، غلغلك شدن، [مج.] بطورلذت‌بخشی‌تحریك کردن.

tit.il.la.tion [titiléi∫ən] n. غلغلك، غلغلك‌آوری، لذت، کیف، هیجان.

tit.i.vate, tit.ti.vate [títiveit], vt. & vi. زیباکردن، آراستن، زیباشدن.

ti.tle [táitl] (-d, titling) n., vt., adj. & vi. کنیه، لقب، سمت، عنوان، اسم، مقام، نام، حق، استحقاق، سند، صفحهٔ عنوان‌کتاب، عنوان نوشتن، واگذار کردن، عنوان دادن‌به، لقب‌دادن، نام نهادن.

Under the t. of. بعنوان، تحت‌عنوان.

T. deed. قباله یاسند مالکیت.

titleholder=ti.tlist, n. صاحب سند مالکیت، دارای عنوان، لقب‌دار.

title page, n. صفحهٔ‌عنوان‌کتاب.

tit.mouse [títmaus] (pl. tit.-mice) n. [ج.ش.] چرخ ریسك.

ti.trate, vt. & vi. عیار چیزی را معین کردن، عیارگرفتن.

ti.tra.tion, n. تعیین عیار، عیارگیری.

tit.ter [títə] (-ed, -ing) n., vt. & vi. خندهٔ تو دزدیده، پوزخند زدن، ترترخندیدن.

tit.tle [títl] n. ذره، خرده، نقطه، همزه.

tittle-tattle [títltætl] n., vi. & adj. شایعات بی‌اساس، سخن‌چین، یاوه‌گفتن.

tit.u.lar, -ly [títjulə] n. & adj. لقبی، ناشی از لقب رسمی، افتخاری، عنوانی،

لقبدار، صاحب لقب، متصدی، دارای عنوانی.

TNT [ti:enti:]=**trinitrotoluene,** *n.* [ش.] مخفف کلمهٔ «تری نیتروتولوئن».

to [tu:, tu, tə] *prep. & adv.* بسوی، سوی، بطرف، روبطرف، پیش، نزد، تا نسبت‌به، در، دربرابر، برحسب، مطابق، بنابر، علامت مصدر انگلیسی است.

T. die. مردن.

I went t. sing. رفتم‌که بخوانم.

Take t. wife. بزنی گرفتن.

I told him t. go. باوگفتم برود.

toad [toud] *n.* (ج.ش.) غوك، وزغ.

toadstool [tóudstù:l] *n.* [گ.ش.] قارچ سمی.

toady [tóudi] (-ied, toadying) *adj., n., vt. & vi.* چاپلوس، متملق، کاسه‌لیس، مداهنه‌کردن.

toady.ism, *n.* چاپلوسی، تملق، مداهنه، کاسه‌لیسی.

to-and-fro, *adj. & n.* پس وپیش، عقب وجلورفتن.

toast [toust] (-ed, -ing) *n., vt. & vi.* نان برشته، باده‌نوشی‌بسلامتی‌کسی، برشته کردن [نان]، بسلامتی کسی نوشیدن،سرخ شدن.

toast.er [tóustə] *n.* نوشنده‌بسلامتی کسی، نان برشته‌کن، سرخ‌کننده، برشته‌کننده.

toastmaster, *n.* [درمهمانی] کسی‌که ناطقین‌بعد ازصرفشام را معرفی‌میکند.

to.bac.co [təbǽkou] (*pl.* -s, -es) *n* تنباکو، توتون، دخانیات.

to.bac.co.nist, *n.* تنباکو فروش، توتون فروش، توتونچی.

to.bog.gan [təbɔ́gən] (-ed, -ing) *n., vt. & vi.* سورتمهٔ دراز وباریك، با سورتمه رفتن.

to.col.o.gy=**to.kol.o.gy,** *n.* علم مامائی، مبحث زایمان ومامائی.

toc.sin [tɔ́ksin] *n.* زنگ، آژیر، سوت یا زنگ خطر.

to.day [tədéi] *n. & adv.* امروز.

tod.dle [tɔ́dl] (-d, toddling), *n. & vi.* تاتی‌کردن، تاتی،کودك تازه براه افتاده.

tod.dler [tɔ́dlə] *n.* کودك تازه براه افتاده، کودك نوپا.

tod.dy [tɔ́di] *n.* شیرهٔ خرماکه درساختن عرق خرما بکارمیرود، عرق خرماکه باآب‌گرم مخلوط شود.

to-do [tədú:] *n.* هیاهو،شلوغی،ازدحام.

toe [tou] (-d, -ing) *n., vt. & vi.* پنجه، انگشت پای مهره‌داران، جای‌پا، با انگشت پا زدن یا راه رفتن.

toenail, *n.* ناخن انگشت پا.

toeplate, *n.* نعل پنجهٔ کفش.

toff [tɔf] *n.* شخص آقامنش وخوش لباس.

tof.fee, tof.fy [tɔ́fi] *n.* تافی، آب‌نبات شامل شکرزرد وشیره.

toft [tɔft] *n.* عرصهٔ خانه ومتعلقات آن، خانهٔ رعیتی، بلندی، پشته، تپهٔ کوچك.

tog [tɔg] (-ged, -ging) *vt. & n.* (ز.ع.) جامه پوشاندن، لباس‌پوشیدن، جامه.

to.ga [tóugə] *n.* جبه،ردا، ردای‌بی‌آستین، لباس رسمی قضات.

to.geth.er [təgéðə] *adv.* با،باهم، با یکدیگر، متفقاً، باهمدیگر، بضمیمه،باضافه.

to.geth.er.ness, *n.* اتفاق، باهمی.

togs [tɔgz] *n.pl.* ملبوس، جامه.

toil [tɔil] (-ed, -ing) *vt., n. & vi.* رنج، محنت،کارپرزحمت، کشمکش، ستیز، پیکار، مجادله، بحث‌وجدل،محصول رنج، زحمت کشیدن، رنج بردن، تور یا تله، دام.

toil.er [tɔ́ilə] *n.* زحمتکش،رنجبر.

toi.let [tɔ́ilit] **toi.lette,** *n. & adj.* توالت، آرایش، بزك، میزآرایش، مستراح.

T. paper. کاغذ مستراح.

toi.let.ry (*pl.* -ies) *n.* آرایش، بزك، لوازم‌آرایش، اسباب توالت.

toil.ful, -ly [tɔ́ilful]=**toil.some,** *adj. & adv.* پرزحمت، زحمتکش، ساعی.

to.ken [tóukən] *adj. & n.* نشانه، نشان، علامت، نشانی، یادگاری، رمز، معجزه، علامت‌رمزی، کلمهٔ‌رمزی، [illegible]، یادگار، یادبود، اجازهٔ ورود، بلیط ورود.

tolbooth, tollbooth, *n.* گیشهٔ دریافت عوارض راه، نواقل، زندان، تالار [پذیرائی].

told [tould] (*p. & pp. of* **tell**). (زمان ماضی‌واسم‌مفعول فعل tell)، گفته شده.

tol.er.a.ble [tɔ́lərəbl] *adj. & adv.* قابل‌تحمل، نسبتاً‌خوب،میانه، متوسط، قابل‌قبول، مدارا پذیر.

tol.er.ance [tɔ́lərəns] *n.* مدارا، سعهٔ نظر، اغماض،تحمل، بردباری، (طب) قدرت تحمل نسبت بدارو یا زهر.

tol.er.ant, -ly [tɔ́lərənt, -li], *adv. & adj.* بامدارا، مداراآمیز، آزادمنش، آزاده، دارای سعهٔ‌نظر،شکیبا، اغماض کننده، بردبار، شخص متحمل.

tol.er.ate [tɔ́lərəit] (-d, tolerating) *vt. & vi.* تحمل‌کردن، برخودهموار کردن، طاقت داشتن، پرطاقت، دارای سعهٔ‌نظر، آزادمنش،مداراکردن.

tol.er.a.tion [tɔləréiʃən] *n.* مدارا، بردباری، تحمل، آزادی، آزادگی، آزادمنشی.

toll [toul] (-ed, -ing) *n., vt. & vi.* باج، باج راه، راهداری، نواقل، عوارض،تحمل خسارت، تعداد تلفات جنگی، ضایعه، صدای طنین زنگ یا ناقوس، طنین موزون، باصدای ناقوس یا زنگ اعلام‌کردن.

tollgate, tollhouse, *n.* باجداری، محل‌پرداخت عوارض.

toll.man (*pl.* -men) *n.* مأمور نواقل، راهدار.

toll.way, *n.* باجراه.

tom.a.hawk [tɔ́məhɔ:k] (-ed, -ing) *vt. & n.* باتبرزین زدن، تبرزین.

to.ma.to [təmá:tou, təméitou] (*pl.* -es) *n.* (گ.ش.) گوجه فرنگی.

tomb [tu:m] (-ed, -ing) *n. & vt.* گور، آرامگاه، قبر، درگورقراردادن، مقبره.

tom.boy [tɔ́mbɔi] *n.* دختر پسرواد.

tom.boy.ish, *adj.* (دختر)مثل‌پسرها.

tombstone, *n.* سنگ قبر.

tomcat [tɔ́mkæt] *n.* گربهٔ‌نر.

tome [toum] *n.* جلد، جلد بزرگ، مجلد، دفتر، کتاب قطور.

tom.fool [tɔ́mfú:l] *vi., adj. & n.* آدم نادان، احمق، بلید، دلقك، لوده.

tom.fool.ery [tɔmfú:ləri] *n.* مسخرگی، لودگی.

tommy-gun, *n.* مسلسل دستی.

to.mor.row [təmɔ́rou] *adv. & n.* فردا،روزبعد.

Day after t. پس فردا.

T. week. هشت روز دیگر.

Tom Thumb [tɔ́m θʌ́m] *n.* شخص‌کوتوله، شخص بی‌اهمیت.

tom-tom [tɔ́mtɔm] (*pl.* **tom-toms**) *vt. & n.* طبل سرخ پوستان، کوس،طبل‌زدن.

ton [tʌn] (*pl.* **tons**) *n.* تن، واحد وزنی برابر با ۱۰۰۰ کیلوگرم.

ton.al, -ly, *adv. & adj.* مربوطه به‌آهنگ صدا.

to.nal.i.ty, *n.* چگونگی صدا، آهنگ، مایه، رنگ‌پذیری.

tone [toun] (-d, toning) *n., vt. & vi.* صدا، آهنگ، درجهٔ صدا، دانگ، لحن، آهنگ داشتن، باآهنگ درآوردن، سفت کردن،نوا.

tone-deaf, *adj.* فاقد حساسیت نسبت به آهنگ موسیقی.

tone.less, -ly [tóunlis] *adj. & adv.* بی‌آهنگ، ناموزون.

tong [tɔŋ] **tonge** (-ed, -ing), *n., vt. & vi.* با انبر[چیزی را]گرفتن، باانبر نگهداشتن، زنگ را بصدا در آوردن، طنین‌اندازشدن، انبر قندگیر، انبرك، انبر.

tongue [tʌŋ] (-d, tonguing), *n.,vt.&vi.* زبان،زبانه،شاهین‌ترازو، برزبان آوردن،(باit)گفتن، دارای زبانه‌کردن.

tongue-lash (-ed, -ing) *vt. & vi.* سرزنش‌کردن، زخم زبان‌زدن، فحش‌کاری.

tonguelike, *adj.* زبان مانند.

tongue-tie, *vt. & n.* لکنت‌زبان داشتن، گیرکردن‌زبان، لکنت‌زبان.

tongue twister, *n.* کلمه یا عبارت دارای تلفظ دشوار.

ton.ic, -al, -ly [tɔ́nik] *adv., adj. & n.* نیروبخش، مقوی، صدائی، آهنگی.

to.night [tənáit] *adv. & n.* امشب.

ton.nage [tʌ́nidʒ] *n.* گنجایش‌کشتی، برحسب‌تن، تن‌شماری، برحسب شمارهٔ‌تن.

ton.sil [tɔ́nsl] (*pl.* -s) *n.* [تش.] لوزه، بادامك.

ton.sil.lar, *adj.* بادامکی، شبیه‌لوزتین.

ton.sil.lec.to.my, *n.* [طب]درآوردن لوزتین بوسیلهٔ عمل جراحی، عمل‌لوزه.

ton.sil.li.tis [tɔnsiláitis] *n.* [طب] ورم لوزتین، ورم‌لوزه، زهرباد.

ton.so.ri.al [tɔnsɔ́:riəl] *adj.* وابسته بسلمانی، دلاکی.

ton.sure [tɔ́nʃə] (-d, tonsuring) *n. & vt.* فرقسرتراشیدن، سرتراشیده، قسمت‌تراشیده‌سر،کشیش.

too [tu:] *adv.* زیاد، بیش‌ازحد لزوم، بحدافراط، همچنین، هم، بعلاوه، نیز.

T. much rain. باران بیش از اندازه.

It is t. high to touch. آنقدر بلند است‌که دست بآن نمیرسد.

We have rugs t. ما قالیچه هم‌داریم.

took [tuk] *n.* زمان‌گذشتهٔ فعل take.

tool [tu:l] (-ed, -ing) *n., vt. & vi.* آلت، افزار،ابزار، اسباب، آلت‌دست، دارای ابزارکردن، بصورت ابزار درآوردن.

toolbox, *n.* جعبهٔ ابزار.

toolhouse, *n.* ابزارخانه، انبار ابزار.

toolroom, *n.* اتاق ابزار.

toot [tu:t] (-ed, -ing) *n., vi. & vt.* صدای‌تیزشیپوروبوق‌یاسوت، بطورمنقطع شیپور زدن.

tooth [tu:θ] (*pl.* **teeth**) (-ed, -ing) *vt., vi. & n.* دندان،دندانه، نیش، دارای دندان‌کردن، دندانه دارکردن، مضرس کردن.

In the teeth of. درمقابل، درگیرودار، مواجه.

Armed to the teeth. کاملاً‌مسلح.

toothache, *n.* دندان درد، درددندان.

tooth and nail, *adv.* بطور وحشیانه، باجرأت، با تهور، نومیدانه.

toothbrush, *n.* مسواك دندان.

tooth.less [tú:θlis] *adj.* بی‌دندان، بدون دندانه، (مج.) بچه‌گانه.

toothpaste, *n.* خمیر دندان.

toothpick, *n.* خلال دندان،دندان‌کاو.

tooth.some [tú:θsəm] *adj.* لذیذ، مطبوع، بابدندان، خوشمزه، دندان‌مز.

toothy, *adj.* دندانه‌دار، دارای دندان، مضرس، (مج.) حریص، دندان‌نما.

too.tle [tú:tl] (-d, tootling) *n., vt. & vi.* نی‌یافلوت‌ملایم‌زدن،درازنوشتن، چرندگفتن،صدای سوت یا فلوت.

top [tɔp] (-ped, -ping) *n., vt. & vi.* سر، نوك، فرق، رو، قله، اوج، رأس، روپوش، کروك،رویه، درجهٔ‌یك،فوقانی، کج کردن، سرازیر شدن.

T. speed. حداکثر سرعت.

to.paz [tóupæz] *n.* یاقوت زرد، زبرجدهندی، توپاز.

topcoat, *n.* روپوش، پالتو.

tope [toup] (-d, toping) *n., vt. & vi.* نوشابهٔ زیاد خوردن، درختستان، باغ، گنبد بودائی، برج بودائی.

top.er [tóupə] *n.* باده‌گسار، میگسار،دائم‌الخمر، کوسه ماهی اروپائی.

top.ful, top.full, *adj* پر، مالامال، لبریز.

top gal.lant [tɔpgǽlənt, tə-] *n. & adj.* سکوب بالای دکل‌کشتی، بالاترین سکوب دکل‌کشتی، وسائل بی‌مصرف‌کشتی.

top hat, *n. & adj.* کلاه مردانهٔ استوانه‌ای.

top-heavy, *adj.* سرسنگین وتمسبك، افتادنی، غیرعملی.

to.pi.ary (*pl.* -ies) *adj. & n.* مربوط بآرایش وتزئین درختان، درخت‌آرائی.

topic, -al [tɔ́pik, -əl] *adj. & n.* موضوع، مبحث، عنوان، سرفصل، ضابطه.

top.i.cal.i.ty, *n.* حالت مناسب، موضوع مورد بحث روز.

topic sentence, *n.* [در انشاء] جملهٔ سرسطر، جملهٔ عنوان.

topknot [tɔ́pnɔt] *n.* گرهٔ زینتی روبان‌گیسو، کاکل.

top.less [tɔ́plis] *adj.* بی‌نوك، بی‌سر، بی‌قله،(مج.) بی‌انتها، (لباس‌شنای‌زنانه) بی‌بالاتنه.

toplofty, top.loft.i.ness, *n.* خیلی متکبر، خود فروش، تکبر، خود فروشی.

top.mast [tɔ́pma:st, -məst] *n.* دومین دکل‌کشتی از عرشه.

top.most [tɔ́pmoust] *adj.* اعلی‌ترین، بالاترین.

topnotch, *adj. & n.* آخرین نقطه، درجهٔ‌یك، اعلی.

to.pog.ra.pher [təpɔ́grəfə] *n.* مکان‌نگار، نقشه بردار، مساح.

topo.graph.ic [tɔpəgrǽfik] *adj.* وابسته بنقشه‌برداری یامکان نگاری.

to.pog.ra.phy [təpɔ́grəfi] *n.* نقشه‌برداری، مکان‌نگاری، مساحی.

topo.log.ic, -al, *adj.* وابسته به مکانشناسی.

to.pol.o.gist, *n* مکان شناس.

to.pol.o.gy, *n.* مکانشناسی،وضعیت جغرافیائی، قیاس بمکان.

to.pon.y.my, *n.* مطالعهٔ وجه تسمیهٔ شهرها ونقاط، ذکر اسامی نواحی، مکان نامی.

top.per [tɔ́pə] *n.* هرس‌کن، شاخه‌زن، سوهان، چهرعالی.

top.ping [tɔ́piŋ] *adj. & n.* کاکل،طرهٔ‌گیسو، عمل هرس‌کردن، سرشاخه‌زنی، عالی، ممتاز، باشکوه، پرمدعا.

top.ple [tɔ́pl] **(-d, toppling)** *vt. & vi.* ازسر افتادن، برگشتن، واژگون‌کردن.

top.sail [tɔ́psl]**—tops'l,** *adv. & n.* (د.ن.) بالاترین بادبان، ازسر، سراسیمه.

top secret, *adj.* مخصوص افسران وخواص، خیلی محرمانه.

topside, -s, *adv. & n.* بالاسو، قسمت بالا، درعرشه، در رأس.

topsoil, *n. & vt.* [ز.ش.] روخاک، خاک‌سطحی، خاک سطحی را برداشتن.

top.sy-tur.vy[tɔ́psitə́:vi] *adv. & adj.* وارونه، واژگون، سروته، درهم وبرهم.

toque [touk] *n.* کلاه زنانهٔ کوچک و بی‌لبه،(ج.ش.) بوزینهٔ دارای موی کلاه‌ای.

To.rah, to.ra, *n.* تورات،شریعت‌موسی.

torch [tɔ:tʃ] *n., vt. & vi.* مشعل، چراغ قوه، مشعل‌دارکردن.

torchbearer, *n.* مشعل‌دار.

torchlight [tɔ́:tʃlait] *n. & adj.* نورمشعل،هوای گرگ‌ومیش، وابسته‌به‌نورمشعل.

tore [tɔ:] *n. & p. of* **Tear.** قاش‌زین، قرپوس زین،گچ بری، چنبری، علف بلند، مرتع، چنبر، زمان ماضی فعل tear.

to.re.ador [tɔ́riədɔ:, tɔriədɔ́:]*n.* قهرمان‌گاوباز سواربراسب.

to.re.ro, *n.* گاوباز پیاده.

tor.ment [tɔ:mənt] **(-ed, -ing),** *vt. & n.* زجر، عذاب، شکنجه، آزار، زحمت، عذاب‌دادن، زجردادن.

tor.men.tor [tɔ:méntə] *n.* زجردهنده، عذاب‌دهنده.

torn [tɔ:n] *(p.p. of* **tear).** (اسم‌مفعول tear)، پاره‌شده، درهم‌دریده.

tor.nad.ic, *adj.* گردبادی.

tor.na.do [tɔ:néidou] *(pl.* **-es, -s)** *n.* توفان، هیجان، گردباد،طغیان.

tor.pe.do [tɔ:pí:dou] *(pl.***-es), (-ed, -ing)** *n. & vt.* اژدر، ماهی‌برق، با اژدر خراب‌کردن.

torpedo boat, *n.* [نظ.]ناواژدرافکن.

tor.pid [tɔ́:pid] *n. & adj.* خوابیده، سست، بیحال، بی‌حس.

tor.pid.i.ty [tɔ:píditi] **tor.por,** *n.* حالت بیحالی، حالت سستی، ایست، کرختی.

torque [tɔ:k] *n.* گشتاوری، نیروی‌گردنـده در قسمتی از دستگاه ماشین، نیروی‌گشتاوری، چنبره، طوق، طوقه.

tor.rent, -ial [tɔ́rənt] *adj. & n.* سیل، سیل‌رود، جریان شدید، سیل‌وار.

tor.rid [tɔ́rid] *adj.* حاره، زیادگرم، حاد، سوزاننده، سوزان، محترق، بسیارمشتاق

tor.rid.i.ty, tor.rid.ness, *n.* سوزانی، داغی.

tor.sion, -al [tɔ́:ʃən] *adj. & n.* پیچش، پیچ خوردگی، انقباض، پیچی.

tor.so [tɔ́:sou] *(pl.* **torsi,-s)** *n.* پیچ‌یاتاب‌خوردن، تاب‌گشت، خاصیت‌تاب‌گشت.

tort [tɔ:t] *n.* شبه‌جُرم، آسیب، ضرر.

tor.ti.lla, *n.* نان ذرت مکزیکی.

tor.tious, -ly, *adj. & adv.* (حق.) وابسته‌به‌شبه جُرم، زیان‌آور، مضر،موذی.

tor.toise [tɔ́:təs] *(pl.* **-s)** *n.* لاک‌پشت، سنگ‌پشت، آدم کندرو.

tor.tu.os.i.ty, *n.* پیچ وخم، انحناء.

tor.tu.ous [tɔ́:tʃuəs] *adj.* درشکن، پیچاپیچ، غیر مستقیم، پیچ وخم‌دار، فریبکار.

tor.ture [tɔ́:tʃə] **(-d, torturing)** *vi., vt. & n.* شکنجه، عذاب، زجر،عذاب‌دادن،زجردادن.

tor.tur.er [tɔ́:tʃərə] *n.* شکنجه‌دهنده.

tor.tur.ous, *adj.* زجردار، متضمن زجر وشکنجه، طاقت‌فرسا.

To.ry [tɔ́:ri] *n. & adj.* عضو حزب محافظه‌کار انگلیس، وابسته‌بحزب‌محافظه‌کار.

To.ry.ism [tɔ́:riizm] *n.* اصول وعقاید حزب محافظه‌کار، محافظه‌کاری.

tosh [tɔʃ] *n. & adj.* آدم چرند، حرف‌مفت، بی‌معنی.

toss [tɔs] **(-ed, -ing)** *n., vt. & vi.* بالاانداختن، پرت کردن، انـداختن، دستخوش امواج شدن، متلاطم شدن، پرتاب، تلاطم.

T. up. انداختن‌سکه (درشیریاخط)، بخت‌مساوی.

toss.er, *n.* دستخوش امواج،پرت‌کننده.

tosspot, *n.* مست، دائم‌الخمر.

tot [tɔt] **(-ted, -ting)** *n., vt. & vi.* آشغال، عدد، جمع، سرجمع، حاشیه‌نویسی،یادداشت مختصر، مبلغ،جمع‌بستن، بچهٔ‌کوچک.

to.tal [tóutl] **(-ed,-led, -ing, ling)** *n., adj., adv., n. & vt.* کل، کلی، تام،مطلق،مجموع،جمع،جمله، سرجمع، حاصل‌جمع،جمع‌کردن، سرجمع کردن.

Sum t. حاصل‌جمع، جمع کردن.

T. eclipse. کسوف‌کلی، خسوف‌کلی.

to.tal.i.tar.i.an [toutæliteəriən], *adj. & n.* یکه‌تاز،وابسته‌بحکومت‌یکه‌تازی.

to.tal.i.tar.i.an.ize, *vt.* تبدیل بحکومت یکه‌تازکردن، بصورت‌حکومت مطلقه‌واستبدادی اداره‌کردن.

to.tal.i.ty [toutǽliti] *n.* کلیت، کلی، مقدارکلی، تمامیت، مجموع.

to.tal.i.za.tor[tóutəlaizèitə] **to-tal.i.sa.tor,** *n.* ماشین جمع‌زنی، ماشین ثبت شرط‌بندی اسبدوانی.

to.tal.ize (-d, totalizing), *vt. & vi.* کلی‌کردن، کامل‌کردن، جمع‌زدن.

to.tal.iz.er [tóutəlaizə] *n.* ماشین ثبت‌شرط‌بندی اسب دوانی، ماشین جمع‌زنی.

to.tal.ly, *adv.* جمعاً، بطور سرجمع، رویهمرفته،کاملاً، کلاً.

tote [tout] **(-d, toting)** *n., vt. & vi.* باربردن، حمل‌ونقل‌کردن، سوقدادن، جمع‌کردن،مجموع، برپشت‌حمل‌کردن.

to.tem [tóutəm] *n.* توتم، روح محافظ شخص، درخت یا جانوری‌که سرخ‌پوستان حافظ وحامی روحانی خود دانسته و از تجاوز بدان یا خوردن گـوشت‌آن خـودداری می‌کردند، روح یا جانور حامی‌شخص.

to.tem.ic, to.tem.is.tic, *adj.* وابسته به‌توتم.

to.tem.ism, *n.* توتم پرستی.

totem pole, *n.* تیر یا چوبی‌که نقوش جانوران محافظ قبایل مختلف سرخ پوستان روی‌آن منقوش بوده.

tot.er, *n.* نقل وانتقال دهنده.

to.tip.o.tent, *adj.* دارای‌قدرت تولید یك ارگانیسم از یك جزءآن.

tot.ter [tɔ́tə] **(-ed, -ing)** *n., vt. & vi.* تردیدکردن، پس‌وپیش‌رفتن، تلوتلو خوردن، متزلزل شدن.

tot.tery [tɔ́təri] *adj.* لرزان، مرتعش، متزلزل، ناپایدار، سست.

tot.ty, *adj.* ناپایدار، سست، لرزان، مرتعش، بچه.

tou.can [tú:kæn] *n.* [ج.ش.] طوقان، توکان.

vt. & vi. دست زدن‌به، لمس‌کردن، پرماسیدن ، زدن، رسیدن‌به، متأثر کردن،متأثر شدن،لمس،دست‌زنی، پرمـاس، حس‌لامسه.

T. one on the shoulder. دست برشانهٔ‌کسی زدن.

T. the spot. بنقطهٔ حساس دست‌زدن.

Keep in t. with me. با من تماس داشته باش.

touchstone [tʌ́tʃstoun] *n.* سنگ محك، معیار.

touchy [tʌ́tʃi] *adj.* زودرنج، نازك نارنجی، حساس، دل نازك.

tough [tʌf] **tough.ness,** *adj. & n.* پی‌مانند، سفت، محکم،شق، با اسطقس، خشن،شدید، زمخت، بادوام، سخت، دشوار.

tough.en [tʌ́fən] **(-ed, -ing),** *vi. & vt.* سفت‌شدن،مثل‌پی‌شدن،سفت‌کردن.

tough.ie—toughy, *n.* آدم خشن، مسئلهٔ بغرنج.

tough-minded, *adj.* دارای فکر خشن و بدون احساسات.

tou.pee [tú:pei] *n.* کاکل یا موی مصنوعی.

tour [tuə] **(-ed, -ing)** *n., vi. & vt.* گشت، سفر، مسافرت، سیاحت، مأموریت، نوبت، گشت‌کردن، سیاحت‌کردن.

tour.ism,*n.* گشتگری،جهانگردی،سیاحت.

tour.ist [túərist] *adj., n., vt. & vi.* گشتگر،جهانگرد،سیاح، جهانگردی‌کردن.

tour.na.ment [túənəmənt, tɔ:-], *n.* مسابقات قهرمانی، تشکیل‌مسابقات، مسابقه.

tour.ney [túəni, tɔ:-] *n., vt. & vi.* مسابقه، مسابقه دادن.

tour.ni.quet [túəniket, kei] *n.* شریان بند.

touse (-d, tousing) *vt. & vi.* کشیدن، دست زدن، اذیت‌کردن، اندامهای‌کسی راکشیدن، جداکردن، کشیده شدن، چروك‌شدن.

tou.sle [táuzl] **(-d, tousling),** *vt. & n.* ژولیدگی‌مو، برهم زدن، پریشان‌کردن، مچاله‌کردن، نزاع.

Tousled hair. موی پریشان.

tout [taut] **(-ed, -ing)** *n., vt. & vi.* خریدار پیداکردن، مشتری جلب‌کردن، صدای نکره ایجاد کردن، بلندجار زدن، باصدای‌بلند انتشار دادن.

tout.er, *n.* جار زن.

tow [tou] **(-ed, -ing)** *vt., vi. & n.* با طناب‌بدنبال‌کشیدن، پس ماندهٔ الیاف‌کتان یا شاهدانه، طناب، زنجیر، یدك‌کش، یدك‌کشی.

toward,-s [tóuəd] *adj. & prep.* آینده، روی، بسوی، بطرف، نسبت‌به، دربـارهٔ، نزدیك‌به، مقارن، درراه، برای.

toward.ly, *adj. & adv.* مساعد، سازگار، امیدبخش، مطلوب، خوش‌آتیه، کامیاب، نرم.

towboat, *n.* کشتی یدك‌کش.

tow car, tow truck, *n.* کامیون جرثقیل‌دار.

towel [táuəl] **(-ed, -led,-ing, -ling)** *n., vt. & vi.* آبچین، با حوله خشك‌کردن، حوله، دستمال کاغذی.

tow.er [táuə] **(-ed, -ing)** *n., vt. & vi.* برج، قلعه، (مثل‌برج) بلندبودن.

to wit, *adv.* یعنی، بعبارت دیگر، فی‌المثل.

towline, *n.* طناب‌یا ریسمانی‌که بوسیلهٔ‌آن چیزی‌رامی‌کشند، طناب بوکسل، طناب مخصوص صید بالن.

town [taun] *n.* شهرك،قصبه، شهرکوچك، قصبهٔ حومهٔ شهر، شهر.

T. council. انجمن شهرداری.

town crier, *n.* جارچی.

town hall, *n.* تالار شهرداری یا فرمانداری.

townsfolk [táunzfouk] *n.pl.* مردم شهری.

town.ship [táunʃip] *n.* شهرستان، ساکنین قصبه یا شهرستان.

towns.man [táunzmən] *n.* اهل شهر، شهری، همشهری.

townspeople [táunzpi:pl] *n. pl.* اهالی شهر، شهری.

towny, *adj. & n.* اهل شهر، شهری.

towrope, *n.* طناب مخصوص‌یدك‌کشیدن چیزی.

tox.ic, -ity [tɔ́ksik] *adj. & n.* زهری، سمی، ناشی‌از زهرآگینی، زهرآگین .

tox.i.cant, *n. & adj.* مسموم‌کننده، سمی، مسموم، زهر، سم، داروی سمی.

tox.i.co.gen.ic, *adj.* زهرزا، تولیدکنندهٔ محصولات سمی.

tox.i.col.o.gy [tɔksikɔ́lədʒi] *n.* زهر شناسی، مبحث داروهای سمی.

tox.in [tɔ́ksin] *n.* زهرابه، ترکیب زهردار، داروی سمی.

tox.oph.i.lite, *adj. & n.* دوستدار تیروکمان، تیرانداز، کماندار.

tox.oph.i.ly, *n.* علم تیراندازی با تیروکمان.

toy [tɔi] **(-ed, -ing)** *adj., vt., vi. & n.* اسباب بازی، سرگرمی، بازیچه، عروسك، بازی‌کردن، ور رفتن.

toylike, *adj.* عروسك‌وار،مثل‌اسباب‌بازی.

tra.bec.u.la *(pl.* **-e)** *n.* میله میله، دارای فواصل در بین یاخته‌ها.

trace [treis] **(-d, tracing)** *n., vt. & vi.* اثر، نشان، ردپا، جای‌پا، مقدار ناچیز، ترسیم، رسم، ترسیم‌کردن، ضبط‌کردن، کشیدن، اثـر گذاشتن، دنبال‌کردن، پی‌کردن، پی‌بردن‌به.

trace.able [tréisəbl] *adj.* قابل‌ردیابی،جستجوکردنی، یافتنی، قابل تعقیب.

trace.less, *adj.* بی‌نشان،بی‌اثر.

trac.er [tréisə] *n.* ردیاب، نقشه‌کش، طراح، جستجوکننده، رسام.

trac.ery [tréisəri] *n.* تزئینات ونقش ونگار پنجره‌های‌گوتیك.

tra.chea [trəkí:ə trǽkiə] *(pl.* **-s, -e)** *n.* آوندکامل، [تش.] قصبةالریه، نای.

tra.che.al, tra.che.ary, *adj.* مربوط به‌نای، نائی، نای مانند.

tra.che.ate, *adj. & n.* (ج.ش.) نای‌دار، دارای قصبةالریه.

tra.cheid, -al, *adj. & n.* [گ.ش.] آوندناقص.

tra.cho.ma, *n.* [طب] تراخم.

track [træk] **(-ed, -ing)** *n., vt. & vi.* ردپا، اثر، خط‌آهن، جاده، راه، نشان، مسابقهٔ دویدن، تسلسل، تـوالی، ردپا را گرفتن،پی‌کردن،دنبال‌کردن.

Off the t. از موضوع پرت، منحرف.

T. down a person.
ردپای کسیرا گرفتن واورا دستگیر کردن.

track-and-field, *adj.*
وابسته بمسابقات دوصحرائی یامیدانی.

track.er [*trǽkə*] *n.*
دنبال کننده، سراغ گیر، پی کننده، کشنده.

tracklayer, *n.* ریل گذار.

track.less [*trǽklis*] *adj.* بی نشان، بی ردپا، بی جاده، بی ریل، بی اثر، بیراهه.

tract [*trǽkt*] *n.*
مدت، مرور، کشش، حد،وسعت، اندازه، داستان یا نمایشنامه ویا حوادث مسلسل، نشان، اثر، ردپا، رشته، قطعه، مقاله، رساله، نشریه.

trac.ta.ble [*trǽktəbl*] *adj.*
رام شو، رام کردنی، رام شدنی، نرم،سست مهار.

trac.tate, *n.*
رساله، مقاله، مذاکره، بحث، گفتگو.

trac.tile, *adj.* کشیده شدنی، نرم، لوله شو، دراز شدنی، قابل کشش، قابل اتساع.

trac.tion, -al [*trǽkʃən*] *adj. & n.* کشش، انقباض.

trac.tive, *adj.*
کشش دار، وابسته به نیروی کشش، کشنده.

trac.tor [*trǽktə*] *n.*
تراکتور یا ماشین شخم زنی، گاوآهن موتوری.

trade [*treid*] (**-d, trading**) *n., vt. & vi.* سوداگری، بازرگانی، تجارت، داد وستد،کسب، پیشه وری، کاسبی، مسیر، شغل، حرفه، پیشه،آمد و رفت، سفر، آزار، مزاحمت، مبادلهٔ کالا، تجارت کردن با، دادوستد کردن.

He is a black smith by t.
صنعت یا پیشه اش آهنگری است.

trade in, *vt. & n.* مبادله کردن،مبادله.

trademark (**-ed, -ing**) *n. & vt.* علامت تجارتی، علامت تجارتی گذاشتن.

trade name, *n.* نام تجارتی.

trad.er [*tréidə*] *n.* بازرگان،سوداگر.

trade school, *n.* مدرسهٔ حرفه ای.

tradesfolk [*tréidzfouk*] *n.pl.*
تاجر، سوداگر.

trades.man [*tréidzmən*] *n.*
کاسب، سوداگر، دکاندار، افزارمند، پیشه ور.

tradespeople [*tréidzpì:pl*] *n.pl.*
سوداگران، تجار، دکانداران، کسبه.

trade union (*pl.* **trades union**) *n.* اتحادیهٔ اصناف،اتحادیهٔ صنفی.

trade unionism, *n.*
پیروی از اصول وروشهای اتحادیهٔ اصناف.

trading stamp, *n.* تمبریکه برای تشویق درمقابل خرید کالا بخریدار میدهند.

tra.di.tion, -al [*trədíʃən*] *adj. & n.* رسم، سنت، عقیدهٔ موروثی، عرف، روایت متداول،عقیدهٔ رایج، سنن ملی.

tra.di.tion.al.ism [*trədíʃənəlizm*] *n.*
سنت گرائی، سنت پرستی، اعتقاد برسوم باستانی.

tra.di.tion.al.ist, -ic [*trədíʃənəlist*] *adj. & n.*
اهل سنت، پیرو روایات وسنن، سنت گرای.

tra.di.tion.al.ize (**-d, traditionalizing**) *vt.* سنتی کردن، بصورت حدیث درآوردن، بصورت سنت درآوردن.

tradition.less, *adj.* بی سنت.

tra.duce [*trədjú:s*] *vt.*
افترا زدن به، بهتان زدن به، بدنام کردن، رسوا کردن، لکه دار کردن، تعریف کردن.

tra.duce.ment, *n.*
افترازنی، بدنام سازی.

tra.duc.er [*trədjú:sə*] *n.*
شخص بدگو، تهمت زن، مفتری، بهتان زن.

traf.fic =traf.fick [*trǽfik*] (**-ked, -king**) *n., adj. & vi.* شدآمد، آمدوشد،رفت وآمد، عبورومرور، وسائط نقلیه، داد وستد، ارتباط، کسب، کالا، مخابره، آمد وشد کردن، تردد کردن.

traf.fick.er [*trǽfikə*] *n.* تاجر، سوداگر،کاسب،دکاندار، پشت هم انداز،دسیسه.

traffic signal, *n.*
علائم مخصوص عبور وسائط نقلیه.

tra.ge.di.an [*trədʒí:diən*] *n.*
نویسنده یا بازیگر نمایشهای تراژدی ومحزون.

trag.e.dy [*trǽdʒidi*] (*pl.*-**ies**) *n.* مصیبت، فاجعه، نمایش حزن انگیز،سوگ نمایش.

trag.ic, -al [*trǽdʒik, -l*] *adj.*
حزن انگیز، غم انگیز، محزون، فجیع.

tragi.comedy [*trǽdʒikɔ́midi*], *n.* سوگ شادنمایش، نمایشی که در آن مطالب جدی ومضحك باهم آمیخته باشد، اثر تراژدی وکمدی.

tragi.comic, -al [*trǽdʒikɔ́mik*], *adj.* مربوط به اثر کمدی وتراژدی، غم انگیز و تفریحی، حاوی حوادث حزن آور وخنده آور.

trail [*treil*] (**-ed, -ing**) *n., vt. & vi.* بدنبال کشیدن، بدنبال حرکت کردن،طفیلی بودن، دنباله دار بودن، دنباله داشتن، اثرپا باقی گذاردن،پیشقدم، پیشرو، دنباله.

trailblazer, *n.* پیشقدم، پیشگام.

trail.er [*tréilə*] *n., vt. & vi.*
گیاهی که بزمین یا در ودیوار میچسبد، یدك دوچرخه یا سه چرخه یاواگن، تریلر، اتومبیل یدك کش، یدك، ردپا گیر، با تریلر حمل کردن.

trailer camp, trailer court, trailer park, *n.* محل استقرار تریلر یا اتاقهای چرخدار متصل بوسائط نقلیه.

train [*trein*] (**-ed, -ing**) *n., vt. & vi.*
قطار، دنباله، دم، ازار، رشته، سلسله، ملتزمین، نظم، ترتیب، سلسلهٔ وقایع، توالی، حیلهٔ جنگی، حیله، تله، فریب،اغفال، تربیت کردن، پروردن، ورزیدن، فرهیختن، ورزش کردن، نشانه رفتن.

train.able, *adj.*
فرهیخت پذیر، تربیت شدنی، قطارشدنی.

trainbearer, *n.* کسیکه دنبالهٔ لباس دیگری را میگیرد، دنباله کش.

train.ee, *n.* کارآموز ، فرهیختگر.

train.er [*tréinə*] *n.* فرهیختار.

training school, *n.*
آموزشگاه حرفه ای، کارآموزگاه.

traipse (**-d, traipsing**) *n., vt. & vi.* قدم زدن،راه رفتن، بزحمت راه رفتن، سرگردان بودن، ول گشتن، هرزه گردی کردن.

trait [*trei, treit*] *n.*
ویژگی، نشان ویژه، نشان اختصاصی، خصیصه.

trai.tor [*tréitə*] *n.* خائن، خیانتکار.

trai.tor.ous [*tréitərəs*] *adj.*
خیانت آمیز، خائن، خائنانه.

trai.tress [*tréitris*] *n.* زن خائن.

traj.ect (**-ed, -ing**) *vt. & n.*
از محلی عبور کردن، از مسیر بخصوصی گذشتن، عبور، گذرگاه، ورا افکنی،ورا افکندن.

traj.ec.to.ry [*trǽdʒəktəri, -trədʒéktəri*] (*pl.* **-ries**) *n.*
خط سیر، مسیر، ورا افکن، مسیر گلوله.

tram [*trǽm*] (**-med, -ming**) *n., vt. & vi.* تراموای، واگن برقی، باواگن رفتن.

tramcar, *n.* واگن شهری، تراموای.

tramline, *n.*
خط تراموا، خط مخصوص واگن برقی.

tram.mel [*trǽml*] (**-ed, -led, -ing, -ling**) *vt. & n.*
یکجور دام یا تور، پابند، کلاف، آلت ترسیم بیضی، تعدیل، تعدیل کردن، بدام افتادن،محدودساختن.

tramon.tane, *adj. & n.*
واقع در ماوراء جبال آلپ، بیگانه،وراکوهی.

tramp [*trǽmp*] (**-ed, -ing**), *adj., n., vt. & vi.* ولگرد، آسمان جل، باصدا راه رفتن،پیاده روی کردن، با پا لگد کردن، آواره بودن، ولگردی کردن، آواره، فاحشه، آوارگی، ولگردی، صدای پا.

tramp.er, *n.* ولگرد.

tram.ple [*trǽmpl*] (**-d, trampling**) *n., vt. & vi.* پایمال کردن، پامال کردن، زیرپا لگدمال کردن، لگد.

tram.po.line, *n.*
تورى كه در آكروبات ازآن استفاده مى كنند.

tramway, *n.*
تراموای، واگن راه آهن برقی یا اسبی.

trance [*tra:ns*] (**-d, trancing**) *n., vt. & vi.* نشئه،ازخودبیخودی، بیهوشی، خلسه،مسحور کردن یاشدن، باچالاکی حرکت کردن.

tran.quil [*trǽŋkwil*] (**-er, -ler, -est, -lest**) *adj.*
آرام، آسوده، بی جنبش، درحال سکون.

tran.quil(l)i.ze [*trǽŋkwilaiz*] *vt. & vi.* آرام کردن، آسوده کردن، فرونشاندن.

tran.quil.iz.er, *n.*
مسکن (mosakken)، داروی تسکین دهنده.

tran.quil.(l)i.ty [*trǽŋkwíliti*], *n.* آرامش، آسودگی، آسایش خاطر، راحت.

trans.act [*trænzǽkt, -sǽkt*] (**-ed, -ing**) *vt. & vi.*
معامله کردن، داد وستد کردن.

trans.ac.tion,-al [*trænzǽkʃən, -sǽk-*] *adj. & n.* معامله، سودا،انجام.

trans.ac.tor, *n.* معامله گر، سوداگر.

trans.at.lan.tic [*trǽnzətlǽntik*] *adj.* آنطرف اقیانوس اطلس.

tran.scend [*trænsénd*] (**-ed, -ing**) *vt. & vi.* ورارفتن، برتری یافتن، سبقت جستن، بالاتر بودن.

tran.scen.dence, -ency [*trænséndəns(i)*] *n.* برتری، تفوق، ورادوی.

tran.scen.dent, -al [*trænséndənt, -l*] *adj. & n.* ورادو، برتری، مافوق، افضل، فائق ماورای مقررات.

tran.scen.den.tal.ism, *n.*
فلسفهٔ ماوراءالطبیعهٔ، فلسفه خارج جهانمادی.

trans.con.ti.nen.tal [*trǽnzkɔntinéntəl*] *adj.*
عبورکننده از سرتاسر قاره.

tran.scribe [*trænskráib*] (**-d, transcribing**) *vi. & vt.*
آوانویسی کردن، رونویس کردن، رونوشت برداشتن، نقل کردن.

tran.scrib.er, *n.*
محرر، رونویس کننده، آوانویس.

tran.script [*trǽnskript*] *n.*
رونوشت،سواد، نسخهٔ رونوشت.

tran.scrip.tion,-al [*trænskrípʃən*] *n. & adj.* آوانویسی، رونویسی، استنساخ، سواد برداری، رونوشت.

trans.cutaneous, trans.cutaneal, *adj.*
عبورکننده ازپوست، ماوراء پوستی، وراپوستی.

tran.sect (**-ed, -ing**) *vt. & vi.*
بطور عرضی برش کردن، برش عرضی کردن.

tran.sec.tion, *n.* برش یامقطع عرضی.

tran.sept, -al [*trǽnsept*] *n. & adj.* بازوئی کلیسا، جناح کلیسا.

trans.fer, -al [*trænsfə́:*] (**-red, -ring**) *n., vt. & vi.* ورابری، ورابردن، انتقال دادن، واگذار کردن،منتقل کردن، انتقال، واگذاری، تحویل، نقل، سندانتقال، انتقالی.

trans.fer.able, *adj.*
انتقال پذیر، قابل انتقال، قابل ورابری.

trans.fer.ee [*trænsfəri:*] *n.*
تحویل گیرنده، منتقل الیه، متصالح.

trans.fer.ence [*trǽnsfərəns*] *n.*
انتقال، واگذاری، نقل، تحویل، حواله، ورابری.

trans.fer.rer [*trænsfə́:rə*] *n.*
انتقال دهنده، ورابر.

trans.fer.or, *n.*
[illegible]، مصالح، انتقال دهنده.

trans.fig.u.ra.tion [*trænsfigjuréiʃən*] *n.* دگرسیمائی، تبدیل صورت، تبدیل هیئت، تغییر شکل، تجلی.

trans.fig.ure [*trænsfígə*] (**-d, transfiguring**) *vt. & vi.*
تغییرصورت دادن، تغییرشکل یافتن، تغییرشکل دادن، تجلی کردن، نورانی کردن،دگرسیما کردن.

trans.fix [*trænsfíks*] (**-ed, -ing**), *vt.* سوراخ کردن، میخکوب کردن، مبهوت کردن، درجای خود خشك شدن.

trans.form [*trænsfɔ́:m*] (**-ed, -ing**) *n., vi. & vt.*
تغییرشکل یافتن، تغییرشکل دادن، دگرگون کردن، نسخ کردن، تبدیل کردن.

trans.form.able [*trænsfɔ́:məbl*], *adj.* قابل تغییرشکل، دگرگونی پذیر.

trans.for.ma.tion [*trǽnsfəméiʃən*] *n.* دگرسازی، تغییرشکل، تبدیل صورت، دگرگونی،وراریخت.

trans.form.a.tive, *adj.*
قابل تغییر، قابل تبدیل، دگرگون شونده.

trans.form.er [*trænsfɔ́:mə*] *n.*
تبدیل کننده، تغییر دهنده، ترانسفورماتور، دستگاه تبدیل برق ضعیف به برق قوی.

trans.fuse [*trænsfjú:z*] (**-d, transfusing**) *vt.* از یك ظرف بظرف دیگر ریختن، چیزی رانقل وانتقال دادن، رسوخ یافتن در، تزریق کردن در.

trans.fu.sion [*trænsfjú:zən*] *n.*
تزریق، نقل وانتقال، رسوخ، تزریق خون.

trans.gress [*trænsgrés*] (**-ed, -ing**) *vt. & vi.* تجاوزکردن از، تخلف کردن از، تخطی کردن از، سرپیچی کردن از.

trans.gres.sion [*trænsgréʃən*], *n.* سرپیچی، تخلف، تجاوز، خطا، گناه، فرادوی.

trans.gres.sor [*trænsgrésə*] *n.*
متجاوز، متخلف، خطاکار، تجاوزکار، فرارو.

tran.ship, *n.* نقل و انتقال بار وغیره ازیك وسیله یا کشتی به وسیله یاکشتی دیگری.

trans.hu.mance, *n.*
چراگشت، حرکت موسمی چهارپایان.

trans.hu.mant, *adj. & n.* چراگرد، حرکت کننده بسوی کوهستان برای چرا.

tran.sience, -ency [*trǽnziəns(i)*] *n.* فراگذری، ناپایداری، زودگذری، بی ثباتی، کوتاهی.

tran.sient [*trǽnziənt*] *n. & adj.* زودگذر، ناپایدار، فانی، کوتاه، تند، فراگذر.

trans.illuminate (**-d, transilluminating**) *vt.*
[طب] عبور نور ازیك عضو.

trans.illumination, *n.*
انتقال نور ازخلال عضوی بعضو دیگری.

tran.sis.tor, *n.* ترانزیستور.

tran.sis.tor.ize (**-d, transistorizing**) *vt.* دارای ترانزیستور کردن.

tran.sit [*trǽnsit*] *n., vt. & vi.*
عبور، گذر، راه عبور، حق العبور، عبور کردن.

In t. درحال عبور، در ترانزیت.

tran.si.tion, -al [*trœnsíðən*] *n. & adj.* انتقال، عبور، تغییر از یك‌حالت بحالت دیگر،مرحلهٔ تغییر، برزخ، انتقالی.

tran.si.tive [*trœ́nsitiv*] *adj. & n.* انتقالی، متغیر، (مد.) رابطهٔ مجازی، رابطهٔ غیرمستقیم،(فعل)متعدی.

tran.si.to.ri.ness, *n.* زودگذری، حالت ناپایداری، حالت بی‌بقائی.

tran.si.to.ry [*trœ́nsitəri*] *adj.* ناپایدار، فانی، زودگذر، بی‌بقا.

trans.lat.able [*trœnsléitəbl*], *adj.* قابل ترجمه،قابل‌معنی‌کردن، قابل‌تعبیر.

trans.late [*trœnsléit*] (**-d, translating**) *vt. & vi.* ترجمه کردن، معنی کردن، تفسیر کردن.

trans.la.tion, -al [*trœnsléiʃən*], *n.* ترجمه، پچواك،تفسیر،انتقال،حرکت‌انتقالی.

trans.la.tor [*trœnsléitə*] *n.* پچواك‌گر، مترجم، ترجمان، دیلماج.

trans.lit.er.ate [*trœnzlítəreit*] (**-d, transliterating**) *vt.* عین‌کلمه یا عبارتی را از زبانی بزبان دیگر نقل‌کردن، حرف‌بحرف نقل کردن، نویسه‌گردانی کردن.

trans.lit.er.a.tion [*trœ̀nzlitəréiʃən*] *n.* نویسه‌گردانی، نقل‌عین‌تلفظ‌کلمه‌یا عبارتی ازز‌بانی‌بزبان‌دیگر.

trans.lo.cate (**-d, translocating**) *vt.* جابجاکردن، از جای‌خود بیرون کردن.

trans.lu.cence, trans.lu.cen.cy [*trœnzljú:səns(i)*] *n.* فراتابی، نیم شفافی، ماتی، شفافی، حالت‌زجاجی.

trans.lu.cent [*trœnzljú:sənt*], **trans.lu.cid,** *adj.* فراتاب، شفاف‌کننده، روشن‌کننده، زجاجی، شفاف.

trans.marine, *adj.* فرادریا، واقع درآنسوی دریا، متعلق‌به ماوراء‌بحار.

trans.mi.grate (**-d, transmigrating**) *vt.* فراکوچ کردن، کوچ دادن، منتقل‌کردن، تناسخ کردن.

trans.mi.gra.tion [*trœ̀nzmaigréiʃən*] *n.* فرهنگسار، حلول روح مرده در بدن‌موجودزندهٔ‌دیگری، تبعید، فراکوچ.

trans.mis.sion [*trœnzmíʃən*] *n.* انتقال، عبور، ارسال، سرایت، اسبابی‌که بوسیلهٔ آن نیروی موتوراتومبیل بچرخهامنتقل‌میشود، فرافرستی، فرافرستادن، سخن‌پراکنی.

trans.mit [*trœnzmít*] (**-ted, -ting**) *vt.& vi.* فرافرستادن، پراکندن، انتقال دادن،رساندن، عبوردادن،سرایت‌کردن.

trans.mit.ter [*trœnzmítə*] *n.* انتقال دهنده، منتقل‌کننده، فرستنده،فرافرست.

trans.mog.ri.fi.ca.tion [*trœnzmɔgrifikéiʃən*] *n.* دگرگون‌سازی،تغییرشکل، تحول،تناسخ.

trans.mu.ta.tion [*trœ̀nzmju:téiʃən*] *n.* تبدیل، تغییرشکل، قلب‌ماهیت، تکامل، استحاله، تبدیل عنصری بعنصر دیگری.

trans.mute [*trœnzmjú:t*] (**-d, transmuting**) *vt. & vi.* تبدیل کردن، تغییرشکل‌دادن،قلب‌ماهیت‌کردن، کیمیاگری‌کردن، تغییر هیئت دادن.

tran.som, -e [*trœ́nsəm*] *n.* آلت افقی(درو‌پنجره)، پنجرهٔ بالای‌در یابالای پنجرهٔ‌دیگری، تیر سردرب، سنگ درب.

trans.pacific, *adj.* وابسته‌بسرتاسر اقیانوس‌آرام، واقع‌درآنسوی اقیانوس‌آرام.

trans.par.ence, -cy [*trœnspé'ərəns(i)*] *n.* فرانمائی، پشت نمائی، شفافیت، حالت زجاجی.

trans.par.ent [*trœnspé'ərənt*], *adj.* پشت نما،شفاف،نورگذران، فرانما، پیدا.

tran.spire [*trœnspáiə*] (**-d, transpiring**) *vt. & vi.* رویدادن، بیرون‌آمدن، نشرکردن، نفوذکردن، بخار پس دادن، فاش شدن، رخنه‌کردن،فراتراویدن.

trans.plant [*trœnsplá:nt*] (**-ed, -ing**) *n., vt. & vi.* نشاکردن، درجای دیگری نشاندن، مهاجرت‌کردن، کوچ دادن، نشاء زدن، (جراحی) پیوند زدن، عضو پیوند شده، فراکاشتن.

trans.plan.ta.tion [*trœ̀ns-pla:ntéiʃən*] *n.* فراکاشتن، پیوند، جابجاسازی، قلمه‌زنی، نشاکاری.

trans.port [*trœnspɔ́:t*] (**-ed, -ing**) *vi. & vt.* ترابری‌کردن، بردن، حمل‌کردن، نقل وانتقال دادن، نفی‌بلد کردن، از خود بیخود شدن، ازجا در رفتن، بارکش، حمل و نقل، وسیلهٔ‌نقلیه،ترابری.

trans.port.abil.i.ty, *n.* قابلیت حمل،ترابری‌پذیری.

trans.port.able [*trœnspɔ́:təbl*], *adj.* قابل حمل‌ونقل، ترابری‌پذیر.

trans.por.ta.tion, -al [*trœ̀ns-pɔ:téiʃən*] *n. & adj.* ترابری، حمل ونقل، بارکشی، تبعید، انتقال.

trans.port.er, *n.* ترابرگر، انتقال دهنده، منتقل‌کننده، دستگاه‌ناقله، ناقل.

trans.pose [*trœnspóuz*] (**-d, transposing**) *vt. & n.* پس وپیش کردن، قلب کردن،مقدم‌ومؤخر‌کردن، [ر.] بطرف دیگر معادله بردن، فراگذاشتن.

trans.po.si.tion, -al [*trœ̀ns-pəzíʃən*] *adj.* پس‌وپیش‌سازی، تقدم‌وتأخر، جابجاشدگی، [ر.] انتقال اعداد معلوم بیکسو مجهولات‌بطرف دیگر معادله، فراگذاری.

trans.ship [*trœnsʃíp*] (**-ped, -ping**) *vt. & vi.* بکشتی یا وسیلهٔ نقلیهٔ دیگری انتقال دادن.

trans.ship.ment [*trœnzʃíp – mənt*] *n.* انتقال بکشتی یا وسیلهٔ نقلیهٔ دیگری.

tran.sub.stan.ti.a.tion [*trœ́n-səbstœ̀nʃiéiʃən*] *n.* قلب ماهیت، استحاله، تبدیل جسمی بجسم‌دیگر، اعتقاد باینکه نان وشراب مصرفی درآئین‌عشای ربانی مسیحیان هنگام ورود ببدن‌شخص تبدیل بجسم وخون عیسی میگردد.

tran.sude (**-d, transuding**), *vt. & vi.* تراوش‌کردن، فرانشت‌کردن.

trans.value, trans.val.u.ate, *vt.* سنجیدن‌ارزش برحسب معیارجدیدی، نوسنجیدن.

trans.val.u.a.tion, *n.* سنجش ارزش برحسب معیار نوینی، نوسنجی.

trans.verse [*trœ́nzvə:s, trœnz-və':s*] *adj. & n.* متقاطع، اریب، مورب، مستعرض،عرضی،افقی.

trans.ves.tite, *adj. & n.* کسی‌که درلباس ورفتار از جنس مخالف خود تقلید میکند، (درموددرمرد) زن‌جامه.

trap [*trœp*] (**-ped, -ping**) *n., vt. & vi.* زانوئی مستراح وغیره تله،دام، دریچه، گیر، محوطهٔ‌کوچك،شکاف، نیرنگ، فریب، دهان، بدام انداختن، در تله انداختن.

trapdoor, *n.* دریچه.

tra.peze [*trəpí:z*] *n.* بندبازی، طناب بندبازی، ذوذنقه.

tra.pe.zi.um [*trəpí:ziəm*] (*pl.* **-s, trapezia**) *n.* شبیه ذوذنقه، چهار پهلو، چهار ضلعی‌غیرمنظم.

tra.pe.zi.us, *n.* [تش.] عضلهٔ ذوذنقه.

trap.e.zoid, -al [*trœ́pizɔid*] *n. & adj.* ذوذنقه، ذوذنقه‌وار.

trap.ping, -s [*trœ́piŋz*] *n.pl.* یراق، تجملات وتزئینات، بدام اندازی.

trash [*trœʃ*] *n., vt. & vi.* آشغال، مهمل، خاکروبه، زوائدگیاهان، بصورت آشغال درآوردن.

trashy [*trœ́ʃi*] *adj.* مهمل، بیهوده، چرند، مزخرف، جفنگ.

trau.ma (*pl.* **-ta**) *n.* ضربه، زخم، ضربهٔ روحی، روان‌آسیب، روان‌زخم.

trau.mat.ic, -al, *adj.* وابسته‌بهروان زخم، زخمی، جراحتی، ضربه‌ای.

trau.ma.tize (**-d, traumatizing**) *vt.* دچارروان‌زخم‌کردن، با ضرب وجرح مضروب ساختن، معذب‌کردن.

tra.vail [*trœ́veil*] (**-ed, -ing**), *n., vt. & vi.* مشقت، درد‌زایمان، رنج‌بردن، رنج،زحمت، درد کشیدن.

travel [*trœ́vl*] (**-ed,- led, -ing, -ling**) *n., vi. & vt.* سفرکردن،مسافرت‌کردن، رهسپارشدن،مسافرت، سفر، حرکت، جنبش، گردش،جهانگردی.

Traveler's cheque. چك مسافرتی.

travel agency, *n.* آژانس مسافری، آژانس مسافرتی.

travel agent, *n.* سفرچین، سفرآرا، بلیط فروش سرویس مسافری، آژانس‌مسافرتی.

trav.el.er, trav.el.ler [*trœ́vlə*], *n.* مسافر، پی‌سپار.

trav.el.ogue=trav.el.og [*trœ́vəlɔg*] *n.* سخنرانی درباره‌ٔ‌سافرت.

tra.verse [*trœ́və(:)s*] (**-d, traversing**) *vt., vi. & n.* خاکریزیا جان پناه، خط متقاطع، اشکال،مانع‌حائل، درب تاشو، حجاب حاجز، عبور، جاده،مسیر، معبر،پیمودن، طی‌کردن، گذشتن‌از، عبور کردن، قطع کردن.

trav.er.tine=trav.er.tin, *n.* [مع.] سنگ آهك سفید رنگ، تراورتن.

travesty [*trœ́visti*] (**-ied, travestying**) *vt. & n.* تعبیرهجوآمیز، تقلید مسخره آمیزکردن.

trawl [*trɔ:l*] *n., vi. & vt.* کشیدن، باتورکیسه‌ای ماهی‌گرفتن، دام یا تور، کیسه‌ای‌که در ته دریا کشیده می‌شود، بند.

trawl.er [*trɔ́:lə*] *n.* کرجی‌ماهیگیری.

tray [*trei*] *n.* سینی، طبق،جعبهٔ‌دوخانه.

treach.er.ous [*trétʃərəs*] *adj.* خیانت‌آمیز، خائنانه، خیانتکار، خائن.

treach.ery [*trétʃəri*] *n.* نارو، خیانت، غدر، بی‌وفائی.

trea.cle [*trí:kl*] *n.* شیرهٔ قند، تریاق.

tread [*tred*] (**trod, trodden, treading**) *n. & vi.* گام‌برداری، پاگذاشتن، راه رفتن، لگد کردن.

tread.er, *n.* لگدکننده، گام‌بردار.

trea.dle [*trédl*] (**-d, treadling**) *n., vt. & vi.* پا تخته، رکاب ماشین، جاپائی، رکاب‌ساختن.

treadmill [*trédmil*] *n.* چرخ افقی بزرگی‌که زندانیان آن را بحرکت درآورند، چرخ عصارخانه، کارپرزحمت.

trea.son [*trí:zn*] *n.* خیانت، پیمان‌شکنی، بی‌وفائی، غدر.

High t. خیانت بپادشاه یا دولت.

trea.son.able, trea.son.ous [*trí:zənəbl, trí:zənəs*] *adj.* خیانت‌آمیز، قابل ارتکاب خیانت، خائنانه.

trea.sur.able, *adj.* اندوختنی.

trea.sure [*tréðə*] (**-d, treasuring**) *n. & vt.* گنج، گنجینه، خزانه، ثروت، جواهر، گنجینه اندوختن،گرامی داشتن،دفینه.

trea.sur.er [*tréðərə*] *n.* خزانه‌دار، گنجور، صندوقدار.

trea.sury [*tréðəri*] *n.* خزانه‌داری، گنجینه، گنج، خزانه.

treat [*tri:t*] (**-ed, -ing**) *n., vi. & vt.* رفتارکردن،موردعمل‌قراردادن، بحث‌کردن، سروکار داشتن‌با، مربوط بودن‌به، مهمان‌کردن، عمل‌آوردن، درمان‌کردن، درمان شدن، خوراك رایگان، چیزلذت بخش.

T. with acid. اسید زدن‌به.

Treating physician. پزشك معالج.

treat.able, *adj.* رام، نرم، تعلیم‌بردار، قابل درمان، قابل بحث.

trea.tise [*trí:tiz*] *n.* رساله، مقاله، شرح، دانش‌نوسه، توضیح.

treat.ment [*trí:tmənt*] *n.* رفتار، معامله، معالجه، طرز عمل، درمان.

trea.ty [*trí:ti*] *n.* پیمان، معاهده، قرارداد، پیمان نامه،عهدنامه.

tre.ble [*trébl*] (**-d, trebling**), *n., adj., vt., vi. & adv.* سه‌لاکردن، سه‌برابرکردن، [مو.] صدای زیر درآوردن، سه برابر، صدای زیر.

tree [*tri:*] (**-d, treeing**) *n., vt. & vi.* درخت، شجر، قالب‌کفش، چوبه‌دار، شجرة‌النسب،درخت‌کاشتن،بدرخت پناه بردن، بشکل درخت شدن، (ز.ع.) در تنگنا قراردادن.

tree house, *n.* خانهٔ بالای درخت.

tree.less [*trí:lis*] *adj.* بی‌درخت.

treetop, *n.* نوك درخت.

tre.foil [*trí:tɔil, tré–*] *adj. & n.* [گ.ش.] شبدر سه برگه، سه‌پره.

trek [*trek*] (**-ked, -king**) *n., vt. & vi.* سفر،کوچ، مسافرت باگاری، با زحمت‌حرکت کردن، با سختی وآهستگی مسافرت‌کردن.

trel.lis [*trélis*] (**-ed, -ing**) *adj., n. & vt.* شبکه،داربست،چفته،داربست‌بستن.

trelliswork, *n.* داربست بندی، شبکه،چیز شبکه مانند، شبکهٔ داربست.

trem.ble [*trémbl*] (**-d, trembling**) *n., vt. & vi.* لرزیدن، مرتعش شدن، لرز، لرزه، ارتعاش، ترساندن، لرزاندن، مرتعش ساختن، رعشه.

trem.bly, *adj.* لرزان، مرتعش، رعشه‌دار.

tre.men.dous [*triméndəs*] *adj.* ترسناك، مهیب، فاحش، عجیب، عظیم ،شگرف .

trem.o.lo [*tréməlou*] (*pl.* **-s**) *n.* [مو.] لرزش، لرزش‌صدا، تحریر، ارتعاش.

trem.or, tremour [*trémə*] *n.* لرزش، تکان، جنبش، تپش، رعشه، لرزه.

trem.u.lous [*trémjuləs*] *adj.* لرزنده، تحریردار، لرزش‌دار، مرتعش، بیمناك.

trench [*tren(t)ʃ*] (**-ed, -ing**), *n., vt. & vi.* چال، خندق، گودال، سنگر، استحکامات خندقی، شیار طولانی، کندن، خندق زدن.

tren.chan.cy, *n.* تیزی، برندگی، قاطعی، نفوذ، شکاف.

tren.chant [*trén(t)ʃənt*] *adj.* برنده، تیز، بران، نافذ، قاطع، قطعی، سخت.

tren.cher [*trén(t)ʃə*] *adj. & n.* تختهٔ‌نان‌بری، خوراکی‌های‌دوی میز، پالتوبارانی،

مأکول، خوردنی، مفتخور.
trend [trend] (-ed, -ing) n., vt. & vi. روند، متمایل‌شدن، تمایل داشتن، منجر شدن‌به، خم شدن،تمایل، چرخش، انحراف، خمیدگی، مسیر، استیل، سبک، روش، [مع.] جهت، طرف، سو.
tre.pan [tripǽn] (-ned,-ning), n. & vt. متهٔ حفاری معدن‌وجراحی، بامته سوراخ‌کردن، حیله‌گی، تله، حیله، بدام انداختن.
tre.phine [trifain] (-d, trephining) vt., vi. & n. متهٔ مخصوص سوراخ‌کردن کاسهٔ سر، بامته کاسهٔ سر را سوراخ کردن.
trep.id, adj. لرزان، مرتعش، ترسان،مرتعش‌کننده، ترسناك.
trep.i.dant, adj. ترسو، کمرو.
trep.i.da.tion [trèpidéiʃən] n. بیم وهراس، آشفتگی، لرزش، رعشه، وحشت.
tres.pass [tréspəs] (-ed,-ing), n., vt. & vi. تجاوزکردن، تعدی‌کردن، پافراگذاشتن، تخطی‌کردن، تخلف، تخطی، تجاوز.
tres.pass.er [tréspəsə] n. تجاوزکار، عهدشکن، متخلف، خلافکار، خاطی، متجاوز.
tressed [trest] adj. بافته شده، طره شده، طره طره.
tres.tle, tres.sel [trésl] vt. & n. سه‌پایه، ستون‌را روی پایه قرار دادن.
trestlework, n. تیرها وپایه‌های چوبی وفلزی زیر ساختمان یا پل.
trey, n. [در ورق بازی] سه‌لو، خال۳، پیشوند‌پسته‌بمعنی «دارای‌سه‌قسمت» و «سه‌قسمتی» و «سه‌تائی» و «هرسه‌واحد یکبار».
tri.able, adj. آزمایش کردنی، آزمودنی.
tri.ad, -ic [tráiæd] adj. & n. مجموع سه‌چیز، تثلیث، سه‌تائی، ثلاثی.
tri.al [tráiəl] adj. & n. محاکمه،دادرسی، آزمایش، امتحان، رنج، کوشش.
T. trip. مسافرت آزمایشی یا امتحانی.
trial and error, n. روش آزمایش وخط.
tri.an.gle [tráiæŋgl] n. مثلث، سه‌گوش، سه‌پهلو، سه‌بر.
tri.an.gu.lar [traiǽŋgjulə] adj. & n. سه‌گوشه، دارای سه‌زاویه، بشکل‌مثلث.
tri.an.gu.lar.i.ty, n. مثلثی شکل، سه‌گوشی، سه‌پهلوئی.
tri.an.gu.late (-d, triangulating) adj., vt. & n. سه زاویه‌ای، سه‌گوش‌کردن، بصورت مثلث‌در آوردن.
tri.ar.chy, n. سه‌تن‌سالاری، سه‌بخشی.
Tri.as.sic, adj. & n. [ز.ش.] مربوط بدورهٔ تریاسه، تریاس.
tri.atomic, adj. دارای سه‌اتم، سه‌اتمی، سه‌بنیانی.
tri.axial, adj. سه محوری، سه جزئی.
trib.al [tráibl] adj. قبیله‌ای، طایفه‌ای، سبطی، ایلی، ایلیاتی، تباری.
trib.al.ism, n. زندگی ایلیاتی،سازمان و تشکیلات قبیله‌ای، قبیله‌گرائی،ایل‌گرائی.
tribe [traib] n. تبار، قبیله، طایفه، ایل، عشیره، [درجمع] قبایل.
tribes.man [tráibzmən] n. عضو قبیله یا طایفه، ایلیاتی، هم‌قبیله.
trib.u.late (-d, tribulating), vt. خفت(kheffat) دادن، آزار کردن.
trib.u.la.tion [trìbjuléiʃən] n. محنت، رنج، آزمایش سخت، عذاب، اختلال.
tribu.nal [traibjú:nl] n. دادگاه، محکمه، دیوان محاکمات.

tribune [tríbju:n] n. حامی ملت، سکوب سخنرانی، کرسی یا میز خطابه، منبر، تریبون.
trib.u.tary [tríbjutəri] adj. & n. خراجگزار، فرعی، تابعه، شاخه، انشعاب.
trib.ute [tríbju:t] n. باج، خراج، احترام، ستایش، تکریم.
Pay t. to. ستایش کردن، ستودن.
trice [trais] (-d, tricing) vt. & n. کشیدن‌یا بستن،باطناب‌بستن، دم، لحظه.
tri.ceps (pl. -es) n. [تش.] ماهیچهٔ سه‌سر.
tri.chi.na, -l (pl. -e) adj. & n. [ج.ش.] کرم گوشت‌خوك، تریشین.
trich.i.no.sis (pl. -ses) n. [طب] آلودگی با تریشین یاکرم‌گوشت خوك.
tri.chot.o.my, n. تقسیم وجودانسان به‌سه‌قسمت (تن‌وجان وروح)، تقسیم بسه بخش.
tri.chro.mat, -ic, adj. & n. سه‌رنگ، سه‌رنگی.
trick [trik] (-ed, -ing) adj., n., vt. & vi. حیله، نیرنگ،خدعه، شعبده بازی،حقه،لم،رمز،فوت وفن، حیله زدن، حقه‌بازی کردن، شوخی کردن.
T. some one into doing something. کسیرا با نیرنگ وادار بانجام‌کاری‌کردن.
trick.er, n. حقه‌باز، نیرنگ‌باز، گول‌زن، شیاد.
trick.ery [tríkəri] (pl. trickeries) n. حیله گری، حیله‌بازی،گول‌زنی، نیرنگ.
trick.i.ly, adv. از روی حقه‌بازی.
trick.i.ness, n. حقه‌بازی، دغل‌زنی.
trick.le [tríkl] (-d,trickling), n., vt. & vi. چکیدن، چکانیدن، چکه.
trick.let, n. نهر باریك.
trick.ster [tríkstə] n. حقه‌باز، شیاد،گول زن، نیرنگ‌باز، بامبول‌زن.
tricky [tríki] adj. نیرنگ‌آمیز، خدعه‌آمیز، مهارت‌آمیز، نیرنگ‌باز.
tri.col.or [tráikʌlə] adj. & n. پرچم ملی سه رنگ فرانسه،سه‌رنگ.
tri.corn, tri.corne, adj. & n. کلاه‌سه ترك، سه‌گوش، دارای سه‌شاخ.
tri.cornered, adj. دارای سه‌گوشه.
tri.costate, adj. (گ.ش.ـ ز.ش.) سه دنده‌ای، دارای سه‌دنده.
tri.cot, n. کش‌باف، بافتنی، تریکو.
tri.cuspid, adj. & n. سه‌نوك، سه‌گوش، سه‌لختی.
tri.cuspidate, adj. دارای سه‌لخت، دارای سه‌چین در دریچهٔ قلب.
tri.cy.cle [tráisikl] **tri.cyclic**, adj. & n. سه‌چرخه، دارای‌سه‌چرخ.
tri.dactyl, tri.dactylous, adj. سه‌انگشتی، سه‌تدی.
tri.dent [tráidənt] **tri.den.tate**, adj. & n. نیزهٔ سه شاخه، عصای سه‌دندانه، سه دندانه‌ای.
tri.dimensional, adj. سه بعدی (bo'di).
tried [traid] adj. آزموده، آزموده شده، درمحك آزمایش‌قرارگرفته.
tri.en.nial [traiéniəl] adj. & n. سه ساله، هرسه سال یکبار.
tri.en.ni.um (pl. -s, -ia) n. دورهٔ سه ساله.
tri.er [tráiə] n. آزماینده، آزمایش کننده، کوشا.

tri.fle [tráifl] (-d, trifling), n., vt. & vi. چیز جزئی،ناچیز، ناقابل، کم‌بها، بازیچه قراردادن، سرسری‌گرفتن.
A t. یك ذره، اندك.
tri.fler [tráiflə] n. بی‌اهمیت، جزئی.
tri.focal, adj. & n. دارای سه فاصلهٔ کانونی ومرکزی، سه‌کانونی.
tri.foliate, -d, adj. سه‌برگ، سه برگی.
tri.form, adj. دارای شکل سه‌تائی، سه‌شکلی، شکل سه‌تائی.
tri.furcate (-d, trifurcating) adj. & vi. بسه شاخه‌تقسیم شدن، بسه قسمت منقسم شدن، چیزسه انشعابی.
tri.fur.ca.tion, n. سه شاخه، سه‌گانگی، سه انشعابی.
trig [trig] (-ged, -ging) n., adj., vt. & vi. قابل اعتماد، وفادار، فعال، سر حال، منبسط، تروتمیز، دویدن، چهار نعل رفتن، شیك، خودآرا، خط شروع مسابقه، خندق، ازحرکت بازداشتن [مثل چرخ ماشین].
trig.ger [trígə] (-ed, -ing) n. adj., vt. & vi. ماشهٔ اسلحه، گیره، سنگ زیرچرخ، چرخ نگهدار، ماشه (چیزیرا) کشیدن.
trigger-happy, adj. عاجز ازکنترل خوددر اثرشادی،دست‌به‌هفت‌تیر.
trig.ger.man, n. ماشه‌کش، آدمکش سریع‌العمل درمیان جماعت‌اوباش.
tri.gon, n. مثلث سه‌گوش، گروه‌سه صورتی، [نج.] سه‌حالتی، ستارهٔ سه‌تائی، اجتماع سه‌ستاره باهم.
trig.o.no.met.ric, -al, adj. [ر.] مثلثاتی، وابسته به مثلثات.
trig.o.nom.e.try [trìgənɔ́mitri], n. [هن.] مثلثات.
tri.he.dral, adj. & n. [هن.] سه وجهی، سه‌روی،سه‌سطحی.
tri.ju.gate, adj. [گ.ش.] دارای سه‌جفت برگچه، سه‌زوج برگچه‌ای.
tri.lateral [tràilǽtərəl, trailǽtərəl] adj. & n. سه‌جانبه، سه‌ضلعی، سه‌بر.
tri.linear, adj. [هن.] سه خطی، دارای سه‌خط.
tri.lingual, adj. سه‌زبانی، متکلم بسه زبان.
trill [tril] (-ed, -ing) n., vt. & vi. با تحریر خواندن،چرخیدن،روان‌شدن، جاری شدن [مثل نهر]، پیچانیدن، لرزیدن، حرف علة، علت، لرزش صدا.
tril.lion, -th [tríljən] adj. & adj. تریلیون، [آمر.ـ فرانسه] عدد یك‌با ۱۲ صفر، (انگلیس) عدد یك با۱۸ صفر.
tril.o.gy [trílədʒi] n. سه‌نمایش تراژدی، گروه سه‌تائی.
trim [trim] (-med, -ming), adj., adv., n., vt. & vi. درست‌کردن، آراستن، زینت دادن، پیراستن، تراشیدن،چیدن، پیراسته،مرتب، پاکیزه، تروتمیز، وضع، حالت، تودوزی وتزئینات داخلی‌اتومبیل.
trim.er.ous, 3-merous, adj. سه‌جزئی، سه‌بندی، سه‌مفصلی، سه‌گروهی.
tri.mes.ter, -al, adj. & n. دورهٔ سه‌ماهه، درحدود سه‌ماه.
trim.mer [trímə] n. پیرایشگر، دستکاری‌کننده، صاف کننده، زینت‌دهنده، تغییر عقیده دهنده بنا بمصالح‌روز، تأدیب‌کننده.
tri.molecular, adj. [ش.] سه‌ذره‌ای، دارای سه‌ملکول.

tri.monthly, adj. هرسه‌ماه یکبار.
tri.morph, -ic, tri.mor.phous, adj. & n. سه شکلی، سه‌وجهی، سه‌حالتی.
tri.motor, n. هواپیمای سه‌موتوره.
tri.na.ry, tri.nal, adj. & n. سه‌گانه،سه‌تائی، [ر.] دارای سه متغیر.
trine, adj. & n. سه‌لا، سه‌بر، سه‌تائی.
Trin.i.tar.i.an, -ism, adj. & n. معتقد به‌تثلیث، معتقد بوجوداقانیم ثلاثه.
Trin.i.ty [tríniti] n. سه‌گانگی، (درمسیحیت) معتقدبوجود سه‌اقنوم‌در خدای واحد.
trin.ket [tríŋkit] (-ed, -ing), vi. & n. گول‌زنك، چیزکم خرج، جواهر بدلی، دزدکی وزیر جلی‌کارکردن.
trin.ket.ry, n. جواهر آلات‌بدلی.
tri.no.mi.al, adj. & n. شامل سه‌نام، دارای سه‌عبارت، سه‌اسمی.
trio [trí:ou] n. سه نفرخواننده، قطعهٔ موسیقی مخصوص‌نواختن یا خواندن سه‌نفر، سه‌نفری، سه‌تائی.
trip [trip] (-ped, -ping) vi., vt. & n. سبك رفتن، پشت‌پازدن یاخوردن، لغزش خوردن، سکندری خـوردن، سفر کردن، گردش کردن، گردش، سفر، لغزش، سکندری.
tri.par.tite [traipá:tait] adj. سه جزئی، سه‌نسخه‌ای، سه‌جانبه، سه‌طرفه،سه‌سویه.
tri.par.ti.tion (-ed, -ing) vt. & n. تقسیم بسه قسمت، سه‌قسمتی‌کردن، قسمت سوم.
tripe [traip] n. شکمبه، سیرابی،دکان‌سیرابی،بی‌ارزش.
tri.petalous, adj. دارای سه‌گلبرگ، سه‌پر، سه‌گلبرگی.
tri.plane [tráiplein] n. هواپیمای سه‌طبقه یا سه‌باله.
tri.ple [trípl] (-d, tripling), n., adj., vt.&vi. سه‌گانه،سه‌برابر، سه‌جزئی، سه‌گروهی،سه‌برابرکردن، سه‌برابرچیزی‌بـودن.
triple-space, vt. & vi. دوخط درمیان‌کردن.
trip.let [tríplit] n. سه‌گانه، سه‌تائی، سه‌جزئی، سه‌قلو.
triplex [trípleks] (-ed,-ing), adj., vt. & n. سه‌قسمتی، سه‌جزئی، سه‌برابرکردن.
trip.li.cate [tríplikit] adj., n. & vt. سه‌برابر،درسه نسخه، درسه‌نسخه‌تهیه‌کردن.
trip.li.ca.tion, tri.plic.i.ty, n. سه نسخه سازی، تثلیث، تهیهٔ درسه نسخه.
tri.pod, -al [tráipɔd] n. & adj. سه پایه، سه‌رکنی، چیزی‌که سه‌پایه داشته.
tri.pos [tráipɔs] n. سه‌پایه، (در دانشکدهٔ کمبریج) امتحان حساب.
trip.per [trípə] n. سیاح، مسافر، گشت‌گر، دستگاه‌لغزاننده.
trip.pet, n. زبانه یابرجستگی چرخ که درفواصل‌معین بچرخ‌دیگرمیخورد.
trip.tych [tríptik] n. عکسی‌که در سه‌قاب تهیه‌کرده بهلوی یکدیگر قرار دهند.
tri.radiate, -ly, adv., adj. & n. دارای سه شعاع، سه‌شاخه، سه شعاعی.
tri.reme [tráiri:m] adj. & n. کشتی جنگی سه‌ردیفه روم ویونان باستان.
tri.sect [traisékt] **tri.sec.tion** (-ed, -ing) vt. & n. بسه‌بخش‌مساوی تقسیم‌کردن، سه بخش‌کردن، تقسیم بسه قسمت.
triste, trist.ful, adj. اندوهناك، گرفته، محزون، غمگین.
trite, -ly [trait] adj. & adv. کهنه،پوسیده، مبتذل، بطور مبتذل، بطورپوسیده.

trite.ness, *n.* ابتذال، فرسودگی.

tri.the.ism, *n.* سه‌یزدان‌گرائی، سه‌خدائی، اعتقاد باقانیم ثلاثهٔ مسیحیت.

tri.the.ist, -ic, *n. & adj.* پرستندهٔ سه‌خدا، سه‌اقنومی.

trit.u.rate, *vt. & n.* سائیدن، نرم کردن، بصورت پودر درآوردن.

trit.u.ra.tion, *n.* سایش، خردسازی، نرم‌سازی، پودرسازی.

trit.u.ra.tor, *n.* آسیاب‌کننده،ساینده.

tri.umph, -al [tráiəmf, -l] (-ed, -ing) *n., vt. & vi.* پیروزی، فتح، جشن فیروزی، پیروزمندانه،فتح وظفر، طاق نصرت،غالب آمدن،پیروزشدن.

tri.um.phant, -ly [traiΛ'mfənt], *adj. & adv.* پیروز، منصور، فاتحانه، فریاد پیروزی.

tri.um.vir, -al, tri.um.vi.rate [traiΛ'mvə:, traiΛ'mvireit, -rit] *n. & adj.* یکی ازسه زمامداررروم قدیم، سه‌نفری.

tri.une, *adj. & n.* تثلیث، اعتقاد بوجود سه‌شخصیت درخدا.

tri.valence, tri.valency, *n.* ترکیب سه‌بنیانی، سه‌ترکیبی، سه‌ارزش.

tri.valent, *adj. & n.* [ش.] سه‌ظرفیتی، سه‌بنیانی، سه‌ارزشی.

tri.valve, *adj.* سه دریچه‌ای.

triv.et [trívit] *n.* سه‌پایه، دیگپایه.

triv.ia, *n. pl.* چیزهای‌بی‌اهمیت، ناچیز.

triv.i.al, -ly [tríviəl] *adj. & adv.* جزئی، ناچیز، ناقابل،کم مایه،مبتذل.

triv.i.al.i.ty [trìviǽliti] *n.* پیش‌پا افتادگی، ابتذال، بی‌موردی، ناچیزی.

triv.i.al.ize, *vt.* بی‌اهمیت شدن، بی‌اهمیت‌دانستن، مبتذل کردن.

tri.week.ly, *adv., adj. & n.* هر سه هفته یکبار، سه‌هفته‌ای.

tro.cha.ic [tro(u)kéiik] *n. & adj.* [در شعر] مرکب از دو هجـاکه یکی بلند و دومی کوتاه باشد (مثل apple).

tro.chee [tróuki:] *n.* (شعر) وتدیا قافیهٔ دوهجائی که هجای‌اولش‌بلند یاموکد وهجای دومش‌کوتاه یا خفیف‌باشد.

trod [trɔd] (*p. of* **tread**). (زمان‌ماضی قدیمی‌فعل tread)،گام زد.

trodden [trɔ́dn] (*pp. of* **tread**). (اسم مفعول فعل tread)،گام زده.

trog.lo.dyte [trɔ́glodait] *n.* غارنشین، انسانهای غارنشین، وحشی.

trog.lo.dyt.ic, *adj.* غارنشین،غارزی.

troi.ka, *n.* [روسی] ارابه یا درشکهٔ سه‌اسبه، سه‌اسب، هردسته‌سه‌تائی.

Tro.jan [tróudʒən] *adj. & n.* وابسته به یا اهل‌شهر باستانی «تروا» (Troy).

troll [troul] (-ed, -ing) *n., vi. & vt.* (افسانهٔ توتنی) غول یاجن ساکن غار وکوه، دایره‌وار حرکت‌کردن، چـرخیدن، چرخاندن، گرداندن، گشتن، سرائیدن، چرخش.

trol.ley, trol.ly [trɔ́li] (-ed, -ing) *n., vt. & vi.* چرخ‌دستی مأمور تنظیف، گاری بارکش، اتومبیل بارکش کوتاه، واگن برقی، باواگن برقی حمل کردن.

trolleybus, trolley car, *n.* [آمر.] واگن برقی شهری، اتوبوس برقی.

trol.lop [trɔ́ləp] *n.* زن‌شلخته، زن‌بی‌بندوبار، زن‌هرزه، جنده.

trom.bone [trɔmbóun] *n.* [مو.] ترومبون، شیپوردارای قسمت میانی‌متحرک.

TROMBONE

troop [tru:p] (-ed, -ing) *n., vt. & vi.* گروه، دسته، عدهٔ سربازان،اسواران، گردآوردن، فراهم آمدن،دسته‌دسته‌شدن،رژه‌رفتن.

troop carrier, *n.* نیروبر.

troop.er [trú:pə] *n.* سپاهی، سوار، اسب سواری، نظامی.

Swear like a t. زیاد فحش‌دادن.

troopship, *n.* کشتی سربازبر.

tro.pae.o.lum, *n.* [گ.ش.] آب‌تره، شاهی آبی.

trope [troup] *n. & adj.* آذین‌واژه، استعاره، معنی مجازی، طعنه.

troph.ic, *adj.* وابسته بتغذیه، غذائی، تغذیه‌ای.

troph.o.plasm, *n.* مادهٔ مغذیهٔ سیتوپلاسم.

troph.o.plas.mot.ic, troph.o.plas.mic, *adj.* دارای‌موادمغذی‌سیتوپلاسم.

tro.phy [tróufi] *n.* یادگاری پیروزی، نشان ظفر، غنائم،جایزه.

trop.ic, -al [trɔ́pik; -l] *n. & adj.* نواحی گرمسیری بین دومدار شمالو جنـوب استـوا، گرمسیری ، مدار رأس‌السرطان،مدار رأس‌الجدی حاره، گرمسیر.

THE TROPICS

T. of cancer. مدار رأس‌السرطان.

T. of capricorn. مدار رأس‌الجدی.

tro.pism, *n.* سوگرایش، گرایش.

trop.o.log.ic, -al, *adj.* گرمسیری، مجاز(majaaz)، مجازی، دارای‌تفسیراخلاقی.

tro.pol.o.gy, *n.* ترجمه یا تفسیر مجازی و روحانی، استعاره‌سازی.

trot [trɔt] (-ted, -ting) *n., vt. & vi.* یورتمه، یورتمه‌روی، بچهٔ‌تاتی‌کن،یورتمه رفتن، صدای یورتمه رفتن‌اسب، کودک، عجوزه.

troth [trouθ] (-ed, -ing) *n. & vt.* وفا، وفاداری، پیمان،(م.م.) نامزد کردن، راستی، براستی، ازروی‌ایمان،نامزدی.

By my t. براستی، بشرافتم سوگند.

trothplight (-ed, -ing) *n. & vt.* نامزدی،[ك.]نامزد شدن، نامزد کردن.

trot.ter [trɔ́tə] *n.* [درجمع]پاچه، یورتمه‌ران، اسب یورتمه‌رو،شخص‌چابك‌پرکار.

trou.ba.dour [trú:bədɔ:, -duə] *n.* شاعر بزمی و نوازندهٔ دوره‌گردقرون ۱۱ الی ۱۳ فرانسه، نغمه‌سرای سیار.

trou.ble [trΛ'bl] (-d, troubl-ing) *n., vt. & vi.* آزار، آزاردادن، زحمت دادن، دچار زحمت کردن، دچارکردن، آشفتن، مصدع شدن، مزاحمت، زحمت، رنج.

Put to t. دردسر دادن، زحمت‌دادن.

Get into t. بزحمت افتادن.

Fish in troubled waters. از آب گل‌آلود ماهی گرفتن.

troublemaker, *n.* مزاحم، موجد زحمت ودردسر، آشوبگر.

troubleshooter, *n.* مشکل‌گشا، گره‌گشا، کاشف عیب ونقص ورفع‌کنندهٔ آن.

trou.ble.some [trΛ'blsəm] *adj.* پرزحمت، سخت، دردسر دهنده، مصدع،رنج‌آور.

trou.blous [trΛ'bləs] *adj.* پرزحمت، طاقت‌فرسا، پردردسر، مزاحم.

trough [trɔ(:)f, trΛf] *n.* آبشخور، سنگاب، تغار.

trounce [trauns] (-d, trounc-ing) *vt., vi. & n.* شکست‌دادن، سخت‌زدن، بسختی تنبیه کردن، سرزنش کردن.

troupe [tru:p] (-d, trouping), *vi. & n.* دستهٔ بازیگران ونمایش دهندگان، بصورت دسته‌حرکت کردن.

troup.er [trú:pə] *n.* عضو دستهٔ نمایش‌دهندگان، سپاهی.

trou.sers [tráuzəz] *n. pl.* شلوار.

A pair of t. یك عدد شلوار.

trous.seau [trú:sou] (*pl.* -s,-x), *n.* جهاز عروس، جامه یارخت عروس.

trout [traut] (-ed, -ing) *n. & vi.* [ج.ش.]ماهی‌قزل‌آلا، ماهی‌قزل‌آلا گرفتن.

trove, *n.* چیز پیدا شده، گنجینه، تحفه.

trow [trau, trou] (-ed, -ing), *vt. & vi.* اندیشه‌کردن، تصورکردن.

trow.el [tráuəl] (-ed, -led, -ing, -ling) *n. & vt.* ماله، بیلچهٔ باغبانی، ماله‌کشیدن.

trow.el.er, *n.* ماله‌کش.

Troy [trɔi] *adj. & n.* شهر تروا در شمال غربی‌آسیای صغیر، وابسته به‌تروا.

tru.an.cy [trú:ənsi] **tru.ant.ry,** *n.* وقت‌گذرانی، پرسه‌زنی، طفره‌زنی، گریز.

truant [trú:ənt] (-ed, -ing) *n., adj., vt. & vi.* طفره‌رو، ازآموزشگاه‌گریز زدن، شاگرد یاآدم طفره‌رو، مکتب‌گریز.

truce [tru:s] *n.* جنگ‌ایست، متارکهٔ جنگ، قرار داد متارکهٔ موقت جنگ.

truck [trΛk] (-ed, -ing) *adj., n., vt. & vi.* معامله‌کردن، سروکارداشتن‌با، مبادله، معامله خرده ریز،بارکش،کامیون،واگن روباز، چرخ‌باربری، باخودروبار برحمل کردن.

truck.er, *n.* رانندهٔ کامیون.

truck.le [trΛ'kl] (-d, truckl-ing) *vi. & n.* چاپلوسی کردن، باچرخ‌کوچك مخصوص غلتاندن ،چرخ.

truck.ler [trΛ'klə] *n.* حرکت دهنده یا غلتانندهٔ چرخ، چاپلوس.

truckle bed [trΛ'klbèd] = **trun-dle bed,** *n.* تختخواب کوتاهی که زیرتختخواب دیگرقرارگیرد.

truckline, *n.* سرویس باربری.

truck.man (*pl.* -men) *n.* معامله‌گر، رانندهٔ کامیون.

truck trailer, *n.* تریلی‌کامیون، ارابهٔ بی‌موتوری‌که توسط کامیون‌برده‌ شود.

trucu.lence, truculen.cy [trΛ'kjuləns(i), trú:k-] *n.* وحشیگری، سبعیت،خشونت.

trucu.lent, -ly [trΛ'kjulənt, trú:k-] *adj. & adv.* وحشی، خشن، بی‌رحم، قصی‌القلب،سبع.

trudge [trΛdʒ] (-d, trudging), *n., vt. & vi.* قدم آهسته، راه پیمائی بازحمت، با خستگی راه‌رفتن.

trudg.er, *n.* راه‌پیما، سالك، قدم‌زننده.

true [tru:] (-d, truing, trueing), *adj., adv., n. & vt.* راست، پابرجا، ثابت، واقعی، حقیقی، راستگو،خالصانه، صحیح، ثابت یا حقیقی‌کردن، فریور، راستین.

T. to one's promise. خوش‌قول، وفادار نسبت بوعده‌های خود.

T. copy. رونوشت مطابق با اصل.

trueborn, *adj.* پاکزاد، پاك‌نهاد.

true-false test, *n.* آزمایش درستی ونادرستی چیزی.

truehearted, -ness, *adj. & n.* صمیمی، بی‌ریا، پاکباز، پاکدل، پاك‌نهاد.

true-life, *adj.* واقعی،حقیقی وصحیح، مطابق زندگی روزمره.

truelove, *n.* عشق پاك.

true.ness, *n.* درستی، صداقت، بی‌ریائی، حقیقی، خلوص‌نیت.

truf.fle, -d [trΛ'fl] *adj. & n.* (گ.ش.) قارچ دنبلان، قارچ خوراکی دنبلان، دنبلان‌دار.

tru.ism [trú:izm] *n.* چیزی‌که پرواضح است، ابتذال، خنکی.

trull, *n.* فاحشه، دختر جوان، کلفت(kolfat).

tru.ly [trú:li] *adv. & n.* صادقانه، باشرافت، موافق باحقایق، بدرستی، بطور قانونی، بخوبی.

Yours t. ارادتمند شما، مخلص شما.

trump [trΛmp] (-ed, -ing) *n., vt. & vi.* صدای شیپور، (دربازی‌ورق)خال‌آتو،خال‌حکم، خال‌آتو بازی‌کردن، مغلوب ساختن،پیشی‌جستن، آدم‌خوب، نیروی ذخیره ونهانی.

trumped-up, *adj.* خلاف‌واقع، نادرست، بیمورد، ناروا، جعلی.

trum.pery [trΛ'mpəri] *adj. & n.* خرده ریز، خرت وپرت، سخن‌مهمل، زرق‌وبرق دار، نادان فریب، خوش ظاهر، چرند.

trum.pet [trΛ'mpit] (-ed,-ing), *n., vt. & vi.* شیپور،کرنا، بوق، شیپورچی، شیپور زدن.

trum.pet.er [trΛ'mpitə] *n.* شیپورزن، شیپورچی،کرنا زن، جارچی.

trump up, *vt.* نسبت ناروا دادن، دروغ‌بافتن، تهمت‌زدن.

trun.cate, -d [trΛŋkéit] *adj. & vt.* بی‌سرکردن، شاخه زدن، ناقص‌کردن.

trun.ca.tion [trΛŋkéiʃən] *n.* قطع‌سر، سرزنی، بی‌سرسازی،ابترسازی، تسطیح زوایا، ناقص‌سازی.

trun.cheon [trΛ'n(t)ʃən] (-ed, -ing) *vt. & n.* چوب‌پاسبان،چوب‌قانون، باتون، عصا، چماق، باچماق یا باتون‌زدن.

trun.dle [trΛ'ndl] (-d, trun-dling) *n., vt. & vi.* چرخك،غلتك، بارکش‌کوتاه، تراندن،غلتاندن، گشتن، چرخیدن، غل خوردن.

trunk [trΛŋk] *n.* تنه، بدنه، کندهٔ درخت، خـرطوم، بـسینی انسان، چمدان‌بزرگ، صندوق، بدنهٔ ستون.

T. line. خط اصلی راه‌آهن وتلفن وغیره.

trun.nion, *n.* بازو دسته، سرمحور.

truss [trΛs] (-ed, -ing) *n., vt. & adj.* چوب بست زدن، پایه زدن، بستن، بسیخ‌کشیدن، بدارآویختن، جفت‌کردن، گره‌زدن، دسته‌کردن،متمسك‌شدن، کوك‌زدن، بهم‌بستن، بادبان را جمع‌کردن، بار سفربستن، بدار آویخته‌شدن، شکم‌بند، بقچه، انبان، فتق‌بند.

truss bridge, *n.* پل دارای‌اسکلت آهنی.

TRUSS BRIDGE

trust [trΛst] (-ed, -ing) *n., adj., vt. & vi.* اعتماد،ایمان،توکل،اطمینان، پشت‌گرمی، امید، اعتقاد، اعتبـار، مسئولیت، امانت، ودیعه، اتحادیهٔ‌شرکتها، ائتلاف، اعتماد

داشتن، مطمئن بودن، پشت گرمی داشتن به.
T. in God اعتماد یا توکل بخدا.
Take a statement on t. بقول گوینده اعتماد کردن.
trust.ee [trʌstíː] (**-d, trusteeing**) *n., vt. & vi.* امین، متولی، امانتدار، تولیت کردن.
trust.ee.ship [trʌstíːʃip] *n.* امانت، امانتداری، تولیت، جزء امناً بودن.
trust.er, *n.* اطمینان کننده، باورکننده، امانت گذار، ودیعه‌گذار، اعتبار دهنده، نسیه دهنده، توکل کننده.
trust.ful, -ness, *adj. & n.* [illegible]، مطمئن، معتمد، اطمینان، اعتماد.
trust fund, *n.* سپرده، وجه امانی، سرمایهٔ امانی.
trust.i.ness, *n.* قابلیت اعتماد.
trust territory, *n.* ناحیهٔ تحت قیمومت شورای امنیت سازمان ملل متحد.
trust.wor.thy [trʌ'stwəːði] *adj.* قابل اعتماد، معتمد، موثق، درست، امین.
trusty [trʌ'sti] (**-ier, -iest**) *adj. & n.* معتبر، قابل اعتماد، مؤتمن، مورد اطمینان، امین، اطمینان بخش.
truth [truːθ] (*pl.* **-s**) *n.* راستی، صدق، حقیقت، درستی، صداقت.
truth.ful, -ly [trúːθful] *adj. & adv.* راستگو، صادق، راست، ازروی صدق وصفا.
try [trai] (**-ied, -ing**) *vt., vi. & n.* کوشش کردن، سعی کردن، کوشیدن، آزمودن، محاکمه کردن، جدا کردن، سنجیدن، آزمایش، امتحان، آزمون، کوشش.
trying, *adj.* کوشا، ساعی، سخت.
tryout, *n.* آزمون برای گزیدن نامزد مسابقات یا نمایش وغیره، آزمایش درجهٔ استعداد، آزمایش.
tryst [traist; trist] *n., vt. & vi.* قرار ملاقات، میعادگاه، نامزدی، قرار ملاقات گذاشتن.
tsar=tzar, czar [zaː] *n.* تزار، امپراتور روسیه.
tset.se [tsétsi] (*pl.* **-s**) *n.* [ج.ش.] مگس تسه تسه ناقل تریپانوزوم.
T-shirt, *n.* زیرپیراهنی مردانه، پیراهن بی‌یقه.
tub [tʌb] (**-bed, -bing**) *n., adj., vi. & vt.* تغار چوبی، تغار رختشوئی، طشت، وان، حمام فرنگی، هرچیزی بشکل تغار، شستشو کردن، شسته شدن.
tu.ba [tjúːbə], *n.* شیپور بزرگ.
tub.al, *adj.* [تش.] وابسته به لولهٔ رحمی یا گذرگاه تخم، لولهٔ رحم، لوله‌ای.

TUBA

tu.bate, *adj.* دارای شکل لوله، لوله مانند.
tub.ber, *n.* تغارساز، طشت ساز، گازر، شستشو دهنده.
tub.by [tʌ'bi] *adj.* چاق، فربه، خمره وار، بشکل‌وار.
tube [tjuːb] *n., vt. & vi.* لوله، تونل، مجرا، دودکش، نای، نی، لولهٔ خمیر ریش وغیره، ناودان، لامپ، لاستیک توئی اتومبیل ودوچرخه وغیره، لوله‌دار کردن، ازلوله رد کردن.
tu.ber [tjúːbə] *n.* تکمه، دکمه، زگیل، سیبک، برآمدگی زگیل مانند، برجستگی، (گ.ش.) قارچ دنبلان.
tu.ber.cle, *n.* (گ.ش.—تش.) آزخ، برآمدگی گرد، دکمه، زگیل، برآمدگی دندان آسیاب، برجستگی روی استخوان.
tu.ber.cu.lar [tjubəː'kjulə] *adj. & n.* آزخ‌دار، آزخی، برآمدگی‌دار، سلی، مسلول.
tu.ber.cu.la.tion, *n.* ابتلاء بمرض سل، برجستگی یا زگیل.
tu.ber.cu.lo.sis [tjubəːkjulóusis], *n.* [طب] مرض سل.
tu.ber.cu.lous [tjubəː'kjuləs], *adj.* دارای برآمدگی یا دکمه، مسلول، سلی.
tub.ing [tjúːbiŋ] *n.* مصالح لوله‌سازی ولوله‌کشی، لوله‌سازی، لوله‌گذاری، نصب لوله، لولهٔ بدون درز.
tu.bu.lar [tjúːbjulə] *adj.* مجوف، لوله مانند، سیگاری شکل، ساخته شده ازلوله.
tu.bule, *n.* لولهٔ کوچک، ناسور.
tuck [tʌk] (**-ed, -ing**) *n., vt. & vi.* چین، تاه، بالازدگی، بالازنی، توگذاری، شیرینی مربا، نیرو، روحیه، چین دادن یا جمع کردن انتهای طناب، توگذاشتن، نیرو، زور، شدت زورمندی، درجای دنج قرار گرفتن یا قرار دادن، شمشیر نازک.
tuck.er [tʌ'kə] *vt. & n.* شمشیرساز، خوراک، تأمین غذا کردن.
Tu.dor [tjúːdə] *adj.* خانوادهٔ سلطنتی «تودور» در انگلیس.
Tues.day, -s [tjúːzdi] *adv. & n.* سه‌شنبه.
tuf.fet, *n.* صندلی یا نشیمن کوتاه، کلاله، خوشه.
tuft [tʌft] *n., vt. & vi.* دسته، طره، منگوله، ریشهٔ پارچه، ته‌ریش، ریش بزی، کلاله، طره‌دار یا پرزدار کردن.
tuft.er, *n.* کسی که شکار را رم می‌دهد، شکارچی.
tug [tʌg] (**-ged, -ging**) *n., vt. & vi.* بزحمت کشیدن، با زور کشیدن، تقلا کردن، کوشیدن، کشش، کوشش، زحمت، تقلا، یدک‌کش.
T. of war. مسابقهٔ طناب‌کشی.
T. boat. قایق یدک‌کش.
tug.ger, *n.* یدک‌کش، کسیکه کوشش وتقلا می‌کند، وسیلهٔ نقاله.
tu.i.tion, -al [tjuíʃən] *adj. & n.* شهریه، حق تدریس، تعلیم، تدریس، آموزانه.
tu.lip [tjúːlip] *n.* (گ.ش.) لاله، گل لاله.
tulle [tul] *n.* پارچهٔ توری ابریشمی نازک مخصوص روسری ولباس زنانه.
tum.ble [tʌ'mbl] (**-d, tumbling**) *n., vt. & vi.* رقصیدن، جست و خیز کردن، پریدن، افتادن، لغزیدن، ناگهان افتادن، غلت خوردن، معلق خوردن، غلت، چرخش، آشفتگی، بهم ریختگی.
tumbledown, *adj.* خراب، لغزان.
tum.bler [tʌ'mblə] *n.* لیوان، معلق‌زن، بازیگر شیرین‌کار.
tum.brel, tum.bril [tʌ'mbril], *n.* آلت شکنجه، گیوتین، گاری، قایق تهصاف، آدم‌مست وتلوتلوخور.
tu.me.fac.tion, tu.mes.cence *n.* آماس، ورم، حالت تورم.
tu.mes.cent, tu.mid [tjuːmésənt, tjúːmid] *adj.* بادکرده، آماس‌کرده، آماسیده، ورم‌کرده، متورم، ورقلنبیده، پرآب وتاب، مطنطن.
tu.mid.i.ty [tjumíditi] *n.* ورم، آماس، غرور، بادکردگی.
tum.my [tʌ'mi] *n.* شکم، معده.
tu.mor [tjúːmə] **tu.mour,** *n.* دشپل، تومور، برآمدگی، ورم، غده.
tu.mor.ous, *adj.* دشپل‌دار، دشپلی، متورم، مغرور، گستاخ، غده‌ای.
tu.mult [tjúːmʌlt] (**-ed, -ing**), *n. & vi.* همهمه، غوغا، شلوغ، جنجال، آشوب، التهاب، اغتشاش کردن، جنجال راه انداختن.
tu.mul.tu.ous [tjumʌ'ltjuəs] *adj.* پرهمهمه، پرآشوب، شلوغ، بهم ریخته، بی‌نظم.
tun [tʌn] *n. & vt.* بشکه بزرگ، بقدر یک بشکه، آدم یاچیز بشکه مانند، لوله بخاری، لیوان، قدح، در بشکه ریختن.
tu.na [tjúːnə]=**tuna fish,** *n.* [ج.ش.] ماهی تن یا پاپاتون.
tun.dra [tʌ'ndrə] *n.* تندرا، دشتهای بی‌درخت پوشیده ازگلسنگ نواحی قطبی.
tune [tjuːn] (**-d, tuning**) *n., vt. & vi.* آهنگ، لحن، نوا، آهنگ صدا، آواز، لحن تلفظ، وفق دادن، کوک کردن یا میزان کردن آلت موسیقی یا رادیو وغیره، میزان کردن، نغمه.
In t. کوک، هم کوک، سازگار.
tune.ful [tjúːnful] *adj.* خوش آهنگ، شیرین، ملیح، خوش الحان، بانوا.
tune.less, *adj.* ناکوک، بی‌آهنگ، نارسا، ناموزون.
tun.er [tjuːnə] *n.* میزان کننده، میزان کنندهٔ موتور، پیچ میزان رادیو، وسیلهٔ تنظیم جریان برق وغیره، نواگر.
tune-up, *n. & vi.* شروع بآواز کردن، [مك.] موتور را تنظیم کردن.
tung.sten [tʌ'ŋstən] *n.* [مع.] تنگستن، تونگستن، فلزی از جنس کروم.
tu.nic [tjúːnik] *n.* نیام، (روم قدیم) پیراهن بی‌آستین یا با آستین که مرد وزن میپوشیده‌اند، بلوز یا کت کوتاه کمربنددار، کت کوتاه سربازان انگلیس، پوشش.
tu.ni.ca (*sing. & pl.*) *n.* غشاء پوششی، نام قبیله‌ای از سرخپوستان آمریکا.
tu.ni.cate, -d, *adj. & n.* نیام‌دار، پوشش‌دار، پیراهن پوش، جانور نیام‌دار.
tu.ni.cle, *n.* پوشش یا پیراهن کوتاه وکوچک، لباس روئی کشیش در عشاء ربانی، لباس کوتاه.
tuning fork, *n.* (مو.) دو شاخه، دیاپازون.
tun.nel [tʌ'nl] (**-ed, -ing, -led, -ling**) *n., vt. & vi.* تونل، نقب، سوراخ کوه، نقب‌زدن، تونل ساختن، نقب‌راه.

TUNING FORK

tun.ny [tʌ'ni] (*pl.* **-ies**) *n.* [ج.ش.] هرنوع ماهی اسقومری اقیانوسی.
tup (**-ped, -ping**) *vt., vi. & n.* شاخ‌قوچ، سندان، چکش، شاخ‌زدن، جفت گیری کردن.
tuppence [tʌ'pəns] *n.* دوپنی.
Tu.ra.ni.an, *adj. & n.* تورانی، مردمی از نژاد آلتائی اورال.
tur.ban [təː'bən] *n.* عمامه، دستار، کلاه عمامه مانند.
tur.bid [təː'bid] *adj.* گل‌آلود، تیره، کدر، درهم وبرهم، مه‌آلود.
tur.bid.i.ty [təːbíditi] *n.* تیرگی، گل‌آلودی، مه‌آلودی.
tur.bi.nal, *adj. & n.* [ج.ش.—تش.] پیچی‌شکل، فرفره‌ای.
tur.bine [təː'bain, -bin] *n.* توربین.
tur.bo- پیشوندی بمعنی «توربینی» و«وابسته به توربین».
tur.bo.car, *n.* اتومبیل توربین‌دار.
tur.bo.gen.era.tor, *n.* دستگاه مولدبرق دارای توربین.
tur.bo.jet, *n.* هواپیمای جت توربین‌دار، جت توربینی.
tur.bot [təː'bət] (*pl.* **turbot, -s**) *n.* (ج.ش.) سپرماهی، ماهی پهن خوراکی.
tur.bu.lence, tur.bu.len.cy, *n.* آشفتگی، اغتشاش، آشوب، گردنکشی، تلاطم.
tur.bu lent [təː'bjulənt] *adj.* سرکش، گردنکش، یاغی، متلاطم، آشفته.
turd, *n.* سنده، گه، پشگل.
tu.reen [tjuríːn] *n.* ظرف سوپ‌خوری، قدح سوپ‌خوری.
turf [təːf] (**-ed, -ing**) (*pl.* **turves, -s**) *vt., vi., adj. & n.* چمن، کلوخ چمنی، خاك ریشه‌دار، طبقهٔ فوقانی خاك، مرغزار، ذغال‌سنگ نارس، با چمن پوشاندن.
tur.ges.cence, *n.* تورم، برآمدگی، آماس، بادکردگی، تکبر.
tur.gid [təː'dʒid] *adj.* بادکرده، آماس‌دار، متورم، متسع، پرطمطراق.
tur.gid.i.ty [təːdʒíditi] *n.* ورم، آماس، باد، بادکردگی، تورم، غرور، طمطراق.
Turk [təːk] *n.* ترک، اهل کشور ترکیه.
Tur.key [təː'ki] *n. & adj.* کشور ترکیه، بوقلمون، شکست‌خورده، واخورده.
Turk.ish [təːkiʃ] *adj. & n.* ترکی، ترک.
Turkish bath, *n.* گرمابهٔ بخار، حمام (بنوعی که درایران وترکیه مرسوم است).
Turkish towel, *n.* حولهٔ مخمل نما.
tur.mer.ic, *adj. & n.* (گ.ش.) زردچوبه.
tur.moil [təːmɔil] *n.* غوغا، ناراحتی، پریشانی، بهم خوردگی، آشفتگی.
turn [təːn] (**-ed, -ing**) *n., vi. & vt.* نوبت، چرخش، گردش [بدور محور یا مرکزی]، چرخ، گشت ماشین تراش، پیچ خوردگی، قرقره، استعداد، میل، تمایل، تغییر جهت، تاه زدن، برگرداندن، پیچاندن، گشتن، چرخیدن، گرداندن، وارونه کردن، تبدیل کردن، تغییر دادن، دگرگون ساختن، بچرخش یا دوران انداختن، گسیل کردن، ترجمه کردن، ترجمه شدن.
T. the trick. [ز.ع.] نتیجهٔ مطلوب بدست آوردن.
T. about. [نظ.] عقب‌گرد کردن، عدول.
T. the corner. ازخم‌راه ردشدن، بحران را گذراندن.
Let us now t. to. اکنون بپردازیم به.
He didn't t. up. یارو پیدایش نشد.
Out of t. خارج از نوبت.
T. a hair. اضطراب وآشفتگی نشان دادن.
T. color. رنگ پریده شدن، رنگ برنگ شدن.
T. loose مرخص کردن، ترشح کردن، رها کردن، آزاد کردن.
T. one's stomach. حالت تهوع پیدا کردن، انزجار پیدا کردن.
T. tail. فرار کردن.
T. the tables. وضع رادگرگون ساختن.
By turns. از روی نوبت.
In t. بنوبت خود، درجای خود.
T. away. اجتناب کردن، منحرف کردن.
T. back. برگشتن، روگرداندن از، ردکردن.
T. coat. مرتد، عهدشکن، بی‌وفا، گراینده بدستهٔ مخالف خود.
T. down. تاه کردن، کم کردن، برگرداندن، ردکردن.
turn.er [təː'nə] *n.* خراط، تراش‌کار، چرخ‌کار، چرخنده، چرخاننده.

tur.nery, *n.* خراطی، تراش‌کاری، دکان‌خراطی، کارخانهٔ‌تراش، ماشین تراش، اشیاء تراشیدنی،منبت‌کاری.

turning point, *n.* نقطهٔ برگشت، مرحلهٔ قاطع، نقطهٔ تحول.

tur.nip [*tə':nip*] *n.* (گ.ش.) شلغم، منداب.

turnkey [*tə':nki:*] *n.* زندانبان، کلیددار زندان، دستگاه انحراف سنج‌زاویه.

turn off, *n. & vt.* خاموش‌کردن یاشدن،محل‌چرخش،نقطهٔ تحول، نقطهٔ انحراف.

turn on, *vt.* شیر آب یا سویچ برق را بازکردن، بجریان انداختن،روشن‌کردن.

turn out [*tə':nóut*] *n. & vt.* تولیدکردن، وارونه‌کردن، باکلیدخاموش‌کردن، اجتماع، ازدحام، تولید، ازکار درآمدن، بنتیجهٔ مطلوب‌رسیدن.(انگلیس) اعتصاب،اعتصابگر.

turn over [*tə':nòuvə*] *vt., adj. & n.* غلتاندن،وارونه‌کردن، برگرداندن(خاك)، تعمق‌کردن، مرورکردن ،ورق زدن، برگشتگی، واژگون شدگی،سرمایه، عایدی‌فعالیت،عملکرد، محصول، بازده، انتقال، برگردان، تعویض.

turnpike [*tə':npaik*] *n.* جاده، شاهراه، باجراه.

turnstile [*tə':nstàil*] *n.* تیری که چهار بازوی‌گردنده‌دارد و هرکس میخواهد از آن‌بگذرد‌کوپن خودرا درسوراخ‌آن‌انداخته‌وآن‌را‌چرخانده‌وارد می‌شود، گردان‌در.

TURNSTILE

turntable [*tə':ntèibl*] *n.* صفحهٔ‌گردونه، سکوب چرخنده، معلق،پشتك.

turn up, *vt., adj. & n.* رخ دادن، ظهور، ظاهر شدن.

tur.pen.tine [*tə':pəntain*] *vi., n. & vt.* تربانتین، سقز، قندرون، تربانتین‌زدن‌به.

tur.pi.tude [*tə':pitju:d*] *n.* فساد، پستی، دلوایسی، دنائت‌ذاتی.

turps [*tə:ps*] *n. pl.* روغن یا عرق تربانتین.

tur.quoise=tur.quois [*tə':kwa:z, tə':kwɔiz*] *n.* (مع.) فیروزه، سولفات قلیائی آلومینیوم.

T. blue. رنگ‌آبی فیروزه‌ای.

tur.ret [*tʌ'rit*] *n.* منارهٔ‌کوچك، برج‌کوچك، (نظ.) برج متحرك، برج‌گردان، جان پناه.

tur.tle [*tə':tl*] **(-d, turtling),** *vi. & n.* هرنوع لاك‌پشت آبی، کبوترقمری، لاك‌پشت، لاك‌پشت‌شکارکردن.

turtledove, *vi. & n.* (ج.ش.)کبوتر قمری[Ringdove]، یار، عزیز،محبت‌نشان‌دادن.

turtleneck, *n.* یقهٔ‌اسکی، یقهٔ‌برگردان، ژاکت‌یقه‌دار.

tusk [*tʌsk*] **(-ed, -ing)** *vi., vt. & n.* دندان‌درازوتیز، دندان‌نیش‌اسب،عاج،دندان عاج فیل،دندان‌گرازحیوانات، (بادندان)سوراخ کردن یاکندن.

tus.sive, *adj.* سرفه‌آور، وابسته‌به‌سرفه.

tus.sle [*tʌ'sl*] *vt., vi. & n.* تقلا، مسابقهٔ جسمانی،کشمکش، مجادله، نزاع، کردن، بحث‌کردن، تقلا کردن.

tus.sock [*tʌ'sək*] *n.* دستهٔ علف، دستهٔ مو، دستهٔ انبوه، کلاله.

tut [*tʌt*] *n. & interj.* اوه، عجبا.

tu.te.lage [*tjú:tilidʒ*] *n.* للگی، قیمومت، سرپرستی، تعلیم سرخانه.

tu.te.lary [*tjú:tilə(ri)*] **tu.te.lar,** *adj. & n.* دارای قیم یا سرپرست، دارای محافظ وحامی، وابسته بقیمومت، وابسته بسرپرست، قیمومتی.

tu.tor, tu.to.ri.al [*tjú:tə, tju:tɔ́:riəl*] **(-ed, -ing)** *vt., vi. & n.* آموختار، لله، معلم سرخانه، ناظر درس دانشجویان، درس خصوصی‌دادن به.

tu.tor.age, tu.tor.ship, *n.* معلمی، آموزانه،سرپرستی، قیمومت، للگی.

tu.tor.ess, *n.* معلمه، قیم‌زن، آموزگارزن.

tux=tux.e.do [*tʌksí:dou*] *n.* لباس مردانه مخصوص چای عصر، لباس رسمی.

twad.dle [*twɔ́dl*] **(-ed, -ing),** *n., vi. & vt.* چرندگفتن، سخن بی‌معنی.

twad.dler [*twɔ́dlə*] *n.* چرندگو، مهمل‌گو،چرندنویس.

twain [*twein*] *pron., adj. & n.* دو، دوتا، جفت، زوج، توأم، دوقلو، چندقلو.

twang [*twæŋ*]**=twinge (-ed, -ing)** *n., vt. & vi.* صدائی‌که‌هنگام کشیدن سیم‌ساز ازآن شنیده میشود، صدای‌زه، صدای‌تودماغی،صدای دنگ‌دنگ ایجادکردن.

twangy, *adj.* دارای صدای دنگ دنگ، تودماغی.

tweak [*twi:k*] **(-ed, -ing)** *n., vt. & vi.* نیشگون‌گرفتن وکشیدن، پیچ دادن، پیچیدن، پیچاندن (بینی)، نیشگون تیز.

tweed [*twi:d*] *n.* پارچهٔ پشم ونخ راه‌راه مردانه، نوعی فاستونی.

Twee.dle.dum and Twee.dle.dee [*twi:dldʌ'mənt wi:dldí:*], *n.* دوفرد یا دوگروه خیلی مشابه.

tweedy, *adj.* [در مورد پارچه] پشم ونخ راه راه، فاستونی.

tweet [*twi:t*] *n., vt. & vi.* صدای جیرجیر، جیرجیر کردن (پرندگان کوچك).

tweeze, tweese, *vt. & n.* کندن مو، (طب) انبرك.

She tweezes her eyebrows. او زیرابروی خود را برمیدارد.

tweez.er, -s [*twi:zə, -z*] *n., vt. & vi.* موچین، قیچی، انبرك، باموچین کندن.

twelfth [*twelfθ*] *(pl. -s) adj. & n.* دوازدهم، دوازدهمین، یکی ازدوازده‌قسمت.

twelve [*twelv*] *n. & adj.* دوازده، دوازده‌گانه، یك‌دوجین.

twen.ti.eth [*twéntiiθ*] *adj. & n.* یك بیستم، بیستمین، بیستم.

twen.ty [*twénti*] *pron., adj. & n.* عددبیست.

twenty-one, *pron., adj. & n.* [بازی ورق] بیست ویك، عدد بیست ویك.

twice [*twais*] *adv. & adj.* دوبار، دو دفعه، دومرتبه، دوبرابر.

twice-born, *adj.* دوباره‌زاد، تجسم ثانوی، تولدتازهٔ روحانی یافته.

twid.dle [*twídl*] **(-d, twiddling)** *n., vt. & vi.* بآرامی دست زدن، بازی‌کردن، ور رفتن، باساعت مچی‌وغیره بازی کردن، ور رفتن (با چیزی)، تکان دادن.

twig [*twig*] *n., vt. & vi.* شاخهٔ‌کوچك، ترکه، باترکه زدن، چیله.

twig (-ged, -ging) *n., vt. & vi.* فهمیدن، دریافتن، دیدن، مشاهده‌کردن، باترکه کتك زدن، باخجالت مشاهده کردن.

twigged, twig.gy, *adj.* شاخه‌دار، ترکه‌مانند، لاغر.

twi.light [*twáilait*] *n.* تاریك‌روشن، هوای گرگ ومیش، شفق.

twill [*twil*] **tweel,** *n. & vt.* پارچهٔ جناغی، پارچهٔ جناغی بافتن.

twin [*twin*] **(-ned, -ning)** *n., adj., vt. & vi.* (درجمع)جوزا، هم‌شکمان، زوج،جفت،دوتا، دوقلو،توأم‌کردن، جفت‌کردن.

twine [*twain*] *n., vt. & vi.* ریسمان‌چندلا، نخ‌قند، پیچ، بهم‌بافتن،دربرگرفتن.

twinge [*twin(d)ʒ*] **(-d, twinging)** *n., vt. & vi.* دوورزدن، پیچیدن، درد‌کشیدن، تیرکشیدن، نیش، سوزش، سرزنش وجدان، درد شدید وناگهانی.

twin.kle [*twiŋkl*]**=wink (-d, twinkling)** *n., vt. & vi.* چشمك زدن (بویژه‌درموردستارگان)، برق زدن یا تکان تکان خوردن، چشمك، بارقه، تلألؤ.

In the twinkling of an eye. دریك چشم بهم زدن.

twirl [*twə:l*] **(-ed, -ing)** *n., vt. & vi.* چرخش،گردش، چرخیدن.

twist [*twist*] **(-ed, -ing)** *n., vt. & vi.* پیچ، تاب، نخ یا ریسمان تابیده، پیچ خوردگی، پیچیدن، تابیدن، پیچدار کردن.

twist.er [*twístə*] *n.* کسی‌که میچرخاند یا می‌پیچاند، کسی‌که اغراق میگوید یا تحریف میکند،گردباد،چرخان.

twisty [*twísti*] *adj.* تابدار، پیچ‌خورده، پیچدار، منحرف، تابیده.

twit [*twit*]**=twat (-ted, -ting)** *n., vt. & vi.* سرزنش‌کردن،عیوب‌یا اشتباهات‌کسی را‌یادآور شدن، سرزنش.

twitch [*twitʃ*]**=twitch grass,** *n., vt. & vi.* تکان ناگهانی، ناگهان‌کشیدن، جمع‌شدن، بهم‌کشیدن، گره‌زدن، فشردن، پیچاندن، سرکوفت دادن، منقبض‌شدن، کشش، حرکت‌باکشش ناگهانی.

twit.ter [*twítə*] **(-ed, -ing)** *n., vt. & vi.* جهجه، جهجه زدن، صداهای مسلسل ومتناوب ایجادکردن، (ازشدت شوق یاهیجان) لرزیدن، هیجان و ارتعاش، سرزنش‌کننده.

twixt [*twikst*]**=betwixt,** *prep.* مابین، درمیان.

two [*tu:*] *pron., n. & adj.* دو، دوبار، دوقسم، دونوع ، دوتا، هردوتا.

two-bit, -s, *adj. n.pl.* بارزش ۲۵ سنت، جزئی، بی‌اهمیت.

two-faced, *adj.* دورو، دو وجهه، آدم دورو.

two-fisted, *adj.* شدید، سخت، نیرومند، دومشتی.

twofold [*tú:fould*] *adj. & adv.* دارای‌دوچیز، دوقسمتی ، دوبرابر، دوگانه.

two.pence [*tʌ'pəns*] *(pl.* **twopence, twopences)** *n.* مبلغ دوپنس، مسکوك دوپنسی.

two.pen.ny [*tʌ'pəni*] *n. & adj.* سکهٔ دوپنسی،کتاب اول ابتدائی بچه‌ها.

two-phase, *adj.* [درموردبرق] دوفاز، دومرحله‌ای، دوحالتی، دو وهله‌ای.

two-ply, *adj. & n.* دولا، دولاتاب.

two-sided, *adj.* دوپهلو، دوطرفه.

two.some, *n.* دونفری، دونفره، دوگانه.

two-step, *n.* دوگامی، رقص دوگامی.

two-way, *adj.* دارای دوراه، دوراهه.

ty.coon [*taikú:n*] *n.* سرمایه‌دار خیلی مهم، آدم‌با نفوذ وپولدار.

tying [*táiiŋ*] *adj. & n.* (وجه وصفی معلوم ازفعل tie)، متصل کننده.

tyke [*taik*] **tike,** *n.* آدم خام‌دست، بچه‌شیطان وموذی، طفل.

tym.pan=tympanon, *n.* طبل، جبههٔ‌کلیسا، پرده، غشاء.

tym.pan.ic, *adj.* بشکل طبل، مثل پردهٔ صماخ.

tym.pa.nist, *n.* طبل‌زن.

tym.pa.num [*tímpənəm*] *(pl.* **tympana, tympanums)** *n.* (تش.) طبل‌گوش، گوش میانی، پردهٔ‌گوش،طبل.

tym.pa.ny, *n.* ورم، گزافه‌گوئی، مبالغه، صدای‌سنگین، طبل.

typ.able, type.able, *adj.* باماشین تحریر نوشتن، نوشتنی.

typ.al, *adj.* شبیه نمونه، نمونه‌ای، شبیه حروفچاپی.

type [*taip*] **(-d,typing)** *n., vt. & vi.* سنخ، نوع، قسم، رقم،گونه، الگو، قبیل، حروفچاپی، کلیشه، باسمه، ماشین تحریر،طبقه بندی‌کردن، با ماشین‌تحریر نوشتن، نوع‌خون، نوع خون‌را معلوم‌کردن.

Books of this t. این نوع‌کتابها.

typeset (typset, -ting) *vt.* حروفچینی‌کردن.

typesetter, *n.* حروفچین.

type.write [*táiprait*] *vt. & vi.* با ماشین تحریر نوشتن.

type.writ.er [*táipràitə*] *n.* ماشین تحریر،حرف‌نگار.

ty.phoid [*táifɔid*] *adj. & n.* تیفوئیدی، وابسته به‌تیفوئید، حصبه.

ty.phoon [*taifú:n*] *n.* توفان سخت دریای‌چین،گردباد.

typhus, ty.phous, *adj. & n.* تیفوس، تیفوسی، حصبه‌ای.

typ.i.cal [*típikl*] *adj.* سنخی، نوبتی، نوبه‌ای، برجسته، شاخص، معرف.

Typical of Kashan. معرف‌کاشان، مخصوص‌کاشان.

typ.i.cal.i.ty, typ.i.cal.ness, *n.* نمونه، علامت، شاخصیت، خصوصیت.

typ.i.fi.ca.tion, *n.* سنخ‌بندی، طبقه‌بندی، علامت سازی، تعیین نمونه.

typ.i.fy [*típifai*] **(-ied, typifying)** *vt.* نمونه‌دادن، با نمونه مشخص‌کردن، نمونه‌بودن، نمایندهٔ نوعی ازگیاه یا جانوربودن.

typ.ist [*táipist*] *n.* ماشین نویس.

ty.pog.ra.pher, *n.* مأمور چاپخانه،چاپچی، مطبعه‌چی.

ty.po.graph.ic [*tàipəgrǽfik*], *adj.* چاپی، مربوط بچاپ.

ty.pog.ra.phy [*taipɔ́grəfi*] *n.* فن‌چاپ، فن بیان و تعریف چیزی‌بصورت‌علائم و نشانه‌های رمزی.

ty.pol.o.gy, *n.* سنخ شناسی، گونه شناسی، نوع‌شناسی، نشانه‌شناسی.

ty.ran.ni.cal [*tirǽnikl; tai-*] *adj.* ستمگرانه، وابسته بفرمانروای ظالم، ظالمانه.

ty.ran.ni.cide, *n.* قاتل ستمگران،ستمگرکش، ستمگرکشی.

tyr.an.nize [*tírənaiz*] *vt. & vi.* ستم‌کردن، مستبدانه حکومت‌کردن.

tyr.an.nous [*tírənəs*] *adj.* ستمگر، ستمگرانه، ظالمانه، از روی ظلم و ستمگری.

tyr.an.ny [*tírəni*] *n.* ظلم وستم.

حکومت ستمگرانه،حکومت استبدادی،ستمگری، ظلم، ستم، جور (jovr).

ty.rant [*táiərənt*] *n.* ستمگر،حاکم ستمگر یا مستبد، سلطان ظالم.

tyre=tire [*táiə*] *n.* لاستیك اتومبیل.

ty.ro, *n.* مبتدی، تازه‌کار، نوچه.

tzar [*za:*]=**tsar=czar,** *n.* تزار، امپراطور روسیهٔ قدیم.

tza.ri.na, *n.* ملکهٔ روسیهٔ تزاری.

انگلیسی English	خط میخی پارسی Old Persian Cuneiform	پهلوی اشکانی Parthian Pahlavi	پهلوی ساسانی Sassanian Pahlavi	پهلوی کتابی Book Pahlavi	اوستائی Avestan	فارسی Modern
U	𐎢	𐭅	𐭥	𐮅	𐬏 𐬎	او

U [*ju:*] *n.*
بیست ویکمین حرف الفبای انگلیسی.

ubiq.ui.tous [*ju:bíkwitəs*] *adj.*
[م.م.] حاضر، همه‌جا حاضر، موجود درهمه‌جا.

ubi.qui.ty [*ju:bíkwiti*] *n.* حضوردر همه‌جا در یك وقت [مثل ذات پروردگار].

U-boat [*júbòut*] *n.*
زیر دریائی (مخصوصاً زیردریائی آلمانی).

ud.der [*Λ'də*] *n.*
غدهٔ پستانی یا شیری، پستان‌گاو ومانندآن.

ugh [*u:x, ux, uh*] *interj.* اه، پیف.

ug.li.fy [*Λ'glifai*] (**-ied, ugli-fying**) *vt.* زشت‌کردن، بدترکیب کردن.

ug.ly [*Λ'gli*] *adj.* زشت، بدگل، کریه.

ukase [*ju:kéis*] *n.* [در روسیهٔ تزاری] فرمان امپراتور که قوت‌قانونی داشته.

Ukrain.ian, *n. & adj.*
اهل اوکرانی‌درکشورشوروی.

uku.le.le [*jù:kəléili*] *n.*
یك نوع آلت‌موسیقی شبیه گیتار.

ul.cer [*Λ'lsə*] *n., vt. & vi.* (طب) زخم، قرحه، زخم معده. قرحه‌دارکردن یا شدن، ریش کردن، ریش.

ul.cer.ate [*Λlsəreit*] (**-d, ul-cerating**) *vt. & vi.* زخم شدن، تولید قرحه‌کردن، ریش‌شدن یاکردن.

ul.cer.a.tion [*Λlsəréiʃn*] *n.*
ایجاد زخم یا قرحه، زخم یا قرحه، ریشی.

ul.cer.ous [*Λ'lsərəs*] *adj.* ریش، زخمی، قرحه‌ای، زخم‌دار، قرحه‌دار، مجروح.

ul.na [*Λ'lnə*] (*pl.* **-e**) *n.* [تش.] زند اسفل، زند زیرین.

Ul.ster [*Λ'lstə*] *n. & adj.*
ایالت‌اولستر در ایرلند، پالتوگشاد مردانه.

ul.te.ri.or [*Λltíəriə*] *adj.*
بعدی، آنطرف، در درجهٔ دوم‌اهمیت، نهان.

ul.ti.mate [*Λ'ltimit*] *adj. & n.*
نهائی، آجل، آخر، غائی، بازپسین، دورترین.

ul.ti.ma.tum [*Λltiméitəm*] *n.*
اتمام‌حجت، آخرین‌پیشنهاد،قطعی،غائی، نهائی.

ul.ti.mo [*Λ'ltimou*] *adj.*
ماه‌گذشته (مخفف‌آن ult. است).

ul.tra [*Λ'ltrə*] *n. & adj.* فرا، ماورای، افراطی، خیلی متعصب، مافوق.

ultra-, *n. & prefix* پیشوندیست بمعنی«ماوراء» و «ماوراء فضاء»و«ماوراء حدود وثغور» و «برتر از» و «مافوق» و «فرا».

ul.tra.conservative, *adj.*
بیش ازحد محافظه‌کار، خیلی محتاط.

ul.tra.ism, *n.* فراگرایش، فراروی، ازحدگذرانی، زیاده روی، افراط‌کاری.

ul.tra.marine [*Λltrəmərí:n*] *n. & adj.* واقع در آنسوی دریا، رنگ‌آبی‌سیر.

ul.tra.modern, *adj.*
فرانو، بسیار تازه، خیلی جدید، متجدد.

ul.tra.modernist, *n.*
فرانوگرای، آدم خیلی متجدد.

ul.tra.montane [*Λltrəmɔ́ntein*], *n. & adj.* وابسته‌به‌کشورها و مردمی‌که در آنطرف کوه‌هاوارتفاعات‌هستند، تفوق‌مطلق پاپ.

ul.tra.mundane, *adj.* فراجهانی، ماوراءجهان،ماوراءگیتی،ماوراء منظومهٔ شمسی.

ul.tra.nationalism, *n.* عقاید ناسیونالیزم خیلی افراطی، ملت‌پرستی‌افراطی.

ul.tra.red, *adj.* فراقرمز، فـــراسرخ، (infrared)آنطرف اشعهٔ‌قرمز.

ul.tra.violet [*Λ'ltrəváiələt*] *adj. & n.* فرابنفش، ایجادشده بوسیلهٔ اشعهٔ ماوراء بنفش، وابسته به‌اشعهٔ ماوراءبنفش.

ul.tra vi.res [*Λ'ltrə váiri:z*] *adv.*
خارج ازحدوداختیارات قانونی، بسیارعالی‌مقام.

ulu.late (**-d, ululating**) *vi.*
زوزه‌کشیدن (مانندسگ یاگرگ)، جیغ‌کشیدن (مانند جغد)، باصدای بلندناله وزاری‌کردن.

ulu.la.tion, *n.* زوزه‌کشی، ناله‌وزاری.

um.ber [*Λ'mbə*] *adj., vt. & n.*
سایه، روح، شبح،سایه‌انداختن،قهوه‌ای‌مایل‌بزرد.

um.bil.i.cal, *adj.*
نافی، واقع در نزدیکی ناف، مرکزی، بطنی.

U. cord. [تش.] بند ناف.

um.bil.i.cus=navel, *n.*
(تش.)ناف، پیوندگاه ناف، فرورفتگی‌نافمانند.

um.bra (*pl.* **-s, -e**) *n.*
سایه،شبح،روح، نقطهٔ‌تاریك.

um.brage [*Λ'mbridʒ*] *n.*
سایه، تاری، تاریکی،سایهٔ شاخ‌وبرگ، اثر،شباهت سایه‌وار، سوءظن، نگرانی، رنجش.

Take u. at رنجیدن از.

um.bra.geous, *adj.* زودرنج، سایه‌دار، دارای سوءظن، بیمناك، رنجیده‌خاطر.

um.brel.la [*Λmbrélə*] *vt., adj. & n.* چتر، سایبان،حفاظ،چتر استعمال‌کردن.

um.laut [*úmlaut*] *vt. & n.* ادغام، ادغام حرف صدادار در حرف صدادار بعدی، ادغام‌کردن.

um.pire [*Λ'mpaiə*] *vt., vi. & n.*
سرحکم (hakam)، سرداور، داورمسابقات، حکمیت، داوری، داوری‌کردن.

ump.teen, -th [*Λ'm(p)ti:n*] *adj.*
بی‌حد وحصر، معتنی‌به، متعدد، وافر، بیشمار.

un- [*Λn-*] پیشوند بمعنی «لا» و «نه» و«غیر» و«عدم»و«نا».

un.abashed, *adj.* بی‌شرم، گستاخ.

un.abated, *adj.* فرونننشسته،کاسته نشده.

un.able, *adj.* عاجز، ناتوان.

He is u. to go. قادر نیست برود.

un.abridged, *adj.* مشروح، مختصر نشده،کوتاه نشده،کامل، تلخیص نشده.

un.accommodated, *adj.* ناهمساز، بدون وسائل راحتی، فراهم نشده، بی‌مسکن.

un.accompanied, *adj.* بدون‌همراه، تنها، بدون مصاحب، بدون‌ملتزمین‌رکاب.

un.accountable, *adj. & n.*
توضیح ناپذیر، غیرمسئول، غیرقابل توصیف، غریب، مرموز.

un.accounted, *adj.*
بحساب نیامده،حساب نشده، فاقدتوضیح.

un.adorned, *adj.*
ساده، عریان، بی‌پیرایه، بی‌زیور.

un.adulterated, *adj.*
خالص، مخلوط نشده، بدون مواد خارجی.

un.aligned, *adj.* بدون صف‌آرائی، غیر وابسته بحزب، غیر متشکل، بیطرف.

un.alterable, *adj.*
تغییر ناپذیر، غیرمتغیر.

una.nim.i.ty [*jù:nənímiti*] *n.*
اتفاق‌آراء، هم‌آوازی، همرائی، یکدلی.

unan.i.mous [*junǽniməs*] *adj.*
هم‌رأی، متفق‌القول، یکدل ویك‌زبان، اجماعاً.

By a u. vote. باتفاق‌آراء.

un.answerable, *adj.* جواب‌ناپذیر، بیجواب، قاطع، دندان شکن، تکذیب ناپذیر.

un.appealing, *adj.* غیر قابل استیناف،غیرجذاب، غیر منطقی،ناپسند، نچسب.

un.appeasable, *adj.* استمالت‌ناپذیر، اقناع نشدنی، راضی نشدنی، تسکین نیافتنی.

un.apt, *adj.* کودن، دیرآموزنامناسب، غیر محتمل، غیر متناسب، کند.

un.arm (**-ed, -ing**) *vt.*
خلع سلاح‌کردن، غیر مسلح‌کردن.

un.assailable, *adj.* یورش‌ناپذیر، بی‌تردید، غیر قابل بحث، غیرقابل حمله

un.assuming [*Λnəsjú:miŋ*] *adj.*
فروتن، بی‌ادعا،افتاده، بی‌تصنع، بی‌تکلف،ساده.

un.attached, *adj.* ناوابسته، توقیف نشده، اعزام نشده، آزاد، منتظردستور.

un.avoidable, *adj.*
اجتناب ناپذیر، غیر قابل اجتناب،چاره‌ناپذیر.

un.aware, -s [*Λnəwɛ'ə, -z*] *adv. & adj.* بی‌اطلاع، بی‌خبر، ناگهان، غفلتاً، سراسیمه، ناخودآگاه، ناخودآگاهانه.

un.balance, *vt. & n.*
غیر متعادل‌کردن، تعادل(چیزی را) برهم زدن، اختلال‌مشاعر پیدا کردن،عدم‌توازن، اختلال‌مشاعر.

un.bated, *adj.* تخفیف داده نشده.

un.bearable, *adj.*
تحمل ناپذیر، غیرقابل تحمل، تاب‌ناپذیر.

un.beat.able, *adj.* باخت‌ناپذیر، شکست ناپذیر، مغلوب نشدنی، بی‌نظیر، بی‌همتا.

un.beaten, *adj.* نباخته، شکست نخورده، مغلوب نشده، ضرب‌نخورده.

un.becoming, *adj.*
ناشایسته، نازیبا، ناخوشایند.

un.be.known, un.be.knownst [*Λnbinóun(st)*] *adj.* نادانسته، نامعلوم، خارج از معلومات شخصی،مجهول.

un.belief, *n.* بی‌اعتقادی، بی‌ایمانی.

un.believable, *adj.*
باور نکردنی، غیر قابل باور.

un.believer, un believing, *n. & adj.*
کافر، بی‌ایمان، غیر مؤمن، بی‌اعتقاد، دیرباور.

un.bend [*Λnbénd*] (**-bent, -bending**) *vt. & vi.*
بازکردن، رهاکردن، شل‌کردن، راست‌کردن.

un.biased, *adj.* بیغرض، عاری از تعصب، بدون تبعیض، تحت تأثیر واقع نشده.

un.bind (**-bound, -binding**), *vt. & vi.* از بند رهاکردن،شل‌کردن.

un.blessed, un.blest, *adj.*
نامبارك، نامیمون، ملعون، بینوا، بدبخت.

un.blushing [*ΛnblΛ'ʃiŋ*] *adj.*
بدون شرم، بی‌خجالت، عاری از شرم.

un.bonnet, *vt. & vi.*
کلاه را از سربرداشتن، آشکارکردن.

un.born [*Λnbɔ́:n*] *adj.* نزاده،هنوز زاده نشده، هنوز ظاهر نشده، غیر مولد، نازاد.

un.bosom [*Λnbúzəm*] (**-ed, -ing**) *vt. & vi.*
راز خود را فاش‌کردن، اسرار دل راگفتن.

un.bound, -ed [*Λnbáund, -id*], *adj.* غیرمحدود، بی‌پایان، مقید نشده،رهاشده.

un.bowed [*Λnbáud*] *adj.* خم نشده، انحناء پیدا نکرده، تعظیم نکرده،سرکوب‌نشده.

un.bridle, -d [*Λnbráidld*] *adj. & vt.* اجام گسیخته، بی‌مهار، مهار دریده،

ول کردن، انجام گسیخته کردن، از بند رها کردن.

un.broke, un.broken, *adj.* رام نشده، سوقان گیری نشده، مسلسل، ناشکسته.

un.buckle, *vt. & vi.* استراحت کردن، سگک یا چفت و بست را باز کردن، آسودن.

un.burden [ʌnbə'ːdn] **(-ed, -ing)** *vt.* سبکبار کردن، بار از دوش کسی برداشتن، اعتراف و درددل کردن.

U. oneself. خود را سبکبار کردن.

un.button, -ed (-ed, -ing), *adj., vt. & vi.* گشودن دکمه، گشوده.

un.cage (-d, -caging) *vt.* از قفس رها کردن، آزاد کردن.

un.called-for [ʌnkɔ́ːld fɔː] *adj.* ناخواسته، غیرضروری، ناخوانده، نامطلوب.

un.canny [ʌnkǽni] *adj.* مرموز، غیر طبیعی، غریب، وهمی، جدی، زیرك.

un.cap (-ped, -ping) *vt.* کلاه ازسر برداشتن، سرپوش برداشتن از.

un.ceasing, *adj.* ایست ناپذیر، بلاانقطاع، بدون وقفه، مسلسل، پایان ناپذیر.

un.ceremonious, *adj.* ساده، بی‌تشریفات، بی‌تعارف، بی‌نزاکت.

un.certain [ʌnsə'ːtn] *adj.* نامعلوم، مشکوك، مردد، متغیر، دمدمی.

un.cer.tain.ty [ʌnsə'ːtnti] *n.* نامعلومی، تردید، شك، چیز نامعلوم، بلاتکلیفی.

un.chain(-ed,-ing)*vt.* از زنجیر و بند رها کردن.

un.charitable, *adj.* بی‌سخاوت، بیرحم، سخت گیر در قضاوت، بی‌گذشت.

un.charted, *adj.* اکتشاف نشده، در نقشه یا جدول واردنشده، نامعلوم، ندانسته.

un.chaste, *adj.* آلوده دامن، بی‌عفت، بی‌عفاف.

un.christian, *adj.* غیرمسیحی.

un.ci.nus (*pl.* **uncini**) *n.* زائدهٔ قلابی، عضو سرکج یاقلاب مانند.

un.circumcised, *adj.* ختنه نشده، غیر مختون، غیریهودی.

un.civil, *adj.* بی‌تربیت، بی‌تمدن، وحشی، بی‌ادب.

un.civilized, *adj.* غیر متمدن، وحشی، بی‌ادب.

un.clasp (-ed, -ing) *vt. & vi.* بازکردن [قلاب وماننداًن]، بازکردن یاشدن.

un.classified, *adj.* طبقه‌بندی نشده، درردیف بخصوصی قرار نگرفته، غیرمحرمانه.

un.cle [ʌ'ŋkl] *n.* عمو، دائی، عم.

un.clean, *adj.* ناپاك، نجس، غیرسالم، آلوده.

Uncle Sam, *n.* لقب دولت ایالات متحدهٔ آمریکا، عموسام.

un.cloak, *vt. & vi.* بی‌رداکردن، فاش کردن.

un.co [ʌ'ŋkou, ʌ'nkou] *adv., adj. & n.* (اسکاتلند) بسیار، جالب توجه، عجیب، غریب، شخص غریبه، ناشناس، خجالتی، غیرعادی، خارق‌العاده، مهیج، هیجان، مرموز.

un.comfortable, *adj.* ناراحت، نامساعد (مانند هوا)، ناخوشآیند.

un.committed, *adj.* ناوابسته، غیرمتعهد، متعهدنشده، تعهد نشده، تقبل نشده.

un.common, *adj.* غیرعادی، غیرمتداول، غیرمعمول، نادر، کمیاب.

un.communicative, *adj.* بی‌علاقه بمکالمه وتبادل فکروخبر، خاموش، کم‌حرف.

un.compromising, *adj.* قطعی، سخت، ناسازگار، غیرقابل انعطاف، تسلیم نشو،

تمکین ندادنی، مصالحه ناپذیر.

un.concern, *n.* بی‌علاقگی، لاقیدی، عدم علاقه، خونسردی.

un.concerned, *adj.* بی‌علاقه، خونسرد، لاقید.

un.conditional, *adj.* قطعی، مطلق، بدون قید وشرط، بلاشرط.

U. surrender. تسلیم بلاشرط.

un.con.quer.able, *adj.* تسخیرناپذیر، شکست ناپذیر، مغلوب نشده.

un.con.scio.na.ble [ʌnkɔ́nʃən-əbl] *adj. & adv.* غیرمعقول، گزاف، خلاف وجدان، بی‌وجدان.

un.conscious [ʌnkɔ́nʃəs] *adj. & n.* غش کرده، ناخودآگاه، از خودبیخود، بی‌خبر، عاری ازهوش، نابخود، ضمیرناخودآگاه.

un.considered, *adj.* غیرقابل ملاحظه، بی‌ملاحظه، بی‌توجه، نسنجیده.

un.constitutional, *adj.* برخلاف قانون اساسی، برخلاف مشروطیت.

un.controllable, *adj.* غیرقابل جلوگیری، کنترل ناپذیر، غیرقابل نظارت.

un.conventional, *adj.* آزاد ازقیود ورسوم، غیرقراردادی، خلاف‌عرف.

un.conventionality, *n.* عدم رعایت آداب ورسوم، بی‌تکلیفی.

un.cork (-ed, -ing) *vt. & vi.* چوب پنبهٔ بطری را برداشتن، رهاکردن.

un.counted, *adj.* بی‌شمار، نشمرده، شمرده نشده، غیرقابل شمارش.

un.couple (-d, -coupling) *vt & vi.* جداکردن، رهاکردن، ازقلاده بازکردن، زحالت زوجی خارج کردن، بازشدن.

un.couth [ʌnkúːθ] *adj.* شت، ناهنجار، ناسترده، ژولیده، نامربوط.

un.cover [ʌnkʌ'və] **(-ed,-ing),** *vt.&vi.* برهنه کردن، آشکار کردن، کشف کردن.

un.created, *adj.* غیرمخلوق، ابدی.

un.critical, *adj.* بیرانتقادی، غیروخیم، عادی.

un.crown (-ed, -ing) *vt. & vi.* بی‌تاج وتخت کردن، خلع کردن یاشدن.

unc.tion [ʌ'ŋ(k)ʃən] *n.* روغن‌مالی، مرهم گذاری، تدهین، روغن، مرهم، مداهنه، چرب زبانی، حظ، تلذذ، نرمی، لینت.

unc.tu.ous [ʌ'ŋ(k)tjuəs] *adj.* چرب، روغنی، چرب ونرم، مداهنه آمیز.

un.curl (-ed, -ing) *vt. & vi.* از انحناء درآمدن، مستقیم شدن، بی‌فرشدن.

un.cut, *adj.* بریده نشده، قطع نشده، ازهم جدا نشده.

un.daunted, *adj.* بیباك، وحشی، رام‌نشده، سرکش، بی‌واهمه.

un.deceive [ʌndisíːv] *vt.* مبرا ازفریب وتزویر کردن، ازفریب آگاهانیدن.

un.demonstrative, *adj. & n.* غیر مثبت، فاقد ضمیراشاره، غیرمدلل، خوددار.

un.deniable, *adj.* انکار ناپذیر.

un.der [ʌ'ndə] *prep., adv., n. & adj.* زیر، درزیر، تحت، پائین‌تراز، کمتراز، تحت تسلط، مخفی در زیر، کسری‌دار، کسر، زیرین.

U. repair. در دست تعمیر، تحت تعمیر.

U. various titles. بعناوین گوناگون.

U. baked, adj. نیم پخته، خام.

U. populated, adj. کم‌جمعیت.

underact [ʌndərǽkt] *vt. & vi.* درست انجام ندادن، ازکارکم گذاشتن.

un.der.age, *adj.* فروسال، نا بالغ، صغیر، کمتر ازسن قانونی.

underbid [ʌndəbíd] *vt., vi. & n.* [در مناقصه] ازهمه کمترقیمت‌دادن.

underbody, *n.* زیرتنه، پائین تنهٔ جانوران، (درهواپیما وکشتی و غیره) قسمت‌زیر، پائین تنهٔ‌لباس.

underbred [ʌndəbréd] *adj. & n.* از نژادغیر اصیل، نااصل‌زاده، بی‌تربیت.

underbrush [ʌ'ndəbrʌʃ] *n.* بوته، درخت کوچك روینده در زیر درخت.

underclassman, *n.* شاگردسالهای‌اول‌ودوم‌دانشگاه.

underclothes [ʌ'ndəklòuðz], **underclothing,** *n.* زیر پیراهنی، زیرپوش، لباس‌زیر.

undercoat, *n.* پشم‌زیرین، زیرلایه.

undercover, *adj.* مخفی، سری، رمزی، جاسوس، نهانی، زیرجلی.

undercurrent [ʌ'ndəkʌrənt] *n.* جریان تحتانی، عمل پنهانی، زیرموج.

undercut [ʌndəkʌ't] *n., adj., vt. & vi.* ببهای کمتری(ازدیگران)فروختن، برش زیرین، از زیربریدن.

underdeveloped, *adj.* کم‌پیشرفت، رشدکافی نیافته، عقب افتاده.

underdo (-did, -done, -doing) *vt.* ازکارکم گذاردن، قصورکردن، نیم‌پخته کردن (غذا)، نیم‌پز کردن.

underdog [ʌ'ndədɔg] *n.* سگ شکست خورده، توسری‌خور.

underdrawers, *n.pl.* زیرشلواری.

underestimate [ʌndəréstimeit] *vt. & n.* ناچیز پنداشتن، دست کم گرفتن، تخمین کم.

underestimation, *n.* سبك شماری، سهل گیری، ناچیز شماری.

underexpose [ʌndərikspóuz] **(-d, -exposing)** *vt.* کمتر ازحدلزوم‌درمعرض(نوروغیره) قراردادن.

underfeed (-fed, -feeding), *vt.* غذای غیرکافی خوردن یادادن.

underfoot [ʌndəfút] *adv. & adj.* درزیرپا، قسمت کف‌پا، بطورپنهانی، جلوراه.

undergarment [ʌ'ndəgàːmənt], *n.* زیرپوش، لباس‌زیر، زیر جامه.

undergird (-ed, -ing) *vt.* تقویت کردن، بست زدن به.

undergo [ʌndəgóu] **(-went, -gone, -ing)** *vt. & vi.* تحمل کردن، دستخوش (چیزی) شدن، متحمل چیزی‌شدن.

U. a change. دستخوش تغییرشدن.

un.der.graduate [ʌndəgrǽdjuit] *n. & adj.* دانشجوی دورهٔ لیسانس.

underground [ʌndəgráund] *n., adj. & adv.* [انگلیس] راه‌آهن زیرزمینی، [مج.] تشکیلات‌محرمانه وزیرزمینی، واقع‌درزیرزمین، زیرزمین.

undergrowth [ʌ'ndəgròuθ] *n.* زیررست، بوته‌ها ودرختان کوچکی که زیرگیاه بزرگتری میروید، زیرگیاه، پشم‌یاروپش‌زیرین.

underhand, -ed [ʌ'ndəhǽnd], *adv., adj. & n.* نهانی، زیر جلی، حقه‌بازی، تقلب وتزویر.

underlay [ʌndəléi] **(-laid, -laying)** *vt. & n.* در زیر چیزی لایه قرار دادن، لایهٔ زیرین.

underlie [ʌndəlái] *vt., vi. & n.* در زیر چیزی قرارگرفتن، زمینهٔ چیزی بودن.

underline [ʌndəláin] *n. & vt.* زیر چیزی خط‌کشیدن، تأکیدکردن، خط‌زیرین.

un.der.ling [ʌ'ndəliŋ] *n. & adj.* آدم زیردست، آدم پست وحقیر، دون‌پایه.

underlip, *n.* لب زیرین.

underlying [ʌndəláiiŋ] *adj.* در زیر قرارگرفته، اصولی یا اساسی، متضمن.

undermine [ʌndəmáin] *vt.* تحلیل بردن، از زیر خراب‌کردن، نقب‌زدن.

undermost [ʌ'ndəmoust] *adv. & adj.* پائین‌ترین، زیرترین، ادنی.

un.der.neath [ʌndəníːθ] *adv., prep., adj. & n.* در زیر، از زیر، زیرین، پائینی، پائین.

undernourished, under.-nourishment, *adj. & n.* سوء تغذیه، گرفتار سوءتغذیه شدن، مواد غذائی لازم ببدن نرسیدن، نرسیدن مواد لازم ببدن.

underpants, *n.* تنکه (tonokeh)، زیر پوش، زیرشلواری.

underpart, *n.* زیرین بخش، تقسیمات جزء، بخش فرعی، بخش تحتانی.

underpass, *n.* مسیر جاده درزیر پل هوائی، جادهٔ زیرجادهٔ دیگری، زیرین راه.

underpin [ʌndəpín] **(-ned, -ning)** *vt.* پی‌بندی‌کردن، پی‌سنگی در زیر دیوار قراردادن، پشتیبانی‌یا تأییدکردن.

underprivileged [ʌ'ndəprívilidʒd] *adj.* محروم از مزایای اجتماعی و اقتصادی، در مضیقه، تنگدست، کم امتیاز.

underrate [ʌndəréit] *vt.* چیزی راکمتر از قیمت واقعی نرخ گذاشتن، ناچیز شمردن، دست‌کم گرفتن.

underscore [ʌndəskɔ́ː] **(-d, -scoring)** *vt. & n.* خط یا علامتی زیر چیزی‌کشیدن، تأکید، زیرین‌خط.

undersea, -s, *adj. & adv.* زیرآبی، متحرك در زیرآب، زیر دریا.

un.der.secretary [ʌndəsékritəri] *n.* معاون وزارتخانه.

undersell [ʌndəsél] **(-sold, -selling)** *vt.* ارزانتر فروختن، روی دست کسی‌رفتن.

undersexed, *adj.* دارای تمایل جنسی‌کمتر از طبیعی، دارای ناتوانی جنسی.

undershirt, *n.* زیرپیراهنی، عرقگیر.

underside, *n.* طرف یاسوی‌زیرین، سطح پائینی، زیرین، درونی.

undersign, *vt.* (درزیرورقه)امضاکردن.

undersigned [ʌndəsáind] *n. pl.* امضاءکنندهٔ زیر، دارای‌امضاء (در زیرصفحه).

We the u. ما امضاءکنندگان زیر.

undersized [ʌ'ndəsáizd] *adj.* کوچکتر از معمول، کوچکتر ازاندازهٔ معمولی.

underskirt, *n.* زیردامنی.

un.der.stand [ʌndəstǽnd], **(-stood, -ing)** *vt. & vi.* دریافتن، فهمیدن، ملتفت‌شدن، دریافتن، درك کردن، رساندن.

I was given to u. چنین فهمیدم.

understanding [ʌndəstǽndiŋ] *n. & adj.* فهم، ادراك، هوش، توافق نظر، موافقت، باهوش، مطلع، ماهر، فهمیده.

understate [ʌndəstéit] *vt.* حقیقت را اظهارنکردن، دست‌کم گرفتن.

understatement [ʌndəstéitmənt] *n.* کتمان‌حقیقت، دست‌کم گیری.

understrapper [ʌ'ndəstrǽpə] *n.* دون‌پایه، شخص حقیر، شخص کوچك، عامل پائین درجه.

understudy [ʌ'ndəstʌdi] *n. & vt.* هنرپیشهٔ علی‌البدل شدن، عضو علی‌البدل.

un.der.take [ʌndətéik] **(-took, -taken, -taking)** *vt. & vi.*

تعهد کردن، متعهد شدن، عهده‌دار شدن، بعهده گرفتن، قول دادن، متقبل شدن، تقبل کردن.

un.der.tak.er [ʌ'ndətèikə] **un-dertaking,** *n.*
کسیکه کفن ودفن مرده را بعهده‌میگیرد، مقاطعه کارکفن‌ودفن، متعهد، کسیکه‌طرح یاکاری رابعهده میگیرد، جواب‌گو، مسئول.

under-the-counter, *adj.*
قاچاقی، داروی بدون نسخه وغیر مجاز.

undertone [ʌ'ndətòun] *n.*
ته‌رنگ، رنگ کمرنگ، ته‌صدا، موجوددرزمینه.

undertow [ʌ'ndətòu] **(-ed, -ing)** *n.*
جریان‌آب زیردریا.

undervalue [ʌndəvǽlju] *vt.* & *n.*
کمتراز ارزش واقعی تخمین‌زدن.

underwater, *adj.* & *adv.*
زیرآب، زیرآبی، زیرآبزی.

underwear [ʌ'ndəwɛə] *n.*
زیرپوش، زیرجامه، لباس زیر.

underweight [ʌndəwéit] *adj.* & *n.*
کسر وزن، دارای کسروزن.

underworld [ʌ'ndəwə:ld] *n.*
عالم اموات، دنیای‌تبه‌کاران واراذل، زیرین‌جهان.

underwrite [ʌndəráit] *vt.* & *vi.*
در زیر سندی نوشتن، امضاکردن، تعهدکردن.

underwriter [ʌ'ndəràitə] *n.*
متعهد، بیمه‌گر، تقبل‌کننده.

un.desirability, *n.* نامطلوبی.

undesirable [ʌndizáiərəbl] *n.* & *adj.*
نامطلوب، ناخوش‌آیند، ناخواسته.

undeviating, *adj.*
بدون انحراف، بدون تردید رأی، مصمم.

un.dies [ʌ'ndiz] *n.*
زیرلباس، زیر جامهٔ (زنانه)، زیرپوش‌کودکان.

un.do [ʌndú:] **(-did, -done, -doing)** *vt.* & *vi.* واچیدن،
بی‌اثرکردن، خنثی کردن، باطل کردن، خراب کردن، ضایع‌کردن، بی‌آبروکردن، بازکردن.

un.doubted, -ly [ʌndáutid] *adj.* & *adv.*
مسلم، بدون شك، بدون تردید.

un.dress (-ed, -ing) *n.*, *adj.*, *vt.* & *vi.*
لباس‌کندن، جامه‌معمولی (درمقایسه با اونیفورم).

un.due [ʌ'ndjú:] *adj.*
زیادی، غیر ضروری، ناروا، بی‌مورد.

un.du.late [ʌ'ndjulèit] **(-d, un-dulating)** *adj.*, *vt.* & *vi.* موجدار کردن، تموج‌داشتن، موجداربودن، نوسان‌داشتن.

un.du.la.tion [ʌndjuléiʃn] *n.*
تموج، نوسان، حرکت موجی، زیروبم.

un.du.la.to.ry, *adj.* موجی، مواج.

un.du.ly, *adv.* ناروا، بی‌جهت، بی‌خود.

un.dutiful, *adj.* وظیفه‌نشناس.

un.dying [ʌndáiiŋ] *adj.*
لایزال، غیرفانی، پایدار، فنا ناپذیر.

un.earth [ʌnə':θ] **(-ed, -ing),** *vt.*
از زیرخاك درآوردن، آفتابی کردن، ازلانه بیرون کردن، از زیردرآوردن، حفاری کردن.

un.earth.ly, *adj.*
عجیب، غریب، غیرزمینی.

un.easy [ʌní:zi] *adj.* & *adv.*
ناراحت، مضطرب، پریشان خیال، بی‌آرام.

un.employable, *adj.* & *n.*
غیرقابل استخدام.

un.employed [ʌnimplɔ́id] *adj.*
بیکار، بی‌مصرف، عاطل، بکار نیفتاده.

un.employment [ʌnimplɔ́imənt] *n.*
بیکاری، عدم اشتغال.

un.ending [ʌnéndiŋ] *adj.* بی‌پایان.

un.equal, -ed, *adj.* & *n.*
نابرابر، نامساوی، غیرمتعادل، نامرتب، ناموزون.

un.equivocal, *adj.* روشن، غیرمبهم،
صریح، اشتباه نشدنی، بدون ابهام.

un.erring [ʌnə':riŋ] *adj.* خطاناپذیر،
اشتباه نشدنی، غیرقابل لغزش، بی‌تردید.

un.essential, *adj.* & *n.*
غیر ضروری، غیرمهم، غیراساسی، غیراصلی.

un.even, *adj.* ناهموار، ناصاف، ناجور.

un.eventful, *adj.*
بی‌حادثه، بدون‌رویداد مهم.

unex.am.pled [ʌnigzá:mpld] *adj.*
بی‌سابقه، بیمانند، بی‌نظیر، غیر متوازی، بیهمتا.

un.expected, *adj.*
غیرمترقبه، غیر منتظره، ناگاه.

un.expressive, *adj.*
نارسا، غیرحاکی، عاری از معنی، بی‌حالت.

un.fail.ing [ʌnféiliŋ] *adj.*
تمام نشدنی، کم نیامدنی، پایدار، باوفا.

un.fair, *adj.* غیر منصفانه، نادرست،
بی‌انصاف، نامساعد (در مورد باد)، ناهموار.

un.faith, un.faithful, *adj.* & *n.*
بی‌ایمانی، نقض ایمان، بی‌وفا، بدقول.

un.familiar, -ity, *adj.* & *n.*
ناآشنا، ناشناخته، عجیب، ناآشنائی.

un.fasten (-ed, -ing) *vt.*
رهاکردن، بازکردن، آزادکردن.

un.fathomable, *adj.*
ژرف، غیرقابل‌عمق‌سنجی.

un.favorable, *adj.* نامساعد، بد،
مخالف، برعکس، زشت، بدقیافه، نامطلوب.

U. weather. هوای نامساعد.

un.feeling, -ly [ʌnfí:liŋ] *adj.* & *adv.*
بی‌عاطفه، سنگدل، بیحس، فاقداحساسات.

un.feigned, *adj.*
واقعی، حقیقی، تقلبی، بدون تصنع، اصیل.

un.fetter (-ed, -ing) *vt.*
از قید رها شدن، از زنجیر آزادشدن.

un.finished, *adj.*
ناتمام، تمام نشده، بی‌پایان.

unfit, *adj.*, *n.* & *vt.* ناشایسته،
نابآب، نامناسب، نامناسب‌کردن.

un.fix (-ed, -ing) *vt.* رهاکردن،
آزادکردن، بازکردن، غیرثابت‌کردن.

un.fledged, *adj.* خام‌دست،
پر در نیاورده، کاملاً رشد نکرده، نابالغ، نارسا.

un.flinching, *adj.*
ثابت‌قدم، پایدار، مصمم.

un.fold [ʌnfóuld] **(-ed, -ing),** *vt.* & *vi.* آشکارکردن، فاش‌کردن، آشکار شدن، رهاکردن، بازکردن، تاءچیزی راگشودن.

un.forgettable, *adj.*
از یاد نرفتنی، فراموش‌نشدنی.

un.formed, *adj.* بدون شکل منظم
هندسی، بدون سازمان، تشکیل نشده، ناساخت.

un.foreseen, *adj.* پیش‌بینی نشده.

un.fortunate [ʌnfɔ́:tʃənit] *n.* & *adj.*
بدبخت، مایهٔ تأسف، ناشی ازبدبختی.

un.fortunately, *adv.*
متأسفانه، بدبختانه.

un.founded [ʌnfáundid] *adj.*
بی‌اساس، بی‌پایه، بی‌اصل.

un.frequented, *adj.* بدون‌آمدو
رفت، دورافتاده، تکرارنشدنی، غیرمکرر.

un.frock [ʌnfrɔ́k] **(-ed, -ing)** *vt.*
خلع لباس‌کردن، ازکسوت‌روحانی خارج شدن.

un.furl (-ed, -ing) *vt.* & *vi.*
گشودن، افراشتن (پرچم)، بادبان‌گستردن.

un.furnished, *adj.* بدون اثاثیه.

un.gain.ly [ʌngéinli] *adj.* & *adv.*
زمخت وغیرجذاب، زشت، بی‌لطف، ناآزموده، بیحاصل، بدون‌سود.

un.generous, *adj.*
پست، لئیم، خسیس، بی‌سخاوت، بی‌گذشت.

un.godly, *adj.*
بی‌دین، خدانشناس، سنگدل، لامذهب.

un.governable, *adj.* غیرقابل
کنترل، غیرقابل اداره، وحشی، لجام‌گسیخته.

un.grateful, *adj.*
ناسپاس، حق‌ناشناس، نمك بحرام، ناخوش‌آیند.

un.guent [ʌ'ŋgwənt] *n.*
روغن، خمیر، مرهم.

un.hallow, -ed (-ed, -ing) *vt.* & *adj.*
عمل‌کفرآمیزکردن، کفرآمیز، نامقدس‌کردن.

unhand [ʌnhǽnd] *vt.* رهاکردن،
ول کردن، از دست دادن، ازدست بازکردن.

un.handsome, *adj.*
نازیبا، زشت، ناصواب، نامطبوع، نامناسب.

un.handy, *adj.* مشکل‌بدست‌آمده،
ناراحت، نامناسب‌برای حمل‌ونقل، دورازدسترس.

un.happy, *adj.* ناشاد،
بدبخت، ناکام، نامراد، شوربخت، بداقبال.

un.healthy, *adj.* ناتندرست،
ناخوش، ناخوشی‌آور، غیرسالم، بیمار.

un.heard [ʌnhə':d] *adj.*
نشنیده، ناشنیده، بی‌سابقه، توجه نشده، بگوش نخورده، غیر مسموع، غیرمعروف، غریب.

U. of things. چیزهای نشنیده وبیسابقه.

un.hinge [ʌnhín(d)ʒ] **(-d, un-hinging)** *vt.* ازلولادرآوردن، مختل‌کردن،
بازکردن، گشودن، دچاراختلال مشاعر کردن.

un.holy, *adj.* & *n.*
نامقدس، کفرآمیز، سنگدل.

un.hook (-ed, -ing) *vt.*
از قلاب بازکردن، شل‌کردن، رهاکردن.

un.horse [ʌnhɔ́:s] *vt.* ازاسب‌افتادن‌یا
پیاده‌شدن، اسب را ازگاری‌یا درشکه بازکردن، ازجای خود تکان دادن، جابجاکردن.

un.hurried, *adj.* بی‌شتاب، بی‌عجله.

uni- [jú:ni-]
پیشوندیست بمعنی «یك» و «واحد» و «تك».

uni.axial, *adj.*
یك محوری، دارای یك‌محور، تك‌محوری.

uni.cameral, *adj.* دارای‌یك مجلس
مقننه، سیستم پارلمانی یك مجلسی.

uni.cellular, -ity [jù:niséljulə], *adj.* & *n.*
[ج.ش.] تك یاخته، یك‌سلولی.

uni.corn [jú:nikɔ:n] *n.*
جانور افسانه‌ای دارای یك‌شاخ، تکشاخ.

UNICORN

uni.direction-al, *adj.*
دارای یك جهت، یك‌جهتی، تك‌سوی.

uni.fi.able [jú:nifàiəbl] *n.*
تکسازپذیر، قابل اتحاد، قابل‌هم رنگی.

uni.fi.ca.tion [jù:nifikéiʃn] *n.*
تکسازی، یکی‌سازی، یکانگی، یك شکلی، وحدت.

uni.fi.er, *n.*
تکسازگر، متحدکننده، یکی کننده، موجد وحدت.

uni.form [jú:nifɔ:m] **(-ed, -ing),** *adj.*, *n.* & *vt.* اونیفورم، یکریخت،
یك شکل، متحدالشکل، یکنواخت کردن.

uni.form.i.ty [jù:nifɔ́:miti] *n.*
یکریختی، یکنواختی، یکسانی، متحدالشکلی.

uni.fy [jú:nifai] **(-ied, unify-ing)** *vt.* & *vi.*
متحدکردن، یکی کردن، یکی شدن، تك‌ساختن.

uni.lateral [jù:nilǽtərəl] *adj.*
یك‌ضلعی، یکطرفه، یك‌جانبه، تك‌سویه.

un.impeachable [ʌnimpí:tʃəbl] *adj.* غیرقابل سرزنش، بری‌از اتهام.

un.important, *adj.*
بی‌اهمیت، غیرمهم.

un.informed, *adj.* بی‌اطلاع، جاهل.

un.inhibit, -ed, *adj.*
آزاد، بی‌قیدوبند، خودمانی، ناخوددار.

un.intelligent, *adj.*
بیهوش، بی‌استعداد، کودن.

un.intelligible, *adj.*
غیر مفهوم، غامض، پیچیده، غیرصریح.

un.intentional, *adj.* غیرعمدی.

un.interested, *adj.*
بی‌علاقه، بی‌دخل وتصرف، بدون توجه، خونسرد.

un.interrupted, *adj.* پیوسته،
غیرمنقطع، قطع نشده، متوالی، مسلسل.

un.ion [jú:njən] *adj.* & *n.*
اتحادواتفاق، یگانگی، وحدت، اتصال، پیوستگی، پیوند، وصلت، اتحادیه، الحاق، اشتراك منافع.

Trade u. اتحادیهٔ اصناف.

un.ion.ize [jú:njənaiz] *vt.*
متحدکردن، بشکل اتحادیه درآوردن.

Union Jack, *n.* پرچم ملی انگلیس.

unip.a.rous, *adj.* (گ.ش.-ج.ش.)
تکزا، هربار یك تخم‌گذار، یك‌بچه‌زا.

unique [ju.ní:k] *adj.* & *n.*
بیتا، بی‌همتا، بیمانند، بی‌نظیر، یکتا، یگانه، فرد.

uni.son [jú:nizn] *n.* & *adj.* همآوائی،
هم‌آهنگی، همصدائی، یك‌صدائی، اتحاد، اتفاق.

unit [jú:nit] *adj.* & *n.* واحد، میزان،
یکان، شمار، یك‌دستگاه، فرد، نفر، عددفردی.

uni.tar.i.an [jù:nitɛ'əriən] **uni-tary,** *adj.* & *n.*
موحد، پیرو توحید، یکتاپرست، توحیدگرای.

uni.tar.i.an.ism [jù:nitɛ'əriən-izm] *n.* توحیدگرائی،
وحدت‌گرائی، اعتقادبوحدت‌وجود، یکتاپرستی.

unite [ju:náit] **(-d, uniting),** *n.*, *vt.* & *vi.*
بهم پیوستن، متحدکردن، یکی کردن، متفق کردن، وصلت دادن، ترکیب کردن، سکهٔ قدیم انگلیسی.

The United Nations Organization.
سازمان ملل متحد.

United States, *n.* & *adj.*
ایالات متحده.

unit.ize, *vt.*
بصورت یك واحد یا یکان درآوردن.

uni.ty [jú:niti] *n.* یگانگی، پیوستگی،
وحدت، شرکت، اشتراك، شمارهٔ یك، واحد.

uni.va.lent, *adj.* & *n.* یك‌ارزشی،
یکه، واحد، دارای‌یك ظرفیت، یك‌بنیانی.

uni.valve [jú:nivalv] *adj.* & *n.*
یك‌کپه‌ای، یك دریچه‌ای، دارای‌صدف‌یکپارچه.

uni.ver.sal [jú:nivə':sl] *adj.* & *n.*
کلی، عمومی، عالمگیر، جامع، جهانی، همگانی.

uni.ver.sal.ism, uni.ver.sal.-i.ty [jù:nivə:sǽliti] *n.*
اصل عمومیت، کلیت، عام‌گرائی، جامعیت.

uni.ver.sal.iza.tion, *n.*
تعمیم، عامیت، کلیت، همگانی‌سازی.

uni.ver.sal.ize [jù:nivə':səlaiz], *vt.*
جامعیت‌بخشیدن به، عام‌کردن، جهانی‌کردن.

uni.verse [jú:nivə:s] *n.*
عالم وجود، گیتی، جهان، کیهان، کائنات، کون ومکان، دهر، عالم، دنیا.

uni.ver.si.ty [jù:nivə':siti] *n.*
دانشگاه.

un.just, *adj.* غیر عادلانه، غیر منصفانه، بی‌عدالت، بی‌انصاف، ناروا، ناصحیح، ستمگر.

un.justifiable, *adj.* ناموجه، ناحق.

un.kempt [ʌnkém(p)t] *adj.* شانه نکرده، ژولیده، نامرتب، ناهنجار، خشن، ناسترده.

un.kind, *adj.* نامهربان، بی‌مهر، بی‌محبت، بی‌عاطفه.

un.known, *adj.* & *n.* ناشناخته، مجهول، ناشناس، گمنام، بی‌شهرت، نامعلوم.

U. Soldier. سرباز گمنام.

un.lace, *vt.* بندکفش وغیره را بازکردن، گشودن.

un.latch, *vt.* & *vi.* چفت‌را بازکردن، قفل رابازکردن، بازشدن.

un.lawful, *adj.* نامشروع، خلاف‌شرع، حرام، غیرقانونی.

un.leash, *vt.* ازبندبازکردن، رهاکردن.

un.less [ʌnlés] *conj.* & *prep.* مگراینکه، جزاینکه، مگر.

un.lettered [ʌnlétəd] *adj.* بی‌سواد، درس نخوانده، نادان.

un.like, *adj.*, *prep.*, *n.* & *conj.* بی‌شباهت، برخلاف، غیر، برعکس.

un.likely, *adj.* & *adv.* غیرمحتمل، غیرجذاب، قابل اعتراض، بعید.

un.limber, *vt.* & *vi.* آماده‌کردن، مهیاشدن.

un.limited, *adj.* نامحدود، نامعلوم، نامشخص، نامعین، بی‌حد.

un.load [ʌnlóud] (-ed, –ing), *vt.*, *vi.* & *n.* خالی‌کردن، تخلیه‌کردن، بارخالی‌کردن.

un.lock, *vt.* & *vi.* گشودن(قفل)، بازکردن.

un.looked-for, *adj.* غیر منتظره.

un.loose, -n, *vi.* & *vt.* شل‌کردن، آزادکردن، رهاکردن، ول‌کردن، گشودن(گره).

un.lucky, *adj.* شوم، تیره‌بخت، بخت‌برگشته، بدیمن، بدشگون.

un.man [ʌnmǽn] (-ned, -ning), *vt.* فاقد مردانگی‌کردن، از مردی انداختن.

un.mannered, unmannerly, *adj.* & *adv.* فاقدرفتارشایسته، خشن، بی‌ادب، بدون‌آداب.

un.mask [ʌnmá:sk] *vt.* & *vi.* نقاب برداشتن از، چیزی را آشکار کردن.

un.matched [ʌnmǽtʃd] *adj.* بی‌همتا، بیتا.

un.meaning [ʌnmí:niŋ] *adj.* بی‌معنی، پوچ، جرند، جفنگ، نامفهوم، بی‌اهمیت، بی‌هوش، بی‌عقل، ساده، احمق، کم‌عمق.

un.mentionable [ʌnménʃən-əbl] *adj.* & *n.* نگفتنی، غیرقابل تذکر، غیرقابل گوشزد.

un.merciful, -ly, *adv.* & *adj.* بی‌رحم، جبار، ستمکار، نامهربان.

un.mistakable [ʌnmistéikəbl], *adj.* خالی ازاشتباه وسوءتفاهم، بی‌تردید.

un.mitigated [ʌnmítigeitid], *adj.* کامل، کاسته‌نشده، تخفیف نیافته.

un.muzzle, *vt.* پوزه‌بند را بازکردن.

un.natural [ʌnnǽtʃərəl] *adj.* نا طبیعی، برخلاف اصول‌طبیعت، مصنوعی.

un.necessary, *adj.* نالازم، غیرضروری، غیرواجب، بیش ازحد لزوم.

un.nerve [ʌnnə́:v] *vt.* مرعوب‌کردن، فاقد عصب‌کردن، دلسردکردن، ضعیف‌کردن.

un.numbered [ʌnnʌ́mbəd] *adj.* بی‌شمار، شماره‌گذاری نشده.

un.occupied, *adj.* اشغال نشده، خالی، بدون مستأجر.

un.official, *adj.* & *n.* غیر رسمی، دارای عدم رسمیت، غیرمستند.

un.organized, *adj.* نابسامان، غیر متشکل، فاقد سازمان، درهم وبرهم.

un.orthodox, *adj.* غیر ارتدکس، دارای‌عقیدهٔ‌ناصحیح یا غیرمعمول.

un.pack, *vt.* & *vi.* بازکردن (چمدان‌یا بسته)، بسته‌بندی را گشودن.

un.paid, *adj.* پرداخت نشده.

un.paralleled [ʌnpǽrəleld], *adj.* بی‌مانند، بی‌نظیر، بی‌همتا.

un.pleasant, *adj.* نامطبوع، ناگوار، ناخوش‌آیند.

un.pleasantness [ʌnplézənt-nis] *n.* ناخشنودی، نامطبوعی، وضع نامناسب.

un.popular, *adj.* غیر مشهور، بدنام، غیرمحبوب، منفور.

un.popularity, *n.* عدم شهرت، عدم محبوبیت، بدنامی.

un.precedented [ʌnpréziden-tid] *adj.* بی‌سابقه، بی‌مانند، جدید، بی‌نظیر.

un.predictable, *adj.* غیرقابل پیشگوئی، غیرقابل استناد، دمدمی.

unprejudiced, *adj.* بی‌تعصب، منصف، بدون تبعیض یا طرفداری.

un.pretentious, *adj.* نامتظاهر، فروتن، محقر، خالی‌ازجلال و ابهت، بی‌تکلف.

un.principled [ʌnprínsipld], *adj.* بی‌مسلک، بی‌مرام، هردمبیل.

un.printable [ʌnpríntəbl] *adj.* غیرقابل چاپ، چاپ‌نشدنی.

un.professional [ʌnprəféʃənl], *adj.* غیر حرفه‌ای، آماتور، ناپیشه‌کار، غیرفنی.

un.profitable, *adj.* بی‌سود، غیرقابل استفاده، بی‌ثمر.

un.promising, *adj.* مأیوس‌کننده، غیرقابل اطمینان، نومیدکننده، بدون امید.

un.qualified, *adj.* فاقد شرایط لازم، فاقد صلاحیت، بیحدوحصر، نامحدود، کامل.

un.questionable, un.questioning, *adj.* محقق، غیرقابل منازعه، غیرقابل اعتراض، ردنکردنی.

un.ravel [ʌnrǽvl] *vt.* & *vi.* ازهم بازکردن، ازگیر در آوردن، حل‌کردن.

un.read [ʌnréd] *adj.* خوانده نشده، قرائت‌نشده، بیسواد.

un.ready, *adj.* نامهیا، مردد، کند، غیرآماده، حاضرنشده.

un.real, un.realistic, *adj.* غیرواقعی، خیالی، تصوری، واهی، وهمی.

un.reality, *n.* عدم‌واقعیت، عدم‌حقیقت.

un.reason, *n.* نابخردی، بیخردی، کم‌عقلی، حماقت، عمل خلاف عقل.

un.reasonable, *adj.* نابخرد، بیخرد، نامعقول، ناحساب، ناحق، بی‌دلیل، زورگو.

un.regarded [ʌnrigá:did] *adj.* ازقلم افتاده، مورد توجه قرارنگرفته.

un.regenerate -d [ʌnridʒénə-rit] *adj.* دوباره‌ساخته نشده، دوباره‌حیات نیافته، دوباره‌بنا نشده، دوباره تولیدنشده، گناهکار.

un.relenting, *adj.* بی‌امان، سخت‌گیر، بیرحم، نرم نشدنی، تسلیم‌نشدنی.

un.reliable, *adj.* غیرقابل اعتماد، اتکاء ناپذیر.

un.remitting [ʌnrimítiŋ] *adj.* مدام، مداوم، پشتکاردار، مصر درکار، بی‌امان.

un.requited, *adj.* بدون تلافی یا غیرمتقابل.

un.rest [ʌnrést] *n.* ناآرامی، آشوب، آشفتگی، اضطراب، بیقراری، بیتابی.

un.restrained, *adj.* بی‌لجام، مطلق، آزاد، نامحدود، بی‌بندوبار، آزاد.

un.righteous, *adj.* بی‌تقوی، گناهکار، ناصالح، نامناسب، ناشایست، غیرعادلانه.

un.ripe, *adj.* نکَد، نارس، کال، نابالغ، نرسیده، پیش‌رس، زودرس.

un.rivaled [ʌnráivld] *adj.* بی‌هماورد، بی‌رقیب، بی‌نظیر، بی‌همتا، بیتا، عالی.

un.roll, *vt.* & *vi.* بازکردن (توپ‌پارچه وطومار وغیره)، بازشدن.

un.ruffled, *adj.* آرام‌شده، آرام‌کرده، صاف، آرام، چین‌نخورده، بدون موج.

un.ruly [ʌnrú:li] *adj.* سرکش، یاغی، متمرد، مضطرب، متلاطم.

un.said, *adj.* ناگفته.

un.savory [ʌnséivəri] *adj.* بی‌مزه، بدبو، بدمزه، ناگوار، ناخوش‌آیند.

un.say [ʌnséi] *vt.* نگفتن، گفته نشدن، انکارکردن، پس گرفتن(گفته).

un.scathed, *adj.* صدمه ندیده، خسارت ندیده، زخمی‌نشده.

un.schooled, *adj.* مدرسه نرفته، تعلیم نگرفته، کارآموزی‌نکرده.

un.scientific, *adj.* غیر علمی، خلاف موازین علمی.

un.screw, *vt.* & *vi.* بازکردن پیچ، شل‌کردن‌پیچ، واپیچاندن.

un.scrupulous [ʌnskrú:pjuləs], *adj.* بی‌توجه‌به‌نیک‌وبد، بی‌مرام، بی‌پروا.

un.seal, *vt.* مهرچیزی راگشودن، مهرچیزی را شکستن.

un.seam, *vt.* بدون‌درزکردن، چاک‌دادن.

un.searchable [ʌnsə́:tʃəbl] *adj.* غیرقابل‌کشف، جستجونکردنی، کاوش ناپذیر.

un.seasonable, *adj.* نابهنگام، بی‌مورد، بی‌موقع، بی‌جا.

un.seat [ʌnsí:t] *vt.* سرنگون‌کردن (ازتخت‌یاکرسی)، محروم‌کردن‌نماینده‌ازکرسی.

un.seemly, *adj.* & *adv.* نازیبا، ناشایسته، بدمنظر، بعید، بطور نازیبا.

un.seen [ʌnsí:n] *adj.* & *n.* نادیده، مشاهده نشده، مکشوف نشده.

un.selfish, *adj.* متواضع، مؤدب، بدون خودخواهی، ناخودخواه.

un.settle [ʌnsétl] (-d, -setting) *vt.* & *vi.* برهم زدن، ناراحت‌کردن، مغشوش‌کردن.

un.sew, *vt.* خیاطی را شکافتن، کوك چیزیرا شکافتن.

un.shackle, *vt.* از زنجیرآزاد کردن، ازقید و بندآزادکردن.

un.sheathe, *vt.* آختن، از غلاف درآوردن، از غلاف بیرون‌کشیدن.

un.ship, *vt.* & *vi.* ازکشتی‌بیرون‌آوردن.

un.shod, *adj.* بی‌نعل، نعل‌نشده، نعل نخورده، بی‌پاپوش.

un.sightly [ʌnsáitli] *adj.* ناخوشایند، بدمنظر، کریه.

un.skilled, un.skillful, *adj.* غیرماهر، غیر متخصص، بی‌تجربه، بی‌مهارت.

un.sociability, *n.* مردم‌گریزی.

un.sociable, *adj.* مردم‌گریز، گریزان از اجتماع، غیراجتماعی، گوشه‌نشین.

un.sought, *adj.* کاوش نشده، جستجو نشده، کشف نشده، کوشش نشده، ناخواسته.

un.sound, *adj.* غلط، ناسالم، ناخوش، نادرست، ناصحیح.

un.sparing [ʌnspέəriŋ] *adj.* بی‌دریغ، فراوان، ظالم، سخت، اسراف‌کننده.

un.speakable [ʌnspí:kəbl] *adj.* ناگفتنی، توصیف ناپذیر، غیرقابل بیان.

un.spotted [ʌnspɔ́tid] *adj.* بی‌لکه، لکه‌دار نشده، بدون‌آلودگی، ننگین نشده.

un.stable, *adj.* نا استوار، بی‌ثبات، بی‌پایه، لرزان، متزلزل.

un.steady, *adj.* & *vt.* متغیر، بی‌ثبات‌کردن، متزلزل‌کردن، لرزان، لق.

un.stressed, *adj.* بی‌تشویش، بدون اضطراب، بدون‌کشش، بدون‌مد (madd).

un.string, *vt.* نخ چیزی‌راکشیدن (مثل‌تسبیح وغیره)، نخ‌یا بند چیزی راسست‌کردن، شل‌کردن، آزادکردن.

un.studied, *adj.* مطالعه نشده.

un.success, -ful, *adj.* & *n.* شکست، عدم موفقیت، ناموفق.

un.suitable, *adj.* نامناسب، ناباب.

un.sung [ʌnsʌ́ŋ] *adj.* خوانده‌نشده، (بشکل آواز)، ستایش نشده، سروده نشده.

un.swathe (–d, unswathing), *vt.* & *vi.* ازقنداق‌بازکردن، ازبند رهاندن.

un.tangle (-d, untangling), *vt.* ازگیریاگوریدگی‌درآوردن، حل‌کردن.

un.taught [ʌntɔ́:t] *adj.* تعلیم نیافته، درس نخوانده، نادان، فرانگرفته.

un.tenable, *adj.* غیرقابل دفاع، اشغال نشدنی، غیر قابل‌اشغال.

un.thinkable [ʌnθíŋkəbl] *adj.* غیرقابل فکر، فکر نکردنی، غیرقابل تعمق.

un.tidy, *adj.* درهم وبرهم، نامرتب.

un.tie, *vt.* & *vi.* بازکردن، گشودن، حل‌کردن.

un.til [ʌntíl, əntíl] *conj.* & *prep.* تا، تا اینکه، وقتی‌که، تا وقتی‌که.

un.timely [ʌntáimli] *adj.* & *adv.* نابهنگام، بیموقع، نامعقول، غیر منتظره.

un.titled, *adj.* بدون عنوان، بی‌نام، بی‌نشان، بدون سرآغاز.

un.to [ʌ́ntu]=**to,** *prep.*

un.told [ʌ́ntóuld] *adj.* ناگفته، ناشمرده، بی‌حساب، آشکار نشده.

un.touchable [ʌntʌ́tʃəbl] **un-touchability,** *adj.* & *n.* نجس، لمس ناپذیر، غیرقابل لمس، لمس ناپذیری.

un.toward [ʌntóuəd] *adj.* تبه‌کار، فاسد، خودسر، نامساعد، بدآمد، نامناسب.

un.tried, *adj.* ناآزموده، امتحان نشده، محاکمه نشده.

un.true, *adj.* دروغ، ناراستین، نادرست، خائن، خلاف واقع، غیرواقعی، بیوفا.

un.truth [ʌntrú:θ] **un.truth.-ful,** *n.* خلاف حقیقت، کذب، ناراستی، سقم، خیانت.

un.tutored [ʌntjú:təd] *adj.* ناآموخته، ساده، زودباور.

un.twine, *vt.* & *vi.* ازهم بازکردن، گشودن.

un.twist, *vt.* & *vi.* واتابیدن، بازکردن، گشودن، جداکردن، خارکردن.

un.used, *adj.* بکارنرفته، غیرمستعمل، خونگرفته، عادت نکرده، بکار نبرده.

un.usual, *adj.* غیرعادی، غیرمعمول، غریب، مخالف عادت.

un.utterable [ʌnʌ́tərəbl] *adj.* نگفتنی، زائدالوصف، غیرقابل توصیف.

un.varnished [ʌnvá:niʃt] *adj.* جلا نخورده، بی‌جلا.

un.veil, *vt.* & *n.* حجاب برداشتن، نمودارکردن، پرده برداری، آشکارساختن.

un.war.rantable, un.war.-ranted, *adj.* غیرقابل ضمانت، توجیه نکردنی، بیجا.

un.wary, *adj.* ناآگاه، بدون نگرانی، بدون تعجب وتشویش.

un.washed, *adj. & n.* شسته نشده، حمام‌نگرفته، جزومردم‌عادی.

un.wearied, *adj.* خستگی درکرده، بانشاط، خسته نشده، ازپای درنیامده.

un.weave, *vt.* ازپیچیدگی درآوردن، بیرون‌آوردن، گره‌گشودن، وابافتن،واچیدن.

un.welcome, *adj.* ناخوش‌آیند، ناخواسته.

un.well, *adj.* بدحال، ناخوش، ناپاك.

un.wholesome, *adj.* ناگوارا، غیرسالم، مضر، ناپاك.

un.wieldy [Λnwí:ldi] *adj.* سنگین، گنده، بدهیکل، دیرجنب، صعب.

un.willing, *adj.* بی‌میل، بی‌تمایل.

un.wind, *vi. & vt.* کوك‌چیزی را بازکردن، بی‌کوك‌کردن.

un.wise, *adj.* نادان، جاهل، غیرعاقلانه.

un.witting [Λnwítiŋ] *adj. & n.* بی‌خبر، بی‌اطلاع، بی‌توجه، بی‌هوش،غیرعمدی.

un.worldly, *adj.* روحانی،غیردنیائی.

un.worthy, *adj. & n.* ناشایسته، نالایق، نازیبا، نامستحق.

un.wrap, *vt.* واپیچیدن، بازکردن (بسته‌وغیره)، آزادکردن،صاف کردن.

un.written [Λnrítn] *adj.* ننوشته، غیر مدون، غیرکتبی، شفاهی، بطور شفاهی.

un.yielding, *adj.* سرکش، گردنکش.

un.yoke (**-d, unyoking**) *vt. & vi.* از زیر یوغ آزادکردن، آزادکردن.

un.zip (**-ped, -ping**) *vt. & vi.* زیپ‌لباس را بازکردن، جداکردن.

up [Λp] *adv., adj., n., prep., vt. & vi.* بالا،روی، بالای، دربلندی، جلو، برفراز، سپری‌شده، سربالائی، برخاستن، بالارفتن، صعودکردن، ترقی‌کردن، بالابردن‌یاترقی‌دادن.

Up hill. سربالائی.

It is up to him to go. با اوست‌که برود.

What is up? چه‌خبر است؟

up-and-down [Λpəndáun] *adj., adv. & n.* فراز و نشیب، بالا وپائین، زیرورو، جلو وعقب، اینجاوآنجا.

up.braid [Λpbréid] *vt.* سرزنش‌کردن، متهم‌کردن، ملامت‌کردن.

upbringing [Λ'pbriŋiŋ] *n.* تربیت، پرورش، روش آموزش و پرورش بچه.

upcoming, *adj. & n.* زودآینده، نزدیك، درآتیهٔ نزدیك، رسیدنی.

up-country [Λ'pkΛ'ntri] *adj., adv. & n.* ییلاقی، نواحی‌داخل‌کشور.

update, *vt.* بصورت امروزی درآوردن، جدیدکردن.

upend (**-ed, -ing**) *vi. & vt.* راست‌نشاندن، برروی پایه‌نشاندن، افکندن.

upgrade, *vt., adv. & n.* بالابردن، از درجهٔ‌بالا، بطرف بالا، سربالائی، ترفیع.

up.heav.al [Λphí:vl] *n.* تغییرفاحش، تحول، انقلاب، (ز.ش.) برخاست، بالاآمدن.

uphill [Λphil] *adj. & n.* سربالائی، جادهٔ سربالا، دشوار،مشکل.

up.hold [Λphóuld] *vt.* حمایت‌کردن از، تقویت‌کردن، تأییدکردن.

up.hol.ster [Λphóulstə] (**-ed, -ing**) *adj., vt. & n.* مبلمان‌کردن خانه، پرده زدن، رومبلی زدن.

up.hol.ster.er [Λphóulstərə] *n.* خیاط رومبلی وپرده وغیره.

up.hol.stery [Λphóulstəri] *n.* اثاثه یا لوازم داخلی (مثل‌پرده وامثال‌آن).

upkeep [Λ'pki:p] *n. & vt.* نگهداری، تعمیر، نگهداری‌کردن، هزینهٔ نگهداری وتعمیر، مرمت.

up.land [Λ'plənd] *adj., adv. & n.* زمین بلند، بلند، زمین مرتفع، دور از دریا.

uplift [Λplíft] *vt., vi. & n.* بالابردن، متعال‌ساختن، روبتعالی نهادن.

up.lift.er, *n.* بالا برنده، متعال‌کننده.

up.most, *adj.* بالاترین، زبرین،عالی‌ترین، بالاترین، منتهای فوق.

upon [əpɔ́n] *prep. & adv.* روی، بر، برروی، فوق، برفراز، بمحض،بمجرد.

U. collecting. بادریافت.

up.per [Λ'pə] *adj. & n.* بالائی، زبرین، فوقانی، بالارتبه، بالاتر، رویه.

upper-class, *adj.* وابسته به‌طبقات‌بالای اجتماع، وابسته به‌کلاسهای بالای دانشگاه و دبیرستان، زبرپایه.

up.perclass.man, *n.* کسیکه درکلاسهای عالی دانشگاه یا دبیرستان درس میخواند، عضو صنوف ممتاز؛ اجتماع.

uppercut [Λ'pəkΛt] *n., vt. & vi.* (دربازی‌بوکس) مشتی‌که از زیربچانهٔ حریف‌زده شود (ازپائین‌ببالا)، اززیرمشت‌زدن.

up.per.most [Λ'pəmoust] *adj. & adv.* بالاترین، ازبالا، رو، ازآغاز، ازابتدا.

up.pish [Λ'piʃ] *adj.* مغرور، باد در خیشوم‌انداز، فوقانی.

upraise [Λpréiz] (**-d, upraising**) *vt. & n.* بلندکردن، بالابردن.

up.right [Λ'práit] *adj., adv. & n.* راست، عمودی، درست، دستکار، نیکوکار.

up.rise [Λpráiz] *n. & vi.* برخاستن، طغیان‌کردن، ببالارفتن، طلوع کردن، بالاآمدن، از خواب برخاستن.

uprising [Λpráiziŋ] *n.* شورش، طغیان، قیام، برخاست، بلوا، پیدایش، ایجاد.

up.roar [Λ'prɔ:] *n.* غوغا، بلوا، داد وبیداد، غریو، شورش، همهمه.

up.roar.i.ous [Λprɔ́:riəs] *adj.* پرغوغا، پرصدا، پرهمهمه، پرسروصدا.

uproot [Λprú:t] *vt. & vi.* ریشه‌کن‌کردن، از ریشه‌کندن، ازبن درآوردن.

up.set [Λpsét] *n., vi., adj. & vt.* واژگون‌کردن، برگرداندن، چپه‌کردن، آشفتن، آشفته‌کردن، مضطرب‌کردن، شکست‌غیرمنتظره، واژگونی، نژند.

upshot [Λ'pʃɔt] *n.* نتیجه، حاصل، خلاصه، آخرین‌شماره، سرانجام.

upside, *n.* بالاترین قسمت، قسمت بالائی، فوقانی، بالا.

upside down [Λ'psaiddáun] *adj. & adv.* وارونه، معکوس، واژگون.

upstairs [Λpstɛ'əz] *adv., adj. & n.* بالاخانه، دراشکوب بالا، ساختمان فوقانی.

up.stand.ing [Λpstǽndiŋ] *adj.* مستقیم، قائم، سرراست، خوش‌هیکل، شرافتمند.

upstart [Λpsta:t] (**-ed, -ing**), *adj., n. & vi.* نوکیسه، تازه بدوران رسیده، آدم متکبر، یکه خوردن، روشن‌کردن (موتور ماشین وغیره).

upstate, *adj., adv. & n.* وابسته به‌بخش‌شمالی‌ایالت،شمال‌ایالت‌نیویورك.

upstream [Λpstrí:m] *adj. & adv.* بالای رودخانه، نزدیك بسرچشمه، مخالف جریان‌رودخانه.

upsurge, *n. & vi.* بسوی‌بالاموج‌زدن، صعود ناگهانی، قیام فوری وناگهانی.

uptake [Λ'pteik] *n.* دودکش، بالاگیری، بلند سازی، درك، ادراك، فهم.

up to, *prep.* تاحد، تا، تاحدود، بمیزان.

up-to-date [Λ'ptədéit] *adj.* تازه، جدید، مطابق‌آخرین طرز، متداول.

uptown [Λ'ptáun] *adv., n. & adj.* بالای‌شهر، واقع در محلات شمال شهر.

upturn [Λ'ptə:n] *n., vt. & vi* چرخش‌ببالا، برگشت (بوضع‌بهتر)، تبدیل‌به‌احسن، تغییر جهت، روبترقی.

up.ward, -s [Λ'pwəd(z)] *adv., n. prep. & adj.* بالائی،روببالا، روبترقی، بطرف بالا.

Upwards of. بیش از، متجاوز از.

ura.nium [juəréiniəm] *n.* (ش.) اورانیوم.

ura.nog.ra.phy, *n.* شرح‌عالم، عالم شناسی، آسمان نگاری(بخشی‌ازعلم‌هیئت).

ura.nol.o.gy, *n.* آسمان‌شناسی، مبحث اجرام سماوی وسیارات، ستاره شناسی.

ura.nom.e.try, *n.* نقشهٔ اجرام سماوی، اندازه‌گیری‌اجرام سماوی، آسمانسنجی.

Ura.nus [jú:(ə)rənəs, juəréinəs], *n.* (افسانه) خدای‌آسمان فرزندزمین وپدرتیتانها [Titans]، (نج.) ستارهٔ‌اورانوس.

ur.ban [ə'ːbən] *adj.* شهری، مدنی، اهل‌شهر، شهرنشین.

ur.bane [ə:béin] *adj.* مودب، خلیق، مقرون به‌ادب، مؤدبانه.

ur.ban.ism, ur.ban.i.ty, *n.* شهر نشینی، شهرسازی، اعتیاد بزندگی شهری.

ur.ban.ist, -ic, *adj. & n.* شهر نشین، متمدن، وابسته‌بشهرنشینی.

ur.ban.ite, *n.* کسیکه درشهر زندگی میکند، شهرنشین.

ur.ban.iza.tion [ə:bənaizéiʃn], *n.* شهری سازی، اسکان درشهر.

ur.ban.ize [ə'ːbənaiz] (**-d, urbanizing**) *vt.* شهری‌کردن، مدنی‌کردن، صیقلی‌کردن، صاف کردن، تصفیه‌کردن، مؤدب بودن.

ur.chin [ə'ːtʃn] *n.* بچهٔ بدذات، بچهٔ شیطان، جوجه‌تیغی، جن.

Ur.du [úədú:, ə:dú:] *n.* زبان اردو.

urea, *n.* مادهٔ پیشاب، اوره بفرمول $Co(NH_2)_2$.

urge [ə:dʒ] (**-d, urging**) *n., vt. & vi.* اصرارکردن، با اصرار وادارکردن، انگیختن، تسریع شدن، ابرام‌کردن، انگیزش.

ur.gen.cy [ə'ːdʒənsi] *n.* فوریت، ضرورت، نیازشدید.

ur.gent [ə'ːdʒənt] *adj.* فوری، ضروری، مبرم، اصرارکننده.

uric acid, *n.* (ش.) اسیداوریك.

uri.nal [júərinəl] *n.* ظرف پیشاب، گلدان‌ادرار، شاشگاه، محل‌ادرار.

uri.nal.y.sis, *n.* تجزیهٔ شیمیائی ادرار، پیشاب‌سنجی.

uri.nary [júərinəri] *adj. & n.* پیشابی، ادراری، بولی، پیشابدان.

uri.nate [júərineit] (**-d, urinating**) *vi.* ادرارکردن، شاشیدن، پیشاب‌کردن.

uri.na.tion, *n.* دفع ادرار، ازالهٔ بول.

urine [júərin] *n.* پیشاب، ادرار، زهرآب، بول، شاش.

urn [ə:n] *n.* کوزه، گلدان، گلدان یا ظرف محتوی‌خاکستر مرده.

urol.o.gy, uro.log.ic, -al, *n. & adj.* (طب) دانشی‌از علم‌طب‌که دربارهٔ‌بیماری دستگاه‌ادراری و تناسلی بحث میکند.

Ur.sa Ma.jor, *n.* (نج.) دب اکبر.

Ur.sa Mi.nor, *n.* (نج.) دب اصغر.

ur.sine, *adj.* خرس مانند، شبیه خرس.

ur.ti.car.ia, -l, *adj. & n.* (طب) خارش، سوزش، کهیر، بدن خارش.

ur.ti.cate (**-d, urticating**) *vi. & vt.* نیش زدن (باخار)، سوزش‌دادن.

us [Λs] *pron.* ما،را، بما، خودمان، نسبت بما.

us.abil.i.ty, *n.* قابلیت استفاده، بکارخوری.

us.able, use.able [jú:zəbl] *adj.* قابل استفاده، مصرف‌کردنی، بکاربردنی.

us.age [jú:zidʒ] *n.* عادت، رسم، معمول، عرف، استعمال، کاربرد.

us.ance, *n.* مهلت، مدت،سررسید، عرف، ربح‌پول، سودسرمایه.

use [ju:z] (**-d, using**) *vt. & vi.* استعمال‌کردن، بکاربردن، مصرف‌کردن، بکارانداختن.

use [ju:s] *n.* مصرف، استعمال، فایده، کاربرد، درحال‌کار، ممارست، تمرین، تکرار.

Come into u. معمول ومتداول شدن.

Make u. of. استفاده‌کردن از.

He lost the u. of his left hand. دست چپش ازکار افتاد.

It is of no u. بهیچ دردی نمیخورد.

use.ful [jú:sful] *adj.* سودمند، مفید، بافایده.

use.less [jú:slis] *adj.* بی‌فایده، عاری از فایده، باطله، بلااستفاده.

us.er [jú:zə] *n.* بکار برنده، استعمال‌کننده، استفاده‌کننده.

ush.er [Λ'ʃə] (**-ed, -ing**) *vt., vi. & n.* راهنما، یاکنترل سینما وغیره، راهنمائی‌کردن، یساولی‌کردن، طلیعهٔ‌چیزی‌بودن.

usu.al [jú:ʒuəl] *adj. & n.* همیشگی، معمول، عادی، مرسوم، متداول.

usu.al.ly, *adv.* معمولاً.

usu.rer [jú:ʒərə] *n.* ربا خوار، سودخوار، تنزیل‌خوار، صراف.

usu.ri.ous [ju:zjúəriəs] *adj.* رباخوار، تنزیل‌خوار، مبنی‌بررباخواری.

usurp [ju:zə'ːp] (**-ed, -ing**) *vt. & vi.* غصب‌کردن، بزورگرفتن، ربودن.

usur.pa.tion [jù:zə:péiʃən] *n.* غصب.

usurp.er [ju:zə'ːpə] *n.* غاصب.

usu.ry [jú:ʒəri] *n.* رباخواری، تنزیل خواری، حرام خواری.

uten.sil [ju:ténsl] *n.* لوازم‌آشپزخانه، وسائل، اسباب، ظروف.

uter.ine, *adj.* رحمی، زهدانی، بطنی، شکمی.

uter.us [jú:tərəs] (*pl.* **uteri**) *n.* (تش.) زهدان، بچه دان، رحم.

util.i.tar.i.an [jù:tilitɛ'əriən] *n. & adj.* مطلوبیت چیزی‌بخاطرسودمندی‌آن، معتقدباصل‌اخلاقی سودمندگرائی، سودمندگرا.

util.i.tar.i.an.ism [jù:tilitɛ'əriənizm] *n.* سودمندگرائی، کاربردگرائی، اعتقاد باینکه نیکی وبدی هرچیزی بسته بدرجهٔ سودمندی آن برای عامهٔ مردم است.

util.i.ty [ju:tíliti] *n. & adj.* سودمندی، مفیدیت، سود، فایده، صنایع‌همگانی (مثل برق وتلفن)، کاربردپذیری.

uti.liz.able [*jú:tilàizəbl*] *adj.* قابل‌مصرف،قابل استفاده، کاربردپذیر.
uti.li.za.tion [*jù:tilaizéiʃn*] *n.* سودمندی، استفاده، مصرف، بکاربری.
uti.lize [*jú:tilaiz*] (**-d, utiliz-ing**) *vt.* استفاده کردن از، مورداستفاده قراردادن، بمصرف رساندن، بکار زدن.
uti.liz.er, *n.* استفاده کننده، بکاربرنده.
ut.most [*Λ'tmoust*] *adj. & n.* بیشترین، منتهای کوشش، حداکثر، دورترین.
To the u. به منتها درجه.
Uto.pia [*ju:tóupiə*] *adj. & n.* دولت یاکشورکامل وایده‌آلی، مدینهٔ فاضله.
ut.ter [*Λ'tə*] (**-ed, -ing**) *adj., vt. & vi.* مطلق، بحداکثر، باعلی‌درجه، کاملاً ،جمعاً، حداعلی،غیرعادی،اداکردن، گفتن، فاش کردن، بزبان‌آوردن.
An u. fool. احمق تمام یا مطلق.
U. a groan. ناله کردن یا برآوردن.
ut.ter.ly, *adv.* مطلقاً، کاملاً ، بکلی.
ut.ter.ance [*Λ'tərəns*] *n.* اداء، اظهار، سخن، نطق، گفتن.
Give u. to. اداکردن، اظهارکردن.
ut.ter.most [*Λ'təmoust*] *adj. & n.* حداعلی، حداکثر، بیشترین.
uvu.la [*jú:vjulə*] *n.* [تش.] زبان کوچك، لهات، ملازه.
uvu.lar [*jú:vjulə*] *adj. & n.* وابسته بزبان کوچك، ملازی، لهاتی.
ux.o.ri.al, *adj.* زوجه‌ای، عیالی، وابسته به‌عیال.
ux.or.i.cide, *n.* عیال‌کشی، قتل‌عیال.
ux.o.ri.ous [*Λksɔ́:riəs*] *adj.* عیال‌پرست، بنده ومطیع عیال‌خود.
Uz.bek, Uz.beg, Uz.bak, *n. & adj.* ازبك، ازبکی.

V

انگلیسی English	خط میخی پارسی Old Persian Cuneiform	پهلوی اشکانی Parthian Pahlavi	پهلوی ساسانی Sassanian Pahlavi	پهلوی کتابی Book Pahlavi	اوستائی Avestan	فارسی Modern
V	[illegible]	[illegible]	[illegible]	[illegible]	[illegible]	و

V [*vi:*] *n.* حرف‌بیست ودوم‌الفبای‌انگلیسی.
va.can.cy [*véikənsi*] **va.cant-ness,** *n.* محل خالی، پست‌بلاتصدی، جا.
No v. at present. فعلاً محل خالی موجود نیست.
va.cant [*véikənt*] *adj.* خالی، اشغال نشده، بی‌متصدی، بلاتصدی، بیکار.
V. hours. ساعات بیکاری یافراغت.
va.cate [*vəkéit, veikéit*] (**-d, vacating**) *vt. & vi.* تعطیل کردن، خالی کردن، تهی کردن، تخلیه کردن.
va.ca.tion [*vəkéiʃən*] *n. & vi.* تعطیل، بیکاری،مرخصی،مهلت، آسودگی، مرخصی گرفتن، به تعطیل رفتن.
V. land. سرزمین محل فراغت وگذراندن ایام تعطیل.
va.ca.tion.er=va.ca.tion.ist, *n.* مرخصی رونده، گشتگرایام تعطیلات.
vac.ci.nal, *adj.* وابسته به‌واکسن.
vac.ci.nate [*vǽksineit*] *vt. & vi.* واکسن‌زدن‌به، برضد بیماری تلقیح‌شدن.
He was vaccinated against smallpox. اوآبله کوبی‌شد.
vac.ci.na tion [*væ̀ksinéiʃən*] *n.* واکسن‌زنی، تلقیح، آبله کوبی.
vac.cine [*vǽksi:n*] **vac.ci.-n.i.al,** *adj. & n.* مایهٔ‌آبله، واکسن.
vac.il.late [*vǽsileit*] (**-d, vac-il.lating**) *vi.* دودل بودن، دل‌دل کردن، تردید داشتن، مردد بودن، نوسان کردن، جنبیدن، تلوتلو خوردن.
vac.il.la.tion [*væ̀siléiʃən*] *n.* آونگ، نوسان، حرکت‌نوسانی، دودلی.
va.cu.i.ty [*vəkjú:iti*] *n.* خلاء (khala)، تهی گری، عـاری‌بودن، چیز تهی، فضای‌خالی، فراغت، هیچی، پوچی.
vac.u.o.la.tion, *n.* تشکیل حفره، ایجاد حفره.
vac.u.ous [*vǽkjuəs*] *adj.* تهی، خالی، بی‌مفهوم، پوچ، کم‌عقل، بیمعنی.
vac.u.um [*vǽkjuəm*] (*pl.* **-s, vacua**) *n., adj., vt. & vi.* خلاء، فضای تهی، ظرف یا جای بی‌هوا، جاروی برقی، بلاجاروی‌برقی تمیز کردن.
V. cleaner. جاروی‌برقی.
vac.u.um.ize, *vt.* تولید خلاءکردن.
va.de me.cum [*véidi mí:kəm*] *n.* کتاب درسی، کتاب مورد مراجعه، دست‌افزار.
vag.a.bond [*vǽgəbənd, -bɔnd*], (**-ed, -ing**) *adj., n. & vi.* ولگرد،ولگردی کردن،دربدر،خانه‌بدوش، بیکاره.
vag.a.bond ism,vag.a.bond-age, *n.* ولگردی، دربدری، بیخانمانی.
vaga.ry [*vəgɛ'əri*] *n.* خیالپرستی، تخیلات، هوی وهوس، بوالهوسی.
va.gi.na, -l, *adj. & n.* [طب] مهبل، نیام، غلاف، مهبلی.
vag.i.nate, -d, *adj.* غلافدار، نیامی، دارای پوشش، مهبلی.
va.gran.cy [*véigrənsi*] *n.* آوارگی، ولگردی، دربدری، اوباشی.
va.grant [*véigrənt*] *adj. & n.* آدم آواره وولگرد، دربدر، اوباش.
vague [*veig*] *n., adj. & adv.* مبهم، غیرمعلوم، سربسته و ابهام‌دار.
vain, -ly [*vein*] *adj. & adv.* بیخود، بیهوده،عبث، بیفایده، باطل، پوچ،ناچیز،جزئی، تهی، مغرور، خودبین، مغرورانه،بطوربیهوده.
vainglorious, -ly[*vèinglɔ́:riəs*], *adv. & adj.*. لافزن،خودستا،ازروی‌خودستائی.
vainglory [*vèinglɔ́:ri*] *n. & adj.* لاف، گزاف، خودستائی، غرور، فیس.
val.ance, -d [*vǽləns*] *adj. & n.* لبهٔ آویختهٔ کلاه یا سرپوش، نیم‌پرده.
va.le [*veil*] *n. & interj.* دره، مجرای کوچك (درشعرومذهب) جهان،دنیا، زمین، جهان‌خاکی، خدانگهدار.
val.e.dic.tion [*væ̀lidíkʃən*] *n.* خداحافظی، وداع، بدرود، خطابهٔ تودیعی.
val.e.dic.to.ri.an, *n.* دانشجوی ممتاز فارغ‌التحصیل که خطابهٔ جشن فارغ‌التحصیلی را میخواند.
val.e.dic.to.ry [*væ̀lidíktəri*] *adj. & n.* تودیعی، وداعی، مربوط به‌خدا حافظی.
va.lence, *n.* ارزائی، ظرفیت، واحدظرفیت، ظرفیت شیمیائـی، بنیان ترکیب اتمی، بنیان، قدر، توان،ارزش.
val.en.tine [*vǽləntain*] *n.* معشوقه‌ای‌که در روز ۱۴ فوریه برگزیده شود.
va.le.ri.an [*vəlíəriən*] *n.* (گ.ش.) سنبل‌الطیب، سنبل کوهی.
va.let [*vǽlit, vǽlei, vǽli*]*n.&vt.* نـوکر، پیشخدمت مخصوص، ملازم، پیشخدمتی کردن.
val.e.tu.di.nar.i.an [*væ̀litjù:di-nɛ'əriən*] **val.e.tu.di.nary,** *adj. & n.* مریض، علیل، وسواسی ، کسیکه‌نسبت به‌سلامتی‌و تندرستی خود وسواسی است.
val.iant, -ly[*vǽljənt*] *adj. & adv.* دلاور، شجاع، نیرومند، قوی، دلیرانه، عالی.
val.id, *adv. & adj.* قوی،سالم، معتبر، قانونی،درست،صحیح، دارای‌اعتبار، مؤثر .
val.i.date [*vǽlideit*] (**-ed, val-idating**) *vt.* معتبرساختن، قانونی‌کردن، قانونی شناختن، نافذشمردن، تنفیذکردن.
val.i.da.tion, va.lid.i.ty, *n.* اعتبار، تأیید، تصدیق، تنفیذ، درستی، صحت.
va.lise [*vəlí:z, -lí:s*] *n.* جامه‌دان، چمدان، کیف، کیسهٔ چرمی، خورجین.
val.ley [*vǽli*] *n.* دره، وادی، میانکوه، گودی،شیار.
val.or, valour [*vǽlə*] *n.* دلیری،شجاعت،دلاوری، ارزش‌شخصی‌واجتماعی، ارزش مادی، اهمیت.
val.o.ri.za.tion, *n.* تعیین‌ارزش، تشجیع .
val.o.rize (**-d, valorizing**) *vt.* ارزش قائل شدن‌برای، جرأت وشهامت دادن‌به.
val.or.ous, -ly [*vǽlərəs*] *adj. & adv.* دلیر، شجاع، دلاور، با ارزش،دلیرانه.
val.u.able [*vǽljuəbl*] *adj. & n.* با ارزش، پربها، گرانبها، قیمتی، نفیس.
val.u.ably, *adv.* بطور با ارزش.
val.u.ate (**-d, valuating**) *vt.* ارزش چیزی‌را معین کردن، ارزیابی کردن.
val.u.a.tion, -al [*væ̀ljuéiʃən*], *adj. & n.* ارزیابی،تقویم،ارزشگذاری،بها.
val.u.a.tor, *n.* ارزیاب.
val.ue [*vǽlju:*] (**-d, valuing**), *vt. & n.* ارزش، بها، قیمت،ارج،قدر،مقدار، قیمت‌کردن، قدردانی کردن، گرامی‌داشتن.
val.ue.less [*vǽljulis*] *adj.* بی‌بها، بی‌ارزش، بی‌قیمت.
val.u.er [*vǽljuə*] *n.* ارزش قائل شونده، قیمت‌گذار.
valve, -d [*vælv, -d*] **val.-vate,** *adj. & n.* در،دریچهٔ، سوپاپ،سرپوش، بشکل‌دریچه‌یاسوپاپ.
valve.less, *adj.* بی‌دریچه، بدون سوپاپ، بدون دریچهٔ تنظیم.
val.vu.la, -r[*vǽlvjulə*] *n. & adj.* [تش.] دریچهٔ‌کوچك، دریچه‌دار، دریچه‌وار.
vamp [*væmp*] (**-ed, -ing**) *n., vt. & vi.* جوراب‌کوتاه، رویه، وصله، تعمیرکـردن، وصله کردن، سرهم‌بندی‌کردن، تمهیدکردن، گام زدن برروی، قدم زدن، سازتنهازدن [همراه باآوازیا رقص]، بالبداهه‌گفتن و یا ساختن، وسوسه واز راه‌بدرکردن.
vam.pire [*vǽmpaiə*]=**vamp,** *n.* روح تبه‌کاران وجادوگران‌که شب هنگام از قبر بیرون‌آمده وخون اشخاص را میمکد،خون‌آشام.
van [*væn*] *n., vt. & vi.* پیشقدم، پیشرو،پیشگام، پیشقراول، بال، جناح،جلودار، پیشوا، رهبرکردن،جلوداربودن، کامیون‌سربسته.
van.dal [*vǽndl*] *n. & adj.* خرابکر (کسیکه از روی حماقت یا بدجنسی چیزهای هنری یاهمگانی‌راخراب میکند).
van.dal.ism [*vǽndəlizm*] *n.* دشمنی‌با علم وهنر، وحشیگری، خرابکری.
van.dal.ize, *vt.* آثارهنری وتاریخی را ویران‌کردن،خرابکری کردن.
vane [*vein*] *n.* بادنما، پره،(مج.) کسی یا چیزی که‌بآسانی‌قابل حرکت وجنبش باشد.
van.guard [*vǽnga:d*] *n.* جلودار، پیش‌لشکر، پیشتاز، پیشقراول.
va.nil.la [*vəníla*] *adj. & n.* (گ.ش.) درخت وانیل، وانیل، ثعلب.
van.ish [*vǽniʃ*] (**-ed, -ing**) *vt. & n.* ناپدید شدن، غیب‌شدن، (آواشناسی)

بخش ضعیف ونهائی بعضی ازحرفهای صدادار.

van.i.ty [vǽniti] *n.* بادسری، بطالت،بیهودگی، پوچی، غرور، خودبینی.

van.quish [vǽŋkwiʃ] (**-ed, -ing**) *vt. & vi.* درهم‌شکستن، پیروز شدن بر، شکست‌دادن، مغلوب ساختن.

van.quish.er, *n.* غلبه‌کننده، پیروز.

van.tage [vá:ntidʒ] *n.* برتری، بهتری، مزیت، تفوق، فرصت.

van.ward, *adv. & adj.* پیشرو [vanguard]، واقع درجلو، پیشی.

vap.id [vǽpid] *adj.* بیمزه، خنك، مرده، بیروح، بی‌حس، بی‌حرکت.

va.pid.i.ty [væpíditi] *n.* بیمزگی،

va.por [véipə], **vapour** (**-ed, -ing**) *n., vt. & vi.* بخار، دمه، مه، تبخیرکردن یاشدن، بخور دادن، چاخان‌کردن.

va.por.if.ic, *adj.* بخارزا، بخارشو.

vaporing [véipəriŋ] *n.* سخن بیهوده، بخاردادن، تبخیر.

va.por.iza.tion, *n.* تبخیر، بخار سازی، تبدیل به‌بخار.

va.por.ize [véipəraiz] *vt. & vi.* تبخیرکردن، تبخیر شدن، بخارشدن.

va.por.iz.er, *n.* بخار ساز، بصورت پودریا ذرات ریزدرآورنده.

va.por.ous [véipərəs] *adj.* بخاردار، مه‌دار، مانند بخار، پوچ، بی‌اساس.

va.pory, *adj.* بخاروار، بخار مانند، شبیه بخار، بخارآلود.

var.i.a.bil.i.ty [vɛəriəbiliti] *n.* تغییر پذیری.

var.i.a.ble [vɛ́əriəbl] *adj. & n.* تغییر پذیر، متغیر، بی‌قرار، بی‌ثبات.

var.i.ance [vɛ́əriəns] *n.* اختلاف، مغایرت، عدم توافق، ناسازگاری.

Set two men at v. میانهٔ دوتن‌را بهم زدن.

var.i.ant [vɛ́əriənt] *adj. & n.* مغایر، گوناگون، مختلف، متغیر.

var.i.ate, *n. & vt.* گوناگون، مختلف‌کردن.

var.i.a.tion, -al [vɛəriéiʃən] *adj.* اختلاف، دگرگونی،تغییر، ناپایداری، بی‌ثباتی، تغییرپذیری، وابسته به‌تغییرودگرگونی.

vari.colored [vɛ́ərikʌləd] *adj.* دارای رنگهای متغیر، [مج.] گوناگون.

var.i.cose [vǽrikous] *adj.* مبتلا به‌واریس، وریدگشادشده، متسع.

var.ied [vɛ́ərid] *adj.* دارای رنگهای گوناگون، رنگارنگ، گوناگون،متنوع.

var.ie.gate [vɛ́ərigeit] *vt.* رنگارنگ کردن، خال خال کردن،جورواجور کردن، متنوع کردن.

var.ie.ga.tion [vɛərigéiʃən] *n.* گوناگونی، اختلاف رنگ، چندرنگ، متنوع.

va.ri.e.ty [vəráiəti] (*pl.* **-ies**) *n.* واریته، نمایشی که مرکب ازچند قطعهٔ متنوع باشد، تنوع، گوناگونی،نوع،متنوع، جورواجور.

V. store. فروشگاهی‌که دارای کالاهای متنوع وارزان است.

For a v. of reasons. بدلائل متعدد.

var.i.form [vɛ́ərifɔ:m] *adj.* دارای چندین‌شکل، گوناگون، مختلف‌الشکل.

va.ri.o.la, -r, va.ri.o.lous, *adj. & n.* [طب] آبله، آبلهٔ گاوی،آبله‌دار، مجدر.

var.i.o.rum [vɛəriɔ́:rəm] *adj. & n.* (در موردکتاب) ناشی ازچند منبع، متنوع.

var.i.ous [vɛ́əriəs] *adj. & pron.* گوناگون، مختلف، چندتا، چندین، جورواجور.

var.let [vá:lit] *n.* ملازم، خدمتکار، آدم‌پست ورذل.

var.mint [vá:mint] **var.ment,** *n. & adj.* (ز.ع.) انسان‌یاحیوان‌مزاحم، شخص، یارو.

var.nish [vá:niʃ] (**-ed, -ing**), *n., vt. & vi.* لاك‌الکل، لاك‌الکل‌زدن‌به، جلازدن‌به، جلادادن، لعاب زدن‌به، دارای ظاهر خوب‌کردن، صیقلی کردن، جلا، صیقل.

var.si.ty [vá:siti] *n. & adj.* تیم اول دانشگاه یا دانشکده، دانشگاهی.

vary [vɛ́əri] (**-ied, varying**), *vt. & vi.* تغییردادن، عوض‌کردن،دگرگون کردن، متنوع‌ساختن، تنوع دادن‌به، فرق‌داشتن.

vas.cu.lar [vǽskjulə] *adj.* عروقی، آوندی، وعائی، مجرادار، رگ‌دار، سرحال.

V. cylinder. لوله‌آوندی، ساقهٔ‌آوندی.

vase [va:z; vɔ:z; veiz; veis] *n.* ظرف، گلدان، گلدان نقره وغیره.

vas.e.line [vǽsili:n]=**petrolatum,** *n.* وازلین.

vasi.form, *adj.* آوندی، آوندوار.

vaso.motor, *adj.* [تش.] اعصاب تنگ کننده وگشاد کنندهٔ رگها، اعصاب محرك رگها، کنترل‌کنندهٔ رگها.

vas.sal [vǽsl] *n. & adj.* (حق. ـ قدیم‌انگلیس)خراجگزار، هم‌بیعت بالرد، تبعه، بنده، غلام، رعیت.

vas.sal.age [vǽsəlidʒ] *n.* بندگی، رعیتی، تبعیت، وابستگی، بیعت، تیول.

vast [va:st] *adj., adv. & n.* پهناور، وسیع، بزرگ، زیاد، عظیم، بیکران.

vas.ti.tude, vast.ness, vas.ti.ty, *n.* پهناوری، وسعت، عظمت، بزرگی.

vasty, *adj.* بزرگ، وسیع، انبوه، پهناور.

vat [vǽt] (**-ted, -ting**) *n. & vt.* خمره، در خمره نهادن.

vat.ic, vatical, *adj.* نبوتی، پیغمبری، رسالتی، از روی پیشگوئی.

Vat.i.can [vǽtikən] *adj. & n.* واتیکان، مقر رسمی پاپ دررم، دربار پاپ.

va.tic.i.nate, *vt. & vi.* پیشگوئی کردن، نبوت کردن، رسالت کردن.

vaude.ville [vóud(ə)vil] *n.* نمایش متنوع، واریته، درام دارای رقص‌وآواز.

vault [vɔ:lt] (**-ed, -ing**) *vi., vt. & n.* طاق،گنبد،قبه، سردابه، هلال‌طاق، غار، مغاره، گنبدیا طاق درست کردن، طاق‌زدن، جست زدن، پریدن، جهش.

vault.er [vɔ́:ltə] *n.* طاق‌زن، طاق نماساز، گنبدساز،جهش‌کننده.

vaulty, *adj.* طاقدار، گنبددار، شبیه‌طاق.

vaunt [vɔ:nt] (**-ed, -ing**) *n., vt. & vi.* خودستائی‌کردن، لاف‌زدن، خودنمائی.

V-day=Victory day, *n.* روز پیروزی

veal [vi:l] *n.* گوشت‌گوساله، گوساله.

vec.tor, -ial (**-ed, -ing**) *vt., adj. & n.* (هند.) حامل، بردار[bordaar]، مسیر، جهت، خطسیر، شعاع‌حامل، بوسیلهٔ‌بردار رهبری کردن.

vee, *n. & adj.* حرفv، شبیه‌حرف v.

veer [viə] (**-ed, -ing**) *n., vt. & vi.* تغییرجهت دادن، تغییر عقیده دادن، برگشت، گشت، انحراف، تغییر مسیر.

V. and haul. شل وسفت‌کردن.

veg.e.ta.ble [védʒitəbl] *adj. & n.* گیاه، علف، سبزه، نبات،رستنی، سبزی.

V. oil. روغن نباتی، چربی‌گیاهی.

veg.e.ta.bly, *adv.* سبزی‌وار، بشکل سبزی.

veg.e.tal, *adj. & n.* نباتی، گیاهی، بی‌حس.

veg.e.tar.i.an, -ism [vèdʒitɛ́əriən] *n.* گیاه‌خوار، گیاهخواری.

veg.e.tate [védʒiteit] *vt. & vi.* روئیدن، مثل‌گیاه زندگی‌کردن.

veg.e.ta.tion [vèdʒitéiʃən] *n.* زندگی‌گیاهی، نشو ونمای نباتی، نموگیاهی.

veg.e.ta.tive, veg.e.tive, *adj. & n.* گیاهی، روینده، رویش کننده، گیاهپرور.

ve.he.mence [ví:iməns] *n.* شدت، حرارت، تندی، غیظ وغضب، غضب شدید.

ve.he.ment, -ly [ví:imənt] *adj. & adv.* تند،شدید، با حرارت‌زیاد، غضبناك.

ve.hi.cle [ví:ikl] (**-d vehicling**) *n., vt. & vi.* وسیلهٔ نقلیه،ناقل،حامل،رسانه، برندگر،رسانگر.

ve.hic.u.lar [vi:híkjulə] *adj.* وابسته‌به وسائط نقلیه، وابسته‌به‌رسانه‌یابرندگر.

veil [veil] (**-ed, -ing**) *n., vt. & vi.* حجاب، پرده، نقاب، چادر، پوشاندن، حجاب زدن، پرده‌زدن، مستوریا پنهان‌کردن.

Under the v. of. در لفاف.

veiling [véiliŋ] *n.* نقاب، تورصورت.

vein [vein] (**-ed, -ing**) *vt. & n.* ورید، سیاهرگ، رگه، حالت، تمایل، روش،رگ دارکردن، رگه‌دارشدن.

vein.let, *n.* رگهٔ‌کوچك، وریدکوچك.

veiny, *adj.* رگه‌دار، پرازرگه،رگه‌رگه.

ve.lar, *adj.* ملازی، پرده‌ای، غشائی، ادا شده ازشراع‌الحنك،کامی.

ve.lar.ize, *vt.* حروف‌راازکام‌تلفظ‌کردن.

ve.la.tion, *n.* حجاب، غشاء.

veld, veldt [velt, felt] *n.* علفزار، [آفریقای جنوبی] زمین‌مرغزار.

vel.lum [véləm] *adj. & n.* پوست‌گوساله، کاغذ پوست‌گوساله، رق (regh).

ve.loc.i.pede [vilɔ́sipi:d] *n.* دوچرخهٔ‌پائی، سه‌چرخه.

ve.loc.i.ty [vilɔ́siti] *n.* تندی، سرعت، سرعت‌سیر،شتاب، تندی برحسب‌زمان.

ve.lour, ve.lours, *n.pl.* مخمل‌کلاهی، پارچهٔ مخملی، نمدکلاهی.

velure [velúə] *n. & vt.* مخمل، پارچهٔ مخملی، ماهوت پاك‌کن پارچه‌ای، باماهوت پاك‌کن پاك‌کردن.

vel.vet [vélvit] *adj., vt. & n.* مخمل، مخملی، نرم، مخمل نما، مخملی‌کردن.

vel.vet.een [vèlvití:n] *n.* پارچهٔ مخمل‌نما، مخمل‌نخی یا ابریشمی.

vel.vety [vélviti] *adj.* مخملی، مخمل‌نما، نرم.

ve.nal [ví:nl] *adj.* پولی، پول‌بگیر، پست، فروتن، رشوه‌خوار.

ve.nal.i.ty [vi:nǽliti] *n.* رشوه‌گیری، صفت‌آدم پولکی، پول‌بگیری.

ve.nat.ic, -al, *adj.* وابسته‌بشکار،شکاری.

vend [vend] (**-ed, -ing**) *vi., n. & vt.* فروختن، دادوستدکردن، طوافی‌کردن.

vend.ee [vendí:] *n.* خریدار، مشتری.

vend.er=vendor [véndə] *n.* فروشنده، بایع، طواف، دستفروش.

ven.det.ta [vendétə] *n.* دشمنی خونی خانوادگی، انتقام‌گیری.

vend.ible, vend.able, *adj. & n.* قابل فروش، جنس قابل فروش، پولکی، فاسد.

vending machine, *n.* ماشین خودکاری‌که با انداختن پول در سوراخ آن جنس مورد لزوم ازآن‌خارج میشود.

ven.dor [véndɔ:] *n.* دستفروش،فروشنده.

ve.neer [vəníə] (**-ed, -ing**) *n. & vt.* روکش، چوب مخصوص‌روکش مبل و غیره، لایهٔ‌نازك چوب، جلاء، روکش زدن‌به.

ven.er.able [vénərəbl] *adj.* محترم، معزز، قابل احترام، ارجمند، مقدس.

ven.er.abil.i.ty, ven.er.able-ness, *n.* احترام، ارجمندی، تقدس.

ven.er.ate [vénəreit] *vt.* ستایش واحترام‌کردن، تکریم‌کردن.

ven.er.a.tion [vènəréiʃən] *n.* ستایش، تکریم، احترام، نیایش، تقدیس.

ven.er.a.tor, *n.* احترام‌کننده، تکریم کننده،ستایش کننده.

ve.ne.re.al [viníəriəl] *adj.* مقاربتی، زهروی، آمیزشی.

ve.ne.re.ol.o.gy, *n.* [طب] طب مقاربتی، پزشکی بیماریهای آمیزشی.

ven.ery, *n.* مقاربت جنسی، شهوت پرستی،خوشگذرانی جنسی، شکار.

ven.e.sec.tion, ven.i.sec.tion, *n.* فصد (fasd)، بازکردن ورید.

Venetian blind, *n.* پنجرهٔ‌کرکره.

ven.geance [vén(d)ʒəns] *n.* انتقام،کینه،خونخواهی.

With a vegeance. بشدت.

venge.ful [vén(d)ʒful] *adj.* کینه‌توز،با خشونت، بشدت، انتقامجو.

ve.nial [ví:niəl] *adj.* قابل‌عفو، قابل اغماض، بخشیدنی، گناه‌صغیر.

ven.i.son [vénz(ə)n] *n.* گوشت‌گوزن، گوشت‌آهو، شکارگوزن وآهو.

ven.om [vénəm] *n., vt. & vi.* زهر،سم، زهرماروعقرب‌وغیره، کینه، مسموم کردن،مسموم‌شدن

ven.om.ous [vénəməs] *adj.* زهرآلود، زهردار، سمی، کینه‌توز.

ve.nous [ví:nəs], **venose,** *adj.* سیاهرگی، وریدی، پراز ورید،دارای وریدهای برآمده.

vent [vent] (**-ed, -ing**) *vt., n. & vi.* بادخورگذاردن برای، بیرون ریختن، بیرون دادن، خالی‌کردن، مخرج، منفذ،دریچه.

ven.ti.late [véntileit] (**-d, ventilating**) *vt. & vi.* بادخورکردن، تهویه‌کردن، هوا دادن‌به، پاك‌کردن.

ven.ti.la.tion [vèntiléiʃən] *n.* تهویه، تجدید هوا، بادگیری، طرح موضوعی.

ven.ti.la.tor [véntileitə] *n.* دستگاه تهویه، هواکش، بادزن، بادگیر.

ven.tral, *adj.* شکمی، واقع‌برروی‌شکم.

ven.tri.cle [véntrikl] *n.* بطن، شکم، [تش.] شکمچهٔ مغز، حفره.

ven.tric.u.lar, *adj.* وابسته به‌شکم، شکمچه‌ای، بطنی، شکم‌دار، بادکرده.

ven.tril.o.quist, -ic [ventríləkwist] *n. & adj.* [در خیمه شب‌بازی و غیره] کسیکه‌بجای عروسك‌یا جانوری تکلم کند.

ven.ture [véntʃə] (**-d, venturing**) *n., vt. & vi.* جرأت، جسارت، مخاطره، معاملهٔ قماری، اقدام بکارمخاطره آمیز، مبادرت، ریسك،اقدام یامبادرت‌کردن‌به.

I v. to say. جسارتاً عرض‌میکنم.

ven.tur.er [véntʃərə] *n.* ماجراجو، متهور، بی‌باك.

ven.ture.some [véntʃəsəm] *adj.* مخاطره‌آمیز، باتهور، خطرناك، پرمخاطره.

ven.tur.ous [véntʃərəs] *adj.* متهور، گستاخ، جسور، بی‌باك، پرمخاطره.

ven.ue [vénju:] *n.* آمدن، آغاز، حمله، (حق.) محل وقوع جرم یا دعوی، محل دادرسی، حوزهٔ صلاحیت دادگاه.

ven.ule, *n.* وریدکوچك، رگ کوچك.

Ve.nus [*ví:nəs*] *n.* الههٔ عشق وزیبائی، زن زیبا، ستارهٔ زهره.

ve.ra cious [*vəréiʃəs, vi–, ve–*], *adj.* راستگو، درست، حقیقی، واقعی.

ve.rac.i.ty [*virǽsiti*] *n.* راستگوئی، صداقت، راستی، صحت.

ve.ran.da(h) [*vərǽndə*] *n.* ستاوند، ایوان، بالکن، ایوان‌جلو ویا طرفین ساختمان.

verb [*və:b*] *n.* (م.م.) کلمه، لغت، مربوط بصدا،(د.) فعل.

ver.bal [*və':bl*] *adj.* & *n.* زبانی، شفاهی، لفظی، فعلی، تحت‌اللفظی.

ver.bal.iza.tion, *n.* پرگوئی، درازگوئی، بیان شفاهی، فعل‌سازی.

ver.bal.ize (**-d, verbalizing**), *vt.* & *vi.* تبدیل به‌فعل‌کردن، وراجی‌کردن، بصورت شفاهی بیان‌کردن، لفاظی‌کردن.

verbal noun, *n.* اسم فعل.

ver.ba.tim [*və:béitim*] *adv., adj.* & *n.* لفظ بلفظ، کلمه‌بکلمه، تحت‌اللفظی.

ver.be.na [*və(:)bí:nə*] *n.* [گ.ش.] گل شاه پسند.

ver.bi.age [*və':biidʒ*] *n.* اطناب، لفاظی، درازگوئی، سخن پردازی.

ver.bose [*və:bóus*] *adj.* دراز، مطول، دراز نویس، درازگو، پرگو.

ver.bos.i.ty [*və:bɔ́siti*] *n.* اطناب‌گوئی، درازنویسی، پرگوئی.

ver.dan.cy [*və':dənsi*] *n.* حالت سبزی، تازگی، خامی، سرسبزی.

ver.dant [*və':dənt*] *adj.* سبز رنگ، پوشیده ازسبزه، بی‌تجربه.

ver.dict [*və':dikt*] *n.* رأی، رأی‌هیئت منصفه، فتوی، نظر، قضاوت.

ver.di.gris [*və':digri(:)s*] *n.* زنگار، زنگار مس، زنگ مس (استات‌مس).

ver.dure [*və':dʒə, –djə*] *n.* خامی، تازگی سبزیجات، سبزی، سرسبزی.

verge [*və:dʒ*] (**-d, verging**), *n., vt.* & *vi.* کنار،لبه،مشرف، نزدیکی، حدود، حاشیه، نزدیك‌شدن، مشرف‌بودن‌بر.

It verges on a valley. درلبهٔ دره واقع شده است.

verg.er [*və':dʒə*] *n.* متصدی نشان دادن محل جلوس مردم درکلیسا.

ver.i.fi.able [*vérifaiəbl*] *adj.* قابل رسیدگی، قابل‌تصدیق وتأیید.

ver.i.fi.ca.tion [*vèrifikéiʃən*] *n.* رسیدگی، تحقیق، ممیزی، تصدیق، تأیید.

ver.i.fi.er, *n.* تصدیق‌کننده، ممیز.

ver.i.fy [*vérifai*] (**-ied, verifying**) *vt.* رسیدگی‌کردن،صحت‌وسقم امری را معلوم کردن، ممیزی‌کردن، تحقیق‌کردن.

ver.i.ly [*vérili*] *adv.* هرآینه، آمین، براستی، حقیقتاً، واقعاً.

veri.si.mil.i.tude [*vèrisimílitju:d*] *n.* راست‌نمائی، احتمال،شباهت‌به واقعیت.

ver.i.ta.ble [*véritəbl*] *adj.* واقعی، بتحقیق، بحقیقت، قابل اثبات حقیقت.

ver.i.ta.bly, *adv.* حقیقتاً، واقعاً.

ver.i.ty [*vériti*] *n.* واقعیت، صدق، راستی، صحت، حقیقت، سخن‌راست، چیزواقعی.

ver.juice, *n.* آبغوره، آبلیمو، آبسیب ترش، ترشی، تیزی، آب‌ترش میوهٔ نرسیده.

ver.mi.an, *adj.* کرمی، کرم مانند، مربوط‌به‌کرم.

ver.mi.cel.li [*və:miséli*] *n.* & *adj.* رشته فرنگی، ورمیشل.

ver.mi.cide, *n.* مادهٔ کرم‌کش، دوای‌ضدکرم.

ver.mic.u.lar, *adj.* کرم مانند (درحرکت وشکل)، کرمی.

ver.mic.u.late, -d, *adj.* کرم خورده، دارای خطوط موجی، موجدار.

ver.mic.u.la.tion, *n.* کرم خوردگی، ایجاد موج و شیارکرم‌مانند.

ver.mi.form, *adj.* (م.م.) کرمی، شبیه کرم، کرم‌وار،کرم مانند.

ver.mi.fuge, *n.* & *adj.* کرم زدا، داروی ضدکرم.

ver.mil.ion [*vəmíljən*] **vermillion,** *n.* شنگرف، شنجرف، قرمز.

ver.min [*və':min*] *n.* جانوران موذی. جانورآفت، حشرات موذی.

ver.min.ous [*və':minəs*] *adj.* پر ازحشرات یا جانوران موذی، شپش‌گرفته.

ver.miv.o.rous, *adj.* کرم‌خوار، تغذیه‌کننده ازکرم.

ver.mouth [*və':mu:t*] *n.* ورموت، شراب شیرین افسنطین.

ver.nac.u.lar [*vənǽkjulə*] *adj.* & *n.* بومی، محلی، کشوری،زبان بومی، زبان مادری.

ver.nal, -ly [*və':nl*] *adj.* & *adv.* بهاری، ربیعی، شبیه بهار، با طراوت چون‌بهار.

ver.nal.ize (**-d, vernalizing**), *vt.* گل‌دادن، میوه‌آوری را تسریع کردن.

ver.na.tion, *n.* آرایش برگ وغنچه، رشدبهاری، برگ‌بندی.

ver.sa.tile, -ly [*və':sətail*] *adj.* & *adv.* دارای‌استعدادوذوق، روان، سلیس، گردان، متحرك، متنوع‌ومختلط ،چندسوگرد.

ver.sa.til.i.ty [*və:sətíliti*] *n.* تنوع، اختلاف، روانی، مهارت، تردستی.

verse [*və:s*] (**-d, versing**) *n., vt., adj.* & *vi.* شعر، نظم،بنظم‌آوردن،شعرگفتن.

ver.si.fi.ca.tion [*və:sifikéiʃən*] *n.* نظم‌سازی، شاعری،قافیه‌پردازی،قافیه‌سازی.

ver.si.fy [*və':sifai*] (**-ied, versifying**) *vt.* & *vi.* تبدیل بنظم‌کردن، بنظم درآوردن، شعرساختن.

ver.sion [*və':ʃən*] *n.* شرح ویژه، ترجمه، تفسیر، نسخه، متن.

ver.sus [*və'səs*] *prep.* در مقابل، برضد، دربرابر.

ver.te.bra, -l, ver.te.brate [*və':tibrə, və':tibrit,–breit*] *adj.* & *n.* مهره، فقره، [تش.] استخوانهای مهره، بندها.

vertebral column, *n.* [تش.] ستون فقرات، تیرهٔ پشت، ستون مهره.

ver.te.bra.tion, *n.* مهره‌بندی، فقره‌بندی، تشکیل ستون فقرات.

ver.tex [*və':teks*] (*pl.* **-es, vertices**) *n.* نوك، سر، تارك، فرق، قله، رأس.

ver.ti.cal [*və':tikl*] *adj.* & *n.* عمودی، شاقولی، تارکی، رأسی، واقع درنوك.

ver.tig.i.nous, *adj.* دچار سرگیجه، سرگیجه‌ای، دوران‌کننده، دورانی.

ver.ti.go [*və':tigou*] *n.* سرگیجه، دوران، دوارس، چرخش بدور.

verve [*və:v, vɛəv*] *n.* ذوق، حرارت، استعداد، زنده‌دلی، سبك روحی.

very [*véri*] *adj.* & *adv.* بسیار،خیلی، بسی، چندان، فراوان، زیاد،حتمی، واقعی، فعلی، خودآن، همان، عیناً.

I did my v. best. منتهای کوشش خود را بعمل‌آوردم.

This v. house. همین‌خانه.

V. well. بسیار خوب، چشم.

ves.i.cate (**-d, vesicating**) *vt.* & *vi.* [طب] تاول‌دار کردن، تاول زدن، تبخال زدن.

ves.i.cle, *n.* کیسهٔ کوچك، آبدانك، تاولچه، گودال.

ve.sic.u.late, vesicular (**-d, vesiculating**) *adj., vi.* & *vt.* کیسه‌ای، مثانه‌ای، مربوط به‌حفره، تاول‌دار، حفره ایجادکردن، آبدانکدارکردن.

ves.per [*véspə*] *adj* & *n.* ستارهٔ غروب، زهره، غروب، نماز مغرب.

vespers, *n.* نمازمغرب،عبادت‌شامگاهی.

ves.pi.ary, *n.* لانهٔ زنبور، اجتماع زنبوران، دستهٔ زنبور.

ves.sel [*vésl*] *n.* آوند، کشتی، مجرا، رگ، بشقاب، ظرف، هرنوع مجرا یا لوله.

vest [*vest*] (**-ed, -ing**) *n., vt.* & *vi.* جلیقه،زیرپوش‌کشباف، لباس، واگذار کردن،اعطاءکردن، محول‌کردن، ملبس شدن.

Vested with power. دارای قدرت.

ves.ta [*véstə*] *n.* الههٔ رومی خدای اجاق وخانه‌داری.

ves.tal [*véstl*] *adj.* & *n.* راهبه، پاکدامن،روستائی، وابسته به الههٔ کانون خانواده (وستا).

ves.ti.ary, *n.* & *adj.* محل‌کندن جامه، رخت‌کن، اتاق رخت‌کن.

ves.ti.bule, –d [*véstibju:l*] *adj.* & *n.* راهرو،دالان‌سرپوشیده،هشتی، دهلیز.

ves.tige, ves.tig.ial [*véstidʒ, vestídʒiəl*] *adj.* & *n.* نشان، اثر، جای‌پا، ردپا، ذره، خرده، بقایا.

vest.ment, -al [*véstmənt*] *n.* & *adj.* لباس رسمی (کشیش)، لباس رسمی اسقف،لباس.

ves.try [*véstri*] *n.* نمازخانهٔ کوچکی که متصل بکلیسا میباشد، اتاقدعا، رخت‌کن.

ves.ture [*véstʃə*] *n.* & *vt.* جامه، پوشاك، پوشاندن، لباس رسمی پوشیدن.

vet [*vet*] (**-ted, -ting**) *adj., vt.* & *n.* دامپزشك، بیطاری‌کردن، کهنه‌سرباز.

vetch [*vetʃ*] *n.* [گ.ش.] گرسنه، ماشك، گیاهی از جنس باقلا یا نخود.

vet.er.an [*vétərən*] *adj.* & *n.* کهنه‌کار، کهنه‌سرباز، سرباز سابق، خبره.

vet.er.i.nar.i.an, *n.* دامپزشك، بیطار.

vet.er.i.nary [*vétərinəri*] *n.* & *adj.* وابسته بدامپزشکی، بیطاری.

ve.to [*ví:tou*] (**-ed, -ing**) *vt.* & *n.* حق‌رد،رد، منع، نشانهٔ‌مخالفت،رأی‌مخالف، ردکردن، قدغن‌کردن، رأی مخالف دادن.

vex [*veks*] (**-ed, -ing**) *vt., n.* & *vi.* آزردن، رنجاندن،رنجه دادن، خشمگین‌کردن.

vex.a.tion [*vekséiʃən*] *n.* آزردگی، رنجش، آزار، تغییر، حالت تحریك.

vex.a.tious [*vekséiʃəs*] *adj.* دل‌آزار، رنجش‌آمیز، آشفته، مضطرب.

vex.il.late, *adj.* پرچمدار، درفشی.

vex.il.lum (*pl.* **vexilla**) *n.* درفش، پرچم نصب شده درمیدان، پرچم، بیرق، نشان.

via [*váiə*] *prep.* & *n.* [م.م.] ازراه، ازطریق، میان راه، توسط، بوسیله.

vi.a.ble, *adj.* زنده ماندنی،زیست‌پذیر، ماندنی، قابل دوام، مناسب رشد وترقی.

vi.a.duct [*váiədʌkt*] *n.* پل‌راه‌آهن (که معمولاً از روی راه میگذرد)، پل‌بتون آرمه روی دره.

vi.al [*váiəl*] *n.* شیشهٔ کوچك‌دارو، آمپول.

vi.and [*váiənd*] *n.* غذا، خوار بار،خوراك، مأکولات، گوشت.

vi.at.i.cum (*pl.* **-s, viatica**) *n.* توشه و خوار بار سفر، پول‌جیب.

vi.bran.cy [*váibrənsi*] *n.* ارتعاش، نوسان، تپش و جنبش،طراوت‌وچالاکی.

vi.brant [*váibrənt*] *adj.* مرتعش، لرزان، بطپش درآمده، درحال جنبش، پرطراوت وچالاك.

vi.brate [*vaibréit, váibreit*] (**-d, vibrating**) *vt.* & *vi.* ارتعاش‌داشتن، جنبیدن، نوسان‌کردن، لرزیدن، تکان‌خوردن.

vi.bra.tion, -al [*vaibréiʃən*] **vi-bra.til.i.ty,** *adj.* & *n.* اهتزاز، ارتعاش، لرزه، نوسان، جنبش، تردید.

vi.bra.tor [*vaibréitə*] *n.* وسیلهٔ ارتعاش‌ونوسان، مرتعش‌کننده، لرزانگر.

vi.bra.to.ry, vi.bra.tive, *adj.* ارتعاشی، اهتزازی، در اهتزاز، باعث‌ارتعاش.

vi.bro.graph, vi.brom.e.ter, *n.* نوسان نگار، نوسان‌سنج.

vic.ar [*víkə*] *n.* کشیش بخش، جانشین، قائم‌مقام، نایب‌مناب، معاون، خلیفه.

vic.ar.age [*víkəridʒ*] *n.* خلافت، محل اقامت‌خلیفه، نوعی منصب‌مذهبی.

vi.car.i.ous [*vaikɛ́əriəs, vi–*], *adj.* نیابتی، به نیابت قبول‌کردن، جانشین.

vice [*vais*] *n., vt.* & *prep.* گناه، فساد، فسق‌وفجور،عادت یاخوی‌همیشگی، عیب، نقص،بدی،خبث.

vice admiral, *n.* [نظ.] دریابان.

vice-chancellor, *n.* نایب رئیس، معاون، قائم مقام،معاون‌رئیس دانشگاه.

vice-consul, *n.* کنسول یار، نایب‌قنسول.

vice.ge.rent [*vàisdʒíərənt*] *n.* خلیفه، نایب، جانشین، قائم‌مقام، نایب‌السلطنه.

vice-presidency, *n.* مقام یا محل اقامت معاون رئیس‌جمهور.

vice-president, *n.* نایب رئیس جمهور، نایب رئیس، نیابت ریاست.

viceregal [*vaisrí:gl*] *adj.* مربوط به نیابت سلطنت.

vice-regent, *n.* & *adj.* نایب‌السلطنه، وابسته به‌نیابت سلطنت.

vice.reine [*váisrein*] *n.* زن نایب‌السلطنه، نایب‌السلطنهٔ‌زن.

vice.roy [*vaisrɔ́i*] *n.* نایب‌السلطنه، فرمانفرمای‌کل.

vice.royalty, vice.roy.ship, *n.* نیابت سلطنت، مدت‌نیابت سلطنت.

vice ver.sa [*váisi və':sə*] *adv.* درجهت مخالف، بطور عکس،معکوساً، برعکس.

Vi.chy water=soda water, *n.*

vic.i.nage, *n.* نزدیکی، مجاورت، همسایگی، اهل محل.

vi.cin.i.ty [*visíniti*] *n.* نزدیکی، مجاورت، همسایگی، حومه، بستگی.

vi.cious [*víʃəs*] *adj.* بدکار، شریر، تباهکار، فاسد، بدطینت، نادرست.

vi.cis.si.tude [*visísitju:d, vai–*], *n.* تحول، دگرگونی،تغییر، فرازونشیب‌زندگی.

vic.tim [*víktim*] *n.* قربانی، طعمه، دستخوش، شکار، هدف،تلفات.

He fell a v. to his ambition. قربانی جاه طلبی خود شد.

vic.tim.iza.tion, *n.* آلت‌ملعبه‌سازی.

vic.tim.ize [víktimaiz] (-d, victimizing) *vt.* طعمه کردن، دستخوش فریب یا تعدی قراردادن، قربانی کردن.

vic.tor [víktə] *n.* & *adj.* پیروز، فاتح، قهرمان، برندهٔ مسابقه.

Vic.to.ria [viktɔ́:riə] *n.* & *adj.* ویکتوریا (ملکهٔ انگلستان)، اسم خاص مؤنث.

Vic.to.ri.an [viktɔ́:riən] *adj.* & *n.* مربوط به زمان سلطنت ملکهٔ ویکتوریا.

vic.to.ri.ous [viktɔ́:riəs] *adj.* پیروز، فاتح، مظفر، ظفر نشان، ظفرآمیز.

vic.to.ry [víktəri] *n.* پیروزی، فیروزی، ظفر، فتح، نصرت، فتح وظفر، غلبه.

Gain a v. over. پیروز شدن بر.

vict.ual [vítl] (-ed, -led, -ing, -ling) *n.* & *vt.* خواربار تأمین کردن، غذا ذخیره کردن (انبار کردن)، تهیهٔ آذوقه، مأکولات، آذوقه.

vict.ual.ler, *n.* خواربار رسان، سورسات‌چی، کشتی حامل خواربار.

vi.de [váidi] *n.* & *adj.* رجوع شود به، مانند، فی‌المثل.

vi.de.li.cet [vi-, vaidí:liset] *adv.* یعنی، برای مثال، مثلاً.

vid.eo, *n.* تلویزیونی، تلویزیون.

vie [vai] (-d, vying) *vt.*, *n.* & *vi.* رقابت کردن، هم‌چشمی کردن، رقیب‌شدن.

vi.er, *n.* رقیب، هم‌چشمی کننده.

Vi.et.nam.ese, *n.* & *adj.* اهل ویتنام، ویتنامی.

view [vju:] (-ed, -ing) *n.*, *vi.* & *vt.* نظر، منظره، نظریه، عقیده، دید، قضاوت، دیدن، از نظر گذراندن، چشم‌انداز.

In v. of. نظر به.

V. favourably. با نظر مساعد نگریستن.

view.er, *n.* ناظر، بیننده، تماشاگر.

viewpoint [vjú:pɔint] *n.* لحاظ، نظر، نقطهٔ نظر، دید، دیدگاه، نظریه، عقیده.

vig.il [vídʒil] *n.* شب‌زنده‌داری، احیاء، دعای شب.

keep v. بیدار ماندن، پاس‌دادن.

vig.i.lance [vídʒiləns] *n.* مراقبت، مواظبت، شب زنده داری، کشیک، آمادگی، چالاکی، احتیاط، گوش بزنگی.

vig.i.lant [vídʒilənt] *adj.* مراقب، هوشیار، گوش بزنگ، بیدار، حساس.

vig.i.lan.te, *n.* پارتیزان یا متعصب سیاسی یامذهبی.

vi.gnette [vinjét] (-d, vignetting) *vt.* & *n.* عکس، تصویر، شکل.

vig.or [vígə] **vigour,** *n.* قدرت، نیرومندی، زور، نیرو، انرژی، توان.

vig.or.ous [vígərəs] *adj.* پرزور، نیرومند، زورمند، قوی، شدید.

Vi.king [váikiŋ] *n.* جنگجوی اسکاندیناوی.

vile [vail] *adj.* & *adv.* پست، فرومایه، فاسد، بداخلاق، شرم‌آور، زننده.

vil.i.fi.ca.tion [vìlifikéiʃən] *n.* بدگوئی، بهتان، فحش، سخن زشت درکیك.

vil.i.fi.er, *n.* بدگو، فحاش، بهتان زن.

vil.i.fy [vílifai] (-ied, vilfying) *vt.* & *vi.* بدنام کردن، بدگوئی کردن، بهتان زدن.

vil.la [vílə] *n.* خانهٔ ییلاقی، ویلا.

vil.lage [vílidʒ] *n.* دهکده، روستا، ده، قریه.

vil.lag.er [vílidʒə] *n.* روستائی، دهاتی، اهل ده.

vil.lain [vílən] *n.* & *adj.* ناکس، آدم‌پست، تبه‌کار، شریر، بدذات، پست.

vil.lain.ous [vílənəs] *adj.* & *adv.* پست، نالایق، فاسد، شریر، بدذات، خیلی بد.

vil.lainy [víləni] *n.* پستی، بدذاتی، جنایت، شرارت، تبه کاری.

vil.lein.age [vílinidʒ] *n.* رعیتی، مالکیت رعیت، ارباب رعیتی.

vil.lous, *adj.* کرکی، مودار، مخملی.

vim [vim] *n.* نیرو، زور، قدرت، انرژی، توانائی، توان.

vi.na.ceous, *adj.* انگوری، باده‌ای، شرابی، شرابی رنگ، قرمز.

vin.di.ca.ble, *adj.* حمایت کردنی، قابل دفاع، ثابت کردنی، قابل گواهی واثبات.

vin.di.cate [víndikeit] (-d, vindicating) *vt.* & *vi.* حمایت کردن از، پشتیبانی کردن از، دفاع کردن از، محقق کردن، اثبات بیگناهی کردن، توجیه کردن.

vin.di.ca.tion [vìndikéiʃən] *n.* حمایت، دفاع، اثبات بیگناهی، توجیه، خونخواهی.

vin.dic.tive [vindíktiv] *adj.* & *n.* کینه‌جو، انتقامی، تلافی کننده، (م.م.) انتقام، تلافی.

vine [vain] (-d, vining) *n.*, *vi.* & *vt.* درخت‌مو، تاك، تاکستان ایجاد کردن.

vin.e.gar [vínigə] *n.* سرکه.

vin.e.gary [vínigəri], **vin.e.gar.ish,** *adj.* سرکه‌ای، ترش، ترشرو.

vin.ery [váinəri] *n.* تاکستان، گرمخانهٔ مو، موستان، تاکها.

vine.yard [vínjəd] *n.* تاکستان، موستان، رزستان.

vini.cul.ture, *n.* پرورش انگورشراب، شراب سازی.

vi.nos.i.ty, *n.* حالت وخصوصیات شراب، معتاد به‌شراب، خماری، باده‌گساری.

vi.nous, *adj.* مانندباده، شرابی، شرابخور.

vin.tage [víntidʒ] *adj.* & *n.* انگورچینی، فصل انگورچینی، محصول.

Of Iranian v. از اصل ومنشاء ایرانی.

vin.tag.er, *n.* انگورچین، خوشه‌چین.

vintage year, *n.* سال وفور محصول انگور، (مج.) سال پرنعمت.

vint.ner [víntnə] *n.* عمده‌فروش‌شراب.

vi.ol [váiəl] *n.* [مو.] ویولن ۵ یا ۶ سیمهٔ قدیمی.

vi.o.la [váiələ, vióulə] *n.* (مو.) ویولن‌بزرگ، (گ.ش.) بنفشهٔ عطری.

vi.o.late [váiəleit] (-d, violating) *vt.* & *adj.* تجاوز کردن به، شکستن، نقض کردن، هتك احترام کردن، بی‌حرمت ساختن، مختل کردن.

vi.o.la.tion [vàiəléiʃən] *n.* تجاوز، تخلف، تخطی، پیمان شکنی، نقض عهد.

vi.o.la.tor, *n.* غاصب، ناقض، متجاوز.

vi.o.lence [váiələns] *n.* خشونت، تندی، سختی، شدت، زور، غصب، اشتلم، بی‌حرمتی.

vi.o.lent [váiələnt] *adj.* تند، سخت، شدید، جابر، قاهر، قاهرانه.

vi.o.let [váiəlit] *n.* & *adj.* (گ.ش.) بنفشه، بنفش، بنفش رنگ.

vi.o.lin [vàiəlín] *n.* & *vi.* [مو.] ویولن.

vi.o.lin.ist [vàiəlínist] **vi.o.-list,** *n.* [مو.] ویولن‌زن، ویولن‌نواز.

vi.o.lon.cel.list, *n.* [مو.] نوازندهٔ ویولن‌سل.

vi.o.lon.cel.lo [vìələntʃélou] *n.* [مو.] ویولن سل.

VIP, *n.* [مخفف کلمات very important person] شخص با اهمیت.

vi.per [váipə] *n.* [ج.ش.] افعی، تیره مار، تیرمار، آدم‌خائن وبدنهاد، شریر.

vi.ra.go [viréigou] (*pl.* -es, -s), *n.* زن مردصفت، زن‌شرور، زن‌پتیاره، شیرزن.

vi.ral, *adj.* ویروسی، وابسته به‌ویروس.

vir.ga, *n.* شاخه، ترکه، عسا.

vir.gin [və́:dʒin] *adj.* & *n.* باکره، دست نخورده، پاکدامن، عفیف، سنبله.

vir.gin.al [və́:dʒinəl] *n.* & *adj.* دوشیزه‌ای، خالص، دست‌نخورده، باکره‌مانند.

vir.gin.i.ty [və:dʒíniti] *n.* بکارت، دخترکی، دوشیزگی، زندگی تجرد.

Virgin Mary, *n.* مریم باکره، مادرعیسی.

virgin wool, *n.* پشم خام.

Vir.go, *n.* [نج.] صورت فلکی سنبله، برج سنبله.

vi.ri.cide, *n.* [طب] داروهای ویروس کش.

vir.ile [vírail] *adj.* مردانه، دارای نیروی مردی، دارای رجولیت.

vi.ril.i.ty [viríliti] *n.* مردی، رجولیت، قوهٔ مردی، نیرومندی.

vi.rol.o.gy, *n.* ویروس شناسی.

vi.ro.sis (*pl.* -ses) *n.* [طب] ابتلاء به‌بیماریهای‌ویروسی، مرض ویروسی.

vir.tu.al [və́:tʃuəl, və́:tjuəl] *adj.* واقعی، معنوی، موجودبالقوه، تقدیری، مجازی.

vir.tue [və́:tʃu:, və́:tju:] *n.* تقوا، پرهیزکاری، پاکدامنی، عفت، خاصیت.

vir.tue.less, *adj.* بی‌تقوا، بی‌فضیلت.

vir.tu.os.i.ty [və:tjuɔ́siti] *n.* ذوق هنرپیشگی، استعدادهنرهای‌زیبایافنون.

vir.tu.o.so [və:tjuóusou, və́tu:-], *n.* & *adj.* هنرشناس، خوش قریحه، دارای ذوق‌هنری، هنرمند.

vir.tu.ous [və́:tʃuəs] *adj.* فرهومند، پرهیزکار، با تقوا، پاکدامن، عفیف، بافضیلت.

vir.u.lence [vír(j)uləns] *n.* زهرآگینی، خصومت، تلخی، تندی، واگیری.

vir.u.lent [vír(j)ulənt] *adj.* زهرآگین، سم‌دار، تلخ، تند، کینه جو، بدخیم.

vi.rus [váiərəs] *n.* ویروس، عامل نقل وانتقال‌امراض.

vi.sa (-ed, -ing) *n.*, *vi.* & *vt.* روادید، ویزا، روادیدگذرنامه، ویزادادن.

vis.age [vízidʒ] *n.* چهره، رو، صورت، لقا، سیما، منظر، نما.

vis-a-vis [ví:za:ví:] *adv.*, *n. pl.* & *prep.* روبرو، مقابل، شخص روبرو، درمقابل، باهم.

viscera [vísərə] *n.pl.* اندرونه، احشاء، دل وروده و جگر وامثال آن.

vis.cid [vísid] *adj.* چسبناك، چسبنده، غلیظ‌وشیره‌مانند.

vis.cid.i.ty, *n.* چسبناکی.

vis.cose [vískous] *n.* & *adj.* چسبناك، لزج، غلیظ، پرقوام، ناروان.

vis.cos.i.ty, *n.* نارونی، چسبناکی.

vis.count [váikaunt] *n.* وایکانت (لقب اشرافی).

vis.cous [vískəs] *adj.* چسبناك.

vis.cus (*pl.* **viscera**) *n.* اندرون، احشاء، عضوی‌که در احشاء واقع شده است.

vise [ví:zei] (-d, vising) *vt.* & *n.* پرس، گیرهٔ نجاری، گیرهٔ آهنگری، در پرس قراردادن.

vis.i.bil.i.ty [vìzibíliti] *n.* پدیداری، قابلیت دیدن، میدان دید، دید.

vis.i.ble [vízibl] *adj.* & *n.* پیدا، پدیدار، مرئی، نمایان، قابل رؤیت، دیده‌شدنی.

vis.i.bly [vízibli] *adv.* بطور مرئی.

vi.sion, -al [víʒən] (-ed, -ing), *n.*, *vt.* & *adj.* دید، بینائی، رؤیا، خیال، تصور، دیدن یا نشان دادن (در رؤیا)، منظره، وحی، الهام، بصیرت.

vi.sion.ary [víʒənəri] *adj.* رؤیائی، خیالی، تصور غیرعملی، نظری، وابسته بدلائل نظری، رؤیا بین، الهامی، رؤیاگرای.

vis.it [vízit] (-ed, -ing) *n.*, *vt.* & *vi.* دیدن کردن از، ملاقات کردن، زیارت کردن، عیادت کردن، سرکشی کردن، دید و بازدید کردن، ملاقات، عیادت، بازدید، دیدار.

Pay a v. to. بدیدن کسی رفتن.

Return a v. to. بازدید کردن.

vis.i.tant [vízitənt] *n.* & *adj.* دیدارگر، ملاقات کننده، مهاجر، زائر، سیاح، سیار.

vis.i.ta.tion, -al [vìzitéiʃən] *n.* & *adj.* سرکشی، عیادت، دیدار، مهاجرت موسمی.

visiting nurse, *n.* پرستار سیار.

vis.i.tor [vízitə] **vis.it.er,** *n.* دیدارگر، دیدن کننده، مهمان، عیادت کننده، واردین.

vi.sor, vi.zor, -ed [váizə] *adj.* & *n.* آفتاب‌گردان، لبهٔ‌پیش‌آمدهٔ‌کلاه.

vis.ta, -ed [vístə] *n.* & *adj.* منظره‌مشهود از مسافت‌دور، چشم‌انداز، دورنما.

vi.su.al [víʒuəl, vízjuəl] *adj.* & *n.* دیداری، بصری، دیدنی، وابسته به دید، دیدی.

vi.su.al.iza.tion [vìʒuəlaizéiʃən, vìzju–] *n.* تجسم فکری.

vi.su.al.ize [víʒuəlaiz, vízju-], (-d, visualizing) *vt.* & *vi.* در پیش‌چشم نمودار کردن، متصور ساختن.

vi.ta (*pl.* -e) *n.* [م.ل.] زندگی، حیات، تاریخچه.

vi.tal [váitl] *adj.* حیاتی، وابسته‌بزندگی، واجب، اساسی.

vi.tal.ism [váitəlizm] *n.* حیات‌گرائی، اعتقاد به‌اصالت حیات.

vi.tal.i.ty [vaitǽliti] *n.* قدرت‌یا خاصیت‌حیاتی، انرژی‌وزنده‌دلی.

vi.tal.ize [váitəlaiz] (-d, vitalizing) *vt.* & *vi.* زندگی‌دادن، زندگی بخشیدن، حیات بخشیدن، زنده کردن، تحریك کردن.

vi.tals [váitlz] *n.pl.* اعضای حیاتی ومؤثر بدن (مثل‌قلب وریه).

vital statistics, *n.pl.* آمار زاد وولد ومرگ ومیر، آمارحیاتی.

vi.ta.min, -e [váitəmin, vít-] *n.* ویتامین.

vi.ta.min.ize (-d, vitaminizing) *vt.* ویتامین به‌غذا زدن، دارای ویتامین کردن.

vi.ti.ate [víʃieit] (-d, vitiating) *vt.*, *adj.* & *vi.* فاسد کردن، تباه کردن، معیوب‌ساختن، خراب کردن، ناپاك‌ساختن، فاسد شدن، تباه شدن، بلااثر کردن.

vi.ti.a.tion, *n.* تباه‌سازی، معیوب سازی، ابطال، تباهی، فساد.

viti.cul.ture, *n.* موکاری، صنعت شرابسازی، زراعت‌انگوربرای تهیهٔ‌شراب.

vit.re.ous [vítriəs] *adj.* شیشه‌ای، زجاجی، شبیه شیشه، زرق وبرق.

vit.ri.fi.ca.tion, *n.* شیشه سازی، تبدیل به شیشه.

vit.ri.fy [*vítrifai*] (**-ied, vitrifying**) *vt. & vi.* بصورت شیشه درآوردن، بصورت شیشه‌درآمدن.

vit.ri.ol, -ic [*vítriəl*] (**-ed,-ing**), *n., vt. & adj.* نمك جوهر گوگرد، زاج، توتیا، سخن‌تند، جوهر گوگرد (اسیدسولفوریك) زدن به، تندوسوزنده.

vi.tu.per.ate [*vaitjú:pəreit*] (**-d, vituperating**) *vt. & vi.* بدگفتن، ناسزاگفتن، سرزنش کردن، عیب‌جوئی کردن، توبیخ کردن.

vi.tu.per.a.tion[*vàitju:pəréiʃən*], *n.* ناسزاگوئی، توهین، بدگوئی،سرزنش،توبیخ.

vi.va [*ví:və*] *interj. & n.* حرف ندا حاکی ازحسن‌نیت ودعای خیر، زنده‌باد.

vi.va.cious [*vaivéiʃəs, vi-*] *adj.* با نشاط، سرزنده، مسرور، دارای‌سرور ونشاط.

vi.vac.i.ty [*vaivǽsiti, vi-*] *n.* سرزندگی، چالاکی، نشاط، نیروی‌حیاتی،زور.

vi.va vo.ce [*váivə vóusi*] *adj., n. & adv.* زبانی، شفاهی،شفاهاً، امتحان شفاهی.

viv.id [*vívid*] *adj.* روشن، واضح، زنده.

viv.i.fi.ca.tion, *n.* حیات بخشی، زندگی (دادن)، احیاء.

viv.i.fi.er, *n.* حیات بخش، هستی‌بخش.

viv.i.fy (**-ied, vivifying**) *vt. & vi.* زنده‌کردن، احیاءکردن، روح دادن.

vivi.par.i.ty, *n.* زنده‌زائی، بچه‌زائی، ولودی.

vi.vip.a.rous, *adj.* بچه‌زا، زنده‌زا، جانور زنده‌زا، ولود.

viv.i.sect [*vìvisékt*] *vt. & vi.* موجود زنده را تشریح کردن، تشریح‌زنده.

viv.i.sec.tion,-al [*vìvisékʃən*] *n. n. & adj.* زنده‌شکافی، تشریح جانور زنده،کالبد شکافی موجودزنده.

vix.en [*víksn*] *n. & adj.* روباه ماده، (مج.) زنشرور، زن پتیاره.

vix.en.ish [*víksəniʃ*] *adj.* شبیه روباه ماده، پتیاره.

viz.ard, *n.* نقاب، روبنده، نقاب‌محافظ.

vi.zier [*víziə*] *n.* وزیر [فارسی است].

vi.zier.ate, vi.zier.ship, *n.* مقام وزارت.

vo.ca.ble, *n. & adj.* اسم، لفظ،کلمهٔ صوتی، واحدآوائی.

vo.cab.u.lar, *adj.* واژگانی.

vo.cab.u.lary [*voukǽbjuləri, — və—*] *n.* واژگان، لغت، مجموع لغات یك زبان، فرهنگ، لغات.

vo.cal [*vóukl*] *adj. & n.* صدا، صوتی، خواندنی، آوازی، ویژهٔ خواندن، دهن‌دریده.

vocal cords, *n.pl.* [تش.] تارهای صوتی، رشته‌های صوتی یا آوائی.

vo.cal.ic, -al [*voukǽlik*] *adj* آوائی، صدادار، صوتی، مربوط‌به‌حرف‌باصدا.

vo.cal.ist [*vóukəlist*] *n.* آواز خوان، خواننده، سراینده، نغمه‌سرا.

vo.cal.ize, *vi. & vt.* باصدا اداکردن، تلفظ کردن، تشکیل دادن.

vo.ca.tion, -al[*vo(u)kéiʃən,-əl*], *adj. & n.* کار، شغل،کسب، پیشه، حرفه، صدا، احضار، پیشه‌ای، حرفه‌ای، هنرستانی.

voc.a.tive [*vɔ́kətiv*] *adj. & n.* ندائی، آوائی، خطابی.

vo.cif.er.ate [*vo(u)sífəreit*] (**-d, vociferating**) *vt. & vi.* با صدای بلند اداکردن، بلند صداکردن.

vo.cif.er.a.tion[*vo(u)sìfəréiʃən*], *n.* فریاد، داد، نعره، جیغ، دادوبیداد.

vo.cif.er.ous [*vo(u)sífərəs*] *adj.* پرصدا، بلند، پرسروصدا.

vod.ka [*vɔ́dkə*] *n.* ودکا، عرق روسی.

vogue [*voug*] *n. & adj.* رسم معمول، رواج،عادت، مرسوم،مد،متداول، عمومی ورایج.

voice [*vɔis*] (**-d, voicing**)*n.,vi. & vt.* واك،صدا، صوت،آوا، باصدابیان‌کردن.

voice.less [*vɔ́islis*] *adj. & n.* گنگ، بی‌صدا، بدون رأی وعقیده، بیواك.

void [*vɔid*] (**-ed, -ing**) *adj., n., vt. & vi.* تهی، خالی، بلاتصدی، عاری از، پوچ، باطل، بی‌اثر کردن، پوچ کردن، از درجهٔ اعتبار ساقط‌کردن، بیرون ریختن، خارج شدن، دفع شدن، باطل شدن.

void.able, *adj.* [حق.] جائز، قابل ابطال، قابل لغو.

void.ance, *n.* دفع، ابطال.

voile [*vwa:l, vɔil*] *n.* وال، پارچهٔ نازك لباسی زنانه.

vo.lant, *adj. & n* پروازکننده، پرنده، چابك، سبك‌روح، جاری.

vol.a.tile [*vɔ́lətail*] *adj. & n.* فرار (farraar)، بخار شدنی، سبك، لطیف.

vol.can.ic [*vɔlkǽnik*] *n. & adj.* آتشفشانی، انفجاری، سنگ‌های آتشفشانی.

vol.ca.nic.i.ty, *n.* حالت آتش‌فشانی.

vol.can.ism, *n.* شرایط وخصوصیات آتشفشانی، حالت آتشفشانی.

vol.can.ist, *n.* کارشناس آتشفشانی.

vol.can.ize (**-d, volcanizing**) *vt.* تحت تأثیر حرارت آتشفشانی‌قرار دادن، جوش اکسیژن زدن، جوش برقی دادن.

vol.ca.no [*vɔlkéinou*] *n.* کوه آتشفشان، آتشفشان.

vol.ca.nol.o.gy, *n.* آتشفشان شناسی.

vole [*voul*] *n.* [ج.ش.] موش صحرائی.

vo.li.tion, -al [*vo(u)líʃən, -əl*], *n. & adj.* خواست، اراده، ازروی قصد و رضا، ازروی اراده.

vol.ley [*vɔ́li*] (**-ed, -ing**) *n., vt. & vi.* شلیك، تیرباران،شلیك‌بطوردسته‌جمعی، شلیك‌کردن، بصورت شلیك درکردن،رگبار.

A v. of oaths. سوگندهای پی‌درپی.

volleyball, *n.* بازی والیبال.

volt [*vɔlt, voult*] *n.* (برق) ولت، واحد نیروی محرکهٔ برقی.

volt.age [*vɔ́ltidʒ, vóul-*] *n.* نیروی الکتریك برحسب ولت، ولتاژ.

vol.tam.e.ter, -ic, *adj. & n.* ولتاژ سنج برقی، وابسته به‌ولتاژ سنج.

volte-face [*vɔ́ltfá:s*] *n.* چرخش بمنظور روبرو شدن باحریف، چرخش.

volt.me.ter [*vɔ́ltmi:tə, vóu-*] *n.* ولت سنج، ولتمتر.

vol.u.ble [*vɔ́ljubl*] *adj.* پرحرف، روان، سلیس، چرب ونرم، خوش زبان.

vol.u.bil.i.ty [*vɔljubíliti*] *n.* روانی، چرب زبانی، فرزی، چرخندگی، تحرك.

vol.ume, -d [*vɔ́lju(:)m*] *n., adj., vt. & vi.* (در. رادیو وغیره) درجهٔ صدا، جلد، دفتر، حجم، توده،کتاب، برحجم افزودن، بزرگ‌شدن (حجم)، بصورت مجلد درآوردن.

vo.lu.mi.nous [*vɔljú:minəs*] *adj.* حجیم، بزرگ، جسیم، متراکم، انبوه، مفصل.

vol.un.tar.i.ly [*vɔ́ləntərili*] *adv.* از روی اراده، بطور ارادی.

vol.un.tary [*vɔ́ləntəri*] *adj., adv. & n.* ارادی، اختیاری، داوطلبانه، به‌خواست.

vol.un.teer [*vɔləntíə*] *n., vt., vi. & adj.* داوطلب،خواستار،داوطلب‌خدمت‌نظام.

vo.lup.tu.ary [*voulʌ'ptjuəri, -və-*] *adj.&n.* شهوتران،خوشگذران،عیاش.

vo.lup.tu.ous [*voulʌ'ptjuəs, və-*], *adj.* شهوتران، شهوت‌پرست، شهوت انگیز، شهوانی.

vo.lute, -d [*vɔljú:t, -id*] *n. & adj.* پیچك، طومار پیچیده، طوماری، حلقه.

vom.it [*vɔ́mit*] *n., vt. & vi.* قی کردن، استفراغ کردن، برگرداندن.

voo.doo [*vú:dù:*] **vou.dou,** *n., adj. & vt.* جادوگر سیاه‌پوست، افسونگر،جادوگری، افسون‌کردن.

vo.ra.cious [*vɔréiʃəs*] *adj.* سبع، پرخور، حریص، پرولع، خیلی گرسنه.

vo.rac.i.ty, *n.* ولع،سبع‌بودن،درندگی.

vor.tex [*vɔ́:teks*] (*pl.* **-es, vortices**) *n.* گرداب، حلقه، پیچ، گردبادی.

vo.ta.ress [*vóutəris*] *n.* زنی که خودرا وقف‌خدمت‌یا امری کرده‌باشد، زن‌نذردار.

vo.ta.ry [*vóutəri*] *n.* هوا خواه،طرفدار، پارسا، عابد، زاهد، شاگرد.

vote [*vout*] (**-d, voting**) *vt., vi. & n.* رأی، اخذرأی، دعا، رأی‌دادن.

Have a v. حق رأی داشتن.

V. down. باکثریت آراء ردکردن.

vote.less [*vóutlis*] *adj* بدون رأی، بی‌رأی، بدون رأی‌کافی.

vot.er [*vóutə*] *n.* رأی‌دهنده، کسی‌که رأی میدهد.

vo.tive [*vóutiv*] *adj.* نذری، نذرشده.

vouch[*vautʃ*](**-ed,-ing**)*n.,vt.&vi.* ضمانت‌کردن، اطمینان دادن، تأئیدکردن.

vouch.er [*váutʃə*] (**-ed, -ing**), *vt. & n.* سند،مدرك، دستاویز،ضامن، گواه، شاهد، تضمین‌کننده، شهادت دادن.

vouch.safe [*vautʃséif*] (**-d, vouchsafing**) *vt. & vi.* تفویض‌کردن، لطفاً حاضر شدن، پذیرفتن، تسلیم شدن، عطاکردن، بخشیدن، اعطاکردن.

vow [*vau*] (**-ed,-ing**)*n.,vt. & vi.* نذر، پیمان، عهد، قول، شرط، عهدکردن.

vow.el [*váuil, -el,-əl*] *adj. & n.* واکه، صوتی، صدادار، مصوته.

vow.el.ize (**-d, vowelizing**) *vt.* واکه‌گذاشتن، حروف صدادار بکاربردن.

voy.age [*vɔ́iidʒ*] (**-d, voyaging**) *n., vt. & vi.* سفر دریا، سفر، سفر دریاکردن.

voy.eur, *n.* نگاه‌کننده، فضول، اطفاءکننده شهوت بانگاه.

vul.can, -ian [*vʌ'lkən*] *adj. & n.* [افسانهٔ رومی] رب‌النوع آتش و فلزکاری.

vul.can.iza.tion [*vʌlkənaizéiʃən*] *n.* ولکانیدن، تحت تأثیر حرارت آتشفشانی،حرارت زیاد،جوش اکسیژن لاستیك و فلزات، جوش برقی.

vul.can.ize [*vʌ'lkənaiz*] (**-d, vulcanizing**) *vt. & vi.* لاستیك را بوسائل شیمیائی جوش دادن ومحکم کردن، جوش برقی‌زدن، جوش‌دادن.

vul.gar [*vʌ'lgə*] *adj.* عوامانه، عامیانه، پست، رکیك، مبتذل.

vul.gar.i.an [*vʌlgɛ'əriən*] *n. & adj.* آدم عوام، آدم عامی و پست.

vul.gar.ism [*vʌ'lgərizm*] **vulgar.i.ty,** *n.* اصطلاح عوامانه، عوامیت، پستی، وحشیگری.

vul.gar.iza.tion [*vʌlgəraizéiʃən*] *n.* عوام پسند سازی، تعمیم چیزی بزبان ساده.

vul.gar.ize [*vʌ'lgəraiz*] (**-d,vulgarizing**) *vt. & vi.* عوامانه‌کردن، پست‌کردن، مبتذل‌کردن.

vul.gate [*vʌ'lgeit, -git*] *n.* نسخهٔ لاتین قدیمی‌کتاب مقدس، زبان عامیانه.

vul.ner.a.bil.i.ty[*vʌlnərəbíliti*], *n.* آسیب‌پذیری.

vul.ner.a.ble [*vʌ'lnərəbl*] *adj.* زخم‌پذیر، آسیب‌پذیر، قابل حمله.

vul.pine [*vʌ'lpain*] *adj.* روباه صفت، محیل، نیرنك‌باز، حیله‌گر.

vul.ture [*vʌ'ltʃə*] *n. & vt.* (ج.ش.) کرکس، لاشخور، حریص.

vul.va, *n.* [تش.] فرج ،مادگی.

vul.var, vul.vate, vul.val, *adj.* فرج مانند، دارای شکافی شبیه فرج.

vul.vi.form, *adj.* فرج مانند، دارای شکاف فرج مانند.

vying [*váiiŋ*] (*pp. of* **vie**) (وجه وصفی معلوم فعل vie)، همچشمی، رقابت کننده.

W

انگلیسی English	خط میخی پارسی Old Persian Cuneiform	پهلوی اشکانی Parthian Pahlavi	پهلوی ساسانی Sassanian Pahlavi	پهلوی کتابی Book Pahlavi	اوستائی Avestan	فارسی Modern
W	[illegible]	[illegible]	[illegible]	[illegible]	[illegible]	و

W [*dΛ'bljuː*] *n.* بیست وسومین حرف الفبای انگلیسی، هرچیزی بشکل حرف W.
wacky, *adj.* گیج، خرف، حواس پرت.
wad [*wɔd*] (**-ded, -ding**) *n., vi. & vt.* لائی، کهنه، نمد، آستری، تودهٔ کاه، تـوده، کپه کردن، لائی گذاشتن، فشردن.
wad.dle [*wɔ́dl*] (**-d, waddling**) *vt., n. & vi.* راه‌رفتن اردك‌وار، اردك‌وار راه رفتن، کج وسنگین راه رفتن.
wade [*weid*] (**-d, wading**) *n., vt. & vi.*
بآب‌زدن، بسختی رفتن، درآب راه رفتن.
wad.er [*wéidə*] *n.*
مرغ درازپا، راه رونده درآب.
wading pool, *n.* استخر کودکان.
wa.fer [*wéifə*] (**-ed,-ing**)*vt.&n.*
شیرینی پنجره‌ای، نان فطیر.
waf.fle [*wɔ́fl*] *n.* کلوچه یا نان پخته شده در قالب‌های دوپارچهٔ آهنی.
waft [*wɑːft, wɔːft*] (**-ed, -ing**), *n., vt. & vi.*
روی‌هوا یاآب شناور ساختن، وزش نسیم، بهوا راندن، بحرکت درآوردن.
wag [*wœg*] (**-ged, -ging**) *n., vi. & vt.*
جنبانندن، تکان‌دادن، تکان‌خوردن،جنبیدن، تکان.
The dog wagged his tail.
سگ دم جنبانید.
wage [*weidδ*] (**-d, waging**), *n., vi. & vt.*
مزد، دستمزد، اجرت، کارمـزد، دسترنج، حمل کردن، جنگ برپا کردن، اجیر کردن،اجر.
W. war. جنگ‌کردن، جنگ بپا کردن.
W. earner=W. worker.
دستمزد بگیر.
wage.less, *adj.* بی‌اجر، بی‌مزد.
wa.ger [*wéidδə*] (**-ed, -ing**), *n., vt. & vi.*
گرو، شرط بندی، قمار، شرط‌بستن.
wag.ger, *n.* جنبا ننده، تکان‌دهنده.
wag.gery [*wœ́gəri*] (*pl.* **-ies**) *n.*
شوخی، بذله‌گوئی، شوخی شیطنت‌آمیز، متلك.
wag.gish [*wœ́giʃ*] *adj.* شوخ‌وشنگ، شوخ، بذله‌گو، خنده‌دار، مهمل، الواط.
wag.gle [*wœ́gl*] (**-d, waggling**) *vt., n. & vi.*
حرکت‌کردن، [مثل‌قرقره] پیچاندن، جنبانندن.
wag.on, wag.gon [*wœ́gən*] (**-ed, -ing**) *n., vi. & vt.*
واگن، ارابه، بارکش، باواگن حمل کردن.
wag.on.er [*wœ́gənə*] *n.*
واگن‌چی، گاری‌دار، متصدی حمل‌ونقل.
wag.on.ette [*wœ̀gənét*] *n.*
گردونهٔ چهارچرخهٔ‌یك‌یاچند اسبه،واگن کوچك.

wagtail [*wœ́gteil*] (**-ed,-ing**), *vi. & n.* [م.م.]
چاپلوسی کردن، دم‌تکان دادن، نوعی گنجشك.
waif [*weif*] *n. & adj.* مال بی‌صاحب (در دریا)، مـال متروکـه، بچهٔ بی‌صاحب، آدم دربدر، بچهٔ سرراهی.
wail [*weil*] (**-ed,-ing**)*n.,vt.&vi.*
شیون‌کردن، ناله‌کردن، ماتم‌گرفتن، ناله.
wain [*wein*] *n.*
ارابهٔ سنگین و بزرگ، گاری، واگن.
wain.scot [*wéinskət, -skout, wén-*] *vt. & adj.* تخته جهت پوشش دیوار، باچوب(دیواررا) پوشانیدن.
wainwright,*n.* واگن‌ساز، گاری ساز.
waist [*weist*] *n.*
دورکمر، میان، کمرلباس، کمربند، میان‌تنه.
waist.band, *n.*
بند تنبان، بند زیرشلواری.
waist.coat [*wéskət, wéis(t)-kout*] *n.*
جلیقه، لباس زیر شبیه جلیقه، نیم تنه یاژیلت.
waistline, *n.* کمر، میان، کمربند.
wait [*weit*] (**-ed, -ing**) *n., vt. & vi.* صبرکردن، چشم براه‌بودن،منتظرشدن، انتظارکشیدن، معطل‌شدن، پیشخدمتی کردن.
wait on=wait upon.
پیشخدمتی کردن، خدمت رسیدن.
wait.er [*wéitə*] *n.* منتظر ،پیشخدمت.
waiting list, *n.*
فهرست منتظران مشاغل، فهرست داوطلبان.
waiting room, *n.* اتاق انتظار.
wait.ress [*wéitris*] *n.*
پیشخدمت زن، ندیمه، کلفت (kolfat).
waive [*weiv*] (**-d, waiving**), *vt.* چشم پوشیدن از، از قانون مستثنی کردن.
waiv.er, *n.*
[حق.] ابطال، لغو، فسخ، صرفنظر، چشم‌پوشی.
wake [*weik*] (**woke, woken, waking**) *n., vt. & vi.* بیداری، شب‌زنده‌داری، شب‌نشینی، احیاء، شب‌زنده‌داری کردن، ازخـواب‌بیدار کردن، ردپا،دنبالهٔ کشتی.
In the w. of در دنبال، بتقلید.
Waking hours. ساعات بیداری.
wake.ful [*wéikful*] *adj.* بیدار، شب زنده‌دار، هشیار، گوش‌بزنگ.
wak.en [*wéikn*] (**-ed,-ing**)*vt. & vi.* بیدار کردن، بیدارشدن، بیداری کشیدن.
wale [*weil*] *n. & vt.* بافته، راه‌راه. تیرافقی،انتخاب کردن، راه راه کردن.
walk [*wɔːk*] (**-ed, -ing**) *n., vt. & vi.* راه‌رفتن، گام زدن، گردش کردن، پیاده رفتن،گردش پیاده، گردشگاه، پیاده‌رو.

W. off with.
بلندکردن، دزدیدن، بچاك زدن، کش‌رفتن.
Take a w. گردش‌کردن، قدم زدن.
People of all walks of life.
اهل حرفه‌ها ومشاغل مختلف.
W. away from.
جان سالم بدر بردن، خارج شدن.
walk.er [*wɔ́ːkə*] *n.*
راه پیما، گردش کننده، راه رونده، راه‌رو.
walkie-talkie, *n.*
دستگاه مخابره‌یارادیوی ترانزیستوری کوچك.
walking stick, *n.* عصا، چوبدستی.
walk out, *n. & vi.*
اعتصاب‌کردن، کاری را ناگهان ترك کردن.
walk out on.
ترك‌گفتن، خالی ازسکنه کردن، قال‌گذاشتن.
walkway, *n.* گردشگاه.
wall [*wɔːl*] (**-ed, -ing**) *n., adj. vt. & vi.* دیوار، جدار، حصار، محصور کردن، حصاردار کردن، دیوار کشیدن، دیواری.
wal.let [*wɔ́lit*] *n.* کیف‌پول، کیف‌جیبی.
wall.eye, -d, *adj. & n.*
چشم مات، (ج.ش.) انواع مختلف اردك ماهی.
wallflower [*wɔ́ːlflàuə*] *n.*
[گ.ش.] شب‌بوی زرد.
wall hanging, *n.* تزئینات دیواری.
wal.lop, -er [*wɔ́ləp*] (**-ed,-ing**), *n., vt. & vi.*
شلاق زدن، سخت زدن [مثل مشت زن].
walloping, *adj. & adv.* [د.گ.]
بزرگ،عظیم، قوی، دارای صدای ضربت.
wal.low [*wɔ́lou*] (**-ed, -ing**) *n., vt. & vi.* غلتیدن، درگل‌ولای غوطه‌خوردن.
wallpaper [*wɔ́ːlpèipə*] *n. & vt.*
کاغذ دیواری، باکاغذ دیواری تزئین کردن.
wal.nut [*wɔ́ːlnət*] *n.* گردو، گردکان، درخت‌گردو، چوب‌گردو، رنگ‌گردوئی.
wal.rus [*wɔ́ːlrəs*] *n.*
[ج.ش.] شیرماهی، گرازماهی.
waltz [*wɔːls*] (**-ed, -ing**) *n., vt., adj. & vi.* موزیك‌ورقص، والس،والس‌رقصیدن ،وابسته به والس.
wam.ble (**-d, wambling**) *n., vt. & vi.* احساس تهوع‌کردن، چرخ خوردن، تلوتلو، دورچرخاندن، دور زدن.
wan, -ly [*wɔn*] (**-ned, -ning**), *adj., n., vt. & vi.* رنگ پریده، کم‌خون،زرد، کم‌رنگ،رنگ‌پریده‌شدن یاکردن.
wand [*wɔnd*] *n.*
عصا، گرز، چوب میزانه، چوب‌گمانه، ترکه.
wan.der [*wɔ́ndə*] (**-ed, -ing**), *vt. & vi.*
سرگردان بودن، آواره بودن، منحرف شدن.
wan.der.er [*wɔ́ndərə*] *n.*
سرگردان، سیار، آواره.
wan.der.lust [*vάːndəlust*] *n.*
(آلمانی) علاقه‌مند به‌سیاحت، سفردوستی.
wane [*wein*] (**-d,waning**)*n.&vi.* روبکاهش‌گذاشتن، نقصان یافتن، کم‌شدن، افول، کم‌وکاستی، وارفتن، بآخر رسیدن.
On the w.
در حال نقصان یازوال، روبه‌زوال.
wan.gle [*wœ́ŋgl*] (**-d, wangling**) *vi., n. & vt.*
تلوتلو خوردن، به‌حیله متوسل شدن، لرزاندن.
wan.ness, *n.* رنگ پریدگی.
want [*wɔnt*] (**-ed, -ing**) *n., vt. & vi.* خواست،خواسته، خواستن، لازم‌داشتن، نیازمند بودن‌به، نداشتن، کم داشتن، فاقد بودن، محتاج‌بودن، کسرداشتن، فقدان، نداشتن، عدم، نقصان، نیاز، نداری.
For w. of money. ازبی‌پولی، در اثر نداشتن وجوهات.
He is in w. او نیازمند است.
Wanting in reason. فاقد عقل.
wan.ton [*wɔ́ntən*] (**-ed,-ing**), *n., adj., vt. & vi.*
سرکش، حرف نشنو، بازیگوش،خوشحال، عیاش، گستاخ، جسور،شرور شدن، گستاخ‌شدن، بی‌ترتیب کردن، شهوترانی‌کردن، افراط کردن.
war [*wɔː*] (**-red, -ring**) *n., vt., adv. & vi.* جنگ، حرب، اختلاف، محاربه، نزاع،جنگ‌کردن،دشمنی کردن، کشمکش کردن.
World w. two. جنگ دوم جهانی.
Be at w. درحال جنگ بودن.
war.ble [*wɔ́ːbl*] (**-d,warbling**), *n., vt. & vi.*
سرائیدن، چهچهه زدن، سرود، چهچهه.
war.bler [*wɔ́ːblə*] *n.*
سراینده، مرغ خوش الحان، چکاوك.
ward [*wɔːd*] (**-ed, -ing**) *n., vi., adj. & vi.* نگهبان، سلول‌زندان،اتاق عمومی بیماران بستری، صغیری‌که تحت قیومت باشد، محجور، نگهداری‌کردن، توجه‌کردن.
Ward No 2.
بخش۲، ناحیهٔ۲، سالن شمارهٔ۲ بیمارستان.
war.den [*wɔ́ːan*] *n.* سرپرست، ولی، رئیس، ناظر، نگهبان، قراول، ناظر، بازرس.
ward.er [*wɔ́ːdə*] *n.*
زندانبان، عصا یاگرز، نگهبان دروازه یاقصر.
ward off, *vt.*
دفع‌کردن، دفاع‌کردن، از خود دور کردن.
ward.ress [*wɔ́ːdris*] *n.*
نگهبان ومحافظ زن در زندان.

ward.robe [wɔ́:droub] *n.*
جا رختی، قفسه، اشکاف، موجودی‌لباس.
wardroom [wɔ́:drum] *n.*
اتاق افسران، سالن‌بیماران، بیمارستان.
ware [wɛə] (-d, waring) *n., adj. & vt.*
مطلع، آگـاه، کالا، جنس، اجناس، متاع، کالای فروشی، پرهیز کردن از، حذر کردن.
ware.house [wɛ́əhaus] **ware-room,** *vt. & n.*
بارخانه، انبارکردن، مخزن، انبارگمرک، انبارکالا.
war.fare [wɔ́:fɛə] *n.* جنگ‌آوری، ستیز، جنگ، نزاع، زدوخورد، محاربه.
war footing, *n.*
حالت آماده باش در ارتش، آمادگی رزمی.
war game, *n.* جنگ‌آزمون، مانور نظامی، عملیات جنگی آموزشی.
warhead, *n.* قسمتی از موشک‌که حاوی مواد منفجره میباشد، کلاهک.
war.i.ly, war.i.ness [wɛ́ərili, wɛ́ərinis] *adv. & n.*
از روی‌احتیاط،محتاطانه،احتیاط‌کار، بااحتیاط.
warlike [wɔ́:laik] *adj.* ستیزگر، آمادهٔ جنگ، جنگ دوست، جنگی،رزمجو.
warlord, *n.* جنگ‌سالار، افسر عالی‌رتبهٔ‌ارتش،فرماندهٔ ارتشی، فرمانروا.
warm [wɔ:m] (-ed, -ing) *adj., vt. & vi.* گرم، با حرارت، غیور، خونگرم، صمیمی، گرم‌کردن، گرم شدن.
W. oneself at the fire.
خود را بپهلوی‌آتش گرم‌کردن.
warm-blooded, -ness, *adj. & n.* خونگرم، با روح، خونگرمی، مهربانی.
warmed-over, *adj.*
دوباره پخته شده، زیادتر از معمول پخته شده.
warm.er [wɔ́:mə] *n.*
گرم‌کننده، گرمش.
warm front, *n.* جبههٔ‌هوای‌گرم.
warmhearted, -ness, *adj. & n.*
خونگرم، بامحبت،مهربان،مهربانی، خونگرمی.
warmonger, *n.* طالب جنگ، شیفتهٔ جنگ، آتش افروزجنگ، جنگ‌افروز.
warmth [wɔ:mθ] *n.*
گرمی، حرارت، تعادل‌گرما، ملایمت.
warm up, *vi.*
قبل از بازی حرکت کردن‌وخود را گرم‌نمودن، دست‌گرمی بازی‌کردن.
warn [wɔ:n] (-ed, -ing) *n., vt. & vi.* هشداردادن، آگاه‌کردن، اخطارکردن‌به، تذکردادن.
I warned him of the result.
من عواقب وخیم این‌امر را باوگوشزدکردم.
warn.er, *n.* اخطارکننده،هشدارگر.
warning [wɔ́:niŋ] *n. & adj.*
اخطار، تحذیر، اشاره،زنگ‌ خطر، اعلام خطر، عبرت،آژیر،هشدار.
warp [wɔ:p] (-ed, -ing) *n., vt. & vi.* تار (در مقابل «پود»)، ریسمان،پیچ وتاب، تابدارکردن، منحرف‌کردن،تاب‌برداشتن.
war paint, *n.* [میان سرخ پوستان آمریکا] نقاشی بدن برای رزم وپیکار.
warp and woof, *n.*
تاروپود، (مج.) پایه واساس، بنیان.
warpath, *n.* تنگنا، مسیر جنگی.
warplane, *n.* هواپیمای جنگی.
war.rant [wɔ́rənt] (-ed, -ing), *n., vt. & vi.* سند عندالمطالبه، گواهی‌کردن، تضمین‌کردن،گواهی، حکم.
I have a w. for his arrest.
حکم توقیف او را دارم.
war.rant.able, *adj.*
قابل‌گواهی، دارای ارزش برای شهادت.
war.rant.ee, *n.*
[حق.] متعهدله، مضمون‌له.
war.rant.er, *n.*
گواه، شاهد، ضامن، متعهد.
war.ran.tor, *n.*
[حق.] متعهد، تعهدکننده، ضامن، کفیل.
war.ran.ty, *n.* پابندان، گارانتی، ضمانت،امرمورد تعهد یا تضمین، تضمین، تعهد.
war.ren [wɔ́rən] *n.*
جای نگاهداری خرگوش وجانوران دیگر.
war.rior [wɔ́riə] *n.* جنگاور، سلحشور، محارب، جنگجو، مبارز، دلاور.
War.saw [wɔ́:sɔ:] *n. & adj.*
شهر ورشوپایتخت‌لهستان، [مج.] دولت‌لهستان.
warship=war vessel, *n.*
کشتی‌جنگی، ناوجنگی.
wart [wɔ:t] *n., vt. & vi.* زگیل، گندمه،زگیل‌دارشدن، زگیل پیداکردن.
warty, *adj.*
زگیل‌دار، زگیل‌مانند، دارای‌زگیل.
war whoop, *n.*
فریادجنگ [سرخ پوستان]، قیه.
wary, *adj.* هشدار، بسیارمحتاط،باملاحظه.
was [wɔz, wəz] (*p. of* to be) بود.
wash [wɔʃ] (-ed, -ing) *n. & vt.*
شستن، شستشو دادن، پاك كردن، شستشو، غسل، رختشوئی.
wash.able [wɔ́ʃəbl] *adj. & n.*
شستنی، قابل شستشو.
wash and wear, *adj. & n.*
بشور وبپوش (یعنی اتوکردن لازم ندارد).
washbasin=washbowl, *n.*
لگن دستشوئی.
washcloth, *n.* کیسهٔ حمام، لیف‌حمام.
washed-out, *adj.* خسته،ازکارافتاده، شسته شده وسائیده شده.
washed-up, *adj.*
بکلی تحلیل‌رفته، محو شده، دلسرد.
wash.er [wɔ́ʃə] *n.*
شستشوکننده، رختشوی، واشر.
washerwoman [wɔ́ʃəwùmən], *n.* زن رختشوی خانوادگی.
washhouse, *n.* رختشوخانه.
wash out, *n., vt. & vi.*
شستشوکردن، کثافات‌راپاك‌کردن، ازپادرآوردن، ازبین بردن، محو کردن، شستشو، ضرر، زیان.
washroom, *n.*
حمام، محل‌دستشوئی، اتاقك توالت.
washstand, *n.* دستشوئی.
washtub, *n.* طشت لباسشوئی.
wash up, *n., vi. & vt.*
دست وروشستن، ازپاافتادن.
washy [wɔ́ʃi] *adj.*
آبکی، رقیق، آبزیپو، کمرنگ، سست.
wasp [wɔsp] *n.* (ج.ش.) زنبور(بی‌عسل).
wasp.ish [wɔ́spiʃ] *adj.*
کج‌خلق، لجوج، زنبوروار، نیشدار.
was.sail [wɔ́sl, wǽsl, wǽseil] (-ed, -ing) *n., vt. & vi.*
مجلس میخواری،آبجو یا شراب مخلوط باادویه و شکر، میگساری‌کردن، عیاشی‌کردن، نوش.
wast.age [wéistidʒ] *n.*
تفریط‌کاری، کاهش، ضایعات، تضییع،اتلاف.
waste [weist] (-d, wasting), *n., vt. & vi.* ازبین‌رفتن، حرام‌کردن، بیهوده‌تلف‌کردن، نیازمندکردن، بی‌نیرو وقوت‌کردن، باطله،زائد،اتلاف.
Lay w. ویران‌کردن.
His time is wasted.
وقت او تلف میشود.
wastebasket, *n.* سبدکاغذ باطله، سبد زباله و خاکروبه، آشغالدان.
waste.ful [wéistful] *adj.*
مسرف، ولخرج، افراط‌کار، متلف، بی‌فایده.
wasteland, *n.* زمین‌بایر، لم یزرع.
wastepaper, *n.*
کاغذ باطله، سرکاغذ یا ته‌کاغذ.
wast.er [wéistə] *n.* مسرف.
was.trel [wéistrəl] *n. & adj.*
آدم ولخرج،متلف، آدم‌بی‌معنی.
watch [wɔtʃ] (-ed, -ing) *adj., n., vt. & vi.*
پائیدن،دیدبان، پاسداری، کشیك،مدت‌کشیك،ساعت‌جیبی ومچی، ساعت، مراقبت کردن، مواظب‌بودن، بـرکسی نظارت‌کردن، پاسداری‌کردن.
A gold w. ساعت طلا.
W. your step. مواظب قدم خود باشید.
watchband, *n.* بند ساعت.
watchcase, *n.* قاب‌ساعت،جعبهٔ‌ساعت.
watchdog, *n. & vt.*
سگ نگهبان، سگ پاسبان، نگهبان، نگهبانی دادن، نگهبان‌بودن.
watch.er [wɔ́tʃə] *n.*
کسیکه پاسداری و نظارت میکند، مراقب.
watch.ful, -ness [wɔ́tʃful] *adj. & n.* مواظب، مراقب، پاسدار، بی‌خواب، دقیق،هشیاری،مراقبت.
watchmaker, *n.* ساعت ساز.
watch.man [wɔ́tʃmən] *n.*
مواظب، نگهبان، پاسدار، مراقب.
watchtower, *n.* دیدبانگاه، برج مراقبت، برج نگهبانی، برج دیدبانی.
watchword [wɔ́tʃwəːd] *n.*
اسم‌شب، شعار حزبی، شعارحزب، کلمهٔ رمزی.
wa.ter [wɔ́:tə] (-ed, -ing) *n., vt. vi.* آب، آبگونه، پیشاب، مایع، آبدادن.
Throw cold w. on. مأیوس‌کردن.
Get into hot w. گرفتار شدن.
Make one's mouth w.
دهن‌را آب انداختن.
waterborne, *adj.*
آب‌آورده، حمل شده بوسیلهٔ‌آب، آب‌برد.
water.closet=W.C., *n.* آبریز، مستراح، مبال.
watercolor, *n.*
آبرنگ، رنگاب، نقاشی آبرنگ.
watercress [wɔ́:təkrès] *n.*
[گ.ش.] شاهی‌آبی، آب‌تره، رنگ شاهی‌آبی.
waterfall [wɔ́:təfɔ:l] *n. & adj.*
آبشار.
waterfowl [wɔ́:təfàul] *n.*
[ج.ش.] مرغ آبزی، واق، واك.
waterfront, *n.* آب‌کنار، آب‌نما، پیشرفتگی خشکی درآب، اسکله.
water heater, *n.*
ظرف آبگرم‌کن، آبگرم‌کن.
water hole, *n.*
سوراخ یا شکاف طبیعی رودخانهٔ خشك شده کـه مقداری‌آب درآن باشد، چالهٔ‌آب.
watering place, *n.* آبشخور، استخر، آب‌انبار، مخزن،محل‌چشمهٔ‌آب‌معدنی.
wa.ter.ish, *adj.*
چیزآبکی، هرچیزی شبیه‌آب.
water lily, *n.* [گ.ش.] نیلوفرآبی.
wa.ter.logged [wɔ́:tələgd] *adj.*
پرآب، سنگین، خیس درآب، ازآب اشباع.
water main, *n.*
شاه‌لولهٔ آب، لوله‌هادی‌آب.
watermark [wɔ́:təmà:k] *vt. & n.* تعیین میزان مدآب، علامت چاپ‌سفید درمتن کاغذ سفید،چاپ‌سفیدیاسایه‌دارکردن.
wa.ter.mel.on, *n.* [گ.ش.] هندوانه(Citrullus vulgaris).
water meter, *n.* کنتورآب،آب‌سنج.
water mill, *n.* آسیاب‌آبی، آسیاب.
water pipe, *n.*
لوله‌آب، تنبوشه، لولهٔ مخصوص لوله‌کشی آب.
water polo, *n.*
بازی فوتبال‌آبی، واترپلو.
waterproof [wɔ́:təprù:f] *adj. & n.* پادآب، دفع‌آب، عایق آب.
watershed [wɔ́:təʃèd] *n.*
آب پخشان، منطقه‌ای‌که‌آب دریا یا رودخانه‌را پخش و تقسیم میکند.
waterside [wɔ́:təsàid] *adj. & n.* کنار دریا، متعلق‌بکنار دریا، ساحل.
water ski, *n.* اسکی‌آبی.
waterspout [wɔ́:təspàut] *n.*
لوله یا وسیله‌ای‌که ازآن آب فـوران میکند، فواره، ناودان،گرداب، گردباد دریائی.
watertight [wɔ́:tətàit] *adj.*
مانع دخول‌آب، کیپ، مجرای تنگ.
water tower, *n.*
تانك‌آب، برج مخزن‌آب.
waterway, *n.* آبراه، مسیرآبی، راه‌آبی، مسیر دریائی وورودخانه‌ای.
waterworks [wɔ́:təwəːks] *n.*
دستگاه آبرسان، فواره، آب‌بند.
waterworn, *adj.*
شسته شده و صیقلی دراثر آب، آبشسته.
wa.tery [wɔ́:təri] *adj.*
آبی، آبدار، اشکبار، پرآب، آبکی، رقیق.
watt [wɔt] *n.*
وات، واحد اندازه‌گیری الکتریسیته.
wat.tle [wɔ́tl] (-d, wattling), *n. & vt.*
چپر، ترکه برای ساختن سبد، تـرکه، جگن، نرده‌گذاری‌کردن، بستن، پیچیدن.
wave [weiv] (-d, waving) *n., vt. & vi.*
موج، خیزاب، فرموی‌سر، دست تکان‌دادن، موجی بودن، موج‌زدن.
wave band, *n.* دستهٔ امواج رادیو.
wavelength, *n.* طول موج.
wave.less [wéivlis] *n.*
آرام، ساکن، بی‌موج.
wavelike, *adj.* موجی شبیه موج.
wa.ver [wéivə] (-ed, -ing), *n., vt. & vi.*
متزلزل شدن، فتورپیداکردن، دودل‌بودن، تردید پیداکردن، تبصره قانون، نوسان‌کردن.
wavy [wéivi] *adj.* پرچین‌وشکن، پرموج، پرتلاطم، جنبش بعقب وجلو، متموج.
wax [wæks] (-ed, -ing) *n., vt. & vi.*
موم، مومی‌شکل ، شمع مومی، رشد کردن، زیاد شدن، (درموردماه) روبه‌بدررفتن،استحاله‌یافتن.
waxed paper, wax paper, *n.* کاغذ مومی.
wax.en [wǽksən] *adj.*
مومی، ساخته شده ازموم، مومی‌شکل.
wax.i.ness, *n.* حالت مومی، نرمی.
waxy [wǽksi] *adj.*
مومی، پر ازموم، [ز.ع.] عصبانی، خشمگین.

way [*wei*] *n., vt., adj. & adv.*
راه، جاده، طریق، سبك (sabk)، طرز،طریقه.
In no w. بهیچوجه.
Stand in the w. of. مانع‌راه‌کسی‌شدن
Put out of the way.
از سرراه خودبرداشتن، معدوم کردن.
By the w. راستی، ضمناً.
She is in the family w.
او آبستن‌است، حامله است.
Make w.
پیش رفتن، راه برای کسی باز کردن.
Under w. درحرکت، در جریان.
waybill [*wéibil*] *n. & vt.*
بارنامه، خطسیر مسافر، راهنمای‌مسافرت.
way.far.er [*wéif*[illegible]] *n.*
مسافر پیاده، رهرو.
way.lay [*wéilèi, weiléi*] (**-laid, -laying**) *vt.*
درکمین کسی نشستن، کمین کردن، خف کردن.
wayside [*wéisaid*] *n. & adj.*
کنار جاده، بندر، لبه، ایستگاه فرعی.
way station, *n.*
ایستگاه‌های فرعی‌بین راهی جاده یاخط‌آهن.
way.ward [*wéiwəd*] *adj.*
خودسر، خودرأی، نافرمان، متمرد.
way.ward.ness, *n.* خودسری.
wayworn, *adj.*
خسته ومانده در اثرسفر، خسته وکوفته.
we [*wi(:)*] *pron.*
ما، ضمیر اول شخص جمع.
weak [*wi:k*] (**-ier, -iest**) *adj. & n.*
سست، کم دوام، ضعیف، کم‌بنیه، کم زور، کم‌رو.
weak.en [*wí:kən*] (**-ed, -ing**), *vi. & vt.*
سست‌کردن، ضعیف‌کردن، سست‌شدن، ضعیف‌شدن، کم نیروشدن، کم‌کردن، تقلیل دادن.
weak.en.er, *n.* تضعیف‌کننده.
weakhearted, *adj.*
ترسو، بزدل، کم جرأت، ضعیف‌النفس.
weak.ish [*wí:kiʃ*] *adj.*
چیزآبکی، چیز رقیق ونرم، سست وضعیف.
weak-kneed, *adj.*
سست‌زانو، بی‌اراده، سست‌عنصر، بی‌تصمیم.
weak.ling [*wí:kliŋ*] *n. & adj.*
ضعیف، سست‌عنصر، ناتوان، ضعیف‌النفس.
weak.ly [*wí:kli*] *adj. & adv.*
علیل‌المزاج، ضعیف، بی‌بنیه، کم‌بنیه.
weak-minded, *adj.* سبك مغز،
دارای روحیهٔ ضعیف، ضعیف‌الاراده، سست‌عنصر.
weak.ness [*wí:knis*] *n.*
ضعف، سستی، بی‌بنیه‌گی، فتور، عیب، نقص.
weal [*wi:l*] *n.*
خیر، سعادت، آسایش، ثروت، دارائی.
For the public w. برای‌رفاه عموم.
weald [*wi:ld*] *n.* جنگل، دشت.
wealth [*welθ*] *n.* توانگری،
دارائی، ثروت، مال، تمول، وفور، زیادی.
wealthy [*wélθi*] *adj.*
دارا، توانگر، دولتمند، ثروتمند، چیزدار، غنی.
wean [*wi:n*] (**-ed, -ing**) *vt.*
ازپستان‌گرفتن، ازشیر مادر گرفتن.
W. from a habit. ترك‌عادت‌کردن.
wean.ling, *n. & adj.*
کودك تازه‌ازشیر گرفته.
weap.on [*wépən*] (**-ed, -ing**), *n. & vt.*
جنگ‌افزار، سلاح، اسلحه، حربه، مسلح‌کردن.
weap.on.ry, *n.*
اسلحه سازی، تسلیحات، تهیهٔ‌سلاح، جنگ‌افزار.

wear [*wɛə*] (**wore, worn, wearing**) *n., vt. & vi.*
پوشیدن، دربرکردن، برسرگذاشتن، پاکردن (کفش وغیره)، عینك یاکراوات زدن، فرسودن، دوام‌کردن، پوشاك.
It wears for years. سالهادوام‌میکند.
W. a hole in. سوراخ‌کردن.
W. off. سائیدن، پاك‌شدن، فرسوده شدن.
W. and tear.
فرسودگی عادی، فرسایش دراثر استعمال.
wear.able [*wɛ́ərəbl*] *adj. & n.*
پوشیدنی.
wear down, *vt.* از پادرآوردن.
wear.er [*wɛ́ərə*] *n.* [illegible]
wea.ri.less, *adj.* خستگی ناپذیر.
wea.ri.ness, *n.* خستگی، ماندگی.
wea.ri.some, *adj.* خسته‌کننده.
wear off, *vi.* پاك‌شدن(رنگ)،
تدریجاً تحلیل رفتن، فرسوده وازبین‌رفته‌شدن.
wear on, *vt.* تحریك وعصبانی کردن.
wear out, *vt. & vi.*
کهنه و فرسوده شدن [دراثر استعمال]، از پا درآوردن ومطیع کردن، کاملاً خسته کردن.
wear stripes, *vt.*
دورهٔ زندانی راگذراندن، زندانی‌بودن.
wea.ry [*wíəri*] (**-ied, -ing**), *adv., vi., n., adj. & vt.*
خسته، مانده، کسل، بیزارکردن، کسل شدن.
wea.sel [*wí:zl*] (**-ed -ing**), *n.*

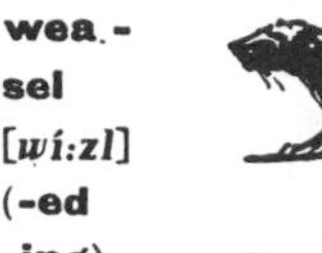

WEASEL (15 in. long including tail)

(ج.ش.) راسو، جانوران پستاندار شبیه‌راسو.
weath.er [*wéðə*] (**-ed, -ing**), *adj., n., vi. & vt.*
هوا، تغییر فصل، آب وهوا، باد دادن، درمعرض هواگذاشتن، تحمل یابرگزار کردن.
weather-beaten, *adj.*
در اثرآب وهوافاسد یازمخت شده، آفتاب‌زده.
weather bureau, *n.*
ادارهٔ هواشناسی.
weathercock, *n.*
آلت بادنما، آدم دمدمی‌مزاج.
weather deck, *n.*
عرشهٔ بدون سقف‌کشتی.
weatherman, *n.* هواشناس.
weather map, *n.* نقشهٔ هواشناسی.
weatherproof, *adj. & vt.* عایق
هوا، مقاوم‌دربرابرهوا، خراب‌نشدنی در اثرهوا.
weather station, *n.*
ایستگاه هواشناسی.
weathertight, *adj.*
محفوظ دربرابر باد وباران، عایق هوا.
weather vane, *n.* آلت‌بادنما.
weave [*wi:v*] (**wove, woven, weaving**) *n., vt. & vi.*
بافتن، درست‌کردن، ساختن، بافت، بافندگی.
weav.er, *n.* بافنده، نساج، جولا.
web [*web*] (**-bed, -bing**) *n., vi. & vt.*
بافت‌یانسج، تار، منسوج، بافته، تنیدن.
we.bber, *n.* تنندهٔ تار، دستکش‌ساز.
web.by, *adj.*
وابسته‌به‌تار، تنیدنی، پر از تارعنکبوت وغیره.
webfoot (*pl.* **webfeet**) *n.*
پای‌پرده‌دار، جانور دارای‌پای پرده‌دار.
weblike, *adj.* تارمانند.
wed [*wed*] (**-ded, -ding**) *n., vt. & vi.* عروسی کردن‌با،
بحبالهٔ نکاح درآوردن، (بزنی‌یا شوهری) گرفتن.
we'd [*wi:d*]=**we had, we would, we should** میبایستی.
wedding ring, *n.*
حلقهٔ انگشتری نامزدی یا عروسی.
wedge [*wedδ*] (**-d, wedging**), *n., vt. & vi.*
گوه(goveh)، باگوه‌نگاه داشتن، باگوه‌شکافتن، ازهم جدا کردن.
wedgy, *adj.*
گوه‌مانند، بشکل گوه.
wed.lock [*wédlɔk*] *n.*
زناشوئی، عروسی، زفاف، نکاح، زوجه.
Wednes.day [*wénzdi*] *adv. & n.*
چهارشنبه، هرچهارشنبه‌یکبار.
wee [*wi:*] *interj. & n.* [اسکاتلند]
کوچولو، ریز، یك کمی، اندکی، لحظه‌ای.
weed [*wi:d*] *n., vt. & vi.*
علف هرزه، دراز و لاغر، پوشاك، وجین کردن، کندن علف هرزه.
weedy [*wí:di*] *adj.*
پر ازعلف هرزه، هرز، خودرو، دراز وباریك.
week [*wi:k*] *n.* هفته، هفت روز.
week.day, *n.* روز هفته.
week.end, -s, *adv., vi. & n.*
آخر هفته، تعطیل آخرهفته، تعطیل‌آخرهفته را گذراندن.
week.end.er, *n.* کسیکه به‌تعطیل آخرهفته میرود، چمدان‌کوچك‌سفری.
week.ly [*wí:kli*] *adv., adj. & n.*
هفتگی، هفته‌ای یکبار، هفته بهفته.
ween [*wi:n*] (**-ed, -ing**) *vt.*
تصورکردن، برآن (عقیده) بودن، فکرکردن.
weep [*wi:p*] (**wept, weeping**), *n., vt. & vi.* گریه‌کردن، اشك‌ریختن، گریستن.
weep.er, *n.* نوحه‌خوان، گریه‌کننده.
weeping willow, *n.*
[گ.ش.] بیدمجنون.
weepy, *adj.* عزادار، نالان، گریان.
wee.vil [*wí:v(i)l*] *n.*
[ج.ش.] شپشه، کو، سوسه، شپشهٔ گندم.
weft [*weft*] *n. & vi.*
تارعنکبوت، چیز بافته، نمد بافته، تنیدن.
weigh [*wei*] (**-ed, -ing**) *n., vt. & vi.* کشیدن، سنجیدن، وزن‌کردن، وزن داشتن.
Weighed down with grief.
گرانبار در اثر غم وغصه.
It weighs an ounce.
یك اونس وزن‌دارد.
weigh.able, *adj.* وزن‌کردنی.
weigh down, *vt.*
زیربار خم‌شدن یاکردن.
weigh.er, *n.* توزین‌کننده، وزن کننده.
weigh in, *vi., vt. & n.*
وزن‌کردن، توزین.
weight [*weit*] *n. & vt.*
وزن، سنگینی، سنگ وزنه، چیزسنگین، سنگین کردن، بارکردن.
weighted, *adj.* سنگین، دارای‌وزن‌زیاد.
weight.less, *adj.*
سبك وزن، کم وزن، دارای وزن مخصوص کم.
weight lifter, *n.*
[در ورزش] وزنه‌بردار.
weight lifting, *n.* وزنه برداری.
weighty [*wéiti*] *adj.*
سنگین، وزین، مؤثر، سنجیده، بانفوذ، پربار.
weir [*wiə*] *n.*
بند، سدی‌که سطح‌آب را بلندکند، خاکریز.
weird [*wiəd*] *adj. & n.*
خارق‌العاده، غریب، جادو، مرموز.
wel.come [*wélkəm*] (**-d, welcoming**) *interj., adj., n. & vt.*
خوشامد، خوشامدگفتن، پذیرائی‌کردن، خوشایند.
You are w. خوش‌آمدید، بفرمائید.
You are w. to my book.
بفرمائید ازکتاب بنده استفاده کنید.
wel.com.er, *n.* خوشامدگو.
weld [*weld*] (**-ed, -ing**) *n., vt., adj. & vi*
جوشکاری‌کردن، جوش‌دادن، پیوستن، [illegible]
weld.able, *adj.* جوش خوردنی.
weld.er, wel.dor, *n.*
جوشکار، ماشین‌جوشکاری.
wel.fare [*wélfɛə*] *adj. & n.*
آسایش، رفاه، خیر، سعادت، خیریه، شادکامی.
wel.kin [*wélkin*] *n.*
طاق، آسمان، فلك، گنبدنیلگون، هوا.
well [*wel*] (**-ed, -ing**) *n., vt. & vi.*
چاه، چشمه، جوهردان، دوات، ببالا فوران کردن، روآمدن‌آب ومایع، درسطح‌آمدن وجاری‌شدن.
well, *interj., adj. & adv.*
خوب، تندرست، سالم، راحت، بسیار خوب، بچشم، تماماً، تمام وکمال، بدون‌اشکال، اوه، خیلی‌خوب.
You did w. خوب‌کاری‌کردید.
Think w. of someone.
بکسی خوش‌گمان بودن، حسن‌ظن داشتن.
You may w. ask. حق دارید بپرسید.
we'll [*wi:l*]=**we will, we shall**
well-ad.vised, *adj. & n.* عاقلانه، درست، صحیح، ازروی عقل ومنطق.
well.a.way [*wèləwéi*] *interj. & n.*
سوگواری، عزاداری، ماتم، زاری، افسوس.
well-being, *n.*
تندرستی، سلامتی وخوشی، خوشبختی، نیك‌بودی.
wellborn, *adj.*
اصیل، نجیب‌زاده، دارای خصوصیات نجابت.
well-bred, *adj.* با تربیت، خوش‌جنس.
well-disposed, *adj.*
خوش‌حالت، مهربان، سرکیف، سرحال.
well-done, *adj. & interj.*
آفرین، خوب انجام شده، خوب‌پخته.
well-favored, *adj.*
زیبا، خوشگل، خوش‌ظاهر، خوش ترکیب.
well-found, -ed, *adj.*
کاملاً مجهز، مجهز بوسائل‌کامل، مستحکم.
well-groomed, *adj.* مرتب،
خوب مواظبت شده، مهتری شده.
well-grounded, *adj.*
دارای پایهٔ محکم، برپایه یا اساس صحیح.
wellhead, *n.* سرچاه‌نفت،
سرچشمه، منبع، چشمه، سردیوار.
well-heeled, *adj.*
پولدار، ثروتمند، دارا.
Wel.ling.ton [*wéliŋtər* *n. & adj.* چکمهٔ‌دهار، اد، نوعی بازی‌گنجفه.
well-knit, *adj.* خوش‌بافت،
سخت‌بافت، دارای بنیهٔ محکم وقوی.
well-known, *adj.* خوشنام، نیکنام،
معروف، مشهور، واضح، پیش پا افتاده.
well-meaning, *adj.*
خوش‌نیت، ناشی از قصدخوب.
well.ness, *n.* خوبی، نیکی، حسن.
well-nigh [*wélnai*] *adv.*
تقریباً، درحدود، قریباً.
well-off, *adj.* ثروتمند،

خوب، مفید، جذاب،جالب، دارای زندگی آسوده.
well-or.dered, *adj.*
بنحواکمل انجام یافته، مرتب ومنظم.
well-read, *adj.*
اهل مطالعه وتحقیق (غالباً با in)، باطلاع.
well-spoken, *adj.*
خوش صحبت، دارای تلفظخوب، خوش کلام.
wellspring, *n.* سرچشمه، منبع.
well-thought-of, *adj.*
نیکنام، مشهور، معتبر، به‌نیکنامی یاد شده.
well-timed, *adj.*
بموقع، بجا، بمورد، بهنگام، در وقت مناسب.
well-to-do, *adj.* ثروتمند.
well-wisher, well-wishing, *n.* آدم نیکخواه، خیر خواه.
well-worn, *adj.* مستعمل، زیادکار— کرده، کهنه، مبتذل، پیش‌پا افتاده، معمولی.
Welsh [*welʃ*] **welch (-ed,-ing),** *adj. & vi.* اهل ایالت ولز در بریتانیا، کلاه گذاشتن، زیرقول‌زدن، بتعهد خود عمل نکردن.
Welsh.man [*wélʃmən*] **welch-man,** *n.* اهل ولز در بریتانیا.
welt [*welt*] **(-ed, -ing)** *vt., vi. & n.* حاشیهٔ چرمی دورچیزی،مغزی،مغزی گذاشتن، شلاق زدن، لبه، نوار باریك، نوار، ورم، تاول.
wel.ter [*wéltə*] **(-ed, -ing)** *n., vt., adj. & vi.* اختلاط، درهم وبرهمی، خشکی، پژمردگی، آغشتن، غلت‌زدن.
welterweight, *n.* سبك وزن (کمتر از ۱۴۷ پوند).
wen [*wen*] *n.* غده، دمل، [طب] ورم روی‌پوست.
wench [*wen(t)ʃ*] **(-ed, -ing),** *vi. & n.* دختر، دختر دهقان، فاحشه، دختر بازی کردن.
wench.er, *n.* زناکار، دختر باز.
wend [*wend*] **(-ed, -ing)** *vt., n. & vi.* پیمودن، منتقل کردن.
went [*went*] *(p. of* **go***).*
wept [*wept*] *(p. & pp. of* **- weep***).*
were [*wə(:)*]. گذشته‌فعل to be وجمع فعل ماضی was.
If I w. you. اگر من بجای شما بودم.
They w. ready. آنهاحاضر بودند.
we're [*wiə*]=**we are**
weren't [*wə:nt*]=**were not**
were.wolf [*wə':wulf*], **wer.-wolf,** *n.* (افسانه) شخصی که‌تبدیل به گرگ شده باشد.
west [*west*] *adv., adj. & n.* باختر، مغرب، غرب، مغرب زمین.
westbound, *adj.* مسافر مغرب، عازم مغرب.
west.er (-ed, -ing) *n. & vi.* بادغربی، بادمغرب،طوفان‌غربی، بسوی باختر رفتن.
west.er.ly [*wéstəli*] *adv., adj. & n.* باختری، غربی، درجهت مغرب، بادغربی.
west.ern, -er [*wéstən, -ə*] *adj. & n.* باختری، غربی، وابسته به‌مغرب یا باختر.
western hemisphere, *n.* نیمکرهٔ غربی.
westernization, *n.* غرب گرائی، فرنگی‌مآبی، پیروی ازتمدن‌مغرب زمین.
west.ern.ize [*wéstənaiz*] *vt. & vi.* غربی کردن، غربی شدن، تمدن‌غربی را پذیرفتن.
west.ern.most [*wéstənmoust*], *adj.* غربی‌ترین، واقع درمنتهی الیه‌غرب.
West Indies [*wéstindiz*] *n.* جزایرهندغربی‌واقع‌بین‌اتازونی‌وآمریکای‌جنوبی.

west.ward, -s [*wéstwəd*] *adj., n. & adv.* بسوی باختر، بطرف مغرب، درجهت‌مغرب.
wet [*wet*] **(-ted, -ting)** *adj., n., vi. & vt.* تر، مرطوب، خیس، بارانی، اشکبار، تری، رطوبت، تر کردن، مرطوب‌کردن، نمناك کردن.
weth.er [*wéðə*] *n.* قوچ، قوچ‌اخته، گوسفند اخته، خواجه.
wet.ness, *n.* نمداری، تری.
wet nurse (-d, -nursing) *vt. & n.* دایه، دایگی (کردن)، پرستاری کردن.
wet.ta.ble, *adj.* خیس کردنی.
wet.ter, *n.* خیس کننده، نم‌زننده.
wet.tish, *adj.* نسبتاً تر، مرطوب، رطوبت دار، خیس، نمناك.
we've [*wi:v*]=**we have**
whack [*(h)wæk*] **(-ed, -ing),** *n., vt. & vi.* صدای کتك‌زدن، صدای اصطکاك، صدای ضربت،ضربت، سهم، زدن،محکم زدن، تسهیم کردن.
whack.ing [*(h)wǽkiŋ*] *adj.* خیلی بزرگ، بسیار عظیم، پرسروصدا.
whack up, *vt.* تقسیم به‌سهام کردن، قسمت کردن، تسهیم کردن.
whale [*(h)weil*] **(-d, whal-ing)** *n., vt. & vi.* وال، نهنگ، عظیم‌الجثه، نهنگ‌صید کردن،قیطس.
whaleboat, *n.* قایق‌موتوری یا پاروئی دراز و باریك مخصوص صید نهنگ وغیره.
whalebone, *n.* والانه، استخوان آروارهٔ نهنگ، عاج تمساح.
whal.er, *n.* قایق‌صیدنهنگ، صیاد بالن.
wham (-med, -ming) *vt., n. & vi.* صدای تصادم،صدای‌بهم‌خوردن‌اجسام‌جامد، باتصادم ایجاد صدا کردن.
wharf [*(h)wɔ:f*] **(-ed, -ing),** *n., vt. & vi.* اسکله، جتی، بارانداز، لنگرگاه‌ساحل‌رودخانه با اسکله یا دیوار،محکم مهار کردن.
wharf.age [*(h)wɔ́:fidʒ*] *n.* عوارض باراندازی، استفاده ازاسکله وبارانداز وتأسیسات وابسته به‌اسکله یالنگرگاه.
what [*(h)wɔt*] *conj., interj., adv., adj. & n.* علامت استفهام،حرف ربط،چه؟، کدام؟، چقدر؟، هرچه، آنچه، چه‌اندازه، چه‌مقدار؟.
W. for? برای‌چه؟، چرا؟.
W. about you? شما چطور؟.
W. is that to you? بشما چه‌دخلی دارد؟، بشما چه مربوط است؟.
Come w. may! هرچه باداباد.
whatever [*(h)wɔtévə*] *pron., adv. & adj.* هرچه، آنچه، هرآنچه، هرقدر، هرچه.
Take w. you want. هرچه دلتان میخواهد بردارید.
whatnot, *n.* غیره، فلان.
what.so.ev.er [*(h)wɔtsouévə*] *adj. & pron.* بهیچوجه، ابداً، هیچگونه، هرقدر، هرچه.
wheal [*(h)wi:l*] *n.* صدف حلزونی‌شکل، ورم‌جای‌شلاق وغیره،[طب] کهیر، محل سوختگی، معدن، کان.
wheat [*(h)wi:t*] *n.* [گ.ش.] گندم.
wheat.en [*(h)wi:tin*] *n. & adj.* گندمی، وابسته به گندم، برنگ گندم، گندمگون.
whee.dle [*(h)wi:dl*] **(-d, whee-dling)** *vt., n. & vi.* ریشخند کردن، گول‌زدن، خر کردن.

wheel [*(h)wi:l*] **(-ed, -ing)** *n., vt. & vi.* چرخ،دور،چرخش،رل‌ماشین،چرخیدن،گرداندن.
At the wheel. پشت رل، راننده.
wheelbarrow [*(h)wí:lbærou*] **(-ed, -ing)** *vt. & n.* چرخ خاك‌کشی، چرخ‌دستی، فرقان،باچرخ‌دستی یا چرخ خاك کشی حمل کردن.
wheelchair, *n.* صندلی چرخدار.
wheel.er, *n.* گرداننده، چرخنده، دور زننده، چرخدار.
wheelwright [*(h)wí:lrait*] *n.* چرخ ساز.
wheeze [*(h)wi:z*] *vt., vi. & n.* باصدا نفس‌کشیدن، خس‌خس کردن، خس خس.
wheezy [*(h)wí:zi*] *adj.* دارای صدای خرخر، خس‌خس یاخرخرکننده.
whelk [*welk*] *n.* (ج.ش.) صدف حلزونی، دانه، جوش،کورك.
whelm [*(h)welm*] **(-ed, -ing),** *vt. & vi.* چپه‌کردن، غرق‌کردن، احاطه کردن، منکوب کردن.
whelp [*(h)welp*] *n., vt. & vi.* توله، توله سگ، بچهٔ هرنوع حیوان‌گوشتخوار، توله‌زائیدن.
when [*(h)wen*] *pron., conj., adj., adv. & n.* کی، چه وقت،وقتیکه، موقعی‌که، درموقع.
when.as, *conj.* در حالیکه، درموقعیکه، مادامیکه،بعلت‌اینکه.
whence [*(h)wens*] *n. & adv.* ازکجا، ازچه رو،که ازآنجا، چه‌جا.
when.ev.er [*(h)wenévə*] *conj. & adv.* هروقت‌که، هرزمان‌که، هرگاه، هنگامیکه.
where [*(h)weə*] *conj., adv., pron. & n.* کجا،هرکجا، درکجا، کجا،درکدام‌محل، در چه موقعیتی، درکدام قسمت، ازکجا، از چه منبعی، اینجا، در جائی‌که.
W. is the book? کتاب کجاست؟
The place where he lived. جائی‌که زندگی میکرد.
where.about,-s [*(h)we'ərəbàut, -s*] *adv. & conj.* محل تقریبی، حدود تقریبی، مکان، محل.
whereas [*(h)weəréz*] *conj. & n.* ازآنجائی‌که،بادر نظر گرفتن‌اینکه، نظر باینکه،چون، درحالیکه، در حقیقت.
whereat [*(h)weərǽt*] *adv.* که ازآن بابت، که بدان جهت، که درآنجا.
whereby [*(h)weəbái*] *adv. & conj.* که بوسیلهٔ‌آن،که‌بموجب‌آن،بچه وسیله.
where.fore [*(h)we'əfɔ:, -fɔə*], *adv., conj. & n.* بچه علت، چرا، بچه دلیل، بخاطرچه، برای‌چه.
wherein [*(h)weərín*] *adv. & conj.* درچه، درچه خصوصیتی، درچه‌زمینهٔ، که درآن، در اثنای اینکه، در جائیکه، درمواردی‌که.
whereof [*(h)weərɔ́v*] *adv. & conj.* ازچه، ازکه، ازچه چیز،از آنجائیکه.
whereon [*(h)weərɔ́n*] *adv. & conj.* روی چه، روی چه‌چیز، ازچه، درآنجا.
where.so.ev.er [*(h)weəsouévə*] *adv. & conj.* ازهرجاکه، بهرجاکه.
whereto, where.unto [*(h)weətú:, (h)weərʌntú:*] *adv. & conj.* چه، بچه‌چیز، بکجا، بچه‌منظور، بچه‌هدفی.
whereupon [*(h)weərəpɔ́n*] *adv. & conj.*

که در نتیجهٔ آن،که بر روی آن، رویچه.
wher.ev.er [*(h)weərévə*] *adv. & conj.* هرجاکه، هرکجاکه، جائی‌که، آنجاکه.
wherewith [*(h)weəwíð*] *adv., pron., conj. & n.* که‌باآن، با چه، بچه‌چیز، بچه وسیله.
where.with.al [*(h)weəwiðɔ:l*], *adv., conj. & n.* که بوسیلهٔ‌آن،که باآن، تا چه چیز، چیزی‌که بوسیلهٔ آن عملی قابل اجراست.
wher.ry [*(h)wéri*] *n. & vt.* قایق سبك پاروئی مسافری، باقایق حمل‌کردن.
whet [*(h)wet*] **(-ted, -ting),** *vt. & n.* تیزکردن، برانگیختن، تهییج‌کردن، صاف کن، آبجوا، عمل تیزکردن بوسیلهٔ مالش.
wheth.er [*(h)wéðə*] *conj. & pron.* آیا، خواه، چه بخواهید چه نخواهید.
W. you want it or not. چه بخواهید چه نخواهید.
whetstone [*(h)wétstoun*] *n.* سنگ چاقو تیزکن، تیزکننده، تندکننده.
whew [*hwu:*] *n. & interj.* صدای سوت حاکی ازحیرت یا تحسین.
whey [*(h)wei*] *adj.* کشك، آب پنیر، پنیرآب، شیر چرخ‌کرده.
which [*(h)witʃ*] *adj. & pron.* که، این(هم)، که این(هم)، کدام.
W. one do you want? کدامرا میخواهید؟
The book w. you took. کتابی‌که شما برداشتید.
which.ev.er [*(h)witʃévə*] **which-so.ev.er,** *adj. & pron.* (صورت مؤکد which)،هرکدام‌که، هریك‌که.
whiff [*(h)wif*] **(-ed, -ing)** *n., vt. & vi.* دروغ‌گفتن، دروغ در چیزی‌گفتن، چاخان، باد، نفخه، بو، دود، وزش، پف، پرچم، باصدای پف حرکت دادن، وزیدن، وزاندن.
whif.fle (-d, whiffling) *vt., n. & vi.* نابهنگام‌وزیدن، جنبیدن‌شعله، سوت‌زدن.
Whig [*(h)wig*] *adj. & n.* عضو حزب « ویگ » در انگلیس قدیم.
while [*(h)wail*] **(-d, whiling),** *n., adv., adj., conj., prep., vt. & vi.* در صورتیکه، هنگامیکه، حال آنکه، مادامیکه، درحین، تا موقعی‌که، سپری کردن، گذراندن.
whiles [*(h)wailz*] *conj. & adv.* در حالیکه.
whi.lom, *adv. & adj.* پیشتر، سابقاً، در سابق، یك زمانی، گاهی.
whilst [*(h)wailst*] *conj. & n.* در خلال مدتی که، در حالیکه، در مدتی‌که، ضمن‌اینکه.
whim [*(h)wim*] *n.* هوس، هوی وهوس، تلون مزاج، وسواس، خیال، وهم، تغییر ناگهانی.
whim.per [*(h)wímpə*] **(-ed, -ing)** *n., vt. & vi.* ناله‌کردن، شیون وجیغ‌وداد کردن، نالیدن، زار زارگریه‌کردن، ناله، زاری، شیون.
whim.sy [*(h)wímzi*] **whim.sey,** *n.* بوالهوسی، هوس، تلون مزاج، وسواس.
whim.si cal, -ity [*(h)wímzikəl*], *n. & adj.* بوالهوس، وسواسی، دهن‌بین، غریب، خیالباف.
whim.sied, *adj.* پرهوس، هوس‌انگیز، بوالهوسانه.
whim-wham, *n.* هوس، هوا وهوس، خیال، وسواس، شیی‌ءیا چیز هوس‌انگیز وخیالی.

whin, whinstone, *n.* هر نوع سنگ سخت، چرخ یا جراثقال معدن.

whine [(h)wain] (**-d, whining**), *vt., n. & vi.* نالیدن، ناله کردن، با ناله گفتن، ناله، فغان.

whin.ny [(h)wíni] *n., vt., vi. & adj.* شیهه‌ٔاسب، صدائی‌شبیه شیهه،شیهه‌کشیدن.

whinstone, *n.* سنگ مرمرسیاه از نوع بازالت.

whip [(h)wip] (**-ped, -ping**)*n., vt. & vi.* تازیانه، شلاق، حرکت‌تندو سریع و باضربت، شلاق‌زدن، تازیانه زدن.

W. on. بضرب شلاق جلو بردن.

A w. round. جمع‌آوری اعانه.

whipcord, *n.* نخ تازیانه، پارچهٔ محکم ودارای نخ اریب.

whiplash (**-ed, -ing**) *n. & vt.* شلاق، هرچیزی شبیه شلاق، ضربه یا تکان شلاقی، شلاق زدن.

whiplike, *adj.* تازیانه‌وار.

whip.per, *n.* تازیانه‌زن، تعقیب کننده، شخص مؤثر ومهم.

whip.per.snap.per [(h)wípə-snæpə] *n.* آدم بی‌اهمیت، خود فروش.

whip.pet [(h)wípit] *n.* (ج.ش.) سگ‌تازی تیز دو، تانك سبك و تندرو.

WHIPPET

whipping, *n.* شلاق زنی، نخ تابیدهٔ مخصوص تازیانه پیچی.

whipsaw (**-ed, -ing**) *n.& vt.* ارهٔ دوسر،با ارهٔ دوسر بریدن.

whipstitch (**-ed, -ing**) *vt. & n.* در مرز زمین شخم‌زدن،دارای مرزکردن،خیاط، اهل بخیه، مکث‌کوتاه، یك دقیقه.

whir [(h)wə:] (**-red, -ring**) *n., vt. & vi.* صدای وزوز(درائرحرکت‌سریع)،حرکت‌کردن، پرواز کردن، غژغژ کردن.

whirl [(h)wə:l] (**-ed, -ing**) *n., vt. & vi.* چرخانیدن،چرخش، چرخیدن، گردش سریع، حرکت گردابی.

whirl.i.gig [(h)wə'ligig] *n.* فرفره،گردش، چرخك، (ج.ش.) سوسکی که‌روی آب‌چرخ میخورد، تصور واهی.

whirlpool [(h)wə':lpu:l] *n.* گرداب، چرخش‌آب.

whirlwind [(h)wə':lwind] *n. & adj.* گردباد،وابسته به گردباد.

whirlybird=helicopter, *n.* [ز.ع.] هلیکوپتر.

whish (**-ed, -ing**) *vt., n. & vi.* صدای حرف «سین» ایجادکردن، باصدای هیس حرکت‌کردن، بسرعت‌گذشتن، صفیر.

whish=whist, *n.* هیس،ساکت‌باش.

whisk [(h)wisk] (**-ed, -ing**), *n., vt. & vi.* حرکت‌سریع وجزئی، کلاله. یادستهٔمو، گردگیری،مگس‌گیر، تندزدن، پراندن، راندن، جاروب کردن،ماهوت‌پاك‌کن‌زدن،گردگیر.

whisk broom, *n.* ماهوت پاك‌کن.

whisk.er, -y [(h)wískə] *n.& adj.* موی اطراف‌گونه وچانه، شارب، ریش، موداد، ماهوت پاك‌کن، [د.گ.] جاروب‌کوچك، طره.

whis.key, whis.ky [(h)wíski] (**-ed, -ing**) *vt. & n.* ویسکی، مثل ویسکی، ویسکی خوردن.

whis.per [(h)wíspə] (**-ed,-ing**), *n., vt. & vi.* نجوا، بیخ‌گوشی، نجواکردن، پچ‌پچ‌کردن.

whis.pery, *adj.* نجوائی، غیبت‌کننده، آهسته صحبت کننده.

whist [(h)wist] (**-ed, -ing**) *n., adj. & vi.* خاموش،ساکت، آرام،گنگ، بی‌صدا،ساکت‌کردن،هیس کردن،نوعی بازی‌ورق.

whis.tle [(h)wísl] (**-d, whistl-ing**) *n., vt. &vi.* سوت،صفیر،سوت‌زدن.

whis.tler, *n.* سوت‌زن، فاوت‌زن، سوت، (ج.ش.) سار طوقی.

whit [(h)wit] *n.* ذره، خرده، تکه،هیچ، ابداً، اندك.

white [(h)wait] (**-d, whiting**), *adj., n., vt., adv. & vi* سفید، سفیدی، سپیده، سفیدشدن، سفید کردن.

W. book, n. کتاب سفید.

W. collar, adj. & n. یقه سفید،کارمند دفتری.

whit.en [(h)wáitən] (**-ed, -ing**), *vt. & vi.* سفیدکردن، سفید شدن.

whit.en.er, *n.* سفیدگر، شیئی‌یاکسیکه چیزی را سفید میکند.

white.ness, *n.* سفیدی، بیاض.

whitewash [(h)wáitwɔʃ] (**-ed, -ing**) *n., vi. & vt.* دوغاب، سفیدکاری‌کردن، ماست مالی‌کردن.

whith.er [(h)wíðə] *adv. & conj.* بکجا،کجا، جائیکه، بکدام نقطه، بکدام درجه.

whithersoever [(h)wiðəsouévə], *conj. & adv.* بهرکجاکه، بهر مکانی، بهرکجاکه شد.

whith.er.ward, *adv. & conj.* درچه جهتی، بکدام‌طرف،از طرفی‌که، بطرفی‌که.

whit.ing [(h)wáitiŋ] *n.* (ج.ش.) ماهی نرم‌بالهٔ خوراکی اروپائی، پودرگچ.

whit.ish, *adj.* تا اندازه‌ای سفید، نزدیك به‌سفید، نسبتاًسفید.

whit.low [(h)wítlou] *n.* عقربك، (طب) ورم بندآخر انگشت.

whit.tle [(h)wítl] (**-d, whit-tling**) *n., vt. & vi.* چاقو،ساطور، تراشیدن،بریدن، پیوسته کم‌کردن، باچاقو تیزکردن و تراشیدن.

whit.tler, *n.* چاقوتیزکن، تراشنده.

whity, whitey, *adj.* مایل بسفید، نسبتاً سفید، سفیدپوست.

whiz [(h)wiz], **whizz** (**-ed,-ing**) *n., vt. & vi.* صدای غژ،صدای‌تیزوتند، فش‌فش، غژغژکردن،مثل فرفره‌چرخیدن.

who [hu:] *pron.* کی، که، چه شخصی، چه اشخاصی، چه‌کسی.

W. comes? کی‌میآید؟

The girl w. came. دختری‌که آمد.

whoa [wou] *vi. & interj.* ایست، شا،ایست‌دادن، امربه توقف دادن (حیوانات).

who.dunit, *n.* داستان پلیسی، فیلم پلیسی، رمان‌پلیسی.

who.ev.er [(h)u:évə] *pron.* هرکه، هرآنکه، هرآنکس، هرکسی‌که.

whole [houl] *adv., adj. & n.* تمام، درست، دست نخورده،کامل، بی‌خرده،همه، سراسر، تمام، سالم.

Three w. years. سه سال تمام.

A w. number. عدد صحیح.

The w. world. تمام دنیا.

With one's w. heart. قلباً، صمیمانه.

As a w. بطورکلی، یکجا.

wholehearted, -ly, *adj. & adv.* صمیمی، یکدل، از صمیم دل.

whole.sale [hóulseil] *n., adv., adj., vt. & vi.* عمده فروشی، بطور یکجا، عمده فروشی کردن.

W. prices. قیمتهای عمده فروشی.

whole.sal.er, *n.* عمده فروش،بنکدار.

whole.some, -ness [hóulsəm], *adj. & n.* خوش‌مزاج،سرحال، سالم‌وبی‌خطر.

whol.ly [hóul(l)i] *adv.* کاملاً، بطور اکمل، تمام وکمال، جمعاً، رویهم، تماماً.

whom [hu:m] *pron.* [حالت مفعولی ضمیر who]، چه کسی را، به‌ــ چه‌کسی، چه‌کسی، کسیکه، آن‌کسی که.

whom.ev.er, *pron.* [حالت مفعولی whoever]، هرکسیراکه، بهرکس که.

whom.so, *pron.* [صورت‌مفعولی whoso]، بهرکسیکه،هرکس که.

whom.so.ev.er, *pron.* [صورت مفعولی ضمیر whosoever]، هر آنکس.

whoop [hu:p] (**-ed, -ing**) *n., interj., vt. & vi.* صدای بلند مثل سرفه، صدای سیاه سرفه،فریاد، صدای جغد و مانندآن، فریادکردن.

whoop-de-do, whoop-de-doo, *n.* صدای جاروجنجال، قیل وقال، دادوفریاد.

whoop.ee, *interj. & n.* (ز.ع.) فریاد خوشحالی، زمان خوشی، هورا.

whooping cough, *n.* [طب] سیاه سرفه.

whoosh (**-ed, -ing**) *n., vt. & vi.* صدای صفیر،صدای‌تماس جسم سریع‌باهوا، صدای صفیرایجادکردن.

whop [(h)wɔp] (**-ped, -ping**), *n., vi. & vt.* بطورقاطع‌شکست‌دادن، تندحرکت کردن، بتندی افتادن‌یازدن، شلپ‌شلپ کردن ، پیش افتادن از، ضربه، وزش.

whop.per [(h)wɔ́pə] *n.* گنده، [د.گ.] از اندازه بزرگتر، عظیم، ساختگی.

whore [hɔ:, hɔə] (**-d, whor-ing**) *n., vt. & vi.* جنده، جنده بازی‌کردن، جندگی‌کردن.

whore.dom, *n.* جنده بازی، جندگی، فحشاء، هرزگی.

whorehouse, *n.* فاحشه خانه.

whoremaster, *n.* جاکش، آدم هرزه، فاحشه‌باز.

whoremonger, *n.* آدم هرزه، فاسق، جاکش، فاحشه باز.

whore.son, *n.* مادرجنده،حرامزاده.

whor.ish, *adj.* دارای صفات هرزگی وجندگی، جنده صفت.

whorl [(h)wə:l, (h)wɔ:l] (**-ed, -ing**) *n., vt. & vi.* فراهم، حلقه، پیچ، مارپیچی، حلقه یا پیچ خوردن.

whose [hu:z] *pron. & adj.* مال‌او، مال چه‌کسی، مال‌کی.

W. is it? مال‌کیست؟

The man w. brother you know. مردی‌که برادرش را میشناسید.

whosesoever, *adj.* مال‌هرکسی‌که، مال‌که، وابسته بمال‌که.

who.so, who.so.ev.er [hú:sou, hù.souévə] *pron.* هرکسی‌که، هرکس‌که، هرشخصی‌که باشد.

why [(h)wai] *interj., adv. & n.* چرا، برای‌چه، بچه جهت، علت.

The reason w. دلیل اینکه، علت اینکه.

wick [wik] *n.* فتیله، چیزی‌که بجای فتیله بکار رود، افروزه.

wick.ed [wíkid] *adj.* نابکار، شریر، بدکار، تبه‌کار، گناهکار، بدخو، بدجنس.

wick.ed.ness, *n.* نابکاری، شرارت، تباهی، تبهکاری، بدجنسی.

wick.er [wíkə] *n. & adj.* ترکه یا چوب‌کوتاه، بید سبدی، ترکه‌ای.

wickerwork [wíkəwə:k] *n.* ساخته شده ازترکه،سبدسازی، حصیر سازی.

wick.et [wíkit] *n.* دروازهٔ‌کوچك، دریچه، دروازه (در بازی کریکت)،چوگان.

wide [waid] *adv., n. & adj.* پهن، عریض،گشاد، فراخ، وسیع، پهناور، زیاد، پرت، کاملاً،باز، عمومی، نا محدود، وسیع.

wide-awake, *adj.* کاملاً بیدار، هوشیار، هشیار،آگاه، مسبوق، مراقب، سرحال.

wide-eyed, *adj.* دارای چشم باز، دارای چشم‌گشاد، متعجب، حیرت زده.

widemouthed, *adj.* دهان‌باز، (از حیرت و تعجب).

wid.en [wáidn] (**-ed, -ing**) *vt. & vi.* پهن‌کردن، عریض‌کردن، گشادکردن.

widespread, -ing, *adj.* شایع، همه‌جا منتشر، گسترده.

wid.geon [wídʒən] **=wi.geon,** *n.* (ج.ش.) انواع اردك‌های‌آبی، غاز.

wid.ish, *adj.* نسبتاً وسیع.

wid.ow [wídou] (**-ed, -ing**) *n. & vt.* بیوه، بیوه‌زن، بیوه‌کردن، بیوه‌شدن.

wid.ow.er [wídouə] *n.* [د.گ.] مرد زن مرده.

wid.ow.hood [wídouhud] *n.* بیوگی.

width [widθ] *n.* پهنا، عرض، پهنه، وسعت، چیزپهن.

widthways=widthwise, *adv.* ازطرف عرض، عرضاً، ازپهنا.

wield [wi:ld] (**-ed, -ing**) *vt.* گردانیدن، اداره‌کردن، خوب‌بکاربردن.

wieldy, *adj.* ماهر، اداره‌شدنی.

wife [waif] (*pl.* **wives**) *n.* زن، زوجه، عیال، خانم.

wife.less, *adj.* بی‌زن، عزب، مجرد.

wifelike [wáiflaik] *adj. & adv.* شبیه‌زن، دارای خصوصیات زوجه.

wife.ly [wáifli] *adj.* زنانه، درخور زنان، مثل‌زوجه، دارای نگاه زنانه.

wig [wig] (**-ged, -ging**) *n. & vt.* کلاه‌گیس،گیس ساختگی، موی مصنوعی، دارای‌گیس مصنوعی‌کردن، سرزنش‌کردن.

wig.an, *n.* آستر، پارچهٔ‌آستری.

wig.gle [wígl] (**-d, wiggling**), *n., vt. & vi.* لولیدن، جنبیدن، وول خوردن، تکان دادن،لوشیدن.

wig.gler, *n.* علی‌ورجه، جنبنده.

wight [wait] *adv., adj. & n.* مخلوق، موجود زنده، بشر، شخص، خرده، تکه.

wigmaker, *n.* کلاه‌گیس ساز.

wig.wag [wígwæg] *n., vi. & vt.* ارتباط یا مخابره بوسیلهٔ پرچم، جنباندن.

wig.wam [wígwæm, -wɔm] *n.* کلبهٔ‌سرخ پوستان، خیمه، مسکن.

WIGWAM

wil.co, *interj.* [در مکالمات رادیوئی] بسیار خوب، فهمیدم.

wild [waild] *adv., adj. & n.*

وحشی، جنگلی، خود رو، شیفته ودیوانه.
wildcat, *adj.* & *n.*
[ج.ش.] گربهٔ وحشی، غیر مجاز، قاچاقی.
wil.der (-ed, -ing) *vt.* & *vi.*
سرگردان و آواره بودن، متحیر کردن.
wil.der.ness [*wíldənis*] *n.*
بیابان،صحرا، سرزمینی نامسکون و رام نشده.
wildfire [*wáildfàiə*] *n.*
مادهٔ قابل اشتعال، آتش سریع ویرزود.
wild-goose chase, *n.*
تلاش بیهوده.
wild.ish, *adj.*
نسبتاً وحشی، خودرو، رام نشده.
wildlife, *n.*
حیوانات وحشی، پرنده، غیراهلی.
wile [*wail*] (-d, wiling) *n.* & *vt.*
حیله، فریب، خدعه، تزویر، مکر، تلبیس، بطمع انداختن، فریفتن، اغواکردن.
will [*wil, l*] (-ed, -ing) *adv.*, *adj.*, *n.*, *vt.* & *vi.*
اراده، میل، خواهش،آرزو، نیت، قصد، وصیت، وصیت نامه، خواستن،اراده کردن،وصیت کردن، میل کردن،فعل کمکی «خواهم».
I w. go. خواهم رفت.
Of one's own free w. بطیب خاطر.
Make a w. وصیت کردن.
Last w. and testament.
آخرین وصیت .
will.able, *adj.*
قابل اراده، خواستنی، قابل اعمال، قابل‌ارث.
will.ful, wil.ful, *adj.*
خودسر، مشتاق، مایل.
will.ing [*wíliŋ*] *adj.*
مایل، راضی، حاضر، خواهان، راغب.
will-o'-the-wisp [*wíləðəwìsp*], *n.* فریبنده‌وگمراه‌کننده،فکرباطل،نورکاذب.
wil.low [*wílou*] (-ed, -ing) *vt.*, *adj.* & *n.* [گ.ش.] بید، درخت بید، دستگاه پنبه‌پاک‌کنی، پاک‌کردن (پنبه یا پشم).
wil.lowy [*wíloui*] *adj.* بیدمانند، بید زار، پربید، نرم وباریك شبیه بید. بلند.
willpower, *n.*
عزم راسخ، تصمیم جدی، نیروی اراده.
wil.ly-nil.ly [*wílinìli*] *adv.* & *adj.*
خواهی‌نخواهی، بهرحال، درهرحال، بالیت‌ولعل.
wilt [*wilt*] (-ed, -ing) *n.*, *vi.* & *vt.* پلاسیده و پژمرده شدن، خم شدن.
wily [*wáili*] *adj.*
پرحیله، پرمکر، مکار، پرتزویر.
wim.ble (-d, wimbling) *n.*, *vt.* & *vi.* مته‌کردن، هرنوع‌اسباب یا وسیله‌ای که باآن‌سوراخ‌میکنند، گردبر، دیلم، مته‌فرنگی،پیچاندن (مثل‌طناب).
wim.ple [*wímpl*] (-d, wimpling) *n.*, *vt.* & *vi.* روسری زنان قرون وسطی، چرخ، پیچ، خم، چین‌وشکن، با چارقد پوشاندن، حجاب زدن، موج‌دارکردن.
win [*win*] (won, winning) *n.*, *vt.* & *vi.* بردن، پیروز شدن، فاتح‌شدن، غلبه یافتن بر، بدست‌آوردن، تحصیل کردن، فتح، پیروزی، برد.
wince [*wins*] (-d, wincing), *vi.* & *n.*
خـود را عقب کشیدن، رمیدن، (از شدت درد) خود را لرزاندن وتکان دادن، لگدپرانی.
winch [*win(t)ʃ*] (-ed, -ing) *n.* & *vt.* (دربافندگی)استوانهٔ تارکشی‌نخ، (مك.) دستگیرهٔ چرخ جراثقال، [م.م.] پیچ هر نوع‌ماشین یادستگاهی که برای‌کشیدن بکار رود، هندل، باچرخ یادستگیره کشیدن، دوار، گردان.
wind [*wind, waind*] (-ed, wound, -ing) *n.*, *vt.* & *vi.*
باد، نفخ، بادخورده کردن، درمعرض‌بادگذاردن، نفس، خسته‌کردن یـا شدن. از نفس افتادن، از نفس انداختن.
W. instruments. سازهای بادی.
There is something in the w. کاسه‌ای زیر نیم‌کاسه است، یك‌خبری هست.
Get w. of something. پی‌بچیزی بردن، ازچیزی بو بردن.
wind [*waind*] *vi.*, *vt.* & *n.* پیچاندن، پیچیدن، پیچ‌دان، کوك‌کردن (ساعت و غیره)، انحناء،انحنا یافتن، حلقه‌زدن، چرخاندن.
windbag [*wíndbæg*] *n.*
کیسهٔ باد، سخنران پرگو، نطاق روده دراز.
windblown, *adj.*
دستخوش باد، درحرکت بوسیلهٔ باد، بادزده.
windbreak [*wíndbreik*] *n.*
بادشکن، درختستان یا بوته‌هائی‌که برای جلو- گیری از وزش باد کاشته می‌شوند.
windburn, *n.*
بادزدگی.
wind.er [*wáində*] *n.*
پیچنده، پیچ، کوك‌کننده، کلیدکوك، نخ پیچ.
windfall [*wíndfɔ:l*] *n.*
میوهٔ باد انداخته، ثروت‌بادآورده.
windflaw, *n.* جریان باد.
windflower [*wíndflàuə*] *n.*
[گ.ش.]لاله‌نعمان،شقایق‌نعمانی(Anemone).
wind.ing, *adj.* & *n.* پیچاپیچ، پیچاندن،چیزی که پیچ‌می‌خورد،مارپیچی،رودپیچ.
winding-sheet, *n.* کفن.
wind.lass [*wíndləs*] (-ed, -ing), *vt.* & *n.*
چرخ چاه، ماشین‌هائی‌که بـرای کشیدن یا بالا آوردن آب بکار میرود، باچرخ کشیدن.
windmill [*wín(d)mil*] (-ed, -ing), *n.*, *vi.* & *vt.* آسیاب‌بادی،هرچیزی شبیه‌آسیاب‌بادی، (آسیابوار) چرخیدن.
win.dow [*wíndou*] *n.* & *vt.*
پنجره، روزنه،ویترین، دریچه، پنجره‌دارکردن.
window-dress (-ed, -ing) *vt.*
پشت ویترین‌گذاشتن، بنمایش‌گذاشتن.
windowpane, *n.*
شیشهٔ‌پنجره، جام‌پنجره.
window shade, *n.* پرده، کرکره.
window-shop, *vi.* به‌کالاهای درون ویترین مغازه نگاه‌کردن (بدون خرید).
windpipe [*wíndpaip*] *n.*
نای، قصبة‌الریه، (م.م.) لولهٔ هوا.
windproof, *adj.* مقاوم درمقابل‌باد،ضدباد.
windscreen [*wíndskrì:n*] *n.*
(انگلیس)پنجرهٔ اتومبیل، شیشهٔ جلو اتومبیل.
windshield [*wíndʃì:ld*] *n.*
(آمریکا)شیشهٔ جلو اتومبیل.
windstorm, *n.*
توفان، گردباد، باد سریع.
windswept [*windswept*] *adj.*
بربادرفته، بوسیلهٔ باد جارو شده، بادزده.
wind-up (winded-up, wound up, winding up) *vt.* & *vi.*
پایان یافتن، منتج به‌نتیجه شدن، پایان‌دادن.
wind.ward [*wíndwəd*] *n.* & *adj.*
طرف‌باد، روبباد، بادخور، بادگیر، بادخیز.
windy [*wíndi*] *adj.* & *n.* بادخیز، پرباد، بادخور، طوفانی، چرند، درازگو.
wine [*wain*] (-d, wining) *n.*, *vt.* & *vi.* شراب، باده، می، شراب‌نوشیدن.
wineglass, *n.* & *adj.*
جام شراب، لیوان شراب، پیمانهٔ شراب.
winegrower, *n.* کشتگر انگور، کسیکه انگور میکارد، تاکستان‌دار، شراب‌ساز.
winepress, *n.* خمرهٔ شراب سازی، ماشینی که‌آب انگور را می‌گیرد، چرخشت.
win.ery, *n.*
کارخانهٔ شراب‌سازی، مؤسسهٔ شراب‌کشی.
wineshop, *n.*
مغازهٔ شراب فروشی، باده فروشی.
wineskin, *n.* مشك شراب.
wing [*wiŋ*] (-ed, -ing) *n.*, *vt.* & *vi.* بال، پره، قسمتی ازیك‌بخش یا ناحیه، [نظ.] گروه هوائی، هرچیزی‌که هـوا را برهم‌میزند (مثل‌بال)، بال‌مانند، زائدهٔ‌حبابی، جناح، پره، زائدهٔ پره‌دار، طرف، شاخه، شعبه، دستهٔ حزبی، پرواز، پرش، بالدار کردن، پردار کردن، پیمودن.
wing.let, *n.*
بال‌کوچك، بالچه، زائدهٔ بال مانند.
winglike, *adj.*
مانندبال، جناح وار، جناح مانند.
wingspan, *n.* طول بالهای هواپیما.
wink [*wiŋk*] (-ed, -ing) *n.*, *vt.* & *vi.*
چشمك زدن، با چشم‌اشاره‌کردن، برق‌زدن، باز وبسته شدن، چشمك، اغماض‌کردن.
W. at. چشمك‌زدن‌به، نادیده پنداشتن.
win.kle [*wíŋkl*] (-d, winkling) *n.*, *vt.* & *vi.*
چشمك زدن، جابجا کردن، حلزون خوراکی.
win.ner [*wínə*] *n.*
برندهٔ بازی، برنده، فاتح.
win.ning [*wíniŋ*] *n.* & *adj.*
برنده، دلکش، فریبنده، برد، فتح وظفر.
win.now [*wínou*] (-ed, -ing), *n.*, *vt.* & *vi.*
بوجاری‌کردن، بادافشان‌کردن، باددادن، افشاندن، پاك‌کردن، غربال‌کردن، بجنبش درآوردن.
win.now.er, *n.*
کسیکه بادافشانی میکند، ماشین بوجاری.
wi.no, *n.* معتاد به‌شراب، باده‌پرست.
win.some [*wínsəm*] *adj.*
با مسرت وخوشی، مناسب، خوش‌آیند، پیروز.
win.ter [*wíntə*] (-ed, -ing), *n.*, *vt.* & *vi.* زمستان، شتا، قشلاق‌کردن، زمستان‌را برگذار کردن، زمستانی.
win.ter.ish, *adj.*
زمستانی، مناسب برای زمستان.
win.ter.ize (-d, winterizing) *vt.* آماده برای زمستان شدن، خودرا برای مقابله با سرمای زمستان آماده کردن.
winter-kill (-ed, -ing) *vt.* & *n.* درسرمای‌زمستان‌ازبین رفتن، زمستان‌کش.
winter quarters, *n.pl.*
پادگان زمستانی، اقامتگاه زمستانی، قشلاق.
win.try, win.tery [*wíntri*] *adj.*
زمستانی، سرد، بیمزه، مناسب‌زمستان.
winy, winey, *adj.* شرابی،شراب‌مانند.
wipe [*waip*] (-d, wiping) *n.*, *vt.* & *vi.*
پاك‌کردن، خشك‌کردن، بوسیلهٔ مالش پاك‌کردن، از میان بردن، زدودن.
wip.er, *n.*
پاك‌کن، جاروب‌کن، برف‌پاك‌کن.
wir.able, *adj.*
قابل سیم‌کشی، قابل مفتول شدن، قابل مخابره.
wire [*wáiə*] (-d, wiring) *n.*, *vt.* & *vi.* سیم، مفتول، سیم‌تلگراف، سیم‌کشی‌کردن، مخابره‌کردن.
wiredraw (-drew, -drawn, -ing) *vt.* & *vi.*
حدیده‌کردن،مفتول‌کردن، بشکل سیم‌درآوردن، زیاد باریك شدن، زیاد طول دادن.
wire.less [*wáiəlis*] *n.*, *vt.*, *vi.* & *adj.* بی‌سیم، تلگراف‌بی‌سیم، با بی‌سیم تلگراف مخابرهٔ‌کردن،(انگلیس) رادیو.
wire.man, *n.* سیم‌کش.
wirephoto, *n.* & *vt.*
عکسی‌که بوسیلهٔ بی‌سیم فرستاده میشود، بوسیلهٔ بی‌سیم عکس فرستادن.
wire-puller, *n.*
[آمر.] سیم‌کش، شخص آب زیرکاه ومرموز.
wire service, *n.* خبرگزاری.
wiretap (-ped, -ping) *vi.*, *vt.*, *adj.* & *n.* ضبط وکنترل سری مکالمات، (بادستگاه ضبط‌صوت) استراق سمع‌کردن.
wiretapper, *n.* جاسوس یا ماشینی که مکالمات را بطور سری‌ضبط میکند.
wirework, *n.* کارهای سیمی [مثل تـور سبد وغیره]، سیم سازی (در جمع) بندبازی وآکروبات، کارخانهٔ سیم سازی.
wiring [*wáiəriŋ*] *n.*
سیم‌کشی، سیم‌سازی، مؤسسهٔ سیم‌سازی.
wiry [*wáiəri*] *adj.*
سیمی، سفت،کج شو، قابل انحناء، پرطاقت.
wis, *vi.* & *vt.*
پنداشتن،گمان‌کردن، تصورکردن، فرض‌کردن.
wis.dom [*wízdəm*] *n.* فرزانگی، خرد، حکمت، عقل، دانائی، دانش، معرفت.
wisdom tooth, *n.* دندان عقل.
wise [*waiz*] (-d, wising) *adj.* & *n.* خردمند، دانا، عاقل، عاقلانه، معقول،فرزانه.
wise, *adv.* کلمهٔ پسوندیست بمعنی «راه‌وروش وطریقه وجنبه» و «عاقل».
In no w. بهیچ‌وجه، بهیچ طریق.
wise acre [*wáizeikə*] *n.*
کسیکه ادعای عقل میکند ولی نادان است.
wisecrack [*wáizkræk*] (-ed, -ing) *n.*, *vt.* & *vi.* حرف‌کنایه دار یا شوخی‌آمیز، حرف‌کنایه‌دارزدن.
wise.crack.er, *n.* لطیفه‌گو، کسیکه حرف‌کنایه داریا شوخی آمیز میزند.
wise guy, *n.* مردرند، آدمی‌که خود را دانا پندارد، نادان دانانما.
wish [*wiʃ*] (-ed, -ing) *n.*, *vt.* & *vi.*
خواستن، میل داشتن، آرزوداشتن، آرزوکردن، آرزو، خواهش، خواسته،مراد،حاجت، کام.
I w. you happiness.
خوشی یا سعادت شما را خواستارم.
As you w. اختیار با شماست.
I w. you a happy new year.
سال نورا بشما شادباش میگویم.
God granted her w.
خدا مرادش را داد یا حاجتش را برآورد.
wishbone, *n.* استخوان جناق.
wish.er, *n.* خواستار، آرزو کننده.
wish.ful [*wíʃful*] *adj.* خواهان، آرزومند،طالب، خواستار، مشتاق،[م.م.]ملتمس.
wishful thinking, *n.*
افکار واهی وپوچ، خواسته‌اندیشی.
wish-wash, *adj.* سخن‌بی‌معنی، مشروب آبکی، آب زیپو، حرف بی‌ربط وپوچ.
wishy-washy [*wíʃiwɔ̀ʃi*] *adj.*
آبکی، رقیق، کم مایه، سست، بی‌معنی، بی‌مزه.
wisp [*wisp*] (-ed, -ing) *n.*, *vt.* & *vi.*
دسته،مشت، بقچهٔ کوچك، [از کاه وعلوفه]، حلقه،بسته، بقچه بندی،جاروب کوچك، گردگیر، تمیزکردن، جاروب‌کردن، (کاغذ وغیره‌را) بصورت حلقه درآوردن.
wist [*wist*] (-ed, -ing) *vt.* & *n.*

آگاه کردن،شناساندن،دانستن، گذشتۀ فعل wit.

wis.tar.ia [*wistéəriə*] *n.*
[گ.ش.] باقلائیان ولوبیائیان.

wist.ful [*wistful*] *adj.* [م.م.] مشتاق،
متوجه، آرزومند، دقیق، منتظر، درانتظار.

wit [*wit*] (**-ted, -ting**) *n., vt. & vi.* هوش،قوۀتعقل، لطافت طبع،
مزاح،بذله‌گوئی،دانستن،آموختن.

At wit's end. سردرگم، سرگشته.

Out of one's wits. دیوانه.

I am at my wits' end.
دیگر عقلم بجائی نمیرسد، حوصله‌ام تمام شد.

To w. یعنی.

wi.tan, *n.pl.* عاقل، [illegible]
(انکلوساکسون) اعیان و اسقفان وپیرانی که‌در شورای سلطنتی شرکت میکردند.

witch [*witʃ*] (**-ed, -ing**) *n., adj., vt. & vi.*
زن جادوگر، ساحره، پیره‌زن، فریبنده، افسون کردن، سحر کردن، مجنوب کردن.

witchcraft [*witʃkra:ft*] *n.*
جادوگری، افسونگری، نیرنگ.

witch.ery [*witʃəri*] *n.*
جادوگری، جادو، سحر، فریبندگی.

witch-hunt, *n.*
محاکمه و تعقیب جادوگران، تعقیب توهمات.

witch.ing [*witʃiŋ*] *n. & adj.*
افسون‌کننده، افسونگری، مسحورکننده.

witchy, *adj.* وابسته به جادوگری،
ساحری، جادوشده، سحر شده.

with [*wiδ, wiθ*] *prep. & adv.*
با، بوسیله، مخالف، بعوض، در ازاء، برخلاف، بطرف، درجهت.

with.al [*wiδɔ́:l*] *adv.*
بااین، باآن، ضمناً، بعلاوه.

with.draw, -al [*wiδdrɔ́:,—əl*], *vt., vi. & adj.* پس گرفتن،
بازگرفتن، صرفنظر کردن، بازگیری.

with.er [*wíδə*] *vt. & vi.* پژولیدن،
پژمرده کردن یا شدن، پلاسیده شدن.

withered, *adj.* پلاسیده، پژولیده،
پژمرده، خشکیده، چروك خورده (ازخشکی).

with.ers [*wíδəz*] *n.pl.*
(نظ.) جلوه‌گاه (در اسب)، قسمت واقع بین استخوانهای کتف(درگردن حیوانات).

with.hold [*wiδhóuld*] (**-held, -ing**) *vt. & vi.* دریغ‌داشتن، مضایقه‌داشتن،
خودداری کردن، منع کردن، نگاهداشتن.

with.in [*wiδín*] *adv., prep, adj. & n.* درداخل، توی، درتوی، درحدود،
مطابق، باندازه، درظرف، درمدت، درحصار.

withindoors, *adv.* در داخل، در
منزل، اشخاص داخل‌منزل، افراد داخل.

with.out [*wiδáut*] *prep., adv., conj. & n.* برون، بیرون، بیرون‌از،
ازبیرون، بطرف خارج، آنطرف، فاقد، بدون.

with.stand [*wiδstǽnd*] (**-ed, -ing**) *vt. & vi.* تاب‌آوردن،
مقاومت‌کردن‌با، ایستادگی کردن دربرابر، تحمل کردن، مخالفت کردن، استقامت ورزیدن.

withy [*wíδi*] *adj. & n.*
(گ.ش.) ترکۀ بید، بید، درخت‌بید.

wit.less [*witlis*] *adj.*
بیهوش، نفهم، بی‌شعور، بی‌معنی، نادان، کودن، دیر فهم، بی‌خبر.

wit.ness [*witnis*] (**-ed, -ing**), *n., vt. & vi.*
گواهی، شهادت، گواه، شاهد، مدرك،شهادت‌دادن،دیدن، گواه بودن‌بر.

Bear w. to. گواهی دادن به.

Call to w. بشهادت طلبیدن.

In w. of برای‌گواهی، در تأیید.

wit.ti.cism [*witisizm*] *n.*
بذله‌گوئی، لطیفه، شوخی، لطیفه‌گوئی، مسخره.

wit.ty [*witi*] *adj.*
بذله‌گو، لطیفه‌گو، شوخ، لطیفه‌دار، کنایه‌دار.

wive [*waiv*] (**-d, wiving**) *vt. & vi.* زن‌گرفتن، زن دادن، ازدواج کردن.

wives [*waivz*] (*p. of* **wife**).
(سوم. جمع کلمۀ wife)، همسران.

wiz.ard [*wízəd*] *vt., vi., adj. & n.* جادوگر، جادو، ساحر، طلسم‌گر، نابغه.

wiz.ard.ry [*wízədri*] *n.*
جادوگری، جادوئی، سحر، افسونگری.

wizen, *adj., vt. & vi.*
خشکیده، چروك، لاغر، پژمرده‌یا پلاسیده.

wob.ble [*wɔ́bl*] (**-d, wobbling**) *n., vt. & vi.* (درچرخ)لنگ‌بودن،
جنبیدن، تلوتلوخوردن،وول‌خوردن، مرددبودن، مثل لرزانك تكان خوردن، لنگی‌چرخ، لق‌بودن.

wob.bler [*wɔ́blə*] *n.*
لرزنده، لنگ، تلوتلوخور.

wob.bly [*wɔ́bli*] *adj. & n.*
لرزان، جنبنده، لق.

woe [*wou*] (**-d, woing**) *adj., n. & interj.*
وای‌بر، آه، علامت اندوه وغم، غصه، پریشانی.

Weal and w. سعادت‌ونکبت، شادی وغم.

W. is me=w. unto me. وای‌برمن.

woe.be.gone [*wóubigɔn*] *adj.*
افسرده، گرفتار غم، غرق در اندوه، درهم‌وبرهم.

woe.be.gone.ness, *n.*
افسردگی، غم واندوه.

woe.ful [*wóuful*] *adj.*
اسفناك، اندوهناك، غمگین، محنت‌زده، بدبخت.

woke [*wouk*] (*p. of* **wake**).
(زمان ماضی فعل wake)، بیدار شد.

wold, *n.* دشت مرتفع، ناحیۀ بی‌جنگل.

wolf [*wulf*] (*pl.* **wolves, -ed, -ing**) *n., vi. & vt.*
(ج.ش.) گرگ، حریصانه‌خوردن، بوحشت‌انداختن.

wolf.hound, *n.*
[ج.ش.] سگ تازی، تازی درشت اندام.

wolf.ish [*wúlfish*] *adj.* گرگ‌صفت.

wolf pack, *n.* گلۀ گرگ.

wom.an [*wúmən*] (*pl.* **women**), *adj. & n.* زن، زنانگی، کلفت، رفیقه
(نامشروع)، زن‌صفت، ماده، مؤنث، جنس زن.

w. doctor. بانوی پزشك، طبیبه، دکترس.

Women's apartments. اندرون.

wom.an.hood [*wúmənhud*] *n.*
زنی، زنیت، حس زنانگی، عالم نسوان.

wom.an.ish [*wúməniʃ*] *adj.*
زن‌صفت، زنانه، مربوط‌بزن یا زنان.

wom.an.ize, *vi. & vt.*
زن صفت‌کردن، بازنان‌آمیختن.

wom.an.iz.er, *n.*
مشتاق‌زن، مرد زن‌پرست.

womankind [*wúmənkáind*] *n.*
جنس‌زن، گروه زنان، نژاد زن، زنان.

woman.like [*wúmənlaik*] *adj. & adv.*
زن مانند، زن صفت، مثل‌زن، زنانه، شبیه زن.

wom.an.li.ness [*wúmənlinis*] *n.*
زنانگی، صفات زنانه.

wom.an ly, *adj.*
زنانه، درخور زنان، مثل زن.

womb [*wu:m*] *n. & vt.* آبسته،
زهدان، بچه‌دان، رحم، شکم، بطن، پروردن.

womenfolk [*wíminfouk*] *n.*
زنان، جماعت زنان، [د.گ.] جنس زن.

won [*wʌn*] (**-ned, -ning**) *vt. & vi.* سکنی‌کردن، معتادشدن، مقیم شدن.

won (*p. of* **win**).
(زمان ماضی فعل win)، برد، پیروز شد.

won.der [*wʌ́ndə*] (**-ed, -ing**), *adv., adj., n., vt. & vi.*
شگفت، تعجب، حیرت، اعجوبه، درشگفت شدن، حیرت‌انگیز، غریب.

Filled with w.
متعجب، درشگفت، پر ازاعجاب.

I w. what he did [illegible]

won.der.ful [*wʌ́ndəful*] *adj. & adv.* شگرف،
شگفت‌آور، شگفت انگیز، شگفت، عجیب.

won.der.land, *n.* کشور زیبای
خیالی، سرزمین عجائب، سرزمین پرنعمت.

won.der.ment [*wʌ́ndəmənt*] *n.*
شگفت، حیرت، چیز شگفت انگیز، تعجب.

wonderwork, *n.*
معجزه، استادی، کار عجیب، مهارت.

won.drous [*wʌ́ndrəs*] *adj. & adv.* شگرف،
حیرت‌آور، حیرت‌زا، عجیب و شگفت انگیز.

won.ky [*wɔ́ŋki*] *adj.*
بی‌ثبات، ضعیف، نحیف، لرزان، سست، افتادنی.

wont [*wount*] (**-ed, -ing**) *n., adj., vt. & vi.* آموخته، معتادبه،
خوگرفته، عادت، رسم، خوگرفتن‌باخوادادن.

won't [*wount*]=**will not**

wont.ed [*wóuntid*] *adj.*
عادی، معهود، معمولی، معتاد.

woo [*wu:*] (**-ed, -ing**) *vt. & vi.*
اظهارعشق کردن‌با، عشقبازی کردن‌با، خواستگاری کردن، جلب لطف کردن.

wood [*wud*] *n., adj., vt. & vi.*
چوب، هیزم، بیشه، جنگل، چوبی، درختکاری کردن، الوار انباشتن.

woodbine, woodbind [*wúdbain, —baind*] *n.*
سیگار برگ ارزان، [گ.ش.] یاسمن زرد.

wood carving, *n.* منبت‌کاری.

woodchopper, *n.* هیزم شکن.

wood.chuck [*wúdtʃʌk*] *n.*
[ج.ش.] موش خرمای کوهی آمریکا.

woodcock [*wúdkɔk*] *n.*
[ج.ش.] خروس جنگلی آسیائی واروپائی.

woodcraft [*wúdkra:ft*] *n.*
صنایع چوبی، نجاری.

woodcut [*wúdkʌt*] *n.*
باسمۀ چوبی، حکاکی روی چوب، گراورسازی.

woodcutter, *n.*
هیزم شکن، باسمه کار چوب، منبت کار.

wooded [*wúdid*] *adj.*
[م.م.] پوشیده شده از درخت، خیلی انبوه.

wood.en [*wúdn*] *adj.* چوبی،
از چوب ساخته شده، خشن، شق، راست، سیخ.

wood engraving, *n.*
گراور سازی روی چوب، باسمه‌کاری باچوب.

wood.land [*wúdlənd*] *n. & adj.*
جنگل، زمین جنگلی، درختستان.

wood.man [*wúdmən*] *n.*
هیزم‌شکن، جنگلبان، شکارچی، جنگل‌نشین.

woodpecker [*wúdpèkə*] *n.*
[ج.ش.] دارکوب.

woodpile, *n.* تودۀ چوب، دستۀ هیزم.

wood pulp, *n.*
خمیر چوب (برای کاغذ سازی)

wood.ruff, *n.* (در ماهیگیری) حشرۀ
مصنوعی دارای بالهای سیاه وسفید.

woodshed, *n. & vi.*
انبار هیزم، انبار الوار و چوب، هیزم دان، (باآلت موسیقی) تمرین کردن.

woods.man [*wúdzmən*] *n.*
چوب‌بر، جنگلبان، جنگلی.

wood sorrel, *n.*
[گ.ش.] ترشك درختی (Oxalis).

woodsy, *adj. & n.* [د.گ.] مربوط به
جنگل، شبیه جنگل، ساکن جنگل، جنگلی.

wood turning, *n* [illegible]

woodwork [*wúdwə:k*] *n.*
قسمت چوبی‌خانه، چوب‌آلات نجاری.

woody [*wúdi*] *adj. & n.*
جنگل‌دار، پردرخت، چوبی، پوشیده ازچوب.

woo.er, *n.*
عشقباز، لاس‌زن، نامزدباز، خواستگار.

woof [*wu:f*] *n., vt. & vi.*
پود، دست‌بافت، پارچۀ کتانی، دارای‌پودکردن.

wool, -ed [*wul*] *n. & adj.*
پشم، جامه پشمی، نخ پشم، کرك، مو.

pull the w. over a person's eyes.
کسیرا اغفال کردن.

wooll.en [*wúlən*] *n. & adj.*
پشمی، پارچه‌های پشمی، پشمینه، کاموا.

wool fat, *n.*
چربی پشم، لانولین (lanolin).

wool-gather (**-ed, -ing**) *vt.*
خیالبافی کردن، حواس‌پرت‌بودن.

woolgatherer, *n.* خیالباف.

wool.li.ness, *n.*
پشمالوئی، پشم نمائی، پرپشمی.

wool.ly, wooly [*wúli*] *adj.*
پشم‌دار، پرپشم، پشمالو، پشم‌نما، خشن، فرفری.

woolly-headed, *adj.*
دارای سرپشمالو، منشوش، گیج وحواس پرت.

woozy, *adj.* بیمار، کسل، گیج ومنگ.

word [*wə:d*] (**-ed, -ing**) *n., vt. & vi.* کلمه، لغت، لفظ، گفتار، واژه،
سخن، حرف، عبارت، پیغام، خبر، قول، عهد، فرمان، لغات رابکار بردن، بالغات بیان کردن.

W. for w. کلمه بکلمه، تحت‌اللفظی.

By w. of mouth. شفاهی، شفاهاً.

Word came that he was ill.
خبر رسیدکه او مریض است.

upon my w. بشرافتم سوگند، قول‌میدهم.

word.age, *n.*
عبارت، جمله‌بندی، کلمات، واژه‌بندی.

wordbook, *n.* کتاب لغت، واژه‌نامه.

wording [*wə́:diŋ*] *n.*
عبارت سازی، جمله‌بندی، کلمه‌بندی، بیان.

word.less, *adj.*
غیرقابل بیان بالغات، خاموش، بی‌حرف.

wordplay, *n.*
بازی بالغات، معمای لفظی.

wordy [*wə́:di*] *adj.*
دارای اطناب، پرلغت، لغت‌دار.

wore [*wɔ:, wɔə*] (*p. of* **wear**).
(زمان ماضی فعل wear)، پوشید، بتن‌کرد.

work [*wə:k*] (**-ed, wrought, working**) *n., adj., vt. & vi.*
کار، شغل، وظیفه، زیست، عمل، عملکرد، نوشتجات، آثارادبی‌یا هنری، [درجمع] کارخانه، استحکامات، کارکردن، مؤثر واقع‌شدن، عملی‌شدن، عمل کردن.

out of work. خراب، بیکار.

The drug is working.
دوا دارد اثر میکند.

W. out. ازکار درآوردن، ازکار درآمدن.

work.able [wə':kəbl] adj.
کارکن، عملی، قابل اعمال، کارکردنی.
work.a.day [wə':kədei] adj.
روزانه، هرروز، معمولی، عادی.
workbook, n.
نظامنامه، کتاب دستور عملیات، کارنامه.
work camp, n
اردوی کار، محل کار زندانیان.
workday [wə':kdei] n. & adj.
روزکار، ایام کاراداری، ساعات کار اداری.
worked up, adj.
تهییج شده، ترغیب شده، ازکار درآمده.
work.er [wə':kə] n. عمله، کارگر،
ایجادکننده، ازکار درآمده.
work force, n.
نیروی کار، تعدادکارگر.
workhorse, n.
یابو، اسب بارکش، آدم زحمتکش.
workhouse [wə':khaus] n.
کارگاه، کارخانه، محل کار، اردوی کار، نوانخانه.
working [wə':kiŋ] adj. & n.
کارکننده، مشغول کار، کارگر، طرزکار.
W. plan.
نقشهٔ قابل اجرا، نقشهٔ کار، نقشهٔ عملی.
In good w. order.
دایر، آماده ومجهز برای کار.
working class, adj. & n.
طبقهٔ کارگر، مربوط بهطبقهٔ کارگر وزحمتکش.
work.ing.man, n.
کارگر، مزدبگیر، زحمتکش، از طبقهٔ کارگر.
work.less, adj.
ناتمام، بدون‌عمل، بیکار، بی‌حرفه.
work.man [wə':kmən] n.
کارگر، مزد بگیر، استادکار.
workmanlike [wə':kmənlàik]=
work.man.ly, adj. & adv.
شایستهٔ کارگر خوب، استادانه، ماهرانه، ماهر.
work.man.ship [wə'kmənʃip], n. مهارت، استادی، طرزکار، کار، ساخت.
work out, n., vi. & vt.
ازکار درآوردن، در اثرزحمت وکار ایجادکردن، حل کردن، تعبیه کردن، تدبیر کردن، تمرین.
workpeople [wə':kpi:pl] n.
کارگر، طبقهٔ کارگر.
workroom, workshop [wə':kru(:)m, wə':kʃɔp] n. اتاق کار، کارگاه.
work stoppage, n.
وقفه درکار، تعطیل‌درکار.
worktable, n. میزکار، جدول کار.
workweek, n.
ایام کار در هفته، ساعات کار هفته.
world [wə:ld] n. & adj.
جهان، دنیا، گیتی، عالم، روزگار.
world.li.ness, n. دنیا پرستی،مادیت،
دنیا دوستی، تمایل بهماده پرستی وجسمانیت.
world.ling, n. آدم دنیاپرست، مادی.
world.ly [wə':ldli] adj.
این جهانی، دنیوی، جسمانی، مادی، خاکی.
worldly-wise, adj.
جهان دیده، عاقل درامورمادی، محیل وزرنگ.
world war, n. جنگ جهانی.
worldwide, adj.
جهانی، درسرتاسر جهان.
worm [wə:m] (-ed, -ing) n., vt. & vi. کرم، سوسمار، مار،
خزنده، خزیدن، لولیدن، ماربیچ کردن.
worm-eaten, adj.
کرم‌خورده،سوراخ‌شده، فاسدشده (بوسیلهٔ کرم).
wormseed, n.
[گ.ش.] تخم درمنه، داروی ضدکرم.
wormwood [wə':mwud] n.
خاراگوش، افسنطین، برنجاسف کوهی.
wormy [wə':mi] adj.
[ج.ش.] کرم‌دار، کرم‌مانند، کرم خورده.
worn [wɔ:n] (pp. of wear).
اسم مفعول فعل wear (بکلمهٔ مزبور رجوع‌شود).
worn-out [wɔ́:náut] adj.
خسته وکوفته، زهوار در رفته، کهنه.
wor.ri.er, n.
کسی یا چیزی که غم میخورد، اندیشناک.
wor.ri.ment [wʌ'rimənt] n.
پریشانی، اضطراب، ناراحتی، غم زدگی،اشکال.
wor.ri.some [wʌ'risəm] adj.
مزاحم، غمزده، مسبب ناراحتی، آزار دهنده.
wor.ry [wʌ'ri] (-ied, worry-ing) n., vt. & vi. اندیشناکی، اندیشناک کردن یابودن، نگران کردن، اذیت کردن، بستوه آوردن، اندیشه، نگرانی، اضطراب،دلواپسی.
Don't w. اهمیت ندهید، غم نیست.
worse [wə:s] adv., adj. & n.
(وجه‌تفضیلی bad)، بدتر، وخیم‌تر، بدتری.
W. off. در وضع بدتر.
wors.en [wə':sn] (-ed, -ing), vt. & vi. بدتر کردن، بدتر جلوه دادن.
wor.ship [wə':ʃip] n., vt. & vi.
پرستش، ستایش، عبادت، پرستش کردن.
wor.ship.ful [wə':ʃipful] adj.
محترم، شایستهٔ احترام، قابل‌پرستش.
worst [wə:st] adj. & n.
(صفت عالی bad)، بدترین، بدتر ازهمه.
worst (-ed, -ing) vi. & vt.
امتیازآوردن (در مسابقه)، شکست دادن، وخیم شدن.
Get the w. of it. شکست خوردن.
wor.sted [wústid] n. & adj.
پشم ریشته، پشم تابیده، پشم اعلی، پارچهٔ پشمی.
wort, n.
گیاه خیسانده که هنوزتخمیر نشده، مخمرآبجو.
worth [wə:θ] adj. & n.
ارزش، قیمت، بها، سزاوار، ثروت، با ارزش.
It is w. nothing. مفت نمی‌ارزد.
worth.ful, adj. پراهمیت، باارزش،
شایسته، مستحق، سزاوار، گرانبها، قیمتی.
wor.thi.ly, adv. بطور شایسته‌ودرخور.
wor.thi.ness, n.
ارزش، جلال، شایستگی.
worth.less [wə':θlis] adj.
بی‌بها، ناچیز وبی‌قیمت، بی‌ارزش، بی‌اهمیت.
worthwhile, adj.
ارزنده، قابل صرف وقت، ارزش‌دار.
It is a worth-while experiment.
آزمایش ارزنده‌ایست.
wor.thy [wə':ði] adj. & n.
شایسته، لایق، شایان،سزاوار، مستحق، فراخور.
W. of praise. شایان‌تمجید.
would (p. & pp. of will).
تمایل، خواسته، ایکاش، میخواستم، میخواستند.
would-be [wúdbi:] adj.
کسیکه دلش میخواهد بمقامی برسد، خواستار.
would'nt=would not [wúdnt],
نبایستی، نمیخواست، نمیخواستند، نمیخواستیم.
wound [wu:nd] (past of wind).
پیچانده، پیچ خورده، کوک شده، رزوه شده.
wound (-ed, -ing) n., vt. & vi.
زخم،جراحت، جریحه،مجروح کردن، زخم‌زدن.
wove [wouv] (p. of weave).
woven [wóuvən] (pp. of weave).
wow (-ed, -ing) interj., vt. & n. (آمر. ــ اسکاتلند)فریاد حاکی‌از خوشحالی
و تعجب وحیرت،چیزجالب،موفق‌شدن.
wrack [ræk] (-ed, -ing) n., vt. & vi. کشتی شکستگی، خرابی،بدبختی،
آشغال سبزی،خراب کردن، ویران شدن.
wrack.ful, adj.
ویرانگر،مخرب، خراب‌کننده، مسبب خرابی.
wraith [reiθ] (pl. -s) n. خیال،
منظر،روح،شبح،روح‌مرده کهی‌قبل‌یا پس‌ازمرگ.
wran.gle [ræŋgl] (-d, wran-gling) n., vt. & vi. داد وبیداد
کردن، مشاجره کردن، نزاع کردن،دادوبیداد، مشاجره، نزاع، گردآوری، وراندن احشام.
wran.gler [rǽŋglə] n. دعواکننده،
اهل مشاجره، منازع، گردآورندهٔ احشام.
wrap [ræp] (-ped, -ping) n., vt. & vi. پیچیدن، قنداق‌کردن،
پوشانیدن، لفافه دارکردن، پنهان‌کردن، بسته بندی‌کردن، پتو،خفا، پنهانسازی.
wraparound, n. کمربند یا چیزی
که دور بدن شخصی بسته باشند، شال.
wrap.per [rǽpə] n.
بارپیچ، پوشه، لفاف، چادر شب، لفاف‌بسته‌بندی، جلدکتاب، بسته‌بندی‌کاغذ، روپوش، بالاپوش.
wrapping [rǽpiŋ] n.
لفاف، بارپیچ، قنداق، کاغذبسته‌بندی.
wrap up, n. & vt. خاتمه یافتن،
به‌نتیجه رسیدن، تمام‌شدن، گزارش، خلاصه.
wrath [rɔ(:)θ] adj. & n.
خشم، غضب، غیظ، اوقات تلخی زیاد، قهر.
wrath.ful [rɔ́(:)θful]=**wrathy,** adj. خشمگین، عصبانی، برانگیخته، غضبناک،
قهرآلود، کینه جوئی کردن، تلافی کردن، تلافی درآوردن، عشق یاکینهٔ خود راآشکارکردن.
wreak [ri:k] vt.
(کینه‌یاخشم‌خودرا) آشکارکردن، انتقام گرفتن.
W. your vengeance upon him.
انتقام خود را از اوبکش.
wreath [ri:θ] (pl -s) n.
حلقهٔ گل، تاج گل، نردهٔ پلکان مارپیچی.
wreathe [ri:ð] (-d, wreath-ing) vt. & vi. پیچ‌خوردن،
گلها را دسته کردن، حلقه‌شدن یا کردن.
wreathy, adj.
پیچیده، تافته، دورهم انداخته، حلقه حلقه شده.
wreck [rek] (-ed, -ing) n., vt. & vi. کشتی شکستگی، خرابی، لاشه
کشتی وهواپیما و غیره، خراب کردن، خسارت واردآوردن، خردومتلاشی شدن.
The car was wrecked in the accident. در اثر حادثه ماشین خورد شد.
wreck.age [rékidʒ] n.
لاشهٔ هواپیما یا ماشین وغیره، خرابی، اتلاف.
wreck.er [rékə] n. اوراقچی، مخرب.
wren [ren] n. (ج.ش.) انواع چکاوک
آوازخوان شبیه سسک،سسک.
wrench [ren(t)ʃ] (-ed, -ing) n., vt. & vi. (م.م.) نقشهٔ فریبنده، عمل تند ووحشیانه، آچار، آچارفرانسه، تند، چرخش، پیچ‌دادن، پیچ‌خوردن.

STILLSON WRENCH
MONKEY WRENCH
SINGLE-HEADED END WRENCH
DOUBLE-HEADED END WRENCH
WRENCHES

He wrenched his ankle. قوزک پایش پیچ خورد.
wrest [rest] (-ed, -ing) n., vt. & vi. گرداندن، پیچاندن، چلاندن (پارچه)،
زور آوردن، فشار آوردن، واداشتن، بزور قاپیدن وغصب کردن، چرخش، پیچش، گردش.
wres.tle [résl] (-d, wrestl-ing) n., vt. & vi.
کشتی گرفتن، گلاویز شدن، دست بگریبان‌شدن، سروکله‌زدن، تقلاکردن، کشتی، کشمکش، تقلا.
wres.tler, n. کشتی‌گیر.
wrestling, n. کشتی‌گیری، کشمکش.
wretch [retʃ] adj. & n.
بدبخت، بیچاره، بی‌وجدان، پست، خوار.
wretch.ed [rétʃid] adj.
بدبخت، بیچاره، ضعیف‌الحال، پست، تأسف‌آور.
wrig.gle [rigl] (-d, wriggl-ing) n., vt. & vi.
لولیدن، طفره زدن، جنبانیدن، کرم وار تکان دادن، لول خوردن، حرکت کرم وار کردن.
wright [rait] n.
استاد، سازنده، کارگر سازنده، نجار، کسیکه بکارهای ماشینی وساختن‌آن اشتغال دارد.
wring [riŋ] (wrung, -ing) vt. & vi.
فشردن، چلاندن، بزورگرفتن، غصب کردن، انتزاع کردن، پیچاندن، منحرف‌کردن.
wring.er [riŋə] n.
غاصب، بزورستان،ماشینی که برای‌چلاندن‌چیزی بکار می‌رود (مخصوصاً لباس و پارچه).
wrin.kle [riŋkl] (-d, wrin-kling) n., vt. & vi. آژنگ،
چین،چروک،چین‌خوردگی، چین وچروک‌خوردن، چروکیده شدن، چروکیدن، چین‌دادن.
wrist [rist] n. مچ، مچ‌دست، قسمتی از
لباس یا دستکش که مچ دست را می‌پوشاند.
wrist.band [ris(t)bænd] n.
سرآستین، سردست، النگو، دست‌بند، بند.
wrist.let [ristlit] n.
مچ‌پوش، بندساعت،دستبند،النگو.
wrist.watch, n. ساعت مچی.
writ [rit] n. حکم، نوشته، ورقه، سند.
The Holy Writ. کتاب‌مقدس.
writ.able, adj. قابل درج، نوشتنی.
write [rait] (wrote, written, writing) vt. & vi.
نوشتن،تألیف‌کردن، انشاء کردن، تحریرکردن.
W. off to expenditure.
جزو خرج‌آوردن.
W. out. بتفصیل نوشتن.
write-down, vt. & n.
نوشتن، بعنوان یادداشت وبرای ثبت نوشتن.
write in, vt. & n. درج‌کردن، ثبت.
write off, n. & vt.
حذف،کسرکردن،سوخت‌شده،محسوب‌کردن.
writ.er [ráitə] n.
نویسنده، مؤلف، مصنف، راقم، نگارنده.
write up, vt. & n.
شرح‌چیزی‌رانوشتن، باآب‌وتاب‌شرح‌دادن.
writhe [raið] (-d, writhing), vi. & vt. (ازشدت‌درد‌یاشرم)
بخود پیچیدن، پیچ وتاب خوردن، آزرده شدن.
writing [ráitiŋ] adj. & n.
خط، دستخط، نوشته، نوشتجات، نویسندگی.
In w. کتباً.
written, adj., نوشتاری، کتبی.
wrong [rɔŋ] (-ed, -ing) n., vt. & vi.
خطا، اشتباه، تقصیر وجرم، غلط، ناصحیح، غیر منصفانه رفتارکردن، بی‌احترامی کردن‌به، سهو.
A. w. answer. جواب غلط یا نادرست.
You are w. شما اشتباه‌میکنید.
Something is w. with you.
یك‌چیزی‌تان هست، یك عیبی درکار شما هست.
wrongdoer [rɔŋdú:ə] n.

خطاکار، متجاوز، مجرم، متخلف.

wrongdoing [*rɔŋdú:iŋ*] *n.* خطاکاری، عمل پست وشیطنت آمیز.

wronged, *adj.* متضرر، دچار خطا وانحطاط، مظلوم.

wrong.ful [*rɔ́ŋful*] *adj.* نادرست، ناصحیح، پرغلط، غیرقانونی.

wroth [*rouθ*] *adj.* خشمگین، غضبناك، برآشفته، سبع، ظالم.

wrought [*rɔ:t*] *adj.* بشکل‌درآمده، تشکیل‌شده، بشکل‌درآورده‌شده، ازکار درآورده، ساخته.

wrung [*rʌŋ*] (*p.* **of wring**).

wry [*rai*] (**-ied, wrying**)*adj.*, *vt.* & *vi.* کج،معوج‌شده،کنایه‌آمیز، چرخیدن، پیچ خوردن، خم کردن، دهـن کجی کردن، باطراف چرخاندن، اریب‌شدن.

wye, wy, *n.* حرف **y** (درالفبای انگلیسی).

انگلیسی English	خط میخی پارسی Old Persian Cuneiform	پهلوی اشکانی Parthian Pahlavi	پهلوی ساسانی Sassanian Pahlavi	پهلوی کتابی Book Pahlavi	اوستائی Avestan	فارسی Modern
X	–	–	–	–	–	خ، ز

X [*eks*] *n.* حرف بیست وچهارم الفبای انگلیسی.

Xan.thip.pe, Xan.tip.pe, *n.* زن سقراط، [مج.] زن ستیزه‌جو، زن غوغائی.

xeno.gen.e.sis, *n.* [زیست شناسی] ناجوری، جور واجوری، خلق‌ناگهانی.

xe.non [*zénɔn*] *n.* [ش.] گزنون، نوعی‌گاز بی‌اثر.

xeno.phile, *n.* بیگانه‌دوست، بیگانه‌پرست، اجنبی‌پرست.

xeno.phobe, *n.* بیگانه ترس.

xeno.pho.bia, *n.* (حق.) بیگانه‌ترسی، بیم از بیگانه.

xe.roph.i.lous, xe.ro.phile, *adj.* قابل زیست درمحیط‌های‌خشك، خشك‌زی.

Xmas=Christmas, *n.* کریسمس.

X ray [*éks réi*] *vt.* & *n.* اشعهٔ مجهول، اشعهٔ‌ایکس، با اشعهٔ ایکس‌امتحان کردن،عکسبرداری‌با اشعهٔ‌ایکس.

xy.log.ra.phy, *n.* منبت‌کاری روی‌چوب.

xy.loph.a.gous, *adj.* چوب خوار.

xylo.phone [*záiləfoun*] *n.* [مو.] زیلوفون، سنتور چوبی.

Y

انگلیسی English	خط میخی پارسی Old Persian Cuneiform	پهلوی اشکانی Parthian Pahlavi	پهلوی ساسانی Sassanian Pahlavi	پهلوی کتابی Book Pahlavi	اوستائی Avestan	فارسی Modern
Y	𐎹	[illegible]	[illegible]	د	[illegible]	ی

Y [*wai*] *n.* بیست وپنجمین حرف الفبای انگلیسی.

yacht [*jɔt*] *n.* کرجی بادی یا بخاری مخصوص تفرج.

yachting [*jɔ́tiŋ*] *n.* قایق‌رانی، مسافرت باقایق تفریحی.

yachts-man [*jɔ́tsmən*] *n.* صاحب‌کشتی تفریحی، علاقمند به‌دریا نوردی.

yack=yak, *n.* روده درازی، پرحرفی، وراجی.

ya hoo [*jà:hú:*] *n.* آدم حیوان صفت.

Yah.weh, Yah.veh, Jehova, *n.* یهوه (نام خدا در میان‌قوم اسرائیل).

yak [*jœk*] (*pl.* **-s**) *n.* [ج.ش.] گاومیش دم‌کلفت، گاونر وکوهان‌دار.

yak, *vt.* & *n.* بطورمداوم‌حرف‌زدن،وراجی کردن،روده‌درازی.

yam [*jœm*] *n.* (گ.ش.) سیب‌زمینی‌هندی،سیب‌زمینی شیرین.

yam.mer (**-ed, -ing**) *vi.*, *vt.* & *n.* شیون وزاری پی‌درپی کردن، شیون وزاری.

yank, yan.kee [*jœŋk, jœ́ŋki(:)*], *n.*, *vt&vi.* ضربهٔ‌ناگهانی‌وشدید، تکان‌شدید و سخت، تشنج،زود کشیدن، تکان‌تنددادن، آمریکائی.

yap [*jœp*] (**-ped, -ping**) *vt.* & *n.* (ج.ش.) سگ زوزه‌کش، سگ بـداصل، زوزه، صدای تند و تیز، حـرف، سخن، زوزه کشیدن، عوعوکردن.

yard [*ja:d*] (**-ed, -ing**) *vt.* & *n.* واحدمقیاس‌طول انگلیس معادل۹۱۴۴ر۰ متر، یارد [۳۶ اینچ یا ۳ فوت]، محوطه یا میدان ، محصور کردن، انبارکردن (درحیاط).

yard.age, *n.* میزان ومقدار چیزی‌بحسب‌یارد، مجموعه.

yardmaster, *n.* رئیس محوطهٔ بار انداز راه‌آهن.

yardstick, *n.* چوب ذرع، میزان، مقیاس، پیمانه، معیار.

yare, *adj.* آماده، تند، جلد، تردست، سرزنده.

yarn [*ja:n*] (**-ed, -ing**) *n.* & *vi.* نخ تابیده، نخ بافندگی، الیاف، داستان افسانه آمیز، افسانه پردازی‌کردن .

yar.row [*jœ́rou*] *n.* [گ.ش.] بومادران، بومادران هزاربرگ.

yaw [*jɔ:*] (**-ed,-ing**) *n.*, *vt.* & *vi.* انحراف‌کشتی از مسیر خود، انحراف، تجاوزاز حدود، از مسیر خود منحرف شدن.

yawl [*jɔ:l*] *n.* قایق چهار پاروئی یا شش پاروئی حمل شده در کشتی.

yawn [*jɔ:n*] *n.*, *vt.* & *vi.* دهن دره کردن، خمیازه‌کشیدن، با حال خمیازه سخن‌گفتن، خمیازه، دهن‌دره.

yaws [*jɔ:z*] *n.pl.* [طب] بیماری مسری و عفونی حاصله در اثـر اسپیروکتی‌بنام (Treponema Pertenue).

ycleped, yclept [*iklépt, iklé-pid*] *adj.* نامیده، موسوم، مصطلح، ملقب.

ye [*ji:*] **pron.** & **n.** شکل قدیمی کلمهٔ The، شماها.

yea [*jei*] *adv.* & *n.* آری، بله، در حقیقت، بلکه، رأی مثبت.

yean (**-ed, -ing**) *vt.* & *vi.* بچه‌آوردن (بزوگوسفند)، بره زائیدن.

yean.ling, *n.* نوزاد بره، بزغاله.

year [*jə:, :iə*] *n.* سال،سنه،سال‌نجومی.

Y. in y. out. سال دوازده ماه.

yearbook, *n.* سالنامه،گزارشات‌سالانه.

year.ling [*jíəliŋ, jə':-*] *n.* آدم یکساله،گیاه یك ساله.

yearlong, *adj.* یکسال تمام، یکساله.

year.ly [*jə':li, jíə-*] *adv.* & *adj.* سالیانه، همه سال، سال‌بسال.

yearn [*jə:n*] *vi.* آرزو کردن، اشتیاق داشتن، مشتاق بودن.

year-round, *adj.* در تمام سال، کارکننده در تمام سال.

yeast [*ji:st*] *vi* & *n.* مخمر، (مج.) خمیرمایه، خمیرترش،تخمیرشدن.

yeasty [*jí:sti*] *adj.* مخمرمانند، دارای مادهٔ تخمیری، خمیردار، خمیرمایه دار.

yell [*jel*] (**-ed, -ing**) *vt.* & *n.* فریاد زدن، نعره کشیدن، صدا، نعره، هلهله.

yel.low [*jélou*] (**-ed, -ing**), *adj.*, *n.* & *vt.* زرد،اصفر، ترسو،زردی.

yellow bile, *n.* سودا،صفرا.
yellow fever, *n.* [طب] تب‌زرد.
yel.low.ish [*jélouiʃ*] *adj.* زردفام، مایل بزردی.
yelp [*jelp*] (**-ed, -ing**) *n., vt. & vi.* واغ واغ‌کردن، لاف زدن، بالیدن، جیغ زدن، واغ واغ.
yelp.er, *n.* (ج.ش.) تولهٔ [سگ وخرس و پلنگ وغیره].
yen [*(j)en*] *n.* واحد پول ژاپن، اصرار، تمایل، رغبت شدید.
yeo.man,-ly [*jóumən, -li*] *adv., adj. & n.* خرده مالك، كشاورز، مالك جزء.
yeo.man.ry [*jóumənri*] *n* خرده مالکین،سوار، نظام، سرباز داوطلب.
yerk (-ed, -ing) *n. & vi.* سیخ زدن، سُک‌زدن، برانگیزاندن، شلاق‌زدن، کوبیدن، قاپیدن‌وبردن، محکم بستن،فشاردادن، هل دادن، شکاف برداشتن، لگد، مشت، ضربت، حرکت سریع وشدید.
yes [*jes*] *adv., vt., vi. & n.* بله، بلی، آری،بلی‌گفتن.
yes-man, *n.* آدم بله بله «گو»، نوکر.
yes.ter [*jéstə*] *adj.* مربوط به دیروز.
yes.ter.day [*jéstədi*] *adj. & n.* دیروز، روز پیش، زمان گذشته.
The day before y. پریروز.
yes.ter.year, *n.* سال‌گذشته، پارسال.
yet [*jet*] *adv. & conj.* هنوز، تاآنزمان، تاکنون، تاآنوقت،تاحال، باز هم، با اینحال، ولی، درعین حال.
As y. تاکنون، نقداً که.
yew [*juː*] *n.* [گ.ش.] سرخدار.
Yid.dish [*jídiʃ*] *adj. & n.* زبان عبری رایج میان‌کلیمیان روسیه ولهستان وآلمان وغیره (مخلوطی از آلمانی وعبری).
yield [*jiːld*] (**-ed, -ing**) *n., vt. & vi.* ثمردادن، واگذارکردن، ارزانی داشتن، بازده، محصول، حاصل،تسلیم‌کردن‌یاشدن.
yip (**-ped, -ping**) *vi. & n.* جیرجیر کردن،زوزه کشیدن،عوعوکردن،واغ‌واغ.
yip.pee, *interj.* هیپ‌هیپ هورا.
yo.del [*jóudl*] *n.* صدای‌آواز مانند «دلی‌دلی» که اهالی سویس و مردم‌کوهستانی در آواز خود تکرار میکنند.
yo.del.er, *n.* آواز خوان، دلی‌دلی‌گو.
yo.ga [*jóugə*] **yo.gic,** *adj. & n.* ریاضت، فلسفهٔ جوکی.
yo.gi [*jóugi*] **yo.gin,** *n.* جوکی، مرتاض هندی.
yo.gurt, yo.ghurt, *n.* [آمر.] ماست، یوقورت.
yoke [*jouk*] (**-d, yoking**) *n., vt. & vi.* یوغ، (مج.) اسارت، بندگی عبودیت، درزیریوغ آوردن، جفت‌کردن، (مج.) وصل‌کردن.
yo.kel [*jóukl*] *n.* روستائی، برزگر، دهاتی، نادان.
yolk, yoke [*jouk*] *n.* زردهٔ‌تخم‌مرغ، (زیست‌شناسی)محتویات‌نطفه.
yon [*jɔn*] *pron., adv., adj. & n.* yonder، شخص آن‌طرفی، آن‌یکی‌دیگر، آن.
yon.der [*jɔ́ndə*] *adj. & adv.* آنجا، آنسو، آنطرف، واقع درآنجا، دور.
yoo-hoo, *interj.* اوهوی،آهای.
yore [*jɔː*] *adv.* در زمانی‌بسیار دور، درگذشته، در قدیم.
Of y. سابقاً، درقدیم.
York.shire [*jɔ́ːkʃə*] *n.* (ج.ش.) خوك سفید از نژاد یورکشایر، ایالت یورکشایر در شمال انگلستان.
you [*júː, ju*] *pron.* شما، شمارا.
you-all, *pron.* همهٔ شما.
you'd=you would, you had.
you'll=you shall, you will.
young [*jʌŋ*] *n. & adj.* جوان، تازه، نوین، نوباوه، نورسته، برنا.
The night is yet y. تازه سر شب است.
youn.ger, *n.* جوانتر، بچه‌تر.
youn.gest, *n.* جوانترین.
young.ish [*jʌ'ŋiʃ*] *adj.* جوان‌وار،نسبتاً جوان.
young.ling [*jʌ'ŋliŋ*] *n.* جوانه [درگیاهان]، جوانك، مبتدی.
young.ster [*jʌ'ŋstə*] *n.* نوباوه، جوانك، پسربچه،(گ.ش.) برگچه.
Young Turk, *n.* افسر جوان و افراطی.
youn.ker, yon.ker, *n.* نجیب‌زادهٔ جوان، جوان سلحشور، نوجوان.
your [*juə, jɔː*] *adj.* مال شما، مربوط بهشما، متعلق بهشما.
Y. book. کتابتان، کتاب شما.
you're=you are شما هستید.
yours [*juəz, jɔːz*] *pron. & adj.* مال‌شما،مال خود شما (ضمیرملکی).
A friend of y. یکی از دوستان‌شما.
yours truly, *n.* ارادتمند شما.
yourself [*juəsélf, jɔː-*]. (*pl.* **-selves**) *pron.* خود شما، شخص شما.
youth [*juːθ*] (*pl.* **-s**) *n.* نوباوگان، جوانی، شباب، شخص جوان، جوانمرد،جوانان.
A y. of 20. یك جوان ۲۰ ساله.
youth.ful [*júːθful*] *adj.* دارای نیروی شباب، جوان، باطراوت.
you've=you have. شما دارید.
yowl [*jaul*] (**-ed, -ing**) *n., vt. & vi.* صداهای‌ناهنجار ایجادکردن، ناله‌وشیون کردن، زوزه‌کشیدن، عوعوکردن، زوزه.
Yo-Yo (*pl.* **-s, -es**) *n.* یویو، نوعی اسباب بازی بچگانه.
yuc.ca [*júkə, júkə*] *n.* (گ.ش.) درخت یوکای آمریکائی.
yule [*juːl*] *n.* جشن میلاد عیسی مسیح.
Yuletide, *n.* ایام عیدتولد عیسی.

Z

انگلیسی English	خط میخی پارسی Old Persian Cuneiform	پهلوی اشکانی Parthian Pahlavi	پهلوی ساسانی Sassanian Pahlavi	پهلوی کتابی Book Pahlavi	اوستائی Avestan	فارسی Modern
z	𐏀	𐭆	𐭦	[illegible]	𐬰	ز

Z [*zed, ziː*] *n.* بیست وششمین و آخرین حرف‌الفبای انگلیسی.
za.ny [*zéini*] *adj. & n.* لوده، مسخره، آدم ابله، مقلد، میمون صفت، آدم انگل.
zeal [*ziːl*] *adj. & n.* شوق، ذوق، حرارت،غیرت، حمیت،گرمی،تعصب، خیرخواهی، غیور، متعصب.
zeal.ot [*zélət*] *n.* غیور، آدم متعصب یا هواخواه، مجاهد.
zeal.ot.ry [*zélətri*] *n.* تعصب، هواخواهی، غیرت، شوق واشتیاق.
zeal.ous [*zéləs*] *adj.* پرشوق‌وحرارت، فدائی، مجاهد، غیور، باغیرت، هواخواه.
zebra [*zíːbrə*] (*pl.* **-s**) *n.* [ج.ش.]گورخر،گور اسب، مخطط یا راه راه.
ze.bu [*zíːbuː*] *n.* (ج.ش.)گاوکوهان‌دار.
zed, *n.* تلفظ انگلیسی حرف Z.
zee, *n.* حرف Z، تلفظ آمریکائی حرفZ.
Zeit.geist [*tsáitgaist*] *n.* روحیه یا طرز تفکر یك عصریا دوره،زمان، روال.
Zen, *n.* فرقهٔ بودائیان طرفدار تفکر وعبادت وریاضت.
ze.nith, -al [*zéniθ*] *n. & adj.* [هئ.] سمت‌الرأس، بالاترین نقطهٔ آسمان، قله،اوج.
zeph.yr [*zéfə*] *n.* باخترباد، باد صبا، باد مغرب، نسیم‌باد مغرب، نسیم.
Zeph.y.rus, *n.* دارگونهٔبادصبا،بادصبا.
Zep.pe.lin [*zépəlin*] *n.* زپلین، کشتی‌هوائی‌آلمانی، بالون.
ze.ro [*zíərou*] (*pl.* **-s, -es**) *vt., adj. & n.* صفر، هیچ، مبدا، محل شروع، پائین‌ترین‌نقطه، نقطه‌گذاری کردن، روی‌صفر میزان‌کردن.
To z. in. مورد هدف قرار دادن.
zero hour, *n.* [نظ.]هنگام‌حمله‌یاحرکت‌تعیین شدهٔقبلی، [مج.] لحظهٔشروع آزمایشات سخت، لحظهٔ بحرانی.
zest [*zest*] *n. & vt.* مزه، رغبت، میل،خوشمزه کردن.
zest.ful, zesty, *adj.* خوشمزه، بامزه، بارغبت.
Ze.us [*zjuːs*] *n.* (افسانهٔ یونان) زاوش رئیس خدایان یونانی.
zig, *n.* یکی از خطوط زوایا یا دورهای کج و معوج گلدوزی [در مقابل zag]، یکی ازدوخط‌کج.
zig.gu.rat, zik.u.rat, zik.ku.-rat, *n.* [درمعماری،بابلی‌های‌قدیم] برج‌بلند وچندطبقهٔ هرمی شکل پلکان‌دار، زیگورات.
zig.zag [*zíqzæg*] (**-ged,-ging**), *n., adj., vt. & vi.* چپ راست، جناغی، منشاری، شکسته، کج و معوج، دارای پیچ وخم‌کردن، منکسر کردن.
zil.lion, *n.* عدد بی‌انتها ومعتنی‌به.
zinc [*ziŋk*] *n.* روی، فلز روی، روح، قطب پیل ولتا.
zinc oxide, *n.* اکسید روی بفرمول ZnO، اکسید دو زنگ.
zing, *n. & vi.* صدائی‌شبیه‌جیغ، جیغ شدید و تند ،زور، قدرت، انرژی، روح، گرمی، جیغ کشیدن.
zin.nia [*zíniə*] *n.* [گ.ش.] خانوادهٔ‌گل آهاری.
Zi.on [*záiən*] *n.* صهیون، کوه‌مقدس اورشلیم، قوم اسرائیل ، بهشت.
Zi.on.ism [*záiənizm*] *n.* نهضت تمرکز بنی‌اسرائیل در فلسطین، صهیون‌گرائی، نهضت صهیونیزم.
zi.on.ist [*záiənist*] *adj.* صهیون‌گرا، طرفدار نهضت‌تمرکزیهوددرفلسطین، صهیونیست.
zip [*zip*] (**-ped, -ping**) *n., vt. & vi.* زور، نیرو، فشار، انرژی، زیپ، زیپ لباس را کشیدن، زیپ‌دارکردن، باسرعت وانرژی‌حرکت‌کردن.
zip gun, *n.* طپانچهٔدست‌ساخته.
zip.per, -ed [*zípə*] *n. & adj.* زیپ‌لباس(که بجای دکمه بکار میرود)،زیپ‌دار.
zip.py, *adj.* پراز وزوز، پرسروصدا، پرنیرو.
zith.er [*ziðə*] *n.* (مو.) نوعی سنتور یا قانون.

zo.di.ac, -al [*zóudiæk*] *n. & adj.* [نج.] زودیاك، منطقة‌البروج، دایرة‌البروج.

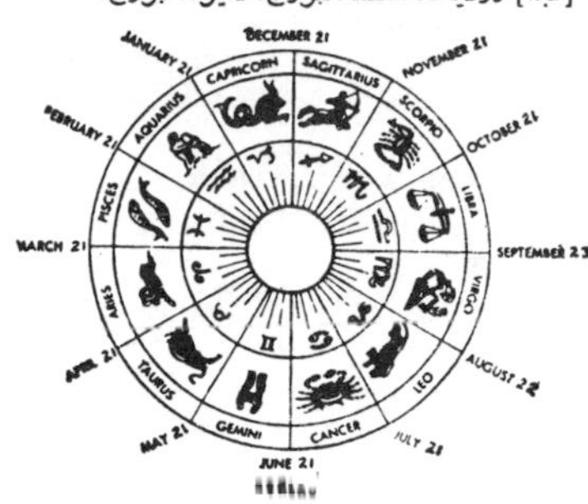

zon.al [*zóunəl*] **zo.na.ry,** *adj.* منطقه‌ای، مداری، ناحیه‌ای، غشائی، جداری.

zone [*zoun*] **(-d, zoning)** *n., vt. & vi.* بخش،قلمرو، مدار، (در جمع) مدارات، کمر بند، منطقه، ناحیه،حوزه، محاط کردن، جزو حوزه‌ای‌بحساب آوردن، ناحیه‌ای شدن.

zon.ule, *n.* حلقه‌یا کمر بند کوچك، منطقه یا ناحیهٔ کوچك، پیوند.

zoo [*zu:*] *n.* باغ وحش.

zoo - [*zouɔ-*] *n.* پیشوند بمعنی «حیوان» و «جانور» و«متحرك».

zoo-ecology, *n.* قسمتی‌ازعلم محیط‌شناسی که دربارهٔ‌روابط‌جانور با محیط خود بحث میکند، بوم شناسی حیوانی.

zoo.flagellate, *n.* [زیست شناسی] آغازیان شبه‌گیاه فاقد خاصیت جذب نور.

zoo.gamete, *n.* [زیست شناسی] سلول جنس متحرك (مخصوصاً در مورد جلبکها).

zo.o.gen.ic, zo.og.e.nous, *adj.* [ج.ش.] بچه‌زا، بچه‌گذار، زاینده، زایا.

zoo.geographer, *n.* کارشناس جغرافیای حیوانی.

zoo.geography, *n.* جغرافیای حیوانی.

zo.og.ra.phy, *n.* جانور شناسی تطبیقی، علم‌توصیف جانوران وخوی‌آنان.

zo.oid, *n.* [زیست شناسی] جانورسان، شبیه جـانور، شبه‌جانور، شبه حیوان،زیوه.

[illegible], *interj.* علامت تعجب، عجبا، زکیسه.

zo.ol.a.try, *n.* پرستش حیوانات، حیوان پرستی.

zo.o.log.i.cal [*zòuɔlɔ́dδikl*] *adj.* وابسته بجانور شناسی، حیوان (بشوخی).

zoological garden, *n.* باغ‌وحش.

zo.ol.o.gist [*zonɔ́lədδist*] *n.* جانور شناس،ویژه‌گرجانورشناسی.

zo.ol.ogy [*zouɔ́lədδi*] *n.* جانور شناسی، حیوان شناسی.

zoom [*zu:m*] **(-ed, -ing)** *n., vt. & vi.* هواپیمارا باسرعت‌وبازاویهٔ‌تندببالا راندن، زوم، باصدای‌وزوز حرکت‌کردن، وزوز، بسرعت ترقی کردن‌یا بالارفتن، (درفیلمبرداری) فاصلهٔ عدسی راکم و زیادکردن.

zoo.met.ry, *n.* اندازه‌گیری اندامهای‌جانوران.

zoom lens, *n.* عدسی دوربین عکاسی دارای کانون متغیر.

zo.o.mor.phic, *adj.* دارای خدایان مجسم بشکل جانور، شبیه جانور، جانور سان.

zo.on [*zoún*] (*pl.* **zoa**) *n.* [ج.ش.] تنها محصول یك نطفهٔ واحد (درمقابل zooid)، هریك از حیوانات منفرد متعلق به حیوان مرکب.

zoo.parasite, *n.* انگل حیوانی، حیوان انگل.

zo.oph.a.gous, *adj.* جانور خوار، گوشتخوار.

zo.oph.i.lous, zo.o.phil.ic, *adj.* [illegible]

zo.o.phyte, *n.* جانورگیاه‌سان، (ج.ش.) انواع‌جانوران‌مهره‌داری که رشدآنها شبیه‌گیاه میباشد.

zo.o.tech.ny, zo.o.technics, *n.* روش تربیت‌ورام‌کردن‌جانوران، فن اهلی کردن جانوران و حیوانات وحشی.

zo.ot.o.my, *n.* تشریح حیوانات، جانور شکافی.

Zo.ro.as.ter [*zɔrouǽstə*] *n.* زردشت، زرتشت.

Zo.ro.as.tri.an [*zɔrouǽstriən*], *adj.* زردشتی، زرتشتی، پیرو زردشت.

zounds [*zaundz*] *interj.* عجبا، مخفف «God's wounds» فحش‌ملایمی است.

zoysia, *n.* [گ.ش.] چمن خزندهٔ پایای نواحی گرمسیر.

zuc.chi.ni (*pl.* **zucchini, -s**), *n.* [گ.ش.] کدوی تابستانی، کدوسبز.

Zu.lu [*zú:lu:*] *n.* اهل ناتال در جنوب‌آفریقا، ناتالی [Natal].

zwie.back [*zwí:ba:k*](*pl.* **-s**) *n.* نان‌سوخاری، نان خشك تخم مرغدار.

zy.go.ma, -tic, *adj. & n* [ج.ش.] استخوان قوس وجنه، استخوان گونه.

zy.go.mor.phic, *adj.* [تش.] دارای تقارن، متقارن الطرفین (درمورد اعضای‌بدن).

zy.gose, *adj.* آمیخته، وابسته به لقاح، وابسته به گشنیدگی.

zy.go.sis (*pl.* **-ses**) *n.* آمیختگی جنسی، ترکیب، پیوستگی، لقاح.

[illegible], *n* گشنیدن، کیفیت تخم‌لقاح شده، پیوندجنسی.

zy.gote, zy.got.ic, *n. & adj.* [ج.ش.] تخم‌گشنیده شده، سلول گشنیده شده یا لقاح شده، یاخته‌ای‌که از ترکیب دوسلول‌جنسی (Gamete) بوجود آید، تخم بارور، تخم.

zy.mo.gen.ic, *adj.* مخمر، تخمیر کننده.

zy.mol.o.gy, *n.* مبحث تخمیر وشناسائی مخمرها، مخمرشناسی.

zy.mo.scope, *n.* تخمیر سنج، دستگاه اندازه‌گیری قدرت تخمیر.

zy.mo.sis (*pl.* **-ses**) *n.* تخمیر.

zy.mos.then.ic, *adj.* تقویت‌کنندهٔ قدرت‌آنزیم یا دیاستاز.

zy.mot.ic, *adj. & n.* تخمیری، عفونی، واگیردار، مسری.

zy.mur.gy, *n.* مبحث‌عمل تخمیر در شیمی عملی، تخمیرشناسی.

End Of
English - Persian
Section

فرهنگ نوین پیوسته

فارسی - انگلیسی
و
انگلیسی - فارسی

RITTER LIBRARY
BALDWIN-WALLACE COLLEGE

فرهنگ نوین پیوسته

فارسی - انگلیسی
و
انگلیسی - فارسی

عباس آریان پور کاشانی

منوچهر آریان پور کاشانی

انتشارات مزدا

mazda publishers

P.O. Box 136

Lexington, KY 40501/USA

کلیه حقوق متن فارسی و انگلیسی برای نویسندگان محفوظ است.

حق چاپ برای ناشر در سراسر جهان محفوظ است.
این کتاب مطابق قوانین اداره‌ی ثبت اسناد و کتابخانه‌ی کنگره‌ی ایالات متحده‌ی آمریکا و برابر با مواد شماره‌ی ۱۰۷ و ۱۰۸ قانون بین‌المللی حفظ حقوق ناشر و نویسنده به ثبت رسیده است. هرگونه تقلید از آن، و فتوکپی تصاویر، نقاشی ها، و صفحات آن بهر وسیله و بهرنوع ممنوع بوده و متخلفین در کشور محل اقامت خود تحت پیگرد قانونی قرار خواهند گرفت.

برای خرید این کتاب

و کتابهای دیگر انتشارات مزدا، با این ناشر مکاتبه کنید و یا با کتابفروشی معتبر محل اقامت خود تماس بگیرید.

مندرجات

پیشگفتار

در بیش از دو دهه که دست بکار پژوهشهای فرهنگ نویسی دو زبانی بوده‌ایم هرگز مانند امروز نیاز به فرهنگ پیوسته‌ی فارسی ـ انگلیسی و انگلیسی ـ فارسی در یک جلد که باسانی قابل حمل باشد، احساس نمیشد. انگیزه‌ی این نیاز اهمیت روزافزون زبان آموزی و داد و ستدهای فرهنگی و نیز نیاز برون مرزیان ایرانی و افغانی و دیگر علاقمندان زبان فارسی میباشد. خوشبختانه فرهنگ هائیکه در زمان اقامت در ایران عزیزمان نگاشته‌ایم، هنوز از محبوبیت بسزائی برخوردار است و مرتب تجدید چاپ میشود. ولی این فرهنگ ها در برون مرز باسانی و نیز بقیمت عادلانه در دسترس خواستاران نیست و ضمنا چاپ، صحافی، و جلد پردازی آن نیز چندان مرغوب و دلپذیر نمیباشد.

امیدواریم این نخستین چاپ آمریکائی فرهنگ که آمیزه‌ی نوینی از فرهنگ های جیبی فارسی ـ انگلیسی و انگلیسی ـ فارسی ما میباشد، خوانندگان را بکار آید. همچنین امیدواریم که دو بخش نوین این کتاب، یکی در باره‌ی ریشه‌ی واژه‌های فارسی و انگلیسی و دیگر زبانهای آریائی و دیگری در باره‌ی نقطه گذاری زبان فارسی و انگلیسی، مورد توجه قرار گیرد.

در پایان امید استکه استقبال خوانندگان از این فرهنگ نوین ما را در پژوهشهای واژه شناسی و فرهنگ نویسی دلگرم و خشنود سازد تا بتوانیم در آینده ویرایش‌های تازه‌تر و کاملتری از این فرهنگ و دیگر فرهنگ های همانند خود را به خواستاران عرضه داریم.

عباس آریان پور کاشانی
منوچهر آریان پور کاشانی

چند نکته دربارهٔ فرهنگهای دو زبانی

نگارش فرهنگ های دو زبانی مستلزم آنستکه نویسنده نه تنها بر دو زبان مورد نظر تسلط کامل داشته باشد، بلکه مرتبا دگرگونیهای معانی و پیدایش واژه‌های نوین در هر دو زبان را یادداشت کند و با پژوهشهای واژه شناسی و فرهنگ نویسی پیش برود. فرهنگ نویس باید نکته‌های زیر را مورد توجه قرار دهد:

۱ - واژه‌های نوزاد. نگاهی به فهرست واژه‌های نوین که در بخش نخست فرهنگ بزرگ Webster چاپ شده نشان میدهد که هرساله صدها واژهٔ تازهٔ انگلیسی نوآوری میشود. بیشتر این واژه‌های نوزاد در زمینهٔ علوم مختلف مانند شیمی، زیست شناسی، کامپیوتر، فیزیک، علوم فضائی، و روانشناسی است، ولی شمار واژه‌های نوزاد در دیگر زمینه‌ها نیز روز افزون است.

متاسفانه چنین فهرستی در مورد واژه‌های نوزاد فارسی وجود ندارد و فرهنگ نویس باید علاوه بر مراجعه به فهرستهای کوچک یا ناتمام (مانند جزوه‌های فرهنگستان زبان) به آثار مترجمان برجستهٔ انگلیسی بفارسی توجه مدام نماید. برخی از مترجمان و نویسندگان در پایان کتاب خود فهرستی از واژه‌های عمده‌ایکه معادل فارسی آنرا گزیده‌اند ارائه میدهند. علاوه بر این، فرهنگ نویس در هنگام خواندن و شنودن همیشه گوش بزنگ واژه‌های نوین است و آنها را یادداشت میکند. هنگام نگارش هر فرهنگ و بویژه در تجدید چاپ فرهنگ ها، واردکردن واژه‌های نوزاد یکی از مهمترین بایسته‌های فرهنگ نویس است. مثلا در مورد واژهٔ parking تنها دادن واژهٔ "توقفگاه" کافی نیست. واژهٔ "پارکینگ" که امروزه در ایران رواج پیدا کرده است نیز باید داده شود. برخی از صاحبنظران واژهٔ "ماندگاه" را پیشنهاد کرده‌اند. پس بد نیست که این واژه هم وارد شود.

مثال دیگر واژهٔ emergency است. در فارسی امروزی واژهٔ فرانسوی "اورژانس" رواج دارد ولی صاحبنظری واژهٔ "ناگه‌آمد" را پیشنهاد کرده است. فرهنگ نویس باید به این نوآموزی آگاه باشد و آنرا وارد کند.

مثال آخر: معنی واژهٔ نوزاد انگلیسی telethon را میتوان بصورت یک جمله به فارسی ترجمه کرد، ولی آیا در فارسی تک واژه‌ای که معادل آن باشد وجود دارد؟ آیا فرهنگ نویس

میتواند پس از نظر خواهی از صاحبنظران دست به نوآوری بزند؟

۲ – <u>واژه‌های پایه</u>. در هر زبان کم و بیش سیصد واژه‌ی پایه وجود دارد، مثل "بودن" ، "کردن"، "داشتن" و "خواب." فرهنگ نویس باید متناسب با حجم کتاب نه تنها معانی عمده‌ی این واژه‌ها را ذکر کند، بلکه با آوردن مثال، شیوه‌ی کاربرد آنها را درجمله و همچنین در عبارت‌های اصطلاحی نشان دهد.

۳ – <u>واژه‌های فنی</u>. زبان انگلیسی از نظر شمار واژه‌های فنی و علمی غنی ترین زبان دنیا است. آوردن اکثر این واژه‌ها در فرهنگ های کوچک میسر نیست و فرهنگ نویس باید به نسبت اندازه‌ی فرهنگ خود، تعداد معینی از این واژه‌ها را وارد کند. از سوی دیگر، اتکاء زیاد به فرهنگ های مشابه انگلیسی به فارسی و یا انگلیسی به فرانسه میتواند گمراه کننده باشد، چون بسامد واژه‌ها در زبانهای مختلف هماهنگ نیست. مثلا در فارسی واژه‌های وابسته به صنعت نفت کاربراد بیشتری دارد تا واژه‌های مربوط به نیروگاه‌های اتمی. فرهنگ نویس با در نظر گرفتن ویژه‌گیهای هر زبان و نیاز زمان واژه‌های لازم را گزین میکند.

۴ – <u>واژه‌های انگلیسی و آمریکائی</u>. املاء، تلفظ، و کاربرد برخی از واژه‌های زبان انگلیسی در آمریکای شمالی (ایالات متحده آمریکا و کانادا) که از نظر وسعت، جمعیت، و توان صنعتی و اقتصادی بر بریتانیا برتری دارد، با دیگر کشورهای انگلیسی زبان فرق دارد. گاهی فرهنگ نویسان یکی از دو گویش بالا را انتخاب میکنند. مثلا اکثر فرهنگ های اردو-انگلیسی و یا هندوستانی - انگلیسی منحصرا با گویش انگلیسی بریتانیا سروکار دارند، در حالیکه اکثر فرهنگ های اسپانیائی به انگلیسی که در آمریکای مرکزی چاپ شده، گویش آمریکائی را ترجیح میدهند. فرهنگ های <u>حیم</u> که بیش از چهل سال پیش نوشته شده تقریبا منحصرا گویش بریتانیا را نشان میدهد. در فرهنگ های <u>آریان پور</u> هر دو گویش مورد توجه قرار گرفته و کوشش شده است که ویژگی های محلی با علامات مخصوص (انگلیس ، اسکاتلند ، آمریکا ، و غیره) مشخص شود.

۵ – <u>کهن واژه‌ها و پیر واژه‌ها</u>. در هر زبانی تعدادی پیر واژه **obsolete words** و کهن واژه **archaic words** وجود دارد. پیرواژه‌ها واژه‌های مرده‌ای هستند که امروزه دیگر کاربردی ندارند ولی دانستن آنها برای کسانیکه با متن های کهنه سروکار دارند لازم است. واژه‌ی "ادرار" بمعنی "حقوق و مواجب" و واژه‌ی انگلیسی **sooth** بمعنی "راستی و حقیقت" از این زمره‌اند. کهن واژه‌ها واژه‌هائی هستند که هنوز هم در موقعیتهای ویژه

(مثلا در دعا و نیایش) بکار برده میشوند. واژه‌های thou بمعنی "تو" و quoth بمعنی " گفت" از این دسته‌اند. فرهنگ دوزبانی باید این واژه‌ها (و واژه‌های حقوقی و شعری و اقتصادی و غیره) را تا حد امکان برای تسهیل کار خواننده با علامات لازم مشخص کند.

۶ - <u>تلفظ واژه‌های انگلیسی</u>. یکی از کاستی های بزرگ اکثر فرهنگ های دوزبانی آنست که فاقد کلید تلفظ میباشند. زبان انگلیسی (برخلاف مثلا اسپانیولی) از نظر آواشناسی، زبانی نسبتا بی قاعده است و خوانندگان غیر بومی نمیتوانند صرفا با پیروی از قواعد بخصوصی به تلفظ بسیاری از واژه‌ها پی ببرند. در فرهنگ های <u>آریان پور</u> کوشش شده است که تلفظ هر واژه با الفباء آواشناسی بین المللی نشان داده شود. ضمنا درموارد ویژه تلفظ های گوناگون هر واژه آورده شده است.

برای کوتاهی سخن ، بهمین چند نکته‌ی بالا اکتفا میشود. اکنون بی مناسبت نیست چند نکته هم در باب شناخت فرهنگ های بهتر ذکر شود.

نخست اینکه فرهنگ دوزبانی انگلیسی - فارسی نباید منحصر باشد به ترجمه‌ی معانی از انگلیسی به فارسی. دوم، باید کوشش شود تا در برابر هر واژه‌ی انگلیسی دست‌کم یک تک واژه‌ی فارسی داده شود. معنی نمودن واژه‌های انگلیسی بصورت عبارات یا جمله‌های فارسی (مثلا، whale = پستاندار دریائی عظیم‌الجثه) نشانه‌ی آنست که یا زبان فارسی معادل واژه مورد نظر را ندارد (که اکثرا اینطور نیست) و یا اینکه فرهنگ نویس کار خود را خوب انجام نداده است (که اغلب چنین است). سوم، فرهنگ نویس با مراجعه به فرهنگ های پیشین کار خود را تکمیل میکند چون اصولا کار فرهنگ نویسی کاریست پژوهشی، اتکائی، و نیز تکاملی. هر نسلی نباید و نمیتواند از نو چرخ را اختراع کند. پس فرهنگ نویس باید با بهره گیری از فرهنگ های پیشین بر تجربه‌ی خود بیافزاید و فرهنگی ارائه دهد که حاوی نکات مثبت فرهنگ های کهنه و فاقد نکات ضعف آنها باشد. یکی از کاستیهای مهلک اکثر فرهنگ های انگلیسی - فارسی (بویژه فرهنگ های کوچکتر که توسط ناپیشه کاران و در مدت کوتاه نوشته شده است) آنستکه چیزی جز رونوشت کوتاه شده و پر از اشتباه فرهنگ های پیشینیان نیست.

در پایان اشاره به نکته‌ی دیگری نیز بایسته است. چه بخواهیم و چه نخواهیم، دانش امروزی بشر بیشتر در پنج الی شش زبان اروپائی، بویژه انگلیسی، متبلور است. فقط از راه ترجمه و آموزش این زبانها است که دیگر ملتهای جهان میتوانند به این دانش دست یابند. هم در ترجمه و هم در آموزش زبان دسترسی به فرهنگ دوزبانی باندازه های مختلف،

فرهنگی که دقیق و درست و مطابق زمان باشد، جزو ضرورتهای اولیه است. بهمین دلیل، تشویق فرهنگ نویسان و پیشرفت دانش فرهنگ نویسی دوزبانی — که مستلزم آموزش و ممارست چندین ساله میباشد — از اموری است که نباید مورد غفلت دولتهای جهان سوم و نیک‌اندیشان قرار گیرد.

منوچهر آریان پور کاشانی

راهنمای نقطه‌گذاری

<u>نشانهای نقطه گذاری:</u>

۱ – نقطه " . "

۲ – نشان پرسش (علامت سئوال) در فارسی " ؟ " و در انگلیسی " ? " است .

۳ – نشان شگفتی (علامت تعجب) در فارسی " ! " و در انگلیسی نیز همان است .

۴ – وج (ویرگول یا کاما) در فارسی " ، " و در انگلیسی " , " است .

۵ – نیم وج (سمی کولون semicolon) در فارسی " ؛ " و در انگلیسی " ; " است .

۶ – دونقطه (کولون colon) در فارسی " : " و در انگلیسی نیز همان است .

۷ – رجه (دش dash) در فارسی " — " و در انگلیسی نیز همان است .

۸ – نیم رجه (های فن hyphen) در فارسی " - " و در انگلیسی نیز همان است .

۹ – کمانک (پرانتز) در فارسی " ( ) " و در انگلیسی نیز همان است .

۱۰ – راست‌کمانک (کروشه) در فارسی " [] " و در انگلیسی نیز همان است .

۱۱ – ترانوشت (نقل قول) در فارسی (") و در انگلیسی نیز همان است .

<u>روش‌کاربرد نشانهای نقطه گذاری:</u>

● یکم – نقطه (period) " . " در موارد زیر بکار میرود:

۱ – در پایان جمله‌های اظهاری (اخباری). مثال:

هر یک از شاگردان دو برادر داشت . — **Each of the students had two brothers.**

۲ – در پایان جمله‌های پرسشی غیر مستقیم. مثال:

او پرسید ساعت‌چند است . — **He asked what the time was.**

۳ – در پایان جمله‌های امری (فرمانی). مثال:

نشانی و شماره‌ی تلفن خود را در پشت‌این صفحه بنویسید.

Write your address and phone number on the back of this sheet.

۴ – در پایان واژه‌های کوته شده (اختصاری یا مخفف). مثال:

چغ. = چغرافی ، ق.م. = قبل از میلاد . Junior = Jr. , Doctor = Dr. ,

United States of America - U.S.A.

۵ – در ترانوشت (نقل قول) اگر واژه یا عبارتی حذف‌شده باشد، سه نقطه بکار میرود. اگر مطلب حذف‌شده در آخر جمله باشد، چهار نقطه بکار میرود. مثال:

" دوست من آقای ... مرد قد بلندی بود که بعمر خود خاتمه داد و .... "

" My friend Paul ... was a tall man who took his own life ...."

۶ – در پایان عنوان کتاب ، مجله ، مقاله ، شعر ، و رساله نقطه بکار نمیرود.

● دوم – نشان پرسش (question mark) " ؟ " در موارد زیر بکار میرود:

۱ – در پایان جمله های پرسشی. مثال:

نام شما چیست ؟ What is your name?

۲ – برای نشان دادن شک و تردید ، و در درون دو کمانک گذارده میشود. مثال:

او در سال ۱۵۶۴ (؟) متولد و در سال ۱۶۱۶ در گذشت .

He was born in 1564(?) and died in 1616.

● سوم – نشان شگفتی(exclamation mark) " ! " در موارد زیر بکار میرود:

۱ – در پایان واژه‌ها و عبارات موءکد به ویژه عبارتهای امری و معترضه. مثال:

کمک! Help!

چه وحشتناک! How terrifying!

برو بیرون و در را پشت سرت ببند! Get out and close the door behind you!

● چهارم – وج (comma) "،" در موارد زیر بکار میرود:

۱ – پیش از حرف ربط (yet, or, but, and ، و غیره) هرگاه این حروف اجزای جمله‌ی مرکب را بهم پیوند دهند. مثال:

بمنزلش رفتند که بازداشتش کنند، ولی قبلا از شهر خارج شده بود.

They went to his house to arrest him, but he had already left town.

هرگز چنین نقاشی های زیبائی را ندیده بودم، و مجسمه‌ها نیز مرا سخت تحت تاثیر قرار داد.

I had never seen such beautiful paintings, and the statues impressed me greatly.

شعر را خواند، ولی ما آنرا نفهمیدیم.

He read the poem, but we could not understand it.

۲ – برای جدا کردن عبارت مقدماتی از دیگر بخشهای جمله. مثال:

در آغاز، پژوهش خود را با کوشائی پیگیری کرد.

In the beginning, he pursued his research dligently.

با وجود آنکه پولدار بود، میل نداشت حتی یک شاهی خرج کند.

Even though he was rich, he did not wish to spend even one penney.

توجه: در جمله‌های کوتاه و روشن بکار بردن وج برای جدا کردن عبارت مقدماتی، اختیاری است. ولی حتی در جمله‌های کوتاه هم اگر احتمال ابهام، حتی ابهام موقتی، وجود داشته باشد باید از بکار بردن وج مضایقه نکرد. مثال:

If the police shoot, the women and children will be wounded.

این اصل در بسیاری از جمله‌های فارسی نیز صادق است. مثال:

تیراندازی پلیس، به زنها و بچه‌ها هشدار داد.

۳ – برای مجزا کردن واژه‌های انتقالی (مانند however و anyway) و واژه‌های مقدماتی (مانند yes و no) و عبارات معترضه و یا حاکی از شگفتی، وج بکار میرود. مثال:

I wrote her several times; she, however, never answered.

چندین نامه به آن زن نوشتم، معهذا او جوابی نداد.

No, Jahangir can't do it.

نه، جهانگیر نمیتواند آن کار را انجام دهد.

David, let me drive your car.

داود، بگذار اتوموبیلات را برانم.

Nevertheless, David is always willing to help others.

با این وجود، داود همیشه مشتاق کمک بدیگران است.

۴ – برای مجزا کردن پرسش در پایان جمله، وج بکار میرود. مثال:

شما دوست مهری هستید، اینطور نیست؟

You are a friend of Mehri, aren't you?

۵ – برای مجزا کردن تاریخ، نشانی، و عنوان، وج بکار میرود. مثال:

نامه‌ی جولی، مورخ ۲۸ ژوئیه ۱۹۸۵، از برلن پست شده بود.

Julie's letter was dated July 14, 1985, and was mailed from Berlin.

۶ – برای مجزا کردن بخش متقابل جمله، وج بکار میرود. مثال:

داود، نه چارلز، در کلاس خود شاگرد اول بود.

David, not Charles, was first in his class.

۷ – برای مجزا کردن واژه یا عباراتی که بصورت رده آمده، وج بکار میرود. مثال:

ایرج موسیقی، پیاده‌روی، و شنا را ترجیح میدهد.

Iraj prefers music, hiking, and swimming.

پری سیب، پرتقال، شیر، و کره خرید.

Pari bought apples, oranges, and butter.

توجه: بکار بردن وج پیش از حرف ربط (و = and) در جملات بالا اختیاری است.

۸ – برای تفکیک صفاتی که با اسم بخصوصی عطف میشود، وج بکار میرود. مثال:

پدرم مردی سخی، با گذشت، و شادکام است.

My father is a generous, forgiving, and cheerful man.

۹ – برای مجزا کردن مطالب کمانکی (پرانتزی) و عبارت‌های غیر حصری (یعنی عبارت‌هائی که اطلاعات اضافی در اختیار خواننده میگذارد، ولی در اصل معنی جمله تغییری نمیدهد) وج بکار برده میشود. مثال:

My rifle, which is now hanging on the wall, has not been used for years.

تفنگ من، که اکنون بر دیوار آویخته است، سالها بلا استفاده مانده است.

۱۰ - برای تفکیک سخن نویسنده از مطالب ترانوشت (نقل قول) شده، وج بکار می‌رود. مثال:

My mother always used to say," Do not give the control of your own money to strangers."

مادرم همیشه میگفت،" عنان مال خودت را بدست غیر مده."

ابراهیم گفت، " این کتاب را بخوان. فکر میکنم از آن خوشت بیاید."

" Read this book," Abraham said, " I think you'll like it."

۱۱ - برای تفکیک عبارتهای وابسته (dependent clauses) از بقیه‌ی جمله، وج بکار میرود. مثال:

Since he was tired and had a headache, he did not go to class yesterday.

چون خسته بود و سرش‌درد میکرد، دیروز سر کلاس نرفت.

۱۲ - برای واضح نویسی ارقام متجاوز از یک هزار، وج بکار میرود. مثال:

The area of the Earth is approximately 196,950,000 square miles.

وسعت کره‌ی زمین تقریبا ۱۹۶،۹۵۰،۰۰۰ میل مربع است.

۱۳ - برای واضح نویسی اسمها، عنوان ها، و جمله‌هائیکه بدلیلی ترتیب آن معکوس شده باشد، وج بکار میرود. مثال:

Aryanpur Kashani, Dr. Manoochehr

آریان پور کاشانی، دکتر منوچهر

Persia, The Carpets of ایران، فرشهای

که روزی عمه توران به آمریکا بیاید، هیچیک از ما تصورش را نمیکرد.

That someday Aunt Turan would come to the United States, non of us immagined!

● پنجم - نیم وج (semicolon) " ؛ " در موارد زیر بکار میرود:

۱ - بین دو عبارت غیر وابسته(independent clauses). مثال:

We should try to preserve our ancient heritage; those who lose this heritage will become cultural amnesiacs.

باید در نیکداشت میراث کهن خویش کوشا باشیم؛ آنانکه این میراث را از دست بدهند دچار نسیان فرهنگی خواهند شد.

توجه: در جمله‌های همانند جمله بالا میتوان:

(الف) ـ بجای نیم وج از نقطه اسفاده کرد. مثال:

We should try to preserve our ancient heritage. Those who lose this heritage will become cultural amnesiacs.

باید در نیکداشت میراث کهن خود کوشا باشیم. آنانکه این میراث را از دست بدهند دچار نسیان فرهنگی خواهند شد.

(ب) ـ میتوان بجای نیم وج، از وج و یک حرف اضافه استفاده کرد. مثال:

We should try to preserve our cultural heritage, and those who lose this heritage become cultural amnesiacs.

۲ ـ برای تفکیک عبارتهای غیر وابسته (independent clause) که توسط قید ربط (مثل thus, besides, furthermore, however و غیره) بهم مربوط شده باشد میتوان از نیم وج استفاده کرد. مثال:

Mehri has taken all the required courses; consequently, she has the necessary qualifications for that job.

مهری کلیه‌ی واحدهای درسی لازم را گرفته است؛ در نتیجه، وی واجد شرایط لازم برای آن شغل میباشد.

۳ ـ در جمله‌های بلند که هریک از اجزاء آن خود دارای وج باشد، برای تفکیک دو عبارت غیر وابسته و یا اقلام متعدد، بجای وج از نیم وج استفاده میشود. مثال:

Because he was so tired, he went straight back to his newly-painted, elegant home; and he told his wife, a loving woman of thirty-five, to keep the children quiet so that he could sleep.

چون بسیار خسته بود، مستقیما به منزل زیبا و تازه رنگ شده‌ی خود بازگشت؛ به همسر خود، زنی با محبت که سی و یکسال داشت، گفت که بچه‌ها را آرام کنند تا او بتواند قدری بخوابد.

A true understanding of Rumi's poetry would require, first, a study of his life; second, a study of the times in which he lived; and third, a study of his poetry, all of it.

درک واقعی اشعار رومی مستلزم امور زیر است: اول، مطالعه‌ی زندگی او؛ دوم، مطالعه دورانی که در آن میزیسته؛ سوم، مطالعه‌ی اشعار او، همه‌ی اشعار او.

● ششم ـ دو نقطه (colon) " : " در موارد زیر بکار میرود:

۱ ـ قبل از ترانوشت (نقل قول) طولانی و رسمی (در ترانوشت‌های کوتاهتر یـــا خودمانی، از وج استفاده میشود. رجوع شود به: دوم ـ ۱۰) و یا قبل از مطلبـــی که باید اعلام یا اظهار شود و یا قبل از فهرست اقلام و آمار. مثال:

My father spoke as follows:" ...." | پدرم چنین گفت: " . . . . "

I know the three secrets of life, and I am going to reveal them to you right now: love, love, and again love.

من سه رمز زندگی را میدانم و هم اکنون آنها را به تو میگویم: عشق، عشق، و باز هم عشق.

۲ ـ پس از عبارت اصلی جمله، بشرطیکه عبارت بعدی عبارت اول را توجیه و تفصیل کند. مثال:

Learning is like eating:too much at a time causes surfeit; too little, debility; and the right amount, health and vigor.

یادگیری همانند خوردن است: زیاده روی در آن موجب امتلاء میشود؛ کمبود آن، ضعف؛ و مقدار باندازه‌ی آن، سلامتی و نیرو.

۳ ـ در انگلیسی، پس از درود (نامه‌های رسمی) از دونقطه استفاده میشود. مثال:

Dear Dr. Moddarres: | آقای دکتر مدرس:

Dear Sir: | آقای عزیز:

هفتم ـ رجه (dash) در موارد زیر بکار میرود:

۱ ـ برای نشان دادن تغییر در روند جمله یا ناتمامی جمله. مثال:

Your old friend is — how shall I say it — less honest than expected.

دوست قدیمی شما ــ نمیدانم چگونه بگویم ــ آنطور که انتظار میرفت درستکار نیست.

She said," My mother —" | آن زن گفت، " مادرم ــ "

۲ ـ برای تفکیک مطالب فهرست وار یا خلاصه شده یا وصفی:

My three sisters — Pari, a registered nurse; Homa, a clinical psychologist; and Mina, a nutritionist — have agreed to take care of the patient.

سه خواهر من — پری، لیسانسیه پرستاری؛ هما، روانشناس درمانگاهی؛ و مینا، ویژه‌گر تغذیه — موافقت کرده‌اند که از بیمار توجه کنند.

۳ – برای مجزا کردن عبارت یا جمله‌ی مرکب (در مورد عبارت یا جمله‌ی معترضه‌ی غیر موکد از دوکمانک استفاده کنید). مثال:

I was anxious — no, " intimidated " would be more accurate — and decided to inform the police.

من نگران بودم — نه، " مرعوب " واژه‌ی درست‌تری است — و تصمیم گرفتم بشهربانی اطلاع بدهم.

● هشتم – نیم رجه (hyphen) در موارد زیر در زبان انگلیسی بکار میرود:

۱ – برای وصل کردن دو یا سه واژه که بصورت یک صفت قبل از اسم بکار میرود. مثال:

John is a well-dressed man.

David celebrated his twenty-fourth birthday.

توجه: اگر این واژه‌های صفتی بعد از اسم بیاید، معمولا از نیم رجه استفاده نمیشود. مثال:

John is well dressed.

۲ – برای دو نیم کردن واژه در پایان هر سطر (بویژه در چاپ یا ماشین تحریر) نیم‌رجه بکار میرود. واژه‌های یک هجائی (مثل bench, plough, worked) را دو نیم نکنید. همچنین، واژه‌های بیش از یک هجا را فقط در مقطع هجا دو نیم کنید. مقطع هجا در فرهنگ های زبان انگلیسی توسط نقطه مشخص شده است.

۳ – در زبان انگلیسی شمار زیادی از واژه‌ها دارای نیم رجه میباشند و شمار دیگری بدون نیم رجه نگاشته میشوند. برای اطمینان به فرهنگ مراجعه کنید.

● نهم – دو کمانک (parenthesis) در موارد زیر بکار میرود:

۱ – برای درج مطالب توضیحی یا اضافی یا معترضه. مثال:

He opened the door with his left hand (they had cut off his right one) and stepped in slowly.

او در را با دست چپ خود باز کرد (دست راستش را بریده بودند) و آهسته بدرون گام گذاشت.

توجه : اگر مطلب درون کمانک بسیار موءکد باشد، بجای دوکمانک از دو رجه استفاده کنید (رجوع شود به بخش ششم -۳).

۲ - برای درج مطالب رجوعی (مثل مطلب درون کمانک در جملهی بالا) از کمانک استفاده کنید.

۳ - برای درج مبلغ، ارقام، و شمارهها در جمله از کمانک استفاده کنید. مثال:

مطالب مهم مورد مطالعه در مدارس قرون وسطی عبارت بودند از: (۱) حساب ، (۲) هندسه، (۳) موسیقی، و (۴) ستاره شناسی.

The important subjects of study in medieval schools were: (1) arithmatic, (2) music, (3) geometry, and (4) astronomy.

بدینوسیله چکی بمبلغ ششصد دلار (۶۰۰ دلار) بعنوان پیشپرداخت جهت خرید اتومبیل ارسال میگردد.

I hereby enclose a check for six-hundred dollars ($600.00) as prepayment on the purchase of the car.

● دهم - راست کمانک (brackets) در موارد زیر بکار میرود:

۱ - برای اصلاح یا دادن توضیح در متن ترانوشت (نقل قول). مثال:

" He wrote it [the novel <u>Rustam and the She-Wolf</u>] during a period of two years [actually one year] and submitted it to four [six] publishers."

" او آن کتاب [رستم و گرگ ماده] را طی مدت دو سال [واقعا یکسال] نوشت و آنرا نزد چهار [شش] ناشر فرستاد."

● یازدهم - نشانهای ترانوشت (quotation marks) در موارد زیر بکار میرود.

۱ - برای درج کلیهی مطالب ترانوشت شده. مثال:

" Are you," Julie said, " my father's student? "

جولی پرسید، " آیا شما شاگرد پدرم هستید؟"

۲ - در صورتیکه مطالب ترانوشت شده خود حاوی ترانوشت دیگری باشد (نقل قول در نقل قول) ترانوشت ثانوی با این نشان (' ') مشخص میشود. مثال:

My daughter Mehri said:" Last night I received a letter containing nothing but a check and the words, 'Congradulations to you!' "

دخترم مهری گفت: " دیشب نامهای دریافت کردم که در آن چیزی نبود جز یک چک بانکی

و این کلمات ، 'به شما تبریک میگویم' ."

۳ - برای ذکر عنوان مقاله ، شعر ، داستان کوتاه ، قطعه‌ی موسیقی، و فصل کتاب از نشانهای ترانوشت استفاده کنید. مثال:

The second chapter of the book, entitled "Methods of Preventing the Common Cold " is very interesting.

فصل دوم کتاب تحت عنوان " روشهای پیشگیری از سرماخوردگی" بسیار جالب است.

The poem " Dover Beach " is Arnold's masterpiece.

شعر "ساحل دوِر" شاهکار آرنولد است.

۴ - هنگام کاربرد واژه بمعنی بخصوص و همچنین برای تاکید واژه، از نشانهای ترانوشت استفاده کنید. مثال:

Some philosophers believe that such words as "good", "bad", "beautiful", and "ugly" have no external existance and are mere expressions of the feelings of the person who uses them.

برخی فیلسوفان معتقدند که واژه‌هائی همانند "خوب"، "بد"، "زشت"، و "زیبا" وجود خارجی ندارند و صرفا بیانگر احساسات شخصی هستند که آنها را بکار میبرد.

Justice should not be "blind", for "blindness" indicates ignorance more than it does impartiality.

عدالت نباید " کور" باشد چون " کوری" بیشتر نمایشگر جهالت است تا بی نظری.

۵ - اگر مطلب ترانوشت شده بیش از سه سطر باشد، بجای بکار بردن نشانهای ترانوشت سطرها را تک فاصله (single space) کنید و بر حاشیه بیافزایید (indent) .

منوچهر آریان پور کاشانی

برگزیده‌ای از واژه‌های زبانهای آریائی

انگیزه‌ی آوردن واژه‌های زیر آنستکه بدانیم زبان شیرین پارسی سره با دیگر زبانهای آریائی همانند انگلیسی، فرانسه، آلمانی، ایتالیائی، اسپانیولی، لاتینی، پرتقالی، روسی و دیگر زبانهای آریائی اروپا و آمریکا و آسیا از یک خانواده و همریشه است.*

با نگرش به این خویشاوندی نژادی و زبانی، فراگرفتن زبانهای هند و اروپائی آسانتر میشود. امید است دانشمندان میهندوست ما به سهم خود در زنده ساختن میراث پر ارج ما و شناساندن فرهنگ والای ایران بجوانان میهن همت گمارند.

کامیابی و برخورداری همه‌ی فرزندان پاک‌نهاد ایران را از خداوند بزرگ خواستارم.

عباس آریانپور کاشانی
فروردین ۱۳۶۴ خورشیدی
مارس ۱۹۸۵ میلادی

---

* متن کامل این بخش بزودی در کتاب جداگانه‌ای تحت عنوان <u>ریشه‌یابی واژه‌های زبانهای آریائی</u> از این ناشر منتشر خواهد شد.

آ •

پیشوند فارسی برابر پیشوند -a انگلیسی و لاتین و فرانسه و غیره بمعنی های زیر:

۱ – "بدون" و "بی" و "غیر" چون در فارسی "امرداد" بمعنی "بیمرگ" و انگلیسی asexual بمعنی "غیر جنسی" و فرانسه anormal یعنی "غیر عادی"

۲ – " در حالت" و "در جهت" و "بسوی" و همریشه با پیشوند -a انگلیسی و دیگر زبانهای آریائی به همین معنی چون واژه‌ی فارسی " آدرو" بمعنی "در جهت‌راست" که "درو" نیز همریشه با droit فرانسه و drecho اسپانیولی بمعنی "دست‌راست" میباشد و در انگلیسی ashore یعنی "بسوی کرانه" و alive یعنی " در حالت‌زنده" و afar یعنی "بسوی دور" و غیره.

آب •

از فارسی "آپا" و از ریشه‌ی " آپام نپات" بمعنی " پسرآبها" و همریشه با eau فرانسه و agua اسپانیولی و aqua لاتین است. واژه‌ی انگلیسی water از واژه‌ی آریائی vata گرفته شده که vata نام فرشته‌ی "باران رسان" است و واژه‌ی روسی vod و vodka از همین ریشه است. واژه‌های آباد، آبادی، آبدار، آبادان، آبی، آبخشور، آبسنگ، آب‌گردش، آب‌پز، آب‌ریز، آب‌گردان، آب‌دوغ، آب‌دست، آب‌شور، آب‌شیرین، آب‌کوپیل، آب‌دان، آب‌دانگ، و مانند آن از این ریشه‌اند و همچنین آبان "فرشته‌ی آبهای زمینی" و ماه آبان " برج عقرب" و آب‌تون بمعنی "سرچشمه‌ی آبها" از همین ریشه است.

آبستن، آپوستن •

از اوستائی apustan و aputhra بمعنی "بی پسر" و "بی بر" و "بی بار" و یا " بی فرزند" است‌و امروزه بمعنی "باردار" بکار میرود.

آذر، آدر •

از آریائی "اثری" و پهلوی " ادار" adar و یا atur و athur و همریشه با agnis که واژه‌های ignition و دیگر واژه‌های وابسته به آن از این ریشه است. صورت‌اوستائی آن " آذر" و شکل فارسی میانه زردتشتی " آدر" و یا " آذر" است. آذر در دین زرتشت " فرشته‌ی نگهبان آتش" میباشد و جشن ماه آذر در نخستین روز برگزار میگردد.

آر •

پسوند فارسی بمعنی " کننده‌ی کاری بطور مستمر و مداوم" است. مانند " پرستار" یعنی

" کسیکه وظیفه‌اش ایستادن بالای سر و یا در اطراف کسی و یا چیزی باشد." واژه‌ی پرستار از پیشوند "پر" و یا far بمعنی "دور یا اطراف چیزی" است که همان پیشوند آریائی far و pro و یا para میباشد که بمعنی "دورتادور" میباشد. واژه‌ی پرستش نیز بمعنی "دور تا دور چیزی ایستادن و از آن مواظبت کردن" است.

آروماتر•

از اوستائی ardmater بمعنی "زمین مادر" که همانند mother earth است و ard برابر earth است. در هلندی نیز aard بمعنی زمین است.

آرزو•

از ریشه‌ی ar اوستائی بمعنی " بخشیدن و بهره رساندن" است. پهلوی آن " آرزوگ arzog است. " آرجو" بمعنی " آرزوی زندگی" در اوستا بصورت" جان آرجوگی jan arjugi " آمده است.

آراستن•

از پیشوند " آ- " بمعنی اسم حالت و چگونگی و با افزایش "راستن" بمعنی "راست کردن و درست کردن " و رویهم بمعنی "بحالت راست و درست درآوردن" است که "راست" از ریشه‌ی "رتو" اوستائی و همریشه با right انگلیسی و richtig آلمانی است.

آرام•

از پیشوند " آ-" بمعنی " درحالت" باضافه‌ی "رام" بمعنی "خوشی و راحتی و تندرستی" است که رویهم بمعنی " در حال خوشی و آسایش" است. واژه‌های آرامی، آرامش و رامش از این ریشه است. واژه‌ی " آرمشتگاه" بمعنی "بیمارستان" میباشد که از پیشوند " آ-" بمعنی " بدون و بی" و با افزایش "رمش" بمعنی "راحتی و خوشی" و پسوند " گاه" بمعنی " جا و مکان" ساخته شده و رویهمرفته بمعنی "بیمارستان" و یا محل و مکان کسانی است که نا آرامی و نا تندرستی دارند.

آرتا واهیشتا ، اردیبهشت•

از اوستائی " آرتا " بمعنی "بزرگ و نیرومند" و "وهیشتا " که صورت کهن واژه‌ی "بهشت" که بمعنی "بهترین" است و رویهم بمعنی "عالی ترین نیکوئی" میباشد. "ماه اردیبهشت" وابسته به فرشته‌ی اردیبهشت است که بهترین نیکوئی ها است و بهشت صفت عالی واژه‌ی "به" و "وه" است که بمعنی "نیکی" و "خوبی" میباشد که در قدیم بجای بهترین (به است)

بکار برده میشده و واژه‌های better (بهتر) و best (بهترین) نیز از این واژه است.

آرش •

بمعنی "مفهوم" و "معنی" میباشد. واژه‌ی عربی شده‌ی " معنی" نیز از واژه‌ی mainyu (مینو) بمعنی "روحانی" و "معنوی" و "بدون شکل مادی" میباشد. صورت دیگر آرش، "آورش" است که معنی "طرز استعمال" و یا "مورد استفاده" میباشد. به واژه " آوردن" نگاه کنید.

آرشتات •

از پیشوند " آ- " بمعنی " اسم حالت و چگونگی" است و با افزایش " رشتات " بمعنی "درستی و راستی و دادگری" است و رویهم بمعنی "در حالت درست و صحیح و دادگستری و عدالت " است. با right انگلیسی و richtig آلمانی همریشه است.

آزاد، آزاده •

از اوستائی azata و از سانسکریت "استن" و یا "ازتی" و یا " asthi " است. " آزاده مردرا " (azat martih) و " آزاده مشیا " (azda mashya) بمعنی نجیب زاده است.

آزمایش •

همریشه با مصدر لاتین examine و بمعنی "سنجیدن" و یا اندازه‌گیری کردن با شاهین ترازو است. حرف ex در فارسی و در یونانی و غیره بصورت "ز" تلفظ میشود.

آساگارتا •

سکا، سیخ، سیک، و سینت از سانسکریت " آسا " (asa) بمعنی " سنگ " است که با افزایش " گارتا " و یا " گارتد" (garted) بمعنی " غار" درست شده که واژه‌ی غار فارسی نیز از همین ریشه " گارتا " گرفته شده است. رویهم دو بخش " آسا " و " گارتا " بمعنی "غار سنگی" است. در دوران پیش از آغاز کشاورزی و شهرنشینی، آریائیان در غارهای سنگی که اکثر آنها در کوهستانهای کردستان و نواحی کوهستانی شمال ایران واقع بود زندگی میکردند که بعدا ساکنان غارهای سنگی را "آساگارتا" میگفتند. واژه‌های سکا، ساکا، سیک، و مانند اینها همه از آساگارتا مشتق بوده است. آساگارتا و یا سکاها مردمی غار نشین بوده‌اند که بنا به روش غار نشینی موهای خود را بلند نگهداشته و آداب دینی خاصی داشته‌اند و بعلت رفع گرسنگی در فصل زمستان در غارها اندک اندک افراد بشر را قربانی میکردند که قربانی زنده از همان دوران بجا مانده است. واژه‌ی " آسپاگارتا " از دو بخش " آسپا " بمعنی اسب، و " گارتا " بمعنی غار ساخته شده است که رویهم بمعنی "سرزمین اسب سواران

غارهای سنگی" میباشد. منظور از آن کردستان و سرزمین های کوهستانی که دارای اسبهای گردونه کش (ارابه کش) است، میباشد.

اسفند •

از پیشوند "آ" بمعنی "بی و بدون" و "سفند" یا "سپند" یا "سپنتا" بمعنی "مقدس و بی آلایش" ساخته شده و رویهم بمعنی "خالی از پاکی" یا "ناپاک" و "فریبکار و کج رفتار" است.

آسمان •

از پیشوند "آس" بمعنی "سنگ" یا "دستگاه سنگین" یا "ساختمان" و یا "ماشین سنگین" است و با افزایش پسوند "مان" که اسم حالت و مکان است و رویهم بمعنی "دستگاه فلک و سپهر" است. واژه‌ی آسیاب نیز از ریشه‌ی "آس" و "آب" است که بمعنی "آبی که بوسیله سنگ حرکت کند" و یا "چرخ سنگی که با آب بحرکت در آید" است. واژه‌ی اوستائی garotmanag بمعنی آسمانی و بهشتی است.

آشتی •

آشتی (اوستا ashtih) صلح، آشتی شناسی بمعنی صلحدوستی و آشتی دوستی یا قدردانی از صلح است.

آشفتن •

از پیشوند "آ" بمعنی اسم حالت باضافه‌ی "شیفت" shift که بمعنی "تحریک شده و پریشان شده" و یا "جابجا شده و مغشوش شده" آمده و از اوستائی "خشوف" khshufsa بمعنی "متلاطم و آشفته" درست شده است. انگلیسی آن shift و آلمانی آن schicten و schifan است که بمعنی "پراکنده کردن"، "تغییر وضع دادن" و "جابجا کردن" است. آشوب ashob و آشوبگر از واژه‌ی پهلوی و نیز "شغب" بمعنی "غوغا و جنجال" از همین ریشه است.

آگسته •

از پهلوی "آگوستاگ" بمعنی "آویخته و محکم بسته" است.

آگمان •

از پیشوند "آ" بمعنی "بدون" و "بی" باضافه "گمان" بمعنی بی‌گمان، بی خیال، و بی تردید است.

آلودن •

از پیشوند "آ" بمعنی "بی و بدون" باضافه‌ی "لودن" که بمعنی "کشیف و چرک" است

ساخته شده که همریشه با لاتین lutun و فعل لاتینی lucre و یونانی lyrma بمعنی "چرکین" است. رویهم بمعنی "چرک و کثیف و کثیف کردن" است و فعل انگلیسی polute و pollution از همین ریشه است.

آماس •

از پیشوند "آ" بمعنی اسم حالت با اضافه‌ی "ماس" بمعنی "توده و برآمدگی" که رویهم بمعنی "حالت برآمده" و "ورم کرده" است. همریشه با mass و amass انگلیسی است و واژه‌ی ماست، ماسه، ماسیدن، و آماسیدن از همین ریشه است.

آمرزیدن •

از پیشوند "آ" بمعنی "بدون و بی" با اضافه‌ی "مرز" بمعنی "مرگ" که از مصدر مرزیدن بمعنی مردن است، تشکیل یافته. رویهم بمعنی "بی مرگ و جاوید شدن" است. واژه‌های مرگ و مردن نیز از همین واژه است. همچنین واژه‌های mortal و immortal و morgue انگلیسی از این ریشه است.

آمیزش •

از پیشوند "آ" بمعنی "اسم حالت" با اضافه‌ی "میز" و یا "میزش" (که بصورت "میغ" و یا "میخ" نیز در آمده) که رویهم "حالت مخلوط" و یا "ترکیب مخلوط" معنی میدهد و همریشه با mix انگلیسی است که صورت انگلیسی میانه آن mixen و صفت آن mixte است. لاتین آن mixtus است که فعل آن misere و یونانی آن misgein است و سانسکریت آن misgein و ایرانی کهن آن "میزش" و یا misra است.

آوا •

از پیشوند "آ" بمعنی اسم حالت با اضافه‌ی "وا" که همان آواز و همریشه با voice انگلیسی و vocabulary میباشد. واژه‌ی voice از ریشه‌ی انگلیسی vox و فرانسوی vois و همریشه با "واکه" فارسی بمعنی "حرف صدادار" است.

آویرنیک •

از پیشوند "آ" با اضافه‌ی "ونیر" که آویر فارسی برابر با very انگلیسی و انگلیسی میانه verray و verry و از فرانسه‌ی کهن verai و از پیشوند لاتین verus و verax که بمعنی trustful یعنی درستی است و verus بمعنی حقیقت و انگلیسی کهن آن vaer است بمعنی "راست و درست" و آلمانی کهن آن wara است به معنی "توجه، دقت، و اعتماد". یونانی

آن era بمعنی لطف و مرحمت است و فارسی کهن "آورید" یا " وار var " همان باور است که رویهم بمعنی "اعتقاد نیک و یا خیلی نیک " میباشد.

آئینک ●

از "آی" باضافه‌ی "نک" تشکیل شده که "آی" بمعنی "چشم" همانند eye انگلیسی است و "نک" که علامت و نشانه‌ی کوچکی است. رویهم بمعنی " چشم کوچک" و یا "آئینه" است. این واژه از سانسکریت aksi و همریشه با انگلیسی میانه eie و eighe و ege و انگلیسی کهن eage و انگلیسی نوین eye است. آلمانی کهن آن ouga و لاتین آن aculus و یونانی آن osse و ops و گوتیک آن auga میباشد.

اختر ●

انگلیسی میانه sterrs و انگلیسی کهن steorra و آلمانی کهن sterno و لاتین stella و یونانی قدیم aster و پهلوی " اختر " است. "استاره" و " ستاره" برابر star انگلیسی است.

استار ●

از پهلوی "استاراک" یا "ستاره" و همریشه با star انگلیسی.

امرداد ●

واژه‌ی اوستائی است که از پیشوند منفی "ا" بمعنی " بدون و بی" باضافه‌ی "مرد یا مرداد" بمعنی "مرگ و میر" است که رویهم بمعنی " بیمرگ"، "جاوید" و "فناناپذیر" است. واژه‌های مر، مرگ، مش، و مرد از این ریشه میباشدو برابر واژه‌ی انگلیسی immortality میباشد که از پیشوند منفی -im بمعنی "بی و بدون" باضافه‌ی mortal بمعنی "مردنی و مرگ" باضافه ity- که پسوند اسم حالت میباشد. هم واژه‌ی فرانسوی آن amortalite و اسپانیولی آن immortalidad میباشد. واژه‌ی دیگر آن "امشا" است که از پیشوند منفی "ا" بمعنی "بی و بدون" باضافه‌ی "مشا" و یا "مش" بمعنی "مرگ" ساخته شده که رویهم بمعنی "جاوید" و " بیمرگ" است.

اورمزد ●

از واژه‌ی اوستائی اهورا مزدا است. "اهورا" بمعنی " در حالت نیکی" و یا "پروردگار" و

یا " خدا "، باضافه‌ی "مزدا " بمعنی "بزرگ " و رویهم بمعنی " پروردگار بزرگ " است. واژه مزدا Mazda با mag ویا "مق" فارسی و موبد که بمعنی " مغبت " میباشد و مق در واژه‌ی magnify و maqnonimos و maqistrato و magic و مانند آن نیز در magn acarta بمعنی "فرمان بزرگ" بکار رفته است.

باختر •

از دو بخش " پس" و یا "پک " بمعنی "عقب "، "پشت "، باضافه‌ی "تر" علامت صفت تفضیلی ساخته شده است. باختر یا مغرب را "دائوس‌تاسترا daostastra " نیز خوانده‌اند که از دو بخش "دائوس" daos بمعنی "دوش" و "اوساترا ustastra " ساخته شده است و رویهم بمعنی "سپیده" میباشد. برخی نیز "باختر" را "فراوان" خوانده‌اند.

بانگ، وانگ •

vang صدا و فریاد که از ریشه‌ی voice و voka و vokeh است.

بد •

همریشه با bad انگلیسی بمعنی زشت. از اوستائی "ایزیختا isikhta " و یا "ایژیختا isikhta " گرفته شده است و همان زشت فارسی است که بمعنی " پلید، زشت، و ناپسند" است.

برادر •

از سانسکریت bhratar و فارسی باستان brater و کردی bra و انگلیسی کهن brathar و انگلیسی نوین brother و لاتین frater و یونانی phrater و آلمانی bruder و هلندی bro و broder است.

بستش، ایستش •

بستگی از اوستائی bust " بست " بمعنی " گیر و انسداد" که مضارع آن " بند band "و سانسکریت آن " بنده bandhy " و هندو اروپائی آن ubhendh و همریشه با band انگلیسی یعنی " بستن " است.

بلند •

از اوستائی buland و پارسی " بولاند buland " و سانسکریت " برهنت brhnt " است. اوستائی " برزنت berezent "، پارسی دری " بردیا bardya " بمعنی بالا، والا، و عالی

و سکائی آن ula میباشد.

به، وه ●

در اوستا " خوب و نیکو است. " بهتر از " وه" باضافه‌ی "تر" تشکیل شده است که همریشه‌ی better انگلیسی و besser آلمانی است.

بهشت ●

در اوستائی از "به" بمعنی "خوب" و "شت" که علامت صفت عالی بمعنی " بهترین" تشکیل شده است. در ایران کهن " شت" و " ست" مانند علامت صفت عالی در انگلیسی est بکار میرفته. " بهشت" و یا " واهیشت" نیز بمعنی " بهترین و والاترین" و همریشه با best انگلیسی است. بهشت را " بهست" هم میگفته‌اند و بهشت برین را garotman نیز گفته‌اند. واژه‌های " بهزیوی" ، "بهزیستی"، "بهی"، " بهیار" و " بهدین" و همانند آنها از ریشه‌ی "به" است و واژه‌ی انگلیسی better و آلمانی besser و صفت عالی best همریشه با " به" است که سانسکریت آن bhadra میباشد.

بیدن ●

در اوستائی bidan بمعنی "بودن" و همریشه‌ی با انگلیسی to be و آلمانی bin است.

پا ●

از سانسکریت pi و pay و همریشه با ped لاتین و foot انگلیسی است. واژه‌ی " پی" و "پا" در بسیاری از واژه‌های فارسی و انگلیسی و زبانهای دیگر بکار رفته است مانند واژه‌های فارسی " پایه"، "پایدار" ،"پایا"، پیوست"، و "پیگرد" و مانند آن و مانند واژه‌ی انگلیسی pedestal و pedicure و غیره.

پاث، پاس ●

از سانسکریت panthan و فارسی باستان "پاث pas " و اوستائی panti و آلمانی pfad و انگلیسی path و pass و واژه‌ی pont فرانسه بمعنی "پل" و واژه‌ی فارسی "پل" از همین ریشه‌ی path میباشد که بمعنی " معبر" ، "گذرگاه"، "راه"، جاده" و "مسیر" است.

پارت ●

اوستائی آن paret بمعنی "پیکار کردن"، "جنگ کردن"، و" ستیزه کردن" است. واژه‌ی fight انگلیسی نیز از انگلیسی fighten و انگلیسی کهن faehtah و آلمانی کهن fehtan

گرفته شده است.

پدر ●

در سانسکریت pitar و فارسی باستان pita و padre و در لاتین و هندو اروپائی pater که فرانسه‌ی آن pere و آلمانی آن fater و انگلیسی آن father و سانسی آن vader و pater است.

پژواک ●

از "پریاپچ و یا پس" بمعنی "برگشت و انعکاس و واکنش" است و با "واک" بمعنی صدا و رویهم بمعنی "انعکاس صدا" و یا "ترجمه" و مانند آن است. "واک" یا "وکه" که همریشه با vocal و یا voice انگلیسی است.

پسر ●

از سانسکریت putra و اوستائی puthra و فارسی باستان pusa و pus و pesdr بمعنی "بازمانده" و "فرزند" و "فرزند نر" است. واژه‌ی لاتین puer و یونانی pais (هر دو بمعنی "پسر") و واژه‌ی انگلیسی puerile (بمعنی "کودکانه") با این واژه همریشه است.

پل ●

از اوستائی par بمعنی "گذشتن" to pass است. در اوستا واژه‌ی peretu و pasu بمعنی "پل" است. پهلوی آن puhl است و در پازند puhal آمده که در پهلوی بمعنی "پالایش" یا "پادافره" و عقوبت" و "مکافات" نیز آمده است. "ز پل چینوات" یا "پل صراط" بنابر روایات زردتشتی محلی است که چون گناهکاران از آن بگذرند فرو افتاده و در آتش و فلز گداخته میسوزند و سزای خود را در میابند.

پیتو ●

اوستائی آن pito و سانسکریت آن pithwa و انگلیسی میانه‌ی آن fode و انگلیسی کهن آن foda و آلمانی کهن آن fuotar و food و fodder میباشد و واژه‌ی لاتین panis بمعنی نان یا خوراک و food انگلیسی با آن همریشه است.

تا ●

انگلیسی میانه و کهن آن taw و tu آلمانی کهن آن zuo و لاتین donec و انگلیسی to بمعنی "تا اینجا"، "تا زمانیکه"، و " تا آنجائیکه" است.

ترا ، ترادیسی •

از اوستائی "ترا" همریشه با "ترانس trans" انگلیسی و برابر فارسی "فرا" بمعنی "آنسو و ماوراء" باضافه‌ی "دیسی" بمعنی "شکل" و "تغییر شکل" و "تحول" و "تغییر قیافه" است. دگرگونی transformation واژه‌ی "ترانویسی" یا "ترانوشت" نیز بمعنی "ماوراء" و باضافه‌ی "نویس یا نوشتن" است که بمعنی transcription انگلیسی است.

ترس •

اوستائی آن teresaiti و یا "ترسائی" و از سانسکریت "تارساتی tarsati" و فارسی باستان tarsa از ریشه‌ی "تراه trah" و یونانی trsti و لاتین tremit و فارسی میانه "ترس" بمعنی "لرزیدن و وحشت کردن یا هراس" است. واژه‌ی لاتین آن terror از terrere بمعنی "ترسیدن" و واژه‌ی اسپانیولی temer نیز بمعنی "ترسیدن" است. واژه‌ی "ترسا" از اوستائی tarsgus بمعنی "پارسا، دیندار، پاک، مقدس، و عالیجناب" میباشد. و همچنین واژه‌ی "ترسومند" در اوستائی بمعنی "بزدل، ترسو، ترسناک، و هراسان" از این ریشه است.

تز •

بمعنی "تاز" و "تند" و "سریع" است و واژه‌ی ترکی "تز" نیز از این ریشه است.

تنش •

از "تن" باضافه‌ی پسوند "ش" نشان اسم حالت که رویهم میشود "مالش، اصطکاک،" و واژه‌ی انگلیسی tension و فرانسه و لاتین tensio و tensus که اسم مفعولی tension و اسم مفعول و زمان ماضی فعل tendere است که بمعنی "کشیدن"، و "درازکردن" میباشد. بیشتر بصورت واژه‌ی انگلیسی thin بمعنی "باریک" و نیز "کشیده" بکار رفته است و همریشه با واژه‌ی tan میباشد. واژه‌های انگلیسی tener و tendere و extend و pretend و intend و مانند آن از ریشه‌ی tener و tend است. در فارسی نیز واژه‌ی تن بمعنی اندام یا چیز کشیده شده بکار رفته است و در همه جا مانند واژه‌های "طناب" (که درست آن "تناب") است و نیز "تنیدن" و "تاب دادن" و "تابیده" و "تاب" و مانند آن است.

تو •

همریشه با thou انگلیسی و tu فرانسه و tu اسپانیولی است.

● جادک

در زبان پهلوی بمعنی " شکل، مال، دارائی، مالکیت ، سهم ، وضع ، مورد ، کیفیت ، جا ، محل، جای" است .

● جاکست

در پهلوی juxt بمعنی "جفت ، برابر ، روبرو ، " است و همریشه با juxta در واژه‌ی انگلیسی juxtaposition و پیشوند لاتین juxta بمعنی " نزدیک، پهلو ، و یا روبرو " است .

● جان

از اوستائی gay و پهلوی ji و فارسی باستان gaitha میباشد که jay و jan و zan نیز نوشته شده و همریشه با gene انگلیسی میباشد و واژه‌های جهان ، کیهان ، گیتی (getik) از ریشه‌ی هندو اروپائی genei است .

● جشن

از اوستائی " یسن " yasn و " یسنه yasnah " یا " یسنا yasna " بمعنی " ستایش و نیایش " است .

● جمع

از اوستائی "جم jam " یا گم gam " یا "گام" بمعنی "گام زدن و پیشرفتن و پیشروی و قدم زنی و گام زنی " است . واژه‌ی اسپانیولی آن caminar بمعنی " گام زنی " یا "راه و جاده و خیابان " است .

● جوهر

از اوستائی " گوهر یا گهر " و انگلیسی میانه juel وانگلیسی نوین jewel و اسپانیولی joya و فرانسه‌ی کهن jeu و لاتین jocus است و صورت عربی شده آن "جوهر " یا " جواهر" است .

● جهت

از اوستائی "کوست cost " و "کوستاک kustag " که همریشه با cost انگلیسی میانه و نیز coste فرانسوی میانه و لاتین costa بمعنی " پهلو ، دنده ، طرف چپ ، و جهت " و نیز کناره ساحل و یا کناره آمده است . مثلا در "کوست خراسان" یعنی " در جهت یا طرف خراسان" است . واژه‌ی انگلیسی coast نیز از همین ریشه است .

چلوار ●

از عبارت "چهل یارد" که یادآور توپهای پارچه‌ی ۴۰ یاردی انگلیسی است.

چنین ●

از اوستائی dena بمعنی "پس و از اینقرار" و همانند واژه‌ی انگلیسی میانه than و انگلیسی کهن thonne و thenne و آلمانی thenno است.

خار، خر ●

در پهلوی بمعنی "بزرگ، تنومند و زیاد" است. واژه‌های "خروار، خرگوش، خرمن، خربوزه، یا خرپوزه" از این ریشه است. مثلا "خرمن" از "خر" باضافه‌ی "من" است که پسوند "من" نشانه‌ی صفت عالی و برابر "- ترین" است و رویهم بمعنی "بزرگترین" است.

خدا ●

در سانسکریت "خوتا"، در هلندی god یا 'khote، در آلمانی goth و در انگلیسی god نامیده میشود. در زبان پهلوی "یزد yazd" یا "بای bay" و همچنین "خوادای khwaday" خوانده شده. واژه‌ی "خوادائی khwadayih" بمعنی خدائی است.

خرداد، هاوروتات ●

در اوستائی haurvatat و در افسانه‌های آریائی "فرشته‌ی بزرگ کمال، تندرستی و برتری" شناخته شده است. "هروا haurva" صورت اوستائی واژه‌ی "هر har" بمعنی "هریک و همه و هرکدام" است و پسوند "تات tat-" برابر پسوند انگلیسی ity- و پسوند فرانسه‌ی ite'- و پسوند اسپانیولی dad- است که نشانه‌ی اسم فعل و بمعنی "کمال و تمامیت" است. پس رویهم "هاوروتات" یا "خرداد" بمعنی "کمال و شامل همه چیز و تمام خوبیها" میباشد.

خوار، خواره، خار ●

از پهلوی khwar بمعنی "کوچک، ناچیز و صغیر" آمده است. معنی دیگر "خوار" از ریشه‌ی "خوردن khwardan" است که در گیاه‌خوار، زمین‌خوار و مانند آن بکار رفته است و معنی دیگر آن از واژه‌ی پهلوی "خورشید khwarshid" است که واژه‌های "خواروفران khwarwaran" بمعنی "مشرق" است. همچنین "درخواریدن" در زبان پهلوی بمعنی "خوردن و نوشیدن" است و "خوارا سان" یا "خراسان" بمعنی "در جهت مشرق" است.

داتا ، داد •

از اوستائی " داتا data " و پهلوی " داد " برابر با data انگلیسی که لاتین آن **datum** و جمع آن data میباشد. در پارسی کهن " داتا " بمعنی " عدل و داد " یا " قانون" بکار رفته است و باید بهمین معنی بجای "قانون" در فارسی بکار رود. در انگلیسی بمعنی [illegible] " ضابطه ، معیار ، و اطلاعات " بکار رفته است .

دادن •

همریشه‌ی با dar اسپانیولی بمعنی "دادن" و از ریشه‌ی "دا ـ" باضافه‌ی "ـ دن" که علامت مصدر است . در اسپانیولی نیز da واژه‌ی ریشه باضافه‌ی er- که علامت مصدر میباشد .

دان ، دانستن •

در پهلوی "دانستن" که کردی آن "زان" و انگلیسی آن know و انگلیسی میانه‌ی آن **knowen** و انگلیسی کهن آن **cnawan** و آلمانی کهن آن **bicknaan** و لاتین آن **gnoscere** و **noscere** و یونانی آن **gignoskein** و اسکاندیناوی کهن آن **kna** و اسلاوی کهن آن **zanti** و اسکاندیناوی نوین آن **janati** میباشد. اختلاف تلفظ در نرمکامی حرف " **d** " میباشد که گاهی **k** و **j** و **d** و **z** تلفظ شده است .

دختر ، دوشیزه •

از " دخت " بمعنی "دوشیدن" یا " دختیدن" باضافه‌ی " تر" یا " در" که نشانه‌ی اسم فاعل است و بمعنی "شیردوش" بکار رفته است . در میان آریائیان کهن دختران کارشان توجه نمودن و نگهداری از احشام و گاو بوده و پسران بکار جنگ و دفاع میپرداخته‌اند. واژه‌ی پهلوی آن " دختن **dokhtan** " و هلندی آن **dochter** و آلمانی آن **tochter** است . مصدر کهن آن **tochten** بمعنی " دوشیدن" است .

درست ، راست •

همریشه با **direct** انگلیسی و فرانسه و انگلیسی کهن **direcsen** و لاتین **directus** که اسم مفعول **dirigere** لاتین بمعنی " درست و راست کردن" است . همچنین همریشه با **drecho** اسپانیولی بمعنی " دست راست " و **droit** فرانسه بمعنی " دست راست و قانون " است .

دژ •

از زبان پهلوی است . واژه‌ی "دژ" یا " دیس و دائیس" بمعنی " محکم ، محصور ، و مستحکم "

است . واژه‌ی عربی "قلعه" از فارسی " کلا" یا " کالا " گرفته شده است .

• دی

از اوستائی و از ریشه‌ی مصدری "دا da " و "داتان datan " یا "دادن" بمعنی " آفریدن و بخشیدن" است . بصورت" داتو datu " و "داثو dathu " و " دذ" و " دادو dadu " و " ددو dadu " و " ددوه dadvah " و یا "دی" است که دهمین ماه سال خورشیدی میباشد. ایرانیان کهن روز اول ماه دی را روز آفرینش نوین جهان میدانستند زیرا اول دی برابر با ۲۱ یا ۲۲ ماه دسامبر میشود که بعدها با اندکی تغییر به روز ۲۵ دسامبر یعنی روز تولد عیسی مسیح تبدیل شده است . پس از جشن نوروز در اول فروردین، دی ماه پرآئین ترین ماه ایرانی است که ایرانیان کهن برگزار میکرده‌اند، زیرا در روز اول دی آفتاب هر روز اندکی بیشتر بر زمین میتابد و نشانه‌ی زندگی نوین برای همه‌ی موجودات ، بویژه گیاهان و رستنی‌ها است . این روز را آریائیان روز زایش میترا یا مهر میدانسته‌اند و هنگامیکه میترائیان رومی دین مسیح را پذیرفتند، چون با مهرپرستی خو گرفته بودندو روز یکشنبه را روز آفتاب (مهر) یا dathush میدانستند، بنابراین تعطیل روز شنبه‌ی یهودیان مسیحی شده را به روز یکشنبه تغییر دادند. ولی تا به امروز یک فرقه از پیروان دین مسیح هنوز روز شنبه را رعایت میکنند. همچنین، روز تولد عیسی را مسیحیان میترائی در ۲۵ دسامبر یعنی سوم دی برگزار میکنند که تاکنون نیز چنین است در حالیکه روز اول ژانویه را آغاز سال نو میدانند. جشن بزرگ دیگان در ایران کهن برگزار میشده است و در آفرینگان کهنیار مراد از صفت "دتوش" یا " آفریننده" ماه دی است .

• راست

همریشه با انگلیسی کهن rihit و آلمانی کهن raht و لاتین regers بمعنی " براه راست هدایت کردن" است . یونانی oregein بمعنی " کشیدن و راست کردن" و لاتین rectus بمعنی " راست و مستقیم" است . واژه‌ی " راست " از ریشه‌ی اوستائی rast و "راد rad " بمعنی " آماده و آراسته بودن " است که فارسی باستان آن rad بمعنی " آراستن و آماده کردن " میباشد. واژه‌ی دیگر همریشه با " راست " واژه‌ی آلمانی richtig و اوستائی drva و سانسکریت dharva و پهلوی " درست drast " است .

• راه

اوستائی آن rut همریشه با route انگلیسی بمعنی "راه، جاده و مسیر " است چنانچه

" روت همیشک ناو rut-i hamishak-nav " بمعنی " راه همیشه قابل کشتیرانی" است .

رای ●

اوستائی آن " رای یا رایو " بمعنی " شعاع و یا پرتو" که همریشه با واژه‌ی انگلیسی ray است . واژه‌ی فارسی "رایومن" بمعنی " نورانی و نورافکن و روشن دل " است .

رستن ●

اوستائی "رست " rast همریشه با rest انگلیسی که از ریشه‌ی انگلیسی کهن raest بمعنی "تختخواب و استراحت " میباشد و آلمانی کهن آن rasta بمعنی "مسافت بین دو منزل" است. در گوتیک "راستا " بمعنی " خواب هشت ساعته‌ی شب " است .

رشن ●

اوستائی rashn ایزد دادگستر در آئین دیرین ایرانیان، فرشته‌ی عدالت، که " رشنو rashnu " نیز خوانده شده. واژه‌ی آلمانی richtig با "رشن" همریشه است که "رشتو" نیز خوانده شده و در روز رستاخیز با مهر و سروش بداوری میپردازد.

ژرف ، ژرفا ●

اوستائی "ژفرا zafra " و پهلوی آن "زفر zafr " است که بمعنی "گودی" و "عمق" است .

زادگ ، زاده، زاد ●

از پهلوی "زادگ zadag " یعنی "زائیده شده، تولد یافته، و فرزند" است .واژه‌ی نوین انگلیسی آن son و انگلیسی میانه آن sone و انگلیسی کهن sunn و آلمانی کهن sun یا son است . واژه‌ی لهستانی آن zac است که مانند پسوند "زاده" در پایان نامها بکار میرود مانند Peterzac بمعنی " پطرس زاده" و واژه‌ی هلندی "فرزند یا پسر" نیز " زون zoon " است . واژه‌های "زیستن ، زی، زیست ، زنده، و زندگانی" و ترکیبات آن از ریشه‌ی " زی" بمعنی "زندگی" است که یونانی آن zai یا zaio بمعنی "جاندار و یا جانور " است. واژه‌ی zoology و ترکیبات آن که بمعنی "جانورشناسی" است از همین ریشه است .

زر ●

از پهلوی "زر " که در اوستا "زایری zairi " بمعنی زردرنگ آمده و فارسی کهن آن "دارا ـ

نیا daraniya " و سانسکریت آن heranya بمعنی " زراندود" یا پوشیده از زر است. واژه‌های "زرمن zarman " و "زروان zarvan " بمعنی "پیر سالخورده" است. "زرگون " بمعنی "طلائی" و "زرین" نیز به همان معنی است. نام " زرتشت Zarsdushtra " یا "زرد اشتر" بمعنی "دارای شتر زرد" میباشد که نام "اشوزردشت" پیامبر آریائیان است. واژه‌ی "زریاوانت zarayanant " اوستائی "زراوند" بمعنی " آب آمیخته با زر یا آب زر" است.

زم ●

در افسانه‌های آریائی "زم zam " فرشته‌ی نگهبان زمین شناخته شده است. پهلوی آن "زمیگ zamig " است و " زمیگی یا زمیگگ " بمعنی " زمینی و خاکی " است. "زمیگ پیمانی " یعنی "زمین پیمانی و یا هندسه " است. واژه‌ی "هندسه" نیز صورت عربی شده‌ی "اندازه" است که بمعنی" دانش اندازه‌گیری" است. واژه‌ی "زمستان" از "زم" باضافه‌ی "ستان" بمعنی فصل زمین یا حالت زمین است. در ایران کهن تنها دو فصل داشته‌اند، یکی تابستان بمدت هفت ماه که "هاما hama " خوانده میشد و دیگری " زمستان بزرگ" یا " زایانا zayana " که بمدت پنج ماه بوده است.

سایه ●

سانسکریت آن "چایا chaya " و اوستائی "سایا saya " و پهلوی "سایگ sayag " و در انگلیسی کهن shadow یا sceaduw و در انگلیسی میانه sceadu و فرانسه و اسپا- نیولی آن sambre است.

ستاره ●

اوستائی آن star و سانسکریت strbhih و پهلوی star و starag است. انگلیسی کهن sterre و انگلیسی میانه steorra و یونانی آن aster و astron و لاتین آن stella است.

ستر ●

در پهلوی بمعنی "فرزند" است. واژه‌ی "استر" بمعنی "قاطر" از پیشوند منفی " آ- " بمعنی "بی و بدون" باضافه‌ی "ستر" بمعنی "فرزند" است که رویهم معنی " بی فرزند، نازا ، و عقیم" است. واژه‌ی "سترون setarvan " نیز بمعنی " بی فرزند و نازا " میباشد.

سده ، جشن سده ●

از اوستائی "سادا sada یا sauda " بمعنی "دیدن" است که "سدک sadak

نیز گفته شده و از " سد" یا ضافه‌ی "اک ak " فارسی که نشان صفت است ساخته شده. واژه‌ی "سد" همان "صد" امروزی است و رویهم یعنی " صد روزه یا صدمین روز " پس از زمستان بزرگ است که آفتاب آشکار و روزها بلند میشود.

سود، سوت ●

اوستائی آن sut یعنی "بهره و سود " است. در دنیکرد واژه‌ی "ماس سود " بمعنی "سود بیشتر" بکار رفته است. mas صفت تغضیلی و عالی بمعنی " بیشتر و بشترین " و همریشه با most انگلیسی و mas اسپانیولی بمعنی بیشترین است. واژه‌ی " میوکار myokar " در دنیکرد بمعنی "سود بخش" بکار رفته. واژه‌ی "سوده" بمعنی " تمیز و پاک کرده" است.

شاد، شادی ●

از اوستائی "شیا shya و شیاتی shyata " و فارسی باستان "شیاتا shiyata " و پهلوی shad و shadih و اوستائی shati است. واژه‌ی "رامش" نیز بمعنی " آسوده و شاد و در حال آسایش و خوشی و شادی" آمده است.

شلوار، شالوار ●

از پهلوی شالوار shalwar است.

فروردین ●

از اوستائی و آن جشن آغاز آفرینش جهان بوسیله‌ی اهورامزدا و بیاری فروهرها که "جوهرها یا گوهرهای هستی بخش به موجودات و هستی‌ها" میباشد. روز نوزدهم هرماه خورشیدی زردتشتی بنام "فروردین" بیاد روز "فروهرها" نامیده میشود.

فروهر ●

از اوستائی " فره‌وهر farahvahar " که از fra بمعنی" قبلی، پیشین، و سابق" باضافه‌ی "ور" بمعنی باور است و رویهم بمعنی "باور پیشین یا باور نخستین یا جوهر وجود" است که به ماده و جسم حرکت و فعلیت و وجود بخشیده است. پیشوند "فرا" یا "فره" از فارسی باستان para و پهلوی "پار par " است که در واژه‌ی "پارسال" بکار رفته است و برابر پیشوند انگلیسی peri- و pre- و آلمانی vor- و روسی pred- و لاتینی pro- میباشد که واژه‌های "پریروز و پریشب" نیز با همین پیشوند است. بخش دوم واژه‌ی "فروهر" یعنی وهر vahar با فارسی باستان var و پهلوی vanar و آلمانی wahr و روسی vera و لاتین

verus همریشه است.

کار •

اوستائی و از صیغه‌ی امر از فعل "کاشتن و کشتن" است. در زبان پهلوی بمعنی "شخم زدن و شیار کردن" زمین است.

کافتن، کاوش •

از پهلوی "کافتن". "کاو" و "کاف" هردو یکی و بمعنی "گودی" و "شکاف" است. در انگلیسی کهن و فرانسوی و لاتین cava و یونانی آن kyein و نورس کهن آن hunn و سانسکریت آن svayati است. واژه‌های "کاوش، گود کردن، شکافتن، کاوه، گوه، و گودی" از این ریشه است. واژه‌ی پهلوی "گیر gahr" بمعنی "گودی و قبر" است. واژه‌های انگلیسی امروزی "غار cave" و اسپانیولی آن cava میباشد. "غار" فارسی در اصل "گار" بوده.

کران، کاران، کرانه •

اوستائی آن gar و پهلوی آن kust بمعنی "ساحل و کرانه" است و نیز بمعنی "جهت و سمت" و یا "ناحیه و منطقه" بکار آمده است. در ترکیبات واژه‌ها بمعنی "کمربند" یا چیزی که دور چیزی را احاطه کند آمده است. مثلا واژه‌ی فارسی "کوشتی یا کشتی" که کمربند ویژه‌ی پارسیان است. واژه‌ی پهلوی "کوستاک بد kustagbod" یا "ووستاگ پت" بمعنی "فرمانده و یا رئیس" است. واژه‌های انگلیسی coast و اسپانیولی costa و فرانسوی cot هم معنی واژه‌ی اوستائی kust میباشد.

کرمیز، قرمز •

پهلوی آن karmiz یعنی قرمز است. واژه‌ی انگلیسی crimson و اسپانیولی carmesi و فرانسوی cramoisi از واژه‌ی فارسی "قرمز" ریشه گرفته‌اند.

کومیس •

کومیس komis نام قدیم شهر قم که محل آن آتشکده‌ی آناهیتا بوده است.

گا، گاس •

از اوستائی "کاس kas" بمعنی دیدن است. واژه‌ی انگلیسی gaze نیز بمعنی "خیره شدن و نگاه کردن" است. واژه‌های "نگاه، آگاه، آگاهی، و آگهی" از این ریشه است.

● گام

از پهلوی " گام gam " یعنی "قدم، یک قدم، یا یک متر " است. واژه‌ی انگلیسی میانه‌ی آن camen و انگلیسی کهن آن cuman ، آلمانی کهن آن queman بمعنی آمدن (to come) و فرانسوی آن chemin بمعنی " راه و جاده" است. در اسپانیایی میشود caminar یعنی "گام زدن " و نیز camino یعنی " خیابان، راهرو، و جاده"

● گداختن

از اوستائی vidakhti است. غالبا حرف " v " به " ب یا پ یا ک و یا گ " تبدیل میشود. "وداختی" از پیشوند vi باضافه‌ی " تک tak " بمعنی "تاختن و حمله کردن" است که در واژه‌ی " تک و پو یا تکاپو" و " تاخت و تاز و تاختن و تازیدن" بکار رفته است. پهلوی آن vidakhtan یعنی "گداختن" و " ویداخته vidakhtag " بمعنی گداخته است. واژه‌ی tak اوستائی همریشه با attack انگلیسی است که فرانسه‌ی میانی آن attaquer و لاتین کهن آن attaccare میشود و ساخته شده از پیشوند a بمعنی در حالت باضافه‌ی taquer یا taccar برابر اوستائی tak بمعنی حمله است.

● گران

از اوستائی " گاراو garav " و سانسکریت "گوراو gurav " و لاتین gravis که بمعنی " سنگین " است. فرانسه‌ی آن grave میباشد. واژه‌ی gravity از همین ریشه میباشد.

● گرفتن

از پهلوی " گریفتن griftan " و سانسکریت grbhati بمعنی "قاپیدن و ربودن " است که هلندی آن grabben و انگلیسی میانی آن graspen و انگلیسی امروزی آن میشود grasp.

● گمیزگ

از پهلوی gumezag برابر با واژه‌ی انگلیسی commix و commixture بمعنی " با هم آمیختن " است که لاتینی آن commixtus اسم مفعول فعل commiscere است و از پیشوند com- یعنی با هم باضافه‌ی miscere یعنی مخلوط کردن و آمیختن است. یونانی آن میشود mignyonai که معنی "مخلوط کردن " میدهد و انگلیسی میانی آن mixem و انگلیسی امروزی آن mix میشود.

لا ، لایه ●

واژه‌ی انگلیسی lay بمعنی "دراز کشیدن" و " قرار دادن" از انگلیسی میانی layen و کهن lecganc یا lican بمعنی " دراز کشیدن و از درازا پهلوی هم قرار دادن " است. واژه‌ی انگلیسی to lie یعنی "دراز کشیدن" نیز از همین ریشه است. واژه‌ی فارسی " لا و لایه " و همچنین واژه‌ی فارسی " لالا " که به زبان کودکی بمعنی " خواب و دراز کشیدن " است با این واژه مربوط است. " لایه" در فارسی بمعنی " چیز باریک " مانند آستری و امثال آن و یا تخته‌ی باریکی است که میان چیزی گذاشته میشود.

لاژورد، لاجورد ●

از پهلوی lajavard است. سنگ لاجورد (Lopis Lazuli) که واژه‌ی lazuli از آلمانی lazulith و لاتینی میانی lasulum بمعنی "سنگ لاجورد" است. واژه‌ی انگلیسی azure (مشتق از فرانسوی کهن azur) از واژه‌ی فارسی لاجورد آمده است.

لب ، لپ ●

همریشه با lip و lobe انگلیسی و لاتین lopus و اسپانیولی labio و فرانسوی levre .

لمیدن ، لم دادن ●

واژه‌ی انگلیسی lame بمعنی " شل و لنگ " از انگلیسی کهن lama و آلمانی کهن lam و لیتوانی lima بمعنی "از کار افتادن" و " بیکار ماندن " است.

لیس ، لیسیدن ●

واژه‌ی انگلیسی lick از انگلیسی میانی licken و انگلیسی کهن liccian و همانند آلمانی کهن leckon بمعنی " لیسیدن " و لاتین lingere و یونانی leichein است.

مات ●

در فارسی بمعنی " مانده و ناتوان از فرار" است. واژه‌ی " شهمات " checkmate " انگلیسی از همین واژه‌ی فارسی است و بمعنی " شاه نمیتواند فرار کند" میباشد.

ماد، مادگ ، ماده، مادر ●

در پهلوی "مادگ madag " بمعنی "ماده و مادر " است. مادر در سانسکریت و اوستا

" ماتر matar " و در لاتین mater و در هندو اروپائی mate و mater آمده و در فارسی میانی زردتشتی mat و mata و فارسی میانی ترفانی " مادر mador " است. پیشوندهای لاتینی -matro و -matri که بمعنی " مادر" است در بسیاری از واژه‌های فرانسه و انگلیسی بکار رفته است مانند matricide یعنی "قاتل مادر" و غیره.

مانگ ●

در پهلوی manag است و از ریشه‌ی men و mainyu بمعنی " اندیشه و امور معنوی و یا روحانی " است. در لاتین پیشوندهای ment و mens و واژه‌ی mentalis بمعنی فکر، مغز، و اندیشه از همین ریشه است.

مرگ ●

از اوستائی و فارسی باستان " مار mar " و سانسکریت mriyate و هندو اروپائی mer و پهلوی "مرگ marg " و لاتین moritur و mors و morti و mort که در واژه‌های mortal و mortuary و morgue بکار رفته است.

میغ ●

از اوستائی myg یا maeya و سانسکریت megha بمعنی " ابر و مه" که با واژه‌های انگلیسی کهن meg و یونانی mist همریشه است.

نا ●

پیشوند منفی فارسی بمعنی " بی، بدون " و غیره مانند نامرد، ناکس، ناتوان و برابر با پیشوندهای منفی در انگلیسی مانند -un ، -in و -non .

ناس ●

بمعنی " بینی " و واژه‌ی nose انگلیسی از لاتین نوین nasal و لاتین کهن nasalis بمعنی بینی است. واژه‌ی کهن فارسی "بینی" هم "ناس" بوده است که امروزه در واژه‌هائی از قبیل "خرناس" یا "خرناسه" بکار میرود.

ناف ●

از پهلوی naf است بمعنی خانواده و نیز " نافه یا نافگ nafag " بمعنی ناف آمده است. واژه‌ی انگلیسی navel و nave از انگلیسی کهن nafela و همانند آلمانی nabel و هندو اروپائی nofh میباشد.

• نام

از پهلوی nam " بمعنی "اسم، نام، و نام بردار " است. واژه‌ی همریشه‌ی انگلیسی آن name که از ریشه‌ی انگلیسی کهن nama و آلمانی name و هندو اروپائی nomn و لاتین nomen میباشد. همچنین، " نامگ namag " در پهلوی بمعنی "نامه و کتاب" میباشد.

• نو، نوگ

در پهلوی "نوگ nog " میباشد و واژه‌ی انگلیسی naiwe از انگلیسی کهن neu و آلمانی newas و هندو اروپائی nevus و لاتین nava میباشد. اوستائی آن nava و سانسکریت آن nok و فارسی زردتشتی آن noc است.

• واچک

در پهلوی wachag بمعنی " بچه، کودک، بچه‌ی شیرخواره" است. واژه‌ی انگلیسی child از انگلیسی کهن cild و گوتیک kilthei آمده که همریشه با سانسکریت jathara است.

• واد، باد

از پهلوی wad و در اوستائی vayu بمعنی "فرشته‌ی باد یا فرشته‌ی جان بخش یا جان ستان" بوده. در انگلیسی wind و در فرانسوی vent و در اسپانیولی viento و در لاتین ventus و در آلمانی windr است.

• واریدن

از پهلوی waridan بمعنی " باریدن، باران آمدن، بارش، و باران " است. واژه‌ی انگلیسی rain از انگلیسی کهن regan است که از ریشه‌ی " رن ren " برابر فارسی کهن " رایان " یا "رن " است. گوتیک آن rign میباشد.

• وازگ، واژه، واژگ

از پهلوی wazag بمعنی " واژه، واژگ، تلفظ، لفظ، واج (حرف) واجه، واجک و سخن" و واژه‌ی انگلیسی word از انگلیسی و آلمانی کهن wort و لاتین آن verbum بمعنی سخن است. کلمه‌ی یونانی آن ereirein و لیتوانی آن vardos است.

• والن، والش

از پهلوی walen بمعنی " کوی، محله، کوچ نشین " است و "والیدن " یعنی " رشد و نمو، و

ترقی، پیشرفت، ورم کردن " است. واژه‌ی انگلیسی wale بمعنی "برآمدگی و ورم " از انگلیسی کهن walu و نورس‌کهن valer و لاتینی val بمعنی " ورم و جای تازیانه و برـ امدگی" است

• وای

از پهلوی way بمعنی " آه، افسوس " است و انگلیسی آن woe از انگلیسی میانی wa و wo و آلمانی کهن wa و نورس‌کهن vei و لاتین vae میباشد.

• وردانیدن ، گردانیدن

از پهلوی است بمعنی " چرخانیدن، گرداندن، گردش (وردش) ، چرخش ، دگرگونی و تغییر پذـ یری". واژه‌ی انگلیسی wind بمعنی "چرخاندن و کوک کردن" از انگلیسی کهن windau آمده و با آلمانی کهن wintan از یک ریشه است.

• ورن

از پهلوی waran بمعنی " شهوت ، ویر، حرص، آز" است. واژه‌های warnig و wary و war و ware انگلیسی بمعنی " حریص ، آزمند، هوشیار، و وارد بکار" با این واژه همریشه است.

• وس

از پهلوی vas بمعنی " بس، کافی " است. واژه‌ی " بسنده" از این ریشه است که بمعنی "کافی " میباشد و در اسپانیولی 'bastante است.

• ونی، ونیگری

از پهلوی wany بمعنی "خرابی، ویرانی، تهی‌گری، بیهودگی" است. همچنین " خراب ، گم شده، ویران، بیهوده" را معنی میدهد. "ونی بودی " یعنی "نابودی، بیهودگی، فنا ، خرابی" است. واژه‌ی انگلیسی waste از انگلیسی کهن wast و آلمانی کهن wuasti و لاتین vanus است و واژه‌های انگلیسی vain یعنی "بیهوده" نیز از ریشه‌ی لاتین vanus و vannus میباشد.

• وید

از پهلوی و بمعنی " درخت بید " است. واژه‌ی انگلیسی willow بمعنی "بید" از انگلیسی کهن welig میباشد و با آلمانی کهن wilge و یونانی helike همریشه است.

ویزیستن ●

از پهلوی wizistan بمعنی " یاددادن، تعلیم دادن، درس‌دادن" است. واژه‌ی wise انگلیسی از انگلیسی و آلمانی کهن wis بمعنی "دانستن، فهمیدن، دانش‌آموزی " است.

هم آونگ ●

از پهلوی ham ewenag بمعنی "همسان، یکسان، همجنس" است. در انگلیسی homogenous میباشد.

یاسک ، یسک ●

از پهلوی yask بمعنی "ناخوشی، بیماری، ناتندرستی " است.

ا (الف). first letter of Persian and Arabic alphabets.
آ، آی، بیا. come thou.
آب، ماء، مایع، آب ورنگ، جلا، جلوه، اعتبار، مشروب، عصاره. water. juice. semen. saliva. liquid. aqua-.
قدری آب بمن بده. give me some water.
~ لیمو. lime juice. lemon juice.
~ (منی) آوردن. to cause the discharge of seminal fluid. to have orgasm.
~ دهان (تف). saliva. spittle. spit.
آن زن زیبائی وآب و رنگ دارد. she has beauty and freshness.
~ آلوده. polluted water.
~ ایستاده، ~ راکد. stagnant water.
~ اکسیژنه. hydrogen peroxide.
~ ژاول. sodium hypochlorite.
~ مروارید. (med.) cataract. pearl-white.
~ نقره. silver-plate.
از ~ تکان نخوردن. to be calm and quiet. (for affairs) moving peacefully.
کشتی را به آب انداختن. to launch a ship.
~ به ~ شدن. to become subject to change of weather.
~ بر آتش ریختن. to calm down. to cool off.
~ پاکی روی دست کسی ریختن. to give a curt or negative reply.
~ دادن (فلزات). to electroplate. to coat with metals. to temper.
~ رفته را بجوی باز آوردن. to regain lost prestige.
ایندو نفر آبشان بیك جوی نمیرود. these two persons do not agree.
از ~ در آمدن. to come out of the water. to result. to ensue. to become.
از ~ کره گرفتن. to get something out of nothing.
~ زدن (به)، خیس کردن. to moisten. to wet. to soak. to drench.
~ شدن. to melt. to be dissolved. (for goods) to be sold out. to thaw.
~ کردن. to melt. to dissolve. to thaw. to dispose of goods cleverly. to sell off.
~ کشیدن. to rinse. (med.) to be infected.
خود را به آب وآتش زدن. to risk one's life. to make every possible effort.
آباء (pl. of اب)، پدران. fathers.
آباجی، خواهر، آبجی. sister.
آباد، معمور، مزروع، پیشرفته، مترقی. habitable. inhabited. populous. cultivated. fruitful. flourishing. as suffix it means "habitation" (as in: علی آباد).
دنیای ~ (قابل سکنی). the habitable world.
شهر ~. a thriving city.
~ شدن. to be cultivated. to flourish.
~ کردن، قابل زندگی کردن، معمور کردن. to make habitable. to build. to improve. to flourish. to develop. to re-establish.
آبادان، آباد. flourishing. cultivated. thriving. a city in s.w. Iran.
آبادی، آبادانی. flourishing condition. habitable state. populousness. farm. village. hamlet.
آباژور. lampshade.
آبان، عقرب. eighth Iranian solar month.
آب آوردن. to bring water. to carry water. to cause the seminal fluid to flow. to serve water. to be affected with dropsy. to become watery.
~ آورده. driftage. carried by water. flotsum.
آب باریك. a small income. narrow water. meagre means.
آب باز. expert swimmer. diver.
آب بازی کردن. to swim or dive.
آب بخشان. water parting. divide. watershed. delta.
آب بخشان.
آبدارخانه. butler's pantry.
آب بند، سد، بندآب. floodgate. dam. one who stops a leakage. sluice.
آب بندی، سوراخ گیری. stopping a leak. hermetic sealing. calking.
~ سوپاپ. valve grinding.
آب بها. watering rate. irrigation fee.
آب پاش. water sprayer. watering can. water sprinker.
ماشین ~. watering car. water tanker.
آب پاشی. sprinkling water.
آب پاشی کردن. to sprinkle water. to spray.
آب پز. boiled in water. scalding.
آب تره، شاهی آبی. (bot.) water cress. nasturtium officinale.
آب تنی. a short bath. bathing.
~ کردن. to take a bath.
آبجو. beer.
~ ساز. brewer.
~ سازی. brewery.
آب چلو. water in which rice is boiled.
آب حیات. water of life.
آب خشك کن، خشك کن. blotting paper. blotter.
آبخست، آبخوست، جزیره. island. islet.
آبخوری، لیوان. drinking cup. glass.
آبخیز، آبدار، آبزا. aquiferous. yielding water.
آبدار، پرآب، آبدارباشی، آبداده. butler. tempered. juicy. having water.
~ باشی. the head butler.
آبداری. pantry service.
آبدان، آبگیر. (anat.) bladder. vesica.
آبدانك. vescicle. cyst. blister.
آب درمانی. hydrotherapy.
آب دزدك. a syringe. squirt. (z.) mole cricket.
آبدنگ. thresher or flail worked by water.
آبدیدگی. damage caused by water. temper.
آبدیده. tempered. damaged by water.
آهك ~. slaked lime.
فولاد ~. tempered steel.
آبراه، آبگذر. canal. floodway. flood channel. waterway.
آبرفت. alluvium. wash.
آب رفتن. shrinkage of cloth by washing. to shrink.
آب رنگ. water colour.
آبرو. respect. credit. prestige. honour.
~ ریزی کردن. to disgrace. to discredit one. to defame.
آب رو، قنات، آبراهه. channel. under ground water canal. canal.
آبروت. plucked after being soaked in hot water (as a chicken). scalded. (z.) hyacinth. hyacinthus.
آبرودار. respectable. dignified.
آبرومند. respectable.
آبرو یافتن. to gain prestige or respect.
آبریز، آبریزی. water closet. water shed. toilet flush. water consumption. latrine.
آبزی. aquatic. marine. aqueous. living in water.
آبزیدان، حوضخانه. aquatic. aquarium.
آبزیپو. wishy-washy (soup etc.).
آبستن. pregnant. expectant.
~ بودن. to be pregnant. to expect a baby. to be in the family way.
~ شدن. to conceive. to become pregnant.
~ کردن. to make pregnant. to impregnate. (slang) to knock up.
آبستنی. pregnancy. conception.
داروی ضد آبستنی. contraceptive medicine.
آب سنج. hydrometer.
آبشار. waterfall. cataract. cascade.
~ زدن. to hit the ball downward. to spike.
آبشت، پنهان، جاسوس. hidden. secret. spy. secret agent.
آبشخور. watering trough. destiny.
آب طلا، آب زر. gold plate. gold-plating. liquified gold. gilt solution.
~ کار. gold plater. gilt-worker.
آب غوره. verjuice. (fig.) tears.
~ گرفتن. to press verjuice. to shed tears. to weep.
آبفشان. geyser.
آبك، جیوه. mercury.
آبکار. water carrier. a drunkard. wine seller. gemsetter. engraver. irrigator. one who sells liquors. one who tempers or plates metals.
آبکاری. (metal) plating.
آبکش. strainer. water carrier. water drawer.
آب کشیدن. to rinse. to fester.
آب کوهه، موج. wave. ripple.
آبکند. gully.
آبکی. watery.
آبگرم کن. water heater.
آبگز. spoiled. putrified by water (as fruits). becoming allergic by contact with water.
آبگوشت، آشامه، سوپ. broth. soup.
آبگوشت خوری. soup dish (plate).
آبگونه، مایع. liquid.
آبگیر. river basin. pool. tankage. reservoir. lake. water capacity.
~ این دریاچه زیاد است. the water capacity of this lake is great.
آبگیری کردن. to supply or refill with water. to seal. to caulk.
آبگینه، شیشه. glass. mirror.
آبلمبو. softened by squeezing.
~ کردن. to soften by squeezing (as a pomegranate).
آبله. smallpox. pimple. blister. variola.
~ کردن، ~ گرفتن. to blister. to get smallpox.
واکسن ~ زدن. to vaccinate against smallpox.
~ دار، ~ گون، مجدّر. pitted with smallpox. pockmarked.
~ کوبی. vaccination.
~ مرغان. chicken pox. varicella.
آبله رو. having a pockmarked face.
آب لیمو. lime juice.
آب مقطر. distilled water.
آب نبات. (fruit) drops. barley sugar. bonbon. sugar plum. sweets. candy
~ چوبی. lollipop.
آب نما. a water front. waterscape.
آبنوس. (bot.) ebony. ebon.
آب وتاب. grandiloquence. bombast.
با ~. bombastic. grandiloquent.
آبو، دائی یا خاله. maternal uncle. maternal aunt.

آبونمان، اشتراك. subscription.
~ شدن. **to subscribe to.**
آب وُ هَوا weather. climate. atmospheric condition. climatic condition. (slang) girls.
این شهر آب و هوای خوبی دارد. **this town has a nice climate.**
این آب و هوا باو نمی‌سازد. **the weather does not agree with him.**
آبی، نیلوفر آبی، گلابی، سقّا. blue. aquatic. irrigated farming. cultivated through irrigation. water carrier.
رنگ ~. **the blue colour.**
زراعت ~. **irrigated farming.**
امروز ~ نیامد. **the water carrier did not come today.**
آبیار، جوب‌پا، میراب. water distributor. irrigator.
آبیاری irrigation. watering.
~ کردن. **to water. to irrigate.**
آپارتمان apartment. flat.
آپاندیس appendix. appendicitis.
آپاندیسیت. **appendicitis.**
آتش fire. conflagration. bonfire. pyro-.
~ گرفتن. **to catch fire. to explode. to become furious or enraged.**
~ کردن. **to fire (a furnace or a gun). to discharge (a gun).**
~ زدن، ~ افروختن. **to set on fire. to conflagrate. to inflame.**
~ روشن کردن. **to make a fire. to instigate. to irritate. to kindle or start a fire.**
~ افروز. **incendiary. one who kindles a fire. instigator. irritator. conspirator.**
آتش زنه. **silex. flint. touchwood. spunk.**
آتش‌افروزی kindling fire. instigation. conspiracy. playing with fire. slighting dangerous or important affairs. incendiarism.
آتشبار، آتشباره. machine gun. flame thrower. gun: hammer or cock of a gun. a volley. flint.
آتشبازی fireworks. pyrotechnics.
آتش بس cease-fire.
~ اعلام‌کردن. to announce cease-fire.
آتش‌پاره firebrand. spark of fire. a quarrelsome person. naughty child. clever. wicked.
آتش‌پرست fire worshipper.
آتش‌نشان، آتش خاموش‌کن. a fire extinguisher. fire fighter.
آتش‌خانه a firebox (of locomotive). an arsenal. a fire temple. furnace.
آتشدان brazier. thurible. censer.
آتش‌زا causing fire. incendiary.
بمب ~. **napalm bomb. incendiary bomb.**
آتش سوزی holocaust. a fire accident. conflagration.
~ (برپا) کردن. **to cause a fire. to create a fire.**
آتش‌فشان volcano. emitting fire.
آتش فشانی. **volcanic action. (act of) emitting fire.**
آتشك (med.) mild chancre,
آتشکده، آتشگاه. a furnace. a firetemple. a firealtar. a fireplace. grate.

آتش گرفتن to burn. to catch fire. to become enraged or indignant.
آتش نشاندن to extinguish a fire. to put out (a fire). to cool off (one's anger). to calm someone.
آتش‌نشانی fire department. fire fighting.
اداره ~. **fire station.**
آذرخش، آتشه، برق. lightning.
آتشی، آتشین. fiery. red. igneous. enraged. severe. red rose. hot-tempered.
آتُم، اتم. atom.
آتمی، اتمی. **atomic. nuclear.**
بمب ~. **atomic bomb. nuclear bomb.**
جنگ ~. **atomic warfare.**
آتو trump. the winning card.
آتیه، آتی، آینده. future. coming.
آثار works. opus. writings. effects. signs.
آجُر brick.
~ موزائیك. **mosaic tile. terrazzo tile.**
~ کاشی. **glazed-tile. tile.**
پاره ~. **brickbat.**
~ پزی، ~ سازی. **brick making. brick burning.**
کارخانهٔ ~ سازی. **brick works. brick plant.**
~ پز. **brick maker. brick burner (baker).**
آجُری. **made of brick. brick-red.**
~ کاری. **masonry. brickwork.**
آجُرسازی brick making. brickyard.
کارخانهٔ ~. **brick works.**
آجُری brick-made. brick-red.
آجِل، آینده، فرارسنده. ultimate. coming.
آجِلاً ultimately.
آجودان adjutant. aide-de-camp.
آجیده quilted.
گیوهٔ ~. **light cotton summer shoes with quilted soles.**
آجیل dried nuts. dried fruits. dried edible seeds. nuts.
آچار screwdriver. wrench. spanner.
آجیل ~. **pickled nuts or seeds.**
~ پیچ. **screw wrench.**
~ پیچ گوشتی. **screwdriver.**
~ دوسر. **double-end spanner. double wrench. double-headed end wrench.**
~ قاشقی. **ring spanner.**
~ لوله. **tube wrench.**
~ فرانسهٔ بزرگ. **monkey wrench.**
آحاد، یکان‌ها، نفرات، واحدها. units. individuals. whole numbers.
آخ، واخ، وای، آه، آوخ، افسوس. ah. alas. ouch! oh!
~ و واخ کردن. **to moan.**
~ چکش بز انگشتم خورد. **ouch, the hammer hit my finger.**
آختن، از غلاف کشیدن. to draw (or unsheathe) a sword.
آخِر، پایان، فرجام، سرانجام، نهایت، انتها. last. end. termination. conclusion. finish. finis. finale. stop. final.
روز ~. **the last day.**
~ سر، در ~ (کار). **in the end.**
به ~ رساندن. **to bring to a termination.**
در ~ گفت. **in conclusion he said.**
~ خط ترن. **railway terminal.**
یکی با آخر مانده. **last but one. penultimate.**

شاهنامه آخرش خوش است. **all is well that ends well.**
~ چرا نمی‌آئی؟ **oh! why don't you come?**
آخِرُالاَمر، سرانجام. at last. finally. in the long run.
~ اوآمد. **at last he came.**
آخِرُالزَّمان end of times. end of the world.
آخِربین، عاقبت‌بین، مآل‌اندیش، دوراندیش. provident. having foresight.
آخِرت، دنیای دیگر. futurity. afterlife.
آخرین، واپسین، فرجامین. the last one. final. latest.
~ روز زندگی من. **the last day of my life**
~ پیشنهاد او رسید. **his final offer arrived.**
آخور manger.
آخوند، ملا، روحانی، شیخ. mulla. mullah.
آخوندك praying mantis.
آداب، رسوم، تشریفات، قواعد. ceremonies. formalities. rules. etiquette. manners. mores.
~ معاشرت. **rules of etiquette.**
آدامس chewing gum.
آدرس، نشانی. address.
آدم، انسان، بشر، شخص، نوع‌بشر، آدمیزاد. Adam. human. man. a person. mankind. a human being.
~ برفی. **snowman.**
~ دزد. **kidnapper. abductor.**
~ نمیداند چه بکند. **one does not know what to do.**
آدمخوار، آدمخور. cannibal. man - eater.
آدمخواری، آدمخوری. cannibalism.
آدمَك، بازیچهٔ دست، دلقك، آلت‌دست، مردمك. toy man. mannikin. automaton. little fellow. pupil of the eye. homunculus.
آدم‌کُش، قاتل. homicide. murderer. assassin. killer. manslayer. cutthroat.
آدم‌کُشی، قتل. murder. homicide.
آدمی، انسان، آدمیت. mankind. humanity. civility.
آدمیّت، انسانیت، نوعدوستی، بشریت. humanity. civility. philanthropy. politeness.
آدمی را ~ لازمست. **mankind must have civility (philanthropy, politeness).**
آدمیزاد، آدمیزاده، انسان. human being. mortal. man. mankind.
آدینه، جمعه. Friday.
آذَر، آتش، آذرماه. ninth month of Persian calendar (Nov.-Dec.)
آذَرخش، برق. lightning
آذرین، آتشین، جرقه‌زن. igneous.
آذوقه، توشه، سورسات، غذا، جیره. provisions. foodstuffs. supplies.
آذین، آئین‌بندی، تزئین، چراغانی، آذین کردن. decoration. decorating. ornament.
~ بستن، آذین کردن. **to decorate. to ornament.**
آذینی decorative. ornamental.
هنرهای آذینی. **decorative arts.**
آرا، آرای، بیارای، آراینده، آرایشگر. decorate thou. adorn thou. decorator. decorating.
آراء (رأی pl. of)، رأی‌ها، نظرات، عقاید. views. votes. opinions.
~ عمومی طرفدار صلح است. **public opinion supports peace.**
آراستگی، پیراستگی، سزاواری، شایستگی. arrangement. polish adornment. merit. worth.
آراستن، پیراستن، آرایش کردن، تزئین کردن. to adorn. to decorate. to arrange. to put in order. to make up. to polish. to ornament. to embelish. to deck. to garnish. to beautify.
صورت را ~ (بزك کردن). **to put makeup on. to make up the face.**
چیزها را ~. **to polish things up.**
داستانی را ~ (شاخ و برگ دادن). **to embelish a story.**
آراسته decorated. arranged. polished. adorned. bedecked. ornamented. garnished. well-dressed. all made up.
آرام، آهسته، ساکت، بی‌صدا، ملایم. quiet. tranquil. restful. allayed. pacific. soothed. calm. still.
~ کردن. **to quiet down. to calm. to cool down. to allay. to pacify. to sooth.**
~ شدن، ~ گرفتن. **to be quieted down. to become quiet. to repose. to find comfort. to calm. to be soothed.**
~ بودن. **to be tranquil. to be calm. to be quiet.**
آموزگار شاگردان را ~ نگاه میدارد. **the teacher keeps the pupils quiet.**
لطفاً ~ باشید. **please be quiet.**
این دوا اعصاب را ~ میکند. **this drug calms the nerves.**
امشب دریا ~ است. **the sea is calm tonight.**
آرام‌بخش، تسکین‌دهنده، فرونشاننده، مسکن. tranquilizing. tranquilizer. sedative. comforting. soothing. calmative.
آرامِش، آسایش، آرامی. tranquility. rest. repose. peace. quiet. calm.
آرامگاه، مقبره. resting place. grave. tomb. mausoleum.
آرامی، آرامش. quietness. calmness. rest. comfort. quietude. tranquility.
به ~. **quietly. calmly.**
آرای، آرا، بیارای، آراینده. decorate thou. decorator.
آرایش، زینت، بزك. formation. arrangement. decoration. adornment. toilet. dressing up. makeup.
~ دادن، ~ کردن. **to dress up. to adorn. to decorate. to use makeup.**
میز ~ بانوان. **vanity table.**
لوازم ~. **toiletry. cosmetics.**
آرایشگاه، سلمانی، سالن زیبائی. hairdresser's salon. barber shop.
آرایشگر، سلمانی، تزئین کننده. decorator. hairdresser. hair-stylist. barber. beautician. cosmetologist.
آرتیست، هنرمند، هنرپیشه. artist. actress. actor. singer or dancer. movie star.
آرد flour. farina.
آردی farinaceous.
آرزو، میل، ایده‌آل، خواست، خواسته، امید. desire. wish. aspiration. ideal. hope. object of desire. aim. prospect. coveting. want. craving.
~ کردن. **to wish. to aspire. to covet. to desire.**
جز سلامتی شما آرزوئی نداریم. **we desire nothing but your health.**
بزرگترین آرزوی شما چیست؟ **what is your greatest wish?**

آرزوپَرور، ایده‌آلیست،خیال‌پرور، آرمان‌پرور. idealist. cherishing hopes. aspiring.

آرزومند، مشتاق، خواهان، خواستار، شائق. desirous. eager. aspirant. hopeful.

آرزومَندانه، با اشتیاق. eagerly. desirous.

آرزومَندی، اشتیاق، میل، خواست. desirousness. desire. hopefulness. aspiration. wish.

آرژانتین (geog.) Argentine. Argentina.

آرشه (violin's) bow.

آرشیو، بایگانی، ضبط. archives. records.

آرم، نشان. sign. emblem. badge. insignia.

آرمان،ایده‌آل،هدف. ideal. aim. desire. longing. slogan. hope. aspiration.

آرَمیدن، آسودن، اِستراحت کَردن، غنودن. to rest. to repose. to become quiet. to find comfort. to sleep. (slang) to hit the hay. to relax.

آرَنج elbow.

استخوان ~. crazy bone. funny bone.

آرواره، فك. jaw. avidity.

آروغ belching. belch. eructation. burp.

~ زدن. to belch. to eruct. to burp.

آره، آری، بلی. yes. yea. yeah.

آریا، آریان، آریائی، آرین. Aryan. Aryan race.

آز، حرص، شره. greed. avidity. cupidity. avarice. covetousness. rapacity. greediness.

آزاد، مستقل، مصون، رها. free. liberated. independent.

~ شدن. to obtain liberty. to be released. to be paroled. to become free.

~ کردن. to free. to set at liberty. to release. to lift the ban from. to liberate. to exempt. to discharge.

بندر~. free port. open port.

در هوای~. in the open air.

دندهٔ~، دَندهٔخلاص. neutral gear.

بمن یا آزادی بدهید یا مرگ. give me freedom or give me death.

شما آزادیدکه بروید. you are free to go.

آزادانه freely. unrestrainedly. willingly. frankly. by one's own free will.

آزادگان، آزادان، مردمان‌آزاده. the freeborn. the noble. the broad-minded. freemen.

آزادگی، سعهٔ صدر، روشنفکری. freedom. frankness. liberality. liberal-mindedness. broad-mindedness.

آزادماهی salmon trout.

آزادَه، روشنفکر، گشاده دست، شریف، نجیب، اصیل. free. freeborn. liberal. noble. broad-minded. freeman.

آزادی، استقلال، اختیار، اجازه، رهائی. liberty. freedom. independence. license. emancipation. liberation.

~ عقیده، ~ فکر. freedom of thought.

~ مطبوعات. freedom of the press.

مجسمهٔ ~. statue of liberty.

~ دادن، ~ بخشیدن. to give independence. to free. to liberate.

آزادیخواه، استقلال‌طلب. freedom-loving. liberal. seeking independence.

آزادیخواهی، استقلال طلبی. love of freedom.

آزار، اذیت، رنجه، صدمه. harm. injury. persecution. vexation. torment. torture.

~ دادن، ~ کردن. to torment. to persecute. to torture. to vex.

~ دیدن. to be hurt. to be injured. to be tortured. to be vexed.

سردرد شدیدی اورا ~ میداد. a severe headache tortured him.

آزاردهنده، مزاحم، رنجه‌دهنده. tormenter. tormenting.

آزَردگی، رنجش،رنجیدگی، آزار. lesion. annoyance. annoyment. vexation. disturbance. bothering. irritation. state of being offended or vexed.

آزردن، رنجانیدن، آزرده‌ساختن،مکدرساختن. to hurt. to offend. to annoy. to vex. to molest. to torment. to irritate.

حرفهای او مادرش را آزَرد. his words hurt his mother.

آزرده، رنجیده،ملول،دل آزرده،مکدر،دلریش. annoyed. offended. vexed. harmed. sore-hearted. sore. lacerated. irritated.

آزرده‌خاطر، آزرده‌دل، دلریش. offended. sore - hearted. annoyed.

آزَرم، شرم، حیا. bashfulness. shame. modesty.

ـآزما(ی)، آزماینده، بیازما. test thou. tester. testing (in combs as in: زورآزما، طبع‌آزما).

آزمایش، امتحان،آزمون،سنجش، محك،تجربه. examination. test. experiment. experimentation. trial. ordeal.

~ کردن. to test. to experiment. to try. to tempt. to examine.

~ ورودی، کنکور. entrance examination.

~ هوش. intelligence test.

~ خون. blood test.

~ ادرار. urinalysis. urine test.

از قلب او~ دقیق بعمل‌آمد. his heart was carefully examined.

خلبان هواپیمای جدیدرا ~ کرد. the pilot tested the new plane.

او از عهدهٔ ~ برنیامد. he failed in the test.

آزمایشگاه، لابراتوار. laboratory.

آزمایشی experimental. having to do with a test or examination. tentative.

آزمایندَه tempter. tempting. experimenter. tester. examiner.

آزمَند، طماع، حریص، خسیس، لئیم. greedy. covetous. cupid. avid. avaricious. rapacious.

آزمندی، حرص، لئامت. greed. greediness. covetousness. rapacity. cupidity. avarice.

آزمودگی، تجربه. experience. know-how.

آزمودن، امتحان‌کردن. to test. to try. to experience. to experiment. to examine.

برای ~ نیروی او. in order to test his strength.

آزموده experienced. tested. tried.

آزِمون، امتحان. test. experiment. examination.

~ زبان امروز انجام خواهد شد. the language test will be given today.

آژان، عامل، نماینده، پاسبان. police. cop. bobby. agent.

آژانس، نمایندگی، عاملیت، خبرگزاری. agency.

آژور، مطابق روز. openwork. up - to - date.

آژیر، هشدار، اعلام خطر. alarm. siren.

آس، تکخال، بازی‌آس. ace. a game of cards similar to poker.

آسا، مانند. like. similar to (in combs. as in: برق‌آسا).

آسا(ی)، بیاسای، آساینده، آسودن، لمیدن، تن‌آسائی. resting. relaxing. rest thou. tranquilizer.

آسان، سهل، بی‌دردسر، سبك. easy. facile. light. unexacting.

کار ~. an easy task.

~ شمردن. to take easy.

~ کردن. to render (make) easy. to facilitate.

~ گرفتن. to take easy. to be lenient.

این تمرین آسانتر ازتمرین قبلی است. this exercise is easier than the previous one.

وسائل منزل زندگی را آسان میکند. household appliances make life easy.

آسان‌گیر، سهل‌انگار. lenient. easy going.

آسانی، سهولت. ease. facility. easiness. lightness.

باآسانی. easily.

آسایش، استراحت، فراغت، آرامش، راحتی. rest. repose. peace. relaxation. tranquility. comfort. convenience.

~ کردن. to rest. to relax.

~ خاطر. peace of mind.

آسایشگاه sanatorium. rest house.

~ مسلولین. sanatorium.

آستان، درگاه، آستانه. threshold. sill. court. audience.

آستانَه threshold.

آستَر، آستری، زیرهٔ لباس. lining. priming. first coat. undercoat.

~ کردن. ~ زدن. to line. to prime. to put the first coating on. to undercoat.

آستَردوز liner.

آستین sleeve.

~ خود رابالازد. he rolled up his sleeve.

باد درآستین انداختن. to put on airs.

آسکاریس، کرم روده. round worm.

آسم، تنگی نفس. asthma.

آسمان، سماء، بهشت، فلك، دنیا. sky. heaven. firmament. eternity. paradise.

~ِ آبی. the blue sky.

آسمان‌پایه، بلندجایگاه، عالیمقام. sublime. lofty. high.

آسمان‌جل، بی‌خانمان. sky-clad. homeless. vagabond.

آسمان‌خراش skyscraper.

آسمان‌غُرّه، آسمان‌غرش، تندر، رعد. thunder.

آسمانه، سایبان. canopy. baldachin. tester.

~ هواپیما. visibility (ceiling) of an aircraft.

آسمانی، بهشتی، علوی، فلکی. heavenly. celestial. divine. sky-blue. skyey.

ندای ~. a heavenly (celestial) call.

رنگ‌آبی ~. sky-blue (color).

کتاب ~. a holy book. scripture.

آسودگی، آسایش، فراغت خاطر. tranquility. ease. comfort.

آسودَن، آسایش کَردن، استراحت کـردن، آرمیدن. to repose. to rest. to obtain. peace of mind. to tranquilize.

حسود هرگز نیاسود. a jealous person can never rest.

آسوده، فارغ‌البال، راحت. tranquil. quiet. relieved. soothed. comfortable. well - to - do.

~ شدن. to become quiet. to be relieved. to enjoy peace of mind.

~ کردن. to quiet. to relieve. to give peace of mind. to disembarrass. to ease.

آسوده‌حال، آسوده خاطر. well-to-do. well-off. tranquil. unworried.

آسور، آشور. Assyria.

آسوری، آشوری. Assyrian.

آسَه، محور. axis. axle.

آسیا Asia

آسیای صغیر. Asia Minor

آسیا، آسیاب، چرخاب. water mill. mill.

~ کردن. to grind. to mill.

~ بادی. windmill.

دندان آسیا. molar tooth. grinder.

دندان‌آسیاب‌کوچك. premolar tooth.

سنگ~، ~سنگ. millstone.

آسیابان miller.

آسیابانك ant lion.

آسیابی having to do with a mill. to be ground.

آسیائی Asian.

آسیب، زیان، خسارت، صدمه. patho-. injury. harm. damage. loss. bruise.

~ دیدن. to sustain a loss (damage. injury). to be damaged. to be hurt.

~ رساندن. to injure. to harm. to damage.

دراثرحادثهٔماشین سرش‌آسیب‌دید. as a result of the car accident his head was injured.

سرما بهمیوه‌ها ~ رساند. the cold damaged the fruits.

آسیب‌دیده (آسیب دیدگان .pl)، صدمه دیده. injured. damaged. hurt.

آسیب‌شناسی pathology.

آسیب‌ناپذیر، روئین‌تن. invulnerable. that which can not be hurt.

آش، شوربا، آش‌شله قلمکار. (sour) pottage or soup. porridge.

~ شله‌قلمکاری از نثر بیمزه وبی‌اثر. a porridge of undramatic prose.

آشام، بیاشام، آشامنده. drink thou. drinker. sucker. absorber. absorbing. (in combs. as in: خون ~).

آشامه، سوپ، آبگوشت. soup.

آشامَندَه، نوشنده، جذب‌کننده. drinker. drinking. absorbing.

آشامیدن، نوشیدن، خوردن (مـایعات). to drink. to guzzle. to swig. to sop up. to tipple. to sip. to imbibe.

آب ~. to drink water.

آشامیدنی beverage. drinkable.

آشپَز،طباخ. cook. cooker.

سر~. chef.

آشپزخانه kitchen.

آشپزی، غذاپزی، پخت،طباخی، طبخ. cooking. cookery. cuisine. culinary.

~ کردن. to cook (food). to be a cook.

آشتی، صلح،سازش. peace. reconciliation. peace - making. conciliation.

~ دادن. to reconcile. to conciliate.

to make it up between (two persons).
~ کردن. to make peace. to make it up.
to conciliate. to be reconciled.
~ پذیر. reconcilable.
~ ناپذیر. irreconcilable.
دونفر را باهم ~ دادن.
to reconcile two people.

آشغال، زباله، آخال، خاکروبه، بنجل. rubbish. refuse. litter. garbage. junk.
~ دان، آ بالادان
orderly bin. dust bin. garbage can.

آشفتگی، پریشانی، نگرانی، بهم‌خوردگی، اختلال. agitation. disturbance unrest. amazement. turbulence. confusion. chaos. garbage collector. garbage man.

آشفتن، بر آشفتن، پریشان‌شدن، متلاطم شدن، بهم‌خوردن. to be disturbed (agitated). to get excited. to disturb. to get angry. to make chaotic.

آشفته، پریشان، پریشان‌خاطر. disturbed. agitated. distressed. dishevelled. angry. chaotic.
~ کردن.
to disturb. to agitate. to dishevel.
~ حال، پریشان‌خاطر. disturbed, distressed.
گیسوی ~. dishevelled hair.

آشکار، هویدا، واضح، پیدا، مشهود، بدیهی، فاش. manifest. evident. open. obvious. public (ly). openly. divulged. disclosed.
~ شدن. to become manifest. to appear. to emerge. to loom. to be divulged. to be revealed.
~ کردن. to make manifest. to reveal. to divulge. to detect. to disclose.

آشکارا، علناً. openly. frankly. overtly.

آشکارساز، کاشف. detector. revealer.

آشنا، دوست، رفیق، آگاه، مطلع، وارد، بلد. acquainted. acquaintance. familiar. accustomed. used to. friend.
او یکی از آشنایان من است.
he is one of my acquaintances.
او با موسیقی غربی آشنائی دارد.
he is acquainted with Western music.
پس از سالها ازدواج به‌خلق یکدیگر ~ شده‌اند.
after years of marriage they have gotten accustomed to each other's temper.
اگر میخواهید در کوه گم نشوید یك آشنا باخود ببرید.
if you do not want to get lost in the mountain, take a guide along.
~ شدن. to get acquainted. to become familiar with. to get accustomed to (with).
~ کردن. to make acquainted. to familiarize. to make intimate. to introduce.

آشنائی، دوستی، اطلاع. acquaintance. familiarity. friendship.
عدم ~. lack of acquaintance.

آشوب، اغتشاش، شورش، التهاب. riot. disturbance. confusion. nausea. riotous. revolutionary. seditious. disturbing. disturb' thou (in combs. as in شهرآشوب).
~ بپاکردن، ~ کردن. to intrigue. to riot. to cause a disturbance.

آشوب‌طلب، انقلابی. riotous. seditious. revolutionary. saboteur.

آشوبگر، فتنه‌انگیز. seditious. revolutionary. agitator.

آشوبی revolutionary. nauseating.

آشور، آسور. Assyria.

آشوردن، درهم‌کردن، خمیر کردن. to mix. to knead.

آشیان، آشیانه، لانه. nest. den. hangar. abode.
~ بستن. to build a nest. to nidify.
~ کردن، ~ گرفتن. to live (in a nest).
to build a nest. to choose a nest.
~ مسلسل. (mil.) pillbox.
~ بندی. nidification.

آشیانه nest. den. hangout. hangar.
~ هواپیما. hangar.

آغاز، ابتدا، شروع. beginning. commencement. outset. incipience. inception. debut. onset. outbreak. start.
در ~ in the beginning.
او ازهمان ~ مصمم بود. he was decided from the very outset (start).
~ شدن، شروع‌شدن
to begin. to start. to be begun.
~ نهادن، ~ کردن، بنیاد نهادن.
to commence. to start. to initiate. to begin.

آغازگر، شروع‌کننده. starter. commencer. beginner.

آغازیان the protists. protozoans.

آغشتن، مخلوط‌کردن، آمیختن، آلودن. to dip. to smear. to macerate. to moisten. to mix. to adulterate.

آغشته، آلوده، مخلوط، آمیخته. smeared. mixed. soaked. impregnated.

آغل fold. sheepcote. corral. pen.
~ گاو. cowpen.

آغوز beestings. colostrum.

آغوش، بغل، سینه. bosom. breast.
در ~ گرفتن. to embrace. to hug. to enfold.
با ~ باز. with open arms. willingly.
او درآغوش والدین مهربانی بزرگ‌شده است.
he has grown under the care of loving parents.

آفات (pl. of آفت)، آفت‌ها، بلاها. pests. plagues. calamities. vermins. blights.

آفاق، افق‌ها، قسمتهای عالم. horizons. quarters of the world.

آفت، بلا. calamity. plague. pest. vermin. blight.

آفتاب، خورشید. sun. sunshine. sunlight.
~ شد. the sun shone (appeared).
~ میدرخشد. the sun is shining.
طلوع ~. sunrise. sun up.
غروب ~. sundown. dusk. sunset.

آفتاب‌رو، آفتابی. sunny. exposed to the sun. sunlit.

آفتاب‌زدگی sunburn. sunstroke.

آفتاب‌زده sunstruck. sunburnt. sun stricken.

آفتاب‌گردان visor (for a hat). sunshade.
گل ~. sunflower.

آفتاب‌گرفتگی، کسوف. sun-eclipse.

آفتاب‌گیر، آفتابرو، آفتابی. parasol. sunny. sun-lit.

آفتابه ewer (with a spout). aguiere.

آفتابی sunny. fair. fine. solar.
~ شدن. to become sunny. to appear. to appear on the surface.

آفتامات، افتومات، اتومات. cut-out. current and voltage regulator. automat. submachine gun.

آفت‌زده، بلادیده. damaged. calamity-stricken. blighted.

آفریدگار، خالق، کردگار. creator. maker.

آفریدن، خلق‌کردن. to create. to initiate. to bring into existence. to make.

آفریده، مخلوق. created. being. creature.

آفرین، مرحبا، براوو، زهی. praise. applause. well-done. bravo.

آفرین، بیافرین، آفریننده. creator. create thou (in combs. as in: جهان‌آفرین).

آفرینش، خلقت. creation. existence.

آفریننده، خالق creator. maker.

آقا، ارباب، صاحب، لرد، مسیو. gentleman. Mr. Mister. esquire. sir.
~ بفرمائیدتو. come in, sir.
آقای احمدی. Mr. Ahmady.
آقای عزیز. dear sir.
بانوان و آقایان. ladies and gentlemen.

آقاجان dear dad. father. papa. dear fellow.

آقازاده your son. noble born.

آقامنش gentlemanly. noble. decent.

آقایزنه، آیزنه، شوهرخواهر. brother-in-law (husband of one's sister).

آقائی، اربابی، بزرگی. mastery. mastership. superiority. lordship. hegemony.
~ کردن. to lord over. to rule ever.
to act as a gentleman. to show generosity.
to play the role of a master.

آك، عیب، نقص، کاستی. defect. blemish.

آکادمی، فرهنگستان. academy.

آکادمیك، علمی، فرهنگی، دانشگاهی. academic.

آکل، آکله، خورنده، خوره. eater. corroding. phagedenic. ulcer.

آگاه، مطلع، بصیر، وارد، باخبر، زرنگ. aware. informed. knowledgeable. acquainted with. knowing. cognisant. alert. conscious.
~ کردن، آشنا کردن، اطلاع دادن.
to inform. to advise. to let one know. to make aware. to make conscious (cf). to tip off.
~ شدن
to be informed. to be made aware.
من از این موضوع بخوبی آگاهم.
I am well aware of this.
من اورا از این امر آگاه ساختم.
I informed him of this.

آگاهانیدن، آگاه‌ساختن. to inform. to warn. to advise. to make au fait. to notify.

آگاهی، اطلاع، خبر، تأمینات، پلیس‌مخفی. awareness. consciousness. information. advice. notice. secret police. warning. intelligence.
~ دادن. to inform. to advise. to notify. to tip off.
~ یافتن. to be informed. to come to know. to understand. to be advised of. to be tipped off.
مأمور ~. detective. intelligence officer.

آگندن، آغندن، پرکردن، مملوکردن. to stuff. to fill. to cram. to overflow (with).

آگنده، پرکرده، مملو، پر. stuffed. crammed. filled. brimful. overflowing.

با قلبی آگنده از محبت.
with a heart brimful of affection.

آگه، آگاه، مطلع، وارد، باخبر. aware. informed.

آگهی، اعلان، اطلاعیه، اخطار. advertisement. notice. announcement. circular. proclamation.
~ کردن. to advertise. to publicize.

ـ آگین mixed. full of. (in combs. as in: زهرآگین)

آگینی، ارتباطی. connective.
بافت ~، بافت ~. connective tissue.

آل elf frightening women in childbed. eclampsy.

آل، اولاد، تبار، خاندان، دودمان، سلسله. offspring. descendants. dynasty. house.
~ عثمان. descendants of Osman.
~ بویه. the Buyid dynasty.

آلا، آلای، بیالای، آلاینده. polute thou. poluter. poluting.

آلات، ادوات، ابزارها، وسائل، عضوها. implements. tools. instruments. organs. -ware (in combs. as in: چینی‌آلات).
نقره ~. silverware.
چینی ~. chinaware.

آلاچیق، سایبان شاخه‌ای. arbour. bower. (o.s.) tent covered with felt.

آلاگارسن a la garconne. eton crop. shingle. boyish bob. cut short. shingled.

آلاله (bot.) buttercup. ranunculus.

آلام، دردها، غمها، اندوهها، محنت‌ها. pains. sufferings. chagrins. sorrows.

آلایش، آلودگی، فساد، آمیختگی، غل‌وغش. contamination. tainting. corruption. pollution. alloy. infection. soiling. defiling.
بی ~.
free of pollution. frank and friendly.

آلبانی (geog.) Albania. Albany.

آلبوم، مجموعه، کلکسیون. album. collection.

آلبومین albumin.

آلپاکا alpaca.

آلت، ابزار، اسباب، اندام، عضو. tool. instrument. organ. glazing bar. object. device. implement. gizmo. gadget.
~ جنسی. genital organ.
~ مکانیکی. a mechnical tool.
~ مضحکه. object of ridicule. laughing stock.
~ شیشه‌بری. glazing bar.
آلت‌های جنسی زن ومرد. the sexual (genital) organs of men and women.
~ مردی، ~ ذکور. male genital organ.
~ دست کسی شدن. to become a stooge. to be a puppet in one's hand.
کم‌کم ~ دست عمال خارجی شد. gradually he became a tool (stooge) of foreign agents.

آلش، ممرز. (bot.) beech.

آلمان Germany.

آلمانی German.

آلو (bot.) plum.
~ بخارا، آلوی‌برقانی.
prune. black prune.

آلوبالو (bot.) black cherry.

آلوچه (bot.) damson. prunella.
~ سگک. prunes

آلوچه‌خورك garden warbler.

آلودگی، گرفتاری، مخمصه، آلایش. contamination. implication.

pollution. discomfiture. defilement. impurity. infection.
~ بمرض. **contamination by disease.**
~ در جنایت. **implication in a crime.**
~ هوا. **air pollution.**
~ محیط زیست. **environmental pollution.**
باید جلو~ محیط زیست را گرفت. **we must stop environmental pollution.**
او در این جنایت ~ نداشت. **he was not involved in this crime.**
آلودَن، آلوده ساختن. to contaminate. to taint. to pollute. to implicate. to soil. to involve.
آلودَه، کثیف، ناپاك، نجس، بدنام، گرفتار، ملوّث. contaminated. polluted. tainted. soiled. involved. defiled. infected.
~ شدن. **to be defiled. to be embarrassed. to be polluted. to be involved.**
آلوده کردن to contaminate. to implicate. to involve. to taint. to pollute. to infect.
آلوزَرد، قطره طلا. (bot.) egg-plum. yellow plum.
آلومینیوم، آلومینیم. aluminium.
آلونَك، زاغه. hut. hovel.
آلونی drupaceous. plum shaped. seller of plums.
آلی organic.
آلیاژ alloy.
آماتور، ناپیشه‌کار، غیرحرفه‌ای. amateur.
آماج، نشانه، هدف، مقصود، نشانه‌روی. target. aim. goal. mark. bull's eye. object.
او ~ حملهٔ دشمنان قرارگرفت. **he became a target of enemy attacks.**
آمادگاه depot. training center.
آمادگی، چابکی، زرنگی، هوشیاری، بیداری. readiness. fitness. preparedness. alertness. mobilization.
آمادَن، آماده‌کردن. to prepare. to make ready. to provide.
آمادَه، حاضر، مهیا، دم دست، زرنگ، چابك. ready. prepared. equipped. fit. alert. standing by. mobilized.
بحالت آماده‌باش. **in a state of readiness. in a state of preparedness. on the alert.**
fully equipped. mobilized.
~ خدمت. **ready for service.**
~ کردن. **to prepare. to provide. to make ready.**
~ شُدَن. **to be prepared. to be provided. to become ready.**
آمار، احصائیه. statistics.
آمارشناس statistician.
آمارگر actuary. statistical clerk.
آماری، احصائی. statistical.
آماس، وَرَم، باد، تَوَرُّم، خیز. swelling. edema. inflammation. bulging. phlegmosis.
~ کَرْدَن. **to be inflamed. to swell. to bulge.**
آماس‌آوَر، آماس‌دار. phlogistic. phlogistin. phlogogenic.
آماس‌فرونشان، ضدوَرَم. antiphlogistin.
آماسی inflammatory.
آمال، آرزوها. wishes. hopes. desires. aspirations.
آمایش logistics.
آمبولانس ambulance.
آمپر ampere.

آمپرسَنج ammeter. ampermeter.
آمپول ampoule. vial. injection. shot.
~ زدَن. **to inject. to inocculate.**
آمَد، آمدَن، یُمن، شگون. came. coming. omen. good luck.
آمَدَن، رسیدَن، زیبنده بودن. to come. to become. to fit. to match. to suit. to arrive. to befall.
باز~، بَرگَشتَن. **to come back. to return.**
این لباس به اومیآید. **this suit becomes him.**
این بشما خوب می‌آید. **it fits (suits) you well.**
او دیروز آمد. **he arrived yesterday.**
چه‌برسراو آمد؟ **what befell him? what happened to him?**
اینحرفها به او نیامده است. **it is not for him to say such things.**
اینکار آمد و نیامد دارد. **this may be ominous or propitious.**
آمَدَنی coming. sure to come. expected to come.
آمدورفت، آمدوشُد. traffic. frequentation. coming and going. traversing. transit.
~ ورفت‌کردن. **to come and go. to ply. to and fro. to traffic. to traverse.**
آمَدَه come. having arrived. reached.
آمِر، فرمانروا، حاکم، مُسَلَّط، فرمانده. commanding. commander. imperious. dictator. domineering.
آمِرانَه، با تسلّط، باتحکّم. imperiously. in a commanding tone. imperious(ly). dictatorial.
آمُرز، بیامُرز، آمُرزنده. forgive thou. forgiver (in combs. as in: خدابیامرز =may God forgive him).
آمُرزِش، مغفرت، بخشش. forgiveness. 'absolution. salvation. blessing.
~ طلبیدن، طلب~ کردن. **to ask forgiveness. to bless.**
آمُرزیدگی، مغفرت، بخشش، رستگاری، نجات. absolution. salvation. forgiveness. blessedness.
آمُرزیدَن، بَخشیدَن، رَستگار ساختَن. to forgive. to absolve. to bless.
خدا ترا بیامرزد. **May God bless you.**
آمُرزیده، بخشوده، مغفور، رَستگار. forgiven. absolved. saved. having found salvation.
آمونیاك ammono-. ammonia.
آموختگی tameness. addiction. getting used to. having been educated.
آموختَن، یادگرفتَن، یاد دادَن. to learn. to teach. to instruct.
او دوساله انگلیسی راآموخت. **he learned English within two years.**
او انگلیسی را خوب بما میآموزد. **he teaches us English well.**
آموختَه tame. accustomed. used to. addicted. taught. learnt. graduate.
دانش آموختگان مدرسهٔ عالی ترجمه. **graduates of the College of Translation.**
آموختار، معلم. teacher. instructor.
آمودَریا Oxus. amu darya.
آموز، آموزنده، بیاموز. learn thou. teach thou. teaching. learning (in combs. as in: خودآموز، نوآموز).

آموزانه، شهریه. tuition.
آموزش، تعلیم، تحصیل. instruction. training. learning. educating.
~ وپرورش. **education**
~ بزرگسالان. **adult education.**
او برای آموزش زبان انگلیسی بآمریکا رفت. **he went to America in order to learn English.**
آموزشگاه، مدرسه. school. academy.
آموزگار، معلم، لله، استاد. teacher. tutor.
آموزگاری، معلمی. teaching.
آموزَنده learner. instructor. teaching. instructive.
آمیب ameba.
آمیختگی blending. mixture. mixing up.
آمیختَن، مخلوط کردن، آمیزش داشتن، در آمیختن، ممزوج کردن. to mix. to. mingle. to blend. to associate. to adulterate. to combine. to intermix.
بااشخاص بد نیامیز. **do not mix (associate) with evil people.**
آب با سرکه‌آمیختن. **to adulterate vinegar with water.**
آمیختَه، مخلوط، ممزوج. mixed. associated. mingled. blended. intermixed.
آمیز، بیامیز، آمیزنده. mix thou. mixer. mixed. imbued with (in combs. as in: سحرآمیز).
آمیزِش، معاشرت، مخلوط‌سازی. intercourse. association. sociableness. blend.
~ کردن **to have intercourse. to associate (with).**
آمیزشی، مقاربتی. venereal. contagious.
آمیزگار، آمیزنده. sociable.
آمیزَه allegation. mixture. blend.
آمیغ، مخلوط، آلیاژ. mixture. alloy.
آمین، انشاءالله، چنین‌باد. amen!
آن، آن‌یکی. that. the former. that one.
برآنَم‌که. **I am determined to.**
آن، دَم، لحظه. instant. moment. jiffy.
به~ ~. **every moment.**
آناً، فوراً، فی‌الفور، هم‌اکنون. instantaneously. at once. instantly.
آناطولی، اناتولی. Anatolia.
آنان، آنها، ایشان. they. those.
آناناس pineapple.
آنانکه those who. they who.
آنتراکت، میان‌پرده، تنفس. entr'acte. intermission.
آنتن، شاخك. antenna. aerial.
آنتیل، جزایر هندغربی. Antilles. West Indies.
آنجا there. in that place. yonder. over there.
ازآنجائی‌که. **whereas. since. inasmuch as. in wiew of the fact that.**
اینجا و~. **here and there.**
تا ~ که من میدانم. **so far as I know.**
از اینجا تا~. **from here to there.**
از~ به‌بعد. **from there on.**
~ که عشق هست عدالت نیزهست. **where there is love there is also justice.**
از آنجائیکه میدانستم شما خـواهید رفت منهم رفتم. **since I knew you would be going I went too.**
آنچُنان، چنانکه، بطوریکه، همانندآن، آنسان. such. such a. like that. in that manner.
او ~ خسته بودکه نمی‌توانست حرف‌بزند. **he was so tired that he could not talk.**
آنچه، آنچیزی‌که، هرچه. what. that which. whatever. in so far as.
~ که اوگفت انجام دادیم. **we did what he said.**
آند، کوههای اندیز در مغرب و جنوب آمریکای جنوبی. (geog.) Andes.
آنسان، آنچُنان، بدانسان‌که. in that manner. in such a manner that.
آنفلوانزا، زکام، سرماخوردگی. flu. influenza.
آنقدر، بقدری‌که، آنقدرکه. so much. that. so much. so much so that.
آنکارا Ankara.
آنکِه، هرآنکه، آنکس‌که. that which. he who. whosoever.
اول ~. **first. in the first place.**
آنگلوساکسُن Anglo-Saxon.
آنگه، آنگاه. then.
آنها، آنان، ایشان. those. they. them.
آنهائی‌که. **they (those) who. they which. those which.**
~ همه رفتند. **they all went.**
به~ گفتم. **I told hem.**
~ واینها. **those and these.**
آنی، آناً، فوراً. instantaneous(ly). immediately. instantly. at once. momentarily.
آوا، بانك، آواز، ندا، صدا. voice. call.
آوا نویسی. **transcription.**
آواشناسی phonetics.
آوار load or pressure. weight. debris. collapse.
زیر~ ماندن. **to be buried under the debris.**
آوارگی، ویلانی، سرگردانی، بی‌خانمانی، ولگردی، خانه بدوشی. vagrancy. homelessness.
آوارَه، سرگردان، ویلان، بی‌خانمان. vagrant. homeless. tramp. wandering (about). refugee. evacuee. vagabond.
او درکوه وبیابان ~ است. **he is wandering about in mountains and deserts.**
آوارگان سیل. **flood refugees.**
~ شدن. **to become homeless. to become a refugee. to go vagrant. to wander about.**
~ کردن. **to render homeless.**
آواری detrital.
آواز، صدا، آوا، ~ خوانی، سرود، آهنگ. voice. sound. vocality. singing. song. tune. melody. cry. vociferation. shout.
~ خواندن. **to sing. to croon.**
~ او خوب است. **he has a good voice.**
آوازی بگوشم نرسید. **I heard no sound.**
آوازی شیرین. **a sweet vocality.**
آوازی(تصنیف یا سرودی) تازه. **a new song.**
~ دونفری. **duette.**
آوازَه، آواز، شهرت، معروفیت. voice. reputation. fame. renown.
~ او بگوش همه رسید. **his fame (reputation) was known by all.**
آوازه‌خوان، آوازخوان، خواننده، مطرب. singer. professional singer. vocalist. minstrel. crooner.

آوان، لحظات، ایام، روزگار، اوان. moments. times. days.
در ~ جوانی. **in the days of youth.**
آوخ، آخ، افسوس، آه. alas. sigh.
~ برآوردن، آه کشیدن. **to sigh. to utter a sigh.**
آور، بیاور. bring thou. bringing. causer. causing (in combs. as in: ...)
آورتا، آئورتا، شاهرگ، شریان بزرگ. aorta. the main artery.
آورد، آوردن. brought. combat. fight.
آوردن to bring. to fetch. to produce. to introduce. to occasion. to cause. to embrace. to accept. to relate. to say.
آب ~. **to bring water. to water.**
رفتن وغذا ~. **to fetch food.**
سبك نوی ~. **to produce a new style.**
فکر تازه‌ای ~. **to introduce a new idea.**
او اسلام آورد. **he embraced (accepted) Islam.**
آورده‌اندکه... **it is related (said) that...**
لطفاً قدری چای بیاورید. **please bring some tea.**
چراکتاب خود را نیاورده‌ای؟ **why haven't you brought your book?**
آورده، رسانده، تحویل‌داده، واردشده، فرآورده. brought. introduced. accepted. product.
آورنده، حامل. bearer. bringer. carrier. fetcher. afferent.
آوریل، اپریل. April.
آوند، ظرف، لوله، مجرا، وند. vessel. vasculum. (also used as suffix meaning «following» or «related to» as in: دماوند & پساوند)
~ چوبی. **xylem.**
آوندی vascular.
آونگ، آونگان، آویزان، پاندول. hanging. suspending. suspended. pendulum.
آویختگی، تعلیق، آویزانی. hanging position. suspension.
آویختن، آویزان کردن، معلق کردن. to hang. to suspend. to dangle.
اورا بدار آویختند. **they hanged him.**
عکسی را بدیوار ~. **to put up a picture (on the wall).**
آویخته، معلق، نصب شده، آویزان. suspended. hanging. put up. hung. dangling.
-آویز، بیاویز، آویزنده، آویخته. hang thou. hanging. hanger (in combs. as in: دستاویز).
آویز، آویزه. pendant (of earring, chandelier etc.).
گل ~، گل گوشواره. **(bot.) fuchsia.**
آویزان، آویخته، معلق. hanging. suspended. pending. pendant. dangling.
~ شدن. **to hang. to be suspended. to dangle.**
~ کردن. **to hang. to suspend. to dangle.**
آویزه، آویز. earring with pendant. wattle. (anat.) vermiform. appendix. suspensor.
آویزه‌بند suspensor.
آه، افسوس، حسرت. sigh. ah. alas.
~ سرد. **bitter sigh. cold sigh.**
~ کشیدن. **to sigh.**
آهار، نشاسته. starch (for stiffening). stiffness. size.
~ زدن. **to starch. to size. to clearstarch.**
گل ~. **(bot.) zinnia.**
آهاردار، آهار زده. starched. sized.
آهاری starched. starchy. stiff.
آهستگی، کندی، نرمی، ملایمت، تدریجی. slowness. softness. sluggishness.
به ~. **slowly. gradually. sluggishly.**
آهسته، یواش، ملایم، بنرمی، تدریجاً، کند. slow. slowly. soft. softly. gradually.
~ آهسته. **gradually. slowly. little by little.**
~ رفتن. **to go slowly.**
آهك lime.
~ آبدیده، ~ کشته. **slaked lime.**
~ آب ندیده. **quicklime.**
سنگ ~. **limestone.**
کورهٔ ~ پزی. **limekiln.**
آهك‌سنج calcimeter.
آهکی calcareous.
~ شدن. **to calcify.**
~ کردن. **to become calcified.**
آهن، حدید. iron. ferro-.
~ ورق. **sheet iron.**
~ سفید. **galvanized iron. tin-plate.**
آهن‌آلات ironware.
آهن‌بر iron-cutter.
ارهٔ آهن‌بری. **hacksaw.**
آهن‌پاره، آهن‌قراضه. scrap iron.
آهن‌پوش ironclad.
آهن‌جامه iron bands. iron fastenings. ironwork.
آهن‌دار ferruginous. ferrous.
آهن‌ربا magnet. loadstone.
آهن‌ربائی magnetism. magnetic.
آهن‌ریزی iron-foundry. ironworks.
آهن‌ساز ironworker. white cooper.
آهن‌فروش ironmonger.
آهنگ، نوا، آواز، لحن، موسیقی، قصد، عزم. tune. music. air. setting. resonance. melody. aria. intention.
~ رفتن کردن. **to intend to go. to be about to go.**
~ ساختن. **to set a song to music. to compose a tune. to compose.**
آهنگر blacksmith. ironsmith. smith.
آهنگرخانه smithy. forge. ironworks.
آهنگری blacksmith's trade. forge. blacksmith's craft. blacksmithing.
آهنگ‌ساز tunemaker. composer.
آهنی، آهنین. iron. made of iron. ferric. ferrous. hard. strong (as iron).
ارادهٔ ~. **iron (strong) will power.**
آهو، غزال، گوزن، بزکوهی. gazelle. deer. stag.
گوشت ~. **venison.**
آهو، عیب، نقص. defect. fault. shortcoming.
آهوبره fawn.
آهیانه parietal (bone). parieto-
آی، آ، بیا. come thou.
آیا is it? did? did he (she, it)? do? do you? does he (she, it)? can I? can you? can they? can we? can he?
~ چنین است؟ **Is it so?**
~ او آمد؟ **did he come?**
~ من اینجا بمانم؟ **do I stay here?**
~ او را میشناسید؟ **do you know him?**
~ آنزن مرا میشناسد؟ **does she know me?**
~ میتوانید بیائید؟ **can you come?**
~ آنها میتوانند آنجا را پیدا کنند؟ **can they find the place?**
~ او میتواند کار را تمام کند؟ **can he finish the job?**
آیات، آیات قرآن، نشانه‌ها. verses. signs.
آیت، آیه. sign. miracle. verse.
آیش fallow (land). rotation (cultivation).
آینده، مستقبل، آتی. coming. future. the comer. posterity.
درماه ~. **during the coming (next) month.**
او ~ امید بخشی دارد. **he has a promising future.**
آیندگان و روندگان. **those coming and leaving.**
برای نسلهای ~. **for posterity.**
آینه، آئینه. mirror. looking glass.
آینه‌کاری decoration with mirrors.
آیه sign. verse.
آئین، رسم، شعائر دینی، روش، آذین‌بندی. custom. rule. ceremony. manner. religion. formality. decoration.

اَب، پدر، بابا. father. abbey. spiritual leader.
اِباء، امتناع، خودداری، استنکاف. refusing. refusal. denial.
اباء کردن. **to refuse. to reject. to deny. to decline. to refrain from.**
اباحت، مباح سازی، مجاز سازی، جواز، نه‌خوب و نه‌بد. giving liberty. setting free. permitting. license. free thinking. revealing a secret.
ابتداء، آغاز، شروع. beginning. first. commencement. start. opening. outset. incipience. inception.
ابتدای (آغاز) جهان. **the begining of the world.**
ابتدای (اول) برج. **the first of the month.**
ابتدای فعالیت‌های صنعتی. **the commencement of industrial activities.**
بدیها را باید از ~ متوقف ساخت. **evils must be stopped at their inception.**
~ کردن، شروع کردن، آغاز کردن. **to begin. to commence. to start. to originate. to initiate.**
ابتدائی، مقدماتی، اولیه. elementary. primary. preliminary. initial. primitive. rudimentary. incipient. introductory.
دورهٔ ~. **the elementary course (stage).**
در مراحل ~. **in initial stages. in preliminary stages.**
ابتذال، مبتذلی، پیش‌پا افتادگی. prosiness. tediousness. triteness.
ابتر، دم بریده، کوتاه شده، مرخم، ناقص. bobtail. bobtailed. docked. curtailed (fig.) maimed. deprived of offspring.
ابتکار، ابداع، نوآفرینی، نوآوری. innovation. initiative. originality.
~ کردن، ~ داشتن **to originate. to be initiative. to be first in doing a thing.**
قوهٔ ~. **originative faculty. initiative.**
ابتلاء، مبتلاء شدن، گرفتاری. state of being affected, caught or attacked by a disease etc. entanglement. hardship. affliction. trial. temptation. addiction.
~ به سرما خوردگی. **catching cold. suffering from cold.**
ابتهاج، خوشی، مسرت، سرور، شادی، بهجت. joy. joyfulness. gladness. exultance. delight. happiness. rejoicing. mirth.
ابتیاع، خریدن. buying. purchasing. procuring. shopping. purchase.
~ کردن. **to buy. to purchase. to redeem.**
ابجدخوان، مبتدی، نوآموز. an abecedarian. one learning the alphabet.
ابد، ابدیت، ابدی، جاوید، پایان‌ناپذیر، الی‌الابد. eternity. without end. everlasting forever. sempiternal. perpetual. perpetuity. to eternity. permanency.
انشاءالله او تا ~ زندگی کند. **may he live for ever.**
ابداً، مطلقاً، بهیچوجه. not at all. never. eternally. under no circumstances.
~ (بهیچوجه) از آن خوشم نمی‌آید. **I don't like it at all.**
ابداع، ابتکار، آغاز، شروع، نوآوری. innovation. initiative. invention.
ابدالدهر، ابد، همیشه. eternally. eternity.
ابدی everlasting. eternal.
ابدیت، جاودان، ازلیت. eternity. perpetuity. endlessness. continuity.
ابر، سحاب. cloud. sponge.
آسمان ~ آلود. **cloudy sky.**
~ حمام. **bathroom sponge.**
ابراز (کردن)، بروزدادن، افشاء. to express. to speak out. to say openly. to divulge. to manifest. to mention. to disclose. unfolding.
~ علاقه کردن. **to express liking for.**
این راز را بکسی ~ نکن. **do not disclose this secret to any one.**
ابرام، اصرار، پافشاری، تأکید. insisting. importunity. perseverance. insistence. urging. confirmation.
~ ورزیدن، اصرار کردن. **to importune. to confirm. to insist on. to urge.**
ابراهیم Abraham.
ابرش dapple-grey. variegated.
ابرص، جذامی. leprous. suffering from leprosy. a leper.
ابرقدرت، ابرنیرو. superpower.
ابرمرد superman.
ابرو eyebrow. the brace.
~ درهم کشیدن. **to knit the brow. to frown.**
~ گشادن. **to cheer up.**
خم به ~ نیاوردن. **to suffer (something) bravely.**
خط ~. **bracket.**
ابروی پرپشت. **thick (shaggy) eyebrow.**
ابری cloudy. sponge-like.
~ کردن. **to variegate. to marble.**
هوا ~ است. **the weather is cloudy.**
ابریشم silk.
~ مصنوعی. **silk rayon. synthetic silk.**
کرم ~. **silk worm.**
ابریشمی، ابریشمین. **silken. made of silk.**
ابزار، آلت، اسباب، سازوبرگ، وسیلهٔ کار، افزار. tool. instrument. spices. seasoning. implement. utensil. device.
کلمات ابزارهائی هستند که مردم بوسیلهٔ آن فکر میکنند.

words are the tools with which men think.

ابصار (pl. of بصر) the eyes. foresight. sagacity.

اولوالابصار. those having foresight or sagacity. the sages.

ابطال، باطل‌سازی، حذف، بطلان، فسخ، الغاء. annuling. abolition. cancellation. rescinding. annulment. making null and void. rendering futile.

~ کردن، فسخ کردن. to annul. to cancel. to make null and void. to abolish.

ابعاد (pl. of بعد) distances. dimensions.

~ سه‌گانه. the three dimensions.

ابقاء، باقی گذاشتن. reinstatement.

شما در پست خود ابقاء شده‌اید. you are reinstated in your post.

ابلاغ communication. act of communicating. an official notice. sending. conveying. notification.

~ حکم. communication of a decree.

~ کردن. to communicate. to notify. to send an official notice.

ابلاغیه communique. official order. official notice.

ابلق، دورنگ. dapple-grey. piebald. particoloured. variegated.

اسب ~. a piebald horse.

ابله، احمق، خنگ، کودن، بیشعور. stupid. foolish. silly. idiot. tomfool. crazy. nincompoop. moron.

ابلهانه، احمقانه. foolishly. stupidly.

او خیلی ابلهانه رفتار کرد. he acted very foolishly.

ابلهی، بلاهت، حماقت. folly. silliness. stupidity. a fool. idiocy.

ابلیس، شیطان، اهریمن. the devil. satan. diable. demon.

ابلیسی. satanic. devilish.

ابنه (med.) pruritus ani. itching in the fundament. prurience. passive sodomy. being a catamite.

ابنیه (pl. of بنا) buildings

ابو، اب، پدر. a father. (nominative case of اب used in compounds).

ابواب (pl. of باب). doors. gates. chapters. means.

~ جمعی. property in one's charge. financial responsibility.

ابوی، ابی، پدرم. father. my father.

ابهام، مبهمی، دوپهلوئی، بغرنجی. ambiguity. uncertainty. obscurity. vagueness.

ابهت، وقار، جلال، طمأنینه، حرمت، عظمت. dignity. imposing presence. glory. magnificence. eminence. stateliness. decorum. greatness. awe. reverence.

~ او در همه اثر کرد. his dignity affected all.

او از ابهت آن منظره دچار حیرت شد. he was amazed by the solemnity (magnificence) of the scene.

بنائی با ~. an imposing building.

با ~. awe-inspiring.

ابیات، بیت‌ها. couplets. distiches.

ابیض (comp. of بیاض) سفید، سپید. white. a sword. raw flesh. youth.

اپرا (fr.) opera.

اپرت operetta.

اپسان، افسان، سنگ چاقو تیزکن. whetstone. hone.

اتابك، اتابیك title of former chancellors. great father. lord. father.

~ اعظم. the great chancellor.

اتازونی، ایالات متحدهٔ آمریکا. the United States of America. U.S.A.

اتباع (pl. of تابع، تبعه) پیرو، اهل. followers. subjects. citizens. nationals.

~ (پیرو) وفادار. faithful followers.

همهٔ ما اتباع ایران هستیم. we are all Iranian subjects.

اتحاد، وحدت، یگانگی، پیوستگی، اتفاق. union. forming a union. confederation. association. alliance.

~ دوتن بوسیلهٔ زناشوئی. union of a couple by marriage.

~ جماهیر شوروی سوسیالیستی. Union of Soviet Socialist Republics.

~ داشتن. to have union or accord. to have unity.

خط ~. hyphen.

اتحادیه union. confederation.

اتحادیهٔ جهانی پستی. Universal Postal Union (U.P.U.)

اتحادیهٔ کارگری. labour union.

اتخاذ، تقلید، پیروی، اخذ، انتخاب. adopting. borrowing. assuming. fostering. choosing. taking. making.

~ کردن. to adopt. to choose. to borrow to assume. to foster.

~ سند کردن. to take as a document.

روش یا زویه‌ای را اتخاذ کردن. to adopt (choose) a method or attitude.

در اینمورد چه تصمیمی اتخاذ کردی؟ what decision did you make in this respect?

اتر، اثیر. ether.

اتراق، اطراق. a short stay in a place. temporary stay. sojourn.

~ کردن. to stay temporarily. to take up temporary quarters. to bivoac.

اتریش، اطریش. Austria.

اتریشی. Austrian.

اتساع، گسترش، بسط، توسعه، وسعت، پخش. dilation. mydriasis. expansion. expatiation. stretching. distension. enlargement.

~ قلب. dilation of the heart.

اتصال، پیوستگی، متصل شدن. connection. junction. contiguity. joint. butt. link.

شرق وغرب بهم ~ یافته. the east and west are linked together.

~ یافتن، ~ داشتن. to be joined. to be connected.

محل ~، نقطهٔ ~. junction. link.

اتصالی short circuit. connective.

برق ~ شده. the electricity has short circuited.

اتفاق، اتحاد، رویداد. alliance. concord. unity. agreement. event. accident. unanimity. consensus. happening. incident.

~ (رویداد) سال. the event of the year.

مرگ پدرم ~ (تصادف) مهمی بود. the death of my father was a great accident.

~ آراء. unanimity of votes. consensus.

باتفاق آراء، باجماع. unanimously.

~ افتادن، رویدادن. to happen. to take place.

این واقعه چه وقت ~ افتاد؟ when did this accident (event) happen?

~ داشتن. to have concord (unity).

اتفاقاً (ازقضا)، تصادفاً. by chance. incidentally. per chance. occasionally. unanimously. incidentally.

اتفاقی. circumstantial. accidental. occasional.

اتکاء، اعتماد، پشت گرمی. reliance. leaning. confidence. dependence.

او ~ زیادی بقانون داشت. he relied heavily on law.

~ نفس (اعتماد بنفس). self-reliance.

~ داشتن به. to rely upon. to depend on.

اتلاف، تلف‌سازی، هدر، ولخرجی. wasting. losing. squandering. whiling away. prodigality. extravagance. wastefulness.

~ (ولخرجی) او افسانه شد. his prodigality became a legend.

~ وقت. waste of time.

~ کردن، هدر دادن، ولخرجی کردن. to waste. to destroy. to spend or use extravagantly. to destroy foolishly. to burn the candle at both ends. to squander.

اتم، هستهٔ اصلی. جزء لایتجزی. atom.

بمب ~. atomic bomb.

~ در راه صلح. atom for peace.

اتمام، انجام، پایان رسانی، تکمیل، اختتام، اجراء. completion. finishing.

اتمی atomic. nuclear.

نیروی ~. atomic energy.

جنگ اتمی. atomic (nuclear) war.

مولد برق اتمی. atomic generator.

رآکتور اتمی. atomic reactor.

اتو automobile. automotive.

اتو، اطو. iron.

اتو زدن. to iron.

اتو، آتو، خال‌اتو، خال حکم. trump.

اتوبوس bus. omnibus.

سرویس ~ bus service.

~ رانی. bus driving.

~ شهری. city bus.

~ دربست. chartered bus.

اتوشوئی carwash service.

اتومبیل، ماشین. automobile. car. motorcar.

~ رانی، رانندگی. riding in an automobile. driving. motoring.

مسابقهٔ ~ رانی. car racing.

~ باری. lorry. truck.

~ راندن. to drive a car.

اتهام، تهمت، بهتان، اعلام جرم. accusation. charge. incrimination. inculpation. imputation. blame. impugning.

~ او بی‌اساس بود. his accusation was groundless.

او باتهام دزدی محکوم شد. he was sentenced on the charge of theft.

او از ~ مبری شد. he was cleared of the accusation.

مورد ~ واقع شدن، در مظان ~ قرار گرفتن. to be accused or incriminated. to be charged with.

مورد ~ قرار گرفتن. to be accused of.

اتهامی. accusatory.

اتیکت، آداب، رسوم، برچسب. (fr.) etiquette. lable. price tag.

اثاث، اسباب، لوازم، عقار، ابزار. furniture. chattels.

اثاث البیت (اسباب خانه). household furniture.

اثاثیه، اثاثه. equipment. furniture. fittings.

اثبات، ثبوت، دلیل، مدرك، تحقق. proof. evidence. verification. confirmation. corroboration.

عشق من ~ لازم ندارد. my love does'nt need any proof.

~ ادعا. the substantiation of a claim.

~ (تأیید) یك فرضیه. the confirmation of a theory.

اثباتی. positive. proving.

~ کردن. to prove. to establish a fact. to substantiate. to demonstrate. to show. to affirm.

~ شدن. to be proved. to be substantiated.

ادعائی را اثبات کردن. to substatiate a claim.

قابل ~. demonstrable. that which can be proven.

اثر، تأثیر، نتیجه، علامت، جا، نوشتهٔ ادبی، چاپ. (pl. آثار) effect. impression. vestige influence. result. trace. mark. literary work. opus. compilation. print. sign.

~ دارو ناچیز بود. the effect of the medicine was little.

این امر ~ خوبی میگذارد. it leaves a good impression.

کوشش او اثری (نتیجه) نداشت. his effort had no result.

~ ادبی او کتاب متداول روز شد. his literary work became the standard book of the day.

~ پا. footprint.

~ انگشت. fingerprint.

اثری ایجاد کردن، ~ گذاشتن. to produce an effect or result. to make an impression. to touch. to influence. to affect.

~ داشتن بر. to have influence on. to be effective on.

منشاء ~ واقع شدن. to exert influence. to be useful or effective. to be efficacious.

~ پذیر. taking impression.

~ پذیرفتن. to take impression. to be affected with.

سخنانش در من بسیار ~ کرد. his words impressed me much.

در ~، درنتیجهٔ. as a result of. in consequence of. due to. owing to.

~ بخش، با ~. effectual. effective. impressive.

آثار تاریخی. historic works (or buildings)

اثناء، اثنی، در ضمن، در حین، در بین، درفاصلهٔ. middle. interval. midst. halfway.

در ~ (درضمن). in the meantime. meanwhile.

در ~ جنگ. in the middle of the war.

اثنی عشر، دوازده. twelve.

~ عشری. twelvefold. believing in the 12 Imams.

رودهٔ اثنی عشر (دوازدهه). duodenal. duodenum.

اثیر، اتر ether. ethereal atmosphere.

اثیری. ethereal.

اجابت، پذیرش، قبول، پسند، تصویب. accepting. granting. compliance. approval. movement of the bowels.

~ دعوت کردن. accepting an invitation.

~ تقاضا. compliance with a request.
~ شدن. to be accepted (granted).
~ کردن. to accept. to respond to. to comply with. to grant.
(در مورد مزاج) ~ کردن. movement of the bowels. to have a bowel movement.
اِجارَه، اجارت، کرایه، عاریه. (pl. اجارات) lease. rent. rental. return. payment. hire charter.
اجاره دادن. to rent (out). to hire out. to hackney. to let. to lease.
~ خانه. the rent of a house.
اجارهٔ ساختمانهای آپارتمانی زیاد است. rentals of apartment buildings are high.
تاکسی ~ کردن. to hire a taxi.
~ بهاء، مال‌الاجاره. rental. the rent.
~ کردن، باجاره واگذار کردن. to lease. to put out to lease.
اجاره‌دار، مستأجر (رعیت). tenant. farmer. lease-holder. lessee.
~ داری. lease-holding. tenancy.
~ دهنده (موجر). lessor.
~ کردن (کرایه کردن). to rent. to hire.
بطور دربست کشتی‌را اجاره کردن. to charter a ship.
offered for rent. available for rent.
~ نامه، قرارداد اجاره. lease contract.
این منزل ~ داده‌میشود. this house is to let.
اِجازَه، اجازت، مجوز، پروانه، جواز، رضایت. permission. leave. licence. assent. dispensation. permit.
باجازهٔ شما. with your permission.
او بما اجازهٔ ماندن داد. he gave us permission to stay.
من ~ میخواهم عرض‌کنم. I beg leave to say.
او اجازهٔ استفاده‌ازکتابخانه را دارد. he has the freedom of the library.
~ ندارد. is not allowed (permitted).
~ گرفتن، ~ خواستن، ~ کسب‌کردن. to ask permission. to take leave. to obtain permission.
~ دادن. to allow. to give permission. to authorise. to permit. to grant permission.
~ بفرمائید.... please allow me to. permit me to. give me leave to.
~ داشتن. to have permission.
باجازهٔ مالک. by permission of the owner.
~ نامه، پروانه. a licence. a permit. a charter. a permission. a certificate. leave.
اُجاق، بخاری، کوره. a fireplace. hearth. an oven with open front.
~ او کور است (اولادی ندارد). he has no offspring.
اجاق برقی. electric cooker. electric stove.
~ گاز. gas stove. gas cooker.
اِجبار، کره، زور، جبر، اکراه، فشار، اجباری. compulsion. a constraint. force. coercion. duress. pressure.
(تحت) شرایط اجباری. under compelling circumstances.
~ (مسئولیت) شخص در تهیهٔ معاش خانواده‌اش. one's obligation to provide for one's family.
باجبار (از روی کره و ~، بزور). compulsorily. by force. by coercion.
او باجبار تقاضای مرا پذیرفت. he accepted my request under constraint.
اجباری compulsory. obligatory.
اِجتماع، جماعت، گروه، جمعیت، کنفرانس، جامعه، زندگی اجتماعی، جلسه، مجموعه، ترکیب. a meeting. a gathering. an assembly. a reunion. a congregation. a crowd. society. conjunction. assemblage. aggregation. conference.
~ (جلسهٔ) دوستانه. a friendly gathering.
فرد باید باجتماع خدمت کند. the individual must serve the society.
~ کردن، جمع شدن. to assemble. to congregate. to gather together. to hold a meeting or assembly. to crowd.
~ داشتن، میتینگ داشتن. to have a meeting.
علم ~، جامعه شناسی. sociology.
اجتماعات. gatherings. crowds. throngs.
در اجتماعات (مجالس انس) شرکت کردن. to take part in social meetings.
اجتماعی social. gregarious. sociable.
مسائل اجتماعی. social problems.
انسان موجودیست اجتماعی. man is a gregarious creature.
بصورت اجتماعی، از نقطهٔ نظر اجتماعی. in company. from a social viewpoint.
اجتماعی بودن. to be social. to be sociable or gregarious.
فلسفهٔ اجتماعی، سوسیالیزم (گروه‌گرائی). socialism.
اِجتناب، خودداری، دوری، حذر، پرهیز، فرار. avoidance. shunning. abstention. abstinence. forbearance. refraining from.
~ ازخطر. avoidance of danger.
او ازتماس با بهترین‌دوست خوداجتناب میکرد. he was avoiding contact with his best friend.
~ (خودداری) ازغذا. abstention from food.
~ از مسئولیت. evasion of duty (responsibility).
از مصاحب بد ~ (پرهیز) کن. shun bad company.
~ پذیر، قابل ~. avoidable.
~ کردن (خودداری یا پرهیزکردن). to avoid. to shun. to keep off. to abstain from.
~ ناپذیر (ناگزیر). inevitable. unavoidable.
اِجتهاد، مجاهدت، جهد، کوشش، سعی. striving hard. practice of divine science or theology. becoming versed in theology.
بدرجهٔ ~ رسیدن (مجتهد شدن). to reach the stage of religious leadership. becoming qualified for religious guidance.
~ کردن. to practice religious jurisprudence. to be able to give an opinion on religious law.
اِجحاف، تعدی، زور، اخذ، ستم، ظلم، ستمگری. overcharging. unjust dealing. exaction. extortion.
~ (ستمگری) بر بینوایان. oppression of the poor.
~ کردن. to deal unjustly toward. to extort. to exact. to overburden.
~ کردن، زیاد بحساب آوردن. to practice extortion. to overcharge.
حاکم براو ~ (ستم) کرد. the governor oppressed him.
اَجداد (pl. of جد) پدران، نیاکان. ancestors. forefathers. progenitors. forebears.
اجداد ما در پیشرفت تمدن بشری نقش عمده‌ای داشتند. our ancestors had a major role in the advancement of human civilization.
اجدادی، سنتی. ancestral. traditional.

اَجر، مزد، اجرت، سزا، پاداش، جبران، دستمزد. remuneration. recompense. a reward. retribution. compensation. requital.
~ دادن. to requite. to reward. to recompense.
بایستی ~ کوششهای ما داده شود. we must be recompensed for our efforts.
~ یافتن (پاداش گرفتن). to gain a reward. to be compensated. to get a bonus. to be requited.
مستلزم ~ (پاداش) بودن. to involve reward (remuneration).
خدا اجرش را خواهد داد. God will recompense him.
اِجراء، انجام، عمل، ایفاء، اعمال. (pl. اجرائیات) execution. carrying out. performance. enforcement. accomplishment. administering. putting into effect.
~ حکم. execution of a sentence.
اجرای (انجام) برنامه. the accomplishment of a program.
بمورد ~ درآوردن. giving effect to.
دستورهای او بسرعت اجرا شد. his orders were speedily executed.
قابل اجرا. enforceable.
اجراشدن. to be done. to be performed. to become executed. to be enforced.
اجراکردن. to execute. to enforce. to carry out. to put in force. to perform. to enforce. to observe. to put into effect.
در دست اجراست. it is in process of execution.
حکم اجرانشد. the sentence was not carried out.
اجرائی، اجرائیه. executive.
قوهٔ اجرائیه (مجریه). executive power.
اُجرَت، مزد، پاداش، دستمزد. wage. fees. remuneration. pay. earning.
~ (دستمزد) اوکم بود. his wage was low.
~ اوکافی نبود. his remuneration was not enough.
~ کارش خوب داده شد. his work was well paid.
~ دریافت داشتن. to receive wage (pay.)
~ دادن به. to pay wage or remuneration. to recompense.
اَجزاء (pl. of جزء)، ترکیبات، قسمتها، اعضاء، عناصر. parts. components. ingredients. members. elements. integral parts. factors. constituents.
~ (قسمتهای) عمدهٔ دستگاه هاضمه. the chief parts of the digestive system.
~ اصلی فلسفهٔ کانت. the essential components of Kantian philosophy.
~ (ترکیبات) یک‌دارو. the ingredients of a medicine.
~ متشکله. constituents. principal parts. original or main parts. integral parts.
اَجسام (pl. of جسم)، اشیاء، مواد، اجرام. bodies. substances. materials. articles.
~ (اجرام) سماوی (آسمانی). heavenly bodies.
اَجَل، مرگ، موت، مهلت، موعد. death. the hour of death. fixed term. respite. an appointed date or time. expiration. due date.
~ (مرگ) طبیعی. natural death.
~ (مرگ) معلق (غیرمنتظره). unexpected death.
اجلش فرا رسیده. he is doomed to die. his end is come.
اَجَلّ (pl. اجلاء) great. greatest. more or most glorious excellency.
شأن او ~ از اینست که چنین‌کاری کند. he is too dignified to do such a thing.
اِجلاس، نشست، اجلاسیه، جلسه، میتینگ. causing to sit. sitting together. holding a meeting or session. meeting. conference.
~ کردن، اجلاسیه داشتن. to sit. to hold a session or meeting.
اجلاسیه، ~. sitting. designating or related to a session. meeting. a parliamentary session.
در دومین اجلاسیهٔ هیئت‌امناء. in the second session of the board of trustees.
اِجلال، شکوه، فر، عظمت، ابهت، جلال، تجلیل. glorification. glory. dignity. honour. dignifying. honouring. pomp.
اِجماع، جمع‌شدن، اتفاق کلمه، اجتماع. a reunion. a gathering. an assembly. unanimity. common accord. consensus.
اِجمال، کوتاهی، اختصار، مختصر، خلاصه. abstract. a compendium. summary. resumé. synopsis. abridgement. summing up. brevity.
اجمالی (خلاصه‌ای) ازآن مقاله. an abstract of the article.
وی به‌شرح اجمالی ازنکات پرداخت. he proceeded to give a brief summary of the points.
باجمال موضوع را شرح دهید. explain the case briefly.
اجمالاً، بالاجمال، باجمال، خلاصه، مختصر. briefly. in short. in general. compendiously.
نظر اجمالی کردن به. to glance casually at. to glance over.
اَجناس (pl. of جنس)، کالا، امتعه، اثاثه، چیزها، اشیاء. goods. wares. things. commodities. kinds. genders. species. types.
انواع سنگین‌تری از ~. heavier classes of goods.
اَجنَبی، بیگانه، غریبه، خارجی، ناآشنا، غیر مأنوس. foreigner. stranger. alien. exotic. unfamiliar. outsider.
سرزمین ~. alien land.
درکشور ~ (بیگانه). in a foreign country.
او در ایران ~ است. he is an alien (a foreigner) in Iran.
~ پرست. inclined towards foreigners.
~ پرستی. love for foreigners.
~ بودن. being a foreigner (stranger).
اَجوَف، مجوف، میان‌تهی، کاو، توخالی. (sup. & comp. of جوف) hollow. a hollow thing. the belly.
اَجیر، مزدور، کارگر، مزدبگیر. a hired worker. hired. a labourer. mercenary. hackney.
کارگر ~. a hired worker.
سرباز ~ (مزدور). a mercenary soldier.
~ شدن. to become hired or employed.
~ کردن. to hire. to employ.
اَحادیث، داستانها، گفته‌ها، روایات. (pl. of حدیث) traditions. sayings. tales.
اِحاطَه، دربرگرفتن، محاصره، معلومات. surrounding. encirclement. circumambience. siege. proficiency.

~ کردن قلعه. surrounding a castle.
او بزبان انگلیسی احاطهٔ کامل دارد.
he is thoroughly conversant in the English language.
~ شدن. to be surrounded.
جماعت اورا ~ نمود.
the crowd surrounded him.
~ کردن.
to surround. to besiege. to encircle.
~ داشتن به. to be thoroughly acquainted with. to be conversant or proficient in.
شهر بوسیلهٔ دشمن ~ شده.
the city is besieged by the enemy.

اِحاله، تحویل، انتقال، حواله ، مراجعه .
turning. turning over. transfer. referring. reference. transference. relegation. conveyance.
او موضوع را بمن ~ نمود.
he turned the case over to me.
~ مسئله بهرئیس.
referring the question to the boss.
~ پرونده (سابقه) بدادگاه دیگری.
transference of the records to another court.
~ نمودن به. to refer to. to turn over to. to leave to another.
~ شدن. to be referred or transferred to.

اِحتراز، پرهیز، دوری، اجتناب، گریز، حذر.
avoidance. shunning. avoiding. abstinence. abstention. caution.
~ کردن، رویگرداندن، دوری‌کردن، پرهیز کردن. to avoid. to shun. to abstain from.
از دوستان بد ~ کن. avoid bad friends.

اِحتراق، سوختن، شعله‌ورشدن، آتش‌گرفتن، الو گرفتن، انفجار.
burning. combustion. explosion. oxidation.
قابل ~ ، محترق. combustible. explosive.
غیرقابل ~ . incombustible.
~ پذیری. combustibility.
~ داخلی. internal combustion.

اِحترام، حرمت، رعایت، ملاحظه، سپاس، ادب.
respect. honour. reverence. regard. consideration. courtesy. attention. esteem. veneration. admiration. approbation. homage.
~ کسیرا داشتن. to respect a person.
~ من نسبت به او افزون شد.
my respect for him increased.
آنمرد نسبت به آنزن خیلی ~ قائل است.
he has a great consideration for her.
~ قائل شدن برای.
to honour. to respect. to do honour to. to pay homage to.
~ کردن به. to do honour to. to revere.
احتراماً. reverently.
با تقدیم احترامات فائقه. respectfully yours.
ما بخاطر معلوماتتان شمارا احترام میکنیم.
we esteem you for your knowledge.

اِحتساب (احتسابات pl)، محاسبه، شمارش.
calculation. accounting. computation.
~ کردن. to calculate. to compute.
~ درآمد سالیانه .
calculation (computation) of annual income.

اِحتشام، شکوه، جلال، فر، عظمت.
(pl. احتشامات) glory. pomp. magnificence. grandeur.

اِحتضار، دم مرگ بودن، درحال نزع‌بودن.
(pl. احتضارات) (being) at the point of death. agony of death.
درحالت ~. in the agony of death.

اِحتقان، خفگی.
congestion. taking a clyster. clysis.

اِحتکار، جمع‌آوری. hoarding. speculation. forestalling. storing up. accumulation.
~ گندم. hoarding wheat.
بسیاری از طریق ~ زمین ثروتمند میشوند.
many get rich by speculation of land.
قانون منع ~ . anti-hoarding law.
~ گران (محتکران) .
hoarders. speculators.

احتکاری accumulating. pertaining to hoarding. speculative. speculative goods.

اِحتلام nocturnal pollution. nocturnal emission. wet dream.

اِحتمال (احتمالات .pl)، شاید.
probability. eventuality. contingency. likelihood. plausibility.
~ وجودآن کم است.
the probability of its existence is small.
آمادهٔ همهٔ احتمالات بودن.
to be prepared for all contingencies.
باحتمال قوی. very likely. in all probability. very probably.
احتمالاً، شاید. probably.

احتمالی probable. possible. contingent. presumptive. fortuitous.

اِحتیاج، نیاز، لزوم، نیازمندی، ضرورت، تهیدستی.
necessity. need. want. requirement. requisite. needfulness. indigence.
~ مادر اختراع است.
necessity is the mother of invention.
احتیاجی به‌پوزش نیست.
there is no need to apologize.
ما ~ به‌پول داریم.
we are in want (need) of money.
~ داشتن به.
to need. to require. to be in need of.
~ مند، محتاج، نیازمند، تهیدست.
indigent. necessitous. the poor. penniless.
~ آنی، ~ مبرم.
urgent need. indispensable need.

اِحتیاط، (احتیاطات pl.)حزم، دوراندیشی، هشیاری، دقت، مراقبت، توجه.
caution. precaution. discretion. prudence. reservation. vigilance. carefulness. care. circumspection.
با ~ دست بزنید. handle with caution.
با کمال ~ از خیابان عبور کنید.
cross the street with utmost care.
اقدامات احتیاطی بعمل آوردن.
to take precautionary measures.
با ~ ، محتاط.
cautious. precautious. prudent. reserved. wary.

احتیاطاً for the sake of precaution. by way of precaution. in order to be on the safe side.

احتیاطی
precautionary. prudential. safety.
اقدامات احتیاطی
precautionary measures. necessary precautions.
وجوه (سرمایهٔ) احتیاطی.
provident fund. reserve fund.

اَحَد، یك، واحد.
one. unit. an individual. any one.
هیچ احدی. no one. not one.
احدی دیگر درکلاس نیست.
there is no one else in the class.

اِحداث، ایجاد، خلقت، خلق، ابتکار، پیدایش.
creation. innovation. erection. construction. establishment. putting up. causing. making. bringing into being.
~ مدرسهٔ تازه.
the creation of a new school.
~ (تأسیس) یك شرکت.
the establishment of a company.
~ کردن. to erect. to establish. to create. to invent. to novate.

اَحَدیّت، ذات یگانه، خدای یکتا، وحدت.
unity. oneness. the one God. singleness.

اَحرار (حر .pl.of)، آزادگان، مردان.
the freemen. liberals. the free-born.

اِحراز، کسب، نگاهداری، اشغال مقام.
obtaining. holding. guarding. keeping. possessing. occupying. attaining. capturing. getting. winning. achieving. reaching.

اِحرام
pilgrim's garb. wearing the pilgrimage garb. (o. s.) seeking refuge in a holy place. committing an unlawful act.
~ بستن.
to wear (put on) the pilgrimage garb. to undergo pilgrimage ceremonies.

اَحریٰ، بهتر، شایسته‌تر.
worthier. more advisable. prior. better.

احزاب، حزبها. parties.

اِحساس (احساسات .pl)، حس، حساسیت، اثر.
feeling. sentiment. sensation. sentience. emotion. sensibility. sensitivity. response. sympathy.
او ~ ایمنی کرد.
be experienced a feeling of safety.
~ شعف. feeling of joy.
ایجاد ~ (اثر) مطلوبی در حاضران نمود.
made a favorable impression on the audience.
~ کردم (بمن الهام شد) که پیروز خواهم شد.
I got the impression that I shall win.
احساسات میهن‌پرستانه .
patriotic (sentiments) feelings.
~ کردم که مایل برفتن نیست.
I felt (perceived) he was not inclined to go.

احساساتی sentimental. emotional.

اِحسان (احسانات .pl)، نیکوکاری، عنایت، لطف، مرحمت، نیکی.
favour. beneficence. benevolence. doing good. charity. a gift. generosity.
آنقدر مغرور است که حاضر نیست قبول ~ کند.
he is too proud to accept charity.
~ کردن. to do good. to do a favo(u)r.
رد ~ کردن. to refuse a favo(u)r.

اَحسَن، براوو، آفرین، بارك‌الله، احسنت.
better or best. bravo. good for you. well-done.
تبدیل به ~ کردن. to change for the best.

اَحشاء (حشو .pl. of)، اندرونه، روده‌ها، دل و روده.
entrails. innards. the bowels. the heart, liver etc. the internal parts. the viscera. the intestine.

اَحشام (حشم .pl. of) cattle.

اِحصاء، آمارگیری، احصائیه، شمارش، ثبت.
reckoning. computation. taking statistics. counting.

احصائی، آماری statistical. census. related to statistics.

اِحضار، خواندن، بدنبال فرستادن، احضاریه، جَلب بدادگاه .
calling. summoning recalling. sending for. citing. subpoena. demanding presence. arraignment.
او بخدمت وظیفه ~ شد.
he was drafted for service.
~ کردن. to summon. to call. to arraign. to subpoena. to recall.
بدادگاه ~ کردن.
to summon to the court.

اِحضاریّه، حکم جلب بدادگاه.
a summon. a subpoena. summons.

اَحفاد، فرزندان، زادورود، آیندگان.
grandchildren. grandsons. descendants.

اَحَق، اولیتر، واجبتر، سزاوارتر.
more or most deserving. worthier. more merited.

احقاق، رسیدگی‌بحق، داددهی، دادرسی.
administering justice . adjudication. finding the truth of something. justification.
~ حق‌کردن. to administer justice. to adjudicate. to find the truth (of something). to demand justice.

اَحکام (حکم .pl. of)، دستورها، امریه‌ها، فرمانها
commands. commandments. orders. decrees decisions. sentences. precepts. ordinances. law. biddings. dictums.
~ عشرهٔ (دهگانهٔ) موسی.
the ten commandments.
~ دینی. religious precepts.
~ (قوانین) نجومی. astronomical laws.
~ صادره. orders (decrees) issued.

اِحلیل، ذکر، سوراخ‌ذکر، دهانهٔ ذکر.
orifice of the udder. orifice of the penis. penis.

اَحمَد، پسندیده. more or most "approved". praiseworthy. masculine proper noun. one of the names of the prophet Mohammad.

اَحمَر، قرمز، سرخ، سرخ‌رنگ.
red. ruddy.
دریای ~. the Red Sea.

اَحمَق، ساده‌لوح، خر، کودن، سفیه.
foolish. fool. stupid. imbecile. dense. fatuous. asinine.
~ شدن. to become a fool.
کسیرا ~ دانستن. to consider one a fool.

احمقانه foolishly. like a fool. stupidly. foolish. absurd
احمقانه رفتارکردن. to act foolishly.

احمقی، حماقت. folly. foolishness. stupidity. absurdity.

اَحوال، حالات، مزاج، وضع، حالت.
conditions. states. situations. circumstances. events. biographies.
~ کسی را پرسیدن. to ask about one's health, situations, circumstances, events, biography, etc.
~ شما چطور است؟
how are you? how do you do?

اَحوَل، لوچ. squint - eyed. cross - eyed. convergent. divergent.

اَحیاء، زندگان، شب زنده‌داری، زنده سازی، حیات بخشی، تجدید.
restoring to life (fig.) vivification. giving life. revival. re-establishment. renaissance. rebirth. vigil. (chem.) reduction. restoration.
احیای عالم وجود.
the vivification of the whole world.
~ صحت و سلامتی.
the re-establishment of health.
~ کردن. to restore to life. to revive. to vivify. to invigorate. to reanimate. to re-establish. to reduce.

علم وصنعت ~ شد.
science and industry were revived.

اَحیاناً، شاید، ممکن است، گاهگاهی، اتفاقاً. occasionally. once in a while. from time to time. in the event that. if it happens.

اگر ~ آنجا رفتید.
if you happen to go there.

اَخ، اخوه. brother.

~ الزوجه. **brother-in-law.**

اخ، اوخ، آه. alas! fie! ah! (interj). bravo! oh.

اَخ، تف. spitting. (childish) evil. dirty. excrement.

~ داشتن،~کردن. **(childish) to be on potty. to need to go to the toilet. to make excrements.**

اخاذ extortionist.

اَخاذی، باج سبیل، کلاه‌برداری. extortion. extracting from. exaction. drawing from. squeezing. fleecing.

~ پول. **extortion of money.**

~ کردن. **to extort. to fleece. to exact. to draw. to extract. to be an extortioner.**

اَخبار (خبر .pl. of)،اطلاعات، گزارشها. news. information. histories. annals. stories. reports. tales.

~ روزانه. **daily news.**

اهم ~. **the most important news.**

~ ، خبردادن، اطلاع. **informing. giving intelligence.**

زنگ اخبار. **bell. alarm bell. door bell.**

~ دادن. **to inform. to let know. to notify. to declare. to assert.**

اخباری indicative. declarative.

وجه اخباری declarative tense.

اُخت، خواهر. a sister. one of two things having close resemblance with each other. friendly. like. becoming fond of. used to. familiar.

اخت شدن (با). **to become friendly (with).**

اِختتام، پایان،ختام، نهایت، آخر، انتها، فرجام. completing. finishing. conclusion. end. termination. completion.

اختتامی، نهائی. **terminating. conclusive. final. ending. closing. valedictory.**

نطق (سخنرانی) اختتامی. **closing speech or address.**

اَختر، ستاره، بخت، اقبال، گل‌اختر. star. omen. luck. fortune. feminine proper noun. (bot.) arrow root.

بد ~. **star-crossed. unlucky.**

نیك ~. **lucky. fortunate.**

~ شناس. **astronomer. astrologer.**

اِختراع، ابداع، ابتکار،نوآوری، تعبیه، ایجاد. invention. innovation. devising. contrivance. fabrication. improvising. creation.

~ چاپ. **invention of printing.**

~ کردن، ابتکارکردن. **to invent. to devise. to contrive. to fabricate. to improvise. to create. to forge. to feign. to spin.**

اختراعی. **inventional. feigning. devised. contrived.**

این حرفها ~ خود اوست. **he has fabricated these words. these words are spun by himself.**

اِختصار (اختصارات.pl)، کوتاهی، ایجاز. abbreviation. abridging. brevity. abridgement. shortening. condensing. reducing. reduction. compressing. contraction. summarizing.

رویدادها را باختصار بیان‌کرد.
he explained the events briefly.

مقاله‌ای را بصورت ~ درآوردن.
abbreviating (abridging, condensing, shortening, summarizing) an article.

اِختصارات، علائم اختصاری. abbreviations. abbreviatory signs.

اِختصاری summary. abbreviatory.

اِختصاص، تخصیص، خا[illegible]، مخصوص، ویژه‌سازی، تعیین، منحصرسازی. allocation. appropriation. a peculiarity. setting aside. earmarking. alloting. granting. assigning. making exclusive.

~ منابع درجنگ اقتصادی. **the allocation of resources in an economic war.**

برای او بودجهٔ ویژه‌ای ~ داده شد.
he was allotted a special budget.

~ یافتن. **to be allotted. to be earmarked. to be set aside.**

~ دادن. **to allocate. to earmark. to appropriate. to attribute exclusively. to set aside. to allow for.**

اختصاصی، ویژه، مخصوص، انحصاری، خاص، مشخص، خصوصی. private. exclusive. allocated. special. appropriated. characteristic. specific.

صفت‌اختصاصی. **a characteristic. a peculiarity.**

این جاده اختصاصی (خصوصی) است.
this road is private.

جایگاه‌اختصاصی. **private pavillion. private lodge.**

اختصاصاً. **specially. exclusively. privately.**

علائم اختصاصی. **identification marks.**

اختفا occultation. hiding. concealment.

اِختلاج (اختلاجات .pl)، تشنج، بهم‌زدن. nictitation. convulsion. twinkling.

اختلاس (اختلاسات .pl)، سرقت،دزدی،ربایش. embezzlement. misappropriation. abduction. carrying a thing off by force or deceit. speculation.

~ وجوه عمومی. **misappropriation of public money. embezzlement of public funds.**

~ کردن، سوءاستفاده کردن. **to embezzle. to misappropriate. to abduct. to speculate.**

اختلاط (اختلاطات .pl)، آمیزش، امتزاج،صحبت دوستانه، اتحاد، مذاکره، گپ‌زنی. mixture. intercourse. familiar talk. jest. admixture. co-mixture. intermixture. alloyage. combination. union. imbuement. impregnation. fusion.

~ (وامتزاج) دقیق اجزاء یك‌چیز.
careful admixture of ingredients.

~ اجزاء دوچیز .
the union of the ingredients of two things.

~ ملیت‌های مختلف.
fusion of different nationalities.

~ یافتن .
to become mixed or interchanged.

قابل ~ ، ~ پذیر.
intermixable. amalgamating. miscible.

~ کردن. **to associate. to have social intercourse. to converse. to talk in a familiar way. to chat. to joke. to jest. to mix.**

اِختلاف (اختلافات .pl)، مناقشه، اختلاف نظر، مخالفت، مباحثه، بحث وجدل، مغایرت. difference. dispute. discrepancy. contradicting. controversy. argument. disagreement. discord. variance. diversity. opposition.

در این گروه ~ نظری نیست.
there is no discord in this group.

اظهارات او با هم ~ (مغایرت) دارد.
his statements contradict each other.

اختلافات فاحش از لحاظ درآمد.
wide discrepancies of income.

آنها بین خودشان ~ داشتند.
they had disagreement between themselves.

~ نظر، ~ عقیده. **difference of opinion.**

~ عقیده‌داشتن. **to have a dispute. to have a difference of opinion. to differ.**

~ میان ایندوچیست؟ **what is the difference (discrepancy) between the two?**

~ داشتن. **to have disagreement. to disagree. to have (or hold) a dispute.**

اختلال (اختلالات .pl)، آشفتگی، اشکال، بی نظمی. derangement. disorder. confusion. indisposition. illness. upsetting (of the stomach). disturbance.

~ در دستگاه.
disorder in the instrument (system).

~ فکری. **mental disorder.**

اِختناق، خفقان، خفه‌کردن، خفگی. strangulation. strangling. being choked. choking up. stiffling. asphyxiation. suffocation.

آختناقی. **strangulatory.**

اَخته. castrated. emasculated. gelded. spayed. mutilated.

~ کردن **to castrate. to geld. to mutilate.**

~ شدن. **to become castrated or gelded.**

اسب ~ . **a gelding.**

خروس ~ . **a capon.**

مرد ~ . **a eunuch. castrated man.**

اِختیار (اختیارات .pl)، قدرت، سلطه، حق. authority. power. option. free will. right. jurisdiction. title. control.

اختیارات‌کنگره. **the powers of the Congress.**

او اختیار فسخ قرارداد را دارد.
he has an option to cancel the contract.

این در حدود اختیارات او نیست.
this is not within his jurisdiction.

این از ~ بشر بیرون است.
it is beyond human control.

او ~ دارد‌که بماند یا برود.
he has the choice to stay or leave.

~ دارید، ~ با شماست.
just as you say. the choice is yours.

~ دادن‌به. **to vest or grant authority to. to empower. to authorize.**

~ داشتن. **to have the choice. to have the option. to be at liberty. to have authority or control over.**

~ کردن. **to choose. to make one's option. to select. to opt.**

اوهمسری ~ کرد. **he took a wife.**

باختیار (ازروی میل واراده)، اختیاری.
by choice. with free will. voluntarily. optional.

اَخذ، گرفتن، ربودن، دریافت داشتن، وصول، ربایش، غصب، اتخاذ، تقلید، کسب، اکتساب. taking. receipt. collection. seizure. (fig.) imitation. adapting. adaption.

در برابر ~ نامهٔ شما.
at the receipt of your letter.

~ کتاب ازکتابخانه .
collection of books from a library.

~ بزور. **taking by force (coercion).**

~ رأی. **taking votes. drawing votes. polling.**

~ کردن. **to take or seize. to collect. to imitate. to adapt. to receive. to exact or extort. to copy.**

اِخراج (اخراجات .pl)، تبعید، خروج، صدور، تخلیه. dismissal. expelling. expulsion. ejection. banishment. sending out. discharge. eviction. dislodging. ousting. exile. deporting.

~ دانشجو از دانشکده.
the expelling of a student from college.

~ معلم. **the discharge of a teacher.**

~ مستأجر. **eviction of a tenant.**

~ بلد کردن. **to expatriate. to exile. to banish.**

~ شدن. **to be excluded. to be discharged. to be dismissed. to be fired, to be axed. to be sacked.**

اخراج‌کردن to expell. to kick out. to evict. to deport. to discharge.

اُخروی، سماوی، آسمانی، بهشتی،مینوی،وابسته بعالم آینده. belonging to the future world. related to the next world. heavenly.

اجر ~. **heavenly (future) remuneration.**

اُخری، گل اخری، خاك سرخ، اخرا. ochre. ruddle.

اُخری، دیگری. the other one. the next one. other than.

اَخص، ویژه، مخصوص. more particular. in a strict sense. more particularly. particularly. specially.

بمعنی ~ . **in a strict (or proper) sense.**

اِخطار (اخطارات .pl)، تذکار، اخطاریه،تذکر، اعلان، اعلام، هشدار. notification. notice. announcement. warning. risking.

اخطاری راناديده‌گرفتن. **to ignore a warning.**

~ کردن. **to notify. to inform. to warn. to risk. to apprise. to advise. to announce. to tell. to give notice to.**

بشما ~ میکنم‌که چنین‌کاری نکنید.
I warn you not to do so.

~ نظامنامه‌ای‌کردن .
to raise a point of order.

اخطاریه، ~ کتبی. **notificatian. notice. written notice. written warning.**

اِخفاء، پنهان سازی، اختفاء. hiding. concealing. concealment.

~کردن، پنهان داشتن. **to hide. to conceal. to keep secret or hidden.**

اَخفش، ریز چشم، دارای چشم تار، خفاش. small-eyed. miserly. having small dim eyes. seeing better in darkness than in light. (z.) a bat.

بز ~. **one who acknowledges other people's statements without understanding them.**

اَخگر، جرقه، ذغال، آتش نیمسوز. embers. a spark of fire. a live charcoal.

اخلاص، خلوص. sincerity. purity.

اَخلاط the (four) humours. mucus. expectorations. expectorant matter.

اَخلاق، خلق، خو، روش، روحیه، علم اخـلاق. morals. morality. ethics. character. virtues. habits. dispositions.

پند اخلاقی. **a moral advice.**

برطبق اصول ~ . **in accordance with the principles of morality.**

علم ~ اسلامی. **Islamic ethics.**

او آدمی است دارای اخلاقی (سیرت) عالی.
he is a man of high character.

~ (خلق) او خوب است. **he is in a good disposition. he is well-mannered.**

بد ~ ، تند خو. **immoral. having a bad character. bad-tempered. irascible. ill-natured. cross. hot-tempered.**

خوش ~ .
good-natured. of a high moral standard.
good morals. good behaviour. virtue. حسن ~
اخلاقا، اخلاقی. ethical. moral.
اخلاقیات moral or ethical problems. ethics.
اِخلال، خرابکاری، تخریب، ایجاد مزاحمت، کارشکنی. deranging. spoiling. upsetting. causing trouble. intrigue. sabotage. heckling. trouble-making. obstruction.
to sabotage. to derange, to ~ کردن.
disorder. to upset. to confuse. to heckle.
to cause turmoil. to give an injury to. to damage. to disrupt.
اخلالگر، خرابکار، مزاحم، آشوبگر، انقلابی، فتنه‌گر، مخرب، فتنه‌جو. saboteur. heckler. intriguant.
اخلالگران (خرابکاران) کارخانه. saboteurs in a factory.
اخلالگرانرا ازجلسه بیرون‌کردند. the hecklers were kicked out of the meeting.
اخلالگران ازروح انقلابی دانشجویان پشتیبانی میکردند. agitators supported the revolutionary spirit of the students.
اَخم، ترشروئی، درهم‌کشیدن ابرو. a frown. a scowl. glowering. looking with disfavour (upon). disapprobation.
he frowned at me. بمن اخم‌کرد.
frowning habitually. morose. surly. اخمو.
to frown. to scowl. ~ کردن.
to be sulky. اخمو بودن.
اِخوان brothers. brethren. friends. half brothers. comrades.
اُخوّت، برادری. brotherhood. fraternity. a brotherhood meeting.
a fraternity. مجمع ~
اخوی (اخوان .pl)، برادر. brother. fratri...
اَخیر، تازه، جدید، آخرین، آخر. recent. late. modern. new. last.
his last (latest) book. کتاب ~ او.
the last (recent) war. جنگ ~ .
a new member. عضو ~ (تازه)
of recent date. بتاریخ ~ .
in the last few days. در ایام ~ .
during recent days.
last-mentioned. ~ الذکر.
afore-mentioned. the said. the latter.
اخیراً recently. lately. newly. latterly.
اَخیلیا، تاج‌الملوك، آنکولی. (bot.) common columbine. aquilegia vulgaris.
اَخیون، گل‌افعی. (bot.) snake flower. blue weed. viper's-bugloss.
اَخیه، میخ طویله. a large stable nail. a rope or beam.
اَدا، اداء، اطوار، تظاهر، شکلك، تقلید، عشوه. mockery. mimicry. simulation. grimace. coquetry. manners. leer. face. mimic. imitation.
to satisfy. to enunciate. ~ کردن.
to utter. to pronounce. to give utterance to. to utter. to say.
او عاری از ~ واطوار (عشوه‌گری) است.
she lacks coquetry.
میمونها ادای انسان را در میآورند.
monkeys mimic man.
to pay one's debts. دین خود را ~ کردن.
the performance of duty. ادای وظیفه.
to utter a word. کلمه‌ای ~ کردن.
~ و اطوار، ژست، قیافه‌سازی، تقلید.
mimicry and gesticulations. mincing. shamful pretenses. making a wry face. imitating.

to be paid (or paid off). ~ شدن.
to be settled or cleared.
to pull a wry face. to imitate. ~ درآوردن.
to mimic. to act coquettishly or queerly.
to mock or make fun of. to mimic someone. ادای کسیرا درآوردن.
~ در نیاور، قیافه‌نگیر، شکلك نساز.
don't make a wry face.
هر میمونی زشت‌تر است ادایش بیشتر است.
the worst wheel of the carriage creaks the most.
اَدات، ابزار، لوازم. tools. instruments. a particle (grammar). often a suffix.
اِداره (ادارات .pl)، دفتر، ادارهٔ کل، مدیریت، کنترل. office. administration. bureau. department. management. direction. control. turning. circulating. handling. running. controling.
office of education. ادارهٔ آموزش.
the accounting department. ادارهٔ حسابداری.
good management. ادارهٔ خوب، حسن ~ .
to manage. to run. to direct. to handle. to control. to administer. ~ کردن.
او مدرسه را خوب ~ میکند.
he runs (administers) the school well.
she is incapable of handling (controling) the children. از ادارهٔ بچه‌ها عاجز است.
~ بازی، فورمالیتهٔ اداری.
bureaucracy. red tape.
اداری administrative. official.
disciplinary court. محکمهٔ اداری.
office affairs. امور اداری.
اِدامه، دوام، بقا. continuation. duration. prolongation. continuance. carrying on. perpetuity.
ادامهٔ يك برنامه.
the continuation of a program.
to continue. to prolong. ~ دادن.
to become durable. to last. to prolong.
to continue. to keep on. to keep up.
او بسخنان خود ~ داد.
he kept on talking. he continued his talk.
go on. continue. ~ بده.
اَدَب، ادبیات، نزاکت، انضباط، فرهنگ، تأدیب، تنبیه. politeness. courtesy. civility. good breeding. good manners. literature. letters. culture chastisement.
~ نسبت بزنان لازمهٔ آقایان است.
civility towards women is essential for gentlemen.
art and literature. هنر و ~ .
این عمل او از ~ دور بود.
his act was not polite.
literary men. اهل ~، ادب دوست.
men of letters. lover of literature.
polite. courteous. well-mannered. با ~ .
~ کردن، تنبیه کردن.
to chastise. to correct. to punish.
to be chastised or corrected. ~ شدن.
اُدَباء (.pl. of ادیب)، دانشمندان، اهل فضل. men of letters. literary men or writers. critics. literati.
اِدبار، نکبت، بدبختی، شانس‌بد، بدبیاری. adversity. affliction. adverse or hard luck. frowns of fortune. evil star.
adverse. ادباری
misfortune. unfortunate. wretched.
اَدَبی literary. belletristic.
literary society (club). انجمن ~ .
literary works. آثار ~.
اَدَبیات literature. letters. belles lettres.

Persian literature. ادبیات فارسی.
اِدرار، شاش، وظیفه، مقرری. urine. passing making water. urination. pissing. pension. salary. piss. uro-.
to pass urine. to make water. to urinate. to take a leak. to piss. ~ کردن.
to have urine. ~ داشتن.
urinary. pertaining to urine. ادراری.
اِدراك (ادراکات .pl)، تشخیص، تفاهم، فهم، درك، هوش، درایت، کسب، وصول. perception. apprehension. intelligence. conception. understanding. discernment. observing
mental perception. ~ ذهنی.
to understand. to perceive. ~ کردن.
to conceive. to arrive at. to apprehend. to comprehend.
to have the faculty (or power) to understand (or perceive). ~ داشتن.
ادراکی conceptual. conceptional. perceptual. apprehending. comprehending.
اِدّعاء، دعوی، مطالبه، خواست، وانمود، تقاضا، الزام، لاف، تصریح، مدعا. a claim. pretension. an arrogation. act of claiming. demanding. alleging. assertion.
he is very pretentious. او خیلی پرادعاست
damage claim. ادعای خسارت.
~ کار، مدعی، پرادعا، پرمدعا.
claimant. one who pretends or claims but does not justify his claims.
او ~ (تصریح) میکرد که حق با اوست.
he asserted that he was right.
to claim. to pretend. to assert. to lay a claim to. ~ کردن.
bill of indictment. ~ نامه، اتهام.
an accusation. a charge. arraignment.
اَدعیه، دعاها. prayers.
اِدغام (o.s.) insertion. (gram.) contraction of two identical letters into one and pronouncing it with تشدید (emphasis). to combine.
اَدکَن brownish grey. dark. dark-coloured.
اَدِلّه، دلائل. reasons. proofs.
اَدَوات، ادات، ابزارها، اسبابها، لوازم، اجزاء. tools. implements. instruments. particles.
mechanical tools. ~ مکانیکی.
implements of war. ~ جنگی.
اَدوار، دورها، زمانها، دوره‌ها، قرون، اعصار، چرخشها، مدارها. periods. ages. ancient times. eras. circuits. cycles.
the periods of the earth. ~ زمین.
in ancient times. در ~ کهن.
اَدواری periodical. coming at intervals. revolving. circuitous. cyclic.
اَدویه، ادویه‌جات، داروها، ادویهٔ معطر. medicines. drugs. spices. condiments.
تنوع ادویهٔ زندگی است.
variety is the spice of life.
to spice. to season with condiments or spices. ~ زدن به.
اَدهَم black. a dark-coloured horse.
اَدیان، دینها. religions. faiths.
اَدیب، ادب‌دوست، دانشمند، نویسنده، اهل‌ادب. a man of letters. a literary man. a literary critic. a writer.
literary. literarily. belletristic. ادیبانه.
اَدیم، سفره، چرم. morocco leather
اَذان call to prayer. izan.

~ گفتن.
to call to prayer. to recite the izan.
اِذّخار، انباشتن، احتکار. storing up. hoarding. speculating.
اِذعان، اعتراف، فتوا، تصدیق، گواهی. acknowledgement. admitting. submission. confession.
to own. ~ کردن.
to admit. to acknowledge. to confess.
من ~ بخطای خود میکنم.
I admit (confess) my error.
اِذن، اجازه، رخصت. permission. leave.
to give permission to permit. to allow. to grant permission. ~ دادن‌به.
to take (ask) permmission. ~ خواستن.
اَذهان، خاطرات، عقاید، افکار. memories. opinions. beliefs. minds.
public opinion. public thought. ~ عمومی.
اَذیّت، آزار، شکنجه، زجر، مزاحمت، تصدیع. bothering. molestation. nuisance. teasing. vexing. annoying. harming. annoyance. hurting. injury. wrong. inconvenience. trouble. damage. irritation.
to bother. to tease. to annoy. ~ کردن.
جهانگیر مرا ~ میکند.
Jahangir bothers (teases) me.
او موجب ~ همهٔ ماست.
he is a nuisance to all of us.
از اینکه شما را ~ کردم متأسفم.
I regret to have inconvenienced you.
من چه اذیتی برای شما داشتم؟
what trouble was I to you?
اِرائه، نشان‌دادن، نمایش، تعلیم، راهنمائی، رهبری. presenting. presentation. showing. exhibiting. teaching. demonstrating. guiding.
the persentation of information to the Congress. ارائهٔ اطلاعات به کنگره.
او مدارك سری را ~ (نشان) داد.
he demonstrated the secret documents.
ارائهٔ طریق نمودن.
to show the way. to guide.
~ نمودن، ~ کردن، ~ دادن.
to show. to present. to produce. to exhibit. to demonstrate. to guide. to give.
you must produce (or present) your documents. شما باید مدارك خود را ~ دهید.
اَرابه، عرابه. a chariot. a cart. a waggon.
اِرادت، میل، رغبت، دوستی، برادری، صمیمیت. inclination. friendliness attachment. devotion. friendship. amity. brotherhood. concord. cordiality. fraternization. fellowship. familiarity. intimacy.
میان آندو محبت و ~ وجود داشت.
there was love and amity between them.
to have devotion (sincerity) towards one. ~ بکسی داشتن.
او خدمت شما ~ دارد.
he thinks very highly of you.
اِرادتمند sincerely. sincere. intimate(ly).
ارادتمند شما.
yours sincerely. your sincere friend.
اِراده، خواست، میل، تمایل، قصد، انتخاب. will. decision. willpower. inclination. intention. purpose. volition. conation. pleasure. discretion.
a man of determination. a man of iron will. مردی آهنین ~ .
infirm of purpose. سست ~ .
ارادهٔ (تصمیم) او قابل تقدیر بود.
his determination was commendable.

~ کردن. to decide. to intend. to wish. to desire. to determine. to make up one's mind. to will. to resolve.

~ کرد که سیگار را ترک کند. he decided to give up cigarettes.

اَرّاده، عراده. landing gear of an aeroplane. wheel. chariot.

ارادی voluntary. volitional.

اَراذِل (pl. of اَرذَل)، اوباش، الواط. hoodlums. the ignoble (men). the vile men. the rascals. the corrupt people.

~ و اوباش. rascals and villains.

اَراضی، زمین‌ها، نواحی، کشورها، سرزمین‌ها. lands. territories. estates.

~ سلطنتی. crown lands or properties.

~ موقوفهٔ عام. public domains.

~ موات. barren lands.

تقسیم ~. land distribution.

اَرامِنه Armenians.

ارامی Aramaic. Aramaean.

اَرباب (pl. of رب)، آقا، رئیس، سرور. boss. masters. a master. a lord. a proprietor. a land-lord. a possessor.

~ معرفت، ~ فضل. men of learning. those endowed with learning or virtues. the sages.

~ زاده. son of a master or lord.

~ وار. lordly. acting like a master or lord.

~ سخن. the eloquent. the poets. literati.

~ هنر. the artists. the artisans.

اصول ~ و رعیتی. master and man principles. feudal ways of lord and farmer (landlord and tenant).

~ قلم. the writers. men of letters.

اربابان the proprietors. the landlords. the masters.

اَربَعَه، رابع، چهارگانه. the four. fourfold.

عناصر ~. the four elements.

اَربَعین forty.

اِرتِباط (ارتباطات .pl)، پیوند، رابطه، ربط، مخابره، تماس. connection. relation. communication. contact. getting in touch.

پیشنهادش ارتباطی با این موضوع نداشت. his proposal had no relation to this subject.

با او ارتباط برقرار کن. establish communication with him.

~ برقرار کردن. to establish connection. (relations or communications). to get in contact with.

وسائل ~. communication means.

این امر چه ارتباطی با او دارد؟ what has this got to do with him?

~ داشتن با. to find or hold communication with. to communicate with.

~ موضوعات. coherence of subjects.

~ خانوادگی. family relation (or connection).

اِرتِجاء، امیدواری. hoping. beseeching.

اِرتِجاع، حالت‌کش‌داری، واکنش، برگشت. reaction. elasticity. repulsion. reflex.

حالت ارتجاعی. elasticity.

ارتجاعی. reactionary. reflexive. oppositionary. elastic.

عوامل ارتجاعی مخالف اصلاحات‌اند. reactianory elements are against reforms.

ارتجاعیون، مرتجعین. the reactionaries.

اِرتِجال، بدیهه‌گوئی، بداهت. improvisation. extemporaneity.

ارتجالاً. stating extemporaneously. ad lib.

اِرتِداد، گمراهی، کجروی، بیدینی، الحاد. apostasy. backsliding. renegation. turncoating. recreancy.

اِرتِزاق، اعاشه، کسب معیشت، تحصیل‌روزی، تغذیه. obtaining daily bread. nourishment. nutrition. earning a living

او از راه دزدی ~ میکند. he earns his living by stealing.

~ کردن. to obtain daily bread. to live. to feed. to get nourishment.

اِرتِسام، ترسیم، مرتسم [illegible]، تحقق. projection. getting delineated. distinguishing oneself. taking orders. being written. materialization. design. tracing.

اَرتِش، سپاه، لشکر، قشون، گروه، سربازان. the army. troops. armed forces.

فرماندهٔ ارتش. commander of the army.

بزرگ ارتشداران. the chief commander of the army. commander in chief.

ارتشی belonging to the army. military. army officer.

ارتشبد field marshal. (USA) a four-starred general.

اِرتِشاء، رشوه‌دهی، رشاء، تعارف. bribery. bribing. receiving a bribe. tip. graft. perquisite. bait. grease.

~ کردن (دادن). to receive a bribe.

~ شدن. to be bribed.

اِرتِعاش (ارتعاشات .pl)، لرزش، رعشه، قشعریره، تشنج. vibration. trembling. shaking. shivering. tottering. quivering. quaking. shuddering. pulsating. pulsation.

~ صوت. vibration of sound.

صدایش ~ داشت. his voice was shaking.

~ برگ‌ها. the shivering of leaves.

صدای پر~ (لرزان) او. her quivering voice.

ارتعاشی vibratory.

اِرتِفاع، ارتفاعات، بلندی، رفعت، فرازی، ترفیع. height. altitude. elevation. raising. eminence. promotion. up-lifting. loftiness. hill. pitch.

شهری دارای ۲۵۴۷ فوت ارتفاع. a city with an altitude of 2547 feet.

~ کوه. the height of the mountain.

~ سنج. altimeter.

~ چیزی را سنجیدن. to measure the altitude of.

~ یافتن. to find the altitude of. to become high or lofty. to gain altitude.

~ داشتن. to have altitude. to be high.

اِرتِفاعی altitudinal. relating to altitude. vertical.

نقشهٔ ~. a vertical map (plan).

اِرتِفاق، ارفاق. (law) easement. servitude. leaning on the elbow. (med.) symphysis.

اِرتِقاء، ترقی، ترفیع، رفعت، بالاروی. promotion. elevation. advancement.

~ یافتن. to be promoted. to be given a promotion (or raise).

~ دادن به. to promote. to elevate.

او بدرجهٔ سرهنگی ~ یافت. he was promoted to the rank of colonel.

اِرتِکاب، انجام، عمل، سعی، کوشش، مبادرت، ایراد. commission. perpetration. performance. doing. practicing. acting. endeavouring to. committing.

~ عمل غیرقانونی. the commission of an illegal act.

~ جنایت. the perpetration (committing) of a crime.

اِرتِماس، غسل، تعمید، شستشو، استحمام. immersion. bathing. dipping. baptism.

اِرث، میراث، ارثیه، مرده ریگ. inheritance. heritage. legacy. bequest. bequeathment. patrimony.

آزادی سخن ارث (میراث) آزاد مردان است. liberty of speech is the heritage of freemen.

او پول برای مستخدمش ~ گذاشت. he left a bequest of money to his servant.

~ بردن. to inherit. to receive by inheritance.

مالیات بر~. inheritance tax. death duty.

اموال به او به~ رسید. the property came down to him by inheritance.

~بر، وارث. inheritor. heir. next of kin.

اِرثی، مادر زادی. congenital. patrimonial. by inheritance. hereditary.

اِرثیه، میراث. legacy. inheritance. heritage.

اِرجاع، عودت، رجوع کردن، احاله، مراجعه. referring. turning over. submitting. committing. sending. assigning. entrusting. referral. reference.

~ دعوائی بدادگاه. referring a case to the court.

~ موضوع بمعاون. turning over the matter to the assistant.

~ شغل به کارمند جدید. assigning (entrusting) a job to the new employee.

~ کردن به. to refer to. to turn over to. to remise.

~ شدن به. to be assigned to. to be referred to.

اَرج، ارزش. worth. value. esteem.

ارجح (more) preferable.

اَرجُمَند، برارج، گرامی، محترم، معزز، پرارزش. valuable. dear. esteemed. hono(u)rable. respected. distinguished. illustrious. elevated. worthy.

دوستان ~. honorable (esteemed) friends.

او نزد من بسیار ~ است. he is highly esteemed by me.

اَرزَنده، گرانبها. worthy. worth the trouble. precious. valuable.

این کتاب ~ای است. this is a valuable (worthwhile) book.

ارزیاب، مقوم. assessor. appraisor. evaluator.

ارزیابی، تقویم، تخمین. assessment. appraisal. evaluation.

ارزیابی کردن. to assess the value of. to appraise. to evaluate.

اَرزیدن to be worth. to cost. to be of value.

برحمتش می‌ارزد. it is worth the trouble.

اَرَس the Arax river. Araxes.

اِرسال، گسیل، روانه، اعزام، انتقال، مخابره. sending. remitting. remittance. despatch. forwarding. transmitting.

~ بستهٔ پستی. the sending of a parcel.

~ وجه. remittance of money.

~ نامه، مکاتبه. sending letters. correspondence.

~ داشتن. to send. to despatch.

~ شدن. to be sent or despatched.

نامه‌ها ~ (فرستاده) شد. the letters were sent (mailed).

اَرسطو، ارسطاطالیس. Aristotle.

اَرَش cubit. forearm.

اِرشاد، هدایت، رهبری، راهنمائی، ارائهٔ طریق. direction. guiding. guidance leading. showing the way spiritual instruction. orthodoxy.

~ کردن. to show the right way. to admonish. to instruct. to advise. to lead. to guide.

عمر خود را وقف تعلیم و ~ جوانان کرد. he devoted his life to the instruction and guidance of the youth.

اَرشَد، رشید، بزرگ‌تر، برتر، پیرتر، مسن‌تر. elder. senior. elder son.

افسر ~. senior officer.

برادر ~. older (elder) brother.

ارشدیت eldership. seniority. primogeniture.

حق ~. birthright. seniority right.

او بر همهٔ ما ~ دارد. he has seniority over all of us.

اَرشمیدُس Archimedes.

اَرض، زمین، خاک، کشور، کرهٔ خاک. land. landed property. territory. earth.

کرهٔ ~. the earth. the terrestrial globe.

ارضی terrestrial. territorial. earthly.

اصلاحات ارضی. land reform. agrarian reforms.

اِرضاء making content. satisfying. gratification. quenching. slaking.

~ کردن. to gratify. to slake. to please. to satisfy.

~ شهوت کردن. to satisfy (slake) one's lust.

اِرضاع، شیردادن. giving suck. lactation. nursing.

اِرعاب، ترساندن، تهدید. intimidation. frightening. scaring. intimidating.

~ کردن. to intimidate. to overawe. to cow. to terrorize.

ستمگر به ~ توده‌های مردم پرداخت. the tyrant intimidated (terrorized) the masses of people.

اَرغَنون، ارغون. (music) an organ.

اَرغوان purple (colour). (bot.) Judas-tree. love tree. cercis siliquastrum.

اَرغوانی purple.

اَرغه deceitful. tricky. cheat.

اِرفاق (ارفاقات .pl)، ملایمت، نرمی، مهربانی. leniency. consideration. compassion. mildness. softness. clemency. mercy. forbearance.

نسبت بدانشجویان ~ کنید. show some leniency to the students.

اَرزَنده، گرانبها. worthy. worth the trouble. precious. valuable.

این کتاب ~ای است. this is a valuable (worthwhile) book.

ارزیاب، مقوم. assessor. appraisor. evaluator.

ارزیابی، تقویم، تخمین. assessment. appraisal. evaluation.

ارزیابی کردن. to assess the value of. to appraise. to evaluate.

اَرزیدن to be worth. to cost. to be of value.

برحمتش می‌ارزد. it is worth the trouble.

اَرَس the Arax river. Araxes.

اِرسال، گسیل، روانه، اعزام، انتقال، مخابره. sending. remitting. remittance. despatch. forwarding. transmitting.

~ بستهٔ پستی. the sending of a parcel.

~ وجه. remittance of money.

~ نامه، مکاتبه. sending letters. correspondence.

~ داشتن. to send. to despatch.

~ شدن. to be sent or despatched.
نامه‌ها ~ (فرستاده) شد. the letters were sent (mailed).
ارسطو، ارسطاطالیس. Aristotle.
ارش cubit. forearm.
ارشاد، هدایت، رهبری، راهنمائی، ارائهٔ طریق. direction. guiding. guidance leading. showing the way. spiritual instruction. orthodoxy.
~ کردن. to show the right way. to admonish. to instruct. to advise. to lead. to guide.
عمر خود را وقف تعلیم و ~ جوانان کرد. he devoted his life to the instruction and guidance of the youth.
ارشد، رشید، بزرگتر، برتر، پیرتر، مسن‌تر. elder. senior. elder son.
افسر ~. senior officer.
برادر ~. older (elder) brother.
ارشدیت eldership. seniority. primogeniture.
حق ~. birthright. seniority right.
او برهمهٔ ما ~ دارد. he has seniority over all of us.
ارشمیدس Archimedes.
ارض، زمین، خاك، کشور، کرهٔ خاك. land. landed property. territory. earth.
کرهٔ ~. the earth. the terrestrial globe.
ارضی terrestrial. territorial. earthly.
اصلاحات ارضی. land reform. agrarian reforms.
ارضاء making content. satisfying. gratification. quenching. slaking.
~ کردن. to gratify. to slake. to please. to satisfy.
~ شهوت کردن. to satisfy (slake) one's lust.
ارضاع، شیردادن. giving suck. lactation. nursing.
ارعاب، ترساندن، تهدید. intimidation. frightening. scaring. intimidating.
~ کردن. to intimidate. to overawe. to cow. to terrorize.
ستمگر به ~ توده‌های مردم پرداخت. the tyrant intimidated (terrorized) the masses of people.
ارغنون، ارغون. (music) an organ.
ارغوان purple (colour). (bot.) Judas-tree. love tree. cercis siliquastrum.
ارغوانی purple.
ارغه deceitful. tricky. cheat.
ارفاق (ارفاقات .pl)،ملایمت، نرمی، مهربانی. leniency. consideration. compassion. mildness. softness. clemency. mercy. forbearance.
نسبت بدانشجویان ~ کنید. show some leniency to the students.
روح ~. spirit of clemency.
از کمك و ارفاقی که پلیس نسبت بما کرده سپاسگزاریم. we are grateful for the help and forbearance shown to us by the police.
ارفاقاً، ارفاقی. compassionately. leniently. by way of assistance. based upon assistance.
ارقام (pl. of رقم). figures. numbers.
~ رومی. Roman numerals.
ارکان (pl. of رکن)، ستون‌ها، اساس، اصول، قواعد. pillars. essentials. fundaments. fundamentals. elements. constituents. the main parts. bases.
~ دولت. the pillars of the government.
چهارر کن آموزش و پرورش. the four elements (essentials) of education.
~ حرب،ستادارتش. the general staff.
ارکستر orchestra.
ارگ a citadel.
ارگ an organ.
ارم earthly paradise.
ارمغان، هدیه، یادگاری، سوغات، یادبود. a present. souvenir. gift. keepsake memento.
ارمك a grey cloth used for women's overalls.
ارمگان، آموزگار، مربی، سعد، سعادت. cherishing. breeding. developing. happiness. good luck.
ارمنی Armenian.
ارواح (pl. of روح)، روان‌ها، جانها. spirits. souls. ghosts.
عالم ~. the world of spirits. the next world. spiritism.
به ~ پدرم. (an oath) by the soul of my father.
اروپا Europe.
اروپائی. European.
اروند the Tigris. Alvand mountain. grandeur or pomp.
~ رود، شط‌العرب. Arvand Rood. Shatt - al - Arab.
اره a saw.
~ کردن. to saw.
~ نواری. band saw (chain saw).
~ آهن‌بر. hack saw.
~ گرد. circular saw.
ارهٔ موئی. coping saw. jigsaw.
خاك اره. sawdust.
~ کش. sawyer.
اره‌ماهی a shark. a sword-fish or saw-fish.
اریب، یك‌ور، کج، مورب. diagonal. sidelong. oblique. crooked. slanting.
بطور ~ ، اریبی، ~ وار. diagonally. slant-wise.
اریکه، تخت. throne. sofa.
اریون mumps.
از from. of. since. than. out of. with. by. for. on. belonging to. off. on account of. out of. due to.
او کوچکتر ~ آن‌زن است. he is smaller (or younger) than her.
~ روی حسادت اینکار راکرد. he did that out of jealousy.
او ~ دوستانش جدا شد. he parted from his friends.
او ~ شغل خود صرفنظر نمود. he dispensed with his job.
یکی ~ ایشان. one of them.
من اورا ~ صدایش می‌شناسم. I know him by his voice.
اینکتاب ~ من است. this book belongs to me.
~ پشت‌بام افتاد. he fell off the roof.
~ روی دشمنی اینکار راکرد. he did that out of enmity.
~ چهار سال پیش. since four years ago.
~ آن پس، ~ آن زمان ببعد، پس ~ آن. from then on. thence. thenceforth.
~ آنروی، ~ آنجا. therefore. therefrom. from there.
~ آنجائیکه. since. whereas. considering that.
~ آنجمله. among them. among others.
~ این جهت، ~ اینروی. for this reason. therefore. so.
~ برای، ~ بهر. for. because of.
~ بر، حفظی. by heart, from memory. by rote.
~ بس. so much. in as much as. by dint of.
~ پیش بردن. to accomplish. to execute. to carry out successfully.
~ کجا. whence. how. from where.
ازاء، عوض، بجای، جبران،دربرابر، درمقابل. lieu. in lieu of. stead. instead of. exchange.
در ~ . in lieu of. in recognition of. in exchange for. in return for.
ازار، شلوار، حجاب. trousers. drawers. a veil. a waist-wrapper.
~ بستن. to put on trousers. to get prepared.
ازاله، ازالت، رفع، پاکسازی، زوال، اخراج. removal. removing. causing to disappear. dismissal. discharge. withdrawal.
~ کردن، ~ نمودن. to remove. to cause to cease. to put an end to. to dispense with.
ازالهٔ بکارت. defloration. perforating the hymen.
ازبر by memory. by heart. by rote.
~کردن. to learn by heart. to memorize.
~ داشتن. to know by heart.
~ بخوان تا ببینم. recite it by heart and let me see.
ازبك Uzbek.
ازبن، ازبیخ، از اصل، کاملاً. from the root. fundamentally. entirely.
کار ~ خطاست، کار ~ خرابست. the thing is fundamentally wrong.
~ منکر است. he flatly denies it.
~کندن، ازبیخ کندن. to uproot. to rout out.
ازپس، ازعقب، ازپشت. from behind. following. after.
ازت nitrogen azote.
ازخودراضی selfish. smug. self-satisfied.
ازخودگذشتگی devotion. self-sacrifice.
از جانب، از طرف، از سوی. on behalf of. from the direction of.
از جان‌گذشته، از خودگذشته. self-sacrificing. disregarding one's own safety. desperado.
ازدحام، اجتماع، تجمع، انبوهی. a crowd. a throng. crowding. assemblage. gathering. horde. multitude. swarming. swarm. mob.
پلیس بمردم اخطار کردکه ~ ننمایند. police warned people not to crowd (assemble or gather).
زنبوران در اطراف گلها ~ میکنند. the bees swarm around the flowers.
~ کردن. to crowd. to throng. to press on one another. to swarm.
ازدست دادن to give up. to miss. to lose.
ازدست‌رفتن to become lost.
از دست رفته lost. given up.
ازدواج، زناشوئی، عروسی، وصلت، صیغه،متعه. marriage. coupling. matrimony. wedlock. union. intermarriage. nuptial tie. wedding. -gamy.
سن ~ . marriage age.
متولد شده در اثر ~ قانونی. born in lawful wedlock.
عقد ~ . marriage contract.
نامزدی ~ . engagement.
~ سفید پوست وسیاه‌پوست. miscegenation.
~ میان افراد ملل واقوام مختلف. intermarriage. exogamy.
ازدیاد، زیادکردن، فزونی، افزایش، تکثیر، اضافه شدن، تشدید، تزاید. increasing. accruing. increase. augmentation. enlargement. increment. accretion. accession. addition.
رو به ~ گذاردن. to begin to increase. to wax.
از راه، ازطریق. by. via. through.
از راه بدر بردن، اغواکردن، فریفتن. to seduce. to mislead. to lead astray.
نوجوان دختری را ازراه بدر برد. the young man seduced a girl.
ازرق، آبی. blue. azure.
~ چشم. blue eyed.
ازقلم افتادگی oversight. omission. omission in writing.
ازقلم انداختن. to leave out. to omit.
ازکارافتادگی disablement.
ازکارافتاده disabled. laid up.
ازگیل، درخت‌ازگیل، درخت ازگیل آلمانی. (bot.) a medlar. Dutch medlar tree. mespilus Germanica.
ازل، ابتدا، آغاز، شروع، نخست. eternity. without beginning. from the first day. perpetuity. endlessness. everlasting. ceaselessness. timelessness. infinity. immortality. imperishableness.
از ~ . from eternity. from the beginning.
از ازل تا ابد. from the beginning to eternity.
ازلی، ابدی. eternal. everlasting. preexisting. existing from eternity. perpetual.
ازلیت، ابدیت. preexistence. eternity.
از میان‌بردن، نابودکردن،نیست‌کردن، کشتن. to kill. to ruin. to get rid of.
ازوجز، التماس، عجز ولابه. supplication. beseeching.
ازهم پاشیدن، متلاشی‌شدن. to be broken to pieces. to disintegrate.
ازهم‌گذشتن، تلاقی‌کردن. to cross each other. to intersect.
اژدر، اژدها، موشك، پرتابه. a dragon. torpedo.
~ افکن، ~ انداز. a torpedo boat.
اس، اساس، پایه، رکن، اصل. basis. base. fundament. foundation. principle.
اسائه، سوء، بدی. doing evil. impoliteness.
او بمن اسائهٔ ادب‌کرد. he treated me impolitely. he insulted me.
اسارت، عبودیت، بندگی، رقیت. captivity. bondage. slavery. servitude. capture.
در قید ~ زیستن. to live in bondage (captivity).
به ~ بردن. to take into captivity. to lead into captivity or slavery.
اساس، اصل، رکن، پایه، بنیاد، پی. basis. foundation. principle. fundament.

اساساً fundamentally. basically. essentially. principally. radically.
اینکار اساساً غلط است. the work is basically (fundamentally) wrong.
اساسنامه articles of association. constitution.
اساسی fundamental. basic. principle. cardinal.
قانون اساسی. constitutional law.
اساطیر (اسطوره .pl) افسانه‌ها myths. legends. fables. mythology.
علم ~ ، افسانه‌شناسی. mythology.
اساطیری legendary. mythological. fabulous.
اسامی، اسمها. names.
اسب، اسپ، سمند. a horse. hippo-. (chess) the knight. steed. mount. trotter. hackney. pony. charger.
~ بخار. horsepower.
~ آبی. hippopotamus.
~ اصیل. a thoroughbred (horse.)
~ (شطرنج). knight.
~ وحشی. mustang. wild horse.
~ دوانی. horse-race.
~ سوار، سوارکار، سوار. horseman. jockey. cavalier.
~ سواری، اسب سواری. horsemanship. cavalry. horse-riding.
~ ماده، مادیان. mare.
کره ~ . colt. foal.
اسبی. equine.
اسباب، سببها، وسائل، لوازم، آلات، افزارها. means. instruments. tools. causes. gadget. kits. motives. utensils.
~ بازی. plaything. toy.
~ چینی، توطئه، دوزوکلك. plotting. intriguing. forming a plot.
~ کشی. shifting. moving.
~ کشی کردن. to move. to shift.
~ چای. tea service.
~ سفر. luggage.
~ ناراحتی. cause of inconvenience (trouble).
~ زحمت شما نخواهم شد. I won't cause you any trouble (inconvenience).
اسبق، پیشین، سابق، گذشته. former. ancient. ex-.
وزیر ~ . ex-minister. former minister.
اسپارت Sparta.
اسپانی، اسپانیا. Spain.
اسپانیائی، اسپانیولی. Spanish. Spaniard.
اسپر، هاگ. (bot.) spore.
اسپریس، میدان اسب‌دوانی. a race-course. hippodrome. sports ground.
است، هست. is. there is. it is.
او اینجاست. he is here.
جواب شما درست است. your answer is correct.
استاد، معلم، دبیر، آموزگار، ارباب، سرکارگر، ماهر، هنرمند. professor. master. skillful. skilled dexterous. expert. adroit. experienced. proficient. competent. crafty. mentor.
~ شدن. to become a professor. to become an expert. to master.
ایشان ~ ما هستند. he is our mentor.
سعدی ~ شعر فارسی است. Sa'di is a master of Persian poetry.
~کار. master. craftsman. artisan. guide. foreman.

استادانه، استادوار. masterly. professor-like. skillfully. workmanlike.
استادی، مهارت. mastership. professorship. workmanship. cleverness. skill. dexterity. craft. ability. mastery.
استادیار assistant professor.
استاژ، کارآموزی. probation. traineeship. apprenticeship.
استالاکتیت، چکنده. stalagtite.
استالاگمیت، چکیده. stalagmite.
استان province.
دادگاه ~ ، دادگاه تمیز. court of appeal.
استانبول، اسلامبول، قسطنطنیه. Istambul. Istanbul. Constantinople.
استاندار، فرماندار، حاکم، فرمانفرما. governor general.
استانداری. a province. office or domain of a governor general.
استاندارد، پیمانك، معیار، اندازه، مقیاس. standard.
استبداد، خودسری، خودمختاری، دیکتاتوری، ستمگری، بیدادگری. despotism. despotic rule. dictatorship. autocracy. tyranny. oppression.
استبدادی dictator(rial). despotic. oppressive.
حکومت استبدادی. despotic rule. autocracy.
استبعاد، دوری، بُعد، باورنکردنی، عدم‌احتمال. considering improbable. unlikelihood. improbability. considered distant.
اینکار ازشما ~ دارد. it is improbable (unlikely) of you to do so.
استپ steppe.
استتار، پوشاندن. concealment. camouflage. occultation. covering up. under cover.
استثمار، بهره‌برداری، بهره بری، میوه چینی. exploitation. exploiting unfairly.
~ کردن. to exploit unfairly.
استثناء (استثنائات .pl)، تبعیض، خاصه خرجی. exception. excepting. barring. saving. but. exclusivity. favoritism.
~ قائل شدن. to make an exception. to discriminate. to favor one to another.
بدون ~ . without exception.
~ کردن. to exclude. to except.
استثنائی، انحصاری، خاص. exceptional. exclusive.
به استثناء. with the exception of.
~ قائل نشوید. don't discriminate (make exceptions).
استجابت، اجابت، قبول، پذیرش. hearing or answering a prayer. granting. favouring.
استجاره، اجاره، کرایه. renting. leasing. tenancy.
استجازه، طلب اجازه. asking permission. taking leave from.
استحاله، استحالت، عوض، تبدیل، دگرگونی، تغییرحالت، ضمور، تخمیر. transformation. degeneration. transmutation. change. fermentation. (chem.) reduction.
استحاله‌کردن. to transmute. to reduce. to change.
استحصال production. acquisition.
استحضار، آگاهی، اطلاع، خبریابی. information. notice. (o.s.) intelligence
~ یافتن. to get informed. to know. to be aware of.

محترماً به ~ عالی میرساند. I respecfully beg to inform you. I take the liberty to advise you.
استحقار، تحقیر، نفرت، کوچك شماری، تصغیر. contempt. disdain. despising.
استحقاق، سزاواری، شایستگی، لیاقت. claim. title. merit. desert. right. deservingness. being entitled to virtue.
او ~ اضافه حقوق دارد. he deserves (is entitled to) an increase.
برطبق ~ شخص. according to one's desert.
استحکام (استحکامات .pl)، محکمی، استواری، ثبات، نیرومندی، محکم‌کاری، [illegible] firmness. solidity. consolidation. fortification. stability. strength. compactness. hardness. rigidity. substance.
استحکامات شهرها. the fortifications of cities.
~ استخوان. the strength of a bone.
استحمام، شستشو، گرمابه روی، حمام‌آب‌گرم. taking a hot bath. to take a bath. bathing.
~ کردن. to take a bath. to bathe.
استخاره looking for a good augury. consulting a book or bidding beads in order to decide about something. a sortes.
~ باقرآن. a sortes with the Koran.
~ کردن. to consult a book. to bid beads. to make an augury.
استخبار، خبرگیری، کسب‌اطلاع. asking for information. inquiring.
استخدام، کارگزینی، کارگماری، اشتغال. employment. engagement. recruitment. hiring. taking into service. placement.
~ دختری بعنوان ماشین نویس. engaging a girl as typist.
~ اشخاص‌تازه برای‌ارتش. the recruitment of new men for the army.
ما پسری را ~ کردیم. we hired a boy.
استخدامی pertaining to employment.
استخر، حوض‌شنا، حوض، برکه، دریاچه، تخت جمشید. a lake. a pool. a pond. Persepolis.
~ شنا. swimming pool.
استخراج، بهره‌برداری، بهره‌وری، خارج‌ساختن. extraction. exploitation. bringing out.
~ معدن. exploitation of a mine.
~ وشمارش آراء. drawing out and counting ballots.
استخلاص، خلاصی، رهائی، آزادی، بازیابی. release. delivery. freedom. liberty. liberation. relinquishment. rescue.
خیلی در ~ او از زندان کوشیدم. I tried hard to release him from prison.
استخوان bone. osteo-.
~ ترکاندن. to become tall. to grow up. to become mature.
~ بندی، اسکلت. skeleton. bone structure.
~ پزشك. orthopedist.
~ چه. ossicle.
~ شناسی. osteology.
استخوانی bony. bonelike. skeletal. stiff. osseous. lank. lean. scrawny. rawboned.
استدعا، تمنا، خواهش، درخواست، تقاضا، خواست. a request. a petition. requesting. asking. solicitation. supplication. prayer. plea. motion. overture. entreaty.
~ کردن. to beseech. to entreat. to request. to ask. to beg. to supplicate to make a petition.
استدعای عاجزانه دارم. I humbly request.
استدعای‌ملاقات دارم. I request an interview.
استدعای او مورد قبول واقع شد. his petition was accepted.
~ دارم بسخنانم گوش بدهید. please listen to my words.
استدلال (استدلالات .pl)، برهان، دلیل‌گفتن، برهان‌آوردن، حجت‌گفتن، سبب‌گفتن، علت‌گفتن. reasoning. argumentation. ratiocination. demonstration. rationalism. deducting. dialectics. induction. logic. analysis. rationalization.
~ گرائی نهضتی روشن فکرانه بود. rationalism was an intellectual movement.
~ شما غلط است. your argument is wrong.
استدلالی. argumentative. ratiocinative. based upon reasoning. sapient. deductive. rationalistic.
استدن، گرفتن. to take.
استر، قاطر. a mule.
استراحت، آسایش، آرامش، عدم فعالیت. resting. rest. repose. tranquility. retirement. inactivity. relaxation.
او برای ~ بکنار دریا رفت. he went to the seaside for a repose.
اندکی استراحت‌کن. relax a while. take some rest.
~ کردن. to take a rest. to repose. to rest.
استراق، دزدی، سرقت. theft. stealing. eavesdropping.
~ سمع. overhearing. eavesdropping.
~ بصر، نگاه دزدکی. looking stealthily. voyeurism.
استرالیا Australia.
استرالیائی. Australian.
استرحام، استدعا، تقاضا، التماس، تضرع. imploration for mercy. petitioning. supplicating.
~ کردن. to implore for mercy. to supplicate.
استرحاماً. in a supplicatory manner. imploring pitifully. for pity's sake.
استرداد، پس‌دادن، پس‌گیری، جبران، بازگردانی، اعاده. reclamation. restitution. restoration. recovery. redemption. taking (giving) back.
~ نمودن، تقاضای ~ کردن. to reclaim. to ask for restitution of. to restore.
~ مجرمین. extradition of offenders.
استرلاب، اسطرلاب. astrolabe.
استرلینگ، پوند، لیرهٔ انگلیسی. sterling. pound sterling.
استرون، سترون، عقیم، نازاد، بی‌کودك. a barren woman. a sterile woman. childless. sterile.
استسقاء، تشنگی، عطش‌زیاد، آب‌آوردن. ascites. dropsy. asking for drink. thirsting. hydropsy.
استسقائی، ~ گرفته. dropsical. dropsic. affected with dropsy.
استشاره، مشورت. consulting. deliberation.
~ کردن. to consult.
استشمام، بوکشی، احساس. smelling. sniffing. snuffing. detecting. nosing out.
من خطری را ~ میکنم. I smell danger.
استشهاد (استشهادات .pl)، گواهی‌خواهی،

استعلام، شهادت‌نامه، شهادت، داوری، قضاوت.
calling to witness. testimonial. evidencing. corroboration. eyewitnessing. testifying. attesting. citing. affadavit.
documentary evidence ~ نامه.
signed by witnesses. an affadavit.

اِستشهادی testimonially. by way of witnessing.

اِستطاعت، توانائی، قدرت مالی، تمکن.
ability. power. means. affording to do something.
او ~ مالی برای اینکار ندارد.
he cannot financially afford to do this.
آیا او ~ انجام اینکار را دارد؟
has he the ability to do this? can he afford to do it?

اِستطاله، اطاله، درازی، بلندی، بـرآمدگـی، زائده، عضو زائد.
elongation. a process. prolongation. length. diverticulum.

اِستظهار، دلگرمی، پشت‌گرمی، کمك، پشتیبانی.
trust. confidence. support. help. reliance. credence. anticipation.
من به ~ او اینکار را کردم.
I did that depending on him. counting on him I did that.

اِستعاره (استعارات .pl)، کنایه، گوشه، عاریه، تمثیل، تشبیه.
metaphor. borrowing. allegory. figure of speech. simile.
metaphorically. allegorically. figuratively. as a figure of speech. برسبیل ~.

اِستعانت، یاری، کمك، امداد، مدد.
help. aid. succor. seeking help or assistance.
طلب ~ کردن.
to ask help. to seek for assistance.
to assist. to help. ~ دادن.

اِستعداد، نبوغ، آمادگی، اهلیت، ذوق.
talent. gift. faculty. ability. power. turn. knack. aptitude. genius. parts. (med.) predisposition. disposition (to a disease.). susceptibility.
او ~ موسیقی دارد.
he has talent for music.
او مرد با استعدادی است.
he is a gifted (talented) man.
talent for music. ~ موسیقی.
شما باید ~ (لیاقت) خود را نشان بدهید.
you must show your ability (talent).
a talent for poetry. ~ شعر.
gifted. bestowed with talent. با ~.

اِستعدادی pertaining to talent.

اِستعفاء، کناره‌گیری، خود داری ازقبول، ترك.
resignation. abdication. quitting. surrender. relinquishment.
استعفای او پذیرفته شد.
his resignation was accepted.
to resign. to abdicate. ~ دادن.
to hand in (one's) resignation.

اِستعلاء، سربلندی، برتری، بلندی، علو، ارتقاء.
elevation. superiority. seeking promotion. greatness. excellence. preponderance.

اِستعلاج، معالجه، درمان، مداوا، چاره.
seeking a remedy or cure. treatment.
sickleave. مرخصی استعلاجی.

اِستعلام، تحقیق، سئوال، پرسش.
asking for information. inquiry. question. search.
~ او درباره قیمت کالاهای صادراتی.
his inquiry about the price of export commodities.
to inquire. to ask for information. calling for information. ~ کردن.

اِستعلامیه، جستار. inquiry.

اِستعمار، استثمار، حکومت استعماری، توسعه‌طلبی.
colonization. colonial rule.
~ اقتصاد کشورهای افریقائی را دگرگون کرد.
colonization transformed the economy of African countries.
expansionist. colonizer. استعمارگر، ~ طلب.
to colonize. ~ کردن.

اِستعماری colonial. expansionist.
colonial policy. سیاست استعماری.
کشورهای استعماری.
colonial (or expansionist) countries.

اِستعمال، استفاده، مصرف، کاربرد، کار.
use. using. usage. application. appliance. utilization.
برای ~ خارجی.
for external use (application).
~ دخانیات ممنوع است.
smoking is forbidden. no smoking.
to use. to practice. to utilize. ~ کردن.
useable. serviceable. utilizable. قابل ~.
taking (using) narcotics. ~ مواد مخدر.
اینکلمه مورد ~ محدودی دارد.
this word has a restricted (limited) usage.
قبل از ~ شیشه را تکان دهید.
shake the bottle before use (application).
طرز ~ این اسباب چیست؟
what is the method of utilization of this instrument? how does this instrument function?
باید از ~ لغت‌های مشکل خودداری کرد.
one must avoid using difficult words.

اِستغاثه، کمك‌خواستن، استدعا، تضرع، التماس، درخواست.
imploration. supplication. deprecation. begging. beseeching. entreating. pleading.
~ کردن.
to implore. to supplicate. to beseech.

اِستغفار، طلب آمرزش، بخشش خواهی.
asking forgiveness. deprecation.
to ask forgiveness. to deprecate. ~ طلبیدن.

اِستغفرالله
may God forbid. may God forgive.

اِستغناء، بی‌نیازی، علوطبع.
showing contempt for help. independence.
magnanimity. loftiness of nature. ~ طبع.

اِستفاده، بهره‌بری، سودبری، انتفاع، استثمار، نفع، فایده.
taking advantage. profiting. making use of. utilization. profit. advantage. benefit. use. interest. gain. earnings. return.
to take advantage of. ~ بردن از.
to profit from. to benefit from. to derive a benefit from.
او در این معامله ۲۶۶ ریال ~ برد.
he profited Rls. 266 in this bargain.
opportunist. ~ جو، ابن‌الوقت، سودجو.
profiteering. profit-seeking.
دشمن از دو دستگی ما ~ کرد.
the enemy profited from (took advantage of) our discord.
to misuse. to abuse. سوء ~ کردن از.
utilizable. serviceable. useful. قابل ~.
شما از این امرچه استفاده میبرید؟
what do you gain from this?
unutilizable. useless. unuseable. غیرقابل ~.
leave with pay. مرخصی با استفاده از حقوق.

اِستفاضه، فیض بری، فیض‌رسانی، کسب‌فیض.
seeking profusion. superabundance.

اِستفراغ، قی، تهوع، بالاآوردن.
vomiting. throwing up. disgorging. puke. puking. spewing. ejecting.
~ کردن.
to vomit. to throw up. to disgorge.
مریض دوا را ~ کرد (بالاآورد).
the patient vomited (threw up) the medicine.

اِستفسار، پرسش.
asking. inquiry. question.

اِستفسار کردن، پرسیدن.
to ask. to inquire.

اِستفهام، استفسار، پرسش، سؤال، کسب اطلاع، تحقیق.
seeking information. asking. inquiry. interrogation. question.
to make an enquiry. to ask questions. to interrogate. to enquire. ~ کردن.
question mark. علامت ~ (سؤال).

اِستفهامی، استفساری.
interrogative. interrogatory.

اِستقامت، پایداری، ثبات‌قدم، مقاومت، سرسختی.
resistence. perseverance. endurance. constancy. stability. firmness.
to resist. to stand. to persevere. to be constant. to endure. ~ کردن، ~ نمودن.
strength of materials. ~ مصالح.

اِستقبال، پیشواز، خوش‌آمد، پـذیرائـی.
going to meet. welcome. reception.
to receive. to welcome. ~ کردن.
برای ~ او بفرودگاه رفتیم.
to welcome him, we went to the airport.

اِستقبالی، مستقبل.
pertaining to the future. future.

اِستقراء، قیاس، سنجش.
induction. inductive reasoning.
a posteriori reasoning. قیاس استقرائی.
to induce. to infer by induction. ~ کردن.

اِستقرار، تأسیس، تثبیت، اسکان، ثبات، استحکام، سکون.
establishment. installation. settlement. rehabilitation. stationing.
the establishment of peace. ~ صلح.
برای ~ روابط سیاسی هیئتی بآن‌کشور رفت.
in order to establish diplomatic relations a committee traveled to that country.

اِستقراض (استقراضات .pl)، وامخواهی، وام‌گیری، قرض، قرضه، استقراضی.
borrowing. getting a loan. pertaining to a loan. loaning. finance. pawn.
بانك استقراضی.
a mortgage bank. a loan or financial bank.

استقرائی inductive.

اِستقلال، آزادی، حکـومت مستقل، بی‌نیازی، خودمختاری.
independence. liberty. freedom. self-reliance. self-sufficiency.
پس از جنگ اول جهانی ملل‌بسیاری ~ یافتند.
after World War I many nations attained independence.
~ سیاسی، خود مختاری.
political independence or autonomy.
autonomous. seeking liberty. lover of liberty or independance. ~ طلب.

اِستکان، فنجان، گیلاس.
tumbler-shaped glass. glass. cup of tea.

اِستکشاف، کشف، اکتشاف، سیاحت.
exploration. discovery. reconnaissance.

اِستماع، گوش دادن، شنیدن.
hearing. listening.
to hear. to listen to. ~ کردن.

استمالت، دلجوئی.
conciliation. appeasement.

اِستمداد، طلب یاری، کمك‌خواهی.
asking for help. seeking help.
to seek help (assistance). ~ کردن.

اِستمرار، مداومت، ادامه، دوام.
continuation. perpetuation. perpetuity. lasting. enduring. constancy.
by way of perpetuation. برسبیل ~.
~ داشتن، دوام‌داشتن.
to continue. to be perpetual.

استمراری، مداوم.
continuous. continuing.
past progressive (tense). ماضی ~.
بطور استمراری.
progressively. usually. continually.

اِستمزاج، کسب‌اطلاع، پرسش.
sounding one's inclination. inquiring after one's health. inquiry.
to inquire. to sound one's temper or inclination. to ask the opinion of. ~ کردن.

اِستملاك، تملك، مالکیت، تصرف.
acquisition of property. possessing.

اِستمناء، جلق. masturbation. onanism.
~ کردن.
to masturbate. to practice onanism.

اِستمهال، مهلت، فرجه، تقاضای مهلت.
asking for a respite. requesting a delay.
to transact upon credit. to ask for respite or delay. ~ طلبیدن، مهلت‌خواستن.

اِستناد (استنادات .pl)، تمسك بـه‌سند، ارائهٔ سند.
relying. supporting oneself by a document etc.
to invoke. to rely on. ~ کردن.
to support oneself with.
by virtue of. on the strength of. باستناد.

اِستنباط، ادراك، درك، دریافت.
inference. indirect comprehension. deduction. presumption.
~ کردن.
to elicit. to presume. to deduce. to comprehend indirectly. to infer. to gather.
من ~ میکنم که موافق این امر هستید.
I gather that you agree to this.

اِستنتاج (استنتاجات .pl)، نتیجه‌گیری، استقراء، قیاس.
drawing (arriving) at a result (consequence or conclusion). deduction. conclusion. concluding.
to deduce. to draw a conclusion. ~ کردن.

اِستنساخ، رونوشت‌برداری، نسخه‌گیری، تکثیر.
transcription. copying. multiplication of copies.
~ کردن، رونوشت برداشتن.
to copy. to make copies of.

اِستنشاق، تنفس، دم زنی.
inhalation. breathing in. smelling.

اِستنطاق، بازجوئی، بازپرسی، تحقیق، رسیدگی.
cross-examination. judicial examination. interrogation. causing one to speak.
to examine. to interrogate. ~ کردن.
to make a cross examination of.

اِستنکاف، ردکردن، انکار. refusal. denial.
to refuse. to deny. to reject. ~ کردن.
ازپرداخت مالیات ~ (خودداری) کرد.
he refused to pay taxes.

اِستواء equator. equality.
the equator. خط ~.
equatorial. استوائی.

اُستوار، محکم، پابرجای، ثابت‌قدم، سرسخت، وفادار.
(mil.) warrant officer. firm. constant. perseverant. steadfast. staunch. loyal. fast. unwavering. unchanging. unswerving. unflagging. permanent.

~ کردن. to make firm or solid. to confirm. to establish.
~ نامه، اعتبارنامه. credential
با عزمی ~. with a firm decision.
اُستواری firmness. stabilization.
اِستودیو، کارگاه. studio.
اُستُوانَه cylinder. column.
استوانه‌ای. cylindrical.
اِستونی، (کشور). Est(h)onia.
اِستِهزاء، تمسخر، مسخره، [illegible]
scorn. derision. mocking. sarcasm. disdain. making fun of.
~ کردن. to make fun of. to mock. to deride. to scorn.
~ شدن. to be mocked or derided.
اِستِهلاك، صرف، مستهلك‌سازی. amortization. consuming. spending away. ruining.
~ دین. amortization of debt.
وجوه استهلاکی. sinking funds.
~ سرمایه. capital amortization.
استی Osset (Aryan tribes of Caucasia).
اِستیجار، اجاره‌کردن. renting. hiring. leasing.
استیجاری that is to be rented. rental.
اِستیصال، پریشانی، فقر و فلاکت، تهیدستی. extreme poverty. indigence. desperation.
دراثر ~. out of extreme poverty.
اِستیضاح، توضیح‌خواهی. interpellation. requiring explanation.
~ کردن. to interpellate. to impeach.
اقلیت دولت را ~ کرد. the minority interpellated the government.
اِستیفاء، وصول، انجام تعهد. vindication. demanding fulfilment of a promise. receiving the whole amount of what is due. recovery of debt etc.
~ حقوق. vindication of debts or rights.
اِستیلاء، دسترسی یافتن، تسلط‌یافتن، پیروزی. domination. predominance. mastery. ascendancy. supremacy. governing. cotrol. domineering. hegemony.
~ یافتن‌بر. to predominate. to become predominant. to find ascendancy.
اِستیناف، پژوهش. an appeal. appellate.
~ دادن، پژوهش خواستن. to go or refer to a higher court. to appelate.
اِسحق Isaac.
اَسَد، شیر، ضیغم، غضنفر، ثعبان. a lion. (astr.) the Leo. the fifth solar month of the Iranian calender.
اَسَدُالله lion of God. mas. proper noun.
اَسرار (pl. of سر)، رازها، حشیش. secrets. mysteries. narcotic preparation of Indian hemp.
~ آمیز. mysterious.
~ را فاش‌کردن. to disclose secrets.
~ مگو. secrets that cannot be retold.
اِسراف، اتلاف، ولخرجی. prodigality. lavishment. squandering. extravagance. wasting. squander. profligacy. thriftiness. profusion.
~ کردن. to squander. to waste. to lavish. to be prodigal.
اِسرائیل Israel. the Jews. the children of Israel.
اسرائیلی. Israelite. Israeli.
اَسرَع، زودتر، زودترین. sooner. soonest.
در ~ اوقات. as soon as possible. at the earliest convenience.
اُسطُقُس، اخشیج، عنصر، اصل، خلق، خوی، استحکام. an element. a principle. temperament. nature. stoutness.
اُسطُورَه (pl. اساطیر)، افسانه، داستان. a myth. legend. fable.
اُسطُورَه‌شناسی mythology.
اِسعار (pl. of سعر)، ارز، ارزش‌ها، مبادلات پولی بیگانه. foreign exchange. foreign currency.
نرخ ~ خارجی. foreign exchange rates (prices).
اَسَف، افسوس، اندوه. regret. sorrow.
~ آور، ~انگیز، اسفناك. regretful. regretable. deplorable.
~ خوردن، اندوه داشتن. to regret. to feel sorry. to deplore.
اَسفار، کتب، کتابها، نامه‌ها. books. volumes.
اَسفَل، زیرین، پائین‌تر، پست‌تر. lower. lowest. inferior.
عالم ~. the lower world. the Hades. the lowest of the low.
اِسفناج (bot.) garden-spinach. spinach. spinacia oleracea.
اِسفَنج، اسپنج. sponge.
اسفنجی، سوراخ سوراخ. spongy. porous.
اسفند، اسپند. Esfand. the last month of the Persian calendar.
اسقاط، داغان، خراب، کهنه، مندرس، فرسوده، سقوط، صرفنظر کردن. scraps. scrapped. dilapidated. junk. waiving. relinquishing. dropping. letting fall.
این ماشین ~ است. this car is junk.
اتومبیل ~. jalopy.
~ کردن، ساقط کردن. to reduce into scrap or junk. to waive. to drop. to have a miscarriage. to abort.
اُسقُف bishop. episcopate.
~ اعظم. the archbishop.
اِسکان، سکونت، جایگزینی، تخت‌قاپو، اقامت. settlement. placement. establishing. colonizing. settling down. locating. taking residence.
~ فراریان جنگ در روستاها. the settlement of war refugees in the villages.
اِسکِله jetty. pier. quay. wharf. dock.
اِسکلت، استخوان‌بندی. skeleton. framework.
اِسکِناس، اسکن، پول کاغذی. a banknote. bankbill.
اِسکَندَر، سکندر. Alexander.
اِسکَندَرونَه، اسکندرون. Alexandretta.
اِسکَندَریَه Alexandria.
اسکنه a chisel. a wimble.
اسکنه‌ای scalpiform.
پیوند اسکنه‌ای. cleft-grafting. chinking. chink-grafting.
اسکورت، ملتزمان، همراهان. escort. retinue. followers.
اِسکی ski.
~ بازی. skiing.
اسکیتینگ skating.
~ روی یخ، اسکی روی یخ، لوز. ice-skating.
اِسلام، دین محمدی، تسلیم، رضا، مسلمانی. Islam. Mohammedanism. (O.S.) submission to God's will. surrender.
~ آوردن، مسلمان شدن. to become a Moslem.
اسلامی، مسلمانی، محمدی. Islamic. Mohammedan.
نهضت اتحاد اسلامی. pan-islamic movement.
اَسلِحَه، مهمات، تسلیحات، جنگ‌افزار. arms. weapons. armaments.
اسلحهٔ گرم. firearms.
~ دار (باشی). an armorbearer. in charge of armory.
خرید اسلحهٔ جدید. purchase of modern arms.
~ سازی، قورخانه. arsenal. armory. manufacture of arms.
اسلحهٔ کمری. sidearms.
اُسلُوب، روش، متد، رویه، طرز. method. style. manner. methodical(ly)
~ معماری جدید. methods of modern architecture.
اِسم، اسماء، نام، تسمیه، [illegible]
name. noun. substantive. nomination. denomination. a term. an attribute. nomenclature. appellation. title. alias. nickname.
~ خاص. proper noun.
~ عام. common noun.
~ جمع. collective noun.
~ ذات. concrete noun.
~ جنس. material noun. generic noun.
~ معنی. abstract noun.
~ اشاره. a demonstrative pronoun or adjective.
~ شب. watchword. password.
~ فعل. verbal noun. gerund.
~ در کردن، معروف‌شدن. to become famous. to make a name for oneself.
~ مکان. adverb of place. place name.
~ زمان. adverb of time.
~ مصغر. a diminutive noun.
~ گذاردن. to christen. to name. to give a name to.
اسناد، سندها. documents.
اِسناد، وابسته‌کردن. attribution. ascription.
اسنادی documentary.
اسواران troop(s).
اسود، سیاه. black.
اِسهال، شکم‌روش. diarrhea.
~ خونی. blood flux. dysentery. amoebiasis.
اَسید acid.
اسیدهای آلی. organic acids.
اسیدهای آمینه. amino acids.
اسیدی. acidic.
اَسیر، مقید، برده، غلام، گرفتار. captive. captivated. charmed. infatuated. enslaved. prisoner. captured.
~ شدن. to be captured. to become a captive. to be reduced to captivity.
~ کردن، گرفتار کردن، مقید کردن، بـاسارت بردن. to capture. to take as captive. to infatuate. to enslave. to charm.
~ عشق. ensnared by love.
اسیران جنگی. prisoners of war.
اسیری، اسارت، گرفتاری، بندگی. captivity. charm. slavery.
اِشارَه، علامت، اشارت، نشان دادن، ایماء. pointing with the finger. beckon. sign. signaling. indication. hint. allusion. reference.
~ کردن. to point. to give a hint or sign of. to beckon. to allude to. to direct.
اسم ~. demonstrative adjective.
ضمیر ~. demonstrative pronoun.
~ به. with reference to.
اِشاعَه، شیوع، انتشار، نشر، تبلیغ، ترویج. publication. propagation. diffusion. dissemination.
~ اندیشه‌های باختری در ایران. dissemination of Western ideas in Iran.
اشباح، شبح‌ها. ghosts. specters.
اِشباع، پری، نفوذ، تراوائی، کمال. saturation. soaking. filling. drenching.
~ کننده. saturant.
~ شدنی. saturable.
~ شدن. to become saturated.
بحد ~ رسیدن. to reach saturation.
~ کردن. to saturate. to soak. to fill. to drench. to impregnate. to satiate.
اِشتِباه، سهو، خطا، نسیان، غلط، نادرست، سوء تفاهم. mistake. error. misconception. oversight. wrong. erroneous. obscurity. ambiguity. solecism.
یك نفررا با دیگری ~ کردن. to mistake one person for another.
اشتباهات عمومی ومعروف. popular misconceptions.
این ~ در اثرمستی بود. the error was due to drunkenness.
او در حدس خود زیاد ~ نکرده. he is not far wrong in his guess.
نوشتهٔ او پراز اشتباهات دستوری است. his writing is replete with grammatical errors.
~ کردن. to make a mistake. to mistake. to confound.
~ بصری. illusion. visual error.
~ لپی، ~ زبانی. a slip of tongue. lapsus linguae.
اِشتباهاً، از روی اشتباه. by mistake. erroneously.
اشتباهی، سهوی. mistaken(ly). by mistake. erroneous(ly).
اِشتراك، مشارکت، آبونمان، شرکت، همکاری، خودیاری. association. communion. subscription. partnership. participation.
~ مساعی، همکاری، خودیاری. cooperation.
وجه ~، آبونمان، شباهت. subscription fee. similarity. having something in common.
~ کردن، ~ داشتن. to associate. to have partnership. to do jointly.
اشتراکاً، مشترکاً، با خودیاری، با همکاری، بالاشتراك. jointly. cooperatively. in partnership. together. communally.
اشتراکی، کمونیست، همکار، مشترك، شرکتی. communist. communal. cooperative. based upon partnership or cooperation.
مزارع اشتراکی. communes. communal farms.
مسلك اشتراکی. communism.
اِشتِعال، شعله‌وری، آتش‌گیری، حرارت‌زیاد. inflammation. conflagration. ardour. ignition. flaming.
قابل ~. inflammable.
اِشتِغال (اشتغالات pl.)، مشغولیت، شغل، پیشه. occupation. being occupied. employment. incumbency.
~ داشتن، ~ ورزیدن. to be occupied or employed in. to occupy oneself with.
ده سال استکه در این اداره بکار ~ داشته‌است. he has been working in this office for ten years.
اِشتِقاق، ریشه‌یابی، انشعاب. derivation. etymology. ramification.
علم ~، ریشه شناسی واژه‌ها. etymology.
اشتقاقی derivative. etymological.
اِشتُلُم، زور، سخن‌زننده، ستمگری. violence. force. oppression. harsh words.
~ گفتن. to use harsh words.
اِشتِها، میل، appetite. desire. craving

~ را تیز کردن. to whet the appetite.
اشتهای کاذب. false appetite.
~ آور، مشتهی. appetizing. appetizer.
کم ~، بی ~ . inappetent. anoretic.
خوش ~. having a good appetite.
به ~ آوردن.
to appetize. to whet the appetite.
بی‌اشتهائی. inappetance. anorexia.
اِشتهار (اشتهارات .pl)، شهرت، نام‌نیك، اعتبار، حیثیت، آوازه، نیکنامی. fame. reputation. publicity. renown. rumour. repute. prestige. celebrity.
~ یافتن، مشهور شدن.
to become famous or notorious.
این کتاب مایهٔ ~ اوشد.
this book made him famous.
اِشتیاق، میل، شوق، ذوق، حرارت، غیرت. eagerness. anxiousness. fondness. ardent desire. keenness. zeal. avidity. enthusiasm.
~ چیزی را داشتن. to cherish a desire for something. to desire something.
~ زیادی بدیدن معشوق داشت.
he was very eager to see his beloved.
با ~ فراوان. very enthusiastically.
with great eagerness. with ardent desire.
اَشجار (.pl of شجر)، درختان. trees.
اَشخاص (شخص .pl of)، افراد. persons. personalities. individuals. people.
اَشَد (شدید .sup. & comp. of)شدیدترین. severest. hardest.
اَشرار (شریر .pl. of) the wicked. the rebels.
اَشراف (شریف .pl. of)،شرفاء، نجباء، اشرافیان. the aristocrats. the nobles.
اَشرافی aristocratic.
حکومت ~، اشرافیت. aristocracy. nobility.
اِشراق،روشن‌کردن، روشنی، بینش روحانی. illumination. intuition. spiritual insight. second sight. elucidation. the sun. shining. sparkling.
اشراقی. believing in illumination of the soul as the means of perception of ideas. intuitionist.
اشراقیون. the illuminati.
اَشرِبَه (شراب .pl. of). drinks.
اَشرَف، شریف. nobler. noblest. excllency.
حضرت ~ ، جناب ~ . his excellency.
your excellency. noblest creature.
~ مخلوقات. mankind. the superior of the creatures.
اشرفی old Iranian gold coin.
اَشعار (شعر .pl. of).
poems. poetry. verses.
اِشعار، ابراز، بیان.
stating. advising. expressing.
~ داشتن.
to state (express or advise). to inform.
محترماً ~ میدارد. we beg to state.
we are pleased to (we respectfully beg to) inform you.
اَشِعَه (شعاع .pl. of)، پرتوها. rays.
اشعهٔ فرابنفش. ultraviolet rays.
اشعهٔ فروسرخ. infrared rays.
اشعهٔ کیهانی. cosmic rays.
اِشغال، تصرف، هجوم، تهاجم. occupation. tenure. occupancy. holding. invasion.
~ کردن. to occupy. to take up or fill up.
ارتش اشغالی. occupation army.

اشغالگر invader. occupier.
اَشك Arsac or Arsam the first king of the Parthians (or Arsacides).
اشك tears. teardrops. weeping. lacrimation. lachrym-.
~ ریختن. to shed tears. to weep.
~ آور. lachrymatory.
گاز ~ آور. lachrymatory gas. tear gas.
اشکی. lachrymal.
با چشم اشکبار. with tearful eyes.
اِشکاف، گنجه. wardrobe.
اَشکال (شکل .pl. of)، انواع، تصاویر. kinds. pictures. forms.
اِشکال (اشکالات .pl)، سختی، دشواری،صعوبت، کاردشوار. difficulty. hardness. impracticability. uphill work. hard task.
~ تراش.
trouble-maker. one who causes trouble.
~ تراشی. creating or causing difficulty.
~ تراشیدن. to cause or make difficulty.
اَشکانی the Arsacides. Parthian. Arsacide. Arscacian. Ashkanid.
اشکانیان. the Parthians. the Arsacides.
اِشکِلك pilliwinks. thumbscrew.
~ کردن. torturing by pilliwinks.
اشکنه broth to which eggs are added.
اِشکوب، اشکو،اشکوبه. storey. floor. stage.
اشکوب اول. first floor.
اشکوب هم‌کف. ground floor.
نیم‌اشکوب. mezzanine.
اصابت، خوردن به. hitting. collision.
اصابت کردن to hit. to collide.
اِصالت، نجابت،شرافت، درستی،صحت، اعتبار. genuineness. nobility. genuine breed. originality. authenticity. validity.
~ ذاتی داشتن. to be of noble birth.
to be genuine or valid.
~ ذاتی.
intrinsic nobility. hereditary nobility.
~ این سند مشکوك است. the authenticity of this document is doubtful.
اصالتاً و وکالتاً. acting both personally and by procuration.
اَصحاب، صاحبان، دوستان، پیروان، مصاحبان. possessors. those endowed with. companions. friends. disciples. apostles. followers.
~ دانش. learned men.
~ پیغمبر. the prophet's disciples. apostles.
~ کهف. the seven sleepers.
اِصرار، پافشاری، ابرام، تأکید. insistence. persistence. importunity. urging. holding to. persisting. demanding strongly.
~ ورزیدن، ~ کردن. to insist. to urge.
~ کرد که با او بروم.
he insisted that I go with him.
اِصطَبل، طویله. stable. stall. mews.
اِصطِکاك، مالش، سایش، تماس. friction. collision. contact. conflict. attrition. rubbing. sandpapering.
~ داشتن. to collide. to have friction.
~ دو سنگ آتش‌زنه (چخماق) تولید جرقه کرد. the friction of the two flint stones caused a spark.
اصطکاکی frictional.
اِصطِلاح (اصطلاحات .pl)،گویش. term. terminology. technical term. an idiom or expression. acceptation. saying. locution.
~ پزشکی. medical term.

کشور باصطلاح آزاد.
the so-called free country.
اصطلاحات‌عامیانه. slang idioms.
~ کردن. to accept or use conventionally.
در ~ فلسفی. in philosophical terminology.
اصطلاحاً، باصطلاح. idiomatically. technically. so to speak.
باصطلاح میخواست معلم شود.
he wished to be what we call a teacher.
اِصغاء، شنیدن. listening. hearing.
~ فرمایش‌های ملوکانه. listening to His Imperial Majesty's statements.
~ فرمودن، ~ کردن، گوش دادن، گوش‌فرا داشتن. to listen to. to hear.
اَصغَر، صغیر، کوچکتر،جوانتر،کمتر. smaller. smallest. younger. junior. minor.
اَصفَر، زرد. yellow.
اِصفهان، اسپاهان. Isfahan.
اصفهانی. Isfahani. pertaining to Isfahan.
اَصل،پایه، اساس، بنیاد، حقیقت، اصیل،آغاز. foundation. basis. truth. verity. beginning. cause. source. derivation. principle part. genuine. authentic. true. original. capital. principal. norm. doctrine. point. essence. principle. origin.
نسخهٔ ~ .
an authentic copy. the original text.
~ و سود مبلغ. the principal and interest of the sum.
نسخهٔ اصلی و رونوشت. original and copy.
ایرانی‌الاصل.
of Iranian extraction (or origin).
سه قسمت اصلی فعل.
the three principal parts of a verb.
~ حقوقی. a legal norm (rule).
روی چه اصلی اینحرف را میزنید؟
on what basis do you say this?
~ این مسئله را باید پیدا نمود. we must discover the source of this problem.
~ شناسی، علم اصول. methodology.
علت اصلی این عمل چیست؟ what is the real (essential) reason for this act?
اصلاً، اساساً. in principle. essentially. basically. as a matter of fact.
اِصلاح (اصلاحات .pl)، تصحیح،مصالحه، آشتی، سرتراشی، صورت تراشی، تعمیر، بهبود، وصله. correction. rectification. reform. reformation. improvement. amendment. reconciliation. redress(ing). adjustment. shaving. shave. haircut. betterment.
~ (اصلاحات) در سازمان اجتماعی کشور. reform (reformation) in the social structure of the country.
اوخیلی ~ (بهتر) شده.
he has improved a great deal.
~ بین دشمنان.
reconciliation between enemies.
رفتارتان را ~ کنید.
reform your manners. make an adjustment in your manners.
او صورتش را از ته ~ (ته‌تراش) کرده.
he has shaven his face closely.
او سرش را ~ کرده بود.
he had a haircut.
برای ~ (بهبود) وضع خود.
for the betterment of his condition.
~ نژاد انسانها. eugenics. euthenics
~ اخلاقی. moral regeneration.
باکسی ~ (آشتی) کردن.
making peace with someone.
~ نشدنی، غیر قابل ~. incorrigible. irreconcilable.

~ طلب، مصلح. reformist. reformer.
~ کردن. to adjust. to amend. to improve. to reform. to clear up. to reconcile. to make peace. to correct. to rectify.
اصلاحات‌ارضی. land reform. agrarian reform.
اصلاحی amendatory. reformatory. amending.
اَصلَح، صالح‌تر، شایسته‌تر، بهتر. best. more or most advisable.
اَصله، عدد، واحد، یك رشته، یك واحد. single root. one (tree).
پنج ~ درخت. five trees.
اصلی original. genuine. authentic. essential.
اَصَمّ، کر، ناشنوا. deaf. (math.) irrational. surd.
اَصناف (صنف .pl. of). merchants. shopkeepers union. guild.
اَصوات (صوت .pl. of). sounds. voices.
علم ~ . acoustics.
اُصول (اصل .pl. of). principles. essentials. roots.
~ اخلاقی. moral principles.
~ علم اقتصاد. principles of economics.
~ اقتصادی. economic principles.
اصولی essential. having to do with principles.
توافق اصولی. agreement in principle.
اَصیل، صحیح، حقیقی، نجیب، شریف، درست، واقعی. of noble birth. full-blooded. trueborn. nobly born. of noble birth. of good stock. thoroughbred. gentle. authentic. genuine. true. real. correct.
اسب ~. a thoroughbred horse.
~ زاده، نجیب‌زاده. noble-born. full-blooded.
آیا این نسخه ~ است؟ is this an authentic (genuine or true) copy?
اِضافه(اضافات .pl)، افزون،علاوه، بیش، بیشتر، الحاق. addition. annexation. excess. spare. extra. increase. increment. augmentation. plus. the possessive case.
~ درآمد خود را پس‌انداز کرد.
he saved his additional (extra) income.
اضافهٔ ملکی. the possessive case.
~ کار. overtime work. overtime.
~ بار. excess luggage.
~ حقوق. increase of salary. salary raise. increment.
حرف اضافه. preposition.
~ کردن. to increase. to add. to augment.
حقوق‌آنها را ~ کردند.
they raised their salaries.
این واژه را بجملهٔ خود ~ کنید.
add this word to your sentence.
سه باضافهٔ چهار. three plus four.
اضافی additional. excessive. annexed. (mus.) accidental.
عایدات اضافی. additional (excess) income.
یك پتوی اضافی باو بدهید.
give him an extra blanket.
اَضحی، قربانی. sacrifice.
عید ~. the festival of sacrifice.
اَضداد (ضد .pl. of). contraries. opposites. paradoxes.
اَضرار، زیان، خسارت. causing damage. incurring loss.
اِضطِراب، وحشت، نگرانی، هیجان، اندیشه. agitation. commotion. excitement. anxiety. restlessness. fear. concern. mental anguish. apprehension. worry.
با دیدن آنها دچار ~ شد.

he became fearful (agitated) by seeing them.
~ داشتن، ~ نشان دادن. to show anxiety or excitement. to be disturbed or agitated.

اِضطِرار، ناچاری، اجبار، ناگزیری، بیچارگی.
compulsion. constraint. necessity. indigence. distress. lack of alternative. helplessness. need. emergency.
از روی ~ خانهٔ خود را فروخت.
because of indigence he sold his house.
اِضطِراراً، ازروی ناچاری، از روی~.
forced by necessity. having no alternative. having no other choice. compulsorily. constrainedly. helplessly. under necessity.

اضطراری emergency. compulsory.

اِضمِحلال، فنا، زوال، نیستی، خرابی، ویرانی.
overthrow. overturning. demolishing. ruin. annihilation. destruction. elimination. extermination. end. wreckage. the fall.
~ دولت سامانی. the fall (overthrow) of the Samanian goverment.
~ دشمن. annihilation of the enemy.

اِطاعَت، پیروی. obedience. submission. worship. listening to. following.
این افسر ازافراد خود انتظار ~ مطلق‌دارد.
this officer expects absolute obedience from his men.
~کردن. to obey. to worship (God). to follow. to listen to.
فرزند باید از والدین خود ~ کند.
a child must obey his parents.

اُطاق، اتاق، سالن، سرسرا، حجره.
room. chamber. compartment. cabin. Parlour.
~ نگهبان. watchman's cabin.
~ بازرگانی chamber of commerce.
~ پذیرائی. guest room. a drawing room. a reception room.
~ ناهار خوری. dining room.
~ نشیمن. a sitting (living) room.
~ خواب. bedroom.

اِطاله، اطالت، طول،درازی، بسط.
lengthening. stretching. extension. elongation. prolongation.

اُطام، شاشیدن دردناك وکند. a strangury.

اَطِبّاء (pl. of طبیب)، پزشکان. physicians.

اَطراف (pl. of طرف)، درحدود، جوانب.
sides. suburbs. extremities. around. about. surroundings. outskirts.
~ وجوانب. the surroundings and sides.
در ~ شهر بگردش پرداخت.
he walked around the town.
~ شهر. outskirts. suburbs.

اطرافی، خارجی. outsider. stranger. bystander. outlying. miscellaneous.

اُطریش، اتریش. Austria.

اطعام، خوراك دادن. feeding.

اِطفاء، فرونشاندن، خاموش‌کردن.
extinguishing. extinction. quenching. putting out (fire). satisfying (lust etc.)
~ حریق‌کردن، آتش خاموش‌کردن.
to extinguish a fire. to put out a fire.
~ شهوت‌کردن.
satisfying or quenching one's lust.
اطفائیه، آتش‌نشانی، ~ حریق. fire station. fire fighting. fire extinguishing.

اَطفال (pl. of طفل)، کودکان.
children. infants.

اِطّلاع (pl. اطلاعات)، خبر، اخبار، اطلاعیه، معرفت، آگاهی.
information. notice. advice. news. knowledge. enlightenment. acquaintance. communication. intimation. notification. enunciation. word.
اطلاعی ندارم. I have no information.
اطلاعیه‌ای بردر نصب‌کردن.
to put a notice on a door.
~ مزبور امیدبخش بود.
that news was encouraging.
~ کامل از زندگی ودشواریهایش. a thorough knowledge of life and its problems.
~ یافتن. to get informed. to come to know. to be advised of.
~ دادن. to inform. to notify.
سرقت بانك را به‌پلیس ~ داد.
he informed the police of the bank robbery.
محترماً باطلاع عالی میرساند.
I beg to inform you.
اطلاعاً. by way of information.

اطلاعات (pl. of اطلاع).
information. news. intelligence.

اطلاعیه، اطلاع‌نامه. notice. information. a report. announcement. notification.

اِطلاق، آزادی، مطلق‌سازی، انتساب.
absolute or general acceptation. release. general application. attribution.
~ کردن. to apply generally.
این لقب را باو ~ نکنید.
do not apply (use) this title for him.
~ شدن بر. to be applied to.

اَطلَس، دیبا، حریر، نقشهٔ‌کره.
satin. an atlas.

اطلسی، پس سری، محوری. made of or lined with satin. atlantoaxial.
گل ~ .
(bot.) garden petunia. petunia hybrida.

اِطمینان، اعتماد، پشت‌گرمی، ثقه، یقین.
confidence. trust. reliance. assurance. safety. certainty. positiveness.
دریچهٔ ~ . safety valve.
~ داشتن. to rest assured. to be sure. to have confidence.
~ دارم نخواهد آمد.
I am sure he will not come.
~یافتن. to be assured. to gain confidence.
قابل ~ . trustworthy. reliable.
بکسی ~ کردن. to trust someone.
آیا بمن ~ دارید؟ do you trust me?
به‌مهارت این پزشك ~ دارم.
I have confidence in this physician's skill.
~ خاطر. peace of mind. assurance.

اِطناب، اطاله، پرحرفی. prolixity. verbosity. amplification of a discourse.
~ (سخن) کردن. to be verbose.

اَطوار، منش،طرز رفتار،ادا،ناز، عشوه،رفتار.
manners. demeanour. mien. air. mannerism. peculiar deportment. coquettishness. moods.
ادا و ~ درآوردن. to show flippant moods. acting coquettishly.
اینقدر اطوار نریز.
don't be so coquettish. quit being coquettish.

اطواری coquettish. full of airs.

اِظهار (اظهارات .pl)، بیان،ابراز، تصریح،گفتن.
statement. expression. showing. manifesting. declaration. assertion.
~ داشتن، ~ کردن. to declare. to state. to assert. to express. to say.
متهم ~ داشت‌که از وجودنامه بی‌اطلاع است.
the accused stated that he was unaware of the letter's existence.
[illegible] بخرید خانه ~ علاقه‌کرد.
he expressed interest in purchasing the house.
بنا به~ شما. according to your statement.
اظهارات او در مورد آتش‌بس در روزنامه‌ها چاپ شد.
his statements concerning the cease-fire were published in newspapers.

اِظهاریّه، اظهارنامه. declaration. a notice.

اِعادَه، اعادت، بازگشت، برگشت، مراجعه، جبران.
giving or taking back. returning. restitution. repetition.
اعادهٔ حیثیت.
rehabilitation. restitution of prestige.
خواهشمند است پس‌از مطالعه نامه را ~ دهید.
please return the letter after reading it.
~ کردن، ~ دادن. to return. to repeat. to restore. to reestablish.
اعادهٔ نظم و آرامش.
restoration of order and peace.

اِعاشَه، اعاشت، تحصیل معاش، کسب‌روزی.
sustaining. sustenance. giving means of subsistence to. means of support.
~ کردن. to keep alive. to sustain. to give means of subsistence to.

اَعاظم (pl. of عظیم)، بزرگان. the great. preeminent men. the V.I.P.'S.

اِعانه، اعانت،مساعدت،عطیه،یاری،بخشش،کمك.
a charitable donation. aid. succour. relief (fund). contribution. assisting. help. subsidy. grant.
~ دادن، اعانت‌کردن. to give in charity. to assist. to give a relief to.
وجوه ~ . relief funds.
~ جمع‌آوری‌کردن. to collect relief funds.
اعانات مردم بالغ برپنج میلیون ریال میباشد.
the people's donations amount to five million rials.

اِعتِبار، اعتماد، اطمینان،حیثیت،وزن، اهمیت، باور.
credit. credibility. trust. honour. credence. weight. importance.
او در بانك ~ دارد.
he has credit in the bank.
بانك اعتباری بمبلغ ۱۰ میلیون‌ریال دراختیار او قرار داد.
the bank put a credit of one million rials at his disposal.
بحرف او نمیتوان ~ کرد. one cannot put confidence (give credence) to his word.
اینمرد در جامعه خیلی ~ دارد. this man has a great weight in society.
~ گردان. revolving credit.
~ یافتن. to get credit. to be honoured or credited with.
~ نامه، استوارنامه. credential.

اعتباری having to do with credit.
قرضهٔ اعتباری. credit loan.

اِعتِدال، میانه‌روی، تعادل، تساوی.
temperance. moderation. equality. equilibrium. equinox.
~ شب وروز. equinox.
درهرکار باید رعایت ~ را کرد.
one must follow moderation in every deed.
حفظ ~. maintaining equilibrium.
باعتدال، ازروی~. moderately. temperately.

اِعتِراض (اعتراضات .pl)، اعتراضها، پرخاش، ستیز، شکایت.
protest. objection. complaint. remonstrance. contradiction. disapproval. expostulation. protestation.
به اعتراضات نمایندگان توجه نشد.
attention was not given to the representatives' protests.
~ کردن. to protest. to object. to expostulate. to remonstrate.
اعتراضنامه. letter of protest.
قابل ~ . objectionable.
غیر قابل ~ . unobjectionable.

اِعتِراف (اعترافات .pl)، تصدیق،خستو، گواهی.
confession. acknowledgement. avowing. owning. admitting.
~ کردن. to admit. to confess. to acknowledge. to avow. to own.
باشتباه ~کرد. he owned his own mistake.
اعترافنامه.
a written confession. an affidavit.

اِعتِصاب (اعتصابات .pl)، کارشکنی، خودداری ازکار.
strike. going on strike. walk out. quitting the work. a sit in.
کارگران دست به~ زدند.
the labourers went on strike.
~ کارگری. a labour strike.
~ غذا. hunger strike.
~ بدون‌موافقت‌اتحادیهٔ‌کارگری. wildcat strike.
~ عمومی. general strike.
اعتصابیون، ~ کنندگان. the strikers.

اعتصابی related to a strike.

اِعتِقاد، عقیده، مسلك، ایمان، اعتماد، باور.
creed. belief. credence. faith. credit. trust. troth. presumption. confidence.
او بهیچ چیز ~ ندارد.
he does not believe in anything.
~(ایمان) بخدا. faith in God.
~ (فرض) براینست‌که..
the presumption is that...

اِعتِلاء، بلندی، والائی،سروری،مقام، برتری،علو.
exaltation. elevation. lifting. raising. sublimation. prominence. eminence. advancement. promotion. uplifting.
برای اعتلای نام ایران.
for uplifting (exalting) Iran's name.

اِعتِماد، پشتگرمی، اعتقاد، باور، اتکاء.
confidence. reliance. trust. dependence
باو ~ ندارم.
I do not trust (have confidence in) him.
عدم ~، بی‌اعتمادی.
lack of confidence. distrust.
پارلمان باو رأی عدم ~ داد. the parliament gave him a no-confidence vote.
~ کردن. to trust. to have confidence in. to rely on.
~ بنفس. self-confidence. self-reliance.
قابل ~ .
trustworthy. reliable. worthy of trust.

اِعتِناء، توجه، دقت، ملاحظه.
heed. attention. paying attention to. attentiveness. care. consideration.
~ کردن‌به. to heed. to care for. to pay attention to. to give heed to. to heed to. have consideration for.
به‌اعتراض او ~ نکنید.
do not pay attention to his protest.
بی ~. heedless. inattentive. careless.
او بمن بی‌اعتنائی‌کرد. he ignored me.

اِعتِیاد (اعتیادات .pl)، عادت، معتاد شدن.
addiction. habit. use. becoming slave to a habit. becoming hooked.
~ داشتن به. to be addicted to.
~ بهالکل. alcoholism.
اعتیادات مضره. harmful addictions.
او ~ بهتریاك دارد. he is addicted to opium. he is an opium addict.

اِعجاب، حیرت،شگفتی،تعجب، احترام،ستایش.
wonder. admiration. veneration. respect. marvel. amazement.
~ آمیز، ~انگیز.
marvelous. prodigious. amazing.
عملیات او موجب ~ همه شد. his acts caused everybody's admiration (wonder).
آثارادبی~انگیز. marvelous literary works.

اِعجاز، معجزه. miracle. wonder. preternaturalism. supernaturality.
~ کردن. to work (perform) miracles.
اُعجوبه (اعاجیب .pl)، چیزعجیب، شگفت‌آور. a prodigy. a fiend. a strange phenomenon. wonder. marvel. miracle. monstrosity. curiosity. sight. spectacle.
اَعداد (.pl. of عدد). figures. numbers. digits. numerals.
اِعدام، نابودسازی، دارآویزی، مجازات‌بوسیلهٔ قتل. execution. putting to death. hanging. killing. beheading. lynching.
قاتل ~ میشود. the murderer will be executed.
اَعراب (.pl. of عرب)، عربها. Arabs.
اِعراب، گذاردن فتحه وضمه، تلفظ صحیح. flourishes representing vowels. inflection of a noun.
~ گذاردن. to write or put final vowels of Arabic words.
اِعراض، انصراف، روی‌گردانی، مخالفت، اجتناب، عصبانیت. turning away the face. turning the back to. avoiding. opposition. anger. giving up. worry. disregarding.
~ کردن. to turn away the face from. to give up. to disregard. to become angry or worried.
اِعزاز، اکرام، تکریم. veneration. honour. holding dear. respect.
اِعزام، گسیل، روانه، فرستادن، ارسال. dispatch. sending off or away.
هیئت اعزامی. a mission. an expedition.
نیروهای اعزامی. expeditionary forces.
~ کردن، ~ داشتن. to send. to dispatch.
دولت نمایندگان خود را به‌پاریس ~ کرد. the government dispatched its representatives to Paris.
اِعسار، ورشکستگی، فقر، تنگدستی. poverty. insolvency. failure. bankruptcy.
اَعشار، دهگان، دهه. decimal. tithes. decades. tens.
اعشاری decimal.
ممیز اعشاری. decimal point.
کسر اعشاری. decimal fraction.
اَعصاب (.pl. of عصب)، پی‌ها. nerves. nevro_
اَعصار (.pl. of عصر)، زمانها، ایام، قرون. ages. eras. epochs. times. periods.
اَعضاء (.pl. of عضو)، اندامها، کارمندان، خدمه، کارکنان. members. parts. limbs. organs.
اعضای بدن. body limbs. organs.
اعضای اداری. office members. staff. the personnel.
اعضای باشگاه ورزشی. members of the sports club.
اِعطاء، عطیه، ارزانی داشتن، بخشش. granting. grant. bestowing. investiture. donation. contribution. giving. conceding. permitting.
~ کردن، بخشیدن، ارزانی داشتن. to donate. to grant. to bestow.
املاك خودرا بمردم ~ کرد. he donated his lands to the people.
اعطائی granted. donated.
اَعظَم (.sup. of عظیم)، بزرگتر، بزرگترین. greater. feminine proper noun.
اَعقاب (.pl. of عقب)، فرزندان، بازماندگان. posterity. descendants.
اعلامیه، اعلام. statement. manifesto. declaration.

اِعلان (اعلانات .pl)، آگهی، اعلام، انتشار، اظهار. an advertisement. a notice. declaration. proclamation. manifestation.
~ کردن. to advertise. to proclaim. to manifest. to post up a notice.
~ دستی. a hand bill. a poster. a post-bill.
~ دیواری. bulletin.
تابلو اعلانات. bulletin board.
اَعلَم، عالمتر، داناتر. more or most learned.
اعلیحضرت (His) majesty.
اَعَمّ، عمومی‌تر. more or most common. concerning all.
بطور~. in general. as a general rule.
بمعنی ~. in a broad sense. in general.
اَعماق (.pl. of عمق)، عمقها، ژرفناها، گودیها. depths. profundities.
اَعمال (.pl. of عمل)، کردارها، کارها. deeds. acts. works. doings.
اِعمال، انجام، عمل، تمرین، نفوذ، بکاربستن. exercising. causing to act. using. applying. influencing. exertion.
~ نفوذ. using one's influence.
~ زور. using force.
اَعمام (.pl. of عم)، عموها. paternal uncles.
اَعوان، یاران. friends. helps.
اَعوجاج، کجی. crookedness.
اَعوَر، کور، مرد یك‌چشم، رودهٔ کور. blind gut. caecum. vermiform. one-eyed. cecum. pupil.
اَعیاد، عیدها. holidays. festivities. festivals.
~ وجشنها. holidays and celebrations.
~ مذهبی. religious festivals.
اَعیان (.pl. of عین)، دارایان، ثروتمندان، بزرگ‌زادگان، اشراف، ساختمان روی زمین. the grandees. the nobles. the dignitaries. the aristocrats. standing property. superstructure.
او جزو ~ شهر است. he is of the city's dignitaries.
~ واشراف. the grandees and the nobles.
عرصه و~. the site and the superstructure.
اعیانی aristocratic. superstructure. standing property. building.
اِغتِشاش، شورش، بلوا، آشوب، جنجال. a riot. a revolt. uprising. disorder. a rebellion. brawl. uproar. tumult. turbulence. commotion. fracas.
~ کردن. to revolt. to riot. to cause a tumult (or commotion.)
در شهر ~ شد. there was a disorder (commotion) in the city.
اَغذیه، غذاها. foods. edible things.
~ فروشی. sandwich shop. restaurant.
میزمملواز اغذیهٔ گوناگون بود. the table was overflowing with a variety of foods.
اَغراض (.pl. of غرض). enmities. designs. motives. intentions. grudges.
~ شخصی. personal (selfish) motives.
اِغراق، گزافه‌گوئی، مبالغه. exaggeration. magnification. overstatement. hyperbole.
~ شعری. poetical hyperbole.
سخنان ~ آمیز. exaggerating words.
~ کردن، ~ گفتن. to exaggerate. to overstate.
اِغفال، گول‌زنی، گمراه‌کردن، غفلت. taking advantage of one's credulity. beguiling. deluding. neglecting.
~ شدن. to be fooled or taken advantage of. to be beguiled. to be deluded.
~ کردن. to take advantage of one's credulity. to beguile. to delude. to distract. to mislead. to put on the wrong track.
اَغلب، بیشتر، بیشترین. most. often.
~ اوقات. oftentimes. often.
~ دانشجویان. most (of the) students.
اَغلاط (.pl. of غلط)، غلطها. mistakes. errors.
اِغماء، ضعف، بیهوشی. fainting. swoon. coma.
وقتی‌اورا به‌بیمارستان آوردند درحالت اغما بود. when they brought him to the hospital he was in a coma.
اِغماض، چشم‌پوشی، نادیده پنداری. connivance. indulgence. toleration. shutting one's eyes or winking at.
~ کردن. to connive at. to ignore.
اَغنام (.pl of غنم). flocks. sheep. ewes.
اَغنِیاء (.pl. of غنی)، پولدارها، ثروتمندان. the rich. the wealthy people.
اِغواء seduction. misleading. temptation.
~ کردن. to lead astray. to allure.
اِفاده، فیس، تکبر، اظهار، رساندن‌معنی، بیان، افادت. conveying. expressing. boasting. showing off. haughtiness.
او خیلی ~ دارد. he is very haughty.
کلمه‌ای‌که ~ معنی خاصی را مینماید. a word conveying a certain meaning. a word expressing a certain meaning.
افادهٔ کلام. the context of the words. the meaning of one's words.
~ کردن. to convey. to express. to boast. to show off. to treat with haughtiness.
فیس و ~ . airs and haughtiness.
اِفاضه، افاضت (افاضات .pl)، فیض‌رسانی، لبریزسازی، سرشارسازی. filling to the brim. making overflow. pouring on. diffusion.
~ کردن. to impart benefits or advantages.
اَفاغِنه، افغانها. the Afghans.
اِفاقه، افاقت، بهبود، پیشرفت. convalescence. recovery. betterment. improvement.
اُفت، کسری، ریزش، کمبود، کاهش. fall. falling. subsidence. shortage due to subsidence. shortage.
بیافت، افت. fall thou. falling.
~ کردن، ~ داشتن. to become short due to subsidence. to fall. to have shortage.
اُفتادگی (med.) ptosis. humility.
اُفتادَن، ساقط شدن، سقوط کردن، رویدادن، مریض وبستری شدن، منحل شدن. to drop. to fall. to lie. to happen. to fall sick. to be dissolved. to set oneself to.
بچه ازصندلی افتاد. the child fell from the chair.
این چیز بیمصرف آنجا افتاده است. it lies there useless.
افتدکه روزی بکار آید. maybe it will be useful some day.
کابینه افتاد. the cabinet dissolved (fell).
ساعت دوباره واداشته شد وبکار افتاد. the clock was set to work again.
نامه بدست من افتاد. the letter fell into my hand.
او بفکر ازدواج افتاد. he came to think of marriage.
او دنبال آندختر افتاده. he follows that girl.
گذارم بدرخانهٔ اوافتاد. I happened to pass by his house.
او از مقام (کار) خود افتاد. he lost his position.
او ازپا افتاد. he became too tired. he became exhausted.
اُفتاده، افتاده‌حال. fallen. meek. humble. lowly. modest. weakened. oppressed.
این لغت ~ است. this word is omitted.
او آدم ~ ایست. he is a humble man.
اُفتان falling. decumbent.
افتان وخیزان. falling and rising. creeping along. limping.
اِفتتاح، گشایش، آغاز. inauguration. opening. commencement. establishing.
~ کردن. to inaugurate. to establish. to open.
چهار سال از ~ این مدرسه میگذرد. four years have passed since the inauguration (opening) of this school.
~ مجلس شورا. the inauguration of the parliament.
جلسه را با نطقی ~ کرد. he opened the meeting with a speech.
نطق افتتاحی. inaugural address.
اِفتخار (افتخارات .pl)، شرف، فخر، مباهات. honour. glory.
این یکی از افتخارات ملی ما است. this is one of our national glories.
افتخار کردن‌به. to be proud of. to boast. to glory.
ما به‌او ~ میکنیم. we are proud of him.
به‌گذشتهٔ‌خود~میکنیم. we glory in our past.
بافتخار او. in his honour.
افتخاری، افتخاراً. honorarily. honorary.
عضو افتخاری. honorary member.
اِفترا، تهمت، بهتان. calumny. libel. traducement. malicious accusation.
~ زدن به. to accuse. to defame. to calumniate. to traduce.
اِفتضاح (افتضاحات .pl)، رسوائی، بدنامی، بی‌آبروئی. ignominy. scandal. disgrace.
~ آور. scandalous. disgraceful. shameful. ignominious.
~ درآوردن. to cause a disgrace. to expose to public disgrace.
او را با افتضاح بیرون‌کردند. he was kicked out disgracefully.
اَفخَم، فخیم‌تر، بزرگتر، والاتر. greater. greatest. a title of honour. dignified.
افرا، اسپندان، اسفندان، بوسیاه. maple (tree).
افراد (.pl. of فرد)، فردها، نفرات. individuals. soldiers.
اِفراد، فردشماری، یکی‌کردن. putting or using in the singular.
ـافراز، بیافراز. put up! elevate thou.
اِفراز، تفکیك، جدائی. separation. division. demarcation.
اَفرازیاب، بلندی‌سنج، فرازیاب. altimeter.
اَفراشتَن، بلندکردن، برافراشتن، بالابردن، نصب‌کردن، افرازیدن. to raise. to hoist. to exalt. to elevate. to erect. to put up. to install. to rear.
پرچم را بر~. to raise a flag.
بادبان بزرگ را برافرازید. hoist the main sail.
اَفراشته raised.

hoisted. elevated. put up. erect(ed).
the flag at half-mast. پرچم نیمه افراشته.
hoisted flag. پرچم افراشته.

اِفراط، افزونی، زیاده روی، عدم اعتدال.
excess. excessiveness. immoderation. intemperance. dissipation. overindulgence. extravagance. overdoing something.
to overdo. ~کردن.
to go to extremes. to exceed bounds.
او تقریبا بحد [illegible] بود.
She was serious almost to excess.

اِفراط وَتَفریط going to extremes.
افراطی extremist.
اَفروختن، روشن کردن، دامن زدن بـه، مشتعل کردن، تحریک کردن. to kindle. to light (up). to inflame.
باکبریتی آتش ~ .
to kindle a fire with a match.
کبریت افروخته (روشن) میشود.
the match will light up.
set on fire. kindled. ablaze. افروخته.
اَفروزه a wick. a tinder.
اِفریقا Africa.
African. افریقائی.
افزایش
increase. augmentation. accretion. enlargement. growth. development.
افزایش تولید برق.
increase in the output of electricity.
فروش ما پنجاه درصد افزایش نشان میدهد.
our sales show an increase of 50%.
اَفزودَن، اضافه کردن، جمع کردن، افزایش دادن، بسط دادن، توسعه دادن.
to increase. to augment. to add. to multiply. to raise.
میراث فرهنگی ما را بیافزای و بسط بده.
augment and dilate our cultural heritage.
دو روز براقامت او افزوده شد.
two days were added to his stay.
برقیمت افزودن، بهاء را بالا بردن.
to raise the price.
increasing. growing. crescent. افزاینده.
اَفزون، بیش.
more. exceeding. greater. increased. (also used in combs. such as: (روزافزون)
ثروتش ازحد شمارش ~ است.
his wealth is beyond count.
افزونه، اضافه، زیاد، تکراری.
redundant. superfluous.
اَفسار، دهنه. a bridle. a headstall.
unbridled. ~ گسیخته، خودسر.
unrestrained. rampant. libertine. wanton.
to bridle. to rein. ~ کردن.
control your tongue! دهان خود را ~ کن!
اَفسانه، داستان، روایت. saga. fable. fiction. myth. legend.
~سرا، ~گو، ~پرداز.
a storyteller. a fabulist. mythologist.
~ آمیز، ~ای.
fabulous. legendary. mythical.
اَفسر، تاج، اورنگ ، دیهیم.
an officer. a crown. rank.
army officer. ~ ارتش.
officers' college. دانشکدهٔ افسری.
اَفسُردگی، ملالت، پژمردگی.
dejection. congelation. despondance. depression. melancholy. dispiritedness.
رفتن او موجب ~ ما شد.
his departure caused our despondency.
اَفسُردَن، دلتنگ شدن، گرفته شدن، ملول شدن، to depress. to deject. to discourage. to wither. to droop. to wilt. to fade. to decline.

افسرده، ملول، پژمرده، دلمرده. withered. dejected. depressed. downhearted. dispirited. disappointed. frozen. depressive. melancholy. despondant. crestfallen.
to wither. to droop. to shrivel. ~ شدن.
to wizen. to become dejected, dispirited, or crestfallen.
نقاهت وکارزیاد او را ~ کرده است.
convalescence and hard work have dispirited him.

اَفسوس، آوخ، آه، زنهار.
regret. alas. woe. remorse.
~که در اینجا نیست.
alas! he is not here.
to regret. to rue. ~ خوردن.
to be sorry for. to feel sorry.
ازاینکه او نتوانست به مهمانی بیاید ~ خوردیم.
we regretted that he could not come to the party.
اَفسون، فسون، سحر، جادو، فریب، گول.
incantation. charm. spell. conjuration. bewitchment. fraud. deceit.
to fascinate. to conjure. ~ کردن.
to enchant. to bewitch. to delude. to charm.
to utter a spell.
قدرت بیان او شنوندگان را کاملاً ~ کرد.
his power of expression thoroughly bewitched (charmed) the audience.
اَفسونگر conjurer. a worker of spells. enchanter. a magician. a wizard. an impostor. enticer.
افسونگری conjuring. enchanting.
اِفشا، بازگوئی، آشکارسازی، فاش سازی .
revealing. disclosing. divulging.
~کردن، ~ نمودن.
to reveal. to betray. to divulge.
اَفشار، همکار، همدم، سلسلهٔ افشاریه. an abettor. an associate. the Afshar dynasty.
ـاَفشان، پراکنده، بیفشان، پریشان. scattered. scatter thou. dishevelling (used in combs. as in: نورافشان etc.).
افشاندن، پراکندن، پریشان کردن، پخش کردن، آشفته کردن. to scatter. to sow. to sprinkle. to spread about. to winnow. to shake off. to spray.
sprinkled. افشانده، پریشان، پراکنده.
scattered. strewn. dishevelled. sown. spread about. shaken off.
اَفشُرَه expressed juice. sherbet. extract.
اَفضَل، برتر. more or most learned or virtuous. better. preferable.
اَفضَلیّت، برتری، فضیلت، رجحان، تفوق.
superiority. preference. predominance. pre-eminence. excellence. advantage. priority.
افطار، شکستن روزه. breaking a fast.
to break the fast. ~کردن .
food for breaking the fast. افطاری.
اَفعال، کارها، فعلها. verbs. actions. deeds.
اَفعی، اژدها، مار زهردار وکشنده.
viper. a venomous serpent.
rattlesnake. ~مجلجل (زنگوله دار یا زنگی).
افعیان Viperidae.
اَفغان، فغان، ناله، زاری، افغانی، اهل افغانستان.
groan. groaning. wail(ing). lamentation. Afghan. related to Afghanistan.
اُفُق horizon. region.
افقی horizontal.

اَفکار (pl. of فکر)، فکرها، اندیشه‌ها، پندارها.
thoughts. ideas. opinions.
ـاَفکَن، بیافکن، پرتاب‌کننده . thrower. throw thou. (in comb. as in: مرد افکن).
bomber. بمب ~.
افکندن، پرتاب کردن، انداختن، بجلو انداختن، زدن، بزمین انداختن.
to throw. to cast. to overthrow. to hurl. to project. to pitch. to toss. to fling. to dart.
to lapidate. سنگ ~ .
that can be thrown. افکندنی.
پول را جلو او افکند (انداخت).
he threw the money before him.
سنگی بسوی او بیفکن.
hurl a stone at him. throw him a stone.
شمشیرت را بزمین بیفکن.
throw down your sword.
نیزه را بسوی او افکند.
he darted the spear at him.
اوسرافکنده شد.
he was down-cast. he was humiliated.
کینه وحسد را بدور افکن.
fling off spite and envy.
اِفلاس، بیچیزی، ورشکستگی ، تهیدستی، فقر، اعسار. bankruptcy. indigence. poverty. insolvency.
افلاطون Plato.
افلاطونی platonic.
اَفلاک (pl. of فلک)، آسمانها، کرات سماوی.
heavens. firmaments. celestial orbits.
افلاکیان heavenly bodies.
اِفلیج، فلج. paralyzed. paralytic.
اَفَندی، آقا، ارباب. sir. master. lord.
اَفواج (pl. of فوج)، فوجها، لشگرها، سپاهیان.
regiments. groups of soldiers. hosts.
اَفواه، دهانها، گفته‌های مردم.
mouths. hearsay.
it is rumored that... در ~ شایع است که.
افواهی، افواهاً. by hearsay.
اُفول، غروب، پنهان شدن. setting. decline.
اَفیون، تریاک.
opium. morphine.
افیونی، معتاد به افیون.
addicted to opium.
اَقارِب (pl. of قرب)، نزدیکان. relatives. confidants. confidantes.
اَقاقیا acacia. locust tree. locust acacia.
اِقالَه، اقالت، عود، بازگشت، فسخ.
rescission. cancellation.
to cancel. to rescind. ~ کردن.
اِقامَت، وقف، سکونت، منزل گزینی، اطراق.
residing. staying. dwelling. residence. sojourn. stay.
to dwell. to reside. ~ گزیدن، ~کردن.
to stay. to take up one's residence.
residence permit. اجازهٔ اقامت.
اقامتگاه، محل سکونت، منزلگاه .
place of residence. an abode. residence. domicile. dwelling place.
اقامتگاه موقت.
temporary residence.
اِقامَه، ارائه، نشاندادن، ایراد کردن.
adducement. adducing. pitching. setting up. establishing. producing. presenting.
adducing or presenting an evidence. اقامهٔ دلیل.
adduction of (raising or presenting) witnesses. producing witnesses. اقامهٔ شهود
to set up. ~کردن.
to establish. to erect. to produce. to adduce. to raise. to pitch. to sue one.
he sued them. برعلیه آنها اقامهٔ دعوی کرد.
he brought an action against them.

اِقبال، شانس، بخت، حسن تلقی، استقبال.
prosperity. fortune. good luck. thriving.
lucky. fortunate. خوش ~.
unlucky. unfortunate. بد ~ .
to have good luck. ~ داشتن.
to be lucky (or fortunate).
اِقتباس، کسب، اکتساب، تقلید، اتخاذ، نقل قول.
adaptation. acquiring. extracting.
این نمایشنامه ~ از یکی ازشاهکارهای شکسپیر است.
this play is an adaptation of one of Shakespeare's masterpieces.
to borrow an idea. عقیده‌ای را ~ کردن.
to produce an adaption of. ~ کردن.
to acquire. to excerpt. to borrow. to cite.
translation and excerption. ترجمه و ~.
اِقتداء، پیروی، تقلید.
imitation. following.
to follow. to imitate. ~ کردن به.
او به پدرش ~ میکند.
he follows the example of his father.
اِقتِدار، قدرت، سلطه.
power. authority. ability. potency. might. great power.
powerful. mighty. با ~، نیرومند، مقتدر.
اِقتراح
improvisation. extempore speaking.
to improvise. ~ کردن.
اقتراحاً extemporaneously.
اِقتِران، تقارن، همزمانی، همکانی، قرین شدن، اتحاد.
conjunction. simultaneity.
conjunction of paradoxes. ~ ضدین.
~ سعدین.
conjunction of two happy things.
اِقتصاد، صرفه‌جوئی، اکونومی، خانه‌داری، کم‌خرجی.
economy. economics.
thrift. frugality. parsimony.
the country's economy is on the upswing. ~کشور رو به ترقی است.
political economy. ~ سیاسی.
economics. علم اقتصاد.
اقتصادی، باصرفه، مقرون بصرفه‌جوئی.
economical. frugal. economic.
از نقطهٔ نظر اقتصادی.
from an economic point of view.
economic crisis. depression. بحران ~.
economic standstill. recession. رکود ~.
اِقتِصار، اختصار، کوتاهی، قناعت.
abridgement. abbreviation. brevity.
abbreviation marks. علامتهای ~.
داستانرا به ~ (اختصار) شرح داد.
he explained the story briefly.
to suffice. to abridge. to abbreviate. ~کردن.
اِقتِضاء، شایستگی، مصلحت، لزوم، درخوربودن.
advisability. exigency. demand. necessity. occasion. expedience.
~کردن، ~ داشتن.
to necessitate. to require. to demand. to be expedient or advisable.
circumstances demand (require) thus. اوضاع چنین ~ میکند.
as may be expedient (or advisable). as may be deemed advisable. هرطور ~ میکند.
لدی‌الاقتضاء، درصورت اقتضاء.
on occasion. as occasion arises. as circumstances may allow.
اقتضای طبیعتش اینست.
such is (the demand of) his nature.

اِقدام (اقدامات .pl)، عمل، سعی، کوشش، کار، انجام، کردار. action. measure. effort. a step. endeavour. performance. enterprise. execution. process. procedure. deed.
من علیه او ~ خواهم کرد. I will take action against him.
اقدامات امنیتی. security measures.
دشمن ~ به خرابکردن سدها نمود. the enemy resorted to the destruction of the dams.
یکی از نخستین اقداماتش تحقیق در بارهٔ گزارش‌ها بود. one of his first undertakings was to investigate the reports.
این چه اقدامی است که نموده‌اید؟ what deed is this that you have done?
اقدامات دشمن خنثی شد. the enemy's actions were nullified.
اینکار در دست ~ است. it is in process of performance. it is being carried out.
~ کردن. to take an action. to perform. to accomplish. to make an effort. to do.
اَقدَس (comp. & sup. of قدوس)، مقدس‌تر. holier. holiest.title used in addressing a king. feminine proper noun.
ذات ~ ملوکانه. the blessed (or holy person) of the king. His Imperial Majesty.
اِقرار، اعتراف، خستو، قبول. confession. acknowledgement. admission. owning.
~ کردن (به). to confess. to admit. to acknowledge. to own.
او به خطای خود ~ نمود. he confessed (admitted) his mistake.
به ~ آوردن. to make one confess. to force one to confess.
اَقران، همسران، قرین‌ها، هم‌گنان. peers. equals. cohorts.
اَقربا (pl. of قریب)، خویشان، نزدیکان. kinsmen. relatives. confidants.
اقساط (pl. of قسط). instalments. portions.
خرید به ~. instalment purchase.
~ ماهیانه. monthly instalments.
اَقسام (pl. of قسم). kinds. varieties. sorts.
~ مختلف. different kinds.
انواع و ~ کالاهای مصرفی. all varieties (sorts) of consumer goods.
اَقصَر، کوتاهتر، کوتاه‌ترین. shorter. shortest.
اَقصیٰ farther. farthest. distant.
در ~ نقاط گیتی. in the farthest reaches of the world.
اَقَلّ، کمتر، کوچکتر، اندک‌تر. less. least. smallest. minimum.
لااقل، حداقل، اقلاً، اقل مراتب، دست‌کم. at least. minimum.
حداقل درجهٔ حرارت. minimum temperature.
اَقلاً، دست‌کم. a least.
اقلاً بگذار با او دست بدهم. at least let me shake hands with him.
اَقلام (pl. of قلم)، قلم‌ها، رقم‌ها، عددها. items. entries. units. articles.
اَقلیّت، کمترین، کهترین، حزب مخالف. minority. smaller group. opposition party. nonage.
در ~ بودن، ~ داشتن. to be in a minority.
اقلیت‌های مذهبی. religious minorities.
~ باید تابع خواسته‌های اکثریت باشد. the minority must follow the wishes of the majority.
اقلیدس Euclid.
اِقلیم، بر، سرزمین، قاره، کشور، ناحیه. district. country. region. realm. continent. climate.
اقلیم شناسی climatology. ecology.
اقلیمی continental. regional. ecological.
اَقمار، قمرها، ماه‌ها. satellites. moons.
اِقناع، قانع سازی، رضا سازی. satisfying. satiation. satiety.
~ کردن. to satisfy. to sate. to satiate.
~ نشدنی، ~ ناپذیر. insatiable.
اَقوام (pl. of قوم). tribes. clans. peoples.
اَقویا (pl. of قوی). the mighty. the powerful people.
اقیانوس، دریای بزرگ. an ocean.
~ آرام. the Pacific Ocean.
~ اطلس. the Atlantic O.
~ هند. the Indian O.
~ منجمد شمالی. the Arctic O.
~ منجمد جنوبی. the Antarctic O.
~ شناسی. oceanography.
اقیانوسی oceanic.
اقیانوسیّه Oceania.
اکابر (pl. of اکبر)، بزرگان، بزرگسالان. adults. older men. great men. distinguished men.
کلاس ~. adult class.
اَکاذیب (pl. of کذب)، دروغها. lies. untruths.
به ~ آنها گوش فرا ندهید. do not listen to their falsifications (lies).
اَکّال، اکاله، خورنده، زدآینده. corrosive. corrodent. corroding. erosive. caustic. eating.
اکالی. causticity. corrosiveness. corrosive ability.
اُکالیپتوس، درخت‌کافور، درخت تب و نوبه. (bot.) eucalyptus. blue gum tree.
اکباتان Ecbatana. ancient Hamadan.
اَکبَر (comp. of کبیر)، ارشد، بزرگتر. greater. greatest. senior. masculine proper noun.
الله اکبر. God is the greatest.
اِکبیر mangy appearance.
اکبیری nasty. mangy.
اَکتاف (pl. of کتف)، شانه‌ها، کتف‌ها. shoulders.
اُکتبر October.
اِکتساب، کسب، تحصیل، بدست‌آوری، تقلید. acquisition. obtaining. earning. getting.
~ کردن. to acquire. to earn. to obtain.
اکتسابی acquired. earned.
صفات نهادی ومحسنات اکتسابی. inborn qualities and acquired virtues.
اِکتشاف، اکتشافات، کشف، سیاحت، آشکارسازی، کاوش، کشف، پیداکردن. discovery. exploration. reconnaissance. detection. reconnoitering.
اکتشافات اخیر نشان میدهد که معادن مس کرمان بسیار غنی است. recent explorations show that Kerman's copper mines are extremely rich.
هیئت یا گروه اکتشافی. exploration team.
هواپیمای اکتشافی. reconnaissance plane.
~ سودمندی کرد. he made a useful discovery.
اِکتفا being content (or satisfied). restraining oneself.
~ کردن به. to content oneself (with). to be satisfied with.
فقط به ذکر چند خاصیت او ~ میشود. it will suffice to mention a few of his qualities only.
اَکثَر (comp. of کثیر)، بیشتر، غالباً، اغلب. more. most. more or most numerous. greater. greatest.
~ اوقات. often (times).
حداکثر مجازات. maximum penalty.
~ دانشجویان از آن استاد راضی‌اند. most of the students are satisfied with that professor.
اَکثَراً mostly. generally. often.
اَکثَریّت، بیشی، کثرت، فزونی، افزونی. majority. the greatest part. quorum.
برای رأی ~ نداریم. we have no quorum to vote.
~ اعضاء. the majority of the members.
~ مطلق. absolute majority.
ما ~ داشتیم. we had (were in) the majority.
اَکراد (pl. of کرد). the Kurds.
اِکرام honouring. revering venerating. honour. respect.
~ کردن، ~ نمودن. to respect or honour.
اِکراه، بیمیلی، انزجار. reluctance. dislike. aversion. disinclination. unwillingness.
~ داشتن. to be reluctant or disinclined.
او با ~ بجلسه حاضر شد. he attended the meeting with reluctance.
بزودی ~ او نسبت به ازدواج محسوس شد. his aversion to marriage was soon noticed.
با ~ بمدرسه رفت. he went to school reluctantly.
اَکرَم (comp. of کریم)، بخشنده‌تر، اجل، کریمتر، والاتر. more or most generous. greater. greatest. honourable. feminine proper noun.
اکزما، سودا. (med.) eczema.
اُکسید oxide.
اکسیر، کیمیا elixir. alchemy.
اکسیژن oxygen.
جوش ~. oxygen welding.
اکسیژنه oxigenated.
اَکل، خوردن. eating.
اِکلیل، تاج، افسر. crown. diadem. garland. bronze powder. corona.
~ زدن. to apply bronze powder.
~ جنوبی. corona australis.
~ شمالی. corona borealis.
اکلیلی، تاجی. coronary. covered with bronze powder.
اِکمال، تکمیل، انجام، تکامل. perfecting. perfection. completion. accomplishment. fulfillment.
بحد اکمال، کاملاً. to the highest extent. to the highest degree. completely. fully.
اَکمَل (comp. & sup. of کامل)، کاملتر، کامل‌ترین. more or most perfect or complete.
بحد ~. in the most perfect manner.
اَکناف (pl. of کنف)، گوشه‌ها، اطراف، کناره‌ها، حومه. border. environs. regions. parts. sides.
اَکنون، حالا، درحال حاضر. now. the present time. at present.
نشست نمایندگان هم اکنون خاتمه یافت. the meeting of the representatives ended just now.
اَکید، جدی، سخت، مؤکد، شدید، واجب، لازم. strict. emphatic. severe.
دستور ~. an emphatic order.
اکیداً strictly. severely. emphatically.
ورود اکیداً ممنوع است. entrance strictly forbidden.
اگر، ار، درصورتیکه، چنانکه. if. in case.
~ بیاید چکنیم؟ what shall we do if he comes?
اگرچه. although. however.
اگر نه، والا. or else. otherwise.
اگر را کاشتند سبز نشد. if wishes were horses beggars might ride. no use cherishing vain hopes.
~ هم. even though. even if.
~ هم آمد کتاب را باو ندهید. even if he comes don't give him the book.
اَلا، آهای، ای. O. behold! beware.
اِلّا، مگر باستثنای، جزاینکه، وگرنه، بجز. except. save. but. lest. if not.
همه قبول شدند ~ او. all passed except him.
والا. otherwise. or else.
آنکار را انجام بده والا پشیمان خواهی شد. do it otherwise you will be sorry.
~ اینکه. except that. but only.
الابختی، برحسب اتفاق، ناگهانی. by chance.
الاغ، خر، حمار. ass. donkey.
الاکلنگ، الاکلنگ. see-saw. Spanish fly. cantharides.
اَلآن، حالا، همین‌وقت. (colloq.) shortly. just now. presently.
~ خدمت میرسم. I'll be with you presently.
الان اینجا بود. he was here just now.
شام ~ حاضر میشه. dinner'll be ready presently.
الاهی، الهی. divine. theological. godly. may God...
الاهیات، خداشناسی. theology.
الاهیون، خداشناسان. theologians. the godly.
اَلباب (pl. of لب). hearts. minds. intellects. middle parts.
اولوالالباب، روشنفکران. the intelligent. the intelligentsia.
الباقی، بقیه. (the) rest. remainder.
اَلبَتّه، حتماً، یقیناً. of course. certainly. undoubtedly. surely. sure.
~ شما هم میدانید. of course you also know.
~ که میدانم! I certainly do know!
البرز the Elburz (mountain).
اَلبِسَه (pl. of لباس). clothes. garments.
اِلتِجا، پناه، مراجعه، بست نشینی. taking refuge. seeking protection.
~ بردن به. resorting to. to take refuge.
اِلتِحام، جوش خوردن. cicatrization. healing (of a wound). welding.
اِلتِزام، تعهد، ضمانت، تضمین، الزام. being bound over. obligation. undertaking. pledge. guarantee.
~ داشتن. being bound over.
~ گرفتن از. to make one give his pledge. to bind over.
~ دادن. to give an undertaking. to pledge.
او بقید التزام آزاد شد. he was released with a written obligation (or pledge).
~ نامه. undertaking. a recognizance. pledge.
اِلتزامی potential. having to do with an undertaking or obligation.
وجه ~. the potential mood.
اِلتصاق adhesion or cohesion. being affixed.
اِلتِفات، لطف، مرحمت، عنایت، توجه، مهربانی. favour. kindness. attention.

او بوسه‌ای بوی ~ کرد.
he favoured her with a kiss.
تمنی دارم بعرایضم ~ بفرمائید.
please pay attention to my words.
~ داشتن به.
to show favour (or consideration) for.
please be kind. خواهشمندم~ بفرمائید.
please favour us or grant us. please pay attention.
through (by) your favour. بالتفات شما.
التفاتی، التفات شده، ~کرده.
favoured. granted. donated.
کتاب التفاتی او.
the book donated (granted) by him.
اِلتقاء، تلاقی، اتصال، تصادف.
conjunction. coming together. meeting.
اِلتماس، استدعا، تضرع، درخواست عاجزانه، دعا، تقاضا. entreaty. supplication. beseeching. praying. begging. requesting.
supplicatory. entreatingly. التماسی.
to entreat. to beseech. to supplicate. to pray. ~ کردن.
بالتماس، ~کنان.
entreatingly. with supplication.
~ دعا دارم.
I request (entreat) you to pray for me.
the guy begged (entreated) us a great deal. یارو خیلی بما ~ کرد.
اِلتهاب (التهابات pl.)، ورم، سوزش، درد، غضب، هیجان، اشتعال. inflammation. phlogosis. erysipelas.
his head-ache was accompanied by a high temperature. درد سر او با~ شدید همراه بود.
burning with anger. ~ از غضب.
the pangs of love. ~عشق.
inflammatory. phlogistic. **التهابی**
healing. **اِلتیام**، بهبود، بهی، تسکین، اصلاح. cicatrization. conciliation. cicatrix.
جراحت اوهنوز ~ نیافته.
his injury is still unhealed.
to cicatrize. to heal. to be reconciled. to be united. ~ یافتن.
that which can be healed. ~ پذیر.
~ دادن‌به.
to conciliate. to unite. to cause to heal up.
cicatricial. of or from healing. التیامی.
نصیحت او زخمهای روحی ما را التیام داد.
his advice healed our spiritual wounds.
Algeria. Algiers. **اَلجَزایِر**، الجزیره.
Algerian. الجزایری.
اِلحاد، کفر، ارتداد، کجروی، گمراهی، بیدینی. atheism. heresy. infidelity. apostasy. deviation. heterodoxy. unbelief. being a renegade.
اِلحاق (الحاقات pl.) پیوستگی، اتصال، مربوط شدن، وصل، اتحاد، ضمیمه.
annexation. affixing. joining with. attaching.
to annex. to add. to join. ~ کردن.
to affix. to suffix. to supplement. to attach.
~ استانی به ایران.
annexation of a state (province) to Iran.
این برگ را بنامه ~کنید.
annex this paper to the letter.
الحاقی.
supplemental. to be affixed. annexed.
now. at present. **اَلحال**
really. justly. **الحق**
~که مرد تنبلی است.
he is really a lazy man.
praise be to God. **اَلحَمدُلله**
et cetera. etc. **اَلَخ**، الی‌آخر، تا پایان.

to the end. so forth.
clown. lout. **اَلدَنگ**، مسخره، دلقک.
اِلزام (الزامات pl.)، اجبار، تعهد، لزوم، کره. exigence. obligation. coercion. need. necessity.
پرداخت جریمه ~آور است.
payment of the fine is obligatory.
to render necessary. الزام نمودن.
to require. to obligate. to bind.
necessary. required. **الزامی**، الزام‌آور. exigent. binding. obligatory convincing.
there is no necessity (need or obligation) for it. الزامی برای آن‌نیست.
just now. presently. **الساعه**، هم‌اکنون.
languages. tongues. (pl. of لسان) **اَلسِنَه**
اِلصاق، نصب، چسباندن، اتصال.
affixing. attaching. pinning. adhering. gluing. posting up. clipping or stapling together.
to clip together. to attach. ~کردن.
to affix. to pin. to glue. to stick.
affixing a stamp. ~ تمبر.
پیوستها را بنامه ~ کنید.
attach the enclosures to the letter.
صفحهٔ کنده شده را با چسب بکتاب ~کنید.
glue the loose page to the book.
اعلان را بدیوار ~ کنید.
post the notice on the wall.
favours. kindnesses. (pl. of لطف) **اَلطاف**
اِلغاء، ابطال، لغوکردن، بطلان، فسخ.
abrogation. abolition. repealing. elimination. exclusion. annulment.
the abolition of slavery. ~ بردگی.
~ چند ماده از قانون.
exclusion of several items from the law.
to cancel. to annul. to abolish. ~کردن.
to repeal. to abrogate. to eliminate.
~ امتیاز نفت.
cancellation of the oil concession.
annulment of a contract. ~ قرار داد.
anyhow. in a word. **اَلغَرَض**
a thousand. **اَلف** (الوف & آلاف pl.)، هزار.
first letter of the Persian and Arabic alphabets. **اَلِف**
the alphabet. **الفباء**
بترتیب حروف الفباء.
in alphabetical order. alphabetically.
alphabetically. abecedarian. abecedary. الفبائی.
اُلفَت، دوستی، انس، آشنائی، صمیمیت، مصاحبت. familiarity. friendship. intimacy. company. fondness.
~ گرفتن با.
to become familiar or sociable with. to become fond of. to become intimately acquainted with, used or accustomed to.
پس از دوسال اقامت با شرایط روستا~گرفت.
after a two-year stay, he became accustomed to the conditions of the village.
having to do with one thousand. **اَلفی**
اِلقاء، تذکردادن، پیشنهادکردن، تلقین. suggestion. induction. hinting. intimation. insinuation. implication.
auto-suggestion. ~ بنفس.
deluding. to create doubt. ~ شبهه کردن.
to suggest. to inspire. to infuse. ~ کردن.
to induce. to impart. to communicate.
معلومات خود را به او~ کنید.
impart your knowledge to him.
suggested, inspired inductive. **اِلقائی**
الکتریسیته القائی، برق القائی.
inductive electricity.

اَلقاب (pl. of لقب).
titles. nicknames. family names.
pollination. impregnation. **اِلقاح**، لقاح.
in short. to sum up. at length. **اَلقِصّه**
sieve. to sift. **اَلَک**، غربال، الک کردن.
electron. **اِلِکتُرون**
electronics. **اِلِکتُرونیک**
electricity. electric. **اِلِکتریک**، الکتریسیته.
electric(al). **الکتریکی**، برقی.
alcohol. spirit of wine. **اَلکُل**
wood alcohol. wood spirit. methyl. ~چوب.
absolute alcohol. ~ مطلق.
alcoholic. **الکلی**
addicted to alcoholic liquors.
alcoholic beverages. spirit. مشروبات الکلی.
he is addicted to alcohol. او الکلی است.
مشروبات غیرالکلی.
soft drinks. nonalcoholic beverages.
اَلکَن، لال، دارای لکنت زبان.
stammering. stammerer. stutterer. faltering. lisping.
او با زبان ~ (بالکنت) پوزش خواست.
he stammered an apology.
اَلَکی، بیهوده، بیخود، بیدلیل.
for no reason. groundless. without any basis. phony.
او ~ خوشحال است.
he is happy for no reason (groundlessly).
pattern. **اُلگو**، نمونه، طرح، مدل، قالب.
mold. example. plan. sample. design. model.
God. divinity. theo-. **اَلله**، خدا.
by God. والله.
God is great. الله‌اکبر.
الله‌بختی، تصادفی، اتفاقی.
at random. haphazard(ly).
related to God. **اَللّهی**، خدائی، یزدانی.
divine. theological. godly. divinity.
believing in Ali's divinity. علی~.
اَلَم (آلام pl.)، درد، غم، اندوه، عذاب.
pain. grief. chagrin. affliction. sorrow.
pain and grief. درد و~.
diamond. brilliant. **اَلماس**
cut diamond. ~ تراشیده.
adamantine. made of diamond. diamond shaped. diamond like. الماسی، سخت، ~ مانند.
Olympiad. Olympic. **اُلمپیاد**، المپیک.
duplicate copy. **اَلمُثَنّی**
اَلَم‌شَنگه، سروصدا، مزاحمت، علم‌شنگه.
ruckus. commotion. nuisance. trouble.
bracelet. bangle. **اَلنگو**
flame. flare. blaze. **اَلو**، الاو، شعله.
lumber. **اَلوار**
اَلواط (pl. of لوط)، لوطی، ولگرد، عیاش.
rascals. lewd persons. clowns. wanton persons. buffoons. knave.
to act as buffoons. to act knavishly. to practise lewd (or wanton) acts. to indulge in lewd habits. ~ بازی‌کردن، الواطی کردن.
lewdness. buffoonery. **الواطی**
colours. variegated. (pl. of لون) **اَلوان**
farewell. **اَلوَداع**
divinity. godliness. **اُلوهیَّت**، خدائی.
اِله، خدا، الله، ایزد، یزدان.
God. a divinity. deity.
inspiration. revelation. **اِلهام**، مکاشفه، کشف.
~ یافتن، ~ داشتن، ~ شدن، ~ گرفتن.
to reveal by inspiration. to be inspired. to inspire. ~ کردن.

بمن ~ شدکه موفق خواهی‌شد.
I was inspired that you will succeed.
از طریق ~، الهاماً.
inspirational. by inspiration.
نویسندهٔ این‌کتاب ازسعدی ~ گرفته است.
the writer of this book has been inspired by Sa'di.
inspiring revelatory. **الهام‌بخش**
goddess. **اِلاهه**، الاهه.
divine. O' God! may God. **اِلهی**
thank God! ~ شکر.
~ خیر به‌بینی ای‌پسر.
O son, may God bless you!
theology. divinity. **اِلهیّات**
a theological school. seminary. مدرسهٔ ~.
up to. to. till. until. **اِلی**، تا.
to the end. and so forth. ~ آخر.
to eternity. for ever. ~ الابد.
filaments. **اَلیاف** (pl. of لیف)، رشته‌ها.
fibers. fibres. tissues.
synthetic fibers. ~ مصنوعی.
اَلیم، دردناک، سخت، ناگوار.
painful. dreadful. grave.
dreadful torture. عذاب ~.
to him. **اِلیه**، بهاو، بسوی او.
the mentioned man. he. him. مشار ~.
to her. **الیها**، به‌آن زن.
the said lady. she. her. مشار ~.
to them. **الیهم**، بهایشان.
am. my. mine. **ـ اَم**
(affixed to a noun or adverb).
I am tired. خسته ~.
my old book. کتاب‌کهنه‌ام.
mother. matrix. source. **اُم**، مادر.
matrix of diseases. ~ الامراض.
but. however. yet. **اَما**، ولی.
~ نگفتی چرا آمدی.
but you didn't say why you came.
but. as to. and concerning. now. و ~.
اَماثِل (pl. of مثل)، همانندها، اقران، مثل‌ها.
peers. equals. likes.
اُماج، آش‌اماج.
a pottage of vegetables and flour.
اِمارَت (امارات pl.)، امیری، حکومت، امیرنشین.
emirate. principality. rule. ruling. authority. jurisdiction. office.
the Emirate of Oman. ~ عمان.
دورهٔ ~ اوکوتاه بود.
the period of his rule (ruling) was short.
اِماره (امارات pl.)، نشان، علامت، برگه، مدرک.
sign. evidence. proof. indication. clue.
اَمّاره، آمر، امرکننده.
imperious. forcing. commanding.
concupiscence. lust. نفس ~.
اَماکِن (pl. of مکان)، امکنه، مکانها، منزلها، مسکنها. places. locations. habitations.
holy places. shrines. ~ مقدسه.
اماله، تنقیه.
enema. an injection. clyster.
to give enema to. to clysterize. ~ کردن.
اِمام، پیشوا، رهبر، پیشنماز.
Imam. pontiff. religious leader. prelate.
~ زمان، ~ عصر، صاحب‌الزمان.
the 12th Imam.
the chief mullah for friday prayers and ceremonies. ~ جمعه.
offspring of an Imam. shrine. امامزاده.
Imamate. **اِمامَت**، پیشوائی، پیشنمازی.
office of an Imam. leadership.

اَمان، امنیت، ایمنی، مهلت، پناه، بخشش. safety. security. peace. quarter. respite. grace.

او بمن ~ نمیدهد که بکارم برسم. he doesn't give me time to attend to my work.

~ از دست این بچه‌های شیطان! save me from these naughty children!

~ خواستن. to seek quarter. to beg pardon or grace.

~ دادن به. to give protection. to grant grace or respite.

به ~ خدا! may God speed you! God speed!

اَمانَت (امانت‌ها، امانات pl.)، درستی، اعتماد. honesty. trustworthiness. deposit. a trust. a parcel. a consignment.

~ بهترین سیاست است. honesty is the best policy.

~ او قابل تحسین است. his trustworthiness is commendable.

وجوه دربانك ~ گذارده میشود. funds are deposited with the bank.

به ~ نگاهداشتن. to hold in trust.

امانت‌دار، امین. trustee.

~ گذار. depositor.

اَمانتی given in trust. deposited.

اَمانی، انجام‌کار بطور نمایندگی. done or worked by direct administration.

اِمپراتور، امپراطور. emperor.

اِمپراتوری، امپراطوری. empire.

امپراتوری روم. the Roman Empire.

اَمپریالیست، توسعه طلب، استعمار طلب. imperialist. imperialistic.

امپریالیسم، توسعه طلبی، استعمار طلبی. imperialism.

اُمَّت،ملت،قوم،پیرو، مردم. nation. people. follower. a sect. believers.

امتثال، پیروی. complying with. following.

اِمتِحان (امتحانات pl.)، آزمایش، آزمون. examination. test. trying. trial. experiment. check up.

امتحانات نهائی اول خرداد شروع میشود. final examinations will begin on the first of Khordad.

~ رانندگی. driving test.

~ کتبی. written examination.

~ شفاهی. oral examination.

~ کردن. to examine. to give an examination to. to test. to try.

آموزگار آنها را ~ کرد. the teacher gave them an examination.

خلبان هواپیمای جدید را ~ کرد. the pilot tested the new plane.

~ دادن. to take an examination.

امتحاناً by way of examination. tentatively.

امتحانی pertaining to a test. tentative.

اِمتِداد، درازا، کشش، طول، ادامه، دنباله، توسعه، استطاله. prolongation. extension. continuation. direction. length. along.

در ~ ساحل. along the shore.

~ دادن، طول دادن، بسط دادن، ادامه‌دادن. to extend. to prolong. to continue. to lengthen. to elongate. to stretch.

اِمتِزاج، اختلاط، آمیزش،مخلوط‌سازی، ترکیب، سازش، ملقمه. commixion. mixing. blending. mingling. mixture. admixture. commixture. intermixture. alloyage. combination. union. amalgamation. fusion.

~ شکر با آب. mixing sugar with water.

~ قوانین مختلف. commixion of different laws.

~ (ترکیب) عناصر. combination of elements.

امتعه (متاع pl. of)، کالاها، اجناس. goods. products. articles of merchandise.

امتلاء، پری، سیری. surfeit. fullness. repletion. plethora. satiety. engorgement.

او بحد ~ غذا خورد. he ate to repletion. he ate to satiety. he gorged himself.

~، دل درد. engorgement. indigestion.

اِمتِناع، خود داری، رد، عدم قبول، انکار، سرباز زنی. refusal. abstention. refraining (from). non-acceptance. denial. rejection. repudiation. repulse.

~ کردن، ~ ورزیدن. to refrain (from). to abstain (from). to refuse. to decline. to repudiate. to abnegate. to rebuff. to repulse.

ازخوردن غذا ~ کرد. he refused to eat food.

از پذیرفتن پیشنهاد ~ ورزید. he declined to accept the offer.

امتنان، سپاس، تشکر، سپاسگزاری. thankfulness. gratefulness. obligation. appreciation. gratitude.

بدینوسیله مراتب ~ خود را ابراز میدارد. I hereby express my thanks (gratitude).

اِمتیاز (امتیازات pl.)، برتری، مزیت، اولویت، رجحان، تبعیض، تفاوت، فرق. distinction. privilege. preference. concession. advantage. point. credit. prerogative.

~ قائل شدن. to make a distinction. to give preference to.

صاحب ~، ~ دهنده. a concessionair. a grantor. holder of a permission to publish a newspaper.

~ انحصاری. exclusive concession.

او چه امتیازی برسایر دختران دارد؟ what privilege has she over other girls?

~ نامه. a writ (or act) of concession. a concession.

~ نفت. oil concession.

(دربازی) ~ بدست آوردن. to gain points (credit). to score.

~ داشتن‌بر. to have privilege (preference) over.

~ دادن‌به. to grant a concession to. to give a privilege to.

حق ~. royalty.

امتیازی pertaining to a concession.

امثال، امثله. examples. maxims.

اَمثِلِه، مثل‌ها، مثال‌ها، ضرب‌المثل‌ها. examples. instances. maxims.

اِمحاء، محوکردن، زدودن. erasing. annihilation.

اِمداد، یاری، مددکاری، کمك، مساعدت. assistance. help. succour. relief. aid.

~ کردن، کمك‌کردن. to help. to assist. to relieve. to re-inforce.

امدادگر، مددکار اجتماعی. social worker.

لشکری به‌امدادشان اعزام شد. an army was sent for their relief.

امدادی، کمکی، امدادیه. relief. re-enforcing. tending to give aid or relief.

پست امدادی. first aid station.

نیروهای امدادی. reinforcement troops.

دو امدادی. relay race.

اَمر (اوامر، امور pl.)، امریه، دستور، فرمان، موضوع،واقعه. affair. business. matter. concern. thing. work. event. circumstance. an order. a command. commandment. ordinance. dictum. behest. injunction. dictate. mandate. caveat. ukase.

~ کردن. to order. to command. to enjoin. to direct. to instruct. to dictate. to demand. to warrant.

~ و نهی. command and prohibition. command and injunction.

چه امری شما را وادار به آمدن اینجا میکند؟ what business forces you to come here?

امری که مردم سالخورده ترمیتوانند انجام‌دهند. a function that older people can perform.

در این امور دخالت نکن. do not interfere in these matters.

این ~ است نه تقاضا. this is a demand not a request.

سپس بما ~ کرد که آنجا را ترك کنیم. he then gave us the instruction to leave the place.

اُمَراء،امیران. rulers. commanders. emirs.

اِمرار، گذران، خرج، هزینه، اکتساب، کسب. passing. spending. earning.

~ کردن. to pass. to earn.

~ معاش کردن. to earn a livelihood. to make a living.

اَمراض (مرض pl. of)، بیماریها، مرض‌ها، ناخوشی‌ها. diseases. sicknesses. maladies.

~ مقاربتی. venerial diseases.

طب ~ داخلی. internal medicine.

~ مسری، امراض‌واگیردار. contagious diseases.

~ مزمن. chronic diseases.

اَمرود، گلابی، شاه میوه. (bot.) pear.

اِمروز، این روز. today. this day.

~ وفرداکردن. to procrastinate. to put off.

کار ~ را به‌فردا مگذار. do not leave today's task for tomorrow.

امروزی، متجدد، مطابق مد روز. of today. modern. up-to-date. au courant.

اِمروزِه، امروزه روز، اینروزها. nowadays. in these days.

اَمری imperative. of an imperative nature. ordered.

وجه ~. the imperative mood.

آمریکا America.

امریکائی. American.

اَمزِجه، مزاج‌ها. temperaments. constitutions.

اِمساك، صرفه‌جوئی، قناعت، خست، بخل. parsimony. excessive economy. avarice. thrift. abstemiousness. abstaining. restriction.

~کردن. to be thrifty (parsimonious). to abstain from. to withhold. to keep back. to skimp.

امسال، این‌سال. this year. the current year.

~ خیال سفر دارم. this year I am planning on a trip.

امسالی، امساله. belonging to this year.

اِمشب tonight. this night.

اِمشی، حشره‌کش. Imshi. insecticide

تلمبهٔ ~. Imshi sprayer.

اِمضاء، دستینه. signature. signing. approval. subscription.

~کردن. to sign. to subscribe. to approve. to undersign.

خواهشمندم سند را ~ کنید. please sign the document.

~ کننده، صاحب امضاء. signatory. the undersigned.

بامضاء رساندن. to have signed.

~ شدن. to be signed.

امضاهای جعلی. forged signatures.

امضای مجاز. authorised signature.

نمونهٔ ~. specimen signature.

اَمعاء (معی pl. of)، اندرونه، روده‌ها. bowels. intestines. viscera. guts.

~ واحشاء. viscera. entrails. guts.

اِمعان، ملاحظه، دقت، معاینه، بررسی. looking attentively. pondering over. careful consideration.

~ نظر کردن. to look attentively at.

اِمکان (امکانات pl.)، عملی بودن، شدنی بودن، احتمال، امر ممکن، اقتضا. possibility. practicability. feasibility. potentiality. likelihood. what is possible. contingency. chance. probability.

~ داشتن، ~ پذیر بودن. to be possible. to be practicable.

تا سرحد~، تا آنجاکه ~ دارد. as far as possible. as much as possible.

عدم~. impossibility.

امکان (عملی بودن) این نقشه. the feasibility of this plan.

خیلی ~ داردباران بیاید. it will rain in all likelihood.

بادرنظرگرفتن امکانات زمان ومکان. considering the possibilities of time and place.

امکان پذیر possible. probable.

امکان ناپذیر impossible.

اَمکِنَه (مکان pl. of)، مکان‌ها، جاها، منزل‌ها. places. localities.

اُمُّل،خاله‌زن، قدیمی‌مسلك، عوام. dowdy. fogyish. frumpish. old-fashioned.

زن~ وقدیمی مسلك.

اِملاء،دیکته، نوشتن،هیجی، نگارش. spelling. dictation. orthography.

~ او خوبست. his spelling is good.

کتاب ~. spelling book. speller.

~کردن. to spell.

باشتباه ~ کردن، غلط املائی داشتن. to misspell. to have spelling mistakes.

غلط املائی. misspelling.

اَملاح (ملح pl. of)، نمك‌ها. salts.

اَملاك (ملك pl. of). estates. properties.

اَمن peaceful. safe. safety. security.

شهر امن است. the city is peaceful.

مردم در امن وامان زندگی میکنند. people are living in peace and security.

اُمَناء (امین pl. of)، ثقات، امینان، اشخاص مورد اطمینان، معتمدان. trustees. those trusted. the trustworthy (persons)

هیئت ~. board of trustees.

اَمنِیَّت، امن وامان،صلح وصفا، ایمنی، آرامش، سلامتی، اطمینان. security. peace. protection. tranquility. peacefulness

این‌کشور ~خلیج فارس راتضمین‌میکند. this country guarantees the security of the Persian Gulf.

سازمان~ واطلاعات‌کشور. the Security and Information Organization. (s.a.v.a.k.)

اَمنیه، ژاندارمری. gendarmerie.

اَموات (میت pl. of)، مردگان. the dead.

عالم ~. the abode of the dead. the lower (nether) world.

اَمواج (موج pl. of)، موجها. waves. undulations. tides. frequencies.

اَموال (مال pl. of)،کالاها، مالها، خواسته‌ها. goods. property. possessions. wealth.

~ منقول. movable property. chattel.

~ غیر منقول. immovable property. real estate. realty.

اُمور (pl. of امر)، امورات، کارها، موضوعات. things. affairs. matters. works.

وزارت ~ خارجه . ministry of foreign affairs.

وزیر ~ خارجه. secretary of state. minister of foreign affairs.

~ روزمره. daily matters (routine).

امونیاك، آ...اك. amonia.

اُمَوی ، بنی‌امیه، امویان. the Omayyad (dynasty). Ommayyades.

اُمَّهات (pl. of ام)،مادران، مسائل مهم. important things. the main (thing)

اَمیال (pl. of میل) desires. longings

امیال شهوانی. concupiscible desires.

اُمید،امیدواری، آرمان، چشمداشت، آرزو. hope. esperance. expectation.

~ داشتن. to have a trust on. to hope.

نا امیدشدن. to despair. to be disapppointed.

دماغهٔ ~ نیك. Cape of Good Hope.

امیدش برآورده‌شد. his hope was fulfilled. he attained his end.

~ است طرحهای دولت با موفقیت روبروشود. it is hoped that the government's projects will succeed.

او ناامید شد. he became disappointed.

تو تنها ~ منی. you are my only hope.

~ بخش. promising. encouraging. hope-giving.

او خبر ~ بخشی آورد. he brought encouraging news.

آیندهٔ ~ بخش. a promising future.

امیدوار hopeful. expectant. expecting.

اینقدر امیدوارنباش. don't be so hopeful.

امیدوارم آنجا برسی. I hope you will reach there.

امیدواری، انتظار. hopefulness. expectancy. hope. esperance.

اَمیر، رئیس،شاهزاده، سلطان، حاکم، فرمانفرما. prince. chief. commander. emir.

~ البحر. admiral.

~ لشکر. commander of a division.

امیرالمؤمنین . the chief of the faithful (Ali's title).

امیرنشین emirate.

اَمین trustworthy. honest. faithful trusted. trustee. loyal. reliable.

او آنقدرها که تو فکر میکنی ~ نیست. he is not as honest as you think.

اُمَیَّه، بنی‌امیه، امویان. the Omayyads. Ommiads.

اَن، عن، گه، فضله، فضولات. shit. excrement.

اِنابَت، انابه، گریه وزاری، التماس، ندبه، توبه. coming back (to God). repentance penitence. contrition. compunction.

اُناث (pl. of انثی)،زنان، نسوان. females. women.

~ وذکور. female and male.

اُناثی، اناثیه. female. girls'. women's.

مدرسهٔ اناثیه. girls' school.

اَنار، نار. (bot.) pomegranate. carthaginian apple. punica granatum.

انارستان a pomegranate orchard.

اَنام، نوع بشر، مخلوقات. mankind. creatures.

اِنانیَّت، خودپسندی، منیت، خودنمائی. egotism. selfishness.

اَنبار، مخزن. warehouse. store. depot. reservoir. storage. barn. granary. shed.

~ غله. granary. silo. elevator.

~ کردن. to store. to hold. to stock.

to speculate. to accumulate.

~ دار. storekeeper. warehouseman.

~ داری. warehousing. storekeeping.

~ مهمات. ammunition depot (dump).

آب ~ . water reservoir. cistern.

اَنبارِه، اکومولاتور. accumulator.

انباری for storage. belonging to a warehouse. stored up in a warehouse.

اَنباز، شریك، همدم، همکار، مصاحب. partner. associate. companion. cohort

انبازی، مشارکت، همدمی، مساهمت. partnership. companionship.

انباشتگی، پری، تراکم. repletion. accumulation. jamming (up). fullness. jam. plenitude.

انباشتن، انبارکردن، متراکم کردن، احتکار کردن، جمع کردن، گردآوردن، اندوختن. to fill up. to cram. to store (up). to hoard. to pile up. to accumulate. to stuff. to jam. to pack. to heap up.

~ کالا. to store (pile up) merchandise.

~ (احتکارکردن) آذوقه. to hoard provisions (foodstuffs).

ثروت ~ . to pile up wealth.

بالش را باپر انباشتن. to stuff a pillow with feathers.

انباشته filled. crammed up. jammed. stored. piled up. replete.

اَنبان، کیسهٔ چرمی، همیان. a scrip. leathern bag. bellows.

اَنبانه leathern bag. bellows.

اَنبُر، انبرك. tongs. pincers. nippers.

~ دستی. pliers.

~ جراحی. forceps. nippers.

اَنبُرَك، انبره. tweezers. pincers. forceps. nippers.

اِنبساط، شادی، سرور، نشاط، خوشی، بسط، گسترش، اتساع، توسعه. gaiety. cheerfulness. mirth. joy. recreation. expansion. dilatation. stretching or spreading out. dilation. diastole.

~ (گسترش) بخار. expansion of steam.

قابل ~. expansible. expansive. expansile.

قابلیت ~، ~ پذیری. expansibility. expansiveness.

انبساط‌آور، انبساطی. giving joy. mirthful. recreative. expansionary. expansive.

اَنبوه، پرپشت، پرجمعیت، جمعیت، گروه، ضخیم، بیشمار، پردرخت، جماعت، زیاد، فراوان. crowd. crowded. abundant. thick. dense. luxuriant. bushy. overcrowded. tufty. fullness. mob. multitude. large number. thickset.

جنگل ~. a thick (dense) forest.

این آب وهوا ~ ترین رشد جنگل را ممکن میسازد. this climate makes possible the most luxuriant forest growth.

ابروان ~ (پرپشت). bushy (shaggy) eyebrows.

~ کردن. to make crowded. to render thick or compact. to make abundant or luxuriant. to make dense. to pile up.

~ شدن. to crowd. to throng. to become thick (as forest). to luxuriate. to become dense. to pile up.

مردی با ریش ~ . a thick-bearded man.

انبوهی‌از مردم درمیدان جمع شده بودند. a multitude of people had gathered in the square.

انبوهی thickness. bushiness. tuftiness. abundance. luxuriance. congestion. denseness.

اَنبه (bot.) mango. mangifera indica.

اَنبیاء (pl. of نبی)، پیامبران. prophets

اَنبیق alembic. retort. still.

اِنتحار، خودکشی. suicide. self-slaughter.

~ کردن. to commit suicide.

اِنتحال، دزدی ادبی. plagiarism.

اِنتخاب، گزین، گزینش، گلچین، انتصاب، تعیین. selection. choice. election. excerpting. ordaining. appointing.

~ طبیعی. natural selection.

~ ...ای برای شخص. choosing a job for a person.

~ رئیس جمهور. election of the president.

~ پیراهن نو. selection of a new shirt.

~ کردن. to select. to choose. to elect. to pick out. to appoint. to adopt. to extract.

انتخاب‌کردن نمایندهٔ مجلس. to elect a parliament deputy.

کراوات قشنگی ~ کرد. he picked out a nice-looking tie.

انتخابات (pl. of انتخاب). elections.

انتخابات عمومی. the general elections.

انتخابی، انتخابیه، انتخاباتی. elective. elected. by choice. appointed. electoral.

اوسناتور ~ است‌نه‌انتصابی. he is an elected and not an appointed senator.

اِنتزاع، جداسازی، دورسازی، تجزیه، جدائی، تفکیك. wresting. removing forcibly. disuniting. disconnecting. wringing. parting. detaching. severance. separation. disjunction.

~ کردن. to sever. to wrest. to remove forcibly. to separate. to disunite. to disconnect. to part. to detach. to isolate. to segregate.

~ تاج و تخت از وارثان قانونی. to wrest the throne from the legal heirs.

~ دین (کلیسا) و دولت. separation of church and state.

اِنتِساب، وابستگی، نسبت، ارتباط، رابطه، خویشاوندی. relation. kinship. affinity. attribution. connection. descent. lineage.

او با آن خانواده انتسابی ندارد. he has no relation with that family.

اِنتشار، پخش، گسترش، توزیع، چاپ، جریان. spreading abroad. propagation. noising abroad. divulging. diffusion. publication. circulation. broadcasting. publishing.

~ دادن، پخش‌کردن. to spread. to noise abroad. to propagate. to disseminate. to diffuse. to divulge. to issue. to broadcast. to publish. to bruit.

~ یافتن، منتشر شدن. to be disseminated (published, spread about.)

~ یك کتاب. publication of a book.

کتاب ~ یافت. the book was published.

~ اسکناسهای جدید. circulation of new bank notes.

اِنتِصاب (pl. انتصابات) انتخاب، تعیین، نصب، نامزدسازی. appointment. designation. being set up. nomination.

سناتور ~ گردید. the senator was appointed.

~ جنابعالی را بسمت جدیدتبریك‌عرض‌میکنم. I congratulate you on your appointment to the new position.

انتصابی appointed. designated.

اِنتِظار، صبر، شکیبائی، نگرانی، اضطراب، چشم بهراه، نگرش، توقع. expectation. waiting. waiting for. awaiting. expecting. expectancy. anticipation. looking forward to.

انتظارداشتن. to expect. to look forward to. to anticipate to foresee. to prepare for. to predict.

اودر ~ فرصت است. he waits for a chance. he is looking for a chance.

در ~ پاسخ مساعد شما. awaiting your favourable reply.

در ~ کامیابی شما. in anticipation of your success.

در ~ آمدن او هستم. I am awaiting his arrival.

از شما چنین انتظاری نداشتم. I didn't expect this from you.

مرد عاشق همیشه در ~ دیدار معشوق است. a man in love is ever expectant to see the beloved.

~ دارم که فردا بیاید. I expect (predict) that he will come tomorrow.

اتاق ~. waiting room.

اِنتِظام (pl. انتظامات) ، انضباط، تربیت، دیسیپلین، نظم، آرایش، هم‌آهنگی. order. discipline. methodical (arrangement). system. orderliness. regularity.

جهت حفظ ~ یك دسته پلیس به هتل اعزام‌شد. to preserve order a group of policemen was dispatched to the hotel.

انتظامی disciplinary.

اقدامات انتظامی. disciplinary measures.

اِنتفاع profit. gain. profiting.

اِنتفاعی profit producing. profit making.

مؤسسهٔ غیرانتفاعی. a nonprofit organization.

اِنتقاد (pl. انتقادات)،خرده‌گیری، ایراد، نقد. criticism. critique. finding fault with.

عملی شایستهٔ انتقاد. an act deserving criticism.

هر روزی را وسیلهٔ انتقاد روزپیش قرار ده. make each day a critic on the last.

انتقادکردن. to criticise. to find fault with. to censure. to excoriate. to blame. to reprove.

~ آمیز، انتقادی. liable to criticism. critical.

اِنتقال، نقل وانتقال، تحول، ارسال ، فرستادن، حمل ونقل، باربری، مخابره. transition. transfer. shift . transference. transfusion.

آنچه بنظر مرگ میآید انتقالی‌است ازعالم‌فانی بعالم علوی. what seems death is a transition from life mortal to life Elysian.

~ کارمند. the transfer of an employee.

~ خون. blood transfusion.

~ دادن، حمل‌کردن، ترابری‌کردن. to transfer. to convey. to transport. to translocate. to bear. to conduct. to carry. to turn over to.

~ یافتن، منتقل شدن. to be transfered or conveyed. to be conducted.

او بشهر دیگری ~ یافت. he was transfered to another city.

غیر قابل ~. inalienable. untransferable.

اِنتِقام، خونخواهی. revenge. vengeance.

از روی کینه و ~. out of spite and vindictiveness.

جنایتکاران ایتالیائی عادت به ~ دارند. Italian criminals are addicted to vendetta.

این بانتقام آن (این بتلافی آن). tit for tat.

~ گرفتن، ~ کشیدن. to revenge. to take vengeance. to avenge.

~ جویانه. vengeful. vindictive. revengeful.

~ گیر، ~ گیرنده. avenger.

انتقامی retaliatory. retributive. vindictive.
اِنتها، پایان، خاتمه، اتمام، نهایت، غایت،ختام. end. extremity. termination. close. conclusion. finis. finish. finale. expiration. halt. terminus. (fig.)
به ~ رساندن. to finish. to end. to terminate. to conclude.
هرچیزی انتهائی دارد. there is an end to everything.
انتهای فوقانی ساختمان. the upper extremity of the building.
در انتهای جلسه. at the close of the meeting.
در انتهای مسابقه. at the conclusion of the contest.
او مبارزهٔ خود را تا ~ ادامه داد. he continued his fight to the finish.
انتهائی، نهایی. final. terminal. stopping. conclusive. expiratory. last.
اَنتیموَن antimony.
~ مقی (قی‌آور). tartar emetic.
اَنجام، پایان، فرجام، سامان، اجرا، تکمیل. conclusion. ending. settlement. termination. performance. completion. fulfillment. accomplishment.
~ قرار داد. the conclusion of a contract.
چنین چیزی ~ پذیر نیست. such a thing cannot be done (performed).
کار بخیر انجامید. the affair ended well.
اجرای طرح بطول انجامید. the execution of the project was prolonged.
~ کار. completion (performance) of the job.
~ دادن. to do. to perform. to fulfill. to accomplish. to conduct.
به ~ رساندن. to do. to end. to finalize. to bring to a conclusion. to conclude.
آنها مذاکراتی ~ دادند. they conducted certain negotiations (talks).
اَنجامیدَن، انجام شدن، نتیجه دادن. to be accomplished. to be fulfilled.
بطول انجامیدن. to take long. to be prolonged.
اِنجماد، انعقـاد، تصلب، یخ زدگی. congelation. freezing. concretion. solidification. coagulation.
قابل ~. congealable.
نقطهٔ ~. freezing point.
اَنجُمَن، نشست، جلسه، اجتماع، میتینگ. society. association. assemble. assembly. meeting. gathering. club. council.
~ شهر. town council. municipal council.
~ خانه و مدرسه. parent-teachers association (P.T.A.)
~ بین‌المللی توسعه وترمیم. International development and reconstruction association.
آنها ~ کردند. they had a gathering.
~ تشکیل دادن. to form a society (meeting). to hold a gathering.
اَنجیر، درخت انجیر، میوهٔ انجیر. (bot.) fig. ficus carica. common fig tree.
اِنجیل (pl. اناجیل)، مژده. the gospel. evangelion. evangel.
انجیلی. evangelical.
اَنحاء (pl. of نحو)، گونه‌ها، روشها. methods. ways. manners.
بنحوی از ~. by any means possible. somehow. by hook or by crook.
اِنحِراف، کجروی، تغییر مسیر، کجی، گمراهی. deviation. (astr.) inequality. (phys.) declination. detour. swerving. obliquation. deflexure. diversion. aberration. divagation. perversion.
~ مسیر ستاره. deviation in the course of a star.
درخط سیرخود انحرافی بنما. make a detour in your course.
او در لحظهٔ ~ پول دزدید. he stole money in a moment of aberration.
~ جنسی. sexual deviation. sexual perversion.
~ ورزیدن. to deviate. to swerve. to divert. to obliquate. to aberrate. to divagate.
انحرافی deviational. swerving. declinatory.
اِنحِصار، محدودیت، انزوا. monopoly. confinement. insularity. exclusivity.
انحصاری monopolistic. exclusive.
اِنحِطاط degeneration. decline. decadence. deterioration.
رو بانحطاط گذاردن. to decline. to be degraded or lowered. to be depressed. to be degenerated. to fall into decadence.
اِنحِلال، تعطیل، زوال، الغاء، لغو. dissolution. disorganization. liquidation. breaking up.
~ بك شرکت. dissolution of a company.
~ یافتن، منحل شدن. to be liquidated. to be dissolved (disorganized)
اِنحِناء، خمیدگی، کجی، میل. curvature. curve. state of being curved or bent. bending. bend. twist.
~ ستون فقرات. curvature of the spine.
~ رودخانه. the bend of the river.
قابل ~. flexible. pliable. elastic.
غیرقابل ~. inflexible. inelastic. rigid.
~ پذیری. flexibility. pliability. elasticity.
اَند، معدود، کم، از ۳ تا ۹ ، اندکی، کمی. small number. any number from 3 to 9. fraction. some. something.
سه‌ماه‌واندی. something over three months.
انداختَن، پرتاب کردن، حذف کردن، ازپای در آوردن، مـریض کردن. to throw. to cast. to fell (trees). to omit. to shoot. to hurl. to toss. to overthrow. to put. to disable. to weaken.
بار ~. to unload.
بر ~. to overthrow.
بیرون ~. to throw away. to throw out. to expel. to discharge. to eject. to pull out.
بجریان انداختن. to put into circulation. to circulate. to send around.
بزیر ~. to bend. to throw down.
حسن سر خود را بزیر افکند. Hassan bent down (lowered) his head.
او درخت را انداخت. he felled the tree.
پس ~ to beget (a child). to give birth to. to bring forth. to delay the payment of. to put in arrears.
پشت‌گوش ~. to put off from remissness. to neglect. to disregard.
پشت‌هم ~. to set intriguues on foot. to pack cards. to tell tales or lies.
تیر ~. to shoot. to throw arrows.
جا ~. to set (a bone). to reduce a dislocated bone. to put in the right place. to fix.
چشم ~. to set eyes on. to cast a glance at.
دست ~، دست اندازی‌کردن. to make fun of. to make a fool of. to play the fool with. to pull one's leg. to trespass.
دور ~. to discard. to throw away (out). to refuse. to reject. to get rid of. to dispose of. to junk. to scrap.
رو ~. to ask one a favour. to request.
عقب ~. to delay. to put off. to postpone. to set back.
به آب ~ کشتی. to launch a ship.
(کالائی)رابکسی ~. to gyp (swindle) someone. to sell off fraudulently (some goods).
ازکار ~. to disable. to weaken. to exhaust. to discharge. to dismiss from a position. to put out of order. to stop.
ازپا ~. to make extremely exhausted. to disable.
از نفس ~. to exhaust one. to wind. to cause one to fall short of breath.
بزندان ~. to imprison. to jail. to throw (one) into jail. to incarcerate.
توپ را بهوا ~. to throw the ball into the air.
سکه را بهوا ~. to toss the coin into the air.
سنگ ~. to fling a stone. to lapidate.
قرعه ~ (کشیدن). to cast a lot.
اَندازه، حجم، مقیاس، حد،میزان، درجه، ابعاد. size. dimension. measure. measurement. extent. gauge. pattern. moderateness. magnitude. scope. calibre. quantity. dose. amount.
~ کفش شما چیست؟ what is the size of your shoes?
درازای پارچه را ~ بگیرید. measure the length of the cloth.
اندازهٔ زمین سه میل است. the land's measurement is three miles.
اندازهٔ معین. standard gauge (size).
اندازهٔ دهانهٔ لولهٔ تفنگ (کالیبر تفنگ). the calibre of a gun.
حد و ~ای برآن متصور نیست. there is no limit to it.
بی ~. beyond measure. a great deal.
~ گرفتن، اندازگیری کردن. to measure. to take the measurement of. to fathom.
~ نگاه داشتن. to follow (observe) moderation.
~ گیری. measurement. mensuration.
اَندام، عضو، قامت، تناسب. a limb. an organ. member.
~های مصنوعی. artificial limbs.
اندامی. organic.
اندامگان (در زیست‌شناسی). organism.
اَندر، در درون. inside. in. within.
اَندرز an advice. counsel.
~دادن. to advise. to counsel. to admonish.
اَندَرون، درون، اندرونه.داخل،داخلی، احشاء. the interior (of a house). the bowels. the inside. viscera.
اندرونی internal. inner. private quarters.
اَندَرونه the viscera. inner parts.
اَندَك، کم، قلیل، ناچیز، معدود، انگشت شمار. little. few. meagre. scanty. small.
اندکی صبر. a little patience.
آنها شماره‌شان ~ بود. they were few in number.
نیروی ~ او. his puny strength.
اندکی صبرکن. bide a wee. wait a bit.
بخش اندکی ازپول. a tiny fraction of the money.
~ اندك. littte by little.
اَندُلس، اسپانیا، اسپانیول، اسپانیائی. Spain. Andalusia. Spanish. Spaniard.
اَندوختَن، ذخیره‌کردن، پس‌اندازکردن. to amass. to hoard. to treasure. to save. to put away. to accumulate. to store. to acquire. to pile up.
علم ~. to acquire knowledge.
اجناس را ~. to hoard goods.
ثروت ~. to pile up (amass) wealth.
اندوخته، ذخیره، پس‌انداز، انباشته. amassed. hoarded. treasured. accumulated. acquired. saved. saving.
اندود plaster. incrustation. incrusted. plastered. besmeared.
اندودکردن. to plaster. to incrustate. to plate. to inlay. to smear. to besmear. to cover over. to cover with a thin layer.
تیرها را با قیر اندود میکنند (میپوشانند). they smear the poles with tar.
زر ~ کردن. to plate with gold. to gild. to inlay with gold. to incrustate with gold.
قیر~. tarred. besmeared with tar.
اندوده. plastered. incrusted. smeared. inlaid. plated.
اَندوزَنده amasser. acquirer. accumulating.
اَندونزی (کشور). Indonesia.
اَندوه، اندوهناکی،انده،غم، غصه،رنج،پریشانی. grief. sorrow. chagrin. care. anxiety. sadness. distress. contrition. remorse.
او اندوه بسیار داشت. she was filled with grief (sorrow).
جائیکه اندوه‌لانه‌گزیند خواب هرگز بدانجاراه نمی‌یابد. where care lodges sleep will never lie.
اندوهش در زنش نیز تأثیرکرد. his sadness affected his wife too.
اندوهناك، اندوهگین، غمزده،غمگین. sad. sorrow-stricken. afflicted. melancholic. melacholy. gloomy. saddened. depressed. sorrowful.
داستانی است بس اندوهناك. it is a tale of much gloom.
اندیش think thou. (also used in combs. as in: دوراندیش).
اَندیشمَند thinker. sage. thoughtful.
اندیشناك، بیمناك، درفکر فرورفته. anxious. worried. thoughtful.
اَندیشه، فکر، خیال، نگرانی. reflection. meditation. cogitation. thinking. thought. speculation. deliberation. pondering. rumination. contemplation.
~ کردن، اندیشیدن. to think. to reflect. to ponder.
~ها ومقالات بقلم یکی از نویسندگان والای ما. reflections and essays by one of our finest writers.
انزوای اجباری بهاو فرصت ~ داده است. enforced seclusion has given him opportunity for meditation.
پس از اندیشهٔ بسیار با این نقشه موافقت نمود. he agreed to the plan after considerable cogitation.
بدون ~ کارکردن. to act without thought.
پس ازاندیشهٔ ژرف برآن‌شدکه پزشکی بخواند. after deep deliberation he decided to study medicine.
دربارهٔ وقایع تاریخ اندیشیدن. to ponder the events of history.
اندیشه‌کردن، اندیشیدن،فکرکردن، بیم‌داشتن. to think. to reflect. to worry. to ponder. to meditate. to speculate. to deliberate. to ruminate. to incubate. to mistrust.
اِنرژی، نیرو. energy.

~ اتمی. atomic energy.
~ برقی. electrical energy.
~ پتانسیل. potential energy.
~ تابشی. radiant energy.
~ جنبشی. kinetic energy.
~ هسته‌ای. nuclear energy.
اِنزال، نزول، فرودآمدن، انزال شدن. seminal effusion. causing to descend. ejection. ejaculation.
~ کردن. to cause seminal effusion.
مجاری ~. ejaculatory ducts.
~ نمودن. to ejaculate.
انزالی ejaculatory.
اِنزِجار، نفرت، بیمیلی. aversion. disgust. repulsion. hatred. dislike.
باسکوت ~ خودرا نشاندادند. they showed their disgust through silence.
اِنزِوا، دور افتادگی، تنهایی. seclusion. isolation. retirement.
انزواگرائی، انزوا طلبی. isolationism.
اُنس، الفت، معاشرت، آشنائی، خوگیری. familiarity. tameness. sociability. acquaintance. fellowship. fondness.
او با ~ و الفت با آنزن رفتار کرد. he treated her with familiarity.
مجلس ~. a sociable (social) gathering.
~ گرفتن با، مأنوس شدن. to become familiar with. to become used to. to associate with. to become tame. to become fond of.
~ پذیری، ~ گیری، اجتماعی بودن. sociability.
او آدمی باغم آشنا و ~ گرفته با اندوه است. he is a man of sorrows, acquainted with grief.
اِنسان، آدم، بشر، شخص، فرد، متمدن، مؤدب. mankind. human. man. person. individual. urbane. homo sapiens. civilized. anthropo-.
برای خوبی نوع ~(بشر). for the good of mankind.
انسانی دارای خصائص نیکو. a person (individual) of good qualities.
او شخص بسیار انسانی است. he is very urbane (civilized).
شبیه ~، ~ شکل. anthropomorphic.
انسانی human. humanistic. humane. anthropoid. manlike.
غیر~. inhuman. inhumane.
علوم انسانی. humanities.
اِنسانیّت، بشریت، ادب، تمدن، بشردوستی، صفات انسانی. humanity. courtesy. urbanity. philanthropy. human qualities.
انسانیت داشتن، انسان‌بودن. to be courteous. to observe the rules of civility or etiquette. to show humanity. to act as a human being.
اِنسِجام، روانی، سلاست، فصاحت. polish. fluency. versatility.
اِنسِداد، بستگی، بسته‌شدن، منع. obstruction. hindrance. obturation. being closed or stopped. clogging. stoppage.
~ روده‌ای. intestinal obstruction.
انسدادی obstructive.
اَنسولین insulin.
اِنشاء، نگارش، تحریر، نوشتن، سبك نگارش. composition. redaction. writing. style. inditement. essay.
~ انگلیسی. English composition.
~ او روان بود. his writing was fluent.
سبك ~ او بسیار دلپذیر است. his style (of writing) is very graceful.
~ کردن. to indite. to create. to write. to produce. to compose. to originate. to dictate. to put together.
انشاءالله، بخواست خدا، اگر خدا بخواهد. if God pleases. God willing. Deo volente. may God desire so.
~ فردا ساختمان را شروع خواهیم کرد. God willing, we will begin the construction tomorrow.
انشائی creative. originative. epistolary. to be composed. stylistic. compositional.
اِنشاد reciting.
~ کردن. to recite.
اِنشِعاب، شاخه‌سازی، تفرقه، جدائی، تقسیم، بخش. branching (off). ramification. furcation. forkedness. schism. separation. division. disunion. severance. service line. embranchment. extention line.
~ راهها. branching out of the roads.
در این حزب انشعابی وجود ندارد. no division exists in this party.
این سرویس دارای یك خط انشعابی است. the service has an extention line.
حق ~. membership fee for telephone, water or electricity.
~ رودخانه. embranchment of a river.
انشعابیون separationists. segregationists.
انشعابیون حزبی. separatists in the party.
اِنشِقاق splitting. division. schism.
اَنصار(ناصر pl. of)، یاران. friends. helpers. Mohammad's comrades.
اِنصاف، عدالت، داد، رفتارعادلانه. equity. justice. fairness. fair treatment. equitableness. (colloq.) square deal.
~ داشتن. to be fair, equitable, or just.
با ~. fair. just. equitable unbiased.
خانه‌های ~ روستاهای ایران. the houses of justice of Iranian villages.
بی‌انصاف. unjust. unfair.
این بی‌انصافی را درحق او نکنید. don't do this injustice to him.
اِنصافاً، ازروی~، واقعاً، منصفانه، بدون‌تبعیض. justly. fairly. to be just. indeed. without any prejudice. equitably.
انصافاً خوب کار کرد. he honestly did a good job.
اِنصِراف، روی‌گردانی، صرفنظر، تغییر عقیده. dispensing with. giving up. disregarding. changing one's mind.
~ حاصل کردن. to dispense with. to give up. to change one's mind.
از رفتن ~ حاصل کرد. he changed his mind about going.
اِنضِباط، نظام، نظم، دیسیپلین، ترتیب. discipline. order. control.
با ~. disciplined. orderly.
انضباطی، تنبیهی. disciplinary.
سربازان با انضباطی هستند. they are well-disciplined soldiers.
اِنضِمام، پیوستگی، اتصال، شمول، الحاق، افزایش. annexing. including. attaching. joining. annexation. acquiring. combination. affixing.
به ~. together with.
این چند صفحه به ~ بقیه. these few pages together with the rest.
اِنطِباق، توافق، سازگاری، مناسبت، سازش. conformity. fitness. adaptation. application. superposition. adjustment.
رفتارش با ایده‌آلهایش ~ داشت. his behaviour was in conformity with his ideals.
عقایدشان را با واقعیت عملی ~ دادند. they reconciled their ideas with practical reality.
اَنظار (نظر pl. of)، دیدها، چشمها. views. looks. glances. sights.
اَنعام (نَعَم pl. of)، چهارپایان، شتران. camels. cattle.
اِنعام (نعمت pl. of)، بخششها، جایزه، هدیه. bonus. gratuity. tip. reward. gift. generosity. perquisite. pourboire.
~ گرفتن. to receive a gratuity or tip.
~ دادن. to grant a favour. to pay a tip.
او شیئی گمشده را بصاحبش داد و ~ گرفت. he delivered the lost article to the owner and received his reward.
~ پیشخدمت. a pourboire (tip) for the waiter.
~ گیرنده. gratuitant. receiver of tip.
اِنعِطاف، پیچش، روی‌گردانی، انحناء، نرمی. flexibility. suppleness. adaptability. pliability. malleability. plasticity.
او بایستی ~ بیشتری نشان‌دهد. he must show greater flexibility.
~ پذیر. flexible. supple. compliant. pliant. pliable. malleable. ductile.
اِنعِقاد، بستن، تنظیم، تشکیل، دلمه‌شدن. conclusion. drawing up. coagulation. congelation. clotting. clabber. thickening. curdling.
~ قرار داد. the conclusion (drawing up) of a contract.
~ جلسه. holding a meeting.
~ شیر. coagulation of milk.
گوئی در اثر وحشت دچار ~ خون شده بود. It looked as if his blood was congealed through horror.
~ (لخته‌شدن) خون. the clotting of blood. blood clot. blood coagulation.
~ پذیر. coagulable.
~ پذیری. coagulability.
اِنعِکاس، واکنش، بازتاب، تصویر، پژواك. reflection. reverberation. echo. image. repercussion. reflex. recoil. reflexion.
زاویهٔ ~. angle of reflection.
~ صدا، پژواك. sound echo.
قابلیت ~. reflexibility.
قابل ~. reflexible.
غیر قابل ~. irreflexible.
~ داشتن. to reflect. to reverberate. to have a reflection. to echo. to rebound. to recoil. to reecho.
انعکاسی reflexive. echoic. reverberative.
اِنفاق، اعانه، کمك، خیریه، عطیه، بخشش. sustaining. nourishing. contribution. donation. charity payment.
همهٔ ثروت خود را در راه خیرات ~ کرد. he donated his entire wealth for charity.
اِنفِجار، ترکیدن، فوران، شکافتن. explosion. bursting. detonation.
~ بمب. explosion of a bomb.
~ نارنجك دستی. bursting of a hand grenade.
~ کردن. to burst. to explode. to detonate. to erupt. to dehisce.
انفجاری eruptive. dehiscent. explosive. detonating. bursting.
اِنفِراد، یکتائی، یکنفری، تجرد، انزوا، خلوت نشینی، تنهائی. singleness. individuality. single life. solitude. isolation. uniqueness.
انفراداً، بالانفراد، یکنفره، تنهائی. individually. singly. alone.
او بصورت انفرادی زندگی میکند. he lives in isolation (solitude).
اِنفِصال، جدائی، متارکه، اخراج از خدمت. discharge. dismissal. separation.
~ کارمند. discharge of an employee.
~ کردن، منفصل کردن. to discharge. to sever. to fire. to dismiss.
اِنفِعال، شرمساری، سرافکندگی، خجلت، واکنش. shame. (phys.) reaction. humiliation. abashment. disgrace.
مایهٔ ~ است. it's a shame.
فعل و ~. action and reaction.
او دچار ~ (شرمندگی) بسیاری شد. he underwent a great humiliation.
انفعالی، انفعالاً، واکنشی، از روی شرمساری. passive. passively. by reaction. shamefully. reactionary. reactive.
حرکت انفعالی. a passive action.
انفکاك، منفك‌شدن. separation. disjunction.
اَنفیَه snuff.
~ دان. snuffbox.
اِنقِباض (انقباضات pl.)، جمع شدگی، یبوست. contraction. flexing. shrink. shrinkage. systole.
~ عضله. muscle contraction. flexing a muscle.
قابل ~. contractile.
قابلیت ~. contractility.
اِنقِراض (انقراضات pl.)، نابودی، انهدام. fall. decline. downfall. overthrow. overturn. end. extinction. annihilation.
~ یافتن. being cut off (or overthrown). to fall. to decay.
~ سلاطین مغول در ایران. the overthrow of Mongol rulers in Iran.
~ نسل بشر. the annihilation of the race of man.
اِنقِسام، تقسیم، جدائی، تفکیك. division. partition. act of dividing.
اِنقِضاء، پایان، اتمام، نهایت، انجام، فرجام. end. termination. expiration. lapse. maturity.
دوران حکومتش ~ یافت. his period of government came to an end.
در ~ مدت. at the expiration (termination) of the period.
پس از ~ سه سال. after a lapse of three years.
تاریخ ~ سفته. the maturity date of the promissory note.
اِنقِطاع، قطع، فاصله، جدائی، اختتام، وقفه. separation. cessation. being cut off. interruption. discontinuity. disconnection. severance.
~ دشمنی‌ها. the cessation of hostilities.
~ یافتن. being cut off. ceasing.
من بدون ~ به‌او مینگریستم. I looked at her without cease (ceaselessly).
اِنقِلاب (انقلابات pl.)، شورش، بهم‌خوردگی. revolution. insurgence. upheaval. solstice. cataclysm.
~ فرانسه. the French revolution.
~ صیفی. summer solstice.
~ کردن. to revolt. to start a revolution. to uprise. to insurge.
کاوهٔ آهنگر برضد ستمگری ~ کرد. Kaveh the blacksmith revolted against tyranny.
انقلابی revolutionary. revolutionist. solstitial.
شورای ~. revolutionary council.
دادگاه ~. revolutionary court.

انقلابیون. the revolutionists (revolutionaries).
اَنقوزَه، انقوزه هراتی. asafetida.
اِنقیاد، اطاعت. submission. obedience.
اِنکار، تکذیب، رد. denial. disavowal. disclaiming. disowning. (law) traverse. negation. renunciation.
~ او در مورد گرفتن پول. his denial about taking the money.
~ رسمی وزیران. the official disavowal of the ministers.
انکار کردن. to deny. to disavow. to negate. to disclaim. to disown. to renounce. to disparage. to refuse. to abjure. to recant.
او گناه خود را ~ میکند. he denies his guilt.
انکاری negatory. based on denial.
اِنکسار، شکستگی، سرافکندگی، انحراف مسیر. fracture. rupture. refraction. being broken. contrition. despondency.
~ نور. refraction of light.
قابل ~. refrangible. refractive.
اَنگ، علامت، مارك، نشان، برچسب. brand. hallmark. mark.
اِنگار (انگاشتن imp. of) تصوّر، پندار. supposition. think thou. suppose thou. (used as suffix meaning «taking» or «thinking» as in: (سهل انگار).
~ کردن. to suppose. to imagine. to take or consider as likely.
~ که سالهاست اینجا زندگی کرده‌اید. as if (suppose) you have lived here for years.
انگارگان ideology.
انگاره account book. idea.
انگاشتن to imagine. to suppose.
اَنگبین، عسل، شهد. honey.
اَنگشت a toe. a finger. digit. dactylo-.
~ شست. thumb.
~ کوچك، ~ کهین. little finger.
~ سبابه. forefinger.
~ میان. middle finger.
~ پا. toe.
~ نشان. forefinger. the index.
نوك ~، سر ~. tip of the finger. finger tip.
~ زدن. to finger. to touch with the finger. to snap the fingers.
~ روی چیزی گذاردن. to point with the fingers. to pinpoint.
~ خنصر. little finger.
بشکل ~. dactylose.
سیستم ماشین نویسی باده ~. touch-method typewriting.
اَنگشت، ذغال. charcoal.
اَنگشتانه، انگشتوانه. thimble.
اَنگشتَر، انگشتری، حلقه. ring (for wearing on finger). signet.
غضروف انگشتری (حلقوی). cricoid cartilage.
~ نامزدی. engagement ring.
~ ازدواج. wedding ring.
انگشت شمار few. that can be counted with the fingers.
انگشت نگاری dactyloscopy. fingerprinting.
انگشت نگاری کردن to fingerprint.
انگشت نما flagrant. notorious. conspicuous.
اَنگشتی dectyloid. digital. digitiform. digitate.
اَنگل، طفیلی. parasite. a bootlicker. toady. leech. hanger-on. a loop.
گیاهان انگلی. parasitic plants.
انگل شناسی parasitology.
اِنگلستان، انگلیس. England. Britain.

انگلیسی. English. British.
انگلیسی زبان. English-speaking.
اَنگُلك، انگولك. a slight touch with the finger. touching. intrigue.
رادیو را کی انگولك کرد؟ who has messed (tampered) with the radio?
~ کردن. to tamper with. to touch. to fool with. to instigate.
اَنگم، صمغ، صمغ گیلاس و آلبالو. (bot.) balm. the cherry-tree gum. any gum.
اِنگنار، کنگر فرنگی، آرتیشوك. artichoke. cynara scolymus.
اَنگور (bot.) grape(s). vini-.
درخت ~، تاك، درختِ مو. vine. grape vine.
انگورستان، تاکستان. vineyard.
آب ~. grape-juice. wine.
انگوری. pertaining to grape. vinaceous.
a grape-seller.
انگیختار، انگیزه، محرك. stimulus. motive.
اَنگیختَن، برانگیختن، انگیزاندن، تحریك کردن، تشویق کردن، خشمناك ساختن. to excite. to arouse. to provoke. to move. to animate. to inspire. to impassion. to foment. to whet. to stimulate. to inspirit. to incite.
تشعشع انها را می انگیزد و ایونیزه میکند. radiation excites and ionizes the atoms.
نیروی تازه مردم را برانگیخت و تحریك کرد. the new force stirred and aroused the people.
شادی او را برمی‌انگیزد تا سریعتر عمل نماید. happiness moves him to act more swiftly.
آن زن آتش خشم او را برمی‌انگیخت. she was fanning the flame of her anger.
شورش و انقلابی برانگیختن. to foment a revolution.
من اشتهای او را برخواهم انگیخت. I will whet his appetite.
از شنیدن این خبر برانگیخته شد. he was stimulated (incited) by hearing the news.
اَنگیزش، تحریك، برآشفتگی، ترغیب. exciting. provocation. encouragement. excitement. stimulation.
اَنگیزَه، محرك، یاداعی، سبب، قصد، منظور، الهام. motive. stimulant. impetus. motivation. impulse. incitement. instigation. inspiration. incentive. stimulus. spur. goad.
انگیزهٔ عمده. the principle motive (incentive).
برای انجام اینکار با انگیزه‌ای (محرکی) نیاز دارد. he needs a stimulant to do this.
انگیزهٔ شما از این اقدام چیست؟ what is your incentive for this adventure?
جنگ انگیزهٔ کشاورزی، صنعت و بازرگانی شد. the war proved a stimulus to agriculture, industry and commerce.
کتاب انگیزه‌ای است هم برای هوش وهم برای تخیل. the book is a spur to both the intellect and the imagination.
اَنوار (نور pl. of). lights. luminations.
اَنواع kinds. sorts. varieties. species.
انواع کالاها. different kinds of goods.
اَنوَر، نورانی، نورانی‌تر، روشن‌تر، پرفروغ‌تر. more or most luminous.
انوشه joyful. happy. immortal. everlasting.
اِنهدام، نابودی، نیستی، انحلال، زوال، سقوط. destruction. ruin. wreck. annihilation. demolition. fall. perdition. crash. smash. extinction. obliteration. overthrow. devastation. extirpation. extermination. eradication. dilapidation. deterioration. wrack.
~ یك شهر. destruction of a city.
~ هرگونه آثار حیات در ناحیه. the extinction of all signs of life in the region.
~ (اضمحلال) یك سلسله. the overthrow of a dynasty.
~ یك دهکده. devastation of a village.
~ نژاد بعضی از حیوانات وحشی. extermination of the race of some wild animals.
کشتی در آخرین مراحل ~ (فرسودگی و خرابی) بود. the ship was in the last stages of dilapidation (deterioration).
انهزام defeat. being routed.
اَنیاب (ناب pl. of)، دندانهای نیش، دندانهای جلو. canine teeth.
انیس friend(ly). companion. associate. comrade.
او he. she. him. her.
این کتاب را به او بدهید. give him (her) this book.
اودو برادر دارد. he (she) has two brothers.
اَواخِر (آخر pl. of)، پایانها، ختام، نهایت، آخر. near the end. the end. conclusion. latter parts.
در ~ نطق او چراغها خاموش شد. near the end of his speech the lights went out.
در این ~. lately. of late.
اَواسِط in the middle parts.
در ~ قرن هیجدهم. in the middle (toward the middle) of the eighteenth century.
اَوامِر (امر pl. of). orders. commands.
اَوائِل، اوایل. beginnigs. in the early parts.
اَوباش (وبش pl. of)، الواط، اراذل. rogues. ruffians. cads. rascals. lewd persons. roguish. ruffianly.
اوباشی. roguishness. ruffianism. rascality. lewdness.
اَوتار (وتر pl. of)، وترها، تارها، رشته‌ها، زه‌ها. chords. bowstrings. hypotenuses.
اَوج، حداعلی، ذروه، بالاترین درجه، نهایت، قله. apogee. zenith. culmination. summit. highest point. highest degree. apex. top. acme. pinnacle. climax. (mus.) high pitch. ceiling. peak. crest.
~ گرفتن. to zoom. to soar. to gain altitude. to go up. to ascend.
او به ~ قدرت خود رسید. he reached the apogee (peak) of his power. he reached the acme of his power.
مطالعات کلاسیك در قرن ۱۵ به ~ خود رسید. classical studies reached their zenith in the 15th century.
مردانی که به ~ مقام و حرفهٔ خود رسیدند. men who reached the pinnacle of their rank and profession.
~ لذت جنسی. orgasm.
انقلاب به ~ خود رسید. the revolution reached its climax.
اوج ویس (gambling). full hand.
اوخ ouch!
اَوراق (ورق pl. of)، ورقه‌ها، برگها، صفحات، ورقها. junk. wrecked. pages. cards. sheets. leaves. papers.
اورانوس Uranus.
اورانیم، اورانیوم. uranium.
اورشلیم Jerusalem.
اُورِه urea.
اَوزار، ابزار. instrument. appliance.
اَوزان (وزن pl.). weights. measures.
اوزن ozone.
اوست، اوهست. he (she, it) is.

اَوِستا Zoroaster's holy book. Avesta.
اَوِشَه، آویشن، سعتر، مرزنگوش کوهی، پونهٔ کوهی. origanum. thyme. marjoram.
اَوصاف (وصف pl. of). qualities. descriptions.
اَوضاع (وضع pl. of)، کیفیات، حالات. conditions. circumstances. situations.
اُوعُور، تفأل، فال. augury. omen.
اوف، اوه، آه. (interj.) woe. oh! ouch!
اَوقات (وقت pl. of)، ایام، زمانها، ساعات، خوی. times. hours. days. humour. disposition.
او ~ خود را به‌تنبلی گذراند. he spent his time in laziness.
~ فراغت. times of leisure.
~ او تلخ است. he is in a bad disposition. he is ill-humoured.
~ تلخی. bad humour. exasperation. peevishness. despondancy. glumness. bitterness.
اَوقاف (وقف pl. of). charitable bequests. endowments. pious legacies.
اَوَّل، اولین، نخست، آغاز، اولیه، ابتدا، نخستین. first. initial. foremost. first-rate. prime. beginning. outset. outbreak. start.
او ~ کسی بود که ظاهر شد. he was the first to appear.
علائم اولیهٔ مرض (نشانه‌های نخستین بیماری). initial symptoms of a disease.
اولین شخصیت درمیان هنرمندان. the foremost figure among artists.
نیروی درجه ~. a first-rate power.
~ کار. the beginning of the work.
اَوَّلاً firstly. in the first place. at first. to begin with.
اَولاد (ولد pl. of)، فرزندان. children. descendants.
اولتیماتوم، اُلتیماتوم. ultimatum.
اُولو possessor. masters of. lords of.
~ الامر. those endowed with authority.
~ العزم. the resolute men. men of decision.
اَولَوِیَّت، برتری، مزیت، تقدم. priority. preference.
اَولیٰ، نخستین، نخست، اولین. first. prior. initial. the first. the former. the most important or necessary. better. superior. preferred.
اَولیاء (ولی pl. of). بزرگان، سرپرستان، مسئولین. authorities. parents. saints.
~ امور. the authorities.
انبیاء و اولیاء. the prophets and saints.
~ اطفال. parents. guardians (wardens) of the children.
اَوَّلین، نخستین، اول. the first. foremost. chief.
~ پزشك زن. the first woman doctor.
اَوَّلیَّه، نخست. primary. primitive. primordial. primeval. primal. original. first. ancient. initial.
حقایق ~. the primary facts.
انسان ~. primitive men.
نشانه‌های ~ بیماری. the initial symptoms of a disease.
مهاجران ~ آمریکا. the first immigrants to USA.
اوه، وه، وای، عجبا. (interj.) ah! pish! ugh. oh. wonder.
اَهالی (اهل pl. of). inhabitants. citizens.
اَوهام (وهم pl. of)، خیالات. delusions.
اِهانت، توهین، بی‌ادبی، بی‌احترامی، هتك‌احترام. (slang) hoot. catcall. contempt. disdain. insult. insolence. offense. affront.

impertinence. effrontery. disrespect.
او بمن ~ کرد . he insulted me .
he acted with insolence towards me.
اهانتی بهر دو خاندان اسرائیل.
an offense to both the houses of Israel.
آهنگ صدای او مخلوطی از تحسین و~ بود.
his tone was one of mingled admiration and affront.
~ کردن، ~ وارد آوردن. to insult. to abuse. to affront. to treat with contempt or insolence. to injure. to humiliate.
~آمیز،موهن. insulting. offensive. insolent. affrontive. injurious. humiliating. contemptuous
اِهتزاز، جنبش، نوسان، حرکت، برافراشتن. fluttering. hoisting. flaunting. brandishing.
پرچم در نسیم صبحگاهی در ~ است.
the flag is fluttering in the morning breeze.
پرچمها باهتزاز درآمد (برافراشته شد).
the flags were hoisted.
به~ درآوردن. to fly. to hoist. to flaunt. to brandish. to shake.
اِهتمام، کوشش، سعی. effort. diligence. endeavour. dedication.
اِهداء، تقدیم، پیشکش. present. grant. endowment.
اهداءکردن to dedicate. to grant. to present. to endow. to bestow.
اَهداف (pl. of هدف). aims. goals.
اَهرام (pl. of هرم). pyramids.
اَهرُم، لنگر. a lever. crow - bar. pry. prize. jimmy.
اَهریمن، اهرمن. Ahriman. Devil. Satan.
اهریمنی، اهرمنی. dewlish. satanic.
اَهل (اهالی .pl) ، تبعه،ساکن، بومی، شهری، وارد بهچیزی، مطلع، عضو، رام، اهلی. native. citizen. denizen. inhabitant. capable. docile. tame.
~ ایران. a native (citizen) of Iran.
~ کاشان. an inhabitant of Kashan.
او ~ اینکار نیست. he is not capable of doing this.
بچههای ~. tractable children.
~ایمان. men of faith. believer(s).
~ بیت، ~ خانه. members of the household. the family.
~ محل. people of the neighborhood.
~ حال، ~ دل، ~ کیف. pleasure-seeking. following the heart's desire. jovial.
~ دنیا. cosmopolitan. worldly.
~ فن، ~ هنر. technicians. those endowed with technical knowledge. artists.
~ فساد. corrupt people. seditious people. villains.
~ قلم. literary men. writers.
~ وعیال. the wife and children. the family .
اَهلی،رام. domestic. docile. tame. pet.
اَهلیّت، صلاحیت، شایستگی، لیاقت، ظرفیت. domesticity. (legal) capacity. competence. aptness.
اَهَمّ، (مهم) مهمتر، اولیتر. most important. highlights.
اِهمال، سهلانگاری، ولنگاری، قصور، کوتاهی. negligence. remissness. heedlessness. thoughtlessness. nonchalance. disregard. laxness. dereliction.
آن زن اهمال گذشتهٔ آنمرد را بیادآورد.
she remembered his past negligence.
~ در انجام وظیفه. dereliction of duty.
~ (قصور) ورزیدن. to be in default. to be negligent.
اَهَمّیّت، عظمت،وخامت، وزن، اولویت. importance. significance. import. primacy. moment. momentousness.
او آدمی با ~ است. he is a person of importance.
~ کردار بر گفتار و پندار. the primacy of deed over word and thought.
امور با ~ (مهم). momentous affairs.
اهمیتداشتن، مهم بودن. to be important or significant
اِی، آیا. O!thou! lo.
ایاب، برگشتن، مراجعت. returning.
ایاب وذهاب going and returning. traffic. coming and going.
ایالَت (ایالات .pl)، استان، کشور، ولایت. province. canton. state.
~ فارس. the province of Fars.
ایالتی provincial. state.
دانشگاه ایالتی نیویورك. the State University of New York.
اَیّام (pl. of یوم)، روزها، اوقات. days. times.
ایام خوش جوانی. the happy days (period) of youth.
اِی بَسا، چهبسا. how often. so much. so many.
ایتالیا، ایطالیا. Italy.
ایتالیائی. Italian.
اِئتِلاف، اتحادیه،اتحاد،اتفاق،مشارکت. coalition. confederation. combine. union. merging. merger.
آنها با صاحبانتآتر ~کردند. they formed a coalition with the theater owners.
~ چندکشور. confederation of several states .
~ اتحادیههای کارگری. a federation of labour unions.
دوشرکت مزبورنقشهٔ ~ بایکدیگر راکشیدند. the two companies planned to merge.
~ کردن. to form a coalition. to form a league. to unite. to combine. to merge. to confederate.
ایثار، بذل، سخاوتمندی، فداکاری، کفنفس. giving in abundance. excessive generosity. sacrifice.
ایجاب، لزوم، موافقت، تأیید، جواب، اقتضاء. necessitating. affirmation. exigency. requirement. demand.
نیکی ~ میکندکه دیگرانرا در نعمات خود سهیم کنیم. Goodness necessitates a sharing of our blessings.
~ کردن to warant. to call for. to necessitate. to demand. to require.
وطن پرستی ~ میکند که در بهبود صنعت و کشاورزی کشور کوشا باشیم. patriotism demands that we try to improve the country's agriculture and industry.
ایجابی، مثبت. affirmative. necessitated or caused.
ایجاد، آفرینش، خلقت، اختراع، ابتکار، تولید. establishment. creation. production. invention. formation. making. forming. causing.
~ (خلقت) عالم. creation of the world.
~ (تولید) یك مادهٔ جدید. production of a new material.
~ طبقات جدید جامعه. formation of new classes of society.
~ عاملیت جدید. establishment of a new agency.
~اشکال کردن. to cause difficulty.
~ کردن. to create. to initiate. to produce. to establish. to form. to devise. to design. to build. to constitute.
ایجاز، اختصار، کوتاهی. brevity. briefness. succinctness. conciseness. shortness. abbreviation. abridgement. laconism.
~ مایهٔ شوخطبعی است. brevity is the soul of wit.
داستان را بایجاز توضیح داد. he succinctly explained the story.
ایزوتوپ isotope.
ایدآل، ایدهآل، ئیدهآل، آرمان. ideal.
ایدآلیست، آرمانخواه، آرمانگرای. idealist.
ایدَر، اینجا، اکنون، اینك. here. in this place. now. behold.
ایدون، بدینگونه. thus. in this manner. now.
ایذاء، آزار، ناراحتی، اذیت،زحمت. bothering. molestation. trouble. vexing.
ایراد (ایرادات .pl)، اعتراض، وارد آوردن، ضربت، عیبجوئی، انتقاد. objection. cavilling. protest. delivering. inflicting. finding fault with. criticism.
وی سخنرانی بلیغی ایرادکرد. he delivered an eloquent speech.
~ جراحت برکسی. inflicting a wound on someone.
او بهپیشنهادیکه شوهرش کرد خیلی ~ گرفت. she found many faults with the proposal made by her husband.
~ کردن. to deliver. to adduce. to mention. to give (make) a speech.
او سخنرانیدرخشانی~کرد. he delivered a brilliant speech.
~گرفتن، عیبجوئی کردن. to cavil at. to find fault with. to object. to criticise.
ایرادگیر fastidious. of a cavilling nature. fault finder.
او شوهر ~ گیری دارد. she has a fastidious husband.
ایران Iran. Persia.
ایرانی Persian. Iranian.
یك فرش ایرانی. a Persian rug.
ایرلند Ireland.
ایرلندی Irish.
ایزَد، یزدان. God.
ایزَدی of God. godly. divine.
ایست stop. halt.
~کردن. to stop. to halt. to stay.
~دادن. to order someone to halt.
ایستادگی، مقاومت، پایداری، سماجت. resistance. steadfastness. perseverance. withstanding. insistence. mulishness. tenacity. pertinacity.
~ کردن. to resist. to persevere. to withstand. to insist. to endure. to persist.
ایستادن، برپاخاستن، توقفکردن. to stand. to resist. to stop. to halt. to tarry. to wait. to abide. to become stagnant. to cease.
برسرپا ~ . to stand up.
دربرابر دشمن ~ . to resist against the enemy.
آب ایستاد. the water stopped.
اینجا بایستید تا دوباره بیائیم. tarry (wait) here until we come again.
غرش آغاز شد و ایستاد. the roar began and ceased.
سرقول خود بایست. abide by your promise.
ازکار ~ . to come to a standstill.
ایستاده، راکد، متوقف، برسرپا. standing. stopping. stopped. ceased. stood. in a standing posture. stagnant.
او ~ است. he is standing.
ایستاندن، متوقف ساختن، واداشتن. to cause to stand. to halt. to set up. to cause to stop.
ایسلاند Iceland.
ایشان، آنها، آنان. they. he or she (governed by a preposition). them their (preceded by an "ezafeh").
~ (درمورد اشخاص) آمدند. they came.
به ~ گفتم، به او گفتم. I told them (him or her).
کتاب ~ ، کتابشان. their (his, her) book.
ایستگاه station.
ایصال، وصول، ورود، دریافت، تحویل گیری. remittance. forwarding. recovery.
ایضاً، مکرر، تکرارشود. ditto. also. too. as above. etc.
ایفاء، انجام، اداء، پرداخت، اجراء. fulfillment . performance . discharge payment. satisfaction.
~ بوعده. fulfillment of a promise.
~ نقش(دل). performance of a role.
~ وظیفه. discharge of duty.
~کردن. to justify. to fulfil. to perform. to play. to carry out.
او نقش مرد پیر را بخوبی~ (بازی)کرد. he performed (played) the old man's role well.
ایفاد، فرستادن. sending. dispatch.
~کردن. to send. to dispatch.
ایقان، یقین،اطمینان،ایمان، باور. certitude. conviction. certainty. assurance.
ایل (ایلات .pl)، طایفه، قبیله، کلان. tribe. clan.
ایلیاتی، ایلی. tribal. tribesman.
ایلام، عیلام. Elam. Ilam.
ایلامی. Elamite.
ایلاووس، قلنج ایلاووس، انسدادحادروده. (med.) ileus. iliac passion.
ایلچی، سفیر. ambassador. envoy.
ایلخان، رئیس، رئیسقبیله. chieftain. tribal chief.
ایلخی، الخی، وحشی. stud. untrained and wild.
ایلغار، یورش، غارت، حمله. expedition. invasion. ravage. assault
ایماء، اشاره. sign. hint. innuendo. allusion. indication. gesture. beck.
ایمان، اطمینان، یقین، باور، ایقان. faith. belief. credence. creed.
~ وی بخدا. her faith in God.
~ بوعدهٔ او. belief (credence) in his promise.
بی~. unbeliever.
با~، اهل ~. believer. faithful.
~ آوردن. to believe. to acknowedge one's faith. to convert to.
به اسلام ~آورد. he converted into Islam.
~ داشتن. to have faith in. to believe in.
ایمَن، محفوظ، در امن وامان، مصون. secure. safe. sure. impregnable. invulnerable. immune.
~ شدن. to become secure. to enjoy safety.
~ ساختن. to make secure or safe.
ایمنی، سلامتی، حفاظت، ایمن بودن.

security. immunity. safety. surety. impregnability. invulnerability.
~ ارثی. inherited immunity.
~ اکتسابی. acquired immunity.
~ شناسی. immunology.
اقدامات ~. safety measures.
این(اینها ، اینان .pl) this. the latter.
بعد از ~. henceforth. hereafter. henceforward.
بنابر ~. therefore.
پیش از ~ before this. formerly.
~ کتاب. this book.
~ وآن. this and that.

اینان، اینها these.
اینجا here. this place.
از ~ به‌بعد. from here on.
ایرج ~ بود. Iraj was here.
اینجانِب I, the undersigned. me.
اینچ inch.
اینچُنین in this manner. thus. so.
اینسان in this manner. thus.
اینسو this side. this direction. toward this.
اینطَرَف this side.
اینقَدَر this much. this many.

اینَك، اکنون. now. behold. here. lo!
اینکاره of this type. apt for this service. interested in this affair.
اینها، اینان. these.
اینهَمَه، اینقدر، به‌این زیادی. this much. so much. so many.
ایوالله well done. thank you. I give up.
ایوان، مهتابی، رواق. veranda. portico. porch. colonnade. stoa. a balcony.
اِی‌وای pooh! alas! woe! oh! how bad. gosh!

اِیوّب Job. masculine proper noun.
ایون ion.
ایهام (ایهامات .pl)، کنایه، سخن دو پهلو، سخن مبهم. amphibology. equivocalness. quibble. ambiguity. equivocation. double meaning. double - entendre. sophistry. vagueness. obscurity.

ب Second letter of Persian and Arabic alphabets.
با with. by means of. to. in spite of. up to. used as prefix meaning «having» and «possessing» or «endowed with».
~ اینکه، ~ وجود اینکه. although. in spite of the fact that. even though. though.
~ شماست که به‌او بگوئید. it is up to you to tell him.
~ آب و تاب. lustrous. grandiloquent.
~ آنکه. although. notwithstanding that.
~ اجازه. authorized. permitted. licensed.
~ استقامت. persevering. constant.
~ اطلاع. informed. versed.
~ جرأت. courageous(ly). brave.
مساوی ~، معادل ~. equal (equivalent) to.
~ احتیاط. cautious(ly).
با ادب، مؤدب. polite. refined. civil.
باب، پدر، مناسب، مد، رسم، مرسوم، در، دروازه، فصل، بخش، بغاز. father. in vogue. fashionable. suitable. befitting. door. gate. chapter. strait.
او سئوالی کرد که ~ آنموقع بود. she asked a question that was fashionable (in vogue) then.
این مد ~ تابستان است. this fashion is suitable for the summer.
این خوراك ~ من نیست. this food does not agree with me.
او دق‌الباب نمود. he knocked at the door (gate).
در ~، دربارهٔ. concerning. regarding.
~ اول انجیل یوحنا. the first chapter of the Gospel of John.
باب‌المعده pylorus.

با استعداد talented. gifted.
با انصاف just. fair. equitable.
بابا، پدر، اب، شخص. father. papa. daddy.
بابَت، باره، مورد، ازطرف، بخاطر. concern. matter. on account of. on behalf of. for. representing. item. sake.
دراین ~ . in this matter (concern).
از چه ~؟ on what account?
مبلغ ۵۰۰ ریال ~ هزینهٔ حمل ونقل. Rls. 500 representing the cost of (being the cost of) transportation.
بابِل Babylon. Babylonia. Babel.
برج ~ the tower of Babel.
بابِلی Babylonian.
بابونه matricaria. dog's chamomile. featherfew. motherwort. wild chamomile.
باتجربه، آزموده. experienced.
باتری، باطری. battery.
باتلاق، باطلاق، مرداب، لجن‌زار. swamp. marsh. morass. fen. bog. moss. mire. quagmire.
باتلاقی، باطلاقی. swampy. marshy. boggy.
با تماشا، جالب، دیدنی. interesting to see. worthy of seeing. sightly.
باتمیز، عاقل، فهمیده، زیرك، دانا. discerning. wise. perceiving.
باج، خراج، مالیات، جزیه، گزیت. tribute. toll. tax. levy. duty.
باجراه، باجراه. toll way.
باجگاه toll collection booth. tollgate.
باجگیر، مالیه‌چی، مأمور وصول مالیات. tollman. extortioner. extortionist. tax-collector. tax - gatherer. blackmailer. publican.
باج سِبیل blackmail. the benefit drawn by blackmail. extortion (money).

باجَناغ، برادرزن، شوهرخواهرزن. brother-in-law. husband of wife's sister.
باجه، گیشه. a booth. large window. a ticket office. ticket counter.
متصدی ~. teller. cashier.
باجی، خواهر، مستخدم، کلفت. sister. a woman servant. an orderly (of a hospital).
باخَبَر، آگاه، مطلع، وارد. informed. alert. conscious. aware. wary. intelligent.
باحرارت enthusiastic. ardent.
باحوصله patient. modest.
باحیاء bashful. modest.
باخت lost. the amount lost. loss. defeat.
باختَر، غرب، مغرب. the west. occident. Bactria.
باختری، غربی. western. occidental. Bactrian.
باختَن، زیان کردن، از دست دادن، شکست خوردن. to lose. meet with (or incur) a loss. to waste. to dissipate.
بازی را ~. to lose a game.
دل باختن. to fall in love.
باخدا godly. God - fearing.
باخِرَد، خردمند. wise.
باد، جریان هوا، ورم، غرور، آماس، تکبر، نفخ. wind. swelling. inflammation. pride. air. haughtiness. draught. draft. flatus. afflatus. puff. whiff. gust. blast. pneum-. anemo-.
~ بشدت وزید. the wind blew hard.
چشم او بادکرده است. his eye is swollen.
با ~ و فیس وارد شد. she arrived in pomp and pride.
امروز ارباب خیلی ~ کرد. the boss put on much air today.

وزش ~ برگها را برد. a puff of wind blew the leaves away.
~ کردن لاستیك. inflating a tire.
~ زنی، ~ زدن. fanning. blowing.
با ~زدن ذغال را شعله‌ور کردن. fanning (blowing) the coals into a flame.
~ فتق. hernia. rupture.
~ مفاصل. articular rheumatism.
~ آوردن. to swell. to become inflated. to be affected with a swelling or inflammation.
~ خوردن. to be exposed to the wind. to fly (as a flag). to be interrupted or discontinued. to dry by being exposed to the wind.
~ دادن. to air. to expose to the wind. to winnow. to fan.
~ کردن، پف کردن. to swell. to inflame. to blow up. to distend. to dilate. to fill with air. to put on airs. to swell with pride. to boast. to show off. to inflate.
~ کرده، پف کرده. puffed up. swollen.
بر ~دادن. to dissipate. to squander. to waste away. to ruin or destroy. to perish. to drift.
~ پا. wind - footed. fleet (footed). swift.
~ خور. a vent. windage. a small window in the roof. a respite. an interval.
~ خورده. rancid. blasted. blast. mildewy. spoiled by wind or air.
~ خوردگی. rancidity. blast(edness).
~ خیز. abounding in winds. windy.
~ دار، پر ~. inflated. swollen. inflamed. windy. flatulent. causing flatulence. causing gas or wind (in the stomach).

~ درس، ~ کرده . haughty. proud. vain. empty - headed. swollen. inflamed. blown up. full of air.

باد، بادا. may.

زنده بادا! long live!

بادام (bot.) almond. amygdalus.

بادام زمینی، پستهٔ زمینی. peanut. earth nut. ground nut. arachis hypogaea.

بادامی containing almond. oval. almond like. almond shaped.

بادامی‌شکلان. sipunculoidea. peanut worms.

بادامك tonsil.

بادامه chrysalis. tonsil.

بادآورده a windfall. gained without pain or cost.

بادبادك a kite.

~ هواکردن (پراندن) . to fly a kite.

بادبان a sail. jib. spanker.

بادپیما swift. fast moving. wind gauge.

بادخیز windy.

باد دوست، بادگرای. anemophilous.

باد زدن to fan. to blow.

بادزن، بادبزن. fan. punkah. flabellum

باد زن برقی، بادبزن برقی، پنکه. electric fan .

بادسنج anemometer.

باد سنجی. anemometry.

باد شناسی anemology.

بادکردن to inflate. to swell.

بادنگاری، شرح (کیفیات) باد. anemography.

بادشکن carminative. wind breaker.

بادکش، حجامت، هواکشی، بادگیر. cupping. dry cupping. louver. vent hole. shaft (of mine).

بادکشداران (z.) trematoda.

بادکش کردن to cup. to dry cup.

بادکردگی inflammation. tumescence.

بادکنك balloon. bladder.

بادگیر، بادکش، هواکش. ventilation shaft. air trap. vent (hole). louver.

بادنجان، بادمجان. (bot.) egg plant. aubergine. solanum melongena.

~ دورقاب چین. pickthank. flatterer. sycophant.

بادنجانی brinjal coloured. bluered. solanaceous.

بادنجانیان (bot.) Solanaceae.

بادنما، بادسنج. weather cock. vane. air cock. wind gauge.

باده، شراب، مشروب. wine. any alcoholic liquor.

بادی windy. wind. pneumatic.

تفنگ ~ . air gun. blow gun. B.B. gun.

آسیاب ~ . windmill.

چراغ ~ . hurricane lantern.

بادی beginning.

در ~ امر. at the outset. at (in) the beginning.

بادیان (bot) anise.

تخم ~ aniseed.

بادیه، بیابان، صحرا. desert. prairie.

~ نشین. bedouin.

باذوق، خوش‌ذوق. talented. gifted.

بار،میوه، ثمر،مرتبه، شرفیابی، بارعام، محموله. load. burden. cargo. fruit. audience. time. turn.

آنها بارشان را بردوش گرفتند. they hiked their loads upon their shoulders.

خری‌که در زیر بار هیزمش ازنظر پنهان است a donkey hidden under his burden of firewood.

خالی‌کردن ~ . to unload the cargo.

~ کشتی. the ship's cargo.

زبان او ~ دارد. his tongue is coated.

بحضور پادشاه ~ یافتن. to have an audience with the king.

چندین ~ به او گفتم. I told him many times.

این ~ ، این دفعه. this time.

~ سوم. the third time.

~ سفر بستن. to prepare for a trip.

~ آوردن. to bear fruit. to rear. to bring up.

بچه‌های خود را خوب ~ آورده است. he has brought up his children well.

رقاصه دریك ~ کارمیکند. the dancer works in a bar.

توهین ~ کسی کردن. to heap insults upon one.

بار، مشروب‌فروشی. bar. barroom.

باران، بارش. rain. hyeto-. downpour. shower. rainstorm.

~ سنگین. a heavy rain.

~ نم‌نم. drizzle. a fine rain.

دارد ~ میآید. it is raining.

~ گرفت. it began to rain.

~ گلوله. a shower (volley) of bullets.

بارانداز landing place. wharf. dock. jetty. pier. quay. platform.

کارگر ~ . stevedore.

باران دیده damaged by rain. experienced.

گرگ ~ . an experienced person.

باران سنج rain gauge. pluviometer. udometer.

بارانسنجی. pluviometry. udometry.

بارانگیر shelter from rain. penthouse. hut.

بارانی pluvial. rainy. rainproof. raincoat.

بارآور، بارور، پرثمر، میوه‌دار. productive. fruitful. fruit bearing. fructiferous. fertile.

بارآوری fructification.

باربر، حمال. porter. coolie. carrier.

باربری، حمالی. porterage. handling loads. transport (service).

باربندی، بسته‌بندی. packing. loading. packing up.

بارپیچ ، بارخانه، انبار. pack cloth. wrapping cloth or paper.

بارخدایا O'Lord.

باردار bearing fruit. pregnant.

بارز، آشکار، واضح. obvious. manifest. evident.

بارش، باران. precipitation. rain.

بارفتن، بلور. crystal. semi-vitrified porcelain.

بارقه lightning. spark. ray.

بارك‌الله، آفرین، مرحبا. well done! may God bless you. bravo.

بارکردن to load. to heap.

بارکش، حامل، باری، باربر. truck. lorry. cart. porter. carrying load.

بارکشی، ترابری. transportation. trucking. transport.

بارگاه a royal court or palace. the hall of audience.

بارگیری loading. receiving cargo. tonnage.

بارنامه road-bill. bill of lading. way bill. an edict.

بارندگی rainfall. rain. downpour. precipitation.

موسم ~ . rainy season.

بارنویس a tally clerk.

بارو، برج، استحکامات. rampart. fortification. an embrasure.

باروت gunpowder.

باروح، دلگشا، سرزنده. lively. airy. vivacious.

بارور mature. fruitful. fructiferous. fertile.

درخت بارور. a fructiferous tree.

مساعی او بارورشد. his efforts were fruitful.

بارور سازی مصنوعی artificial insemination.

باروری fertilization. fertility.

بار ویژه specific charge.

باره، دفعه، مرتبه، بار،موضوع، نوبت، درباره. time. turn. regard. concerning. on the subject of. regarding.

دیگر ~ . another time. once again.

دربارهٔ این موضوع. regarding this subject. about this matter.

بارهنگ، بارتنگ، بارهنگ‌کبیر. (bot.) plantain. waybread. greater plantain.

بارهنگیان. (bot.) plantaginaceae.

باری، پروردگار، بهرجهت، ویژهٔ حمل‌بار، بارکش. the Creator. the Lord. anyhow. well. in short. carrying loads. draft. truck. draught. cargo. freight(er). van.

حیوانات ~ (بارکش). draft animals.

ماشین ~ ، کامیون. truck. van.

کشتی ~ . a freighter. a cargo ship.

ترن ~ . freight train.

باریتعالی the high (sublime) God.

باریدن to rain. to pour. to fall. to shower.

نم‌نم ~ . to drizzle.

هرروز باران میبارد. it rains everyday.

ناگهان بارانی ازگلوله برسر آنان ~ گرفت. suddenly a volley of bullets rained (showered) on them.

باریك، لاغر، ترکه‌ای، دراز، نازك. narrow. delicate. slender.

جوی ~ . a narrow stream.

مردی ~ اندام. a man of slender build.

باریك‌بین، دقیق، نکته‌سنج، نکته‌بین. a subtle observer. acute. sagacious. careful. astute.

باریك‌میان slender-waisted.

باریکه strip. snippet.

باریکهٔ نان. a slice of bread.

باریکی، نازکی. narrowness. slenderness. slimness. tenuousness. barium.

باریم، باریوم. barium.

باز، گسترده، منبسط، مفتوح، گشاده، مکرر، دوباره، عقاب، شاهین. extended. spread out. open. ajar. unclosed. gaping. again. once more. (z.) a hawk. a falcon. base. used as prefix meaning «again» (as in: (بازگردانیدن) and «re-» (as in: (بازآمدن) .

دستهایش ~ است. his hands are open (extended, untied).

سفره را ~ کن (پهن کن). spread out the tablecloth.

در ~ است. the door is open.

اوپنجره را ~ کرد. he opened the window.

او ~ آمد. he came again. he returned.

~ آن را بخوان. read it once more. read it over. read it again.

~ (شاهین) مرغ شکاری‌است. a hawk (falcon) is a bird of prey.

~ شدن. to be opened. to open. to clear up. to thaw. to become unclogged. to become loose or untied.

~ کردن. to open. to establish. to start. to commence. to break (the fast). to unfold. to spread out. to unclog or untie. to unfasten.

از سر ~ کردن. to get rid of. to put off. to play off. to evade. to bungle. to do in perfunctory manner.

~ آمدن. to come back. to return.

~ ایستادن. to stop. to cease. to desist. to come to a standstill. to halt.

~ خریدن. to buy back. to redeem.

~ داشتن. to prevent. to dissuade. to detain.

~ گردانیدن. to return. to restore. to refund. to cancel.

~ گرفتن. to take back. to withdraw.

~ گشتن. to go back. to return. to come back.

~ گفتن. to retell. to repeat. to recount. to divulge. to relate.

~ ماندن. to be detained. to be hindered. to remain or lag behind. to remain open. to be deprived of.

~ یافتن. to recover. to find again. to recoup.

ـباز، بازیکن، بازنده. player. playing. gambler. (in combs. as in: قمارباز).

بازار، بورس، سوپرمارکت. market (place). bazaar. agora. fair. shopping center.

هفتهٔ گذشته ~ راکد بود. the market was stagnant last week.

او را در ~ بزرگ ملاقات کردم. I met him in the big bazaar.

بازاری (تقاضائی) برای چای وجود نداشت. there was no demand for tea.

کالاها را در ~ سیاه خرید وفروش کردن. to buy or sell goods in the black market.

~ کساد. slack trade (business).

بازارچه a small market. a small bazaar.

بازارسیاه black market.

بازاری belonging to the market. trader. carelessly made (goods).

بازالت basalt.

بازبین کردن to inspect. to read. to peruse.

بازبینی reading. inspection. control.

بازپرس، مفتش، بازبین. a controller. an inspector. interrogator.

بازپرسی an inquiry. investigation. an interrogation.

بازپسین last. final.

بازتاب reflex. reaction. reflection.

بازتابزا reflexogenic.

بازتاب روانی psychic reflex.

بازتاب سنجی reflexometry.

بازتاب شرطی conditional reflex.

بازجو، مستنطق. investigator. interrogator. questioner.

بازجوئی، استنطاق. investigation. inquiry. inquest. interrogation.

بازخرید repurchase. buying back.

بازخریدن to buy back. to redeem.
بازخواست، مؤاخذه، ملامت، توبیخ. interrogation. calling to account. taking to task. reprimand. rebuke. reproof.
~ کردن. **to take to task. to reprove. to reprimand. to interrogate.**
بازداشت، توقیف، ممانعت، جلوگیری، حبس. prevention. detention. arrest. apprehending. stopping. halting.
~ کردن. **to detain. to arrest. to nab. to apprehend.**
~ شدن. **to be arrested or detained.**
او ~ شد. **he was arrested.**
او تحت ~ بود. **he was under arrest.**
بازداشتگاه a house of detention. prison.
بازداشتن، ممانعت کردن، مانع شدن. to prevent. to keep. to dissuade. to detain. to stop. to halt. to inhibit. to restrain.
افسر خودروها را از حرکت بازداشت. **the officer halted the cars.**
اورا از اظهار غضبش باز داشتند. **they restrained him from expressing his anger.**
اورا از رفتن باز داشتند. **they prevented him from going.**
بازدانگان gymnospermae.
بازدانه gymnospermous. gymnosperm.
بازدم، زفیر. expiration. exhalation.
بازدوست، قلیادوست. basophilic. basophilous.
بازده، کارکرد، تولید، راندمان. yield. output (of a machine). efficiency.
بازدید، ملاقات، کنترل، رسیدگی. inspection. return visit. repaying a visit. survey. audit. control.
او از دوستش ~ نمود. **he paid his friend a return visit.**
~ کردن. **to inspect. to visit. to return a visit. to survey. to audit. to control.**
مهمانان از مدرسه ~ کردند. **the guests toured the school.**
بازرس inspector.
بازرسی، بررسی، تحقیق، رسیدگی. inspection. checking up. investigation. overseeing. looking into. scrutiny.
~ کردن. **to inspect. to examine. to check. to look into. to oversee.**
خانه‌ها را ~ کردن. **to inspect the houses.**
مدارك اورا دقیقاً ~ کردم. **I examined his papers carefully.**
بازرگان، تاجر، بازارگان، کاسب، پیشه‌ور. merchant. trader. businessman. shopkeeper.
بازرگانی، تجارت، کسب، پیشه‌وری. commerce. trade. business. commercial. mercantile.
ناوگان ~. **merchant marine.**
اتاق ~. **chamber of commerce.**
بازسازی، مرمت، نوسازی، بحال اول بازگردانی. restoration. rehabilitation. rebuilding. renovation.
بازستانی، پس گیری، استرداد، کسب. recovery. reclamation. retrieval. restitution.
بازگرد، بازگشت، برگرد. return. come back.
بازگرداندن to cause to return. to return. to restore.
بازگردانی return. restoration. restitution.
بازگشت، رجوع، اعاده، عود، مراجعت، حذف. return. restitution. restoration. homecoming. reversion. reference.
~ کردن. **to put back. to bring back. to come or go back. to recur. to return.**
~ شما بخانه. **your return home.**
~ اورا جشن گرفتند. **they celebrated his homecoming.**
~ بنامهٔ شمارهٔ ۱۵۶ شما. **in reference to your letter No. 156.**
بازگشتن to return.
بازگو repetition. retelling. divulging.
~ کردن. **to repeat. to retell. to recount.**
بازگیری requisition. taking back.
بازماندگان (pl. of بازمانده)، زندگان، خویشاوندان، وارثان. survivers. the living or remaining ones.
یکی از ~ زلزلهٔ اخیر. **one of the survivers of the recent earthquake.**
بازماندن to be hindered or detained. to lag behind.
بازنده، مغلوب شونده، زیان‌کننده. loser. one who loses or has lost (in a game).
بازنشستگی retirement. superannuation. pension. old age pension.
کسور ~. **retirement (or pension) deductions.**
بازنشسته متقاعد، پیر، فرسوده. retired. superannuated. pensioned off.
~ شدن. **to be retired or superannuated.**
~ کردن. **to retire. to superannuate. to pension off.**
افسر ~ شد. **the officer was retired.**
بازو، دست، ساعد. (upper) arm. brachi-.
~ زدن. **to elbow or jostle**
بازوئی arm. handle. elbow. elbow-like projection. brachial.
~ و رانی. **brachiocrural.**
بازوپایان brachiopoda.
بازوداران tentaculata.
بازوبند armlet. amulet. curtain-loop.
بازه span (of an aircraft). valley. walking stick.
بازی، قمار، ورزش، تفریح. game. sport. play(ing). jest.
~ تصادف. **a game of chance.**
باران مانع ~ شد. **rain interferred with the game.**
~ دادن. **to deceive. to beguile.**
~ کردن. **to play a game. to play. to jest. to mock. to masquerade. to frolic.**
بازیافتن، بازیافت. to recover. to recoup. recovery. to regain.
بازیچه، اسباب‌بازی. toy. plaything.
بازیکن، ورزشکار، تفریح کننده، قمارباز. player. gambler.
بازیگر، هنرپیشه، آرتیست، مقلد. actor or actress. buffoon. a player. a juggler.
بازیگوش playful. wanton.
بازیگوشی. **wantonness. pranking. gamboling. playfulness. carelessness.**
بازیگوشی کردن. **to act wantonly or playfully.**
باستان، کهن، قدیمی، کهنه، دیرین، دیرینه. ancient. of yore. old. bygone. antiquity.
باستانی. **ancient. old. antic.**
باستانشناس archeologist.
باستانشناسی. **archeology.**
باستثنای with the exception of. excepting.
باسترك، طرقه. (z.) thrush.
باسلیقه، باذوق. tasteful. having good taste. fashion-conscious.
باسیل Bacillus.
باسواد، ملا، تحصیلکرده. literate. educated. lettered. learned.
باش (i.r. of بودن)، باشد. be. let it be. be thou. may be. be it. so. never mind.
~ تا صبح دولت بدمد. **wait (live) until the dawn of your glory shines.**
آماده‌باش. **be ready!**
باشد (p. & i. mood of بودن). let it be. be. he, she, they, it may be.
اگر پول باشد بسیاری ازمسائل حل میشود. **if there is money, many problems are solved.**
if there is room I will let him in.
باشدکه پلنگ خفته باشد. **perhaps it is a sleeping tiger.**
باشرف، شرافتمند، شریف، نجیب. honourable. gentlemanly. respectable. decent.
باشعور intelligent. having common sense.
باشکوه، مجلل، شکوهمند، عالی. splendid. magnificent. grand.
باشگاه، کلوب. club (-house).
باشگاه ورزشی. **sports' club.**
باشلق hood. cowl.
باشه، مرغ شکاری، باز، قرقی، قوش. sparrow-hawk.
باشی head or chief (used in combs. as in head physician (حکیم باشی).
باصدا voiced. vowel.
باصرفه، مقرون بصرفه، سودمند، مقرون‌بصلاح. economical. advantageous.
باصره، بینائی، دید. seeing. sight. optic.
قوهٔ باصره، حس بینائی. **sight. vision.**
باصفا، مصفا، دلگشا. pleasant. agreeable. scenic.
باغ ~. **pleasant garden.**
باصفت، وفادار. faithful. loyal. having fidelity.
باصمه، باسمه. type. block. stamp. printed calico. printed picture.
~ زدن. **to stamp. to print.**
باطری، باتری. battery.
باطل، بلااثر، فاسد، بیهوده، لغو، بی‌ثمر. null. void. vain. false. useless. futile. nullified. rescinded.
~ کردن. **to cancel. to frustrate. to counteract. to make null and void. to nullify.**
قرارداد ~ وبلااثر شد. **the contract was rendered null and void.**
~ شدن. **to be canceled or nullified. to be made null and void.**
قراردادی را ~ کردن. **to cancel a contract.**
باطله cancelled. discarded. useless.
کاغذ باطله. **scrap paper. discarded paper.**
باطن، درون، قلب، دل، وجدان، فکر، اندیشه. interior. heart. mind. conscience. inner part.
معنی باطنی یك شعر. **the inner meaning of a poem.**
باطناً inwardly. interiorly. heartily.
او باطناً بد است. **he is bad (evil) in kernel.**
باطنی (قلبی). inner. inward. esoteric. heartfelt. secret.
باظرف packed. sold in containers.
باعاطفه، عاطفی، بامحبت. affectionate. loyal. sentimental. humane. emotional.
~ نسبت بزیردستان خود. **humane toward his inferiors.**
باعث، سبب، علت، موجب، دلیل. cause. motive. reason.
~ شدن. **to cause. to be instrumental in. to occasion.**
~ شد که او کشته شود. **he caused him to be killed.**
~ شکایت او چیست؟ **what is the reason for his complaint?**
باعدالت، عادلانه، منصفانه، بیطرفانه. just. fair. righteous. impartial. evenhanded. with justice. equitable.
باعرضه، بالیاقت. competent. capable. diligent. efficient.
او معلم ~ ایست. **he is a capable teacher.**
باعزم، بااراده، مصمم. resolute. decided. having will-power.
باعظمت great. grand. glorious. magnificent. awe-inspiring.
کاخی ~. **a magnificent palace.**
باعلم، عالم، دانشمند. learned. having knowledge. scholarly.
باغ، حدیقه. garden.
~ انگور، تاکستان. **a vineyard.**
~ میوه. **an orchard.**
باغات (pl. of باغ). gardens.
باغبان gardener. husbandman.
باغبانی. **gardening. husbandry.**
باغچه a little garden. flower-bed.
باغچه‌بندی. **layout of flower-beds or garden.**
باغراه parkway.
باغستان a garden.
باغ‌وحش zoo. zoological garden.
باغی grown in a garden. pertaining to a garden.
باغیرت، غیور، باحرارت، متعصب. zealous. earnest. devoted. dedicated. enthusiastic. eager. energetic. fanatic. passionate.
مریدی (پیروی) ~. **a zealous (devoted) follower.**
او سربازی ~ است. **he is a dedicated soldier.**
دانشجوئی با ~. **an enthusiastic student.**
مسلمانی با ~ (متعصب) است. **he is a fanatic Moslem.**
بافایده، سودمند، مفید، نافع. advantageous. useful. profitable.
بافت (past tense of بافتن). tissue. histo-. weave. braiding. weaving. texture.
قالیچهٔ ریز ~. **a rug with a fine weave.**
~ استخوانی. **bony tissue. osseous tissue.**
~ برداری (ازموجود زنده). **biopsy.**
بافت‌زا histogenous.
بافت‌شناس histologist.
بافت شناسی histology.
بافتن، تنیدن، نساجی کردن، پارچه‌بافی کردن. to weave. to knit. to braid.
پارچه ~. **to weave cloth.**
ژاکت ~. **to knit a pullover.**
گیسو را ~. **to braid the hair.**
دروغ بهم ~. **to fabricate lies.**
بافتنی textile. knitting. having to do with weaving or knitting.
بافتی tissular.
بافته woven. braided. textile. tissue. knit. knitted.
بافراست، باهوش، زیرك، تیزهوش. keen. sagacious. piercing. sharp. clever. astute. acute.

او ~ است. he is sharp (sagacious).
بافرهنگ، تربیت شده، مهذب.
cultured. educated. intelligent. wise.
با فضل، فاضل، دانشمند.
learned. sage. virtuous.
بافکر، فکور، عاقل، فهمیده. thoughtful.
wise. circumspect. intellectual. pensive.
بافندگی، نساجی. weaving.
knitting. cloth manufacturing.
بافنده weaver. knitter.
بافه sheaf.
با قدرت powerful.
having much authority. strong.
باقرقره (z.) grouse.
باقلا broad bean.
باقلائی. fabaceous.
باقلوا، باقلاوا. kind of
pastry usually cut out in lozenges.
باقی، مانده، باقیمانده.
remainder. balance. difference. rest.
arrear. residue. remnant.
سرای ~ . the next world.
دیگر مطلب گفتنی ~ نمیماند.
nothing remains to be told.
~ دار. having a deficit
or debt. owing a balance. to be short.
پنج ریال ~ داریم. we are five Rials short.
~ ماندن. to remain behind. to be left.
باقیمانده leftover.
remainder. residue. remaining. rest.
فقط پنج نفر دانشجو باقیمانده‌اند.
only five students have remained.
چقدر پول باقیمانده است؟
how much money is left?
در تمام باقیماندهٔ دورهٔ مزبور. throughout
the remainder of the said period.
چکی بابت باقیماندهٔ (تتمهٔ) حساب او بفرستید.
send a check for the balance of her account.
باک، ترس، بیم، اندیشه، هراس، مخزن بنزین
اتومبیل. fear. anxiety. care. dread.
petrol tank. gas tank.
از هیچچیزی ~ ندارد.
he does not fear anything.
باکارا baccarat.
باکتری، میکرب. bacteria. bacterium.
باکتری‌خوار bacteriophage.
باکتری شناس bacteriologist.
باکتری‌شناسی bacteriology.
باکتریائی bacterial.
باکره، دوشیزه، بکر، پاکدامن.
virgin. maid. vestal. spinster. chaste.
untouched. partheno-.
مریم ~ . the virgin (maid) Mary.
باکره‌ای virginal.
باکره‌شناسی parthenology.
باکفایت، لایق، شایسته. capable.
باکله، عاقل،متفکر،خوش‌فکر. able-minded.
باکمال، فاضل، دانشمند، ادیب. learned.
accomplished. educated.
باکو Baku.
باگذشت، بخشنده، سخی.
forgiving. placable. forbearing. indulgent. lenient.
بال، پر، جناح. wing. pterid-.
~ زدن. to flap (the wings). to flutter.
~ وپر. plumage.
فارغ ~ . free from cares. of an easy mind.
بالا، فوق، بر، برین، برین up. upwards.
upper part. top. height. stature. sur-.
~ آمدن. to come up. to swell. to bulge.
to be inflated. to bubble up.

~ آوردن. to bring up. to run up.
to throw up. to vomit.
~ بردن. to carry up. to raise (the price of). to promote. to elevate. to heighten. to escalate.
~ رفتن. to go up. to rise.
to climb. to be raised. to ascend.
(ازجائی) ~ رفتن. to climb or scale.
~ زدن. to tuck up
or to raise (as one's sleeve). to lift.
~ کشیدن. to draw. to carry. to lift up.
to embezzle. to gobble up. to swipe.
بینی ~ کشیدن. to snift or snivel.
~ گرفتن. to prosper or thrive.
to hold up. to intensify or be intensified.
کار دشمنی آنها ~ گرفت.
their enmity was intensified.
~ و پائین‌رفتن. to fluctuate. to go up and down.
طبقهٔ ~ . upper floor.
بالای کوه. the top of the mountain.
بلند ~ . tall. of tall stature.
قسمت بالائی. the upper part of.
خورشید ~ آمد. the sun came up.
دستها ~ ! hands up!
اینکار مخارج زیادی ~ آورد.
this work caused a lot of expenses.
قیمتها را ~ برده‌اند.
they have raised the prices.
پردهٔ تماشاخانه ~ رفت.
the theatre curtain was raised.
بالابان lanner(et).
بالابر، آسانسور. lift. elevator.
بالابرنده elevator.
escalator. lift. (med.) levator.
بالابلند، بلندبالا، بلنداندام.
tall. lofty. of a high stature.
بالابود، اضافه،مابه‌التفاوت. excess. amount
paid to boot. the extra amount.
بالاپوش، لحاف، پالتو، ملبوس.
an overcoat. quilt. overall. a surcoat.
خدا سرما را بقدر ~ میدهد.
God tempers the wind to the shorn lamb.
بالاتفاق، متفقاً، باتفاق‌آراء، یکدل ویکزبان.
unanimously. in unison. together.
بالاتنه the upper part of the body.
trunk. torso. bust.
بالاجمال، اجمالاً،خلاصه. briefly. in short.
in a summarized form. concisely.
بالاخانه،طبقهٔفوقانی،بالکن. the top floor.
the upper storey. an upper chamber.
بالاخره، درآخر،درپایان. at last. finally.
بالاخص، مخصوصاً، بویژه. in particular.
specially. especially. particularly.
بالادست، برتر، بهتر،اعلی، بالاتر. superior
position. superiority. superior. predominant. above. higher. upper.
بالاراده، ازروی اراده. voluntarily.
بالارتبه، برتر، ارشد، عالیمقام، والامقام.
senior. of a high position. high ranking. top brass.
بالارو ascendant.
climbing. escalator. ascending.
بالارود upstream.
بالاستقلال، مستقلاً، بتنهائی. independently.
بالاقتضا، درموقع مناسب. as occasion
arises. when necessary or suitable.
بالاکراه، اکراهاً، از روی بیمیلی. loathly.
unwillingly. reluctantly. compulsorily.
بالانس balance. handstand.
~ زدن. to do a handstand.
بالانشین، صدرنشین.
occupying the seat of honour.

بالای above. over. on the upper part of.
~ سرما. above us.
قسمت ~ بدن. the upper part of the body.
بالایی، بالائی. upper. superior.
بالبداهه، بی‌اندیشه، ناگهانی، فی‌البدیهه.
extemporaneously. by improvisation.
impromptu. extempore. improvised. extemporary.
بالت ballet
بالتمام، تماماً،سرتاسر، یکسره. thoroughly.
altogether. completely. entirely. totally.
بالتیک Baltic.
بالجمله، خلاصه، جمعاً، رویهمرفته.
to sum up. totally. in a word.
بالدار winged.
بالدست cheiropteran.
بالذات، ذاتاً، درنفس خود.
by nature. in person. essentially.
intrinsically. inherently.
بالسویه، بطور متساوی، بطور برابر. equally.
بالش، بالشت، متکا.
a pillow. a bolster. a cushion.
بالشتک small pillow. cushion.
pad. (of rails) tie-plate.
بالصراحه، صراحة.
frankly. openly. bluntly. explicitly.
بالضروره of necessity.
بالطبع، طبعاً، بالطبیعه. naturally.
بالعکس، برعکس.
viceversa. on the contrary.
بالغ adult. grown up.
of age. full-grown. amounting to.
~ شدن. to come of age. to reach puberty. to amount to. to reach the sum of.
او اکنون ~ است.
he is an adult (of age) now.
خرید من ~ برهزار ریال است.
my purchase amounts to Rials 1000.
بالفرض، فرضاً. supposing. for example.
بالفعل، عملاً. actually. de facto.
بالقوه، با تمام‌قوا، درنفس خود. potential.
potentially. with all one's power.
بالکان the Balkans.
بالکل، کلیه. all. completely.
بالکن، بالاخانه. balcony.
بالله by God.
بالمره،یکباره،هرگز. all at once. at all.
as time goes on. gradually.
بالمشافهه face to face.
بالمشاهده
face to face. upon seeing. witnessing.
بالمعاینه by examination.
بالمقاطعه by contract.
بالمناصفه half and half. fifty fifty.
بالمواجهه face to face.
بالون، بالن. balloon.
بالنتیجه as a result. consequently.
بالنسبه comparatively.
بالنگ cedrate. (variety of) cucumber.
بالیدن (بخود بالیدن usu.)
to boast. to pride oneself. to vaunt.
to puff. to strut.
باصل ونصب خود ~ . to boast of one's ancestory.
آنزن بمهارت خود میبالد.
she prides herself upon her skill.
باله fin. ballet.
بالین bedside.
بالینی clinical.

طب بالینی. clinical medicine.
بام، پشت بام. roof.
بامبول، حقه، حقه‌بازی. humbug. trick.
بامبو، خیزران. (bot.) bamboo.
بامحبت، مهربان، دوستدار.
affectionate. loving. kind.
بامداد، صبح، بامدادان.
morning. forenoon.
~ جمعه. Friday morning.
بامدادی matin. morning. of morning.
بامروت، با انصاف، منصف. humane.
generous. manly. merciful. fair.
بامزه، خوشمزه، خوشطعم، لذیذ،دلپذیر،جالب.
tasty. agreeable to the taste. pallatable.
savoured. flavoured. savory. appetizing.
با مسمی، بمورد، صحیح، درست. worthy of
its name. bearing out its name.
بامعنی،درست،مهم،صحیح. having meaning.
significant. expressive. meaningful.
بام‌غلتان roller (used on house-tops).
باملاحظه، عاقل، متفکر. circumspect.
discreet. circumspective. thoughtful.
بامیه confectionery resembling okra.
okra. gombo. hibiscus esculentus.
- بان keeper. guardian. (used as suffix as in: باغبان).
باند، دسته، بلوک، نوار، باریکهٔ زمین.
clique. coterie. band. runway.
باندازه
of the required size. moderately.
باندپیچی bandage.
باندرل، نوارچسب. banderole.
بانفوذ، صاحب نفوذ. influential. puissant.
بانک a bank. a game of card.
~ دار. banker.
بانکداری banking.
بانکی pertaining to a bank. banking.
معاملات بانکی. bank transactions.
بانگ، فریاد، بانگ خروس، صدا، سروصدا.
clamour. cry. cock's crow. outcry.
noise. hullabaloo. uproar. racket.
~ زدن، ~ برآوردن.
to cry. to shout. to call out. to exclaim.
~ خروس. cock's crow.
بانو، خانم، زوجه، عیال، زن. lady. Mrs.
a gentlewoman. a princess. a bride.
بانوان ladies. women.
بانی، بنیان‌گذار، مؤسس، سازنده، بناکننده.
founder. author. builder. erector.
institutor. establisher.
باوجود، لایق، شایسته، اگرچه. having
some personality. efficient. influential.
in spite of. despite.
باوجودآنکه
even though. despite (the fact that).
باور، اعتقاد، ایمان، قبول، پذیرش.
believing as true. belief. credence.
credit. trust. troth. acceptance.
~ کردن. to believe.
to give credence to. to be taken in by.
من سخنانش را ~ کردم.
I believed his words.
~ کنید اورا با چشم خود دیدم. believe me,
I saw him with my own eyes.
دیر ~ .
one who does not believe easily. a doubter.
~ کردنی. believable. credible. plausible.
~ نکردنی. incredible. unbelievable.
با وفا، وفادار. loyal.
faithful. constant. steadfast.

بی‌وفا. unfaithful. disloyal.

باوفائی faithfulness. loyalty. constancy.

باوقار، متین، موقر، سنگین. graceful. stately. poised. dignified. grave.

باء virility. sexual desire or drive.

قوهٔ ~. potency. generative power.

باهر، آشکار، واضح. manifest. splendid. excellent. open.

باهم (see under هم). together. in unison. with.

باهوش، زیرك، هوشیار، با استعداد. intelligent. clever. adroit. talented. adept. gifted. astute.

پاسخی ازروی باهوشی. an intelligent answer.

با هیبت، موقر، سنگین، ترسناك. awe-inspiring. awful. imposing. having dignity. dignified. venerable.

آدمی ~. an awe-inspiring person.

باید، بایستی، بایست. must. ought to. is necessary (third person singular of بایستن in the present tense).

~ بروم. I must go.

نباید بروی. you must not go.

بایدرفت. it is necessary to go. one must go.

آنها باید منزلشان را بفروشند. they must (have to) sell their house.

نباید. must not. ought not.

بایر، لم‌یزرع، نکاشته، غیرمزروع، زمین‌موات. unutilized. fallow. idle land. barren.

زمین~. uncultivated land.

بایستن، لازم بودن، شایسته بودن. to be necessary. must.

بایسته، لازم، سزاوار، شایسته. necessary. proper. a propos.

بایستی، باید. must. is (are, am) obliged to.

~ برود. he (she) must go.

بایع، فروشنده. seller. vendor.

بایگان، آرشیویست، متصدی ضبط. archivist. file - keeper.

بایگانی archives. records. chronicle. annal.

~ کردن. to be an archivist. to put or keep on file.

ادارهٔ ~. the archives. filing office.

ببر tiger.

بپا، به پا. standing. upright.

بپا watch out! be carefull!

بت، صنم، الهه. idol. an object of adoration.

بتاوی (z.) shaddock.

بت‌پرست idolater. idol worshipper.

بت‌پرستی idolatry.

بتخانه، بتکده. pagoda. idol-temple.

بتدریج gradually. little by little.

بتر، بدتر. worse.

بت‌نگار a limner. painter.

بتن، بتون. concrete.

~ آرمه. reinforced concrete.

بتول، باکره، دوشیزه. virgin. Feminine. proper noun.

بتونه، بطونه. undercoating. putty. filler.

~ کردن. to undercoat. to putty.

بته bush. shrub. kindling.

بته‌مرده withered. stunted.

گل و~. flower design. flower work. floral design.

بثور (pl. بثورات) pustules. eruption. rash.

بثوری eruptive.

بجا، بموقع، بمورد، بهنگام. opportune. proper. timely. suitable.

بجز، جز. except. besides.

بچشم (see under چشم). of course. by all means.

بچگان (pl. of بچه)، اطفال، کودکان، بچه‌ها. children. infants.

بچگانه childish. children's. puerile.

رفتار ~. childish behaviour.

لباس ~. children's clothes.

بچگی childhood. childish act. babyhood. childishness. puerility.

پیرمرد خیلی ~ کرد. the old man acted very childishly.

بچه child. baby. infant. young one. boy. lad. cub. pedo-. puer-.

~ داشتن. to have a child or children.

~ کردن، ~ گذاشتن. to produce a child. to increase or multiply. to spawn. to whelp. to give birth to.

~ گربه. kitten.

~ شیر. lion cub.

~دار. having a child or children.

~ داری. mothercraft. parenthood. baby - sitting. caring for children. puericulture.

بچه‌دان، زهدان، رحم. the womb. uterus. matrix.

~ زا. viviparous.

~ کش. infanticide.

بچه‌باز pederast. sodomist.

بچه‌بازی pederasty. active sodomy. child's play.

بحار (pl. of بحر) seas.

بحبوحه middle (part). midst. median.

در بحبوحهٔ جوانی. in the flower of youth.

در بحبوحهٔ جنگ. in the thick of the fight. in the throes of the war.

بحث argument. discussion. debate. controversy.

~ کردن to argue. to make a case. to dispute. to wrangle. to discuss.

آنها دربارهٔ جنگ با هم ~ داشتند. they had an argument (discussion) about the war.

کتاب مورد ~. the book in question.

قابل ~. disputable. questionable.

غیر قابل ~. indisputable. incontestable.

بحر (بحار، بحور .pl)، دریا، اقیانوس. sea. poetical metre.

ماوراء بحار. overseas.

در ~ چیزی رفتن. to ponder over something.

بحران crisis. juncture. exigency.

~ سیاسی. political crisis.

~ پیش بینی نشده. an unforseen exigency.

بحرانی critical.

حال مریض ~ شد. the patient's condition became critical.

بحری، دریائی. marine. naval. nautical.

بحریه، نیروی دریائی، ناوگان. navy. fleet. armada.

بحل، بهل، بخشیده. pardon(ed). remission.

~ کردن. to pardon. to absolve.

بحمدالله، الحمدلله. thank God.

بحور poetical metres. (see under بحر)

بخار steam. vapour. mist vapor.

ماشین ~. steam engine.

هوا ~ داشت. the weather was misty (muggy).

~ دار. vaporous. steamy. muggy. sultry.

~ زا. steam-generating.

~ سنج. vaporimeter.

بخاری heater. stove. fire-place. grate. cooked by steam. vapoury. vaporous.

ترمز ~. steam brake.

~ پاك کن. chimney sweeper.

~ برقی. electric heater.

بخت، شانس، سعادت، اقبال. chance. luck. fortune. horoscope. lot.

~ باو یاری کرد. chance helped him out.

امروز ~ ما خیلی بدبود. we had very bad luck today.

~ خوب. good luck or fortune.

خوشبخت. fortunate. lucky.

بدبخت. unfortunate. unlucky.

~ آزمائی. lottery. sweepstakes. trying one's fortune.

بخت برگشته unlucky. unfortunate.

بختك nightmare.

بختیار lucky. fortunate. prosperous. auspicious.

بختیاری Bakhtiari tribe.

بخرد، خردمند. wise.

بخس (only with ثمن) very low.

به‌ثمن ~ فروختن. to sell at a very low price.

بخش، قسمت، بهره، سهم، ناحیه، جیره. share. allotment. ration. part. portion. section. fragment. district. ward. fraction. slice. division. segment.

~ او را بده. give him his share.

بخش‌های مهم دستگاه گوارش. the chief parts of the digestive system.

بخشی ازخانه. a section of the house.

بخش‌هائی از یك کتاب. fragments (segments) of a book.

رئیس ~. district manager. head.

ـ بخش (i.r. of بخشیدن)، ببخش، بخشنده. giver. grantor. give thou (used in combs. as in: خدابخش & سودبخش).

بخشایش، بخشش، عفو، معاف‌سازی، بخشودن. forgiveness. mercy. pardon. condonation. grace. remission. absolution.

~ بهتر از انتقام است. forgiveness is better than revenge.

باچشمانی که برای طلب ~ بالامتوجه شده بود. with eyes up raised to ask for mercy.

بخشایندگی، بخشش، عفو. forgiveness. mercy. liberality.

بخشاینده، بخشنده، بخشایشگر. merciful. forgiving.

بخش پذیر، قابل تقسیم. divisible. dividable.

بخش‌دار governor of a district.

بخشش، بخشایش، سخاوت، عفو، فتوت. munificence. gift. donation. pardon. remission. liberality. bounty. forgiveness. generosity.

~ کردن. to make a donation. to bestow gifts.

بخش‌ناپذیر، غیرقابل تقسیم. indivisible.

بخشنامه، متحدالمآل. circular (letter). directive.

بخشندگی، سخاوت، آزادگی. liberality. generosity. quality of mercy. munificence. bounty.

بخشنده، بخشاینده، سخی. merciful. forgiving. liberal. generous. bountiful.

خداوند بخشندهٔ مهربان. God, the merciful and kind.

بخشودگی، معافیت. exemption.

بخشودن، بخشیدن. to forgive. to exempt.

بخشوده exempt. forgiven. absolved.

~ از مالیات. tax-free. free from taxation. tax-exempt.

بخشی، مقسوم. dividend.

بخش‌یاب، مقسوم علیه. divisor.

بخشیدن، بخشودن، معاف‌کردن، عفوکردن. to give. to grant. to bestow. to donate. to excuse. to pardon. to forgive. to condone. to absolve.

ببخشید. pardon me. excuse me. I beg your pardon. I am sorry.

بخشیدنی forgivable. excusable. pardonable. that is given (not sold).

بخشیزه subdivsion.

بخصوص، بویژه، مخصوصاً، علی‌الخصوص. specially. particularly. in particular.

بخل، حسد، خست. stinginess. being parsimonious. envy.

~ اورا کورکرده. jealousy has blinded him.

بخو، دستبند. manacle(s). handcuff.

بخودبسته، تصنعی، ساختگی. affected. assumed.

بخور incense. fumigation. dark grey.

~ دادن. to (in)cense. to fumigate.

بخور مریم، نگونسر، سیکلامن. (bot.) cyclamen europaeum. bleeding nun.

بخولق pastern.

بخیل jealous. miserly. a miser. avaricious.

بخیه، دوخت ودوز، کوك. stitch. suture.

~ زدن. to stitch. to sew.

پیراهنی را ~ زدن. to stitch a shirt.

سوزن ~ جراحی. suture needle.

بد، پلید، ناپسند، زشت، قلب، پست، سوء. bad. of poor quality. ill. evil. foul. (also used as prefix in such combs. as: "malevolent" بدخواه).

چشم ~. evil eye.

کردار ~، ~ کاری. evil deed.

سخنان ~ (زشت). foul language. insult.

بدی کردن. to do evil.

~ بو. bad (foul) smelling.

بکسی ~ گفتن. to use bad language on someone. to curse or rail at a person.

ازکسی ~ گفتن. to slander (backbite) a person.

از او بدم میآید. I hate (dislike) him.

بد، بود. (poetic form of بود) was.

بدا، وای‌بر، افسوس. woe. how bad!

بدا بحال او. woe upon him!

بد آب وهوا of a bad climate. unhealthy. insalubrious.

بدی آب وهوا. the inclemency of the weather.

بداختر، بدبخت، بدشانس. ill-starred. unlucky. unfortunate.

بداخلاق، بدخلق، فاسد، دارای اخلاق فاسد، شریر، نانجیب. immoral. lewd. licentious. indecent. vicious. ill-humoured. bad-tempered. cross. irascible.

بداخلاقی کردن. to act immorally or lewdly. to show bad-temper or anger.

صبحها خیلی ~ است. he is very bad-tempered in the morning.

یك مردپیر ~. a cranky old man.

بداخلاقی، فساد، بدخلقی. immorality. ill humour. crankiness.
~ نکن. don't be cross.
بَداخم، ترشرو، اخمو. surly. frowning. morose.
بداخمی moroseness. browbeating. frowning.
~ کردن. to act in a frowning or surly way. to browbeat.
بداَدا of ungraceful manner. showing bad manners.
بَداَصل low-born. bastard.
بَداعَت، بدعت. something new or strange.
بدآموخته spoiled. having acquired a bad habit.
بِدان، بآن، آگاه‌باش. to that. know thou.
بَدانجام، بدفرجام، بدعاقبت. turning out unsuccessfully. of a bad consequence.
بداندیش، بدخواه، بدطینت. malevolent. malicious. ill- disposed. ill-intentioned. evil-minded. malign. malignant. rancorous. spiteful. malefic. wicked.
بداندیشی malevolence. malice. maliciousness. wickedness.
بَدآوَردَن to have bad luck.
بَداهَت، بداهه، بالبداهه، فی‌البدیهه. improvisation. extempore.
بِدایَت، ابتدا، آغاز. beginning. commencement. outset. start.
بَدایِع (pl. of بدیع)، تازه‌ها. new things. rarities. novelties.
بَدائی، ابتدائی. preliminary. primary.
بدآئین، بیدین. irreligious. impious.
بَدباطِن، بدطینت. بدجنس. inwardly bad. ill-intentioned. ill - natured.
بَدبَخت، بداقبال، بدشانس، تیره روز. unlucky. unfortunate. ill-starred. ill-omened. disastrous. afflicted. miserable
آدمی ~. an unlucky man.
دختری ~. an unfortunate girl.
بدبختانه unfortunately.
بدبختی bad luck. adversity. misfortune. affliction. tribulation. misery.
بَدبَدَك، بَدبَدِه، بلدرچین. (z.) quail.
بَدبِدِه، بدحساب. lacking promptness in paying one's dues. poor pay.
بَدبُو، متعفن. malodorous. stinking. noisome. rank. rancid. musty. fetid.
بَدبیاری، بدشانسی. bad luck (esp. in gambling).
بدبین pessimistic. cynical.
بدبینی. pessimism. cynicism.
بَدتَبار low-born.
بدترکیب، زشت، بی‌ریخت. ugly. misshapen. ill-formed. homely. squalid. bad looking.
بدترکیبی ugliness. deformity.
بدجنس، بدخواه، بدطینت، بدنهاد، بدذات. malicious. malevolent. wicked. ill-natured.
بدجنسی maliciousness. malevolence.
~ کردن. to commit acts of malevolence.
خودپسندی و ~ ازسخنانش میبارید. his words imparted selfishness and wickedness.
بَدچِشم، حسود، شورچشم. evil-eyed or jealous. envious.
بدچشمی envy. evil eye.

بدحال (very) ill. unhealthy. in a bad condition or situation.
بدحالت، بدخو، بیمار. bad-tempered. ill.
بدحرفی insult. bad language. railing
~ کردن. to curse. to use bad language. to inveigh against.
بدحساب، بدبده. dishonest. not paying back on time.
بَدخشان place between Khorassan and India noted for its rubies.
بَدخَصلَت، بدخو. ill-natured.
بَدخَط، دارای خطبد. one whose hand writing is bad. one who scrawls.
~ بودن. to have a bad handwriting.
بدخطی bad penmanship. bad handwriting.
بَدخُلق، اخمو، کج خلق. ill - humoured. cranky. crabbed. peevish.
بدخلقی. ill humour. peevishness. crankiness.
بدخوی، بدخو، بدخصلت. ill - natured. vicious. cranky.
بدخواب a bad sleeper. having troubled (disturbed) sleep.
~ شدن. to sleep badly or unsoundly. to become unable to sleep.
بدخوابی sleeping badly or unsoundly. loss of sleep. insomnia.
بدخواه، بدطینت. malevolent. ill-disposed. ill-intentioned. evil-minded. misanthropic. malicious.
آدم بدخواه. a malevolent person.
بدخواهانه. maliciously. malicious. malevolent.
بدخواهی malevolence.
بَدخَیال suspicious.
بدخیم malignant.
بَدِل، بدطینت، بدنهاد. bad-hearted. bad-intentioned. ill-wishing.
بَددماغ، مغرور. proud. hard to please.
بددهن، فحاش، ناسزاگو. scurrilous. foulmouthed.
بدذات، بدجنس، بدطینت. roguish. mischievous. base. malicious. wicked. mean. sly. naughty.
بدذاتی. maliciousness. wickedness. roguishness. meanness. mischievousness.
بَدر، ماه شب‌چهارده. full moon.
بدراه، منحرف، کج‌سلیقه. perverted. garbled. corrupt. misled.
~ کردن. to mislead. to pervert or misguide.
بَدرَفتار، بدکردار. misbehaving. ill-treating.
بدرفتاری misconduct. abuse. ill-treatment misbehaviour. bad conduct.
~ کردن. to ill-treat or abuse.
بَدرَقه، مشایعت، ملازمت، همراه‌داری. escort. convoy. accompanying. attending. seeing off.
~ کردن. to escort. to accompany. to see off.
او را تافرودگاه ~ کردیم. we accompanied him to the airport.
کشتی‌بازرگانی توسط یك‌کشتی جنگی ~ شد. the merchant vessel was convoyed by a ship of war.
~ کسی رفتن. to see a person off.
بَدرِکاب، چموش، بددهنه. hard to mount.
بَدرَگ of a bad stock.
بِدرود، خداحافظی. farewell. goodbye. adieu.
~ گفتن. to bid farewell. to say goodbye.
بدروزگار، شریر، بدبخت، پریشان‌حال wicked. miserable. wretched. forlorn.

بَدرِه، کیسهٔ زر. bag of gold (money).
بدریخت، زشت. ugly. ill-favored. misshapen.
بدزبان، بددهن. foul-mouthed. scurrilous.
بَدسابِقه، دارای‌پیشینهٔ بد. having a bad record.
بدساخت of a bad make. badly manufactured. badly shaped.
بدسرشت، بدطینت. wicked. ill-natured.
بَدسگال، بدخواه، بدسرشت. malevolent.
بدسلوکی، بدرفتاری. bad behavior.
بدسلیقه، کج سلیقه. having bad taste.
بدسلیقگی bad taste.
~ کردن. to show bad taste.
بدسیرت، بدطینت، بدسرشت. of a bad character. immoral.
بدشکل، زشت. deformed. ugly. disfigured. bad looking.
بدشکلی ugliness. deformity.
بدطبع، بدطبیعت، بدخلق. ill-natured. not talented.
بدطینت، بدنهاد. bad-hearted. ill-intentioned. ill - natured. vile-minded.
بدعادت having acquired a bad habit. spoiled.
~ کردن. to spoil. to give a bad habit to.
~ شدن. to be spoiled. to acquire a bad habit.
بِدعَت innovation. heresy. change. alteration.
بدعت‌های دینی. religious innovations.
~ گذاردن. to innovate. to introduce something new or heretical.
~ گذار. heretic. innovator.
بَدعَمَل، هرزه، بدکار. of evil deeds. working badly. wicked.
بَدعُنُق، بدخلق، تندخو. ill-humoured and proud. cranky. morose. sullen.
بَدعَهد، پیمان شکن، بدقول. faithless. perfidious. unfaithful to one's promise.
بدعهدی infidelity. unfaithfulness. perfidy. breaking a promise.
بدفرجام، بدانجام، بدعاقبت، نافرجام. ill-fated. having a bad ending.
بَدقَدَم، بدیمن، بدبختی‌آور. bringing bad luck. inauspicious. unlucky.
بدقلب، بدنهاد. evil-hearted. malicious. bad-hearted. malevolent.
بَدقِلق، بدخلق. moody. ill - tempered.
بَدقِمار bad loser. sore loser.
منوچهر ~ (بدباخت) است. Manoochehr is a sore loser.
بَدقول، پیمان شکن، بدعهد. unfaithful to one's promise. renegade.
بدقولی breach of one's promise.
بدقولی‌کردن. to break one's promise. to forfeit one's word.
بَدقیافه، زشت. bad looking. ugly.
بَدکِردار، بدکار. evil-doing. wicked.
بدکرداری. malfeasance. wickedness. iniquity.
بَدکُنِش، بدکردار، بدکار. evil - doing.
بدکیش، بیدین. irreligious. impious.
بدگذران living on scanty means. indigent.
بدگذشتن to have a bad time.
درآنجا بما بدگذشت. we had a bad time there.
بَدگِل، زشت. ugly. plain. homely.

بدگلی. ugliness.
بَدگُمان، سوءظنی، مشکوك. suspicious.
بدگمانی. suspicion. mistrust.
بدگو، ناسزاگو، بددهن. slanderous. ill-speaking. backbiter.
بَدگُوهَر، بدذات، بدطینت، خبیث. base. low-born. bad in essence.
بدگوئی، فحش، ناسزاگوئی. ill-speaking. vilification. backbiting. slander.
~ کردن از. to backbite (or slander).
بَدگُهَر، بدذات، بدطینت، بدگوهر. evil-natured. base. low-born.
بَدَل، عوض، جانشین. substitute. artificial. ersatz. counterfeit. false imitation
~ کردن. to substitute. to exchange. to trade.
پشم ~. substitute (ersatz) wool.
اتومبیلی را باخانه‌بدل‌کردن. to exchange (trade) a car for a house.
الماس ~. imitation diamond.
با لباس ~ بمنزل عروس رفت. he went to the bride's house in disguise.
بدل‌چینی crockery.
بَدلقا، زشت. sinister. ugly.
بَدمَذهَب، بیدین. irreligious. (often used as an insult.)
بَدمَزاج peevish. surly.
بَدمَزه tasting badly. unsavory. distasteful. disagreeable to the taste.
بَدمَست dead drunk. one who brawls in drunkenness. intoxicated.
بدمستی intoxication. brawling in drunkenness.
بدمعاشرت unsociable.
بَدمُعامله unfair. tricky. dishonest or irregular in one's dealings.
بَدمَنِش fastidious. having bad manners.
بدن، تن، جسم. body. corpus. trunk. corpse. torso. somat-.
~ شناسی. somatology.
بد نام notorious. of a bad reputation. infamous. ignominious. defamed.
~ کردن. to defame (or disgrace).
مرد بزرگی را ~ کردن. to defame a great man.
بدنامی infamy. ill repute. notoriety.
بدنقش unlucky (in gambling).
بدنقشی bad luck. deuce-ace.
بدنما، ناپسند، نامناسب، زشت. unsightly. inelegant. indecent.
بَدَنِه، تنه، لاشه. trunk. hull. frame. built. body.
بدنهٔ (تنهٔ) درخت. the trunk of a tree.
بدنهٔ کشتی. the hull (of a ship).
~ هواپیما. frame. fuselage.
~ خودرو (اتومبیل). car body.
بدنَهاد، بدذات، بدطینت. innately evil. ill-natured.
بدنی، جسمی، جسمانی، مادی. bodily. physical. corporal. corporeal. somatic. flesh-coloured.
تربیت ~. physical education.
تنبیه ~. corporal punishment.
بَدنیَّت، باطن، بطینت. having a sly meaning. ill-intentioned. ill disposed.
بَدو، آغاز، ابتدا، شروع. beginning. outset. commencement. start.
در ~ کار. in the beginning (of the work).
بدو، باو، بوی. to him. to her.
~ گفتم برویار دگرکن. I told him, "go find another lover."
بَدوَا in the beginning. at the start.

بِدون، دون، بی. without. lacking. **sans.** wanting. in need of. **devoid.**
~ استثناء. **without exception.**
بَدوی **initial.** of an early stage. primary. primordial.
بَدَوی bedouin. nomad. primitive. rude.
قبایل ~. **nomadic tribes.**
بَده flow. discharge.
بدهضمی، سوءهاضمه. dyspepsia. indigestion.
بِدهکار، مدیون، مقروض. debtor. in debt. indebted. debit. scone.
~ بودن. **to be in debt. to owe. to be indebted to.**
او دو ریال بمن~ است. **he owes me 2 Rials.**
اوگوشش بحرفهای من~نبود. **he wouldn't care for my remarks. he turned a deaf ear to my words.**
ستون~. **debit column.**
بدهکاران همه ناپدید شدند. **the debtors all disappeared.**
بدهکاری، دین، بدهی. debt. indebtedness.
بدهکاریهای او از یك میلیون بیشتر بود. **his debts exceeded a million.**
بِدهی، بدهکاری، قرض، دین. amount due. debt. liability.
بَدی، شرارت، زشتی، پلیدی، نادرستی،خطا. badness. evil. wickedness. wrong. fault. shortcoming.
~کردن. **to do evil or wrong. to commit wickedness.**
~ آب وهوا. **inclemency of the weather.**
کار~کردی. **you did a bad thing.**
هرانسان بدیها ومحسناتی دارد. **each man has his faults and virtues.**
بَدیع، تازه، بیسابقه، بکر. new. strange. novel. innovative. wonderful.
علم ~. **figures of speech. rhetorics.**
بَدیعَة rarity. novelty.
بَدیُمن، بدشگون، بدقدم. inauspicious. foreboding. evil.
بدین، باین. to this. this (way).
~ طریق. **thus. in this way.**
بَدیهَه، بالبدیهه. improvisation. extemporaneous(ly).
نقشهٔ تازه‌ای فی‌البدیهه طرح کردن. **improvising a new plan.**
فی‌البدیهه. **extemporaneously. extempore.**
بدیهه گو. **improvisator.**
بدیهه گویی. **improvisation.**
بدیهی. evident. obvious. evidently. of course. self-evident. apparent. manifest. palpable.
~ استکه... **it is evident (clear) that...**
بدیهیات (pl. of بدیهی) self-evident truths. axioms.
بَذر،دانه،تخم. seed. grain. germ. sowing.
~سوءظن کاشتن. **to sow the seeds of suspicion.**
بذرافشان seeder. corn-drill.
بذرافشاندن to sow seeds. to disseminate.
بذرافشانی dissemination. sowing.
بذرك، بزرك. linseed.
بذرکار، کشاورز، کشتکار، بذرافشان. sower. planter.
بَذل، بخشش، کرم. giving generously. munificence. bestowing liberally.
~ کردن. **to give. to grant. to bestow.**

سخاوتمندانه ~کردن. **to give generously.**
~ توجه کردن. **to pay attention to.**
~ وبخشش. **liberality. generousness.**
بَذله joke. bon mot. witticism. wit. jest. everyday garment.
بذله گو، شوخ،شوخ طبع. a witty person. humorist. joker. jester.
بذله گوئی، شوخی، خوش طبعی. joking. witticism. wit. homor.
بَر، روی، بالای، برفراز. upon. on. over. also used as prefix (as in: برانگیختن—to incite).
~صندلی نشست. **he sat on the chair.**
یك مشت~ سراوزدم. **I gave him a punch on the head.**
مرگ پدرپسر را ~ آنداشت که کوشش بیشتری کند. **the father's death influenced the son to try harder.**
~ سر آنم که گرزدست برآید. **if I can, I intend to...**
بالاخره تصمیم ما~آن شدکه برویم. **finally, we decided to go.**
چه ~سرش آمد؟ **what happened to him?**
~حسب اتفاق. **by accident. coincidentally.**
~ اونگریستم. **I looked at (upon) him.**
برله. **in favor of.**
بنابر. **according to.**
برعلیه. **against.**
~ عکس. **on the contrary. reverse.**
بَر side. bosom. by memory.
از~ خواندن. **to recite from memory.**
از ~ دانستن. **to know by heart.**
از~کردن. **to memorize.**
در~داشتن. **to comprise. to entail. to necessitate.**
در~کردن. **to wear. to have on.**
در~کشیدن، در~ گرفتن. **to embrace. to hug.**
بَر (میوه). fruit. result. profit.
بی‌بر. **fruitless. barren.**
بُر cut thou. cutter. cutting. (also used as suffix as in: (شیشه‌بر).
بَرّ، زمین، قاره. land. continent.
بر shuffle. shuffling.
~ زدن. **to shuffle. to cut.**
برآمدن to come. to arrive. to swell. also used in such combs. as:
ازپس کسی~. **to be able to cope with someone.**
برآمدن to come. to arise from.
هرچه از دل برآید بردل نشیند. **what arises from the heart finds a way in another's heart.**
بُرّا cutting. sharp.
بَرابَر، مساوی، مطابق، معادل. equal. equivalent. same. identical. equal. similar. on a par. on the level.
در چشم قانون همه برابرند. **all are equal in the eyes of the law.**
~کردن. **to compare. to place side by side. to weigh together. to equalize. to make equivalent.**
~ شدن. **to become equal or level.**
در~. **toward. in front of. against. in the teeth of. in the face of.**
مزد در~کار انجام شده. **wage for the work done.**
در~ مشکلات زندگی. **against (in the teeth of) life's difficulties.**
اینکارها در ~ مردم برازنده نیست.

such deeds are not becoming in public (in front of the people).
دو ~. **double. twice as much.**
ده ~. **tenfold. ten times as much.**
برابری، تساوی، قرینه، تعادل. equality. parity. equivalence. equivalency. similarity.
~کردن. **to equal. to oppose. to contend.**
~ حقوق. **equality of rights.**
بَرات، حواله، سفته، فته طلب. draft. money order. bill of exchange.
~ کشیدن، برات نوشتن. **to draw (write) a draft.**
~کش. **drawer (of a bill).**
~گیر. **drawee.**
برادر، اخوی، اخ. brother. frater. sib. sibling. frat(e)r-.
برادر ارشد یا بزرگتر. **elder (older) brother.**
برادر ناتنی. **step brother.**
برادر رضائی. **foster brother.**
برادران brothers. brethren.
برادرانه brotherly. fraternal.
برادرخوانده adopted brother.
برادرزاده niece or nephew.
برادرزن wife's brother. brother-in-law.
برادر شوهر husband's brother. brother-in-law.
برادرکش fratricide.
برادرکشی fratricide.
برادروار brotherly. in a fraternal way.
برادری، اخوت. brotherhood. fraternal.
بُرادَه، باریکهٔ فلزات. filings. shavings.
بِراز، فضولات، گه. feces. shit. excrement. dung. stool.
برازی. **fecal.**
بَرازَندگی comeliness. grace. opportuneness. suitability. gracefulness.
بَرازَنده،دلپذیر،مطبوع. befitting. suitable. comely. becoming. graceful.
این رفتار برازندهٔ یك معلم نیست. **this behavior is not becoming a teacher.**
بَرازیدَن to become. to suit. to befit.
براستخوان بندی exoskeleton.
برافتادن، ورافتادن. to die away. to be destroyed or made extinct.
نسل این ماهی برافتاده است. **this kind of fish has become extinct.**
برآشفتن، غضبناك شدن. to disturb and make angry or worried. to become angry. to become alarmed. (emphatic for آشفتن).
بَرافروختَن، غضبناك شدن، روشن کردن. to inflame (emphatic for افروختن).
برافروخته flaming. inflamed. set ablaze.
باچشمانی~. **with eyes set ablaze.**
بَرافکندَن، افکندن، برانداختن. to cast. to throw (emphatic for افکندن).
بَرّاق، درخشان، درخشنده، دارای تلالؤ. shining. glittering. gleaming. polished. buffed. bright.
~کردن. **to buff. to polish. to shine. to make glittering.**
بُراق with bristling hair and attacking aspect (said of a cat).
برآمد issue. outcome. expenditure.
برآمدن، طلوع کردن، ازعهده برآمدن.

to come up. to emerge. to cope. to be inferred or understood.
از من برنمی‌آید. **I cannot do it.**
پیرمرد ازپس دخترانش برنمی‌آمد. **the old man could not cope with his daughters.**
بَرآمَدگی، بلندی، قله، زائده. eminence. projection. knob. outgrowth. swelling a bur. nodosity. nodule. lump.
برآمده swollen. protruding. projecting. lumpy. nodular. nodulous.
بُرّان، برنده، قاطع، تیز. cutting. sharp. trenchant.
برانداختن، منسوخ کردن، ازبین بردن، نابود کردن. to abolish. to overthrow. to destroy. to dethrone. to make extinct. to deracinate.
اسکندر سلسلهٔ هخامنشی را برانداخت. **Alexander destroyed the Achamenian dynasty.**
شکارچیان سبب برانداختن نسل چندین حیوان وحشی شدند. **hunters caused the extinction of several wild animals.**
برانداز کردن،ورانداز کردن، ازسرتاپا نگریستن. to look (someone) up and down. to measure with one's eye. to size up.
برانکار، تخت روان. stretcher.
برانگیختن، انگیختن، برانگیزاندن. to excite. to incite. to move. to encourage. to abet.
بَرانگیختگی excitation.
برانشی branchiae. branchial. gill.
بَرآورد، تخمین، دیدزنی، ارزیابی، تقریب، محاسبه. estimate. rate. evaluation.
~کردن. **to estimate. to evaluate. to compute. to assess.**
برآوردن، ارضاء کردن. to grant. to comply with. to meet. to supply. to provide. to lift up.
برآورده granted. accepted. complied with. finished. brought. satiated.
بَرآهنگ abstraction.
بَرآهیخته abstract.
بَراهین (pl. of برهان). proofs. logical reasons.
بَرای، بخاطر، بجهت، بمنظور. for. for the sake of. in order to. for the purpose of. on account of.
این کتاب را~ شما نوشتیم. **we wrote this book for you.**
آنها ~ دفاع از میهن خود مردند. **they died for the sake of defending their country.**
~ آنکه. **because. in order that (to).**
~ که زنگها بصدا درمیآید؟ **for whom the bells toll?**
~ چه، چرا؟ **why? what for?**
بَرائَت، تبرئه، بی تقصیری،معافیت. acquittance. innocence. guiltlessness. exemption. acquittal. clearance.
~ ذمه. **clearance from obligation. disculpation.**
بَرآیَند، نتیجه دهنده. resultant.
بَربَر، وحشی. (native of) Barbary. barbarian.
بَربَرستان Barbary.
بربری، وحشی، اهل بربرستان، خشن. native of Barbary. rude. savage. barbarian. barbarous. barbaric.
بَربَرِیَّت، وحشی گری، توحش. barbarism. barbarity. barbarousness. savagery.

بَربَط harp. lyre.
~زن، ~ نواز. harper.
برپا on foot. stand up. established.
~شدن. to stand up. to get on (one's) feet.
~ کردن. to cause to stand up. to establish. to open for activity.
بافتخار او جشنی برپا کردند. they set up a party in his honor.
کارخانه‌های زیادی ~ شده است. many factories have been established.
بَرتَر (بر comp. of)، بالاتر، ارفع، ارشد، عالی‌تر، ارجح. higher. superior. preferable. major. exceeding. distinguished. supreme.
مقام ~. a higher status.
او ~ از برادر خود میباشد. he is superior to his brother.
اینکتاب ~ از آنست. this book is preferable to that one.
برتری superiority. preference.
~ داشتن‌بر، برتر بودن. to be better than. to have preference over. to be preferred to. to be superior to. to be above (others).
او ~ خود را بر دیگران اثبات کرد. he proved his superiority over others.
بَرج minor or secondary expenses. expenses for nonessential things.
خرج و ~. expenses for essential and inessential items.
بُرج tower. sign of zodiac. month.
~ چاه. drilling derrick.
هنوز حقوق این~ را نگرفته‌ام. I have not yet received this month's salary.
بَرجَستگی protuberance. relief. projection. bulge. swelling. lumpiness. node. nodosity. prominence.
بَرجَستَن، پریدن (جستن emphatic for). to jump or leap.
برجسته، برآمده، مشخص، معروف، مشهور. projecting. protuberant. lumpy. swollen. nodous. set in relief. embossed. salient. outstanding. prominent.
صفات ~. salient characteristics.
شخصیت ~. an outstanding personality.
بُرجی، وابسته به برج، خورشیدی. tower-shaped. zodiacal. solar.
بِرجیس، ستارهٔ مشتری. Jupiter.
برچسب، اتیکت. label. tag.
بَرچه carpel.
بَرچه‌بَر gynophore.
برچیدگی، انحلال، تعطیل. dissolution. winding up. shutting down.
برچیدن، برداشتن، تعطیل کردن. to pick up. to gather. to remove. to clear away. to close down. to shut. to put an end to.
سفره را برچین. take away the tablecloth (clear the table).
بَرحَذَر beware! watch! avoid!
~ باش. beware! look out!
~ بودن. to beware of. to shun or avoid.
بَرحَسب by. according to.
برحق، درست، راستین. just. fair. true.
برخاستن، بلندشدن، بپاخاستن، ناشی‌شدن از. to rise. to get up. to become erect. to ascend. to stand up.
مهمانان برخاستند ورفتند. the guests got up and left.
بَرخِلاف against. contrary to.
قول میدهم ~ حقیقت چیزی نگویم. I promise to say nothing contrary to truth.
برخورد، تلاقی، تصادم. encounter. clash. conjunction. collision.
~ با مشکلات. encounter with difficulties.
~ دو قشون. the clash of the two armies.
چشمش با منظرهٔ موحشی ~ کرد. his eyes met a horrible sight.
حرفهای او بمن ~. his words offended me.
خوش ~. friendly. sociable.
~ کردن. to clash. to collide. to encounter. to come into conjunction with.
برخوردار enjoying (the fruits of). successful. prosperous.
~ شدن. to enjoy. to prosper.
از ثروت بسیار ~ شدن. to enjoy much wealth.
برخورداری enjoyment. fruition. success. happiness. prosperity.
برخوردن to come across. to bump into. to offend. to clash.
بمشکلات زیادی برخوردیم. we encountered many difficulties.
درخیابان باو برخوردم. I came across him in the street.
این سخن باو برخورد. this talk offended him.
بُرخه، کسر، کسری. fraction. portion.
~ شمار. numerator.
~ یاب. denominator.
برخی some. a part of. offering. ransom.
~ از دانشجویان. some of the students.
~ میگویند که ... some (people) say that...
برخیزانیدن، برخیزاندن، بلندکردن. to cause to rise. to erect.
بُرد (بردن past tense of). winning. amount won. range. carried.
شانس باعث ~ اوست. luck is the cause of his winning.
~ این تفنگ. the range of this rifle.
بُردار (برداشتن imp. of). take thou.
بُردار vector.
بَرداشت، کسر، کسری، استفاده، عنوان‌مطلب. withdrawal. taking. offtake. undesrstanding. took.
~ کلی شما از اینکتاب چیست؟ what is your general understanding of (conclusion about) this book?
برداشتن to take off. to doff. to take. to pick up. to remove.
کلاهت را بردار. take off your hat.
قلم را از روی میز برداشت. he took the pen from the table.
دست ازسرم برنمی‌دارند. they don't leave me alone.
دست ~ از. to abandon. to give up. to quit.
بُردبار، فروتن، رنجبر، صبور، زحمتکش. patient. meek. forbearing. tolerant.
او خیلی ~ است. he is very patient.
بردباری patience. forbearance. meekness.
بَردَست، وردست. aid. mate. helper.
بَردگان (برده pl. of)، غلامان. slaves.
بردگی slavery. bondage. servitude.
بُردَن، حمل کردن، رساندن، رهبری کردن، هدایت کردن، ربودن. to carry. to take. to lead. to conduct. to win. (also used as suffix as in: بسر بردن or بکار بردن).
وقتی بمیرد هیچ چیز باخود نخواهد برد. when he dies he shall carry nothing away.
کتاب را باخود برد. he took the book with him.
راه ~. to know.
همهٔ مایملك اورا بردند. they stole all his belongings.
لوله‌ها آب را به‌کانال میبرد. pipes lead the water into the canal.
او اسبها را برد به‌طویله. he conducted the horses into the stable.
او مسابقه را برد. he won the race (match).
شما بلدید ماشین ببرید؟ can you drive a car?
بکار ~. to use. to utilize.
رنج ~. to suffer.
بردنی that which can be taken. removable.
بَرده slave. bondman. serf.
~ فروش. slave merchant. slaver.
~ فروشی. dealing in slaves. slave selling.
برده (بردن p.p. of). carried. taken.
بَرَسی، مرور، رسیدگی، مطالعه، غور، تعمق. examination. inspection. consideration. deliberation. contemplation. review.
~ کردن. to examine or inspect. to consider. to deliberate.
~ پیشرفتهای تحقیقی هشت سال گذشته. the examination of scholarly achievements of the last eight years.
بَرز agriculture. seed.
بَرزَخ، تنگنا، گرفتاری، محظور. limbo. perilous or awkward situation.
بُرزدن to shuffle. to cut.
ورقها را بربزن. shuffle the cards.
بَرزِش practice.
بَرزَک linseed. flax.
بَرزگر، زارع. agriculturist. farmer.
برزگری، زراعت. farming. agriculture.
بَرزَن municipal division (of a town). district. quarter.
برزنت tarpaulin.
بَرزه branch. seed.
برزیدن، ورزیدن. to practice.
برزیل Brazil.
بِرسام، ذات‌الجنب. (med.) diaphragm(at)itis. pleurisy.
بُرِش cutting. incision. slice. section.
بِرِشتَن، برشته کردن، سرخ کردن. to roast. to toast. to calcine. to parch. to scorch. to torrefy.
بِرِشته toasted. browned. roasted.
برشته‌کردن. to torrefy. to roast. to toast. to parch. to calcine.
نان ~. toasted bread.
~ شدن. to be toasted or browned.
بَرشمُردَن، شمردن. to enumerate. to name or describe in detail.
بَرطبق، طبق. according to. as per.
بَرطَرَف، منتفی. removed. obviated.
~ کردن. to remove. to obviate. to put an end to. to do away with. to avert. to forestall.
خطر ~ شد. the danger was averted.
بَرعکس، دربرابر، متقابلاً. vice versa. conversely. converse. on the contrary.
بَرعَلَیه، علیه، برضد. against.
برف snow.
~ باریدن to snow.
لکهٔ ~، دانهٔ برف. snowflake.
توفان ~، کولاك برف. snowstorm.
برفاب snow water. slush.
برف پاك‌كن snow sweeper. snowplow.
~ خودرو (اتومبیل). windshield wiper. wiper.
بَرف‌رُوب snow sweeper. snowplow.
برف‌روبی snow cleaning.
برف‌ریزه hoarfrost. sleet.
بَرفَك thrush. aphtha. television flakes.
برفی snowy. of snow.
آدم ~. snowman.
بَرق، بارقه، آذرخش، نیروی برق، جلا، electro-. lightning. electricity. electric current. flash. lustre. glitter. polish. gloss.
~ انداختن. to buff. to polish. to shine. to cause to glitter.
~ زدن. to shine or glitter. to scintillate. to lighten.
چراغ ~ electric light.
نیروگاه ~، کارخانهٔ ~. power station.
رعد و ~. thunder and lightning.
مهندس برق. electrical engineer.
مهندسی ~. electrical engineering.
مثل~. in a flash. in the twinkling of an eye.
با ~ معالجه‌کردن. to treat by X ray.
باصندلی برقی اعدام کردن. to electrocute.
برق‌آسا. سریع. fast. in a flash. sudden(ly). flashlike.
برقکافت electrolysis
بَرقَرار، استوار، ثابت، پایدار، مستقر. continued. established. in working order. continuing.
~کردن، دایرکردن، تأسیس کردن to institute. to establish. to organize. to appoint. to plant. to set up.
مدرسه مثل سابق برقرار است. the school is continuing as before.
دستور دادکه ادارهٔ جدیدی ~گردد. he ordered a new office to be established.
هر جمعه در باغ‌کرج مهمانی ~ است. every Friday there is a party going on in the Karaj garden.
برقراری establishment. working order. installation. appointment.
برق‌زا electromotive.
بَرق‌زَدگی electric shock. electrocution.
برق‌سنج، کنتور. electriometer.
برق‌گیر lightning rod.
بُرقو reamer.
برقوزدن. to ream.
برقی electric(al). electrically driven. electrician. quick and sudden. foudroyant. galloping. polished. shining. glossy.
بَرَك (سهیل). (astr.) the star Canopus. cloth made of camel's hair.
بَرَکات (برکت pl. of)، برکتها. blessings.
بَرَکَت، تبرك. blessing. abundance.
ازتوحرکت از خدا ~. God helps those who help themselves.-do your best and God will do the rest.
برکت‌دار، وافر، پر~. abundent. copious. fat. plentiful. blessed.
سرزمین پر~ ایران. the blessed (well-endowed) land of Iran.
بَرکَردَن، پوشیدن. to put on. to don. to wear.
لباس نو دربرکردورفت. he put on a new suit and went away.
بَرکنار، اخراج. discharged. dismissed.
~کردن. to discharge. to dismiss. to sack.
~ شدن. to be discharged or dismissed.
اورااز‌خدمت~ کردند. they fired (discharged

or dismissed) him from service.
برکناری dismissal. discharge.
بَرکَندن، از ریشه کندن، نابودکردن. to dig out. to exterminate. to deracinate. to uproot.
برکه، دریاچه، استخر. pool. pond. lake.
بَرگ، ورق، صفحه، سند، ساز و برگ، اسباب. leaf. sheet. page. foliage. foil. phyll-.
~ آوردن. ~ دادن. to give forth leaves. to foliate. to leaf.
~ معافیت (از خدمت نظام وغیره). exemption paper (or certificate).
برگ بال (z.) neuropteran.
بَرگچه foliole. leaflet.
بَرگدُم petiole. footstalk.
برگَرد return thou. turn around. turn back.
برگردان refrain. burden. lapel. transfer. clearing. echo.
عکس ~ transfer picture. sticker. decal.
یقهٔ ~ turndown collar.
برگرداندن، برگردانیدن، عودت دادن. to give back. to send back. to retu rn. to restore. to render. to translate. interpret.
کتابها را باو برگردانید. give back the books to him.
وسط راه او را برگرداندند. half way through, he was turned back.
این متن را از فارسی بانگلیسی برگردان. turn (translate) this text from Persian into English.
برگرفتن to take away. to carry off.
برگ ریزان fall (of the leaf). autumn.
بَرگُزار، برگزاری. celebration. getting along. carrying on.
~ کردن. to celebrate. to pass off.
~ شدن. to be celebrated.
برگزاری زاد روز شهبانو. the celebration of the Queen's birthday.
با نان وپنیر ~ کردن. to dine with bread and cheese.
برگزاری celebration.
~ جشن ببعد موکول شد. the celebration of the feast was postponed to a later date.
بَرگُزیدگان the chosen. the elect.
برگزیدگی being chosen. selection. choiceness.
برگزیدن، انتخاب کردن، گزیدن، گلچین کردن. to choose. to elect. to select. to pick out. to cull. to prefer.
بَرگُزیده chosen. selected. picked.
بَرگشت، اعاده، بازگشت، مراجعت، عـودت. returned. return. regress. retrogression. retreat. retrocession.
او ازسفر ~ . he returned from the trip.
~ او از سفر. his return from the journey.
رفت و~. coming and going. round trip.
اشتباه در محاسبه قابل ~ است. errors in accounting will be refundable.
error and omission excepted. E. and O. E.
~ پذیر، قابل ~. revocable. returnable. refundable. rectifiable.
~ نا پذیر. irrevocable. not refundable.
برگشتگی inversion. retroflexion (of the womb). inversion. bend.
بَرگشتن، مراجعت کردن، بازگشت کردن. to return. to regress. to retrogress. to come back. to go back.
دختر بخانهٔ خود برگشت. the girl returned to her house.
پشیمان میشوی، برگرد! come back, you will regret it!
بَرگَشته، بالازده، برگرداننده، معکوس. returned. turned up. turned down. changed. inverted. convoluted.
یقهٔ ~. turndown collar.
~ روزگار، بخت~. unfortunate. unhappy.
از دین ~ . renegade. apostate.
بَرگُماشتن، گماشتن، برگزیدن، انتخاب کردن. (emphatic for گماشتن) to appoint. to entrust with. to charge with.
بَرگه، ورقه، مدرك، برگهٔ میوه(خشکبار). anything suggestive of a leaf. slip. evidence. dried piece of a peach or apricot.
بَرگی، برگ مانند، دارای برگ. leaf-shaped. foliaceous. foliar.
بَرلَه، له، بنفع. in favour of. for.
بِرلَن Berlin.
بِرلیان، الماس. brilliant. diamond.
بَرمالیدن،ورمالیدن. to take. to run away.
بَرمَکی Barmecide.
بَرمَلاء، علنی، آشکارا. revealed. divulged. open. public. flagrant. notorious.
~ کردن. to reveal or make public
راز ~ شد. the secret became public.
بَرمادگی epigynous
بِرمَه Burma.
بُرنا، جوان. young. youthful. elegant.
بَرنامه، پروگرام. programme. program. schedule. plan. itinerary. project.
~ ریزی. programming. planning.
~ ریزی کردن. to plan. to schedule. to programme.
سازمان ~. the plan organization.
~ اصلاحات. reforms program.
بِرنج rice. brass. column rule.
بِرَنجاسف، برنجاسف رسمی. (bot.) artemisia vulgaris. mugwort.
برنجزار rice field. rice paddy.
برنجی (made of) rice. brassy. brazen.
بُرَندگی sharpness. incisiveness.
بَرَنده winner. bearer. carrier.
ورق ~. a (winning) trump.
بُرَنده cutting. sharp. incisive. digestive.
بُرنز bronze.
برنشاندن، قراردادن، نشاندن. to cause to sit up. to set up. to implant.
بُرنشیت (med.) bronchitis.
برنگری supervision.
برنو Bruno. Berno. Bruno gun.
بَرَوات bills of exchange. (pl. of برات)
بروج (pl. of برج)، برجها، ماهها. towers. months. constellations.
برودت، سردی frigidity. chilliness. coldness. cold.
هوا به ~ گرائید. the weather turned cold.
بُرودِری، برودره دوزی، حاشیه دوزی. embroidery.
بُروز، ظهور، نمود. divulging. confession. appearing. incidence. leaking out.
~ دادن. to divulge. to reveal. to betray. to leak out.
در اثر ~ امراض. as a result of the appearance of diseases.
بُرس، ماهوت پاك کن. brush.
بروکسل Brussels.
برومور bromide.
برومند، بارور. prolific. fertile. rich. fruitful. growing.
بُرون، بیرون، خارج. out. outside. exterior. ecto-. exo-. epi-.
~ رو، ~زاد. exogenous.
~ شامه. exterior membrane.
~ گرای. extrovert.
برون‌تراو exocrin.
برونی exterior.
بَرّه lamb.
پوست ~. lambskin.
بِره beret.
بُرهان (براهین .pl). reasoning. proof. demonstration. logical reason. theorem.
(دلیل و) ~ آوردن. to reason. to offer logical proofs.
برهم، مخلوط، آشفته. mixed (up).
درهم و~. confused. mixed up.
~ زدن، بهم زدن. to strike. to alienate. to cause a clash. to disturb. to mix (up).
بَرهما Brahma.
بَرَهمَن (براهمه .pl). Brahman.
بِرهنگی nakedness. nudity. nudeness.
بِرَهنَه (برهنگان .pl)، عریان، عور، لخت. naked. bare. stripped. nude. huskless.
~ کردن. to strip. to make naked or bare. to denude. to divest.
~ شدن. to strip oneself. to become naked.
آنمرد ~ بود. the man was naked.
شما به حقیقت ~ (عریان) دست برده‌اید. you have touched the very bare (naked) truth.
دختر کاملاً ~ شد. the girl stripped completely.
~ سر. bareheaded.
بَرهیختن، استخراج کـردن، تـولید کردن، فرآوردن. to extract. to produce.
بَری، معاف، دور، تهی، بیزار. exempt. (de)void. weary. disgusted.
بَرّی continental. pertaining to land.
بَریُ الذِّمه clear from obligation.
~ کردن. to acquit from obligation. to discharge. to exempt.
بریان، سرخ کرده، کباب کرده، بوداده. roasted. grilled. barbecued. broiled. toasted. parched.
~ کردن. to roast. to grill. to barbecue. to toast.
~ شدن. to be roasted or barbecued.
بریانی grilled meat.
بریتانیا، بریطانیا، انگلستان. Britain.
بریتانیای کبیر. Great Britain.
بَرید، قاصد، چاپار، پست. mail. post. messenger.
بُریدگی cut. incision. notch. cleft. split. fissure. crack. fluting. separation.
بریدن، قطع کردن، جداکردن، فاسد شدن(شیر). to cut. to sever. to separate. to make an incision. to rend. to tear. to snap. to renounce friendship or acquaintance. to turn (as milk.)
سر زندانی را بریدند. they cut the prisoner's head off.
از دوستان دیرین بریدیم. we renounced old friends.
شیر بریده. turned (curdled) milk.
طناب برید واو درچاه افتاد. the rope snapped and he fell into the well.
بُریده، قطع‌شده، جدا، برگشته، فاسد. cut. separated. cleft. split. clotted. turned (as milk).
~ ~ حرف زدن. to stammer. to stutter.
بَرین، بالاترین. highest. most sublime. supreme. eternal.
بهشت ~. lofty paradise. high heaven.
بُز goat.
بزغاله. kid.
~ کوهی. wild goat. ibex.
~ ماده. she goat.
~ نر. he goat. billy goat.
~ گیر آوردن. to find a good bargain.
بَزّاز cloth-dealer. cloth-seller.
بزازی dealing in cloth. drapery. dry goods store. cloth seller's shop.
بُزاق، آب‌دهان، خیو، تف. saliva. spittle. spit. salivation.
بزاقی. salivary.
بزحمت with difficulty. hardly.
بُزچَران goatherd.
بزخو goatish.
بُزدِل، ترسو، کم جرأت. chicken-hearted. cowardly. pusillanimous. faint-hearted. timid.
بزدلی، ترسوئی. pusillanimity. cowardice. timidity.
بَزرَك، تخم‌کتان. linseed. flax.
بُزُرگ (بزرگان .pl)، سترك،عظیم،رشید. large. big. macro-. great. grown up. adult. great person. noble. huge. gigantic. super. magni-.
~ کردن. to make large. to raise. to grow. to enlarge.
~ شدن. to become big or large. to grow up. to become enlarged.
~ داشتن. to honor. to esteem. to consider as great.
اوآدم بزرگی‌است. he is a big (great) man.
~وکوچك. young and old. large and small.
~ اندازه. king-size.
بزرگان (pl. of بزرگ). the great. great ones. big ones. big shots.
~ ادب پارسی. the great Persian men of letters.
بُزُرگانَه، مخصوص بزرگسالان. large size. big size. adult size. for adults.
بزرگتر، ارشد، ولی، قیم. elder. older. larger. bigger. greater.
بزرگترین oldest. largest. biggest. greatest.
بزرگداشت honoring. observance. paying respect to.
بزرگراه highway. autobahn. parkway.
بُزُرگ زاده (person) of noble birth.
بزرگسال adult. grown up.
بزرگ سیاهرك، ورید اجوف. vena cava.
بُزُرگ‌مَنِش magnanimous. generous.
بزرگ‌منشی magnanimity.
بُزُرگمِهر، بوذرجمهر. Bozorgmehr. masc. proper noun.
بزرگ‌نمائی magnification. enlargement.
بزرگوار، والا، شریف. honorable. great. magnanimous.
بزرگواری greatness. magnanimity. generosity.
بزرگی largeness. adulthood. adult age. greatness. bigness. size. magnitude.
ساختمانی بدین بزرگی. a building of this size.
بُزغاله، بزك. kid.

بَزَك، آرایش، خود آرائی. toilette. dressing up. make up. grooming.
بزك‌کردن to attire oneself. to dress up. to use make up. to use cosmetics. to bedeck. to groom.
عروس را ~ کردند. they put make up on the bride.
بَزل trepanning. tapping. splitting.
بزم، سور، مهمانی. party. banquet. feast.
بُزمَجه، سوسمار. lizard.
بِزَن valiant. beat (thou). strike thou.
~ بهادر. stout. valiant. swashbuckling.
بِزَنگاه proper moment. nick of time.
سر ~. in the nick of time. at the right instant.
بزودی، فوری، بسرعت، زود. soon. promptly. quickly. in the near future. in a short while. shortly.
بزور by force or compulsion.
بَزَه، گناه، جنحه. offence. sin. misdemeanour. crime.
بزهکار، گناهکار. misdemeanant. criminal. offender. law breaker.
بزهکاران مورد پی‌گرد (تعقیب) قرار خواهند گرفت. criminals will be prosecuted.
بُزی، بزمانند، بزغاله. hircine. goat-like.
ریش ~. goatee.
بَژ glazed frost. hoarfrost.
بِژ، رنگ شتری. beige.
بَس، کافی، بس‌است. enough. sufficient. adequate.
~ بودن. to be sufficient. to suffice.
~کردن. to stop. to quit. to put an end to.
مرا ~ است. it is enough (sufficient) for me.
~ کن. stop it! quit doing that!
از ~ (بسکه) حرف زد خسته شدم. he talked so much that I grew tired.
از خدا میترسم و~. I fear God and nothing else.
بسا، چه~، ای‌بسا، چه بسیار. many. much. many a time. often. how many or how much.
چه ~ که اگر بتهران نمیرفت کشته نمیشد. it is likely that if he had not gone to Tehran he would not have been killed.
ای ~ ابلیس آدم روکه هست. how many human-faced devils there are!
بَساتین (pl. of بستان)، باغها، بستانها. gardens. orchards.
بساز وبفروش jerry-builder.
بِساط، دستگاه، اسباب. (place for) goods exposed for sale (esp. by one who has no shop). stand. layout.
~ خود را در خیابان پهن کرد. he spread out his wares (things) in the street.
بَساك (bot.) anther.
بَسامَد، تناوب. frequency.
~ فراصوتی. ultrasonic frequency.
بَسان، سان، مانند. like. similar to. as.
بساوایی، لامسه. (sense of) touch.
بَسباس، بسباسه، بزباز. mace. nonsense.
بِسپار polymer. entrust thou.
بِسپارِش polymerization.
بَسپایَك polypody.
بَست، گیره، تحصن، بست‌نشینی. ribbing. fastening. brace. clamp. sanctuary. asylum.
~ نشستن. to take sanctuary (in a holy or safe place).
بست‌های در. the door fastenings.
دوتخته را باهم ~ (گیره) بزن. clamp two boards together.
یك ~ تریاك. a pipe-full of opium.
بُستان، بوستان، باغ. garden. orchard.
بِستان، بگیر. take thou.
بده و ~. credits and debits. give and take.
بستانکار creditor. credit side.
حساب ~ وبدهکار. credit and debit account.
بستانکاری credit. creditorship. amount due to a person or outstanding to his credit.
بِستر، تختخواب، رختخواب، تەرودخانه. bed. headstock. river-bed.
بستری confined to bed. bedridden.
~ شدن. to be confined to bed.
بَستگان، خویشاوندان، اقوام، نزدیکان، کسان. relatives. kins. kinsfolk. kinsmen.
بَستگی، رابطه، نسبت، خویشی، وابستگی. relation. connection. dependence. relationship.
~ داشتن به. to depend on. to be attached to.
دل ~، دلبستگی. attachment. fondness.
این دوموضوع اصلاً باهم ~ ندارند. these two matters have no connection with each other at all.
این مسئله بآن‌موضوع ~ دارد. this problem depends (is contingent) upon that matter.
نقشهٔ ما ~ دارد بوضع هوا. our plan depends on the weather.
بَستن، مسدودکردن، مقیدکردن. to close. to shut. to tie. to bind. to fasten. to clog. to obstruct. to brace. to conclude. to enter into.
لطفاً کمربند ایمنی خود را به‌بندید. please fasten your seat belt.
دروازه را ~. to close the gate.
درهارا ~. to shut the ports.
اسب را به نرده بستن. to tie the horse to a fence.
زندانی را ~. to bind a prisoner.
بخود ~. to assume. to affect. to pretend.
شرط ~. to hold a wager. to bet.
یخ ~. to freeze. to be turned into ice. to congeal.
قفل را ~. to fasten the lock.
بزودی دوکشور باهم‌قرارداد خواهندبست. soon the two countries will enter into (conclude) an agreement.
بَستَنی ice cream.
بُستو، کوزه. earthenware. pitcher. conceptacle. follicle.
بَسته، مسدود، مقید، دلمه‌شده، محموله. closed. fastened. chained. barred. frozen. coagulated. clotted. clogged. obstructed. jammed. bound. parcel. package.
برف راهها را ~ است. snow has closed the roads.
کمربند ~. a fastened belt.
خون ~. coagulated (clotted) blood.
~ است به وضعیت. it depends on circumstances.
بسته‌بندی packing. packaging. wrapping.
بُسد، مرجان. coral.
بسربُردن to pass. to spend (time). to fulfill.
بِسزا، سزا، شایسته، مهم. worthy of. condign. deserving.
بِس شُماری، ضرب. multiplication.
بس شُمَر، مضروب. multiplier.
بس شمرده، مضروب فیه. multiplicand.
بسط، توسعه، توضیح. expansion. extension. explanation. growth. spread enlargement. expounding.
~ دادن. to expand. to extend. to explain. to enlarge. to expound.
~ یافتن. to be extended or expanded. to be prolonged or enlarged.
بُسفر، بوسفور. Bosporus.
بَسکه، از بس، آنقدرکه. so much. to such a degree.
~ تکرار کردم خسته‌شدم. I repeated so much that I am tired.
بَسگانی polygamy.
بسم‌الله، بنام خداوند. in the name of God (this phrase is generally used to mean help yourself, please come, sit, say, carry on, etc.)
بَسَنده، کافی. sufficient. enough. worthy.
بسوی، بطرف. towards. in the direction of.
بَسی، بسیار. many. much. very.
~ رنج بردم در این سال‌سی. much have I suffered in these thirty years.
بسیار many. numerous. much. very. a lot. a great deal.
کتابهای ~. many books.
اشخاص ~. numerous people.
~ حرف‌زد. he talked much (a lot).
~ خوب. very good. very well. all right.
~ گوی و کم کار. talking a great deal but doing little.
بسیاری، کثرت، بیشماری. numerousness. excessiveness. many. a lot of. plenty.
از ~کارخسته شدم. I got tired from an excess of work.
بَسیج، آماده سازی، لشکرکشی. mobilization. preparation.
~ دادن، ~ کردن. to mobilize.
بَسیجیدَن to intend. to prepare. to mobilize.
بَسیط، وسیع، گسترده، ساده، عنصر، ماده. extensive. vast. simple. extent stretch.
جسم بسیط. element.
بِش، پنج. five.
بِشارَت (بشارات pl.)، مژده. glad tidings. good news.
~ دادن. to give good news.
بَشّاش، خوشحال، شاد، شنگول. cheerful. jovial. smiling. gay. merry.
بشاشَت، خوشحالی. cheerfulness.
بِشَخصِه personally. in person.
بِشِدَّت hard. severely.
بَشَر، انسان، آدم، آدمیزاده. mankind. man. human kind.
بشردوست، نوعدوست، نوعپرور. philanthropist. humanist. philanthropic.
بشر دوستی، نوعپروری. philanthropism. philanthropy. humanism.
بَشَرَه، قیافه. complexion. cuticle. looks. epidermis.
بشره‌ای epidermal.
بَشَری، انسانی. human. of mankind. of man.
بَشَریَّت، انسانیت، آدمیت، مردی. mankind. humanity. humanism.
بشقاب، ظرف، لب‌تخت. plate. dish. side dish.
بشقابی (z.) placoid. dish-like
بِشکَن snap of the fingers. fillip.
~ زدن. to snap the fingers. to fillip.
بُشکه، خمره. barrel. cask. keg.
یك ~ نفت. a barrel of oil.
یك ~ آبجو. a beer keg. a keg of beer.
بَشیر، مژده دهنده. harbinger (messenger) of good news.
بَصَر (ابصار pl.)، بینائی، دید، بینش. sight. seeing power. vision.
بصری، بینشی، وابسته به دید. optical. visual.
سمعی و~، دید وشنودی. audio-visual
بَصَل‌النُخاع، پیاز مغز. (anat.) medulla oblongata. bulbed medullae.
بصیر، دارای بینش، آگاه، مطلع، وارد. discerning. insightful.
بَصیرت، آگاهی، بینش، اطلاعات. insight. intelligence. expert knowledge.
بِضاعَت، تمکن مالی، استطاعت. pecuniary ability. financial ability. means.
~ چیزیرا داشتن. to be able to afford something.
بَط، مرغابی، اردك. duck.
بَطالَت، مهملی، بیکارگی، تنبلی. vanity. idleness. laziness. inactivity. loitering.
وقت را به ~گذراندن. to idle away one's time.
بَطانه، بتونه. putty. filler. undercoat.
~ کردن، بتونه کردن. to putty. to seal up. to undercoat.
بُطری بطر، شیشه. bottle. jar.
بُطلان nullification. making void. falseness. invalidity. nullity. cancellation.
خط~ کشیدن. to cancel out. to nullify.
~ عقاید اوثابت شد. the invalidity of his ideas was proven.
بَطلمیوس Ptolemy.
بطلمیوسی ptolemaic.
بَطن (بطون pl.)، اندرونه، شکم. abdomen. belly. womb. ventricle.
~ چهارم مغز. fourth ventricle of cerebrum.
~ قلب. ventricle of heart.
بطنی، اندرونی. uterine. abdominal. ventricular.
بُطون interiors. inside. inner parts.
بَطیء، کند. slow. sluggish. dull.
بَظر، چوچوله. (anat.) clitoris.
بظری (med.) clitoridean. clitoral:
بع‌بع baaing. bleating.
~ کردن. to baa. to bleat.
بِعثَت، گمارش، انتصاب به‌پیامبری. prophetic mission. the appointment of a prophet.
بعجَله، باشتاب. hastily. with haste.
بَعد، سپس، بعداً، پس ازآن. then. afterwards. next. later. future date.
روز ~. next day.
از این ببعد، ~ ازاین، من~. after this. from now on. henceforth. hereafter.
~ ازظهر. afternoon.
~ها. later. later on.
شما~ از اوآمدید. you came after him.
از ظهر ببعد. from noon on.
~ازآن. after that. thereafter. thenceforward.
بُعد، دوری، مسافت، دورافتادگی، فاصله. remoteness. distance. dimension.
بعداً، پس از آن. afterwards. subsequently. afterward. later. later on. then.
بَعدی، متعاقب. subsequent. next. the following.

بَعض، برخی، عده‌ای. part. few. some.

بَعضاً part. partly. partially. some.

بعضی، برخی، اندکی. some. a few.

~ ازمردم. some people. some of the people.

~ وقتها (اوقات). sometimes. now and then.

~ از آنان. some of them.

بِعلاوه، علاوه‌بر. moreover. in addition to. plus. furthermore. besides.

~ ازکارش هم راضی نیستیم. moreover we are not satisfied with his work either.

دو بعلاوهٔ دو مساویست باچهار. two plus two equals four.

بَعید، دور، دورافتاده، غیرمحتمل. far. distant. remote. improbable. unlikely.

مسافتی ~ از اینجا. a distance far from here.

~ است که سروقت بیاید. It is unlikely that he will come on time.

انتخاب او ~ بنظرمیرسید. his election seemed unlikely.

بِعَینِه، عیناً، درست. exactly. just. identical.

بُغاز strait. channel.

بَغتَةً، ناگهان، بطور غیرمنتظره. suddenly.

بغداد Bagdad. Baghdad.

بُغرَنج، پیچ درپیچ، دشوار. complicated. intricate. crucial.

بُغض an overflow of feelings. spite. grudge. hatred. animus.

~کردن. to be choked with (anger, etc.)

بغضش ترکید. he burst into tears. he gave vent to his feelings.

بَغَل، آغوش، کنار، پهلو(ی). arm. embrace. bosom. side. edge. armful.

~کردن، ~گرفتن. to embrace. to hug. to hold (take) in one's arms.

او آنزن را در ~ گرفت. he took her in his arms.

~ (کنار) من بنشین. sit by my side.

یك ~ کتاب. an armful of books.

~ خوابی. sexual intercourse. cohabitation.

~ گیری. embracement. hugging.

زیر ~. armpit. underarm.

حسن کتابی زیر ~ داشت. Hassan carried a book under his arm.

بَغَلی small. pocket-size. flask.

بَغی، سرکشی، ستم. revolt. injustice.

بَقاء، دوام، هستی، ابدیت، وجود. survival. continuance. duration. permanence. eternity. continuity.

~ اصلح. survival of the fittest.

تنازع ~. battle (struggle) for existence.

بِقاع (pl. of بقعه)، زیارتگاهها، مقبره‌ها. shrines. mausoleums. tombs.

بَقّال grocer.

بقالی grocery.

بَقایا، آثار باقیه، چیزهای باقیمانده. remains. arrears. dues. relics. vestiges. remnants.

بُقچِه، بسته، بغچه. bundle. pack. square cloth. wrapper.

~ بندی. prominent hips. packing.

بَقَر، گاو. cow.

بقراط Hippocrates.

بُقعِه (بقاع .pl). mausoleum. tomb. an edifice. swamp.

بَقَم، ~ قرمز. (bot.) sapanwood.

بُقول، بقولات (pl. of بقله ، بقل). cereals. vegetables.

بقولات vegetables. potherbs.

بقیه، تتمه، دیگران. remainder. rest. balance. remnant. others.

~ غذا را بسگها دادند. they gave the remainder of the food to the dogs.

~ کتابها را برد منزل. he took the rest of the books home.

~ پول را آخر ماه بپردازید. pay the balance (of the money) at the end of the month.

بعضی از سربازان مردند، ~ اسیر شدند. some soldiers died, others were taken captive.

بقیةالسیف remnant(s). what has escaped the sword. the rest.

بَکارَت، دختری. virginity. maidenhood.

~ دختری‌را برداشتن. to deflower a maiden.

پردهٔ ~. hymen.

ازالهٔ ~. defloration.

بکتاش athlete.

بِکر، دست نخورده، باکره. virgin. intact.

زمین ~. virgin land.

بُکسل (orig. بکسیر). towing. tug.

~ کردن. to tow. to take in tow.

زنجیر ~. towing. attachment. towline.

بکسوات spinning.

~ کردن. to spin (the wheels of a car).

بِکُلّی، کاملاً، تماماً، یکسره. entirely. completely. totally.

بُکم، لال، الکن. dumb.

بِکمال، بحدکامل، کاملاً. to perfection.

بَل، بلکه. perhaps. but.

بَلا (بلایا .pl)، مصیبت، بدبختی، آفت. calamity. misfortune. affliction. blight.

انشاءالله که ~ دور است. I hope it is not serious. I hope you will recover soon.

آنان دچار بلاهای (بلایای) بسیاری گشتند. they were afflicted with many misfortunes.

این بچه‌ها خیلی ~ هستند. these kids (children) are very naughty.

بِلا، بی، بدون. without.

~ استفاده. useless. unutilized. laid-up.

بلاتأخیر. promptly. without delay.

بلاتردید. doubtless(ly). undoubtedly.

بلادرنگ. without hesitation. immediately.

بلاعوض. free. gratuitous(ly).

بلافاصله. immediately. with no intermission.

بلافصل. immediate.

بلامعارض. unclaimed. unmolested.

بلامقدمه، بی‌مقدمه. sudden. without prior notice.

بِلاد (بلده ، بلد ، .pl)، شهرها. cities. towns.

بَلادَت، کندی، کند ذهنی. stupidity.

بلادیده، بلارسیده، مصیبت دیده. smitten by a calamity. afflicted.

بلاشرط unconditional.

بلاشك undoubtedly.

بلاعَزل، غیر قابل فسخ. irrevocable.

بَلاغَت، فصاحت، سخنوری. eloquence.

بَلاگَردان sacrifice or alms (designed to avert evil).

بَلال (roasted) maize. corn.

بَلاهَت، نادانی، ابلهی. stupidity. folly.

بلبل nightingale.

بَلخ Balkh. Bactria.

بَلَد (بلدان ، بلاد .pl)، شهرها. town. region or country. acquainted with. connoisseur.

بَلَد، آشنا، وارد. guide. escort.

~ نیستم. I do not know.

~بودن، دانستن. to know. to be familiar with.

~ شدن. to learn.

کوه‌نوردی بدون ~ خطرناك است. mountain climbing without a guide is dangerous.

انگلیسی بلدی؟ do you know English?

بُلدان (pl. of بلد)، شهرها. cities. towns.

بِلدِرچین (z.) quail.

بَلَدی municipal. urban.

بلدیه، شهرداری. municipality.

بلژیك Belgium.

بلژیکی Belgian.

بلسان (bot.) balsam.

بلشویك، کمونیست. bolshevik. communist.

بَلع، قورت، فروبردن. swallowing. ingestion. gulping. devouring. deglutition.

بلع کردن، قورت دادن، فروبردن. to swallow. to gulp.

بُلعَجَب، بوالعجب، عجبا. wonderful. how strange!

بلعیدن (imp. بلع). to swallow. to devour. to gulp. to gobble.

بُلَغاء (pl. of بلیغ)، فصحاء. the eloquent.

بلغار Bulgaria. Russian leather.

بلغارستان Bulgaria.

بَلغَم phlegm. humor. lymph.

بلغمی phlegmatic. pituitary. mucous.

~ مزاج. phlegmatic temperament.

بلغور groats. sagos grist.

~ جو. oatmeal.

بَلکِه perhaps. maybe. but. perchance. rather. on the contrary.

~ بیاید. perhaps he will come.

~ خواب باشد. maybe he is asleep.

نه‌تنها حسن ~ همهٔ بچه‌ها. not only Hassan, but all the children.

بلگراد Belgrade.

بَلَم، قایق. small boat.

بُلَند، عالی، بالا، طولانی، دراز، والا. tall. high. long. loud. lofty. sublime. towering. exalted. eminent. aloud. loudly. elevated.

~ اختر. lucky. fortunate.

~ آشیان. having a high nest. high-nested.

~ شدن. to rise. to get up. to become loud. to be lifted. to become erect. to become tall(er) or long(er).

~ کردن. to lift. to raise. to elevate. to steal. to swipe. to embezzle. to pick up (seduce) a lady.

ساعت هفت صبح ازتختخواب ~ شدم. at seven in the morning I rose from the bed.

او ~ شد ورفت. he got up and left.

صدایش مرتباً بلندتر می‌شد. his voice kept getting louder.

آلت‌مردیش ~ شد. his penis became erect.

قد رستم بلند شده است. Rustam has become tall (has grown in height).

موج ~. long wave.

بچه نمیتواند چمدانرا ~ کند. the child cannot lift the suitcase.

دست خود را بلند کنید. raise your arm (hand).

یك کسی کتاب اورا ~ کرد. someone swiped (stole) his book.

درجوانی خانم ~میکرد. in his youth he used to pick up (seduce) ladies.

بلندآوازه famous.

بلندبالا tall. long. detailed.

بلندپایه elevated. dignified. high-ranking.

بلندپرواز high-flying. overreaching. ambitious. highfalutin.

بلندپروازی ambition. overreaching.

~ کردن. to overreach. to fly high.

بُلَندقد، بلندبالا، بلند قامت. tall. of tall stature.

بلندگو loudspeaker.

بوسیلهٔ ~ کسی‌را احضار کردن یاپیامی فرستادن. to page someone.

بلندمَرتَبه، والا. eminent. high-ranking.

بُلَندنَظَر high-minded. generous.

بُلَندهِمَّت of high aspirations. of a lofty purpose. diligent.

بلندی، ارتفاع. height. elevation. highness. tallness. altitude. stature. loudness. volume (of voice or sound). eminence. pitch.

بَلوا، اغتشاش، شورش. riot. disturbance.

~ کردن. to riot. to raise a disturbance.

بَلوچ Baluch. native of Baluchistan.

بلوچستان Baluchistan.

بُلور، منشور. crystal. cutglass. flint glass.

کارخانهٔ ~ سازی. glassworks. glass factory.

~ شدن. crystallization. turning into crystal.

بلورآلات glassware.

بلورین crystalline. made of glass.

بُلوز blouse. pullover.

بَلوط (bot.) acorn.

بلوط، درخت بلوط. oak (tree).

بُلوغ، رشد. maturity. puberty. adolescence. nubility.

بسن ~ رسیدن. to attain puberty. to come of age. to reach adolescence.

بُلوك، ناحیه، قسمت. district. civil parish.

بله، بلی، آری. yes. yea.

~ قربان، ~ آقا. yes sir.

~ منزل تشریف دارند. yes, he is home.

بُلهَوَس، بوالهوس، دمدمی مزاج، هوسران. capricious. whimsical. inconstant. fickle.

بلهوسی caprice. whim. whimsy. inconstancy. fickleness. sensuality.

~کردن. to indulge in whims. to act capriciously.

بلی، بله. yes. yea.

بلیات (pl. of بلیه)، آفات، بلاها. misfortunes. trials and tribulations. blights.

بَلید، کند، کندذهن. stupid. doltish.

بلیط، بلیت. ticket. billet.

~ فروش. ticket-seller. conductor (of a bus etc.)

بَلیغ، فصیح، وافر، بسیار، عظیم. eloquent.

بَلیلَه (bot.) belleric myrobalan.

بَلیَّه (بلیات .pl)، بدبختی. calamity. misfortune.

بَم bass. bass voice.

بُمب bomb.

~ آتش‌زا. napalm bomb. incendiary bomb.

~ افکن. bomber.

~ اتمی. atomic bomb.

~ ئیدروژنی. hydrogen bomb.

~ ساعتی. time-bomb.

~ شکافت. fission bomb.

~ دستی. hand-bomb.

بمباران، بمباردمان. bombardment. bombarding. bombing.

~ کردن. to bombard. to bomb.

هواپیماهای دشمن شهر را ~ کردند. enemy planes bombed the city.
در اثر ~ عدهٔ زیادی کشته شدند. as a result of the bombing, many were killed.
بُمب‌اَفکَن، بمب‌انداز. bomber.
بَمبَئی Bombay.
بِمُجَرَّد as soon as. immediately.
بمجردیکه آمد مرا خبر کنید. let me know as soon as he comes.
بمحض as soon as upon
~ ورود تقاضای پول کرد. as soon as he arrived he asked for money.
بِمُرور، تدریجاً. gradually.
بموقع، بهنگام. timely. opportune. well-timed. in time.
باران ~. timely rain.
سعی کنید ~ حرف بزنید. try to speak at the right time.
بمنزله، مانند. as. tantamount to.
بِن، ابن، پسر. son.
بُن، پایه، اساس. root. bottom. base. shrub or bush. stem.
~گوش، بناگوش. cavity behind the ear.
بَنّا bricklayer. mason.
بناساز built by developers. badly built. jerry-built.
بَنا، ساختمان، بنیاد. building. construction. structure.
~ کردن. to build. to construct. to erect. to establish. to begin.
~ نهادن، ~ گذاشتن. to lay the foundation (of). to found.
شاه عباس ساختمانهای زیادی ~ کرد. Shah Abbas built many buildings.
~ کردبه‌خوردن. he began to eat.
~ است امروز برسد. he is due to arrive today.
چندین سال پیش پدرم این مدرسه را ~ نهاد. several years ago my father founded this school.
~ شد باهم بروند. it was decided that they go together. they agreed to go together.
~ بر. according to.
~ براین، از این‌رو. therefore.
بنات (بنت pl. of)، دختران. girls.
بنات‌النَّعش constellation of the Bear.
بَنادر (بندر pl. of)، بندرها. ports. harbours.
بناگوش parotid cavity behind the ear.
بناگوشی parotidean. pertaining to the cavity behind the ear.
غدهٔ ~. parotid gland.
بنام، نامی، معروف، مشهور. famed. renowned. in the name of.
بَنان، سرانگشت. finger tip.
بنائی masonry. bricklayer's profession. building. construction work.
~کردن. to engage in construction work. to build.
بُن‌بَست dead end. blind. cul-de-sac. deadlock.
کوچهٔ ~. blind alley.
مذاکرات به ~ برخورد (رسید). negotiations reached a deadlock.
بِنت (بنات pl.)، دختر. daughter. girl.
بُنجُل، ارزان، کم‌ارزش، فروش نرفته. junk. goods of inferior quality. trashy stuff.
بُنچاق، بنچك، قباله. original document or title deed.
بَند، رسن، طناب، رشته، گیره، بست، قید، غل و زنجیر، بخش، عبارت، سد. band. rope. clothes-line. cord. fastening. clamp. brace. chains. fetters. stanza. strophe. ream.
او در ~ و زنجیر بود. he was under chains (fetters).
بَند، مفصل، بخش، قسمت، عبارت، سد، مانع. joint. phalanx. fraenum. stanza. strophe. paragraph. ream. dam. dyke.
یك ~ کاغذ. one ream (of paper).
بندهای انگشت. the joints (phalanxes) of the finger.
یك ~ شعر، ~ گردان. a stanza
~ گردن بزغاله. the string around the goat's neck.
~ جوراب. garters. suspenders.
~ ساعت. watch-band. watch chain.
~ شلوار. pair of braces. suspenders.
~ کفش. shoe lace.
~ ناف. navelstring. umblical cord.
~انداختن. to tweeze facial hair. to pluck hair.
~ آمدن. to stop. to cease to flow.
~ آوردن. to stop or staunch. to bring to a halt.
~ زدن. to tinker. to mend. to patch (chinaware, etc).
در ~ چیزی بودن. to care (worry) about something.
از ~ رها (آزاد) کردن. to set free from fetters (captivity).
دربندش نباش. don't worry about it.
بنداب bar. dam.
بندبازی rope-dancing. rope-walking. acrobatics. skipping the rope.
بند بند joint by joint. having joints. articulate.
بَندپایان، بندپایان the arthropoda.
بَند تُنبان trousers' string. suspenders.
شعرِ بندتنبانی. doggerel.
بَندَر (بنادر pl.)، لنگرگاه. port. harbor. haven. anchorage.
بُندرت، به‌ندرت. rarely. not often.
بَندرگاه harbor. anchorage.
بندزن tinker. fastener.
بند فَنگ (mil.) sling arms!
بندکش pointer. bodkin.
بندکشی pointing.
~کردن. to point.
بَندِگان (بنده pl. of)، خادمان، غلامان. servants. slaves.
بندگی، بردگی. slavery. bondage. servitude.
~کردن. to serve. to worship. to slave.
بَندوُبَست، ساخت و پاخت، زدوبند. collusion. secret deal or connection.
بَنده، غلام، عبد. slave. servant. serf. bondman. (in polite conversation) me. I. mine.
~ خودم خواهم آمد. I will come myself.
این کتاب مال ~ است. this book belongs to me.
بَنده‌زاده، پسر، فرزند، غلام زاده. my child. my son. child of your slave.
بَنده‌نواز، مهربان، بنده‌پرور، دلنواز. kind to inferiors.
بنده‌نوازی، بنده پروری، مهربانی، دلنوازی. kindness to inferiors.
بَندیزه ligament.
بُن‌رُست radical.
بِنزین، بنزن. motor spirit. gasoline. petrol. benzene. benzine.
~ هواپیمائی. aviation spirit.
~ گرفتن. to fuel up. to take (get) gasoline.
بُنشَن، حبوبات. cereals. legumes.
بنصر، انگشت کوچك. ring-finger.
بِنَفسِه، بخودی‌خود. in (his) person. personally. in itself. per se.
بنفش violet (colour).
بنفشه (bot.) violet. pansy.
بِنَقد، نقد، هم‌اکنون. in cash. right now.
بُنکدار، عمده فروش. wholesale dealer.
بَنگ، حشیش. bhang. hashish. henbane.
بنگاله Bengal. bungallow.
بنگالی. Bengalese.
بُنگاه، مؤسسه، سازمان. institution. establishment. agency.
~ معاملات ملکی. real estate agency.
بَنگی addicted to the use of hashish or henbane.
بُنلاد، طبقه، لایه، قشر. layer.
بُنَه baggage. luggage.
بَنی (ابن pl. of)، ابناء، فرزندان. sons.
~ آدم. sons of Adam. mankind.
~ اسرائیل. children of Israel. Jews.
~ امیه. the Ommayid(e)s.
~ عباس. the Abbassides.
بُنیاد، اساس، شالوده. foundation. base. basis.
~ نهادن. to lay the foundations. to found. to begin.
~ پهلوی. the Pahlavi foundation.
بنیادی، اساسی. fundamental. essential. basic.
اصلاحات ~. fundamental reforms.
بنیامین Benjamin.
بُنیان، ساختمان، اساس، پی. structure. building. basis. radical.
بُنیه physical condition. health.
خوش ~. of a sound health. healthy.
بُو، بوی، رایحه، عطر. smell. odour. fragrance. stench. scent. aroma.
~ بردن. to suspect (or scent). to get wind of.
~ دادن. to give out a scent. to stink. to roast. to parch.
~ گرفتن. to become smelly.
او دست خود را ~ کرد. he smelled his own hand.
~کردن. to smell.
آجیل را بوادادن. to roast nuts.
بوی گل‌سرخ اتاق را پرکرده بود. the aroma of red roses had filled the room.
بوی خوش. sweet fragrance.
بوی تعفن. stink. stench. bad odour.
بواسطهٔ indirect. by. because of.
بَواسیر (باسور pl. of). (med.) piles. hemorrhoids.
بواسیری hemorrhoidal.
بُوالهَوَس، بولهوس، هوسران. whimsical. capricious.
بوبین coil.
~ رمکورف. induction coil.
بُوتان butane.
بُوتَه، بته. bush. shrub. melter. crucible. melting pot.
گل و ~. floral design. flower work. shrubbery.
بُوتیمار (z.) bittern.
بُوجار winnower. sifter and cleaner of rice or wheat.
بوجاری winnowing. sifting and cleaning (rice or wheat).
بود، هستی، وجود. existence. being. was.
بود (میباشد poet. form of)، میباشد. is. be.
توانا ~ هرکه دانا ~. mighty is he who is learned.
بُودا Buddha.
بُوداپِست Budapest.
بودار، معطر، واگیر، مسری. scented. roasted. giving off an odour.
بودائی Buddhist.
بُودباش، مسکن. dwelling-place. residence. abode.
بُودجه budget.
بودجه‌ای. budgetary.
بُودَن، وجود داشتن، وجود. to be. to exist.
~ ونبودن، وجود وفنا. to be or not to be.
او درآنجا بود. he was there.
اینجا هستم. I am here.
آب سرد است. the water is cold.
خدا هست. God is. God exists.
اینجاکسی نیست. there is no one here.
اگرمن جای شما بودم. if I were you.
هستم، میباشم، ـام. I am.
هستی، میباشی، ـای، ـی. you are (thou art).
هست، میباشد، است. he (she, it) is.
هستیم، میباشیم، ـایم. we are.
هستید، میباشید، ـاید. you are.
هستند، میباشند، ـاند. they are.
خواهم بود. I shall (will) be.
بوده‌ام. I have been.
در سال ۱۹۲۹ دونفررا کشته بود. he had killed two people in 1929.
در سال ۱۹۲۹ کشته شده بود. he had been killed in 1929.
درکارخودساعی باشید (باش). be diligent in your work.
او رفته است. he has gone.
اورفته بود. he had gone.
اگرپرکار وعلاقه‌مندباشی موفق خواهی شد. if you are hard-working and interested, you will succeed.
بُور، بلوند، موخرمائی، پکر، مچل. blond. flaxen. light-colored. baffled (in one's plans). losing face.
~ شدن. to be baffled in one's plans. to fail disgracefully. to lose face.
~ کردن. to baffle. to cause to fail disgracefully. to cause a loss of face.
بُوراق، بوراکس، بوره. borax. nitre.
بُوران snow-storm. squall. blizzard.
بورانی، برانی. dish of cooked spinach and yogurt.
بُورس، بازار مبادلات ارزی. stock exchange. money exchange.
بُورت، بورات. burette.
بُورَه nitre. borax. tincal.
بوری، بورشدن. blondness. being baffled. loss of face.
بُوریا، حصیر، نی. mat. rushmat. marshreed. wicker.
بُوزینه، میمون، عنتر. monkey. ape.
بُوس، ببوس، بوسه، ماچ. kiss. kiss thou. kissing (in combs such as: دست بوس).
بُوستان (بساطین pl.)، باغ، حدیقه. garden.

بُوسَه، بوس، ماچ. kiss. buss.
~ دادن. to give a kiss.
بُوسیدن to kiss. to buss.
بوسیر (bot). mullein. Aaron's-rod.
بُوَسیله،وسیله. by means of. by. through.
بُوسیلهٔ (با) تاکسی بمدرسه رفت. she went to school by taxi.
بوسیلهٔ یکی از دوستانم. through one of my friends.
بوش bush.
بوشن coupling.
بوشهر Bushehr. Bushire.
بوعلی‌سینا، ابن‌سینا،ابوعلی‌سینا. Avicenna.
بُوف، جغد. Owl.
بُوفِه، رستوران. buffet. refreshments. concession stand.
بوق، شیپور. horn. bugle.
~ زدن. to blow (honk) the horn.
بوقت، بهنگام، بگاه. in time. at the time of.
بُوقَلَمون (z.) turkey.
بوکس، مشت‌بازی، مشت‌زنی، بکس. boxing. punch. punching.
~ بازی‌کردن، ~ زدن، ~کردن. to box. to punch.
پنجه ~. knuckle - duster. brass knuckles.
~ باز، مشت‌زن. boxer.
بوکس‌بازی، مشت‌زنی. boxing.
بُوگرفته، متعفن، بدبو، فاسد. stinking. fetid.
بُول، پیشاب، شاش. urine. piss.
بول‌شناسی urinology.
بوم، مرز وبوم، سرزمین، ناحیه، زمین، جغد. region. country. land. territory. owl. painting canvass. background. habitat.
بُومادَران (bot). milfoil. yarrow. nose-bleed.
بوم‌شناسی ecology.
بوم شناسی‌خصوصی autecology.
بوم شناسی‌عمومی synecology.
بومی، اهل محل،محلی. native. vernacular. endemic. indigenous. aboriginal.
امراض ~. endemic diseases.
بوی، بو، رایحه. smell. stench.
بویا، معطر، دارای‌بو. odoriferous. fragrant. smelly.
بویائی، حس شامه. olfaction. olfactory. sense of smell.
بِویژه، بخصوص، مخصوصاً. in particular. specially. particularly. especially.
بوئیدن، بوکردن، استشمام‌کردن. to smell. to snuff. to sniff. to nose.
بَه، آفرین، بارك‌الله،زه. well done! bravo! excellent indeed!
~ بتوای پسرباهوش. well done, you intelligent boy!
~ چه‌هوای‌خوبی! O' what a nice weather!
بِه، ب. to. at. by. with. in. (usu. contracted in ب as in: (آنرا ~ من‌داد.
~ من‌نگاه‌کن. look at me.
~ ساعت من. by my watch.
بنام‌خدا. in the name of God.
~ راحتی، به‌آسانی. easily. with ease.
بِهْ (bot.) quince.
بِهْ (بهتر .comp)، خوب، نیکو. good. well. better.
بَها، قیمت، ارزش. price. value. worth. cost.
پر ~. precious. valuable.

بهادار valuable. negotiable.
اوراق ~. negotiable papers.
بَهادُر، دلیر، شجاع، دلاور، رشید. valiant. warlike. hero. knight.
بهادران، اسواران. squadron.
بهادری، دلاوری. valour. bravery.
بَهار spring (season). blossom. vernal.
درفصل ~. in (during) spring.
از يك گل ~ نمیشود. one swallow does not make summer.
بهاران، فصل بهار. springtide.
بهارخواب terrace. sleeping porch.
بَهارَه، بهاری. vernal. product of the spring. pertaining to spring. spring.
بَهانَه، عذر. pretext. subterfuge. excuse. pretense.
~ آوردن. to raise an excuse.
~ کردن. to use as an excuse.
پی ~ گشتن. to look for an excuse.
~ جستن. to seek an excuse or pretext.
ببهانهٔ ناخوشی. under the pretext of illness.
پیری خود را ~ کرد. he used his old age as subterfuge.
~ (عذر) او برای غیبت چه‌بود؟ what was his excuse for being absent?
بهانه‌جوئی seeking excuses. picking quarrels.
بَهائم (بهیمه .pl. of)، ددان، جانوران وحشی. beasts. quadrupeds.
بَهائی Bahai.
بهائیت Bahaism.
بِهبُود،شفا، بهتری. amelioration. improvement. recovery. betterment.
~ روابط دوکشور. the improvement in the two countries' relations.
~ مریض. the recovery of the patient.
بهبودی becoming well. gaining in health. improvement.
بَه‌بَه، خیلی خوب، آفرین، عالی. well-done! excellent! bravo!
بُهت، حیرت، مبهوتی. consternation. amazement. stupefaction.
~ انگیز، ~ آور. amazing. stunning.
~ زده. amazed. stunned. stupefied.
بُهتان، تهمت، افتراء. calumny. false accusation. traducement.
بِهتَر، نیکوتر، به، ارجح، عالیتر. better.
این ~ از آنست. this is better than that.
این ازهمه ~ است. this is the best of all.
~ شدن. to become better. to improve. to gain health.
~ کردن. to improve. to ameliorate. to make better.
بهتری، بهبودی. improvement. amelioration. betterment.
بهترین، عالیترین، (خوب .sup. of). best. the best.
او ~ شاگرد کلاس است. he is the best student in class.
بَهجَت، وجد، سرور، شادی. cheerfulness. feminine proper noun.
بهداری، صحیه. public health. medical service. clinic. medical center.
بهداشت، حفظ‌الصحه. sanitation. health. health care. hygiene.
~ خانواده. family health.
بهداشتی، صحی. hygienic. health.
خدمات ~. health services.
بِهدانَه quince seeds.
بَهر unit of length. inches. portion. share. quotient. sake. accrual.
از ~ چه؟ for what reason? why?
از ~ او. for his sake. for him.
بَهرام، مریخ. Mars.
بهروز، کامیاب، موفق. prosperous. successful. masculine proper noun.
بهرحال at any rate. any how. how ever it be.
بَهرَه، قسمت، سود، سهم، منفعت. quotient. portion. share. interest. profit. dividend. revenue.
از چیزی ~ بردن. to enjoy something. to profit by something.
بی‌بهره. having no interest. interest free. deprived.
بهره‌برداری revenue. operation. exploitation. putting into operation.
بهره‌برداری‌کردن to exploit. to put into operation. to reap the benefits of
بهره‌مند، بهرهمند، برخوردار، ذینفع، بهره‌ور. enjoying. having a share. fortunate. benefitting from. sharing in.
~ شدن. to enjoy. to profit by.
بهریار assistant scout commissioner.
بِهِشت، جنّت، فردوس، پردیس، آسمان، عرش. paradise. heaven. the garden of Edén.
بهشتی. paradisiacal. paradisiac. heavenly.
بِهل بِشُو، بلبشو، شورتی، سهل‌انگار. easy - going. nonchalant.
بِهَم، به‌یکدیگر. to each other. against each other. together. with each other.
~ آمدن. to match. to suit (each other).
~ برآمدن. to be moved with compassion.
~ پیچیدن. to intertwine. to entwine.
~ پیوستن. to join together. to unite.
~ خوردن. to collide. to clash. to match or suit (each other). to be disturbed.
~ آمیختن. to mix. to mingle. to blend.
~ رسیدن. to reach each other. to marry. to be obtainable.
~ رساندن. to help one another out. to procure. to bring together.
~ زدن. to disturb. to break up. to stir. to obtain.
آنها ~ سلام‌کردند. they greeted one another (each other).
صدای ~ خوردن ظرفها. the sound of the dishes hitting against each other.
حال او ~ خورد. he became ill. he lapsed into illness.
او میخواهد میان من وتورا ~ بزند. he wants to cause a break - up in my relationship with you.
نصرت ثروت زیادی بهم زده است. Nosrat has gained (amassed) much wealth.
بِهمان، فلان. John Doe.
فلان و ~. other people. John Doe and Richard Roe.
بهم‌خوردگی، اختلال، بی‌نظمی. indisposition. disruption. disorganization. derangement.
بهم‌خورده، مختل. indisposed. cancelled. deranged.
میان آنها ~ است. their relationship has become tense.
بهمن avalanche. the Bahman month.
بهنجار، بسان، بطریق، از راه درست. normally. appropriately.
بِه‌نژادی eugenics.
بِهنگام، بموقع. opportune. well - timed. timely. on time. at the time of.
بِهُوش، درحال‌هوشیاری، آگاه، مطلع. conscious. alert. aware.
بهی، بهبود، خوبی، نیکوئی، بهتری. betterment. improvement. recovery.
بهیار، کمك‌پرستار. auxiliary nurse. nurse's aid.
بَهیمَه (بهائم .pl)، جانور، دد، چهارپا. beast. quadruped.
بی، بدون. without. used as a prefix, it corresponds with «less».
~ دست. handless.
~ زحمت. without trouble. please.
~ علاقه. disinterested.
~ آنکه از من بپرسد. without asking me.
~ سیم. wireless.
~ رحم. cruel. ruthless.
بی، باش، باشد، بود. be thou! is. may be. were.
چه خوش ~ مهربانی هر دو سر ~. oh how happy were it if loves were reciprocal.
بیا come thou.
بیابان، صحرا، دشت. desert. wilderness.
~ گرد. wanderer in the desert. nomad.
~ مرگ. perishing in the desert.
~ نشین. dwelling in the desert. nomad.
بیابانی pertaining to the desert. wild. nomadic.
بی‌آبرو، بیشرم، بیحیا. disgraced. defamed. dishonored. impudent. shameless. notorious.
~ کردن. to disgrace. to dishonor.
بی‌آبروئی disgrace. dishonor. impudence.
بی‌آبی، خشکسالی. drought. dryness.
بی‌آرامی، ناراحتی، بیقراری. uneasiness. restlessness.
بی‌آزار، بی‌ضرر، بی‌زیان. harmless. inoffensive. innocuous.
بَیات، مانده، کهنه. stale.
بی‌اثر، لغو، مهمل، باطل. ineffective. null. invalid.
بی‌اجازه، بدون اختیار، سرخود. unauthorized. without permission
بی‌احترامی، بی‌حرمتی، توهین. disrespect. dishonour. insult.
~ کردن. to insult. to treat with disrespect.
به‌بزرگترها هیچگاه نباید ~ کنیم. we must never treat our elders with disrespect.
بی‌احتیاط، بی‌دقت، بی‌مبالات. incautious. imprudent. careless. indiscreet.
بی‌احتیاطی improvidence. carelessness. imprudence. indiscretion.
~ کردن. to act carelessly or imprudently.
بی‌اختیار، بی‌اراده. involuntary.
~ گریه را سر داد. he started crying involuntarily.
بی‌ادب، گستاخ. impolite. rude. ill - mannered. impudent.
بی‌ادبانه، گستاخانه. impolitely. impolite. rudely.
بی‌ادبی، گستاخی. impoliteness. bad manners. rudeness. impudence.
بی‌آرام unquiet. restless. uneasy.
بیار، بیاور، آور. bring thou.
بی‌ارتباط، بدون رابطه. disconnected. irrelevant. incoherent.
بی‌آزار، بی‌اذیت. harmless. innocuous. inoffensive. meek.
بی‌اساس، واهی، نادرست. unfounded. groundless. spurious.

بی استعداد untalented. dull.
بی استعدادی lack of talent. lack of aptitude.
بی استطاعت impecunious.
بی اسلحه، غیر مسلح. unarmed. naked.
بی اسم، بی نام. nameless. obscure. innominate. anonymous.
سهام ~. **bearer shares.**
بی اشتها، کم اشتها. anoretic. inappetent. lacking appetite.
~ بودن. **not having appetite.**
بی اشتهائی anorexia. lack of appetite. inappetence.
بی آشیان homeless. nestless.
بی اصل، بی اساس، بی پایه. groundless. unfounded. of an unknown origin.
بی اصول، غیراصولی. immethodical. irregular. unsystematic.
بیاض، سفیدی. whiteness.
کتاب ~. **blank book.**
بی اطلاع، جاهل، نادان، بیخبر. unaware. ignorant. uninformed.
~ بودن. **being uninformed.**
بی اطلاعی lack of information or knowledge. ignorance.
بی اعتبار، غیر قابل اعتماد، فاقد اعتبارمالی. creditless. disreputable. invalid. untrustworthy.
بی اعتباری unreliability. invalidity. lack of credit or good standing.
بی اعتدال، افراطی، افراط کار. immoderate. intemperate. inequable.
بی اعتدالی intemperance. injustice. immoderation.
بی اعتقاد، بی ایمان، دیرباور. incredulous. lacking faith. faithless.
بی اعتقادی unbelief. incredulity. lack of faith.
بی اعتنا heedless. inattentive.
بی اعتنائی، بی توجهی، بی احترامی. heedlessness. inattention. ignoring. slight.
~ کردن به. **to make slight of. to be inattentive towards. to ignore. to pay no attention to.**
این راننده به مقررات ~ کرده است. **this driver has been heedless of the regulations.**
چون میزبان بما ~ کرد زود رفتیم. **we left early because the host ignored us (paid us no attention).**
بی آلایش، پاك، منزه، طاهر، معصوم. pure. immaculate. unaffected. sincere.
بی التفات، کم لطف، نامهربان. unkind. disobliging.
بی التفاتی unkindness. disobliging treatment.
بی امان relentless. merciless. unrelenting. pitiless.
بیان expression. explanation.exposition. statement. lecture. diction. description
علم~. **rhetoric.**
~ کردن. **to express. to explain. to state. to set forth. to say.**
بی انتظامی، بی نظمی، بی ترتیبی، بهم ریختگی. disorder. want of discipline. lack of order or regularity. chaos
بی انتها، بی پایان، نامحدود، بیکران. endless. boundless. infinite. unlimited.
بی اندازه، بسیار، زیاد، بیقیاس. out of size. out of measure. extreme. extremely. immeasurably. immeasurable.

از ملاقات شما ~ خوشحالم. **I am extremely happy to meet you.**
بی انصاف، غیرمنصف. unfair. unjust. cruel.
بی انصافی، ظلم، ستم، بیداد. injustice. cruelty. unfairness.
شما نسبت بمن ~ میکنید. **you do me injustice.**
بی انضباط، نامرتب، بهم ریخته. lacking discipline. undisciplined. disorderly.
بی انضباطی lack of discipline. disorderliness.
بیانی explanatory. expressive. rhetorical.
بیانیه، بیان نامه، اعلامیه. statement. manifesto. declaration. proclamation.
بی اولاد، بی فرزند. childless. issueless.
بیاور، بیار. bring thou. bring.
بی اهمیت، جزئی، غیر مهم. unimportant. petty. insignificant. trifling. paltry.
بی ایمان، بی اعتقاد، بیدین، لامذهب، مرتد. unbelieving. unfaithful. apostate. faithless. irreligious.
بی ایمانی unbelief. lack of faith. faithlessness. irreligiosity.
بی بار، بی ثمر. **fruitless. infertile. infecund. not loaded.**
بی باك، دلیر، جسور. dauntless. intrepid. fearless. reckless.
بیباکانه fearlessly. fearless. dauntless.
بیباکی intrepidity. dauntlessness.
بی بال wingless. apterous.
بی بخار، بی عرضه. **vaporless. inefficient. good-for-nothing.**
بی بدل، بی نظیر، بیهمتا، بیمانند. matchless. peerless. unique. nonpareil.
بی بر، بیحاصل، بی میوه، نازا، عقیم. fruitless. not bearing fruit. sterile. infecund.
بی برگ، لخت، برهنه. leafless. aphyllous.
بی بصر lacking foresight. sightless.
بی بصیرت، بی تمیز. undiscerning. unintelligent. lacking discretion.
بی بقاء، زودگذر، فانی. transient. unenduring. not durable. inconstant. unstable. ephemeral.
بی بندوبار unrestrained. undisciplined. slipshod. slovenly.
بی بنیاد، بی اساس. unfounded. baseless. groundless. having no foundations.
بی بنیگی، ناتوانی، ضعف. weakness. atony. having poor health.
بی بنیه، ناتوان، ضعیف. weak. in poor health. physically fragile. frail.
بی بو **odo(u)rless.**
بی بها، بی ارزش، بیقیمت. worthless. valueless. invaluable. priceless.
بی بهره، بی نصیب، بی علاقه، بدون سود. portionless. unfortunate. without benefit or interest. interest free.
بی بی، بانو، خانم، مادربزرگ. matron. mistress of the house. venerable lady. grandmother.
بی پا، بی اساس، فقیر، واهی. footless. legless. impoverished. ruined. groundless.
بی پایان، بی انتها، بیکران. endless. infinite. limitless. boundless. interminable.
بی پایه، بی اساس. baseless. groundless. having no leg(s) or foundation.
بی پدر و مادر baseborn. orphan.
بی پرده having no curtain or cover. open. frankly. frank. outspoken.
~ حرف زدن. **to speak frankly (openly).**
بی پروا dauntless. reckless. intrepid.
بی پر و بال featherless. unfledged. callow. weak. helpless.
بی پشت، بی پناه. supportless. backless.
بی پشتیبان supportless. lacking backers or allies.
بی پناه shelterless. bleak. exposed. defenceless.
بی پول moneyless. penniless. broke. impecunious. out of money.
بی پولی، تهیدستی. impecuniousness. being out of money. moneylessness.
بی پیر، ستمگر، بی دین. vicious. having no spiritual guide.
بی پیرایه **simple. unadorned.**
بیت (ابیات & بیوت pl.)، خانه، سطر، شعر. distich. verse. (also) couplet. house. mansion.
بی تا، بیتا. peerless. unique. matchless.
بی تاب impatient. restless. unable to stand pain.
بی تاب شدن. **to become restless or impatient.**
بی تابی retlessness. impatience.
~ کردن. **to show restlessness. to show impatience (usually against pain).**
بی تاریخ undated.
بیت اللحم Bethlehem.
بیت الله house of God.
بیت المال، خزانه. treasury. treasure house.
بیت المقدس، اورشلیم. Jerusalem.
بی تأمل، بدون فکر، بی درنگ. rashly. unhesitatingly. **promptly.** without pause.
بی تجربگی inexperience.
بی تجربه inexperienced. callow. green.
بی تدبیر، بی فکر. imprudent. shiftless. lacking circumspection.
بی تدبیری، بیفکری. imprudence. lack of circumspection.
بی تربیت، بی ادب، خشن. ill - bred. rude. impolite.
بی تربیتی rudeness. incivility. impoliteness.
~ کردن. **to act with incivility or impoliteness.**
بی ترتیب، نامنظم، درهم ریخته. irregular. immethodical. disorderly. out of order.
بی ترتیبی lack of order or method. disorder. confusion.
بی تزویر، بی حیله. guileless. candid. frank. fair and square.
بی تشریفات، بی تکلف. unceremonious. informal. free of ceremony or formiality.
بی تعارف، بی تکلف، بی پرده. unceremonious. **blunt.** without compliments. frank. free of formality.
بی تعصب **unprejudiced. undogmatic.**
بی تفاوت indifferent.
بی تقصیر، بیگناه. guiitless. innocent.
بی تقصیری guiltlessness. innocence.
بی تکلف، بی تعارف، بی پرده. unaffected(ly). unceremonious(ly). free and easy.
بی تکلیف at a loss what course to pursue. in suspense. at a loose end. undecided. in abeyance.

بی تکلیفی، پادرهوائی. abeyance. undecided state of affairs.
بی تمیز، بی معرفت. undiscerning. lacking the ability to distinguish or discriminate. indiscriminate.
بی تناسب disproportionate. incommensurate. proportionless. incongruous.
بی توان، ناتوان. inert. weak. powerless.
بیتوته passing the night. bivoac.
~ کردن. **to pass the night. to bivoac.**
بی توجه، بیدقت، لاابالی، بیفکر. inattentive. careless. heedless.
بی توجهی inattention. oversight. carelessness.
~ کردن. **to be careless or inattentive. to be heedless.**
بی توقف، یکسره، بدون وقفه. without delay. non-stop. without halt. ceaseless.
بی تهیه، آنی، فی البدیهه. offhand. without preparation.
بی ثبات، زودگذر، ناپایدار. inconstant. unstable. fading (in color). changeable.
بی ثباتی، ناپایداری. instability. changeability.
بی ثمر، بیفایده. futile. fruitless. useless. barren.
بی جا، بیمورد. inopportune. improper. inappropriate. out of place.
بیجان، بیروح، بی رمق، مرده، ضعیف. lifeless. inanimate. dead. not lively.
~ کردن. **to deprive of life. to kill.**
بی جرأت، ترسو. lacking courage. timid. cowardly. timorous.
بیجك، حواله، فاکتور، صورتحساب. bill. invoice.
بی جلا، بی جلوه. lustreless. unvarnished. not polished or shining. dull.
بی جمال، زشت. ugly. homely.
بی جنس sexless. neuter. without goods.
بی جواب، بی سخن. unable to reply. speechless. without answer. unanswered. unanswerable.
بی جوهر، بی رونق، بی مهارت، دون. lustreless. unskilful. base.
بی جهت، بی سبب. without cause. undue. for no reason. unduly.
بیچارگی desperation. poverty. helplessness. need.
بیچاره، فقیر، لاعلاج، محتاج، نیازمند. helpless. poor. needy. remediless. hopeless. wretched. desperate.
~ کردن. **to render helpless. to make wretched.**
~ شدن. **to become helpless or wretched.**
دختر~. **a helpless girl.**
~ حسن امروز خیلی کار کرده است. **poor Hassan has worked very much today.**
بی چشم ورو ungrateful.
بی چون incomparable. ineffable.
بی چون وچرا، بی تردید، حتماً. indisputable. indisputably. peremptorily. unquestionably.
دستورات او را ~ انجام میدهیم. **we carry out his orders without delay.**
بی چیز، فقیر، نیازمند. poor. indigent.
بی چیزی poverty. indigence.
بیحاصل unproductive. useless.

futile. fruitless. barren.

بیحال languid. listless. fainting. feeble.
~ شدن. to become weak. to faint.
بیحالت inexpressive. lacking in vividness.
بیحالی، رخوت، سستی. feebleness. lack of energy. faintness. listlessness.
بی‌حجاب، بی‌چادر، بی‌پرده. unveiled. uncovered.
بی‌حد، بیحساب، بیکران. limitless. boundless.
~ وحصر. extreme. limitless.
بیحَرف، ساکت، صامت. dumb. wordless. speechless. silent. quiet.
بیحرکت، آرام، ساکن، ایستا. motionless. static. still.
بیحُرمَت، بی‌احترام، توهین، تحقیر، اهانت. disgraced. dishonoured. degraded. abused. insulted.
رفتار وی خانوادهٔ او را ~ ساخت. his behavior dishonoured his family.
بیحرمتی، توهین، هتك احترام. disgrace. offense. outrage. profanity.
نسبت به‌پیرزن ~ شد. the old woman was disgraced.
بیحِس، بیحال، بیهوش، کرخت، تنبل. insensible. numb. anesthetized. benumbed. unfeeling.
~ کردن. to render insensible. to anesthetize. to benumb.
~ کننده. numbing. anesthetic.
بیحِساب، بیشمار، بیقاعده، غیر عادی. countless. numberless. irregular.
بی‌حسی anesthesia. insensibility. torpidity. unfeelingness.
بیحَصر، بیحد، بیحساب. limitless. boundless.
بیحُضور inattentive. abstracted.
بی‌حِفاظ، بی‌حصار، عریان. without protection. unprotected. nude. naked.
بی‌حقوق، بدون‌حقوق، نمك‌نشناس. unpaid. without pay. having no legal rights.
بی‌حَمیّت cowardly. lacking in spirit and zeal. unenthusiastic.
بیحواس، حواس‌پرت، بیروحیه، پریشان‌حواس. absent-minded. distracted.
بی‌حواسی absent mindedness.
بی‌حوصَلگی، بی‌صبری، تحریك‌پذیری، بیدماغی. impatience. irritability.
بیحوصَلَه، بی‌صبر، تحریك پذیر، بیدل ودماغ. impatient. irritable.
بی‌حَیا، بیشرم. impudent. immodest. shameless. rude. impertinent.
بی‌حیائی، بیشرمی. impudence. immodesty. shamelessness.
بیخ، ریشه، ته، پی، بن، اساس. root. bottom. foundation. lower part.
از ~ درآوردن، از ~ کندن. to eradicate. to uproot.
~ گوش من داد نزن! don't shout close to my ear.
از ~ عرب است. he does not understand. it is all Greek to him.
سرش را از ~ بریدند. they cut his head off entirely (from the root).
بیخار، بی‌تیغ. thornless. inerm.
بی‌خاصیت، بدون فایده، بیکاره. virtueless. ineffective. inefficacious. useless.
بی‌بو و ~. never - do - well. good - for - nothing. having no strong points.
بیخان، بدون خان (در مورد تفنگ). smoothbore(d).
بی‌خانمان homeless. vagabond.
بیخبر، جاهل، غافل، ناگهان، غفلتاً. unaware. unannounced. uninformed. ignorant. suddenly. without (giving) notice.
~ بودن. to be ignorant of.
دوهفته است ازدوستم بیخبرم. I haven't heard of my friend for two weeks.
او از اینموضوع ~ بود. he was unaware (ignorant) of this.
او ~ رسید. he came without notice (suddenly).
بیخبری ignorance. lack of awareness.
بیختن، الك کردن. to sift. to bolt.
بیخرج، بی‌هزینه. free of charge. inexpensive. involving no expenses.
سفر ~. a trip costing no money.
بیخِرَد، نادان، ابله. unwise. foolish. stupid.
بیخردی، حماقت، بیعقلی، بلاهت، نادانی. lack of wisdom. folly. stupidity. imprudence. injudiciousness.
بی‌خزان، همیشه بهار، همیشه‌سبز. evergreen. perennial.
بی‌خطا، بیگناه. unerring. free of mistake. innocent.
بی‌خطر، ایمن، بی‌ضرر. dangerless. harmless. safe. benign.
کار ~. a dangerless (harmless) task.
کبریت ~ safety matches.
بیخکَن، ریشه‌کن، بنکن. uprooted. eradicated. extirpate. uprooting. eradication.
~ کردن. to root out. to abolish. to destroy. to extirpate.
تمام‌آثار دمکراسی سیاسی بزودی ~ شد. all vestiges of political democracy were soon uprooted.
بی‌خلوص، غیر صمیمی. insincere. not cordial.
بی‌خواب، بی‌آرام، بیقرار. sleepless. insomniac. napless. restless.
بیخوابی sleeplessness. insomnia. restlessness.
~ کشیدن. to suffer sleeplessness. to have insomnia.
بیخود، از خودبیخود، بیجهت، بیمورد، بیهوده. ecstatic. raptured. unwarranted. undue. motiveless. unduly. without a good cause. to no purpose. nonsense.
از خود ~ شدن. to become ecstatic or raptured.
چرا ~ اورا اذیت میکنی؟ why do you bother him for no reason?
اینقدر حرف ~ نزن. don't talk so much nonsense.
بیخودی، حالت خلسه، شَعَف روحانی. ecstasy. rapture. without self-control.
بی‌خیال، بیفکر، غیرعمدی. thoughtless. unintentional. thoughtlessly. absent-minded.
بی‌خیر uncharitable. not useful to others.
~ و برکت. meagre. not bountiful.
بید (bot.) willow. (z.) moth. clothesmoth.
~ خوردن، ~ زدن. to be moth eaten.
بیداد، ستم، ظلم. oppression. injustice. unfairness. tyranny. cruelty.
~ کردن. to do injustice. to oppress. to act tyrannically.
بیدادگر oppressor. tyrant.
بیدادگری oppression. cruelty.
بیدار، هشیار، زرنگ، گوش بزنگ. awake. wakeful. enlightened. alert. heedful. watchful. vigilant.
~ شدن. to wake up. to become enlightened or alert.
~ کردن. to awaken. to wake. to rouse. to enlighten. to alert.
مرا ساعت ۶صبح ~ کنید. wake me at 6 a.m.
امروز دیر از خواب ~ شدم. I woke up late today.
بیدارباش reveille.
بیداری، هشیاری. wakefulness. alertness. vigilance. reveille.
بیدانجیر، گیاه کرچك. castor oil plant.
بیدانِش ignorant. void of learning. lacking knowledge.
بیدانشی ignorance. lack of knowledge.
بی‌دانه seedless.
بیدُخت، ناهید. (astr.) Venus.
بیدخشت (bot.) (manna of) common crack-willow.
بیدخورده moth-eaten.
بیدرد، بیمار، بیغیرت، بیرگ. painless. callous. indolent.
بی‌دردسر convenient. easy. without any effort.
بی‌درز seamless.
بیدرمان، لاعلاج. irremediable. remediless. incurable.
درد ~. an incurable disease.
بیدَرَنگ، فوری، آناً. immediately. without delay. unhesitatingly. without pause. promptly. quickly.
بیدَریغ، بی‌مضایقه. unsparing(ly). without stint. liberal(ly). generously.
بیدزَده، بیدخورده. moth-eaten.
بیدسَتر (z.) beaver. castor.
بی‌دست وپا، بیعرضه، دست وپاچلفتی. shiftless. resourceless. gawky. lubberly.
بی‌دست وپائی. shiftlessness.
بی‌دَغدَغه، با فراغ خاطر، بی‌تشویش. tranquil. convenient. worry-free.
بی‌دقت، لاأبالی. careless. absent-minded. heedless. slipshod. sloppy.
بیدِل enamoured. in love. heartless.
بیدلی the state of being in love. heartlessness. cowardice.
بی‌دُم tailless. acaudate. acaudal.
بی‌دِماغ، بی‌حوصله. out of spirits. in bad humour. displeased.
بید مجنون (bot.) weeping willow. mourning willow.
بیدمشك (bot.) pussy willow.
بی‌دندان toothless. edentate.
بیدوا، بی‌درمان. without medicine. incurable.
بی‌دوام، کم‌دوام، زودگذر. not durable. not wearing or lasting long. flimsy. short-lived. transient. ephemeral.
معمولاً کفش ارزان ~ است. usually cheap shoes are not durable.
بی‌دِیانَت، بیدین. without religion. irreligious. impious. dishonest.
بی‌دیانتی irreligiosity. dishonesty. impiety.
بی‌دین irreligious. impious.
بیدینی irreligiosity. irreligion. impiety.
بی‌ذوق lacking good taste. not talented. inelegant.
بیراه، منحرف، گمراه. without roads. deviated. astray. misleading. indecent.
بیراهه by-way.
بیرَبط، نامربوط، مهمل. irrelevant. unrelated. disconnected. incoherent.
بیرحم، ظالم. cruel. relentless. ruthless. merciless. unrelenting. pitiless.
بیرحمانه cruelly. mercilessly.
بیرحمی، ظلم. cruelty. mercilessness. pitilessness. ruthlessness. relentlessness.
بیرحمی‌کردن. to act cruelly. to show pitilessness.
بیرَغبَت، بی‌میل. having no relish or desire. reluctant. unwilling. loath.
بیرغبتی reluctance. want of relish. inappetence. unwilligness. distaste.
بَیرَق، پرچم، علم. flag. standard. pennant. banner. colours.
بیرَگ nerveless. cowardly. effeminate.
بیرگی nervelessness. cowardice.
بیرمانی، برمه، برما. Burma.
بیرمَنگام Birmingham.
بیرَنگ colo(u)rless. achromatic. faded.
بیرُوت Beirut. Beyrouth.
بیروح inanimate. lifeless. prosaic.
بیروزی deprived of one's daily bread (by God or destiny).
بیرُون، برون. out(side). external part. exterior. external. outdoor.
~ آوردن. to bring out. to pull out. to take out.
~ آمدن. to come out.
~ دادن. to give out. to produce. to yield.
~ رفتن. to go out. to exit. to ease nature. to move the bowels.
~ کردن. to send out. to discharge. to dismiss. to expel.
~ کشیدن. to draw out. to unsheathe. to pull out.
~ از زمین فوتبال. outside the football field.
از ~. from without.
حسن از خانه ~ رفت. Hassan went out of the house.
بی‌رَونَق، بی‌زرق وبرق، کساد. lustreless. dull. slack.
بیرونی، خارجی، برونی. outer. external. exterior. men's apartment.
بیرَویّه، بیقاعده. irregular. immethodical. impolitic.
بیریا، ساده، بی‌تکلف. sincere. frank. candid. guileless.
بیریائی sincerity. lack of hypocrisy.
بی‌ریخت، بدریخت. formless. ugly. misshapen.
بیریش beardless. catamite.
بیزار، خسته، بیمیل، منزجر، سیر. weary. disgusted. tired. bored. fed up.
~ کردن. to weary. to estrange. to disgust.
~ شدن. to grow weary of. to become disgusted or fed up with.
از زندگی ~ است. he is fed up with life.
بیزاری disgust. revulsion. weariness. ennui. estrangement. aversion. loathing. repugnance.

بیزَبان dumb. speechless. mute.
بیزبانی dumbness. muteness.
بیزَحمت easy. convenient.
کار ~. **easy work.**
~ در را ببندید. **please close the door.**
بی‌زَر، بی‌پول. moneyless, impecunious. penniless.
بی‌زن، مجرد. single. wifeless.
بی‌زَوال، نابود نشدنی. imperishable. everlasting. eternal.
بی‌زور، ضعیف. weak. powerless.
بی‌زهر atoxic.
بی‌سازمان without organization. disorderly.
بی‌سامان homeless. unsettled.
بی‌سَبَب، بی‌جهت، بی‌دلیل. causeless. unprovoked.
بی‌ساقه acaulous. stemless.
بیست twenty. score.
بیستم، بیستمی، بیستمین. twentieth.
قرن ~. **the twentieth century.**
بیستون Behistan. Bisotun.
بی‌سر headless. acephalous. decapitated.
بی‌سرپرست guardianless. not attended by a supervisor.
کودکان ~. **unattended children. children lacking a guardian.**
بی‌سروپا، بی‌سر و بی‌پا. a rogue. a rascal. ruffian. roguish.
بی‌سروته، بی‌اساس. having no definite beginning or end. incoherent. empty. silly.
بی‌سروسامان، بی‌سامان. homeless. unsettled. destitute.
بی‌سروصدا quiet. serene. hush-hush. without fanfare or fuss.
بیسکویت biscuit.
بی‌سَلیقگی lack of taste. bad taste.
بی‌سلیقه، بیذوق. lacking taste or tact. having bad taste. awkward.
بی‌سَواد، عامی. illiterate. unlettered.
تعداد بیسوادان در روستاها کم شده است. **the number of illiterate people in the villages has decreased.**
بیسوادی illiteracy. inability to read and write.
~ عیب بزرگی است. **illiteracy is a great shortcoming.**
بی‌سیرَت having a bad character. characterless.
~ کردن. **to deflower. to abduct.**
بی‌سیم، تلفن بی‌سیم. wireless.
بیش، بیشتر، خیلی زیاد. more.
~ از این. **more than this.**
~ ازاحتیاج. **in excess of need.**
~ ازدوسوم‌مردم. **over two-third of the people.**
بیش‌وکم، کم و ~. **more or less.**
بی‌شائبه، بی‌غلّ وغش. unmixed. pure. taintless.
بیشتر، زیادتر، بیش. more. more often. oftener. rather. longer. exceeding. surpassing.
~ پولش را خرج کرد. **he spent most of his money.**
~ **اوقات.** **most of the time. oftentimes. often.**

سن شما ازسن من ~ است. **you are older than I am.**
او از همه ~ درس میخواند. **he studies more than all others.**
~ از. **more than.**
~ شدن. **to become more. to exceed. to surpass.**
~ کردن. **to make more. to increase.**
بیشتری excess. the state of being more.
بیشترین، اکثر، بیشتر. most. the greatest (or greater) part.
او ~ اضافه حقوق‌را گرفت. **he got the most raise.**
بیشَرَف، بیشرافت. base. knavish. roguish. dishonourable.
بیشرفانه dishonourably. knavishly.
بیشرفی dishonorableness. disgraceful act. outrage. knavishness.
بیشَرم، بیحیا، بی‌آبرو. shameless. impudent. brazen. rude.
بیشرمانه shamelessly. shameless. brazen. impudently.
رفتار بیشرمانهٔ او همه را رنجانید. **his shameless behavior offended everyone.**
بیشرمی impudence. immodesty.
بی‌شُعور، نفهم، احمق. lacking common sense. foolish. silly. doltish. a dolt. a blockhead.
بی‌شعوری lack of common sense. idiocy. folly. doltishness.
بی‌شك، بی‌تردید. undoubtedly. without doubt. doubtlessly. doubtless.
بی‌شَکل amorphous. formless. shapeless.
بیشکیب، بی‌صبر. impatient.
بی‌شُمار، بی‌حساب، بسیار. countless. innumerable. numberless.
بیشه thicket. coppice. grove.
بی‌شهرت fameless. unknown.
بیشینه، حداکثر. maximum.
بی‌صَبر، بی‌شکیب. impatient.
بی‌صبری impatience.
بی‌صَدا، آرام، خاموش، ساکت. noiseless. quiet. dumb. mute. silent.
~ از عمارت خارج شدیم. **we quietly got out of the building.**
بی‌صَرفه، بیفایده. unprofitable. disadvantageous.
بی‌صفا not pleasant. not cheerful.
بی‌صِفَت ungrateful. unfaithful. fickle.
بیصورت ravished. violated. raped.
~ کردن. **to rape. to seduce. to deflower.**
بَیضاء، سفید. white. clear.
بیضرر harmless. inoffensive.
بَیضَوی ellipsoid. oval. elliptical.
بَیضَه، خایه. testis. testicle.
بیضه‌ای testicular.
بیضی، تخم‌مرغی. elliptical. oval. ellipse.
~ مجسم. **ellipsoid.**
بَیضیَت ellipticity.
بَیطار، دامپزشك. veterinarian.
بیطاری، دامپزشکی. veterinary.
بیطاقت، بی‌صبر. impatient. wanting fortitude. lacking endurance.
~ شدن. **to lose patience or endurance.**
بیطاقتی impatience. lack of fortitude. lack of endurance.
بی‌طالِع، بدبخت. ill-starred. unfortunate.
بیطَرَف impartial. neutral. unaligned.
بیطرفانه impartially. impartial. neutral(ly).
بیطرفی impartiality. neutrality. non alignment.
بی‌طعم، بی‌مزه. flavourless. tasteless. vapid. insipid.
بی‌طَمَع disinterested. not covetous.
بی‌ظرافت inelegant. gross. lacking fineness.
بیظرف، فلّه. unpacked. sold in bulk.
بَیع، فروش. selling. sale.
~ کردن، فروختن. **to sell.**
بیعار، بی‌غیرت، بی‌حمیت. profligate. shameless. lazy.
بیعاری profligacy. wantonness. shamelessness. laziness.
بی‌عاطِفَه unfeeling. cold-hearted.
بَیعانَه، پیش‌پرداخت. **earnest money. down payment.**
بَیعَت، اتحاد، وفاداری. allegiance. loyalty. devotion. homage. fealty.
~ کردن. **to swear allegiance. to promise loyalty.**
~ شکستن. **to break one's allegiance or fealty.**
~ با فرمانروا. **allegiance to the ruler.**
بیعد، بیشمار. numberless. innumerable.
بیعَدالَت unjust. contrary to justice.
بیعدالتی injustice. unfairness.
بیعَدیل، بی‌نظیر. peerless. incomparable.
بیعُرضگی inefficiency. incompetancy. incapability. incapacity.
بیعرضه incapable. inefficient. incompetent.
بی‌عِصمَت، بی‌ناموس. unchaste. deflowered. immodest.
بی‌عِفَّت، بی‌عصمت. unchaste.
بی‌عفتی unchastity.
بی‌عقل، بیخرد، بی‌تدبیر، بی‌مخ. unwise. foolish. brainless. empty-headed.
بی‌عقلی foolishness. brainlessness.
بیعلاقگی disinterestedness. lack of concern. indifference.
بیعلاقه unconcerned. uninterested. indifferent. lackadaisical.
بی‌عِلَّت. causeless. without cause or reason.
بیعلم void of learning. ignorant.
بیعِوَض، غیرمعوض، رایگان. irreplaceable. unexchangeable. gratis. free.
بی‌عَیب flawless. without blemish. faultless. sound. in perfect condition.
بی‌غَرَض impartial. fair. having no private motive. disinterested.
بیغرضانه without private motive or interest. disinterested. impartial. fairly.
بیغرضی lack of private motive. disinterestedness. impartiality. fairness.
بیغش unalloyed. pure. flawless.
بیغل وغش. **sincere(ly). free of pretense or dissimulation.**
بیغم carefree. worriless.
بَیغوله cave. niche. seclusion.
بیغیرت craven. dastardly.
بیغیرتی cowardice. dastardliness.

بیفایِدَه useless. unprofitable. futile. ineffectual. vain. fruitless. abortive.
کوشش ~. **lost labour. useless effort.**
بی‌فراست، بیهوش. unintelligent. lacking foresight.
بی‌فرزند childless. issueless.
بی‌فروغ، بی‌نور، بی‌رونق. lustreless. dim.
بی‌فرهنگ، بیدانش، بی‌تربیت. cultureless. void of culture. uneducated.
بی‌فکر، گیج. mindless. thoughtless. giddy. rash. thoughtlessly. rashly.
بی‌قابلیت unworthy. trifling.
بیقاعِدگی irregularity. anomaly. lack of regularity or system.
بیقاعده irregular. immethodical. unsystematic.
بیقدر، بی‌ارزش. worthless. base. of no value.
بیقرار، بی‌آرام. fidgety. restless. uneasy.
بیقراری restlessness. uneasiness.
~ کردن. **to be uneasy. to be restless.**
مریض تمام شب ~ کرد. **the patient was restless all night.**
بی‌قَرین، بی‌قرینه، بی‌نظیر، بی‌همتا. matchless. peerless. unsymmetrical.
بی‌قصد unintentional(ly).
بیقَوارَه awkward. outsize.
بیقُوَّت، بی‌قوه. having no nourishment. weak. powerless. feeble. impotent.
بیقیاس، بی‌حساب، بی‌اندازه. incomparable. immeasurable. immense.
بیقید، لاقید، بی‌دقت. **unrestrained. easygoing. careless. carefree.**
بیقیدی، لاقیدی، سهل‌انگاری، بی‌دقتی. being unrestrained or easygoing. carelessness. lack of concern.
بیکار، بدون شغل. unemployed. jobless.
بیکارَه، مهمل. idler. loafer. idle. good-for-nothing.
بیکاری unemployment. leisure.
اوقات ~. **leisure times.**
بیکَران، نامحدود، بی‌پایان. boundless. immense. shoreless.
بی‌کُرك، بیمو. glabrous.
بیکس، تنها، بی‌یار، بینوا، درمانده. having no relatives or friends. forlorn.
بیکسی lack of relatives or friends. forlornness. having no one.
بی‌کِفایَت، نالایق، بی‌عرضه. insufficient. shiftless. incapable. inefficient.
بی‌کفایتی، بی‌عرضگی، عدم‌لیاقت. inefficiency. incapability. shiftlessness.
بی‌کَلّه، بی‌مغز، بی‌فکر. brainless. weak-minded.
بی‌کمال، بی‌معرفت. unaccomplished. uneducated. uncivil.
بی‌کم وزیاد، عیناً، درست، بی‌کم‌وکاست. exactly. entirely. neither more nor less.
بَیگ lord or prince. bey. beik.
بیگاری، کار اجباری. forced labo(u)r. unpaid labor. corvee. toil.
بیگانگی، غرابت. foreignness. alienation. strangeness.
بیگانه (بیگانگان (pl.)، غریبه. foreign. foreigner. stranger. alien. exotic. strange. outlandish.
~ پرست. **xenophilous. xenophile.**

~ ترسی، ترس از ~. xenophobia.
بیگاه، بیموقع، نابهنگام. illtimed. untimely.
گاه و ~. now and then. occasionally.
بیگدار fordless. inconsiderate(ly).
~ بآب زدن. to leap before looking. to act rashly.
بی‌گزند، بی‌زیان. harmless. inoffensive.
بی‌گلبرگ (bot.) apetalous.
بیگم، بانو، خانم. lady of rank.
بیگمان، بی‌تردید. doubtless(ly). undoubtedly. cértainly.
بیگناه، معصوم. innocent. guiltless. sinless. impeccable. blameless.
بیگناهی innocence. sinlessness. impeccability.
بی‌گند aseptic.
بیگودی curler.
بیل، کج‌بیل، بیلچه. spade. shovel. hoe.
~ زدن. to shovel. to hoe. to dig.
بی‌لاکان (z.) athecae.
بیلان، ترازنامه. ballance sheet.
بی‌لبه edgeless. rimless.
بی‌لپه (bot.) acotyledonous.
بیلچه small shovel. dibble.
بیل‌زن labo(u)rér with a shovel.
بی‌لطافت indelicate. inelegant. coarse.
بی‌لطف، بی‌مرحمت، بی‌جمال، بی‌مزه. unkind. lacking affection. inelegant.
بی‌لطفی unkindness. disaffection. insipidity.
~ کردن. to treat unkindly.
بی‌لفاف uncovered. unwrapped. without wrapping.
بی‌لگام، بی‌دهنه. dissolute. unbridled.
بی‌لیاقت، نالایق. incapable. undeserving.
بی‌لیاقتی، عدم‌لیاقت. incapability. lack of merit. unworthiness. incapacity.
بیلیون، هزارمیلیون. billion.
بیم، ترس، هراس، جبن. fear. dread. fright. dismay. terror. panic. timidity. timorousness.
~ داشتن. to fear. to be afraid (of). to dread.
~ آن میرود که. there is the fear that.
از ~ جان فرار کرد. fearing for his own life, he escaped.
بیمار، مریض، خمار. diseased. ill. sick. ailing. indisposed. a patient. pgth-.
~ بودن. to be ill or sick. to ail.
~ شدن. to fall sick. to become ill.
او ~ است. he is ill (sick).
یکی از بیماران این پزشک. one of this doctor's patients.
بیمارداری sick-care. nursing.
بیمارستان، مریضخانه. hospital.
بیماری، ناخوشی، کسالت. illness. disease. patho-. sickness. indisposition. malady. ailment.
~ آمیزشی. venereal disease.
~ مزمن chronic disease.
~ بومی. endemic disease.
~ عفونی. infectious disease.
بی‌مانند، بی‌تا، بی‌مثل، بی‌همتا، بی‌نظیر، بی‌عدیل، یکتا. unparalleled. unexampled. incomparable. unique. unmatched. peerless.
بی‌ماوا، بی‌مأوی، بی‌خانمان. homeless.

بیمایگی، تهیدستی، بی‌اطلاعی. indigence. superficial knowledge.
بیمایه، تهیدست، بیچیز، دارای معلومات‌سطحی، بی‌اطلاع. fundless. indigent. having a superficial knowledge.
بی‌مبالات، بی‌دقت، سهل‌انگار، بی‌توجه. careless. heedless. happy-go-lucky.
بی‌مبالاتی carelessness. imprudénce.
بیمثال، بیمانند، بیهمتا. unique. unequalled. unexampled. unparalleled.
بی‌محابا، بی‌باکانه. rashly and thoughtlessly. dauntless (ly).
حسن ~ وارد اتاق شد. Hassan rushed [into] the room dauntlessly.
بی‌محبت، نامهربان، بی‌[مروت]. unaffectionate. unkind.
بی‌محل، بلامحل، بیموقع، بدون اعتبار. inopportune. untimely. not provided for (in the budget).
چك ~. a bad check.
بی‌مرحمتی unkindness. lack of favor.
بی‌مروت، بی‌انصاف. ruthless. inhumane. ungenerous. unjust.
بی‌مروتی، بی‌انصافی، بی‌عدالتی. ruthlessness. inhumanity. injustice.
بی‌مزگی insipidity. tastelessness. platitude. vapidity. dullness. flatness.
بی‌مزه insipid. tasteless. flat. vapid. banal. uninteresting. dull.
شوخی ~. a flat joke.
این آشامه (سوپ) خیلی ~ است. this soup is very tasteless.
داستان ~. a dull story.
بی‌مسلك unprincipled.
بی‌مسمی، بی‌مورد. incongruous with its meaning. not answering to its significance.
اسم ~. misnomer.
بی‌مصرف، بی‌فایده، بدون استفاده. unutilizable. useless. not usable. not in demand. surplus. idle.
بی‌مطالعه offhand. without proper study. rash. ill-advised.
بی‌معرفت، بیدانش، نادان، نفهم. ignorant. ungrateful. unlearned.
بی‌معنی، مزخرف، مهمل، ناپسند. meaningless. nonsensical. absurd.
بی‌مغز، بی‌کله. pithless. brainless.
بی‌مقدار، ناچیز. paltry. unworthy. indigent.
بی‌مقدمه، ناگهانی. without prior notice. abrupt(ly). suddenly.
بی‌ملاحظه، بی‌توجه. inconsiderate. heedless. careless. rash.
بی‌مناسبت، نامربوط، نامناسب. irrelevant. unsuitable. unwarranted. inopportune.
بیمناک، هراسناک، ترسان. fearful. afraid. worried. frightened. scared. cowed. anxious.
~ بودن. to dread. to fear. to be afraid.
~ شدن. to become afraid. to become scared.
~ کردن. to frighten. to make afraid.
بی‌منت، رایگان، بی‌توقع. freely (and without obligation). free. untainted with reproach.
بی‌مو، بی‌خدشه، بدون‌مو. hairless. flawless.

ظرف چینی ~. flawless chinaware.
بدن ~. a hairless body.
بی‌مورد، بیموقع، نابهنگام. out of place. amiss. inopportune. out of season. untimely. irrelevant.
بیمه، تضمین، ضمانت. insurance. guarantee. guaranty.
~ کردن. to insure.
~ شدن. to be insured.
بیمهٔ زندگی، بیمهٔ عمر. life insurance.
بیمهٔ سلامتی. health insurance.
~ نامه. insurance policy.
حق ~. insurance premium.
مردم باید خودروهای خود را ~ کنند. people ought to insure their cars.
بی‌موقع untimely. inopportune.
بی‌مهارت، خام‌دست، ناشی. unskilled. unskillful. inexpert. novice.
بی‌مهر unkind. loveless.
بی‌مهره، بدون ستون فقرات. invertebrate.
بی‌مهری unkindness. disfavour. lovelessness.
بی‌مهرگان invertebrata.
بیمه‌گر insurer. underwriter.
بیمه‌گذار، بیمه‌گزار. the insured.
بیمه‌شده insured.
بیمهٔ عمر، بیمهٔ زندگی. life insurance.
بیمه‌نامه insurance policy.
بیمیل، ناراضی، بدون تمایل، بیزار، سیر. reluctant. loath. unwilling. disinclined.
او نسبت به‌رفتن ~ بود. he was reluctant to go.
~ بودم که با اینقبیل حرفها موجب رنجش او شوم. I was loath to offend him with such talk.
بیمیلی unwillingness. disinclination. reluctance. being averse. listlessness.
از روی ~، با ~. unwillingly. reluctantly.
با ~ در را بست. he closed the door reluctantly.
بین between. inter-. mid-. middle. intermediate. betwixt.
در ~، در میان. between.
in the middle of. in the midst of.
در این ~. in the meantime. meanwhile.
در ~ نهادن، درمیان نهادن. to set forth (for discussion). to propound.
منزل ما ~ دوساختمان دولتی قرار دارد. our house is located in between two governmental buildings.
~ قم وکاشان شهر بزرگی وجود ندارد. there is no large town between Ghum and Kashan.
بینا، دارای بینائی، بصیر. that can see. clear-sighted. seeing.
بیناب، طیف. spectrum.
بینابین، درمیان، در وسط. halfway. in the middle. between.
بین‌الاثنین، میان دو نفر. mutual.
بین‌السطور، درمیان سطرها. interlinear.
بین‌الفکین، میان‌دو آرواره. intermaxillary.
بین‌انگشتی interdigital.
بین‌الملل international.
حقوق ~. international law.
بین‌المللی international.
بین‌النهرین Mesopotamia.
بین‌دنده‌ای intercostal.
بی‌نام، بینام. anonymous. unknown. nameless.
سهام ~. bearer shares.
بی‌ناموس، بی‌عفت. unprincipled. unchaste.
بی‌نام و نشان untraceable. having no name or address.
بینائی، باصره. vision. visual. sight. opsis.
بی‌نتیجه، بی‌حاصل، بیهوده. futile. abortive. ineffectual. vain. idle. useless.
~ شدن. to come to naught. to become futile.
~ کردن، ~ گذاردن. to bring to naught. to forestall.
کوشش ~. futile effort.
وقت خود را ~ صرف کردن. to idle away one's time.
بی‌نزاکت، خشن، بدون آداب. inelegant. rude. tactless.
بینش insight. perspicacity.
بی‌نشاط، افسرده، بیروح. mirthless. sad.
بی‌نشان، بی‌نام ونشان، گمنام، ناشناس. untraceable. having no sign or trace.
بی‌نصیب، بی‌بهره، ناکام. portionless. unfortunate. deprived.
بی‌نظم، آشفته، بهم ریخته، بی‌انضباط. disorderly. chaotic.
بی‌نظمی، آشفتگی. disorder. confusion. lack of discipline. chaos.
بی‌نظیر، بی‌همتا، منحصر بفرد. matchless. unparalleled. incomparable. unique.
بی‌نماز disqualified for saying prayers.
بی‌نمك، بدون شوری، خالی از ملاحت. saltless. fresh. insipid. tasteless. unattractive. flat. vapid.
آبگوشت ~. a saltless soup.
شوخی ~. an insipid (flat) joke.
دختر ~. an unattractive girl.
بیننده (بینندگان .pl). viewer. seer. spectator. watcher.
بی‌نوا، فقیر، نیازمند، بیچاره. indigent. helpless. poor.
بینوائی، بیچیزی، فقر، تهیدستی. indigence. poverty. helplessness.
بی‌نور، بی‌فروغ، تار، تاریك. lusterless. dim. murky. dusky. pale. obscure.
بی‌نوری، تاریکی، بیفروغی. dimness. lusterlessness. paleness. gloominess.
بینه dressing room in a bathhouse.
بی‌نهایت، بی‌اندازه، فوق‌العاده، بی‌پایان. extremely. infinite(ly). limitless. endless. infinity. infinitude.
~ سپاسگزارم. I am extremely thankful.
بینی، دماغ، عنف. nose. nasal. rhin-.
~ گرفتن. to blow (or clean) the nose.
سوراخ ~. nostril.
بین‌یاخته‌ای intercellular.
بی‌نیاز، بی‌احتیاج، وارسته، مستقل. free from want. wanting nothing. able to do without.
~ شدن. to become free of want or need.
~ کردن. to free from want.
او از کمك ~ است. he has no need of help.
پول پدرش اورا ازکار ~ کرد. his father's money made it unnecessary for him to work.
بی‌نیازی not needing or being in need. freedom from want.
بی‌وارث، بدون وارث. heirless.
بیواسطه direct. immediate.
مفعول ~. direct object.
بیواک voiceless.

بیواکه، صامت، بیصدا. consonant. voiceless.

بی‌واهمه fearless. without regard.

بُیوتات (pl. of بیت = بیوت pl. of)، خانه‌ها. office in charge of royal buildings and premises. houses.

بی‌وصیت، بدون وصیت. intestate.

بی‌وعده، بی‌موعد، بدون دعوت، ناخوانده. payable at sight. uninvited.

برات ~. **draft payable at sight.**

بیوفا، عهدشکن. unfaithful inconstant. fickle. one who jilts. perfidious.

بی‌وفائی fickleness. jilting. perfidy. unfaithfulness. infidelity. inconstancy.

~ کردن. **to act unfaithfully. to show fickleness.**

بی‌وقار، سبك، بی‌شخصیت. ungraceful. undignified.

بیوقت، بیموقع، بی‌هنگام. untimely. inopportune.

وقت و ~. **time and again.**

بی‌وقوف، بی‌اطلاع. ignorant. unaware.

بیُوك، بزرگ. large. big. great.

بیوگی widowhood.

بیوه widow.

~ (زن). **widow(ed).**

~ مرد، مرد ~، مرد زن‌مرده. **widower.**

~ شدن. **to become a widow.**

بی‌هراس fearless(ly). dauntless(ly).

بی‌همّت، بی‌حوصله، بی‌تصمیم. spiritless. irresolute. lacking good ambition.

بی‌همتی lack of ambition or spirit. irresoluteness.

بی‌همتا، بی‌تا، بی‌نظیر. matchless. peerless. unique.

بی‌همه‌چیز، بیشرف، بی‌ناموس. having no principles. unscrupulous. unprincipled.

بی‌هنجار normless.

بی‌هنر، بی‌مهارت، بی‌غرضه. artless. unskilful. unskilled. lay.

بی‌هنگام، بیموقع، بیجا. untimely. out of place or time.

بیهوا، ناگهان، بی‌توجه. suddenly. unexpectedly. all of a sudden.

بیهودگی uselessness. vanity. futility. absurdity.

بیهوده، بیفایده، بیخود. vain. useless. futile. absurd. foolish. empty. chaffy. in vain.

کوشش ~. **useless effort.**

نصیحت ~. **futile advice.**

بیهوش، بیحس، خرفت. unconscious. swooned. passed out. anesthetized. insensible. slow-witted

~ بودن. **to be unconscious. to be stupid. to be dull.**

~ شدن. **to faint. to swoon. to pass out. to become stupid.**

~ کردن. **to make unconscious. to anesthetize.**

مریض ~. **an unconscious patient.**

او ~ شده است. **he has passed out.**

بیهوشی، اغماء. unconsciousness. anesthesia. stupidity. dullness.

متخصص (ویژه‌گر) بیهوشی. **anesthetist.**

بی‌یار، بی‌رفیق، بی‌معشوقه. friendless. lovelorn. deserted. forsaken.

~ و یاور. **forsaken. having no one for help.**

پ the third letter of the Persian alphabet.

پا، پای، پایه، همبازی. foot. leg. playmate. pedi-. pod-.

پای او آسیب دید. **his foot was hurt.**

در بازی پوکر یك ~ کم داشتیم. **we lacked one partner (playmate, pal) in our poker game.**

~ خوردن. **to be cheated. to be trampled underfoot.**

~ دادن، اتفاق افتادن. **to happen. to come to happen.**

~ زدن. **to tread. to step. to pedal.**

~ زیر بخت خود زدن. **to forfeit one's chance.**

~ شدن. **to get up. to rise.**

بپا کردن، بر ~ کردن. **to put on. to wear (on the foot). to set up. to establish. to hold.**

بافتخار ایرج جشنی بپا کردیم. **we held a party in Iraj's honor.**

کف ~. **the sole of the foot.**

رد ~، جای ~. **footprint. track. vestige.**

~ ورچین (~ برچین) راه رفتن. **to walk softly or stealthily.**

قوزك ~. **ankle.**

اگر ~ داد اینکار را بکن. **if opportunity lends itself, do this.**

اگر میخواهی دوچرخه تندتر برود باید باشدت بیشتری ~ بزنی. **If you want the bicycle to go faster you must pedal harder.**

کفشهای کهنه را ~ کرد ورفت. **he wore the old shoes and went.**

~ گذاشتن. **to set foot. to step.**

هرگز بخانهٔ آنها ~ نخواهم گذاشت. **I will never set foot in their house.**

~ بمیان گذاشتن، ~ بمیانی کردن. **to intercede. to interfere. to mediate.**

پای کوبیدن. **to dance. to stamp. to stampede.**

او پایش توی ۲۰ (سال) است. **he has just entered his twentieth year.**

بر ~، بپا. **standing. upright. stand up.**

~ بپا کردن، ~ بپادر کردن. **to delay. to put off a decision. to linger.**

بقدر گلیمت ~ دراز کن. **cut your coat according to your cloth.**

~ را از گلیم خود فرا مگذار. **do not overreach yourself.**

دو ریال به‌پای من حساب کرد. **he charged me two Rials for it.**

~ بپای ترقیات علمی اخیر. **in step with recent scientific developments.**

زیرپای کسی نشستن. **to seduce someone.**

زیر پای کلفت ما نشستند که از پیش ما برود و برای آنها کار کند. **they seduced our maid into leaving us and working for them.**

پای کمی از رفیقش ندارد. **he is nothing short of his friend.**

پاافزار، کفش. footwear. shoes.

پابرجا (ی)، ثابت، استوار، برقرار، محکم. firm. established. steadfast. solid. steady.

تصمیم ~. **a firm decision.**

این دوست ~. **this steadfast friend.**

پابَرچین، آهسته، آرام، دزدکی. softly. slowly. stealthily.

پابرسر cephalopod.

پابرَهنه، بی‌کفش. barefoot.

پابست، پای‌بست، گرفتار، اساس، بنیاد، مقید. interested. intangled. under obligation. bound. foundation.

خانه از پای‌بست ویران است. **the house is ruined (cracked) from its foundation.**

پابلند long-legged.

پابمهر، مهرشده. signed. sealed beforehand. stamped.

پابَند، پای‌بند، مقید، گرفتار، کندوزنجیر. fetters. hindrance. bound. abiding(by).

من به‌این موضوع پای‌بند (پابند) نیستم. **I am not interested in this.**

او ~ اصول مذهب است. **he abides by the rules of religion.**

~ چیزی بودن. **to be hung up on something. to care for something.**

پابَندان، ضامن، کفیل. surety. guarantor.

پابوسی، شرفیابی. (honor of being given) audience. kissing one's feet.

پاپ، خلیفهٔ اعظم. the Pope.

پاپا، بابا، بابا بزرگ، پدر، جد. papa. grandpa.

پاپوش، کفش، مزاحمت، بدام اندازی. slipper. babouche. footwear. difficulty. entanglement.

عضو اداره میخواست برای مافوقش ~ بسازد. **the employee wanted to ensnare (inculpate) his superior.**

پاپی، اصرار، پافشاری. hounding. insisting. urging. dogging. persisting. pressing.

پلیس سخت ~ دزدان شد. **the police seriously hounded (dogged) the thieves.**

پاپیتال (bot.) English ivy.

پاپیچ، مچ‌پیچ. puttee. puttie.

پاپیروس، بردی. papyrus.

پات (درشطرنج). stalemate.

پاتابَه، پاتاوه، مچ‌پیچ، زنگار. leggings.

پاتخته footboard. treadle. stool.

پاتختی، جشن روز بعداز عروسی. (feast on) the next day after consummating a marriage.

میز ~. **bedside table.**

پاتوق، پاتوغ، وعده‌گاه. haunt. hang-out. joint. meeting place. place of rendezvous.

پاتیل cauldron. dead drunk.

یارو ~ شد. **he became dead drunk.**

پاچَنبری club-footed. bandy-legged.

پاچَه (sheep's) trotters.

پاچَه‌بَند jess.

پاچین، دامن چین‌دار. skirt. pleated skirt.

پاداش، مزد، اجر، جبران. reward. remuneration. bonus. retaliation. requital. recompense.
~ دادن. to reward. to requite. to return. to recompense. to remunerate.
~ خدمات او. reward for his services.
پادبند anticoagulant.
پادتن antibody.
پادراز (z.) flamingo. long-legged. plentiful.
پادرازی intrusion. trespassing.
~ کردن. to be intrusive. to trespass.
پادرهوا، نامعلوم، معلق، واهی، بی‌اساس. unconfirmed. quite in the air. illusive.
پادرد (med.) pododynia. footache.
پادری doormat. welcome mat.
پادزهر، پازهر، تریاق. antidote. antitoxin.
پادزهرابه antitoxin.
پادزی antibiotic.
پادزیوها antibiotics.
پادشاه، شاه، شاهنشاه، ملك، سلطان، پادشه. king. the Shah. the emperor. the manarch. ruler.
پادشاهی، سلطنت، فرمانروائی، حکومت. reign. sovereignty. kingship. royal. kingly. kindom. royalty. majesty.
~ کردن، سلطنت کردن، حکومت کردن. to reign. to rule. to govern.
در دوران ~ نادرشاه. during the reign of Nadir Shah.
پادگان garrison.
پادگن antigen.
پادنگ، لنگر. flail or threshing instrument worked by foot. anchor. escapement.
پاد ماده antimatter.
پادو، پیشخدمت، پیام‌رسان، شاگرد. footboy. errand boy. page.
پادوئی، پیشخدمتی ، فرمانبری. service as a footboy or footman.
پارابلوم ، هفت‌تیر. parabellum.
پاراتیروئید parathyroid gland.
پارازیت، انگل. parasite. (radio) interference.
~ دادن. to jam (a ractio)
پاراف، امضا، صحه‌گذاری. initials. initialing.
~ کردن. to initial. to O.K.
او نامه را ~ کرد. he initialed the letter.
پارافین paraffin.
پارافین‌جامد paraffin wax.
پارالل parallel bars.
پارامتر parameter.
پارانشیم paranchyma.
پاراوان، پردهٔ تاشو. folding screen.
پارت، کشور پارتیا، یلو، نوك‌دراز. Parthia. (z.) ortolan. longbill. snipe.
پارتی، مجموله، قسمت، تکه، طرفدار ، شریك. (single) consignment. lot. friend. partisan. party. connections. banquet.
~ بازی. favoritism. partisarship. nepotism.
یك ~ قماش. a consignment (lot) of piece goods (textiles).
او ~ خیلی بانفوذی دارد. he has an influential (friend, partisan, supporter).
بچه‌ها ~ بزرگی دادند. the boys gave a big party (banquet).
پارچ pitcher. jar.
پارچه، قماش، قطعه، بافته. cloth. fabric. material. piece goods. textile. stuff. plot. lot. block. piece.
یك تکه ~. a piece of cloth.
یك ~. solid. in one piece.
پارچهٔ لباسی. suiting. garment material.
پارچهٔ لباسی زنانه. dress material.
دو ~ آبادی. two villages.
پارچه‌باف، نساج. cloth-weaver.
پارچه بافی، نساجی (کارخانه). cloth-weaving. textile factory.
پارچه‌کاری piecework.
بطور ~. by the piece.
پاردسو light overcoat.
پاردم crupper.
پارس، فارس. the province of Fars.
پارس ounce or panther.
پارس barking. yelping.
سگان ~ میکنند. the dogs bark.
چهار سگ کوچك بدنبال او ~ میکردند. four little dogs yelped at his heels.
پارسا، پرهیزگار، متقی، خدا ترس. devout or abstemious (person). pious.
پارسال، پار، پارینه. last year.
~ و پیرارسال. last year and the year before last.
پارسائی، پرهیزگاری، زهد و تقوا. abstemiousness. devoutness. piety.
پارس کردن، عوعو کردن، زوزه کشیدن. to bark. to howl. to yelp.
پارسنگ tare. allowance for weight. makeweight.
عقلش ~ میبره. he's cracked. he's crazy.
پارسی، فارسی (پارسی‌ها، پارسیان .pl). Persian (language). Parsee. fireworshipper.
~ زبان. Persian - speaking.
پارسیان هندوستان. The Parsees of India.
پارك park. garden.
پارکینگ، ماندگاه. parking.
پارکه، دادسرا. public prosecutor's office.
پارگی، دریدگی. tear. rent. cut. slit. puncture.
شلوارش ~ داشت. there was a tear in his trousers.
پارلمان، مجلس شورای ملی. parliament.
پارلمانی parliamentary.
پارو، پاروب. snowshovel. oar. paddle.
~ کردن برف. to shovel the snow.
او دقیقه‌ای سی ~ زد. he rowed 30 to the minute.
مردی‌که در قایق بود آهسته پارو میزد. The man on the boat was paddling slowly.
پاروزدن to row. to paddle.
پاره، تکه، مندرس، بخش، اندك، دریده. piece. bit. part. some. rag. patch. rent. ragged. slit.
کفشهایش کهنه و ~ بود. his shoes were old and torn.
~ شدن. to be torn or rent. to wear out. to go to pieces.
در اثر فشار باد سیم ~ شد. because of wind pressure the wire snapped (was torn).
پاره‌ای از مردم. some people. a part of the populace.
هندوانه را ~ کرد. he cut the watermelon.
پیراهن خود را ~ کرد. he tore his own shirt.
شمشیر شکمش را ~ کرد. the sword slit his belly open.
پاره‌آجر brickbat.
پاره‌آهن، قراضهٔ آهن. scrap iron.
پاره پاره torn (or gone) to pieces. ragged.
~ کردن. to cut (or tear) to pieces. to tear to pieces. to rend.
پاره‌کردن، دریدن. to cut. to tear. to slit. to rend. to rip. to incise.
پاریس Paris.
پاریسی Parisian.
پارین، پارینه. of last year. old. ancient. last year.
پارینهٔ سنگی، وابسته بعصر حجر قدیم. paleolithic. palaeolithic.
پاس، نگهبانی، بخش، قسمت، قدردانی، تقدیر، ردکردن. watch. division (of the night). guard. a pass.
بپاس خدمات شما. in gratitude for (in consideration or in recognition of) your services.
بپاس خاطر شما. for your sake (or honour).
~ دادن. to guard. to stand guard. to pass.
سربازان جلو درکاخ ~ میدادند. soldiers were standing guard in front of the palace gate.
توپ را باو ~ بده. pass the ball to him.
پاساژ، بازارچه، تیمچه، راهرو، دالان. passage. shopping area.
پاساوان passavant.
پاسبان، پلیس، نگهبان، آژان. policeman. cop. sentry. watch. (slang) bobby.
پاسبانی، نگهبانی، پلیسی. guarding. patroling. protection. policing. policeman's duty.
~ کردن. to police. to protect. to guard. to watch. to patrol.
مردانی‌که از خانه‌های خود ~ میکردند. men defending their homes.
پاستوریزه pasteurized.
پاستوریزه‌کردن pasteurization. to pasteurize.
پاسخ، جواب. answer. reply. response. rejoinder. rebuttal.
او به‌پرسش دشواری ~ داد. he answered a hard question.
به‌پرسشی ~ دادن. to reply to a question.
تقاضای او بدون ~ ماند. his appeal met no response.
پاسدار، نگهبان، محافظ، کشیك‌چی. sentry. picket. guard. watch. sentinel.
پاسداران مرزی. border guards.
پاسداری guarding.
~ کردن. to guard. to keep sentry. to protect.
پاسگاه gendarmerie or police station. post.
~ پلیس راه. highway police station.
پاش، پاشنده، بپاش. (i. r. of پاشیدن) sprinkle thou. sprinkle. used in combs. as in: آب‌پاش=sprinkler.
پاشا Pasha. Pacha.
پاشام، پاشام مغز. meninges.
پاشاندن، پاشیدن، پاشانیدن، پراکنده کردن. to (cause) to scatter about.
پاشله، نوك‌دراز. (z.) snipe.
پاشنه heel.
پاشنهٔ در. pivot of a door.
کفش ~ بلند. high - heeled shoes.
کفش ~ کوتاه. low - heeled shoes.
پاشنه‌کش shoehorn.
پاشویه footbath. (med.) pediluvium.
~ کردن. to give a footbath to.
پاشیدن، متفرق کردن، پخش کردن، بهم‌ریختن. to sprinkle. to scatter. to diffuse. to spray. to pour. to strew. to disperse. to disseminate. to litter. to sow.
ازهم ~. to be scattered. to break up. to go to pieces. to disintegrate.
گلاب ~ . to sprinkle rosewater.
اشیاء را روی‌کف اتاق ~. to scatter things on the floor.
تخم معرفت ~. to diffuse seeds of wisdom.
مواد حشره‌کش ~ . to spray insecticide.
پاشیده scattered. disrupted. sprinkled. diffused. sprayed. strewn.
پافشار، مصر، مبرم. insistent. persistent.
پافشاری، اصرار، ابرام، تأکید. insistence. emphasis. persistence.
آن‌زن درعقیدهٔ خود ~ کرد. she persisted in her opinion.
او ~ میکردکه‌من بروم. he insisted that I go.
پافشاری‌کردن، اصرار ورزیدن. to persist. to insist. to make a stand.
پافنگ (mil.) order arms.
پاك، تمیز، طاهر، کاملاً، یکسره. clean. pure. chaste. spotless. altogether. cleansed. all. entirely.
~ شدن. to be cleaned or purified. to be obliterated. to be settled (as a debt). to be erased. to fade out. to be wiped or cleaned out.
او ~ منکر کار خود شد. he denied his act absolutely (altogether, entirely).
حسابش پیش من ~ است. (slang) I am finished (through) with him.
~ کردن. to clean. to cleanse. to purify. to deterge. to settle. to erase. to wipe.
سبزی ~ کردن. to clean vegetables.
تخته سیاه را ~ کن. wipe the blackboard.
برف ~ کن (دراتومبیل). windshield wiper.
دختری ~. an innocent girl.
یارو ~ باخت. he lost all he had.
پاکباز، پاك باخته. risking all (in gambling). playing fairly.
پاکت envelope. paper bag.
پاکدامن، عفیف، پرهیزگار. chaste. continent.
پاکدامنی chastity. continence.
پاکدوزی overcast stitch. whipstitch.
~ کردن. to overcast. to stitch.
پاکزاد of noble birth.
پاکستان Pakistan.
پاك سرشت، پاك‌طینت، پاکدل، پاك‌نهاد. of noble extraction. of a pure nature.
پاکسرشتی، پاك‌طینتی. pure nature. noble disposition.
پاك‌کن eraser. wiper. rubber.
تخته ~. blackboard eraser.
برف ~ (در اتومبیل). windshield wiper.
پاکنویس fair copy. a clean copy.
~ کردن. to make a fair copy. to type fair. to write fair.
پاك نهاد، پاك سرشت، پاك‌نژاد. having a noble nature.
پاکی، تمیزی، خلوص، بیگناهی، عفت، تبرئه. cleanliness. neatness. purity. chastity. innocence. acquittal.
پاکیزگی cleanliness. neatness.
پاکیزه neat. clean. proper.
پاگردان a (stairway) landing.
پاگشا first social party given by

groom's family for relatives of the bride.

پاگُن، سردوشی، پاگون. epaulet. epaulette.

پاگیر، دست وپاگیر، مانع، گرفتاری. encumbrance. impediment. obstruction.

پالا (پالودن i. r. of)، پالای، پالایش کننده. straining. refining. strain thou!

پالان packsaddle.

پالان‌دوز، پالانگر. packsaddle maker.

پالایش، تصفیه. filtration. refining. straining.

~کردن، پالائیدن، پالودن. to strain. to refine.

پالایشگاه refinery.

پالایه، صافی. filter. strainer.

پالتو (fr.) overcoat. great coat.

پالکی، کجاوه، تخت‌روان. litter. palanquin.

پالودَن (پالای or پالا i. r.)، پالایش‌کردن. to filter. to strain. to refine. to purify. to cleanse.

ناخالصی‌ها را ~. to filter off impurities.

پالوده، تصفیه شده، پاك شده، صافی‌شده. filtered. strained. refined.

پالوده sweetbeverage containing starch jelly in the form of thin fibres.

پالونَه، صافی، پالایه، کَـگیر. colander. strainer. filter.

پالهَنگ، مهار، دهانه، افسار. halter. bridle. leash.

پامال، پایمال، لگدمال، لگدکوب. trodden (on). trampled on. stampede.

پامچال (bot.) common primrose.

پاناما Panama.

پاندول، آونگ. pendulum.

پانزدَه fifteen.

پانزدهم fifteenth.

پانزدهمی، پانزدهمین. (the) fifteenth.

پانسُمان، شستشوی زخم. dressing (of a wound.)

~کردن. to dress.

پانسیون، شبانه‌روزی. boardinghouse. hostel. dormitory pension house.

پانصَد five - hundred.

پانصدم five - hundredth.

پانصدمی، پانصدمین. (the) five-hundredth.

پاوَرقی foot-article.

داستان بصورت ~ درمجله‌منتشرمیشود. the story is published by instalments in the magazine.

پای (پاییدن or پایستن i. r. of)، پا، بپا، مراقب‌باش، مراقب. watch thou. (used in combs. as in: ماشین‌پا i. e. one who watches cars.)

پایا، پاینده. permanent.

پایاپای، تهاتر، جبران. barter. exchange.

~ کردن. to clear. to set off. to compensate.

سیستم بازرگانی ~. barter system. clearing system.

پای‌افزار، پاافزار. shoe. slipper. footwear.

پایان، آخر، فرجام. end. conclusion. termination. finish. terminus. cessation. finale. finis. close. completion.

بپایان رسیدن. to come to an end.

به~ رساندن. to bring to an end.

~ داستان. the conclusion of a story.

پایان شناسی eschatology.

پایان‌نامه، تز. thesis. dissertation.

پایانه terminal.

پای‌بَست، پابست. foundation.

پای‌بَند، پابند. bound. fettered.

پایتَخت، کرسی‌نشین. capital. metropolis.

پایچَه (bot.) caudicle.

پایدار، برقرار، ثابت‌قدم، دیرپای. permanent. constant. stable. durable. persistent. fast. enduring. lasting.

دوستی ~. a permanent (lasting) friendship.

پشتیبانی ~. constant support.

رنگ ~. a fast color.

پایداری، مقاومت، استواری، ثبات قدم. stability. permanence. durability. constancy. resistence. endurance. persistence. tenacity.

~کردن. to stand fast. to resist. to be firm. to be stable. to endure.

ما باید در برابر دشمن ~ کنیم. we must stand fast (resist) against the enemy.

پایستَن (پای i.r.)، پایدار ماندن، دوام‌کردن، پابرجا بودن، مداوم بودن. to last (long). to be permanent. to be constant.

دیری نپائیدکه آنها هم آمدند. it was not long before they too came.

هرچه زودآید دیرنپاید. soon ripe soon rotten.

پایك، پایهٔ‌کوچك. pedicel. peduncle.

پایگاه، مرکز استقرار. base. stair. degree.

~ نظامی. military base.

پایمال، لگدمال، مراعات نشده، تباه. trampled (upon). trodden. suppressed. disregarded. violated. stampeded.

~کردن. to trample. to tread. to disregard. to violate. to stampede.

آن‌مرد احساسات‌آنزن را ~ کرد. he trampled upon her sentiments.

~ شدن. to be trampled. to be stampeded.

حقوق‌مردم را پایمال کردن. to tread on the rights of the people.

پایمالی، لگدمالی، عدم رعایت، غصب. trampling. suppression. violation.

پایمَرد، کمك، یار. aid. intercessor. help.

پایمردی، یاری، کمك. assistance. intercession. aiding. helping.

پایمزد، ویزیت (پزشك). (doctor's) fee.

پایَندَه، پایا، پایدار، مدامی، مداوم، دائمی، جاوید. lasting. permanent. perpetual.

~ باد صلح. long live peace. may peace last long.

دوستی ~. a permanent (perpetual) friendship.

پایور، افسر شهربانی. police officer.

پایه، ستون، بنیاد، اساس، میزان، کلاس، رتبه. grade. basis. leg. pillar. pile. pedestal. foundation. rate scale. degree. rank. scope. status.

پایه‌های میز. the legs of a table.

پایه‌های‌ساختمان. the pillars of the building.

پایهٔ پل. the pile of a bridge.

پایهٔ مجسمه. the pedestal of a statue.

پایهٔ (اساس) اینموضوع. the foundation of this case.

برپایهٔ سخنان وی. on the basis of his words.

تا چه پایه از او پشتیبانی میکنید؟ to what degree do you support him?

پایهٔ (مقام یا رتبهٔ) اوچیست؟ what is his rank (status)?

پایهٔ (میزان) مهارت شما چقدر است؟ what is the scope of your proficiency?

سه~. tripod.

پایه‌دار legged. provided with a stand, pillar etc. graded.

پایه‌داران (z.) pedicellinidae.

پائی worked by the feet. pedal. pedalled.

پائیدن، مراقب بودن، مواظب بودن. to watch. to look after (something). to watch. to view. to guard.

او را بپا. look after him. watch him.

بدقت دختر را بپا. watch the girl carefully.

بپا نیافتی. watch your steps. watch so that you don't fall.

مغازه را بپا تا من‌برگردم. look after the shop until I return.

پائیز، خزان، برگریزان. autumn. fall.

پائیزَه، پائیزی. autumnal.

پائین، زیر، قسمت‌زیرین، تحت، تحتانی. down. low or lower. lower part. inferior. below. under. nether.

بیا ~. come down.

~ساختمان. the lower part of the building.

~ترازسطح‌دریا. below (lower than) sea level.

~ترین درجه. the lowest degree.

~ افتادن. to tumble. to have a downfall. to slip. to sink. to drop. to fall.

~ رفتن. to go down. to slip. to drop. to sink. to descend. to fall.

ازپله ~ رفت. he went down the stairs.

درجهٔ حرارت ناگهان ~ رفت. the temperature dropped suddenly.

~ رفتن قیمتها. the drop in prices.

~ بردن. to take down. to lower.

~ آوردن. to bring down. to lower.

پائین‌تنه، اعضای سافله. lower part(s) of the body. lower extremities.

پائین‌دست lower part.

پائین‌رو descending. going down.

پائینی، زیرین، تحتانی. lower. inferior. below. under. sub-.

پِت papilla.

پتاس سوزآور caustic potash.

پتاسیم potassium.

پتانسیل، توان، قدرت، توانائی. potential.

~ بحرانی. critical potential.

پتانسیومتر، توان سنج. potentiometer.

پترُوشیمی petrochemistry. petrochemical.

پُتك، چکش. sledge. smith's hammer.

پَتو، لحاف. blanket.

پَتّه، پروانه، جواز عبور. permit. pass.

پَتی، برهنه، عور، بی‌لباس. bare. naked.

با پای~. barefoot.

لخت و~. completely naked or unprovided for. destitute.

پَتیارَه، سلیطه، دعوائی. quarrelsome. termagant. shrew.

پَتیلَه، فتیله. wick.

پچ‌پچ، نجوا، بیخ‌گوشی، وراجی. chatter. whisper. prattling. gabbling.

~کردن. to whisper. to chatter. to prattle. to talk. to gabble.

چیزی درگوش او ~ کرد. he whispered something in her ear.

پَچَل، شلخته، شلخته‌وار. slatternly.

پَخ bevel. bezel. chamfer.

~ دادن. to bevel. to chamfer.

پِخ، گه، فضولات، کثافت. feces. shit.

او هیچ پخی نیست. he aint nobody. he is not to be taken notice of.

پُخت (manner of) cooking or baking. cooking. baking.

~ وپز. cuisine. cookery.

(دست) ~ آن زن لذیذ است. her cooking is delicious.

~کردن، پختن. to cook. to bake.

پختگی، تجربه، رسیده بودن. state of being cooked or baked. ripeness. mellowness. experience.

پختن، پخت‌کردن، تحریك یا وادارکردن، آماده‌کردن. to cook. to bake. to persuade. to inveigle. to be cooked or baked. cooking. cuisine.

این نان نپخته است. this bread is undone.

سبزیجات را ~. to cook vegetables.

نان را ~. to bake bread.

آنزن اورا پخت (وادارکرد) تا مرتکب‌جنایت شود. she persuaded him to commit the crime.

آدم پخته (باتجربه). an experienced man.

نپخته. raw. uncooked. inexperienced.

پختنی culinary. cookable.

پخته، رسیده، طبخ شده، با تجربه. cooked. baked. ripe. mellow.

لوبیای ~. baked beans.

آدم ~. experienced person.

پَخ‌دار beveled. chamfered.

پَخش، توزیع، پراکندن. distribution. diffusion. broadcast. scattering.

~ پول. distibution of money.

~ رادیوئی. broadcasting.

~ نور. diffusion of light.

پخش‌کردن، پراکندن، توزیع‌کردن، افشاندن. to scatter. to disseminate. to distribute. to broadcast. to strew. to disperse.

رادیو موسیقی پخش میکند. the radio broadcasts music.

مأموران را در روستاهای مختلف پخش‌کردند. the agents were dispersed in various villages.

پَخمَه، کودن. stupid. gawky. dumb.

پدال، رکاب (دوچرخه). pedal.

پدر، بابا، بانی، بنیادگذار. father. sire. founder. patriarch. priest. patri-.

پدراَندَر stepfather.

پدرانه fatherly. paternal.

پدربزرگ، بابا بزرگ. grandfather.

پدرجد great-grandfather.

پدرزن father - in - law.

پدرسوخته knavish. rascal.

پدر شوهر father - in - law.

پدرکُش، قاتل‌پدر. patricide. parricide.

پدرکشی patricide. parricide.

پدرمرده، یتیم. orphan.

پدروار، پدرانه. like a father. fatherly.

پدری fatherhood. paternity. paternal. parentage.

درحق‌کسی ~ کردن. to treat a person as one's own son.

پَدید، ظاهر، ظهور. visible. appearing. manifesting.

~ شدن، ~ آمدن، ظاهر شدن.

to appear. to come to view. to loom.
فرشته‌ای بروی ~ آمد.
an angel appeared to him.
پدیدار، ظاهر، آشکار، هویدا.
visible. manifest. apparent. in view. disclosed.
هواپیما ~ نیست. the plane is not visible.
~ شدن. to come into view.
to appear. to become manifest.
ناوگان دشمن از دور ~ شد. the enemy fleet came into view from a distance.
خورشید ازپشت کوه ~ شد. the sun appeared from behind the mountain.
پَدیده phenomenon.
پدیده‌های‌طبیعی. natural phenomena.
پَذیر(پذیرفتن i. r. of)، پذیرنده، بپذیر.
accept thou (usu. بپذیر) . acceptor. (used in combs. as in: چاره پذیر = remediable).
اصلاح ~. corrigible.
علاج ناپذیر. incurable.
پذیرا، پذیرنده، قبول کننده.
accepting. acceptor.
پذیرانه، ورودیه. admission fee. tuition.
پذیرانیدن، وادار بقبول کردن. to cause to accept. to make acceptable.
پذیرائی، مهمانی، مهمان‌نوازی.
entertainment. reception. party.
ازکسی ~ کردن.
to entertain or receive someone.
اتاق ~. drawing room. guest room.
~ کردن.
to entertain. to receive. to welcome.
درآنجا از ما خوب~ کردند.
there they received us (entertained us) well.
پذیرش، اگرمان، قبول. admission. acceptance. agreement.
~ نامه. letter of acceptance.
پذیرفتن (پذیر i.r.)، قبول‌کردن،اجازهٔ ورود دادن. to accept. to receive. to admit. to approve.
حرف مرا بپذیرید.
listen to me. accept my word.
او نمیتواند پیشنهاد ترا بپذیرد.
he cannot accept your proposal.
بهانه‌های او را نپذیرفتند.
they did not accept his excuses.
از ~ اطفال خودداری خواهد شد.
children will not be admitted.
بحضور(خود) ~. to receive. to give audience to. to admit to one's presence.
پذیرفتنی، قبول‌کردنی. acceptable.
ناپذیرفتنی. unacceptable.
پَذیرُفتَه، قبول شده.
accepted. passed. approved.
پَذیرَندَه، پذیرا. acceptor.
پذیره accepting.
obedience. acceptable. royalty.
پذیره‌نویسی subscription.
پر، لبریز، سرشار، خیلی، زیاد.
full. loaded. charged. filled. replete. brimming. also used as prefix meaning «over» and «full» as in: پرمیوه & پرکار. pleni-. hyper-.
لیوان ~ از آب است. the glass is full of (filled with) water.
تفنگ پراست. the gun is loaded (charged).
~ کردن. to fill. to load. to charge.
to cram. to stuff. to full.
کارنیکوکردن از ~ کردن است.
practice makes perfect.
~ فایده. precious. profitable. advantgeous.
~ازآب. full of water. filled with water.
باطری ~ شده است. the battery is charged.
پَر، بال، پرواز. feather. ptero-.
~ درآوردن. to fledge. to show
~ ریختن.
to shed off the feathers. to moult.
~ زدن.
to fly. to flutter. to flap.
~ کندن. to pluck.
پَر(پریدن i. r. of)، بپر. پروازکن، پرنده.
fly or jump thou. flying (in combs. as in: کلاغ پر).
پر having attained the required limit which wins the game. winner.
~ شدن.
to attain the record. to win the game.
پُرآب، آبدار. juicy. watery. lush. succulant. sappy. luscious.
پراش diffraction.
پراشتها having a big appetite.
پراشتهایی،جوع. hyperorexia. bolaemia.
پرآشوب turbulent. confused. chaotic. disorderly. disturbed.
پرافتخار، افتخارآمیز. glorious.
پَراکَن، پراکنده. spread or scatter thou.
پراکندگی، بهم ریختگی، پریشانی.
dispersion. diffusion. scattering.
پراکندن، پخش کردن، متفرق کردن.
to scatter. to broadcast. to strew. to dispel. to spread about. to disseminate. to disperse. to diffuse.
دشمن بسرعت پراکنده شد.
the enemy was dispersed rapidly.
خبر را ~
to spread about (broadcast) the news.
تخم(گیاهان را) ~. to disseminate seeds.
یاغیان پراکنده شدند. the rebels dispersed.
باد برگها را پراکنده کرد.
the wind scattered the leaves.
پراکنده، متفرق، بهم‌ریخته، افشانده.
scattered. dispersed. (bot.) sparse.
فکرهای ~. scattered thoughts.
~ شدن. to be scattered or dispersed.
~ کردن. to scatter or disperse.
پراکنده‌حال confused. worried.
پَراکَنِش، پخش، متفرق‌سازی، سخن‌پراکنی.
dispersion. scattering. broadcasting.
پَران(پراندن imp. of)، پرانده.
fly thou. flying (used in combs. as in: مگس‌پران etc.)
پِرانتِز، کمانك، دوخطابرو.
parenthesis. bracket(s).
پَراندَن(پران.imp)، پرانیدن، بپروازدرآوردن.
to fly. to cause to fly. to ejaculate.
پُربار، پرمیوه.
laden with fruit. prolific. fruitful.
پُربَرگ multifoliate. prolific.
پُربَسامَد،دارای‌تکرارزیاد. high frequency.
پربلا، پرآفت، خطرناك.
calamitous. fateful. baneful.
پَرپَر fluttering. flapping. double or many-leaved. multifoliate.
بادبان دربرابر باد ~ میزند.
a sail flutters in the wind.
پرپرزدن، بال وپرزدن. to flap. to flutter. to hover. to flicker.
پُرپُشت luxuriant. lush. thick. dense.
سبیل ~. thick mustach.
پَرت، دورافتاده، افکنده.
flung. thrown. straggling. outlying. deviated (from the main subject).
خانه‌اش از شهر~ است. his house is in an outlying part of the town.
خیلی ~ گفت. he talked much nonsense.
حواس~. absentminded.
~ کردن. to throw. to hurl. to fling.
to precipitate. to cast. to toss. to pitch.
اسب‌سواررا~ کرد. the horse threw its rider.
(آنزن) کتابهایش را روی‌میز ~ کرد.
she flung her books on the table.
خود را درآب ~ کردن.
to fling oneself into the water.
او از موضوع اصلی نطق خود~ شد.
he digressed from the main subject of his speech.
~ وپلاکردن. to throw or scatter about.
پرتاب، پرت، رها سازی.
hurled. shot. hurling.
پرتاب‌کردن to hurl. to fling. to pitch. to throw. to shoot. to launch. to put.
~ موشك. to launch a missile.
اوکاغذهای خود را روی‌میز پرتاب کرد.
she flung her papers on the table.
پسرتوپش را بزمین‌پرتاب کرد.
the boy threw his ball on the ground.
گلوله ~. to shoot a bullet.
پرتاب نیزه. javelin throw.
پَرتابِه، مرمی، موشك. rocket. ballistic. projectile. missile.
پُرتُقال orange. (geog.) Portugal.
پرتقالی orange. Portugese.
پَرتگاه precipice. crag. fall.
پَرتوْ، شعاع، ظل.
ray(s). beam. gleam. radiation. light.
در ~ حمایت، در ظل توجهات
under the protection of. under the auspices of.
پرتوافکن، ساطع، دارای تشعشع. radiant.
پرتوافکنی، تشعشع. radiation.
پرتودرمانی radiotherapy.
پرتوبینی radioscopy.
پرتوزا actinogenous. radioactive.
پرتوشناس radiologist.
پرتوشناسی radiology.
پرتوگستری radiation.
پَرتوَنِگار radiographer.
پرتونگاره radiogram. radiograph.
پرتونگاری radiography.
پرتود، شعاع. ray. beam. radius.
پَرتوی radial. radiant.
پُرثَمَر، پرمیوه، سودبخش.
proliferous. fruitful.
پرجثه، هیولا، تنومند. huge. bulky.
پُرجُرات، بی‌باك، دلیر. courageous. bold. dauntless. brave. valiant. gallant. valorous. intrepid.
پُرجَمعیَّت thickly populated. populous.
پَرچ، پرچ‌کاری. rivet(ing).
میخ ~ rivet.
~ کردن، مقل‌کردن. to rivet.
دوتکه آهن‌رابهم ~ کردن.
to rivet two pieces of iron.
پُرچانِگی، پرگوئی. talkativeness.
پُرچانَه، پرحرف، پرگو. talkative.
پَرچَم، بیرق، علم. flag. banner. pennant. ensign. standard. colours. (bot.)stamen.
~ ایران. the Iranian flag.
~ سه‌گوش دانشکده. the college pennant.
خدمت زیر ~ انجام‌دادن. to serve under the colours (or in the armed forces).
~ نیم افراشته. flag at half staff.
پرچمدار standard - bearer. flagman.
پرچمی flag-like. staminal.
پَرچین، نرده، خارپشته.
fence. hedge. paling.
~ کردن.
to enclose with a fence or hedge.
پُرچین، چین‌چین، چین‌دار. curly. full of wrinkles. puckered. pleated.
صورتش~است. his face is full of wrinkles.
پُرحادثه، خطرناك. full of incidents. eventful. adventurous. hazardous. risky.
سفر ~. a trip full of incidents.
شبی ~. an eventful night.
پرحرف،پرگو. talkative. verbose. gossipy. garrulous. prattling. prolix. loquacious. glib.
پرحرفی،پرگوئی. talkativeness.
~ کردن. to gab. to yap.
to jabber. to talk too much.
پُرحَوصَلهَ، صبور، شکیبا.
very patient or self-possessed.
پَرخاش، اعتراض، ستیز،مجادله.
quarrel. altercation. wrangle. dispute. protest.
~ کردن،جدال کردن،مجادله کردن. to bawl out. to quarrel. to dispute. to wrangle with. to talk roughly to. to altercate.
باآنها ~ کرد. he bawled them out.
پرخاش‌جو، ستیزه‌جو. quarrelsome.
پُرخَرْج، خیلی گران، پرهزینه.
costly. very dear. expensive.
پُرخَطَر،خطرناك. dangerous. hazardous.
پرخور، شکم‌پرست. gluttonous.
glutton. epicure. gourmand.
پُرخُور، شکم‌پرست. gluttonous.
glutton. epicure. gourmand.
پرخوری gluttony. polyphagia. guzzling.
پرداخت، دادن، صیقل، جلا، صاف‌کاری.
payment. buffing. finish(ing). polish(ing). surfacing.
~ دین. payment of a debt.
~ (صیقل) میز.
finishing (polishing) the table.
~ کردن، پرداختن. to pay.
to shine. to polish. to buff. to scrub.
پرداختن، دادن، صیقلی کردن، جلادادن، مبادرت کردن.
to pay. to reimburse. to polish. to furbish. to proceed.
وامی را ~. to settle (pay) a debt.
بکاری ~. to engage in some work.
سپس به‌آواز خواندن‌پرداخت.
then he proceeded to sing.
پرداختنی، قابل پرداخت،دارای‌سررسید.
payable. due. mature.
پَرداخته، اداشده، صیقلی، انجام شده، تمام.
paid. settled. polished. furbished.
پَردار
covered with feathers. winged.
پُردَرد، دردناك.
sore. hurting. painful. aching.
پُردِل، دلیر، شجاع، رشید، بی‌باك.
courageous. brave. plucky.
پُردَوام، بادوام.
durable. lasting or wearing long.
پرده، حجاب، غشاء،ورقه، یك‌صحنه نمایش، پوشش،لایه.
curtain. screen. drape. drapery. veil. purden. fold. layer. coating. act.
~ را بکش. draw the curtain.
پنجره‌ها ~ لازم دارد .

the windows need drapes.

پردهٔ اول نمایش. the first act of the play.

پردهٔ بکارت. hymen.

پردهٔ دل. pericardium. midriff. diaphragm.

پردهٔ صماخ، پردهٔ گوش. tympanum (of the ear).

پردهٔ غلافی. vaginal coat.

~ از روی کار برداشتن. to divulge a secret. to unveil a matter.

پرده‌ای، پارچهٔ پرده‌ای، غشائی. drapery. cloth suitable for a curtain. membraneous.

پرده‌برداری unveiling.

پرده‌پوشی، رازداری. secrecy.

احتیاجی به ~ نیست. there is no need for secrecy.

~ کردن. to keep secret or hidden.

پرده‌دار، حاجب. chamberlain. doorkeeper.

پرده‌دری، افشای راز. betrayal of secrets. slandering.

پَرده‌دَریده impudent. shameless.

پردیز park.

پردیزه campus.

پردیس paradise.

پُررَنگ، سیر. dark (color).

آبی ~ dark blue.

چای ~. strong tea.

پُررو، جسور، بی‌ادب. cheeky. brazen. impolite. impudent. insolent. saucy. impertinent. sassy.

پررولی cheekiness. impoliteness. impudence. insolence. effrontery. impertinence.

پُرز، خمول، خواب. nap. pile. villus

پُرزا، پراولاد. multiparous. prolific.

پرزور، نیرومند، قوی، شدید. powerful. strong. puissant. forceful. trenchant.

پرزحمت، شاق، طاقت‌فرسا. laborious. difficult. troublesome. onerous. hard.

پرس، غذای اضافی. helping.

پرسال، سالخورده، پیر، فرتوت. full of years. old.

پُرسان، جویا، درجستجو، پرسش‌کننده. asking. seeking.

پرسان پرسان. always asking or inquiring.

پَرَست (i. r. of پرستیدن)، بپرست، پرستنده. worship thou worshipper (suffix as in: آفتاب‌پرست).

پَرُستات prostate gland.

پَرَستار nurse.

پرستاری nursing. attendance.

~ کردن. to nurse. to take care of. to care for. to attend to. to tend.

پَرَستِش، نیایش، عبادت، ستایش. worship. adoration. homage. deification.

قابل ~. adorable.

پرستش‌کردن، پرستیدن. to worship. to adore. to glorify (God).

پرستش‌گاه، مسجد، معبد. place of worship. temple. church. chapel.

پَرَستَنده (پرستندگان pl.)، عبادت کننده. worshipper. worshipping. adorer.

پَرَستو(ك) (z.) swallow.

پرستیدن، نیایش کردن. to adore. to worship. to idolize. to deify.

من آن دختر را میپرستم. I adore that girl.

خدا را ~. to worship God.

پرسش، سؤال. question. asking. interrogation. questioning. inquiry. query.

~ کردن. to ask. to inquire. to interrogate. to quiz. to catechize.

پرسش‌نامه questionnaire.

پُرسَکَنه، پرجمعیت. populous.

پُرسَنده one who asks. questioner.

پرسنل، کارمندان، اعضاء، کادر. personnel. staff. cadre. employees.

پرسه، خرامش، قدم‌زنی. prowling. roaming. loitering.

پرسه‌زدن، خرامیدن، قدم‌زدن. to prowl. to moon. to ramble. to wander. to roam. to loiter. to dally.

پَرسیاوَش (bot.) maidenhair.

پَرسیاوشان pterideae.

پرسیدن (پرس i. r.)، سؤال کردن. to ask. to inquire. to question. to interrogate. to query. to quiz.

ازاو بپرسید کجامیرود. ask him where he is going.

نپرس کجامیرود. do not ask where he is going.

آنکه زیاد پرسد زیاد آموزد. he that questions much shall learn much.

جواد احوال شما را پرسید. Javad inquired about you (your health).

پَرِش، جست‌وخیز، خیز، پرواز. jump. jumping. leap. bounding. flight.

~ ارتفاع. high jump.

~ طول. long or broad jump.

~ کردن، پریدن. to jump. to leap. to spring. to bob. to bounce. to bound.

پرصدا، صدادار. noisy. sonorous.

پُرطاقت، شکیبا، صبور. patient. hardy. sturdy. staminal.

پرطاقتی stamina. endurance. staying power.

پَرطاوُسی (bot.) chatoyant. shot. pavonine.

گل ~. (bot.) broom.

پرطمع، طماع. covetous. avaricious.

پُرفایِده، سودبخش، پرسود، نافع. lucrative. profitable. advantageous.

پرفروش(ترین). record seller. best seller. having the largest circulation.

پُرفشار high-pressure. high-tension.

پرقوت، قوی، زورمند. potent. strong. powerful. nourishing.

پَرَك، پرکوچك، باله. small feather. fin.

پُرکار، بادوام، زحمتکش. durable. hardworking. efficient.

او آدم پرکاری است. he is a hard-working man.

پرکردن to fill. to full. to load. to charge. to complete.

پُرکِشش hypertonic.

پرکنده (در مورد مرغ). plucked.

پرگار (pair of) compasses. caliper.

پرگل multiflorous.

پُرگَرد، پاراگراف، قسمت، بخش. paragraph. section.

پُرگره knotty.

پرگو، پرحرف. talkative. loquacious.

پرگویی talkativeness. loquacity.

پرگار، محیط. environment.

پُرمایه، پرمغز، پررنگ، پرمعلومات، پرمعنی. strong (as tea). pithy. possessing deep knowledge.

سعدی اشعار پرمایهٔ بسیاری دارد. Sa'di has many pithy poems.

پُرمُدَّعا، پرحرف. boastful. pretentious. loquacious.

پرمعنی، پرمغز. meaningful. full of meaning. pithy. significant.

پرمغز، پرمعنی، پرمایه. pithy. meaningful.

پُرمَنفعت، پرفایده. profitable. lucrative.

پرمنگنات permanganate.

پُرمو، پشمالو، پرپشم. hairy. shaggy.

پرمین permian.

پرندگان birds. fowls.

پرنده (پرندگان pl)، پروازکننده، مرغ. bird. fowl. flying. volatile. orni-.

پرندگان شکاری. birds of prey.

بشقاب ~. flying saucer.

پرنده شناس ornithologist.

پرنده‌شناسی ornithology.

پَرنیان، حریر، پرند. shot silk. painted silk.

پرو، آزمایش، امتحان لباس. fitting. proving.

~ کردن. to fit on. to try on.

پرو (کشور). Peru.

پروا، باك، بیم، هراس، علاقه، توجه. care. fear. concern. heed. reck.

بی ~. heedless. careless. rash.

ازکاری ~ داشتن. to be concerned or anxious about something. to fear.

از ارتکاب بهرگونه عمل شنیعی ~ ندارد. he does not fear to perpetrate any atrocity.

پَروار، فربه شده. fattened (animal). battened.

پرواری، فربه، فربهی. stall-fed. battened. fattened.

پرواز، طیران. flight. flying. aviation.

~ شمارهٔ ۴۰۷. flight no. 407.

~ کردن. to fly. to take off. to wing. to aviate. to soar.

به شیراز ~ کردیم. we flew to Shiraz.

پرواز خوبی aerobatics.

پروانه، جواز، پته، اجازه، ملخ (موتور). butterfly. licence. permit. governor. propeller.

پروانهٔ خروج. exit permit

پروانهٔ (ملخ) کشتی. propeller of the ship.

پروانه‌وار (bot.) papilionaceous.

پروبال plumage. feathers.

~ درآوردن. to fledge. to acquire feathers. to grow strong.

پروپا، اساس، پایه. foundation. basis.

حرفهایش پروپائی ندارد. his statements are unfounded.

زن پروپا(چه) دار. a leggy (shapely) woman.

پروپاقرص firm. confirmed.

پروپاگاند، تبلیغات. propaganda. publicity.

پروپاگاندچی. propagandist.

پروتارگل protargol.

پروتست، واخواست، واخواهی. protest.

پروتستان Protestant.

پروتئینها proteins.

پروتون proton.

پَروَر، پرورنده. nourish thou. nourisher. (in combs. as in: [illegible]

پروری (from پروردن). nourishing. raising (in combs. as in: دام پروری).

پروراندن، پرورانیدن. to bring up. to educate. to nourish.

پَروَردگار، خدا، کردگار. God. the nourisher.

پروردن (پرور i. r.)، پرورش دادن، پروراندن. to nourish. to foster. to train. to educate. to develop.

پرورده nourished. nursed. developed. preserved. fostered. bred. trained.

پَروَرِش bringing up. educating. training. fostering. nourishing. nurturing. breeding.

وزارت آموزش و ~. Ministry of Education.

~ نوجوانان. bringing up (fostering) young adults.

~ اسب. horse breeding.

~ یافتن. to be educated, trained, or nurtured.

پرورش دادن، پروردن. to train. to foster. to breed. to raise. to educate.

ما میتوانیم ذوق خود را پرورش دهیم. we can train our tastes.

او باورزش و تمرین عضلاتش را پرورش داد. he developed his muscles by exercise.

پرورشگاه، دارالایتام، شیرخوارگاه. nursery. orphanage.

پَروَرَنده، مربی، سرپرست. trainer. educator. breeder.

پروریدن، پروردن. to educate. to nourish. to foster.

پَروزن featherweight.

پروژکتور، نورافکن. projector.

پروژه، طرح، نقشه، پیشنهاد. project. plan.

پروژهٔ ساختمان پل جدید تصویب شد. the project for the construction of the new bridge was approved.

پروس (geog.) Prussia.

پروفسور، استاد. professor.

پروگرام، برنامه. program(me)

پَرونده، دوسیه، سابقه، پیشینه. file. dossier. case. records.

پَرویزَن، الك، غربال. sieve. sifter. screen.

پرویزنی (استخوان). ethmoid. ethmo-.

پروین (astron.) pleiades. fem. proper noun.

پره، تیغه. blade. sail. wing.

پره‌های بادبزن. the blades of a fan.

پره‌های بینی. the wings of the nose.

پُرهُنَر، هنرمند. skilled in arts. ingenious.

پُرهَیاهو noisy. obstreperous.

پَرهیختَن (پرهیز i. r.)، پرهیز کردن، اجتناب کردن. to abstain. to keep away. to forbear. to refrain.

پرهیز abstinence. abstaining.

پرهیزکردن، پرهیختن، خودداری کردن، پرهیز داشتن، رژیم گرفتن. to abstain. to forbear. to refrain. to desist. to withhold. to diet. to keep a diet.

معدودی از غذاخوردن پرهیز کردند. a few abstained from eating.

مدتی استکه پرهیزدارد (رژیم گرفته). he has been dieting for sometime.

من پرهیزدارم. I am on diet.

پرهیزگار، پرهیزکار، باتقوا، پاکدامن. abstemious. virtuous. chaste. continent. godly.

پرهیزگاری، پاکدامنی، تقوا

abstinence. abstemiousness. virtuousness. continence.

پَری، جن، ازما بهتران. fairy. jin.

~ روی. **fairy-faced. beautiful. charming.**

پُری، کمال، لبریزی. plenitude. fullness. repletion. completion. entirety. saturation.

پری‌پیکر، زیبا، دلفریب. delicate in body (as a fairy). charming.

پَریچهر، پریرو. fairy-faced. beautiful. fem. proper noun.

پَریدُخت fairy's daughter. fem. proper noun.

پریدن (بپر i. r.)، جستن، جهیدن، پرواز کردن، رنگ‌رفته شدن، ناپدیدشدن، تبخیرشدن، زائل شدن. to fly. to flit. to hover. to soar. to flutter. to wing. to aviate. to jump. to leap. to bound. to bounce. to evaporate. to fade. to disappear.

پرنده‌پرید. **the bird flew.**

او از روی نرده پرید. **he jumped over the fence.**

اسب از روی دیوار پرید(خیززد). **the horse leaped over the wall.**

بنزین میپرد. **gasoline evaporates.**

رنگ‌پریده. **pale. livid. wan. pallid. ashen.**

ازجا پریدن. **to be taken aback or startled. to start.**

رنگ پارچه در اثر آفتاب خوردن پرید. **the fabric's colour faded by exposure to sunshine.**

پریرو(ی) fairy-faced. beautiful.

پریروز the day before yesterday.

پریز socket. wall-plug.

پری‌زاد fairy-born.

پریشان، بهم‌ریخته، نامرتب، آشفته. distressed. afflicted. distracted. troubled. harassed. disturbed. dishevelled. scattered.

خاطری پریشان. **a distracted mind (thought).**

گیسوی ~. **dishevelled hair.**

اوراق ~. **scattered sheets.**

پریشان‌حال، پریشان روزگار. distressed. disturbed.

پریشان‌حالی distressed condition. distress.

پریشان‌کردن، آشفته‌کردن. to dishevel. to distract. to agitate. to disturb. to confuse. to worry. to scatter. to afflict.

گیسوان را ~. **to dishevel one's hair.**

او پریشانی خود را نمایان‌ساخت. **he showed his distress.**

حواسش پریشان‌است. **his wits are distracted.**

ازشنیدن خبر پریشان شد. **he was disturbed to hear the news.**

اوضاع خیلی پریشان است. **the situation is very confused.**

تا پریشان نشود کار بسامان نرسد. **things won't get better before they get worse.**

پریشانی، ناراحتی، آشفتگی، بیخبری، بینوائی. distress. agitation. distraction. being dishevelled.

پری‌شاهرخ oriole.

پَریشب the night before last.

پریموس، چراغ خوراک‌پزی، بخاری. primus (stove). cooker.

پَریوَش، پری‌روی. fairy-like. fem. proper noun.

پَز (پختن i. r. of)، بپز، پزنده. cook thou. cook. one who cooks. (in combs. as in: خوراک‌پز،دیرپز).

پُز، ژست، شکلک، خودنمائی. posture. airs.

خیلی برایمان ~ داد. **he put on a lot of airs for us.**

پَزا، پزنده، زود پز. easily cooked.

پزانیدن to cook. to cause to cook.

پُزدادن، خودنمائی کردن، برخ کشیدن. to put on airs. to show off. to flaunt.

پزشک، دکتر، طبیب، حکیم. physician. medic. doctor. medical doctor.

~ بیماریهای عمومی. **general practitioner.**

~ اعصاب. **neurologist.**

~ بیماریهای پوست، پوست~. **dermatologist.**

~ بیماریهای داخلی. **internist.**

~بیماریهای روانی، روانپزشک. **psychiatrist.**

~ بیماریهای‌زنان. **gynecologist.**

~زایمان. **obstetrician.**

~ کودکان. **pediatrician.**

~ قلب. **cardiologist.**

چشم ~. **ophthalmologist. oculist.**

~ قانونی. **coroner.**

پزشک‌خانه dispensary.

پزشکی، طبی، طب، طبابت، دکتری. medical. medicine. medical profession. medical practice.

دانشکدهٔ ~. **medical school. school of medicine.**

~ بالینی. **clinical medicine.**

~ پیشگیری. **preventive medicine.**

پزشک‌یار medical assistant.

پژمان، دلشکسته، سرافکنده، اندوهناک. dejected. sad. downcast. afflicted.

پژمردگی، ملال، افسردگی. withered state. dejection.

پژمردن، افسردن، پژمرده شدن. to fade. to wither. to pale. to dim. to droop. to shrivel.

گلهای کهنه درون‌گلدان پژمرده میشدند. **the old flowers in the vase were fading.**

پژمرده، پلاسیده، افسرده، غمگین. faded. withered. pale. sad. dejected.

پژواک، انعکاس، واکنش. echo. reflection.

پژوه (پژوهیدن i. r. of)، پژوهنده. searcher. search thou. (in combs. as in: دانش پژوه).

پژوهش، جستجو، تحقیق، رسیدگی، تمیز. research. probe. inquest. search.

~ علمی. **scientific research.**

~کردن، پژوهیدن. **to do research. to search. to inquire.**

~ خواستن. **to appeal to the court.**

پژوهش‌خوانده appellee. respondent.

پژوهش‌خواه appellant.

پژوهش‌خواهی appeal(ing).

پژوهنده researcher. researchist.

پژوهیدن، پژوهش کردن. to do research. to probe. to search. to investigate. to inquire.

پژه moss.

پس، بنابراین، بعد، عقب. then. so. therefore. after. back. behind. rear. post—.

~ چرا نیامد؟ **then why didn't he come?**

~ میخواستی چه‌کنم؟ **so what did you want me to do!**

او نرفت، ~منهم نخواهم رفت. **he didn't go, therefore I won't go either.**

~ ازپدر پسر جانشین او شد. **after the father, the son succeeded him.**

از ~امروز فردائیست. **after today there will be a tomorrow.**

~ وپیش. **back and forth.**

~ وپیش‌کردن. **to change the order or sequence of. to tamper with.**

در ~ پرده. **behind the curtain.**

~ آوردن. **to bring back. to return (something).**

~ افتادن. **to fall behind or in arrears. to be defaulted.**

بدهی~ افتاده. **debt in arrears.**

مالیات~ افتاده. **defaulted taxes.**

پساب weakest water or infusion. hogwash.

پسادست، نسیه. credit transaction.

پس‌افت، معوقه، بدهی‌معوقه. back rent. arrears. defaulted payment.

پس‌افتادن، معوق ماندن، عقب افتادن. to remain behind. to fall in arrears. to be defaulted.

پس‌افتاده arreared. outstanding. behind. defaulted.

پس‌انداختن to beget. to procreate.

بچه‌هائیکه او پس انداخت همه مردند. **the children he begot all died.**

پس‌انداز، ذخیره. saving. savings.

~ کردن، ذخیره کردن. **to save. to store. to hoard. to lay up. to lay down. to reserve.**

او ماهی هزار ریال ~ میکند. **he saves Rls. 1000 every month.**

حساب ~. **savings account.**

~او به‌هزار تومان بالغ‌شد. **his savings amounted to one thousand tumans.**

پساوایی taction. tactile.

پس پریروز three days ago.

پست، دون، بد، فرومایه، نامرغوب، پائین، جزء. low. mean. base. humble. inferior.

~کردن. **to lower. to humble. to debase. to degrade. to demote.**

پُست، چاپار، محل خدمت، محل کشیک. post. mail. position.

ادارهٔ ~. **the post office.**

~ وارد شد. **the mail arrived.**

~ (شغل) جدیدی باو داده شد. **he was given a new position.**

با ~. **by post. by mail.**

با ~ بعد، با اولین ~. **by next mail. by return of post.**

رئیس ~. **postmaster.**

فراش ~، نامه‌رسان. **postman. mailman.**

پول ~. **postage.**

تمبر ~. **postage stamp.**

وزارت ~ و تلگراف. **Ministry of Post and Telegraph.**

~ هوائی. **air mail**

~ زمینی ودریائی (معمولی). **surface mail.**

پُستا، نوبت، تهیه. turn. preparation.

پستاکردن to prepare.

پستان، ممه. breast. udder. teat. mamma. mamilla.

نوک ~. **nipple.**

پستان‌بند brassiere. bra. bust-bodice.

پستاندار (پستانداران pl.) mammiferous. mammal. mammalian.

پستانداران mammalia.

~ عالی. **primates.**

پستاندار شناسی. **mammalogy.**

پستانک، نوک پستان. nipple. pacifier.

پستانی mammary.

پُست‌چی postman. mailman.

پستخانه post office.

پست‌فطرت، دنی، بدنهاد. mean. base. ignoble.

پست‌فطرتی، بدنهادی. meanness. baseness.

پستو، صندوقخانه. closet. back part of a shop.

پسته pistachio.

پست‌همّت، کوتاه‌نظر. of a low ambition.

پستی، دونی. meanness. lowness. inferiority. humility.

پُستی، چاپاری. postal. by post.

پس‌خوراند feedback.

پس‌دادن، مسترد داشتن، ردکردن، دادن. to return. to render. to refund. to repay. to reimburse.

از من خواست‌که‌کتابش را پس بدهم. **he asked me to return his book.**

او مبلغ اضافی را پس داد. **he refunded the extra amount.**

دانشجو درسش را به‌معلم پس‌داد. **the student recited his lesson to the teacher.**

پسر، پسربچه، بچه، فرزند ذکور. son. boy. male child. lad. puer-.

~ خواهر و~ برادر. **nephew.**

~عمو و~عمه و~ دائی و~خاله. **cousin.**

پسراندر stepson.

پسربچه boy. young boy. urchin. brat.

پسربرادر nephew.

پسرخاله cousin. son of a maternal aunt.

پسرخوانده adopted son.

پسردائی son of a maternal uncle. cousin.

پسرزاده grandchild. child of one's son.

پسرزن وپسرشوهر stepson.

پسرعَم، پسرعمو، بنی‌عم. cousin. son of a paternal uncle.

پسرعَمّه cousin. son of a paternal aunt.

پس رفتن، عقب‌رفتن. to retrogress. to go back. to become worse.

پسرک، بچهٔ کوچک. little boy. lad.

پسرو، پسروی، عقب‌روی. retrograde. retrogressive. regressive.

پسروی regression. retrogression.

پسری، فرزندی. sonship. filiation. boyhood.

پس‌زدن to push back. to backfire (as a gun). to repel. to rebuff. to recoil. to rebound.

پس‌فردا day after tomorrow.

پس‌قراول rear guard.

پس‌کرایه balance of freight paid on taking delivery of goods.

پس‌کوچه by-lane. back alley.

پسگاه metaphase.

پس‌گردن nape.

پس‌گردنی، پشت‌گردنی. blow or slap on the neck.

پس‌گرفتن to take back. to retake. to recapture.

پسماند hysteresis.

پس‌مانده، پیش مانده، باقیمانده. leftover. leavings. orts. residue.

پس‌ماندهٔ دیشب را خورد. **he ate last night's leftovers.**

پسند (پسندیدن i. r. of). **admire** thou. **approval.** approbation. sanction. **admiring** (in combs. as in: ~دل، ~ شاه).

~ مورد. preferred. admired. selected.
~ کردن، برگزیدن، پسندیدن. to select. to approve of. to choose. to pick.
من انتخابش را پسندیدم. I approved his choice.
مرا بعنوان دوست ناچیزخود پسندید(برگزید). he chose me for a humble friend.
من اورا از میان دختران بسیار ~ کردم. I picked her up from among many girls.
پَسَندیدَن (i. r. پسند)، پسند کردن. to admire. to select. to choose. to like. to approve of. to pick out.
پَسَندیدَه، محبوب، خوش‌آیند، دلپذیر، دلپسند. praiseworthy. laudable. admirable. pleasing. approved. selected. chosen.
پَس‌ وپیش to and fro. back and forth.
پس وپیش کردن، تغییر وضع دادن، مقدم و مؤخر کردن. to change. to alter. to mutilate. to distort.
کلمات را ~. to change the order of words.
پَسوَند، پساوند، دنباله. suffix.
پَسین، واپسین، آخرین. last. latest. posterior. back.
پسین‌فردا three days hence.
پَسینیان، پس‌آیندگان، دیرآمدگان. moderns. those who (have) come later.
پُشت، عقب، آنسو، وارونه، پشتیبان، نسل. back. rear. behind. hind. posterior. back part. wrong side. support. generation. dorsum. dors_.
در ~ نامه. in the back of the letter.
او ~ وپناه من‌است. he is my support.
~ در. behind the door.
داوید ~ درخت پنهان شد. David hid behind the tree.
پُشتِ‌بام roof. housetop. flat roof.
پُشت‌بَند، بست، دنبال، متعاقب، نگهدار. fastening. brace. clamp. continuation. sequel. support.
پُشتِ‌پا (med.)dorsum pedis.
~ زدن. to trip. to make stumble. to reject or ruin.
برای‌حفظ شرافت خود به لذائذزندگی~زد. to preserve her own integrity, she rejected the pleasures of life.
پُشت‌دَرد (med.) dorsalgia. back ache.
پُشت‌زانو، پس زانو. ham. hock.
پشت‌سکه tails. verso. reverse side of a coin.
پشت‌کردن‌به to turn one's back to.
پُشتِ‌گَردَن، قفا. nape of the neck.
پشت‌هم‌انداختن، چاخان کردن، ورق جور کردن. to wheel and deal. to pack. to prevaricate. to quibble. to cavil.
پشت‌درپشت generation after generation.
پُشت‌دَری، پشت‌شیشه‌ای. shutter. window shade. window blind. Venetian blind.
پُشت‌رُو، پشت ورو. turned inside out. the wrong side outward. reversed.
پشت‌سر، عقب‌سر. back of the head. behind.
~ کسی حرف زدن. to backbite someone. to slander.
من ~ او ایستادم. I stood behind him.
پُشتَك، معلق‌زنی، وارو. somersault.
~ زدن. to turn a somersault.
پشت‌کار، استقامت، پافشاری، اراده، جدیت. perseverance. stability. constancy. steadiness. tenacity. singleness of purpose. stamina.
پدرم ~ عجیبی دارد. my father has extraordinary stamina.
پشت‌گرمی، دلگرمی، اطمینان، دلخوشی، پشت و پناه. assurance. encouragement. support.
پشت‌گلی light red.
پشت‌گوش فراخ، مهمل، تنبل، بی‌توجه، بیعلاقه. neglectful. nonchalant. lazy.
پُشت‌مازو، پشت‌مازه. fillet. undercut.
پشت‌میز نشین white-collar worker.
پشت‌نویس، ظهر نویس. endorsed. endorser.
پشت‌نویسی، ظهر نویسی، تسجیل، تأیید. endorsement.
پُشتو Pashtu (language).
پُشتواره، کوله‌پشتی. knapsack.
پُشتوانَه، تضمین، اعتبار. cover (for bank notes). bullion. backing.
پشتوانهٔ دلار طلا است. the dollar is backed by gold.
پُشتَه، تپه، برآمدگی. mound. eminence.
پُشتِ‌هم‌انداز، شارلاتان، چاخان. wheeler and dealer. prevaricator. charlatan. mountebank.
پشت‌هم‌اندازی، شارلاتانی. wheeling and dealing. prevarication. charlatanism. machination.
پشتی، متکا، متعلق به‌پشت. cushion. pillow. dorsal. support. protection. backing.
~ کردن. to back. to support. to second.
از برادرش ~ میکند. he backs his brother.
پُشتیبان، طرفدار، حامی. backer. supporter. buttress. back. patron.
پشتیبانی support. backing. defence. protection.
به ~ از خواسته‌های مردم. in support of the people's demands.
رباب همیشه از من ~ میکند. Robab always backs me up.
پشتیبانی‌کردن، پشتی‌کردن. to back. to support. to assist. to second.
از هدفی ~. to support a cause.
پَشك، قرعه. lot. lottery.
~ انداختن. to cast lots.
پِشکِل dung. animal excrement. manure.
پَشم، مو، کرك. wool. fleece. pubes. fuzz. hair. down.
~ چید to shear (a sheep).
یارو کلاهش ~ ندارد. he is not feared. he is only a figurehead.
پشم‌آلو، پرپشم، پشمالود. hairy. shaggy. pilose. wooly. laniferous.
سینهٔ جهانگیر ~ نیست. Jahangir's chest is not hairy.
پشم‌چیده shorn.
پشم‌چینی sheepshearing.
پشم‌دار، پشمالو. wooly. laniferous.
پشم‌ریسی wool spinning.
پشم‌شیشه‌ای glass wool. fiberglass.
پشمَك cotton candy.
پَشمی، پشمین، پشمینه. woolen. wooly.
پَشّه gnat. mosquito.
پَشّه‌بَند mosquito net.
پَشیز، دینار، غاز، مسکوك مس‌قدیم. copper or nickel coin. coinage. sou.
به پشیزی نمی‌ارزد. it is not worth a penny.
پَشیمان، نادم، تائب، توبه‌کار. repentant. sorry. regretful. penitent. remorseful. rueful. contrite.
~ شدن، نادم شدن، متأثر شدن. to repent. to regret. to rue. to be remorseful.
او از رفتار خود ~ شد. he repented his behaviour.
ازاشتباه‌خودپشیمانم. I regret my mistake.
پشیمانی، ندامت، افسوس، توبه، اندوه. regret. remorse. penitence. repentance.
پطرکبیر، پتربزرگ. Peter the Great.
پِطرُس، پترس. Peter.
پُف، [illegible]. bloat(ing). puff(ing). blowing out. inflation.
دود چپقش را درهوا ~ میکرد. he puffed the smoke of his pipe into the air.
پف‌کردن، بادکردن، ورم کردن. to puff (up). to inflate. to swell. to bulge. to bloat.
با چشمان پف‌کرده. with puffed eyes.
پُفیوز، بیکاره، بیعرضه. sullen. crabbed. good-for-nothing.
پُك، پف. to take a drag at. puff. short blast of breath. draught.
مرتباً به سیگارخود ~ میزد. he regularly puffed his cigaret.
پَکَر، افسرده، ناراحت، گیج، سردرگم. down in the mouth. dumpish. gloomy. dejected. in the doldrums.
از کسی یا چیزی ~ شدن. to be angry at (offended by) someone or something.
پکن Peking.
پَك‌وپُوز، قیافه، ظاهر. chops. appearance. expression.
پکیدن، ترکیدن. to blow (up). to become punctured.
پَگاه، سپیده‌دم. dawn. sunrise.
پُل bridge.
~ متحرك. drawbridge.
~ معلق. suspension bridge.
~ موقت نظامی. pontoon bridge.
~ زدن، ~ ساختن، ~ بستن. to bridge or construct a bridge. to span.
پلاتین، پلاطین، طلای‌سفید. platinum.
پلاك plate. plaque. plaquette. tag.
پَلاس، پارچهٔ زبر، پارچهٔ گونی. sackcloth. coarse woollen cloth.
جل و ~. humble belongings.
پلاستها، ذرات‌داخل‌میان‌یاختهٔ‌گیاهی. plastids.
پلاسما plasma.
پَلاسیدَن، پژمرده شدن، پلاسیده شدن. to fade. to wither.
پلاسیده، پژمرده. faded. withered.
پلانکتون plancton.
پُل‌سازی construction of a bridge.
پلشت، آلوده، عفونی. impure. septic.
پلشت‌بر، ضد عفونی. antiseptic.
پلك palpebra. eyelid.
پلکی palpebral.
پلکیدن، وررفتن، پرسه زدن. to hang around or about. to loiter.
او همیشه اینجا می‌پلکد. he always hangs around here.
پلِکان، پلکان. stairs. steps. staircase.
پلمب‌کردن، مهر وموم‌کردن، تسجیل کردن. to seal. to guarantee. to plumb.
سند مالکیت‌را ~. to seal a title deed.
پَلمه، سنگ لوح. slate.
پَلَنگ (z.) leopard.
~ ماده. leopardess.
پُلو، چلو. cooked rice. pilaw.
پُلوتونیُم plutonium.
پلّه، درجه، رتبه، مرتبه. stair. step. grade. rung (of a ladder). degree. stage.
راه ~. stairway. staircase.
پله ~. by degrees. gradually. step by step.
پلهٔ اول. the first stage.
پُلی‌آمید polyamide.
پلیتن polythene.
پَلید، ناپاك. unclean. dirty. filthy. defiled. polluted. wicked.
روح ~ an evil (a wicked) spirit.
پلیدکردن، پالودن. to defile. to pollute. to make dirty. to soil. to make unclean.
پلیدی، ناپاکی. uncleanness. pollution. dirt. filth.
پُلیس، پاسبان، شهربانی. police. policeman.
~ مخفی، کارآگاه. secret police.
~ جنوب(ایران). South Persia Rifles.
پلی‌کپی stencil. duplication. stenciling.
~ کردن. to stencil. to run off.
پُمپ، تلمبه، تلنبه. pump.
~ آب. water pump.
~ بنزین. gasoline (or filling) station.
پُماد ointment. pomade. pomatum.
پَناه، پناهگاه، پشتیبان، حفاظ، جان‌پناه. shelter. refuge. asylum. protection.
~ بردن، ~ آوردن. to seek shelter, refuge or asylum.
به محلی ~ بردن (~ آوردن). to take (seek) refuge in a place.
~ دادن‌به. to give shelter or asylum to.
در ~. under the patronage of. under the protection (or cover) of.
~ برخدا! God save us (or me)!
پناه‌گاه place of refuge. asylum. shelter. haven.
پَناهَندَه، آواره، روآور. refugee.
پناهندگان فلسطینی. Palestinian refugees.
پناهنده شدن، متوسل شدن، پناه‌آوردن‌به. to seek asylum. to become a refugee.
درآمریکا درخواست پناهندگی سیاسی کرد. he asked for political asylum in America.
آوارگان به‌ایران پناهنده شدند. the refugees sought asylum in Iran.
پَنبَه cotton.
پهلوان ~. a flabby person.
پنبه‌آب whitewash.
پنبه‌ای، نخی. (made of) cotton. resembling cotton. cottony.
پنبه‌پاك‌کن، ماشین پنبه‌پاك‌کن. cotton gin. winnow(ing-machine).
پنبه‌دار wadded with cotton. cottony.
پَنبه‌دانَه، پنبه‌تخم. cottonseed.
پنبه‌ریسی cotton spinning.
پنبه‌زن، حلاج. cotton-beater. cotton carder.
پَنج five. penta_. quinque-.
~ برابر. fivefold.
(گروه) ~ تائی. quintet.
(شعر) ~ وتدی. pentameter.
پَنجاب (geog.) Punjab.
پنج‌ارزشی quinquevalent.
پَنج‌انگُشت the five fingers. (bot.)

five-leaved. chaste tree. hemp tree.
پنجاه fifty.
پنجاهم fiftieth.
پنجاهمی، پنجاهمین. (the) fiftieth.
جشن پنجاهمین سال ازدواج. golden wedding anniversary.
پَنج‌بَرك (bot.) five-leaved. cinquefoil.
پَنج‌پَر، پنج برگ. pentapetalous.
پَنج‌پَهلو، پنج‌بر. pentagon(al).
پَنج‌تَن the five holy ones (i.e. Mohamed, Ali, Fatemeh, Hassan and Hossein).
پنج‌تیر five-loader. a five cartridge magazine rifle.
پنج‌جزئی pentamerous.
پَنجَره window.
پنجرهٔ (شیشهٔ) جلو اتومبیل. windshield.
پنج‌سطحی، پنج وجهی. pentahedral.
پنج‌سیمه five-stringed. pentachord.
پنج‌شنبه Thursday.
پَنج‌ضِلعی، پنج پهلو. pentagon.
پنج‌قطبی pentode.
پَنجگانَه made up of five parts. (the) five. fivefold. penta_.
پنج‌گوش، پنج گوشه. five-angled. pentagonal. pentagon.
پَنجُم fifth.
کلاس ~. fifth grade.
پنجمی (the) fifth.
پنجمین the fifth one.
~ سال. the fifth year.
پنج‌وجهی، پنج سطحی. pentahedral.
جسم ~. pentahedron.
پَنجُول، چنگ، خراش. scratch. scraping.
پنجول‌زدن، چنگ زدن، خراشاندن. to scratch. to gash. to scrape. to claw.
پَنجَه، دست، چنگ، چنگال، پنجانگشت. the hand. the five fingers. claw.
پنجهٔ شیر. the claws of a lion.
برگ پنجه‌ای. a digitate leaf.
~ انداختن. to grip. to claw.
دست و پنجه نرم کردن. to test in combat.
پنجه‌ای palmate. digitalis. digitate.
پنجه‌بکس، پنجه‌بوکس. brass knuckles. knuckle_duster. knuckles.
پنجه‌رو digitigrade.
پنجه‌علی (bot.) digitatis.
پنجه‌کلاغ (bot.) wild grape. wild bryony.
پنجه‌گرگی (bot.) lycopodium. wolf's-claw. club-moss.
پنجه‌گرگیان (bot.) lycopodiaceae.
پَنجَه‌مَریَم، سیکلمه. (bot.) cyclamen.
پَنج‌یَك، خمس. fifth part. one fifth.
پَند، نصیحت، مشورت، راهنمائی. counsel. (piece of) advice. exhortation. guidance. admonishment.
~ وامثال. exortations and maxims.
پندش را بپذیر. take his advice.
~ دادن. to give advice or counsel (to). to exhort. to advise. to admonish.
~ گرفتن. to take advice or admonishment. to learn from the example of.
پندار، اندیشه، تصور، خیال. thought. imagination. supposition. idea.
~ نیك. good thought.
پندار (پنداشتن i.r.of)، بیاندیش، اندیشه کننده. imagine thou.
پِندارَه، اندیشه. thought. imagination.

پِنداشتَن(پندار i. r.). انگار کردن، خیال کردن. to suppose. to imagine. to take for.
آنها چنین میپندارند. they suppose thus.
پَنس، گیره. forceps. pincers. pin.
پِنس، پنی. pence. penny.
پَنگوئَنها sphenisciformes. penguins.
پنهان، مخفی، پوشیده. hidden. secret. concealed. occult. latent. unmanifested.
عیب ~. a hidden defect.
راز ~. a concealed secret.
~ شدن. to hide (oneself). to disappear.
پشت درخت ~ میشود. he hides behind the tree.
ناگهان از نظرم ~شد. suddenly he disappeared from my view.
~ کردن، ~ داشتن. to hide. to conceal. to cover up. to cloak.
جواهرات‌خودرا ~ کرد. she hid her jewels.
اسرار خود را از ما ~ داشت. she concealed her secrets from us.
پَنهانی، نهانی، محرمانه. hidden. concealment. occultness. in secret. secret. unrevealed. surreptitious. clandestine. overt.
اتحاد پنهانی. a secret alliance.
بطور ~ وارد شد. he arrived in secret.
پَنیر cheese.
~ مانند، پنیری. cheesy. like cheese.
کرم ~. cheese mite.
پنیراب، آب‌پنیر. whey.
پنیرتراش grater.
پنیرخرما sago. pith of the palm-tree.
پَنیرَك، ~گرد برگ. (bot.) round-leaved mallow. fairy cheeses. dwarfmallow.
پنیرکی malvaceous.
پنیرکیان the malvaceae.
پَنیرمایَه rennet.
پنیری cheesy. caseous.
پنی‌سیلین penicillin.
پُو (پوئیدن i. r. of)، پوی، بپوی، پوینده، پویا. search thou. searching (in combs. as in:
تکاپو exertion. great activity.
پُوتین boot.
بند ~. boot-lace.
پُوچ، توخالی، بیهوده، پوك. vain. futile. empty. hollow. frivolous. blank. null. void. nonsense.
امید ~. futile (vain) hope.
بادام ~(پوك). an empty (hollow) almond.
پُود، تار. woof. weft.
تارو~. warp and woof.
پُودْر، گرد. powder.
~ زدن. to powder.
تبدیل به~کردن. to powder. to pulverize.
پودرجوشکاری welding fluxes.
پودردان vanity(box). compact. powder-box.
پودر ذغال soft coal.
پُودَنَه، پونه. (bot.) pennyroyal. pudding grass.
پور، پسر، فرزند، زاده. son.(also used in combs. as in:نادرپور).
پُورَه puree. mash.
پورهٔ سیب زمینی. mashed potatoes.
پوز، پوزه، چانه. snout. muzzle. chin.
بددك و پوزه. ugly. homely. displeasing.
پُوزبَند، پوزه‌بند. a muzzle.
پُوزخَند، خندهٔ تمسخرآمیز. snicker. sneer.

~ زدن. to snicker. to sneer.
پُوزِش، معذرت، عذر خواهی. apology. excuse. amends. pardon.
~ او پذیرفته شد. his apology was accepted.
پوزش‌خواستن، معذرت خواستن، عذرخواستن. to apologize. to ask. to be excused. to beg pardon.
او از بد زبانی خودباید پوزش بخواهد. he should apologize for his insolent language.
از بابت غیبت خود پوزش میخواهم. excuse me for my absence.
از شما پوزش‌میخواهم. I beg your pardon.
پوزش‌پذیر، معذرت‌پذیر، خطابخش. forgiving. merciful. forgivable.
اینکار ~ نیست. this act is unforgivable.
پوزش خواهی، معذرت خواهی. making (offering) an apology. apologizing.
پوساندَن، پوسانیدن، فاسدکردن. to cause to decay or rot. to wear out.
پوست، جلد، خز، پوشش، رویه، چرم. skin. hide. rind. hull. peel. bark. coating. incrustation. parchment. crust. dermo-. pelt. cuticle. fur.
~بز. goat skin.
~ گاو، چرم گاو. cow's hide.
~ هندوانه. watermelon rind.
~ پرتقال. orange peel.
~ آهو برای‌نوشتن. parchment for writing.
پوستهٔ(خارجی)زمین. the crust of the earth.
~ گردو. walnut shell.
~ خارجی‌بدن. epiderm. cuticle.
پالتو ~. fur coat.
پوستك. cuticle. lodicule.
~ شناسی. dermatology.
پوست انداختن، پوست ریختن. to peel off. to scale off. to exfoliate. to moult (molt). to exuviate.
بعضی خزندگان پوست می‌اندازند. some reptiles moult.
پوست بستن to skin over. to scab.
پوست رفته galled. chafed. raw. excoriated.
پوست‌فروش peltmonger. furrier.
پوست فروشی furriery. skinner's trade.
پُوستَك (small) pelt. cuticle. lodicule.
پُوست کُلُفت thick-skinned. pachydermous. impassive.
پوست کلفتی impassiveness. insensibility.
پُوست کَندَن، لخت کردن، تنبیه کردن. to peel. to strip off the bark. to flay. to husk. to hull. to punish (severely). to decorticate.
پرتقال را ~. to peel an orange.
پوست درختی را کندن. to strip off the bark of a tree.
پوست جانوری را کندن. to flay (to skin) an animal.
پُوست کَندَه، رك وراست. peeled. shelled. flayed. frank. plain. frankly.
پُوست کَنی flaying. fleecing. severe punishment.
پُوستَه crust. incrustation. scale. flake.
پوستهٔ زمین. earth's crust.
پوسته شدن to scale. to peel. to husk. to flake. to exfoliate.
پوستی made of skin or fur.

پوستین fur cloak. pelisse. pustine.
پُوسیدَگی، فساد، کرم‌خوردگی‌دندان، گندیدگی. decay. putrefaction. rottenness.
~(فساد) دندان. tooth decay. dental caries.
پوسیدن، گندیدن، فاسد شدن. to decay. to putrefy. to spoil. to go bad. to mortify. to rot. to decompose.
سبزیجات پوسیده است. the vegetables are putrefied.
پوسیده، گندیده، فاسد، کرم خورده. decayed. rotten. putrefied. carious. putrid. decomposed. spoiled. moldered.
پُوش (پوشیدن i. r. of). cover or wear thou (usu. بپوش). covering. tarpaulin. envelope. (also used in combs. as in: زره‌پوش = armored.)
پُوشاك، لباس، ملبوس، پوشیدنی، جامه. clothing. apparel. wear. dress. attire. raiment. garb. costume. garment.
هزینهٔ خوراك و~. costs of food and clothing.
پوشاکی، ملبوس، پوشیدنی. (suitable for) clothing.
خوراکی است یا ~ ؟ is it edible or to be worn?
پُوشال، کاه و لوازم جعبه بندی. stuffing or packing (material). straw. dunnage. wadding material.
پوشالی، سست، ضعیف، ساخته شده ازکاه. made of straw or dunnage. fragile. frail. flimsy.
دولت ~. mock government. puppet government.
پُوشاندَن پوشانیدن. to wear. to clothe. to cover. to conceal. to hide. to pall.
من لباس‌نو بتنش پوشاندم. I caused her to wear a new dress.
خودت را از من مپوشان. don't cover up (conceal) yourself from me.
برف همه‌جا را پوشانده بود. snow had covered everywhere.
پوشانه، ماسك، نقاب. mask.
پُوشِش، ملبوس، روپوش. covering. integument. mantle. overlay. cover. ceiling. coating. wrap.
پوششی از برف درختان را پوشانده‌بود. a layer of snow covered the trees.
پُوشَندَه، بترکننده، پنهان کننده. wearer. coverer. concealer.
پُوشِه، دوسیه، پرونده. folder. dossier. file.
پوشیدن، بتن‌کردن، پنهان‌کردن. to wear. to dress. to don. to put on. to cover. to conceal.
لباس شب خود را پوشید. she wore (put on) her evening dress.
چشم‌پوشی کردن. to disregard. to connive.
پوشیدنی، پوشاك. fit to be worn. clothing.
پوشیده، مخفی، ملبس. covered. concealed. clothed. dressed. secret. occult.
~ از مو. covered with hair.
برکسی ~ نیست‌که. it is no secret to anyone that...
لباس ~ وآماده رفتن. dressed and ready to go.
پُوشینَه، کپسول، سرپوش. capsule. glume.
پُوك، توخالی، بی‌مغز. hollow. without kernel. deaf (as a nut). empty.

این گردو ~ است. this walnut is without kernel.
~ کردن. to hollow. to cave.
پوکان coecum.
پوکه، پوکهٔ فشنگ. cartridge shell. empty cartridge.
پوکهٔ زغال سنگ. coke.
پوکی hollowness. emptiness. deafness.
پول، وجه، نقدینه. money. funds. cash. currency. lucre. pelf. (slang) dough.
~ خرد، پول‌سیاه. change (money). coin.
یك تومان ~ خرد دارید؟ do you have change for one tuman?
~ نقد. cash. ready money.
قدری ~ (نقد) بده. give me some cash.
ریال ~ (رایج) ایران است. Rial is the currency of Iran.
~ نقره. silver coin.
~ کاغذی، اسکناس. paper money.
~ در بانك گذاردن. to put money in a bank.
~ از بانك برداشتن. to draw (take) money from a bank.
~ خرج کردن. to spend money.
پولش را باید بدهید. you must pay for it.
~ درآوردن. to make (earn) money.
~ جیب. pocket money.
~ دادن. to pay (money).
بی ~. impecunious. penniless. poor.
~ ویله ندارم. (slang) aint got no dough.
پولاد، فولاد. steel.
پولادگر steel manufacturer.
پولادگری، (کارخانهٔ) پولاد سازی. steel manufacture. steel works. steel mill.
پولادی، پولادین، فولادی. (made of) steel. hard. irresistible. steel.
پولدار، ثروتمند، متمول. wealthy. rich. moneyed. well-to-do. well-off. affluent.
~ شدن. to become rich or moneyed.
او ~ است. he is rich. he is loaded with money.
پولس، پولوس. Paul.
پولك tinsel. spangle. fish scale. disc (or disk). washer. confetti. scale.
~ دار. tinseled. spangled.
پولکی، مادی. venal. lover of money. bribable. mercenary.
پولوس، میل‌پولوس. axleshaft. half-shaft.
پولور، ژاکت. pullover. sweater.
پولی، مالی، مادی. monetary. pecuniary.
کمك ~. monetary aid.
بی ~. impecuniousness. pennilessness.
پولیپ polyp.
پوماد، پماد. pomade. pomatum. ointment.
پوند، ایره، رطل. pound sterling. pound. lb.
پونز thumbtag. drawing pin.
پونط، پونت. point.
پونه، پودنه. (bot.) pennyroyal.
پوی، پو، جستجوکن، بجوی. seek thou. search.
پویا، پوینده، جویا. searching. seeking.
پویا شدن to search. to run (after). to inquire.
پویان searching. running. inquirer.
پویش، جستجو. search. running.
پوینده، پویا، جوینده. searcher.
پوئیدن (پوی i. r.)، جستجوکردن، تکاپوکردن. to search. to seek. to run for something. to inquire about.
په، به، زکی، زکیسه. fie. phew. fudge.
پهلو، کنار، مجاور، جناح، دنده. side. flank.
~ به ~. side by side.
پهلوی او درد میکند. he has a pain on his side.
پهلوی کسی نشستن. to sit by someone's side.
بچه رفت پهلوی مادرش. the child went to his mother.
حرفهای دوپهلو. words having two meanings. snide remarks.
از ~. sidelong. sideways.
از پهلوی کسی ردشدن. to go past someone.
از ~ (جناح) حمله کردن. to flank.
~ گرفتن. to berth (as a ship).
پهلوان، ورزشکار، قوی. champion. hero. athlete.
پهلوانان ایران باستان. the champions (heroes) of ancient Iran.
او از تو پهلوان‌تر است. he is stronger than you are.
پهلوانانه، پهلوان‌وار. like a champion. heroically. heroic. athletic.
پهلوان پنبه cardboard cavalier. braggadocio. flabby person.
پهلوان کچل punchinello. punch.
نمایش ~. Punch-and-Judy show.
پهلوانی، قهرمانی، زورمندی. championship. atheletic. heroic.
پهلودار، دوپهلو، گوشه‌دار. equivocal. having two sides. flank patrol.
پهلوی Pahlavi language. an Iranian gold coin.
دودمان ~. the Pahlavi dynasty.
پهلوئی، کناری. (situated) next. lateral.
مغازهٔ ~. the next-door shop.
پهن، پشگل. dung. manure.
پهن، عریض، فراخ، گسترده، پهناور. wide. broad. flat. extensive. spread.
خیابان ~ (عریض). a wide (broad) street.
دماغ (بینی) ~. a flat nose.
سفره ~ است. the board is spead. the table is set.
پهن شدن. to become wide or broad.
دراینجا رودخانه پهن‌تر میشود. here the river becomes wider (broader).
راه را پهن (عریض) تر کردند. they widened the road.
مرد خسته روی‌زمین ~ شد. the exhausted man lay flat on the ground.
پهنا، عرض، پهناوری، وسعت. width. breadth. extent. expanse.
پهنای این خیابان کم است. the width of this street is little.
پهناور extensive. wide. large. vast.
برزیل کشور پهناوری‌است. Brazil is a large country.
پهنك (bot.) tape. limb. prothallus lamina. leaf blade.
پهن کردن، عریض کردن، گستردن. to widen. to broaden. to spread. to flatten.
فرش پهن کردن. to spread a carpet.
ورقهٔ فلزی را ~. to flatten a metal sheet.
پهنه، پهنا، میدان، صحنه. area arena stage.
پهنهٔ آبدار water-bearing strata.
پهنی، عرض. width. breath.
این فرش به ~ آن یکی نیست. this rug is not as wide as the other.
پی، عصب، عقب، ردپا، اثر، بنیاد، اساس. nerve. sinew. tendon. track. trace. foundation. groundwork.
این بنا از ~ خراب است. this building is bad in its foundation.
~ ساختمانی را بنا کردن. to lay the groundwork of a building.
~ گم کردن. to lose the track. to get off the track.
~ کسی فرستادن. to send for (after) some one.
~ چه‌میگردی؟ what are you looking for?
در ~، بدنبال. after. on the track of.
~ کسی افتادن. to follow someone.
از ~، ازبن. thoroughly. fundamentally.
(در) ~ چیزی گشتن. to look for or search after something.
~ ریختن، ~ گذاری کردن. to lay the foundations of.
پیاپی، پی‌درپی، ~ اندرپی. successive. continuous. successively.
پیاده، بدون‌مرکب، رهرو، پیادهٔ شطرنج، سرباز ~. on foot. pedestrian. pawn. infantry.
او ~ سفر میکرد. he travelled on foot.
پیاده‌ها باید از ~ رو عبور کنند. pedestrians must walk on the sidewalks.
سرباز ~. infantryman. foot soldier.
~ شدن. to dismount. to alight. to land. to disembark. to be dismantled. to land from.
~ کردن. to land. to get off. to put down. to unship. to dismount (jewels). to drop. to dismantle. to take apart. to unload.
تمام قسمتهای ماشین ~ شد. all parts of the machine were dismantled (taken apart).
حسن از اسب ~ شد. Hassan dismounted.
حسن‌ازترن (خودرو، اتوبوس، هواپیما) ~ شد. Hassan got off the train (car, bus, plane).
ملوانان در جزیره ~ شدند. the sailors landed on the island.
کالاها را ازکشتی (خودرو، باری، هواپیما، ترن) ~ کردند. they unloaded the goods from the ship (truck, plane, train).
پیاده‌پا، پای‌پیاده. on foot. pedestrian.
پیاده‌رو footpath. sidewalk.
پیاده‌روی walking. hiking.
پیادهٔ نظام infantry.
پیاز (bot.) onion. bulb.
~ مو. bulb of hair.
پیازچه spring onion. green onion. bulbil.
پیازی bulbous. like an onion.
پیاله، جام (باده)، لیوان، استکان، فنجان. cup. goblet. bowl. cupule. glass. chalice. mug.
پیالهٔ می. wine cup.
پیاله فروشی sale of liquor by the drink. retail sale of spirits.
پیام، پیغام. message. communication.
~ (پیغام) دادن. to send a message to.
~ (پیغام) رساندن. to deliver a message to.
~ اخیر رئیس جمهور به کنگره. the President's recent message to the Congress.
پیام‌آور messenger.
پیامبر، پیمبر، پیغمبر، نبی، رسول. prophet. messenger.
پی بردن to discover. to find out.
کم کم پی بردیم که سیمونیان دروغ میگوید. gradually we found out that Simonian was lying.
پی بری underpinning (of a wall). cutting the sinews. tenotomy. discovering something.
پی بند neuroglia.
پی بندی to underpin. pin up.
پیپ، چپق. pipe.
پیت a large tin can or container.
پیجامه، پای جامه. pyjama(s).
پی جو inquisitive.
پی جوئی search. inquiry. inquisition.
~ کردن. to search. to inquire.
پیچ، خمیدگی، تاب، انحناء، پیچ ومهره، پیچیدگی، پیچش. twist. turn. bend. distortion. curl. curve. involution. screw. bolt. (mus.) peg. pin. complication. winding. coiling. contortion. (bot.) volubile.
~ جاده. turn of the road.
~ ومهره. nut and screw. bolt and nut.
راه پر~وخم. a meandering (winding) road.
~ امین‌الدوله. (bot.) honeysuckle.
~ سربطری. corkscrew.
(آچار) ~ گوشتی. screwdriver.
مار ~. meandering. tortuous. winding.
~ دادن. to twist. to wind. to turn. to coil. to screw.
آنرا ~ بده. give it a twist.
طناب را ~ دادن. to wind a rope.
~ خوردن. to turn the corner. to meander. to wind. to allow to be wound. to become crooked. to turn. to bend. to twist.
راه بطرف راست ~ میخورد. the road turns right.
رودخانه درمیان کوهها ~ میخورد. the river meanders through mountains.
~ را بستن. to wind a screw.
~ را بازکردن. to unwind a screw.
~ کردن. to screw. to fasten with a screw. to wind.
پیچ (پیچیدن i. r. of)، بپیچ، پیچنده، پیچیده. turn thou. one who turns. turned. (in combs. as in: طناب‌پیچ).
پیچاپیچ، پرپیچ، پیچ‌پیچ، پیچ خورده. meandrous. full of twists. winding. spiral.
پیچازی plaid. checkered.
پیچان، (پیچاندن imp. of)، پیچنده، گردنده، چرخان. winding. twisting.
پیچاندن، پیچانیدن، چرخاندن، تاب دادن، پیچ دادن. to twist. to wind. to turn. to screw. to curl. to bend. to coil.
پیچ پیچ، پیچاپیچ، پیچ خورده. meandering. winding. tortuous.
پیچ خوردگی، تاب. contortion. twist. turn. bend. (med.) sprain.
پیچ خورده، پیچدار، پرپیچ، پیچاپیچ. entangled. twisted. screwed. kinky. complicated. complex. bent. sprained.
ریسمانها درهم پیچ خورده‌اند. the cords are entangled together.
پیچ درپیچ، پیچاپیچ. winding. intricate. meandering.
پیچش، خم، خمیدگی. winding. twist. bend. (med.) gripes. tenesmus.
پیچك (bot.) bobbin. ivy. bindweed.
پیچه، نقاب، روبند. black veil used by

moslem women. screw. helix.

پیچیدگی، پیچش، گوریدگی، بهم‌خوردگی.
contortion. twist. warp. knottiness. entanglement. intricacy. strabismus.
contortion (twist) of the muscle. ~ عضله.
intricacy of the condition. ~ وضع.

پیچیدگی کردن، پافشاری کردن، اصرار ورزیدن، سماجت کردن.
to be importunate. to persist. to struggle. to strive.

پیچیدن (پیچ i. r.)، پیچاندن، چرخاندن، خم کردن، جمع کردن، لوله کردن.
to wind. to wrap. to twist. to roll up. to coil. to turn.
خود را در پارچه ~.
to wrap oneself in a cloth.
he was writhing. او بخود می‌پیچید.
رختخواب را ~ (جمع کردن).
to roll up the bedding.
او موی خود را پیچیده است.
she has curled (set) her hair.
سیم را بدور قرقره ~.
to coil the wire around a spool.
نسخه ~.
to compound (or fill) a prescription.
از فرمان پدرش پیچیدن.
to disobey the father's orders.

پیچیده، لوله‌شده، لوله‌کرده، طوماری، خمیده، بهم ...، کج ومعوج.
wrapped. rolled. twisted. contorted. crooked. intricate. complex. knotty. complicated.
این داستان بسیار ~ است.
this story is quite complicated.

پیخال، کثافت، فضولات.
fecal matter. bird dung.

fecaloid. **پیخاله**

پیدا، آشکار، هویدا.
visible. apparent. evident. obvious. perceptible. perceivable. discernible. conspicuous.
از پشت شیشه ~ است.
it is visible through the glass.
~ بودن.
to be visible, apparent or evident.
~ است که خسته نیستی.
it is apparent that you are not tired.
to become visible. ~ شدن.
to appear. to be found.
the sun appeared. خورشید ~ شد.
his money was found. پول او ~ شد.
در آن شهر دکتر ~ نمیشود.
doctors can not be found in that city.

پیدا کردن، یافتن. to find. to discover.
در راه کتابی پیدا کرد.
on the way he found a book.
چیز گمشده‌ای را ~.
to find a lost article.
he discovered a treasure. او گنجی پیدا کرد.
او درآمد خوبی پیدا کرد.
he earned a good income.
هنوز بچه‌ای پیدا نکرده است.
he doesn't have any children yet.

phanerogam. phanerogamous. **پیدازا**

پیدازادان، گیاه پیدازا.
phanerogamia. spermatophyta.

پیدایش، ایجاد، ظهور.
coming into existence. genesis. arising. appearance.
~ مشکلات گوناگون.
the appearance of various difficulties.

پی‌درپی، مسلسل، دائماً، یکی پس از دیگری.
successive(ly). continuous(ly). repeated(ly).
continuous rains. بارانهای ~.
repeated requests. درخواستهای ~.

پیر، کهن، سالخورده، فرتوت، مولا.
old. aged. ancient. spiritual guide or preceptor. senile. geront-. geriat-.
عشق پیری برسوائی میکشد.
senile love causes scandal.
old and young. ~ و جوان.
to grow old. ~ شدن.
to become full of years.
to make old. to age. ~ کردن.

پیرا (پیراستن i. r.)، بیارای، آرای، بپیرای، پیراسته‌دار.
decorate or trim thou decorator (in combs. as in: (چمن پیرای، گل~).

paramedic. paramedical. **پیراپزشکی**

(year) before last. **پیرار**، دوسال پیش.

پیراستگی، آراستگی، آرایش.
state of being trimmed or decorated. trim. in good order.

پیراستن، آراستن، مرتب کردن، زینت‌دادن.
to trim (off). to dress up. to embellish. to decorate.

trimmed. decorated. **پیراسته**

پیرامون، محیط، اطراف.
perimeter. skirt. environs. outskirts.
مذاکره در ~ این مسئله.
discussion about this problem.

in an elderly manner. **پیرانه**

(in) old age. **پیرانه‌سر**

shirt. dress. gown. **پیراهن**
shirt. ~ (مردانه).
dress. ~ (زنانه).
night gown. ~ خواب.
در تابستان با ~ بیرون میرود.
in summer he goes out in his shirt sleeves.

shirtmaker. **پیراهن‌دوز**

shirtmaking. **پیراهن‌دوزی**

shirting. **پیراهنی**، پارچهٔ ~.

پیرایش، آرایش، تزئین.
trimming. decoration. embellishment. ornament. bedecking.

پیرایه، زینت، پیرایش، زیور.
ornament. decoration. embellishment.

geriatrician. **پیرپزشك**

geriatrics. **پیرپزشکی**

presbyopic. **پیرچشم**

presbyopia. **پیرچشمی**

پیرزن، پیره‌زن.
old woman. aged woman. hag.

old man. aged man. **پیرمرد**

(geog.) Pyrenees. **پیرنه (کوه)**

پیرو، مرید، شاگرد، اهل، طرفدار.
follower. disciple. following. pursuant to. supporter. adherent.
one of Ali's followers. یکی از پیروان علی.
افلاطون ~ سقراط بود.
Plato was a disciple of Socrates.
~ مذاکرات قبلی.
following (pursuant to) previous discussions.
~ نامهٔ اخیر شما.
pursuant to (reference to) your recent letter.
~ سوسیالیزم.
an adherent (supporter) of socialism.

پیروز، فاتح، برنده، قهرمان، فیروز.
victorious. triumphant. victor. winner. conqueror. vanquisher.
to become victorious. to overcome. ~ شدن.
to defeat. to gain victory over. to become a winner. to triumph. to win.
حقیقت همیشه ~ است.
truth is always victorious.
he won in the race. در مسابقه ~ شد.

پیروزمند، فاتح، پیروز، برنده، مظفر.
victorious. triumphant. winning.

پیروزی، فتح، ظفر، کامیابی، فیروزی.
victory. triumph. winning. conquest.
~ درجنگ جهانی دوم.
victory in the Second World War.
~ نادر بردشمنان.
Nader's victory (triumph) over enemies.
to win. to gain a victory. ~ یافتن.
to conquer. to overcome.

pyroxene. **پیروکسن**، گروهی ازسیلیکاتها.

پیروی، دنبال، رعایت، اطاعت، اعتماد، مراعات.
following. observing. adhering to. practicing. obeying. pursuing.
من از دستورات او ~ میکنم.
I follow his instructions.
adhering to Islam. ~ از اسلام.
به ~ ازمنویات ملوکانه.
following his Imperial Majesty's wishes.

پیروی کردن، رعایت کردن، مراعات کردن، دنبال کردن، معتقد بودن به.
to follow. to go by. to observe.
آنان که از رهبر پیروی میکنند.
those who follow the leader.

shirt. dress. gown. **پیرهن**، پیراهن.

old age. senility. age. antiquity. seniority. **پیری**
geriatrics. ~ پزشکی.

foundation work. **پی‌ریزی**
laying the foundation (or basis or groundwork) of.
to lay the foundation of. ~ کردن.
to do the groundwork.

padding. dunnage. **پیزر**، پوشال.
~ لای پالان کسی گذاشتن.
to load someone with flattery.

flimsy. frail. **پیزری**

vitiligo. alphosis. leprosy. **پیس**، پیسه

play. **پیس**، نمایشنامه.

پی‌سپار، رهسپار، عازم.
travelling. procceeding on a journey.

piston. **پیستون**
connecting rod. دستهٔ ~.

psoas. **پیسواس**

(med.) vitiligo. alphosis. **پیسی**، پیسه.
~ بالا آوردن.
to cause difficulty or disgrace.

پیش، جلو، مقدم، سابقاً، نزد، قبلاً.
front. presence. forward. ahead. before. formerly. ago. in advance. shoo (for cats). ante-. pre-. fore-.
in front of him. ~ او.
~ من با ادب باش.
be polite in my presence.
come forward. ~ بیا.
I got ahead of him. من از او ~ افتادم.
حرف «الف» ~ ازحرف «ب» میباشد.
the letter "A" comes before "B".
two days ago. دوروز ~.
~ از این (سابقاً) وقتشناس بود.
he was punctual formerly.
مبلغی از ~ بپردازید.
pay some money in advance.
at a previous time. زمانی ~.
to shoo (at) a cat. گربه را ~ کردن.
stay with (by) me. ~ من باش.
او ~ میز (ایستاده) است.
he is at the desk.
come near (to) me. ~ من بیا.
advanced. ~ رفته.
the night before. شب ~.
to come forward. to stick out. ~ آمدن.
to come up. to happen. to arise. to develop.
to put forth. to offer. to bring about.
shut the door. در را ~ کنید.
کاری را ~ گرفتن (پیشه ساختن).
to choose a job. to set oneself to something. to take up something.
to succeed in something. to achieve something. کاری را از ~ بردن.
از ~ رفتن.
to move ahead. to be accomplished.
he did it by himself. او ~ خود اینکار را کرد.
incisor. chisel tooth. دندان ~.
نان را ~ او بگذار.
put the bread beside (in front of) him.
~ وپس، پس و~.
front and back. to and fro.

urine. piss. **پیشاب**، زهرآب، ادرار، شاش.
to piss. to urinate. ~ کردن، شاشیدن.

uretic. diuretic. **پیشاب‌آور**، مدر.

urethra. **پیشاب‌راه**، مجرای پیشاب، میزراه.

urinal. **پیشاب‌دان**، ظرف پیشاب، مثانه.
urinary. urinary bladder.
cystic. پیشابدانی، مثانه‌ای.

urinometer. **پیشاب‌سنج**

urinology. **پیشاب‌شناسی**

urinous. urinary. uric. **پیشابی**

پیشاپیش، قبلاً، ازپیش، ازسابق.
beforehand. in anticipation. (far) before. in front of. in advance.
he marched in front of the soldiers' column. در~ ستون سربازان حرکت کرد.

early warning. **پیش‌آژیر**

پیش‌افتادن، جلو افتادن، پیشرفت کردن.
to advance. to progress. to outrun. to win. to get ahead. to overtake.
او ازکاندیدای حزبی خود پیش‌افتاد.
he outran his party's candidates.
در مسابقه‌ازدیگران ~.
to overtake others in a race.

prognosis. previous notice. forewarning. warning. notice. **پیش‌آگهی**

پیشامد، اتفاق، حادثه، تصادف.
circumstance(s). event. episode. happening. occasion. state of affairs. occurrence. incident. accident.
در اثر پیش‌آمدهای غیرمترقبه.
owing to unforseen circumstances (events).
to occur. to arise. to happen. ~ کردن.
ازدواجهای کامیاب ~ نمیکند بلکه ایجاد میگردد.
successful marriages do not occur but are created.
to come forward. to happen. پیش‌آمدن.
things happen for the best. what happens is to be accepted. هرچه پیش آید خوش آید.

پیشامدگی، جلوآمدگی، برآمدگی، برجستگی.
projection. saliency. protuberence. prominence. protrusion.
to project or jut. ~ داشتن.

projecting. protruding. salient. **پیشامده**
او دندانهای ~ ای دارد.
she has protruding teeth.

پیش‌اندیش، مآل‌اندیش، عاقبت‌اندیش. provident. having foresight (or forethought). prudent. foreseeing.

پیش‌اندیشی، مآل‌اندیشی. forethought. providence. foresight. prudence.

پیشانی، جبهه. forehead. the brow. front.

~ بلند. a high forehead.

پیشانی‌بند fillet. frontlet.

پیشانی گشاده broad browed candid ingenuous.

پیش‌آهنگ scout. leader of a flock. pioneer. forerunner. precursor.

پسر ~. boy scout.

دختر ~. girl scout. girl guide.

پیشاهنگی scouting. scout training.

~ دختران. girl scouting.

پیش‌بخاری mantlepiece cloth.

پیش‌بر (first) winner.

پیش‌بند apron. pinafore. bib.

پیش‌بها، بیعانه، پیش‌پرداخت. earnest (money). down payment. advance payment.

پیش‌بین، مآل‌اندیش، نزدیک‌بین. foresighted. provident. nearsighted. myopic.

پیش‌بینی، مآل‌اندیشی، نزدیک بینی، عاقبت اندیشی. foresight. forecast. anticipation. prognosis. myopism. shortsightedness. nearsightedness.

~ نیازهای آینده. a foresight (forecast) of future needs.

~ وضع هوا. weather forecast.

~ مرض. prognosis of a disease.

~ کردن. to foresee. to anticipate. to await. to expect. to forecast. to prognosticate.

او وضع امروز را ~ کرد. he foresaw today's condition.

پیش‌بینی نشده، غیرمترقبه. unforeseen. unanticipated. unexpected.

هزینه‌های ~. unforeseen expenditures.

پیش‌پا افتاده، مبتذل. commonplace. trite. platitudinous.

پیش‌پایه protonema.

پیش‌پرداخت، بیعانه، پرداخت پیشکی. earnest money. advance (money). payment in advance.

پیش‌پرده curtain raiser. entre-mets.

پیش‌پیش، پیشاپیش. before hand. in advance.

پیشتاب، پیشتاو، هفت‌تیر، پیستول. pistol.

پیش‌تخته، پیشخوان. counter.

پیشتر (comp. of پیش)، سابقاً، جلوتر. farther ahead. formerly. before.

~ در کاشان زندگی میکرد. formerly he used to live in Kashan.

من ~ از شما آمدم. I came before you did.

~ از این. before this.

~ بیا. come closer.

پیشخدمت، گارسون، خدمتکار، فراش. waiter. garcon. ferash. servant.

پیش خرید، سلف خرید. forward purchasing. advance purchase.

~ کردن. to buy in advance.

پیشخوان counter.

پیشخور received or used up in advance. spent before receiving an income.

~ کردن. to use up in advance.

پیش‌خوراک hors d'oeuvre.

پیشدامن، پیشدامنی. apron. pinafore.

پیشدرآمد، مقدمه. prelude. overture.

پیشدستی، سبقت. anticipation. forestalling. getting ahead of.

بر کسی ~ کردن. to anticipate or outreach someone. to forestall.

درخرید آن برما ~ کردند. they beat us in buying it.

او بر ما ~ کرد. he attacked first.

پیشرس، زودرس، نارس، نرسیده. early. precocious. premature.

پیشرفت، پیشروی، ترقی. progress. improvement. amelioration. melioration. betterment. advancement. advance. progression.

~ کشور. the country's progress.

~ دانش. the advancement of learning.

پیشرفت کردن، ترقی کردن، پیشرفتن، جلورفتن. to progress. to advance. to improve.

اوخوب پیشرفت کرد. he made good progress.

دانشجو بسرعت پیشرفت میکند. the student is rapidly improving.

پیشرفتگی projection. jut. advanced state. advancement. protuberance. prominence. protrusion.

پیشرفته advanced. jutting. progressive.

ممالک ~. advanced countries.

روشهای ~. progressive methods.

پیشرو، مقدم، مبتکر. harbinger. forerunner. pioneer. progressive.

یکی از پیشروان علم نوین. one of the pioneers of modern science.

پیشروی، پیشرفت. advance. advancement. headway. transgression. progress.

از ~ دشمن جلوگیری شد. the enemy's advance was halted.

پیشروی کردن to advance. to move forward. to make a headway.

پیش‌سینه، پیش‌بند. shirt front. plastron. bib. pinafore.

پیش فروش، سلف‌فروش. sold or selling in advance. short sale.

~ کردن. to sell in advance.

پیش‌فنگ present arms.

پیشقدم، پیشرو، مبتکر، پیش‌آهنگ. leader. initiator. pioneer. vanguard.

پیشقدم شدن to take the lead. to pioneer. to become a forerunner.

پیشقدمی (taking the) lead. initiative.

~ کردن. to take the lead or the initiative.

پیش‌قراول advance gaurd. vanguard.

پیش‌قسط first instalment. handsel. down payment.

پیشکار، ناظر، عامل، نماینده، سرپرست. agent. steward. financial agent.

پیشکاری agency. office of a financial agent.

پیش‌کرایه advance freight. advance fare.

پیشکش، هدیه، تعارف. present. gift. given as a present.

~ کردن. to make a present of.

ساعت خود را بمن ~ کرد. he gave me his watch as a gift.

پیشکشی، هدیه، تعارف، تقدیمی. present. gift.

اسب ~ را بدندانش نگاه نمی‌کنند. one does not look a gift horse in the mouth.

پیشکی، قبلاً، ازپیش. in advance. ahead of time.

مزد خود را ~ گرفت. he got his wages in advance.

پیشگام، پیشقدم. forerunner. pioneer. vanguard.

پیشگاه presence. prophase.

در ~. before. in presence of.

در ~ ملوکانه. attended by (before) his majesty.

پیش گفتار preface. prologue

پیشگو، غیب‌گو، نبی. foreteller. predictor.

پیشگوئی، نبوت، پیش‌بینی، پیش‌اندیشی. foretelling. prediction. prophecy. prognostication. portending. forecasting.

~ انوری درست درنیامد. Anvari's prediction did not come true.

پیشگوئی کردن، نبوت کردن، پیش‌بینی کردن. to foretell. to presage. to forecast. to prognosticate.

او بسیاری ازوقایع مهم را پیشگوئی کرد. he foretold many great events.

دربارهٔ جنگ ~. to predict about war.

پیشگیر، پیش‌بند، جلوگیری‌کننده. pinafore. napkin. preventive. preventing.

پیشگیری، جلوگیری. prevention. prophylaxis.

~ ناخوشیها. the prevention of diseases.

پیش‌لنگی، پیشدامن. apron.

پیش‌مایه protoplasm.

پیش‌مرگ dying before another.

~ کسی‌شدن. to die before (or in place of) someone else.

پیش‌مزد advance wage(s).

پیش‌نماز chaplain. officiant.

پیش‌نویس draft. outline. sketch.

~ کردن. to make a rough draft of.

پیشنهاد، توصیه. proposal. offer. motion. suggestion. proposition. tender. recommendation.

~ کردن. to propose. to move. to make a motion. to offer. to suggest. to propound. to recommend.

به‌آن زن ~ ازدواج کرد. he proposed to (marry) her.

~ مزایده. bid.

~ کرد که نشست (جلسه) پایان یابد. he moved that the meeting be adjourned.

~ مناقصه. tender.

قیمتی‌که ~ کرد قابل قبول‌نبود. the price he offered was not acceptable.

~ کرد که سینما برویم. he suggested that we go to a movie.

پیشنهادی، قابل پیشنهاد، پیشنهادشده. proposed. offered. suggested.

پیشوا، لیدر، رهبر. leader. pontiff. Imam.

پیشواز، استقبال. going out to meet one (returning from a jonney). welcoming.

(به) ~ کسی‌رفتن. going out to welcome someone.

همه به ~ او آمدند. all came to welcome him.

پیشوایی leadership. Imamate.

پیشوند، پیشاوند. prefix.

پیشه، حرفه، کسب، تجارت، شغل. calling. profession. trade. job. business. craft.

پیشهٔ او نجاری است. his trade is carpentry.

پیشهٔ خود قرار دادن (~ کردن). to follow. to choose as one's profession.

دزدی را پیشهٔ خود ساخت. he made stealing his trade.

وزارت ~ وهنر. Ministry of Crafts and Arts.

پیشه‌ای، حرفه‌ای. professional.

پیشه‌کار professional.

پیشه‌ور tradesman. craftsman.

پیشی، سبقت، پیشدستی، سابقی، گربه. precedence. priority. former. prior. pussy. cat. puss. pussycat.

~ گرفتن. to take the lead. to outrun.

بر رقیبان خود ~ گرفت. he went ahead of his rivals.

مهری یک ~ قشنگ داشت. Mehri had a beautiful pussycat.

پیشین، پیشی، اسبق، سابق، جلوی، ماقبل. old. ancient. early. former. previous. anterior. front.

دورانهای ~. ancient (early) periods.

سالهای ~. former years.

دندان ~. incisor. chisel tooth.

پیشینه، سابقه، پرونده، دوسیه. background. antecedent. service record. file.

پیشینیان predecessors. ancients.

پیغام، پیام. message. communication.

~ آور. messenger.

پیغام‌بر، پیغمبر، پیغام‌آور، رسول. prophet. messenger.

پیغمبری، پیامبری، نبوت، رسالت. prophethood. prophet's mission. prophetic.

پیف phew. pah!

~ چه بوی بدی! phew, what a bad smell!

پیک courier. messenger. carrier. harbinger.

~ خوشبختی. a harbinger of good fortune.

پیکار، مبارزه، جنگ، ستیز، جهاد. battle. fight. combat. campaign. crusade.

~ کردن. to battle. to fight. to combat. to campaign.

~ با بیسوادی. the literacy campaign.

~ با فساد. combat (fighting, battle, crusade) against corruption.

پیکان، تیر، نیزه. arrowhead. fluke. arrow. spear. shaft.

پیکر، شکل، هیکل. figure. effigy. body.

پیکرتراش، مجسمه‌ساز. sculptor.

پی‌کرد، تعقیب، تعقیب قانونی. prosecution.

پیکرنگار portraitist. painter.

پیکره، مجسمه، بدنه. statue. likeness. framework.

پیک نیک، مهمانی‌دانگی. picnic. dutch treat.

پی‌گرد explorer. prosecution.

پی‌گردی exploration.

پی گم کردن to lose (someone's) track. to cover (one's own) track.

برای ~ اینکار را کرد. he did this to cover his tracks.

پی‌گیر unremitting. incessant. persistent. thoroughgoing. relentless.

نبرد ~ علیه بی‌سوادی. the unremitting fight against illiteracy.

پیل، فیل. elephant. bishop (in chess).

پیل، اسبابی برای ایجاد انرژی. cell. pile.

~ آفتابی. solar cell.

پیلبان elephant-driver (-keeper).

پیلتن of a huge body. huge. bulky.

پیل‌زور strong as an elephant.

پیلسان elephantine.

پیله، پیله کرم یا پروانه، پلك چشم،آماس، ورم. cocoon. abscess. gumboil.
پیله بستن to produce a cocoon. to pass the pupal stage in a cocoon.
پیله کردن، پیله‌بستن، پافشاری کردن. to form an abscess or gumboil. to persist. to importune.
پیله‌وَر pedler. huckster. hawker.
پیله‌وری peddling. huckster's business.
پَیما، پیماینده، پیموده. measure thou. measurer. traversing (in combs. as in: زرف پیما & هواپیما).
پَیمان، عهد، قرارداد، عهدنامه، وعده. contract. agreement. treaty. pact. promise.
~ آتش‌بس. **a cease fire treaty.**
~ بستن. **to conclude a contract.**
پیمانك، استاندارد. standard.
پَیمان شِکَستَن، نقض‌پیمان، پیمان شکنی. to break a promise. to violate a treaty. to renege.
پَیمان شِکَن guilty of perjury. one who reneges. reneger.
پیمان شکنی breach of promise. perjury. violation of a treaty or contract. reneging. perfidy.
پیمان کار، مقاطعه‌کار. contractor.
پیمان کاری contract (work).
~ کردن. **to work as a contractor.**
پَیمان نامَه، عهدنامه. written contract or agreement. treaty.
امضاء ~ صلح. **the signing of the peace treaty.**
پَیمانَه، اندازه، مقیاس، کیل. measure.
پیمانهٔ خشکه بار. **dry measure.**
پیمانهٔ آبگونه (مایعات). **liquid measure.**
پیمانه کردن، کیل کردن، وزن کردن. to measure. to meter. to rate. to assess.
گندم را پیمانه کردن. **to measure wheat.**

پَیمای، پیما. measure (thou). goer.
پَیمایَندَه، سنجش کننده. measurer. measuring.
پَیمایش، سنجش. measurement.
پَیمایش پذیر، سنجش پذیر. measurable.
پیمایش ناپذیر immeasurable.
پَیمودَن(پیمای or پیما .i. r)، اندازه گیری کردن، سنجیدن، طی کردن. to measure. to travel. to traverse. to go.
طول چیزی را ~. **to measure the length of something.**
مسافت زیادی ~. **to travel (traverse) a long way.**
راه درازی پیمودیم. **we travelled (went) a long way.**
پیاله ~. **to drink wine.**
پیموده، طی شده، سفر کرده، پیمایش کرده. measured. traversed. navigated.
پینگ پونگ، پنگ‌پنگ. ping-pong. table tennis.
پِی‌نوشت، حاشیه نویسی، یادداشت‌پای‌صفحه. (marginal) recommendation. recommendatory note. footnote.
پینَکی، چرت. slumber. drowse.
~ زدن. **to slumber.**
پینَه، وصله، کلفتی، پینه‌زدگی. patch. callosity. callus.
پینهٔ پا. **bunion.**
وصله ~. **patching and mending.**
~ زدن. **to form a callus. to indurate.**
(وصله) پینه کردن. **to patch. to mend. to repair.**
پینه‌ای callous.
پینه‌خورده callous. indurate. indurated.
پینَه‌دوز cobbler. (z.) ladybug.
پینه‌دوزی cobbling.
پینه دوزی کردن to cobble. to mend shoes.
پیوره pyorrhea.

پَیوَست، ضمیمه. enclosure. attachment. enclosed.
عکس او به ~ ارسال میگردد. **his picture is enclosed herewith.**
اوراق ~ نامه. **enclosures of a letter.**
پیوستگی، اتصال، ربط، ادامه، دوام. union. connection. continuity. adherence.
پَیوَستَن (پیوند .i. r)، متصل کردن، متصل‌شدن. to join. to connect. to unite with.
دولشگر بهم پیوستند. **the two armies joined together.**
پیوسته، مرتبط، متصل، مداوم، همیشه. connected. associate. contiguous. adjoining. continuously. all the time. continually. consistently.
ابروان بهم ~. **joining eyebrows.**
این دوقطعه زمین بهم ~ است. **these two parcels of land are contiguous.**
~ از من ایراد میگیرد. **he finds fault with me all the time.**
پیوسته کاسبرگ (bot.) gamosepalous.
پَیوَستَه گُلبَرگ (bot.) gamopetalous.
پیُوك، کرم رشته. guinea worm. hairworm.
پَیوَند(پیوستن .i. r)، اتصال، پیوند زنی، خویشی، ازدواج، مفصل. transplantation. graft. scion. grafting. connection. union (by marriage). relationship. link. ligament. joint.
~ خوردن. **to be (easily) grafted. to heal.**
~ زدن. **to graft. to join. to transplant.**
~ پوست. **skin grafting.**
با ~ کلیهٔ جدید بیمار نجات یافت. **through the transplantation of new kidney the patient was saved.**
~ زناشوئی. **union in marriage.**
آنرا بدرخت دیگری ~ زدند. **it was engrafted into (or upon) another tree.**
~ لوله‌ای (ماسوره‌ای). **flute grafting.**
~ غلافی (اسکنه‌ای). **cleft grafting.**
پیوندکار grafter.
پیوندگاه joint. commissure.
پیوندگیر stock.
پیوند نامه protocol.
پیوندی grafted. produced by grafting. crossbred. mongrel.
پیه suet. fat.
~ آب کرده. **tallow.**
پیه‌دار fat. obese. fatty.
پیه سوز lamp burning tallow. tallow-burner.
پیه‌مالی greasing with tallow. tallowing.
~ مالی کردن. **to tallow. to grease with tallow.**

ت

ت the fourth letter of the Persian alphabet.
ـت، مال‌تو، ـات. (pron.) thy (as in: نامت = thy name), thee (as in: دیدمت=I saw thee).
تا، تاآنجا، تاآنزمان. till. until. to. so that. unless. so much. in order that. as long as. since.
~ باز همدیگر را به‌بینیم. **till we meet again.**

من ~ نیمه‌شب کار میکنم. **I work until midnight.**
~ شما نگوئید من حرف نمیزنم. **I won't talk unless you say so.**
از تهران ~ اصفهان. **from Tehran to Isfahan.**
من ~ میتوانستم خوردم. **I ate as much as I could.**
~ میتوانستم دویدم. **I ran as far as (as much as) I could.**

من ~ دیروزاورا ندیده بودم. **I had not seen him until yesterday.**
~ ابد. **forever.**
~ اینکه، ~ آنکه. **until. so that.**
~ کنون، ~ بحال. **hitherto. (as) yet.**
~ بکی، تاکی، ~ چند؟ **how long? until what time?**
~ ببینم چه میتوانم بکنم. **I will see what I can do.**
~ چه رسد به‌اینکه. **still less. much less.**

~ آنجاکه، ~ حدیکه. **to the extent that.**
~ دلت بخواهد. **as much as you desire. a great deal.**
تا، تاه، چین، همتا، یار، لنگه. fold. crease. pleat. plait. wrinkle. match. peer.
~ شدن. **to be folded. to bend. to crease.**
~ کردن. **to fold. to plait.**
در تای (چین) لباسش. **in the fold of her dress.**

من دو ~ کتاب دارم. I have two books.
کاغذ را ~ کن. fold the paper.
باعیالت ~ کن (بساز): get along with your wife.
دو ~ از آنها وارد دکان شدند. two of them entered the shop.
تاب (تابیدن i. r. of)، بتاب. twist thou.
shine. used in combs. (as in: شب‌تاب).
تاب، جعد، شکن، فروغ. twist. curl. kink. swing. glow. lustre resistance fortitude. endurance. curve. undulation.
~ آوردن. to stand. to endure. to resist. to bear. to tolerate.
با آب و ~. in full detail.
او ~ تحمل جاز را ندارد. he can not endure (stand) jazz.
هیچکس نمیتواند ~ نیروی او را بیاورد. no one can resist his power.
~ خوردن. to swing. to be twisted. to oscillate. to sway. to wag.
بچه ~ میخورد. the boy swings.
~ دادن. to swing. to twist. to curl.
او سبیل خود را ~ داد. he twisted his moustache.
تابان، تابنده، درخشان، درخشنده، تابناك، نوربخش. shining. luminous. glowing. gleaming. luminiferous. lustrous. radiant. brilliant. effulgent.
خورشید ~. the shining sun.
چهرهٔ ~. a glowing face.
تاباندن، تابانیدن. to set aglow. to twist. to curl.
تابتا، ناجور. ill-mated. two things that do not match.
تابدادن، تابیدن، پیچاندن. to twist. to curl. to wind. to spin. to coil. to wrench. to swing.
تابداده، تابیده. twisted. curled. spun.
تابدار، بهم‌تابیده، فردار، بهم‌بافته. curled. wavy. twisted. coiled. undulating.
تابستان، فصل گرما. summer. aestiv-.
تابستانی estival. summery. summer.
لباس ~. summer wear. summer clothes.
~ شدن. to estivate. to become suitable for summer.
تابش radiation. actino-. irradiation.
~ الکترومغناطیسی. electromagnetic radiation.
~ سنج. actinometer.
~ شناسی. actinology.
~ فرابنفش. ultraviolet radiation.
~ فروسرخ. infrared radiation.
تابع، پیرو. function. dependent. follower.
تابعیّت citizenship. nationality. dependence. allegiance.
تابلو signboard. tableau. board. painting. canvas.
تابناك، تابان، دارای تابش، باحرارت. luminous. shining. effulgent. glowing. radiant. lustrous. bright. glorious.
تابندگی، تابش، تشعشع. luminousness. glitter. brightness. radiation. luster. polish. gloss. fluorescence. luminescence. luminance. luminosity.
تابنده، تابان، درخشان، نورانی. shining. luminous. glowing. radiant. bright. luminescent. luminiferous.
تابوت coffin. bier. sarcophagus.
تاب‌وتب fever. glow. anguish.
تابه، تاوه. frying pan.

تابیدن، تافتن، تابان شدن، درخشیدن، حرارت دادن. to shine. to glow. to glimmer. to gleam. to luminesce. to radiate. to twist. to spin. to coil. to curl. to heat.
تابین، سرباز ساده. private.
تاپو earthen vessel. jar.
تاتار Tartar. Tartary. Tatar.
تاتاری Tatar(ic).
تآتر، تماشاخانه. theatre. playhouse.
تاتوره، داتوره. (bot.) datura. thorn apple.
تاتی tottering. to totter.
تاثر، پریشانی، اندوه. being impressed or touched. passion. sadness. sorrow. grief. woe.
~ آور. saddenning. depressing.
تاثیر، اثر، نفوذ. impression. effect. influence.
~ کردن. to influence. to touch. to impress. to leave an impression on.
پند من در او ~ نکرد. my advice did not influence him.
گریهٔ بیوه زن در من ~ کرد. the widow's weeping touched me.
~ خیام در ادبیات انگلیس. Khayyam's influence on English literature.
تحت ~ قراردادن. to influence. to impress.
تاج، دیهیم. crown. crest. comb. corona. diadem.
~ گل. garland. wreath of flowers.
~ دندان. dental corona.
تاج‌خروس (bot.) amaranth. cockscomb.
تاج خروسیان (bot.) amaranthaceae.
تاجدار crowned. crested. diademed.
پدر ~. the crowned father. (i. e. the king)
تاجر، بازرگان. merchant. trader. tradesman. businessman.
تاجریزی (bot.) nightshade. felonwort.
تاجگذاری coronation.
~ کردن. to crown. to be crowned. to coronate. to have a coronation.
تاجیانه (z.) lophophore.
تاجیك Iranian. Tajik.
تاجیکستان Tajikestan.
تاخت gallop. invasion.
~ کردن. to gallop.
تاختن to gallop. to rush. to make an inroad. to invade.
تاخت‌وتاز invasion. inroad. foray.
~ کردن. to invade. to overrun.
تاخر coming next. being transposed to the last part.
تاخیر، درنگ. delay. pause. to be late. tardiness. lateness. postponement.
~ کردن، درنگ کردن. to delay. to be late.
~ درورود. tardiness. late arrival.
بتأخیر افتادن. to be delayed. to be postponed.
بتأخیر انداختن. to delay. to postpone. to put off.
~ داشتن. to be late. to be tardy.
جلسه تا شنبه بتأخیر افتاد. the meeting was postponed to Saturday.
هواپیما دو ساعت ~ داشت. the airplane was two hours late.
تادیب، تنبیه، گوشمالی. chastisement. correction. punishment.
~ کردن. to chastise. to correct. to teach good manners. to punish.

دارالتأدیب، ندامتگاه. house of correction.
تادیبی correctional. corrective. punitive.
حبس ~. punitive imprisonment.
تادیه، پرداخت. payment.
~ کردن، پرداخت کردن، پرداختن. to pay.
قروض خود را ~ کرد. he paid his debts.
تاذی، آزار، رنجش. annoyance.
تار، رشته، کدر، آلت موسیقی. chord. cord. thread. string. wire. fibre. strand. Iranian musical instrument of the guitar class. opaque. dark. obscure. chaeta.
~ آوائی، ~ صوتی. vocal cord.
~ عنکبوت. spider's web.
چند ~ موی سر او. a few strands of her hair.
~ مو. (single) hair. a string of hair.
تار و پود. warp and woof.
~ زدن. to play on the tar.
~ ماهیچه. (med.) muscle fiber (fibre).
تاراج، غارت، یغما. plunder. pillage. sacking.
~ کردن، بتاراج بردن. to plunder. to pillage. to despoil. to sack. to ravage.
تاراندن، فراری دادن. to put to flight. to scare away.
تاراجگر، غارتگر. plunderer. ravager.
تارچه fibril.
تارزن one who plays on the tar.
تارك، فرق، قله. crown of the head. vertex. summit. apex. top.
تارك forsaker. abandoner. deserter.
تارك‌دنیا hermit. anchorite.
زن ~. nun.
تارمی، طارمی. porch. portico. veranda.
تارومار routed. scattered. confused. topsy-turvy.
~ کردن. to put to flight. to rout.
تاری، تاریکی. dimness. darkness. opaqueness.
تاریخ date. history. saga. era. calendar. time.
درچه تاریخی؟ on what date?
ازچه تاریخی؟ from what date or time?
~ ایران. the history of Iran.
~ طبیعی. natural history.
~ گذاشتن. to date.
~ دان، مورخ. historian.
~ (تقویم) مسیحی. Christian calendar.
تاریخچه، شرح مختصر، خلاصه. diary. short history. account.
تاریخدان versed in history. historian.
تاریخ‌نویس historian. historiographer.
تاریخی historic(al). chronological. connected with a date.
یك رویداد ~. a historic event.
یك سند ~. a historical document.
تاریك، تیره، ظلمانی. dark. murky. gloomy. dusky. dim. darkling. opaque.
~ شدن. to get dark. to grow dark. to become dark, blurred, hazy, or opaque.
~ کردن. to darken. to obscure. to make dark, blurred, hazy, or opaque.
در زمستان هوا زود ~ میشود. in winter it gets dark early.
تاریك‌خانه darkroom.
تاریکی، ظلمت. darkness. gloom. dimness.
در ~. in the dark. in darkness.
تاز، تاختن. rush thou. attack thou.
تازاندن to cause to gallop.
تازگی freshness. novelty. newness. lately. recently. of late.
~ ندارد. it is nothing new.
بتازگی، اخیراً. recently. lately.
~ سبزیجات. freshness of vegetables.
~ خانه‌ای خریده است. recently he has bought a house.
تازگیهای جهان مد. the novelties of the world of fashion.
تازنده galloping. galloper. invader.
تازه، جدید، نو، اخیراً. new. novel. modernistic. modern. fresh. just. recently. newly. even so. even then.
~ شدن. to be refreshed. to refresh (oneself). to become new or renewed.
~ کردن. to make fresh. to renew. to refresh.
~ نفس. fresh. not tired or winded.
سبزی ~. fresh vegetables.
کتاب ~. a new book.
خبر ~. fresh news.
~ ازآمریکا آمده است. he has just arrived from America.
~ بقیه داستانرا هم نشنیده‌اید. and you have not heard the rest of the story either.
تازه‌بدوران‌رسیده، نوکیسه، ندیدبدید. parvenu. new-rich. nouveau rich.
تازه‌ساز، تازه‌ساخت، جدیدالبناء. new-built. newly-built. new.
تازه‌کار، خام‌دست، بی‌تجربه، ناشی. fresh. inexperienced. recent. new. novice.
تازه‌وارد newly arrived. new comer.
تازی hunting dog. hound. Arab(ic).
تازیانه scourge. whip. lash.
تازیدن، تاختن. to gallop. to rush. to attack.
تاژك flagellum.
تاژکدار flagellate.
تأسف، افسوس، اندوه، غصه، غم. regret. contrition. repentence. remorse. compunction. repining. grief.
~ خوردن، ~ داشتن. to regret. to be contrite.
باکمال ~ اعلام میداریم که... we most regretfully announce that...
خیلی جای ~ است که.. it is much to be regretted that...
ازگناهان خود احساس ~ نمیکرد. he felt no contrition for his sins.
تاسف‌آور، اسف‌آور، اسفناك. regrettable. to be regretted. unfortunate.
رفتار او بسیار ~ است. his behavior is most regrettable.
تاسوعا the ninth day of Moharram.
تأسی، پیروی، تقلید. following. imitating. taking as model. imitation.
~ کردن. to follow suit. to imitate.
ماهم بآنها ~ کردیم. we too imitated them.
تاسیده، وامانده. fatigued. exhausted.
تأسیس، بنیاد، ایجاد، نصب، تشکیل. establishment. founding. settlement. installation. foundation.
~ کردن. to establish. to found. to set up. to institute. to form.
~ شدن. to be established. to be set up.

to establish a factory. کارخانه‌ای ~ کردن.
to found a college. دانشکده‌ای ~ کردن.
industrial establishments. تأسیسات صنعتی.
تأسیسات، سازمان، تشکیلات. installations. establishments. foundations.
تاشکند Tashkent.
تاشو، تاه‌شو. folding. that can be folded.
صندلی ~. folding chair.
تاغ، تاق. a tree of the goosefoot family resembling the tamarisk.
تافتن، افروخته‌شدن، تابیدن، سرخ‌کردن، تاکردن، بهم‌تابیدن. to cause to glow. to twist. to wind. to twine. to spin
روی بر ~ از. to turn away from.
تافته twisted. spun. red-hot. taffeta.
تاق، تاغ، سقف، فرد. arch. roof. odd.
تاقدیس anticline. anticlinal.
تاك vine. grape vine.
تاکستان vineyard.
تاکسی taxi.
تاکسیمتر taximeter.
تأکید، تصریح، اصرار، پافشاری. emphasis. insistence. accentuation. stressing. underlining. underscoring. stipulation.
~ کردن، تصریح کردن. to emphasize. to accentuate. to stress. to underline. to underscore.
کدام یك را باید مورد ~ قرارداد ؛ روحیه یا کارآئی را؟ which is to be emphasized: morale or efficiency?
کلمه را با ~ اداکردن. to accentuate a word.
کنفرانس اهمیت ایزوتوپها را در صنعت و بیولوژی وپزشکی مورد ~ قرار داد. the conference underscored the importance of isotopes to industry, biology, and medicine.
تالاب pond. pool. marsh.
تالار، سالن، شنودگاه. auditorium. hall.
تالان، غارت، دزدی. plunder. stealing.
تالك، طلق، تلق. talc.
تألم، اندوه، ناراحتی. suffering. pain. sorrow. chagrin.
دچار تألم‌کردن، متألم‌کردن. to cause to suffer. to make sorrowful.
تالم‌آور sorrowful. sad. downcast. woeful.
تالی، نظیر، همانند. following. second. similar. match.
تالیف، نگارش، تصنیف، گردآوری. authorship. writing. composing. collecting. inditing.
تالیف‌کردن، نوشتن. to compile. to edit. to write. to compose. to collect. to author. to indite.
ما این فرهنگ را تألیف‌کرده‌ایم. we have compiled this dictionary.
داستان پرماجرائیرا ~. to write an adventure story.
تام، تمام، کمال، کامل، جامع. complete. full. plenary. absolute.
~ الاختیار. plenipotentiary.
اختیار ~. absolute (plenary) authority.
تأمل، تعقل، شکیبائی، اندیشه، تردید. deliberation. reflection. consideration. hesitation. pause.
پیش ازامضاء ~ کرد. he hesitated before signing.

قدری ~ کنید تا غذا حاضر شود. wait a bit until the food is ready.
تامل‌کردن to deliberate. to ponder. to pause. to wait.
تامین، تهیه، ترتیب، امنیت، امان، تضمین. securing. safeguarding. security. guarantee. ensuring.
~ دادن to guarantee. to safeguard. to assure the safety of. to secure.
~ کردن. to provide. to obtain. to get. to supply.
در آنشهر مردم تأمینی ندارند. in that city the people have no security.
~ منافع مردم. safeguarding the interests of the people.
حسن مخارج خود را ازکجا ~ میکند! how does Hassan provide for his expenses?
ایران نفت مورد نیاز هند را تأمین میکند. Iran supplies the oil needed by India.
تامینات (pl. of تأمین) security police. secret service.
تامینی، تأمینیه. security.
قوای ~. security forces.
تانسور tensor.
تانك، مخزن. tank. tanker. reservoir.
تانگو tango.
تأنی، تأخیر، آهستگی. acting slowly. delay. slowness. putting off. postponing. lingering.
او با ~ کارمیکند. he acts slowly.
تانیث femininity. being feminine. feminine gender.
تاوان، غرامت، خسارت. indemnity. harm. compensation. penalty.
مجبوربود ~ بسیاری بپردازد. he had to pay a large indemnity (damage).
تاول، جوش. blister. vesicle. bubble sac.
~ زدن. to blister.
~ زده. blistered. blistery.
تاولی vesical. blistery.
تاوه، تابه. pan.
تاویل، توضیح، نقل قول. paraphrase. explanation. interpretation. rewording.
~ کردن. to paraphrase. to interpret. to explain.
تاه، تا، چین، شکن. crease. fold. pleat. curl. wave.
تأهل، ازدواج، زناشوئی. marriage. married life.
~ اختیارکردن. to marry. to get married.
تائب، توبه‌کار، پشیمان. penitant.
تایر، لاستیك. tire. tyre.
تأیید (تأییدات.pl)، پشتیبانی. تصویب. confirmation. substantiation. verification. corroboration. sanction.
~ کردن. to confirm. to substantiate. to verify. to corroborate. to authenticate.
من انتخاب اورا مورد ~ قرار دادم. I approved his choice.
تب fever. pyrexia. febris. febri_.
~ کردن، ~ داشتن. to have a fever. to be attacked by fever. to have temperature.
~ کسی‌را گرفتن. to take a person's temperature.
~ دار، ~ زده. feverish. feverous.
~ خفیف، ~ کم. low fever.
~ شدید، ~ زیاد. high fever.
~ ولرز. ague. fever and chill.
~ او بالارفت، ~ اوشدید شد. his fever intensified. his temperature went up.

~ اوپائین رفت، فرونشست. his temperature went down. his fever subsided.
تبادر، تعجیل. making haste.
تبادل، تبدیل. interchange. alternation. change. exchange.
~ کردن. to exchange. to interchange.
~ نظر. exchange of views.
تبار، نژاد، اصل ونسب. family. race. extraction.
تبارك، متبارك. may... be blessed. blessed.
خداوند ~ وتعالی. the blessed and supreme Lord.
تباشیر chalk. whiteness. magnesium.
تباعد، دوری، استبعاد. divergence. remoteness. difference.
تبانی، ساخت وپاخت، اتحاد. collusion. conspiracy. confederacy. compact.
~ کردن. to collude. to conspire.
تباه، خراب، نابود، برباد رفته. corrupt. spoiled. ruined. demolished. defiled.
~ شدن. to become ruined or destroyed.
~ کردن. to corrupt. to spoil. to destroy.
پسر بد روزگار پدر خودرا ~ کرد. the evil son ruined his father's life.
تباهی، خرابی، فساد، ویرانی. corruption. destruction. corrosion. decay.
تباین، اختلاف، فرق. marked difference. contrast. contradiction. variance.
~ داشتن. to be markedly different. to be in contrast or contradictory.
تب‌بر febrifuge. antipyretic. antifebrile. stopping fever. apyretic.
تبت (کشور). (geog.) Tibet.
تبحر، استادی، اطلاعات. erudition. profound knowledge. mastery. skill. knack. know-how.
~ داشتن. to be conversant with. to be erudite in.
~ اودرادبیات انگلیس مسلم است. his mastery (erudition) in English literature is obvious.
او در زبان فرانسه ~ دارد. he is conversant in the French language.
تبخال herpes. fever blister.
تبخالی. herpetic.
تبختر، افاده. walking proudly or in a stately gait. strutting. swagger.
تبخیر، ایجاد بخار، دماسازی. evaporation. steaming. vaporization.
~ شدن، ~ کردن. to evaporate. to change into steam. to vaporize.
خورشید موجب ~ آب دریا میگردد. the sun causes the evaporation of sea water.
تب‌دار feverish. having fever. febrile.
تبدل، دگرگونی، استحاله. change. permutation. transmutation. conversion. switch. transfiguration.
تبدیل، تبدل، تغییر، تعویض. changing. alteration. substitution. replacement. transformation. turning into.
~ شدن. to become changed (into). to be exchanged (for).
~ کردن. to change. to turn (into). to reduce.
~ قیافه یا لباس. disguise.
در اثر حرارت آب بهبخار ~ میشود. as a result of heat, water changes into (turns into) vapor.
این خانم رنگ موی خود را از سیاه بهطلائی ~ کرده است. this lady has changed the color of her hair from black to blond.

تبذیر، اسراف، ولخرجی. dissipation. prodigality. waste. squandering. extravagance.
~ کردن. to dissipate. to spend prodigally. to waste.
تبر large axe. hatchet.
تبرخون، عناب. (bot.) jujube.
تبردار halberdier. sapper.
تبرزین، طبرزین. battle-axe. halberd. hatchet.
تبرع، بخشش، هبه، برایگان. doing a thing voluntarily. donation.
تبرعا voluntarily. gratuitously.
تبرك، خوشبختی‌آور. (receiving or making) a gift looked upon as bringing good luck.
تبره، توبره. sack. bag.
تبری، پاکی، بیگناهی. exoneration. acquittal.
تبرید cooling. refrigerating. refrigeration.
تبریز (geog.) Tabris the capital of Azerbaijan.
تبریزی (native) of Tabriz.
درخت ~. (bot.) lombardy poplar
تبریك، تهنیت، شادباش. congratulation. good-wishes. felicitation. gratulation.
~ گفتن (به). to congratulate. to felicitate.
تولد نوزاد جدید را بشما ~ میگویم. I congratulate you upon the birth of your newborn child.
سال نورا بهشما ~ میگویم. (I wish you a) happy new year.
تبرئه، برائت، بیگناهی، بی‌تقصیری. acquittal. exoneration. exculpation.
~ شدن. to be acquitted. to be exonerated.
~ کردن. to exonerate. to acquit. to declare innocent.
دادگاه او را ~ کرد. the court acquitted him.
تبسم، لبخند. smile. grin. simper. smirk.
~ کردن. to smile.
تبشیر، مژده، بشارت. giving good tidings. annunciation.
تبصره، یادداشت. note.
تبع، پیروان، اتباع، تبعه. followers. subjects.
تبعه subject. citizen. national.
او تبعهٔ‌ایران است. he is an Iranian citizen.
تبعی subordinate.
تبعیت، تابعیت، پیروی. following. imitating. citizenship.
~ کردن از، پیروی‌کردن از. to follow or imitate. to follow suit.
در اخلاقیات معمولاً بچه‌ها از والدین خود ~ میکنند. in morality children usually follow the example of their parents.
تبعید banishment. exile.
~ شدن. to be banished. to be exiled.
~ کردن. to banish. to exile.
تبعیض prejudice. bias. (unjust) discrimination. favoritism. partiality.
~ قائل‌شدن. to discriminate

against. to treat unjustly. to show favoritism.

~ نژادی. racial discrimination.

او نسبت به بعضی از کارمندان ~ قائل میشود. he is biased toward some employees.

تَبَلبُل، آشفتگی. confusion. disorder.

تَبَلوُر، بلوری شدن. crystallization.

تَبلیغ، تبلیغات، رسالت، تبشیر. propaganda. publicity. advertisement.

~(تبلیغات)کردن. to publicize. to advertize. to propagandize. to evangelize. to proselytize.

تبلیغات آنها مردم را تحت تأثیر قرارداد. their propaganda influenced the people.

تبلیغاتی، تبلیغی. having to do with publicity. propagandistic. propagatory.

فیلمهای ~. publicity films.

تَبَنّی، قبول بفرزند خواندگی. adoption (of a child).

تَب‌وتاب fever and glow. anxiety.

در~ بودن. to be anxious.

تَبَه، تباه، خراب، هدر. ruined. corrupt. spoiled.

تبه‌کار، تباهکار، جانی، خرابکار، اخلالگر. criminal. felon. offender. malefactor. convict. saboteur. vandal.

تبه‌کاری، جنایت، خرابکاری، اخلالگری، جرم. felony. crime. malefaction. sabotage. vandalism.

تِبیان، اظهار، ابراز. manifestation. explanation.

تَبیره، طبل، کوس. drum.

تَبیین، بیان، توضیح. making clear. explaining.

تَپاله، کودگاوی. cow-dung. dung.

تپاندن، تپانیدن، چپانیدن. to stuff. to cram. to press. to pack. to thrust. to force in.

تَپانچه، هفت‌تیر، سیلی، توگوشی. pistol. revolver. slap. box on the ear.

تپ‌تپ، تق تق، ضربان. throbbing. beating. pattering (noise). tapping.

~ کردن. to throb. to beat. to patter. to thump.

تَپِش، ضربان، طپش. palpitation. pulsation. beating.

~کردن، تپیدن. to beat. to pulsate. to pulpitate. to thump.

~ قلب. heartbeat. heartthrob. palpitation.

صدای ~ قلب خودرا میشنیدم. I could hear the sound of my own heartbeat.

تُپُق، طوباق. interfering (of horses).

~ زدن. to interfere. to stumble.

تَپّه، بلندی. hill. mound. heap. hillock.

تپیدن، تپش‌داشتن،ضربان‌داشتن. to pulsate. to beat. to palpitate. to throb.

تَتَبُّع (تتبعات)، تحقیق، مطالعه. research. investigation. study.

~ کردن، تحقیق کردن. to do research.

تَتِمّه، مانده، باقیمانده، تتمهٔ حساب. balance. remainder. residue. left-over.

تَثبیت، ثابت‌سازی، استوار سازی. stabilization. fixing. steadying.

~ قیمتها توسط دولت انجام میگیرد. the stabilization of prices is done by the government.

تثبیت‌کردن to stabilize. to fix.

تَثلیث، سه‌تائی، سه‌اقنومی. trinity.

تَثنیه، دوتائی. duality. dual (number).

تُجّار، تاجران، بازرگانان، سوداگران. merchants. businessmen. traders.

تَجارِب، تجربه‌ها، تجربیات. experiences.

تِجارَت، بازرگانی. commerce. trade. business.

تجارتخانه commercial firm.

تِجارتی commercial.

تِجاری commercial.

تَجاسُر insurgence.

تَجانُس homogeneity.

تَجاوُز aggression. encroachment. violation. transgression.

~ کردن. to violate. to transgress upon. to commit aggression. to encroach on. to rape. to exceed.

جنگ ~ کارانه. a war of aggression.

~ بحقوق مردم. the violation of the people's rights.

ازحدود خود ~ کرد. he exceeded his limits.

این مرد متهم باینستکه بدختر جوانی ~ کرده است. this man stands accused of having violated (raped) a young girl.

تجاوزکار aggressive. aggressor. offender. trespasser. violator.

تجاوزکارانه aggressively. aggressive.

تَجاوزی، تجاوزآمیز. aggressive. offensive.

تَجاهُل، ندیده انگاری، نادان شماری خود. feigning ignorance. simulation. pre-tending. to fix.

~ کردن. to feign ignorance. to simulate. to pretend.

تَجَدُّد، نوآوری، نوجوئی. revival. renaissance. modernity. regeneration.

تجددخواه modern(minded). modernist.

تَجدید، اعاده، بازآوری، تعمیر. renewal. revision. refreshing. resumption. restoration. renovation. repetition.

~ کردن. to renew. to refresh. to renovate.

~ فراش. remarrying. second marriage.

~ قوا. reinforcement. refreshment.

تجدیدنظر revision. review. rehearing.

تجدیدنظرکردن to review. to revise. to reconsider.

تجدیدی revisional. (that is to be) renewed. having to pass a new examination.

تَجرِبه، آزمایش، امتحان، آزمون. experience. experiment. trial. test. experimentation

~ کردن. to experience. to experiment. to test.

بتجربه ثابت کردن to prove by experience.

~ شدن. to be tried (or experimented).

با ~. experienced.

بی ~. inexperienced.

تجربیات متعدد شیمیائی. several chemical experiments.

تجربی، آزمایشی، امتحانی. experiential. experimental. empiric(al).

تجربیات (pl. of تجربه). experiences. experiments. experimentations. tests.

تَجَرُّد، بی‌زنی، بی‌شوهری، تنهائی. singleness. celibacy. bachelorship. bachelorhood.

تجری insolence. boldness.

تَجرید، جدائی، انزوا، تنهائی، معنویت. abstraction. separation. privation.

تَجزیه، جداسازی، تفکیک، آزمایش. analysis. test. examination. disintegration. decomposition. dissolution. -lysis, secession.

~کردن. to analyze. to examine. to decompose. to dismember.

~شدن. to be decomposed. to disintegrate. to be tested or analyzed. to become dissolved.

تجزیهٔ (آزمایش) خون. blood test.

تجزیهٔ شاش(ادرار). urine test. urinalysis.

دشمنان میخواستند کشوررا به چندقسمت ~ کنند. the enemies wanted to divide (cut) the country into several parts.

بعضی از مواد شیمیائی در اسیدها ~ میشود. some chemicals dissolve (become dissolved, disintegrate) in acids

تجزیه‌طلب، جدائی‌خواه. separatist. secessionist.

تجسس، جستجو، کنکاش، کاوش. search. research. exploration. investigation.

~ کردن. to test. to investigate. to look into or for. to search.

تَجَسُّم، مجسم‌سازی، نمودار سازی. incarnation. embodiment. personification.

~ کردن. to embody. to incarnate.

تَجَلّی (تجلیات .pl)، ظهور، پیدایش، تابش. manifestation. epiphany. transfiguration. luster.

~کردن. to appear (with glory). to manifest.

روح سعدی درآثار او ~ میکند. the spirit of Sa'di manifests itself in his works.

تَجلید، صحافی، جلدکردن. binding. furnishing with a cover.

تجلیل، احترام، توقیر، ستایش. glorification. honouring. praise.

~کردن. to glorify. to praise. to hono(u)r.

تجلیلی honorific. glorifying.

تَجَمُّع، گردآئی، گرایش، اجتماع. association. gathering. assembling. assembly. congregation.

~کردن. to form a gathering. to group.

تَجَمُّل، تشریفات. luxury. splendo(u)r. frill. opulence. luxuriance.

تجملی luxurious. luxury. nonessential.

اشیاء ~. luxury items.

تَجَنُّب، احتراز. avoidance. shunning.

تَجنیس، همجنس‌سازی، تجانس. play (ing) on words. pun.

تَجویز، روادانی، جایز شماری، جواز. prescription. recommendation. advice.

~شدن. to be prescribed or recommended.

~کردن. to prescribe. to recommend or advise.

آنها ~ کردند که برای استراحت بکناردریا برود. they recommended that he go to the seaside for rest.

دکتر دوائی برای او ~ نکرد. the doctor did not prescribe any medicine for him.

تَجهیز (تجهیزات.pl)، آماده‌سازی، بسیج. mobilizing. equipping. furnishing with. mobilization. equipment.

~ شدن. to be mobilized. to be armed. to be equipped.

~ کردن. to mobilize. to arm. to equip. to ready.

پس از حملهٔ آلمان بـه‌لهستان متفقین بـه ~ نیروهای خود پرداختند. after the German attack on Poland, the Allies mobilized their armed forces.

تجهیزات نظامی. military equipment.

تَحاشی، خودداری، امتناع. abstention. abstaining. refraining.

~کردن. to abstain. to forbear. to refrain. to withhold.

چند تن ازدادن رأی ~ کردند. a few abstained from voting.

تَحبیب befriending. endearing.

~کردن. to cause to love or to be loved. to befriend. to curry favor with.

تحت، زیر. under. beneath. underneath. hypo-. sub-.

در ~ توجهات اعلیحضرت‌همایونی. under the care (auspices) of his Imperial majesty.

این موضوع ~ مطالعه است. this matter is under consideration (being studied).

او ~ نظرپلیس است. he is under police surveillance. he is being watched by the police.

تحت‌الارضی، زیرزمینی. subterranean.

تحت‌البحری، زیر دریائی. submarine.

تحت‌الجلد، زیرپوست. under the skin. hypodermis.

تحت‌الجلدی، زیرپوستی. hypodermic. subcutaneous.

تحت‌الحمایه under protection. protectorate. protege.

تحت‌السلاح armed. mobilized.

تحت‌الشعاع overshadowed. eclipsed or outshone. surpassed.

~ قرار دادن. to outshine. to overshadow. to surpass.

تمایل اوبه‌رشوه‌گیری همهٔ محسنات اورا ~ قرار داد. his tendency for accepting bribes overshadowed all his virtues.

تحت‌الضمانه on bail.

تحت‌اللفظی literal. literally. verbatim. word for word.

ترجمهٔ ~. a literal translation.

تحتانی lower. inferior. placed beneath.

طبقهٔ ~. the lower floor.

تَحَجُّر petrification.

تَحَدُّب convexity. being convex.

تحدید limitation. limiting.

~ کردن. to limit. to confine.

تحدیدی limitative.

تحذیر warning. caution.

تَحَرُّک motion. movement. locomotion.

تحریر writing. putting down. composing.

~ شدن. to be written. to be composed.

~ کردن. to write. to put down. to compose.

میز ~. desk.

پدرم چندین کتاب ~ کرده است. my father has written several books.

تحریرات. writings.

هیئت تحریریه. editorial board.

تحریراً، کتباً. in writing. by writing.

تحریری used in writing. having to do with writing.

تحریص incitement. provocation. arousal.

~ کردن. to make eager. to incite.

تحریض instigation. urging.

تحریف distortion. alteration.

~ شدن. to be distorted or altered.

~ کردن. to distort. to alter and corrupt. to misinterpret.

او حرفهای مراکاملاً ~ کرده است. he has completely distorted my words.

تَحریك (تحریکات .pl)، آنتریك، وادار سازی، اغوا، دامن‌زنی. instigation. machination. intrigue.
~ شدن. to be incited or provoked. to be aroused.
~ کردن. to intrigue. to incite. to instigate. to foment. to provoke. to stimulate. to arouse.
الکل اعصاب را ~ میکند. alcohol stimulates the nerves.
دیدن زن عریان اورا ~ کرد. seeing the naked woman aroused him.
تحریك آمیز exciting. inflammatory.
تَحریم، منع. prohibition. forbidding. boycotting. boycott. interdiction.
~ شدن. to be prohibited or forbidden. to be boycotted.
~ کردن. to prohibit. to forbid. to boycott.
علمای مذهبی استعمال تنباکو را ~ کردند. the religious leaders forbade the use of tobacco.
در اسلام این عمل ~ شده است. in Islam this act is forbidden.
مردم او را ~ کردند. the people boycotted him.
تَحَسُّر regret (ing).
تَحسین admiration. esteem. acclamation. applause.
~ کردن. to admire. to esteem highly. to acclaim. to applaud.
مهارت او در شنا ~ همه را برانگیخت. his skill in swimming aroused everyone's admiration.
حاضران اورا ~ کردند. the audience applauded him.
تحسین آمیز admirable.
تَحشیَه annotation.
تَحَصُّن taking refuge. sanctuary.
~ کردن، ~ اختیار کردن. to take sanctuary. to take refuge.
تَحصیل، آموزش، بدست آوری. study. education. acquisition. gaining. obtaining.
~ کردن. to study. to receive training. to receive education. to gain. to obtain. to procure.
او در دانشگاه مشغول ~ است. he is studying at the university.
حسن بجای مدرسه رفتن به ~ ثروت پرداخت. instead of going to school, Hassan engaged in acquiring wealth.
تحصیلات متوسط. secondary education.
تحصیلات عالی (عالیه). higher education.
تحصیلدار tax collector. collector of revenue.
تحصیلداری collectorship.
تَحصیل کَرده educated.
تحصیلی educational. academic. scholastic.
تُحفَه rarity. a gift. souvenir.
تَحَقُّق certainty. fulfilment. achievement.
~ یافتن، ~ پذیرفتن. to reach fulfilment. to be fulfilled.
~ پذیر. achievable. that which can be fulfilled. ascertainable.
~ ناپذیر. that which cannot be fulfilled or achieved.
آرزوهای مادر پیر ~ یافت. the old mother's desires were fulfilled.

تَحقیر humiliation. debasement. degradation. abasement. despise. contempt. scorn. belittling.
~ کردن. to belittle. to humiliate. to debase. to degrade. to despise. to contemn.
تحقیر آمیز humiliating. debasing. degrading. contemptuous.
تَحقیق (تحقیقات .pl)، بررسی. investigation. probe. inquest. research. inquisition. inquiry. query.
به ~. certainly. definitely.
~ کردن، ~ بعمل آوردن، مورد ~ قرار دادن. to investigate. to probe. to inquire into. to study. to make inquiry. to do research.
پلیس سوابق اورا مورد ~ قرار داد. the police investigated his records.
در مورد نشانی او ~ بعمل آمد. an inquiry was made concerning his address.
او درباره زندگی فردوسی تحقیقات بسیار کرده است. he has done much research into the life of Ferdowsi.
تحقیقاً for sure. certainly. surely.
تحقیقی research. investigative. certain.
مقالات ~. research articles.
تَحَکُّم command. domination.
~ کردن، مورد ~ قرار دادن. to command. to domineer. to bully.
تحکم آمیز domineering. bullying.
تحکیم strengthening. fortifying.
~ کردن. to strengthen. to solidify. to fortify.
~ روابط دوستانه. strengthening friendly relations.
تحلیف administration of an oath. oath taking.
~ کردن. to give an oath to.
تَحلیل assimilation. digestion. ingestion. analysis.
~ بردن. to digest or assimilate.
~ رفتن. to be assimilated. to be consumed or used up. to be exhausted.
~ نمودن. to analyze. to render lawful.
~ رویدادهای سیاسی هفتهٔ گذشته. an analysis of the political events of last week.
نیروی جسمانی او کم کم ~ رفت. gradually his physical energy was used up (exhausted).
تجزیه و ~. analysis.
تحلیلی analytic(al).
هندسهٔ ~. analytical geometry.
تَحَمُّل endurance. tolerance. patience. forbearance.
~ داشتن. to have endurance. to be patient.
~ کردن. to endure. to stand. to bear. to tolerate.
دیگر تاب تحمل او را ندارم. I can not stand him any more.
قدری ~ داشته باشید. have some patience!
نتوانست مرگ فرزند را تحمل کند. he could not endure his child's death.
تحمل پذیر tolerable. endurable.
تحمل ناپذیر intolerable. unendurable. unbearable.
تَحمیل modulation. imposition.
تحمیل کردن to impose. to obtrude. to foist.
او ارادهٔ خود را بر دیگران تحمیل میکند. he imposes his own will on others.
تحمیلی imposed. forced.
تَحَوُّل change. being changed. transformation. metabolism. transition.

تحویل delivery. reduction.
تحویلدار cashier.
تَحَیُّر astonishment. amazement. wonder. surprise.
~ کردن، ~ داشتن. to be astonished, amazed, or surprised. to be stunned.
تحیرآور astonishing. amazing. surprising. stunning.
تَخالُف disagreeing with each other.
تَخت throne. bed. bedstead. couch. level. even. flat.
~ زدن. to erect a throne or couch.
~ کردن. to level.
~ کفش. sole (of shoes).
جواد روی زمین ~ خوابیده بود. Javad had stretched flat on the ground.
تَختان، ایوان. terrace.
تختخواب bedstead. bedstand. bed.
یك بیمارستان دویست تختخوابی. a two-hundred bed hospital.
هرصبح کلفت تختخوابها را مرتب میکند. each morning the servant fixes the beds.
تَختِ رَوان palanquin. litter. sedan.
تختگاه platform.
تَختِه، چوب ورقه، پهنا. board. plank. flat piece.
تختهٔ سه‌لا. three-ply board.
سه ~ قالی. three (pieces of) rugs.
تختهٔ شطرنج. chessboard.
~ شیرجه. diving-board.
دکانی را ~ کردن. to close a shop.
تخته‌ای، چوبی. made of boards or planks. wooden.
تخته‌بندی boarding. planking. splintering.
~ کردن. to board or plank. to splinter.
تخته‌سه‌لایی plywood. three-ply wood.
تخته‌سَنگ boulder. cliff.
تخته‌سیاه blackboard.
تخته‌شستی palette. pallet.
تخته‌کوبی wainscot. panelling. panel-work.
تخته‌کوبی کردن to panel. to wainscot.
تخته‌نَرد، نرد. backgammon (board).
~ بازی کردن، نردبازی کردن، ~ زدن. to play backgammon.
تَخدیر، بیحس‌سازی، خرفت‌سازی. stupefaction. stupefying. rendering senseless. narcotizing. narcotization.
~ کردن. to daze. to numb. to narcotize. to astound. to stupefy.
تخرش، آزردن. irritation.
تخریب، ویران‌سازی، خرابی. demolition. spoiling. destruction. degeneration. delapidation.
~ ساختمان. demolition of a building.
~ کردن. to ruin. to delapidate. to demolish. to destroy. to tear down.
~ شهرها. destruction of cities.
تخریبی destructive.
تُخس، شرور، شیطان. naughty, and intractable (as a child).
تَخشایی an army's industrial department. ordnance.
تَخَشُّب lignification. catalepsy.
تَخَصُّص، ویژه‌گری، مهارت، ویژه‌کاری. specialty. expert knowledge. expertise. proficiency. skill. knack.
~ او چیست؟ what is his specialty?

~ داشتن. to be specialized (or skilled).
او در جراحی قلب ~ (ویژه‌گری) دارد. his specialty is (in) heart surgery.
تخصصی specialty. specialized. expert.
دورهٔ ~. specialty course.
تَخصیص، اختصاص. allocation. allocating. alloting. drafting. assigning. earmarking. setting aside.
~ دادن. to allocate. to allot. to earmark. to set aside (for).
این اتاق به‌خانمها ~ دارد. this room is set aside for (belongs to) ladies.
تَخَطّی، تجاوز، دست‌اندازی، تهاجم. infringement. violation. encroachment. transgression. trespassing.
~ کردن. to infringe. to violate. to encroach.
تَخطیط delineation. survey.
تَخطِئَه، خطا شمردن، نادرست شمردن. charging with a fault. denigration. fault finding. impugnation.
~ کردن. to denigrate. to charge with a fault. to impugn.
تَخفیف، خفیف شماری، اندك آوری، اندك‌شماری. discount. rebate. reduction. mitigation. extenuation. abatement. alleviation. lowering.
~ دادن. to give a discount. to give a reduction. to mitigate. to reduce.
~ گرفتن. to receive a discount.
~ یافتن. to decrease. to go down. to be abated.
~ قیمت. discount in price. rebate, reduction in price.
مغازه‌دار به‌او تخفیفی نداد. the shopkeeper gave him no discount.
درد او قدری ~ یافت. his pain abated somewhat.
معلم نمرهٔ اورا به‌پنج ~ داد. the teacher reduced his grade to five.
تَخَلخُل، سوراخ سوراخ، سوراخ‌داری. porosity. porousness.
تَخَلُّص، کنیه، نام مستعار. nom de plume. pseudonym. pen name. alias.
~ کردن. to adopt as a pen name. to use a nom de plume.
~ ساموئل کلمنز «مارك تواین» بود. the pen name of Samuel Clemens was Mark Twain.
تَخَلُّف، خلاف کردن، تجاوز، تعدی. infraction. infringement. offending. violation. breach. trespassing.
~ کردن. to violate. to infringe upon. to offend against. to breach.
~ از قانون. violation of law.
~ ازمفاد عهدنامه. the infringement of the terms of a treaty.
تخلفات رانندگی موجب مرگ بسیاری ازمردم میگردد. traffic violations cause the death of many people.
تَخلیص، خلاص‌سازی، آزادسازی، تحویل‌گیری. deliverance. rescuing. freeing. disencumberment. disentanglement.
تَخلِیَه، خالی‌سازی، پاك‌سازی، اخراج. evacuation. emptying. ejecting. expelling. offloading. vacating. discharge.
~ شدن. to be evacuated. to be ejected.
~ کردن. to evacuate. to empty. to eject. to expel. to vacate. to discharge.
تخلیهٔ ارتش از آن شهر. the evacuation of the army from that town.

کشتی را ~ کردن. offloading a ship.
دیروز خانه را ~ کردیم. yesterday we vacated the house.
تخم، بذر، بیضه، نطفه، تخمك. seed. pit. egg. sperm. ov-. testicle. ball. ovule. ovum.
~ پاشیدن، ~ کاشتن، ~ کاری کردن. to sow. to disseminate. to scatter seeds.
~ پاشی، ~ کاری. sowing. dissemination.
~ پاش. seeder.
~ چیزی را انداختن. to destroy the seed of something. to annihilate.
~ کردن. to lay eggs. to go to seed. to oviposit.
~ گذاشتن، ~ گذاردن، ~ نهادن. to lay eggs. to oviposit. to ovulate.
~ ریختن. to go to seed. to shed seeds. to oviposit. to spawn.
~ ریزی. going to seed. oviposition spawning.
کشاورزان در بهار ~ کاری میکنند. farmers sow seeds in spring.
این مرغ یك روز در میان ~ میکند. this hen lays eggs every other day.
تُخماق beetle. rammer.
تُخمچه، تخمك. small seed. ovule. ovum.
تخم‌دار seedy. having seed.
تخمدان ovary.
تخمدانی ovarian.
تخمراهه، تخمبر. oviduct.
تخم‌ریزی spawning. shedding seeds.
تُخمَك ovule. little seed. ovum.
تخم‌کار sower. cultivator. seeder.
تخمکاری cultivation. sowing. seeding.
تخم‌کش، تخم‌کشی. breeding.
تخم‌کن egg-laying.
تخمکی ovular.
تُخم‌گذار oviparous. laying eggs.
تخم‌گذاری laying eggs. oviposition.
تخم‌مرغ egg.
تُخم‌مُرغی oval. ellipsoid. egg-shaped. ovoid. ellipsoidal. ovate.
تُخمَه، تخم، نژاد، نطفه، تخمك. roasted seeds (of melons. etc). oosperm. oospore. zygote. ovum or ovule. stock. origin.
او از تخمهٔ ساسانیان بود. he was of Sassanian origin.
~ کدو. (roasted) pumpkinseed.
تُخمی، تخم‌دار، مخصوص تخم‌گیری، بد و ناقص. seedy. going to seeds. seed bearing.
تَخمیر fermentation. zymosis.
~ شدن. to ferment. to yeast. to leaven.
قابل ~. fermentable.
تَخمین، برآورد، دیدزنی. estimating. estimate. conjecture. appraising roughly.
~ زدن. to estimate. to appraise roughly.
~ زده (کرده) اندکه جمعیت افغانستان ۱۲ میلیون است. it is estimated that Afghanistan has a population of 12 million.
تَخمیناً approximately. by estimate.
تخمینی، برآوردی. appoximate. having to do with an estimate.
تَخَیُّل (تخیلات .pl)، اندیشه. imagination. fancy. vision. fantasy.
~ کردن. to imagine. to fancy.
تخیلی imaginative. fanciful. fantastic. visionary. imaginary.

تَدابیر (pl. of تدبیر)، تدبیر. plans. measures. precautions. contrivances.
تَداخُل eating between meals. eating peacemeal. permeation. entering (into something). coitus.
~ امواج. interference (of waves).
تداخلی interferential.
تَدارُك (تدارکات pl)، تهیه، آرایش، بسیج، پیش‌بینی. provision. providing. prearrangement. anticipation. precaution. preparation.
~ دیدن. to prepare. to provide (for). to prearrange.
~ برای مهمانی. preparations for a party.
~ فضای بازی برای بچه‌ها. the provision of a playing area for the children.
تَداعی association.
~ معانی. association of ideas.
تَدافُع، دفاع، پدافند. defense. repulsion.
تدافعی، پدافندی. defensive.
تَداول، رسم، عادت، مرسوم. usage. vogue.
تَداوی، معالجه، مداوا. medical treatment. healing. cure.
تدبیر (تدابیر .pl)، پیش‌بینی، سیاست، حزم. plan. policy. expedience. management. prudence. tact. contrivance.
~ کردن. to contrive. to plan. to devise.
درستی بهترین ~ هاست. honesty is the best policy.
با ~، مدبر. prudent(ly). tactful(ly).
تدابیر جنگی. tactics. military strategies.
حسن ~ good management. prudence.
تَدخین، دودکشی، استعمال دخانیات. fumigation. smoking.
تدریج، کم کم، رفته رفته. gradualness. little by little.
بتدریج، کم کم، رفته رفته، تدریجاً. gradually. little by little.
همه بتدریج پیر میشویم. we all get old gradually.
تدریجاً. gradually.
تدریجی gradual. occurring little by little.
تکامل تدریجی. evolution.
تَدریس، آموزش، یاد دادن. teaching. giving lessons. instruction.
~ کردن. to teach. to be a teacher. to instruct.
من عمر خودرا وقف ~ زبان انگلیسی کرده‌ام. I have devoted my life to teaching the English language.
تَدفین، دفن. burial. interment.
~ کردن. to bury. to inter.
مراسم ~. burial ceremonies.
تَدقیق، موشکافی، دقت. scrutinizing. scrutiny. exactitude.
تدقیقاً minutely. carefully. accurately.
تَدلیس guile. hypocrisy. craftiness. deception. deceitfulness. trickery.
~ کردن. to play the hypocrite.
تَدوین، گردآوری، تألیف، تهیه. collection. compilation. gathering.
~ کردن. to collect. to compile. to select and edit.
تَدهین، روغن‌مالی، تقدیس. anointment. embrocation. oiling. chrism.
~ کردن. to anoint. to embrocate. to oil.
تدهینی chrismatory. chrismal.
تَدَیُّن، دینداری. becoming religious religiousness. piety.
با ~، دیندار. pious. religious.
تَذَبذُب، دودلی. hesitation. perplexity.
تذکار reminding. remembrance. token.
تذکاریه reminder. memorandum.
تَذَکُّر reminding. notification.
~ دادن. to remind. to notify.
مجلس ~ memorial service.
تَذکِرَه passport. biography. memento.
تَذکیر masculinity.
تَذهیب illumination. illustration. gilding.
صفحه اول [illegible] the first page. of the book has been illuminated.
تَر، مرطوب. wet. moist. damp. dank. soaked with water. soaking. drenched.
~ کردن. to wet. to moisten. to soak. to dampen. to drench.
~ و تازه. fresh and green. moist and fresh.
باران فرشها را ~ کرده. the rain has made the rugs wet.
~ و خشك. the dry and the wet. the good with the bad.
تَر suffix forming the comp. degree "-er". more.
کوتاه~. shorter.
قشنگتر. more beautiful.
او پولدار~ ازمن است. he is richer (wealthier) than I am.
تُرا، تورا. thee. thine. to you.
تُراب، خاك. earth. soil. dirt. dust.
تُرابُ‌القَی، تریاك برگردان. emetic resin.
ترابری، حمل ونقل. transport. transportation.
تَراخُم trachoma.
تراخمی trachomatous.
تَرادُف، توالی، تسلسل، تشابه. succession. synonymity.
~ داشتن. to be synonymous.
تَراز، طراز. level. balance. adornment. decoration.
~ کردن. to level. to (cause to) balance.
یکی از شخصیت‌های ~ اول درکشور. one of the high level personalities in the country.
ترازدار، ترازگیر. leveller. instrument man.
ترازمند equilibrated. balanced.
ترازنامه، میزانیه. balance sheet.
تَرازو، میزان. balance. scale.
~ کردن. to weigh.
ترازودار weigher. salesman.
ترازی، افقی، میزانی. horizontal. levelness.
تِراژدی tragedy.
تَراش (i. r. of تراشیدن)، تراشنده، تراشیدن. shave thou. shave. cut. scrape. shaving. lop. erasure. paring. pruning. (also used. in combs. such as: مدادتراش).
~ دادن. to cut (as a diamond). to lathe. to carve. to scrape. to file.
~ کردن. to lathe. to prune. to trim. to lop. to turn in a lathe.
~ الماس. cut (of a diamond).
مداد ~. pencil sharpener.
تراش‌دار cut. lathed.
تراش‌کار turner. lathe operator.
تراش‌کاری turnery. operating a lathe.
تَراشَندِه shaver. cutter. sharpener. parer.
تَراشه، تریشه. shaving(s). splint. chip.
تراشیدگی erasure. scraped mark.
تَراشیدَن، اصلاح سروصورت کردن، تیز کردن. to shave. to scrape. to sharpen or point. to sculpture. to pare. to abrade.
او هرروز ریش خود را میتراشد. he shaves (his beard) every day.
مداد تراشیدن. to sharpen a pencil.
تَراشیدَه shaven. erased. sharpened. cut. scraped. sculptured.
حسن با سر ~ وارد اتاق شد. Hassan sporting a shaven head, entered the room.
ناتراشیده ونخراشیده. roughhewn. uncultivated.
تَراضی، رضایت دوجانبه. mutual consent.
تَراك، ترك، شکاف، درز. fissure. crack.
تراکاف dialyzer.
تراکافت dialysis.
تَراکتُور tractor.
تَراکُم، انباشتگی، ازدحام، بهم‌فشردگی، غلظت. accumulation. heaping up. compression. congestion. jamming. condensation. contraction. compaction. concentration.
~ داشتن، ~ کردن. to accumulate. to jam. to have congestion. to crowd.
~ وسائط نقلیه. traffic congestion (jam).
تَراکِمَه، ترکمن‌ها، ترکمانان. Turkmen.
تراموای، ترن‌برقی، واگن‌برقی. tramway.
ترانزیت، عبوری، گذاری. transit.
ترانزیستور transistor.
ترانسفورماتور transformer.
تَرانگَبین، ترنجبین. manna of hedysarum.
تَرانَه، سرود، تصنیف، آواز. ballad. song. trill. tune. melody. aria. air.
تَراوا permeable. osmose. permeant.
تراورتن travertine. travertin.
تَراوِش، نفوذ، رسوخ، تراوائی، نشت. oozing. exudation. leakage. seepage. osmosis. permeation.
~ کردن. to pass through. to osmose. to ooze. to leak. to exude. to seep.
تُرُب، تربچه. radish.
تِربانتین terebenthine. turpentine.
تُربَت، خاك، تراب. soil. dust. earth.
تُربچه، ترب. radish.
تُربُد turpeth.
تَربیَت، آموزش، تعلیم، پرورش. training. education. civility. instruction. cultivation. politeness. politesse. courtesy.
اسب ~ شده. a trained horse.
~ کردن. to educate. to train. to instruct. to civilize. to correct.
~ شده. educated. trained. civilized.
با ~. polite. courteous. civil. well-behaved.
بی ~. impolite. ill-mannered. discourteous.
آنانکه عمرخودرا وقف ~ نوجوانان کرده‌اند. those who have devoted their lives to educating the youth (youngsters).
تَربیتِ‌بَدَنی physical education.
سازمان ~ ایران. Iran Physical Education Organization.
تربیت‌پذیر، تربیت‌شدنی. educable.
تَربیع، چهارم. quarter (of the moon). quadrature.
تَرتیب (ترتیبات .pl)، روش، سبك، نحوه. arrangement. order. manner. method.

system. classification.
~ دادن. to arrange. to put in order. to classify.
بدین ~. in this manner. thus.
به~الفبا. alphabetically.
بی~. disorderly. unsystematic.
شمارهٔ ~. serial number.
شاگردان به~ قد صف بستند. the students lined up according to their heights.
افسران بترتیب درجه وارد اتاق شدند. the officers entered the room in the order of their ranks.
ترتیبی serial. systematic. having to do with order and arrangement.
بی~. disorderliness. lack of system.
تُرتیزَک، تره‌تیزک. (garden) cress. peppergrass.
~ آبی. watercress. brooklime.
تَرجُمان، مترجم، ترجمه، ارش‌گر، جریمه. interpreter. dragoman. fine.
تَرجَمَه (تراجم (pl.)، تفسیر، آرش، پچواک. translation. interpretation.
~کردن. to translate. to interpret.
مدرسهٔ عالی~. College of Translation.
عباس بیش‌از پنجاه کتاب بفارسی ~کرده است. Abbas has translated over fifty books into Persian.
ازفارسی به‌انگلیسی ~کردن. to translate from Persian into English.
ترجمهٔ آنی. instant translation.
ترجمهٔ همزمان. simultaneous translation.
تَرجیح، رجحان. preference. choice.
~دادن. to prefer. to choose.
من سلامتی را بمال ~ میدهم. I prefer health to wealth.
تَرجیع بَند refrain. return-tie.
تَرَحُّم، دلسوزی، رحم. pity. compassion. mercy. kindness. commiseration.
~کردن. to pity. to take pity on. to commiserate.
به‌کسی~کردن. to pity (have mercy on) someone.
قابل ~. pitiable.
~آور، ~انگیز. pitiful. piteous.
ترحیم wishing God's mercy for a deceased person. funeral.
مجلس ~. funeral service.
تَرخون (bot.) tarragon. estragon.
تَرخیص، آزادسازی، رهائی، خروج ازگمرک. releasing (from a customhouse).
~کردن. giving leave. to release or pass through the customs.
تُرد، شکننده. brittle. fragile. frail. friable. crisp. frangible.
تَردامَن unchaste. incontinent.
تَرَدُّد، رفت‌وآمد، تردید. traffic. going back and forth. hesitation.
~کردن. to ply (or travel) back and forth.
تَردَست، چابک، زرنگ. dexterous. prestidigitator.
تردستی legerdemain. sleight of hand. prestidigitation. dexterity.
با مهارت و~. with skill and dexterity.
تُردی brittleness. fragility. crispness.
تَردید، شك، دودلی، بدبینی. doubt. hesitation. dubiety. dubiosity. uncertainty. skepticism.
~ کردن، ~ داشتن. to hesitate. to be in doubt. to be uncertain or undecided.

او در لیاقت شما تردیدی ندارد. he has no doubt about your ability.
غیرقابل ~. indubitable. unquestionable.
بی ~، بدون ~. doubtless(ly). without doubt. certain(ly).
تَرس، بیم، هراس. fear. dread. fright. terror. panic. anxiety. worry.
آنها از او میترسیدند. they feared him.
من میترسم به‌او نزدیك شوم: I dread to approach him.
نترس. don't worry. don't be afraid.
تَرسا، مسیحی. Christian.
ترسان، هراسان، بیمناك. afraid. fearful.
ترساندن، ترسانیدن، هراسان‌کردن. to frighten. to scare. to intimidate. to terrify. to make afraid.
اوسعی‌کرد مرا باتهدید بترساند. he tried to frighten (scare) me with threats.
ترسناك، هراسناك، مخوف، وحشتناك. dreadful. frightening. fearful. horrible. terrible. horrid. scary. afraid.
فیلم ~. horror movie. a scary film.
تَرسُو، جبون. timid. timorous. cowardly. yellow. pusilanimous.
ترسوئی، جبن. timidity. timorousness. cowardliness. pusilanimity.
ترسیدن، بیم داشتن. to fear. to be afraid of. to dread.
میترسم بالاخره مهمانها دیر بیایند. I fear the guests will finally be late.
کودك از سگ میترسید. the infant was afraid of the dog.
او از انتقاد میترسد. he dreads criticism.
پری از شیمی و مثلثات میترسد. Pari is afraid of (dreads) chemistry and trigonometry.
ترسیده، وحشت‌زده. frightened. scared.
ترسیم، رسم. drawing. tracing. sketch. sketching. drafting. delineation.
ترسیم‌کردن،کشیدن. to draw. to trace. to diagram. to sketch. to picture. to describe.
ترسیمی descriptive. illustrative.
هندسهٔ ~. descriptive geometry.
تُرش، آسیددار. sour. acidified. acid. acidulous. tart.
ترشیده شدن. to sour. to go sour. to become acid. to acidulate.
~کردن. to have a heartburn. to make sour.
انگور ~. sour grapes.
این آبگوشت بسیار ~ است. this soup is very sour.
تُرشانیدَن، ترشاندن. to cause to turn acid. to make sour.
تَرَشُّح (ترشحات (pl.)، نفوذ، سرایت، ریزش، تراوش. oozing. excretion. secretion. discharge. exudation. splashing.
~کردن. to ooze. to excrete. to secrete. to discharge. to exude. to splash.
خونش از زخم ترشح میکرد. his blood oozed out of the wound.
شاش او بدیوار ~کرد. his urine splashed against the wall.
ترشحی secretory. excretory.
تُرشرو، اخمو، بداخم. morose. peevish. crabbed. sourpuss.
ترشروئی، اخموئی، بداخمی. moroseness. sourness.
تُرشَك sorrel.

تُرشمَزه sour. of an acid flavour.
تُرشی sourness. acidity. pickles (made with vinegar).
~ انداختن، ~ درست‌کردن. to pickle.
ترشیدگی rancidity. fermented state. the state of having gone sour.
ترشیدن to become sour. to turn acid. to get rancid.
شیر درهوای گرم میترشد. milk goes sour in warm weather.
اگر کره را در جای سرد نگاه نداری خواهد ترشید. if you do not keep butter in a cool place it will become rancid.
ترشیده gone sour. rancid.
دختر ترشیده. old maid.
تَرَصُّد، انتظار، مراقبت. lying in wait. observation. expectation.
تَرصیع، مرصع‌سازی. inlaying with gems. using words which correspond in measure and rime.
تَرضیَه، رضامندی، خشنود سازی. securing satisfaction of. gratification.
برای ~ او. in order to secure his satisfaction (or to please him).
تُرعَه، کانال، آبراه. canal.
تَرغیب، تشویق، وادارسازی. persuasion. encouragement. exhortation.
~کردن. to encourage. to exhort. to urge. to press. to persuade. to incite.
کامیابی من به‌ترغیبهای او بستگی داشت. my success depended on his encouragements.
شاهنشاه جوانان را ~ نمودندکه‌بمیهن خدمت نمایند. the Shahanshah urged the youth to serve the country.
تَرفیع (ترفیعات (pl.)، بالاروی، ترقی، پیشرفت. promotion. elevation. advancement.
~ یافتن. to be promoted or raised.
~ نمودن، ~ دادن (به). to promote. to advance. to raise.
بدرجهٔ سرهنگی ~ یافت. he was promoted to the rank of colonel.
تَرفیه، رفاه، آسایش‌خاطر. welfare. comfort.
تَرَق، شرق. cracking (noise).
~ کردن. to crack. to go off with a crack or bang.
تَرقُوَه (استخوان)، چنبر. clavicle.
تَرقوی، چنبری. clavicular.
تَرَقّه، آتش‌بازی. firecracker.
~ درکردن. to set off a firecracker.
تَرَقّی (ترقیات (pl.)، پیشرفت، پیشروی، بهبود. progress. improvement. advancement. development. amelioration. increase.
~کردن. to progress. to advance. to develop. to move up or forward. to proceed. to increase. to raise.
قیمتها ~ بسیارکرده است. prices have gone up (increased) much.
~ معکوس. retrogradation. retrogression.
روبه~. on the rise. developing.
ترقیات‌کشور در دههٔ‌اخیر. the country's advance in the last decade.
ترقی‌خواه progressive.
تَرقیق، رقیق‌سازی. dilution.
~ کردن. to dilute. to rarefy.
تَرَك، درز، شکاف. crevice. crack. split.
~ پیداکردن ،~ خوردن. to crack. to (be) split.
تَرك، رهائی. abandonment. desertion.

ترك back (usu. in comb.)
تُرك (اتراك) تاتار، مغول. Turk. Turkish.
تَرکاندَن، ترکانیدن. to (cause to) burst. to blast. to explode. to crack.
تَرك‌بَند carrier (of a bicycle.)
تُرکتازی incursion. depradation.
ترکستان Turkistan.
تَرکَش، تیردان. quiver.
تَرك‌کردن، ترك‌گفتن. to abandon. to leave. to forsake. to desert. to renounce. to relinquish. to give up.
او شوهر خودرا ترك‌کرد وبخانهٔ پدربرگشت. she abandoned her husband and returned to her father's house.
در ساعت هشت صبح منزل‌را ترك‌کردم. I left the house at 8 a.m.
اگر سیگار را ترك نکنی سرطان خواهی گرفت. if you don't give up cigarets you will get cancer.
تُرکمان، ترکمن. Turkoman. Turkman.
ترکمانی Turkoman. Turkman.
تَرِکَه (ترکات (pl.)، مرده ریگ، ارث، ماترك. legacy. patrimony. heirloom.
تَرکه twig. wand. wicker. withe.
تُرکی Turkish.
ترکیب (ترکیبات (pl.) shape. form. blend or mixture. compound. composition. combination. union. amalgam. amalgamation.
~کردن. to combine. to compose. to mix or blend. to amalgamate.
ترکیبات آلی. organic compounds.
ترکیبی synthetic. compound.
تَرکیدگی، شکافتگی، ترك، شکاف. state of being burst. crack. split.
ترکیدن to burst. to explode. to crack. to rupture. to blow up. to go off.
از خنده ~. to burst with laughter.
بمب در هوا ترکید. the bomb exploded in the air.
ترکیده burst. split. cracked. exploded. chapped.
ترکیزه، باکتری. bacteria.
ترکیَه Turkey.
تُرمتای merlin.
تُرمُز brake.
~کردن، ~گرفتن. to brake. to put the brakes on. to apply the brake.
ترمس lupine.
ترمس thermos flask.
ترمودینامیك thermodynamics.
ترمِه cashmere.
تَرمید،خاکسترسازی. incineration.
ترمیم، اصلاح، جبران، بهبود، اصلاحیه. repair. renovation. reparation. amendment. regeneration. reshuffling.
~ کابینه. cabinet reshuffle.
~کردن. to amend. to reshuffle. to rebuild or repair.
ترمیمی reparative.
جراحی ~. plastic surgery.
تِرِن، قطار. train.
تُرُنج (bot.) citron.
تَرَنجَبین، ترنگبین. manna of hedysarum.
تَرَنُّم singing melodiously. trilling. crooning.
~ کردن. to sing melodiously. to trill.
تِرُور، وحشت، آدمکشی. assassination.

terror. fear. dread. dismay. alarm.
~ کردن. to assassinate. to murder.
ترویج propagation. promotion. circulating. development.
~ کردن. to propagate. to promote. to circulate. to give currency to.
~ بهداشت درروستاها. promotion of hygiene in villages.
تره (bot.) leek.
ترهات، مهملات. idle talks. trifles.
تره‌بار fresh fruit and vegetables
ترهیب frightening. intimidation.
ترهیبی afflictive.
مجازات ~. afflictive punishment.
تری، تازگی، رطوبت. wetness. freshness.
تریاق antidote. theriaca.
تریاك، افیون. opium.
تریاکی، تریاك‌کش، افیونی. addicted to smoking opium. junkie.
تریبون rostrum. lectern.
ترید broth in which bread has been crumbled.-sop.
~ کردن. to sop (bread in broth).
تریشه، تراشه. shavings.
-ترین (suffix forming the superlative degree) -est. most.
پست‌ترین. the lowest.
زیباترین. most beautiful.
تزاید، فزونی، ازدیاد، افزایش. augmentation. growth. increase.
تزریق injection. inoculation. transfusion.
~ کردن. to inject.
~ خون. blood transfusion.
~ زیرپوستی. subcutaneous injection.
تزکیه، پاك‌سازی، اصلاح. purification.
تزکیهٔ نفس. purification of the soul.
~ کردن. to purify.
تزلزل، سستی، بی‌ثباتی. shaking. shakiness instability.
~ داشتن، متزلزل بودن. to be shaky or unstable.
~ ناپذیر. firm. constant. unshakable.
تزویر، حیله، دسیسه‌بازی. dissimulation. guile. cunning. hypocrisy. deception. trickery. ruse. stratagem. trick. artifice.
~ کردن. to dissimulate. to deceive.
تزیید، تزاید. increasing. increase.
تزیین، آرایش، زینت. decoration. ornament. trimming. adornment. ornamentation. embellishment.
گلها اتاق را ~ مینمایند. flowers ornament the room.
~ کردن. to decorate. to garnish. to adorn. to embellish. to bedeck. to beautify.
بیادبود تولد او تالار را ~ کردند. they decorated the hall in commemoration of his birth.
تزیینی، زینتی. decorative. ornamental.
هنرهای ~. decorative arts.
تسامح، غفلت، مسامحه. negligence. heedlessness. carelessness. dereliction. being remiss.
تسامح کردن to act negligently. to take no care. to be remiss, negligent or lax.

تساوی، برابری، مساوات. equality. evenness. parity. equivalence.
به ~. equally. evenly.
تسبیح (تسبیحات .pl)، تمجید، نیایش، حمدوسپاس. rosary. chaplet. praise (to God).
~ خواندن. to praise (God) in a hymn.
~ گرداندن. to tell (or bid) beads.
دانهٔ ~. bead (of a rosary).
تسبیل، وقف، واگذاری، اهداء. devotion to some purpose.
تست، تواست. thine. you. yours.
مال ~، از آن تواست. it is thine (yours).
تستوسترون testosterone.
تسجیل، تائید، مسجل‌سازی. confirmation.
تسحیر enchanting. bewitchment.
تسخر، مسخره، دست‌اندازی. mockery.
تسخیر، مطیع‌سازی، تصرف، مسخرسازی. conquering. mastering. captivation. conquesting.
سرزمینی را ~ کردن. to conquer a land.
~ کردن. to take possession of. to conquer. to subjugate. to capture.
تسخیرناپذیر unconquerable. invincible.
تسخیری conquered. court-appointed.
تسریع، شتاب. acceleration. haste. expediting. hastening. speeding (up). quickening.
خواهشمنداست درجواب ~ فرمائید. please expedite the reply.
تسطیح، مسطح سازی، تخت سازی، صاف‌سازی. levelling. surfacing. grading.
~ کردن. to level. to surface. to grade.
زمین را (با خاکریزی) تسطیح کردن. to grade the ground.
تسعیر، تبدیل، معاملهٔ ارزی، هم‌ارزی. conversion. exchanging. changing.
~ کردن. to convert. to exchange.
ریال را به پوند ~ کردن. to change (exchange) Rials into Pounds.
تسکین، آرامش، آرام سازی، فرونشانی، تسلی. quieting. soothing. mitigation. alleviation. sedation. pacification. relief.
~ دادن. to quiet. to soothe. to pacify. to relieve.
داروئی که آناً درد را ~ میدهد. the medicine that brings immediate relief from pain.
تسکین یافتن، آرامش یافتن، تسلی یافتن، آرام شدن. to become quiet. to be appeased. to become relieved (from pain). to find calm. to cool down. to be soothed.
غضبش تسکین یافت. his anger cooled down.
تسلسل، توالی، تداوم. concatenation. continuity. succession.
تسلط، استیلا، غلبه، مهارت، کنترل. domination. dominance. hegemony. predominance. control. proficiency.
~ یافتن. to rule. to dominate. to gain control.
~ اعراب‌برایران. the Arab domination (control of) Iran.
درانگلیسی تسلط‌کامل بدست‌آورد. he gained complete proficiency in English.
~ داشتن. to dominate. to predominate. to be proficient.
در وراثت سیاه برسفید ~ (غلبه) دارد. in heredity, black is predominant over white.
او بفرانسه ~ ندارد. he is not proficient in French.

تسلی، تسلیت، دلگرمی، اظهارهمدردی. consolation. solace. sympathy. condolence.
کتاب‌تنها ~ او بود. books were his only solace.
~ دادن. to console. to comfort. to condole.
تسلی‌بخش، تسلی‌آمیز. consoling. comforting. consolatory.
تسلی‌پذیر consolable.
تسلی ناپذیر inconsolable.
تسلیت، دلنوازی، تسلی. condolence. consolation. sympathy.
~ دادن. to console. to condole.
~ عرض میکنم. please accept my condolences.
بمناسبت مصیبت وارده عمیق‌ترین ~ خود را ابراز میداریم. we express our deepest condolence for your misfortune.
تسلیتی consolatory. condolatory.
تسلیت نامه letter of condolence.
تسلیح، مسلح‌کردن. armament. ammunition. arming. equipping with arms.
~ کردن، مسلح‌کردن. to arm.
~ مجدد آلمان. the rearmament of Germany.
تسلیحات munitions. ammunitions. ordnance. arms. armaments.
تسلیم، تقدیم، اطاعت، پیروی. delivery. surrender. capitulation. yielding. succumbing. submission.
~ شدن. to surrender. to give up. to capitulate. to yield.
~ کردن. to deliver. to give. to surrender.
~ نامه. the delivery of a letter.
سربازان دشمن ~ شدند. the enemy soldiers surrendered.
خود را ~ حوادث‌کردن. submitting oneself to circumstances.
بالاخره آلمان ~ شد. finally Germany capitulated.
همه باید ~ ارادهٔ خدا باشیم. we should all resign ourselves to the will of God.
تسمه، کمربند، تسمهٔ‌چرمی، باریکه، زبانهٔ‌چرمی. belt. leather band. strap. thong.
~ پروانه (اتومبیل). fan-belt.
~ زدن به‌چیزی، ~ دارکردن. to belt. to strap.
آهن ~. hoop iron. band iron.
تسمیه، نامگذاری. denomination. giving a name. nomenclature. naming.
تسنن، سنی‌گری. professing to be a Sunnite.
تسویه، برابرسازی، پاك‌سازی، ادا، تأدیه. liquidation. settlement. equalization.
~ کردن. to liquidate. to settle. to clear (a debt).
حساب خود را با او ~ خواهم‌کرد. I will settle (my accounts) with him.
مبلغ ۱۰۰۰ ریال بابت تسویهٔ بدهی قبلی. the sum of Rials 1000 toward the settlement of the previous debt.
تسهیل (تسهیلات .pl)، آسان‌سازی، آسانی. facilitating. facilitation. ease.
تسهیلات لازم فراهم‌شده‌است. the necessary facilities have been provided.
برای ~ صدور گذرنامه... in order to facilitate the issuance of passports...

تسهیلات facilities.
تسهیل‌کردن to facilitate. to make easy.
تسهیم sharing. dividing.
تشابه، همانندی، شباهت، همسانی. similarity. sameness. resemblance.
بین‌آندو تشابهی وجود ندارد. there is no similarity between the two.
تشاله jolly boat.
تشبث (تشبثات .pl)، تمسك، پناه‌بری، اقدام. resort(ing). recourse. pretext.
~ کردن. to have recourse to.
تشبیه (تشبیهات .pl)، همسانی، شبیه سازی. likening. comparison. simile.
زندگی را به سفر زیارتی ~ کردن. likening life to a pilgrimage.
درجات ~. degrees of comparison.
این شعر دارای تشبیهاتی بسیارجذاب است. this poem contains extremely attractive similes.
~ کردن. to liken. to compare.
تشت، طشت. washtub. basin. tub.
تشتت، پراکندگی، اختلاف، پریشانی. diversity. dispersion. distraction. divergence. disagreement. discord.
~ آراء. diversity (divergence) of opinions.
تشتك، طشتك. small tub or basin.
تشجیع، تشویق. emboldening. encouragement.
~ کردن، تشویق‌کردن. to brave. to encourage. to incite.
رفیقه‌اش اورا ~ میکرد. his girlfriend emboldened him.
کامیابی‌من به ~ او بستگی‌داشت. my success depended on his encouragement.
تشخص personification. distinction.
او مرد با تشخصی است. he is a man of distinction.
تشخیص، امتیاز، شناختن، فرق، تفاوت‌گذاری. distinction. discernment. diagnosis. recognition.
~ دادن. to distinguish. to tell the difference between. to recognize.
~ میان نیك و بد. the distinction between good and evil.
~ دکتر چه بود؟ what was the doctor's diagnosis?
نتوانستم صدایش را ~ بدهم. I could not recognize his voice.
تشدد، خشونت، شدت عمل، پرخاش. severity. harshness. violence. aggravation.
تشدید، شدت عمل، سختگیری، سخت‌سازی. aggravation. intensification. stress.
~ درد. the intensification of pain.
~ کردن. to aggravate. to intensify.
این عمل وخامت اوضاع را تشدیدکرد. this deed aggravated the seriousness of the situation.
تشر، توپ و تشر، تشدد. arrogant speech.
بکسی ~ زدن. to browbeat or bully someone.
تشرف، شرفیابی، آستان بوسی. being honoured (through visiting a dignitary or a holy place).
حضورایشان ~ حاصل کردم. I had the honor of visiting him.
تشریح، کالبدشناسی، کالبدشکافی، توضیح. dissection. anatomy. analysis.

~کردن. to describe. to explain. to dissect. to anatomize.

~ مرده (کالبدشکافی) autopsy.

تشریح‌دان، کالبد شناس. anatomist.

تشریحی، وابسته بکالبدشناسی، توصیفی. descriptive. anatomical.

تشریف، مفتخرسازی. honouring.

~آوردن (آمدن). to come or arrive.

قراراست برادرتان امشب ~ بیاورند. your brother is expected (due) to arrive tonight.

~ بردن (رفتن). to go or depart.

مهمانان ساعت هشت ~ بردند. the guests left at 8 o'clock.

~ داشتن (بودن). to be or stay.

ایشان منزل ~ ندارند. they are (he is) not home.

~ بیاورید اینجا. kindly come here.

تشریفات، مراسم، آداب. ceremonies. formalities. protocol.

~گمرکی را انجام دادن. to complete the customs formalities.

رئیس ~. protocol chief. master of ceremonies.

تشریفاتی ceremonial. formal.

تشریف‌فرما coming or having come.

وزرا ~ شدند. the ministers arrived.

تشریف‌فرمائی coming. arrival.

تشریک، همکاری، مشارکت، اشتراك مساعی. making one a partner. associating. cooperating. collaboration. partnership.

~ مساعی. collaboration. cooperation.

با ما ~ مساعی کنید. cooperate with us.

تشعشع، تابش، پرتوافکنی. radiation. brilliancy. radioactivity.

تشعشعی radioactive.

تشفی، شفایابی، التیام. cooling (after anger). recovery. betterment. healing.

تشك، دوشك. mattress. seat.

تشك‌چه small mattress. pad. seat. cushion.

تشکر، سپاس، امتنان، قدردانی. thanking. (pl. تشکرات=thanks). gratitude. appreciation.

تشکرات خودرا تقدیم میداریم. we offer our thanks.

برای آن زحمت ازاو ~کردم. I thanked him for the trouble.

~کردن. to thank.

تشکل، تشکیل. formation. being organized.

تشکی، شکایت. complaining.

تشکیل (تشکیلات .pl)، ایجاد، بنیادگذاری، انعقاد، برگزاری. formation. organizing. convening. establishment.

مدیران هفته‌ای یکبار ~ جلسه میدهند. the directors convene once a week.

~ دادن. to form. to organize.

~ یافتن. to be formed. to be organized.

شرکت جدیدی ~ یافت. a new company was formed.

تشکیلات، سازمان، تأسیسات. organization. institutions. establishments.

تشکیلاتی organizational.

تشنج، لرزش، ارتعاش، هیجان، التهاب. convulsion. spasm. fit. paroxysm.

دنیای پر~. a convulsive (confused) world.

تشنج‌زدائی detente. de-escalation.

تشنجی spasmodic. convulsive.

تشنگی، عطش. thirst.

رفع ~. relieving (one's) thirst.

تشنه (تشنگان .pl). thirsty. dry. parched. eager. greedy.

~ بخون. bloodthirsty.

تشنهٔ ثروت. greedy for wealth.

~ بودن. to be thirsty.

~کردن. to make thirsty or greedy.

تشویش، نگرانی، اضطراب، بیم. anxiety. fear. apprehension. worry. angst. depression.

~ دربارهٔ سلامتی بچه. anxiety about a child's health.

~ خاطر. disquietude. apprehension.

~ داشتن. to have anxiety. to be disturbed or alarmed. to fear.

دچار~کردن. to make anxious or worried.

تشویق، تشجیع، ایجادشوق. encouragement.

دریادگیری ~ ازتنبیه مهمتراست. in learning, encouragement is more important than punishment.

~کردن. to encourage. to incite. to hearten.

~ شدن. to be encouraged.

تشیع، شیعه‌گری، پیروی از دین شیعه. shiism. professing to be a Shiite.

اهل ~. Shiite (s). a Shi'a.

تشیید، تقویت. strengthening. consolidation.

تشییع، مشایعت. escorting. obsequies. exequies.

~ جنازه. funeral procession.

تصاحب، تملك، وضع ید، اکتساب، تصرف. assuming ownership. possessing. taking possession. appropriating.

او زمینهای دولت را ~کرد. he assumed ownership (took possession) of government lands.

~کردن. to take possession of. to take over. to seize.

پس ازمرگ عمو ملك به ~ او درآمد. after the uncle's death, the property fell in his possession.

تصادف، پیش‌آمد، برخورد، حادثه. coincidence. collision. encounter. concurrence. conjunction. happenstance.

عزیمتش تصادفی بود. his departure was a coincidence.

~ اتومبیل (خودرو). car accident.

با ماشین ~ کرد ومرد. he had a car accident and died.

برحسب ~ در راه بمن برخورد. he happened to meet me on the way.

نوروز با روز قتل ~ کرد. the New Year fell on the Martyrdom day.

تصادف‌کردن، تلاقی‌کردن، برخوردکردن. to have an accident. to collide. to come into collision. to meet by chance. to bump into. to chance.

تصادفاً by chance. casually. incidentally. accidentally.

~ به‌او برخوردم. by chance I bumped into him.

تصادم، برخورد سخت، تصادف، ضربت‌خوری. collision. impingement. percussion.

~ دو هواپیما درآسمان. the collision of two planes in the air.

~ کردن. to collide. to clash.

تصاعد، بالاروی، صعود. rising. progression. ascending. soaring.

~ هندسی geometrical progression.

~ عددی. arithmetical progression.

تصاعدی progressive. progressional.

مالیات بردرآمد ~. graduated income tax.

تصانیف (pl. of تصنیف)، تصنیفات. songs. ballads. airs. compositions. writings.

تصاویر (pl. of تصویر)، تصویرها، عکس‌ها. pictures. illustrations.

تصحیح (تصحیحات.pl)، اصلاح، نمونه خوانی. correction. adjusting. rectification. amendment. proof reading.

~کردن. to correct. to rectify.

قابل ~ corrigible. adjustable.

لطفاً اشتباهات مرا ~کنید. please correct my mistakes.

تصحیف، صحیفه نویسی، تغییروتبدیل درنامه، اشتباه قلمی. (making an) error in reading or writing. changing the diacritical points of words.

~کردن. to read or write erroneously.

تصدق، صدقه. alms (giving). charity. dole. gratuity.

~ کردن، ~ دادن. to give (away as) alms.

تصدقت شوم، تصدقت‌گردم. may I be sacrificed for thee (obsolete heading in letters addressed to dignitaries or dear ones).

تصدی، عهده داری، قبول شغل یا مسئولیت. incumbency. being in charge.

او ~ این‌بخش را بعهده‌گرفت. he took charge of this department.

دورهٔ ~. term of office.

تصدیع، مزاحمت، زحمت، دردسر. (causing) inconvenience or trouble. bothering.

~ فراهم‌کردن، ~ دادن. to cause inconvenience. to trouble. to bother.

تصدیق، گواهی، جواز، پروانه. confirmation. certification. attestation. certificate. licence. acknowledgement.

~ کلاس ششم. sixth class certificate.

~ رانندگی. driving licence.

تصدیق‌کردن to confirm. to certify. to acknowledge. to admit.

وزارت دادگستری آنرا تصدیق‌کرد. the Ministry of Justice certified (legalized) it.

تصدیق کردکه خطاکرده. he admitted that he has done wrong.

تصرف (تصرفات .pl)، تصاحب، اشغال. possession. occupation. seizure. appropriation. expropriation.

~کردن، به~درآوردن. to take possession of. to possess. to expropriate. to occupy.

در چیزی (دخل‌و) ~کردن. to bring about (unwarranted) changes in something.

سرزمین تازه‌ای را ~کردن. to occupy (possess) a new territory.

تصریح (تصریحات .pl)، تثبیت، آشکارسازی، رك‌گوئی. specifying. making clear. stipulating. stipulation. stressing. emphasis.

~ کردن. to stipulate. to specify.

مادهٔ سوم این‌قانون ~ دارد‌که... the third article of this law stipulates that...

تصریف (تصریفات .pl)، صرف، گرداندن. conjugation. declension. revulsion.

تصعید، بالارفتن، صعود. sublimation. elevation. ascension.

~ نمودن. to sublimate.

تصغیر، کوچکی، صغیری، ناچیزی، حقارت. diminution. smallness. littleness.

~کردن. to put into the diminutive form.

تصفیه، پالایش، اصلاح، پاك سازی. filtration. purification. refinement.

تصفیهٔ آب. filtration of water. water purification.

تصفیهٔ (پالایش) نفت. refining oil.

~ خانه، پالایشگاه (نفت). refinery.

تصفیه‌کردن to filter. to refine. to purify.

تصلب، سخت‌شدن. becoming hard. induration. hardening. callosity. sclerosis. hardness.

~ شرائین. hardening of the arteries.

تصمیم، اراده،عزم. decision. resolution. determination. will. will power.

~ ما اینستکه بمانیم. our decision is to stay.

تصمیم اتخاذکردن، تصمیم‌گرفتن. to take a decision. to determine. to decide. to make up one's mind. to pass a resolution. to resolve.

تصنع، وانمود، ظاهر سازی، ظاهر آرائی. affectation. artificiality. pretending. feigning. artifice.

تصنعی feigned. affected. artificial. ersatz. synthetic. spurious.

تصنیف (تصانیف or تصنیفات pl)، تألیف، نگارش، گردآوری. composition (of a book. etc.). musical composition. writing. popular song. ditty. air.

سرودی ~ کردن. to compose (write) a song.

تصنیف‌کردن to compose or write. to indite.

اوآهنگ‌های بسیاری تصنیف‌کرد. he composed many tunes.

تصور (تصورات .pl)،خیال،وهم،گمان. imagination. conception. notion. supposition. fancy. visualization.

تصورات واهی. idle imaginations.

~کردن. to imagine. to conceive. to suppose. to fancy. to think. to visualize.

~ نمیکنم امشب بیاید. I do not suppose he will come tonight.

قابل ~. conceivable. imaginable.

غیر قابل~. inconceivable.

تصوری،خیالی،وهمی. fanciful. whimsical. imaginative. imaginary. subjective.

تصوف، صوفیگری، درویشی. sufism. mysticism.

تصویب، پسند، پذیرش، صحه‌گزاری، تأیید. approval. sanction. approbation. ratification. confirmation.

~ کردن. to approve. to sanction. to ratify.

مجلس لایحهٔ جدید را ~کرد. the parliament approved the new bill.

همهٔ قوانین بشری باید مورد ~ الهی باشد. there must be divine sanction for all human laws.

~ عهدنامه. the ratification of a treaty.

~ شدن. to be approved or ratified.

پیشنهاد او ~ نشد. his proposal was not ratified.

تصویب‌نامه decree (of the council of ministers). written authorization.

تصویر (تصاویر .pl)، تمثال، عکس، نقاشی. picture. depiction. portrait. effigy. image. description. painting. drawing.

illustration. icon.
~ کردن. to picture. to portray. to paint.
تصویری درست از اوضاع.
a true picture of the situation.
فردوسی صحنهٔ نبرد را خوب ~ میکند.
Ferdowsi portrays battle scenes well.

تضاد، منافات، مغایرت، ناسازگاری، ناجوری.
contrast. contrariety. opposition. conflict. clash. contradiction.
~ داشتن. to be contrary. to clash.

تَضامُن، مسئولیت مشترك.
standing surety for each other. joint and several responsibility. warranty.

تضامنی، دارای مسئولیت مشترك.
joint and several.
شرکت ~. general partnership company.

تَضَرُّع، لابه، التماس.
supplication. entreaty. beseeching. praying. begging.
~ کردن. to supplicate.
to entreat. to beseech. to beg.

تَضعیف، مضاعف سازی، ضعیف سازی.
doubling. reduplication. weakening. enfeeblement.
~ کردن. to weaken. to enfeeble.

تَضَمُّن، بیان ضمنی.
inclusion. implication. implicitness.

تَضمین (تضمینات .pl)، پابندان، ضمانت.
guarantee. security. surety. warranty.
~ کردن.
to guarantee. to vouch. to undertake.
~ دادن. to give a guarantee or security.
من امانت او را ~ میکنم.
I vouch for his honesty.
او ~ کرد (بعهده گرفت) که آن مبلغ را بپردازد.
he undertook to pay the sum.
من ~ میکنم که چنین باشد.
I warrant it to be so.

تضمین‌نامه voucher. letter of guarantee.

تَضییع، ضایع سازی. spoiling. wasting.
~ کردن. to waste.

تَطابُق، برابری، تقارن، انطباق.
conformity. agreement. correspondence. analogy. focusing.
~ داشتن، ~ کردن.
to conform. to agree. to correspond.

تَطاوُل، چپاول، غارت.
trespassing. plunder. pillage. booty.

تَطبیق، برابر سازی، انطباق، مطابقت، توافق.
comparison. comparing. checking. verification. collation. adaptation.
~ کردن. to compare. to check.
to collate. to adopt. to conform.
حسابها را ~ کردن. to compare accounts.
خود را با اوضاع ~ دادن.
to adapt oneself to the situation.
این مجازات با قانون ~ نمیکند. this punishment does not conform to the law.

تطبیقی comparative.
ادبیات ~. comparative literature.

تَطمیع، بطمع انداختن، اغواء.
alluring. corruption.
~ کردن. to allure. to corrupt. to bribe.

تطور، دگرگونی تدریجی. evolution.
gradual change. development.

تَطویل، اطاله، درازی، ادامه.
prolongation. lengthening.

تطهیر، پاك سازی،
purification. cleansing. purging.
~ کردن. to purify or purge.

تظاهر (تظاهرات .pl)، شعاردادن، وانمود سازی، ظاهرسازی.
affectation. demonstration. simulation. feign. manifestation. pretension. faking.
~ کردن. to affect a feign. to simulate.
to fake. to pretend.
او ~ بدوستی میکند.
he is simulating friendship.
~ به روزه‌خواری کردن. to openly violate the (Islamic) rules on fasting.
او ~ بداشتن لهجهٔ خارجی میکرد.
he affected a foreign accent.
کارگران بنفع کاندیدتظاهرات کردند. workers demonstrated in favor of the candidate.
او ~ به دینداری کرد.
he pretended to be religious.

تظاهرات
demonstrations. manifestations.

تظاهرکنندگان demonstrators.

تَظَلُّم (تظلمات .pl)، دادخواهی، شکایت.
complaining against an injustice. grievance. demanding justice.
~ کردن. to demand justice.
to complain against an injustice.

تَعادُل، تساوی، برابری، میانگین، تقارن.
equilibrium. parity. balance. evenness. symmetry. proportion. moderation.
~ برقرار کردن. to establish or restore equilibrium. to make par.
بحال ~ درآوردن.
to equilibrate. to balance.
پیرمرد ~ خود را از دست داد وافتاد.
the old man lost his balance and fell down.

تَعارُف (تعارفات .pl)، احترام، آداب و رسوم، چرب‌زبانی، مهربانی.
compliment(s). ceremony. courtesy flattery.

تعارف‌کردن to use compliments.
to stand upon ceremony. to make a present of.
~ بموقع خوش‌آیند است.
a timely compliment is pleasing.
~ راکنار بگذاریم وساده حرف‌بزنیم.
let us put ceremonies aside and speak plainly.
من به‌او يك سیگار تعارف کردم.
I offered him a cigarette.
من برایش يك تعارف فرستادم.
I sent him a gift.
خیلی به‌او تعارف (اظهار ادب) کردم.
I showed him much courtesy.

تعارف‌آمیز complimentary.

تعارفی complimentary. gift.

تَعاقُب، تعقیب، دنبال کردن. pursuing.
chasing. following. hunting. pursuance
~ کردن. to pursue. to chase. to follow.

تَعالی، بلندی، رفعت، والامقامی. elevation.
rise. loftiness. exalted. most high.
~ اخلاقی يك ملت.
the moral elevation of a nation.
خداوند ~. the exalted (most high) God.

تعالیم، تعلیمها. teachings. instructions.

تَعاوُن، خودیاری، همیاری، مددکاری، یاری.
cooperation. mutual assistance.
صندوق ~. aid fund. cooperative fund.

تعاونی cooperative.
شرکت ~. cooperative (society).
تعاونیهای روستائی rural cooperatives.
تعاونی‌های کارگری. workers' cooperatives.
تعاونی‌های مصرف‌کنندگان.
consumers' cooperatives.

تَعَب، رنج، مشقت، سختی، خستگی.
fatigue. toil. hardship. tribulation.

تَعَبُّد، برسبیل عبادت، بدون استدلال، بیدلیل.
devouteness. (obligatory) obedience.

تعبداً، برسبیل اطاعت، کورکورانه.
for mere obedience. blindly. taken for granted.

تَعبیر، توضیح، تفسیر، تعریف. explanation.
interpretation. definition. explication. paraphrasing. exegesis.
~ کردن.
to interpret. to explain. to construe.
~ خواب. interpretation of a dream.
رفتن ناگهانی او را چگونه ~ میکنی؟
how do you construe her sudden departure?
ضرب‌المثلی را ~ کردن.
to explicate a maxim.
حسن ~. euphemism.

تَعبِیَه، تهیه، ابتکار، تنظیم، ابداع، اختراع، طرح.
preparation. arrangement. improvisation. contrivance.
~ کردن. to improvise. to invent.
to devise. to contrive. to scheme.

تَعَجُّب، شگفتی، حیرت، مبهوتی. surprise.
wonder. astonishment. amazement.
~ کردن. to wonder. to be surprised, astonished, or astounded. to be flabbergasted.
~ میکنم که او هنوز نیامده.
I am surprised that he has not yet come.

تعجب‌آور surprising. amazing.
astonishing. astounding. flabbergasting.

تعجیل، شتاب، عجله. haste. hurry. rush.
hastening. quickening. accelerating.
~ کردن. to make haste. to hasten. to hurry.

تعداد، شمارش، یکان، عدد، رقم. number.
تعدادی شاگرد. a number of students.
~ شاگردان به دویست رسید.
the number of students reached two hundred.

تعدد، کثرت. multiplicity. plurality.

تَعَدُّدِ زوَجات، چند همسری.
polygamy. polyandry. polygyny.

تَعَدّی (تعدیات .pl)، ستم، اجحاف، تجاوز.
encroachment. injustice. wrong. trespass. mistreatment. oppression.
~ کردن. to encroach. to oppress. to violate.
بحقوق دیگری ~ کردن.
to infringe upon the rights of another.
دیکتاتور بحقوق مردم ~ نمود. the dictator invaded the rights of the people.

تَعدیل، جرح‌وتعدیل، تغییر، اصلاح، معادل‌سازی.
adjustment. regulating. modification.
~ کردن. to adjust. to modify. to regulate.
لحن سخن خود را ~ کنید.
modify the tone of your speech.
~ قیمتها.
modification (adjustment) of prices.

تَعَذُّر، پوزش خواهی، معذوریت. excusing oneself. pretext. excuse. apology.

تَعَرُّض، تجاوز، اعتراض.
aggression. attack. invasion. disturbance. objection. expostulation. trespass.
~ کردن. to attack. to invade.
to molest. to object. to expostulate.
~ آلمان برعلیه فرانسه.
the German aggression against France.

تعرضی، تعرض‌آمیز، تجاوزکارانه.
aggressive. offensive.

تَعرِفه، برگ معرفی، شناسائی، شناخت.
tariff. certificate. identification card.
تعرفهٔ انتخاباتی. electoral card.
تعرفهٔ گمرکی. customs tariff.

تَعَرُّق، عرقریزی. sudation.
sweating. perspiration. transpiration.

تَعریض، پهناور سازی، پهن سازی، گسترش.
widening. broadening. extending.
~ کردن. to widen. to broaden.

تَعریف (تعریفات or تعاریف .pl)، توصیف، ستایش. lauation. praise. eulogy.
definition. description. account. statement.
~ کردن. to define. to recount.
to relate. to tell. to describe. to comment.
to laud. to praise. to extol(l).
قابل ~. laudable. commendable.
explainable. describable.
معنی عدالت را ~ کنید.
define the meaning of justice.
داستانرا برایشان ~ کردم.
I related the story to them.
او از شما خیلی ~ میکند.
he praises you much.
وضع جغرافیائی کاشان را ~ کنید.
describe the geographic condition of Kashan.

تعریفی، تمجیدآمیز، قابل ستایش، توصیفی.
laudative. laudatory. commendatory. eulogistic. descriptive. explanatory.

تَعریق، عرقریزی. sweating.
perspiration. causing to perspire. sudation.

تَعزِیَت، عزاداری، تسلیت، سوگواری.
condolence. mourning. grieving.

تعزیت‌گرفتن to mourn. to lament.

تَعزِیَه، تعزیه‌خوانی، تعزیت، عزاداری.
passion play. miracle play. mystery play.

تعزیه‌خوان
tragedian in a passion play.

تَعَسُّر، عسرت، پریشانی، تنگدستی، ابهام.
being in difficulty. obscurity.

تَعَصُّب، جانبداری. prejudice.
fanaticism. bigotry. party-spirit.

تعصبی
jealously sensitive. fanatic. fanatical.

تَعَطُّف، مهربانی، عطوفت.
kindness. sympathy.

تعطیل (تعطیلات .pl)، دست‌ازکارکشی، استراحت، وقفه، بیکاری. standstill. holiday. day off. vacation. closing.
~ شدن. to be closed.
to be shut down. to be off.
~ کردن.
to cease to work. to close. to shut down.
تعطیلات کریسمس. Christmas holidays.
فردا مدرسه ~ است.
the school will be closed tomorrow.
مقاطعه‌کار کار را ~ کرد.
the contractor stopped the work.
امروز روز ~ من‌است. today is my day off.
یکروز ~ کردم. I took a day off.
تعطیلات تابستانی. summer vacations.

تعظیم، تکریم، خم‌شدن، بزرگ شماری.
homage. reverence. bowing down. bow. respect. tribute.
~ کردن، ~ بجا آوردن.

to bow (down). to pay (or do) homage.

people bowed to him. مردم به او ~ کردند.

تَعَفُّن، بوی‌بد، عفونت، گندیدگی. bad smell. odor. fetidness. putrefaction. stink.

fetid smell. stench. بوی ~.

تَعفین tincture.

تَعَقُّل، استدلال، اندیشیدن، تفکر. reasoning. intellection. ratiocination. rationalisation. thinking. cogitation.

to reason. ~کردن.

to rationalize. to contemplate. to think.

این موضوع درخور ~ بیشتری است.

this topic deserves further thought (contemplation).

تعقیب، دنبال‌روی، پی‌گیری. pursuance. Pursuit. chase. following. continuation. prosecution. suing. pursuing.

to pursue. to chase. ~کردن، دنبال‌کردن.

to follow. to sue. to prosecute. to trace.

to be sued (followed, pursued or prosecuted). ~ شدن.

suable. indictable. traceable. قابل ~.

تحت ~ درآوردن.

to sue. to prosecute. to indict.

در~ نامهٔ قبلی‌ما. in pursuance of (further to or following) our previous letter.

او را درجنگل ~ کردم.

I pursued him in the forest.

از راه قانون او را ~ خواهیم‌کرد. we will prosecute him through legal channels.

او ضارب را تحت ~ قرارداد.

he sued the attacker.

بعداً این موضوع را ~ خواهیم‌کرد.

we will pursue this topic later.

تَعَلُّق، وابستگی، بستگی، علاقه، دلبستگی. belonging. attachment. dependence. concern. connection. appurtenance.

to belong to. to appertain. ~ داشتن.

to be attached to. to depend. to pertain.

to be chargeable. ~گرفتن.

to be payable. to accrue. to be incumbent.

to go to. to be entitled to. to fall to.

این‌کتاب بمن ~ دارد.

this book belongs to me.

این (مبلغ) بحساب او ~ میگیرد.

it is chargeable to his account.

پنج درصد بهره بپول شما ~ میگیرد.

5% interest accrues on your money.

فوق‌العاده به‌او ~ میگیرد.

he is entitled to an allowance (extra pay).

I am attached to her. باو ~ خاطر دارم.

~ این‌کتاب باو محرز است.

that this book belongs to him is indisputable.

تَعَلُّل، سستی، اهمال، طفره‌روی، تأخیر. making excuses. procrastination. delay. omission. postponement.

to make excuses. ~کردن، ~ ورزیدن.

to procrastinate. to delay. to dillydally.

تَعَلُّم، فراگیری، آموزش، یادگیری. learning. being taught. acquisition of knowledge.

teaching and learning. تعلیم و~.

تَعلیف، علف دادن. putting to grass. grazing.

تَعلیق، معلق سازی. suspension. abeyance.

suspension of punishment. ~ مجازات.

تَعلیل explaining the causes of.

تَعلیم (تعلیمات، تعالیم .pl)، آموزش. teaching. training. instruction. tutorship. tuition. learning.

to school. ~ دادن.

to instruct. to teach. to train. to educate.

to learn from. ~گرفتن.

to follow the example of.

the teachings of Socrates. تعلیمات سقراط.

او تحت ~ معلمش خیلی یادگرفت.

he learned much under the tutorship of his teacher.

تعلیم‌بردار، تعلیم‌پذیر. teachable. educable. disciplinable.

تعلیم و تربیت، آموزش‌وپرورش. education.

تعلیمی educational. walking stick. didactic.

تَعَمُّد، ازقصد، عامداً، قصد. intention. design. malice prepense. intent. intentional. premeditation.

to act intentionally. to premeditate. ~کردن.

تَعَمُّداً purposely. deliberately. intentionally.

تعمدی intentional. premeditated. deliberate.

تَعَمُّق، تفکر، اندیشه، ژرف‌نگری، ادراك. profound thinking. introspection. contemplation. pondering. meditation.

to think deeply. ~ کردن، ژرف‌نگریستن.

to ponder. to introspect. to fathom.

unfathomable. imponderable. ~ ناپذیر.

این مطلب درخور ~ بیشتری است.

this matter deserves greater contemplation.

تَعمید، شستشو، غسل. baptism. baptizing. immersing. christening. cleansing.

~ دادن.

to baptize. to immerse. to dip. to christen.

تعمید دهنده، یحیی تعمید دهنده. baptist. John the Baptist.

تعمیدی baptismal.

تَعمیر (تعمیرات .pl)، مرمت، اصلاح، نوسازی. repair. mend. renovate. maintenance. revamping.

to repair. to mend. to revamp. ~کردن.

to renovate. to patch. to restore. to amend.

is being repaired. در دست ~ است.

این ماشین ~ لازم دارد.

this car is in need of repair.

ساعت مرا ~ کرد.

he mended (repaired or fixed) my watch.

house repairs. تعمیرات منزل.

همه‌گونه تعمیرات کفش پذیرفته میشود.

all kinds of shoe repairs accepted.

تعمیرگاه repair shop.

تعمیری having to do with repair.

تَعمیق، ژرف‌یابی، ژرف‌سازی. sounding. deepening. fathoming.

to sound. to fathom. ~ کردن.

تعمیم، کلی‌سازی، اطلاق کلی، عمومیت. generalization. extention. prevalence.

to make prevalent. ~ دادن (کردن).

to generalize. to extend. to universalize.

to be generalized or extended. ~ یافتن.

the extention of health care all across the country. ~ بهداشت در سراسر کشور.

generalization of a rule. ~ یك قاعده.

تَعویض، جابجاسازی، تغییر، تبدیل. replacement. change. substituting. swap. exchange.

to change. to exchange. ~کردن.

to replace. to swap. to substitute.

~ بعضی قسمت‌های اتومبیل.

the replacement of some parts of a car.

he changed his clothes. لباس‌خودرا ~ کرد.

تَعویق، عقب‌اندازی، تأخیر. delay. putting off. postponement. deferment.

to be delayed or postponed. به ~ افتادن.

به ~ انداختن، ~ کردن.

to delay. to put off. to postpone. to defer.

تَعَهُّد (تعهدات .pl)، قبول، عهده‌گیری، تضمین. undertaking. commitment. obligation. engagement. warrant. guarantee. liability.

to undertake. to guarantee. ~ کردن.

undertaking ~ پرداخت پول زیاد.

to pay large sums of money.

moral obligation. ~ اخلاقی.

~ میکنم که اینکار را سه‌روزه انجام دهم.

I undertake to do this job within three days.

تعهدنامه، تعهدکتبی. written undertaking. warranty.

تَعَیُّش، اعاشه، کسب معاش، عیش. seeking means of livelihood. pleasure taking.

تَعَیُّن، تظاهر به‌ثروتمندی، تعیین. appointment. pretending aristocracy. being well-known.

تعیین، انتخاب، انتصاب، گمارش. assigning. appointment. fixing. determining. setting.

to assign. to determine. to appoint. ~کردن.

to ascertain. to set. to fix. to point out.

~ وظایفی برای کسی.

assigning duties for someone.

او به ریاست اداره ~ شد.

he was appointed office manager.

the location of the building has not yet been determined. محل ساختمان هنوز ~ نشده.

تَغابُن، فریب خوردنی، فریب دوجانبه. being cheated. mutual cheating.

تَغار kneading trough. deep earthen pan. bin. large earthen flour-pot.

تَغافُل، غفلت، سهل‌انگاری، وانمود به‌غفلت. negligence. feigning negligence.

to feign negligence. to be negligent. ~کردن.

تَغ‌تَغ knock. rap. rattle.

to knock. to rap. to rattle. ~ کردن.

تَغَذّی، تغذیه، تقویت‌غذائی. nourishment. feeding.

تَغذیَه، خوراك، خوراك رسانی. feeding. eating. nourishing. nurture. nutrition. alimentation. nourishment. nutriment.

to feed. to aliment. ~کردن.

to eat. to nourish. to nurture.

malnutrition. سوء ~

سگ علف ~ نمیکند.

dogs do not feed on grass.

nutrition. dietetics. علم ~.

dietetic. dietetical. تغذیه‌ای، وابسته به ~.

dietary. nutritive. nutritional.

nutritionist. dietitian. ویژه‌گر (متخصص) ~.

او ~ خوانده است.

she has studied nutrition.

تَغَزُّل، غزلخوانی، غزلسرائی. singing or writing love poems. serenading.

تغلیظ، غلیظ‌سازی، سفت‌سازی. condensation. concentration. thickening.

to condense. to concentrate. ~کردن.

condensed. concentrated. ~شده.

تَغَیُّر، عصبانیت، خشم. tantrum. getting angry or offended. indignation. harshness. anger. bad temper.

to get angry at. ~کردن.

to have a fit of anger.

he got angry at me. بمن ~ کرد.

he spoke angrily (harshly). با ~ حرف‌میزد.

تغییر (تغییرات .pl)، دگرگونی. change. alteration. transformation. mutation. permutation.

to change. to alter. ~کردن، ~ یافتن.

to vary. to modify. to be transformed.

to be changed. to convert. to vary.

to change. to alter. ~ دادن.

to vary. to transform. to convert.

changeable. mutable. variable. ~ پذیر.

~ محل سکونت.

change in place of residence.

the alteration in the design of her dress. ~ طرح لباس او.

the transformation of that country's economic condition. ~وضع اقتصادی آن‌کشور.

شخصیت او خیلی ~ کرده است.

his personality has changed much.

his job was changed. شغل او ~ کرد.

تغییرپذیر، تغییر بردار. changeable. mutable. variable. alterable.

تغییرشکل transformation. metamorphosis.

to be transformed. to metamorphose. ~دادن.

تغییرناپذیر invariable. unchangeable. immutable. unalterable.

تُف، بزاق، آب‌دهان. spittle. saliva. spit. sputum. expectoration.

to spit at (or upon) someone. بکسی ~ انداختن.

~کردن، ~ انداختن.

to spit. to expectorate. to salivate.

تَفاخُر self-glorification. overweening.

تَفاضُل difference.

تفاضلی differential.

تَفَأُّل divination. augury. presage.

تُفاله refuse. dross. scum.

تَفاوُت، فرق، دگرسانی. difference. diversity. divergence. dissimilarity. disparateness.

to be different. ~ داشتن، ~ کردن.

to differ. to make a difference.

میان آندو ~ است.

there is a difference between the two.

it makes no difference. تفاوتی نمیکند.

آب‌وهوا از جائی بجائی دیگر ~ میکند.

the climate differs from place to place.

تَفاهُم، ادراك، درك، فهم، دریافت. understanding. comprehension. discernment. mutual agreement.

good understanding. حسن ~.

misunderstanding. سوء ~.

international understanding. ~ بین‌المللی.

تَفت gardener's wicker basket. pail.

تَفته (تافته cont. of)، تافته، تابیده. taffeta. spun. roasted.

تَفتیش، بازرسی، رسیدگی. inspection. search. scrutiny.

to inspect. to search. to scrutinize. ~کردن.

تَفتین، فتنه‌انگیزی، دوبهم‌زنی. intrigue. exciting sedition. sowing discord.

to excite sedition. to sow discord. ~کردن.

تَفَحُّص، جستجو، رسیدگی، تحقیق، کاوش، تعقیب،

دنبال گردی. investigation. research. search. hunt. seeking.
~ کردن. to investigate. to inquire. to seek. to look for. to look into.

تفخّر boasting. showing off. pride.
~ کردن، ~ فروختن. to boast. to show off. to snub.
خیلی بما ~ فروخت. he snubbed us a great deal.

تفخیم، تجلیل، اکرام. honouring.

تف‌دان spittoon.

تفرّج، گردش، تفریح، راهگشائی. walking for pleasure. recreation.
~ کردن. to take a walk. to travel as a tourist.

تفرجگاه، گردشگاه. place for recreation. promenade. public walk or park.

تفرّس، قضاوت از روی قیافه، جستجو. judgement by physiognomy. perspicacity.

تفرعن، تکبر، غرور. haughtiness. vanity. pride.

تفرّق، جدائی، پراکندگی، تفرقه. separation. dissipation. dispersion.

تفرقه، اختلاف، نفاق، پراکندگی. disunion. division. dispersion. discord. schism.
~ انداختن (افکندن). to cause disunion, division, or discord.
او بین دو برادر ~ انداخت. he created division (discord) between the two brothers.
~ بینداز وحکومت کن. divide and rule.

تفریح، سرگرمی. recreation. diversion. fun. sport. amusement.
~ کردن. to enjoy recreation. to amuse oneself. to sport. to have fun.
نمایشی که برای ~ خاطر ماداده شده. a play performed for our diversion.
او بخاطر ~ تمبرجمع میکندنه بخاطر استفاده. he collects stamps for amusement not for profit.

تفریحاً for fun. for the sake of amusement. casual(ly).

تفریحگاه، گردشگاه. amusement place or park.

تفریحی intended for fun. recreative.

تفریط، افراط، زیاده‌روی، اتلاف، اسراف. waste. dissipation. exhaustion. profligacy. prodigality. squandering.
~ کردن. to waste. to dissipate.
~ کار. wastrel. profligate.
افراط و ~. going to extremes.

تفریغ، تسویه‌حساب. settlement. liquidation.
~ کردن،واریز کردن. to settle. to liquidate.

تفریق (تفاریق .pl)، کاهش، کسر. subtraction.
~ کردن،کاستن. to subtract. to separate.

تفسیدن، داغ شدن. to grow or feel heat. to scorch.

تفسیر (تفاسیر .pl)، تعبیر، ترجمه، توضیح. commentary. exegesis. interpretation. comment. explanation. annotation.
~ کردن. to comment. to explain. to annotate. to interpret. to expound. to construe.
جمله‌ای را ~ کردن. to interpret a sentence.
معنی واژه‌ای را ~ کردن. to explain the meaning of a word.
مسئلهٔ مبهمی (ابهامی) را ~ کردن. to expound an ambiguity.
او تفسیری برقرآن نوشت. he wrote a commentary on the Koran.

تفصیل (تفصیلات or تفاصیل .pl)،شرح، توضیح، جزئیات. detailed account. detail(s).
~ کردن، بتفصیل بیان کردن. to enlarge upon. to give in detail. to expound.
رویداد را بتفصیل بیان کرد. he explained the event in detail.

تفصیلاً، بتفصیل، مشروحاً. in detail.

تفصیلی detailed.

تفضیح، بی‌احترامی، افتضاح کاری. disgracing. disgrace.

تفضّل، عنایت، فیض. favour. grace.
~ کردن. to show grace. to grant favour (to).

تفضیل، برتری، رجحان. preference. preferring.

تفضیلی comparative.
درجهٔ ~، صفت ~. comparative adjective. comparative degree.

تفقّد، مهربانی، دلنوازی. sympathy. condescension. kindness. accord. compassion.
اظهار ~ کردن، ~ کردن. to show kindness or sympathy. to condescend. to sympathize.
از اظهار ~ شما بسیار سپاسگزارم. many thanks for your kindness.

تفک peashooter. blowtube.

تفکّر (تفکرات .pl)، اندیشه، تأمل، عبادت. thought. meditation. reflection. musing. pondering. reason. cogitation. reflection. deliberation. ideation.
~ کردن، ~ نمودن. to think. to ideate. to ponder. to reflect. to muse. to cogitate.
او دربارهٔ نقشهٔ خطرناکی ~ میکرد. he mused upon some dangerous plot.

تفکیك، جداکردن، جدا سازی، تجزیه. separation. segregation. disunion. dissociation. disjunction. disconnection.
~ کردن. to separate. to segregate. to divide. to disunite. to disjoin. to disconnect. to detach.
او خوبان و بدان را از یکدیگر ~ کرد. he separated the good and the bad.

تفنگ rifle. gun.

تفنگ‌چی rifleman. watchman.

تفنگ‌دار rifleman.

تفنگ‌ساز gunsmith.

تفنّن diversion. amusement. fancy.

تفننی amusement. fanciful.

تفو، تف بر. fie. spit.

تفوّق، برتری. supremacy. dominance. superiority. hegemony.
~ جستن، ~ یافتن. to gain supremacy over. to surpass. to tower above. to dominate.

تفویض، واگذاری، التفات. to give over. entrusting. consigning. ceding. conferring. bestowing.
~ کردن. to give over. to vest in. to entrust. to consign. to cede. to confer. to bestow.
کار پر مسئولیتی بوی ~ شده. he is entrusted with a responsible job.
کشوری را بکسی ~ کردن. to cede a state to someone.
بنابه اختیاری که به اینجانب ~ شده. by virtue of the authority vested in me.

تفهّم understanding. comprehension.

تفهیم causing to understand. explanation.

تق، تق تق. a rattle. a noise. pitter-patter.
تق تق کردن. to rattle.

تقابل، برابری، روبروسازی، حالت متقابل. oppositeness. encounter. reciprocity.

تقادیر (تقدیر .pl of)، سرنوشتها. fates. destinies.

تقارب، هم گرائی، نزدیکی. convergence. proximity. affinity.

تقارن، روبروئی، قرینه، قرین‌شدن، همزمانی. conjunction. contemporaneity. symmetry. matching. simultaneity. synchronism.

تقاص، انتقام، جزا، سزا. retaliation. counterstroke. reprisal. requital. retribution. revenge. vendetta. vengeance.
~ گرفتن، ~ کردن، ~ کشیدن از. to revenge. to avenge. to take vengeance.
~ دادن، ~ پس دادن. to suffer revenge. to be retaliated against.

تقاضا خواست، خواهش، استدعا، درخواست. demand. request. requirement. market. requisition.
~ کردن، ~ نمودن. to request. to solicit. to ask for.
مورد ~ بودن. to be in demand.
عرضه و ~. supply and demand.
بلیط فقط دربرابر تقاضای کتبی صادرمیشود. tickets will be issued only upon written request.
~ میکنم درخواست مرا قبول کنید. I beg you to accept my request.
او ~ کرد که قدری آب باو داده شود. he asked to be given some water.

تقاضانامه، درخواست. written request. letter of application. form.

تقاطع intersection. bisection. junction. chiasma. decussation.
~ کردن. to intersect. to cross. to decussate.

تقاعد، بازنشستگی. retirement.

تقبّل، قبول، پذیرش، عهده‌گیری. accepting. acceptance. undertaking.
~ کردن. to accept. to undertake. to assume.
او ~ کرد که مبلغ مزبور را بپردازد. he undertook to pay the said amount.
او کلیهٔ مسئولیت این واقعه را تقبل کرد. he assumed all responsibility for this event.

تقبیح، زشت شماری، توبیخ. disapproval. condemning. denouncing. censuring.
~ کردن، بد دانستن. to disapprove. to decry. to damn. to denounce. to declare as shameful.
رفتارخشن او علناً ~ شد. his rude behaviour was openly denounced.

تقدّس، زهد، تقوا، پاکی، قدوسیت. holiness. sanctity. piety.

تقدّم، برتری، رجحان، اولویت، ارشدیت. priority. precedence. seniority.
~ داشتن. to take priority of or be prior to. to have priority over.
(دررانندگی) حق ~. the right of way.
در دریافت کمك هزینه، دانشجویان زن‌دار حق ~ دارند. in receiving fellowships, married students have priority.

تقدیر (تقادیر & تقدیرات .pl)، سرنوشت، قدردانی. destiny. fate. predestination. appreciation. commendation. praise.
~ کردن. to destine. to predestine. to appreciate. to laud. to commend.
قابل ~. worthy of appreciation. commendable. laudable. praiseworthy.
خوبست امور را به ~ بسپاریم. it is best to leave things to fate.
من مساعی شما را ~ میکنم. I appreciate your efforts.

بهر ~ (بهرحال). in any case. anyhow.

تقدیرنامه letter of commendation. citation.

تقدیری having to do with fate or destiny. laudatory. commendatory.

تقدیس، برکت‌دادن. sanctification. ordination. consecration. blessing. apotheosis.
~ کردن. to sanctify. to call holy. to consecrate. to appreciate greatly.

تقدیم، اهداء، پیشکش. presentation. offering. dedication.
~ کردن، هدیه‌دادن. to give respectfully. to offer. to present. to make a present of. to give or pay. to dedicate. to proffer. to tender.
تسلیت خود را بدینوسیله ~ میداریم. we hereby offer our condolences.
او انگشتری بدختر ~ کرد. he presented a ring to the girl.
من این کتاب را بشما ~ میکنم. I dedicate this book to you.
با ~ احترامات فائقه. with highest regards. yours respectfully.

تقدیمی، اهدائی. offering. present. gift. offered. dedicatory.

تقرّب، نزدیکی،عنایت. access. approach. admittance. favour. affinity. proximity.
~ جستن. to gain favour or access.

تقریب، تخمین، نزدیکی. approximation. causing to approach. nearness.
بطور ~. approximately. nearly.

تقریباً، درحدود، بطورتقریب. approximately. nearly. almost. about.
این‌مدرسه ~ دویست‌شاگرددارد. this school has nearly (approximately) two hundred students.

تقریبی approximate.

تقریر (تقریرات .pl)، بیان، اظهار. assertion. utterance. recital.

تقریرکردن to speak out. to utter. to assert. to recite. to declare. to say.

تقریراً verbally. orally.

تقریظ، تعریف، پیش‌گفتار، مقدمه. commendation. foreword.

تقسیط division into instalments.

تقسیم (تقسیمات .pl)، بخش، پخش، توزیع. division. distribution. share. portion.
~ شدن. to be divided or distributed.
به نسبت ~ کردن. to prorate. to divide proportionally.
قابل تقسیم، بخش‌پذیر. dividable. divisible.
قابلیت تقسیم. dividability.

تقسیم‌کردن to divide. to distribute. to share. to dole.

تقصیر، بزه، خلاف، قصور. guilt. fault. culpability. shortcoming. transgression. offense. violation. blame.
~ کردن. to commit a fault or a sin. to offend.
او ~ دارد. it is his fault. he is to blame. he is guilty.
تقصیر او نیست. he is not to be blamed. it is not his fault.
~ چیزی را بعهده‌گرفتن. to take the blame for something.
تقصیرات متعدد او. his many offenses.
~ بگردن کسی گذاردن. to put the blame on someone.

تقصیرکار، مقصر. guilty. culpable. offender.

تقطیر distillation.
~ کردن. to distil.
تقطیع، برش، قطع، شکافت. dissection. scansion. cut. cutting.
~ کردن. to scan. to dissect. to cut.
تقلا، کوشش، کشمکش، سعی، تلاش. struggle. effort. endeavor. attempt. labour. exertion. strife.
~ کردن. to make an effort. to struggle. to exert oneself. to strive.
او ~ میکرد که خود را آزاد کند. he struggled to free himself.
او ~ میکرد سنگ را از تپه بالا ببرد. he labored to carry the stone up the hill.
تقلای او برای بالارفتن‌ازدرخت‌اورا‌خسته‌کرد. his exertion to climb the tree made him tired.
تقلب (تقلبات .pl)، خدعه، فریب، کلاه‌گذاری. cheating. dishonesty. fraud. falsification. deception. swindling. imposture. sham. fraudulence.
~ کردن. to cheat. to defraud. to swindle. to fool. to practice fraud or deception.
~ اوکشف شد. his dishonesty was discovered.
بجرم ~ بزندان فرستاده شد. guilty of fraud, he was sent to jail.
او درامتحان ~ نکرد. he did not cheat in the examination.
تقلب‌آمیز fraudulent. dishonest.
تقلبی، قلب، جعلی، ساختگی. counterfeit. forged. false. fraudulent. fraudulous.
پول ~. counterfeit (forged) money.
تقلیب، قلب (ماهیت)، تحول. inversion. transformation.
تقلیبی، تقلیدی. imitating. synthetic.
تقلید، پیروی. imitation. following. a religious leader. mimicry.
تقلیدکردن، پیروی‌کردن. to imitate. to mock. to copy. to echo.
تقلید درآوردن. to mimic. to mime. to mock.
رفتاردیگری را تقلیدکردن. to imitate another's manners.
بچه تقلید پدرش را درآورد. the child mimicked his father.
اهل شیعه ازامام وپیشوای خود تقلید میکنند. the Shi'as follow their Imams.
تقلیدی imitation. counterfeit. mimic. mimetic. imitable. imitative. synthetic.
تقلیل، کاهش، کسر. diminution. lessening. decrease. dwindling. reduction.
~ دادن، کم‌کردن، کاستن. to diminish. to reduce. to lessen.
~ یافتن. to dwindle. to be diminished or reduced.
~ جمعیت دنیا بسیار غیرمحتمل‌است. a decrease in the population of the world is very unlikely.
حقوق ماهیانهٔ آنها را ~ دادند. they reduced their monthly salaries.
باران‌گرما را ~ داد. the rain lessened (reduced) the heat.
دراثرباران‌گرما ~ یافت. as a result of the rain, the heat (was) diminished.
~ قیمتها. a decrease in prices. a reduction in prices.
تقنین، قانونگزاری. legislation.
تقنینی، تقنینیه. legislative.
تقوی، تقوا، پرهیزکاری، پاکدامنی. virtue. piety. abstinence.

تقویت، نیرومندسازی. strengthening fortification. consolidating. invigoration.
او دوستانش را ~ کرد. he supported his friends.
کلاسهای تقویتی. make-up classes.
تقویت کردن، پشتیبانی‌کردن، حمایت‌کردن. to strengthen. to fortify. to support. to abet. to reinforce. to encourage.
ارتش را ~. to strengthen the army.
تقویم، گاهنامه. calendar. almanac.
تقویم appraisal. assessment. valuation. evaluation.
~ کردن. to appraise. to assess. to valuate.
تقیه dissimulation.
تک single. alone. one. unique. uni-.
~ خال. ace. a single dot.
تُک point. beak.
تکاپو search. hunt. probe. exploring.
~ کردن. to search. to hunt. to seek. to explore. to probe. to roam.
تکاثر، کثرت، زیادی، بیشماری. being numerous. multiplicity.
تکاثف، غلظت. density. thickness.
تکادو، تکاپو، تك ودو. search.
تکاسل، تنبلی. indolence.
تکافو، کفایت. sufficiency. equality.
~ کردن، کفایت‌کردن. to meet. to cover. to be sufficient (for). to suffice. to be enough.
این تکافوی احتیاجات ما را نمیکند. it does not meet our needs.
تکالیف (pl. of تکلیف)، وظایف. duties. responsibilities.
تکامل، تکامل تدریجی. evolution. gradual perfection or development.
~ یافتن. to evolve. to develop gradually.
~ تمدن در دورانهای مختلف. the evolution of civilization in various ages.
تکاملی evolutional. evolutionary.
تکان، حرکت، جنبش، لرزش. shake. jerk. twist. start. thrust. shock. jolt. budging. rocking.
~ خوردن، لرزیدن. to jerk. to shake. to move. to be shocked. to rock.
~ دادن. to move or jerk. to rock. to shake. to jolt. to wave. to budge.
سر خودرا ~داد وگفت «نه». she shook her head and said: "no".
خبر مرگ او همه ما را ~ داد. the news of his death shocked us all.
دست خود را در هوا~ داد و دورشد. he waved his arm in the air and departed.
ناگهان طناب را ~ تندی داد. suddenly he gave a sharp jerk to the rope.
~ نخور والا آتش میکنم! don't move, otherwise I'll fire!
تکان (بتکان imp. of تکاندن، usually). shake thou. shaking.
خانه تکانی. house cleaning.
فرش تکانی. shaking the dust off a rug.
تکاندن، تکانیدن. to dust by shaking. to shake (down or off). to cause to shake.
سیبها را از درخت بتکان. shake the apples from the tree.
تکان‌دهنده shocking. moving. shaker.

تکاور، بادپای، تندرو. running swiftly. swift. express. fleet. commando.
تکاهل، سستی، تنبلی، کاهلی. sloth. indolence. idleness. negligence.
~ کردن. to be slothful or negligent.
تکبر، غرور، باد، خودپسندی. pride. haughtiness. vanity. self-pride. conceit. vainglory. snobbery. snobbishness.
~ کردن (~ نمودن، ~ فروختن). to be proud. to show pride or vanity.
به‌کسی ~ کردن. to snob or slight someone.
پر ~. proud. vain. haughty. vainglorious. snobbish.
آن زن به مهمانان ما ~ کرد. that woman snobbed our guests.
تکبرآمیز proud. arrogant.
تک‌برچه monocarp.
تک‌برگ monophyllous.
تکبیر glorification (of God by saying الله‌اکبر = God is great).
تکپار monomer.
تک‌تک، یك‌یك. one by one. singly.
تکثیر increasing. augmentation. reproduction. breeding. multiplication.
تکثیرکردن to reproduce. to increase.
تکثیف condensation. thickening.
تک‌خال Ace.
تک‌خوان soloist.
تکدر being offended. offence.
تک‌دسته‌ای monodelphous.
تکدی، گدائی. begging. mendicancy.
تکذیب، رد، انکار. denial. refutation. contradiction.
~ کردن، انکارکردن. to deny. to refute. to traverse. to disclaim. to disown. to gainsay. to contradict.
واقعیتی را ~کردن. to deny a fact.
من استدلال اورا ~ میکنم. I refute his arguments.
نسبتی را ~کردن. to traverse an allegation.
قابل ~. refutable. deniable.
غیر قابل~. undeniable. irrefutable.
تکرار، دوباره‌کاری، دوباره‌آوری، تجدید. repetition. reiteration. recapitulation. recurrence.
عقاید را ازراه ~ فرا میگیریم. we receive ideas by dint of repetition.
~ مکررات. repeating the oft repeated.
تکرارکردن to duplicate. to review. to repeat. to reiterate. to iterate.
تکراری repetitious. repetitive. tautological. reiterative.
فیلم ~. a rerun movie.
تک‌رو individualist. unaffiliated with any organization or party. loner.
تک‌روی individualism.
تکریم، اکرام، احترام، پاس. hono(u)r(ing).
تکریم‌کردن to respect highly. to honour. to revere.
آنان نبوغ حافظ را تکریم کردند. they paid homage to the genius of Hafez.
تک‌زا uniparous.
تک‌سُم soliped.
تکشاخ unicorn.
تک‌شانه imparipinnate.
تک شکل monotropic.
تک‌گانی، یك همسری. monogamy.
تک‌گلبرگ monopetalous.

تکفل، عهده‌داری، کفالت. guaranteeing. undertaking. supporting. support. guardianship.
تحت ~ کسی بودن. to be under someone's guardianship.
~ کردن. to serve as guardian. to support. to guarantee. to undertake. to assume.
او خانوادهٔ بزرگی را تکفل میکند. he supports a large family.
تکفیر، کافرشماری، مرتدشماری. excommunication.
~ کردن. to excommunicate. to accuse of heresy.
تک‌لپه، یك‌لپه. monocotyledonous.
تکلف (تکلفات .pl)، تعارف، اشکال. formality. ceremony. dissimulation.
بی‌تکلف. friendly and informal.
تکلم، گفتگو، مکالمه. conversation. speech. speaking. talking. utterance.
~ کردن. to speak. to talk. to say. to lecture. to orate. to utter.
او به‌هفت‌زبان ~ میکند. he speaks seven languages.
تکلم صدری pectoriloquy.
تکلیس calcination.
تکلیف (تکالیف .pl)، درس، وظیفه. duty. homework. assignment. puberty.
~ خود را بجا آوردن. to do (or perform) one's duty.
~ کردن. to suggest. to propose. to impose. to enjoin.
~ شدن، بحد ~رسیدن، به~ رسیدن. to reach puberty (pubescence).
~ خود را برای‌همیشه با اویکسره خواهم‌کرد. I will settle with him once and for all.
بلا~. without a duty. in suspension.
قصور (کوتاهی) در انجام ~. dereliction of duty.
~ ما چیست؟ what are we to do?
معلم به شاگرد~منزل نداد. the teacher did not give any assignment to the student.
تکمّل، اتمام. completion.
تکمله، متمم. complement. supplement.
تکمه، دکمه. tubercle. button. knob. node. nodule. (bot.) stigma. tuber.
~ دار. having buttons. nodose. nodous.
~ کردن، ~ انداختن. to button.
~ بازکردن. to unbutton.
تکمهٔ پالتو او افتاده است. the button of his overcoat has fallen off.
اوتکمهٔ زنگ در رافشار داد. he pressed (the knob on) the doorbell.
تکمه‌ای. tuberculate. tubercular. nodous.
تکمید، تشدید. fomentation.
تک‌میزبانه autoecious.
تکمیل، اتمام، کامل‌سازی. complete. entire. full. finished. completion.
پس از~ کار بمنزل خود رفت. after finishing the task, he went home.
این نقشه هنوز ~نیست. this plan is not yet complete.
تکمیل‌کردن to complete. to finish. to accomplish. to perfect.
تکمیلاً، کاملاً. completely. thoroughly.
تکمیلی finishing. complementary. complemental. supplement. designed to perfect something.
تک‌نواز soloist.

تَکْ وتوك sporadic. few. sparse.
تَکَوُّن، تشکیل، ایجاد، پیدایش. coming into existence. formation.
تَکوین، آفرینش، پیدایش، ایجاد. bringing into existence. creation. genesis. originating.
~ شدن، ~یافتن. to be created. being brought into existence.
درشرف ~ . being created.
تِکّه، تیکه، لقمه، پاره. piece. fragment morsel. lump. (slang) chick. dish.
~ کردن. to cut (or tear) to pieces. to shred.
یك ~ نان. a morsel of bread.
آن زن تکهٔ خوبی است. she is a nice dish.
تِکّه تِکّه in pieces. fragmented. in shreds. piecemeal.
~کردن. to tear into bits. to tear apart. to tatter. to mince. to chip.
تك هسته‌ای monocyte.
تَکی، یکی، یگانه، تك، فرد. alone. odd. single. lone.
تك یاخته‌ای، یك سلولی. unicellular.
تَکیه، اتکاء، اعتماد. reliance. depending. support. leaning. something to lean on. a religious theatre.
~کردن. to lean. to incline. to depend upon. to count on. to rely.
او برعصایش ~ کرد. he leaned on his staff.
من بکمك او ~ میکنم. I depend on his help.
بر قول کسی ~ (اتکاء) کردن. to rely on someone's promise.
~ دادن. to (cause to) lean.
تکیه‌گاه، پناهگاه، نقطهٔ اتکاء، پشت وپناه. haven. something to lean on. support.
تَگَرگ hail.
دانهٔ ~. hail stone.
~ میبارد. it hails.
توفان ~. hailstorm.
تگرگی dotted. spotted.
نمای ~. stippling finish. roughcast.
تَل (تلال or اتلال .pl)، تپه، تودهٔ خاك یاسنگ. hill. heap. mound. hillock.
~ شدن. to be heaped up.
تَل aigrette. egret. plume. tuft of feathers for the head. panache.
تَلاش، کوشش، تقلا، جستجو، کشمکش، سعی. search. struggle. strife. endeavor. effort. seeking. looking for. exploring.
~کردن. to struggle. to strive. to search. to seek. to probe.
~ میکرد خود را رها کند. he struggled to free himself.
در ~ معاش. in search of (or struggling to earn) a livelihood.
سخت ~ میکرد ازکوه بالا برود. he strove hard to climb the mountain.
تلاشی، پراکندگی، ازهم پاشیدن. disintegration. dispersion. disappearance. explosion.
تَلاطُم، هیجان، بهم خوردگی، حالت توفانی. dashing. collision. agitation. turbulence. disturbance.
~ داشتن. to be turbulent or agitated.
دریای توفانی پراز ~ بود. the stormy sea was full of turbulence.
تلاطم کردن، توفانی شدن، بهم‌خوردن. to dash. to collide together. to become turbulent. to disturb.

تَلافی، جبران، خونخواهی، تقاص. retaliation. reward. reprisal. requital. reciprocation.
او کارزشت خود را ~(جبران) کرد. he made up for his evil deed.
من باید مهربانی او را ~کنم. I must reward his kindness.
بدی را بابدی ~ نکن. do not reciprocate evil with evil.
تلافی کردن، انتقام گرفتن، جبران کردن. to recompense. to retaliate. to take vengeance. to avenge. to make up for. to reward. to requite. to repay. to reciprocate. to revenge.
تَلاقی، تصادم، بهم‌خوردن، برخورد، اتصال. confluence. meeting. junction. concurrence. concomitance. coincidence. conjunction. concourse.
~کردن. to join together. to conjoin. to coincide. to cross.
نیویورك درمحل ~دو رودخانه قراردارد. New-York stands at the confluence of two rivers.
~جاده‌ها. the meeting (junction) of the roads.
~ وقایع. concurrence of events.
تَلَأْلُؤ، برق، درخشش، تابش، تلألؤ. shine. sparkle. shining. glitter. scintillation. effulgence. luster. brightness. radiance.
تلألؤ داشتن. to glitter. to be radiant. to shine.
پر ~. radiant. effulgent.
تَلامِذه (تلمیذ .pl. of)، تلامید، شاگردان، پیروان. pupils. disciples. followers.
تِلاوَت، قرائت، خواندن قرآن. reading (the Koran). recital (of the Koran).
~کردن. to read (or recite) the Koran.
تَلبیس imposture. guile. disguise. hypocrisy. impersonation.
~کردن. to use guile. to act the hypocrite.
تَلحین modulation. inflection.
تلخ bitter. acrid. acrimonious.
~ کردن. to make bitter. to embitter.
اوقات تلخی کردن. to throw a tantrum. to show bad temper.
تلخابه bittern.
تَلخَك، تلخه، حنظل. darnel. colocynth.
تلخ کام disappointed. sad. afflicted.
تلخ کامی disappointment. sadness. affliction.
تلخه darnel. tare.
تلخی bitterness. acridity. hardship.
تَلخیص، خلاصه، کوتاه‌سازی. summarization. condensation. resumé. extract. digest. abridgement. compendium. abstract. summary.
~کردن، خلاصه کردن، کوتاه کردن. to summarize. to make a resumé of. to extract. to condense. to abridge. to sum up.
داستانی را ~کردن. to summarize a story.
تَلَذُّذ، لذت‌بری، حظ. delight. (taking) pleasure. enjoyment.
تِلِسکُپ، تلسکوپ، دوربین. telescope.
تَلَطُّف، مهربانی، عطوفت. kindness. favour.. sympathy. benevolence.
تَلطیف، لطیف سازی. making fine or pure. purification.
تَلَف (تلفات .pl)،هدر، اسراف، اتلاف. waste. perishing. loss. death. mortality. casualty. ruining.
~کردن. to waste. to ruin. to dissipate.
~ شدن. to perish. to die. to be wasted or dissipated.
پول ~کردن. to waste money.
همهٔ گوسفندان ~شدند. all the sheep perished.
تلفات casualty. mortality. fatalities.
زلزله تلفات بسیاری ببار آورد. the earthquake caused many casualties.
تَلَفُّظ (تلفظات .pl)، ادا، گویش، بیان، لهجه. pronunciation. accent. utterance. enunciation. drawl.
~کردن. to pronounce. to utter. to enunciate.
این واژه چگونه ~ میشود؟ how is this word pronounced?
~ او آمریکائی است. his accent is American.
تَلَف کار wastrel. spendthrift. prodigal. wasteful. extravagant. squanderer.
تِلِفن telephone.
~ زدن، ~کردن. to telephone. to phone. to ring. to dial (a number).
~(ازکسی) داشتن. to have a (tele)phone call.
بکسی ~کردن. to make a (tele)phone call. to phone someone.
~ زنگ زد. the telephone rang.
تلفن‌چی telephone operator. operator.
تلفنی telephonic. by phone.
مکالمهٔ ~. telephone conversation.
تلفیق، جفت‌سازی، ربط، تنظیم، همسان‌سازی. putting together. composing. arrangement. combining. intermixture. blend.
~کردن. to put together. to mix. to join. to combine. to intermix. to blend.
تِلِق تِلِق، تلخ تلخ. rattling. jolt.
~کردن. to rattle.
تَلَقّی، دریافت، تفسیر، معنی. receiving. meeting. interpreting. construing.
~کردن. to receive. to meet. to interpret. to construe. to take (to mean).
چیزی را جدی ~کردن. to take something seriously.
تَلقیح (تلقیحات .pl)، لقاح، آبله‌کوبی، مایه‌کوبی. fecundation. inoculation. vaccination. insemination. impinge. impregnation.
~ مصنوعی. artificial insemination.
~ آبله. smallpox vaccination.
تلقیح کردن to fecundate. to impregnate. to vaccinate. to inoculate.
تَلقین (تلقینات .pl)، پیشنهاد، القاء. suggestion. inspiration. inculcation. prompting.
~ کردن. to suggest. to inculcate. to instruct. to inspire. to prompt.
نمایشنامه‌هائی‌که بدی را ~ میکنند. plays that suggest evil.
بکسی امید ~کردن. to inspire a person with hope.
~ بخود. autosuggestion.
~ پذیر. suggestible.
تَلَکّه، اخاذی. taking fraudulently. extortion.
~ کردن. to take fraudulently from. to extort.
تِلِگراف telegraph. telegram. cable.
~ کردن. to telegraph. to wire. to cable.
~ رمز. a coded telegram.
به شیراز ~کردیم. we telegraphed (or wired) Shiraz. we sent a cable to Shiraz.
(~) بی‌سیم. wireless (telegraph).
تلگرافاً by telegram. telegraphically.

تلگرافچی telegraph operator.
تلگرافخانه telegraph office.
تلگرافی telegraphic. telegraphically.
تلمبار، تلنبار. silkworm nursery.
تُلمبه pump. gun. air pump.
~ زدن. to pump.
تلمبهٔ سم‌پاشی. spraying gun.
تلمبهٔ آتش‌نشانی. fire - pump.
~ خانه. pump house. pumping station.
تَلَمُّذ، شاگردی. discipleship. pupilship.
نزدکه ~ میکرد؟ whose pupil was he?
تلمیح allusion. indirect mention of a thing.
تِلمید (تلامذه or تلامید .pl)، شاگرد، پیرو، مرید. pupil. disciple. discipleship.
تِلِنگُر fillip.
~ زدن. to fillip.
تِلُو staggering. tottering. leering.
~ خوردن. to stagger. to totter. to sway.
تَلوا، لفا، به‌پیوست. enclosed (herewith).
تَلواسه struggle. agitation.
تِلوتِلو staggering. tottering.
~ خوردن. to sway. to leer. to stagger. to totter. to lurch. to titubate. to reel.
تَلَوُّن، تغییر، دمدمی مزاجی. capriciousness. fickleness. whimsicality. inconstancy. changing colour.
تَلویح (making a) hint. implying.
تلویحاً implicitly.
تِلویزیون، تله‌ویزیون. television.
بوسیلهٔ ~ فرستادن. to televise.
تلویزیونی. by television.
تَلوین، رنگ‌آمیزی. colo(u)ring.
تَلّه، دام، گرفتاری. trap. snare. pitfall.
در~ انداختن. to trap. to ensnare. to entrap.
~ موش. mousetrap.
موش در ~ افتاد. the mouse was caught in a trap.
تَمّ، تمام شد، پایان، فرجام. finis. end.
تَماثُل similarity. imitating each other.
تَمادی prolongation. protraction.
تَمارُض، اظهار کسالت. feigning illness. malingering.
~کردن. to feign illness. to malinger.
تَماس، لمس، بساوائی، ارتباط. touch. contact. impact. touching. osculation (geom.) tangency. taction.
~ داشتن. to touch. to have contact. to contact. to be tangent.
~گرفتن با، ~ حاصل کردن با. to get in contact (touch) with.
در ~ بودن با. to be in contact (touch) with.
~ پیدا کردن با. to get in contact with.
با آنها ~ بگیر ودربارهٔ آمدن از آنها پرسش کن. get in touch with them and ask them about coming.
با او تماسی نداریم. we have no contact with him.
تَماشا، گردش، دیدن. sightseeing. spectacle. show. view. watching. viewing. looking. observation.
~کردن. to watch. to see. to view. to enjoy oneself (by sightseeing).
~ دارد. it is worth seeing. it has much to see. it is interesting to see.
مردم به‌تماشای آن رفتند. people went to see (view) it.
او هر شب تلویزیون ~ میکند.

he watches T.V. every night.

تماشاچی، تماشاگر. viewer. spectator. looker on. by-stander.

تماشاچیان برایش کف زدند. the spectators clapped for him.

تماشاخانه theatre. theater.

تماشائی interesting to see. worth seeing. spectacular. spectator.

تَمام، همه، کل، کامل، کلیه. all. fully. whole. complete. full. perfect integral. round. entirely. toti-

~ شدن. to be finished. to come to an end. to be up (or over). to cost. to be completed. to run out.

~کردن. to end. to finish. to exhaust or consume. to die. to expire.

یکسال ~. a whole (complete) year.

وقت ~ است. time is over. time is up.

در ~ مدت. throughout the whole time.

~ دخترها. all the girls.

~ مخارج. all costs. all the costs.

~ عمرم. all my life. my entire life.

نا~. unfinished. incomplete.

ساعت چهار ~. four o'clock sharp. exactly four o'clock.

کتاب برایم پنجاه ریال ~ شد. the book cost me fifty Rials.

بزودیهرچه تمامتر. all the sooner. as quickly as possible.

مریض ~کرد. the patient died.

بنزین ماشین ~ شد. the car ran out of gas (petrol).

پولمن ~ شد. I ran out of money.

منابع طبیعی آنها ~ شد. their natural resources were exhausted.

تماماً entirely. completely. fully. all.

تَمام عَیار of standard purity. sterling. genuine. entirely.

تمامقد full-length.

تمامی the whole. all. entire(ly).

تمامیت entirety. integrity. perfection.

~ ارضی. territorial integrity.

تَمایُز distinction. difference.

تَمایُل (تمایلات .pl)، میل، علاقه. inclination. tendency. propensity. disposition. bent. bias. urge. drive.

~داشتن. to lean. to slope. to be inclined or disposed. to have a tendency toward. to tend.

بهخشونت تمایلی نداشت. he was not disposed toward violence.

تمایلات جنسی. sexual drives.

تَمبر، تمر. stamp. postage stamp.

~ زدن، ~ چسباندن. to affix a stamp to. to stamp.

کسر~ داشتن. amount understamped. to be understamped.

~ پست. postage stamp.

مجموعهٔ ~، کلکسیون ~. stamp collection.

تمبرشناس، تمبرجمعکن. philatelist.

تمبرشناسی philately.

تَمَتُّع، بهرهمندی، سودبری، استفاده، لذتبری. enjoyment. fruition.

تِمثال، عکس، نقاشی، نگاره. portrait. effigy. image. picture. drawing.

تَمَثُّل citing a proverb.

تَمثیل، مثال. allegory. parable. exemplum. proverb. comparison.

~کردن. to liken.

تَمجید، ستایش، آفرین، ثنا، مدح. praise. acclamation. acclaim. applause. eulogy. commendation.

~ کردن، مورد ~ قراردادن. to praise. to commend. to acclaim. to eulogize. to extoll. to applaud.

شایان~، قابل~. commendable. praiseworthy.

تَمَدُّد، کشش، تمدید. stretching oneself. tension. elongation.

~ اعصاب. relaxation. recreation.

تَمَدُّن، شهرنشینی، متمدن بودن. civilization. being civilized. urbanity.

تَمدید، بسط، ادامه. extension. prolongation. protraction.

~کردن. to lengthen. to extend. to prolong. to stretch. to protract.

مدت چیزی را ~کردن. to extend the period of something.

قرارداد ~ شد. the contract was extended (or renewed).

~پذیر، ~ شدنی. extendable. renewable.

تَمر (bot.) tamarind.

~ هندی. tamarind.

تَمَرُّد، سرپیچی، طغیان، نافرمانی. rebellion. revolting. mutiny. disobedience. insubordination.

~کردن. to rebel. to revolt. to rise up. to disobey. to mutiny. to recalcitrate.

~ نسبت بهکسی. insubordination toward someone.

نسبت بدستور مافوق ~کرد. he disobeyed the orders of his superior.

بدلیل ~ از فرمان افسر زندانی شد. he was jailed because of insubordination in regard to the officer's command.

تَمَرکُز، مرکزیت، گردآوری دریکجا. centralization. concentration. centrality. focalization.

~ دادن. to centralize. to concentrate. to focus.

~ یافتن. to be centralized. to be concentrated. to be focussed.

~ ادارات دولتی درتهران. centralization. of government offices in Tehran.

~ یگانهای زرهی. the concentration of armored units.

تَمَرگیدن، نشستن. (slang or derogatory) to sit down.

بتمرگ. sit down! sit still!

تَمرین (تمرینات or تمارین .pl)، ورزش، تکرار، مشق، آموزش. exercise. drill. training. practice. rehearsal.

~کردن. to exercise. to drill. to train. to practice. to rehearse.

معلمبهآنها ~گرامر داد. the teacher drilled them in grammar.

~ نمایش. to rehearse a play. rehearsal.

برای مسابقهٔ دو~ میکند. he is training for the running match.

تِمساح crocodile.

تَمَسخُر، استهزاء، دستانداختن. ridicule. derision. mocking. making fun of.

~ کردن. to ridicule. to mock. to deride. to make fun of.

تَمَسُّك، سفته، توسل، پناهبری، چسبیدن. obligation. bond. promissory note. seizing. resorting to. taking hold of.

~کردن، ~جستن. to take hold of. to seize. to resort to. to grasp. to hold fast to.

تَمشك (bot.) raspberry.

تَمشیَت، اداره، رهبری، پیشرفت. managing. promoting.

~کردن، ~ دادنبه. to manage. to administer. to promote. to further.

امور را ~ دادن. to manage the affairs.

تمکن، مکنت. financial ability. power.

~ داشتن. to have power, wealth or authority.

تمکین، اطاعت. condescension. obedience. compliance. submission.

~کردن. to condescend. to stoop. to obey. to comply with. to vouchsafe. to submit to.

اونسبت بهقبول شغل پستتری ~نمود. he condescended to accept a lower position.

زن نسبتبهخواستههای شوهرش ~کرد. the wife obeyed (complied with) her husband's wishes.

تَمَلُّق، چربزبانی، چاپلوسی. blandishment. sycophancy. toadyism. flattery. obsequiousness.

~گفتن، ~کردن. to flatter.

تملقآمیز flattering.

تملقگو، متملق. flatterer. sycophant.

تَمَلُّك، تصرف، وضع ید. taking possession.

~کردن. to take possession of.

تَمَنّا، تمنی، تقاضا، خواهش. desire. wish. request.

~ داشتن، ~کردن، خواهشکردن. to request. to ask. to beseech. to beg.

~ میکنم تشریف بیاورید. I beg you to come.

تَمَوُّج، موجداری. waviness. undulation. fluctuation. waving.

~کردن. to wave.

تَمَوُّل، دارائی. wealth. riches. affluence. opulence.

تمهید، مهارت، حقه، تعبیه. contraption. preparation. maneuvre. trick. artifice. stratagem. contrivance.

~کردن. to contrive. to facilitate.

تَمیز، تشخیص، پاك، پاکیزه. discernment. distinction. discrimination neat. clean. proper. well. neatly.

~ دادن، تشخیصدادن. to discern. to distinguish. to tell.

~کردن. to tidy up. to clean. to dust.

یکی را از دیگری تمیز نمیدهم. I can not tell one from the other.

اتاق را تمیزکن. clean the room!

ظرفها را~شست. she washed the dishes clean.

تمیزی neatness. cleanliness.

تَمیس (bot) tamus.

تَن، بدن، نفر، شخص، فرد. body. person.

~ در دادن. to yield. to submit to. to resign oneself to.

~ کردن، بتنکردن. to put on. to wear.

سه ~ آمدند. three persons came.

تنت را خشككن. dry your body.

این لباسرا~کن. put this dress on.

بهمهگونه سختی تن در داد. he submitted to all kinds of hardship.

دو~ ازآنها برگشتند. two of them returned.

تُن ton. metric ton.

ظرفیت برحسب ~. tonnage.

تَنازُع، کشمکش، منازعه، دعوا. struggle. dispute. litigation.

~ بقا. struggle for existence (or survival).

تَنآسا، تنآسای، ازخودراضی، تنبل، تنپرور. self-indulgent. complacent. lazy.

تنآسائی، تنبلی، تنپروری. self-indulgence. complacency. laziness.

تَناسُب (تناسبات .pl)، نسبت، مناسبت. proportion. ratio. symmetry. agreement or suitability. relation. commensuration. decorum.

~ داشتن. to be proportionate. to suit.

~ اندام. bodily symmetry. being well-built.

بی~. disproportionate. unbecoming. asymmetrical.

به~. proportionately. proportionally.

مالیاتها باید بادرآمدها ~ داشته باشد. taxes must be proportionate with incomes.

تَناسُخ metempsychosis. transmigration of souls.

تناسخی metempsychosist. pertaining to metempsychosis.

تَناسُل، تولید نسل. reproduction. generation.

~ کردن. to beget. to produce children.

تناسلی، زهروی. genital. reproductive. venereal. sexual.

امراض ~، امراضمقاربتی. venereal diseases.

تَنافُر، انزجار دوجانبه. mutual aversion.

تَناقُض، مغایرت، ناهمگنی، ناهماهنگی. contradiction. antilogy. discrepancy. inconsistency.

~ داشتن. to be inconsistent with. to be contradictory.

تناقضگوئی self-contradiction.

~کردن. to make contradictory statements.

تَناوُب، یك درمیانی، نوبتی. alternation. intermittence. recurrence. periodicity.

~ داشتن. to alternate. to intermit.

به~. alternately. intermittently. in turns.

تناوبگر alternator.

تناوبی alternative. periodic. intermittent.

تَناوُر، درشتهیکل، جسیم. corpulent. big.

تَناوُل، خوردن. eating.

~کردن. to eat. to take (as tea).

تَنباکو، توتون. tobacco (the kind used for the hookah).

تُنبان، شلوار، زیرجامه. trousers. loose breeches. pants.

تَنبهتَن carried on between two persons. man for man.

جنگ ~. duel.

تُنبك، دنبك. tambour. tambourin.

~ زدن. to play on the orchestral drum.

تَنبَل، کاهل، تنآسا. lazy. lazy person. sluggard. tardigrade. idle. slothful. indolent. lazybones. sluggish.

شاگردان ~ درامتحانات رد میشوند. lazy students fail in the examinations.

تنبلی laziness. indolence. sloth. idleness. sluggishness.

~کردن. to be lazy. to remain idle.

تَنبور (kind of) guitar or lute.

تَنبوشه (clay) water pipe. clay shingle.

تَنَبُّه، آگاهی، بیداری، توجه، پند. notice. admonition. warning.

تنبیه، تأدیب، مجازات. punishment. chastisement. chastening. castigation.
~کردن. to punish. to chastise. to chasten. to castigate. to discipline. to correct.
بخاطر نافرمانی کودکی را ~کردن. to punish a child for disobedience.
تن‌پرست، تن‌آسا. self-indulgent. lazy. complacent.
تن‌پرور، تن‌پرست، تن‌آسا. self-indulgent. one who likes good living. voluptuous.
تن‌پروری self-indulgence. voluptuosness.
تن‌پوش، تن‌جامه، لباس، پوشاك، جامه. garment. dress. clothes. suit.
تن‌پیمائی anthropometry.
تَنتور، تنطور. tincture.
تنتوریُد tincture of iodine.
تنخواه funds. capital. sums. cash.
~ گردان. revolving fund.
تند، سریع، زننده. quick. rapid. swift. express. fast. hot. biting. acrid. irascible. hot-tempered. pungent. sharp. caustic. acute. tachy-.
~ شدن. to quicken. to gain speed. to become pungent. to become angry.
~کردن. to make fast. to speed up. to accelerate. to quicken. to make strong or pungent. to make steep.
حرکت~ (سریع). a quick (rapid) movement.
او ~حرکت کرد. he moved fast.
کلمات ~ (زننده). biting (acrid) words.
~ باش. hurry up. be prompt.
جواب ~ (خشن و بی‌ادبانه). a rash (harsh) answer.
با احساسات ~. with vehement feelings.
پیرمرد ~خو. a hot-tempered old man.
سراشیبی ~. a steep incline.
اوقدمهای خود را ~کرد. he quickened his steps.
او آدم تندی‌است. he is a quick-tempered (irascible) man.
ادویهٔ زیاد غذا را ~کرده است. too much spice has made the food hot.
او از بقیه ~تر دوید. he ran faster than the rest.
ساعتت را ~ترکن. set up your watch faster.
تندباد، گردباد، توفان. hurricane. cyclone. storm. typhoon.
تندپا fleeting. speedy. fleet-footed.
تندخو irascible. crabbed. quick-tempered. hot-tempered.
تندخولی irascibility. ire. anger. wrath. hot temper. fiery temper.
تندخوئی‌کردن. to become angry, ireful, or wrathful. to show hot temper.
تُندَر، آسمان غرش. thunder.
تَندُرُست، سالم. in good health. healthy.
تندرستی، سلامت. good health. health.
تن‌درمانی، فیزیوتراپی. physiotherapy.
تندرو، بادپای، افراطی. swift. extravagant. express. fast. extremist.
اسب ~. a swift horse.
قطار ~. express train.
تُندرَوی extremism. extravagance. swift walking.
تندزبان، خشن، زننده. abusive. harsh.

تندش budding.
تند طبع، تند خو. hot-tempered. irascible.
تندکار، سریع‌العمل. fast worker. swift. agile.
تندکن accelerator.
تُندمِزاج irascible. hot-tempered.
تندمزاجی irascibility. hot temper.
تُندمَزه pungent. astringent.
تُندُ و تیز pungent. sharp. hot-tempered.
تُندِه steep slope. escarpment. swift stream. steep.
تندی، سرعت، تندی و تیزی، خشونت. rapidity. speed. quickness. velocity. anger. irascibility. hot temper. pungency. harshness. promptness. tachy-.
با ~، به~. speedily. quickly. with hot temper.
~کردن. to show anger. to become hot-tempered.
خودرو من به~ خودرو شما نیست. my car is not as fast as yours.
~ غذا موجب عطش مهمانان شد. the pungency (hotness) of the food caused the guests' thirst.
تُندیدَن to germinate.
تندیس، مجسمه. statue. image.
تندیسگر، مجسمه‌ساز. sculptor.
تنزل، کاهش، نزول. decline. retrogradation. decrease. reduction. lessening. decadence. demotion. devaluation.
~کردن. to decline. to retrograde. to decrease. to fall. to be reduced.
بعضی پیشرفت و بعضی ~ میکنند. some thrive, others decline.
~ نرخ دلار. devaluation of the dollar.
قیمتها ~ کرده است. prices have gone down (or fallen).
تَنزیب gauze. bandage. tanjib.
تَنزیل، ربح، نزول. discount. interest. devaluation.
پول ~ دادن. to lend money on interest.
~ کردن. to borrow on interest.
تنزیه، پاکی، نورانیت. purifying. attributing inviolability to (God).
تنسیق (تنسیقات .pl)، رتق وفتق، تنظیم، ترتیب. arrangements. regulating. arranging.
~کردن. to arrange. to regulate.
تَنشوی bathtub. bath.
تنصیف، تقسیم، قطع، دونیم‌سازی. bisection. dividing in halves.
تَنَطُّق، سخنگوئی، نطق. speaking.
تنطور، تنتور، طنطور. tincture.
تنظیف، نظافت، پاکسازی. cleaning. sweeping. dusting. cleansing.
~کردن. to cleanse. to sweep. to clean. to deterge.
تنظیم، اصلاح، ترتیب. putting in order. arranging. regulating. adjusting. setting.
~کردن. to put in order. to regulate. to compose. to frame. to draw up. to adjust. to set.
اشیاء را ~کردن. to put things in order.
ساعت را~کردن (واداشتن). to regulate (set, adjust) a watch.
نقشه‌ای ~کردن. to draw up a plan.
متن قرارداد [illegible] the text of the [illegible] agreement has been drawn up.

تَنَعُّم، نعمت، برخورداری. (living a) luxurious life. affluence.
تَنَفُّر، نفرت، انزجار، بی‌میلی. aversion. dislike. hatred. hate. revulsion. odium. distaste. antipathy. repugnance. despising. abhorrence. detesting. loathing.
~ داشتن. to hate. to despise. to abhor. to detest. to loathe. to contemn.
نسبت به‌او احساس ~ میکرد. he felt abhorrence toward him.
از دروغ‌گوئی ~ دارم. I hate lying.
تنفرآمیز، تنفرآور، تنفرانگیز. repugnant. hateful. odious. detestable. obnoxious. abhorrent. abominable. loathsome. repulsive. antipathetic. revolting.
تَنَفُّس breathing. respiration. recess. entr'acte. intermission. break.
~کردن. to breathe. to respire.
سینما ده دقیقه ~ دارد. the movie has a recess (intermission) of 10 minutes.
~ مصنوعی. artificial respiration.
~دهان‌بدهان. mouth-to-mouth respiration.
در هوای آزاد ~کرد. he breathed in the fresh air.
معلم به شاگردان ~ داد. the teacher gave the students a break (or recess).
زنگ ~. recess.
تنفسی respiratory. anapnoic. breathing.
دستگاه(جهاز) ~. respiratory organs(system).
تَنفیذ، تائید، تثبیت، نافذ دانستن. confirmation. authorization. affirmation. causing to penetrate.
~کردن. to authorize or confirm.
تَنَقُّل (تنقلات .pl)، آجیل. dessert. dried fruit.
تنقیح، اصلاح، تنقیه. expurgation. purgation.
~کردن. to expurgate.
تنقید criticism. finding fault. censuring.
~کردن. to criticize. to find fault with. to censure. to blame. to reprehend.
خیلی ازشما ~ میکرد. he criticized (blamed) you a great deal.
تَنقیه، عماله. dredging. purging. enema. clyster.
~کردن، عماله‌کردن. to give an enema to. to dredge. to cleanse.
تُنُك، پراکنده، متفرق. thinly scattered. sparse. shallow. scant. thin.
تُنُکاب، کم‌عمق، اندك ژرفا. shallow.
تَنکار، بوراکس. borax.
تنك‌روزی، اندك‌روزی. destitute.
تنك‌ریش، کوسه. thin-bearded.
تُنُکه، شورت زنانه، تختهٔ میان در، تکه، باریکه. ladies underpants. knickers. panties. panel (of a door). slab.
~کردن. to make into sheets. to slab.
تُنُکی، پراکندگی، تفرق. thinness. sparseness. shallowness.
تَنگ، باریك، کیپ، دلتنگ، تنگه، کوچك. narrow. tight. close. short. sick. straitened. girth. strap.
~کردن. to narrow. to constrict. to tighten. to contract.
~ شدن. to become narrow or tight.

کوچهٔ ~. a narrow alley.
لباس ~. a tight dress.
دل او برای خانه‌اش (وطنش) ~ شد. he became homesick.
او ازلحاظ مالی دست ~ است. he is in straitened circumstance financially.
به ~ آوردن. to drive to extremities. to corner.
به ~ آمدن. to be driven to extremities or put at bay.
خلق ~ بودن. to be in a bad mood. to be testy. irritability.
خلق او ~ است. he is in a bad mood. he is testy.
دلتنگی. homesickness. nostalgia. impatience. missing something.
دل ~ بودن. to be nostalgic for. to miss. to be sad. to become homesick.
دلم برای مادرم ~ شده. I miss (am nostalgic for) my mother.
کمربند خود را ~ کن. tighten your belt.
جای ~. a narrow or crowded place.
جای ما درماشین ~ است. we are too crowded in the car.
او را ~ درآغوش گرفت. he held her tightly in his arms.
تُنگ pitcher. decanter. flagon.
تُنگاب concentrated. strong. shallow.
تنگ‌بست tightly secured. all-in. everything included.
تنگ‌چشم، خسیس، چشم تنگ. niggardly. greedy. miserly. insatiable. avaricious.
تنگ‌چشمی greed. miserliness. avarice. cupidity.
تنگ‌حوصله، کم‌حوصله، بی‌صبر، کم‌ظرفیت. impatient. testy. peevish. irritable.
تنگدست، مسکین، بیچیز، فقیر، تهیدست. indigent. impecunious. poor.
تنگدستی، تهیدستی. indigence. poverty. impecuniousness.
تنگدل heartsick. despondent. sad. lonely. homesick.
تنگدلی، دلتنگی، ملالت. heartsickness. loneliness. despondency.
تنگ‌روزی. destitute. destitution. poor.
تنگسال، خشکسالی. drought. famine.
تُنگستن tungsten.
تنگنا(ی)، تنگه، گرفتاری، مضیقه. narrow pass. defile. straits. bad fix. straitened circumstances. bottleneck.
در~گیرافتادن. to be brought at bay. to be cornered. to be in straits.
تنگ‌نفس، تنگی نفس، آسم. asthma. dyspnea. shortness of breath.
مبتلا به تنگی نفس. asthmatic.
تنگ‌نظر niggardly. tight. miserly.
تنگ‌وتا spirits.
خودرا از~ نینداخت. he saved face. he joined in the laugh.
تَنگه، باریکه، بغاز، باب. strait. isthmus. narrow pass. defile.
تنگه‌نفس dyspnea. shortness of breath. asthma.
تنگی، سختی، عسرت، کمیابی، کوچکی. narrowness. straitness. stricture. tightness. constriction.

تَنَندَه، بافنده (تنیدن from). weaver. spinner.

تَنور، کوره، اجاق. oven. furnace.

تا ~گرم است باید نان پخت. make hay while the sun shines. strike the iron while it is hot.

در~ پختن. to cook (bake) in an oven.

تَنوره، لولهٔ بخاری ومانند آن، تنورهٔ آسیاب. chimney. heat-tube. spout. flue. circle. duct. tube.

تنورهٔ آسیاب. the flue of a mill.

تنوره کشیدن to fly (in a spiral movement). to eddy up or down.

تنوع، گوناگون. variety. variation. change. diversity. variegation.

~ داشتن. to vary. to be various. to have variation.

تَنومَند، درشت‌اندام. corpulent. big. stout. huge.

تنومندی corpulence. stoutness.

تَنویر، روشن‌سازی. englightening. brightening. illuminating. glittering.

~ افکار. enlightenment.

تَنِه، بدن، بدنه، تنه‌زنی. trunk. torso. body. fuselage. shoving. jostling. bumping.

~زدن. to jostle. to shove. to push. to elbow.

تنهٔ درخت. the trunk of a tree.

تنهٔ هواپیما. the fuselage of a plane.

~ خوردن. to be shoved. to be bumped into or jostled.

تنهٔ او سنگین‌است. his body is heavy.

یك ~. singly. alone. single - handedly.

تَنها، منفرد، یك‌تنه، منزوی. alone. lone. lonely. solitary. sole. only. single.

او ~ رفت. he went alone.

~کسی که آمد. the only person who came.

دختری ~ (منزوی). a solitary girl.

~ وارث. the sole heir.

تك و ~. all alone.

تنهائی solitude. loneliness. aloneness.

~ اینکار را کرد. he did it all by himself.

رنج ~. the pain of solitude.

تنه‌دار، تنومند. bulky. corpulent. stout.

تَنه‌لَش lumpish or lazy.

تَنی of full blood. bodily.

او برادر ~ من‌است. he is my full - blood brother.

برادر نا~. half brother.

تَنیدَن، بافتن، رشتن. to spin or weave.

تَنیزه corpuscle.

تِنیس tennis.

زمین ~. tennis court.

مسابقهٔ ~. tennis match.

تو، ترا،مال‌تو،بتو (used familiarly for شما) thou. ye. thee. thy. thine. your. yours.

اسم~. thy name. your name.

کتاب~. thy (your) book.

این‌کتاب مال ~ است. this book is yours (thine).

ترا دیدم. I saw you (thee).

بتو گفتم. I told you (thee).

~ میدانی. thou knowest. you know.

تُو، درون، داخل، توی. in. inside. within. interior. into.

پری توی اتاق است. Pari is inside (in) the room.

بفرمائید ~. come in please.

~گذاشتن. to tuck in.

تَوابع (تابع pl. of)، اطراف، منضمات، ضمائم. dependencies. suburbs. appurtenances.

تَواتُر، تسلسل. frequency. succession. series. chain. concatination.

تَوارُث، ارث‌بری. inheritance. heritage. legacy. heredity. patrimony. heritance.

از راه ~. by heredity. by inheritance.

قابل ~. inheritable. heritable.

توارثی hereditary. by inheritance.

تواری، پراکندگی، فراری شدن. lying hidden. fleeing.

تواریخ (تاریخ pl. of)، تاریخ‌ها. histories.

تَوازُن، موازنه، تعادل. equilibrium. balance.

توازی، حالت موازی. parallelism.

تواضع، فروتنی، کرنش. humility. courtesy. lowliness. modesty. humbleness.

~کردن. to show humility or curtsy.

توافق، موافقت، همعقیده بودن. agreement. consent. harmony. compatibility. unanimity. concord. con - currence. accord. entente.

~کردن. to agree. to reach an agreement. to concur.

~ داشتن. to have agreement and understanding with. to be compatible. to be in agreement with.

به ~ آراء، باتفاق‌آراء. by a unanimous vote. unanimously.

هنوز ~ نکرده‌اند. they haven't yet reached an agreement.

تُوالِت، آرایش، بزك. toilette. make up. beautification. cosmetics.

~کردن، بزك‌کردن. to use make up. to dress up. to put make up on. to preen.

تَوالُد، تولید مثل، زاد. reproduction. birth. generation.

~ وتناسل. birth (rate). reproduction.

تَوالی، تسلسل، بطورپی‌درپی. succession. consecutiveness. concatination. sequence. continuity. series.

تُوام، دوقلو، دوگانه، باهم، متصل. twin. geminate. linked. joint.

بچه‌های ~(دوقلو). twin children.

باهم ~ شدن. to be linked together. to be mixed or blended together.

تواماً، باهم. jointly. together.

توامان (توأم pl. of). twins.

تَوان strength. power. ability. (math.) spuare. potentiality.

آیا می~ آنرا دید؟ can one see it? is it possible to see it?

نمی~ گفت. it cannot be said.

تاب و ~. strength and patience. endurance.

توانا powerful. able. strong.

خدا برهمه چیز ~ است. God is omnipotent.

بازوان ~. strong arms.

~ بود هرکه دانا بود. knowledge is power.

توانائی power. ability. strength.

عدم ~. incapability. incapacity. inability.

توانبخشی rehabilitation.

توانخواه، توانجو(ی)، معلول. disabled. rehabilitant.

توانستن، قادربودن. can. may. to be able to. to have the right to. to be permitted to. to afford. to be empowered to.

من میتوانم بنویسم. I can write. I am able to write.

آنها نتوانستندبیایند. they could not come.

خواهد توانست. he (she, it) will be able to.

خواهند توانست. they will be able to.

نتوانستم. I could not. I was not able to.

حالا میتوانید بروید. you can now go. you are now permitted to go.

جهانگیر نمی‌تواند خوب بپرد. Jahangir can not jump well.

توان‌فرسا tiring. exhausting.

توانگر، ثروتمند، غنی. rich. wealthy. affluent well-to-do.

توانگری wealth. fortune. riches. being wealthy or rich.

تُوبره a nose bag. feed bag.

تُوبَه penitence. repentance. contrition. compunction. remorse. regret.

~کردن. to repent. to regret. to rue. to be contrite or remorseful. to make a vow.

~کردم‌که دیگر آنجا نروم. I made a vow never to go there again.

ازگناهان خود ~ میکنم. I repent (of) my sins.

توبه‌کار penitent. sorry. contrite.

توبیخ، سرزنش. reprimand. reproof. rebuke. castigation. chastisement.

~کردن. to reprimand or reproach. to scold. to rebuke. to chastise. to castigate.

پدرش او را (ازاو) توبیخ‌کرد. his father reproached him.

تُوپ cannon. gun. ball.

یك ~ چلوار. a bolt of longcloth.

~ فوتبال. a football.

~ بسکتبال. a basketball.

~ تنیس. a tennis ball.

~ وتشر. bluffing and intimidation.

به ~ بستن. to bombard. to cannonade. to fire artillery.

~ را زدن. to kick (hit) a ball.

(دربازی پوکر) ~ زدن. to bluff (in a game of poker).

~صحرائی. a fieldpiece or a fieldgun.

~ ضدهوائی. antiaircraft cannon.

گلولهٔ ~. cannon ball. shell.

توپ‌بازی a ball game. a ball for playing.

~کردن. to play ball.

توپچی artilleryman. gunner.

توپخانه artillery.

توپدار، ناوچهٔ توپدار. gunboat.

تُوپُر solid. not hollow.

توپوز mace. knobstick. knobkerrie.

تُوپی plug. spigot. hub. nave.

تُوت mulberry. berry.

تُوت فَرَنگی strawberry.

تُوتون tobacco.

~ چپق یا پیپ. pipe tobacco.

توتیا tutty. vitriol.

تَوَجُّه (توجهات pl.) attention. care. concentration. observation. notice.

~کردن، ~ داشتن. to pay attention to. to heed. to observe. to notice. to note. to consider. to be attentive to. to mind.

تحت ~ قراردادن، مورد~ قراردادن. to take into consideration. to put under observation. to pay attention to.

ازکسی (یاچیزی) ~کردن. to take care of someone (or something). to care for.

بی~. careless. heedless. inattentive.

با~. careful. heedful. attentive.

لطفاً بحرفهای من ~کنید. please pay attention to my words.

بهیچیك‌ازآن چیزها توجهی نداشت. he cared for none of those things.

در غیاب مادر کلفت ازبچه‌ها ~ میکند. during the mother's absence the maid takes care of the children.

تَوَجُّهات (توجه sing.). attentions. cares. auspices. favo(u)rs.

تحت ~ ایشان. under his (their) auspices.

تَوجیه (توجیهات pl.). accounting for. justification. explanation. vindication.

~کردن. to account for. to explain (away). to justify. to expound.

شما بایستی رفتارخود را ~کنید. you must account for your behavio(u)r.

توجیه راه وروش ایزد نسبت به بشر. to justify the ways of God to men.

تَوَحُّش savagery. primitiveness. wildness. barbarity.

تَوحید monotheism. unification. unitarianism.

~گفتن. to profess God's singleness.

تودار reserved. self - contained.

تُودَرتُو complex. labyrinthine. intricate. interconnected.

تودل‌برو، جذاب. charming. pleasing.

تُودَماغی nasal. nasally. with a twang.

~ حرف زدن. to speak through the nose. to speak nasally or with a twang.

تُوده، انباشته. a heap. block. stack. mass. pile. mound. accumulation.

~کردن. to heap. to accumulate. to stack. to amass. to pile up. to mass.

توده‌ای ازکتاب. a stack of books.

تودهٔ مردم. the mass of the people.

توده‌های مردم او را پشتیبانی کردند. the masses supported him.

توده‌ای‌ازچوب (هیزم). a pile of wood.

توده شناسی folklore.

تودهنی riposte. rebuff. a blow on the mouth.

تودیع، بدرود، خداحافظی. valediction. farewell. valedictory. adieu. parting. leave-taking. good-by.

~کردن. to say good-by. to bid adieu. to bid farewell.

بمناسبت مسافرت او مجلس تودیعی برپا شد. on the occasion of his trip, a farewell party was given.

تودیع‌آمیز، تودیعی. valedictory.

تُور net. netting. seine. lace. tulle. gauze. screen.

بتورانداختن، بتورزدن. to catch in a net. to catch. to snare. to seine.

~ سیمی. wire gauze. wire screen.

~ سیمی پنجره (برای جلوگیری ازورودپشه). window screen.

~ ماهیگیری. fishing net. seine.
تُورات، توریة. Pentateuch. the Old Testament. torah. tora.
توران (pl. of تور) Turkestan. Transoxania. feminine. proper noun.
تورانی of Turkestan or Transoxania.
تَوَرُّب obiliquity.
تُورب peat.
توربین turbine.
تورفتگی indentation. notch. dent.
تورفته indented. dented. notched.
تَوَرُّق lamination. scaliness. having layers.
قابل ~. laminable.
تَوَرُّم، آماس. turgidity. inflation. adema. swelling. distending. inflammation.
~ کردن. to swell. to inflame.
~ داشتن. to be swollen or inflamed. to be distended.
~ اقتصاد کشور را دچار مخاطره میکند. inflation endangers the economy of the country.
ضربهٔ شدید باعث ~ چشمان او شد. the severe blow caused the swelling of his eyes.
تورنسل litmus.
توری tulle. lace. trimming. veil. (incandescent) mantle.
چراغ ~. mantle-lamp. mantle-burner. lantern.
تَوریَه، توریت. dissimulation. feigning. equivocation.
توریة، تورات. the Old Testament.
تَوزیع، پخش. distribution. division. allotment. issuance. apportionment.
~ کردن. to distribute. to issue. to allot. to parcel out. to disperse. to dole (out). to dispense. to mete. to apportion.
پتوها بین زلزله زدگان ~ شد. the blankets were distributed among earthquake victims.
~ عادلانهٔ درآمد ملی. the just distribution of national income.
کارت عضویت درمیان کلیهٔ اعضاء ~ شد. membership cards were issued to all members.
ارثیه بین سه فرزند ~ شد. the inheritance was divided amongst the three children.
توزیعی distributive.
توسرخ shaddock. grapefruit.
توسری a blow or thump on the head. persecution.
~ خوردن. to receive a blow on the head. to suffer setbacks.
~ زدن. to bash (someone) on the head.
تَوَسُّط by. by means of. via. through.
خدماتی که ~ او انجام شد. services rendered by him.
نامه ~ پست هوائی ارسال شد. the letter was sent by airmail.
امروز ~ (با) تاکسی بمدرسه آمدم. today I came to school by means of a taxi.
به ~ او باهم رابطه برقرار کردیم. we established communication through him.
تَوَسُّعاً by extension.
تَوسِعه، گسترش، بسط. extention. protraction. prolongation. extent. scope. development, expansion. spreading.
~ دادن. to expand. to extend. to develop. to enlarge. to increase.
~ یافتن. to be expanded, developed, or extended.
~ دادن (بسط دادن) یك متن ادبی. to expand a literary text.
املاك او تا دریا ~ داشت. his estates extended as far as the sea.
~ نیافته. undeveloped. unexpanded.
کم ~، عقب افتاده. underdeveloped. underexpanded.
کشورهای کم ~ (عقب افتاده). underdeveloped countries.
درحال ~، درحال رشد. developing. expanding.
کشورهای درحال ~ (درحال رشد). developing countries.
توسعهٔ اقتصادی سریع ایران دربیست سال اخیر. Iran's rapid economic expansion(development) in the last twenty years.
توسعه خواه، توسعه‌طلب. expansionist.
سیاست توسعه طلبانهٔ هیتلر. Hitler's expansionist policy.
توسکا (bot.) common alder.
توسکایان (bot.) betulaceae.
تَوَسُّل resort. resorting. recourse.
~ جستن، ~ کردن. to resort. to betake oneself. to turn to. to have recourse to.
وقتیکه از نصیحت خسته شد به تهدید ~ جست. when he tired of giving advice, he resorted to threats.
تَوسَن unmanageable or restive (horse). unbroken horse. mustang.
توسه (bot.) alder.
توشتر، بزنر. he-goat. billy goat.
توشه provisions. victuals. outfit. benefit. provender. baggage. luggage.
~ برداشتن، ~ برگرفتن. to set out with the necessary provisions. to benefit by.
از نصایح استاد ~ برگرفت. he benefitted by his teacher's advice.
توشه‌دان wallet. knapsack.
توشیح، امضاء. signature. approval.
~ فرمودن (کردن) to sign.
توصیف description. qualification. depiction. portrayal. delineation.
~ کردن. to describe. to qualify.
نظامی مناظر زیبا را باقلم سحرآمیزخود ~ کرد. Nezami described beautiful scenes with his magic pen.
توصیف ناپذیر، غیرقابل توصیف، توصیف نکردنی. indescribable. beyond description.
توصیفی descriptive.
توصیه recommendation.
~ کردن. to recommend. to advise. to suggest. to entrust. to commend.
او حسن را برای اینکار ~ کرد. he recommended Hassan for this job.
دکتر ~ کرد که سیگاررا ترك کند. the doctor recommended that he give up smoking.
به او ~ کردم که اینقدر تند نراند. I advised him not to drive so fast.
توصیه نامه letter of recommendation.
تَوضیح (pl. توضیحات) explanation. expounding. elucidation. explication.
~ دادن. to explain. to expound. to elucidate. to construe. to explicate.
~ خواستن. to demand (or ask for) an explanation.
لطفاً ~ بدهید که چرا دیر آمدید. please explain why you came late.
دانشمند فرضیهٔ جدید خودرا ~ داد. the scientist expounded his new theory.
توضیح واضحات truism. platitude. bromide.
~ کردن. to utter a truism. to platitudinize.
توضیحی explanatory.
تَوَطُّن settling, as in one's own country.
درکشوری ~ کردن. to choose a country as one's home. to settle in a country.
توطئه، توطئه چینی. plot. intrigue. machination. conspiracy. cabal. scheme. complot. plotting. conspiring.
~ کردن، ~ چیدن. to plot. to conspire. to complot. to scheme.
آنها ~ کردند که دولت را براندازند. they plotted to overthrow the government.
ولی توطئهٔ آنها بجائی نرسید. but their intrigue (machination) did not succeed.
بالاخره توطئهٔ آنها کشف شد. finally their conspiracy was discovered.
توطئه‌گر، توطئه‌چی. conspirator.
توطئه‌چیان دستگیر شدند. the conspirators were apprehended.
توفال lath. thatching.
توفال کوب lather.
توفان، طوفان. storm. tempest. cyclone. typhoon. hurricane. flood. deluge.
~ کردن. to become stormy. to storm.
~ باران، ~ وباران. rainstorm.
~ تگرگ. hailstorm.
~ برف. snowstorm.
~ نوح. the deluge. Noah's flood.
~ گردوخاك. dust storm.
توفانی stormy. tempestuous. windy. violent.
هوا ~ است. the weather is stormy.
تَوَفُّق success.
توفیر، فرق، تفاوت. difference.
~ نمیکند. it does not make any difference.
توفیق grace. success. good luck.
~ اجباری. blessing in disguise.
~ الهی. God's favo(u)r. divine grace.
~ یافتن، موفق شدن. to succeed. to be blessed. to attain.
~ ملاقات ایشان را نداشتم. I was not fortunate enough to meet him.
تَوَقُّع (pl. توقعات) expectation. request. expectancy. anticipation. prospect for the future.
~ داشتن. to expect. to anticipate. to count on.
برخلاف ~ (انتظار) من. contrary to my expectation.
از او ~ مهربانی ندارم. I do not anticipate kindness from him.
تَوَقُّف stop. stopping. discontinuance. halt. pause. stoppage. desisting. stay. parking. stopover.
~ کردن. to stay. to stop. to halt.
خودرو او جلو در ~ کرد. his car stopped in front of the door.
ایرج مدتی در آن شهر ~ کرد. Iraj stayed in that city for sometime.
(راهنمائی رانندگی) ~ ممنوع. no stop. stopping prohibited.
لطفاً جلو درب ~ نفرمائید. please do not park in front of the door.
توقف‌گاه، ماندگاه. parking. parking area or place.
~ اتومبیل. parking lot.
توقیر hono(u)r(ing). respect(ing).
~ کردن. to hono(u)r or respect.
توقیراً respectfully.
تَوقیع، مهر، امضاء، فرمان. signature. seal. signet. brevet.
تَوقیف، بازداشت. arrest. confinement. custody. detention.
~ کردن. to arrest. to confine. to take into custody. to attach.
~ شدن. to be arrested or taken into custody.
دزد ~ شد. the thief was arrested.
او در ~ پلیس است. he is in police custody.
توکا ortolan.
توکان toucan.
توکار built-in. tail end. inside work.
توکسین toxin.
توکل reliance. trust. resignation.
~ کردن، ~ داشتن. to rely on. to trust. to resign oneself (to the will of God).
توکلی based on trust. random.
توکیل appointing as one's attorney.
توکیو Tokyo.
توگرفتن to hold in. to take a tuck. to tuck.
مرد چاق شکم خود را توگرفت. the fat man held his stomach in.
خیاط دامن لباس تورا توگرفت. the tailor took a tuck in the skirt of your dress.
توگرفته stuffed. held in. tucked in.
توگود، کاو، مقعر. concave. hollow.
تَوَلُّد (pl. تولدات)، زاد. birth. nativity. genesis. nascency.
~ شدن. to be born.
روز ~، زاد روز. birthday.
~ عیسی. Christ's nativity.
تولدی natal.
تولك mo(u)lting. shedding.
~ رفتن. to mo(u)lt. to shed.
توله young (of certain animals). a pup. a puppy. cub. whelp. brood.
توله‌سگ. a pup. a puppy dog.
توله‌شیر، بچهٔ شیر. lion cub.
توله‌خرس. a (bear) cub or whelp.
توله‌کردن، توله زائیدن، زائیدن. to whelp. to give birth to. to spawn. to litter.
سگ ما توله کرده است. our dog has littered.
تَوَلّی، دوستی. taking as a friend. friendship. amity.
تولیت custodianship or superintendence (of a pious foundation or shrine). trusteeship.
تولید، فرآوری. production. producing. output. produce. making. generation.
تولیدکردن. to beget. to generate. to produce. to originate. to make.
~ نفت در ایران روبه‌افزایش است. the production of oil in Iran is increasing.
این کارخانه برق ~ میکند. this plant generates electricity.
تولیدمثل reproduction.
تومان Tuman or Tomman.
تومور tumor. tumour.
تون، ~ حمام. the stove or furnace

(of a Persian bath). oven.
تونِس Tunisia. Tunis.
تونِل، دالیزه، دالان. tunnel.
توَهُّم (توهمات.pl) imagination. fancy. dream. suspicion. illusion.
~کردن، ~داشتن. to imagine. to suspect. to fancy. to conceive. to dream.
ناگهان دچار توهمات عجیب وغریب شد. suddenly he was beset by weird fancies.
توهمی having to do with imagination or fancy. imaginative.
توهین، اهانت. insult. offense. umbrage. affront. aspersion.
~کردن. to insult. to offend. to affront. to outrage.
او بهمن ~کرد. he insulted me.
توهین‌آمیز insulting. offensive.
توی، تو، در. in. inside. interior.
تویی inner. inward. lining. inner tube.
ته bottom. base. end. butt. root. depth. stub.
از ~ دل. from the depth of the heart. (most) heartily.
تا ~. to the bottom. to the end. supernaculum. to the hilt.
~ رفتن. to sink. to go to the bottom.
~کشیدن. to draw to an end. to be out of.
پول‌ما ~کشیده‌است. we are out of money.
شراب را تا ~ سرکشید. he drank the wine to the last drop.
از سر تا ~. from top to bottom.
از ~زدن. to cut short. to shave off.
~ خیابان. the end of the street.
~ دریا. bottom of the sea.
~ سیگار. cigaret butt (stub).
تهاتُر barter. trading off.
تهاتری barter.
معاملات ~، دادوستدهای ~. barter exchange deals.
تهاجُم aggression. invasion. offence. attack. encroachment. assailing. assaulting. offensive.
~ کردن، مورد ~ قرار دادن. to aggress. to invade. to attack. to assail. to assault.
مورد ~ قرار گرفتن to be (or become) victim of aggression.
تهاجمی offensive. aggressive.
سلاح‌های ~ و تدافعی. offensive and defensive weapons.
تهاوُن negligence. slighting. contempt.
ته‌بلیط ticket-stub.
ته‌بَندی، پیش‌غذا. hors d'oeuvre. appetizer. food eaten before a regular meal or before drinking.
ته‌پُر breechloading.
ته‌تراش close shave.
ته‌تفنگ the butt of a gun. breech of a rifle.
تهَجّی spelling.
به‌ترتیب حروف ~. in alphabetical order.
ته‌چك counterfoil or stub (of a cheque)
ته‌دوزی taping. stapling. binding.
تهدید threat. menace. intimidation. warning.
~کردن. to threaten. to menace. to intimidate. to warn.
او را ~ به‌اخراج کردند. they threatened to discharge him.
او با تفنگ مرا ~ کرد. he menaced me with a gun.
به ~ او توجهی نکنید. do not pay attention to his threats.
تهدیدآمیز threatening. menacing.
تَهذیب refinement. elegance. polish. edification. cultivation.
~کردن. to refine. to edify. to purify.
اشعار اخلاقی سعدی خواننده را ~ میکند. Sa'di's moral poems edify the reader.
تهران، طهران. Tehran. Teheran.
تهرانی (native) of Tehran. of or from Tehran.
ته‌رنگ tint.
ته‌سفره leavings (at the dinner table).
ته‌سیگار cigarette-end. cigarette butt or stub.
ته‌شاخه stump (of a branch). snag.
تَهلُکه (danger of) perdition. perishing.
تَهلیل praising God (by citing لااله‌الاالله=there is no god but God).
ته‌مانده leavings. leftover.
تُهمَت accusation. charge. slander. calumny. calumniation. defamation.
~ زدن، ~ بستن. to accuse. to slander. to calumniate. to tax (with). to inculpate.
آنها به‌او ~جاسوسی بستند. they accused him of espionage.
تهمت‌آمیز slanderous. calumniatory. accusatory. inculpatory. incriminatory.
تَهَمتَن stout. valiant. title of Rustum.
ته‌نِشَست sediment. deposit. settled. sedimentation. dregs. lees.
~کردن. to settle (in the bottom). to form into a sediment or dregs.
ته‌نِشَسته sedimentary. deposited.
ته‌نشین sediment. dregs. lees. deposit.
~ شدن. to become a sediment or dregs.
اگر آب مدتی در لیوان بماند گل آن ~ میشود. if water stays in the glass for a while its mud will settle.
تَهنیَت، تبریك، شادباش. congratulation. felicitation. compliment.
~ گفتن. to congratulate. to felicitate.
تهنیت‌آمیز congratulatory.
تَهَوُّر bravery. pluck. fortitude. temerity. impetuosity. rashness. courage.
~ بخرج دادن. to show temerity or courage.
تهورآمیز impetuous or courageous.
تَهَوُّع nausea. vomiting. disgust. loathing. siccasia.
~ پیدا کردن، ~ داشتن. to nauseate. to feel sick in the stomach.
حالت ~ به‌او دست داد. he felt nausea.
تهوع‌آمیز، تهوع‌آور. nauseating. nauseous. loathsome. disgusting.
تَهویه ventilation. aerification. aeration. air conditioning. cooling.
~کردن. to ventilate. to freshen. to aerate. to aerify. to air-condition.
~ مطبوع. air conditioning.
تُهی empty. devoid. void. vacant. vacuous. bare.
~کردن. to empty. to void. to vacate.
~ شدن. to become empty or void. to run out.
رودهٔ ~. jejunum.
تُهی‌پا، برهنه‌پا. barefoot(ed).
تهیدست، فقیر، بینوا. empty-handed. poor. indigent.
تهیدستی، بینوائی. indigence. poverty.
تهیگاه hypochondrium. flank. ilium.
استخوان ~. ilium. hipbone.
تهی‌مغز empty-headed. brainless. stupid.
تَهیه preparation. making ready. preparing. provision.
~کردن. to make ready. to prepare. to furnish. to supply. to procure. to obtain.
~ دیدن. to make preparations.
برایمان شام خوبی ~ کرد. she prepared a nice dinner for us.
قبل از سفر باید یك رانندهٔ خوب ~ کنیم. before the journey, we must find (or procure) a good driver.
آنهمه پول را از کجا ~ کنم؟ from where shall I procure all that money?
تَهییج excitement. stimulation. provocation.
تهییج کردن، برانگیختن. to stimulate. to excite. to provoke. to animate. to stir.
نطق او همهٔ ما را ~ کرد. his speech excited us all.
تیار، تهیه. ready. prepared. equipped.
~کردن. to prepare. to equip.
تیاری manipulation (of opium).
~کردن. to manipulate.
تیان cauldron. pot.
تیپ brigade. closely set.
تیپ، نوع. type.
یك جوان خوش ~. a handsome youth.
تیپا (kick with the) tiptoe.
~ زدن. to kick (with the tiptoe).
اورا با ~ از مغازه بیرون کردند. they kicked him out of the shop.
تی‌تیش، تی‌تیش مامانی. baby's dress.
تیر arrow. dart. shaft. bolt. shot. gun shot. bullet. pellet. projectile. beam. girder. post. pole. pile. pylon.
~ انداختن، ~افکندن، ~ زدن، ~اندازی کردن. to shoot. to fire.
~خوردن. to be hit by a shot. to be shot.
بکسی ~زدن. to shoot at someone. to fire at.
~کشیدن. to twinge. to have a sharp pain.
~کردن. to incite. to instigate. to stir up.
~ چراغ برق. a light post (or pole).
~ سقف. roof-beam.
~آهن. (iron) girder. iron beam.
تیرش بسنگ خورد. he missed the mark. he failed.
~ اندازی. shooting. gunfire. cannonade.
تیرش بهدف نخورد. his shot (bullet, arrow, shaft) missed the mark.
او را با ~زدند. they gunned him down. they shot him.
بما ~اندازی شد. we were shot at.
چندین ~ بطرف ما خالی کردند. they fired several shots in our direction (or at us).
توپخانه شروع به~اندازی کرد. the artillery started firing (shelling).
تیر Tir, the fourth month of the Persian calendar (June - July).
تیراژ circulation (of a newspaper).
تیرانداز shooter. archer. gunner.
تیراندازی shooting. gunfire. cannonade. archery.
~کردن. to shoot. to fire.
سربازان شروع کردند به~. the soldiers started to shoot (or shooting).
تیرباران a volley or shower of arrows or shots. execution by a firing squad.
~کردن. to execute (by a firing squad).
جاسوسها را ~کردند. they executed the spies.
تیرپرتاب، تیررس. bowshot. gunshot. gunreach. gun range.
تیرخوردن to be hit by a shot. to be shot.
تیرخورده shot. wounded by a gun shot.
تیردان، ترکش، تیرکش. quiver.
تیررَس، تیرپرتاب. range. gunreach. bowshot.
در ~ چیزی بودن. to be within range of something.
تیرزدن to shoot at. to fire at. to fire a shot.
با ~. to hit with a shot. to fire a shot at.
تیرزن، تیرانداز. shooter. gunner. archer.
تیرك، دیرك. a small beam. mast. rolling pin.
~ زدن. to roll out (a dough). to cast up bubbles.
تیرکوب pile driver.
تیرکوبی pile driving. staking.
تیرگی، تاریکی. darkness. murkiness. dullness. turbidity.
~ روابط. strain (or tension) in the relationship.
تیروئید، درقی. thyroid (gland).
تیره dark. dim. dusky. murky. gloomy. turbid. muddled. tarnished.
~ شدن. to become dark, dim, or murky.
~کردن. to darken. to dim. to lower. to disturb. to tarnish. to obfuscate. to strain.
آسمان ~ شد. the sky lowered (or became dark).
آبی ~. dark blue.
روابط آنها ~ شده است. their relationship has become strained.
تیره sect. family. column. dash. hyphen.
مسیحیت دارای چندین ~ است. Christianity has several sects.
تیره‌بخت، بدبخت. ill-fated. unlucky. unfortunate.
تیره‌دل ignorant.
تیره‌رنگ dark-colored.
تیره روز(گار)، بدبخت. unlucky. miserable.
تیز sharp. pointed. pungent. keen. shrill. fast. swift(ly). rapid(ly).
~کردن. to sharpen. to whet. to hone. to stimulate. to make shrill. to speed up.
~ بودن. to be sharp or keen.
شمشیر ~. a sharp sword.
نوك ~. having a sharp point. pointed.
تند و ~. fast and sharp. spicy.

صدای ~. shrill voice (sound).

گوشه ~. sharp corner. acute angle.

چاقو را ~ کرد. he whetted (sharpened) the knife.

تیز، گوز. fart.

~ دادن، گوزیدن. to fart. to break wind.

تیزاب aqua fortis.

~ زدن به، ~ دادن. to nitrify.

~ سلطانی. aqua regia.

تیزابی nitrated. nitrified.

تیزبین sharp-sighted. sharp-eyed. clear-sighted.

عقاب ~. a sharp-sighted eagle.

تیزبینی sharp-sightedness. visual acuity.

تیزپا swift-footed. fleet-footed.

تیزپرواز، تیزپر. swift-winged.

تیزچشم keen-eyed. sharp-sighted.

تیزدندان sharp-toothed. fierce.

تیزرو quick-paced. walking swiftly.

تیزفهم sharp-witted. quick-witted. apt. of quick understanding.

تیزکن grinder. sharpener. whetter.

سنگ ~، سنگ چاقو ~. whetstone.

تیزگوش، گوش تیز. sharp of hearing.

تیزه sharp end. sharp point. crown. ridge.

تیزهوش، باهوش. sharp-witted. quick-witted. intelligent. astute.

تیزی sharpness. shrillness. keenness. pungency. swiftness. speed. rapidity.

تیشه adze. chip-axe.

~ بریشهٔ خود زدن. to undermine oneself. to be self-destructive.

~ روبخود، ~ سوی خود، ~ برخود selfish. egoist. self-centered.

تیغ razor. blade. shaver. razor blade. sword. thorn. thistle. ray.

~ زدن. to strike with a sword. to cut with a razor. to shave. to swindle.

از ~ گذراندن. to put to the sword.

~ سحر. daybreak.

آفتاب ازپشت کوه ~ کشید. the sun radiated from behind the mountain.

(~) خود تراش. safety razor. shaver.

~ ریش تراشی. razor. razor blade.

~ برقی، خودتراش برقی. electric shaver.

باغ پر از ~ شده است. the garden is overgrown with thorns (or thistles).

تیغ تیزکن grinder. whetstone. hone.

تیغ دار thorny. prickly.

تیغ زن، شمشیر زن. swordsman. swindler.

تیغه blade. lamella. plate. partition-wall. mountain-peak or ridge.

~ کشیدن، ~ کردن. to construct (or separate with) a partition-wall.

تیغه‌ای blade-like. of or like a thin partition-wall.

تیغه‌دار bladed.

تیغی thorny. thistly. prickly. acanthaceous. acanthoid.

تیفوس، محرقه. typhus.

تیفوئید، حصبه، مطبقه. typhoid.

تیک تیک، تک تک. ticktack. click. tick. ticking.

~ ساعت. the ticking of a watch.

~ کردن، تک تک کردن. to tick. to click.

تیکه، تکه. (colloq.) piece. loaf. chunk.

تیله marble. taw. potsherd

تیله بازی، مهره بازی. taw. a game of marbles.

~ کردن. to play a game of marbles.

تیم large caravanserai.

تیم team.

تیماج goat leather. Morocco leather.

تیمار care. attendance. grooming.

~ کردن. to groom. to tend. to care for. to feed and curry.

تیمارستان، بیمارستان روانی. lunatic asylum. asylum. mental hospital.

تیمچه arcade. covered passageway with shops.

تیمسار a title used for high-ranking military officers.

تَیَمُّم ablution with earth or sand.

تیمور (proper noun) Timur. Teymur.

تیمورلنگ Tamerlane.

تیموریان the Timurids.

تیموس thymus.

تیمین thymine.

تیوب، توبی. (inner) tube.

تئوری، دیدمان. theory.

تئوریسین، دیدمانگر. theoretician.

تیول fief. feud. feoff (ment).

تیولی feudal. feudatory.

تیه، بیابان. desert. wilderness.

تیهو dull-yellow (or khaki) partridge.

ث fifth letter of the alphabet.

ثابت، پابرجای، مداوم. fixed. stable. firm. immovable. steady. constant. invariable. permanent. steadfast.

ستارگان ~ (ثوابت). the fixed stars.

وضع بازار ~ است. the market situation is stable.

من نمیتوانم قیمت ثابتی بشما بدهم. I can't quote you a firm price.

رنگ ~. a fast colour.

~ کردن یك ادعا. proving a claim.

~ کردن. fixation. to prove. to demonstrate. to fix. to make steady. to stabilize. to verify. to substantiate.

ادعائی را ~ کردن. to prove (demonstrate, substantiate, verify) a claim.

~ ماندن. to remain constant (firm).

ثابته، ثابت، ثوابت. fixed. stable.

ثاقب، نافذ، سوراخ کننده. penetrating. twinging. shooting. piercing.

شهاب ~. a shooting star. a meteor.

ثالث، سوم، سومین. third. tertiary.

شخص ~. third party.

ثالثاً thirdly. in the third place.

ثامن، هشتم، هشتمین. eighth.

حضرت ~ الائمه. his holiness the 8th Imam (Reza).

ثامناً eighthly.

ثانوی، ثانویه. second. secondary.

تا اخطار ~. until further notice.

ثانی، دوم، دویم. second.

ثانیاً، دوم اینکه، باردوم. secondly. in the second place. for a second time.

ثانیه second. one-sixtieth of a minute.

یك دقیقه و ۴۵ ثانیه. a minute and forty five seconds.

ثبات، استواری، دوام، بقا، constancy. firmness. perseverance. steadfastness. resoluteness. stability.

~ قدم رازکامیابی است. consistency (firmness, perseverance, resoluteness) is the secret of success.

~ سیاسی قدم اول در راه اصلاحات اقتصادی است. political stability is the first step toward economic reforms.

ثَبّات registrar. recorder.

ثبت، نگارش، نگاشت، کتابت، ضبط. registration. register. record. inscription. entry. registered. entered.

~ کردن، به ~ رساندن. to register. to enter. to record. to enroll. to notarize.

اداره ~ اختراعات. patent office.

اداره آمار و ~ احوال. statistics and registration administration.

دفتر ~ اسناد. notary public.

ثبتی registered. notarial. official.

ثبوت demonstration. proof. showing how. testimony.

بثبوت رساندن. to prove. to demonstrate.

بثبوت رسیدن. to be proved (proven).

تاریخ صحت گفته‌های او را به ~ رسانید. history proved the veracity of his sayings.

ثبوت عکاسی photographic fixing.

ثروت، دارائی. wealth. riches. affluence.

یك شبه ~ خود را برباد داد. he squandered his wealth in one night.

ثروتمند، توانگر، دولتمند، مالدار. rich. wealthy. affluent. well-to-do.

ثری، ثرا، خاك. dust. earth. soil.

ثریا، پروین. the Pleiades.

ثعلب (bot.) common vanilla. salep. male orchis. little fox.

ثغور (pl. of ثغر)، مرزها، حدود. frontiers. borders. confines. boundaries.

حدود و ~. limits and boundaries.
ثُفل، درده، تفاله. apple-core. dregs. worthless remains.
ثُقبَه، سوراخ. hole.
ثِقل، سنگینی، وزن. weight. gravity. surfeited stomach. indigestion. dullness.
مرکز ~. center of gravity.
ثقل سنج gravimeter.
ثِقَه (ثقات .pl)، اعتماد، اطمینان، دوست مورد اعتماد. trust. trusty friend.
ثَقیل، سنگین. heavy. weighty. ponderous. indigestible.
ثُلاث، سه، سه‌گانه، ثلاثه. three. threefold.
ثَلاثَه، سه‌گانه. the three. threefold. trine. triple. trinal. trinary.
ثلاثی triliteral. threefold.
ثُلث، یك سوم. third. term.
~ ۹۰ تومان میشود سی‌تومان. a third of ninety tumans is thirty tumans.
امتحانات ~ اول. the examinations of the first term.
ثَمَر (اثمار .pl)، میوه. fruit. product. yield. produce.
بی ~. fruitless. futile.
پر ~. fruitful. prolific. fructiferous.
~ دادن. to bear fruit. to fructify.
ثمربخش، سودمند، نتیجه‌بخش، نافع. fruitful. useful. beneficial.
ثَمَرَه (ثمرات .pl)، نتیجه، میوه. fruit. offspring. result. fruition.
ثَمَن (اثمان .pl)، بهاء، قیمت. price.
ثُمن، یك‌هشتم. eighth.
ثمین،گرانبها،قیمتی. precious. expensive. rich.
ثَناء، حمد، نیایش،ستایش. eulogy. praise. encomium. salutation. panegyric.
~ گفتن. to eulogize. to praise. to extol. to laud.
ثناخوان، مداح. panegyrist. eulogist.
ثنایا (.pl. of ثنیه) incisors.
ثَنَوی، دوگانه‌پرست. dualist.
ثَنَوِیّه (.orig. fem. of ثنوی) the dualists.
ثَنِیّه (ثنایا .pl) incisor. chisel tooth.
ثَواب، اجر، مزد، پاداش نیکو، اجرت. (spiritual) reward. recompense. good deed. pious deed. charity.
~ کردن. to do good.
کمك به‌یتیمان ~ دارد. helping orphans will bring heavenly reward.
ثَوابت (.pl. of ثابت) fixed stars.
ثَوب، لباس،جامه. garment. suit.
ثَور، گاو نر. bull. ox. Taurus.

ج sixth letter of the alphabet.
جا، جای، مکان، محل، صندلی، اتاق، منزل. place. seat. room. station. space. occasion. cause. ground.
آنجا. there. that place.
اینجا. here. this place.
کجا. where.
هیچ ~. nowhere.
هر ~. anywhere.
همه ~. everywhere.
~ برای او نیست. there is no place for him.
~ برای من نگهدار. reserve a seat for me.
برای پسرهای تنبل ~ نیست. there is no room for lazy boys.
جای (فضای) زیاد اشغال کردن. to occupy much space.
~ گرفتن. to hold. to take room. to reserve a seat. to contain.. to take up space.
این اتومبیل ۶ نفر ~ میگیرد. this car can hold (has room for) six people.
از ~ دررفتن. to lose one's temper. to get very angry or nervous.
بجا آوردن. to do. to execute. to comply with. to grant. to perform. to place one. to recognize and give due respect to.
بنده شما را بجا نمی‌آورم. I cannot place (recognize) you.
خلقش بجا آمد. he cheered up. he resumed his spirits. he cooled down.
بجائی رساندن. to do. to achieve. to accomplish.
بجائی‌رسیدن. to reach somewhere. to attain a position. to be effective.
بجائی نرسید. it failed. it came to nothing.
در ~ زدن. to mark time.
جائیکه. where. wherein. whereat.
از آنجائی که. since. in view of the fact that. whereas.
بجا. timely. proper. in proper place or time.
نابجا. untimely. improper.
بی ~. out of place. improper.
جاافتاده well-matured. mellow.
جا انداختن to reduce. to set (a bone).
جاانگشتی keyboard. fingerboard.
جابجا، تعویض، سربزنگاه، ملك، بموقع خود. replacement. interchange.
~ شدن. to be interchanged. dislocation. to become shuffled or confused.
~ کردن. to change. to displace. to shuffle or mix up. to move the place of.
پیرمرد افتاد و ~ مرد. the old man fell and died on the spot.
این دو صندلی را باهم ~ کنید. replace these two chairs with each other.
جابِر (جابره .fem)، جابره، ستمگر، ظالم. oppressive. despotic. oppressor. despot. extortioner.
جابِرانَه، ظالمانه، ستمکرانه. forcibly. extortionately. oppressively.
جاپا، ردپا، پایگاه، قرارگاه. footprint. foothold. track. spoor.
جاپاکتی paper rack.
جاجِم، جاجیم. coarse, loosely-woven, woollen cloth. coarse blanket.
جاخالی absence. ducking. deficit. missing.
~ دادن. to duck. to evade. to dodge.
جادار، گنجا، فضادار، وسیع. roomy. spacious. expansive. extensive. capacious.
جادو، سحر، افسون. magic. sorcery. wizardry. witchcraft. exorcism. spell.
~ کردن. to enchant. to allure. to charm. to exorcise. to glamorize. to put a spell on. to spellbind. to conjure. to bewitch.
مثل اینکه ~ شده بودم. it seemed as if I was bewitched (spellbound).
جادوگر، افسونگر، ساحر. magician. sorcerer. witch. wizard. conjurer.
جادوگری، افسونگری، سحر. sorcery. practice of magic. wizardry.
جادوئی magic(al).
جادّه، راه. path. road. way. track. highway. roadway. thoroughfare.
جاده صاف‌کن road roller. steam roller.
جاذب، جذب‌کننده. attractive. absorbent. absorbing. charming.
جاذِبَه gravity. attraction. attractive force. pull. gravitation. allure. charisma.
قوهٔ ~. force of gravity.
جاذبهٔ جنسی. sex appeal.
جاذبیّت attractiveness. gravity.
جار، فریاد، ندا، چلچراغ. proclamation. candelabrum. chandelier. lustre.
~ زدن، جارکشیدن. to hawk. to cry. to proclaim.
جارچی، منادی، قاصد، پیك. town crier. public crier. herald.
جارَختی clothes hanger. wardrobe. clothes rack. clothes tree.
جارُوب، جارو. broom.
~ کردن، ~ کشیدن. to broom. to sweep.
دستهٔ ~، چوب جاروب. broom stick.
جاروب‌کش، جاروکش، رفتگر. sweeper. street sweeper. scavenger.
جاروب‌کشی sweeping.
جاری، جاریه، روان، رونده، حال، حاضر. flowing. running. fluent. current. instant. sister-in-law.
آب ~. flowing (running) water.
حساب ~. current account.
سوم ماه ~. the third instant (or 3d. inst).
~ شدن. to flow. to run.
~ کردن. to cause to flow. to pour.
صیغهٔ عقد را ~ کردن. to execute the contract formula (for marriage).
مقررات ~ (جاریه). regulations in force. standing regulations.
~ (زن برادرشوهر) من معلم است. my sister-in-law is a teacher.
در جنگ جهانی خون بسیاری ~ شد. much blood flowed (was shed) in the World War.
جاز jazz.
جازِده، قلب، قلابی، جعلی، عوضی. false. fake. adulterated. base. diluted
جازغالی coal hod. scuttle.
جازِم، مصمم، قاطع. resolving. decisive.
جاسوس، عامل، مأمورخفیه. spy. secret agent. undercover man. informer.
جاسوسی espionage. spying.
~ کردن. to spy. to pry.

او برای آلمانها ~ میکرد. he spied for the Germans.
داستانهای ~. spy stories.
جاشو (جاشوان .pl)، خدمهٔ کشتی. member of ship's crew. seaman.
جاکاغذی paper rack.
جاکش، قواد، لحاف‌کش. pimp. panderer. go-between. procurer. pander.
جاکشی panderism. pimping.
~ کردن. to pander. to pimp.
جاگیر، جایگیر، جایگزین. taking up too much space. bulky. replacement.
جالب، قابل‌توجه، گیرا، مؤثر. attractive. interesting. worthy of attention. noteworthy. arresting. absorbing.
~ توجه، گیرا، چشم‌گیر. interesting. eye-catching. noteworthy. remarkable.
جالباسی، جارختی. clothes rack. clothes hanger.
جالیز، پالیز. patch. kitchen garden.
~ خربزه. melon patch.
جالینوس Galen. Galenus.
جالینوسی Galenic. Galenism.
جام، قدح، کاسه، جام‌گل. cup. corolla. chalice. grail. goblet. pane.
~ پنجره. windowpane.
~ پیروزی. victory cup.
یك ~ شراب. a cup (glass) of wine.
شیشهٔ ~. pane glass. sheet glass.
جامد، سخت، سفت، محکم، جماد. solid. hard. firm. rigid. concrete. congealed.
اسم ~. concrete (primitive) noun.
جامدات (جامد .pl. of). solids.
~ ومایعات. solids and liquids.
جامع، کامل، کلی. comprehensive. full. exhaustive. universal. general.
جامعه (جوامع .pl). society. community.
حساب ~. integral calculus.
جامعه‌شناسی sociology.
جامعیت، عمومیت، همگانی، کاملیت، کمال. comprehensiveness. universality.
جامه، پوشاك، ملبوس، لباس. garment. clothing. clothes. raiment. garb. guise. robe.
جامهٔ مردانه. men's clothing.
روباهی درجامهٔ شیر. a fox in a lion's garb.
جامه‌دان، چمدان، اشکاف لباس. suitcase. trunk. valise. wardrobe.
جان، روان، زندگی، اصل‌مطلب، گرامی. life. soul. dear. vital principle. essence.
~ دادن. to give life (to). to die. to be anxious for. to be very suitable for.
او برای اینکار ~ میدهد. he is very suitable for this job. he is anxious to have this.
~ تسلیم‌کردن، ~سپردن، ~ دادن. to give up the ghost. to pass away. to die.
~ کندن. to be in the agony of death. to be in the throes of death. to drudge.
ازگرسنگی ~ داد. he died of hunger.
باید با ~ کندن اینکار را تمام کنی. you have to finish this with strenuous effort.
اینکار بقیمت جانش تمام شد. it cost him his life.
از دل و ~. most heartily or willingly.
با دل وجانم اینکار را میکنم. I do this with all my heart.
پدر ~. dear father.

~ من این دوا را بخور. take this medicine for my sake.
به ~ خودم. upon my life. I swear by my life.
ازدست این بچه‌ها جانم بلب رسیده‌است. I am at my wit's end with these kids.
جان‌آفرین، آفریننده، خالق، پروردگار. creator (of the soul). God.
جانان، دلبر. sweetheart. darling.
دلبر ~ من. my darling sweetheart.
جانانه lovely (person). sweetheart. hearty. heartfelt.
ناشتای ~. hearty breakfast.
کتك ~. a sound beating.
جانب (جوانب .pl)، سوی، طرف، جهت. side. direction. quarter. lateral.
باد خنك از ~ خوارزم روان است. the cool breeze is blowing from Kharazm.
او بجانب شمال حرکت‌کرد. he moved in the direction of (towards) the north.
از ~ من. from me. on my part. on my behalf.
~ کسی‌را نگاهداشتن. to take someone's side.
این ~. I. the undersigned. me.
جانبداری‌کردن. to take (someone's) side.
بایستی جوانب این مسئله را خوب بسنجیم. we must consider all the aspects (angles, sides) of the problem.
جانباز، فداکار، فدائی. (one) who risks his life. devotee. self-sacrificing.
جانبازی، فداکاری. risking one's life. dangerous calling. self-sacrifice.
~ کردن. to risk one's life.
جان‌بخش، روانبخش، حیات‌بخش. bestower of life. life-giving.
جانب‌داری، طرفداری. support.
~ کردن، طرفداری‌کردن. to support. to side with. to back (up).
جانبی lateral. side.
جان‌پرور، روح‌پرور. animating. refreshing. life-refreshing.
جان‌پناه parapet. lifeline. shelter. trench.
جاندار، جانور، زنده، ذیحیات. animate. living. creature. animal.
جانداران fauna. living creatures.
جان‌سخت، سرسخت، مقاوم، پردوام. die-hard. durable. tough.
جان‌سوز، اسفناك. doleful. heartrending.
جانشین، جایگزین، قائم‌مقام، تعویض. successor. replacement. substitute.
~ من. my successor.
او ~ رئیس خود شد. he became the replacement for his boss.
درصنعت جدید نفت ~ ذغالسنگ شده. in modern industry oil has substituted coal.
~ شدن. to succeed. to replace. to suqplant. to supersede.
او ~ پدرش شد. he succeeded his father.
جانشینی succession. replacement.
جان‌فشانی self-sacrifice. devotion.
~ کردن. to hazard one's life (for a cause).
جان‌کنی drudgery. plodding. agony of death.
جان‌گداز، جانسوز. tragic. sad. sorrowful. heart-rending.
حادثهٔ ~. a tragic event.
جانماز، سجاده. a cloth cover for the praying seal (of the Moslems).
~ آب کشیدن. to feign righteousness.
جان‌نثار، فداکار. ready to sacrifice one's life. devoted.
~ شما حسن. your devoted servant, Hassan.
جانور، دد، جاندار. beast. animal. monster. vermin. worm. zoa-. -zoic. zoo-.
جانوران دوزیست amphibians.
جانورشناس zoologist.
جانورشناسی zoology.
جانی، صمیمی، سرسخت، قاتل، جنایتکار. sincere. devoted. true. bitter. implacable (enemy). murderer. criminal.
یار ~. a sincere (devoted, bosom) friend.
دشمن ~. a bitter enemey.
~ محکوم بمرگ شد. the criminal (murderer) was condemned to death.
جاودان، جاودانه، پایدار، ابدی. everlasting. eternal. perpetual. endless. timeless. immortal. deathless.
ایران ~. the everlasting Iran.
جاودانی eternal. sempiternal.
جاوه (geog.) Java.
جاوید، جاودان. eternal. immortal.
~ شاه. long live the king.
جاه، مقام، عظمت، شأن. rank. dignity. status. position.
~ طلب، طالب‌مقام. ambitious. overambitious. greedy for advancement.
جاهد، کوشا. striving. diligent.
جاه‌طلب overambitious.
جاه‌طلبانه ambitiously. ambitious. overambitiously.
جاه‌طلبی overambition. ambitiousness.
~ کردن. to be overambitious.
جاهل، نادان، ناآگاه، غیروارد، بیخبر، لات. ignorant. unknowing. uninformed. unenlightened. ignoramus. unlearned.
افراد ~ جامعه متعصب‌اند. the uninformed (unenlightened) members of the society are fanatical.
~ های این محله. the hoodlums (roughnecks) of this parish.
جاهلانه ignorantly. ignorant. foolish(ly).
جاهلی، نادانی. ignorance.
جاهلیت، دوران جاهلیت. ignorance.
جای، جا. place. location.
جایز، روا، مجاز، قابل فسخ. permissible. allowable. revocable. voidable.
~ دانستن، ~شمردن. to allow. to consider lawful. to allow for. to consider permissible.
دراسلام بعضی‌اعمال ~ وبعضی‌دیگرواجب‌است. in Islam certain acts are permissible (optional) and certain others are obligatory.
~ بودن، روا بودن. to be allowable (permissible).
جایزالخطا fallible. peccable.
جایزه (جوایز .pl)، پاداش، انعام. prize. premium. award. trophy. bonus. reward. guerdon.
~ دادن. to award (give, grant) a prize.
~ گرفتن، ~ بردن. to win a prize (award, trophy).
جوائز بخت‌آزمائی. lottery prizes.
برندهٔ جایزهٔ پرش ارتفاع. winner of high jump trophy.

جایگاه، محل، جا، مقر. place. pavillion.
~ سلطنتی. the imperial pavillion.
جایگزین، جایگیر، جانشین. superseding. replacing. substituting.
جایگیر، جایگزین، جانشین، جاگیر. fixed. established. impressed. successor.
~ کردن. to fix. to implant.
در ذهن ~ کردن. to impress.
نصیحت او درمغزم ~ شد. his advice was implanted (fixed) in my mind.
جبار، ستمگر، قهار. powerful. tyrannical. tyrant. oppressor.
جبارانه tyrannically. powerfully.
جبال (جبل .pl. of)، کوهها. mountains.
سلسله ~. chain of mountains. mountain ranges.
جبر، اجبار، زور، فشار، قهر، ستم. constraint. coercion. oppression. compulsion. force. predestination. fatalism.
~ ومقابله. algebra.
~ کردن. to use force or coercion. to oppress.
جبراً، بزور. by force. by violence. compulsorily.
جبران، تلافی، اجر، عوض. compensation. amends. redress. remedy. indemnity. indemnification. recompense.
~ کردن. to compensate. to recompense. to indemnify. to counteract. to make up for.
خسارتی را ~ کردن. to compensate (indemnify, recompense) a loss.
جبران‌پذیر that can be compensated. indemnifiable. remediable. retrievable.
جبران‌ناپذیر irreparable. irretrievable. that which can not be compensated.
جبروت، جلال، شکوه، قدرت، عظمت. almightiness. dominion. majesty.
جبری، قهری. having to do with predestination. fatalistic. fatalist. forced. compulsory. algebraic.
جبرئیل، جبرائیل، جبریل. Gabriel.
جبل (جبال .pl)، کوه. mountain.
جبل‌الطارق (geog.) Gibraltar.
جبلت، خوی، طبیعت، سرشت، ذات. natural disposition. nature.
جبلی، سرشتی، ذاتی. natural. inborn.
جبن، بزدلی. timidity. cowardice.
جبه tall gown. cloak.
جبهه، پیشانی، فرونت. front. frontline. line of battle. forehead.
جنگ درتمام ~ ها بشدت ادامه دارد. battle is raging in all the fronts.
جبیره (جبائر .pl). splint. bandage.
جبین، پیشانی. forehead. brow.
~ درهم‌کشیدن. to knit the brow.
جت jet.
جثه، هیکل: bulk(iness). (bodily) built.
عظیم‌الجثه. huge. having a large body.
جثه‌دار، هیکل‌دار، تنومند. bulky. huge.
جحد، انکار، رد. negation. denial.
~ کردن. to deny. to abjure one's faith.
جخت، هم‌اکنون، الان، تازه. just now.
جد (اجداد .pl)، نیا، پدربزرگ. ancestor.
جد، کوشش. endeavour. seriousness.
~ وجهد. great effort. diligence.
جدا separate. disconnected. detached.
~ شدنی. separable.
~ نشدنی. inseparable.

~ شدن. to separate. to become detached.
~ کردن. to separate. to detach.
جدّاً seriously. in earnest. gravely.
~ میگوئید؟ no kidding. is that so?
جدابَرچه apocarpous.
جداجدا، سواسوا، علیحده. separately. one by one.
جدار، دیوار. wall. partition. dissepiment. septum. paries. membrane. tissue. lining. layer.
جداری parietal. membranaceous. membranous. partitive.
جداشدنی separable.
جداگانه separate(ly).
جداگلبرگ (bot.) dialypetalous.
جِدال، نزاع. dispute. debate. quarrel. argument. row. brawl. squabble. struggle.
~ کردن. to argue. to dispute. to quarrel.
جدانشدنی inseparable.
جدائی، فراق، دوری. separation. departure. parting. detachment.
جَدَل، جدال. dispute. debate. squable. controversy. polemics. wrangling.
~ کردن. to dispute. to polemize. to wrangle. to debate. to contend.
جدلی، جدالی. polemic. given to controversy. having to do with disputes or debates. polemical.
جَدوُگاه (دامپزشکی). withers.
جَدوَل (جداول، جدولها pl.)، فهرست، نمودار. table. schedule. list. rubric. kerb. curb. puzzle.
~ ارقام. table (schedule, list) of figures.
~ کنار خیابان. the street kerb.
~ حل کردن. to solve a puzzle.
جَدوَل‌بندی tabulation. kerb. curb.
جَدوَلِ ضَرب multiplication chart (table).
جَدّه (fem. of جد)، مادربزرگ. ancestress. grandmother. Jedda or Jidda.
جدی، ساعی. serious. grave. solemn. earnest. efficient.
کارمند ~. a serious (conscientious) employee.
بطور ~. seriously.
~ گرفتن. to take seriously.
جَدی، ماه بهمن. capricorn. kid.
جِدّیت، جد و کوشش. effort. endeavour. activity. efficiency. industry. assiduity. diligence.
~ کردن. to make an effort. to try hard. to endeavour. to strive.
برای موفقیت ~ کردن. to endeavour to succeed.
جدید، تازه، نو، اخیر، مدرن. new. modern. recent. up-to-date. novel. modernistic. fresh.
کتاب ~. a new book.
جدیداً newly. recently.
جدیدالاسلام new convert to Islam.
جدیدُالنَّسَق newly cultivated.
جدیدالورود، نوزاد. newly-arrived.
جَذّاب attractive. absorbing. charming.
مریم چشمان جذابی دارد. Mariam has attractive eyes.
جذابیت، دلفریبی. attractiveness. charm.
جُذام، برص، خوره. leprosy.
جذام‌خانه leprosary. leper colony.
جذام‌شناسی leprology.
جذامی، ابرص. leprous. a leper.
جَذب absorption. attraction.
~ کردن. to absorb. to attract. to draw. to charm. to fascinate. to captivate.
این مغازه مشتریان زیادی ~ خواهد کرد. this shop will attract many customers.
شهرهای بزرگ ثروت را ~ مینمایند. large cities absorb wealth.
جذبه، خلسه. charisma. ravishment. rapture. ecstacy. transport. bliss.
جَذر (جذور pl.). square root.
جَذرِ اَصَمّ surd. irrational.
جذرمکعب cube root.
جذری radical.
جَرّ، کشش، مجادله، بحث. pulling. tugging. dragging. hauling. argument. dispute. controversy.
~ و بحث. dispute and argument.
جِر fissure. rending.
~ آمدن. to go back on one's words.
to play the woman. to cheat. to renege.
~ دادن. to rend with a noise. to slit.
~ زن. one who backs out. cheater.
~ زدن. to back out. to cheat.
جرأت، دلیری، شهامت. courage. boldness. spirit. daring. bravery.
~ کردن. to dare. to venture.
~ دادن. to give courage to. to hearten. to embolden.
~ داشتن. to have daring. to be courageous.
(عوامانه) اگر ~ داشته باشی میبری. if you have guts you will win.
با ~، با دل و ~. plucky. bold. daring.
بی ~، بی‌دل و ~. cowardly. timid.
جَرّاح surgeon.
جراحت، زخم، چرک. wound. sore. cut. injury. pus. suppuration.
جراحی surgery. surgical.
~ دندان. dental surgery.
عمل ~. surgical operation.
~ پلاستیک. plastic surgery.
جَرّار numerous. warlike. deadly.
عقرب ~. deadly scorpion.
لشکر ~. warlike army.
جَرائد (pl. of جریده)، روزنامه‌ها، نشریات. newspapers. publications.
جَرائم (جرم، جریمه pl. of)، جریمه‌ها، جرمها. fines. crimes. culpabilities.
جَرَب، بدن خارش، سودا. scab. mange. psora. scabies.
جُربُزه slyness. efficiency. capability.
یارو ~ اینکار را ندارد. he is incapable of doing this.
جَرّثقیل، جر، جراثقال. crane. winch.
جُرثومه، جوانه، اصل، ریشه، تخمه، هستهٔ اصلی. germ. origin. root. nucleus.
جرجیس St. George.
جرح، ضرب، زخم، جراحت، تغییر وتبدیل. wound(ing). laceration. mayhem. adaptation. rectification.
ایراد ~ کردن. to lacerate. to wound. to maim.
~ و تعدیل. rectification. modification.
~ وتعدیل کردن. to modify. to adapt.
جُرز، ستون، پایه. pier. pillar. support.
جَرَس، زنگ، ناقوس. bell.
جُرعه، یك قلپ. drink. draught. sip. gulp.
جِرِقّه، برق، درخشش. spark. sparking. flash. sparkle.
~ زدن. to spark. to sparkle. to flash.
جرقه‌برقی electric spark.
جَرگه، گروه، حلقه، زمره. circle. ring. group. coterie. set. clique.
او در جرگهٔ ما نیست. he is not one of our group.
جِرم (اجرام pl.)، جسم، ماده، درده، زنگ دندان و غیره، ته‌نشین. body. incrustation. scale. mass. dross. dregs. sediment.
~ اتمی. atomic mass.
~ گوش. ear wax.
جُرم، جنایت، بزه، تقصیر، جریمه. crime. culpability. offence. penalty. fine.
~ کردن. to commit a crime. to penalize.
~ شدن. to be penalized (fined).
جرم‌شناسی criminology.
جَرَنگ، جلنگ. jingle. tinkle. jingling sound.
~ کردن. to jingle or tinkle.
جرنگی hard cash.
جُرّه of medium size. male.
جَری bold. exasperated. vexed.
~ کردن. to exasperate. to provoke.
جَرَیان (جریانات pl.)، روانی، حرکت، مجرا. flow(ing). running. current.
~ داشتن، ~ یافتن. to flow. to run. to circulate. to happen. to take place.
رودخانه ~ دارد. the river is flowing.
~ (پیشرفت) کار. the running (progress) of the work.
~ مستقیم (برق). direct current.
مسکوك مسی از ~ خارج شده. the copper coins are out of circulation.
~ خون. blood circulation.
~ برق. electric current.
در ~ بودن. to be held. to be under way. to be in circulation (or in hand). to be acquainted with the situation.
مرا کاملاً در ~ بگذار. keep me entirely in contact (up-to-date).
جلسه تا اواخر شب ~ داشت. the meeting lasted until late at night.
هنوز مذاکرات ~ دارد. negotiations are still under way.
وقایعی که سال گذشته ~ داشت. the events that came to pass (took place) last year.
جریانات، وقایع، امور، اتفاقات، رویدادها. incidents. circumstances. happenings.
جَریب (Iranian) acre.
جَریحه، زخم، جرح، جراحت. wound.
جریحه‌دار wounded.
~ کردن. to wound. to hurt.
جَریده، روزنامه. newspaper. daily paper.
جَریده‌نِگار، روزنامه نگار. journalist.
جَریمه (جرائم pl.). fine. penalty. amercement. mulct.
~ کردن. to fine. to forfeit. to amerce. to mulct. to penalize.
جَرّیه traction service.
جُز، مگر، مگراینکه، غیراز، به‌استثنای، به‌جز. except. but. other than. unless.
در خانه ~ من کسی نیست. there is no one in the house except (save, but) me.
جِزّ crackling noise. fizz. sizzling.
~ زدن، ~ کردن. to fizz. to sizzle. to fizzle. to hiss.
جُزء (اجزاء pl.)، بخش، بخشی از، قسمتی از. part. portion. section. fraction. ingredient. little. petty. insignificant. detail.
یك جزئی ازغذا. a part (portion) of the food.
جزئی از کتاب. a section of the book.
کارمند ~. a petty (insignificant) employee.
به ~. in detail. in parts or sections.
~ لاینفك. an inseparable part.
نمك یکی از اجزاء این محلول است. salt is one of the ingredients of this solution.
جُزءً، جزئاً. partially. in part.
جَزا، مجازات، تنبیه، سزا. retribution. punishment. penalty. recompense.
مجرم بجزای خود رسید. the criminal was duly punished.
جزای قتل مرگ است. death is the punishment for murder.
جَزایر (pl. of جزیره)، جزائر. islands.
جَزائی، کیفری. penal. retributive.
جِزجِز، جلزو ولز. fizzling or crackling noise. sizzling.
~ کردن، ~ زدن. to sizzle. to fizz. to crackle. to implore earnestly.
جَزر ebb.
جَزرومَدّ ebb and flow.
جَزَع، ناله، اندوه، شکایت. grief. contrition. complaint.
جِزغال، جزغاله. dripping. fried fat. burnt. fried. sizzling.
جَزم، تصمیم. deciding. taking a definite decision. resolution. firm.
عزم خود را ~ کرده که مسافرت کند. he definitely decided to make a trip.
جزمی dogmatic.
فلسفهٔ ~. dogmatism.
جُزو، بخش، پاره، قسمت، اندك، درمیان. part. ingredient. component. portion. among. one of (many).
کتاب شما هم ~ این کتابهاست. your book is also among these (books).
جُزوه، رساله، بخش، نشریه، کتابچه، پرونده. pamphlet. fascicle. booklet. section. cardboard file. lecture notes. a typed or mimiographed booklet used instead of a textbook.
~ گفتن. to lecture (in a class) while the students take notes.
جَزیره (جزایر pl.) island. isle.
جزیرهٔ کوچك. isle. islet.
شبه ~. peninsula.
جَزیرَةُالعَرَب the Arabian peninsula.
جزیره‌نشین islander. insular.
جِزیه، مالیات کفار، خراج. poll tax. tribute.
جزئی، ناچیز، اندك. slight. little. negligible. nugatory. trivial. petty. insignificant. partially.
برادرم کسالت ~ دارد. my brother is slightly ill.

جزئی‌ترین صدا مهری را بیدار میکند. the slightest noise awakens Mehri.

جزئیات (pl. of جزء)، تفاصیل. details. particulars. trifles.

برادرم به~ این کار وارد است. my brother is acquainted with the details of this job.

جَسارت، دلیری، جرأت، بی‌ادبی، گستاخی. boldness. impertinence. brazenness. presumption. pertness. audacity. forwardness. impudence.

~ کردن. to venture, to presume. to dare. to take the liberty of. to be impertinent. to offend. to act rudely or saucily.

هرگز نسبت به والدین خود ~ مکن. never act saucily toward your parents.

جسارت‌آمیز، دلیرانه، بی‌ادبانه. bold. presumptuous. daring. brazen. impertinent.

جسارتاً presumptuously. brazenly. impertinently.

~ عرض‌میکنم. I take the liberty to say.

جَست، پرش، جفتک‌زنی. leap. jump.

~ وخیز. gamboling.

~ زدن. to jump or leap. to bound.

جستجو، تجسس، تعقیب. search. seeking. probing. quest. pursuit.

~ کردن. to search. to hunt. to seek. to look for. to examine. to investigate. to explore. to frisk.

خانه‌ای را ~ کردن. to search (for) a house.

در جستجوی شهرت بودن. to hunt for fame.

اشیاء گمشده را ~ کردن. to look for lost objects.

حقیقت را ~ کن. seek the truth.

جَستن، پریدن، فرارکردن، جان‌بدر بردن. to jump. to leap. to escape. to spring.

از روی نرده ~. to jump (leap) over the fence.

از خطر ~. to escape danger.

جُستن، جستجوکردن، پیداکردن. to search. to seek. to find. to discover.

~ یافتن است. to seek is to find.

جَست وخیز leaping. gambol.

~ کردن. to leap. to bound. to gambol.

جَسته، فرارکرده. escaped.

~ جسته. little by little. at odd moments.

~ وگریخته. desultory. here and there.

جُسته found. sought.

جَسَد (اجساد.pl)، لاشه، تن، بدن، جسم. body. corpse. cadaver. carcass. trunk. remains.

جِسر، پل. bridge. ferryboat.

جِسم، بدن، ماده. body. substance. object. material.

جسماً bodily. physically. corporeally. materially.

جسمانی corporeal. bodily. corporal. somatic. material. worldly.

جسمی somatic. bodily. material.

جسمیت، جسمانیت، مادیت. corporeality. substance. corporeity.

جَسور، دلیر، بیباک، متهور. bold. daring. pert. saucy. presumptuous. audacious.

جسورانه boldly. audaciously. bold. presumptuous(ly).

جَسیم، حجیم، تنومند، درشت‌هیکل، فربه. bulky. huge. massive. corpulent.

جَشن، مهمانی، سرور، شادی، جشنواره. feast. celebration. festival. jubilee. festivity. party. banquet. anniversary.

~ گرفتن. to hold a celebration. to celebrate. to commemorate. to feast.

~ (بادبود) بیست وپنجمین قرن بنیان‌گزاری شاهنشاهی ایران. commemoration of the 25th century of the foundation of the Iranian Empire.

~ فارغ‌التحصیلی. graduation ceremonies.

~ صد ساله. centennial celebration.

~ (سالیانه) زادروز. birthday anniversary.

جشنواره، جشن. festival. celebration.

جَعبه، صندوق، قوطی. box. case. chest. container. carton.

جعبهٔ دنده. gearbox.

جعبهٔ مقوائی. cardboard box. carton.

یك ~ شیرینی. a box of cookies.

جعبه‌آینه showcase. show window. display window.

جَعد، چین وشکن، پیچش. curl. ringlet.

جعفَر masculine proper noun. brook.

جعفری parsley. French marigold.

مار ~. adder. green viper.

گل ~. French marigold.

~ فرنگی. chervil.

جَعل، تقلب، اختراع، مجعول. forging. forgery. counterfeiting. fabrication. falsification.

~ کردن. to forge. to falsify. to fabricate. to counterfeit. to invent.

سندی را ~ کردن. to forge a document.

دروغهائی که کاهنان ~ میکردند. the lies fabricated by the priests.

دسته‌ای که اسکناس‌های صد ریالی ~ میکردند. the gang who counterfeited 100 Rial notes.

جعلی، ساختگی، مجعول، قلابی. forged. counterfeit. fictitious. falsified.

نام ~. pseudonym. alias. false name.

سند ~. a forged document.

جغ‌جغ، تق‌تق. rattling noise.

جغجغه rattle. ratchet.

جُغد، بوم. (z.) owl. stone owl.

جغدسانان (z.) Strigiformes. Striges.

جغرافیا، جغرافی. geography.

جغرافی‌دان geographer.

جغرافیائی. geographic(al).

جُغور بُغور، حسرة‌الملوك. roasted pluck.

جفا، جور، ستم، نامهربانی، آزار، اذیت. oppression. persecution. unkindness.

~ کردن. to oppress. to treat unkindly.

یار ~ کار. a coy mistress. an unkind lover.

جفاپیشه، ستمگر. cruel. tyrant. oppressor. coy or disdainful.

جفاکش suffering oppression. oppressed.

جُفت، زوج، دوتائی. pair. even number. mate. fellow. spouse. couple. even. double. placenta.

یك ~ جوراب. a pair of socks.

اعداد ~. even numbers.

مرد با ~ (همسر) خود. the man with his mate (spouse).

~ شدن. to pair. to join in sexual intercourse. to couple.

~ کردن. to couple or pair. to fit or join together. to mate

جفت جفت، زوج‌زوج. in pairs. two by two.

جُفتك، لگدزنی، جفتك‌پرانی. fling(ing). kicking. capering. bucking. rearing.

~ زدن، ~ انداختن. to caper. to kick. to buck. to rear.

جفتك‌چارکش leapfrog.

جفت‌گیری coition. occlusion. coitus. pairing. copulation. mating. pollination.

~ کردن. to mate. to copulate. to pair. to couple (with). to cover.

جُفتی، دوتائی، زوج، زوجی. double. two by two. in doubles. in pairs.

جَفن، پلك چشم. eyelid. palpebra.

جَفَنگ، مزخرف، مهمل، حرف مفت. nonsense. empty talk. nonsensical. absurd. silly. trash.

حرف ~. silly talk. empty talk.

یارو ~ میگوید. he talks nonsense.

جِق‌جِق، جغجغ. clinking. clattering. rattling.

~ کردن. to clink or clatter. to rattle.

جِقه aigrette. tuft.

جك، خرك. jack. hoist.

جِگَر liver. courage. hepato-.

~ سفید، شش. lung.

جگر پاره، جگرگوشه. lobe of the liver. dear child.

جگرسوز heart-rending. painful.

جگرسیاه، کبد. liver.

جگرکی seller of roasted liver.

جِگَرگوشَه، جگرپاره، فرزندلبند. (dear) child.

جگری hepatic. crimson.

جَگَن، نی، علف‌نی. (bot.) osier. (bul)rush. cyperus. sedge.

جُل horsecloth. pad. rag. dishcloth.

~ وپوست. rags. poor man's belongings.

جَلّ، ستوده باد. may he be glorified.

~ الخالق. may the creator be glorified.

جَلا، درخشش، صیقل. emigration. exile. polish. lustre. varnish. shine. gloss.

جلای وطن کردن. to expatriate. to emigrate.

~ دادن. to polish. to shine. to varnish. to lacquer. to buff. to burnish.

جلای بابل. the Babylonian emigration.

جَلاجِل bells hung to an animal's neck.

مار ~، مار زنگی. rattlesnake.

جَلّاد، دژخیم. executioner. headsman. hangman.

جَلادَت، رشادت، چابکی. boldness. agility. courage.

جلاگر، صیقل‌کار. polisher.

جَلال، شکوه، جبروت، افتخار، عظمت، فر. glory. hono(u)r. grandeur. pomp. ostentation. splendor. majesty. magnificence.

جلالت، شکوه، فر، بزرگی. dignity. glory.

جَلب، احضار، توقیف، احضاریه، عطف(توجه). arrest. attraction. subpoena.

~ کردن. to arrest. to draw. to attract. to summon. to acquire. to call up.

پلیس متخلفین را ~ میکند. the police wil arrest trespassers.

توجه کسی را ~ کردن. to draw a person's attention. to attract the attention of someone.

جَلَب، ناکس، پست، دون. counterfeit. false. base. deceitful. prostitute.

آدم ~. a base fellow.

جُلبَك seaweed. algae.

جلبك شناس algologist.

جلبك شناسی algology. phycology.

جلبکها (گروهی ازریسه‌داران). (bot.) algae.

جُلَّت، جلب، حقه‌باز، دغل. rascal. tricky.

جَلد، زود، تند. quick(ly). prompt(ly).

~ باش. be quick. hurry up.

جِلد، پوست، پوشش، غلاف، صحافی، مجلد. skin. cover. binding. copy. wrapper. covering. coverlet. volume. case. derm-

فرهنگ یکجلدی انگلیسی فارسی. the one-volume English-Persian dictionary.

سه ~ کتاب او فروخته شد. three copies of his book were sold.

پنج ~ کتاب. five books.

~ کردن. to cover (a book). to bind. to furnish with a cover. to encase.

جلدگر، صحاف. (book) binder.

جَلدی، چابکی، سرعت. qnickness. agility.

جِلدی، پوستی، پوششی. having to do with skin. cutaneous. dermal. dermic. fit for a cover. dermato-. dermoid.

بیماریهای (امراض) ~. skin diseases.

جِلزو وِلز، جزجز. fizz. frizzle. sizzling.

جلسه (جلسات.pl)، نشست. session. meeting. conference. hearing. convocation.

~ بعد ازظهر تشکیل شد. the meeting was held in the afternoon.

آنها جلسه‌ای برای بحث درموضوع تشکیل دادند. they held a conference to discuss the problem.

جِلف، سبك، خودنما. frivolous. lightsome. immodest. rude. gay. gaudy. dandy. coxcomb. indiscreet. indecent.

جُلفا Julfa.

جِلفی، سبکی. frivolousness. rudenes. dandyism. lightsomeness. immodesty.

جَلق، جرق، استمناء بادست. masturbation.

جلق زدن to masturbate.

جُلگه، دشت. plain. prairie.

جلنگ، جرنگ. jingle. tinkle.

جلو، پیش. front (part). forward. ahead. fast. advance(d). before. fore.

~ عمارت. the front (part) of a building.

او ~ رفت. he went forward.

او در درسهایش ~ رفت. he advanced in his lessons.

او در ~ ماحرکت میکرد. he moved ahead of us.

ساعت من ~ است. my watch is ahead.

او ~ پسرها بمن توهین کرد. he insulted me in front of the boys.

~ دوست ودشمن. before friend and foe.

~ افتادن. to get ahead of. to get the start of. to outpace. to leave behind.

ساعت را ~ آوردن. to set ahead (a clock).

~ زدن. to outpace. to get ahead of.

او از من در مسابقه ~ زد. he outpaced (outran) me in the race.

در مسابقهٔ دو به‌اورسیدم وسپس از او ~ زدم. in the running race, I caught up with him, and then passed him.

~ کسی را گرفتن. to check (restrain or control) someone.

~ کسی را ول کردن. to let someone loose. to set (someone) free.
جلوخان، جلوخانه. open space in front of a building. frontage.
جلودار، پیشرو. postillion. outrider. herald. vanguard.
جُلوس، برتخت نشستن. accession (to the throne).
جلوگیری، منع، پیش‌گیری، ممانعت. prevention. forestalling. restraint. repression. control. hindrance.
یك اونس ~ بهتراست از ده پوند معالجه. an ounce of prevention is better than 10 pounds of cure.
امروزه ~ ازآبستنی در بسیاری نقاط متداول است. birth control is in vogue in many places today.
ازپرخوری بچه ~ کردن. to stop a child from overeating.
از پیشرفت او ~ شد. his progress was checked (hindered).
~ کردن، مانع شدن. to prevent. to repress. to stop. to control. to check. to hinder. to restrict. to prohibit.
هیچ چیز نمیتواند از رفتن ما ~ کند. there is nothing to prevent us from going.
جلوه، نمایش،ظهور. manifestation. parade. airs. display. appearance. epiphany.
~ کردن. to show off. to set off. to display. to manifest. to make a parade of.
~گر ساختن، ~گر کردن. to reveal. to show. to display.
بد ~ دادن. to misrepresent. to present as worse than it really is.
او هنرخود را ~گر ساخت. he displayed his art.
جلوه‌گر، نمایان. appearing in full beauty. showy. manifest. apparent.
~ شدن. to come into view. to become manifest.
~ کردن. to bring into view. to make manifest.
جلوه گری، نمایش،خودنمائی. displaying. airs. coquettishness. demonstrating. showing off. manifestation. flaunting.
جلوی، پیشی، مقدم. situated in front. the front. frontal. fore.
جَلی، آشکار، روشن. manifest. clear.
جَلیقه، جِلیقه. waistcoat. vest.
جَلیدیّه، زجاجیه. crystalline lens.
جَلیس، مصاحب، همدم، یار. companion. colleague. associate. pal. comrade.
جَلیل great. glorious. hono(u)rable. respectable.
جلیل‌القدر (very) great or hono(u)rable.
جَم، جمشید Jamshid.
جَماد (جمادات (pl.)، بیجان، بیروح،سنگ. inanimate object. solid body.
جَمادی inorganic. inanimate.
جمادی‌الاخری sixth month of the Arabic lunar year.
جَمادی‌الاوّلی fifth month of the Arabic lunar year.
جَمّاز، تندرو، بادپای. swift-footed.
جَمّازه dromedary.
جِماع، مجامعه، مقاربت‌جنسی. coition. sexual intercourse. coitus. copulation.
~ کردن. to copulate. to mate.
جَماعت congregation. assembly. community. group. folk.
زن ~. women folks.
نماز ~. Moslem prayer on Fridays. collective prayers.
جمال، زیبائی، دلفریبی. beauty. charm. attractiveness. elegance. pulchritude.
جَماهیر (جمهور pl. of)، جمهوری‌ها. republics.
جُمجُمه skull. cranium. brainpan.
~ شناسی. craniology.
جمجمه‌ای cranial.
جَمشید masculine proper noun. a legendary Persian king.
جَمع، جماعت، گروه، مجموع، افزایش،اتحاد. group. number (of people). company. union. conjunction. addition. total. plural. gathered. together. collected.
جمعی از مردم. a group of people.
او هم عضوی از این ~ است. he is a member of this company.
آنها همه دور هم ~ شده‌اند. they are all gathered together.
~ تر بنشینید. sit closer together.
حواس او ~ نیست. he is absentminded.
~ و تفریق. addition and subtraction.
حاصل ~ ده‌عدد. the sum (total) of 10 figures.
~ مخارج متجاوز ازصد تومان است. the total of the expenses is over one hundred Tumans.
~ کردن، ~ آوردن، ~زدن، ~ آوری کردن. to collect. to add. to gather together. to add up. to rally. to sum. to assemble. to accumulate. to amass. to pile up. to call together. to muster. to glean.
ثروت ~ کردن. to amass (pile up) wealth.
~ کل. grand total. sum total.
نیروت را ~ کن. muster up your energy.
~ شدن to contract. to shrink. to pull together. to come together. to get (together). to assemble.
آنها اطراف رهبر ~ شدند. they rallied around the leader.
او حواس خود را ~ کرد. he pulled his wits together.
اسم ~. collective noun.
~ وجور کردن. to gather together. to tidy up.
~ طفل میشود اطفال. the plural of child (infant) is children (infants).
جمعاً، رویهمرفته. in all. totally. collectively. all together. in toto.
جَمعُ‌المال، مشترك‌المال. having things in common. intercommunal. community property. of joint ownership.
جمع آوری collecting. gathering. mustering. levy. assembling. getting together. amassing.
~ کردن. to collect. to gather. to muster. to assemble. to levy. to glean.
جمشید تمبر ~ میکند. Jamshid collects stamps.
جمع بندی adding up. totaling.
~ کردن. to add up. to total. to sum up.
جمعه، آدینه. Friday.
جمعی، دسته جمعی، سرجمع. collective. aggregative. cumulative. collectively. together. in toto.
دسته ~. en masse. altogether. collectively.
جمعیت، گروه، جماعت. crowd. mob. populace. multitude. swarm. host. horde. population. society.
پر ~. populous. thickly populated. crowded.
کم ~. thinly populated. underpopulated.
~ شیروخورشید سرخ. the Red Lion and Sun Society.
~ ایران درحدود ۳۰ میلیون است. Iran's population is about thirty million.
ازدیاد (زیادی) ~ بزرگترین مسئلهٔ عصرماست. overpopulation is the greatest problem of our age.
جمعیت خاطر peace of mind. composure.
جَمَل، شتر. camel.
جُملگی، همه، تماماً، همگی. all. the whole crowd. totality. collectively. all together. in unison. en masse.
سپس ~ به‌سینما رفتیم. then we all went to a movie together.
جُمله، همه، تمام، عبارت. the whole. all. sentence. term.
جملهٔ مشترك. middle term.
جملهٔ ساده، جملهٔ بسیط. a simple sentence.
جملهٔ مرکب. a compound sentence.
جملهٔ امری. an imperative sentence.
جمله‌بندی phrasing. phraseology. the way sentences are constructed.
جُمنده insect. crawler.
جمنده‌خوار insectivorous. insectivore.
جُمود stiffness. congelation.
جُمهور، جمهوری، همهٔ مردم. public. populace. republic.
رئیس ~. president of a republic.
جمهوری republic. republican(ism).
حزب ~خواه (~طلب). the Republican Party.
جُمهوریّت republicanism. republic.
جَمیع، همگان، همه، تمام. (the) whole. all. universal. everybody.
جمیعاً، بطور دسته جمعی. altogether. collectively. totally.
جَمیل، زیبا، قشنگ. handsome. beautiful.
جَمیله beautiful. feminine proper noun.
جِنّ، پری،اجنه،جنی،جان. jinni. puck. jinn.
~ وپری. jinn and fairies.
جَناب، حضرت. excellency. highness.
~ آقای کمالی آمدند. his excellency Mr. Kamalli came.
جَنابَت pollution. impurity. wet dream.
جنابعالی your excellency.
جنات (جنت pl of)، بهشت‌ها. paradises.
جَناح wing. flank. side.
~ چپ حزب محافظه کار. the left wing of the Conservative Party.
به ~ راست قشون حمله‌کرد. he attacked the army's right flank.
جناحی lateral. pertaining to the wing of an army. alar. pterygoid.
جَنازه، نعش. corpse. carcass. cadaver. (dead) body. remains.
تشییع ~. funeral. funeral procession.
درچاه خانهٔ او جنازه‌ای پیدا شد. a corpse was found in the well of his house.
جناس play on words. pun.
جَناغ، جناغ سینه. wishbone. sternum.
جناغی herringbone. forked. zigzag.
جِنان paradise
جِنایَت، جرم، بزه. felony. crime. offense. misdemeanor. murder.
~ کردن، ~مرتکب‌شدن. to commit a crime.
جنایت آمیز felonious. criminal.
جنایت‌کار، جنایت پیشه. criminal. felon.
جنایت‌کارانه، جنائی. feloniously. felonious. criminal(ly).
جنائی criminal.
دادگاه ~. criminal court.
جَنب، پهلوی، کنار، مجاور. side. flank. adjacent. contiguous. adjoining.
مدرسهٔ او ~ بیمارستان است. his school is next to the hospital.
جُنُب، ناپاك. polluted. ceremonially unclean. having had a wet dream.
~ شدن. to have a wet dream.
جنب،تکان،حرکت. movement. budge. stir.
~خوردن،جنبیدن. to budge. to stir. to move.
جُنبان، بجنبان، جنبنده، جنباننده. shake or move thou. shaking (used in combs. as in: منارجنبان).
جنباندن، تکان‌دادن. to move. to shake. to wag. to nod. to rock. to quake. to quiver. to wobble. to jerk. to budge.
دستها را ~. to move the hands.
دم ~. to wag the tail.
سر را ~. to nod the head.
صندلی را ~. to rock the chair.
جَنبَتَین، دوطرف. both aspects or sides.
ذو ~. having two aspects.
جُنبش، تکان، نهضت، نوسان، حرکت، لرزه. movement. motion. uprising. shaking. oscillation. rocking. quaking. budging.
~ کردن. to start a movement. to move.
بجنبش درآوردن. to put in motion.
~ (نهضت) تازهٔ صنعتی. the new industrial movement.
جنبش‌شناسی kinematics.
جُنبَنده (جنبندگان (pl.)، متحرك، خزنده، لول‌خور. moving. oscillating. budger. creeping. animal. reptile.
جَنبه، وضع، جهت، طبیعت. aspect. nature. viewpoint. side. capacity.
از ~ مالی. from the financial aspect.
او خیلی کم ~ است. he has very little capacity (self-control).
جَنبی، جانبی،پهلوئی. lateral. pleural.
جُنبیدَن (جنب (i. r.)، حرکت کردن، نوسان داشتن،لولیدن. to move. to shake. to oscillate. to hurry up. to be stimulated. to wiggle or wobble.
بچه آنقدر دربستر جنبید که مادرش نتوانست بخوابد. the child moved so much in the bed that his mother could not sleep.
زودبجنب والا دیر میشود. hurry up or it will be late.
جَنَّت (جنان،جنات (pl.)، بهشت، فردوس، گلشن. garden. paradise.
جنت‌مکان dwelling in paradise.
جنجال، سروصدا، هیاهو. brawl. tumult. jangle. quarrel. commotion. hubbub. uproar. hue and cry. clamour.
~ کردن. to jangle. to raise a tumult. to wrangle. to engage in a melee. to brawl.
ناگهان درجمعیت جنجالی بپا شد. suddenly there was a commotion among the group.
سبب این ~ چیست؟ what is the cause for this hubbub?
جنجالی of or related to a brawl

or tumult. clamourous. troublemaker.
جُنحَه، تقصیر، خلاف. misdemeanour. offense.
جُند، جندبیدستر. castoreum.
جِندگی، فحشاء، فاحشگی. prostitution. whoredom. harlotry.
جِنده، فاحشه. prostitute. harlot. whore. bawd. strumpet. street-walker. call-girl.
جنده‌باز، فاحشه باز. whoremonger. debauchee. fornicator whoremaster.
جنده‌بازی whoring. fornication.
~ کردن. to fornicate. to whore.
جنده‌خانه، فاحشه خانه. brothel. bawdyhouse. bordello.
جنس(اجناس (pl.)،گونه، نوع، سرشت، ماهیت، کالا،متاع،ذات. kind. genus. sex. gender. quality. goods. commodity. nature. grain. type. merchandise.
این آن جنسی (نوعی) است که من‌میخواهم. **this is the kind (type) I like.**
~ لطیف. **the fair sex.**
~ مذکر. **the masculine gender.**
اجناس ببهای ارزان تقدیم میشود. **goods (commodities) are offered at low prices.**
خوش ~. **good natured.**
بد ~. **evil natured.**
او ~ را بقیمت گران میخرید وارزان‌میفروخت. **he used to buy goods (merchandise) at a high price and sell it at a low price.**
جنساً، ذاتاً. in kind. with regard to quality. by nature. in grain.
جنسی، ذاتی، سرشتی، برحسب کالا، وابسته‌بجنس زن ومرد. sex. sexual. generic. in kind.
مقاربت ~. **sexual intercourse.**
جاذبهٔ ~. **sex appeal.**
نیمی از بهاء نقدی و نیم دیگر ~ پرداخته شد. **half of the price was paid in cash and half in kind.**
جِنسیّت، خاصیت جنسی، تجانس، همگرائی. sexuality. generic state. homogeneity.
جَنگ، ستیز، رزم، پیکار، مخاصمه، نزاع. war. battle. conflict. warfare. fight. combat.
در حال ~ بودن، جنگ داشتن. **to be at war.**
~ کردن. **to war. to fight. to wage (or make) war. to combat.**
اعلام ~ دادن (کردن). **to declare war.**
~ داخلی. **civil war.**
~ سرد. **cold war.**
~ اتمی. **atomic war.**
~ بین دوکشتی. **a battle between two ships.**
پس از دوساعت ~ خاتمه یافت. **fighting ended after two hours.**
~ اول بین‌الملل. **tha First World War.**
~ دوم بین‌الملل. **the Second World War.**
جنگهای صلیبی. **the crusades.**
تمرین ~، مانور. **war game. maneuver.**
زمان ~. **wartime.**
جُنگ، مجموعه، دایرة‌المعارف، گلچین. anthology. literary miscellany. miscellanea. collection. compilation. compendium. treasury,
جنگ‌آزموده battle tested. veteran.
جنگ‌افزار، سلاح، اسلحه. weapon. arms.
جَنگاوَر، جنگجو. warlike.
جنگجو، مبارز، جنگاور، ستیزگر. fighter. warlike. bellicose. quarrelsome pugnacious. combative. belligerent.

جنگجوئی، ستیزگری. quarrelsomeness. bellicosity. pugnacity. combativeness.
جنگ دیده، جنگ‌آزمون. experienced in war. war-worn.
جَنگَل، بیشه، درختستان. forest. wood. woods. jungle. grove. woodland.
~ کاری. **afforestation. planting a forest.**
~ داری، علم احداث جنگل. **forestry.**
جنگلبان forester. forest warden.
جنگلبانی forest protection. forestry.
جنگل‌بری deforestation.
جنگل‌دار woody. wooded. forested.
جنگل‌نشین forester. woodman.
جنگلی forest. wild. sylvan. sylvatic.
درختان ~. **forest trees.**
جَنگَنده warlike. warring. fighter.
جنگنده‌های دشمن به خطوط دفاعی ما حمله کردند. **the enemy's fighter planes attacked our defensive lines.**
جنگی، رزمی. of war. martial. warlike. military. bellicose.
تدارکات ~. **war preparations.**
کشتی ~. **warship. man-of-war.**
جنگیدن، جنگ کردن. to fight. to wage war. to war. to quarrel. to combat.
دو برادر سالها با هم جنگیدند. **the two brothers fought each other for years.**
جن‌گیر exorcist.
جَنَم type. stamp. mien.
جَنوب، نیمروز. south. austr..
~ شرق. southeast.
~ غرب. southwest.
در جنگ داخلی امریکا ~ برعلیه شمال میجنگید. **in the American Civil War, the South fought against the North.**
جنوباً on the south. southward.
جنوب‌شرقی southeastern. southeaster.
جنوب‌غربی southwestern. southwester.
جنوبی، نیمروزی. southern. meridional. austral.
جُنون، دیوانگی. madness. insanity. lunacy. mania. craziness. psychosis. psychopathy. paranoia. dementia. mental illness.
~ دزدی. **kleptomania.**
~ الکل. **dipsomania.**
جِنّی (جنیان، اجنه (pl.)، جن، جن زده. jinnee. genie. jinni. jinn. genus. fairy.
جَنین، رویان، نطفه. foetus. fetus. embryo. fetus.
سقط ~، اسقاط جنین. **abortion.**
جنینی foetal. embryonic.
جُو (جستن (i. r. of)، جوی، بجوی. brook. stream. seek thou. seeker or seeking (in combs. as in: جنگجو).
جُو، شعیر. barley. particle. grain.
~ دوسر، ~ برهنه. **oats.**
جَوّ atmosphere. space. air.
~ خارجی، فضای خارجی. **outer space.**
جَواب، پاسخ، راه‌حل. answer. reply. response. rejoinder. retort. rebuff. replication.
~ دادن. **to answer. to rejoin. to respond. to reply. to retort.**
جوابگو بودن. **to meet needs. to be answerable to. to answer.**
~ کردن. **to dismiss. to discharge. to condemn. to pronounce hopeless.**
~ مساعد. **a favourable answer.**

حسن ~ داد «من خسته‌ام». **Hassan replied (answered): "I am tired."**
تمام اعتراضاتش را ~ دادم. **I met all his protests.**
این مبلغ جوابگوی احتیاجات ما نخواهد بود. **this amount will not meet our needs.**
سؤال و ~ کردن. **to converse. to interrogate.**
~ مثبت. **affirmative answer.**
رئیس جدید همهٔ پیشخدمت‌ها را ~ کرد. **the new boss fired all the janitors.**
در ~ نامهٔ شما اشعار میداردکه... **in answer (reply) to your letter, we would like to state that...**
جواباً in reply.
جوابده، جوابگو، مسئول. answering. responsible. answerer.
جوابی، جوابیه. reply. responsive.
نامهٔ ~ آن دولت. **that government's reply letter.**
جِوار، همسایگی، مجاورت. near. neighbourhood. vicinity. nearness.
خانهٔ ما در ~ مدرسه است. **our house is near the school.**
در ~ حرم مطهر امام رضا. **in the vicinity of the Holy Shrine of Imam Reza.**
جَوارِح (جارحه (pl. of)، اعضاء، اندامها. members. organs. limbs.
اعضاء و ~ بدن. **members and organs of the body.**
جَواز، پروانه، اجازه. permit. licence. certificate. pass. permission. slip.
~ اقامت. **residence permit.**
سرباز ~ خود را نشان داد واز اتاق خارج شد. **the soldier showed his pass and went out of the room.**
جُوال، گونی، کوال. large woollen sack. gunny sack.
جَوالدوز sackmaker.
(سوزن) ~. **bodkin. packing needle.**
یك سوزن بخود بزن یك ~ بدیگران. **do unto others as you would have them do unto you.**
جَوامِع (جامع (pl. of). societies.
جَوان، نورسیده، تازه، کم‌سن. young. youth. youthful. puerile. adolescent. teenager. juvenile.
~ کردن. **to rejuvenate. to rejuvenize. to make young.**
~ شدن. **to become young or youthful. to become rejuvenated.**
~ ماندن. **to stay young.**
مرد ~. **a young man.**
جوانان ایرانی. **the Iranian youth.**
پیر و ~. **young and old.**
سازمان جوانان. **youth organization.**
جوانبخت، سعید. fortunate. auspicious.
جَوانَك، تازه جوان. lad. youngster. boy. youngling. stripling.
جوانمرد، رادمرد. generous. brave. manly. stalwart.
جوانمردانه، رادمردانه. generously. bravely. gentlemanly. stalwartly.
جوانمردی، رادمردی. generosity. manliness. bravery. stalwartness.
جوانمَرگ، ناکام. dying in youth.
جوان‌نما young looking.
جوانه، غنچه، جرثومه. bud. sprout. offshoot. shoot. burgeon. rootstock.

blastomere. gemma. gemmule. seedling
~ زدن. **to bud. to sprout. to shoot. to germinate.**
درخت ~ میزند. **the tree buds.**
جوانه‌زایی gemmation
جوانه‌زدن budding. sprouting.
جوانی، شباب. youth. adolescence. juvenility. juvenescence. nonage. pubescence. prime of life. puerility.
روزگارشیرین ~. **the sweet days of youth.**
غرور ~، جوش صورت. **acne. rash. irruption. pimple. acne juvenile.**
آن زن در تریای ~ است. **she is in her prime of life.**
~ را بازیافتن، ~ ازسرگرفتن. **to rejuvenize. to rejuvenate.**
جَواهِر (جواهرات (pl.)، گوهر. jewelry. jewel(s). gem(s). gemstone.
جواهر آلات، جواهرات. jewels. jewelry.
جواهر تراش، جواهرساز، گوهرتراش. jewel maker. lapidary. jeweller.
جواهرفروش، گوهرفروش. jeweller.
جواهرنشان، گوهرنشان. studded (inlaid) with jewels. gemmed.
جواهری، گوهری. jeweller. jewelled.
جَوائِز (جایزه (pl. of)، جایزه‌ها. rewards. trophies. prizes. awards.
جوجو، حشرهٔ گزنده، شپش. bug. vermin. louse.
جُوجُو، ذره ذره، اندك اندك. grain by grain. a little at a time.
جُوجَه chicken. chick.
جوجه‌ها سراز تخم درآوردند. **the eggs were hatched.**
~ را آخرپائیز میشمارند. **don't count your chickens before they are hatched.**
جوجه تیغی (z.) porcupine.
جوجه خروس young cock. cockerel.
جوجه‌کباب barbecued chicken.
جوجه‌کشی incubation. hatching.
ماشین ~. **incubator.**
جوجه مرغ pullet.
جُوخَه section. squad.
سرجوخه. **patrol leader.**
جوخه‌یار (mil.) assistant patrol leader.
جُود، بخشش، سخاوت. generosity.
جُودانِه grain of barley. granulated.
جُودَت، سخاوت، صفات نیك، بخشندگی. good qualities. excellence. bounty.
جور، گونه، نوع، موافق. sort. kind. variety. manner. matching. type. like. similar. assorted. harmonious. symmetrical. compatible.
~ شدن. **to suit. to become alike. to become assorted. to become patched.**
~ کردن. **to sort. to assort. to classify. to harmonize. to match (colours).**
چون باهم ~ نبودند طلاق گرفتند. **as they were not compatible, they got a divorce.**
جَوْر، ستم، ظلم. oppression. suffering. cruelty. tyranny.
~ کردن. **to oppress. to cause to suffer. to act cruelly. to tyrannize.**
در این دنیا خیلی باید ~ کشید. **one must suffer much in this world.**
من ~ همه را میکشم. **I will treat you all.**
جُوراب sock. sox. stocking.
~ بند. **garter.**
~ ساقه بلند، ~ زنانه. **stocking.**

یک جفت ~ پشمی. a pair of woolen socks.
جوراب باف knitter (of socks and stockings). hosier.
جوراب بافی knitting (of socks and stockings). hosiery.
جوراب فروش dealer in socks and stockings. hosier.
جوراب فروشی hosiery.
جوربالان (z.) isoptera.
جوربجور، گوناگون. various. of all kinds. miscellaneous. different.
جورپایان (z.) isopoda. isopods.
جور دلدان homodont.
جورکرده assorted.
جورگانی isogamy.
جوری، تناسب، شباهت، تجانس. assortment. combination. similarity.
جوز (bot.) walnut. nut.
~ هندی، جوزبویا. nutmeg.
جوزا، دوپیکر، خرداد. gemini. twins.
جوزاغند، جوزقند. dried peaches or apricots stuffed with walnut and sugar.
جوزالقی (bot.) nux vomica.
جوزآور coniferious.
جوزق، غوزه، قوزه، جوزغه. cotton pod.
جوزک Adam's apple.
جوش، خروش، جوشیدن، دانه‌های ریزبدن. ebullition. boiling. seething. stewing. slag. scoria. clinker. boil. skin eruption. acne. pimple. granulation. agitation. conciliation. welding.
~ آمدن. to boil. to be excited.
بجوش آوردن. to cause to boil. to boil. to seethe. to stew. to agitate. to make angry.
جنب و ~. ferment. agitation.
~ صورت. acne. boil. pimple. acne vulgaris
همهٔ ~ و خروش اوبیهوده بود. his enthusiasm (agitation) was all in vain.
آب ~. boiling water.
درجهٔ ~، نقطهٔ جوش. boiling point.
جوش، بجوش،جوشان،جوشنده. boil. boiler. boiling. (in combs. as in: (قهوه‌جوش).
جوشان boiling. ebullition. ebullient.
جوشاندن، جوشانیدن. to boil. to concoct. to brew. to infuse. to steam. to stew. to seethe. to simmer.
جوشانده boiled. ptisan. decoction.
جوش‌خور weldable. reconcilable.
جوشش، جنبش، جوش. enthusiasm. ardour. activity. ebullition. effervescence.
جوش شیرین sodium bicarbonate. baking soda.
جوشکار، جوشگر. welder.
جوشکاری، جوشگری. welding.
جوشن، زره. armo(u)r. cuirass. coat of mail.
جوشناس، هواشناس. meteorologist.
جوشناسی، هواشناسی. meteorology.
جوشیدن to boil. to effervesce. to ferment. to seethe. to stew. to gush. to spring. to be agitated.
آب جوشید. the water boiled.
آب ازچاه میجوشد. the water gushes from the well.
جوشیده boiled. stewed.

جوع، گرسنگی. hunger.
جوف cavity. hollow. inside. enclosed with.
عکس خود را در ~ نامه ارسال میدارم. I am enclosing my picture in the letter.
جوفا enclosed (herewith).
جوفروش barley seller.
جوقه، جوخه، گروه،دسته. group. band. squad.
جوکر، ژوکر. joker.
جوکی close-fisted. stingy. yogy.
جوگندمی grey. grayish white.
جولان، گردش، ویراژ، رژه، تکاپو، اهتزاز. flaunting. showing off. parade. career.
~ دادن. to flaunt. to show off.
پرچم دراثر نسیم در ~(اهتزاز) است. the flag flaunts (flutters) in the breeze.
جولانگاه arena. circus. hippodrome.
جولاه، بافنده، پارچه‌باف. weaver. knitter.
جوندگان (pl. of جونده)، جانوران جونده. rodents. masticators. rodentia.
جونده chewing. rodent. gnawing. masticatory.
جوهر، گوهر، عصاره، مادهٔ رنگی، مرکب، لیاقت. essence. substance. nature. dyestuff. ink. alkaloid. sulphate. natural ability.
~ کلامش این بودکه میخواست بگوید ما را دوست دارد. the essence (substance) of his
قلم و ~ و کاغذ. pen, ink, and paper.
~ آبلیمو. citric acid.
~ سرکه. acetic acid.
جوهری، دارای رنگ جوهر، گوهر فروش. aniline. coloured with a dyestuff. essential. relating to substance. jeweller.
جوی، جو. brook. gutter. stream.
جوی atmospheric. meteoric.
جویا، پرسان، جوینده، محقق. inquiring. searching. researching. investigating.
~ شدن. to make enquiries. to investigate.
حسن جویای احوال شما بود. Hassan inquired about your health.
جویات atmospherics.
جویبار brook. small river. rivulet.
جویدن، نشخوار کردن. to chew. to gnaw. to crunch. to masticate. to munch. chewing. mastication.
اوغذای خود را خوب میجود. he chews his food well.
ناخن خود را ~. gnawing one's nails.
پیرزن مشغول ~ نان خشک بود. the old woman was munching dried bread.
جوین made of barley.
نان ~. barley bread.
جوینده(جویندگان .pl)، جویا. seeker. searcher. finder. one who seeks.
جویندگان حقیقت. seekers of truth.
~ یابنده است. one who seeks will find.
جهات directions. reasons. (pl. of جهت) considerations.
از ~ مختلف. from various points of view. from different directions.
جهاد، جنگ مذهبی. jihad. holy war.
جهاز، دستگاه، کشتی، جهیزیه، عضو. apparatus. ship. trousseau. rigging. organ. system. organism.
~ هاضمه. digestive system.
جهال (pl. of جاهل)، نادانان. ignoramuses. the ignorant.

جهالت، نادانی. ingnorance. nescience.
جهان، کیهان، دنیا. world. cosmos. universe. creation. the earth. the globe.
جهان‌آفرین creator of the world.
جهانبان keeper of the world.
جهانبخش bestowing the world. world-giver.
جهان‌پیما، سیاح. tourist. world traveller.
جهانتاب، آفتاب. illuminating the world.
جهاندار، جهانبان. possessor (or ruler) of the world. powerful monarch.
جهانداری statesmanship. rule. sovereignty.
جهاندیده experienced. (one) who has travelled very much.
~ بسیار گوید دروغ. travellers tell fine tales.
جهانگرد، گشتگر، سیاح. tourist.
جهانگردی، گشتگری. travelling. tourism.
جهانگشا(ی) world conqueror.
جهانگیر (med.) pandemic. world conqueror. masculine proper noun.
جهان مطاع universally obeyed.
فرمان ~. the unquestionable order (of the Shah).
جهان نما cosmorama. stereoscope. planisphere.
جام ~. magic bowl (reflecting the world).
جهانی worldwide. universal. global.
او دارای شهرت ~ است. he enjoys universal fame.
جهانیان mortals. inhabitants of the world. worldlings.
جهاندن، جهانیدن. to cause to leap or escape. to save.
جهت (جهات .pl)، سبب،علت، طرف. direction. side. cause. reason. point of view. consideration. respect. sake. for. in order to. aspect.
در این ~. in this direction.
بهاین~. for this reason. because of this. therefore.
بچه ~؟ for what reason? why?
آنرا ~ من بفرستید. send it for me.
بی ~. without any cause or reason.
او بی ~ گریه میکرد. he cried for no reason.
بجهاتی. for certain reasons (considerations).
بهر ~، بهرحال. at any rate. anyhow.
از هر ~. in every respect. from all points of view.
مذاکره ~ صدور نفت. negotiation for the purpose of exporting oil.
جهد، کوشش، سعی. endeavo(u)r. effort. exertion.
~ کردن. to evdeavo(u)r. to struggle. to try. to exert oneself.
جد و ~ کردن. to make strenuous effort.
جهره reel. skein-winder.
جهش، جنبش، پرش. mutation. leap(ing). jump. spouting. movement.
~ بزرگ ملت ایران در دههٔ انقلاب. Iran's great forward movement (leap) in the revolutionary decade.
جهل، نادانی. ignorance. nesciense.
جهلا (pl. of جاهل)، جهال، نادانان. the ignorant. ignoramuses.

جهندگی، قابلیت پرش، انعطاف‌پذیری، جهش. resilience. elasticity. leaping.
جهنده، جهش‌دار، پرش کننده،جهان. leaping. jumping. resilient. elastic. salient.
جهنم، دوزخ. hell. tartarus. hades. inferno.
بجهنم! hell. what the hell do I care.
جهنمی، دوزخی. hellish. stygian. plutonian. infernal. damned.
جهود، یهودی. Jew. Jewish.
جهول extremely ignorant.
جهیدن، جهش کردن. to leap. to jump.
جهیز، جهیزیه، جهازیه. trousseau.
جیب، کیسه. pocket. pouch.
~ بغل. inside breast pocket.
~ شلوار. trouser pocket.
~ زدن. to pocket. to misappropriate.
جیب، سینوس. sine. sinus. cavity.
~ تمام. cosine.
سر بجیب تفکر فرو برد. he went deep into contemplation.
جیب‌بر pickpocket. cutpurse.
جیب‌بری pocket picking. cutting the purse.
جیبی belonging to the pocket. pocket. pocket size. (med.) sinusal.
کتاب ~. pocketbook. paperback.
دوربین عکاسی ~. pocket-size camera.
جیپ jeep.
جیحون، آمودریا. Oxus. Amudarya.
جید، خوشخیم. (med.) benign.
جیر suede. chamois or shammy.
جیران، آهو. gazelle. deer.
جیرجیر chirp. chirr.
~ کردن. to chirp. to chirr.
جیرجیرک، جیرجیرک دشتی. cricket.
جیرو، پشت نویسی، ظهرنویسی. endorsing.
جیره، سهم، سهمیه. ration. apportionment. allocation.
~ دادن (به). to ration. to allocate.
جیره‌بندی rationing.
~ کردن. to ration.
جیره‌خوار، وظیفه‌خوار. who receives a ration. stipendiary. receiving a pension.
جیره خواران سلطان. the kings pensioners.
جیش، شاش، ادرار. piss. urine.
~ کردن. to piss. to urinate.
جیش (جیوش .pl). army. host.
جیغ، فریاد. scream. piercing cry. yelling.
~ زدن، ~کشیدن. to scream. to squeak. to shriek. to screech. to cheep.
جیفه، لاشه. carcase. wealth.
جیفهٔ دنیا. worldy wealth. mammon. pelf.
جیک‌جیک chirp. peep.
~ کردن. to chirp. to peep. to cheep.
جیک زدن to peep. to dare to speak. to cheep.
حالا دیگر جیک نمی‌زند. he dares not speak any more. he sings small now.
جیم letter ج (jim).
جیم شدن to sneak away. to slip off or away. to bolt. to give the slip.
جین، پنبه پاک‌کنی. gin. cotton gin.
جیوه mercury. quicksilver.

چ seventh letter of the alphabet, corresponding to "ch" (as in chat).

چابك، چیره، تندکار. nimble. agile. brisk. alert. quick.

چابك دست dexterous. agile. adroit.

چابك‌سَوار، سوارکار. jockey.

چابکی agility. nimbleness. dexterity. alertness. liveliness.

چاپ، طبع، نشر، انتشار، نشریه. impression. print. typography. edition. publication. press.

بچاپ‌رساندن. **to put into print. to publish.**

~کردن. **to print. to publish.**

~ بوسیلهٔ حروف سربی. **typography.**

~حروف درشت یا برجسته. **stereotype.**

~بوسیلهٔ برق. **electrotype.**

~ سنگی. **lithography.**

~ افست. **offset printing.**

~اول‌یك‌کتاب. **first impression of a book. the first edition of a book.**

~ ایران. **printed in Iran.**

مقالات او درچند مجلهٔ علمی ~ شده است. **his articles have been printed (published) in a number of learned periodicals.**

ناشر ~کتاب اورا بعهده گرفته است. **the publisher has undertaken to publish (print) his book.**

ماشین~. **printing press. press.**

حروف ~. **type. print.**

تصحیح نمونهٔ چاپی. **proof reading.**

چاپار، پیك، پست. courier. carrier.

چاپارخانه، پستخانه. post office. relay station. pony express.

چاپاری by mail. posthaste.

چاپچی imposter. charlatan. flatterer. printer.

چاپخانه printing house. press.

چاپلوس، متملق، کاسه‌لیس، چاخان. flatterer. sycophant. toadyist.

چاپلوسانه flattering(ly).

چاپلوسی، تملق. flattery. sycophancy. currying favor. apple polishing. toadyism. buncomb.

~ کردن. **to flatter. to compliment. to fawn. to adulate. to blandish. to curry favor. to apple-olish.**

او نسبت به‌پیرمرد ~کرد. **he flattered the old man.**

چاپی printed. typographical.

غلط‌های ~. **typographical errors.**

چاپیدن، غارت‌کردن. to plunder. to pillage. to loot. to ransack. to maraud. to depredate.

چاتمه stack. pile (of arms).

~ فنگ! **pile arms!**

~ زدن. **to stack arms. to pile arms.**

چاچول‌باز quack. charlatan.

چاچول‌بازی charlatanry.

چاخان، چاپلوس، چاپلوسی، چاخان‌بازی. flattery and exaggeration. flattery. coaxing. flatterer. charlatan(ism).

چادُر، حجاب، خیمه. veil. chaddor. tent.

~ زدن. **to pitch a tent. to camp.**

~ سرکردن. **to cover up oneself by a veil.**

چادرشب wrapper for bedclothes.

چادرنشین tent-dweller. nomad. dwelling in tents.

چادرنشینی nomadism. tent dwelling.

چادُرنَماز veil.

چادری pertaining to a veil or tent.

زن ~. **a veiled woman.**

چارآئینه caparison.

چاراندامان (z.) tetrapoda.

چاربَر، چهارپهلو. quadrilateral.. quadrangle.

چاربند the hips.

چارپا (چارپایان.pl)، چهارپا. quadruped. beast (of burden).

چارپادار، چاروادار، مکاری. driver of beasts of burden. carrier. sumpter.

چارپاره lead ball. buckshot.

چارپایه stool. molar tooth.

چارپَر case bottle. four sided. quadrilateral.

چارپَهلوُ، چهارضلعی. four-sided. quadrangle.

چارچار period of 8 days in midwinter.

چارچوب، بدنه، اسکلت. frame. framework. skeleton.

در ~ این قانون. **within the framework of this law.**

چاردانگ of medium size. two-thirds.

چاردَه، چهارده. fourteen.

چاردیواری house (bounded within four walls). premises. pale.

چارسُوق، چارسو. crossroads. intersection.

چارشانه square-shouldered. broad-shouldered.

چارطاقی، چارتاقی. penthouse. lean-to.

چارُغ، چارق، چاروغ. rural shoes made of hide and straps (like sandal).

چارقَد، روسری نازك. kerchief.

چارَك، چهاریك. quarter.

چارگوش، چهارگوشه، مربع. quadrangular. quadrangle. square.

چارمیخ، چهارمیخ. cross.

به ~ کشیدن. **to crucify.**

چارنَعل، چهارنعل. gallop. galloping.

چاروادار، چارپادار،مکاری. carrier. groom.

چاره، درمان، علاج. remedy. cure. redress. treatment.

~کردن، ~نمودن. **to remedy. to cure. to heal.**

این اقدامات‌آن وضع‌را ~ نمود. **these measures remedied that situation.**

صبر آخرین چارهٔ من است. **patience is my last resort.**

بهترین چارهٔ مالاریا آتبرین است. **the best treatment for malaria is Atebrin.**

~ اندیشیدن. **to think of a remedy. to find a cure.**

چاره‌پذیر remediable. curable.

چاره‌جوئی seeking a remedy or cure.

~کردن. **to seek a remedy.**

چاره‌سازی applying or thinking of a remedy.

چاریَك، چهاریك. quarter. one-fourth.

چاشت، ناشتا، میان‌روز. middle hour of the forenoon. early lunch. breakfast. late breakfast.

چاشنی seasoning. relish. sauce. percussion cap. detonator. dressing.

~ زدن. **to sauce or relish. to season.**

چاق، فربه، گوشتالو. fat. corpulent. obese. plump. chubby. adipose. overweight.

~ شدن. **to grow fat. to put on weight.**

~کردن. **to fatten. to cure. to prepare for smoking.**

برادر او خیلی ~ است. **his brother is very fat.**

من دو کیلو ~ شده‌ام. **I have put on two kilograms.**

دختر کوچك گونه‌های چاقی داشت. **the little girl had chubby cheeks.**

قلیان را ~کردن. **to prepare the qalyan (hooka) for smoking.**

چاقو scalpel. knife. jackknife.

چاقوی قلمتراش. **penknife.**

چاقوی ضامن دار. **switchblade knife. claspknife.**

چاقوی جیبی. **pocketknife.**

~ زدن(به). **to knife. to stab.**

چاقُوتیزکُن knife grinder. knife machine. grinder.

سنگ ~. **whetstone. hone. grindstone.**

چاق وُچِلّه plump. buxom. squab. fat and fit.

چاقوکش one who stabs with a knife. knife stabber. hoodlum.

چاقوکشی knife stabbing. hooliganism

چاقی fatness. obesity. plumpness. corpulence. adiposity. overweight.

چاك، شکاف، درز. rent. slit. cleft. fissure. chink. opening. crack. rift.

~ دادن. **to rend. to slit. to rip. to tear.**

~ زدن. **to tear. to rip. to rive. to slit.**

بچاك زدن، ~ زدن. **to escape. to run away. to slip away.**

چاك چاك full of slits or rents. fissured.

چاکَر، بنده، مخلص، نوکر. servant. your obedient servant.

چاکرم، ~ شما هستم. **I am your obedient servant.**

کتاب را به ~ دادند که بشما بدهم. **they gave me (your servant) the book to give to you.**

چاکری، نوکری. servitude. devotion. obedience.

~ کردن. **to serve. to obey.**

چاکنای glottis.

چال، گودال، چاله، حفره. hollow. pit. hole. abyss. chasm. crater. ditch.

~ کردن. **to dig.**

~ کردن، زیرخاك نهادن. **to bury. to hide underground. to inter.**

چالاك، چابك، زرنگ. nimble. quick. agile. dexterous. spry.
چالاکی، چابکی، زرنگی. nimbleness. agility. quickness.
چاله، چال، گودال. hollow. pit. ditch. trench. hole.
~ کندن. to dig a ditch or hole.
از ~ درآمدن ودر چاه افتادن. to fall out of the frying pan into the fire.
چامه، چکامه، قصیده. elegy. ode. laudatory poem.
چامه‌سرا، قصیده‌سرا. poet. elegist.
چانه، زنخ. chin.
~ زدن. to haggle. to bargain.
پر ~. loquacious. talkative.
پرچانگی. talkativeness. loquacity.
چاودار، جودوسر. (bot.) rye.
چاوش، چاووش. herald. mace-bearer. leader of a caravan.
چاه well. pit. shaft. hole.
~ زنخدان. dimple (in the chin).
~ مستراح. cesspool.
~ نفت. oil well.
~ هوائی. air pocket.
چاهك، چاهچه. a small well. cesspool. sink. sump.
چاه‌کن well-digger. well-sinker.
چاه‌کنی well-digging. well-drilling.
چای tea. (bot.) tea plant.
~ خوردن، ~ نوشیدن. to drink tea. to take tea.
قدری ~ میل‌دارید؟ would you like some tea?
~ درست‌کردن. to make tea.
~ میل‌دارید یا قهوه؟ would you like tea or coffee?
لطفاً یك فنجان ~ بیاورید. please bring a cup of tea.
چای‌خوری teacup. tea drinking.
روزی دوفنجان ~. two teacupfuls a day.
قاشق ~. teaspoon.
روزی سه‌قاشق ~. three teaspoonfuls a day.
چای صاف‌کن teastrainer.
چائیدن (چای r. i.)، چاییدن، سرماخوردن. to chill. to catch cold. to cool.
پس از مدتی آبگوشت داغ چائید. after a while, the hot soup chilled.
چاییمان، چائیمان. chill. cold. catching cold.
چپ left. sinister.
دست ~ بروید. keep to the left.
بطرف ~. to the left.. leftward.
دست چپی‌ها. the leftists.
از ~ وراست. from right and left (all directions).
~ چپ نگاه‌کردن. to stare. to look daggers (at).
چشم او ~ است. he is cross-eyed.
او با من ~ است. he is cross with me. he is against me.
چپاندن، چپانیدن، انباشتن، انباشته کردن، پرخوردن. to cram. to jam. to stuff. to thrust. to glut oneself. to push into.
مادر غذا را در دهان بچه چپانید. the mother stuffed the food into the baby's mouth.
چپاول، غارت. looting. plundering. pillaging. fleecing.
~ کردن. to plunder. to loot. to pillage.

چپ‌چپی (bot.) cornel. dogwood.
چپ چشم squint-eyed. cross-eyed.
چپ دست left-handed. southpaw. sinistral.
چپر wattle. hurdle of wattled twigs.
چپراس، چپراست. clasp. buckle. double-hemmed.
چپق، چبوق، پیپ. pipe with a long stem. calumet.
چپ‌گرای leftist. sinistral.
چپ‌گرائی leftism.
چپه، برگشتن اتومبیل. capsizing. turning upside down. upsetting.
~ کردن. to overturn. to upset. to capsize.
~ شدن. to be capsized or overturned.
چپی leftist. sinistral.
او از چپی‌های معروف است. he is a well-known leftist.
چپیدن، بزور جاگرفتن. to crowd into. to be crammed or packed into a small space. to press.
شش نفری درماشین چپیدند. the six of them crowded into the car.
چتائی jute. mat. gunny. sackcloth.
چتر، آسمانه. umbrella. umbel. parasol.
~ آفتابی. sunshade. parasol.
~ بارانی. umbrella.
~ زنانه. parasol.
~ نجات. parachute.
با چترنجات فرود آمدن. to parachute.
چترباز parachutist. paratrooper.
چتربازان. paratroops. paratroopers.
چترك (bot.) umbellule. spleenwort.
چتری like an umbrella. umbellate. umbelliferous.
چتریان (bot.) umbelliferae.
چتری‌شکل (bot.) umbelliform.
چتکه، چرکه، چرتکه. abacus.
چخ، دورشو. shoo! get away! out!
~ کردن. to shoo. to drive away.
چخماق flint. hammer or cock of a gun.
سنگ چخماق. flint. silex.
چخماقی made of or resembling flint.
سبیل چخماقی. turned-up mustache. handle-bar mustache.
چدروا، صبرزرد. aloes.
چدن cast iron.
چدن‌ریزی foundry.
چدن شمش pig iron.
چدنی made of cast iron.
چر، بچر، چراکن. graze thee!
-چر grazing. (used in combs. as in: علفچر).
چر، دول. (child's) penis.
چرا، چریدن. grazing. pasturing.
~ کردن. to graze. to pasture.
اسبها درمرتع ~ میکنند. the horses graze on the meadow.
چرا، بچه‌علت، ازچه‌روی. why? why not? yes. for what reason. wherefore.
~ نیامدید. why did you not come.
گفتم، «او نمی‌رود». جوابداد، «~، میرود». I said, "he is not going". he replied, "yes. he is going".
چراکه، زیراکه. because. since.
چراغ، لامپا، مشعل، فانوس. lamp. light. torch. lantern. searchlight. flashlight.

~ را روشن‌کردن. to turn on the light.
~ را خاموش‌کردن. to turn off the light.
~ (خودرو) را روشن وخاموش‌کردن. to blink (a car's) lights.
~ را خاموش‌کن. turn the light off. put the light out.
~ قوه. flashlight.
~ ماهتابی. fluorescent light.
~ نئون. neon light.
~ برق. electric light.
~ دریائی. pharos (beacon).
چلچراغ. chandelier.
~ پائین اتومبیل. foot light.
~ پرنور صحنهٔ نمایش. lime light.
~ خطر، ~ قرمز. stop light. red light.
~ راهنما. traffic light. traffic signal. blinker. signal light.
~ عقب (خودرو). taillight.
چراغان، چراغانی. illumination. decorating or festooning with lights.
~ کردن. to illuminate. to decorate or festoon with lights.
چراگاه، مرتع. pasture. pasturage. grazing land. meadow.
چراندن، چرانیدن، بچراگاه بردن. to graze. to pasture.
چرب، پرروغن،روغنی،سنگین‌تر. fat. rich in fat. oily. greasy. unctuous.
~ کردن. to oil. to lubricate. to anoint. to grease. to make (food) rich. to sleek.
سبیل کسی را ~ کردن. to grease the palm of a person.
~ ونرم. oily. soft. wheedling. sleek.
این خوراك خیلی ~ است. this food in too greasy.
زبان ~ اشخاص متملق. the unctuous tongue of flatterers.
چرباندن to allow to exceed the due weight by causing the scale to preponderate. to oil.
چرب‌دست، زبردست، ماهر. dexterous.
چرب‌زبان glib-tongued.
چرب ونرم soft and sleek. oily and soft.
چربه tracing paper. oilpaper.
چربی، پیه. fatness. fat. grease. tallow. lard. oil. lipo-.
چربی‌حیوانی animal fat.
چربی‌دار fatty. having fat or oil. fat. greasy.
چربیدن to exceed the due weight.
زورش به من می‌چربد. he prevails over me in force.
چربیکافها lipoclastics.
چربیها fats. lipids.
چرت، مهمل، مزخرف، چرت‌وپرت. irrelevant talk. nonsense. fiddle-faddle.
یاروچرت‌وپرت میگوید. he talks nonsense.
چرت nap. slumber.
~ زدن. to take a nap. to doze off.
چرتکه، چتکه، چرکه. abacus.
چرخ،ماشین، دوچرخه،فلك، ارابه، چرخ‌زنی. wheel. machine. cycle. bicycle. roulette. vehicle. cart. turn. whirl. firmament.
~ خیاطی. sewing machine.
دوچرخه، ~. bicycle.
~ دستی، ~ خاك‌کشی. wheelbarrow.
در رقص ~ خوردن (چرخیدن). to whirl around (to turn) in a dance.

~ وفلك. the firmament. merry-go-round. girandole. the sun and planet wheel.
چرخ (چرخیدن i. r. of)، بچرخ. roll. turn. twist.
چرخان rotor. rotator.
چرخاندن، چرخانیدن. to turn. to roll. to turn round. to whirl. to spin. to rotate. to gyrate. to revolve.
سرخود را بطرف من چرخانید. she turned her head toward me.
چرخچی، گاریچی. carter.
چرخ‌دار having wheels. wheeled.
صندلی ~. wheelchair.
چرخ‌دنده (mech.) gear.
چرخ‌ریسك (z.) titmouse.
چرخ‌ساز wheelwright.
چرخ‌سواری، دوچرخه‌سواری. bicycling. cycling.
چرخش، چرخ، گردش، دور. spinning. turning. rotation. whirl. gyration. revolution.
~ به راست ممنوع. no right turn.
چرخك، چرخ کوچك. caster. reel. rowel. trundle. little wheel.
چرخ‌کار machine operator. turner.
چرخ‌کاری operating a machine. turning. turnery.
چرخه، قرقره. reel. rotation. spool.
چرخه wheeled, used in combs. as in:
چهار~. four-wheeled.
چرخی churned (as milk or butter). machine-made. circular. orbicular. trochal. wheeled.
چرخیدن، چرخ خوردن. to turn. to rotate. to spin. to turn round. to whirl. to revolve. to gyrate. to swing.
ماشین بطرف راست چرخید. the car turned to the right.
زمین بدور خورشیدمیچرخد. the earth rotates around the sun.
چرده coloured. complexioned. hue (in combs. as in: سیاه‌چرده = swarthy).
چرس Indian hemp juice.
چرك، کثافت، کثیف، جرم، مادهٔ جراحت. dirt. grime. pus. dirty. pyo-. unclean. purulent. filthy. filth.
~ گوش. earwax. cerumen. ear discharge.
~ شدن. to become dirty.
~ کردن. to produce pus. to soil. to make dirty. to suppurate. to pustulate.
~ نشستن. to suppurate. to have pus.
~ گرفتن. to remove dirt. to clean. to become dirty. to soil. to suppurate.
چرکاب dirty water.
چرك‌آلود، چرکین. soiled. dirty. polluted.
چرك‌تاب not easily soiled. of a dark colo(u)r. not showing dirt.
چرك‌خواری (med.) pyophagia.
چرك‌ریزی، پیوره. (med.) pyorrhea.
چرك‌زا (med.) pyogenous.
چرك‌زایی pyogenesis. suppuration.
چرکس Circassian. Circassia.
چرك‌نویس، پیش‌نویس. rough draft. rough copy. draft.
~ کردن. to draft. to make a rough copy of.
چرکه، چتکه، چرتکه. abacus.

چِرکی dirt. dirtiness. purulence. pustular. pustulous. pussy.
غدهٔ ~، جوش ~. pustule. purulent mass.
چرکین، کثیف، آلوده. dirty. soiled. disgraceful. polluted. pussy.
~کردن. to make dirty. to soil.
چَرم، پوست دباغی‌شده. leather. hide. pelt. tanned skin.
چرم‌ساز currier. tanner.
چرم‌سازی curriery. tannery.
چرمی، چرمین. of leather. leathern.
کیسهٔ ~. leather bag.
چرمین leathern. made of leather.
چَرمینه، لوازم چرمی. leathern articles.
چَرَند، چرت وپرت، مهمل، مزخرف، بیهوده. balderdash. nonsense. fiddle-faddle.
~گفتن. to talk nonsense. to talk rot.
چَرَنده (چرندگان .pl). grazing. grazer.
چُروك، چوروك، چین. wrinkle. pleat. crease. fold. pucker. crow's - foot. crumple.
~شدن، ~ خوردن. to become crumpled. to wrinkle. to become wrinkled.
~کردن، ~دادن. to crumple. to wrinkle. to make wrinkled.
صورت پیرمرد پرازچین و~است. the old man's face is full of wrinkles.
چَریدَن، بچرا مشغول‌شدن. to graze. to pasture. grazing. pasturing. to browse.
شیروبره باهم خواهند چرید. the lion and the lamb shall graze together.
چَریك، پارتیزان، مدافع غیرنظامی. irregular troop. guerrilla. partizan troops.
چس، باد. fart. fizzle. silent wind.
چسیدن. to fart (fizzle). to break a wind.
~ فیل، ذرت بوداده. popcorn. puffed maize.
چسان، چگونه، چطور. how. in what manner?
چَسب، بچسب، مادهٔ چسبناك، سریش، چسبنده paste. gum. glue. mucilage. cling thou. sticking (used in combs. as in: (دلچسب، نوارچسب). coll_.
نوار ~. scotch tape.
چسبان (imp. of چسبانیدن)، چسبنده، تنگ، بچسبان. sticky. close - fitting.
انگشتان ~. sticky fingers.
لباس ~. close-fitting dress.
چَسباندَن، چسبانیدن. to stick. to paste (as stamp). to fasten or make adhere. to glue. to tag on.
تمبر ~. to affix a stamp.
چسبانده pasted. glued together. affixed (as stamp).
چسبزا collagen.
چسبناك، چسبنده. sticky. viscous. gluey. viscid. adhesive. mucilaginous.
چسبناکی، چسبندگی. adhesion. viscidity. adhesiveness. stickiness. tenacity.
چسبنده، چسبناك. that which sticks or adheres. sticky. adhesive. tenacious.
چَسبیدگی state of being stuck (together). attachment. adhesiveness.
چسبیدن (چسب .i.r)، متصل شدن به. to stick. to cling. to adhere. adhesion.
تمبر به پاکت می‌چسبد. the stamp sticks to the envelope.
چسبیده stuck. glued. attached. affixed.
چُست، چالاك، زرنگ، چابك. quick. nimble. agile. active. frisky. quickly.
چستی، چالاکی، چابکی. nimbleness. quickness. agility.
چشاندن، چشانیدن. to cause to taste.
چَشائی، شامه. (sense of) taste. tasting. gustatory. gustation.
چَشتَه whet. sampled food.
چشته‌خور spoiled by too much kindness or aid . sponging habitually on others. taking for granted.
چشم، دید. eye. ocul_. ophthalm-.
بچشم. I will do it with pleasure. very well.
~ امید داشتن. to expect. to hope for.
با ~ خواهری بدختری‌نگاه‌کردن. to consider a girl as one's sister.
چنددرصد what percentage? percentage .
سهم او ~ است؟ what percentage is his share?
چندروزه of short duration. short-lived. precarious. for how many days.
این ~ عمر را بخوشی بگذران. spend this short-lived life happily.
چند ریختی polymorphism.
چندزا multiparous
چندزبانه، چندزبانی. polyglot. multilingual.
چندساله perennial.
چندسطحی polyhedral.
چَندِش، لرزه، لرزش، ارتعاش. trembling. shaking. shuddering.
ازدیدن اوچندشم شد. I shuddered to see him.
چندصدا polyphonous. polyphonic.
چندصدایی polyphony.
چندضلعی polygon.
چُندُك، چمباتمه. squatting. cowering.
چندگان polygamous.
چندمیزبانه heteroxenous.
چندوجهی، چندسطحی. polyhedron.
چندهجائی polysyllabic.
چندی for some time. for a while.
چندی، کمیّت. quantity.
چندین several. many.
چنگ harp. lute.
چنگ claw. talon. clutch.
به ~ آوردن. to seize. to grasp.
~ زدن. to claw.
چَنگار، سرطان. (med.) cancer.
چنگال، پنجه، چنگ. fork. claws. talon. fingers. clutches. prong.
کارد و~. knives and forks.
~ شیر. the claws of a lion.
چَنگزَن، چنگ‌نواز. harpist. harper. lyrist.
چَنگَك hook. grapnel. clutch.
لباس خود را به ~ آویزان کنید. hang your clothes on the hook.
چَنگَکی hooked. crooked.
چَنگیز Genghis. Chengiz.
چُنین such. such as. thus. so. as follows.
چو rumor.
~ انداختن. to rumor. to bruit.
چُو، چون. as. because. since. when.
چوب wood. timber. stick. staff. ligni-. log. plank. firewood. xylem. hylo-.
~ پرده. curtain rod.
~ چپق. pipestem.
~ طبل. drumstick.
~ [illegible]. corncob.
~ زیر بغل. crutch(es).
~ خوردن. to be beaten (by a stick).
~ زدن. to beat with a stick. to cudgel. to thrash. to bastinado.
چوب‌بَست scaffold. scaffolding. staging.
چوب‌پا stilt.
چوب‌پَنبه cork. phellem. suber.
چوب‌پَنبه‌ای suberose. made of cork. corky.
چوبخط tally. notch. score.
~ زدن. to tally or notch.
چوبدار cattleman. drover. woody. ligneous.
چوبدستی، عصا. walking stick. cane.
چُوب‌ذُرّت corn cob.
چوب رخت، چنگك، جالباسی. clothes-peg. hall-stand. clothes-rack. clothes-hanger.
چوبزی lignicolous.
چوب‌شکاف، گوه. wedge.
چُوبَك soaproot.
چوب‌کاری beating. cudgel(l)ing. bastinado.
~ کردن. to cudgel. to bastinado. to put to shame.
چوب مانند woodlike. woody. ligniform.
چُوبَه shaft.
چوبهٔ دار gallows tree. gallows.
چوبی، چوبین، چوبینه. wooden. ligneous.
چوبی‌شدن lignification.
چوپان، شبان. shepherd. pastor.
چوپی، رقص‌چوپی. circle dance.
چوچوله clitoris.
چوگان polo-stick. bat. polo. battledore.
چوگان‌بازی polo.
چون، چونکه، ازآنروکه. since. as. when. like. as such as. because. for.
~ او اینجاست من میروم. I will go since he is here.
اونیز ~ تو است. he is also like you.
~ وچرا کردن. to palter. to dispute or haggle.
بدون ~ وچرا. unquestionable. unquestionably. indisputably.
چونانکه، چنانکه. because. since. as if.
چونکه because. since. as. for.
به‌سینما نرفتم ~ پول‌نداشتم. I did not go to the movie because I had no money.
چونه ball or cake of dough. pat.
چونی، کیفی، کیفیتی. quality. condition.
~وچندی، کیفی‌وکمی. quality and quantity.
چه، ~چیز، چی، چطور، چگونه، چه‌ها. what. how. whether. as. because.
امروز ~ روزی است؟ what day is to-day?
به ~ روز خوبیست! Oh, what a nice day it is.
من ~ میدانم؟ how do I know?
~ بیاید ~ نیاید من میمانم. whether be comes or not, I will stay.
هر ~. what. whatever.
بشما ~؟ none of your business. what business is it of yours?
ازمن ~ میخواهی؟ what do you want of me?
چهار، چار. four. quadri-. tetra-.
~ آس. four aces.
چهارارزشی tetrad.
چهاربرابر fourfold. quadruple. four times.
~ شدن یا کردن. to quadruple.
درآمد او ~ شد. his income quadrupled.
درآمد حسن ~ درآمد من است. Hassan's income is four times more than mine.
چهاربرگه tetrapetalous. tetraphyllous.
چهارپا quadruped. beast (of burden).
چهارپاره buckshot.
چهارپایه stool. stand.
چهارپرچمی tetrandrous.
چهارتا folded four times. four.
چهارتائی foursome. having four parts
چهارجانبی quadripartite. quadrilateral.
چهارچرخه four-wheeled (vehicle). quadricycle.
چهار دست وپا on all fours.
~ راه‌رفتن. to move (walk) on all fours.
چهاردکمه‌ای double-breasted. having four buttons.
چهارده fourteen.
~ روز، دوهفته. fortnight.
چهاردهُم، چهاردهمین. fourteenth.
شب ~. the fourteenth night.
چهارده معصوم the 14 Innocent Ones.
چهاردهمی، چهاردهمین. (the) fourteenth.
منزل ~. the fourteenth house.
چهار راه، چار راه. crossroads. intersection. square.
چهارسر (card playing) double pair royal. four-headed.
اژدهای~. a four-headed dragon.
چهارشنبه Wednesday.
چهارشنبه‌سوری the last Wednesday before Nowrooz.
چهارصد four-hundred.
چهارصد ساله quadricentennial. four - hundred years old.
چهارصدم four-hundredth.
چهارصدمی، چهارصدمین. (the) four-hundredth.
چهارضلعی quadrilateral. square.
چهارقلو quadruplet.
چهارگانه the four. fourfold.
چهارگوش square. quadrangular.
چهارگوشه square. quadrangle. quadrangular.
چهارلا fourfold. four-ply.
تخته ~. four-ply wood.
چهارلاچنگ (mus.) 64th note.
چهارم fourth.
کلاس ~. the fourth grade (class).
چهارمی، چهارمین. (the) fourth.
چهاروجهی tetrahedron.
چهارهجائی quadrisyllabic.
چهچهه، آواز، جیك‌جیك. twittering. chirping. chitterchattering. warbling.
~ زدن. to twitter. to chirp. to warble. to sing.
گنجشك ~ میزند. the sparrow twitters.
چهر، چهره، صورت، سیما. face. visage (usually used as a suffix as in: پریچهر).
چهره face. visage. cheek. countenance.
چهره‌پرداز، چهره‌نگار. portraitist.
چهل forty.
چهل‌چراغ candelabrum. chandelier.

چهلم fortieth.

چهلمی، چهلمین. (the) fortieth.

چی، چه‌چیز، چه. what. what thing.

چیت chintz. printed cotton.

چیت‌سازی chintz making.

چیدن (چین i. r.)، برداشتن، گلچین‌کردن. to pick (off). to pluck. to mow. to clip. to cut. to shear. to pare. to set. to tweeze.

آنها همه گلها را چیدند. they picked all the flowers.

پشم گوسفند را ~. to shear the sheep.

ناخن را ~. to pare the nails.

اتاق را ~ (مرتب کردن). to arrange things in a room.

حروف ~. to set type.

میز نهار خوری را چیده‌اند. they have set the dining table.

چیده plucked. picked. clipped. pared. arranged. set. tweezed.

چیرگی، تسلط، غلبه. victory. overpowering. dominance. preponderance. predominance.

چیره، مسلط، غالب. prevailing. victorious. overpowering. dominant. predominant. preponderant. paramount. prevalent. superior.

~ شدن to prevail. to overpower. to overcome. to predominate. to preponderate. to rule. to triumph.

بردشمنی ~ شدن. to prevail over an enemy.

او برحریف خود ~ شد. he overpowered his opponent.

بردشواریها چیره شدن. to overcome difficulties.

چیره‌دست، ماهر، زبردست. skilful. deft. dexterous. adroit.

چیز، شئی، جنس، مال، کالا، متاع، ثروت. thing. object. matter. effects. wealth. (slang) gizmo. contraption.

چیزی از این بهتر نمی‌توان یافت. one can not find anything better than this.

چیزی. something. a thing.

این دختر خوب چیزی است (slang) this girl is a nice dish.

هر ~. everything. anything.

رفتم یك چیزی پیدا کنم. I went to get an object (thing). I went to get something.

اوصاحب ~ است. he is wealthy.

هیچ ~. nothing.

چیزخور، مسموم. poisoned.

~ کردن. to poison. poisoning.

چیزدار، ثروتمند. well-to-do. wealthy. rich. moneyed.

چیست، چه‌است. what is (it).

علت ~؟ what is the reason?

نامت ~؟ what is your name?

چیستان، معما. riddle. enigma. puzzle.

چیله twig. small piece(s) of firewood. chat.

چین، تاه، چروك، خرمن، درو. flexure. wrinkle. crease. pleat. plait. rumple. pucker. crumple. wave. ruffle. ripple. curl. rugosity. fold.

~ صورت. wrinkles of the face.

~ دامن. pleats of the skirt.

~ خوردن. to wrinkle or be wrinkled. to be puckered (up). to pleat.

~ دادن. to wrinkle. to plait. to pleat. to pucker. to curl. to knit (as the brow).

چین (چیدن i.r. of)، بچین، درو کننده، چیننده. pick or cut thou. mow. picked. (in combs. as in: دست‌چین=handpicked).

چین (geog.) China. sino-.

چین‌تاقدیس anticlinal fold.

چین‌چین full of folds or wrinkles. plaited. pleated. creased. ruffled.

چین‌چینی trimming. being folded or pleated.

چین‌خوردگی fold. wrinkle. rugosity.

چین‌خورده crumpled. wrinkled. puckered. folded. rugose. corrugated.

در یك ~ بهم زدن. in a jiffy. in the twinkling of an eye.

~ پوشیدن از. to overlook. to tolerate. to renounce. to give up.

برچیزی ~ دوختن. to stare at something. to fix the eye upon something. to covet.

~ زدن، ~ کردن. to influence by an evil (or envious) eye.

~ شما روشن. congratulations! I congratulate you.

چشمم آب نمی‌خورد. I doubt it very much. I have no hope (or faith) in that.

~ وگوش بسته. inexperienced. innocent.

~ وگوش باز است. he understands sexual matters. he knows well enough.

~ ودل پاك. innocent. honest.

تا چشمش هم کور شود. that serves him right.

تا ~ کارمیکند. as far as the eye can reach.

نور ~. one's child. a dearly beloved person.

تخم ~. eyeball.

کاسهٔ ~. orbit of the eyes. eye socket.

مردمك ~. pupil.

پلك ~. eyelid.

~ بد. the evil eye.

~ وچراغ فامیل. the pride of the family.

~ زاغ. blue-eyed.

چپ ~، لوچ، احول. cross-eyed.

چشم‌انداز view. perspective. outlook.

چشم‌براه، منتظر، درحال انتظار. waiting. expecting. looking forward to. eager. anxious.

~ بودن. to expect. to look forward to.

چشم‌بسته blindfold. blindfolded.

چشم‌بند، شعبده باز. juggler.

چشم‌بندی، شعبده‌بازی. jugglery. sleight of hand. juggling. legerdemain.

چشم‌پزشك، کحال. oculist. ophthalmologist. eye doctor.

چشم پزشکی ophthalmology.

چشم‌پوشی، بخشش، صرفنظر. forbearance. connivance. tolerance. renouncement.

~ کردن. to connive at. to tolerate. to forbear. to do without. to renounce.

چشم ترسیده scared. deterred.

چشم‌چران ogler. voyeur.

چشم‌چرانی ogling. making eyes at. gazing or gaping at women. voyeurism.

~ کردن. to ogle. to make eyes at.

چشم‌داشت prospect. hope. expectation.

چشم‌درد، درد چشم. eye disease. sore eyes. ophthalmia. ophthalmalgia.

چشم‌دریده، بیشرم، بیحیا. impudent.

چشم رس purview. eyeshot. range of vision.

چشم روشنی، هدیه، ارمغان. present. gift.

چشم‌زخم، صدمه، آسیب. harm caused by an evil eye or by witchcraft. harm.

چشمك wink. twinkling. blink. nictitation.

~ زدن. to wink. to twinkle. to blink.

چشم ودل سیر، بلندنظر. free from greed. satiated.

چشمه، سرچشمه، منشأ. spring. source. span (of a bridge). eyelet. mesh.

چشمهٔ آب حیات. the fountain of life.

این پل سه ~ دارد. this bridge has three arches (spans).

چشمی having to do with eyes. witnessing. ocular. optic. eyepiece.

چشنده taster. sampler.

چشیدن، آزمایش کردن، بلب‌زدن. to taste. to savor. to sample. to test.

شراب را ~. to taste wine.

سختی‌های بسیار ~. to experience much hardship.

چطور، چگونه. how? in what manner?

حال شما ~ است؟ how do you do?

~ شد آمدید؟ how come you came?

چغاله، چاغلا. unripe almonds or apricots.

چغلی، شکایت. tale-bearing. complaining. telltale.

~ کردن. to tell tales. to complain.

پیش مادرم ازمن ~ کرد. he complained of me to my mother.

چغندر beet.

~ قند. sugar beet.

چغیدن (چغ i. r.)، نفس‌کشیدن، دم زدن. to breathe.

چفت hasp. latch. thong.

~ کردن. to hasp. to latch.

چقدر how. how much? how many.

این پسر ~ پررواست! how brazen is this boy!

~ پنیرلازم دارید؟ how much cheese do you need?

چك، سیلی، توگوشی. slap. box on the ear.

~ زدن. to slap on the face.

چك cheque. check.

~ کشیدن. to draw a check.

~ بی‌محل. a bad check (cheque).

~ تضمین شده. a certified check.

~ سفید، ~ خالی. a blank check.

~ مسافرتی. travellers check.

دفترچهٔ ~. a check book.

چکاچاك، صدای بهم خوردن فلزات. clashing or clanking noise.

چکاره، چه‌کاره؟ of what profession?

چکامه، قصیده، چامه. a lyric poem. an ode.

چکامه‌سرا poet. composer of odes.

چکان (چکاندن imp. of)، چکنده، بچکان. causing to trickle or drip (in combs. as in: قطره چکان = dropper).

چکانیدن، چکاندن. to cause to drip or trickle.

چکاوك (z.) lark.

چك‌چك، چکه چکه drop by drop. falling in drops. dripping or trickling.

~ کردن. to fall in drops. to drip.

چکش hammer. tack hammer.

~ چوبی. mallet.

~ دوسر. double - faced sledge.

~ دوشاخ. claw hammer.

~ خوردن. to be hammered.

~ زدن. to hammer. to malleate.

~ آهنگری. blacksmith's hammer.

~ سنگین، پتك. sledge. sledge hammer.

چکش‌خور malleable. laminable.

چکشی hammer-hardened. dicrotic.

استخوان ~ گوش. malleus.

چکمه high boot. riding boot.

چکمه‌دوز bootmaker.

چك‌وچانه، چانه زنی. haggling.

چکه، قطره، ریزش، نشت. drop. leakage. dripping. trickling.

~ کردن، چکیدن. to leak. to drip. to seep. to drop. to trickle.

پشت بام ~ میکند. the roof leaks.

خون از خنجرش ~ چکه میریخت(میچکید). blood dripped from his dagger.

آب از شکاف سقف ~ کرده بود. water had seeped in through a crack in the ceiling.

چکی wholesale. by the job. one piece. as a whole.

چکیدن، چکه‌کردن. to fall in drops. to trickle. to drip. to leak.

اشك از چشمانش میچکید. tears were dropping from her eyes.

چکیده distilled. dripped. summary. gist.

چکیدهٔ کلام او. the gist of his words.

چگال، غلیظ. dense. thick.

چگالش condensation.

چگالنده condenser.

چگالی، غلظت. density. thickness.

~ سنج، غلظت سنج. hydrometer. densimeter.

چگالی‌سنج pyknometer. pycnometer.

چگونگی، کیفیت، وضع، حالت، چونی. quality. position. circumstance. condition. manner.

چگونه، چطور. how? in what way? in what manner?

~ آنرا خریدید؟ how did you buy it?

چل، خل. half - witted. crazy.

چلاق، فلج، لنگ. lame. paralyzed. crippled. maimed.

~ کردن. to cripple. to maim.

~ شدن. to become crippled.

چلان (imp. of چلاندن) press thou.

چلاندن، چلانیدن، فشاردادن. to squeeze. to press. to extract. to wrench.

چلپاسه (z.) small lizard.

چلتوك، شلتوك. paddy. rice husk.

چلچراغ chandelier. candelabrum.

چلچله، پرستوك. (z.) swallow.

چلر beech.

چلغوز bird dropping.

چلمن، خل، بی‌حال. foolish. shiftless.

چلمن، خل، بی‌حال. foolish. shiftless.

چلنگر، چلینگر، قفل‌ساز. locksmith.

چلوار longcloth.

چلوصاف‌کن، صافه، کفگیر. colander. strainer.

چله period of 40 days. bowstring. selvage. (in carpet manufacture) warp.

چاق و ~. fat and fit.
چلیپا، صلیب. cross.
~وار. crosswise.
چلیپایی cruciform. cruciferous.
چلیپاییان (bot.) Cruciferae.
چلیك، بشكه. drum. barrel. cask.
چم (چمیدن i. r. of)، بگرد، بخرام. strut.
چماق club. mace. cudgel. bludgeon.
چمان، خرامان. strutting. walking in a leisurely way.
چمچه، ملاقه. ladle. scoop.
چمدان، جامه‌دان. suitcase. trunk.
چمن lawn. grass. meadow. sod. turf.
چمن‌بر، چمن‌زن، ماشین چمن‌زنی. lawnmower.
چمن‌زار meadow. grass - plot. prairie.
چمنی grass - green. grassy. meadowy.
چموش، نرموك، سرکش. restive. balky. unruly. mulish. vicious. intransigent. refractory. pigheaded. cantankerous.
چمیدن، خرامیدن. to strut. to flaunt. to stalk. to parade.
چنار (bot.) plane tree.
چنارفرنگی (bot.) sycamore.
چناریان (bot.) Platanaceae.
چنان such as that. such. so. thus.
اوچنین و ~ میگفت. **he said so many things. he said thus and thus.**
هوا ~ سرد بود که مجبور شدیم پالتوهایمان را بپوشیم. **it was so cold that we had to put on our overcoats.**
چنانچه، اگر، در صورتیکه، هرگاه. in the event that. if. when. in case.
~ ظرف دوروز نیاید بمن خبر بدهید. **if (in case) he does not come within two days, let me know.**
چنانکه، بطوریکه. as.
~ (بطوریکه) قبلاً گفته شد. **as mentioned before.**
~ میدانید. **as you know.**
چنباتمه، چندك. squatting posture. squat.
~ زدن. **to squat. to crouch or cower.**
چنبر hoop. loop. circle. dog's collar.
استخوان ~، ترقوه. **(anat.) clavicle. collar bone.**
چنبره circle. coil. bend. cushion.
~ زدن. **to form a ring or circle. to curl. to coil.**
چنبری، کج، منحنی. circular. curved. crooked. clavicular.
چنته، کیسه. satchel. bag.
چند، قدری، اندی، چندتا، چقدر. some. a few. how. how many. several. poli-. multi-.
~ تا. **how many?**
تا ~. **how long? till when?**
~ تا سیب بمن بده. **give me some apples.**
~ کتاب. **a few books.**
چندی، یك ~. **for some time. a little while. a while.**
روزی ~، یك چندی. **for some time. for a while. a few days.**
سالی ~. **some years. a few years.**
~ وقت‌پیش، چندی قبل. **some time ago.**
صدی ~؟ چند درصد؟ **what percentage?**
قیمت این لباس ~ است؟ **how much is (what is the price of) this suit?**
هر ~. **although. even though. though.**
~ وقت آمریکا بودید؟ **how long were you in America?**
چندان so, so much. as much as. so many. so much.
~ سرد نیست. **it is not so (very) cold.**
ده ~. **ten times (as many).**
نه ~. **not so very. not so much. not so many.**
این‌فرش ~ خوب‌هم نیست. **this rug is not so good.**
چندبرابر many times as much. manyfold. several times as much (or as many). how many times?
منفعت او ~ سرمایه‌اش بود. **his profit was several times more than his capital.**
چندبرگه، بسیاربرگ. polyphyllous.
چندپایان chilopoda.
چندپهلو، کثیرالاضلاع. multilateral.
with a dirty shirt and crumpled pants.
چین‌دار، چین‌چین. creased. wrinkled. puckered. creasy. curly. corrugated.
چین‌شناس sinologist.
چین‌شناسی sinology.
چیننده picker. plucker. mower.
چین‌وشکن waves or curls of the hair.
چینه، دیوارگلی، طبقه. clay-wall. pise-wall. stratum. layer. grain (for birds). varve.
چینه‌بندی stratification.
چینه‌دان crop. maw.
چینه‌شناسی stratigraphy.
چینی Chinese. Chinaman. chinaware. porcelain. china.
دو مرد ~. **two Chinamen.**
دو بشقاب ~. **two china dishes.**
چینی‌آلات chinaware.

ح eighth letter of the alphabet corresponding to «h» in «how».
حاتم، ~ طائی. a legendary Arabian man. generous.
حاج (حجاج .pl)، حاجی. hajji.
حاجات (حاجت pl. of)، نیازها. needs. necessities. requirements.
حاجب، دربان، پرده، حجاب. doorkeeper. chamberlain. porter. curtain. eyebrow. screen. veil.
حاجب ماوراء opaque.
حاجت (حاجات، حوائج .pl)، نیاز، احتیاج. necessity. requirement. need. want.
~ داشتن. **to need. to require. to want.**
~ کسیرا برآوردن. **to satisfy one's need. to grant a person's request.**
~ بتوضیح نیست. **no need to explain.**
قضای ~ کردن. **to relieve oneself.**
حاجتمند، نیازمند، محتاج. in need of. necessitous. needy.
حاجز (حواجز .pl)، مانع، جدا کننده. hindering. separating. septum.
حجاب ~ **diaphragm.**
حاجزی phrenic.
حاجی hajji. haji.
حاجی‌ترخان، حاج‌ترخان. Astrakhan.
حاجیه (feminine) hajji.
حاد acute.
حادث new. created. not eternal.
حادثه (حوادث، حادثات .pl) happening. accident. event. phenomenon.
حاذق، زبردست، هوشیار. proficient. skilful. ingenious.
حار، گرم، حارّه. hot. torrid. tropical.
حارس keeper. guard.
حازم prudent. provident.
حاسد (حساد .pl). envious.
حاشا never! denial.
~ کردن. **to deny. to disclaim.**
حاشیه margin. edge. border. rim. fringe. hem.
~دار کردن. **to margin. to marginate. to hem. to fringe.**
حاصل produce. yield. crop. harvest. product. result. consequence. outcome.
~ کردن. **to obtain. to acquire. to procure. to get.**
~ شدن، ~ آمدن. **to be obtained or gotten.**
~ دادن. **to yield. to produce.**
بی ~. **barren. futile. unproductive.**
حاصل‌خیز، بارخیز. fertile. productive. rich.
حاصلخیزی fertility.
حاصل‌ضرب product.
حاضر، آماده. ready. prepared. present.
شام ~ است. **the dinner is ready.**
سربازان برای نبرد حاضرند (آماده‌اند). **the soldiers are prepared to fight.**
زمان ~ **present time.**
~ شدن. **to attend. to become prepared or ready. to agree. to be present in.**
او درکلاس ~ شد. **he attended the class.**
او ~ نشد ورقه را امضاء کند. **he did not agree to sign the paper.**
~ کردن. **to prepare. to make ready.**
شام را ~ کرده‌ای؟ **have you prepared the dinner?**
درس خود را ~ کرده‌ای؟ **have you learned your lesson?**
~ بودن. **to be ready, prepared, or willing.**
~ وغایب کردن. **to call the roll.**
~ نیستم حتی اسم او را بشنوم. **I am not willing (I am loath) to even hear his name.**
حاضرالذهن ready - witted. having presence of mind.
حاضرجواب

quick to answer. quick at repartee.

حاضرجوابی readiness to answer or retort. power of repartee.

حاضر خدمت، حاضربخدمت. standing by. ready for service.

حاضری ready - made food. cold food.

حاضرین، حاضران. those present. the audience.

حافظ، نگهدار. keeper. preserver. retaining. retentive.

خدا ~، خدا ~ شما. good-bye. God keep you. goodby.

حافظهٔ، یاد، خاطره، قوهٔ ~. memory. recollection. remembrance.

حافظهٔ او بسیار قوی است. his memory is very strong.

حافظه‌ای mnemonic.

حاقُ‌الفخذ acetabulum.

حاکم (حکام.pl)، فرماندار، داور، حاکمه، مسلط. governor. magistrate. judge. dominant. ruling.

حاکم(فرماندار)شهر. the governor of a city.

در امور امنیتی پلیس ~ براوضاع است. the police is dominant in security matters.

او در دعوا ~ شد. he became the winning party in the case.

دولت ~ براوضاع است. the government has control over the situation.

حزب ~. the ruling party.

حاکمانه، آمرانه. commandingly. imperiously. dominantly. magisterial.

حاکم‌نشین، کرسی‌نشین. chief town or residence. governor's seat.

حاکمه، حاکم. ruling. dominant.

هیئت حاکمه. the ruling body (group). the governing class.

حاکمیّت، حکومت، سلطنت، قلمرو. rulership. ruling. authority. sovereignty. jurisdiction. power.

حق ~ دولت ایران برجزایرخلیج فارس. Iran's sovereignty (right) on the Persian Gulf Islands.

قلمرو ~ آن فرماندار تا یزد است. the governor's jurisdiction is as far as Yazd.

حاکی، نشان دهنده، حکایت کننده، مشعر، دال بر. indicating. designating. foreboding. narrating. showing. stating. symbolizing.

~ بودن از. to indicate. to suggest. to forebode. to show. to state. to symbolize.

اوضاع بطورکلی ~ از اینستکه وقایع مهمی در شرف تکوین است. the situation in general indicates that great events are about to take place.

التماس او ~ از عجز اوست. his supplications designate (show) his weakness.

لبخند او ~ از موفقیت است. his smile forebodes (symbolizes) his success.

این‌داستان ~ ازکوششهای بیهودهٔ یك آدم شریر است. this story narrates a wicked man's futile efforts.

حال (حالات، احوال.pl)، اکنون، حاضر، حالت. now. the present. right now. condition. situation. health. circumstance. mood. disposition. pleasure.

تا ~، تاکنون. up to now. hitherto.

در ~ حاضر. for the present (time). at present. for the moment.

استراحت در بیمارستان ~ اورا بهتر کرده. resting in the hospital has improved his condition.

~ شما چطور است؟ how is your health? how are you?

امروز او سر ~ است. he is in a good mood (disposition) today.

او اهل ~ است. he is a man of pleasure.

من ~ راه رفتن ندارم. I don't have the energy (ability) to walk.

زمان ~. the present tense.

درهر ~، بهر ~. anyhow. in any case.

از ~ رفتن. to faint. to pass out.

بحال آمدن. to come to one's senses. to come round. to come to.

از مستی بحال آمدن. to become sober.

~ آمدن. to gain weight. to put on weight or flesh. to become fit and refreshed.

بحال آوردن. to bring round. to bring to one's senses. to restore the health of.

علی‌ای ~. in any case.

و ~ آنکه. whereas.

حالا، اکنون، فعلاً. now. at the moment. at present. just now. in a moment.

~ کجا کارمیکنید؟ where do you work now?

همین ~. just now.

از ~ به بعد. henceforth. hereafter.

تا ~. up to now. hitherto. until now.

حالات (pl. of حال)، احوالات، اوضاع. conditions. circumstances.

حالِب (anat.) ureter.

حالَت (حالات .pl)، وضع، حال، کیفیت. state. mood. rapture. ecstasy. case. expression.

سیمایش ~ ویژه‌ای بخودگرفت. his visage assumed a special expression.

~ فاعلی. nominative case.

~ دفاعی. defensive posture.

حسن با ~ غضب از اتاق خارج شد. Hassan left the room in a state of anger.

~ روانی. (med.) psychosis.

~ عصبی. (med.) neurosis.

حال‌ندار، ناخوش. very sick or weak.

حالی present. actual. explained. understood.

من موضوع را به‌او ~ کردم. I explained the case to him.

~ شدن. coming to understand.

حالیم نشد، نفهمیدم. I did not understand.

چیزی حالیش نیست. he is unconscious. he does not know much.

~ کردن. to make understand. to explain. to demonstrate. to bring home.

حالیا، اکنون. at present. now.

حالیّه، حالا، اکنون، حال. at present. presently. now. actual.

حامِد، ثناخوان، ستایشگر. praiser.

حامِض، آسید، گس، ترش. acid. astringent.

حامِل، برنده، آورنده، حمل‌کننده. bearer. carrier. holder. transporter. vector. carrying. (mus.) stave. staff.

خط ~. vector.

قابل برداخت دروجه ~. payable to the bearer.

~ این نامه. the bearer (holder, carrier) of this letter.

قطار ~ ماشین آلات‌جدید بتهران وارد شد. the train carrying the new machinery arrived in Tehran.

حاملگی، آبستنی. pregnancy. expectancy. conception. bearing a child.

دوران ~. pregnancy period.

قرص ضد ~. contraceptive pill (tablet).

جلوگیری ازآبستنی یا ~. contraception. birth control.

حامله، آبستن. pregnant. expectant.

~ شدن. to conceive. to become pregnant.

~ کردن، آبستن‌کردن. to make pregnant. to make with child. to impregnate.

زن او ~ است. his wife is expecting.

او سه‌ماهه ~ است (سه‌ماهش است). she is three months prégnant.

حامی، پشتیبان، مدافع. protector. defender. supporter. patron. party. backer.

حامی، ازاولادحام. Hamitic. Hamite.

حاوی، دارای، محتوی، شامل. containing. enclosing. comprising. consisting.

~ بودن. to contain. to comprise. to accommodate. to involve. to embody.

جعبه ~ چندچیز متفرقه بود. the box contained a few odds and ends.

کتاب ~ ۳۵ مقاله بود. the book comprised thirty-five essays.

این‌کتاب ~ کلمات است. this book embodies words.

حاوِیَه، روده بند. (med.) mesentery. soldering iron.

حائز، دارای، شایستهٔ. possessing. holding. meriting. having. achieving.

~ اهمیت، مهم. important.

~ مقامی‌شدن. to (come to) hold a position.

او در مسابقه مقام اول را ~ شد. he gained (attained) first place in the race.

حائضه، قاعده، مبتلا بعادت ماهیانه. menstruating. having (one's) period.

حائل، مانع، دیوار، پرده. intervening. standing between. wall. obstruction. keeping. guarding. guard. buffer.

او بین ما ~ شد. he stood between us.

حَبّ، قرص، دانه، حبه. pill. pillule. berry. globule. piece. block. pellet.

~ خوردن. to take a pill (or pills).

یك ~ (حبه) قند. a sugar cube.

حُبّ، دوستی. love. desire. ambition. affection.

~ جاه، ~ مقام. ambitiousness. ambition.

~ نفس. self-love.

~ وطن، میهن‌پرستی. patriotism.

~ وبغض. bias, likes and dislikes.

حباب bubble. globe. lampshade.

~ صابون. soap bubble.

~ نور ملایمی به‌اتاق میداد. the lampshade gave a soft light to the room.

حبابك alveole. air bubble.

حَبُّ‌النّیل (bot.) blue water-lily seeds.

حِباله، رشته، دام، رسن. trap. snare.

بحبالهٔ نکاح درآوردن. to marry a woman.

حَبَّذا، زهی، آفرین، مرحبا. bravo!

حبس، محبس، دستاق، زندان: prison. jail. gaol. imprisonment. confinement. (law) entailment. tail. lockup. penitentiary.

~ تأدیبی. corrective prison. corrective imprisonment.

~ ابد. life imprisonment. prison for life.

~ با اعمال شاقه. imprisonment with hard labor. penal servitude.

~ مجرد. solitary cell. solitary confinement.

~ شدن، زندانی شدن. to be imprisoned.

~ کردن، زندانی کردن. to imprison. to jail.

حَبسُ‌البَول (med.) retention of the urine. strangury.

حبسی، محبوس، زندانی. of or from a jail. the imprisoned. the jailed. prisoner.

حَبَشَه، اتیوپی. (geog.) Abyssinia. Ethiopia.

حبشی Abyssinian. Ethiopian.

حَبل، رگ، طناب، رسن. rope. artery. string. chord.

~ المتین. strong rope.

حُبوبات (pl. of حب، حبوب). grains. cereals.

حَبَّه، دانه. grain. seed. berry. cube.

حبهٔ انگور. a single grape.

قند ~. cube sugar.

یك ~ قند. a sugar cube.

حَبیب (احباب.pl)، دوست، یار. friend. lover. beloved.

حَبیبَه (fem. of حبیب). sweetheart.

حَتم، یقین، حتمی. certain. sure. necessary. incumbent.

بطور ~. certainly. decidedly.

~ داشتن. to be sure (or positive).

~ کردن. to make sure. to resolve.

حتماً sure. surely. by all means. certainly. decidedly.

~ باران خواهدآمد. it will surely rain.

امشب ~ بمهمانی ما بیائید. be sure to come to our party tonight.

~ خواهم‌آمد. I will certainly come.

~ مریض است. he must be ill.

حتمی sure. certain. indispensable.

رفتن وی ~ است. his departure is certain.

حَتمیُ‌الاِجراء necessary or sure to be carried out. binding. compulsory.

حَتمیُ‌الوُقوع sure to happen. unavoidable.

حَتمیّت certainty. finality.

حَتّیٰ، تا. even.

حَتّیٰ‌الاِمکان، حتی‌المقدور. as far as possible. if possible.

حتی‌القوه to the best of one's ability.

حَجّ، زیارت‌کعبه. pilgrimage to Mecca. hajj.

حجاب، پرده، چادر. veil. curtain.

~ پوشیدن، ~ سرکردن. modesty. (slang) to wear a veil.

~ حاجز. diaphragm.

بی ~. unveiled. not wearing a veil.

رفع ~ از زنان. the unveiling of women. emancipation of women.

حُجّاج (pl. of حاج). hajjis. hajis.

حَجّار، سنگتراش، سنگ‌بر. stonecutter. carver. mason.

حَجّاری stonecutting. masonry.

~ کردن. to carve. to cut (stone). to shape (stones).

حِجاز Arabia petrae. Hejaz.

حَجّام، حجامت‌کن، رگزن. cupper.

حِجامَت، رگزنی، فصد. venesection. cupping. phlebotomy.

~ کردن. to cup. to bleed by cupping.

حُجب، شرم، حیاء. modesty. shyness. demureness.

باحیا. وحیا. demure. shy. bashful.

حُجَّت (حجج .pl)،دلیل، استدلال. argument. reason. proof. plea.
~ کردن. to argue. to dispute.
اتمام ~، التیماتوم. ultimatum. final notice.

حَجَر(احجار .pl)،سنگ،گوهر، جواهر، صخره. stone. rock. pebble. jewel. lith-. petr-.

حَجَرُالاَسوَد the black stone which pilgrims kiss at Mecca.

حَجَرُالدَّم، سنگ خون. blood stone.

حجرالرحمن lapis divinus.

حَجَرُالقَمَر،سنگ ماه. moonstone.

حَجَرُالیَهُود lapis judaicus.

حُجرَه (حجرات .pl)، اتاق، تجارتخانه، دکه، دکان، دفترکار. cell. chamber. (old type of) commercial office. follicle.

حَجَری، سنگی. stony. petrous

حِجلَه، حجله‌گاه، حجله خانه. bridal chamber. bridal suite. nuptial room.

حجم، گنجایش، اندازه، ظرفیت. volume. bulk. capacity. mass. dimension. size.
~ ویژه. specific volume.

حجماً in volume.

حجمی voluminal. cubic.

حَجیم، پرحجم، قطور. voluminous. huge. massive. capacious.

حد (حدود .pl)، مرز، اندازه. limit. boundary. extent.
از ~ خودت تجاوز نکن. do not exceed your limit.
~اقل، کمترین. minimum. at least.
~ اکثر، بیشترین. maximum. at the most.
~ بلوغ. age of puberty.
~ متوسط، میانگین. average. mean.
تاچه ~. to what extent?
بی~. boundless. unlimited. excessive.
برلطف خدا حدی متصور نیست. there is no limit to God's mercy.
از ~ بیرون است. it is beyond limit. it knows no bounds.
از ~ گذرانیدن، از ~ گذشتن. to exceed the bounds. to go beyond the boundary.
بحد امکان، تاسر~ امکان. as far as possible.

حَداثَت،تازگی، حداثی،جدیدالاحداثی،جوانی. novelty. newness. youth.

حَدّاد، آهنگر. smith.

حَدَبَه، تحدب، بیرون‌آمدگی. convexity. gibbosity. protuberance.

حِدَّت، شدت، سختی، نیرومندی. acuteness. force. vehemence. intensity.

حَدَث، حادثه. event. incident. novelty.

حَدس، گمان، خیال، تخمین. guess. conjecture. surmise. supposition. assumption.
~ زدن. to guess. to surmise. to assume. to conjecture. to suppose.
~ او درست است. his guess is right.
او ~ میزد که شما میآئید. he conjectured that you are coming.

حدساً، از روی حدس. by guess. roughly.

حدسی based on guesswork. rough. conjectural.

حَدسیات (حدس .pl.of)، گمانها، برآوردها. conjectures. assumptions.

حد شکنی، تجاوز. trespass. encroachment.

حَدَقَه pupil of the eye. eye socket.

حُدُوث، حادثه، رویداد، اتفاق، وقوع. occurrence. taking place.
~ کردن، رخ دادن. to take place.

حُدُود، مرز،ثغور،اطراف،اندازه. limits. boundaries. extents. environs.
~ ایران. boundaries of Iran.
در ~. in the neighbourhood of. about. within the limits of. approximately.
در ~ بیست نفر. about twenty people.
هرچیزی حدودی دارد. there is a limit to everything.

حَدیث (احادیث .pl)، روایت. tradition. narration.
~ کردن. to narrate. to relate.

حَدید، آهن. iron. pungent.

حَدیدَه die. randle. ratchet stock.

حَدیقَه (حدائق .pl)، باغ، بوستان. garden.

حَذاقَت، مهارت، هوشیاری، زبردستی. cleverness. ingenuity. skill. inventiveness originality. dexterity.

حَذَر، احتراز، دوری. avoiding. shunning. bewaring. caution. warning. avoidance.
~ کردن. to beware. to shun. to avoid. to elude.
از دوستان بد ~ کن. beware of evil friends.
از خطر ~ کردن. to elude danger.
بر~ بودن از. to be on guard against. to avoid. to be cautious (careful).

حَذف، ازقلم انداختن، بحساب نیاوردن. omission. elision. elimination. cancellation. deleting. leaving out.
~ شدن. to be deleted. to be omitted or left out.
~ کردن. to cross out. to omit. to skip. to eliminate. to delete.
این صفحه را ~ کن. omit this page.
نامی را از فهرستی ~ کردن. to eliminate a name from a list.
واژه‌ای از سطر ~ شده است. a word is deleted from the line.

حذفی elimination. omissive.
مسابقات حذفی. elimination races.

حُرّ، آزاد، آزاده. free (born). liberal.

حَراج، هراج. sale. (sale by) auction.
~ کردن. to have a sale. to sell by auction.

حراجچی auctioneer.

حَرارَت، گرما. heat. temperature. warmth. fervor. ardor. enthusiasm. hotness. torridity. thermo-. calori-.
~ دادن. to heat.
درجهٔ ~ امروز چیست. what is the temperature today?
حرارتش خوابید. he lost his enthusiasm.
عشق پر~. a fervid love.

حرارت‌سنج، گرماسنج. thermometer.

حرارتی having to do with heat. fervid. heat. calorific.

حِراسَت، نگهبانی،حفاظت، نگهداری،محافظت. guarding. preservation. custody. protection. safeguarding. shielding.
~ کردن، نگهداری کردن. to protect. to keep. to guard. to safeguard. to shield.
زیرا خداوند هنوز حق را ~ میکند. for Heaven still guards the right.

حَراف، پرحرف. talkative. glib. chatterbox. verbose. garrulous. prattling. prolix. loquacious.
پیرمرد ~. the talkative old man.

حرافی talkativeness. garrulity.

حَرام، غیرمجاز،غیرمشروع. unlawful. (religiously) prohibited. illegal. illegitimate. taboo.
~ کردن. to prohibit. to turn into a taboo. to waste.
خوردن مشروبات الکلی در اسلام ~ است. drinking alcoholic liquors is prohibited in Islam.
پول خود را ~ مکن. do not waste your money.
خوراك پس‌مانده را ~ نکنید چون شکم خالی بسیار است. do not waste leftover food for empty stomachs are plentiful.

حرامخور، رباخوار. eating unlawful things. usurer. briber. profiteer.

حرامخوری usury. profiteering. bribery.

حَرام زادگی bastardy. illegitimacy. roguery. slyness.

حرامزاده illegitmate (child). bastard. roguish. sly.

حرامی، دزد، غارتگر، چیزحرام. thief. robber. plunderer. unlawfulness.

حَرب، جنگ، مخاصمه. fight(ing). war.
ارکان ~، ستاد آرتش. general staff.

حِرباء، بوقلمون،مرغ آفتاب‌پرست. (z.) chameleon.

حرباً by war. by fighting.

حَربَه، اسلحه. weapon. arms. armament.

حربی، جنگی. pertaining to war.

حَرث tillage. sowing.

حَرَج، تقصیر، گناه. fault. sin. guilt. blame.
براو حرجی نیست. he is not to blame.

حِرز (احراز .pl)، نگهداری، حفظ. protection. support. amulet. charm.

حِرص، آز. greed. cupidity. avarice.
~ زدن. to guzzle. to do or eat greedily.
اینقدر برای پول ~ نزنید. don't be so greedy for money.

حَرف (حروف .pl)، واژه، کلمه، واج، سخن. letter. speech. talk. word. locution.
حروف الفباء. letters of the alphabet.
من در مجلس ~ زدم. I gave a speech (spoke) in the meeting.
اوخیلی ~ زد. he talked much.
~ تو را باور میکنم. I believe your words.
~ بد. bad language. bad words. curse.
دراین مسئله خیلی جای ~ است. this problem is very disputable.
من حرفهای اورا تأیید میکنم. I confirm his statements.
~ اضافه. preposition.
~ ربط، ~ عطف. conjunction.
~ درآوردن. to create or circulate rumo(u)rs.
~ زدن. to speak. to talk. to converse. to exchange words. to gab. to gabble.
با هم ~ نمیزنند. they are not on speaking terms with each other. they do not talk with each other.
~ مفت. loose talk.
پشت سر کسی ~ زدن. to talk behind someone's back.
~ مرا گوش کنید. listen to me. take my word.
~ به ~، کلمه‌به‌کلمه، تحت‌اللفظی. letter by letter. verbatim. word for word. literal.
آنها با هم حرفشان شد. they exchanged hard words. they disputed.
او حرفش دوتاشد. he contradicted himself.
یك کلمه با شما ~ دارم. I have a word with you.
برای آدم خیلی ~ درمیآورند. many rumo(u)rs (gossips) are made about people.
کم ~. taciturn. reticent. reserved.

حِرَف (حرفه .pl. of)، حرفه‌ها، مکاسب، پیشه‌ها. crafts. professions.

حَرف شَنَو، حرف گوش کن. obedient. meek. heedful. mindful.

حرف نشنو، خودسر. disobedient. heedless. unmindful.

حرفه(حرف .pl)،پیشه. profession. trade. craft. vocation. job. calling.
حرفهٔ شما چیست؟ what is your profession?

حرفه‌ای،پیشه‌کار. professional. vocational.
ورزشکار ~. a professional athlete.
مدرسهٔ ~. vocational school.

حَرفی literal. verbal.

حَرقفی iliac.

حَرَکات (حرکت .pl. of)، حرکتها. movements. (see under: حرکت).

حرکت، تکان، جنبش. movement. motion. act. behavio(u)r. start(ing). stimulation. (chess) move. shift.
او با ~ انگشت خود علامتی داد. he made a sign with the movement of his finger.
(در شطرنج) ~ اول باتست. you have (to make) the first move.
~ وضعی زمین. the earth's rotation.
~ انتقالی زمین. the earth's movement around the sun. transitional movement.
~ دادن. to move. to stir. to set in motion. to (cause to) start.
~ کردن. to move. to start. to set out. to proceed. to leave. to pass. to shift. to hover round. to drift. to stream. to flow. to sweep along. to wander. to walk. to keep moving. to ambulate.

حَرَم، زیارت، زیارتگاه، حرمسرا ، اندرونی . harem. sanctuary. temple. a holy tomb. shrine.

حِرمان، نومیدی. privation. disappointment. despair.

حُرمَت، احترام، کرنش. veneration. respect. reverence. regard. honor.
~ کردن، ~ (چیزیرا) نگه‌داشتن. to revere. to venerate. to respect. to adore.
شخص مقدسی را ~ کردن. to revere (venerate) a saint.
~ نسبت بقانون. reverence for the law.
شخص باید ~ والدین خود رانگه دارد. one must honor his parents.
~ گذاردن. to regard with reverence. to observe the sanctity of. to venerate.

حُرمَتگذار one who venerates or reveres. respectful. deferential.

حَرَمسَرا، حرم، اندرون. harem. women's apartment.

حُرُوف (حرف .pl. of)،حرفها،واجها،حروفات. letters. characters. types. particles.

حروفات (حروف، حرف .pl. of)، حرفها. letters. characters, types. words.

حروفچین typesetter.

حروفچینی typesetting.

حروف ریزی letter foundry.

حروفی literal. having to do with

words. alphabetic. verbal.
حُرّیّت، آزادی. freedom. liberty.
حَریر، ابریشم، پرنیان، پرند.
(fine) silk. silk cloth.
حریرباف، ابریشم‌باف. silk-weaver.
حریربافی silk - weaving.
حریرنما silk-like. mercerized.
حَریرَه pap. broth.
حَریری
silken. very thin. silk merchant.
حریص، آزمند. greedy. avaricious.
rapacious. voracious. ravenous.
حریصانه greedily. greedy.
voraciously. rapaciously.
~ بگردآوری پول‌پرداخت.
he greedily amassed money.
حَریف، رقیب، مخالف، مبارز.
rival. competitor. adversary. opponent.
درکشتی‌برسایرحریفان‌پیروزشد. he overcame the other competitors in wrestling.
~ من نیست. he is not a match for me. he cannot cope with me.
~ او نشدم که برود.
I could not prevail upon him to go.
همسایهٔ ما زن بسیار حریفی دارد.
our neighbor has a very contentious wife.
حَریق، آتش‌سوزی. fire. conflagration.
اطفاء ~، آتش‌نشانی. fire fighting.
حَریم، حرم، اطراف. limits. bounds.
pale. frontage. sanctuary.
حِزب [احزاب pl.]، دسته، پارتی، گروه‌سیاسی.
party. sect. a political party.
~ اکثریت. the majority (party).
~ اقلیت. the minority (party).
~ محافظه‌کار. the Conservative Party.
~ کارگر. the Labour Party.
~ دمکرات. the Democratic Party.
~ جمهوریخواه. the Republican Party.
حِزبی
pertaining to a (political) party.
فعالیتهای ~. party activities.
تعصب ~. party spirit. party prejudice.
حَزم، احتیاط، تصمیم. prudence. sound judgment. resolution. circumspection.
از ~ و احتیاط بدور است.
it is against prudence.
حُزمَه corymb.
حُزن (احزان pl.)، اندوه، غصه، غم.
melancholy. grief. sadness. sorrow.
حزن‌آور، حزن انگیز. melancholic.
sorrowful. sad. depressive. doleful.
depressing. dejecting. saddening.
gloomy.
حَزین، محزون، اندوهناك. sad. sorrowful.
حِسّ (حواس pl.)، احساس، ادراك، درك، حساسیت.
feeling. sense. perception. import.
faculty. sensation.
~ شنوایی. (the sense of) hearing.
~ کردن. to feel. to sense. to perceive.
بی ~. anesthetized. numb. senseless.
بی ~ کردن. to anesthetize. to paralyze. to numb. to benumb.
~ وطن‌پرستی. a sense of patriotism.
ناراحتی او را بخوبی ~ کردم.
I sensed his discomfiture well.
دستم از ~ افتاد. my hand became numb.
حساب، شمارش، محاسبه. account. count.
reckoning. score. calculation. arithmetic. number. computation.
~ هزینه را نگاهدارید.
keep an account of the expenses.
روز ~. day of reckoning.
~ بازی چیست؟
what is the score of the game?
برایم ~ (صورتحساب) مخارج رابفرست.
send me a statement of expenses.
بیحساب. countless. without limit.
~ کردن. to calculate. to count. to figure.
to compute. to reckon. (colloq.) to pay for.
غلط ~ کردن. to miscalculate. to miscount.
بحساب آوردن.
to take into account. to consider.
بحساب بردن، بحساب گذاشتن. to carry to account. to charge to one's account.
بحساب بدهکار بردن. to debit.
بحساب بستانکار بردن. to credit.
او پای‌من‌گران ~ کرد. he overcharged me.
او از ~ پرت است، او از مرحله پرت‌است.
he is out in his reckoning. he is off the track.
ازکسی ~ بردن. to have a high regard for one. to fear one.
صورتحساب. statement of account. bill.
~ سازی کردن. to falsify accounts.
ماشین ~.
calculating machine. computer.
حساب جامعه integral calculus.
حسابدار accountant. bookkeeper.
حسابداری
accountancy. accounting office.
حسابدان arithemtician.
حساب فاضله differential calculus.
حِسابگَر، محاسب، شمارشگر. computer.
accountant. arithmetician. calculator.
estimator. calculating.
حسابی، درست، معقول، منطقی، وابسته به‌حساب.
arithmetical. reasonable. logical.
reliable. respectable.
یك آشپز ~.
a regular (reliable, expert) cook.
کتك ~. a good (thorough) beating.
حسادت، رشك، حسد. jealousy. envy.
~ کردن، ~ ورزیدن، ~ بردن.
to envy. to be jealous or envious of.
او به‌ثروت دوستش ~ می‌ورزید.
he was jealous of his friend's wealth.
حسادت‌آمیز jealous. envious.
حساس، لطیف طبع، زودرنج، وخیم.
sensitive. feeling. susceptible. critical.
grave. allergic.
~ درمقابل نور. sensitive to light.
~ نسبت به درد. susceptible to pain.
بسیار ~، فوق‌العاده ~.
hypersensitive. very (overly) sensitive.
وضع او خیلی ~ (وخیم) شده.
he is in a grave situation.
جون نسبت به پنی‌سیلین حساس است.
Joan is allergic to penicillin.
حَسّاسیّت sensitiveness. susceptibility.
allergy. hypersensitivity. gravity.
~ داشتن (نسبت به‌چیزی).
to be allergic to. to be sensitive toward.
او نسبت به‌گرد وخاك ~ دارد.
she is allergic to dust.
حُسام، شمشیر، سیف. sword.
حَسَب، نسبت، مقدار، طریقه، روش. quantity.
measure. proportion. manner.
~ ونسب. descent or lineage.
بر ~، از روی، بنابر. on the basis of.
according to. in proportion to. in terms of.
رتبه را بر ~ طول خدمت میدهند. they give promotion according to the length of service.
حسب‌الامر
according to (your, his, etc.) order.
این پل ~ ملوکانه بنا شد. this bridge was made upon his Majesty's orders.
حسب‌المعمول as usual.
~ ساعت ۷ بمنزل رفت.
as usual he went home at 7 O'clock.
حسب‌الوظیفه in view of one's duty.
as duty demands.
~ اورا توقیف‌کردم. I arrested him according to my instructions (in the line of duty).
حِسبیّ nonlitigious.
حسد، رشك، حسادت. envy. jealousy.
~ بردن، ~ ورزیدن.
to be jealous of. to vie. to envy.
او حتی به‌برادر خود ~ می‌ورزید.
he even envied his own brother.
حَسرَت، تحسر، افسوس، ندامت. regret. rue.
begrudging. (colloq.) deep desire.
~ مال دیگران را خوردن.
to begrudge other's wealth.
~ بردن به to begrudge. to envy.
to vie. (colloq.) to desire deeply.
بچه بانگاهی‌پر ~ به‌شیرینی‌ها خیره‌شده بود.
the child was gazing at the cookies with desirous eyes.
بشب نشینی زندانیان برم ~ ....
I envy the evening party of prisoners....
حَسَن، نیکو. masculine proper name.
حُسن (محاسن pl.)، جمال، زیبایی، خوبی.
beauty. goodness. advantage. virtue.
آنزن از ~ صورت برخوردار است.
that woman has a beauteous face.
از ~ اتفاق.
by some lucky chance. fortunately.
همه از محاسن اخلاقی او تعریف‌کردند.
everyone extolled his moral virtues.
حَسَنات (pl. of حسنه)، کارهای نیك.
good acts. benefactions.
حسن‌اتفاق lucky coincidence.
حسن‌تعبیر euphemism.
حَسَن‌لَبَه benzoin. gum benjamin.
حَسَنَه، حسن، نیکو. good.
روابط ~. good relationships.
حسود، رشك‌بر. jealous. envious.
covetous. green-eyed.
~ هرگز نیاسود.
the envious never finds peace.
حسودانه، ازروی حسادت.
jealously. jealous. enviously.
حسودی، رشك، حسد، حسادت.
jealousy. envy. covetousness.
~ کردن. to be jealous (of). to envy.
پروین بخواهرش ~ میکند.
Parvin is jealous of her sister.
زیبائی پری ~ سایر دخترانرا برانگیخت.
Pari's beauty was the envy of all the other girls.
حِسّی، محسوس، لمس‌کردنی.
felt (by the senses). tangible. intuitive.
of the senses. sensory. sensuous.
حُسَین، نیکو. masculine proper noun.
حسینیه mosque. religious center.
حشاشین assassins. hashashin.
حشر، بستاخیز، معاشرت. association.
socializing. resurrection. doomsday.
روز ~. resurrection day.
اوباکسی ~ ندارد.
he does not associate with anyone.
حشرات (pl. of حشره).
insects. septiles. bugs.
حشره insect. reptile. bug. entomo-.
حشره‌ای، حشره مانند.
insectile. insectival.
حشره‌خوار insectivore.
entomophagous. insectivorous.
حشره‌خواران insectivora.
حشره‌شناس entomologist.
حشره‌شناسی entomology.
حَشَره‌کُش insecticide.
حشری، شهوانی. sexy. voluptuous.
lustful. oversexed. (slang) horny.
~ بودن. to be oversexed.
to be lustful. nymphomania. satyriasis.
زن ~. nymphomaniac. a lustful woman.
مرد ~. satyromaniac. a lustful man. satyr.
حَشَفَه glans penis. penis. balano-.
حشفه‌ای، قلفه‌ای. balanopreputial.
حَشَم، موکب، مال ومنال.
retinue. chattel. belongings.
حِشمَت، جلال، شکوه، ملتزمین.
modesty. prudence. retinue. pomp.
حَشو redundant word(s). redundancy.
pleonasm. marginal note.
حَشوَی marginal. redundant.
حشیش، بنگ، چرس. hashish.
حشیشةالبرق، علف تکرگی.
(bot.) Star - of - Bethlehem.
حَشیشَةالجَرَب، ماهیشا. (bot.) scabious.
حشیشةالحلب، شیرگیاه. (bot.) milkwort.
حشیشی (حشیشیون، حشاشین pl.).
addicted to the use of hashish.
حَصات، ریگ، سنگریزه. calculus. gravel.
حَصاد، درو. harvest.
حصار، نرده، دیوار، استحکامات.
corral. stockade. pen. fence. wall.
fortification. blockhouse.
~ کشیدن. to enclose with a fence.
حصاردار having stockade(s). walled.
fortified. corralled. fenced.
حَصانَت، تقویت، حفاظت، نجابت، عصمت.
fortified state. chastity.
حَصبَه typhoid fever.
حَصر، انحصاری. restriction. limit.
~ وراثت. sole inheritance, sole heirship.
گواهی ~ وراثت. probate.
حصری، انحصاری. limitative. restrictive.
exclusive.
حَصَص (pl. of حصه)، سهم‌ها، حصه‌ها.
shares. portions.
حِصن (حصون pl.)، دژ، قلعه.
fortress. castle. fortification.
~ حصین. a fortified castle.
حُصول، وصول، توفیق، کامیابی، تحصیل‌چیزی.
acquisition. attainment. reaching.
obtaining. gaining. achievement.
قابل ~. obtainable. attainable.
غیرقابل ~. unobtainable. inaccessible. unattainable.
تا ~ پیروزی‌کامل مبارزه خواهیم‌کرد.
we will fight until we gain total victory.
حِصَّه (حصص pl.)، سهم، بخش، سهمیه، قسمت.

share. part. quota. portion. allotment.
~ کردن. to divide (into shares). to apportion.
حَصیر، بوریا. mat. straw mat.
حصیرباف، بوریاباف. mat-weaver. mat-maker. woven like a mat.
حصیربافی mat-making. matting. straw-plaiting.
حصیری mat-like. rushy. of straw.
پردهٔ ~. bamboo curtain. straw curtain.
کلاه ~ straw hat.
حَصین well-fortified.
حُضّار (حاضر .pl. of)، حاضران. those present. the audience.
حضانَت، حفاظت. fostering. tutorship.
حَضَر (being at) home. presence
در سفر وحضر ~. travelling or at home.
حَضَرات (حضرت .pl. of)، جنابان. excellencies. gentlemen.
حضرت (حضرات .pl.). excellency. highness. majesty.
~ اشرف. his or your eminence. his or your excellency.
حَضَرمَوت Hadharamut.
حُضور، خدمت، پیشگاه، آستان، آمادگی. presence. attendance. appearance.
~ ذهن. presence of mind.
~ داشتن، حضور بهم رساندن، حضوریافتن. to be present. to attend. to come.
آنها هم در جلسه ~داشتند. they too were present in the meeting.
امروز اودرکلاس ~ نیافت. today he did not attend the class.
میخواهم ایشانرا حضورتان معرفی کنم. I wish to introduce him (them) to you.
حضوراً in (your, etc.) presence. verbally. personally.
حضوری performed in one's presence. verbal.
حضیض nadir. perigee. abyss.
در ~ ذلت. in the nadir of wretchedness.
حُطام، جیفهٔ دنیا، مال‌دنیا. vanities of the world. mammon.
حَطَب، هیزم. firewood. fuel. log.
حظ، لذت، کیف. delight. enjoyment. pleasure. delectation.
~ بردن، ~کردن. to derive great pleasure from. to enjoy. to like very much.
ازدیدن نوه‌های خود~کردم. I was greatly pleased to see my grandchildren.
حَفّار، حفرکننده، کاونده، کاوشگر. digger. excavator. driller. canal.
حفاری، کاوندگی، کاوشگری، کندن. digging. excavation. drilling. boring.
ماشین ~ excavating machine.
~ کردن. to dig. to excavate.
حِفاظ، پناه. fence. protection. shelter. rampart.
حِفاظَت، نگهداری، نگاهداری، محافظت. guard(ing). protection. safeguarding. shielding. preserving. custody.
~کردن. to guard. to safeguard. to retain. to hold. to protect. to shield.
ده سرباز از خانهٔ او ~ میکنند. Ten soldiers guard his house.
برای ~ از مرزهای کشور.... in order to safeguard the frontiers of the country...
این عایق خانه را در مقابل سرما ~ میکند. this insolation will protect (shield) the house against the cold.
باید از منابع طبیعی کشورمان~کنیم. we must preserve our country's natural resources.
حفاظی protective. having to do with a shelter or insolation.
حَفر (حفریات .pl.)، کندن، کاویدن، کاوش. digging. excavation. drilling.
~ کردن، کندن. to dig. to excavate. to drill.
باستانشناسان هنوز در تپه سیلک مشغول‌حفاری [illegible]. archeologists are still conducting excavations on Sialk mound.
تصمیم گرفته‌اند چندین چاه نفت ~ کنند. they have decided to drill several oil wells.
حُفره، گودال، سوراخ. pit. ditch. socket. fossa. cavity. hole. vacuole, vacancy.
حُفره‌ای vacuolate. pertaining to a pit or cavity.
حَفریّات (حفر .pl. of)، حفاری، کاوش گری‌ها. excavations. diggings. digs.
حفظ، نگاهداری. protection. preservation. immunization. safeguarding. defending. sheltering. custody. care. guarding. memory. memorizing.
~ از سرما. protection from the cold.
~ جنگل. forest preservation.
~ منافع مردم. safeguarding the interests of the people.
من این اشعار را از~ هستم. I know these poems by heart.
~کردن. to protect. to preserve. to guard. to safeguard. to keep. to retain. to memorize. to learn by heart.
نیروی دریائی آنها کشورشانرا از حملهٔ دشمن ~ کرد. their navy protected their country against an enemy attack.
برای ~ گوشت بایدآنرامنجمدکرد. in order to preserve meat, one must freeze it.
درس خود را ~کن. memorize your lesson.
خدا ترا ~کند ای جوان. Oh youth, may God keep you.
با وجودکهولت‌هنوزنشاط خود را~کرده‌است. despite his old age, he still retains his joviality.
حِفظُ‌الصِحَّه، بهداشت. hygiene. sanitation. health.
حفظی، ازبر، ازبرکردنی، ازحفظ. by heart. memory work. by rote.
حَفید، نوه، نواده. grandchild.
حَقّ (حقوق .pl.)، سزا، مالکیت، درست، قانونی، خدا، راستی، حقیقت. right. privilege. prerogative. title. fee. share. duty. moral obligation. truth. God.
~ داشتن. to be in the right. to be justified. to have the right to.
شما ~ ندارید وارد این اتاق بشوید. you have no right to enter this room.
دعاوی~(حقه) legitimate or rightful claims.
~ تقدم. priority. right of way.
~ چاپ. copyright.
~ رأی. right to vote. suffrage.
~ رد. veto.
~ با شماست، شما ~ دارید. you are right. you are in the right.
او ~ بگردن شما دارد. you are indebted to him.
~ دادن به. to consider rightful. to justify. to entitle.
~ دوستی را بجای‌آورد. he did what friendship requires.
~ وحساب، رشوه. bribe. bribery.
پا روی ~گذاشتن. to deny the facts. to turn away from justice. to be unfair.
از ~ نگذریم کارخوبی کرد. justly speaking, he did the right thing.
چه‌کسی بشما ~ داده است که.... who has given you the right to....
حَقّا justly. rightfully. really.
شما ~ زحمت‌کشیدید. you really worked hard.
حقارت، تحقیر، کوچکی. abjectness. humbleness. lowliness. contempt. contemptuousness. disdain. scorn. derision. inferiority.
بچشم ~ نگریستن. to regard with contempt. to despise.
عقدهٔ ~. inferiority complex.
حَقُّ‌الاَرض landright. demurrage.
حق‌الامتیاز، پذیره. royalty.
حَقُّ‌التّألیف author's fee or royalty.
حق‌الترجمه royalty. translation fee.
حَقُّ‌التّعلیم tuition fee.
حَقُّ‌الثّبت registration fee.
حَقُّ‌الزَّحمَه، دستمزد، پایمزد. fees. remuneration. compensation.
حق‌السکوت hush money.
حَقُّ‌العُبور passage (money). transit duty or fee.
حَقُّ‌العَمَل، کارمزد. commission. fee.
حق‌العمل‌کار commission agent. factor.
حق‌العمل‌کاری commission. factorage.
حَقُّ‌القَدَم، پایمزد. doctor's fee. honorarium.
حَقُّ‌الله what is due God. sin against God.
حَقُّ‌النّاس what is due to men.
حق‌الورود، ورودیه. admission fee.
حَقُّ‌الوَکالَه lawyer's fee. honorarium.
حقانی، برحق، درست. true. rightful.
حقانیت، درستی، راستی، مشروعیت. truth. rightfulness. legitimacy.
حقایق (حقیقت .pl. of)، راستی‌ها، واقعیت‌ها. truths. verities. realities.
حق بجانب pretending to be in the right. specious. plausible. pitiable.
~ شماست. you are right.
حق‌بین، عادل، منصف. just. fair.
حق‌بینی justice. equity. fairness.
حق‌پرست، خداپرست. godly. worshipper of God. truth loving.
حَقّ‌تَعالیٰ the (most high) God.
حِقد، کینه. hatred. animus.
حقدار، ذیحق، محق. rightful (person). entitled (party). (one) who has a right.
حق به ~ میرسد. in the long run right will out.
حق‌شناس، سپاسگزار، خداشناس. grateful. godly. knowing God or truth.
حق‌شناسی، سپاسگزاری، خداشناسی. gratitude. godliness. gratefulness.
حق‌کشی، روش ظالمانه، تبعیض. injustice. partiality. prejudice.
حَقّ‌گُذار just. righteous.
حق‌گذاری administration of justice. righteousness.
حق‌گو، راستگو، بیطرف، بیغرض، منصف. veracious. just. impartial. truthful.
حق‌گوئی، راستگوئی، بیغرضی، انصاف. veracity. impartial judgment. truthfulness. telling the truth. frankness.
حق‌ناشناس، ناسپاس. ungrateful. ingrate. unappreciative. thankless.
حق‌ناشناسی ungratefulness. ingratitude.
حُقنه، اماله. enema. injection. clyster.
حَقّ‌نیوش listening to the truth.
حُقوق (حق .pl. of)، امتیازات، دعاوی، طلب‌ها، مواجب، مزد، شهریه، ماهیانه، مطالبات، عوارض. rights. privileges. fees. prerogatives. duties. dues. law. salary. pay. stipend.
متجاوز بحقوق مردم. trespassing the rights of the people.
~ آموزگار. the teacher's salary.
~ (عوارض) گمرکی. customs duties.
علم ~. law.
دانشکدهٔ ~. college of (school of) law.
~ بین‌الملل. international law.
~ ماهیانهٔ او ده هزار ریال است. his salary (pay, stipend) is Rls. 10000 per month.
اضافه ~. pay raise. salary increase.
روز پرداخت ~. pay day.
حقوق بگیر، مواجب بگیر. salaried. stipendiary.
حقوقدان lawyer. jurist. legal expert.
حقوقی legal. civil. legality.
از نظر ~. from a legal point of view.
شخصیت ~ . legal entity.
حَقّه (حق .fem. of)، برحق، حق. rightful. justified.
حقوق ~ . rightful (legal) claims.
حُقّه، جعبهٔ کوچک، حقه‌بازی، فریب، شعبده، بامبول، کلک. small box. trick. trickery. jugglery. cheating. humbug. hoax.
حقهٔ وافور. bowl of opium smokers' pipe.
~ سوارکردن، ~ زدن. to trick. to hoax. to play a trick (trickery).
حقه‌های اوکارگر افتاد. his jugglery (humbug, cheating) worked.
آدم ~. tricky person.
بکسی ~ زدن. to play a trick upon someone. to cheat or hoax someone.
حقه‌باز، شعبده‌باز، نیرنگ باز. juggler. impostor. trickster. cheat.
حقه‌بازی، شعبده، نیرنگ. jugglery. hocus-pocus. trickery. hoaxing. swindling. defrauding. cheating.
~کردن. to hoax. to cheat. to juggle. to play tricks. to manipulate. to trick.
حَقیر، کوچک، ناچیز، مخلص. humble. modest. lowly. small. abject.
~، بنده، مخلص. your humble servant.
~ شمردن. to regard as humble or lowly. to despise. to hold in contempt.
حَقیقَت (حقایق .pl.)، راستی، خدا، واقعیت. truth. reality. fact. actuality. verity.
در ~. in fact. indeed. in truth. in sooth.
عاری از ~. false. unfounded. untrue. devoid of truth.
حقیقةً، حقیقتاً. truly. really. in truth.
حقیقی، واقعی، درست، راستین. real. true. factual. sincere. actual. veracious.

یك داستان ~. a real story.
یك دوست ~. a true friend.

حَكّ
engraving. to carve into. deletion.
اسم او بر این صفحهٔ فلزی ~ شده است.
his name is engraved on this metal plate.

حك كردن، پاك كردن، كندن. to engrave. to carve into. to erase. to obliterate.

حَكّاك، گراورساز، مهرساز.
polisher of gems. engraver.

حكاكی engraving. polishing of jewels. etching.
~ كردن. to engrave. to carve into.

حُكّام (pl. of حاكم) حاكمان. governors.

حكايات (pl. of حكايت). stories. tales.

حِكايَت، داستان، قصه، بيان.
story. anecdote. narrative. (slang) yarn. account. tale. saga. parable.
~ كردن. to narrate. to tell (a story).
to relate. to recount. to recite. to story.
~ گفتن، ~ كردن. to tell (a story).
او داستان خود را ~ كرد.
he related (told) his story.
رويدادی را ~ كردن. to recount an event.
~ ميكنندكه... it is said that...

حكايت نويس
anecdotist. writer of stories.

حُكم (pl. احكام)، فرمان، امريه، دستور. order.
command(ment). sentence. decree. ukase. judgement. verdict. axiom. theorem.
~ صادر كردن. to issue an order or command. to pass a verdict. to sentence.
~ اعدام. death sentence.
~ كردن. to issue an order. to enjoin.
to charge. to pass a judgment. to command or order. to judge.
حاكم شهر ~ كرد كه جمعه‌ها مغازه‌ها بسته باشد.
the governor of the city ordered that all shops be closed on Fridays.
~ جلب. subpoena.

حَكَم، داور. arbitrator. arbiter. umpire.
~ قرار دادن.
to choose as judge or arbitrator.

حِكَم (pl. of حكمت)، پندها، اندرزها.
maxims. wise sayings. bon mots.

حُكماً، يقيناً، قطعاً.
by all means. definitely. without fail. certainly. peremptorily.

حُكَما (pl. of حكيم)، دانشمندان، علما.
sages. wise men. savants.

حُكم‌اَنداز marksman. sharpshooter.

حِكمَت (pl. حكم)، فلسفه، دانش، معرفت، پند، اندرز، طبابت.
wisdom. philosophy. metaphysics. wise saying. maxim. bon mot. motto. medical practice. mystery.
~ ابيقور. Epicurean philosophy.
~ افلاطون.
philosophy of the academy. Platonism.
~ الهی. theology.

حكمت‌آميز wise.

حُكمران، فرماندار. ruler. governor.

حُكمرانی، فرمانروائی، حكومت.
rule. governorship.
~ كردن. to rule. to govern.
بر ملتی ~ كردن.
to govern (or rule over) a nation.

حكم فرما، فرمانروا، مستولی، غالب، مسلط.
ruling. dominant. prevailing.

حُكمی based on an order.
peremptory. incorporeal. axiomatic.

حَكَميَّت، داوری، قضاوت.
arbitration. mediation. judgment.

حُكومَت، دولت، فرمانروائی، قلمرو حاكم.
government. rule. governorship. small province. rulership.
~ كردن.
to govern. to rule. to reign. to master.
براميال خود ~ كردن.
to rule one's desires.
در دوران ~ (سلطنت) نادرشاه.
during the reign of Nader Shah.

حكومت نشين، فرمانداری.
governor's seat.

حِكَّه، خارش.
itching. prurigo. prurience.

حَكيم (pl. حكما)، دانشمند، فيلسوف.
sage. wise man. philosopher. doctor. physician. theologian. savant. pundit.
~ الهی. theologian.

حكيمانه wisely. philosophically. wise.

حكيم‌باشی head physician.

حكيم‌فرموده prescribed by a physician. most essential. mandatory.

حَلّ، ذوب، تجزيه، آبگونه سازی، تحليل.
dissolving. solution. melting. analysis. solving. dissolution. liquefaction.
~ شدن. to dissolve. to be solved.
~ پذير. miscible. dissoluble. soluble. liquefiable.
~ كردن. to dissolve. to melt. to solve. to liquefy.
شكر در آبگونه ~ ميشود.
sugar dissolves in liquid.
موم را ~ كردن. to melt wax.
مسئله‌ای را ~ كردن. to solve a problem.
راه ~. solution, way out of a difficulty.
پيدا كردن راه ~ اين مسئله آسان است.
to find the solution for this problem is easy.
آن دو برادر اختلافات خود را ~ كردند.
those two brothers resolved (settled) their disagreements.

حِل، بخشش، بحل كردن، هليدن.
absolution. pardon. lawful thing.

حَلّاج، پنبه زن.
cotton beater. cotton carder.

حلاجی، پنبه‌زنی، مطالعهٔ دقيق، تحليل و تجزيه.
cotton beating. carding. considering. analyzing. ginning.
~ كردن. to beat cotton. to card. to gin.
to consider carefully. to study. to analyze.
پنبه را ~ كردن. to beat (card) cotton.
مسئله‌ای را كاملاً ~ كردن.
to consider some problem carefully.

حَلال، مشروع، مجاز، روا، جايز. lawful.
legitimate. ceremonially clean. legal. permissible.
در اسلام گوشت بره ~ است.
lamb meat is lawful in Islam.

حَلّال، حل‌كننده، آبگونه‌ساز.
solvent. dissolvent. dissolver. resolver. solver. thinner.
~ مشكلات. solver (remover) of difficulties.

حلال‌زاده legitimate (child).

حَلّ‌المَسائِل key to solutions.

حلال‌وار، مشروع. lawfully. licitly.

حَلاوَت، شيرينی، شهد. sweetness. flavo(u)r.
delight. sugariness. saccharinity. nectar. mellifluence.

حَلَب، قوطی، حلبی. tin. (geog.) Aleppo.
نفت ~. packed or tinned oil.
يك ~ نفت. one tin of kerosene.
~ سربی. tin plate.

حَلَب، شير. milk.

حلب‌پركن tin-filler.

حلبی، حلب. tin-plate. tin. made of tin.
قوطی ~. tin can.

حلبی‌ساز tinsmith. tinsman.

حلبی‌سازی manufacture of tin-plates or of tins.

حَلَزون، راب. snail. slug. cochlea.
~ گوش. cochlea.
~ بی‌صدف، راب. slug.

حلزونی
spiral. limacine. cochleate. cochlear.
منحنی ~. helix.

حل‌شدنی dissolvable. solvable.

حَلق، گلو، مجرا. throat. pharynx.
gullet. gorge. windpipe.
از ~، حلقی. guttural(ly).

حلق‌بين pharyngoscope.

حلق‌بينی pharyngoscopy.

حُلقوم، حلق. throat. pharynx.

حَلقَوی، حلقه‌مانند، گرد، دايره‌وار. annular.
ring-shaped. circular. annelid. cyclic.

حَلقَه، دايره، گروه، اجتماع. ring. round.
coil. ringlet. loop. link. circle (of men). assembly. (bot.) whorl. (z.) segment.
(انگشتر) حلقهٔ عروسی. wedding ring.
حلقهٔ گل. wreath.
~ زدن، ~ بستن. to form a ring. to circle.
to curl. to stand in a circle. to coil.
~ كردن. to form into a ringlet or ring.
to wreathe. to loop.

حلقه‌ای، حلقوی. in the form of a ring.
annular. spiral. orbicular.

حلقه بگوش bondman. slave.

حلقه‌حلقه، حلقه‌دار، حلقوی. annulated.
annular. segmentary. ringed. coiled.

حلقه‌دار ringed. annulated.

حلقه‌وار like a ring.
orbicularly. ring-shaped. annular.

حَلقی guttural. pharyngeal.
حروف ~ guttural letters.

حِلم، بردباری. meekness. forbearance.

حلمی mastoid. meek.

حلوا، حلوی. sweetmeat or sweet paste.
حلوای قدرت. manna.

حلواماهی، ماهی‌حلوا. (z.) sole. pomfret.

حلوائی، حلوافروش، حلواساز، شيرين‌ورسيده.
seller of sweet pastes. confectioner. pappy. very soft or ripe.

حُلول، تراوش، رسوخ، نفوذ، تناسخ.
penetration. descent. coming. approach. transmigration. permeating. infilteration. osmosis. metempsychosis.
~ كردن. to penetrate. to enter into.
to approach. to transmigrate.
روح شيطان در او ~ كرده است.
he is possessed by the Devil.

حلول‌پذير penetrable.

حلول ناپذير impenetrable.

حَلَويات (pl. of حلوی)، شيرينی‌ها.
sweets. sweet pastes.

حُلَّه
robe. priestly vestment. (geog.) Hilla.

حِلّيَت، بخشش خواهی. pardon. leave.

حَليم، بردبار، فروتن. meek. forbearing.

حليم، هليم. porridge made of wheat and meat.

حِليَه، آرايش، زينت.
ornament. external appearance.

حما، حمی، تب. fever.

حِمار، خر، الاغ. donkey. ass.

حِماری (حماريه). asininity. asinine.

حَماسَه epic poem. epopee. epopoeia.

حماسه‌سرای writer of epics. epic poet.

حماسی epic. epical. heroic.
رستم يكی از قهرمانان ~ شاهنامه است.
Rustam is one of Shahnameh's epical heroes.
فردوسی شاعر ~ ايران.
Ferdowsi, Iran's epic poet.

حَماقَت، نادانی، بلاهت. stupidity. fatuity.
asininity. silliness. foolishness. witlessness. folly.
~ كردن. to act stupidly.
~ نكن! don't be a fool!

حماقت آميز silly. asinine. stupid.

حَمّال، باربر، حامل. carrier. porter.
drudge. coolie. girder. pole plate.
~ مفت بودن. to be a fagger (drudge).

حمالی، باربری.
porterage. carrying weights.
~ كردن. to be a porter. to carry loads. to drudge or fag.

حَمّام، گرمابه. bath. Turkish bath. hot bath.
وان ~. bathtub.
كيسه‌كش ~.
balneator. rubber in a bath.
~ كردن، استحمام كردن. to take a bath.

حمامی bath-keeper. balneal.

حِمايَت، نگهداری. protection. support.
~ كردن. to protect. to support. to side with. to back (up). to patronize.
~ شدن.
to be supported. to be backed up.
او هميشه از ضعفا ~ ميكند.
he always takes the side of the poor.

حَمايِل
shoulder belt. sword belt. baldrick.
~ كردن. to port. to hold.
to carry about diagonally.

حمايل‌فنگ shoulder arms.

حَمّائی، تبی، ناشی از تب.
febrile. feverish.

حَمد، نيايش، ستايش.
praise. eulogy. glorification. lauding. panegyric. extolling.
~ كردن. to praise. to extoll.
to glorify. to eulogize.

حَمراء (fem. of احمر)، قرمز. red.

حُمرَه، سرخی. redness.

حَمزَه masculine proper name.

حُمق، نادانی، حماقت، بلاهت.
foolishness. folly. stupidity.

حُمَقاء (pl. of احمق)، نادانان.
the simpletons. the fools.

حمل، ترابری. carrying. transport.
conveyance. shipping. forwarding. transportation. shipment. despatch.
~ كردن. to carry. to ship. to transport.
to forward. to consign. to convey.
كالا ~ كردن. to carry (forward) goods.
مسافر ~ كردن. to transport passengers.
وضع ~ كردن. to deliver a child.

حَمَل، بره. lamb. ram.
برج ~. **the Aries.**
حَمل وَنَقل، حمل، ترابری. transportation. conveyance. carrying.
~ کردن. **to transport. to convey. to carry. to freight.**
حَمله (حملات .pl)، یورش، تك،شبیخون. attack. rush. assault. assailing. onslaught. charge.
~کردن. **to attack. to assail.**
to assault. to beset. to storm. to charge.
حملهٔ شبانه، شبیخون. **night attack.**
دشمنان~ کردند. **the enemies made an assault.**
دشمنان قصد دارند بشهر~کنند. **enemies intend to assail the city.**
سربازان ما حملهٔ دشمن را پس‌زدند. **our soldiers beat back the enemy attack.**
حملهٔ قلبی. **heart attack.**
حمله‌دار courier.
حمله‌ور، روی‌آور. attacking. assaulting.
بر کسی ~ شدن. **to make an attack on someone.**
حُمُوضَت، ترشی، گسی. acidity.
حُمّی، تب، حماء. fever.
حَمیّت، غیرت، حرارت. ardo(u)r. enthusiasm. zeal. mettle. fervency.
بی~. **lacking in zeal or ardo(u)r.**
حمید، ستوده (.fem حمیده). praiseworthy.
حَنا henna. Egyptian privet.
~ بستن. **to dye oneself with henna.**
دست کسی را در~گذاشتن. **to involve one in difficulties.**
گل ~. **(bot.) garden balsam.**
حَنّان، بخشنده. compassionate. merciful.
حنایان (bot.) lythraceae.
حنائی russet. fawn. dyed with henna.
حَنجَره، گلوگاه. larynx. voice.
حنجره‌ای laryngeal.
حنجری laryngeal.
حَنظَل (bot.) colocynth.
حَنَك، کام. palate.
حنکی، کامی. palatal.
حَنُوط embalmment.
~کردن. **to embalm.**
حَنیف، درست، برحق. orthodox (Moslem).
حَوّا Eve.
آدم و~. **Adam and Eve.**
حَواجب (.pl. of حاجب)، ابروها، پرده‌ها. eyebrows. curtains. doorkeepers.
حَوادث (.pl. of حادثه)، وقایع، رویدادها. events. happenings. occurances. accidents. incidents. calamities.
حَوّاری (حواریون .pl)، رسول، پیرو. disciple. apostle.
حَواس (.pl. of حاسه)، حس‌ها. senses. moods. humour. spirits.
~ پنجگانه. **the five (external) senses.**
~ ندارم. **I am not in the mood. I am scatterbrained.**
حواسش پرت است. **he is absent-minded.**
~ خود را جمع کن. **focus your attention. collect your wits. concentrate!**
حواس‌پرت absentminded. distracted. distrait. scatterbrained. abstracted.
حواس‌پرتی absentmindedness. distraction. being scatterbrained or distrait.

حَواشی (.pl. of حاشیه)، اطراف. margins. marginal notes.
حَواصِل، حواصیل، ماهیخوار. heron.
حَوالَت، حواله، واگذاری. leaving (an affair to another's care).
حَوالجات (.pl. of حواله)، براتها، حواله‌ها. bills. bills of exchange. money orders.
حَوالَه (حوالجات .pl)، برات، واگذاری، انتقال. draft. transfer. order. bill. money order. check. cheque. assignment.
~کردن. **to refer to. to draft. to transfer.**
بیابانك [illegible] **to draft on a bank**
صد ریال به ~کرد او بپردازید. **pay Rials 100 to his order.**
حواله‌اش باخدا. **I refer him (for judgement) to God.**
حَوالی، اطراف، جوانب، همسایگی. environs. neighbourhood. suburbs. vicinity.
حَوائِج (.pl. of حاجت)، نیازها. needs. necessities. requirements.
حُوت large fish. Pisces.
حُور، حوری. houris of paradise. a houri or nymph (of paradise).
حَوزَه، قلمرو، مقر، اجتماع. area. domain. realm. extent. range. pale. territory.
این از ~ اختیارات شما خارج است. **this is beyond the area (pale) of your authority.**
حوزهٔ انتخابیه. **constituency.**
حَوصَلَه، صبر، شکیبائی. patience. forbearance. leniency.
~ کردن. **to have the patience for. to forbear.**
امروز حوصلهٔ حرف‌زدن با او راندارم. **today I am not in the mood to talk with him.**
با ~ ، حوصله‌دار. **patient. forbearing.**
بی~. **impatient. out of sorts. in a bad mood.**
حوصله‌اش‌سررفت. **he got bored or impatient.**
حُوض، آب انبار، استخر، آبدان، حوضخانه. tank. pond. pool. basin. aquarium.
حوض تعمیرگاه، حوضچهٔ تعمیر. dock.
حَوض‌چه little pool. small basin.
حَوضَه، بستررود. (river) basin.
حول، قوه. power. might.
حَوَل، دوبینی، لوچی، احولی. strabismus. being cross-eyed.
حَول و حَوش suburbs. environs. outskirts. surroundings.
حَوله، هوله. towel.
صورت خود را با این حوله خشك کن. **dry your face with this towel.**
حُومَه، حوالی، اطراف. suburbs. outskirts.
زیست کننده‌درحومهٔ‌شهر. **suburbanite.**
حَیّ (احیاء .pl)، زنده. alive. living. ready. available.
~وحاضر. **ready. available. handy.**
حَیا، شرم، آزرم. pudency. modesty. humility. bashfulness. coyness.
با ~. **modest. decent. bashful. demure. coy.**
بی ~. **immodest. indecent. brazen. impudent.**
حَیات، زندگی، عمر. life. lifetime.
~ داشتن، در قیدحیات بودن. **to be living.**
حیاتی، مهم. vital. of greatest importance. crucial.
موضوع ~ ومماتی. **a matter of life and death.**

حِیازَت possession.
حِیاط (.pl. of حائط)، محوطه. courtyard. compound.
حیاط‌خلوت backyard. backcourt.
حَیث، بابت. respect. regard.
از ~. **with respect to. in regard to.**
ازاین ~. **in this respect. concerning this.**
از هر~. **in every respect. completely.**
حَیثیّت، اعتبار، احترام. prestige. respect. reputation.
~ ما در خطر است. **our prestige (reputation) is endangered.**
با ~ **prestigeous. respectable.**
حَیدَر، شیر. masculine proper name. lion.
حَیران، در شگفت، شگفت، متحیر ، پریشان. perplexed. amazed. astonished. nonplused. astounded. bewildered. puzzled. flabbergasted.
~شدن. **to become perplexed or nonplused.**
~ وسرگردان. **perplexed and wandering.**
حیرت، تحیر. perplexity. amazement. puzzlement. confusion. bewilderment.
~کردن، ~زده شدن. **to be perplexed or nonplused. to be amazed or puzzled.**
~ او بیرون از توصیف‌بود. **his astonishment (amazment) was beyond description.**
اوکاملاً از آنچه رویداده بود~کرد. **he was in complete bewilderment as to what had taken place.**
حیرت‌انگیز، شگفت‌آور. puzzling. perplexing. bewildering. wonderful. astonishing. astounding. stunning.
حیرت‌زده perplexed. stupefied.
حَیِّز، حدود، میدان، محدوده، فضا، حیطه. extension. limit. reach. scope. space.
از~امکان‌بیرون‌است. **it is beyond the scope of possibility. it is impossible.**
حَیص وَبَیص، بی‌تکلیفی، میانه، حین. dilemma. confusion. perplexity. while. meanwhile.
حَیض، قاعدهٔ زنانگی. menstruation.
~ شدن، قاعده شدن. **to menstruate. to have one's period.**
حیطه، محوطه، میدان، فضا. reach. compass. domain. scope. enclosure.
به حیطهٔ تصرف درآوردن. **to take possession of.**
حیف، افسوس، اتلاف، تلف. compassion. what a pity!
~ ومیل‌کردن. **to waste and steal. to embezzle.**
~که هوا سرد است والامیرفتیم‌گردش. **too bad it is cold otherwise we would go for a walk.**
~که زودتر اینجا نرسیدی. **what a pity that you didn't get here sooner.**
حَیفا (geog.) Haifa.
حیل (.pl. of حیله) tricks. deceits.
حیله (حیل .pl)، مکر، حقه، فریب. ruse. stratagem. cunning. trick. deceit.
~کردن، ~زدن. **to trick. to deceive. to resort to a stratagem.**
آدم ~گر. **a man of deceit. a tricky man.**
مرتکب ~ شدن. **to trick. to commit a fraud.**

حیله‌باز، حیله‌گر، حقه‌باز، روباه صفت. tricky. cunning. artful. deceptive.
حیله‌بازی trickery. craft.
~کردن. **to resort to trickery or ruse. to trick.**
حین (احیان .pl)، لحظه. time. moment. at the time of. during.
در ~ خواب. **during sleep.**
حَیَوان (حیوانات .pl)، جانور، دد، جاندار. animal. beast. creature. life. brute. zo-.
حیوان صفتی، ددخوئی. bestiality. beastliness. animality.
حیوانی animal. brutal. bestial. beastly.
غذای ~. **animal food.**
غرائز ~. **animal instincts.**
جغرافیای ~. **zoogeography.**
حَیَوانیّت، ددخوئی، جانوری، وحشیگری . animal nature. brutality. animalism.
حَیوة، حیات. life.
حَیَّه (حیات .pl)، حی، زنده، مار، کرمك. living. serpent. snake. pinworm.

خ Ninth letter of the Persian alphabet corresponding to "kh" in the German word «nacht».

خا، خای (خائیدن i. r. of)، بجو، جونده.
chew thou. chewer. babbler. chewing (in combs. as in: ژاژخای).

خاتَم، مهر، خاتم‌کاری، پایان‌دهنده، نهائی، آخری.
signet. seal. inlaid work. the last. final. finisher. terminator.

~ انبیاء. **the last of the prophets. the final prophet.**

خاتم‌کار، خاتم‌ساز. inlayer.

خاتم‌کاری، خاتم‌سازی.
inlaid work. incrustation.

~ کردن. **to incrust. to encrust. to inlay with mosaic.**

خاتِمَه (خواتیم .pl)، پایان، فرجام، پایان‌رسانی.
end. cnoclusion. finis. adjournment. termination. finale. finish!

~ دادن، پایان دادن. **to end. to finish. to put to an end. to conclude. to bring to an end. to terminate. to complete. to adjourn. to settle. to curtail.**

~ یافتن. **to end. te be all over. to expire. to cease. to come to a close. to complete. to be concluded. to be settled.**

در ~، خاتمتاً. **in conclusion. finally. in the end.**

برگ‌خاتمهٔ‌خدمت. **(military) discharge paper.**

خاتِن، ختنه‌کننده. circumciser.

خاتون (خواتین .pl)، بانو. (noble) lady. matron.

خاج، چلیپا، صلیب. cross. crucifix. club.

خاجدیس cruciform. cruciate.

خاج‌شویان epiphany. baptism of the cross.

خاجی cross-shaped. cruciform. crucial. cruciate.

استخوان ~. **sacrum.**

خاخام، ربی. rabbi. wise (man).

خادِم (خدام .pl)، نوکر، خدمتگذار، خادمه. servant. servitor. server.

خار، تیغ. thistle. thorn. bristle. barb.

او موهایش را ~ کرد. **she made her hair neat and tidy.**

بتهٔ ~. **bramble. teasel.**

گل بی ~ نیست. **there is no rose without a thorn.**

خار (خاریدن i. r. of)، بخار، بخاران.
scratch.

خارا، سنگ خارا. granite. moire.

خاراگوش common wormwood.

خاراندن (خاران .imp)، خارانیدن.
to scratch. to scrape.

پشتم میخارد، آنرا بخاران. **my back itches, scratch it.**

کارم آنقدر زیاد است که حتی فرصت سر ~ ندارم. **I am so busy that I don't even have time to scratch my head.**

خارایش granitization.

خارایی، سختی. granitic. of granite.

خاربست hedge of thorns.

خاربُن bramble. heather.

خارپشت (z.) porcupine. hedgehog.

خارپوست echinodermatous.

خارپوستان echinodermata.

خارتنان kinorhyncha.

خارتوت (bot.) (spiny) gooseberry.

خارِج، بیرون، برون، خارجه.
out. outside. abroad. foreign destination. away. exterior part. outdoor(s).

~ از. **out of. outside of.**

~ خانه. **outside the house.**

او تازه از ~ (کشور) آمده. **he has recently come from abroad.**

او بخارج کشور میرود. **he goes to a foreign country. he goes abroad.**

از ~. **from outside. from abroad.**

او در ~ خانه منتظر است. **he is waiting outside the house.**

~ شدن، بیرون رفتن. **to go (get) out. to leave. to exit.**

~ کردن. **to send out. to discharge. to dismiss. to expel. to emit. to kick out. to fire.**

~ از موضوع. **not to the point. irrelevant.**

~ ازنزاکت. **indecent. indecorous. unseemly.**

او از اتاق ~ شد. **he went out of the room.**

~ از قاعده. **irregular.**

~ قسمت، بهر. **quotient.**

~ از اوقات اداری. **after office hours.**

داخل و ~. **in and out. inside and outside.**

ساخت ~ (خارجه). **foreign made.**

خارِجَه (خارج fem. of)، بیگانه. abroad. foreign. foreign destination.

وزیر امور ~. **Secretary of State. Minister of Foreign Affairs. Foreign Secretary.**

در ~. **abroad. in foreign countries.**

او ۱۴ سال در ~ تحصیل کرده است. **he has studied abroad for fourteen years.**

خارجی، بیرونی، بیگانه. external. outer. exterior. foreigner. outsider. stranger. alien.

سطح ~. **outer layer or surface.**

او با ~ها رفت و آمد دارد. **he socializes with foreigners.**

او زن ~ دارد. **he has a foreign wife.**

خارخار bristly. thorny.

خارخَسَک (bot.) star thistle. caltrop.

خاردار thorny. prickly. spinous. barbed.

سیم ~. **barbed wire.**

خارداران echinoidea.

خارسران acanthocephala.

خارِش، خاریدن، غلغلک. itching. mange. tickling. scratching. prickling. itch. pruritus.

~ کردن. **to itch. to tickle. to prickle. to scratch.**

پشتش ~ میکند. **his back is itching.**

خارِقُ‌العادَه extraordinary. unusual.

خارکَن one who digs up prickly bushes. thorn picker.

خارگ Kharg Island in the Persian Gulf.

خارماهی swordfish.

خارَه، خارا. granite. rock. popula.

خاریدن (خار .i.r)، خارش داشتن. to itch. to scratch.

سرم میخارد. **my head itches.**

یارو دنده‌اش میخارد. **he is looking for trouble. something is wrong with him.**

خازِن، ذخیره‌کننده، خزانه‌دار. condenser. capacitor. accumulator. treasurer.

خاستگاه، مبدأ. origin. source.

خاستن (خیز .i.r)، برخاستن. to rise. to stand up.

خاسته risen (in combs. as in: نوخاسته، برخاسته).

خاشاك motes. chips. sweeping. straws. stalks.

خاشِع، خاضع، فروتن. humble.

خاص، ویژه، مخصوص، اختصاصی. special. particular. private. proper. subaltern. sacred. consecrated. specific. personal. exclusive. peculiar.

~ وعام. **everyone. individuals and groups.**

~ کردن، اختصاصی کردن. **to consecrate. to sanctify. to hallow. to devote.**

شرکت ~. **private company.**

خاصِرَه، آبگاه، تهیگاه. flank. hypocondrium.

لگن ~. **plevis.**

خاصَّه (خاص fem. of)، بویژه، مخصوصاً. especially. specially. in particular. particularly.

خاصیَّت (خصائص .pl)، سودمندی. virtue. property. use(fulness). quality. function.

~ داشتن. **to have a virtue or usefulness. to have a special potency or medicinal quality.**

این دوا چندین ~ دارد. **this drug has several virtues.**

خاضِع، فروتن. humble.

خاطِر mind. heart. memory. sake. behalf.

برای ~ شما. **for your sake. for you.**

~ شما آسوده باشد. **you may rest assured.**

بخاطر آوردن. **to remember. to call to mind.**

چیزی را بخاطر کسی آوردن. **to remind someone of a thing.**

بخاطر داشتن. **to remember. to have (or bear) in mind. to recall.**

بخاطرم رسید، بخاطرم آمد. **it occurred to me. it dawned on me. I remembered.**

~ کسی را خواستن. **to be fond of (or love) someone.**

~ عالی مستحضر است. **you are aware.**

باطیب ~. **willingly.**

خاطرم جمع است. **I am sure or confident.**

اگر بخاطر شما نبود امروز نمی‌آمدم اداره. **if it were not for you, I would not have come to the office today.**

بخاطر کمك بآنها. **in order to help them.**

خاطرات (خاطره .pl. of)، خاطره‌ها. memoirs. memories. reminiscences.

دفتر ~. **diary.**

او ~ خود را در دوجلد منتشر کرد. **he published his own memoirs in two volumes.**

~ جوانی. **memories of youth.**

خاطرجمع، مطمئن، آرام، آسوده. sure. certain. tranquil. composed.

~ شدن (بودن).

to be assured. to feel sure. to be sure. ~ کردن.
to assure.
to make sure. to give assurance to.
بطور ~. surely. assuredly. definitely.

خاطرجمعی certainty. sureness. assurance.

خاطرخواه، عاشق، دوستدار. loving. fond. lover. paramour. infatuated. enamo(u)red.
~ شدن. to fall in love.
حسن ~ دختر همسایه شد. Hassan fell in love with the neighbour's daughter.

خاطرخواهی fondness. love.

خاطرنشان fixed in the mind. pointed out. notified.
اشتباه ~ شد. the error was pointed out.
فرماندار به‌اهالی ~ کرد که درسالن شهرداری جمع شوند. the governor notified the citizens to meet at the city hall.

خاطرنشان‌کردن to point out. to notify. to fix in the mind. to impress.

خاطِره (خاطرات .pl)، یاد، یادآوری. memoir. memory. recollection. reminiscence. remembrance. memento. momento.
او خاطرات خود را چاپ کرده است. he has published his memoirs.
خاطرهٔ ایام جوانی. recollection of the days of youth.

خاطی، خطاکار، بزهکار، متخلف. delinquent. trespasser. erring. offender.

خاقان title of Chinese emperors.

خاک، زمین، گردوخاک، سرزمین. earth. soil. dust. land. loam. ground. dirt. mold. marl.
کرهٔ ~. the earth.
~ اره. sawdust.
~ رس، ~ رست. clay. argil.
~ زغال. charcoal dust.
~ گلدانی. loam.
گرد و ~. dust.
~ برسرش! shame on him! out upon him!
~ برسرشدن. to become bereaved or wretched.
~ (عالم) برسرم! alas for me. O' my!
~ شدن. to be reduced to powder. to become dust.
خاکسار شدن. to humble oneself as dust.
~ کردن. to bury. to inter.
~ گرفتن (از)، ~ تکاندن. to dust (off).

خاک‌آلود soiled. dusty.

خاک‌انداز dustpan. shovel.

خاک‌بَرداری excavation. grading.

خاکرُوبه، زباله، آشغال. trash. sweepings. rubbish. garbage. litter.

خاکرُوبه‌بَر، رفتگر، سپور. dustman. garbage man. scavenger.

خاکریز embankment. earthwork. bund. glacis. moat.

خاکریزی earthfilling. earthwork. embankment.
~ کردن. to fill (in). to embank. to grade.

خاکزاد earth-born. human. terrigenous.

خاکزایی pedogenesis.

خاکسار humble.

خاکِستَر ashes. ash.
~ شدن. to turn into ashes.

خاکستردان، زیر سیگاری. ash-tray. ash-hole. cinerary urn.

خاکسترنشین، خاک نشین. destitute. hopelessly in love.

خاکستری grey. gray. ash-colo(u)red. ash-like. ash gray. cinereous. cineritious.

خاکشناس pedologist.

خاکشناسی pedology.

خاکشُو gold-washer.

خاکشی London rocket-seeds.

خاک‌صفت، خاکسار. humble as dust.

خاک‌کردن to bury. to entomb. to inter.

خاک‌کش، ناوه، فرقان، زنبه. barrow. navvy.

خاک‌نهاد، خاکزاد. earthborn.

خاکه dust. powder. drumlin.
خاکهٔ زغال. (char)coal dust.

خاکی، زمینی، ارضی، برنگ خاك، فانی. dusty. soiled. earthy. terrestrial. terrene. worldly. earthly. mundane. earthling. earth-colo(u)red. khaki.
جادهٔ ~. a dirt road.
جادهٔ گرد و ~. a dusty road.
لباس ~. a soiled dress.

خاگینَه omelet. scrambled eggs.

خال، لك، لکه، تکخال. spot. speckle. mole. beauty spot. freckle. ace.
~ کوبی کردن، ~ کوبیدن. to tattoo.
~ مادرزاد. mother's mark. birthmark.

خال، دائی. maternal uncle.

خال‌خال، خال خالی. speckled. spotted. polka dot. freckled. dotted.

خالِد، جاودانی، بهشتی. eternal.

خالدار، نقطه‌نقطه. spotted. marked with a mole. dotted.

خالِص، ناب، پاك، ناآلوده، بی‌غش. net. pure. unmixed. unalloyed. immaculate.
وزن ~ (ویژه). net weight.
زر ~ (ناب). pure (unalloyed, unmixed) gold.
غیر ~، ناویژه، ناخالص. gross.
درآمد ~. net income.
~ کردن. to purify.

خالصاً، از رویِ خلوص. sincerely. purely.

خالصانه sincerely. sincere.
تبریکات ~. sincere congratulations.

خالصجات (.pl. of خالصه)، املاك خالصه. public domains. crown lands.

خالِصَه public domain. crown land.

خالِق، آفریننده. creator. maker.

خالقیّت، نیروی خلاقه. creative power.

خال‌کوبی tattooing.

خالو، خال، دائی. maternal uncle.

خالَه maternal aunt.
دختر ~. cousin. daughter of one's maternal aunt.

خالی، تهی، رها شده، بی‌مظروف، اشغال نشده. empty. void. vacate(d). depleted. vacuate. exhausted. vacant. hollow. untenanted. drained. deflated. discharged. unloaded.
جیب ~. an empty pocket.
انبار ~ شده. the store is depleted.
پست ~ (اشغال نشده، بلاتصدی). a vacant post.
فضای ~. empty space. vacuum.
آپارتمان ~. an untenanted apartment.
استخری را ~ کردن. to drain a pool.
لاستیک بادش ~ شده. the tire is deflated.
تفنگ ~ (رها) شد. the gun was discharged.
هفت تیر ~. an unloaded pistol.
~ کردن، تهی کردن. to empty. to vacate. to void. to evacuate. to discharge. to unload. to deplete. to drain.
کامیون را ~ کردن. to empty a truck.
ارتش شهر را ~ کرد. the army evacuated the town.
باطری ~ شده. the battery is discharged.
بار ترن ~ شد. the train was unloaded.
جا ~ کردن، جا ~ دادن. to dodge. to evade. to duck.

خام، نپخته، بی‌تجربه. raw. crude. uncooked. unexperienced. immature. unripe.
پوست ~ (دباغی نشده). raw hide.
نفت ~. crude (unrefined) oil.
غذای ~ (نپخته). uncooked (raw) food.
آدم ~ (بی تجربه). an inexperienced person.
امید ~. a vain hope.

خام‌دست unskilful. awkward.

خامِس، پنجم. fifth.

خامِساً fifthly.

خامسُوز، پوست خام. pelt. rawhide.

خامُش، خاموش. quiet. extinguished.

خام‌طَمَع (one) who has vain hopes.

خاموت collar of a draught-horse.

خامُوش، بیصدا، بی‌فروغ، نابود، فرو نشسته. quiet. silent. taciturn. reticent. still. noiseless. hushed. quenched. dormant. extinguished. put out.
~ کردن. to put out. to turn off. to extinguish. to make quiet. to silence. to quiet down. to hush up.
~ شدن. to go out. to stall. to subside. to be extingushed. to become silent.
شهر ~. a silent city.
آتشفشان ~. an extinct volcano.
سیگار ~ است. the cigarette is extinguished.
~ و روشن کردن. to turn (to switch) off and on.
چراغ را ~ کن. put out the light.
آتش ~ شد. the fire died (went) out.
شمع بوسیلهٔ باد ~ شد. the candle was blown out by the wind.
رادیو را ~ کردم. I turned the radio off.
~ باش. keep quiet. be quiet.
غضبش ~ شد. his anger was cooled down.

خاموشی silence. blackout.

خامِه، سرشیر، سبك نگارش، قلم، ابریشم خام. cream. raw silk. style. pen.

خامه‌ای containing or resembling cream.
نان ~. creamed pastry. cream puff.

خامه‌گیر cream separator.

خامی rawness. crudeness. freshness.

خان، کاروانسرا، خان تفنگ، شیار، خانه. caravanserai. inn. groove. part (in combs. as in: جلوخان meaning front part of a house).
~ تفنگ. the grooves of a gun.

خان، آقا، رئیس. khan.
جهانگیر ~. Mr. Jahangir.

خاندار، تفنگ‌دار. rifled. grooved.

خاندان، سلسله، خانواده، دودمان، خانمان. house(hold). family. dynasty.
~ آنها برانداخته شد. their family was deracinated.
~ عثمان. house of Othman (Ottoman).
~ پهلوی. the Pahlavi dynasty.

خانَقاه، خانگاه، دیر، صومعه. monastery. friary. convent. house of dervishes.

خانِگی، داخلی، میهنی. of or from a house. domestic. house-made. home-baked. internal. civil. household.
نزاعهای ~. domestic quarrels.
جنگهای ~. internal (civil) wars.
نان ~. home-baked bread.

خانم، بانو، زوجه. lady. gentlewoman. wife. mistress. mother. Mrs. woman. female.
خانمها و آقایان. ladies and gentlemen.
دو ~ و یک آقا. two ladies and one man.
اسم ~ شما چیست؟ what is your wife's name?
~ جهانگیری. Mrs. Jahangiry.

خانِمان house. home. family. household good. dynasty.

خانمان‌برانداز، خانمانسوز. ruinous. destructive.

خانم‌باز whoremonger. whoremaster.

خانم‌بازی whoring. fornication.
~ کردن. to whore.

خانم‌رئیس head mistress. lady principal. chief prostitute.

خانِوادگی family. familial. pertaining to a family.
نام ~. family name.

خانِواده، فامیل، خاندان، اصل ونسب. family. house. household. lineage.
آن دختر از ~ محترمی است. that girl is from a respectable family.
خانوادهٔ پدر سالاری. patriarchal family.
خانوادهٔ مادرسروری. maternal family.

خانوار family. house.

خانه، سرا، بیت. house. home. mansion. homestead. bungalow.
آنرا به ~ بردم. I took it home.
من به ~ رفتم. I went home.
خانهٔ او در شمیران است. his house is in Shemiran.
خانه‌های شطرنج. the squares of a chessboard.
خانهٔ رعیتی. farmhouse.
خانهٔ ییلاقی. villa. summerhouse. cottage.

خانه‌بدوش، بیخانمان، سرگردان. vagabond. homeless. nomad(ic). roving.

خانه‌بدوشی، بیخانمانی، سرگردانی. vagabondage. homelessness.

خانه پرورد(ه) homebred.

خانه‌تکانی housecleaning.

خانه‌خانه chequered. squared. cellular. alveolate. compartmentalized. reticulated.

خانه‌خدا، صاحبخانه. proprietor. landlord.

خانه‌خراب ruined. shipwrecked.
~ شدن. to be ruined. to go to the dogs.
~ کردن. to ruin. to impoverish.

خانه‌خواه familiar. intimate. caller.

خانه‌دار housekeeper. housewife.

خانه‌داری home economics. housekeeping. menage. economy.

خانه‌زاد home-born. son of a slave.

خانه‌شاگرد، پادو. servant-boy. orderly.

خانه‌نشین، گوشه نشین، بیکار. stay-at-home. sedentary. confined at home. retired. unemployed.

خانی khanate. khan's rank.

خاوَر east. orient.

خاوردور the Far East.

خاورشناس، مستشرق. orientalist.

خاورشناسی، شرقشناسی. orientalism.

خاورنزدیك Near East.

خاورمیانه Middle East.

خاوری، شرقی. eastern. oriental. Levantine.

خاویار caviar. caviare.

خای، خا. chewing. chewer.

خائف، ترسان، هراسناك، بیمناك. afraid.

خائن، خیانتکار. treacherous. traitor. betrayer. turncoat. renegade.
~ بکشور. treacherous to the country.
این ~ را محاکمه کنید. try this traitor.

خائنانه، خیانت آمیز. treacherously. treacherous. treasonable.

خایه، بیضه، تخم. testicle. egg. balls.
خایهٔ کسیرا دستمال کردن، خایه مالی کردن. to lick a person's boots. to cringe before someone.
خایهٔ غول را شکستن. to perform a Herculean task.

خایه‌گز، خایه‌گزك، کارتنه، عنکبوت، رتیل. spider.

خایه مالی cringing. servile flattery.

خاییدن، جویدن، سائیدن. to chew. to grind.

خَباثت، پست‌فطرتی، دونی، بدجنسی، شرارت. malice. villainy. malevolence. meanness.

خَبّاز، نانوا. baker.

خُبث، پست فطرتی، پلیدی. malice. villainy. malevolence. meanness. wickedness.

خبر، تازه، اطلاع، اخطار، اعلان، گزارش. news. information. notification. announcement. notice. report. predicate.
چه خبری داری؟ what news have you got? what is the news?
پخش خبرها. news broadcasting.
بنابر ~ واصله. according to information received.
~ تندرستی او امید بخش بود. the report of his good health was promising.
مبتدا و ~. subject and predicate.
~ خوش. glad tidings. good news.
~ دادن. to give information. to inform. to announce. to send word to. to warn. to portend. to notify. to bespeak. to tip off.
~ داشتن. to be informed or aware of. to know.
~ کردن. to inform. to let (someone) know. to call. to invite. to alert.
از من ~ نداشت. he had no news of me. he had not heard from me.
خبری نیست. there is no news. there is nothing interesting to see.
~ آوردن. to bring news. to report.
~ شدن. to learn. to come to know. to become aware.
~ بردن. to report. to carry news. to gossip.
از کسی ~ گرفتن. to inquire about someone. to obtain information from someone.
چه ~ است! what is the matter? what is going on? what is the case?
دیروز ~ شدم که برادرم عروسی کرده است. yesterday I was informed that my brother has married.

خَبَربَر، خبرکش، نمام. gossip. talebearer. 'relator. messenger.

خُبرَت، خبرگی، دانائی. skill. know-how.

خبرچین، سخن‌چین. informer.

خبردار، آگاه، مطلع، بپا، بهوش. (mil.) attention! aware. informed. alert.
سرباز ~ ایستاد. the soldier stood at attention.
~ کردن. to inform. to give intelligence to. to warn. to look out! to call to one's attention. to caution or warn. to alert.

خبرگزار news agent. newscaster.

خبرگزاری news service. news agency. broadcasting service.

خبرگیر، جاسوس. spy. inqutrer.

خبرگیری، جاسوسی. inquiry. spying.

خبرنگار correspondent. annalist. reporter.

خُبرگی، کارشناسی. expertise. skill and experience. know-how.

خبره، کارشناس. expert. connoisseur.

خَبَری predicative. informative. news.

خبط، اشتباه، خطا. mistake. blunder. boo boo. error. faux pas. solecism.
~ کردن. to blunder. to make a mistake. to commit an error.

خَبیث (خبائث .pl)، بدخواه، بدمنش، بدطینت. malicious. malignant. evil. wicked.

خَبیثه (fem. of خبیث). impure. wicked. malignant.
ارواح ~. impure things. wicked spirits.

خَبیر، آگاه، مطلع، خبره. well-informed. omniscient (especially of God).

خِپل، خپله، چاق وکوتاه، غتل. squat. fubsy. chubby. plump and short.

خَتا Cathay.

خِتام، پایان، آخر، نهایت، فرجام. end. conclusion. termination.
حسن ~. happy conclusion.

خَتائی of Cathay.

ختم، پایان، انتها، مجلس ترحیم. finishing. termination. end. finale. conclusion. finish. adjournment. ending. finis. completion. funeral service.
~ کردن، تمام کردن. to adjourn. to finish. to settle. to terminate. to end. to conclude.
~ شدن، تمام شدن. to end. to be finished, exhausted, or concluded.
کار را ~ کردن. to finish the job.
کار بخوبی ~ شد. the work ended well.
مجلس ~. a funeral service.

خَتنه circumcision. posthetomy.
~ کردن. to circumcise.

ختنه‌سوران party given to celebrate the circumcision of a child.

ختنه‌گاه، قلفه. prepuce. foreskin.

خجالت، شرم، آزرم. shame. shyness. embarrassment. flushing. humiliation. abashment. disgrace.
در اثر ~ نتوانست حرف خود را بزند. he could not express himself due to shyness.
~ دادن. to embarrass. to put to shame. to cause to blush. to make ashamed.
~ کشیدن. to be embarrassed. to feel ashamed. to become ashamed.
او از انجام اینکار ~ میکشد. he is ashamed (embarrassed) to do this.

خجالت‌آور، خجلت‌آور. shameful. disgraceful. embarrassing.

خَجالت‌زده، خجلت زده، شرمساز. put to shame. disgraced. ashamed. embarrassed. abashed.

خجالتی bashful. shy. diffident. coy.

خُجَستگی، میمنت، خوشبختی. auspiciousness. good luck.

خُجَسته، خوشبخت، بامیمنت. happy. auspicious.

خَجِل، شرمسار، شرمنده، خجلت زده. ashamed. put to shame. embarrassed. abashed. disconcerted. humiliated. disgraced. shy. shamed.
~ شدن. to feel ashamed. to become embarrassed. to become abashed.
~ کردن. to shame. to put to shame. to embarrass. to make ashamed.
رفتار پسر والدین اورا ~ کرد. the boy's behavio(u)r shamed his parents.

خِجلَت، خجالت، شرم، آزرم. shame. embarrassment. abashment. humiliation. disgrace.

خَجول، کمرو. shamefaced. bashful. modest. shy. diffident. coy. timid.

خَدّ، گونه، لپ. cheek.

خدا، خداوند، پروردگار. God. deity. divinity. the Lord. godhead. theo-. the-.
~ کند که.. God grant that. grant God that...
~ نکند. Heaven forbid. God forbid.
خدایا. O'God! O'Lord!
بخدا. I swear by God.
شما را بخدا. I swear you by God.
~ حافظ، خدا نگهدار (شما). Good-bye. farewell. so long. good-by.
~ بزرگ است. God is great.

خدابیامرز God bless his soul. of blessed memory.

خدابین discerning the truth. godly or pious.

خداپَرَست، پرهیزکار، متقی، دیندار. theist. worshipper of God. pious. godly.

خداپرستی، پرهیزکاری، دینداری. theism. worship of God. godliness.

خداترس، پرهیزکار. God-fearing.

خداترسی fear of God. piety.

خدا حافظ farewell. good-by(e). so long.

خداحافظی farewell. good-by(e). valediction. leave taking.
~ کردن. to bid farewell. to say goodby(e).

خداداد granted by God. God-given.

خداداده granted by God. gifted. God-given.

خداشناس theist. pious. godly.

خداشناسی piety. theism. theology.

خُدّام (pl. of خادم)، خادمان. servants.

خُدا نَشناس، بیدین. impious. irreligious. ungodly. atheist.

خداوند، خدا، پروردگار، صاحب، استاد، مالك. the Lord. God. master. possesor (of a specified thing).

خداوندگار God. Lord. master.

خداوندی lordship. sovreignty.

خدایا، پروردگارا. O'God.

خدایگان (powerful) monarch. the Lord.

خدائی، الوهیت. divine. providential. godship. divinity. godhood.

خَدَر، رکود، بیحالی. torpidity. dormancy. inertia. stagnance. numbness.

خَدَّر، بیحس کردن، کرخت کردن، تخدیر. to benumb. to deprive of sense.

خَدشه، خراش، بی‌آرامی. scratch. erasure. blot. dent. (mark of) alteration. inquietude. anxiety.

خُدعَه، فریب، گول. deceit. ruse. trick.
~ کردن. to act deceitfully.

خدعه آمیز deceitful. tricky.

خَدَم (pl. of خادم)، خادمان. servants.
~ وحشم. retinue. suite.

خدمات، خدمتها. services.

خِدمَت، سرویس. service. serving. office.
~ کردن. to serve. to do service.
او ده سال سابقهٔ ~ دارد. he has 10 years service.
در ~ بودن. to be in the employment (or service) of someone. to be in the presence of a person.
~ کسی رسیدن. to go to see a person. to be admitted to the presence of someone.
سر ~. on duty.
او بخدمت نظام خوانده شد. he was drafted. he was called to military service.
در حین انجام ~. while on duty.
بخدمت گرفتن. to take into service. to employ. to engage.
~ شما عرض کنم. allow me to say. I beg to state.
~ کردن. to serve.
~ نظام، ~ سربازی. military service.
او بافداکاری بمیهن خود ~ کرد. he served his country with devotion.

خدمتانه tip. drink money.

خدمتکار، خدمتگار، مستخدم. servant. servitor. domestic. menial. retinue. maidservant. orderly. waiter.

خدمتگزار servant. employee. serving. willing to serve. servitor.

خَدَمه (pl. of خادم)، خدمتکاران، خادمان. servants. attendants.

خَدَنگ white poplar. arrow.

خَدو، خیو، آب‌دهان، بزاق. saliva. spit.

خَدّی، وجنی، گونه‌ای. of cheeks.

خدیو khedive.

خدیوی khedival. khedivate.

خَر، الاغ، احمق. donkey. ass. fool. silly person. silly or stupid. asinine.
~ ماده. she ass.
نره ~. he ass. jackass.
~ شدن. to be duped or wheedled.
~ کردن. to dupe or wheedle. to blarney.
~ خود را ازپل گذراندن. to get over one's difficulties. to hit the right nail on the head.
~ رنگ کردن. to deceive a simple man.

خر (i. r. of خریدن)، بخر، خریدار. buy thou. buyer or buying (in combs. as in: کهنه‌خر).

خراب، ویران، مخروبه، محتاج تعمیر. ruined. ruinous. demolished. desolate. out of order. impaired. decayed. spoiled. rotten. destroyed. wrecked. devastated. dilapidated. ramshackle. broken down.
خانهٔ ~. a ruined house.
سیل‌های خانه ~ کن. ruinous floods.
رادیو ~ است. the radio is in bad repair (is out of order).

دندان ~. an impaired (decayed) tooth.
زن ~. a loose woman.
ساختمانی را ~ کردن. to wreck a building.
~ شدن. to become ruined (demolished). to collapse. to be decayed. to go bad. to be impaired. to be out of order. to break down. to spoil.
گوشت ~ شده. the meat is gone bad.
~ کردن. to demolish. to ruin. to destroy. to devastate. to dilapidate. to raze. to tear down. to wreck. to impair.
خراب‌آباد desolate place. the world.
خرابات pothouse. tavern.
خراباتی haunter of pothouses or taverns.
خرابکار saboteur. terrorist. vandal.
خراب‌کاری، اخلال، کار شکنی. sabotage. vandalism.
~ کردن. to engage in sabotage.
خرابه ruined place. ruin.
خرابی ruined condition. impairment. demolition. dilapidation. breakdown. collapse. destruction. devastation. ruin. decay. corruption.
~ اوضاع. bad state of affairs.
سیل موجب ~ چند روستا شد. flood caused the destruction of a number of villages.
خراتین، کرم‌خاکی. (z.) earthworm.
خراج، مالیات، باج. tax. tribute. toll. revenue.
~ سالیانه‌دادن. to pay an annual tribute.
~ گرفتن. to exact tribute.
خراج، ولخرج. lavish. prodigal. profuse. spendthrift.
جوان ~. a spendthrift youth.
خراج‌گزار tributary.
خرازی haberdashery.
خرازی فروش haberdasher.
خرازی فروشی haberdashery. haberdasher's trade.
خراش، خراشیدگی، زخم. scratch. gash. scrape. wound. abrasion.
~ دادن. to scratch. to scrape. to abrade.
خراش، بخراش، خراشنده. scratch thou. scratcher (in combs. as in: (دلخراش).
خراشاندن، خراشانیدن، خراشیدن. to (cause to) scratch. to scrape.
خراشنده scratcher. abrasive substance. scraper.
خراشه filings. chips. shavings.
خراشیدگی scratch. abrasion.
خراشیدن to scratch. to scrape. to abrade. to rub against harshly.
خراشیده scratched. scraped.
خراط turner. wood carver.
خراطی turnery. turning.
خرافات (pl. of خرافه) superstitions.
خرافاتی، خرافات‌پرست، موهوم‌پرست. superstitious.
خرام، بخرام، خرامان. walking gracefully. (in combs. as in: خوش‌خرام).
خرام graceful gait. amble.
خرامان walking gracefully. strutting. swaggering. ambling. sauntering.
خرامیدن to strut. to walk gracefully. to amble. to flaunt. to saunter.
خربزه، خربوزه. melon. honeydew melon. muskmelon.
خربط، قاز، غاز. goose.

خربق (bot.) hellebore.
خرپا roof-truss.
~ زنی. trussing.
خرپشت، محدب، کوژ. convex.
خرپشته ridge. sharp roof. mound.
خرپول stinking with money. very wealthy.
خرت‌وپرت trumpery. frippery. pedlary. trinkets. junk.
خرتوخر، هرج ومرج، بلبشو. higgledy-piggledy. confused. chaotic. irregular. pell-mell. topsy-turvy
خرج (مخارج .pl)، هزینه، باروت [illegible] cost. expense. expenditure. outlay. gunpowder. spending.
~ کردن. to spend. to expend.
~ شدن. to be spent. to be expended.
بخرج دادن. to show (off). to display. to flaunt.
اخطار پدر بخرجش نرفت. his father's warning was not heeded by him.
~ سفر، ~ راه. travel expense (allowance).
دخلم کفاف خرجم را نمیکند. my income does not equal my expenditure.
حسن همهٔ پول خود را ~ کرد. Hassan spent all of his money.
اینروزها مخارج زندگی سرسام‌آور است. nowadays the cost of living is staggering.
خرج‌دررفته after deduction of expenses. net.
خرجی money for expenditure. subsistence. allowance. budget.
~ بچه‌ها را مرتباً میداد. he gave the children's allowance regularly.
~ دادن. to give an allowance. to give spending money.
خرجین saddlebag. satchel.
خرچسنه (z.) blaps. chruchyard beetle.
خرچنگ، خرچنگال. (z.) crab. lobster. crayfish.
خرچنگی (z.) crustacean. crablike.
خرحمالی، خرکاری، کارسخت. drudgery. menial or tedious work.
خرخر rasping. rattle.
صدای ~ موتور. the purr of a motor.
خرخر snore. snoring. purring. growling.
~ کردن. to snore. to purr. to grunt.
سگ بمن ~ کرد. the dog growled at me.
صدای ~ در خواب. snoring in sleep.
خرخره larynx. snore. ruckle. death-rattle.
تا ~ در قرض فرورفته است. he is in debt up to his neck.
خرخیار (bot.) wild cucumber.
خرد، کوچك، ریز. little. small. minute. petty. diminutive. tiny. miniature. puny. shattered. minced. ground. micro-.
~ کردن. to break (cut) to pieces. to grind. to shatter. to crush. to change.
گندم را ~ کردن. to grind wheat.
پول را ~ کردن. to change money.
~ و بزرگ همه او را دوست داشتند. everyone, great or small, loved him.
پول ~. small money. change. coin.
لیوان افتاد و ~ شد. the glass fell and broke to pieces.
سبزیها را ~ کنید و بپزید. cut the vegetables up and cook them.

خرد، علم، حکمت، دانش، هوش. wisdom. intellect. reason.
خرداد Khordad.
خردخرد، اندك اندك. gradually. little by little. piecemeal.
خردجال Dajjal's donkey. deceiver.
خردخوار microphage.
خردسال child. infant.
خردسالی، طفولیت. infancy. tender years. childhood.
خردسنج micrometer.
خردگانه microgamete.
خردل (bot.) mustard (seed).
خردمند، عاقل، فهمیده، دانا. wise. sagacious. sage. savant.
خردمندانه wisely. wise.
خردمندی wisdom. sagacity.
خردنگاری micrography.
خرده bit. fragment. fault. minute point. shard. crumb. chip.
~ فروشی. retail selling.
~ نان. crumbs.
~ گرفتن. to find fault with. to cavil.
خرده استخوان group of small bones.
~ پا. tarsus.
~ دست. carpus.
خردهاگ microspore.
خرد هاگدان microsporangium.
خرده‌بین، اندك‌بین، ایرادگیر. critical. acute. cavilling. meticulous.
خرده‌بینی critical or acute observation. scrutiny. meticulousness.
خرده حساب small accounts (to settle).
~ با کسی تصفیه کردن. to pay off old scores. to even up on a person.
خرده ریز، خرت وپرت. sundries. trinkets. pedlary. knicknacks. junk.
خرد هسته micronucleus.
خرده سنگ، سنگریزه. gravel. aggregate. chipped stone.
خرده سیاره، ستارهٔ کوچك. planetoid. asteroid.
خرده فروش، جزئی فروش، دستفروش. retailer. retail dealer. huckster. retail seller. pedlar. peddler.
خرده فروشی retail. pedlary. vending.
~ کردن. to sell by retail. to act as a pedlar. to be a vender.
خرده‌کاری، تعمیرات جزئی. minor works. finish. minor repairs.
خرده‌گیر، ایرادگیر. faultfinder. cavilling. caviller. carping. quibbler. objecting. critical. fussy.
خرده‌گیری، ایرادگیری. cavilling. carp. quibble. fault-finding. criticism. fuss.
خرده مالك petty landowner.
خرده نان crumbs.
خردی، کوچکی. littleness. smallness. diminutiveness. minuteness. childhood. infancy.
خرزهره (bot.) oleander.
خرزهره‌ییان (bot.) apocynaceae.
خرس bear. ursi-.
~ قطبی. polar bear.
~ مانند. ursine. bearlike.
خرسان ursidae.

خرسك، بازی بچه‌ها، قالی یافرش‌درشت‌بافت. kind of children's game. piled or thick-napped carpet.
خرسند، خشنود. satisfied. content. glad. happy. joyful. blithe. pleased.
~ بودن. to be satisfied or pleased.
~ کردن. to please. to satisfy.
خرسندی، رضامندی، خشنودی. contentment. satisfaction. gladness. joy. pleasure. happiness.
خرسی ursine.
خرشف squama.
خرطوم (geog.) Khart(o)um.
proboscis. elephant's trunk.
خرطوم‌دار proboscidian.
خرطومداران proboscidea.
خرطومی trunk-like. flexible.
خرف، خرفت، کودن. senile. musty. stupid. weak-minded. doting.
خرفه، پربهن. (bot.) purslane. garden purslane.
خرفهم‌کردن to make understand well. to explain or clarify.
خرفه‌ییان portulacaceae.
خرق rending. tearing.
~ عادت. supernatural thing.
خرقه، ردا. robe. gown. wadded cloak. pelisse.
خرك hobbyhorse. little ass. foal. (mus.) bridge. (mech.) jack.
~ ویولن. the violin bridge.
~ چوب‌بری. sawhorse. sawbuck.
خرکچی ass-driver.
خرکی، خرانه، زمخت. asinine. befitting an ass. rough. crude.
شوخی ~. horseplay.
خرگاه، خیمه. pavillion. shed. tent.
خرگوش (z.) hare. rabbit. bunny.
خرگوشی of or from a rabbit.
خواب ~. a fool's dream.
خرگه، خرگاه. tent. pavilion.
خرم، سرسبز، باصفا. fresh. green. lush. flourishing. cheerful. luxuriant.
باغ ~. a fresh (green) garden.
مزرعه‌ای سبز وخرم. a flourishing field.
روزی خوش و ~. a cheerful day.
خرم، چرم گوساله. box calf. chrome.
خرما، رطب. (bot.) date.
درخت ~، نخل. date palm.
نمیشود هم خدا وهم ~ را خواست. you cannot choose both alternatives. you cannot eat your cake and have it.
خرما خرك، خرماخارك. (bot.) astringent date. unripe dried date.
خرمالو persimmon.
خرمالوییان (bot.) ebenaceae.
خرماندو (bot.) date plum. ebony-tree.
خرمالی (reddish) brown. auburn.
خرمست، پاتیل شده، مست‌لایعقل. dead drunk.
خرمقدس foolishly religious.
خرمگس (z.) gadfly. horsefly. oestrum.
خرمن، درو، محصول، جمع‌آوری محصول. stack. heap. harvest. crop. yield.
بصورت ~ درآوردن.

to heap up. to make into a heap.
سر ~. at harvest.
وعدهٔ سر~. a promise one does not intend to keep.
خرمن‌کوب thresher. flail.
خرمهره shell. glass bead.
خرناس، خرناسه، خرخر. snoring. snort.
~کشیدن. to snore. to snort.
خرناسه‌ای stertorous.
خرند walk. footpath. apron. parapet (of a gallery).
خرنده، خریدار. buyer. purchaser.
خرنوب carob (bean). St. John's bread.
خروج، بیرون روی exit. egress. exodus. going out. coming out. discharge. excretion. emission. ejection. egression.
اتاقی با راه خروجی کوچك. a room with a small egress.
سفر ~. the book of exodus.
~ از شهر. going out of town.
~ خورشید از زیر ابرها. emergence of the sun from under the clouds.
~ آب از تلمبه. ejection of water from a pump.
خروجی exit. having to do with egression or going out.
خروخر death rattle. snorting.
خروس cock. rooster.
~ اخته. capon.
~ جنگی. gamecock. cock fighting.
جوجه ~. young cock. cockerel.
خروسك، جوجه خروس، جوجولّه، چکش. cockerel. clitoris. hammer. candy.
خروس کولی black cock. lapwing.
خروس وزن bantam weight.
خروش، غریو، هیاهو. clamour. cry. roar. uproar. tumult. hullabaloo. outcry.
جمعیت پر~. a clamouring group (crowd).
ایامی جنون‌آمیز و پر~ بود. it was a mad roaring time.
~ برآوردن. to cry. to clamour. to roar. to shout.
خروشان، پرخروش. roaring. shouting. clamo(u)ring.
خروشیدن to shout. to cry. to clamour.
خره، لجن. slime. ooze. mire. sludge. silt. sediment. lees.
خرّه، خرناس. snoring. snorting.
خره، نور. light. brightness. radiance.
خری، خریت. the state of being a donkey. asininity. silliness.
خریّت، حماقت، خری. silliness. asininity. stupidity.
خرید purchase. buy. buying. shopping. bargain. acquisition. bought.
~کالا. purchase of goods.
~ قسطی. instalment buying.
او تمام روز ~ میکند. she shops all day.
~کردن. to purchase. to buy. to shop.
~وفروش. transaction. buying and selling.
خریدار، مشتری. purchaser. buyer. acquirer. customer.
این کالا ~ ندارد. there is no demand for this commodity.
خریداری، خرید، خریدن. act of buying. purchase. buy.
~ کردن. to buy. to purchase.
~ شدن. to be bought. to be purchased.
ایرج یك ماشین نو ~ کرده. Iraj has bought (purchased) a new car.
خریدن to buy. to purchase. to acquire. to procure.
باز~، بازخرید کردن. to buy back. to redeem.
~ خانه کار آسانی نیست. it is not easy to purchase a house.
خریده bought. purchased.
خریطه، نقشه، کیسهٔ چرمی. chart. leathern bag (or purse).
خریف، پائیز. fall. autumn.
خریفی، پائیزی. autumnal.
خز، پوست، پالتو خز. fur. fur coat.
خزان، پائیز. fall. autumn.
~ زندگی. the autumn of life.
خزانه (خزائن .pl)، گنجینه، صندوق، مخزن. treasury. coffer. chest. nursery. reservoir.
خزانهٔ مملکت خالی بود. the country's treasury was empty.
خزانه‌دار، صندوقدار. treasurer.
خزانه‌داری treasury.
~ کل. treasury general.
خزانی، پائیزی. autumnal.
خزائن (pl. of خزانه)، گنجها، خزینه‌ها. treasuries. coffers.
خزر Caspian.
خزع، بریدن. cutting.
خزف، سفال. pottery. earthenware.
خز فروش furrier.
خزفروشی furriery.
خزندگان (pl. of خزنده) reptiles. creepers.
خزنده (خزندگان .pl). creeper. reptile. crawler. herpet-.
خزنده شناس herpetologist. erpetologist.
خزنده‌شناسی herpetology. erpetology.
خزوك، سوسك. cicada. beetle.
خزه moss. sea weed. algae.
خزه‌شناس muscologist. bryologist.
خزه‌شناسی muscology. bryology.
خزه‌ها muscineae.
خزیدن (خز، بخز .i.r)، سینه‌کش رفتن، لولیدن. to creep. to crawl.
خزیده crept. lying hidden. crawled.
خزینه، مخزن، انبار، خزانه. treasure. reservoir of a Turkish bath. tank.
خس، خار، خاشاك. small chip of wood. mote. straw. thorn.
خسارت (خسارات .pl)، زیان، خسران، ضرر. damage. loss. injury. detriment. indemnity. compensation.
~ دیدن، زیان کردن. to sustain a loss (or damage).
~ زدن، ~ وارد آوردن بر. to damage. to inflict loss(es).
عرضحال ~ دادن. to sue for damage(s).
جبران ~ کسی را کردن. to indemnify a person for his loss. to compensate (or make good) one's loss.
~ مالی وجانی. loss of life and property.
خسارت‌آمیز damaging. prejudicial. incurring loss.
خسبیدن (خسب .r .i)، خوابیدن، چرت زدن. to sleep. to slumber. to repose. to doze.
خسّت، لئامت. parsimoniousness. meanness. miserliness. stinginess. niggardliness. parsimony. extreme frugality.
~کردن، خست ورزیدن. to act in a miserly (niggardly) way.
خستگی، کوفتگی، ضعف، ماندگی. fatigue. weariness. tiredness. exhaustion. lassitude.
خستگی‌ناپذیر indefatigable. untiring.
خستن (خل .i.r). to gall. to wound. to tire. to hurt.
خستو، معترف، مقر. confessing. admitting. acknowledging. avowing. owning.
~ شدن، اقرار کردن. to confess.
خسته، ازپادرآمده، فرسوده. tired. fatigued. weary. exhausted. worn out. pooped.
~کردن. to make tired. to make weary. to tire. to fatigue. to exhaust. to poop.
~ شدن، ازپا درآمدن. to get tired. to become fatigued or weary.
از نوشتن وخواندن ~ شدم. I am tired of writing and reading.
خسته‌کننده، خستگی‌آور، ملالت‌آور، طاقت‌فرسا. tiresome. tedious. boring. exhausting.
صحبت ~. a boring (tedious) talk.
خسخس rale. rattle.
خسرو، پادشاه. Khosro (Sassanian king). monarch. masculine proper noun.
خسروانه، شاهانه. royal. kingly.
خسروانی، شاهی، شاهانه. kingly. majestic. royal.
خسروی، شاهی. kingly. royal. majesty.
خسك، خار. small thorn or chip.
خسوف، ماه‌گرفتگی. lunar eclipse.
خسی، فرومایگی. meanness. miserliness.
خسیس، ممسك، بخیل. stingy. closefisted. miserly. niggardly. parsimonious.
حاجی حسن مرد خسیسی بود. Haji Hassan was a stingy man.
خسیسی، خست، بخل، فرومایگی. stinginess. parsimoniousness. miserliness.
خشاب loader (of a magazine rifle).
خشایارشا، احشویروش، خشایارشاه. Xerxes.
خشب، چوب. wood.
خشت sun-dried brick. mud brick. (in playing cards) diamond.
~ زر. ingot of gold.
~ زدن، ~ مالیدن. to make (or mo(u)ld) bricks. to lay bricks.
سرخشت، درحال زایمان. in labour.
خشت خشتی، خشتی. chequered.
خشت‌زن، خشتمال. maker of sun-dried bricks. brick layer.
خشتك seat (of trousers). gusset. crotches.
خشتمال، خشت‌زن. brick layer.
خشتی، مربع. brick-shaped. square.
خشخاش poppy. opium poppy.
تخم ~. mawseed. poppy seed.
خشخاشی papaverous. flavoured with poppy seed.
خشخاشیان papaveraceae.
خشخش rustle. froufrou. swish.
صدای ~ ابریشم. the rustle of silk.
~کردن. to rustle. to swish.
خشك، خشك شده، بی‌آب، کم‌آب. dry. dried. sere. arid. desiccated. parched.
~ افتادن. to run dry. to dry up.
~ شدن. to (become) dry. to freeze (to death). to wither up. to become sear or sere. to chap.
زمین ~. dry land.
شوخی ~ (بیمزه). an insipid (prosaic) joke.
او در جای خود ~ شد. he was transfixed in his place.
~کردن. to make dry. to parch. to desiccate. to sear. to dry.
~ و خالی. empty. nonsensical. outward. lukewarm. mere.
~ کننده. desiccative. dryer. desiccant. desiccator.
خشکاندن، خشکانیدن، خشك کردن. to (cause to) dry. to desiccate. to drain.
خشکانه desiccator.
خشکبار، میوه‌های خشك شده. dried fruits.
خشك ریشه (med.) eschar. slough. dry root.
خشکسال (year of) drought. famine.
خشکسالی drought. dearth. aridity. dryness. scarcity. (figuratively) famine.
پارسال خشکسالی بود. there was a drought last year.
خشك کن blotter. blotting paper or pad. drier. siccative.
خشك مغز، خشك دماغ. crazy.
خشك‌مقدس narrow-mindedly religious. sanctimonious. pharisaical.
خشکه everything included. all-in (as a fixed sum). in (hard) cash. cast steel. dead. dried.
انجیر ~. dried figs.
خشکی، زمین، خاك، کم‌آبی. dryness. drought. land. ground. land mass.
~ زدن، ~شدن. to chap.
~ هوا. dryness of the weather.
خدمهٔ کشتی از مسافتی ~ را دیدند. the ship's crew saw land from a distance.
ما از راه ~ سفر میکردیم. we travelled by land.
خشکیدن، خشك شدن. to become dry. to desiccate. to parch. to sear. to dehydrate. to dry up. to wither up.
گل خشکید. the flower withered.
درختان میخشکند. the trees dry up.
او در سرما خشك شد (مرد). he was frozen to death in the cold.
زمین باتلاقی را خشك کردن (خشکاندن). to drain a marshy land.
خشکیده، خشك شده. dried. withered up. frozen. very thin. sere. desiccated.
خشم، غضب. anger. indignation. wrath. exasperation. rage. choler. fury.
بخشم آوردن، خشمگین کردن. to anger. to make angry. to provoke. to exasperate.
بخشم آمدن، خشمگین شدن. to become angry, furious, or exasperated.
~ او درچهره‌اش دیده میشد. his anger was noticed in his face.
او با ~ بسیار سخن میگفت. he spoke with great indignation.
خشم‌آلود، خشمگین، خشمناك. (see under خشمگین)
خشمگین، خشمناك، عصبانی، ازکوره دررفته.

angry. furious. exasperated. indignant. enraged. vexed. mad. raging. choleric.
نگاه ~. an angry look.
امواج ~. the furious waves.
او از سخنانم ~ شد. he was indignant at my words.
~ شدن. to get angry. to become enraged or choleric.
~کردن. to anger. to provoke. to make angry. to exasperate.
چرا باید ~ شوی؟ why should you get angry?
خشمناك، خشمگین (see under خشمگین).
خشن، زمخت. rough. coarse.
شوخی ~ (بی‌ادبانه). a rough joke.
پارچهٔ ~. a coarse fabric.
خشنود،شاد، راضی. glad. satisfied. pleased. happy. proud.
از کسی ~ شدن. to be satisfied or pleased with someone.
خشنودی، شادی، رضامندی. satisfaction. gladness. happiness.
خُشوع، فروتنی،خضوع. respect. courtesy.
خشونت، سختی،بی‌ادبی،زمختی. coarseness. rudeness. harshness. roughness.
~کردن. to treat coarsely. to be rude. to speak or act harshly.
خِصال (pl. of خصلت)، خواص، صفات. qualities. characteristics.
خَصائِص (pl. of خاصیت)، خواص، صفات. properties. characteristics.
خَصائِل (pl. of خصیلت)، صفات،عادات. qualities. habits.
خِصلَت (pl. خصال)، خوی، عادت. quality. character. habit. wont. way. practice.
خَصم، دشمن. enemy. foe. antagonist. adversary.
جنگ آور در مقابل ~ قرار گرفت. the warrior faced the foe.
خَصمانَه، از روی دشمنی. hostilely. hostile. enemical. enemy.
رفتار ~. hostile behavio(u)r.
خُصوص، باره. regard. concern. affair.
در ~، درباره، پیرامون. on the subject of. concerning. about. regarding. in connection with.
علی‌الخصوص، بخصوص، بویژه. specially. particularly. in particular. especially.
خصوصاً، بویژه، مخصوصاً. especially. specially. particularly. in particular.
خُصوصی،اختصاصی، ویژه، مخصوص،محرمانه. private. special. informal. personal. confidential. intimate. individual.
نامهٔ ~ (شخصی، غیر اداری، صمیمانه). a private (personal, unofficial, intimate) letter.
یادداشت ~ (محرمانه). a confidential note.
میخواهم بطور ~ عرض کنم که... I would like to say privately that...
خُصوصیّات (pl. of خصوصیت)، ویژگی‌ها. particulars. specifications. qualities. characteristics. properties.
خُصوصیّت (pl. خصوصیات)، ویژگی،صمیمیت. close acquaintance. friendship. familiarity. characteristic. quality. property.
خُصومَت، دشمنی. hostility. enmity. opposition.
(با کسی) ~ داشتن. to be hostile toward. to have a grudge against.
خصومت آمیز، دشمنانه. hostile. opposed.. antagonistic. belligerent.
خَصّی، خواجه. eunoch. castrated.
خُصیه، بیضه، تخم. testicle. testis.
خِضاب henna or other dye used for dyeing beard or hair.
~ کردن. to tinge (dye) with henna.
خِضر، الیاس. Elias.
خضراء (fem. of اخضر)، سبز. green.
خُضوع، فروتنی، خشوع. humility. lowliness. modesty. meekness.
~ و خشوع کردن. to greet with humility and respect.
خَط (pl. خطوط)، نوشته، خط نویسی، خط کشی، صف، ردیف. line. row. lane. (hand)writing. penmanship. calligraphy. character. streak. stroke. groove.
~ صاف، ~ مستقیم. straight line.
~ واضح و خوانا. clear handwriting.
~ (حروف) رومی. Roman characters.
~ استوا. equator.
~ اریب. a slant stroke (line).
~ آهن. railway track. railroad.
~ بطلان روی چیزی کشیدن. to cancel something. to cross out.
~ میخی. cuneiform.
~ شکسته. cursive (writing).
~ ساحل. coastline. seaboard. seacoast.
~ سیر، مسیر. route. itinerary.
~ فرعی. side track. siding. branch line. detour.
آدم هفت ~. a crafty man. an extremely sly person. a wily (or deceitful) person.
~ مشی. procedure. policy. routine. conduct. administration. tactics. strategy.
~دار. lined.
~ مماس. tangent.
~ قائم. vertical line.
~ متقاطع. transverse line.
~ فاصل. line of demarcation.
~ قاطع، خط قاطع دایره. secant.
~ ناظم. normal.
خطهای (خطوط) موازی. parallel lines.
~ زدن. to cross out. to write off. to cancel.
~کشیدن. to draw a line. to cross out.
بخط ایستادن. to stand in line. to queue.
بخط کردن. to line up.
زیرچیزی~کشیدن. to underline something.
خَطا (pl. خطاها)، گناه، اشتباه، غلط، سهو. sin. offence. offense. mistake. error. wrong. (in football) foul. oversight. blunder. slip. solecism. lapsus.
من چه خطائی مرتکب شده‌ام؟ what sin have I committed?
او~ (اشتباه) کرد. he made a mistake.
این کار ~ بود. It was an error.
خطای زبانی، لقلقهٔ لسان، خطای لفظی. a slip of tongue. lapsus linguae.
خطای قلم. a slip of the pen. lapsus calami.
خطای حافظه. a slip of the memory. lapsus memoriae.
~ کردن، ~ رفتن. to make a mistake. to go wrong. to slip. to miss the mark. to commit an error.
خطای باصره. visual error.
~ (اشتباه) وازقلم افتادگی بحساب نمی‌آید. error and omission excepted = E. & O. E.
خِطاب، عنوان، مخاطب‌سازی، سخن،گفتگو. address. speech. discourse. accost.
جماعتی را مورد ~ قرار دادن. to address an audience.
~کردن (به). to address. to speak to. to call.
~ شدن. to be addressed. to be called.
همه او را جانی ~کردند. everyone called him a criminal.
~ بمن. addressed to me.
عتاب~. reproachful or blustering speech.
خُطَب (pl. of خطبه)، خطبه‌ها. sermons. preacher.
خطابخش، خطاپوش، بخشنده، چشم‌پوش. forgiving. merciful. compassionate.
خطابه، نطق. oration. lecture. address. sermon. speech. discourse.
خَطّاط، خوشنویس، خوشخط. penman. calligraphist. chirographer.
خطاطی penmanship. calligraphy.
خطاکار، بزهکار، گناهکار، تقصیرکار،مقصر. sinful. guilty. sinner. wrongdoer.
خطاکاری، بزهکاری، تقصیر، گناهکاری. sinfulness. malfeasance. wrongdoing. guilt. offense. violation. sin. vice.
خِطام، طناب. rope. mooring.
خطایا (pl. of خطیه، خطا)، (خطیه‌ها، خطاها)، تقصیرات، بزه‌ها، گناهان. errors. mistakes. offenses. vices.
خُطبَه (pl. خطب)، موعظه، وعظ. homily. sermon. lecture. discourse. exhortation. oration.
خط‌خط، راه راه، مخطط، رگه‌رگه. lined. streaky. striped. scratchy. veined.
~ کردن. to draw lines on. to blemish.
خَط‌دار، راه راه، خط‌کشیده شده. striped. ruled. lined.
خطر، مخاطره. danger. peril. hazard. jeopardy. risk. precariousness.
با خطرهای بسیار مواجه شدند. they faced many perils (dangers).
شغل و مقام او در ~ است. his career is in danger.
در ~ انداختن، بخطر انداختن. to endanger. to risk. to stake. to put at stake. to jeopardize. to hazard.
جان خود را بخطر انداختن. to endanger one's life.
سرمایهٔ خود را بخطر انداختن. to risk one's capital.
کامیابی (موفقیت) خود رابخطر انداختن. to stake one's success.
زندگی سربازان را بخطر انداختن. to jeopardize the lives of the soldiers.
خطرناك، پرخطر. dangerous. perilous. hazardous. risky. precarious.
سرعت زیاد ~ است. excessive (too much) speed is dangerous.
خط زده، حذف شده. crossed out. deleted. omitted.
خط‌کش ruler.
خط‌کشی ruling. drawing lines. delineation.
~کردن. to draw lines.
خِطمی، گل خطمی. (bot.) hollyhock.
~ درختی. Syrian mallow.
خُطور، گذشتن، عبور. occurrence. occurring (to the mind).
بخاطرش ~ کرد. it (i. e. the thought) occurred to him.
خُطوط (pl. of خط)، خطها. lines. stripes.
خُطوَه (pl. خطوات)،گام، قدم، آهنگ، اندازه. step. tune. measure.
خِطّه، کشور، خاك، سرزمین. territory. country. realm. region. zone.
خَطّی، دست نوشته، دارای‌خط، خطخط. handwritten. linear. chirographic.
نسخهٔ ~. a handwritten manuscript.
خَطیب (pl. خطباء)، سخنران. orator. preacher.
خَطیر، مهم، پرمسئولیت. serious. momentous.. important. crucial.
خَطیّه (pl. خطایا)، گناه، خطا، اشتباه، سهو. sin. fault. offense.
خِفا، نهان، پنهانی. concealment. secret(ly). hidden. undercover. surreptitious. stealthy. clandestine.
در ~. secretly.
خُفّاش، شبکور، شبپره. (z.) bat.
خفاشان (z.) chiroptera. bats.
خِفت، بهم چسبیده، جفت‌شده، محکم. tight(ly). running noose. hitch.
~ شدن، ~ افتادن. to become tight. to become noosed.
~ انداختن، ~ کردن. to make tight. to noose.
گره ~. bowknot.
خِفّت، خواری. disgrace. degradation. abasement. humiliation. dishono(u)r. debasement. lowering. demeaning.
~ دادن. to disgrace. to mortify. to humiliate. to degrade. to dishono(u)r. to debase. to demean.
~کشیدن. to be debased. to be disgraced. to suffer disgrace. to undergo humiliation.
خُفت (past tense of خوابیدن)، خوابید. sleep(ing). (geom) abscissa. slept.
خِفّت‌آمیز، تحقیر کننده، موجب تحقیر. disgraceful. derogatory. humiliating. mortifying. disparaging. discreditable. defamatory. insulting. demeaning. degrading. debasing. depricatory.
خُفتَك، بختك، کابوس. nightmare.
خفتن، خوابیدن. to sleep. to rest. to slumber. to snooze. to doze. to drowse.
در رختخواب ~. to sleep in the bed.
خفته، خوابیده. asleep. slept. a sleeping person. dormant. dead.
~ را ~ کی کند بیدار. the blind cannot lead the blind.
خَفَجه، خنچه. (bot.) hawthorn. haw(thorn). May (bush).
خَفض، پائین‌آوردن، فروتنی، شکسته نفسی. lowering. humiliation. humbleness. abasement. depreciation.
خَفَقان، اختناق، خفگی. strangulation. choking. suffocation. asphyxiation. asphyxia.
خَفَگی،خفقان،حالت‌اختناق. stuffiness. closeness. hoarseness. extinction. gloom. mugginess. asphyxia. strangulation. suffocation.

choking. asphyxiation. drowning.
~ (گرفتگی) هوا. stuffiness of the air.
~ صدایش. the hoarseness of his voice.
~ (خاموشی) آتش. the extinction of the fire.
~ دراثر گازهای مسموم. suffocation caused by poisonous gases.
مرگ دراثر ~ دراستخر. death as a result of drowning in the pool.
خفه stuffy. close. muggy. gloomy. drowned. choked. extinguished. suffocated. stifled. asphyxiated.
~ شدن. to be drowned. to drown. to be suffocated. to be choked. to become stifled. to go out. to be choked. to shut up.
~کردن،خاموش کردن. to drown. to choke. to stifle. to strangle. to suffocate. to choke. to extinguish. to strangulate.
او در دریا ~ شد. he was drowned at sea.
چنین محیطی احساسات شخص را ~ میکند. such environment chokes one's emotions.
اعتراض را ~کردن. to stifle protests.
آتش را ~ (خاموش) کردن. to extinguish a fire.
خفه شو! shut up!
هوای تالار بسیار ~ بود. the air in the hall was very stuffy.
خفه کن،خفه کننده. damper. extinguisher. silencer. sourdine. choke.
خفه کننده، خفه کن. stifling. suffocating. stuffy. muggy. silencer. damper.
خَفّی (خفیه fem)، نهان، پنهان، خفیه. secret. hidden. concealed.
خفیف، سبك، اندك، ضعیف، کم. light. slight. insignificant. abject.
کودك تب خفیفی دارد. the baby has a slight temperature.
تفنگ ~. small-bore rifle.
خَفیّات (خفی، خفیه pl. of)، امور مخفی. secret or hidden things.
خُفیَه، پنهانی. concealed. hidden. secret.
مأمور ~، مأمورمخفی. secret agent.
خفیه فروش، قاچاق فروش. smuggler.
خفیه نویس، گزارشگر مخفی. writer of secret news. informer.
خُل، دیوانه، گیج، پریشان‌حواس. half-witted. crazy. crackpot. eccentric.
~ بازی درآوردن، ~گری کردن. to act crazy.
خَلاء،جای تهی ازهوا، بدون‌هوا، مستراح، آبریز. vacuum. vacancy. water closet. rest room. john. bath room. toilet.
خلاص، رها، آزاد، فارغ. delivered. relieved. saved. released.
~ شدن. to be freed. to be released.
از شر چیزی ~ شدن. to get rid of something. to be relieved of something.
~ کردن. to deliver. to rescue. to save.
شهر را ازدست دشمن ~ کرد. he delivered the city from the enemy.
دنده ~. neutral gear.
با یك گلوله اسب زخمی را ~ کرد. he put the wounded horse to sleep with one bullet.
بعدازظهرها کی ازمدرسه ~ میشوی؟ when do you get out of (finish) school in the afternoon?
خلاصه، مختصر. in short. briefly. in a word. abstract. resume. summary. compendium. abridgement. brief. epitome. digest. summation. condensation.
~ تمام پولم را باختم. in short, I lost all my money.
بطور ~ باید عرض کنم که اینکار ممکن نیست. briefly I must state that this work is impossible.
خلاصهٔ سخنرانی او. a resume of his speech.
خلاصه‌ای از رمان معروف او. a digest of his famous novel.
~ کردن. to make an abstract of. to summarize. to condense. to abridge.
خَلاصی، رهائی، خلاص. relief. release. deliverance. freedom.
خِلاف، بزه، اختلاف، مخالف، مغایر. offence. violation. contrary. opposite. against. tort. anti-. ir-.
~ رویه. irregular. contrary to the routine.
~ شرع. contrary to spiritual law.
~ قانون. illegal. unlawful.
~ عقل. irrational. contrary to reason.
~ عهد، پیمان شکنی. breach of promise.
~ کردن، ~ ورزیدن. to commit a minor offence. to do wrong. to violate.
هر کسی چنین کرده ~ قانون عمل نموده. whoever has done thus has acted contrary to the law (has violated the law).
~ چیزی را گفتن. to contradict or disprove a statement.
بر ~. contrary to. otherwise. against.
او بر ~ میل زنش کاری نمیکند. he does nothing against (contrary to) the wishes of his wife.
~ عرض کرده‌اند قربان. they have misled (lied to) you, sir.
آنروز بر ~ انتظار ما اصلاً باران نیامد. that day, contrary to our expectation, it did not rain at all.
خِلافَت caliphate. succession.
~ کردن. to rule as a caliph.
خلافکار، بزهکار. offender.
خلافکاری، بزهکاری. commission of an offence. wrongdoing.
خلاق، خالق. creator. creative.
خَلّاقه،خلاق. creative.
نیروی ~. creative power.
خِلال، ضمن، حین. interval. interstice.
در ~. in the meantime. meanwhile.
~ دندان. toothpick.
~ نارنج. orange peel.
خلایق،مخلوقات، مردم. people. creatures.
خَلبان pilot. aviator.
خلبانی pilotage. piloting.
خَلَجان، ضربان، تپش دل. agitation. palpitation of the heart.
خَلخال anklet. ankle-ring.
خُلد (خلود .pl)، بهشت. eternity. paradise.
~ برین. the eternal paradise.
خلدآشیان dwelling in paradise. deceased.
خُلَّر (bot.) (variety of) green pea.
خلسه ecstasy. seizing. embezzlement.
شعر او خواننده را بعالم ~ میبرد. his poetry takes the reader to a world of ecstasy.
خَلش prick(le). sting.
خُلَّص، خالص، ویژه. pure. unmixed.
خَلط، آمیزش،معاشرت. mixing. mingling.
خِلط (اخلاط .pl). mucus. humour. sputum. expectoration.
خلطه، معاشرت، آمیزش. association. intercourse. intermingling.
خِلطی humoral. plexiform. mucous.
خلع، برکناری. deposal. dethronement. deposition.
~ سلاح. disarmament.
~ سلاح کردن. to disarm.
~ ید. dispossession. expropriation. eviction.
~ کردن. to depose. to dethrone. to unseat. to oust. to disbar. to discharge.
خِلعَت robe of honour. graveclothes.
خَلف، عقب، پشت. back. rear. posterior.
خَلَف (اخلاف .pl)، فرزند، جانشین، لاحق. successor. son.
فرزند ~. son worthy of his father.
خُلف breach.
~ وعده. a breach of promise.
~ وعده کردن. to break one's promise.
خُلَفا (خلیفه pl. of). the Caliphs.
خَلفی، عقبی. posterior. retral. rear.
خَلق (خلایق .pl)، آفرینش، آفریده. creation. creature. people. bodily form. genesis.
~ کردن. to create. to bring into being.
همه ~ در میدان جمع‌شدند. all the people gathered in the square.
جمهوری ~ چین. the People's Republic of China.
خُلق، اخلاق، خوی. temperament. humour. temper. disposition.
بد خلقی کردن. to throw a tantrum. to have a fit of bad temper. to be cranky.
بد ~. cranky. bad-tempered.
حسن ~. good character. good manners.
خوش ~. good-tempered. in a good mood.
خلقش تنگ است. he is in a bad mood.
~ کسی را تنگ کردن. to put one in a bad mood.
خلقش تنگ شد. he was displeased.
خَلقُ السّاعَه spontaneous generation.
خلق‌الله، مردم. God's creatures. men. people.
خِلقَت، آفرینش، ابتکار. creation. bringing into being.
~کردن، آفریدن. to create. to bring into being. to originate. to invent.
خَلَل، آسیب، زیان، صدمه. disorder. something wrong. injury. crack. flaw.
~ رساندن به. to damage. to harm.
دوستی ~ ناپذیر. close (unbreakable) friendship.
خلل پذیر، آسیب پذیر. destructible.
خُلَل وفُرَج pores. perforations.
خلل وفرج‌دار porous. perforated.
خَلَنگ heath(er).
خلنگ زار heath. moor. heathy.
خَلوَت، گوشه‌نشینی، تنهائی، کناره‌گیری. not crowded. deserted. private. privacy. solitude. retirement. seclusion.
بخاطر تعطیلات خیابانهای شهر ~ شده‌است. because of the holidays, the city streets have become empty of people (deserted).
دیشب سینما ~ بود. last night, the movie house was not crowded.
در ~. in private.
خلوتسرا، خلوتخانه. private house or apartment.
خلوتگاه retired or private place.
خلوت‌نشین، خلوت‌گزین. fond of retirement. recluse. secluded.
خُلود (خلد pl. of)، ابدیت. eternity.
خُلوص، پاکی، صداقت، صفا. sincerity. candor. honesty. genuineness. cordiality. purity.
با ~ نیت. with good intention. sincerely.
خَلیج، شاخابه. gulf. bay.
~ فارس. Persian Gulf.
خَلیدگی prick. puncture.
خلیدن، نیش زدن، گزیدن. to prick. to puncture. to pierce. to sting.
خَلیعُ العِذار، بیشرم، حقه باز. shameless (person). rascal.
خلیفه (خلفاء .pl)،جانشین. Caliph. successor. monitor. pontiff.
خَلیق، مؤدب، انسان، خوش‌خلق. polite. humane. moral.
خَلیل، دوست. friend.
خَم، پیچ، انحناء، خمیدگی. curve. bend. fold. curvature. curved. bent. tilted. tipped.
~ ابرو. the arch of the eyebrow.
~ جاده. the curve (bend) of the road.
~ شدن، خمیده شدن. to bend. to stoop.
~کردن. to bend. to bow. to curve. to twist. to tip. to tilt. to knit (as the brow).
سرخودرا بطرف چپ ~کردم. I bent my head to the left.
~ به‌ابرو نیاورد. he did not turn a hair. he was not touched in the least.
خُم، خمره. barrel. cask. vat.
خِمار wine-headache. aftereffects of intoxication. half-drunk. languishing.
خَمّار seller of wine. drunkard.
خماری drunken headache. tippler. drowsiness.
خُماسی، پنج تائی، پنجگانه. (word) of five letters. pentameter.
خَماندَن، خمانیدن. to (cause to) bend.
خُمپارَه mortar shell.
خمپاره‌انداز mortar. bombardier.
خمخانه wine-vault. tavern.
خَم‌دار،خمیده‌وکج. bent. having a bend.
خَمر، شراب، باده. wine.
خُمرِه vat. barrel. cask.
خمره‌ای resembling a jar, vat, or barrel.
خَمری vinous.
جنون ~. delirium tremens. drunkard's delirium.
خُمس، پنجم، یك پنجم. fifth. one fifth.
خَمسَه، پنجگانه. pentad. quint. five.
خَمسین، پنجاه. the khamsin. fifty.
خَمل (med.) villus.
خُمود، خاموش، بیروح. extinguished. weak. languid. going out.
خمودی، خاموشی، بیروحی. abatement. torpor. languidity.
خَموش، خاموش. quiet. mute.
خَمی، خمیدگی، کجی، انحناء. curve. bend. being bent or curved. tilt.
خَمیازَه، دهن‌دره. yawn. gaping. yawning. pandiculation.
~ کشیدن. to gape. to yawn.
خَمیدَگی، انحناء. curvature. bend.

خمیدن (خم .imp). to bend. to stoop. to curve. to twist.
خمیده curved. bent.
خمیر paste. dough.
~ دندان. toothpaste. dental cream.
~ کردن. to knead. to mix with water. to (reduce to a) pulp. to turn into dough.
خمیرتُرش yeast. leaven.
خمیرگیر kneader. baker's man.
خمیرمایه، خمیر ترش. leaven. yeast.
خمیره، ذات، طبیعت، روحیه. temperament. natural disposition. mettle.
خمیرهٔ او بد است. his natural disposition is evil.
خمیری pasty. doughy. pulpy. plastic.
خن hold (of a ship).
خنازیر (med.) scrofula.
خنازیری scrofulous.
خناق (med.) croup. asphyxia. diphtheritic laryngitis.
خنثی، دوجنسه، نه‌زن ونه‌مرد، خواجه، بی‌خاصیت. hermaphrodite. androgynous. (chem.) neutral. eunuch. androgyne. neuter. sexless. sterile.
اسید خنثی. a neutral acid.
اسم ~(نه‌مذکر ونه‌مؤنث). a neuter noun.
~ کردن. neutralization. to neutralize. to offset. to cancel. to geld.
اسیدی را با باز ~ کردن. to neutralize an acid with a base.
اوسرعت‌کافی داشت‌که اثروزن‌بیشترحریف خود را ~کند. he had speed enough to offset his opponent's greater weight.
خنجر، دشنه، کارد، چاقو. dagger. poniard. whinger. dirk. stiletto. bodkin.
~ زدن (به). to stab with a dagger.
خنجری ensiform. xiphoid.
خند (خندیدن .i. r. of)، بخند، خنده. laugh thou. laugh.
خندان، شادان، شکوفا، قهقهه زنان. laughing. smiling. blossoming. guffawing. snickering. giggling. tittering.
پستهٔ ~. half-cracked pistachio.
خنداندن، خندانیدن. to cause to laugh. to make laugh.
خندق moat. ditch.
خنده، قهقهه، تبسم، لبخند. laughter. laugh. laughing. guffaw. snicker. giggle. titter. chuckle.
خندهٔ شادی. a joyous laughter.
آن مرد خندهٔ (قهقههٔ) بلندی‌کرد. the man burst into a guffaw.
خندهٔ استهزاءآمیز او دختر را رنجاند. his snicker annoyed the girl.
او با صدای‌آهسته خندید. he chuckled in a low tone.
~ انداختن. to cause to laugh. to set off laughing.
~کردن. to laugh. to giggle. to snicker. to chuckle. to guffaw.
زیر ~ زدن. to burst into laughter.
خنده‌ام‌گرفت، بخنده‌افتادم. it made me laugh.
مایهٔ ~، اسباب مضحکه. laughing stock.
~ دار. comical. laughable. risible.
خنده‌آور، خنده‌دار، مضحک. provoking laughter. laughable. comical. funny or ludicrous. risible.

خنده‌دار laughable. funny.
خنده‌رو given to laughter. smiling. jovial.
خندیدن، قهقهه زدن، خنده‌کردن. to laugh. to smile. to guffaw. to snicker. to giggle. to titter.
او قاه قاه خندید. he burst into laughter.
خنزیر، خوک. pig.
خنش، خارش، حکه. itch. itching.
خنصر، انگشت‌کوچک. the little finger.
خنک، سرد، بیمزه. cool. fresh. flat. frigid. cold. chilly. insipid.
آب ~. cool water.
روز ~ بهاری. a fresh spring day.
شوخی ~. a flat (insipid) joke.
نسیم ~. a chilly breeze.
~ شدن. to become cool.
~ کردن. to get cool. to cool. to chill.
خُنُک blessed. paradisiacal.
~ آنکه نیکی کند درجهان. blessed is he who does good (deeds) in the world.
خنک‌کن، سردکن. condenser. cooler. refrigerant. refrigerator. air conditioner.
خنک‌کننده، خنک‌کن. cooling. refrigerant.
خنکی، سردی. chilliness. coolness.
خنگ، اسب‌خاکستری یا سفید، کودن. grey or white (horse). stupid.
خنیا، سرود. song. melody.
خنیاگر، رامشگر، مطرب، نوازنده. professional musician. minstrel.
خنیاگری، نوازندگی. minstrelsy.
خو، خوی، عادت، خلق. habit. disposition. temperament.
خوش ~. affable. having good habits. good tempered.
بچیزی ~ گرفتن. to get used or accustomed. to become familiar with. to aquire the habit for. to become addicted to.
~ دادن. to make used to. to addict.
خواب، استراحت، چرت، قیلوله. sleep. dream. slumber. somnolence. doze. drowse. repose. coma. hypnosis. hypnotism. death. pile. nap. somnidorm. sopor. hypno_.
در ~. asleep. sleeping.
~ خرگوشی. a feigned sleep.
~ مغناطیسی. hypnosis. hypnotism.
~ دیدن. to dream.
او بخواب سنگینی رفت. he went into a deep sleep.
او ~ خوشی‌دید. he had a pleasant dream.
~های مخمل. the piles of velvet.
مریض بخواب سنگینی فرورفت. the patient passed into a state of somnolence.
در ~ راه رفتن، ~گردی‌کردن. to somnambulate. to sleepwalk.
دستم ~رفته است. I have gotten pins and needles in my arm. my arm has gone to sleep.
~ چیزی را دیدن. to dream of something.
بخواب رفتن. to fall asleep.
~ کردن. to go to sleep. to get benumbed. to put to sleep. to hypnotize.
خوابم برد. I fell asleep.

خوابم می‌آید. I feel sleepy.
خود را بخواب زدن. to feign sleep. to pretend to be asleep.
~ وخیال. illusion.
اتاق ~. bedroom. bedchamber.
~ او سبک است. he is a light sleeper.
~ او سنگین است. he is a heavy sleeper.
~ نیمروز. siesta. afternoon nap.
از ~ بیدار کردن. to awaken.
خواب‌آلود drowsy. sleepy.
خواب‌آلودی sleepiness. drowsiness.
خواباندن، خوابانیدن، خواب‌کردن. to put to sleep. to cause to sleep. to marinate. to cause to subside.
پرستار بچه را خواباند. the nurse put the baby to sleep.
ماهی در نمك خوابانده شد. the fish was cured (soaked) in salt.
اغتشاش خوابانده شد. the revolt was subsided (suppressed, stopped).
بیمار روی نیمکت خوابانده شد. the patient was laid up on a sofa.
گوشت را در آب‌لیمو خواباندن. to marinate meat in lime juice.
خوابانده put to sleep. laid up.
خواب‌آور hypnotic. narcotic. soporific. somniferous. somnifacient. somnific.
خواب‌دار piled. nappy.
خواب‌رفتگی numbness. torpor.
خواب‌رفته benumbed. torpid. having gone to sleep.
خواب‌شناسی hypnology.
خوابگاه bedroom. dormitory.
خوابگرد sleepwalker. somnambulist.
خوابگردی sleepwalking. somnambulism.
خوابیدگی state of having slept. lying or stooping posture. standstill.
خوابیدن، خواب رفتن، آرمیدن، ازکارافتادن. to lie down. to sleep. to become dormant. to snooze. to slumber. to nap.
در رختخواب ~. to lie down (sleep) in bed.
مرغ روی تخم خوابید. the hen brooded (sat) on the egg.
توفان خوابید. the storm subsided.
کارخانه خوابید. the factory closed.
عملیات خوابید (متوقف‌شد). the operations came to a standstill.
خوابیده lying. asleep. dormant.
خواتین (خاتون .pl. of)، بانوان. women. ladies. dames.
خواجه (خواجگان .pl). eunuch. man of distinction. master.
~کردن. to castrate. to make into a eunuch.
خوار، پست، سرافکنده، خفیف، تحقیر شده. despised. contemptible. abject. wretched. downcast. degraded. miserable. base. servile. (colloq.) hangdog. disdained. underling. inferior.
~ شدن. to become despised, abject, or degraded.
~کردن. to make despised, abject, or degraded.
خوار، خورنده، تغذیه‌کننده، بخور، تغذیه کن. eater or drinker. user. equivalent of suffixes "-vore" and "-vorous" (as in: carnivorous=گوشتخوار).
خواربار، موادخوراکی، خوراکی، ارزاق. provisions. foodstuffs. aliments. alimentation. food supply.
خواربارفروش grocer.
خواربارفروشی grocery (store).
خوارق (خارق .pl. of)، امور خارق‌العاده. extraordinary things. unusual things.
خواری abjectness. contempt. despise. wretchedness. degradation. servility.
خواست، اراده، میل، انتخاب، رجحان، قصد. will. desire. volition. craving. hankering. claim. choice. preference.
~ او اینست‌که برود. it is his will to go.
او بخواست خودش آمد. he came out of his own free will.
بخواست‌خدا، انشاءالله. God willing.
خواستار، خواهان، خواستگار. suitor. asking for. soliciting.
~ شدن از. to ask for. to solicit. to request. to ask.
خواستگار suitor. lover. wooer. beau. swain. admirer. caller.
خواستگاری، پیشنهاد ازدواج. suit. wooing. court. proposing. courtship.
~کردن. to seek a woman's hand in marriage. to court. to propose to.
خواستن، اراده‌کردن، مایل‌بودن، درنظرداشتن. to wish. to want. to intend. to need. to beg. to ask. to request. to desire. to crave. to demand. to desiderate.
میخواهم‌آقای رئیس را ببینم. I wish to see the manager.
میراث پدر خواهی علم پدرآموز. if you desire your father's legacy, learn his knowledge.
آنها میخواهند بروند. they want to go.
از اوخواستندکه بخواند. they asked her to sing.
من دو دلار ازاو میخواهم. he owes me two dollars.
او از من هزار ریال میخواهد. I owe him 1000 Rials.
خواستن توانستن است. where there's a will there's a way.
خواسته، آرزوکرده، مال، آرزو، میل. wished, wanted, wish. desire. possession. riches. demand.
خواستی، ارادی. voluntary.
خواص (خاصیت، خاصه .pl. of)، اشراف، فوائد. the noble classes. properties. benefits. qualities. special people.
خوان، سفره، مرحله، خوانچه. (dinner) table. phase. adventure.
هفت ~ رستم. the seven adventures of Rustam.
خوان، بخوان، خواننده. read or sing thou. reader. singer. (used in combs. as in: کتابخوان، مرثیه‌خوان).
خوانا، واضح، قابل خواندن، روشن. legible. clear. readable.
خوانائی legibility. clarity (of handwriting).
خوانچه، طبق. large wooden tray.
خواندن، قرائت‌کردن، آواز خواندن، سرودن،

احضار کردن، صدا زدن، نامیدن، چهچهه زدن. to read. to peruse. to sing. to study. to call. to invite. to sing. to twitter. to chirp. to croon. to chant. to carol. to warble. to intone. to yodel.
نامه‌ای را ~. **to read a letter.**
با صدای بلند (آواز) ~. **to sing aloud.**
سخت درس ~. **to study hard.**
همه اورا ترسو میخواندند ولی واقعاً شجاع بود. **everyone called him a coward but he was really brave.**
کسی را بخانهٔ خود ~. **to invite a person to one's house.**
سرود یا مناجاتی را ~. **to intone (intonate) a chant.**
خواندنی readable. made for singing.
خوانده (خوانندگان pl.)، دعوت شده، سروده. called. invited. read. having read.
خوانسالار، خان‌ناظر. majordomo. chief steward. chief of the table. table decker. caterer.
خوانندگی (profession of) singing.
خواننده (خوانندگان pl.)، آوازخوان، مطالعه‌کننده. reader. singer. reciter. chanter. crooner. vocalist. singing.
خوانندگان عزیز اشتباهات ما را ببخشید. **dear readers, forgive our errors.**
خوانین (pl. of خان). tribal chiefs. the nobility. the khans.
خواه (i. r. of خواستن)، بخواه، خواهنده، خواهان. wish thou. wisher. (in combs. as in: خیر~، وطن~).
از او بخواه که این کتاب را بخواند. **ask him (order him) to read this book.**
خواه، ولو، یا. whether. or.
بروم ~ نروم. **whether I go or not.**
خواهان، خواستار. desirous. willing. fond. (law) plaintiff.
خواهر، همشیره. sister. soror.
خواهراندر، ناخواهری. half sister
خواهرانه sisterly. like sisters.
خواهرخوانده adopted sister.
خواهرزاده nephew or niece.
خواهرزن wife's sister. sister-in-law.
خواهرشوهر husband's sister. sister-in-law.
خواهری sisterhood. sorority.
خواهش، درخواست، تقاضا. request. wish. desire. craving. yearning. proposition. proposal. appeal. solicitation.
از شما ~ دارم اینجا بیائید. **I request you to come here.**
~ من اینست که دعوت مرا بپذیرید. **it is my wish that you accept my invitation.**
~ پدرت این بود که شما را تحصیلکرده ببینید. **it was your father's desire to see you educated.**
~ کردن. **to ask. to request. to beg.**
از شما ~ دارم بمن گوش کنید. **I pray you to listen to me.**
~ دارم امشب اینجا بمانید. **please stay here tonight.**
خواهشمند، درخواست‌کننده. having a request. asking. desirous.
~ بودن. **to ask. to beg.**
خواهشمندم آنرا برگردانید. **I shall be glad if you will return it. please return it.**

خواه ناخواه، خواهی نخواهی. willy-nilly.
خواهنده، خواهان، خواستار. wishing. desirous. beggar. solicitor. suitor.
خواهی‌نخواهی willy-nilly.
خوب، نیك، نیکو، ممتاز، عالی، صحیح، درست. good. well. nice. proper.
خوبتر **better.**
خوبترین. **best. summum bonum.**
نقشهٔ ~. **a good plan.**
بسیار ~، آفرین. **well-done. very good. very well.**
بطورخوبی انجام شد. **it was nicely performed.**
حالش ~ شد. **he made recovery. he got well.**
~ کردن. **to heal. to cure. to make well. to amend. to redress. to improve.**
خوبی کردن. **to do good.**
~ شدن. **to be cured. to recover. to become well. to become good.**
~ کردید که آمدید. **you did well to come.**
~ شد که نرفتم. **it was a good thing that I did not go.**
دوا را خورد و ~ شد. **he took the medicine and got well.**
بعد از یك هفته زخمش ~ شد. **after a week his wound healed.**
خوبان the good. the beautiful.
خوبرو(ی)، زیبا، خوب‌صورت، نیکرو. good-looking. fair. handsome. beautiful.
خوب‌سیرت، نیك‌سیرت. of a good character. of a noble character.
خوبی، نیکی. good. goodness. kindness. niceness. benevolence.
~ کردن. **to do good.**
بخوبی. **well. nicely. properly. thoroughly.**
خوپذیر، تربیت‌پذیر. apt to acquire a habit. capable of being trained.
~ است نفس انسانی. **the human nature is apt to acquire habits.**
خود helmet. headgear.
خود، ~ من، نفس. myself. oneself. self. (used in combs. as in: خودخواه = selfish).
it also means «self» or «auto» as in:
آیا کتاب ~ را بمن خواهید داد؟ **will you give me your book?**
او خودش ماشین را راند. **he drove the car himself.**
بیخود. **for no reason.**
کتاب خودم. **my own book.**
کتاب خودش را بمن داد. **he gave me his own book.**
خودآرا، جلف، خودنما. dandyish. foppish. self-adorning.
خودآموز self-teaching. self-taught.
~ فرانسه. **French self-taught.**
خودالقایی self-induction.
خودبخود، بخودی‌خود. automatically. spontaneously. by oneself. by itself.
خودباورسازی self-fertilization.
خودبری، خودشکافی. autotomy.
خودبین، خودپسند. self-conceited.
خودبینی، خودپسندی. self-conceit.
خودپرست egotist(ic). selfish. egoist.
خودپرستی، خودخواهی، خودپسندی. egotism. self-worship. selfishness.
خودپسند، خودخواه. selfish. egotistic. egoistic. egoist. smug.
خودپسندانه، خودخواهانه. selfishly. selfish. egotistically.

خودپسندی، خودپرستی، خودخواهی. egotism. selfishness. self-admiration.
خودپیوند autograft.
خودت، خود تو. (thou) thyself. yourself.
خودتان، خودشما. (you) yourself. yourselves.
خودتراش، تیغ خودتراش. safety razor. shaver. electric shaver.
خودجذبی self-absorption.
خودخوار autotroph. autotrophic.
خودخواری autotrophy.
خودخواه، خودپسندی. egoist. self-centered. egotist(ic). selfish (person).
خودخواهی، خودپسندی. selfishness. egotism. egoism. self-centeredness.
خودخور، غصه خور. worried. self-consuming. apprehensive. concerned.
خودخوری، غصه خوری. worry. apprehension. anxiety.
خوددار، دارای کف‌نفس. having self-control. self-possessed. self-contained.
خودداری، ممانعت، جلوگیری، کف‌نفس. self-control. self-restraint. reservedness. reservation. continene.
~ کردن. **to restrain oneself. to refrain. to abstain. to withhold. to forbear.**
خودرای، یك‌دنده، سرسخت. obstinate. opinionated. willful. stubborn.
خودرائی، یك‌دندگی، سرسختی. willfulness. obstinacy.
خودرو، علف‌هرزه. wild. growing by itself.
خودرو، اتوماتیك، اتومبیل. car. self-propelling. automotive. automobile.
خودریخت automorphous.
خودزا autogenic. autogeneous.
خودزاوری، سلف سرویس. self-service.
خودساخته autogenic. autogeneous. self-made.
خودسازی foppishness. dandyism.
خودستا، خودپسند، خودخواه. self-praising.
خودستائی self-praise.
خودسر، خودرأی، افسارگسیخته، کله شق. headstrong. obstinate. willful.
خودسرانه، از روی خودسری. willfully. obstinate. willful.
خودسری، یکدنگی. stubbornness. obstinacy. headstrongness.
خود سوز، خودخور. self-consuming. self-burning.
خود سوزی worry. anguish.
خودش، خود او. (he) himself. (she) herself. itself.
خودشان، خودآنها. (they) themselves.
خودشکنی، فروتنی. self-humiliation. humility.
خودشیرینی currying favo(u)r. ingratiation. apple polishing.
~ کردن. **to curry favo(u)r with.**
خودفروز self-luminous.
خود فروش، خود نما. ostentatious.
خودفروشی ostentation. swagger.
خودکار automatic.
قلم ~. **ball-point pen.**
خودکافت autolysis.
خودکامه، خود پسند، خودخواه. self-interested. self-centered.
خودکامی self-interest.
خودکرده resulting from one's own act. committed by oneself.
~ را تدبیر نیست. **as you make your bed, so you must lie on it.**
خودکشی، انتحار. suicide. self-slaughter.
~ کردن. **to commit suicide.**
بهرام خودش‌راکشت. **Bahram killed himself (committed suicide).**
خودگانی (بارورشدن مستقیم تخمکها). autogamy.
خودم، خودمن. myself. I myself
خودمان، خودما. (we) ourselves.
خودمانی familiar. in an intimate way. intimate(ly). entre-nous.
خودمختار self-determined. autonomous.
خودمختاری self-government. self-determination. autonomy.
خودنما showy. ostentatious. show-off.
خودنمائی ostentation. gaudiness. showing off. display. flaunting.
~ کردن. **to show off. to flaunt.**
خودنویس self-writing. self-recording.
قلم ~. **fountain pen.**
خودی familiar. related. selfness. relation(ship). intimate. friendly.
بخودی خود، خودبخود. **automatically.**
خور، خورشید. sun.
خور، بخور، خورنده. eat thou. eater. (used in combs. as in: غصه‌خور، بادخور).
خور estuary. narrow gulf.
خوراك، غذا، طعام، تغذیه، اشتها. food. meal. dish. dose. course. appetite.
~ کردن. **to feed on.**
خوش ~. **appetizing. delicious. having a good appetite.**
~ دادن. **to give food to. to feed or board. to nourish.**
خوراك‌پز، آشپز. cook. cooker.
خوراك‌پزی cookery. cooking. couisine.
چراغ ~. **cookstove. primus.**
کتاب ~. **cookbook.**
خوراکی، خوردنی، غذا. edible. eatable. food. meal.
خوراندن، خورانیدن. to cause to eat. to feed.
خورتابگیری insolation.
خورجین silique. siliqua. bag. sack.
خورد (act of) eating. nutrition. ate (past tense of "eat").
~ وخوراك. **food and eating. feeding.**
خوردگی، سایش، فرسایش. corrosion. state of having been eaten or gnawed. wear. (used in combs. as in: سرماخوردگی).
این لباس بید ~ دارد. **this suit has moth-eaten spots.**
خوردن، تغذیه‌کردن، آشامیدن، سائیده شدن، اصابت‌کردن، جویدن. to eat. to drink. to partake of. to consume. to gnaw. to corrode or erode. to wear away. to hit. to strike. to misappropriate. (also used as auxiliary verb as in: سرخوردن، کتك‌خوردن.)
~، اصابت‌کردن، تصادف‌کردن. **to hit. to be rung. to collide. to touch. to strike.**
~، مناسب بودن، جوردرآمدن. **to fit (on). to suit. to match. to be proper for.**
غذا ~. **to eat food.**
آب ~. **to drink water.**
اسیدفلزات رامیخورد. **acid corrodes metals.**
ضربت ~. **to receive a blow.**
اوپولها را خورد (سوءاستفاده کرد).

he misappropriated (dishonestly appropriated) the funds.

او تمام ثروت را خورد. **he ate up all the wealth.**

گلوله بهدف‌خورد. **the bullet hit the mark.**

این کراوات باین کت نمیخورد **this tie does not suit (match) this coat.**

کلید شما باین قفل نمیخورد. **your key does not fit this lock.**

در تاریکی دستمان بهم خورد. **our hands touched in the darkness.**

سرما ~. **to catch cold.**

سر ~. **to become disappointed or disillusioned.**

درخیابان باو برخوردم. **I ran into him in the street.**

رفتار شما خیلی باو برخورد. **your behavio(u)r offended her very much.**

بچیزی بر~. **to come across something.**

بهم ~. **to match (suit) each other. to be disbanded. to break up. to be cancelled. to collide. to nauseate. to get sick.**

ناگهان حالش بهم‌خورد وغش‌کرد. **suddenly he got sick and passed out.**

خوردنی eatable. edible. food.

خوردنی‌ها comestibles. victuals.

خورده، سائیده‌شده، تصادف‌کرده، اصابت‌کرده. eaten. corroded. hit. collided.

خورسند، خرسند. happy. satisfied.

خوُرش، خورشت. stew (served usually with rice). food. eating. (bot.) nucellus.

خورشید، آفتاب. sun.

خورشیدی، شمسی. solar.

خوُرَند، مناسبت، گنجایش. suitable. fit.

~ مانیست. **it is not fit for us.**

خورندگی corrosion.

خورنده eater. corroding. hitting.

~ این کیست؟ **who will eat this?**

خوُره، جذام، آکله. leprosy.

خوز، نیشکر. sugar cane.

خوش، شاد. happy. cheerful. gay. prosperous. (also used in combs. as in: دلخوش & خوش‌خو، خوش لباس).

بوی ~. **sweet smell. fragrant smell.**

خواب ~. **sound or sweet sleep.**

بخوشی. **happily. merrily. well. gently. sweetly. joyfully.**

~ آمدید. **you are welcome.**

خدا را ~ نمیآید. **it does not please God.**

~ باشید. **stay happy. have a good time.**

~ داشتن. **to please or like. to make merry.**

~ گذراندن. **to have a good time. to live merrily or in pleasure. to enjoy oneself.**

~ گذشت. **we had a good time.**

از او خوشم میآید. **I am fond of him. I have a crush on her (him).**

دل خود را ~کردن. **to flatter oneself. to make oneself happy with.**

چه ~گفت فردوسی. **how well did Ferdowsi say!**

ایام ~ جوانی. **the happy days of youth.**

~ بحال آنها که از سلامتی برخوردارند. **happy are those who enjoy health.**

خوُش، فتیله. seton.

خوشا how good (is). good for.

~ بحال‌کسیکه. **happy or blessed is he who.**

خوشاب compote.

خوش‌آب‌وهوا of a healthy climate. of a pleasant climate.

خوش‌آتیه promising (to have a good future)

خوش‌آواز having a sweet voice. sweet-singing.

خوشامد welcome.

بکسی ~گفتن. **to welcome a person.**

خوش‌آهنگ melodious.

خوش‌آیند pleasing. nice. decent.

برای ~ او. **in order to gratify (please) him.**

خوش احوال happy. fortunate.

خوش‌اخلاق moral. well-behaved. good-tempered. cheerful.

خوُش اَطوار، خوش ادا. of graceful or pleasing manners. well-mannered

خوُش‌اِقبال، خوشبخت. lucky. fortunate.

خوُش‌اَلحان sweet-singing.

خوش‌اندام. of a nice figure. shapely.

خوش باطن inwardly good. well-meaning.

خوشباش، شادباش، تعارف. compliment. greeting. welcome.

خوشبخت lucky. prosperous. fortunate.

خوُشبَختانه fortunately. happily. luckily.

خوشبختی well-being. welfare. prosperity. happiness. good luck.

خوُش‌بِده prompt to pay one's dues.

خوش‌برخورد sociable. affable.

خوش‌بنیه، قوی‌بنیه. physically strong. robust. vigorous. healthy. sturdy.

خوشبو، معطر. sweet-smelling. fragrant. aromatic. scented. perfumed.

خوشبوئی، عطر. fragrance. aroma. redolence. perfume.

خوش‌بین، امیدوار. optimistic. optimist.

خوش‌بینی، امیدواری. optimism.

خوش‌تراش nicely cut.

خوش‌ترکیب، خوش هیکل، خوش‌قیافه، زیبا. good-looking. shapely. well-shaped.

خوش‌جنس، خوش‌ذات. good-natured. kindhearted. of a good quality. thoroughbred.

خوشحال، شاد. glad. happy. joyful. blithe. pleased. blissful. gay. jovial. jolly. delighted. cheerful.

~ شدن. **to become glad. to be happy. to become pleased. to be gay.**

~کردن. **to gladden. to make happy.**

خوش‌حالت having a pleasant expression. good-natured. well-disposed.

خوشحالی، شادی، شادمانی، سرور. gladness. joy. rejoicing. happiness.

~کردن. **to rejoice.**

خوش‌حساب prompt to pay one's dues or to render accouts.

خوُش‌خَبَر، مژده دهنده. bringing good news. evangelist. auspicious.

خوش‌خدمتی، خوش‌رقصی. sycophant and supererogatory service.

خوش‌خَرام of a graceful gait. walking elegantly.

خوش‌خط،خوشنویس. nicely written. penman. calligrapher. chirographer.

خوش خط وخال having beautiful stripes and spots. outwardly good.

خوُش‌خُلق، سرحال، سرکیف، خوشخو. good-humo(u)red. good-natured. in a good disposition. affable.

خوش‌خلقی good humo(u)r. good nature. affability.

خوشخو، خوشخوی، خوش‌خلق. good-natured. good-humo(u)red.

خوشخوان، خوش‌آواز. sweet-voiced.

خوش‌خوراک eating well. gourmand.

appetizing. appetitive. eupeptic. gastronomic(al). pleasing to the taste.

خوش‌خوش، رفته رفته، کم‌کم. little by little. gradually. by and by.

خوشخوئی good nature.

خوش دست having a lucky hand (or touch). having a green thumb.

خوشدل، خیرخواه، دلخوش. merry. gay. cheerful. benevolent. pure-hearted.

خوشدلی gaiety. cheerfulness. benevolence.

خوش‌ذات، خوش‌جنس. good-natured. well-intentioned.

خوش‌رفتار well-behaved.

خوش‌رفتاری good behavio(u)r. good treatment.

خوش‌رقصی، خوش‌خدمتی. officiousness. elaborate or coquettish dancing.

خوشرنگ of a pretty colo(u)r. colo(u)rful.

خوشرنگ وآب، خوش‌آب ورنگ. having attractive complexion and looks.

خوش‌رو of a cheerful face. smiling. pleasing.

خوشروئی cheerfulness. pleasing countenance.

خوش‌ریخت، خوش ترکیب. personable. shapely. well-shaped.

خوش‌زبان، شیرین زبان. well-spoken.

خوُش‌سابِقه having a clean (or good) record. having a good background.

خوش‌ساخت of a good make. well-made. of exquisite workmanship.

خوش‌سخن conversationalist. of an attractive speech. eloquent.

خوش‌سَلیقه having good taste. of a exquisite taste. elegant. tasteful.

خوش‌سوز briquette.

خوُش‌سیرَت of a good character.

خوش‌صحبت conversationalist.

خوش‌صدا having a good voice. sweet-singing. melodious. euphonious.

خوش‌طالع، خوشبخت، خوش‌شانس. lucky.

خوُش طَبع، دارای طبع روان. (artistically) talented.

خوُش‌طَبعی good-nature. jocularity. talent.

خوش‌طعم، خوش‌مزه. tasty. palatable.

خوش‌طینَت good-natured.

خوش ظاهر outwardly good. of a good appearance.

خوش‌عکس photogenic.

خوُش‌فِطرَت، خوش ذات. good-natured.

خوش‌قامت، خوش‌قد، خوش‌اندام. well-built. of an elegant (or comely) stature.

خوُش‌قَدَم bringing good luck. lucky. well-paced.

خوش‌قلب benevolent. kind-hearted.

خوش‌قلبی good intention. kind-heartedness.

خوش قلم، خوشخط، خوشنویس، خوش قریحه. calligrapher. having a good pen or style. written elegantly.

خوُش‌قَواره، خوش‌اندام. nicely cut out. shapely. well-proportioned.

خوُش‌قَول faithful (or true) to one's promise. punctual.

خوش‌قولی faithfulness to one's promise. punctuality.

خوش‌قیافه good-looking. handsome.

خوش کردار، نیکوکار. benefactor.

خوُش‌گُذَران، عیاش. living in pleasure. pleasure-seeking. free liver.

خوش‌گذرانی pleasure-seeking. living in pleasure. free-living. fleshpots.

خوُشگِل، قشنگ، زیبا، رعنا. beautiful. handsome. pretty. good-looking. lovely. comely. fair. beauteous. pulchritudinous. becoming. dashing. cute.

این دختر خیلی ~ است. **this girl is very beautiful.**

خوشگلی،زیبائی. beauty. handsomeness. good looks. prettiness. pulchritude.

خوش‌گمانی favo(u)able opinion. optimism. trust.

خوُش‌گوار، خوش‌طعم، گوارا. wholesome. digestible. agreeable to the taste. palatable. tasty. savory. toothsome. appetizing. eupeptic.

خوش‌گوشت giving a delicious meat. one whose wound is easily healed.

خوش‌لباس well-dressed. dapper.

خوُش لَهجه having a good accent.

خوُش‌مَحضَر، خوش معاشرت، خوش‌صحبت. sociable. accessible. conversable.

خوش‌مزگی tastiness. palatability.

~کردن. **to jest. to joke. to jape. to humor. to wit.**

خوُش‌مَزه، خوش‌گوار، گوارا، لذیذ،خوش‌طعم. tasty. savory. palatable. dainty. delicious. flavorful. sapid. saporific.

خوش‌مشرب، خوش‌محضر. conversable. good-natured. sociable. friendly.

خوُش‌مَشرَبی friendliness. good fellowship. good-nature.

خوُش‌مُعاشرَت sociable. friendly.

خوُش مُعامَلَه fair in one's dealings.

خوُش‌مَنِش good-natured. pleasant.

خوش‌منظر، خوش قیافه، زیبا. good-looking. comely. scenic.

خوش نشین colonizer. new settler. commuter.

خوش‌نقش lucky (used in gambling). beautiful in design.

فرش ~. **a well-designed carpet.**

خوُش‌نُما well-seeming. good-looking.

~کردن. **to gloss over.**

خوش نمک savo(u)ry.

خوُش‌نَوا، خوش‌آهنگ، خوش‌صدا. melodious. sweet-singing.

خوشنود، خشنود. happy. satisfied.
خوشنویس، خوشخط، خطاط. writing elegantly. calligrapher. penman.
خوش‌نهاد، خوش‌ذات. good-natured.
خوش‌نیت، خوش‌ذات well-intentioned. well-meaning.
خوشوقت، خوشحال، شاد. pleased. glad. happy. gratified. overjoyed.
خوشوقتم که بشما اطلاع دهم. I am happy (pleased, glad) to inform you.
~ شدن. to be pleased, glad, or happy.
~ کردن. to overjoy. to please. to make happy. to gratify.
خوشوقتی، خوشحالی، شادی. happiness. pleasure. gladness. enjoyment. joy. gratification. delight.
اظهار ~ کردن. to express one's pleasure (or joy).
خوشه ear (of corn). cluster, bunch (of grapes). tuft. gleanings. raceme.
~ چیدن. to glean.
خوشه‌ای racemose. of or like a bunch or cluster.
خوشه‌چین gleaner. compiler. plagiary.
~ کردن. to cull. to pick in clusters or bunches.
خوشه‌چینی picking. culling. gleaning. compilation. plagiarism.
خوش‌هوا having a fine weather.
خوش‌هیکل، خوش قواره. well-built. of a nice figure. shapely. well-set.
خوشی happiness. joy. gladness. pleasure. delight. cheer. rejoicing.
~ کردن. to rejoice. to make merry.
خوشیدن، خشکیدن. dry. dried.
خوش‌یمن lucky. auspicious.
خوض، غور. cogitation. deliberation. plunging. deep consideration. wading.
خوف، ترس، بیم، وحشت. fear. anxiety. timidity. phobia. timorousness. worry. care. dread. awe. terror. consternation.
~ از آب. hydrophobia.
از کسی ~ داشتن. to fear someone. to be afraid of a person.
~ کردن. to dread. to be filled with terror.
خوفناك، ترسان، ترسناك. afraid. fearful. dreadful.
خوك، گراز. hog. pig. swine. boar.
خوکچهٔ هندی. guinea pig.
~ دریائی، خوك‌ماهی. sea hog, porpoise.
~ ماده. sow.
چربی ~. lard.
گوشت ~. pork.
خوکبان، خوك چران. swineherd.
خوکبچه piglet. piggy. young pig.
خوك صفت، خوك‌منش. piggish. swinish.
خوگرفتن to get used to. to become accustomed, acclimated or acclimatized.
خوگرفته used to. accustomed. acclimated. habituated.
خول، زغن. (z.) kite.
خولان (bot.) buckthorn.
خولنجان galingale. galangale.
خون blood. racial heritage. kinship. sanguino-. hemato-. sang.
~ آمدن، ~ افتادن. to bleed.
~ گرفتن to cup. to bleed.
~ (کسیرا) خریدن. to pay blood-money. to ransom.
~ خواستن، خونخواهی کردن. to seek revenge. to avenge.
از دماغش ~ میآید. his nose is bleeding.
بانك ~. blood bank.
~ جگر خوردن، ~ دل خوردن. to experience great suffering (or affliction).
خونریزی. bloodshed. bleeding. hemorrhage.
خونریزی داشتن، خونروش داشتن. to bleed. to hemorrhage.
~ ریختن، خونریزی کردن. to bleed. to shed blood. to commit murder. to kill.
~ شدن. to bleed (as the heart). to suffer.
~ کردن. to afflict. to torment. to cause one's heart to bleed.
دلم ~ است. I am sore-hearted.
~ گریستن. to shed tears of blood.
خونش بگردن ما. his blood be on us.
بخون من تشنه است. he is thirsty for my blood. he hates me.
خون‌دادن، اهداء ~. blood donation.
خونابه، خوناب. serum. thin transparent blood. bitter tears.
خون‌آشام bloodthirsty. bloodsucker.
خون‌آلود(ه) blood-stained. bloody.
خونبار shedding (tears of) blood.
خونبند styptic. hemostatic.
خونبها، خون‌تاوان. blood money.
خون‌چکان bleeding. bloody.
خونخوار، خون‌آشام. bloodthirsty. cruel. (med.) hematophagous. sanguisugous.
خونخواری atrocity. cruelty. hematophagy.
خونخواه avenger (of murder or bloodshed). claiming blood-money.
خونخواهی vengeance. revenge.
خون‌دماغ bleeding at the nose. nose-bleed. epistaxis. nasal hemorrhage.
خون دماغ شدن to have a nosebleed. to bleed at the nose.
خونروش bleeding. hemorrhage.
خون‌روی، خون‌ریزی. hemorrhage.
خونریز shedding blood. murderous.
خونریزی staxis. hemorrhage. bleeding. bloodshed. murder. carnage.
~ مغزی. cerebral hemorrhage.
خون‌زا hematogenous.
خون‌زی hematozoom.
خون‌ساز hematopoietic.
خون‌سازی hematopoiesis. hemapoiesis.
خون‌سرد، بی‌رگ، بیحال. poikilothermus. poikilothermal. cold-blooded. hard-hearted. indifferent.
خون‌سردی coldbloodedness. coolness. indifference. sang-froid. stolidity.
خون‌سنج hematometer.
خون سنجی hematometry.
خون‌شناس hematologist.
خون‌شناسی hematology.
خون‌گرم، مهربان. warm-blooded. sympathetic. kind. compassionate. hematothermal. homoiothermal. homothermal. sympathetic.
خون‌گرمی، مهربانی. warm-bloodedness. sympathy. kindness. compassion.
خون‌گیر، رگزن، فصاد. one who cups. bleeder.
خون مردگی ecchymosis.
خونی bloody. sanguinary. hematic. hemal. plethoric. murderer.
خونین، خونی. sanguinary. bloody.
خوی، خو، عادت. habit. custom. addiction.
خوی، عرق بدن. sweat. perspiration.
خوی‌آور diaphoretic.
خوید unripe ear of corn.
خویدن، نشخوار کردن. to ruminate. to chew the cud.
خویش، خویش وقوم، خود، خویشاوند. kin. relative. kinsman. oneself. my (own). your (own). myself. yourself.
قوم و ~. kinsmen. relatives.
کتاب ~ را به اودادم. I gave my (own) book to him.
خویشاوند، خویش و قوم. relative. kinsman.
خویشاوندی relationship. kinship.
خویشتن، خویش، خود. self. myself. yourself. himself.
خویشتن‌بین، خودبین، خودپسند. selfish.
خویشتن‌دار، خوددار. self-possessed. having self-control.
خویشتن‌داری، خودداری. self-control. self-possession.
خویشی، قرابت. relationship. kinship. affinity. consanguinity.
خویشی‌کردن، خویش وقوم شدن. to ally oneself to someone by marriage.
خهی، زهی، آفرین. bravo, well-done!
خیابان، جاده. avenue. street.
شماره ۱۲، ~ پهلوی، تهران. No. 12, Pahlave ave., Tehran.
خیابان‌بندی layout of walks in a garden. layout of streets.
خیار cucumber. option.
~ ترشی. gherkin. pickled cucumber.
خیار چمبر، خیار چنبر، خیارشنبر. long and corrugated variety of cucumber. cassia fistula. purging cassia.
خیارك (med.) bubo.
طاعون خیارکی، غدهٔ خیارکی. bubonic plague.
خیاره fluting. gadroon.
خیاری optional.
خیاط، دوزنده، درزیگر. tailor. seamster.
خیاط زنانه dressmaker.
خیاطی، درزیگری، دوزندگی. tailoring. sewing. dressmaking.
ماشین ~. a sewing machine.
سوزن ~. sewing needle.
نخ ~. sewing thread.
~ کردن. to tailor. to sew.
خیال (خیالات pl.)، تصور، پندار. hallucination. fancy. imagination. vision.
~ داشتن. to intend.
~ بدی ندارد. he has no evil intention.
~ کردن، انگاشتن. to imagine. to suppose.
بخیال انداختن. to set thinking.
بخیال آنکه. on the supposition that. expecting that.
خیالباف visionary (person). wishful thinker. whimsical.
خیالبافی indulgence in fanciful theories. daydreaming.
خیالی imaginary. visionary. fanciful. chimerical.
خیانت، عهد شکنی، بیوفائی. treachery. treason. perfidy. disloyalty.
~ کردن. to commit treason. to be disloyal to. to reveal the secrets of. to commit treachery. to renegade.
این زن نسبت بشوهرش ~ کرد. this woman has been disloyal to her husband.
عمر بکشور خود ~ کرد. Omar committed treason against his own country.
خیانت‌آمیز treasonable. treacherous. perfidious. disloyal.
خیانت پیشه، خیانت‌کار. treacherous.
خیانت‌کار treacherous. traitor. perfidious. untrustworthy. disloyal. turncoat. renegade. traitorous.
خیانت‌کاری treacherousness. treachery. treason. disloyalty.
خیر، نیکی، خوبی، سعادت، بهی. welfare. benefit. good. charity. blessing. no.
(عمل) ~ کردن. to do a good deed.
~ دیدن. to be blessed. to enjoy (the blessings of). to have a happy ending.
پیرزن گفت «الهی خیر ازجوانیت ببینی.» the old woman said: "I wish to God that you may enjoy the blessings of your youth."
~ مقدم گفتن، خوش آمد گفتن. to bid welcome.
سفر به‌خیر! bon voyage! have a nice trip!
خیر، نیکوکار. charitable. pious. benevolent.
خیرات (pl. of خیره)، صدقات. relief. charitable deeds. charities. alms.
~ کردن. to do pious acts. to give alms. to donate charity.
خیراندیش، خیرخواه. benevolent.
خیرخواه، نیکوخواه. benevolent. public-spirited. wellwisher. charitable.
آدم ~. benevolent person.
خیرخواهانه، نیکوکارانه. benevolently. benevolent. charitable.
خیرخواهی، نیکوکاری، حسن‌نیت. benevolence. public spirit.
~ کردن. to do benevolent or charitable deeds.
خیرگی impudence. astonishment. boldness. dazzlement (of the eye).
خیره، خیره‌سر، سرسخت، جسور، متحیر، مبهوت. impudent. bold. headstrong. astonished. dazzled. staringly.
~ شدن. to be dazzled or stunned. to act impudently. to stare. to gaze.
~ کردن. to dazzle. to bewilder. to cause to be impudent.
~ نگریستن. to stare. to gaze.
خیره‌چشم impudent. dim-eyed.
خیره‌چشمی impudence.
خیره خیره staringly.
خیره‌سر، خودسر، بیباك. stubborn. rash.
خیریت، نیکوئی، نیکی. welfare. goodness. advisability.
خیریه charitable. charity. welfare. relief.
بنگاه ~. charity institution.
خیز، جست، جهش. jump. leap.
~ کردن. to jump or leap.
دور ~ کردن، ~ گرفتن. to run before jumping.

خیز (خاستن i. r. of)، برـ~، بایست، خیزنده.
rise thou. jump thou. riser. raiser (in combs. as in: سحرخیز).
wave. billow. surf. tide. **خیزاب**، موج.
خیزاندن، خیزانیدن، بلندکردن.
to cause to rise. to raise.
(bot.) bamboo. rattan. **خَیزُران**
خیزَندَه، خیزان، بلند شونده.
(one) who rises or leaps.
خیزیدَن، خاستن، برخاستن، بلند شدن.
to rise. to get up. to elevate.
wet all over. **خیس**، تر، مرطوب.
drenched. soaked (in water).
to become wet all over. ~ شدن.
to be soaked through. to be drenched.
~کردن.
to soak. to wet. to drench. to steep.

to wet. to soak. **خیساندن**، خیسانیدن.
to macerate. to steep. to saturate.
اول باید گندم را در آب بخیسانید.
you must first steep the wheat in water.
steeped. soaked. **خیسانده**
cold infusion. macerated.
to absorb water. **خیسیدن**
to become wet. to soak. to be softened by soaking. to become wet.
wet. soaked. macerated. **خیسیده**
در اثر باران زیاد کالاهای انبار ~ است.
as a result of excessive rain, the goods in the store have become wet.
ploughshare. harrow. **خیش**
to plough. to harrow. **خیش‌زدن**
loss of face. bafflement. **خیط**
to lose face. ~ شدن.

to cause to lose face. ~ کردن.
skin (for preserving yogurt, etc.). churn. goatskin. **خیك**، مشك.
preserved in a goatskin (or churn). fat. flabby. rotund. **خیکی**
خَیل، لشکر، سپاه.
army. hosts. troops. horsemen. swarm.
fellow soldier. **خَیلتاش**، هم درجه، همکار.
many. numerous. plenty. plentiful. a lot. much. very. **خَیلی**، بسیار.
many books. a lot of books. ~کتاب.
very warm. ~گرم.
very little. very few ~ کم.
thanks a lot. ~ متشکرم.
thank you very much.

very good. very well. all right. ~ خوب.
~ راحت.
very easy. very easily. very comfortably.
much money. a lot of money. ~ پول.
too soon. too early. ~ زود.
~ وقتها، بسیاری از اوقات.
oftentimes. often.
~ ببخشید.
I am very sorry. I beg your pardon.
خَیمَه، چادر.
tent. tabernacle. camp. pavillion.
puppet show. ~ شب بازی.
to pitch a tent. ~ زدن.
camp. **خیمه‌گاه**، اردوگاه.
saliva. spit. spittle. **خیو**، بزاق، آب‌دهان.
ptyalin. **خیومایه**

Tenth letter of the Persian alphabet. **د**
داء، درد، الم، مرض.
sickness. pain. disease. illness.
leontiasis. **داءُالاَسَد**
alopecia. **داءُالثعلب**، طاسی.
ichthyosis. fishskin. **داءُالحیَّه**
داءُالخَمر، جنون خمری.
delirium tremens.
mentagra. **داءُالذَّقَن**
داءُالرقص، قطرب، کره.
chorea. St. Vitus dance.
mercurialism. **داءُالزیبَق**
catalepsy. **داءالسبات**
psoriasis. **داءالصدف**
elephantiasis. **داءُالفیل**
rabies. **داءُالکلب**، هاری.
habit. custom. **داب**، رسم، عادت، خو.
datura. stramonium. **داتوره**، تاتوره.
داخل، درون، توی، اندرون، وارد، ورود.
inside. in. interior. enter. entering.
inside the house. ~ خانه.
Is he in the house? آیا او ~ خانه است؟
interior decorations. تزئینات داخلی.
to get in. to go inside. ~ شدن.
to enter. to penetrate. to pierce. to invade.
to put in or inside. to enter. ~ کردن.
to enter a club. ~ باشگاهی شدن.
قانقرایا به داخل بافت‌های سالم وارد میشود.
gangrene invades healthy tissues.
from within. internally. از داخل.

(fem. of داخل) internal. **داخله**، داخلی.
interior. inner. inside.
Ministry of Interior. وزارت ~ (کشور).
کالاهای ساخت ~ وخارجه.
home-made and foreign-made products.
internal. of or from the inside. local. **داخِلی**
مسائل ~ کشور.
the country's internal problems (affairs).
civil war. internal war. جنگ ~.
internal medicine. طب (پزشکی) ~ .
for internal use. برای استعمال ~.
داد، عدالت، فریاد، دادخواهی، جیغ.
justice. equity. fairness. cry (for justice). shout. scream. holler. yell.
to cry out. to shout. ~ زدن، دادکشیدن.
to scream. to holler. to yell.
to plead for justice. ~ خواهی کردن.
he cried for help. او ~ زد و کمك خواست.
~ سخن دادن.
to express beautifully and eloquently.
~ و بیداد.
tumult. brawl. wrangle. ranting.
to come to someone's relief. بدادکسی رسیدن.
granted. given. gave. giving. **داد**، داده.
(in combs. as in: خداداد).
house-maid. old nurse. brother. **دادا**
(in some dialects) daddy. mamma.
دادار، دادآور، دادگستر، عادل.
just. righteous. giver of justice (God).
داداش، برادر، دادا.
brother. elder brother. dear fellow!

دادخواست، عرضحال، شکایت.
petition. complaint.
defendant. **دادخوانده**، مدعی‌علیه، خوانده.
دادخواه، مدعی، خواهان.
plaintiff. petitioner. claimant.
دادخواهی
pleading for justice. litigation.
to implore (or plead for) justice. to litigate. ~کردن.
دادرَس، داور، دادور.
judge. one who renders justice.
دادرسی، محاکمه، رسیدگی قضائی، قضاوت.
legal procedure. trial. judgment. adjudication. redress of grievance.
to judge. to try. ~ کردن.
to do justice. to arbitrate. to adjudicate.
public prosecutor. **دادستان**، مدعی‌العموم.
دادسَرا، پارکه.
public prosecutor's office.
دادگاه، محکمه، دیوان داوری.
court of justice. court.
just. righteous. **دادگر**، عادل، دادگستر.
administration of justice. **دادگُستَری**
Ministry of Justice. وزارت ~.
دادَن، ردکردن، پرداختن، اداکردن، ایفاکردن.
to give. to pay. to offer. to yield. to bestow. to donate. to present. to cede.
give me some money. قدری پول بمن بده.
مالکیت را ~ (واگذارکردن) به.
to cede the ownership to.

خبر ~ (ابلاغ کردن).
to communicate the news.
to award a prize. جایزه ~ (اعطاکردن).
to grant permission. اجازه ~ (بخشیدن).
قروض خود را ~ (پاك کردن).
to pay out one's debts.
to concede a privilege. امتیازی را ~.
دادنامَه، حکم.
(written) judgment or verdict.
payable. that must be given. **دادَنی**
row. brawl. **دادوبیداد**، فریاد، غوغا.
uproar. turmoil. ranting. hubbub.
to kick up a row. ~ راه انداختن.
~کردن.
to brawl. to create an uproar. to rant.
just. **دادوَر**، دادگر.
carrying on business. **دادوسِتَد**، معامله.
transaction. negotiation. deal. business. commerce. give and take. buying and selling.
to carry on business. ~ کردن.
to transact. to trade. to do business.
فقط با آدمهای درستکار ~ کن.
transact only with honest men.
محل عمدهٔ ~ در تبریز بازار آن است.
the main place of business in Tabriz is its bazaar.
گاهگاهی به ~ تجارتی میپردازم.
occasionally, I engage in commercial transactions.
داده، پرداخته، اداکرده، پرداخت.
given. paid. remittance. payment.

دادیار، مستنطق. assistant to the public prosecutor.

دار tree. gallows. staff (of a flag).

~ زدن، بدار آویختن. to hang.

چوبهٔ ~. gallows tree.

دار (داشتن i. r. of)، داشته باش، بدار، دارنده. have or keep thou. having. holding. holder. keeping. keeper. (in combs. as in: پولدار=moneyed).

دار، خانه. house.

~ فانی. the passing world. this life.

حسن ~ فانی را بدرود گفت. Hassan passed away.

دارا، دارنده، ثروتمند، دارای. having. possessing. holding. containing. wealthy. rich. moneyed.

دارای سه اتاق است. it contains (or has) 3 rooms.

او بسیار ~ است. he is very wealthy.

دارا، داریوش. Darius.

دارابی (bot.) kind of fruit allied to shaddock. grapefruit.

داراشکنه، سوبلیمه. sublimate.

دارُالإنشاء، دبیرخانه. secratariat(e).

دارُالأیتام، پرورشگاه یتیمان. orphan asylum. orphanage.

دارالتادیب، ندامتگاه. house of correction. reformatory.

دارُالتَرجمه translation office.

دارُالحُکومه، حکومت‌نشین. governor's court or seat.

دارُالخلافه capital. caliphate's seat.

دارُالسَلطَنه، پایتخت. capital. royal seat.

دارُالشِّفاء، بیمارستان. hospital.

دارُالشّوریٰ، مجلس شورا. consultative assembly. parliament.

دارُالعَجَزه، نوانخانه. home for beggers. poorhouse.

دارُالعِلم، دانشگاه، دانشکده، مدرسه، دارالعلوم. college or university. house of learning.

دارُالفُنون polytechnic institution.

دارُالمَجانین، تیمارستان. mad house.

دارُالمَساکین، گداخانه. poorhouse.

دارُالمُعَلِّمین، دانش‌سرا. teachers' college.

دارُالوکاله، دفتروکالت. lawyer's office. law office.

دارایی possessions. wealth. assets. belongings. finance.

وزارت ~. Finance Ministry. Ministry of Finance.

داربَست trellis. scaffolding.

دارچین، دارچینی. cinnamon.

داردانِل Dardanelles.

دارزی arboreal.

دارکوب woodpecker.

دارکونه، ربالنوع. a god or goddess.

دارمُوش، مرگ موش. white arsenic.

دارَندگی، دارائی، ثروت، غنا. wealth(iness). possessions.

دارَنده (دارندگان .pl). possessor. holder. owner.

دارو، دوا. medicine. drug. tonic. pharmaco-.

داروَاش (bot.) common mistletoe.

داروخانه pharmacy. drugstore. apothecary. chemist's shop.

دارُودَسته the whole kit. all relatives. the whole gang. followers. band.

داروساز، دواساز. druggist. chemist. pharmacist.

داروسازی pharmacy. pharmaceutics.

داروُشناس pharmacologist. druggist.

داروشناسی pharmacology.

داروشی arborization.

داروغه، کلانتر، فرماندار. sheriff.

دارُوفروش، دوافروش. druggist. pharmacist.

دارونامه، قرابادین. pharmacopeia.

دارُوندار all (one has). assets and liabilities.

دارونی medicinal. pharmaceutical

دارَین the two houses. the two worlds.

داس scythe. sickle. flax. falci-.

داسِ مغز، داس‌مخ. falx of cerebrum.

داستان story. fable. tale. anecdote.

داسغاله pruning-knife. sickle.

داسی، داس‌مانند. of or like a sickle. falcate. falciform.

داش hoodlum. ruffian.

داشبورد dashboard.

داشتن (دار i. r.)، دارا بودن، مالك بودن، نگاه داشتن، حفظ کردن. to have. to own. to hold. to retain. to keep. to possess. to maintain. (also used as an auxiliary verb as in: خرج داشتن).

من وقت نداشتم. I had no time.

من یك خانه داشتم (مالك بودم). I owned a house.

من داشتم میآمدم. I was coming.

حسن داشت یك نامهٔ عاشقانه مینوشت که پدرش سررسید. Hassan was writing a love letter when his father rushed in.

اگر کار داشته باشد نخواهد آمد. if he is busy, he will not come.

صبر داشته باش. be patient.

داعی (دعاة .pl)، دعاکننده، انگیزه، داعیه، سبب. motive. cause. prayer. the one who prays for you.

داعیَه، ادعا، انگیزه، میل، قصد، آهنگ. motive. purpose. desire. claim.

او داعیهٔ سلطنت داشت. he had the purpose (desire) to become the king.

داغ، گرم، سوزان، نشانی، جای زخم یا داغ، اندوه، غم. hot. burning. brand. scar. (effect of) bereavement. remorse.

~ دیدن. to be bereaved (of a dear one or relative).

~ زدن. to cauterize. to brand.

~ شدن. to become hot. to grow hot.

~ کردن. to heat. to make hot. to cauterize.

داغان، پخش، پراکنده. shattered. scattered.

~ کردن. to shatter. to splinter.

~ شدن. to go to smithereens. to be shattered.

داغدار branded. stigmatized. bereaved.

داغدیده bereaved.

داغستان (geog.) Daghestan.

دافِع، دفع‌کننده. repulsive. counteracting. curing. expelling. checking. removing. repellant.

~ رطوبت. waterproof. impermeable.

دافِعَه (fem. of دافع)، دفع‌کننده. repulsive. repellent.

دال، عقاب. eagle.

دالّ، دلیل بر، حاکی از. denoting. proving. suggestive or expressive of.

این عمل ~ برضعف است. this act bespeaks weakness.

دالان، دهلیز. vestibule. hall. corridor.

دالان‌دار custodian of a caravanserai.

دالبُر festoon. scallop. scalloped edging.

دالگوش lop-eared.

دالیهٔ سَوداء (bot.) clematis.

دام، تله، گرفتاری، بند. net. trap. snare.

بدام افتادن. to be trapped or snared. to be caught in a net.

بدام انداختن. to catch in a net. to entrap. to trap. to allure. to ensnare. to net. to snare.

دام، جانور، دد، وحش. domesticated or herbivorous animal.

دام may... last.

~ اقباله. may his fortune last.

داماد bridegroom. son-in-law. groom.

~ شدن. to marry (a wife). to consummate a marriage. to become a groom.

~ کردن. to take a wife for someone. to marry off (one's son).

دامادی state of being a bridegroom.

دامان، دامن. lap. skirt.

دام‌پروری animal husbandry.

دام پزشك veterinarian.

دام‌پزشکی veterinary (science). veterinary medicine.

دامَن، دامان. lap. skirt.

~ زدن. to add fuel to. to exacerbate. to worsen. to aggravate.

یك ~ هیزم. lapful of firewood.

~ برچیدن. to gather or tuck up the skirt.

آتش را ~ زدن. to add fuel to the fire. to fan the fire. to aggravate the condition.

دست بدامن کسی شدن. to appeal to a person for help.

دامَن‌کِشان walking proudly or nonchalantly. walking with a long skirt touching the ground.

دامَن‌گرد cutaway. round skirt.

کت ~. cutaway coat.

دامن‌گیر، گرفتار. holding fast. chronic. befallen. entangled. involved.

بدبختی دامنگیرش شد. bad luck befell him.

دامَنه amplitude. slope. skirt. foot. foothill. extent. scope.

دامنهٔ کوه. mountain slope.

دامنه‌دار extensive. of wide scope. comprehensive. rich.

دامَنی، پارچهٔ دامنی. skirting.

دان، دانه. grain. seed.

دانا (دانایان .pl)، دانشمند، داننده. scholar. learned. wise (person). savant.

دانائی knowledge. learning. sagacity.

دان دان granulated. granular. grained or pebbled.

دانِست، دانستن. knew. learned.

دانِستگی، دانستن. knowingness. knowledge.

دانستن، فهمیدن، دانا بودن، اطلاع داشتن. to know. to ken. to ween. to trow. to conceive. to savvy.

من میدانم‌که او در تهران نیست. I know that he is not in Tehran.

من اینرا میدانم. I know (wot) this. I am aware of this.

دانستنی knowable. (something) worth knowing.

دانسته، فهمیده، عمداً، مطلع. known. knowingly. intentionally.

دانش، علم، معرفت. knowledge. learning. wisdom. ken. savvy. know-how.

دانش‌آموز، شاگرد، محصل. pupil. student of elementary and secondary schools.

دانشپایه، کلاس. class. grade.

دانش‌پرور patron of learning. encouraging learning.

دانش‌پژوه researcher. seeking. seeker of knowledge.

دانشجو، محصل، شاگرد، طلبه. scholar. pupil. student (of a college or university).

دانشسرا teachers' college.

دانشکده faculty. college.

دانشگاه university.

دانشمند، عالم. learned. scholarly. wise. savant. scholar. scientist.

دانشنامه، دیپلم. diploma.

دانشور، دانشمند. scholar. learned.

دانشیار associate professor.

دانك، دانهٔ کوچك. small grain. granule.

دانگ share. sixth part.

دانگی shared. in picnic fashion. Dutch treat.

دانمارك Denmark.

دانمارکی Danish. Dane.

داننده، دانا. knowing. knower. (one) who knows. savant.

دانوب Danube (river).

دانه، ریزه، خرده، تخم، عدد، شماره. grain. seed. granulation. small eruption. papula. granule. bead. (also used after a numeral to mean number or piece as in: دودانه سیب= two apples).

~ کردن. to granulate or grain. to produce seeds.

دانهٔ تسبیح. rosary bead.

دانهٔ فلفل. peppercorn.

دانه‌های عرق بر پیشانیش ظاهر شد. beads of perspiration appeared on his forehead.

دانه‌آور gran(ul)iferous.

دانه‌ای (sold) by the piece. granuliform.

تب ~. eruptive fever.

دانه‌خوار gallinaceous. gallinacean.

دانه‌دار seeded. granular. grainy.

دانه‌دانه granulated. granular. one by one. grain by grain.

دانه دَم، رافه. (bot.) raphe.

دانهٔ گَرده pollen.

دانیال Daniel.

داو increasing a stake. move. turn.

~ کردن. to increase the stake. to move.

داوخواه candidate.

داود David.

داودی، گل‌داودی. (bot.) chrysanthemum.

داور، دادرس، قاضی، حکم. arbitrator. judge. referee. umpire. arbiter. arbitress.
داورگان jury.
داوَری arbitration. judgment. arbitrament. refereeing. umpiring.
~ کردن. to judge. to decide a case by arbitration. to referee. to umpire.
داوطَلَب، خواستار، خواستگار. volunteer. candidate.
~ شدن. to volunteer. to offer. to enlist. to become a candidate.
برای کمك به فقرا احتیاج به ~ داریم. we need volunteers to help the poor.
داوطَلَبانه voluntarily. by one's own volition.
داوطلبی voluntariness. voluntary offer. candidature.
داهیَه calamity. accident.
دایر، ~ کردن، برپا کردن، بکار انداختن. to commission. to put in working order. to establish. to start. to set up. to inaugurate. to open. to found.
کارخانه ~ شد. the plant was put in working order.
کارخانه‌ای درساحل رودخانه ~ کردن. to establish a factory on the banks of the river.
دایره (دوائر .pl)، دائره، بخش، حلقه، حدود، میزان، دایره زنگی. circle. section. round. scope. limit. tambourine.
دایرهٔ بخش‌نامه‌ها. the section for distribution of letters.
~ زدن. to play on the tambourine. to form (draw) a circle. to circle.
دایرَةُالبُروج ecliptic.
دائرةُالمعارف، دانش جُنگ. encyclopedia.
دائره‌کش، پرگار. compass.
دایره‌وار circular.
دایگان (pl. of دایه)، دایه‌ها، للـه‌ها، پرستارها. nurses. wet nurses.
دایگی nursing.
~ کردن. to be a (wet) nurse.
دائِم، دائمی، دایم، مدام، مداوم، همیشه، همیشگی. constant. continual. permanent. perpetual. constantly. permanently. steady. continuous. incessant.
دائماً، همیشه. constantly. continually. always. steadily. continuously.
دائِمُ‌التَّزاید، روزافزون. ever-increasing.
دائِمُ‌الخَمر habitual drunkard.
(تب) دائم‌غلط، تب‌راجعه. (med.) remittent.
دائمی، دایمی، دائم. permanent. constant.
دایِن، دائن، بستانکار، طلبکار. creditor.
دایه (دایگان .pl). (wet) nurse. nanny.
دایی، دائی. maternal uncle.
دُب، خرس. bear. ursa.
~ اصغر. the Lesser Bear. Little Bear.
~ اکبر. the Greater Bear. Great Bear.
دَبّاغ tanner.
دباغ‌خانه tannery.
دباغی tanning. tannery.
~ کردن. to tan.
دَبدَبه، کبکبه، جلال، شکوه. pomp. ostentation. glory.
دُبُر، عقب، کون، مقعد. anus. backside.
دِبران، الدبران. (astro.) the Aldebaran.
دِبستان، مدرسهٔ ابتدائی. primary school. elementary school. grade school.
دِبش، گس. acrid.
دَبَنگ، گیج. giddy dizzy.

دَبور west wind.
دَبّه، فلاسك. flask.
دبهٔ باروت. powder flask.
~ در آوردن، ~ کردن. to (attempt to) go back on a bargain. to renege. to go back on one's word. to back out.
دَبیت satin or percaline used for lining. twill.
دَبیر، منشی، معلم دبیرستان، نویسنده. secretary. clerk. teacher.
دَبیرخانه secratariat(e).
دَبیرستان high school. secondary school. middle school.
دبیره‌شناسی grammatology.
دَبیری secretaryship. teaching.
دِج، سخت، محکم. solid. hard.
دَجاجه cygnus. swan.
دجاجی gallinaceous.
دَجّال the Impostor. the Islamic antichrist. antichrist.
خر ~. the monstrous ass on which the Impostor rides before the advent of the Twelfth Imam.
دجله Tigris (river).
دُچار، دوچار، گرفتار، مبتلا، مواجه. involved. entangled. caught in. encountering. meeting. afflicted with.
~ امر دشواری شدن. to become involved (entangled) in a difficulty.
~ مخاطرات. encountering dangers.
~ شدن. to be involved in. to encounter. to face. to meet. to be engaged in. to get or contact a disease.
~ بدبختی شدیم. we were involved in misfortune.
او ~ مرضی مسری شده است. he has contacted a contagious disease.
~ کردن. to involve in. to afflict. to make affected with. to infect (with a disease).
دُچاری، گرفتاری، ابتلاء. involvement. affliction. entanglement. suffering.
دَخالَت، مداخله، شرکت، دست داشتن در. interference. butting in. meddling. interposing. hindering. hampering. intercession. intrusion. obtrusion. mediation. interloping.
~ کردن. to interfere. to butt in. to meddle with. to interpose. to have a hand in. to intrude. to obtrude. to interlope. to mediate. to intervene. to mix. to intercede.
در امور داخلی کشوری ~ کردن. to intervene in internal affairs of a country.
دُخان (دخانیات .pl) تنباکو، دود، دخانیه. tobacco product.
دخانی (دخانیه .tem). used for smoking.
مواد دخانیه. tobacco products.
دُخانیّات (pl. of دخانیه). tobacco products.
ادارهٔ انحصار ~. Tobacco Monopoly Department.
دخت، دختر. daughter.
دُختَر، دخت، باکره. daughter. girl. maid. virgin. lass. damzel. damoiselle.
~ خانه مانده، ~ ترشیده. old maid.
~ برادر، ~ خواهر. niece.
~ خاله، ~ دایی، ~ عمو، ~ عمه. cousin.
~ بازی. dating girls. to womanize.
~ باز. womanizer. one who dates girls.

دُختَراَندَر، نادختری. stepdaughter.
دخترانه fit for girls. girls' dress. girlish. girlishly.
مدرسهٔ ~. girls' school.
دختربچه (little) girl. girly.
دخترخوانده adopted daughter.
دخترك little girl. girly.
دخترکی، بکارت. virginity. hymen.
دختروار of or like a girl. girlish(ly).
دُختَری maidenhood. girlishness.
نوهٔ ~. grandchild by one's daughter.
دَخل (مداخل .pl)، [illegible] earning. income. drawing. profit. connection. concern. relation. money-till. cash box. cash register.
چه دخلی بمن دارد؟ what has that to do with me? it is none of my concern.
او روزی صدتومان در دخلش میریزد. he puts 100 tomans in his money-till daily.
~ کردن، ~ داشتن. to earn. to make profit. to get income.
~ وخرج. income and expenditure. receipts & expenses.
~ وتصرف کردن. to interfere. to emend. to emendate. to garble. to distort.
دخمه crypt. tomb.
دِخو، کدخدا، دهخدا. alderman. headman of a village.
دُخول entrance. admittance. ingress. getting in.
دَخیل، دخالت‌کننده، شفیع، مؤثر، مهم، پناهنده. interfering. having a hand in. material. important. seeking quarter.
دَد، جانور. wild beast.
دَدَر out. upon the gad.
~ رفتن. to gad about.
ددری gadabout. addicted to going out.
دَده Negress. nurse. wet nurse.
دَر، باب، درب، دریچه، کلاهك. door. gate. orifice. aperture. opening. lid. cap.
~ باغ سبز. deceiving sample. lure.
~ خانه‌اش همیشه باز است. he is always open-doored (hospitable).
~ زدن. to knock at a door.
~ (درب) دوم دست راست. the second door to the right.
~ بطری. bottle cap.
~ قوطی. lid of a can.
~ را شب قفل کنید. lock the door at night.
دَر، درون، توی، داخل، بیرون، خارج. in. within. inside. at. by. out. away. during. about. on.
~ تهران. in Tehran.
~ توی اتاق. inside the room.
~ ظرف دو روز. within two days.
~ چه هنگام. at what time?
دو ~ چهار. two by four.
دو متر ~ یك‌متر. two metres by one metre.
از اتاق ~ آمد. he came out of the room.
~ گذشتن. to pass away. to die. to forgive.
~ رسیدن. to come by. to come upon.
~ عرض اینمدت. during this time.
~ اطراف قدم میزد. he walked about.

این به آن ~. tit for tat.
دَر (دریدن .i. r. of)، بدر، پاره‌کن، درنده. tear thou. rend thou. ripper or cutter (in combs. as in: ~پرده).
دُر (درر .pl)، مروارید، درکوهی. pearl.
دُرّاج (z.) francolin.
دراز، بلند، طولانی. long. lengthy. elongated. extended. prolonged. protracted. tall. lank. lanky. longi-.
دالان ~. a long corridor.
قصهٔ دراز. a lengthy story.
~ شدن. to be lengthened. to be stretched. to stretch out. to become extended. to be elongated.
~ کردن. to lengthen. to prolong. to stretch. to extend. to make long.
~ کشیدن. to stretch down. to lie down. to stretch oneself on the bed.
دست ~ کردن. to stretch one's hand.
دست درازی کردن. to oppress. to exceed one's limits.
زبان درازی کردن to talk rudely or more than one's due.
درازا، طول، درازی. length.
از ~. lengthwise.
به ~ کشیدن. to become lengthy.
درازپهنا oblong.
درازدَست، دست دراز، متجاوز. long-armed. aggressive. bold.
اردشیر ~. Artaxerxes longimanus.
دراز دستی، تجاوز. aggression. oppression. violence.
دراز روده ileum. intestinum ileum. small intestine.
دراز عمر longevous. long-lived.
درازگوش، خر، خرگوش. long-eared. ass. hare.
درازنَفَس، پرحرف. prolix. verbose.
دراز نویسی prolixity. verbosity.
درازی، طول، درازا. length. longitude.
دراست، مطالعه. study. instruction.
در استخوان بندی endoskeleton.
درافتادن to altercate. to quarrel. to set (oneself) at variance with. to engage. to grapple. to oppose.
با مشتری نباید درافتاد. one must not altercate (quarrel) with customers.
دِرام، دراما، نمایش. drama. play.
دَرآمَد income. revenue. prelude.
مالیات بر ~. income-tax.
~ داشتن، درآوردن. to earn. to gain as income.
او ~ زیادی دارد. he has a large income.
~ سرانه. per capita income.
~ ناویژهٔ ملی. gross national income.
~ خالص. net income.
پیش ~. overture. prelude. introduction.
درآمدگی proptosis. protrusion.
دَرآمَدَن، واردشدن، بیرون‌آمدن، خارج‌شدن. to come out.
ازخانه درآمد. he came out of the house.
خورشید درآمد (میدرخشید). the sun shone.
کتاب ازچاپ درآمد. the book was published.
پنیر در ترازو سه کیلو درآمد. the cheese weighted 3 kilos in the scale.
آن کارمند نادرست (ازآب) درآمد. that employee proved to be dishonest.
دندانهای بچه هنوز درنیامده است.

the baby's teeth have not come out yet.
درآمیختن، آمیختن. to intermingle. to intermix. to blend. to mingle.
درانگل endoparasite.
درانیدن، پاره کردن، دراندن. to (cause to) rend. to rip. to tear.
درآوردن، بیرون آوردن، نشان دادن. to bring out. to take out. to show to produce. to earn. to clear (from the customs). to render.
از جیب ~. to bring out of the pocket. to take out of the pocket.
پولترا درآور ببینم. show me your money.
او روزی پانصد ریال درآورد (کسب کرد). he earned Rials 500 per day.
او اجناس راازگمرك درآورد. he cleared the goods from the customs.
او نثر را بنظم درآورد. he rendered the prose into poetry.
او آنرا بفارسی درآورد. he translated it into Persian.
درخت برگ تازه درآورد. the tree put forth new leaves.
شبیه کسی را ~. to mimick (a person).
جان سبیل درآورده است. John has grown a moustache.
درآویختن، آویختن. to hang. to suspend. to grapple with.
دراویش (pl. of درویش)، درویشان. dervishes.
درای، درا. come in. say. tell. bell.
درایت، هوش، فهم، ادراك. intelligence. knowledge. penetration. insight.
درایدن (i. r. درای)، گفتن. to say or utter. to speak.
درب، در، دروازه. door. gate.
دربار court.
وزیر ~. Minister of the Court.
~ شاهنشاهی. Imperial Court.
درباری courtier. pertaining to a (royal) court. courtly.
دربان، دروازه‌بان. doorkeeper. gatekeeper. porter.
دربانی porter's office. porterage.
دربایست، نیازمندی. necessity. necessary. requirement.
دربچه shutter. trap door. window. valve.
دربدر، سرگردان، آواره. vagrant. errant. homeless. wandering. vagabond.
~ شدن. to become homeless. to go into exile.
دربدری vagrancy. homelessness. vagabondage. exile.
دربر wearing. worn. in one's bosom.
~گرفتن. to embrace. to hug.
~کردن. to wear. to put on.
مادر پیرپسر خود را ~گرفت وگریست. the old mother embraced her son and cried.
پسر جامهٔ نو ~کرده بود. the son had put on (worn) new clothes.
~ داشتن. to comprise. to embody. to be wearing. to have on. to involve.
اینکار مشکلات زیادی ~ دارد. this task involves many difficulties.
دربردن to save. to learn cleverly. to understand (the secret of). to escape with. to save.
جان بدربردن. to save one's hide. to escape with one's life.
در حادثه جان سالم بدربرد. he escaped with his life in the accident.
دربست whole. entire. charter. exclusive.
واگنی را ~کرایه کردن. to hire (or charter) a whole waggon.
اتوبوس ~. a chartered bus.
دربسته closely. tightly. a closed door. capped. sealed.
دربند narrow pass. canyon. bolt (for a door). captive. in chains. (geog.) Derbent. Darband. particular. attentive.
حسن ~ تشریفات نیست. Hassan is not particular about formalities.
در بندش نباش. take it easy. never mind.
درپرده veiled. concealed. hidden.
درپوش bung (of a cask etc).
درپیچیدن، پیچیدن، درنوردیدن. to wrap. to survey. to explore.
درج insertion. publication. printing.
~ کردن. to include. to insert. to publish.
این خبر را در روزنامه‌ها ~ نکردند. they did not print (include) this news in the papers.
دُرج jewel-box. casket. chest.
درجات (pl. of درجه)، مراتب، مراحل. degrees. ranks. measures.
درجه (درجات .pl)، رتبه، اندازه، پایه. degree. honours. rank. order. grade. gradation. quality. rate. scale. gradient. class. thermometer. gauge. measure.
درجهٔ یك، درجهٔ اول. first rate. first class.
~ به ~. by degrees. gradually.
درجهٔ صفر. zero degree.
تا این ~. to this extent. so (much).
گرما به ۳۰ ~ بالای صفر رسید. the heat reached 30 degress above zero.
بدرجات، بمراتب. by degrees. by far.
~ دادن به. to promote to a higher rank or degree.
درجهٔ چیزی را گرفتن. to gauge something.
او درجهٔ دکترا گرفت. he received (got) a doctor's degree.
او بدرجهٔ سرهنگی مفتخر شد. he was promoted to the rank of colonel.
~ گرما. temperature.
درجهٔ تب کسی راگرفتن، ~گذاشتن. to take a person's temperature.
زاویهٔ (گوشهٔ) ۹۰ ~. a 90 degree angle.
درجه‌بندی graduation. classification. gradation. rating. grading. sorting.
این لباسها را برحسب اندازه ~ کنید. sort out (classify) these clothes according to size.
~ شده. classified. sorted out. rated.
~کردن، طبقه‌بندی کردن. to classify. to gradate. to rate. to grade. to sort.
درجه‌دار، مدرج graded. graduated. non-commissioned officer.
پیمانهٔ ~. graduated tube or flask.
درچند rate. percent.
درخانه‌باز open-doored. hospitable.
درخت tree. arbor.
~کاشتن، ~ نشاندن. to plant a tree.
~ خرما، نخل خرما. date palm.
~ انگور، تاك. grapevine.
~ سیب. apple tree.
از~ بالارفتن. to climb a tree.
درختستان plantation. grove. arbor. orchard. arboretum. bower. thicket.
درختچه shrub. small tree.
درخت‌دار planted with trees. arboraceous. wooded. arbored.
درختك a small tree.
درخت‌کاری arboriculture. planting trees. arborization.
درختی arboreal. tree-shaped. planted with trees. arborous.
درخش (i. r. of درخشیدن)، بدرخش. shine thou.
درخش، برق، درخشش. lightning. lustre. splendour.
درخشان shining. bright. brilliant. radiant. luminous. lustrous. effulgent. resplendent. gleaming. twinkling. shiny.
درخشاندن، درخشانیدن. to cause to shine. to eluminate. to brighten.
درخشانی brightness. effulgence.
درخشش، درخشندگی، تابش، فروغ. shine. luminosity. lustre. effulgence. radiance. gloss. sheen. glow. gleam. sparkle.
درخشنده shining. luminous. effulgent. radiant. lustrous. bright. resplendent. glittering. gleaming. sparkling.
درخشیدن (i. r. درخش)، تاب، تابیدن. to shine. to emit or give off light. to gleam. to glow. to luster. to effulge. to glitter. to twinkle.
درخواست، تقاضا. request. solicitation. petition. asking. application. requisition.
~ نامه. application blank (form).
~کردن. to request. to ask.
~ دادن. to petition. to solicit. to submit an application or petition.
~ شغل کردن. to apply for a job.
~ پر کردن. to fill an application.
درخواستگر applicant.
درخور، درخورد، مناسب، سزاوار. suitable. fitting. appropriate. befitting. proper. convenient. a propos. condign.
اینکار ~ (مناسب) من نیست. this position is not suitable for me.
این رفتار ~ شما نیست. this behavior is not befitting you.
درد، رنج، سوزش، زحمت. aching. twinge. twitch. pain. ache. ailment. complaint. pang. agony. trouble. affliction. suffering. smart. algo-.
~ پستان. mastodynia. mastalgia.
دل ~. stomachache. bellyache.
~ کمر، کمر ~. lumbago. backache.
~ دل کردن. to tell out one's grievances. to confide in. to chew the cud.
~ دندان، دندان~. toothache.
~ بی‌درمان. cureless (irremediable) disease.
~ سر، سر~. headache. inconvenience.
بی‌دردسر، بدون ~سر. convenient. easy.
~ سردادن. to bother. to annoy.
~ گلو، گلو ~. sore throat.
~ کردن، ~گرفتن، به ~ آمدن. to hurt. to become painful. to ache. to be painful.
~ آوردن، ~ دادن. to cause to become painful. to pain. to give pain to. to hurt.
~ بردن، ~کشیدن. to suffer pain. to travail.
~کشیدن. to suffer pain.
سرم ~ میکند. I have a headache.
همه جای بدنش ~ می‌کند. he aches all over.
سرش برای نزاع ~ می‌کند. he is asking (looking) for a fight.
دستشما ~نکند. thank you for the trouble.
بدرد خوردن. to be of use. to serve some purpose. to be good for.
این قلم کهنه بدرد هیچکاری نمیخورد. this old pen is good for nothing.
دُرد، درده، دردی. dregs. lees. sediment.
دردا، افسوس، عجب، آه. alas! what a pity. Oh me.
دردار، دریچه‌دار. lidded. covered. having a gate or top or plug.
دُردانه single pearl. unique child.
عزیز ~. very dear. a spoiled child.
دردزا algogenic.
دُردِ شراب lees. dregs. argol.
دردکردن to ache. to hurt.
دردکش suffering from pain. passible. sufferer.
دردکش relieving pain. pain killer.
دردمند، دردناك، دردکش. painful. ill. afflicted. suffering from pain. hurting.
دردمندی illness. affliction. sickness.
دردناك painful. diseased. sad. sore. hurting. smarting. aching.
خاطرات ~. painful memories.
درربودن (emphatic for ربودن). to steal. to rob. to swipe.
در رسیدن، سررسیدن، فرا رسیدن. to overtake. to happen. to come upon.
در رفتگی dislocation (of a joint).
دررفتن، گریختن، جابجاشدن. to run away. to flee. to escape. to shirk. to fly. to avoid. to elude. to evade. to be dislocated.
زندانی در رفت. the prisoner fled (escaped).
او از زیرکار دررفت. he shirked his duty.
قوزك پای او در رفت. his ankle was dislocated.
در رفته dislocated. luxated. runaway. fled. escaped.
در رو outlet. issue. effect. result.
کوچهٔ بی ~، بن‌بست. blind alley.
درز seam. suture. crevice. line of junction. crack. cleft. fissure. chink.
~گرفتن. to put a seam in. to take in.
بلباس ~ دادن. to seam a dress.
قایقی را ~گیری کردن. to caulk a boat.
درزدن to knock at a door.
درزگیری caulking.
~کردن. to seam. to caulk. to fill the cracks of.
درزی، خیاط. tailor.
درزین railcar.
درس (دروس .pl). lesson. lecture. teaching. course. instruction.
~دادن به. to teach. to give a lesson to. to lecture. to instruct.
بما دستور زبان ~ میدهد. he teaches us grammer.
~ آموختن. to learn.
~ خواندن. to study.
~گرفتن. to take lessons.
~ خوانده. learned. educated. schooled.
~ خوان. studious. diligent.
اتاق ~. classroom.

اشتباه او برای ما ~ خوبی بود. **his mistake served us a good lesson.**

دُرُست، صحیح، راست، درستکار، کامل، امین، تمام. correct. right. upright. honest. whole. complete. full. exact. sound. integral. correctly. properly. just. exactly right(ly). entirely. very.

جواب ~. **a correct answer.**

یك سیب ~. **a whole apple.**

~ در همان نقطه‌ای که آنچیز را گذاشتم. **the exact spot where I put the thing.**

[illegible] ~. **a [illegible] advice.**

او ~ آنرا جواب داد. **he answered it correctly.**

او ~ سروقت آمد. **he came just in time.**

~ آنچه میگویم بکن **do exactly as I tell you.**

این ~ همان چیزی است که من میخواستم. **this is the very thing I wanted.**

~ است. **that is right.**

ساعت ~. **an accurate watch. correct time.**

~ کردن، تهیه کردن، مرتب کردن، ساختن. **to rectify. to correct. to adjust. to regulate. to tidy. to set right. to mend. to fix. to repair. to make. to do (one's hair). to manufacture. to cook. to handle. to forge. to fabricate.**

~ شدن. **to be corrected or rectified. to be regulated. to be fixed. to be made. to be repaired. to be fixed.**

او اشتباهات مرا ~ کرد. **he corrected my errors.**

کلفت تختخواب را ~ کرد. **the servant tidied (made) the bed.**

میتوانید ساعت مرا ~ کنید؟ **can you fix my watch?**

در ایران رادیو هم ~ میکنند. **in Iran they also make radios.**

دختر جوان موی خود را خوب ~ کرده بود. **the young girl had done (fixed) her own hair well.**

پیرزن هرروز شام آنها را ~ میکرد. **everyday the old woman cooked (made) their dinner.**

بالاخره رادیو ~ شد. **finally the radio was fixed (repaired).**

درست پیمان، باوفا، خوش قول. true to one's promise.

دُرُستکار، امین. honest. frank. sincere. trustworthy. upright.

درستکارانه honestly.

درستکاری، امانت، درستی. honesty. uprightness. rectitude.

درسته، درست، تمام، کامل. whole. complete.

یك نان ~. **a whole bread.**

دُرُستی honesty. rectitude. integrity. truth. correctness. wholeness. veracity.

علی به ~ معروف بود. **Ali was famous for his honesty.**

آینده ~ عقاید او را ثابت خواهد کرد. **the future will prove the correctness of his ideas.**

دَرس‌خوان studious (pupil). diligent.

درس‌خوانده educated. lessoned.

درسی designed for giving or taking lessons.

کتاب ~. **textbook.**

دُرُشت، بزرگ، خشن، زمخت. large. big. rawboned. jumbo. coarse. harsh.

~ نشان دادن، ~ کردن. **to magnify. to enlarge.**

دُرُشت بافت، درشت‌باف. coarsely woven. coarse-grained.

دُرُشت خو(ی)، تند خو. harsh-tempered. rude.

درشت نمایی magnifying power.

دُرُشت‌نِی tibia.

درشتی، پرخاش، زمختی، بزرگی. coarseness. large size. largeness. violence.

~ کردن. **to act or speak harshly.**

دُرُشکِه carriage. droshky. cab.

درشکهٔ بچگانه. **pram. perambulator. baby carriage.**

درشکه‌چی carriage driver. cabman.

دَرصَد per cent. percentage.

درآمد حسن دو ~ اضافه شد. **Hassan's income increased by two per cent.**

دِرَفش awl. banner. standard. spokeshave. standard petal. vexillum.

~ کاویانی. **Kaviani banner.**

دُرَفشان، درافشان. eloquent. scattering pearls.

درفشانی eloquence.

دَرَقی thyroid.

بزرگ شدگی غدهٔ درقی، گواتر. **goiter. goitre.**

دَرك، ادراك، فهم، دریافت، تأثیر، استنباط. perception. comprehension. apprehension. understanding. perceiving. insight. intuition. impression. concept.

~ او در اینموضوع واقع‌بینانه بود. **her perception of the case was realistic.**

او قوهٔ ~ عجیبی داشت. **he had a remarkable insight (intuition).**

~ کردن. **to perceive. to understand. to get. to appreciate. to observe. to comprehend.**

من مشکل شما را میتوانم ~ کنم. **I can appreciate your difficulty.**

دَرَك، دوزخ. hell. inferno.

دَرکَردَن to let off. to fire off. to draw or send out. to (cause to) pass (through a sieve, etc.). to sift.

از راه ~، از راه دربردن. **to mislead to prevent. to lead astray. to seduce.**

دَرکِشیدَن to retract. to pull or draw out.

پول از کسی درکشیدن. **to swindle money out of someone.**

مطلبی را ازکسی درکشیدن. **to pump something out of a person.**

دم درکشیدن. **to hold one's breath in. to die.**

دُرکوهی quartz.

~ بنفش. **amethyst.**

~ کبود. **blue quartz.**

دَرَکه abyss. hell. a step of descent.

درگاشت entropy.

دَرگاه doorway. (also کفدرگاه) sill. threshold. palace. court. audience.

بدرگاه خدا. **to (before, or in the sight of) God.**

دَرگُذَشت، فوت، مرگ. death. passing away. demise.

دَرگُذَشتَن، مردن. to pass away. to die.

دَرگِرفتَن to be kindled or spread. to overtake. to overspread.

دَرگَه، درگاه. threshold. doorway.

درگیرشدن to get involved.

درگیری involvement. embroilment.

دِرَم، درهم. dra(ch)m. drachma. money.

دَرمان، علاج، مداوا، معالجه، چاره. therapy. remedy. cure. healing. redress. antidote. countermeasure. treatment. iatreusis.

~ کردن، چاره کردن. **to remedy. to cure. to heal. to restore.**

~ پنجسالهٔ سرطان. **a five-year cure of cancer.**

زخمها را درمان کردن. **to heal wounds.**

دَرمان‌پَذیر remediable. curable.

درمان‌ناپذیر irremediable. incurable.

دَرماندِگی، بیچارگی، فقر وتنگدستی. helplessness. indigence. distress. insolvency. nonplus. perplexity.

دَرماندَن to become helpless or distressed. to get stuck. to be hard up.

دَرمانده helpless. overpowered. stuck. insolvent indigent. poverty-stricken.

درمان شناس therapeutist.

درمان‌شناسی therapeutics.

دَرمانگاه، درمانکده. clinic. polyclinic.

دَرمانی iatric. theraputic. curative. remedial. iatrical.

دِرمَنه، درمنهٔ ترکی. wormseed. santonica.

دُرنا (z.) crane.

دُرناسانان (z.) gruiformes.

دَرَندگان (pl. of درنده)، جانوران، ددان. predators. beasts. predacious animals.

دَرَندگی fierceness. voracity. rapacity. predatoriness. predation. predacity.

دَرَنده (pl. درندگان)، دد، وحش، جانور، پاره‌کننده. fierce or rapacious (animal) predatory. predacious. beast of prey.

درنده خو(ی) of a fierce or brutal nature. fierce. rapacious. predacious.

درنده‌خولی brutality. fierce nature. rapacity. predacity. predation.

دِرَنگ، تأخیر، تأمل. delay. hesitation. pause.

~ کردن. **to delay. to hesitate. to pause.**

درنگ، جرنگ، جرینگ. tinkle. clang.

دَر نَوَردیدَن to fold or roll up. to fold together. to travel (over).

دَر نَوِشتَن، در نوردیدن. to obliterate. to set aside.

دِرو reaping. harvest. enfilade.

~ کردن. **to reap. to harvest.**

دَروازه gate. goal.

تیر ~، چوب ~. **goal post.**

خط ~. **goal line.**

دروازه‌بان gatekeeper. gateman. goalkeeper. goalie. goaltender.

دُرود، حمد، نیایش. greeting. praise. benediction. wood. timber.

برکسی ~ فرستادن. **to praise (or send greetings to) a person.**

دُرودگر، نجار. carpenter.

درودگری carpentry.

دُروس (pl. of درس). lessons.

مدیر ~. **registrar.**

دُروغ، نادرستی، ناراستی. falsehood. lie. untruth. fib. prevarication. equivocation. fabrication. mendacity. untrue.

~ گفتن. **to lie. to deceive. to falsify. to prevaricate. to tell a lie. to fib.**

~ درآوردن، ~ ساختن. **to give the lie to. to belie. to invent lies. to fabricate.**

~ شاخدار. **a conspicuous lie.**

بدروغ. **falsely.**

~ مصلحت‌آمیز. **white lie.**

دروغ‌باف، دروغگو، دروغ ساز. fabricator of lies. liar.

دُروغ پَرداز liar.

دُروغگو، کذاب، دروغ‌باف. liar. mendacious. lying. prevaricator. fibber. equivocator.

~ درآمدن. **to turn out to be a liar.**

~ دشمن خداست. **a liar is the enemy of God.**

دروغگوئی telling lies. mendacity. lying. prevarication. fibbing.

دروغی false. sham. spurious. falsely. feigned. counterfeit. pseudo. mendacious. untrue. pretended.

دِرُوگَر reaper. harvester.

دَرون in. inside. interior. inward. inner. intro-. endo-. heart. mind.

دَرون‌بَر endocarp.

درون‌تراو، درون ریز. endocrine.

درون‌پرده amnion.

درون‌پوست endoderm.

درون‌پوش endothelium.

دَرونَج (درونج عقربی). doronicum.

درون دل endocardium.

درون‌راند endosmosis.

درون رو(ی) endogenous. endophyte.

درون ریز، درون تراو. endocrine.

درون‌ریز شناسی endocrinology.

درون‌رگی intravascular. intravenous.

درون‌زاد endogenous.

درون سوز(ی) internal-combustion.

دَرون‌شامه، درون‌شامهٔ دل. endocardium.

درون‌گرای introvert. inner-directed.

درون‌لنف endolymph.

درون مایه endoplasm.

درون همسری endogamy.

دَرونی، داخلی. inner. internal. interior. inside. inmost. inward. intro-. endo-.

دِرَویدَن، درو کردن. to reap. to harvest. to mow down.

دَرویش (pl. دراویش، درویشان). dervish. mystic. mendicant. poor. indigent.

دَرویشی life of a dervish. mendicity. humility. modesty. poverty. mysticism.

~ کردن. **to be humble. to act (or live) as a dervish (or a mendicant). to be condescending or sociable.**

او آدم ~ است. **he is a modest man.**

دَرّه valley. vale. dale. dail. glen. canyon. hollow. gorge.

دُرّه (pl. درر)، دردانه. single pearl.

دَرهَم، آشفته، مخلوط، ژولیده. chaotic. hurly-burly. pell-mell. jumbled. muddled. confused. mixed up. promiscuous. interlaced. shaggy. intricate.

~ آمیختن. **to blend. to intermingle. to mix together. to interlock. to confuse.**

~ بافتن. **to interweave.**

~ پیچیدن. **to wind or twist together. to interlace. to intertwine.**

~ شکستن. **to break up. to smash. to crush.**

~ کردن. **to mix together. to confuse. to entangle. to jumble. to muddle.**

~ کوبیدن. **to pound. to smash. to clobber.**

جبین ~ کردن. **to knit the brows.**

~ گیر کردن. **to become entangled or snarled.**

~ پیچیدن. **to become twisted together or entwined.**

درهَم (دراهم .pl)، درم. drachma.
درهم‌برهم، آشفته، بهم ریخته، مغشوش. higgledy-piggledy. confused. in disorder. chaotic. topsy-turvy. mixed up. hurly-burly. pell-mell. jumble(d).
~ کردن. to put in complete disorder. to muddle. to confuse. to mess. to mix up. to jumble.
چیزها را ~ کردن. to make a mess of things. to put things in complete disorder.
دَرهَنج، درهنگ. ingestion.
درهیختن to ingest.
دَری، دره‌ای. of the valley.
دَری. ancient Persian dialect. the Persian spoken in Afganistan.
دَریا، بحر. sea. mer-. mari-.
دریای آزاد. high sea. open sea.
دریای غیرآزاد، دریای بسته. closed sea.
دریای پرجزیره. archipelago.
دریای محیط ، اقیانوس. the ocean.
از راه ~. by sea.
سطح ~. sea level. surface of the sea.
ناخوشی ~، دریا زدگی. seasickness.
~ زده، ناخوش~. seasick.
بدریا انداختن. to launch (as a ship). to throw overboard. to jettison.
ساحل ~. seacoast. seashore. seaboard.
دَریابان vice admiral.
دَریابُن benthos.
دَریابیگی، دریاسالار. admiral.
دَریاچه lake. pond. lagoon. lagune.
دریادار rear admiral.
دَریارَو seaworthy. seagoing. seafaring.
دریاسالار، امیرالبحر. admiral.
دَریافت، درك، استنباط، برداشت. receipt. amount received. perception. understanding. comprehension.
دریافت‌کردن، دریافتن. to receive. to collect. to take delivery of.
دَریافتَن، فهمیدن، درك‌کردن. to perceive. to understand. to find out. to comprehend. to come to the rescue of.
چیزی را ~. to understand something.
یا علی مرا دریاب. O'Ali, rescue me (help me out).
دریافتی amount received. receipt.
دَریاکنار، ساحل، کناره، کرانه. seaboard. seashore. seacoast. beach. littoral.
دَریانَورد، ملاح، ملوان، دُریاپیما. navigator. seaman. seafarer. sailor. mariner.
دریانوردی navigation. seafaring. cruising. seamanship.
دریایی marine. naval. maritime. sea-. (in combs. as in: دزددریائی=pirate).
نیروی ~، ناوگان. navy. naval force.
تفنگداران ~. the marines.
دَریچه trap door. hatch. shutter. valve. window. porthole.
دریچهٔ آئورتی. aortic valve. valve of aorta.
دریچهٔ آدم‌رو. manhole.
دریچهٔ دولختی. mitral valve. bicuspid valve.
دَریدگی rent. impudicity. tear. rip.
دَریدَن، پاره‌کردن، گسیختن. to tear. to rip. to rend. to lacerate. to devour. to be torn. to cleave. to cut.
دَریده، گسیخته، پاره شده. rent. torn. impudent. ripped. lacerated.
~ شدن. to be ripped or torn.

دهان ~. loose-tongued. impudent.
دَریغ، افسوس، مضایقه. sparing. refusal. denial. regret. alas.
~ داشتن از. to spare. to refuse. to withhold from. to skimp.
~ کردن. to withhold from. to spare.
دَریغا، افسوس، واحسرتا. alas! pity! oh! wellaway.
~که دوران جوانی بازنمیگردد. alas, the period of youth does not return.
دریل، مته. drill. bore.
دَری‌وَری gossip. nonsense. raving. gobledygook. balderdash.
دَریوزه، گدائی. begging.
دزد، سارق. thief. robber. crook. pilferer. snitcher. swiper. pincher. sneak. cleptomaniac. stealer. pirate. purloiner. buccaneer. kidnapper. filcher. burglar.
دله ~. pilferer. a filcher. snitcher.
جنون دزدی. cleptomania.
~ دریائی. pirate. buccaneer.
آدم ~. kidnapper.
هواپیما ~. hijacker.
~ شبانه، ~ خانه. burglar.
~ ادبی، ~ تألیفات. plagiarist.
دزدانه، دزدکی. stealthily. surreptitious(ly). clandestine(ly).
دزدریگ quicksand.
دُزدَکی، دزدانه، آهسته. surreptitious. furtive. stealthily. covert. clandestine. underhanded. stealthy. secret(ly).
دُزدی، سرقت. theft. robbery. stealing. pilfering. burglary. snitching. swiping. pinching. piracy. purloining. larceny. thievery. filching. holdup. stickup.
~ کردن. to commit theft. to steal. to rob. to purloin. to filch. to swipe. to snitch. to pilfer. to burglarize. to hold up.
~ دریائی. piracy.
دُزدیدَن (دزد، بدزد .imp)، دزدی کردن، سرقت کردن. to steal. to rob. to purloin. to pilfer. to filch.
هواپیما ~. to hijack a plane.
دزدان پول او را دزدیدند. thieves stole his money.
دُزدیده robbed. pilfered. stolen.
دِژ، دز، قلعه. fort(ress). castle. stronghold.
دِژبان، قلعه بیگی. military policeman. keeper of a fortress.
دژبانی military police department.
دِژپیه، غدهٔ چربی. ganglion. gland.
دِژخیم، جلاد. executioner. headsman.
دِژکوب، قلعه کوب. battering ram.
دِژم، خشمگین، افسرده، پکر، مست. angry. irritated. sad. drunk.
دِسامبر December.
دَسائِس (دسیسه .pl. of)، دسیسه‌ها، انتریك‌ها. intriques. plots. machinations.
دست، بازو، جناح، نوبت، ید. hand. arm. skill. ability. authority. time. direction. side suit. set. stand. assembly. pack. deal. round. game. deck. mani-.
او در این توطئه ~ داشت. he had a hand in this plot.
~ راست. the right hand.
دستها بالا! hands up!
من سه ~ بازی را بردم. I won the game three times. I won three sets.
او در ~ چپ حرکت میکرد. he moved on the left side.

یکدست لباس. a suit of clothes.
یکدست بشقاب. a set of plates.
یکدست ورق بازی. a pack (deck) of cards.
حالا ~ اوست‌که ورق بدهد. he must (it is his turn to) deal the cards now.
یکدست بازی پوکر. a round of poker.
~ آخر. in the end. finally. at last.
~ بگریبان، ~ به یقه. (scuffling) at close quarters. hand to hand. mêlée.
~ کم. at least.
~ کم گرفتن. to underestimate.
~ ازپاخطا کردن. to act imprudently. to lose one's wits. to trespass. to exceed the limits. to make a faux pas. to blunder.
~ از جان شستن. to despair. to risk one's life.
~ از سر کسی برداشتن. to let someone alone.
~ انداختن. to pull one's legs. to make sport of. to lay hands on.
~ بآب رساندن. to ease nature. to go to the bathroom (toilet).
~ بدست رفتن، ~ بدست گشتن. to change hands.
~ بدست کردن، ~ بدست ورکردن. to procrastinate. to dilly dally. to temporize.
~ برداشتن از. to desist from. to cease. to give up. to leave alone. to relent.
از قمار بازی ~ بردار! give up (leave off) gambling!
~ بسر کردن. to get rid of. to send away.
~ بکار شدن. to start (on a) work. to engage in.
~ درچیزی بردن. to make alterations in or tamper with something. to garble.
~ دادن. to shake hands. to afford an opportunity. to come upon. to take place.
اگرم ~ دهد، اگر برایم دست دهد. if the opportunity offers itself.
~ خالی. empty-handed.
~ خوردن. to be touched. to be tampered with.
خوراك ~ خورده. leftover food.
~ درازکردن. to reach out. to stretch one's hand. to beg.
~ زدن. to touch. to clap (the hands).
بدون مطالعه نباید بکاری دست زد. one ought not embark on (undertake) a work without deliberation.
برسر آنم که گر زدست برآید
دست بکاری زنم که غصه سرآید
I intend, if it can be managed, to undertake something that may end all woe.
~ کشیدن از. to leave off. to stop. to desist from. to abandon. to give up.
~ نگاه‌داشتن. to hold. to wait. to forbear.
~ وپای‌خودرا گم کردن. to panic. to become panicky. to be disconcerted.
~ یافتن به. to attain. to acquire. to capture.
~ یکی کردن. to unite. to collude.
از ~ دادن. to lose. to miss. to give away. to forfeit.
از ~ رفتن. to be lost or missed. to perish.
ازدستش برنمی‌آید. he is not in a position (to do it). he cannot cope with it.
بدست آمدن. to come to hand. to be obtained.
بدست آوردن. to obtain. to earn. to gain. to achieve. to attain.

دستم‌نمی‌رسد. it is beyond my reach. I am not tall enough (to reach that).
در ~. in hand. on hand. available.
در ~ تهیه. being prepared. in the course of preparation.
دَست‌اَبزار، دست افزار. hand tool. implement.
دَستار، دستمال، عمامه. turban.
دَست‌اَرّه، دستره، ارهٔ دستی. handsaw.
دَستاس hand mill.
دَست افشار hand-pressed.
دست افشانی، رقص. dancing.
دُستاق، حبس، زندان. jail.
دَست‌آموز pet. tame.
دَستان، داستان، حیله، مکر. fable. slyness. ruse. trickery.
دَست انداز bump. pothole. chuckhole.
پر ~. bumpy.
دست‌اندازی encroachment. laying hands on. aggression.
دست‌اندرکار having a hand in. involved in.
دستاویز، سند، مدرك، مستمسك، بهانه. document. voucher. pretext. excuse.
دست‌باز liberal. open-handed. generous.
دست‌باف hand-woven. hand-knitted.
دَست بِدَهَن able to earn one's bare livelihood. hand to mouth.
دستبرد، سرقت. theft. larceny. robbing.
~ زدن. to seize. to steal. to embezzle. to rob. to burglarize. to heist.
دست بسینه with folded (or crossed) arms (as a sign of respect.
دست‌بکار started or embarked on a business etc.
دست‌بکارشدن to embark on. to start. to begin.
دست‌بگریبان شدن، دست به‌یخه شدن. to scuffle. scuffling.
دَستبَند bracelet. hancuff. manacle.
دَستبُوس kissing a superior's hand.
بدستبوس کسی رفتن. to pay a visit to and kiss the hand of a person.
دسبوسی kissing of hands.
دَست به‌یَخه scuffling.
دَست پاچگی the state of being panicky. precipitance. hastiness. excitement. embarrassment. panick.
دَست پاچه panicky. hasty. excited. embarrassed. abashed. discomfited. disconcerted. nonplussed.
~ کردن. to make embarrassed or excited.
~ شدن. to become panicky or confused.
دَست پُخت hand-cooked. tenderly brought up. food regarded as cooked by a specified person.
دست‌پرورده hand-fed. pet.
دَست تَنگ، تنگدست. indigent. poor.
دَستجات (دسته .pl. of)، گروه‌ها، جماعات. groups. gatherings. collections.
دَستِ چَپ، چپدست. left-hand. left-handed. left. sinister.
دست‌چپی، چپی. leftist. of the left.
دستخط، دست‌نوشته. handwriting. writing. autograph(y). manuscript. firman.
دست خورده touched. used. violated. tampered with. leftover.

دستخوش، طعمه، آلت دست. exposed to. subject to. victim of.
~ اغراض خصوصی او شدم. I fell a victim to his private motives.
دست‌خوش، دست‌لاف. bravo! good for you! winner's tip. handsel.
دَست دِرازی aggression. violence. reaching with the hand.
دست‌دوز hand-sewn. hand-tailored.
دَسترَس accessible. within reach. available.
در ~ شماست. it is available to you.
دسترسی access. availability.
دَسترَنج، مزد. product of one's labour. wages.
دست‌زده، دستخورده. touched. tampered.
دست‌ساخت hand-made.
دَستشوئی washbasin. washstand. lavatory. sink. basin.
دَست فُروش peddler. hawker. vender.
دست فروشی peddlery. pedlary. hawking. vending. peddling.
~ کردن. to peddle. to vend. to hawk.
دَستَك pad used as a rough day-book. corner of a cloth. clapping of hands.
دَستکاری minor repairs. finishing touch. retouching. touching up.
~ کردن. to give finishing touches to. to retouch. to do minor repairs.
دَستکِش glove. mitten. mitt.
~ دست کردن. to wear gloves.
~ بوکس. boxing glove.
دستکشی، انصراف. cease. desisting.
دَست کِشیدن to desist. to cease. to stop. to quit.
آنها ازکاردست کشیدند. they stopped working.
دَستگاه، کارخانه، کارگاه، دست، مجموعه، جهاز. apparatus. plant. machine(ry). mechanism. musical division.
سه ~ عمارت. three buildings.
~ عصبی. nervous system.
~ تنفس. respiratory system.
~ گوارش، جهاز هاضمه. the digestive system.
دم و ~ او زیاد است. he is enjoying much power (pomp).
~ بی‌سیم. wireless set.
دستگاههای (سازمانهای) دولتی. goverment organizations.
دَستگیر arrest. taking prisoner. grasp.
~ شدن. to be arrested. to be captured.
~ کردن. to capture. to take prisoner. to arrest. to apprehend. to nab.
مطلب دستگیرم شد. I grasped the matter. I got it.
پلیس متجاوزین را ~ میکند. the police will arrest trespassers.
دَستگیره handle. catch. knob. handhold. latch. handlebar.
دستگیری help. aid. relief. arrest. capture. apprehension. nabbing.
دَستلاف، دستخوش. handsel. luckpenny.
دَستمال handkerchief. kerchief.
~ سفره. napkin.
~ گردن. neckerchief. scarf.
دستمالی palpation. fingering. touching.
~ کردن. to touch. to molest. to palpate. to finger.
دَست مایِه، سرمایه، مایهٔ [illegible] capital.

دَستمُزد wage. earning. fee.
دَستَنبو (bot.) variety of small fragrant melon.
دَست‌نِشانده satellite. protege. (mere) instrument. quisling. stooge.
دَست‌نَماز ablution before prayer.
~ گرفتن. to perform one's ablution before prayer.
دست وپا effort. struggle. shift.
بی ~. inefficient. lacking in initiative and aggressiveness.
چهار ~. on all fours.
~ زدن. to struggle with twitches. to flounce. to writhe.
~ کردن. to struggle. to strive.
دَستُور (دستورات، دساتیر .pl)، فرمان، امر. instruction. direction. order. directive. grammar. agenda.
~ دادن. to order. to direct.
بآنها ~ دادکه زندانیان را آزادکنند. he ordered them to free the prisoners.
~ زبان فارسی. Persian grammar.
دَستوُرُالعَمَل guide direction(s). prescription. recipe.
دَست‌وَرز handicraftsman.
دست‌ورزی، کارهای دستی. handicraft.
دَستوری grammatical. ordered. prescribed.
دَستِه (دستجات .pl)، قبضه، گروه، جماعت، بخش، جوخه، تیپ، دستگیره، میله. handle. helve. hilt. haft. holder. pestle. lever. quire. ream. bouquet. wreath. bunch. faction. class. party. clique. coterie. school. pride. fight. herd. drove. swarm. bevy. covey. assemblage. set. band.
دستهٔ چکش. the handle of a hammer.
دستهٔ شمشیر. the hilt of a sword.
دستهٔ تبر. the helve of an ax.
دستهٔ کارد. the haft of a dagger.
یك ~ گل. a bunch (bouquet) of flowers.
یك ~ شیر. a pride of lions.
یك ~ از پرندگان. a flight (group) of birds.
یك ~ رامشگر. a band of dancers.
~ کردن. to classify. to group. to bundle. to bunch. to wreathe. to categorize.
سر ~. leader. boss. ringleader. captain.
دَستِه‌بَندی، پارتی‌بازی، صف‌آرائی. faction. factionalism. classification. clique. combination. party. sorting.
~ کردن. to form factions. to classify.
دَسته‌جِلو bridle. ribbons.
دَسته‌جَمعی in unison. collective. communal. all together. in chorus. collectively. together. en masse.
توقیف ~ جراید. mass suppression of the press.
دَسته دَسته (in) groups. (in) scores.
دَسته‌گل bouquet. nosegay. bunch of flowers. wreath.
~ به‌آب دادن. to cause trouble. to make a faux pas.
دَستی handmade. manual. artificial.
تلمبهٔ ~. handpump.
کار ~. handiwork.
کیف ~. handbag.

هنر دستی. handicraft.
وجه ~. loan in cash (not entered in a book).
دست‌یاب، دست یافت. available. accessible.
دست‌یابی opportunity. superiority. access.
دست‌یار (technical) assistant. aid. accomplice.
دست‌یاری assistance. complicity.
دست‌یافت، فرصت، پیروزی. opportunity. success. victory.
دَست یافتَن to gain access to. to get. to control.
پس از شکست ساسانیان، کم‌کم اعراب برتمام کشور دست یافتند. after the defeat of the Sassanians, the Arabs gradually gained control over (conquered) all of the country.
دست‌یکی united. collusion.
~ کردن. to unite. to gang up. to collude.
دَستینَه، امضا، دسته، زیور آلات دست. autograph. handle. ornament.
دِسِر، پس غذا. dessert.
دَسیسَه (دسایس .pl)، انتریك، توطئه، تحریك، حقه بازی. intrigue. plot. scheme. machination. ruse. stratagem. collusion. conspiracy. skullduggery.
آنها میان مردم ~ میکردند. they were intriguing among the people.
~ کردن. to form a plot. to conspire. to collude. to plot. to intrigue. to machinate.
دسیسهٔ محرمانه. a secret plot.
آنها برای برانداختن او ~ (توطئه) کردند. they conspired to overthrow him.
دسیسه‌کار، انتریك‌چی، توطئه‌کار. intriguer. intrigant. conspirator. plotter.
دِسیمِتر decimetre.
دُشبَل، غده. gland.
دَشت plain. field. first money earned on a business day. handsel.
~ مرتفع. plateau.
دَشتان، حائضه. menstruous.
دشتبان field watchman. field keeper.
دشتی of or having to do with a field or plain. pastoral. wild. of Deshtestan.
دَشدیسه deformed.
دشدیسگی deformity.
دُشَك، دشك‌چه، تشك. mattress.
دُشمَن، عدو، مخالف، معاند. enemy. opponent. antagonist. foe. adversary. hostile. inimical.
دشمن‌کردن. to antagonize. to alienate. to turn into an enemy.
~ شدن. to turn against. to become an enemy. to become hostile.
نادر دشمنان خودرا سخت شکست داد. Nader badly defeated his enemies.
رفتار خشن او همه را ~ او کرد. his rough behavior turned everyone against him (antagonized everyone).
دوست و دشمن. friend and foe.
دشمنانه، خصومت‌آمیز، دشمن‌وار. inimically. as an enemy. in a hostile manner.
دُشمَنی، عداوت. enmity. hostility. animosity. antagonism.
ظلم اشرف افغان ~ مردم را بیشتر کرد. the cruelty of Ashraf the Afghan increased the people's antagonism.
بخدا تکیه‌کن، وازدشمنیِ مردم نترس. rely on God and do not fear the people's enmity.

دُشنام، ناسزا، فحش. curse. execration. swearing. imprecation. bad language. abuse. cuss. anathematization.
~ دادن، فحش دادن. to use bad language. to curse. to imprecate. to swear at. to execrate. to anathematize. to cuss.
مادر به‌آنانکه پسرش راکتك‌زده بودند ~ داد. the mother cursed at those who had beaten her son.
دَشنِه، کارد. poniard. dagger.
دُشوار، سخت، مشکل. difficult. hard. burdensome. onerous. laborious. knotty. difficile. arduous.
مسئلهٔ ~. a knotty problem
دشواری، سختی. difficulty. hardship. onerousness. laboriousness.
دُعا، نیایش. prayer. blessing. benediction. devotion. meditation. worship.
~ خواندن. to pay. to say (one's) prayers.
ادعیهٔ خالصانه. sincere wishes.
کتاب ~. breviary. prayer book.
دعای سحرگاه. matin. matins.
دعاخوان (one) who prays for others.
دُعاگو، داعی. one who prays for another. prayerful. worshipper. worshiper. grateful. thankful.
دعاگویی praying for another.
دعانویس writer of amulets and prayers.
دَعاوی (دعوی pl. of)، ادعاها. claims. litigations.
دَعوا، دعوی، مرافعه. fight. quarrel. litigation. wrangle. dispute. (legal) case.
~ کردن. to wrangle. to fight. to quarrel.
پیرزن دائماً با شوهرش ~ میکرد. the old woman used constantly to quarrel with her husband.
دو دوست صمیمی سرپول دعوایشان شد. the two intimate friends fought over money.
دعواکن، دعوائی، اهل‌مرافعه. litigious. quarrelsome. fond of litigation.
دَعوَت، مهمانی، تشویش، ترغیب، وادارسازی. invitation. attracting. soliciting. solicitation. courting. challenge.
~ کردن. to invite. to call. to summon.
~ شدن. to be invited.
اوهم به‌مهمانی ~ شده بود ولی نرفت. he too had been invited to the party but did not go.
هیچکس ~ او را اجابت نکرد. no one answered his call.
آنها ما را برای ناهار ~ کردند. they asked us to dinner.
دَعوَت‌نامِه letter of invitation.
دَعویٰ، ادعا. claim. litigation.
~ کردن، ادعاکردن. to claim. to pretend. to litigate.
مانی ~ پیغمبری میکرد. Manes claimed to be a prophet.
دَغا، فریب، فریب‌کار. deceit. deceitful. base.
دَغدَغان (bot.) nettle tree.
دَغدَغِه apprehension. disturbance.
دغدغهٔ خاطر. mental disturbance.
دَغَل، فریب، حقه، تقلب، فریبنده، متقلب. fraud. adulteration. falsification. deceitful. fraudulent. adulterated. base.
دغل‌باز، دغاباز. deceitful. fraudulent.
دَغَلی، دغل. fraud. deceit.

~کردن، دغل‌بازی کردن. to cheat. to falsify. to deceive. to defraud.
دَف، دایره. tambourine.
دَفاتِر (pl. of دفتر)، دفترها، کتابها. books. booklets. notebooks.
دِفاع، پدافند. defence. defense. vindicaton. guard. shield.
~کردن. to defend. to vindicate. to fend. to shield.
ازکسی ~کردن. to defend someone.
دفاعی، پدافندی. defensive.
دَفائِن (pl. of دفینه)، دفینه‌ها، گنجینه‌ها. treasures.
دفتر، کتابچه، اداره. book. register. notebook. office. studio. bureau.
~ دارائی، دفتر اموال. inventory (book).
~ بغلی، ~ جیبی. pocketbook.
~ وقایع روزانهٔ کشتی. the ship's log.
~ یومیه. day-book or journal.
~ کل. ledger.
~ مشق. copybook.
~ نماینده. indicator.
در ~ واردکردن. to enter in a book. to register.
حسن ساعت هشت بامداد بدفتر خود رفت. Hassan went to his office at 8 A.M.
دَفتَرچه، دفتر یادداشت. notebook. booklet. pocketbook. blank-book.
دَفتَرخانه notary public (office.)
دفتردار bookkeeper.
دفترداری bookkeeping.
~ ساده. single entry bookkeeping.
دفتری clerical. having to do with a book or office.
کار ~. clerical or office work.
دفتریار notary public's assistant.
دَفتین weaver's comb.
دَفع، دورکردن، دورسازی، رفع، اخراج. repelling. repulse. warding off. parrying. rebuff. excretion. discharge.
~ جن یا شیاطین. exorcism.
~ شدن. to be expelled. to be sent out.
~ کردن. to repel. to parry. to ward off. to put off. to pass off. to fight. to discharge. to get rid of. to rebuff. to excrete.
سموم بدن کم‌کم ~ میشوند. body poisons are gradually excreted.
دَفَعات (pl. of دفعه). times. occasions.
دَفعُ‌الوَقت procrastination.
~کردن، بدفع‌الوقت گذراندن. to procrastinate. to gain time. to dally. to temporize.
دَفعَه (pl. دفعات)، مرتبه. time. instance.
یك ~، یکمرتبه. once.
دو ~، دوبار، دومرتبه. twice.
سه ~، سه‌بار. thrice. three times.
دفعهٔ دیگر. next time. again.
چندین ~. many times.
~ به ~. from time to time. each time.
دَفعَةً، ناگهان. all at once. suddenly. in a lump sum.
دَفن، بخاك سپاری. burial. interment. interring. inhumation.
~کردن. to bury. to inter. to inhume.
~ شدن. to be buried. to be interred.
دزدان جواهرات را درگودالی ~ کردند. the robbers buried the jewelry in a pit.
دَفینه (pl. دفائن)، گنج. buried treasure.
دَق bruising. knocking. percussion.

دِق marasmus. hectic fever. fatal grief or anguish.
~کردن. to die from hectic fever. to die frustrated in one's hopes.
~ دلی را خالی‌کردن. to give vent to (one's) wrath.
دَقّ‌الباب، کوبه. knocking at a door.
دَقائق (pl. of دقیقه). minutes. intricacies. subtleties. minutiae.
دِقّت، توجه، صحت. attention. attentiveness. accuracy. precision. care(fulness). exactness. accuracy. exactitude. nicety. minuteness. finess.
~کردن. to be careful. to pay attention.
بیدقت. careless.
بیدقتی. carelessness.
دقیانوس Decius.
از عهد ~. from time immemorial.
دَقیق، با دقت. minute. subtle. careful. exact. punctillious. scrupulous. precise. accurate.
دقیقاً exactly. carefully. precisely. accurately.
دَقیقه (pl. دقایق). minute. minute point. knack. subtlty.
یکدقیقه صبرکن. wait a minute.
چهار وپنج ~. five minutes past four.
دقیقه‌شمار minute hand.
دَك head.
~ ودهن. head and mouth.
~ وپوز. chops.
~کردن. to get rid of.
دُکّان (pl. دکاکین). shop. store.
~ نانوائی. baker's shop.
دکانچه little shop.
دُکاندار shopkeeper. storekeeper.
دکانداری shopkeeping. salesmanship.
دُکتر، پزشك، طبیب. doctor. physician.
~ در طب. doctor of medicine.
دکترا doctorate.
رسالهٔ ~. doctoral dissertation.
دکترای افتخاری. honorary doctorate.
دکتری medical profession. doctoral.
دِکور، آرایش، تزئین. decoration. scenery. arrangement. backdrop. setting.
دکلته، چاکدار. low-necked. décolleté.
دُکمه. button. tuber. stigma. gemma.
~ را فشار بده تا زنگ بصدا درآید. press the button so that the bell will ring.
~کردن، ~ (را) بستن. to button.
~ را بازکردن. to unbutton.
دکمه‌ای button-like. buttony.
دکمه‌دار buttoned. tuberous.
دِکَن Deccan.
دَکّه small shop. stall. stand.
دِگَر، دیگر. other. another.
~بار، بار~. another time.
دِگرخوار heterotrophic.
دِگَردیس metamorphic.
دگردیسی metamorphosis. transformation.
دِگَرش، دگرگونی. alteration.
دگرشکل allelomorph.
دگرشیبی discordance. unconformity.
دگرگانی syngamy.
دِگَرگون transformed. changed. metamorphosed.
~ شدن. to be changed in form or color. to be transformed. to be metamorphosed.
~کردن. to alter. to vary. to change in color or form. to transform. to metamorphose.
پس ازجنگ اوضاع کاملاً ~ شد. after the war the situation (was) changed completely.
دگرگونی change. transformation. metamorphosis.
دَگَل، دکل. mast. derrick.
سه دگله. three-masted.
دل heart. stomach. abdomen. belly. guts. mind. courage. patience. middle.
در ~ شب. in the heart of night.
~ از دست‌دادن. to lose heart. to surrender one's heart (to love). to fall in love.
~ باختن. to lose one's heart. to fall in love.
~ بەدریا زدن. to take a leap in the dark. to run a risk.
~ (کسی‌را) بدست آوردن. to soothe. to pacify. to appease. to mollify.
دلش را برد. it ravished his heart.
~ برسر زبان داشتن. to wear one's heart upon one's sleeve.
~ پرداشتن. to be passively angry. to have a grudge.
~ خود را خالی کردن. to get a thing off one's chest. to unbosom (or vent) oneself.
~ دادن. to fall in love. to hearten. to encourage. to pay close attention.
~ داده. in love. infatuated. given one's heart to (as to a sweetheart).
~کسی را شکستن. to disappoint one. to break someone's heart.
~ ازچیزی‌کندن. to abandon something.
~ باز. open and well-lighted. airy.
دلم باز شد. my heart was lightened. I was relieved of my despondency.
دلم بهم میخورد. I am feeling sick. I feel nauseated. I feel upset.
دلتنگ شدن. to become homesick. to become nostalgic.
دلم تنگ است. I am heavy-hearted. I am homesick.
دلتنگی. homesickness. nostalgia.
دلم ریخت پائین، دلم توریخت. I was shocked. I was startled (taken aback).
دلم حال آمد. it did my heart good. I felt good.
دلش خوش است که... he is happy that... he flatters himself that.
دلخوشی. happiness. joy.
دلم میخواهد بروم. I wish (or like) to go.
هرچه دلت میخواهد بگو. say what you wish.
عباسخان خیلی دل وجرئت دارد. Abbas Khan has a lot of guts (courage).
~ خوشی از او ندارم. I am not so very pleased with him.
دلم رحم آمد. I was moved with compassion.
دلم برایش میسوزد. I pity him. I feel sorry for him.
دلم‌گرفته است. I am heavy-hearted. I feel gloomy. I feel blue.
بدلم افتادکه... it dawned on me. it occurred to me that...
~ وجگر. pluck. guts.

~ درد. stomach pain. tummy ache. abdominal pain.
با ~ وجان. with all one's heart.
~ سخت. cruel. ruthless. stone-hearted.
~ نازك. tender-hearted. compassionate.
دُلار dollar. $
دِلارام sweetheart. charming. lovely.
دل‌آزار vexatious. bothersome.
دل‌آزُرده offended. afflicted.
دِل‌آشوب nauseating. nausea.
دَلّاك masseur. barber.
دلاکی rubbing or barbery. massaging.
دَلّال broker. go-between. middleman. dealer. matchmaker.
~محبت. a pimp.
~ ازدواج. matchmaker.
دَلالَت، راهنمائی، هدایت، رهبری. guidance. advice. instructing. denotation.
~کردن، ~ داشتن. to guide. to lead. to direct. to denote. to indicate. to express.
این عقب نشینی برضعف دشمن ~ دارد. this retreat indicates the enemy's weakness.
دَلّالَه procuress. matchmaker.
چرخ ~. idle wheel.
دَلّالی brokerage. dealership. matchmaking.
~کردن. to be a broker. to act as a broker.
دِلاوَر valiant. brave. courageous. plucky. bold. audacious. intrepid.
دلاوری valo(u)r. bravery. courage. boldness. pluck. audacity.
~کردن. to act bravely. to show courage.
دلاویز pleasant. attractive.
دَلائِل (pl. of دلیل). reasons.
دِلباخته in love. enamoured. fascinated. ensnared.
دلباز bright and cheerful. airy.
دِلبخواه optional. arbitrary. done at pleasure. according to one's desire.
دل بدریا زدن to venture recklessly. to take a risk.
دِلبَر heart-ravisher. charming. coquettish. sweetheart.
دلبری charm. coquettishness. lure.
دِلبَستگی، علاقه. attachment. affection.
~داشتن به. to be attached to.
دِلبَسته attached.
دلبستهٔ کسی بودن، به‌کسی دلبستگی داشتن. to be attached to or fond of someone.
دِلبَند darling. attractive. sweetheart.
دِلپَذیر agreeable. pleasant.
دِلپَسند desirable. agreeable.
دِلپیچه، زور ودلپیچه. gripes. tenesmus.
دِلتا delta.
دلتایی deltoid. deltaic. triangular.
دِلتَنگ، افسرده، ملول. heavy-hearted. cheerless. displeased. gloomy. close. lonesome. homesick. nostalgic.
~ شدن، رنجیدن. to feel homesick. to be annoyed. to take offence.
~کردن. to make sad (offended). to annoy.
دلم برای هما تنگ شده. I miss Homa.
همیشه سعی‌کن مردم را ازخود ~ نکنی. always try not to offend people.
وقتی درخارج بودم خیلی دلم برای ایران‌تنگ میشد. when I was abroad I used

to get very homesick for Iran.

دلتنگی nostalgia. homesickness. annoyance. displeasure. anguish. gloominess. gloom. loneliness.
~ کردن. to show signs of homesickness or anguish. to pine for. to feel homesick.
بچهٔ کوچك برای مادرش ~ میکرد. the little child missed his mother.

دلجو affable. agreeable.

دلجوئی، استمالت، نوازش. appeasement. mollification. affability. conciliation.
~ کردن. to appease. to speak affably to. to caress. to encourage by soft words.

دلچسب، مطلوب. enjoyable. desirable. meet. delicious.
خوراك ~. delicious food.

دلخراش، سخت، ناگوار. heart-rending. harrowing. grating. cacophonous.
یك رویداد ~. a heartbreaking event.
صدای ~. cacophony. raucous sound.

دلخسته، دل‌آزرده. heartsore. afflicted.

دلخواه، دلپسند. desirable. ideal. desired. desideratum.
بدلخواه. at pleasure.
دختری‌که ~ منست. the girl desired by me.
زندگی ~ غیر ممکن است. an ideal life is impossible.

دلخور، رنجیده. annoyed. indignant. vexed. irritated. offended. piqued. displeased. peeved. umbrageous.
~ شدن. to be offended. to be piqued. to be displeased or peeved.
~ کردن. to pique. to offend. to displease. to annoy. to vex. to peeve.
مهمان ~ شد. the guest was piqued.
رفتار بد او همهٔ دوستانش را ~ کرد. her bad behavior offended (displeased) all her friends.

دلخوری، رنجش، آزردگی. pique. umbrage. displeasure. annoyance.

دلخوش happy. contented. joyous. merry. satisfied.

دلخوشی delight. happiness. joy.

دلخون، دلخسته، آزرده خاطر، ناراضی، شاکی. heartsore. heartsick. heart-struck.

دلداده، عاشق، خاطرخواه. in love. enamo(u)red. lover. amorous.

دلدار، معشوقه، دلبر، دلیر، پُردل. sweetheart. courageous.

دلداری، تسلیت، تسلی، تشویق. consolation. condolence. solace. encouragement. bravery.
~ دادن. to console. to condole. to solace.
بمادر داغدیده دلداری دادیم. we consoled the bereaved mother.
شجاع لشکر به~ معروف بود. Shoja-Lashgar was renowned for bravery.

دلدرد، دردِدل. bellyache. stomachache.

دلدل، تردید. hesitation. wavering.
~ کردن. to waver. to dilly-dally. to vacillate. to hesitate.

دلربا، دلفریب، جاذب. charming. coquettish. alluring. luring. enticing.

دلربائی، دلبری. ravishing hearts. coquettry. lure. enticing. tempting.

دلریش، دل‌آزرده. heartsore. heartsick.

دلزنده، سرزنده، سبك روح. hearty. cheerful. genial. lively. jovial.
سالار پیرمرد ~ ای‌بود. Sallar was a lively old man.

دلستان، دلبر. sweetheart.

دلسخت، سخت‌دل، سنگدل. hardhearted. pitiless. ruthless. cruel.

دلسرد، [illegible] listless. discouraged. disheartened. depressed. dissuaded. lackadaisical. disappointed.
~ کردن. to discourage. to dishearten. to dissuade. to disappoint.
من بآسانی ~ نمیشوم. I don't become discouraged easily.

دلسردی discouragement. disappointment.
حقوق کم علت عمدهٔ ~ کارمندان بود. low pay was the main reason for the employees' discouragement.

دلسوخته، مأیوس، محروم. bereaved.

دلسوز compassionate. sympathetic. very concerned.

دلسوزی، ترحم، همدردی. compassion. pity. sympathy. concern.
~ کردن. to commiserate. to sympathize with. to do or feel wholeheartedly. to show great concern.

دلشاد، شاد. happy. cheerful. merry.

دلشده (دلشدگان .pl). enamo(u)red.

دل شکسته broken-hearted.

دلفریب charming. attractive. inveigling. bewitching.

دلفین dolphin.

دلق، خرقه. coarse woollen garment.

دلك، مالش، مشت‌ومال. massage. rubbing.

دلکش fascinating. attractive.

دلکو delco. (mech.) distributor.

دلگران، دلنگران، نومید، دل‌افسرده. heavy-hearted. displeased. worried.

دلگرم، امیدوار، مطمئن. confident. assured. hopeful.
~ کردن. to assure. to animate. to cheer. to give hope to.

دلگرمی assurance. encouragement. confidence.

دلگشا pleasant. airy. exhilarating.

دلگیر، دلخور. piqued. offended. claustral. confined and gloomy (place).
~ شدن. to become piqued or offended.

دلمرده، مأیوس، دلخور، دلشکسته. gloomy. low-spirited. discouraged.

دَلمه (substance like) gelatine. set or jelly. coagulated. clotting. thickened. curdled. clabbered. congealed.
~ شدن. to coagulate. to set. to clot. to curdle. to thicken. to congeal.

دُلمه dolma.

دلنشین، دلپذیر، مطلوب، دلپسند. agreeable. easy to accept. pleasant.

دلنواز، دلجو، دلپسند، دلنشین. affable. agreeable. pleasing the heart.

دلو bucket. aquarius. water carrier.

دلواپس، نگران، ناراحت، پریشان، مضطرب. worried. anxious. uneasy. concerned.
~ بچه‌ها نباشید. don't be worried about the children.

دلواپسی، نگرانی، ناراحتی، پریشانی. anxiety. uneasiness. worry. concern.
~ کردن. to show anxiety or worry.

دَله (z.) marten. glutton. greedy (for food). ravenous. gluttonous.

دله‌دزد pilferer. petty thief. lurcher.

دله‌دزدی pilfering. petty theft. petty larceny. lurching. swiping. filching. snitching.
~ کردن. to pilfer. to filch. to [illegible]. to bum. to sponge.

دلهره، اضطراب، نگرانی، بیم، دلواپسی، هراس. apprehension. anxiety. worry. fear.

دلیجان stage coach.

دلیر، شجاع، بی‌باك. brave. bold. valiant. courageous. intrepid. plucky. audacious. tall. fearless.

دلیرانه bravely. brave. valiantly.

دلیری bravery. intrepidity. courage.

دلیل (دلائل .pl)، علت، راهنما، مدرك، سبب. reason. cause. motive.
~ آوردن، اقامهٔ ~ کردن. to give reasons for.
~ ندارد که. there is no reason why.
بچه ~. why. for what reason?
بدلیل اینکه. because. for the reason that.
دلیلش اینست‌که. the reason is that.
~ آوردن. to give a reason (or reasons). to adduce an argument.
بی ~، بدون ~. without reason (cause).
دلائل قانع‌کننده. convincing reasons.

دَم، نفس، دم آهنگری، لحظه. breath. bellows. instant. moment. jiffy. near. by.
~ صبح. (at) dawn. early (in the) morning.
~ شب. early evening.
~ دست. nearby. at hand. handy.
~ برآوردن. to expire. to breathe out. to speak.
~ (فرو) بستن. to remain silent. to hold one's breath.
~ زدن. to breathe. to respire. to speak.
~ ازعقل می‌زند. he pretends to be wise. he talks frequently about wisdom.
~ فرو بردن. to inspire. to inhale.
~ کردن. to allow (tea) to draw. to infuse or steep (tea). to steam or stew (as rice, food etc.)
~ کشیدن. to draw. to become steamed. to reach the last stage of cooking under the action of steam.
درتابستانهاگاهی‌هوا ~ میکند. in summertime the weather sometimes becomes sweltering.
برو ~ در بایست. go stand by the door.
از ~. one with the other. all.
هر ~. every moment. incessantly.

دَم، خون. blood.

دُم tail. cauda.

دما temperature. heat.

دماپای thermostat.

دمادم incessant(ly).

دمار perdition. destruction. ruin.
~ از روزگار کسی برآوردن. to take complete vengeance on someone.

دُم‌اسبی ponytail. equisetaceous.

دم‌اسبیان equisetales.

دماسنج thermometer.

دماسنجی thermometry.

دماغ، مغز، بینی، حوصله، تمایل، ذوق. nose. mood. brain. inclination. talent.
باد ~. vanity.
دماغم سوخت. I was discouraged (or disappointed).
نیروی دماغی. mental (brain) power.
~ خود را پاك کردن، ~ خود را گرفتن. to blow or clean one's nose.
موی ~. intrusive person. bore. parasite.
کودك مرتباً انگشت در ~ میکرد. the child kept poking his nose.
[illegible] I don't feel inclined to do this.
~ پهن. flat-nosed. having a flat nose.
~ سربالا. snub-nosed. having a snub nose.
~ عقابی. aquiline nose. hooked nose.
آب ~، عن ~. nasal mucus. snot.
خون ~. nosebleed. epistaxis.
سر ~. in a good mood. healthy.
~ او چاق است. he is healthy and prosperous.

دَماغه cape. bow. nose. prow (of a ship). horn (of an anvil). promontory. headland. parting bead (of a door).

دماغی cerebral. nasal. mental.

دماگرائی thermotropism.

دمان blowing. powerful. terrible.
پیل ~. furious elephant.

دمانگار thermograph.

دماوند Demavand.

دم بدم، دمبدم. every moment. incessantly.

دُمبرك petiole.

دم‌بریده docktailed. bobtail. sly. cunning.

دُمبلیچه، دنبلیچه. fat at sheep's coccyx. parson's nose.

دمپائی، سرپائی. slippers.

دم‌پخت kind of rice dish cooked by steam.

دم‌جنبانك (z.) wagtail.

دم دار steaming. suffocating. sweltering. stifling.

دُم‌دار tailed. caudated. caudate.

دمداران caudata. urodela.

دم دراز long-tailed.

دم‌دست within easy reach. accessible.

دم‌دستی (anything) accessible or within easy reach.

دَمدمه fame. clamo(u)r. slyness.

دمدمی، هوسران، متغیر، هردنبیل. fickle. capricious. whimsical. mercurial. irresolute.

دمدمی مزاجی fickleness. capriciousness.

دِمُده، از مد افتاده. outmoded. passed out of fashion. not fashionable.

دَمَر، دمرو. prostrate. prone. lying face downwords.
~ کردن. to turn upside down. to make prostrate.

دمریز off the reel. uninterruptedly.

دَمساز، صمیمی، مصاحب، رفیق، یار، همدم. confidant. intimate. companion.

دمسازی harmony. intimacy.

دم سنج spirometer. pneometer.

دم‌سنجی spirometry.

دمشق Damascus.

دمشقی (native) of Damascus. Damascene.
دم‌فاخته‌ای dovetailed.
دم قیچی snippets. snippings. scraps.
دُم کُل docktailed. bobtailed.
دُم کُلُفت wealthy and influential. thick-tailed.
دُمگاه parson's nose. rump.
دُمگُل peduncle.
دُمگیر stifling. sultry. accompanist.
دم گیری accompaniment.
دُمَل boil. abscess. apostem. apostema.
دُم‌لابِه fawning.
دم‌نِگار pneograph. spirograph.
دم نگاری spirography.
دِموکرات، دمکرات، مردم‌سالار. democrat.
دِموکراسی، دمکراسی. democracy.
دَمَوی، خونی. sanguine. of or from blood.
دَمَه، بخار. vapo(u)r. steam.
دَمی، دم‌پخت. steamed rice.
دَمی one moment.
دُمی caudal.
دَمیدن، پف‌کردن، نفس‌کشیدن. to blow. to breathe upon (or into). to puff. to infuse. to inflate.
در کسی اطمینان ~. to breathe confidence into a person.
سپیده‌دم دمید. the dawn appeared.
پند او روح تازه‌ای درما دمید. his advice inspired us with a new spirit.
دَمیر، (درکفشدوزی) سنگ‌دمیر. lapstone.
دمیرآغاجی (bot.) ironwood.
دِمیسزون، بهاره، پائیزه، نیم‌فصله. light overcoat. spring suitings.
دمینو، دومینو (بازی). domino.
دَنائَت، پستی. meanness. baseness.
دُنبال، تعقیب، عقب، پس، دنباله، دم، پشت. rear. trail. tail. stern. behind. after.
~ کردن. to follow. to pursue. to trail. to track down.
~ چیزی رفتن. to follow (or go after) something.
~ من بیا تاگم نشوی. follow me so that you do not get lost.
دُنبالچه (anat.) coccyx.
دُنباله، مانده، دم، پایك، ساقه. trail. tail. stalk. peduncle. sequel. continuation. stern. poop. attachment.
~ این داستان در شمارهٔ بعد چاپ خواهدشد. the sequel (continuation) of this story will be printed in the next issue.
دنباله‌دار protracted. continued. having a trail. caudated.
ستارهٔ ~. a comet.
دُنبَك، تنبك. tambourin.
دُنبَلان sheep's testicles used as food. lamb's fry.
قارچ ~. (bot.) truffles.
دنبلیچه، دمبلیچه. fat. the little fat tail. coccyx.
دُنبه fat (tail of Asiatic sheep).
دِنج cosy. snug. cozey.
دَندان tooth. fang. denticle. dentil. denti-. dent-.
دندانهای آسیای کوچك. premolar teeth.
~ آسیای بزرگ. molar teeth.
~ نیش. canine tooth.
~ پیش (ثنایا). incisor.
~ آسیاب. molar.
~ مصنوعی. false tooth. denture.
~ کرم خورده. decayed or carious tooth.
مینای ~. enamel.
خمیر ~. dentifrice. toothpaste.
~ کشیدن. to pull (extract) a tooth. to have a tooth pulled.
~ درآوردن. to teethe. to cut teeth. dentition. teething.
~ زدن، ~ گرفتن. to bite with the teeth.
خلال ~. toothpick.
دَندان‌بَندی dentition.
دَندانپزشك dentist.
دندانپزشکی dentistry. odontotechny.
دَندان دَرد، درد دندان. toothache. odontalgia.
دَندان‌ساز dentist. prosthodontist.
دندان سازی dental surgery. dentistry. prosthodontics. prosthodontia.
دندان ساو، خلال دندان. toothpick.
دَندان شِکَن decisive. knockdown.
جواب ~. a knockdown answer.
دندان شناسی odontology. dentology.
دندان‌شیری milk tooth. baby tooth.
دندان عقل wisdom tooth.
دندان قروچه gnashing (grating) of the teeth.
~ کردن. to gnash (or grate or grind) the teeth.
دندانك denticle. dentil.
دَندان‌گِرد، جوکی، خسیس. covetous. stingy. greedy.
دَندان مُز، دسر. dessert.
دندان‌موشی notched. denticulate.
دَندانِه tooth or cog (of a wheel). jag (of a saw). schwefelnatrium. denticle. dentil. denticulation. serration. dent.
چرخ ~. cogwheel.
دندانه‌دار، دندانه دندانه، مضرّس. toothed. serrate. dentate. notched. jagged. denticulated. serrated. serrulate.
دندانه‌ها mordants.
دَندانی dental. dentate. dentoid. dentiform. serriform.
میان ~. interdental. dentilingual.
دَندِه rib. gear. thread. nut. costo-.
دنده‌اش نرم شود. that serves him right.
دندهٔ خلاص. neutral gear.
دندهٔ عقب. reversing (reverse) gear.
دندهٔ یك. first or low gear.
دندهٔ دو. second or intermediate gear.
دندهٔ سه. third, high or top gear.
با دندهٔ سه رفتن. to drive in top (third) gear.
با دندهٔ خلاص‌رفتن. to drive on neutral gear. to coast. to freewheel.
دندهٔ عقب‌زدن. to put into reverse.
~ عوض کردن. to change gear.
دنده‌ای of or from a rib or gear. costal. costate.
دَنگ، اهرم، خرمن‌کوب. flail. pestle. heavy pounder worked by the feet. (in a watch) lever (escapement). fulcrum. pivot. clang. clank.
چرخ ~. escapement-wheel.
دَنگ، گیج، دمق. stupefied. dizzy.
دُنگ، سهم، حصه. share (in paying for expenses).
~ من چند میشود؟ how much does my share come to?
دَنگادَنگ equipoised.
دَنگ‌دَنگ 'ding-dong.
دنگ و فنگ pomp. vainglory. hullabaloo.
دُنگی، سهمی. according to portion or share. to go Dutch.
دَنی، دون، ناکس، پست. mean. base.
دُنیا، جهان. world. universe. cosmos.
به ~ آمدن. to be born.
از ~ رفتن. to die.
تارك ~. anchorite. hermit. monk. nun.
یك ~. lots of. tons of.
مال ~. mammon. pelf. lucre.
دنیای (جهان) آزاد. the free world.
در سرتاسر ~. worldwide. all over the world.
دُنیاپَرَست worldly. mammonish. mammonist. secular. profane.
دنیاداری، دنیا پرستی. tact. statesmanship.
دنیادیده، جهاندیده. experienced. worldly-wise.
دنی‌الطبع، فرومایه. mean. base.
دنیائی، دنیوی، مادی. mundane. worldly. universal. of or from world.
دنی‌پرور، دون‌پرور. nourishing the mean or base people.
دُنیَوی، مادی. mundane. secular. worldly.
دُنیی، دنیا. world. universe.
دو two. both. double. deuce. bi-. di-.
~ برابر. twice. two times.
~ مرتبه. again. once more. twice.
بلیط ~ سره. roundtrip ticket.
اژدهای ~ سر. two-headed dragon.
تفنگ ~ لول. double-barreled gun.
~ جنسه، ~ جنسی. bisexual.
~ برادر هر ~ ورزشکارانند. the two brothers are both athletic.
دو run. running. jogging.
مسابقهٔ ~. running race.
دو، بدو. run thou. runing. runner. (used in combs. as in: پادو).
دَوا (ادویه .pl)، دارو. medicine. drug. medication. potion.
~ خوردن. to take a medicine.
~ زدن به. to apply medicine. to put medicine on.
دوای (داروی) عشق. love potion. philter.
روزی سه بار ازاین ~ بخورید. take this medicine three times a day.
این ~ راروی‌زخم بمالید وروی آنرا به‌بندید. put (rub) this medicine on the wound and place a bandage on it.
دَوابّ beasts of burden. livestock.
دَوات inkpot. inkwell.
جای قلم و ~. inkstand.
دَوات‌گَر، جلنگر، میناساز، قفل‌ساز. locksmith. enamel(l)er. enamel(l)ist.
دوآتَشِه overheated. superheated. double-distilled. browned. roasted twice. over-fervent.
عرق ~. double-distilled spirit.
نان ~. browned bread.
میهن‌پرست ~. an over-fervent patriot.
دواتُمی diatomic.
دَواج، لحاف. quilt. bedding.
دَواخانِه، داروخانه. pharmacy. drugstore.
دَوّار، گردنده. revolving. rotating. turning. spinning. changeable. versatile.
فلك دوار. the revolving (turning) firmament.
چرخ ~. rotating wheel.
دَوار، سرگیجه، گیجی. vertigo. giddiness. dizziness.
دوارزشی divalent.
دَوازدَه twelve. dodeca-. duodeno-.
دوازده ضلعی dodecagon. dodecahedron.
دوازده وجهی dodecahedral.
دَوازدَهُم twelfth. duodecimal. duodenary.
امام ~. the twelfth Iman.
دوازدهمی the twelfth (one).
دوازدَهُمین the twelfth. duodenary.
دَوازدِهه duodenum. duodenal.
دوازدهی duodenal. duodenary.
دواساز، داروساز. pharmacist. druggist. apothecary.
دواسبه two-horsed. posthaste.
دَوال، بندتسمه. strap. thong. belt.
دَوالپا bugbear. octopus.
دَوالِه، اشنه. lichen. tree-moss.
دَوالی (دالیه .pl.of)، واریس. (med.) varix.
دَوام، پایائی، نیرو. durability. endurance. durableness. strength. stability.
~ ندارد. it is not durable. it does not wear (or last) long.
بی ~. unenduring. not durable.
با ~، پر ~. enduring. durable. lasting.
~ کردن، ~ داشتن. to last. to wear. to endure.
~ آوردن. to endure. to stay. to last.
خوشی آنها دوامی نداشت. their joy did not endure.
این کفشها دوسال ~ کرده است. these shoes have lasted two years.
دَوان (imp. of دواندن)، دونده، بدو. running. runner. run (used in combs. as in: دوان دوان = on the run or running).
دَواندَن، دوانیدن. to run. to cause to run.
اینقدر مردم را به‌اینجا وآنجا ندوانید. do not make people wander (run) here and there so much.
دَوائِر departments. sections. circles.
دوباره، بار دیگر. again. once more. bis. encore. second: re-.
~ نوشتن. to rewrite. to write again.
~ برف‌آمد. it snowed again.
دوبالان the diptera.
دوباله، دوبال. two-winged. dipterous.
هواپیمای ~. biplane.
دوبایك deuce. ace.
دوبخشه didymous.
دوبخشی dichotomous.
دوبدو two by two.
دوبَرابَر double. twice as much. twice as many. twofold.
~ کردن. to double. to make twice as much.
~ شدن. to become double or twice as many (much).
او ~ من پول دارد. he has twice as much money as I do.
حقوق او ~ شد. his salary was doubled.
دوبرگان diphyllidea.

دوبَرگِه bifoliate. bipetalous.
دوبشك، مشکوك، مردد. doubtful. hesitant.
دوبَطنی digastric.
دوبله dubling. double(d).
دوبله کردن to dub.
دوبه barge.
دوبَهمزَن، نمام، خبرچین. mischief-maker.
دوبهمزنی، نمامی، خبرچینی. mischief-making. causing discord or enmity.
~کردن. to cause discord or enmity.
دُوبیتی، رباعی. distich. double quatrain.
دوبینی (med.) diplopia. strabismus. double vision.
دوپا two - footed. biped.
دوپار dimer.
دوپایه two - legged. bicuspid. (biol.) dioecious. diecious. dioicous.
دوپُشتِه in two rows. double. tandem.
~ سوار شدن. to ride double.
دوپهلو، دوجانبه، مبهم، ابهام‌دار. having two sides. equivocal. double-entendre.
دوپیکر، توأم، برج‌جوزا. the Gemini. twin.
دوتا two. twofold. doubled. bent.
من یك نامه دارم او ~. I have one letter (but) he has two.
~ از آن‌کتابها را خوانده‌ام. I have read two of those books.
دوتاه folded twice.
دوتایی، زوج، دوقلو. double. twin. binary. dual. couple. duo-.
آنها ~ باهم وارداتاق شدند. the two of them entered the room together.
دوتخمه، دورگه. mongrel. half-breed. hybrid.
دوتَرکه، دوپشته. double. tandem.
دوجانبه reciprocal(ly). bilateral.
مذاکرات دوجانبهٔ فرانسه وآلمان شروع شد. the bilateral talks between France and Germany began.
دوجزئی bipartite. binary.
دوجمله‌ای binomial.
دوجنسه bisexual.
دوجین dozen.
دوچار، دچار، مبتلاء. encountering. afflicted with. suffering from. beset by.
دوباره ~ سرماخوردگی شدم. I got a cold again.
ازدیادجمعیت دنیارا~مسائل متعددی خواهدکرد. population increase (explosion) will afflict the world with numerous problems.
دوچاری affliction. suffering from. besetment.
دوچَرخِه bicycle. two - wheeled cart.
دوچرخه‌سوار cyclist. bicyclist.
دوچرخه‌سواری cycling. bicycling.
~کردن، دوچرخه سوار شدن. to ride a bicycle. to bicycle.
دوچشمه binocular. having two eyes or openings.
دوچشمی binocular. two-eyed.
دوچندان twofold. double. twice as much.
در مدت‌کمی ثروت او ~ شد. In a little time his wealth doubled.
دوحَرفِه، دوحرف. equivocal. contradictory.
دوحرفی biliteral. having two words.

دوخ furze. (sterile) ground.
دوخال، دوکور. a pair of ace.
دوُخت (manner of) sewing. stitch. tailoring. cut.
خوش ~. well tailored. well-cut.
~ و دوز. sewing and mending.
~ این پالتو چندان خوب نیست. the tailoring of this overcoat is not so good.
~ و دوز خانه را مادرم انجام میدهد. my mother does all the sewing in our house.
دوُختن، کوك‌زدن، موجه ساختن. to tailor. to sew. to stitch together. to fix. to staple. to rivet.
این پالتو راکه دوخته است؟ who has tailored this overcoat?
چشم به چیزی ~. to fix (rivet) one's eyes on something.
دوُختِه sewn. ready - made.
لباس دوختهٔ مردانه. ready - made men's suit.
دوخته‌فروش dealer in ready-made clothes.
دوُد smoke. fume. smog.
~دادن. to smoke. to fumigate. to fume.
~کردن. to smoke. to give out smoke.
~ آتش. the smoke of fire.
~ چراغ‌خوردن. to burn the midnight oil. to work by candle light. to lucubrate.
~ شدن. to become smoke. to pass off in smoke. to end in smoke. to be dissipated.
من سبیل او را ~ خواهم داد. I will smoke his mustache. I will teach him a lesson.
~ ازکلهٔ اوبلند شد. he was stupefied (or flabbergasted).
هیچ آتشی بی~ نیست. where there is a fire there is smoke.
دودش به‌چشم خودت خواهد رفت. you yourself will suffer the consequences.
~ داده. smoked. fumigated.
گوشت خوك ~ داده. smoked ham.
دوُد، کرم. worm.
دو دَر having two gates. with two doors. bivalve(d). bivalvous.
دودخانه، دودگاه، بخورسوز. fumatory. fumatorium. smokehouse.
دودَست bimanous. bimanual. two games. two packs. two suits. two sets.
~لباس. two sets of clothes. two outfits.
~ ورق. two packs of cards.
~ تخته‌نرد. two games of backgammon.
دودَستان the bimana.
دودستی with both hands. bimanous. bimanual. ceremoniously. willingly.
اگرمینا بیاید جایزه‌اش‌را ~ تقدیم‌خواهم‌کرد. if Mina comes I will give her prize most willingly.
دوُدکَش chimney. smokestack. heavy smoker.
دودگرفته smoky. sooty.
دودِل، مردد، بی‌تصمیم. double - minded. wavering. hesitant. irresolute. vacillating.
~ بودن. to hesitate. to falter. to waver. to vacillate.
دو دلی، تردید، بی‌تصمیمی. irresolution. hesitation. vacillation. faltering.
دودَم، دولبه. double - edged. ancipital.
دودْمان، خاندان، خانواده، سلسله. family. lineage. stem. dynasty. house.
از ~ داود. from the house of David.
~ پهلوی. the Pahlavi dynasty.

دوده soot. lampblack. smut. carbon black.
دودَندانِه bidentate.
دوُدی smoky. smoke - colo(u)red. dark gray. smoke - dried. smoked.
عینك ~. dark glasses. sunglass.
ماهی ~. smoked fish.
دودی worm - like. wormy.
حرکت ~. peristaltic motion. peristalsis.
دو دید bifocal. double vision.
دوُر، بعید، دور افتاده، پرت. far. distant. removed. remote. aloof. faraway.
~ از وطن. away from one's home (country).
~ افتادن. to be thrown away or discarded. to be abandoned.
~افتاده. remote. out of the way. desolate.
~ انداختن. to throw off (or away). to discard. to abandon. to junk. to scrap.
~ شدن. to get away. to move away. to go far (or away). to go out of sight.
~ شوا. get away! get off! avant!
~ و دراز. lengthy. prolix. long.
از ~. from afar. from a distance.
دور (ادوار pl)، چرخش، دوره، نوبت، مرتبه. cycle. round. revolution. turn. rotation. spinning. circumference. perimeter. epoch. age.
در ادوار مختلف تاریخ. in different epochs (ages) of history.
امروزه دور دور انگلیسی دانان است. nowadays those who know English are thriving.
دَور round. around. about.
~ زدن. to go round. to rotate. to revolve. to orbit. to round. to circle.
هواپیما چند بار خانهٔ ما را دورزد. the plane circled our house several times.
در دور دوم مسابقات. in the second round of the races (games).
~ وبر. surroundings.
دورادور، ~تا دور. all around. surrounding.
~ سرگرداندن. to stall. to put off.
~ چیزی راگرفتن. to surround a thing.
~ برداشتن. to speed up. to rev up.
دورادور from afar.
دُورافتاده remote. outlying. boondocks.
دَوَران، گردش، دورزدن. circulation. turning. going round. rotation.
دُوران، عهد. period. age. era. epoch.
این‌کتاب در ~پادشاهی شاهنشاه آریامهر بچاپ میرسد. this book is printed during the reign of Shahanshah Aryamehr.
دوران cyclosis. rotation.
~ دور یك‌دایره. rotation about a circle.
دوراندیش farsighted. provident.
دوراندیشی farsightedness. providence.
دوراهی bifurcation. junction.
دوربین telescope. field glass. opera glasses. binoculars.
~ عکاسی. camera. kodak.
(انسان) ~. farsighted (person). farseeing. hypermetropic. presbyopic.
~ تلویزیون. television camera.
~ نجومی. telescope.
دوربینی farsightedness. hypermetropia. presbyopia.
دورتادور، دوروبر. (all) around.
دوردَست، دور افتاده. remote. outlying. out of reach. desolate.

دوررس long - range. far - reaching.
دورزدن to circle. to circulate. to round. to go around. to spin. to circumnavigate. to circumambulate. to orbit. to rotate.
دوْرگَرد، چرخنده. revolving. rotating.
دورَگِه، دورگ. mongrel. half - breed. hybrid. half - blooded.
دورَنگ، دارای دورنگ، دورو. bicolo(u)r. of two colo(u)rs.
دورنگی، دوروئی. double - dealing. dichromatism.
دورنما landscape. background. panorama. vista. view. prospect. perspective.
دورنمای‌مسلسل، مرایا. panorama.
دورنماساز landscape painter. landscapist. landscape architect.
دورُو double-tongued. double-faced.
دوروبر، اطراف. (all) around.
دورولی، دورنگی، ریاکاری، فریبندگی. being double - faced. being hypocritical. insincerity. deceitfulness. double - dealing. hypocrisy.
دوره، مدت، زمان. period. age. era. epoch. time. course.
دورهٔ قاعدگی. menstrual period.
در ~ تصدی او. during his tenure (term) of office.
در آن ~ مردم عمرشان کوتاهتر بود. in that age (era) people had shorter lives.
درسها را ~کردن. to review lessons.
دوره‌گرد، طواف. hawker. pedlar.
دوره‌گردی، طوافی. pedlary. pedling. hawking. peddling. peddlery.
دُوری، دورافتادگی، مسافت. length. remoteness. distance. separation. absence.
دوری دهکده ازشهر موجب شدکه مردم آنجا نروند. the remoteness of the hamlet from the city caused the people not to go there.
~ کردن از. to keep aloof from. to avoid. to shun. to refrain from. to elude.
از همنشینی بدان ~کن. avoid the company of evil ones.
دَوری، مداری، نوبتی، گردشی، بشقاب. periodic(al). orbital. cyclic. paten. patina. dish. plate.
دوریخت dimorphous.
دُوز (دوختن i. r. of)، بدوز، دوزنده. sew thou. sewing (in combs. as in: کفش‌دوز=shoemaker).
دوزبانه bilingual. double - tongued.
دوزبانی self - contradiction. bilingual.
دُوزَخ، جهنم. hell. hades. pandemonium. tartarus. avernus. Styx. inferno.
دوزخی، جهنمی. infernal. dweller of hell. hellkite. hellish. stygian.
دوزَندگی، خیاطی، درزیگری. tailor's shop. sewing. tailoring.
دوزَنده، درزیگر، خیاط. tailor. seamstress. sewer.
دوزَنه having two wives. bigamous.
مرد ~. bigamist.
دوزوکَلك، بامبول. intrigue. plot.
~ چیدن یازدن. to form a plot. to intrigue.
دوزیست، ذوحیات. amphibious. amphibian.

دوزیستان، ذوحیاتین. the amphibia.
دوساله two-year old. biennial.
من ~ بودم. I was 2 years old.
دوست، یار، رفیق. friend. comrade. associate. mate. intimate. companion. pal. chum. crony. ami.
ما باهم ~ (صمیمی) هستیم. we are intimate friends.
~ داشتن. to love. to like. to be fond of. to have a fancy for.
همسایه‌ات را چون نفس خود ~ بدار. thou shalt love thy neighbor as thyself.
او ~ داشت که خیلی دیر بیاید. he liked to be too late.
~ بودن با. to be friends with.
~ شدن (باکسی). to make friends (with). to fraternize. to befriend.
دوستار amateur.
دوستانه amicably. cordial. hospitable. loving. friendly. amicable.
دوست‌دار، دوستدار، دوستار. loving. loving friend.
دوست داشتنی lovely. nice. amiable.
دوستکام fortunate. happy. successful.
دوستکامی، کامیابی. success. prosperity. toast.
دوستی، رفاقت، صمیمیت. fellowship. friendship. cordiality. friendliness. amity. concord. peace. intimacy. comradeship.
باکسی ~ داشتن. to have friendship with one. to be one's friend.
باکسی ~ کردن. to win the friendship of. to befriend.
دوسر two-headed. bicephalous. bicipital.
تبر ~. double axe.
جو ~. oat.
دوسره two-headed. mutual. reciprocal. round trip. return trip.
خدمت ~. two-session service.
~ کرایه کردن. to pay return fare for. to hire for a round trip (journey).
بلیط ~. round-trip ticket.
دوسویگی، دوسویه (درمردم شناسی). bilineal.
دوسیه، پرونده. dossier. file. record.
دوش، شانه. shoulder.
بدوش گرفتن. to carry on one's shoulder (or back).
قلم ~. piggyback. pickaback.
~ بدوش. shoulder to shoulder.
دوش، دیشب. last night.
دوش، بدوش، دوشنده. milk thou. milker (in combs. as in: (شیردوش)
دوش douche. shower bath. shower.
دوشا، شیرده. milch.
دوشاب syrup of grapes.
دوشاخ two-horned. bicornous. bifurcate. radius rod.
دوشاخ زبانان (z.) lacertidae.
دوشاخه plug. pitchfork. fork (of a bicycle). tuning fork. pillory. bifurcate.
دوشانه‌ای bipinnate.
دوشانیدن to (cause to) milk.
دوش‌توبره، دوش تبره، کوله‌پشتی. knapsack.
دوشش، جفت‌شش. double six.

دوش‌فنگ (mil.) shoulder arms.
دوشك، تشك. mattress.
دوشکستی، انکسار مضاعف. birefringence.
دوشکل enantiotropic.
دوشنبه Monday.
دوشنده milker. milkmaid.
دوشیدن to milk. to bleed. to exploit.
گاو را ~. to milk the cow.
مسافری را ~. to bleed (exploit) a traveller.
دوشیزگان (pl. of دوشیزه)، دختران، باکره‌ها girls. maidens.
دوشیزگی، دختری، بکارت. girlhood. maidenhood. maidenhead. virginity.
دوشیزه (pl. دوشیزگان). maiden. girl. miss. lass. virgin. damsel. damozel.
دوشین last night's.
دوشینه، دوشین، دیشب. last night.
دوصد، دویست. two hundred.
دوطرفه، دوجانبه، دوپهلو، دوسو. bilateral. mutual. reciprocal. double-breasted.
دوطرفی، دوطرفه. two-sided. mutual.
دوظرفیتی، دوبنیانی. bivalent.
دوغ yogurt and water.
~ ودوشاب برایش یکی است. it is all the same to him. he can't tell the difference.
دوغاب grout. slip.
~ زدن. to grout.
دوفلزی bimetallism. bimetallic.
دوقاب double-cased.
دوقبضه، سفارشی دوقبضه. registered (mail).
دوقلو، دوقلی، دوقولو، توأم، دوتائی. twin(s).
عمه توران ~ زائید. Aunt Turan gave birth to twins.
دوقطبی dipole. dipolar. bipolar.
دوك، فرموك. spindle.
دوك duke.
دوکپه، دارای ~. bivalve.
دوکامیان digenea.
دوکفه‌ای (z.) bivalve.
دوك مانند fusiform. spindling. spindly.
دوکمانه rebounding (as an arrow).
دوکور double ace. ambsace.
دوکوهانه two-humped. bactrian.
دوگانه the two. binary. twofold. double. doubly.
دول، دلو. bucket.
دول (pl. of دولت). governments.
دول penis. prick.
دولا، خم، خمیده، دولایهنا، دوتائی، دوگانه، دوبرابر. of double thickness. two-ply. twofold. bent over. crouched. replicate. double-decker. woven double. doubly.
~ شدن. to bend over (down). to stoop. to crouch.
~ کردن. to double. to cause to stoop. to bend. to fold.
دولاب، دولابچه، گنجه. pantry. closet.
دولابچه small pantry. locker.
دولایهنا of double width.
دولاچنگ، نت یك شانزدهم. (mus.) semiquaver.
دولادولا in a stooping posture. crouching.
دولالی of double thickness. having two layers. two-ply. woven double.
دولبه double-edged. ancipital. bilabiate.
دولپه dicotyledon. dicotyledonous.

دولپه‌ای dicotyledon.
دولت (دول pl.)، ثروت، مال، حکومت، هیئت حاکمه. wealth. riches. government. state.
~های بزرگ. the great powers.
از ~ سر ایشان. thanks to him.
سید ابراهیم ~ وشهرت بسیاری یافت. Sayd Abrahim gained great riches and fame.
~ شاهنشاهی ایران. the Imperial Iranian Government.
هیئت ~، کابینه. cabinet.
~ حکیمی استعفا داد. Hakimy's cabinet resigned.
دولتخواه well-wisher. loyal to the government.
دولت سرا palace. residence.
دولتمند، توانگر، ثروتمند. rich. wealthy. affluent. opulent.
دولتمندی، توانگری. wealth(iness). richness. affluence. opulence.
دولتی، حکومتی. governmental. state.
بخش‌های خصوصی و ~. private and governmental (public) sectors.
آموزشگاه ~. state school. government school.
دوائر ~. government departments.
دولتین، دودولت. the two governments.
دولته bivalve.
دولچه small bucket.
دولختی (دریچه). mitral. bicuspid.
دولو deuce. two.
دولول double-barrelled (gun).
دوم second. next.
~ آنکه. in the second place. secondly.
دوبار، دوباره. second time. double. twice-done.
دوماهه bimonthly. bimensal.
دوماه یکبار every two months. bimonthly.
دومحوره، دومحوری. biaxial. biaxal.
دومرده bigamous (woman). needing two men. working for two men.
دوموتوره bimotored.
دومی the second (one).
~ ندارد. it is second to none.
دومین the second. the second one.
در ~ روز مسابقات. in the second day of the races (games).
دون، پست، پائین. base. inferior. mean. petty. low. abject.
~ مقام اوست. it is below his position.
افسر ~ پایهٔ دولت. petty government official.
دونامی binomial.
دوندگی، دویدن، کوشش، تعقیب، زحمت کشیدن. running. chasing. drive. effort. endeavo(u)r.
~ کردن. to run about. to make a drive. to make a special effort.
دونده، دوان. running. runner.
اسب ~. runner.
دون‌همت of low ambition. base-minded.
دونی، پستی، فرومایگی. lowness. pettiness. baseness. inferiority.
دونیم cut in two (halves). bisected. forked. cleft.
~ کردن. to cut in two halves. to bisect.

مثل این است که یك سیب را ~ کرده‌اند. they are as like as two peas in a pod.
دوهرمی bipyramidal.
دوهفتگی، پانزده روز یکبار. biweekly. fortnightly. every two weeks.
دویدن (بدو i. r.)، بسرعت رفتن، تندرفتن. to run. to jog. to sprint. to hasten.
بدو. run! run thou.
بدو بدو. running. hastily.
دویست two-hundred. two hundred.
~ ساله. two-hundred-year-old. bicentennial.
دویستم two-hundredth.
دویستمی the two-hundredth (one).
دویستمین the two-hundredth.
دویك، دوکور. deuce.
دوئیت، دوتائی، اختلاف. duality. discord.
ده ten. deca-.
واژهٔ ~ هجائی. decasyllable.
~ یك. one tenth.
ده (دهات pl.)، روستا. village. hamlet.
دهاء، زیرکی، دانائی. savvy. ingenuity.
دهات، دهکده‌ها، روستاها. villages. hamlets.
دهاتی، روستائی، دهستانی. villager. rustic. peasant. farmer. churl. churlish.
دهاقین (pl. of دهقان)، دهقانان. farmers. villagers.
دهان، دهن، کام. mouth. opening. vent. orifice. (slang) kisser. trap. puss. oral.
~ بازکردن. to (begin to) speak. to dehisce. to open one's mouth. to yawn.
دهانش بوی شیر می‌دهد. he is a mere stripling. he is green or inexperienced.
از راه ~. orally. by way of mouth.
جراحی ~. oral surgery.
دم دهنت را بگذار. hold your tongue! shut up! shut your trap!
تو دهنی زدن. to hit in the mouth. (slang) to sock in the puss.
~ کجی کردن. to make faces at. to tease.
دهان بند muzzle. gag.
دهانتن cytostome.
دهان دره، خمیازه. yawning. yawn.
دهان دریده، بددهن، هتاك، بی آبرو. foulmouthed. loudmouthed. offensively talkative. scurrilous. blatant.
دهان شوی، دهان شویه. mouth wash.
ده‌انگشتی using ten fingers.
اسلوب ~. the touch method (in typing).
دهانه، دهنه، مدخل. opening. orifice. mouth. nozzle. bit of a bridle. muzzle. entrance.
دهانهٔ آتش فشان. crater.
او در دهانهٔ غار ایستاد. he stood at the entrance to the cave.
دهانی buccal. oral.
ده‌برابر، ده‌چندان. tenfold. decuple.
درآمد او ~ اضافه شده است. his income has increased tenfold.
او ~ من کتاب دارد. he has ten times as many books as I have.
~ کردن. to decuple. to make tenfold.
ده‌پایان decapoda.
ده‌چندان ten times as many (or as much). tenfold. decuple.
دهخدا headman or owner of village.
دهدار governer of a rural district.

دَهدَهی decimal.
دَهر (دهور .pl)، دنیا، زمان، زمانه، شانس.
time. eternity. world. fortune.
ابدالدهر. eternally.
درکشاکش ~. in the struggles of life.
دَه رُویه، ده وجهی. decahedral.
دَهره reaping-hook. sickle.
دهری secular. worldly.
materialist(ic). atheist. atheistic(al).
دِهِستان rural district.
[illegible]
decahedron. decahedral.
دِهِش، بخشش، سخاوت.
grant. generosity. liberality.
دَهَشت، وحشت، ترس، هراس.
fear. amazement. terror. horror.
دَهشت‌انگیز، ترسناک، شگفت‌انگیز.
terrible. horrible. amazing.
دَه‌ضِلعی، ده‌گوشه. decagon. decagonal.
دِهقان(دهاقین .pl)، دهگان، روستائی، رعیت.
farmer. paizano. muzhik. fellah.
دهقانی pertaining to farmers.
rural. rustic. agricultural. farming.
دِهکَده، ده، روستا، قریه.
small village. hamlet.
دَهگان، اعشار، عشرات. tens. decimal.
دِهگان، دهقان.
rustic. farmer. peasant.
دَهگانه، عشره. the ten. tenfold.
احکام ~ (موسی).
the Ten Commandments.
دَه‌گوشه، ده‌گوش. decagon.
دُهُل kettledrum.
~ زدن. to beat a kettledrum.
آواز ~ شنیدن از دور خوش است.
a distant drum sounds pleasant.
دُهُل‌زَن kettledrummer.
دِهلی Delhi.
دِهلیز، دالان، راهرو. vestibule. auricle.
atrium (of the heart). labyrinth (of the ear). hallway. corridor. passageway.
~ چپ. left atrium. left auricle.
دَهُم، عاشر، دهمین. tenth.
دَهمَست، غار. (bot.) laurel.
دَهُمی، دهمین. the tenth (one).
دَهَن، دهان. mouth.
دُهن، روغن. oil.
دهناد order. discipline.
دَهَن‌باز open-mouthed.
دَهَن‌بین، دهان‌بین، بی‌تصمیم. capricious.
irresolute. whimsical. impressionable.
دهن‌بینی whimsicality.
impressionableness. caprice.
دَهَن‌دَره، دهان دره، خمیازه.
yawning. gaping. yawn.
~ کردن. to yawn. to gape.
دَهَن‌دَریده، بددهن، فحاش، گستاخ، پررو.
loudmouthed. rude. blatant.
دَهَن‌کجی making faces at.
دهنده، بخشنده، سخی، تحویل‌دهنده. donor.
generous. one who gives. charitable.
giver. deliverer. contributor. granter.
دَهَن‌سوز، خیلی‌داغ، سودبخش. very hot.
very good. swell. very profitable.
آش ~. something particularly good.
این معامله چندان آش دهن سوزی نیست.
this bargain is not so profitable.

دَهَنه، لگام، لجام، دهانه، اوسار.
bit (of a bridle). bridle.
rein. opening. mouth. orifice. entrance.
mouthpiece. gag.
~ زدن به.
to bridle. to curb. to harness.
دَهَنی، دهانی. oral. buccal.
ساز~. mouth organ. harmonica.
دُهنی، روغنی. oily, unctuous.
oleaginous. fatty. greasy.
دُهنیّات oily substances. oil products.
[illegible] one-twentieth. five per cent.
ده‌وجهی decahedron. decahedral.
دُهوُر (دهر pl. of)، زمان‌ها، ایام، اوقات.
times. periods. eras. epochs.
دَهِه decade. period of ten days or years. the first ten days of.
دَه‌هزار ten-thousand.
ده‌هزارم ten-thousandth.
دهی decimal. pure (as gold).
دَه‌یَك، عشریه. one - tenth. tithe.
دِی، دیشب، دیروز. last.
past. yesterday. yesternight. last night.
دی، دیماه. tenth month of Iranian calendar having 30 days (Nov., Oct.).
دیا پازون، دیاپازن.
tuning fork. diapason.
دیار(دار pl. of)، خاك، کشور، ناحیه، شهر.
region(s). territory. country.
دَیّار، ساکن دیر، فردگوشه نشین.
dweller of a convent. a retired individual.
دیاق، دو ابرو، خط ابرو. bracket.
دَیالِمه (دیلمی pl. of)، دیلمیان.
the Deylamites.
دَیّان judge or rewarder. God.
دیانَت (دیانات pl.). piety. honesty.
religion. faith.
دیبا fine silk or brocade.
دیباچه، مقدمه. preface. prologue.
introduction. prolegomenon. foreword.
دیپلم، دانشنامه. diploma. certificate.
دیپلمات، سیاستمدار. diplomat. politician.
دیپلماسی، سیاستمداری. diplomacy.
politics. statesmanship.
دیپلمه، فارغ‌التحصیل، دانش‌آموخته.
diploma holder. graduate. diplomate.
دیَت، دیه، خون‌بها. mulct. blood money.
دَیجور dark. moonless.
دید، بینائی، بینش.
sight. vision. estimate. viewpoint. prospect. opinion. point of view.
~ اوضعیف است. he has poor vision (sight).
~ من با ~ اوفرق دارد. my viewpoint (opinion) is different from his.
~ زدن. to estimate. to appraise.
~ کردن. to see or inspect.
~ وباز. interchange of visits.
paying and repaying visits.
دیدار، ملاقات. visitation. visit.
meeting. view. sight. seeing.
~ کردن. to visit. to meet.
دیداری دوستانه. a friendly visit.
به ~ کسی رفتن. to pay someone a visit.
دیداری visitational. visitorial. sight.
payable at sight. visual. ocular.
برات ~. sight draft.
دیدبان، دیده‌بان. watchman, guard

lookout. scout. signalman. observer.
دیدبانگاه watchtower. lookout point.
دیدبانی lookout. observation.
پست ~. lookout (observation) post.
دیدسَنج optometer.
دیدگان (دیده pl. of)، چشمان. eyes.
دیدگاه، نقطه‌نظر، محل‌دید. viewpoint.
observation place. point of view.
از ~ تاریخ معاصر. from the viewpoint of contemporary history.
دیدَن، دید، نگاه‌کردن.
to see. to behold. to espy. to descry, to look, (also used as an auxiliary verb. as in: صدمه دیدن).
~ کردن.
to pay a visit to. to make a call. to call (on someone). to visit. to inspect.
ما بدیدن عمو منصور رفتیم.
we went to see (visit) Uncle Mansoor.
آیا عکس را دیدی؟
did you see (look at) the picture?
من اینکار را دشوار می‌بینم.
I find this difficult.
آیا آنمرد را از دور می‌بینی؟
do you see that man from afar?
نه او را خوب نمی‌بینم.
no I do not see him well.
دیدَنی، ملاقات، بازدید، قابل دیدن، جالب.
call. paying a visit to. interesting to see. worth seeing. sightly. comely.
(ازکسی) ~ کردن. to pay a visit to. to call on. to visit.
این منظره بسیار ~ است.
this view is very sightly.
دیدوبازدید interchange of visits.
paying and repaying visits.
دیدِه (دیدگان pl.)، چشم، ملاقات‌کرده.
eye. seen. visited. observed. noticed.
از دل برود هرآنکه از ~ برفت.
out of sight, out of mind.
~ ونديده. seen and unseen.
دید وشنوُدی، سمعی‌وبصری. audio-visual.
دیده‌وَر، دیدبان. scout. discerning.
observing. discriminating.
دیده‌وَری، دیدبانی، مراقبت.
scouting. observing. observation.
دیر، گذشته ازوقت.
late. tardy. tardily. slowly. in a dilatory manner. belated. delayed.
~ رسیدن. to come late. to be late. to arrive behind schedule.
~ کردن. to be late. to delay. to procrastinate.
یك ساعت ~ شد. it was an hour late.
دیری نپائید که اورا هم اخراج کردند.
it wasn't long before they expelled him too.
دیرم شد. I was (am) late.
هواپیما یکساعت ~ خواهد رسید. the plane will have a delay of one hour. the plane will be one hour late.
دارد ~ میشود it is getting late.
این باغ از ~ زمان متعلق باین خانواده بوده‌است.
this garden has belonged to this family since a long time ago.
~ یا زود. soon(er) or late(r).
دِیر، صومعه. monastery or convent.
~ نشین. hermit. monastic. monk.
دیرآشنا، غیر مأنوس. inapt to become familiar or sociable. hard to get to know.
دیرباز long time ago. ancient times.
از ~. of yore. since a long time ago.
دیرباوَر، شکاك. hard to believe.
incredulous. skeptic.
دیرباوری، شکاکی. incredulity. skepticism.
دیرپای lasting long. constant.
durable. permanent. chronic. longeval. perpetual. unfailing. long-lasting.
دیردیر at long intervals. seldom.
rarely. once in a great while.
دیررَس، میوهٔ ~.
late. serotinous. [illegible]
دیرغَضَب slow to wrath. forbearing.
دیرفِرِست deferred (telegram).
دیرَك، تیرك، تیر، دگل.
post. pole. mast. rolling-pin.
دیرکَرد، تأخیر. delay.
جریمهٔ ~. delay charge (fine).
دیرکردن to be late. to delay.
دیرگاه، مدت طولانی، دیرزمان.
long time. late.
تا ~ نشستیم. we sat late.
دیرگداز، سخت گداز.
hard to melt. refractory.
آجرهای ~. refractory bricks.
دیروُز، دی. yesterday. yester. yestern.
نامهٔ هما ~ رسید.
Homa's letter arrived yesterday.
دیروُزی yesterday's. of yesterday.
دیروَقت late. long time.
دیشب تا ~ مطالعه میکردم.
last night I studied late.
دیرهَضم hard to digest. indigestible.
دیری lateness. tardiness.
دیریاب، کمیاب. hard to obtain. rare.
دیرین، کهن، کهنه، قدیم. ancient. old.
inveterate. antique. archaic.
دشمن ~. ancient (or implacable) enemy.
~ زیست شناسی. paleobiology.
~ زیوی. paleozoic.
دیرین‌شناس paleontologist.
دیرین شناسی paleontology.
دیرینگی (long) service. antiquity.
دیرینه old. ancient. long. inveterate.
دیز sharp.
دیزپرده hammercloth.
دیزل diesel (engine).
دیزی pot made of stone. small earthen cooking pot. pipkin.
دیژیتال digitalis.
دیس like. resembling. colo(u)r.
(in combs. as in: تندیس، دگردیس).
دیس dish.
دیسانتری، اسهال. dysentery.
دیسمان building.
دیشَب last night. yesternight.
~ و پریشب.
last night and the night before last.
دیشبی of or from last night.
دیفتری diphtheria.
دیفرانسیل differential gear.
دیکتاتور، زمامدار مطلق. dictator.
دیکتاتوری، حکومت مطلقه. dictatorship.
دیکتِه، املاء، امر، فرمان. dictation.
spelling. enjoining. commanding.
~ کردن. to dictate. to enjoin. to

domineer. to command.

~ گفتن. to give a dictation. to dictate a passage.

امتحان ~. spelling test.

~ داود خوبست. David's spelling is good. David is a good speller.

دیگ pot. boiler.

~ بخار. steam boiler.

دیگ‌افزار، ادویه. seasonings. spices.

دیگ‌پایه trivet.

دیگچه، کماجدان. small pot. saucepan.

دیگدان trivet. fireplace.

دیگر، دیگری، یکی‌دیگر، چیزدیگر، بعلاوه. other. another. else. next. more. hence. any longer. any more.

مردم ~. other people.

مردی ~. another man.

یکنفر ~. someone else.

نفر دیگر، یکی‌دیگر. next one.

بار ~، دفعهٔ ~. next time.

بدیگران نگو. don't tell the others.

سال دیگر. next year.

چندکتاب ~. some more (other) books.

یکهفته ~. a week from now.

هفتهٔ ~. next week.

بار ~. next time. again.

یکدفعهٔ ~. once more.

جای ~. elsewhere.

از طرف ~. besides. on the other hand.

~ باران نخواهد آمد. it will not rain any more. it will rain no more.

با ~ مردم مهربان باش. be kind to other people.

بار ~ امتحان داد وقبول شد. he took the examination again (once again) and passed it.

دیگران (دیگر .pl. of)، اشخاص دیگر. others. other people.

با ~ چنان‌کن که خواهی با تو آنچنان کنند. do unto others as you would have them do unto you.

دیگربار، بار دیگر، دوباره. again. other time. next time.

دیگری، یکی‌دیگر،دومی. the other (one). the second (one). another.

افراد ~ هم آنجا بودند. there were also other people there.

راز عشق خود را بدیگری مگو. do not tell the secrets of your love to another.

دیگ ساز pot-maker. boilermaker.

دیگی pertaining to a pot. cooked in pot.

دیلاق، لندهور، دراز. very tall. lanky.

دیلم crowbar.

دیلماج، مترجم، ترجمان. interpreter.

دیلمی (دیالمه .pl.) of Deylaman. Deylamite.

دیم dry farming.

گندم ~. wheat produced by dry farming.

دیماه، دی. the month of Dey.

دیم کاری dry farming.

دیمی cultivated by dry farming. not acquired systematically. immethodical. superficial.

دین (ادیان .pl.)، مذهب، کیش، آئین. religion. faith. creed. doom. requital. judgment.

بی ~. irreligious.

دین(دیون.pl.)، بدهی. debt. amount due.

دیون عمومی. public debts.

دیون معوقه. arrears.

ادای (انجام) ~. settlement of a debt.

دینی‌که بهوالدین خود داریم پرداختنی نیست. the debt we owe our parents can never be paid back.

دینار، درم،پول. Dinar. Denarius.

دینام dynamo. generator.

دینامو dynamo.

دینامیت dynamite.

~ زدن، با ~ خراب‌کردن. to dynamite.

دیندار religious. pious.

دین‌دار، بدهکار،مدیون. debtor. endebted.

دینداری religiosity. piety. religiousness.

دینی (دینیه .fem)، مذهبی. religious.

دیو demon. fiend. demogorgon.

~ صفت. demonic.

~ شناسی. demonology.

دیوار، حائل. wall. partition. septum.

~ کشیدن. to wall (up).

از ~ بالا رفت و بداخل باغ پرید. he climbed the wall and jumped into the garden.

دیوارکوب fixed on the wall. poster.

دیواره parapet. rim. septum. paries.

دیواری pertaining to a wall. mural. posted on the wall. wall.

ساعت ~. clock.

کاغذ دیوار(ی). wallpaper.

دیوان complete (poetical) works. tribunal court. government.

~ عالی‌کشور. supreme court. high court of cassation.

~ حافظ. the complete works of Hafez.

دیوانخانه (law) court. tribunal.

دیوانگی، جنون،خبط دماغ. insanity. lunacy. madness. mania. foolishness.

~ کردن. to behave madly or as a lunatic.

دست زدن بسیم برقدار ~ است. to touch a live electric wire is madness.

دیوانه، مجنون. mad. insane. raving. lunatic. maniac. frenzied. luny. loony crasy. maniacal. berserk. frantic. crackbrain(ed). cracked. crackpot - daffy. daft.

~ شدن. to madden. to become (go) mad.

~ کردن. to madden. to make insane. to drive mad. to enrage.

دیوانهٔ عشق. frenzied with love.

~ خانه. mad house. lunatic asylum.

این بچه‌های شیطان مرا ~ میکنند. these naughty children drive me crazy.

دیوانه‌وار madly. frantically. maniacally. insanely.

دیوانی، دولتی،دادگاهی. governmental.

دیوث cuckold.

دیوسار، دیوسان. devilish. fiendish. demonic. demoniac. demoniacal.

دیون (دین .pl. of)، بدهکاری‌ها. debts.

دیوی demonic. demoniac. fiendish.

دیه، دیت. mulct. fine. blood money.

دیه، دیهه، ده، روستا. village.

دیهیم، تاج. crown. corymb. diadem.

ذ

ذ the eleventh letter of the persian alphabet.

ذابح، ذبح‌کننده، کشنده. slaughterer.

ذات (ذوات .pl.)، جوهر، اصل، فرد. essence. substance. nature. self. person. being. individual. personage. inherence. inherency.

بالذات. in person. substantially. in essence.

اسم ~. concrete noun.

آدم بد~. a malicious (ill-natured) person.

ذوات محترمه. respectable individuals.

ذات لایزال. the Eternal Being.

ذاتاً by nature. in essence. in substance.

او ~ خبیث است. he is essentially evil.

ذات‌الثمن octant.

ذات‌الجنب (med.) pleurisy.

ذات‌الریه، سینه‌پهلو. (med.) pneumonia.

ذاتی inherent. natural. intrinsic. essential. innate. inborn.

ذال the letter "ذ" or zal.

ذائقه، چشائی، چشیدن، چشش. tasting. (sense of) taste. palate.

به ~اش خوش نیامد. it did not suit his palate. it did not please him.

خوش ~. tasty. palatable.

برای تغییر ~. for a change (of taste).

ذبح، کشتار، سربریدن، قربانی. slaughter. slaughtering. sacrificing.

~ کردن. to slaughter. to sacrifice.

روزی ۱۰۰ گوسفند درکشتارگاه ~ میشود. 100 sheep are slaughtered in the slaughterhouse daily.

ذبیح، کشته شده، قربانی‌شده، مذبوح. sacrificed or slaughtered.

ذبیح‌الله masculine proper noun.

ذخایر (ذخیره .pl. of)، ذخیره‌ها، دفائن. reserves. savings. resources.

~ ارزی ایران. Iran's foreign exchange reserves.

ذخیره (ذخایر و ذخائر .pl.)، پس‌انداز. reserve. store. stock. accumulation. resource. saving. stockpile.

~ کردن. to save. to store. to stock. to put by. to pile up. to lay by. to conserve. to stockpile.

وجوه ~. reserve fund.

آذوقه ~کردن. to store up provisions.

پول ~ کردن. to save money.

ذرات (ذره .pl. of)، ذره‌ها، اجزاء. particles. atoms. specks. atomies.

ذراع cubit.

ذرت، بلال. (bot.) maize. corn.

~ بوداده، چوس‌فیل. **popped corn. popcorn.**
روغن ~ . **corn oil.**
آرد ~. **corn meal. Indian maize.**
چوب ~. **corncob.**
ذَرع، گز، متر. unit of lenght=41 inches or 104 centimeters.
~کردن. **to measure by the** ذرع.
ذَرعی، متری. bought or sold by the ذرع.
ذِروه pinnacle. crest. apex. apogee. summit
ذَرّه (ذرات .pl). particle. molecule. corpuscle. little. bit. tiny fragment. atom. atomy. wee. speck. speckle.
دل هرذره‌ای که بشکافی... **if you split any atom...**
ذره‌بین، ریزبین، اندك‌بین. **lens.** magnifying glass. burning glass. microscope. meticulous.
ذره‌بینی minute. microscopic. animalcular. meticulousness.
اجسام ~. **microscopic objects.**
ذره ذره particle by particle. bit by bit. little by little. molecular.
ذُرّیات (ذریه .pl. of)، ذراری. offsprings.
ذَریعَه، وسیله، بهانه، نامه. means. pretext. medium. letter.
ذُرّیه (ذراری، ذریات .pl). offspring. seed. progeny.
ذُغال، زغال. charcoal.
~ سنگ. **coal.**
ذغال‌چوب charcoal.
ذَقَن، چانه، زنخدان. chin.
ذَکاء، ذکاوت، هوش، دانائی، باهوشی. sagacity. wit. intelligence.
ذَکَر (ذکور .pl)، آلت‌مردی. penis. male organ. prick. pudendum.
ذِکر، یادآوری، خاطره، بازگوئی. mention. remembering. memory. recital. praise.
~ خیر. **favorable mention. good reputation.**
سابق الذکر. **abovementioned. aforesaid.**
قابل~. **worthy of mention. mentionable.**
~ خدا، ~ حق. **praise (invocation) of God.**
ذُکور، جنس مذکر. males. men or boys. masculine.
ذُکوریّت مردی. masculinity. masculineness. virility.
ذَکی (اذکیا .pl). keen. intelligent. sagacious. astute. sharp. smart.

ذُلّ، ذلت، خواری. baseness. meanness.
ذَلاقَت، تند زبانی، درشتی. sharpness (of tongue). volubility.
ذِلّت، خواری. meanness. lowliness. abjectness. suffering. hardship.
~کشیدن. **to suffer.**
ذٰلك، این، آن. this. that (used only in Arabic compounds such as: معذلك، كذلك etc.).
ذَلیل، خوار، خفیف، پست، حقیر. abject. contemptible. weak. servile.
~ شدن. **to become abject.**
~کردن. **to make abject or humble.**
الهی ~ بشی ای‌بچه! **may God humble you, child!**
ذَمّ (ذموم .pl). vilification. slander. blaming. vice.
~کردن. **to speak ill of. to blame. to vilify.**
ذِمّه obligation. duty. due.
برائت ~. **clearance from obligation. acquittal.**
مشغول الذمه. **conscience bound. under moral obligation.**
ذمه‌دار having an obligation or due. responsible. debtor.
ذمه داری. **obligation. charge.**
ذِمّی (infidel) who pays tribute. tributary.
ذَمیم، نکوهیده، زشت. blameworthy.
ذَمیمَه (ذمائم .pl). بدیها. blameworthy act. moral imperfection.
ذَنب (ذنوب .pl)، گناه. sin. vice. culpability.
ذَنَب، دم. tail.
ذَنَبُ‌الدَّجاجه، ستارهٔ ذنب. (astr.) deneb.
ذَنَبی caudal.
ذُنوب (ذنب .pl. of)، گناهان. sins. vices.
ذَوات (ذات .pl. of) those endowed with. persons. beings. personalities.
ذوالاکتاف possessor of shoulder-blades. Shapoor II.
ذوالجَلال glorious.
ذوالفقار title of Ali's sword.
ذوالفُنون master of arts. skillful.
ذَوب، حل، آب شدن. melting. melt. thaw. fuse. dissolution. liquefaction.

نقطهٔ ~. **melting point.**
یخ ~ شد. **the ice melted.**
کارخانهٔ ~آهن. **steel mill. steel plant. ironworks.**
برف ~ میشود. **snow thaws.**
~ شدن. **to melt. to thaw.**
~کردن. **to melt. to thaw. to liquefy. to smelt. to found. to founder.**
ذُوجَنبَتین having two phases.
ذُوحَیاتَین، دوزیست. Amphibia. amphibian.
ذُوذَنَب، ستارهٔ دنباله‌دار. comet.
[illegible] trapezoid, trapeze, trapezium.
شبه ~. **trapezium.**
ذَوق، سلیقه، مشرب، استعداد، هوش. taste. elegance. talent. aptitude. yen. zeal. gusto. palate. enthusiasm. verve.
خوش~، با~. **having good taste. talented.**
~ موسیقی. **talent for music.**
سیامك كارخود را باشوق و~ تمام انجام‌داد. **Siamak did his work with utmost enthusiasm.**
بیذوق. **not talented. not gifted. dull.**
هرکار ~ مخصوصی لازم دارد. **each task requires a particular aptitude.**
توی ~ زدن. **to repell or discourage.**
ذوق‌زده overwhelmed with joy.
ذوقی، با ذوق. pertaining to aptitude or taste. connected with talent or verve.
کار~. **hobby. artistic activity.**
ذَوِی‌العُقول rational beings.
ذَهاب، رفتن. going. departure.
ایاب و ~. **traffic. coming and going.**
ذَهَب، زر، طلا. gold.
ذِهن (اذهان .pl)، فکر، عقیده. mind. opinion. memory.
از ~ بردن. **to forget. to put out of one's mind.**
به ذهن سپردن. **to commit to memory.**
کند~. **dull. slow in learning.**
ذِهنی، فکری، معنوی، خاطره‌ای. mental. subjective. having to do with memory or intellect. rote.
ذُهول، فراموشی. amnesia. forgetting.
ذی، ذو. possessing. having.
ذی‌الحَجّه twelfth Arabic lunar month.
ذی‌القَعده eleventh Arabic lunar month.
ذیجاه of dignity or rank. respectable.

ذیحَجّه، ذی‌الحجه. the twelfth Arabic lunar month.
ذی‌حق، صاحب حق، محق. rightful (person). (one) having a just claim.
ذی‌حیات، جاندار. living. live. animate.
ذی‌خِرَد، خردمند. wise.
ذی‌روح، جاندار. animate. living.
غیر ~. **inanimate.**
ذی‌شأن، ذیجاه، والامقام. of dignity or rank. dignified.
ذیشُعور، باشعور. sensible.
ذی‌عَلاقه، علاقمند. interested. concerned.
ذیفقار، مهره‌دار. vertebrate.
غیر ~ [illegible]. **invertebrate.**
ذیفقاران، مهره داران. vertebrae. vertebrata.
ذی‌فُنون، ذوالفنون. skillful. artful.
ذیقَعده، ذی‌القعده. the eleventh Arabic lunar month.
ذیقیمت، گرانبها. valuable. costly.
ذَیل (اذیال، ذیول .pl)، زائده، دنباله، آونگ، حاشیه، یادداشت. appendix. footnote. bottom.
~ نامه را امضاء کنید. **sign under (the bottom) of the letter.**
در ذیل، در زیر. **below. hereunder. under.**
از قرار ~، بشرح ~، بقرار ~. **as follows. as under. thus.**
امضاءکنندهٔ ~، امضاءکنندگان~. **the undersigned.**
ذیلاً hereunder. as follows. following.
ذی‌نَفس breathing (creature).
ذی‌نَفع interested (party). beneficiary.

ر the twelfth letter of the Persian alphabet.
را particle suffixed to a noun or pronoun as a sign of the definite direct object as in: خانه‌رابفروشید=sell the house.
او ~ دیدم. I saw him.
کتاب ~ بردند. they took the book.
رابط، رابطه، واسطه. liaison. copula. communicator. intermediary go-between. connector. connecter. joiner. linker. connective. communicating.
رابِطه (روابط .pl). ارتباط، بستگی، نسبت. liaison. communication. connection. relation. tie. connective link. linkage. jointure. copula. juncture. junction.
رابطهٔ‌تلفنی. telephone communication.
قطع رابطهٔ سیاسی. severance of political relations.
~ برقرار کردن. to establish (set up) communication or relation (ship). to contact.
رابِع، چهارم. fourth.
رابعاً fourthly.
راپُرت، گزارش. report.
راج holly. holm.
راجِع referring. returning. recurrent. relapsing.
~ به، درباره. concerning. regarding. on the subject of. apropos of. about. with regard to. in connection with.
آیا راجع به پول حرفی نزد؟ didn't he say anything about (concerning, regarding) money?
راجعه، تب‌راجعه. recurrent. intermittent. periodic. intermittent fever.
راجه raja(h).
راحَت، آسان، پرآسایش. comfortable. cozy. snug. restful. convenient. easy. facile. comfort. convenience. comfortably. tranquil(lity). repose.
صندلی ~. a comfortable chair.
خواهش میکنم ~ باشید. please be at ease.
بیماری او خواب و ~ را ازما گرفت. her illness disrupted our lives (took away our sleep and comfort).
~ بودن. to be comfortable, convenient or easy.
ازگیر (شر) کسی ~ شدن. to get rid of someone. to be rid of someone.
شبها نوزاد ~ میخوابد. at night the baby sleeps comfortably.
~ و آسوده. very comfortable or easy.
~ شدن. to be relieved. to find comfort or rest. to die.
~ کردن. to make comfortable. to rest. to relieve. to comfort. to disburden.
راحَتُ‌الحُلقوم Turkish delight.
راحَتبخش comfortable. restful.
راحت طلب (one) who seeks a comfortable life. complacent.
راحتی comfort. snugness. effortlessness. facileness. facility. rest. ease. convenience. easiness. poise.
برای ~ مهمانان. for the comfort of the guests.
صندلی ~. easy chair.
براحتی. easily. comfortably. effortlessly.
او فاصلهٔ بین‌کاشان وقمصر را به ~ پیاده‌میرود. he easily walks the distance between Kashan and Ghamsar.
راد، جوانمرد، دلیر. liberal. gentlemanly. brave. upright.
رادار radar.
راددست، بخشنده، سخی. generous.
رادِع، مانع. obstacle. impediment. hurdle.
رادمرد، جوانمرد. liberal man.
رادمَنِش of a liberal nature.
رادّه mark of reference.
رادیاتور، دمابخش. radiator.
رادیان radian.
رادیو radio.
~ روشن کردن، ~ گرفتن. to turn on a radio.
~ خاموش کردن. to turn off a radio.
هرشب در ~ برنامه دارد. every night he has a program on the radio.
نشر یاسخن پراکنی از ~. radiobroadcasting.
گویندهٔ ~. radiobroadcaster. radio announcer.
رادیوآکتیو radioactive.
رادیوآکتیویته radioactivity.
رادیوتراپی، پرتودرمانی. radiotherapy.
رادیوسکپی، پرتوبینی. radioscopy
رادیوگرافی، پرتونگاری. radiography.
رادیوم، رادیم. radium.
رادیوئی radio.
برنامهٔ ~. a radio program.
امواج ~. radio frequencies (waves).
عکس ~. radiophoto. radiophotograph.
راز secret. mystery. enigma.
~ موفقیت او. the secret of his success.
~ ونیاز کردن to bill and coo.
رازدار confidant(e).
رازدار (bot.) green alder.
رازقی (bot.) Arabian jasmine.
رازَك hop (-plant).
رازی (native) of the ancient city of Rey (ری). Rasis.
رازیانه (bot.) fennel.
رازیانهٔ آبی، کاکل، کاکله. (bot.) samphire.
رأس (رئوس .pl)، سر، دماغه، قله. head. summit. top. vertex. apex.
پنجاه ~ گاو وگوسفند. fifty heads of cattle.
در ~ مدت مقرر. on the appointed time.
راساً، مستقیماً، پیش‌خود. personally. direct(ly). on one's own initiative.
اگر نامه را ننویسید خودم ~ خواهم‌نوشت. if you don't write the letter, I will write it personally.
رأس‌الجَدی (astro.) capricorn.
مدار ~. tropic of capricorn.
رأس‌السَّرطان (astro.) cancer.
مدار ~. tropic of cancer.
راست، مستقیم، سیخ، درست، درستکار، امین. straight. erect. right. direct. upright. true. honest. correct. truth. truly.
~ بروید. go straight.
دست ~. the right hand. right side.
دست ~ بروید. turn to the right.
سر راست. straight ahead.
~ آمدن. to come true. to be fulfilled.
~ شدن. to become straight or erect.
موی تن‌آدم ~ میشود. one's hair stands on end. it makes one's flesh creep.
~ کردن. to straighten. to unbend. to prick. to bristle. to erect.
راستش را بخواهی، پول ندارم. if you want the truth, I have no money.
~ گفتن. to tell the truth.
پسرم همیشه ~ بگو. always tell the truth, my son.
از فرودگاه ~ آمد منزل. he came directly home from the airport.
راستا، امتدادی. direction.
راستان (راست .pl of)، درستکاران. the upright or true. the prophets.
راستباز candid. dealing fairly.
راستبال orthopteran.
راستبالان (z.) orthoptera.
راستکار، راست‌کردار، درستکار. honest.
راستگر rectifier.
راستگری rectification
راستگو veracious. truthful (person).
راست‌گوشه، مربع مستطیل. rectangular. rectangle.
راستگویی veracity. truthfulness.
راست نُما verisimilar. likely.
راست‌نمائی verisimilarity. likelihood.
راسته row. series of shops. fillet. undercut. order. file. round (as a sum).
راستی، درستی، حقیقت، واقعاً. truth. honesty. straightness. erectness. veracity. truthfulness. indeed. really. by the way. in fact. reality.
~ بهترین حربه است. truth is the best weapon.
~ گفته‌های او بعداً معلوم شد. the veracity of his sayings was proven later on.
براستی. truly. honestly. indeed. really.
~ که هوا بسیار مطبوع است. the weather is indeed (really) pleasant.
~ مهری کجاست؟ by the way, where is Mehri?
راستین real. true. accurate. veracious.
راسِخ، استوار. straight. upright. firm.
راسُخت red antimony.
راسَن elecampane.
راسو (z.) weasel.
راشِد orthodox. growing.
خلفای راشدین. the first four caliphs.
راشی، رشوه دهنده. briber.
راضی، خشنود. satisfied. pleased. content. willing. appeased. gratified. contented.
آیا ~ هستید؟ are you satisfied?
او ~ برفتن نیست. he is not willing to go.
~ شدن. to consent. to agree. to be satisfied. to be pleased.
ناراضی. dissatisfied. displeased. discontented.
نباید مردم را ناراضی کرد. people should not be made discontented.
~ کردن، ~ ساختن. to satisfy. to content. to cause to agree. to cause to consent.
از خود ~. overweening. selfish. egoist.
راعی (رعاة .pl)، شبان. shepherd.
راغ، چمن. meadow. mountain slope.
راغِب، شایق، مایل. inclined. desirous. fond. willing.
~ بودن. to be fond of. to have a predilection for. to be inclined.
~ کردن. to make interested in or desirous of.
رأفَت، مهربانی. kindness. affection.
رافضی heretic. heterodox.
راقی (راقیه .fem)، مترقی، پیشرفته. developed. advancing or advanced.
ممالك ~. developed countries.
راکِب، سوار. rider.
رآکتور reactor.
رآکتوراتمی nuclear (atomic) reactor.
راکِد، بیحرکت، بیرونق، ایستاده، ایستا. stagnant. dull. sluggish. at a standstill.
آب ~. stagnant water.
بایگانی ~. dead records.
بازار ~. dull market.
رآلیسم، واقعیت‌گرائی. realism.
رام، اهلی، مطیع. tame. domestic. domesticated. docile. submissive. pet.
~ شدن. to become tamed.
~ کردن. to tame. to manage. to domesticate. to break. to subdue.
شیری را ~ کردن. to tame a lion.
رامِش rest. cheerfulness.
رام شدنی tractable. tamable. docile.
رامِشگر، مطرب، نوازنده، خنیاگر. minstrel. bard. musician.
رامشگری minstrelsy. being a musician.
رامی tameness. gentleness. rummy.
رامیزه subphylum.
ران thigh. leg. femur.
~ گوسفند. leg of mutton.
~ خوك. ham.
استخوان ~. femur. thigh bone.
ران، راننده، بران. driver. drive thou. (used in such combs. as in: اتوبوسران = bus driver).
راند osmosis.
راندمان، کارآئی، بازده. efficiency.
راندَن، هدایت‌کردن، بردن، تاراندن. driving. conducting. piloting. riding. scaring or shooing away. to drive. to conduct. to pilot. to ride. to expel. to send away. to shoo.
برزبان ~. to utter. to say.
حکم ~. to govern. to rule.
ماشین (اتومبیل) ~. to drive a car.
هواپیما ~. to pilot an airplane.
اسب ~. to ride a horse.
نادرشاه دشمن را از شهر بیرون ~. Nader Shah drove the enemy out of the city.
رانش buoyancy.
رانِش driving. expulsion. repellent property. purging effect.
رانکی crupper.
رانندگی driving. piloting.
ادارهٔ راهنمائی و ~. the traffic office (department).
گواهینامهٔ ~. driver's license.
راننده driver. chauffeur. pilot.
رانی femoral.
راوی (رواة .pl)، روایت‌کننده، ناقل. narrator. historian. reporter.
راوند، یونهٔ معطر، مریمی. (bot.) clary.
راه، روش، شیوه، جاده،وسیله. way. road. path. route. drive. roadway. thoroughfare. passage. highway. duct. channel. means. method. course. cause.
~ پیمودن. to travel (a specified distance).
~ دادن. to admit. to allow to enter.

بچه‌ها را به عروسی راه ندادند. they did not admit the children to the wedding.
او براه خود رفت. he went his way.
در ~ خدا. for God's (or charity's) sake.
~ آب. watercourse. aqueduct. gully (-hole).
از ~. by. via. through.
از ~ دهان. through the mouth. orally.
~ آبی، آبراه. waterway. water route, canal.
مهندس ~ وساختمان. civil engineer.
راه‌افتادن، عازم‌شدن. to start. to move. to set out. to get underway.
راه‌آمدن، [illegible] to travel. to cover. to compromise with. to consider favo(u)rably.
راه انداختن، براه انداختن، بکار انداختن. to start. to set in motion. to put in working order.
راه‌آهن railway. railroad
~ زیرزمینی. metro. subway. underground.
راه‌انداز starter. ignition key.
راهِب (رهبان .pl)، تارك دنیا، زاهد. monk.
راهبان road-guard. highway patrol.
راهب‌خانه، دیر، صومعه. monastery.
راهبر، رهبر. leader. guide.
راه بردن to walk. to be able to find (one's way). to know.
راه بجایی‌نبرد. he could not find his way. he could find no means.
راه‌بندان blockade. traffic jam.
راهِبه (fem. of راهب). nun.
راه‌پیما hiker. traveller. wayfarer.
راه‌پیمایی walking (tour). hiking.
راهدار، راهبان. tollman.
راه‌راه ribbed. striped.
راه رفتن to walk. to stroll. to saunter. to hike. to march. to tramp. to trudge. to fare. to move. to strut.
راهرو، دالان. hallway. corridor. passageway. gangway. aisle. lobby.
راهزن brigand. bandit. highwayman.
راهزنی، دزدی. highway robbery. brigandage. banditry.
راه سازی road construction.
راه‌گذر، عابر. passer-by. wayfarer.
راهِن mortgager.
راهنامه road-book. road-map.
راهنما، رهنما. guide. directory. indicator. leader. usher.
کتاب ~. guidebook.
استاد ~. guidance counselor. adviser.
راهنمای کمکهای اولیه. first-aid textbook.
(کتابچهٔ) راهنمای تلفن. telephone directory.
راهنمایی guidance. directing. leading.
~ کردن. to direct. to guide. to lead.
~ شدن. to be directed, guided, or led.
راه‌نوَرد، راه پیما. wayfarer. hiker.
راهوار، رهوار. easy-paced.
راهی en route. about to start.
~ شدن. to proceed (or start).
رأی، عقیده، قضاوت، تصمیم. counsel. opinion. judgment. verdict. prudence. vote. poll. ballot.
~ دادن. to vote. to ballot. to pronounce a judgment. to express one's opinion.
~ هیئت منصفه. the jury's verdict.
علیه‌کسی ~ دادن. to vote against someone.
در اینمورد ~ شما چیست. what is your opinion in this case.
~ اعتماد. vote of confidence.
~ گرفتن، اخذ ~. vote taking. casting (one's) ballot.
رأیُ‌العَین eyewitness.
برأی ~. ocularly. by eyewitness.
رایَت، پرچم. banner. flag.
رایج current. in vogue.
~ کردن. to make current or widespread.
پول ~ مملکت. the currency of the country.
رایِحَه، بو، عطر. odo(u)r. smell. scent. fragrance. effluvium.
رایِزن، مشاور. counsellor. advisor.
رایزنی، مشاوره. counsellorship. consultation. guidance. advising.
رایگان (راهگان .orig)، مجانی. gratis. free (of cost). gratuitous(ly).
برایگان. gratuitously. freely. free.
رئوستا، دستگاه تنظیم جریان برق. rheostat.
رَبّ، خداوند، ارباب، خداوندگار. God. deity. lord. master.
رُبّ sauce.
~ گوجه فرنگی. catsup. ketchup. tomato sauce.
ربا usury. unlawful profit.
رُبا، رباینده، بربا. seize thou. seizer. snapper (in combs. as in: آهن‌ربا).
رَباب rebeck. viol.
رَبابه single rebeck. feminine proper noun.
رَباخوار usurer.
رباخواری usury.
رِباط، کاروانسرای، رشته، زردپی، وتر. inn. caravanserai. ligament. tendon.
رباطی، دارای زردپی. ligamentous.
رُباعی، دوبیتی. quatrain. foursome.
رُباعیّات quatrains. rubayyat. rubaiyat.
رَبُّ‌النّوع (ارباب انواع .pl)، دارگونه، الهه. a god. divinity. god of species.
رَبّانی divine. godly.
دعای ~. Lord's prayer.
عشاء ~. Lord's supper.
رُبایِش، جذب، زبودن، بردن، جلب. stealing. seizure. capture. attraction.
رُبایَندگی، ربایش. seizure. charm. attractiveness. attraction. pull.
رُبایَنده، سرقت‌کننده، سارق. that which seizes or steals. hijacker. raptorial.
ربایندگان جواهرات توقیف شدند. the stealers of the jewels were arrested.
ربایندهٔ هواپیما. airplane hijacker.
رُبائی stealing. robbing. (used in combs. as in: هواپیما ربائی=hijacking.)
رِبح، بهره، سود. interest.
با ربح دودرصد. with an interest of two percent.
رِپس، ریس. reps.
رَبط، بستگی، رابطه. relation. connection. relationship. relevancy. linkage. linking. jointure. connective. conjunction. junction.
~ داشتن. to be related, connected, or relevant. to be joined or linked.
~ دادن. to connect. to join. to relate. to correlate. to link. to refer.
~ پیداکردن. to find coherence. to have relation with. to become relevant.
حرف ~. conjunction.
ربطی بتو ندارد. it has nothing to do with you. none of your business!
هیچ ربطی باین موضوع ندارد. it has no connection with the subject on hand.
بی ~. incoherent. nonsense. unrelated to.
رُبع، یك‌چهارم، چهارم. one-fourth. quarter.
یك ~ مانده بسه، سه وربع‌کم. a quarter to three.
یك ~ ساعت. a quarter of an hour. fifteen minutes.
سه و ~، یك ~ ازسه‌گذشته. a quarter past three.
رُبعی quarto. quarterly.
رُبودَن، [illegible] to steal. to kidnap. to hijack. to filch. to pilfer. to purloin. to lift. to swipe. to pinch. to snitch. to seize.
بوسه‌ای ~. to snatch a kiss.
زیبائی او قلبم را ربود. her beauty ravished my heart.
کودکی را ~. to kidnap a child.
هواپیما را ~. to hijack a plane.
سعی کرد کتاب کتابخانه را برباید. he tried to swipe a library book.
~ هواپیما. highjack. hijack.
رَبّی my lord.
رَبیع، بهار. spring.
رَبیعی، بهاری. vernal. spring.
رپورتاژ، گزارش. (newspaper) report, reporting. set of contributed articles.
رُتبَه، درجه، پایه، مرتبه، مقام، طبقه. grade. rank. quality. class. standing. level. gradation. status. position. caste.
برتبهٔ بالاتری ارتقاء دادن. to promote to a higher grade.
مرد صاحب ~. a man of rank.
عالی ~. high ranking.
ارتقاء ~. upgrading. promotion.
تنزل ~. demotion. degradation. downgrading.
رَتق (only in رتق و فتق). handling. closing. sewing. reconciling. managing.
~ وفتق امور. handling (managing) affairs.
رُتَیل، رطیل، عنکبوت. (z.) tarantula.
رِثاء، مرثیه، سوگ. elegy. mourning.
رَج، ردیف، خط، طبقه. row. line. layer.
رَجاء، امید(واری). hope. aspiration.
~ واثق. sincere hope. certain hope.
~ واثق داشتن. to hope with sincerity or certitude.
رَجاسَت filth. grime.
رِجال (pl. of رجل)، مردان، بزرگان. distinguished men. dignitaries. personages. V.I.P's. big shots. bigwigs.
رَجّالَه lackey(s). vulgar people.
رَجَب the seventh Arabic lunar month. masculine proper noun.
رَج‌بَندی stacking. lineation.
رُجحان، برتری. preference. priority. excellence.
~ داشتن. to have preference over. to be better than.
رَجَز name of several poetical meters. epic verses.
رَجَزخوان reciter of epic verses. braggart.
رجزخوانی bragging. braggadocio.
رَجع، برگشت، بازگشت، رجوع. returning (of a divorced woman to her husband).
رَجعَت، برگشت. return. relapse. returning. resurrection. restitution.
~ کردن. to return.
~ دادن. to return. to restore.
رِجعی returnable. revocable. voidable.
طلاق ~. a revocable divorce.
رَجُل، مرد. man. personage. statesman.
رِجلُ‌الغُراب، زرقوری. crowfoot.
رُجوع، مراجعه، مرور. reference. resort. returning. revoking. allusion. referral.
~ کردن. to refer. to revoke. to send. to allude.
همه کارها را بمن ~ میکنند. they refer all the work to me
رفع و ~ کردن. to manage. to tend.
رُجولیَّت، مردی. virility. manhood. manliness.
آلت ~. pudendum virile.
رَجَه، بند. clothesline.
رَجیم، ملعون. damned.
رَحل bookrack. lectern. camel's saddle.
~ اقامت افکندن. to take abode. to sojourn. to take up residence.
رِحلَت، مرگ. death. passing away.
~ کردن. to die. to perish.
رَحم، مروت، انصاف. compassion. pity. mercy. clemency. lenity. ruth.
~ کردن. to have pity (mercy).
دلش برحم‌آمد. he was moved with compassion.
برمن ~ کن. have mercy on me.
بیرحم. merciless. cruel.
رَحِم (ارحام .pl)، زهدان. womb. uterus. matrix. hystero-.
صلهٔ ~. observance of ties of relationship.
(عمل) برداشتن رحم. hysterectomy.
رَحمانی divine.
رَحمَت، رحم، بخشش، برکت. mercy. commiseration. pardon. blessing.
~ بر او. how good he is! may God have mercy on him.
برکسی ~ آوردن. to have mercy on a person. to have pity on someone.
به ~ ایزدی پیوستن. to go the way of all flesh. to go to kingdom come. to die.
~ فرستادن‌بر. to invoke God's blessing.
خدا اورا ~ کند. may he rest in peace! may God bless his soul!
رَحم‌دِل، رحیم. compassionate. kindhearted.
رَحمٰن، رحمان. clement. merciful.
الرحمن. the clement. God.
رَحِمی uterine.
رَحیق pure (wine).
رحیل، عزیمت، سفر. departure. journey.
رحیم، مهربان، بخشنده. merciful.
الرحیم compassionate. masculine proper noun. the merciful (God).
بسم‌الله‌الرحمن‌الرحیم. in the name of God, the merciful and compassionate.
رُخ، روی، چهره، مرغ‌افسانه‌ای. face. visage. cheek. castle. roc. fabulous bird. rock. rukh.
~ دادن. to take place. to occur. to happen. to arise.
چیزی را به‌رخ‌کسی کشیدن. to cast something in a person's teeth.
رخ cleavage.
~ پذیر. cleavable.

رُخام، مرمر. marble.

رَخاوَت، سستی، رخوت. lassitude. languidness. listlessness.

رَخت، لباس، اثاثه، مال، اموال. clothes. garment. raiment. wear. suit. outfit. chattles. caparison. housings.

جواد ~ نو بتن کرده بود. Javad had put on (worn) new clothes.

~ شستن. washing. laundry. to wash.

~ بربستن. to pack off (away). to depart. to die.

~ کندن. to take off (change) one's clothes.

رخت‌آویز، چوب‌رخت. clotheshorse. clothes tree. clothes hanger.

رَختِخواب bed(clothes). bedding.

رختدان، رختان. commode.

رختشو(ی)، لباسشو. laundress. launderer. washerman. washer. washerwoman.

رَختشویخانه laundry. washhouse

رختشوئی washing. laundry.

رخت‌کَن cloakroom. dressing room. vestiary.

رُخداد، رویداد. occurrence. happening.

رُخسار، گونه، صورت. cheek. face. visage.

رُخساره facies.

رَخش Rakhsh, Rustam's horse.

رَخشان، درخشان. shining.

رَخشَندگی، درخشش. shine. glitter.

رخشیدن، درخشیدن. to shine. to glitter.

رُخصَت، اجازه. leave. permission.

~ خواستن. to ask permission.

~ دادن. to allow. to give leave to.

~ گرفتن. to obtain permission.

رَخنه، سوراخ، شکاف، نشت. breach. chink. leak. hole. crack. leakage. penetration.

~ کردن، ~ پیداکردن. to leak. to leak out. to ooze out. to penetrate. to make a hole. to spring a leak.

نیروهای ما در خطوط دشمن ~ کرده‌اند. our forces have penetrated the enemy lines.

رخنه‌دار leaky. cracked. porous.

رِخوَت، نرمی، سستی. lassitude. languidness. listlessness.

رَد، پس دادن، انکار. giving. restitution. refutal. refutation. disproval. rebuttal. confutation. rebuff. denial. refusal. track. trace. spoor. footprint.

حق ~. veto.

جواب ~. negative reply. rebutter. refusal.

~ شدن. to be rejected (refused). to be repealed. to fail. to pass through. to be cleared. to pass.

~ شو. pass. get away! get off!

~ کردن. to return. to refund. to reject. to refuse (to accept). to refute. to disprove. to confute. to rebut. to controvert. to pass (on). to fail.

آنرا از توی حلقه ~ کردم. I passed it through the ring.

استاد او را درامتحان ~ کرد. the Professor failed him in the examination.

بالاخره ماشین را ازگمرك ~ کردیم. finally we cleared the car through the customs.

~ پای کسی‌را گرفتن. to follow a person's footprints (track).

~ پای فیل. an elephant spoor.

~ وبدل کردن. to (ex)change.

کتابها را بمن ~ کنید. pass on (give) the books to me.

رِداء cloak.

رَدُّالعَجُزعَلَی‌الصَّدر. anadiplosis. epizeuxis.

رَدائَت malignity.

رَدع، بازداشتن‌از، منع، بازداشت. revulsion.

رَدکَردَنی refutable. rejectable. that which can be passed on.

رَدِه row. line. class. echelon. array. category. species. kind. genus. clothesline.

~ کشیدن. to array. to draw up in order.

رده‌بَندی classification. arrayal. categorization. division into rows.

رَدّی، بدخیم. malignant.

ردیزه subclass.

رَدیف، درجه، خط، صف، سلسله. row. range. order. rank. line. chain. file.

یك ~ صندلی. a row of chairs.

نیروی جهانی‌که در ~ اول قرار دارد. a world power of the first order.

~ کردن. to arrange in a line or row. to queue.

~ بردیف. line by line. in rows.

رَذالَت، پستی، دنائت. meanness. rascality.

رَذائِل (رذیله .pl. of)، صفات زشت. rascalities. vices.

رَذل، رذیل، پست، دون. mean. rascal. wicked.

رَذیلَه (رذائل .pl)، پست، دون، شریرانه. (fem. of رذیل)mean quality. wicked act.

رَز، مو، تاك. vine.

دختر ~ را بزنی خواهم‌کرد. I will wed the daughter of the vine.

رَزّاز، برنج فروش. rice merchant.

رزازی dealing in rice.

رَزّاق، روزی‌رسان. provider or supplier. God.

رِزانَت sedateness. firmness.

رِزق daily bread. sustenance. food. manna.

~ وروزی. sustenance and livelihood.

~ دادن. to give daily bread to. to donate one's sustenance.

خدا ~ همه را میرساند. God provides for everyone's daily bread.

رَزم، جنگ، پیکار، نبرد. war. battle. fighting. fight. conflict. combat. skirmish. engagement. action. campaign.

~ کردن. to war. to fight. to battle.

رزم‌آرا one who organizes troops.

رَزم‌جُو، رزم جوی، رزم خواه. warlike. fighter. combatant.

رزم دیده veteran.

رزمگاه battlefield. battleground.

رزمنامه a book or an account of war. a book of heroic or epic poetry or prose.

رزم‌ناو battleship. cruiser.

رَزمَنده fighter. combatant.

رَزمَه parcel.

رزمی epic. epical. heroic. warlike. war. fighting.

یگانهای ~. fighting (battle-ready) units.

رِزین resin.

رَزین sedate. grave. modest.

رِژه، سان. parade. procession.

~ رفتن، سان رفتن. to parade. to file.

~ دیدن، سان دیدن. to review (a parade).

رِژیم، پرهیز، برنامه غذائی، سیستم حکومت. egimen. diet. regime.

~ گرفتن، ~ داشتن. to be on diet. to diet.

رَس (رسیدن .i. r)، رسنده، برس. reach thou. reaching (in combs. as in: دادرس).

رُس، رست. argil. clay. earth. firm.

رَسا، رسنده، بلند، شنیدنی. audible. loud.

رِسالَت، مأموریت، نبوت، پیام، رساله. prophetic mission or message. epistle.

رِسالَه (رسائل، رسالات .pl)، پایان نامه. thesis. treatise. pamphlet. dissertation.

رَسّام، نقشه‌کش. designer. draftsman. tracer.

گلولهٔ ~. tracer bullet.

رَسان (رساندن .imp. of)،رساننده،ابلاغ‌کننده. bearer. conveyer. communicator (in combs. as in: ~نامه).

رَسانا conductor.

رسانایی conductance. conductivity. conductibility.

~ گرما. thermal conduction.

رَساندَن (رسان .imp)، رسانیدن،جهاندن. to (cause to) reach. to extend. to communicate. to supply. to provide. to deliver. to impart. to ripen. to imply. to indicate.

خدا فیض خود رابهمه میرساند. God extends his grace to all.

بهترین آرزوهای مرا به‌او برسان (ابلاغ‌کن). communicate my best wishes to him.

قدری پول بدخترت برسان. remit (send) some funds to your daughter.

نامه را برسان. deliver the letter.

نورآفتاب میوه‌ها را میرساند. sunshine ripens the fruits.

این میرساند که اونخواهد آمد. it indicates that he will not come.

من اورابخانه رساندم. I saw (took) her home.

من در امتحان به او رساندم. I assisted her (secretly) in the examination.

پیامی را ~. to convey a message.

سلام مرا بوالده خود برسانید. give my greetings (regards) to your mother.

رَسانَنده، حامل، بیان‌کننده. bearer. conveyor. prompter. expressive conductor.

رَسانه medium. means.

رسانه‌های همگانی. mass media.

رَسائِل (رساله .pl. of)، رسالات. theses. treatises. dissertations.

رَسائی audibility. range. expressiveness.

رُست، رس. firm. sclerous. argil. clay.

گل ~، خاك ~. clay.

رَست، موازی‌باخط‌یامحوردیگری. ordinate.

رَستاخیز، روزقیامت. resurrection (day). revival. resurgence.

~ کردن. to resurrect. to resurge.

رستاخیزی resurrectional. resurrectionary.

رَستگار، نجات یافته. delivered. saved.

~ شدن. to be saved or delivered.

~ کردن. to save. to deliver.

رستگاری deliverance. salvation.

رُستَم Rustam

رَستَن، رهائی یافتن، نجات. to be delivered. to get rid of. to escape. to be saved.

رُستَن (روی .i. r). to grow. to spring. to sprout.

رُستَنی، گیاه، نبات. plant. vegetable.

رِستوران، مهمانخانه. restaurant.

رَسته delivered. saved.

رَستَه class. guild. rank.

رُستَه grown. sprung up.

رُستی argillaceous. argillous. clayey.

رَسَد، دسته. platoon.

رسدبان police lieutenant.

رسدیار scoutmaster.

رُسغ، مچ،قوزك. wrist. ankle.

رُسُل (رسول .pl. of)، رسولان. messengers. prophets.

رَسم (رسوم .pl)، عادت، سنت، ترسیم. custom. usage. rule. rite. form(ality). convention. mores. drawing. design. draft.

~ نیست‌که. It is not customary to...

~ کردن. to draw. to trace. to design. to draft. to make into a custom or rule.

من غیر~. unofficially.

اسم و ~. fame. reputation. address.

~ فنی. technical drawing.

رَسماً officially. formally. as a rule.

رَسمُ‌الخَطّ calligraphy.

رَسمانَه، رسمی، رسماً. officially.

رَسمی official. formal. regular. customary. in vogue. conventional.

لباس تمام ~. formal clothes. full dress.

جلسه اکنون ~ است. the meeting is in session now.

غیر ~. unofficial. informal.

بطور غیر ~. unofficially. informally.

~ کردن. to make official.

رَسمیَّت، حالت رسمی، عمومیت، تعمیم. formal. formality. stiffness. ceremony. quorum.

~ پیداکردن. to have a quorum. to be in session. to be in a formal state.

~ دادن‌به. to formalize. to make official. to enable. to transact business (as by quorum). to bring into vogue. to give recognition to.

برسمیت شناختن. to recognize (officially).

دولت ایران چین را برسمیت شناخت. Iran's government (officially) recognized China.

رَسَن، ریسمان، طناب، رشته. rope. chord. string.

رُسوا، مفتضح، ننگین. disgraced. infamous. scandalized. ashamed. degraded. dishono(u)red. stigmatized. defamed. notorious.

~ کردن. to disgrace. to defame. to calumniate. to scandalize. to dishono(u)r.

رسوایی، بدنامی، ننگ، افتضاح، وقاحت. infamy. public disgrace. scandal. stigma. notoriety. blot. shame.

رُسُوب، لای، ته‌نشین، ته‌نشست، درده.
sediment. alluvium. silt. settlings. dregs. deposits. precipitate. lees.
to settle. to silt. ~ کردن.
to deposit. to precipitate.
رسوب‌شناسی sedimentology.
رسوبی sedimentary. alluvial.
رسوخ، نفوذ penetration. leaking. seepage. permeation. permeance.
to penetrate. to seep through. ~ کردن.
to leak. to permeate.
~ ناپذیر [illegible] impermeable.
رَسول (رسل .pl) پیامبر.
messenger. apostle. prophet.
رُسُوم (رسم .pl. of)، آداب.
customs. mores. conventions.
رُسُومات (رسم .pl. of).
excise (on alcoholic liquors).
رَسید، ورود، قبض. arrival. receipt.
receipt register. دفتر ~.
receipt (form or slip). قبض ~.
~ نامه‌ای را اطلاع دادن.
to acknowledge receipt of a letter.
رَسیدگی، تحقیق، ممیزی، بازرسی، بلوغ.
investigation. audit. verification. ripeness. maturity. examination. probing. dealing with. looking into. checking.
to investigate. to look after or into. to check. to attend to. to audit. ~ کردن.
بعلل بیکاری ~ کردن.
to investigate the causes of unemployment.
باموور خود ~ کردن.
to look after one's affairs.
رَسیدَن، فرا رسیدن، وارد شدن، بالغ شدن‌بر.
to reach. to attain. to get to. to amount. to overtake. to suffice. to arrive. to run to. to ripen.
to be available. to exist. بهم ~.
I reached (arrived at) the top of a mountain. سرکوهی رسیدم.
دستش به شاخه میرسد.
his hand reaches the branch.
او بمقام خوبی میرسد.
he attains a good position.
به‌آن مبلغ نمیرسد.
It does not run to that amount.
I received his note. یادداشتش بدستم رسید.
the fruits ripen. میوه‌ها میرسند.
he came today. او امروز رسید.
رَسیده ripened. ripe.
mellow. mature. full-grown. headed.
رَشاد، تره‌تیزک، تره‌کوهی، رشاد جبلی، علف‌ماه.
lady's-smock. lady smock. cuckooflower.
رَشادَت، شجاعت، شهامت، دلیری.
valo(u)r. bravery. pluck. courage.
رِشتَن، ریستن، ریشتن. to spin.
رِشتِه، ریسته، خط، بخش، شعبه، نخ، ریسمان.
spun. field (of knowledge). line. string. thread. range. series.
پیشرفت کشور در رشته‌های مختلف.
the country's progress in different fields.
vermicelli. macaroni. ~ فرنگی.
a string of pearls. یك ~ مروارید.
to string. برشته‌کشیدن.
to versify. to compose. برشتهٔ نظم درآوردن.

این ~ سر دراز دارد.
this is an endless task or story.
all I had spun turned back into cotton. what I did was undone. هرچه ~ بودم پنبه شد.
رَشتی native of رشت.
رَشحَه (رشحات .pl)، ریزش، قطره.
exudation. sweat. drop. perspiration.
رشد، پیشرفت، نمو. growth. development. increase. expansion. enlargement. flourishing. to sprout. to wax.
~ کردن.
to grow up. to attain maturity. to wax. to become fat. to increase. to flourish.
mental development. ~ فکری.
economic growth. ~ اقتصادی.
در دوسال اخیر جان بسیار ~ کرده است.
in the last two years John has grown a lot (much).
رَشك، حسد، غبطه، همچشمی، حسادت، رقابت.
jealousy. emulation. envy.
to be jealous of. to envy. to emulate. ~ بردن، ~ ورزیدن.
رشك‌آمیز envious. jealous.
رِشکك burnet.
رشوه bribe. bribery. graft.
to bribe. ~ دادن.
رشوه‌خوار، رشوه‌خور، رشوه‌گیر.
bribable. corrupt. corruptible. bribetaker. simoniac. simonist.
رشید، دلیر، بلند قامت، بالغ. tall. brave. of an elegant or tall stature. mature.
رَصَد astronomical table. astronomical installation. observation.
to observe. ~ کردن.
رصدخانه observatory.
رصدنشین astronomer. astrologer.
رَضَن، پنجه‌گرگی، پنجهٔ گرگ‌گرزی.
(bot.) clubmoss. wolf's-claw(s).
رضا، قبول، میل، خواست. resignation. will. pleasure. consent. agreement. free will. volition. assent. acquiescence. concurrence. approval. masculine proper noun.
رضای (خواست) او رضای من است.
his will is my will.
to consent. to agree. to yield. to submit. to resign oneself. to give (one's) consent. ~ دادن.
Reza became satisfied. ~ راضی شد.
رضاعی foster.
foster brother. برادر ~.
رِضامَند، راضی. satisfied. consenting.
رضامندی، رضایت، خشنودی. consent. satisfaction. willingness. good will.
رِضایَت، رضامندی. satisfaction. willingness. consent. will. agreement. gratification.
to be satisfied. to be pleased with. to approve of. ~ داشتن.
to express one's consent (agreement). to sanction. to approve. ~ دادن.
tacit consent. ~ ضمنی.
explicit consent. ~ صریح.
of one's own free will. برضایت خاطر.
by mutual consent. با ~ طرفین.
dissatisfaction. discontent. عدم ~.
من از فرزندان خود ~ دارم.
I am satisfied with my children.

رضایت‌بخش، مایهٔ خشنودی.
satisfactory. gratifying. O.K.
it is not satisfactory. it is unsatisfactory. ~ نیست.
رضایت‌نامه، گواهی حسن خدمت.
letter of satisfaction. testimonial.
رِضوان (angel guarding the gate of) paradise. satisfaction. benediction.
رضوی descended from Emam **Reza**.
رَضیع، شیرخوار. baby. suckling.
رَطب، تر. moist.
رُطَب، [illegible] fresh dates.
رَطل roti. pound. large cup or goblet.
رُطوبَت، تری، بلغم، آب. moisture. humidity. wetness. dampness. dankness. humo(u)r. phlegm. damp. hygro-
to be damp. to produce phlegm. ~ داشتن.
to absorb moisture. ~ کشیدن.
to damp off. ~ پس‌دادن.
damp. humid. dank. دارای ~.
رطوبت‌پذیر permeable.
رطوبت‌سنج hygrometer.
رطوبی، مرطوب، نمناك. humid. moist. damp. phlegmatic.
رَعایا (رعیت .pl. of)، زارعین، برزگران.
farmers. rustics.
رِعایَت، مراعات. observance. regard. consideration. favo(u)r.
to observe. to follow. ~ کردن.
to observe the rules. مقررات را ~ کردن.
برای حفظ جان خود مقررات رانندگی را ~ کنید.
to preserve your own life follow the traffic regulations.
رُعب، بیم، ترس. fear. intimidation.
رَعد، تندر، آسمان غرش. thunder.
to thunder. ~ زدن.
رعدآسا، برق آسا. thunder-like.
رَعشه، لرزش، لرزه.
tremor. shaking. palsy. trembling.
~ براندامش افتاد.
he started trembling all over.
رَعنا، زیبا. of an elegant stature.
رعنا زیبا، گل‌مینا. (bot.) China aster.
رَعیَّت (رعایا .pl)، برزگر، کشاورز، تبعه.
peasant. farmer. ryat. subject.
رعیت‌پرور
kind to inferiors. fostering subjects.
رعیتی، زراعت، کشاورزی، کشت و کار.
husbandry. farming. agrestic. rural.
علی‌اکبر سالهاست ~ میکند.
Ali Akbar has been farming for years.
رَغبَت، میل، تمایل، گرایش. inclination. bent. liking. desire. delight. relish.
to have a relish for or to take delight in something. بچیزی ~ داشتن.
to like. to take a delight in. ~ کردن.
~ نمیکنم دست‌پخت او را بخورم.
I can not bring myself to eat her cooking.
از ~ انداختن.
to disincline. to make unwilling.
رَغم spite. reluctance.
despite. in spite of. in the face of. علی ~.
رَف، تاقچه. built-in shelf or niche in the upper part of a room.
رِفادَه، کمپرس، باند. compress. bandage.
رِفاقَت، دوستی.
amity. friendship. companionship.

comradeship. comity. friendliness.
to befriend. to make friends. to keep company. ~ کردن.
رفاه، رفاهیت، آسایش، راحتی.
welfare. ease. convenience. comfort.
برای تضمین ~ کشاورزان.
in order to insure the welfare of farmers.
رَفتار، روش، کار، عملکرد، رویه.
behavio(u)r. act. manner. conduct. dealing. treatment. deportment. demeanor. bearing. comportment.
to behave. to act. to treat. ~ کردن.
to deal (with). to comport.
good behavio(u)r. [illegible]
رفتار او عجیب وغریب‌بود.
his manners were strange.
او غضب خود را بوسیلهٔ ~ خود ابراز داشت.
he expressed his anger by his conduct.
با دیگران بمهربانی ~ کن.
treat others kindly.
رفتارگرای behaviorist.
رفتارگرائی behaviorism.
رُفتگر، جاروکش، سپور.
street sweeper. street cleaner.
رفتگری street-sweeping. street-cleaning.
رَفتَن (رو .i. r)، ناپدید شدن، بیرون شدن.
to go. to pass away. to depart. to disappear. to fray. to wear out. to fade. to take after. departure. going. leaving. fading. (also used as an auxiliary verb as in: در رفتن or آب‌رفتن).
Hassan went (away). حسن رفت.
I go home. من بخانه میروم.
he passed away. او از این‌دنیا رفت.
پارچه رفت (فرسوده شد).
the cloth wore out (frayed).
استدعا میکنم اجازه بدهید بروم.
I beg leave to go.
او به اصفهان رفت.
he left for (went to) Isfahan.
he takes after his father. او به‌پدرش میرود.
رنگ این فرش رفته است.
the colo(u)r of this rug is faded.
to shrink. آب ~.
to be ruined or destroyed. ازبین ~.
to go in. to be dented. تو ~.
to tamper. ور رفتن.
رُفتَن، روفتن، روبیدن، جاروکردن.
to sweep. to wipe. to broom.
رَفتَنی، عازم، مردنی. about to go. sure to go. on the point of death.
رفت وآمد، آمد ورفت. traffic. coming and going. traverse. social intercourse.
~ کردن، ~ داشتن.
to traverse. to ply. to come and go. to socialize. to have social intercourse.
رُفت و رُوب sweeping. cleaning.
رَفته، خارج شده، مرده، فرسایش یافته.
(having) gone. worn out. fretted by friction. (only in the pl. رفتگان=**the** dead).
رَفته‌رَفته، کم‌کم، بتدریج. gradually. little by little. by and by.
رفراندم، همه‌پرسی. **referendum.**
رِفری، داور. referee. umpire. official.
رَفض، ارتداد. heresy.
رفع، زدایش. **raising**. removal.

remedying. obviation. elimination.

~ اختلاف. settlement.

~ احتیاجات. supplying (meeting) the needs.

~ حجاب. the unveiling of women.

~ مزاحمت. abatement of nuisance.

~کردن. to remedy. to cure. to remove. to raise. to obviate. to eliminate. to settle.

~ توقیف‌کردن از. to lift (remove) the ban on. to release.

~ خستگی کردن. to rest. to refresh oneself.

~ عطش‌کردن. to quench the thirst.

~ و رجوع کردن. to minister to.

باید مشکلات مردم را ~ کرد. one must resolve the difficulties (problems) of the people.

رِفعَت، بلندی، جاه، تعالی. high position. dignity. height. altitude. elevation. eminence. loftiness.

رِفق، مدارا. leniency. gentleness. lenity. moderation. toleration.

رفقا (pl. of رفیق)، دوستان، یاران. friends. comrades.

رُفو darning.

~کردن. to darn.

رفوزه، مردود، ردشده. failed. flunked.

~ شدن. to fail. to be flunked.

~کردن. to fail. to flunk.

رفوگر darner.

رفوگری darning.

رَفیع، بلند، متعال. elevated. lofty. sublime. high.

رفیق (pl. رفقا)، دوست، یار، همدم. friend. companion. comrade. ally. chum. pal. crony. buddy.

از ~ بد بپرهیز. shun (avoid) evil friends.

رفیق‌باز loyal. devoted (to ones friends).

رِقاب (pl. of رقبه). necks. slaves.

مالك ~. owner of slaves. despotic ruler.

رقابَت، همچشمی. competition. rivalry. emulation. challenge. vying.

~کردن. to compete. to be competitive. to vie. to rival. to emulate. to challenge.

رَقّاص، رامشگر. (professional) dancer. terpsichorean.

رَقّاصك balance wheel.

رَقّاصه (fem. of رقاص). danceuse. dancer. ballet dancer. ballerina.

رقاصی، رامش. dancing. choreography.

~کردن. to dance. to caper.

رُقَبا (pl. of رقیب)، رقیبان. competitors. rivals. challengers.

رِقّت، ترحم، همدردی، دلسوزی. tenderness. tenuity. pity. sympathy. compassion.

~ آوردن. to feel pity for.

برقت آوردن. to move to pity. to touch.

~ قلب. tenderheartedness.

رِقّت dilution.

رقت‌آمیز، رقت‌آور. touching. pitiable. pitiful.

رقت‌انگیز، رقت‌بار، رقت‌آمیز. touching.

رَقص، پایکوبی. dance. dancing. choreography.

~کردن. to dance. to caper.

برقص آوردن. to (cause to) dance. to make one dance.

رَقصاندن، رقصانیدن. to (cause to) dance.

گربه ~. to wirepull. to set intrigues on foot.

رَقصَنده، پایکوب. dancer. terpsichorean.

رقصیدن، رقص کردن. to dance.

بسازکسی ~. to dance to a person's pipe (or tune).

رُقعه، نامه. letter. epistle. note. sheet (of paper).

رُقعه‌ای، نامه‌ای، ویژهٔ نامه‌نگاری. fit for letter writing. epistolary.

رَقَم (ارقام، رقوم .pl)، عدد، یکان، حرف، حروف. figure. digit. character. mark. writing. item. number. numeral.

~کردن. to write. to sign. to issue a firman.

~ به ~. item by item. figure by figure.

رقم‌بندی sorting. assortment. categorization. classification.

رقم نویسی notation.

رقمی numerical. digital.

رُقوم (pl. of رقم). figures. characters. digits. numbers. numerals.

رُقومی numerical. digital.

رَقیب (رقبا .pl)، همچشم. rival. antagonist. competitor. emulator. challenger.

رِقیّت، بندگی، اطاعت. slavery. bondage. servitude. chains. drudgery. submission.

رقیق، آبکی. diluted. thin. watery. liquid. tender. rarefied.

~ کردن. to dilute. to rarefy. to liquefy. to make watery. to make tender. to make thin.

شراب با آب ~ شد. the wine was diluted (rarefied) with water.

قلب ~ (مهربان). a tender heart.

رَقیق‌القلب، دل‌نازك. tenderhearted.

رَقیمه، مرقومه، نامه، ملطفه. letter.

رُك، بی‌پرده، صریح. frank(ly). candid. straightforward. forthright. sincere. open. blunt.

رِکاب stirrup. pedal. treadle. running-board. climbing irons. strap. brace.

ملتزمین ~. retinue. attendants.

رکاب‌دار strapped. stirrup holder.

رِکاب‌کَش، بسرعت. with great speed.

رکابی strapped. stapedial.

کفش ~. strap shoe.

رَکعَت، حالت رکوع. unit of prayer consisting of three postures: standing, genuflexion, and prostration.

رُك‌گو، صریح‌اللهجه. frank. outspoken. blunt.

رك‌گوئی، صراحت لهجه. outspokenness. frankness. bluntness.

رُکن (ارکان .pl)، پایه، ستون، بنیاد، اساس. pillar. foundation. (main) element. division (of the army general staff).

رُکود، کسادی، ایستائی، سکون. stagnation. stagnancy. standstill. depression. inertia. dullness. torpidity.

رُکوع genuflexion.

~کردن. to bend the knees (in prayer).

رَکیك، زشت، قبیح. indecent. obscene. lewd. pornographic.

سخن ~. obscene (indecent) word. obscenity.

رَکین، استوار، اساس، محکم. firm. sedate.

رَگ، مجرا، رگه، غیرت، رشته یا باریکه، شریان، ورید. blood vessel. capillary. vein. vena. streak. vessel. artery. row.

~های انسان. man's blood vessels (veins).

آدم بی‌رگ. a nerveless (cowardly, effeminate) person.

شاهرگ. main artery.

~ دیوانگی. a strain of madness.

رگچه، رگ کوچك. veinlet. veinule. venule.

~ زدن. to bleed. to phlebotomize. to have one's vein opened.

رَگباد squall.

رَگبار shower. cloudburst. rainstorm.

رگبالان (z.) neuroptera.

رَگبَرگ vein. rib. nervule. nervure.

رگ به‌رگ sprained. nervure.

~کردن. to sprain.

قوزکم ~ شد. I sprained my ankle.

رگ‌بندی venation. veining. nervation. nervuration.

رگ‌دار veined. full of nerves.

رگزن، فصاد. bloodletter. phlebotomist.

رگزنی، فصد. phlebotomy. bloodletting.

رگ شناسی angiology.

رَگِه lode. vein. nervure. streak. ledge. layer. stratum.

رگهٔ چوب. the grains of wood.

رگه‌بندی stratification. venation. nervature.

رگه‌دار veined. layered. stratified.

رگه مانند stratiform. veni-. nervine.

رَگی vascular. nervine.

رُل، فرمان. steering wheel. role. part.

پشت ~ نشستن. to take the wheel.

رلی را بازی کردن. to play a part.

رله relay.

رَم، فرار، گریز. shying. stampede. startled. scared. bucking.

~ دادن. to rouse. to cause to shy. to scare. to animate. to excite. to startle.

~ دادن. to cause to shy. to scare away.

~کردن. to stampede. to shy. to go wild. to start. to recoil. to buck. to become skittish.

رُم، روم. (geog.) Rome.

رُم rum.

رَماد، خاکستر. ashes.

رمارم of an equal footing.

رَمّال geomancer. fortuneteller.

رمالی geomancy. fortunetelling.

رُمان novel.

رماندن، رمانیدن. to rouse. to cause to shy. to scare.

رمان‌نویس novelist.

رمبیدن (رمب .i.r). to collapse. to fall in. to topple down (or over). to cave in.

رَمَد، چشم‌درد. (med.) ophthalmia.

رَمز (رموز .pl)، راز، سر، نوشتهٔ رمزی. mystery. cipher. code. secret. riddle. cryptogram. cryptograph. crypto-.

تلگراف رمزی. ciphered telegram.

کلمهٔ ~. code word.

کتاب ~. code (book).

~کردن، برمز درآوردن. to code. to cipher.

کشف ~کردن. to decode. to decipher.

رمزی coded. occult. esoteric. mysterious. cryptic. allegorical.

رمضان، ماه روزه. the ninth lunar month of fasting. mas. proper noun.

رَمَق last breath of life. energy.

بی ~. out of breath. out of energy.

رَمل، ریگ، شن، اسباب رمالی. sand. (instrument of) geomancy.

~ انداختن. to practise geomancy.

رملی، ریگی، شنی. sandy.

رُموز (pl. of رمز)، اسرار، رازها. secrets. mysteries. codes.

کم‌کم برموز نویسندگی وارد شد. gradually he learned the secrets of writing.

رَموك، رمو، رمنده. skittish. jumpy. shy.

اسب رمو، اسب ~. a skittish horse.

رَمه، گله. herd. flock.

رمه‌دار، احشام‌دار. possessor (or keeper) of herds and flocks. herdsman.

رَمیدگی، رمش، وحشت‌زدگی، هراس. skittishness. disillusion. aversion.

رَمیدن، رم‌کردن. to shy. to become startled. to stampede. to become skittish or jumpy. to buck.

رَمیده scared away.

رَمیم، پوسیده، فاسد شده. decayed. carious.

رنج، درد، ناخوشی. pain. suffering. ache. painfulness. pang. agony. anguish. excruciation. torment. distress. chagrin. tribulation. toil.

~ دادن. to pain. to agonize. to inflict suffering. to distress. to torment.

~کشیدن، ~ بردن، ~ دیدن. to suffer anguish or distress or pain. to toil. to undergo. to suffer. to labo(u)r.

برای انجام‌کاری ~کشیدن. to take pains for doing a thing.

بسی ~ بردم در این‌سال سی. much did I suffer (toil) in these thirty years.

نابرده ~ گنج میسر نمیشود. no treasure is uncovered without toil.

رَنجاندن، رنجانیدن، رنجیده‌ساختن. to pique. to offend. to give offence to. to annoy. to affront. to insult. to displease. to irritate.

با رفتار خود مهمانان را رنجاند. he offended the guests with his behavio(u)r.

رَنجبَر (رنجبران .pl)، زحمتکش. toiling. proletariat. proletarian.

رَنجِش، رنجیدگی، آزردگی. pique. offence. umbrage. indignation. annoyance. irritation.

رَنج‌کِش، زحمتکش، رنجبر. afflicted. sufferer. toiler.

رَنجور، آزرده، بیمار. afflicted. sickly.

رنجوری، آزردگی، بیماری. affliction. sickness. feebleness.

رَنجه troubled. tired. painful.

~کردن. to annoy.

قدم ~ فرمودن. to take the trouble to come. to be kind enough to come (or go).

رَنجیدگی، رنجش. pique. offence. umbrage. irritation. being offended.

رَنجیدن، آزرده شدن، دلخور شدن. to take offence. to be offended. to

be piqued. to take umbrage at.
رَنجیده offended. indignant. piqued. affronted. insulted. irritated.
رِند (رندان (pl.)، عیاش. slyboots. sly. libertine. debauchee. profligate. tippler.
رَنده plane. grater. shredder.
~کردن. to plane. to grate. to shave.
چوب را ~کردن. to plane wood.
خیار را ~کردن. to grate a cucumber.
رَندیدَن (رند .i. r.)، رنده‌کردن. to plane. to grate.
رَنگ، لون، مادهٔ رنگی. colo(u)r. paint. dye (stuff). indigo (leaves). hue. tint. tinge. tincture. pigment. coloration. tone. chroma. chromato-.
پرده چه‌رنگی است؟ what colo(u)r is the curtain?
مواد رنگی. dye stuff.
حنا و~. henna and indigo leaves.
~ و بو. attractive quality.
~ و آب. colo(u)r and freshness (of the face).
آب ~. watercolor.
~ برنگ شدن. to change (one's) colo(u)r.
~ باختن. to turn pale.
~ زدن. to paint. to colo(u)r. to tinge. to stain. to dye.
~ شدن. to be painted or stained.
پررنگ. dark (colo(u)red).
چای‌پررنگ. strong tea.
سبز کمرنگ. light green.
رَنگ، رقص، آهنگ‌رقص. tune designed for dancing. dance.
~گرفتن. to play a tune.
رَنگارَنگ، گوناگون. variegated. multicolored. parti-colored. various.
رنگ‌آمیزی coloration. colo(u)ring.
رنگ‌باخته pale. wan.
رنگ‌بندی، رنگ‌آمیزی. colo(u)r scheme. tonality. coloration.
رنگ‌پریده pale. wan. pallid. faded.
رنگ‌پذیر dyeable.
رنگدانه pigment.
رَنگرَز dyer.
رنگرزی dyeing.
رنگ‌زا chromogen. chromogenic.
رَنگ‌زَن، رنگ‌کار. painter. stainer. dyer.
رنگ شناسی chromatics. chromatology.
رَنگی colo(u)r. colo(u)red. staind. in color. chromatic. multicolored.
فیلم ~. colo(u)r film.
شیشهٔ ~. stained glass.
عکس ~. colo(u)r photograph.
رَنگیزه، رنگدانه. pigment.
رنگین colo(u)red. florid. ornate.
رَنگین‌تَن، کروموسوم. chromosome.
رنگین‌کمان، قوس وقزح. rainbow.
رنگینپار chromomere.
رنگینتن ایکس X-chromosome.
رنگینتن جنسی sex chromosome.
رَنگین‌کُره chromosphere.
رَنگینه chromatin.
رُنود (رند .pl. of). libertines. cunning people.
رُو، روی بالای، بیشرمی، پررویی، سبب،علت، چهره،رخ،بالا. face. visage. complexion. surface. exterior or upper part. top. right side. recto. cheekiness. obverse. audacity. cause. reason. on. over. facing (in combs. as in: آفتاب رو).
او روی خود را بمن کرد. he turned his face to (toward) me.
روی (پررویی) نوکر اربابش را خشمگین ساخت. the servant's cheekiness made the master angry.
روی سکه. the obverse of the coin.
از چه روی غضبناک شد؟ what was the cause (reason) of his anger?
اتاق رو به خیابان است. the room looks on (faces) the street.
~ آوردن، روی آوردن. to direct one's steps to. to resort to. to appeal to. to refer.
پشت و~. verso and recto.
(بکسی)~ انداختن. to accost. to request.
بکسی رودادن. to countenance a person. to make one cheeky. to spoil a person.
روی کسی را بزمین انداختن. to disappoint one by rejecting his request.
آنروی کسی را بالا آوردن. to enrage. to rough one up the wrong way.
روی گرداندن از. to turn away the face from. to forsake.
روی گرفتن، ~ گرفتن. to veil oneself. to cover one's face. to become rude or cheeky.
روی نشان ندادن. to abscond. to hide oneself. to absent oneself.
پر ~. brazen. cheeky.
~ دار. not bashful. outspoken.
~ به بهبود گذاشتن. to begin to improve.
از ~ بردن. to outface. to face down.
~ ندارم باو بگویم. I don't have the cheek to tell him.
روی هم. altogether. one over the other.
رویهمرفته. on the average. on the whole.
ازروی نرده پرید. he jumped over the fence.
ازچه~. for what reason? on what account?
بروی خود نیاورد. he ignored it. he saved his face.
رُو (روییدن .imp. of)، روی، روینده، رویان. grow. growing. (used in combs. as in: خودرو = wild).
رَو (برو .usu رفتن .imp. of)، رونده، برو. go thou. going. (used in combs. as in: تندرو = fast).
رَوا، جایز، مجاز، شایسته. allowable. lawful. current. permissible. authorized. fair. admissible.
نا~. not allowable or permissible.
~ نیست که پول طفل یتیم را بخورند. it is not fair that they swipe the money of the orphan child.
~ داشتن. to allow. to pronounce lawful. to supply. to permit. to justify.
~ دانستن، رواشمردن. to consider lawful. to permit. to justify.
رَوابِط (رابطه .pl.). connections. relations. contacts. liaisons. dealings.
~ سیاسی و اقتصادی. political and economic relations.
رَواج، رونق، جریان، انتشار، رایج‌بودن. circulation. currency. vogue. prevalence. good market. briskness. propagation. ready sale. thriving.
~دادن. to put in circulation. to circulate. to make prevalent. to propagate. to perform.
~ داشتن. to be prevalent. to be current. to sell well. to be in vogue. to thrive.
رَوادید، ویزا. visa.
رِواق، ایوان. porch. portico. veranda. piazza. portal. stoa.
رِواقی (رواقیون .pl.). stoic.
حکمت (فلسفهٔ) ~. stoicism. philosophy of the porch.
رَوان، جاری، سلیس، حاضر، روح، جان، فکر. flowing. running. shedding. fluent. soul. spirit. psyche. heart. mind.
آب ~. flowing (running) water.
سبک نگارش ~ (سلیس). a versatile (fluent) style of writing.
درسم را روانم. I know my lesson by heart.
رَوانامه، استوارنامهٔ قنسول، فرمان. exequatur.
رَوان‌بَخش، حیات‌بخش. animating. dispenser of the soul. life-giver.
روان پزشک psychiatrist.
روان پزشکی psychiatry.
روان درمانی، تداوی روحی. psychotherapy.
روان‌سنجی psychometry.
روان شناس psychologist.
روان شناسی psychology.
از لحاظ ~. psychologically.
~ تجربی. experimental psychology.
~ کودک. child psychology.
~ آموزشی. educational psychology.
روان‌کاو psychoanalyst.
روان‌کاوی psychoanalysis.
روان‌نگاری psychography.
رَوانه، عازم، فرستاده، ارسال، راهی. despatched. going. sent. start(ing). en route. embarking. headed for.
~ شدن، عازم‌شدن. to set out. to start. to proceed. to launch. to leave for.
~کردن، فرستادن. to despatch. to send. to dismiss.
او روانهٔ کاشان شد. he set out (left for) Kashan.
رَوانی، روحی، سهولت، سلاست، حسن‌جریان. fluency. smoothness. glibness. currency. psychic. psychosomatic. psychological. psychotic. psychiatric. mental. spiritual.
اختلال روانی. psychosis.
بیمار روانی. psychopath.
رِوایات (روایت .pl. of)، احادیث. traditions.
رِوایَت (روایات .pl.). narrative. tradition.
~کردن. to relate. to narrate.
رَوائح (رایحه .pl. of)، روایح، بوها، عطرها. smells. fragrances. odours.
رَوائی، جواز، مشروعیت. admissibility. being allowable. currency.
-رُوب، بروب، روفتن، رفتگر، برف روب. sweep thou (in combs. as in: برف‌روب =snow sweeper).
رُوباز، سرگشاده، بی‌حجاب. uncovered. exposed. unveiled. frank. candid. forthright. open.
رُوبان، نوار. ribbon. band. lace.
رُوباه fox.
~ ماده. vixen. she-fox.
روباه‌بازی، مکر، حیله‌گری، تزویر. foxiness. slyness. cunning.
رُوباه‌صِفَت foxy. cunning. vulpine. crafty. vixenish. vixenly. vulpecular.
رُوبِراه، آماده، مرتب. ready (to start). prepared. in order. fit and ready.
کارها ~ است. everything is in order.
~کردن. to prepare. to make ready.
رُوبِرو(ی)، مقابل، مواجه. opposite. vis-a-vis. face to face. confronting. facing. in front of. diametrical. across.
دو حریف ~ یکدیگر ایستادند. the two opponents stood vis-a-vis (face to face, opposite) each other.
روبرو شدن با. to face. to confront. to encounter.
روبرو کردن با. to confront. to bring face to face.
قاضی تبهکار را باشهود روبروکرد. the judge confronted the criminal with the witnesses.
منزل آنها ~ بیمارستان است. their house is (located) opposite the hospital.
روبَسته veiled. with covered face. covered. masked. covert.
رُوبَکی (bot.) rudbeckia. coneflower
رُوبَند، روبنده، نقاب. veil. guise. face cover. cover. covering. mask.
~زدن. to veil oneself. to cover the face.
رُوبَنده، رفتگر، جاروکش. sweeper.
روبنده (old-fashioned) veil.
رُوبوسی bussing. kissing each other. embracement.
روبه، روباه. fox.
رُوبیان، میگو. shrimp or prawn.
رُوبیدَن، روفتن، جاروکردن. to sweep.
رُوپاك، حوله. towel.
رُوپوست، پوست خارجی. epidermis. cuticle.
رُوپوش cover. bed-sheet. bedspread. wraps. overalls. gown. coverall. uniform. tilt. awning. tarpaulin.
روپوشی، نقاب زنی، نهان‌سازی، اختفا. veiling oneself. masking. abscondence. concealment. hiding. covering up.
رُوپیه، روپی. Rupee.
روتختخوابی، روتختی. bedspread. coverlet.
رُوح (ارواح.pl)، روان، جان، زندگی، جوهر، عصاره، فلز روی. spirit. soul. ghost. psyche. specter. apparition. shade. wraith. revenant. spook. life. essence. zinc.
~ زده. haunted (by ghosts). spooky.
~ بخشیدن، ~ دادن، روان‌بخشیدن به. to animate. to give life to. to enliven.
رُوحاً spiritually. psychically.
روح‌افزا animating. exhilarating.
رُوح‌القُدُس Holy Spirit. Holy Ghost.
رُوحانی، مقدس، کاتوزی، پاك. spiritual. ecclesiastical. holy. pure. incorporeal. cleric. ecclesiastic.
روحانیَّت spirituality. holiness. purity.
روحانیون (روحانی pl. of)، کاتوزیان. the clergy. clerics. ecclesiastics.
روح‌پَروَر، روح‌افزا. nourishing the spirit. animating. exhilarating.
روحی، روانی. spiritual. psychic. mental. psychological. ghostly. spectral.
رُوحیّات spiritual matters.
روحیّه (روحی orig. fem. of). morale. mentality. state of mind.
روحیهٔ سربازان عالی بود.

the soldiers' had a high morale.
رُوخاکی epigeal. epigean.
رُود، رودخانه، نهر، جوی. river. stream. waterway. brook. watercourse. rivulet.
رُودخانَه، رود. river.
رُودَربایِستی، رودروایسی، ملاحظه، شرم، خجالت، شرم حضور. standing on ceremony. bashfulness. embarrassment.
~ کردن. to stand on ceremony. to be afraid (or bashful) in saying or doing something.
بی ~. frankly. without any ceremonies.
رُودَررُو، روبرو. to one's face. face to face.
رودستخوردن to be done in. to be forestalled.
رودستزدن to trick. to forestall.
رودِل surfeited stomach. cropsickness. foul stomach. upset stomach.
رُودِه intestine. gut. casing. bowel.
رودهٔ باریك small intestine.
~ راست. rectum.
رودهٔ فراخ، رودهٔ بزرگ، قولون. large intestine. colon. large bowel.
رودهٔ کور. caecum. cecum.
دل و ~. entrails. viscera.
رودِه‌ای intestinal. enteric. entero-.
رُودِه‌بُر having one's intestine cut.
ازخنده ~ شدن. to hold (burst) one's sides with laughter.
رُودِه‌بَند mesentery.
روده دراز، پرحرف، وراج. ileum. garrulous. long-winded. talkative.
روده درازی، پرحرفی. long-windedness. garrulity. babbling.
~ کردن. to talk long-windedly. to be garrulous. to babble. to prate.
روده‌شناسی enterology.
رودی، رودخانه‌ای. riparian. riparious. riverine.
روروك، رورُوه. go-cart. walker. stroller.
رُوز day. time. period.
سه ~. three days.
جوجهٔ سه روزه. a three-day old chicken.
~ بروز. day by day.
~ بد. adversity. a bad day.
امروز چه روزی است؟ what day is today?
بروز سیاه نشاندن. to ruin or impoverish.
بروزکسی نشستن. to share another person's (sad) plight.
آخرین ~ اقامت ما درکرج. the last day of our stay in Karaj.
یکروز. one day. a day. once.
یکروز بود یك روز نبود. once upon a time.
~ تولد، زاد ~. birthday.
~ شما خوش، ~ بشما خوش. good day to you! good-by(e)!
رُوزاد epigenous. epigeous. epigenetic.
رُوزافزون ever-increasing. crescive. increasing from day to day.
رُوزانِه، یومیه، بقرار هرروز. daily. journal. quotidian. diurnal. per day. per diem. daily pay.
~ چقدر شیر مصرف میکنید؟ how much milk do you use daily?
روزخیز diurnal.

روزکُور one who is day blind. hemeralopic. hemeralope.
روزکوری day blindness. hemeralopia.
رُوزگار، زمانه، جهان، دنیا، روزهـا، شانس. time. days. age. world. fortune. opportunity.
گذشت ~. lapse (passing) of time.
در ~ گذشته. in times past.
رُوزگَردَك، گل آفتاب گردان. (bot.) sunflower.
روزمَرّه from day to day. daily. routine. diurnal.
روزمُزد daily-paid. daily pay.
کارگر ~. dayworker. day labo(u)rer.
رَوزَن، روزنه. small hole. chink. crack.
روزنامِه newspaper. journal. paper. daily. daybook. diary. log.
روزنامهٔ رسمی official journal. gazette.
روزنامه‌فروش newspaper seller. newsman. newsboy
رُوزنامِه‌نِگار، روزنامه نویس. journalist. newspaperman.
روزنامه‌نگاری journalism.
رَوزَن‌دار foraminate(d). foraminiferal. foraminiferous.
رَوزَن‌داران the foraminifera. foraminifers.
رَوزَنَه، پنجره. opening. window. pore. aperture. (z.) foramen. chink. crack. loophole. porthole. (bot.) stoma.
روزنهٔ امید. ray of hope.
روزِه fast. fasting.
~ گرفتن. to fast. to observe a fast.
ماه ~. the month of fasting (Ramazan).
~ را شکستن. to break one's fast.
من امروز ~ دارم. I am fasting today.
روزه‌خوار، روزه‌خور. one who does not fast, or who breaks his fast.
روزه‌دار fasting. one who has kept (or observed) the fast.
رُوزی daily bread (as provided by God). sustenance. a day. some day.
خدا ~ رسان است. God is the provider (of daily bread).
رُوزی‌خور، روزی‌خوار. (creature) receiving daily food through providence. stipendiary.
روزی‌دِه، روزی‌رسان. provider of daily bread. God.
رُوژ، سرخاب. rouge. blush.
رُوس، روسیه. Russia. Russian.
جنگ ~ وژاپن. Russo-Japanese war.
روسـها. the Russians.
رُؤُس (رأس pl. of)، سران، اصول، نکات‌مهم. heads. main items. headlines. topics.
رُؤَسا (رئیس pl. of)، سران، سروران، اولیاء. chiefs. bosses. managers. directors.
رُوسازی superstructure. (construction of the) facade.
رُوسپی، روسبی. prostitute. whore. streetwalker. courtesan. harlot. strumpet. slut.
رُوستا، ده. village. hamlet.
روستایی، دهاتی. villager. rural. rustic.
رُوسَری scarf. shawl. kerchief.
روسفید، سربلند. acquitted. innocent. exculpated. exonerated.
~ شدن. to become acquitted. to be exonerated.
~ کردن. to make proud. to exculpate. to exonerate. to acquit.
روسفیدی (pride and hono(u)r arising from) guiltlessness. respectableness. pride. exculpation.
رُوسی، روس. Russian.
رُوسیاه، شرمسار، گناهکار، سیاه روی. denigrated. put to shame. disgraced.
~ شدن. to be denigrated or disgraced.
روسیاهی، شرمساری، گناهکاری. shame or disgrace (arising from guilt). denigration. disgrace.
~ بارآوردن. to disgrace (denigrate) oneself.
رُوسیِّه Russia.
رَوِش، اسلوب، سیاست، خط مشی، رویه، عادت. method. manner. way. procedure. process. policy. course. custom. gait. walk.
~ بکار انداختن این ماشین را بمن یادبده. teach me the method for operating this machine.
او وظایف خود را به‌بهترین روش انجام میدهد. he performs his duties in the best manner.
~ جدید. a new method.
رُوشَن، منور، نورانی. lit. lighted. bright. kindled. clear. lucid. illuminated. luminous. radiant. shining. switched on. turned on.
روز ~. a bright day. broad daylight.
آتش ~ کردن. to light a fire.
آسمان ~. the clear sky.
رنگ ~. a bright colo(u)r.
آبی ~. light blue.
~ شدن. to be turned (switched) on. to light up. to clear up. to be kindled. to become manifest. to be clarified.
~ کردن. to clear up. to light up. to kindle. to clarify. to explain. to make clear. to switch on. to turn on. to bring to light. to throw light upon. to illuminate.
ناگهان چراغها ~ شد. suddenly the lights came on.
چراغرا ~ کنید. turn the light on.
رادیو ~ است. the radio is on.
تلویزیون ~ است یا خاموش؟ is the television on or off?
حالا مسئله کاملاً برایم ~ است. now the problem is thoroughly clarified for me.
چشم ما ~. well done! congratulations!
روشنان (روشن pl. of)، ستارگان. stars.
روشنائی light. luminosity. brightness. luminescence. illumination. daylight. luminary. radiance.
روشن‌بین clear-sighted. clairvoyant. insightful.
روشن‌بینی clear-sightedness. clairvoyance. insight.
رَوشَن‌رای of a clear or sound judgment. judicious.
رَوشَن‌رَوان، روشن فکر، روشن‌ضمیر. enlightened.
رَوشَندِل (روشندلان pl.). of an enlightened heart. blind.
روشن‌فکر enlightened. intellectual.

روشنفکران. intellectuals. intelligentsia.
روشن فکری enlightenment. intellectualism. intellectuality.
رَوشَنَك Roxana.
رَوشَنگَر، مفسر، پرداخت‌گر، توضیح‌دهنده. indicative. indicant. illustrative. explanatory. descriptive. illuminatory. indicatory. illuminant. elucidating.
رَوشَنی، فروغ، تابش، وضوح. brightness. luminosity. clearness. clarity. lucidity. light. lightness. illumination. luminescence.
روشنی‌زا luminiferous.
رُوشُوئی washbasin. washbowl. basin. sink.
رَوضَه (ریاض pl.)، بوستان، روضه خوانی. sermon. garden.
روضهٔ رضوان، بهشت. the garden of Eden.
رَوضَه‌خوان preacher. mullah.
روضه‌خوانی (meeting for the) commemoration of the martyrs of Karbela.
رَوغَن، چربی، مرهم. oil. ghee. fat. unction. ointment. grease. suet. tallow. salve. unguent.
~ ترمز. brake-fluid.
~ بزرك. linseed oil.
~ آفتاب‌گردان. sunflower oil.
~ کاری. lubricating. greasing. lubrication.
~ زدن. to lubricate. to oil. to grease.
~ زنی. lubrication. oiling.
~ مالیدن. to anoint. to embrocate. to rub oil on. to salve.
~ گرفتن. to extract (or press) oil.
~ منداب. colza oil.
روغن‌دار containing oil. oleaginous. fat. fatty. oily. tallowy.
روغن‌داغ‌کن saucepan. casserole.
روغن‌دان oilcan. lubricator. oil cup.
روغن‌زن lubricator.
روغن‌ساز oil presser. oil manufacturer.
روغن‌فروش oilseller. oilman.
رَوغَن‌کَشی، روغن‌گیری. oil-pressing. oil extraction.
روغن‌مالی، تدهین، گریس‌کاری. unction. embrocation. anointing. lubricating. rubbing oil. greasing. salving.
~ کردن، تدهین‌کردن. to oil. to anoint. to embrocate. to lubricate. to grease. to rub oil. to salve.
رَوغَنی، چرب، دهنی. oily. oleaginous. unctuous. dressed with butter. greasy. oleous. unctuous.
رَؤُف، رئوف. kind. compassionate.
رُوقُوری tea-cosy.
رُوکار built on the surface. external part. surface. facade. exterior part.
روکاری، روسازی. finish.
رُوکَش، روکاری، روپوش. covering. surface layer. plating. coating. veneer. pillowcase. slip. recapping. slipcover.
~ کردن. to plate. to coat. to veneer. to recap. to instigate. to use as a tool.
~ طلاکشیدن. to plate with gold.
روی میزی را با چوب گردو ~ کردن. to veneer a desk with walnut wood.

لاستیك اتومبیل را ~ کردن. to recap a car tire.
~ طلا. rolled gold. gold plate.
رُوکَفش، گالش. galosh. overshoe.
رُوکوب beading.
رُوگاه، مجرا، راهاب. runway. waterway. lane. route.
رُوگَردان turning the face. rejecting. abstaining. disinclined.
~ بودن. to abstain from. to refrain. to reject. to refuse.
رُوگرداندَن to turn away from. to reject. to refuse.
روگیری partiality. veiling oneself.
رُولباس، روپوش. overgarment. overall. smock. frock.
رولور، هفت‌تیر. revolver.
رُوله، رله، انتقال. relay.
رُوم، رم. Rome.
~ شرقی. Byzantine.
روماتیسم، رماتیسم. rheumatism.
روماتیسم‌شناسی rheumatology.
روماتیسمی rheumatic. rheumatismal.
رُومانی Rumania. Rumanian.
رُومُبلی slipcover.
رُومی Roman. Byzantine.
رُومیزی tablecloth. table cover.
رُوناس (bot.) dyer's madder. madder (-root). alizarine.
رَوَند، رویه، منوال، روش. process. procedure. method. trend.
رَونده (روندگان pl.)، عابر، مسافر، عازم. goer. wayfarer. traveller. going. departing. leaving. about to go. fluid. soft.
رَونَق، پیشرفت، موفقیت، رواج. splendour. brightness. briskness. animation. sprightliness. activity. success. prosperity. thriving state. flourish.
~ یافتن. to brisk up. to flourish.
~ دادن‌به. to make brisk. to give animation to. to brighten up.
کسب با ~. a flourishing business.
اخیراً بازار برنج ~ بسزائی یافته. recently the market for rice has become very brisk.
رُونما present. gift.
رُونوشت، سواد. copy. transcript.
~ از نامه‌ای برداشتن. to copy a letter.
~ مدارك تحصیلی. transcript of academic documents.
رونویس copyist. copy.
~ کردن. to copy.
رونویسی copying. transcription.
رؤوس، رئوس. main topics. main items.
رَؤوف، رئوف. kind. compassionate.
رُوی، فلز روی. zinc. spelter.
~ مانند. zincous. zincic.
~ زدن‌به. to zincify. to zinc. to galvanize.
رُوی، رو، برو، رونده.. face. visage. hyper-. facing. surface. on. at. above. upon.
مداد ~ میز است. the pencil is on the table.
رُویا، رویان، روینده، نموکننده، جنین. growing. thriving. increasing.
رؤیا vision. dream. illusion. delusion.
رُویاروی، رودررو، روبرو. confronting. facing. opposite. face to face.
رویاروئی confrontation. encounter.
رُویان، رویا. embryo. fetus. foetus.
رُویاندَن، رویانیدن. to (cause to) grow. to raise.
رُویِ‌اَندود coated with zinc.
~ کردن. to coat with zinc. to zincify.
رُویان‌شناسی، جنین شناسی. embryology.
رُؤیَت، دیدار. sight. seeing. vision.
~ کردن. to see.
برات ~. sight draft.
رُویداد، اتفاق. event. happening. incident. account. narrative.
رویدادن. to happen. to take place. to occur.
رویدار zinciferous. zincic.
رُوی‌زرد pale. disgraced. wan.
روی‌زردی paleness. shame.
(فلز) **رُویِ سوخته**، راسخت. red antimony.
رویش growth. germination
رُوی‌گر zinc-worker. brazier.
رُوینده، رستنی، رویا، رویان. growing. plant. vegetable.
رُویه، روی، روپوش. surface. outside (of a cloth, coat, etc.). covering. slip or case (for pillows, etc.). outer layer or stratum.
رویه، روش. policy. tack. method. tactics. conduct. manner. trend. approach.
رویهٔ شما در اینمورد چیست؟ what is your policy in this respect?
رُویِهَم altogether. on (top of) each other. on one another.
~ قرار دادن. to place on top of one another.
هزینهٔ نهار جهانگیر وایرج ~ ۵۰ تومان‌شد. the cost of lunch for Jahangir and Iraj totalled 50 Tomans.
روی‌هم‌رفته on the whole. altogether. wholly. generally.
~ بما خوش گذشت. on the whole we had a good time.
رُوئی، بیرونی، بالائی، فوقانی. upper. outer. exterior. upmost. uppermost. slipcover. slipcover. slipcase.
رُوییدَن (روی i. r.)، رستن. to grow.
درخت خرما در نواحی سردسیر نمی‌روید. date palms do not grow in cold areas.
رُوییدنی growing, that which grows.
رُوییده، نموکرده، رشدکرده، رسته. grown.
رُوئین made of zinc, brass, copper, or iron. metallic.
رُوئین‌تَن brazen-bodied. invulnerable.
روئین چنگ of brazen claws.
رَه، راه. road. way.
رَها، خلاص، آزاد. freed. liberated. release. redeemed. delivered. set at liberty. loose. dropped. released.
~ شدن. to be set free. to be let loose. to be delivered. to be released. to drop.
~ کردن. to release. to set at liberty. to drop. to let go. to let loose. to shoot. to set free. to abandon. to forsake.
تیر از ترکش ~ شد. the arrow was released (shot) from the quiver.
آهو از بند ~ شد. the deer was set free from the snare.
رَهان (رهانیدن imp. of)، برهان، رهائی‌بخش، رهاننده. deliver thou. deliverer.
رَهاندَن (رهان imp.)، رهانیدن. to deliver. to save. to set free. to let loose. to rescue. to liberate.
رَه‌آورد souvenir. gift. present
رَهایی، آزادی. deliverance. redemption. freedom. emancipation. release. salvation. escape. rescue.
~ دادن. to deliver. to save. to release. to free. to emancipate. to redeem.
~ یافتن. to be delivered (with از). to escape. to be released from.
رُهبان (راهب orig. pl. of)، راهب، تارك‌دنیا. monk or monks.
رُهبانیَّت، ترك دنیا. monastic life. single life.
رَهبَر، لیدر، راهنما، پیشوا. leader. guide. conductor. chief. mentor.
رهبری، لیدری، پیشوائی، هدایت، راهنمائی. leadership. guidance. conducting.
~ کردن. to lead. to guide. to escort. to usher. to conduct.
او ارکستر را خوب ~ کرد. he conducted the orchestra well.
رَهج، رهج‌الفار. (bot.) realgar.
رَهرَو، راهرو، پیاده، سالك. wayfarer. walker. pedestrian.
رَهسِپار، عازم. setting out. proceeding. leaving (for). departing. en route.
~ شدن. to travel. to proceed. to set out. to leave (for). to depart.
~ کردن. to send out. to dispatch.
فردا ~ اصفهان خواهیم شد. tomorrow we will set out for Isfahan.
رَهگذر، راهگذر، عابر. passer-by. wayfarer.
از این ~. in this way. thereby. on this account.
رَهن، گرو. mortgage. hypothec. lien.
~ گذاشتن، ~ دادن. to mortgage. to pledge.
~ کردن. to obtain a mortgage on.
رَهنما، راهنما. guide. leader. usher.
رَهنمایی، راهنمایی. guidance. directing. leading. ushering.
رَهنِمون، رهنما، راهنما، هادی. guide.
رَهن‌نامه mortgage deed.
رَهنَورد، راه‌نورد. wayfarer. hiker.
رَهنی، گروی. mortgage. hypothecary.
خانهٔ ~. house to mortgage. bonded house.
بنگاه ~. pawnshop. pawn institution.
رَهیدَن، رستن، نجات یافتن. to be saved.
رَهین، مرهون، مدیون. pledged. indebted.
ری Rey, south of Tehran.
رِیا، فریب، زهد فروشی، سالوس. hypocrisy. sham. deceit. falsity. deception. dissimulation. pretense. dissembling.
~ کردن. to dissimulate. to sham. to dissemble. to act hypocritically.
رِیاح (ریح pl. of)، بادها. winds.
رَیاحین (ریحان pl. of)، گلها. flowers.
رِیاسَت، مدیریت، سرپرستی، مقام ریاست. directorship. chairmanship. presidentship. superintendence. principalship.
~ کردن. to act as a chief (director, chairman or boss). to preside over. to rule over. to boss. to manage.
هیئتی بریاست ایشان. a mission presided over by him.
رِیاض (روضه pl. of)، باغها، بوستانها. gardens. (geog.) Riaz.
رِیاضَت mortification vigo(u)r. self-discipline. ascetism. laborious study.
~ دادن. to mortify. to subject to ascetism.
~ کشیدن. to undergo mortification.
رِیاضَت‌کَش، مرتاض. ascetic.
رِیاضی (ریاضیه fem.). mathematical.
رِیاضیات (ریاضی pl. of). mathematics.
~ خالص. abstract mathematics. pure mathematics.
~ عملی. applied mathematics.
ریاضی‌دان mathematician.
رِیاضیّون (ریاضی دان pl. of). mathematicians.
ریاکار، زهد فروش، سالوس. hypocritical. hypocrite. dissimulator. dissembler.
ریاکارانه hypocritically. hypocritical.
ریاکاری، زهد فروشی. hypocrisy.
ریال Rial.
ریائی hypocritical.
رَیب، تردید، شك. doubt.
رِیَتَین (ریه pl. of)، ششها. the lungs.
ریح (ریاح pl.) باد، رایحه، دم، بو. wind. odour. breath. flatulency.
رَیحان (ریاحین pl.)، آلاله. sweet basil.
ریخت، شکل، قواره، هیکل. shape. figure. cast. form. build. bearing. looks.
خوش ~. good-looking. well-built.
ریخت شناسی morphology. organography.
ریختِگَر، ریخته گر. moulder. founder. foundry man.
ریختِگی، قالبی، بهم ریختگی، چکیدگی. cast. moulded. melted. state of being moulded (poured, heaped or scattered about).
ریختَن، فروریختن، پاشیدن، بهم ریختن: to pour. to shed. to spill. to strew. to scatter. to cast. to mould. to be spilled. to be scattered.
آبروی کسی را ~. to injure a person's reputation.
روی هم ~. to pile up.
ریختَنی، ریختگی، پاشیدنی. that which can be spilled, poured, or cast.
رِیخت‌وپاش spillage. waste. profuseness. squandering.
ریخته، ریختگری شده، پاشیده، قالب گیری‌شده. poured. spilled. shed. littered. strewn. cast. founded. moulded.
ریخته‌گر moulder. founder.
ریخته‌گری، قالب ریزی. moulding. foundry.
ریدمان shitting. defecation.
ریدَن to (go to) stool. to shit. to defecate.
ریز، کوچك، کوچولو، ذره‌بینی. tiny. very small. microscopic. fine. finely. little. in fine grains. in fine drops. details.
باران ~. drizzle.
فرش ریزبافت. a finely-woven rug.
-ریز، بریز، ریزنده. pour thou. moulder. pourer. spiller. dropper (in combs. as in: شکرریز).
ریزان، ریزنده. pouring. falling.

(in combs. as in: گل‌ریزان).
ریزاندن، ریزانیدن. to (cause to) pour.
ریزبافت، ریزباف. fine-woven.
ریزبین، ذره‌بین. microscope.
ریزخارا microgranite.
ریزخوار microphagous.
ریزخواری microphagy.
ریزدانه microlithic.
ریزریز minced. chopped. tiny.
~ کردن. to mince. to crumble. to chop.
ریزسنج micrometer.
ریزش، تراوش، چکیدن، سقوط. pouring. effusion. downflow. falling. inflow. flowing. downpour. spillage. flux. strewing. shower. fall. collapse.
~ باران شدید. a downpour of rain.
~ خاك، ~ کوه. landslide. landslip.
~ مو. alopecia. fox-evil. loss of hair. mange. shedding.
~ کردن. to fall in. to collapse. to pour. to flow. to flush. to slide down. to shed.
ریزگی، ریزی، خردی. smallness. being tiny or puny.
ریزنده falling off. flowing. falling. deciduous. spiller. shedder.
ریزه chip(s). little. bit. tiny. minute. puny. very small. petite. wee.
ریزه‌خوار، ریزخوار. microphagous.
ریزه‌خواری، ریزخوری. microphagy.
ریزه‌خوانی sarcastic slander.
ریزه‌ریزه، ریزریز. in pieces or shreds. little by little. bit by bit. minced. chopped. ground. cut to pieces.
~ کردن. to mince. to chop. to cut to pieces.
ریزه‌کاری elaborate work. nicety. finesse. subtlety. fineness. intricacy.
ریزی minuteness. tininess. smallness.
ـ ریس (ریستن i. r. of)، ریسنده، بریس. spinner. spin thou (in combs. as in: نخ‌ریس).
ریستن، ریسیدن، ریشتن، رشتن. to spin.
ریسته spun.
ریسمان string. rope. line. chord. thread. yarn. cord. fiber. filament. fibril. fibrila. strand. twine. cordage.
ریسمان‌بافی ropemaking. cotton-spinning.
ریسمانی made of cotton thread. threadlike. cordlike. corded.
ریسندگی spinning.
~ و بافندگی. spinning and weaving.
ریسنده spinner.
ریسه (bot.) thallus.
ریسه داران (bot.) thallophyta.
ریسیدن، ریستن. to spin.
ریش beard. whisker. fuzz.
~ گذاشتن. to grow a beard.
~ وقیچی را دست کسی دادن. to give complete control or authority to someone.
بریش کسی خندیدن. to mock or deride a person.
بی‌ریش. beardless. catamite.
ریش‌دار. bearded.
اولین باری که جهانگیر ریش خودرا تراشید. the first time Jahangir shaved his whisker.
ریش ulcer. sore. wounded.
~ کردن. to wound. to lacerate.
ریش‌بزی goatee.
ریش‌بزیان (bot.) ephedraceae.
ریش‌تراش barber. shaver.
~ برقی. electric shaver.
ریش‌تراشی barbery. shaving.
ریشخند، تمسخر. mocking. derision. coaxing. wheedling. ridicule.
~ کردن. to coax. to wheedle.
من با ~ اورا برفتن ترغیب کردم. I coaxed him into going.
ریشدار، ریشو. bearded.
ماهی ~. barbel.
ریش ریش، زخم، دلریش، ریشه ریشه، رشته رشته. lacerated. sore. ulcerous. unravelled. fibrous.
~ کردن. to lacerate. to make sore. to unravel. to ulcerate. to shred.
ریش سفید dean. elder. patriarch.
ریشگی، علامت رادیکال radical (sign).
ریشناك ulcerous. sore.
ریشو، ریشدار. bearded.
ریشه root. radix. etymon. bulb. rhizoid. rhizo-. fringe. frill. origin.
ریشهٔ دندان. root or stump of a tooth. radix dentis.
ریشهٔ دوم. square root.
ریشهٔ سوم. cube root.
~ دواندن، ~ کردن. to take (or strike) root.
از ~ درآوردن، از ~ کندن. to eradicate. to deracinate. to uproot.
ریشه‌ای rooty. radical.
ریشه‌پایی، ریشه پای. rhizopod(an).
ریشه‌چه radicle.
ریشه‌خوار rhizophagous.
ریشه‌دار rooty. deep(ly) rooted.
ریشه‌زا rhizogenic.
ریشه‌زایی rhizogenesis.
ریشهٔ سوم cube root.
ریشه‌کن eradicated. uprooted. deracinated. extirpated.
~ کردن. to eradicate. extirpate. to cure radically. to uproot. to deracinate.
ریشه‌کنی eradication. uprooting. deracination. extirpation.
ریشه‌گیری (math.) evolution.
ریع، افزایش، فزونی. redundance. swelling. increase. bulging.
~ کردن. to swell. to expand. to dilate. to bulge. to billow. to grow.
ریعان best part. choice part.
ریغ، فضله. thin excrement. liquid stool.
ریغماسی weak and sickly. puny.
ریغو diarrhetic. rickety. puny.
ریگ، سنگریزه. pebble. shingle. sand. gravel. detritus.
~ روان. dune. moving sand. quicksand.
ریگزار sandy (region).
ریگستان sandy region.
ریگ شوی scoured with sand.
~ کردن. to scour with sand.
ریگمال cleaned or scoured with sand.
ریگماهی (z.) skink.
ریگی pebbly. sandy. operated with sand.
ساعت ~. sandglass. hourglass.
ریل rail.
~ کشیدن. to lay the track.
ریل‌گذاری track-laying.
ریم، چرك. pus. rheum. dross. dregs. earwax.
ریم‌آلود purulent.
ریم‌آور suppurative.
ریمن purulent. dirty.
رینگ، حلقه. ring.
ریو، فریب. deceit. fraud.
ریواس، ریباس. (bot.) rhubarb. sorrel.
ریوند، ریواس. (bot.) rhubarb.
ریوی pulmonary. pulmonic.
ریه، شش. lung. pulmo-.
رئیس (رؤسا .pl)، مافوق، ارباب، مدیر، سرپرست. chief. head. director. manager. principal. boss. superintendent. chancellor. manager. speaker. chairman.
~ تشریفات. master of ceremonies.
~ ستاد. chief of staff.
~ دانشکده. dean of the college.
~ دانشگاه. chancellor (president) of a university.
~ مدرسه. principal of the school.
~ مجلس شورای ملی. the (parliament) speaker.
~ هیئت امناء. chairman of the board of trustees.
رئیس‌الوزراء، نخست وزیر. premier. prime minister.
رئیسه (fem. of رئیس). see: رئیس.
هیئت ~. board of directors. administrative board.

ز the 13th letter of the Persian alphabet.

زا، بزا(ی)، زاینده،ایجادکننده، زاده، زایمان. create thou. creator. producer. -gen. -genic. (in combs. as in: زنده‌زا = viviparous).

سرزا، سر زایمان. **in labo(u)r.**

سر ~ رفتن. **to die in labo(u)r.**

زاپاس، یدکی. spare. reserve. retired.

تایر ~. **spare tire.**

زاج alum. vitriol. sulphate.

~ سفید. **alum. potash alum. white vitriol.**

~ کبود. **blue or copper vitriol.**

ـزاد، زادگان، زاده، فرزند، پور. generation. nativity. natality. birth. child (of). (in combs. as in: پریزاد).

زادروز،روزتولد. birthday.

زادِگان (زاده .pl. of)، فرزندان. children. offsprings.

زادگاه birthplace.

زادن، زائیدن، تولد یافتن. to give birth to. to whelp. to litter. to spawn.

زاده شدن. **to be born. to be whelped.**

زاد و وَلَد، زایش، تولیدمثل. reproduction. procreation. begetting. births.

تعداد ~ در روستاها رو بتزاید است.

the number of births is on the increase in villages.

~کردن. **to give birth to. to procreate.**

ـزادَه، تولدیافته، فرزند، پور. born. child. offspring. (in combs. as in: حسن‌زاده).

امامزاده. **son or daughter of an Imam.**

این مسئله زادهٔ بیسوادی وجهل است.

this problem is born of (caused by) illiteracy and ignorance.

زار، نزار، ناگوار. deplorable. bitter. mournful. wretched.

خوار و ~. **wounded. abject.**

حال او ~ است. **he is (in a) deplorable (condition).**

~ زاربگریست. **cried bitterly.**

ـ زار place abounding in. (in combs. as in: شن‌زار).

زار زار، های‌های. bitterly. severely.

زارِع، برزگر، رعیت. farmer. cultivator.

زاری، گریه، فغان، اشك‌ریزی، ندبه. weeping. crying. lamentation. sobbing. shedding tears. wailing. blubber. bewailing. moaning. bawling. wail.

~کردن، گریستن، گریه‌کردن. **to weep. to shed tears. to cry. to sob. to moan. to lament. to bewail. to bawl. to wail.**

گریه وزاری. **crying and wailing.**

زاری، نزاری. soreness. deplorable condition. abjectness.

زاریدَن، گریستن، زاری‌کردن. to weep. to lament. to moan. to wail.

زاغ، زاغچه. raven. magpie.

~ کبود. **(z.) jay.**

~ سیاه‌کسیرا چوب زدن.

to be on the track of a person.

زاغ، زاج. alum. vitriol. blue.

چشم‌های ~. **blue eyes.**

زاغ (z.) crow. raven. rook.

زاغ‌چشم،زاغول. blue-eyed.

زاغَه، غار، کلبه. cave. hut.

زاغچه، زاغی. magpie. jackdaw.

زاغی، زاغچه، کلاغ زاغی. (z.) pie. magpie. jackdaw.

زال، سپیدمو، سپید رنگ. very old man (or woman). albino.

زالزالك (bot.) wild plum.

زالُو (z.) leech.

زالوی‌اسبی. **(z.) horseleech. horseleach.**

~ انداختن به. **to apply a leech to.**

زالی albinism.

زاماسکِه، زاموسقه، زامسقه. putty.

زان (bot.) beech.

زان، ازآن. from that. belonging to that. hence. thence.

زانکِه، ازآنکه، چونکه. because. since.

زانگَه، ازآنزمان. from that time. since that time. ever since.

زانُو، مفصل~، زانوئی. knee. genu. knee joint. gooseneck siphon. elbow.

کاسهٔ ~. **kneecap.**

سر ~، کشکك ~. **patella.**

~ زدن، بزانو درآمدن. **to kneel down. to genuflect. to knee.**

زانُوبَند shackle for a camel. kneepiece. kneecap.

زانُودَرد، دردِ زانو. gonalgia.

زانُوئی pertaining to the knee. knee-joint. gooseneck. elbow. **genicular.** geniculate. knee-shaped.

زانی، زناکار. adulterer.

زانیَه، زناکارزن. adulteress.

زاوَری service.

زاوُوش، زئوس، مشتری. Jupiter.

زاویَه (زوایا .pl)، گوشه. corner. angle. gonion. gonio-.

زاویهٔ حاده، زاویهٔ تند. **acute angle.**

زاویهٔ منفرجه. **obtuse angle.**

زاویهٔ قائمه. **right angle.**

زاویه سنج، زاویه پیما. goniometer.

زاویه سنجی. **goniometry.**

زاویه‌کَش، نقاله. protractor.

زاهِد، معتزل،متقی، گوشه نشین،راهب،پرهیزکار. devout or ascetic (person). austere.

زاهِدانه devout. ascetic. austerely.

زاهِدی، زهد، تقوا، پرهیزکاری. asceticism. austerity. devoutness. abstemiousness.

ـزای، زا،بزای، زاینده، ایجادکننده. generating. generator. producing. (in combs. as in: زنده‌زای).

زایچِه، زایجه، تولد، شناسنامه. birth. horoscope. birth certificate.

زائِد، زاید. excessive. unnecessary. surplus. excess. superfluous. pleonastic. additional. overplus. surplusage.

~بر. **surplus to. more than. exceeding.**

~ براحتیاج. **surplus to requirements.**

سیلاب ~. **hypermetric(al) syllable.**

زائِدَه (زوائد .pl)، زاید، اضافی. process. apophysis. outgrowth. swelling.

زائِر (زوار .pl)، زیارت کننده، دیدار کننده. visitor. pilgrim.

زایِش، تولد، زایمان، تولید، ایجاد. birth. production. genesis. spawning.

زایِشگاه maternity hospital.

زایِشی of birth. procreative.

زائِل، زایل، محو. removed. removing. passing away. disappearing. fading.

~ شدن. **to disappear. to fade. to be forgotten. to lapse.**

~ کردن **to cause to die. to obliterate. to remove. to fade.**

رنگهای نقاشی قدیمی کاملاً ~ شده است.

the colo(u)r of the old paintings have completely faded.

زایِمان، زه، درد زه، تولد، وضع‌حمل. childbirth. childbed. accouchment. birth. giving birth to. nativity. parturition. labo(u)r. delivery. whelping.

در حال ~. **in childbirth. in labo(u)r.**

ناهید ~ سختی داشت.

Naheed had a hard labo(u)r.

دانش (علم) آبستنی و ~. **obstetrics.**

پزشك ویژه‌گر آبستنی و~. **obstetrician.**

زایَندَه، تولیدکننده، مولد، زیادشونده. giving birth to. productive. self-increasing. generative. generator. procreative. generational. parturient.

زائُو parturient. in labo(u)r. about to give birth.

زائیدَن to deliver (a child). to give birth to. to procreate. to whelp. to spawn. to litter.

این زن چندین بچه زائیده‌که همه مرده‌اند.

this woman has given birth to several children all of whom have died.

زائیدِه، بدنیاآمده، تولد یافته، مولود، زاده. born. generated. whelped. spawned.

این مشکل ~ فقر است.

this problem is spawned by poverty.

زَباب، موش صحرائی. desert rat.

زَباد، گربهٔ زباد. civet (cat). musk cat.

زُبالَه، آشغال، خاکروبه. garbage. litter. sweepings. rubbish. dirt.

~ دان، صندوق خاکروبه. **garbage can. garbage disposal. orderly bin. dust bin.**

زَبان، لسان. tongue. language. dialect. speech. slang. lingo. vernacular. parlance.

~ چرب ونرم. **a glib tongue.**

~ دان، دانشمند ~. **linguist.**

بی~. **tongueless. dumb.**

~ (لهجهٔ) محلی. **local dialect.**

~ او میگرفت. **he stuttered.**

~ عامیانه، ~ عوامانه.

colloquialism. vernacular. vulgarism. slang. cant. patois. argot. jargon.

~ کوچك. **(anat.) uvula.**

~ زدن. **to taste. to lick. to tongue.**

به ~ آمدن. **to begin to talk.**

بر ~آوردن، بزبان آوردن.

to mention or pronounce. to cause to speak.

دستور ~. **grammar.**

علم ~، زبان شناسی. **linguistics. philology.**

~ نفهم. **unreasonable. dumb.**

انگلیسی ~. **English-speaking.**

~ انگلیسی. **the English language.**

زبانش بار دارد.

his tongue is coated (furred).

~ سرخ سرسبز میدهد برباد. **the unruly tongue endangers the whole body.**

زبان‌آور eloquent. glib-tongued.
زبان‌آوری، سخنوری. eloquence. fluency. glibness.
زبان‌باز، چرب‌زبان، چاخان. charlatan. flatterer, glib-tongued.
زبان‌بازی، چرب‌زبانی، چاخان‌بازی. glibness. charlatanry. flattery. prevarication.
زَبان‌بُر، حق‌سکوت، قاطع، بیچون وچرا. hush money. silencing. decisive.
زبان بسته tongue-tied. dumb. mute. innocent. speechless.
حیوان ~. **an innocent animal.**
زبان‌دان linguist.
زبان‌دراز given to talking back. abusive. insolent. rude.
زبان‌درازی talking back. abusiveness.
~کردن. **to talk back. to speak rudely.**
زبان دَرقفا، زبان پس‌قفا. (bot.) delphinium. larkspur.
زَبانزَد idiom. colloquialism. proverbial. maxim.
~خاص‌وعام. **proverbial among all. famous.**
زَبانَك، زبانچه، زبان کوچك. (anat.) uvula. (bot.) lingula.
زَبانه tongue. clapper. bolt. hasp. latch. passion.
زبانهٔ آتش. **the flame (blaze) of fire.**
کام و ~. **mortise and tenon.**
~ کشیدن. **to spread. to flame. to blaze.**
زَبانی، لسانی، شفاهی، بشکل‌زبان. lingual. tongue-shaped. verbal. oral. professed. lipservice. tonguelike.
~، بشکل زبان. **lingulate. linguiform.**
زُبدَه، برگزیده. elite. select. choice. selection. anthology. elect.
یکی از دانشجویان زبدهٔ مدرسهٔ ما. **one of our school's elite students.**
زِبر، خشن، زمخت. coarse. rough.
~ و زرنگ. **clever. nimble.**
پارچهٔ ~. **coarse material.**
زَبَر، بالا، بر، فوق، فراز، روی. upper part. above. over. acro-. top. the vowel sign (َ) corresponding to "a" in "that".
زَبَرتَن acrosome.
زَبَرتَنگ surcingle. girdle. girth.
زَبَرجَد (min.) chrysolite. olivine.
~ هندی. **topaz.**
زَبَردَست، ماهر. dexterous. cunning. ingenious. proficient. skilled. clever.
کارآگاه ~. **an ingenious detective.**
زبردستی، مهارت، چالاکی، برتری. dexterity. nimbleness. agility. ingenuity.
زِبره‌آرد، آرد زبره. middlings. coarse flour.
زبره‌سنگ trachyte.
زِبری، خشنی. coarseness. roughness.
زَبَرین، بالائی، بالاترین. superior. higher. upper. highest. uppermost.
زِبِل، کود، آشغال. dung. rubbish. garbage.
زبل، زرنگ. clever. agile.
زَبور، مزامیر داود. (book of) psalms.
زَبون، خوار، خفیف، پست، سرافکنده. lowly. helpless. despicable. humble. weak. mean. downcast. abject. wretched.
~ ساختن. **to humble. to weaken.**
زپرتی flimsy. rickety.
زُجاج، شیشه، آبگینه. glass.

زجاجی vitreous. hyaloid.
زُجاجیّت vitreousity.
زجاجیه، شیشه‌ای. vitreous body. crystalline lens. vitreous humo(u)r.
زَجر، شکنجه، عذاب. torment. persecution. rack. torture. agony. pain. tribulation.
~کردن، ~ دادن. **to torment. to persecute. to torture.**
~کشیدن، ~دیدن. **to be tortured. to suffer pain (persecution). to undergo persecution.**
زَجرکُش killed by gradual torture.
~کردن. **to torture to death.**
زُحَل، کیوان. (astr.) Saturn.
زَحمَت (زحمات pl.)، ناراحتی، صدمه، رنجه. trouble. inconvenience. pain. toil. labo(u)r. travail. drudgery. hardship.
~ دادن. **to trouble. to bother. to cause (give) trouble. to cause inconvenience.**
خیلی~ کشیدم. **I suffered great inconvenience. I strove. I worked hard.**
~ نکشید. **take no pains.**
~ کشیدن. **to take the trouble. to suffer. to make an effort. to work hard. to toil.**
ببخشید اسباب ~ شدم. **excuse me for the trouble.**
بیزحمت. **please.**
بیزحمت تشریف بیاورید اینجا. **please come here.**
حالا دیگر~ راکم کنید. **you can leave now.**
پس از زحمت زیاد موفق به‌تأسیس مدرسه‌ای‌شد. **after many troubles (much trouble) he succeeded in establishing a school.**
هر روز از صبح تا شب در معدن~ میکشید. **everyday he toiled in the mine from morning to evening.**
زَحمَت‌کِش، رنجبر. painstaking. hard-working. toiler. proletarian.
زحمت‌کشان toilers. the proletariat.
زَخارِف (pl. of زخرف)، زیورآلات، شکوه‌وفر. allurements or vanities of the world. worldly pomps. attractions. charms.
زَخم، جراحت، صدمه، قرحه، خراش. wound. ulcer. sore. ulceration. ulcerous.
~ بدن. **a wound in the body.**
~ معده. **peptic ulcer. stomach ulcer.**
دستم ~ است. **my hand is sore.**
~ مهلك. **mortal (fatal) wound.**
~ خوردن، ~ برداشتن. **to become wounded. to be wounded.**
~ زدن. **to wound.**
~کردن، مجروح کردن. **to wound. to gall. to injure. to make sore. to lacerate.**
~ زبان. **tongue-lashing. reproach. taunt.**
~ شدن. **to become sore, wounded, or ulcerated.**
زخم‌بندی dressing (of wounds).
زَخم خورده، مجروح. wounded. injured.
زخم‌ناپذیر invulnerable.
زخمناك، زخمدار. ulcerous. wounded.
زَخمه، مضراب. plectrum. pick. plectron.
زخمی، زخمدار، مجروح. wounded. hurt. injured. ulcerous. sore. ulcerated.
~ شدن. **to become wounded or injured.**
~کردن **to wound. to lacerate. to injure. to hurt. to ulcerate. to mar.**
زخمی‌ها را به بیمارستان بردند. **the wounded were taken to the hospital.**
زُدای، زداینده، زائل‌کننده. cleanser. remover. deterging. (in combs. as in: غم‌زدای = remover of sorrow.)

زُدایا، زداینده. detergent.
زدایش، پاکسازی. rubbing off. cleansing.
زداینده، پاك کننده، محوکننده. cleanser. removing. cleansing. wiping. wiper.
زَدگی، پارگی، سائیدگی. cancellation. omission. hole in a cloth. abrasion. discouragement.
آفتاب~. **sunburn. sun tan. sunstroke.**
سرآستین‌های من ~ پیداکرده است. **my sleeve-ends are (have become) worn out.**
زَدَن، نواختن، کتك‌زدن، کوبیدن، حذف کردن، دزدیدن، منزجر کردن، ضربان داشتن. to strike. to hit. to beat. to smite. to knock at. to play. to strum. to whisk. to blow. to ring. to bite. to cut (off). to lop. to rob. to cloy. to pulsate. to clip. to put up. to install. (also used as an auxiliary verb as in: کتك‌زدن،نفس‌زدن).
ضربت~. **to strike (hit) a blow. to inflict a blow.**
بهدف ~. **to hit the mark.**
در ~. **to knock at the door.**
گیتار ~. **to play (to strum) the guitar.**
پیانو ~. **to play on the piano.**
تخم مرغ را ~ (بهم ~). **to whisk (beat, stir) the egg.**
سوت ~. **to whistle. to blow the whistle.**
زنگ را ~. **to ring the bell.**
مار آنمرد را زد. **the snake bit the man.**
پشه‌ها بچه را زدند (گزیدند). **the mosquitoes stung the baby.**
پرنده‌ای را ~ (شکار کردن). **to shoot a bird.**
شاخه‌ها را~. **to cut off (lop off) the branches.**
موی سر را ~. **to dress (cut) the hair.**
پنبه ~. **to card (blow, beat) cotton.**
موی صورت را ~. **to shave the face.**
بعضی‌کلمات رازدن. **to cross out (omit) certain words.**
چانه ~. **to haggle. to bargain.**
جیب کسی را ~. **to pick one's pocket.**
او خانه را زد (سرقت کرد). **he broke into (robbed) the house.**
کراوات آبی ~. **to wear a blue tie.**
او عینك میزند. **he wears glasses.**
دوا ~. **to put medicine on.**
ازکیك زده شدم. **I was cloyed (glutted) by the cake.**
حرفی ~ (بیانی‌کردن). **to utter a statement. to say (something).**
قلب او تند میزند. **his heart pulsates (beats) rapidly.**
آنها برای من میزنند. **they are intriguing against me.**
مثل ~. **to give (make, mention) an example. to cite an example.**
چادر ~. **to put up (pitch) a tent.**
زَدو gum (of wild almonds).
زدوبند، ساخت وپاخت، تبانی. collusion. conspiracy. under - the - table deal.
~کردن. **to collude. to conspire.**
زد وخورد، کشمکش، دعوا، نزاع، برخورد. conflict. fight. skirmish. scuffle.
~کردن. **to fight. to skirmish. to scuffle.**
زَدوار (bot.) zedoary.

زِدودَن، پاك کردن، محوکردن، سائیدن. to cleanse. to rub off. to file away. to clean. to furbish. to wipe off.
دوستی غم‌انسانرا میزداید. **friendship rubs off man's gloom.**
زَده، کتك خورده، ضربت خورده، آسیب‌دیده، سیر، بیزار. beaten. struck. smitten. stricken. afflicted. fed up. disgusted. damaged (by holes, tearing off, etc.) cloyed. blasé. quiescent.
او سخت ~(کتك خورده) شد. **he was beaten severely.**
آفتاب ~. **sunburn. sunburned. sunstruck.**
وحشت ~. **smitten with dread.**
فقر ~، گرفتار فقر. **poverty-stricken.**
از برنج (پلو) ~شده‌ام. **I am fed up (disgusted with) rice.**
غرب~. **overly Westernized.**
زر، طلا، پول، -.auri. gold. money. aurum. auri-.
~ وسیم. **gold and silver.**
زَرّادخانه، اسلحه‌خانه. arsenal. munition factory.
زِراعَت، کشاورزی. agriculture. cultivation. farming. tillage. husbandry. planting. agronomy.
دانشکدهٔ ~ (کشاورزی). **college of agriculture.**
~ گندم. **cultivation of wheat.**
~ دیمی. **dry farming.**
~کردن. **to till. to cultivate. to farm.**
زمین را ~کردن. **to till the land.**
~کار، زارع. **farmer. tiller.**
او در ملك کوچکی کنار رودخانه ~میکرد. **he farmed a small holding beside the river.**
زراعتی، روستائی. agricultural. cultivated. georgic. farming. agronomical. rustic. georgical.
زَرافه، شترگاو پلنگ. (z.) giraffe.
زرافه‌ها (z.) giraffidae.
زَراندود، زراندوده، طلاپوش، دارای‌روکش‌زر. overlaid with gold. gilded. gold-plated.
~ کردن. **to plate or overlay with gold. to gild.**
زَرآوَند، زراوند دراز. (bot.) birthwort.
زربافت، زربفت. woven with gold. brocaded. brocade. gold cloth. orphrey.
زَربَفت، زربافت. brocade. gold cloth.
زرپرست mammonist.
زرپرستی mammonism.
زَرپور، رنگ زرد. roan. sorrel.
زرپوست، نوزاد حشره، شفیره، جنین. (z.) chrysalis. chrysalid.
زرپوش، زراندود. clad in gold. overlaid with gold. covered with gold. gold-plated.
زَرتُشت، زردشت. Zoroaster. Zarathustra.
زرتشتی Zoroastrian.
زَرتَك، کافیشه، کاجیره. (bot.) safflower.
زرخرید bondsman. slave.
زرخیز، حاصلخیز. auriferous. very rich. productive. fertile. bonanza.
زَرد yellow. pale. orange.
رنگ ~. **yellow (pale) colo(u)r.**
تب ~. **yellow fever.**
~کهربائی. **amber.**
نژاد ~. **the yellow (Oriental) race.**
~ شدن. **to turn yellow. to grow pale.**
~کردن. **to make or paint yellow. to make pale. to yellow.**
دریای ~. **(geog.) Yellow Sea.**

زردآب، صفرا. gall. bile. sanies.
زردابریز، زردآبی. biliary. bilious. choleric.
زردآبی biliary. bilious. choleric.
زردار، توانگر، پولدار، زرخیز. bearing or having gold. rich. auriferous.
زردآلو (bot.) apricot.
زردپوست، زرپوست. chrysalis. yellow-skinned.
زردپی، وتر. tendon.
زردچوبه، زرچوبه. turmeric. curcuma.
گرد زردچوبهٔ هندی. curry powder.
زردچهره، زردرخ. pale. of a yellow complexion. wan.
زرد رنگ، زردفام. yellow. yellowish.
زردرو(ی) shameful. pale. pallid. wan.
زرد رویی shame. paleness. pallidness.
زردزخم، زرده‌زخم. impetigo. ringworm.
زردزخمی impetiginous.
زردشت، زرتشت. Zaroaster. Zarathustra.
زرد فام، زرد رنگ. yellowish. pale.
زردک، هویج. (bot.) carrot.
زردنبو، زردچهر. pale. yellowish.
زرد وره (z.) yellowhammer.
زردوز worker in gold embroidery.
زردوزی gold embroidery. orphrey.
زردوست، زرپرست. lover of gold. mercenary. mammonist.
زرده yolk (of an egg). deutoplasm.
زرده زخم، زردزخم. impetigo.
زردی yellowness. yellow colo(u)r. paleness. chlorosis. pallidness.
زردیان، یرقان. (med.) jaundice.
زردینه xanthophyll. xanthophyl.
زرزر thrumming or strumming noise.
~ کردن، وراجی کردن. to thrum. to hum.
زرشک (bot.) barberry.
زرشکی maroon.
زرشکیان (bot.) berberidaceae.
زرع، کشت. cultivation. tilling. farming.
قابل ~. arable.
لم‌یزرع. barren. arid.
کشت و ~. farming. agriculture.
زرفین، حلقه، بند. segment.
زرفینی annelid.
زرق، دورویی، ریا. hypocrisy. deceit.
زرق وبرق gaudiness. glitter. flash. scintillation. caruscation. sparkle.
زرق‌وبرق‌دار gaudy. garish. glittery. scintillating. meretricious. flashy.
زرقوری (bot.) crowfoot.
زرقون، زرگون. gold-colo(u)red. jargon. zircon. cinnabar.
زرکش gold-wire drawer. gold embroiderer.
زرکوب، طلاکوب. gold inlaid.
زرگر goldsmith. silversmith.
زرگری goldsmith's or silversmith's trade.
جنگ زرگری. sham quarrel (between two to deceive a third party).
زبان ~. cant. jargon.
زرگون gold-colo(u)red. jargon. zircon. cinnabar. aurific. auriferous.
زرنا، سورنا. hautboy.
زرنشان inlaid with gold.
~ کردن. to set in gold. to inlay (damascene) with gold.
زرنگ، باهوش، چالاک، چابک، تیزهوش. clever. smart. agile. nimble. spry. limber. adroit. astute. shrewd. cunning.

شاگرد ~. a smart student.
زرنگار adorned or overlaid with gold.
زرنگی، چالاکی، چابکی، باهوشی، تیزهوشی. cleverness. smartness. adroitness. agility. astuteness. sagacity.
~ کردن. to (try to) be clever. to use crafty means.
زرنیخ orpiment. auripigment.
زرورق foil. gold leaf. gold foil.
زرورقی made of gold leaf. thin as gold leaf.
زره، جوشن. armo(u)r. mail chain mail. steel plate. shielding.
~ نیم‌تنه‌ای. coat of mail. cuirass.
زره‌باف manufacturer of chain mails.
زره‌پوش armo(u)red. ironclad. mailed. cuirassed.
خودرو (اتومبیل) ~. armo(u)red car.
زره‌دار armo(u)r plated.
زره‌شکن armo(u)r-piercing.
زره شانه camail.
زرهی armo(u)red.
خودرو ~. armo(u)red vehicle (car).
نیروی ~. armo(u)red force.
زری brocaded silk.
زرین golden. auric. aurific.
زشت، نازیبا. ugly. homely. unsightly. repulsive. disagreeable. graceless. inelegant. grisly.
صورت ~. an ugly face.
زن ~. a homely woman.
سخنان ~. obscene words.
مناظر ~. indecent scenes.
~ کردن. to uglify.
زشتخوی، بداخلاق، تندخوی. ill-tempered. surly. cross. ill-humo(u)red.
زشتخویی ill temper.
زشت‌رو(ی) ugly. homely.
زشت رویی ugliness. homeliness.
زشت سیرت evil-natured. ill-natured.
زشت‌گو(ی) slanderous. scurrilous.
زشت‌گویی، بدگویی، بدحرفی. scurrility. slander. abusiveness.
زشت‌نام، بدنام. infamous. ignominious.
زشتی ugliness. homeliness.
زعفران saffron.
زعفرانی flavo(u)red with saffron. saffron-colo(u)red. yellow. pale.
زعم، عقیده، گمان. opinion. guess.
بزعم، بگمان. in the opinion of. according to.
زعیم (زعماء .pl)، لیدر، رهبر، سخنگو، مسئول. spokesman. chief. feudal lord. leader.
زغال، ذغال. charcoal. coal. carb-.
~ چوب. charcoal.
~ شدن. to be charred. to be carbonized.
(تبدیل به) ~ کردن. to coal. to char. to carbonize.
زغال‌اخته، ذغال اخته. (bot.) dogberry. wild cornel.
زغال خیز carboniferous. coaly.
زغال‌سنگ coal.
~ خالص. anthracite.
کان (معدن) ~. coal mine.
کارگر (معدن) ~. coal miner.
استخراج ~. coal mining.
خاکهٔ ~. coal dust.
گاز ~. coal gas.

ظرف ~، سطل ~. coalscuttle. coal hod.
زغالش carbonisation. coaling.
زغالی coaly. charry. black.
زغره، زقره. sweatband.
زغ‌زغ، زق زق، نق نق. clattering. chirping. peeping.
زغن (z.) kite.
زفاف wedding. (consummation of a) marriage. nuptial procession.
شب ~. wedding night.
زفت pitch.
~ رومی asphalt. Jew's-pitch bitumen.
زفت، خسیس، ترشرو. stingy. morose.
زفر، زفره، پوزه. mandible.
زفیر، بازدم. expiration. exhalation.
زکات، زکاة، زکوة. alms. tithes.
زکام، سرماخوردگی، نزله، ریزش. head cold. cold in the head. coryza.
~ شدن. to have a cold in the head.
زکریا Zachariah. Zacharias.
زکوة poor rate or alms.
زکی (ازکیاء .pl)، مقدس، پاک. pure. pious.
زکی، زکیسه، دکی. fudge!
زگیل wart.
زل، لغزش. slipping. blunder.
زل، گوسفند بی‌دنبه. tailless sheep.
زلال، روشن، پاک. limpid. transparent. clear. lucid.
آب ~. limpid water.
زلالی (زلالیه .fem). aqueous. limpidity.
زلاندنو، زلاند جدید. New Zealand.
زلت، گناه، لغزش، خطا، سهو. sin. fault. slip. mistake. error.
زل‌زل نگاه‌کردن to stare. to gaze. to glare.
زلزله (زلازل .pl)، زمین‌لرزه. earthquake. quake. seismism.
شرح ~، زلزله نگاری. seismography.
زلزله‌ای seismic. seismical.
زلزله‌خیز prone to having earthquakes.
زلزله زده (زلزله‌زدگان .pl) stricken by earthquake. victim of earthquake.
زلزله سنج، زلزله نگار. seismograph. seismometer.
زلزله‌شناس seismologist.
زلزله شناسی seismology.
زلزله‌نگار seismograph.
زلزله نگاری seismography.
زلف، گیسو، طرهٔ گیسو. lock of hair. ringlet. hair.
~ پریشان. dishevelled hair.
زلوبیا، زلیبیا. a kind of sweet pancake.
زله، خسته، بیچاره. wearied. harassed.
زلیخا Potiphar's wife.
زماره، نی. flute. pipe.
زمام، دهنه، کنترل. rein. bridle.
~ امور را در دست گرفتن. to take the reins of government. to control or administer affairs.
زمامدار head of government. statesman. ruler.
زمامداری incumbency. office. ruling.
دوران ~. the period of one's office.
زمان، وقت، دوره، دوران. time. period. duration. chrono-. season. era. epoch. age. tense. tempo-.
زمانهای پیش. former times. past periods.
~ گذشته. past tense.
~ ومکان. time and place.
از این ~ به بعد. henceforth. from now on.
در این ~. at this time. now.
زمانیکه. at the time when. when. while.
در ~ نادرشاه. during the time of Nader Shah.
زمان سنج chronometer. chronoscope.
زمان‌نگار chronograph.
زمانه، زمان، دوران، دوره. time. times. age. period. epoch. era. fortune.
~ عوض شده‌است. the times have changed.
زمانی temporal. chronological. epochal.
~ ومکانی. of time and place.
زمخت، خشن. coarse. rough. gross. hard. rude. harsh. burly.
زمختی coarseness. roughness.
زمرد emerald.
~ آبی‌رنگ. aquamarine.
زمردگیاه، شاهدانه. hemp seed.
زمردنشان set with emerald.
زمردین emerald-colo(u)red. inlaid with emeralds.
زمره category. group. clique. cotery. class.
او در زمرهٔ دوستان منست. he is among my friends.
زمزمه humming. whispering. murmuring. crooning. murmur.
~ کردن. to hum. to croon. to murmur.
درس معلم ار بود زمزمهٔ محبتی. if the teacher's lesson (lecture) were a whisper of love.
اینطور ~ میشود که کابینه تغییر خواهد یافت. it is rumoured that the cabinet will change.
زمستان winter. hiber-.
آنها معمولاً ~ را در کاشان میگذراندند. they usually wintered in Kashan.
زمستانخوابی hibernation.
~ کردن. to hibernate.
زمستانی hibernal. wintry. hiber-.
لباس ~. winter clothes.
زمهریر intense cold. limbo. purgatory.
زمین، خاک، خشکی، ارض. earth. land. ground. floor. territory. landed property. soil. terra. terrain. terrene. geo-.
(به) ~ خوردن. to fall (down to the ground). to be overthrown.
(به) ~ زدن. to throw down. to overthrow.
(به) ~ گذاشتن. to leave down. to abandon. to put down.
زیر ~. underground. basement. cellar.
کرهٔ ~. the terrestrial globe. the Earth.
او دوقطعه ~ خریده است. he has bought two pieces (parcels) of land.
زمین‌بازی land speculation.
زمین‌پیما land surveyor. land rover.
زمین‌پیمائی land survey. land measurement. land roving. hiking.
زمین‌خوار land speculator. land profiteer.
زمین‌دیس، زمدیس. geoid.
زمین‌سنجی geodesy. geodetics.
زمین‌شناس geologist. geologer.
زمین‌شناسی geology.
زمین شیمی geochemistry.
زمین‌گرایی geotropism.

زمین‌گیر، افلیج، فلج. paralytic. confined to the ground. bedridden.
زَمین‌لرزه، زلزله. earthquake. earth tremor. quake. seismism.
زَمینه، سابقه، مقدمات، موجودی، عرصه، اساس، پایه، متن. field. background. backdrop. ground (work). outline. basis.
او قدریهم در زمینهٔ امور اقتصادی صحبت کرد. **he also spoke a little on (the field of) economic affairs.**
در این ~. **in this connection. on these lines.**
~ را فراهم کردن. **to prepare (or pave) the way for.**
زمینه‌سازی laying the groundworks. planning. laying plots. intrigue.
زَمینی، خاکی، ارضی. ground. telluric. terrestrial. territorial. land. terrene.
نیروهای ~. **land forces.**
زَن (زنان (pl.)، اناث، همسر. woman. wife. female. squaw. spouse. mate. gyno-.
~ و مرد در مقابل قانون مساوی‌اند. **women and men are equal in the eyes (in front) of the law.**
پدر بزرگم چندین ~ داشت. **my grandfather had several wives.**
~ دادن. **to take a wife for. to marry.**
~ کردن، زن گرفتن، زن بردن. **to take a wife. to marry a woman. to wed. to spouse.**
~ سالاری. **gynecocracy. gynocracy. gynarchy.**
حکومت زنان. **gynarchy.**
جنون ~ پرستی. **gynecomania. satyriasis.**
ـزَن، زننده، بزن. strike thou. striker. beater (in combs. as in: شمشیر زن).
زِنا، هتك ناموس، بی‌عفتی. adultery. fornication. debauch. rape. debauchery.
~ کردن. **to commit adultery. to fornicate.**
~ کارانه، وابسته به ~. **adulterous. adulterine.**
زنای با اقرباء (محارم). **incest.**
زنای به‌عنف. **rape.**
زنای محصنه. **adultery with a married woman.**
زِنازاده، حرامزاده. bastard.
زَناشوئی، ازدواج. matrimony. marriage. conjugal life. wedlock. wedding.
~ کردن. **to marry. to wed.**
زندگی ~. **married life.**
زِناکار adulterer. adulteress. fornicator.
زِناکاری adultery. fornication.
زَنان (زن pl. of). women. womankind. ladies. females.
زَنانگی، زنانه. femininity. womanliness. womanhood. womanishness.
زَنانه pertaining to women. womanly. gynecoid. womanish. effeminate. ladylike. gyno-. feminine. women's apartment. uxorial. -gynous. gyneco-.
کفش ~. **ladies shoes.**
دانش بیماریهای ~. **gynecology. gyniatrics.**
ویژه‌گر بیماریهای ~. **gynecologist.**
زَنانه‌دوز dressmaker.
زن‌بابا، زن‌پدر. stepmother.
زن‌باز womanizer. whoremonger.
زن‌بازی whoring. womanizing.
~ کردن. **to womanize.**
زَنبَر handbarrow.
زَن‌بَرادر brother's wife. sister-in-law.
زَنبُرَك، فنر. crossbow. spring.

زنبرکی، فنری. operated by a spring.
زَنبَق (زنبه f. p.). socket of a candlestick. sconce. (bot.) iris. flag. lily.
~ زرد. **(bot.) day lily. hemerocallis.**
زنبقیان (bot.) iridaceae.
زَنبور (z.) bee. wasp. api-.
~ درشت، ~ زرد. **hornet.**
~ عسل. **bee. honeybee.**
~ عسل نر. **drone.**
کندوی ~. **beehive.**
پرورش دهندهٔ ~. **beekeeper. apiarist.**
پرورش ~ عسل. **apiculture.**
محل پرورش ~، ~خانه. **apiary.**
زنبورخوار apivorous. bee eater. titmouse.
زَنبورَك falconet. crossbow.
زنبورکی alveolate. cellular. reticular.
زنبوری cellular. honeycombed.
زَنبه، زنبر، زنبق. handbarrow.
زَنبیل، سبد. basket. hamper. crate. pannier. wicker basket.
زَنِ‌پدر stepmother.
زن‌پرست (one) who adores women. gynecomaniac. gallant. uxorious.
زن‌ترسی gynophobia.
زَنجَبیل ginger. common ginger.
زنجبیلی flavo(u)red with ginger.
آبجو ~، لیموناد ~. **ginger ale.**
نان ~. **gingerbread.**
زنجبیلیان (bot.) zingiberaceae.
زَنجَره (z.) cricket. grig.
زن‌جلب cuckold.
زَنجیر، سلسله. chain. chains. catenation. fetters. shackle.
~ کردن. **to chain. to fasten with a chain. to link. to bind. to catenate.**
غل و ~. **shackles. fetters and chains.**
حلقهٔ ~. **link.**
چرخ ~. **sprocket wheel. chain wheel.**
زَنجیره chain mark. chairwork. milling. ripple.
زنجیری chainlike. catenary. chained. catenulate.
واکنش ~. **chain reaction.**
زَنَخ dimple. (pit in the) chin.
زنخدان chin.
چاه ~. **dimple or pit in the chin.**
زنخی genial. mental.
زَند exposition of the Avesta. commentary. the Zand tribe (in Iran).
زند (bone of the) forearm.
~ اعلی، ~زبرین. **(anat.) radius.**
~ اسفل، ~زیرین. **(anat.) ulna.**
زندار married.
مرد ~. **a married man.**
زِندان، حبس. prison. jail. gaol. penitentiary. lockup.
~ کردن. **to jail. to imprison. to lock up. to confine. to coop up.**
~ تکی، ~ انفرادی. **solitary confinement.**
زندانی جنگ، اسیر. **prisoner of war. captive.**
زندانبان jailer. gaoler. jailor.
زندانی (زندانیان pl.)، محبوس. prisoner. imprisoned. captive. convict. jailbird.
~ کردن. **to jail. to imprison.**
~ شدن. **to become jailed or imprisoned.**
زند اَوِستا the Avesta and its commentary.

زَن‌دائی wife of one's maternal uncle. aunt.
زند زبرین، زنداعلی. (anat.) radius.
زندزیرین، زنداسفل. (anat.) ulna.
زَندَقه، کفر، اثنویت، خدانشناسی. dualism. atheism. polytheism.
زِندگان (زنده pl. of)، جانوران زنده. living creatures. the living.
زندگانی، زندگی، حیات، زیستن، زیست. life. course of life. living.
~ کردن، زندگی کردن. **to live.**
زِندگی، حیات، هستی، زندگانی، زیست. life. living. lifetime. subsistence. survival. existence.
~کردن. **to live. to exist. to subsist.**
آن‌زن وشوهر بیش‌ازپنجاه‌سال‌با هم~کرده‌اند. **that couple have lived together for more than fifty years.**
ما بدون هوا نمیتوانیم ~ کنیم. **we can not exist without air.**
~کردن من مردن تدریجی بود. **my life was (had become) gradual death.**
زن‌دوست philoginous. uxorious.
زن‌دوستی philoginy. uxoriousness.
زِنده (زندگان pl.)، حی، موجود، هست، باروح. alive. living. lively. live. quick. existing. reviving. gay. animated. vivacious. sprightly. enlivened. viv(i)-.
~شدن. **to come (become) alive. to revive. to resurrect. to be animated. to liven.**
~ کردن. **to revive. to resurrect. to bring to life. to animate. to enliven.**
او هنوز ~ است. **he is still alive.**
کارتون (کاریکاتور) ~. **an animated cartoon.**
زندگان‌ومردگان. **the quick and the dead.**
زنده‌دل alacritous. jovial. hearty. hale. lively. enlivened. cheerful.
زنده زا (z.) viviparous.
زَندی cubital. radial or ulnar.
زَندیک، زندیق. Sadducee. atheist.
زن‌صفت effeminate. womanish.
زَنِ عَمو wife of one's paternal uncle. aunt.
زن‌قحبه، زن جلب. cuckold.
زَن‌کُش، قاتل زن. femicide. uxoricide.
زنکشی femicide. uxoricide.
زَنگ، ناقوس. bell. chime. carillon.
~ آژیر. **siren. tocsin. alarm bell.**
~ در (درب). **doorbell.**
~ زدن. **to ring. to toll. to chime.**
ساعت با ~ زدن، زمان‌را اعلام میدارد. **the clock tolls the hour.**
زَنگ rust. corrosion.
~ زدن، ~ زده شدن. **to become rusted. to corrode. to rust.**
زَنگار verdigris. rust.
زنگار leggings.
زنگاری rust-colo(u)red. rubiginous.
زَنگبار (geog.) Zanzibar.
زَنگال (bot.) florican.
زنگداران (z.) crotalidae.
زَنگ زَدگی rustiness. rust corrosiveness. corrosion.
زَنگ زَده rusty. blighted. corroded.
زنگ زن exposed to rust.
زَنگُله، زنگوله. hawk bell. little bell.
زَنگ نَزن rustproof. stainless.
زَنگی furnished with a bell. ringing. native of Zanzibar. blackamoor. Negro.

زَن‌مُرده bereft of one's wife. widower.
زَنَنده، تند، منزجرکننده، برخورنده، نوازنده. repelling. repellent. repulsive. shocking. biting. gaudy. garish. hitter. player. performer. obscene. beater.
شوخی‌های ~. **repulsive (obscene, shocking) jokes.**
زنندهٔ توپ. **the ball hitter.**
زنندهٔ ویولن. **the violin player.**
زن‌نما gynecoid. womanish.
زِنهار، زینهار، مبادا، برحذرباش. caution. beware. quarter. mercy.
~ بنزد او نروید. **caution (beware)! don't approach him.**
~ خواستن. **to seek quarter.**
~ دادن. **to give quarter. to give protection.**
زَنی، زنیت. womanhood. gynecoid.
بزنی دادن. **to give in marriage.**
بزنی گرفتن. **to marry. to take for a wife.**
زَنیان، بادیان‌رومی. (bot.) aniseed. anise.
عرق ~. **anisette.**
زَنیّت، زن‌بودن، زن‌صفتی. feminacy. feminality. femineity. womanishness. womanliness. feminity. being gynecoid.
زُوّار (زائر pl. of). pilgrims. visitors.
~ مکه. **pilgrims to Mecca.**
زَوال، فنا، نابودی، سقوط، انحطاط. decline. decadence. downfall. fading.
رو بزوال نهادن. **to begin to decline.**
~ رومیان. **the decadence of the Romans.**
~ یافتن. **to fade. to disappear. to decline.**
زَوال‌پَذیر، فانی، فنا پذیر. destructible. perishable. transitory.
زوال‌ناپذیر indestructible. eternal. imperishable.
زَوایا (زاویه pl. of)، گوشه‌ها. angles.
زوایای متمم. **complementary angles.**
زوایای مجاور. **adjacent angles.**
زوایای مکمل. **supplementary angles.**
زَوائِد (زائد pl. of). superfluities. redundancies. appendices. appendages. outgrowths. processes. apophyses.
درنوشته‌ها از حشو و ~ اجتناب ورزید. **avoid superfluities in writing.**
زوبین javelin. dart.
زَوج، جفت، شوهر. double. twofold. duple. duplex. pair. couple. even number. husband. spouse. duplet.
اعداد ~ وفرد. **even and odd numbers.**
مدعوین ~ زوج وارد تالار شدند. **the guests entered the hall in couples.**
زوجات، زوجها. spouses. couples.
زَوج‌سُمّان (z.) artiodactyla.
زَوجه (زوجات pl.)، زن، عیال، همسر. wife. mate. spouse. frau.
~ او بەتبریز رفته است. **his wife has gone to Tabriz.**
تعدد زوجات. **polygamy.**
زُود، تند، سریع. quickly. soon. early. betimes. quick. fast. prompt. speedily.
~ باشید. **be quick. hurry up.**
او ~ پول را برداشت‌وفرار کرد. **he took the money quickly and ran away.**
ترن یکساعت زود بایستگاه رسید. **the train arrived in the station one hour too early.**
یك روز صبح ~. **an early morning.**

هرچه ~تر. as early as possible.
~تر از آنکه فکر میکنی پیرخواهی شد. you will grow old sooner (earlier) than you think.
~ این نامه را جواب بده. answer this letter promptly.
زُوداُفت، زوددریز، ریزنده. caducous.
زُوداَنداز extemporaneous (speech).
زُودباوَر credulous. naive.
زودباوری credulity. naiveté. naivety.
[illegible] frequently. often
زُودبَند quick-setting. coagulant.
زُود پَز easily cooked.
برنج ~. instant rice.
دیگ زودپز. pressure cooker.
زُودخَشم، زود غضب. irascible. irritable.
زودخیز، سحرخیز. who rises early. getting up early. early riser.
زُودخیزی early rising.
زُودرَس، پیشرس، نابهنگام. premature. precocious. ripening early. advanced. overforward. untimely. unripe.
زایمان ~. premature labor. premature delivery. partus prematurus.
نوزاد ~. premature baby.
زُودرَنج quick to take offence. touchy. easily offended. irritable.
زُود زُود frequently. often.
زُودغَضَب، زود خشم. quick-tempered. quick to get angry. irascible.
زُودفهم، تندهوش، سریع‌الانتقال. of quick apprehension. understanding quickly. sharp. quick-witted.
زُودگذر، فانی. transient. ephemeral.
زُودی earliness. quickness. promptness. promptitude.
بزودی. soon. shortly. before long.
بزودی خواهد آمد. he will come soon.
باین ~. so soon.
زودیاب، سهل‌الحصول. easily obtained. easily found. easily accessible.
زُور، نیرو، قدرت. force. power. strength. violence. compulsion. coercion. brawn. dint. might.
~ بکار بردن. to use force.
~ او زیاد است. he is strong.
آدم پر ~. a man of great strength.
کم ~. weak. feeble.
او بزور اطاعت کرد. he obeyed out of compulsion.
او بزور رضایت داد. he consented by coercion.
~ آوردن. to press. to force.
~ بکار بردن. to exercise force. to use force.
بکار ~ آوردن. to exert oneself. to work hard.
~ دادن. to press upon. to push. to exercise force. to strain oneself.
~ زدن. to exercise force. to strain oneself. to push.
بزور. by force. compulsorily.
بزوراسلحه. by force of arms.
بزور تکرار وتمرین. by dint of repetition and practice.
بزور خندیدن. to force a laugh.
بزورگرفتن، مصادره کردن. to extort. to commandeer

زوُرآزما(ی) athlete. wrestler. testing one's strength.
زورآزمائی test of strength (power).
~ کردن. to test one's strength.
زوُرآوَر powerful. wrestler or athlete. overwhelming. overpowering.
زورآوری exercise of strength.
زورخانه gymnasium. palestra. sports club.
زَورَق، قایق. boat. gondola. canoe.
زورقی، ناوی. navicular. scaphoid.
زوُری forced. by force. out of compulsion. compulsory. forcible.
خندهٔ ~. a forced laughter.
زورُگو، ستمکر، قلدر. bully. tyrant. oppressive.
زورگوئی oppression. bullying. coercion.
زوُرمَند، نیرومند، قوی، پرزور. powerful. strong. athlete.
زورمندی (exercise of) power.
زوُرنا، زرنا، سرنا، کرنا. hautboy.
زوُرورزی exertion of force.
زوُریخ (geog.) Zurich.
زوُزه، ناله، ضجه. howling. puling. yelping. yowling. wailing.
~کشیدن. to howl. to yelp. to wail. to. pule. to yowl. to whine. to whimper.
باد وحشیانه ~ میکشید. the wind howled wildly.
سگ ~ میکشید. the dog was yelping.
زوُفا (bot.) hyssop.
زِه، وتر. catgut. cord. bowstring. rim. (geom.) chord. hypotenuse.
~ زدن. to back out. to show the white feather. to throw the towel.
~ کردن. to string. to thread. to cord.
کمان را ~ کردن. to string a bow.
زِه، زایمان. childbirth. delivery.
زِه، آفرین، مرحبا. well done! bravo!
زِه، زهوار. rim.
زِه، زهاب. water seeping through a stream. drainage water.
زِهار privy parts. pubis.
موی ~. pubes.
زِهازِه، آفرین. excellent! well done!
زِهتاب cord - twister. gut spinner.
زِهتابی cord - twisting.
زُهد، پرهیزکاری، تقوا. asceticism. abstemiousness. piety. austerity. abstinence. puritanism. mortification.
زِهدان uterus.
زهدانچه utriculus. utricle.
زهدانی uterine. utero-.
زُهدفُروش hypocritical. hypocritic.
زهدفروشی hypocrisy. religiosity.
زَهر، سم. poison. venom. toxity. bane. toxin.
مرفین ~ کشنده‌ایست. morphine is a deadly poison.
~ مار. the venom of the snake. snake poison! shut up.
بکسی ~ دادن. to poison a person.
زَهر (ازهار .pl)، گل. flower.
زَهراب، پیشاب، شاش. urine. piss.
~ ریختن. to make water.

to piss. to urinate.
زَهرابَه toxin.
زهرابزا toxicogenic.
زَهرالرَّبیع، پامچال. (bot.) primrose.
زهرآگین، زهرآلود. poisoned. venomous.
~ کردن. to poison.
زَهرباد، ورم‌لوزتین. (med.) quinsy. tonsillitis.
زَهرخَند، زهر خنده. sardonic laughter. sarcastic smile. sneer. snicker.
زهردار، سمی، زهرآلود. poisonous. poisoned. venomous. toxic.
زَهردارُو، پادزهر. bezoar stone. antitoxin.
زهرشناس toxicologist.
زهرشناسی toxicology.
زَهرکُش antidotal. antitoxic. antidote.
زَهرمُهرَه، سنگ پادزهر. (min.) bezoar stone.
زهرناك، زهرآگین. poisonous. poisoned.
زُهرَوی venereal.
زَهرَه، زهره دان. gall bladder. courage. gut.
زهره‌ام ترکید. I was frightened to death. I was struck with horror.
~ ترك شدن. to be scared to death.
زُهرَه، ناهید. Venus. aphrodite. the morning or the evening star. feminine proper noun.
زَهرَه‌تَرَك frightened (to death).
~ کردن. to frighten to death. to strike with horror. to freeze one's blood.
زَهری، سمی، زهردار. poisonous. toxic. venomous.
زِه‌زاد، زه‌وزاد. birthrate. natality.
زِه قُلاّب fishing - line.
زِهکَش drain (pipe). drainer.
زِهکشی drainage.
~ کردن. to drain. to construct a drainage (sewer) system for.
زِهگیر archer's thumbstall.
زُهم، گندیدگی. fetid smell (of meat). stench. stinking fat.
زِهوار lace. groove. rim.
او زهوارش دررفت. he pegged out.
زِهی well done! what a great thing.
ساز ~. string musical instruments.
زی، سوی. towards. to.
شاه ~ تومیهمان آید همی. the Shah is coming towards you as a guest.
زی (زیستن .i. r. of)، بزی، زنده‌باش. live thou. living. (used also in combs. as in: آبزی).
شاد باش وشاد ~. be happy and live happily.
زی garb. appearance.
زیا (به مجموعهٔ جانوران یك‌ناحیه‌می‌گویند). fauna. living.
زیاچه، زیواچه، میکرب. microbe.
زیاد، بسیار، فراوان، بیشمار. much. plenty. many. numerous. too much. greatly. very much. too.
خیلی ~. too many. too much.
مردم زیاد. numerous people.
باران ~. excessive rain.
جمعیت ~. a great crowd.
پول ~. (too) much money.
او ~ ناراحت‌شد. he was greatly disturbed.
او خیلی ~ حرف زد. he spoke very much.
~ شدن. to be increased or multiplied.

to grow. to multiply. to wax.
تعداد دوستان ما ~ شده است. the number of our friends has increased.
~ کردن. to increase. to multiply. to accelerate. to augment.
اوحقوق‌مارا ~ کرد. he increased our salary.
سرعت ماشین‌را بیش‌از این ~ نکنید. do not accelerate the speed of the car any more.
کم و ~. more or less. much and little.
مرحمت سرکار ~، التفات شما زیاد. thank you (very much).
~ آمدن. to be left over.
زِیادَت excess. increase.
زیادتی surplus. excess. abundance. superfluity. remainder. profusion.
زِیادِه more. excessive.
زِیاده رَوِی، افراط. overindulgence. excess. intemperance. extravagance.
~کردن، افراط‌کردن. to extravagate. to indulge. to overindulge. to dissipate. to go beyond one's limit.
در مشروبات ~ کردن. to indulge oneself in drinking. to overindulge in drinks.
زِیادِه سِتانی، اجحاف. extortion. overcharging.
زیادی، زائد، اضافی. excess. surplus. much. extra. superfluous. spare. additional. too much. excessive. unwanted.
کتابهای ~. surplus books.
وقت ~ (فراغت). spare time.
مگر پول ~ داری؟ do you have more money than you need?
زِیارَت، ملاقات، بازدید، دیدار. pilgrimage. visit(ing). meeting.
محمود به ~ امام رضا رفته است. Mahmood has gone on pilgrimage to Imam Reza's shrine.
~ کردن. to meet. to visit. to go on a pilgrimage.
هنوز ایشان‌را ~ نکرده‌ام. I have not yet met (had the honor of meeting) him.
زیارت‌گاه place of pilgrimage. shrine.
زیاك، خروس‌کولی. (z.) black cock. lapwing.
زیاگان biota.
زِیان loss. detriment. injury.
~دیدن. to incur or sustain a loss.
~کردن~، بردن. to sustain a loss.
زیان‌آور prejudicial. injurious.
زیان‌دیده injured. hurt. who has incurred a loss. having incurred a loss.
زیب ornament. beauty.
زیبا، قشنگ، خوش‌اندام. beautiful. handsome. nice. good. beauteous. pretty. lovely. graceful. good-looking. pulchritudinous.
~ شدن. to become beautiful.
~ کردن. to beautify.
زیبا سازی beautification.
زیبائی‌شناسی، زیباشناسی. aesthetics.
زیبائی، قشنگی. beauty. elegance. loveliness. pulchritude. good looks. handsomeness.
سالن ~. beauty parlour.
~ او توجه همه را جلب میکرد. her beauty drew everyone's attention.
~ سبك نظامی. the elegance of Nezami's style.

زِیبَق، سیماب. جیوه. mercury. quick silver .

زِیبَندگی، برازندگی. becomingness. elegance.

زیبَنده، برازنده. متناسب. becoming. seemly. elegant. graceful. fit. condign. befitting. opportune.

این رفتار زیبندهٔ یك استاد دانشگاه نیست. **this behavio(u)r is not becoming a university professor.**

زیبیدن، زیبنده بودن. to become. to suit. to seem beautiful. to befit.

زیپ zipper. zip (fastener).

زیپو، آبکی. wishy - washy.

آب ~. **slipslop. watery.**

زَیتُ‌الزّاج oil of vitriol.

زیتون (bot.) olive tree. olive.

روغن ~. **olive oil.**

زیتونی، زیتون‌دار، برنگ زیتون، سبززیتونی. olivaceous. olivary. olive green.

زیتونیان (bot.) oleaceae.

زیج astronomical tables.

~ نشستن. **to study astronomical tables.**

زَید masculine proper noun. a certain person.

عمرو ~. **John Doe and Richard Roe.**

زیر، پائین. lower. bottom, below. under. infra. underneath. beneath. following. hereunder. sharp. shrill. high-keyed. hypo-. sub-.

در یکی از طبقات ~. **in one of the lower floors.**

کورش کتاب‌را ~ میز گذاشت. **Kourosh placed (put) the book under (beneath) the table.**

جون ~ درخت خوابیده‌است. **Joan is sleeping under (beneath) the tree.**

نادر ~ آبی میرود. **Nader swims underwater.**

اشیاء ~ را خریداری کنید. **purchase the following things (articles).**

بترتیب ~ (ذیل). **as follows. in the following order.**

~ هریك از اوراق را امضاء کنید. **sign at the bottom of each of the sheets.**

زیر (تحت) سرعت صوت. **subsonic.**

آن زن صدای زیری دارد. **that woman has a shrill voice.**

~ چشم نگاه‌کردن. **to peep. to peer. to spy. to look stealthily.**

~خاك‌کردن. **to bury. to inter. to outlive.**

~ خنده‌زدن. **to burst out laughing.**

بزیر آمدن. **to come down. to fall.**

~ رفتن، بزیر رفتن. **to go under.**

بزیر آوردن. **to fell. to bring low.**

~ و زبر کردن. **to turn upside down. to turn into chaos.**

~ و رو کردن. **to ransack. to rummage. to turn upside down.**

~ گرفتن، ~ کردن. **to run over.**

زیرا، زیراکه، چون. because.

او نیامد زیرا مریض بود. **he did not come since (because) he was ill.**

زیرآب drain. outlet. underwater.

~ حوضی را کشیدن. **to drain a pool.**

موجودات ~. **underwater creatures.**

زیراقیانوسی suboceanic.

زیراکه، چونکه،زیرا. because. for. since.

زیرانداز (linen cloth spread under a) carpet.

زیربغل armpit. underarm.

زیربغلی axillary.

زیربلیط، سربرگ. elder hand (in card playing).

زیربنا infrastructure. substructure. foundation.

زیرپائی footstool.

زیرپرچم. under colo(u)rs. under the flag.

او دوسال ~ خدمت کرد. **he served under the flag for two years.**

زیرپستانی submammary.

زیرپوست،زیرجلد. cutis. dermis. beneath the skin. hypoderm. hypoderma.

زیرپوستی، زیرجلدی. subcutaneous. hypodermic. hypodermal.

تزریق ~. تزریق زیرجلدی. **hypodermic injection.**

زیرپوش، زیرجامه. underwear. undergarment. underclothes.

زیرپیراهن، زیرپیراهنی. undershirt. slip. vest. jersey. T-shirt.

زیرتَرقُوه(ای) subclavian. subclavicular.

زیرتَنگ bellyband.

زیرجامه،زیرپوش، زیرشلواری. underwear. undergarment. underclothes.

زیرجلی clandestine(ly). sub rosa. undercover. underhanded.

زیرحاد، تحت حاد. subacute.

زیرحَوله‌ای towel horse. rail rack.

زیرخاك hypogeum.

زیرخاکی hypogeous. hypogeal.

زیرخان vault. ground floor.

زیرخوان sopranist.

زیردَریائی، تحت‌البحری. submarine. sub. undersea. subaqueous.

زیردَست، مادون، مطیع. underling. underdog. inferior. subordinate. lower.

~کردن، مطیع کردن. **to subjugate.**

با زیردستان خود مهربان‌باش. **be kind toward your subordinates.**

زیردست‌آزار cruel to inferiors. bully.

زیردستی، زیردست بودن. inferiority. subordination. writing pad. maulstick.

زیردَنده(ای) subcostal.

زیرزبانی sublingual. hypoglossal.

زیرزَمین basement. cellar. vault. hypogeum.

زیرزمینی subterranean. underground.

ترن (راه‌آهن) ~. **underground. subway. metro.**

زیرساخت substructure.

زیرسازی foundation (work). substructure. roadbed. infrastructure. groundwork(s).

~کردن. **to lay the foundations (groundworks) of.**

زیر سوپاپ tappet.

زیرسیگاری ashtray.

زیرشکم underbelly. hypogastrium.

زیرشکمی، زیردلی. hypogastric.

زیرشلواری، زیرشلوار. underpants. drawers. trunks. pants.

زیرفَك (فوقانی)، زیرآرواره. submaxilla.

زیرفکی، زیرآرواره‌ای. submaxillary.

زیرفُون، زیزفون. (bot.) linden. barren jujube tree. basswood. lime tree.

زیرفونیان (bot.) tiliaceae.

زیرقطبی subarctic. subantarctic.

زیرقرمز، مادون قرمز. infrared.

زیرَك، هوشیار، زرنگ. ناقلا. clever. smart. shrewd. ingenious. astute.

زیرکون، زرقون. (min.) zirconia.

زیرَکی، زرنگی، هوشیاری. cleverness. ingenuity. sagacity. keenness.

زیرگوشی subauricular. cushion (clothes). whispering.

زیرلباس، زیرپوش. underwear. underclothes. undergarment.

زیرنَقب mine. subterranean passage. tunnel.

~ زدن. **to tunnel under (something). to undermine. to excavate. to mine. to honeycomb. to sap.**

زیرنَویس، زیرنوشت. subtitle. footnote. caption. postscript. subentry. subtopic.

زیرنویسی footnoting.

~کردن. **to footnote.**

زیرَه (bot.) cumin or caraway seed. cummin.

زیرهٔ سبز یا زیرهٔ سفید. **cumin seed.**

زیرهٔ سیاه، زیرهٔ کرمانی. **caraway seed.**

~ بکرمان بردن. **to carry coal to Newcastle.**

زیرهٔ کفش outsole (of a shoe).

زیری، پائین، مادون، زیردست، تحتانی. lower. inferior. under. underneath. bottom. the lower one.

پالتو ~ مال من است. **the bottom overcoat is mine.**

زیرین،تحتانی. undermentioned. following. lowest. lowermost. inferior. undermost. underpart. sub-. hypo-.

زیست، زندگی، حیات. subsistence. life. living. bi-. bio-.

~کردن. **to live. to subsist.**

محیط ~. **environment.**

دانش محیط ~. **ecology.**

زیست‌تابی bioluminescence.

زیست‌سنجی biometry.

زیست‌شناس biologist.

زیست‌شناسی biology.

زیست‌شیمی biochemistry.

زیست‌فیزیك biophysics.

زیست‌کره biosphere.

زیست‌گروه biotype.

زیستن، زندگی‌کردن، زیست کردن. to live. to subsist. to exist.

زیغُ‌الشّمس declination of the sun.

زِیل، زل، گوسفند بی‌دنبه. (tailless) sheep.

زیلو pileless carpet.

زین saddle.

~کردن. **to saddle.**

~ یك‌وری، زین‌زنانه. **sidesaddle.**

زین، ازاین. from this. after this.

~ پس، پس از این. **after this.**

زینَت، زیب، زیور، آرایش. ornament. decoration. garnishment. trimming. embellishment. adornment. ornamentation. beautification. bedecking.

~ کردن، آرایش کردن. **to decorate. to ornament. to garnish. to trim. to adorn. to dress up. to embellish. to bedeck.**

زین‌ساز، سراج. saddler.

زین‌سازی، سراجی. saddlery.

زینه، درجه. degree.

زینه‌بندی، درجه‌بندی. grad(u)ation.

زیوَر، زینت، آرایش. ornament. jewelry. feminine proper noun.

~ آلات. **a set of ornaments. jewelry.**

زیوشناسی bionomics.

زیوَه zooid.

ژ the fourteenth letter of the Persian alphabet pronounced like"s" in "measure".

ژاپن (geog.) Japan. Nippon. Nihon.

ژاپونی، ژاپنی. Japanese.

ژاد، یشم‌سبز. jade. jade stone.

ژاژ، حرف مفت، مزخرف. variety of camelthorn which the camel finds too tough to chew. idle talk.

ژاژخا(ی)، بیهوده‌گو. idle talker. babbler. backbiter.

ژاژخائی idle talk. babbling. backbiting.

ژاسب، یشم، یشب. jasper.

ژاکت jacket. pullover. sweater.

ژاله dew. hoarfrost.

ژاندارم، امنیه. gendarme.

ژاندارمری gendarmerie.

ژانطیانا، جنتیانا. (root of the) gentian.

ژانویه January.

ژتن counter. jetton. chips.

ژخ، زگیل. wart.

ژرژت georgette.

ژرف، عمیق، گود. deep. profound. abundant. bathy-.

اندیشه‌های ~ شکسپیر. **the profound thoughts of Shakespeare.**

ژرفا، گودی. depth. profundity. batho-.

ژرفاسنجی bathymetry. bathometry. sounding. fathoming.

~کردن، ژرفا گرفتن. **to sound. to fathom.**

ژرفایاب صوتی echo sounder.

ژرف‌بین، عاقبت‌اندیش. having deep insight. keen-sighted.

ژرفزیوی abyssal.

ژرفی depth. profundity. bathyal.

ژست، حرکات، رفتار، قیافه، اطوار. gesture. movement. motion. comportment.

~ گرفتن. **to pose. to put up a front.**

ژلاتین، ژله. gelatin. jelly.

~ انفجاری. **blasting gelatin.**

ژن (geog.) Genoa. gene.

ژنتیک، وراثت. genetics.

ژنده shabby. worn-out. tatters. tattered. shred. rag.

ژنده‌پوش، کهنه‌پوش. in tatters. (one) clothed in rags.

ژنرال، سرلشکر، سپهبد. general.

ژنرالیسیم، فرماندهٔ کل. generalissimo.

ژنو (geog.) Geneva.

ژور open work. opening. pinking.

~ زدن. **to do open work. to pink. to pierce. to perforate.**

ژولیده، ناسترده، نامرتب، گوریده. dishevelled. tousled. complicated.

ژولیده‌موی having dishevelled hair.

ژوئن June.

ژوئیه July.

ژیان formidable. strong.

شیر ~. **a strong lion.**

ژیکلور carburettor jet. nozzle. atomizer.

ژیگو leg of mutton or lamb (when cooked).

ژیگولو، ژیگلو. gigolo. Teddy boy.

ژئوفیزیک geophysics.

ژئوفیزیکی. **geophysical.**

ژیمناستیک، ورزش. gymnastics.

~ باز، ژیمناست. **gymnast.**

ژیمناستیکی gymnastic.

س the fifteenth letter of the Persian alphabet.

ساباط penthouse. lean-to.

سابع، هفتم. seventh.

سابعاً، هفتم اینکه. seventhly.

سابق، پیشین، گذشته، قبلی. former. previous. old. preceding. formerly. old days. former time. before. of yore.

معلم ~ او. **his former teacher.**

وزیر ~، وزیراسبق. **the ex-minister.**

نشانی ~ من. **my previous address.**

در ~، ~براین. **formerly. in the past.**

کمافی‌السابق. **as before. as in the old days. as in the past.**

سابقاً، پیشتر، پیش از این. in the past. formerly. previously. previous to this.

جهانگیر ~در آبادان زندگی میکرد. **Jahangir lived in Abadan formerly.**

سابق‌الذکر mentioned before. above. aforementioned. aforesaid.

سابقه (سوابق .pl)، پیشینه، آشنائی. past record. antecedent. previous record. precedent. example. previous knowledge. acquaintance. precedence.

سابقهٔ این موضوع چیست؟ **what is the previous record of this case?**

سابقهٔ خدمت. **years of service. record of service.**

او بیست سال سابقهٔ خدمت دارد. **he has 20 years of service.**

این کار ~ ندارد. **this has no precedence.**

سوء ~. **bad record.**

حسن ~، عدم سوء ~. **clean record.**

سابقه‌دار experienced. having a past record. having (long) service. precedented.

دزد ~. professional thief.
a thief having a long past record.
سابقی، پیشین، سابق. of past. former. before. previous.
سابیدگی abrasion. attrition. friction.
سابیدن، سائیدن. to grind. to abrade. to scratch. to rub away. to make threadbare. to wear out.
سابیده، سائیده. abraded. attrited. ground. powdered. threadbare. worn.
ساتر، پوشنده، مخفی‌کننده. hider.
~ العیوب. the hider of defects.
ساتگین bumper large cup.
ساج (bot.) teak. pan used in baking bread.
نان ~. bread baked on a pan.
چوب ~. teakwood. blackwood..
ساجد، سجده‌کننده. prostrate (worshipper).
ساچمه، صاچمه. (small) shot. pellet. ball. lead shot. buckshot.
ساچمه‌ای using small shot.
تفنگ ~. shotgun.
ساحت (ساحات .pl)، پیشگاه، فضا، میدان. open space. square. area. presence.
~ مقدس. holy presence.
ساحر، جادوگر. magician. sorcerer.
ساحره، جادوگر زن. sorceress. witch.
ساحری witchcraft. sorcery. magic.
ساحق، پودرساز، گردساز. pulverizer.
ساحل، کرانه، کنار، دریاکنار. shore. bank. coast. beach. seaside. strand. littoral.
بی~. shoreless.
بطرف ~. coastward(s). shoreward(s).
درامتداد ~. coastwise. coastways.
چتر~. beach umbrella.
ساحل‌نشین riparian.
ساحلی coastal. coast. littoral. riparian.
آبهای ~. coastal waters.
نواحی ~. the littoral regions.
پاسداران ~. coast guards.
خط ~. coastline., shoreline.
ساخارین، ساکارین. (Rus.) saccharin.
ساخت، مصنوع، ساخته شده. made. make. build. construction. produce. manufacture. structure. synthesis.
~ ایران. made in Iran.
~ انگلیس. British make.
این انگشتر ~ ایتالیاست. this ring is made in Italy.
بد ~. badly made.
او خانه‌ای ~. he constructed a house.
خوش ~. well-wrought. well-made.
دست~. handmade. handwork. handiwork.
ساختگی، جعلی، قلابی، غیر واقعی. artificial. forged. feigned. simulated. synthetic. ersatz. counterfeit. spurious.
ساختمان، عمارت، ساخت. construction. building. structure. make-up. composition. constitution.
~ کردن، ~ ساختن. to build. to construct.
ما در یك ~ نوساز زندگی‌میکنیم. we live in a newly constructed building.
~ بدن انسان. the structure of the human body.
~ پل جدید بزودی شروع میشود. the construction of the new bridge will begin shortly.
تجدید~، نوسازی. renovation. revamping. restructuring. reconstruction. rebuilding.
تجدید ~ کردن. to renovate. to revamp. to reconstruct. to rebuild.
ساختمانی constructional. structural. construction. building.
مصالح ~. building materials.
ساختن، تهیه کردن، بنا کردن. to build. to construct. to make. to fashion. to shape. to manufacture. to fabricate. to compose. (used as an auxiliary verb, as in: راحت ساختن).
خانه ~. to build a house.
جاده ~. to construct a road.
کارخانه مدل جدیدی ساخت. the factory manufactured a new model.
دروغ ساختن (جعل کردن). to fabricate lies.
اثرهنری‌ساختن. to produce a work of art.
سرود یا تصنیف ~. to compose a song.
این غذا بمن نمیسازد. this food does not agree with me.
ما باهم نخواهیم ساخت. we will not agree (get along) with each other.
دشمنان علیه من ساختند. the enemies colluded against me.
آنهاکار اورا ساختند. they did away with him. they polished him off.
ساختار، ساختمان. structure.
ساخت و پاخت collusion. covin. conspiracy. secret deal.
~ با دشمن. acting in collusion with the enemy.
~ کردن. to collude. to conspire with.
ساخته made. manufactured. built. readymade. wrought. forged. feigned.
اشیاء ~. manufactured goods (articles).
این خانه ازسنگ ~ شده. this house is made of stone.
کاری از من ~ نیست. I am unable to do anything. I am not in a position to do anything.
ساخته‌کار، جاعل. forger. counterfeiter.
ساخلو، پادگان. garrison.
سادات (pl. of سائد pl. of سادة)، سید، اولادپیغمبر. sayyeds. the descendants of the prophet.
سادساً sixthly. in the sixth place.
سادگی، بی‌آلایشی، سهولت. simplicity. easiness. simple-mindedness. naivety. naiveté. naiveness. artlessness. lack of sophistication. ingenuousness.plainness.
ساده، بی‌آلایش. simple. plain. easy. unadorned. simple-minded. artless. unmixed. pure. naive. ingenuous. simpleton. bumpkin. simplex.
او آدم ساده‌ای است. he is a simple (naive) man.
لباسهای او اغلب ~ ودرعین حال جذاب‌است. her clothes are often plain and at the same time attractive.
ساده بافت plain-woven.
ساده دل simple-hearted. naive.
ساده دلی naivety. simple heartedness.
ساده لوح، زود باور. naive simple-minded. credulous. simpleton.
ساده لوحی، زودباوری، سادگی. credulity. simpleness. naivety.
سار (z.) starling.
سار-، شتر. camel (used in combs. as in: ساربان).
سار، سر. place abounding in. full of. like (in combs. as in: چشمه سار).
سارا pure. excellent.
سارا، ساره. Sarah.
ساربان camel driver. cameleer.
ساردین، موتو، سماریس. (z.) sardine.
سارق (سارقه .fem)، دزد. thief. robber. bandit. highwayman.
سارنج، سارنگ. a kind of small bird. (z.) starling.
ساروج plaster of lime and ashes or sand. mortar. cement.
~ کردن. to plaster with mortar.
ساری (ساریه .fem)، جاری، روان. flowing. circulating.
ساز musical instrument. outfit. in good condition. equipped. tuned.
~کردن. to prepare. to tune up.
~ زدن. to play on a musical instrument.
~ دهنی. mouth organ. harmonica.
~ زهی. chord (string) instrument.
ـ ساز (ساختن .imp. of)، سازنده، بساز. make or build thou. maker. (is combs. as in: چاره ساز).
ساززن musical performer. instrumentalist. musician.
سازش، اصلاح، مصالحه. adaptation. composition. arrangement. agreement. compromise. settlement. adaptability. reconciliation. collusion.
~کردن. to compound. to make peace. to agree. to put up. to collude. to compromise. to settle. to resolve.
~ناپذیر. irreconcilable. that which cannot be settled or resolved.
بالاخره در مورد اجاره با هم ~ کردیم. finally we came to an agreement (compromise) about the rent.
~ دادن. to reconcile.
ما میانجی شدیم و دودوست راباهم‌سازش‌دادیم. we acted as intermediaries and reconciled the two friends.
سازگار، موافق، هم‌آهنگ. agreeable. wholesome. suitable. compatible. harmonious. sociable. congruent. appropriate. fitting.
~ بودن. to be suitable. to be wholesome.
آندونفر باهم~نیستند. the two are not in concord. they do not agree (mix) with each other.
ناسازگار. disagreeing. discordant. incompatible. incongruent. unfriendly.
سازگاری، رفاقت، هم‌آهنگی، موافقت. compatibility. suitability. agreement. harmony. wholesomeness. concord.
آنزن‌باشوهرش‌سرسازگاری‌ندارد. that woman intends to break up with her hushand.
سازمان، تشکیلات. organization. set up.
~ بین‌المللی هواپیمائی‌کشوری. International Civil Aviation Organization.
~ بهداشت جهانی. World Health Organization. W. H. O.
~حفاظت. safety organization.
~ امنیت و اطلاعات‌کشور. S. A. V. A. K. Security and Information Organization.
~ برنامه. Plan Organization.
~ تربیتی وعلمی و فرهنگی مللمتحد. United Nations Education, Scientific and Cultural Organization (U. N. E. S. C. O.)
~ خواربار وکشاورزی. Food and Agricultural Organization. FAO.
~ دادن. to organize.
سازمانی، اساسی، بنیادی، اداری. organizational. institutional. constitutional. fundamental.
سازندگی، خالقیت. constructiveness. constructive frame of mind. musical performance . musical profession . manufacturing. creative spirit.
جوانان ما باید دارای روح ~ باشند. our youth must have the spirit of creativity. (constructiveness).
سازنده، بناکننده. creative. component. musical performer. maker. builder. creator. manufacturer. constructor.
سازواره، جاندار. organism.
سازواری adaption. adaptation.
سازواری‌پذیر adaptable.
سازواری سنج adaptometer.
سازواری سنجی adaptometry.
ساز وبرگ، تجهیزات، وسائل، لوازم. equipment. accoutrements.
سازه، عامل، فاکتور. factor. agent.
سازی instrumental.
ساس (z.) bed bug. chigger. chigoe.
ساسات (Rus.). choke.
ساسانی Sassanid(e). Sassanian.
ساطع، درخشان، تابان، آذرخشی. radiant. clear. shining. luminous. luminary. lighted. glowing.
ساطور، کاردقصابی. large chopping knife. cleaver.
ساعت (ساعات .pl). hour. watch. clock. period. time. hourglass.
~ دیواری. clock.
~ مچی. wristwatch.
چه ساعتی است ؟ ساعت چند است؟ what time is it? what is the time?
~ سه ونیم است. it is half past three.
دراین ~. at this time. at this hour.
یك ~ پیش. an hour ago (before).
درجهت عقربهٔ ~. clockwise.
برطبق ~من. according to (by) my watch.
ساعات‌کار. working-hours.
گل ~، گل‌ساعتی. passionflower.
ساعت‌دار، ساعتی. timed
ساعت ساز watchmaker. clockmaker.
ساعت‌سازی horology.
ساعت شمار، عقربهٔ ساعت. hour hand.
ساعتی، ساعت‌دار. counted by the hour. horary. horal. hourly. clocklike.
ساعد، ارش، ساعدین. forearm.
ساعدی cubital.
ساعی، کوشا. diligent. efficient. assiduous. industrious.
ساغر cup. goblet. chalice.
سافل (سافله .fem)، پائین، زیرین. low(er). lower extremities.
اعضای ~. privy parts.
ساق، پایه، پایك. foreleg. shank. peduncle. leg. calf.
ساقدار pedunculate.
ساقدوش groomsman.
ساقط، افتاده، لغو. fallen. falling. (law) lapsed. (med.) miscarried. aborted. bereaved. deprived. dropped. descended.
~ شدن. to fall. to lapse. to cease to be valid. to be bereaved. to be deprived. to be aborted.

~ کردن. to render null. to have a miscarriage. to abort. to invalidate. to bleed
کسی را از هستی ~ کردن. someone white. to impoverish a person.
از درجهٔ اعتبار ~ است. It is null and void. it is no longer valid.
ساقه stem. stalk. trunk. (bot.) petiole, pedicle. (z.) peduncle.
ساقهٔ برگ. petiole. footstalk.
ساقهٔ زیرین. rhizome.
ساقه‌دار stemmed. pediculate. pedunculate. caulescent.
ساقی cupbearer. butler. saki.
ساقی‌گری cupbearer's office. serving wine or other alcoholic liquors.
ساقی‌نامه kind of bacchanalian verse.
ساك sack.
ساك (آش ساك for)، آش. pottage or soup with verjuice.
ساکت، آرام، خاموش، بیصدا. quiet. silent. hushed. calm. still. noiseless. quiescent. abated. latent. dormant.
~ شدن. to keep still (silent). to be reduced to silence. to become calm (soothed). to subside. to abate.
~ کردن. to silence. to quiet. to soothe. to pacify.
~ باش. keep still. keep quiet. shut up!
ساکن (سکنه، ساکنین .pl)، مقیم، آرام، بیحرکت، راکد. resident. inhabitant. dweller. dwelling. abiding. motionless. (phys.) static. quiescent. stagnant. still.
~ شدن. to dwell. to reside. to settle in.
~ کردن. to lodge. to settle.
ساکنان تهران. Tehran residents.
اقیانوس ~، اقیانوس آرام. Pacific Ocean.
آب ~. stagnant water.
سال، دوازده‌ماه، سن. year. age. annum.
~ مالی. fiscal year.
در ~ ۱۹۷۴ میلادی. in the year 1974. in A. D. 1974.
چند ~ دارید؟ how old are you?
من ۵۰ ~ دارم I am 50 years old.
او سالی ده هزار ریال حقوق دارد. he receives a salary of Rls. 10000 per annum.
~ بسال. from year to year. each year.
~ به دوازده ماه. year in year out.
~ نو. new year.
~ نجومی. sidereal year.
~ نوری. light year.
هر دو ~ یکبار. biannually.
هرساله. annually. yearly.
دهسال. decade.
صد ~. century.
سالاد salad.
سالار general. leader. head. chief.
سالانه، سالیانه. yearly. annual(ly).
سالب (سالبه .fem)، سلب‌کننده، محروم‌کننده. privative. negative. depriving. excluding.
سالچینه (geo.) varve.
سالخورده، سالدیده. stricken in years. aged.
سالك Oriental sore. Aleppo boil.
سالك، عابر، رهرو، شاگرد، پیرو. wayfarer. disciple. initiate. devotee. seeker.
سالگرد anniversary

سالروز anniversary. memorial day.
سالم، تندرست، ایمن، دست نخورده، بی‌عیب. healthy. well. safe. intact. hale. robust. wholesome. sound.
بیمار کاملاً ~ شد. the patient became completely healthy.
شیر خوراك سالمی است. milk is a wholesome food.
صحیح و ~. safe and sound. hale and sound.
عقل سلیم در بدن ~ است. a sound mind is (found) in a healthy body.
سالمند، سالخورده، مسن. adult. aged.
سالمندی adult age.
سالمه، تاریخ. date.
سالن، سالون. auditorium. saloon. hall.
~ انتظار. lobby. lounge.
سالنامه، تقویم. yearbook. calendar.
سالن‌دار having a hall or saloon.
واگن ~. saloon car.
سالنما، تقویم. calendar. almanac.
سالواره annuity.
سالوس، ریاکار، ریاکاری، ریا. hypocrite. impostor. hypocrisy. flattery.
ساله، سالگی. year-old. of a certain age.
دختر چهارده ~. a fourteen-year old girl.
در سن ۵۰ سالگی. at the age of 50.
یکساله. yearling. one year old. yearly.
اوچند ~ است؟ how old is he?
دو ~. two-year old.
سالیابی dating. finding the year.
سالیان، سالها. years. many years.
~ دراز. many long years.
سالیانی چند در آنجا بودم. I was there for some years.
سالیانه، سالانه. yearly. annual(ly). yearly. yearlong. year-round.
درآمد ~. annual income.
سام inflammation. fire. grandfather of Rostam. pestilential (wind).
سام Shem.
سامان، منزل، خانمان. home. homestead. house. furniture. equipment. welfare.
سرو ~ گرفتن. to range oneself. to marry and settle down.
بکاری ~ دادن. to settle an affair.
سامانیان the Samanides.
سامره، سامریه. (geog.) Samaria.
سامعه، شنوائی. hearing. auditory.
قوهٔ ~، نیروی شنوائی. sense of hearing.
سامی، بلند، متعال، والا، ازنژاد سامی. high. elevated. Semitic. Semite.
نژادهای ~. Semitic races.
سان، رژه. parade. review. march. procession.
~ دادن. to parade. to pass in review.
~ دیدن. to review.
سان، مانند. like. resembling. manner. likeness (in combs. as in: بدینسان).
سانت، سانتیمتر. centimeter.
سانتیگراد centigrade.
سانتیگرم centigram(me).
سانتیلیتر centilitre.
سانتیم centime.
سانتی‌متر centimetre. centimeter.
~ مربع. square centimeter.
سانحه (سوانح .pl)، حادثه، رویداد. mishap. accident. casualty. contingency. fortuity. emergency.

ساندویچ sandwich.
سانسکریت، سنسکریت. Sanskrit.
سانسور، کنترل. censorship.
~ کردن. to censor.
سایا abrasive.
سایبان shady place. shade. bower. parasol. sunshade. awning.
سایر (سایرین .pl)، دیگر، دیگران، بقیه. rest. remainder. other.
~ فرهنگها. other dictionaries.
سایرین، سایران. others. other people.
سایس (سائسین .pl)، سیاستمدار، رجل‌سیاسی. politician. diplomat. statesman.
سایش، سائیدگی. friction. trituration. rubbing. abrasion. chafing. rubbing off. grinding. attrition. bruising.
سائل، گدا. beggar.
ساینده grinder. abradant. grinding. abrading. chafer.
سایه، ظل. shadow. shade. umbrage. umber. umbra. protection. aegis.
زیر سایهٔ شما. under your protection or auspices.
~ افکندن، ~ گستردن، ~ کردن. to cast a shadow. to shade. to shadow.
سایهٔ شما کم نشود. thank you for your kindness or protection (which I hope will never cease).
فلانی ~اش خیلی سنگین است. such a one is inaccessible (snobbish).
در سایهٔ. under the patronage of. thanks to. owing to.
سایه‌دار shaded. shady. umbrageous. of a protecting nature. benevolent.
سایه‌روشن light and shade (effect). chiaroscuro. contrast.
سایدگی، سایش. wear. erosion. abrasion. friction. attrition. fret. obliteration. chafe.
سائیدن، فرسودن. to pulverize. to grind. to triturate. to wear (away). to erode. to rasp. to scrape. to rub hard. to abrade. to attrite. to chafe.
سائیده، خردشده، فرسوده. pulverized. ground. worn away. eroded. rasped. attrited. abraded. chafed.
سبابه، انگشت نشان. forefinger. index finger.
سبات، رخوت، بیحالی، سستی. lethargy.
سباتی carotid. lethargic. comatose.
سباعی، هفتگانه. sevensome. heptamerous. heptasyllable. sevenfold.
سبب (اسباب .pl)، علت، دلیل، موجب. cause. means. reason. occasion. origin. source. causality. causation. motive. impulse. occasioner. author. creator. mainspring. agent.
~ شدن. to cause. to occasion. to originate. to be the cause of. to motivate. to give rise to. to bring about.
سیگار کشیدن زیاد ~ مرگ او شد. excessive smoking occasioned his death.
حرص و آز ~ عمدهٔ (انگیزهٔ) مبادرت او بقتل بود. greed was his mainspring (prime mover) to attempt murder.
سبب‌ساز the provider of means. providence. originator.
سببی causal. causative. relation through marriage.

سببیت، علیت. causality.
سبحان‌الله glory to God. good God!
سبحانه glory to Him.
سبحانی divine.
سبحه، تسبیح، نیایش. rosary. prayer.
سبد basket. hamper. pannier. wickerwork. creel.
~ کاغذ. wastebasket.
گل سر ~. pick of the basket. cream of the crop.
سبدبافی، بیدسازی. basketry. basketwork.
سبدی wicker. straw. resembling or made like a basket. wickerwork.
کلاه ~. straw hat
سبز، اخضر green. vigorous. refreshing. verdant. vert.
رنگ ~. the green colo(u)r.
~ زمردی. emerald green.
مزارع سبز (سر~ وخرم). the verdant fields.
سر~. luxuriant. green and thriving.
رنگ ~ زیتونی. olive green.
سبزرنگ، سبزفام. of a green colour. green coloured. greenish. green.
سبزقبا (z.) greenfinch. roller.
سبزه، سبزی، چمن. meadow. grass. greenery. grassplot. verdure. grass. grassland. turf. swart. verdant. green raisins. brunet(te).
سبزه‌زار، چمن. grass. verdure. meadow.
سبزی (سبزیجات .pl)، سبزرنگی، سبزیجات. greenness. green colo(u)r. (fresh) vegetables. legume. potherb. verdure. herb. verdancy. vegetation. herbage. greenery.
سبزی‌پاك‌کن، چاپلوس، متملق، چاخان. flatterer. fawner. sycophant. parasite. toady. bootlicker. lickspittle. trackler.
سبزیجات (سبزی .pl. of)، سبزیهای‌خوردنی. vegetables. potherbs. legumes. greens.
سبزی‌دار containing vegetables.
خوراك ~. vegetable diet.
سبزی‌فروش greengrocer.
سبزیکاری planting or growing vegetables. market-garden, vegetable garden. keeping a vegetable garden.
سبزینه، کلروفیل. chlorophyl(l).
سبط (اسباط .pl). tribe.
سبع (سباع .pl)، درنده، دد، جانوردرنده. fierce. rapacious. (only in the pl.) fierce animals. (astr.) wolf. voracious.
سبعه، هفتگانه. the seven. sevenfold.
سبعیت، درندگی، ددخوئی، درنده‌خوئی. fierceness. rapacity. ravenousness. voracity. cruelty. ferocity. savagery.
سبق، درس، تقدم، برتری. precedence. excellence. lesson. past. previous.
سبقت، پیشی. overtaking. precedence. antecedence. priority. anteriority. precession. getting ahead.
~ گرفتن. to anticipate. to outstrip. to pass. to overtake. to forestall. to outrun.
(رانندگی) ~ ممنوع. no passing.
اوگوی ~ را از نامزد حزبی خود ربود. he outran his party's candidates.
سبك، روش، روند، اسلوب. method. style. way. form. mode. fashion. manner.

modus operandi. course. system.
~ تازه‌تدریس. **a new method of teaching.**
~ نگارش روان. **a fluent style of writing.**
این ~ کار اوست. **this is his way (style) of doing things.**
سَبُك، کم‌وزن.
light. digestible. soft. (mus.) quick. lively. frivolous. undignified. flippant. lightly. easily. pert. disrespectful.
~ وزن. **light weight.**
زن ~ (جلف). **a frivolous (light, undignified) woman.**
~ شدن. **to become light. to be alleviated. to be degraded. to become flippant (frivolous).**
~ کردن. **to lighten. to alleviate.**
~ گرفتن، ~ شمردن. **to make light of. to disdain. to observe unceremoniously.**
سر خود را ~ کردن. **to ease one's nature.**
سَبُك‌اسلحه light-armed.
سَبُکبار، آزاد، آسوده.
disburdened. disencumbered. free from care. carefree. lighthearted.
سبکباری، وارستگی، آسودگی.
disencumbrance. freedom from care.
سَبُکبال
(z.) passerine. light-winged. agile.
سبکپا light-footed. nimble of foot.
سبکدِل lighthearted. gay. cheerful.
سبك رُوح gay. jovial. lively. pert.
سبك‌سَر light-minded. frivolous. rash.
سَبُك مَغز lightheaded. silly.
سَبُك وَزن light. lightweight.
سبکی lightness. frivolousness. levity.
سبل، بافت‌موجب‌تاری‌قرنیه. (med.) pannus.
سِبِلَت، سبیل، بروت.
mpustache. mustache. mustachio.
سَبُو jug. pitcher. pot.
سَبُوس bran. pollard.
سُبُوسه dandruff. scurf.
سَبیل، راه، سبب، طریق.
way. road. manner. cause.
بر ~ اتفاق. **accidentally.**
بر~. **by way of.**
~ بودن. **to be (given) free of charge.**
سِبیل، شارب. mustache. moustache. mustachio. whiskers. feelers. bristle.
~ گذاشتن. **to grow a mustache.**
~ کسی را چرب کردن. **to grease the palm of a person.**
~ چخماقی. **handlebar mustache.**
ـ سپار (imp. of سپردن usu. بسپار)، بسپار، سپارنده. deliver. entrust thou. deliverer. depository. one who delivers (in combs. as in: جانسپار، رهسپار).
سِپارَنده، گذارنده، امانت‌گذار.
depositor. one who entrusts or commits. consignor. betrayer.
سِپاس، تشکر، تقدیر، امتنان، شکر.
thank. gratitude. praise.*
~ گذاردن. **to give thanks.**
~ داشتن. **to be grateful or beholden.**
سپاس‌گزار، متشکر. thankful. grateful.
(از شما) سپاسگزارم. **(I) thank you.**
سپاس‌گزاری thanksgiving. thanking. expression of gratitude.
~ کردن. **to thank. to give thanks.**

to express gratitude.
سِپاه، سپه. army. host. corps.
~ بهداشت. **Health Corps.**
~ ترویج وآبادانی. **Development Corps.**
~ دانش. **Literacy Corps.**
~ صلح. **Peace Corps.**
سپاهی (سپاهیان .pl)، سرباز، نظامی.
corpsmen. soldier.
سِپتامبر September.
سِپَر shield. aegis. egis. escutcheon. armo(u)r. protection. scutellum. bumper. shell.
~ انداختن. **to throw in the towel. to throw up the sponge. to surrender.**
~ کردن. **to shield.**
~ خودرو (اتومبیل). **bumper.**
سِپَر (astro.) shield. Sobieski's shield.
سِپُرَدَن (سپر، سپار .i. r). to deposit. to pledge. to recommend. to entrust. to put under the care of.
قبل از رفتن به‌سفر خانه‌را به‌همسایه سپردم.
before going on the trip, I put the house under the care (protection) of the neighbor.
پول خود را به‌برادرش سپرد ورفت‌مکه.
he deposited his money with (he entrusted his money to) his brother and went to Mecca.
بمن‌سپرده‌است‌که‌خانه‌ای‌برایش‌پیدا‌کنم. **he has told (enjoined) me to find him a house.**
برای‌آموختن یك زبان باید واژه‌های بسیاری را بخاطرسپرد. **in order to learn a language, one must memorize many words.**
سِپُرده deposited. entrusted. deposit.
سپردهٔ ثابت. **fixed deposit.**
سِپَردیس، غدهٔ درقی. thyroid
سُپُرز، اسپرز، طحال. spleen.
سِپَرشِکمان (z.) aspidogastraea.
سِپَرماهی (z.) turbot. brill.
سِپَری، پایان یافته، تمام شده. elapsed. finished. terminated. ended. expired.
~ کردن. **to pass. to while away. to terminate.**
~ شدن، پایان یافتن. **to expire. to finish. to end. to terminate.**
~ شد غم جدائی. **the pang (sorrow) of separation is ended.**
سِپَری، سپر مانند. scutellate. scutiform. (anat.) thyroid.
سِپَس، پس از آن، بعد، بعداً.
afterwards. then. thereafter.
~ چشمهای خود را بست ومرد.
then he closed his eyes and died.
از این ~. **hereafter. henceforth.**
سِپِستان (bot.) sebestan.
سَپَنج three, four, or five. few. transient.
سرای ~. **the transient house. i. e. the world.**
سِپَنجی transient. temporary.
سِپُوختَن (سپوز .i. r)، سوراخ کردن، گائیدن.
to pierce. to thrust. to fuck.
سُپُور، رفتگر. garbage man. street-cleaner. scavenger.
سِپَه، سپاه army.
سِپَهبُد، اسپهبد. lieutenant general.
سِپَهدار army commander.
سِپِهر، آسمان، کیهان.
sky. sphere. world. fortune.

~ برین. **the ninth and the highest celestial sphere.**
سِپِهرگُون، آسمانی، لاجوردی. blue. azure.
سِپِهری related to the sphere (firmament). celestial.
سِپَهسالار، فرماندهٔ کل‌قوا.
commander-in-chief.
سِپید، سفید. white. blank.
سِپیدار، سفیدار. aspen. white poplar.
سِپیده‌دَم، فجر. daybreak. dawn. break of day. twilight.
سِپیدی، سفیدی. whiteness.
ـستا (ستودن .i. r. of)، ستای، بستای،ستاینده. praise thou (in combs. as in: خودستا)
ستاد army staff headquarters.
~ فرماندهی. **command headquarters.**
~ ارتش. **army general staff.**
ستادن، ایستادن. to stand.
سِتار، سه‌تار. setar.
سَتّار، پوشنده، خطاپوش. concealer.
ستاره (ستارگان .pl)، نجم. star. asterisk. heavenly body. astro-. stelli-.
ستارهٔ بامداد، زهره، ناهید. **morning star. Venus.**
ستارهٔ دریائی. **starfish.**
ستارهٔ دنباله‌دار. **comet.**
~ شکل، ~ مانند. **stellar. stellate. stelliform. asteriated. starlike.**
ستارهٔ سینما. **a movie star.**
ستارهٔ شام. **evening star. Hesperus.**
~ نگر. **stargazer.**
نور ~. **starlight.**
آسمان پر ~. **the starry sky. stelliferous.**
پرچم ستاره‌نشان آمریکا. **the star-spangled flag of U. S. A.**
ستاره‌ای star-shaped. stellar. astral. stellate. stelliform. asteroid. astero-.
گل ~. **(bot.) cosmos.**
ستاره‌پَرست star-worshipper. Sabaist.
ستاره‌پرستی Sabaism. star-worship.
ستاره‌دار starry. marked with an asterisk. asterated. spangled.
ستاره‌سَنجی astrometry.
ستاره‌شناس، اخترشناس.
astronomer. astrologer.
ستاره‌شناسی، نجوم.
astronomy. astrology.
ـستان، بستان،ستاننده. take thou. taker. (in combs. as in: باجستان).
ستان place abounding in. land or place of (used as suffix as in: ترکستان).
ستاندن، ستانیدن، استدن، گرفتن.
to take. to get. to obtain.
بستان. **take or get (thou).**
گر تو بهتر میزنی بستان بزن. **if you can do it (play it) better, let's see you do it. don't be a Monday morning quarterback.**
ستاننده، گیرنده، بزور ستان، دستگیر کننده. one who takes. receiver. capturer.
ستای، ستا، بستا، نیایش‌کن، ستاینده. praise thou. (in combs. as in: خودستای).
ستایش، نیایش، ثنا.
praise. worship. commendation. eulogy. adoration. invocation. encomium. acclamation. laudation. panegyric.
~ کردن. **to worship. to praise. to pay tribute. to adore. to commend. to eulogize. to laud. to extol(l). to panegyrize.**
قابل ~. **praiseworthy. adorable.**

laudable. commendable.
خدا را ~ کن. **praise (worship) the Lord.**
همه کوششهای دکتر جوان را ~ کردند. **all praised (commended, lauded) the efforts of the young doctor.**
~ آمیز. **commendatory. laudatory.**
ستایشگر، ستاینده. eulogist. worshipper. adorer. praiser. panegyrist.
ستایشی laudatory. commendatory. eulogistic. pertaining to praise.
سِتبر، سطبر، کلفت. robust. large. thick. sturdy. brawny. pachy-.
ستبرا، ضخامت، کلفتی. thickness.
ستبرپوست، پوست‌کلفت. pachydermatous.
ستدن، استدن، گرفتن. to take. to get. to obtain.
سِتر، پوشش، نهان سازی، اختفا. covering. concealing. veil. screen. modesty.
~ عورت کردن. **to cover one's nakedness.**
ستردن، پاك‌کردن. to shave. to erase. to scrape. to clean. to sterilize.
سِترده، زدوده.
cleaned. refined. sterilized.
سُتُرگ، بزرگ. large. gross. big.
سَتَروَن، استرون، عقیم. sterile. mule-like.
~ کردن. **to sterilize. sterilization.**
~ شده. **sterilized.**
سترونی sterility.
سُترَه، کمرچین، قبا. old-fashioned frock.
سَتل، سطل. pail. bucket.
یك ~ آب. **a pailful of water.**
سِتَم، بیداد، ظلم.
oppression. injustice. tyranny. cruelty. ill-treatment. abuse. persecution.
~ دیدن. **to be oppressed. to suffer.**
~ کردن بر. **to oppress. to do injustice to.**
ستم‌آمیز، ظالمانه. oppressive. cruel.
ستمدیده (ستمدیدگان .pl)، مظلوم.
oppressed. injured. having experienced injustice or tyranny. persecuted.
ستمکار، ستمگر. oppressor. tyrant.
ستم‌کش sufferer. (one) who suffers from oppression.
ستم‌کشیده، ستمدیده. oppressed.
ستمگر oppressive. cruel. oppressor.
بده ورنه ~ بزور بستاند. **give or else the oppressor will take (it) by force.**
ستمگری oppressive treatment. cruelty. oppression. injustice. tyranny.
ستمی، بارنامه. bill of lading.
سُتوان، نایب. lieutenant.
ستوانی lieutenantship.
ستودن، ستایش‌کردن. to commend. to praise. to eulogize. to extol(l). to panegyrize. to laud.
مردم فداکاری اورا ستودند. **the people commended (praised) his devotion.**
ستودنی praiseworthy. that can be praised or commended.
ستوده praiseworthy. praised.
ستور quadruped. horse.
زیر سم ستوران. **under the hooves of quadrupeds.**
ستون pillar. column. mast. army corps. shaft. post.
~ بدهکار. **debit side.**
~ فقرات. **spinal column.**

~ کردن to make a pillar of. to make stiff. to queue. to make columned.
یك ~ از سربازان دشمن. a column of enemy soldiers.
(روزنامه‌نگاری) ~ نگار، ~ نویس. columnist.
ستون‌بندی columniation. arrangement in echelons.
ستون‌دار columned. columnar.
ستونك (bot.) columella. columel.
سُتونی columnar. pillar-shaped. in columns.
نمونهٔ ستونی (درچاپخانه). galley proof.
سُتوه harassment. harrying. (state of being) harassed. annoyance.
بستوه آمدن. to be put out of patience by harassment.
بستوه آوردن. to harry. to harass.
سَتَه، دانه. berry.
سُتی suttee. sati.
سِتیز، ستیزه، جنگ. quarrel. altercation. battle. skirmish. combat. fight.
~ کردن. to quarrel. to fight. to battle.
جنگ و ~. fighting and altercation.
سِتیزگر، ستیزه‌جو، ستیزه‌کار. quarrelsome. stubborn. combative. belligerent.
سِتیزَنده، ستیزگر، رزمنده. combatant. belligerent. quarrelsome or obstinate.
ستیزه، حرب. quarrel. altercation. wrangle. squabble. dispute. controversy. fight.
ستیزه‌جو، ستیزجو. quarrelsome. combative.
ستیزه‌جوئی quarreling. quarrelsomeness. combativeness.
سِتیزیدَن، ستیز کردن. to quarrel. to fight.
سِتیغ mountain ridge. crest.
سَجّادَه prayer carpet. prayer rug.
سِجاف false hem. hem. raphe.
سَجایا (pl. of سجیه)، صفات نیکو. virtues.
سَجدَه، سجود. prostration. bowing down. supination.
~ کردن. to prostrate (oneself). to bow down.
سجده‌گاه place of worship. altar.
سَجع، وزن. cadence. riming rhythm.
سِجِّل (pl. سجلات)، شناسنامه. identity card. register. record. particulars.
~ احوال. registration. indentity certificate.
سِجن، زندان. jail. prison.
سُجود، سجده. prostration (in prayer).
~ کردن. to touch the ground with the forehead.
سَجیّه (pl. سجایا)، سیرت، سیره.
(natural) disposition or quality.
سَحاب، ابر. cloud. nebula.
سَحابَه (single) cloud.
سَحابی، ابری. cloudy. nebular.
سَحَر، سپیده‌دم. (just before the) dawn. twilight. sunrise.
سِحر، جادو. magic. witchcraft. wizardry. sorcery. spell.
~ کردن. to bewitch. to cast a spell on. to practise magic. to fascinate. to spellbind. to enchant.
سِحرآمیز magic. magical. enchanting. spellbinding. fascinating.
سَحَرخیز early bird. early riser.

سَحَرخیزی early rising.
سَحَرگاه dawn. sunrise.
سَحَری pertaining to the dawn. matutinal. food eaten before the dawn of the fasting day.
سَخا، سخاوت، بخشش، جود. generosity. liberality. munificence. bounty.
سَخاوَت، بخشش، بخشیدگی، دهش. generosity. liberality. bounty. munificence. magnanimity. largess(e).
با ~، سخی، گشاده‌دست. generous. liberal. magnanimous. large.
بی ~. stingy. niggardly. ungenerous.
سخاوتمند، سخی، باسخاوت. generous. liberal. munificent. magnanimous. large. bountiful.
سخاوتمندانه generously. liberally.
سَخت، دشوار، هدید. hard. difficult. laborious. strict. severe. rigid. irresistible. violent. hard. severely. with difficulty. strictly. very. adamant. adamantine. scler-.
سنگ ~. a hard stone.
مسئلهٔ ~. a difficult problem.
توفان ~. a severe storm.
باد ~. a violent wind.
رقابت ~. stiff competition.
ناخوش ~. very ill
~ شدن. to become (get) hard. to harden. to indurate. to become (be) aggravated. to stiffen.
~ کردن. to make hard. to harden. to render difficult. to indurate. to solidify. to aggravate. to stiffen.
~ گرفتن بر. to be severe. to be strict.
~ نگرفتن. to be lenient. to take it easy.
~ نگیر. take it easy.
معلم ~ گیر. a hard (demanding) teacher.
سخت پُوستان (z.) crustacea.
سَخت‌پَی sinewy. strong.
سخت‌جان، سخت دل، جان‌سخت. diehard. hard to kill.
سخت‌دِل، سنگدل. hardhearted. cruel.
سخت‌دلی، سنگدلی. hardheartedness. cruelty.
سخت شامه dura mater.
سخت‌شامه‌ای duramatral.
سخت کوش، ساعی، کوشا، جدی. hard-working. diligent.
سخت‌گیر severe. uncompromising. exacting draconic. a taskmaster.
سخت‌گیری severity. rigour. harsh treatment. exactingness.
سَختی، شدت، مشقت، دشواری، خشونت، محکمی. difficulty. hardness. hardship. rigidity. severity. inflexibility. callosity. toughness. adversity. calamity. affliction. violence. stiffness. laboriousness. arduousness.
سختی‌های زندگی. difficulties of life.
~ ضربت. hardness (severity) of the blow.
او سختی‌های بسیاری تحمل نمود. he suffered great hardships.
~ مقررات. rigidity of the regulations.
~ (شدت) توفان. the severity of the storm.
~ کشیدن، ~ دیدن، تحمل ~ کردن. to suffer violence. to suffer hardship.
~ بکار بردن. to use violence.
سَختیان Morocco leather.
سختی‌سنج sclerometer.

سُخرَه، بیگاری. forced labo(u)r. fatigue duty. requisition. task work.
~ گرفتن، به‌بیگاری گرفتن. to (call in) requisition. to take for fatigue work.
سُخرَه، تمسخر، تحقیر، سخریه. derision. laughingstock. mocking.
سُخریَّه derision. mockery.
سَخَط، نارضایتی، خشم. discontent. anger.
سُخمَه، سُك. rapier.
~ زدن. to thrust (stab) with a rapier. to prick.
سُخَن، نطق، بیان. speech. talk. saying. word. remark. conversation. locution. parlance. address. elocution.
~ راندن، نطق کردن. to deliver a speech. to speak. to address.
~ گفتن. to speak. to talk. to converse.
داد ~ دادن. to speak (or write) masterfully.
دُرّ ~. the pearl of speech.
اجزاء ~. parts of speech.
استاد ~. master of locution.
حضار سخنانش را تحسین کردند. the audience praised his words (speech).
بسخن در آمدن. to begin to speak.
سخن‌آرا eloquent.
سُخَن پَراکَنی broadcasting. transmission.
~ کردن. to broadcast. to transmit.
سخن‌پَرداز، فصیح. eloquent. eloquent writer. orator. poet.
سخن‌پردازی eloquence. oratory.
سخن‌چین talebearer. gossip. tattletale.
سخن‌چینی talebearing. slander. delation.
~ کردن. to tell tales. to gossip.
سخندان eloquent. elocutionist.
سخندانی eloquence. elocution.
سخنران lecturer. orator. speaker.
سخنرانی، نطق. talk. lecture. address. discourse. speech. oratory. oration.
~ کردن. to deliver a speech. to give a lecture (talk). to orate. to address.
~ او بیش ازسه ساعت طول کشید. his speech (talk, lecture, oration) lasted for more than three hours.
سُخَن‌سَرا، سخن‌پرداز. writer. poet. orator. versed in literature.
سخن‌سرائی، فصاحت، سخن‌پردازی. writing. oratory. eloquence.
سخن‌سَنج critic.
سخن‌سنجی criticism. elocution.
سخن‌شِناس، سخندان. writer. orator.
سخن‌شِنو، فرمانبردار. heedful. obedient.
سخنگو، ناطق، سخنور. spokesman. orator. talking.
سخنگوی رسمی. speaker. official spokesman.
سُخَنوَر، ناطق، سخن‌سرا، سخنگو. eloquent (writer or speaker). orator.
سخنوری، سخن سرائی. eloquence. oration. oratory. poetic gift. speech. writing or speaking eloquently.
~ کردن. to use eloquence. to orate.
سَخی، بخشنده. generous. liberal. munificent. magnanimous. bountiful. large.
سَخیف، ضعیف، ناپسند. weak. weak-minded. absurd. base.

سَد، صد. hundred.
سد، مانع، بند، آب‌بند. dam. dike. barrier. obstruction. obstacle. impediment. barricade. hindrance. blocking.
~ موقت، سدصندوقی. cofferdam.
~ رمق کردن. to appease hunger.
~ بستن. to construct a dam. to dam. to dike.
~ کردن، مسدود کردن. to obstruct. to block. to close. to blockade. to stop. to oppilate.
~ معبر کردن. to obstruct the path. to block a public thoroughfare. to blockade.
سُداب (bot) rue. common rue.
سُدابیان (bot.) rutaceae.
سُداد، انسداد. obstruction in the nose.
سُداسی، ششگانه. hexad. hexagon. hexahedral. sixsome. hexamerous. six-lettered. sexisyllabic.
سَدبَندی، سدسازی. construction of dams. barrage. damming.
سدر، کنار. (bot.) lotus.
سِدرَه، قبا، ردا، جامه. (bot.) single lote-tree. garment. tunic.
سُدس، یك ششم. a sixth. one sixth.
~ دایره. sextant.
سَد ساله، صدساله. hundred-year-old. centennial. centenary. century.
جشن ~. centenary.
آدم ~. centenarian.
سَدُم، صدم. hundredth.
سدمی، صدمی، صدمین. the hundredth.
سَدَه، صده. century. centennial.
سَدَه ancient festival held 50 days before the Nowrooz.
سُدَّه، مانع، انسداد. (med.) obstruction. oppilation. blockage.
سدی‌چند، صدی چند، درصد. percentage.
سَدید، درست. right. just. firm.
سُدیُم، سدیوم، سودیوم. sodium.
سَر (سرها، سران .pl)، رأس، بالا، اول، انتها. head. top. end. extremity. tip. beginning. chief. leader. cover. lid. at. on. in. while. peak. summit. cap. capitulum. cephal-.
~ تاپا. from head to foot. all over. cap-a-pie.
~ کوه. on the top of the mountain.
از این ~. at this end (extremity).
~ (رئیس) قبیله. the chief of the tribe.
~ دسته. the leader of the group.
~ (در) دیگ. the cover of the pot.
من هفت ~ عائله را اداره میکنم. I support seven persons (human beings).
~ ساعت. at the exact hour. on time.
مدتی ~ کوچه ایستادیم. we stood at the head of (in) the street for a while.
~ شب. the first part of the night.
~ غذا. at table. at mess. while eating.
~ کار. at work. on duty.
~ تا ~. throughout. all over. across.
~ تا ~ ایران. throughout Iran.
~ از پا نشناختن. to be utterly confused.
~ آمدشدن. to excel. to attain perfection.
~ باز زدن از. to refuse to do. to recalcitrate at (or against).
درد ~. headache. trouble.
درد ~ دادن. to trouble. to bother.
~ برآوردن. to peer. to shine.
~ وسرداشتن. to collude. to have a secret affair with.

~ کسیرا بردن. to talk one's head off.
با ما ~ دوستی ندارد. he is not inclined to (have) friendship with us.
~ بریدن. to behead. to decapitate.
~ بلندکردن. to rise. to attain a (better) social position. to lift (one's) head.
~ زا رفت. she died during childbirth.
~ زدن. to be committed. to originate. to peep. to shine. to drop in. to call on. to visit casually.
~ سپردن. to offer one's head in devotion. to become devoted.
~ فرود آوردن. to bow down in deference. to submit. to truckle. to give in.
~ کردن. to wear on the head. to put up. to mingle. to associate. to start (again).
~ کشیدن. to drink off. to quaff. to supervise or inspect. to turn aside.
~ بسر کسی گذاشتن. to fool with a person. to be funny with a person. to pull one's leg.
~ کسی را گرم کردن. to amuse or beguile someone.
~ قول خود ایستادن. to abide by one's word.
~ و صورت دادن. to manage. to put in good order. to put into shape.
از ~ گرفتن. to start anew. to restart. to recommence.
از ~. from the beginning. over again. anew. once again.
از ~ بازکردن. to rid oneself of.
از ~ کسی گذشتن. to forgive someone.
از ~ چیزی گذشتن. to abandon a thing. to dispense with something.
با ~. head first. headlong. willingly.
بسر آمدن. to come to an end. te expire.
چه بسرش آمد؟ what happened to him?
بسر بردن. to pass. to spend. to live. to put up. to bring to an end.
بر ~ آنم که بروم. I am planning to go.
سرش نمیشود. he does not know it. he has no idea of this. he does not dig it.
محبت سرش نمیشود. he is blind to kindness.
چه در ~ دارید؟ what are you intending to do?
~ جای خود بنشینید. take your own seat. sit in your own place.
سِر، بیحس. anaesthetized locally. insensible.
~ کردن. to anaesthetize locally.
سُر، لیزخوری. slide. slip. glide. float.
~ خوردن. to slide. to slip. to glide.
سِرّ (اسرار (pl.)، راز. secret. mystery.
سَرا، سرای، خانه. house. inn. world. (used as suffix as in: مهمان سرا = guest house).
رستگاری هردوسرا. salvation in both worlds.
این سرائیست که البته خلل خواهد یافت. this is a world (house) which will of course crumble down.
ـسَرا، سرای، بسرای، سراینده. compose or sing thou. writer. singer. (in combs. as in: حماسه‌سرا = epic writer).
سِرّاً secretly.
سَراب mirage. ignis fatuus. will-o'-the-wisp. first water.
دنیا نقش ~ است. the world is a mirage.
سَراپا all over. from head to foot. head and ears. entirely. cap-a-pie.
~ خیس. drenched all over.
~ گوش بودن. to be all ears. to listen attentively.
سَراپَردَه (curtain at the door of a) royal court. harem. tent enclosure.
سِراج، چراغ. lamp.
سَرّاج، زین‌ساز. saddler.
سراجی، زین سازی. saddlery.
سِراجه farcy. glanders.
سَراچه، خانهٔ کوچك. small house or palace. (anat.) ventricle of the heart.
سُرادِق، سراپرده. tent. enclosure. royal court.
سَرازیر، سراشیب. sloping. inclined. downhill. tilted. slant. pitched. steep. declivitous. declining.
~ شدن. to slope. to slant. to nose-dive. to decline.
~ کردن. to turn upside down. to spill. to cause to incline. to slant. to make steep.
خورشید بسوی مغرب ~ میشود. the sun is sloping to the west.
راه ~. a sloping road.
سرازیری، سراشیبی. declivity. incline. slope. downhill. steepness.
سَرآستین wristband. cuff.
سَراسَر، سرتاسر. all over. throughout. everywhere. across. entire(ly). trans-
راه‌آهن سراسری ایران. Trans-Iranian Railway.
رضاشاه کبیر درسرتاسر کشور امنیت برقرار کرد. Reza Shah the Great established security all over the country.
سَراُسقُف، اسقف‌اعظم. archbishop.
سَراسیمگی، آشفتگی. confusion. amazement. alarm.
سَراسیمَه، آشفته، پریشانحال. confused. amazed. in a confused state. headlong. alarmed. flustered.
~ کردن. to confuse. to amaze. to alarm. to fluster.
سرآشپز chef.
سَراشیب، سرازیری. slope. declivity. steep. declivitous.
~ کردن. to cause to incline. to steepen. to slope.
سراشیبی slope. steepness. incline.
سُراغ، پرسش، دنبال، جستجو، پی‌گیری. clue. trail. track. trace. locating. asking. inquiring. inquiry.
~ گرفتن. to ask about. to look for. to inquire.
طلبکاران ~ خانهٔ اورا میگرفتند. creditors were inquiring about (searching for) his house.
سَرآغاز، دیباچه، مقدمه. start. commencement. exordium. preamble. proem. prologue. beginning. prolegomena. preface. introduction.
در ~ زندگی. at the start of life.
~ سخنرانی یاخطابه. the proem of a speech.
این ~ اقدام بعدی بود. this was a prologue to the next move.
سَرافراز، سربلند، مفتخر. hono(u)red. proud. exalted. revered. elevated.
~ شدن. to be hono(u)red (uplifted, exalted, revered, elevated).
~ کردن. to hono(u)r. to uplift. to exalt.
سرافرازیم که بمیهن خود خدمتی کرده‌ایم. we are proud to have served our country.
سرافرازی، سربلندی. hono(u)r. credit. pride. exaltation.
او مایهٔ ~ ملت خود میباشد. he is an hono(u)r to his nation.
سَرافکندگی، شرمساری. shame. humiliation. abashment. mortification. ignominy. disgrace. dishono(u)r. being crestfallen.
سرافکنده، شرمسار، خجل. ashamed. abashed. disgraced. crestfallen.
سَرافین، سرافیان. seraphim.
سَرآمَد، برتر. superior. outstanding. eminent. perfect. master. distinguished.
سَرانجام، بالاخره. conclusion. end. in the long run. after all. finally.
سَرانداز head-carpet. carpet for one end of the room. veil.
سرانديب، سيلان، سريلانكا. (geog.) Ceylon. Sri Lanka.
سُراندَن، سرانیدن. to cause to slide or to glide. to foist. to insinuate.
سَرانگُشت. نوك انگشت. finger tip. tiptoe.
سَرانَه per capita. per head. share. head money. capitation. poll tax.
درآمد ~. per capita income.
سَرای، سرا. house. inn. world.
سِرایَت، رخنه، نفوذ، واگیری، انتقال. contagion. transmission. permeation.
~ کردن، رخنه کردن. to be communicated by contagion. to spread (to). to penetrate.
بیماری بهمهٔ مردم شهر ~ کرد. the disease spread among (was communicated to) all the people of the city.
سَرایدار custodian. janitor. caretaker.
سرایداری custodianship.
سَرایش singing. reciting.
سَرایندگی singing. composing.
سَرایندَه (سرایندگان (pl.). musician. song writer. singer. singing. versifier. composer. poet.
سَرایيدَن، سرودن. to sing. to compose.
سُرب lead. plumb-.
سَربار(ی) surcharge. overcharge. hamper. burden.
~ بودن to be a burden to.
سَربارَه، تفاله، درده، کف‌روی‌فولادگداخته. slag.
سَرباز soldier. jack. private.
سَرباز، (رو)باز. open. uncovered.
سَربازخانَه barrack.
سربازگیری conscription. recruitment.
سربازی military service. soldierliness.
سَربالا ascending. uphill.
جواب~دادن. to hedge on a question. give a vague or irrelevant answer.
سربالائی، فراز. uphill. acclivity.
سَربراه tractable. easy to deal with.
سَربَرگ (gambling) elder hand.
سَربِرَهنه bare-headed.
سَربُریدَه beheaded. decapitated.
سَربزیر، مطیع، سربراه، بی‌آزار. humble. submissive. tractable. pliable.
سَربَستَه closed. sealed. watertight. airtight. secret. general. generally.
پاکت ~. a sealed envelope.
سَربِسَر، سراسر. throughout. all over. entirely. equal. quits. deuce. tied.
~ شدن. to become equal. to tie.
~ گذاشتن. to bother. to tease.
همه سر بسر تن بکشتن دهیم
از آن به که کشور بدشمن دهیم.
(if) we all abandon our bodies to death, it is better than surrendering the country to the enemy.
سَربُطری stopper. cork.
~ پهن. crown-cork.
سُرب‌کار artisan working in lead.
سَربِگُم، کلاف ~، سردرگم. tangled. undecided. bewildered. entangled.
سَربُلَند، سرافراز. hono(u)red. proud. uplifted.
~ کردن. to make proud or hono(u)red.
~ شدن. to become proud or hono(u)red.
سربلندی، سرافرازی. hono(u)r. credit. pride. exaltation.
سَربِمُهر sealed. closed up tightly.
سَربَند headband. fillet.
سَربُهر، سروان پلیس. captain (in the police).
سَربه‌نیست put to death surreptitiously.
~ کردن. to do away with (by killing secretly).
او ~ شد. he was put to death surreptitiously.
سَربهوا، بازیگوش، بیدقت. giddy. careless. forgetful. absent-minded. playful.
سُربی lead-blue. livid. leaden.
سُربی‌رَنگ lead-blue. livid.
سَرپاس، سرتیپ‌شهربانی. brigadier general (in the police).
سَرپاسبان، گروهبان پلیس. sergeant (in the police).
سَرپائی slippers. outpatients.
کفش ~. slippers.
بیماران ~. outpatients.
سَرپایان (z.) cephalopoda.
سرپائینی، سرازیری. slope. steepness. incline. declivity. downhill. slant.
سَرپُر muzzleloading (gun).
تفنگ ~. muzzleloader.
سَرپَرَست supervisor. superintendant. guardian. tutor. one in charge.
سرپرستی guardianship. protection. supervision. superintendance.
تحت ~ سرمهندس. under the supervision of the head engineer.
سَرپِزِشك head physician. chief medical officer.
سَرپِستانك nipple.
سَرپَنجَه hand or palm. claws. force.
سَرپُوش dish cover. lid. cap. valve. capsule. headdress. headpiece.
~ روی چیزی گذاشتن. to keep something secret. to put the lid on.
~ از روی چیزی برداشتن. to take the lid off something. to divulge or publish a fact or secret. to disclose something.
سِرپُوش، سرنگهدار. one who keeps secrets.
سَرپوشیدَه porch. covered. lidded. enclosed area. roofed area.
سَرپیچ burner (of a lamp). bung (of a cask). socket.
سرپیچی، نافرمانی، امتناع. refusal. balking. disobedience. refractoriness. insubordination. infraction. contumacy.
~ کردن. to refuse (to do). to balk. to disobey. to be refractory. to turn

away. to infract. to infringe. to revolt.
از اجرای فرمانها ~ کردن. to disobey commands.
از قانون ~ کردن. to infract the law.
~ از مقررات عبور ومرور. infringement of traffic regulations.
سرپیچیدن، نافرمانی کردن، امتناع کردن. to turn aside. to disobey. to recalcitrate at (or against).
سرپیشاهنگ district commissioner. provincial scout executive.
سرپیشخدمت headwaiter
سرتاسر، یکسره، تماماً. throughout. all across. entire(ly). all over.
در ~ راه. throughout the road.
سرتاسری through. from coast to coast. all over.
سرتراش، سلمانی. barber.
سرتراشی shaving of the head. barbery. haircut.
سرتق shrew. obstinate.
سرتیپ brigadier general.
سرتیپی rank of a brigadier general.
سرتیر end of a beam resting on a girder.
سرتیز sharp-pointed. thorn. tapered.
سرجنبان influential. ringleader.
سرجوش، جوش، کف. froth. scum. cream.
سرجوخه، سرجوقه. corporal.
سرچپق bowl of a pipe.
سرچسب clasp.
سرچشمه source. fountainhead. headspring.
~ گرفتن. to originate from.
سرچین picked. choice.
~ کردن. to pick out. to select.
سرحان، گرگ، صورت فلکی سرحان. lupus.
سرحد، مرز. frontier. borderline. bourn. border. boundary. bound. limit.
تا ~ امکان. as far as possible.
سرحدنشین، مرز نشین. frontiersman. borderer.
سرحدی، مرزی. frontier. border.
سرزمینهای ~. borderlands.
سرحکم، سرداور. head judge. chief umpire. chief arbitrator.
سرحلقه ringleader.
سرخ، قرمز، گلی، کمونیست، علامت خطر. red. crimson. blood red. pink. ruddy. incarnadine. rose. flushed. blush.
چوب ~. redwood.
گل ~. red rose.
گل ~، خاک ~. red ochre. ruddle.
~ شدن. to turn red. to become red. to crimson. to redden. to blush. to flush. to become fried.
~ کردن. to redden. to roast. to crimson. to incarnadine. to fry. to make blushed.
وقتی آنزن را دید رنگش ~ شد. when he saw her he turned (became) red.
گوشت را ~ کردن. to roast meat.
چین کمونیست، چین سرخ. Red China.
ارتش ~. Red Army.
سرخاب rouge. paint. (z.) barnacle.
~ مالیدن، ~ زدن. to paint one's face with rouge. to rouge.
با گونه‌های ~ مالیده. with rouged cheeks.
سرخالی lightweight. underweight.

سرخ تیره dark red. roan (horse).
سرخجه، سرخك. (med.) measles. rubella. rubeola.
سرخدار (bot.) yew. yew tree. common yew.
سرخداریان (bot.) taxaceae.
سرخدانگان (bot.) phytolaceaceae.
سرخر someone who imposes himself. bore. parasite. gooseberry.
~ شدن. to become a parasite. to impose (oneself) on.
سرخرگ، شریان. artery.
سرخرگ کوچك. arteriole.
سرخس (bot.) fern.
سرخ سرك (z.) redbreast.
سرخسها (bot.) filicales. ferns.
سرخط superscription. address. headline. title. written agreement.
سرخفام red. ruddy. reddish
سرخك، سرخجه، ساس. measles. (z.) bedbug.
سرخ کرده browned. roasted. fried. saute.
سرخکی، سرخجه دار. measly.
سرخ ماهی (z.) gurnard. gurnet.
سرخ نای، مری، حلق، گلو. (anat.) oesophagus. esophagus.
سرخور posthumous (child).
سرخوردن، نومید شدن. to be disillusioned.
سرخوش، لول، خوش. slightly intoxicated. on the spree. gay.
سرخون، سرخان. dark grey (horse).
سرخی redness. rouge. ruddiness.
سرخیل، فرمانده، رئیس. commander of a troop. chief.
سرد، خنك، بی‌محبت. cold. frigid. chilly. disappointed. cool. discouraged. nippy. cryo-.
(هوا) ~ است. the weather is cold. it is cold.
سردم است. I am (I feel) cold.
~ شدن. to get cold. to be disillusioned or discouraged.
~ کردن. to make cold. to refrigerate. to chill. to discourage. to dispirit.
هوا ~ کرده است. it is (getting) cold.
دل کسیرا ~ کردن. to discourage a person.
سرداب، زیرزمینی. cellar. basement. crypt.
سردابه، دخمه. cellar. crypt. catacomb.
سردادن، رها کردن، آغاز کردن، فداکاری کردن. to free. to let go. to set afoot. to start. to give (something) to boot. to display for comparison. to offer one's head in devotion.
سردار، فرمانده، سالار. sirdar. commander (of an army).
سردار، دریچه‌دار. lidded. covered. headed. capped.
سرداری old-fashioned frock pleated round the waist. commandership.
سرداور umpire. head judge.
سردبیر editor-in-chief. head clerk.
سردر top of a door. front. portal.
سردرآوردن to rise (as the sun). to make head or tail. to become aware of.
سردرپیش، شرمنده، خجل، شرمسار. crestfallen. ashamed.

سردرختی fruit (crop). yield.
سردرد، دردسر، مایهٔ زحمت. headache. migraine. trouble. encephalalgia.
سردرگم، سربگم، پریشان. at a loss to understand. dumbfounded. astray. tangled. mixed up. lost.
سردست cuff. wristband.
سردسته group leader. ringleader
سردستی hastily done. cursorily done. careless(ly). cursory.
سردسیر cold (region).
سردسیری pertaining to a cold region.
سردفتر notary public. exordium.
سردماغ، سرحال، سرکیف، اول سرخوش. In good humo(u)r. slightly intoxicated.
سردمزاجی frigidity.
سردواندن to stall. to put off.
سردوزی، پاکدوزی. overcast stitch. whipstitch.
پارچه را ~ کردن. to overcast the edge of a cloth.
سردوشی، اپل. shoulder strap. epaulette.
سرده، نوع. genus.
سردی، خنکی، دلسردی، بیعلاقگی، برودت. coldness. cold. frigidity. coolness. chilliness. chill. estrangement.
بخاطر ~ هوا مسابقه بتعویق افتاد. because of the cold weather the game was postponed.
سردیزه، جنس فرعی. subgenus.
سرراست، یکسره، درست، مستقیماً. straight. straightforward. direct. round (as a sum).
راه ~. a straight road.
آدم ~ (درست). a straightforward man.
مبلغ ~ (بدون کسری). a round sum of money.
سرراهی exposed. deserted. foundling.
سررسید، موعد. expiry. maturity. due date. date due.
~ پرداخت آن قبض فردا است. the bill will mature tomorrow.
سررسیدن to arrive unexpectedly. to take a person in an act. to come to maturity.
سررشته، اطلاع، حذاقت، مهارت. skill. expertness. clue. track. end of thread.
~ پیدا کردن. to acquire skill.
سررشتهٔ کار را گم کردن. to be on the wrong scent (track).
~ داشتن. to have skill in. to be well aware of.
سررشته‌دار chief of the (army) supply department. expert.
سررشته داری (army) supply department.
سررفتن، لبریز شدن. to boil (or spill) over. to overflow. to go over again.
سرزده، بیخبر، ناگهان. intrudingly. without prior notice. suddenly.
~ وارد شدن، ~ آمدن. to intrude. to arrive unexpectedly.
مهمان ~. unexpected (uninvited) guest.
سرزمین، ناحیه، کشور، منطقه. country. territory. land. district.
سرزنده، سرحال، سبکروح، شاد، خوشحال. frolicsome lively. vivaceous. animated. sprightly. gay. spirited. breezy.
سرزنش، ملامت. reproach. reprimand. rebuke. censure. reproof. admonition. blame.

~ کردن. to reproach. to taunt. to rebuke. to reprimand. to blame. to upbraid. to reprove. to scold. to chastise.
~ های او مؤثر واقع شد. his reproaches proved effective.
سرژ serge.
سرسام delirium. meningitis. phrenitis.
سرسام‌آور، سنگین، طاقت فرسا، گزاف، بیشمار. delirious. dazzling. astronomical. astounding. enormous. excessive.
هزینه‌های ~. astounding expenses. excessive expenses.
سرسامی delirious. phrenetic.
سرسبز prosperous. thriving. green. plush. luxuriant.
سرسپردگی devotion. allegiance.
سرسپرده devoted. devotee.
سرستون capital (of a column).
سرسخت، کله‌شق. head - strong. stubborn. mulish. obstinate.
سرسختی obstinacy. stubbornness.
سرسرا، سالن، دالان. hall. entrance room. parlor. corridor. anteroom.
سرسره، لیزخوری، جای سراشیب. slide. slip. inclined place.
سرسری، بیملاحظه. cursory. perfunctory. inconsiderate. perfunctorily. carelessly.
بطور ~. in a cursory (perfunctory) manner.
رفتار ~. an inconsiderate conduct.
سرسکه die.
سرسلامتی، تسلی، همدردی. condolence. consolation. consolement. sympathy.
~ گفتن. to offer one's condolences.
سرسلسله، سرخاندان، مؤسس. progenitor (of a dynasty). founder.
سرسنگین، کم‌لطف، بی‌مهر. in an angry mood. formal and snobbish. aloof.
با کسی ~ بودن. to be in an angry mood with someone. to keep a person at arm's length.
سرسنجی cephalometry.
سرسیلندر cylinder head.
سرسینه cephalothorax.
سرشاخه top branch trimmings of a tree. lops. browse.
سرشار، لبریز، پر. overflowing. gushing. brimful. enormous. tipsy.
سرشت، ذات، طبیعت، ساختمان بدنی یا فکری، نهاد. mould. nature. substance. essence. self. structure. constitution. temperament.
بد ~. evil-natured.
سرشتن to knead. to mix. to mould.
سرشته kneaded. moulded. made.
سرشك، اشك. tears.
سرشکستگی، ننگ، تحقیر، خجلت، شرمساری. disgrace. degradation. humiliation. shame. ignominy. infamy.
سرشکسته، خجلت‌زده، تحقیر شده. disgraced. ashamed. humiliated. degraded.
سرشکن، تقسیم کردن، بطور مساوی تقسیم کردن. assessed (or distributed) pro rata.
~ کردن. to assess (or distribute) pro rata. to be prorated.
~ شدن. to be assessed pro rata.
~ شده. prorated.
سرشماری، آمارگیری. census. enumeration. count. statistics.
مالیات از روی ~ (سرانه). a poll (capitation) tax.

سَرشِناس، معروف، مشهور. well-known. popular. famous. celebrated.
سَرشوی، سرشور، گل‌سرشور، سرشویه. montmorillonite. shampoo.
سرشیپورچی trumpet major.
سرشیر، خامه، روشیر. cream. creme. top milk. flower. elite.
سرصفحه title page. headline. heading.
سَرطان، چنگار، برج سرطان، تیرماه، خرچنگ. cancer. epitheliona. carcinoma. malignant growth. tropic of cancer. crab. carcino-.
تولید ~ کردن. to cancerate.
سرطانی شدن. to be cancerated.
~ پستان. breast cancer.
~ خون. leukemia.
سرطانزا carcinogen. carcinogenic.
سرطانزایی carcinogenesis.
سرطان‌شناسی cancerology. carcinology.
سرطانی، خرچنگ وار، مبتلا به سرطان. cancerous. cancroid. carcinoid. cancrine. carcinomatoid. carcin_.
غدهٔ ~. epithelioma.
سَرطنابداران (z.) cephalochordata.
سَرطویله، طویله، اصطبل. stable.
سُرعَت، تندی، شتاب، عجله، زودی. speed. rapidity. velocity. haste. quickness. swiftness. celerity. tachy-.
~ اتومبیل. speed of the car.
میزان ~ رشدونمو. the rapidity of growth.
~ سیرگلوله. the velocity of a bullet.
~ انتقال. quickness of apprehension.
بسرعت. rapidly. quickly. hastily. at once.
~ سنج (درخودرو). speedometer.
~ مجاز. speed limit.
~ گرفتن. to drive fast(er). to step on the gas. to gain speed. to accelerate.
~ داشتن. to have speed. to go fast.
حداکثر ~ ۷۰ کیلومتر در ساعت. maximum speed 70 Kilometers per hour.
~ زیاد موجب مرگ است. excessive speed is a cause of death.
بر ~ افزودن. to accelerate. to speed up.
از ~ کاستن. to decelerate. to slow down.
پر~، سریع، تند. fast. speedy. rapid. quick.
کم ~، آهسته، یواش. slow. sluggish.
سرعت بحرانی critical velocity.
سرعت‌پیما speedometer. tachometer. odometer.
سُرعَتِ صَوت velocity of sound.
مافوق ~. supersonic.
سرعت گریز escape velocity.
سُرعَتِ نِسبی relative velocity.
سَرعَمَله (working) foreman.
سَرفَراز، سرافراز proud. gratified.
سرفرمانده supreme commander. commander-in-chief.
سرفرماندهی supreme command.
سرفصل heading. title.
سَرفتیل valve-cap.
سُرفَه cough. coughing.
~ کردن، سرفیدن. to cough.
قرص ~. cough drop.
سُرفیدَن to lay down (by way of bribery).
سَرقافِلَه، پیشاهنگ قافله، قافله سالار. leader of a caravan.
سِرقَت، دزدی. theft. stealing. larceny. pilfering. thievery. embezzlement. robbery. burglary. piracy. brigandage swiping.
~ ادبی. plagiarism.
~ مسلحانه. armed robbery.
~ در جاده‌ها، راهزنی. brigandage.
~ کردن. to commit theft (robbery). to rob. to steal. to carry away by theft. to purloin. to pilfer. to filch. to snitch.
~ ادبی کردن. to plagiarize.
بسرقت رفتن. to be stolen.
سِرقَتی، مسروقه. stolen. pilfered. robbed.
سَرقُفلی key money.
سَرقَلَم pen nib. pen point.
سَرَك، اضافه، زیادی، نگاه دزدکی، نگاه زیرچشمی. excess. surplus. furtive look. peep.
~ داشتن. to be in excess of. to have a surplus.
~ کشیدن. to peep. to look furtively.
سَرکاپ hubcap.
سَرکار، ناظر، جنابعالی. overseer. you.
~ عالی. your honour. your excellency.
بنده و ~. you and I.
سرکارگر head workman. foreman.
سرکاغذ letterhead.
سرکتاب top of a book.
~ باز کردن. to divine by means of a book. to make a sortes by a book.
سَرکج curved. hooked.
سَرکَردگی، سرداری. command. leadership. generalship.
سَرکَرده (سرکردگان pl.)، فرمانده، رهبر. commander. leader. head.
سَرکَش، گردنکش، یاغی، چموش، سرسخت، کله شق. refractory. mulish. vicious. unyielding. stubborn. tough. obstinate.
کودك ~. a refractory child.
بخت ~. tough luck.
سرکشی، طغیان، یاغیگری، شورش، بازدید. refractoriness. mutiny. insurrection. revolt. inspection. overseeing.
~ کردن، بازدید کردن. to refract. to rebel. to mutiny. to resist. to supervise. to inspect. to visit. to investigate.
سَرکلانتری central police station.
سَرکُنسول، ژنرال کنسول. consul general.
سرکنسولگری consulate general.
سَرکَنگَبین، سکنجبین، سرکنجبین. oxymel. (cont. of (سرکه وانگبین)).
سَرکوبی، مطیع سازی، تنبیه. suppression. severe punishment. subduing. overcoming. vanquishing. crushing.
~ کردن. to suppress. to punish. to crush. to repress.
شورشی را ~ کردن. to suppress a revolt.
سَرکوفت، سرزنش، ملامت، زخم‌زبان، استهزاء. taunt. bitter reproach. scoff. flout.
~ دادن. to taunt. to reproach. to flout. to scoff.
سِرکه vinegar.
سرکهٔ انگور. grape vinegar.
~ انداختن، ~ ریختن. to manufacture vinegar. to pickle. to marinate.
~ زدن (به). to season with vinegar.
جوهر ~. acetic acid.
سِرکه‌ای acetic. vinegary. vinegarish.
~ شدن. acetify.
سرکه شیره mixture of vinegar and syrup. oxysaccharum.
سرکیسه‌کردن، سروکیسه کردن. to fleece. to defraud.
سَرگُذَشت، داستان. narrative. story. tale. account.
سَرگُرد major.
سَرگَردان، ویلان. wandering. errant. at a loose end. vagrant. vagabond. hobo. wanderer. rambler.
~ شدن. to wander. to go vagrant. to be perplexed (amazed). to ramble. to roam.
~ کردن. to cause to wander. to amaze.
سرگردانی wandering state. perplexity. vagrancy. suspense. distress. rambling. roaming. vagabondage. straying.
سَرگَرم، مشغول. amused. intent. busy. occupied. engaged in. absorbed.
~ کردن. to amuse. to divert. to entertain.
~ شدن. to be (become) busy. to engage (in). to be absorbed in.
وقتی آنها رفتند من ~ خواندن کتاب شدم. when they went, I occupied myself by reading the book.
آنها ~ عشقبازی بودند. they were engaged in lovemaking.
سرگرمی، اشتغال، مشغولیت. amusement. diversion. entertainment. hobby.
سَرگُشاده open.
نامهٔ ~. open letter.
سَرگَشتَگی bewilderment. consternation.
سَرگَشتَه، سرگردان. bewildered. puzzled.
سَرگُل choice part. pick.
سرگوشی، درگوشی. whisper.
سَرگیجه vertigo.
سرگیجه‌ای vertiginous.
سَرگین، پشکل. dung. droppings.
سَرگین‌خوَر (z.) coprophagous.
سَرگین‌غَلتان (z.) scarab.
سَرلشکر major general.
سَرلوحه epigraph. title page. frontispiece. vignette.
سَرلوله nozzle.
سِرُم، خونابه. serum. sero-.
~ خون. blood serum.
سَرما cold (weather). chill. gelid. cryo-. freezing. frigidity. coldness. nippiness.
در ~ وگرما. in cold or heat.
~ خوردن. to catch cold.
او از ~ مرد. he was frozen to death.
~ گوشم را زد. my ear was nipped (bitten) by frost.
سرماپا (z.) cryostat.
سَرماخوَردگی cold. influenza. flu.
من ~ دارم. I have a cold. I have caught cold.
~ پیدا کردن. to catch (a) cold.
سَرماخوردَن to catch (a) cold.
سرماریزه hoarfrost.
سرمازای cryogenic. cryogen.
سَرمازَدگی frostbite. chilblain.
سَرمازَده frostbitten. nipped by cold.
سرماسنج cryometer.
سَرمایه، مایه. capital.
~ گذاشتن. to invest capital.
سرمایهٔ پرداخت شده. paid-up capital.
سرمایه‌دار capitalist.
سرمایه‌داری capitalism.
رژیم (نظام) ~. capitalist system.
سَرمَته drillbit. chuck.
سَرمَد، ابدی، جاوید. eternal. perpetual.
سرمدی eternity. perpetuity.
سَرمَست، مست، شاداب، اول. drunk(en). tipsy. intoxicated. inebrious.
مرد ~ (اول). a drunken (tipsy) man.
~ پیروزی نظامی. intoxicated by military success.
سَرمَشق، نمونه، الگو. copy. model. example. parody. imitation. pattern.
او ~ (نمونهٔ) زیبائی بود. she was a model of beauty.
~ واقع شدن. to serve as an example.
رفتار دیگری را ~ قرار دادن. to imitate another's manners.
~ شدن. to serve as an example or pattern.
~ گرفتن. to follow the example of.
سِرُم‌شِناس serologist.
سرم‌شناسی serology.
سَرمَقاله leading article. editorial.
~ نویس. editorialist.
~ نوشتن. to editorialize.
سَرمَنزِل (last) halting-place. destination. goal.
سُرمَه، گلابتون. wire-ribbon. purl.
سُرمه، کحل، توتیا. (med.) collyrium.
سنگ ~. crude antimony.
سرمه‌ای dark-blue.
سَرمُهَندِس chief engineer.
سِرُمی serumal.
سُرنا، کرنا. oboe. trumpet.
سُرنازَن، سرناچی. oboist.
سَرنامه letterhead. superscription. title page. exordium.
سَرناوی navy corporal.
سِرنج red lead. minium.
سَرَند riddle. screen. sieve.
~ کردن. to riddle or screen. to sift.
سَرنِشین member of crew (in an aeroplane). crew member.
سُرَنگ، آبدزدك. syringe.
سَرنِگون، وارونه، واژگون، منقرض، نابود. shot down. inverted. capsized. reversed. head downward. upside down. upturned. destroyed. annihilated.
~ شدن. to be shot down. to be turned upside down. to be overset. to be overthrown.
~ کردن. to shoot down. to turn upside down. to overthrow.
یکی از هواپیماهای دشمن ~ شد. one of the enemy planes was shot down.
سرنگونی، واژگونی، انقراض. being shot down. overthrow. destruction.
سِرنِگهدار faithful to a secret. keeping secret. confidant. confidante.
سَرنِوِشت، پیشانی نوشت، تقدیر. predestination. fate. destiny. lot. portion. doom. kismet.
اختراع او ~ جنگ‌راعوض کرد. his invention changed the destiny of the war.
سَرنی mouthpiece.
سَرنیزه bayonet.
سَرو (bot.) cypress tree.

~ آزاد. cedar (of Lebanon).
~ کوهی. juniper.
سُرو، شاخك. (z.) antenna.
سَروان captain.
سروانی captaincy. captainship.
سَرُوتَه. top and bottom. upside down. the wrong way. head downward.
~ حرفهایش را نمی‌فهمم. I cannot make head or tail of what he says.
سُرُود، ترانه، تصنیف، شعربزمی، شعررزمی، آواز. song. lyric. ballad. aria. carol. lilt madrigal. ditty. chant(e)y. chant. lay. folksong. hymn. anthem. sonnet.
~ عاشقانه. a love song.
~ میلاد مسیح. Christmas carol.
~ روحانی. a hymn.
~ ملی. national anthem.
~ ملی ایران نواخته شد. Iran's national anthem was played.
~ خواندن. to sing a song. to carol.
کتاب سرودهای روحانی. the hymnal.
سرودخوان، سراینده. songster. singer of songs or hymns. bard. chorister.
سرودشناسی hymnology.
سُرودَن، سرود ساختن، سرائیدن. to compose. to versify. to indite. to sing. to recite. to troll. to croon.
دیوان شعری ~. to compose a book of poems.
اشعاری که او سروده بین جوانان محبوبیت بسیاری دارد. the poems he has composed are very popular among the youth.
سَروَر master. lord. chief. leader.
سُرُور، خوشی. joy. mirth. rejoicing.
سرورآمیز joyful. glad. mirthful.
سَروَری lordship. eminence.
سَروسامان settlement. fixing up.
~ دادن. to reform and reorganize.
سَروستان cypress grove.
سَروسِرّ affair. love affair. intrigue.
~ داشتن. to carry on an illicit love affair.
سُرُوش messenger angel. inspiration. glad tidings.
سَروصدا، جنجال، شلوغی. noise. fuss. commotion. ado. hubbub. uproar. din. racket. clamor.
~ کردن، ~ راه انداختن. to clamor. to fuss. to make an uproar or hubbub.
سروصدای آنرا در نیاورید. hush it up.
سَروقامَت، سروقد. of a stature like cypress. cypress-figure. tall.
سَروکار dealing. intercourse. liaison. concern. connection.
~ داشتن (با). to have dealing or connection with.
بالاخره سروکارت بمن خواهد افتاد. finally you will have to deal with me.
سروکله‌زدن to talk one's head off. to deal with.
سَرون، شاخ، شاخك. antenna.
سَرونَك، شاخك. antennule.
سروهمسر equals. others.
سَرویان (bot.) cupressaceae.
سِرویس، زاوری، خدمت، یکدست، یك‌مجموعه. service. set. check up. repair. tip.
~ چای خوری. a tea set (service).
ساعات ~ (خدمت). service (office) hours.
~ کردن. to service. to minister. to repair. to tune up. to check up.
همه نوع ~ ماشین پذیرفته میشود. all kinds of car repairs accepted.
~ این رستوران بسیار خوبست. the service at this restaurant is very good.
سَرِه، ناب، خالص. pure. good.
فارسی سره. pure Persian.
سُرّه، ناف. belly button.
سَرهَم‌بَندی، کار ازروی بیدقتی، شورتی‌گری. botch. bungle. tinker. nail up. shoddiness. shoddy.
~ شده. shoddy. jerry-built
کار ~. a tinkering (shoddy) job.
~ کردن. to do or make shoddily. to tinker. to bungle.
سَرهَنگ colonel.
سرهنگ دوم lieutenant colonel.
سرهنگی colonelship.
سَری leadership.
سِری set. series.
~ تازه. new set. new series.
سِرّی، محرمانه. secret. mysterious. classified. confidential. occult. undercover. arcane. esoteric.
سفرهای ~ او بخاورمیانه. his secret trips to the Middle East.
سِریال serial. episodic.
سُریانی Syriac.
سُریدَن to slide. to glide. to slip.
سَریر، تخت. throne.
سَریره (سرائر .pl)، راز. secret. mystery.
سِریش، چسب. glue. paste.
سِریشُم (fish-)glue. isinglass.
سریشمی glue-like. viscous.
سَریع، تند. fast. swift. speedy. rapid. quick. prompt. soon. fleet. expeditious.
~ کردن. to quicken. to speed up. to accelerate. to hasten.
سَریعاً، زود، فوراً. quickly. very soon. promptly. swiftly. fast. speedily.
سَریعُ‌الاَثَر efficacious.
سَریعُ‌الانتِقال of quick apprehension.
سَریعُ‌الزَّوال، زودگذر. quickly fading. transient. ephemeral.
سَریعُ‌السِّیر، تندرو. express. swift. fast.
سَریعُ‌العَمَل، تندکار. quick (in action). agile. nimble. fast-worker.
سَریعُ‌الهَضم، زودگوار. easily digestible.
سُرین، کَفَل، کپل. buttocks. rump. ilium.
سرینی gluteal. cluneal.
سُرّیّه (سراری .pl)، صیغه. concubine.
سِزا، جزا. retribution. remuneration. redress. reciprocation. nemesis.
سزای گناه مرگ است. the wages of sin is death.
بسزا رساندن، ~ دادن. to remunerate. to recompense. to requite. to reward. to punish.
او بمن بدکرد، من سزای کردارش را دادم. she did me wrong, I recompensed the deed.
او بسزای عمل بد خود رسید. he was punished for his evil deed.
سَزاوار، شایسته. deserving. worthy. just. right. merited. meritorious. condign.
~ بودن. to deserve. to merit.
او ~ سرزنش است. he deserves to be reprimanded.
~ نیست که بمادرتان بی اعتنائی بکنید. it is not right that you be inattentive (indifferent) toward your mother.
سَزیدَن، سزاوار بودن، شایستگی داشتن. to merit. to deserve. to be worth.
سُست، ضعیف، بیمایه. feeble. weak. frail. slowly. languidly. weakened. nerveless. enervated. debilitated. faint. unstable. wobbly. loose. infirm. decrepid. lethargic.
آدمی ~ فکر (اراده). a man of a feeble will.
~ شدن. to become weak. to grow feeble. to subside. to weaken. to relax. to droop. to flag. to become loose.
~ کردن. to weaken. to relax. to slacken. to enfeeble. to loosen.
همینکه شکست خوردند علاقه‌اش ~ شد. his interest flagged as they failed.
او قدمش را ~ کرد. he slackened his pace.
پایه‌های میز ~ شده است. the legs of the table have become loose (wobbly).
سُست اِعتِقاد، کم‌ایمان. of little (shaky) faith.
سُست‌بُنیاد unstable. inconstant.
سُست‌پِی، سست بنیاد. of weak nerves. lacking a strong foundation.
سُست پَیمان، پیمان‌شکن. unfaithful to one's promise. disloyal. deserter.
سُست پیمانی unfaithfulness to one's promise. infidelity. disloyalty.
سُست رای weak-minded.
سُست رغبت، بیمیل. of blunted passions.
سُست‌عُنصُر، بیحال. void of energy. unprincipled. characterless.
سُست‌کَمَر، مبتلا بضعف قوهٔ باه. impotent.
سُست مِهر، بیملاقه. of a lukewarm affection. not very kind.
سُست نَهاد، دمدمی. weak-natured. unsteady.
سُستی feebleness. weakness. frailty. infirmity. languidness. listlessness. lethargy. languor. lassitude. stupor. torpor. frailness. wobbliness. looseness. laxity. sluggishness.
~ کردن، ~ نشان دادن. to act sluggishly. to be lazy. to be indolent. to flag.
~ پیرمرد از طرز راه رفتنش پیدا بود. the old man's feebleness was apparent from his gait.
خواب زیاد موجب ~ میشود. too much sleep causes lassitude.
~ کمر. (sexual) impotence.
تسلط بیگانگان کشور را دچار ~ و رخوت نمود. foreign domination afflicted the country with lethargy.
سِسك (z.) garden warbler.
سُك، سیخونك. goading.
~ زدن. to goad.
سِکّه coin. copper or silver money.
سِطَبر، ستبر. stout.
سَطح (سطوح .pl of)، رویه، روی، کف، پهنه. surface. superficies. level. area. plane.
~ دریا. sea level.
سَطحِه، عرشه. deck.
سطحی superficial. (anat.) shallow. superficiary. slight. hasty.
سَطر (سطور .pl)، خط. line. stria.
~ دوم این صفحه. the second line of this page.
سطری، خطی. linear. lineal.
سَطربَندی adjustment of lines. lineation. striature. striation.
سَطل، ستل. pail. bucket.
سَطوَت، هیبت، مهابت، عظمت. apalling presence. reverence. awe.
سُطوح (pl. of سطح)، سطحها، رویه‌ها. levels. surfaces. planes.
سُطور (pl. of سطر)، سطرها. lines.
سَعادَت، خوشبختی. welfare. happiness. prosperity. joy. good luck. gaiety. cheerfulness. bliss. salvation. well-being.
~ داشتن. to be prosperous (fortunate).
سعادتمند، خوشبخت، شاد، کامیاب، خوش‌شانس. happy. prosperous. fortunate. blissful.
سَعادَتمَندی happiness. prosperity. bliss. well-being. welfare.
سِعایَت، بدگوئی، سخن‌چینی. criticizing. chastisement. backbiting. complaint.
~ کردن. to criticize (someone behind his back). to backbite.
سِعَت، سعه. vastness. breadth. spread.
سَعد، سعادتمند، خوش یمن. good influence of the stars. auspicious. lucky.
سُعد، سعدکوفی. (bot.) sedge. galingale.
سَعدَین the two lucky stars. i. e. Jupiter and Venus.
سِعر (pl. اسعار) price. exchange. rate.
سَعوط، انفیه. snuff. sternutatory.
سَعَه، سعت، وسعت. amplitude. extent.
سعهٔ نظر. breadth of view. open-mindedness.
سعهٔ صدر. liberality.
سَعی، کوشش، جهد، تقلا، اقدام. trying. endeavo(u)r. effort. attempt. diligence. venture. trial. try. exertion. strife.
~ کردن. to endeavo(u)r. to try. to attempt. to assay. to strive. to exert oneself.
~ کن سروقت بیائی. try to come on time.
~ او دربدست آوردن شغل بی‌نتیجه بود. his effort in finding a job was futile.
سَعید، خوشبخت، سعادتمند، خوش شانس، کامیاب. happy. prosperous. lucky. auspicious.
سُغد Soghdiana, old province comprising Samarqand and Bokhara.
سَفارَت legation. embassage. ambassador. embassy. nunciature.
~ کبرا. embassy.
او بعدها بمقام ~ رسید. he later attained the position of ambassador.
سَفارَتخانَه legation or embassy (building).
سِفارِش، توصیه، ~ کالا. recommendation. enjoinment. order. command. advice.
~ کردن. to recommend. to enjoin. to instruct. to urge. to advise.
بمن ~ کرد که بدیدن شما بیایم. he urged (recommended to) me to come to see you.
~ دادن. to place an order. to order.
بنا بسفارش ایشان. upon (according to) his recommendation.
او ~ شما را بمن کرده است. he has recommended you to me.
یك ماشین (بکارخانه) ~ داده‌ام. I have placed an order for a car (to the factory).
سفارشات (pl. of سفارش). orders. recommendation.
سفارشنامه letter of recommendation.

سفارشی ordered. made to order. recommended. bespoke. registered. recommendatory.
نامهٔ ~. registered letter. special delivery letter.
~ دوقبضه. registered with returned receipt.
کالاهای ~ به بندرعباس رسید. the ordered goods arrived in Bandar Abbas.
سَفّاك، خونریز، بیرحم. cruel. tyrant. ruthless. atrocious. bloodthirsty.
سفاکی، خونریزی. cruelty. atrocity.
سُفال earthenware. crockery. (baked) clay. ceramic.
~ شکسته. potsherd.
سفال‌ساز، سفالگر. potter. crocker.
سُفالگری pottery. ceramics. crockery.
سفالی، سفالین. earthen. made of baked clay.
ظروف ~. earthenware.
سُفالینه earthenware. earthen.
سَفاهت، دیوانگی، بلاهت، سبك مغزی. folly. foolishness. silliness. fatuity. absurdity. stupidity. asininity.
~ کردن. to act foolishly.
سَفاهت‌آمیز foolish. silly. fatuous. fatuitous. asinine. stupid. idiotic.
سَفاهةً، سفاهتاً، از روی سفاهت. foolishly.
سَفائن (سفینه .pl. of)، کشتی‌ها. ships.
سِفت، سخت، محکم. tight. tense. stiff. hard. tough. solid. firm. concrete. thick. tightly. firmly. rigid. indurated. rigidly. violently.
~ شدن. to become hard or stiff. to tighten. to coagulate. to set. to harden. to stiffen. to solidify. to thicken.
~ کردن. to harden. to make tight. to render tough. to tighten. to thicken. to solidify. to stiffen. to indurate.
عضلات (جسد) مرده ~ شد. the dead body's muscles hardened (became stiff).
گوشت آنقدر ~ بود که درست جویده نمیشد. the meat was so tough that it could not be chewed properly.
~ کن شل کن درآوردن. to play fast and loose.
~کاری. skeleton construction.
~ کردن چربی. hardening of fats.
~ زن. one who hits hard. fucker.
گچ زود ~ میشود. plaster hardens (solidifies) soon.
کمربند خود را ~ کن. tighten your belt.
سِفت (bot.) micropyle.
سفت‌کاری framework (of a buildig). shell.
سُفتگَر borer of pearls.
سُفتن، سوراخ کردن. to pierce. to bore. to puncture. to perforate.
سُفته، سوراخ شده. bored. pierced.
سَفته، حواله، برات، فته طلب، تمسك. promissory note. bill of exchange. draft. I.O.U. (I owe you).
سفته‌بازی، احتکار، قمار. speculation. gambling. agiotage. stock jobbery.
سِفتی، سختی، محکمی. hardness. tightness. stiffness. induration. toughness. solidity. firmness.
سَفَر، مسافرت. travel(ling). journey. expedition. excursion. tour. voyage. wayfaring. trip. cruise. jaunt. junket.
~ با اتومبیل. travel by car. motoring.
~ با ترن. a journey by rail.
~ به قطب شمال. expedition to North Pole.
سفری بداخل کشور. an excursion into the interior of the country.
~ بازرسی. a tour of inspection.
~ دوسره (رفت و برگشت). round trip.
برنامهٔ ~. itinerary.
~ کردن. to travel. to make (go on) a journey. to tour. to journey. to voyage.
در ~ وحضر. at home and abroad.
سُفَراء (سفیر .pl. of). ambassadors.
سَفَرکَرده (having) travelled.
سَفَرنامه travel account. log.
سَفَرنگ، تفسیر. commentary.
سُفره tablecloth. napery.
~ پهن کردن، ~ انداختن. to spread the tablecloth. to lay a table.
سفره‌خانه dining room.
سفره‌ماهی (z.) sole.
سفره‌ماهیان (z.) hypotremata.
سَفَری travel. travelling. pertaining to a journey. portable.
سَفسَطَه sophistry. sophism. fallacy.
~ کردن to sophisticate. to reason fallaciously.
سفسطه‌آمیز fallacious. sophistical.
سفسطی sophist. sophistic.
سِفلگی meanness. ignobility. baseness.
سِفلَه mean. base.
سُفلی lower. lowest.
نیل ~. the lower Nile.
سِفلیس، سیفیلیس، کوفت. syphilis.
ویژه‌گر ~ شناسی. syphilologist.
~ شناسی. syphilology.
سفلیسی syphilitic.
سفها (سفیه .pl.of). the foolish (people).
سِفید white. blank. fair. Caucasian.
چك ~، چك خالی. blank check.
نژاد ~. the white (Caucasian) race.
رو ~ شدن. to become exonerated (proud, or exalted).
کتاب ~. white book.
ریش ~. whitebeard. elder.
عکس ~ وسیاه. black and white picture.
~ انقلاب. the white revolution.
~ شدن. to turn white. to grey.
موهای او ~ شده. his hair is turning (has become) grey.
~ کردن، ~کاری کردن. to whiten. to plaster with gatch. to whitewash. to bleach. to blanch. to blench.
آهن ~. galvanized iron.
آهن را ~ کردن. to galvanize iron.
~ گذاردن. to leave blank.
سِفیداب white powder. white lead.
~ سرب. ceruse.
سِفیداج، سپیداج. (z.) cuttlefish.
سِفیدار، سپیدار. (bot.) white poplar.
سفیدبخت، خوشبخت. fortunate.
سفیدپوست white-skinned. belonging to the white race. white: Caucasian.
سِفیدچشم، گستاخ. impudent. impertinent. insolent. cheeky.
سفید رنگ white (-colo(u)red).
سفید فام whitish or white.
سِفیدَك، کپرك، پرمك. powdery mildew. oidiomycosis.
~ روی صفحهٔ تلویزیون. flakes on the T.V. screen.
سفیدکار gatch-plasterer. whitewasher.
سفیدکاری، گچ کاری. gatch-plastering. whitewashing.
~ کردن. to plaster with gatch.
سفیدگر whitesmith.
سفیدگری whitesmith's trade.
سفیدمُو، زال. grey-haired. white-headed. flaxen-haired. whitehead.
آدم ~. albino.
سِفیده، سپیده. albumen. albumin. white of the egg. egg white. dawn.
سفیدی، سپیدی، بیاض. white(ness). blank space. white scars or incrustations.
سَفیر (سفرا .pl.)، ایلچی، فرستاده. ambassador. envoy. nuncio. legate. minister.
سَفیل، پست، سرگردان. distressed. at a loss what to do.
سَفینه (سفائن .pl.)، کشتی. ship. boat.
سَفیه (سفهاء .pl.)، نادان، دیوانه، خل. silly (person). lunatic. foolish stupid. fatuous. inane. insane.
سَفیهانه، احمقانه. foolish(ly).
سَق، سقف. palate.
سَقّا، آبرسان. water - carrier.
مرغ ~. (z.) pelican.
سَقّاخانه public drinking place. drinking fountain.
سَقّاسانان (z.) pelicaniformes.
سَقّایَت giving to drink. serving water. carrying water.
سَقّائك، دم جنبانك. (z.) wagtail.
سَقَر، جهنم، دوزخ. hell.
سُقراط Socrates.
سقراطی Socratic.
سَقِز، آدامس. turpentine. mastic. chewing gum. gum.
~ (آدامس) جویدن. to chew gum.
سَقَط rubble. brickbat. error. disgrace. death. dropping.
~ کردن، ~ شدن. (used of animals) to die.
~ گفتن. to abuse. to curse.
سِقط، بچه‌انداختن. abortion. miscarriage. still birth. cast - off fetus.
~ کردن. to miscarry. to abort.
~ جنین. abortion (of fetus).
سقطی. abortive.
سَقط فُروش wholesale grocer.
سقط فروشی wholesale grocery.
سَقطه، لغزش. slip. stumble.
سَقف ceiling. roof.
~ کاذب. suspended ceiling.
~ دهان. palate. roof of the mouth.
~ زدن. to roof. to cover with a roof.
سقف‌سازی سقف‌بندی roofing.
سُقلابی Slavonic. Slavonian.
سُقلات scarlet (cloth).
سُقلمه blow with the fist into a person's side. punch.
سُقم (اسقام .pl.). untruth or inaccuracy.
باید صحت و ~ این موضوع را اثبات نمائیم. we must prove the verity or untruth of this matter.
سَقمونیا، محموده. (bot.) scammony.
سَقَنقور، سوسمار شنزی. (z.) skink.
سُقوط، نزول، هلاکت، زوال. crash. fall. falling. decline. lapse in conduct or morality. drop(ping). perishing.
~ دولت. the fall of government.
~ (زوال) امپراتوری بیزانتین. the decline of the Byzantine Empire.
~ کردن، افتادن. to fall. to drop. to crash. to deteriorate.
دیروز یك هواپیمای مسافربر ~ کرد ولی کسی صدمه ندید. yesterday a passenger plane crashed but no one was hurt.
سَقیم، نادرست، ناخوش، دروغ. untrue.
سُك، سیخك، سیخونك. goad. prod.
~ زدن to goad. to prod.
سِکال، منش، خو، اندیشه. temperament. nature.
سُکّان rudder. helm.
سُکّاندار steersman. helmsman.
سَکته، وقفه. stoppage. standstill. apoplexy. heart attack. infarction. pause in a verse. irrational syllable. hiatus.
سکتهٔ قلبی. heart attack. hamocardiorrhagia.
~ کردن. to fall into a fit of apoplexy. to have a heart failure. heart attack. to be seized (or struck) with apoplexy.
سکته‌دار lame or limping (as a verse).
سُکر، مستی. drunkenness. intoxication. inebriety. ebriety. inebriation.
سُکَرات (سکره .pl. of). pangs. throes. agony.
~ موت. throes of death.
سُکرآوَر intoxicating.
سِك‌سِکه hiccup. hiccough. singultus.
~ کردن. to hiccup. to hiccough.
سَکَنات (سکنه .pl. of). pauses. inactivities.
حرکت و ~. what one does and what he does not do. movements and pauses.
سُکَنج، گنده‌دهان. having a fetid breath.
سِکَنجَبین، سرکنگبین. oxymel.
سکنجبینی subacid.
سِکَندَر، اسکندر. Alexander.
سِکَندَری Alexandrine. Alexandrian. stumbling.
~ خوردن. to stumble or trip.
سَکَنَه (ساکن .pl. of)، اهالی. inhabitants. dwellers. residents.
سُکنی، سکونت، اقامت. abode. residence.
~ گرفتن. to dwell. to reside. to settle.
سَکّو، سکوب. platform. garden seat. bench.
سُکوت، آرامش. silence. quiet. stillness. muteness. reticence. taciturnity. tacit. quietude. quietness. hush. pause. rest.
~ کردن. to remain (keep) silent or quiet.
~ همیشه بمعنی رضا نیست. silence (reticence) does not always imply assent.
حق ~. hush money.
او یك لحظه ~ کرد. he paused a moment.
سُکون، وقفه، آرامش. calm. tranquility. repose. immovability. (gr.) immobility. inertia. calmness. (sign of) quiescence. static state.
سُکونَت، اقامت، توقف. dwelling. living in. residence. habitation. settlement.
~ کردن. to dwell. to live in. to reside.
قابل ~. habitable. fit to live in.
محل ~. residence. address. dwelling place.
سِکّه، پول، رونق، پول رایج. coin. stamp.

impression. lustre. currency.
~ خوردن. to receive the stamp of a die. to be coined. to be minted.
~ زدن. to coin. to mint.
اخیراً کار او ~ کرده. he has made a success recently.
سکه‌ای of or like coins. numismatic. nummary. nummulary. nummiform.
تف ~، کف ~. nummular spit.
سکه‌برو tin. coin. money.
سکه‌شناس numismatist.
سکه‌شناسی numismatics.
سَکینه. آرامش. quietude. feminine proper noun.
سَگ dog. cur. cyno-. canine.
~ آبی. (z.) beaver. seal.
~ تازی. greyhound.
~ چوپان، ~ گله. sheepdog. shepherd dog.
ماده ~. bitch.
~ مانند. canine. currish.
-سِگال، منش، اندیشه. thinking or thinker. thought. intention. word. remark. (used in combs. as in: (بدسگال
سَگاله (bot.) spurred rye.
سِگالیدن، اندیشیدن. to think. to wish.
سگ‌انگور، سگنگور. (bot.) nightshade.
سگ‌باز dog-fancier. dog trainer.
سگ‌بچه، سگ توله. puppy.
سَگبینج، سکبینه. (bot.) sagapenum.
سگ‌توله، توله‌سگ. pup. young dog.
سگ‌جان، جان‌سخت. used to drudgery.
سگ‌دست stubaxle. steering knuckle. console. prop. cantilever.
سگسار، سگساران doglike. currish. abounding in dogs.
سگ‌سان، سگ‌مانند. (z.) canidae. cynocephalous.
سگ‌صفت، سگ مانند. doggish. currish.
سَگَک (small) buckle.
سگ‌کُش killed cruelly like a dog. (bot.) dogbane.
~ کردن. to kill cruelly
سگ‌ماهی، ماهی خاویار. (z.) sturgeon.
تخم ~، خاویار. caviar(e).
سگ‌مَنِش، سگ‌صفت، کلبی. dog-natured. currish. cynic.
سگی، کلبی. doggish(ness). canine. currish. cynicism.
سِل، تب لازم. tuberculosis. t.b.
سَلاجِقَه (سلجوقی .pl. of)، سلجوقیان. the Seljuks.
سِلاح (.pl اسلحه). arms. armour. weapon. armament. weaponry.
خلع ~. disarmament. disarming.
سلاح (بر)دار armourbearer.
سَلاّخ slaughterer. flayer.
سلاخ‌خانه، کشتارگاه. slaughterhouse. shambles. abattoir.
سلاخی slaughtering. flaying. butchery.
سَلاسَت، روانی. smoothness (of style). ease. fluency. versatility.
~ سبك نگارش. smoothness (ease) of style.
سَلاطین (.pl. of سلطان) kings. sultans.
سُلاله، نژاد. progeny. offspring. essence. cream.
سَلام، سلامتی، درود، تهنیت، خوشامد. good morning. good afternoon. good evening. greeting. salutation. regards. peace. (mil.) salute. levee. hailing. hello. audience.
~ برتو. greetings to you. hail to thee.
~ کردن، ~ دادن. to greet. to salute. to hail. to hello.
~ گرفتن. to take the salute.
جواب ~ دادن. to return a greeting.
~ رسمی. official audience.
والسلام. and no more. that is all.
~ مرا به جعفر برسانید. give my greetings to Jaffar.
سَلامَت، تندرستی. health. healthy. good health. safety. being hale. soundness.
~ عقل. sound mind. mental health.
~ باشید. thank you. may you be in good health.
بسلامت. good-bye. good luck to you.
امیدوارم بسلامت وارد کاشان شده باشید. I hope that you have arrived in Kashan safely.
سلامتی، سلامت. health. soundness.
بسلامتی شما. to your health. cheer you.
~ وموفقیت شما را آرزومندم. I wish (desire) you health and success.
ورزش برای حفظ ~ لازم است. exercise is necessary for the preservation of good health.
سَلام‌عَلَیکُم peace be with you. good morning. good afternoon. good evening.
سلام وعلیك کردن. to exchange greetings. to greet.
سَلب، ممنوعیت، محرومیت، غصب، انکار. negation. privation. deprival. taking away. divesting. withdrawal. denial. disavowal.
~ کلیهٔ امتیازات. deprival of all privileges.
از کسی ~ مالکیت کردن. divesting one of ownership.
~ مصونیت. withdrawal of immunity.
~ مسئولیت. disavowal of responsibility.
~ مالکیت. dispossession of property.
امتیازاتم از من ~ شد. my privileges were taken away from me.
~ شدن. to be deprived of.
~ کردن. to negate. to divest. to private. to deprive. to take away. to disavow. to withdraw. to disclaim. to disown.
سَلبی، سلبیه، منفی، سالب. divestive. dispossessive. negative. privative.
سلبی، سَلوی. salvia. (scarlet) sage.
سَلجُوق (سلاجقه، سلجوقیان .pl)، سلجوقی. Seljuk. Seljukian.
سَلحشُور، رزمجو، جنگجو، جنگی، مبارز. gladiator. knight. fighter. warrior.
سَلخ last day of any lunar month which has 30 days.
سَلَس‌البَوْل، سلسلةالبول، بی‌اختیاری ادرار. polyuria. incontinence.
سَلسَبیل nectar fountain in paradise.
سِلسِلَه (سلاسل .pl)، زنجیر، مسلسل، دودمان. chain. series. train. range. dynasty. concatenation.
دید اسیری بپای سلسله‌ای. (he) saw a captive in chains.
سلسلة‌النسب. genealogy. pedigree.
سلسله جبال. mountain range. chain of mountains.
یك ~ دروغ. a series of lies. a tissue of lies.
سلسلهٔ مراتب. hierarchy.
سلسلهٔ (دودمان) پهلوی. the Pahlavi dynasty.
سِلسِلِه‌جُنبان، رهبر، سرسلسله، سردودمان. cause. motive. prime mover. instigator.
سلسله‌نامه، شجره نامه. genealogy.
سلسله‌وار، زنجیروار. connected(ly). like a chain. serially. concatenate.
سِل‌شناسی phthisiology.
سُلطان (.pl سلاطین)، ملك. king. sultan.
~ المورخین. prince of historians.
سلطانی، سلطنت، سروانی. royal. regal. the rank of a captain. kingly.
سَلطَنَت، پادشاهی، حکومت، فرمانروائی. monarchy. kingdom. sultanate. sultanism. sultany. reign. government. rule. kingship. regnancy.
~ مطلقه. absolute monarchy.
~ مشروطه (برطبق قانون اساسی). limited (or constitutional) monarchy.
در دوران ~ رضاشاه‌کبیر ایران پیشرفت‌های بزرگی نمود. Iran made great progress during the reign of Reza Shah the Great.
~ کردن. to rule. to reign over. to govern.
او ده سال ~ کرد. he reigned (for) ten years.
سَلطَنَت‌طَلَب monarchist. royalist.
سلطنتی، پادشاهی، شهریاری. royal. imperial. regal. kingly. princely. magnificent.
جلال وشکوه ~. regal splendo(u)r.
سلطه، تسلط. rule. sovereignty. authority. hegemony. dominance. dominancy. domination. control.
آن‌کشور سالها زیرسلطهٔ خارجی‌ها بوده‌است. that country has been under foreign dominance (rule) for years.
سَلعَه، زخم، جراحت. wen. lipoma. sarcoma. excrescence. wound. sore.
سَلَف (اسلاف .pl)، قبلی، اجداد، نیا، پیش‌خرید. predecessor. ancestor. advance purchase. precursor. harbinger.
معاملهٔ ~. forward purchase. short sale. time-bargain. dealing in futures.
~ خریدن. to buy in advance. to make a forward purchase.
~ فروختن. to make a short sale.
سِلف، ثفل، تفاله، کنجاره. core. pulp.
~ سیب. core of an apple.
سِلف self-starter. self.
~ زدن. to press the starter button.
سَلَف‌خَری forward purchase.
سِلفدان spittoon.
سَلَف فُروشی short sale.
سُلَق (سلیقه .pl. of)، ذوقها، تمایلات. tastes.
سِلك، راسته،رشته، دسته. order. range. category. class. caste. type. character. coterie. string for pearls.
سپس در ~ دراویش درآمد. then he joined (an order of) dervishes.
سَلَم advance money. advanced. forward.
سَلم eldest son of Fereydoon.
سَلمان an Iranian companion of the prophet of Islam. masculine proper noun.
سَلمانی، آرایشگر. hairdresser. barber.
مغازهٔ ~. barber shop.
سَلمَه (تره) (bot.) annual mercury. dog's mercury. mercurialis.
سُلوك، رفتار، روش، سازش. behavio(u)r. dealing with people properly.
~ کردن. to mix or associate with. to treat properly. to behave. to compromise.
سِلُول، یاخته. cell.
~ نوربرقی. photoelectric cell. photocell.
سِلُولوز، سلولز. cellulose.
سِلُولی cellular.
سَلوی، بلدرچین، شیرخشت، ترنجبین. (z.) quail (bot.) manna.
سَلوی، سلبی. (bot.) salvia. (scarlet) sage.
سَلّه، سبد. basket.
سِلی، مبتلا بمرض سل، مسلول. tubercular. consumptive. tuberculous.
سَلیخَه، سنا، فلوس، پرك‌هندی. (bot.) Cassia. China cinnamon
سَلیس، روان. fluent. easy. versatile.
سَلیطه، زن پرسروصدا، زن مردآزار، محتاله. shrew. henpecker. termagant. beldame.
سَلیقه، ذوق. (good) taste. tact. style.
~ داشتن. to have good taste.
خوش ~. having good taste. tasteful.
بد ~. having bad taste.
سَلیم، آرام، متین، عاقل، سالم. meek. humble. peaceable. healthy. sound.
ذوق ~. sound (good) taste.
عقل ~. sound judgment. common sense.
عقل ~ در بدن سالم. good health (is to be found in a) healthy body.
سَلیمُ‌الطَّبع، ملایم، سازگار، فروتن. of a meek nature. mild. simple-hearted.
سُلَیمان Solomon. Suliman.
مرغ ~، هدهد، شانه‌بسر. (z.) hoopoe.
سُلیمانی Solomon's (dignity or wisdom).
سَم (سموم .pl)، زهر. poison. venom. toxicity. bane. toxi-.
~ خوردن. to take poison.
~ دادن. to poison.
سُم، سنب. hoof. ungu-.
سردو ~ بلند شدن. to prance.
زیر ~ اسبان دشمن. under the hooves of enemy horses.
سَماء (سموات .pl)، آسمان. heavens. sky. firmament.
سِماجَت، اصرار. importunity. insistence. urging. persistence.
~ کردن. to insist. to press. to importune. to urge. to overcome with importunity and tears.
~ او مرا خشمناك ساخت. his insistence (persistence) made me angry.
سَماحَت، گذشت، بخشش. munificence. donation.
سَمارُوغ، قارچ. (white) mushroom.
سِماط، سفره. tablecloth. food-table.
سَماع، شنیدن، آواز. singing. song. music. hearing.
سَماعی، شنیدنی، افواهی. founded on usage. irregular. heteroclite. auditive. auditory.
سُماق، سماك. (bot.) sumac. (min.) porphyry.
سماق‌پالان، آبکش. colander. cullender.
سماق‌نما (نوعی‌سنگ‌سماق‌است). porphyroid.
سِماك، ابزار. lifting implement.

سُماك، سماق. (min.) porphyry.
سم‌الفار، مرگ موش.
ratsbane. arsenous oxide.
سَماوات، سموات، آسمانها.
heavens. firmaments. skies.
سَماوَر samovar.
سَماوی، آسمانی، علوی، بهشتی. heavenly.
سَم‌پاش poison - sprayer.
سم‌پاشی spraying poison. poisoning.
~ کردن. to spray poison. to asperse.
افکار عمومی را ~ کردن.
to poison public opinion.
سَمت (سموت .pl) طرف، جانب، سو، السمت.
direction. side. way. azimuth.
دائره ~. vertical circle.
بسمت. in the direction of. towards. at.
از ~ مغرب. from the west.
همیشه از ~ راست جاده حرکت کنید.
always drive (move) on the right side of the road.
سِمَت، مقام، شغل. office.
capacity. designation. position.
بسمت پزشکی. in the capacity of a physician. as a physician.
او دیگر در این اداره سمتی ندارد.
he no longer holds a position in this office.
سَمت‌الرّأس (astr.) zenith.
سمت‌القدم (astr.) nadir.
سُم‌تراش butteris.
سِمِج، مصر، پررو، بیشرم. cheeky.
importunate. insistent. persistent. urging.
سمحاق، پوست‌تنگ سر. pericranium.
سَم‌دار، زهردار، سمی، زهری.
poisonous. toxic. venomous. deadly. virulent. noxious. poisoned.
سُم‌دار (z.) hoofed. ungulate.
سُمداران (z.) ungulata.
سَمَر، ضرب‌المثل، مثال. story. byword.
night conversation.
~ شدن. to become renowned. to come to be a byword.
سُمرُو (z.) unguligrade.
سِمسار dealer in second - hand goods. second - hand dealer.
سمساری
dealing in second - hand goods.
دکان ~. second - hand store. second - hand dealer's shop.
سُم‌شِکافته (z.) cloven - hoofed. fissiped.
سَم‌شناس، زهرشناس. toxicologist.
سم‌شناسی، زهرشناسی. toxicology.
سَمع، گوش، شنوائی.
hearing. ear. auscultation. audition.
بسمع او نرسیده بود. he had not heard it. it had not been brought to his ears.
سَمعاً وَطاعةً
most willingly. I shall hear and obey.
سَمعَك hearing aid.
سَمعی، شنودی. pertaining to hearing. or ears. audio-. auditory. auditive.
سَمعی وبَصَری، دید وشنودی. audio-visual.
سَمَك (سماك .pl)، ماهی. fish.
سَمَن، یاسمن. (bot.) jasmine.
سِمَن، فربهی، چاقی. fatness. obesity.
سَمناك، زهردار. poisonous.
سَمنبَر of a fragrant - bosom.
سمنت، سیمان. cement.

سَمَند light-bay (or dun) colo(u)red.
سَمَندر (z.) salamander.
سمندران (z.) salamandridae.
سَمَنقَر (z.) tarlatan.
سَمَنو juice of germinating wheat or malt mixed with flour.
سُمُو، بلندی، تعالی، رفعت. height.
سَموات (سماء .pl of)، آسمانها.
heavens. skys. firmaments.
سَمور (z.) sable. fur from sable.
~ آبی. (z.) otter.
سُموم (سم .pl of)، زهرها. poisons.
سَمی، زهری، زهردار.
poisonous. toxic. venomous. noxious.
گازهای ~. poisonous (toxic) gases.
مار ~. venomous snake.
سمیت poisonousness. toxicity.
سَمیع، شنونده. hearer. God.
سَمین، فربه، چاق. fat. heavy.
سِن، آفت‌سن. soun pest. aphis destructive to wheat. June bug.
سِن، صحنه. stage. scene. setting.
سِن the Seine river.
سِنّ age.
در ~ ۵۰ سالگی. at the age of 50.
~ شما چقدر است؟ how old are you?
پا بسن گذاشتن. to enter upon old age.
~ قانونی. legal age. adulthood.
سَنا (bot.) senna.
جُوهر ~. cathartic acid.
سِنا، مجلس‌سنا، مجلس‌اعیان. Senate.
سَناء، روشنی، بلندی. height. brightness.
سِنّاً، ازلحاظ سن‌وسال.
in years. with respect to age.
او ~ از من بزرگتر است.
he is older than I am.
سِناتور senator.
~ انتصابی. appointed senator.
~ انتخابی. elected senator.
سِنان، نیزه، سرنیزه. (point of a) spear.
سُنب، سم. hoof.
سُنباده emery. carborundum. grindstone.
چرخ ~. emery wheel. buff wheel.
کاغذ ~. emery paper. sandpaper.
سنگ ~. corundum. grindstone. whetstone.
سُنبُل (سنابل .pl). (bot.) hyacinth. nard.
(met.) ringlet. curl.
سَنبَل، سرهم‌بندی.
bungled work. botching.
~ کردن. to bungle. to botch.
سُنبُل‌الطّیب (bot.) valerian. cat's valerian. common valerian.
سنبل‌الطیبان (bot.) valerianaceae.
سُنبُلَك (bot.) spikelet.
سُنبُلَه cluster. virgin.. ear of corn.
برج ~. the Virgo.
سَنبوسَه small pie. gusset.
سُنبَه ramrod. punch. piston. nail set. ram. rod.
~ زدن. to ram.
سُنّت (سنن .pl)، عرف، ختنه.
Sunna(h). tradition. custom. law.
اهل ~. Sunnite. the Sunnites. Sunni.
سِنت cent.
سَنتور dulcimer. santur.
ـسَنج (سنجیدن .i. r. of)، بسنج، سنجش‌کننده.
meter. examine (used in combs. such as: ~ (فشار).
سِنج cymbal.
سَنجاب، موش‌خرما. (z.) squirrel.
سَنجاق pin. brooch. hairpin.
~ گیسو، ~ سر. hairpin. bobby pin.
~ سینه، ~ کراوات. brooch.
سَنجاقك (z.) dragonfly.
سنجاق‌گیر، جاسنجاقی. pincushion.
سِنجِد، سنجد رسمی. (bot.) oleaster. oil tree. elaeagnus angustifolia. wild olive.
درخت ~. (bot.) sarb. service tree.
سنجدتلخیان (oot.) meliaceae.
سِنجَدیان (bot.) elaeagnaceae.
سِنج‌زَن cymbalist.
سَنجِش، قیاس، مقایسه. weighing. measurement. deliberation. fathoming. sounding. testing. examining. comparison.
سَنجیدگی، قیاس، عقل، فهم. deliberateness. soberness. judiciousness.
سنجیدن، وزن‌کردن، قیاس‌کردن.
to measure. to weigh. to deliberate. to compare. to ponder over. to judge.
ابتدا باید سنجید و سپس عمل کرد.
one must first deliberate and then act.
ـسَنجی measuring or weighing (used in combs. such as: ~ (سخن).
سَنجیده، قیاس‌کرده.. weighed. measured. deliberate. reflected. well-considered. guarded. judicious. grave. tested.
نسنجیده. ill-considered. rashly said or done.
سخن ~. a judicious statement.
سِنخ، دسته، طبقه، اصل، سنخ. guild. union. class. category. group. root. origin.
~ خباز. union of bakers.
سَنَد (اسناد .pl)، تمسك، قباله، بنچاق.
document. deed. title.
~ مالکیت. ownership document. title deed.
~ فروش. voucher. bill.
~ بیمه. insurance policy.
سِند the Indus river.
سَندان anvil.
~ گوش. incus. the anvil.
~ دودماغه، ~ دوکره. bickern.
سندانچه hand - anvil.
سندانی anvil - like. incudal.
سِندرُوس (bot.) sandarach.
سُندُس silk brocade.
سَندساز، جاعل اسناد.
forger (of documents).
سندسازی، جعل سند. forgery.
~ کردن.
to forge (papers). to fabricate documents.
سَندَل، صندل. sandalwood.
سندل، کفش راحتی، پارچهٔ ابریشمی نازك.
sendal. sandal.
سِنده turd.
سِنده‌سَلام، گل‌مژه. (med.) sty. stye.
سِندیان holm oak. holly oak.
سَندیّت، اعتبار، ارزش‌قانونی، اصالت. validity.
binding value. legality. documentation.
این نوشته ~ ندارد. this written statement has no validity (binding force, effect or value).
~ قانونی این مدرك مورد تردید است.
the legality (legal force) of this document is doubtful (in doubt).
سِندیکا syndicate. combine. cartel.
سندیکای کارگران راه‌آهن.
railway workers' syndicate.
سِن‌زده damaged by wheat aphid. damaged by eurygaster integreceps.
سَنگ، صخره، حجر. stone. rock.
petro-. litho-. -lith. weight. calculus.
~ آسمانی. aerolite. aerolith.
~ آسیا(ب)، آسیا~. millstone.
~ پا. pumice stone.
این چشمه دو ~ آب دارد.
this spring can run two millstones.
حکاکی روی ~. lithoglyph.
~ چاپ. lithographic stone or slate.
چاپ روی ~، چاپ سنگی.
lithography. lithotype.
~ روی یخ کردن.
to play off, to send on wild goose chase.
~ مثانه. bladderstone. calculus.
عکاسی برروی ~. lithophotography.
~ مزار. gravestone. headstone. tombstone.
~ زدن. to lapidate. to stone.
(تبدیل‌به) ~ کردن یا شدن. to petrify.
~ نوشتهٔ برجسته. bas-relief.
تیرش بسنگ خورد. he missed the aim. he failed.
سرش بسنگ خورد. he came against a stonewall.
گل~، گلسنگ. lichen.
معدن ~، کان ~. quarry.
~ معدن، ~ معدنی. ore.
~ آتشزنه، سنگ چخماق. flint, flintstone.
~ آهك. limestone.
سَنگاب stone-trough.
سَنگاپور (geog.) Singapore.
سَنگ‌آسا، سخت، مانند سنگ. stony. hard.
سَنگال، جسم‌سنگی. concretion.
سنگباران shower of stones. lapidation.
سنگ‌پاره boulder. rock. gravel.
سنگ‌پرستی litholatry.
سَنگ‌پُشت، لاك‌پشت. (z.) tortoise. turtle.
سنگ‌پله ducks and drakes.
سنگ‌تراش، حجار. stonecutter. mason. stone carver.
سنگتراشی، حجاری. stonecutting. masonry. stone carving.
سنگچین، تحجیر. fence of stones. stone revetment. riprap.
~ کردن. to riprap. to revet with stones. to fence with stones.
سنگچینی، تحجیر. revetting or fencing with stones.
سَنگخوار (z.) sand grouse. lithophagous.
سنگدان (anat.) gizzard.
سَنگدِل، قسی‌القلب، ستمپیشه. cruel. stone-hearted. hard-hearted.
سنگدلی، قساوت قلب، ستمپیشگی.
hard-heartedness. cruelty.
سنگ‌دوست (z.) lithophilous.
سَنگر، استحکام. trench. rifle pit.
entrenchment. stronghold. fortification.
~ گرفتن. to entrench (oneself).
سنگربندی، استحکامات. entrenchment. entrenching. fortification(s).
~ کردن. to entrench. to fortify (a place). to fortify by digging trenches.
سَنگرُویان (bot.) empetraceae.
سنگریزه gravel(stone).
سنگ‌زا lithogenous.
سنگ‌زایی lithogenesis.
سنگ‌زی lithophyte.
سنگساب grindstone.

سنگسار stoning. lapidation.
~ کردن. to stone. to lapidate.
آنها بوسیلهٔ ~ کردن اوراکشتند. they stoned him to death.
سَنگِستان rocky or stony place.
سَنگ‌شِکَن knapping-hammer. stone breaker. lithoclast.
سنگ‌شناس petrologist. lithologist.
سنگ‌شناسی petrology. lithology.
سَنگِ‌صَفرا biliary calculus. gallstone.
سنگ‌فرش cobblestone. macadamizing. macadam.
~ کردن. to pave with stones. to flag. to macadamize. to flagstone.
سَنگ‌قَلّاب، فلاخن، قلاب سنگ. sling.
سَنگَک، نان سنگ. bread baked on heated pebbles in a furnace.
سَنگ‌کار mason. stoneworker.
سَنگِ‌کُلیَه renal calculus.
سَنگلاخ stony (place). rocky. craggy.
سَنگِ لوح، تخته‌سنگ، بِلمه. slate (stone).
سَنگ‌ماسِه sandstone.
سَنگِ مَثانَه bladder stone. vesical calculus. lithiasis.
سَنگ‌نِوِشتَه، سنگ‌نویسی، حکاکی‌روی سنگ. petrograph. petroglyph. inscription on stones.
سَنگی، حجری. stony. made of stone. lithic. petrous. petrosal.
معماری ~. lithic architecture. stone masonry.
ساختمان ~. stone work. stone building.
دوران کهنهٔ ~،عصر حجر قدیم. old stone age.
سَنگواره، مستحاثه، فسیل. fossil.
~ کردن یا شدن. to fossilize. to fossilify. fossilization. fossilification.
سَنگین، وزین، دشوار. heavy. ponderous. onerous. weighty. cumbersome. burdensome. grave. sober.
این بار ~تر از آنست که‌من فکرمیکردم. this load is heavier than I had thought.
اوگوشش ~ است. he is hard of hearing.
قیمت ~. a high price.
هزینه‌های ~ (زیاد). sumptuous (great) expenses.
توپخانهٔ ~. heavy artillery.
وظیفهٔ ~. a burdensome duty.
~ شدن. to become heavy. to put on weight.
~ کردن. to make heavy (burdensome). to heavy.
سَنگین‌اَسلِحه heavy-armed.
سنگین‌قیمت، قیمتی، پربها. precious. costly. dear. expensive.
سَنگین‌کُره barysphere. centrosphere.
سَنگینَک slowly. gravely.
سَنگین‌وَزن heavyweight.
سنگینی،وزینی،وزن. heaviness. weight. gravity. ponderousness. onerousness.
~ وزن. heaviness of weight.
~ کردن. to weigh down. to press. to burden. to be heavy.
سُنَن (سنت pl. of)، آداب، رسوم. customs. traditions. ways.
سَنَوات (سنه pl. of)، سالها. years.
~ خدمت. years of service.
سنواتی، سالیانه. annual. yearly.
سَنَه (سنوات سنین pl.) year. era. date.
در ~ (سال) ۱۹۷۵. in the year 1975.

سَنی، بلند، باشکوه، والا، اصیل. lofty. high. of noble birth.
سُنّی Sunnite.
سِنّی based on age. age-wise.
رئیس ~. chairman elected by virtue of his age (or on the grounds of age).
سِنین (سنه pl. of.)، سالها، سالیان. years.
~ عمرش از ۵۰ گذشت. his age went over fifty.
در ~ طفولیت. during childhood (years).
سُو، سوی، سوک، سوق. direction. side.
باد از سوی شمال میوزد. the wind is blowing in a northerly direction.
ازهر ~. from every direction. from all sides. hither and thither.
(در امضاء) از سوی، ازطرف. on behalf of. for.
سُو، روشنائی، دید، فروغ. light. glimmer. twinkle. sight.
سوی چشم. eyesight.
چشم‌کم ~. poor eyesight.
سُوء، بد، ناپسند، زشت. bad. badness. evil. mal-. (used in such combs. as: سوء تغذیه =malnutrition).
~ استفاده‌کردن. to abuse. to misuse.
~ استفاده‌کننده. misuser. abuser.
~ تفاهم. misunderstanding.
~ تعبیر. misinterpretation.
~ تغذیه. malnutrition. dystrophy.
~ ظن. suspicion.
~ظن داشتن. to suspect.
~ قصد. attempt (upon someone's life). malice prepense.
~ نیت. bad intention. bad faith.
~ هاضمه. indigestion. dyspepsia.
او قصد سوئی نسبت بآن دختر داشت. he had evil intentions toward that girl.
سِوا، سوی، جدا، غیر از. separate. different. (an)other. else. disjoined. separately. unlinked. disconnected. disunited. asunder. apart. unconnected.
~ شدن. to separate. to disjoin.
ازهم ~ شدن. to separate. to become unlinked. to part with each other.
~ کردن. to separate. to disjoin. to unlink. to segregate. to select. to pick.
یك کراوات خوب برایت ~ کردم. I selected a nice tie for you.
همهٔ دانشجویان سوای (بجز) حسن آمده‌بودند. all the students except Hassan had come.
سَواء، برابری، مساوات. equal(ity).
سَوابِق (سابقه pl. of)،مدارك،سابقه‌ها،پیشینه‌ها. documents. (previous) records. precedences. files.
سَواحِل (ساحل pl. of)، کرانه‌ها، کناره‌ها. coasts. beaches. shores.
سَواد، باسوادی،سیاهی،رونوشت،رونوشت‌برداری. literacy. ability to read and write. blackness. copy. transcription.
سواد (رونوشت) برابر با اصل است. the transcription (copy) corresponds with the original. (it is a) true copy.
بیسواد. illiterate.
بیسوادی. illiteracy.
سواددار، باسواد. literate. able to read and write. learned.
معلم ما مرد باسوادی بود. our teacher was a learned man.
بمنظور گسترش سواد (باسوادی) درروستاها. in order to spread literacy in the villages.

سوادآموزی teaching how to read and write.
سَواد برداشتن، سواد نوشتن از. to copy. to make a copy of. to transcribe.
سَوادُالبَطن، جگر. liver.
سوادالعین، مردمك‌چشم، سیاهی‌چشم. pupil (of the eye).
سَوادبَردار copyist. amanuensis. scribe.
سَوار rider. horseman. riding. mounted. cavalier. equestrian.
~ اسب. mounted on a horse. on horseback.
پلیس ~. mounted police.
~ درشکه. driving in a carriage.
اسب ~. horse rider.
دوچرخه ~. bicycle rider. cyclist.
خواهشمند است ~ هواپیما شوید. please get on board (the plane). please embark.
~ شدن. to ride. to embark. to get on board. to get on. to mount.
~ اسبی شدن. to ride (on) a horse. to mount a horse. to get on a horse.
مسافران بسرعت ~ اتوبوس شدند. the passengers got on the bus quickly.
~ اتوبوس‌شدن. to board a bus. to get on a bus.
~ (کشتی یا هواپیما)شدن. to embark. to go on board (a ship or plane).
~ وپیاده شدن. to mount and dismount (a horse). to get on and off (a car). to embark and disembark (a ship or plane).
~کردن. to cause to ride. to mount. to take on board. to instal. to board. to pick up (a passenger). to assemble. to erect. to put up. to commission. to operate.
~کردن ماشین آلات. to assemble (put up, or erect) machinery.
پس اززحمت زیادمجسمه را بر پایه‌اش ~کردند. after much hard work the statue was mounted on its pedestal.
سَوارخُوبی trick riding. horsemanship.
سوارکار jockey. equestrian.
باشگاه سوارکاران. jockey club.
سوارکاری jockeying. horsemanship. equestrianism.
سوارکننده erector (of machinery). assembler.
سَواره،سوار،تندرو. riding. on horseback. mounted. galloping. equestrian.
مجسمهٔ ~. equestrian (statue).
سواره‌رو roadway. motorway.
سَواره نِظام cavalry.
سَواری riding. ride. horsemanship.
هنر ~، سوارکاری. horsemanship. equestrianism.
اتومبیل ~. motoring. passenger car.
~کردن. to ride. to drive. to motor.
سَواسَوا، جداجدا،جداگانه، یکی‌یکی، بتفکیك. separate. separately. one by one. disjointed. unlinked. disconnected.
سُؤال (سؤالات.pl)، پرسش. question. asking. inquiry. quiz. query. interrogation.
~ دشوار. a difficult question.
آدم باشرفروی ~ ندارد. an hono(u)rable man has no nerve to beg.
~کننده. questioner. asker. interrogator.
~ شما را نمیتوان جواب داد. your inquiry cannot be answered.
علامت ~. interrogation (question) mark.
~ وجواب. question and answer.
~ و جواب‌کردن. to bandy words. to talk back and forth.
~کردن. to question. to ask. to inquire. to query. to interrogate. to catechize.
سؤالی، استفهامی. interrogative. asking. interrogatory.
سَوانِح (سانحه pl. of)، اتفاقات، تصادفات. accidents. emergencies, incidents.
بخش ~ بیمارستان. emergency ward (of a hospital).
سِوای، غیراز، بجز، باستثناء. except. save. excluding. but with the exception of.
همه ~ او. all except (save, but) him.
سوُبلیمه، داراشکنه، سوبلمه. sublimate.
سُوپ، آشامه، آبگوشت. soup. broth.
سوپاپ، دریچه، سرپوش. valve.
سوپ‌خوری tureen.
سوت whistle. hoot(er). hiss. siren.
~ زدن. to whistle. to blow a whistle.
~ زن، ~ زننده. whistler.
سوت‌سوتك whistle.
سوخ، پیازگل. (bot.) bulb.
سوخاری (نان). rusk bread.
سوخت fuel. combustion. burned.
فرآورده‌های نفتی هنوز بهترین ~ها هستند. oil products are still the best fuels.
~ شدن. to remain unpaid. to be irrecoverable.
~های کانی. fossil fuels.
انگشتم~. I burned my finger.
کمبود~. fuel shortage.
سوخت آما، کاربوراتور. carburettor.
سوخت‌پاش carburettor-jet.
سوختگی burn. scald. sunburn.
~ درجهٔدو. burn of the second degree.
سوخت‌گیری refuelling. fuelling.
~کردن. to fuel. to refuel.
سوختن، دستخوش آتش شدن، آتش‌گرفتن. to burn. to consume. to be consumed. to oxidize. to blaze. to flame. to scorch. to sear. to sizzle. to singe. to char. to cremate. to incinerate. to scald. to combust.
شمع میسوزد. the candle burns.
او از خشم میسوخت. he blazed with anger.
جسدگاندی را در آتش سوزاندند. they cremated Gandhi's body.
حرارت سوزان. sizzling heat.
ذغال چوب‌آهسته میسوزد. charcoal combusts slowly.
او ازآتش عشق میسوخت he was inflamed with love.
لامپ سوخت. the bulb burned out.
بسوز و بساز. grin and bear it.
گونه‌هایش از آفتاب سوخته شده بود. his cheeks were parched (burnt) by the sun.
دلم بحالش میسوزد. I pity (feel sorry for) him.
سوختنی combustible. oxidizable. burning. catching fire. flammable.
سوخت وساز metabolism.
سوخته،آتش‌گرفته. burnt. burned (out). scalded. scorched. parched. dark. sore. consumed. charred. cremated. combusted. singed.
آفتاب ~. sunburned. scorched by the sun.

سوخته‌دل، دل‌سوخته. afflicted. bereaved.
سوختنی fit for fuel. bad or irrecoverable (as a debt).
نفت ~، نفت سوخت. fuel oil.
سود، بهره، فایده، نزول، ربا، استفاده، نفع. profit. benefit. advantage. premium. gain. dividend. interest. earnings. return. income. use.
حساب ~ و زیان. profit and loss account.
از اینکار چه‌سودی عایدت میشود؟ what benefit will you gain out of this?
~ سهام میان سهامداران تقسیم شد. dividends were distributed among shareholders.
گریه راچه~؟ what is the use of crying?
~ بردن. to make a profit. to drive a benefit. to profit by. to be benefited by. to take advantage of.
~کردن. to make profit. to be advantageous.
بیسود. unprofitable. disadvantageous.
سود، سودا، سدا. soda. sodium. natron.
سودا، معامله. transaction. trade. exchange. deal. barter.
~کردن. to trade. to transact. to barter.
کتاب را با یك‌رادیو ~کردم. I changed the book for a radio.
سوداء، صفرا، اندیشه، خیال، خشم، احساسات‌تند. black bile. melancholy. fury. passion. (med.) tetter. darter. atrabile. rash.
او سودای حکومت بسر داشت. he nurtured thoughts of governorship.
سودازده melancholic. enamoured.
سوداگر، تاجر. trader. merchant. businessman.
سوداگری trade. business. commerce.
سودان (geog.) the Sudan.
سودانی Sudanese.
سودآور، سودبخش، نافع. profitable. advantageous. beneficial.
سودائی، سوداوی. atrabilious. melancholic. passionate. dartrous.
هملت~مزاج بود. Hamlet was melancholic.
سودجو(ی) profiteer(ing). mercenary.
سودخوار، رباخوار، نزول‌خوار. usurer.
سودسوزآور، سود محرق. caustic soda.
سودمند، سودبخش، نافع. useful. profitable. advantageous. helpful. handy. beneficial.
سودمندی usefulness. profitability.
سودن، ساییدن. to rub. to grind. to pulverize. to abrade. to buff. to chafe.
سوده، ساییده. pulverized. abraded. chafed. rubbed. dust. powder(ed).
سودیوم، سدیوم. sodium.
سور، مهمانی. banquet. feast. party. junket. regale.
~ دادن. to give a party.
سور (pl. of سوره)، سوره‌های قران. chapters (of the Koran).
سوراخ، حفره. hole. puncture. cavity. aperture. slot. pit. opening. depression. crater. orifice. leak. burrow.
~کردن. to make a hole. to (drill a) hole. to bore. to pierce. to puncture. to spud in. to drill. to machicolate. to perforate.
~ شدن. to be pierced. to spring a leak in. to be punctured. to become holed.
~ بینی. nostril.
~ سوزن. eye of the needle.
~ گوش. ear canal.
تایر اتومبیل ما ~ (پنچر) شد. our car's tire (tyre) was punctured.
سوراخ‌دار having a hole or holes. leaky. holed.
سوراخ سوراخ full of holes. perforated. porous. reticulated.
سوراخ‌کن perforator. punch. borer.
سورت، سوره. chapter of the Koran.
سورت، حمله، شدت، زور. attack. violence.
سورتمه sledge. sled.
سورچران، انگل. sponger. hanger on. parasite. sycophant. fawner. leech.
سورچرانی sponging. (z.) inquilinism. dinner-hunting. party crashing.
سورچی، درشکه‌چی. carriage-driver.
سورسات، آذوقه، ارزاق. provisions. provender. ration.
تهیهٔ سورسات‌کردن. to purvey (food articles). to cater.
سورساتچی purveyor. caterer.
سورنا(ی)، سرنا. hautboy.
سورنجان (bot.) meadow saffron. hermodactyl. colchium.
سوره (سورات، سور .pl). sura(h). chapter of the Koran.
سوری (گل سوری for). (bot.) red rose.
سوری، سورچران. (person) fond of feasting or dinner-hunting. hanger-on.
سوریه syria.
سوز، بسوز، سوزنده، سوزان. burn thou. burning. burner.(in combs. as in: دلسوز، نفت‌سوز).
سوز، سوزش. burning. burner. cold breeze. nipping (cold). smart. pain. shooting pain.
امروز سرما ~ دارد. today it is nipping cold.
~ زدن. to smart.
~ داشتن. to have a burning effect. to have shooting pain.
~ دل. mental agony. heartburn.
سوزا، سوزان. combustible. burning.
سوزاك gonorrhea. blennorrhagia.
سوزاکی gonorrheal. blennorrhagic.
سوزان، سوزنده، سوزناك. burning. flaming. ablaze. torrid. smarting (as pain). twinging. fervent. caustic. astringent.
عشق ~. burning (fervent) love.
سوزاندن، سوزانیدن. cauterization. to burn. to cause to burn. to set on fire. to inflame. to singe. to sear. to char. to cremate. to scorch.
سارقین خرمن‌ها راسوزاندند (آتش‌زدند). the burglars set the crops on fire.
سوزآور، سوزناك. caustic. astringent.
سوزانی combustibility.
سوزبرف blizzard.
سوز دل heartache. mental vexation. compassion. spite. grudge.
سوز زدن to smart. to sizzle.
سوزش burn(ing). combustion. scald. smart. pain. twinge. irritation.
سوزك pimple. prickly sensation.
سوزن needle. bodkin. aciculum. seta. bristle. point. pin.
طب سوزنی. acupuncture.
~ دوراهی راه‌آهن. switch point.
~ زدن. to needle. to prick with a needle. to have a shot. to pierce with a needle. to inject. to be engaged in sewing. to vaccinate. to prickle.
دکتر باو ~ زد. the doctor gave him a needle (shot, injection).
سوزناك plaintive. touching. sad. heart-rending.
سوزن‌بان (راه‌آهن). switchman. pointsman.
سوزن‌بند (درماشین خیاطی). clamp.
سوزن‌دان، سوزاندن. needle-case.
سوزن درمانی، طب سوزنی. acupuncture.
سوزندگی consuming power. burning effect. causticity.
سوزن دوزی needle-lace. needlepoint. needlework.
~کردن. to sew. to embroider.
سوزنده burning. caustic.
سوزن‌زنی sewing. needlework. injecting. giving a shot. vaccination.
سوزن‌سوزنی feeling pins and needles.
سوزنك، سوزاك. gonorrhea. gonorrhoea.
سوزن‌ماهیان (z.) syngnathidae.
سوزنی، سوزن‌وار. needle-like. worked by a needle. prickly. minute. acicular.
سوزه، سوزك. pimple.
سوس، سس. catchup. ketchup.
~ گوجه فرنگی، رب گوجه فرنگی. catchup. tomato sauce.
سوسك (z.) beetle.
~ طلائی. gold beetle. goldbug.
~ گرمابه. cockroach.
سوسمار (z.) lizard. crocodile. alligator.
سوسماران (z.) sauria.
سوسماری crocodile-brand. crocodilian.
سوسن (bot.) lily of the valley.
سوسنی liliaceous. lily-colo(u)red.
سوسو flicker. glimmer.
سوسوریت (z.) saussurite. zoisite.
سوسو زدن to flicker. to glimmer. to twinkle.
سوسه، شپشه، خدشه، دندانه، اشکال. (z.) weevil. serration (in a blade). flaw.
~ درکار درآوردن. to put a spoke in one's wheel. to interpose difficulties.
سوسی susi.
سوسیالیست، گروه‌گرای. socialist.
سوسیالیسم، گروه‌گرائی. socialism.
سوش counterfoil. stub.
سوغات gift sent or brought by a traveller.
سوغان training. curry.
~ اسبی راگرفتن. to train a horse (for the race).
~گیری‌کردن. to train. to break (a horse).
سوغانی trained or broken.
سوف، ماهی سوف. (z.) zander.
~ ماهیان. (z.) percidae.
سوفار notch of an arrow.
سوفال، سفال، توفال. pantile. shingle.
سوفسطائی sophist. sophisticated.
سوفلور، سخن رسان. prompter.
سوق، سوك. marketplace.
سوق impelling. driving.
~ دادن. to lead.
سوق‌الجیشی، لشکرکشی. strategy. strategic(al). tactic(al).
سوگ، سوگواری، اندوه. sorrow. mourning. grief.
سوگلی favo(u)rite (wife).
سوگند، قسم. oath. swear. pledge.
~ یادکردن، ~ خوردن. to take an oath. to swear.
~دادن. to swear. to administer an oath to.
~ دروغ. perjury.
~ دروغ خوردن. to perjure oneself.
~ وفاداری بپرچم. pledge of allegiance to the flag.
بشرافتش ~ خوردکه کتاب را برنداشته. he swore by his honor that he had not taken the book.
سوگندشکن perjurer. renegade. breaker of an oath.
سوگندشکنی perjury. reneging.
سوگندنامه swearing formula. text of an oath.
سوگوار mournful. grieving.
سوگواری mourning. lamentation.
~ کردن. to mourn. to lament. to grieve.
مراسم ~. funeral ceremonies.
سوگیری، جانبداری، طرفداری. partiality. favouritism.
سولفات sulphate.
سولفات‌دوسود sodium sulphate.
سولفات دومنیزی magnesium sulphate.
سولفور sulphide.
سوله hole. niche.
سوله، شاهین اروپائی. saker.
سوله‌نر، شاهین نر. sakeret.
سوم third. tertiary. tertial.
سوماترا (geog.) Sumatra.
سومی، سومین. the third (one). tertian. ter-. tri-.
سوندصوتی fathometer.
سوندفضائی space probe.
سوهان، سوان. a kind of candy made of flour and honey.
سوهان file.
~ چوبساب. rasp.
~ زدن. to file or rasp.
~ درشت. coarse file.
~ ناخن. nail file.
سوهان‌خوار، ~ خور. capable (or capability) of being filed. margin.
سوهان‌کار، سوهان‌گر. filer. filecutter.
سوهان‌کاری filing. rasping.
سوی، سو، طرف، جانب. side. direction. behalf.
سوی، سوای، غیر از. other than. else.
سوی at. toward.
سویچ، کلید. switch.
سویداء the heart's core.
سوئیس (geog.) Switzerland.
سوئیسی swiss.
سویگر commutator.
سویه، نیا. lineage. genealogy. pedigree.
سویّه، برابری. equality. evenness. sameness.
بالسویه equally.
پول را بالسویه بین خود تقسیم‌کردند. they divided the money equally between themselves.
عَلَی‌السَّوِیّه. equally. without distinction. equal. same.
برای من علی‌السویه است. it is all the same to me.
سویه‌شناسی genealogy.
سه، هرسه، سه‌پایه. three. all three. tri-. (also used in combs. such as: سه‌پایه = tripod).
به ~ قسمت‌کردن. to trisect.

~ نمایشی. trilogy.
~ هفتگی. triweekly.
سه‌ارزشی، سه‌ظرفیتی. trivalent. tervalent.
سِهام (سهم pl. of)، سهم‌ها، اسهام. shares. stocks.
سهامی made up of shares. joint stock.
سه‌باله having three (pairs of) wings.
سه‌بَر، سه‌بری. trilateral. three-sided.
سه بَرابَر، سه‌تائی، سه‌گانه. threefold. trine. triparted. trinal. thrice. ter-. trifold. three times as much.
~ کردن. to triple. to make threefold.
تلفات ترافیك ~ شده است. traffic casualties have tripled.
او ~ این پول دارد. he has three times as much money as this.
سه بَرگَه 'trifoliate. trifoliolate.
سه بُعدی tridimentional.
سه‌بَندی، سه وتدی. trimerous. trimetric.
سه‌بیتی triplet. tercet.
سه‌پا three-legged. triple. tripod.
سه‌پار trimer.
سه‌پایه tripod. trivet. stool.
سه‌پَرچَمی triandrous.
سه‌پَهلو trilateral. trilinear.
سه‌تا three.
~ زن گرفت. he married three wives.
سه‌تار sitar.
سه‌تائی triplex. threesome. triplet. trio. threefold. ter-. tri-. trinal. ternate.
سه‌جانبه، سه‌طرفه، سه‌پهلو. tripartite. triparted. trilateral.
سه‌جُزئی ternary. threesome. tripartite.
سه‌جمله‌ای trinomial.
سه‌چرخه tricycle. trike.
سه‌چَندان threefold. triple. three times as much.
سه‌حَرفی triliteral.
سه‌خُفرگان (z.) tricladida.
سه دَوری، ابعادسه‌گانه، ابعاد ثلاثه. having three dimensions. tricyclic.
سُهراب Sohrab.
سه راه forked road. parting of two roads. y-track. tee. y-shaped.
سه‌رنگ tricolo(u)r.
سه‌رُویه، سه وجهی. trihedral.
سِهره (z.) goldfinch.
سه‌زبانه trilingual. triglot.
سه زنه trigamous. trigamist.
سه زنی trigamy.
سه‌سال three years. triennium.
سه ساله three-year old. (bot.) triennial.
سه سَر three-headed. (cards) pair royal.
ماهیچهٔ ~. triceps.
سه‌شاخه، چنگك. three-horned. tricorn. three-pronged. pitchfork.
سه شَکلی، سه وجهی. trimorph. trimorphic. trimorphous.
سه‌شَنبه Tuesday.
سه‌شنبهٔ دیگر. next Tuesday.
سه‌ضربی (in) triple time.
سه‌طرفه، سه‌جانبه. tripartite. trilateral.
سه‌ظرفیتی trivalent.
سه‌فاز، برق سه‌فاز. three-phase. triphase.
سه‌قاب knucklebones: game played with three knuckle-bones.

سه‌قلو، سه‌قولو. triplet. triplex.
سه‌کانونی trifocal.
سه‌کنج corner. solid angle.
سه‌گانه، ثلاثه، سه‌تکه، سه‌قطعه. the three. threefold. trinal. trine. trinary. trinity. triple. tripartite. trilobate. trilobite.
سه‌گاه a Persian melody.
سه‌گرزنی (bot.) trigynous.
سه‌گوش triangular. tricuspid. triangle.
سه‌گوشه triangular. trigonal. triangulate. tricornered. triquetrous.
سَهل، آسان. easy. facile. not difficult. manageable.
~ کردن. to facilitate. to simplify. to make easy.
~ گرفتن. to take it easy. to slight. to make light of.
سهل و ممتنع. easy but difficult to imitate (as a poem).
موسیقی ایرانی که ~ است موسیقی فرنگی هم می‌دانست. he not only knew Iranian music but European music as well.
سه‌لا three-ply. threefold.
سَهلُ‌الاِدراك easy of apprehension.
سَهلُ‌الحُصول، زودیاب. easily obtainable. easily accessible.
سَهلُ‌العُبور easy to pass.
سَهلُ‌الوصول، زودیاب. easy to collect. easy to obtain or receive.
سَهلُ‌الهَضم eupeptic. digestible.
سَهل‌اِنگار careless. nonchalant.
سهل‌انگاری nonchalance. carelessness.
~ کردن. to act carelessly.
سه‌لَختی tricuspid.
سه‌لُو trey. three.
سَهم (سِهام pl.)، سهمیه، قسمت، سهام، نیزه. share. portion. stock. arrow. part. lot. allotment. dole. quota. (slang.) cut.
~ بردن. to share. to partake.
~ کردن. to divide. to share out.
صاحب ~، سهامدار. shareholder. stockholder.
~ قرضه. debentures. bonds. debenture bonds.
سود ~، سود سهام. dividend.
این ~ شماست. this is your share (portion).
او کلیهٔ ~های(سهام) خود را فروخت. he sold all his stocks.
سهمی هم به او بده. give him a part (share) too.
قاچاقچی ~ خود را میخواست. the smuggler wanted his cut.
سَهم، ترس. dread. awe.
سه‌ماهه three-month-old. quarterly.
سه‌محوری triaxial.
سَهمدار، سهامدار. shareholder. stockholder.
سَهمگین dreadful. formidable.
سَهمناك، ترسناك. dreadful. horrible.
سَهمی based on (the number of) shares. sagittal. styloid. parabola. parabolic. parabolical.
سَهمیّه، سهم، قسمت. quota. share. ration.
~ دادن به. to give a quota to.
سه‌نفری tripartite. trio. threesome. triad. triumvirate.
سَهو، اشتباه، خطا. error. slip. oversight. mistake. miss. solepcism. faut pas. blunder. (slang) booboo. fault.
~ در محاسبه. error in accounting.
~ کردن، اشتباه کردن. to make an error. to make a mistake.

سَهواً erroneously. by mistake. by oversight. inadvertently. mistakenly.
سه وَجهی trihedral. trihedron.
سُهولَت، آسانی. ease. easiness. fluency. easily. comfort. facility. readiness.
سه هَجائی trisyllabic
کلمهٔ ~. trisyllable.
سَهی، راست، مستقیم. straight.
سرو ~. straight pine.
سه‌یك one-third. tertiary.
نوبهٔ ~. tertian fever.
سهیل (ستاره). (astr.) Canopus
سَهیم، شریك، انباز. participant. partner. sharing. joining in. partaking.
~ شدن. to participate. to partake. to share. to take part. to have a share(in).
~ کردن. to make a partner. to give a share to.
من خود را در مصیبت وارده ~ میدانم. I consider myself a partaker of the bereavement (tragedy) which has befallen you.
سی thirty.
~ نفر. thirty people.
سَیّاح، جهانگرد، گشتگر. tourist. traveller. explorer. sightseer.
سِیاحَت، گشتگری. tour. travel. excursion. exploration. expedition. sightseeing.
~ کردن. to tour. to travel through. to explore.
سِیاحَت‌نامه، سفرنامه. travel account. tourist's itinerary.
سِیادَت، آقائی، بزرگی. lordship. supremacy. hegemony. domination.
سَیّار، درگردش، مسافر. mobile. travelling. itinerant. traveller. wanderer. motile. peripatetic. roving. errant.
کتابخانهٔ ~. mobile library.
فروشندهٔ ~. travelling salesman. peddler.
سیارات‌صغار minor planets. planetoids.
سیارات‌کبار major or primary planets.
سَیّارَك minor planet. asteroid.
سَیّارَه (سیارات pl.)، ستاره، کره. planet
سیارهٔ خرد asteroid.
سَیّاس، سیاستمدار. great politician. statesman. diplomat. politico.
سِیاسَت، روش، خط مشی، تنبیه. policy. diplomacy. politics. punishment.
~ دولت درمورد ساختمان سدهای بزرگ عوض شده است. the government's policy concerning the construction of large dams has changed.
من به ~ علاقه‌ای ندارم. I am not interested in politics.
~ کردن. to punish. to chastise.
~ بازی کردن. to play politics.
دربارهٔ ~ بحث کردن. to discuss politics.
~ مدن، علم سیاست. political science.
سِیاست‌باز، سیاستمدار. politician. diplomat. politico.
سِیاستمَدار politician, statesman. versed in politics. diplomatic. diplomat.
سیاست مداری statesmanship. diplomacy.
سیاسَنگ basalt.
سِیاسی political. diplomatic. politic.
جغرافی ~. political geography.
هیئت ~، کور دیپلماتیك. diplomatic corps.

نمایندگان ~ چندین کشورخارجی در آن ضیافت حضور یافتند. the diplomatic representatives of several foreign countries attended that banquet.
~ کردن. to politicize.
دخالت در امور ~ يك كشور. interference in the political affairs of a country.
سیاسیّات politics. political matters.
سیاق، طریقه، روش. order. style. course. trend. system of notation and accounting. based on words.
براین ~. according to this order or trend.
~ عبارت. context. style of an expression.
سِیاقَت، راهنمائی، روش. driving guidance. method. style.
سَیّال، جاری. fluid. flowing. molten. indeterminate.
سَیّالِه current. flowing. fluid.
سیام (geog.) Siam.
سی اُم thirtieth.
سیامی Siamese.
سی اُمی، سی امین. (the) thirtieth.
سیانور (chem.) cyanide.
سیاوُش Siavosh, son of Keykavoos.
پر ~. (bot.) maidenhair.
خون ~، خون‌سیاوشان. (bot.) dragon's blood.
سیاه، زنگی، رنگ سیاه. black. Negro. sable. dark. blackamoor. (mus.) quarter note. swart. murky. negrine. gloomy. dismal. blackish. Negrito. Negretic. melano-. melanoid.
بخت ~. bad luck.
کاکا ~. Negro.
لباس ~. black (mourning) clothes.
~ پوشیدن. to wear black.
~ کردن. to blacken. to darken. to ruin.
~ شدن. to blacken. to become black.
پنج نفر ~ آمریکائی. five American blacks (Negroes).
سیاه‌آب، باتلاق. marsh. bog.
سیاه‌بخت، بدبخت. unlucky. unfortunate.
سیاه‌پوست Negro. black-colo(u)red. Negrito. Negroid.
سیاه پوش wearing black.
سیاه‌چادُر black tent. nomadic tent.
سیاه‌چال dungeon. black hole.
سیاه چُردَه، سیه چرده. swarthy. blackish. dark-colo(u)red. melanoid.
سیاه چَشم، سیه چشم. black-eyed.
سیاه‌دانه (bot.) nigella seeds.
سیاهرَگ، ورید. vein.
~ کوچك. venule. veinlet.
سیاهرگی، وریدی. venous.
سیاهرَنگ black. dark-colo(u)red.
سیاه‌رو، سیه رو. blackamoor. disgraced.
سیاه‌روز، سیه روز. unhappy. one whose life is unsuccessful.
سیاه زَخم anthrax. charbon.
سیاه‌سُرفه whooping cough. pertussis.
سیاه قَلَم niello. inlaid enamel. etching. black-and-white.
~ زدن. to niello. to etch.
سیاه‌کاج (bot.) larch.
سیاهَك brown rust. smut affecting rice.
سیاه‌کاری wickedness.

سیاه‌گوش (z.) lynx. caracal.
سیاه‌نامه (of a) black record.
سیاهه، صورتحساب، سندهزینه، فاکتور، فهرست. inventory. bill. list. statement. invoice. used paper. waste paper.
~کردن. to inventory. to make a bill for. to make an inventory.
سیاهی، تیرگی، تاری. blackness. black colo(u)r. negritude. darkness. swarthiness. melanism.
~ لشکر. multitude. mere numbers. noses.
سیب (bot.) apple. pome.
اسید ~. malic acid.
سیب‌آدم Adam's apple.
سیبری، سیبریه. (geog.) Siberia.
سیب‌زمینی (bot.) potato.
~ زمینی ترشی. Jerusalem artichoke.
سیبك small apple. (head of the) uterus.
سیبی pomaceous. malaceous.
سیبیا (z.) cuttlefish.
سَیحون، سیردریا. (geog.) Syr Darya. Jaxartes.
سیخ skewer. spit. broach. stiff. erect. stubby poker. poke. prod. spit. spur. goad. prick.
~کباب. barbecue skewer. barbecue spit.
~ بخاری. poker.
دوساعت آنجا ~ ایستادم. there I stood straight for two hours.
موی ~. stiff hair.
گوشت را به ~کشیدن. to skewer meat.
~کردن، بسیخ‌کشیدن. to spit. to transfix.
~ شدن،شق‌شدن. to become stiff or erect.
~ زدن. to stir. to goad. to prod.
سیخچه، سیخك. small spit or skewer. small poker.
سیخ شدگی stiffness. erection.
سیخَك spur. prod. poker. goad. tail skid (of an air craft).
~ زدن. to prod. to goad. to poke.
سَیِّد، پیامبرزاده، آقازاده. Seyyed. sayid. master. (also used as a title before a name as in: ~علی).
سَیِّده a woman descendant of the prophet. lady. princess.
سیر، بیزار، راضی، پررنگ. full. satisfied. fed up. satiated. glutted. cloyed. surfeited. deep. weary. disgusted. blasé.
من ~ هستم. I am full (satisfied).
من از زندگی ~ شده‌ام. I am fed up with life.
قرمز ~. deep red.
~ کردن. to fill. to satisfy. to feed. to satiate. to glut. to cloy. to surfeit. to sate.
چشم ودل ~. decent. chaste. honest.
سیر (bot.) garlic.
~ ترشی. pickled garlic.
سیر old weight almost equal to 75 grammes.
سیر، سیاحت، سفر. travelling. going. excursion. sightseeing. revolution.
~ تکامل. evolution.
~ قهقرائی. retrogression.
~ صعودی. upswing. upward movement.
~ نزولی. downward movement. downswing.
~کردن. to traverse. to go sightseeing. to travel. to revolve.

خط ~. route. itinerary.
سِیَر (سیرت pl. of)، سیرت‌ها، عادات، رفتارها. characters. behavio(u)rs.
~ الملوك. behavio(u)rs of kings.
سیراب، سرشار، سیر وراضی، اشباع‌شده، سیرابی. satiated. quenched. drunk to satiety. saturated. completely. irrigated. tripe.
~ شدن. to become completely satiated or satisfied. to be completely irrigated.
~ کردن. to let drink to satiety. to quench the thirst of. to irrigate completely. to glut (the market, etc.)
سیرابی tripe. rumen.
سیرَت (سیر pl.) character. conduct. nature. behavio(u)r.
~ از صورت مهمتر است. character is more important than looks.
بی ~ کردن (بی‌صورت کردن. (commonly to violate a woman. to rape.
سیر دَریا، سیحون. (geog.) Jaxartes. Syr Darya.
سیرك circus.
سیروس، کورس، کورش. Cyrus.
سیری fullness. satiety. being fed up. surfeit. deepness (of a color).
سیری‌ناپذیر، سیرنشدنی. insatiable.
سیزاب، تره‌تیزك آبی. (bot.) brooklime.
سیزده thirteen.
~ نحس است. thirteen is ominous (brings bad luck).
سیزده‌بدر the thirteenth day of the New Year festival.
سیزدهم thirteenth.
سیزدهمی، سیزدهمین. (the) thirteenth.
سیستم، دستگاه، طرز، سلسله، جهاز. system. plan. model. routine. method.
~ تازه. a new system.
~ کار او اینطور است. this is his method of work (routine).
سیسنبر، آس‌بویه، سوسنبر. (bot.) wild thyme. mother-of-thyme.
سیسیل (جزیره). (geog.) Sicily.
سیصد three hundred.
سیصدساله tercentenary. tricentennial.
سیصدم (the) three-hundredth.
سیصدمین the three-hundredth.
سیف c.i.f. cost, insurance, freight.
سَیف (سیوف pl.)، شمشیر. sword.
سَیفُ‌الجَبّار (astr.) Orion's Belt.
سَیفُ‌الغُراب (astr.) Gladious.
سیفُن، سیفون. siphon. flushtank. fuel-
سیکران، شوکران. (bot.) henbane seeds.
سیگار cigarette. cigaret. cigar.
~ برگ. cigar.
~ خود را خاموش کنید. put your cigarette out.
او سیگاری روشن کرد. he lit (lighted) a cigarette.
ته~. cigarette end (butt).
زیر سیگاری. ashtray.
~ کشیدن ممنوع است. no smoking.
~ کشیدن. to smoke. to puff. to inhale.
شماهم ~ میکشید؟ do you smoke too?
رابطهٔ بین ~ وسرطان مسلم است. the connection between cigarettes and cancer is obvious.

سیگارت cigarette.
سیگاری addicted to smoking cigarettes. smoker. cigarette-shaped.
سَیل، طغیان‌آب. flood. torrent. inundation. deluge. downpour.
~ گرفتن، ~ آمدن. to flood. to inundate.
زمین را ~ گرفت. the land was inundated.
سیلی از تقاضاهای نامشروع. a flood of unlawful requests.
سیلاب flood water.
سیلابی torrential. diluvial. diluvian.
سیلان، سراندیب، سری‌لانکا (geog.) Ceylon. Sri Lanka.
سَیَلان، ریزش، جریان. flowing. flux.
سیل‌برگردان bund for flood prevention. embankment. dike.
سیل‌خیز، سیلخیز. giving rise to inundations. submergible.
سیل‌زده (سیل‌زدگان pl.). flood victim. flooded. inundated.
سیلزی (geog.) Silesia.
سیلگیر submergible. embankment.
سیلندر، استوانه. cylinder.
کلاه ~. top hat. chimney-pot hat.
سیلو silo. grain elevator.
سیلی، توگوشی، چك. box on the ear. slap. hit. smack. cuff.
~ توی صورتش زدند. he was slapped in the face.
~ زدن. to give a box on the ear. to slap.
سَیلی، وابسته به‌سیل یا سیلاب. diluvial. pertaining to a flood.
سیلیس silica.
سیلیسی silicious. siliceous.
سیم، نقره. silver. money. argent.
زر و~. gold and silver.
سیم، کابل، رشته. wire. line. cable. filament. string.
~ تلفن. telephone wire (line).
این خانه ~کشی شده ولی برق ندارد. this house is wired but has no electricity.
~ خاردار. barbed wire.
بی~. wireless.
~ فشار قوی. high tension wire (cable).
~ کش. electrician. one who wires.
~ کشیدن. to wire. (med.) to be infected by exposure.
زخم او ~کشید. his wound was infected by exposure.
~ کشی. wiring.
سِیُم، سوم. third.
سیما، قیافه، حالت. mien. physiognomy. visage. appearance. phase.
سیماب، جیوه. quicksilver. mercury. hydrargyrum.
سیمابی، جیوه‌ای، جیوه‌دار. mercurial. mercuric. hydrargyric.
سیمان، سمنت. cement.
سیم‌اندام، سیمین‌بدن. of a silvery or delicate body.
~ کردن. silvering. to silver.
سیمان‌کار cement layer. terrazo-worker.
سیمان‌کاری cement laying. terrazo-works.
سیمانی made of cement or concrete.
سیم‌بُر wire cutter. snipper.

سیم‌پَرَست، زرپرست. money worshipper.
سیم‌پوش wire insulator. clad in silver.
سیم پیچ armature winder.
سیم‌پیچی armature winding.
سیمتن، سیم اندام. fair and delicate of body.
سیمُرغ phoenix. fabulous bird. sphinx.
سیمکش wireman. lineman (which is properly سیمکش هوائی). wiredrawer.
سیم‌کشی. wiring. wire drawing. wire extension.
~کردن. to wire.
سیمگون silver white. silvery. silvern.
سیمگیر tailpiece of a violin.
سیمی made of wire. wired. wiry.
تور ~. screen. wire netting.
سِیُمی، سومی. third.
سیمین silvery. (made of) silver.
سینا (geog.) Sinai.
سینرر (bot.) cineraria. fleawort.
سینما cinema. pictures. movie. motion picture. cinematograph.
در جوانی لااقل هفته‌ای یکبار به~ میرفتم. in my youth I used to go to a movie house at least once a week.
سینماتوگراف cinematograph.
سینمائی cinematic. cinematographic.
سینوس sine. (med.) sinus.
سینه breast. bosom. chest. thoraco-.
سینهٔ‌کوه. slope of a mountain.
~ زدن. to beat the breast.
~ زنی. beating the breast (as a sign of mourning).
~ صاف‌کردن. to clear the throat. to hem. to hawk.
سینه‌ای، صدری، ریوی. pectoral. thoracic. pulmonary. pulmonic.
سینه‌بند breastband. breastplate. brassier. bib. bra.
سینه به‌سینه by word of mouth. orall(y). chest to chest.
درگذشته اطلاعات ~ منتقل میشد. in the past, information was conveyed chest to chest (by word of mouth).
سینه‌پهلو، ذات‌الریه. (med.) pneumonia.
سینه‌چاك greatly afflicted. having a torn breast. slit breast. décolleté.
سینه‌درد pectoralgia.
سینه‌زن member of mourning procession beating their breasts.
سینه‌کش، دامنه. slope.
سینه‌مال creeping. crawling. creepingly.
~ رفتن. to creep. to crawl. to glide.
~ بداخل غار رفتن. to creep into a cave.
سینی tray. platter. shield.
یك ~ پراز میوه. a tray full of fruits.
سینی sigmoid. like the letter س.
سی‌وجهی triacontahedral.
سیورسات، سورسات، جیره، آذوقه. ration. provisions.
سیه، سیاه. black (in combs. as in: ~روز).
سیه چرده، سیه دل، سیه روز، سیاه‌چرده. swarthy. of dark complexion.
سَیِّئه (سیئات pl.)، گناه، بدی. evil act. sin.

ش Sixteenth letter of the Persian alphabet.
ش (شان .pl)، اش. his. her. its. him. her (as in: کتابش، دلش).
شاب، جوان. young man.
شاباش، شادباش. bravo. well-done. a gift.
شاپو، کلاه. hat.
شاپور masculine proper noun.
شاتون، دستهٔ پیستون. connecting rod.
شاخ، شاخه، انشعاب. horn. cornu. trumpet. branch. bough. limb. (biol.) ramus. fragment. piece. kerato-.
~ زدن. **to buck. to bunt. to butt. to gore.**
~ و برگ. **foliage. herbage.**
~ و برگ دادن به. **to exaggerate.**
شاخابه tributary stream.
شاخچه، شاخك. small horn. branchlet. antenna. twig. feeler.
شاخدار horned. cornute. horny. corniculate. cornuted. corneous.
شاخسار grove. wood. thicket. branches.
شاخص indicator. index. criterion.
شاخك a small horn or branch. palpus. (biol.) ramus. (z.) antenna.
شاخکداران (z.) mandibulata. antennata.
شاخه branch. limb. bough. twig. ramification. offshoot. shoot.
دو ~ (برق). **plug.**
~ بریدن، ~ زدن. **to cut the branches off. to truncate. to prune. to lop.**
شاخه‌شاخه branching. ramulose. ramose. ramified.
~ شدن. **to branch out. to ramify.**
شاخی horny. corneous. ramous. ramose. cornute. kerato-.
عینك ~، عینك دسته‌دار. **spectacles.**
~ شدن. **keratinization.**
شاد، خوشحال. glad. happy. joyous. joyful. merry. blithe. pleased. cheerful. jovial.
~ شدن. **to become glad, cheerful, or happy.**
~ کردن. **to gladden. to make happy. to cheer up.**
شاداب juicy. succulent. fresh.
شادابی juiciness. freshness. succulence.
شادان، شاد. happy. blissful. joyous. joyful. cheerful.
شادباش، درود. congratulations. good wishes. bravo. cheers. felicitation.
~ گفتن. **to congratulate. to felicitate.**
همه به عروس شادباش گفتند. **everyone congratulated the bride.**
شادبهر merry. joyful.
شاددل، خوشدل. happy. joyful. cheerful.
شادروان، مرحوم. the deceased (whose soul may be happy). the late.
~ رضاشاهینی‌فر. **the late Reza Shahini - Far.**
شادکام، شاد، کامیاب. happy. triumphant. successful. fulfilled.
شادکامی happiness. success. triumph.
شادمان، شاد. happy. jovial. cheerful. glad. joyful. overjoyed. merry.
شادمانی، خوشی، خوشحالی. joy. happiness. rejoicing. gladness. joviality. joyousness. cheer. elation. merriment. merrymaking. revelry.
پیروزی تیم ما موجب ~ همهٔ دانشجویان‌شد. **our team's victory caused the rejoicing (elation) of all the students.**
~ کردن. **to rejoice. to make merry.**
شادی، خوشحالی، سرور، جشن. happiness. joy. merrymaking. pleasure. rejoicing. exultation. elation. merriment.
~ کردن. **to rejoice. to make merry. to triumph.**
شادیانه happy. happily.
موشکان طبل ~ زدند. **the mice beat (their) joyous drums.**
شاذ، کمیاب، نادر. rare. uncommon.
شارب، موی‌سبیل. hair of the mustache. drinker. whisk. whisker.
شارح، توضیح دهنده، شرح دهنده، مفسر. commentator. expositor. explicator.
شارژدافر، کاردار. chargé d'affaires.
شارع legislator. lawgiver. road. way.
~ عام. **public road. thoroughfare. highway.**
شارق، تابان، درخشنده. bright. shining. radiant. illuminating.
شارلاتان charlatan.
دکتر ~. **a quack doctor.**
شارلاتانی charlatanism. quackery.
شاسی chassis. frame.
شاش، ادرار. piss. urine. pee. urino-. micturition. urination.
شاشیدن، ~ کردن. **to piss. to pass urine. to make water. to micturate. to urinate.**
کودك گفت «~ دارم». **the child said, "I have to go pee pee".**
شاش‌بند، عسرالبول. dysuria. dysury. disuresia.
شاشدان، مثانه. chamber pot. bladder. bed pan. bottle. urinal.
شاشو one who has the habit of pissing in his bed or clothes.
شاشیدن to piss. to urinate. to micturate. to pee. to take a leak. to make water. urination. pissing.
شاطر، نانوا، چابك، چالاك. footman. beadle. outrunner. baker. nimble. celever.
شاطریون، ثعلب. (bot.) satyrium.
شاعر (شعراء .pl). poet. versifier. bard. lyrist. troubadour. skald. trouvere.
~ نامی. **a famous poet.**
~ بزمی. **a lyrist.**
شاعرانه poetically. poetical.
شاعرك، شاعر گمنام، شاعر نما. poetaster.
شاعره poetess.
شاعری versification. poetry. poetical art. poetics. composing poetry.
~کردن. **to be a poet. to poetize. to versify. to compose poetry.**
~کار همه‌کس نیست. **writing poetry is not something everyone can do.**
شاغل، برسرکار. incumbent. employed.
او هنوز ~ است. **he is still employed.**
شاف، شیاف. suppository.
شافع، شفیع. preemptor.
شافعی (امام محمد شافعی). Shafiite.
شافی، شفا دهنده. satisfactory. healing.
شاق، شاقه، سخت، دشوار. difficult. hard. onerous. unpleasant. rigid. severe. callous. tough. burdensome. laborious.
تکلیف (وظیفهٔ) ~. **a difficult duty.**
کار ~. **a hard task. toil.**
شاقول، شاغول. plumb line. plummet.
شاقه، شاق. hard. difficult. onerous.
حبس با اعمال ~. **hard labo(u)r imprisonment.**
شاکر، سپاس‌گزار. thankful. grateful.
شاکی، ناراضی، معترض، مزاحم. suer. complaining. complainant. grumbling.
او ~ است. **he is complaining.**
من از دست این دو نفر ~ هستم. **I have a complaint against these two people.**
شاگرد، محصل، دانشجو، نوآموز، پادو، پیرو. student. pupil. apprentice. shopboy. errand boy. journeyman. disciple. trainee. cadet.
~ آشپز. **cook's mate. scullion.**
~ راننده، ~ شوفر. **driver's mate.**
~ سال دوم. **a pupil of the second year. sophomore.**
یکی ازشاگردان سقراط. **one of Socrates' disciples.**
شاگردانه، انعام، شاگردگانگی. tip given to a shop-boy.
شاگردی، کارآموزی، تلمذ، دانشجوئی. apprenticeship. probation. training. discipleship. studentship. journey work.
~ کردن. **to serve as an apprentice or pupil.**
بشاگردی‌گرفتن. **to apprentice. to take into service. to accept as a pupil.**
شال sash. scarf. shawl.
شال‌سنجان، شال سنجد. (bot.) azedarach.
شالنگی، لباف، طناب باف. ropemaker.
شالوده، بنیاد، پی، اساس. foundation. groundwork. basis.
شالودهٔ چیزیرا ریختن. **to lay the foundation of something.**
شالی، شلتوك، برنج. paddy. rice.
~ کاری، برنجکاری. **rice cultivation.**
شالی، صوف، پارچهٔ پشم شتر. camlet(een).
شالی‌زار، شالیکاری. rice field. rice paddy. paddy field.
شام، شب، غروب، غذای‌شب. evening. supper. dinner.
~ دادن. **to give supper (dinner) to.**
~ خوردن. **to sup. to take (eat) dinner. to dine.**
سرمیز ~. **at the dinner (dining) table.**
مهمانی ~. **dinner party.**
شام، دمشق. (geog.) Damascus.
شامات (.pl of شام)، سوریه. (geog.) Syria.
شامپانی champagne.
شامپو، سرشور. **shampoo.**
شآمت، شومی. inauspiciousness.
شامخ، بلند. lofty. high. exalted.

شامگاه، شامگاهان. eventide. night.
شامل، محتوی، متضمن، دربردارنده، مستلزم. containing. including. comprising. consisting. involving. inclusive. applicable. encompassing.
~ حال بودن. **to apply to. to involve.**
این موضوع ~ حال او نمیشود. **this does not apply to him.**
~ بودن. **to comprise. to consist of. to include. to apply to.**
~ کردن. **to include. to apply. to make applicable to.**
شامه، غشاء. (anat.) membrane.
شامّه، بویائی. olfactory. sense of smell. scent. smelling. olfaction.
شامهٔ او قوی است. **his sense of smell is strong. he has a sharp nose.**
شامی Damascene. Syrian. meat ball consisting of minced meat.
ـشان (اش، ش pl. of). their.
کتابشان. **their book.**
شأن (شئون pl.)، مقام، مرتبه، مورد، مناسبت، عظمت. dignity. rank. case. affair. concern. behalf. occasion. status.
~ او نیست که چنین کند. **it is below his dignity to do this.**
شانداران، شانه‌داران. (z.) ctenophora.
شانزده sixteen.
شانزدهم sixteenth.
شانزدهمی، شانزدهمین. (the) sixteenth.
شانس، بخت، اقبال، تصادف. luck. chance.
شانسی chancy. depending on luck. at random. haphazardly.
شانکر chancre. ulcus venereum.
شانگهای (geog.) Shanghai.
شانه، خشاب. comb. card. hackle. loader (of a magazine rifle).
~ زدن، ~ کردن. **to comb. to card. to hackle.**
موی خود را ~ کردن. **to comb one's hair.**
پنبه را ~ کردن. **to card cotton.**
شانهٔ عسل. **honeycomb.**
شانه، کتف. shoulder.
~ بالاانداختن. **to shrug.**
~ خالی کردن از. **to shirk. to avoid.**
~ به ~. **shoulder to shoulder. neck and neck.**
چهار ~، چار ~. **broad-shouldered. stalwart.**
روی ~ حمل‌کردن. **to shoulder.**
شانه‌بسر، شانه‌سر، هدهد. (z.) hoopoe.
شانه‌پهن، چهارشانه. broad - shouldered.
شانه‌زن carder. comber.
شانه‌کامان (z.) ctenostomata.
شاه، سلطان، ملك، خسرو، کی. Shah. title of Iran's ruler. king. sovereign. sultan.
شاه‌اسپرغم sweet basil. bush basil.
شاه‌اندازی، لافزنی، لاف. vaunting. ostentation. bragging.
شاهانه، شاه‌وار. kingly. royal. in a kingly manner. regal.
شاهباز، قوش، باز. (z.) royal falcon.
شاه‌بلوط (bot.) chestnut.
شاه‌بلوطی chestnut (colour).
شاه‌بوی، عنبر. amber.
شاه‌بیت best verse of a poem.
شاه‌پر، شهپر. quill. pen-feather. plume.
شاه‌پرست royalist.
شاه‌پرستی royalism.

شاه‌پسند (bot.) verbena.
شاه‌پسندیان (bot.) verbenaceae.
شاهپور، شاهزاده. prince.
شاهترگان (bot.) fumariaceae.
شاه‌تره (bot.) fumitory.
شاه‌توت (bot.) black mulberry.
شاه‌تیر pylon. pole. post. main beam.
شاهد (شهود، شواهد pl.)، گواه، دلبر، محبوبه. witness. attestor. attester. testifier. word or phrase cited as an example. beautiful woman or handsome youth.
~ آوردن. **to cite as an example. to produce a witness.**
~ بودن. **to witness. to testify. to attest.**
~ شدن. **to serve as a witness.**
~ گرفتن. **to call to witness.**
دادگاه اظهارات شهود را استماع‌کرد. **the court heard the witnesses' statements.**
شاه داماد bridegroom.
شاهدانگان (bot.) cannabinaceae.
شاهدانه، تخم‌کنف. hempseed. hemp.
شاهدخت، شاهزاده خانم. princess.
شاهراه، بزرگ‌راه، جادهٔ پهن. highway. autobahn. parkway. thoroughfare.
شاهرخ (chess) the great rook. rook.
شاهرگ، شریان. (anat.) jugular vein. carotid artery. any major blood vessel.
شاهزاده، شاهپور. prince.
شاهزاده‌خانم، شاهدخت. princess.
شاهسپرم، ریحان‌سبز. (bot.) sweet basil.
شاه‌سیم cable. main line (wire). trunk line.
شاه‌فنر main spring.
شاهق، شامخ، بلند. lofty. high.
شاهکار، بهترین اثر. masterpiece. feat. exploit. magnum opus.
شاه لوله main pipe (line).
شاه مات، شهمات. checkmate. mate.
شاه ماهی، شاه ماهی قرمز. (z.) red mullet. surmullet. herring.
شاهنامه Shahnameh. epic of kings.
~ آخرش خوش است. **all is well that ends well. praise a fair day at night.**
شاهنده، پرهیزکار، درست‌کار. righteous.
شاهنشاه، ملك‌الملوك، شهنشاه. Shahanshah. Shahinshah. king of kings. emperor.
شاهنشاهی imperial.
دولت ~ ایران. **the Imperial Government of Iran.**
شاه‌نشین dais. alcove. royal seat.
شاهوار kingly. royal. regal.
در ~. **pearl worthy of a king.**
شاهی، سلطنت، پادشاهی. kingship. sovereignty. reign. an old Persian coin. royal. kingly.
شاهی (garden) cress.
شاهی‌آبی watercress.
شاهین royal falcon. beam. pointer.
شایان، شایسته ارزنده. worthy. deserving. befitting. condign. meriting. suitable.
~ توجه، قابل توجه. **noteworthy.**
~ تمجید. **praiseworthy.**
شایبه (شوائب pl.)، تردید، آلودگی، ریا، آلایش. taint. stain. alloy. doubt. maculation.
بی ~. **untainted. unalloyed. immaculate.**

شاید، بلکه، ممکن است، سزاوار است. perhaps. maybe. possibly. perchance.
~ فردا پول را بدهد. **perhaps he will give (pay) the money tomorrow.**
خوبرویان را عشوه نشاید. **it is not becoming the beautiful to be coquettish.**
چنانکه باید و ~. **as one ought. duly.**
~ که پلنگ خفته باشد. **maybe it is a sleeping tiger.**
شایستگی، سزاواری، لیاقت. merit. worthiness. desert. worth. suitability. competence. meritoriousness. propriety. aptness. condignness. appropriateness.
شایستن، سزاواربودن. to befit. to become. to suit. to merit. to be worthy of. to be condign. to deserve. to merit.
شایسته، سزاوار، مستحق. worthy. deserving. merited. meritorious. condign. befitting. suitable. opportune.
او شایستهٔ انعام است. **he deserves a bonus.**
هدیهٔ ~. **a worthy gift.**
~ بودن. **to be worthy (of). to deserve. to merit. to suit or fit.**
شایع، منتشر، رایج. prevalent. rife. spread abroad. published. incident. rumo(u)red. widespread. current. epidemic. epidemical. common.
~ بودن، ~ شدن. **to be in the air. to be prevalent. to be spread about. to be rife. to be published. to be bruited or rumo(u)red.**
~ کردن. **to spread about. to noise abroad. to rumo(u)r. to gossip. to bruit abroad. to make prevalent.**
جاهائی‌که مالاریا ~ است. **places where malaria is prevalent.**
~ است‌که‌او استعفا داده است. **it is rumo(u)red that he has resigned.**
دشمنانش ~ کردند که‌میخواهدزنش‌راطلاق‌بدهد. **his enemies spread word that he intended to divorce his wife.**
شایعه (شایعات pl.)، خبر، شهرت. rumo(u)r. bruit. hearsay. gossip. news.
شایق، شائق، مشتاق. anxious. desirous.
خیلی شایقم ایشانرا ملاقات‌کنم. **I am very desirous to meet him (them).**
شایگان، شایسته، سزاوار، فراوان. شاهانه. worthy. befitting. abundant. immense.
شب night. eve. evening. eventide. nighttime. nighttide. nycto-. nyct-. nocti-. noct-.
~ هنگام. **nighttime. evening.**
فردا ~. **tomorrow night.**
~ جمعه. **Friday night.**
نیمه ~. **midnight.**
~ وروز. **day and night. double tides.**
اواخر ~. **small hours. late in the night.**
~ بخیر، ~ خوش. **good night. good evening.**
لباس ~. **nightware. nightgown. nightdress. nightshirt. nightie.**
همهٔ ~، تمام ~. **all night long. nightlong.**
یك ~ درمیان. **every other night.**
~ زنده‌داری‌کردن. **to stay up all night.**
~ کردن. **to end or pass (the night).**
شباب، جوانی. youth. prime (of life).
شب‌افروز، شب‌تاب. incandescent. nuctiluscent. phosphorescent.

کرم شب‌افروز، کرم شب‌تاب. **glowworm. lightning bug. firefly.**
شبان، چوپان. shepherd. pastor.
شبانروز، شبانه‌روز. day and night.
شبانگاه، شبانگه، شبانه، شامگاه. night. evening. at night. during the night. overnight. nighttime. nighttide.
شبانگاهی nocturnal. vespertinal.
شبانگه، شبانگاه. at night. nighttime.
~ کارد برحلقش نهاد. **at night, he cut his throat (with a knife).**
شبانه، شب‌هنگام. nightly. nocturnal. by night. overnight. every night. night. evening. vespertine. nocturne. nocti-.
آموزشگاه ~. **night school. evening class.**
حملهٔ ~، شبیخون. **night attack.**
شبانه‌روز night and day. in one day. day and night. round-the-clock.
پرستاران ~ از بیمار مواظبت میکردند. **the nurses took care of the patient round-the-clock.**
شبانه‌روزی round-the-clock. pertaining to night and day or all the time. boardinghouse. pension.
آموزشگاه ~. **boarding school.**
شبانی، چوپانی. pastoral. shepherdism. pastorship. pastoralism. (mus.) pastorale.
~ کردن. **to pastorize. to shepherd.**
شباویز، مرغ حق. (z.) screech owl.
شباهت، همانندی. resemblance. similarity. likeness. similitude. analogy.
~ داشتن. **to resemble. to be similar to. to take after. to be like.**
آنها باهم ~ دارند. **they resemble each other. they are like each other.**
او به پدرش ~ دارد. **he bears a resemblance to (takes after) his father.**
شباهنگ، ستارهٔ بامداد، بلبل. morning star. Dog - Star. (z.) nightingale.
شب‌بو، گل شب‌بو. (bot.) wallflower. gillyflower. common stock.
شب‌پره، شبپره، خفاش، شبکور. (z.) bat.
شب‌پره‌ای، استخوان شب پره‌ای. (anat.) sphenoid.
شبت، شود. (bot.) common dill.
شب‌تاب shining at night. phosphorescent. noctiluscent.
شب‌تابی phosphorescence. noctiluscence.
شب‌چراغ (min.) carbuncle. radium.
شبح (اشباح pl.) phantom. ghost. silhouette. specter. apparition. shade. wraith. revenant. spook.
شبخوان، بلبل. (z.) nightingale.
شب‌خیز (one) who rises at midnight. nocturnal (animal).
شبدر (bot.) clover.
شبدیز، شبرنگ.
شبرنگ night - colo(u)red. murky. black. phosphorescent. dark.
شبرو nightrider. nightwalker.
شب‌زنده‌دار vigilant during the night. sleepless.
شب‌زنده‌داری، احیاء، پاسداری درشب. (all night) vigil. pernoctation. watch.
~ کردن. **to stay awake at night. to hold a vigil.**

شَبستان، حرم، خوابگاه. part of a mosque designed for sleeping or nocturnal prayers.

شَبق، شهوت. lust. concupiscence.

شب‌کار night shift (worker).

شبکاری night shift. nightwork.

شَبکُلاه nightcap.

شَبکور، شبپره، خفاش. (z.) bat. (med.) nyctalopia.

شبکوری nyctalopia. night blindness.

شَبَکَه net. rete. network. mesh. lattice. grating. grid. (electrical) substation. plexus. reticle. reticulation. gridiron. meshwork. trellis.

شبکهٔ ارتباطی. communication network.

شبکهٔ سازمانی. organization (grid).

شبکهٔ برق. electric substation. power network grid.

شبکهٔ جاده‌ها. a road network.

شبکهٔ سیم خاردار. wire entanglement.

~دار. net-like. reticulate. reticulated. reticular. net-fashion.

~دارکردن، شبکه‌دار شدن. to reticulate.

شبکهٔ‌کنترل control grid.

شَبَکیّه (anat.) retina.

جدا شدن ~، انفصال ~. detachment of retina.

آماس‌شبکیه، ورم شبکیه. retinitis.

شَبگرد night watchman.

شبگردی night watch.

شَبگَز، ساس، کیك. (z.) flea. bedbug.

شب‌گشا، شامگاهی. vespertine. vespertinal.

شَبگون dark (as night).

شَبگیر nocturnal. singing or travelling by night.

شِبل (اشبال .pl)، شیربچه. cub.

شَب‌مانده left over from the preceding night. stale.

شَب‌نِشینی evening party. soirée.

شَبنَم، ژاله. dew. hoarfrost. frost.

~ زدن. to dew. to bedew.

شَبَه black coral. jet.

شِبه (اشباه .pl)، همانندی، شباهت. likeness. analogue. similar thing. similarity. pseudo-. (same as suffix "-oid").

~ استوانه. cylindroid.

~ انسان، انسان نما. anthropoid. anthropoidal. manlike.

~ جزیره. peninsula.

~ فلز. metalloid.

~ کره. spheroid.

~ لوزی، ~ معین. rhomboid.

~ مخروط. conoid.

شُبهه، شك، تردید. doubt. dubiety. dubiousness. misgiving. hesitation.

القای ~کردن. to instil doubts into one's mind. to misrepresent a case.

رفع ~کردن. to remove all doubt.

شبهه‌ناك doubtful. suspicious.

شَبیخون a night assault. night raid.

~ زدن. to attack (raid) by night. to launch a night assault. to blitz.

شَبیه، همانند، مانند. similar. alike. icon. comparable. resembling. likeness. portrait. (religious) representation. effigy.

باهم ~بودن. to be alike. to resemble each other.

این ~ بآن است. this is similar to that.

~ درآوردن. to represent a drama. to dramatize.

او ~ پدرش است. he is like his father.

شبیه‌ساز dramatist. portraitist.

شَپَرَه، شب‌پره، شبکور، خفاش. bat.

شِپِش (z.) louse. pediculus. pediculo-.

~ها. (z.) lice.

~ گرفتن. to be infested with lice. to verminate.

شِپِشَك، شپشه. (kind of) pediculosis. phthiriasis.

شپشو lousy.

شِپِشه (z.) weevil. plant louse. animal louse.

شپشی pedicular. lousy. pediculous.

شَپَلاق، سیلی. slap.

شَت، حضرت، جناب، اشو. his holiness. his eminence.

شِتا، زمستان. winter.

شتاب، عجله، تندی. hurry. speed. haste. urgency. acceleration. rush. dash. velocity. quickness. swiftness. rapidity.

بشتاب، عجله کن. hurry up.

با ~ تمام، با ~ هرچه تمامتر. at full speed. with all speed.

~ نکن. make no haste. don't hurry.

او با ~ بجلو رفت. he dashed forth.

~ (سرعت‌سیر) گلوله. the velocity of a bullet.

~ منفی. negative (or minus) acceleration. retardation.

با ~. quickly. hurriedly.

~ کردن، شتابیدن، عجله کردن. to hurry. to hasten. to make haste. to be in a hurry. to expedite. to accelerate.

پر ~. hasty. hurried. speedy. accelerated.

دارای ~کردن، شتابا ندن. to hasten. to accelerate. to quicken. to speed. to hurry.

~ داشتن. to be in a hurry. to have speed.

~ راکم کردن. to decelerate. to slow down.

~ دهنده. accelerator.

شتابان hastily. quickly. hurrying.

شتابا ندن to hasten. to expedite.

شِتاب زَدِگی، عجله. precipitance. haste. hurry.

شِتاب زَدَه precipitate. hasty. hurried.

شتاب‌سنج، سرعت‌نما. speedometer.

شتاب کار rash. quick in action. hasty.

شتابگر cyclotron. fast worker.

شتابکاری، عجله. rashness. haste. hurry.

شِتابَنده، عجول، پرشتاب. (one) who makes haste. expeditious. quick.

شِتاب‌نَما، سرعت سنج. hodograph.

شتابی accelerative.

شتابیدن (شتاب .i. r)، عجله‌کردن، شتافتن. to make haste. to hurry (up). to accelerate. to speed. to hasten.

شُتُر (z.) camel. dromedary.

کوهان ~. hump.

~ یك‌کوهانه. Arabian camel. dromedary.

~ دوکوهانه. bactrian camel.

شتران (z.) camelidae.

شُتُربان، ساربان، سردار. carrier using camels. camel driver. cameleer.

شُتُرسَوار cameleer.

شترگاو، شترگاوپلنگ، زرافه. (z.) camelopard. giraffe. mixup.

شُتُرگُربه contrarieties. incongruous remarks.

شُتُرگلو subterranean siphon. bit-brace.

شُتُرمُرغ (z.) ostrich.

شِتَرَنج، شترنگ، شطرنج. chess.

شترنجی، شطرنجی. checkered.

شُتُری pertaining to a camel. of the colo(u)r of camel's hair.

شُتُل handsel given by the winner of a game to those present. windfall.

شَتم، بدگویی، ناسزا. curse.

شَتوی، زمستانی. raised in, or belonging to winter. hibernal.

محصول ~. winter crop.

شَتَه (z.) plant louse. aphis.

[illegible]ر phylloxera. vine borer.

شُجاع، دلیر، بی‌باك. brave. courageous. plucky. bold. audacious. valiant. intrepid. gallant. fearless.

صورت‌فلکی «شجاع» یا «مارآبی». the Water Snake. Hydrus

شُجاعانَه bravely. heroic. courageously. boldly.

شُجاعَت، دلیری. bravery. courage. boldness. audacity. pluck. intrepidity.

شَجَر (اشجار .pl)، درخت. tree(s).

شَجَره، درخت. a single tree.

شَجَرَه‌نامَه، نسب‌نامه. genealogy. pedigree.

شجره‌نویس genealogist.

شَحم (شحوم .pl)، چربی. fatness. fat. grease.

شَحنَه، کوتوال، نواب، نایب حاکم‌شهر. chief of the police. policeman.

شَخ، شاخ. horn.

شَخ، شق، راست، سیخ. stiff. inelastic. erect. inflexible.

شَخار، کاربنات پتاسیم. pearlash. potassium carbonate.

~ خاکستر. potash ashes.

شِخانَه، شهاب. meteor. aerolith. aerolite. meteorite.

شَخص (اشخاص .pl)، نفر، فرد. person. individual. entity. character. party.

او ~ دانشمندی است. he is a learned person.

اشخاص داستان. the characters of the story.

خیلی اشخاص. many persons. many people.

بیمهٔ شخص‌سوم (ثالث). third party insurance.

شخصاً، بتنهائی، خود. personally. in person.

او ~ مسئول خواهد بود. he will personally be responsible.

شَخصی، انفرادی، خصوصی، غیر نظامی، فردی. personal. private. individual. civilian.

منزل ~. private home.

شخصیّات personalities. personal affairs. character.

شَخصیّت personality. individuality. entity. character.

یك ~ مهم. a very important personality.

او ~خوبی دارد. he has a fine personality (character).

~ حقوقی. legal entity.

شُخم، خیش. plough.

~ زدن. to plough. to till. to furrow.

~ زن تمام روز برای بذرکاری ~ میزند. the ploughman plows all day to sow.

شَخیص، محترم، معروف. of note. notable. distinguished. master. lord. outstanding (person). big shot.

شخص ~ شما. your distinguished person.

شِداد، سخت. severe.

شُدآمَد، تردد، عبور ومرور، آمد وشد. traffic.

شَدائِد (شدیده .pl. of)، سختی‌ها. hardships.

شِدَّت، سختی. intensity. vehemence. intensification. violence. intenseness. gravity. severity. harshness.

~کردن. to be intensified or aggravated.

~گرما بحدی رسید که نفس‌کشیدن مشکل بود. the intensity of heat reached such a degree that breathing had become difficult.

شُدگان (شده .pl. of)، شده‌ها، رفتگان. those who have departed. the dead.

شُدَن (شو .i. r)، رفتن، رسیدن. to become. to get. to grow. to happen. to go. (this word is also used as an auxiliary verb as in: [illegible] (دیرشدن، [illegible]).

تاریك شد. it became dark.

نمیشود رفت. it is impossible to go. one cannot go.

حاضرشو. get ready.

پیرشدن. to grow old.

چنین شد. it happened in this way.

شُدَنی feasible. practicable.

شُدَه، انجام یافته، تمام شده، رفته. (having) become or happened. (having) gone.

کتابهای دزدیده ~. stolen books.

شَدَّه، رشته، تشدید. string (of pearls, etc.) the sign "ّ" called also تشدید.

شَدید، سخت، بسیار، دشوار. intense. violent. severe. harsh. vehement. grave.

گرمای ~. intense heat.

توفان ~. violent storm.

شدیداً، بسختی، جداً. severely. strongly. vigorously. seriously. harshly. violently.

شَدیدُاللَّحن strong. strongly worded.

شَدیدَه (شدائد .pl)، شدید. severe. harsh. violent.

شَرّ، بدی، فتنه. evil. mischief. sedition.

خیر و ~. good and evil.

از شرش خلاص شدیم. we got rid of him.

~ بپاکردن. to cause sedition. to conspire.

شِراء، خرید. purchase. buying.

بیع و ~. sale and purchase.

شَراب، می، باده. wine. vinum. vino-.

~ ریختن، ~ انداختن. to make wine. to vintage.

~ نوشیدن. to wine. to imbibe.

~ (محصول) سال ۱۹۷۵. 1975 vintage.

~ زا. viniferous.

شَرابخانَه، میخانه. wine cellar. tavern.

شَرابخوار، شرابخور. vinolent. vinous. vinose. winebibber.

شرابخوری drinking wine.

گیلاس ~. wineglass.

شَرابریز، شراب ساز. wine-maker.

شرابشناس oenologist. vinologist.

شرابشناسی oenology. enology.

شراب فروش wine seller. vintner.

شراب فروشی vintnery. dealing in wine.

شَرّابَه، منگوله، گلاله. tassel. tuft. knot. ringlet. bouquet. fimbria.

شرابهٔ شمشیر sword knot.

شَرابی vinic. vinaceous. designed for holding wine. of the colo(u)r of wine. vinous. vinose.

شِرار (شراره .pl. of)، جرقه‌ها. sparks.

شَرارت، شیطنت، رذالت. wickedness. mischief. naughtiness. iniquity. vice. vandalism. rowdiness. ruffianism.

~ کردن. to do mischief. to act wickedly.

شرارت‌آمیز evil. wicked. vicious. mischievous. rowdy. ruffianly.

شَراره (شرار (pl.)، جرقه. single spark.

شِراع، بادبان. sail.

شِراعُ‌الحَنَک (anat.) velum. soft palate.

شِراعی furnished with sail.

کشتی ~. sailboat.

شَرافت، شرف. hono(u)r. nobleness. dignity. moral distinction. superiority.

شَرافتمند، با شرف. respectable. hono(u)rable. dignified.

شرافتمندانه hono(u)rable. noble.

صلح ~. hono(u)rable peace.

شِراکَت، مشارکت، انبازی. partnership. joint action.

شراکت‌کردن. to enter into partnership.

شِراکَةً، مشترکاً، باشتراك. in joint partnership. jointly.

شِراکتی joint. jointly.

شَرایِط (شرط (pl. of)، شروط، شرطها. conditions. terms. qualifications.

واجد ~ شدن. to qualify for.

~ جغرافیائی. geographic conditions.

شَرایِع (شریعت (pl. of) آئین‌ها، قواعد شرعی. faiths. religions. religious teachings. religious precepts.

شَرایین (شریان (pl. of)، شاهرگ‌ها. arteries.

شُرب، آشامیدن. act of drinking. imbibing.

شَربَت، آب‌میوه، شهد، شیرهٔ میوه. sherbet. syrup. tonic.

~ آلبالو. cherry syrup.

~ سرفه، ~ سینه. cough medicine.

~ نارنج. orangeade.

شَربَت‌خانه، آبدارخانه. butler's pantry.

شربت‌دار، آبدار. butler.

شَربین، سیاه‌کاج. (bot.) larch.

شِرَپنِل shrapnel (gun).

شَرجی sultry. sweltering. muggy.

شَرح، توضیح، تعریف، بیان، واگو، بازگو. description. exposition. explanation. account. statement. expose. disclosure.

~ مختصر. a brief description.

~ حقیقت. exposition of the truth.

~ مشکلات. explanation of the difficulties.

~ مسافرت‌های او. an account of his travels.

~ دادن. to give an account of. to describe. to explain. to explicate.

~ وبسط دادن. to give an extensive account of.

بشرح زیر: as follows:

شَرحَه، قاش، پاره. slice. portion.

شِرذِمَه small party. small detachment.

شَرَر (شراره (pl. of)، آتش‌ها، جرقه‌ها. sparks. fires.

شرربار scintillant. raining sparks.

شَرزه fierce. savage. violent. ferocious.

شُرشُر، ریزش، شرشر. murmuring (noise). splashing. splash. purling. gurgle.

~کردن. to murmur (as water). to purl. to gurgle. to fall noisily.

نهری ~کنان. a purling stream.

شُرشُره freshet. small fall.

شَرط (شرایط، شروط (pl.). condition. term. stipulation. proviso. covenant. wager. bet. protasis. provision.

شَرط‌بَندی wagering. betting. bid.

شُرطَه favo(u)rable (wind).

شَرطی (fem. شرطیه) conditional.

شَرع religious law. divine law. canon.

شرعاً according to religious law. canonically.

شَرعی (fem. شرعیه) lawful. legal. religious. spiritual. canonical.

احکام ~. religious rules or injunctions.

شَرعیّات، قواعد شرعی، فقه. religious laws. canon law.

شَرَف، افتخار، نجابت. hono(u)r. dignity. moral distinction. superiority. pre-eminence. esteem.

~ کسی را بردن. to cast aspersions on a person's character. to disgrace or dishonor a person.

شُرَف (شرفه (pl. of). cornices. merlons. verge. point. about. going to.

در ~ ... بودن. to be on the verge of. to be about to. to be on the point of.

در ~ رفتن بود. he was about to go. he was on the point of going.

شُرَفاء (شریف (pl.)، سادات، اشخاص محترم. the noble people.

شرفه (شُرَف (pl.). cornice. merlon.

شَرَفیاب، مفتخر، سرفراز، خدمت رسیدن، آمدن. hono(u)red. granted an audience. visiting. going. coming.

~ شدن. to have an audience (with). to be received by a great person. to come to meet a person. to visit. to pay a visit to.

او بحضور ملوکانه ~ شد. he had an audience with the king. he was received by His Majesty.

فردا صبح ~ میشوم. I will (come to) meet you tomorrow morning.

شرفیابی hono(u)r of being received in audience or of meeting a king or great person. audience. visiting.

شَرق، خاور. east. orient. Levant.

~ دور، خاوردور. the Far East.

شمال ~. northeast.

جنوب ~. southeast.

فلسفهٔ ~ (شرقی). Eastern philosophy.

~ میانه، خاورمیانه. the Middle East.

شرقاً، در جهت خاوری. on the east. in an easterly direction. eastwardly.

شرقی eastern. oriental. eastward. easterly. levanter. levantine.

شمال ~. northeastern.

~ غربی. lying (extending) east and west.

او قیافهٔ ~ دارد. he looks oriental.

شِرک polytheism. dualism.

شُرَکاء (شریك (pl. of)، شریك‌ها، سهامداران، انبازها. partners. shareholders.

شِرکَت، کمپانی، انبازی، مشارکت. company. firm. partnership. participation. taking part in. proprietory. sharing.

~ سهامی. company (limited).

~ تضامنی. jointstock company.

~ تعاونی(خودیاری). cooperative company.

درکاری ~ کردن. to participate in an affair. to take part in something.

در امتحان ورودی ~ کردن. to sit for entrance examination. to participate in an entrance examination.

من در این امر خیر ~ میکنم. I will share (participate) in this benevolent work.

~ تشکیل دادن. to form a company.

~ کردن. to participate. to take part in. to share. to attend.

~ ملی نفت ایران. National Iranian Oil Company.

شرکت‌نامه، اساسنامه. memorandum. memorandum of association.

شَرم، آزرم، خجلت. shame. pudency. modesty. diffidence. timidity. bashfulness. shyness. coyness. prudishness. demureness.

~کن، خجالت بکش. shame on you.

~ داشتن، ~کردن. to be ashamed. to be modest.

بیشرم. shameless. impudent. brazen.

با ~. modest. bashful. demure. shamefaced.

شَرم‌آوَر indecent. shameful. disgraceful.

شرمرو bashful.

شَرمزَده، شرمسار. shamefaced. shameful.

شَرمسار، خجلت‌زده. ashamed. put to shame. disgraced. shamefaced. bashful.

~ شدن. to be put to shame. to be ashamed.

~ کردن. to put to shame.

شرمساری، خجلت، شرمندگی. shame. disgrace. pudency. bashfulness.

شَرمگاه privy parts. pubis.

شَرمگاهی pubic.

شَرمگین، شرمناك. shamefaced. ashamed.

شَرمَندگی، خجلت، حجب. shame. blush. bashfulness. embarrassment.

شَرمَنده، شرمسار. ashamed. put to shame. abashed. mortified. embarrassed. disgraced.

~ شدن. to be ashamed. to feel ashamed. to be embarrassed. to be put to shame.

~ کردن. to make ashamed. to put to shame.

شَرَنگ، زهر، حنظل، سم. poison.

شُرُوح (شرح (pl. of)، تفصیلات، جزئیات. descriptions. explanations. details.

شَرُور، شریر. wicked. restive. mischievous. ruffianly.

شُرُوط (شرط (pl. of)، شرایط. conditions. terms. stipulations.

شُرُوع، آغاز، افتتاح، گشایش. beginning. start. commencement. inception. outset. opening. initiation. outbreak.

~ شدن. to begin. to be started. to be commenced.

~کردن. to commence. to begin. to start.

مسابقه ~ شده است. the race has begun.

~ کرد به‌سخن گفتن. he began to speak.

~ جنگ. outbreak of war.

فعالیت را ~کردن. to commence activities.

شورش درشروعش فرو نشانده شد. the revolt was quelled at its inception.

شَرَه، آز، حرص، آزمند. greed. greedy.

شِریان (شرائین (pl.)، سرخرگ. artery.

آماس ~، ورم ~. arteritis.

شِریان‌بَند، وسیلهٔ بندآوردن خون. tourniquet.

شِریانی arterial.

شَریر (اشرار (pl.)، شرور، شیطان، بدذات. wicked (person). mischievous. naughty.

شَریطَه (شرایط (pl.)، شرط. condition.

شَریعَت religious law. religion.

شریعت‌گزار (religious) lawgiver.

شَریعَت‌مَدار versed in religious law. holy.

شَریف (شرفاء، اشراف (pl.)، ارجمند، گرامی، محترم. noble. hono(u)rable. nobleman. aristocrat. respectable.

احوال ~ چطور است؛ how are you?

شَریك (شرکاء (pl.)، انباز، همکار. partner. associate. participant. pardner. mate

~ شدن. to join hands. to enter into partnership.

~ کردن. to make into a partner.

ایرج را ~ خودکردند. they made Iraj their partner.

~ ارث. joint heir. coheir.

حسن ورضا سالهاست با هم‌شریکند. Hassan and Reza have been partners for years.

~جرم. accessory (to a crime). accomplice.

کیوان وشرکاء. Keyvan and Co.

شریك‌الارث، شریك‌ارث. coheir. joint heir.

شریك‌الملك، شریك مشاع. joint owner.

شَست thumb. the pollex. fishing net. fishhook. thumbstall.

~ پا. big toe. great toe. hallux. hallex.

~ دست. thumb. pollex.

ناخن ~. thumbnail.

شَست، شصت. sixty.

شُستشُو، تطهیر، پاك‌سازی، غسل، استحمام. washing. bathing. laving. rinsing.

شستشوی مغزی دادن. to brainwash.

~ کردن. to wash. to lave.

~ دادن. to ablute. to rinse.

شستشوئی. balneal. ablutionary.

روزی دوبار دهان خود را با این دهان شو ~ دهید. rinse your mouth with this mouthwash twice a day.

شُستَن، شستشو دادن، تطهیرکردن. to wash. to launder. to ablute. to rinse. to bathe. to lave. to cleanse.

لباس شوئی. laundry.

شُستَنی that is to be washed. washable.

رخت ~. linen laundry.

شُست‌وشُو، شستشو. washing. lavation. bathing. laving. ablution.

شُسته washed. abluted. laundered.

~ ورفته. neat. clear. explicit.

شَستی، دکمهٔ فشاری. push button. thumb index.

شُش، ریه. lung(s). pulmo-.

برداشتن ~ یا ریه،ریه شکافی. pulmonectomy.

شِش six. hexa-. sex-.

~تائی، ششگانه. hexadic.

شش‌اَنداز، نراد. backgammon player.

شش‌بَر، مسدس، شش ضلعی. hexagon(al). hexahedron.

شش‌بَرابَر، ششگانه. six time. sixfold. sextuple.

شش‌پا hexaped. six-footed.

جانور ~. hexapod.

شش‌پَر mace with six prongs. knobstick.

شش‌تائی sixfold. hexad.

شش دانگ the entire six parts into which a real estate is divided. highest pitch or range. entirety. clean.

شش‌دانگی entire. whole.

شَشدَر blocked. unable to extricate oneself. impasse.
شِش‌ساله six - year - old.
شِش‌سَطحی، شش وجهی. hexagon. hexahedron.
شِشصَد six hundred.
ششصدم six hundredth.
ششصدمی، ششصدمین. (the) six hundredth.
شِش‌ضِلعی، شش‌گوشه، شش‌بر. hexangular.
شِشگوش، ششگوشه. hexangular. hexagon.
شش‌لا six-ply sixfold.
شِشلول six-shooter. revolver.
شِشُم sixth. (for ششم آنکه) in the sixth place. sixthly.
شِشماهِه biannual. semi annual. six-month-old. six-monthly.
آبستن ~ است. she is six months gone with child.
شِشُمی، ششمین. (the) sixth.
شِش‌وبِش (backgammon) six and five.
شش‌وتدی hexametric.
شش وجهی hexahedral. hexangular.
جسم ~. hexahedron.
شُشی، ریوی. pulmonary. light red.
شِش‌یَك one-sixth.
شصت sixty.
~ تائی. sexagenary. sexagesimal.
~ ساله. sexagenarian.
شَصت‌تیر machine-gun.
شَصتُم sixtieth.
شصتمی، شصتمین. (the) sixtieth.
شَطّ (شطوط .pl)، رود. large river.
شَطُّ‌العَرَب، اروندرود. Shatt-al-Arab.
شَطرَنج، شترنج. chess.
مهرهٔ ~. chessman.
تختهٔ ~. chessboard.
شطرنج‌باز chess player.
شطرنجی checkered.
شِعار slogan. motto. maxim.
شُعاع (اشعه .pl)، پرتو، فروغ، تابش، تاب. ray. beam. radius. radi_.
~ حامل، ~ بردار. radius vector.
~ افکندن. to radiate.
شُعاع‌افکن، پرتوافکن. radiating. bright. radiant.
شُعاع‌گُستَر radiant.
شعاعی radial.
شعاعیان، پرتوبان. (z.) radiolaria.
شَعائِر (شعیره .pl)، رسوم، آداب. rites. observances. mores.
شِعب (شعاب .pl of)، گردنه. defile. mountain pass. ford.
شُعَب (شعبه .pl of)، شعبات، شاخه‌ها. branches. subdivisions. ramifications.
شَعبان Sha'ban, eighth lunar month of the Arabic calendar.
شُعبَده jugglery. legerdemain. slight of hand.
شعبده‌باز، تردست. juggler. imposter. magician.
شعبده‌بازی، تردستی، حقه‌بازی. jugglery. slight of hand. legerdemain.
شُعبَه (شعب، شعبات .pl)، شاخه. branch (office). section. tributary stream. subdivision. ramification. succursal.
شَعر، مو. hair. capil_.

شِعر (اشعار .pl)، ترانه. poem. poetry. verse. versification.
~ گفتن، ~ ساختن. to compose poems. to versify.
بشعر درآوردن. to turn into poetry. to versify.
~ بند تنبانی. doggerel.
شُعَرا (شاعر .pl of)، شاعران. poets.
شعرباف، شاعرك، شاعرنما. poetaster.
شَعرباف، بافنده، نساج. weaver.
شَعربافی، بافندگی. weaving.
شَعری (fem. [illegible])، موئین، موئی. capillary. capillaceous hairlike.
شِعری، منظوم. poetical. poetic.
ضرورت ~. poetical (poetic) licence.
شِعرَی، شعرا. (astr.) Dog Star.
شعرای‌شامی (astr.) Procyon.
شعرای‌یمانی (astr.) Sirius.
شَعشَعَه، تشعشع، تابش. radiance.
شَعَف، خوشی، سرور، مسرت. joy. delight. rejoicing. pleasure. happiness. mirth. gaiety. joie de vivre. lively.
شُعلَه، افروزش. flame. blaze. calorie.
~ زدن، ~ کشیدن. to flame. to blaze.
~ور شدن. to burst into flames. to blaze.
شُعله‌وَر، شعله‌زن، شعله‌بار. flaming. inflamed. blazing.
شُعُور، فهم، ادراك، دریافت. intelligence. common sense. instinct.
شَعیر، جو. barley.
شُعیرَه (شعائر .pl)، گل‌مژه. (med.) sty. grain of barley.
شَغار، شغاره. (z.) badger.
شَغال (z.) jackal.
شَغال‌بِه (bot.) wild quince, the seeds of which are of a commercial value.
شَغَب، هیاهو، غوغا. commotion. chaos.
شُغل، پیشه، کار، حرفه. employment. business. vocation. occupation. job. profession. calling. position.
بی ~. unemployed.
~ معلمی. teaching profession.
~ مهم. important job (position).
شَفا، بهبود، علاج. cure. remedy. heal. healing. treatment. recovery. therapy.
~ دادن. to cure. to remedy. to heal.
~ یافتن. to be cured (treated, remedied, healed).
شَفابَخش curative. healing. therapeutic.
شفاپَذیر، درمان‌پذیر. curable.
شَفاعَت، میانجی‌گری. intercession. mediation.
آنها برای او بنزد من ~ کردند. they interceded for him with me.
شفاعت‌آمیز intercessory. mediatory.
شفاعتاً، شفاعة. by way of intercession.
شَفّاف، پشت‌نما، روشن، زلال. transparent. limpid. hyaline. pellucid.
شَفاهاً verbally. orally. by word of mouth.
شَفاهی، زبانی. verbal. oral. nuncupative. parol. by word of mouth.
امتحان (آزمون) ~. oral examination.
شَفت (bot.) drupe.
شَفتالو، شفترنك (شبرنگ). (bot.) variety of peach of a dark red colo(u)r.
شِفتِه، کوفته. mortar. concrete. meat balls.
شفته‌ریزی laying of concrete.

شَفَتَین the two lips.
~ صغری. labia minora.
~ کبری. labia majora.
شُفعَه (حق شفعه). right of preemption.
شَفَق aurora. evening twilight.
~ جنوبی. Aurora Australis.
~ شمالی. Aurora Borealis.
شَفَقَت، مهربانی، عطوفت، ترحم. mercy. compassion. commiseration. pity. kindness. tenderness. graciousness. leniency.
~ کردن‌بر. to have pity on. to commiserate.
شَفَوی (fem. شفهیه)، شفهی، لبی. labial.
شَفیع (شفعا .pl)، شافع، [illegible]. intercessor. preemptor.
شَفیق، مهربان، مشفق. compassionate. tender. kind.
شَقّ (شقوق .pl)، شکاف، چاك. splitting. chink. crack. split.
شَق، شخ، سیخ، راست. erect. stiff.
~ شدن. to become erect.
شِقّ، مرحله، حالت، وهله. alternative. eventuality. phase. branch. subdivision.
شِقاق schism. discord. split. quittor.
شَقاقُل، هویج فرنگی، گرزدشتی، هویج وحشی، زردك وحشی. (bot.) wild carrot. parsnip.
شَقاقُلوس، موت موضعی. gangrene.
~ شدن. to sphacelate.
شق‌القمر splitting of the moon. Herculean task. wonderful feat.
شِقاوَت، بدبختی. adversity. villainy. wretchedness. wickedness.
شَقایِق (bot.) corn poppy. adonis. anemone.
~ پرپر، ~ فرنگی. peony.
~ نعمان، لالهٔ‌نعمان. anemone.
شَقائق (.pl of شقیقه). (anat.) temples. hemicranies.
شُقوق (شق .pl of)، حالت. conditions. ramifications. cases.
شَقّه side (of mutton, etc.)
~ کردن. to cleave lengthwise in two parts. to cut into two halves.
شَقی (اشقیاء .pl)، بدبخت، شریر. wretched. vicious.
شِقّی temporal.
صداع ~. hemicrany.
شَقیقَه (شقائق .pl). temple. hemicrany.
شَك (شکوك .pl)، تردید، سوء ظن، دودلی. doubt. suspicion. misgiving. skepticism. mistrust. uncertainty. indecision.
بدون ~، بی ~. doubtless. undoubtedly.
~ کردن. to doubt. to suspect.
به ~ افتادن. to fall into suspicion.
بشك انداختن. to cause to doubt. to make doubtful or suspicious.
در این مورد شکی نیست. there is no doubt about that. it is beyond all doubt.
در رفتن او ~ دارم. I doubt whether he will go.
شِکار، صید. hunting. prey. game. hunt. chase. venery. victim.
~ زدن. to hunt game. to kill game.
~ حیوانات بزرگ. big game hunting.
~ شدن. to be hunted. to be upset or disconcerted.
~ کردن. to hunt. to prey upon. to upset.
گربه گنجشك را ~ میکند. cats prey upon sparrows.
فصل ~. hunting season.
قوانین (مقررات) ~. game laws.

در جستجوی شکاری خوب. seeking a good prey.
شکاربان gamekeeper.
شکارچی، صیاد. hunter. huntsman.
شِکاردُزد poacher.
شکارگاه hunting ground. park.
شکاری hunting. predatory. venatic.
سگ ~. hunting dog.
هواپیمای ~. fighter. chaser.
شِکاف، چاك، درز. split. fissure. crevice. rift. cleavage. gap. cleft.
~ خوردن. to split (partially).
~ دادن‌به. to split. to introduce a fissure in.
شِکاف (i. r. شکافتن)، شکاف. split thou.
شِکافت incision. fission.
~ پذیر. fissionable material.
~ هسته‌ای. nuclear fission.
شکافتگی fissure. split. cleft. seam.
شِکافتَن، چاك دادن. to split. to cleave. to rip up. to unsew. to unstitch. to slit. to slash. to tear. to undo.
شِکافته، چاك‌دار، چاك‌خورده. ripped. split. cloven. forked. furcate. cleft.
شکافدار having a crack or crevice.
شَکّاك، بدبین. doubter. sceptic(al).
شَکّاکی، مکتب شکاکیون. scepticism. doubt.
شِکال، پای‌بند ستور. shackle.
شِکایَت (شکایات .pl)، گله، شکوائیه، اعتراض. complaint. grievance. wailing. murmur. repining. grumbling.
~ کردن. to complain. to grudge. to whine. to repine. to grumble. to gripe.
او از من ~ کرد. he complained against me.
من شکایتی علیه شما ندارم. I have no grievance against you.
شکایت‌آمیز plaintive.
شِکَر sugar. granulated sugar.
~ خام. moist sugar. moscovado.
شُکر، سپاس. thanks (to God). gratitude. appreciation.
خدا را ~، ~ خدا. thank God.
~ کردن. to thank (God). to give thanks to God.
~ گذاردن. to give thanks.
شَکَرآب، رنجش، سردی، اختلاف، نزاع. pique. estrangement. coolness. disagreement.
شُکران thankfulness. gratitude.
شُکرانه، سپاس. (sign of) gratitude or thankfulness.
بشکرانهٔ اینکار. as a sign of gratitude for this deed.
شَکَربار، شیرین، شکرریز. sweet (spoken). mellifluous.
شَکَرپاره sweet apricots.
شَکَرپَنیر a kind of sweet.
شکرخا sweet - spoken. chewing sugar.
شکرخنده (sweet) smile.
شَکَردان، آوند شکر. sugar bowl.
شِکَردَن (شکر .i. r)، شکارکردن. to drive away.
شَکَردهان، شیرین‌زبان. sweet - spoken.
شَکَرریز، شکربار، قناد. confectioner.
شُکرگُزار، سپاسگزار. giving thanks (to God). thankful. grateful.
شکرگزاری، سپاسگزاری، امتنان. thanksgiving.
~ کردن. to give thanks. to thank.
شَکَری sugared. sugary. cream-colo(u)red.

شِکَست، ناکامی، شکستگی. defeat. failure. fall. breakage. fracture. refraction.
~ خوردن. to be defeated. to fail. to be vanquished.
~ دادن. to defeat. to beat. to surpass. to outbalance. to vanquish.
~ نور. refraction of light.
شِکَست‌پَذیر vincible. conquerable.
شِکَستگی breakage. fracture. breakdown. rupture.
~ استخوان. fracture of a bone.
شِکَستَن، نقض کردن، خرد کردن، تجاوز کردن o break. to infringe. to interrupt. to crack. to fracture. to shatter.
پنجره را ~. to break the window.
قانون را ~. to infringe the law.
دوستی را ~. to interrupt (break up) a friendship.
گردو ~. to crack a walnut.
استخوان را ~. to fracture the bone.
~ وعده. breach of promise.
شِکَست‌ناپَذیر invincible. inconquerable. unyielding. indomitable. undefeatable.
شِکَستَنی، نقض شدنی، خرد شدنی. breakable. fragile. frangible. brittle. friable.
اشیاء ~. breakables.
شِکَسته broken. broken down. infirm.
خط ~. cursive writing.
پیر و ~. old and infirm.
~ شدن. to age. to grow old.
~ کردن. to weigh down. to age.
دل ~. broken-hearted. sad. doleful.
شکسته‌بند bonesetter. orthopedist.
شکسته‌بندی bonesetting. orthopedic.
شکسته دل، دلشکسته. broken-hearted.
شِکَسته‌نفسی، فروتنی. humility.
~ کردن. to humiliate oneself. to forbear from making pretensions.
شِکُفتَن، شکوفا شدن، باز شدن، لبخند زدن. to open. to cheer up. to smile. to open up. to become florescent. to bud. to effloresce. to bloom. to flower.
دلم از سخنان تو می‌شکفد. my heart opens to your words.
بوته شکفت (غنچه کرد). the plant budded.
شَکل figure. shape. form. appearance. outline. configuration. -morph.
خوش ~. well-formed. good-looking.
بد ~. bad-looking. ugly.
~ دادن (به). to shape. to form. to give shape to.
بی ~. shapeless. formless. amorphous.
~ دایره‌ای. cyclic figure.
شُکُلات chocolate.
شکلاً in shape.
شکلی dealing with forms and procedure. -morphic.
شِکَم، معده، دل. belly. stomach. abdomen. paunch. antinodes. ventr-.
~ دادن. to sag. to bulge.
شکمش کار نمیکند. his bowels do not move.
او سه ~ زائید. she gave birth to three children.
~ درد، دل‌درد. stomach-ache.
~ دار. stomached.
~ او از زیر کتش بیرون جسته بود. his paunch swelled out beneath his coat.
شَک ماهیان، ماهیان ریزه کولی. (z.) clupeidae.

شِکَم‌بَند، کرست. corset. stays.
شکم‌بنده glutton. slave of one's belly.
شِکَمبه paunch. rumen.
شِکَم‌پا gastropods. gastropod.
شکم‌پایان gastropoda. gasteropoda.
شِکَم‌پَرَست epicure. glutton(ous). voracious. go(u)rmand. rapacious. omnivorous. go(u)rmandizing.
شکم‌پرستی، پرخوری. gluttony. rapacity. voracity. edacity.
~ کردن. to go(u)rmandize. to gluttonize.
شِکَمچه cerebral ventricle.
شکم‌درد، دل درد. gripes. stomach-ache.
شِکَم‌رَوِش، اسهال. diarrhea. diarrhoea.
شِکَمَك gastrula.
شِکَم‌گُنده bigbellied. gluttonous. paunchy.
شِکَمو، شکم‌پرست. gluttonous. epicure.
شِکَمه ventricle of the heart.
شکمی، بطنی. abdominal. ventral. gastronomical. celiac. coeliac. alvine.
ـشِکَن، شکننده، بشکن. breaker. break thou (in combs. as in: ~ پیمان).
زود ~. fragile. brittle.
شِکَن، چین، جعد، پیچش، خم. curl. ringlet. fold. crease. wave. twist. coil.
چین و ~ گیسو. the curls (ringlets) and waves (twists) of the hair.
شِکَنج، شکن، چین. bend. twist. wrinkle. circumvolution. gyrus. convolution.
شِکَنجه، عذاب، آزار، زجر. torture. rack. excruciation. torment. persecution.
~ کردن، ~ دادن. to torture. to rack. to excruciate. to torment. to persecute.
زیر ~ واقع شدن. to be on the rack.
آنها یهودیان و مسیحیان هردو را ~ میکردند. they persecuted both the Jews and Christians.
شِکَنَندگی، تردی. fragility. brittleness. frangibility. fracture.
آزمایش ~. fracture test.
شِکَنَنده، ترد. fragile. breakable. breaker. infringer. ruptured.
شَکور، سپاسگزار، شاکر. very grateful.
شُکوفا (bot.) dehiscent.
شکوفایی (bot.) dehiscence.
شِکوفه، غنچه. blossom. bud. bloom.
~ کردن. to blossom. to bloom. to bud.
شُکوه، جلال. splendour. magnificence. grandeur. beauty. pomp. glory.
شِکوه، شکایت، گله. complaint. gripe. grumble.
~ کردن، گله کردن. to complain. to gripe. to grumble.
شَکیب، صبر. patience. forbearance.
شکیبا، صبور. patient. forbearing.
شکیبائی، صبر، حوصله، طاقت. patience. fortitude. forbearance. tolerance.
شَکیبیدَن، شکیبا بودن. to be patient.
شَکیل، زیبا. good-looking. shapely.
شِگَرف، عالی. wonderful. great. excellent. impressive.
شگرفی، عظمت، بزرگی. excellence. greatness. wonderfulness.
شِگِفت، تعجب، حیرت. wonder. astonishment. surprise. amazement.
در ~ شدن. to be surprised. to wonder.

مرا ~ آمد، در ~ شدم. to be amazed. I wondered. I was surprised. I was amazed.
شگفتا، عجبا. wonderful! how surprising it is!
شِگِفت‌اَنگیز، شگفت آمیز. surprising.
شِگُفتَن، شکوفا شدن، شکفتن. to bloom. to bud. to blossom. to flower. to floresce. to effloresce.
شِگِفتی، حیرت. wonder. suprise. amazement. wonderful. marvel.
شُگون، میمنت، خوش‌یمنی. good omen.
~ داشتن. to bring good luck.
شَل، لنگ، چلاق. lame. crippled. limping.
~ کردن، چلاق کردن. to lame. to cripple.
یك پایش ~ است، از یك پا ~ است. he is lame in one leg.
شُل، سست، رفیق، نرم. slack. loose. lax. soft. languid. feeble. flabby. limp. flaccid. limber. drooping.
~ دادن. to relax one's efforts.
~ شدن. to loosen. to be slack(en)ed. to lose enthusiasm. to become limp or drooping.
~ کردن. to loosen. to slack. to slacken. to make lax. to soften. to make limp.
~ کن سفت کن در آوردن. to veer and haul. to play fast and loose.
شَلّاق، تازیانه. whip. lash. scourge. belt.
~ خوردن. to be whipped (scourged or belted).
~ زدن. to whip. to flog. to lash. to belt.
شلاق‌خور tough. durable.
شلاق‌کش posthaste.
شلاقی، تازیانه‌وار، پرزور. flagelliform. fortissimo. like a whip. posthaste.
شِلال long stitch.
~ کردن. to sew with long stitches.
شُل‌باف، شل بافت، سست‌باف. loosely woven. of a loose texture.
شِلتاق، فریب، حُقّه. unjust dealing. deceit.
شَلتوك paddy. rough rice.
شَلجَمی، شلغمی. parabola. parabolical. napiform.
شِلَخته slovenly. sluttish. slipshod. untidy.
شَلغَم (bot.) turnip.
شِلِم، (در بازی ورق) پاك باخته، بدون برد یا ورق بازی. (card-playing) slam.
شَلَم شُوربا، بهم ریخته، مغشوش. hodge-podge. falsified. disorderly. confused.
شِلَنگ، گام، قدم. stride. pace.
~ زدن، ~ برداشتن. to stride. to take a long step.
شَلوار trousers. pants.
~ سواری. breeches.
~ کوتاه. shorts. Bermuda shorts. hot pants.
~ پاچه‌گشاد. bell-bottom(ed) trousers. flares.
شُلوق، سروصدا، جنجال، ازدحام. confusion. disorder. bustle. noise. riot. crowded. noisy. knockabout. tumultuous. tumult. disorderly. confused. commotion.
~ کردن. to confuse or derange. to make noise. to riot. to disturb public peace.
~ پلوق. a hash. a confusion. commotion.
شلوق‌کن noisy. riotous.
شلوقی confusion. noise. tumult. pell-mell. crowd. hubbub.

شُله، شله‌زرد. soft dish consisting of rice, fat and vegetables.
شِلّه، رنگ سرخ شله‌ای. red twill. Turkey red.
شِلّه‌ای scarlet (colo(u)r).
شَلی، لنگی. claudication. lameness.
شَلیته old-fashioned short petticoat.
شِلیك، گلوله باران. firing (a gun). volley. salvo.
~ کردن. to volley. to fire a gun.
~ پی‌درپی. fusillade.
شَلیل (bot.) nectarine.
شَمّ، شامه. smelling. olfaction. sense. feeling.
شُما you. your.
کتاب ~. your book.
بشما. to you.
~ را بخدا. please. I swear (you) to God.
شَماتَت، توبیخ، سرزنش. rejoicing at another's misfortune. taunting.
~ کردن، سرزنش کردن. to rejoice at another's misfortune. to taunt.
ـشُمار، شمارنده، شمارش. numeration. count thou. reckoning. number. (also used in combs. as in: انگشت‌شمار=few).
بشمار آمدن، بشمار رفتن. to be reckoned (among). to be included. to allow (in counting).
بیشمار. countless. numberless.
به ~ آوردن. to count. to include. to reckon. to enumerate.
روزشماری کردن. to count the days (impatiently).
شُمارِش، شمردن. counting. calculation. enumeration. computation.
~ کردن. to count. to calculate. to number. to compute. to enumerate.
شُمارِش‌گَر، حسابدار، شمارگیر، شمارگر. (one) who counts. reckoner. calculator.
شُمارَنده counter. reckoner.
شُماره، عدد. number. issue. digit.
~ کردن، شمردن. to count. to reckon.
شماره‌گیر (تلفن) telephone dial.
شَمّاس، خادم کلیسا. deacon.
شَماطه، طنین. din. uproar. reverbration.
ساعت شماطه‌ای. alarm clock.
شَمّاع، شمع‌ساز. chandler. candlemaker.
شَمال، اباختر. north. breeze.
باد ~. north wind. Boreas.
~ شرق. northeast.
~ غرب. northwest.
~ خنکی میوزید. a cool breeze was blowing.
~ شرقی. northeastern. northeasterly.
~ غربی. northwestern. northwesterly.
شمالاً on the north. in a northerly direction.
شمالی northern. arctic. northward(s). northwardly. boreal. hyperborean.
شمالی‌جنوبی lying north and south.
شَمایِل (good) qualities. portrait. icon. character. sketch.
شَمایِل‌پَرَست iconolater.
شمایل‌پرستی iconolatry.
شَمائِم (pl. of شمیمه)، بوی‌خوش، عطر. sweet odour.
شَمخال harquebus. blunderbuss.
شَمَد (bed) sheet.
شِمر general who slew Imam

Hossein in Karbela. a cruel person.
شمُر، بشمار، شمارنده. count thou.
شمُردگی، وضوح. distinctness.
شمُردن، شمارش کردن، حساب کردن. to count. to compute. to enumerate. to reckon. to calculate. to figure.
همهٔ کتابها را شمردیم. we counted all the books.
چه کسی می‌تواند همهٔ ستارگان را برشمارد. who can count all the stars!
شمُرده، واضح. distinct. counted.
[illegible] uncounted (countless) money.
شمرده حرف زدن. to speak distinctly and deliberately.
شمس.(شموس .pl)، خورشید. the sun. sol. helio-.
شمسه frog. ornamental fastening or loop.
شمسی، خورشیدی. solar. feminine proper noun.
منظومهٔ ~. solar system.
شمسی وقمری. lunisolar.
گاه‌نامهٔ (تقویم) شمسی. solar calendar.
شمسیه (fem. of شمسی). feminine proper noun. solar.
شمش bullion. ingot. bar. pig.
~ طلا. gold bullion (ingot).
~ نقره. silver bar.
~ چدن. pig iron.
شمشاد (bot.) box tree.
چوب ~ . boxwood.
شمشادیان (bot.) Celastraceae.
شمشه rule or perpendicular used in pointing.
شمشیر sword. sabre. broadsword. rapier. scimitar. scimiter. cutlass.
~ زدن. to strike with a sword. to use a sword. to sword.
~ کشیدن. to draw (unsheathe) one's sword.
ازدم ~ گذرانیدن. to put to (the edge of) the sword. to kill.
دستهٔ شمشیر. sword hilt.
زخم ~. sword cut.
شمشیرباز fencer. swordsman.
شمشیربازی fencing. swordsmanship.
~ کردن. to fence.
شمشیرزن swordsman.
شمشیرزنی swordsmanship. swordcraft.
شمشیرساز sword cutler. swordmaker. swordsmith.
شمشیرسازی manufacture of swords.
شمشیرماهی (z.) swordfish.
شمشیری sword-shaped. ensiform. gladiate. xiphoid.
شمع candle. shore. prop. buttress. candlepower. (mach.) spark-plug.
چراغ صد ~. a 100 candle-power lamp.
شمعدان candlestick. chandelier.
شمعدانی (bot.) geranium. cranesbill. shepherd's needle.
~ عطری. (bot.) pelargonium.
شمعدانیان (bot.) geraniaceae.
شمع‌زدن to shore up. to support by a shore. to prop. to buttress.
شمع‌ساز، شماع. candlemaker. chandler.
شمع‌سازی candlemaking. chandlery.
شمعک shore. prop. small candle. taper. buttress.
شمعون Simon. Simeon.

شمُول comprisal. inclusion.
شمه، اندکی، بخش، جزء، مختصری. some of. small part. slight notion. short account.
شمیم (collective for شمیمه). sweet odour.
شمیمه (شمائم .pl)، بوی خوش، بو. (sweet) odour. fragrance.
شن، ماسه، سنگریزه. sand. gravel. grit. arenaceo.
~زی، ساکن ~. arenicolite. arenicolous.
شنی، ~دار. sandy. arenose.
[illegible] to strand. to run aground.
شنا swimming. natation.
~ کردن. to swim.
شنای کرال. crawl.
شنای قورباغه. breast stroke.
شنای پشت. backstroke.
منوچهر دو دور استخر را ~ کرد. Manoochehr swam across the pool twice.
زیرآب (زیرآبی) ~ کردن. to swim under water.
استخر ~ . swimming pool. natatorium.
شناخت، شناسائی، دانش. knowledge. recognition.
شناختن (شناس .i. r.)، دانستن، شناسائی داشتن. to recognize. to know. to acknowledge. to be acquainted with.
او را درخیابان دیدم ولی مرا نشناخت. I saw him in the street but he did not recognize me.
من شما را خوب میشناسم. I know you well.
شناخته known. recognized. distinguished. acknowledged.
ـشناس، بشناس، شناسنده، شناسا. acquaintance. familiar. know thou. -ist. knowing. (in combs. as in: جانورشناس=zoologist).
او در این شهر ~ است. he is well-known in this city.
شناسا، آشنا. acquainted. acquaintance.
شناساگر شیمیائی indicator.
شناساندن، شناسانیدن، معرفی کردن، آشنا کردن. to make known. to introduce. to publicize.
شناسائی، آشنائی، اکتشاف. knowledge. recognition. acquaintance. exploration. publicity. reconnaissance.
~ دادن. to introduce (oneself).
شناسنامه، سجل. identity certificate. identity card. birth certificate.
شناسنده (one) who knows or recognizes. connoisseur.
شناعت، زشتی. obscenity. despicableness.
شناگر swimmer. floater. natant.
شناگری swimming. natation. natational. natatory.
شناور floating. buoyant. natant. swimming.
~ ساختن. to (cause to) float. to buoy up.
~ شدن. to float.
جسم ~. float. floated. flotsam. floater.
شناوری، شناگری. buoyancy. swimming. natation. flotation.
شنایی natatory. natatorial.
شنبلیله، شنبلید. (bot.) fenugreek.
شنبه Saturday.
شن‌پاش sandbox. sandblaster.
شن‌پاشی sandblasting.
شنجار، شنگار. alkanet.

شنجرف، شنگرف. cinnabar. vermil(l)ion.
شن‌ریزی sanding. ballasting. gravelling.
~ کردن. to sand. to ballast. to fill in with ballast.
شن‌زار sandy. beachy. sandy place. beach. strand. arenaceous. granular.
شنفتن، شنیدن. to hear.
شن‌کش rake.
شن‌کشی raking. working with a rake.
شنگ، شوخ، قشنگ. jolly. merry.
شنگ، شنگ تره‌ای. (bot.) salsify.
شنگار، شنجار. alkanet.
شنگرف، شنجرف. cinnabar. vermil(l)ion.
شنگول، شاد، خوشحال. gay. cheerful. sportful. tipsy.
شنل cape. mantle. cloak.
ـشنو، بشنو، شنونده. hear thou (in combs. as in: حرف شنو).
شنوا that can hear. hearing. heedful.
گوش ~. hearing (heedful) ear.
شنواندن، شنوانیدن. to cause to hear or to be heard.
شنوائی، سامعه. hearing. audition. auditory. heedfulness. audi-.
حس ~، حس سامعه. the sense of hearing.
شنوایی‌سنج audiometer.
شنوایی‌سنجی audiometry.
شنود، شنید، شنیدن. hearing (in combs. as in: گفت وشنود=conversation).
شنودن، شنیدن. to hear.
شنوندگان audience. listeners.
شنونده (شنوندگان .pl)، مستمع. hearer. listener. auditor.
شنی، شن‌دار، شنزار. sandy. sand-like.
شنید، شنود. heard. listened.
شنیدن (بشنو .i. r.)، استماع کردن. to hear. to listen to. to hearken. to audition. audi-.
~ کی بود مانند دیدن. hearing is not like (actually) seeing.
شنیدنی interesting (to hear). audible.
شنیده heard.
نشنیده. unheard.
شنیع، زشت، شنیعه. obscene. abominable. despicable. atrocious.
شنیعه (شنایع .pl). obscene act. atrocity.
ـشو، بشوی، شستشودهنده، شوی. wash thou. washer. (in combs. as in: (مرده‌شوی).
شو، شوی، شوهر. husband.
شو show.
شوارب (pl. of شارب)، شاربها. mustach hairs growing beyond the upper lip.
شوارع (pl. of شارع)، راهها، طرق. roads. ways.
شوال the tenth Arabic lunar month.
شوالیه، دلاور، مبارز، سوار. knight. cavalier.
شواهد (pl. of شاهد)، مدارك، ملاکها، گواهان. witnesses. testimonies.
شوخ، بذله‌گو. gay. jovial. witty.
شوخ چشم impudent. saucy.
شوخ چشمی impudence.
شوخ‌طبعی of a gay or witty nature.
شوخی، بذله، لطیفه، شوخ‌طبعی، متلك، بیشرمی. joke. jest. fun. trick. gag. pun. wisecrack. wit. witticism. bon mot.
to make a joke. to joke. to jest. to play a trick for fun. to make fun of. to tease. to kid.
~ او نگرفت. his gag did not work.
~ نمیکنم، جدی میگویم. I am not kidding.
~ را از حد گذراندن. to carry a joke too far.
بی ~. serious(ly). no kidding.
شوخی‌آمیز، اظهار ~. joking. facetious.
شود، شبت. (bot.) common dill.
شودی، مادچوبه. (bot.) asparagus. love-in-a-mist.
شور، نمکین، شورمزه. salty. saline. saltish. brackish. briny. (mus.) a musical melody. commotion. emotion. passion. fervo(u)r. enthusiasm. anxiety.
آب ~. salt water. brine.
~ در سر داشتن. to be fervent or passionate.
این خوراك قدری ~ است. this food is a bit salty.
دلم ~ میزند. I am anxious or uneasy.
در ~ عصبانیت خندید. in the height of his anger, he laughed.
شورش را درآوردن. to go off the deep end. to run into the ground. to go too far.
شور، مشورت، مشاوره. deliberation. consultation. reading. hearing. palaver.
پس از ~ با همسرش. after consultation with his wife.
در ~ دوم. in the second reading. in (during) the second hearing (session).
~ کردن. to deliberate. to ponder. to consult.
شورا، شوری. council. assembly.
شوراب salt or brackish water. brine.
شوراندن، شورانیدن، برانگیختن. to cause to revolt. to arouse. to incite.
شورانگیز، مهیج، نشاط‌آور. sensational.
شوربا pottage.
شوربخت، بدبخت. unfortunate.
شورچشم، بدچشم. having an evil eye.
شورش، انقلاب، دگرگونی، تحول، کودتا، قیام. revolt. upheaval. coup d'etat. uprising. rebellion. insurgence. mutiny. recalciteration.
~ کردن. to revolt. to make a coup d'etat. to rebel. to insurge. to recalciterate. to mutiny. to make a revolution.
~ سپاهیان. rebellion (revolt, mutiny) of the troops.
شورشیان (یاغیان) اسیر شدند. the insurgents were captured.
شورش‌طلب، شورشی. revolutionary. revolutionist.
شورشی، انقلابی. rebel. revolutionary. insurgent. recalcitrant.
شورمزه saltish. salty. brackish. briny.
شورو، چرم پوست‌بز. kidskin.
شوروی، روسیه، مشورتی. consultative. deliberative.
اتحاد جماهیر ~ سوسیالیستی. Union of Soviet Socialist Republics.
شورویها. the Soviets. Russians.
شوره nitre. saltpetre. flake. scurf. dandruff. furfur. pityriasis. saltpeter.
شورهٔ سر. pityriasis capitis. dandruff. scurf.
شوره‌پز saltpetre - maker.
شوره‌پزی saltpetre making.
شوره‌زار salt marsh. brackish. saltish.

شوری saltiness. salinity.
شوریٰ، شورا. council. assembly.
شوریدگی، پریشانحالی. frenzy. (love) madness.
شوریدن، شورش کردن. to rebel. to mutiny. to revolt. to rise. to be frenzied.
شوریده frenzied (with love). mad. (having) revolted.
شوریده بخت، بدبخت. unfortunate.
شوریده‌حال، پریشان حال. frenzied. wretched.
شوریده مغز، دیوانه. mad. distressed.
شوسه roadway. highway. causeway.
راه ~. gravelled road. levelled road.
شوش Susa.
شوشکه، قداره، قمه. Circassian sabre.
شوشه، منشور، شمش. prism. ingot.
شوفر، راننده. chauffeur. driver.
شوق (اشواق .pl)، اشتیاق، علاقه، ذوق. eagerness. avidity. keenness. strong desire. great interest. enthusiasm.
سر ~ آمدن. to become eager or avid. to grow fond or enthusiastic.
سر ~ آوردن. to make fond or enthusiastic.
سر ~. eager. avid. enthusiastic.
شوق و ذوق enthusiasm. great interest. avidity and talent.
شوک، خار. (bot.) thorn. prickly shrub.
شوکا، گوزن‌نر. (z.) buck.
شوکت، عظمت. glory. power. magnificence.
شوکت‌الیهود، کنگر. (bot.) acanthus.
شوکت‌مآب glorious. pompous.
شوکران (bot.) hemlock.
شوکی spinal. spinous.
شولا، کینک. کولا. quilt-like mantle.
شوم، بدشگون، بدیمن. ominous. inauspicious. sinister. foreboding.
شومی inauspiciousness.
شومیز، پوشه، شمیز. folder. flat file.
شونیز، سیاه دانه. (bot.) nigella seeds.
شئون (pl. of شأن)، مقامات، احترامات، شئون. respects. dignities. ranks.
شئونات، شؤون، شئونات.
شوهر، همسر، جفت، مرد، شوی. husband. mate. spouse. benedict. man.
~ دادن. to give in marriage. to marry. to husband.
~ کردن. to marry. to get married.
~ مادر. stepfather.
زن دو شوهره، شوهر دوزنه. bigamist.
شوهردار married. husbanded.
زن ~. married woman. feme covert.
شوهرداری having (taking care of) a husband.
شوی، شوهر، شستشوکن. husband. wash.
ـشوی washer (used in combs. as in: رختشوی = clothes washer).
شوینده washer.
شویه washing (used in combs. as in: دهان شویه = mouth wash).
شه، شاه، پادشاه. shah. king.
شهاب، نیزک. shooting star. meteor.
شهادت، گواهی، تصدیق، شهیدشدن. witness. evidence. testimony testification. testifying. eyewitnessing. martyrdom.
~ دادن. to witness. to bear a witness. to give evidence. to profess one's faith. to bear testimony. to give a testimonial.
بشهادت رسیدن، شهید شدن. to suffer martyrdom. to become a martyr. to be martyred or martyrized.
بشهادت طلبیدن. to call to witness.
کلمهٔ ~. credo. formula of Islamic faith.
من اورا بشهادت طلبیدم. I called him to witness.
او علیه آن زن ~ داد. he evidenced against her.
من علیه تو ~ میدهم. I will testify against thee.
~ عینی. eyewitnessing. ocular proof.
شهادتگاه place of martyrdom.
شهادت‌نامه، گواهی‌نامه، کتاب روضه. passional. passionary. testimonial. testimonium. affidavit.
شهامت، دلیری. moral heroism. bravery. greatness. vigour.
شهباز، شاهباز. royal falcon.
شهپر، شاهپر. aileron.
شهد، انگبین، عسل. honey. nectar.
شهدا (pl. of شهید)، شهیدان. martyrs.
شهداب، آب وانگبین. hydromel. mead.
شهدانه، شاهدانه. hempseed. main bead in a rosary.
شهددار nectariferous. juicy. honeyed.
شهدی (fem. شهدیه)، شهددار. like honey. nectareous.
شهر city. town. chief city. metropolis.
شهر (pl. شهور)، ماهها. months.
شهرآرا(ی) officer in charge of town decorations.
شهربانی، ادارهٔ کل ~. police. police headquarters.
افسر ~. police officer.
شهربانو the lady of the town. feminine proper noun.
شهرت، شهره، معروفیت، نام، نام خانواده. fame. reputation. celebrity. renown. rumour. (sur)name.
~ دادن. to spread around (about). to give publicity to.
~ بد. bad reputation. notoriety.
~ یافتن. to win fame.
~ دارد که. there is a rumour that. rumours are rife that.
~ و نشانی خود را بنویسید. write down your family name and address.
شهرتاش، همشهری. fellow citizen.
شهردار mayor. city manager.
شهرداری، بلدیه. municipality.
انجمن ~. town council. municipal council.
ساختمان ~. city hall.
شهرستان township. small province.
دادگاه ~. court of first instance.
شهرفرنگ peep show.
شهرنشین، شهرزی. city dweller. burgess.
شهروا citizen. inhabitant of a city.
شهروند، تبعه، شهرنشین. citizen.
شهره، شهرت، معروف. celebrated (person or thing). famous.
شهرهٔ آفاق. famous all over the world.
شهری urban. civic. metropolitan.
شهریار، شاه. sovereign. monarch. king.
شهریاری sovereignty. majesty. kingship
شهریور، شهریورماه. sixth month of the Persian calendar having 31 days.
شهریه، ماهیانه. tuition. stipend.
شهلا (fem of اشهل) reddish-blue.
نرگس ~. reddish-blue narcissus. eye of a mistress.
شهنشاه، شاهنشاه. Shahanshah.
شهوات (pl. of شهوت)، لذات. lusts. passions. concupiscences.
شهوانی sensual. carnal. lusty. lustful. passionate. concupiscible. pornographic. voluptuous.
نگاه ~. lustful look.
امیال ~. concupiscible desires.
نوشته‌ها یا عکسهای ~. pornography.
شهوانیت، شهوت پرستی. sensuality. carnality. lust.
شهوت، هوس، قوهٔ باه. lust. passion. concupiscence. voluptiousness. voluptuosity. aphrodisia. libido.
~ یا حرص قانع نشدنی برای زمین. an insatiable lust for land.
داروهای محرک ~. aphrodisiac drugs.
شهوت‌آمیز، شهوت‌انگیز. sexual arousing. lustful. carnal. sensual. sensuous. lurid. pornographic.
شهوت‌انگیز exciting lust. aphrodisiac. lusty. sexy. voluptuous. pornographic.
عکسهای ~ (راجع بمسائل جنسی). pornographic pictures.
شهوت‌آور aphrodisiac.
شهوت‌پرست lascivious. voluptuous. epicurean. promiscuous. lustful.
شهوت پرستی voluptuousness. lasciviousness. promiscuity. carnality.
شهوت ران voluptuous. libidinous. lusty. epicurean.
شهوت‌رانی sensuality. voluptuousness. lust. epicureanism. carnality.
~ کردن. to gratify one's passions. to be sensual or carnal.
شهوتی، شهوانی. relating to lust or carnal desires. lustful. sexy. highly sexed. horny. lusty.
شهود، مشاهده، دریافت، ادراک، حضور ذهن، شاهدان. witnessing. presence. intuition. witnesses (pl. of شاهد).
شُهی desirable. desideratum. agreeable.
شهید martyr. killed. deceased.
مقبرهٔ شهیدان. martyrium.
شهید پرستی. martyrolatry.
~ شناسی. martyrology.
~ کردن. to martyr. to matyrize.
~ شدن. to be martyred or martyrized.
شهیر، مشهور، نامدار، معروف. famous. renowned. well-known. famed. popular.
شهیق، دم، فرودم. inspiration. inhalation.
شیئی (pl. اشیاء)، چیز، موضوع. thing. object. affair. objective. matter.
~ که روی میز است. the thing which is on the table.
شیاد، حقه‌باز، فریبنده. impostor. charlatan. cheater.
شیادی، حقه‌بازی. imposture. charlatanism.
شیار، شکاف، زمین شیار شده. furrow. groove. stria. plough(land). wave. fissure. ridge. sulcus. trench. cleft.
~ کردن. to furrow. to plough. to plow. to groove.
شیاردار grooved. ploughed. sulcate. wavy.
شیاطین (pl. of شیطان) devils. demons.
شیاف، شاف. suppository. turunda. suppositorium.
شیب، سرازیری، نشیب. gradient. grade. declivity. slope. dip. incline. slant. lean.
راه ~ دار. a steep road.
شیبا، افعی. viper.
شیب‌پیما، شیب‌سنج. grad(i)ometer.
شیب‌سنج، شیب پیما. gradimeter.
شیپیسی، انبرک. small pincers. bodkin.
شیپور trumpet. bugle. horn. clarion.
~ اوستاش، لولهٔ اوستاش. eustachian tube (canal).
~ بیداری. (mil.) reveille.
~ جمع. (mil.) assembly.
~ رحمی. fallopian tube.
~ زدن. to blow a trumpet. to bugle.
شیپورچی، شیپورزن. trumpeter. bugler.
شیپوری trumpet-shaped.
شیخ (pl. شیوخ)، پیر، ملا، آخوند، ریش‌سفید، رئیس قبیله. sheik(h). venerable old man. elder. learned man. chieftain
شیخ‌السفرا doyen. dean.
شیخ‌نشین sheikdom. sheikhdom.
شیخوخت، پیری، ریش‌سفیدی. eldership. old age.
شید، فروغ. light. (in combs. as in: خورشید، مهشید).
شید، مکر، فریب. ruse. trick.
شیدا mad. lovesick.
شیدانه، عناب. (bot.) jujube.
شیدائی، دلباختگی، واله‌گی. madness. frenzy (of love). love-sickness.
شیر lion. leo. head (of a coin).
مثل ~ غران. like a roaring lion.
~ مانند. leonine. lion-like.
~ ماده. lioness.
~ یا خط. head or tail. toss-up.
~ کردن. to brave. to lionize.
~ وخورشیدسرخ. the Red Lion and Sun.
شیر faucet. tap. cock. valve.
~ آب. faucet.
~ اطمینان. safety valve. stop cock.
~ خروجی. vent pipe.
شیر milk. galacto-. lacto-. lact-.
~ دلمه، ~ بسته. curd.
~ خشک. milk powder. powdered milk.
~ غلیظ شده، ~ تغلیظ شده. condensed milk. concentrated milk.
سر ~. cream.
~ دهی، ~ دوشی، رضاع. lactation.
از ~ رفتن. to go off milk.
ازشیر گرفتن. to wean.
جادهٔ شیری، کهکشان. lacteal circle. the Milky Way.
با پستان ~ دادن. to breast feed.
شیرابه latex.
شیرازه headband (of a book). order. tie. binder.
شیرازی (native) of Shiraz.
شیرافکن، دلیر. valiant. overthrowing a lion.
شیربان lion-keeper.
شیربچه (lion's) whelp. lion cub.
شیربر lactiferous.

شیربرنج rice milk. rice pudding.
شیربَندی، ماست بندی، لبنیاتی. dairy.
شیربَها gift to a bride's mother.
شیرجِه، پشتك، وارو. dive. header. plunge. dip. swoop. nose dive.
~ رفتن. to dive. to plunge. to nose-dive. to plunge head foremost.
او درآب ~ رفت. she dived into the water.
درآب ~ رفتن. to take to water with a plunge. to dive.
شیرچای tea with milk.
شیرخانه dairy. lion-house. cage.
شیرخِشت purgative manna.
طبع شیرخشتی. hot liver.
شیرخوار sucking. breast feeding. infant. lactivorous. suckling.
شیرخوارگاه nursery.
شیرخوارگی sucking period or state.
شیرخواره، شیرخوار. suckling. baby.
شیرخور، شیرخوار. lactivorous. suckling.
شیرخوری milk jug.
فنجان ~. milk cup. milk glass.
شیردار lactiferous. milch.
شیردان abomasum. abomasus. rennet stomach.
شیردَرقَرابه yellowish or pale green.
شیردل، دلیر. lionhearted. lionheart.
شیردُوش breastpump. milker. milkmaid.
شیرده، گاو شیرده. milch.
مادران ~. nursing mothers.
گاو ~. milch cow.
شیرزا galactogogue. galactogenous.
گیاه ~، علف شیر،شیرگیاه. (bot.) milkwort.
شیرزَن heroine. lioness. virago.
شیرزوَر strong as a lion.
شیرزَهره daring as a lion.
شیرسازی galactopoiesis.
شیرسَنج lacto(densi)meter. galactometer.
شیرشَکَری yellowish - white. white dotted with yellow.
شیرفُروش milkman. milkmaid.
شیرقُلاب (large) buckle.
شیرقَهوه coffee with milk.
شیرکچی distiller.
شیرکخانه distillery. tavern.
شیرگَرم warm milk. lukewarm.
شیرگیاه، گیاه شیرزا، علف شیر. (bot.) milkweed. milkwort.
شیرگیر، دلیر، شجاع. capturer of lions. bold. daring.
شیرمال (pastry) made with milk.
شیرمایه rennet.
شیرمَرد lionheart. hero. brave.
شیرمَست young fatling.
شیروانی gable roof. native of Shirvan city in Caucasia.
شیره، عصاره، شربت، شیر. juice. sap. syrup. molasses. emulsion. milk. vigour. succus. extract.
شیرهٔ (چیزی را) گرفتن. to press the juice of.
~ سرکسی مالیدن. to fool a person.
شیرهٔ (چیزی یا کسی) را کشیدن. to sap or exhaust (the vigour of) a person or thing. to bleed one white.
~ای. opium addict. junkie.
~ کشیدن. to smoke opium residue.
شیرهٔ معدی، شیرهٔ معده. gastric juice.
شیرهٔ روده. intestinal juice.
شیره‌خانه opium den.
شیره‌دار juicy. sappy. lush. syrupy.
شیره‌کَش، شیره‌ای. person addicted to smoking opium residue.
شیره مال، متملق، چاپلوس. flatterer. sycophant.
شیره مالی، تملق. flattery. sycophancy.
~ کردن. to flatter. to blandish.
شیری، شیری رنگ. lactic. milky. milk-white. lacteal.
جادهٔ ~، کهکشان. lacteal circle. the Milky Way.
بچهٔ ~. suckling.
دندان ~. milk tooth.
شیرین، شکرین، دلپذیر، جالب. sweet. mellifluous. honeyed. melodious. attractive. sweetly. succulent.
لبخند ~. a sweet smile.
آب ~. fresh water. desalinated water.
~ تر ازشکر. sweeter than sugar.
بازار این کالا خیلی ~ است. this commodity has a very good market.
~ کردن. to sweeten. to make sweet. to desalinate. to soften (as water).
خود شیرینی. trying to make oneself agreeable. currying favor.
شیرین بَیان (bot.) sweetroot. liquorice. licorice.
شیرین‌زَبان، خوش سخن، شیرین سخن. sweet-spoken. mellifluous.
شیرینَك lamb's - lettuce. kind of infantile eczema. (in plants) exanthema.
شیرین‌کاری stunts. distinguished act.
شیرین‌گُفتار، شیرین‌زبان. mellifluous.
شیرینی sweetness. attractiveness. sweets. cookie. confectionery. tip or bribe.
شیرینی‌پَز confectioner.
شیرینی‌پزی confectionery.
شیرینی‌خوران betrothal party.
شیرینی‌خوری sweet dish.
شیرینی‌فُروش confectioner.
شیرینی‌فروشی، دکان ~. confectionery. confectioner's shop. bakery.
شیست schist slale. slate clay.
شیشَك year-old-lamb. yearling.
شیشَکی، زکی. raspberry! fudge!
~ درکردن ، ~ بستن. to give the raspberry. to fudge.
شیشِه، آبگینه. glass. pane. glass bottle. wind screen. windshield. vitr-.
شیشهٔ داروئی، شیشهٔ آمپول. vial.
شیشهٔ ساعت. watch glass.
شیشهٔ پنجره. windowpane.
~ای، ~ مانند، زجاجی. (made of) glass. vitreous. vitreal. vitriform. glassy.
شیشهٔ اتومبیل. windshield.
شیشه‌آلات glassware.
شیشه‌باز، شیشه‌گردان. juggler.
شیشه‌بُر glazier. glass cutter.
شیشه‌بری glazing. glaziery.
شیشه ساز glass manufacturer.
شیشه‌سازی glass manufacture.
کارخانهٔ ~. glassworks.
شیشه‌گَر glass blower.
شیشه‌گرخانه glassworks.
شیشه‌گری glass blowing.
شَیطان (شیاطین .pl)، اهریمن. Satan. Devil. devilish. roguish. Mephistophles. naughty. mischievous. fiend.
بچهٔ ~. naughty child.
شَیطان‌صِفَت diabolical. devilish.
شیطانَك click. pawl. detent. devilkin. fiendish.
شَیطانی، شیطنت، شرارت. satanic. diabolic. devilish. demonic. devilishness. demoniac. mischief. naughtiness. diablerie. devilry.
~ شدن. to have a wet dream.
~ کردن. to be naughty. to do mischief.
شَیطَنَت، شرارت، شیطانی. naughtiness. mischievousness. prank. craftiness. slyness. Devilishness. diabolism.
~ کردن. to play the devil. to be naughty or mischievous. to play pranks. to be frolicsome. to commit mischief.
شیعِه (شیع .pl). Shiite. sectarian.
مذهب ~. Shiism.
شیعی sectarian. pertaining to the Shiites.
شیفتِگی state of being enamo(u)red. infatuation. captivation.
شیفتَن (شیو .i. r)، شیفته‌کردن. to enamo(u)r. to infatuate. to fascinate. to captivate. to charm.
شیفته، عاشق،فریفته،مجذوب. enamo(u)red. fallen in love. fascinated. enticed. captivated. charmed. bewitched. conjured. infatuated. enamorato. fond.
~ شدن. to be enamo(u)red. to be infatuated. to be enticed. to be fascinated.
~کردن،شیفتن. to enamo(u)r. to captivate.
من شیفتهٔ مهربانی آن زن شدم. I was fascinated (captivated) by her kindness.
شیفُن، تورنازك، گارس. chiffon.
شیك، قشنگ، مد، زیبا. chic. smart. stylish. fashionable. pretty. dandy.
خود را ~ کردن. to spruce up oneself. to trim up.
آدم ~ (پوش). a dandy. a fop.
شیك‌پوش smartly dressed. dandy.
شیکی، قشنگی. smartness. stylishness. prettiness. dandyism. spruceness.
شیل (شیلات .pl)،سد ماهی‌گیری. fishery.
شیلان، مهمانی بزرگ. royal feast.
شیلانه، عناب. (bot.) jujube.
شیلِه پیلِه، تزویر، حقه، نیرنگ. cunning. underhand methods.
شیلی (geog.) Chile.
شیلینگ shilling. hose.
شِیَم (شیمه .pl. of). dispositions. temperaments.
شیمَه (شیم .pl)، خوی، طبع. natural disposition. manners. temper. temperament.
شیمی chemistry.
~ آلی. organic chemistry.
~ صنعتی. industrial chemistry.
~ عملی. applied chemistry.
شیمیائی chemical.
شیمی‌دان chemist.
شیوا، دلفریب، فصیح، دلنواز، روان. charming. eloquent. versatile. fluent.
شیوائی charm(ingness). eloquence.
شیوُخ (شیخ .pl. of)، مشایخ. sheiks. elders. sheikhs.
شُیوع outbreak. prevalence. rampancy. publicity.
~ مرض. incidence of disease.
~ دادن. to publish. to noise or spread abroad.
~ یافتن. to be spread or published. to prevail. to become prevalent. to be propagated.
شُئون (شان .pl. of)، مقامات، حیثیت. authorities. positions. matters of prestige.
شیوَن، فریاد،جیغ،ندبه،زاری. wailing. mourning. lamenting. moaning. bewailing. caterwauling. ululating.
~کشیدن. to bewail. to mourn loudly. to wail. to moan. to lament. to cry loudly.
شیوه، سبك، روش. style. method. demeanour. coquetry. trick. manner. grace.
شیوهٔ نوشتن او. his style of writing.
شیوهٔ تقویت فکر. a method of improving the mind.
شَیهه، صیحه، جیغ، صدای اسب. neighing.
~ کشیدن. to neigh.

ص seventeenth letter of the Persian alphabet.
صابر، شکیبا، صبور. patient. forbearing.
صابون soap. detergent.
پودر ~. soap powder.
~ زدن. to soap.
کف ~. soap bubble. suds. lather.
یك قالب ~. a cake of soap. a bar of soap.
~ریش‌تراشی. shaving soap. shaving cream.
صابون‌پز soap boiler. soapmaker.
صابون‌پزی soap boiling. soapmaking. soapworks. soap manufacturing.
صابونی soapy. soap-seller.
~ کردن. to (wash with) soap. to make soapy.
جا ~. soap dish.
صاحب(اصحاب .pl)، مالك، ارباب. owner. master. companion. holder. lord. possessor (of). one endowed (with). landlord. proprietor.
~ ثروت، ثروتمند. wealthy.
~ امضاء. signatory.
~ کتاب، اهل کتاب. believing in some scripture or Bible (as Christians, Jews etc.)
بی ~. unclaimed. having no owner.
صاحب‌اختیار، مختار. (man) of authority. authorized.
صاحب‌الزمان owner or lord of time. title of the twelfth Imam.
صاحب‌امتیاز concessioner. concessionaire. grantee. (of a news-paper). proprietor.
صاحب‌جمال، زیبا. beautiful. pretty.
صاحب‌جمع one who has financial responsibility (old title). purveyor.
صاحب‌خانه، مالك‌خانه. owner of a house. landlord.
صاحب‌خیر، نیکوکار. benefactor.
صاحب‌دل wise or pious person.
صاحب‌سهم، سهمدار. shareholder. stockholder.
صاحب‌کار، کارفرما. employer.
صاحب‌کرم، کریم، بخشنده. beneficent. generous. benefactor. giver. bestower.
صاحب‌کمال accomplished. educated. learned. full of wisdom.
صاحب‌مال owner (of a specified property). wealthy (person).
صاحب‌محضر، سردفتر. person in charge of a notary office. notary public.
صاحب‌مرده something whose owner is dead. left to careless heirs.
صاحب‌ملك، مالك. landlord.
صاحب منصب، افسر. civil official. functionary. officer.
~ عالیرتبه. high-ranking official.
صاحب‌نظر clear-sighted (person). an authority. connoisseur.
صاحب‌هنر، هنرمند. artist. talented.
صادر (صادره fem ، صادرات .pl)، صدور.
~ شده، بیرون کرده، فرستاده، ارسال شده. exportd. emanating. outgoing. issued. exportation. proceeding. going forth. gone forth.
صادرات و واردات. exports and imports.
کالاهای صادره (~ شده). exported goods.
نامه‌های صادره. outgoing letters.
صادرات ایران سال گذشته شصت‌درصد افزایش یافت. the exports (exportations) of Iran increased 60 % last year.
~ شدن. to be issued (exported). to emanate. to proceed.
~ کردن. to export. to issue.
صادرات exports.
صادرکننده exporter.
صادق، راستگو، صمیمی. truthful. sincere. true. veracious. honest.
یار ~. a true (truthful) friend.
این اتهام در مورد او ~ نیست. this accusation is not true (does not apply) in his case.
صادقانه، صمیمانه. truthfully. sincere(ly). truthful. candid. veracious(ly).
نصیحت ~. sincere advice.
صارم، تیز، تند. sharp. austere. intrepid.
صاریغ (z.) opossum.
صاعد، بالارونده، طالع، ظاهر شونده، متصاعد. rising. ascending. ascendant.
صاعقه (صواعق .pl)، تندر، آذرخش. thunderbolt. lightning.
صاغری shagreen. croup or rump of a horse.
صاف، صرف، رك، زلال، خالص، ناب، مسطح. clear. limpid. transparent. pure. smooth. plane. level. sleek. even. flat. candid.
~ کردن. to filtrate. to filter. to sift. to sieve. to clarify. to smooth. to level. to strain.
صورت ~. a smooth face.
جادهٔ ~. a leveled (graded) road.
آب انگور را ~ کردن (ازصافی گذراندن). to strain grape juice.
صورت را ~ کردن. to shave (the face).
ورق مس را باچکش ~ کردن. to planish a copper sheet.
سینه را ~ کردن، گلو را ~ کردن. to hem. to clear the throat.
حسابی را ~ کردن. to settle an account.
راه را برای آیندگان ~ کردن. to pave the way for those who come.
آسمان ~. clear sky.
~ شدن. to be filtered (clarified).
to smooth. to fair. to clear.
~ وساده، ساده‌لوح، رك، بیریا. ingenuous. straightforward. simpleton. naive.
صاف‌کرده filtered. strained.
صاف‌کن colander. sift. sieve.
جاده ~. roller. grader.
چای صاف‌کن. strainer (for tea).
صافن (anat.) shaphena. internal saphenous vein.
صافی، خالص، پالونه. strainer. colander. sift. sieve. limpidity. filter.
~ کردن، ازصافی گذراندن. to strain.
صالح، ذیصلاحیت، نیکوکار، پرهیزکار. pious. competent.
صالحه (صالحات .pl)، کارنیك. good deed.
صامت، گنگ، بیصدا، بی‌واکه. silent. mute. consonant. dumb. speechless. voiceless. inarticulate. unpronounced.
فیلم ~. silent movie.
صانع، سازنده، آفریننده. maker. creator.
صایب، درست. right. correct. sound.
صائم، روزه دار. faster or fasting.
صبا zephyr.
صباح، بامداد، صبح. morning.
صباحت، زیبائی، جمال. beauty.
صباغ، رنگرز. dyer.
صباوت، خردسالی، کودکی. childhood. nonage. minority. youthful folly.
صبایا (صبیه .pl of)، دختران. girls.
صبح morning. a.m. morn. matin.
~ زود. early morning. dawn.
ساعات‌کار، ~ها ۸ تا ۱۲ وبعدازظهرها ۴ تا ۶. office hours: 8_12 a.m. and 4_6 p.m.
امروز ~. this morning.
ستارهٔ ~ (سحر). morning star.
فردا ~. tomorrow morning.
~ روز بعد. the next morning.
ادارهٔ ما هرروز ~ از ساعت ۸ باز است. our office is open every morning from 8 a.m. on.
~ بخیر. good morning.
صبحانه، صبحگاهی، ناشتا. breakfast. in the morning. matin. matinal.
صبحدم، بامدادان. (early) morning. early in the morning.
صبحگاه، صبحدم. morning. (in the) morning. early in the morning.
صبحگاهی of the morning. matin. matinal.
نماز ~. matin.
صبر، شکیب، شکیبائی. patience. forbearance. fortitude. tolerance. perseverance. endurance.
خدا بشما ~ بدهد. may God give you patience.
~ کردن. to wait. to tolerate. to forbear.
~ داشتن. to have patience.
to be patient. to tolerate.
بی ~. impatient.
بی‌صبری. impatience.
گر ~ کنی ز غوره حلوا سازم. if you wait (have patience) I will turn sour grapes into sweetmeat. patience moves mountains.
اگرپنج دقیقه ~ کنید دکترخواهدآمد. if you wait five minutes, the doctor will come.
صبوح morning draught.
صبور، شکیبا. (very) patient. forbearing. tolerant.
صبورانه، شکیباوار. patiently.
صبوری، شکیبائی. patience. forbearance.
~ کردن. to have (or use) patience.
صبی (صبیان .pl). lad. youth.
صبیح، خوبرو، خوش‌سیما. good-looking.
صبیه (صبایا .pl)، دختر. daughter. girl.
صحابت، مصاحبت، همراهی، همدمی. companionship. company.
صحابه (صاحب .pl of)، مصاحب، همدم، شاگرد. companions (esp. of Mohammed).
صحاری (صحرا .pl of)، بیابانها. deserts.
صحاف bookbinder. binder.
صحافی bookbinding. binding.

bindery. bookbindery.

~ کردن. to bind. to be a binder.

صحائف (pl. of صحیفه)، کتب، نامه‌ها. books. letters.

صُحبت، گفتگو، مصاحبت، همراهی، همدمی. palaver. discourse. speech. talk. conversation. chat. dialogue. confabulation. parley. colloquy. oration. address.

~کردن. to speak. to talk. to converse. to chat. to associate. to confabulate. to chatter. to gab. to gabble. to discourse. to babble. to blab. to prattle.

خوش ~. conversationalist. sociable.

کم ~، کم حرف. taciturn. uncommunicative.

پر~، پرحرف. gabbler. gabby. loquacious. talkative. voluble. garrulous.

هم ~، مصاحب. companion. mate. associate.

صِحَّت، درستی، راستی، تندرستی، اصالت. (good) health. correctness. correctitude. accuracy. rightness. exactness. exactitude. authenticity. genuineness. validity. truth. verity.

بدینوسیله ~ ترجمهٔ فوق را تصدیق میکنیم. we hereby acknowledge the authenticity of the above translation.

~ عمل. honesty.

~ مزاج. good health.

~ داشتن. to be true. to be healthy.

صِحَّت‌بخش، عافیت بخش. healthful. health-giving.

صَحرا (صحاری .pl)، بیابان. Sahara. desert. field. wilderness. heath.

صَحرانشین nomad(ic). desert dweller.

صَحرانَوَرد (one) who travels in the desert.

صَحرائی pertaining to the desert. wild. campestral. open-air. pertaining to a field. desert. Saharan.

محاکمهٔ صحرائی. field trial.

ورزشهای صحرائی. field sports.

توپخانهٔ صحرایی. field artillery. field gun.

صُحُف (pl. of صحیفه)، کتب. books.

صَحن courtyard. court. open space. precinct.

~ مسجد. the courtyard of a mosque.

صَحنه، میدان. scene. stage. theatre. sphere of operations. arena. ring. rink.

صحنهٔ نبرد. scene of fighting. battlefield.

در ۷۰ سالگی از صحنهٔ سیاست کناررفت. he left the arena of politics at the age of seventy.

صحنه‌آرا stage designer. scenarist.

صِحَّه، امضاء، گواهی، تصدیق، توشیح. signature. endorsement. approval. sanction. certifying.

~ گذاشتن. to sign. to endorse. to sanction.

صِحّی، بهداشتی. sanitary. hygienic. health.

~کردن، بهداشتی کردن. to sanitize. to sanitate.

از نظر~. from the viewpoint of health.

غیر~، غیربهداشتی. unsanitary. unhygienic.

صحیح، راست، درست. true. correct. right. proper. accurate. precise. exact. intact. unimpaired. authentic. sound.

آیا اظهار شما ~ است؟ is your statement correct?

کار صحیحی که باید انجام گیرد. the right thing to do.

~ و سالم. sound and healthy.

~ کردن. to correct. to rectify. to proofread. to (make) right.

~ میگوئید. you are right.

املاء ~. correct spelling.

~ است. that is right. O.K. approved.

عدد ~. an integral number. integer.

صحیحاً، درست، دقیقاً. correctly. exactly. accurately. intact. properly.

صَحیفه (صحف، صحائف .pl)، کتاب، ورق، برگ. leaf or page. book.

صَخره، خاره، سنگ. rock. cliff. boulder.

صخره‌ای، صخره‌دار، سنگی. rocky.

صَد، یکصد. hundred. cent. centi-.

~ هزار. (one) hundred thousand.

صدی‌پنج، پنج درصد. five per cent.

صددرصد. 100 per cent. 100 %.

دوصد، دویست. two hundred.

صَدا، آوا، آواز، بانگ، ندا. sound. voice. noise. sonance. tone. report. call. vowel (sound). din. -phone. phono-.

لطفاً صدای رادیو را بلندتر کنید. please turn the radio on louder.

صدای رادیو را کوتاه کنید. turn the radio down.

با صدای آهسته. slowly. with a low voice.

صدای سگ. barking. yelping.

صدای گاو. mooing. lowing.

باصدای بلند. with a loud voice. loudly.

حرف با~، واکه. vowel.

حرف بی~، حرف بی‌واکه. consonant.

صدادادن. to sound. to produce a noise or sound.

صداکردن، صدا درآوردن. to make a noise. to produce a sound. to ring. to din.

صداکردن، صدا زدن. to call. to invite.

بصدا درآمدن. to complain (publicly).

زنگ‌را بصدادر آوردن. to ring. to sound. to toli.

زنگها بصدادر آمد. the bells began to chime. the bells tolled.

بی‌صدا. silent. quiet. hush(ed). mute.

صداشان درآمد. they complained. they showed discontent.

سرو ~. noise. din. uproar. clamor. hubbub. racket.

بی سرو~. quietly. without much fuss or ado.

خوش ~. having a good voice.

صدای ناهنجار. cacophony.

صداپیچ، طنین‌انداز. resounding. echoing.

صدادار vowel. sonorous. making a noise. having a vowel (sound). phonetic. voiced. sounded. sonant.

صِدارَت chancellorship. chancellery.

صدارَس range of voice. hearing distance. within hearing distance.

صداسَنج phonometer.

صداشِناس phonologist. acoustician.

صداشناسی phonology. acoustics.

صُداع، سردرد. headache. cephalalgia.

صَداق، مهریه، مهر. dowry.

صَداقَت، راستگوئی، راستی. truth. truthfulness. verity. honesty.

صداکَرکُن sourdine.

صدانویس phonographist.

صدائی phonetic. phonic. vocal. acoustic. sound: sonic. phono-.

صَدبَرابَر، سدبرابر. hundredfold.

~کردن. to centuplicate.

صدبَرگ centifolious.

گل ~. hundred-leaved rose.

صدپا، هزارپا. (z.) centipede. myriapod. centipedal

صدتومانی، گل صدتومانی. (bot.) peony.

صَدَد، نقشه، طرح، نکته، نظر. plan. design. point. verge. neighbo(u)rhood.

در~ انجام کاری بودن. to be planning to do something.

در ~ برآمدن. to plan. to intend. to seek.

صَددَرَجه‌ای centigrade.

صَدر، بالا، سینه، نخستین‌بخش. top. uppermost. upper part. breast or chest. first part.

~ مجلس. seat of hono(u)r.

در ~ قرارگرفتن. to be on the top. to have the highest rank.

~ هیئت‌رئیسه. chairman of the presidium.

صَدرِاَعظَم grand vizier. chancellor.

صَدرنِشین (one) who takes the seat of honour (as a chairman).

صَدری، سینه‌ای. pectoral. thoracic.

صَدساله، سدساله، سده، یك‌قرن. hundred-year-old. centennial. centenary. a century old. hundredth year.

جشن ~. centenary celebration.

صدغی، گیجگاهی. temporal.

صَدَف (اصداف .pl)، صدف‌مروارید، حلزون. mother-of-pearl. nacre. shell. shellfish. (pearl) oyster. concha. squama.

صدف‌شناس conchologist.

صدف‌شناسی conchology.

صدفی (made of) shell. nacreous. conchoidal. squamous. cochleate.

صِدق، راستی، صداقت، درستی، امانت، راستگوئی. truth. verity. applicability. veracity. truthfulness. accuracy. correctness.

آنچه شمامیگوئید در مورد هوشنگ ~ نمیکند. what you say is not applicable to Houshang.

~گفتن، راست گفتن. to speak the truth.

~گفتارمن در آینده آشکار خواهد شد. the truth (verity) of my words will be revealed in the future.

~کردن. to apply to. to be true of.

صَدَقه (pl. of صدقات)، تصدق، خیریه. alms. charity. almous.

صدقه‌خور almsman. eleemosynary.

صُدم، صدمی، صدمین، سدم. hundredth.

صَدَمَه (صدمات .pl)، آسیب، سختی، تصادف. injury. hurt. collision. shock. hardship. damage. wrong. harm. bruise.

~ دیدن. to be injured or hurt. to experience hardship. to be damaged.

~ زدن (به). to injure. to damage. to hurt.

صُدور، صادر، خروج، ارسال. issuance. export. emanation. emission.

~ یافتن. to be issued or exported.

برای ~ هرچه بیشتر کالا. in order to export as much goods as possible.

~ جواز صادراتی فقط بعهده این اداره است. the issuance of export licence is solely up to this office.

صَدَه، سده. century.

صدی‌چند، سدی چند، درصد. percentage. percent. what percent(age)?

صِدّیق (اصدقاء .pl)، صادق، راستگو، امین. true or sincere (friend). truthful. (very) truthful. pious.

صِدّیقه، زن راستگو. truthful or pious (woman). feminine proper noun.

صَدیك one per cent. one in a hundred.

صَراحَت، وضوح، رك گوئی، بی‌پرده گوئی. explicitness. unambiguity. unreservedness. frankness. outspokenness. bluntness. specificity.

~ داشتن. to specify. to be explicit. to be clear. to be clearly stipulated.

قانون~ دارد که... the law stipulates (specifies) that...

او با ~ تمام صحبت کرد. he spoke with utter frankness.

صَراحةً، رك و بی‌پرده. clearly. explicitly. expressly. frankly. bluntly. outspokenly.

صُراحی decanter. flask. baluster.

صَراصِر (pl. of صرصر)، بادهای سرد. hurricanes. cold winds. Boreases.

صِراط، راه. road. way. path.

پل ~. bridge which the righteous only can cross on the road to paradise.

~ مستقیم. the direct way.

صَرّاف moneychanger. banker. foreign exchange broker.

صَرافَت، عقیده، اندیشه، فکر. notion. thought. idea. deeming. intention.

از ~ افتادن. to give up. to dispense with or forget gradually.

از ~ انداختن. to cause to dispense with or forget.

بصرافت انداختن. to set thinking.

صَرّافخانَه moneychanger's hall. banking institution. money exchange (place).

صَرّافی، بانکداری، مبادلهٔ پول. agiotage. banking. moneychanging. testing coins. currency exchange.

~کردن. to change money. to do banking. to test or ring coins. to criticize.

صِرب، صربستان. (geog.) Serbia.

صُرَر (pl. of صُرّه)، کیسه‌های زر. gold or money purses (bags).

صَرع، حمله وغش. epilepsy. fits.

~ بازتابی. reflex epilepsy.

صَرعی epileptic.

صَرف، سود، صرفه، خرج، هزینه، مصرف. spending. expending. using up. consuming. eating. partaking. (gr.) conjugation. declension. inflexion. profit. interest.

~ شدن. to be spent (consumed). to be inflexional. to be conjugated. to be eaten.

~ کردن. to spend. to consume. to use up. to take. to eat or drink. to conjugate. to decline. to inflect. to pay. to be profitable. to exhaust. conjugation.

~ پول زیاد. spending much money.

تمام منابع خود را~کردن. using up all one's resources.

نیرو ~ کردن. to consume energy.

غذا ~ کردن. to eat food.

چای ~ کردن. to drink tea.

فعلی را ~ کردن. to conjugate a verb.

این کار ~ ندارد. this work does not pay.

صِرف، فقط، ساده، صرفاً. mere. pure. sheer.

این دروغ ~ است. this is a mere lie.

صِرفاً merely. purely. only.

صَرف‌نظر relinquishment. abandonment. forgoing. waiving. dispensing with.

~ کردن. to relinquish. to forgo. to waive. to abandon. to dispense with. to do without. to manage without.

من از ملاقات او ~ کردم. I decided not to meet him.

~ از. apart from. irrespective of.

صرف و نحو grammar and syntax.

صَرفه، سود، صرف، منفعت، استفاده. profit. advantage. economy. interest.

بصرفهٔ شماست که درس بخوانید. it is to your advantage to study.

~ داشتن. to be profitable or economical.

صَرفه‌جو thrifty. saving. economical. frugal. sparing. provident.

رباب زن صرفه‌جوئی است. Robab is a frugal woman.

صرفه‌جوئی، پس‌انداز، اقتصاد، کم‌خرجی. economy. thrift. saving. thriftiness. frugality. providence.

~ کردن. to economize. to save.

در صرف مواد نفتی ~ کردن. to economize in the use of oil products.

صَرفی (صرفیون .pl). grammatical. etymological. grammarian. declensional. inflectional.

صُرّه (صرر .pl). purse of silver or gold (money).

صَریح، رك، بی‌پرده، آشکارا. explicit. clear. clearcut. distinct. precise. specific. categorical. express. definite. definitive. frank. blunt. downright.

بما جواب صریحی نداد. he did not give us a definite answer.

صَریحاً، صراحةً، بطور صریح. explicitly. clearly. bluntly. categorically.

صَریحُ‌اللّهجه، رك‌گو. straightforward. explicit. frank.

صَریر، فریاد، صدای خراشیدگی. grating sound. cry.

صَعب، دشوار، سخت. hard. arduous. difficult. tough. troublesome. toilsome. irksome. onerous. laborious.

صعب‌الادراك difficult to understand.

صَعبُ‌الحُصول difficult to obtain.

صَعبُ‌العُبُور arduous (road). difficult to pass. impracticable.

صَعبُ‌العِلاج difficult to treat or cure. refractory. incurable.

صُعُوبَت، سختی، دشواری، اشکال. difficulty. hardness. arduousness.

صُعُود، بالارفتن، بالاروی. rise. elevating. climbing. mounting. ascension. ascending. ascent. acclivity. soaring.

~ نقطهٔ جوش. elevation of boiling point.

~ کردن، بالارفتن. to ascend. to rise. to climb. to mount. to soar up.

صَعوه، سهره. (z.) goldfinch. bullfinch. small hen-sparrow.

صِغار (صغیر .pl. of)، کوچکان، نابالغان. minors.

صَغارَت، خردی، صغر، کوچکی. infancy. minority. smallness.

صَغائر (صغیره .pl. of)، گناهان کوچك. vices. minor offences. venial sins.

صِغَر، خردی، خردسالی. childhood. minority. smallness. nonage.

صُغری، کوچکتر، کهتر. lesser. minor premise. feminine proper noun.

~ و کبری. minor and major premises.

~ و کبری چیدن (کردن). to premise. to syllogize.

صَغیر (صغار .pl)، کوچك، خردسال، نابالغ. small. young. minor. not of age. underage.

طفل ~. a minor (child).

آسیای ~. Asia Minor.

صَغیره (صغائر .pl). venial sin. vice.

صَف (صفوف .pl)، خط، ردیف. rank. row. line. (battle) array. file. queue.

~ بندی. alignment. lineation.

~ آراستن. to array troops.

~ بستن، ~ کشیدن. to line up. to marshal. to queue.

در ~ دانشمندان قرار گرفتن. to rank with the learned.

تانکهای ما درصفوف دشمن رخنه کردند. our tanks penetrated the enemy lines.

صَفا، پاکی، راستی، صافی، زلال، دلپذیری، صداقت. serenity. purity. clearness. limpidity. pleasantness. pleasure. enjoyment. sincerity. good heart. clarity.

باغ ~ داشت. the garden was pleasant.

صفای باطن. purity of heart. inner serenity.

صلح و ~. peace and quiet. peacefulness.

با ~. serene and scenic.

~ دادن. to make pleasant. to give a good shape to. to trim up. to reconcile.

~ کردن. to enjoy oneself. to have a good time.

صفابخش pleasant. enlivening. serene.

صِفات (صفت .pl. of)، صفت‌ها، عادات. qualities. adjectives. attributes.

صَفّار، مسگر، رویگر. worker in brass.

صف‌آرا(ی) one who arrays or marshals troops.

صف‌آرائی arrayal of troops. marshalling. alignment.

صَفّاری Saffari (Saffarian). member of the Saffari dynasty.

صَفّاف stacker.

صَفّافی stacking.

صِفاق (anat.) peritoneum.

صَف‌بَندی arrayal (of troops). queuing. alignment. lineation. lining up.

صِفَت (صفات .pl)، عادت، روش، رفتار، حقشناسی. quality. attribute. epithet. property. mode. manner. adjective.

با ~. loyal. faithful.

بی ~. disloyal. fickle.

صفات پسندیده. admirable qualities.

صفات خدا. attributes of God.

صفت اشاره. demonstrative adjective.

~ وصفی، ~ توصیفی. descriptive adjective. an adjective of quality.

~ ملکی. possessive adjective. possessive pronoun.

~ شماره، ~ عددی. numerical adjective.

شیطان ~. devilish. fiendish.

صَفحَه (صفحات .pl)، برگ، ورقه، ورق. page. sheet. plate. disc. surface. expanse. area. (of the moon) phase. (chess) chessboard. (gramophone) record. layer. stratum. plano-.

صفحهٔ شماره ۱۰۰. page number 100.

یك ~ کاغذ. a sheet of paper.

~ ورق زدن. to page through.

~ بصفحه. page by page.

صفحه‌بندی pagination. make up. paging up. imposition. paginal.

~ کردن. to paginate. to page up. to make up. to impose pages in type.

صفحه‌کلید switchboard.

صَفدَر valiant. one who breaks ranks.

صَفَر second Arabic lunar month.

صِفر (اصفار .pl). zero. cipher. naught.

صَفرا (اصفر .fem. of)، زرداب. bile. biliousness. yellow.

صَفرابُر antibilious. cholagogue.

صَفراوی، صفرائی. biliary. bilious.

صَفوَت، برگزیده. choicest (part).

صُفوف (صف .pl. of). lines. rows. ranks.

صَفَوی Safavid.

صُفّه، سکوب، نیمکت سنگی، ایوان. platform. stonebench. terrace.

صَفی (اصفیا .pl)، برگزیده، پاك، خالص. pure. choice.

اصفیا، برگزیدگان، پاکان. the chosen.

صَفیر، سوت. whistle. siren. alarm.

~ زدن، سوت کشیدن. to whistle.

صفیری sibilant.

صَفیّه (صفی .fem. of). the pure girl (or woman).

صَلا، ندا، صدا، دعوت، اعلام، فریاد. invitation. call. proclamation. cry.

~ در دادن. to call. to invite. to proclaim. to yell. to summon. to cry.

صَلابَت، مهابت، قــوام، استواری، بیم، عظمت، هیبت. hardness. firmness. awe. dignity.

صَلّابَه، دار. gallows. gibbet.

به ~ کشیدن. to hang. to gibbet.

صَلات، نماز، صلوات، صلوة، دعا، نیایش. prayer. worship. supplication. litany. liturgy. mass. devotion. matin.

صَلاح، مصلحت، سزاوار. goodness. moral soundness. advisability. interest(s). wellbeing. advisable. expedient.

برای خیرو ~ خودت است. it is for your own good.

گفتن این (حرف) ~ نیست. it is not advisable to say this.

بصلاح شما نیست که چنین کنید. it is not to your interest to do this.

~ دانستن، ~ دیدن. to deem (it) advisable.

صَلاحدید consultation. discretion.

صَلاحیَّت، شایستگی، سزاواری، مصلحت، لیاقت. competency. authority. competence. advisability. jurisdiction. merit.

عدم ~. incompetence. lack of authority.

او ~ اینکار را ندارد. he has no competency (authority) to do this.

صلاحیت‌دار، شایسته، ذیصلاحیت. competent. authorized.

صُلب، پشت، جسم صلب. rigid body. loins.

صُلب hard. solid.

صُلبی spinal. lumbar. consanguineous.

برادر ~، همخون. a consanguineous brother.

صُلبیّه، سخت. sclerotic (coat). sclera.

صُلح، صفا، دوستی، آرامش، سازش، مصالحه. peace. reconciliation. compromise. conveyance. tranquility. calmness. serenity. placidity.

~ پایدار. lasting peace.

کنفرانس ~. peace conference.

همه میخواهند درصلح و آرامش زندگی کنند. all want to live in peace and quiet.

باهم ~ دادن. to reconcile. to make it up between.

~ کردن. to make peace. to make up.

~ دوست. peace loving. peaceable.

امین ~. justice of the peace.

صُلَحا (صالح .pl. of)، نیکوکاران، مردمان صالح. peace-loving or peaceful people.

صُلح‌آمیز، مسالمت‌آمیز. conciliatory. pacificatory. peaceful.

صُلح‌جُو، صلحدوست. peace-seeker. peace-loving. peaceable. pacific. pacifist.

صلح‌جوئی pacificism. peacefulness.

صُلح‌طَلَب، صلحجو. peace-seeker. seeking peace. peace-loving.

صُلح‌نامَه peace pact. deed of conveyance.

صُلحیّه، دادگاه‌بخش. peace court.

صَلَوات (صلاة .pl. of)، دعا، نماز. a formula of praise and greeting to God (Mohammed and his descendants). prayers.

~ فرستادن. to utter the formula of praise. to greet.

صَلوة، صلات. prayer. worship.

صِلَه bond. relationship. prize given to a poet.

صلهٔ رحم، صلهٔ ارحام. (observation of) bonds of relationship.

صَلیب، چلیپا. cross. Southern Cross. crux. crucifix. cruci-.

~ سرخ. the Red Cross.

~ شکسته. the swastika.

صلیبی، چلیپائی، چلیپاوار. cruciform. cruciferous. crusader. crusade.

جنگهای ~. the Crusades.

صُمّ (اصم .pl. of)، کرها. the deaf.

صَمّاء، سخت، خارا. hard.

صِماخ (anat.) orifice of the ear. tympan. tympanum. timpanum.

پردهٔ ~. tympanum. eardrum.

صماخی tympanic. tympanal.

صماخی چکشی. tympanomalleal.

صُمٌّ بُکم (the) deaf and (the) dumb.

صَمصام finely-tempered sword.

صَمغ، انگم. gum.

صَمغ‌آوَر gummiferous.

صَمغی gummy. gummose. gummous.

صَمیم، باطن، ته. bottom. depth. pith.

از ~ قلب خود. from the bottom of my heart.

صَمیمانَه heartily. sincerely. heartfelt. sincere. hearty. honest. genuine.

تبریکات ~. heartfelt congratulations.

صَمیمی، قلبی، راستین، محرم‌راز. heartfelt. sincere. intimate. close. cordial. faithful. genuine.

دوست ~. intimate (bosom) friend.

صمیمیّت sincerity. cordiality. faithfulness. heartiness.

صِناعَت (صنایع، صناعات .pl)، صنعت، هنر، کاردستی. industry. art. craft.

صَنایِع (صناعت،صنیعه pl. of)،هنرها،کارهای دستی. industries. crafts. arts.

صنایع لفظی، صنایع ادبی. figures of speech.

صَندَل sandalwood. sandal.

صَندَل، سندل، کفش صندل، راحتی. sandals.

صَندلی، کرسی، معام. chair. seat. office.

~ دسته‌دار. armchair.

~ راحتی. chaise longue. easy chair.

~ چرخ دار. wheelchair.

~ اتومبیل. car seat.

صَندوق (صنادیق .pl)، جعبه، گاوصندوق. box. chest. case. safe. trunk. locker. ark. cash office. coffer. strongbox. treasury. fund. cash register. pyx.

~ آراء. ballot box.

~ آهنی. safe.

~ زباله. orderly bin. dust bin. trash can.

~ عقب اتومبیل. rear booth. car trunk.

~ پس‌انداز. savings account.

~ بازنشستگی. retirement fund.

صَندوقچه، جعبه. small chest or box.

صَندوقخانه closet. wardrobe.

صَندوقدار cashier. teller. bursar. treasurer.

صَندوقه box-wall(ing). caisson.

صَندوقی box - shaped. coffer shaped. carried or sold in cases.

سد ~. cofferdam.

صِندید (صنادید .pl)، بزرگان. chief. lord.

صنادید. the great men.

صُنع، ساخت، آفرینش. make. manufacture. creative power.

کرم بین و ~ خداوندگار. behold God's generosity and creative power.

صَنعَت (صنایع .pl)، هنر، صنایع، سازند. industry. art. craft. manufacture. workmanship. figure of speech.

~ فرشبافی. rug (carpet) industry.

~ نفت. oil industry.

صنایع دستی. handicrafts.

صَنعَت‌کار، صنعت‌گر. artisan. industrial worker.

صَنعَت‌گری craftsmanship. industrial skill or employment.

صَنعَتی، هنری. industrial. industrialized.

مجتمع (گروهٔ) ~. industrial complex.

~ کردن. to industrialize. industrialization.

کشور ما بسرعت ~ میشود. our country is speedily industrializing (becoming indus trialized).

مدیریت ~. industrial management.

بانک توسعه ~ و معدنی ایران. the Industrial and Mining Development Bank of Iran.

کشورهای ~. industrialized countries.

صِنف (اصناف،صنوف .pl)، رسته، طبقه، پیشه. guild. trade. class.

صِنفی pertaining to guilds or unions.

اتحادیهٔ ~. trade union.

صَنَم (اصنام .pl)، بت. idol.

صَنَوبَر (bot.) spruce fir. spruce pine.

صنوبری fir-shaped. conical. pineal.

صُنوف (صنف pl. of)، صفوف،رسته‌ها، اصناف. guilds. classes.

صَنیع، سازنده، ماهر، کار، کردار. maker. manufacturer. work. deed. trained. skilful.

صَنیعَه (صنایع fem. of). work. deed. benefit. art.

صَواب، درست، صحیح، معقول، عاقلانه، بجا. advisable. right action. pious act. right. correct. reasonable.

عمل ~. a pious act. a right act.

~ دراینست که قدری صبر کنید. it is advisable that you wait a bit.

صَوابدید، تصویب، پسند. approbation. approval. advice. consultation.

صَواعِق (صاعقه pl. of)، آذرخش‌ها، صاعقه‌ها. lightnings.

صَوامِع (صومعه pl. of.)، دیرها، صومعه‌ها. monasteries. nunneries. cloisters.

صَوب، سو. direction. towards.

رحیم بصوب کاشان حرکت کرد. Rahim headed for Kashan.

صَوت (اصوات .pl)، صدا، آوا، واک. sound. voice. interjection. nonsense.

صوت‌شِناسی، آواشناسی. acoustics.

صَوتی acoustic. acoustical. sonic sound. vocal. phonic. phono-.

انفجار صوتی. sonic boom.

صُور (اسرافیل). horn or trumpet blown on the day of resurrection.

صُوَر (صورت pl. of)، صورتها، چهره‌ها. faces forms. visages. phases. figures.

~ماه. phases of the moon.

بصور مختلف. in different forms.

صُورَت (صور .pl)، چهره، قیافه، فهرست. face. facies. visage. countenance. look. feature. figure. form. image. appearance. note list. statement. bill. (of a fraction) numerator. phase (of the moon).

~ زیبا. a beautiful face.

او بصورت فرشته‌ای ظاهرشد. he appeared in the figure (form) of an angel.

~ ظاهرش زولیده بود. his outward appearance was shabby.

~ کتابها. a list of books.

~ حساب، فاکتور. statement of accounts. invoice. bill. record.

~ بدهی. debit note.

~ بستانکاری. credit note.

~ غذا. bill of fare. menu.

دراین ~. under these circumstances. in this case. if so.

درهرصورت. in any case. at any rate.

خوش ~ وبدسیرت. good-looking but evil-natured.

بصورت ظاهر. outwardly. on the outside. seemingly.

~ مجلس. proces - verbal. proceedings. minutes.

~ موجودی، ~ دارائی. inventory.

~ خوشی نخواهد داشت. it will not look nice (decent).

~ برداشتن. to make an inventory (or make a list of). to record.

~ دادن. to accomplish. to perform. to do. to render an account. to list. to bill.

~ گرفتن. to be accomplished or realized. to materialize.

در ~ امکان. if possible.

در ~ لزوم. if necessary.

در صورتیکه، بشرطیکه. in case. in the event that. whereas. provided (that).

صورَت‌پَذیر، شدنی، عملی، انجام پذیر. achievable. realizable. feasible. practiceable. doable.

صورت ساز forger of statements or documents. portraitist. painter.

صورت سازی forging statements. forgery. portrayal. portraitism. sculpture. sculpturing.

صورَتگَر portrait painter. portraitist. portrayer. sculptor.

صورتگری portraitism. portrayal.

صورتی pink. light red.

صورتی facial. pertaining to a face.

صورتاً، در ظاهر، صورةً. superficially. outwardly. as regards face. apparently.

صوری، ظاهری، فرمی، بظاهر. outward. external. formal. apparent.

صوف، پشم. camlet or other woollen stuff.

صوفی، درویش، اهل‌حق. Sufi. mystic.

صوفیّه the Sufi sect. Sufiism. (geog.) Sofia.

صَولت، شدت، هیبت. attack. violence. authority. awe.

صَوم، روزه. fast(ing).

صَومَعَه (صوامع .pl)، دیر. monk's cell. monastery. convent. nunnery. abbey.

صومعه‌نِشین، زاهد، راهب. monk. hermit.

صَهباء، شراب. wine.

~ زدن. to drink wine.

صِهیَون Zion.

صهیونی Zionist(ic).

صِهیونیسم، صهیون‌گرائی. Zionism.

صَیّاد، شکارچی. hunter. fisherman.

صیادی hunting. chase. fishing. fowling.

صیام، روزه. fasting.

ماه ~. the fasting month.

صِیانَت، نگهداری، محافظت. safeguarding. preservation. keeping. protection.

~کردن. to safeguard. to protect. to preserve. to support.

صیت، آوازه، شهرت. fame. renown.

صَیحَه، فریاد. shout. yell. cry.

~ زدن، ~کشیدن. to shout or cry.

صَید، شکار. prey. hunting. fishing. fowling.

~کردن. to hunt or fish.

صَیدگاه، شکارگاه. hunting place. hunting ground. fishing area. hunt.

صِیَغ (صیغه pl. of)، صیغه‌ها، روش‌ها.

صیغَه (صیغ .pl). concubine. common law wife. fashion. formula of marriage or other contract. form. model. paradigm. tense. gender.

~ کردن. to take a common law wife. to marry for a limited period.

~ جاری‌کردن. to pronounce the formula (i. e. to complete the formalities) of a specified legal act (specially marriage).

صَیف، تابستان. summer. summertime. summertide. estival.

صَیفی، تابستانی. summer. summery. summer crop.

~کاری. cultivation of summer crops.

صَیقَل، پرداخت، جلا. burnish. polish. furbish. gloss. shine. facing. luster.

شیشه را ~ دادن. to polish. to gloss.

شمشیر را ~ دادن. to furbish a sword.

~ دادن. to polish. to furbish. to gloss. to shine. to buff. to face. to burnish.

صَیقَل‌گَر polisher. furbisher. burnisher.

صَیقلی polished. burnished. furbished. faced. buffed. glossy. smooth.

~کردن. to polish. to furbish. to burnish. to smooth. to face. to buff.

ض eighteenth letter of the Persian alphabet.

ضابط (ضابطان)، مأمور، مجری، ضبط‌کننده، نگاهدارنده. bailiff. executive officer. (holding) fast. firm. retentive.

ضابطه (ضوابط .pl)، قاعده، اساس، معیار. standard. criterion. yardstick. yardwand. model. measure. order. rule.

امور باید براساس ضابطهٔ معینی انجام شود. **affairs should be conducted on the basis of a definite standard (order).**

ضارب، زننده، ضربت‌زن. assailant. attacker. striker. beater. maimer.

ضال، ضاله، گمراه، سرگردان، رهاشده. stray. astray. misleading. misled. lost.

حیوانات ضاله. **stray animals.**

کتب ضاله. **misleading books.**

ضامن، پایندان، کفیل، تضمین، پذیرفتار. bail. bailsman. surety. guarantor. security. guarantee. safety bolt. sear. catch. safety lock. bondsman.

~ شدن. **to bail. to stand surety for.**

نیروی‌هوائی ~ ایمنی ما میباشد. **our air force is the guarantor of our security.**

میخواست ~ رفیقش شود. **he was willing to give security for his friend.**

~ چاقو. **the catch of a knife.**

ضامن‌دار sponsored by a surety or guarantor. protected. guarded. furnished with a catch.

چاقوی ~. **clasp knife. switchblade knife.**

ضایع (ضایعه .fem ضایعات .pl)، خراب، تلف شدم‌تباه،فاسد،بیخود،هدر، آسیب دیده، گندیده. spoiled. rotten. damaged. wasted. lost. futile. impaired. misused. deteriorated. decayed. killed. abortive.

~ شدن. **to be spoiled (decayed). to go bad. to become damaged.**

~ کردن، خراب کردن، عاطل کردن. **to be lost. to waste. to spoil. to damage. to render (make) futile. to ruin. to destroy.**

سبزیجات ~ شده. **decayed vegetables.**

او وقت مرا ~ کرد. **he killed my time.**

ضایعات (ضایعه .pl of)، خسارات، تباهی‌ها. losses. damages. waste(s).

ضایعه (ضایعات .pl)، تلف‌شده، تباه شده. loss. damage. wastage. impairment.

ضبّاط، بایگان. archivist. filing clerk. filer.

ضبط، بایگانی، ثبت، نگهداری، توقیف، تصرف. confiscation. restraint. sequestration. retention. records. appropriation. filing. files. archives. registry.

~ کالاهای مسروقه. **confiscation of stolen goods.**

~ اموال. **restraint (retention) of property.**

نامه‌ای را در پرونده‌ای ~ کردن. **to record a letter in a file.**

صدا را در دستگاه ~ صوت ~ کردن. **to record the voice on the tape recorder.**

~ وقایع. **chronicle. register of events.**

~ کردن. **to confiscate. to commandeer. to sequester. to sequestrate. to record. to register. to enter (into a book). to file. to control. to appropriate. to chronicle.**

ضجور، بیزار. disgusted. annoyed.

ضجّه، ناله، فریاد. cry. weeping. wailing.

ضحّاک Zahhak, a legendary king.

ضحک، خنده. laugh. laughter.

ضخامت، ستبری، کلفتی. thickness. coarseness.

ضخیم، کلفت، ستبر. thick. coarse. bulky. fat. pachy-.

~ کردن. **to thicken. to make thick or coarse.**

~ شدن. **to thicken. to become thick or coarse.**

ضدّ (اضداد .pl)، مخالف، برابر، حریف. contrary. against. antagonist. antonymous. opposite. opposed. counter. contradictory. perverse. hostile. adverse. anti-. contra-.

عمل شما بر~ (مخالف) مقررات است. **your action is contrary to the rules.**

او ~ شماست. **he is your antagonist.**

اظهارات ~ ونقیض. **contradictory statements.**

مسلسل ~ تانك. **anti-tank gun.**

~ آماس. **antiphlogistic.**

~ کلیسا. **antichurch.**

~ فاشیست. **anti - fascist.**

~ ملی. **antinational. antipatriotic.**

~ تب. **antifebrile. antipyretic.**

~ هوائی. **antiaircraft.**

~ عفونی کردن. **to disinfect. to antisepticize. to sterilize.**

ضدّ قی، ~ استفراغ. antiemetic.

ضدّ ورم antiphlogistic.

ضدّ ونقیض، تناقض. contrariety. contradictory.

~ گوئی، تناقض گوئی. **contradiction.**

~ گفتن. **to contradict oneself.**

ضدّیت، مخالفت، دشمنی، جدال، جدل، مشاجره. opposition. antagonism. antipathy. enmity. oppugnancy. oppugnation. impugnation. controversy. conflict. hostility.

~ کردن. **to oppose. to defy. to challenge. to contravene. to dispute.**

ضدّیخ antifreeze.

ضرّا، بدبختی، نکبت، سختی، تنگدستی. adversity. misfortune.

ضرّابخانه mint house. mint.

ضرب (ضربات .pl)، زدن، ضربت، ضربه. beating. blow. stroke. battery. mintage. minting. coining. coinage. pressure. force. orchestral drum. (arith.) multiplication. (mus.) measure. time. rhythm. contusion. sprain. stamping.

~ وشتم. **beating and foul language.**

بضرب مشت. **by the blow of the fist.**

حمله و~ (کتك). **assault and battery.**

~ سکه. **coining money. minting.**

با~، بضرب، بازور، با فشار. **by pressure. by force.**

~ و تقسیم. **multiplication and division.**

~ زدن، ~ کردن. **to multiply.**

~ دیدن. **to be bruised by a blow.**

~ دیدگی (ضرب‌خوردگی) پیدا کردن. **to be contused. to have a contusion. to sprain.**

بضرب یك گلوله ازپای درآمد. **he was felled by a bullet.**

بضرب شمشیر. **by (the blow of a) sword.**

~ شصت. **masterwork. clever act.**

~ گرفتن. **to play or beat. to tune. to tap a tune with one's fingers.**

بضرب، با~. **by dint of. by force of.**

ضربات (ضربه، ضربت .pl of). strokes. blows.

ضرب‌الاجل، مهلت، فرجه. grace (period). respite. moratorium. deadline.

ضرب‌المثل proverb. saying. precept. aphorism. apothegm. maxim. adage. saw. byword.

~ شدن. **to become a byword or proverb. to become an example.**

بصورت ~. **proverbially.**

ضربان، تپش، زدن. beating. palpitation. pulsation. throbbing. pulse. stroke.

~ قلب. **beating of the heart. heartbeat.**

~ محسوس قلب، تپش قلب. **palpitation of the heart. heartbeat.**

~ نبض. **pulsation.**

ضربت (ضربات .pl)، ضربه، ضرب، نواختن. **stroke. blow. punch. cuff. thump. slap. contusion. bruise. plague. lunge. thrust.**

شاخه را با یك ~ شمشیرش برید. **he cut the branch with one stroke of his sword.**

~ زدن، ~ وارد آوردن. **to strike a blow. to inflict a blow.**

~ خوردن. **to receive a blow or stroke.**

ضرب خور، ضربت‌خور. shock - receiving. shock absorbing. shock absorber. buffer. bumper.

ضربدر (نشان ضربدر). sign of multiplication. cross.

ضرب‌زدن، تنبك زدن، ضرب کردن. to beat a tune (on a drum). to multiply.

ضرب شست masterwork. clever act. masterstroke.

~ زدن. **to deal a masterstroke to.**

ضربه (ضربات .pl)، ضربت. stroke. impulse. blow. shock. knock. hit. impact. punch. thump. ictus. beat.

۲۰ ~ شلاق خورد. **he was given 20 lashes.**

ضربات پی‌درپی مشت او. **the repeated blows of his fists.**

ضد ~. **anti - shock. anti - knock.**

ضربه‌خفه‌کن، کمك فنر. shock absorber.

ضربی shaped like a drum. barrel - shaped. multiplicative.

طاق ~. **barrel vault. barrel arch.**

آلات (موسیقی) ~. **percussion instruments.**

ضرر، زیان، خسارت، آسیب. loss. harm. prejudice. damage. disadvantage. bane. noxiousness. perniciousness. detriment.

~ داشتن. **to be harmful or noxious. to be disadvantageous (noxious, pernicious, or detrimental).**

بی ~. **harmless. innocuous.**

با ~، مضر، ضرردار. **pernicious. noxious. baneful. deleterious. detrimental.**

~ ندارد. **there is no harm in it. it is harmless.**

چه ~ دارد؟ **no harm in that! what harm will it do?**

ضریب ~. **loss ratio.**

~ دیدن، ~ کردن. **to sustain or incur a loss. to lose.**

~ زدن به. **to cause a loss to.**

~ خوردن به. **to sustain a loss. to be noxious. to be injurious to.**

~ دادن، متحمل ~ شدن. **to sustain a loss. to lose.**

در آن معامله ~ کرد. **he lost (incurred a loss) by that transaction.**

بضرر (باضرر) فروختن. **to sell at a loss.**

سیگار برای سلامتی ~ دارد. **cigarets are detrimental to health.**

ضرطه، گوز، زرته. fart.

ضرغام، شیر. lion.

ضرورت، لزوم، نیاز، اقتضاء، احتیاج. need. necessity. exigency. emergency. distress. urgency. exigence. inevitability. needfulness. requisiteness. requisition. extremity. lack. compulsion.

~ ندارد. **it is not necessary (exigent).**

بهنگام ضرورت. in emergencies. at a needful time. when necessary.

~ داشتن. to be necessary, exigent, needful, or indispensable.

برحسب ~، بالضروره. as occasion arises. if necessary. by necessity.

ضَرُوری،لازم، اصلی، اساسی. necessary. essential. indispensable. requisite. needful. needed. exigent. inevitable. vital. essential. integral.

~ بودن. to be necessary, needful or exigent.

غیر ~، غیرلازم. unnecessary. non-essential. dispensable. needless. optional.

هزینه‌های ~ وغیر~. essential and optional expenses.

ضَرُوریّات (pl. of ضروری). necessaries. exigencies. necessities.

ضَریب coefficient. index. indices.

ضَریح، گور، قبر، مقبره. shrine. tomb (of a holy person).

ضَریر،کور. blind.

ضَریع، ضریع استخوان. periosteum.

ورم ~. periostitis.

ضریعی periosteal.

ضَعف، ناتوانی، فتور، سستی، کم نیروئی،شلی. weakness. fainting. swoon. feebleness. decrepitude. atony. languor. enervation. impotence. flaccidity. faintness. weakening. lassitude. infirmity. debilitation. debility. pusilanimousness. pusilanimity.

~ او در اثر پیری بود. his weakness was due to old age.

وقتی دوا را خورد ~کرد. he fainted (swooned) when he took the medicine.

~ اعصاب. neurasthenia.

~ باصره. poor eyesight.

~ بنیه. weak health. weak constitution. adynamia. debility.

~ پیری. senility. weakness of old age.

~ کردن، ~رفتن. to swoon. to faint. to feel enervated (weak, weakened).

ضُعَفا (pl. of ضعیف)، بینوایان، ضعیفان. the weak. the poor. the indigent.

ضَعیف (ضعفا .pl)، ناتوان، لاغر، نحیف. weak. feeble. faint. decrepit. languid. flaccid. powerless. forceless. weakling. infirm.

مرد ~. a poor (weak) man.

~کردن. to weaken. to enfeeble. to enervate.

~ شدن. to become weak or feeble.

ضَعیفُ‌البُنیه، دارای بنیهٔ ضعیف. of a weak constitution. ailing. adynamic.

ضَعیفُ‌الجُثّه، دارای بدن‌نحیف، کوچك‌اندام. of a weak body. small in size. weakbodied. weakling. puny.

ضَعیفُ‌الحال، ضعیف، علیل. weak. in a poor condition.

ضَعیفُ‌العَقل weakbrained. weak-minded.

ضَعیفُ‌المِزاج، ضعیف بنیه. of a poor health. of a weak constitution.

ضَعیفُ‌النَّفس، ترسو، جبون. coward. wanting self-reliance. cowardly.

ضَعیفَه، زن. (used derogatorily). one of the weak sex. a woman.

ضَغطَه، فشار، ضربت. pressure. shock. bruise. stroke.

ضغطه‌ای operated by force.

ضُفن، کیسهٔ خایه، پوست بیضه. scrotum.

ضفنی scrotal.

ضَلّ، ضلالت، اشتباه، هلاکت، گمراهی. error. loss. straying. perdition.

ضَلال، ضلالت، هلاکت، گمراهی. straying. deviation. loss. perdition. error.

ضِلع (اضلاع .pl)، پهلو، بر، دنده. rib. side. face. -lateral. -hedron. -hedral.

ضلعی lateral. costal. - hedral.

چهار ~، چهار پهلو. quadrilateral. four - sided.

پنج ~. five-sided. pentahedron. pentagonal. pentagon.

شش ~. hexahedron. hexagonal. hexagon.

چند~، چندجانبه، چندپهلو. polygon. polyhedral.

ضَلیل، گمراه شده. led astray. wanderer. wandering.

ضم، ضمیمه سازی. annexation.

ضِماد، مرهم. poultice. plaster.

~ خردل، مشمع خردل. mustard plaster. sinapism.

~ انداختن، ~ گذاشتن. to apply a poultice (to). to poultice. to plaster.

ضَمان، ضمانت. guarantee. security. surety.

ضَمانَت، پایندانی، پایندسازی، تضمین، گروی. guaranty. guarantee. security. pledge. surety (-ship).collateral. warrant. warranty. bond. bail.

~کردن. to make or give a guaranty or surety. to guaranty or guarantee. to warrant. to vouch.

وام دارای ~ (گروی). a collateral loan.

~کسی‌را کردن. to stand guarantor (to vouch) for someone.

ضَمانتِ‌اِجراء، ضمان اجراء. sanction.

ضمانت‌نامه surety bond. guaranty.

ضَمانتی guaranteed. warranted. .bailed. sponsorial.

ضَمائِر (pl. of ضمیر). pronouns.

ضَمائِم (pl. of ضمیمه)، پیوست‌ها، ملحقات. inclusions. enclosures. supplements. additions. appendages. attachments.

ضِمن، حین، درحین، جوف. meantime. interim. contents. while.

در~. in the meanwhile. while. by the way.

او در ~ سخنرانی چنین گفت. he said in his lecture. while speaking he said.

در ~ چیزهای دیگر. among other things.

ضِمناً، درضمن، راستی. meanwhile. in the meantime. incidentally. by the way. implicitly.

ضِمنی implicit. tacit. tacitly. implied.

مفهوم ~. implied meaning.

بطور ~ فهماندکه نمیرود. he implied that he would not go.

اشارهٔ ~. implication. connotation.

بطور ~. implicitly. as an implication. by way of connotation.

ضَمَّه، پیش. name of the vowel-point «ُ» called پیش in Persian (used in place) of vowel letter «O».

ضَمیر (ضمائر .pl)، وجدان، باطن، دل. heart. mind. pronoun. conscience.

روشن ~. illuminated. enlightened.

کلمهٔ «او» ضمیر است. the word «he» is a pronoun.

ضَمیرخودآگاه the conscious mind. consciousness.

ضمیرناخودآگاه the unconscious mind.

ضَمیری pronominal.

ضَمیم، پیوسته، ضمیمه. annexed. attached to. enclosed.

ضَمیمه (ضمائم .pl)، پیوست، الحاق، آویزه. enclosure. annex. appendix. attached (to). joined to. enclosed. supplement. attachment.

یادداشتی بنامه ~ شده بود. a note was attached to the letter.

دونیرو با هم ~ شدند (بهم پیوستند). the two forces joined.

یك چك ضمیمهٔ نامه است. a check is enclosed to the letter.

~کردن. to attach. to annex. to append. to connect. to join. to supplement.

ضَوء، روشنائی، ضیاء، فروغ، روشنی. light.

ضَوابِط (pl. of ضابطه)، معیارها، قـواعد، اصول، انگاره‌ها. standards. norms. criteria. principles.

ضِیاء، روشنی. light.

ضِیاع (pl. of ضیعه)، اموال، املاك، دارائی. properties. estates. belongings.

~ وعقار. properties and real estates.

ضِیافَت، مهمانی، پذیرائی. banquet. entertainment. reception. party. feast.

~ نهار. luncheon

ضَیغَم، شیر، اسد، غضنفر. lion.

ضَیف (ضیوف، اضیاف .pl)، مهمان. guest. stranger. visitor.

ضَیق، تنگی، باریکی، تنگنا، مضیقه. tight. tightness. narrowness. (med.) stricture. constriction. coarctate. straitened circumstances. pressing.

~ مجرای بول. stricture of the urethra

بخاطر~ جا... because of lack of space.

ضَیقُ‌النَّفَس، تنگی نفس. shortness of breath. dyspnea. asthma.

ضَیمَران (bot.) wild basil.

ط nineteenth letter of the Persian alphabet.
طاب‌ثراه may his dust be fragrant!
طابق‌النعل‌بالنعل، کلمه به‌کلمه، عیناً. word for word. strictly. to the letter. verbatim. exactly. corresponding.
طاحنه (طواحن .pl)، آسیاب، دندان‌آسیاب. molar tooth. grinder.
طاحونه (طواحین .pl)، سنگ‌آسیاب. millstone. mill.
طارم، ایوان، تارم. wooden house with a dome. palisade round a garden. balustrade.
طارمی، تارمی.
طاس copper bowl used in bath-houses. die (pl. dice). bald.
~ تخته نرد. backgammon dice.
~ لغزنده. anthill.
~ ریختن، ~ انداختن. to throw dice.
او سرش ~ است. he is bald.
~ گرفتن. to cog the dice. to load dice.
طاس‌کباب stew. casserole. creole.
طاسی baldness. alopecia.
طاعات (.pl. of طاعت)، عبادات. worship. obediences.
طاعت (طاعات .pl) عبادت، اطاعت، نیایش. worship. obedience. prayer. devotion.
طاعون pestilence. plague. pest.
طاعونی pestilential. plaguy.
طاغی، سرکش، یاغی. rebel. rebellious.
طاق، سقف، تك، فرد، منحصر بفرد. arch. vault. roof. ceiling. odd. not even. unparalleled. unique.
~ ابرو. curved eyebrows. arch of the eyebrows.
~ پیروزی، ~ نصرت. arch of triumph.
~ زدن. to construct an arch (over). to vault. to roof.
~ ضربی. arch. barrel vault.
طاقباز supine. in a supine position.
طاقت، توان، تحمل، مقاومت. endurance. fortitude. power. patience. toleration. stamina. perseverance.
طاقتم را از دست دادم، طاقتم طاق شد. I lost patience.
~ آوردن. to endure. to bear. to hold out.
~ او شایان تحسین بود. his endurance (fortitude) was admirable.
این خارج از ~ من است. this is beyond my power.
طاقت‌فرسا insupportable. tiresome. intolerable. oppressive. harassing. exhausting. unendurable.
طاقچه niche. recess. ledge. shelf.

طاقچهٔ روی‌بخاری. mantel. mantelpiece.
طاقدار arched. vaulted. roofed. covered.
طاقدیس، تاقدیس. arch-like. anticline.
طاق‌نما false arch. vault. arch.
طاقه piece (of cashmere, etc.)
طاقی oddness. uniqueness. vaulted.
طالار، تالار. hall. saloon. parlour. pavillion. amphitheatre. auditorium.
طالب، خواستار، مایل. who seeks or demands. seeker. demanding. willing desirous. yearning. suitor. aspirant.
~ چیزی بودن. to seek a thing. to be fond of something. to intend to purchase something.
این کالا ~ ندارد. there is no demand for this commodity.
طالبی (bot.) cantaloup(e). muskmelon.
طالبین، طالبان، علاقمندان. the intending purchasers. those interested. interested concerns. suitors. the desirous ones.
طالح، بدکار، شریر. wicked.
طالع، ظاهرشونده، طلوع‌کننده، شانس، بخت، فال. rising. appearing. horoscope. (lucky) star. fortune. destiny.
~ دیدن، فال دیدن. to cast a horoscope. to tell fortunes. to make a sortes.
طالع‌بین، فال‌بین. fortuneteller.
طالع‌بینی، فال‌بینی. fortunetelling.
طامات، یاوه. idle talk.
طاوس، طاووس. peacock. peafowl.
~ ماده. peahen.
هر که را ~ باید جور هندوستان کشد. no pains no gains.
طاوسی pavonine. furnished with peacock feathers. peacocky.
طاول، تاول. blister. vescicle.
~ زدن. to blister.
طاولی blistery. vescicular.
طاووس، طاوس. peacock. peafowl.
طاهر، پاك، تمیز، پاکدامن. immaculate. clean. pure. chaste.
طاهره (.fem. of طاهر) feminine proper noun. clean or pure woman. chaste.
طایر (طیور .pl)، پرنده، طائر. bird. flying. in flight.
صورت فلکی طایر. (astr.) Altair.
طائف، طواف‌کننده. circumambulating.
طایفه، قبیله. clan. tribe. family. sect.
عضو ~، اهل قبیله. tribesman.
طب، پزشکی، طبابت. medicine. physic. iatrology. iatro-. medico-. -iatry.
~ قانونی. medical jurisprudence. forensic medicine. legal medicine.

~ پیشگیری. preventive medicine.
دکتر در ~ (پزشکی). medical doctor. M.D.
طبابت، پزشکی. medical profession. medical practice.
~ کردن. to practise medicine. to doctor.
طباخ، آشپز. cook. chef.
طباخی، طباخت. cooking. cookery.
طباشیر، تباشیر. chalk. whiteness.
~ فرنگی، جوهر ~. magnesia.
طباطبائی descended from the Prophet on both sides.
طباع (.pl. of طبع)، طبایع. natural dispositions. interests. natures.
طبال، طبل‌زن. drummer.
طبایع (.pl. of طبیعت) natures. interests. natural dispositions.
طبخ، پختن، پخت. cooking. batch. bake. cuisine. baking.
طبرستان Hyrcania. Mazandaran.
طبری Hyrcanian. (native) of Tabarestan or Mazandaran.
طبع، چاپ، نشر، طبیعت. impression. printing. nature. temper. temperament.
~ شعر. poetic gift or talent.
~ روان. fluent poetic gift.
خوش ~ talented. gifted.
~ و نشر کردن. to publish.
تحت ~، زیر چاپ. in the press. being printed.
هیچکس حاضر نشد شعر اورا ~ (چاپ) کند. no one agreed (was ready) to print his poem.
طبعاً naturally. temperamentally.
طبق (اطباق .pl)، سینی، ظرف پهن. tray (of wood used for carrying things on the head). large dish.
~ زدن. to practice lesbianism.
در ~ اخلاص گذاردن. to offer generously and sincerely.
طبق، برابر، حسب، موجب. conformity. according to.
بر ~ . in conformity with. according to.
~ فهرست ضمیمه. according to the attached list.
طبقات (.pl. of طبقه)، اشکوب‌ها، درجات، قشرها. floors. storeys. classes. categories. orders. ranks. classifications. strata.
~ مختلف این ساختمان. the various floors of this building.
از ~ مختلف اجتماع. from different walks of life. from different classes (orders) of society.
طبقاتی، قشری، وابسته بطبقات مختلف. relating to various classes. stratiform.
اختلافات ~. class distinctions.
برخورد (کشمکش) ~. class conflict.

طبقچه a small tray.
طبق‌زنی lesbianism. tribadism.
طبق‌کش porter using a tray for carrying things on his head.
طبقه (طبقات .pl)، لایه، قشر، رده، رسته، قسمت. layer. stratum. class. category. stage. grade. order. group. storey. floor. caste. strati-.
نیم ~، نیم‌اشکوب. mezzanine.
این عمارت چند ~ است؟ how many floors does this building have? how many storeys high is this building?
طبقهٔ هم‌کف. ground floor.
~ اول. first floor.
~ چهارم. fourth floor.
از طبقهٔ اشراف. from (the rank of) aristocracy.
طبقه‌بندی، دسته‌بندی. classification. categorization. ranking. stratification.
~ کردن. to classify. to stratify. to furnish with shelves. to file. to categorize.
طبل، کوس. drum. kettledrum. tympan.
~ گوش. drum of the ear. ear drum. tympanum. tympanic membrane.
چوب ~. drumstick.
~ زدن. to drum. to beat a drum.
آهنگ ~، صدای ~. drumbeat. tympany.
طبل‌زن drummer. tympanist.
طبله (perfumer's) tray. little drum.
~ کردن. to come off. to bulge.
طبلی drum-like. tympanic. tympanal.
طبی، پزشکی. medical. medicinal. iatric. iatrical. medico-. iatro-.
مداوای ~. medical treatment.
این گیاه خاصیت ~ دارد. this herb has medicinal quality.
طبیب، پزشك، دکتر. physician. doctor. (colloq.) medic.
~ عمومی، طبیب‌وجراح. general practitioner.
~ جراح. surgeon.
طبیعت (طبایع .pl)، سرشت، ذات، خلق، خوی. nature. temper. temperament.
زیبائیهای ~. beauties of nature.
طبایع چهارگانه، چار طبع. the four temperaments.
طبیعتاً، طبعاً. naturally.
طبیعت‌شناس naturalist. physician.
طبیعت‌گرائی naturalism.
طبیعی (طبیعیون .pl)، نهادی، ذاتی، سرشتی. natural. physical. normal. naturalist.
علوم ~. natural sciences.
غیر ~. preternatural. unnatural.
طبیعیات natural sciences. physics.
طپانچه، تپانچه. gun. revolver. pistol.

طپاندن، تپاندن. to thrust into. to shove. to force into.
طپیدن، تپیدن. to throb. to beat. to palpitate.
طپش، تپش. palpitation. throbbing. beating.
طحال، اسپرز. spleen.
مبحث طحال، اسپرز شناسی. splenology.
طحالی splenic.
طرّاح، مدل ساز، گرده نگار، طرح ریز، نقشه کش. designer. modeller. sketcher. schemer.
~ لباس. dress designer.
طرّاحی، نقشه کشی، مدل سازی، طرح ریزی. designing. planning. sketching.
~ کردن. to sketch. to plan. to design.
طرّار، شیاد، جیب بر. impostor. pickpocket.
طراز، تراز. level. plane.
یك نویسندهٔ طراز اول. a first-rate writer.
طراوت، تازگی. freshness. vigor. vigour. health. verve. vitality.
طرب، نشاط. joy. mirth.
طرب انگیز، نشاط آور. exciting joy. joyful. happy. allegro.
طربناك، نشاط آور. joyful. happy.
طرح، نقشه، گرده، طراحی، زمینه، پروژه، الگو. plan. design. sketch. rough draft. project. scheme. layout. pattern.
~ ریختن. to design. to make a sketch. to draw a rough plan. to project. to sketch. to scheme.
خوش ~. well-designed. having a nice pattern.
~ گلدار. floral design.
~ کردن. to design. to sketch. to plan. to project. to propose. to set forth.
~ جدید برای آبیاری کرمان. the new project for the irrigation of Kerman.
~ قانونی. legal draft.
این لباس ~ ساده‌ای دارد. this dress has a simple pattern.
طرح ریزی، طراحی. laying a foundation. designing. planning. patterning. sketching. scheming.
~ کردن. to project. to plan. to pattern. to design. to lay the foundations of.
طرخون، ترخون. tarragon.
طرد، ردکردن، راندن، تبعید، تکفیر. ostracism. driving away. banishing. excommunication. expulsion. rejecting.
~ کردن، ردکردن. to reject. to banish. to excommunicate. to refuse. to ostracize. to exclude. to shut out. to boycott.
طرز، طریقه، روش، شیوه، متد. manner. method. way. mode. fashion.
~ استعمال، دستورالعمل. directions.
به چه ~. how. by what method.
این ~ مطالعه نیست. this is no way to study.
طرف (اطراف .pl). پهلو، سو، جانب، جهت، حریف، راه. side. direction. face.
از اینطرف. on this side. from this side. this way. in this direction.
کدام ~ میروی؟ which direction are you going to?
روی خود را بطرف شمال کرد. he faced north.
~ دیگر چوب. the other end of the stick.
دو ~ معامله. the two parties of the contract.
[illegible] who is my opponent? whom do I have to deal with?
آیا او ~ معاملهٔ شماست؟ is he your counterpart in the transaction?
~ دعوی. party to a suit. suitor.
~ کسی را گرفتن. to take sides with a person. to support (back up) a person.
~ مکاتبه. correspondent.
با کسی ~ شدن. to enter into quarrel with someone. to oppose a person.
بر ~. eliminated. obviated. removed. over.
خطر بر ~ شد. the danger was over (eliminated, obviated, removed).
از ~ او. on his behalf. on his part, on his side.
از ~. for. by. from. on the side of. on the part of. on behalf of.
از یك ~. on the one hand. on one part.
از ~ دیگر. on the other hand. on the other part. besides. furthermore.
ازطرفی هم. besides. moreover. on the one hand.
بطرف. toward. at. to. towards. heading for.
~ غروب. towards evening.
~ اعتماد. trustworthy.
در اطراف. about. around.
اینطرف و آنطرف رفتن. to wander. to zigzag.
طرف، سود، کمربند. profit. advantage. girdle.
~ خود را بستن. to gird oneself. to derive advantages. to get well off.
طرفدار، پیرو، پارتی، هوادار. adherent. partisan. partial. supporter. in favo(u)r of. follower. admirer. pro. for.
طرفداران آن حزب. the party's adherents.
~ کسی بودن. to be the partisan (or in favo(u)r of) a person.
~ (پشتیبان) کارگران. a supporter of the labo(u)rers.
من ~ سلطنت طلبان هستم. I am in favo(u)r of the royalists.
طرفداران ومخالفین دمکراسی. the pros and cons of democracy.
من ~ آزادی زنان هستم. I am for the freedom of women.
طرفداری، جانبداری. partiality. partisanship. favo(u)ritism. adherence. backing.
~ کردن. to side with. to boost. to support. to back up.
~ او از مخالفان دولت برهمه آشکار شد. his backing for the government's opponents became obvious to all.
طُرفه، نخبه، کم نظیر، کمیاب. novelty. new or rare thing. rare. choice. wink.
طرفة العین، چشم بهم زدن. twinkling of the eye.
طرفیّت، مخالفت. being party to a dispute. interest or involvement. opposition. antagonism.
طرفین، دوطرف. the two parties. both parties. the two sides.
مرضی الطرفین. bilaterally satisfactory.
~ متعاهدین. the contracting parties.
طُرُق (.pl. of طریق)، راهها. roads. ways.
طرقه، ترقه. (z.)ouzel. blackbird. thrush.
طرّه، گیسو، چین وشکن گیسو. lock of hair. tress. ringlet.
طریق (.pl طرق)، راه. way. road. channel. means. path. via. manner.
از ~ ایران. via Iran.
ارائهٔ ~ کردن. to guide. to show the way.
بطریق، از ~. by way of. via. through. by.
بچه ~؟ how? in what manner?
بهاین ~. in this manner. thus.
من آن ~ محبت ز دست نگذارم. I shall not forsake the way of love.
طریقت، مسلك، مذهب، فرقه، تصوف. (religious) way. rule of life. religion.
اهل ~. the Sufis. member of a sect of dervishes.
طریقه، راه، روش، اسلوب. method. manner.
طشت، تشت. tub. basin. laver.
[illegible] little tub or basin.
طعام، غذا، خوردنی، خوراك. food. dish. meal. mess.
~ گذاردن. to serve food.
طعم، مزه، ذائقه، چشائی. flavo(u)r. taste. savor. relish.
خوش ~. savory. tasty. delicious.
بد ~. unsavory.
طعمه bait. lure. prey. victim.
طعمهٔ ماهی. fish bait.
طعمهٔ آتش. prey to fire.
طعن، طعنه، کنایه، زخم زبان. sarcasm. snide remark. taunt. gibe. jeer.
طعنه، کنایه، گوشه، تمسخر. taunting. jeer. snide remark. derision. raillery. sarcasm. irony. scoff mock. thrusting with a lance. double entendre.
بطعنه گفتن، ~ زدن. to speak ironically. to flout. to rail. to deride. to taunt. to reproach. to speak sarcastically. to say one thing and to mean another.
طعنه آمیز sarcastic. ironical. reproachful. snide.
طغیان، سیل، تشدید، لبریزی، یاغیگری. overflowing. inundation. outpouring. rebellion. flood. mutiny. uprising. insurgence.
~ کردن. to overflow. to inundate. to rebel.
~ خشم. an outburst of anger.
مردم علیه فرماندار متجاوز ~ کردند. the people revolted against the aggressive governor.
طفره، تعلل، گریز، شانه خالی کردن. evasion. procrastination. stalling.
~ رفتن، ~ زدن. to stall. to procrastinate. to put off. to elude. to evade. to dodge.
از روبرو شدن با دشمن ~ رفتن. to elude (evade) facing an enemy.
او از پاسخ به اتهام ~ رفت. he dodged to answer the charge.
طفره آمیز evasive. elusive.
طفره زن procrastinator. one who stalls or evades.
طفل، کودك، بچه. child. infant. baby. brat. toddler. kid. ped(o)-.
طفلانه، بچگانه. childish(ly). childlike. infantile. puerile. babyish.
طفلك little child. kiddy. poor thing.
طفلی، بچگی، کودکی، طفولیت. childhood.
poor boy. poor fellow.
طفولیّت، خردسالی، بچگی، کودکی. childhood. infancy. babyhood. nonage.
طفیلی، انگل، مفتخور. parasitic(al). parasite. sponger. uninvited person.
~ شدن. to sponge on. to toady. to act as a parasite.
طلا، تلا، زر. gold. golden. or. auro-.
طلای سفید. platinum.
~ ساز، ~ کار. goldsmith.
طلاآلات gold plate. gold ornaments. goldware.
طُلاّب (.pl. of طالب)، طلبه، جویندگان، طالبان، محققان. scholars (of religious science). templars. seekers.
طلاشوئی، خاکشوئی. gold-washing.
طلاق، رهائی، جدائی. divorce. divorcement. separation. annulment.
~ دادن. to divorce. to repudiate. to separate.
~ گرفتن. to get a divorce. to be granted a divorce. to be separated.
[illegible] (مطلقه). divorcee. grass widower. divorced woman.
شوهر زن ~ داده. divorcé. grass widow.
طلاقت، روانی. freedom from impediment. fluency. versatility.
طلاق نامه bill of divorce. legal instrument of divorce.
طلاکار، زرگر. gilder. goldsmith.
طلاکاری، زرگری. gilding. goldsmith shop.
طلاکوب gold blocker. ornamented by gold blocking. gold-filled. inlaid with gold.
طلاکوبی gold blocking. titling. gilding.
طلایع (.pl. of طلیعه). vanguards.
طلایه، جلودار، پیش قراول. vanguard. advance guard.
طلائی، زرین، زری. golden. gilt. of gold. auric. gold-plated. gold-wrought. auro-. auri- doré.
~ کردن، مطلا کردن. to gild.
برنگ ~. of the colo(u)r of gold. golden.
طلب، جستجو، تلاش، خواست، آرزو، تمنا، مطالبه. search. request. desire. begging. demand. claim. sum outstanding to a person's credit.
در ~ دانش. in search of knowledge.
قدری آب ~ کرد ولی باو ندادند. he asked for (desired) some water, but they did not give it to him.
او در ~ شغل جدیدی است. he is seeking a new job.
پولی که ~ دارید. the money which is owed to (due) you.
دو ریال ازمن ~ دارد. I owe him 2 Rials.
~ کردن. to search. to seek. to request. to beg. to demand.
~ داشتن. to have claim on. to be owed to.
ـطلب، جوینده، بجو، بطلب. seek or ask thou. seeker. (in combs. as in: صلح‌طلب).
طلبکار، بستانکار. creditor.
در ستون ~. in the credit column.
طلبکاران در منزلش را شکستند. creditors smashed the door of his house.
~ بودن. to have a claim. to be a creditor.
حالا یك چیزی هم ~ است. now he acts as if we owe him something.
طلبکاری، بستانکاری. pressing for the payment of one's due. searching.
از کسی ~ کردن. to press a person for payment of a debt.
طلبه (.pl. of طالب)، طلاب، محقق، طالب علم. student of theological school. seminarian. searcher. research worker.

طَلَبیدَن، خواستن، طلب کردن. to call. to invite. to summon. to ask. to seek. to search.

هنگام مرگ دوستانش را به بیمارستان طلبید. at the time of his death he called (summoned) his friends to the hospital.

طلبیده، خواسته. invited. requested. called.

طِلِسم، جادو، سحر. talisman. spell. amulet. charm. fetish. sorcery. magic.

انگشتر ~ شده برای آوردن شانس. a talisman ring to bring good luck.

او ~ شده. he is under a spell.

~ شدن. to be spellbound. to become inextricable. to be enchanted (allured or charmed).

~ کردن. to spell. to cast a spell upon. to charm. to allure. to enchant.

طلسم کرده، طلسم شده. spellbound. charmed.

طلسم گر، افسونگر، جادوگر. witch doctor. medicine man. exorcist.

طَلعَت، قیافه، زیبائی، صورت، سیما. countenance. face. mien. physiognomy. feminine proper noun.

طَلَق، تلق، تالك، میکا. isinglass. mica. talc.

طِلق، مطلق، مشروع، آزاد. free. unconditional. lawful. decisive.

ملك ~. lawful property.

طَلَقی، طلق‌دار. talcose. talcous. micaceous.

طُلوع، دمیدن، سرزدن، پیدایش، ظهور، سپیده‌دم. rising. appearance. dawn. ascent.

~ آفتاب. rising of the sun.

آفتاب ~ کرد. the sun rose (ascended).

~ ستاره. ascent of the star.

~ کردن. to rise. to appear. to ascend. to dawn.

~ (پیدایش، آغاز) عصر فضا. the dawn of space age.

~ وافول امپراتوری. the rise and fall of an empire.

طَلیعَه (طلایع .pl). vanguard. van.

طُمَأنینَه، آرامش، وقار، سنگینی. dignity. gravity. soberness. poise.

طَمّاع، حریص، آزمند. very covetous. greedy. cupid. avid. avaricious.

طَمث، قاعدگی، عادت ماهیانه، رگل، حیض. the menses. menstruation. period.

دوره ~. menstruation. menstrual cycle.

~ شدن، قاعده شدن. to menstruate. to have one's period.

طُمطُراق. pomp. grandiloquence.

طَمَع، آز، حرص، ولع. covetousness. greed! avidity. cupidity. avarice.

~ داشتن، ~ کردن، چشم ~ بچیزی داشتن. to covet. to greed. to have views upon. to be covetous. to long.

~ بریدن از. to give up hope.

طَمَعکار، آزمند. covetous. greedy. avaricious.

طَناب، رسن، رشته. rope. cord. cordage. resti-.

~ رختشوئی، رجه. clothesline.

~ انداختن. to hang. to throw the rope.

طناب‌باز، بندباز. tightrope walker. ropewalker. ropedancer.

طناب بازی. ropewalking. ropedancing. skipping the rope.

~ کردن. to jump rope. to walk on a rope.

طناب‌پیچ. tied with a rope.

~ کردن. to tie or bind with a rope.

طناب‌خور. depth measured by a rope.

طناب‌ساز. ropemaker.

طناب سازی. ropemaking. ropery.

طنابی، طناب‌وار. ropelike. restiform.

نردبان ~. rope ladder.

طَنّاز، دلربا، دلفریب. coquettish. heart-ravishing. banterer. mocker.

طَنّازی. coquettishness. playfulness.

طَنبور، تنبور. tambourine.

طَنز، مسخره، تمسخر. scoffing. jeering. flouting. gibe. satire. taunt.

طنزآمیز. satiric. snide. jeering.

طنزنویس. satirist.

طَنطَنَه، طمطراق، شکوه. pomp. fuss. tinkling. buzz. din.

طَنطور، تعفین، تنتور. tincture.

طَنین، پژواك، انعکاس. echo. tintinnabulation. peal. tinkling. din. ringing in the ears. ringing. resonance.

ناقوس‌های کلیسا ~ اندازند. the church chimes are tintinnabulating.

طنین انداختن. to ring. to tinkle. to resound. to echo. to tintinnabulate.

طَنین‌انداز. ringing in the ears. tinkling. resonant. echoing. dinning.

طَواف. circumambulation (of the Kaaba).

~ زدن، طواف کردن. to go round. to circumambulate.

طَوّاف. moving round the city. peddling. fruitmonger. peddler.

طَوایف (طایفه pl. of)، قبایل، ایلات، کلان‌ها. tribes. clans. peoples. classes.

طُوبیٰ. Tooba, name of tree in paradise. blessedness. happiness.

طُور، کوه‌طور، کوه‌سینا. mount Sinai.

طَور، نوع، روش، قسم. manner. method. kind. way. mode.

چطور؟ how? in what manner?

احوال شما چطور است؟ how are you?

او نمی‌رود شما چطور؟ he is not going, how about you?

چطور مگر؟ why do you ask? how come?

اینطور. thus. in this manner. (in) this way. such.

اینطور اشخاص. such people.

همینطور. exactly so. likewise.

بطوریکه هنری میگفت. as Henry said (was saying).

هرطورهست، هرطور شده. by all means.

طوردیگر. in a different manner. otherwise.

بطورکامل. perfectly.

بطور مستقیم. directly.

طوسی. native of Toos in Khorassan.

رنگ ~. dark grey.

طوطی. parrot.

طوطی‌وار. parrot-like. by rote. psittacine.

طَوعاً، بامیل و رغبت. willingly. voluntarily. of one's own accord.

طَوعاً کَرهاً. nolens volens. willy-nilly.

طُوفان، توفان، انقلاب‌جوی، سیل، انقلاب. deluge. flood. storm. tempest. typhoon.

پیش‌از ~. antediluvian.

~ نوح. Noah's Deluge. The Flood.

~ باد. a wind storm.

~ (انقلاب) سیاسی. a political tempest.

~ شدید دریائی. hurricane.

~ خفیف دریائی. gale.

~ کردن. to storm.

طوفان‌زاد. diluvian.

طوفان‌نما. storm-card.

طوفانی. stormy. tempestuous.

دریای ~. the stormy sea.

طَوق، گردن‌بند، قید، بند. necklace. collar. chain. torque. bird's ruff. gorget. yoke. tie. ring. carcanet.

~ دندان. neck of tooth. dental neck.

~ درگردن کردن. to wear a necklace or gorget.

~ بندگی. yoke of servitude.

طوقدار. collared. ringnecked. ruffed.

طوقه. curb. puteal.

طوقی، قمری، فاخته. ringdove. turtledove.

طوقی. resembling a necklace. having a rufflike mark. (bot.) rosette.

طُول، درازا. length. length of time. duration. longitude. longi-. macro-.

~ دادن. to protract. to prolong.

~ جغرافیایی. longitude.

~ کشیدن. to take (time). to take long. to last.

دوسال ~ کشید. it took two years.

طولی نخواهد کشید که. before long. it won't be long before...

طولی نکشید که. soon after.

در ~ راه. along the road.

~ سخن. prolixity.

~ عمر. longevity. long life. macrobiosis.

بطول انجامیدن. to take a long time. to last long. to be protracted.

~ موج. wave-length.

بطول ۳ متر. 3 metres (meters) long.

پرش ~. broad jump. long jump.

طُولاً، ازدرازا. longitudinally. in length. lengthwise.

طُولانی، دراز. long. lengthy. prolix.

طُولی. linear. longitudinal. lengthwise.

طومار. scroll. roll.

طوماری. voluted. volute. rolled.

طَویل، دراز. long. lengthy. longi-. macro-.

طَویلُ العُمر، دارای زندگی دراز. longeval. longevous. long-lived. macrobian.

طَویلُ القامَت، دراز اندام، بلند اندام. tall. of a tall stature.

طَویلُ المُدَّت، درازمدت. long-term.

وام ~. long-term loan.

اعتبار ~. long-term credit.

طَویلَه، اصطبل. stable. stall.

طویله‌دار، میرآخور. one who keeps a stable. liveryman.

طَهارَت، پاکی، تطهیر. ceremonious purification after easing nature. cleansing. purity. cleanliness. neatness.

~ گرفتن. to wash oneself after easing nature.

طُهر، پاکی. purity or cleanness (of women who are not menstruous).

طَیّ. going or travelling through. fixing (the price of). folding. rolling. crossing. passing.

~ مسافت کردن. to cover the distance. to travel through the distance.

~ کردن. to go or travel through. to traverse. to settle upon. to fix. to die.

قیمت را ~ کردن. to settle or finalize the price. to fix the price. to haggle.

در ~. in the course of. during.

مریض در بیمارستان ~ کرد. the patient died in the hospital.

اول قیمت را ~ کردیم. we first bargained over the price.

طَیّار، پرنده، پروازکننده. flying. volatile.

طَیّارَه (طیارات .pl)، هواپیما. aeroplane. plane. airplane. airship.

طِیب. sweet-smelling. sweet smell. perfume. goodness. good will.

بطیب خاطر. with a good will or mind. of one's own free will. willingly.

طَیِّب (طیبه .fem)، خوش(بو)، ناب، خالص. good. sweet-smelling. delightful. pure.

طَیِّبات. good deeds.

طیبت، خوش طبعی. good deed.

طیبه (fem. of طیب). pure people. pure things. feminine proper noun.

طَیر، پرنده، مرغ. bird. flying.

طَیَران، پرواز. flight. flying.

~ کردن، پریدن. to fly.

طِیَره، نشان بدی. bad omen.

طَیش، سبکی. levity. unsteadiness. lightness.

طَیف. spectre. apparition. phantom. spectrum. spectro-.

~ نگاره. spectrogram.

طَیف‌بین، طیف‌نما. spectroscope.

طیف‌نمای راست‌بین. direct vision spectroscope.

طَیفی. spectral.

طَیلِسان، دستار. mantle. hood. pall.

طیموس، غدهٔ تیموس. thymus (gland).

طِین، گل. clay. mud.

طینَت، باطن، سرشت، ذات، خو، خلق. nature. inborn disposition. handful of clay.

خوش ~. good-natured.

طُیور (pl. of طائر، طیر)، پرندگان. birds.

ظ the twentieth letter of the Persian alphabet.

ظافر، فاتح، مظفر. victorious. a victor. a conqueror.

ظالم (ظلم .pl)، ستمگر. cruel. brutal. ruthless. unjust. merciless. despot. relentless. pitiless. unmerciful. tyrant.

ظالمانه، ستمگرانه. cruelly. tyrannically. unjust(ly). oppressive(ly). ruthlessly. mercilessly.

رفتار ~. **unjust (unfair) treatment.**

او را ~ تنبیه کردند. **he was cruelly punished.**

ظاهر (ظواهر .pl)، آشکار، هویدا، مشهود، پیدا، وضع، حالت. apparent. manifest. air. demeanor. mien. bearing. visible. appearance. look. show.

~ شدن. **to appear. to come into view. to become apparent. to be revealed. to be developed. to become visible. to loom.**

امشب ماه ~ میشود. **the moon is visible (will appear) tonight.**

~ کردن. **to manifest. to make manifest. to bring into view. to develop. to reveal.**

هرگز فریب ظواهر را نخور. **never be deceived by appearances.**

او ~ بیگناهی داشت. **he had an innocent appearance.**

بظاهر تهیدست مینمود. **outwardly he looked poor.**

از ~ امر، ازظواهر امور. **from the looks of things.**

~ کردن یك فیلم. **developing a film.**

بظاهر، ظاهراً. **apparently. evidently.**

صورت ~. **outward appearance. facade. pose.**

حفظ ~ کردن. **to save (keep) appearances. to save face.**

ظاهراً apparently. obviously. outwardly. evidently. seemingly.

ظاهربین superficial observer.

ظاهرساختن، ظاهر کردن. development (of a film). to develop a film. to bring into view. to make apparent or manifest. to expose. to reveal.

ظاهرسازی، تظاهر. simulation. feigning. pretension. pretending.

ظاهری، صوری، سطحی. apparent. seeming. external. outward. superficial. simulatory. sham.

دوست ~. **seeming friend.**

ظرافت، لطافت، زیبائی، لطف. elegance. wit. delicacy. tenderness. intricacy. finesse. fineness. nicety. delicateness.

~ سبك شعر او. **the delicacy of her poetic style.**

ظربان، راسو. polecat. fitch.

ظرف (ظروف .pl)، بشقاب وکاسه و امثال آن، قید، زمان یا مکان، مدت، در مدت، درطی. vessel. container. dish. utensil. bowl. receptacle. adverb of time or place. duration. length (of time). interval. course. capacity.

در ~ مدت. **during. within (a period of).**

~ شیر. **milk container.**

در ~ دوماه. **during two months. in two months' time.**

جولی ظرفها را جمع کرد وشست. **Julie gathered and washed the dishes.**

ظرفاء (ظریف pl. of)، ظریفان. the witty. the clever people.

ظرف شوئی washing dishes. dish-washing.

پشم ~. **steel wool.**

ماشین ~. **dishwasher.**

ظرفی، قیدی، ظرفچی، ظروفچی. adverbial. one who gives out dishes on hire. pertaining to dishes or containers.

ظرفیت، گنجایش. valence. capacity. valency. tonnage.

با ~. **capacious. capable. capacitance.**

~ کشتی برحسب تن. **ship's tonnage.**

او ~ این کار را ندارد. **he does not have the capacity (capability) to do this.**

ظروف (ظرف pl. of)، ظرفها. dishes. vessels. containers.

ظریف، لطیف، زیبا، کوچك اندام، نازك. elegant. fine. nice. exquisite. dainty. frail. delicate. subtle. subtile. witty. clever. trim. tender. petite.

آدمی ~ طبع. **a person with an elegant taste.**

ظریفانه، از روی ظرافت. elegantly. nicely.

ظریفه (ظریف pl. of)، ظریف. a nice point. witticism. subtle saying.

ظفر، پیروزی، فتح. victory. triumph. conquest. success. winning.

~ یافتن. **to triumph. to gain a victory.**

ظِلّ (ظلال، اظلال .pl)، سایه. shadow. umbra. shelter. cotangent. auspices. aegis. shade.

در ~ توجهات. **under the auspices of.**

ظَلام، تاریکی، ظلمت. darkness. obscurity.

ظُلم، ستم، بیداد. oppression. cruelty. injustice. inequity. ruthlessness. unmercifulness. pitilessness. mercilessness. tyranny. despotism.

~ کردن، بیدادکردن. **to oppress. to do injustice to. to be unjust to. to tyrannize.**

ظلمات (ظلمت pl. of)، تاریکی‌ها. deep darkness. Tartarus. murk.

ظلمانی، تاریك، تیره، تار. dark. gloomy. darkened. sombre. murky. obscure. somber. tartarean. sable. black.

این دنیای ~. **this dark world.**

~ کردن، تاریك کردن. **to darken.**

ظلمت، تاریکی، تیرگی، تاری. darkness. gloom. obscurity. murk. somberness.

اعراب قبل از اسلام در ~ جهل زندگانی میکردند. **pre-Islamic Arabs lived in the gloom of ignorance.**

ظلم دیده، ستمدیده. oppressed.

ظَلَمَه (ظالم pl. of)، ستمکاران. the cruel people. tyrants.

ظنّ، گمان، سوء~، تردید، شك، بدبینی، دودلی، بدگمانی، حدس. suspicion. mistrust. apprehension. doubt. misgiving. inkling. dubiousness. dubiety. unbelief. skepticism. disbelief. scruple. qualm.

~ بردن. **to be suspicious of. to suspect. to have suspicion.**

به‌کسی سوء~ داشتن. **to mistrust a person.**

حسن ~. **good or favo(u)rable opinion.**

حسن ~ به‌کسی داشتن. **to have a good opinion of someone.**

سوءظن، بدگمانی. **suspicion. mistrust. bad opinion. misgiving.**

ظنّ غالب، ظن قوی. presumption. strong suspicion.

ظنین، بدگمان، مظنون. suspicious. mistrustful.

نسبت بمن ~ است. **he is suspicious of me.**

ظواهر (ظاهر pl. of)، امور ظاهری. outward things. external things.

از ~ امر پیداست که آدم درستی است. **the external circumstances show that he is an honest person.**

ظَهر، پشت. back. overleaf. reverse side. dorsum.

به ~ ورقه مراجعه شود. **please see overleaf.**

ظُهر، نیمروز. noon. midday. meridian.

پیش از ~. **forenoon. before noon.**

سه ساعت پیش از ~، نه‌صبح. **9 A. M.**

سر ~. **12 noon. twelve sharp. high noon.**

بعد از ~. **(in the) afternoon. P. M.**

سه بعد از ~. **3 P.M.**

ظهرنویس، پشت نویس. endorser.

ظهرنویسی endorsement. endorsing.

ظهری، پشتی. dorsal.

ظهور، پیدایش، شیوع. appearance. advent. (med.) outburst. presentation. show. manifestation. epiphany.

~ حضرت محمد. **the appearance. (advent) of Mohammed.**

بظهور آمدن، بظهور رسیدن. **to appear. to happen. to become manifest.**

بمنصهٔ ظهور درآوردن. **to manifest.**

ظهیر، پشتیبان، معاون، یار، معین. assistant. aid. supporter. backer.

عَ the twenty-first letter of the Persian alphabet.

عابِد (عباد .pl)، زاهد، پرستنده، پرهیزکار، worshipper. pious. devout. hermit. adorer. servant. recluse. ascetic.

عابِدانه devoutly. piously. devout. pious.

عابِر (عابرین .pl)، رهگذر. passer-by. wayfarer. pedestrian. passenger.

عاج ivory. dentin. elephant's tusk.

~ سیاه. **ivory black.**

~ دندان. **dentin(e).**

عاجِز، ناتوان، بیچاره، ازکارافتاده، بیکاره، معلول. **disabled. impotent. decrepit. unable. crippled. unfit. maimed. incompetent. inefficient. incapable.**

~ کردن. **to harass. to distress. to confound. to trouble. to torment. to render helpless or disabled. to disable. to weaken.**

~ شدن. **to be disabled. to be rendered. unfit. to be harassed. to be weakened.**

پیرمردی ~ (ناتوان یا معلول). **a disabled (weak) old man.**

از انجام آن‌کار ~ بود. **he was unable to do that.**

او درسانحه‌ای ~ (مجروح) شد. **he was maimed in an accident.**

عاجِزانه humble. humbly. in the capacity of a weak person. meek(ly).

استدعای ~. **humble request.**

عاجِل، با عجله. immediate. hasty. urgent. transitory. rash. **precipitate.**

نیاز ~. **urgent need.**

عاجِلاً immediately. with a view to the present. urgent. hastily.

عاجِلانه immediately. urgently. hastily.

عاجی ivory. made of ivory.

عاد aliquot part.

عادَت (عادات .pl)، رسم، خو، قاعدگی. habit. habitude. wont. practice. usage. use. inurement. custom. the menses.

~ ثانویه. **second habit.**

~ زنانه، قاعدگی. **the menses. menstruation.**

~ دادن. **to accustom. to habituate. to inure. to make used to. to familiarize.**

~ شدن. **to grow into a habit.**

~ کردن. **to fall into the habit of. to be accustomed to. to get used to. to become inured or addicted to.**

سحرخیزی ~ او بود. **early rising was his wont.**

ترک ~ موجب مرض است. **giving up a habit causes indisposition.**

بومیان به‌گرمای آن صحرا ~ داشتند. **the natives were inured to the heat of that desert.**

~ راترک‌کردن. **giving up (kicking) a habit.**

برحسب ~. **as a habit. habitually.**

پس از سالها دوستی آن‌دو باخلاق هم ~ کردند. **after years of friendship the two got used to each other's ways.**

عادَتی، عادی. relating to habit. habitual. habit. customary.

عادِل، دادگر، دادگستر، با انصاف. just. fair. equitable. impartial. evenhanded.

عادِلانه، منصفانه. just. righteously. upright. equitable. justly. equitably.

عادِلَه (عادل .pl. of)، جاری، متداول. fair. reasonable. current.

بنرخ ~. **at the current (a fair) price.**

عادَةً، عادتاً. habitually. by way of

occurring. accidental. **adventitious.**

عارِض‌شدَن، رخ دادن. to happen. to occur. to take place accidentally.

عارِضَه (عوارض .pl) رویداد، کسالت، تصادف. complication. accident. event. non-essential. happening.

در اثر عارضهٔ قلبی درگذشت. **he died as a result of heart trouble.**

عارِضی، عرضی. accidental. adventitious. non-essential. incidental.

عارِف (عرفاء .pl)، دانا، صوفی، دانشمند. gnostic. learned. possessing knowledge. wise. knowing. sagacious. mystic.

عرفاء. **gnostics. learned persons.**

عارِفانَه wise(ly). gnostically. mystically.

عاری، برهنه، مبرا، بدون. devoid. destitute. naked. free. without. lacking.

~ از خرد. **devoid of wisdom.**

برو ای ~ ز وفا داری. **go oh you (who are) devoid of faithfulness.**

عاریَه، وام، قرضی، مصنوعی، عاریتی. loan. borrowing. artificial. false.

لباس ~. **borrowed dress.**

من‌کتاب او را ~ گرفتم. **I took his book on loan.**

دندان ~. **artificial (false) tooth.**

~ دادن. **to loan. to lend. to give as a loan.**

~ گرفتن. **to take a loan. to borrow.**

عاریَةً، عاریتاً. on loan. as a loan. (by way of) lending.

عاریَتی borrowed. false. fictitious.

عازِم، راهی، مصمم، بسوی. departing for. starting. setting out. en route. on the point of leaving. resolved.

فردا ~ کاشان هستم. **I am setting out**

او ~ آبادان شد. **he left for Abadan.**

عاشِر، دهم. tenth.

عاشِق (عشاق .pl)، دلباخته، گرفتار عشق، in love. lover. amorous. **adorer**

habit. customarily.

عادی، معمولی. ordinary. usual. habitual. customary. common. general. familiar. unexceptional. regular. normal.

~ کردن. **normalising. to accustom. to normalize.**

~ شدن. **to become normal or ordinary.**

غیر ~. **unusual. abnormal. extraordinary.**

تحت شرایط ~. **under normal conditions.**

مشروبخواری برایش ~ شده‌است. **drinking has become a usual thing for him.**

عار، شرم، کسرشان. shame. disgrace. disdain.

از دروغ‌گفتن ~ دارم. **I scorn to lie.**

~ داردکه با من سخن‌گوید. **he disdains to talk with me.**

فقط مردم جاهل عارشان میشودکه درخیابان کاسهٔ ماست بدست بگیرند. **only ignorant people are ashamed of carrying a bowl of yogurt in the street.**

عارِض، دادخواه، شاکی. petitioner. solicitor. applicant. plaintiff. complainant.

~ شدن. **to go to law. to make a law-suit.**

از دست‌کسی ~ شدن. **to lodge a complaint against a person. to bring an action against one.**

عارِض، روی، گونه، رخ، چهره، رویداد، وقوع، اتفاقی. cheek. face. happening.

lovesick. amorist.

~ شدن. **to fall in love with. to become enamored.**

عاشقم برهمه عالم‌که همه عالم از اوست. **I am enamored of the whole world, for the whole world is of Him.**

دانته در نه‌سالگی ~ شد. **Dante fell in love at the age of nine.**

عاشِقانه amorously. amatory. amorous. loving. amoroso. erotic.

نگاه‌های ~. **amorous looks.**

غزل ~. **an erotic ode.**

نامهٔ ~. **an amorous letter. a love-letter.**

اشعار عاشقانهٔ «جان دان». **the amatory (love) poems of John Donne.**

عاشِق‌پیشه lover. always (falling) in love.

عاشِقی love. wooing. amour. love making. being in love. lovesickness.

عاشورا the tenth day of Moharram.

عاصِف violent. strong. stormy.

عاصِم، حامی، مانع، ممنوع. defender. protector. defended. prohibited. chaste.

عاصی، یاغی، گناهکار، سرکش، طاغی. rebellious. refractory. disobedient. recalcitrant. sinful. sinner. rebel.

~ شدن. **to rebel. to sin. to become mutinous. to recalcitrate.**

~ کردن. **to make rebellious. to make disobedient. to put at bay.**

عاطِر، معطر. **fragrant. graceful. noble. benevolent. good.**

عاطِف، مهربان. **kind. affectionate.**

عاطِفه، (عواطف .pl). **sentiment. feeling. affection. sympathy. benevolence.**

آدم با ~. **a person of noble (or kind) sentiments.**

آدم بی ~. **a stolid (cold-hearted) man. an unfeeling person.**

عاطفهٔ مادری. **motherly affection.**

عاطِل، بیکار، بیهوده،. **idle. useless. worthless. vain. forestalled. futile.**

~ وباطل. **idle and wasted.**

عافِیَت، تندرستی، سلامتی. good health. welfare. happiness. prosperity.

~ باشد. **I wish you good health. gesundheit! (God) bless you!**

عاقّ، نافرمان، سرکش، لعنت شده، مطرود. **disobedient. anathematized. disinherited. cursed.**

او ~ والدین شد. **his parents declared him disobedient and cursed him. his parents disinherited (or disclaimed) him.**

عاقِبَت (عواقب .pl)، آخر، درپایان، نتیجه. **end. conclusion. finally. issue. consequence. futurity. in the end. at length. finis. windup. aftermath. at last. in the long run.**

~ داستان چه شد. what was the end (conclusion) of the story?

~ وخیم. awful (grave) consequence.

~ او آمد. he came in the end (at length).

~الامر او برد. at last (in the long run) he won.

عاقبت‌اَندیش، مآل بین، آخربین. provident. having foresight. foresighted. foreseeing.

عاقبت‌اندیشی، مآل‌اندیشی، آخربینی. foresight. providence. foresightedness.

عاقبت بخَیر ending well (or successfully). ending one's life well.

~ شدن. to come to good. to have a happy end(ing).

عاقِد، تنظیم‌کنندهٔ قرارداد، جاری‌کنندهٔ عقد. concluder (of a contract). priest or notary marrying a couple.

عاقِل (عقلا .pl)، خردمند، دانا، باعقل. wise. sage. sagacious. learned. savant. shrewd sapient. judicious.

مرد ~ نباید بیش از درآمدش خرج کند. a wise man ought not spend more-than his income.

اگر شخص ~ مدتی با دیوانه‌ها زندگی کند دیوانه میشود. if a sane person lives a while with mad men he will grow mad.

~ ودیوانه. sane and insane.

عاقلانه wisely. wise. sagaciously. prudently. judiciously.

عاقِلَه (fem. of عاقل)، دانا، مسن، جاافتاده. of ripe years. elderly. wise. mature.

عاکِف، معتکف. devotee praying in seclusion. assiduous. preserving.

عالَم (عوالم .pl)، جهان. world. universe. firmament. cosmos. lots. much.

در تمام ~ هیچکس بخوبی او پیدا نمیشود. no one is as good as he is in the whole world.

او دراین عوالم نیست. he does not think of these things.

عالِم (علماء .pl)، دانشمند، فاضل، محقق. learned. learned man. scholar. scientist. savant. erudite. scholarly.

عالِماً، عمداً، دانسته، عامداً. knowingly. purposely. intentionally. advertent.

~ وعامداً. knowingly and purposely.

عالم‌الغیب knowing the invisible or occult. omniscient. God.

عالمانه learned(ly). wise(ly). sagacious(ly).

عالَم‌تاب، عالم افروز. world - illuminating.

عالَم‌گیر، جهانی، جهانگیر، همگانی. world - conquering. universal. worldwide. epidemic.

عقاید این دانشمند ~ شده است. the ideas of this scholar have become widespread throughout the world.

عالَمی (عالمیان .pl) universal. worldly. mundane.

عالَمیان، خاکیان. worldlings. earthlings.

عالی (عالیه .fem)، بلند، والا، والاالمقام، مرتفع. high. elevated. sublime. grand. lofty. elated. best. magnificent. excellent. superb. supreme. great.

مدرسهٔ ~ ترجمه. College of Translation.

شورای ~ آموزش وپرورش. the high council of education.

منظرهٔ ~. grand (excellent) scenery.

منافع عالیهٔ کشور. the best (high) interests of the country.

عالیجناب. noble. excellency.

~ تبار، والاتبار. nobly born. well-born. noble. of a high or noble descent.

عالیجاه respectful. your hono(u)r.

عالی رُتبه، بلندپایه. senior. high-ranking.

عالی‌مَقام، عالی‌رتبه. high-ranking.

عالیَه (fem of عالی)، عالی. sublime. high. feminine proper noun.

~ توجهات عالیهٔ ایشان. under his (their) sublime patronage.

عام (عامه، عوام .pl)؛ همگانی، عمومی، کلی. common. popular. prevailing. widespread. conventional. general. generic. public. vulgar. plebeian. commoner. layman. plebe. pleb.

مجلس عوام. the house of commons.

موزیك ~ پسند (متداول). popular music.

اسم ~. a common (generic) noun.

منافع ~ public interests.

آدم عامی (بیسواد). an illiterate person.

بارعام. a public levee. an audience.

سازمانهای ~المنفعه (مانند آب وبرق و تلفن و غیره)، وسائل عام‌المنفعه. public utilities.

عامُ‌المَنفَعَه of public utility. benevolent. charitable.

عامِداً، عمداً، دانسته. deliberate(ly). purposely. intentionally. knowingly.

عالماً و~. knowingly and voluntarily. with foreknowledge and intention.

عامِر، معمور، آباد. flourishing. developed. thriving. populated.

عامِل (عوامل .pl)، سازه، نماینده، فعال، ماهر. agent. factor. governing word. element. active. skilled. factotum.

جهل بزرگترین ~ خرابی وفساد است. ignorance is the greatest cause (agent) of destruction and corruption.

مدیر ~. managing director.

عامِلیّت، مهارت. skill. agency. management.

عامّه the public. populace. common people.

اقداماتی که درراه رفاه ~ صورت گرفته است. the measures taken towards the comfort (welfare) of the public.

عامی، عام. illiterate. common(er).

عامیانه، عوامانه. vulgar. slang. popular. folk. common. folksy. vernacular.

اصطلاح ~. vulgar expression. vulgarism. popular saying. colloquialism.

موسیقی ~. folk music.

عانَه، شرمگاه (استخوان). (anat.) the pubes. the pubic region.

عانی pubic. pertaining to the pubic region.

عاید (عوائد، عایدات .pl)، عایدی، سود. returning. (being) earned. income. earning. accrual. accruement.

~ داشتن. to pay or return. to fetch.

بیش ازسی‌درصد قیمت‌میوه‌جات ~ دلالهامیشود. more than thirty per cent of the cost of fruits goes to the middlemen.

~ شدن. to be earned. to be gained.

۵۰ ریال ~ اوشد. he earned 50 Rials.

منافعی که ~ جامعه میشود. advantages accruing to the society.

ازبدمستی‌چه‌سودی‌عایدت‌میشود؟ what benefit do you derive from drunkenness?

عایدات (عاید .pl. of)، درآمد، عوائد، سود. revenues. incomes. earnings. accruments. profits. accruals. gains.

در چند سال اخیر ~ نفت ایران چند برابر شده است. in the last few years Iran's oil revenues have increased several times.

او علاوه برحقوق ~ دیگری هم دارد. he has other income in addition to his salary.

عایدَه (fem. of عاید)، دریافت شده، عایدی. received. earned.

عایدی income. earning. revenue.

~ سالیانهٔ شما چقدراست؟ what is (the amount of) your yearly income.

عایق، مانع (~ کردن). insulation. insulator. dielectric. dielectrical. nonconductor. obstacle. hindrance.

سیم ~. insulating wire.

~ گرما. nonconducting heat.

عایق‌کاری lagging. waterproofing. insulation.

عائِلَه (عائلات .pl)، عیال واولاد. family. wife and children.

جواد پنج سر ~ دارد. Javad has a family of five (members).

عَبا men's loose sleeveless cloak open in front. aba.

عِباد (عبد .pl. of)، بندگان. servants. slaves. creatures.

عُبّاد (عابد .pl. of)، عابدان، زاهدان. worshippers. hermits.

عِبادَت، پرستش، نیایش، نماز. worship. service. servitude. devotion. prayer. praise. glorification. vespers.

خدا را ~ کردن. to worship God.

مجلس ~ (نماز ودعا). divine service.

~ (بندگی) خدا. servitude to God.

ساعات ~ (دعا). hours of devotion.

~ شامگاه (نماز شام، نماز مغرب). vespers.

~ بامدادی، نمازصبح. matin.

~کردن. to worship. to serve. to obey. to pray. to glorify God.

عِبادَتگاه، پرستشگاه. a place of worship.

عبادتی devotional. pertaining to praying and worship.

عِبارَت (عبارات .pl)، جمله، اصطلاح، فراز. expression. phrase. passage. phraseology. wordage. diction.

بعبارت دیگر. in other words.

صد تومان عبارتست از هزار ریال. a hundred Tomans consists of 1000 Rials.

مشکلات ما عبارت بوداز بی‌پولی وفقدان‌کتاب. our difficulties consisted of pennylessness and lack of books.

ازعبارتهای زیر یك‌جملهٔ کامل بسازید. compose a complete sentence out of the following phrases.

بعبارت درآوردن. to phrase. to express in words. to arrange the wording of.

عِبارَت پَردازی، لفاظی. (pedantic) phraseology. speaking in style.

عبارت سازی wording. phraseology.

عَبّاسی، خلفای عباسی. Abbassides. old coin equal to 20 dinars.

عَبَث، بیهوده، بیفایده. vain. useless. in vain. to no avail. futile. bootless.

التماس وزاری درمقابل‌شیر درنده کاری‌است~. begging and whimpering in the face of a savage lion is (a) futile (thing).

عَبد (عباد .pl)، بنده، غلام، زرخرید. servant. slave. worshipper (of God).

عَبدُالله servant of God.

عِبرانی، عبری. Hebrew. Hebraic.

عِبرَت، درس، پند، حیرت. example. lesson. warning. surprise.

این برای تودرس عبرتی خواهدبود. this will be an example (a lesson) for you.

مایهٔ~دیگران‌شدن. to serve as an example for others. to become a gazingstock.

درس ~ گرفتن. to take an example. to learn a lesson.

مایهٔ ~. gazingstock. (something that serves as) a lesson.

عِبرت‌آور، عبرت‌انگیز. cautionary. exemplary. admonitory. warning.

عِبرَت‌اَنگیز serving as an example. admonitory. surprising.

عِبرَت بین that can see examples or warnings. learning a lesson.

عِبرَةً، عبرتاً. as an example or warning.

عبرةً للناظرین، برای عبرت بینندگان. as a warning (example) for the observers.

عِبری، زبان‌عبری. Hebrew (language). Hebraic. Hebraical.

~ دان، دانشمند ~. Hebraist.

عُبودیّت، بندگی، پرستش، اطاعت، طاعت. submission. servitude. slavery. obeisance. bondage. devotion. obedience.

طوق ~ برگردن نهادن. to put the yoke of slavery (obedience) on.

عُبور، گذر، گذار، معبر، انتقال، نقل. passing. passage. crossing. transit.

~ دادن، گذراندن. to cause to pass. to transmit. to ferry.

~ ممنوع. passage forbidden. no thoroughfare.

~کردن. to pass. to traverse. to cross. to go by or through.

قابل ~. passable. traversable. transmissible.

غیر قابل ~ impassable. impracticable.

~ غذا از روده‌ها. passage of food through the bowels.

~ و مرور. traffic. passage. coming and going. plying.

هر روز ازجلو منزل آنها ~ میکنم. everyday I pass by their house.

او ازجلو ما ~کرد. he passed in front of us.

محل ~ پیاده‌ها. pedestrian crossing.

عُبوراً in passing. in transit. traversal.

عَبوس، ترشرو، اخمو، گرفته. stern. grim(-faced). sulky. morose. glum. resentful. moping. frowning. sullen. cross. ill-humo(u)red.

~کردن. to sulk. to frown.

~ شدن. to become grim-faced or sulky.

عَبهَر، نرگس، یاسمن، زیبا. elegant. jasmine. narcissus.

عَبید (عبد .pl. of)، غلامان، بنده. slaves. slave. little servant. little slave.

عَبیر، عنبر. compound perfume. ambergris.

عِتاب، سرزنش، تندی. reproof. castigation. harshness. chastisement.

~کردن. to chastise. to castigate. to reprove. to blame. to be angry (with).

~ وخطاب. rebuke and censure.
عَتَبات (pl. of عتبه). holy places. thresholds.
عَتَبَه (عتبات .pl)، آستان، آستانه. threshold. round step. royal court.
عتبات عالیات. the holy shrines at Bagdad, Karbela, and Najaf. high courts.
عِترَت، خانواده، قوم وخویش. relations, family. kinfolks. kin. relatives.
عَتیق، کهنه، عتیقه. old. antiquated. antique. ancient.
عهد ~. ancient time(s). the Old Testament.
عَتیقه (عتیقه جات .pl)، آنتیك، اشیاء کهنه و قیمتی. antique. relic. old or antiquated.
~ فروشی. antique shop.
جون ظرفهای ~ را دوست دارد. Joan likes antique (old) dishes.
عُثمانلو Osmanli. Ottoman.
عُثمانی، ترکیه، ترك. Ottoman. Turkish. Turkey.
امپراتوری ~. the Ottoman Empire.
عِجالَةً، عجالتاً، علی العجاله. for the present. for the time being. for the nonce.
عِجان، میان دو راه. (anat.) perineum.
عِجانی perineal.
عَجایِب (عجیب & عجیبه pl. of)، شگفتیها. wonders. prodigies. marvels. miracles. oddities. strange things.
~ دنیای حیوانات. wonders of the animal world.
~ وغرائب. strange and wonderful things.
عَجَب، شگفت، غریب. how strange. wonder. strange(ness). prodigiousness.
~ است. it is surprising.
چه ~! what a surprise. what news? no wonder.
~ داشتن، درشگفت بودن. to be surprised.
~ کتاب خوبیست! what a good book!
عُجب، خودبینی. (self-)conceit.
عَجَبا، شگفتا. strange! surprising! how wonderful. how strange! zounds!
عَجز، ضعف، ناتوانی. disability. inability. impotence. weakness. feebleness. ineptitude. helplessness. incapability. incompetence.
از انجام کاری ~ داشتن. to be unable to do a thing.
~ او در ادارهٔ کارخانه برهمه آشکار بود. his inability to manage (run) the factory was evident to all.
اظهار ~. admission (statement) of inability.
عَجُز hinder part (of the body). buttocks. last word of a verse.
استخوان ~. sacrum.
عَجَزَه (عاجز pl. of)، عاجـزان، معلولان، مستمندان. the poor. the disabled.
عِجل، گوساله. calf.
عَجَلَه، شتاب. hurry. haste. precipitancy. celerity. rush.
~ کردن. to make haste. to hurry up. to hasten.
~ دارم. I am in a hurry.
با ~، بعجله. hastily. hurriedly. quickly.
بی ~. unhastily. deliberately.
~ نکن. take your time. don't rush.
~ کارشیطاناست. hurry is the devil's wont.
عَجَم non-Arab. dumb. barbarian.
عَجَمی foreign (to the Arabs). dumb.

عَجوز، عجوزه، پیرەزن، عفریته. old woman. hag. witch.
عَجُول، شتابکار، باعجله. hasty. rash. precipitate. impatient. hurrying.
عَجیب (عجیبه .fem)، شگفت‌انگیز. wonderful. surprising. marvelous. strange. outlandish. bizarre. prodigious. odd. peculiar. queer. quaint.
واقعاً چیز عجیبی‌است. it is strange indeed!
امروز حادثهٔ عجیبی برایم رخ داد. today a bizarre accident happened to me.
عَجیب‌الْخِلقَه freak. monstruous. of a queer formation. monster.
عَجین، سرشته، آمیخته، مخلوط، ممزوج. kneaded. mixed. blended.
عَدّ، عدد، شمار. number. digit. numeral.
عِداد، شمار، شمارش، تعداد، درجزء، طبقه. number. class. category. calculation. group. counting. numbering.
او در ~ آزادیخواهان بشمار آمد. he was numbered among the liberals.
عِدالَت، داد، دادگستری. justice. equity. fairness. evenhandedness.
آنجاکه ~ نیست خوشی هم نیست. where there is no justice there is no joy.
~ کردن. to administer (do) justice.
اینکار از ~ بدور است. this is unjust.
بیعدالت. unjust. inequitous. unfair.
عَداوَت، دشمنی، خصومت، کینه، لج، خشم، بغض. enmity. hatred. grudge. hostility. antagonism. unfriendliness. rancour. animus. animosity. feud. malice.
با کسی ~ داشتن. to be an enemy of someone. to bear one a grudge. to be hostile towards a person.
~ ورزیدن. to act like an enemy.
عَدَد (اعداد .pl)، شمارش، شمار، رقم، تکه، یك دانه. number. figure. numeral. piece. digit. quantity.
نعمت‌های خدا از ~ بیرون است. God's blessings are beyond number (countless).
سه ~ سیب. three apples.
این دو ~ را جمع بزنید. add these two numbers.
سه ~ مداد. three pencils.
~ اعشاری. decimal number.
~ کسری. fractional number. mixed number.
~ پنج رقمی. a five-figure number.
~ زوج، ~ جفت. even number.
~ فرد. odd number.
عَدَدکوب، شماره‌کوب. figure-punch.
عَدَدنویسی notation.
عَدَدی sold by the piece. numerical. digital. numeral. numerary.
عَدَس، مرجمك. (bot.) lentil. lentille.
عَدَسَك (bot.) lenticel.
عَدَسی lens. lentiform. verre. lentille.
~ استوانه‌ای. cylindrical lens.
~ بینائی. lenticulo-optic. lenticulo-optique.
~ تخت. flat lens.
~ تخت‌ـ‌کاو. planoconcave lens.
~ تخت‌ـ‌کوژ. planoconvex lens.
~ کاو. concave lens. lentille concave.
~ کروی. spherical lens.
~ کوژ. convex lens.
~ کوژ ـ کاو. convexo-concave lens.
~ منشوری. prismatic lens.
~ واگرا. divergent lens. diversified lens.
~ همگرا. convergent lens.

عَدل، داد، عدالت، دادگستری. justice. equity. fairness. in perfect equilibrium. just. just or sharp. exactly.
عِدل، لنگه. bale. half a load.
یك ~ پنبه. a bale of cotton.
عِدل‌بَندی packing. baling. packaging.
~ کردن. to bale. to pack.
عَدل‌پَرور fostering justice. just.
عَدل‌گُستَر، دادگستر. just. meting out justice.
عَدلیّه، دادگستری. (department or office of) justice.
وزیر ~، وزیردادگستری. minister of justice.
عَدَم، نیستی، فنا، فقدان. nonexistence. absence. lack. want.
~ وجود اعتبارات لازم. the nonexistence of the necessary credits.
دیار ~. land of the dead.
~ اجراء. non-execution.
~ توافق. disagreement. disharmony.
~ اعتماد. distrust.
~ اطاعت. disobedience.
عَدَم‌توانائی lack of ability. inability.
عدم رعایت nonobservance. non-consideration of. disregarding.
عَدن Eden. paradise.
عَدَن (geog.) Aden. Eden.
عَدُو (اعداء .pl)، دشمن، مخالف. enemy. foe. antagonist. adversary. opponent.
~ شود سبب خیر اگر خدا خواهد. if God wishes, an enemy can become the source of good.
عُدوانی unjust. forcible. adverse.
تصرف ~. unjust (forcible) possession. trespass. possession by force.
عُدول، بازگشت، انصراف، تغییر تصمیم، نقض. deviation. swerving. turning (back or away). obliquation. warp. declination. diversion. departure from.
آدمهای ترسو از راه خود ~ میکنند. cowards deviate from their course.
او ازقول خود ~ کرد. he broke his promise.
~ کردن. to deviate. to swerve. to revoke. to turn. to decline. to warp. to depart from. to shift. to shunt. to drift. to dodge.
عِدّه، تعداد، شمارش. number. group.
عدهٔ آنها زیاد است. their number is large.
یك ~ دختر. a number (bevy) of girls.
عدهٔ کثیری در تالار جمع شده بودند. a large group (multitude) had gathered in the hall.
عَدید (عدیده .fem) متعدد، فراوان، بسیار. numerous. multitudinous. a lot.
در مواقع عدیده. on numerous occasions.
عَدیل، نظیر، همتا. peer. equal. rival. equiponderant. equivalent. match.
عَدیم‌الْمِثال، عدیم‌النظیر، بی‌مانند، بی‌نظیر. peerless. incomparable. matchless.
عَذاب، شکنجه، مزاحمت، درد. torture. torment. pain. rack. agony. tribulation. anguish.
~ آوردن. to harass or importune. to (give) trouble to. to torment. to torture.
~ کردن. to torture. to punish (in a religious sense). to persecute. to torment.
~ کشیدن. to suffer (pain).
~ دادن. to trouble. to bother. to pain. to torment.

عِذار، روی، گونه. cheek or face.
عُذر (اعذار .pl)، بهانه. excuse. pretext. apology. pretense. alibi. amends. pardon. subterfuge. evasion.
~ آوردن. to offer an excuse.
~ خواستن، ~ خواهی کردن. to apologize. to ask pardon. to excuse oneself.
~ موجه. plausible (acceptable, authorized) excuse.
~ غیرموجه. implausible (unacceptable, unauthorized) excuse.
~ میخواهم. excuse me. I beg your pardon.
هیچگونه ~ وبهانه‌ای مورد قبول نخواهد بود. no excuse or pretext will be accepted.
~ کسی راخواستن. to discharge or dismiss a person from service.
از اینکه کتاب را فراموش کردم ~ میخواهم. I apologize for having forgotten the book.
عَذرا، دوشیزه، باکره. virgin. feminine proper noun.
عذرخواهی apologizing. apology.
~ کردن. to offer an apology. to apologize.
خواهشمندم عذرخواهی نکنید. please do not apologize.
عَرّابَه، ارابه. chariot. cart. car.
عَرّادَه ballista. carriage.
سه ~ توپ. three guns or canons.
عِراق (also عراق عرب). (geog.) Iraq.
عِراق‌عَجَم part of Iran comprising Tehran, Isfahan, and Arak.
عراقی Iraqi.
عَرایِض (pl. of عریضه)، عریضه‌ها، عرض‌ها. statements. sayings. letters.
عَرَب (اعراب .pl)، عربی، دارای‌ملیت عرب. Arab. the Arabs. Arabian.
از بیخ ~ بودن. to be completely ignorant of or unfamiliar with.
او در ریاضیات ازبیخ ~ است. mathematics is all Greek to him.
عَربَدَه، فریاد. drunken brawl. yelling. shouting. holler. yell. (colloq.) ruckus.
~ کردن، ~ کشیدن. to brawl from drunkenness. to yell. to holler.
عربده‌جو quarrelsome. brawler.
عربده‌جوئی brawling. hollering.
عَرَبِستان (geog.) Arabia.
~ سعودی. Saudi Arabia.
اسب عربی. Arabian horse.
زبان عربی. the Arabic language.
عربیات Arabic literature or philology. Arabic sciences.
عَرش، تخت. the empyrean. throne.
عَرشَه، عرشهٔ کشتی. deck.
روی‌عرشهٔ کشتی ایستاد و داد زد. he stood on the deck of the ship and shouted.
عرشی، آسمانی. empyrean. celestial.
عَرشیان، فرشتگان. the empyreans. the angels. celestial beings.
عَرَصات (pl. of عرصه). open space where the last judgment is carried on.
عَرصَه، میدان، فضا، پهنه. open space. square. area. arena. field.
عرصهٔ نبرد. field of battle. battlefield.
~ براو تنگ شد. he was driven to extremities. he was cornered.
پا بعرصه گذاشتن، ظاهرشدن. to appear. to come into view.
عَرَض (اعراض .pl)، عارض، عارضی، اتفاق، تصادف. accident. event. adventition.

(opposed to جوهر = essence).
~ گرائی. accidentalism.
عَرض، پهنا، پهنه. width. breadth. latitude. ordinate.
بعرض دومتر. with a width of two meters. 2 metres wide.
~ جغرافیائی. latitude.
طول و ~. length and width.
در ~ دوماه. during (in the course of) two months.
کم ~. narrow. of little width.
پر ~، عریض. broad. wide. of great width.
عَرض، بیان، ارائه، گفتار، تذکر، تقاضا. presentation. exhibition. remark.
~ امروزمن دربارهٔ علم اخلاق است. my presentation (statement) today is about ethics.
بعرض رساندن. to exhibit. to say (to a superior). to state. to explain. to tender.
تنها ~ من اینست که اضافه‌حقوقی مرحمت‌شود. my sole petition is to be granted an increase.
مفتخرم بعرض برسانم که ... I have the hono(u)r to inform you that...
چه ~ کنم. what shall I say? I do not know.
~ دیگری ندارم. I have no more to say.
~ اندام‌کردن. to flaunt. to show off.
عِرض، آبرو. reputation. hono(u)r. prestige.
~ خود را بردن. to damage one's own reputation. to make oneself subject to humiliation. to debase (disgrace) oneself.
~ خود میبری وزحمت ما میداری. you debase yourself and trouble us.
عَرضاً، از پهنا. in width. breadthwise. transversally. transversely. crosswise.
عَرضحال، دادخواست. petition. plea. entreaty. supplication. appeal.
عَرض‌کردن، گفتن، عارض شدن. to say (opposed to فرمودن). to go to law. to present. to exhibit. to submit.
عَرضه، ارائه، نمایش، نشاندهی، تقدیم. presentation. proposal. exhibition. exposal. supply. offer.
کارهای هنری خود را بعموم ~ کرد. he presented his artistic works to the public.
~ و تقاضا. supply and demand.
هرگاه عرضهٔ کالائی از تقاضای آن بیشتر شود قیمت آن‌کم میشود. whenever the supply of a commodity exceeds its demand its price goes down.
~ کردن. to offer. to supply. to tender.
عُرضه، شایستگی، فعالیت، لیاقت. capability. efficiency. merit.
بی ~. inefficient. incapable. clumsy.
عرضی، ازپهنا. widthwise. transversal.
عرضی، تصادفی، عارضی. (bot.) accidental. adventitious.
عَرعَر، درخت عرعر، صدای‌خر. (bot.) varnish tree. juniper-tree. bray. braying. heehaw.
~ کردن. to bray. to heehaw.
عرعریان (bot.) simaroubaceae.
عُرف، رسم، عادت، متداول، مرسوم. custom. common law. usage. common language. common parlance. secular law.
عرفاً، عرفی. by common usage. according to common law. commonly.

عُرَفاء (pl. of عارف)، عارفان. gnostics. mystics.
عَرَفات mountain near Mecca.
عِرفان، معرفت، تصوف، صوفیگری. knowledge. gnosticism. mysticism.
عرفانی based on gnosticism. mystical.
عَرَفه day before the festival of عید قربان (on which pilgrims perform certain ceremonies on عرفات).
عُرفی، مرسوم، متداول. common. admitted by usage. secular. temporal.
عَرَق، ... perspiration. sweat. sudation. sweating. juice. arrack. aqua vitae. (ardent) spirit. extract. essence. water. distillation. distillate.
با ~ جبین چیزی بدست آوردن. to get something by the sweat of the brow.
~ کشمش. arrack (aqua vitae) distilled from raisins.
~ ریختن. to sweat. to perspire (from blushing etc.) to shed drops of sweat.
~ کردن. to perspire. to drop one's temperature by perspiring.
~ کشی کردن، ~ کشیدن، ~ گرفتن از. to distill. to distil.
عِرق (عروق pl.)، رگ، ریشه، نژاد، اصل. blood vessel. root. origin.
عروق شعریه. capillary vessels. capillaries.
عِرق‌النساء، سیاتیك. sciatic nerve. (med.) sciatica.
عَرَق‌آور sudatory. sudorific.
عَرَقچین skull-cap. yarmulke.
عَرَق‌خور، میخوار، خمار. habitual drinker of arrack or spirits. tippler.
عرقدار sweating. perspiring. sweaty.
عرقریز perspiring. sweating.
عرقریزی perspiration. sweating.
عرقسوز heat rash. miliaria.
عَرَق‌فروش، میفروش. vendor of arrack or brandy. bar-man.
عَرَق‌کش distiller.
عرق‌کشی distillation. distillery.
کارخانهٔ ~. distillery.
عَرَق‌گز (pimples caused by) overheating. miliary.
عرق‌گیر saddlecloth. pad. numnah. numda. namda.
عرقوب، وترعرقوب. (anat.) Achilles tendon.
وعدهٔ عرقوبی. false promise.
عرقی، عرق‌آور. perspiratory. sudatory.
عُروج، صعود به‌آسمان، بالاروی. ascension.
~ کردن، بالارفتن. to ascend.
عَروس bride. daughter-in-law.
قضیهٔ ~. the Pythagorean theorem.
~ شدن. to become a bride.
عروس‌کردن. to turn into a bride. to deflower. to marry.
عَروسك doll.
عَروسك‌بازی playing with dolls. childish act.
عروسی، ازدواج، زناشوئی، زفاف. marriage. wedding. matrimony. wedlock. nuptials. bridal.
~ کردن. to marry. to wed.
والدینم پنجاه سال پیش ~ کردند. my parents got married fifty years ago.

عَروض prosody. metre. foot.
عروض‌دان prosodist.
عروضی prosodic(al). prosodist.
عُروق (pl. of عرق). blood vessels. origins.
عُروَه، دسته، دستگیره. ansa.
عُروَةُالوُثقی firm handle or support. true faith.
عُریان، برهنه. naked. nude. bare. stripped. unclothed. unclad. unappareled.
~ کردن. to make naked.
عریانی nakedness. nudeness
عَریض، پهن، گسترده. wide. broad.
~ کردن، پهن کردن. to widen. to broaden.
~ ترین. the broadest. the widest.
عَریضه (عرایض pl.)، نامه. petition. letter.
عریضه‌نگاری writing a letter or petition. letter writing.
عَریکه (عرائك pl.)، خو، طبیعت، خلق. nature. temper. temperament.
عِزّ، عزت، حرمت، احترام. hono(u)red. hono(u)r. glory. power.
~ و احترام. hono(u)r and respect.
عَزا، سوگواری. mourning. bewailing. condolence. lamentation. grief. sorrow.
~ گرفتن. to mourn. to lament. to grieve. to rue.
لباس ~. mourning clothes.
لباس ~ پوشیدن. to wear mourning.
عَزادار mournful. mourner.
عزاداری، سوگواری. mourning. bewailing. lamenting.
~ کردن. to mourn. to bewail. to rue.
عَزازیل name of a fallen angel.
عَزایم (pl. of عزیمت)، وردها، اوراد، افسونها. incantations. verses designed to conjure away evil spirits.
عَزَب (عزاب pl.)، ازدواج نکرده. bachelor. unmarried person. single. unmarried. celibate.
عَزَبی، عزوبت. bachelorhood. celibacy.
عِزّت، احترام. hono(u)r. esteem. glory. power. respect. reverence. homage.
کسی را ~ واحترام‌کردن، برکسی ~ نهادن. to hono(u)r someone. to revere a person.
~ نفس. self-respect.
عِزرائیل Azrael, the death angel.
عَزل، خلع. deposal. deposing. dismissal. removal from office. discharge. dethroning. ousting. unbarring. unseating.
~ شدن. to be deposed (dismissed, removed, discharged, dethroned, ousted, or unseated).
~ کردن. to depose (dismiss, remove, discharge, dethrone, oust, unseat).
عُزلت، کناره‌گیری، گوشه‌نشینی. retirement. seclusion. reclusion. solitude. isolation.
~ اختیار کردن. to retire or seclude oneself. to keep aloof. to recluse. to shut oneself up. to creep into a corner.
عمر خیام گوشهٔ عزلت را بروزارت ترجیح داد. Omar Khayyam preferred solitude to (cabinet) ministry.
عَزم، اراده، قصد. resolution. firm purpose. intention. determination. will. will power. resolve. moment.
با ~. resolute. strong-willed. decided.
بی ~. irresolute. weak-minded. indecisive.

~ کردن. to will. to resolve. to determine. to intend.
~ سفرکردن. to set about for, or start on a journey.
~ خود را جزم‌کرد. he decided (definitely).
انسان‌هرکاری‌راکه‌واقعاً ~ کند انجام‌خواهدداد. man will perform anything that he really wills.
عُزوبَت، تجرد. celibacy. single life. bachelorhood.
عَزَّوَجَلّ may he be hono(u)red and glorified. hono(u)rable. glorious
عَزیز، گرامی. dear. darling. cherished. beloved person.
عزیزم. (my) darling.
شب ~. a holy night.
مینا نزد ما بسیار ~ است. Mina is very dear to us.
~ داشتن. to hold dear. to endear. to take tender care of. to cherish.
عزیزان. the dear ones.
مقدمش را ~ دارید. cherish his arrival.
عَزیزدُردانه (colloq.) very dear one. spoiled brat.
عزیزکرده، سوگلی. darling. favo(u)rite spoiled.
عزیزی، عزت، احترام. hono(u)r. esteem. being dear.
عَزیمَت starting. leaving. (firm) resolution. departure. setting out. enterprise. spell. incantation. prayer for the sick.
~ کردن. to start. to leave (for). to set out. to depart.
به‌آبادان ~ کرد. he left for Abadan.
فسخ ~ کردن. to give up the idea of going.
عَساکِر (pl. of عسکر)، لشکریان. soldiers.
عسرالبول dysuria.
عسرالطمث dysmenorrhoea.
عسرالنفس، تنگه‌نفس، تنگی‌نفس. dyspnoea.
عُسرَت، سختی، دشواری، مضیقه، تنگدستی، گدائی. difficulty. hardship. poverty. indigence. pauperism. tribulation.
آنان سالها در ~ زندگی کردند. they lived in hardship for years.
عَسَس، گزمه، شحنه. police. night-watch.
عَسکَر (عساکر pl.)، لشکر، سپاهی. army.
قاضی ~. chaplin.
عَسکَری، نظامی، لشکری. military. belonging to the army. designating a kind of grapes known as انگورعسکری.
عَسَل honey.
زنبور ~. bee. honeybee.
عسلك honey dew.
عَسَلی honey-like. sweetened. honeyed. mellow. (foot) stool. small tea table.
تخم‌مرغ ~. scrambled egg (medium done).
عَشاء، شام، مغرب، غروب. supper. evening.
~ ربانی. the Lord's Supper. the Eucharist.
نماز ~. evening prayer. vespers.
عُشّاق (pl. of عاشق)، عاشقان. lovers.
عَشایر (pl. of عشیره)، قبایل. tribes. clans.
زندگی‌عشایری tribal life.
عَشَبَه، عشبه بیابانی.

(bot.) sarsaparilla. wild sarsaparilla.
عَشَر، ده. ten. deca-.
عُشر (عشور .pl)، دهیك. tenth.
عَشَرات (pl. of عشره). the tens.
عِشرَت، عیش، خوشگذرانی. pleasure. feasting. saturnalia. delight. rapture. enjoyment. delectation.
دانش مایهٔ ~ او بود نه ثروت. learning, not wealth, was the cause of his pleasure.
~ کردن. to live in pleasure.
عَشَرَه (عشرات .pl)، ده، دهگانه. ten. tens. tenfold. deca-.
احکام ~. the Ten Commandments.
عُشریّه tithe. ten per cent dues.
عِشق، محبت، مهر. love. love affair. affection. amour. passion. furor. -phile. philo-.
~ ورزیدن. to make love. to love.
~ داشتن به. to love. to be crazy about.
~ پیری گر بجنبد سر به‌رسوائی زند. a dotard's love leads to infamy.
محمود به‌رانندگی ~ دارد. Mahmood loves driving.
معجون (دوای) ~. love potion.
بیمار ~. lovelorn. lovesick.
عشق‌انگیز exciting love. love-inspiring.
عشق‌باز making love to women. gallant. amorous. lover.
عِشقبازی love affair. lovemaking. wooing. courtship.
~ کردن. to make love. to court.
عشق‌ورزی love-making. wooing.
عَشَقه، (گیاه)پیچ. (bot.) bindweed. convolvulus. hedera.
عُشور (pl. of عشر). the tenths.
عِشوَه، ناز، لوندی. coquetry. amorous gest. coyness. dallying. playfulness.
~ کردن. to coquet. to flirt. to dally.
عِشوه‌گر coquettish. coquette. flirt.
عشوه‌گری coquettishness.
~ کردن. to coquet. to dally. to flirt.
عَشیرَه (عشایر .pl)، قبیله، طایفه، ایل. tribe. clan. family. kindred. kinsman.
عَصا، چوبدستی، چوبدست. cane. stick. walking stick. staff. rod. scepter.
عصای چوپانی. shepherd's staff.
عصای زیربغل. crutch(es).
عصای موسی. Moses' rod.
عِصابه، عمامه، سربند، دستارسر. headband. bandage. turban. fillet. infula.
عَصّار oil-presser. oil-maker. oilman. pressman. expresser.
عَصّارخانه oil-works. oil extraction. oil manufacture. oil-pressing house.
عصاری oil-pressing. oil-making.
دستگاه ~. oil press.
عُصارَه، شیره. extract. expressed juice. juice. essence.
عصارهٔ کبد. liver extract.
عَصاکش leader of a blind man. guide.
کوری ~ کور دگر شود. a blindman leading the blind.
عَصَب (اعصاب .pl)، پی. nerve. nervure. nervule. neuro-. nervous.
عَصَبانی، خشمگین. mad. furious. irate. angry. wrathful. enraged. furious. irascible. irritable.
~ شدن. to become (or get) nervous. to get angry (or mad). to become furious or enraged. to be frenzied.
~ کننده. infuriating. enraging.
~ کردن. to infuriate. to incense. to anger. to make nervous or mad. to make angry (enraged or irascible).
همه میدانستندکه او ~ وکم حوصله است. everyone knew that he was irascible and impatient.
او از دیدن نامهٔ پسرش ~ شد. he became angry at seeing his son's letter.
عَصَبانیّت، خشم. anger. irascibility. irascibleness. nervousness. fury. rage. wrath. indignation. resentment. choler.
خندهٔ حاضران موجب ~ او شد. the laughter of those present made him furious.
عَصَب‌شناس، ویژه‌گر اعصاب. neurologist.
عَصَب شناسی neurology.
عَصَبی nervous. highstrung. touchy. neural. angry. nervy. nerved. nervate. neurotic. nervine.
سلول ~. nerve cell. neuron. neurone.
انگیزهٔ ~. nerve impulse.
عَصَبیّت، تعصب،خشم. nervousness. party spirit. fanaticism. anger. nervosity.
عَصر (اعصار .pl)، روزگار، زمان، بعدازظهر. (late) afternoon. epoch. age. era. time.
در ~ نادرشاه ایران نیرومند شد. during the age of Nader Shah, Iran became powerful.
در اعصار مختلف تاریخ. in the various epochs of history.
امروز ~. this afternoon.
دیروز ~. yesterday afternoon.
هم ~، معاصر، همزمان. contemporary.
عَصرانه afternoon tea. five O'clock tea. (pertaining to the) afternoon.
عُصعُص (anat.) coccyx.
عِصمَت chastity. immunity from sin. immaculateness. purity. continence.
عِصیان، گناه، طغیان، گردنکشی. sin. rebellion. disobedience. mutiny. revolt. uprising. insubbordination.
~ کردن، ~ ورزیدن. to sin. to rebel. to disobey. to mutiny. to revolt. to rise against. to recalcitrate. to transgress.
مردم علیه او ~ کردند. the people revolted against him.
عِصیان‌گر، عاصی. sinner. rebel. angry. insurgent. rebellious. recalcitrant.
عِصیانی mutinous. rebellious.
عَصیر، شیره. (expressed) juice. extract.
~ معده، شیرهٔ معده. gastric juice.
عَضُد، بازو، پشتیبان، نگهدار. upper arm. aid. support. humerus. assistant.
عَضَلات (pl. of عضله)، ماهیچه‌ها. muscles.
شناوری ~ بدن را سالم و نیرومندمیکند. swimming will make the muscles of the body healthy and strong.
عَضُلانی muscular. muscled. brawny.
عَضُله، ماهیچه. muscle. flexor. myo-. my-.
عضلهٔ دوسر، ~ (ماهیچهٔ) بازو. biceps.
انقباض ~. flexing (flexion, contraction) of a muscle.
~ گرفتن. to flex one's muscles.
عَضَله‌شناس، ماهیچه‌شناس. myologist.
عَضَله‌شناسی، ماهیچه‌شناسی. myology.
عَضُلی، عضلانی. muscular. myoid.
عُضو (اعضاء .pl)، اندام، کارمند، آلت، قسمت، بخش. member. limb. organ. joint. fellow. constituent. part. employee.
~ باشگاه. member of a club.
~ حکومت محلی. an organ of the local government.
~ انجمن آسیائی. fellow of the Asiatic Society.
~ یك شرکت. a company employee.
~ علی‌البدل. substitute member.
~ وابسته. associate member.
~ افتخاری. honorary member.
~ رسمی. official (regular) member.
ویژهٔ اعضاء، فقط اعضاء. members only.
~ شدن. to become a member.
~ کردن. to admit as a member. to give membership to. to make a member.
بنی‌آدم اعضای یکدیگرند. men are limbs of each other. men are as limbs to each other.
عُضویّت membership. fellowship.
تقاضای ~ کردن. to apply for membership.
بعضویت پذیرفتن. to admit (accept) as a member.
کارت ~. membership card.
او بعضویت باشگاه ما درآمد. he became a member of our club.
عَطاء، بخشش، عطیه، تعارف، مرحمت. grant. gift. donation. bequest. bestowal. bestowment. conferment. granting. giving. present.
~ کردن، بخشیدن. to bestow. to give. to grant. to donate. to present. to confer.
دانشگاه وسترن ایلی نویز به‌اودکترای افتخاری عطا(اعطاء) کرد. Western Illinois University conferred an honorary doctorate on him.
عطایش را به‌لقایش بخشیدم. I want neither his bounty nor his haughty manners.
عَطاءُالله gift of God.
عَطابَخش، بخشنده. bestower of gifts. generous. grantor. granter. munificent.
عَطّار، عطر فروش، داروفروش. grocer (dealing in tea, suger, spices. etc.). druggist. perfumer. apothecary.
عُطارِد، تیر. (astr.) Mercury. Hermes.
عَطّاری grocery. perfumery.
عَطایا (pl. of عطیه)، بخششها. gifts. donations. presents. grants.
عِطر، رایحه، بوی خوش. perfume. scent. fragrance. aroma. sachet. attar. otto.
شیشهٔ عطر. a bottle of perfume.
بوی ~ شکوفه‌های سیب. the scent of apple blossoms.
~ زدن. to use perfume. to scent. to perfume.
عِطرپاش atomizer (used for perfuming purposes). perfume sprayer. sprinkler for perfumes. pulverizer.
عِطردان scent bottle. scent box.
عِطرساز perfumer.
عِطرسازی، عطرکشی. perfumery. manufacture of perfumes.
عِطرفروش perfumer. a perfume-seller.
عِطرفروشی perfumery.
عِطری perfumed. aromatic. fragrant. scented. having a sweet smell.
عِطرِیّات (pl. of عطر)، روایح. perfumes. perfumery. scents. attars of roses.
عَطسه، اشنوسه. sneeze. sternutation.
~ زدن، ~ کردن. to sneeze.
وقتیکه ~ کرد گفتم «عافیت باشد»! when he sneezed I said, "bless you!"
عَطسه‌آوَر sternutatory. sternutative.
عَطَش، تشنگی، اشتیاق‌شدید، علاقه. thirst. craving. desire. dipsomania.
~ دار، پر ~، تشنه. thirsty.
رفع ~ کردن. to quench one's thirst.
عَطَش‌آور causing thirst. dry.
عَطف، بازگشت، عاطفه، میل، توجه، چرخش. inclination. adverting. turning. connecting. doubling. folding. regarding. reference.
~ بنامهٔ اخیرشما. (with) reference to your recent letter.
فکر را ~ به‌موضوعات عملی کردن. to turn the thought to practical matters.
~ به تقاضای شما. in connection with your request.
~ کردن. to refer. to divert. to turn.
~ بماسبق کردن. to make retroactive.
~ بماسبق شدن. to be retroactive.
عُطوفَت، مهربانی. affection. kindness. graciousness. tenderness. leniency.
~ کردن. to show kindness or affection.
عَطیّه (عطایا .pl)، هدیه، بخشش. gift. present. donation. bounty. favo(u)r. contribution. bestowal. bequest.
عطیهٔ ملوکانه. royal donation (gift).
عُظام (pl. of عظیم، عظم)، بزرگان. the great men. the notables.
عَظم (عظام .pl)، استخوان. bone.
عَظَمَت، بزرگی، شکوه. greatness. grandeur. pomp. magnificence. immensity. magnitude. enormity. splendor. vastness. enormity. hugeness.
پر ~، باعظمت،عظیم. great. grand. powerful. pompous. magnificent. splendid. enormous.
~ او در شهامت اوست. his greatness lies in his courage.
~ (شکوه وجلال) پادشاهان ایران. the splendor of the Iranian kings.
عُظمیٰ (fem. of عظیم)، بزرگ، عظیم. great(er). splendid. supreme. greatest.
عَظیم (عظام .pl)، بزرگ، سترك، بی‌پایان. great. grand. splendid. magnificent. immense. huge. enormous. vast. gargantuan. gigantic. colossal. mammoth. tremendous.
بنائی ~. a magnificent building.
پلی ~. a huge bridge.
عَظیمُ‌الجُثّه، تنومند. huge. gargantuan. gigantic. colossal.
عَظیمُ‌الشّأن، بزرگوار، بزرگ، والامقام، والا. great. glorious. of a high rank or position. dignified.
عَظیمه (عظایم .pl). serious or important affair.
عَفاف، عفت، پاکدامنی. chastity.
عِفّت، پاکدامنی، عفاف، نجابت. chastity. purity. continence. maidenliness.
عِفریت monstrous giant. afreet. demon. fiendish person.
عِفریته a female afreet or demon.
عَفِن stinking. foul smelling.
عَفِن، بدبو، گندیده. putrefying. stinking.
عَفو، بخشش. forgiveness. pardon.

remission. condonation. grace. absolution. reprieve. excuse. forgiving.
~ کردن، بخشیدن. to pardon.
~ عمومی. to forgive. to condone. to excuse. amnesty.
قابل ~. pardonable.
غیر قابل ~. unpardonable.
عُفونَت، گندیدگی، فساد، تعفن. putrefaction. stink. stench. infection. decay. decomposition.
~ پیدا کردن. to rot. to decay. to putrefy. to decompose. to become infected. to infect.
ضد ~، دافع بو. disinfectant. deodorant.
عُفونی infectious. infected. putrid.
ضد ~، گند زدا. disinfectant.
~ کردن. to infect. to disinfect.
ضد ~ کردن، سترون کردن. to sterilize. to disinfect.
عَفیف (fem. عفیفه)، پاکدامن، نجیب، باعفت. chaste. modest. immaculate. maidenly.
عِقاب، تنبیه، مجازات. punishment. requital.
عُقاب، شاهین. (z.) eagle. erne. ring-tail. eaglet. harpy. falcon. aquila.
جوجه ~. eaglet.
~ گر. bald eagle.
عُقابی aquiline.
عَقار، املاک. landed property. real estate.
عَقارِب (pl. of عقرب). scorpions. slanders.
عَقاید (pl. of عقیده)، افکار. opinions. ideas. doctrines. beliefs. religious tenets. views. persuations.
~ مختلف. different ideas (thoughts).
عَقَب، پشت، ظهر، واقع در پشت، پس، پس‌افتاده. back (part). rear. behind. after. aft. stern. astern. posterior. postern. post-. retro-. dorsum.
از ~. from behind. from the back.
بعقب، بطرف ~. backward. rearward.
چراغ ~. rear light.
او از درس ~ است. he is slow (behind) in his lessons.
~ افتادن. to fall behind.
من ~ ایستادم. I stood behind.
~ رفتن. to go backward. to regress. to back out. to retrogress.
~ روی. regression. retrogression.
در ~. behind. at the back of. in rear.
~ کسی فرستادن. to send for (after) a person.
~ انداختن. to postpone. to retard. to delay.
صندوق ~ (درخودرو). trunk.
دندهٔ ~ (درخودرو). rear gear.
دندهٔ ~ زدن. to put (a car) in reverse.
~ زدن. to push back. to recoil. to retreat. to rebuff. to repell.
~ کردن. to pursue. to follow. to chase. to push back.
~ کشیدن. to (pull) draw back. to withdraw. to retreat. to flinch.
~ گذاشتن، پشت‌سر گذاشتن. to leave behind. to outpace. to outstrip.
ساعت شما ~ است. your watch is slow.
عقب‌تر. farther back.
عقب‌ترین. farthest back. hindermost.
عَقَب‌اُفتادگی، عقب ماندگی. retardation. lag. arrearage. backwardness.
عَقَب‌اُفتادن to be delayed. to fall behind. to be postponed.
عَقَب‌اُفتاده backward. arreared. lagging behind. retarded. hindered.
کرایهٔ ~. back rent.
بچه‌های ~. retarded (handicapped) children.
دیون ~. arrears.
ملت ~ افتاده. a backward nation.
عُقبائی otherworldly. pertaining to the future state. of the life to come.
عَقَب‌دار rear guard
عَقَب‌رفتن، عقب عقب رفتن. to go backward(s). to regress. to back out. to retrograde. to go behind. to retreat. to withdraw.
عَقَب‌گرد (mil.) about face. about turn.
عَقَب‌نِشینی، پس زنی، بازگشت، هزیمت. retreat. withdrawal. regress. falling back. giving ground.
~ کردن. to retreat. to withdraw. to regress. to fall back. to retire. to recede.
آرتش دشمن ~ کرد. the enemy's army retreated.
~ آرتش بموقع بود. the army's withdrawal was timely.
عِقبَه، دنباله، نتیجه. continuation. follow-up. consequence. result. issue. pursuit. remainder. crisis.
عِقبی، ظهری، خلفی. hind(er). back. rear. posterior. behind. postern. dorsal.
عُقبیٰ، آخرت، رستاخیز. futurity. life to come. afterlife. requital. retribution.
عَقد (pl. عقود). contract. agreement. conclusion (of an agreement or contract).
~ لازم. irrevocable contract.
~ جایز. revocable contract.
~ کردن. to conclude a marriage contract with. to marry. to unite in matrimony. to hold. to convoke. to tie.
مجلس ~. party given when a marriage contract is concluded.
~ بستن. to enter into, or conclude, a contract.
~ قرار داد. conclusion (formation) of a contract or agreement.
عِقد، گردن‌بند. necklace. string.
عَقدکُنان (party given on) the occasion of performing marriage ceremonies.
عَقدنامه marriage contract.
عُقدَه، گره، دشواری، راز، گیر، محظور، فشار. complex. knot. node. nodule. nodosity. nodus. problem. difficulty. pressure. ganglion. obsession. frustration. floccule. perplexed.
عقدهٔ برتری، عقدهٔ خود فزون‌بینی. superiority complex.
عقدهٔ کهتری، خودکم‌بینی، عقدهٔ حقارت. inferiority complex.
عقدهٔ دل خود را گشودن. to get a thing off one's chest. to relieve one's heart.
عُقده‌ای frustrated. obsessive. suffering from a complex. nodose. nodical.
عُقده‌گشا، مشکل‌گشا. resolver of difficulties. resolving difficulties.
عَقدی married under a contract for an unlimited period.
زن ~. legally married wife.
عَقرَب (pl. عقارب)، کژدم. scorpion. (astr.) scorpio.
برج ~، ماه آبان. the scorpio.
عَقرَبَک، کژدمه. hand (of a watch or clock). style or gnomon (of a sundial). cramp iron.
عَقرَبَه، کژدمه، ورم انگشت. (med.) whitlow.
عَقرَبَه hand (of a timepiece). pointer.
عقربهٔ ساعت. the hand of a watch or clock.
عقربهٔ دقیقه شمار. minute hand.
عَقل، خرد، معرفت. intellect. reason. wisdom. rationality. common sense. sagacity. judiciousness. sapience.
~ معاش. domestic economy.
~ کل. very wise. Divine Wisdom. Nous.
بی ~. unwise. foolish. stupid.
عاقل، دانا، خردمند. wise. sages. sapient.
عقلش به‌جائی نرسید. he was at his wit's end.
خلاف ~. against reason. unwise.
~ سلیم در بدن سالم است. right reason is in a healthy body.
عمل خلاف ~. injudicious (unwise) act.
خیلی ~ کردی بمیهمانی آنها نرفتی. you did a very wise thing not to go to their party.
دندان ~. wisdom tooth.
عَقلاً wisely. according to reason.
عُقَلا، عاقلان. the wise. sages. savants.
عَقلانی، عقلی. rational. intellectual.
عُقلائی reasonable. rational(istic).
عَقلی intellectual. rational. wise. logical. reasonable. prudent.
علوم ~ و نقلی. rational and traditional sciences.
عَقلیّون (pl. of عقل)، اندیشه‌گرایان. rationalists.
عُقوبَت (pl. عقوبات)، تنبیه، سزا، شکنجه. requital. punishment. doom.
~ کردن. to punish. to torment.
عُقول (pl. of عقل). reasons. men of reason. thoughts. great thinkers.
عَقیدَه، باور، ایمان، اندیشه، فکر. belief. view. faith. persuation. opinion. idea. conviction. credence.
اختلاف ~. disagreement.
عقیدهٔ شما چیست؟ what is your opinion?
~ دانشمندان براینستکه. scholars are of the opinion that...
بچیزی ~ داشتن. to believe in a thing. to have faith in a thing.
عقاید سیاسی مختلف. different political persuations (beliefs).
به عقیدهٔ من. in my opinion. in my view.
اظهار ~ کردن. to express an opinion. to suggest an idea. to make a suggestion. to opine.
همعقیده. of the same opinion or belief. in agreement.
عَقیده‌مَند، معتقد. believer. faithful.
عَقیق agate.
عَقیم، نازا. barren. sterile. castrated. infertile. forestalled. unproductive. abortive.
~ کردن. to castrate. to make barren.
~ گذاردن. to render abortive. to forestall. to bring to naught. to foil. to neutralize. to paralyze.
~ ماندن. to come to naught. to be left abortive. to be forestalled.
زن او ~ است. his wife is barren.
نازیها اشخاص ناسالم را ~ میکردند. the Nazis sterilized unhealthy persons.
عَکّاس photographer. cameraman.
عکاسخانه photographer's studio.
عکاسی photography.
عَکس، تصویر، معکوس، برعکس. photograph. photo. picture. image. daguerreotype. picto-. reverse. contrary. antithesis. opposite. vice versa.
~ انداختن، ~ برداشتن. to photograph. to take (shoot) a photograph. to have one's picture taken.
~ رنگی. colo(u)red picture.
~ سیاه وسفید. black and white picture.
~ خود را برای دوستش فرستاد. he sent his own picture to his friend.
ظاهر کردن ~. to develope a picture.
~ رادیوئی. radiophotograph.
خوش ~. photogenic.
برعکس، بالعکس. on the contrary. vice versa.
استدلال او ~ این حالت را ثابت میکند. his reasoning proves the opposite (reverse) of this case.
کتاب ~، آلبوم ~. picture book. album.
~ فوری. snapshot.
عَکسُ‌العَمَل، واکنش. reaction. reflex.
عَکس‌بَرداری photography. taking pictures.
~ کردن. to photograph. to shoot pictures of.
عَکس‌بَرگَردان sticker. decal. decalcomania. (colloq.) rub-on.
عَکس‌دار illustrated. pictorial. pictured.
عَکسی، تصویری، مصور. photographic. pictorial. illustrated. pictographic.
عَلاء، بلندی، تعالی. high rank. grandeur. sublimeness. height.
عِلاج، درمان، معالجه، مداوا. remedy. medical treatment. cure. healing.
~ کردن، معالجه کردن. to treat. to remedy. to cure. to heal.
~ تنبلی انضباط است. discipline is the cure for laziness.
لاعلاج، ~ ناپذیر. incurable. irremediable.
عِلاج‌بخش remedial. medicatory. curing. healing.
عِلاج‌پذیر remediable. curable.
عِلاج‌ناپذیر، لاعلاج. irremediable. incurable. terminal.
عَلّاف corn chandler. a seller of corn and forage.
عَلّاف‌کَردن (slang) to keep waiting.
عَلاقَه، دلبستگی، املاک، دارائی. attachment. interest. concern. tie. affection. fondness. liking. estate. property.
بشخصی ~ داشتن. to be attached to a person.
من به این امر ~ دارم. I have an interest in this affair.
بسبب علائق خانوادگی. due to family ties.
آن پسر و دختر بیکدیگر ~ داشتند. the boy and girl were fond of each other.
آن مرد ~ واملاك زیادی دارد. that man owns much property (estates).
بی ~. uninterested. lackadaisical.
من به کتاب ~ زیادی دارم. I am very interested in books.

عَلاقه‌بَند dealer in thread or lace.

علاقه‌بندی dealing in thread or lace.

عَلاقه‌مَند، علاقمند. interested. attached. concerned. fond.

برای آگاهی همهٔ علاقه‌مندان. for the information of all those interested.

من به آیندهٔ بچه‌هایم علاقه‌مندم. I am concerned about the future of my children.

عَلاقه‌مَندی، علاقه. interest. attachment.

عَلامات (pl. of علامت)، نشانه‌ها. marks. signs. signals. motions. miracles.

عَلامَت، نشانه، مارك، بیرق، پرچم، اثر، آثار، اشاره، ردپا، نشان، اعلان، تابلو اعلان. sign. mark. token. proof. signal. standard. flag. symptom. omen. portend. indication. symbol. emblem. vestige. shingle.

~ روی دیوار. the sign on the wall.

روی چیزی ~ گذاردن. to make a mark on something. to mark something.

علامتی (نشانی) از عشق و دوستی. a token of love and friendship.

این ~ دوستی شماست. this is a proof of your friendship.

~ دادن. to give a signal. to signal. to motion. to semaphore.

~ (پرچم یا نشان) هنگ. the regiment standard (flag).

علائم اولیهٔ بیماری. the early symptoms of a disease.

~ شیر و خورشید. the emblem of the lion and sun.

~ گذاشتن. to mark.

~ نصب کردن. to put up a sign(board). to put up a shingle.

بمن ~ داد که وارد اتاق شوم. he motioned (signalled) me to enter the room.

~ تجارتی، نشان تجارتی. trademark.

سکوت ~ رضاست. silence is a sign of concurrence (agreement).

عَلامَتِ اِختِصاری symbol. sign. abbreviation.

عَلّامه، دانشمند. very learned. great scholar. savant.

عَلانیه publicity. being public. notoriety.

عَلانیَةً، علانیتاً، آشکارا، علناً. openly. publicly. notoriously. manifestly.

عِلاوه، اضافه، افزون‌شده، فزون، افزون، فزونی. excess. addition. additional. surplus.

~ کردن، افزودن. to add. to increase. to augment. to combine.

~ بر. in addition to.

دو بعلاوهٔ دو میشود چهار. two plus two make four.

او هم بر مشکلاتمان علاوه شد. he too was added to our problems.

بعلاوه. furthermore. besides. in addition to. plus. moreover.

نشان بعلاوه، نشان افزایش. the plus sign.

عَلائِق (pl. of علاقه). interests. attachments. concerns.

عَلائِم (pl. of علامت)، علامات. signs. marks. signals.

عِلَّت (pl. علل)، سبب، دلیل، ناخوشی، عیب. cause. reason. illness. defect. justification. origin. source.

~ خشم او چه بود؟ what was the cause of his anger?

~ غیبت او چیست؟ what is the reason for his absence?

~ (منشأ) گناه او شهوت بود. the origin of his sin was lust.

خورشید ~ اصلی (سرچشمهٔ) نیروست. the sun is the source of energy.

~ و معلول. cause (causation) and effect.

~ (ریشهٔ) تمایلات او. the root of his desires.

بعلت، بعلت اینکه. by reason of. because of. for the reason that.

بچه ~، برای چه. why. wherefore. for what reason?

علل بروز جنگ. the causes of an outbreak of war.

~ ندارد که بیاید. there is no reason (cause) that he should come.

عِلَّتُ‌العِلَل، علت اصلی، علت‌مهم. first cause. main source. cause of causes.

عَلَف، سبزه، بوته. grass. hay. herb. weed. forage. fodder. provender. phyto-.

علفخواران. (z.) herbivora.

~ خشك. dry grass. hay.

~ هرزه. weed.

~ دادن. to (feed with) fodder. to graze.

~ هرزه چیدن، وجین کردن. to weed.

عَلَف‌چَر grazer.

عَلَف‌چین، چمن‌زن. mower of grass. lawn mower.

عَلَف‌خوار، گیاه‌خوار. herbivorous. vegetarian. phytophagous. herbivore.

عَلَف‌زار grassplot. grassland. meadow.

عَلَفی، ساخته‌شده از علف، دارای علف. grassy. made of hemp or jute fibres.

عَلَقه، زالو، نطفه. leech. coagulum. grume. embryo.

~ مزجات. insignificant embryo.

عَلَك، الك. sieve.

عِلك، صمغ، علك رومی. gum. resin.

عِلَل (pl. of علت) causes. reasons.

عَلَم (اعلام .pl)، پرچم، بیرق. standard. flag. banner. pennant.

~ طغیان برافراشتند. they hoisted the banner of rebellion.

~ کردن. to hoist. to raise (as a flag). to set up.

عِلم (علوم .pl)، دانش، معرفت. science. learning. knowledge. scholarship. knowing. savvy. -nomy. -logy.

~ هرچند بیشتر خوانی، چون‌عمل در تو نیست نادانی. the more you persue learning, if you do not put it into practice you are ignorant.

اهل~. religious leaders (clergy).

با علم به‌اینکه. knowing that. in spite of. being aware that.

عُلَما (pl. of عالم)، دانشمندان، روحانیون، اهل علم. scientists. learned men. the ulema. the religious authorities.

علمای اعلام. the distinguished spiritual leaders.

علم‌الابدان physiology. medicine.

علم‌الادیان theology.

عِلم‌الحَیات، زیست‌شناسی. biology.

علماً، بطور علمی، از راه علم. scientifically.

عَلَمدار، پرچمدار. standard bearer.

عِلم‌شِناسی epistemology.

علم‌شنگه، غوغا. fuss. commotion. bustle.

عِلم‌فروش، فضل فروش. pedantic. arrogant. ostentatious.

عِلم‌فروشی pedantry. ostentation.

علم‌قلم، متقلب. deceitful. tricky.

عِلمی (علمیه .fem)، مربوط به‌علم، فرضی، تحقیقی. scientific. theoretical. learned. scholarly. methodical.

پژوهش ~. scientific research.

مجلهٔ ~. scholarly journal.

عَلَناً، آشکارا. openly. overtly. publicly. outright. blatantly.

عَلَنی، آشکار. open. public. manifest. overt. observable.

جلسهٔ ~. open session (meeting).

عَلَنیَّت publicity. overtness.

عُلُوّ، بلندی، رفعت. elevation. loftiness. eminence. sublimity. exaltation.

~ مرتبه. loftiness of position (rank).

~ شأن. high rank.

~ طبع. magnanimity. generosity.

~ همت. high ambition.

عَلو، شعله، اشتعال، آلو. flame. blaze.

عُلوفه، علف، قصیل، علیق. provender. forage. fodder. provisions.

عُلوم (pl. of علم) sciences. branches of learning.

عَلَوی (علویه .fem). descendant of Ali (the Prophet's son-in-law).

عُلوی، بلند، عالی، آسمانی، بهشتی. high. sublime. superior. celestial. lofty.

عُلویان the celestial beings. angels. the celestial bodies. planets.

عَلیّ (علیه .fem). Ali. high. eminent.

عَلی، بر، روی. upon. on. according to. following. imitating. (علی is used in such compounds as: علی‌رغم، علی‌ای‌حال)

عَلی، بلندی. eminence. height. loftiness.

علی آخر to the end. etc.

عُلیا (اعلی .fem. of). high(er). great(er).

عُلیاحضرت her majesty.

عَلَی‌الاِتِّصال، اتصالاً، پیوسته. incessantly.

عَلَی‌الاِجمال، اجمالاً، بطورخلاصه. briefly.

عَلَی‌الاُصول، اصولاً، بطور اصولی. as a rule. on principle. in principle.

عَلَی‌الاِطلاق، بطورکلی. absolutely. generally.

علی‌البدل substitute. reserve.

عَلَی‌التَّحقیق، تحقیقاً، بتحقیق. surely. certainly.

عَلَی‌التَّوالی، متوالیاً، پی‌درپی. repeatedly. continually. in succession.

عَلَی‌الحِساب، بطورعلی‌الحساب. in part payment. on account. down payment.

عَلَی‌الخُصوص، مخصوصاً، بویژه. in particular. particularly. especially.

عَلَی‌الدَّوام، دائماً. all the time. continuously. always. incessantly.

عَلَی‌الرَّسم، رسماً. as a custom. customarily. commonly. traditionally.

عَلَی‌السَّویّه، سویه. equally. equal. the same.

برای من ~ است. it is all the same to me.

عَلَی‌الطُّلوع، در سپیده دم. at dawn.

عَلَی‌الظّاهِر، ظاهراً. apparently. in appearance.

عَلَی‌العَجاله، عجالةً. for the time being.

علی‌العمیا، کورکورانه. blindly.

عَلَی‌العَجَله، بعجله. hastily. hurriedly.

عُلیامُخَدَّره her ladyship.

عَلَی‌ای‌حال yet. even so. still. anyway.

عَلَی‌الله، توکلاً علی‌الله، بامید خدا. let us trust on God (and see what will happen). let us take the risk.

عِلِّیَّت causality. causation.

عَلیحِدَه، جداگانه. separate(ly). several(ly). one by one.

هریك از اقلام هزینه را بطور ~ ذکرنمائید. mention each expense item separately.

عَلیق، علوفه. fodder or barley.

عَلیقه provender. attachment.

عَلَیك، برتو. upon thee (in: سلام‌علیك = peace be with thee).

عَلَیکُم، برشما. upon you.

عَلیل، ناخوش، معلول، بستری، زمین‌گیر. sickly. infirm. invalid. bedridden. disabled. ailing.

عَلیلُ‌المِزاج infirm. sickly. ailing. invalid. valetudinarian.

عَلیلی، زمین‌گیری، ناخوشی، علت. infirmity. invalidism. sickliness.

عَلیم، دانا، عالم. omniscient. wise.

عِلیّون، علیین. the highest heaven.

عَلَیه، براو، ضد، مخالف. upon him. against. opposed. con.

~ السلام. peace be upon him. greeting to him.

بر~ او. against (opposed to) him.

برله و بر~. for and against. pro and con.

عَلیّه respectful (woman).

عَلَیها (fem. of علیه)، بر او. upon her.

عَلَیهذا، بنابراین، ازاینرو. therefore.

عَلَیهِم، برایشان. upon them.

عَلَیهِما upon the two of them.

عِلِّیّین (also اعلی علیین)، علیون. the highest (heaven).

عَمّ، عمو. paternal uncle.

عِماد، ستوده، پشتیبان. pillar. support.

عمادالدین. pillar of the faith.

عِمادیّه، طایفهٔ بهدینان کُرد. Amadia.

عِمارات (pl. of عمارت). buildings. monuments. edifices.

عِمارَت (عمارات .pl)، بنا، ساختمان، تعمیر، عمران. building. edifice. monument. construction. development. residence. mansion. palace.

~ کردن. to build. to put up an edifice. to erect. to construct. to repair. to develop.

یك ~ چهار طبقه. a four-story building.

عَماری catafalque. litter. hearse.

عُمّال (pl. of عامل)، کارگزاران، عاملان، نمایندگان، مأمورین. agents. functionaries. officers. officials. stooges. factors.

~ دول بیگانه. agents of foreign governments.

عَمامه (عمائم .pl). turban.

عُمان (geog.) Oman.

عُمانی (native) of Oman.

لیموی ~.
variety of lime cultivated in Oman.
عَمد، قصد، تعمد. intention. design. deliberate. purpose. advertence. advertency. premeditation. resolution.
بلاعمد.
unintentional(ly). without premeditation.
عَمداً، دانسته، قصداً، عمدی.
intentionally. on purpose. deliberately. purposely. advertently. prepense.
حسین ~ کتاب خود را جا گذاشت که دوباره [illegible]
Hossein left his book behind intentionally so that he could go to see the girl again.
عُمدَه، مهم، برجسته. chief. main. leading. staple. principle. outstanding. archi-.
عمدهٔ مطلب، مطلب مهم یا عمده.
main subject. chief point.
محصول عمدهٔ گرگان پنبه است.
Gorgan's staple crop is cotton.
یکی از خریداران عمدهٔ ما.
one of our wholesale buyers.
~ ترین. **the main. the principle.**
~ فروختن. **to sell by wholesale.**
یکی از بنادر عمدهٔ ایران.
one of Iran's main (principle) ports.
عُمدَةُالتُّجار chief merchant.
عُمده‌فروش wholesaler. wholesale dealer.
عمده‌فروشی wholesale (trade).
~ کردن. **to sell wholesale.**
عَمدی، قصدی، عمداً. premeditated. prepense. intentional. deliberate. deliberately. purposely. with premeditation.
اشتباه ~. **deliberate mistake.**
غیر ~. **without premeditation.**
unintentional. inadvertent(ly). involuntary.
قتل غیر ~. **involuntary manslaughter.**
عَمرو، فلان، عمرو. John Doe.
عمرو زید، فلان و بهمان. **Tom, Dick and Harry. John Doe and Richard Roe.**
عُمر (اعمار .pl)، زندگی. life. living. lifetime.
~ کردن، زندگی کردن.
to live (a specified number of years).
کم ~. **ephemeral.**
of a short life or duration.
سردار چهل و هفت سال ~ کرد.
Sardar lived forty-seven years.
درازی ~. **longevity.**
عمرش وفا نکرد. **his life did not last.**
his life failed him.
هرگز در عمرم چنان خوراک خوشمزه‌ای نخورده بودم.
never in my life had I eaten such a delicious meal.
عُمَر Omar.
عَمران Amran (father of moses).
عُمران، آبادانی.
development. flourishing. establishing. prosperity. populousness. cultivation.
بیشتر درآمد نفتی آنکشور صرف عمران روستاها میشود.
most of that country's oil income is spent for the development of villages.
عمرانی development(al). (re)constructive.
عَمرو، عمر.
Amr. masculine proper noun.

عمری life estate. lifelong.
عُمرَه the smaller pilgrimage to Mecca, one performed at any occasion except on the appointed day.
عُمَری Sunnite.
عُمق (اعماق .pl)، گودی، ژرفا.
depth. profundity. deepness. fathom.
~ دریا. **the depth of the sea.**
~ معلومات او.
the profundity of his knowledge.
~ یابی. **sounding. fathoming.**
در اعماق اقیانوس.
in the depths of the ocean.
~ آن چقدر است؟ **how deep is that?**
عمقاً in depth. with regard to depth. deeply. profoundly.
عمق‌پیما sounder. sounding-instrument. plummet.
عمق‌پیمایی sounding. fathoming.
عَمقزی، دخترعمو.
cousin (daughter of a paternal uncle).
عَمقلی، عمواقلی، پسر عمو. (male) cousin.
عُمقی profound. based on depth. deep.
عَمَل (اعمال، عملیات .pl)، کار، کردار، تولید، اقدام. act. deed. action. work. production. process. procedure. function. practice. operation. sculpsit.
هر که نان از ~ خویش خورد. **everyone reaps what he sows.**
عملی را انجام دادن. **to perform an act.**
~ او قابل تمجید بود.
his deed was commendable.
~ او موجه (درست) بود.
his action was justified.
~ جراحی. **a surgical operation.**
عملیات صحرائی. **field operations.**
با آنچه میگوئی ~ میکنی؟
do you do (practice) what you say?
(به) ~ آمدن.
to be manufactured. to be raised or produced. to grow. to be baked or cooked (well). to prepare (for cooking, etc.).
(به) ~ آوردن **to produce. to manufacture. to raise.**
~ کردن. **to do. to practise. to act.**
to operate on. to treat surgically. to move.
شکمش ~ نمی‌کند. **he is constipated.**
his bowels do not move.
دیروز او را ~ کردند. **yesterday he was operated on.**
اتاق ~. **operating room.**
طبق دستورات فرمانده خود ~ کنید.
do (act) according to your commander's directions.
قابل ~. **operable. practicable.**
نامهٔ اعمال. **record of (religious) deeds.**
عَمَلاً in practice. practically. really.
~ کاری از او ساخته نیست.
he is actually helpless.
عَمَل‌آوَرَنده producer. manufacturer.
عَمَلجات (عمله .pl of) labo(u)rers. coolies. manual labo(u)rers.
عَمَلکَرد، کارکرد، درآمد. revenue. operation. function.
عَمَلگی work done by a coolie. manual labo(u)r. menial labo(u)r.
~ کردن. **to work as a coolie or labo(u)rer.**

عَمَلِه (عامل .pl. of).
labo(u)rer. coolie. workman.
عَمَلی، ساختگی، مصنوعی، معتاد، انجام شدنی.
artificial. addict.
یارو ~ است. **he is an addict.**
~ کردن. **to put in practice. to carry out. to make (or render) practicable. to fulfill. to achieve. to put into effect.**
نقشه‌های او ~ نیست. **his plans are not practical.**
فقط با پشتکار و انضباط است که میتوان این آرزو را ~ کرد. **it is only through diligence and discipline that this wish can be fulfilled (realized).**
عَمَلیّات، کارها، فعالیت‌ها، کنش‌ها، اعمال.
operations. activities. actions. acts. deeds. works. processes. procedures.
~ نظامی. **military operation.**
~ عمرانی. **development activities.**
~ خصمانه. **hostile acts (deeds).**
عَمو (paternal) uncle.
دختر ~، پسر ~. **cousin.**
عَمواقلی cousin (son of a paternal uncle).
عَمود، ستون، بطور عمودی.
pillar. column. perpendicular. vertical. upright. mace.
~ بودن، عمودیت.
verticality. perpendicularity.
خطی را برخط دیگر ~ کردن.
to draw a perpendicular to a line.
عَموداً، عمودوار. perpendicularly. vertically. plumb.
عَمودی vertical. perpendicular.
عَموزاده cousin.
عُموم، همه، همگانی، تمام، همگان، کلی، عامه، عام.
the public. all. general. everyone. everybody. commonalty. commonality.
جهت استفادهٔ ~ مردم.
for the use of all the people.
به اطلاع ~ رسانیدن. **to notify the public.**
عُموماً، بطور کلی، معمولاً، تماماً. generally. commonly. universally. all.
دانشجویان عموماً او را دوست دارند.
students generally like him.
عُمومی، همگانی، عام، کلی.
general. universal. public. popular. common. prevalent. widespread. catholic. prevailing. ordinary. indefinite.
~ کردن. **to generalize. to popularize. to universalize. to make public. to communalize. to publicize.**
مجمع ~. **general meeting.**
صلح ~. **universal peace.**
تعطیل ~. **public holiday.**
وحشت و اضطراب ~. **popular (mass) panic.**
جنگ ~. **general (total) war.**
وعدهٔ ~ (کلی ومبهم).
an indefinite promise.
قضاوت ~ (عام وکلی). **generic judgement.**
پارکهای ~. **public parks.**
روابط ~. **public relations.**
آبریز (مستراح) ~. **latrine.**
عُمومیّت، کلیت، رواج. publicness. generality. universality. commonality.
~ داشتن. **to be universal, general, common, or widespread.**
~ دادن. **to generalize. to universalize.**
این عادت در میان مردم ~ دارد.

this habit is common amongst the people.
عَمّه (عمات .pl.) (paternal) aunt.
دختر ~، پسر ~. **cousin.**
عمه توران سه فرزند دارد.
Aunt (Auntie) Turan has three children.
عَمّه‌اقلی، پسرعمه، عمه زاده.
cousin (son or daughter of a paternal aunt).
عَمیاء (اعمی .fem of)، نابینا. blind.
عَمید، رئیس. chief.
عَمیق، ژرف، گود. deep. profound. low.
دریای ~. **a deep sea.**
دانش ~. **profound knowledge.**
عَمیقاً profoundly. deeply. in depth.
فوت آقاعمو ما را ~ متأثر کرد.
Agha Amoo's death saddened us profoundly.
عمیقانه deep(ly). profound(ly).
عَمیم، کلی، همگانی. general. comprehensive. universal.
عَنا، رنج، محنت. pain. suffering.
عُنّاب، شیلان. (bot.) jujube (tree). zizyphus. (o.s.) grape-seller.
عُنّابی jujube red. red as jujube.
عُنّابیان (bot.) rhamnaceae.
عِناد، دشمنی، طغیان، مخالفت.
contumacy. rebellion. enmity. spite. grudge. animus. hostility. obstinacy.
او با من ~ دارد.
he has a grudge against me.
عِناداً contumaciously. obstinately.
عَناصِر (عنصر .pl. of)، اجزاء، آخشیجان. elements. agents. components. ingredients.
~ مغناطیسی. **magnetic elements.**
عِنان rein. bridle. reins. control.
~ تافتن. **to turn away. to turn away the face from. to be disabled.**
~ رها کردن. **to give a horse the reins.**
to relax or slacken the rein. to ride full gallop.
~ کردن. **to rein. to bridle.**
عِنانَت، عنن. impotency.
عَناوین (عنوان .pl. of)، القاب، عنوانها.
titles. cognomens. addresses. pretexts.
بعناوین مختلف. **under various pretexts.**
عِنایات (عنایت .pl. of).
favo(u)rs. kindnesses.
عِنایَت (عنایات .pl.)، توجه، لطف، مرحمت.
favo(u)r. esteem. approbation. approval. interest. patronage. dispensation. kindness.
~ کردن، ~ فرمودن. **to favo(u)r (with). to grant. to help. to aid.**
بوسه‌ای بمن ~ کن. **favo(u)r me with a kiss.**
مورد ~ (پسند) کسی واقع شدن.
to meet one's approbation.
تحت ~ (توجهات) او. **under his patronage.**
عنایات الهی. **divine dispensations.**
بعنایت او. **by his kindness.**
عِنایَتی favo(u)red. granted.
عِنایَتُ‌الله God's favo(u)r.
عِنَب، انگور. grapes.
عَنبَر ambergris. ringlets. curls. tresses.
عَنبَربوی fragant (as ambergris).
عَنبَرچه sachet. perfume-cushion (bag). necklace. aventurine. large amber.
عنبرماهی (z.) sperm whale. cachalot.

عَنبَرنصارا، بشکل ماچه‌الاغ. dung of a she-ass.

عَنبَری، عنبرین. fragrant as ambergris. perfumed with amber. amber-colo(u)red.

عِنَبی grape-like.

عِنَبیّه vinous.

عَنَبیّه iris.

پردهٔ ~. iris of the eye.

~ ای. iridian.

عَنتَر baboon.

عِند، نزد، نزدیك. at. near. before. according to. with. at the time of.

عِندَالاِقتِضا، لدی‌الاقتضاء. as opportunity arises. at the proper time.

عِندَالحاجَت، هنگام نیاز. in time of need.

عِندَالرُؤیَت، بمحض مشاهده. at sight.

عِندَالفُرصَت، در سرفرصت. at leisure.

عِندَالضَّرورَت when (if) necessary. in time of need. in the time of necessity.

عِندَاللُزوم، هنگام لزوم. in case of need. as occasion arises.

عِندَالله، نزد خدا. before God.

عِندَالمُطالبَه on demand. at call. payable on demand.

عِندَالوُصول، بمحض وصول، هنگام دریافت. on (or upon) receipt. upon collection.

عَندَلیب (عنادل .pl)، بلبل. (z.) nightingale.

عَنزوجَدیَین (astr.) The kids.

عُنصُر (عناصر .pl)، آخشیج، اصل، مایه. element. principle. rudiment. agent. factor. origin. ingredient.

فهرست (جدول) عناصر. **table of elements.**

هیدروژن عنصری است بعلامت «H» ووزن‌اتمی ۱/۰۰۷۹۷. **hydrogen is an element symbolized by «H» whose atomic weight is 1/00797.**

عُنصُری elemental. fundamental.

عُنصُل، پیاز~. (bot.) squill. sea onion. bulb.

عُنف، زور. violence. coercion. harshness. severity. compulsion. constraint.

عُنفاً، بزور، به‌عنف. by violence. coercively. forcibly.

عُنفوان bloom (of youth). prime of life.

محسن در ~ جوانی فوت‌کرد. **Mohsen passed away in the prime of his youth.**

عُنُق (اعناق .pl)، گردن. neck (in anatomical usage).

بد~. **(colloq.) unpleasant. cranky.**

عَنقا، سیمرغ. phoenix.

عَنقَریب، بزودی. presently. before long. shortly. soon. in the near future.

عُنقود، خوشه (انگور). bunch (of grapes).

عَنکَبوت، کارتنه. spider. arachnid.

تار ~. **spider's web. cobweb.**

عَنکَبوتان، تارتن، تارتنك. (z.) arachnida.

~بادراز. **(z.) phalangida.**

عَنکَبوتی، تنندوئی. arachnidan. arachnoid. resembling a spider or its web.

عَنکَبوتیان (z.) arachnida.

عَنکَبوتیَه arachnoid.

عُنن impotence.

عُنوان (عناوین .pl)، لقب، خطاب، نشانی، آدرس، بهانه، عذر. title. heading. rubric. address. superscription. appellation. excuse. caption. legend. honorific. cognomen. surname. name. topic. subject. pretext.

~کردن. **to set forth. to propound. to address. to introduce. to bring up.**

~کتاب. **the title of a book.**

~ یك مقاله. **the heading of an article.**

~ روی پاکت. **the address on an envelop.**

تحت عناوین مختلف، بعناوین مختلف. **on various grounds. under various pretenses.**

عنوانهای تصاویر. **the captions of illustrations.**

آنانکه واقعاً دانشمندند دربند ~ نیستند. **those who are truly learned are not hung up on titles.**

~ (لقب) افتخاری. **an honorific title.**

~ (موضوع) را عوض کنیم. **let us change the topic (subject).**

عَنیف، سخت، شدید، زشت. repugnant. rigorous. violent. severe. hideous.

عِنین impotent.

عَو، فریاد. clamor. cry. barking.

عَوّا، چکمه. (astr.) Bootes.

عِوار، عیب، سوراخ. damage. vice. defect. hole (in a cloth). fault. rent.

عَوارِض charges. taxes. accidents. toll.

~ گمرکی. **customs duties. tariffs.**

عَوارِیَه، خسارت دیده، آب‌دیده. damaged. defective.

عَواطِف (عاطفه .pl. of)، احساسات. sentiments. feelings. affections.

عَواقِب (عاقبت .pl. of)، نتایج. results. consequences. aftermaths.

اورا از ~ قمار بازی برحذر داشتم. **I warned him against the consequences of gambling.**

عَوالِم (عالم .pl. of) worlds. universes.

او دراین ~ نیست. **he is not interested in (hung up on, mindful of) such things.**

عَوام، عامی، بیسواد، عوام‌الناس. common people. illiterate person. vulgar. populace. plebeians. commonalty.

~الناس. **the vulgar. commoners. masses.**

مجلس ~. **house of commons.**

عَوامانه vulgar(ly). popular(ly).

عَوام‌پَسند popular. admired by the common people.

عَوام‌فَریب demagogic(al). demagogue.

عَوام‌فَریبانه demagogically. demagogical.

عَوام‌فَریبی demagogy. demagoguery. demagog(u)ism.

توسل به ~ بدترین وسوسهٔ یك سیاستمدار است. **resort to demagoguery is the worst temptation of a politician.**

عَوامِل (عامل .pl. of). agents. factors. elements. stooges.

انضباط یکی از عواملی بودکه موجب موفقیت او گردید. **discipline was one of the factors causing his success.**

~ جوی. **meteorological (climatic) factors.**

عَوایِد (عایدی .pl. of)، عایدات، درآمدها. incomes. revenues. profits. returns.

~ کارمندان. **the employees incomes.**

~ مالیاتی دولت. **the governments' tax revenues.**

عَوائِق (عایق، عایقه .pl. of)، عوایق، موانع. obstacles.

عَوّاء، چوپان‌گله‌دار، رمه‌دار. herdsman.

عِوَج، اعوجاج، کجی. slant. deflection. curvature. crookedness. distortion.

عُود (bot.) aloeswood. agalloch. (mus.) lute.

عَود، بازگشت، برگشت، اعاده، عودت. return. returning. relapse. reappearance. recurrence. reversion. recrudescence. regression. recidivism.

~کردن. **to return. to reappear. to recur. to recrudesce. to come back. to revert. to rebound. to regress. to relapse.**

سردرد او ~کرد. **his headache returned (reappeared, came back).**

~ مرض. **the relapse of illness. recrudescence of a disease.**

عُودُالصَّلیب، عود صلیب. (bot.) orpine.

عَودَت، بازگشت، اعاده. coming or going back. regress. returning. counter-recoil. restitution. reversion. relapse.

آنها به وحشیگری ~ (بازگشت) کردند. **they reverted to savagery.**

~ (بازگشت یا اعاده) بوضع سابق. **restitution of the former condition.**

عَودَت دادَن to return. to send back. to give back. to restore.

عَودَت‌کَردن to return. to regress.

عُودزَن lutist. lutanist.

عور، برهنه. naked. nude. bare.

~ واخت. **(completely) naked.**

عَورَت (عورات .pl)، برهنگی، اعضای سافله، اعضای جنسی. privy parts. nakedness. woman. wife. pudenda. pudendum.

ستر ~ کردن. **to cover one's nakedness.**

عِوَض، جایگزین، جانشین، تعویض، جبران. substitute. exchange. return. reward. remuneration. change. relief. replacement. supplanter. substitution. makeshift. pinch hitter. retribution. compensation. succedaneum. equivalent.

~کردن. **to change. to exchange. to trade. to replace. to relieve.**

~ دادن. **to remunerate. to reward. to give in exchange. to retribute. to requite. to render.**

کت را باکفش ~کردن. **to exchange a coat for a pair of shoes.**

در~ کارسخت‌خود مبلغ‌هزار ریال‌دریافت‌نمود. **he received 1000 Rials in return for his hard work.**

~کردن (تعویض) پاسدار. **relief of sentry.**

~کردن لاستیك کهنه. **replacement of a worn tire.**

لاستیك کهنه را ~کردن. **to replace a worn tire.**

~ خنده گریه کرد. **insteade of laughing he cried.**

~ بدی نیکی کردن. **to compensate evil with good.**

در ~، بجای. **instead of. in lieu of. in exchange for. in return for.**

آنها کلاههای خود را باهم ~ کردند. **they traded hats.**

عِوَضی، اشتباهی، مبادله‌ای، جبرانی، ساختگی، عاریه، تقلیدی، تقلبی، قلابی، بدلی، جعلی، نادرست. wrong. changed. exchanged. mistaken. ersatz. artificial. imitation. counterfeit. pseudo. false. taken, given, or worn by mistake.

کفش ~. **wrong shoe.**

من او را بجای برادرم ~ گرفتم. **I mistook him for my brother.**

این آدم خیلی ~ است. **he is very much off the track. he is the wrong type.**

داماد وارد (اتاق) حجلهٔ ~ شد. **the groom entered the wrong nuptial room.**

عَوعَو bowwow. barking. howling.

~کردن. **to bowwow. to bark. to howl.**

عَون، کمك، یاری. help. aid.

بعون‌الله، انشاءالله. **by divine help. if God wishes (or assists).**

عَهد (عهود .pl)، پیمان، دوره، زمان، دوران. promise. agreement. covenant. treaty. testament. epoch. era. age. time. period. contract. pact. pledge. oath. affiance. compact. vow. agreement.

~کردن، وعده‌کردن. **to make a promise. to pledge. to vow. to promise. to make up one's mind. to decide.**

~ بستن. **to conclude a treaty. to enter into a covenant or agreement.**

~ عتیق. **the Old Testament.**

~ جدید. **the New Testament.**

آن رویداد ~ جدیدی بوجودآورد. **that event made a new epoch.**

در ~ نادرشاه. **during the time of Nader Shah.**

~ دوستی. **a pact of friendship.**

از ~ دقیانوس. **from immemorial times.**

~کردم که دیگر هرگز قمار بازی‌نکنم. **I made a vow never to gamble again.**

عَهدشِکَن، پیمان شکن. one who breaks his promise. guilty of perjury. perjured. forsworn. renegade. apostate.

عَهدشِکَنی breach of promise. perjury. apostasy.

~کردن. **to perjure. to break one's promise. to infringe a treaty.**

عَهدنامَه، پیمان‌نامه. pact. treaty. compact. contract. cartel. covenant.

عُهدَه، تعهد، مسئولیت. charge. trust. responsibility. undertaking. assignation. assignment.

از عهدهٔ کاری برآمدن. **to be able to do a thing. to acquit oneself well in an undertaking. to succeed in doing a thing.**

بر~ گرفتن، بعهده گرفتن. **to undertake (to do). to assume the responsibility of (for). to guarantee.**

کاری را بعهدهٔ کسی گذاشتن. **to charge (entrust) one with a duty. to entrust (or assign) a duty to a person.**

دستورهائی بعهدهٔ وی‌صادر شد. **instructions were issued to him.**

من از عهدهٔ این بچه‌های شیطان برنمی‌آیم. **I cannot cope with these naughty children.**

عهدهٔ بانك ملی صادر شده. **drawn on the National Bank.**

ادارهٔ امور دانشجویان ازعهدهٔ اوخارج است. **the management of student affairs is beyond his capacity.**

~دار. **responsible. charged or entrusted. (with). incumbent.**

من ~دار آن وظیفه هستم. **I am charged with that duty.**

~دارشدن. **to undertake. to take charge of.**
عُهدَه‌دار engaged. having undertaken.
عُهدَه‌داری charge. responsibility. incumbency. undertaking.
عَهدی، پیمانی،میثاقی، قراردادی. directive. contractual. by pledge. testamental. testamentary. covenented.
وصیت ~. **directive will.**
عَهید a party to a treaty, agreement, etc. a confederate. ancient.
عُهود (pl. of عهد)، [illegible] میثاقها. treaties. pacts. conventions. epochs. ages. testaments.
عِیادَت، بازدید از بیمار، احوالپرسی. visit. visiting the sick.
~کردن. **to visit (a sick person).**
بعیادت‌او به بیمارستان رفتم. **I went to pay him a visit in the hospital.**
عَیاذ، پناه. refuge. taking refuge. recourse.
عَیاذَبِالله، استغفرالله،العیاذبالله. God forbid.
عَیار fineness. standard (of coins). criterion. assay. carat. purity.
تمام ~. **sterling. genuine. par excellence.**
~ طلا. **fineness of gold.**
طلای ۱۸ ~. **gold 18 carats fine.**
~ گرفتن. **to assay.**
عَیّار،شیاد،مکار. impostor. deceitful. sly. charlatan. cheat. subtle. picaro. vagabond. errant.
عَیارگیر assayer.
عَیّاری، مکاری، شیادی. imposture. charlatanry. slyness. deceitfulness. vagabondage. errantry.
عَیّاش،خوشگذران،عشرت‌طلب. bon vivant. sensualist. merrymaker. epicure. carouser. reveller. lusty. debauchee. debaucher.
عَیّاشی، خوشگذرانی. sensuality. living in pleasure. sensualism. revelry. jollification. epicurianism. epicurism. merrymaking. carousal. debauchery.
~کردن. **to live in pleasure. to sensualize. to indulge in sensuality. to revel. to carouse. to wine and dine. to live it up.**
عِیال، همسر، زن، زوجه، عائله. wife (and children). family. espouse. household.
عِیالمَند، عیالوار. family man. encumbered by a (numerous) family.
عِیالوار having a large family. encumbered by a family. family man.

عِیان، آشکار. clear. (self-)evident. visible. obvious. appearing. apparent. manifest. patent. palpable. overt. observable.
~ شدن. **to appear. to become apparent (obvious or visible).**
~ ساختن. **to clear. to explain. to make apparent.**
عِیانی clearness. visibleness.
عَیب (عیوب .pl)، آهو، خطا، زشتی. defect. fault. shortcoming. flaw. blemish. blot. damage. imperfection. impairment.
~ است. **it is a shame (disgrace).**
آیا خودت ~ نداری که‌ازدیگران ~میگیری؟ **don't you yourself have any faults that you find fault with others?**
~گرفتن‌از، ~ جستن‌از. **to find fault with. to cavil. to blame. to criticize. to fault.**
~کردن. **to be spoiled or damaged.**
~ رندان مکن. **do not blame the rogues.**
عیبی ندارد، ~ ندارد. **O.K. there is no harm in it. it does not matter.**
بی~. **flawless. perfect. faultless. without blemish. unimpaired.**
چه ~ دارد. **be it so. all right. it will not do any harm. why not.**
~دار، معیوب. **faulty. flawed. impaired. blemished. defective. imperfect.**
~دارکردن. **to flaw. to impair. to blemish. to damage.**
عیب‌پوشی concealment of others' faults. connivance at others' faults.
~کردن. **to conceal a fault. to connive at (or gloss over) a fault.**
عَیبجُو، ایرادگیر. faultfinding. cavil(l)ing. faultfinder. caviller. slanderer. criticizer.
عَیبجُوئی faultfinding. criticism. cavilling. cavil. excoriation.
~کردن از. **to find fault with. to cavil. to carp.**
عَیب‌دار،معیوب. faulty. flawed. blemished. damaged. impaired. defective.
عَیب‌گُو، بدگو. caviller. backbiter.
عَیب‌گُوئی، بدگویی. slander. ill-speaking. vilification. cavilling.
عَیب‌گیر، عیبجو. critic. faultfinder.
عَیبناك، معیوب، عیبدار. faulty. defective. damaged. hurt. injured. blemished.
عید festival. feast. fiesta. festivity. celebration. holiday.

~ نوروز. **Nowrooz celebration.**
~ تولد، زادروز. **birthday celebration.**
~گرفتن. **to celebrate (as) a festival. to observe (a festival).**
~ پاك. **Easter.**
~ شما مبارك(باد). **happy New Year.**
عیدی new-year gift. festive.
عیسُو، عیصو. Esau.
عیسَوی، مسیحی، نصرانی. Christian.
عیسویت، مسیحیت. Christianity.
عیسی، Jesus.
~ مسیح. **Jesus Christ.**
عَیش، خوشی، عشرت، خوشگذرانی. pleasure. (living in) luxury. luxurious living. delight. enjoyment. fun. sport. merrymaking. orgy. epicurism.
~ کردن. **to live in pleasure or luxury. to enjoy oneself. to rejoice. to make merry.**
~ ونوش. **wining and dining. feasting and drinking. debauchery.**
~کسی را منغص کردن. **to spoil someone's fun.**
عَیش طَلَب، عیاش، خوش‌گذران. epicure. bon vivant. fun-lover. debauchee.
عَین eye. source. spring. identical. exact. very. name of the letter «ع».
او ~ کارهای پدرش را میکند. **he does exactly as his father did.**
~ نامه. **the original letter.**
او~ شماست. **his looks are exactly like yours.**
رأی‌العین. **ocular proof.**
عَیناً exactly. just. in the original form. identically. literally. in kind. textually. precisely.
نامه ~ پس فرستاده شد. **the original letter was sent back.**
او ~ خلاف دستورات من عمل کرد. **he acted exactly against my orders.**
عَینُ‌الثَّور، الدبران. (astr.) Aldebaran. the eye of Taurus.
عَینُ‌الْحَیات، آب زندگی. fountain of life.
عَینُ‌الشَّمس (min.) precious opal. noble opal. tire opal. girasol(e). sun's eye.
عَینُ‌النّاس، آناناس. (bot.) pineapple.
عَینُ‌الهِرّ، چشم‌گربه، اپال. cat's eye. opal.
عَینُ‌الْیَقین. positive knowledge. certainty.
عَینَك glasses. goggles. spectacles. eyeglasses.

~ آفتابی. **sunglasses.**
~ دو کانونی، عینك دودید. **bifocals.**
~ یك چشمی، ~ یك چشمه. **monocle.**
~ گذاشتن،~ زدن. **to wear glasses.**
~ حفاظتی. **safety goggles. goggles.**
~ جوشکاری. **welding goggles.**
~ نامرئی. **contact lenses.**
عینَك‌ساز optician. spectacle maker.
عَینَك‌سازی manufacture of glasses. optician's trade.
عَینَك فُروش dealer in glasses. seller of optical goods.
عَینَکی wearing glasses. spectacled. bespectacled. goggled.
مار ~. **(z.) cobra.**
او ~ است. **he wears glasses.**
عَینِه، عیناً. the thing itself. the original (thing).
عَینی identical. exact. irreplaceable (as a right or property). occular.
شاهد ~. **eyewitness.**
عَینیَّت identicalness. sameness. similarity. exactness. identity.
عُیوب(عیب .pl. of)،معایب. defects. faults. flaws. imperfections. shortcomings.
عَیّوق (astr.) the Capella star in the constellation of the Chariot.
عُیون (عین .pl. of). eyes. springs. fountains.

غ the twenty-second letter of the Persian alphabet.

غات غات، غدغد. cackle.

~ کردن. **to cackle.**

غادِر، غدار، خائن. traitor. treacherous. perfidious.

غار cave. cavern. den. speleo-. grotto.

یار ~. **friend in the cave. friend in need. bosom friend.**

~ مانند. **cavernous. spelean.**

غار، درخت غار. (bot.) bay. laurel tree.

غارشناس speleologist.

غارشناسی speleology.

غارَت، چپاول، یغما، یغماگری، لخت کردن. plunder. pillage. booty. looting. sacking. spoil. ransacking. marauding. depredation. spoliation. rapine.

~ کردن. **to plunder. to pillage. to loot. to strip. to despoil. to rifle. to maraud. to depredate. to forage. to ravage. to sack.**

بغارت رفتن. **to be plundered.**

مهاجمین شهر را ~ کردند. **the invaders plundered (sacked) the city.**

~های بدست آمده درجنگ. **booties gained during the war.**

غارَت زَده plundered. robbed. sacked. marauded. looted. depredated.

~ شدن. **to be plundered (robbed, marauded, looted or depredated).**

غارَتگَر، یغماگر. plunderer. robber. marauder. pillager. looter.

غارَتگَری، یغماگری. plundering. robbery. marauding. rapine. sacking.

غاردانِه (bot.) laurel berries.

غار غار croaking. cawing. cackle.

~کردن. **to croak. to caw. to cackle.**

غاردار cavernous.

غار گیلاس (bot.) cherry laurel.

غار نشین، غارزی. cave man. troglodytic. troglodyte. spelean.

غارُوغور rumbling noise. croaking.

غاری cavernous. troglodytic. spelean.

غاریقوُن، آغاریقون، آگاریك. (bot.) larch agaric.

غاز (z.) goose.

~ نر. **gander.**

~ مانند، غازی. **anserine. anserous. gooselike.**

غاز، قاز، دینار. money of small value. sou.

این کلاه یك ~ هم نمی‌ارزد. **this hat is not worth a sou.**

غازَه، غازه، سرخاب. rouge.

غازی (غزات .pl)، جنگجو، مجاهد، جهادگر. ghazi. warrior. fighter. crusader.

غازیانَه، دلیرانه، بهادرانه. bravely.

غاسِل، شوینده. washer.

غاشیَه، زین پوش. saddle cover. mantle.

~ کشیدن. **to be submissive.**

غاشیَه‌دار one who carries a saddle cover. obedient. submissive.

غاصِب، ستمگر، زورگو. usurper. extortioner. usurping. tyrant.

غافِل، بی‌خبر، بی‌دقت، غفلت‌گر. neglectful. unawares. negligent. unaware. heedless. inattentive. careless. uninformed. ignorant. unconscious.

~ شدن. **to be heedless. to take no notice of. to remain unaware of.**

~ از اینکه. **unaware of the fact that. little knowing that. not knowing that.**

~کردن. **to deceive (the vigilance of). to keep unaware. to keep in ignorance.**

نا~. **suddenly. unawares. out of the blue.**

ناغافل گرفتن. **to surprise. to seize unawares.**

از مکافات عمل ~ مشو. **do not be heedless of the consequences of (your) deeds.**

غافِلاً neglectfully. carelessly.

غافِلانَه unawares. negligently. carelessly. unconsciously. impruden-t(ly).

غافلگیر attacking unawares. surprise.

~ شدن. **to be subjected to a sudden attack. to be surprised or blitzed.**

~کردن. **to surprise. to come upon. unawares. to blitz.**

حملهٔ غافلگیرانه. **surprise attack. blitz. blitzkrieg.**

غافلگیری surprisal. attacking unawares. surprise attack. blitzing.

غافِلی، غفلت(کاری). neglect(fulness). inattention. inattentiveness.

غالِب، اغلب، فاتح، پیروز، اکثر، اکثراً، بیشتر. prevailing. conquering. overpowering. overcoming. victorious. most (part). majority. mostly. predominant. dominant.

نیروهای ~. **prevailing forces.**

برصفات وعادات بد ~ شدن. **to conquer (overcome) bad habits.**

سپاه ~. **the victorious army.**

در ~ موارد. **in a majority of cases.**

عوامل ~. **dominant (predominant) factors.**

~ آمدن بر، ~ شدن بر. **to beat. to overcome. to conquer. to prevail upon (over).**

با شجاعت وانضباط میتوان برمشکلات ~ شد. **it is possible to overcome difficulties with courage and discipline.**

صفات ~ موروثی (ارثی). **dominant hereditary traits.**

~ استادان براین عقیده‌اندکه. **most professors are of the opinion that..**

غالِباً، اغلب. frequently. often. mostly. predominantly. most of the time.

~ او را می‌بینم. **I see him often.**

غالِبیَّت، تفوق، پیروزی. predominance. victory. hegemony.

غالیَه، مشك. perfume composed of musk and ambergris.

غامِض (غامضه .fem)، دشوار، بغرنج، غامضه. abstruse. obscure. recondite. difficult. profound. esoteric. enigmatic

~ شدن. **to become abstruse (enigmatic, or difficult).**

~کردن. **to render difficult. to make obscure (profound).**

غانقاریا، غانقرایا. gangrene.

غایِب (غائبین .pl)، پوشیده، غیرموجود، پنهان. absent. hidden. absentee. non-attendant. missing. truant. invisible.

شخص ~. **absent person. absentee.**

~ شدن. **to become absent.**

~ بودن. **to absent oneself. to hide out. to be absent.**

حاضرو~کردن. **to call the roll.**

غایبین جریمه شدند. **those absent were fined.**

امروز پنج نفر ~اند. **today five people are absent.**

سپس روح پدر «هملت» از نظر ~ شد. **then the ghost of Hamlet's father disappeared (from view).**

غائِبانَه (done) in one's absence. in absentia. indirectly.

~ ارادت. **knowing a person (and acknowledging his merits) without having met him.**

غایِب‌موشَك، غایب شدنك، قایم بشك. game of hide-and-seek. hide-and-go-seek.

غایِبی absence. mark of absence.

غایَت (غایات .pl)، نهایت، پایان، منظور. extreme limit. end. (desired) object. goal. ultimate(ness). ultima thule.

بدین ~. **to this extent.**

بغایت. **extremely.**

لغایت. **up to. to the end of.**

نه‌بینی که سختی به~ رسید. **don't you see that (our) tribulation has reached its limit.**

غائِر (anat.) internal. sinking.

غایِط، غائط. feces. excrement.

بول و~. **urine and feces.**

غائِلَه، فتنه، شورش، نزاع. fuss. ado. disturbance. riot. quarrel. hatred. evil.

~ را خوابانیدن. **to passify (a disturbance or uprising).**

غائی، نهائی، پایانی. final. ultimate. farthest. maximum.

علت ~. **final cause.**

غِبّ، یکروز در میان. visiting every other day. tertian. tertiary.

غِبّاً، یکروز درمیان. every other day. alternately.

غُبار، گردوخاك، سحاب، تاری‌چشم. dust. nebulosity. smog. mist. nebula. dimness.

غُبارآلود(ه) dusty. soiled.

غباردار misty. dim. nebular.

غباری dusty. dust-colo(u)red. misty.

غَباوَت، ابلهی، گیجی، بلاهت. stupidity. imbecility.

غَبراء، سطح زمین. surface of the earth.

غِبطَه، رشک، حسرت. envy. emulation. envying. rueing. begrudging.

~ خوردن. **to emulate. to envy. to regret. to rue. to begrudge. to vie.**

غبطه‌آور enviable.

غَبغَب (غباغب، اغباب .pl)، غبب، گوشت‌زیرگلو double chin. dewlap. jowl. wattles.

غَبن، گول‌خوری. state of being cheated in business. fraud. being shortchanged.

ادعای ~. **claim for being swindled or shortchanged.**

غَثَیان، استفراغ، برگرداندن. nausea. vomiting. qualm.
~ کردن. **to nauseate. to vomit. to turn up.**
غُد، کله شق، خودبین، سرسخت، یكدنده. stubborn. obstinate. mulish. insolent.
غَدّار، خائن. treacherous. traitor.
غَدّاری، خیانت. treason. perfidy.
غَدّاره، شمشیر دو دم. broadsword. glaive. double - edged sword.
~ [illegible] **one who uses a broadsword. swordsman.**
غُدَد (pl. of غده). glands. nodes. tumo(u)rs.
غَدر، خیانت. treachery. perfidy.
غُدغُد، غاتغات. clucking. cackling.
~ کردن. **to cluck. to chuck. to cackle.**
غُدّه (غدد .pl)، تومور. gland. glandular. tumo(u)r. neoplasm. swelling. growth. lump. nodus. node. protuberance.
غدهٔ خوش‌خیم. **benign tumo(u)r.**
غدهٔ بدخیم. **malignant tumo(u)r.**
غده شناسی. **endocrinology.**
غده‌ای. **glandular. glandulous.**
غدهٔ صنوبری. **epiphysis. pineal body.**
غَدیر pool. pond. (only in عید غدیر festival celebrated on the occasion of Ali being appointed successor of Mohammad).
غِذاء (اغذیه .pl)، خوراك، قوت، خوردنی. food. meal. diet. fare. aliment. nutriment. nutrition. nourishment. victuals. viand. mess. dinner. repast.
~ خوردن. **to eat. to take food.**
to dine. to feed on.
~ دادن. **to feed. to nourish. to board.**
سالن (تالار) ~ خوری. **mess hall. dining hall.**
میز ~ خوری. **dining table.**
صورت ~. **menu. bill of fare.**
غذائی (fem. غذائیه) alimentary. nutritious. dietary. alimentative. dietetic. nutrient. nutritional. nutritive.
مواد ~. **foodstuffs. articles of food.**
کمبود ~. **malnutrition. food shortage.**
غذائیت nutritiveness. nutritiousness.
~ دار. **nutritive. nutritious.**
~ داشتن. **to be rich (or nutritive).**
غِر،عشوه، ناز. moving of certain parts of the body in dancing. conquettish gesture.
~ دادن، ~ آمدن. **to act coyly or coquettishly.**
غُر ruptured. depressed. sunk. herneal. swollen. bulging. hernio...
~ شدن. **to contract hernia. to become depressed or sunken. to become dented.**
~ کردن. **to make hernial. to make swollen or bulging.**
غُرّ، غرولند. grumble. murmur.
~ زدن. **to grumble. to murmur. (slang) to pinch. to complain. to hen-peck. to carp.**
غَرّاء excellent. brilliant. gushing.
غُراب، کلاغ. (z.) raven. crow. corvette. rook. grab. corvus. arrogant.
غَرابَت strangeness. queerness. peculiarity. oddity. singularity. quaintness. exoticism. oddness.
غُرابی، کلاغی. crow - like. corvine.

غَراره، غرغره. rinsing (the mouth).
~ کردن. **to rinse the mouth.**
غَراشیدَن to scratch. to be angry.
غَرامَت (غرامات .pl)، خسارت، تاوان، جریمه. indemnity. damage. reparation. fine. mulct. compensation. restitution. indemnification. amends.
~ دادن. **to indemnify. to make reparation. to compensate. to pay damage(s).**
~ گرفتن. **to receive compensation.**
~ جنگی. **war indemnity.**
~ [illegible] **damage (compensation) for losses incurred.**
پرداخت ~ به مالکینی که اموالشان گرفته‌شده. **compensation to dispossessed owners.**
~ دادن، جبران خسارت کردن. **to make restitution.**
پرداخت ~ بکشورهائی که زیان دیده‌اند. **indemnification of the countries that have suffered losses.**
غُرّان، غرش‌کنان. roaring. thundering.
شیر ~. **a roaring lion.**
غَرائِب (pl. of غریبه،غریب)، عجایب،شگفتی‌ها. strange things. wonders. freaks. oddities. exoticisms. prodigies.
عجائب و ~. **strange and freakish things.**
غَرب، باختر. west. occident. the West.
شمال ~. **northwest.**
جنوب ~. **southwest.**
غَرباً on the west. to the west.
غُرَباء (pl. of غریبه)، بیگانگان. strangers. the displaced. the homeless.
غِربال، الك. coarse sieve. riddle. screen. sifter. bolter.
~ کردن. **to sift. to riddle. to screen.**
غِربالی cribriform. sievelike. perforated.
استخوان ~. **ethmoid bone.**
غُربَت، دوری ازمیهن، تبعید، دوری. being away from one's home (town). exile. expatriation. nostalgia.
در دیار ~. **in foreign lands.**
~ اختیار کردن. **to emigrate. to travel abroad. to expatriate.**
احساس ~ کردن. **to feel nostalgic.**
او ناگهان احساس ~ برای ایران نمود. **he felt a sudden nostalgia for Iran.**
غُربَت‌زَده homesick. nostalgic.
غُربَتی، بیخانمان، کولی. (homeless and vagrant as a) gypsy.
غَربی، باختری. western. occidental.
شمال ~. **northwestern.**
جنوب ~. **southwestern.**
کشورهای ~. **western countries.**
موسیقی ~. **western music.**
غِربیل، غربال. sieve. riddle.
غَربیله، قر وعشوه، غر، ادا. sinuous movement of the body. coquettish gesture. coquetry. amorous gest.
غَربیّون the occidentals. the Europeans.
غَرس، کاشتن. plantation. planting.
~ کردن (اشجار). **to plant (trees).**
غُرِّش roar(ing). raving. thundering.
~ توپهای دشمن. **the roar of the enemy cannons.**
شیر ~ کرد. **the lion roared.**
~ کردن، غریدن. **to roar. to rave. to thunder.**
تانکها غرش‌کنان از جلو ما رد شدند. **the tanks thundered past us.**

غَرَض، انگیزه، نیت، کینه، دشمنی، بدخواهی. motive. purpose. private motivation. interestedness. grudge. spite. malice. ill - will. peeve. pique.
~ شما از اینکار چیست؟ **what is your motive (purpose) for this?**
~ ورزی او نسبت بمن بیمورد است. **his grudge against me is groundless.**
او با من ~ دارد. **he bears me a grudge. he has a spite against me.**
~ ورزیدن، ~ داشتن. **to bear (entertain) a grudge. to show partiality**
اغراض شخصی. **personal motives or grudges.**
غَرَض‌آلود، غرض‌آمیز. based on personal interest or private motives. partial. spiteful. malicious.
غَرَض‌آمیز partial. spiteful. malicious.
غَرَض‌رانی، غرض ورزی. act(s) based on private motives. partial or spiteful behavio(u)r. malicious act or effort.
~ کردن. **to behave spitefully or with a private motive. to act maliciously.**
غُرغُر، قرقر، قرولند. grumbling. murmuring. muttering. rumbling (noise). growling. carping.
~ کردن، قرولندکردن. **to (g)rumble. to growl. to mutter.**
~ کنان. **grumblingly. growlingly.**
پیرزن مرتب ~ میکرد. **the old woman carped (grumbled) all the time.**
غُرغُرو، قرولندو. given to grumbling. shrewish.
غَرغَره gargling. gargle.
~ کردن. **to gargle.**
غَرغَره، قرقره. spool. pulley.
غَرغَشَه، خرخشه، جنجال، گرفتاری. wrangle. fuss. worry. bother. dispute.
غُرُفات (pl. of غرفه)، غرفه‌ها. booths.
غُرفه (غرف، غرفات .pl)، حجره، بالاخانه، کیوسك. booth. upper chamber. stall. cloister. pavillion. a temporary shed. (exhibition) hall or room.
غَرَق، غرقه، زیرآب رفته. drowning. drowned. submerged. flooded. sinking. sunk. weltering. wallowing.
~ شدن. **to be drowned. to drown. to sink. to be submerged.**
~ کردن. **to drown. to sink.**
شناگر ~ شد. **the swimmer was drowned.**
قایق ~ شده. **a submerged (sunken) boat.**
~ کشتی. **the sinking of a ship.**
کشتی مسافری ~ شدومسافران آن دراقیانوس ~ شدند. **the passenger ship (liner) sank and its passengers drowned in the ocean.**
غَرقاب، گرداب. deep water. whirlpool. drowned.
غَرقه، غرق، گرفتار. drowned.
~ درخون. **weltering in (one's) blood.**
غُرَماء (pl. of غریم). creditors.
~ کردن (میان بستانکاران). **to distribute among the creditors in proportion to their claims (as a bankrupt's property).**
غُرنبیدن، غریدن. to roar. to thunder.
غُرَنده، غران. roaring. thundering.
غُروب، شامگاه، شام، افول. sunset. evening. setting. sundown. dusk. eventide.
~ کردن. **to set.**
هنگام ~. **at sunset (sundown).**
در زمستان‌آفتاب زودتر ~ میکند. **in winter the sun sets earlier.**
~ آفتاب. **the setting of the sun.**
هنگام ~. **at dusk. at eventide.**
غُرُور، تکبر، خودپسندی، خودستائی، فخر. pride. vanity. hautiness. hauteur. conceit. conceitedness. complacency. amour proper. smugness. airs. pretensions. egotism. egoism. priggishness.
~ جوانی. **pride (impetuosity) of youth. (colloq.) rash. acne.**
غُرورِ جَوانی، جوش صورت. acne. rash.
غُروش piaster.
غِرّه، مغرور. deluded. proud. deceived.
مشو ~ بزور بازوی خویش. **do not be proud of your arm's strength.**
غُرّه (غرر .pl). first day of a lunar month. (o.s.) blaze. ornament.
غَریب (غرباء .pl)، بیگانه، غـریبه، خارجی. expatriate. strange. queer. foreign. alien. lonely. stranger. traveller. foreigner. unusual. odd. unfamiliar. extraneous. outlandish. exotic. exoteric. not feeling at home. bizarre.
رفتار عجیب و ~. **bizarre manners.**
غَریب‌پروری، مهمان‌نوازی. hospitality. kindness to strangers.
~ کردن. **to show hospitality to strangers.**
غَریب‌خانه asylum for the poor and homeless. inn. hotel.
غَریب‌گز a bug (whose bite is more harmful to strangers).
غَریب‌نواز hospitable to strangers.
غَریب‌نوازی hospitality to strangers or foreign guests.
غَریبه (غرائب .pl)، بیگانه، غریب. foreign. strange thing. stranger. exotic.
غَریبی، غربت، بیگانگی. sad verse sung by, or on behalf of a lonely stranger. strangeness. forlorness. foreignness.
غُرّیدَن، غرش‌کردن، غرزدن. to grumble. to murmur. to growl. to roar. to rumble. to rave. to thunder.
پیرزن غر میزد (میغرید). **the old woman was grumbling.**
غَریزه (غرائز .pl)،سرشت، طبع،طبیعت، ذات. instinct. nature.
غرایز انسانی. **human instincts.**
غَریزی، ذاتی، طبیعی، سرشتی،طینتی. instinctive. natural. innate. inherent.
گرمای ~. **natural heat. animal heat.**
غَریق، غرق شده. drowned or drowning (person). submerged.
~ رحمت الهی. **looded with God's mercy.**
غَریو، فریاد، ندا. clamo(u)r. exclamation. shout. roar.
~ برآوردن، فریادزدن، غریوبدن. **to clamo(u)r. to exclaim. to cry.**
با شنیدن خبر پیروزی ~ شادی از جمعیت برخاست. **upon hearing the news of the triumph a roar of joy eddied from the crowd.**

غزا (غزوات .pl)، جنگ، جهاد. war (against infidels). crusade.

the judge went to war. قاضی بغزا رفت.

غزات (غازی pl. of). holy wars. warriors.

غزال (غزاله .fem)، آهو. gazelle. graceful youth. deer.

غزّال، ریسمان‌باف. spinner (of threads). seller of cotton yarns.

غزل ghazal. lyric poem. love poem. ode.

~ خدا حافظی خواندن. to prepare for going. to bid goodbye. to bid farewell.

غزلاغ، چکاوک. (?) lark.

غزل‌خوان a reciter of odes or lyric verses. lyrist. singing lyric verses.

غزل‌خوانی singing odes or lyric verses.

غزل‌سرا، غزلخوان. composer of lyric poems or odes.

غزل‌سرائی singing or composing lyrics.

غزلیّات (غزل pl. of)، غزلها. (collection of) lyric poems or odes.

~ حافظ. the odes of Hafez.

غزنوی Ghaznavid. Ghaznavi (dynasty).

غزوه (غزوات .pl)، جنگ مذهبی، جهاد. (Mohammed's) war against infidels.

غژ ping. whiz.

غسّال، مرده‌شوی. the person who washes corpses. mortician.

غسّال‌خانه، مرده‌شوی خانه. a place for washing corpses. mortuary.

غسّاله woman who washes dead women's bodies. washing or purging.

غسل، شستشو، تطهیر، استحمام. ceremonial washing. ablution. dipping in the water. bathing. immersion. plunging (into water). baptism.

~ دادن. to wash ceremoniously. to dip.

~ کردن. to perform ablution.

~ تعمید. baptism.

~ تعمید دادن. to baptize.

غش، اغماء، بیهوشی، ضعف. swooning. fit. syncope. fainting. coma.

~ کردن. to swoon. to fall into a fit. to faint. to pass out.

غشّ، تقلب، سکهٔ قلب. fraud. counterfeit coin. artifice. deceit. dissimilation.

بی غل و ~. straightforward. flawless.

غشاء (اغشیه .pl)، شامه. membrane. mucous membrane. film. coat. covering.

غشّاش، شیاد. a deceiver. an impostor.

غشاوت، پوشش، پرده. covering. veil. dimness of the eye.

غشائی membraneous.

غشه، قشه. race. match. competition.

قشه‌گذاشتن. to run a race. to participate in a competition.

غشی، صرعی. habitually swooning. epileptic. syncopal.

غصب، تصرف عدوانی، بزور ستانی، تصاحب. usurpation. misappropriation. extortion. seizing. expropriation. arrogation. snatching. dispossession.

~ کردن. to usurp. to seize. to misappropriate. to arrogate. to snatch.

گوماتا تخت سلطنت را ~ کرد. Gaumata usurped the throne.

غصباً usurpingly.

غصب‌آمیز، غاصبانه. by usurpation. extortionary. marked by usurpation.

غصبی usurped. unlawful.

غصن (اغصان .pl) شاخه. branch. ramification.

غصّه، اندوه، غم. grief. sorrow. worry. gloom. blues. sadness. anxiety. angst.

~ خوردن. to sorrow. to grieve. to be grieved. to become sorrowful. to worry.

~ دادن. to grieve. to sadden. to cause grief and anxiety for.

غصّه‌خور worrier.

غصّه‌دار having a worry or worries. sorrow-stricken. afflicted. gloomy.

غضب، خشم. anger. wrath. rage. fury. resentment. indignation. choler.

~ کردن. to be(come) angry. to vent one's anger upon. to disfavo(u)r.

بغضب آوردن. to enrage. to infuriate. to make angry. to rouse to anger. to provoke. to incense.

~ کسیرا فرو نشاندن. to pacify one's anger. to appease one's wrath.

غضب‌آلود، غضبناک، خشمگین. irate. angry. enraged. infuriated. wrathful. incensed. mad. sore.

غضبناک، خشمگین. angry. wrathful irate. enraged. infuriated. incensed.

~ شدن. to be(come) angry. to fly into a rage. to be enraged.

~ کردن. to make angry. to provoke. to rouse to anger. to anger.

غضبناکی angriness. furiousness. anger. rage. wrath.

غضروف، نرمهٔ استخوان. cartilage. chondro-.

غضروف شناسی chondrology.

غضروفی cartilaginous. chondroid.

غضنفر، شیر. lion.

غطاء، پرده، پوشش. membrane.

غفّار، بخشنده. forgiving. forgiver. merciful.

غفرالله may God forgive him.

غفران، آمرزش، بخشش. forgiveness.

غفلت، سهل‌انگاری. neglect. carelessness. inattention. negligence. heedlessness. dereliction. laches. default. laxness. remissness. inattentiveness. disregard.

~ کردن، ~ ورزیدن. to neglect. to be heedless of. to disregard. to slight.

از توجه به نیازهای واقعی مردم ~ کردن. to neglect the real needs of the people.

~ (کوتاهی) اوسبب همهٔ بدبختیهای اوشد. his carelessness brought him all his misfortunes.

~ او سبب این حادثه شد. his negligence caused this accident.

غفلت‌کار، ~ ورز. neglectful. careless.

غفلت‌کارانه neglectfully. neglectful. carelessly. careless.

غفلت‌کاری carelessness. neglectfulness.

غفلةً، غفلتاً، ناگهانی. all of a sudden. unexpectedly. unawares. suddenly.

~ سررسیدند. they arrived (or come up) unexpectedly.

غفور، غفار. forgiver of sins, God.

غفیر، بیشمار. numerous (only in جم غفیر=large crowd).

غل، جرخیدن، چرخ، غلت، غلتیدن. rolling. rumbling. clattering. clatter.

~ خوردن، ~ دادن. to roll. to cause to roll.

سیب روی کف اتاق ~ خورد. the apple rolled on the floor.

غِل، فریب، کینه. deceit. spite. (only in بیغل وغش).

غُل، زنجیر، طوق آهنین، یوغ. iron collar. chains. yoke.

غَل، کمیابی، قحطی. dearth.

غلا، گرانی. dearth. dearness. scarcity.

غلات (غله pl. of). grains. corns. cereals.

غلاظت، غلظت. coarseness. thickness.

غلاف، جلد، نیام. sheath. scabbard. case. cover. vagina. (bot.) pod. ocrea.

~ کردن. to sheathe. to invaginate.

غلاف‌دار sheathed. podded. covered.

غلافی sheath-like. vaginal.

پیوند ~. cleft grafting.

غلاله، گلاله. ringlet. stigma. bouquet.

غلام، نوکر، بنده، برده. slave. page. lad.

~ کردن. to reduce to slavery. to enslave.

غلام بچه young slave. page.

غلام پاره، غلام باره، غلامزاده. slave's child. my child or son.

غلامزاده the offspring of a slave.

غلام سیاه Negro slave. blackamoor.

غلام فروش، برده فروش. slave dealer.

غلبه، استیلاء، پیروزی. prevalence. predominance. victory. triumph. overpowering. preponderance. autonomasia.

~ کردن. to prevail. to win. to win over. to overcome. to defeat. to predominate.

بالاخره برمشکلات ~ خواهیم کرد. finally we will prevail over our difficulties.

غلبهٔ خون hyperaemia. congestion.

غلپ، جرعه. gulp. swallowing.

غلپیدن، بادکردن. to swell. to heave.

غلت (غلتیدن imp. of). roll(ing). trill.

خر غلت. rolling like a donkey.

غلتان rolling. round and unbored.

بام ~. roller.

غلتانیدن، غلتاندن. to roll. to cause to roll.

غلتبان، غلطبان. cuckold.

غلتک، غلطک، غرغره، بام غلتان. roller. castor or caster. small wheel. hoop. pulley. rolling pin. steam-roller.

~ زدن. to steamroller. to roll (as a lawn).

غلت‌گاه inclined plane.

غلتیدن، غلطیدن، غلت زدن. to roll. to wallow. to welter. to tumble.

غلط، خطا، اشتباه، نادرست. mistake. error. wrongful act. blunder. solecism. erroneous. incorrect. wrong. wrongful.

~ چاپی. typographical error. misprint.

~ دستوری. solecism.

~ مشهور. error allowed by usage.

~ کردن، اشتباه کردن. to make a mistake.

~ کردم. I confess my fault. I made a mistake. I repent.

~ کردید. you should repent (for the silly act). you made a mistake.

~ تعبیر کردن. to misconstrue.

~ گرفتن. to correct. to criticize.

~ افتادن. to fall or happen to be in the wrong place (also بغلط افتادن). to be led into an error. to be mistaken.

به ~. erroneously. improperly. amiss. wrong.

غلطان، غلتان. rolling round. perfectly round. unbored.

غلط انداز، گمراه‌کننده. misleading. delusive. deceiver.

غلطانیدن، غلتانیدن. (to cause) to roll.

غلطک، غلتک. a roller. rolling pin. any small wheel or wheel-like apparatus.

غلط‌کار wrongdoer. malfeasant.

غلط‌کاری wrongdoing. misdeed.

غلط‌گیر proofreader.

غلط‌گیری proofreading.

~ کردن. to proofread. to correct.

غلط‌نامه erratum. errata.

غلطنده rolling.

غلطیدن، غلتیدن. to roll. to trundle. to wallow. to welter.

خوك در لجن میغلطید. the hog was weltering in the mire.

غلطی، اشتباهاً. mistakenly. erroneously.

غلظت، شدت، ضخامت، بهم‌فشردگی. viscosity. thickness. concentration. density. coarseness. consistency.

غلغل gurgle. bubbling (noise). ebullition. tumult. din. uproar.

~ زدن. to bubble. to boil. to gurgle.

~ کردن. to gurgle. to uproar. to boil. to make a bubbling noise.

غلغلك، کوزهٔ سرتنگ، تنگ سفالین. jug (which keeps water cool). goglet.

غلغلك tickling. titillation.

~ دادن. to tickle. to titillate.

غلغلکی ticklish.

غلغله confused noise. hubbub. tumult.

~ کردن. to raise a tumult. to uproar.

غلغلی، غلغلك، غلغلیچ. tickling.

غلفه prepuce. foreskin.

غلفی preputial.

غلق، قلق، راز، روش‌کار، رمزکار، فوت‌وفن. mood. method. secret. disposition.

بد ~. of a bad disposition. cranky.

غلك، قلك. piggy bank. till.

غلمان، غلام، غلامان. handsome lads dwelling in paradise.

غلنبه، قلنبه. bombastic. grandiloquent. lump. protuberance. nodule. lump. floccule. floccus. flocculous. node. knob. nodus.

غلوّ، گزافه، اغراق، گزافگوئی. exaggeration. hyperbole. magnification overstatement. overestimation. puffery. boasting.

~ کردن. to exaggerate. to exceed bounds. to magnify. to overestimate. to overstate. to hyperbolize. to overpraise. to overshoot the mark.

دربارهٔ فضیلت دختری ~ کردن. to exaggerate a girl's virtue.

غلّه (غلات .pl)، جو و گندم. corn. grain. cereals.

انبار ~. granary.

غله‌خیز graniferous. corn producing. breadbasket.

غلەفروش corn factor. chandler.
غَلَیان، جوش، هیجان. boiling. tumult. ebullition. excitement. fermentation.
~ کردن. to boil. to ferment.
نقطهٔ (درجهٔ) ~. boiling point.
غَلیان، قلیان. nargileh. hookah. hubble bubble.
~ کشیدن. to smoke a nargileh.
غَلیظ، متراکم، متمرکز. thick. concentrated. viscous. viscose. intensified. condensed. dense. cond unsate. inspissated. heavy.
~ شدن. to thicken.
~ کردن. to thicken. to concentrate. to inspissate. to condense. to intensify.
شربت ~. a thick syrup.
دود ~. thick smoke.
شیر غلیظ شده. concentrated milk.
گاز ~ شده. condensed gas.
مه ~. a dense fog.
غَلیظی، غلظت، چگالی. thickness. condensation. density. viscosity.
غَلیواج، زغن. (z.) kite.
غَم. اندوه، غصه، نگرانی، اندیشه، حزن، پریشانی. sorrow. grief. worry. care. anguish. woe. affliction. gloom. sadness. distress. (colloq.) blue. dolor.
~ خوردن، غصه خوردن. to sorrow. to grieve. to be grieved. to worry.
چه ~ دیوار امت را که دارد چون تو پشتیبان. what sorrow for the (line of the) people if they have you as supporter.
غَمّاز، سخن‌چین، نمام. telltale. talebearer. slanderer. eavesdropper. gossip.
غَمّازَك fishing cork. a float.
غَمّازی، سخن‌چینی، خبرکشی. talebearing. slander. eavesdropping.
غم‌انگیز، محزون. sad. doleful. tragic. sorrowful. woeful. gloomy. dolorous. saddening. (music) doloroso.
نالهٔ ~. a doleful groan.
غمباد swelling (believed to be caused by sorrow). goitre.
غمخوار، محرم راز، غصه خور. sympathetic. one who looks after a person with tender care. condoling.
غمخواری sympathy. condolence.
~ کسیرا کردن. to look after someone with tender care. to sympathize for one.
غَمخور، غمخوار. afflicted. one who partakes of others' sorrow.
غَمخورَك، بوتیمار. (z.) bittern.
غمدیده afflicted. grieved. bereaved.
غَمز، غمزه، اشاره، بدگوئی، سخن‌چینی. wink. hint. sign. talebearing. slander.
غَمزدا removing sorrow. cheering.
غَمزَدَه (غمزدگان .pl)، محزون. wo(e)begone. sorrow-stricken. afflicted.
غَمزَه، غمز. ogling. amorous glance. wink.
~ کردن. to ogle. to wink. to act coyly and coquettishly.
به ~، با ~. with an amorous glance. coquettishly.
غَمض، چشم پوشی. connivance. condonation.
~ عین. connivance. disregarding.
~ عین کردن. to connive at. to disregard. to condone.
غَم‌فزا causing grief. grievous.
غمگسار، غمخوار. a person with whom one can share his grief.
غمگین، اندوهناك، محزون. sad. sorry. sore. melancholic. doleful. woeful. afflicted. saddened. grieved. gloomy.
~ شدن. to feel sorry, ang(u)ished or distressed. to become sad.
غمگینی، اندوه، حزن. sadness. sorrow. woe. anguish. distress. melancholy.
غَناء، بی‌نیازی، توانگری، ثروت. freedom from want. riches. wealth.
غِناء (اغنیه .pl)، آواز، موسیقی. singing. song. music.
غنا verdant (garden).
غَنائِم (.pl of غنیمت) booties. spoils.
غِنائی lyric. lyrical.
شعر ~. lyric(al) poetry.
غَنج، خوشی. amorous gest. joy.
~ زدن. to be full of joy.
غُنچه، شکوفه. bud. sprout. shoot. germination. burgeon. blossom. bloom. floral bud.
~ کردن، ~ بستن، شکفتن. to bud. to put forth buds. to sprout. to blossom. to bloom.
لب را ~ کردن. to purse the lips.
غنچه‌ها بازشد. the buds opened.
غُنچه دَهان with a small mouth. like a rosebud.
غُند gathered together. mass.
~ کردن. to gather together.
غُندِه، غرغر، لندلند. grumbling. muttering. growling.
~ زدن. to grumble.
غَنَم (اغنام .pl)، گوسفند، حشم، گله. flock. sheep. ewes. goats. cattles.
غُنودَن، آسودن، خوابیدن. to sleep. to rest. to repose. to relax.
غُنَّه twang. nasal pronunciation.
غَنیّ (اغنیاء .pl)، بی‌نیاز، ثروتمند، مالدار. wealthy. rich. affluent.
ایران از نظر منابع طبیعی ~ است. Iran is rich in natural resources.
~ کردن. to enrich. to free from want.
سرزمین ~. rich land.
غَنیمَت (غنائم .pl)، غارت، یغما. booty. spoil. windfall.
به ~ بردن. to take as booty.
~ داشتن، ~ شمردن. to make the most of. to avail oneself of. not to let escape.
غنائم جنگی. spoils of war.
فرصت را ~ شمار. make the most of your chances (opportunities).
غَو، نعره. a cry or clamour. thundering (noise).
غو، قو. (z.) swan.
غَواشی (.pl of غاشیه). saddle covers. mantles.
غَوّاص diver. frogman.
~ مروارید. pearl diver. pearl fisher.
غَوّاص سانان (z.) Gaviiformes. loons.
غَوّاصی diving.
~ کردن. to dive. to be a diver.
غَوامِض (.pl of غامضه). abstruse or obscure problems.
غوچ، قوچ. ram. horned ram.
غَور، بررسی، عمق، ژرفا. bottom. depth. investigation. deliberation. sounding.
درچیزی ~ کردن. to go deep into something. to study profoundly.
~ وبررسی. deliberation and investigation.
غُورت، غرت، قورت. gulp. draught. swallowing.
~ انداختن. to talk big. to bluff.
در یك ~. in one draught.
~ دادن. to swallow. to gulp.
غوررَسی deep investigation. research.
~ کردن. to investigate deeply.
غوره sour grapes. unripe grape.
~ چلاندن، آب‌غوره چلاندن. to press sour grape juice. to weep (for no good reason). to shed forced tears.
آب ~. sour grape juice.
غوزَك، قوزك. malleolus.
غوزَکی malleolar.
غوزَه، قوزه. boll. cotton-pod. cocoon.
کرم ~. bollworm. cocoon.
غوش، غوشه. birch.
غَوص، فرو رفتن، تعمق. diving. going deep into a matter. fathoming.
غوطه، زیرآب‌رفتن. dunking. plunging. dive. diving. duck. ducking. immersing. plunge. dip. swoop.
~ خوردن. to be dunked. to plunge. to dive. to duck.
~ دادن. to plunge. to cause to dip (or dive). to immerse. to dunk.
غوطه‌وَر plunging. plunged. dunking. floating.
~ شدن، غوطه خوردن. to plunge.
غوطه‌وَری plunging. diving. floating.
غوغا، جنجال، هیاهو، آشوب. uproar. tumult. disturbance. riot. hubbub. pandemonium. bedlam. clamo(u)r. hullabaloo. fuss.
~ کردن، ~ برپاکردن. to raise a tumult or disturbance. to quarrel.
غوغائی clamo(u)rous. fussy. riotous.
غوك، غورباقه، وزغ. frog. toad.
غُول (غیلان .pl)، دیو. ghoul. ogre. giant.
~ پیکر. gigantic.
غیاب، عدم حضور، غیبت. absence. default. absenteeism. default.
در ~، درنبودن. in default of. in the absence of.
در ~ من او اداره را میگرداند. he runs the office in my absence.
غیاباً in one's absence. by default. in absentia.
غیابی، غیاباً. absent. absentee. passed in default of a person.
حکم ~. judgment by default.
رأی ~. absentee ballot.
غیاث help. rescue. redress (of grievances). assistance. aid.
غیار paring. a piece of yellow cloth formerly worn by a Jew.
~ کردن. to pare (as a hoof).
غَیب، نادیده، اسرارآمیز، مخفی. the invisible or mysterious. hidden things.
عالم ~. the invisible world.
علم ~. prescience or omniscience. divining power.
~ کردن. to make invisible. to hide. to cause to disappear.
~ شدن. to vanish. to disappear.
~ گفتن. to prophesy. to foretell (events). to divine. to augur.
اوغیبش زد. he disappeared. he slipped off.
غَیباندَن (غیبان .imp)، غیبانیدن، غیب کردن. to palm. to conceal (as in jugglery). to cause to vanish.
غیبَت، بدگوئی. backbiting. absence. absenteeism. separation
~ کردن. to backbite. to absent oneself. to be absent.
ازکسی ~ کردن. to backbite a person.
~ کننده، غایب. a backbiter. slanderer. habitually absent. absentee.
غَیب‌دان، عالم‌الغیب، خداوند. omniscient. prescient. diviner. soothsayer.
غَیبگو، پیشگو. diviner. oracle. augur. sibyl. clairvoyant. soothsayer.
~ وقایع را پیشگوئی میکند. the diviner prophesies events.
غیبگویان یونانی وقایع را پیشگوئی میکردند. the Greek oracles foretold events.
غَیبگوئی، پیشگوئی. divination. augury. soothsaying. prophecy. foretelling.
غیبگوئی کردن. to divine. to prophesy. to foretell. to prognosticate. to augur.
غَیبی، مخفی، نامرئی، نادیده. occult. invisible. oracular. heavenly. divine. hidden. secret. mysterious.
غَیر (اغیار .pl) بیگانه، دیگر، غریبه، ناآشنا. another (person). stranger. foreigner. other. different. alien. except. other than. outside. excluding. save. without. used as prefix meaning "un-", "not", "in-," "ir-" and "non-"
~ از این شخص. other than this person. another person.
آدم ~ (بیگانه). a stranger (foreigner).
این کتاب ~ از کتابهای دیگر است. this book is different from the other books.
~ آلی. inorganic.
~ بومی. (bot.) exotic. nonnative.
~ ساعات اداری. outside the office hours.
~ ازیکشنبه‌ها. excluding Sundays.
همه ~ از این یکی. all save this one.
بغیر از این. with the exception of this
~ محتمل. unlikely.
~ خالص، ناویژه. impure. gross.
~ ارادی، ~ اختیاری. involuntary.
~ آمریکائی. un-American.
~ طبیعی. unnatural.
~ مشروع. unlawful.
~ نظامی. non military. civilian.
~ از خدا هیچکس نبود. there was no one but God. save for God, there was no one.
غَیرَت، حمیت، حرارت، حسد، رشك. zeal. enthusiasm. jealousy. emulation.
برسر ~ آوردن. to rouse the jealousy of. to put a person on his mettle. to defy. to encourage. to give ardour to.
~ مند. zealous. enthusiastic.
با غیرت. ardent. fervent jealous.
غَیرَتی، تعصبی. zealous. ardent. sensitive. prejudiced.
غَیرخالِص، ناویژه. gross. impure.

غیرذیروح inanimate.
غیر ذیفقار، بی‌مهره. invertebrate.
غیررسمی informal. unofficial.
غیرشخصی impersonal.
غیرشرعی، غیرمشروع. unlawful. illegal.
غیرصریح، باواسطه. inexplicit. indirect.
غیرضروری، غیرلازم. unnecessary.
غیرطبیعی unnatural.
غیرعادی unusual. abnormal.
غیرعمدی unintentional. inadvertent.
غیرعملی impracticable.
غیرقانونی illegal. unlawful.
غیرکافی insufficient. inadequate.
غیرمترقبه unexpected. unforeseen.
نعمت ~. **a serendipity.**
غیرمجاز unauthorized. inadmissable.
غیرمحسوس unnoticeable. insensible. intangible.
غیرمرئی، نامرئی. invisible.
غیرمستعمل unused. new.
غیرمستقیم indirect.
بطور ~. **indirectly.**
غیر معاشر unsociable.
غیرممکن impossible.
غیرمنتظره unexpected.
غیرمنطقی illogical.
غیرمنقول immovable.
غیر واقع، غیرمعقول unreal. untrue.
غیره، بیگانه، اجنبی. stranger. other than that.
و~. **other than that (he). et caetera (etc.) and so forth.**
~ درمیان ما نیست. **there is no stranger among us.**
مخارج روزانه و~. **daily expenses, etc.**
غیظ، خشم، غضب. indignation. anger. fury.
~ کردن. **to feel indignant. to get angry. to sulk.**
بغیظ آوردن. **to make angry. to make indignant. to provoke.**
غیظی angry. furious.
~ شدن. **to become angry.**
دائی عباس زود ~ میشد. **uncle Abbas used to get angry soon.**
غیلان (pl. of غول)، giants. ghouls.
غیور، باغیرت. zealous. jealous. intolerant of rivalry. jealously zealous. jealous.
غیورانه zealously. zealous. jealous.

ف the twenty-third letter of the Persian alphabet.
فابریک، کارخانه. factory.
فاتح، پیروز، برنده، قهرمان. winner. victorious. conqueror. opener. victor. vanquisher. champion. triumphant.
~ شدن، پیروز شدن. **to conquer. to win a victory. to overcome.**
تیم فوتبال ما در مسابقات ~شد. **our football team won in the games.**
~ برلن. **conqueror of Berlin.**
فاتحة، مقدمه، آغاز، گشایش. introduction. exordium. the opening chapter of the Koran. the prayer (for the forgiveness) of the dead.
فاتحه‌خوانی، فاتحه. praying for the dead.
فاتر، نیمگرم، ضعیف. weak. lukewarm.
فاتن، فتنه‌گر. seducing. alluring. captivating. fascinating. seducer or tempter.
فاجر (فاجره .fem)، بدکار، زناکار. adulterer. debauchee. adulteress. lewd woman.
فاجع، فاجعه، بدبختی‌آور. calamitous. catastrophic. tragic. unexpected.
فاجعَه (فاجع .fem. of). calamity. disaster. tragic event. tragedy. mishap. catastrophe.
فاحش، زشت، بسیار، کثیر، زننده. notorious. obscene. blatant. flagrant. glaring. gross. signal.
شکست ~. **signal defeat. rout.**
خطای ~. **a glaring error.**
فاحشگی، فحشاء، روسپیگری. whoredom. prostitution. harlotry. bawdry.
~ کردن. **to engage in prostitution.**
فاحشَه (فـواحش .pl فـاحش .fem. of)، روسپی، روسبی، جنده. prostitute. whore. harlot. bawd. strumpet. streetwalker.
فاحشه‌باز، جنده‌باز. whoremonger.
فاحشه‌بازی، جنده‌بازی. whoring.
فاحشه‌خانه، جنده‌خانه، خانهٔ فساد. brothel. bawdyhouse. whorehouse.
فاخته، قمری. (z.) ringdove.
فاخر، عالی. fine. sumptuous. rich. costly. premium. of high quality.
لباس ~. **sumptuous dress.**
فاراده Faraday.
فارس، پارس. Fars or Pars. Iranian or Persian.
فارس، سوار. horseman.
فارسی، زبان فارسی، اهل فارس، ایرانی. Persian (language). Iranian. a native of Fars. Farsi.
تاریخ زبان ~. **history of the Persian language.**
گویش‌های گوناگون ~. **various Persian dialects.**
فارسی‌دان scholar in Persian. knowing Persian.
فارسی زبان Persian speaking.
غیر ~. **Non - Persian speaking.**
فارغ، آسوده. unencumbered. free. disengaged. relaxed. quit. released. disburdened. relieved.
~ شدن. **to get through. to deliver a child. to be delivered of a child.**
~ کردن. **to release. to disburden. to disengage.**
~ از نگرانیها. **free from all worries.**
هرروزساعت چهار بعد از ظهر از کار~ میشوم. **every day I get through (finish) my work at 4 P.M.**
زن آبستن را به‌بیمارستان بردند وپس ازدوروز ~ شد. **the pregnant woman was taken to the hospital where she gave birth after two days.**
فارغ البال، آسوده خاطر، آسوده خیال. unencumbered. free. at ease. tranquil.
فارغ التحصیل، دانش‌آموخته. graduate.
~ شدن. **to graduate.**
او ~ دانشگاه کلرادو است. **he is a graduate of Colorado University.**
فارغ التحصیلی graduating.
جشن ~. **graduation (commencement) ceremony.**
فاروس، فانوس دریائی، مناره. Pharos.
فاروق discriminating. discerning.
تریاق ~. **theriac electuary.**
فاره، موش. mouse.
فاز phase.
فاستونی، فاصونی. serge. worsted.
فاسد، خراب، تباه، معیوب، منحرف، بداخلاق. corrupt. depraved. vicious. decayed. rotten. contaminated. spoiled. cankered. putrefied.
~ شدن. **to decay. to deteriorate. to degenerate. to be depraved. to perish. to fall off. to rot. to putrefy. to go bad.**
~ کردن. **to decay. to deprave. to corrupt. to vitiate. to eat away. to canker. to exulcerate. to spoil. to putrefy.**
صاحب منصبان ~ دولت. **corrupt government officials.**
پسرهای ~. **depraved (perverted) boys.**
دندان ~(کرم خورده). **decayed tooth.**
غذای ~. **spoiled food.**
دارای اخلاق ~. **debased in character.**
سقراط بطور ناروا متهم شدکه جوانان آتن را ~ کرده است. **Socrates was wrongly accused of having corrupted the youth of Athens.**
دندانهای خود را مرتب بشوئید تا ~ نشوند. **wash your teeth regularly so that they may not become decayed.**
فاسد الاخلاق، بداخلاق. immoral. dissolute. depraved.
فاسق (فاسقه .fem)، فاجر، فاجره، بدکار. lewd (person). libertine. paramour.
فاش، علناً، آشکارا. open(ly). frank(ly). overt. divulged. revealed. manifest. obvious. flagrant.
~ کردن. **to betray. to reveal. to divulge. to blab. to give out.**
اسرار دیگرانرا نباید ~ کرد. **one must not reveal others' secrets.**
~ کردن، آشکار کردن. **to reveal. to divulge. to publish. to manifest.**
~ میگویم و از گفتهٔ خود دلشادم. **I say (assert) openly and am happy with my statement.**
فاشیست Fascist.
فاشیسم Fascism.
فاصل، جدا کننده، قاطع. separator. deciding. separating. decisive. demarcating.
خط ~. **line of demarcation. demarcation line.**

فاصِلَه (فواصل .pl)، فرجه. space. distance. interval. interruption. discontinuity. remoteness. extent. gap. interstice.
با ~. spaced. having distance. distant.
بی ~. joined. without space.
~ دادن. to space.
~ گذاردن. to leave a space or blank. to interspace.
~ گرفتن. to keep aloof. to keep (one's) distance.
فاصلهٔ تهران وکاشان چقدراست؟ what is the distance between Tehran and Kashan?
درقدیم این فاصله را چهار روزه طی‌می کردند. in the old days they used to cover this distance in four days.
فاصلهٔ کانونی. focal distance or length.
بفاصلهٔ دو روز. at an interval of two days. in two days.
بفواصل متساوی. at regular (equal) intervals.
بلافاصله. immediately. uninterruptedly.
در فاصله‌های معین. at intervals. intermittently.
فاصلهٔ دور. long distance.
فاصِلَه‌دار spaced. timed. distant. having intervals. placed at intervals.
فاصِلَه‌زَن space bar.
فاصِلَه‌سَنج odometer.
فاصِلَه‌گیر spacer.
فاضِل (فاضله .fem فضلاء .pl)،دانشمند،محقق. learned. erudite. scholarly. surplus.
فاضِل‌آب، گنداب، پس‌آب. sewage. waste water. surplus water. drainage.
مجرای ~، گنداب، گندابرو. sewer. sewage system.
فاطِمَه Fatemeh. Fatima.
فاطِمی (فاطمیه .fem فاطمیون .pl). Fatimid. Fatimite.
فاعِل، کننده، عامل. doer. factor. performer. actor. operator. agent. (grammar) subject. maker.
~ مختار. (one) having free will. free in one's actions. despot.
~ ومفعول این جمله. the subject and object of this sentence.
در جملهٔ «آرش لیوان را شکست» آرش فاعل است ولیوان مفعول. in the sentence. «Aresh broke the glass», Aresh is the subject and glass the object.
فاعِلی، فاعلیت. denoting the agent. nominative. subjective.
حالت ~. nominative (subjective) case.
فاعِلیّت agency. playing the active part. subjectivity.
فاق، چاك، شكاف. split. notch. kind of silk stuff. slit. hairline.
~ خوردن. to split.
~ دادن. to split. to slit. to part.
فاقِد، كم، بدون. missing. wanting. lacking. disqualified. deficient.
~ بودن. to miss. to lack. to be devoid of. to be deficient in.
این بیمارستان ~ وسائل‌لازم است. this hospital lacks the necessary equipment.
کلاس ~ معلم. a class without (lacking) a teacher.
فاقَه، تنگدستی، فقر. lack. need(iness). poverty. indigence. penury. pauperism. impecuniousness. destitution.
فقر و ~. poverty and neediness.
فاکتُور، سیاهه، سندهزینه، عامل، سازه. invoice. list. bill. agent. factor
فاکتورگیری factoring.
فاکولتِه faculty. college.
فاکِهه (فواکه .pl)، میوه. fruit. product. yield.
فال، تفأل، استخاره، قاش. omen. fortune. lot. portion. augury.. sortes. slice.
~ گرفتن، ~ گشودن. to tell fortune. to have one's fortune told. to consult a book. to [illegible] bibliomancy. to make an augury.
بفال نیك گرفتن. to augur well. to consider as a good omen. to take as a good omen.
من اینرا بفال نیك‌میگیرم. I take it as a good omen (augury).
فالگوش. augury by listening to the remarks of passers by.
~ ورق. cartomancy.
~ (استخاره) باكتاب مقدس. sortes Biblicae.
با حافظ ~ گرفتن. to have a sortes with Hafez.
یك ~ گردو. a portion (morsel) of walnut kernels.
فال‌بین bibliomancer. fortuneteller.
فال‌بینی، تفأل. soothsaying. divination. bibliomancy. fortunetelling.
فالِج، افلیج، زمین‌گیر. paralyzed. paralytic. palsied. invalid. paraplegic.
~ شدن. to be paralyzed.
~ کردن. to paralyze. to maim. to cripple.
فال‌زدن، فال‌گرفتن، طالع‌بینی. to make a sortes.
فالگیر، فال‌بین. bibliomancer. fortuneteller. soothsayer.
فالگیری fortunetelling. soothsaying.
~ کردن. to tell fortunes. to fortunetell.
ـفام، رنگ. colo(u)r. suffix meaning «somewhat» and "colo(u)red"
گل ~. rose-colored.
فامیل، خانواده. family.
فامیلی، خانوادگی. familial.
فانتِزی، خیالی، شیك. fancy (goods). fantasy. fantasia.
فانُسقَه، فانوسقه،جای‌فشنگ. cartridge belt.
فانوس، لنترن، چراغ. (paper) lantern. bellows. barn lantern.
~ دریائی. pharos. lighthouse.
~ شعبده. magic lantern.
فانی، نابود شدنی، زودگذر. mortal. perishable. transient. finite. destructible. ephemeral. transitory. fleeting.
انسان ~ است. man is mortal.
در این دنیای ~. in this transient world.
~ شدن، درگذشتن. to perish. to pass away. to be annihilated.
فایِدَه (فوائد.pl)، سود،منفعت، بر،حاصل، نتیجه. profit. benefit. dividend. avail. interest. gain. use. utility. advantage.
یکی از فایده‌های (فوائد) زندگی در شهرهای کوچك اینست که... one of the advantages of life (living) in small towns is...
~ بردن. to derive a benefit or advantage from. to make a profit. to benefit from. to make use of.
~ دادن، ~ بخشیدن. to yield profit. to be useful or profitable. to be of avail.
چانه زدن ~ ندارد. باید درس بخوانید تا نمرهٔ خوب بگیرید. it is no use haggling. to get a good grade you must study.
پر ~. advantageous. profitable. useful.
بی ~. useless. unprofitable. futile. profitless. of (to) no avail.
~ كردن. to make profit. to be profitable. to sell at a profit.
~ ندارد. it is (of) no use. it is useless. it is not profitable. it is futile.
چه ~ دارد؟ what is the use? of what use is it?
در این معامله ده درصد ~ کردم. in this deal I made a profit of ten percent.
فائِز، پیروز،کامیاب. attaining. successful.
~ شدن. to attain. to obtain.
فائِض، فراوان، سرشار، بخشنده. abundant. diffusing. liberal. bountiful.
~ نور. diffusing light. luminous.
فائِق، برتر، عالیتر، پیروز. victorious. overcoming. excellent. superior. great.
~ شدن، ~ آمدن. to overcome. to triumph. to win against.
بالاخره برمشکلات زندگی ~ شد. finally he overcame the difficulties of life.
فائِقَه (فائق .fem of). superior. excellent. high.
با تقدیم احترامات ~. with highest regards.
احترامات ~ را تقدیم می‌دارد. assuring you of our highest esteem.
فَبِها، چه‌بهتر، بسیار خوب. well. so much the better.
اگر پرداخت ~ وگرنه عارض خواهم‌شد. if he pays it, well, but if not, I will go to law.
فَتّاح، بازکننده، گشاینده، فاتح. opener. conqueror.
فُتادَن، افتادن. to fall.
فتاریدَن to dig. to strew. to split. to rend. to scatter.
فَتّان، دلربا، دلفریب. fascinating. charming. seducer. tempter. enchanter.
چشمان ~. fascinating (seducing) eyes.
فَتاوِیٰ (فتوی .pl. of). judgments.
فَتح (فتوحات، فتوح .pl)، پیروزی، گشایش. conquest. victory. triumph.
~ کردن. to conquer. to open. to begin. to win a victory. to triumph.
~ باب‌کردن. to set a precedence. to be the first. to begin a custom, business. etc.
او در ~ برلن شرکت داشت. he participated in the capture of Berlin.
این یکی از فتوحات بزرگ ناپلئون بود. this was one of Napoleon's great victories.
فَتحَه، زبر. vowel point "ـَ" equivalent to "a" as in add.
فِتراك saddle strap.
فَتَرَت، فاصله،وقفه. interval. intermission. interregnum.
فَتق،بادفتق. hernia. rupture. -cele.
فَتق‌بَند truss. belt or bandage used in cases of rupture.
فتقی hernial. herniary. herniate.
فِتنَه (فتن .pl)، شورش، آشوب. sedition. revolt. conspiracy. temptation. calamity. nuisance. trouble.
~ انگیختن، ~ کردن. to excite a sedition. to raise a disturbance.
فتنه‌ای را خوابانیدن. to suppres (quell, or pacify) a sedition (or rebellion).
~ فرونشست. the sedition was quelled. the riot subsided.
وقتی افتاد فتنه‌ای درشام. once there was trouble (a disaster) in Syria.
فِتنَه‌آمیز seditious. conspiratorial.
فِتنَه‌انگیز seditious (person). incendiary.
فِتنَه‌جو seditious. quarrelsome.
فَتوا، فتوی. (religious) statement or proclamation or decree. [illegible]
فُتُوّت، مردانگی، جوانمردی. generosity. manliness. magnanimity.
بافتوت، فتوتمند. generous(ly). liberal.
~ نشان دادن. to show generosity. to be generous.
فُتوحات (فتح .pl. of فتوح .pl. of)، پیروزی. conquests. victories.
فُتور، سستی، ضعف، بیحالی. languor. torpidity. lassitude. languidness. stagnation. indolence.
~ کردن. to grow weak or lukewarm. to exceed bounds.
~ درعقل. weakening of reason.
~ پذیر. capable of weakening. inconstant.
~ ناپذیر. incapable of weakening. firm. constant. indefatigable.
فَتویٰ (فتاوی .pl)، فتوا، رأی، قضاوت،تصمیم. sentence. judgment. religious or judicial decree. decision. opinion.
قضات باعدام او ~ دادند. the judges sentenced him to death.
~ دادن. to pronounce a judgment. to give a sentence. to pronounce a decree.
فَتَه، پته، فته طلب. permit. pass. promissory note.
فَتیٰ (فتیان .pl)، جوان، جوانمرد. youthful. manly.
فَتیلَه wick. fuse. (in surgery) drain. tent.
در چیزی ~ گذاشتن. to introduce a drain or tent into something.
فتیله‌ای wick - shaped. burning by a wick. furnished with a fuse.
تفنگ ~. matchlock.
چراغ سه ~. three - burner stove or light.
فُجاءَه، سکته. sudden death. apoplexy.
~ کردن. to die a sudden death.
فَجایِع (فجیعه، فجیع .pl. of). tragic events. disasters. atrocities.
فَجر، سپیده دم. daybreak. dawn. aurora.
~ شمالی. aurora borealis.
~ جنوبی. aurora australis.
فُجور، فسق. debauchery. dissoluteness.
~ کردن. to debauch.
فَجیع (فجایع .pl)، زشت، ناگوار، ناهنجار. tragic. calamitous. disastrous. horrible. atrocious. savagely brutal.
جنایت ~. horrible crime.
فَجیعَه (فجیع .fem. of)، زشت،ناپسند،بدبختی‌آور. tragic event. disaster. obscene or atrocious act.
فَحّاش، بددهان، ناسزاگو، دشنام دهنده. scurrilous. abusive. foul - mouthed. vituperative. opprobrious. scurrile.
فَحّاشی، ناسزاگوئی.

scurrility. blasphemy. abusiveness. cursing. swearing. cussing. abuse. vituperation. reviling.

~کردن. to use foul language. to curse. to blaspheme. to cuss. to vituperate. to revile.

آنگاه‌که توانائی تمام میشود ~ شروع‌میشود. when ability (power) ends, scurrility begins.

فُحش، ناسزا، دشنام. curse. cuss. vilification. vituperation. swear word. foul language. scurrility. obloquy.

~ دادن. to curse at. to use bad language. to revile. to abuse foully. to cuss. to vilify. to vituperate.

فَحشاء prostitution. whoredom.

فقر و ~. poverty and prostitution.

فُحشی reviled. abusive.

فَحل male animal. distinguished person. chief. in heat. estrus. estrum.

~ آمدن. to rut. to be on (or in) heat.

فحل‌زا estrogenic. estrogenous.

فحلی estrous. oestrous.

فَحوا، فحوی. tenor (of one's words). context. tone. purport.

فَحوی، مضمون. tenor. purport.

فَخّار، کوره‌پز. kiln attendant. brick baker.

فخاری، کوره‌پزی. brick firing. brick baking.

فَخامَت، بزرگی. dignity. eminence.

فَخِذ (فخذین .pl)، فخذین مبدأ نخاع. thigh(bone). femur.

فَخِذی، رانی. femural. femoral.

فَخر، افتخار، بخود بالیدن، تفاخر. hono(u)r. glory. pride. glorying. credit. boasting. vaunting. fanfare. buncombe. gasconade.

~کردن، بخود بالیدن. to pride oneself. to brag. to vaunt. to puff. to strut.

رفتار قهرمان موجب ~ ومباهات‌فامیلش‌بود. the champion's behavio(u)r was a cause of pride and glory for his family (relatives).

فَخیم (فخیمه .fem)، بزرگ. great. dignified.

دولت فخیمهٔ انگلیس. His Britannic Majesty's government.

فِدا، قربانی، فدیه، بازخرید. ransom. redemption. sacrifice. devotion.

~ کردن. to sacrifice. to devote.

~ شدن. to be sacrificed. to be devoted.

فدایت شوم! may I be thy ransom!

او شهرت خود را فدای عشق کرد. he sacrificed his fame for love.

گاهی کشورهای کوچک فدای هـوسهای سیاسی کشورهای بزرگ میشوند. sometimes small countries fall victim to the political whims of larger countries.

فداکار devoted. self-sacrificing. devotee.

پدر ~. devoted father.

فداکاری self-sacrifice. devotion.

~کردن. to disregard danger. to endanger (oneself for a cause). to devote oneself to a cause.

~ اوپیرزن را از مرگ‌حتمی‌نجات‌داد. his devotion saved the aged lady from certain death.

فَدائی، جان‌نثار. devotee. volunteer for a dangerous cause. enthusiast. zealot. fanatic. votary. follower.

فَدَوی devoted servant or friend.

فِدیَه ransom.

فَر، شکوه. pomp. splendour. glory.

فَر، فرار، گریختن. escape.

فِر، چین و شکن. curl. wave. ringlet.

~ دادن. to spin. to curl.

~ مژه. eyelash curler.

~ خوردن، ~دادن، ~ زدن. to frounce. to friz(z). to frizzle. to curl. to crisp.

فِر، اجاق، چراغ خوراک‌پزی. cooking stove. kitchener. oven.

فَرا، آنسوی، ماورای. beyond. ultra. forward and backward. up and down.

قدم ~ نهادن، پا فرانهادن. to step beyond (a limit).

~ خواندن. to summon. to recall.

~ داشتن. to hold up.

گوش ~ دادن. to lend the ear. to listen.

~ رسیدن. to arrive. to come (about). to befall. to reach. to attain. to overtake.

باردیگر زمستان ~ رسید. once again winter arrived.

~ روی. behind one's back.

از حد خود ~تر نرو. don't exceed (transgress) your limits (bounds).

~ گرفتن. to acquire. to learn.

او زبان انگلیسی را بسرعت ~ گرفت. he learned the English language fast.

سیل اطراف شهر را ~ گرفت. flood surrounded the city.

فَرابَر pericarp.

فَرابَنفش ultraviolet.

فُرات (geog.) Euphrates.

فراتَر farther up. higher.

فَراچَنگ held. grasped.

~ آوردن. to take hold of. to grasp.

فَراخ، گشاد، جادار. wide. broad. large. ample. spacious. roomy. capacious.

~ شدن. to become large, spacious, or roomy.

تنکه یا زیر شلواری ~. wide pants.

اتاق ~. a spacious room.

فَراخناك، فراخ. wide.

فَراخواندن to recall. to summon. to call back.

فَراخوانی summoning. recalling.

فَراخود superego.

فَراخور، سزاوار، شایسته. suitable. befitting. worthy. becoming.

~ من نیست. it is not suitable for me.

بفراخور حال. in proportion to one's status. according to (such as suits) him.

فَراخی، گشادی، نعمت، وسعت. wideness. largeness. capaciousness. broadness. breadth. affluence. plenty.

فَراخیدَن to separate. to stand on end. to broaden.

فَراداشتَن to raise. to hold up.

گوش ~. to listen. to heed.

فَرادید front sight (in a firearm).

فِرار، گریز، اجتناب. flight. escape. running away. evasion. avoidance. squeak. jailbreak. getaway. lam. evading. eluding.

~ آنها بلافاصله آغاز شد. their flight began at once.

~ از زندان. escape from jail. jailbreak.

~ از انجام وظیفه. an evasion of duty.

~ دادن. to scare away. to put to flight. to cause to escape. to shoo.

~کردن. to run away. to flee. to escape. to desert. to evade. to elude.

صدای پای او آهو را ~ داد. the sound of his footsteps scared the deer away.

زنش او را از زندان ~ داد. his wife helped him break jail.

خواست از گیرم ~ کند ولی محکم گرفتمش. he wanted to escape my clutch but I held him fast.

فَرّار، گریزان، فراری، زودگذر. volatile. fugacious. transitory. vaporizable. fickle.

فَرارا by means of flight.

فَرارَسیدَن to arrive. to come. to overtake. to attain. to reach.

فَرارَفتَن to go on. to proceed. to go (away).

فَرارگاه place to escape to. asylum.

فَراروی behind one's back. in one's absence.

فَراری fugitive. runaway. deserter. escapee. on the lam. on the run.

سرباز ~. runaway soldier. deserter. a.w.l.

~ شدن. to be put to flight. to escape.

~کردن. to put to flight.

فَراریَّت، گریزندگی. volatility. fugacity.

فَراز، بالا، باز، قله. open. above. up. near. top. summit. acclivity. alti-.

~ ونشیب زندگی. ups and downs of life.

فَراز، قطب مثبت. anode.

فراز آوردن. to bring forward. to collect.

پرچم ایران بر ~ ساختمان افراشته شد. Iran's flag was hoisted on top of the building.

~ کردن. to open.

فَرازا altitude.

فَرازمان، فرمان. order or command.

فَرازَنده (one) who raises. hoister.

فَرازیاب altimeter.

فَرازیدَن، افراشتن، برافراشتن. to hoist. to raise. to lift.

فِراست، هوش، ذکاوت. sagacity. astuteness. insight. instinct. perspicacity.

فَراسُرخ، ماوراء قرمز. ultrared. infrared.

فَراسیون، گندنای کوهی. (bot.) true horehound. motherwort. marrubium.

فِراش، رختخواب. bed.

تجدید ~ کردن. to marry a second time. to remarry.

فَرّاش، پیشخدمت. ferash. office boy. servant. janitor.

~ باد صبا را گفته... he has asked the footmen of zephyr...

~ پست، پستچی. postman. mailman.

فَراشا، لرزش‌تب. horripilation. gooseflesh. goose pimples. chilliness. shuddering.

فَرّاش‌باشی headservant. chamberlain.

فَراشیدَن to tremble. to shudder. to shiver. have a feeling of horripilation.

فَرّاشی office of a ferash. janitorial.

فَراعِنه (.pl. of فرعون) Pharaohs.

فَراغ، فراغت. leisure. rest. ease.

فَراغَت leisure. rest. ease.

~ خاطر. tranquillity. peace of mind.

پس از ~ ازتحصیل به تجارت پرداخت. after completing his education, he engaged in business.

دراوقات ~. during (one's) leisure time.

فِراق، جدایی، دوری. separation (from a friend or sweetheart). disunion. disconnection. severance. departure.

مادر پیر در ~ فرزندانش زجر میکشید. the aged mother was tormented for being away from her children.

فراك frock(-coat).

فِراکسیون parliamentary party. fraction.

فَراکَند، ترعه. channel.

فَراگاه anaphase.

فَراگَرد، فراشد. process.

فَراگِرِفتَن، یادگرفتن، آموختن. to take in. to learn. to adopt. to embrace. to envelop. to merge.

فَراگَشت evolution.

فَراگوش‌دادن listen.

فَراماسُون، فراماسیون. freemason.

فَراماسُونی freemasonry.

فَرامُش، فراموش. forgotten.

فَراموش forgotten. overlooked. disregarded. disremembered.

~ شدن. to be forgotten.

~کردن. to forget. to overlook. to disremember.

~ شدنی. forgettable.

~ نشدنی. unforgettable. memorable.

من نامت را ~کردم. I forgot your name.

گذشته را ~ کن. forget the past.

~ نکن‌که همهٔ فامیل بهسرنوشت توعلاقه‌دارند. do not forget that the whole family is interested in your lot.

فراموشم شده. I have forgotten. I do not recall.

فَراموش‌خانَه freemason's hall. freemason's lodge.

فَراموش‌کار forgetful. oblivious. scatterbrain(ed). careless.

فَراموشی، فراموشکاری. amnesia. forgetfulness. oblivion.

~ داشتن. to be forgetful. to have a bad memory.

بفراموشی سپردن. to forget. to consign to oblivion.

در بوتهٔ ~ افتادن. to fall into oblivion.

فراموشی‌آور amnesic.

فَرامین (.pl. of فرمان). firmans. commands. charters.

فَرانسَوی (.pl فرانسویان). French. Frenchman. Frenchwoman.

~ مآب. frenchified. gallicized.

~ مآب‌کردن. to frenchify. to gallicize.

فَرانسِه France. French.

جنگ ~ وآلمان. the Franco - German war.

فرانك Franc.

فَراوان، بسیار، وافر، سرشار، زیاد، بیشمار. abundant. in great supply. plentiful. plenteous. copious. profuse. much. a great deal. opulent. ample. rampant. luxurient. numerous. widespread.

غذای ~. abundant (much, plenty of) food. great supplies of food.

مهمات ~. plentiful supplies of ammunition.

در اصفهان نعمت ~ است. in Isfahan blessings are abundent (profuse). Isfahan is a plentiful city.

to be plentiful or abundant. ~ بودن.
to become plentiful or abundant. ~ شدن.
in that city unemployment is rampant (widespred). درآنشهر بیکاری ~ است.
there is plenty (or a great supply) of cotton in Tehran. در تهران پنبه ~ است.
فَراوانی، وفور، بسیاری، سرشاری. plenty. abundance. great supply. amplitude. rampancy. plentifulness. profusion. ampleness. rifeness. plenitude.
~ ي لا ~ باران موجب ~ محصولات کشاورزی میگردد. usually ampleness (sufficiency) of rain brings about an abundance in agricultural produce.
فَرآوَردَن، تولید کردن، آماده کردن. to produce. to manufacture.
فَرآوَردِه product. produce.
فَرآیَند، فراگرد، فراشد. process.
فرایندانرژی‌گیر endoergic process.
فرایندبرگشت‌پذیر deceleration.
فَراهَم، آماده. available. ready. gathered together. whorl.
to come together. to assemble. ~ آمدن.
to be obtained or available.
to avail. to bring together. to collect. to gather. to amass. to bring about. to effect. to prepare. to assemble. to make available. ~ آوردن، ~ کردن.
to be brought about. to be made available. ~ شدن.
در آن دهکده شیر و پنیر خوب بآسانی ~ نمی آید. in that village good milk and cheese are not easy to come by.
برای رفتن بآنجا باید اول وسیلهٔ نقلیه‌ای ~ کرد. in order to get there a means of transportation must be obtained (gotten, provided) first.
فَراياز، مترقی، ترقی خواه. progressive.
فرایازی progression.
فَرائِد (فریده .pl. of) unique or precious pearls.
فَرائِض (فریضه .pl. of). precepts. religious duties.
فَربُود، درست، راست. orthodox. upright.
~ کیش، راست دین. of an orthodox faith.
فَربِه، چاق، ثمین. fat. corpulent. obese. fleshy. stout. plump. chubby.
to grow fat. to put on weight. ~ شدن.
to make fat. to fatten. to batten. ~ کردن.
او جوانی بلند قامت و ~ بود. he was a tall, corpulent youth.
فَربِهی، چاقی. fatness. obesity. corpulence. stoutness.
فربیُون، فرفیون. (bot.) euphorbia.
فَرتُوت، پیر. decrepit. old and feeble.
فَرتُوتی decrepitude. decrepitation.
فَرج، کس. vulva. pudendum.
فَرَج، گشایش، رهائی. relief. comfort. deliverance. easement. palliation. respite.
از این ستون به آن‌ستون ~ است. between pillar and post there may be rescue.
فُرَج (فرجه .pl. of)، سوراخها، منافذ. pores. orifices. holes. perforations.
خلل و ~. holes and pores.
فَرجاد، دانشمند. learned. scholar(ly). erudite.
فَرَجُ‌البَحر، ریةالبحر. (z.) jellyfish. medusa.

فَرجام، پایان. end. conclusion. result. termination. appeal. utility. advantage.
~ خواستن. to appeal (to the supreme court).
~ یافتن، ~ پذیرفتن. to end. to come to a conclusion.
نافرجام، بدفرجام. tragic. ending badly.
فرجامی final. conclusive.
رسیدگی ~. investigation in the supreme court or court of cassation.
فَرجَد great grandfather.
فَرجُود، معجزه. miracle. wonder. prodigy.
فُرجَه، مهلت، فاصله. respite. grace period. interval. reprieve. delay.
فَرجی vulvar. vulvo-.
~ مهبلی. vulvovaginal.
فِرچه shaving brush.
فَرَح، شادی. cheerfulness. exhilaration. joy. joviality. refreshment. happiness. delectation. mirth.
~ بخشیدن. to exhilarate. to enliven.
فَرَحاً cheerfully.
فَرَح‌افزا، شادی‌بخش، سرورآمیز. increasing mirth. exhilarating. exhilarant.
فَرَح‌بَخش، دلپذیر. pleasant. enlivening. exhilarating. refreshing.
فَرحان، خوشحال، خوش. joyful. merry.
فرحناك، شادی‌بخش، شاد، فرح‌بخش. joyful. refreshing. enlivening.
فَرُّخ، فرخنده، شادی‌بخش، خجسته. happy. auspicious. fortunate. propitious.
فَرَخشور، پیغمبر، وخشور. prophet.
فَرُّخ‌لقا charming. beautiful.
فَرخُندگی auspiciousness. propitiousness.
فَرخُنده، فرخ. happy. auspicious.
فَرُّخ‌نژاد of a prosperous race.
فَرُّخی، شادی، فرخندگی. happiness. auspiciousness. propitiousness.
فَرخیدَن to leap. to dance.
فَرد (افراد .pl.)، یگانه، یکتا. individual. unit. roll. list. single. unique. odd. alone. only. sole. singular. nonpareil.
یك ~ معینی. a certain individual.
موفقیت منحصر بفرد. a unique achievement.
عدد ~ (تاق). an odd number.
نمونهٔ منحصر بفرد رشادت بودن. to stand alone as an example of courage.
منحصر بفرد. only. sole. unique. nonpareil. matchless. a paragon.
راه‌حل منحصر بفرد. the only (sole) solution.
هر فردی ازآنها. each one of them.
فَردا tomorrow. morrow.
چو ~ رسد فکر ~ کنیم. tomorrow will take care of itself.
~ شب. tomorrow night.
پس ~. the day after tomorrow.
پسین ~. three days hence.
فردای آنروز. on the morrow. the next day.
امروز و ~ کردن. to delay. to stall. to procrastinate.
فَرداً singly. alone. individually.
فَردسُمان، تك سمان. Perissodactyla.
فَردأفَرد individually. each and every. one by one. singly. each one.
شما ~ مسئولید. each and everyone of you is responsible.

فِردَوس، پردیس، بهشت، جنت. garden. paradise. Heaven.
من ملك بودم و ~ برین جایم بود. I was an angel and the lofty paradise was my abode.
فِردَوسی Ferdowsi.
فَردی، تنها، انفرادی، یگانه. individual. personal. sole. single.
فِرز، چالاك، چابك. nimble. quick. agile. fast. brisk. light-footed. nimbly.
فَرزام، لایق، درخور. worthy. befitting.
فَرزان، فرزانه. learned. wise. learning.
فَرزانِگان (فرزانه .pl. of) sages. wise men. the learned.
فَرزانِگی sagacity. wisdom. learning. excellence.
فَرزانِه (فرزانگان .pl.)، دانشمند، دانا. sagacious. wise or learned (person).
فَرزبُود، حکمت. wisdom.
فَرزَجَه suppository for the vulva.
فَرزَند، اولاد، زاده. child. son or daughter. offspring.
فرزندان او همه تحصیل کرده‌اند. all his children are educated.
فرزندم اینکار را مکن! my son do not do this!
فَرزَندخوانِدگی adoption.
فَرزَندخوانده adopted child. godchild.
فَرزَندکُش filicide.
فَرزَندکُشی filicide.
فَرزَندی filial (relationship). filiation.
بفرزندی قبول کردن. to adopt as one's child.
رابطهٔ پدر و فرزندی. father - son relationship.
فِرزی، چالاکی. nimbleness. quickness.
فَرزین، (در شطرنج) وزیر. (chess) queen.
فَرَس، اسب. horse. pegasus. steed.
فُرس، ایران، فارس. Persia. Iran. Persian.
~ قدیم. old Persian (dialect).
فَرسا(ی)، (i. r. of فرسودن)، فرساینده، بفرسای. abrasive. consuming. using up. tiring. rub thou. wear thou. insupportable. oppressive. (used in combs. as in: طاقت‌فرسا).
فَرسایِش erosion. wearing out. attrition.
فَرسایِشی attritive. erosive. attrition.
جنگ ~. war of attrition.
فَرسایَنده، فرسایشی. wearing out. tiring. erosive. attritive.
فِرِست، فرستنده، بفرست. send thou. sender.
فِرِستادَن، گسیل داشتن، روانه کردن، ارسال. to send. to despatch. to remit. to transmit. to send out. to export. to mail. to ship. to forward. to broadcast. to expedite.
پیام ~. to send a message.
پیامی بوسیلهٔ تلگراف ~ (مخابره کردن). to transmit a message by cable.
کالا ازکشور بخارج ~ (صادر کردن). to export goods from the country.
مال‌التجاره باکشتی ~. to ship goods.
خبر ~ (با رادیو پخش کردن). to broadcast news.
در نامه‌ایکه فرستاده بود خواهش کرده بود که برایش پول بفرستم. in the letter he had sent, he had asked me to send him (some) money.

فِرِستادِه (فرستادگان .pl.)، پیك، قاصد، رسول، ارسال شده. messenger. envoy. apostle. emissary. sent. exported. transported. broadcast. remitted. something sent.
فِرِستَندِه، رساننده، ارسال کننده، حمل کننده. sender. exporter. transmitter. broadcaster. broadcasting. shipper.
آدرس ~. sender's address.
(رادیو) دستگاه ~. transmitter.
فَرسَخ، فرسنگ. unit of length equal to 6 kilometers. parasang.
فَرسُودگی، ساییدگی، فرسایش، خستگی، کوفتگی. wear. tear. depreciation. fatigue. attrition.
فَرسُودَن، سائیدن، مندرس کردن، خسته کردن. to wear out. to rub off. to erode. to tire. to fret. to weary. to exhaust. to fag. to jade. to irk.
کفشهائی که بفرسودن نزدیك شده. shoes that have begun to wear.
شلوارش بزودی فرسوده شد. his trousers wore out (wore down) quickly.
فَرسُودِه، کهنه، مندرس، خسته، ازپادرآمده، سائیده شده. worn out. torn (out). obliterated. eroded. irked. jaded. exhausted. overstrained. eroded. decrepit.
ماشین‌آلات ~. worn out machinery.
~ شدن. to become worn out, exhausted or eroded.
~ کردن. to make exhausted. to wear out.
مرد پیر و ~. a decrepit old man.
جنگ ملتها را ~ کرد. the war exhausted nations.
نوکر دراثرکار زیاد ~ شد. the servant fagged by hard work.
فَرش، قالی، سنگفرش، زمین. rug. carpet. pavement. carpeting. the earth.
~ کردن. to cover with carpets. to carpet. to pave. to floor.
کف اتاق با آجر موزائیك ~ شده است. the floor (of the room) has been paved (covered) with mosaic bricks.
سنگفرش. cobblestone. stone pavement.
سنگفرش کردن. to cobble. to pave with stone.
فرش ماشینی. machine - made carpet.
فرشبافی. rug (carpet) weaving.
فَرش، ماسه، آغوز. (fine) sand. colostrum.
فِرِشتِگان (فرشته .pl. of)، ملائك. angels.
فِرِشتِه (فرشتگان .pl.). angel.
فرشته‌ای. angelical.
فَرش‌فُروش carpet seller. rug seller.
فَرش‌کَن paver. dredger. drag.
فُرصَت، مهلت، وقت، فرجه. opportunity. leisure. time. chance. respite. grace period. reprieve. moratorium. occasion.
~ یافتن، ~ کردن. to find an opportunity. to get a chance for.
~ دادن. to give an opportunity or chance to.
حتی ~ نداد که حرفم را بزنم. he did not even give me a chance to have my say.
~ را غنیمت شمردن. to avail oneself of the opportunity. to seize the opportunity.
~ را از دست دادن. to miss the chance. to lose the chance.
از ~ استفاده کرده در را بر روی آنان قفل کرد. he seized the opportunity and locked the

door on them.
در نخستین ~ (وهله). at one's earliest convenience.
آنقدر کارم زیاد بود که ~ نکردم باو تلفن بزنم. I was so busy that I did not get a chance to ring him up (to call him up)
~ برهردری میکوبد ولی فقط یکبار. opportunity knocks on every door but once.
فُرصَت‌طَلَب opportunist.
فرصت‌طلبی، فرصت گرائی. opportunism.
فَرض، تصور، گمان، فرضیه، واجب، ناگزیر. supposition. assumption. presumption. hypothesis. given condition. necessary. incumbent. postulation. conjecture. hint. a theorem.
~ کردن. to suppose. to assume. to presume. to hypothesize. to theorize. to imagine. to take for granted. to postulate. to conjecture. to hint. to surmise. to guess. to presuppose. to fancy. to speculate.
~ شمردن، ~ داشتن. to consider as a duty. to make incumbent upon. to consider binding (upon). to deem it obligatory.
~ کنیم که چنین است. let us suppose (assume) that it is so.
بر تو ~ است که بروی. it is your duty to go. it is incumbent upon you to go.
یك سرمقاله پر از فرضیات. an editorial full of conjectures.
~ محال کردن. to grant an impossibility.
بفرض اینکه. supposing that.
~ کن که دوباره جوان و سالم شده‌ای. imagine (suppose) that you have once again turned young and healthy.
فَرضاً assuming. supposedly. supposing (that). hypothetically.
فَرضی assumptive. suppositional. supposed. imaginary. assumed. presumptive. hypothetical. theoretical.
فَرضیّات (pl. of فرضیه) suppositions. theories. incumbent duties.
فَرضیّه (فرضیات .pl) فرض، گمان، پیشنهاد. hypothesis. theory. theorem.
فرضیهٔ یونی. ionic hypothesis.
فرضیهٔ نسبیت. theory of relativity.
فَرط، زیادی. excess. intensity.
از ~ محبت. from excessive love.
فَرع (فروع .pl)، شاخه، فرعی، انشعاب، سود. branch. interest. ramification. offshoot. issue. consequence. result of. sequel. outcome.
اصول وفروع. roots and branches. norms and ramifications. essential and secondary things.
اصل پول و ~ (بهرهٔ) آن. the principal and its interest.
اثرات فرعی. side effects.
فَرعاً including interest. together with interest. as a secondary thing.
فِرعَون (فراعنه .pl). Pharaoh.
فرعونی Pharaonic.
فَرعی، تبعی، غیر اصلی، غیرمهم. secondary. of secondary importance. minor. derivative. incidental. tributary. subordinate. subsidiary. auxiliary.
نشانه‌های ~ بیماری. secondary (minor) symptoms of a disease.
محصول ~. by-product.
شعبات ~ بانك. minor (subsidiary) branches of the bank.
فرفر with a whirling noise.
فِرفِره top. whirligig. peg top. gig.
فرفره‌ای top - shaped. trochoid. strobic.
فِرفِری، مُجَعَّد. curly. wavy.
پسرمو ~ وچشم زاغ. a curly headed, blue - eyed boy.
فَرق، تفاوت، امتیاز، مغزسر، قله. distinction. difference. discrimination. crown (of the head). head. peak. corona. top.
~ نمایان. striking difference. contrast.
~ داشتن. to differ. to be different from.
~ (فرقی) نمیکند. it does not make any difference.
چه ~ میکند. what difference does it make.
~ گذاشتن. to make a distinction. to distinguish. to differentiate.
~ سر را باز کردن. to part the hair.
فِرَق (pl. of فرقه). sects.
فُرقان distinction (between truth and falsehood). the Koran. a wheelbarrow.
فِرقَت، ناوچه. frigate.
فَرقَد (pl. فرقدان). (astr.) each of the two bright stars in the Ursa Minor.
فِرقَه، جماعت، طبقه، گروه مذهبی. sect. caste. faction. group. order. denomination. school. following. party. division.
فِرقه‌طَلَب، فرقه‌باز. factious.
فِرکانس، بسامد. frequency.
فَرکَندَن to dig. to tear. to pull up.
فَرکَنده dug. worn out. old. ragged.
فُرم form. figure.
ـفرما (فرمودن .i. .r of)، فرمان‌دهنده، بفرما. bid or command thou. commander. (used in combs. as in: حکمفرما).
فرمالیته، تشریفات. formality. red tape.
فرمان (فرامین .pl)، حکم، امر. command. order. firman. control. charter. ukase. steering wheel.
~ همایونی. imperial charter.
~ بردن. to obey. to execute a command. to go on errand.
تا نباشد چوب‌تر ~ نبرد گاو وخر. spare the rod and spoil the child.
~ صادر کردن. to issue a charter (firman). to issue a command.
~ دادن. to command. to order.
~ اتومبیل. the steering wheel of the car.
عقب ~ رفتن. to go on an errand.
فَرمانبُردار، مطیع، فرمانبر. obedient. submissive. compliant.
فَرمانبُرداری، اطاعت. obedience. subjection. submissiveness. submission.
فَرماندار، والی، حکمران، حاکم. governor.
~ کل. governor general.
فَرمانداری governorship. governor's office or residence. gubernatorial.
فَرمانده commander.
~ کل، سرفرمانده. commander - in - chief.
فَرماندِهی command (of an army). office or rank of a commander.
سر ~. high command.
فَرمانرَوا ruler. sovereign. commander.
فَرمانرَوایی rule. sovereignty.
فرمانشناسی cybernetics.
فَرمانفَرما governor - general. ruler.
فَرمانفَرمائی command. sovereignty.
فرمایش order. command. remarks.
~ کردن. to speak. to make a remark. to make a statement.
فرمایشات ایشانرا استماع کردیم. we listened to (heard) his statements.
فَرمایشی made to order. ordered.
فرمدار administrator.
فرمداری administration.
فُرمُز، تایوان. (geog.) Formosa. Taiwan.
فرمژه eyelash curler.
فَرمَند، باشکوه، روشن، مجلل. glorious. splendid. pompous. bright.
فَرمودَن، گفتن، امر کردن. to bid. to order. to command. to say. to do. (also used as a polite substitute for certain auxillary verbs as in: لطف فرمودن).
پیامبر میفرماید که. the Prophet states that.
سپس فرمود که متهم را ببرند بزندان. then he commanded that the accused be taken to jail.
بفرمایید. please take a seat. help yourself. come, go, speak, say, or go on.
فَرمُوده، گفته، بیان، امریه، حکم. bidden. said. command. commandment. precept. ordered (by).
فَرموك thread spun on a spindle. top.
فُرمول، فورمول. formula.
فَرنجمُشك (bot.) common calamint.
فَرنسیس European leather.
فَرنگ، فرانك، فرانسه. Europe. France.
فَرنگستان Europe.
فَرنگی European. westerner.
فَرنگی‌مَآب westernized.
~ کردن. to Europeanize. to westernize.
فَرنگی‌مَآبی Europeanism. westernization.
فَرنود، برهان، دلیل. demonstration. argument. reasoning. proof.
فِرنی pudding made with ground rice, milk and sugar.
فِرو ferrous. ferro-.
~ الکتریك. ferroelectrics.
فِرو down(ward). infra-.
~ سرخ، مادون قرمز. infrared.
~ سرخ نزدیك. near infrared.
فَروبُردَن to swallow. to dip. to sink. to engulf. to envelop.
فُروتَن، متواضع. humble. unassuming. modest.
فُروتَنانه humbly. meekly. modestly.
فُروتَنی humility. meekness. modesty.
~ کردن. to humble oneself. to be meek.
فُروختَن to sell. to vend. to peddle. to huckster.
خانه‌ای را ~. to sell a house.
کالا ~. to vend (sell) goods.
اسبی را برای فروش پیشنهاد کردن. to offer a horse for sale.
فُروختَنی، فروشی. that must be sold. saleable. vendible. to be sold.
فُروخته، فروش رفته. (having) sold. sold out.
فُروخوردَن to repress. to restrain.
فُرود، پائین. down. below. descent. concluding part of a melody. cathode.
فرودآمدن، پائین‌آمدن. to come down. to descend. to land. to alight.
فرودآوردن. to cause to descend. to ground. to bring down. to shoot or force down.
فُرُودَست، هم‌آهنگی. harmony. concert. chorus.
فُرُودگاه airport. aerodrome.
فُرُودی (mus.) descending.
فَروَردین Farvardin.
فُرُورَفتگی، گودی. fossa. fossette. hollow. depression. sinking. cavity. fossule. pit. fosse. dent.
فُرُورَفتن to sink. to go down. to be swallowed. to plunge. to descend. to subside. to dive. to submerge.
اجسام سنگین درآب فرومیروند. heavy objects sink in water.
زیردریائی درآب فرورفت. the submarine dived (underwater).
تیغی بپایش فرو رفت. a thorn went into his foot.
فُرُورَفته، گود. pitted. alveolate. depressed. sunken. dented.
فُروریختگی caving in. collapse.
فُروریختَن to collapse. to fall down (or in). to tumble down. to fall to pieces. to cave in.
دیوار کهنه فروریخت. the old wall collapsed.
فُروریخته، مخروبه. collapsed. demolished. dilapidated.
فُروز، افروز. light thou. illuminator (used in combs. as in: گیتی‌فروز).
فُروزان luminous. bright. light.
فُروزَندگی luminosity. brightness. luminescence. brilliance. radiance.
فُروزَنده، درخشان. luminous. shining. luminescent. bright. radiant. brilliant.
فُروش، حراج. sale. selling. auction. peddling. huckstering. vending.
قابل ~. salable. marketable. vendible.
غیرقابل ~. unsalable. unmarketable.
(به) ~ رفتن. to be sold. to sell.
بفروش رساندن. to sell (off).
~ کردن. to effect a sale.
خرید و ~. transaction. buy(ing) and sell(ing).
ـفُروش seller. vender. sell thou. (in combs. as in: میوه‌فروش = fruit seller).
فُروش (pl. of فرش). carpets. rugs.
فُروش‌رَفتنی salable. marketable. disposable. vendible.
فُروشگاه store. selling place. market. shop. department store. salesroom.
~ بزرگ. supermarket.
فُروشَندگی salesmanship. dealership. vending. selling.
فُروشَنده (pl. فروشندگان). seller. vendor. dealer. salesman. salesperson.
فروشندهٔ زن. saleslady. saleswoman.
فُروشی (designed) for sale. on sale. salable.
خانه‌های ~. houses on (for) sale.
فُروع (pl. of فرع). secondary things.
فُروعات (pl. of فروع pl. of فرع)، فروغ. ramifications. branches.
فُروغ، روشنی. brightness. luminosity.

اسبی را برای فروش پیشنهادکردن. to offer a horse for sale.

فرُوختَنی، فروشی. that must be sold. saleable. vendible. to be sold.

فرُوخته، فروش رفته. (having) sold. sold out.

فرُوخُوردَن to repress. to restrain.

فرُود ، پائین. down. below. descent. concluding part of a melody. cathode.

فرود آمدن، پائین آمدن. to come down. to descend. to land. to alight.

فرود آوردن. to cause to descend to ground. to bring down. to shoot or force down.

فرُودَست، هم آهنگی. harmony. concert. chorus.

فرُودگاه airport. aerodrome.

فرُودی (mus.) descending.

فرَوَردین Farvardin.

فرُورَفتَگی، گودی. fossa. fossette. hollow. depression. sinking. cavity. fossule. pit. fosse. dent.

فرُورَفتن to sink. to go down. to be swallowed. to plunge. to descend. to subside. to dive. to submerge.

اجسام سنگین در آب فرومیروند. heavy objects sink in water.

زیردریائی در آب فرورفت. the submarine dived (underwater).

تیغی بپایش فرو رفت. a thorn went into his foot.

فرُورَفته، گود. pitted. alveolate. depressed. sunken. dented.

فرُوریختگی caving in. collapse.

فرُوریختَن to collapse. to fall down (or in). to tumble down. to fall to pieces. to cave in.

دیوار کهنه فروریخت. the old wall collapsed.

فرُوریخته، مخروبه. collapsed. demolished. dilapidated.

فرُوز، افروز. light thou. illuminator (used in combs. as in: گیتی‌فروز).

فرُوزان luminous. bright. light.

فرُوزَندگی luminosity. brightness. luminescence. brilliance. radiance.

فرُوزَنده، درخشان. luminous. shining. luminescent. bright. radiant. brilliant.

فرُوش، حراج. sale. selling. auction. peddling. huckstering. vending.

قابل ~. salable. marketable. vendible.

غیرقابل ~. unsalable. unmarketable.

(به) ~ رفتن. to be sold. to sell.

بفروش رساندن. to sell (off).

~ کردن. to effect a sale.

خرید و ~. transaction. buy(ing) and sell(ing).

-فرُوش seller. vender. sell thou. (in combs. as in: میوه‌فروش = fruit seller).

فرُوش (pl. of فرش). carpets. rugs.

فروش‌رَفتَنی salable. marketable. disposable. vendible.

فرُوشگاه store. selling place. market. shop. department store. salesroom.

~ بزرگ. supermarket.

فرُوشَندگی salesmanship. dealership. vending. selling.

فرُوشنده (pl. فروشندگان). seller. vendor. dealer. salesman. salesperson.

فروشندهٔ زن. saleslady. saleswoman.

فرُوشی (designed) for sale. on sale. salable.

خانه‌های ~. houses on (for) sale.

فرُوع (pl. of فرع). secondary things.

فرُوعات (pl. of فرع pl. of فروغ)، فروغ. ramifications. branches.

فرُوغ، روشنی. brightness. luminosity.

فرّهی، شکوه، با شکوه. glorious. pompous. glory. grandeur.

فرهیختار educator. teacher.

فرهیختاری education. teaching.

فرهیختَن to train. to educate.

فرهیخته educated. graduate.

فَریاد، آوا، فغان، کمك، امان. shout. cry. yell. holler. outcry. halloo. halloa. help. justice. oh. yelling. crying.

~ برآوردن، ~ کردن. to shout. to cry. to yell. to holler. to halloo. to hollo. to clamour. to vociferate.

بفریاد کسی رسیدن. to come to a person's rescue.

~ زدن. to yell. to cry loud. to shout.

فَریادرَس، دادرس. one who comes to another's rescue. redresser of grievances. ombudsman.

فَریادی، فریادزن، شاکی. yeller. shouter. boisterous.

فَریب، گول، کلاه گذاری، گمراه‌سازی، حقه‌بازی. deceit. fraud. cheating. swindle. deception. delusion. duping. beguiling. trick. trickery. swindling. gyp. gip.

~ خوردن. to be deceived or cheated. to be deluded or misled. to be gypped.

~ دادن، گول زدن، کلاه گذاری کردن. to deceive. to cheat. to mislead. to delude. to dupe. to beguile. to trick. to bamboozle. to swindle. to defraud. to gyp. to gip. to inveigle. to lure.

فَریب، فریبنده، بفریب، دلفریب. cheating. cheat thou (in combs. as in: دلفریب).

فَریبا، فریبنده. charming. enticing.

فَریب‌آمیز deceitful. deluding.

فَریبَندگی، دلفریبی. charm. fascination. bewitchment. enchantment. deceit (fulness). deception. inveiglement.

فَریبَنده، دلفریب. beguiling. delusive. charming. deceitful. inveigling.

فَرید، یگانه، تنها، تك. single. unique. unparalleled. singular. incomparable.

فَریدون Fereidun.

فَریدَه، یگانه. unique or precious pearl.

فَریسی، آدم ریاکار، خشکه مقدس. Pharisee.

فَریضَه، وظیفهٔ دینی، حکم. precept (of God). (religious) duty.

فَریفتگی enchantment. fascination. delusion. inveiglement. deception.

فَریفتَن، گول زدن، ازراه بدربردن. to deceive. to seduce. to beguile. to charm. to entice. to mislead. to cheat. to delude. to dupe. to defraud. to allure. to inveigle.

با یك نگاه دل جوانرا فریفت. she enticed the youth's heart with a single look.

فریفته deceived. seduced. enamoured. enticed. deluded. misled. charmed. lured. inveigled. allured. gypped.

فریفتهٔ عشق. enamoured of love.

~ شدن. to be deceived, seduced or enticed.

~ کردن. to deceive. to seduce. to allure. to inveigle.

همه فریفتهٔ خلق خوش وزیبائی او شدند. everyone became enamoured of her good temper and beauty.

فَریق، فرقه، گروه. party. sect. company.

فَرِهوَر، راستکار، درست. orthodox. right.

فزایش، افزایش. increase. augmentation.

فزایَنده. increaser. augmenter. increasing.

فَزَع، ترس. fear. fright. call for help.

فزوُدَن، افزودن. to add. to increase.

فزوُن، افزون. more (than). exceeding.

سنش ازهفتاد ~ است. his years exceed seventy.

فزوُنی، افزونی. excess. surplus.

~ یافتن، ~ گرفتن. to exceed.

فزونساز amplifier. multiplier.

فِزه، پلید، زشت. dirty fellow.

فِس، فینه. fez.

فَساد، تباهی، پوسیدگی، گندیدگی، آلودگی. corruption. decay. perversion. perverseness. deterioration. pus. defect. caries. immorality. decline. degeneration. degradation. debasement. putridity. vitiation. canker. decomposition. disintegration. disorganization. rotteness. putrefaction.

~ در سازمانهای دولتی. corruption in government organizations.

~ عضو. organic decay.

~ خون. blood poisoning. septicemia.

~ یافتن، ~ پذیرفتن. to decay. to become carious, corrupted or rotten.

~ برپا کردن، ~ کردن. to excite a sedition. to cause a mischief.

فِسان، سنگ~، سنگ چاقو تیزکن. wheststone. grindstone.

فَسانه، افسانه. legend. saga. story.

گفتند فسانه‌ای و درخواب شدند. they told (narrated) a legend and sank into sleep.

فَسائیدَن، افسون کردن. to enchant. to bewitch. to fascinate. to conjure.

فُسحَت، وسعت. space. amplitude. liberty.

فَسخ، الغاء، لغو، ابطال، حذف. dissolution. cancellation. annulment. disjunction. nullification. revocation.

~ ازدواج. dissolution of a marriage.

~ قرار داد. termination of a contract.

~ کردن. to dissolve. to annul. to cancel. to terminate. to rescind. to withdraw. to invalidate. to revoke. to nullify. to annul.

قابل ~. terminable. revocable.

غیر قابل ~. irrevocable. irrepealable.

فِسُردَن، افسردن. to wither. to wilt. to become wilted, crestfallen, or dejected.

فُسفات phosphate.

فُسفُر phosphorus.

~ تابی. phosphorescence.

فُسفُری phosphorous or phosphoric.

~ کردن. to phosphorate.

فِسفِس، تأخیر، منمن. tarrying. dallying. fizz. whisper. lingering. dawdling.

فِسق، فجور. debauchery. fornication.

~ وفجور. debauchery and libertinism.

فِسنجان، فسوجن. kind of stew with ground walnut as its chief ingredient.

فسوُس، افسوس. alas!

فسوُن، افسون. spell. magic.

فَسیح، جادار. spacious. roomy. ample.

فِشار، زور، فشردن. pressure. squeeze. squeezing. strain. stress. force. compress. tension.

~ خون. blood pressure.

آب را با ~ از اسفنج بیرون کشیدن. to squeeze water from a sponge.

~ روی یك هجای کلمه. stress on a syllable.

~ هوا. air pressure. barometric pressure.

~ وارد آوردن. to use force. to pressure.

~ قوی (دربرق). high tension.

~ دادن. to press. to squeeze. to push.

بهم ~ دادن. to compress.

فشارْدَن، افشردن. to press or squeeze.

فشارسَنج pressure gauge. manometer. compression gauge. barometer.

فشارنگار barograph.

فِشرْدَن، افشردن. to press. to squeeze. (out). to tread (grapes). to compress.

او باگرمی دستم را فشرد. he shook my hand warmly.

فِشُرده، افشرده. pressed. squeezed. condensed. compressed. concise.

انار~. squeezed pomegranate.

شیر ~ (غلیظ شده). condensed milk.

فرهنگ ~. concise dictionary.

دورهٔ درس انگلیسی ~. intensive English course.

فِشفِشه، فیش‌فیشه، جت، موشك، اژدر. torpedo. rocket. sky rocket. jet.

فِشَنگ cartridge.

شانهٔ ~. cartridge clip.

فِشَنگ‌پُرکُن cartridge filler.

فِشَنگ‌سازی، کارخانهٔ فشنگ‌سازی. cartridge making. cartridge factory.

فِشَنگی cartridge-shaped.

فَصاحَت، بلاغت، طلاقت، روانی سخن، خوش بیانی. eloquence. clear language.

فَصّاد، رگزن. phlebotomist. bleeder.

فِصح، عید فصح. Passover.

فُصَحاء (pl. of فصیح)، بلغاء، متکلمین. the eloquent people. orators. eloquent writers.

فَصد، رگزنی. phlebotomy. bleeding.

فَصل (فصول pl.)، موقع، باب، بخش، قسمت. section. chapter. season. tide. time.

~ کردن. settling. deciding. separation.

حل و ~ کردن. to settle. to separate.

~ بهار. spring season. spring time.

~ (هنگام) کریسمس. Christmastide.

~ دوم کتاب. the second chapter of the book.

فَصلی، موسمی. seasonal.

فُصوُل (pl. of فصل). seasons. chapters. sections.

فَصیح، بلیغ، ادبی، روان، غرا. eloquent. clear. fluent. accurate. rhetorical.

سبك ~. an eloquent style.

فصیحانه eloquently. fluently. clearly.

فصیله، خانواده، دودمان. family.

فضا، جا، محوطه، میدان. space. room. area. expanse. sphere. range. interstice.

عصر ~. space age.

فضای خارجی، جو. outer space.

فضای بین سیارات. interplanetary space.

فضاپیما، فضانورد. astronaut. cosmonaut.

فضاحت، افتضاح. disgrace. dishonor. scandal. infamy. shame. ignominy.

~ کردن. to act disgracefully. to scandalize.

فضاحت‌آمیز disgraceful. shameful.

فضادار، جادار، وسیع. spacious. roomy. capacious.

فضانورد، فضاپیما. astronaut. space-traveler. cosmonaut. spaceman.

فضایح (pl. of فضیحت). disgraces. scandals.

فضائل (pl. of فضیلت). virtues. good qualities.

فضائی، فضائیه. spatial. interstitial.

اکتشافهای (اکتشافات) ~. space explorations.

هندسهٔ فضائیه. solid geometry.

سفینهٔ فضائی. spaceship. spacecraft.

فضل، برتری، کمال. favo(u)r. grace. excellence. merit. learning. virtue.

فضلاء (pl. of فاضل). the learned people.

فضله، باقیمانده، زائد، کثافت. residue. offal. excrement. refuse. (bird) dropping. dung.

فضول، نمام. interloper. meddler. busybody. intruder. nosy. meddlesome.

فضولات waste matters. refuse. residues. excrements.

فضولی، دخالت، سخن‌چینی. interloping. meddling. interference. officiousness. intrusiveness. blabbing.

~ کردن. to meddle. to act as a busybody. to interlope. to tamper.

معاملات ~. unauthorized transactions.

فضیح، رسوا. disgraced. ignominious.

فضیحت، رسوائی. disgrace. scandal. ignominy. defamation. shameful act.

~ کردن. to disgrace. to scandalize. to defame.

فضیحت‌آمیز، فضیحت‌آور. disgraceful. shameful. scandalous.

فضیحه، فضیحت، رسوائی. disgrace.

فضیلت (فضائل .pl)، تقوا، پاکدامنی، فضل، برتری، کمال. virtue. excellence. superiority. attainment. learning.

~ داشتن بر. to excel. to be preferable to. to be superior to. to possess a special virtue.

فطانت، درایت. intelligence. sagacity.

فطر، شکستن روزه. breaking a fast.

عید ~. the festival at the end of the fasting month.

فطرت، ذات، سرشت، طبیعت، طینت. nature. temperament. constitution. make-up. disposition.

فطرةً، فطرتاً. by nature. naturally.

فطری، طبیعی، ذاتی، سرشتی. natural. innate. inborn. temperamental.

فطریه alms given at the festival of the end of fasting month "عیدفطر".

فطن، فطانت. intelligence.

فطیر unleavened. azymous.

نان ~ unleavened bread.

فعال، کاری، نیرومند، باحرارت. active. energetic. operative. in action. efficient. vigorous. lively. bustling. doer.

~ کردن. to activize. to make active.

غیر ~. inactive.

فعالیت، کار، نیرومندی، کارآئی. activity. effort. bustle. endeavo(u)r. drive. hustle. action. doing. energy.

~ کردن. to be active. to strive. to bustle. to endeavo(u)r. to hustle.

اوخیلی ~ کرد تا درمسابقه برنده شود. he did a lot of bustling to win in the games.

~ نداشتن. to be inactive.

عدم ~. inactivity.

فعل، کار، کردار، عمل. act. action. deed. doing. verb.

بفعل آوردن. to carry into effect. to put in practice. to perform.

هرجمله لااقل یك ~ دارد. each sentence has at least one verb.

~ لازم. intransitive verb.

~ متعدی. transitive verb.

~ معین. auxiliary verb.

فعلاً، اکنون. at present. for the present. actually. for the time being.

فعلگی، عملگی. (menial) labo(u)r work done by a coolie. drudgery. toil.

فعله (pl. of فاعل)، کارگر، عمله. coolies. coolie. drudge. labo(u)rer.

فعلی، کنونی. present. actual. verbal.

نشانی ~ رحیم. Rahim's present address.

فغان، افسوس، فریاد. wailing. groaning. alas! woe! help! justice!

idol temple. harem. gyneceum.

فقار (pl. of فقره)، مهره‌ها. vertebrate. jags.

ذی ~. vertebrate (animals).

فقاری، ستون فقرات. vertebral.

فقاع، آبجو. beer. drink made of rice.

فقدان، کمبود. absence. want. lack. loss. bereavement. deficiency. shortage.

فقر، تهیدستی، بیخبری. poverty. indigence. destitution. penury. privation. beggary. pauperism. mendicancy. want.

آیا ~ جهالت میآفریند یا جهالت ~؟ does poverty create ignorance or ignorance poverty?

فقراء (pl. of فقیر). the poor.

فقرات (pl. of فقره). vertebrae. passages. items. points. entries.

فقرالدم، کم‌خونی. anemia. chlorosis

فقره (فقرات، فقار .pl)، مهره، عبارت، رقم. vertebra. passage. item. entry. point. subject. matter. consignment.

فقط، تنها، بس. only. merely. sole(ly).

~ یك کتاب خریدم. I only bought one book.

~ در را بازکرد ولی تو نیامد. he merely opened the door but did not come in.

فقه religious jurisprudence.

فقها (pl. of فقیه)، فقیهان. the jurists.

فقید، گمشده. lost. the late. missing. dead. deceased.

همسر ~ او. his late wife.

~ شدن، مردن. to pass away. to die.

فقیر (فقرا .pl)، تهیدست، بینوا، مسکین. poor. indigent. destitute. impecunious. mendicant. beggar. pauper. needy. poverty-stricken. impoverished. hapless.

~ شدن. to become poor. to be reduced to poverty. to become indigent or destitute.

~ کردن. to reduce to poverty. to render poor. to impoverish.

کمك به فقیران وظیفهٔ هر مسلمان است. helping (aiding) the needy is a duty of every Moslem.

فقیری، بینوائی، فقر. poverty. pauperism. destitution. mendicancy. begging.

~ کردن. to beg. to live as a beggar.

فقیه (فقهاء .pl). jurisprudent. canonist. jurisconsult (in Mohammedan law).

فك، جدا سازی، تفکیك، رفع. separation. removal. disjunction.

~ رهن کردن. to waive a lien.

~ رهن. the waiver of a lien.

~ کردن. setting apart.

فك، آرواره. jaw. (of a bird) mandible.

~ زبرین. superior maxilla.

~ زیرین. inferior maxilla.

فکاهت، فکاهه، خوشدلی، شوخی. joviality. joking. jest. humo(u)r. fun.

فکاهی humo(u)rous. humo(u)r.

اشعار ~. humo(u)rous poems.

مجله ~. humo(u)r magazine.

فکر (افکار .pl)، اندیشه، پندار، عقیده، تصور. thought. reflection. thinking. ideation. idea. mind. mentality. care. cogitation. meditation. speculation. contemplation. pondering. brainwork. cerebration. ruminution. musing. view. opinion. deliberation.

~ کردن. to think. to reflect. to ideate. to ponder. to cogitate. to excogitate. to consider. to deliberate. to lucubrate. to rationalize. to speculate. to contemplate. to meditate. to muse. to ruminate.

من چنین فکر میکردم. I thought so.

بگذار اندکی ~ کنم. let me think a while.

من ~ تازه‌ای دارم. I have a new idea.

کسیرا بفکر انداختن. to set one thinking.

توی ~ رفتن، بعالم ~ فرورفتن. to begin to think. to ponder. to contemplate.

در ~ چیزی بودن. to care for something. to think about (or look after) a thing.

~ میکنم او رفته باشد. I believe he has gone.

~ وخیال. worry. anxiety.

فکرت، تفکر، اندیشه، تأمل. reflection. meditation. thought.

فکری، خیالی. mental. reflective. ideational. cogitative. contemplative. thoughtful. intellectual.

فعالیتهای ~. mental activities.

~ شدن. to begin to think.

~ بودن. to be thoughtful (about something).

فکسنی، خسته ومانده. dilapidated. worn-out. tumble-down. junky.

فکل (detachable) collar.

~ زدن. to wear a collar.

فکلی overdressed (person). wearing a collar. dandy. fop.

فکندن، افکندن. to throw. to cast. to hurl. to project. to catapult.

فکور intellectual. thinking. pondering. contemplating. pensive. thoughtful.

آدم ~. (deep) thinker.

فکی، آرواره‌ای. maxillary. mandibular.

فگار، نزار، خسته. wretched. exhausted.

فگانه، بچهٔ سقط‌شده. abortive child. stillborn.

فلات (فلوات .pl). plateau. mesa.

~ ایران. the Iranian plateau.

فلات قاره، زرفاکنار. continental shelf.

فلاح، رستگاری. salvation.

فلاح، کشاورز. farmer. agriculturist. tiller. cultivator. peasant. fellah.

فلاحت، کشاورزی. agriculture. farming. cultivation. tillage. agronomy. husbandry.

~ کردن. to farm. to cultivate. to till. to sow. to plant.

فلاحتی agricultural. agronomic.

فلاخن، سنگ قلاب، قلاب‌سنگ. sling.

فلاسفه (pl. of فیلسوف)، فیلسوفان. philosophers.

فلاکت، فلك‌زدگی، بدبختی، نکبت. poverty. adversity. affliction. misery. wretchedness. calamity.

فلاکت‌بار wretched. miserable. deplorable.

فلامك، الماس فلامك. rose diamond.

فلان such and such. so and so. a person. any one. a certain person. (also used to replace obscene words. as in: او ~ بزرگی دارد. = he has a big you-know-what).

در ~ روز. on such and such a day.

ای ~. O' what's-your-name. O' you whom I do not know.

~ وبهمان. such and such a thing or person. one thing or other. Tom and Jerry.

فلانل، فلنل. flannel.

فلانی، یارو. such and such a person. that person (whom we both know, but whose name I do not wish to mention).

فلج paralysis. palsy. -plegia. paretic. paralytic. paralyzation. paresis.

~ اطفال. infantile paralysis. poliomyelitis.

~ یکطرفه. hemiplegia.

~ کردن. to paralyze. to palsy.

~ شدن. to become paralytic or paralyzed.

فقدان بنزین ترافیك شهررا ~ کرد. lack of gasoline paralyzed the city traffic.

فلز (فلزات .pl). metal. nature. mettle.

یاروفلزش خراب است. he is wicked or bad by nature.

~ زا. metalliferous.

~ شناسی. metallurgy.

تبدیل بفلز کردن. to metalize.

شبه ~. metalloid.

~ غیرآهنی. non-ferrous metal.

فلزات (pl. of فلز). metals.

~ پست. base metals.

~ قلیایی. alkali metals.

فلزآلات hardware. metal ware.

فلزشناس metallurgist. metalist.
فلزکاری metalworking.
فلزی metallic. of metal. metalline.
فَلس (pl. فلوس) small copper coin. scale of a fish. scab.
~ دار. scaly.
فِلسطین (geog.) Palestine.
فِلسطینی Palestinian. Philistine.
فَلسَفه Philosophy. real reason.
فَلسَفی philosophic(al).
فِلفِل (bot.) pepper
~ فرنگی. red pepper.
~ نمکی. pepper - and - salt. greyish. grizzled. grizzly.
موهای ~ نمکی. grayish (grizzled) hair.
فِلفِلی peppery. tiny but smart.
فَلَق، سپیده دم. morning. twilight. dawn.
فَلَك (pl. افلاك)، گردون، آسمان، سرنوشت، تقدیر. firmament. sky. heavenly sphere. orbit. fortune. destiny.
چرخ ~، چرخ و ~. the wheel of heaven. firmament. merry - go - round.
فَلَك، فلكه. bastinado.
~ کردن. to bastinado. to give the bastinado.
فُلك، کشتی، قایق. felucca.
فَلَك‌زَدگی، بدبختی، فلاکت. adversity. affliction. poverty. misery.
فَلَك زَده unfortunate. afflicted. miserable. destitute. helpless.
فَلَكه belt - pulley. circle. (round) open space. whirl of a spindle.
فَلَكی celestial. astronomical. heavenly. empyrean.
فُلوت، نی. flute.
فُلوت‌زَدن to (play on the) flute.
فُلوت زَن flutist.
فُلوس (pl. of فلس) small copper coins. scales. (med.) purging cassia. cassiapods. cassia fistula.
فلوئورسان fluorescent.
فلوئورسانس fluorescence.
فَم، دهان، دهانه. mouth. orifice. opening.
~ معده. cardia.
فَمُ الحوت (astr.) Fomalhaut.
فَمی، دهنی. buccal.
فَن (pl. فنون)، هنر، دانش، رمز، تکنیك. technique. art. science. trick. knack. manner. skill.
~ جدیدی در کشتی گیری. a new technique in wrestling.
~ نویسندگی. the art of writing.
فَنا، نیستی، نابودی، زوال، مرگ، انهدام. annihilation. destruction. mortality. death. doom. ruin. ruination. perdition. extinction. nonexistence.
~ شدن. to be destroyed. to be annihilated. to die. to become extinct. to fall to pieces. to ruin.
~ کردن. to annihilate. to destroy. to exterminate. to obliterate. to demolish. to overthrow. to crumple up. to squelch. to squash.
بباد ~ دادن. to fling (scatter) to the winds. to dissipate.
گفت نصف عمر توشد بر ~. he said: half of your life is lost.
موجود ~ ناپذیر. a deathless being.

فَنّاً technically.
فَناپَذیر، نابود شدنی، فانی. destructible. mortal. ephemeral. perishable.
فَناپَذیری perishableness. mortality.
فَنار، فانوس، چراغ بادی. lighthouse. lantern.
فَناناپَذیر، فانی نشدنی، جاودانی، باقی. indestructible. immortal. imperishable.
فَناناپَذیری، بقا. indestructibility. indestructibleness. immortality.
فَنج = **پنج**، شراب انگور punch.
فِنجان cup.
روزی یك ~. one cuptul a day.
فِنجان بازی، حقه‌بازی. thimblerigging. shell game.
فِنجانی cup-shaped. (z.) cotyloid. acetabular.
گودال ~. acetabulum.
فَندُق (bot.) hazelnut. filbert.
فَندُق‌شِکَن nutcracker.
فَندُقك، گوش‌فیل، گل‌شیپوری. (bot.) ivory nut.
فَندُقه، سمره، ثمرفقیر، تخم‌برهنه. (bot.) achene. akene.
فَندُقی hazel-shaped. of hazel colo(u)r. hazelly. nut-brown.
فندقیان (bot.) corylaceae.
فَندَك lighter. strike-a-light.
فَندُول، آونگ، پاندول. pendulum.
فَنَر spring. leaf spring. coil. (of a watch) hairspring.
فنری springy. resilient. elastic.
فَنَرِیَّت، حالت فنری. resilience. elasticity.
فَنگ (word corresponding to the English «arms», and used in military words of command as in: دوش فنگ =shoulder arms).
فِنُل phenol.
فَنلاند (geog.) Finland.
فَنلاندی Finnish.
فُنون (pl. of فن) techniques.
فَنّی technical.
فِنیقی Phoenician.
فَوات، وقت‌گذرانی، فاصله، مهلت. lapse. passing away (of time). interval. deadline.
فَواحِش (pl. of فاحشه) prostitutes.
فُؤاد، دل، قلب. heart.
فَوّاره jet (of water). spout. fountain.
~ زدن. to spout. to jet out. to spray.
فَوّارهٔ افشان، فواره‌گردان. girandole.
فَواصِل (pl. of فاصله) distances. spaces.
فُواق، سکسکه. hiccup.
فَواکِه (pl. of فاکهه)، میوه‌ها. fruits.
فَوائِد (pl. of فائده)، منافع. advantages. profits. benefits. uses.
فوب، تحویل کالا تادرون کشتی. f. o. b. fob (free on board).
فُوت، دم، دمیدن، وزش، باد. puff. blow. puffing. blowing (out). whiff. insufflation.
~ و فن. tricks and secrets.
~ بودن. to know well.
~ کردن. to blow. to puff. to blow out. to extinguish by blowing. to blow on. to insufflate. to whiff. to breathe upon.
جولی بـا یك ~ شمعهای کیك زاد روزش را خاموش کرد. Julie blew out the candles on her birthday cake with one puff.

فُوت، پا. foot.
فَوت، درگذشت، مرگ، وفات. death. dying. passing away. decease. demise. lapse.
~ شدن. to pass. to elapse. to be missed. to die. to pass away. to decease.
~ کردن. to die. to decease. to pass away. to miss. to allow to escape.
روزی که عمو امیرخان ~ کرد. the day on which uncle Amir Khan passed away.
فوتبال football. soccer.
مسابقهٔ ~ football (soccer) match or game.
فوتبالیست footballer. football player.
فوت فوتك toy whistle. simple fife.
فوتك، دم. bellows.
فَوتی very urgent or pressing. liable to lapse. not to be deferred.
فَوج (pl. افواج)، گروه، انبوه، جمعیت. crowd. multitude. army. regiment.
فَوراً، بیدرنگ، هم‌اکنون. at once. immediately. directly. right away.
~ در را قفل وچراغها را خاموش کنید. luck the door and turn off the lights at once.
فَوَران، جوش، خروش، جهش، غلیان، پرتاب‌شدن. eruption. ebullition. effervescence. outbreak. discharge. ejection. spouting. jetting out. streaming. bursting forth.
~ کردن. to erupt. to effervesce. to ebulliate. to eject. to spout. to jet out.
آتشفشان ~ خواهد کرد. the volcano will erupt.
فَوَرانی eruptive.
فَوری urgent. rush. imperative. pressing. instantaneous. immediate.
تلگراف ~. urgent telegram.
عکس ~. snapshot. instantaneous photograph.
جواب ~. immediate answer.
فَوریَّت urgency. immediacy.
فِوریه February.
فَوز، پیروزی، رستگاری، کامیابی. success. triumph. victory. deliverance.
فوفِل (bot.) betel nut. areca nut.
فوفه leaf - brass.
فَوق، اَبَر، بالا، زبر. top. upper part. above. aforesaid. superior to. super-. supra-. extra-.
در ~، مافوق. above. superior to.
~ پستانی. supramammary. supramastoid.
~ دیپلم. associate of arts.
~ برنامه(ای). extracurricular.
فَوقاً، در بالا. above.
فَوقَ التَّصَوّر beyond imagination.
فَوقَ الجلد، روی پوست، روپوست. epidermis.
فَوقَ الذِّکر، یاد شده دربالا. above - mentioned. aforesaid. aforementioned.
کتاب ~ اکنون نایاب است. the aforementioned book is now extinct.
فَوقَ الطّاقه insupportable.
فَوقَ العادّه extraordinary. allowance. extra. extraordinaries. extra payment. unusual. exceptional.
فوق‌العادهٔ خارج ازمرکز. outstation allowance. field allowance.
فَوقَ المعده epigastrium.
فَوقانی، بالائی. upper.
طبقهٔ ~. the upper floor.

فَوق‌بَرنامه extracurricular.
فُولاد، پولاد. steel.
فِهرِست، صورت. list. index. catalogue. table. gloss. glossary. roster.
~ موجودی. inventory.
~ مندرجات. table of contents.
~ کردن. to make a list of. to index. to insert in a catalogue.
~ اشتباهات، غلط‌نامه. errata.
~ واژه‌ها. word list.
فِهرِست‌نامه index. catalogue.
فِهرِستی indexical. belonging to a list, catalogue, or index.
فَهم، ادراك. understanding. comprehension. conception. apprehension. perception. connation. apperception. intelligence. prudence. judiciousness.
~ کردن. to understand. to use intelligence. to comprehend.
این خارج از ~ است. this is beyond conception (understanding).
قابل ~. comprehensible. understandable.
نفهم، نا~، بی~. incapable of understanding. stupid.
غیرقابل ~. incomprehensible.
با~. understanding. perceptive.
فَهماندن، فهمانیدن، حالی کردن. to explain. to inculcate. to impress upon.
مقصود خود را ~. to express oneself.
معلم مسئله را به دانش آموزان فهمانید. the teacher made the students understand the problem
فَهمیدن، درك کردن. to understand. to grasp. to comprehend. to apprehend. to perceive. to conceive. (slang) to dig. to savvy.
آنطوریکه من می‌فهمم. as I understand.
آیا می‌فهمید؟ do you understand?
نفهمیدن. to misunderstand. not to understand.
چون انگلیسی اوضعیف است این جمله‌ها را درست نمی‌فهمد. since his English is weak he does not comprehend these sentences properly.
فَهمیدَنی intelligible. understandable.
فَهمیده، عاقل، باهوش، باادراك. having common sense. intelligent. judicious. (having) understood. wise.
فَهیم، فهمیده، عاقل. of (quick) understanding. wise. discerning. intelligent. perceptive.
فی، از قرار، قیمت. in. at the rate of. at. by. on unit cost.
~ زدن. to assess. to estimate. to evaluate.
فی الواقع. in reality. as a matter of fact.
فَیّاض، بخشنده، فراوان، سرشار. generous. plentiful. bountiful. liberal. munificent. prodigal. magnanimous.
فی الجُمله to sum up. A little. some.
فی الحال at once.
فی الفور، فوراً، بیدرنگ. immediately. at once. promptly.
فی الحَقیقه، براستی. indeed. in truth. in fact. truly. actually.
فی المَثل، مثلاً. for instance.

for example. as an example.
فی‌المَجلِس on the spot. there and then.
فی‌الواقِع، واقعاً. actually. in fact.
فیبر fibre. fiber.
فیثاغورث Pythagoras.
فیثاغورثی Pythagorean.
فیروز، پیروز. victorious. triumphant.
فیروزَه، سنگ فیروزه، آبی‌رنگ. turquoise. turquoise - colo(u)red. azure.
فیروزی، پیروزی. victory. triumph.
فیزیك physics.
~ نجوم. astrophysics.
~ هسته‌ای. nuclear physics.
فیزیك‌دان physicist.
فیزیکی physical.
فیزیولوژی physiology.
~ اعصاب. neurophysiology.
فیس، تکبر، غرور.
فیس (swelling with) pride.
~کردن. to swell with pride. to boast.

فیش، صدای فش‌فش. fizz. hiss.
~کردن. to fizz. to hiss.
فیش، برگه. slip. index(ing).
فَیصَل، حل وفصل، فیصله، داوری، حکمیت. deciding. settling. arbitration. decision.
~ دادن. to settle (by arbitration). to determine. to decide upon.
فِیض(فیوض، فیوضات .pl)، برکت، لطف، عنایت. grace. favo(u)r. blessing. bounty. profusion. profit generosity. abundance.
فَیَضان، سرشاری. overflowing. abundance.
فیض‌بَخش bountiful. charitable.
فیل، پیل. elephant. (chess) bishop.
دندان ~، عاج فیل. elephant's tusk. ivory.
~ مانند. elephantine.
کار حضرت ~. Herculean task.
فیلبان، پیلبان. elephant keeper.
فیلتَن، فیلسان. elephantine. enormous.
فیلسوف، فلسفه‌دان. philosopher.
سقراط ~ بزرگی بود. Socrates was a great philosopher.

فیلسوفانَه philosophically.
فیلگوش، زنبق، نیلوفر آبی. (bot.) iris. nenuphar.
فیلم film. negative. motion picture.
~ برداشتن. to cinematograph. to shoot (pictures). to cinematize. to film.
یك حلقه ~. a roll of film. reel.
~ رنگی. colo(u)red film. technicolor.
~ حزن‌انگیز. a sad movie.
~ خبری. newsreel.
فیلم‌بردار cinematographer.
فیلم‌برداری film taking. cinematography. filming.
~کردن. to film. to cinematograph. to cinematize.
صنعت ~. motion picture industry.
فیلی elephantine.
فیلیپین (geog.) Philippine.
فیما in that which.
فیمابَین، درمیان. (in) between.
فین snot.

~کردن. to blow one's nose.
فین‌فینی snotty.
فینَه fez.
فیوز fuse.
~ برق. electrical fuse.
فُیوض (.pl of فیض). blessings. graces.
فیه، دراو. in him. in it.
فیها in her.

ق the twenty-fourth letter of the Persian alphabet.
قاآن Mongol royal title.
قاب، چهارچوب، قاب‌عکس، بشقاب، جلد، روکش. frame. plate. dish. patina. tray. case. platter. knucklebone.
~ کردن، ~ گرفتن. to frame. to provide with a frame or case.
~ عکس. the frame of a picture.
در~ کشیدن غذا. to serve food on a plate.
قاب‌های پلو. rice dishes.
قاب، استخوان کعب، استخوان قاب. knucklebone. the knob.
قاب‌بازی، چهارقاب بازی. knucklebones. game played with knucklebone.
قاب‌بال (z.) coleopterous.
قاب دستمال dishcloth. clout.
قاب‌ساز، قاب‌عکس‌ساز. framer.
قابِض، گس، گیرا، حامض. astringent. styptic. seizer. taker. tart. sour. constricting. constipating.
قابِض‌الاَرواح، عزرائیل. angel of death. seizer of souls.
قابِضیَّت، حالت قبض، متوقف‌سازی، حموضت. astringency. stypticity. constriction.

قابِل، شایسته، لایق، مناسب، ارزنده، سزاوار. qualified. worthy. fit. capable. worthwhile. able. competent. also used as prefix with the same meaning as English suffixes "-able, -ible, and -ble" (as in: قابل اجرا = enforceable and: قابل‌احترام = respectable).
قابِلگی، ماماثی. midwifery. obstetrics.
قابلَمه dinner pail. tiffin carrier.
دکمهٔ (تکمهٔ) قابلمه‌ای. snap fastener.
قابِلَه (feminine of قابل)، ماما. midwife.
قابِلیَّت، شایستگی، لیاقت، ارزندگی. ability. fitness.. merit. worth. capability (esp. in phrases where it corresponds to the English suffix: -ability or -ibility as in: قابلیت انقباض = contractibility).
قابیل Cain. Abel's brother.
قاپ، بقاپ، بربای. snap thou. snapper. snatch thou.
قاپو، درب بزرگ. door. gate.
قاپوچی، دربان. gatekeeper. gateman.
قاپوق، قاپق، قصاص‌گاه. pillory.

قاپیدَن، ربودن. to snatch. to seize. to snap. to grab.
قات، فرار. (in backgammon) escape.
~ شدن. to escape.
قات‌قات، غات غات. cackle.
قاتِق، نانخورش. anything eaten with bread.
قاتِل (قتله .pl)، آدمکش. murderer. homicide. killer. deadly. assassin.
قاتِل‌الکَلب، کچوله. (bot.) dog's bane.
قاتمَه sackmaker's thread.
قاتی، قاطی، مخلوط، درهم. mixed. confused. blended. mingled.
~کردن. to mix. to mingle. to confuse.
قاجار Qajar. a Turkish tribe.
قاجاریّه، سلسلهٔ قاجار. the Qajar dynasty.
قاچاق، غیرمجاز، فراری، غیرقانونی، ممنوع. smuggled. contraband. illicit. unauthorized. smuggled goods. stowaway. illegal. forbidden. prohibited. swindler.
~ شدن. to stow away. to disappear. to buzz away. to hide away. to be smuggled.
~ کردن. to smuggle. to swindle. to bootleg. to moonshine.
کالای ~. smuggled goods.
قاچاقچی smuggler. contrabandist.

~مشروبات‌الکلی. bootlegger. moonshiner.
قاچاقی contraband. smuggled. bootlegged. moonshined.
قادِر، توانا. able. powerful. puissant. potent. cogent. efficient. competent.
~ متعال. the almighty God.
~ نیست اینکار را تمام‌کند. he is not able to finish the work.
آیا او ~ است‌که مسئولیت را بپذیرد؟ is he competent to accept the responsibility?
~ کردن. to enable. to make powerful. to make capable.
~ بودن. to be able. to be capable.
قاذورات (قاذوره .pl of)، آشغال، کثافت. ordure. dirt. refuse.
جزو ~ بودن. to be taken to no account. to be good - for - nothing.
قارت وقورت، هارت وهورت. bragging. fuss. bluffing. boasting.
قارچ، سماروغ، خایه‌دیس، چترمار. mushroom. fungus. mycet_. myceto_.
قارچ‌کُش fungicide.
قارچی fungous. fungoid.
مرض~. fungous disease or infection.
قارش‌میش، درهم برهم. confused. mixed up.

قارقار، غارغار. caw(ing). cackl(ing).

قارورَه، ظرف ادرار، شاشدان. urinal.

قارون Korah. Croesus.

قارّه، بَرّ، قطعه. continent.

فلات ~، ژرفاکنار. continental shelf.

قاری reader of the Koran.

قاز، غاز. goose.

قازان (geog.) Kazan.

قازایاغی (bot.) goosefoot. chenopod.

قازچران gooseherd.

قازچرانی tending geese. loafing. wool gathering.

قاسِم، تقسیم کننده، بخش کننده. divider.

قاسم‌الصدر، میان‌پرده. mediastinum. mediastin.

قاسی، سخت، قسی. hard. cruel.

قاش، قاچ. slice. (slang) wedge.

~ کردن. to splinter. to slice. to cut into slices.

~ خوردن. to be split. to be cut.

یك ~ خربزه. a slice of melon.

قاشق spoon.

روزی سه ~. three spoonfuls a day.

~ چای خوری (مرباخوری). teaspoon(ful).

~ سوپ‌خوری. tablespoon(ful).

~ وچنگال. silverware. spoon and fork.

قاشق‌تراش spoonmaker. horner.

قاشقك castanets. clappers. small spoon.

قاشقی spoon-shaped. spoon.

قاصِد، پیك، نامه‌رسان، برهٔ‌های قاصدك. messenger. courier. harbinger.

قاصدك (bot.) dandelion.

قاصِر، کوتاه، عاجز، ضعیف. falling short. failing. weak. defective.

~ آمدن. to fall short.

از انجام آن ~ آمد. he failed to do it.

قاضی (قضات .pl)، داور، دادرس. judge. justice. jurist. arbiter. arbitrator. mediator. umpire.

~ دادگاه نظامی. judge advocate.

~ عسکر. a chaplain.

~ صلح، امین صلح. justice of the peace.

قاضی‌الحاجات the provider of needs. God.

قاضی‌القضاة، قاضی‌قضات، قاضی‌اعظم. supreme judge. judge of judges.

قاضی‌گری، قضاوت، دادرسی، حکمیت، داوری. judgeship. judgement. arbitration.

قاطبه the whole.

قاطبهٔ مردم. all the people.

قاطبةً، عموماً. generally. totally.

قاطِر، استر. (z.) mule.

قاطرچی muleteer. common carrier.

قاطِع، قطعی، نهائی. decisive. categorical. cutting. trenchant. (geom.) secant. ultimate. final. penetrating. clearcut. biting. crisp.

او با لحن قاطعی سخن میگفت. he spoke in a decisive voice.

برهان ~. a final (decisive) proof.

علاج ~ (مؤثر یا شدید). a vigorous (effective or efficacious) remedy.

قاطعُ‌الطَریق (قطاع‌الطریق .pl)، راهزن، دزدسرگردنه. highway robber.

قاطعیت، قطعیت. decisiveness. trenchancy. cutting effect. incisiveness.

قاطی، مخلوط، درهم، قاتی، آمیخته. mixed. confounded. combined. commixed. mingled. blended. admixed.

~ شدن. to be mixed (mingled).

~ کردن. to mix. to mingle. to combine. to confound. to commix.

قاطی‌پاتی، قاطی‌واتی، مغشوش. pell-mell. jumbled. confused.

قاعِدَگی، عادت ماهیانه، طمث. menstruation. the menses. monthly period.

قاعِدَه (قواعد .pl)، رسم، فرمول، پایه، اساس، بنیاد، مبتلا به‌قاعدگی. rule. method. order. regularity. regulation. guide. menstruating. having one's period.

قاعدهٔ مثلث. the base of a triangle.

خلاف ~. against the rules or regulations. unorthodox. heterodox.

بی~. irregular. unmethodical.

~ شدن. to menstruate. to have one's period.

قاعدة، قاعدتاً. as a rule. regularly.

قاف Ghaff, a fabulous mountain supposed to surround the world.

قافِلَه (قوافل .pl)، کاروان. caravan. convoy.

قافله‌سالار leader of a caravan. convoy leader.

قافِیَه rime. rhyme.

~ آوردن، ~ داشتن. to rhyme.

هم ~ شدن. to rhyme with (or to) each other.

هم~. riming. rhyming.

بی ~. rimeless. rhymeless. unrimed. unrhymed.

وزن و~. rhythm and rhyme.

~ بندی، ترتیب قافیه‌ها. rhyme scheme.

قافیه‌پرداز rhymer. rimer. poet.

قاق last player (in certain games). dry. lank.

نان ~. dry bread.

قاقا goody. nicy. lollipop.

قاقُم، آس. (z.) ermine.

قال word. speech. noise. din.

~ چیزی را کندن. to settle a case.

قال، کورهٔ ذوب، ذوب فلزات، پالایش. smelting or refining (of metals).

~ کردن. to smelt. to refine.

~ گذاشتن، ~ کردن. to keep a person waiting and never turn up.

قالِب، شکل، فرم، ماتریکس، تکه، بدن، طرح. mold. mould. model. form matrix. (in shoemaking) last. tree. (of soap) cake. tablet. body. bar.

~ چکمه. the last of a boot.

~ کفش. shoe last.

او در ~ (شکل) فرشته ظاهرشد. he appeared in the figure of an angel.

~ برنزی یك مجسمه. a bronze cast of a statue.

یك ~ صابون. a cake (bar) of soap.

~ کردن. to mould. to model. to shape. to form. to pass off. to adulterate. to coin (as a word). to fob off. to palm off.

~ تهی کردن. to resign one's life. to die.

قالب‌ریز molder. moulder. modeller.

قالب‌ریزی، قالب‌گیری. moulding. centering. moulage.

قالبی moulded. formed into cakes or bars of exact dimensions.

قالپاق hubcap.

قالگَر refiner (or smelter) of metals.

قالگَری refining of metals. cupellation.

کورهٔ ~. cupel furnace. cupola furnace.

قال‌مقال، جنجال. noise. din. fuss.

قالی، فرش. carpet. rug.

~ کاشان. Kashan rug.

قالی‌باف carpet weaver. carpetmaker.

قالی‌بافی carpet weaving. carpetmaking.

قالیچه rug. small carpet.

قامَت، قد، اندازه، شکل. stature. size. figure. physique.

قامُوس، فرهنگ، دریا. dictionary. Ocean. sea.

قامَه shackle.

قانِع، راضی، خشنود. contented. satisfied.

~ شدن. to be contented. to be convinced. to be satisfied. to be gratified.

~ کردن. to convince. to gratify. to satisfy.

~ کننده. convincing. acceptable. satisfying.

او با روزی پنجاه ریال‌هم ~ بود. he was contented even with Rls. 50 a day.

توضیحات من اورا ~ کرد. my explanations convinced him.

جواب ~ کننده. a convincing reply.

قانون (قوانین .pl)، مقررات، مصوبهٔ مجلس، ضابطه، قاعده، حکم. law. statute. ordinance. regulation. parliamentary act. rule. canon. lex.

~ جزا. penal code.

اجرای ~. enforcement of law.

~ مرورزمان. statute of limitation.

عمل خلاف ~. illegal act. an act against the law. violation.

قوانین (احکام) شرعی. the religious canons.

~ شکن. lawbreaker.

~ شکنی. violation of law. lawbreaking.

~ گذراندن، ~ تصویب کردن. to pass (approve) a law. to ratify an act. to legislate.

قانون، سازقانون. (mus.) Kanoon. a kind of harp or psaltery.

قانوناً legally.

قانون دان، حقوقدان، فقیه. jurist. legal expert. legalist. jurisconsult.

قانونگزار، مقنن. legislator. lawgiver. lawmaker.

قانونگزاری legislation. lawmaking.

قانونی، مشروع. legal. statutory. licit. legitimate. regular. forensic. lawful.

طب~، پزشکی~. forensic medicine.

پزشك ~. coroner.

راه‌حل ~. legal solution.

غیر ~. illegal. unlawful.

قاهِر، قهار. forcible. powerful. subduing. overwhelming. suppressing.

قاهِرَه (fem. of قاهر). (geog.) Cairo.

قاه‌قاه fit of laughter. cachinnation. ha-ha-ha. guffaw.

~ خندیدن. to laugh boisterously. to cachinnate. to guffaw.

قائِد، پیشوا، رهبر. leader. general.

قایِق، بلم، لتکه. boat. barque. caique. canoe. skiff. dory. dinghy. gondola. rowboat. outrigger. bark. barge. raft.

~ موتوری. motor boat. launch.

~ بادبان‌دار، قایق‌بادی. sailboat.

~ ته‌پهن. a flat-bottomed boat. pontoon.

~ ماهیگیری. a fishing boat.

~ نجات، ~ کوچك. a dinghy. lifeboat.

~ کوچك پاروئی. a rowboat.

~ کوچك وابسته به‌کشتی. an outrigger.

~ گزاره. a ferryboat.

قایق تفریحی. a yacht.

قایقران boatman.

قایقرانی boating. yachting. boatmanship. sailing. cruising.

باشگاه ~. boat club. boathouse.

قائِل، گوینده. one who believes (in). one who maintains an opinion. believer. allowing. considering.

بوجود خدا ~ شدن. to believe in God.

تخفیف ~ شدن. to allow (consider) a rebate or discount.

امتیازاتی برای وی ~ شدند. they granted certain privileges to him.

قائِم (قائمه .fem)، ایستاده، برسرپا، راست. erect. right. straight. existing. upright. vertical.

قائم‌بالذات self-existent.

قایِم، استوار، محکم، ثابت، مخفی، پنهان. secure. fast. firm. steady. hidden. firmly. concealed. tight(ly). severe(ly).

~ شدن. to conceal or hide oneself.

~ کردن. to conceal. to hide. to fasten.

قائم‌الزاویه، راست‌گوشه. right angle. vertical. perpendicular.

مثلث ~. right triangle.

قائم‌مقام، جانشین. successor. locum tenens. substitute. deputy.

~ رئیس. deputy director. deputy manager.

قایم‌موشك، قایم باشك، قایم‌بشك. game of hide-and-seek.

قائِمَه (قوائم .pl)، سیاهه، ستون عمودی. perpendicular. side post. invoice.

قابِن، قابیل. Cain.

قَبا، ردا. a kind of tunic or cloak.

قَباحَت، زشتی، فضاحت. hideousness. shamefulness. abomination. obscenity.

اینکار از شما ~ دارد. it is a shame for you to do this.

قُباد Ghobad or Qobad.

قِبال، جلو، روبرو. front. face.

در ~، در جلو، دربرابر. in front of. in lieu of. alongside of. vis-a-vis.

قَباله (قبالجات .pl)، سند، بنچاق، سندمالکیت. deed of sale. title deed. marriage contract.

~ کردن. to purchase by a deed. to make a deed.

قَبایِل (pl. of قبیله)، قبائل. tribes. clans.

قُبح، زشتی، ناهنجاری. uglinss. indecency. indecent appearance or nature. awkwardness. obscenity. unseemliness. unsightliness.

قَبر (قبور .pl)، گور، آرامگاه. grave. tomb. sepulcher. mausoleum.

~ کندن. to dig a grave.

~ کردن. to bury. to inter.

قِبراغ، چالاك، مجهز، چابك، فرز. equipped for action. nimble.

قِبرس (geog.) Cyprus.

قَبرِستان، گورستان. cemetery. graveyard.

قِبرسی Cyprian. Cypriot.

قَبرکَن gravedigger.

قُبَّره، باسترك، باستراك. thrush.

قَبض (قبوض .pl)، رسید، سند، دریافت، یبوست. bill. note. slip. receipt. taking delivery. constipation. constriction.
مزاج او ~ شده. he is constipated.
~ کردن. to take possession of. to seize. to constipate.
~ دادن. to give a receipt.
~ روح کردن. to take the soul (of).
قَبضَه، دسته، تصرف، تمسك. handle. hilt. grasp. clutch. fist's length. piece.
دو ~ تفنگ. two rifles.
چهار ~ اسلحه. four pieces of arms.
یك ~ شمشیر. one sword.
~ کردن، در قبضهٔ تصرف درآوردن. to take possession of. to preempt. to appropriate.
قِبطی Coptic. Egyptian. Gipsy.
قَبل، پیش، سابق. ago. before. formerly. preceding. previous. ante-. ahead. pre-. beforehand. fore-. heretofore. hitherto. afore.
دو سال ~. two years before (ago).
شب ~. the night before. the preceding night.
~ ازهرچیزی. before anything else.
~ از این. before this. previous to this.
~ ازآنکه شما بیائید من بیرون رفتم. I went out before you came.
دوساعت ~ ازظهر. (at) 10 a.m.
~ از تولد. antenatal. prenatal.
~ از وقت. ahead of time. beforehand.
ما~ تاریخ. prehistory. prehistoric.
قِبَل، پهلو، کنار، طرف. side. part. power. influence.
منفعت زیادی از ~ او بردم. I derived a large profit from (or through) him.
قُبُل، جلو. forepart. front. privy parts.
~ طپانچه. holster.
قَبلاً، سابقاً. beforehand. previously. first of all. formerly. heretofore.
قِبلَه kiblah, direction to which Mohammedans turn in praying.
قبلهٔعالم. His Majesty. the worlds's kiblah.
پشت به ~. facing the north.
رو به ~. facing the south. exposed to the sun.
قِبلَه‌نما compass showing the point to which one should turn in praying.
قَبلی، پیشی. previous. preceding. anticipated. former. antecedent. precedent. prior. foregoing. anterior.
با تقدیم تشکرات ~. thanking you in anticipation.
قُبور (قبر .pl. of) graves. tombs.
قُبوض (قبض .pl. of) receipts. bills.
قَبول، پذیرش. accepting. acceptance. agreement. admitting. consent. compliance.
~ دعوت. accepting (acceptance) of an invitation.
~ دارم که او درست میگوید. I admit that he is right.
او ~ کرد که اینجا بیاید. he consented to come here.
او پیشنهاد را ~ کرد. he accepted the offer (proposal).
~ داشتن. to mintain as true. to believe in. to agree with. to accept.
~ شدن. to be accepted. to be admitted. to be approved. to be granted (as a request). to succeed. to pass (an examination).
~ کردن. to accept. to believe (in). to admit. to agree to. to grant. to give a passing mark to. to adopt. to embrace. to receive.
قَبول‌دار accepting or agreeing.
قَبولی، پذیرش. acceptance. acceptation. approval. consent. success.
~ نوشتن. to write one's acceptance. to accept a bill.
نمرهٔ ~. passing grade. passing mark.
قُبَّه، گنبد. dome. cupola. knob. boss.
قبهٔ آسمان، قبهٔ فلك. vault of heaven.
قَبیح (قبیحه .fem)، زشت، ناپسند. foul. dirty. lewd. lascivious. abominable. obscene. shameful. indecent. smutty. pornographic. immoral. ugly. unsightly. unseemly. indecorous.
کلمات یا عبارات ~. foul language.
شوخی‌های ~ (کثیف). dirty jokes.
قَبیحَه (قبایح .pl). shameful act. (orig. fem. of قبیح) obscene. unseemly.
قَبیل، نوع، گونه، قسم. kind. sort. category.
این ~ زنان. such women.
از ~. such as. of the category of.
قَبیلَه (قبائل، قبایل .pl)، طایفه، عشیره، ایل. tribe. family. clan.
قَپان، ترازو، میزان، باسکول. steelyard. weighing device. balance. scale.
~ کردن. to weigh by a steelyard.
قَپانچه، قپانچه. small steelyard.
قپاندار، وزان، میزان‌دار. weigher (using a steelyard).
قپانداری weighing charges.
قِپلان، ببر. (z.) tiger.
قِتال، کارزار، جنگ، کشتار. battle. killing.
قَتّال (قتاله .fem)، کشنده، قاتل، مهلك. deadly. fatal. suitable for killing.
آلت قتاله. deadly weapon.
قَتل، آدمکشی. killing. murder. massacre. assassination. slaying. slaughter. pogrom. manslaughter. martyrdom. -cide. homicide.
~ با نقشهٔ قبلی، ~ عمدی. premeditated murder. deliberate murder. willful murder.
~ غیرعمدی. unintentional murder.
~ نفس، آدمکشی. homicide. manslaughter.
~ عام. general (wholesale) massacre.
روز ~. day of martyrdom.
بقتل رساندن. to kill. to murder. to put to death. to slay. to assassinate. to immolate. to massacre. to slaughter.
بقتل رسیدن. to be killed. to be murdered.
قُچاق، چابك، خوش بنیه. strong. healthy.
قَحبگی، فاحشگی. prostitution.
قَحبَه، فاحشه، جنده. prostitute. whore.
قَحط، کمیابی. dearth. famine. hunger.
قَحطزده، قحطی‌زده. famine-stricken. famished. starving. starveling.
قَحطسال year of dearth or famine.
قَحطی famine. scarcity. starvation.
قَحطی‌زَده famme-stricken (person). starveling. famished. starved.
قَد، قامت، اندازه. stature. size. tallness. height.
~ خم کردن. to stoop. to bend one's back.
~ دادن. to be of the required size.
~ علم کردن. to stand straight. to signalize oneself. to thrive. to resist. to challenge.
~ کشیدن. to grow tall.
استخر دو ~ من آب داشت. the depth of the pool was twice my height.
قَدّاره، غداره. broadsword. glaive.
قُدّام، جلو. anterior. forepart. front.
قُدّامی، جلوی، پیشین. anterior. frontal. fronto-. fore-. ante-.
قدبلند، آدم قدبلند. tall.
قدح، (اقداح .pl)، جام، کاسه. cup. bowl.
قَدر، مقدار، اندازه. value. worth. merit. desert. amount. quantity. magnitude.
شب ~. the night when the Koran was revealed to Mohammed.
~ چیزیرا دانستن. to appreciate or know the value of something. to value.
~ چیزی را داشتن، ~ چیزی را شناختن. to come to know the value of. to begin to appreciate.
آنقدر. so. so much. as much.
آنقدر گرسنه بودم. I was so hungry.
اینقدر. this much. so much.
بقدر. as much as. to the extent of.
قدری. some. a little. somewhat.
بقدری. so. so much.
چقدر؟ how much? how long? how many?
چقدر مهربان بود. how kind he was! he was so kind!
هر ~. as much as. however.
هر ~ کودن باشد آنرا خواهد فهمید. he will understand it however stupid he may be.
او ~ این عافیت را میداند. he appreciates the value of this blessing.
قَدَر، قضا، سرنوشت، تقدیر. divine decree. predestination. destiny.
قُدرَت، توانائی، زور. power. ability. might. potency. vigor. strength. capability. puissance. authority. force.
با ~. powerful. potent. forceful. able.
بی ~. powerless. impotent. feeble. weak.
قُدرَتی pertaining to power.
قدردان appreciative. grateful. thankful.
قدردانی appreciation. gratitude.
~ کردن. to express one's appreciation. to appreciate. to thank.
قدرشِناس، قدردان. appreciative. grateful.
قدرشِناسی appreciation. gratitude.
قَدری، تااندازه‌ای. some. a little. somewhat. to some extent. awhile.
~ آب باو دادند. they gave him some water.
~ صبر کنید. wait awhile (a bit).
قَدَری، تقدیری، سرنوشتی. predestinarian. fatalist. determinist.
قَدزَن، قط زن. bone for nibbing.
قُدس saintliness. holiness. sacredness. sanctity. sacred place.
~ شریف. Jerusalem.
آستان ~ رضوی. the sacred threshold (shrine) of Imam Reza.
قُدسی (قدسیان .pl)، مقدس، آسمانی، فرشته. holy. celestial. sacred. angel.
قَدغَن، غدغن، ممنوع، ناروا. prohibition. order. prohibited. forbidden. inhibited. banned. taboo. forfended. proscribed. disallowed.
ورود ~ است. entrance (is) forbidden (prohibited).
استعمال اسلحه را ~ کردن. to interdict the use of weapons.
~ کردن. to prohibit. to forbid. to order. to interdict. to inhibit. to ban. to taboo. to forfend. to proscribe. to debar.
قَدَم (اقدام .pl)، پا، گام، اثر، یمن، شگون. foot. footstep. pace. step. luck.
خوش ~. lucky. bringing good luck.
بد ~. unlucky. bringing bad luck.
~ برداشتن. to take a step or action.
~ داشتن. to bring good luck.
~ رنجه کردن. to deign to come. to favour one with paying him a visit.
~ زدن. to walk. to step. to pace. to promenade. to saunter.
~ گرفتن. to keep pace.
سر ~ رفتن. to go to stool. to move the bowels. to ease nature.
~ بقدم. step by step.
~ دو. jogging.
~ دو کردن. to jog.
قِدَم، قدمت، سابقه. precedence. age.
قُدَما (قدیم .pl. of)، پیشینیان، گذشتگان. the ancients. the aged. the bygone.
قَدَماً by way of coming.
قدم پیما، گام‌پیما. pedometer. odograph.
قِدمَت، کهنسالی، سالخوردگی. antiquity. oldness. precedence. ancientness.
قَدَم شُمار، قدم پیما. pedometer.
قُدّوس، اشو، مقدس. very holy. sacred. attribute of God.
قُدّوسیَّت extreme holiness. sacredness. sanctity.
قُدوم، ورود، گام زنی، تشریف فرمائی. coming. arrival. advent.
قُدومَه (bot.) hedge mustard.
قُدوه، نمونه، رهبر، مدل، لیدر. example. model. leader.
قَدّی full-length. full-size.
قَدیر، توانا، قادر مطلق. almighty. powerfull. omnipotent.
قَدیم، کهن، دیرین، کهنه، پیر، گذشته. ancient. old. ancient times. days of old. archaic.
از ~. of old. from olden times.
در ~. in the old days. anciently.
قَدیماً، سابقاً، دیرین، دیرینه. anciently.
قدیم‌الایام the ancient of days. ancient times.
از ~. from olden times.
قَدیمی، کهنه، کهن، دیرین، باستانی. old. ancient. primitive. archaic. primeval.
قَدیمی‌مَسلَك fogyish. old-styled. old-timer.
آدم ~. old fogy.
قُر، غر. grumble.
~ زدن. to grumble.
قُرّا، قره. coolness. freshness. lustre.
قُرء (قریه .pl. of). villages.
قَرابادین، راهنمای داروها، فهرست‌دارو.

pharmacop(o)ea.
قَرابَت، نزدیکی، خویشی، بستگی. proximity. affinity. relationship. nearness. kinship.
~ سببی. relative-in-law. kinship by marriage.
~ صلبی، ~ نسبی. consanguinity. blood relationship.
قَرابه flask. carboy.
قَرابین، قرابینه، تفنگ کارابین. carabine.
قَراچی، کولی، لوری. gipsy. gypsy.
قَرار، آرامش، آسایش، راحتی، استقرار، ساخت و پاخت، نهادن. rest. repose. stability. agreement. permanence. arrangement. understanding. resolution. stipulation. (law) interlocutory decree. ruling. award. setting. placing. settling. appointment. rendezvous. fixing. collusion. comfort. putting.
چراغ روی میز ~ دارد. the lamp rests (is) on the table.
او ~ وآرام ندارد. he has no rest.
قراری گذاردن. to make an arrangement. to determine. to make a tryst.
کتابرا روی میز ~ دادن. to set (place) the book on the table.
قلمرا روی میز تحریر ~ دادن. to place the pen on the desk.
روی صندلی ~ گرفتن (روی صندلی نشستن). to settle oneself in a chair.
~ ملاقات گذاردن. to make an appointment. to make a date. to give a date.
~ ملاقات ساعت ۸ بعد از ظهر بود. the rendezvous was at 8 p. m.
~ دادن. to place. to set. to fix. to put. to settle. to appoint. to resolve.
~ گذاشتن، توافق کردن، ساخت وپاخت کردن. to make an arrangement (appointment). to agree. to collude. to resolve. to decide.
~ گرفتن، واقع‌شدن، مستقر شدن. to repose. to rest. to settle. to sit down. to be placed on. to be comforted (appeased).
از ~ متری پنجاه ریال. (at the rate of) Rials 50 per meter.
از ~ معلوم. according to what we know.
بقرار زیر، ازاینقرار. as follows. as under.
از اینقرار او ماندنی است. then (thus, therefore) he is going to stay.
قَرارداد، پیمان، عهد، کنترات. arrangement. compact. pact. appointment. treaty. agreement. contract. convention.
~ صلح. peace treaty.
~ استخدام. employment contract.
قراردادی conventional. stipulated in a contract or agreement. contractual.
قَرارومَدار collusion. plot. conspiracy.
قرارگاه، مقر. residence. resting place. quarters.
قرارگیری resting. rest. quiet.
قَراسوران، قراسورن. escort. convoy. road - guard.
قُراص، قراصه. gross. 12 dozens.
قَرّاض، جونده. gnawing. cutting. gnawer. cutter. shearing.
قُراضه scrap (metal). filings. junk.
قَرّاضه gnawing. rodent. cutting.
قَراقِر (pl. of قرقره)، صدای قرقر. rumbling in the stomach. borborygmus

قَراقُروت، قره‌قروت. dried black curds.
قَرامِطه (pl. of قرمطی) Carmathians.
قِران، تقارن، تصادف، ریال. conjunction. coincidence. Iranian monetary unit now replaced by the Rial.
قُرآن the Koran. the Qoran.
قَرانطین، قرنتین، قرنتینه. quarantine.
~ کردن، ~ گذاشتن. to quarantine.
قَراول، نگهبان، پاسدار، نشانه‌روی. guard. sentinel. watchman. patrol. aim.
~ رفتن. to take aim. to aim at a target
پیش ~. vanguard. the van.
قراولخانه guardhouse. sentry box. barrack.
قرائت، خواندن. reading. perusal.
~ کردن. to read. to peruse. to recite.
رأی را ~ کن. read (recite or utter) the decision (vote).
کتاب ~. reader. reading book.
قرائتخانه reading room.
قُرب، نزدیکی، قرابت، مجاورت، احترام، ارزش. nearness. proximity. affinity. vicinity. neighbo(u)rhood. propinquity. adjacency. esteem. worth. reverence.
او خیلی پیش من ~ (منزلت) دارد. he is much esteemed by me.
قُربان، قربانی، هدیه، تصدق، رهن. offering. sacrifice. ransom. victim. immolation.
~ کردن. to sacrifice. to offer a sacrifice. to immolate.
~ کسی رفتن. to adore a person. to be ready to die for one.
قربانت بروم. may I be sacrificed in your place. my darling! my sweetheart!
قربانت شوم. May I be ransomed for you (form of address used for dignitaries and friends equivalent to «dear sir» or «dear friend»).
بله قربان. yes sir. sir.
عید قربان. Feast of Sacrifices.
قربانی، تصدق، فدیه، دستخوش، فدائی. sacrifice. immolation. offering. victim.
~ کردن. to (offer a) sacrifice. to sacrifice. to immolate.
او ~ جاه‌طلبی خود شد. he fell a victim to his own ambition.
قُربَت، قرب، قرابت، نزدیکی. access. approach. favo(u)r. grace. proximity. relationship. nearness.
قُربیٰ، خویشی، خویشاوندی. relationship. kindred. kinship. consanguinity.
قُرَح (pl. of قرحه)، قرحه‌ها. ulcers. wounds.
قُرحه، زخم. ulcer. wound. sore.
تولید ~ کردن، قرحه‌دار کردن. to ulcerate.
قرحی ulcerous. ulcerated.
قُرص (اقراص .pl)، حب، پاستیل، صفحهٔ گرد، گرده، گردی، محکم، سفت، استوار. disk. disc. (med.) tablet. lozenge. troche. loaf. firm. strong. durable. pone.
~ ماه. the disk of the moon.
~ نعناع. peppermint drops.
~ آسپرین. aspirin tablet.
یك ~ نان. a loaf of bread.
خاك ~. firm earth.
دیوار ~ (محکم). a strong wall.
~ ساختن. to make lozenges (pastilles etc.)
~ کردن. to make firm (strong). to secure.

قَرض، وام، بدهی، دین، قرضه. loan. debt. borrowing. lending. indebtedness. liability. indebtment. debit. score. charge. owing.
اوهنوز ~ خود رانپرداخته است. he has not paid his debt yet.
~ کردن پول. to borrow money.
~ دادن پول. to lend money. lending money.
~ من بەیك میلیون ریالمیرسد. my indebtedness (debt) amounts to Rials 1000000.
من بەاو ~ دارم. I am under obligation to him. I am indebted to him.
~ها ودارائی‌ها. liabilities and assets.
~ دادن. to lend. to loan. to make a loan.
من هزار ریال بەاو ~ دارم. I owe him Rls. 1000.
~ بالاآوردن. to run up a score (debt).
~ کردن. to borrow.
~ گرفتن. to borrow. to have a loan of. to take as a loan.
قَرضُ الحَسَنه، وام بدون‌بهره. money loaned without interest.
قرض‌خواه، وامخواه. borrower.
قرض‌دار، بدهکار، مقروض، مدیون. debtor. having a debt. owing (money).
قَرضه، وام. loan.
اوراق قرضهٔ دولتی. government bonds.
بعنوان ~. on loan.
قرضی borrowed. on loan. on credit.
قَرطاجَنه، کارتاژ. (geog.) Carthage.
قَرطاجَنی، کارتاژی. Carthaginian.
قِرطاس، کاغذ. paper.
قرطاس‌بازی officialism. red-tape.
قَرع (chem.) retort.
~ وانبیق. retort. alembic.
قُرعه، قرعه‌کشی، لاتاری، لاتار. lot. ballot. lottery.
~ انداختن. to cast lots.
~ کشیدن. to draw lots.
~ بنام او اصابت کرد. the lot fell upon him.
قُرعه‌کَشی draw. lottery. sortilege. drawing lots. balloting.
قِرقیز، کرگیس. Kirghiz.
قُرُق، قدغن، ممنوع‌الورود. game preserve reserved for exclusive use. preserved. restricted.
~ کردن. to fence. to preserve. to exclude outsiders from.
قُرُقچی gamekeeper. gamewarden.
قرقاول (z.) pheasant.
قُرقُر، غرغر. grumbling. murmuring.
قَرقُروت، قره‌قروت، قراقروت. sour curd.
قَرقَره، بوبین. spool. bobbin. reel. pulley. block. sheave.
قرقشه، غرغشه. wrangle. fuss worry.
قِرقی، باشه. (z.) sparrow hawk.
قِرمِز red. kermes. crimson. incarnadine.
~ شدن. to become red. to blush.
~ کردن. to make red. to redden. to roast brown. to incarnadine.
قرمزدانه cochineal. kermes of Poland.
جوهر ~. carmine.
قرمزی redness. red rot (or rust). stain.
قُرمَساق، دیوث، جاکش. pimp to one's own wife. cuckold.
قُرمه preserved meat. potted meat.
~ کردن. to preserve. to pot.
قُرمه‌سبزی vegetable stew eaten with boiled rice.
قَرن (قرون .pl)، عصر، سده. century.
قرون وسطی. middle ages.
قرون وسطائی. medieval.
قَرنطین، قرنطینه، قرنتین. quarantine.
قَرَنفُل (bot.) clove gilliflower.
قرنی centurial. centennial.
قَرنَین two horns. two centuries or generations.
قَرنیّه (anat.) cornea. kerat(o)-.
قُروض (pl. of قرض)، بدهیها، دیون. debts. loans. liabilities. dues.
قرون، قرنها. centuries.
قُرّه coolness. freshness. lustre.
قُرّةُ العَین brightness of the eye.
قَره‌سوران، قراسوران. roadguard.
قَره‌قُروت، قرقروت. dried black curds.
قَره‌قوش، دال، عقاب. (z.) eagle.
قَره‌کُل caracul. karakul.
قَره‌نی clarinet.
قَریب، نزدیك، مجاور. near. approximate. close. kindreds (only in its pl. form اقرباء). relations. relatives.
~ دوسال. nearly two years.
~ بەمرگ. on the point of death.
قَریباً، بزودی، عنقریب. presently. shortly. nearly. approximately.
قَریبُ الوقوع imminent. impending.
قَریحه (قرائح .pl)، استعداد، ذوق. inborn disposition. talent. verve. muse.
قُرَیشی، قرشی. Koreyshite.
قَرین (اقران .pl)، مقارن، قرینه، باهم، متفق. coupled. joined. allied. cognate. conjoined. symmetrical. associate. companion. peer. match.
~ افتخار. hono(u)red.
قَرینه (قرائن .pl)، نظیر، مشابه. symmetry. context. analogy. conjecture. indication. analogue. match.
قَریه (قراء .pl)، ده، دیه، دهکده، روستا. village.
قَز، کژ، کج، ابریشم خام. raw silk.
قَزّاق cossack.
قزاقخانه the cossacks' quarters.
قُزَح angel presiding over the clouds.
قَزغان، قزقان، دیگ. pot. cauldron.
قِزِل، قرمز، سرخ رنگ. red. roan.
قِزِلاغ، غزلاغ، چکاوك. (z.) lark.
قزل‌آلا (z.) trout.
قزلباش redheaded. red-capped.
قزن‌قفلی hook and eye.
قِس، قیاس‌کن. infer or compare thou.
و~ علی‌هذا. infer the rest from this.
قرقاول (z.) pheasant.
قُرقُر، غرغر. grumbling. murmuring.
قَرقُروت، قره‌قروت، قراقروت. sour curd.
قَرقَره، بوبین. spool. bobbin. reel. pulley. block. sheave.
قرقشه، غرغشه. wrangle. fuss worry.

قِرقی، باشه. (z.) sparrow hawk.
قِرِمِز red. kermes. crimson. incarnadine.
~ شدن. to become red. to blush.
~ کردن. to make red. to redden. to roast brown. to incarnadine.
قِرمِزدانه cochineal. kermes of Poland.
جوهر ~. carmine.
قرمزی redness. red rot (or rust). stain.
قُرمساق، دیوث، جاکش. pimp to one's own wife. cuckold.
قُرمه preserved meat. potted meat.
~ کردن. to preserve. to pot.
قُرمه‌سبزی vegetable stew eaten with boiled rice.
قَرن (قرون .pl)، عصر، سده. century.
قرون وسطی. middle ages.
قرون وسطائی. medieval.
قَرَنطین، قرنطینه، قرنتین. quarantine.
قَرَنفُل (bot.) clove gilliflower.
قرنی centurial. centennial.
قَرنَین two horns. two centuries or generations.
قَرنیّه (anat.) cornea. kerat(o)-.
قُروض (قرض .pl. of)، بدهیها، دیون. debts. loans. liabilities. dues.
قرون، قرنها. centuries.
قُرّه coolness. freshness. lustre.
قُرّةالعین brightness of the eye.
قره‌سوران، قراسوران. roadguard.
قره‌قروت، قرقروت. dried black curds.
قره‌قوش، دال، عقاب. (z.) eagle.
قره‌کُل caracul. karakul.
قره‌نی clarinet.
قَریب، نزدیک، مجاور. near. approximate. close. kindreds (only in its pl. form (اقرباء)). relations. relatives.
~ دوسال. nearly two years.
~ بمرگ. on the point of death.
قَریباً، بزودی، عنقریب. presently. shortly. nearly. approximately.
قریب‌الوقوع imminent. impending.
قریحه (قرائح .pl)، استعداد، ذوق. inborn disposition. talent. verve. muse.
قُرَیشی، قرشی. Koreyshite.
قَرین (اقران .pl)، مقارن، قرینه، باهم، متفق. coupled. joined. allied. cognate. conjoined. symmetrical. associate. companion. peer. match.
~ افتخار. hono(u)red.
قَرینه (قرائن .pl)، نظیر، مشابه. symmetry. context. analogy. conjecture. indication. analogue. match.
قَریه (قراء .pl)، ده، دیه، دهکده، روستا. village.
قَز، کژ، کج، ابریشم خام. raw silk.
قَزّاق cossack.
قزاقخانه the cossacks' quarters.
قُزَح angel presiding over the clouds.
قَزغان، قزقان، دیگ. pot. cauldron.
قِزِل، قرمز، سرخ رنگ. red. roan.
قزلاغ، غزلاغ، چکاوک. (z.) lark.
قزل‌آلا (z.) trout.
قزلباش redheaded. red-capped.

قَزن‌قُفلی hook and eye.
قِس، قیاس کن. infer or compare thou.
و ~ علی‌هذا. infer the rest from this.
قِشردار، پوست‌دار، لایه‌دار. layered. incrusted. barked. husked.
قِشری، پوست‌دار، پوسته‌دار، لایه‌ای، سطحی. crusty. crustaceous. husky. superficial.
قُشَعریره، بدن‌لرزه، راست شدن مو. horripilation. goose flesh.
قُشقون، پاردم، رانکی. crupper.
قشلاق winter quarters.
قشلاقی، زمستانی. suitable for winter quarters.
قَشَنگ، زیبا، دلربا. pretty. handsome. beautiful. comely. lovely. fair. good-looking. beauteous. beauty. pulcritudinous. well. exquisite. elegant.
~ کردن. to make pretty. to decorate. to beautify. to pretty.
او ~ است. she is beautiful (a beauty).
قشنگی، زیبائی. prettiness. handsomeness. beauty. pulcritude. comeliness.
قَشو currycomb.
~ کردن. to curry. to comb.
قُشور (قشر .pl. of). layers. strata.
قُشون، آرتش، لشکر. army. troops.
قَص، سینه. chest. breast.
عظم ~، جناغ سینه. (anat.) sternum.
قَصّاب، گوشت فروش. butcher.
قصابی، گوشت فروشی. butchery. butcher's shop. slaughtering.
قصار، گازر. fuller.
قِصار (قصیر .pl. of). short words. brief (statements etc.)
کلمات ~. aphorisms.
قِصاص، تلافی، مجازات. retaliation. punishment. reprisal. counterstroke. tit for tat. blow for blow. quid pro quo. revenge. vengeance. vendetta.
~ کردن. to punish. to retaliate. to requite. to pay off old scores. to revenge. to avenge. to sentence.
~ قبل از جنایت. punishment of a crime not yet committed. (act based on) prejudgment.
قَصائد (قصیده .pl. of). elegies. odes.
قَصَب، نی، نای، پارچهٔ نازک کتانی. reed. cane. windpipe. fine linen (cloth).
قَصَبات (قصبه .pl. of). boroughs. villages. small towns. reeds. canes.
قَصَب‌الجَیب sugar cane. (met.) pen.
قَصَبه (قصبات .pl)، شهرک، دهکده، نای، نی. borough. small town. village. reed. cane.
قصبةالریه، نای. (anat.) trachea(l). windpipe.
قَصَبی، نائی، وابسته به‌درشت‌نی. (anat.) tibial. fibular. tracheal. like a pipe.
قَصد، نیت، اراده، تصمیم، عزم، کوشش. intention. purpose. determination. attempt. resolution. will. wish. advertence. resolve. aim. end. intent. design. object.
~ داشتن. to have an intention. to intend. to mean. to aim. to have in mind.
~ کردن. to intend. to determine. to resolve.
بقصدکشت، بقصدکشتن. with the intention to kill.
او ~ سفر کرد. he resolved to go on a trip.
از ~، قصداً، بقصد، عمداً. with the intention of. purposely. intentionally. advertently. deliberately.
قصدم این نبود. I did not mean that.
او ~ بدی ندارد. he means well.
قَصداً، عمداً، دانسته. intentionally. on purpose. purposely.
قصدی intentional. deliberate.
قَصر (قصور .pl)، کاخ. palace. palazzo.
قِصَر، کوتاهی، اختصار. shortness. brevity.
قِصَرت brevity. shortness.
قصر در رفتن to save one's skin. to go scot-free.
قِصَص (قصه .pl. of)، داستانها، افسانه‌ها. stories. legends. tales.
قصص‌الاولیاء hagiology.
قُصور، کوتاهی، تخلف. shortcoming. omission. defect. fault. failure. failing.
~ کردن، ~ ورزیدن. to fail. to come short. to neglect. to be remiss. to be derelict.
~ در انجام وظیفهٔ شخص. a shortcoming to perform one's duty. dereliction of duty.
این قصوری بود از طرف من. this was an omission (oversight) on my part.
قُصور (قصر .pl. of). palaces.
قِصّه، داستان. tale. story. narrative. yarn. anecdote. tale. fable.
کتاب ~. storybook.
قصهٔ کوتاه. anecdote. short story. novella.
~ کردن. to narrate.
~ گفتن. to tell a story.
قصه‌خوانی storytelling.
قصه‌گو، نقال. storyteller. narrator.
قصه‌نویس، داستان‌نویس. story writer.
قَصیده (قصائد .pl)، چکامه. elegy or ode. laudatory, elegiac, or satirical poem.
قصیده سرا elegist. writer of odes.
قَصیر، کوتاه. short. brief. dwarfish.
قَصیل green barley for fodder.
قَضاء، داوری، قضاوت. judg(e)ment.
قَضاء، حکم، قدر، حادثه، سرنوشت. decree. destiny. fate. accident. chance.
~ شدن. to lapse.
~ کردن. to judge. to make up for a religious omission. to cause to lapse.
قضای حاجت کردن. to ease nature.
از قضا، قضارا. by chance. it (so) happened that. incidentally. accidentally.
قضاوت judg(e)ment. judgeship. judging. adjudicature. judicature.
~ کردن. to judge. to judicate.
قُضاة (قضات .pl. of)، داوران. judges.
قضایی judicial. juridicial. legal.
از نظر ~. judicially. legally.
قُضبان (قضیب .pl. of). rods. branches.
قَضیب (قضبان .pl). rod. branch. penis.
قَضیّه (قضایا .pl)، موضوع، مسئله، فرضیه. case. circumstance(s). theorem. proposition. clause. problem.
قضیهٔ بدیهیه. axiom.
او از قضایا بی‌خبر است. he is unaware of the circumstances. he does not know what is going on.
قضیهٔ هندسی. geometric(al) theorem.
قَطاب turnover. kind of pastry.

قِطار، ردیف، صف. train. sequence. order. succession line. file. queue. convoy.
~ حرکت کرد. the train left.
~ فشنگ. a row of cartridges. a cartridge belt.
یک ~ شتر. a file (string) of camels.
~ کردن. to set in a row or file. to cause to stand in a queue. to make a string of. to concatenate.
~ شدن. to queue up. to stand in a line.
قِطاع sector (of a circle).
قُطّاع (قاطع .pl. of). cutters. robbers.
قُطّاع‌الطّریق (قاطع‌الطریق .pl. of). highway robbers. highwayman.
قُطب، محور. pole. polarity. axis. pivot.
~ جنوب. South Pole.
~ شمال. North Pole.
~ الکتریکی. electrode.
~ مثبت، فراز. anode.
~ منفی، فرود. cathode.
قُطبِش polarization.
~ برقی. electric polarization.
قطبش‌نما polariscope.
قُطبَنده polariser.
قُطب‌نما compass.
قطبی polar.
ستارهٔ ~. North Star. Polaris.
تمایل ~. polarity.
قُطبَین the two poles.
قُطر (اقطار .pl)، ضخامت، پهنا، پهنه. diameter. thickness. (of a quadrilateral) diagonal.
~ درونی لوله. calibre. bore.
قُطراً، ازپهنا. diametrically. diagonally.
قَطَرات (قطره .pl. of). drops.
قَطران، قیر. tar.
جوهر ~. creosote.
~ زدن. to (smear with) tar. to creosote.
قُطرب، داءالرقص. (med.) chorea. St. Vitus's dance.
قَطره (قطرات .pl)، چکه. drop. drip. trickle. dribble. dripping.
~ قطره. drop by drop.
~ قطره چکیدن. to drip. to fall in drops.
قطره‌چکان dropping tube. dropper.
قَطع، برش، پایان، خاتمه، تصمیم، ایست، اندازه. cut. cutting. amputation. breaking off. interruption. settling. discontinuation. cutting off. incision. size. rupture. severance. segment. -tomy.
~ کردن، بریدن. to cut (off). to amputate. to discontinue. to break off. to interrupt. to switch off. to turn off. to sever. to rend. to chop off. to lop off. to incise.
جاده چمن را ~ میکند. the path cuts into the meadow.
~ دست. amputation of the hand.
~ رابطه کردن. to break off (relations).
او نطق مرا ~ کرد. he interrupted my speech.
قیمت چیزی را ~ کردن. to settle (fix) the price of something.
کاغذی بقطع کوچک. a small - size paper.
جریان آب ~ شد. the flow of water (was) stopped (discontinued).
~ یک تکه گوشت. cutting off a piece of meat.
خواهش میکنم تلویزیون را ~ کنید. switch off the television, please.
~ امید کردن. to lose hope. to despair.

~ رحم. breaking off ties of relationship.
~ زائد. hyperbole.
~ نظر از. apart from. irrespective or independent of. regardless of.
بطور ~، قطعاً. definitely. certainly. surely.
ژاپن با آنکشور ~ رابطهٔ سیاسی کرد. Japan broke off diplomatic relations with that country.
قَطَع (قطعه pl. of)، قطعات. pieces. fragments.
قطعاً positively surely. conclusively. certainly. definitely. categorically. absolutely. at all.
قَطَعات (قطعه pl. of). pieces. fragments. fittings. parts. segments. shreds.
~ یدکی. spare parts.
قطع نامه manifesto. declaration. decision. resolution.
قطعنامهٔ پنج مادهای آنها صادرشد. their five-point resolution was issued.
قِطعَه (قطع، قطعات pl.)، پاره، پارچه، بخش. piece. fragment. section. part. tract. plot. copyslip. (z.) segment. accessory. sector. portion. slice.
یك ~ فلز. a piece of metal.
قطعات یدکی. spare parts.
یك ~ زمین. a tract of land.
~ قطعه کردن. to cut to pieces. to parcel. to divide. to chop up. to mince.
قطعات منتخبه. chosen fragments. selected pieces. selections.
قَطعی، نهائی، صریح، صریحاً، یقین، محقق. final. definite. decisive. peremptory. positive. certain. fixed. conclusive.
~ کردن، صورت ~ دادن. to finalize.
تصمیم ~. a final decision.
نقشهٔ ~. a definite plan.
پیروزی ~. a decisive victory.
رأی ~ هیئت منصفه. peremptory vote of a jury.
تاریخ ~. a fixed (definite) date.
قطعیت، صراحت، قاطعیت. positiveness. definiteness. certainty. certitude.
قُطور، کلفت، پهن، پرحجم. thick. voluminous. bulky.
قَطیفه bathing gown. bathrobe. wrap.
قَعر، ته، ژرفا، عمق. bottom. depth. abyss. cavity. batho-. profundity.
قُعود، نشستن، نشست. sitting.
~ کردن. to sit.
قَفا، پشت گردن. nape of the neck cervix. back. cervico-. dorso-.
~ خوردن. to receive a slap on one's neck.
در قفای او. behind his back.
قَفائی، قفائی. (of) the colo(u)r of lavender. mauve. dorsal. cervical.
قَفَس، مرغدان، جای نگاهداری پرندگان، آغل. cage. coop. aviary. pen. enclosure.
~ قناری. a canary cage.
~ بزرگ مرغداری. the poultry coop.
در ~ کردن. to confine in a cage. to cage. to enclose in an aviary or pen.
قَفَسه، گنجه، اشکاف، کمد، جاکتابی. cupboard. whatnot. tallboy. bookcase. closet. sideboard. buffet. locker. pantry. highboy. bookshelf.
قفسهٔ بشقاب و ظرف. a cupboard for plates and dishes.

قفسهٔ مواد غذائی. a set of shelves for foodstuffs.
قفسهٔ چینی آلات. a china cabinet. a sideboard for chinaware.
قفسهٔ دارو. a medicine cabinet.
قفسهٔ سینه. thorax.
قَفَسه بَندی shelf arrangement. shelving.
~ کردن. to shelve.
قفقاز (geog.) Caucasia. Caucasus.
کوههای ~. Caucasian mountains.
قفقازی Caucasian.
قفقازیه Caucasia.
قُفل، قفل مغزی. padlock. lock.
~ کردن. to lock. to jam.
قفل ساز، قفل گر، چلنگر. locksmith.
قفل سازی locksmithing. locksmithy.
قُقنُس، سیمرغ، عنقا. phoenix.
قُلاب، گیره، چنگك، چنگال. hook. grapnel. drag. grapple. (chem.) valence. gaff. buckle.
~ ماهیگیری. a fishing hook.
~ کردن، قلاب زدن. to curve like a hook. to hang or fasten with a hook. to hook.
~ شدن. to be (become) hooked.
قُلابدار hooked. buckled.
کرم ~. hookworm.
قُلاب دوز crocheter. embroiderer.
قُلاب دوزی crochet work. crocheting.
~ کردن. to crochet.
قُلاب سَنگ، سنگ قلاب، فلاخن. sling.
کسیرا ~ کردن. to send one after a wild-goose chase.
قُلابی، قلابدار، قلابوار، قلب، دروغی، جعلی، عوضی. fake. phon(e)y. sham. false. spurious. hook-shaped. hooked.
قُلاج، قولاج (واحد عمق پیمائی دریائی برابر با ۶ فوت یا ۱/۸۲۹ متر). fathom.
قَلادَه collar (for a dog, etc.). a leash.
سه ~ سگ. three dogs.
قَلاش، کلاش، دغل. rogue. cheat. clown. mountebank. frequenter of taverns.
قِلاع (قلعه pl. of). castles. forts. (fortified) towers.
قلاع، مرض برفك، دانهٔ برفك. (med.) aphtha.
قلاویز tap.
قَلب (قلوب pl.)، دل، باطن، وسط، مرکز، میان. heart. center. midst. cardio-.
ضربان ~. heartbeat.
قوت ~ دادن به. to hearten. to encourage.
در ~ یك شهر. in the heart of a city.
قوت ~. assurance. courage. morale.
ناخوشی ~، مرض قلبی. heart disease. cardiopathy.
قَلب، جعلی، قلابی، تقلبی، استحاله، تحول، جابجا شدن حروف کلمه، تحریف. reversal. inversion. permutation. counterfeit. forged. base. counterposition. metathesis. palindrome. anastrophe. sham. pseudo-.
~ یعنی جابجا کردن ترتیب کلمات یك جمله. inversion is the reversal of the order of words in a sentence.
~ اعداد ۱ و ۲ و ۳ اگر دوتا دوتا انجام گیرد بصورت ۱۲ و ۲۱ و ۱۳ و ۳۱ و ۲۳ و ۳۲ درمی آید. permutations of 1, 2 and 3, taken two at a time are 12, 21, 13, 31, 23 and 32

سکهٔ قلب، پول ~. counterfeit (base) money.
پول ~ ساختن. to forge money.
کلمهٔ clasp در اثر قلب کلمهٔ انگلیسی قرون وسطائی «claspe» بوجود آمده. the word «clasp» developed from the Middle English «clapse» by metathesis.
جملهٔ مندرجه درنقل قول جملهٔ مقلوب است، یعنی از هرطرف خوانده شود یك طور درمی آید (نظیر شعر فارسی «شکر بترازوی وزارت برکش»). the sentence «name no one man» is a palindrome.
~ مطلب. anastrophe.
~ کردن، بر گرداندن. to invert.
قَلباً، صمیمانه، از ته دل. heartily. cordially. sincerely.
قَلبُ الاَسَد (astr.) Regulus. Alpha Leonis. The Dog Days.
قَلبُ العَقرَب (astr.) Antares. Alpha Scorpio.
قَلبُ الهَدَف bull's-eye.
قَلب زَن، قلب ساز. coiner of base money. counterfeiter. forger.
قلب شناس cardiologist. expert in (discovering) forged money etc.
قلب شناسی cardiology.
قُلبه، قُلوَه، کُلیَه. kidney.
قَلبی، وابسته به قلب. heartfelt. cordial. genial. hearty. (anat.) cardiac. cardiacal.
سوزش قلب. cardialgia. heartburn.
ناخوشی ~. heart disease. cardiopathy.
همدردی ~ (صمیمانه). heart felt sympathy.
انزجار قلبی نسبت به تقلب. a cordial distaste for cheating.
با آرزوهای ~ من. with my sincere wishes.
قِلَّت، کمی، معدودی. littleness. fewness. insufficiency. rarity. dearth. paucity. scantiness. scarcity. meagerness.
قلتاق، قالتاق. saddletree. crooked.
او آدم قلتاقی است. he is a crooked man.
قلتان، غلتان، بام غلتان. roller.
قلتبان، قلطبان، قلتپان، زن صفت. cuckold. effeminate person.
قلچاق، دستکش بلند، دستکش آهنی. gauntlet.
قُلچماق، گردن کلفت. strong. robust.
قُلدُر، قولدور، قلچماق، دزد. thug. bully. lawless. ruffian. robust. strong. blusterer. swaggerer.
قُلدُری ruffianism. bullying. brutality.
~ کردن. to bully. to tyranize.
قُلزُم، دریای احمر. (geog.) The Red Sea.
قَلع، حلبی، ریشه کنی، سرکوبی. tin. eradication. expulsion. extirpation. extermination. uprooting. rooting out.
~ وقمع کردن. to eradicate. to extirpate. to exterminate.
سنگ ~، معدن قلع. cassiterite. tinstone.
ورقهٔ ~. tin foil.
~ زدائی. detinning.
قَلعه، دژ، استحکامات. castle. fort. fortress. stronghold. fortification. bastion.
(درشطرنج) ~ رفتن. to castle.
قلعی tin. coated with tin. tinny. tinned.
قُلفه، غلفه. prepuce. foreskin.
قَلَق، اندیشه، اضطراب. worry. anxiety. discomfort. unrest.

hesitation. disquietude. commotion.
قِلِق، طریقه، عادت، رمز، طرزکار، روند. mood. habit. trick. knowhow. trend.
بد ~. in a bad mood. cranky. sullen.
قِلقِلك، غلغلك. tickling. tingling.
~ دادن. to tickle. to tingle.
قلقلکی ticklish.
قُلَل (قله pl. of). mountain peaks (tops). summits.
قَلَم (اقلام pl.)، وسیلهٔ نوشتن، عدد، رقم، قلم‌زنی، نوشته، نگارش. pen. quill. plume. calamus. engraving tool. paintbrush. writing. item. entry
(با ~) نوشتن. to pen.
~ پا. tibia. shinbone. shin.
~ حکاکی. engraving chisel. burion.
~ گچ. crayon chalk for writing.
~ نی. reed pen.
~ خودنویس. fountain pen. reservoir pen.
~ خودکار. a ball point pen.
~ موی نقاشی. painting brush. paintbrush.
اقلامی که تاکنون دردفترکل وارد شده. the figures so far registered in the ledger.
او ~ (سبك نگارش) روانی دارد. he has a fluent style.
~ خوردن. to be crossed out.
~ زدن، ~ گرفتن. to write off. to cross out. to cancel. to omit. to chase.
~ کردن. to break. to cut (a bone) in two.
~ کشیدن. to cross out or cancel.
دور چیزی را ~ کشیدن. to give up. to abandon or dispense with a thing.
از ~ افتادن. to be omitted in writing.
از ~ انداختن. to omit. to leave out.
به ~ آوردن. to write down. to include.
بقلم آقای عباس. by (i. e. written by) Mr. Abbas.
لفظ ~. written language. correct speech. pedantic style.
~ به ~. an item at a time. one by one. in detail. item by item.
یك ~. in the lump. all at once.
(از) قلم افتادگی. omission.
قلم انداز rapidly and carelessly. scribblingly.
قلم تراش penknife.
قلم خوردگی erasure. alteration. cancellation.
قَلَم خورده، خطخورده. erased. crossed out. cancelled. altered.
قلمداد، منظور شده، بحساب آورده، بشمار آورده. figured. declared. indicated. included.
~ کردن to figure. to present. to give. to declare. to include.
قلمدادی، بشمار آورده. given. figured. included.
قلمدان penholder. pen case.
قلمرو realm. dominion. territory. domain. jurisdiction. area.
قلم زدن، حذف کردن. to omit. to cross out.
قلمزده، قلمخورده. erased. crossed out. cancelled.
قَلَم زَن، نویسنده، حکاك. writer. quill-driver. engraver or carver. penman.
قلمستان nursery (for raising trees).
قلمکار (printed) calico. figured calico. print. printed cloth.

قَلَم‌مُو paintbrush.
قَلَمه، جوانه، باریکه، ترکه. cutting. slip. scion. shaft (of a column). sapling.
قلمی pen-shaped. tapering. slender. clerical. etched. engraved. tibial.
انگشت ~. a slender finger.
اشتباه ~. written or clerical error. lapsus calami.
قَلَندَر، کلندر، درویش. calender. mendicant or wandering dervish. libertine.
قلندری calender's life. mendicity.
قَلَنسُوَه، تاج، تاج اسقف، دستار، عمامه. mitre. miter.
قُلُوب (pl. of قلب)، دلها. hearts.
قل و دل، موجز ومختصر، کوتاه و گویا. concise and expressive. laconic.
قُلوه، قلبه، کلیه. kidney.
قلوه‌سنگ، قلبه سنگ. rubble stone.
قُلّه (pl. قلل)، سرکوه، بالا، فرق، نوك کوه، رأس. summit. climax. peak. vertex. zenith. pinnacle. acme. culmination. apex.
قُلَّةُالکَتِف acromion.
قِلی potash.
قُلی، پسر. son (in combs. as in: رضاقلی).
قِلیا alkali. base.
جوهر ~. carbonate of soda.
شبه ~. alkaloid.
قلیاسنج alkalimeter.
قلیان hooka(h). nargileh. kalyan. hubble-bubble.
قلیای آلی organic base.
قلیائی alkaline. alkalescent.
~کردن. to alkalize. to alkalify.
قِلیچ، شمشیر. sabre. sword.
قَلیل، کم، اندك، معدود. little. few. scanty. short. small. meager. scant. sparse.
مدت ~. little (short) time.
عدهٔ قلیلی از دانشجویان. a small number of students.
درآمد او بسیار ~ است. his income is very meager.
قلیل‌المُدّت، کوتاه مدت. short-term.
قَلیه، قرمه. fricassee.
قِمار، شرط‌بندی، بازی، قماربازی، عمل‌مخاطره آمیز. gambling. game of chance. chance. wager. risk. gamble. betting.
~کردن. to gamble. to run a risk (or hazard). to risk. to bet.
قِمارباز، محتکر. gambler. speculator.
قماربازی gambling. betting.
~کردن. to gamble.
قمارخانه، کازینو. casino. gambling house.
قِماری hazardous. aleatory. speculative.
قُماش (pl. اقمشه)، پارچه. cloth. piece goods. textile fabrics.
قِماط، قنداق. swaddling clothes. swaddling bands. diapers.
قُمپُز، بلوف، پز، لاف. bluffing. bluff. swaggering. bragging. bluster. strut. braggadocio. pomposity. vaunting.
~ درکردن. to bluff. to boast. to vaunt. to swagger. to bluster. to swank. to stalk.
قمچی، تازیانه، شلاق. whip. switch. horsewhip.

قَمح، گندم. wheat.
قَمَحدُوَه، پس‌سر. (anat.) occiput. occipito-.
قَمَر (pl. اقمار)، ماه. moon. satellite. lune.
~ مصنوعی، ماهواره. (artificial) satellite.
دور ~. lunation.
قَمَر درعَقرَب (astr.) mansion of the moon confronting the Scorpio and believed by some to have an unlucky consequence.
قَمَری lunar. lunary.
سال ~. lunar year.
قُمری (z.) turtledove. ringdove.
قَمش، نی. a reed. a cane.
~گذاشتن. to annoy.
قمع، متوقف سازی، سرکوبی. suppression. battering.
قلع و ~کردن. to eradicate and suppress.
قُمقُمه canteen. flask. gourd bottle.
قَمه، شمشیرراست، خنجر. straight poniard. dagger. misericord. anlace.
~ زدن. to wound (oneself) with a poniard. to stab.
قَنات (pl. قنوات)، راه‌آب زیرزمینی. subterranean canal. aqueduct.
قَنّاد، شیرینی‌پز، شیرینی‌فروش. confectioner.
قنادی confectionery. pastry shop.
قَنادیل (pl. of قندیل) lanterns. condyles.
قَناره، چنگك قصابی. butcher's hook. gambrel.
قَناری، بلبل‌زرد، کاناری. (z.) canary. (geog.) Canary Islands.
قِناص nook. angular piece of land.
این‌زمین‌قناصی‌دارد. this land is angular.
قَناعَت، سازگاری، کف‌نفس، رضامندی. contentment. continence. contentedness. satisfaction. sufficiency. continency.
~کردن. to be contented or satisfied. to content oneself. to show continence.
~ توانگر کند مرد را. contentment shall make (makes) a man rich.
قَند hard sugar. lump or loaf sugar. sucro-. saccharo-.
چغندر ~. sugar beet. saccharose. sucrose.
شیرهٔ ~. molasses.
مرض ~. diabetes mellitus. sugar diabetes.
~ سوخته. caramel.
~ مانند. saccharoid.
~کلوخه، ~ حبه، حبه~. lump sugar.
~کله، کله~. loaf sugar. sugar cone.
تبدیل به~کردن. to saccharify. to saccharize.
قنداغ hot water with sugar.
قُنداق swaddling clothes. diaper(s). swaddling bands. gunstock. stock.
~ تفنگ. the stock of a rifle (or gun).
~کردن. to swaddle. to swathe.
بچه محکم ~ شده بود. the baby was swaddled tightly.
قُنداقه، قنداق، قنداق‌تفنگ. gunstock.
قنددار sugared. sugary. saccharic.
قندان sugar bowl.
قَندران caoutchouc.
قندك، سیب قندك. a variety of small sweet apple.
قندگیر sugar tongs.
قَندهار (geog.) Kandahar. Ghandehar.
قندی sugared. sugary. candied. saccharoid. saccharated. saccharic.
قِندیل (pl. قنادیل). old fashioned lantern hanging from a ceiling.
قُنسول، کنسول. consul.
قَنَوات (pl. of قنات). aqueducts.
قُنوت، اطاعت، فرمانبرداری. obedience. submission. prayer. worship.
قنوط، شلاق، تازیانه. (Russian) knout.
قُو، غو. (z.) swan.
قوی شمالی. eider.
پر~. eider down.
قو. قاو. amadou. German tinder. touchwood.
قُوا (pl. of قوه)، نیروها. forces. faculties. powers.
تجدید ~. reinforcement. refreshing.
قَوّاد، جاکش، لحاف‌کش. pimp. procurer.
قَواره، طرح، اندازه، اندام، شکل، تکه. pattern. full piece. length of cloth sufficient for a garment. stature. figure. cut.
بد~. ill-shaped. badly cut. ugly.
قَواعِد (pl. of قاعده). rules. principles.
قَوافِل (pl. of قافله). caravans.
قَوافی (pl. of قافیه). rimes. rhymes.
قَوّال، خنیاگر، نقال، گوینده. loquacious. storyteller. minstrel.
قِوام، دوام، ثبات، استحکام، وجود، پشتیبان، ستون. consistency. firmness. existence. order. pillar. support. solidity. inspissation.
(به) ~آمدن. to assume a consistency. to be inspissated.
~ گرفتن. to get into shape. to be settled.
قَوانین (pl. of قانون)، اصول، ضوابط، مقررات. rules. laws. codes. regulations.
قُوباء، خارش و زخم پوست. tetter. herpes.
قُوت، غذا، روزی، خوراك. nourishment. food. nutriment. sustenance.
قوت دادن. to nourish. to feed.
~ لایموت، بخور ونمیر. scanty food just enough to keep one alive.
قُوَّت، زور، نیرو، توان، قوه. strength. force. power. potency. might. nourishing power. energy. vigo(u)r. nutritiveness. faculty. authority.
~ دادن. to strengthen. to invigorate. to give nourishment (to). to reinforce.
~گرفتن. to take vigo(u)r. to gather strength. to be reinforced. to become strong.
بقوت خودباقی بودن. to remain in force. to continue to be valid.
~ قلب. stoutness of heart. strength of heart. encouragement. morale.
قُوَّت‌بخش، نیرو بخش. invigorating. strengthening. tonic.
قُوچ، غوچ. (z.) ram.
قُورباغه، غوك، وزغ. frog. toad.
سنگ ~، سنگ وزغ. toadstone.
تخم ~. tadpole.
قُورت، غورت. a gulp. swallowing.
قُورخانه، زرادخانه. arsenal. armory. supply of weapons. ammunitions.
قُوری، کتری. teapot. teakettle.
قُوز، کوز. hump. hunch. protuberance. humpbacked. humped.
~کردن. to crouch. to squat. to hump.
~ بالای ~. one difficulty added to another.
قُوزپُشت، کوزپشت. hunchback. crookback(ed). humpbacked.
قُوزدار، کوزپشت. protuberant. humped.
قُوزَك، غوزك. malleolus.
قُوزی humpback(ed).
قَوس (pl. اقواس)، کمان، آذرماه، برج‌قوس. bow. arch. (astr.) Sagittarius.
قوس‌دار arched. curved.
قَوسِ‌قُزَح، رنگین‌کمان. rainbow.
قوس‌نما curved. resembling an arch.
قَوسی، کمانی. bow-shaped. arciform. arched. vaulted. circinate.
قوش (z.) falcon. hawk.
~ آشیانی. eyas.
~ جره. male falcon.
قُوشی، قوش‌مانند. aquiline. hawkish.
قُوشباز falconer. hawker.
قُوشبازی falconry.
قُوطی small box. can. canister. caddy. tin.
~ چای. tea caddy. canister.
~ سیگار. cigarette case.
~ کبریت. matchbox.
یك ~ کبریت. a box of matches.
~کردن، در ~ ریختن. to can. to tin.
قُوطی‌بازکُن can opener. tin opener.
قَول (pl. اقوال)، وعده، پیمان. promise. word. speech. saying. word of hono(u)r. parole. pledge. gage. vow.
~ دادن. to promise. to give word. to warrant. to pledge. to vow.
ازکسی~گرفتن. to make someone promise.
~ شرف. word of hono(u)r. parole.
بقول خود وفا کردن. to keep one's promise.
~خود را شکستن. to break (or forfeit) one's word.
بقول شما. according to you. as you say.
او با دادن ~ شرف از زندان آزاد شد. he was released on parole. he was paroled.
قَولنامه، توافق مقدماتی. written promise. preliminary agreement.
قُولِنج (med.) colic.
~ امعاء. gripes.
قُولنجی colical.
قُولُون، رودهٔ بزرگ. colon.
ورم ~، ورم‌معاء ~. colitis.
قَولی، وعده‌ای، شفاهی. promised. verbal.
قَوم (pl. اقوام). people. nation. tribe. sect. family. kin. kith.
قوم‌وخویش relative(s). folks. kinsman.
قوم وخویشی، خویشاوندی. relationship. kinsmanship. kinship.
قَومی، ملی، نژادی، اهلی، طایفگی. tribal. racial. national. ethnical.
قَومیّت، ملیت، ویژگی‌نژادی، خویشاوندی. racial or national character. relationship. clanship. nationality. kinship.
قونیَه (geog.) Konia.
قُوَّه (pl. قوا)، زور، نیرو، توان، تندرستی، رمق. power. strength. force. energy. authority. ability. faculty. potency. vigor.
مرکز قوهٔ برق، نیروگاه برق. power station.
موتوری باده قوه‌اسب. an engine with 10 horse power.
قوهٔ بدنی. physical strength.
بقوهٔ قهریه. by violence. by force.
بی~، ضعیف. powerless. weak.
قوای دماغی (فکری). mental faculties.

قانونی که هنوز بقوهٔ خود باقی است. a law that is still in force.
قوهٔ دوم، توان دوم. square.
قوهٔ سوم. cube.
چراغ ~. flashlight.
قوهٔ ناطقه. faculty of speech.
قوه دادن (به). to strengthen. to furnish with power. to invigorate. to enforce.
از ~ بفعل آوردن. to realize. to bring into effect. to materialize.
قَوی، (اقویاء pl.)، نیرومند، پرزور، استوار. strong. powerful. firm. vigorous. forceful. stout. robust. brawny. potent. mighty. hefty.
ارادهٔ ~ a strong will.
موتور ~. a powerful engine.
احتمال ~ میرود. there is strong probability.
~ بودن. to be strong.
~ کردن. to make strong or powerful. to strengthen. to empower. to invigorate.
قَوِیّاً، جداً، شدیداً. strongly. forcefully. powerfully. seriously. strictly.
قَویُّ البُنیه، خوش بنیه. physically strong. stalwart.
قَویُّ المِزاج، قوی‌بنیه، خوش‌بنیه. of a strong or healthy constitution.
قَوی‌بُنیه، خوش بنیه. robust. physically strong. of a strong constitution.
قَوی‌پنجه of strong claws. strong.
قَوی‌هیکَل، تنومند، درشت‌اندام، گردن‌کلفت. huge. formidable. robust. well-set. strong. brawny. colossal. stalwart.
قَهّار، انتقامجو، نیرومند، پرزور، مقتدر، مطیع‌کننده. very powerful. omnipotent. avenger. subduer. almighty.
قَهر، خشم، غضب، زور. wrath. anger. violence. sulking. choler. ire. indignation. fury. rage. not on speaking terms. force. constraint. compulsion. coercion.
~ وغضب شدید. furious rage.
من با آن زن ~ هستم. I am not on speaking terms with her.
قَهراً، جبراً، اجباراً، بزور. by force. forcibly. naturally. automatically. angrily. wrathfully. as a matter of course.
قَهرَمان، پهلوان، فاتح، پیروز، برنده. hero. heroine. protagonist. champion. conqueror. victor. winner.
~ رانندگی. driving champion.
قَهرَمانی championship. heroic.
مسابقهٔ ~. championship game.
قَهرناک، غضبناک. angry. indignant. sulky.
قَهری، بزور، اجباری، طبیعی، خودبخود. forcible. natural. automatic. fatalist(ic).
قَهقَرا retrogradation. retrogression. regress. regression. aback. retro-.
~ رفتن. to retrograde. to walk backward.
قهقرائی retrogressive. retrograde. retrospective(ly). regressive. recessive.
قَهقَهه boisterous laugh. cachinnation. guffaw.
~ زدن. to cachinnate. to laugh boisterously.
قَهوَه coffee.
قهوهٔ بی‌شیر، قهوهٔ تلخ. black coffee.
تفالهٔ ~. coffee grounds.
دانهٔ ~، حب ~. coffee bean. coffee berry.
جوهر ~، کافئین. caffein(e).
قهوهٔ فوری. instant coffee.
قهوه‌ای brown. coffee-brown.
قهوه‌جوش coffeepot. percolator.
قهوه‌چی teashop keeper. coffee-house keeper.
قهوه‌خانه، چای‌خانه. coffeehouse. tea-house. tea shop.
قهوه‌خوری، فنجان قهوه خوری. coffee cup.
قی، [illegible] emesis. [illegible] vomiting. throwing up. disgorging. puking. spewing. ejecting. belching.
~ آور. vomitive. emetic. vomitory.
~ کردن. to vomit. to disgorge. to throw up. to eject. to puke. to spew.
چشمانش ~ گرفته است. he is blear-eyed.
داروی ضد ~. antemetic.
بچه‌شیررا ~ کرد. the child vomited the milk.
قیاس، مقایسه، سنجش، تشبیه. analogy. comparison. deduction. syllogism. inference. corollary. contrast. collation.
ثروت بی ~. wealth without comparison.
~ انسان با میمون. a comparison of man to a monkey.
کبرای ~. major premise.
صغرای ~. minor premise.
~ کردن. to infer by analogy. to analogize. to syllogize.
قابل ~. comparable. analogous.
غیر قابل ~. incomparable. anomalous.
~ بنفس کردن. to measure other people's corn with one's own bushel.
قیاساً، قیاسی، از روی قیاس. analogically. by analogy or comparison. syllogistically.
قیاسی، از روی قیاس، استقرائی. syllogistic. deductive. analogical. presumptive.
استدلال ~. syllogistic reasoning.
قَیاصِرَه (pl. of قیصر)، امپراتوران. caesars. emperors. kaisers.
قیافه، سیما، چهره، ظاهر، حالت، ژست. physiognomy. mien. appearance. demeanor. bearing. aspect. pose.
~ گرفتن. to assume an air. to pose. to make a mien. to pretend. to put on frills. to sham. to feign. to simulate.
خوش ~. good-looking. handsome.
بد ~. ugly. homely.
قیافه‌شِناس physiognomist.
قیافه‌شناسی physiognomy.
قیام، رستاخیز، برخاست، شورش، کودتا، نهضت. rising. insurrection. revolt. resurrection. movement. rebellion.
~ مردم علیه ستمگر. people's insurrection against the despot.
~ ارتش. the army's revolt.
تا ~ قیامت. to the day of resurrection. to the very last day. forever.
~ کردن. to rise. to revolt. to embark on. to revolutionize. to rebel.
~ مسیح، قیامت مسیح. resurrection of Christ.
عید ~ مسیح. Easter.
~ وقعود. standing(up) and sitting (down).
قیاماً by rising. in a standing posture.
قیامَت، رستاخیز، روز شمار. resurrection. revival. rising from the dead. tumult.
~ کردن. to rise. to be a prodigy (of). to perform a wonder.
~ برپاکردن. to raise a tumult. to kick up a row.
روز ~، روز رستاخیز. Doomsday. Judgment Day.
قِی‌آوَر emetic. vomitive. vomitory.
قِیچی، مقراض. (pair of) scissors. snips. shears.
~ کردن. to scissor (out). to cut (up). [illegible] to clip. [illegible]
قَید(قیود pl.)، بند، گیره، بست، زنجیر، گرفتاری. press. cramp. snare. fetter. shackle. limit. limitation. tie. bond. obligation. jointer. encumbrance. responsibility. restriction. (grammar) adverb.
کتاب را در ~ بگذار. put the book in the press.
~ آهنین برای نگاهداشتن الوار. iron cramp for holding timber.
در ~ بندگی. under the bond (yoke) of slavery.
بی ~، لا ~. unrestrained. careless. irresponsible.
~ زمان. adverb of time.
من هیچ قیدی ندارم. I am under no obligation.
~ کردن. to stipulate. to make it a condition. to insert (as a condition). to specify.
در ~ چیزی بودن. to care for something.
در ~ گذاشتن. to restrain. to cramp.
~ چیزی را زدن. to abandon a thing. to give up hope about something.
بدون ~ وشرط. unconditional(ly).
در ~ حیات بودن. to be living.
از ~ حیات رستن. to die.
قِی‌دار، قی‌کرده. bleared. vomiting. disgorging.
قِیدی adverbial.
قیر، زفت، قطران. tar. pitch. bitumen.
~ زدن، با ~ اندودن. to smear with tar. to bituminize.
~، اسفالت‌خیابان، قفرالیهود. asphalt.
~ معدنی. bitumen.
~ حل شده. cutback. molten tar.
قیراط carat.
قیراَندود tarred. smeared with tar.
~ کردن. to smear with tar. to bituminize.
قیرگون pitch-black. very black.
قیروان environs of the earth. horizon. end. border.
قِیری، قیرگون. tarry. tarred. pitchy.
قیسی، قیصی (شفتالوی خشک شده). (bot.) variety of apricot.
قَیش thong. strap.
قَیصَر (قیاصره pl.). casear. kaiser.
قَیصوم، قیصوم‌نر، قیصوم ماده. (bot.) southernwood. wormwood.
قیطان braid. cord. lace.
قیطان دوزی braiding.
قیطانی braided. corded. cord-like.
قیطِس (صورت فلکی نهنگ)، بالن، وال. (z.) cetus. (astr.) whale.
قیف funnel.
~ مخ. infundibulum of the brain.
قیفی funnel-shaped. (anat.) infundibular.
بستنی ~. ice cream cone.
قیقاج، اریب، وریب. shooting backward. Parthian shot. Parthian shaft. obliquely. backwards. oblique. bent.
قیقاوس، قیفاوس (منظومهٔ مابین ستارهٔ دجاجه وقطب شمال). (astr.) Cepheus.
قیلُ وقال، سروصدا، جنجال، شلوغ، قال‌مقال. noise. din. fuss. commotion. wrangle. hubbub. tumult.
~ کردن، ~ راه‌انداختن. to make a noise. to kick up a row. to wrangle.
قیلوله (خواب نیمروز) siesta. nap
قیّم، سرپرست، کفیل. guardian. tutor.
دولت ~. mandatory.
قیماق، قیماغ، سرشیر. scum of milk. cream.
قیمَت، بها، ارزش. price. cost. value. rate.
~ کردن، تقویم کردن، ارزیابی کردن. to inquire about the price of. to price.
بقیمت روز. at current price(s).
~ تمام شده. cost price.
تخفیف قیمت. discount (price).
قیمتی، پربها، گرانبها. precious. costly. valuable.
قیمومَت، سرپرستی، قیمی. guardianship. tutorship. mandate. protectorate.
تحت ~ فرانسه. under the French mandate.
قیمه minced meat. hashed meat.
~ کردن. to mince. to hash.
قین، کون. anus. (slang) ass.
قیُود (pl. of قید) bonds. restrictions.
قیودات (pl. of قیود، قید). bonds.
قَیّوم، قائم بذات. self-existent. self-existing. eternal. perpetual.
قَیّومیّت self-existence. eternity.

كِ the twenty _ fifth letter of the Persian alphabet.

ـكَ small. little. (used as a diminutive sign in such words as: مرغك = birdie).

كاباره cabaret.

كابل cable.

كابُل (geog.) Kabul.

كابُلی of Kabul. Kabuli.

هلیلهٔ ~. **chebulic myrobalan.**

كابوتاژ cabotage. coasting.

كابُوس، بختك، فرنجك. nightmare.

كابین dower. marriage portion.

كابین cabin. cockpit.

كابینِه، آبریز، مستراح، هیئت دولت، دفتر. the cabinet. cabinet (council). toilet.

كاپُوت، پوشش. hood or bonnet (of a motor car). French leather. preservative. prophylactic. (colloq.) rubber. condom. shield.

كاپیتان، ناخدا، سروان، ناوسروان. captain.

كاپیتُولاسیوُن capitulation.

كات، زاج. kath or catechu. vitriol.

كاتالُوگ، كاتالگ،فهرست‌مدون. catalogue.

كاتالیز (تغییرات شیمیائی یك‌واكنش درحضور جسمی بنام كاتالیزوراست). catalysis.

كاتالیزور catalyst

كاتِب (كتاب .pl)، نویسنده. writer. scribe. amanuensis.

كاتِ كَبوُد blue vitriol. sulphate of copper.

كاتُلیك، یغلاوی. messtin.

كاتُوزِی، روحانی. hermit. clergyman.

كاتولیك Catholic.

كاج (bot.) pine. pine tree.

برگ ~. **pine needle.**

چوب ~. **deal.**

میوهٔ ~. **pine cone.**

كاجی pineceous. pineal. coniferous.

كاجیان (bot.) Pinaceae. Abietaceae.

كاجیرَه، كافیشه. (bot.) bastard saffron. safflower.

كاچی dish of flour, sugar, fat, and spices, given to parturient women.

~ بهتر از هیچ چیز است. **half a loaf is better than no bread. something is better than nothing.**

كاخ، قصر. palace. mansion.

كادر، كارمندان، كاركنان. staff. cadre. framework.

كادمیُم، كادمیوم. cadmium.

كاذِب (كذبه .pl)، دروغگو، دروغی، نادرست. false. liar. deceitful. mendacious. unveracious. deceptive. spurious. unreal. feigned. sham. counterfeit. fake. pseudo_. ersatz.

اشتهای ~. **false appetite.**

سقف ~. **suspended ceiling.**

كاذِبانَه، بطور نادرست. falsely. untruly. untruthfully. sham. feined(ly) fictitiously. pseudo-.

كاذب‌سران (z.) pseudophyllidea.

كار، پیشه، شغل،مشغله، وظیفه، استخدام، امر، انجام‌كار. work. labo(u)r. employment. job. business. task. affair. occupation. duty. workmanship. act. operation. function. calling. toil. routine. opus. production. moil. action. performance. doing. sculpsit.

موتور این ماشین خوب ~ نمی‌كند. **the engine of this car does not run well.**

مزاج او دو بار ~ كرد. **he had two bowel movements.**

~(ی)را ازپیش‌بردن. **to carry out a task.**

~ داشتن. **to be busy. to have a job (to do). to be employed.**

مشغول ~ بودن. **to be busy doing a work. to be engaged in a work or job.**

~ كن ~ بگذر از گفتار. **work, work and quit talking.**

او كجا ~ میكند؟ **where does he work?**

وزارت ~. **Ministry of Labo(u)r.**

او ~ تازه‌ای پیدا كرد. **he found a new job.**

~ او در اینجا چیست؟ **what is his business here? what does he do here?**

ساعت درست ~ نمیكند. **the watch does not work properly (right).**

بد~. **evildoer.**

درست ~. **honest. righteous.**

بی~. **unemployed. jobless.**

پر~. **busy. hardworking.**

نیمه~، نیمه‌كاره. **half way through. unfinished.**

چكار؟ **what (work)?**

~ خدا پسندانه. **a pious act.**

درساعات~. **during office (working) hours.**

(طرز)~یك ماشین. **the performance of a machine.**

~ (عمل) بهزاد. **Behzad sculpsit.**

طرز ~. **modus operandi.**

~كردن. **to work. to labo(u)r. to do business. to operate. to run. to wear. to move. to function. to do. to perform.**

او روزی هشت ساعت‌كار میكند. **he works eight hours a day.**

ترمزها خوب‌كار كرد. **the brakes functioned well.**

او دوباره اینكار را نخواهد كرد. **he will not do this again.**

كارگذاشتن. **to set up. to put up. to instal(l). to fix. to put in place. to erect.**

از~ افتادن. **to be disabled. to be laid up. to go out of commission.**

از ~ انداختن. **to put out of commission. to disable. to lay up (as a machine).**

بكار آمدن. **to come in handy. to (prove to) be useful.**

(به) كار افتادن. **to come into operation. to start to operate or run (again). to run. to function.**

بكار انداختن. **to commission. to operate. to work (as a mine). to invest. to utilize. to put into operation.**

بكار بردن. **to use. to apply. to employ.**

(به) ~بستن. **to apply or use. to put into practice.**

بكار رفتن. **to be used. to be useful.**

بكار زدن. **to find some use for. to use. to apply.**

بكارگرفتن. **to employ. to exploit.**

در~ بودن. **to be about (as a disease). to have an important part to play. to be. acquainted with the affairs. to involve.**

سر~، مشغول~. **at work. employed. engaged.**

سر ~ رفتن. **to go to work.**

باشما ~ دارم. **I have business with you. I have something to tell you.**

چه ~ دارید؟ **what can I do for you? what is your business here? what do you want?**

خیلی ~ دارم. **I am very busy. I have very much to do.**

این‌كاری بمذهب ندارد. **this has nothing to do with religion.**

كاری به(كار) او نداشته باشید. **let him alone. don't bother him.**

كاری ندارد. **he has no job. there is nothing hard about it. it is easy.**

~ او نیست. **this is not his work. he is not equal to that task.**

~ كسی‌راساختن. **to do away with a person.**

كارش ساخته است. **it is all over with him. he is done away with. he is finished.**

كارش خراب است. **he is ruined. it is all over with him. he (or she) has fallen.**

كارازكارگذشته است. **the die is cast. it is all over.**

او ~ دستتان خواهد داد. **he will involve you in difficulty.**

~ وبار. **affair. business.**

~ وبار خراب است. **things don't look well (or do not go right). business is not good.**

ـكار، بكار، كارنده. planter. doer. (used in combs. as in: آهن‌كار، كشتكار).

كارآ كارآمد. efficient. useful.

كارآزموُدِه، مجرب، آزموده. experienced. veteran. skilled. tested.

كارآگاه detective. secret agent. sleuth.

كارآگاهی detective work.

كارآمَد، ماهر، چالاك، زرنگ. skilled. efficient. skillful. dexterous. deft. masterly. capable. qualified. trained.

كارآموز، تازه‌كار. trainee. probationer. recruit. novice. a tyro. an amateur. apprentice. beginner.

كارآموزی، كارآموزش. training. probation. apprenticeship. traineeship.

كارآوری merit. efficiency. use. application.

كارآئی، لیاقت، استعداد. efficiency. merit. skill. competency. competence.

كاربَر، ساعی، فعال. efficient. active.

كاربُرد، استعمال، اعمال. application. use. usage. utilization. employing.

كاربُن، ذغال. carbon.

كاربنات carbonate.

كاربوراتور، سوخت‌آما. carburetor. carburetter.

كاربید carbide.

كارپَرداز supplier. caterer. person in charge of supplies. commissionaire.

كارپردازی supply department.

كارپیچ، بقچه، بغچه. bundle. pack.

کارپیش‌بر (in a sewing machine) feed - dog.
کارت card
~ ویزیت. **visiting card.**
کارت‌پستال post(al) card.
کارتل cartel. oil pan. crankcase.
کارتن، جعبهٔ مقوائی، پروندهٔ مقوائی، جزوه‌دان.. pasteboard box. carton. box - file.
کارتنه، عنکبوت. spider. filing case.
کارخانجات (کارخانه pl. of). factories. plants.
کارخانه، کارگاه. factory works. mill. studio. manufactory. plant. fabric.
کارخانهٔ برق. **electric plant. power station.**
کارخانهٔ ذوب آهن. **steel mill.**
کارخانهٔ کفش‌سازی. **shoe factory.**
کارخانهٔ ریسندگی و بافندگی. **spinning and weaving factory. textile plant.**
کارخانه‌چی factory owner.
کارد، خنجر، چاقو. (large) knife. cleaver. dagger. poniard. stiletto. dirk. anlace. bowie knife.
~ وچنگال. **knives and forks. cutlery.**
او کاردش به‌استخوان‌رسید. **he was driven to extremities. he was desperate.**
~ قصابی. **butcher's cleaver.**
کاردار chargé d'affairs. occupied.
کاردان ingenious. skillful. experienced. sagacious. politic. intelligent. efficient.
کاردان، میل‌کاردان. propeller shaft. cardan shaft.
قفل ~. **universal joint. cardan joint.**
کاردانی ingeniousness. skill. sagacity. expertness. skilfulness. experience.
کاردساز knifesmith. cutler.
کاردسازی cutlery.
کاردوانک، کارتنه، عنکبوت. spider.
کاردیده، کارآزموده، مجرب، باتجربه. experienced. trained. veteran.
کارزار، نبرد. battle. combat. engagement.
کارساز promoting (or promoter of) affairs. fixer.
کارسازی، پرداخت. payment. reimbursement. solving.
~ کردن. **to pay. to reimburse.**
کارشکنی، اشکال‌تراشی، جلوگیری‌ازپیشرفت، خرابکاری. obstruction(ism). sabotage. impeding. filibuster. hindrance.
~ کردن. **to injure (destroy) by sabotage. to engage in a sabotage. to obstruct. to block. to impede.**
کارشناس، ویژه‌گر، متخصص، ویژه‌کار، خبره. expert. specialist. proficient. adept.
کارشناسی expertness. specialty. speciality. expertise. proficiency.
کارفرما employer. the management.
کارفرمان manager.
کارفرمائی management.
کارکرد، عمل‌کرد، محصول. earning. output. produce. production. product. yield.
کارکرده، مستعمل، کهنه، فرسوده، ماهر، کاردیده. used. secondhand. experienced. skilled.
کارکشته، کهنه‌کار. old hand. experienced.
کارکن (کارکنان pl.)، زحمتکش، فعال، با دوام، مسهل. hard - working. toiling. labouring. laborious. efficient. industrious. painstaking. durable. physic purgative. laxative. purge. worker.
کارکنان، کارمندان، خدمه. personnel. employees. crew. workers. servitors. servants. staff.
کارگاه، کارخانه. working place. factory. workshop. studio. loom.
~ ماشین. **machine shop.**
کارگر، مؤثر. worker. workman. labo(u)rer. proletariat. efficacious.
سر~. **foreman.**
حزب~. **the Labo(u)r Party.**
~ معدن. **miner. mine worker.**
~ ساختمانی. **construction worker.**
حیلهٔ او ~ نشد. **his trick did not work.**
کارگران اعتصاب کردند. **the workers went on strike.**
کارگردان stage manager. stage director. director.
بکارگردانی... **directed by... under the direction of...**
کارگری situation of a worker. fit for a work. related to labo(u)r. labo(u)r. effectiveness. efficacity.
خانه‌های ~. **labo(u)r quarters.**
اتحادیهٔ ~. **labo(u)r union.**
کارگزار agent. correspondent. functionary. employee. official.
کارگزاری agency.
کارگزینی، کارگماری، استخدام، ادارهٔ کارگزینی. personnel office. employment. recruitment. staff department. personnel agency. recruitment. placement.
رئیس ~. **staff manager. personnel manager.**
کارگشا reliever. loan - maker. helper.
کارگشائی (relieving by way of) loaning. helping out.
~ کردن. **to help out. to relieve (by giving money to).**
بنگاه ~. **pawnshop. loan office.**
کارگماری placement. employment. recruitment.
کارمایه، انرژی، نیرو. energy.
کارمزد، دستمزد. piecework wage. commission. wage.
کارمند، مستخدم. member of staff. employee. worker.
استادان‌وکارمندان. **professors and employees.**
کارمندی، عضویت. membership of staff. situation of an employee. employment.
کارنامه report card. model.
کارناوال، کاروان شادی. carnival. merrymaking.
کارنده sower. planter. cultivator.
کاروان caravan. convoy.
کاروانسرا(ی) caravanseray. caravanserai. caravanseray.
~ دار. **custodian of a caravanseray. inn - keeper.**
کاروان‌کش (astr.) Dog Star. Sirius.
کاروانی member of a caravan. a convoy member.
کاروبار business. activity. affair.
~ او خوب است. **he is doing well. he is well off.**
کارورز، انترن. intern(e). trainee.
کارورزی internship. training.
کارون (geog.) Karoon river.
کاره having or doing a specified work.
کاری effective. mortal. active. efficient.
زخم ~. **mortal wound.**
کاری، نوعی گرد ادویه. curry powder.
کاریابی، استخدام، سازمان ~. employment office. placement bureau.
کاریز، قنات، زهکش، زهابرو. drain. sewer. subterranean canal.
کاریکاتور caricature. cartoon.
کاریکاتورساز caricaturist. cartoonist.
کازینو casino.
کاس (کاسات pl.)، پیاله، کاسه، خوک. cup. bowl. (z.) hog.
کاسب، پیشه‌کار، پیشه‌ور. tradesman. businessman. merchant.
او روزی صدتومان ~ است. **he earns 100 Tumans per day.**
کاس‌برگ sepal.
کاسبی، کسب، پیشه‌وری، تجارت. business. trading.
اینروزها ~ کساد است. **business is slack nowadays.**
~ کردن. **to do business. to trade. to earn (in business). to buy and sell.**
کاست، نوعی نوارضبط کوچک. cassette.
کاست، کاهش، نقصان. diminution. lessening. decrease. loss. seduction.
کاستن، کم شدن، کاهش. to diminish. to decrease (often with از). to reduce. to lessen. to shorten. to wane. to subtract. to deduct. to be decreased. to run low. to dwindle. to peter out. to abate. to mitigate. to weaken.
قیمت را ~. **to decrease (reduce) the price.**
از وزن ~. **to reduce (the) weight.**
از سرعت ~. **to lessen the speed. to slow down.**
از مسافت ~. **to shorten the distance.**
عدد ۵ را از ۱۰ ~ (کم کردن). **to subtract 5 from 10.**
کاستنی، کم شدنی، کاهش یافتنی. reducible. deductible. diminishable. dwindling
کاسته، مفروق. decreased. deducted.
کاسد dull. stagnant. unsaleable. worthless.
کاسر، شکننده. one who breaks. breaker.
کاسک، کلاه خود. helmet (-like cap).
کاسکت، کلاه فرنگی. casket.(peaked) cap.
کاسنی (bot.) chicory. endive. succory.
کاسه bowl. porringer. acetabulum. (bot) clyx. cup. (of a musical instrument) belly. socket.
کاسهٔ گیتار. **the guitar belly.**
کاسهٔ آبخوری. **drinking cup.**
کاسهٔ ترمز. **brake drum.**
کاسهٔ زانو. **kneecap. kneepan.**
کاسهٔ چشم. **eye socket.**
کاسهٔ سر. **skull. cranium.**
کاسهٔ ازآش گرمتر. **more Catholic than the Pope.**
زیر~ نیم‌کاسه‌ایست. **there are wheels within wheels. there is something in the wind.**
کاسه‌پشت، سنگ پشت. the tortoise.
کاسه ساچمه ball bearing race.
کاسه‌گر manufacturer of bowls.
کاسه‌گردان، گدا، ساقی. beggar. waiter. cupbearer.
کاسه‌گری manufacture of bowls.
کاسه‌لیس، انگل، متملق، چاپلوس، مفتخور. flatterer. sycophant. sponger. parasite.
کاسه‌لیسی sycophancy. flattery.
کاسه‌نمد oil seal.
کاش، ای‌کاش، کاشکه، کاشکی. I wish that. would to God!
ای~ اورا میدیدم. **I wish I would see him.**
کاشان (geog.) Kashan.
کاشانه، کلبه، خانه، آشیانه. lodging. cottage. nest. haven. refuge.
کاشانی (native) of Kashan.
کاشت، کشت. implant. planting.
کاشتن to sow. to plant. (in games) to spot. to cultivate.
دیگران کاشتندوماخوردیم، ما میکاریم‌تادیگران بخورند. **others planted and we ate, we plant so that others may eat.**
کاشته. sown. planted. cultivated.
کاشف discoverer. revealer.
~ بعمل آمد. **it was found out.**
کاشکل، شال گردن. neckerchief. shawl.
کاشکی، کاشکه. I wish that.
~ کهمن ماهی بودم. **I wish I were a fish.**
کاشه cachet. wafer. wafer capsule.
کاشی glazed tile. tile. Kashan.
فرش ~. **Kashan rug.**
کاشی‌پز tiler. maker of glazed tiles.
کاشی‌پزخانه tilery. a place where (glazed) tiles are made.
کاشی‌پزی tilery. manufacture of tiles.
کاشی‌ساز maker of glazed tiles. tiler.
کاشی‌کار tiler. one who lays glazed tiles.
کاشی‌کاری tile - work.
کاظم repressing anger.
کاغذ، نامه، سند. paper. letter. instrument. deed. document.
کاغذ شطرنجی. **graph paper.**
~ باطله. **wastepaper.**
~ دیواری. **paper hangings. wallpaper.**
~ نوشتن. **to write a letter.**
روی ~ آوردن. **to put in writing. to commit to paper. to write down.**
کاغذبر paper knife. paper cutter.
کاغذبری، ماشین‌کاغذبری cutting paper. cutting machine. guillotine.
کاغذپاره scrap of paper. wastepaper. document of little or no validity.
کاغذپرانی (bureaucratic) correspondence.
کاغذسازی، سندسازی. manufacture of paper.
کارخانهٔ ~. **paper mill.**
کاغذفروشی stationery store.
کاغذگیر، گیرهٔ کاغذ، وزنهٔ روی کاغذ، کاغذ نگهدار. paper clip. paper weight.
کاغذنویس scrivener. letter writer.
کاغذنویسی، انشاء. scrivenery. scrivening. letter writing. correspondence.
کاغذی of paper. paper. papery.
گل ~. **(bot.) bourgainvilla.**
کافت، شکاف کوه یخ. crevasse. fissure.
کافر (کفار pl.)، بیدین، مرتد، گمراه، ناسزاگو، رافضی. unbeliever. infidel. pagan. heathen. heretic. impious. apostate.
کافری infidelity. heathenism. blasphemousness. heresy.
کافور camphor.
(بچیزی) ~ زدن. **to camphorate.**
کافوردار camphorated.
کافوری camphorated. camphoric.
الکل ~. **camphorated spirits.**
شمع ~. **spermaceti candle.**
موی ~. **white hair.**
کافه، قهوه‌خانه، کافه‌تریا. café. coffeehouse. cafeteria.

کافّه، همگی. the whole. all.
کافّةً، کافتاً. in all. all of them.
کافی، بس. sufficient. enough. adequate. efficient.
~ بودن. to suffice. to be sufficient or adequate.
کافیست، بس‌است. that will do. it is enough.
نور ~. sufficient light.
~ است‌که بگویم. suffice it to say.
معلومات انگلیسی او ~ نیست. his knowledge of English is not sufficient.
کافیشه، کاجیره. (bot.) bastard saffron. safflower.
کافئین. caffeine. caffein.
کاك، نان‌قاق، کماج. a thin cake or biscuit.
کاکا، برادر، غلام‌سیاه. (old) slave. brother.
~ سیاه. Negro slave.
کاکائو. cocoa.
کاکائویان. (bot.) sterculiaceae.
کاکتوس، انجیرهندی. (bot.) cactus.
کاکتوسیان. (bot.) cactaceae.
کاکل، موی پیشانی، کرهٔ زینتی‌روبان‌گیسو. forelock. topknot. (z.) tuft. crest.
کاکلی، کاکل‌دار. crested (lark). combed. emblazoned with a crest.
کاکنج. (bot.) alkekengi. wintercherry.
کاکوتی، کاکتی. (bot.) wild thyme.
کال، نارس. unripe. green. premature.
سیب ~. unripe apple.
کالا، جنس. مال‌التجاره، فرآورده، محصول، مال. goods. merchandise. commodity. article. ware. product. produce. fabric.
کالباس. sausage. salami.
کالبد، لاشه، اسکلت. frame. skeleton. mould. form. body. carcass. hull.
کالبدشکافی. autopsy.
کالبدشناس. anatomist.
کالبدشناسی. anatomy.
کالبدگشائی. autopsy. necropsy. autopsie.
کالج، دانشکده. college.
کالخوز، کولخوز، مزرعهٔ اشتراکی روسی. collective farm.
کالری. calorie.
~ بزرگ. large calorie.
کالسکه، درشکه. coach. chariot. barouche. carriage. buggy. stagecoach.
کالسکهٔ بچه. baby buggy. baby carriage. pram. perambulator.
کالسکه‌چی. coachman. carriage driver.
کالك، کاغذ ~. calk or calque. calk paper. tracing paper.
کالَك، کال. variety of melon. unripe melon. unripe.
کالی. unripeness. greenness.
کام، مراد، مراد دل، آرزو. palate. mouth. aim. (object of) gratification or fruition. satiation.
~ و زبانه. mortise and tenon.
~ جستن. to seek fruition or gratification.
~ کسی‌رادادن. to gratify a person's wishes.
~ دل‌گرفتن. to enjoy fruition. to obtain one's aim. to attain what is desired.
بکام دل رسیدن. to attain one's end.
نا ~. not having attained his (her) desires and potentialities. dying in (one's) youth.
کامران. successful. enjoying fruition. fortunate. masculine proper noun.
~ شدن. to be successful. to enjoy fruition.
کامرانی. fruition. happy life. success. enjoying oneself. attaining one's desires.

کامروا، کامران، کامکار. successful. fulfilling one's desires.
کامکار، کامران. prosperous. successful. happy. august. absolute.
کامل (کامله .fem)، جامع، تمام، مطلق. perfect. complete. thorough. full. all-around. entire. whole. finished. mature. absolute. sound. flawless.
مرد ~. a perfect (mature) man.
اعتماد ~. complete confidence.
تغییر ~. thorough change.
اعتماد ~. entire confidence.
یك دست ظرف ~. a whole set of dishes.
غذای ~. a full meal.
~ مرد. an elderly man. middle aged man.
~ شدن. to be completed. to reach (attain) perfection.
~ کردن. to complete. to bring to perfection. to make perfect.
کاملاً، تماماً، مطلقاً. perfectly. completely. fully. thoroughly. entirely. absolutely. wholly. totally.
کار را ~ خوب انجام داد. he did the job perfectly well.
آیا این جمله را ~ میفهمید؟ do you understand this sentence completely (thoroughly)?
کامل‌العیار، تمام عیار. of standard purity. sterling. genuine. entirely.
کاملةالوداد. most-favo(u)red.
کامله زن. woman of ripe years
کاملیت، تمامیت، جامعیت. perfection. integrity. wholeness. entirety.
کامی. palatal. palatine.
کامیاب، موفق، کامکار. successful. thriving. prosperous.
~ شدن. to be successful. to succeed.
کامیابی. success(fulness). prosperity.
کامیدن. to desire.
کامیون. lorry. truck.
کامیون‌کمپرسی. dump truck.
کان، معدن. mine. treasure.
کاناپه. sofa. settee.
کانادا. (geog.) Canada.
کانادائی. Canadian.
کانال، ترعه، آبراه. canal. waterway.
~ هوا. tuyere.
کاندر، که‌اندر. in which. that in which.
کاندید، نامزد، داوطلب، کاندیدا. candidate. nominee. applicant. office seeker.
~ شدن، نامزدشدن. to become a candidate. to be nominated. to be appointed.
~ کردن، نامزد کردن. to nominate. to propose. to name. to appoint.
کندی ~ ریاست جمهور شد. Kennedy was nominated for presidency.
کان‌سنگ، معدن سنگ. quarry.
کان‌شناس، معدن‌شناس. mineralogist.
کان‌شناسی، معدن‌شناسی. mineralogy.
کان‌کن، معدنچی. miner.
کانگورو. (z.) kangaroo.
کان‌لم‌یکن. null (and void). cancelled.
کانوا. knitting wool or yarn.
کانون، مرکز، جمعیت، انجمن، کلوپ. fireplace. heart. society. club. focus. center. focal point.
~ اصلی. principal focus.
~ حقیقی. true or real focus.
~ وکلاء. lawyers' institute.
کانونی. focal.
کانّه. exactly. as if he (or it) were.

کانی، معدنی. mineral. pertaining to a mine.
کاو، کاونده، بکاو، حفرکننده، حفربکن. search thou. dig thou. searcher (in comb. as in: کنجکاو).
کاو. hollow. cave. concave.
کاواك، پوك، میان‌تهی. hollow. empty.
کاوتنان. (z.) coelenterata.
کاوش، حفر، جستجو. digging. excavation. deep search. investigation. seeking. quest.
~ کردن. to dig. to investigate. to search.
کاوه. Kaveh, the blacksmith.
کاویانی. pertaining to Kaveh.
درفش ~. Kaveh's banner.
کاویدن، حفر کردن، جستجوکردن. to dig. to search deeply. to inquire into. to research. to excavate.
کاه. straw. chaff. hay. fodder.
کاه، بکاه، کاهنده. diminisher. (in combs. as in: جان‌کاه).
کاهبن، کلش، بن‌کاه. stubble.
کاهدان، کاه‌انبار. hayrick. hayrack. hayloft. barn. strawrick.
کاهربا، کهربا. amber.
کاهش، کاست، کسر، کمی، نقصان. decrease. deduction. subtraction. abatement. diminution. lessening. diminishing. alleviation. dwindling. reduction.
~ یافتن، کم شدن. to be decreased or diminished. to allay. to be lessened. to be abated. to diminish. to decrease. to abate. to dwindle. to be reduced or mitigated.
~ دادن. to decrease. to subtract. to abate. to allay. to alleviate. to lessen.
کاهش‌یاب. minuend.
کاهگل. plaster of clay and straw.
~ کردن. to thatch with clay and straw.
کاهگلی. plastered with cob.
کاهل، تنبل. indolent. lazy. slothful.
کاهلی، تنبلی. indolence. laziness. sloth.
~ کردن. to be lazy. to be indolent.
کاهن (کهنه .pl)، فالگیر، غیبگو. Jewish priest. diviner. soothsayer.
کاهنده، کم‌کننده. diminishing. detracting. decrescent. subtracter. reducer.
کاهو. (bot.) lettuce. romaine.
یك کاهو. a head of lettuce.
کاهی. (made) of straw. strawy. straw-colo(u)red. light yellow.
مقوای ~. strawboard.
کاغذ ~. straw paper.
کاهیدن، کاستن. to diminish. to be diminished (or reduced).
کائن، موجود. existing. existent. being.
کائنات (کائن .pl. of)، جهان‌هستی، طبیعت، موجودات. beings. nature. universe. circumstance. creation. created things.
کائوچو. caoutchouc. rubber.
کائولن، خاك چینی، کائولین. kaolin.
کباب. kabob. cabab. roast. kebab.
~ کردن. to roast. to grill on skewer.
چلو ~. shish kebab and rice.
کبابه، کبابهٔ‌چینی. (bot.) cubeb. Chinese cubeb.
کبابی. (fit to be) roasted. roast-meat seller.
گوشت ~. roast (meat). steak.
کباده. bow-shaped iron weight used in gymnastics.

کبار (کبیر .pl. of)، بزرگان، مردمان‌رشید. the big shots. the grown ups. elders. great men. eminent people.
کبد، جگرسیاه. liver. hepato-. hepatico-.
کبدشناسی. hepatology.
کبدی. hepatic. hepatical. hepatogenic.
کبر، غرور، تکبر. haughtiness. insolence. greatness. pomp. magnificence. pride. conceit. vainglory. vanity.
کبر، کبرسن. senility. oldness.
کبرسن. old age. senility. majority.
کبره. crust. patina.
کبری، کبرا. major (term). major premise.
کبریاء. the Great God. godhead. divine.
کبریائی، کبریاء. the power of the Almighty. greatness. godship. divinity.
کبریت، گوگرد. matches. sulphur.
~ زدن. to strike a match.
قوطی کبریت. matchbox.
چوب ~. matchwood. splinters.
کبریت‌سازی، کارخانهٔ کبریت‌سازی. manufacture of matches. match factory. matchmaking.
کبریتی. shaped like a match(box). sulphuric. sulphur-colored.
اتومبیل ~. station waggon.
کبست، خربوزه تلخ، حنظل، خرخیار. (bot.) colocynth. wild cucumber.
کبك. (z.) partridge.
کبوتر. pigeon. dove.
جوجه ~، بچه ~. young pigeon. squab.
~ جنگلی. wood pigeon. ringdove.
~ چاهی. stock dove. wild pigeon.
~ کوهی. rock pigeon. rock dove.
لانهٔ ~. dovecote. pigeonhole.
~ نامه‌بر، ~ قاصد. carrier pigeon.
کبوترخان، کبوترخانه، برج کبوتر. pigeon house. dovecote. pigeon tower. pigeonry. columbarium.
کبوتری. dove-like. like a pigeon.
سینه ~، سینه‌کفتری. chatoyant.
کبود، آبی‌سیر. dark blue. black and blue. azure gray. livid.
چرخ ~. the azure sky.
کبوده، تبریزی راجی، تبریزی ایتالیائی. (bot.) black poplar. lombardy poplar.
کبودی. dark blue (colour). tattooing.
~ زدن. to tattoo oneself.
کبیر (کبار .pl)، بزرگ، رشید. large. important. serious. great. grown up. mature. elder. eldest. major. capital.
شاه عباس ~. Shah Abbas the Great.
سفرای کبار. ambassadors.
انقلاب ~ فرانسه. the French Revolution.
بریتانیای ~. Great Britain.
کبیره (کبائر .pl). mortal. cardinal.
گناه ~. capital sin. mortal sin.
کبیسه. intercalary. leap. bissextile.
سال ~. leap year.
کپ، قرابه. demijohn.
کپر. hut. lodge.
کپسول، پوشینه. capsule. coating.
کپك، کفك، کپرك، زنگ‌گیاهی. mould. mustiness. mildew. must. fusty.
~ زدن، کپرك زدن. to mould. to must.
نان ~ زده. musty bread.
کپك. (Rus.) kopeck.
کپك‌زده. mouldy. musty. mildewy. fusty. mildewed.
کپنهاک. (geog.) Copenhagen.

کَپَه mortarboard. pan (of a scale).
کُپّه، توده. heap. pile. mass. mound.
کِپی kepi. cap.
کُپیه، کپی، رونوشت. copy.
دفتر ~ copy letter book.
مداد ~ copying pencil. indelible pencil.
مرکب ~ copying ink.
کاغذ ~ carbon paper.
~ کردن. to copy.
کَت، کتف. shoulder.
~ کسی را بستن. to pinion one. to bind one's arms.
کِت، [illegible] which for you
کُت، نیمتنه. coat. jacket.
کِتاب، نامك. book. Bible. biblio-.
جاکتابی، طاقچهٔ کتاب. bookshelf. bookrack. bookstack.
کرم ~. bookish. bookworm.
کُتّاب (pl. of کاتب) scribes. writers. scriveners.
کِتابَت، نوشتن، نگارش. writing. inscription. copying. scribing.
کِتابچه، دفتر، دفترچه. booklet. blank - book. notebook. tablet.
کتابخانه، قرائتخانه. library. reading room. bibliotheca.
کتابدار librarian.
کتابداری library science. librarianship.
کتابدان، قفسه، جاکتابی. bookcase. bookshelf. bookstack.
کتابدوست، کتاب‌پرست. bibliophile. bibliolater.
کتاب‌ساز bookbinder. bookmaker.
کتاب‌سازی، صحافی. bookmaking. bookbindery. bibiliopegy. bookbinding.
کتاب‌شِناس bibliographer. bibliognost. bibliopegy. bookbinding
کتاب‌شِناسی bibliography. bibliology. booklore.
کِتاب فُروش bookseller. bibliopole.
کتاب‌فروشی bookshop. bibliopolism. bibliopolery. bookstore. bookstall.
کتاب‌نامه، فهرست کتب. bibliography.
کتابنامه‌نویس bibliographer.
کتاب نویس bookmaker. compiler. writer of books. bookman.
کتاب‌نویسی writing books.
کتابی bookish. biblical. scriptural. book-shaped. biblio-.
کَتان linen. (bot.) flax.
~ صحرائی. dodder.
تخم ~ linseed.
کَتانجَك، اشنهٔ دریائی. (bot.) fucus. kelp.
کُتانژانت، ظل تمام (زاویه). cotangent.
کَتانی of linen. linen. drill(ing) or duck. cotton edging or trimming.
کفش ~. canvas shoes. tennis shoes.
کُتُب (pl. of کتاب) books.
کَتباً in writing.
جواب را ~ ارسال دارید. send the answer in a written form (in writing).
کَتبی written.
امتحان (آزمون) کتبی. written examination.
کَتره، واهی، بی‌اساس، گزه. nonsense. unfounded. vague. gibberish.
~ گفتن. to talk nonsensically or foolishly.
کَتره‌ای، واهی. nonsensical. unfoundedly. vaguely.
کِتری kettle. skillet.
کَتِف (اکتاف pl.) شانه، دوش. shoulder. scapula. shoulder blade. scapul-.
کِتفی pertaining to the shoulder. scapular. scapulary.
کُتَك، تنبیه، کتك‌کاری، تازیانه‌زنی، چوبکاری. beating. cudgel. punishment. thrashing. spanking.
~ زدن. to beat. to thrash. to spank. to flagellate. to whip. to cudgel. to strike.
کتك‌کاری meleé. scuffling. beating (each other). battery. fighting.
کُتَل، گردنه، اسب یدك. steep hill. mountain pass. spare horse.
کُتلت cutlet.
کَتم، پوشیدن، [illegible] hiding
کِتمان، مضایقه. disclaiming. reservation. reticence. concealment. denial.
~ کردن. to disclaim. to conceal. to refrain from saying frankly. to disavow.
کَتو، ورم حلق (دراسب). gleet. disease in horses.
کَته، دمپخت، خاکهٔ ذغال سنگ. boiled rice. coalbin.
کَتیبه، نوشته، سنگ نوشته. inscription. epigraph. frieze. coping.
کَتیرا (bot.) gum tragacanth.
کَثافَت، ناپاکی، لجن، منجلاب، فضولات، چرکینی. dirtiness. dirt. filth. excrement. muck. mire. debris. litter. junk. impurity. pollution. defilement. uncleanliness.
~ کردن. to make a place dirty (especially by excrement).
~ ظرفها ما را از خوراك متنفر کرد. the dirtiness of the dishes made us disgusted with the food.
~ کاری. a filthy mess. littering dirt.
کثافت‌کاری dirty work. daubing. making a mess of things.
کَثرَت، زیادی، بسیاری، زیادتی، فزونی، افزونی. multiplicity. multitudinousness. numerousness. great number. large quantity. excess. superfluity. frequency. immoderation. dissipation. intemperance. indulgence. superabundance. abundance. redundance. multi-. poly-. over-.
~ استعمال. long usage.
~ جمعیت. the largeness of the crowd. overcrowding. overpopulation.
~ ملاقات‌های او. the frequency of his visits.
کَثیر، زیاد، بسیار. many. numerous. great. excessive. plenty. much. plentiful. manifold. multitudinous. multifarious. multi-. poly-.
تعداد آنها بسیار ~ است. their number is very large.
کَثیرُالاَضلاع polygon(al). multilateral.
کثیرُالاِنتشار with a wide circulation.
کثیرُالتألیف having written many books. voluminous.
کثیرُالزَّوایا many-angled. polygonal.
کَثیف، ناسترده، ناخالص، آلوده، ناپاك، نامرتب. dirty. impure. untidy. foul. smeared. begrimed. noisome. squalid. unclean. filthy. soiled. murky. grimy.
لباسهایش ~ است و بدنش از شدت کثافت بو میدهد. his clothes are dirty and his body stinks from an excess of filthiness.
دستهای ~ خود را شست و شروع کرد به غذا خوردن. he washed his grimy hands and began to eat.
~ شدن. to (become) dirty. to become grimy or soiled.
~ کردن. to begrime. to make dirty or impure. to dirty. to soil. to pollute. to befoul.
کَج، ناراست، معوج، اریب، خمیده، نادرست، منحرف، کژ. tilted. tipped. slanting. leaning. crooked. curved. inclined. aslant. awry. bandy. bowed.
او طشت را کج کرد تا همهٔ آب بیرون بریزد. he tilted the tub so that all of the water would spill out.
داود کلاه خود را کج بسر میگذارد. David wears his hat tipped.
آدم ~ (نادرست). a crooked (dishonest or fraudulent) person.
او سر خود را بطرف پائین ~ کرد. he inclined his head downward.
آدم کجرفتار. a man of ill - manners. an ill - mannered (devious) person.
آن صاحبمنصب دستش ~ (نادرست) است. that official is dishonest.
~ شدن. to become curved. to slant. to be distorted or twisted. to deviate. to tilt. to list. to heel. to become tipped or inclined.
~ کردن. to bend. to curve. to tilt. to distort. to slant. to twist. to tip. to slope. to cant. to careen. to heel. to list.
سر خود را بطرف من ~ کرد. he turned (leaned) his head toward me.
کُجا where? whence? how? which?
کجایتان درد میکند. where does it hurt?
از ~. whence? from where? how?
او کجائی است؟ where is he from?
از ~ (کی میداند) که او دروغ نگوید؟ who knows whether he is not lying?
~ میروی؟ where are you going to?
پولش ~ بود؟ where was his money? he has no money.
این ~ و آن ~. there is no comparison between the two.
شما ~ واین حرفها! it is strange of you to make such remarks!
کَجاغَند، کجاگند. cuirass quilted with silk.
کَج‌اَندیش، بداندیش، بدگمان. devious. evil thinker. suspicious. perverted.
کَجاوه، پالکی. kind of pannier used in pairs on camels or mules. camel-litter or mule-litter.
کَج‌بیل hoe.
کج‌بین، لوچ، احول، چپ‌چشم. cross-eyed. squint-eyed. unsound in judgment.
کج‌بینی cross-eye. unsound judgment or reasoning.
کج‌پا، پاچنبری. bandy-legged. club-footed. bow-legged.
کَج‌حِساب، بدحساب، بدبده. lacking promptness in paying one's dues.
کج‌خُلق، بدخلق. peevish. crabbed. sulky. crabby. sullen. cross. ill-tempered. irascible.
کج خُلقی crabbing. sour temper. peevishness. sulkiness.
~ کردن. to act morosely, peevishly or sulkily. to sulk.
کَج‌خیال، بدگمان، بداندیش. suspicious. mistrustful.
کجدار و مریز، میانه‌رو. in a middling position. so-so. within judicious bounds. tilt (the cup) but don't spill its contents.
سیاست ~. a laissez passer policy.
کَج‌دَست، نادرست، چپ دست. thievish. light-fingered. left-handed.
کَج‌دُم، کژدم، کجدم، عقرب. (z.) scorpion. crook-tailed.
کَجراه، منحرف. perverted. deviating.
کَجراهی، کجروی، انحراف. aberration. pervertedness. deviation.
کَجرو deviator. aberrant. perverse.
کَجرَوی deviationism. aberration. perversion. aberrance. aberrancy. deviation. misbehavio(u)r. perverseness.
کَج‌سَلیقگی bad taste. lack of good taste.
کج سلیقه، بی‌ذوق. of bad taste. awkward. tasteless. tactless.
کج‌طَبع، کج خلق. ill-natured.
[illegible] crook evil.
کَج‌کلاه fop. beau. dandy. teddy boy.
کج‌مُعامله، بدمعامله. dishonest or irregular in one's dealings.
کج‌نهاد ill-set. ill-natured.
کَجَوك، عرق‌النساء. sciatica.
کَجی، کجروی، کجرفتاری، انحراف، نادرستی. crookedness. curvature. perverseness. dishonesty. slant. lean. incline. tilt. curve. distortion. twist. bend. warp. angle. obliquity. contortion. wryness.
کَچَل، گر. bald. baldhead. baldheaded. having alopecia. scald head(ed).
~ شدن. to become bald.
~ کردن. to make bald. to harass. to distress. to vex. to plague. to heckle. to worry. to make hairless.
چون سرش ~ است همیشه کلاه بسر میگذارد. as he is baldheaded he always wears a hat.
کچلك‌بازی monkey business.
کَچَلی baldness. alopecia. scalp disease. scalp ringworm. tinea. favus. scald head. crusted ringworn. honeycomb ringworn. scaled head.
کُچوله، اذاراقی. (bot.) nux vomica.
جوهر ~، استرکنین. strychnine
کَحّال، چشم پزشك. oculist. eye doctor.
کَحّالی، چشم‌پزشکی. ophthalmology. ophtalmiatrics. oculistics.
کُحل، سرمه. collyrium.
کَد، رنج، زحمت. toil. labo(u)r.
کدیمین، زحمت وکار بادست راست. hardwork. labour with the right hand.
کُدام which? what? which one?
~ یك، کدام‌یکی. which one?
از ~ سو؟ from which direction?
کدامیك از این کلاهها مال شماست؟ which one of these hats is yours?
هر ~. whichever. any one. either one.
هیچکدام. none. neither one.
بکدام شهر رفته است؟ to what city has he gone?
کَدبانو، خانم‌خانه‌دار، بزرگ‌بانو، مدیره. mistress of the house. matron. housewife. thrifty woman.
کدبانوئی matronage. housekeeping.
کَدخُدا headman (for a village). elderman. alderman.
کدخدامَنشی arbitration (such as is practised by the headman of a village).
کدخدائی position of a headman. aldermanship.
کَدَر، کدورت. turbidness.
کَدِر، تیره، تار، رنجیده، مکدر، ناصاف، آلوده. opaque. blurred. tarnished. turbid. dark. dim. dull. gloomy. strained.

annoyed. offended. smirched. tainted. dusky. obscure indistinct. piqued.
~ شدن. to become opaque or blurred. to become tarnished (turbid or dark). to become dull (gloomy). to be annoyed.
~ کردن. to tarnish. to make turbid. to darken. to smirch. to taint. to make opaque or blurred. to vex or annoy.
فلز ~ (تیره رنگ). tarnished metal.
آب ~ (گل آلود وتیره). turbid water.
از دیدن او ~ (رنجیده) شد. he was annoyed at his sight.
حسن از من ~ شده است. Hassan is piqued at me.

کدو (bot.) squash. marrow. gourd.
کدوی تنبل. pumpkin.
کدوی رشتی. squash.
تخمهٔ ~. pumpkin seed.
کدوی کشکولی، کدوی قلیانی. gourd. calabash.
کدوی مسمائی. (vegetable) marrow.

کدودانه، کرم کدو، تخم کدو. tapeworm. squash seeds.

کدورت، رنجش، تیرگی، دل آزردگی. opacity. displeasure. offence. indignation. turbidity. annoyance. tarnish. pique.
~ ایجاد کردن، ~ آوردن. to annoy. to vex. to cause annoyance or indignation.
مایهٔ ~ خاطر. cause of annoyance.
~ پیدا کردن. ~ داشتن. to be displeased with or piqued at.

کدورت آمیز causing offence. offensive. vexatious. displeasing.

کدولیان (bot.) cucurbitaceae.

ـ کده، گاه، کد. house. village. place. (used in combs. as in: آتشکده، بتکده).

کدیور، کدخدا. farmer. headman.

کدئین، کودئین. codein. codeine.

کذا، چنین، مانند این. sic. thus. such.
~ و ~. so and so. such and such. such.

کذائی، چنین وچنان. so and so. such and such. the famous (thing or person). the notorious one.

کذاب، کاذب. دروغگو. great liar. mendacious. lying. false.

کذب، دروغ، نادرست، ناراست. lie. untrue. untruth. mendacity. falsehood. fabrication. fib.
~ محض. utter untruth.
بزودی ~ گفتار او آشکار شد. soon the mendacity (untruth) of his sayings became obvious.

کر، ناشنوا. deaf.
~ کردن. to deafen. to deaden or stun.
~ شدن. to become deaf.
~ ولال. deaf-mute. deaf-and-dumb.

کر، فرزند، پسر. son. boy.

کر a certain quantity of water which can ceremoniously clean any unclean object as long as its colo(u)r, taste, and smell have not been altered.

کرا، کسیرا که، آنکه را. whom? to whom. the person who.
ای کشته ~ کشتی؟ Oh! murdered one, whom had you murdered?

کرات (pl. of کره). globes. spheres.

کرات (pl. of کره)، دفعات. times.

کراچی (geog.) Karachi.

کراچیدن، قدقد کردن، غدغد کردن. to cluck, as a hen.

کرار، تکراری، مکرر. attacking repeatedly. happening often.

کرارا، بارها، مکررا. repeatedly. often. time and again. many times. recurrently. oftentimes. ofttimes.

کراسه، جزوه، رساله. fascicle. pamphlet.

کراشیدن، پریشان شدن. to distract. to confuse. to agitate. to be disturbed or distracted. to be scattered.

کرام (pl. of کریم)، بخشندگان، کریمان. the generous (people).

کرامات (pl. of کرامت)، معجزات، بخششها. miracles. wonders. generosities.
از ~ شیخ ما اینست... amongst the miracles of our mentor is this...

کرامت، بخشش، بخشندگی، بزرگی، عظمت. generosity. greatness. miracle. wonder.
~ کردن. to perform miracles. to show generosity. to show greatness. to grant.

کران، کرانه، ساحل، پایان، مرز، کنار، کناردریا. end. extremity. border. shore. littoral. coast. coastline. seaside. beach.
~ تا ~. coast to coast.

کرانه coast. shore. beach. littoral. coastline. seaside. bank.
کرانهٔ دریا. seacoast. seashore. seaboard.
کرانهٔ رودخانه. riverside. bank of a river.

کراوات tie. necktie.
~ زدن. to wear a tie.

کراهت، بیمیلی، انزجار، زشتی. aversion. loathsomeness. reluctance. ugliness. unsightliness. distaste. repugnance.
از چیزی ~ داشتن. to hate or abominate something.
~ منظر. ugliness of appearance.

کراهت انگیز repulsive. hideous.

کراهة، کراهتاً. unwillingly. reluctantly.

کرایه، اجاره، اجرت حمل ونقل. fare. freight. transport charges. cost of transport. hire. rent. rental. lease.
کرایهٔ بار. freight of the cargo. freight charge.
~خانه. house rent.
~دادن. to hire out. to rent. to hackney.
~ کردن. to hire. to charter. to tenant. to rent. to lease.
اتومبیل ~ کردن. to rent a car.
هواپیمائی را دربست ~ کردن. to charter a plane.
ما منزل خود را باو ~ دادیم. we rented our house to him.
نرخ ~. rental rate.
کرایهٔ هتل. hotel charge.

کرایه‌ای rental. on hire. hackney.
آپارتمان ~. tenement.

کرایه‌نشین، اجاره نشین، اجاره‌دار. tenant. lessee. lease-holder. renter.

کرباس canvas. denim cloth.

کرباسی (made) of canvas. denim.

کربت، کرب، محنت. affliction. suffering.

کربز، گربز، جربز.

کربزه (bot.) variety of large cucumber.

کربزه، گشنیز. (bot.) coriander.

کربلا (geog.) Karbela.

کربلائی native of Karbela. pilgrim of Karbela.

کربن، کاربن، ذغال. carbon.

کربنات carbonate.

کرت (geog.) Crete.

کرتاسه Cretaceous period.

کرجی، قایق، بلم. (large wooden) boat.
~ موتوری، قایق موتوری. motor boat or launch. barque or bark.

کرجی‌بان boatman.

کرچ brooding.
مرغ ~. brooding-hen. brooder.
~ شدن. to brood.

کرچك (bot.) castor beans. castor-oil plant. palma Christi.
روغن ~. castor oil.

کرخ، کرخت، بیحس. numb. benumbed. paralyzed. deadened. insensible.
خواب زیاد بدن را ~ میکند. too much sleep numbs the body.
در اثر سکته نصف بدنش ~ شد. as a result of a stroke half of his body became paralyzed.
~ شدن. to become benumbed. to become numb.
~ کردن. to benumb. to numb. to deaden.

کرخه (geog.) a river in Khoozestan.

کرد (pl. اکراد). Kurd. Kurdish.
همهٔ کردها از نظر نژادی وزبانی ایرانی اصیل هستند. from the point of view of race and language, all Kurds are genuine Iranians.

کردار، عمل، کار، فعالیت. act. deed. action. manner. way. method.
~ نیك. good deed.
بد ~. malefactor. malefactress.
نیك ~. beneficent. benefactor. benevolent.

کردارمه (army) corps.

کردستان Kurdistan.

کردستانی Kurdish. Kurd.

کردگار، آفریدگار. creator. God.

کردگاری creatorship. divine.

کردن (بکن i. r.)، انجام دادن، ساختن. to do. to make. to perform. to render. to effect. to fulfill. to fuck. (also used as an auxilliary verb as in: کارکردن = to work).
آنچه میگویم بکن. do what I tell you. do as I say.
~ اینکار آسان نیست. the performance (accomplishment) of this task is not easy.
اتاق را حاضر کنید. make the room ready.
کی اینکار را کرده است؟ who has done this?
آیا آنکار را خواهید کرد؟ will you do that?

کردنی، انجام‌شدنی، انجام‌دادنی، قبول‌کردنی. doable. performable. accomplishable. that is to be done. practicable (also used as suffix meaning «-able» as in: قبول کردنی = acceptable).

کردو، کرد، کرت. patch. sown plot with a raised bank.
کردوی خیار. cucumber patch.

کرده، انجام داده، کردار، کار. (having) done. deed. act. performed. made. (used as suffix as in: بادکرده، کارکرده).
او از کردهٔ خود پشیمان است. he is sorry (penitent) for what he has done.
لباسها را اطو ~ آنها را روی میز قرار دادم. I ironed the clothes and placed them on the table.

کرده‌کار، کارآزموده. experienced. skilled.

کردی you did. thou didst.
دو برادر بودند یکی خدمت سلطان ~ و دیگری... there were two brothers. one served the king and the other...

کردی Kurdish.

کرس (geog.) Corsica.

کرست corset. stays. girdle. bodice.

کرسنه، ماش. (bot.) bitter vetch. a kind of pulse.

کرسی، صندلی، تخت، میز، چهارچوب، میز، چارپایه. chair. seat. throne. stool. rostrum. tribune. pulpit. kursi.
~ ریاست. the chair of presidency (or management).
~ خطابه. the rostrum. the tribune. the pulpit.
او بر ~ ریاست نشست. he took the chair (the seat of chairmanship).
به ~ نشاندن. to bring home.
او بالاخره حرف خود را بکرسی نشاند. he finally proved (made others accept) his saying.

کرسی‌پا، عسلی، چارپایه. stool. tabo(u)ret.

کرسی‌نشین، حاکم‌نشین. capital city. seat.

کرشمه، عشوه، چشمك. ogling. amorous gesture. nod. wink.
~ کردن. to ogle. to wink. to act coquettishly.
به یك ~ دو کار کردن. to kill two birds with one stone.

کرشیدن، فریفتن، فریب دادن. to deceive. to cheat.

کرف (bot.) male fern.

کرفس (bot.) celery.

کرفه، ثواب. pious deed.

کرك، بدبده، بلدرچین. (z.) quail.

کرك، پشم نرم، پشم کاموا، خمل. hair. down. soft wool. knitting wool. fluff. fuzz. nap. pile. (bot.) tomentum. villi. pubescence bloom.
~ شدن. to mat. to become matted or woolly.
موهای او کرکی شد. his hair matted.
کرکین. hairy. woolly.

کرك‌دار woolly. fuzzy. tomentose.

کرکر، کرکره، پارچهٔ ضخیم پرده‌ای. (curtain material like) monk's cloth. drapery cloth.

کرکر، خندهٔ آهسته واستهزاءآمیز. tittering. titter. snicker. giggle.
~ خندیدن. to titter. to giggle. to snicker.

کرکره Venetian blinds. corrugated. made of slats. Persian blinds. Persiennes.

کرکره‌ای made of corrugated material.
پنجرهٔ ~. shutter. Venetian blinds.

کرکس، کرگس. (z.) vulture.

کرکی، کرك‌دار. (made) of soft wool. downy. (bot.) villous. pubescent. flannel. fuzzy. tumentose. tumentous.

کرگدن (z.) Rhinoceros.

کرگدنها (z.) rhinocerotidae.

کرم، سخاوت، بخشش، بزرگواری. generosity. magnanimity. greatness. liberality. munificence. benevelence. bounty. nobility. grandeur: courtesy. kindness. beneficence.
~ کردن. to be generous or bounteous. to show magnanimity.

~ بین و لطف خداوندگار. behold the generosity and kindness of God.
کِرِم creme. cream. custard.
کِرم worm. helminth. grub. verve. inordinate desire. vermi-. helmintho-.
~ ابریشم، ~ پیله. silkworm.
~ مانند. vermicular. wormlike. vermiculate. vermiform. vermian. wormy. vermicious.
~ حشره. larva.
~ خاکی. earthworm. rainworm.
~ درخت. caterpillar.
~ روده. [illegible]. helminth.
~ کدو، ~ یکتا. tapeworm. taenia.
~ خوردن. to become decayed or carious. to be worm eaten. having dental caries.
~ ریختن. to expel worms. to coquet lustfully. to be prurient.
~ کاری بودن. to be proficient or skilled in a profession. to be a buff in something.
جوهر ~. santonin. vermicide.
داروی (ضد)کرم، ~کش. vermifuge. anthelmintic. vermicide. helminthic.
کِرمان Kerman. Carmania.
کِرم‌خوردگی، فساد، پوسیدگی، آلودگی به کرم. decay. caries. state of being worm-eaten. tooth decay. helminthiasis.
کِرم‌خورده worm-eaten. decayed.
دندان ~. decayed (carious) tooth.
کِرم‌شناس helminthologist.
کرم شناسی vermeology. helminthology.
کِرمَك vermicule. (biol.) ookinete. pinworm. oxyuriasis. Oxyuridae.
کِرم‌کش vermicide. oxyuricide. ascaricide. vermifuge.
کَرَم‌گستر، کرم‌پیشه، بخشنده. generous. bountiful. liberal.
کِرم مانند wormy. worm-like. vermiform. vermicular. vermicious.
کِرمو worm-eaten. decayed. vermigerous. vermicious.
کَرموش muskrat.
کِرمینه helminthic. larval.
کَرنا trumpet. horn.
کُرَند، کرنگ. (bot.) sorrel or chestnut (horse).
کُرنِش، احترام، تعظیم. homage. prostration. bowing down.
~ کردن. to do homage to. to bow down (before).
کَرَو، قایق بادبانی. small sailboat.
کَروبی (کروبیون، کروبیان .pl). cherub. cherubic.
کَروبیان، کروبیون. cherubim.
کِروچ کِروچ crunching (noise). munching. grinding. gnashing.
~ کردن. to crunch. to munch.
کُرور half a million.
کَرّو فَر، جلال‌وجبروت، حشمت، اقتدار. pomp. power. pride.
کُروك hood (of a carriage). folding top.
اتومبیل کروکی. convertible (car).
کُروکُر rumbling noise. moving slowly. dallying.
~ کردن، کرکر کردن. to rumble. to move slowly. to tarry. to linger. to dally.
کَرولال deaf-mute. deaf-and-mute.

کرومات chromate.
کُرَوی spherical. globular. globulous. global. globate. globoid. globose. globous. spherico-. sphero-. spheri-.
~ کردن. to spherify.
کرویات، اجسام کروی. هندسهٔ کروی. spherical geometry. spherics.
کُرَویّت، گردی، بشکل کره. sphericity. circularity. globosity.
کَره butter. butyro-.
کرهٔ تقلیدی، ~مصنوعی، ~ گیاهی. margarine. butterine.
از شیر ~ گرفتن. to churn milk.
از آب ~ گرفتن. to get something out of nothing.
کُره sphere. globe. planet. earth. ball. orb. spheri-. spherico-.
کرهٔ ارض، کرهٔ زمین. the terrestrial globe. the earth.
کُره (کشور). (geog.) Korea.
کَرَه، بیمیلی، اکراه. reluctance. aversion. disinclination. unwillingness.
کَرَّة (کرات .pl)، مرتبه، دفعه، بار، نوبت، کرت. time. turn.
بکرات. repeatedly. time and again.
کُرّه، بچهٔ چهارپایان. young (of certain animals).
کرهٔ اسب. colt.
کرهٔ خر، کرهٔ الاغ. foal.
کرهٔ مادیان. filly.
کَرهاً، از روی بی‌میلی. reluctantly. unwillingly. without inclination.
کُره‌ای Korean.
کَره‌ای، کره‌دار. buttery. butyraceous. containing butter. butyric. buttered.
کَره‌ساز maker of butter. churner. buttermaker.
کَره‌سازی buttermaking. churning.
کَره‌گیری churning.
کَرّی، ناشنوائی. deafness. surdity.
کَریاس، درگاه، دربار، آستانه. threshold. court. sill. door-sill.
کَریچه، کلبه. cottage. hut.
کَریم (کریمه fem، کرام .pl)، بخشنده، سخی. genrous. liberal. munificent. bounteous. bountiful. great. noble.
شخص ~. a generous person.
کراماً‌الکاتبین. two angels supposed to record good and bad deeds of each person.
خدای کریم. the generous (great) Lord.
ای کریمی که ازخزانهٔ غیب... Oh! the Generous One (God) who from the mysterious treasury...
کَریم‌النفس noble-minded.
کَریه، کراهت‌انگیز، نفرت‌انگیز، زشت. detestable. ugly. distasteful. unpleasant. abominable. unsightly.
کَریه‌الصوت، بد صدا. of an unpleasant voice. cacophonous. raucous. strident.
کَریه‌المنظر، زشت سیما، کریه‌منظر. ugly.
کَز (کهاز .cont. of). from where. wherefrom. from which.
پیش از آن ~ تو نیاید هیچ کار. before you become unable to do anything.
کِز singeing.
~ دادن. to singe.
~ کردن. to shrink. to crouch. to squat.
کُزاز (med.) tetanus. lockjaw. tetano-.
کُزازی tetanic. tetanical.

کَژَف، قیر. pitch. tar.
کَزَل culm. stubble.
کَزو (کهازاو .cont. of)، کز آن، که از آن، که ازاو. from whom. from where. wherefrom.
کَزین (که ازاین .cont. of)، که ازاین. which from this. from which. the one from which.
کَژ، کج. crooked. bent. tilted. curved.
کَژدُم، عقرب. (z.) scorpion. crook-tailed.
کژدمان (z.) Scorpionidae.
کَژدُمه، عقربك، [illegible]. (med.) whitlow. felon.
کَژی، کجی. crookedness. tilt. curvature. aberration. being bent. deviation.
کَس (کسان .pl)، شخص، نفر، آدم. person. companion or relative. true man. gentleman. one. somebody. someone.
هیچکس. no one. no person.
کسی. someone. somebody. any one.
کسان من. my relatives. my men.
کسیکه، هرکس. one who. he who. any one (who). whoever. everyone.
او هیچکس من نیست. he is no relative of mine.
او هنگام سختی کس من است. he is my companion (help) in adversity.
همه ~. everyone. everybody. all (persons).
~ و ناکس. noble and ignoble. i. e. everybody. the public.
در خانه اگر ~ است یك حرف بس‌است. a word to the wise is enough.
کُس، فرج. vulva. pudendum. vulvo-.
~ شعر. cock and bull story. nonsense.
~ گربه. Venus's shell.
~ مانند. vulviform. vulvate. vulvar.
کِساء، روپوش، عبا. covering. garb.
کَساد، ساکت، بیرونق، بی‌فعالیت، راکد. dull (market). sluggish. stagnant. spiritless. vapid. vacuous. boring.
~ کردن. to make dull (sluggish or stagnant).
~ شدن. to become dull. to be stagnant. to be lethargic. to be stale (uninteresting).
پس ازجنگ بازار ~ (بیرونق و بی‌فعالیت)شد. the market became lethargic after the war.
بازار ~ گندم. a sluggish market for wheat.
کَسادی، رکود. stagnance. dullness. recession. sluggishness.
پائیز فصل ~ ما میباشد. fall is our slack season.
کَسالت، نقاهت، ناخوشی. indisposition. slight illness. feeling unwell. sluggishness. indolence. boredom. ennui.
چند روزی مریض بود ولی کسالتش رفع شد. he was ill for a few days but he got well (his indisposition was obviated).
نطق طولانی او باعث ~ همه‌شد. his long speech caused everyone's boredom.
~داشتن. to be indisposed or ill. to feel unwell.
کَسالت‌آور، کسل‌کننده، خسته‌کننده. causing sickness. boring.
کَسب، پیشه، کاسبی، اکتساب. business. trade. acquisition. calling. occupation. pursuit. vocation. job. chore. craft. profession. gaining.
~ من خرید وفروش اجناس است. my business is buying and selling of commodities.
~ (شغل) اوچیست؟ what is his job?
~ شهرت. acquisition of fame.
اوبرای ~ دانش به‌آمریکا رفت. he went to America to acquire learning.
~ کردن. to do business. to buy and sell. to acquire. to earn. to gain. to get. to learn. to obtain. to achieve. to make.
او روزی هزار ریال‌کسب میکند. he earns one thousand rials per day.
از اینکار منافع زیادی ~کردم. I got (derived) great benefits out of this job.
در مدرسه چه معلوماتی ~ کردید؟ what did you learn in school?
چه پیشرفتی ~ کردید؟ what success did you make (achieve).
او اطلاعات لازمرا ~کرد. he obtained (got) the necessary information.
کسب‌وکار business. trade. occupation.
کَسَبَه (کاسب .pl. of). traders. craftsmen. merchants. tradesmen.
کَسبی pertaining to business or trade. earned (for oneself). acquired.
مسائل ~. business questions.
کَسر (کسور .pl)، کاهش، کسری، نقصان. fraction. deduction. discount. deficit. breaking. prejudice. detraction. shortage. reduction. subtraction. diminution. detriment.
~ متعارفی. (ordinary) fraction.
~ اعشاری. decimal fraction.
~ ۵ از ۱۰. deduction of 5 from 10.
~ بودجه. a deficit in the budget. budget deficit.
بها، ~ قیمت. depreciation. devaluation.
~ تمبر. stamp shortage. understamping.
~ تمبر داشتن. to be understamped.
~ شأن. infra dig. infra dignitarem. disdain. detraction from one's dignity.
~آمدن. to have a deficit. to run short.
~ شدن. to be deducted. to be decreased or depreciated. to be reduced.
~کردن. to deduct. to decrease. to discount. to depreciate. to reduce.
هرماه مبلغی بابت مالیات از حقوقم ~ میشود. each month an amount is deducted from my salary for taxes.
~ گذاردن. to deduct. to recoup.
او کسرش میشودکه با ما صحبت کند. he is too proud to speak to us. it is below his dignity to speak to us.
صورت ~. numerator.
مخرج ~. denominator.
کَسرَه، زیر. the vowel sound «ِ» in Persian coming below a letter (as in: کتابِ‌حسن).
کَسری fractional. missing. short.
عدد ~. fractional number.
کَسری، کسرا. Casra. Kesra (title of Sassanian kings).
کُس‌کش، جاکش. pimp. panderer.
کُس‌کشی، جاکشی. panderism. pander.
کِسِل، خسته، فرسوده، ناراحت، بیعلاقه. indisposed. (slightly) ill. sluggish. wearied. tired. losing or having lost interest. bored.
~ شدن. to become bored. to become indisposed.
~ کردن. to bore. to weary. to disgust.

پرحرفى او ما را ~ كرد.
his long - windedness bored us.
كَسِل كُنَندِه boring. tedious. humdrum.
كِسوَت، پوشاك dress. garb. apparel.
كُسور (pl. of كسر) shortages. deficits. reductions. deductions.
~ مالياتى. tax deductions.
كُسوف، گرفتگى خورشيد. eclipse of the sun.
~ جزئى، ~ ناقص، ~ نامرئى. partial eclipse.
~ كلى، ~ تام. total eclipse.
كَس وكار kith and kin. relatives and friends.
كُسينوس، جيب تمام. cosine.
ـ كَش، بكش، بيرون بياور، كشنده، بيرون آورنده. draw thou. drawing (in combs. as in: چاقوكش).
ـ كُش، بكش، قاتل. kill thou. killer. murder thou. murderer. -cide. (in combs. as in: آدم كش = homicide).
كِش، لاستيك، نوار كش دار، قوه ارتجاعى. elastic (ribbon or band). India rubber. elasticity. flexibility. rubber band.
~ جوراب. garter.
~ آمدن. to admit of being drawn out. to be stretched. to have elasticity.
~ آوردن، ~ دادن. to stretch. to draw out. to strain. to pervert. to distort.
~ دار. elastic. having elasticity. resilient.
~ رفتن. to swipe. to filch. to crib. to pilfer. to snitch. to lift.
كِش (poet. cont. of كه اش)، كه اش، كه او را. he whose. whose.
هر آن مير ~ بخت وارون شود.
any prince whose fortune is reversed.
كَشّاف، كاشف، مكتشف. discoverer. elucidating. detailed.
شرح ~. elucidating account. detailed description. comprehensive account.
كَشاكَش، كش واكش، كشمكش. struggle. contention. conflict.
در ~ دهر. in the struggle of the world.
در ~ جنگ. in the thick of the fight.
كِشالِه، دنباله. groin. trail. tail.
كشالهٔ ران. groin. inguen. inguino-.
كشاله‌اى، وابسته به كشالهٔ ران. inguinal.
ـ كَشان dragging. pulling (used in combs. as in: دامن‌كشان).
كَشان كَشان (by) dragging.
~ بردن. to carry by dragging. to drag.
جسد را ~ به لب رودخانه بردند.
they dragged the body to the edge of the river.
كَشانيدَن (imp. بكشان)، كشاندن، كشيدن، منتهى ساختن. to draw (out). to prolong. to end up in. to protract.
اوكار را بدعوا كشانيد.
he ended up by quarrelling.
كَشاوَرز، زارع. agriculturist. farmer. husbandman. cultivator. tiller.
كَشاوَرزى، فلاحت. agriculture. farming. husbandry. tillage. agronomy. agricultural. cultivation. tilling.
دانشكدهٔ ~. College of Agriculture. Agricultural College.
زمين ~. arable land. farmland. agricultural land.
كشباف knitwear. tricot. knitted.
كِشت، زراعت، كاشتن، كشت دادن. cultivation. plantation. sown field. (bacterial) culture. incubation. tilling.
~ كردن. to cultivate. to till. to incubate.
باكترى زا ~ دادن. to culture bacteria.
قابل ~. cultivable. arable.
زمين زير ~. land under cultivation.
كُشت، كشتن، اوكشت. killing. he (she) killed.
كُشتار، قتل‌عام، قتل. killing. slaughter. massacre. carnage. pogrom. butchery.
~ دسته جمعى بشر. human massacre. wholesale slaughter. pogrom. genocide.
دركشتارگاه شهر ما روزى دويست گوسفند ~ ميشود.
in the slaughterhouse of our city two hundred sheep are slaughtered daily.
~ كردن. to engage in a massacre. to slaughter. to kill. to slay. to sacrifice.
كشتارگاه، مسلخ، سلاخ‌خانه. slaughterhouse. shambles.
كِشتزار، مزرعه. sown field. plantation.
كشتكار، زارع، برزگر. farmer. husbandman. cultivator. tiller.
كِشتكارى husbandry. farming. agriculture. cultivation. tillage.
كُشتگان (pl. of كشته)، مقتولين، كشته‌شدگان. the dead. the slaughtered.
كِشتَن، كاشتن، زراعت كردن. to sow. to plant. to cultivate. to till.
كُشتَن، قتل كردن، نابود كردن. to kill. to murder. to slay. to dispatch. to assassinate. to execute. to do away with. to slake (as lime). to put out.
آدمى را ~. to kill (murder) a person.
آهك را ~. to slake the lime.
به ~ دادن. to cause to be killed. to bring about the death of.
چون دشمنانش نتوانستند اورا در ميدان نبرد بكشند با حيله او را كشتند.
as his enemies did not succeed in killing him in the field of battle they did away with him through trickery.
نفس خود را ~. to mortify one's passions.
~ آن شاهزاده منجر به جنگ اول جهانى گرديد.
the murder of that prince led to World War One.
كِشتَنى، كاشتنى، قابل كشت. arable.
كُشتَنى، نابود كردنى، محكوم به اعدام. deserving execution. condemned to death. that which can be killed.
كُشت وكُشتار killing. carnage.
كِشتِه، كاشته، زراعت. sown. planted.
كشتهٔ خود را درويدن. to reap what one has sown.
كُشتِه (كشتگان .pl)، مقتول، نابود شده. killed. murdered. slayed. slaked.
كشتگان. those killed. the dead.
آهك ~. slaked lime.
زخمى‌ها و كشته‌ها. the wounded and the dead.
~ شدن. to be killed, murdered, or done away with.
كَشتى، سفينه، قايق. ship. vessel. boat. barge. schooner. ark. gondola. clipper. navi-. frigate. dory. pontoon.
~ مسافرى. liner. passenger boat.
~ بادى (بادبان‌دار). sailing vessel. sailboat.
~ نفت‌كش. tanker.
~ تفريحى. yacht.
~ بارى. cargo ship. freighter. barge.
~ نفربر. transport ship.
~ يخ شكن. icebreaker.
~ بازرگانى. merchantman. merchant ship.
~ (را) به‌آب انداختن. to launch a ship.
~ بخار. steamship. steamboat.
~ رودخانه‌اى. riverboat.
~ جنگى. warship. man - of - war. cruiser. battleship.
~ ماهيگيرى. trawler. fishing boat.
~ (سفينهٔ) هوائى. airship.
~ (سفينهٔ) فضائى. spaceship.
~ اقيانوس‌پيما. ocean liner.
~ يدك‌كش. tugboat.
~ راندن. to sail a ship. to boat. to yacht.
سوار ~ شدن. to embark. to go on board a ship. to board a ship.
سوار ~ كردن. to embark. to take on board a ship.
با ~ فرستادن. to ship.
از ~ پياده شدن. to disembark.
كُشتى wrestling. rassling.
~ آزاد. free style wrestling.
~ فرنگى. Greco - Roman wrestling.
~ گرفتن. to wrestle. to rassle. to wrastle.
كَشتيبان captain or pilot of a ship.
كشتيبانرا سياستى دگر آمد.
the captain adopted a different policy.
كَشتيران sailor. navigator. seaman. mariner.
كَشتيرانى، دريانوردى، بحرپيمائى. navigation. shipping. cruising. sailing. boating. seamanship. yachting.
~ كردن. to boat. to navigate. to sail.
قابل ~. navigable.
كَشتى‌ساز shipwright. shipbuilder.
كَشتى‌سازى، كارخانهٔ كشتى‌سازى. shipbuilding. shipyard.
كَشتى‌شِكَستِگى shipwreck.
كَشتى شِكَستِه shipwrecked (person).
كشتى شكستگانيم اى باد شرطه برخيز.
shipwrecks we are, move on o'breeze!
كَشتى‌گاه، لنگرگاه. anchorage. harbo(u)r.
كُشتى‌گير wrestler. rassler.
كُشتى‌گيرى wrestling. rassling.
كَشتى‌مانَند navicular. scaphoid.
كِش‌دار، قابل انعطاف، ارتجاعى. elastic. flexible. resilient.
كِشسانى elasticity.
كَشِش، قدرت كشش، باربرى، جذب، باركشى. draught. haulage. traction. tension. allure. attractiveness. towage. pull.
ظرفيت ~. traction capacity.
قدرت ~ اين كاميون زياد است.
the pulling power of this truck is great.
~ سطحى. adhesion. surface traction.
كَشف، اكتشاف. discovery. detection. reconnaissance. deciphering. exploration. decoding. disclosing. revelation.
~ كردن. to discover. to reveal. to find out. to decipher. to decode. to unearth.
~ تلگراف رمز. deciphering a coded telegram. decoding.
ناحيه‌اى را ~ كردن. to discover a territory.
رازى را ~ كردن. to reveal a secret.
قاچاق ~. discovery of smuggled articles.
حقيقت را ~ كردن. to find out the truth.
كَشفُ‌الآيات index of verses.
كَشفُ‌ايالات concordance.
كَشفى، اكتشافى. of the nature of a discovery. capable of being discovered.
كَشفيات (pl. of كشفى . fem. of كشفيه). discoveries.
كَشك dried whey.
كَشكاب barley water. ptisan.
كَشكَك، استخوان‌كشكك. patella. whirl bone. kneecap.
كَشكول a vessel suspended by a chain and carried by a dervish. seacocoanut. dervish's drinking bowl.
كَشكى، ساخته شده از كشك، بيهوده، الكى، مهمل، كتره‌اى. prepared from dried whey. groundless. without basis.
او ~ اينحرفها را ميزند. he says these without any basis.
كِشمِش، مويز. raisins. currants.
~ بيدانه. sultanas.
كِشمِشَك mistletoe. small raisins.
كِشمِشى، كشمش‌دار، كشمش مانند. like raisins. half - dried (as grapes). containing raisins or plums.
كَشمَكَش، زدوخورد، نزاع، كشاكش. struggle. conflict. scuffle. skirmish. strife. contest. contention. pulling out.
~ كردن. to skirmish. to struggle. to contend. to strive. to scuffle.
پس از سالها ~ آندو كشور باهم صلح كردند.
after years of strife, the two countries made peace.
كِشمير، شال كشميرى. cashmere shawl.
كِشميرى (native) of Cashmere.
كَشَن، فراخ، گشاد، فراوان. spacious. roomy. abundant.
كَشَند، جزرومد. tide.
كَشَندان (قسمتى از دهانهٔ رود است كه در آن «كشند جزرومد» تأثير مى‌كند). estuary.
كَشَندِه، جاذب، دلربا، طراح، نقاش، سيگاركش. pulling. tractive. puller. attractive. enticing. drawing or painting. smoker. dragging.
كُشَندِه، مهلك. fatal. mortal. lethal. destructive. killer. murderer. killing. murderous. deadly. slayer.
زخم ~. fatal wound.
كِشو drawer. slide. bolt.
كَش‌واكَش convulsion. spasmodic effort. struggle. contending.
كِشوَر، مملكت. country. homeland. fatherland. land. region.
~ شاهنشاهى‌ايران. the Empire of Iran. the Iranian Empire.
ديوان ~. the supreme court. high court of cassation.
وزارت ~. Ministry of the Interior.
همه سربسر تن بكشتن دهيم، از آن به كه ~ بدشمن دهيم.
if we all die one by one, it is better than giving the country to the foe.
كِشوَرگُشا، فاتح. conqueror (of a country). conquering.
كِشوَرگُشائى conquest.
كِشوَرى pertaining to the state. civil.
~ ولشكرى. civil and military.
كِشوى provided with, or running on a slide. having a drawer.
در ~. sliding (slide) door.
كِشى rubbery. elastic. resilient.

knitted. tricot.
ـ کُشی killing. -cide. (used in combs. as in: برادرکشی = fratricide).
ـ کَشی (from the verb کشیدن). drawing. pulling. (used in compounds such as: سرکشی and جوجه‌کشی).
کشیدگی state of being drawn out or pulled. protraction. elongation. tallness. traction. pull.
کشیدن، بردن، حمل کردن، رساندن، استعمال کردن، دراز کردن، نقاشی کردن، وزن کردن. to draw. to drag. to pull. to haul. to tug. to tow. to carry. to prolong. to protract. to stretch. to extend. to smoke. to weigh. to paint. to suffer. to endure. (also used as an auxiliary. verb as in: دردکشیدن and طول‌کشیدن)
آب ازچاه ~. to draw water from the well.
تصویری ~. to draw a picture.
ارابه‌ای را ~. to drag (pull) a cart.
دندانی را ~. to pull (extract) a tooth.
بادبان ~. to haul the sail.
باری را ~. to carry (haul, drag) a load.
جلسه خیلی طول کشید. the meeting took very long.
غذا ~. to serve food.
سیگار ~. to smoke a cigarette.
گندم را ~. to weigh wheat.
منظره‌ای را ~. to paint a scene.
سخنان (مذاکرات) ما به‌سیاست کشید. our conversation led to politics.
این امر به بدبختی او کشید (منتهی شد). it culminated in his ruin.
او خیلی سختی کشید. he endured (suffered) much hardship.
بیرون ~. to pull out. to draw out.
سر ~. to quaff. to swallow. to drink in one draft.
بالا ~. to pull up. to swipe. to steal.
ته ~. to hit the bottom. to end.
کَشیده، دراز، ممتد، وزن‌شده. drawn. pulled. protracted. extended. weighed. elongated. tall. long. tense.
سیامك قدکشیده‌ای دارد. Siamak is (of) tall (stature).
کِشیده، سیلی. slap. box on the ear.
~ زدن. to slap. to give a box on the ear.
کشیده قد، قدبلند. of a tall stature.
کشیش priest. clergy. clergyman. (spiritual) father. padre. cleric. chaplin. minister.
کشیشی priesthood. clerical. ecclesiastical. ministerial.
کشیك، نگهبانی، نگاهبانی. watch. guard. post. patrol. sentry. sentinel.
~ دادن. to be on duty (as a sentinel). to keep watch. to guard. to be on guard. to sentinel.
(پزشکی) ~ داشتن. to be on call.
افسر ~ the officer on duty.
~ کشیدن. to keep watch. to guard. to patrol. to be on the vigil.
کشیکچی، نگهبان، پاسدار، پاسبان. sentry. watchman. sentinel. patrol. guard.
کشیك‌خانه guardhouse. checkpoint.
کشیم‌سانان (z.) podicipitiformes.
کظم، خودداری، فرونشانی. restraining. curbing. repression. suppression.
~ غیظ کردن. to restrain. to curb one's anger.
کعب، بجول، طاس، ته، قوزك. cube root. anklebone. die. base. bottom.
~ این عددچیست؟ what is the cube root of this number?
کعب‌الاخبار spreader of news.
کعبتین (D. of کعبه). the two Kaabas or temples at Mecca and Jerusalem.
کعبه، مکه، هدف آمال. Kaaba. Mecca.
او بکعبه مشرف شد. he made a pilgrimage to Mecca (Kaaba).
او بکعبهٔ آمال خود رسید. he achieved his chief aim (ideal).
کف froth. foam. lather. effervescence. scum. bubble. suds. spume. scoria..
~ روی آبجو. the foam on beer.
~ روی فلزات مذاب. the scum on molten metals. the scoria (dross) on metals.
~ دریا. meerschaum. the sea foam.
~ صابون. soap lather. soap suds.
~ آوردن. to cause to lather.
~ کردن. to lather. to foam. to froth. to spume. to effervesce. to bubble.
آنقدر حرف زد که دهانش ~ کرد. he talked so much that his mouth frothed.
کف (for کف‌زدن). (of the hand) palm. (of the foot) sole. (of a shoe) insole. removable sole put into a shoe. (of a room etc.) bottom. floor. (of a stocking) foot. (of a road) bed. applause. clapping of hands.
~ دستش میخارد. he has an itching palm.
~ اتاق را با آجر موزائیك فرش کرده‌اند. the floor of the room is covered with mosaic bricks.
~ زدن. to clap (the hands). to applaud.
~ بینی. palmistry.
~ پا. sole. planta. pelma. vola pedis.
~ دست. palm. vola manus.
کَفّ، خودداری. restraining. refraining. withdrawing. denial. renouncement.
~ نفس. self-control. self-restraint.
~ نفس کردن. to restrain oneself. to have self-control. to renounce one's claim.
کُفّار (pl. of کافر)، بیدینان. the infidels.
کَفّاره expiation. atonement. ransom. redemption. redeeming. alms.
~ دادن to make an atonement. to atone.
~ کردن. to atone for. to expiate.
کفّاش، کفشدوز. shoemaker.
کفّاشی، کفشدوزی. shoemaking.
کارخانهٔ ~ shoe factory.
کفاف، بسندگی، کفایت، معاش. sufficiency. adequacy. livelihood. pittance.
حقوقش ~ مخارجش را نمیدهد. his salary is not sufficient to cover his expenses.
~ دادن. to suffice. to be enough for.
کِفالت، پایندانی، قائممقامی، جانشینی، ضمانت. guardianship. (personal) surety. guarantee. bail. bailing. deputy. acting as deputy. acting. bail bond.
~ کردن. to act as a guardian. to act as surety. to become bail. to go bail. to act or manage on behalf of someone.
تحت ~ under the guardianship of.
او ~ ریاست اداره را بعهده داشت. he was the acting director (or acting manager) of the office.
کفالت‌نامه، ضمانت‌نامه. bail bond.
کفالتهً، کفالتاً. on bail. as a bail. acting as manager or director. on behalf of.
کِفایت، بسندگی، کفاف، لیاقت. sufficiency. adequacy. capability. efficiency. merit.
~ کردن. to be sufficient. to suffice.
بقدر ~ sufficiently. enough.
آب بقدر ~ هست. there is enough (plenty of) water.
آدم با ~. an efficient person. a qualified person.
عدم ~. insufficiency. inefficiency. lack of merit.
او مرد باکفایتی است. he is an efficient (able) man. he is a man of capacity.
پیشنهاد ~ مذاکرات. motion that the main question be delayed. motion to end the debate. motion for closure of the debate.
کِفائی acceptable if performed only on an equivalent basis as prescribed, no matter by whose hand it is performed.
کف‌بین palmist. chiromancer.
کف‌بینی palmistry. chiromancy.
کفتار (z.) hyena. hyaena.
کفتاران (z.) Hyaenidae.
کفتر، کبوتر. (z.) pigeon. dove.
~ پراندن. to fly pigeons. to loaf about.
کفترباز pigeon fancier.
کفترپران pigeon flier. loafer. idler.
کفچه، کفگیر، چمچه.. ladle. skimmer.
کفچه‌مار، مارکبرا. (z.) cobra.
کفچه‌ماران (z.) Elapidae. elapine.
کفدار، کف‌آلود. lathery. foamy. frothy. yeasty. lathering.
کف‌دریا meerschaum. sepiolite.
کف‌دست palm.
کف دستی punishment by the ferule. striking on the palm of the hand.
کُفر، کفرگوئی، الحاد، ناسزاگوئی. blasphemy. profanity. infidelity. unbelief. impiety. irreligion.
~ گفتن. to blaspheme.
کفرآمیز blasphemous. profane. impious.
کُفران، حق ناشناسی، کفران نعمت. ingratitude. ungratefulness. ingrate.
~ نعمت. biting the hand that feeds one.
~ نعمت کردن. to bite the hand that feeds one. to be guilty of ingratitude.
کفرگ vein in the sole of the foot.
~ زدن. to bleed the sole.
کفرگوی blasphemer.
کف‌رَو، کفرو. plantigrade.
کف زدن، دست زدن. to clap. to applaud by clapping.
کفش، پا افزار. shoe. footwear.
~ پوشیدن. to wear shoes.
یك جفت ~. a pair of shoes.
~ سرپایی، ~ دمپائی. slippers. pantofle.
~ کتانی، ~ تنیس. tennis shoe.
~ پاشنه بلند. high-heel shoe(s).
بند ~. shoestring. shoelace.
واکس ~. shoe polish.
پا توی ~ کسی کردن. to tease or bother someone. to haze a person.
هردوپا را در یك ~ کردن. to persist in one's opinion.
~ ماشینی. machine-made shoe.
کفش پاك‌کن doormat. scraper. shoebrush.
کفشدوز، کفشگر. shoemaker. (z.) ladybird. ladybug. lady beetle.
کفشدوزك (z.) ladybird. ladybug.
کفشدوزی shoemaking.
کفش‌فروش shoe seller. shoeman.
کفش‌فروشی، دکان‌کفاشی. shoe shop. shoe store. shoe selling.
کفش‌کن sill. threshold. antechamber.
اتاق ~. anteroom.
کف‌شناس، کف‌بین. palmist.
کفشیر، لحیم. solder. borax.
کف‌صابون soap suds.
کفك، کپك. mildew. mold. mould.
کفگیر skimmer. spatula.
کفگیرك carbuncle. furunculus. (med.) anthrax.
کفگیری، کفگیری‌شکل. spatulate. spatular.
کفل، کپل. buttocks. crupper. rump.
گوشت ~ گاو. a cow's rump.
کفلمه، قائوت. pulverized peas mixed with sugar and spices.
کفن wrapping in a winding sheet. shrouding.
~ ودفن. shrouding and burial.
سازمان ~ و دفن. funeral home.
کَفَن winding sheet. shroud. graveclothes.
~ کردن. to shroud.
کفو، برابر، معادل. equal. match.
کفه، کپه. pan of a scale.
کفی palmar. sole for shoes.
کفی، کفدار، کف‌آلود. foamy. lathery. spumy. spumescent. frothy. scummy.
کفیل، پایندان، ضامن. personal surety. bail. acting. supporter. supporting. security. bond. pledge. guarantee.
~ دادن. to give bail.
~ شدن. to stand bail. to bail.
بقید ~ آزادکردن. to admit to bail. to release on bail.
~ ادارهٔ کارگزینی. acting director of personnel department.
او ~ خرج پنج نفر است. he is the supporter (bread winner) of five persons.
کك، کیك. (z.) flea.
کك‌سانان (z.) Siphonaptera.
کك‌مك lenticula. macula. solans. freckles. lentigo. macule.
کِکه، گه، کثافت. shit. stool. feces.
کَل، کچل، گر. baldhead. scaldhead. bald.
~ اگر طبیب بودی سرخود دوا نمودی. physician! heal thyself.
کُل، کند، دم‌کل. docked. bobbed. blunt.
کَل، سربار، مزاحم. burden nuisance.
کُل، همه، تمام، جمع، مجموع. the whole. all. total. entire. main. grand. general. full. universal.
جمع ~ grand total.
ستاد ~ general headquarters.
مدیر ~ director general.

مهندس ~. chief engineer. engineer-in-chief.
کَلا، حاشا، ابداً (only with حاشا). not at all. not in the least.
کُلّاً، تماماً، مجموعاً. wholly. entirely. totally. fully. all. completely.
بدهی‌های مدرسه ~ پرداخت شده است. the school's debts have been paid up entirely.
هزینهٔ ساختمان مدرسه ~ بالغ برهشتاد میلیون ریال شد. the cost of constructing the school building reached the total amount of eighty million Rials.
~ و جزئاً. totally and in detail. each and every.
کُلاپَرَك، سلول سرگیاه، سلول رأسی. capitulum.
کَلات، قلعه، بارو، حصار، دژ. fortress on the top of a mountain.
کِلاچ clutch.
~ راگرفتن. to push the clutch.
~ را ول‌کردن. to release the clutch.
کَلاس، پایه، دانشپایه، طبقه، درجه، مرتبه. class. grade. classroom.
~ تقویتی. make-up class. remedial class.
~ فشردهٔ انگلیسی. intensive English class (course).
~ شبانه. night class.
سر ~، در ~. in class.
در ~ حضور یافتن. to attend the class.
~ اول. first grade.
~ مرخص شد. the class was dismissed.
شاگرد ~ اول. first grader.
زنگ ~ را بزنید. ring the class bell.
کلاسور، جزوه‌دان. index file. box file. filing cabinet. stationery rack.
کَلاسی class. designed for classes.
کتب ~. class books. textbooks.
کِلاسیك، قدیمی. classic. classical.
ادبیات ~. classics. classical literature.
موسیقی ~. classical music.
کَلاش، حقه‌باز، کلاهبردار. sponger. swindler. parasite.
کَلاشی sponging. swindling.
~ کردن. to sponge (off). to swindle.
کَلاغ (z.) crow. raven.
~ بغدادی، کلاغ‌لاشخور. carrion crow.
~ جاره، کلاغ زنگی، زاغی. magpie. pie.
کلاغ‌سانان (z.) Coraciformes.
کلاغی crow-like. corvine.
دستمال ~. yashmak shawl.
کَلاف skein. hank. setting.
~ کردن. to form into a skein. to hobble. to form into a hank. to hank.
کَلافه skein. hank. network. stifled. harassed. (anat.) glomerulus. glomerule. distressed. confused.
~ شدن. to be stiffled. to be confused.
کَلاك (جلگهٔ وسیع و بی‌درخت). steppe.
کَلال، جنبی، پهلوئی. collateral. relative. collateral relationship.
کُلاله، گلاله. stigma. bouquet. tuft.
کَلام، سخن، نطق، کلمه. speech. word. discourse. talk. commandment.
خوش ~. eloquent.
استاد ~. master of eloquence (speech).
خلاصهٔ ~. to sum up. in short. briefly.
دریك ~. in a word.
کَلامُ‌الله word of God. the Koran.
کَلان، درشت، بزرگ. very large. big. massive. great. tremendous. huge.

مبالغ ~. enormous amounts of money.
کَلانتَر magistrate. harbour's master. elder. headman. sheriff. greater. larger. macro-. megalo-.
سر ~. chief magistrate. chief of a police station.
کَلانتری police station.
کَلانی hugeness. largeness. bigness. greatness. enormousness. enormity.
کُلاه head cover. derby. bowler. bonnet. capote. hood. helmet. capuche. hat: cap. headgear. doorhead.
~ کاغذی. fool's cap.
~ سرگذاشتن. to wear a hat (cap).
~ سرکسی گذاشتن، ~ کسیرا برداشتن. to defraud someone.
~ ایمنی، کلاه‌خود. helmet. safety helmet.
~ خود را قاضی کردن. to judge for oneself.
جا ~، جا کلاهی. hatrack. hat tree.
کُلاه‌بَردار، شیاد. fraudulent. fraudulous. defrauder. swindler. cheat.
او آدم کلاهبرداری است. he is a swindler.
کلاه‌برداری، شیادی. fraud. defraudation. swindle. fraudulence. cheating.
~ کردن. to defraud. to swindle. to cheat.
کلاه‌خود helmet.
کلاه‌دوز hatter. hatmaker. milliner.
کلاه دوزی hatmaking. hat shop.
~ زنانه. millinery.
کلاه فرنگی pavilion.
کُلاه‌فروش hatter. milliner.
کلاه فروشی hat shop.
کُلاهَك cap. primer. pileus. covering. chimney's cowl. (bot.) galea.
~ قضیب. glans. glans penis.
کُلاه‌گیس wig. periwig. hairpiece. toupee. postiche.
~ دار. wigged.
کُلاه‌نَمَدی felt hat. one who wears a brimless felt hat. uneducated.
کُلاهِه (bot.) calyptra.
کُلاهی hat-like. wearing a hat. pertaining to a cap. galeate.
کَلب، سگ. (astr.) canis. dog.
~ اصغر. (astr.) Canis Minor. Little Dog.
~ اکبر. (astr.) Canis Major. Greater Dog.
کَلبَتَین، کلبتان، گازانبر. dental forceps. dentist's forceps. the two bitches.
کُلبه، خانهٔ دهقانی. cottage. hut. hovel.
کُلبه‌نشین hut holder. cottager.
کَلبی، سگ‌خو، سگ منش. canine. cynic.
فلسفهٔ ~، فلسفهٔ کلبیون. cynicism.
کَلپَتره، پرت وپلا، مهملات، گتره. nonsense. foolish talk. silly talk.
کَلثوم having fleshy face and cheeks.
کَلدانی Chaldean. Chaldaic.
کَلدَه Chaldea.
کُلُر chlorine. chloro-. cl.
~ زدن به. to chlorinate. chlorination.
~ دار، کلری. chloric.
کُلُرات chlorate.
کُلُرُفُرم، کلوروفرم. chloroform.
کُلُرور، کلورید. chloride. chlorid.
کِلس، آهك. lime.
کِلسی، آهکی. calcareous.
کَلسیوم calcium.

کُلَش، کاهبن. stubble.
کُلفَت، مستخدمه، باجی. maidservant. woman servant. housemaid. maid.
کُلُفت، ضخیم. thick. coarse. bulky. not thin. hoarse. pachy-.
گردن ~. thick-necked. roughneck.
صدای ~. hoarse voice.
سبیل ~. bushy (thick) mustache.
پوست ~. thick-skinned. pachydermatous. pachyderm. pachydermous.
~ شدن. to become thick. to thicken. to get hoarse or harsh. to become bulky.
~ گردن. to thicken. to make thick.
کُلفَتی working as a maidservant.
~ کردن. to serve as a maidservant.
کُلفتی، ضخامت. thickness. coarseness.
کُلُفُن، کلوفون. colophony. rosin.
کَلَك، حقه، بامبول، منقل‌گلی. clay brazier or chafing dish. trick. complot. ruse
~ زدن. to play a trick. to form an intrigue.
~ (چیزیرا) کندن. to polish off. to put an end to. to make short work of.
~ (کسیرا) کندن. to get rid of. to dispatch.
کِلك، قلم، خامه. pen. reed. plume.
کَلَك‌باز، کلك‌زن، کلکی. tricky. intriguer.
کَلَك‌بازی tricking. intrigue. cheating.
کَلکَته (geog.) Calcutta.
کُلکسیون، مجموعه. collection. set.
~ تمبر. stamp collection.
کَلَنگی، کله‌گی. headstall.
کَلَم (bot.) cabbage.
~ دکمه‌ای. Brussels sprouts.
~ قمری. turnip cabbage.
گل ~، کلم‌گل. cauliflower.
کَلُمِل، جیوهٔ سفید. calomel.
کَلِمَه (pl. کلمات)، واژه. word. logos.
کلمهٔ شهادت. creed or formula of faith.
~ بکلمه. word by word. word for word. verbatim.
یك ~ با شماحرف دارم. I have a word with you.
کلمات قصار. aphorisms. bon mots.
کِلنجار، خرچنگ. (z.) crab.
~ رفتن. to haggle. to argue.
کُلَنگ، کلند. pick. (z.) crane.
~ روسی، ~ دوسر. pickax(e).
~ زدن. to (use a) pick. to pickax.
کلنگی pick-shaped.
خانهٔ ~. old house (that must be torn down).
کُلُنِل، سرهنگ. colonel.
کُلوب، باشگاه. club.
کُلوچه، کلیچه. cookie.
کُلوخ clod. lump of earth.
کُلوخ‌کوب clod crusher. mallet.
کُلوخَه clod.
کلوخهٔ معدنی، سنگ معدن. ore.
قند ~. lump sugar.
کُلون، دربند، قفل‌چوبی. bolt or bar.
در را ~ کردن. to bolt the door.
کُلونه breech.
کُلّه، کوتاه، کوتوله. short. squab.
کَلّه، سر، قله، فرق، فکر، مغز. head. pate. top. mind. brain. (anat.) caput. poll. (slang) noggin. bean.
کلهٔ گوسفند. the sheep's head.
او خیلی ~ دار (باکله) است. he is full of brains. he is brainy.
با ~. brainy. wise.
بی ~. brainless. foolish. blockhead.
~ گنده. having a big head. big shot.
کلهٔ کاهو. head of lettuce.
کلهٔ کوه. top of the mountain.
کُلَه (کلاه cont. of). hat. cap.
کَلّه‌پاچه sheep's head and trotters.
کَلّه‌پَز one who prepares and sells sheep's head and trotters.
کَلّه‌خَر، یکدنده. stupidly obstinate.
کَلّه‌خُشك، کله پوك. brainless. foolish.
کَلّه شَق stubborn. obstinate.
کله شقی stubbornness. obstinacy.
~ کردن. to show obstinacy. to challenge.
کَلّه‌قَند sugar loaf. cone.
کله‌قندی، مخروطی. conical. sugar-loaf.
کله‌گنده bigwig. big shot.
کَلی، کچلی. baldness.
کُلی، بسته، بستهٔ پستی. parcel. package. packet.
کُلّی، عمومی، عام، جامع. general. total. great. considerable. totally. absolutely.
قاعدهٔ ~. general rule.
~ و جزئی. general and particular. the whole and details.
بکلی. totally. absolutely. altogether.
بطور ~. as a general rule. generally. on the whole.
کُلیّات (pl. of کلی). complete works. generalities. poetical works.
~ سعدی. Sa'di's complete works.
کُلیّت، عمومیت، همگانی. generality. universality. totality. entirety.
~ داشتن. to be general.
~ دادن. to generalize.
کِلید، آچار، مفتاح، سویچ، کلید راهنمای موسیقی. key. switch. plug key.
سوراخ ~، سوراخ قفل. keyhole. keyway.
دسته ~، زنجیر ~. key chain.
شاه ~، کلیدهرقفل. skeleton key. master key.
~ انداختن. to apply a key to. to open with a key.
~ شدن. to lock.
دندانهایش ~ شد. his teeth were locked.
~ کردن (قفل). to key. to lock with a key.
صفحهٔ ~. keyboard. switchboard.
کِلیددار one entrusted with the keys. custodian. caretaker. turnkey. keyed.
کُلیس، کولیس. slide calliper. vernier callipers.
کِلیسا، کلیسیا. church. ecclesia.
کلیسای جامع، کلیسای بزرگ. cathedral.
کلیسائی ecclesiastic(al). church. churchly.
کِلیشه cliché. stereotype (plate). negative. cut.
~ ساختن، ~ کردن. to stereotype. to make a cut.
کَلیم interlocutor. dialoguer. colloquist. talker.
کَلیم‌الله interlocutor with God. Moses.

کَلیمی (کلیمیان .pl)، یهـودی، اسرائیلی. Jew. Jewish. Hebrew. Israelite.
کلینیك، درمانگاه. clinic.
کُلیَوی renal. nephric. nephro-.
کُلیه (کلیتین .D)، قلوه. kidney. nephro-.
~ شناسی. nephrology.
~ مصنوعی. artificial kidney.
سنگ ~. kidney stone. renal calculus.
کُلیَّة، تمام، همه، تماماً. totality. all. the whole (group) entire.
کلیهٔ نامه‌ها را باداره مرکزی ارسال دارید. send all letters to the central office.
کُلیَّتهً، کلیتاً، تماماً، بطورکلی. generally. in general. as a whole. altogether. all. entirely. completely.
کَم، کمتر، کمترین، اندك، قلیل، ناقص، غیر کافی، کوتاه، ناچیز. few. little. small. meagre. insufficient. slight. missing. short. scant. in short supply. less. tiny. wee. under-. hypo-.
~ کردن. to decrease. to diminish. to lessen. to reduce. to deduct. to subtract.
~ گرفتن. to slight. to underestimate. to think nothing of.
~ شدن. to become decreased, (dwindled, abated, subsided, diminished, reduced, or lessened). to become scarce or meagre. to dwindle. to go down
کمی صبر کن. wait a little.
مقدار کمی آب. a meagre (small) supply of water.
غذا برای این عده ~ است. the food is insufficient for this group.
میان آندو کمی تفاوت است. there is a slight difference between the two.
سرعت را ~ کردن. to decelerate.
دو سیگار از این جعبه ~ است. two cigarettes are missing from this box.
ما پول ~ داریم. we are short of money.
پول او کمتر از من است. his money is less than mine.
او کمی کوتاه‌تر از من است. he is a little shorter than I am.
شما کمی بزرگتر از او هستید. you are slightly bigger (older) than him.
آندو کم و بیش شبیه‌اند. the two are more or less similar.
او ما را دست ~ میگیرد. he slights us. he thinks nothing of us. he underestimates us.
~ مانده است که وزیر شود. he will soon be a minister.
~ و زیاد کردن. to adjust. to modify. to deduct or add.
کَم rim. frame.
کَما، همانطوریکه، آنطوریکه. (such) as.
~ اینکه. just as.
~ فی‌السابق، مانندپیش. as before.
~ کان. as (it was) before.
کَم‌آب droughty. dry. not juicy.
کَمابیش، کم‌وبیش. more or less. almost.
کُماج، کماچ. spongecake. thick round bread.
کُماجدان، دیگچه. stewpan. skillet.
کَم‌آزار، بی‌آزار. harmless. uninjurious. meek.
کَمال، پری، سرشاری، بلوغ، معرفت، تربیت. perfection. accomplishment. maturity. impeccability. excellence. transcendency. paragon. non plus ultra. completion. utmost level.
~ مطلوب. ideal (perfection).
او بدورهٔ ~ رسید. he reached the peak (acme) of perfection.
جوان باکمال. a young man of good breeding.
~ بی‌انصافی است. it is extremely unjust. it is the height of injustice.
با ~ درستی. most honestly. with perfect honesty.
بحد ~. to perfection. to the maximum limit. to the highest extent.
بحد ~ رسیدن. to attain perfection or maturity.
کمالات (کمال .pl. of)، فضائل، موفقیت‌ها، معلومات. accomplishments. attainments.
کَمان، قوس. bow. arc.
~ آسمان، برج قوس. (astr.) Sagittarius.
رنگین ~. the rainbow.
~ ابرو. curved (the curve of) eyebrows.
~ کشیدن. to draw a bow.
کمانچه violin - like instrument.
کماندار، تیرانداز. bowman. archer.
کمان‌ساز bowyer. bower. bow-maker.
کمانَه rim. hoop. tyre or tire. bow (of a fiddle, etc). ricochet.
~ کردن. to ricochet.
گلوله ~ کرد. the bullet ricocheted.
کمانی arched. (anat.) semilunar.
کم‌بر، کم‌عرض. of little breadth.
کم‌برد، دارای بردکم. short-range.
کم‌بسامد low - frequency.
کم‌بضاعت، فقیر، کم‌مایه، دارای معلومات اندك. having a small capital. of little learning or education.
کمبود، کمیابی، کسری. shortage. deficit. inadequacy. insufficiency. lack. want.
~ غذا. shortage of food.
~ آب. inadequacy (insufficiency) of water.
کم‌بهاء of little value. cheap. inexpensive.
کم‌بهره with a low interest rate.
کمپا، کمپای، زودگذر. transitory. ephemeral. not durable.
کُمپانی، شرکت. company.
کُمپرس compress. packing - sheet. gauze. compression.
کُمپرسُور compressor.
کمپرسی، کامیون‌کمپرسی. dump truck.
کم‌پشت، پراکنده. thin. rare. of few leaves. sparse.
کُمپوت، خوشاب. compote.
کمتر (کم .comp. of)، اندك‌تر، اقل، ناچیزتر. less. fewer. lesser. less often.
دومتر ~. two meters less.
وزن من ~ از اوست. I weigh less than he does.
جمعیت ~. fewer people. smaller population.
اگر پول نداری سعی کن ~ خرج کنی. if you do not have money try to spend less.
کمترین (کم .sup. of)، least (part). least.
~ مبلغ. the least amount.
بندهٔ ~. your most humble servant.
کم‌جثه of a small or little body.
کم‌جرأت timid.
کم جمعیت thinly populated. sparsely populated. underpopulated.
کمچه wooden ladle.
کم حافظه، فراموشکار. of a poor memory. forgetful. scatterbrained.
کم‌حرف of few words. taciturn. reserved. closemouthed. laconic.
کم‌حرفی taciturnity.
کم‌حفرگان Alloecoela.
کم‌حوصلگی impatience. irritability.
کم‌حوصله short - tempered. irritable. impatient. rash. precipitate.
کم‌خرج inexpensive. cheap. economical. thrifty.
کم‌خرجی economy. thrift. parsimony.
کم‌خواب، کم‌خواب insomniac. not needing much sleep. sleepless.
کمخوابی sleeplessness. insomnia.
کمخور، کم‌خوراك. eating little. abstemious. frugal.
کم‌خون anemic.
کم‌خونی anemia. oligemia. spanemia.
کم‌خیر ungenerous. uncharitable. unhelpful (to others).
کُمُد chest of drawers. commode.
کم دَخل، کم‌سود. of little profit. unprofitable.
کم‌دِل، کم جرأت. timid. cowardly.
کُمِدی، نمایش‌خنده‌دار. comedy.
کم‌ذِهن، کم حافظه. having a bad memory. unintelligent. dull.
کَمَر، کمربند، کوه و کمر. waist. loins. back. rock. belt. girdle. middle part. lumbo-.
~ بستن. to put on one's girdle. to gird oneself. to tighten the belt.
از ~ افتادن. to break down or bend under a burden. to be extremely tired.
~ او شکست. his back broke.
کوه و ~. mountain and rock.
سستی ~. impotency.
کَمَربسته wearing a belt or girdle. prepared for service or work.
کَمَربند belt. girder. waistband. sash. cordon. sabot. girdle. gird. girth. strap.
کمربند نجات life belt. safty belt. seat belt.
لطفاً ~ خود را ببندید. please fasten your seat belt.
کمردرد، دردکمر. lumbago. backache.
کَمَرشِکَن، طاقت فرسا. onerous. insupportable. back - breaking.
کَمَرکَش halfway. middle.
کَمرَنگ faint - colo(u)red. pale. weak.
چای ~. weak (light) tea.
آبی ~. light blue.
کمرو، خجالتی، محجوب. bashful. shy. diffident. timid. modest.
کمروئی bashfulness. shyness. diffidence. timidity. modesty.
کَمَری lumbar. bent under a burden.
اسلحهٔ ~. side arms.
~ شدن. to become tired under a burden (or because of heavy work).
کم‌زور، ضعیف. powerless. weak. feeble.
کم‌زوری lack of strength. weakness. feebleness. powerlessness.
کم‌سال، خردسال. of tender age. young. underage.
کَمَست، کمست، لعل بنفش. amethyst.
کم‌سُخن، کم‌حرف. of few words taciturn. laconic. terse.
کم‌سن، کم‌سن وسال. underage. young.
کم‌سو dim. weak.
چشم ~. dim eyes.
~ شدن. to become dim.
کم‌شیر agalactous.
کم‌طالع، بی‌طالع، بدبخت. unfortunate.
کم‌ظرف، کم حوصله. incapacious. incapable. inefficient. of little capacity.
کم‌ظرفی incapaciousness. impatience.
کم‌ظرفیت of little capacity. incapacious.
کم‌ظرفیتی incapacity. incapaciousness.
کم‌عرض narrow. of little breadth.
کم‌عقل، بی‌خرد، سفیه. feeble - minded. unwise. imbecile. foolish.
کم‌عقلی stupidity. feeble - mindedness.
کم‌عُمر short - lived. ephemeral. evanescent. transitory. not durable.
کم‌عمق، کم‌ژرفا. shallow. superficial.
کم‌عیار of low standard or purity.
کم‌غذایی oligotrophic.
کم‌فرصت having little or no opportunity. rash. impatient. very busy.
کم‌فروش (tradesman) using short weights. shortchanger.
کم‌فروشی use of short weights. shortchanging.
کم‌فهم ignorant. stupid. dull.
کم‌فهمی stupidity.
کم‌قیمت، کم‌بها. inexpensive. cheap.
کُمَك، کومك، مساعدت، یاری، پایمردی، امداد. help. aid. assistance. contribution. mate. succour. relief. support. auxiliary. backing. sustenance.
من بکمك شما نیاز دارم. I need your help.
برای ~ به‌بینوایان. in aid of the poor.
~ شما لازمست. your assistance is required.
~ و یاری درموقع پریشانی. a succo(u)r in distress.
کمك‌های اولیه، نخست کمك. first aid.
~ دادن، ~ کردن. to help. to aid. to assist. to strengthen. to support. to sustain. to relieve. to further. to forward. to succor. to lend one's assistance.
کُمَك‌خرج subsidy. allowance.
کمك‌داروساز dispenser. assistant pharmacist.
کمك راننده co-driver. assistant driver. copilot.
کُمَك‌فنر shock absorber.
کَم‌کَم، اندك اندك. little by little. gradually. in small quantities. by and by. bit by bit.
کمك‌مکانیك fitter. mechanic's mate.
کَمَکی، اندکی. a little. somewhat.
کُمَکی، برای‌کمك. aid. hand. mate. auxiliary. help(ing). assisting.
(ارتش) نیروهای ~. reinforcements.
کم‌گفتار، کم‌حرف، کم‌گو. taciturn.
کم‌گوشت، لاغر. thin. lean.
کم مایه، کم سرمایه، ضعیف، رقیق، کم‌معلومات. of a small capital. unlearned. unskilled. weak or thin.
این چای ~ است. the tea is weak (thin).
آموزگار ~. a teacher with little knowledge.

کم‌مدت، کوتاه مدت. short-term. of short duration.
کَمَند، دام، نردبان‌طنابی. lasso. running noose. rope ladder.
~ انداختن. to lasso.
در ~ انداختن (اسیر کردن). to catch by a lasso. to ensnare. to lasso.
کم‌نمك، بی‌نمك. having little salt. savourless. insipid. less salty.
کم‌نور weak. dim. dusky. shadowy.
چشمان ~ weak eyes. dim eyes.
کمون، نهفتگی، اختفا. dormancy.
دورهٔ ~ بیماری. incubation period.
کُمون، کارگاه یا مزرعه اشتراکی. commune.
کمونیست، اشتراکی. communist.
حزب ~. the communist party.
کمونیستی، اشتراکی. communistic.
کمونیسم، مسلك اشتراکی. communism.
کم‌همت، بی‌عمت. lazy. of little ambition. mean-spirited.
کمی، کمیابی، نقصان، کسری. scarcity. paucity. lack. insufficiency. scantiness. meagerness. fewness. shortage. deficiency. shortness.
~ جا. smallness (insufficiency) of space.
~ پول. shortage of money.
~ وقت. lack of time.
~ آب. scarcity of water.
کَمّی، چندی، کمیابی. quantitative.
~ و کیفی، چندی وچونی. quantitative and qualitative
کمیاب، نادر. rare. scarce. uncommon.
~ شدن. to become rare (scarce).
کمیابی scarcity. dearth. rarity. paucity.
کَمیّت، چندی، مقدار. quantity. magnitude.
~ و کیفیت، چندی‌وچونی. quantity and quality.
کُمیت dark bay horse.
او کمیتش لنگ شد. he was unable to do anything.
کُمیته، جمعیت، گروه، انجمن. committee.
کُمیساریا، کلانتری. commissariat.
کُمیسِر، کلانتر، نمایندهٔ عالیمقام. commissar. chief of a police station. magistrate.
کُمیسیون، کمیته، انجمن، حق‌العمل، کارمزد. committee. commission. brokerage.
کَمین، کمترین. least. smallest. the lowest. the meanest.
کَمین ambush. ambuscade. lying in wait. lurking place. stalk.
~ کردن. در ~ نشستن. to lie in ambush (for). to lurk. to stalk.
کمینگاه ambush. ambuscade.
کمینه، کمترین، کمین. least or smallest. fewest. minimum. the humblest.
-کَن، بکن، حفرکن، حفر کننده. dig or pluck thou. digger (in combs. as in: ریشه‌کن، چاه‌کن).
-کُن، بکن، کننده. do thou. doer (in combs. as in: تخته پاك‌کن، کارکن).
کُن، بشو، باش. be. become.
~ فیکون. God says "be", and so it is.
~ فیکون کردن. to destroy utterly. to annihilate.

کُناد (کند optative form of)، بکند. may he do, grant, etc. (used in prayers.
خدایش رحمت ~. may God bless his soul!
کِنار، پهلو، کرانه. side. edge. shore. lateral. coast. beside. aside. away.
در ~ من. by my side.
در ~ دریا. on the seashore (seaside).
~ من بنشین. sit beside me.
~ برو. move away (aside).
رفتم و ~ دوستم نشستم. I went and sat by my friend.
منزل آنها درست ~ خیابان واقع شده است. their house is located right by (on the side of) the street.
آیا در ~ شغل اصلی خود فعالیت دیگری هم دارید؟ do you have any other activities besides (in addition to) your main job?
~ خیابان. the side of a street. sidewalk.
در ~. beside. by the side of.
~ آمدن. to come to terms. to come to an agreement. to compromise.
~ کشیدن. to draw aside (or to one side). to withdraw or retire.
~ رفتن. to move to one side. to retire.
~ گذاشتن. to lay aside. to abandon.
~ زدن. to push (pull) aside.
از امروز باید بهانه را ~ بگذارید وجداً درس بخوانید. from today on you must set aside excuses and study seriously.
بوس و ~ کردن. to embrace or hug.
از گوشه و کنار. from every corner. from all sides. here and there.
کُنار، امرود کوهی، عناب. (bot.) lote or lotus (tree).
کنارافتاده، متروکه. laid up. out of commission. obsolete. set aside.
کنار دریا، کرانه. seaside. seashore. beach. seacoast. seaboard.
کنار دریائی، کرانه‌ای. littoral. pertaining to a seashore.
کِناره، حاشیه، لبه. margin. border. side. hem. runner. side carpet. seashore.
~ گرفتن. to keep aloof. to sequester oneself.
کِناره‌جو، گوشه‌گیر، انزواطلب، منزوی، گوشه نشین. recluse. isolationist. keeping aloof.
کناره‌جوئی keeping aloof. shunning. withdrawal. isolation.
~ کردن. to withdraw. to keep away.
کِناره‌گیر، کناره‌جو. recluse. unsociable.
کناره‌گیری، استعفا، بازنشستگی، تقاعد، انزوا. retirement. resignation. superannuation. withdrawal. seclusion. isolation. retreat. abdication.
~ کردن. to retire. to resign. to withdraw. to renounce. to seclude. to isolate oneself. to retreat. to abdicate. to abjure. to quit.
از عضویت باشگاهی ~ کردن. to withdraw from membership of a club.
او در ~ (انزوا) زندگی میکند. he lives in seclusion.
~ (استعفای) یك رهبر. abdication of a leader.
کناری lying on the border. littoral. lateral. sideway.
کنّاس nightman. scavenger. sweeper.
کنّاسی removal of night soil. night-man's work. sweeping.

کِنام، بیشه، کمینگاه، چراگاه. thicket. den. pasture. coppice. grove. nest.
-کُنان doing. making. in a state of. (in combs. as in: رقص‌کنان، شادی‌کنان)
کِنایه، کنایت، گوشه، اشاره. irony. metonymy. piquant. sarcasm. allusion. aside. snide remark.
بکنایه. allusively. sarcastically.
~ زدن. to speak allusively or sarcastically.
کنایه‌آمیز sarcastic. ironical.
کنایه‌دار sarcastic. ironical. allusive.
کَنَب، شاهدانه. hemp. cannabis.
کُنت، لرد. count. earl.
کنترات، پیمان. contract. agreement.
~ کردن. to contract. to employ or hire.
کُنتراتی، پیمانی، قراردادی. employed under a contract. contractual.
کارمندان ~. employees who hold a contract. non-permanent (untenured) staff.
کُنترُل، نظارت، بازرسی، رسیدگی. control. inspection. checking.
~ کردن. to control.
کُنترُلور، ناظر، بازبین. usher. controller.
کنتواری poplin.
کُنتور، نیروسنج، کنتر، شمارنده، شمارگر. meter. counter. gauge.
~ آب. water meter.
کُنج، گوشه، زاویه. corner. solid angle. niche. the ovula. nook.
~ عزلت. a haven (of seclusion).
کُنجاره، کنجاله، کنجیده. oil cake (obtained from the sesame).
کُنجد (bot.) sesame.
کُنجُدك freckle. mole.
کُنجدیان (bot.) Pedaliaceae.
کُنجکاو curious. inquisitive. nosy. prying. meddlesome.
کنجکاوی curiosity. inquisitiveness.
~ کردن. to be inquisitive. to pry.
کُند، بلید، آهسته. blunt. dull. slow. stupid. slack. sluggish. slowly. obtuse. decelerated. tardy. slowish.
چاقوی ~. a dull (blunt) knife.
کارگر ~ کار. a slow worker.
نویسندهٔ ~ ذهن. a stupid (slow-witted) writer.
~ در انجام وظیفه. slack in performing (one's) duty.
دانشجوی ~ an obtuse student.
تند و ~ کردن. to make fast and slow. to accelerate and decelerate.
ساعت شما خیلی ~ است. your watch is too slow.
~ کردن. to slow (down). to decelerate. to blunt. to retard. to set on edge.
دندانهایم ~ شده است. my teeth are turned on edge.
کُند stocks.
در ~ و زنجیر. in stocks and fetters.
کُندذهن، بلید. stupid. beef-witted.
کندذهنی stupidity. dullness.
کُندُر، مُرمَکی. (bot.) frankincense.
~ رومی. mastic.
کُندرو، آهسته رو. slow. slow-moving. advancing slowly. slow-motion.
وسائط نقلیهٔ ~ رو. slow-moving vehicles.
کُندزبان slow of speech. stammering.

کُندُش، خربق. (bot.) white hellebore.
کُند فهم، کندذهن. dull of apprehension.
کُندکار، بطئی، آهسته‌کار. slow of action. sluggish. lagger. slow person. dawdler.
کندکننده moderator. decelerator.
کُندهوش، کند ذهن. dull. stupid.
کَندَن، حفرکردن، کاویدن، برون آوردن، حکاکی. to dig. to excavate. to pluck. to take off. to engrave. to delve. to pick.
زمین را ~. to dig the ground.
تونلی را ~ (حفرکردن). to excavate a tunnel.
پرمرغی را ~. to pluck a fowl.
هویج ~. to pull carrots.
او کت خود راکند. he took off his coat.
میوه را از درخت کندن. to pick fruits from a tree.
از ریشه ~، ریشه‌کن‌کردن. to root out. to eradicate. to deracinate. to extirpate.
قبر ~. to delve (dig) a grave.
چاه ~. to dig (sink) a well.
جان ~. to give up the ghost. to go through the last pangs (throes) of death.
او با دست دندان خود راکند. he pulled his tooth with his own hand.
موی خود راکندن. to tear one's hair.
پوست ~. to flay. to skin.
گلهای پارکها و خیابانها را نکنید. do not pick (pluck) the flowers growing in parks and streets.
کَندو beehive. hive.
کَندوکاو digging and searching. delving. research. investigation.
کَنده، حفر شده، حك‌شده، خندق. dug. plucked. engraved. carved. carved work. ditch. moat.
کُنده، تنه‌درخت، کند وزنجیر. log. block, stump or stub of a tree. stocks. fetters.
کَنده‌کار، حکاك، سنگتراش، حجار. engraver. carver. sculptor.
کنده‌کاری carving. engraving.
~ کردن. to carve. to engrave.
کُندی، آهستگی، تنبلی، بیحالی، سستی. bluntness. dullness. slowness. sluggishness. hebetude. stupidity. tardiness.
کَنِس، خسیس. stingy. niggardly. miserly.
کُنسرت concert.
کُنسرو conserve. canned food.
کُنسُرسیوم consortium.
کُنسول consul.
کُنسولگری consulate.
کنسولی consular.
کُنسول‌یار vice-consul.
کَنِش، حفاری، کندن. digging. excavation.
کُنِش action. doing. deed.
کُنِشت، کنیسه، آتشکده، پرستش‌گاه. synagogue. church. temple.
همه‌جا خانهٔ عشق است چه مسجد چه ~. love's abode is everywhere, be it a mosque or a synagogue.
کَنِش کاو، جفت‌سازی کام وزبانه. rabbet.
کَنعان Canaan.
کنعانی Canaanite. Canaanitish.
کَنَف (اکناف .pl)، بال، پناه. wing. shelter. border. side. protection.

از اكناف زمين. from the remote parts of the earth.

كَنَف (bot.) cannabis. hemp.

كِنِفت، كثيف، آلوده، خفيف، خوار، رسوا. dirty. soiled. disgraced. insulted.

~ كردن. to insult. to make (one) lose face.

كُنفرانس، سخنرانى. lecture. conference.

در ~ شركت كردن. to participate in a conference.

~ دادن. to give a lecture.

كُنفوسيوس Confucius.

كُن‌فَيَكون، نابود. [illegible]

كِنكاش، مشورت، مطالعه، بحث، بررسى. deliberation. consultation. study. discussion. research.

~ كردن. to deliberate. to consult. to discuss.

كِنكاشِستان consultative assembly.

كَنگَر، كنگر فرنگى، انكنار. (bot.) acanthus. prickly artichoke.

كُنگُره، دندانه، زنجيره. crenation. notch. milled edge. cog. turret. pinnacle. battlement. crenulation. serration.

كُنگِرِه congress.

كنگره‌اى crenate. serration. serrate.

كُنگُره‌دار، كنگره كنگره. crenate. serrate. toothed. notched. cogged. having cogs. dentate. crenulated.

~ كردن. to mill. to crenulate. to serrate.

كَنَنده، حفركننده. digger. excavator.

كُنَنده، انجام دهنده. doer. maker. performer. (used in combs. as in: درست ~، بازى ~).

كنون (اكنون cont. of). now. at present.

كنونه، حالت، حال. condition. actual situation.

كنونى، فعلى،حاليه. present. current. instant. modern.

شغل ~ شما چيست؟ what is your present occupation?

شرايط ~. current conditions.

كَنه (z.) tick.

مثل ~ چسبيدن. to stick like a leech.

كُنه، ته، عمق، ژرفا، جوهر، اصل. depth. bottom. essence. substance.

به ~ وجودكسى پى بردن. to discover the nature of a person.

كَنه‌ها (z.) Acarina.

كُنياك cognac. brandy.

كَنيز slave girl. female slave.

كَنيزَك slave girl. bondmaid.

كنيزى slavery. bondage.

كِنيسه (pl. كنايس)، كنشت. synagogue.

كُنيَه، لقب، تخلص شعرى. nickname. nom de guerre. nom de plume. pseudonym. pen name. sobriquet. surname.

كو، كجاست؟ where is it? where are.

كتابم ~؟ (colloq.) where is my book?

كو، كوى، كوچه،بخش، محله. small street. quarter. alley. lane.

كو (cont. of كه او)، كه او. that he. that she. to whom.

دلبرى ~ را نبايدگفت نه. a mistress to whom one should not say "no".

كو، شپشه. (z.) weevil.

كَواكِب (pl. of كوكب)،ستارگان،اختران. stars. planets. celestial bodies.

كوب (i. r. of. كوبنده، كـوفتن، كوبيدن) بكوب. knocker. knock or grind thou. grinder (used in combs. as in: گوشت‌كوب،خرمن‌كوب،كلوخ‌كوب etc.)

كوبَنده، زننده، له‌كننده، خردكننده. beater. pounder. grinder. hitter. knocker.

كوبه، چكش‌در، چكش. knocker (of a door). hammer. mallet.

-كوبى knocking. pounding. hitting. (used in combs. as in: [illegible]

كوبيدگى، كوفتگى. state of being knocked. clobbered, or hammered. fatigue. bruise. contusion.

كوبيدَن، كوفتن، خرد كردن، تلقيح كردن. to pound. to bray. to grind. to mash. to flail. to thresh. to hammer. to clobber. to strike. to bash. to thrash. to ram. to knock. to inoculate. to vaccinate.

بادام را ~ وبصورت خمير درآوردن. to pound almonds to a paste.

برنج را ~ وبصورت آرد درآوردن. to bray rice into powder.

گندم را ~ و بصورت پودر درآوردن. to grind wheat into flour.

سيب زمينى كوبيده، پورهٔ سيب‌زمينى. mashed potatoes.

بر در ~. to knock at the door.

آبله ~. to inoculate against smallpox.

برسينه ~. to beat the breast.

با مشت بردر منزل ما كوبيد. he pounded on our door with his fist.

پاى كوبيدن، رقصيدن. to dance.

ميخ ~. to hammer (drive) a nail.

با يك مشت او را برزمين كوبيد. he knoched him down (felled him) with one punch.

گوشت~. to grind meat.

خال ~. to tattoo.

كوبيده pounded. bruised. ground. mashed. driven. knocked. crushed. trodden. beaten. smashed. contused.

سيب زمينى ~. mashed potato.

گوشت~. ground meat.

كباب ~. kebab made of ground meat.

كوپال، گوپال. mace. club. thick neck.

كوپُن coupon.

كوپه، كابين، اتاقك. coupé. compartment.

كوتاه، مختصر، پست. short. brief. low. snub. pug. abridged. shortened. curtailed. curt. brachio-.

~ شدن. to shorten. to be shortened or abridged. to draw in. to shrink.

~ كردن. to shorten. to cut short. to crop. to abridge. to curtail.

فاصله را ~ كردن. to shorten the distance.

مورا ~ كردن. to crop the hair.

سخن را ~ كنيم. let us be brief.

دامن ~. miniskirt. short skirt.

كوتاه‌بين، كوته‌بين. improvident. shortsighted. lacking foresight.

كوتاه‌بينى، كوته‌نظرى. shortsightedness.

كوتاه‌قد، قدكوتاه. short. small in stature. dwarf. pygmy.

كوتاه‌نظر، كوته‌نظر. shortsighted. narrow-minded. stingy. small-minded.

كوتاه‌مُدّت، كم مدت. short term. of small duration.

كوتاه‌نفس، تنگ‌نفس. short of breath.

كوتاهى، اختصار، قصور. shortness. brevity. curtness. shortcoming. negligence.

~ كردن. to be negligent. to neglect. to shirk.

او در انجام وظايف خود ~ كرد. he neglected carrying out his duties.

~ قد. shortness (of stature).

كوتوال، قلعه‌بان، دژدار، دژبان. kotwal. castellan.

كوتوله، كوتاه‌اندام. dwarf. pygmy. undersized. dwarfish. midget. very short. nano-.

كوته، كوتاه،مختصر. short. brief. low.

كوته‌بين shortsighted. improvident.

كوته‌بينى shortsightedness. improvidence.

كوته‌فكر feeble - minded. lacking foresight. improvident.

كوته‌فكرى feeble - mindedness. lack of foresight.

كوته‌نظر narrow - minded. shortsighted.

كوته‌نظرى shortsightedness. narrow - mindedness. illiberality.

كوته‌هرم brachypyramid.

كوتينى‌شدن، پوستك‌سازى. cutinisation.

كوثر Kovsar, a river in Paradise.

كوچ، مهاجرت، حركت. wandering. setting off. migrating. roving. moving. emigration. immigration. migration. decampment.

~كردن. to wander. to decamp. to set off. to migrate. to rove. to ramble. to move. to set in motion. to transfer.

ايلات ~ كردند. the tribes decamped.

بسرزمينى تازه ~كردن. migrating to a new land.

كوچانيدن، نقل وانتقال دادن. to cause to migrate.

كوچك، خرد، كوچوك، حقير، اندك، كوتاه. small. little. tiny. wee. minute. petit(e). trivial. petty. miniature. miniscule. micro-. -cule. -let. -kin.

~ شدن. to dwindle in size. to lose one's dignity. to become small.

~كردن. to minify. to minimize. to miniaturize. to reduce in size. to shorten.

كتاب ~، جزوه. booklet.

بچهٔ ~. baby. small child.

جهان ~. microcosm.

زن ~ اندام. a petite woman.

موضوع ~ (بى‌اهميت). a trivial (trifling) matter.

اتم كوچكتر از آنست كه فكرميكنى. the atom is smaller than you think.

كوچكى، حقارت، حقير. smallness. small (or little) size. humility. littleness. minuteness. diminutiveness. shortness.

توپى بكوچكى يك گردو. a ball as small as a walnut.

~ اندازه. smallness of size.

~ كردن. to humble oneself. to show courtesy. to condescend.

كوچ‌نشين، مهاجر. immigrant. migrant. emigrant.

كوچولو small. tiny. wee. little child. kid.

كوچه، كوى. lane. street. small street. alley. passage.

پس ~. back alley.

نشانى او اينست: خيابان پهلوى، كوچه بيدى، شمارهٔ ۱۶. his address is as follows: Pahlavi Ave., Bidi St., No. 16.

كوچهٔ بن‌بست. blind alley. dead-end street.

كوچه باغ lane or street in a garden or between two gardens.

كوچه‌باغى secular or popular songs or music.

آوازهاى~. popular songs.

كوچه‌گرد، ولگرد. vagrant. vagabond. streetwalker. street peddler.

بچهٔ ~. [illegible]

كوچه‌گردى vagrancy. street-walking.

كوچيدن، كوچ كردن، مهاجرت كردن. to decamp. to march. to migrate.

كوچيك،كوچك. (colloq.) small. little.

كود، رشوه. manure. fertilizer. heap. compost. dung. copro-.

~ گياهى. peat. compost.

~ دادن. to fertilize. to manure. to compost.

~ كردن. to pile or heap. to reduce to fertilizer.

كودشيميائى chemical fertilizer.

كودتا، شورش، قيام مسلحانه. coup-d'etat.

كودخوار copraphagous.

كودك، بچه، طفل. infant. baby. (little) child. bambino. toddler. pedo-.

بيماريهاى كودكان. infantile (children's) diseases.

پزشك كودكان. pediatrician. pediatrist.

پزشكى كودكان، طب اطفال. pediatrics.

كودكانه childish. childishly. babyish. infantile. children's.

كودكستان kindergarten.

بچهٔ كودكستانى. kindergartener.

كودكش nightman.

كودكى، طفوليت، بچگى. infancy. childhood. babyhood. childishness.

دوران ~. period of infancy.

كودن unintelligent. stupid. dull. slow - witted. obtuse. dumb.

آن شاگرد خيلى ~ بود. that student was very stupid (dumb).

كودنى، خرفتى، بيهوشى. lack of intelligence. stupidity. dullness.

كور، نابينا. blind. blindman. sightless.

گرهٔ ~. hard knot.

~ شدن. to go blind.

~ كردن. to blind. to make blind. to obscure the light of. to darken. to close.

چاه را بايد ~ كرد. the well should be filled (closed) up.

نيمه ~. sandblind. purblind.

كاملاً ~. stoneblind.

تا چشمش ~ شود. that serves him right.

نقطهٔ ~. (anat.) blind spot.

رودهٔ ~. (anat.) blind gut. cecum. caecum.

كوراب، سراب. mirage. will-o- the -wisp. delusion.

كوران،جريان‌هوا. draught. air current.

كورباطن، كوردل. blind - hearted.

كوربخت، بدبخت. unlucky. miserable.

كورتاژ (induced) abortion or miscarriage. curettage.

كوردل inwardly blind. blind-hearted.

کُورس، مسابقه، دوره، سفر. race. course.
باید دو ~کرایه بدهید. **you should pay double fare.**
دوچرخهٔ کورسی. **racing bicycle.**
کُورُش، کوروش کورس، سیروس. Cyrus.
~کبیر. **Cyrus the Great.**
کُورَك، دمل، جوش چرکی. boil. pustule. furuncle. pimple.
کُورکُور، کورکننده، سوسو، سو، وزدن. blinding. dazzling. glimmering. glaring. glowering. peeping. peeking.
کُورکُوری، سوسوزنی. glimmering. blinking.
کورکوری‌کردن، سوسو زدن. **to glimmer. to blink. to glower. to peep. to peek.**
کُورکُورانه. blindly. gropingly. fumblingly.
اطاعت ~ اغلب نشانهٔ جهل است. **blind obedience is often a sign of ignorance.**
بچه‌ها ~ از معلمشان پیروی میکردند. **the children followed their teacher blindly.**
کُورَکی. pimply. furunculous. furuncular. having boils. pustular.
کُورمال. groping. feeling. fumbling.
~ کردن. **to grope. to feel. to fumble.**
مثل نابینایان در تاریکی بدنبال دیوار کورمال کورمال پیش میرفت. **he was groping for the wall like the blind.**
او در تاریکی کورمال کورمال پی کلاهش میگشت. **he fumbled after his hat in the dark.**
کُورمَنجه، نیمه کور. half-blind. purblind. sandblind.
کُورمُوش، موش کور. (z.) mole.
کُوروك، کروك. hood (of a carriage).
کُوره، تنور. furnace. kiln. oven. forge. crematory. pyre. incinerator.
کورهٔ آهك‌پزی. **limekiln.**
سوراخ (دهانهٔ) ~. **kilneye. kilnhole.**
کورهٔ آجرپزی. **brickkiln.**
از ~ در رفتن. **to become very angry.**
کُوره‌پَز. kiln man. brick burner. lime burner.
کُوره‌پَزی. brick burner's trade. lime burner's trade.
کُوره‌دِه، دهکده. small village. hamlet.
کُوره‌راه. obscure narrow path. a winding road. a remote hope or solution.
کُوری، نابینائی. blindness.
بکوری چشم دشمن. **inspite of the enemy.**
کُوزه. jug. pitcher. jar.
کوزهٔ می. **pot of wine.**
یك کوزهٔ‌می بیار تا نوش کنیم. **bring a jug of wine so that we may drink (it).**
کُوزه‌فُروش. jug seller. pot seller.
کُوزه‌گَر. potter. manufacturer of jugs.
کُوزه‌گَری. pottery.
گل ~. **potter's clay.**
کُوژ، کج. crooked. hump. convex.
کُوژپُشت. humpbacked. hunchback(ed).
کُوس. (kettle) drum. jump. start.
~ بستن. **to take one's start. to spring.**
~ زدن. **to beat the drum.**
~ عقب‌نشینی زدن. **to beat a retreat.**
~ رحلت. **signal for departure.**
~ رسوائی اورا زدند. **he was disgraced. he became infamous.**
کُوسَه. thin. thin - bearded (man).
کُوسَه. (z.) shark. man - eater. sea devil.
کُوسه‌ماهیان. (z.) Pleurotromata.
کُوش، بکوش، کوشا، کوشنده. try or endeavo(u)r thou.
کُوشا، ساعی، جدی. diligent. efficient. industrious. assiduous. trying hard.
کُوشاد، ژانطیانا، جنتیانا. (bot.) root of the gentian.
کُوشش، سعی، جدیت. effort. endeavo(u)r. industry. efficiency. assiduity. trying. attempt. exertion. struggle. push.
~ کردن. **to endeavo(u)r. to make an effort. to try. to attempt. to strive.**
~ بیهوده. **lost labo(u)r. vain effort.**
کُوشك، ییلاق، خانهٔ ییلاقی. villa. mansion. palace. kiosk. pavilion.
کُوشیدَن، سعی کردن، کوشش کردن. to endeavo(u)r. to try. to make an effort. to strive.
بکوش و بازهم بکوش تا موفق بشوی. **try and try again until you succeed.**
او برای جلب موافقت آنها سخت کوشید. **he tried hard to obtain their approval.**
کوشه. italic(s).
کُوفت، سیفلیس. (med.) syphilis.
کُوفتگی، خستگی، کوبیدگی. bruise. contusion. extreme fatigue. lassitude.
کُوفتَن، کوبیدن. to pound. to hammer. to beat. to bump. to strike. to knock. to ram. to exhaust.
کُوفتَه، کوبیده، خسته، مانده. bruised. pounded. tired out. exhausted. ball of pounded meat. minced meat ball.
کُوفتی، سفلیسی. syphilitic. luetic.
کُوفه. (geog.) Kufah or Cufa.
کُوفی. Kufic.
خط ~. **kufic script.**
کُوك، بخیه. basting. stitching. a loose stitch.
~ زدن. **to baste. to stitch loosely.**
کُوك، میزان‌سازی، مرتب‌شده، عصبانی، ناراحت. winder. tuned. crank. in time. wound (up). wrought up. high(ly) - strung.
~ کردن. **to tune. to key. to wind. to make nervous. to crank.**
ویولن را ~ کردن. **to tune the violin.**
~ شدن. **to be tuned. to be wound up. to be wrought up. to be cranked.**
کیف او ~ است. **he is high. he is delighted.**
کُوکائین. cocaine.
کَوکَب، ستاره، نجم. star. celestial body. destiny.
گل ~. **(bot.) dahlia.**
کَوکَبَه. splendo(u)r. pomp. suite. train. retinue. glory.
کُوکنار. white poppy. poppy shell.
کُوکُو، فاخته. omelet(te) with vegetables. (z.) cuckoo. cuckoo's note.
کُول، دوش، شانه. back. shoulder.
~ کردن، ~ گرفتن. **to carry pickaback. to shoulder.**
کُولاب، آبگیر. puddle. pond.
کُولاك، توفان. storm. rough sea. tempest. stormy. tempestuous.
کولر، سردکن. cooler. air conditioner.
کُولِه، کوله‌پشتی. knapsack. pack.
کُولِه‌بار، کوله‌پشتی. knapsack. haversack.
کُولی. riding pickaback. a ride on the back.
کُولی، ماهی کولی. (z.) anchovy.
کَولی، لوری، غربتی. Gipsy. shrew. shrewish. termagant. virago. vixen.
رام‌کردن زن ~. **taming of the shrew.**
کُولیس، کلیس. caliper(s).
کَولی‌گری. shrewishness. brawling.
کُومَك، کمك. help. aid. assistance.
کُومَه، توده، پشته، کپه. stack. heap. mass. pile.
~ کردن. **to stack. to pile up. to amass.**
کُون، مقعد. anus. rectum. arse. (slang) ass. bunghole. (slang) ass hole
کَون، هستی، وجود، عالم‌هستی. being. existence. creation. the world. universe.
~ ومکان. **the universe.**
کُون‌دِه، کونی. pederast. passive homosexual.
کُون‌کَش. procurer of boys.
کُونه، ته، پاشنه. root. bottom. heel.
~ کردن. **to take root.**
کُونی، مأبون، مفعول. catamite. sodomite. passive sodomy. homosexual. anal.
کَونَین، دوجهان. the two worlds.
کُوه، کوهستان، تپه. mountain. hill. mount. alp. oro-.
~ بلند. **a high mountain.**
کوه دماوند. **mount Damavand.**
دامنهٔ ~. **mountain slope. foothill.**
~ آتش فشان. **volcano.**
~ یخ. **iceberg.**
رشته ~، سلسله‌جبال. **mountain chain.**
نوك ~، قلهٔ ~. **(mountain) peak or summit.**
کوهان. hump (of a camel).
شتر دو کوهانه. **two - humped camel.**
کوهان‌دار. humped.
کوه‌بُر. mountain cutter. rock driller. rock excavator. rock piercer.
مته ~. **rock drill.**
کُوه‌پایه، منطقهٔ کوهستانی. (valley or plain at the) foot of a mountain. mountaineous. mountainside. alpine.
کُوه‌پیکر، غول آسا، درشت‌پیکر. huge. massive. gigantic.
کُوه‌پیما. mountain climber. alpinist.
کُوه‌پیمائی. mountain climbing.
کُوهسار. hilly (country). highlands.
کُوهستان. hilly or mountainous country. highland. mountainside.
کُوهستانی. alpine. mountain. rocky. mountainous. hilly. mountaineer.
ایران کشوریست ~. **Iran is a mountainous country.**
آب وهوای ~. **alpine climate.**
کوه‌شناس. orologist.
کوه‌شناسی. orology.
کوه‌گرد. hillman. mountaineer. explorer of mountains.
کوه‌گردی. exploration of mountains.
کوه‌نگاری. orography.
کوه‌نورد. mountain climber. alpinist.
کوه‌نوردی. mountain climbing. travelling in mountains. alpinism.
کُوهَه، تپه، پشته، برجستگی. pommel. hump. hillshaped part. hillock. prominence. mound. hunch.
کُوهی، کوهستانی. wild. mountainous. growing on mountains. alpine.
بز ~. **mountain goat. ibex.**
کُوی. narrow avenue or street. alley. lane. quarter. district.
~ معلمان. **teachers' quarter (district).**
کُوَیت. (geog.) Kuwait.
کَویر، نمکزار. salt desert.
کَه، کاه. straw.
کِه، کوچك. young. little. junior. young or insignificant fellow. small.
کُه، کوه. mountain.
کِه، کی، کسیکه، کسی. who? he who. that. which. whom.
~ رفت؟ **who went?**
~ را دیدید؟ **whom did you see?**
برای ~؟ **for whom?**
ای کشته‌که‌را کشتی؟ **oh dead one, whom did you kill?**
مال ~؟ **whose?**
کسی ~ کارکند پیش میبرد. **he who works will make progress.**
کتابی ~ دیدید کمیاب است. **the book (that) you saw is rare.**
کتابی‌را ~ من خریدم او دزدید. **he stole the book that I bought.**
کاغذی ~ روی‌آن نوشتید. **the paper on which you wrote.**
من همانقدر خوردم ~ او خورد. **I ate as much as he did.**
هر ~. **who(so)ever.**
من ~. **as for me. for my part.**
من ~ آنرا دیده‌ام. **as for me I have seen it. I have already seen it.**
به‌او بگوئید ~ میخواهم اورا ملاقات کنم. **tell him (that) I would like to meet him.**
این ~ کاری ندارد. **why! there is nothing difficult about that. there's nothing to it.**
کِه. when. that.
در عصری ~. **in an age when.**
وقتی ~. **(the time) when. where.**
جائی ~ او می‌خوابید. **the place where he slept.**
کِهالَت، کاهلی. indolence. laziness.
کَهانَت، کاهنی. priesthood. divination.
کُهبَد، زاهد، گوشه‌نشین. hermit. recluse.
کِهتَر، کوچکتر، جوانتر. younger. junior.
کِهتری، کوچکتری. juniority. minority.
کِهترین (sup. of که)، کوچکترین. youngest. smallest.
کَهَر. bay (horse).
کَهرُبا، کاهربا. succinum. amber.
کهربای سیاه. **jet.**
کَهرُباسَنج. electrometer.
کَهرُبائی. amber - like. amber-colo(u)red. electric(al). succinous. yellow.
قوهٔ ~، نیروی الکتریسیته. **electricity.**
کُهسار، کوهسار. mountainside. mountainous region.
کَهف، غار، مغاره. cave. cavern. grotto.
اصحاب ~. **the companions of the cave. the seven sleepers.**
کَهکَشان، جادهٔ‌شیری، راه‌شیری. the Milky Way. galaxy. constellation.
کُهَن، کهنه، قدیمی، دیرین. old. ancient. yore. archaic.

درختی ~ an old tree.
این کشور فرهنگی ~ دارد. this country has an ancient culture.
کُهنسال، قدیمی، باستانی. aged. very old.
کهنسالی old age.
کُهنَگی oldness. antiquity. the state of being old or worn out.
فقرش از ~ لباسش پیدا بود. his poverty was evident from the worn out state of his clothes.
کَهَنَه (کاهن .pl. of)، کاهنان. priests.
کُهنه، مندرس، باستانی، دیرین، مستعمل، انتیك. old. used. worn out. inveterate. archaic. (med.) chronic. ancient. antique. stale. outdated. secondhand. paleo-. palaeo-.
لباس ~ an old dress (garment).
کت ~ a used coat.
قالیچهٔ ~ a worn-out rug.
مرض ~ (مزمن). a chronic disease.
~ شدن. to become old (out-of-date or old fashioned). to grow stale.
خبر ازدواج او دیگر ~ شده است. the news of his marriage has become stale.
~ کردن. to wear out. to make old (stale or worn).
ما این چیزها را ~ کرده‌ایم. we have experienced these things.
کُهنه rag. diaper. a piece of cloth.
کهنهٔ بچه، جله. diaper.
کهنهٔ زخم‌بندی. a lint for dressing wounds.
چون بچه گریه میکرد کهنهٔ اورا عوض کردیم. as the baby was crying, we changed his diapers.
شیشه‌های پنجره را با ~ پاك کردم. I cleaned the window panes with a (piece of) rag.
کُهنه‌بَرچین، کهنه‌ورچین. rag picker.
کُهنه‌پاره rags. tatters.
کُهنه‌پَرَست، قدیمی مسلك. fogyish. old-fashioned. old-styled. old fogy.
کهنه‌پرستی، قدیمی مسلکی. fogyism.
کهنه حریف an old fellow-warrior. an old acquaintance. an old rogue.
کُهنه‌سَرباز veteran. old soldier.
کهنه‌فروش fripper(er). dealer in old clothes or rags. ragman.
کهنه‌کار، کهنه‌سرباز، کارآزموده، باسابقه. past master. veteran. old hand.
کهُولَت، پیری، سالخوردگی. ripe years. indolence. senility. old age. dotage.
کَهیر nettle rash. urticaria. hives.
کِهین، کهینه، کوچکترین. youngest. least. smallest. junior.
کی، که، چه‌کسی. (colloq.) who? whom?
این حرف را ~ (چه‌کسی) گفت؟ who said this?
با ~ کار دارید؟ whom do you want?
کی‌ها منزل او دعوت دارند؟ who are invited to his house?
کِی، چه وقت، چه‌هنگامی. when? at what time?
از ~؟ since when? whence?
ای‌بابا، ای‌بیچاره ~ آمدی؟ Oh! aged man! oh wretched man! when did you come?
~ رفته را بزاری بازآری؟ when shalt thou bring back what is past (or gone) through wailing?
تا ~؟ how long? until when?
تا ~ غم آن خورم که دارم یا نه. how long shall I worry whether I have (wealth) or not?
کَی، پادشاه، شاه. king.
کِی، که‌ای، کای. that you.
~ نورچشم من بجز ازکشته ندروی. (that) you, Oh apple of my eyes, will not reap but what you sow.
کِیا، خداوندگار، ارباب، قهرمان، عنصر. lord. master. landgrave. hero. element.
کیاسَت، فراست. ingenuity. sagacity.
کِیان، که‌ها، کدام‌یك، کدامان. who (are).
دشمنان او کیانند؟ who are his enemies?
کَیان، کیانیان، پادشاهان. the Keyan dynasty. the kings.
کَیانی (کیانیان .pl)، پادشاهی، وابسته بدودمان کیان. of the Keyan dynasty. royal.
کیانیان the Keyan dynasty.
کیپ، محفوظ، بسته. well-fitting. snug. water-tight. air-tight. close. tight.
لطفاً قدری کیپ‌تر بنشینید. please sit a bit closer together.
سربطری را ~ ببندید. close the bottle top tight(ly).
کیخُسرو Keykhosrow. king Khosrow.
کَید، مکر، خیانت، حیله، تزویر. trick. treason. betrayal. ruse. deceit. fraud.
کیر، ذکر، آلت رجولت. penis. (slang) pizzle. the male sex organ. prick.
کیس، چین، چروك، جمع‌شدگی، ناصاف. shrink. strain. shrunk. uneven. shrinkage.
کیست (کی‌هست، کی است .cont. of)، کیه. who is he (she)?
کتاب ~؟ whose book is this?
~ که آنرا نداند؟ who doesn't know that?
کیسَك، کیسهٔ کوچك. (anat.) saccule. sacculus.
کیسه، خورجین، جیب، کیف‌پول، کیسهٔ حمام. bag. sack. purse. flannel. pouch. marsupia. (med.) cyst. pocket. (z.) bursa. sac. marsupium.
کیسهٔ بیضه، کیسهٔ خایه. scrotum.
در ~ کردن. to bag. to put in a sack or bag.
~ کشیدن. to rub with a flannel or glove.
سر ~ راشل کردن. to loosen the purse strings.
کیسهٔ شلوار. trouser pocket.
سر ~ کردن. to fleece. to strip of money.
یك ~ برنج. a sack of rice.
کیسه‌بُر، جیب‌بر. pickpocket. cutpurse.
کیسه‌بندی encystment.
کیسه‌دار pouched. marsupial. encysted.
کیسه‌داران Marsupials.
کیسهٔ رویانی embryo sac.
کیسهٔ زرداب، کیسهٔ صفرا. gall bladder.
کیسه‌کَش، دلاك. rubber (in a Turkish bath).
کیسه‌های هوایی air sacs. air pockets.
کیش، دین، مذهب، آئین. faith. religion.
~ زرتشت. the religion of Zoroaster.
کیش shoo! (used only for driving birds). (chess) check.
~ کردن. to shoo. to drive away. to check.
کیش و مات، شهمات. checkmate.
کیف purse (of money). bag. briefcase. portfolio. attaché case.
~ بغلی. wallet. pocketbook.
~ دستی زنانه. handbag. reticule. purse.
~ سفری. travelling bag.
کَیف، عیش. euphoria. peak experience. (effect of an) intoxicating drug. enjoyment. pleasure. condition of health.
~ دادن به. to intoxicate or inebriate. to give pleasure or gratification.
~ کردن. to feel euphoric. to feel high.
اهل ~. epicure. pleasure-seeking.
بی ~. not in good humo(u)r.
امروز ~ او کوك است. today he is high. today he is in a good mood.
کَیفَ، چگونه. how?
~ اتفق، برحسب اتفاق. at random.
~ مایشاء. arbitrarily. as one likes.
کیفَر، پاداش. punishment. penalty. reward. sentence. revenge.
دیوان ~. penal court.
~ دادن. to punish. to sentence.
بکیفر اعمال خود رسیدن. to be duly punished for one's acts.
کیفَرخواست، ادعانامه. bill of indictment.
کیفَری penal.
کیفی، چونی. qualitative.
کِیفی، اهل عیش و نوش. pleasure-seeking. related to pleasure.
کیفیّت، چگونگی، وضعیت. quality. mode. circumstances. manner.
از نظر ~. qualitatively.
~ و کمیت، چونی وچندی. quality and quantity.
کیفیّتی qualitative(ness). modal. circumstantial.
کیقُباد Keyghobad.
کَیك، کك. (z.) flea.
~ درتنبان. disquietude. apprehension. jitteriness.
~ در تنبان کسی افتادن. to become apprehensive or jittery.
کیك cake.
~ زاد روز. birthday cake.
کیکاوُس Keykavoos.
کَیل (اکیال .pl)، پیمانه. measure (for grains, etc.)
~ کردن. to measure. to gauge.
کِیلَك، ازگیل. (bot.) medlar.
کیلو، کیلوگرام. kilo. kilogram(me).
کیلوات، کیلووات. kilowatt.
کیلوس، قیلوس. chyle.
کیلوگرام، کیلوگرم. kilogram(me).
کیلومتر kilometer.
در فاصلهٔ سه کیلومتری تهران. at a distance of 3 kilometers from Tehran.
کیلومترشمار kilometer post. milestone. milepost. speedometer.
کیلومتری expressed in kilometers.
کیله، پیمانه. single-measure. measuring cup. measuring glass.
کیمُخت، پوست دباغی شدهٔ کفل اسب. shagreen.
کَیموس chyme.
کیمیا alchemy. hermetic art. philosopher's stone.
کیمیاگر alchemist.
کیمیاگری alchemy. transmutation of metals.
کیمیاوی، کیمیائی. alchemical.
کین، دشمنی، انتقام، عداوت. enmity. ranco(u)r. spite. ill will. malice. animosity. resentment. revenge.
~ گرفتن، کین کشیدن. to take revenge.
کین، که این. that this.
~ کیمیای هستی قارون کند گدا را. for this (that this) alchemy of existence shall make a Midas out of a begger.
کین‌خواه، کینه‌خواه. avenger.
کینه، عداوت، دشمنی، نفرت، کین. ranco(u)r. spite. animosity. malevolence. detestation. aversion. odium. vendetta. grudge. hatred. vengeance.
~ بدل گرفتن. to harbor a grudge (or enmity) against (someone).
او نسبت به‌سیاهان ~ ندارد. he does not hate blacks.
کینهٔ نژادی. racial hatred.
کینهٔ خانوادگی. feud. vendetta.
کینه‌توز، کینه‌جو، انتقامجو، کینه‌خواه. revengeful. vindictive. avenger. spiteful. vendettist. resentful. hater. hateful.
کینه‌جوئی revengefulness. vengeance.
~ کردن. to take vengeance. to act vindictively.
کینه‌خواه، کینه‌جو. vengeful.
کینه‌دار spiteful. revengeful.
کینین، گنه‌گنه. quinine.
کیوان، زحل. (astr.) Saturn.
کیوانی Saturnian.
کیومَرث Kayoomars.
کیهان، جهان. cosmos. world. universe.
کیهان‌نَوَرد cosmonaut. astronaut.
کیهانی cosmic.
اشعهٔ ~. cosmic rays.

گ the twenty-sixth letter of the Persian alphabet.
گاباردین gabardine. gaberdine.
گابارَه، غار، شکاف. cave. chasm. fissure.
گار، ایستگاه راه آهن. railway station.
گاراژ garage.
گارد، پاسدار، مستحفظ، نگهبان. guard. watchman. sentinel. watch.
گاردان، کاردان. propeller shaft. cardan shaft.
میل ~. universal joint. cardan joint.
گاردِن‌پارتی garden party.
گارمُن (mus.) harmonium.
گاری، ارابه. cart. waggon.
گاریچی carter. cart driver.
گاز bite. biting. nip. pincers.
~ گرفتن، گزیدن. to bite. to nip.
سگ او را ~ گرفت. the dog bit him.
یك ~ از خربزه بزن. have a bite of the melon.
گاز، گازطبیعی، گازلیموناد وامثال آن. gas. effervescence. foam. fizz. ferment. hiss. (mech.) accelerator. throttle.
~ نفت. petroleum gas.
~ لیموناد. the effervescence of lemonade.
صدای ~ کوکاکولا. the fizz (or hiss) of Coca Cola.
~ اتوموبیل. auto accelerator.
~ دادن. to effervesce. to foam. to step on the gas. to accelerate a motorcar. to fizz. to fizzle. to bubble.
تبدیل بگاز کردن. to gasify.
~ اشك‌آور. tear gas.
چراغ ~. gaslight.
~ سمی. poison gas. lewisite.
~ خفه‌کننده. suffocating gas.
~ خنده آور. laughing gas. nitrous oxide.
کارخانهٔ ~. gas works. gas plant.
~ مایع. liquid (liquefied) gas.
کنتور ~. gas meter.
اجاق ~. gas stove.
تبدیل به ~ کردن. to gasify.
نفت ~، گازوئیل. gas oil.
~ طبیعی. natural gas.
لولهٔ ~. gas pipe (pipeline).
گاز، پارچهٔ نازك زخم‌بندی. gauze.
گازاَنبُر pliers. (pair of) pincers.
گازدار gassy. gaseous. effervescent. bubbling. fizzy. foamy. fizzling.
گازُر، رختشو. washerman. launderer. fuller.
گازُرگاه laundry.
گازُری washing. launderer's business.
گازسَنج gas meter. gasometer.
گاززُغال coal gas. carbon monoxide.
گازسُوز gas burner.
گازطبیعی natural gas.
گازمانَند gasiform. gassy. gaseous.
گازولین، بنزین. gasoline.
گازویل، گازاویل، نفت‌گاز. gas oil.
گازی gaseous. run by gas.
گاژ، بودباش، جا. place. location.
گاس، گاسه. casse. case (in printing).
گال، خارش بدن، جرب. (med.) the itch. scabies.
گالاکتوز galactose.
گالُش galosh. golosh. overshoe.
گالن gallon.
گالَه wide-mouthed sack.
گام، قدم. step. pace. gait. stride.
~ برداشتن، ~زدن. to walk. to pace. to stride. to step.
گام، هنگام. (mus.) gamut.
گامیش، گاومیش. (z.) buffalo. water buffalo.
ـگان، ها. plural form of words ending in «ه» as in: زندگان
ـگان fit for. worthy of (as in: شایگان).
ـگانِه suitable for. fit for (used as suffix as in: بچه‌گانه). also used as English suffix "-fold" or "times" (as in: پنجگانه = fivefold.)
گاو، بقر. cow. ox. bull.
~ مانند. bovine. cow-like. bullish.
~ کوهان‌دار، ~ وحشی. bison. buffalo.
~ ماده. cow.
~ نر. bull. ox.
گوشت ~. beef.
~ شاخ‌دراز. longhorn.
گاوآهَن ploughshare.
گاوبندی collusion. partnership in illicit gains.
~ کردن. to enter into a secret deal or collusion. to collude.
گاوچِران، گاوران. cowherd. cowboy. neatherd.
گاوچَشم ox-eye(d).
گاودار cowkeeper. dairyman. cowherd. cattleman.
گاودارُو stone in the gall bladder of an ox.
گاودان cow shed. cow pen.
گاودانَه (z.) buffalo pea. American vetch.
گاودُوش، گاودوشه milk pail. milkmaid. dairymaid.
گاوِرس، ارزن‌ایتالیائی. (bot.) Italian millet. panic grass.
گاوزَبان، گل‌گاوزبان. (bot.) borage. cowslip. oxtongue. bugloss.
گاوسَر two-pronged pole. forked mace.
~ زدن. to punish with a mace.
گاوسَرا، گاودان، گاودانی. cowpen.
گاوشَنك، سُك. ox-goad.
گاوشیر، جاوشیر. (bot.) opopanax.
گاو صَندوق large chest or coffer. safe. safe-deposit.
گاوماهی (z.) sea cow. dugong. manatte. cowfish. grampus.
گاو مَرگی cattle pest.
گاومیش، گامیش (z.) buffalo.
گاوَه، گوه. wedge.
گاوی، گاومانند. bovine. bullish.
آبلهٔ ~. cow pox. vaccina. vaccinia.
مایهٔ آبلهٔ ~. bovine vaccine.
گاه time. place. at times. sometimes. used as suffix (as in: شامگاه meaning «evening (time)» and آرامگاه meaning «resting place»).
~ و بیگاه. every now and then.
گاه باشد که کودکی نادان... sometimes an ignorant child...
گاه‌شُمار chronometer.
گاه‌گاه، گه‌گاه، بعضی اوقات. once in a while. from time to time. sometimes.
گاه‌گاهی occasional. occasionally. from time to time.
گاهنامَه، تقویم، سالنامه. calendar. yearbook. almanac.
گاهنَما، ساعت. clock. watch.
گاهوارَه، گهواره، مهد. cradle.
گاهی، گاه، اتفاقاً. sometimes. occasionally. from time to time.
گاییدَن (گای، بگا .i. r)، سپوختن، جماع کردن. to copulate. to fuck. to have intercourse with. (slang) to screw.
گَبر، زردشتی، کافر. geber. gheber. fire worshipper. infidel. Zoroastrian.
گَپ، گفتگو، صحبت، وراجی، حرف‌مفت. gab. chat. idle talk. chattering. gabble. prattle. gibber. gibberish
~ زدن. to gab. to chatter. to talk idly. to prattle. to gabble. to gibber. to patter.
پیرزن مدتی‌طولانی ~ میزد. the old woman gabbled (chattered, chatted) a long time.
گَپ‌زَنی gabbling. chatting. idle talking. gibbering. pattering. pratting.
گَت، بزرگ، گنده. big. large. thick.
گُترَه‌ای، یکجا، درستی، بیهوده، مهمل، بی‌اساس in a lump sum. by the job. as a fixed sum. unduly. motivelessly. groundlessly.
گَچ gatch. plaster of Paris. chalk.
سنگ ~. gypsum.
گَچ‌بُر plaster moulder.
گچ‌بری plaster moulding. plaster work.
گَچ‌پَز plaster burner.
گچ‌پزخانه، کارخانهٔ گچ‌پزی. plaster kiln.
گچ‌پزی، کورهٔ ~. gatch-burning. gatch kiln. plaster kiln.
گچ‌شکسته‌بندی plaster of Paris.
گچ‌کار gatch plasterer. plaster worker. pargeter.
گَچ‌کاری gatch work. gatch plastering. stucco work. parget.
گَچی made of gatch or plaster. coated with plaster or gatch. pargeted.
شکر ~. powdered white sugar.
گَدا، مسکین، بینوا. beggar. mendicant. begger. almsman.
گدائی کردن. to beg.
گُداختن، ذوب کردن، آب کردن. to melt. to fuse. to thaw. to clarify. to smelt. to consume. to liquefy.
آهن را گداختن. to melt iron.

گداختنی، قابل ذوب. meltable. liquefiable.
گداخته melted. molten. clarified.
گدار ford(ing) place. pass.
بی‌گدار به آب نزن. look before you leap.
گداز، ذوب. fusion. used as suffix meaning «melting» as in: زودگداز.
گدازاده، پست، بداصل ونصب. offspring of a beggar. ignoble person. mean.
گدازاندن، گدازانیدن. to melt.
گدازش، ذوب. melting. liquefaction. fusion. thawing.
گدازنده melter.
گدازه، مواد مذاب آتشفشانی. lava.
گداصفت، گدامنش. mean. beggarly.
گدامنش beggarly. mean.
گدائی، بیچیزی. begging. mendicity. mendicancy. beggary.
~ کردن. to beg. to ask. to ask alms.
گدوك، قله، گردنه. mountain pass.
گذار، عبور، معبر. passage. passing. ingress. egress.
~ کردن. to pass by. to ingress. to egress.
گذارم بآنجا افتاد. I happened to pass by there.
بالاخره ~ پوست به دباغ خانه میافتد. finally rawhide will end up in a tannery.
ـگذار، بگذار، گذارنده. lay thou. put putting (in combs. as in: سرمایه‌گذار.
گذاردن (گذار i. r.)، نهادن، قرار دادن. to put. to lay. to place. to leave. to set. to deposit. to fix. to rest. to let. to allow. to retain. to pass.
دستت را روی‌شانه‌ام بگذار. put your hand on my shoulder.
آن‌کتاب را کنار بگذار. lay that book aside.
کوزه را روی میز بگذار. place the jug on the table.
اورا بحال خود بگذار. leave him alone.
بگذار برایت یك‌چیزی بگویم. let me tell you something.
بگذار اندکی استراحت‌کند. allow him to rest awhile.
او در مسابقه دیگران را عقب‌گذارد. he passed others in the race.
پولت را در بانك امانت بگذار. deposit your money with (in) the bank.
قرار ملاقات گذاردن. to fix a date.
گذارش، گزارش. account. description. details. explanation.
گذارنده، قراردهنده، عبورکننده، گزارش‌دهنده. one who lays or puts. passer.
گذاره، قایق‌گذاره. passage. ferryboat.
گذاشتن، اجازه دادن، قرار دادن، گذاردن. to put. to place. to lay. to permit. to deposit. to set. to allow. to admit. to suffer. to leave alone.
نامه‌ای در دست‌کسی ~. to put a letter in one's hand.
کتاب را روی تاقچه ~. to place the book on the shelf.
تخم ~. to lay eggs.
بگذار مرا ببیند. permit him to see me.
پول در صندوق نسوز ~. to deposit money in a safe.

گیلاس را روی میز بگذار. set (put, place) the glass on the table.
بگذار باتاق من بیاید. admit him to my room.
او ثروت هنگفتی برای اولادانش گذاشت. he left a fortune for his children.
کارت را برای فردا مگذار. do not leave your work for tomorrow.
بگذار بروم. let me go.
جا ~. to leave behind. to forget. to reserve.
گذر، عبور، معبر، گذرگاه. passage. transit. crossway. subdivision of a street.
ـگذر (گذشتن i. r. of)، بگذر، گذرنده. pass thou. passing. passer by. (in combs. as in: زود گذر
گذرا، زودگذر، روان، جاری. passing by. fluent (as water). running. transient. ephemeral. transitory.
ـگذران، بگذران، معاش. pass thou. spend thou. means of subsistence. livelihood. passer. spender. spending.(in combs. as in: آسان‌گذران).
~ کردن. to manage to live. to subsist.
او از راه معلمی ~ میکند. he earns a living by teaching.
گذراندن (بگذران i.)، گذرانیدن، صرف‌کردن. to spend. to pass. to pass successfully. to clear (from the customs). to get through. to transfer. to convey. to ratify.
وقت خود را ~. to spend one's time.
قانونی را ~. to pass a law.
فرمانده قشون را از یك جنگل انبوه گذراند. the commander led the army through a thick forest.
او عمر خود را بانگرانی میگذراند. he passes his life with worries.
بدگذراندن. to have a bad (or rough) time.
شما وقت خود را چگونه میگذرانید. how do you spend your time.
گذرانه annuity.
گذربان road watch. ferryman.
گذرگاه crossing. passageway. fording place.
~ تراز. level crossing.
گذرنامه، پاسپورت. passport.
گذشت، مردانگی، چشم‌پوشی، بخشش، کف‌نفس. generous disposition. remission. indulgence. concession. ability to do without a thing. passing (of time). lapse. transition. passage. transit. overlooking. forgiveness.
او با ~ است. he has a generous disposition.
~ زمان. passing (lapse) of time.
من از سر او گذشتم. I forgave him.
~ کردن از. to overlook or remit. to waive. to do without. to make concessions.
با ~. generous. forgiving.
بی ~. unforgiving. strict.
گذشتگان (pl. of گذشته)، رفتگان، مردگان، اجداد. the ancients. the deceased.
گذشتن (گذر i. r.)، صرفنظر کردن، عبور کردن. to pass. to lapse. to passage. to cross. to overlook. to spare. to forgive. to forbear from. to be over with.
در ~ (مردن). to pass away.
از رودخانه ~. to cross (pass through) a river.
من ازخطای او گذشتم. I overlooked (forgave) his sin.

از خیر چیزی ~. to forbear something.
من از این موضوع گذشتم. I gave up the whole idea.
نادیده ~ از. to ignore. to overlook.
بما خوش میگذرد. we have a good time. we are enjoying ourselves.
گذشته (گذشتگان pl.)، ماضی، دیرین، سپری شده. past. bygone. last. lapsed.
گذشتگان. past generations.
سال گذشته. past (last) year.
زمان ~، زمان ماضی. past time. past tense.
وقایع ~. past events.
گذشته‌ها گذشته. bygones are bygone.
از گذشته‌ها مگو. do not talk of the things past.
از شوخی ~. all joking apart.
~ از. aside from. besides.
گر، اگر. in case. if.
~ زدستت میرسد کاری بکن. if you can, do something (before it is too late).
گر، الو، الاو، شعله. flame. blaze.
~ گرفتن. to burst into flame. to burn with a blaze of light.
گر، کچل. mange. scab. mangy. bald.
ـگر maker. suffix equivalent to «-er» and «-ive» (as in: آهنگر).
گراز (z.) boar.
گرازدریایی، گراز ماهی. (z.) porpoise.
گراز وحشی (z.) wild boar. wild hog.
گرازیدن، خرامیدن. to strut. to walk gracefully. to stalk. to swagger.
گراس، لقمه. morsel. mouthful. piece.
گرافیت، سرب‌سیاه، مغزمداد. graphite.
گرام gram. record player.
گرامافون gramophone. record player.
~ (گرام) زدن. to play a record (on a record player).
گرامی، عزیز، محترم، ارجمند، محبوب. dear. hono(u)rable. respectful. beloved. cherished. darling. love.
~ داشتن. to hono(u)r. to hold dear.
دوست ~. dear friend.
گرامی‌داشت hono(u)ring. celebration.
گران، سنگین قیمت، قیمتی، سنگین، پرخرج. expensive. dear. costly. exorbitant. extortionate. precious. heavy. insupportable. ponderous. onerous. weighty.
قالیچهٔ ~ قیمت. an expensive rug.
این سفر برایم ~ تمام شد. the trip cost me dear.
قیمت ~. a heavy price.
بارگرانیست کشیدن بدوش. it is a heavy load to shoulder.
~ شدن. to rise in price. to become expensive or costly.
~ کردن. to raise the price of. to make expensive.
~ خریدن. to buy dear. to pay too much for.
~ فروختن. to sell dear. to charge too much for. to overcharge.
~ شدن نان. the rise in the price of bread.
گرانبار، سنگین، آبستن. heavy - laden. overloaded. pregnant.
گرانباری overburden. pregnancy.
گرانبها، گران‌قیمت، پرارزش. precious. valuable. priceless. costly. expensive. dear. invaluable.

کتاب ~. a valuable book.
گرانجان، خسیس. sluggish. niggardly. miserly. parsimonious. stingy.
گران خاطر dejected. heavy-hearted.
گرانفروش، اجحاف‌گر. overcharger. profiteer. extortionist. fleecer.
گران فروشی overcharging. profiteering. extortion. fleecing.
گران قیمت، گرانبها. expensive. costly.
گران کیسه stingy.
گرانمایه، گران قیمت، ارجمند، مهم، گرانبها. precious. serious. grave. important. dear. respected. worthy.
گرانولیت granulite.
گرانی، سنگین قیمتی، پربهائی. dearness. expensiveness. high cost. dearth. gravity. heaviness. inflation. costliness.
~ هزینهٔ زندگی. high cost of living.
بخاطر ~ قیمت‌گوشت. because of the high price of meat.
سال ~. year of dearth. year of inflation.
گرانیگاه centre of gravity.
گراوور، گراور، کلیشه. gravure. engraving. plate.
~ کردن. to engrave.
گراوورساز، گراورساز. engraver.
گراوورسازی، گراورسازی. engraving.
ـگرای، گرا، میل‌کننده، مایل، گراینده. inclination. suffix equal to English «-tropic» or «-ist» or «-phile» as in: آفتاب‌گرای meaning «heliotropic».
گرایش، تمایل. taxis. tendency. inclination. tropism. -tropy. -ism.
~ داشتن. to tend to. to be inclined to.
گراینده، گرای. inclined. having a tendency. -tropic. -ist.
گرائیدن (گرای i. r.)، پیروی‌کردن، گرویدن، گرائیدن. to be inclined. to have a tendency. to intend or desire. to have a tendency for. to believe in.
گربزه، جربزه. efficiency. capacity.
گربزی، زیرکی. slyness. intelligence.
گربه (z.) cat.
~ صفت. feline. cat-like. catty.
گربهٔ نر. tomcat.
بچهٔ ~. kitten.
گربه رقصانی wirepulling. setting intrigues or intriguing against people. monkey business.
گربه‌رو passage within the thickness of a wall. gallery.
گربه‌سانان (z.) Felidae.
گرجستان (geog.) Georgia.
گرجی Georgian.
گرچه، اگرچه. although. though.
گرد، خاك، ذرات خاك، بودر. dust. powder. farina. particle. pulver-.
~ کردن. to make (raise) dust. to (reduce to) powder. to pulverize. to comminute.
~ نشاندن از، ~ گرفتن از. to shake off the dust. to dust.
بگرد کسی نرسیدن. not to overtake someone. not being able to reach a person.
ـگرد (گشتن، گردیدن i.r. of)، بگرد، گردنده. spin thou. turning. revolving (in combs. as in: راستگرد.

گِرد، مدور، کروی. round. circular. perimeter. around. globular. globoid. annular. globose. spheri... globous.
~ آمدن. to assemble. to gather together. to be amassed.
~آورده. compiled. gathered. collected.
~ آوردن. to amass. to accumulate. to assemble. to call together. to rally.
~کردن. to accumulate. to amass. to make round. to round off. to circularize.
گرد کاری گشتن. to seek (do, or embark on) something.
هر گردی گردو نیست. not everything that is round is a walnut.
گُرد، پهلوان، قهرمان، یل. hero. heroical. brave. heroic. valiant.
رستم ~. the brave Rustum.
گردا، گردنده. turning. whirling. rotating.
گرداب whirlpool. eddy. swirl. vortex. malestrom.
گَردار، کچل. scabbed. mangy. scabby.
گرداگرد all round. perimeter. surrounding. all about. boundaries.
گَردآلود(ه) dusty.
گردان spinning. whirling. turning. rotating. revolving. rolling. changing. floating. circulating. oscillating. rotary.
تنخواه ~. revolving fund.
-گردان (imp. of گرداندن)، بگردان، گرداننده، گردنده. turn thou. turning, (used in combs. as in: روگردان).
او از هیچ کاری رو(ی) ~ نیست. he does not turn away from (doing) anything.
این گنبد ~. this spinning dome (world).
گُردان (mil.) battalion.
گرداندن (گردان i. r.)، گردانیدن، چرخاندن. to turn (round). to spin. to rotate. to whirl. to convert. to take for a walk. to show round. to run.
رویت را بطرف من بگردان. turn your face to (toward) me.
چرخ را بگردان. spin the wheel.
اورا ببر بگردان. take him for a walk.
اورا درباغ بگردان. show him round the garden.
اداره‌ای را گرداندن (اداره کردن). to run (manage) an office.
شعری را بانگلیسی بر~ (ترجمه کردن). to render a poem into English.
دراثر کار زیاد خسته گردید (شد). as a result of much work he became tired.
دورسر~. to keep waiting. to stall.
گردآوری، جمع آوری، تألیف. gathering. amassment. rally. compilation. assembling. piling up. gleaning. accumulating.
گردباد whirlwind. cyclone. hurricane. tornado. twister. typhoon. windstorm.
گردباف، حاشیهٔ پارچه. selvage. selvedge.
گردبُر، متهٔ ~. gimlet. auger.
گردپاش pouncet box. pounce box. sprayer. atomizer. pulverizer.
گَردش، راه روی، تفرج، چرخش، گردیدن، دگرگونی. walk. walking. touring. promenade. turn. turning. revolution. spin. rotation. whirl. circulation. change. excursion. movement. ramble.
بیائید بگردش برویم. let us go for a walk.
نقطهٔ ~ تاریخ، نقطهٔ عطف تاریخ. the turning point of history.
~ چرخها. the turning of wheels.
~ ماه بدور زمین. the revolution (rotation) of the moon around the earth.
~ خون. circulation of blood.
~ بدور چیزی. circumnavigation. circumambulation. turning around something.
~ کردن. to walk. to take a walk. to circulate. to rotate. to revolve. to change. to spin. to turn. to go sight-seeing. to move around. to stroll.
به ~ رفتن. to go (out) for a walk. to stroll. to promenade. to saunter.
کسی را به ~ بردن. to take a person for a walk.
گَردشگاه، تفرجگاه. (public) walk. promenade. park.
گِردکان، گردو. (bot.) walnut.
~ بر گنبد. a walnut on a dome. water off a duck's back.
گِردگِرد turning round. rotating. rotatory. rotary. revolving.
گَردگیر duster. whisk.
گَردگیری dusting. shaking off the dust.
~ کردن. to dust. to wipe out the dust.
گَردَن، عنق. neck. cervix. cervico-.
~ زدن. to behead.
~ کشیدن. to rebel. to revolt.
~ نهادن. to submit (to).
بگردن من. on my responsibility. upon my conscience.
تقصیر بگردن اوست. the responsibility lies at his door. he is guilty for it.
خون من بگردن شما. my blood will be on your head. you will answer for my blood.
تقصیر بگردن کسی گذاشتن. to put the blame on someone.
تقصیری را بگردن گرفتن. to acknowledge a fault. to confess. to declare oneself responsible for. to plead guilty.
گردنی. cervical.
یک سرو ~. head and shoulder.
گردنا، صدف کوهی. (anat. & z.) patella.
گردن‌بند، طوق. necklace. collar. choker.
~طلا. a gold necklace.
~ سگ. the dog's collar.
گردن دراز long-necked.
گردنده، گردان، چرخان. turning (round). rotating. changeable. versatile. spinning. whirling. spinning. rotatory.
گنبد گردنده. the rotating globe.
لولای ~. a versatile (changeable, turning) hinge.
گردن زدن to behead. to decapitate.
گردن‌زن، دژخیم، آلت قتاله، گیوتین. beheader. executioner. guillotine.
گردن‌زنی beheading. execution.
گردن‌شقی doggedness. stubbornness.
گردن‌فراز، مغرور، سرکش. haughty. arrogant. proud. lordly. supercilious.
گردن‌کش، یاغی، سرکش. refractory. stubborn. unruly. unmanageable.
گردن‌کشی، سرکشی، یاغیگری، طغیان. refractoriness. stubbornness. unruliness.
گردن‌کلفت، کلمشق، قلدر. bully. ruffian. hector. one who uses violence. strong.
گردن‌کلفتی، قلدری، کلمشقی. violence. ruffianism. resistance.
گردن‌گیرشدن to get involved (in).
گردنه pass. defile. bottleneck. gorge.
گردنی cervical. neck-like.
پس ~. blow (slap) on the nape of the neck.
گِردو (bot.) walnut.
درخت ~. walnut tree. juglans.
~ کاغذی، ~ آمریکائی. hickory.
هرگردی ~ نیست. not everything that is round is a walnut.
~ بازی. game of walnuts. childish play.
گَردون، گردنده، سپهر. revolving. rotating. spinning. turning. firmament. fortune.
چرخ ~. the revolving firmament. the celestial sphere.
گردونه vehicle. the wheel. carousel. chariot. merry - go - round.
گردونهٔ رولت. roulette wheel.
گَرده، پودر، گردهٔ گیاهی، اثر. powder. pollen. pounce. trace. tracing. pulverized ingredients. floury particles.
~آور، ~ افشان. polliniferous.
گِرده round loaf. pone.
یک ~ نان. a loaf of bread.
گُرده، کفل، کلیه. kidney. hip. withers. back or loins.
از ~ کسی کار کشیدن. to exploit someone.
~ افشانی. pollination.
~ افشانی کردن. to pollinate. to pollinize.
گرده‌فشانی، گرده افشانی. pollination.
گرده‌ماهی convex. ridged.
گَردی، آرد مانند. powdery. dust - like. pulverized. pulverulent. granular. mealy. floury. farinaceous. friable. farinose.
گِردی roundness. rotundity. rondure. globosity. sphericity. circularity.
-گَردی roving. touring. (used in combs. as in: جهانگردی=tourism).
گُردی، دلاوری، شجاعت، شهامت. bravery. heroism. valour. valiance.
گردیدن (گرد i. r.)، گشتن، پرسه زدن. to turn (round). to rotate. to revolve. to spin. to whirl. to circulate. to walk. to search. to ramble. to shift. to walk. to stroll. to perambulate. to become.
نویسنده هنرپیشه گردید (شد). the writer turned actor.
چرخ بدور محور خود میگردید. the wheel rotated around its axis.
درغیاب او کار خوب نمیگردد. the work does not go on well in his absence.
خانه را خوب بگردید. search the house well.
ما از کامیابی شما شاد میگردیم. we become happy of your success.
آنها از حقیقت برگشتند (منحرف شدند). they deviated from truth.
آن ناحیه چندبار دست بدست گردید (گشت). the territory changed hands several times.
گردیده (p. p. of گردیدن)، شده، تعویض یافته. changed. turned. become. transformed. searched. revolved.
گُرز، چماق. mace. club. scepter.
گُرزَن (bot.) cyme. heavy crown.
حجرهٔ ~. (bot.) cyme.
گُرزه sceptre. scepter. mace. club.
گرسنگی، بینوائی، قحطی‌زدگی، قحطی. hunger. starvation. craving. hungriness. famine. famishment.
~ خوردن، ~ کشیدن. to starve. to suffer from lack of food. to crave for food. to go hungry.
~ دادن. to famish. to starve.
از ~ مردن. to starve to death. to die of hunger.
گُرسنه (گرسنگان pl.)، بیغذا، مشتاق‌غذا. hungry. craving. famished. starved.
من گرسنه‌ام. I am hungry. I feel hungry.
~ شدن. to become hungry (famished, or starved).
گرفت (past tense of گرفتن). took. seizure. eclipse. possessed. was effective. caught. captured, involved. embarrassed. became sad.
~ (گرفتگی) خورشید. eclipse of the sun.
اوپولش را گرفت. he took his money.
ماه گرفتگی، ماه ~. moon eclipse.
شوخی او ~. his joke worked (was effective).
تیمور لنگ بخارا را ~. Tamerlane captured Bokhara.
باران ~. the rain poured (started).
ناگهان قلبش ~. he had a sudden heart failure.
گرفتار، دستگیر، مقید، پریشان، مشغول، پرمشغله. caught. captured. involved. entangled. embarrassed. very busy. pre - engaged. ensnared. enamoured. captivated.
~ پلیس شده. caught (captured) by the police.
در یک امر جنائی ~ شد. he was involved in a criminal case.
او اینروزها خیلی ~ است. he is very busy these days.
او ~ عشق آن‌زن است. he is ensnared (captivated) by her love.
~ بدهی. encumbered by debts.
~ شدن. to be (or to get) caught (or arrested). to be involved. to get into difficulty. to be captured or captivated.
~ کردن. to capture. to seize. to arrest. to involve in a difficulty. to preoccupy. to entangle.
گرفتاری، دستگیری، پریشانی، کارزیاد، مشغله. trouble. difficulty. entanglement. preoccupation. cares. worry. captivity. seizure. imprisonment. arrest.
گرفتاریهای روزانه اجازه نمیدهدسری به‌عمه‌ام بزنم. daily preoccupations do not permit me to pay a short visit to my aunt.
گرفتگی، انسداد، تیرگی، پریشانی، ماه‌گرفتگی. obstruction. stricture. clog. constipation. eclipse. constriction. contraction. choke. occlusion. blockade. stoppage. impediment. blockage. hindrance.
~ بینی. obstruction in the nose. clogged nose.
~ صدا. hoarseness.
گرفتن (گیر i. r.)، دریافت کردن، دستگیر کردن، بدست‌آوردن، توقیف کردن، تسخیر. to take. to seize. to grab. to clutch.

to hold. to receive. to obtain. to catch. to get. to arrest. to capture. to conqure. to employ. to clog. to obstruct. to occlude. to eclipse. to become hoarse. to stammer. to darken. to become close. to have an effect. to pare. to marry. to occupy. (also used as an auxiliary verb meaning «to affect», «have», or «take» as in: (آسان گرفتن، وام گرفتن، درد گرفتن).

کتاب را از من گرفت. he took the book from me.

من دست اورا گرفتم. I held (grabbed) his arm.

پول ~. to receive (take) money.

ماهی ~. to catch fish.

کسی را ~ (زندانی کردن). to arrest a person.

فراری را ~ (دستگیر کردن). to capture a runaway.

ناحیهٔ تازه‌ای را ~ (تسخیر کردن). to conquer a new territory.

آشپز تازه‌ای ~ (استخدام کردن). to employ a new cook.

شیرهٔ انگور را ~. to extract the juice of grapes.

تذکر شوخی‌آمیز او گرفت. his witty remark made a hit.

من روش اورا بکار گرفتم. I put his method to use.

اعتصاب‌کنندگان راه را گرفتند (مسدود کردند). the strikers blocked the road.

جشن ~. to observe a feast. to celebrate.

گاز ~. to bite.

سگ اورا گرفت (گاز گرفت). the dog bit him.

سیل همهٔ آن ناحیه را گرفت. the flood extended over the whole area.

بگیریم (فرض کنیم) که حق با شماست. let us assume that you are right.

ماه گرفت. the moon eclipsed.

صدایش گرفت. his voice became hoarse.

وقتی حرف میزد زبانش گرفت. he stammered when he talked.

مشروب مرا سخت گرفت. the liquor had a strong effect on me.

او ناخن خود را گرفت. he pared (cut) his nails.

پیرمرد زن جوانی گرفت. the old man married a young wife.

اینکار خیلی وقت مرا گرفت. it occupied (took up) much of my time.

حرفهایش خیلی مرا گرفت. his words touched me greatly.

کبریت گرفت. the match struck.

اوخیلی روگرفته است. she has covered (veiled) her face closely.

شوخی او نگرفت. his joke fell flat.

سرباز ~. to draft or enlist (soldiers).

مرض ~. to contract a disease.

خانه آتش گرفت. the house took (caught) fire.

کاری را آسان ~. to take something easy.

اشکال ~. to find fault with. to create difficulties for.

چیزی را دست کم ~. to take a thing lightly.

مردم او را [illegible] گرفتند. the people carried him on their arms.

کسی را زیر (ماشین) ~. to run over a person (by a car).

اوکارش بالا گرفت. he prospered. he thrived.

یارو خود را خیلی گرفته. he acts proudly. he pretends to be very haughty.

وا ~. to take off (or away). to put by (or aside). to catch by contagion.

جنگ درگرفت. the war took place (overspread). war broke out.

یاد ~. to learn.

گرفت وگیر، گرفتگیری، گرفتاری. rigidness. severity. opposition. restraint. arrest.

گرفته، محزون، افسرده، تاریك، مسدود. taken. dull. close. melancholy. impressive. attractive. overcast. clogged. obstructed. eclipsed. hoarse. covered. veiled. dejected. gloomy. seized.

آسمان ~ است. the sky is overcast.

قیافهٔ گرفته‌ای داشت. he had a gloomy expression.

گرگ wolf. tagger (in the game of «tag»).

~ باران دیده. person inured to hardships. cunning. rogue. old soldier.

هوای ~ ومیش. twilight. glooming.

~ مانند، گرگی. lupine. wolflike.

در بازی گرگم بهوا من گرگ شدم. I became the tagger in the game of tag.

گرگاس، ماشك، ویسیا، تلخه. (bot.) tare.

گرگ زاده، گرگ بچه، بچه گرگ. wolf's cub. offspring of a wolf.

گرگ صفت، گرگ مانند. wolfish. lupine. wolflike.

گرگم بهوا game of tag.

گرگ ومیش twilight. wolf and ewe.

گرگی، گرگ صفتی. wolfishness. wolfish. wolflike. lupine.

سگ ~، سگ گرگ. German shepherd.

گرگین، گر، کچل. scabbed.

گرگینه، پوستین. pustin. fur cloak.

گرم، داغ. warm. hot. muggy. overheated. fervent. ardent. fervid. passionate. heated. thermal. thermic. calorific. calescent. torrid. thermo-.

هوا ~ است. the weather is warm (hot).

یك فنجان چای ~ (داغ). a cup of hot tea.

بازار یا کسب ~ (با رونق). a brisk business.

باکسی ~ گرفتن. to treat (deal with) cordially. to get sweet on a person. to get in close or warm connections with someone.

چشمهٔ آب ~. thermal spring.

~ کار. absorbed in work. very busy.

اسلحهٔ ~. firearm.

~ وسرد روزگار. ups and downs (vicissitudes) of time.

~ شدن. to grow hot or warm.

~ کردن. to heat. to warm (up).

~ ونرم. cozy. snug. comfortable.

خون ~. warm-blooded. affectionate.

نیم ~، ولرم. lukewarm. tepid.

آندو بودند چو ~ زد وخورد. while those two were busy (hotly engaged in) fighting.

گُرم glandular process.

گِرَم gram(me).

گرما، حرارت. hot weather. heat. warmth. calorie. temperature. fervo(u)r. incalescence. calescence. hotness. torridity. torridness. thermo-.

گرمابه، حمام، آبگرم. bath. Turkish bath. hammam. hot bath. hothouse.

گرمازا thermogenic. calescent.

گرمازدگی heatstroke. heat exhaustion. sunstroke. thermoplegia.

گرمازده suffering from heatstroke.

~ شدن. to suffer from a heartstroke.

گرماسنج thermometer. calorimeter.

گرماسنجی thermometry. calorimetry.

گرماگرم all hot, hot and hot. fresh while still hot. in the middle of.

گرمخانه، گلخانه، اتاقك گرم، حمام بخار. hot-house. greenhouse. the hot chamber of a Turkish bath.

گرم وسرد، ولرم. tepid. lukewarm.

گرمسیر tropical. warm climate. torrid.

آبادان در ناحیهٔ گرمسیر واقع شده است. Abadan is situated in a torrid zone.

گرمسیری، حاره. tropical.

گرمك a variety of cantaloupe.

باقلا ~. boiled beans.

گرم گرم، گرماگرم. while still hot.

گرمی، حرارت، گرما. heat. warmth. ardo(u)r. ardency. affection. fervency. fervor. therm-. torridity. glow.

~ بدن. body temperature. the heat of the body.

من ~ دست او را حس کردم. I felt the warmth of her hands.

او با ~ (حرارت یا غیرت) حرف میزد. he spoke with ardo(u)r (warmth, zeal, enthusiasm).

گرمی دانه، عرقسوز. prickly heat. rash.

گرنه، اگرنه، ورنه. or else. otherwise. failing which.

گرو، رهن، گروی، وثیقه. pledge. pawn. security. mortgage. hostage. collateral. guarantee. bond. gage. deposit.

~ کردن، رهن کردن، ~ گذاردن. to pawn. to mortgage. to hypothecate.

~ کشیدن. to distrain upon.

~ گذاشتن. to put in pledge. to gage. to give as a pawn. to mortgage.

از ~ در آوردن. to redeem. to take out of pawn.

من انگشترم را برای (گرفتن) وام ~ گذاردم. I gaged my ring for the loan.

گرو، اعتصاب. strike.

گروانیدن، بگرایش واداشتن، بپیروی واداشتن. to cause to adhere to or believe in. to incline. to make inclined.

گروکشی، گروگیری. distraint. distrainment.

گروگان، گروی، وثیقه، ضمانت. pledge. thing pledged. hostage. bondman.

~ گرفتن. to take (as) hostage or pawn.

گروئنلند، گرینلند. (geog.) Greenland.

گروه، دسته، جماعت، انبوه. multitude. crowd. band. group. block.

~ خونی (خون). blood group.

گروهی از دانشجویان. a group of students.

گروهان (mil.) company.

گروهبان (mil.) sergeant.

~ یکم. sergeant major.

گروهبانی sergean(t)cy.

گروهه، مجتمع. clew (of thread). ball. block. complex.

گروههٔ (مجتمع) پتروشیمی. petrochemical complex.

گروی pledge(d). pawned. hostage.

گرویدن، گرائیدن. to follow. to adhere to. to pursue.

گره، عقده، برآمدگی، قلنبه، سیبك. knot. tie. node. nodule. floccule. wrinkle. tubercle. tuber. ganglion. a meter is equal to $15\frac{4}{10}$ گره.

~ انداختن. to kink. to make knotty. to wrinkle.

~ دادن، ~ زدن. to tie. to knot.

~ برجبین [illegible]. to frown.

~ ازجبین گشادن. to smooth the brows. to smile.

~ کور. entangled knot. a knot that can not be easily untied. entanglement.

گره بخیهٔ جراحی surgeon's knot.

گره دار knotted. knotty. nodular. flocculent.

گره گره knotty. full of knots. nodulose. nodose. nodular.

گره گشا، مشکل گشا، کارگشا. trouble-shooter. resolver of difficulties. reliever.

گره گشائی، مشکل گشائی، کارگشائی. resolving of difficulties.

گره گیر knotty. curly.

گری، کچلی. scab. scabbiness. mange.

-گری suffix derived from «گره» forming abstract nouns and meaning "doing, performance, operation, practicing, and occupation" (as in: ستمگری.

گریان، اشکبار، نالان. weeping. tearful. crying. lachrimose.

~ شدن. to come to tears. to weep. to shed tears.

گریاندن، گریانیدن، بگریه انداختن. to cause to weep. to move to tears. to cause lacrimation.

گریبان، یقه. collar. neck. involucre.

~ چاك كردن. to rend one's collar.

~ کسیرا گرفتن. to seize one by the collar. to befall someone. to lay the blame on a person. to scuffle.

سر بگریبان فرو بردن. to meditate or muse. to thrust the head in one's collar. to ponder.

گریبانك، پوشش دوم، غلاف فرعی. (bot.) involucel.

گریبان گیر afflicting. apt to lie at one's door. befalling or attacking someone.

گریبانه، پوشش غشائی. (bot.) involucre.

گریپ، انفلوانزا. influenza. grippe. flu.

گریختن (گریز i. r.)، فرار کردن، در رفتن. to run away. to flee. to escape.

او از زندان گریخت. he broke jail. he ran away from prison.

گریخته، فراری. (having) fled. runaway. fugitive.

گریز، فرار، مفر، راه فرار. flight. escape. elopement. evasion. elusion. deviation. metabasis. fugacity. truancy. -fuge.

راه ~ پیدا کردن. to find a means of escape.

~ زدن. to refer indirectly to. to dodge (round). to deviate. to elude. to evade.

نیروی ~ از مرکز. centrifugal force.

جنگ و ~. intermittent (sporadic) fighting.

گُریز (گریختن i. r. of)، بگریز، گریزنده، فراری. run away thou. running away. runaway. (in combs. as in: مردم‌گریز meaning "misanthrope").

گُریزان، فراری. divaricate. fleeing. evanescent. fugacious. -fugal. running away. shunning. avoiding. abhorring.

نادر از زن ~ است. Nader shuns women.

گُریزاندَن، گریزانیدن، فراری دادن. to estrange. to shoo away. to cause to escape. to smuggle. to omit. to cause to slip. to alienate.

گُریزپا، فراری. evasive. runaway. habitually running away. truant.

گُریزگاه، راه فرار. escaping place. refuge. transition verse.

گُریزَنده، گریزان، گریزپا، فراری. running away. runaway. avoiding. truant. evasive. fleeing. fugacious. fleeting.

گریس، روغن اتومبیل. grease.

گِریستَن، گریه‌کردن، اشك‌ریختن. to weep. to cry. to shed tears. to lacrimate. to sob. to whimper. to blubber.

گریس‌کاری. greasing. oiling. lubrication.

تلمبهٔ ~. grease gun.

گریم، آرایش. make - up.

~ کردن. to make up. to paint (oneself or another).

گریوَه، تپهٔ خاکی. mound of earth.

گِریه، زاری. weeping. tears. crying. whimper. sob. sobbing. keen. moan. moaning. blubber. blubbering. wail.

~ کردن. to weep. to cry. to shed tears. to blubber. to sob. to whimper. to wail. to lac(h)rimate.

بگریه افتادن. to come to tears.

بگریه انداختن، بگریه درآوردن. to cause to weep. to move (bring) to tears.

گریه‌کنان. weeping.

~ وزاری‌کردن. to weep and moan.

گِرییدَن، گریستن. to weep. to cry. to shed tears.

گَز (bot.) tamarisk. salt tree. tamarisk or manna tree. confectionery made from manna.

گَز، متر. meter. metre. ell.

~ کردن. to measure.

ـ گَز (گزیدن i. r. of)، گزنده، بگز. bite thou. biter. stinging. (in combs. as in: غریب گز).

ـ گُزار، گذار، گزارنده، بگذار. performer. perform thou. do thou. (in combs. as in: سپاسگزار meaning «grateful»).

گُزاردَن (گزار i.r.)، بجاآوردن، انجام‌دادن. to pay. to perform. to say. to serve. to put. to place. to let remain. to leave. to let. to permit. to lay.

گُزارِش، شرح، تعبیر، تفسیر، رپرتاژ، خبر. report. account. interpretation. statement. reportage. news.

~ دادن. to submit a report. to report. to give an account of.

گُزارِشگَر، مفسر، خبرنگار. reporter. newspaperman. newscaster. journalist. newsgatherer.

گزارشگری. reporting.

گَزاف، سنگین، پرخرج. exorbitant. enormous. extravagant. extravagance. idle talk. exaggeration. highfalutin.

هزینه‌های ~. exorbitant (heavy) expenditure.

گَزاف‌گوئی، اغراق‌گویی، لافزنی. idle talk. exaggeration. bombast. bragging.

~ کردن. to exaggerate.

گَزافه، گزافگوئی. bombast. exaggeration.

گَزافی، زیادی، افراط. enormity. excessiveness. extravagance. exorbitance.

گَزان، گزنده، نیش‌دار. biting. stinging.

گَزانگبین (manna of the) tamarisk of mannifera.

گَزَر، دسته، زردك. pestle. club. (bot). carrot.

گَزِش، سوزش، نیش. bite. thrilling condition. sting.

گَزَك، فرصت، نوبت، بهانه. turn. opportunity. pretext. excuse.

~ دست کسی‌دادن. to give an excuse to someone.

گَزلِك، گزلیك،چاقو،خنجر. knife. poniard.

گَزمَه night watch. night guard.

گَزَند، آسیب، صدمه. injury. harm. damage. hurt.

~ رساندن (به). to harm. to injure. to damage. to impair. to spoil.

~ یافتن، آسیب دیدن. to be harmed or injured.

گَزَندگی، نیش‌داری،تندی وتیزی، سوزندگی. mordancy. bite. causticity.

گَزَنده، نیش‌دار، محرق. nocuous. poisonous. biting. caustic. stinger.

سگ ~. biting dog.

گَزَنه (bot.) nettle. urtica.

گَزیدگی، اثرنیش. bite.

~ سگ‌هار. rabies. bite by a rabid dog.

مار~. being bitten by a snake. snake bite.

گَزیدَن (گز i. r.)، گازگرفتن، نیش‌زدن، زدن. to bite. to sting. to nettle. to tingle. to smart. to prickle.

مار دستش را گزید. the snake bit his hand.

عقرب میگزد. the scorpion bites.

بعضی حشرات میگزند. some insects sting.

گُزیدَن (گزین i. r.)، برگزیدن، انتخاب کردن. to choose. to select. to elect. to pick. to cull. to prefer.

پارچهٔ مخصوصی را ~. to choose (select) a special cloth.

او به‌پیامبری برگزیده شد. he was chosen as prophet.

گُزیده، برگزیده. chosen. selected.

گزیدهٔ آثار سعدی. a selection of Sa'di's works.

گُزیر، چاره. help. remedy.

نا~، لاجرم. inevitable. helpless. inevitably.

ـ گُزین (گزیدن i. r. of)، برگزین، گزیننده. choose thou. chooser. selecting. (in combs. as in:جایگزین).

گُزینش، انتخاب. selection. choice.

گزین‌کردَن، انتخاب‌کردن. to select. to choose. to elect.

گُزینَنده، گزین، انتخاب‌کننده. selector. chooser. elector.

گُزینَه، گزینی، خاصیت، گزینش. property. choice. selection.

گزینهٔ نثر فارسی. a selection (an anthology) of Persian prose.

گَس، حامض. astringent. acrid.

ـ گُسار، نوشنده، استعمال‌کننده. drinker. drinking. (in combs. as in: میگسار).

گُساردَن (گسار i. r.)، آشامیدن،صرف‌کردن، نوشیدن. to drink. to imbibe. to absorb.

گُستاخ، بی‌ادب، پررو، جسور. impudent. cheeky. brazen. audacious. rude. flippant. brassy. insolent. bold.

~ شدن. to become rude or impudent.

گُستاخانَه، بی‌ادبانه، با پرروئی، جسورانه. impudently. rudely. boldly. insolently. impertinently. brazenly.

گُستاخی، جسارت. impudence. boldness. rudeness. insolence. impertinence.

~ کردن. to be rude. to act impudently or brazenly.

ـ گُستَر (گستردن i. r.)، گسترنده، بگستر. spreader (in combs. as in: دادگستر).

گُسترانیدَن، گستردن، پهن‌کردن، گسترش‌دادن، توسعه دادن. to (cause to) spread. to propagate. to diffuse. to disseminate.

باد بهاری رافرموده تافرش زمردین‌بگستراند. he has commanded the spring breeze to spread the emerald carpet.

گُستَردَن، پهن‌کردن، گسترش دادن. to spread. to diffuse. to propagate. to expand. to open.

سفره ~. to spread the table cloth.

گُسترده، پهن‌کرده، منبسط. spread. expanded. (bot.) patulous.

گُسترِش، بسط وتوسعه. act of spreading. deployment. expanding. dissemination. development. expansion. expanse. enlargement. extension. range. spread.

~ دادن. to spread. to disseminate. to extend. to expand.

~ یافتن. to be spread (extended, or disseminated). to be expanded.

گُسته، پشکل اسب. dung of horses. horse manure.

گُسَستگی، گسیختگی. cut. rupture. tear. severance.

گُسَستَن، گسیختن. to cut. to rupture. to sever. to tear. to rend.

گُسَسته broken. torn. ruptured.

گُسَلاندَن، گسلانیدن، پاره‌کردن. to cause to tear. to cause to break. to rend apart. to tear off.

گُسَله، شکاف. (geology) fault. fissure. crevasse. cleft.

گَسی acridity.

گُسیختِگی، گسستگی، پارگی،جدائی. break. interruption. missing link. fault. disruption. rupture. discord. schism. split. rift. cut. tear. severance.

گُسیختَن (گسل i. r.)، گسستن، پاره‌کردن. to cut. to rupture. to rend. to break (off). to tear. to disconnect.

از هم ~. to tear (rend) apart. to disconnect or disjoin.

گُسیخته، پاره، گسسته،منقطع. broken (off). torn. interrupted. disrupted. disconnected.

ازهم ~. rent (torn) apart. disconnected.

گُسیل، روانه، عازم، ارسال. leaving. despatching. despatched. moving.

~ داشتن. to despatch. to send.

گُش، خلط. humo(u)r.

ـ گُشا (گشودن یا گشادن i. r. of.)، گشاینده. conqueror (in combs. as in: چهره‌گشا meaning «revealing the face» and کشور گشا meaning «conqueror of countries»).

گُشاد، پهن، بزرگ، وسیع، جادار، گل‌وگشاد. wide. broad. not tight. gaping. loose. spacious. large. roomy.

دهن ~. a wide mouth. wide - mouthed.

پیراهن ~. a loose - fitting shirt.

~ کردن. to widen. to make loose. to make roomy.

~ شدن. to become loose (wide or spacious).

(در تخته‌نرد) گشاد دادن. to blot a piece. to expose a man to hitting.

~ گشاد راه رفتن. to straddle. to walk wide between the legs.

لباسهای مریض برایش~ شده بود. the patient's clothes had become too large for him.

سوراخ ~. a large (wide, gaping) hole.

گشادباز extravagant. prodigal.

گشادبازی، ولخرجی، بی‌احتیاطی. a knack or trick in backgammon whereby a player intentionally exposes his men to be hit. extravagance. prodigality. squandering. risking.

گُشادگی being open. expansion.

گُشادَن، گشودن. to open.

گُشادَه open(ed).

باروئی ~. with a smiling (open) face.

گُشاده‌دست، سخی، دست‌ودل‌باز. open-handed. liberal. generous. liberal.

گشاده‌دِل

گشاده‌رو، گشاده پیشانی. unveiled. openfaced. cheerful.

گُشادی wideness. breadth. broadness. looseness. spaciousness. roominess.

گُشایِش، افتتاح، رونق، بهبود، فَرَج. opening. inauguration. improvement.

~ یافتن. to be opened or inaugurated.

مراسم (آئین) ~. inauguration ceremonies.

گشایشی، افتتاحی. inaugural.

سخنرانی~، نطق افتتاحیه. inaugural address (or speech).

گُشاینده، فاتح، بازکننده، مشکل‌گشا. opener. reliever. resolver (of difficulties). victor. conqueror.

گَشت، گردش، گذشت، دور. tour. walk. excursion. round. turn. promenade.

~ دو روزه. a two - day tour.

~ زدن. to make (go) one's rounds. to cruise. to patrol. to wander about.

گُشتاوَر moment. entropy.

گشتگر، سیاح، جهانگرد. tourist.

گشتگری، جهانگردی. tourism. tourist.

سازمان~. tourist organization.

گَشتَن (گرد i. r.)، گردیدن، چرخیدن. to turn (round). to rotate. to revolve. to circulate. to walk or ramble. to perambulate. to wander. (also used as an auxiliary verb meaning «to become»).

زمین بدورخورشید میگردد. the earth rotates (revolves) around the sun.

خون دربدن میگردد. blood circulates in the body.

ما در طول ساحل گشتیم.

we walked (rambled) along the coast.
پرستار گشت خود را در سالن‌های بیمارستان زد.
the nurse made her rounds in the wards.
پلیس خانه را برای پیدا کردن دزد گشت.
the police searched the house for the robber.
او عصبانی گشت. he became angry.
بسیار گشتم ولی نیافتم. I searched much but did not find
بگرد تا بجوری (بیابی). search and you shall find.
گشته (گشتن p. p. of)، چرخیده، کج شده. turned. returned. changed. crooked. squint. become. having become.
یوسف گم ~ باز آید ... the lost Joseph will return...
گشتی patrol. patrolman.
افسر ~ patrol officer.
گُشن، گردهٔ گیاه، مادهٔ لقاح گیاه. rut. heat.
~ آمدن. to (have a) rut. to be in heat.
گُشن گیری fecundation. conjugation.
گشنه، گرسنه. hungry. starved.
گشنی fecundative.
گشنیدن to fecundate.
گشنیز (bot.) coriander. (cards) club.
خال ~ (در ورق‌بازی). club card.
گشنیزی resembling coriander.
گشودن (گشا i. r.)، گشادن، باز کردن. to open. to conquer. to disclose. to resolve. to inaugurate. to unlock. to unfasten. to unbutton.
در را گشود. he opened the door.
نادرشاه هندوستان را گشود. Nadir Shah conquered India.
او مشکل را گشود. he resolved the difficulty.
گفت، گفته، سخن، حرف، گفتگو. said. thing said. word. speech. statement.
~ هیچ از نحو دانی گفت لا. (he) said: knowest thou any syntax? (the other) said: «nay!»
گفتا، گفت. (he or she) said.
گفتا زکه نالیم که از ماست که برماست. he said: of whom shall we complain, for as we sow so shall we reap!
گفتار، سخن، بیان، نطق، اظهار، مبحث، فصل. speech. word. discourse. statement. parlance. locution. saying. chapter. monologue. soliloquy. interlocution. loquacity.
گفتاری در بهداشت. a speech on health.
~ او پر از امید بود. his words were full of hope.
گفتار نیک good words.
گفتگو، مکالمه، گفت و شنید، حرف، مناقشه. conversation. talk. dispute. dialogue. chat. argument. colloquy. parley. palaver. discourse. confabulation.
~ کردن. to converse. to talk. to dispute. to parley. to chat. to argue.
ما گفتگویمان شد. we had words. we had a dispute or quarrel.
گفتگوئی، محاوره‌ای. colloquial. conversational.
گفتن (بگو i. r.)، اظهار کردن، بیان کردن to say. to tell. to relate. to speak. to declare. to state. to aver. to affirm. to allege. to mention.
دوباره ~ to retell. to restate.

مهری گفت، «چرا نمیائی؟» Mehri said: "why don't you come?"
او گفت که نمی‌آید. he said that he was not coming.
به او گفتم بیاید. I told him to come.
پیش او سخن نگو. don't speak before him.
او تمام داستان را گفت (تعریف کرد). he related the whole story.
آشکارا میگویم. I declare openly.
همیشه راست بگو. always tell the truth.
هرچه میخواهد دل تنگت بگو. say what your sad heart prompts you to.
گفتنی، بیان‌کردنی. utterable. effable. (words) that must (can) be said.
گفت‌وشنود، محاوره، مکالمه. conversation. conference. discourse. communion.
گفته، بیان‌کرده، اظهار داشته، بیان، اظهار. said. spoken. saying. maxim. dictum.
پس ازسالها هنوز گفته‌های اودر گوشم طنین انداز است. after many years his words are still echoing in my ears.
بنا بگفتهٔ او. according to his statement.
گفته‌های او. his sayings.
گفتی، گوئی. one would say. thou saidst. as if.
گِل، لای، لجن. mud. clay. slime.
~ وشل. soft mud. mire.
لکهٔ ~ mudstain.
~ مالیدن. to bedaub with mud. to roughcast.
~ گرفتن. to mud off. to lute. to conceal with mud.
بگل نشستن (کشتی). to run aground. to strand.
گُل، وَرد، گلسرخ. flower. rose. snuff of a candle. best or choice part. flori... florous.
~ سرسبد. flower of the flock. pick of the basket. pick of the whole lot.
~ (سرفتیلهٔ) شمع. snuff of a candle.
یك ~ آتش. a glowing piece of charcoal. an ember.
~ انداختن. to glow.
چهره‌اش از شرم ~ انداخت. her face glowed out of modesty.
~ چیدن. to pick or pluck flowers.
~ دادن. to flower. to blossom. to bear flowers. florescence.
~ کردن، آشکار شدن. to hang fire. to become apparent.
حالا شوخی او ~ کرده است. now he is in the mood for joking.
گلی بجمالت. well done indeed (used ironically).
~ آفتاب‌پرست، ~ آفتاب‌گردان. turnsole. heliotrope. sunflower.
~ آلاله. buttercup.
~ آهار. sinvia. rassia.
~ ابریشم. silk-tasseled acacia.
~ ارغوان. Judas tree flower. redbud.
~ اطلسی. petunia.
~ بنفشه. violet.
~ پیچ امین‌الدوله. honeysuckle.
~ تاج خروس. cockscomb.
~ جعفری. French marigold (tagetes patula).
~ خطمی. marshmallow.
~ داودی. chrysanthemum. oxeye daisy.
~ سنبل. hyacinth.

~ سفید، نسترن. sweetbrier. eglantine.
~ سوسن. lily.
~ شاه‌پسند. verbena. vervain.
~ شب‌بو. gillyflower. common stock. wallflower.
~ شقایق. corn-poppy. corn rose.
~ شمعدانی. crane's-bill. geranium.
~ کوکب. dahlia.
~ گاوزبان. bugloss. borage.
~ لادن. nasturtium. Indian cress.
~ لاله. tulip. corn poppy.
~ لاله‌عباسی. marvel of Peru. four-o'clock.
~ مرا فراموش مکن. forget-me-not.
~ مروارید. daisy.
~ مریم. tuberose.
~ میخك. clove pink. carnation.
~ میمون. snapdragon.
~ نرگس. narcissus.
~ نسترن. sweetbrier. eglantine.
~ نیلوفر. morning-glory. convolvulus.
~ همیشه بهار. marigold.
~ یاسمن. white jasmin (jasmine).
پرورش ~. floriculture. horticulture.
دسته ~. bouquet. bunch of flowers. wreath. nosegay.
حلقهٔ ~. festoon. garland.
گُل goal.
~ زدن. to score a goal.
گِلاب، لجنزار، باتلاق. mire. marsh.
گُلاب، آب گل، جلاب. rose water. aqua rosae.
سیب ~. a variety of sweet-smelling apple.
~ گیری. extraction of rose water.
گلاب‌پاش rose-water sprinkler. rose-water sprayer.
گلابتون gold or silver lace. braid.
گلابی (bot.) pear.
درخت ~. pear tree.
گل اخرا colcothar.
گل آذین (bot.) inflorescence. festoon.
گل‌افشان، گلباران. strewn with flowers. benign scarlet fever.
گل استکانی (bot.) campanula.
گِل‌آلود، گلی، لجن‌آلوده، کثیف. muddy. splashed with mud. turbid. soiled. cloudy. muddled. mudded.
~ کردن. to mud. to muddy. to mire. to make turbid. to muddle.
آب را ~ کردن وماهی گرفتن. to fish in troubled waters.
گلاله، کلاله. (bot.) ringlet. bouquet. stigma.
گل‌اندام of a delicate body. delicate.
گل‌انگبین rose-preserve (orig. made with honey).
گلاویز، دست بیقه. grappling. clinching. scuffling. at close quarters. man for man. struggling. contending. melée.
~ شدن. to grapple. to clinch. to scuffle. to be at close quarters with. to struggle. to contend.
گلایل، گلایول، سوسن سرخ. (bot.) sword lily. gladiolus.
گلباد، صفحهٔ قطب‌نما. compass card.
گلباز flower fancier. rosarian. florist. floriculturist.
گلبانگ، صدای بلند و رسا، نوای بلبل. shout. cry. nightingale's note.

گلبرگ (bot.) petal. rose leaf.
گلبن rosebush.
گلبند garland. crown.
گل‌پاك‌کن، کفش‌پاك‌کن. scraper (for shoes).
گلپر (bot.) marjoram. origan. rose leaves. heracleum. smoke tree.
گل‌پرور، گلباز. floriculturist. florist.
گل‌جالیز، گلك. (bot.) orobanche. broomrape.
گلچه (bot.) floret.
گل‌چهره rose-cheeked.
گلچین gatherer of roses or flowers. selector. selection. (literary) digest.
~ ادبی. florilegium. anthology.
~ کردن. to select (from the best lot). to handpick. to cull out. to make a digest of.
گل‌چینی picking flowers. selection. gathering of flowers.
گل‌حنا (bot.) garden balsam. Zanzibar balsam.
گلخانه greenhouse. hothouse.
گلخن، تون حمام. stove of a bath.
گلدار، دارای گل وبوته، منقوش، پرگل. floral. flowered. figured. floriferous. flowering. in flower. floriated.
گلدان flower vase. flowerpot.
گلدان ادرار، شاشدان، قاروره. urinal.
گلدسته، بالای مناره، دسته‌گل. (top of a) minaret. bouquet. nosegay.
گلدوز embroiderer (of floral designs).
گلدوزی embroidery (with flower designs).
گلرخ rose-cheeked.
گلرنگ rosy. florid. rose-colo(u)red. kind of weed used in dyeing. safflower.
گلریزان، گلباران. occasion of strewing flowers.
عید ~. Pentecost.
گِلزار، لجنزار، باتلاق. bog. marsh. muddy. miry. mudhole.
گُلزار، گلستان، گلشن. rose garden.
گلساز maker of nosegays. florist.
گلستان، باغ گل، گلزار، گلشن. rose garden. flower garden.
گل‌سرخ (bot.) the rose.
بتهٔ ~. rosebush.
گل‌سرخی rosaceous. having rose designs or pattern. roseate. rosy. florid.
گل‌سفید chalk.
گل‌سنگ (bot.) lichen.
گلسنگ‌شناس lichenologist.
گلسنگ‌شناسی lichenology.
گلشکر، گلقند. conserve of roses. rose preserve.
گلشن، گلستان، گلزار. flower garden.
گلعذار، گل‌چهره. rose-cheeked.
گلف golf (game).
~ بازی کردن. to play golf.
چوگان ~. golf club.
زمین ~. golf course.
گلف استریم Gulf Stream.
گلفروش florist. dealer in flowers.
گل‌فروشی dealing in flowers. florist's shop.

گِلفشان، پفک. mud gun.
کوه ~ . mud volcano.
گلفهشنگ، چکنده. stalactite.
~ وارونه، چکیده. stalagmite.
گل‌قند، گلشکر. conserve of roses. rose preserve.
گلکار، گل‌پرور. floriculturist. gardener expert in flower designs or layout of flower beds. horticulturist.
گلکاری flower-work. flower bed. floriculture. horticulture.
~ کردن. to cultivate (grow) flowers.
گل‌گاوزبان (bot.) borage.
گلگشت pleasure ground.
گلگون، برنگ گل. rosy. rosaceous. rose-colo(u)red. florid. roseate. floreated.
گلگونه، سرخاب. rouge. paint. roseola.
گِلگیر mudguard. wing. (of a carriage). splashboard. fender.
~ اتومبیل. fender.
~ دوچرخه. mudguard.
گُلگیر snuffers.
گِلمالی roughcasting. mud-plastering.
گل‌مژه، سنده سلام. (med.) sty. hordeolum.
گل‌میخ peg. tent nail. boss. spike.
گل‌میمون (bot.) snapdragon. dragon's mouth.
گلنار، گل انار. (bot.) pomegranate blossom.
گلناری pomegranate red. pomegranate purple.
گل ناز، ابرون‌صفیر. (bot.) stonecrop. sedum.
گَلَن کیم (mil.) who goes there?
گُلنگدن breechblock (of a gun).
گل‌نم sprinkle. gentle rain. spraying.
گلو، نای. throat. gullet. pharyngo-gutturo-.
~ درد. sore throat.
گلوی‌زهدان. neck of uterus. uterine neck. neck of the womb. cervix.
~ تر کردن. to refresh oneself with a beverage or fruit.
در ~ گیر کردن. to stick in the throat.
یارو گلویش پیش آن دختر گیر کرده. he has a crush on that girl.
گل‌وبته floral pattern. flower design.
گلوبند، گردن‌بند. necklace.
گلوبین pharyngoscope.
گلودرد sore throat. angina.
گلوگاه، حلق، گردنه. pharynx. ravine. throat.
گلوگاهی. pharyngeal. pharyngal.
گل وگشاد wide and loose. sprawling.
گلوگیر، خفه‌کننده. sticking in the throat. suffocating.
لقمهٔ ~. gag. chocking bit.
گلوله، جسم کروی، فشنگ، گرد. ball. spherical object. bullet. cartridge. projectile. shot. shell. pellet. marble.
~ به بازوی او اصابت کرد. the bullet struck (hit) him on the arm.
~ در کردن، ~ خالی کردن. to shoot bullets. to fire shots.
گلولهٔ برف. snowball.
گلولهٔ برف انداختن (پراندن). to snowball.
او دو ~ شلیك کرد. he fired two shots.
گلولهٔ او بهدف خورد. his bullet hit the mark.
گلولهٔ توپ. cannon ball. shell. cannon shot.
گلوله‌باران cannonade. fusillade. shelling. a volley of bullets. barrage.
~ کردن. to cannonade. to fusillade. to shell. to fire a volley of bullets.
گلوئی، نائی. throaty. guttural. velar. pharyngeal. gutturo-. pharyngo-.
گله، رمه، دسته. flock. drove. herd. covey. cattle. flight. bevy. congregation. group. swarm. pack. pride.
یك ~ بز یا گوسفند. a flock of goats or sheep.
یك ~ گاو. a drove (herd) of cattle.
~ کردن. to form into a flock. to herd.
گِله، شکایت، شکوه، گله‌گذاری. reproof. reproach. (mild or friendly) complaint. grievance. lament. stint. dole. gripe.
~ کردن. to reprove. to reproach. to complain. to grudge. to gripe. to lament.
گلهٔ دوستانه. a friendly complaint.
گله، نقطه، محل. spot. place. locality.
گله‌آمیز، شکایت‌آمیز. reproving. reproachful. plaintive. complainingly.
گله‌بان، شبان، چوپان. shepherd. pastor. herder. herdsman.
گله‌دار، حشم‌دار. cattleman. herder.
گله‌داری، چوپانی، نگاهداری احشام، رمه‌داری، دامپروری. animal husbandry. tending flocks. dealing in sheep or cattle. cattle raising.
گله‌گزار reproover. complainant.
گله‌گزاری reproof. reproving. reproval. reproach. complaining.
گله‌گله in flocks or herds.
گله‌مند، شاکی، گله‌گزار. reproover. reproacher. having a (cause for) complaint. reproving.
گِلی، ساخته شده از گل. mud. muddy. clayish. made of clay. earthen. slimy. clayey.
خانهٔ گلی. mud house.
کوزهٔ گلی. earthen jug.
کفشهای او گلی شده است. his shoes have become muddy.
گلی کردن. to soil with mud. to mud. to muddy.
گُلی، گلرنگ. rose. rose-colo(u)red. rosy. red. rosaceous. florid.
گلیز، آب‌دهن. drivel. saliva.
گلیسیرین glycerine.
گلیسین (bot.) Wistaria.
گلیم short-napped coarse carpet.
~ خود را از آب بیرون کشیدن. to (be able to) manage one's own affairs.
گلین، عروس. bride.
گِلین، گلی. muddy. made of clay. clayey. clayen. clayish. clay-faced.
گم، مفقود، گمشده، نامرئی، ناپدید، ازدست‌رفته. lost. missing. mislaid. invisible. getting lost. perdu. perdue.
~ شدن. to be lost or mislaid. to disappear. to get lost.
~ کردن، از دست دادن. to lose. to miss.
چیز گمشده. the missing object.
کتاب گمشده بود. the book was mislaid.
برو گمشو، گمشو. skiddoo. get off. get lost.
بهشت گمشده. Paradise Lost.
اسمعیل راه خود را گم کرد. Ishmael lost his way.
سردر ~. confused. muddled.
ـ گمار (گماشتن i. r. of)، بگمار، گمارنده. appoint thou. appointer.
بکارگمار enlist. (in combs. as in: کارگمار = employing.)
گماردن، گماشتن. to appoint. to assign. to commission. to put to work. to ordain.
بکار ~. to employ. to assign (give) a job to.
گماشتگی، انتصاب، انتخاب. appointment. commission. agency.
گماشتن (گمار i. r.)، گماردن، منصوب کردن. to appoint. to assign. to ordain. to place in a job. to recruit. to employ. to hire. to engage. to nominate.
گماشته (گماشتگان pl.)، انتخاب شده. appointed. delegated. servant. agent. overseer. (mil.) orderly.
گمان، اندیشه، خیال، عقیده، ظن، تصور، فرض. belief. opinion. supposition. surmise. thought. presumption. mind. view. guess. conjecture.
~ بردن، ~ کردن. to be suspicious. to believe. to surmise. to think. to be of the opinion. to imagine. to infer. to doubt. to apprehend. to assume.
بگمانم. in my opinion.
بی‌~. undoubtedly. doubtlessly. certainly.
گمان من اینست که میآید. I suppose he will come.
~ من اینست که وی امین است. my assumption is that he is honest.
او ~ میکند که شاعر است. he imagines that he is a poet.
بمن ~ بد بردند. they were suspicious of me.
گمانش، گمانه زنی. sounding.
گمانه dipping rod. borehole. boring. bore. sounding line. divining rod.
~ زدن، ژرف پیمائی کردن. to dowse. to sound (the depth of). to fathom.
گمراه، منحرف، گناهکار، خطاکار، فریب‌خورده. misled. astray. erring. lost. amiss. wrong. wandering. in error. deceived. deluded. led astray. seduced. erratic.
~ شدن. to go astray. to be misled. to err. to be seduced.
~ کردن، مشتبه کردن. to lead astray. to mislead. to seduce. to pervert. to deceive.
سقراط جوانان آتن‌را ~ نمیکرد. Socrates did not mislead the youth of Athens.
او بوسیلهٔ دوستانش ~ شد (فریب‌خورد). he was deceived by his friends.
گمراهی being misled. aberration. perversion. error. depravity.
گمرک customs.
~ خانه، ادارهٔ گمرك. customhouse.
عوارض (حقوق) گمرکی. customs tariffs.
تعرفهٔ گمرکی. customs duties.
از ~ بخشوده، بی‌~. duty-free. customs-free.
گمرکچی customs officer. customs appraiser or assessor.
گمرك‌خانه customhouse.
گمرکی pertaining to (or payable to) the customs.
حقوق ~. customs duties.
گمره، گمراه. misled. lost.
گمزاد، نهانزاد، نهانزا. cryptogam. cryptogamous.
گمشده، مفقود، ناپیدا، گمراه، گمگشته. lost. missing. misled. lost person. misplaced. perdu. perdue.
گمگشته lost.
یوسف ~ باز آید به‌کنعان غم مخور. sorrow not (for) the lost Joseph shall return to Canaan.
گمنام، مجهول، بی‌نام‌ونشان، ناشناس، غیرمعروف. anonymous. incognito. nameless. obscure. unpopular. unknown.
نیکوکار گمنامی مخارج بیمارستان او را میپردازد. an anonymous benefactor pays his hospital expenses.
سرباز ~. the unknown soldier.
قبر سرباز ~. cenotaph. the unknown soldier's tomb.
~ شدن. to become unknown or obscure.
گمنامی anonymity. obscurity. want of fame. disrepute. namelessness.
گمیج، دیلك. pot.
گناه، تقصیر، بزه، خطا. sin. fault. guilt. impiety. sacrilege. transgression. wickedness. iniquity. vice. offense.
~ کردن، مرتکب ~ شدن. to sin. to commit a crime. to commit a sin.
~ از کیست؟ whose fault (sin) is it?
اگر واقعاً پشیمان شوی خدا گناهانت را میبخشد. if you are really penitent God will forgive your transgressions.
بی‌~. innocent. guiltless.
اینکار ~ دارد. it is a sin to do this.
~ کبیره، ~ بزرگ. mortal sin.
~ صغیره، ~ کوچك. venial sin. peccadillo.
گناهکار sinful. sinner. vicious. peccant. criminal. at fault. offender. guilty.
گناهکاری، بزهکاری، تقصیر. sinfulness. crime. vice. fault. offence. guilt.
گنبد، گنبذ. dome. cupola. vault. arch.
گنج، دفینه، خزانه، ثروت. treasure. wealth. riches. hoard.
گنج، گنجایش، ظرفیت. volume. capacity. mass. bulk. size. quantity.
~ (ظرفیت، گنجایش) این کشتی چقدراست؟ what is this boat's tonnage?
گنجا voluminous. capacious. bulky.
گنجاندن، گنجانیدن، مشمول کردن، اضافه کردن. to insert. to include. to contain. to encompass. to embrace. to incorporate.
صفحه‌ای را درکتابی ~. to insert a page in a book.
نام او را در لیست بگنجان. include his name in the list.
دو سلطان در اقلیمی نگنجند. two kings can not fit (or live) together in a continent.
گنجایش، ظرفیت، استعداد. capacity. room. volume. size. aptitude. talent. faculty. capability. tonnage. tunnage.
این اتوبوس ~ پنجاه مسافر را دارد. this bus has a capacity of (has room for) fifty passengers.

گنجائی، ظرفیت. voluminosity. volume. capacity. aptitude.
گنجشک sparrow.
گنجفه، ورق‌بازی. playing cards. an old Persian card game.
گنجور، خزانه‌دار. guardian of a treasure. treasurer.
گنجه، قفسه، اشکاف، آبدارخانه. larder. cupboard. ambry. pantry. buffet. sideboard. cabinet. wardrobe.
گنجه (geog.) Elizavetpol. Gandzha.
گنجیدن، [illegible] to be contained. to be inserted.
به عقل گنجیدن. to seem reasonable or probable.
گنجینه، دفینه، خزینه، خزانه. treasure. store. depository. coffer. treasury.
گند، متعفن، بوی تعفن. stench. stink. fetid smell. odor. foul smell.
بوی ~ دادن. to give off a bad smell.
آنکار گندش بلند شد. that case was revealed and became notorious.
گنداب، آب گندیده، فاضل‌آب. sewage. fetid water. sewage water. drainage.
گنداب‌رو، مجرای فاضل‌آب. sewer. drain. sewage canal (or passage).
گنداندن، گندانیدن، فاسد کردن، متعفن‌ساختن. to (cause to) putrefy. to rot. to decompose. to decay. to make fetid.
گندزدا، ضد عفونی. disinfectant. antiseptic. germicide.
گندزدائی، ضدعفونی‌سازی. disinfection.
~کردن. to disinfect. to antisepticize.
گندزدوده، گندزدائی‌شده، ضدعفونی شده. disinfected. anticepticized.
گندگی، بزرگی. bigness. largeness. hugeness. enormousness. enormity.
گندم (bot.) wheat. (weight) grain.
بقدر یك ~. as much as one grain.
نان ~. wheat(en) bread.
آرد ~. flour. corn meal.
گندم‌کوب flail.
گندم‌گون swarthy. tawny. tan.
گندم‌نما showing wheat. wheaten.
گندمه، زگیل، سیبك. freckle. lentigo. wart.
گندمی wheaten. graminaceous. tawny.
گندنا، ترهٔ فرنگی. (bot.) (variety of) leek.
گنده، گندیده، فاسد. fetid. putrefied. addle. decayed. putrid. rotten.
~ شدن، گندیدن. to decompose. to rot.
~ کردن، گنداندن. to putrefy.
گنده، بزرگ، غول‌آسا. large. big. huge. corpulent. jumbo. great.
~ شدن، بزرگ شدن. to grow big. to become large.
~ کردن، بزرگ کردن. to make big. to magnify. to enlarge.
گنده‌تاول (med.) anthrax. carbuncle.
گنده‌دماغ، خودبین،متکبر، خودبین، تکبر. proud. haughty. pride. haughtiness. arrogant. supercilious(ness).
گندیدگی، فساد، خرابی، تعفن. fetidness. decay. putrefaction. addleness. rottenness.
گندیدن (i. r. بگند) to rot. to putrefy. to decay. to decompose. to spoil. to addle. to go bad.

در تابستان گوشت زود می‌گندد. in summertime meat goes bad (rots) soon.
گندیده، فاسد، گنده، متعفن. rotten. spoiled. putrefied. fetid. addled. rancid. decayed. stinking.
گوشت~. rotten meat.
آب ~. fetid water.
تخم مرغ ~. addled egg.
گنگ (geog.) the Ganges.
گنگ،لال، بیزبان. dumb. mute. silent.
ریشهٔ ~، جذر اصم. surd.
~ بازی. dumb show. pantomime.
گنگ earthen water pipe.
گنگی dumbness
گنه، گناه. sin. transgression. offense.
~ کرد در بلخ آهنگری. an ironsmith committed an offense in Balkh.
گنه‌گنه quinine. quinquina. cinchona.
گو (i. r. of گفتن)، بگو، گوی، گوینده. say thou. one who says. (in combs. as in: فارسی گو(ی) = Persian speaking).
گو، گوی،گلوله. ball. sphere.
گو، دلیر، قهرمان. brave. hero. valiant.
گو،گاو. cow. ox.
گوا، گواه. witness. testimony.
گواتر، غمباد. goiter. goitre. struma.
~ زا. goitrogenic. goitrogenous.
گواتری goitrous.
ـگوار (i. r. of گواریدن) digest thou. (in combs. as in: خوش‌گوار meaning «pleasing and digestible»).
گوارا، قابل‌هضم، سالم، دلپذیر، مطبوع. digestible. wholesome. agreeable. refreshing. palatable. peptic.
آب ~. refreshing water.
گواراندن، هضم‌کردن. to digest.
گوارائی wholesomeness. digestibility.
گوارش، هضم. digestion.
دستگاه ~. the digestive system.
~کردن، گواراندن. to digest.
گوارشی digestive.
گوارنده، گوارا، قابل هضم، هاضم. digestive. promoting digestion. peptic. digestant. digesting.
جوهر ~، پپسین. pepsin.
گواریدن (i. r. گوار)، هضم‌کردن. to digest.
گواه، شاهد. witness. testimony.
~ آوردن. to call to witness. to cite as an example. to present testimony.
~ گرفتن، ~ خواستن. to call to witness.
من عاشقم ~ من این قلب چاك چاك. I am in love (and) my witness (is) this broken (or shredded) heart.
گواهی، شهادت، تصدیق. witness. testimony. evidence. certification. attestation. certificate. testimonial.
~کردن، ~ دادن. to give evidence of. to witness. to bear witness. to certify. to attest. to testify.
گواهی‌نامه، شهادت‌نامه، تصدیق(نامه). certificate. diploma. testimonial.
گواهینامهٔ رانندگی. driver's licence.
گوپال، کوپال. mace. club. thick neck.
گوجه، آلوچه. (bot.) greengage. plum.
گوجه‌فرنگی tomato.
رب ~، سوس ~. tomato sauce. catsup. catchup. ketchup.

گود، ژرف، عمیق. deep. profound. abysmal. bottomless. sunken. hollow. concave. pit. depressed.
این چاه خیلی ~ است. this well is very deep.
~ زورخانه. gymnasium pit (or ground).
چشمان او ~ افتاده است. his eyes are sunken.
~ شدن. to deepen. to sink. to become concave.
گونه‌های ~ افتاده. sunken (hollow) cheeks.
~ کردن. to deepen. to make concave or sunken.
گوداب، لکهٔ جای رنگ وغیره. stain. discoloration. stain left after a distemper. water hole.
گودال، چاله، حفره. pit. cavity. puddle. variole. foveola. abyss.
گودبرداری excavation. digging.
گوده، حفره، چال. pit. ditch. (anat.) acetabulum.
مفصل گلوله و ~. ball-and-socket joint.
گودی، ژرفا، ژرفی، عمق، حفره، چاله. depth. hollow. cavity. fossa. groove. depression. concavity. hole.
~ کف دست. hollow of the hand.
~ زیر بغل. armpit.
~ چاه چقدر است؟ how deep is the well?
گور، قبر. grave. tomb. sepulcher. mausoleum.
~ کردن. to bury. to outlive. to inter.
زنده به ~کردن. to bury alive.
گور، گورخر. (z.) wild ass. zebra. onager.
گوراسب، گورخر. zebra.
گورخانه، گورستان. mausoleum. sepulcher. cemetery. graveyard.
گورخر zebra. wild ass. onager.
گورزاد pygmy. elf.
گورستان، قبرستان. cemetery. graveyard. burying ground.
گورکن، قبرکن، مرده دزد، گورشکاف، شغاره، شغار،خرسك. gravedigger. sexton. body snatcher. (z.) badger.
گورگیاه،گورگیا. (bot.) sweet rush. bog rush. camel's hay. lemon grass.
گوریل (z.) gorilla.
گوز، تیز، زرته. fart.
گوزدادن، گوزیدن. to fart. to break wind.
گوزن، آهو. (z.) elk. caribou. deer.
~ شمالی. reindeer.
~ ماده. doe. she-deer. hind.
~ نر. stag. hart.
شاخ ~. hartshorn. elk's antler.
گوزن‌بچه، بچه~. fawn.
گوزیدن to break wind. to fart.
گوساله calf.
گوسالهٔ اخته. steer.
گوسالهٔ ماده. heifer.
گوسالهٔ نر. bull calf.
~ زاییدن. to calve.
گوشت ~. veal.
گوساله‌ماهی (z.) seal.
گوسفند، گوسپند. sheep.
~ وار. sheepish(ly).
گوشت~. mutton.
گوسفندی sheepish. sheep.

کود ~. sheep's manure.
گوش ear. corner. auri-. oto-. (also used as suffix meaning «ear» or «corner» as in: چهارگوش).
سه‌گوش، سه‌گوشه. triangle.
~ شناسی. otology.
~ شناس، ویژه‌گر ~. otologist.
~ میانی. middle ear.
~ ایستادن. to eavesdrop.
~ بفرمان. ready to obey orders.
~ کسی را بریدن. to cut one's ear. to swindle money out of a person.
سراپا ~ بودن. to be all ears.
~ خواباندن. to wait silently for an opportunity. to lie in waiting.
~ دادن (به). to listen. to hearken or obey. to keep or obey. to follow one's advice. to heed. to lend an ear to.
در ~ کردن، بگوش کردن. to wear (as an earring).
چیزی را بگوش کسی رساندن. to inform a person of (or cause him to hear) something.
بگوش رسیدن. to be heard.
این (سخن) بگوش او رسید. he heard of this. it reached his ear.
پشت ~ انداختن. to procrastinate. to pass by. to neglect. to disregard.
گوشتان بمن باشد. listen (or pay attention) to me.
~ تا ~. from one end to the other.
~ شیطان کر. knock on wood.
~ مانند، بشکل ~. ear-shaped. auriform.
گوش‌بر، کلاهبردار. swindler. defrauder. fleecer. cheat.
گوش‌بری swindling. defrauding. fleecing.
~کردن. to swindle. to cheat. to fleece.
گوش‌بریده crop-eared.
گوش‌بزنگ، منتظر، درانتظار، مشتاق. on the alert. on the watch. expecting anxiously. anxious. vigilant.
~ بودن. to be on the alert. to wait anxiously or impatiently.
گوش‌بین auriscope. otoscope.
گوش‌پاك‌کن earpick. aurilave.
گوش‌پناه earcap. eartab. eartag.
گوشت flesh. meat. pulp (of a fruit). carni-.
~ گاو. beef.
~ گوسفند. mutton.
~ نو بالاآوردن. to heal up.
~ گرفتن. to put on weight. to gather or take flesh.
~ چرخ کرده. ground meat.
~ خوك. pork.
~ مانند. fleshlike meaty. carniform. carnic.
~ گوساله. veal.
~ آهو، ~ شکار. venison.
گوشتالو(د)، چاق، فربه. plump. fleshy. corpulent. chubby. fat. meaty. obese.
گوشت‌تلخ، بداخم، بدقلق. morose. crabbed. sulky.
گوشت‌تلخی، بداخمی، بدقلقی. moroseness. gall. sulkiness.
گوشتخوار carnivore. carnivorous.
گوشتخواران (z.) Carnivora.
گوشت‌خردکن meat chopper. meat grinder. kitchen knife.

گوشت‌دار fleshy. plump. pulpy. meaty.
گوشت فروش، قصاب. butcher. meat seller. meatman.
گوشت‌فروشی، قصابی. butchery. meat shop. butcher's shop.
گوشت‌کوب، تخماق(ترکی). masher. pestle.
گوشتی fleshy. carnal. consisting of meat. flesh-colo(u)red. carni-. meaty. carnose. carniform. carnic.
خال ~. mole.
~ شدن یا ~ کردن. to carnify.
گوش‌خیزك، گوش‌خزك. (z.) earwig.
گوش‌دار auriculate.
گوش‌درد، دردگوش. earache. otalgia.
گوشزد، تذکر، یادآوری. notified. pointed out. reported. caused to be heard. hinted. hint. reminding.
~ کردن، تذکر دادن. to remind. to notify. to point out. to report.
بکسی گوشزد کردن. to notify a person.
به او ~ کردم که بی‌ادب است. I pointed out to him that he was impolite.
گوشك (قلب). earlet. auricle. auricula.
~ ماهی، گوش ماهی. gill. branchia.
گوشمال، گوشمالی، تأدیب، تنبیه اصلاحی. slight punishment. chastisement.
~ دادن. to give a slight punishment to. to chastise. to rebuke.
گوش‌ماهی، گوشك‌ماهی. ear shell. nacre. mollusk. sea shell. abalone.
گوشوارك (bot.) stipule. stipulode.
گوشوار(ه)، آویز. ear ring.
گوشه، زاویه، کنار، کنایه. corner. angle. commissure. hint. allusion. sarcastic remark. (mus.) figure. irony. derision. insinuation. remark. gesture. -gon. cusp.
قطعه زمین سه ~ (سه‌گوش). a three-cornered (triangular) piece of land.
پنج ~ . pentagon.
چند ~ . polygon.
گوشهٔ جگر، جگر ~. lobe of the liver. honey. sweetheart. apple of (one's) eyes.
گوشهٔ عزلت. hermitage. seclusion.
~ زدن. to insinuate. to hint at. to speak allusively or sarcastically. to glance.
گوشه‌دار angular. cornered. cuspidal. allusive. sarcastic. insinuating. -gonal.
گوشه‌گیر، گوشه‌نشین، منزوی. recluse. isolated. hermit. anchorite.
گوشه‌نشین recluse. secluded. hermit. isolated. retiring. retired.
گوشه‌نشینی، انزوا، عزلت، کناره‌گیری. seclusion. sequestered life. retirement. isolation. sequestration.
~ اختیار کردن. to sequester oneself from the world. to withdraw from society.
گوشی receiver (of a telephone). earpiece. ear trumpet. earphone. headphone. stethoscope. earcap. auricular. aural. auri-. oto-.
~ خدمتتان باشد. hold on, please!
~ را بگذارید. please put down the receiver. hang up.
~ را برداشتن. to pick up the receiver.

تو ~ سیلی. slap or box on the ear.
در ~ حرف زدن. to murmur. to whisper.
گوشیار، سمعك. hearing aid. ear trumpet.
گوشیاری monitoring.
گوگرد، سولفور. sulphur. brimstone.
جوهر ~، آسید سولفوریك. sulphuric acid.
~ زدن (به). to sulphurate.
گوگردانك، کُه‌ترانك، گُه غلطان. (z.) tumblebug. scarab. tumbledung.
گوگردی، گوگرددار. sulphuric. sulphurous.
گوك، سلول کروی. coccus.
گول، فریب، حقه، بامبول، گول‌زنی. fraud. deceit. dupe. fraudulence. deception.
~ خوردن. to be cheated or fooled. to be deceived. to be gulled. to be duped.
~ زدن. to deceive. to cheat. to defraud. to cozen. to trick. to gull. to hoax. to dupe.
او مرا ~ زد. he deceived me.
کلاه‌بردار آن مرد دهاتی ساده را ~ زد. the swindler defrauded the simple rustic.
گول‌خور، فریب خور، اغفال‌شونده. gullible. deceivable. dupe. credulous person. trustful. believing. simpleton. gull.
گول‌زن، فریبنده، اغفال‌کننده. comforter. pacifier. placebo. hoaxer. cheat. fraudulent. deceiver. tricky. cheater.
گول‌زنی defrauding. hoaxing. cheating. deceiving.
ـ گون، برنگ، همرنگ، شبیه، مانند. colo(u)r. kind. similar to. manner. like. (in combs. as in: سیمگون meaning «silver-colo(u)red»).
گون (bot.) goat's-thorn. milk vetch.
گوناگون، رنگارنگ، جوراجور، مختلف. diverse. various. miscellaneous. variously colo(u)red. variegated. different. multiform. manifold. numerous. multifarious. polymorphous.
کالاهای ~. various goods.
گونه، نوع، جنس، روش، قسم. kind. manner. colo(u)r. (z. & bot.) species. type.
بدان ~ که در بالا گفته شد. in the manner stated above.
چگونه؟ how? in what shape or manner?
گونه، چهره، لپ. cheek.
استخوان ~. malar or jugal bone.
گونه‌ای buccal.
گونی gunny. sack(ing). gunny sack.
گونیا rule. set square. triangle.
~ کردن. to measure by a set square.
گوه wedge.
گوهر، جوهر، مروارید. gem. jewel. pearl. essence. substance. origin. birth. nature.
گوهربار، گوهرفشان. (poet.) eloquent. raining. shedding gems or jewels.
گوهری jeweller. jewelly. noble. pure.
ـ گو(ی) (i. r. of گفتن)، بگو، گوینده. say thou. speaker. speak thou. (in combs. as in: فارسی‌گوی = Persian-speaking).
گواینکه. as though. as if. although.
گوی، گو، گلوله، کره، توپ. sphere. ball. globe. bead.

~ سبقت ربودن. to outstrip or outdo. to excel.
~ شناور. buoy.
گویا، زباندار، گوینده، واضح، روشن، صریح. expressive. rational. speaking. clear. self-evident. vocal.
نطق شما ~ بود. your speech was very expressive (clear.)
گویا، شاید، گوئیا. it seems (that). perhaps. maybe. as if.
~ خسته هستید. you seem to be tired.
گویائی، قوهٔ ناطقه، نیروی سخن. faculty of speech. expression. talking.
گویچه corpuscle. -cyte. small globe. globule. small ball. blood cell.
گویچه‌سفید white blood corpuscle. leukocyte. white corpuscle.
گویچه‌قرمز red blood corpucsle. erythrocyte. red blood cell.
گویچه‌های‌خون blood corpuscles.
گویش، لهجه، زبان محلی. language. dialect.
گویش‌شناسی dialectology.
گویندگی، سخنگوئی. narration. announcing. speaking. broadcasting.
گوینده (گویندگان .pl)، سخنگو، اعلام‌کننده. teller. broadcaster. announcer. narrator.
گویندهٔ رادیو. radio announcer.
گویه، کلام، سخن. speech.
گویه، گوی شناور. buoy.
گوئی، چنانکه، مثل اینکه. one would say (or think). indeed. as if. as though.
گوئیا، گویا. as if. perhaps.
گه، گاه، گاهی. sometime(s).
گه، مدفوع. excrement. feces. shit. stool. dung. manure. copro-.
گهر، گوهر، جواهر. jewel.
گهربار، گوهربار. yielding jewels.
گهگاه، گاهگاه. sometimes. every now and then. occasionally.
گهگیر، چموش. restive. balky. unruly. refractory. restless. jibber.
اسب ~. a restive horse. a jibber.
گهواره، ننو. cradle. crib. hammock.
گهواره‌ای like a cradle.
بچهٔ ~. child in a cradle.
صندلی ~. rocking chair.
گهی، گاهی. sometimes.
گیا، گیاه، علف، سبزه. vegetable. plant. herb. grass.
گیا flora.
گیاخاك، خاك برگ، کود گیاهی. humus.
گیاه، علف، سبزه. plant. herb. vegetable. grass. flora. herbi-. botan-. phyto-.
گیاه خوار herbivorous. vegetarian.
گیاه‌خواران، علف‌خواران. (z.) Herbivora.
گیاه‌خواری vegetarianism. herbivority.
فوائد ~. advantages of vegetarianism.
گیاه‌شناس botanist. herbalist.
گیاه‌شناسی botany.
وابسته به ~. botanical.
گیاهك، رویان. (bot.) embryo. plantule. plantlet.
گیاه‌کش، داروی ضدگیاه. herbicide. herbicidal.

گیاه‌نامه، کتاب گیاه شناسی. herbal. book on herbs.
گیاهی herbaceous. plant. vegetable. botanical. herbal. botanic. herbi-.
غذای ~. vegetable food.
کرهٔ ~. margarine.
گیتی، جهان، دنیا، عالم. world. cosmos. universe. cosmo-.
گیتی‌شناس cosmologist.
گیتی‌شناسی cosmology.
گیتی‌نگار cosmographer.
گیتی‌نما، جهان‌نما. cosmorama. stereoscope. planisphere. planetarium.
گیتی‌نورد، گیتی‌پیما. great traveller or tourist. the sun. cosmonaut.
گیج، پریشان حواس، حواس‌پرت، مات، پچول. giddy. stupefied. bewildered. puzzled. fuddled. dizzy. vertiginous. staggering. reeling. lightheaded.
~ خوردن، ~ رفتن. to reel. to feel dizzy. to stagger.
~ شدن. to become giddy. to get puzzled. to be confused. to get excited. to be stupefied. to become dizzy.
~ کردن. to (make) giddy. to give the vertigo (to). to stupefy. to bewilder. to fuddle. to confound. to perplex. to dumfound.
~ کننده. astounding. perplexing. puzzling.
گیجگاه، شقیقه، بناگوش. (anat.) temple.
استخوان ~. temporal bone.
گیجگاهی temporal.
گیجی، پریشانی‌حواس، سرگیجه. giddiness. vertigo. dizziness. obfuscation.
ـ گیر (i. r. of گرفتن)، بگیر، گیرنده، نگاهدار. clog. stoppage. occlusion. blockage. snag. entanglement. obstruction. take thou. hold. holder. (in combs. as in: سخت‌گیر = «severe»).
~ آمدن، بدست آمدن. to be obtainable or available. to be caught or captured.
اینروزها مرغ ~ نمی‌آید. hens are not obtainable these days.
~ افتادن. to be caught.
~ آوردن. to catch. to obtain or find. to procure. to get hold of. to get.
~ افتادن، گرفتارشدن. to get caught. to be betrayed. to be involved (in a difficulty). to be caught red-handed.
~ انداختن. to betray. to involve in a difficulty. to entangle. to ensnare or entrap.
~ کردن. to get caught. to be stuck. to meet with a difficulty. to clog. to obstruct. to block. to choke. to hamper. to jam. to impede. to catch. to falter.
شاخ‌هایش بدرخت ~ کرد. its horns caught in the tree.
وقتی حرف میزد زبانش ~ کرد. he stammered when he talked.
گیرا، مؤثر، گیرنده، نافذ. grasping. attractive. prehensile. fetching. biting.
دعای ~. a granted (or heard) prayer.
چشمان گیرای آن زن. that lady's attractive eyes.
گیراندن، روشن‌کردن، گیرانیدن. to kindle or start.
گیرانك، گیرانه، آتش زنه. kindling. tinder. firewood. combustibles. fuel.

گیرائی، تأثیر. grasp. attractiveness. prehensibility. effect of prayer.

گیربوکس، جعبه دنده. gearbox.

گیرَك، پریز. socket.

گیرم، فرض کنیم. granted that. (let us) suppose.

گیرَندگی، جذابیت، گیرائی، تأثیر، جاذبه. attractiveness. touching effect.

گیرَنده، دریافت کننده، دستگیر کننده، گیرنده. receptor. recipient. payee. receiver. receiving set. receiving. gripping. attractive. touching. heady.

گیرندهٔ نامه. **recipient of the letter.**

گیرندهٔ چك. **payee of the check.**

دستگاه گیرندهٔ رادیو. **the radio receiver (receiving set).**

نگاه ~. **an attractive look.**

کلمات ~. **touching words.**

گیروانکه pound. lb.

گیرُودار، گرفتاری، گیر، مخمصه، بحبوحه. conflict. scuffle. throes. in the heat of. authority. pomp. pang. spasm. struggle.

در ~ جنگ دوم جهانی. **in the throes of the second world war.**

زندگی پر ~. **a life full of struggles.**

گیره clip. vise. vice. catch. hairpin. hairslide. pincers. clothespin. chela. clamp. grip. fastener. clasp.

گیرهٔ مو. **hairclip. hairpin. hairslide.**

گیرهٔ نجاری. **the carpenter's vise.**

میخ یا گیرهٔ لباس. **clothes peg.**

گیس woman's hair. tail of hair. hair.

کلاه گیس، پوستیج. **wig. postiche.** **toupee. toupet. hairpiece. peruke. periwig.**

گیس بُریده shameless. disgraced.

گیس بَند fillet for binding the hair.

گیس سفید elderly woman. duenna.

گیسو، گیس. (woman's) hair. ringlet. tress.

گیسوپوش mobcap. coif.

گیشه، باجه، دریچه. ticket office. counter.

گیلاس، آلبالوی شیرین، لیوان. (bot.) cherry. glass. tumbler.

~ شرابخوری. **wineglass.**

یك ~ پر. **a glassful.**

گیلان Gilan.

گیلَك، گیلانی، گیل پسر. native or peasant of Gilan.

گیلکی، لهجهٔ مردم گیلان. dialect of Gilan.

گیله bride's ornamental veil.

-گین suffix equivalent to **English** ‹-ful› meaning ‹full of› and ‹having› as in: اندوهگین.

گینه (geog.) Guinea.

گیو masculine proper noun. Guiv.

گیوَه، پاپوش تابستانی. ‹giveh›, light cotton summer shoes.

گل ~. **chalk.**

گیَه، گیاه. plant. herb.

گیهان، کیهان، جهان. the world. the cosmos. the universe.

ل the 27th letter of the Persian alphabet.

لا، تا، ورقه، غشاء، توی، درون، لایه. fold. ply. inside. within. between. among. strand. braid layer. stratum.

تختهٔ سه ~. **three-ply board.**

طناب چهار ~. **rope of four strands.**

در لای پتو. **inside the blanket.**

یك ورق کاغذ لای کتاب است. **there is a sheet of paper inside the book.**

از لای در. **through the opening in the door.**

رفت لای جمعیت. **he went among the people.**

او توپ را لای پای خود گذاشت. **he put the ball between his legs.**

لا، خیر، نه. no. nay. -less. ir-.

گفت هیچ از نحو دانی؟ گفت ~. **(he) said: ‹knowest thou syntax at all?› said (the other): ‹nay›.**

لاُابالی، لاقید، بی‌قید. careless. remiss. nonchalant. reckless. unconcerned.

لاُابالی گری carelessness. remissness. nonchalance. recklessness.

لاأدری، نمیدانم. I do not know.

لااقل، اقلاً، دست کم. at least.

لابُد، ناچار، ناگزیر. necessarily. certainly. obliged. inevitably. perhaps.

~ فراموش کرده است. **he must have forgotten.**

لابُدّاً، ناچار، ناگزیر. necessarily. out of necessity.

لابراتوار، آزمایشگاه. laboratory.

لابلا، تودرتو، لایه به لایه، درمیان، چندلا، لابرلا. inner folds. whole interior. all inside. of many folds or plies. page by page.

در لابلای صفحات کتاب. **amidst the pages of the book.**

لابه، زاری، التماس، درخواست. entreaty. beseeching. supplication. imploring. wailing. moaning. blubbering.

~ کردن. **to entreat. to supplicate. to beseech. to wail. to moan. to blubber.**

لابیرنت، بطن پیچیدهٔ گوش. labyrinth.

لاپوست، غشاءمیانی پوست. dermis. corium. endoderm. entoderm. hypoderm.

لاپه rafter. split pole.

لات (الوات .pl)، لاط، لات و لوت. tatterdemalion. street Arab. destitute. naked. rogue. ragamuffin. vagabond.

~ و پات. **broke. very destitute. penniless and rascally.**

لاتاری، لاطاری، لاطری. lottery. raffle. sweepstakes.

بلیط ~. **lottery ticket.**

لاتی، الواتی. destitution. roguishness.

لاتین Latin.

لاتین‌دان Latinist.

لاتینی Latin expression. in Latin.

لاجرعه in one gulp. swig.

لاجرعه نوشیدن to gulp. to guzzle. to swill.

لاجَرَم، ناگزیر، پس، درنتیجه، از آن روی، مسلماً. necessarily. therefore. consequently.

لاجَواب، بی‌پاسخ. unanswerable. unanswered. incapable of answering. mute. that cannot be answered.

لاجَوَرد، رنگ آبی. azure. cobalt-blue.

~ کاشی، ~ اصل. **ultramarine (or azure) tile.**

سنگ ~. **lapis lazuli.**

گنبد ~. **the blue dome (i. e. the sky).**

لاجَوَردی، آبی رنگ، آسمانی. azure. sky-blue. cerulean.

~ کردن. **to azure. to colo(u)r blue. to paint blue.**

لاحِق (لواحق .pl)، لاحقه، آینده، بعدی. coming next. following. adjoining. supplement. annex. context. connection. precedent. appertenance. attached.

عضو ~. **the member coming next.**

لاحِقه annex or annexed piece. appendage. supplement. attachment.

-لاخ suffix meaning ‹abounding in› (as in: سنگلاخ = abounding in pebbles).

لادَن، گل لادن. (bot.) la(b)danum. nasturtium. Indian cress.

لاروب، کشتی لاروب. dredger. dredging boat.

لاروبی dredging.

~ کردن. **to dredge.**

آبراهه را ~ کردن. **to dredge a canal.**

لاریب، بی‌تردید. no doubt.

لاریز corbiestep(s). crowstep.

لازال may it never perish! may it endure! imperishable.

لازم (لوازم .pl)، لازمه، ضروری، مورد نیاز. necessary. requisite. indispensable. inherent. inseparable. enforceable. (grammar) intransitive. (law) binding. needful. required. imperative. ineluctable. incumbent. vital.

عمل یا کار ~. **a necessary act.**

تربیت صحیح برای معلم ~ است. **good breeding is a requisite for a teacher.**

تمام لوازم سفر. **all the requisites for a trip.**

این امر برای قضاوت صحیح لازمست. **it is integral to sound judgement.**

~ وملزوم. **correlative. interdependent.**

شرائط ~. **the necessary (binding) conditions.**

ایندو باهم ~ وملزوم‌اند. **these two are correlated (interdependant).**

تب ~. **hectic fever.**

غیر ~. **unnecessary.**

~ بودن. **to be necessary or requisite.**

~ شدن، ~ آمدن. **to become (be) necessary. to follow. to result.**

~ داشتن. to need. to require. to lack. to necessitate.
اینکار دو روز وقت ~ دارد. it takes two days (to be done).
~ دانستن، ~ شمردن. to deem (it) necessary.
لازم‌الاجراء indispensable. binding.
لازمه، لازم، شرط. necessary. requisite. essential condition. inevitable result. essential or integral to. incidental to.
لاس، جانور ماده، ماده سگ، لاس‌زنی. female animal. bitch. flirting. coquetry. flirtation.
~ زدن. to flirt. to philander. to dally. to coquet.
او با همهٔ دخترها ~ میزند ولی هیچ یك را دوست ندارد. he flirts with all the girls but loves none.
لاستیك، تایر، لاستیك اتومبیل، کائوچو. rubber. tire. tyre. elastic.
~ رویی. tire.
~ (تایر) دوچرخه. bicycle tire.
~ توئی. tube.
~ (تایر) یخ شکن. snow tire.
لاستیکی (made of) rubber. elastic.
لاس‌زن flirtatious. flirt. coquet(te).
لاسی، لاس‌زن. flirtatious. flirt. coquet(te). coquettish. flirter.
لاش، لاشه، جسد، کالبد. carcass. carrion. cadaver. body. corpse. necro-.
لاشخور carrion buzzard. vulture.
لاشریك، بی‌شریك، یکتا. having no partner. single. one.
لاشك، بیشك. undoubtedly. doubtless.
لاشه، جسد، لاش. corpse. carcass. cadaver. carrion. wreckage. necro-.
بصورت ~ درآوردن. to cadaverize.
~ مانند. cadaverous. cadaveric.
لاشهٔ کشتی. the wreckage of a ship.
لاشه‌خوار، مرده‌خوار. necrophagous.
لاشه‌خواری، مرده خواری. necrophagia.
لاشی، بی‌ارزش. worthless.
لاط، لات. rogue. penniless.
لاطاری، لاتاری، لاطری، قرعه‌کشی. lottery. raffle. sweepstakes.
لاطائل (لاطائلات .pl)، مهمل، بیفایده. idle. useless. absurd. absurdity. nonsense.
لاعلاج، ناگزیر، ناچار، بیدرمان، علاج‌ناپذیر. incurable. remedyless. inevitably. perforce. by force. irremediable. hopeless. terminal.
لاعلاجی، ناچاری، ناگزیری، بیدرمانی. incurability. hopelessness. helplessness. inevitableness. being without remedy.
لاغر، باریك، ترکه‌ای. thin. lean. lithe. lank. lanky. gaunt. haggard. bony. emaciated. skinny. scrawny. spare. twiggy. slender. extenuated.
آدم ~. a thin (skinny) person.
گاو وگوسفند ~. lank cattle.
دختری بلوند و ~. a blond lanky girl.
~ شدن. to grow thin. to lose flesh. to lose weight.
~ کردن. to lean. to meager. to make (thin, lean or emaciated). to become skinny. to lose weight. to thin. to meager. to emaciate. to make thin or scrawny.

لاغری، نحیفی، باریك اندامی. thinness. leanness. meagerness. scrawniness lankiness. emaciation. extenuation.
لاغیر، تنها، جز این نیست، هیچکس. no other. no one else. alone.
لاف، خودستائی. vaunt. pretense. puff. flourish. swagger. bombast. rodomontade. fine talk. tall talk. magniloquence. grandiloquence. exaggeration. highfalutin(g). bragging. bluster.
غرور شخص را بلاف زنی وامیدارد. pride prompts a man to vaunt.
~ از سخن چو در توان زد. one can (only) boast about pearl-like words (speech).
~ دوستی زدن. to claim to be a friend.
لاف‌زدن to boast. to make a boast. to brag. to vaunt. to puff. to bluster. to bluff.
لاف‌زن، گزافه‌گو. braggart. boaster.
لاف‌زنی، گزاف‌گوئی. boasting. vaunting. bragging. exaggeration.
لاقید، بی‌قید، بیحال، شلخته. careless. remiss. nonchalant. negligent. unconcerned. thoughtless. inattentive. slovenly. unrestrained. undisciplined.
لاقیدی، بیحالی. carelessness. indifference. negligence. thoughtlessness. slovenliness. dereliction.
~ کردن. to be careless or remiss. to be indifferent.
لاك، لاك والکل، پوسته یا جلدلاك پشت. sealing wax. lac. shell. carapace of a tortoise. wooden cup. theco-.
~ الکل. lacquer.
~ شیشه‌ای. shellac.
~ ناخن، مانیکور. nail varnish. nail polish.
~ زدن، ~ ومهر کردن. to seal up (with sealing wax).
~ والکل‌زدن. to lacquer.
لاك‌پشت، سنگ پشت، کاسه پشت. (z.) tortoise. turtle.
لاك‌پشتان (z.) Chelonia.
لاك‌پشت‌وار، لاك‌پشتی. like a turtle or tortoise. slow. sluggish. chelonian.
لاکتاب irreligious. pagan.
لاکردار evil. ill-behaved.
لاکتوز lactose.
لاکداران (z.) Thecophora. Leptomedusae.
لاکلام indisputable. inexpressible. indisputably.
لاکی lac-colo(u)red. crimson.
لال، گنگ، الکن. dumb. mute. aphonous. inarticulate. speechless. voiceless.
~ شدن. to become dumb. to be silenced.
~ کردن. to make dumb. to strike dumb. to silence. to dumbfound.
کرو ~. deaf and dumb. deaf-mute.
لالا، لالائی. lullaby. lullay. lully. sleep. going to bed.
~ کردن. to go to bed. to sleep.
لالا، رخشان. resplendent. glittering.
لالائی lullaby. lullay. lully.
~ گفتن. to lullaby.
جون هرشب برای بچه‌ها ~ میخوانَد. every night Joan sings a lullaby for the children.

لال‌بازی، پانتومیم، نمایش صامت. pantomime. dumb show. miming. acting as a dumb person.
~ در آوردن. to pretend to be dumb. to present a dumb show.
لاله، گل‌لاله، لالهٔ نعمان، شمعدان‌بلور. (bot.) tulip. anemone. candleholder.
گل لاله. (bot.) common garden tulip.
لالهٔ گوش. auricle.
لاله‌زار garden of tulips or anemones.
لاله عباسی (bot.) marvel-of-Peru. four-O'clock. false jalap.
لاله‌عباسیان (bot.) Nyctaginaceae.
لاله‌وش crinoid.
لالی، گنگی. dumbness. muteness.
لآلی (لؤلؤ .pl of)، لئالی. pearls.
لام، حرف لام، طرهٔ گیسوی زنان، لامپ. name of the letter L (ل). lamp. electric bulb.
لامپ lamp. globe. glass. light bulb.
لامپا، چراغ. lamp. lantern.
لامت، پستی. baseness. ignobility.
لامح، درخشنده. shining. resplendent. twinkling. racliant.
لامحاله، اقلاً، ناچار. inevitably. at least.
لامذهب، بیدین، کافر، مرتد. irreligious. ungodly. impious. atheist.
لامذهبی، بیدینی، خدانشناسی. irreligion. ungodliness. impiety.
لامسه، بساوائی. (sense of) touch.
لامع، درخشنده، تابان، تابنده. shining. radiant. effulgent. resplendent.
لامکان having no abode. illocal. omnipresent. God.
لامی، بشکل‌لام. lambdoid. lambdoidal.
استخوان ~. hyoid bone. hyo-.
لانجین large copper bowl.
لانه، آشیانه. nest. den. lair. shed.
لانهٔ خرگوش. rabbit's burrow.
لانهٔ دندان. dental alveolus.
لانهٔ زنبور. vespiary. beehive.
لانهٔ کبوتر. pigeonhole. pigeonry.
لانهٔ عقاب، آشیان عقاب. eyrie. eyry. aerie.
لانهٔ مورچه. formicary. ant hole. ant nest.
لانه ساختن. to nest. to build a nest. to nidify.
~ کردن. to nest. to nestle. to live in a nest. to make a nest of. to choose as nest.
لانه سازی nesting. nidification.
لاوصول irrecoverable. bad (as a check or debt).
لاوك wooden pan. buddle. trough.
در ~ شستن. to pan.
لاوی (لاویان .pl). Levi. Levite
سفر ~. Leviticus.
لاهوت، الهی، عالم لاهوت. divinity. the spiritual world. theology.
عالم ~. theology.
لاهوتی divine. theological.
لاهور (geog.) Lahore.
لاهه (geog.) the Hague.
لای، لا، لایه، رسوب، ته‌نشین. sediment. slime. lees. ooze. dregs. settlings. silt.
~ افتادن. to settle. to deposit.
~ انداختن. to sediment. to sedimentate.

گل و ~. mud and slime.
لای (لاییدن .i. r. of). complaining.
لای، لا، تاه. fold. ply.
سه لا. threeply. threefold.
لایتجزّا، تجزیه‌نشدنی. indivisible. infinitesimal.
جزء ~. indivisible part(icle). atom.
لایتغیّر، تغییرناپذیر، ماندگار، ثابت. unchangeable. unvarying. unalterable. permanent. fixed. stable.
لایتناهی، بی‌پایان. infinite. endless.
فضای ~. the boundless (limitless) space.
لایحه (لوایح .pl). bill. essay. paper.
~ الحاقیه. supplementary bill.
لایحهٔ پارلمانی. parliamentary bill.
لایحه‌ای را تصویب‌کردن. to ratify a bill.
لایدرك، نفهمیدنی، غیرقابل ادراك. incomprehensible.
لایزال، باقی، زوال‌ناپذیر. eternal. everlasting. deathless. imperishable.
لایعقل، خرفت، بیخرد، بیهوش، مست. insensitive. drunk. mad.
مست ~. dead drunk.
لایعلم، نادان. ignorant.
لایق، شایسته. worthy. merited. capable. fit. deserving. meritorious.
~ بودن. to be deserving. to deserve. to merit. to be capable.
او ~ آن‌نیست. he is not worthy of it. he does not deserve it.
او استاد لایقی است. he is a worthy (capable) professor.
لایقانه، از روی لیاقت، با شایستگی. worthily. meritoriously. worthy.
لایقرء، لایقرأ، ناخوانا. illegible.
لایموت، امرداد، جاودان، بیمرگ. immortal. everlasting. deathless. imperishable. deathless. undying.
قوت ~. bare subsistence.
لاینحل، حل‌نشدنی، ناگشودنی. indissoluble. insoluble. unsoluble. inexplicable.
کم‌کم (موضوع) ازدیاد جمعیت جهان بصورت مسئلهٔ لاینحلی در می‌آید. gradually the increase in the world's population is turning into an unsolvable problem.
لاینفك، جدانشدنی. inseparable. integral.
جزء ~. inseparable part. part and parcel.
لاینقطع، پیوسته. incessant(ly). continuously. successively. ceaselessly.
لایوصف، بوصف‌نیامدنی. indescribable.
لایه layer. stratum. sediment.
لایی، لایه. wadding. stuffing. dunnage. padding. (mech.) gasket.
لاییدن (لای .i. r.)، پارس‌کردن، حرف مفت زدن، شکایت‌کردن، گله‌کردن. to bark. to talk idly. to complain. to grumble.
لب، لبه، لوچه، آستانه، کنار، حاشیه، دهانه. lip. edge. brink. verge. brim. rim. margin. confine. boundary. coast. share. hem. labium. labio-. chilo-.
~ بالا. the upper lip.
~ زیرین. the lower lip.
~ بام. the edge of the roof. eaves.
~ گور. the brink of grave.
~ بلب، لبالب. filled to the brim. brimful. brimming.
عینك لبه‌دار. rimmed spectacles (glasses).
در ~ رودخانه. on the border (boundary)

of a river. on the bank of a river. seashore. seaside. ~ دریا.
~ ودندانی، وابسته به ~ ودندان. labiodental.
~ بستن، دم فروبستن. to keep silent.
~ ترکردن. to wet one's lips. to refresh oneself (by a beverage). to begin to say.
~ زدن. to taste.
زیر ~ خندیدن. to laugh in one's sleeve. to leer.
پایش ~ گور است. he has one foot in the grave.
~ ولوچه. lips.
با ~ اداکردن، با ~ گفتن. to labialize.
لُبّ (الباب pl.)، خالص، نخبه، عصاره، گلچین. pith. essence. gist. choice part. cream. heart. best. neat. concise or condensed. sententious. lobe.
~ مطلب. the gist of the subject.
لُباب choice part. pith.
لَبّاده، قبا. labbadeh, long outer garment for men.
لباس (البسه pl.)، جامه. clothing. clothes. dress. garment. apparel. wear. attire. raiment. array. garb. costume. suit. accouterment. guise. uniform.
لباس تازه‌ات را بپوش. put on your new clothes.
~ تمام رسمی. full dress. formal dress.
~ شب. evening dress. (suit).
خوش ~. well - dressed.
~ پوشیدن. to clothe. to dress. to put on. to wear. to don. to accouter. to equip.
~ درآوردن، ~ کندن. to take off (one's) clothes. to undress. to strip.
درخت با برگ ملبس شده. the tree is clothed (clad) with leaves.
دو دست ~. two suits.
~ زنانه. ladies dress.
~ زیر. underwear.
~ خانه. dressing gown. undress.
~ خواب. robe-de-chambre. night gown. pyjamas.
~ کار، روپوش. overall.
~ مبدل. disguise.
~ نظامی. military uniform.
~ دوخته. ready-made suit (or dress).
~ شنا. swimsuit. bathing suit.
لباس فُروش haberdasher.
لباس فروشی harberdashery.
لَباشه، لواشه، کشتی چسب. (z.) barnacles.
لَبالَب filled to the brim. brimful.
~ شدن. to become brimful. to brim.
لُبان، کندر. (bot.) olibanum. frankincense.
~ جاوی. benzoin. benjamin.
لَب بَرگَردان turndown. hemmed.
لَب بِه‌لَب filled. to the brim. brimful. lip to lip. edge to edge.
لَب پَریده، چینی لب پریده. chipped. dented.
لَب تُرش، میخوش. sourish.
لَب تلخ somewhat bitter.
لَبخَند، تبسم. smile. grin. simper. smirk. beam. sneer. ridicule.
~ زدن. to smile. to grin. to simper. to smirk.
~ شیرین. a sweet smile.
لبدیس (bot.) labiate.

لَبریز، سرریز. overflowing. brimful.
~ شدن. to overflow. to brim over. to run over. to be inundated.
آب رودخانه از کناره‌های آن ~ شد. the river overflew its banks.
~ کردن. to cause to overflow. to inundate. to make brimful.
لَب شِکَری، شکرلب. harelip. harelipped.
لب طلائی gilt - edge(d).
لَبَک mouthpiece.
لبکامان (z.) Chilostomata.
لَبگی hem(ming).
لَبلاب (bot.) bindweed. convolvulus. hyacinth bean.
لَبَن، شیر. milk.
لُبنان (geog.) Lebanon. Liban.
لبنانی Lebanese.
لَبَنیات (لبنی fem. of لبنیه .pl. of) dairy products. milk products.
(مزرعه یا کارخانهٔ) ~ سازی. dairy farm.
دکان ~ فروشی. dairy. dairy shop.
~ فروش. dairyman.
لَبو boiled (or baked) beet.
لَبه (لب fem. of)، لب، کناره، حاشیه، دهانه. edge. hem. rim. brim. brink. visor. eaves. shore. side. border.
لبهٔ تیغ صورت تراشی. razor's edge.
لبهٔ دامن زنانه. the hem of a skirt.
لبه‌دار، حاشیه‌دار. edged. having a visor. bordered.
لَبه‌دوزی، حاشیه‌دوزی. edging. hemming.
لَبی labial. labiate. labio-. chilo-.
~ ودندانی. labiodental.
لَبیب، دانشمند، خردمند. learned. wise.
لَبَّیک، بلی، بله. here am I. yes.
لُپ، گونه، دهان. mouth. cheek. lobe.
~ لپ خوردن. to gobble or guzzle.
لپهای دختربچه قرمز است. the little girl's cheeks are red.
لَبَّر، لب‌پر. overflowing. brimful. brimming.
بازی ~. ducks and drakes.
~ زدن. to lap. to overflow.
لَپه split peas. cotyledon. seed leaf.
~ شدن. to split. to rive. to cleave.
~ کردن. to split.
لُپی pertaining to the mouth. oral.
اشتباه ~. slip of the tongue. flagrant error.
لَت، ورق، سیلی. sheet. shock. blow. slap.
~ وپارکردن. to rout. to scatter about.
لُتکا، لوتکا، کرجی، قایق. boat. barge. bark.
لَته، کهنهٔ پاره. rag. cloth. dishcloth.
لِثوی، لثه‌ای. gingival.
لِثه gum (of the teeth). gingiva.
آماس ~، ورم ~. (med.) gingivitis.
لثه‌ای، لثوی. gingival.
لَج، لجاجت. grudge. spite. stint. obstinacy. doggedness. obduracy. obdurateness. pertinacity.
بکسی ~ داشتن، باکسی ~ بودن. to bear one a grudge.
~ کردن. to be obstinate. to act grudgingly.
از ~ او انکار را کردم. I did it to spite him.
با من ~ نکن. don't be stubborn with me.
لَجاجَت obstinacy. pertinacity. grudge. stubbornness. doggedness. being pig-headed or headstrong.
~ کردن. to be obstinate. to bear a grudge. to show spite or obduracy.
او از روی لجاجت اینکار را کرد. he did it out of stubbornness.
لَجارَه، سلیطه. hellcat. shrew. shrewish.
لِجام، لگام. reins. bridle.
لجام گسیخته، افسارگسیخته. [illegible] unbridled. libertine.
لَجباز، لجوج. pertinacious. obstinate. stinter. stinty. stubborn. dogged. headstrong. obdurate. spiteful.
لَجبازی، لجاجت. obstinacy. obduracy. pertinacity. spitefulness. stubbornness.
لَجَن black mud. slime. ooze. mire. sludge. muck. morass.
~ گیری. dredging.
~ آلود. slimy. oozy. muddy.
لَجَن زار quagmire. marsh. swamp. bog. morass.
لَجَن مال، آلوده، رسوا، بدنام. covered with mud. put to shame. disgraced. sludged. slimed. oozy.
لَجوج، لجباز، سرکش، خودسر. pertinacious. obstinate. mulish. persevering. unyielding. dogged. obdurate. headstrong. pig - headed. stubborn.
لَجوجانه pertinaciously. obstinately. mulishly. spitefully.
لُجه (لجج .pl). depth (of the sea). the deep. middle of an ocean or sea.
لِچ، چوروك، چروك، چین خورده. wrinkle(d). pucked.
لَچَر، چرك، پست، شلخته. dirty. mean. sloppy.
لَچَك، روسری سه‌گوش. (triangular) fichu or shawl. scarf.
لِحاظ viewpoint. point of view. respect. connection. notice. attention. purposes. regard.
از ~ تسهیل کار. with a view to facilitating the work.
از این ~. in this respect. in this regard.
آنرا از ~ مبارك می‌گذرانند. we bring it to your excellency's attention (notice).
از ~ آب وهوا. from the viewpoint of climate.
از ~ این قانون. for purposes of this law.
لِحاف quilt. comforter. bed clothes.
~ پرقو. eiderdown. down quilt.
لَحاف دوز quilter. quilt maker.
لَحاف دوزی quilt making. quilting.
لَحافَك pad. compress. pledget. small quilt.
لَحاف کَش، جاکش. pimp. panderer.
لَحد niche in the side of a tomb.
لَحَظات (لحظه pl. of). moments. impulses. instants.
در ~ آخر عمر. in the last few moments of life.
لَحظَه (لحظات pl.)، دم، آن، لحاظ. moment. impulse. instant. jiffy. jiff. twinkling. trice. flash. (O.S.) side.
یك ~ صبرکن. wait a moment.
لحظه‌ای مکث کرد و سپس گفت... he paused for an instant and then said...
در یك ~، در یك‌دم. in an instant. in a trice. in the twinkling of an eye.
لَحم (لحوم pl.)، گوشت. flesh. sarcoma. meat sarco-.
لَحمی، گوشتی، گوشتالو. fleshy. fleshly. sarcomatous. sarcomatoid.
تومور ~. sarcomatous tumour.
لَحن (الحان pl.)، آواز، آهنگ، نوا. tune. melody. tone. strain. tenor. purport. manner (of uttering).
بلبل خوش ~. melodious nightingale.
~ صدای او ملایم بود. the tone of his voice was gentle.
لَحیم، جوش. solder. soldering. welding.
~ کردن. to solder. to weld.
لَحیم گَر solderer.
لَحیم گَری soldering.
لِحیه، ریش. beard.
لَخت، لختی، اندك، قدری. piece. part. while. time. somewhat.
پس از لختی تحمل فریاد برآورد و کمك خواست. after enduring for a (little) while, he cried out asking for help.
لَخت، سست، شل. lax. lean (as meat). inactive. flaccid. limp. weak.
لُخت، برهنه، عور، بی‌لباس. naked. bare. nude. stripped. denuded. nudi-.
~ شدن. to bare. to take off one's clothes. to strip. to be stripped of one's clothes. to undress.
~ کردن، برهنه کردن. to lay bare. to denude. to bare. to rob.
~ کردن. to strip. to rob. to fleece. to denudate. to denude. to bare.
جان ~ شد و درآب پرید. John took off his clothes and jumped into the water.
بازوان ~ وخوش ترکیب او توجه همه را جلب میکرد. her bare shapely arms drew everyone's attention.
~ مادر زاد. (completely) in the nude.
لَخت لَخت، لخته لخته، تکه تکه. clotted. coagulated. in piecemeal.
لَخته، دلمه، دلمه شده، بسته شده، سفت. clot. clog. clotted. coagulation. coagulum. grume.
خون ~. blood clot. clotted blood.
شیر ~ شده. clogged milk.
~ شدن. to clot. to form into clots. to coagulate. to mat.
لَختی، سستی. laxity. lassitude. coagulation. clot. inactivity. clot.
لَختی، اندکی. a while. somewhat. a little.
~ صبرکن. wait a while.
~ بیندیش. think a while (a little).
لُختی، برهنگی، عریانی. nakedness. bareness. nudity. nudism.
لُخم، بی‌استخوان. lean. boneless.
گوشت ~. lean (or boneless) meat.
لُدانُم، تنتور افیون، مخلوط افیون. laudanum.
لَدغه، نیش. sting.
لَدُنی، الهی، سری. divine. theological.
لِدَی الاِقتِضاء، بموقع مقتضی. when occasion arises.
لِدَی الوُرود، بمحض ورود. on arrival.
لِذا، بنابراین، از اینرو. so. then. therefore.

لَذّات، لذائذ (pl. of لذت). pleasures. enjoyments. delectations. delights.

لَذَّت (لذات، لذائذ .pl)، حظ، برخورداری. pleasure. enjoyment. relishing. delectation. delight. rapture. joy.

از مصاحبت او ~ بردم. I enjoyed his company.

با ~ تمام. with utmost delectation.

ازغذای‌خوب ~ بردن. to relish good food.

~ بردن از. to take pleasure (from).

to enjoy. to relish. to be delighted in.

~ دادن، ~ بخشیدن. to give enjoyment.

to give pleasure. to delight. to be delicious.

لَذَّت‌بَخش، لذیذ، دلچسب. pleasurable. delightful. delectable. delicious. dainty.

لَذیذ، خوش طعم. delicious. dainty. palatable. savory. tasty. enjoyable.

غذای ~. delicious food. delicacy.

میز پراز غذاهای ~ بود. the table was full of dainty (savory or enjoyable) food.

لُر (الوار .pl)، اهل لرستان، ساده‌لوح. Lor. native of Lorestan province. dupe. fool. simpleton.

یارو خیلی ~ است. that guy is a real fool (dupe or simpleton).

لِرد، درده، ته‌نشین. dregs. refuse. sediment. silt. lees. heeltaps. riffraff.

لُرد lord. master. God.

لَرز، لرزش، ارتعاش. trembling. tremor. quaking. shaking. shivering. vibrating. tottering. shuddering. pulsating.

~ کردن، لرزیدن. to tremble. to shake. to shiver. to vibrate. to shudder.

تب و ~. ague.

لَرزان، مرتعش، لرزنده، متزلزل. vibrant. vibrating. shaky. trembling. shaking. quaking. shivering. shuddering. shivery. quivering. tremulous.

لَرزاندَن، لرزانیدن. to cause to tremble. to shake. to vibrate.

لَرزانَك، ژله، مارمالاد. jelly. marmalade.

لَرزِش، ارتعاش، تکان. tremor. vibration. shivering. shaking. quake. trembling. quiver(ing). shudder. quaver. shake.

لَرزَنده، لرزان، مرتعش. trembling. tremulous. shaky. vibrant. vibrating. shaking. tremulant. vibratory.

لَرزه، لرزش، ارز. shudder(ing). tremor. trembling. quaking. quiver. quake. vibration. shiver. seism.

~ براندامش افتاد. he was filled with terror. he began to shudder.

زمین ~. earthquake.

لَرزه‌ای vibratory. tremulant. seismic.

لَرزیدَن (لرز .i. r)، مرتعش شدن. to tremble. to quake. to shake. to shiver. to shudder. to vibrate. to quiver. to fluctuate. to quaver.

دستان پیرمرد میلرزید. the old man's hands were trembling.

از شدت هیجان صدایش میلرزید. his voice quavered from an excess of excitement.

لَزِج، لیز. viscous. slimy. slippery. viscid. glutinous. mucid. mucous. sticky. mucilaginous. sleek.

لِزگی، رقص لزگی. Lesghian dance.

لَزوجَت، لیزی، لغزندگی. viscosity. mucosity. slipperiness. sleekness.

لُزوم، نیاز، ضرورت. need. necessity. necessitation. obligation. compulsion. necessitousness. exigence. requisiteness.

هنگام ~. at need. when necessary.

~ رعایت اصول بهداشت. the necessity of observing the principles of hygiene.

بقدر ~. as much as needed.

ماندن در آنجا لزومی ندارد. there is no need (it is not necessary) to stay there.

~ پیدا کردن. to become necessary. to be a necessity.

ملاقات او فعلاً لزومی ندارد. meeting him is not necessary for the time being.

لُزوماً necessarily. of necessity. perforce.

لُژ، جایگاه ویژه. box (in a theatre). loge.

لَس، سست، فلج. lax. flabby. loose. hanging. paralysed.

لِسان (السنه .pl)، زبان، لهجه. tongue. language. speech. lingo. vernacular.

لِسانُ‌الْغَیب، حافظ. the mystic tongue. title of Hafez the mystic poet of Iran.

لِسانی، زبانی، شفاهی. oral. verbal(ly).

لَش، بیمار، لاشه، تنه‌لش. nerveless. wanton. lumpish.

لَشکَر، اشکر، سپاه، قشون. army. division. hosts.

سر~. general. commander of a division.

لَشکَرکِشی military expedition. campaign.

لَشکَرگاه، اردوگاه. camp.

لَشکَری (لشکریان .pl)، سپاهی. military. soldier. soldierly. martial.

لَطافَت، ظرافت، پاکی، لطف، صفا، حلاوت. fineness. finesse. purity. delicacy. delicateness. thinness. tenderness. elegance. wit. nicety. frailty. daintiness. softness. exquisiteness.

لَطائِف fine or delicate (things or points).

لُطف (الطاف .pl)، مهربانی، مرحمت، فیض. kindness. favo(u)r. grace. elegance. fineness. tact. courtesy. tenderness.

بمن ~ ومرحمتی بکنید. do me a favo(u)r.

بلطف‌الهی، بفضل‌خدا. by the grace of God.

از ~ شما ممنونم. I thank you for your kindness (support).

~ کردن، مرحمت کردن. to do kindness. to favo(u)r. to give. to grant.

کتاب‌را بمن ~ کنید. please hand (give) me the book.

کرم بین و لطف خداوندگار... behold God's generosity and grace (kindness)...

لُطفاً، تمنی دارم، بیزحمت. kindly. if you please. please.

لُطفُ‌الله God's grace.

لَطمه (لطمات .pl)، ضرر، زیان، صدمه، آسیب، سیلی. injury. damage. lesion. hurt. harm. loss. shock. slap. blemish.

او بمن خیلی ~ زد. he caused me a lot of loss (injury or damage).

~ خوردن. to be injured (or damaged). to receive a slap. to be harmed or marred.

~زدن، ~ وارد آوردن. to incur a loss. to injure. to damage. to cause a serious interruption in. to harm. to mar. to impair.

مسائل خانوادگی به پیشرفت درسهای او ~زد. family problems hurt the progress of his studies.

لَطیف، ظریف، پاك، نازك، مهربان. fine. pure. delicate. tender. thin. elegant. gentle. fair. exquisite. dainty.

هوای ~. fine (pure) weather.

~ کردن. to tenderize. to make delicate.

لَطیفه (fem. of لطیف ، لطائف .pl)، بذله، شوخی، کنایه، گوشه. wit. witticism. humo(u)r. jest. joke. wittiness. esprit. wisecrack. gag. quibble.

لَطیفه‌گو، شوخ، بذله‌گو. witty. facetious.

لطیفه‌گوئی، شوخی، بذله‌گوئی، گوشه‌زنی. witticism. facetiousness. saying jokes.

لُعاب، جلا، مینا، آبدهان، ورقه، پوشش. mucilage. glaze. enamel. lustre. gloss. slime. gossamer. shine. coating.

~ گیاه. the mucilage of the plant.

روی آجرکاشی را ~ زدن. to glaze a tile.

ظروف لعابی. enamelled vessels.

~ دادن، ~ زدن. to enamel. to embellish. to glaze. to varnish.

لُعاب‌دار، جلادار. enamelled. glazed. mucilaginous. glossy.

لُعابی enamelled. glazed.

ظروف ~. enamelled vessels (dishes).

لَعِب، بازی. game. play.

لُعبَت (لعب .pl)، عروسك، بازیچه، زن یادختر زیبا. plaything. toy. puppet. doll. game. beautiful woman. belle.

لَعل (min.) ruby. ruby spinel. garnet.

لَعل‌فام، لعل‌گون. ruby-colo(u)red. rosy.

لَعن، لعنت، دشنام، نفرین. ban. cursing. execrating. damning. swearing. blaspheming. malediction. imprecation. execration. anathema.

~ کردن. to ban. to put under the ban. to damn. to anathematize. to imprecate.

طعن و ~. sarcastic remark(s) and imprecation.

لَعنَت، لعن، نفرین، کفرگوئی. curse. execration. damning. blasphemy. imprecation. damnation. malediction.

~ کردن. to curse. to imprecate. to execrate. to damn. to blaspheme.

لعنت‌آمیز imprecatory. damnatory.

لعنتی، لعین، ملعون. cursed. damned.

بازاین رادیوی ~ کار نمیکند. this damned radio is not working again!

لَعین، ملعون، لعنتی. cursed. damned.

لَغ، لق، سست، غیرثابت، افتادنی. loose. shaky. unbound. addle(d).

لَغ، لق، بی‌ادب، پررو. impolite. ill-bred. cheeky.

لُغات (لُغَت pl. of)، واژه‌ها. words. wordage.

مجموعهٔ ~، واژگان. vocabulary.

لِغایَت، غایت، تا. until. till up to.

ازحالا ~ چهارم آبان. from now till the fourth of Aban.

لُغَت (لغات .pl) واژه، کلمه. word. dialect. lex-. etymon. logo-. log-.

کتاب~، ~نامه. dictionary. lexicon.

~ به~، کلمه به‌کلمه. word by word.

لغت‌سازی، نوآوری. neologism. word coining.

لُغَت‌شِناس، واژه شناس. philologist. linguist. etymologist. logologue.

لغت‌شناسی، واژه‌شناسی، ریشه‌شناسی واژه‌ها. philology. linguistics. etymology.

لُغَت‌نامه، فرهنگ. dictionary. lexicon.

لغت‌نویس، فرهنگ نویس. lexicographer.

لغت‌نویسی، فرهنگ‌نویسی. lexicography.

لُغَز، معما، چیستان، مسئلهٔ بغرنج. puzzle. riddle. conundrum. enigma. charade. poser. problem.

لَغزان، لغزنده، سرسری، متزلزل، لیز، لرزان. slippery. shaky. sliding. slimy. sleek. glossy. shifty. slick.

جادهٔ ~ (لیز). slippery road.

شن ~. quicksand.

لَغزاندَن، لغزانیدن، سراندن، سردادن، لیزدادن. to slip. to stumble. to totter.

لَغزِش، اشتباه، لیزخوردی، خطا. slip. sliding. stumble. faux pas. blunder. error. offence. mistake.

~ زبان، لغلغهٔ لسان. slip of the tongue. lapsus linguae.

در رانندگی حتی کوچکترین ~ ممکن است موجب مرگ شود. in driving even the slightest mistake (error) can cause death.

مگرچه لغزشی از من سرزده بودکه اخراجم کردند؟ what faux pas had I committed that they fired me?

لَغزَندگی slipperiness. sleekness.

لَغزَنده، لغزان، لیز. cursor. slippery. sliding. rickety. stumbler. blundrer.

لَغزیدَن (لغز .i. r)، سرخوردن. to slip. to slide. to stumble. to blunder.

پایش لغزید و افتاد روی برفها. his foot slipped and he fell on the snow.

لَغو، مهمل، مزخرف، ابطال، بی‌اثرسازی، باطل، بیهوده. idle talk. nonsense. abolished. abrogation. nullification. cancellation. null. void. nonsensical. vain.

~ کردن. to nullify. to cancel. to abrogate. to annul. to abolish.

~ قرار داد. nullification (cancellation) of a contract (agreement, treaty).

گر از بنده لغوی شنیدی مرنج، جهاندیده بسیار گوید دروغ. don't be offended of my nonsense, for travellers tell fine tales.

لُغَوی (لغویون .pl)، واژه‌ای، وابسته به‌لغت. lexical. literal. lexicographic. lexicographer. etymological. philological. etymologist. philologist.

لَغویّات idle talk. absurdities. etymological or philological subjects.

لَف، پیچیدن، جوف، پیوست. wrapping. folding. enclosed with. in junction with. joining.

لَفّاً، به‌پیوست. herewith. herewith enclosed.

~ ارسال میدارم. I enclose herewith.

لَفّاظ verbose or pedantic (person). wordy. prolix. repetitive. talkative.

لَفّاظی، پرحرفی، اطناب. wordiness. prolixity. redundance. logorrhea. talkativeness. verbosity. loquacity.

~ کردن. to use a verbose style deceitfully or pedantically. to be redundant or talkative.

لِفاف، پوشش، روپوش، جلد، پوشه. wrapper. cover. folder. wrapping. mantle.

~ گونی. burlap.

~ کردن. to wrap. to cover with burlap.

لِفافه، لفاف، کنایه، گوشه، پوشش، حجاب. cover. guise. cloak. veil. mantle.

در ~ گذاردن. to cover. to conceal. to couch. to wrap in.
لفت دادن، طول و تفصیل دادن، شاخ و برگ دادن به. to lengthen out with tiresome details. to mince. to fuss.
لفت ولیس، کاسه‌لیسی،سورچرانی. sponging on others. parasitic life. sycophancy.
لفظ (pl. الفاظ). word. vocable. logo-. wording. utterance.
لفظاً، شفاهی. orally. literally. by mere words. in sound.
[illegible] oral. literal. verbal.
لق، لغ. loose. shaky. addled.
او آدم دهن لقی است. he has a loose tongue.
دندان ~. loose tooth.
تخم مرغ ~ (فاسد شده). addled egg.
~ شدن. to become loose. to be addled. to become shaky. to become wobbly.
~ کردن. to loosen. to make loose or shaky.
لق و ~. unstable. unsettled.
لقاء، چهره، منظر، قیافه. countenance. visage. face.
لقاح، باروری، گشن‌گیری. fecundation. impregnation. fertilization.
~ کردن. to fecundate. to fertilize. to impregnate.
لقاح‌الزهر، گرده. pollen.
لقانطه، رستوران. restaurant.
لقب (pl. القاب)، عنوان، منصب افتخاری، نام فامیل، تیتر. title. appellation. epithet. surname. family name. nickname. sobriquet. cognomen.
~ دادن. to title. to bestow a title on. to entitle.
وی بعدها به «امیر کبیر» ملقب شد. he was later on given the title «Amir Kabir».
اشخاص واقعاً دانشمند دربند القاب نیستند. really learned people are not hung up on titles.
لقلق، لك‌لك. (z.) stork.
لقمان، لقمان‌حکیم. Loghman. Eastern fabulist and sage.
لقمه، تکه. morsel. mouthful. piece. condyle. condylus.
~ کردن. to eat in mouthfuls. to break into morsels or pieces.
لقمه لقمه. in mouthfuls. in morsels.
لقوه، فلج صورت. paralysis (of the face).
لك، لکه، کك‌مك. freckle. spot. blotch. stain. blot. stigma.
~ انداختن. to stain. to blot. to spot.
لك، لاك، برجستگی، قوز. wound or abscess. shell. carapace of a tortoise. hump. protuberance.
لکاته، روسپی، فاحشه. whore. prostitute.
لك‌دار، لك‌زده. blotched. freckled. stained. blotchy. spotted.
لکلک، لگ‌لگ. (z.) stork.
لکن، اما، ولی. but. however.
لکنت. speech impediment. stutter. stammering. stuttering. faltering.
~ داشتن. to stammer. to stutter. to jabber. to gibber. to lisp. to falter.
لکوموتیو، لکوموتیف، لوکوموتیو. locomotive.
لکنت‌دار، الکن. stuttering. stammering.
لك‌ولك، تأخیر. lagging. dawdling.
~ کردن. to lag. to hang behind. to dawdle.
لکه، لك، ننگ. spot. stain. blemish. stigma. blotch. blot.
لکهٔ بدنامی. stain on one's reputation. blot on one's scutcheon.
لکه‌هائی از ابر آسمان‌را پوشانده بود. patches of clouds had covered the sky.
لکهٔ جوهر. ink blot.
لکه‌های خورشید. sunspots.
[illegible] کردم. I removed the oil spots on my trousers with alcohol.
لکه. trotting.
~ رفتن. to trot.
لکه‌دار. stained. blemished. blotted. stigmatized. blotched. dishono(u)red.
~ شدن. to become stained, stigmatized, or blemished.
~ کردن. to stain. to blemish. to spoil. to stigmatize. to blotch.
این عمل شهرت او را ~ کرد. this deed stained (blotted) his reputation.
لکه‌گیری. minor repair. (dry) cleaning. removal of stains.
~ کردن. to patch. to make minor repairs in. to dry-clean.
ابتدا گچکاری دیوار را ~ کردیم وسپس نقاش آنرا رنگ زد. we first patched up the wall's plastering, and then the painter painted it.
لگاریتم، انساب. logarithm.
لگام، لجام. reins. bridle. bit.
لگد. kick. punt. spurn. kicking.
~ انداختن. to kick.
~ خوردن. to receive a kick. to be kicked. to be trod or stepped on.
~ زدن. to kick. to punt. to recoil. to recalcitrate.
~ پراندن. to (throw a) kick.
~ پرانی. kicking. recalcitrance.
~ کردن. to step on. to tread on. to trample. to stampede.
لگد انداز. kicking. in the habit of kicking. habitually kicking.
~ کردن. to kick. to act rebelliously.
لگد خور. durable. tough. strong enough to be trampled on.
لگدکوب. trampled. crushed under feet.
~ کردن. to step on or trample. to stampede.
لگدمال. trampled. trod (upon).
~ کردن. to trample. to stamp. to crush underfoot. to step on. to tread. to stampede.
لگلگ، لقلق، لك‌لك. (z.) stork.
لگن. (anat.) basin. pan. pot. laver. urinal. chamber put. tub. pelvis.
~ خاصره. pelvis.
سر ~ رفتن. to use a chamber pot (or bedpan).
آفتابه ~. ewer and basin.
لگن‌پیما. pelvimeter.
لگنچه. small basin. pan. pelvis. renal pelvis.
لگنی. pelvic.
للگی، لله‌گری. tutorship.
لله، لالا. nanny. tutor. mentor.
لله، بخدا، بخاطرخدا. to God. for God's sake.
لم (i. r. of لمیدن)، تکیه، لمیدن، تکیه‌بده. lean thou. relax thou. leaning.
~ دادن. to lean (on). to recline.
لم، رمز، فوت‌کاسه‌گری، فن، راز، اطلاع. knack. trick. hang. dexterity. know-how. adeptness. skill. stratagem.
~ چیزی‌را یادگرفتن. to get the knack of something.
لمحه، لحظه، نظر، آن، دم. glance. glimpse. flash. moment.
[illegible] palpation. touching. tac-tion. feel. feeling. contact. fingering.
~ کردن. to touch. to palpate. to feel. to contact. to finger.
لمس، لش، سست، فلج، نرم. lax. soft. paralyzed. flaccid. limp.
پای او ~ است. his foot is paralyzed.
لمعات (pl. of لمعه). flashes. glances.
لمعان، تابش، روشنی. shining. scintillation. brilliancy. sparkle. luminousity. glitter.
لمعه (pl. لمعات)، تابش، روشنی. brightness. flash. glance. gleam.
لمّی. deductive. a priori.
لمیدن، لم‌دادن، تکیه دادن، استراحت کردن. to lounge. to loll. to relax. to lean. to recline. to stretch oneself.
منوچهر روی‌متکالمیده بودوداشت‌کتاب‌میخواند. Manoochehr was reclining on a pillow reading a book.
لم‌یزرع، بیحاصل، نکاشته، کشت نشده. barren. arid. uncultivated.
صحرای ~. barren desert.
لم‌یزل، لایزلی، ابدی، سرمدی. eternal. imperishable. everlasting.
لنبان، جاکش‌پیر، روسپی‌پیر. old procuress or prostitute. old pander.
لنبر، کفل. buttocks. crupper. rump.
لنبه، فربه، کفل، لنبر. fat. corpulent. buttocks. crupper. rump.
لنت. lining. shoe.
~ ترمز. brake shoe.
لنتر، چراغ‌بادی. (hanging) lantern. lamp.
لن‌ترانی. disappointing or negative (reply). (o.s.) thou shalt not see me.
لنج ورچیدن. to cry. to sob. to distort the lips (while weeping).
لنجیدن (i. r. لنج)، خرامیدن، آویختن، گریه‌کردن، ریشه‌کن‌کردن. to eradicate. to roam. to hang. to weep. to cry.
لندلند، غرغر، شکایت، وراجی. grumbling. growling. muttering. complaining.
~ کردن. to grumble. to mutter. to growl. to complain. to gripe.
غرولند. grumpling and griping.
لندن. (geog.) London.
لندنی. Londoner. of or pertaining to London. cockney.
لنده، لند، غرغر، قرقر. growl. mutter. complaint. grumble.
لندهور. huge (person).
لنف، آب، خلط. lymph.
لنفاوی، لنفی. lymphatic.
لنگ، شل، وامانده، معطل، تعطیل. lame. lingering. paralysed. limping. maimed. crippled. stalled.
خر ~. a lame donkey.
کار ~ است. the work is stopped (or delayed).
~ شدن. to become lame. to be paralyzed. to be detained. to stop.
~ کردن. to make lame. to stop. to interrupt. to paralyze. to keep waiting. to halt. to linger. to stall. to break down. to take long steps. to stride.
بی‌پولی باعث‌شدکه‌کار ساختمان‌مدرسه ~ بماند. lack of money brought the task of constructing the school to a standstill.
لنگ، ساق‌پا. leg.
~ انداختن. to stalk. to take long steps.
[illegible] loin-cloth. waist-cloth. bathing cloth. apron.
~ انداختن. to throw in the towel. to surrender. to give in.
یارو ~ انداخت. he surrendered.
لنگان، لنگ لنگان. limping.
لنگاندن، لنگانیدن. to cause to limp.
لنگان لنگان، لنگ لنگان. limpingly. haltingly.
لنگ لنگان قدمی برمیداشت. he was stepping on limpingly.
لنگر. anchor. preponderance. gravity. dignity. grapnel. mainstay. kedge. equipoise. counterpoise.
~ انداختن. to cast anchor. to halt. to come to anchor. to anchor.
~ دادن. to overbalance.
یارو چندین روز است اینجا ~ انداخته. he has cast anchor (stayed) here for several days.
چرخ ~. flywheel.
لنگرگاه. anchorage. harbo(u)r.
لنگه، تا، عدل، نظیر، عدیل. half a load. bale. mate. match. pair. fellow. leaf. odd. mateless.
یك ~ کفش، یك‌کفش ~. an odd shoe.
~ به ~. ill-matched. ill-mated.
یك ~ قالیچه. one of a pair of rugs. a single carpet.
لنگهٔ جارچوب. doorpost.
در تمام دنیا ~ چنین زنی پیدا نمیشود. a match for this (such a) lady can not be found in the whole world.
لنگی، شلی، بیکاری، تعطیل. lameness. want of facilities for work. closure. standstill.
لنگیدن، لنگ لنگان راه‌رفتن. to go lame. to walk lamely. to limp. to dally.
لو، اگر. (even) though.
ولو آنکه. even though. even if. although.
~ دادن. to betray.
لواء، پرچم، علم. banner. flag. aegis.
تحت لوای آزادی. under the banner of liberty.
لواحق (pl. of لاحقه). appertenances. attachments. precedents. dependencies.
لوازم (pl. of لازم). necessities. equipment. necessaries. outfit. requisites. requirements.
~ زندگی. necessities of life.
لوازمات. necessaries.
لوازم‌التحریر، نوشت‌افزار. stationery.
لواش. lavash. a kind of thin, white bread.

لِواط، لواطه، بچه‌بازی. pederasty.
لِواطَه، بچه‌بازی. pederasty. active sodomy. homosexuality.
لَوّاف، لیاف، چادر دوز، طناب‌باف. seller (or maker) of tent materials. rope maker.
لَوایِح، لوائح(لایحه of .pl). bills.
لوبیا bean. haricot.
لوبیای چشم بلبلی. black-eyed cowpea. black-eye bean.
لوبیای پخته، خوراك ~. baked beans.
لوبیای قرمز. kidney bean.
لوبیای سفید، لوبیای مرمری. navy bean.
لوبیاسَبز green beans. string bean.
لوت، لات، برهنه. naked. penniless.
لوتو binyo. lotto
لَوث، آلودگی، کثافت. pollution. contamination. tainting. defilement. soiling.
لوچ، چپ (چشم)، احول. squint-eyed. squint. cross-eyed. strabismus.
لَوچَه، لبچه small lip. (slang) chops.
لب و ~.
لب ولوچهٔ آویزان. with hanging lips. baffled. disappointed.
لوچی squint. strabismus.
لَوح (الواح .pl)، لــوحه، تخته، صفحه. table. tablet. plate. board. slate. tombstone. tabula.
نصایح او بر ~ ضمیرم نقش بسته است. his advice is engraved on the table of my mind.
لَوحه tablet. plate. signboard.
لَودادَن to betray. to play false. to divulge. to reveal. to blab.
پس ازگرفتاری اسم‌سایرهمدستان خودرا لوداد. after being captured, he revealed the names of his accomplices.
لَودگی، مسخرگی. clownery. buffoonery. clownishness. foolery.
لَوده pannier. clown. buffoon.
لوری، کولی. gypsy. gypsy tribe.
لَوز lozenge shaped confectionery.
لَوزالمِعدَه pancreas.
شیرهٔ ~. pancreatic juice.
لَوزالمَعدی pancreatic.
لَوزَتَین (لوزه d. of)، بادامك. the tonsils. the two almonds.
ورم ~، ورم لوزه. tonsilitis.
لَوزَه، بادامك. tonsil. paristhmion. amygdala. almond.
عمل ~، قطع ~. tonsilectomy.
لوزه‌ای. tonsillar. amygdaline. paristhmic.
لَوزی lozenge. amygdalate. almond-shaped.
لَوزینَه almond cake.
لوژ sled. luge.
لوس، بیمزه، نازپرورده. spoiled. insipid. flat. gaudy.
بچهٔ ~. a spoiled child.
شوخی ~. a flat joke. an insipid joke.
~ کردن. to spoil (a person).
~ شدن. to become spoiled. to act like a spoiled person.
لوستر، چلچراغ. electrolier. chandelier. lamp shade.
لوط Lot (Biblical name).

لوطی، الواط، بچه‌باز، دست و دل‌باز، سخی. pederast. rogue. juggler. buffoon. manly. generous.
بچه ~. a pederast (boy).
لوطی‌بازی jugglery. buffoonery.
لوطی‌خورکردن to misappropriate. to dissipate.
لوطی‌گَری، گذشت، جوانمردی. generosity.
لوقا Luke.
حضرت ~. Saint Luke.
انجیل ~. Gospel of St. Luke.
لوکزامبورگ (geog.) Luxemburg.
لوکس، شیك، اشرافی، عالی. luxury. de luxe. luxurious. sumptuous. elegant.
اشیاء ~. luxury items.
لوکوموتیو locomotive.
لول، سرخوش، سرحال، نیم مست، شوخ‌چشم. on the spree. slightly intoxicated. mellow. impudent. saucy.
لول، لوله. wriggling. stick (of opium) roll. tube. pipe. barrel.
تفنگ دو ~ (لوله). double-barrelled gun.
یك ~ تریاك. a stick of opium.
~ خوری. wriggling.
~ خوردن، لولیدن. to wriggle. to squirm.
لولا، مفصل، بند. hinge. joint. butt
لولائی hinged.
لولو bugbear. bogy. bogey.
لولوی سرخرمن، مترس، مترسك. scarecrow.
لوءلوء، در،مروارید. pearl.
لوله، لول. hose. tube. pipe. barrel. bore. spout. chimney. tubule. tubulare. cylinder. tubuli-.
~ آتش نشانی. fire hose.
لولهٔ ترمز. brake hose.
لولهٔ جدار، لولهٔ جلد. casing.
لولهٔ جراحی. cannula.
لولهٔ خرطومی. hose (pipe).
لولهٔ دود، لولهٔ اگزس. exhaust pipe.
لولهٔ آب. water pipe.
لولهٔ اصلی آب. water main.
آب ~. piped water.
لولهٔ نفت. oil pipe.
لولهٔ گاز. gas pipe.
خط ~. pipeline.
~ کردن. to form into a tube. to tubulate. to roll.
لوله‌ای tubular. tubulous. pipe-like. tubulate. tubate. tubal. cannulate.
پیوند ~، پیوند ماسوره‌ای. flute-grafting.
لوله‌پاك‌کُن pipe cleaner. swab. chimney sweep.
لوله‌زهدان، لولهٔ‌رحم. salpinx. uterine tube. fallopian tube.
لوله‌ساز plumber. pipe maker. tube maker. pipeman.
لوله‌سازی plumping. pipe making. manufacture of tubes.
لوله‌سانان (z.) nematoda.
لوله‌شِکلان (z.) nematomorpha. horsehair worms.
لوله‌شو، خمشو. ductile.
لوله‌کَش pipelayer. plumber.
لوله‌کشی plumbing. pipelaying. pipework. plumbery. water reticulation. tubulation.
~ کردن. to lay pipes. to do plumbing.

لوله‌کَشیدَن to lay a pipe(line). to provide with plumbing.
لولی، لوری،فاحشه، روسپی. gipsy. harlot.
لولیدَن، لول‌خوردن، خزیدن، جنبیدن. to wriggle. to toss. to wiggle. to squirm. to wag. to shimmy. to move.
کرم میلولد. the worm wriggles (or wiggles).
او در رختخواب میلولید (لول‌میخورد). he was tossing (moving) in bed.
~ مار. the squirming of the snake.
لوم، سرزنش. blame. reproach. taunt.
لومینال luminal. phenobarbital.
لون(الوان .pl)، رنگ. colo(u)r. hue. tint. tinge. dye. complexion. tincture. cast. colo(u)ring. pigmentation. chroma.
لونی‌کردن، رنگ‌کردن. to colo(u)r. to tinge. to tint. to dye. to stain. to paint.
لَوند، طناز، دلفریب، عشوه‌گر. coy. coquettish. lewd (woman).
لوندی، دلفریبی، عشوه‌گری. lewdness. shrewishness. coquettishness. coyness.
لوئی، لوبی. (bot.) cattail. reed mace.
لَهُ، برای او، بهاو. to him. for him. pro.
بر ~ او. for him. in his favo(u)r.
~ وعلیه. pro and con.
له pole. polander.
لِه،خردشده،لمیده. mashed. crushed. trod upon. squashy. mushy.
~ شدن. to be crushed. to be trod. to be squeezed. to be mashed. to become mushy.
~ کردن. to crush. to sqeeze. to mash. to tread. to slur. to elide. to smash.
لَهات، زبان‌کوچك. (anat.) uvula.
لَهَب، شعله. flame. glow.
لَهجَه، تلفظ، زبان، تلفظ مخصوص، گویش. dialect. accent. tone.
پس از سالها زندگی در تهران هنوزهم لهجهٔ کاشی دارد. after years of living in Tehran he still has a Kashani accent.
لِهٰذا، بنابراین، از اینرو، لذا. therefore. thus. so.
لِهستان، پلند. (geog.) Poland.
لهستانی Polish. Pole. Polack.
لَهف، افسوس، تأسف. woe! with regret.
لَه‌لَه panting.
لَه‌لَه‌زَدَن to pant. to breathe thirstily.
لَهو، بازی، عیش، خوشی. play. sportiveness. amusement.
لَهو وَلَعب pleasure. debauchery.
لَهوی uvular.
لیاقَت، شایستگی. merit. worth(iness). desert(s). excellence. efficiency. virtue. capability. ability. fitness.
او ~ اینکار را ندارد. he is not worthy of it. he does not deserve it.
بی ~، نالایق. unfit. incapable. unworthy.
نشان ~. merit badge.
با ~، لایق. worthy. capable. meritorious.
لِئامَت miserliness. stinginess.
لیبی (geog.) Lybia.
لیتر، لیطر. liter. litre.
لیتوانی (geog.) Lithuania.
لیتیوم lithium.

لَیث، شیر. lion.
لیچار، حرف مزخرف، سخن‌تلخ وزننده. (slang) offensive words. bitter remark.
لیر، لیرهٔ ایتالیا. lira.
لیرَه pound.
لیرهٔ انگلیسی. pound sterling.
لیز، سرسری، لزج،لغزنده. slippery. slimy. viscous. viscid. glutinous. mucid. sticky. mucous. mucilaginous. sleek. unctuous. slick. slippy.
~ خوردن. to slide. to slip. to glide. to skim. to misstep.
بچهها روی برف ~ میخورند. children slide on the snow.
روی پوست موز ~ خوردن. to slip on banana peel.
برف وسرما راهها را ~ کرده‌است. cold and snow have made the roads slippery.
لیزی، لزجی. slipperiness. sliminess. viscosity. viscidity. sleekness. slickness.
لیس (لیسیدن of .i. r)، بلیس، لیسنده. lick thou. licker. licking. (in combs. as in: (کاسه لیس).
~ زدن. to lick.
لیسانس، درجهٔ‌لیسانس. bachelor's degree. licentiate's degree. bachelor of arts (B.A.). bachelor of sciences (B.S.)
~ در زبان وادبیات انگلیسی. B.A. in English language and literature.
لیسانسیه licentiate. college graduate.
او ~ است. he is (has) a B.A. he is a college graduate.
لیسَك، حلزون. (z.) snail.
لیسه scraper. drawshave. drawknife.
~ زدن. to smoothe with drawshave.
لیسیدَن، لیس زدن. to lick.
سگ زخمهای خود را میلیسد. the dog licks its wounds.
لیف (الیاف .pl)، نسج، بافت، رشتهٔ نازك. fibre or filament. small bag used for cleaning in a bath. brush. sponge.
~ زدن. to (soap with a) sponge.
لیفَك fibril. small fiber.
لیفکی fibrilar. fibrillary. fibrillate.
لیفَه، لیقه، لیف. sponge. a small cotton ball placed in an ink pot.
لیفی، بافتی، رشته رشته، بافت مانند، نسجی. fibrous. fibriform. fibroid. spongy.
غضروف ~. fibrocartilage.
لیقه flake of cotton and silk put in an inkpot.
لیك، لیکن، ولی، اما. but.
لیکن، اما، لیك، ولی. but. yet. still.
او میخواست برای تحصیل بآمریکا بــرود ~ پول نداشت. he wanted to go to America to study but he had no money.
لیکور، مشروب. liqueur. cordial.
لَیل، شب. night.
الف ~، هزار و یکشب. The Arabian Nights.
لَیلاج، الجلاج. name of an invincible. chess player. professional gambler.
لَیلَه، (یك) شب. (a single) night.
لَیلی، لیلا. Leili. Lilly. Lily. Leila.
لی‌لی hopping. leaping. springing. bouncing.
~ کردن. to hop. to leap. to spring. to bounce.
لیمو، لیموی عمانی، لیمو ترش، لیموی‌ترش. (bot) lime. lemon. sweet lemon.

(dried) lemon from Oman. lime.
آب ~. lime juice. lemon juice.
لیموُتُرش lime. citron.
لیموُناد lemonade.
لیموُیی citreous. lemon-colo(u)red.
لَیِّن، نرم، ملایم، روان، داروی لینت دهنده.
soft. gentle. laxative. smooth.

لینَت، نرمی، روانی. laxity. loose bowels. fluency. laxness. flaccidity.
لینولئوم، مشمع فرشی. linoleum.
لیوان cup. tumbler. glass.
~ آبجوخوری. beer mug. mug.
~ آزمایشگاه. beaker.
لیون (geog.) Lyons.
لئیم، پست، پست فطرت، خسیس.
base. mean. base fellow. miser.
لَئیمُ‌الطَّبع، لئیم‌النفس، پست فطرت.
of a base nature. vile. mean fellow.

م the 28th letter of the Persian alphabet.
ما (ماها .pl). we. us. ours. our.
~ آمدیم. we came.
آنها بما گفتند. they told us.
خانهٔ ~. our home.
او ~ را دید. he saw us.
این‌کتاب ~ را بس باشد. this book is enough for us.
ماء (میاه .pl)، آب، مشروب، آبگونه.
water. liquor. juice. liquid.
ماءُالْحَیات، آب زندگی. water of life.
ماءُالشَّعیر
barley water. barley decoction.
ـمَآب like. pretending to be. in the manner of. having. -ized. (in combs. as in: جلالت~. and فرنگی~).
مابَعد، پس‌ازآن، بعداً، متعاقب. what comes next. following. consequent. later.
مابَقی، باقی مانده، مانده، تتمه.
balance. remainder. remaining. the rest. remnant.
جواد ~ پول را خرج کرد. Javad spent the rest of the money.
مَابُون، ابنه‌ای، مفعول. catamite. affected with itching or prurience.
مابِهُ‌التَّفاوت، اختلاف، تفاوت. difference. balance (of an amount). difference.
مابَین، درمیان، بین، دروسط. space between. middle. between. among.
منزل‌آنها ~ دوساختمان بلند قراردارد.
their house is located between two tall buildings.
مات، شهمات، شیشهٔمات، مبهوت، متحیر.
checkmate. checkmated. astounded. astonished. stupefied. mate. stunned. amazed. confounded. dumbfounded.
~ شدن. to be checkmated. to be astonished, astounded or amazed.
~ کردن. to checkmate. to confound. to amaze. to dumbfound. to stun. to mate.
او ماتش برد.
he was astonished. he was confounded.
مات opaque. not transparent.
شیشهٔ ~. opaque glass.
مَآت (مائه .pl. of)، صدها. hundreds.
ماتَحت، مقعد، کون. anus. podex. rump. (slang) ass. butt hole. bung hole.
ماتَرَك، ارث، اموال‌شخص متوفی. estate (of a deceased person). patrimony.
ماتَم، عزا، سوگ، سوگواری. mourning. lamenting. grieving. bewailing. bemoaning. grief. bereavement.
~ داشتن. to be in mourning. to lament. to grieve. to bewail. to bemoan.
~ گرفتن. to mourn. to mourn over.
جامهٔ ~ پوشیدن. to wear mourning.
ماتم‌دار، ماتم‌زده، عزادار.
mournful. in mourning.
ماتَم‌زَدِه، ماتم‌دار، عزادار.
mournful. bereaved. in mourning.
ماتیك، لوازم آرایش. cosmetic.
~ لب، لبرنگ. lipstick.
ماجِد، ارجمند، محترم، شریف.
noble. respectable. hono(u)rable.
ماجَرا، رویداد،اتفاق، واقعه، کشمکش. اختلاف
adventure. venture. circumstances. incident(s). event(s). dispute. hazard.
ماجرای آنرا برایم توصیف کن. describe its circumstances for me.
ماجراهای حسن صباح. the adventures of Hassan Sabbah.
ماجَراجُو،حادثه‌جو،ماجراطلب،فتنه‌جو،دعوائی
adventurous. adventuresome. quarrelsome. venturesome. adventurer.
ماجَراجُویانِه venturesome(ly). adventurously. adventuresomely.
ماجَراجُویی adventuresomeness.
ماجُوج Magog.
یأجوج و~. Gog and Magog.
ماچ، بوسه. buss. kiss. smaok.
~ کردن. to kiss. to buss. to smack.
~ و بوسه. kissage. smooching. necking.
ماچِه، مؤنث. female.
~ خر. female donkey.
ماچین، هندوچین. (geog.) Indochina.
ماحَصَل، خلاصه، حاصل، نتیجه، میانگین.
result. upshot. summary. average.
~ کلام. to sum up. in short. briefly.
ماحَضَر، حاضری، غذای‌آماده. ready victuals. food prepared in haste.
مَاخَذ، اساس، منبع، ریشه. basis. source. root. origin. derivation.
بر~، روی ~، بمأخذ. on the basis of.
این کتاب چندین ~ دارد.
this book has several sources.
~ این کلمه چیست؟ what is the source (origin or derivation) of this word?
بی ~. unfounded. lacking a known source or origin.
ماخَلَقَ‌الله، آنچه خدا آفریده، آفریده.
what God has created.
اول ~. intellect. wisdom.
مَاخُوذ، گرفته شده، مشتق از، دریافت شده.
taken. derived. originating from.
ماد Media. Medes.
امپراطوری ~. the Median Empire.
مادام duration. while. so long as.
~که او زنده است.
while he is living (alive).
مادام، بانو، خانم. madam(e).
مادامُ‌الْحَیات، در دوران زندگی، مادام‌العمر.
during one's lifetime. lifelong.
مادِح،مداح، ستایشگر. praiser. encomiast. adorer. eulogizer. panegyrist.
مادَر، ام. mother. mater. mommy. mom. matri-. mama. mammy.
~ بزرگ. grandmother.
~ رضاعی. foster mother.
روز ~. mother's day.
بی~. motherless.
~ مرده. orphan. motherless child.
مادَراَندَر، نامادری، زن‌پدر. stepmother.
مادرانه motherly. maternal.
محبت ~. maternal love.
مادَربِخَطا، حرامزاده. bastard.
مادرتباری matrilineal.
مادَرخوانِده، نامادری، مادر تعمیدی.
adopted mother. nurse. godmother.
مادرزاد، مادر زادی.
congenital. syngenic. geneogenous.
کور ~. (one who is) born blind.
مادَرزَن mother-in-law.
مادرسالار matriarch.
مادرسالاری matriarchy. matriarchal.
خانوادهٔ ~ matriarchal family.
مادرشوهر mother-in-law.
مادَرکُش matricide. matricidal.
مادرکُشی matricide.
مادَروار، مادرانه. motherly. maternal.
مادَری، مادرانه. maternity. motherhood. motherliness. maternal.
زبان ~. mother tongue.
عاطفهٔ ~. maternal affection.
نا~، مادراندر. stepmother.
مادْرید (geog.) Madrid.
مادِگی gynoecium. buttonhole. pistil. the carpels. pistilli-. femininity.
مادمُوازِل، دوشیزه، دختر.
mademoiselle. miss. damsel.
مادُون، پائین‌تر، زیردست، پائین‌رتبه.
inferior. under. underling. (what is) below. infra. lower. subordinate. sub-.
اشعهٔ ~ قرمز. infrared rays.
مادِه، ماچه،مؤنث. female. feminine. -ess.
الاغ ~. she-ass. female donkey.
پلنگ ~. tigress.

گوسفند ~، میش. ewe.

خوک ~، ماده خوک. sow.

روباه ~. vixen. she-fox.

سگ ماده. bitch.

مادهالاغ she - ass.

مادهبُز she - goat.

مادّهٔ خاکستری (anat.) gray substance. substantia cinerea. gray matter.

مادهسگ bitch. female dog.

مادّه (مواد .pl)، جسم، هیولا، شیئی. substance. material. element. object. stuff. matter. article. paragraph.

مادّهٔ قانون. an article of law.

~ فاسد شدنی. perishable matter.

~ واحده. single article.

زخم او ~ کرده. his wound has abscessed.

مادهٔ خوراکی. foodstuff.

مادّهٔ سفید white substance. white matter. substantia alba.

ماده شیر lioness. she-lion.

مادهگاو cow.

مادّةً. از لحاظ مادی. materially.

مادی، اهل کشورماد. Median. Mede.

مادی (مادیات، مادیون .pl)، جسمانی، بدنی. material. materialist. body. bodily. corporal. corporeal. physical. somatic. tangible. palpable. substantial. substance. venal. mercenary. materialistic.

نیروهای ~. the material forces.

مسائل ~. pecuniary problems.

او دربند مادیات نیست. he is not hung up on material things.

فلسفهٔ مادی، ماده پرستی. materiality.

~ کردن. صورت ~ دادن به. تحقق دادن به. تحقق یافتن. to materialize. corporealize.

مادیون، مادهپرستان. materialists.

آدم ~ (پولکی). a venal person.

مادهگرایی. مادهپرستی. مادیت. materialism.

~، ماده گرای. materialist.

مادّیات (.pl of مادی)، جسمانیات، محسوسات. materialities. venal problems. material things (concerns). pecuniary matters.

~ ومعنویات. material and spiritual things.

مادیان mare.

کرهٔ ~. filly.

مادّیّت materiality. materialism.

مازریون (bot.) spurge olive. spurge daphne. mezereon. mezereum.

مأذون، مجاز، روا. permitted. authorized.

مار. (z.) snake. serpent. ophio-. ophidio-. angui-.

~ کوچك، بچه ~. snakeling.

~ جعفری. green viper. adder.

~ جلاجل، ~ زنگی. rattlesnake.

~ عینکی، ~ کبرا. cobra (snake).

~ مانند. ophidian. serpentine.

مارأژدر، اژدرمار. (z.) boa.

ماربیچ، پیچاپیچ serpentine. spiral. helix. helical. serpentiform. helico-. spiro-. helicoid. helicoidal. coil.

فنر ~. helical (spiral) spring.

~ رفتن. to spiral. to circumvolve. to coil.

مارچوبه (bot.) asparagus. sparrowgrass.

مارچوبهییان (bot.) Asparagoideae.

مارس (the month of) March.

مارس (in backgammon) gammon.

~ کردن. to gammon.

مارسان (z.) ophiuran.

مارسانان (z.) Ophiuroidea.

مارش، قدمرو. march. marching.

مارشال marshal.

مارشناسی ophiology.

مارك، پول آلمان، نشان، انگ، علامت. Mark. German monetary unit. mark. brand. type. label.

مارکدار branded. label(l)ed. marked.

مارگزیدگی snake bite.

مارگزیده snake - bitten (person).

مارگیر snake charmer. snake catcher.

مارمالاد. مربای خلال نارنج. marmalade.

مارمانند snaky. serpentiform. serpentine. anguine. ophidian.

مارماهی (z.) eel. moray.

مارمولك (z.) lizard. sly person.

مارمهره stone found in the brain of certain varieties of serpents.

مارونی Maronite.

ماری anguine. snaky. serpentine.

ماز maze. twist. fold.

مازاد، باقیمانده، اضافی. surplus. excess. surplusage. remainder. overage. profit. balance. remnant. leftover.

مقداری ازخوراك راخوردو~ آنرا بهسگش داد. he ate some of the food and gave the rest (leftover) to his dog.

مازو (bot.) gallnut. harrow.

جوهر ~. tannic acid. tannin. gallic acid.

مازوت، نفت سوخت. mazut. fuel oil. petroleum residue.

مازه، مازو، گوشت مازه. backbone. fillet. undercut. tenderloin.

ماساژ، مشت ومال، مالش بدن. massage. rubbing the body. rub down.

~ دادن. to massage. to rub down.

ماسَبَق، گذشته، ماقبل، پیشین. the foregoing. the precedent. what has preceded. the past.

ماست yoghurt. yogurt. yohourt.

ماستبندی، لبنیاتی. dairyman's process of making yoghurt. dairy trade.

ماستمالی slurring over.

موضوع بچهٔ حرامزاده ~ شد. the problem of the illegitimate child was slurred over.

~ کردن. to slur over.

ماسك، نقاب، چهرهپوش. mask.

~ ضدگاز. gas mask.

ماسوا what is separate or apart.

ماسوره، قرقره. bobbin. pirn. reed. ramrod pipe. quill. spool. tube.

ماسورهپیچ cam (of a sewing machine).

ماسه، شنریز، شن نرم. (fine) sand. grit. arenaceo. ballast.

ماسهای arenaceous. sandy. arenarious.

ماسهزی arenicolous. arenaceous.

ماسهسنگ sandstone. grit. sandrock.

ماسیدن، دلمه شدن، بسته شدن. to be congealed. to be coagulated. to freeze. to clot.

ماش chickling. vetch. grass pea.

ماشاءالله، آفرین. well done. may God preserve (you, him, etc.) from evil eye. what wonders God has wrought! what God has willed!

ماشك. التهاب غدهٔ میبومین درپلك چشم. (med.) chalazion.

ماشوره. ساقهٔ گیاه. culm. haulm. stem.

ماشه trigger. pincers. tongs. forceps.

ماشی greenish yellow. moss green.

ماشی (مشائین .pl)، مشاء، سالك، رهرو. walker. pedestrian. peripatetic.

ماشین، اتومبیل. machine. plant. engine. car. automobile. motor car.

~ بخار. steam engine.

~ تحریر. typewriter.

~ چاپ. printing press.

~ حساب. comptometer. calculating machine.

~ کردن. to type. to typewrite. to print. to crop (hair).

~ ریش تراش برقی. electric shaver.

~ باری. truck.

~ سوار. car rider.

سوار ~ شدن. to get on (ride) a car.

ماشینآلات machinery.

ماشینچی machinist. engineman.

ماشینخانه engine house.

ماشینرو motorway. for cars.

ماشینساز machinist.

ماشینسواری automobile. sedan. motoring. riding in a car.

~ کردن. to ride (a car).

ماشینکار operator. engineman. machinist. pressman.

ماشینگردان machine operator.

ماشینی machine - made. engine - driven. mechanical. typed.

ماضی (ماضیه .fem)، گذشته. past (tense).

ماضی استمراری continuous past.

ماضی بعید past participle.

ماضی نقلی present participle.

ماعدا، غیر از این. what is outside a sphere or category.

ماغ، ماق، صدای گاو. mooing. lowing.

مافات (what is) bygone or past.

جبران ~ کردن. to make up for the past.

مافوق، برتر، بالاتر، ارشد. what is above or beyond (a specified thing). beyond. above. superior.

او ~ من است. he is my superior.

~ عقل بشر. beyond human intellect.

~ طبیعت. hyperphysical. supernatural.

ماقبل، گذشته، پیش از. preceding (part). before. antecedent. preceding.

~ آخر. penultimate.

ماك، شیرماك. colostrum. beestings.

ماکارونی، رشته فرنگی. macaroni.

ماکان what was or has been.

ماکو shuttle. (geog.) Maku.

مأکول (مأکولات .pl)، خوردنی. eatable. edible. eaten.

غیر ~. unedible. uneatable.

ماکیان، مرغخانگی. hens. fowl. birds.

ماکیانی gallinaceous. gallinacean.

ماگنولیا (bot.) magnolia.

مال (اموال .pl)، دارائی، ثروت، مرکبسواری. property. wealth. belonging. asset. possession. holding(s). beast of burden.

این کتاب ~ من است. this book is mine (or my property).

این ~ شماست. this belongs to you. this is for you.

مدادهای من قرمز ولی ~ دیگران سیاه است. my pencils are red, but those of others are black.

این منزل ~ کیست؟ whom does this house belong to? whose house is this?

~ دولت. government property.

او ~ بسیار اندوخت. he accumulated much wealth.

مال، مالنده، بمال. rub thou. one who rubs. rubbing. (used in combs. as in: کلامال).

مآل، پایان، عاقبت، نتیجه. issue. result. end. return(ing). outcome. consequence.

مآلاً، بالمآل، درنتیجه. ultimately. consequently. finally.

مالاً، ازلحاظ مالی. financially.

جاناً و ~ در اختیار شما هستم. my life and financial resources are at your disposal.

مالاریا malaria. paludism.

مالاریاشناسی malariology.

مالاریایی malarial. malarious. paludal. palustral.

مالالاجاره، اجاره، کرایه. rent. rental.

مالالتجاره، کالای بازرگانی، کالا. merchandise. goods. commodity. wares.

مالامال، پر، لبریز، سرشار. filled to the brim. heaped up. overflowing. replete.

مالاندوز، مال دوست. amassing wealth.

مآلاندیش، عاقبت اندیش، دوراندیش. provident. having foresight.

مآلاندیشی. آخربینی. foresight.

مالبند shaft. pole. thill.

مالپرست، مادی. mammonish. mammonist. materialist. mercenary.

مالپرستی، مادیت. love of money. mammonism. materialism.

مالت، مالطه. (geog.) Malta.

تب ~. Malta fever. undulant fever. brucelosis.

مالتی Maltese.

مالدار، توانگر، دارا. wealthy. rich. opulant. affluent. well - to - do.

مالداری، تمول. wealth. opulence.

مالش، مشت ومال، اصطکاك، تماس، مالیدن. rubbing. scrub. scrubbing. friction. massage. rub down. kneading. stroking. chafing. abrasion. manipulating.

~ دادن. to rub. to knead. to massage. to scour. to scrub. to stroke.

بدن را مالیدن. to rub down (massage) the body.

مالشی frictional. rubbing.

مالطه، جزیرهٔ مالت. (geog.) Malta.

مالك (مالکین، مالکان .pl)، صاحب، ارباب، خداوند، دارنده، دارا. proprietor. landlord. owner. possessor. master. lord. holder. bearer. occupant.

~ مغازه. proprietor of a store.

~ خانهٔ من آدم خوبی است. my landlord is a good man.

~ مزرعه. the owner of the farm.

~ بودن. to own. to possess. to have.

~ یومالدین. Lord or possessor of the Day of Judgement.

درحقیقت ~ اصلی خداست. in reality the true (original) owner is God.

مالکانه possessory. of possession

or ownership. proprietory.
بهرهٔ ~. the owner's profit (or interest).
مالِکیّت، تصاحب، تصرف. proprietorship. ownership. possessorship. possession.
حق ~. ownership right.
اثبات ~. proof of ownership.
مال‌مَردُم‌خور a spoliator of the property of others. one who pockets other people's money.
مَألوف، متداول، آشنا، معتاد. usual. customary. habitual. familiar.
بعادت ~. according to the usual habit.
مالَه a trowel.
~ کشیدن. to trowel.
مالی (مـالیه .fem)، پولی، مـادی. financial fiscal. pecuniary. monetary.
اشکالات مالی. financial difficulties.
سال ~. fiscal year.
کمك ~. pecuniary (financial) aid.
مالیّات، باج، خراج، عوارض. tax. taxes. revenues. duty. toll. custom. impost. taxation.
~ بردرآمد. income tax.
~ های‌مستقیم. direct taxes.
~ غیر مستقیم. indirect taxes. excise tax.
~ براراضی. land tax.
~ جنسی. tax in kind.
~ نقدی. tax in cash.
~ مستغلات. rental tax. real estate tax.
~ ملکی، ~ براموال. property tax.
~ تصاعدی. graduated tax.
~ برارث. inheritance tax.
~ بردار. taxable.
~ پرداختن. to pay tax.
~ بستن، ~ وضع‌کردن. to tax. to assess (or levy) tax.
مالیات بِدِه، مؤدی مالیاتی. taxpayer.
مالیات‌بَندی taxation. assessment.
مالیاتی pertaining to taxes or taxation.
تحصیلدار ~. tax collector.
مؤدی ~. taxpayer.
مالیخولیا melancholia. melancholy.
مالیخولیائی melancholy. melancholic.
مالیدَن، لمس‌کردن، مالش‌دادن، سائیدن. to rub. to abrade. to chafe. to polish. to massage. to stroke. to graze. to anoint. to bedaub. to besmear.
بدن خود را روغن ~. to rub one's body with ointment.
بدن را ~. to massage the body.
خمیر ~. to knead dough.
ماست‌مالی‌کردن. to whitewash. to slur over.
این دوا را روی زخم بمالید. apply (rub or put) this medicine on the sore.
خشت‌مال. bricklayer.
مالیدَنی، داروی ~. (medicine) designed for external use. ointment.
مالیده، لمس‌کرده، غلطانده، بحساب نیامده، باطل. rubbed. rolled and pressed as a felt hat. not counting. null.
مالیّه، دارائی. finance.
مام، مادر، ماما، ننه. mommy. mom. mammy. mama. mother.
ماما، قابله. midwife. obstetrician.
ماما، مامان، ننه‌نه، محبوبه، دلبر. mammy. mommy. mom. mother. mamma. girlfriend. sweetheart.
ماماچه midwife.

~ که دوتا می‌شود سربچه کج درمی‌آید. too many cooks spoil the broth.
مامان mamma. mammy. mommy.
مامائی، قابلگی. midwifery. obstetrics.
مامَك، مادرك، مادرپیر، پیرزن. old mother. old woman.
مَأمَن، پناهگاه، پناه. safe place. place of refuge. haven. shelter.
مَأمُور (ماموران .pl)، افسر، نماینده، فرستاده، متصدی، مسئول. official. functionary. delegate. commissionary. commissioned. charged. appointed. sent on duty. ordered. agent.
او ~ [illegible] he was appointed inspector.
او ~ شدآنرا بازرسی نماید. he was appointed to inspect it.
او ~ کاشان شد. he was sent on duty to Kashan. he was ordered to Kashan.
~ کردن. to commission. to appoint. to charge. to order. to delegate. to send on duty.
شما ازطرف من مأمورید که بآنجا بروید. you are charged (appointed) to go there on my behalf.
مأمورین دولت. government officials.
مَأمُوریّت duty. commission. assignment. mission. agency. delegation.
اوبه ~ قم رفت، او بقم ~ یافت. he was sent on duty to Ghom.
~ دوساله دراهواز. a two-year tour of duty in Ahwaz.
مامیران، انجیرك، علف بواسیر. (bot.) celandine. swallowwort.
مامیزه، افیون. meconium.
مامیثا (bot.) common field scabious.
ـمان our. ours. us.
برادرمان. our brother.
دیدمان، مارا دید. he saw us.
مان (مانستن، ماندن .i. r. of)، بمان، ماندگارباش remain. stay. -ment. -means of.
مانا، مانند. like. similar.
~ که. as if. as though.
ماندِگار، ماندنی، مقیم، باقی. settled. permanent. staying. resident. lasting.
~ شدن. to settle. to stay (permanently).
ماندِگی، خستگی، ناتوانی. fatigue. lassitude. inability.
ماندَن، باقی‌ماندن، دوام‌آوردن، اقامت‌کردن. to remain. to be left. to stay. to tarry. to linger. to keep. to survive. to last. to be tired out. to endure. to dwell. to continue. to wear. to sojourn. to cease. to delay. to wait. to stand still.
گرسنه ~. to remain hungry.
او عقب ماند، عقب‌افتاد. he was left behind. he fell behind.
امشب اینجا بمان. stay here tonight.
زنده ~. to survive. to stay alive.
او پانزده سال درآمریکا ماند و سپس بایران بازگشت. he stayed in America for fifteen years and then returned to Iran.
یك ربع‌مانده‌بیك. it is a quarter to one.
جا ~. to be left behind.
چنان نماند وچنین نیز هم نخواهد ماند. that did not endure (last) and this too will also not endure.
از بادهٔ نوشین قدحی بیش نماند. no more than a bowl remained (remains) of last night's wine.
چیزی نمانده بود که درآن بیفتد. he barely missed falling into it.
در ~. to be (become) helpless or puzzled.
ماشب را هم در کاشان ماندیم. we also stayed overnight in Kashan.
این عکس به‌چه‌چیزی می‌ماند؟ what does this picture look like (resemble)?
ماندَنی permanent. resident. that can keep (as food). remaining. settled.
هیچکس در این دنیا ~ نیست،همه رفتنی‌هستیم. no one is going to stay in this world, everyone is to go (depart).
ماندولین mandolin(e).
مانده، باقیمانده، بقیه، پس مانده. left. remaining. leftover. tired out. difference. balance.
خوراك ~، خوراك شب ~. leftover food.
ماندهٔ مبلغ‌پرداختی. the balance of the amount to be paid.
خانه ~. old maid. spinster.
مانِستَن (مان .i. r.)، مانند بودن. to resemble. to be similar to.
مانِسته، مانند، شبیه. like. similar.
مانش، دریای مانش. (geog.) the English Channel.
مانِع (موانع .pl)، اشکال، دشواری. obstacle. hindrance. impediment. impeditive. obstructive. barrier. obstruction. snag. barrage. baffle. blockade. barricade. encumbrance.
نباید ~ اظهار عقیدهٔ مردم شد. people should not be prevented from expressing their opinion.
~ دویدن بچه‌ها درخیابان شوید. hold the children back from running out into the street.
~ شدن. to prevent. to hinder. to keep. to hold back. to withhold.
موانع رابرطرف‌کردن. to remove obstacles.
مانعی ندارد. there is no objection to it. it is in order. it is O.K.
دو با ~. hurdle race.
آنها ~ رفتن ما شدند. they prevented us from going.
مانَند، شبیه، همانند. similar. twin. analogous. identical. match. resembling. like. parallel. as. (مانند is used as a suffix meaning «-oid» or «-like» as in crystalloid = بلورمانند, cylindroid = استوانه مانند).
این قالی ~ ندارد. this rug is matchless.
ایندو ~ همانند. the two are similar (alike).
نقاشی و~ آن. painting and the like.
بی ~. without parallel. peerless. nonpareil. matchless. unique.
مانَندگی، همانندی، شباهت. resemblance. likeness. similarity.
مانَنده، شبیه، مانند. similar. like.
مانور، تمرین عملیات جنگی. maneuver. war game. manoeuvre.
~ آرتش ایران. a maneuver of the Persian army.
~ دادن. to maneuver. to shunt. to drill.
مانُوس، انس گرفته، آشنا، رام، معتاد. familiar. accustomed. used. inured. addicted. habituated. familiarized. fond of. acclimatized. acquainted.
~ شدن با. to become familiar with. to become fond of. to familiarize.
~ کردن. to inure. to make familiar with or addicted to.
ما با یکدیگر ~ هستیم. we are accustomed (used) to each other.
مردمی‌که با سرما و گرسنگی ~ بودند. men used (inured) to cold and hunger.
مانَوی، پیرومانی نقاش. Manich(a)ean.
مانَویّت، مذهب مانی. Manich(a)eism.
مانی Manes. Mani. Manich(a)eus.
مانیکور، آرایش ناخن دست. manicure. nail polish.
~ زدن، ~ کردن. to put nail polish on. to manicure.
مَأوا، ماوی، منزل، مسکن، بودباش. home. abode. residence. dwelling. shelter. homestead. nest. haven. domicile.
~ دادن. to lodge. to give shelter. to admit.
~ گرفتن. to dwell. to reside. to lodge.
ماوَراء، آنسوی، افراطی. what is beyond. beyond. behind. after. besides. ultra. trans-. meta-. dorso-.
~ منظومهٔ شمسی. ultramundane.
~ بنفش. ultraviolet.
~ کوهها. ultramontane.
ماوَراءِ اُردُن، آنسوی اردن. Trans-Jordan(ia).
ماوَراءِ بحار، آنسوی دریاها. overseas. ultramarine.
ماوَراءِ قفقاز (geog.) Transcaucasia.
ماوَراءِ طَبیعَت، ماوراءالطبیعه. metaphysic(s).
فلسفهٔ ~. metaphysics. metagnostics.
وابسته به ~. metaphysical.
ماوَراءُالنَّهر (geog.) Transoxiana.
ماوَقَع، رویداد. circumstances. incidents. events.
ماه، کرهٔ ماه، یکماه، برج. moon. month. lune. luna. luni-.
~ به ~. every month. from month to month. monthly.
ماهی یکصد ریال. 100 Rials a month (or per mensem).
بچهٔ دو ماهه. 2-month-old baby.
هلال ~. crescent.
~ شب چهارده. full moon.
پرواز به ~. lunar flight.
سطح ~. lunar surface.
این دختر مثل ~ است. this girl is beautiful (as the moon).
~ قمری. lunar month.
ماهانه، ماهیانه،شهریه. monthly tuition. monthly. lunar. luni-. mensual.
پرداخت ماهانه. monthly payment.
ماه‌پیکر، ماهرو. beautiful. belle. beauty.
ماهتاب، مهتاب. moonlight. moonshine.
ماهچه، هلال. half-moon. crescent.
ماه درد false labo(u)r pain.
ماهِر، کارشناس، وارد بکار، هنرمند. skillful. skilled. dexterous. expert. adroit. proficient. deft. master of.
مکانیك ~. a skillful mechanic.
کارگر ~. skilled labo(u)rer.
استاد ~. adept (deft) master.
~ شدن. to become skilled.
ماهِرانه skillfully. dexterously. skilled.
ماهرخ، ماهرو. moon-faced. beautiful.
ماهرو، ماهروی. beautiful. belle.

ماهَك lunule. lunula. gear shift.
ماه‌گِرِفت، ماه‌گرفتگی، خسوف. lunar eclipse. vascular nevus. birthmark.
ماه‌مانَند lunate. lunulate. crescent-shaped. lunoid.
ماهوار moon-like. lunoid. lunate moony. luny.
ماهواره (artificial) satellite.
ماهوارهٔ ارتباطی communication satellite.
ماهواری monthly salary, or stipend. monthly revenue.
ماهوت broadcloth. felt.
ماهوت‌پاك‌كُن brush. clothesbrush.
ماهوت فروش draper. cloth seller.
ماهوتی made of broadcloth. cloth-covered. felt.
ماهور (mus.) Mahoor. name of a Persian melody. rising ground.
ماهه، ماه. suffix meaning «month-old» as in: شش‌ماهه=six-month old).
ماهی، حوت. (z.) fish. (astr.) Pisces. pisci-. ichthyo-.
~ خاویار. sturgeon.
کوسه ~، ~کوسه. shark.
اره ~. swordfish.
~آزاد. salmon.
~ پرنده. flying fish.
~ طلایی. goldfish.
~ قزل‌آلا. trout.
~ گرفتن. to (catch) fish.
پرورش ~. pisciculture.
~ دودی. smoked fish. bloater.
محل ~گیری، شیلات. fishery.
ماهی، قمری، ماهیانه. per month. monthly. lunar. lunary.
~ دوبار. twice each month.
ماهیان Pisces.
ماهیانه، شهریه، حقوق ماهانه. monthly. per mensem. per month. mensual.
گزارش ~. monthly report.
ماهی‌پرستی ichthyolatry.
ماهی‌پَرور pisciculturist.
ماهی‌پروری، پرورش ماهی. pisciculture. the breeding and rearing of fish.
ماهیَت، چونی، کیفیت، گوهر، جوهر، سرشت. essence. nature. quiddity. condition. modality. intrinsic value. substance.
قلب ~. transmutation.
شرافت او ماهیتی است نامرئی. her hono(u)r is an essence that is not seen.
ماهی‌تابه، ماهی‌تاوه. frying pan.
ماهی‌ترسی ichthyophobia.
ماهیچه، عضله. muscle. fillet. reeding. musculus. myo-. musculo-
ماهیچهٔ دوسر. biceps muscle.
~ بندی. musculature.
ماهیچهٔ سه‌سر. triceps muscle.
ماهیچه‌شِناس myologist.
ماهیچه‌شناسی myology.
ماهی‌خانه، سد ماهیگیری. aquarium. artificial pond for fish. fishpound.
ماهی‌خوار، مرغ ~،ماهی‌خور. (z.) heron. piscivorous. ichthyophagist. ichthiophagous. living on fish. fish-eating.
ماهی‌خواری ichthyophagy.
ماهی‌خورَك (z.) kingfisher.

ماهی‌درهم، نقشهٔ ~. in-and-out. suggestive of wriggling fish.
ماهی‌زاد fish spawn.
ماهی‌زَهره (bot.) Indian berry.
ماهی‌شِناس ichthyologist.
ماهی‌شِناسی ichthyology.
ماهی‌فروش fishmonger. ichthyopolist. fishwife.
ماهی‌گیر. fisher(man). piscator. piscatory.
ماهی‌گیری fishing. fishery.
فن ~. piscatology.
ویژه‌گر ~. piscatologist.
طور ~. trawl. seine. fishing net. weir.
قلاب ~. fishhook.
طناب یا ریسمان ~. fish line.
کشتی ~، کرجی ~. fishing boat. fisherman. trawler.
ماهی‌مانَند pisciform. piscine. fishy.
مایَحتاج necessaries. what is needed.
مائِده، غذا، سفرهٔ غذا. (table with) victuals. food.
مایِع، آبگونه. liquid. fluid. flowing. fluidal. liquiform. watery. serous.
~ کردن. to liquidize. to liquidate. to liquefy. to melt. to thaw. to dissolve.
~ شدن. to liquesce. to liquefy.
مایعات (pl. of مایع). liquids. fluids.
جامدات و ~. solids and liquids.
مایع کُنَنده liquefacient. liquefactive. liquefier.
مایعیَّت liquidity.
مایِل، متمایل، یك‌وری، اریب. inclined. leaning. slant. ramp. obliquitous. oblique. declivitous. declivous. decline. scalene anxious. fond. wishing. ish. tending (toward).
~ بودن. to tend. to be inclined or leaning. to be slanted.
~کردن. to slant. to incline. to make oblique or declivitous.
~ بود بماند (نرود). he was inclined to stay.
خط ~ (اریب). a slant line.
آیا مایلی آن‌زن را ببینی. are you interested in seeing her?
~ بزردی. yellowish. inclined to yellow.
مایلیَّت، اریب بودن، تمایل. obliqueness. inclination. declivity. eagerness. obliquity.
مایَملك، دارائی. property. possessions. assets. belongings. means. resources. wealth.
تمام ~ او توقیف شد. all his property (possessions, belongings) was (were) confiscated.
مایو، شلوارشنا. bathing suit. swimsuit.
مَأیوس، نومید، ناامید، دلشکسته. disappointed. hopeless. in despair. frustrated. despondent. dejected. discouraged. desperate. chagrined.
~ شدن. to be disappointed. to become hopeless (dejected). to despond. to lose hope.
~ کردن. to disappoint. to despair. to make despondent (chagrined).
حرفهای او دانشجویان را ~ کرد. his words discouraged the students.
مرد شجاع آنست که در اثر شکست ~ نشود. a brave man is he who does not despair after (as a result of) a defeat.

مَأیوسانه، از روی ناامیدی. disappointedly. desparately. hopelessly.
مأیوسی، یأس. despair. disappointment. despondence. hopelessness. dejection.
مایه، خمیرمایه، سبب، مسبب، علت، سرمایه. ferment. leaven. yeast. starter. capital. funds. stock. source. culture. origin. (mus.) key. pitch. rennet.
مایهٔ (مخمر، خمیرترش) نان. the yeast of bread.
او مایهٔ تمام زحمات ما بود. he was the source of all our troubles.
او مایهٔ بدنامی ما شد. he was the cause of our ignominy.
او مایهٔ علمی ندارد. he lacks basic knowledge.
مایهٔ آبله. vaccine.
~ زدن. to leaven. to vaccinate. to rennet.
~ گذاشتن. to spend. to outlay. to pay.
برای کسی ~ گرفتن. to insinuate against a person.
بی ~. unleavened. unlearned. ignorant.
پر ~. (heavily) leavened. learned.
مایه‌دار، سرمایه‌دار. possessing the necessary funds. well-grounded. learned. (of solutions or infusions) strong.
مایه‌کوب vaccinator.
مایه‌کوبی، مایه‌زنی، تلقیح. vaccination. vaccine therapy.
~کردن. to vaccinate.
مایه‌نما، معرف مایه. (mus.) keynote.
مائی، آبی. watery. aqueous. aquatic. liquid. fluid. serous.
غشاء ~. serous membrane.
مُباح open to any one. belonging to no one. impunible. indifferent or allowable. property belonging to no one. permissible.
خون او ~ است. he may be killed with impunity.
مُباحات (pl. of مباح)، کارهای مباح. rights or properties belonging to no particular person. religious acts that may or may not be performed.
مُباحِثه (مباحثات .pl)، مشاجره، بحث، جدل. controversy. altercation. contention. dispute. argument. debate. quarrel. wrangle. discussion. disputation.
~ پذیر، قابل ~. disputable. debatable.
او سرگرم یك مباحثهٔ طولانی بود. he was engaged in a long controversy.
~کردن. to dispute. to wrangle. to enter upon a controversy. to controvert. to argue. to altercate. to discuss. to debate.
اهل ~، جدلی. controversialist. argumentative. disputatious. disputative.
مباحِثه‌گر، مباحثه‌کننده. disputant. debater.
مَبادا، مباد، نباشد، خدا نکند، بلکه، شاید. let it not be (or let there not be). lest. perhaps. never. ever.
مبادا بمنزل آنها بروی! don't you ever go to their house!
مبادا آنرا ذکر کنید. be careful you don't mention it.
آهسته سخن بگو مبادا او بشنود. speak slowly lest (perhaps) he may hear.

برای روز مبادا. for a rainy day.
مُبادَرَت، اقدام. resorting (to). taking action. attempting. undertaking.
او به خرابکاری ~ نکرد. he did not resort to sabotage.
~کردن. to embark upon. to resort to.
مُبادِلات (pl. of مبادله)، معاوضات، دادوستدها. exchanges. interchanges. barters.
مُبادِله (مبادلات .pl)، عوض، تعویض، تهاتر. exchange. barter. reciprocation. trade. dealing. interchange.
~کردن. to change. to exchange. to bandy. to barter. to deal. to trade.
يك کتاب را با دوعکس ~کردن. to exchange a book with two pictures.
شوخی با یکدیگر ~کردن (رد و بدل کردن). to bandy jokes.
او اتومبیل قدیمی خودرا با يك اتومبیل کوچکتر مبادله کرد. he traded his old car for a smaller one.
قابل ~، ~ پذیر. interchangeable. exchangeable.
دو نامه را باهم ~کردن. to interchange two letters.
مَبادی (pl. of مبدأ)، پایه‌ها، منشأها، اصول. bases. foundations. substructures. grounds. principles. origins. roots.
عشق و مهربانی ~ رفتار او بود. love and kindness were the bases of his conduct.
~ فلسفه. principles of (origins, preliminaries) of philosophy.
مَبادی‌آداب polite. courteous. observing the niceties of etiquette.
مُبارِز، جنگجو، قهرمان، حریف. fighter. champion. challenger. challenging. defender. protector. knight. supporter. valiant. combatant. contender. defier.
~ طلبیدن. to challenge.
مُبارِزه، کشمکش، جنگ، اختلاف، پیکار، ستیز. fighting. combat. challenging. struggle. fight. campaign. contention. strife. battle. conflict. crusade. contention.
~ با بیسوادی. literacy campaign.
~ با نادانی. combat against ignorance.
~کردن. to contend against. to combat. to battle. to fight. to campaign. to struggle. to contest. to broil. to strive.
~ ابدی نیکی و بدی. the eternal struggle of good against evil.
باید با فساد ~کنیم. we must fight corruption.
به ~ طلبیدن. to challenge (to a fight).
مُبارَك، پسندیده، متبارك، پر برکت، فرخنده، شاد، مقدس. blessed. happy. felicitous. auspicious. congratulating. hallowed. glorified. consecrated. praised.
روز ~. a blessed (holy) day.
سال نو ~. happy new year.
بعروس وداماد ~بادگفتن. to congratulate the bride and groom.
~ باشد. I wish you good luck.
مبارك‌باد good wishes. congratulations.
~ بادگفتن. to congratulate. to felicitate.
مُبارَکَت، مبارکی. felicitation. joy. bliss. blessedness.
مُبارَکی، میمنت، فرخندگی، شادی. blessedness. auspiciousness. happiness.
مَباش، نباش. do not be. don't exist.

مُباشِر، ناظر، راهنما، کنترل، سرکارگر، سرپرست. supervisor. conductor. foreman. overseer. commissary. steward. reeve.

مُباشَرَت، نظارت، سرپرستی، کنترل، راهنمائی، تصدی. stewardship. supervision. supervisorship foremanship. sexual

~کردن. to supervise or oversee. to manage. to conduct. to steward

مُبال، آبریز، مستراح. water closet (W.C.). toilet. john. lavatory.

مُبالات، توجه، احتیاط. care. regard. caution.

آدم بی‌مبالات. a careless person

مَبالِغ (مبلغ pl. of)، وجوهات. sums of money. funds. amounts.

مُبالِغه، اغراق، زیاده روی، افراط. exaggeration. hyperbole. hyperbolism. highfalutin. bombast. magnification. overstatement. high colo(u)ring.

~کردن. to exaggerate. to hyperbolize. to overestimate. to overstate. to give a high colo(u)ring to. to stretch.

وقتی ازعشق سخن میگوئی ~ مکن. when speaking of love, do not exaggerate.

اگر بجای «متأسفم» بگوئیم «یکدنیا متأسفم» ~ بکار برده‌ایم. if instead of "I am sorry" we say "I am infinitely sorry" we have used a hyperbole.

مُبالِغه‌آمیز، اغراق‌آمیز، افراطی. puffy. exaggerated. exaggerative. hyperbolic. highfalutin. bombastic. high-flown.

مُبالِغه‌گو exaggerator.

مَبانی (مبنا، مبنی pl. of)، پایه‌ها، اساس‌ها، مبادی. essentials. bases. basic facts. foundations. grounds.

مُباهات، افتخار، تفاخر. (taking) pride. glorying. boasting. flaunting.

~کردن به. to take pride in.

مُباهِله، ناسزاگوئی، لعنت. cursing (each other).

مُبایِن، مغایر، متفاوت. different. heterogeneous. diversified. contradictory. incompatible. incongruous.

مُبایَنَت، اختلاف، تفاوت، مغایرت. contrast. difference. separation.

مُبتَدا، مسندالیه. (grammar) subject.

~ وخبر. subject and predicate.

مُبتَدی، تازه‌کار، کارآموز، ناشی، خام‌دست. beginner. neophyte. novitiate. novice. probationer. apprentice. tyro. greenhorn. naive. green. debutant(e).

~ درشنا. a beginner in swimming.

مُبتَذَل، پیش‌پا افتاده، سخیف. commonplace. trite. prosaic. hackneyed. stale. boring. dull. banal. (slang) corny. unimaginative. uninteresting. prosy. cliché.

نمایش ~. a commonplace show.

عبارات ~. trite phrases.

شعر ~. a prosaic (corny) poem.

کنایهٔ ~. a hackneyed metaphor.

شوخی‌های ~. stale jokes.

زندگی ~ وکسل کننده. a boring life. a dull life.

مُبتَکِر، ابتکارکننده. originator. initiator. original. innovator. innovative.

این مهندس ~ طرح جدیدیست. this engineer is the innovator of a new design.

مُبتَکِراً، بصورت ابتکار. on one's own initiative.

مُبتَلا، مبتلی، گرفتار، مریض. having contracted (a disease). affected by. suffering from. addicted to. given to. enamoured. involved. afflicted by.

هوای سرد و خشک مرا مبتلا به سرماخوردگی میکند. cold, dry weather gives me (causes me to have) a cold.

~ به سرطان. affected by (suffering from) cancer.

فاحشه مشتریان خود را ~ بهامراض مقاربتی میکرد. the prostitute infected her customers with venereal diseases.

[illegible] to give a disease to. to infect. to cause to suffer. to addict. to enamour. to involve. to contaminate.

~ شدن. to contract (an illness). to catch or to be affected with an illness.

مُبتَنی، پایه‌گذاری شده، بنیاد نهاده. founded. based.

مَبحَث (مباحث pl.)، موضوع، فصل، بخش. subject (of discourse). chapter. part.

~ دوم. second chapter (part).

خلط ~ کردن. to confuse subjects.

مَبدَأ (مبادی pl.)، منشأ، پایه، آغاز. basis. foundation. beginning. fountainhead. origin. principle. generatrix. matrix. generator. source. starting point.

کشور ~. country of origin.

~ ومقصد سفر او معلوم نبود. the starting point and the destination of his trip were unknown.

مُبدِع، مبتکر، بدعت‌گذار. innovator. creator. originator. neologist. initiator.

مُبَدَّل، عوضی، تبدیل شده، تغییر یافته. changed. transformed. disguised. transfigured. altered. transmuted. converted. converter.

~کردن. to change. to transform. to transmute. to disguise. to convert.

بالباس ~. in disguise.

مبدل‌گردان rotary converter.

مُبَذِّر، ولخرج، مسرف. lavish. prodigal. profligate. wasteful. extravagant.

مَبذول، بذل‌شده، بخشیده، بخشش کرده، عطاشده. given generously. bestowed. granted.

~ داشتن. to give generously. to accord. to allow. to grant. to devote.

سعی وافی ~ داشت. he spared no effort.

او توجهی بتعلیم و تربیت فرزندان خود ~ نداشت. he did not give (devote) attention to the education of his children.

مُبَرّا، پاک، بیگناه، بری، بخشوده، برکنار. innocent. exempt. exonerated. absolved. acquitted. cleared.

~کردن. to exempt. to exonerate.

مَبَرّات، خیرات. alms. donations. charitable deeds. charities. reliefs.

مُبَرِّد، بارد، سرد. refrigerant. humective.

مبرز، مستراح. toilet. water closet.

مُبَرِّز، برجسته، سرشناس. distinguished. outstanding.

واعظ ~. distinguished preacher.

مُبرَم، ابرام شده. confirmed. finalized.

مُبرِم، مصر، پافشار، سمج. importunate. pressing. persisting. insisting. urging. demanding. insistent. urgent.

احتیاج ~. pressing need.

مَبرور، آمرزیده، پاک. pious. absolved through piety. forgiven.

مَبروص، مبتلا به برص، جذامی. leprous. leper.

مُبَرهَن، آشکار، ثابت شده، روشن، واضح. demonstrated. proved. clear. established. confirmed. obvious.

واضح و ~ است. it is clear and demonstrable.

مَبسوط، مفصل، بسط‌یافته. expanded. detailed. extensive. extended.

شرح ~. a detailed account.

مُبَشِّر، بشارت دهنده، مژده‌دهنده، بشیر. harbinger of good news. forerunner. evangelist. precursor. evangel.

مُبَصِّر one who makes another see or understand. one who enlightens. enlightener.

مُبصِر، ارشدکلاس. monitor. prefect. proctor.

مُبطِل، باطل‌کننده، بی‌اثرسازنده، لغوکننده. invalidating. rendering null. cancelling.

خواب ~ وضو است. sleeping invalidates ablution before prayer.

مَبعَث، عیدمبعث، عیدبعثت. the celebration for appointment (delegation) of Mohammed as prophet.

مَبعوث، برگزیده شده. sent on a mission. as a prophet. appointed.

~کردن. to give a mission to. to appoint. to delegate.

مُبل furniture.

مبل‌ساز furniture maker.

مَبلَغ، وجه. sum. amount. fee.

چکی بمبلغ یکصد ریال. a cheque (check) for the sum of 100 Rls. a cheque amounting to 100 Rials.

آنرا بچه مبلغ خریدید؟ how much did you pay for it?

مبلغی هنگفت. a huge sum.

او مبلغی از بدهی خود را پرداخت. he paid back a part of his debt.

مُبَلِّغ، مبشر. missionary. propagandist. evangelist. publicizer. publicist.

مبله furnished.

مَبنا، مبنی، اساس، بنیاد، پایه. basis. foundation. base. groundwork.

توپ ~. base piece. directing piece.

برمبنای تساوی حقوق زن ومرد. on the basis of equal rights for women and men.

مَبنی، مأخذ. basis. based. true. truth.

~ بر. based upon.

~ برحقیقت. based on truth.

~ ندارد. it is not true.

مُبهَم (مبهمه fem، مبهمات pl.)، نامفهوم. ambiguous. vague. unknown. indefinite. indistinct. obscure. unclear.

جملات ~ نشانهٔ فکر غیر منطقی نویسنده‌است. ambiguous sentences indicate the illogical thought (thinking) of the writer.

فکر مبهمی درمغزش نفوذ کرده بود. a vague idea had penetrated in his mind.

ضمیر ~ (مبهمه). indefinite pronoun.

صفت ~. indefinite adjective.

مُبهَمات، مجهولات. the ambiguous problems. vague things.

مَبهوت، مات، گیج، حیرت زده. astonished. struck dumb. stunned. bewildered. surprised. amazed. astounded. dumbfounded. puzzled. perplexed. confused. confounded. flabbergasted.

~کردن. to astonish. to strike dumb. to bewilder. to surprise. to amaze. to dumbfound. to perplex. to puzzle. to flabbergast.

~ شدن. to become astonished (bewildered, amazed). to become dumbfounded.

از شنیدن بیاناتم ~ شد. he was astonished to hear my statements.

از زیبائی آن زن ~ شد. he was struck dumb by her beauty.

مُبَهّی (مبهیه fem.)، مشهی. aphrodisiac.

مَبیض، تخمدان. ovary. scrotum.

مَبیع، کالا. object of sale.

مُبین، درست، راست. clear. doubtless. true.

مُبَیِّن، واضح، گویا. explanatory. bespeaking. indicative (of).

مُتابَعَت، پیروی، اطاعت. following. discipleship. obedience. submitting. submission. adhering (to).

~کردن. to follow. to obey. to adhere to. to submit. to go by. to observe.

درکارهای زشت نباید از دیگران ~ کرد. one must not follow (imitate) others in evil deeds.

مُتأثِّر، دلسوز، پریشانحال. touched. moved. impressed. distressed. sympathetic. sad.

~ شدن. to be (become) touched or moved.

~ ساختن، ~کردن. to touch. to move. to impress. to sadden. to deject.

بدبختی دیگران اورا سخت ~ میکرد. the plight of others touched him deeply.

مُتأخِّر (متأخرین pl.)، اخیر، تازه. recent. modern. late-comer.

مُتَأذّی، ناراحت، متأثر، پریشان. inconvenienced. troubled. vexed.

مُتارِکه، تعطیل، وقفه، جدائی. discontinuation. abandonment. separation.

متارکهٔ جنگ. truce. armistice.

او با شوهرش ~ کرده. she has separated from her husband.

~کردن. to discontinue. to abandon. to hold a truce. to separate.

مُتأسِّف، اندوهناک، غمزده، محزون. regretful. sorry. unfortunate. unhappy. sad. dejected. depressed.

او از عمل خود ~ است. he is sorry for what he has done.

از شنیدن خبر شکست او ~ شدم. I became (was) unhappy (sorry) to hear the news of his defeat.

خیلی متأسفم. I am very sorry.

~ بودن. to be sorry, regretful or sad.

~ شدن. to become sorry, regretful or sad.

مُتأسِّفانه، بدبختانه. unfortunately. regretfully. unhappily.

~ امروز نخواهم آمد. unfortunately I will not come today.

مُتأسّی، پیروی کننده، تقلیدکننده. following. imitating. taking model from (with به). resorting to. adhering to.

~ شدن به. to follow the example of. to take model from. to imitate. to resort to. to adhere to.

مَتاع، کالا، چیز، جنس. goods. thing. merchandise. wares. stuff. dainty. delicacy. commodity. article.

مُتَأَلِّم، غمگین، اندوهناك، مجزون. grieved. sorry. sorrowful. melancholy. dejected. depressed. doleful. sad. pained. chagrined. distressed. anguished.

~ کردن. to make sad or chagrined. to distress. to anguish.

~ شدن. to feel sorry. to be grieved.

مَتانَت، سنگینی، وقار. self-possession. coolness. firmness. dignity. gravity. soberness. poise. equanimity.

با ~ کامل. with utmost (complete) dignity.

مُتَأَهِّل، زن‌دار، مردزن‌دار. married (said of a man). family (man).

~ شدن، زن گرفتن. to marry (a woman or girl). to form a family.

مُتَبادِر making haste to get the start. taking action.

~ بذهن. that which first springs to the mind.

متبادل، قابل مبادله، متغیر. interchangeable. variant. corresponding. exchangeable. changeable.

زوایای ~. corresponding angles.

مُتَبارَك، فرخنده. blessed. hallowed. glorified. consecrated. auspicious.

مُتَباعِد، واگرا. divergent. distant.

مُتَبایِن distinct. different. prime.

۴ و ۹ با هم ~ هستند. 4 is prime to 9. 4 and 9 are relatively prime.

مُتَبَحِّر، ورزیده، دانشمند، وارد. versed. erudite. skilled. conversant. skillful. knowledgeable.

مُتَبَرَّك (متبرکه .fem)، مقدس. holy. sacred. hallow. sacrosanct.

اماکن متبرکه. sacred places (shrines).

مُتَبَسِّم، خنده‌رو، خندان. smiling. cheerful.

مُتَبَلْوِر crystallized. crystal. crystalline. crystallo-.

~ کردن، متبلورشدن. to crystallize.

مَتبوع، اطاعت شده، متابعت شده، متبوعه. followed. obeyed. sovereign.

دولت متبوعه. state to which one belongs.

مُتَتَبِّع، اهل تحقیق وتتبع، دانش‌پژوه. researcher. studious. scholar.

مُتَجاسِر، سرکش. insurgent. rebellious. recalcitrant. rebel.

جهت سرکوبی متجاسرین. in order to suppress the insurgents.

مُتَجانِس، همجنس. homogeneous. congruous. similar. homo-. homeo-.

~ کردن. to homogenize.

غیر~، ناهمگن. heterogeneous. incongruous. dissimilar.

مُتَجاوِز (از with) aggressive. offensive. exceeding. more than. surpassing. aggressor. transgressor.

~ از ده ریال. exceeding (or more than) 10 rials.

متجاوزان (متجاوزین) محکوم شدند. the aggressors were condemned.

مُتَجاهِر، معروف، شناخته شده. notorious. infamous.

~ بفسق. notorious for debauchery.

مُتَجَدِّد، نوخواه، نوآور، نوگرا(ی). modernized. modern(-minded). modernist. neologist.

مُتَجَسِّس، جویا، پوینده، جستجوکننده. researcher. searcher. enquiring. investigator. investigative.

مُتَجَسِّم، متجلی. incarnate. corporated. corporate. physical.

مُتَجلی، جلوه‌گر. clear. revealed. transfigured. incarnated.

~ شدن. to become incarnated or revealed.

~ کردن. to incarnate. to reveal.

مُتَحاب (متحابه .fem)، دوست. friendly. amicable.

دول متحابه. friendly nations.

مُتَحارِب (متحاربه .fem)، درحال‌جنگ. at war. belligerent. combatant. combating.

مُتَحَجِّر، سنگواره شده، سنگ شده. petrified. fossilized.

~ کردن. to petrify. to fossilize.

~ شدن. to become petrified or fossilized.

~ کننده. petrifactive. petrifying.

مُتَّحِد (متحده .fem) متفق، هم‌پیمان، مؤتلفه، پشتیبان. united. allied. ally. confederate. supporter.

ایالات متحدهٔ آمریکا. The United States of America.

دو کشور بوسیلهٔ عهدنامه‌ای ~ شدند. the two states were allied (united) by a treaty.

علم ~ انسان است. science is an ally of man.

ایالات ~ (مؤتلف) جنوب آمریکا در جنگهای داخلی (از ۱۸۶۰ تا ۱۸۶۵). the Confederate States of America.

او تنها متحد من است. he is my only support (ally).

~ شدن. to unite. to be (become) united.

~ کردن. to unite. to ally. to join.

متحدین، متحدان، متفقین. The Allies.

متحداً unitedly. together. in unison.

مُتَّحِدُالشَّکل uniform.

مُتَّحِدُالمآل، بخشنامه: circular (letter). having the same purpose.

مُتَّحِدُالمَرکَز، هم‌مرکز. concentric.

مُتَّحِده united. allied. corporation. union or confederacy.

مُتَحَرِّك، جنبنده، درحرکت. mobile. movable. moving. peregrine. ambulatory. ambulant. movable. shifting. marked with a vowel point.

غیر ~، ساکن. immobile. quiescent. immovable.

مُتَحَصِّن، پناهنده، بست نشسته. (one) who takes sanctuary in an inviolable place. seeking asylum.

~ شدن، بست نشستن. to seek sanctuary. to take sanctuary. to sanctuarize.

مُتَحَمِّل، بسربرنده، پرطاقت، بردبار. sufferer. suffering. bearing. enduring. undergoing. experiencing. sustaining.

~ شدن. to suffer. to bear. to endure. to undergo. to sustain.

او درطی جنگ ~ خسارات سنگینی شد. during the war he sustained heavy losses.

~ هزینه شدن. to undertake the costs.

مُتَحَوِّل metabolic. changing. evolving.

مُتَحَیِّر، حیرت زده، متعجب، درشگفت. astonished. surprised. perplexed. wondering. dumbfounded. amazed. confounded. at a loss. astounded.

~ شدن. to be surprised. to be perplexed.

~ کردن. to astonish. to perplex. to confound. to amaze. to astound.

مُتَخاصِم (متخاصمه .fem). hostile. hostile powers. belligerent. at war.

دول ~. belligerent (hostile) powers.

مُتَخالِف، ناهمگن. mutually discordant.

مُتَّخَذ (متخذه .fem)، اتخاذشده، تصمیم گرفته. adopted. taken. decided.

تصمیمات متخذه. decisions taken (made).

مُتَخَصِّص، کارشناس، ویژه‌کار، ویژه‌گر. expert. specialist. specialized. conoisseur. adept. virtuoso. -ist. -ician.

~ بیماریهای کودکان. pediatrician. pediatrist.

~ قالی. expert in carpets.

او دراین رشته ~ است. he is an expert in this field.

~ قلب. heart specialist. cadiologist.

متخطی، خطاکار، متجاوز. transgressor. violator. offender.

مُتَخَلْخِل، سوراخ سوراخ. porous. perforated. honeycombed. permeable.

مُتَخَلِّص، دارای تخلص. assuming a (specified) nom de guerre, nom de plume, or pen name.

شیخ مصلح‌الدین ~ بسعدی. Sheikh Mosleh - e - din whose pen name is Sa'di.

مُتَخَلِّف (متخلفین .pl). violator. offender. infringer. violating. trespasser.

متخلفین شدیداً مجازات خواهند شد. offenders will be severely punished.

مُتَخَلِّق، دارای، متصف‌به. (به with) endowed with. possessing (a specified character). characterized by.

~ به‌اخلاق نیکو. possessing good morals.

مُتَخَیِّل (متخیله .fem)، دارای قوهٔ تصور. having a strong imagination.

قوهٔ ~. imaginative faculty.

مُتَداخِل of which one number is the aliquot part of the other.

۶ و ۲ ~ هستند. 2 is an aliquot part of 6.

مُتَداعی، طرف دعوی، مدعی. litigant (party). suing.

طرفین متداعیین. the two litigants.

مُتَداوَل (متداوله .fem)، معمول، مرسوم. common. usual. fashionable. being used. in vogue. stylish. faddish. in practice. in fashion. customary. usual.

رسم ~، عرف. common practice.

~ بودن. to be customary or fashionable. to be in vogue.

~ شدن. to become fashionable or customary. to become common practice.

~ کردن. to popularize. to make customary or fashionable.

پس از ورود سفید پوستان مشروبخواری در میان بومیان ~ شد. after the arrival of the white people, drinking became customary amongst the natives.

سالهاست که کفش پاشنه بلند بین خانمها ~ شده است. high-heel shoes have been fashionable among ladies for years.

مُتَدَرِّجاً، تدریجاً، خردخرد، کم کم، رفته‌رفته. gradually. by and by. little by little.

مُتَدَیِّن، دیندار، امین. religious. professing a (specified) religion.

اوآدم متدینی است. he is a religious person.

~ بدین اسلام. professing the Mohammedan religion.

مُتَذَکِّر، یادآور (شونده). remembering. reminding. pointing out. stating.

~ ساختن، ~شدن. to point out (to). to notify. to remind. to state. to remember.

بآنها ~ شدم که باید مرتب در اداره حاضر شوند. I pointed out to them that they must attend the office regularly.

مِتر metre. meter. tape measure. tapeline.

~ کرباسی. linear metre.

~ مربع. square metre.

~ مکعب. cubic meter.

~ کردن. to measure (in terms of metres).

مُتَرادِف، همان، هم پایه. synonym. synonymous. following each other.

مُتَراکِم، رویهم انباشته. heaped up. compressed. condensed. accumulated. piled up. amassed. concentrated.

~ ساختن، ~ کردن. to heap up. to condense. to accumulate. to pile up. to amass. to concentrate. to compact. to compress. to contract. to deflate.

در اثر کسالت او کارها بسیار ~ شده‌است. as a result of his illness work is piled up a lot.

عبور خودروها برف را ~ ولیز کرده است. the passing of cars has compacted the snow and made it slippery.

مُتَرَتِّب، ناشی از. resulting or derived from.

فایده‌ای بر آن ~ نیست. it is of no avail.

مُتَرجِم (مترجمین .pl)، پچواك، دیلماج، برگردان کننده. translator. interpreter.

عباس ~ باتجربه‌ایست. Abbas is an experienced translator.

~ زبان انگلیسی. an English translator.

کشتگران خارجی باتفاق یك ~ فارسی سفر میکردند. the foreign tourists travelled along with a Persian interpreter.

~ کتبی. translator.

~ شفاهی. interpretor.

مُتَرجِمی، ترجمه، پچواکی. translating. translation. position of a translator or of an interpreter. translation (work).

~ کردن. to work as a translator.

مُتَرَدِّد، در حال عبور ومرور، مردد. plying. holding. traffic. undecided. hesitating. going back and forth. vacillating.

مَتَرس، مترسك. scarecrow.

مِتَرس، معشوقه، خانم، یار. mistress. ladylove. paramour.

مَتَرسَك، لولوی سرخرمن. scarecrow.

مُتَرَسِّل، دبیر، نویسنده، نامه‌نویس، رساله‌نویس. letter writer. scribe.

مُتَرَشِّح، تراوا. exuding. oozing. seeping. secreting. emitting. leaking. draining.

~ شدن. to exude. to seep. to ooze. to leak. to percolate.

مُتَرَشِّحه secretory.

مُتَرَصِّد، درکمین. lying in wait. lurking. watching. expecting. looking for.

~ فرصت. looking for an opportunity.

~ بودن. to look for. to expect. to lurk. to lie in wait. to watch for.

مُتَرَقِّب (مترقبه .fem)، منتظر، مترصد. expecting. looked for.

هزینه‌های غیر مترقبه unexpected expenses.

مُتَرَقّی (مترقیه fem.)، پیشرفته. advancing. progressing. progressive. advanced.

کشورهای ~ اروپا. the advanced countries of Europe.

یکی از احزاب مترقی ایران. one of Iran's progressive parties.

مترنم، خواننده، آوازخوان. singing or trilling. performing. crooning.

مِترو، ترن زیرزمینی. underground (railway). tube. subway.

مَتروک (متروکه fem.)، [illegible] کرده. deserted. abandoned. obsolete. bleak.

شهر متروکه. deserted town. ghost town.

مِتری (sold) by the metre.

مُتَزایِد، روزافزون، افزاینده. increasing. augmenting. waxing. on the upswing.

مُتَزَلزِل، ناپایدار، ناپایا. shaky. unstable. wobbly. unsteady. trembling. tremulous. precarious. uncertain. loose.

~ شدن. to become shaky or unstable.

~ ساختن، متزلزل‌کردن. to shake. to render uncertain. to weaken. to make shaky or unsteady.

مرگ نظام‌الملک پایه‌های حکومت سلجوقیان را ~ کرد. Nezam ol-Molk's death shook the foundations of Saljughian rule.

مُتَساوی، برابر، مساوی. equal. par. equated. equivalent. same. equi-. iso-.

مُتَساوِیاً equally.

شما ~ مسئول نتایج این شکست نظامی‌هستید. you are equally responsible for the consequences of this military defeat.

متساوی‌الاضلاع equilateral.

متساوی‌الزوایا equiangular. isogonal.

متساوی‌الساقین isosceles.

متساهل، گسترده‌فکر. latitudinarian.

مُتَّسِع، گشاد، فراخ. dilated. extended. stretched. distended. expanded.

~ کردن. to dilate. to enlarge. to expand. to distend.

مُتَشابِه، همانند، شبیه، همسان. analogous. similar. homologous. alike. homo-.

~ کردن. to make similar or alike.

آن دو کتاب باهم ~ اند. those two books are similar (to each other).

مُتَشَبِّث، روی‌آورنده. resorting.

چون بازورکاری ازپیش نبرد به حیله ~ شد. since he did not make a headway by force, he resorted to trickery.

~ شدن. to resort.

مُتَشَتِّت، پراکنده. divided. diversified. dispersed. divergent. deviating.

~ شدن. to diverge. to deviate.

عقاید ~. divergent views.

مُتَشَخِّص، محترم. distinguished. dignified. great personality.

مُتَشَرِّع، دیندار، فقیه. versed in religious law. pious. religious. jurist.

مُتَشَکِّر، سپاسگزار. thankful. grateful. appreciative. beholden. gratified.

برای ارجاع کار ازمن ~ بود. he was grateful to me for giving him a job.

(از شما) متشکرم. thank you.

مُتَشَکِّل، دارای تشکیلات. formed. organized. consisting. composed.

~ بودن. to be organized. to consist of. to be composed of.

~ کردن. to organize. to bring together. to consolidate.

این اداره ~ از سه بخش است. this office is composed of three divisions.

او افراد حزب را در دسته‌جات مختلف ~ کرد. he organized the members of the party into different groups.

مُتَشَکِّله organizing. composing. formed.

اجزاء متشکلهٔ این دارو. the ingredients of this medicine.

مُتَشَنِّج convulsive. disturbed. confused.

~ شدن. to become convulsive or confused.

~ کردن. to make convulsive or mixed up.

جلسه ~ شد. confusion broke out in the meeting.

مُتَشَیِّع professing to be a Shiite.

مُتَصادِف، مصادف. coinciding. coincident.

~ بودن. to coincide (with).

مُتَصاعِد، بالارونده. ascending. ascendant. ascendent. rising. soaring. progressing.

~ شدن. to ascend. to go up. to rise.

بعضی از گازها درهوا ~ میشوند. some gases ascend in the air.

مُتَصَدّی، مسئول، سرپرست. incumbent. in charge.

او ~ امور دانشجویان است. he is in charge of student affairs.

مُتَصَرِّف (متصرفات pl.)، دارنده، در ید. possessing. possessor. possessed. occupying. having. in possession of. possessed of. retaining. tenacious. entailed. occupier.

متصرف شدن. to take possession of.

مُتَصَرَّفات (pl. of متصرف). possessions.

~ فرانسه. French possessions.

متصرفی possessed. occupied.

مُتَّصِف، دارای. endowed with. possessing (a specified quality). known as.

مُتَّصِل، پیوسته، وصل شده، مرتبط. joined. connected. adjoining. linked. tied. attached. fastened. contiguous. adjacent. continual. continuous. incessant.

وقتیکه دوسیم را بهم ~ کردم لامپ روشن‌شد. when I joined the two wires together, the light bulb went on.

او ~ مزاحم من میشد. he was continuously bothering me.

~ شدن. to be connected. to join. to meet. to be linked. to link. to adjoin.

~ کردن. to connect. to join. to link. to fasten. to tie.

مُتَّصِلاً، پیوسته، پی‌درپی. continually. incessantly.

مُتَصَوَّر، تصور شده، قابل تصور. conceived. conceivable. imaginable. imagined.

حدی بر آن ~ نیست. no limit can be imagined for it.

مُتَصَوِّف sufistic. mystic(al). Sufi.

مُتَضاد، مخالف. antithetical. opposed. antonym. polarized. contradictory. conflicting. reversed. inversed. adverse.

عقاید آن دو سیاستمدار کاملاً متضاد بود. the ideas of those two statesmen were diametrically opposed.

مُتَضَرِّر، زیان دیده. incurring (or having incurred) a loss. losing or having lost. damaged. deprived of.

~ شدن. to incur a loss.

مُتَضَرِّع، گریه‌کنان. suppliant. supplicating.

مُتَضَمِّن، شامل، دربردارنده. comprising. containing. enclosing. including. entailing. involving. requiring.

~ بودن. to comprise. to enclose. to entail. to involve. to include.

توسعهٔ کارخانه ~ مخارج هنگفتی است. the expansion of the factory involves heavy expenditures.

مُتَظاهِر، خودنما. pretentious. (with به) seeming or professing to be. pretending. simulating.

او مردی متظاهر است. he is a pretentious man.

مُتَظَلِّم، شاکی، خواهان petitioner. complainant. plaintive.

مُتَعادِل، ترازمند. balancing. equilibrant. stable. stabilized. symmetric(al). balanced. equi-. equated. equable. counterbalanced. equipoised.

~ کردن. to equilibrate. to stabilize. to balance. to counterbalance. to symmetrize.

~ شدن. to become balanced, equilibrated or equable.

بودجهٔ ~. a balanced budget.

هوای ~ (معتدل). equable weather.

مُتَعارَف، تعارفی، مبادی‌آداب، متداول، معمولی. courteous. given to compliments. using compliments. ordinary. common.

مُتَعارَفی، عادی، متداول، مرسوم. common. ordinary. vulgar. customary. medium. average. commonplace. conventional.

کسر ~. ordinary fraction.

مُتَعاقِب، بدنبال، به‌پیروی از. subsequent. following immediately. pursuant.

~ آن آگهی. subsequent to (or after) that notice.

مُتَعاقِباً immediately after. subsequently.

مُتَعاقِد (متعاقدین pl.)، طرف عقد، طرف قرارداد. contracting. party to a contract. cosignatory.

مُتَعال، سرفراز، عالی، بلند، والا. exalted. sublime. high. uplifted. lofty.

ایزد ~. the God on high.

مُتَعامِل، طرف معامله. person with whom a transaction is done. party to a transaction. transactor.

مُتَعاهِد (متعاهدین D.)، هم‌پیمان، طرف‌قرارداد. contracting. cosignatory.

طرفین متعاهدین. the contracting parties.

مُتَعَبِّد، عبادت‌کننده، پرستش‌کننده. devout. prayerful. worshipper.

مُتَعَجِّب، درشگفت، متحیر. surprised. amazed. perplexed. bewildered. astonished. astounded. flabbergasted.

~ شدن. to be surprised. to wonder. to be astonished. to be amazed. to be astounded.

~ ساختن، ~ کردن. to fill with wonder. to astound. to perplex. to flabbergast.

از دیدن من بسیار ~ شد. he was very surprised to see me.

مُتَعَجِّبانه، باشگفتی. surprised(ly). wonderingly. astounded.

مُتَعَدِّد، گوناگون. numerous. several. many. manifold. multifarious. multi-.

اطفال ~. many children.

شکایت‌های متعددی رسیده‌است. numerous complaints have come in.

مُتَعَدّی، متجاوز، فعل متعدی، ستمگر. transgressing. aggressive. transitive. transgressor. oppressor. tyrant.

فعل‌های لازم و ~. intransitive and transitive verbs.

مُتَعَذِّر، دشوار. difficult or impossible. resorting to a specified excuse. pretending.

مُتَعَرِّض، مزاحم، متجاوز. interfering with. disturbing. molesting. offensive.

کسی ~ او نمیشد. no one disturbed him or prevented him (from doing it).

مُتَعَسِّر [illegible] difficult. intricate.

مُتَعَصِّب bigot. prejudiced. fanatical. zealous. bigoted. fanatic. zealot. intolerant. opinionated. enthusiast.

مُتَّعِظ، پندپذیر. disposed to being preached to. accepting advice.

واعظ غیر ~. preacher not practising what he preaches.

مُتَعَفِّن، بدبو. malodorous. noisome. rank. rancid. fetid. stinking.

~ شدن. to stink. to become malodorous. to be putrefied. to be infected. to putrefy.

~ بودن. to stink. to be malodorous.

مُتَعَلِّق، وابسته به. belonging. pertaining. dependent.

~ بودن. to belong.

این کتاب ~ بمن است. this book belongs to me.

مُتَعَلِّقات appurtenances. attachments. accessions. accessories. concommittents.

مُتَعَلِّقه، زن، عیال. wife. supported or dependent (woman).

مُتَعَلِّم، دانش‌آموز، شاگرد. learner. student.

مُتَعَمِّد، عامد. (one) who does a thing intentionally.

مُتَعَنِّد، دشمن، لجوج. obstinate. enemy.

مُتعه، صیغه. temporary marriage. concubine.

مُتَعَهِّد bound. party to a contract or agreement. (one) who undertakes. obligor. obliged.

شما متعهدیدکه ظرف سه‌ماه این منزل راتخلیه کنید. you are bound (obliged) to vacate this house within three months.

آنها ~ شدندکه‌هزینهٔ سفر مرا بدهند. they undertook (promised) to pay my travel expenses.

~ شدن. to undertake. to promise to do.

متعهدله obligee. guarantee.

مُتَغَیِّر، تغییریافته، عصبانی، خشمناک. angry. enraged. indignant. wrathful. filled with indignation. changeable. variant. subject to change. unstable. variable. mercurial. changeal. inconstant. fickle. fluctuating.

ساعات‌کار ما ~ است. our office hours (working hours) are subject to change.

آب و هوای ~. changeable weather.

درآمد ~. unstable income.

~ شدن. to get angry. to become changeable. to lose one's temper.

~ ساختن، ~ کردن. to make angry. to enrage. to make variable or changeable.

بادهای ~. variable winds.

قیمت‌های ~. fluctuating prices.

مُتفاوت، مختلف. different. varied. diverse. various. divergent. dissimilar.
چهار کتاب ~. four different books.
علائق ~. diverse interest. interests.
~ بودن (با). to differ (from).
سلیقه‌ها ~ است. tastes (preferences) are different.
مُتفرّع، شاخه‌شاخه، منشعب. ramified. branching. branched out. derived.
مُتفرّعات (pl. of متفرعه). derivatives. by-products.
مُتفرعن، باد درسر. haughty. arrogant.
مُتفرّق، پراکنده. dispersed. diffused. scattered. dispelled. dissipated. sprinkled.
~ شدن. to be dispersed, diffused, or scattered.
بادبرگها را ~ کرد. the wind scattered the leaves.
بعد از کلاس دانشجویان ~ شدند. after the class, the students dispersed.
~ کردن. to disperse. to scatter. to spread about. to diffuse. to dissipate.
مُتفرّقه (fem. of متفرق)، مختلف، گوناگون. miscellaneous. different. sundry.
احمد درامتحانات ~ شرکت کرد. Ahmad participated in the examinations for the non-regular students.
مُتّفِق، متحد، هم پیمان (fem. متفقه). ally. allied. united. agreeing with each other. concordant. concurrent. concurring. in agreement.
~ شدن. to be allied. to form an alliance or confederacy. to unite. to concur.
~ ساختن. to ally. to unite. to make agree. to make concurrent.
همه براین امر ~ هستند. this fact is universally agreed upon.
مُتّفِقاً. in alliance. unitedly. concurrently. unanimously. together. in unison.
متفق‌الرأی، همرأی. unanimous. of one accord. in agreement.
متفق‌القول، همزبان. unanimous.
متفق‌علیه. unanimously agreed upon.
مُتّفِقین. The Allies.
مُتفکّر، اندیشناك، درفکر، اندیشمند، فکری. thinker. reflecting. pensive. pondering. thoughtful. meditating. contemplating. meditative. contemplative speculating.
او شاعر است ولی ~ نیست. he is a poet but not a thinker.
~ شدن. to think. to begin to think. to become pensive. to reflect. to muse. to cogitate.
مُتفکّرانه، ازروی‌فکر، اندیشناك. in a reflecting or pensive manner. musefully. thoughtfully. pensively.
مُتقابِل (fem. متقابله). reciprocal. alternate. counter-. mutual. bilateral.
احترام ~. mutual respect.
دعوی ~. counterclaim.
اقدام ~. countermeasure.
مُتقابِلاً. reciprocally. mutually. bilaterally.
مُتقارِب، همگرا، نزدیك شونده. convergent. converging.
~ شدن. to converge.
مُتقارِن، قرینه، روبرو. symmetrical. matching. isomerous. isomorphic. isochronous. isochronal. simultaneous.
مُتقاضی، تقاضاکننده، درخواست‌کننده. applicant. requesting. applying for.
مُتقاطرها (سه‌یاختهٔ بخش‌زیرین کیسهٔ رویانی). antipodals.
مُتقاطِع، قطع‌کننده، ازهم‌گذرنده. intersecting. crossing. athwart.
مُتقاعِد، قانع شده، بازنشسته. convinced. retired. superannuated. pensioned (off).
~ شدن. to retire. to be convinced. to be pensioned off or retired.
~ کردن. to retire. to convince. to pension off.
پدرش دوسال پیش ~ شد. his father (was) retired two years ago.
استدلال ما بالاخره اورا متقاعدکرد. our reasoning finally convinced him.
مِتقال. unbleached calico. Mexican cloth. grey sheeting.
مُتقبِّل، عهده‌دار، قبول‌کننده، پذیرا، پذیرنده. (one) who undertakes or accepts. accepter. accepting. obligor.
~ شدن. to undertake. to support.
مُتقدِّم (pl. متقدمین). ancient. precursor. preceding. past.
مُتقدِّمین. those coming before. precursors.
مُتقلِّب، حقه‌باز، نادرست، فریبکار. dishonest. fraudulent. cheat. defrauder. crooked. cheater. swindler.
مُتقَن (fem. متقنه)، استوار. firm. solid. compact. substantial. sound. valid. stable.
مُتّقی، پرهیزگار، باتقوا. virtuous. pious. upright.
مُتّکا، بالش. pillow. bolster.
مُتکافی، کفایت‌کننده، برابر. equal.
مُتکاهِل. lazy. negligent.
متکائی، طوماری. scrolled. ionic.
سبك ~. Ionic order.
مُتکبّر، باد درسر، مغرور. proud. haughty. overbearing. lordly. arrogant. supercilious. conceited. snobbish. snob.
متکبرانه. proudly. haughtily. proud.
مُتکدّی، گدا، سائل. begging. beggar. beggarly habits. mendicant.
مُتکفّل. guarantor. guardian. one who guarantees or undertakes.
~ (مخارج) خانواده‌ای بودن. to support a family.
مُتکلّم، گویا، گوینده، سخنگو. speaker. first person. speaking. talker.
~ شدن، حرف زدن، سخن گفتن. to speak.
متکلم‌وحده. sole speaker. one who monopolizes speaking. soliloquizer.
مُتکوِّن، ایجاد شونده، هستی‌یاب، بوجودآینده. coming into existence.
مُتّکی، تکیه‌کننده. based. relying. leaning. depending upon. reclining.
~ بودن (بر). to rely on. to depend upon.
برشخصی ~ شدن. to rely upon a person. to base oneself on a person.
مُتلاشی، پراکنده، درهم‌ریخته. decomposed. scattered. shattered. disintegrated.
~ شدن. to disintegrate. to become decomposed or shattered.
~ کردن. to decompose. to shatter. to scatter. to disintegrate.
جسد ~ شدهٔ او در دشت پیداشد. his disintegrated body was found in the field.
مُتلاطِم، طوفانی، خیزابی، آب‌پره. agitated. rough. stormy. turbulent.
دریای ~. a turbulent sea.
مُتلاقی، بهم‌برخوردکننده. confluent. meeting or joining together. intersecting.
مُتلذّذ، برخوردار، متمتع. enjoying. taking delight.
~ شدن از. to enjoy. to relish. to take a delight in.
مُتلِف، مسرف، ولخرج. wasteful. waster. prodigal. lavish. wastrel. spendthrift.
مُتلَك، سخن‌گوشه‌دار. sarcastic remark or joke. taunting. jibe. snide remark.
~ گفتن. to make snide remarks. to propose tauntingly.
متلك‌های او آن‌زن را خشمناك ساخت. his snide remarks made her angry.
مُتلوّن، دمدمی، رنگارنگ. versatile. fickle. capricious. mercurial. whimsical. changeable. protean. chamelionic.
مُتلهّف، متأسف. regretful.
مُتماثِل، شبیه، همانند. similar. identical.
مُتمادی، طولانی، دراز. long. prolonged. protracted.
سالهای ~. many years. year after year.
مُتمارِض، متعذربناخوشی. feigning illness. malingering. shirking.
مُتمایِز، برجسته. distinct. outstanding. distinguished. separate. differentiated.
مُتمایِل. inclined. disposed. slant. leaning. slanted. bent. aslant. oblique.
~ شدن. to be (become) inclined. to lean. to slant.
~ کردن. to incline. to bend. to slant.
~ بسوی چپ. inclined (leaning) to the left.
مُتمتِّع، بهره‌مند. enjoying. benefiting.
~ شدن. to enjoy.
مُتمدِّن (fem. متمدنه .pl متمدنین)، شهری، مهذب، تربیت‌شده، شهرنشین، مبادی‌آداب، مؤدب. civilized. polite. civil. urbane. suave. refined. cultivated. cultured. urban.
کشورهای ~. civilized countries.
نیمه ~، نیم ~. semicivilized.
~ شدن. to become civilized.
~ کردن. to civilize. to urbanize.
غیر ~. uncivilized. savage.
مُتمرِّد، سرکش، نافرمان، یاغی، فتنه‌انگیز. rebellious. disobedient. insurgent. mutinous. seditious. defiant. refractory. unruly. recalcitrant.
سپاهیان ~. rebellious troops.
فرزند ~. a disobedient son.
متمردین دستگیر شدند. the insurgents were captured.
متمردانه. rebelliously. disobediently. mutinously. seditiously.
مُتمرکز. concentrated. centralized. centered. concentered. focused.
~ شدن. to be centralized. to be concentrated. to concenter. to be focused.
~ کردن. to centralize. to concentrate. to muster. to center. to concenter. to focus.
سپاهیان را ~ (جمع‌آوری) کردن. to muster (concentrate) troops.
همهٔ فعالیت اقتصادی کشور نباید در یك شهر ~ باشد. all of the country's economic activities ought not be centered in one city.
مُتمسّك، پناه‌برنده، ملتجی، روی‌آور. holding. resorting to. turning to. appealing to.
او به یکی از آشنایان من ~ شد. he resorted (appealed) to one of my friends.
~ شدن (به). to hold to. to resort to. to appeal to.
مُتمکّن، مالدار، دارا. affluent. having (pecuniary) power. rich. resident. established. firm.
مُتملّق، چاپلوس. flatterer. fawner. flattering. sycophant. toady.
مُتملّقانه، چاپلوسانه. flatteringly. fawningly. sycophantic(al).
مُتمِّم، مکمل، باقیمانده، تمام‌کننده. supplement. complement. supplementary. complementary.
قانون ~ قانون بودجه. act supplementary to the budget act.
مُتمنّی، خواهشمند، مستدعی. requesting. asking. entreating. beseeching. begging. imploring.
مُتموّج، موجی، موجدار. undulating. floating. moving. wavy. grooved. fluttering.
مُتموّل، توانگر، دولتمند، غنی. rich. wealthy. affluent. moneyed.
مَتن (pl. متون). text. context.
ترجمهٔ متن‌های (متون) ادبی. translation of literary texts.
معمولاً معنی‌واژه‌رامیتوان‌ازروی ~ آن‌دریافت. usually it is possible to find out the meaning of a word from its context.
~ کامل نطق او. the complete text of his speech.
مُتنازِع. litigant. quarreling. disputant. in dispute. contentious.
متنازع‌فیه. litigious. disputed about.
مُتناسِب (fem. متناسبه). proportional. proportionate. symmetrical. becoming. decorous. elegant. commensurate.
مخارج هر فرد باید ~ بادرآمد او باشد. every person's expenses must be proportionate to his income.
غیر ~. disproportionate.
مُتناقِض، ناهمگن. contradictory.
مُتناوِب، نوبتی، یك درمیان. alternative. alternate. recurring. periodic(al). broken. intermittent.
جریان ~ (برق). alternating current.
متناوباً، بطورمتناوب. alternately. alternatively. intermittently. in turn.
مُتناهی. final. terminated. finite. eternal.
مُتنبِّه، تنبیه شده، سرزنش شده. awakened. warned. admonished. punished.
~ کردن. to give a lesson or warning (to).
~ شدن. to be awakened (through admonishment or punishment).
مُتنجِّن، گوشت سرخ کرده. meat roasted or fried in a pan.
مُتنعِّم، برخوردار از نعمات. enjoying (comforts of life). living in pleasure.
مُتنفِّذ (pl. متنفذین)، بانفوذ. influential.
مردمان ~، متنفذین. influential men.
مُتنفِّر. disgusted. hating. detesting. abhorring. abominating. loathing.
~ بودن. to hate. to be disgusted with.
~ کردن. to abhor. to detest. to loathe. to abominate. to make (one) hate or detest.
رفتارش همه را از او ~ کرد. his conduct made everyone hate him.

مُتَنَفِّس، تنفس کننده. breathing. soul. being. living. respiring.

مُتَنَکِّر، درلباس عوضی. disguised.

مُتَنَکِّراً، ناشناس، در لباس عوضی. in disguise. impersonated. playing the impostor. incognito.

مُتَنَوِّع (fem. متنوعه)، گوناگون، مختلف. various. miscellaneous. variegated. multifarious. divergent. disparate. different. varied. diverse.

رنگهای ~. **various colors.**

~ [illegible]. **to make various (varied, or diverse).**

مُتَواتِر، پی‌درپی، مسلسل. successive. related by successive witnesses. sequenced. sequent. sequential. concatenate.

متواتراً، پی‌درپی، مسلسل، مکرر، بتواتررسیده. by successive witnesses. successively.

مُتَواری، پنهان، فراری. running away. hidden. fled to an unknown destination. wandering. escapee. on the lam. fleeing. fugitive. on the run.

~ شدن. **to escape. to flee. to run away. to be put to flight. to hide away.**

~ کردن. **to put to flight. to cause to escape or flee.**

سید فرهاد درکوهها ~ شد. **Seyd Farhad escaped into (became a fugitive in) the mountains.**

مُتَوازِن symmetrical. balanced. in equilibrium. equilibrant. equilibrated. equipoised. counterbalanced.

مُتَوازی (fem. متوازیه). parallel.

متوازیاً in a parallel manner. as parallels.

~ الاضلاع. **parallelogram.**

مُتَواضِع، فروتن. meek. humble. lowly. condescending. courteous.

مُتَوافِق، سازگار، همگن، متناسب. agreeable. agreeing. congruous. commensurable.

مُتَوالی، پی‌درپی، مسلسل، مداوم. consecutive. successive. continuous. concatenate. uninterrupted.

چهار سال ~. **four successive years.**

مُتَوالِیاً، بطور پی‌درپی، مرتباً، بطور متوالی. consecutively. successively.

مُتَوَّج، تاجدار. coronated. crowned.

مُتَوَجِّه، مواظب، مراقب، هشیار، دقیق. directed toward. careful. attentive. paying attention to. realizing. focusing.

~ شدن به. **to turn to. to face. to address. to pay attention to. to realize. to find out.**

حادثه‌ای ~ او شد. **he met with an accident.**

~ ساختن. **to remind. to notify. to aim. to level (at). to fix. to make (one) realize.**

~ دوست من باش. **take care of my friend.**

~ نشدم. **I did not take notice of (pay attention to) it.**

ناگهان ~ شدکه مردی اورا تعقیب میکند. **suddenly she realized that a man was following her.**

افکار او همیشه متوجه خدا بود. **his thoughts were always directed toward God.**

بالاخره متوجه اشتباه خود شد. **finally he realized (was made aware of) his own mistake.**

متوجه عرایضم شدید؟ **did you get my point? did you pay attention to what I said?**

مُتَوَحِّش، هراسناك، ترسان، و ... frightened. startled. terrorized. panic-stricken. alarmed. scared. daunted.

~ شدن، ترسیدن، بیمناك شدن. **to be (become) frightened, panic-stricken, startled, or terrorized. to become panicky.**

~ ساختن. **to frighten. to startle. to scare. to terrorize. to make panicky. to alarm.**

مُتَوَرِّق، ورقه ورقه، لایه‌لایه. laminated. layered. laminar. laminal. paginal.

~ کردن، ~ شدن. **to laminate. to separate into laminae.**

مُتَوَرِّم، بادکرده، ورم کرده. swollen. puffed up. puffy. inflamed. inflated. turgid. tumid. flatulent. edematous.

~ شدن. **to be inflated. to swell. to be inflamed. to puff up.**

~ ساختن، ~ کردن. **to make swollen or turgid. to make inflamed. to inflate. to swell (up). to make puffy.**

مُتَوَسِّط (fem. متوسطه)، میانه، میانحال، وسط، معتدل. middle. mean. average. median. medium. secondary. middling. mediocre. normal. fair. ordinary.

طبقهٔ ~. **the middle class.**

در همه چیز یك حد متوسطی (درجهٔ اعتدال) وجود دارد. **there is a mean in all things.**

(درجهٔ) حرارت ~. **mean temperature.**

قیمت ~. **average price.**

متوسط‌الحال، میانه. middling. mediocre.

متوسط‌السن، میانه‌سال. middle-aged.

متوسط‌القامه، میان‌قد. middle-sized.

مُتَوَسِّطه (fem. of متوسط)، متوسط. middle.

مدرسهٔ متوسطه. **secondary school. middle school. high school.**

مُتَوَسِّل، ملتجی، پناه‌برنده. resorting (to). seeking help from.

~ شدن. **to resort to. to have recourse to.**

~ بخدا شدن. **to seek help from God.**

چون تهدید و یده نکرد به ناسزاگوئی ~ شد. **since threats proved futile he resorted to cursing.**

مُتَوَطِّن، ساکن. choosing one's home. taking one's abode. residing. settled in.

~ شدن. **to take one's abode. to choose one's home. to settle. to reside.**

مُتَوَفّی (fem. متوفیه)، درگذشته. deceased. late. passed away. dead. decedent.

شوهر متوفای او. **her late husband.**

مُتَوَقِّع، منتظر. expecting.

~ بودن (از). **to expect.**

~ بود من حرف بزنم. **he expected me to speak.**

مُتَوَقِّف، ایستاده، ساکن، ورشکسته. halted. halting. staying. stopped. standing still. insolvent. static. stalled. immobile.

~ شدن. **to stop. to come to a standstill. to stay. to be (become) insolvent.**

~ کردن. **to stop. to stall. to bring to standstill. to halt.**

ترن ~ شد. **the train stopped.**

مُتَوَکِّل، معتمد. trusting.

~ بودن، ~ شدن. **to trust upon.**

متوکلاً، توکلا. confidently. trusting.

مُتَوَلِّد (pl. متولدین)، زاده. born. nee.

~ سال ۱۹۷۴. **born in the year 1974.**

متولدین. **those born.**

~ شدن. **to be born.**

مُتَوَلّی custodian or administrator (of a pious foundation).

~ زیارت. **custodian of a shrine.**

مُتَوَهِّم، اندیشناك. fearing. suspecting. worried. mistrusting.

مَتّه، پرما، میلهٔ تیز. auger. gimlet. drill.

~ کردن. **to bore (with a gimlet or auger). to drill.**

~ بخشخاش گذاشتن. **to be overnice. to split hairs.**

مَتّه‌کمان gimlet (and its crossbow).

مُتَهاجِم، [illegible] attacking, offensive. aggressive. invasive. transgressive. aggressor.

مُتَهاوِن، اهمال‌کار. negligent. indifferent.

مُتَهِب، هبه‌گیرنده. party receiving a gift. donee.

مُتَّهَم، مورد اتهام. accused. charged. incriminated. indicted. arraigned.

~ شدن به. **to be accused of. to be indicted or arraigned. to be charged with.**

~ ساختن، ~ کردن. **to accuse. to charge with. to indict. to arraign. to impeach. to impugn. to incriminate. to inculpate.**

مُتَّهِم، تهمت‌زننده. accuser.

مُتَهَوِّر، بیباك، خیره‌سر، دلیر. intrepid. fearless. impetuous. rash. daring. bold.

مُتَهَوِّرانه، بیباکانه. boldly. impetuously. impetuous. daring. gallant. intrepid.

متی Matthew.

انجیل ~. **Gospel of St. Matthew.**

مُتَیَقِّن، بااطمینان، مطمئن. sure. certain.

متیل methyl.

متیل، میتیل. tidy. antimacassar.

مَتین، سنگین، موقر. firm. self-possessed. cool. sedate. staid. inexcitable. serene. demure. decorous. dignified.

مَثابه position.

بمثابهٔ. **as. in the position (or manner) of. in lieu of.**

مِثال، تمثیل، ضرب‌المثل، حکایت، داستان اخلاقی، مثل. example. likeness. instance. parable. allegory. fable. moral tale. exemplum. maxim.

برای ~، مثلاً. **for example. exempli gracia. e.g. for instance.**

~ زدن. **to give an example.**

بمثال، مثل، بمانند. **in the likeness of. as.**

مَثانه، آبدان. (anat.) vesica. urinary bladder. cyst. cysto-. vesico-.

مثانه‌بین cystoscope.

مَثانی second strings of lutes. etc. lute. (name of certain parts of) the Koran.

مُثبَت، ثابت‌شده. positive. affirmative. proved.

بطور مثبت، مثبتاً. **positively. definitely.**

علامت ~. **plus sign. positive sign.**

جریان ~ (برق). **positive current.**

مُثبِت، ثابت‌کننده. proving. demonstrative.

مِثقال unit of weight equal to about five grammes. Mesghal.

مِثقَب، مته. drill. borer.

مَثَل (pl. امثال)، مثال، نمونه، ضرب‌المثل، گفتار. example. maxim. parable. proverb. exemplum. pattern. model.

~ زدن. **to cite an example or proverb. to relate a parable. to exemplify.**

مِثل (pl. امثال)، مانند، همتا، مشابه. like. as. likeness. peer. match.

~ اینکه دیروز بود. **its seems as if it were yesterday.**

با کسی معاملهٔ بمثل کردن. **to retaliate. to pay a person in his own coin. to serve one with the same sauce. to reciprocate.**

کتاب وامثال آن. **books and the like.**

او مثل خارجی‌ها حرف میزند. **he talks like foreigners.**

من ~ یك برادر با تو حرف میزنم. **I am talking to you as a brother.**

مُثُل (pl. of مثال)، [illegible] ideas. examples.

مَثَلاً for example. for instance. say. let us say. exempli gracia. e.g.

مُثَلَّث، سه‌گوش. triangle. triangular. triple. marked with 3 dots.

مثلثات trigonometry.

مثلثات کروی spherical trigonometry.

مثلث کروی spherical triangle.

مُثَلَّثه group of three stars. triad of Zodiacal signs.

مثلثی، سه‌گوشه. triangular. triangle. any triangular object.

مُثله exemplary punishment. lynching.

~ کردن. **to mutilate (by way of exemplary punishment). to lynch.**

مثلی، مثالی. proverbial. exemplar.

مثلی، عوض‌دار، عوض‌شدنی. fungible.

مُثمِر، میوه‌دار، بارآور. fruit-bearing. fructiferous. fruitful. useful.

~ ثمر واقع شدن. **to be (become) fruitful or effective.**

مُثَمَّن، هشت‌گوش، هشت‌هجائی. octagon(al). (verse) consisting of 8 feet. octameter.

مَثنَوی poetry consisting of distichs riming between themselves. couplet poems. Mathnavi.

مُثَنّی، دوبرابر. twofold. double(d). two-dotted. dual. duplicate.

نسخهٔ المثنی. **duplicate copy.**

مُجاب، قانع، پاسخ داده شده. confuted. reduced to silence. convinced.

~ شدن. **to be confuted, convinced or beaten in a debate.**

~ کردن. **to confute. to controvert. to refute. to defeat in a controversy. to convince.**

مُجادِله (pl. مجادلات)، کشمکش، مناقشه. altercation. contention. dispute.

~ کردن. **to dispute. to contend. to altercate. to hassle. to squabble.**

مَجار Magyar. Hungarian.

مجارستان (geog.) Hungary.

مَجاری (pl. of مجرا، مجری). channels. tubes. passage ways. ducts.

مَجاز، استعاره، کنایه. metaphor. figure. allegory.

مُجاز، روا، جایز. authorized. licensed. permissible. allowed. allowable.

~ بودن. **to be permitted or authorized.**

پزشك ~. **non-granduate licensed physician.**

غیر ~. **unauthorized. disallowed. prohibited.**

مجازاً figuratively. metaphorically.

مُجازات، کیفر. punishment. penalty.

~ سنگین. **heavy punishment.**

~ کردن. **to punish.**

مجازاتی، جزائی. **penal. punitive.**

مَجازی، صوری،مادی،استعاری، غلط، نادرست. figurative. metaphorical. false.
آفتاب ~. mean sun.
مَجاعَه، گرسنگی،قحطی. famine. hunger.
سال ~. year of famine.
مَجال، فرصت. opportunity. leisure. chance.
~ کردن، ~ پیداکردن. to find an opportunity.
~ دادن. to give an opportunity or chance to.
~ نداد که جمله‌ام را تمام کنم. he did not give me a chance to finish my sentence.
مَجالِس (مجلس .pl. of)،جلسات. sessions. parliaments. meetings. sittings. parties.
~ عزاداری. mourning gatherings. funeral services.
~ عروسی. wedding parties.
مُجالَسَت، هم‌نشینی. sitting together. companionship. association. company.
مَجامِع (مجمع .pl. of)، اجتماعات، جلسات، جمعیت‌ها، انجمن‌ها. gatherings. societies. clubs. associations.
مُجامَعَت، جماع. sexual intercourse. cohabitation.
مُجامَلَت، مجامله، چاپلوسی. flatterous courtesy or kindness.
مجاناً، رایگان. gratis. gratuitously. free (of cost). complimentary.
مُجانِب asymptote.
مُجانِبَت، دوری. going away. keeping aloof.
مَجّانی، رایگان، تعارفی. gratuitous. free (of cost). gratis. complimentary.
ماندگاه (پارکینگ) مجانی. free parking.
در این خوابگاه خوراك ~ است. in this dormitory food is (given) free of charge.
بعضی هتل‌ها مشروب ~ میدهند. some hotels offer complimentary drinks.
آنرا ~ بدست‌آورد. he got it gratis.
مَجانین (مجنون .pl. of)، دیوانگان. lunatics. mad people.
مُجاوِر، نزدیك، همسایه. contiguous. adjoining. abutting. adjacent. conterminous. neighbo(u)ring. close to.
او سالها در کربلا مجاور بود. he lived (close to the holy shrines) in Karbella for many years.
خانهٔ آنها ~ نانوائی است. their house is adjacent to the bakery.
مُجاوِرَت، نزدیکی، همسایگی. vicinity. neighbo(u)rhood. proximity. adjacency. contiguity. abutment.
در ~. adjacent to. in the vicinity of. near.
مُجاهِد (مجاهدین .pl.)، جهاد کننده، مبارز، فداکار. soldier of the holy war. fighter for liberty, etc. (one) who strives. zealot. crusader.
مُجاهِدَت، کوشش، سعی، کشمکش، تلاش، تقلا. endeavo(u)r. struggle. fighting (for liberty, religion, etc.). effort. striving.
~ کردن. to endeavo(u)r. to strive. to attempt. to struggle.
مُجاهَدَه، مجاهدت. striving. diligence.
مَجبُور، وادار. bound. constrained. compelled. forced. obliged. coerced.
مجبورم بروم. I am obliged to go. I have to go.
~ شدن. to be compelled or forced.
~ کردن. to force. to compel. to coerce. to constrain.
مادر آنها را ~ کرد که دستهای خود را بشویند. the mother compelled them to wash their hands.
مَجبوراً، اجباراً. by force. forcibly.
مُجتَبی، برگزیده، منتخب. chosen.
مُجتَمِع، گروهه. gathered together. convened. assembled. complex.
مجتمع (گروهه) پتروشیمی. petrochemical complex.
~ شدن. to assemble. to unite.
~ (گروههٔ) ورزشی. sports complex.
مجتمعاً، باهم، متحداً. collectively. unitedly. in unison. together.
مُجتَهِد (مجتهدین .pl.)، پیشوا، کوشا، جاهد. clergyman practicing religious jurisprudence. (one) who strives hard.
مَجد، بزرگی،عظمت. greatness. traditional hono(u)r. eminence. grandeur.
مُجِد، ساعی، کوشا، جدی. diligent. striving hard. insisting. persistent.
مُجِدانه، با جدیت. diligently. diligent. hard.
مُجَدَّد، دوباره،ازنو. renewed. further. anew. afresh. again. re-.
دوستی ~ آن دو. their renewed friendship.
ملاقات ~. the second meeting. the next meeting.
مُجَدَّداً، دوباره. again. repeatedly. once more. anew.
~ پنجره را بستم. I closed the window again.
مُجَدَّر، آبله‌دار، آبله‌رو. pockmarked.
مَجذوب، جذب شده، فریفته. drawn (toward). attracted. enchanted. ecstasied. absorbed. captivated. conjured.
~ کردن. to attract. to fascinate. to captivate. to charm. to absorb.
~ شدن. to become captivated, attracted, or fascinated.
مَجذور، توان دوم. square (root).
مَجذوم، جذامی، ابرص. leprous. leper.
مَجرا (مجاری .pl.)، راه، گذرگاه، جوی، کانال. channel. passage. meatus. canal. duct. conduit. waterway. tube. way.
ازمجرای قانون. through legal channels.
مجرای سامعه. auditory meatus (canal).
مجرای بول. meatus urinarius. urethra.
مجرای آب. water channel. a water conduit.
مُجَرَّب، کارآزموده، آزموده. experienced. tried (as a medicine).
مُجَرَّد، برهنه، معنوی، زن نگرفته، معنی (در برابر ذات). single. unmarried. naked. abstract. incorporeal. solitary.
مرد ~. a single (unmarried) man. bachelor.
حبس ~. solitary confinement.
بطور ~. singly. in an unmarried state. absract.
بمجردی که، بمجرد اینکه. as soon as.
بمجردیکه پلیس را دید فرار کرد. as soon as he saw the police, he ran away.
مُجَرَّدات incorporeal beings. abstractions. abstracts.
مُجَرَّدی، جرز. pier. pillar.
مُجرِم (مجرمین .pl.)، مقصر، بزهکار. guilty (person). criminal. offender. law breaker. culpable.
~ شناختن. to find guilty.
مجرمانه criminally. culpably. criminal. culpable.
مُجرِمیَّت، بزهکاری. guilt. criminality. offence. culpability.
مَجروح (مجروحین .pl.)، زخمی. wounded. hurt. injured. lacerated.
~ شدن. to be wounded.
~ کردن. to wound. to injure.
مجروحان (مجروحین). the wounded.
مجروحین جنگ. the war wounded.
مَجرَی، مجرا. channel. passageway.
مِجری (small) box. pyxidium.
مُجری (مجریه .fem)، (one) who executes. or enforces. enforcer. executive.
من ~ اوامر شما هستم. I will carry out your orders.
قوهٔ مجریه. executive power. executive branch.
مُجری enforced. executed.
~ داشتن. to carry out. to enforce.
مُجَزّا، جدا، مشخص، تجزیه‌شده، تفکیك شده. analyzed. distinct. separate. disconnected. isolated. detached. severed.
~ شدن. to cecede. to separate.
~ کردن. to separate. to segregate. to sever. to detach. to isolate. to disconnect.
مجزی، مجزا. separate(d). disconnected.
مِجَسطی، المجسطی، رسالهٔ بطلمیوس، دربارهٔ هیئت و کیمیا. the Almagest.
مُجَسَّم (مجسمه .fem)، تجسم یافته، تصور شده. incarnate. personified. (geom.) solid imagined. corporeal. fancied.
~ شدن. to be incarnated. to be personified. to be imagined.
~ کردن. to incarnate. to personify. to embody. to imagine. to see in one's imagination. to body forth.
ناگهان قیافهٔ پدرش در نظرش ~ شد. suddenly his father's figure (face) appeared in his mind.
مجسمات (مجسمه .pl. of)،مجسمه‌ها، اجسام‌جامد. statues. solid bodies. ideals. imaginations. likenesses.
مُجَسَّمِه (مجسم .fem. of)، تندیس، پیکره. statue. image. sculpture. effigy. likeness.
مجسمهٔ آزادی. the Statue of Liberty.
مجسمهٔ پیاده. pedestrian statue.
مجسمهٔ سواره. equestrian statue.
مجسمهٔ کوچك. statuette.
مجسمهٔ نیمتنه. bust.
مجسمه‌ساز، تندیسگر. sculptor.
مجسمه‌سازی، تندیسگری. statuary. sculpture.
مُجَعَّد، فردار. curly. wavy.
~ کردن. to curl.
مَجعول، جعلی. fictitious. faked. forged.
اسم ~. a fictitious name.
سند ~. a faked (forged) document.
مُجَلَّد (مجلده .fem)، جلد، جلد شده. bound. covered. volume. tome. copy.
مُجَلَّدات (مجلد .pl. of)، جلدها. volumes (of books). instalments.
مَجلِس (مجالس .pl)، نشست،جلسه. gathering. assembly. Majlis. session. meeting. house. party. scene. act. sitting.
~شورای ملی. The National Consultative Assembly (the first house of the Iranian Parliamant). the Majlis.
~ عوام. House of Commons.
~ سنا. the Senate.
مجلسی تشکیل شد. a meeting (session) was held.
~ تذکر. commemoration meeting.
~عزاداری. mourning gathering.
~عروسی. wedding party.
~مشاوره. consultation meeting.
~ دعا. prayer meeting.
~ کردن، ~داشتن. to hold or call a meeting. to call a party.
صورت ~. proces-verbal. minu'tes (of a meeting).
مَجلِسی fit for a party or assembly. presentable. chamber.
موسیقی~. chamber orchestra (music).
مَجلِسیان members of a party or parliament.
مَجلِسین، مجلس شورا ومجلس‌سنا. the two houses (of parliament).
مُجَلَّل، باشکوه. sumptuous. glorious. effulgent. pompous. luxurious. grand.
مهمانی~. a sumptuous party.
مَجَلِّه (مجلات .pl). magazine. review. periodical.
مجلهٔ هفتگی. weekly (magazine).
مجلهٔ ماهیانه. monthly (magazine).
مجلهٔ رسمی. gazette.
مِجمَر، بخوردان، منقل. censer. thurible.
مَجمَع (مجامع .pl)، جمعیت، مجلس، اجتماع، انجمن، باشگاه. assembly. association. club. league. gathering. meeting.
~عمومی. general assembly.
مجمعی از دوستان. a gathering of friends.
مَجمَعُ‌الجَزایِر archipelago.
مَجمَعُ‌القَوانین، مجموعهٔ قوانین. code.
مَجمَعُ‌الکَواکِب، صورت فلکی. constellation.
مَجمَعه، مجموعه. (copper) tray.
مُجمَل، مختصر. brief. summary. compendium. resume. compendious.
بطور ~. in summary. briefly. compendiously.
مُجمَلاً، مختصراً، بطورمجمل. briefly. compendiously. in summary. in brief.
مَجموع، جمع، تمام، آرام، جمع‌وجور، روبهمرفته. total. sum. whole. aggregate. peaceful. tranquil. on the whole.
من‌حیث‌المجموع. altogether. in all. all in all.
مجموعاً، بطورمجموع، روبهمرفته. totally. on the whole. altogether.
این کتابخانه ~ بیش از ده‌هزار کتاب‌دارد. this library has a total of more than ten thousand books.
مَجموعِه، گردآورد، گلچین. collection. set. miscellany. magazine. anthology. sampler. aggregate.
مجموعهٔ تمبر. stamp collection.
مَجنون (مجانین .pl)، دیوانه. insane. mad. lunatic. crazy. luny. (colloq.) cracked. demented.
مُجَوِّز، جواز، اجازه. authority.

justification. sanction. warrant. ground. licence.
~ شما برای اینکار چیست؟ what is your justification for doing this?
~ قانونی. legal ground.
مَجوس (مجوسیان .pl). Magus. Magian.
مَجوسی Magian.
مجوسیان the Magi
مُجَوَّف، میان‌تهی، پوك. hollow. empty.
مُجَهَّز، باساز و برگ، آماده، مسلح، بسیج شده. equipped. armed. mobilized. dressed. arrayed. prepared. in readiness [illegible]
~ شدن. to become equipped. to be mobilized. to arm.
~ کردن. to equip. to mobilize. to arm. to prepare. to array. to furnish with equipment. to provide with.
اتومبیل را با رادیو ~ ساز. provide (equip) the car with a radio.
مَجهول، ناشناس، ناشناخته. unknown. passive (often فعل مجهول or بنای مجهول) incognito. unrecognized. unperceived.
دومجهوله. with two unknown quantities.
~ القوّه. exponential.
جواب این مسئله ~ است. the answer to this problem is unknown.
مَجهولُ الهُویّه anonymous. of unknown identity. fameless. of ignoble birth.
بطور ~ (ناشناس) صدقه‌دادن. to give alms incognito.
مجهولیت، ناشناسی. state of being unknown. obscurity.
مَجید، بزرگ. great. hono(u)rable. masculine proper noun.
مُجیر، حامی. patron. protector. friend.
مُچ، مچ‌دست. carpus. wrist.
~ کسی را گرفتن. to catch one in an act. to check one by discovering the untruth of his statements. to catch one red-handed.
~ پا. ankle.
مُچالِه crumpled.
~ شدن. to become crumpled.
~ کردن. to crumple.
مچ‌پیچ puttee. wristband. wristlet.
مچ دستی carpal.
مچل abashed. having lost face.
مچل کردن. to abash. to disconcert.
مُچی carpal. tarsal. wrist.
ساعت ~. wristwatch.
مُحابا، بیم، ملاحظه. regard. consideration. respect. fear.
بی ~. rash(ly). heedless(ly).
مُحاجه، استدلال، مباحثه، جدل. pleading. reasoning together. argument. talking back. squabbling. wrangling.
~ کردن. to plead. to reason (together). to argue. to talk back. to squabble. to wrangle. to argue.
مُحاذی، روبرو، موازی، متوازی. opposite. parallel.
مُحارِب، جنگجو، مبارز. combatant. belligerant. fighter.
مُحارِبه (محاربات .pl)، جنگ، ستیز. fighting. war. combat. battle.
علی درهمهٔ محاربات عمدهٔ صدر اسلام شرکت داشت. Ali participated in all of the principal battles of early Islam.
~ کردن. to fight. to combat. to war. to battle.
مُحارَست، نگهداری، حراست. protection preservation. safeguard(ing).
مُحاسِب (محاسبات .pl)، حسابدار. accountant. book keeper.
مُحاسِبات (محاسبه .pl. of)، حسابها. accounts. calculations. reckonings.
کلیه ~ اقتصادی آنان غلط درآمده. all their economic calculations proved wrong.
محاسباتی relating to accounts accounting. fiscal.
سال محاسباتی (مالی). fiscal year.
اشکالات محاسباتی. accounting difficulties.
محاسبه accounting. reckoning [illegible] calculation. counting. computation.
~ کردن. to calculate. to compute. to count. to figure out.
~ شده. calculated. computed.
مَحاسِن، ریش، نیکوکاریها، نیکیها. virtues. good points or deeds. beauties. beard.
~ ومعایب گیاهخواری. the virtues and faults (shortcomings) of vegetarianism.
مُحاصِره، محصورسازی. siege. blockade. besieging. surrounding. encirclement.
~ کردن. to besiege. to lay siege to. to encircle. to surround. to siege. to gird.
رفع ~ کردن. to raise the siege.
محاصرهٔ آن‌شهر چندین سال طول کشید. the siege of that city lasted (for) many years.
مَحاضِر (محضر .pl. of)، دفترخانه‌ها، حضورها. notory offices. presences.
مُحاط، احاطه شده، محصورشده. surrounded. contained. inscribed. encircled. circumscribed.
~ کردن. to inscribe. to circumscribe.
مُحافِظ، حافظ، حامی، نگهدار. protector. supporter. patron. guard. sentry. keeper. sentinel. watch.
مُحافِظَت، نگهداری. protection. conservation. guarding. safeguarding. keeping. patronage. shielding.
~ کردن. to protect. to preserve. to look after. to guard. to safeguard.
او مأمور است که اموال دولت را ~ کند. he is appointed to protect the government property.
در غیاب شما چه‌کسی از منزلتان ~ خواهد کرد؟ who will look after your house in your absence?
مُحافِظه، محافظه‌کاری. sense of carefulness and modesty. protection. protectionism. safeguarding.
محافظه‌کار conservative. torry.
محافظه‌کارانه conservatively. guarded. conservative.
محافظه‌کاری conservatism. conservativeness.
~ کردن. to act conservatively. to exert care or circumspection.
مَحافِل (محفل .pl. of)، انجمنها. meetings. gatherings. societies. sources.
~ ادبی. literary gatherings (coteries).
محافل سیاسی تهران اظهار نظر کردند که... the political sources (authorities) in Tehran expressed the opinion that...
مُحاق، پوشیدگی. wane of the moon.
مُحاقی interlunar.
مَحاکِم (محکمه .pl. of)، دادگاهها. courts.
مُحاکِمات (محاکمه .pl. of trials. cross-examinations. hearings.
دیوان محاکمات. tribunal.
مُحاکِمه، دادرسی، استنطاق، بازپرسی. trial. court procedure. hearing.
~ شدن. to be tried (in court).
~ کردن. to try (judicially).
برای ~ در دادگاه احضار شد. he was subpoenaed (summoned) for trial in court.
او ~ و محکوم شد. he was tried and found guilty (and was condemned).
محاکمهٔ صحرائی، محاکمهٔ نظامی. court martial.
~ کردن. to court martial.
مُحال (محل .pl. of)، غیر ممکن. places. localities. impossible. absurd. (fem. محاله with the pl. محالات = impossibilities. absurdities).
~ است اجازه بدهد. he will never permit (it). it is impossible that he may allow (it).
مُحال‌علیه، برات‌گیر. drawee.
مَحامِد (محمده .pl. of)، محسنات، صفات‌نیکو. laudable qualities.
مَحامِل (محمل .pl. of). camel-litter.
مُحاوِره، گفتگو. conversation. dialogue. colloquy. talk. confabulation.
~ کردن. to talk. to converse.
محاوره‌ای colloquial. conversational.
مُحِب، دوستدار، دوست. friend. cordial.
مُحِبّانه، دوستانه. in a friendly way. cordially. amicably.
مُحَبَّت، دوستی، مهر. kindness. love. affection. tenderness. fondness.
بکسی ~ کردن. to love a person. to be kind to a person. to treat a person kindly.
هرگز ~ او را فراموش نخواهم کرد. I will never forget his kindness.
با ~. kind(ly). affectionate. loving. warm.
بی ~. unkind. fickle.
مُحَبَّت‌آمیز، دوستانه، مُلَطَّفه. affectionate. kind. lovely. friendly. amicable.
مَحبَس، زندان، حبس. jail. prison. gaol. custody.
مَحبوب (محبوبه .fem)، سوگلی، عزیز، گرامی. beloved. loved. favo(u)rite. popular.
خوانندهٔ ~. popular singer.
محبوب‌القلوب loved by all. held in popular esteem. popular.
~ شدن. to become popular or well-loved.
مَحبوبه (محبوب .fem. of)، معشوقه. sweetheart. girlfriend. beloved. lady love. beau. (colloq.) sweetie.
مَحبوبیَّت، شهرت. popularity. being loved.
مَحبوس، زندانی. imprisoned. prisoner. jailbird. in custody. jailed. captive.
مُحتاج، نیازمند، بینوا، فقیر. in need. needful. wanting. lacking. needy. poor. needing. necessitous. necessitating. wanting. requiring.
~ بذکر نیست. it is needless to mention. needless to say.
~ شدن. to need. to want. to lack. to become needy or needful. to require.
~ کردن. to make needful. to render needy. to reduce to poverty. to require.
اگر حالا ذخیره بکنی هنگام پیری ~ نخواهی شد. if you save now you will not become needy in your old age.
مُحتاط، احتیاط‌کار. prudent. discreet. cautious. circumspect. careful. chary. heedful. guarded. advertent. gingerly
محتاطانه، با احتیاط. cautiously. prudently. discreetly. carefully.
مُحتال (محتاله .fem)، حیله‌باز، حیله‌گر. sly. cunning.
دلالهٔ محتاله. a sly go-between.
مُحتَرِز، دوری‌کننده، اجتناب‌کننده. shunning. shunner. cautious (person). avoiding.
مُحتَرِق (محترقه .fem)، سوزان، مشتعل. burning. flaming. inflammable. explosive. combustive. combustible.
~ شدن. to combust. to burn. to burst into flames. to explode.
[illegible] gasoline burns easily.
مواد محترقه inflammable matters.
مُحتَرَم (محترمات .fem، محترمین .pl)، ارجمند، گرامی. hono(u)rable. respected. well-known. respectable. esteemed.
~ داشتن. to hono(u)r. to respect. to esteem. to regard highly.
دوست ~، امید است که سالم باشید. dear (esteemed) friend, I hope you are well.
مُحتَرَماً respectfully. hono(u)rably.
~ باطلاع میرساند. I have the hono(u)r to inform you. I beg to inform you.
محترمانه respectably. hono(u)rably. respectfully.
مُحتَرَمین (محترم .pl. of). gentlemen. hono(u)rable men. nobles.
مُحتَسِب municipal or police officer.
مُحتَشَم، محترم، مجلل. magnificent. pompous. rich.
مُحتَضَر، در حال مرگ. in a dying state. moribund.
~ بودن. to be dying. to suffer the agony of death. to be moribund.
مُحتَکِر (محتکرین .pl). hoarder. speculator.
مُحتَلِم having a nocturnal pollution.
~ شدن. to have a nocturnal pollution. to have a wet dream.
مُحتَمَل، احتمالی، شاید. probable. possible. likely. liable. contingent.
غیر ~. improbable. unlikely.
~ است رفته باشد. he has probably gone.
مُحتَمَلُ الوقوع contingent. probable. impending.
مُحتَوی (محتویات .pl)، محتوا. containing. consisting. contents.
~ بودن. to contain. to consist.
این پاکت ~ چند نامه است. this envelope contains some letters.
مَحجَر، نرده. fence. palisade. parapet. railing. balustrade.
مُحَجَّر، متحجر. petrified.
مَحجوب، خجالتی، کمرو، شرمرو. bashful. shy. demure. modest. coy.
دختر ~. bashful girl.
محجوبانه bashfully. shyly. modestly. politely. modest. demurely.
محجوبیت، محجوبی. bashfulness. shyness. modesty. shamefacedness.
مَحجور، فاقد اهلیت قانونی. interdicted.
محجوریت، عدم اهلیت‌قانونی. interdiction.
مُحَدَّب، کوژ. convex.
محدب‌الطرفین biconvex.
مَحدود (محدوده .fem)، منحصر. limited. bounded. confined. circumscribed. restricted.

~ شدن. to be bounded. to be limited. to be confined. to be restricted.
~ کردن. to limit. to bind. to restrict. to circumscribe. to confine.
مسئولیت ~. limited liability.
ازطرف شمال ~ است بکوه. bounded to the north by a mountain.
او دیدار خود را بیك روز ~ کرد. he confined his visit to one day.
قدرت دولت را ~ کردن. to circumscribe the government's power.
این کلمه موارد استعمال محدودی دارد. this word has a restricted (limited) usage.
شرکت بهرام با مسئولیت ~. Bahram Company Limited.
مَحدودِه confined. restricted area. within the boundary. (city) limit.
محدودهٔ شهر تهران. Tehran city limits.
خارج ازمحدودهٔشهر. outside the city limits.
مَحدودیّت، قید، گیر. limitation. restriction confinement.
~ قائل شدن. to limit. to restrict.
مَحذور، مانع، بیم، اشکال. shunned. avoided. needing to be avoided. necessary to avoid. dread.
مَحذوف، حذف شده، قلمزده شده، باطل شده. omitted. eliminated. left out. deleted.
مِحراب، خلوتگاه، نیایشگاه. altar. adytum.
مُحَرِّر، نویسنده، سردفتر، کاتب، آزادکننده، منشی. writer. literator. scribe. clerk. amanuensis. secretary.
مُحرَز، مسلم، یقین، مستقر، ثابت شده. certain. sure. fixed. settled. established. confirmed. ascertained. verified.
~ شدن. to be confirmed. to be made certain.
~ کردن. to make certain. to establish. to confirm. to prove. to ascertain.
آمدن او ~ شد. his coming was (confirmed) ascertained.
~ است که خواهد آمد. it is certain that he will come.
بطور ~. certainly. surely.
مُحَرَّف tampered with. anagram.
مُحرِق، سوزاننده. burning. caustic. incendiary.
سود ~. caustic soda.
مُحرِقِه (fem. of محرق)، حصبهٔ محرقه. typhus.
مُحَرِّك (محرکه .fem، محرکین .pl)، انگیزه. mover. motive. motor. instigator. stimulant. stimulus. goad. incentive. impetus. spur. reason. inciter.
ماده یا دوای ~. stimulant. pep pill.
قوهٔ محرکه. motor (motive) power.
مَحرَم (محارم .pl)، نزدیکان. of close relationship. confidant(e). intimate. one with whom marriage is prohibited (usually because of kinship).
زنای با محرمها (محارم). incest.
نا ~. stranger. outsider.
مُحَرَّم (محرمه .fem). first Arabic. lunar month (often محرم‌الحرام). prohibited. unlawful. inviolable.
مُحَرَّمات (محرمات .pl، محرمه .fem). striped cloth. gingham. unlawful or prohibited things.
مَحرَمانه، سری، خصوصی، مخفی، زیرجلی. confidential. private. confidentially. privately. secret. classified. covert.

furtive. clandestine. surreptitious.
بطور ~. secretly. confidentially.
اطلاعات ~. classified information.
نامهٔ ~. secret letter.
او ~ وارد اتاق شد. he entered the room surreptitiously.
محرم راز confidant. confidante. intimate.
مَحرَمیّت، صمیمیت، آشنائی زیاد، خصوصیت. close relationship. privity. intimacy.
مَحرور، گرم، آزادشده. hot. of a hot temperament. liberated.
مَحروس (محروسه .fem)، محفوظ، حراست شده. guarded. fortified.
ممالك محروسه. protected (guarded) countries.
مَحروم، سلب شده، مسلوب، عاری، بدون. deprived (of). bereaved. dispossessed. divested. bereft. denuded.
او از حقوق خود ~ شد. he was deprived of his rights.
او از دارائی خود ~ شد. he was dispossessed (bereft) of his properties.
~ شدن. to be deprived.
~ کردن. to deprive. to divest.
از حق رأی ~ کردن. to disfranchize.
~ از ارث. disinherited.
چون در کلاس بسیار غیبت کرده بود از شرکت در امتحان ~ شد. since he had been absent a lot in class, he was not allowed to participate in the examination (he was deprived of participating in the examination).
مَحرومیّت، مسلوبیت، سلب. privation. bereavement. deprivation.
~ کشیدن. to suffer (undergo) privation.
مُحزِن، غم‌انگیز. sad.
مَحزون، غمگین. sad. melancholy. gloomy. depressed. depressing. tragic.
مَحزونانه، با اندوه. sadly.
مُحسِن (محسنه .fem، محسنات .pl) پسندیده، نیکوکار. beneficent. benefactor.
مُحَسِّنات، نیکوئی‌ها. beauties. virtues. good qualities. good things. advantages. merits. benefits.
~ و معایب. virtues and faults. advantages and disadvantages.
روزه‌گرفتن ~ بسیاری دارد. fasting has many virtues.
مَحسوب، حساب شده، شمارش شده، منظورشده. counted. carried to account. taken into account. charged. calculated.
~ شدن. to be counted (among). to be calculated. to be included.
~ کردن، ~ داشتن. to carry to account. to count. to include.
فردوسی در زمرهٔ نویسندگان بزرگ ایران ~ میشود. Ferdowsi is counted among Iran's great writers.
بهای آنرا ده ریال برای من ~ داشت. he charged me 10 rials for it. he debited me 10 rials for the price.
مَحسود، مورد حسادت واقع شده. envied.
مَحسوس (محسوسه .fem، محسوسات .pl)، احساس شده، حس کردنی. noticeable. perceptible. sensible. appreciable. palpable. tangible. marked.
غیر ~، نا ~. unnoticeable. imperceptible.
حزن او برایم کاملاً ~ بود. his sorrow was quite perceptible for me.

تفاوت ~. marked (noticeable, appreciable) difference.
مَحسوسات (.pl of محسوس). perceptible or obvious things.
مَحشَر، روز رستاخیز. gathering place of mankind on the day of judgment.
روز ~. day of judgment. doomsday.
~ (بپا) کردن. to perform (a specified act) in a wonderful manner. to be a prodigy.
مَحشور، مصاحب. associated.
~ بودن با. to be associated with.
~ ساختن، ~ کردن. to associate with. to befriend. to cause to associate. to unite (on the resurrection day).
مُحَصِّل (محصلین .pl، محصله .fem)، دانشجو، هنرجو، شاگرد. student. pupil. learner.
مُحصَن continent. married man.
مُحصَنه (.fem. of محصن). (female) covert. married (woman).
زنای ~. adultery (with a married woman or femme covert).
مَحصود، درو شده، بهره‌برداری شده. reaped. crop. harvest.
مَحصور، حصاردار، دیواردار، احاطه شده. besieged. surrounded. fenced. walled. insular. enclosed. girded.
~ شدن. to be surrounded, walled around, or besieged.
~ کردن. to surround. to wall around. to fence in. to besiege. to lay siege on.
مَحصول (محصولات .pl، محصوله .fem)، حاصل، میوه، بار، خرمن، بازده، فرآورده، ساخت. crop. product. output. produce. production.
~ پنبهٔ کشور دوبرابر شده است. the country's cotton crop has doubled.
موفقیت او ~ کار زیاد وامانت است. his success is the product (result) of hard-work and honesty.
~ فرعی. by-product.
~ عمده. staple. staple crop.
کشاورزان ~ خود را ببازار میبرند. farmers take their produce to the market.
محصول‌دار productive. fertile.
مُحَصّی، آمارگر، شمارگر. statistician.
مَحض، ساده، صرف، فقط. mere. downright. utter. simple. absolute. for.
~ خاطر شما. for your sake.
دروغ ~. mere (utter) lie.
بمحض اینکه. as soon as.
محضا merely. absolutely.
مَحضاًلله (merely) for God's sake.
مَحضَر (محاضر .pl)، حضور، دفترخانه. presence. disposition. nature. company. notary public's office.
در ~ شما. in your presence.
از ~ شما خیلی استفاده کردم. I greatly enjoyed your company.
~ اسناد رسمی. notary public office.
مَحضَری notarial. registered by a notary public.
مَحظور (محظورات .pl)، اشکال، مانع، دشواری. obstacle. impediment. prohibition. difficulty. inhibition.
آیا محظوری درپیش دارید؟ do you have any difficulty?
~ داشتن. to be inhibited. to have difficulty.
مَحظوظ، برخوردار، مستفیض، شاد. delighted. enchanted. enjoying.

از مصاحبت شما ~ شدم. I enjoyed your company.
~ کردن. to delight. to please. to enchant.
~ شدن. to be delighted. to enjoy thoroughly.
مَحفَظه، صندوقچه، جای محفوظ. case. chest. container. box. capsule.
مَحفِل (محافل .pl)، مجلس، انجمن. meeting. assembly. circle. coterie. party. gathering.
مَحفوظ (محفوظه .fem، محفوظات .pl)، حفظ شده، امن، نگاهداری شده. kept. protected. guarded. secure. reserved (as a right). safeguarded. learned. memorized.
~ داشتن، محفوظ کردن. to reserve. to protect. to preserve. to safeguard.
حق طبع ~ است. copyright reserved.
مَحفوظات things learned by rote. (heart). things memorized.
او زیاد ~ است. he has learned a lot. he has a rich memory.
مُحِق، ذیحق، دارای حق. in the right. entitled. rightful. deserving.
~ بودن. to be entitled to. to be in the right.
مُحَقَّر، ناچیز، حقیر، کوچك، پست. humble. contemptible. small. paltry. mean. modest. plain. lowly. poor.
در کلبهٔ ~ ما. in our humble home (cottage, hut).
محقرانه humbly. modestly. paltry.
مُحَقَّق، یقین، مسجل، مطمئن. certain. ascertained. verified. sure. definite.
پس از نبرد استالینگراد شکست آلمان محقق شد. after the battle of Stalingrad Germany's defeat became certain.
~ دانستن، ~ نمودن. to ascertain. to verify.
مُحَقِّق (محققین .pl)، اهل تحقیق، دانشمند، کنجکاو. researcher. investigator (of truth). inquirer. scholar.
مُحَقَّقاً، یقیناً. certainly. surely. assuredly. positively. definitely.
مَحَك، آزمایش، سنگ محك، معیار. touchstone. test. criterion. assay.
خوش بودگر ~ تجربه آید بمیان. it were good if the touchstone of experience were used.
~ زدن. to test (by a touchstone). to assay.
مُحکَم، استوار، ثابت. firm. strong. stable. secure(ly). tight. solidified. hard. solid. hardened. indisputable.
ارادهٔ ~. a firm (strong) will power.
او ~ در را بست. he slammed (shut) the door hard.
~ کردن. to make firm. to fasten. to tighten. to secure. to harden.
عضلات داود ~ است. David's muscles are hard (firm, solid).
ایرج کمربند خود را ~ کرد. Iraj tightened his belt.
جان تخته را ~ بدیوار کوبید. John nailed the plank firmly (securely) to the wall.
جمشید توپ را بایك ضربهٔ محکم بداخل دروازه فرستاد. Jamshid sent (shot) the ball into the goal with a smashing (hard) boot.
نادر مشت محکمی برچانهٔ حریف خودکوفت. Nader landed a hard (solid) blow (punch) on his opponent's chin.

~ شدن. to harden. to solidify. to become hard or solid. to stiffen.

~ گرفتن. to hold fast. to observe strictly.

مُحکَمات (.pl. of محکم، محکمه)، مصرحات، آیات صریح. Koranic verses admitting of no allegorical interpretation. indisputable verses.

مُحکَم‌کاری. making sure or certain. precautious or preventive measures.

~ کردن. to make certain. to make sure.

مَحکَمه (.pl محاکم)، دادگاه، مطب. law court. doctor's surgery or consulting room. clinic. office

او را بمحکمه احضار کردند. he was summoned to the court.

ایرج هرروز از ساعت ۴ تا ۷ در محکمهٔ خود طبابت میکند. Iraj sees patients in his clinic everyday from 4 to 7.

مُحکَمی، استواری. firmness. solidity. hardness. strength. stiffness.

مَحکوم، مقصر. condemned. sentenced. convicted. convict. adjudged.

~ به اعدام. sentenced to death.

بطور غیابی ~ شده. condemned in absentia.

~ شدن. to be found guilty. to be condemned (or sentenced).

~ کردن. to condemn. to sentence. to adjudge. to find guilty. to incriminate.

~ به. judgement debt.

~ را بزندان بردند. they took the convict (condemned person) to jail.

~ بزوال. condemned to destruction.

~ کننده. condemnatory. condemning. incriminatory. convictive.

مَحکومیّت. conviction. condemnation. guilt. incrimination. inculpation.

دادگاه ~ او را تائید کرد. the court affirmed his conviction.

مَحَل (.pl محال)، مکان، جا، شغل، پست. place. locality. venue. loco-. location. post. vacancy. credit. allocation.

~ خالی برای شما وجود ندارد. there is no vacancy for you.

در بودجه محلی وجود ندارد. there is no credit in the budget.

~ اقامت. place of stay. residence. domicile.

اهل ~. residents. neighbors.

مَحَل، توجه. heed. attention.

بکسی ~ گذاشتن. to heed or pay attention to a person.

مَحَلّات (.pl. of محله). quarters. parishes. precincts. sections.

مُحَلِّل، حل کننده. solvent. resolvent.

مَحلول، حل شده، مایع، آبگونه. solution. dissolved. liquid. liquefied.

محلولهای جامد. solid solutions.

مَحَلّه، کوی، بخش، قسمت. quarter. parish. precinct. (city) district.

مَحَلّی. local. native. endemic.

لهجهٔ ~. local accent.

لباسهای ~. native (local) costumes.

مُحَلّی، آراسته، مزین. decorated. endowed with.

مُحَمَّد، ستوده. Mohammed. praised or praiseworthy.

محمدی، مسلمان. Mohammedan.

گل ~. (bot.) Damascus rose.

مُحَمَّر (.fem محمره)، سرخ، سرخ‌روی. rubefacient. ruddy.

مَحمِل، کجاوه. camel litter.

مَحمود، شایان ستایش، پسندیده. laudable. masculine proper noun.

مَحموده، سقمونیا. (bot.) scammony.

مَحمول (.pl محمولات .fem محموله)، حمل شده، برده شده، محموله، بار. consigned. shipped. predicate. consignment. shipment. cargo. load.

محمولٌ‌الیه، گیرندهٔ بار. consignee.

مَحموله (.fem. of محمول). consignment. cargo. load. shipment.

مَحمی، حمایت شده، محفوظ. protected. protégé.

مِحَن (.pl. of محنت)، رنجها، غمها. sorrows. sufferings.

مِحنَت (.pl محن)، اندوه، غم. suffering. affliction. hardship. toil. tribulation.

~ کشیدن. to suffer a hardship. to be afflicted.

مِحنَت‌زَده. afflicted. wretched.

مَحو، زدوده. effaced. faded. effacement. wiping out. abolition. fading. disappearing. giddy.

~ شدن، زدوده شدن، گیج شدن. to be effaced or obliterated. to fade (away). to disappear. to be eliminated. to be fascinated. to become giddy.

~ کردن، پاك کردن. to wipe out. to obliterate. to efface. to cause to disappear. to eliminate. to abolish. to suppress.

پس از شستشو لکه‌های روی قالی ~ شد. after washing, the stains on the rug disappeared.

مِحوَر، آسه. axis. axle. pivot. rachis.

نیروهای ~. the axis powers.

مِحوَری، آسه‌ای. axial. pivoted.

مُحَوَّطه، حوطه، حیاط، مساحت، فضا. surroundings. enclosure. precincts. yard. area. space.

مُحَوَّل، احاله شده. turned over. given over. delivered. entrusted to.

~ کردن، واگذار کردن. to devolve. to turn over. to entrust. to transfer.

این وظیفه باو ~ شده است. this duty has been entrusted to him.

مُحَیّرُالعُقول، شگفت‌آور، حیرت‌آور. stupendous. wonderful. astounding.

مُحیط، دور، جامعه، دنیای خارج، فضا، اطراف. circumference. perimeter. environment. milieu. outer world. atmosphere. medium. eco-. environs.

محیط زیست. environment. eco-.

آلودگی ~. environmental pollution.

محیط مرئی. contour. silhouette.

محیطی. circumferential. environmental. peripheral.

مُحیل، حیله‌گر. cunning. sly.

مُخ، دماغ. brain. cerebrum. marrow.

مُخا، مکا. (geog.) Mocha.

قهوهٔ ~. Mocha coffee.

مُخابِر، مخابره کننده. one who dispatches a message or telegram. dispatcher.

مُخابره، ارسال، فرستادن تلگراف، پیام تلگرافی. dispatch. message. transmission. cable.

~ کردن. to cable. to transmit. to dispatch or send (a telegram).

مَخارِج (.pl. of خرج)، هزینه‌ها. expenses. expenditure(s). costs.

مَخازِن (.pl. of مخزن)، انبارها. stores. depots. storages.

مُخاصِمه (.pl مخاصمات)، دشمنی، عداوت. hostility. hostile activities. enmity.

ترك مخاصمات. cessation of hostilities.

مُخاط. (anat.) mucus. mucous.

مُخاطَب، طرف گفتگو. addressee. (person) spoken to. second person.

~ من شما هستید. I am addressing you.

~ ساختن، ~ قرار دادن. to address. to speak to.

مخاطِب. addresser. speaker.

مُخاطِره (.pl مخاطرات). jeopardy. risk. peril. adventure. danger. endangering.

بمخاطره انداختن. to risk. to hazard. to jeopardize. to venture.

مخاطره‌آمیز، خطرناك. perilous. hazardous. adventurous. risky.

مُخاطی. mucous.

مَخافَت، ترس، خطر، بیم. fear. risk.

مُخالَطت، مخالطه، آمیزش، معاشرت. intercourse. mixing together. association.

~ کردن. to associate or mix with.

مُخالِف. opposed. against. adverse. averse. contrary. opponent. enemy. disagreeing. discordant. opposer. antagonist. adversary. con. inimical. contrarious. contrariant. counter-. contra-. opposite. objectioner.

~ (خلاف) میل او. against (contrary to) his desire.

~ صلح، ~ باصلح. opposed to peace.

رأی ~. no vote. negative vote.

شرایط ~ (نامساعد). adverse conditions.

موافق و ~. pro and con.

با رفتن من ~ است. he is against my going.

او با این عقیده مخالف است. he is against (he opposes) this opinion.

~ بودن (با). to be against. to oppose. to be adverse.

مُخالِفَت. opposition. antagonism. aversion. contravention. contrariety. objection. discord. adversity. hostility.

~ کردن. to oppose. to disagree with. to object. to contravene. to gainsay. to contradict. to demur. to contravene.

مُخالِفین (.pl. of مخالف)، مخالفان. opponents. adversaries. objectors.

مُخبِر (.pl مخبرین)، خبرنگار، گزارشگر. reporter. correspondent. informer.

مُخَبَّط، دیوانه، دچار اختلال روحی. erratic. affected with a mental disorder. idiotic. mental.

مُختار، آزاد، صاحب اختیار، مستقل. free in one's action. independent. empowered. having free choice.

وزیر ~. minister plenipotentiary.

خود ~. autonomous.

~ بودن. to be free, empowered, or authorized.

مُختَرِع (.pl مخترعین). inventor.

مُختَص (.pl مختصات .fem مختصه)، خاص، ویژه. special. allocated. proper. peculiar (to). particular. specific(al).

این تلفن ~ کارمندان است. this telephone is specifically for the use of the employees.

مُختَصّات (.pl. of مختصه، مختص)، ویژگیها، خواص. special features. characteristics. peculiarities. coordinates.

~ استوانه‌ای. cylindrical coordinates.

مُختَصَر، کوتاه، ناچیز، خلاصه، کوچك. brief. short. abridged. laconic. slight. precis. abbreviated. summary. resumé. briefly. curtailed. abstract. condensed.

~ کردن. to sum up. to be (or to make) brief. to summarize. to abridge. to shorten. to cut short. to abbreviate. to condense.

~ نویسی. precis writing. writing briefly.

~ و مفید، مفید و ~. brief and to the point.

مختصراً، بطور خلاصه. briefly. in short.

مُختَفی، مخفی، پنهان، نهان. hidden.

مُختَل، بهم ریخته، مغشوش، آشفته. deranged. disordered. confused.

حواسش ~ است. he is out of his senses.

~ شدن. to be (to become) deranged or confused.

~ کردن. to derange. to confuse.

مُختَلِج، دچار تشنج. convulsive. thrilling.

مُختَلِس. embezzler.

مُختَلِط، آمیخته. mixed. coeducational.

مدرسهٔ ~. coeducational. (coed.) school.

مُختَلِف (.fem مختلفه)، گوناگون. different. various. sundry. variegated. variant. disparate. diverse. unlike. hetero-.

در شهرهای ~. in different towns.

مُختَلِفُ‌الاَضلاع. scalene.

مُختَلِفُ‌الشِّکل. heteromorphic.

مُختَنِق. strangulated.

مَختوم، مهر شده، پایان یافته. sealed. finished. settled. concluded.

مَختون، ختنه شده. circumcised.

مُخچه، مخ کوچك. (anat.) cerebellum. little brain.

مُخَدَّر (.fem مخدره .pl مخدرات). chaste. veiled. chaste woman.

مُخَدِّر (.fem مخدره)، تخدیرکننده. narcotic. opiate.

مخدرات (.pl. of مخدره). ladies. women.

مُخَدَّره (.fem. of مخدر). lady. woman.

علیا ~. highly respected lady. ladyship.

مَخدوش، خدشه‌دار، دستخورده، تغییریافته. altered or erased. having signs of alteration. tampered with.

مَخدوم (.pl مخادیم)، خدمت شده، ارباب. served. waited on. master.

مِخَدّه، متکا. cushion for the back. back rest.

مُخَرِّب، ویرانکننده. destructive. subversive. vandal. saboteur.

مَخرَج، دررو، برونرو، راه خروج. outlet. egress. issue. vent. organ of pronunciation. denominator.

صورت و ~. numerator and denominator.

مَخروب، ویران. ruined. destroyed. dilapidated.

مَخروبه، ویرانه. ruined (place). ruin.

مَخروط. cone. strobile.

~ ناقص. truncated cone. frustum.

مخروطات. conics.

مَخروطی. conic. conical. strobilaceous.

مَخزَن (مخازن .pl)، انبار، گنجینه.
reservoire. treasure. storage. depot. magazine. store. warehouse. tank.
~ باروت. **powder magazine.**
~ نفت. **oil tank.**
~ آب. **water reservoire.**
مَخصوص، ویژه. special. particular.
specific. proper. special. exclusive. specially adapted (or designed) for.
وزن ~. **specific gravity.**
جایگاه ~. **royal pavilion. a specially reserved place.**
~ بانوان. **women only.**
این خوراك را ~ شما پختهام. **I have cooked this food specially (exclusively) for you.**
هر کاری وسائل ~ لازم دارد. **each task requires special equipment.**
مَخصوصاً، بویژه، خصوصاً. especially. particularly. in particular. chiefly. specifically. specially. on purpose.
از همه راضی هستم ~ ازتو. **I am satisfied with all especially you.**
او ~ لیوان را شکست. **he broke the glass on purpose.**
مُخَطَّط، خط خط، راه راه. striped. striated.
مُخطئ، خطاکار. sinful. sinner. guilty.
مُخَفَّف، کوتاه شده. abbreviated.
abbreviation. short(ened) form. abridg(e)ment. contraction.
~ کردن. **to abbreviate.**
مُخَفِّف (مخففه .fem).
extenuating. mitigative.
کیفیات مخففه. **extenuating circumstances.**
مَخفی، پنهان. hidden. concealed.
secret. stealthy. surreptitious. clandestine. furtive. underhand. undercover.
بطور ~. **secretly. surrepetitiously. furtively. stealthily.**
~ شدن. **to hide. to go into hiding. to lie low.**
~ کردن. **to hide. to conceal. to cover up. to secrete. to mask. to veil. to ensconce.**
مأمور ~. **detective. secret agent. sleuth.**
مَخفیانه، درنهان، نهانی، زیرجلی. in secret. clandestinely. furtively.
مُخِل، بهم زننده، نقض کننده. disturber. disturbing. interrupting. deranging.
~ آسایش بودن. **to disturb peace. to be an intruder.**
مُخَلَّد، جاودانی، همیشگی، بهشتی. living in paradise. blessed.
مَخلَص، پناهگاه، راه فرار، مفر، خلاصه. refuge or asylum. exit. escape.
حسن ~. **apt transition. to sum up.**
مُخلِص، ارادتمند. devoted (friend). your devoted friend. yours truly.
مُخلِصانه. devotedly. sincerely. sincere.
مُخَلَّفات (مخلفه .fem. of مخلف .pl. of). accessories. garnishings. trimmings.
مَخلوط، آمیخته، آمیزه. blend. mixed. blended. complex. mixture. admixed. alloy. admixture. composite. compound. amalgamation. mingled.
~ شدن. **to be mixed. to mix. to be blended or mingled.**
~ کردن. **to mix. to blend. to mingle. to combine. to fuse. to amalgamate. to merge. to admix. to intermingle. to compound. to commingle. to intermix. to commix.**
مَخلوع، خلع شده، معزول. deposed. dethroned. removed.
مَخلوق، آفریده، مردم. created. created being. creature. people.
مخلوقات (مخلوق .pl. of)، آفریده‌ها، آفریدگان. created beings. creatures.
مُخَلّیٰ، خالی. empty. set free.
مُخَمِّر، تخمیرکننده. fermented. leavened. kneaded. inbred inwrought. yeast.
~ آبجو. **brewer's yeast.**
~ کردن. **to ferment. to leaven.**
مُخَمِّر (مخمره .fem)، مادهٔ تخمیرکننده. fermentative.
مُخَمَّس، پنجگانه، پنج ضلعی. fivesome (poem). pentagon(al). fivefold.
مَخمَصه، دردسر، اشکال، گرسنگی. difficulty. trouble. funk.
مَخمَل. velvet.
~ باف. **velvet weaver. velvet maker.**
~ کبریتی. **corduroy.**
~ نخی. **cotton velvet.**
مَخمَلَك. (med.) scarlet fever. scarlatina.
مخملکی. scarlatinal. scarlatinoid.
مخمل نما (پارچهٔ مخمل نما for). velvety. plushy. velveteen. plush.
مخملی. velvety. soft. velvet. velutinous. velveteen.
مَخمور. half-drunk. languishing.
مُخَنَّث. effeminate. hermaphrodite. catamite. effeminate man.
مَخوف، ترسناك. frightful. scary. terrifying. horrible. terrible. horrendous. horrid. horrific.
مُخَیَّر. having the option (to). at liberty.
در رفتن یا ماندن ~ است. **he has the option to go or to stay.**
مُخَیِّلِه، تصور، خیال. imagination. imaginative faculty. reach. extent.
مَد، کشش. flow. a vowel sign indicating a long «a» as in: آب.
جزر و ~. **tide. ebb and flow.**
در ~ نظر داشتن. **to have in mind. to observe.**
مد، ماد. (geog.) Media.
مد. fashion.
in fashion. fashionable. style. vogue.
~ نبودن. **to be out of fashion.**
از ~ افتادن. **to go (or grow) out of fashion.**
از ~ افتاده. **outmoded. out of fashion.**
مَدّاح. panegyrist. eulogist. admirer.
مداحی. eulogy. eulogizing. praise.
~ کردن. **to panegyrize. to eulogize. to acclaim. to extol.**
مَدّاحانه. in a panegyric fashion. panegyrical. eulogistc(ally).
مَداخِل، درآمد، عایدی. earning. income. profit. emolument. perquisite.
مُداخِلِه، دخالت، میانجیگری. interference. intervention. interloping. meddling.
~ کردن. **to intervene. to interfere. to meddle. to butt in. to interpose. to intrude. to obtrude. to interlope.**
عدم ~. **nonintervention. laissez faire.**
مَداد. pencil.
~ رنگی. **colo(u)red pencil.**
~ شمعی. **crayon.**
مَدادپاك کُن. rubber. eraser.
مَدادتَراش. pencil sharpener.
مدادی. resembling a pencil penciled. written with a pencil.
مَدار. orbit. pivot. axis. circle. circuit.
~ برقی. **electrical circuit.**
~ نصف‌النهار. **meridian.**
~ بسته. **closed circuit.**
مُدارا، سازش. moderateness. caution. fellowship. temporization. compromise.
~ کردن. **to act moderately or cautiously. to temporize. to compromise.**
مَدارِج (مدرج .pl. of). degrees. steps. stages. ranks.
مَدارِس (مدرسه .pl. of). schools.
مَدارِك (مدرك .pl. of). documents. exhibits. papers. evidences.
مَداری. orbital. orbicular. tropical.
مُدافِع. defender. defendant. protector.
وکیل ~. **defending attorney.**
مُدافِعه (مدافعات .pl). defence. defense.
~ کردن، دفاع کردن. **to defend. to guard.**
مِدال، نشان. medal. badge. decoration.
~ گرفتن. **to be decorated.**
~ دادن. **to decorate. to medal. to give a medal to.**
برندهٔ ~. **medalist.**
~ مانند. **medallic.**
مُدام، پیوسته، دائماً. continual(ly). perpetual(ly). all the time.
مُداوا، معالجه. medical treatment. medical or surgical care. cure. healing.
~ کردن. **to treat medically.**
مُداوات، معالجه. treatment. medication. curing. healing. remedying.
مُداوِم، پشتکاردار، با دوام. continual. persevering. continued. unremitting. abiding. lasting. enduring. continuous.
مُداوِمَت، پشتکار. continuance. perseverance. continuity. endurance.
~ کردن. **to persevere. to endure.**
مُداهِنِه، تملق، چرب‌زبانی، چاپلوسی. flattery. cajolery. sycophancy.
~ کردن. **to flatter. to oil the tongue.**
مَدائِح (مدیحه .pl. of). eulogies. panegyries. praises.
مَدائِن (مدینه .pl. of). Ctesiphon.
مُدَبِّر. efficient or prudent (manager).
مدبر، سگك، قلاب، گیره. swivel. locket.
مُدبِر، بدبخت، ادباری. ill-starred. unlucky.
مدبرانه. prudenty. efficiently.
مُدَّت، زمان، وقت. period. duration. time. term. interval. tempo-.
در ~ سه روز. **within a period of 3 days. in 3 days' time.**
مدتی میگذرد کزتو خبر نیست مرا. **it is sometime since I have had any news from you.**
مدتها است، ~ مدیدی است. **it is a long time.**
دراز ~. **long-term.**
کوتاه ~. **short-term.**
برای مدتی نا محدود. **for an indefinite time.**
درتمام ~. **all the time. during the whole. period.**
مدتی. **for sometime. for a long time.**
مدت دار. **payable at maturity. time.**
برات ~ دار. **time bill.**
مَدح، ثنا، تمجید، ستایش، مدیحه. praise. eulogy. panegyric. laudation.
~ کردن. **to praise. to eulogize. to panegyrize. to laud. to extol. to acclaim.**
مِدحَت، تمجید، ستایش. praise. eulogy.
مَدخَل. entrance. orifice. opening. ingress.
مَدخول، داخل‌شده، وارد. entered.
مدخول‌بها. (woman) lain with. inserted in her.
مَدَد، کمك، یاری. aid. assistance. help. cooperation. succo(u)r. assist.
~ خواستن. **to seek help.**
~ کردن. **to help. to give aid. to assist. to succo(u)r. to aid.**
~ معاش. **allowance. monetary aid.**
مددکار. aid. assistant.
~ اجتماعی. **social worker.**
مددکاری. assistance. aid. support.
مُدِر (مدره .fem)، پیشاب‌آور. diuretic. laxative. emictory.
مُدَرَّب، آزموده. trained. experienced.
مُدَرَّج. graduated. scaled.
لیوان ~. **scaled glass.**
مَدرَس. (geog.) Mardras.
مُدَرِّس، آموزگار، معلم. teacher (of theology). lecturer. professor.
مَدرِسه (مدارس .pl)، آموزشگاه، مکتب. school. academy. seminary. lyceum. institute. gymnasium. lycée.
مدرسهٔ ابتدائی، دبستان. **primary school. elementary school.**
مدرسهٔ متوسطه، دبیرستان. **high school. secondary school.**
مدرسهٔ شبانه. **evening school. night school.**
مدرسهٔ موسیقی. **music academy.**
مدرسهٔ شبانه روزی. **a boarding school.**
مدرسهٔ متوسطهٔ ۹ کلاسه. **junior high school.**
مدرسهٔ مکاتبه‌ای. **correspondence school.**
مدرسهٔ شغلی (حرفه‌ای). **vocational school.**
مدرسهٔ ملی. **private school.**
مدرسهٔ دولتی. **government school. public school.**
معلم ~، معلمه، خانم معلم. **schoolmarm. schoolteacher. schoolmistress.**
پسر ~ (ای). **schoolboy.**
دختر ~ (ای). **schoolgirl.**
حیاط ~. **schoolyard. school ground.**
مدرسهٔ بزرگسالان (اکابر). **adult school.**
مدرسهٔ عالی ترجمه. **College of Translation.**
مدرسه‌ای. belonging to a school. school. pedantic. scholastic. academic.
مُدرِك (مدرکه .fem)، فهیم، فهمیده. perceptive. understanding.
قوهٔ مدرکه. **perceptive faculty.**
مَدرَك (مدارك .pl). document. paper(s). evidence. proof. exhibit.
~ تحصیلی. **academic paper (document).**
مُدَّعا، ادعا. claim. pretension. claimed.
مُدَّعابه، خواسته. object of claim. thing claimed.
تأمین ~. **garnishment.**
مَدعُو (مدعوین .pl)، دعوت شده. invited. invitee. guest. invited person.
ازکلیهٔ مدعوین تقاضا میشود سروقت در جلسه حضوریابند. **all those invited are requested to attend the meeting on time.**
مُدَّعی، خواهان. claimant. pretender. plaintiff. claimer.

مُدَّعِی‌العُموم، دادستان. public prosecutor.

مُدَّعیٰ‌عَلَیْه، خوانده. defendant.

مَدفَن، آرامگاه، گور. burial place. resting place. grave. mausoleum. shrine. tomb.

مَدفوع (.pl. مدفوعات، .fem مدفوعه)، کثافت، فضله. excrement. feces. shit. repulsed. faeces. repelled. ordure. dung. refuse. manure. copro-.

مَدفوعات excrements. rejectamenta. excrementitious.

مَدفون، دفن شده، بخاك سپرده شده. buried. interred. entombed. enshrined.

~ شدن. to be buried or interred.

~ کردن. to bury. to inter. to entomb.

مُدَقِّق، موشکاف. scrutinizer.

مُدِل، نمونه، طرح، نقشه. model. design.

مُدِل، راهبر، نشان دهنده، دلالت کننده. guiding. leading. demonstrating.

مُدَلَّل، ثابت شده. demonstrated. proved. convincing. well-reasoned. documented.

~ کردن. to prove. to demonstrate.

مَدلول، محتوی. purport. sense. context.

مُدَمَّغ foolishly proud.

مُدُن (.pl. of مدینه)، شهرها. cities.

مَدَنی، کشوری، شهری، اهل‌مدینه. civil. pertaining to Medina. urban. civic.

حقوق ~. civil law (code). civil rights.

مَدَنیَّت، شهری گری. urbanity. civilization.

مُدَوَّر، گرد، دایره وار. round. rotund. global. spherical. globoid. globate. spheric. globous. globose. annulated. -sphere. sphery. spheroid. globular.

مُدَوَّن، تدوین شده، جمع آوری شده. collected. compiled. codified.

حقوق ~. codified law.

~ ساختن. to codify. to compile.

مُدهِش، ترسناك، وحشت‌انگیز. dreadful. horrible. horrifying. scary. frightening. horrendous. horrific. terrifying. awful.

مَدهوش، بیهوش. unconscious. stupefied. having passed out. fainted. swooned.

~ شدن. to pass out. to faint. to become unconscious or senseless. to swoon.

~ کردن. to make unconscious.

مِدیتِرانه، بحرالروم، دریای قلزم. (geog.) Mediterranea(n).

مَدیحه (.pl مدایح)، ستایش. eulogy. praise. panegyric.

مدیحه‌سرا، مداح. eulogist. panegyrist.

مَدید (.fem مدیده)، دراز، طولانی. long. lengthy. extended. prolonged.

مدت مدیدی است که او رفته است. he has been gone for a long time. it is a long time since he left.

مُدیر (.fem مدیره)، رئیس، گرداننده، سرپرست. director. manager. principal. superintendent. headmaster.

~ تصفیه. liquidator. administrator.

~ کل. director general.

~ دروس. registrar.

هیئت مدیره. board of directors.

~ فنی. technical director (manager).

مُدیریَّت، ریاست، اداره. directorship. management. direction. principalship.

~ [illegible]ی. industrial management.

~ کردن. to manage. to direct.

مَدینه (.pl مدائن)، مدن، شهر. city. (geog.) Medina.

مَدینهٔ فاضله utopia.

مَدیون، بدهکار. debtor. indebted. owing. in debt.

~ بودن. to owe. to be indebted (to).

~ کردن. to make indebted.

~ او هستم. I am indebted to him.

مُذاب، گداخته. melted. molten. thawed.

~ کردن. to melt. to thaw.

مَذابِح (.pl. of مذبح) [illegible]

مَذاق، سلیقه، ذوق، ذائقه. taste. pallate.

بمذاقش خوش نیامد. it didn't suit his taste.

مُذاکِرات (.pl. of مذاکره). talks. discussions. negotiations.

مُذاکِره (.pl مذاکرات)، گفتگو. conversation. discussion. parley. talk. negotiation. council. communication. consultation. conference.

~ کردن. to hold a conversation. to talk. to negotiate. to discuss. to parley. to confer.

دربارهٔ چیزی ~ کردن. to discuss about something.

مَذاهِب (.pl. of مذهب)، ادیان. religions. faiths. creeds.

مَذبَح (.pl مذابح). altar.

مُذَبذَب، دودل، دمدمی. fickle. irresolute. double-minded. wavering. hesitating.

مَذبوح، ذبح شده. slaughtered.

مَذبوحانه، بیفایده. like a slaughtered animal. as a martyr. passively. suicidal. futile. abortive. desperate.

کوشش‌های ~. suicidal efforts. abortive attempts. futile efforts.

مُذَکَّر، جنس نر. masculine. male. virile. homo. homme. he. tom-. man.

مَذکور (.fem مذکوره)، نامبرده، یاد شده. mentioned. aforesaid. said.

مَذَلَّت، ذلت، خواری. abjectness. humility. wretchedness. degradation. abjection. abjectedness. baseness. meanness.

مَذَمَّت، سرزنش، بدگوئی. reproach. slander. aspersion. contumely. blame. rebuke. upbraid. reproof. censure.

~ کردن. to reproach. to slander. to discredit. to blame. to dishono(u)r. to reprove. to interdict. to upbraid.

مَذموم، ناپسند، زشت. forbidden. interdicted. disagreeable. indecent. censured. blameworthy. censurable.

مَذهَب (.pl مذاهب)، کیش، دین، آئین. religion. faith. belief. creed.

لا ~. irreligious.

مُذَهِّب illuminator (of books). gilder.

مَذهَبی religious. religionist.

مراسم ~. religious rites (or ceremonies).

~ بودن. religiosity. religiousness.

مُذَیَّل، آویزه‌دار، زائده‌دار. having a (specified) appendix.

مَر counter. number (used in games).

مر blowfly.

مَر pleonastic or emphatic particle used in old styles before the objective.

مُر، درخت مرمکی. (bot.) myrrh.

مُر، تلخ. bitter.

مَرا (.orig من‌را). me. to me. at me. for me.

~ دید. he saw me.

او کتاب ~ خواند. he read my book.

مُرابِحه، ربح. percentage. interest. putting to interest. usury.

مُرابِطه، ارتباط، رابطهٔ داخلی. communication. relation. intercommunication. interrelation(ship). intercourse. traffic. connection. linking.

مِرآت، آئینه. mirror. looking glass.

مَرّات (.pl. of مره)، دفعات، بارها. times. turns. occasions.

مَراتِب (.pl. of مرتبه)، بارها، جریان‌واقعه، درجات. circumstances. facts. cases. degrees. grades. levels. times.

هوای آنجا بمراتب از اینجا سردتراست. the climate there is definitely (by many degrees) colder than (that of) here.

~ سپاسگزاری خود را تقدیم میدارم. I offer you my (profound) thanks.

سلسلهٔ ~. order of hierarchy.

~ بدینوسیله بعرض میرسد. I hereby beg to mention the facts (or circumstances).

مَراتِع (.pl. of مرتع). pastures. meadows. pasturage.

مَراثی (.pl. of مرثیه). elegies. lamentations.

مَراجِع (.pl. of مرجع). places to refer to. resorts. refuges. authorities.

~ قانونی. legal authorities.

مُراجِعات (.pl. of مراجعه). references. business orders. referrals.

مُراجَعَت، برگشت، بازگشت. return. come-back. reappearance. revert. home-coming. recurrence. reversion. recourse.

~ کردن، برگشتن. to return. to go (come) back. to revert. to recrudesce. to reappear. to relapse. to recede. to regress.

مُراجِعه reference. recourse. submitting. referral. cf.

~ کردن. to refer. to approach. to call on. to commit. to send.

بکتابی ~ کردن. to refer to a book.

بدکتر ~ کردن. to call on a doctor. to consult a physician. to seek medical advice.

~ شود به‌صفحهٔ ۱۲۰. refer to (cf.) page 120.

منابع ~. sources of reference.

مَراحِل (.pl. of مرحله)، وهله‌ها، منزلها، حالتها. stages. places. phases. criteria.

در ~ مختلف. in different stages.

مَراحِم (.pl. of مرحمت). favo(u)rs. blessings.

مُراد، مقصود، قصد. desire. wish. intention. wish. aim. desideratum.

مرادتان از این چیست؟ what do you mean by that?

بمراد خود رسیدن. to attain one's aim (or end).

خدا مرادش را داد. God granted his wish.

مُرادِف، مترادف، متوالی. synonym. synonymous. sequent. sequential.

مَرارَت (.pl مرارات)، محنت، سختی، مشقت. hardship. affliction. suffering. toil.

~ کشیدن. to suffer a hardship.

مَرارِه، صفرا، زهره. bile. gall bladder.

مُراسِله (.pl مراسلات). letter. correspondence. epistle.

مَراسِم، تشریفات، آداب، آئین، رسوم. ceremonies. rites. forms. formalities. habit. etiquettes. customs. compliments.

مُراش، قی. vomit(ing). puke.

مَراصِد (.pl. of مرصد)، رصدخانه‌ها، کمینگاهها. observatories. ambushes. hiding places.

مُراعات، رعایت. observance. regard. assistance. consideration. obeying.

~ کردن. to observe or regard. to consider.

~ حال کسی را کردن. to assist a person. to give a person due consideration.

همیشه قانون را ~ کن. always observe (obey or follow) the law.

مَرا فراموش‌مکن (bot.) forget-me-not. myosotis.

مُرافِعه (.pl مرافعات)، دعوا، تعقیب قانونی. litigation. lawsuit. quarrel. hassle. wrangle. altercation. squabble. spat.

~ کردن. to carry on a law suit. to quarrel. to hassle. to wrangle. to dispute.

مُرافِعه‌جو، دعوائی. litigious. quarrelsome. quarrel(l)er.

مُرافِقَت، رفاقت، مصاحبت. friendship. comradeship. companionship.

مِراق، مالیخولیا. (med.) hypochondria.

مُراقِب، هوشیار، مواظب. attentive. heedful. watchful. observant. alert. on the look out. vigilant. watchman.

~ باشید نخوابد. see that he does not go to sleep.

~ بودن. to be on the look out. to be alert or watchful.

مُراقَبَت، محافظت. attention. guarding. supervision. control. taking care (of). care. attentiveness. watch. alertness. vigilance. watchfulness.

~ کردن. to be watchful. to exert care. to supervise. to watch. to observe.

مَراقِد (.pl. of مرقد)، مقبره‌ها. shrines. mausoleums. tombs.

مَراکِب (.pl. of مرکب). riding animals. palfreys. steeds.

مَراکِز (.pl. of مرکز). centers. centres.

مَراکِش (geog.) Morocco.

مراکشی Moroccan.

مَرال، بزکوهی. (z.) wild goat. ibex.

مَرام، شعار، هدف، مرامنامه. aim. object. platform or plan (of a party). doctrine. tenet. precept. dogma.

مَرامنامِه part of a society's constitution describing its aim(s). (a party or group's) articles of association, platform or doctrine.

مُراوِده، آمد وشد، معاشرت. intercourse. frequentation. socializing. association.

ما با آنها ~ نداریم. we do not socialize (associate) with them.

مَرایا (.pl. of مرآت). mirrors. scenes. perspectives.

(علم) مناظر و ~. perspective.

مُرَبّا jam. preserve.

مربای خلال نارنج. marmalade.

مُرَبَّع، چهارگوش. square. quadrangle. quadrate. quadrangular. quadratic.

~ مستطیل. rectangle.

متر ~. square metre (meter).

~ کردن. to (make) square. to quadrate.

مَربوط (.fem مربوطه)، مرتبط، وابسته، دربارهٔ، راجع‌به، مناسب. connected. linked. attached. joined. relative. related.

pertinent. pertaining. relevant. regarding. about. concerning. apropos. germane. applicaple.
علائقی که اروپا را به آسیا ~ ساخت. the ties that connected Europe to Asia.
اسناد مربوطه را برایم بفرست. send me the relative documents.
نامه ~ بهسیاست نیست. the letter does not pertain to (is not about) politics.
نا ~. irrelevant. unrelated. disjoined. unconnected. inappropriate.
موضوع بمن ~ نیست. the matter does not concern (has nothing to do with) me.
آنچه او گفت ~ بمن است. what he said concerned me.
~ بودن. to pertain. to concern. to be relevant. to be connected. to depend. to be pertinent or relevant. to be applicable. to be related.
~ ساختن، ~ کردن. to connect. to link. to relate. to make pertinent.
بمن ~ نیست. it does not concern me. it is none of my business.
مَربوطِه (fem. of مربوط). connected. related. relevant. pertinent. apropos.
مُرَبّی (مربیه .fem)، لله، معلم، رام‌کننده. educator. preceptor. tutor. mentor. coach. tamer. trainer. instructor.
~ فوتبال. a football coach.
~ موسیقی. a music instructor.
مُرتاض (مرتاضین .pl)، ریاضت کش، زاهد. yogi. ascetic.
مُرَتَّب، منظم، پشت‌سرهم، استوار، ثابت، باقاعده. tidy. in order. in good shape. well-organized. wellarranged. regular. orderly. steady. constant. punctual. serial. systematic. classified.
همه چیز ~ است. every thing is in order.
اتاق ~ بود. the room was tidy.
~ کردن. to put in order. to arrange. to tidy (up). to organize. to systematize.
نا ~. disorderly. untidy. disorganized. irregular. sporadic. unsystematic. confused.
مُرَتَّباً، منظماً، پی‌درپی. regularly. successively. systematically. methodically. (colloq.) constantly.
مَرتَبَت، مرتبه. rank. position. place.
مُرتَبِط (مرتبطه .fem)، مربوط، رابطه دار. connected. relevant. communicating. in touch. linked. joined. interconnected. attached.
ظروف مرتبطه. communicating vessels.
مَرتَبِه (مراتب .pl)، مرتبت. rank. degree. status. grade. time. storey. floor. place. position. standing. stage. step.
شخص عالی ~. a person of a high rank.
چند ~ باو تذکر دادم. I pointed out to him several times.
سلسلهٔ مراتب. hierarchy. order of seniority.
یك ~. once. one time.
دو ~. twice. two times.
سه ~. thrice. three times.
مُرتَجِع (مرتجعین .pl)، مستبد، سرکش. reactionary. recalcitrant. conservative.
مرتجعینی که با سیستم مشروطیت ما مخالفت میکردند. reactionaries who opposed our constitutional system.
مُرتَد، گمراه، از دین برگشته، زندیق. apostate. backslider. renegade. turncoat. deserter. recreant.

مُرتَشی، رشوه‌گیر، رشوه‌ستان. bribee.
راشی و ~. briber and bribee.
مُرتَضَوی descended from Morteza Ali.
مُرتَضیٰ approvable. approved. masculine proper noun.
مَرتَع (مراتع .pl)، چراگاه. pasture. grassland. pasturage. meadow.
مُرتَعِش، لرزان، متزلزل، پرضربان. trembling. shaking. shivering. vibrating. tottering. quaking. shuddering. quavering. pulsating. tremulous. tremulant. quivering. vibrant.
صدای ~. a vibrating (trembling) voice.
او از ترس ~ بود. he was quaking (or shuddering) from fear.
او با صدای ~ آواز میخواند. she sang with a quavering voice.
~ شدن. to tremble. to shake. to vibrate. to quake. to become quavering. to shiver. to become vibratory or tremulous.
~ ساختن، ~ کردن. to cause to tremble. to cause to shake (quaver or shiver).
مُرتَفِع، بلند، عالی، برجسته. high. elevated. lofty. tall. towering. eminent. raised.
سلسله کوه‌های ~. high mountain ranges.
زمین ~. elevated land. highland.
ساختمان ~. a tall building.
~ شدن. to become elevated.
~ ساختن، ~ کردن. to elevate. to raise. to make high or towering.
مُرتَفَع، برطرف شده، رفع شده. eliminated. obviated. removed. over.
اشکال ~ شد. the difficulty was eliminated (obviated or removed).
~ شدن. to be eliminated. to be obviated. to be removed.
~ کردن، ~ ساختن. to eliminate. to remove. to obviate.
مُرتَکِب (مرتکبین .pl)، مبادرت‌کننده. perpetrator. guilty. performer. committing. practicing. doing. doer.
~ شدن. to perpetrate. to commit. to do. to practice. to perform.
~ جنایت شدن. to commit a crime.
مُرتَهَن، رهن شده، مورد رهن. mortgaged.
مُرتَهِن، رهن گیرنده. mortgagee.
راهن و ~. mortgagor and mortgagee.
مَرثیه (مراثی .pl)، رثاء، نوحه، سوگ. elegy. lamentation. dirge. threnody. wailing. mourning.
~ خواندن. to lament. to elegize.
مَرجان، بسد. coral.
مَرجان‌آور، مرجان‌دار. coralliferous.
مرجانها (z.) corals.
مرجانی coraline. coral. coralloid.
جزیرهٔ ~. coral island.
مُرَجَّح، برتر، ترجیح‌یافته، ارجح. preferred. preferable.
ترجیح بلامرجح. prefernece without a justification.
مَرجَع (مراجع .pl)، پناه، محل مراجعه، مقام. source. resort. place to return or refer to. authority. dust.
مراجع قانونی. legal authorities.
بچه مرجعی باید پناه برد؟ where must one resort to?
~ تقلید. source of imitation. (religious) authority.

مَرجُمَك، عدس. (bot.) lentil.
مَرجوع (مرجوعه .fem)، رجوع شده، پس‌داده شده، پس فرستاده. returned. brought back. sent back. given back.
بفرستنده مرجوع گردد. to be returned to sender.
~ داشتن، ~ کردن. to return. to send back.
مَرجوعِه (fem. of مرجوع). returned. sent back.
مَرحَبا، آفرین، بارك‌الله. well done! hail! welcome! bravo!
مَرحَلِه (مراحل .pl)، وهله، وضع، حالت، درجه. stage. phase. mansion. station. process. remove. lodging. situation. aspect. interval. state. degree. step.
مرحلهٔ نوزادی حشره. the larval stage of an insect.
مراحل مختلف پیشرفت. the various phases of progress.
~ بمرحله. by degrees. step by step. at various stages.
شما خیلی از ~ پرت هستید. you are far off the track.
مَرحَمَت (مراحم .pl)، لطف، توجه، عنایت. favo(u)r. mercy. consideration. good will. courtesy. gift. grant.
بمرحمت، بلطف. by favour of.
او نسبت بمن مرحمتی کرد. he did me a favo(u)r.
~ شما زیاد. thank you. good-by.
مرحمتی (هدیهٔ) شما رسید. your gift (grant) was received.
مراحم ملوکانه. imperial favo(u)rs.
~ کردن، لطف کردن، بخشیدن. to do a favo(u)r. to favo(u)r. to be kind or merciful. to grant. to give. to bestow.
مرحمتاً، مرحمةً، لطفاً. favo(u)rably. by way of favo(u)r. kindly.
مرحمتی، تقدیمی، هدیه، عطیه. donation. given. gift. present. presented. granted.
مرحمتی شما بموقع‌خود رسید. your donation (gift or present) was duly received.
مَرحوم (مرحومه .fem)، شادروان، متوفا، درگذشته. deceased. defunct. the late. blessed. dead. decedent.
~ شدن. to die. to pass away. to decease.
~ پدرم. my deceased father.
او دو روز پیش ~ شد. he passed away (died) two days ago.
مُرَخَّص، رهاشده، آزاد شده، خلاص شده، صرفنظر شده. dismissed. excused. released. freed. liberated. relinquished.
او از خدمت ~ شد. he was dismissed from service.
شما ~ هستید. you are excused (dismissed).
زندانی ~ شد. the prisoner was released.
~ شدن. to be dismissed (released, excused or set free).
~ کردن. to dismiss. to release. to send away. to excuse. to allow to leave.
خواهشمندم مرا ~ بفرمائید. please allow me to leave.
مُرَخَّصی leave. furlough.
~ استعلاجی. sick leave.
~ سه ماهه برای افسر نظامی. a 3-month furlough for the military officer.
او فعلاً در ~ است. he is on leave now.
بمرخصی رفتن. to go (proceed) on leave.

~ دادن. to grant leave. to give leave of absence. to grant furlough.
~ با حقوق. leave with pay.
~ بدون حقوق. leave without pay.
مُرَخَّم، ترخیم شده. apocopated.
مرد، ذکور، جنس‌نر. man.
او مرد این‌کار نیست. he is not the man for it. he is not equal to the task.
او ~ است وقول خود را نگاه میدارد. he is a man (gentleman) and will keep his word.
مُرداب lagoon. marsh. paludi-.
مردابزی paludous. palustral.
مردابی paludal. paludine. marshy. paludic. paludinal. paludinous.
مُرداد، امرداد. Mordad, the fifth month of the Persian solar calender.
مُردار، لاشه. corpse. carrion. necro-.
مردارخوار، لاشخوار. necrophagous. (z.) carrion kite. vulture.
مَردافکَن valiant. hero. champion.
مَردانگی، فتوت، جوانمردی. manliness. courage. generosity. manlihood.
~ کردن. to be generous. to be manly. to act in a manly way.
از ~ بدور است. it is against manliness.
مَردانه، مردوار. manly. masculine. virile. brave. courageous. men's. fit for men. as a man. bravely.
صدای ~. manly voice.
لباس ~. men's clothes.
مُرَدَّد، دودل، مشکوك. uncertain. wavering. hesitating. hesitant. faltering. irresolute. indecisive. waverer. undetermined.
~ بودن. to hesitate. to be uncertain. to waver. to falter. to demur.
مَردِ رِند، ناقلا، زرنگ. clever and selfish. cunning. foxy. crafty. wily. guileful.
مَردَك little man. mannie. little fellow. mannikin. homunculus.
مَردَکِه son of a gun. sirrah.
مُردِگان (pl. of مرده). the dead.
زندگان و ~. the quick and the dead.
مُردِگی death. dead state.
خون ~. ecchimosis. ptechia.
مردم، مردمان. people. men. man. folks. populace. demos. demo-.
~ شهر. townsfolk. townspoeple.
تودهٔ ~. the masses. the common people.
~ این شهر. this town's people.
مَردُم‌آزار man-tormenting. inhumane. oppressor. tyrant.
مَردُم‌آزاری inhumanity. oppression. tormenting mankind. tyranny.
~ کردن. to be inhumane to others. to annoy or torment people.
مَردُم خوار، آدم خوار. man-eater. cannibal. anthropophagous.
مَردُم دار tactful. civil. easygoing. having address. discrete. considerate.
مَردُم‌داری address. tact. civility. discretion.
مَردُم دُوست، بشردوست. friendly to people. philanthropic. philanthropist.
مَردُم‌دُوستی، بشردوستی. philanthropy.
مَردُم شِناس anthropologist.
مَردُم شِناسی anthropology.
مَردُمَك pupil (of the eye).

مَردُمَکی pupillary.
مَردُم‌گیاه، مهرگیاه. (bot.) mandrake. mandragora.
مردم نوازی courtesy. civility.
مردمی، انسانیت، آدمیت. humanity. courtesy. humaneness. humanism.
مردن، (میر. i. r.)، درگذشتن. to die. to pass away. to expire. to perish. to demise. to cease. to fade out.
پیرمرد مرد (مرحوم شد). the old man passed away.
از گرسنگی مردن. to perish from hunger.
اگر او بمیرد. if he dies.
تو بمیری. honestly. by my faith.
مُردَنی، نحیف، در شرف‌مرگ. dying. moribund. terminal.
پیرمرد ~. the dying old man.
سرباز ~. the moribund soldier.
مَردُود، ردشده، رفوزه، ملعون. flunked. failed. rejected. offcast. repulsed. laid aside. given up. declined. refused. denied. discarded. rebuffed.
او در امتحان ~ شد. he flunked (failed) in the examination.
~شدن. to be flunked, failed, or rejected.
~کردن. to flunk. to fail. to repudiate. to reject. to throw out.
مُرده (مردگان .pl)، متوفی، جان سپرده. dead. passed away. deceased. perished. deceadent. expired. mortified. gangrened. defunct. lifeless. mort. necro-.
مردگان زنده خواهند شد. the dead shall rise.
دل ~. sad. disappointed. deadhearted.
~ باد! down with (him)!
کاملاً ~. stone-dead. dead as a doornail. dead as a herring.
زبان ~. dead language.
~ مانند. mortuous. necromorphous.
مُرده‌تَرسی necrophobia.
مُرده پَرَستی necrolatry.
مرده‌خانه، محل امانت مرده. morgue. deadhouse. necropolis.
مرده‌خوار، مرده خور. necrophagous.
مُرده‌دِل lifeless. spiritless. deadhearted. cold-hearted. disappointed.
مُرده دُوست necrophilous.
مُرده ریگ، ارث، میراث، مرده‌ری، ماترك. patrimony. heritage. inheritance.
مُرده‌سَنگ، مردار سنگ. litharge.
مُرده شُوخانه. سیبك، غسالخانه. mortuary.
مُرده‌شُوی، مرده شور. washer of the dead.
مُرده‌شُوی‌خانه، غسالخانه. mortuary.
مُرده‌وار، مرده واری. as dead. supine. backstroke.
مرده‌واری رفتن، مرده‌وار شناکردن. to swim on the back (backstroke). to backstroke.
مَردی، مردانگی، بلوغ، شهامت، قوهٔ مردی. manhood. manliness. virility. adulthood. masculinity. courage. maturity.
~ کردن. to show courage. to show manliness. to sleep with a woman.
مَرز، سرحد، حد، سرزمین، کشور، لبه، حاشیه. frontier. borderplot. border. edge. margin. boundary. bounds.
مرزهای ایران. the frontiers of Iran.
قطعه زمین مرزی بین دو کشور. a borderplot (borderland) between the two countries.
~ نشین. borderer. frontiersman.
مَرزبان، مرزدار، سرحددار. margrave. frontier guard. border guard.
مرزبانی control (guarding) of the frontiers.
ادارهٔ ~. Frontier Control Department.
مَرزَن، مرز، موش. mouse.
مَرزَنجوش، مرزنگوش. (bot.) mouse-ear. myosotis. sweet marjoram.
مَرزنشین، سرحد نشین. frontiersman. marcher. borderer.
مرزوُبوم (native) country. native land.
مَرزه (bot.) sweet fennel. origany.
مَرزی، سرحدی. boundary. border.
خط ~. borderline. line of demarcation.
مرس leash. couple.
مَرس، داش، آلش. (bot.) beech.
مِرسِریزه mercerized.
مُرسَل (مرسلین .pl)، رسول، فرستاده. sent on a mission. prophet. apostle.
مَرسَله، بسته، محموله، پارتی، بار. thing sent. package. letter or consignment. party (of merchandize). shipment.
مَرسُول (مرسولات .pl، مرسوله .fem)، ارسال شده، فرستاده شده. dispatched. mailed. sent.
مَرسُوم، رسم، عادت، سنت. customary. custom. salary. stipend. in vogue.
~ شدن. to become current or widely practiced. to become customary. to be in vogue.
~کردن. to make widespread or customary.
~ ما چنین است. our custom is thus.
عادت ~. a customary rule.
طبق~، برحسب ~. according to custom. habitually. customarily.
مِرسی، سپاسگزارم. thanks. thank you.
مُرشِد، رهبر، پیر، پیشوای روحانی. spiritual guide. preceptor. father. sheikh. elder. instractor.
مُرَصَّع، جواهرنشان، گوهرنشان. studded (or inlaid) with jewels. begemmed. bejewelled.
شمشیر ~. begemmed sword.
مَرَض (امراض .pl)، ناخوشی، بیماری، کسالت. illness. disease. sickness. indisposition. disorder. malady. patho-. -osis. -ia. -pathy. -pathic.
~ سخت. a severe illness.
~ گرفتن. to contract a disease. to be affected by a disease. to be diseased.
مَرضا (مریض .pl of)، مریضان، بیماران. the patients. the sick (people).
مَرَض‌خیز، مرض‌زا، بیماریزا. pathogenetic. pathogenic. causing illness.
مَرَض‌شناس، آسیب شناس. pathologist.
مَرَض‌شناسی، آسیب شناسی. pathology.
مَرضیٰ (مریض .pl of)، مرضا بیماران. the patients.
مَرضیّ (مرضیه .fem)، رضایت‌بخش، پسندیده. satisfactory. agreeable. laudable. approved. approvable.
مَرَضی، مریض. morbid. having to do with disease. patho-.
مَرضیُّ الطَّرَفین، موردقبول‌طرفین، دوسوپذیرا. mutually agreed upon. satisfactory.
مَرضیه (.fem of مرضی). laudable.
مَرطوب، نمناك، نمسار، نم‌دار، تر. damp. moist. humid. dank. wet. dankish.
~ کردن. to dampen. to humidify. to moisten.
مَرعوب، ترسیده، ترسان، وحشت زده. scared. terrified. frightened. intimidated. overawed. cowed. daunted.
~کردن. to intimidate. to cow. to daunt. to overawe to dishearten. to scare. to become intimdated or scared. [illegible]
مَرعی، رعایت شده، منظورشده، [illegible]. observed. regarded. considered.
~ داشتن، رعایت‌کردن. to observe. to regard. to consider.
مَرغ، مرغزار. meadow. couch grass.
مُرغ (مرغان .pl)، پرنده، ماکیان. bird. hen. fowl. ornitho-. pullet.
مرغان خانگی. domestic fowls. poultry.
~ شکاری. bird of prey.
~ آبی. water fowl.
~ حق. owl.
~ استخوان‌خوار، همای. osprey.
~ شاخدار. guinea hen. guinea fowl.
~ زیبا. pewit. lapwing.
~ سقا. a pelican.
~ باران. a plover.
~ انجیر، ~ انجیرخوار. beccafico. oriole.
ای ~ سحر عشق زپروانه بیاموز. O'nightingale learn love from the butterfly (moth).
مُرغِ بهشتی (astr.) bird of paradise.
مُرغابی، اردك. (z.) duck.
~ جره. teal.
~ ماده. duck.
~ نر. drake.
مُرغ‌باز bird fancier. birdman. fowler. cockfighter.
مُرغدان hencoop.
مرغزار، چمن، علفزار. meadow. lawn. turf.
مُرغ‌شناسی، پرنده‌شناسی. ornithology.
مُرغ‌فروش poulterer.
مُرغَك (.D. of مرغ). birdie. gusset. (mach.) chuck. dog. mandrel.
مُرغوا، خبر بد، فال‌بد. bad omen. imprecation.
مَرغوب، مطلوب، موردپسند. of good quality. in demand. desired. desirable. high quality.
نا~. undesirable. of an inferior quality.
این جنس ~ است. this commodity is in demand.
مَرغوبیّت، خوبی. good quality. desirability.
مَرغوز angora goat. thibet goat.
مَرغول، مرغوله، چین‌وشکن گیسو. curl. ringlet. lovelock.
مِرفَق، آرنج. elbow.
مُرَفَّه، آسوده. tranquil. comfortable.
مرفه‌الحال، آسوده‌حال. well-off. well-to-do. comfortable. complacent.
مُرفین، جوهرخواب‌آور افیون. morphine.
مَرَق، آبگوشت، آشامه، سوپ. soup. gravy. dripping. broth.
مَرقَد (مراقد .pl)، قبر، آرامگاه، مقبره. sepulchre. resting place. mausoleum. tomb. grave. shrine.
مَرقُس، مارکوس. Mark.
انجیل ~. the Gospel of Mark.
مُرَقَّع، پاره پاره، مندرس. ragged. patched. scrapbook. album. patchwork. garment.
مَرقُوم (مرقومه .fem)، نوشته، نوشته شده. written. marked. aforesaid.
~ داشتن، نوشتن. to write.
~ رفتن. to be written.
مَرقُومه (مرقومات .pl، مرقوم .fem of)، نامه، نوشته. letter. favo(u)r. correspondence. written statement. epistle.
مَرکَب (مراکب .pl)، سواری، [illegible]، مال. animal for riding. horse. mount. ship. palfrey.
مُرَکَّب (مرکبات .pl)، جوهر، ترکیب‌شده. black ink. compound. absolute. complete. consisting of. composite.
جسم ~. a compound (object).
جهل ~. absolute (total or perfect) ignorance.
~ چاپ. printing ink.
مُرَکَّبات (.pl of مرکب، مرکبه). citrous. oranges. citrous fruits. compounds.
مُرَکَّب‌پاك‌کُن، پاك‌کن. ink eraser.
مُرَکَّب‌خُشك‌کُن، خشك‌کن. blotting paper. blotter.
مُرَکَّبان (bot.) Compositae.
مَرکَز (مراکز .pl)، میان، قلب، وسط، هستهٔ مرکزی، محور، قطب. center. centre. headquarters. head office. place. point. heart. middle. hub. focus. focal point. nucleus. pole. capital (city).
بازار ~ تجارت است. the bazaar is a center of commerce.
او بمرکز منتقل شد. he was transfered to the capital.
هم~. concentric.
نیروی گریز از~. centrifugal force.
قوهٔ میل به~. centripetal force.
مَرکَزجُو، تمرکزخواه. centripetal.
مَرکَزگُریز، گریزنده ازمرکز. centrifugal.
مَرکَزی central. middle.
بانك ~ ایران. the Central Bank of Iran.
مَرکَزیَّت، تمرکز. centrality. concentricity. centralization.
~ دادن. to centralize.
~ یافتن. to be centralized.
مَرکُوب، مرکب. palfrey. mount. animal for riding.
مِرکُورکُرُم mercurochrome.
مَرکُوز، جایگیر، جایگزین. implanted. centralized. infixed. concentrated.
مفصل ~. gomphosis.
~ ذهن. implanted in the mind.
مَرگ، نابودی، زوال، فنا. death. expiration. mort. decease. demise. passing away. obit. quietus. fall.
~ طبیعی. natural death.
محکوم بمرگ. condemned to die (death).
پیش ~. devotee. devoted.
در دم ~. on the point of death.
شهرت پس از ~. posthumous fame.
معاینهٔ پس از ~. postmortem examination.
بمرگ خودم، بجان خودم. upon my life! I swear by my life!
بستر~. deathbed.

~ ناپذیر. deathless. immortal.
خدا مرگش بدهد. (may) God give him death (kill him).
مَرگبار deathful. deathly. deadly. deathy. mortal.
مَرگِ مُوش ratsbane. rat poison.
مَرگ ومیر، مرگامرگ. mortality. death rate. fatality.
مَرگی pest. pestilence. deathlike.
گله ~، گوسفند ~. cattle pest.
مَرَمَّت، تعمیر، اصلاح. repair. mending. renovation. revamping. maintenance.
~ کردن. to repair. to mend. to fix. to renovate. to revamp.
~ بناهای تاریخی. renovation of historic buildings.
مرمر، سنگ مرمر. (min.) marble.
~ سبز. malachite.
~ سفید. alabaster. white marble.
~ سیاه. basalt.
~ مصری. ophite.
مرمرنما marbled. marble-veined. marmoreal.
~ کردن. to marble. to marblize.
مرمری marbly. marmoreal. marmorean. marmorate. marmoraceus. polished.
~ کردن. to polish or smooth like marble.
مَرموز، پوشیده، اسرارآمیز، رمزی، مبهم. mysterious. secret. cryptic. occult. inscrutable. esoteric. obscure. enigmatic. baffling. secretive. furtive.
مَرموك garden clary.
مَرمی، پرتابه. missile. projectile.
مرنگ، شیرینی مرکب از سفیدهٔ تخم مرغ و شکر، شیرینی خامه‌ای. meringue.
مَرو (geog.) Merv. Mary.
مُرو (bot.) marram. marram grass.
مُروا، تفأل، فال نیك. good omen.
~ زدن. to wish one good luck.
مُروارید pearl.
صدف ~. (z.) pearl oyster.
صید ~. pearl fishing.
~ غلطان. round pearl.
~ سفته. bored pearl.
گل ~. daisy.
مُروّت، انصاف، حمیت، مردمی، سخاوت. compassion. generosity. manliness. equity. fairness. ruth. humanity. mercy. magnanimity.
اینکار شما از ~ بدور است. your act is far from fairness. your act is unfair.
آدم با ~. a generous (fair or just) person.
بی ~، لامروت. unfair. ruthless. relentless.
~ نباشدکه این مور ریش... it is not fair that this poor ant...
مُروّج (مروجان .pl)، مشوق، ناشر، رواج‌دهنده. promoter. propagator. supporter. disseminator. spreader. encourager. publisher.
~ دین اسلام. promoter of Islam.
مُرور، عبور، گذر، مراجعه، تکرار. passing. passage. lapse. review.
~ کردن. to pass (over) gradually. to review. to go over. to run over.
عبور و ~. traffic. passage. plying.
بمرور زمان. by lapse of time. as time passes. in the course of time.
این دعوی شامل ~ زمان نیست. this case is not subject to limitation (or prescription).
قانون ~ زمان. statute of limitation.
قبل از امتحان درسهای خود را ~ کن. before the examination review your lessons.
مَروزی، اهل شهر مرو. native of Merv.
مُرَوَّق، صاف، ناب. pure. clear. limpid.
مَرّه (مرّات، مَرار .pl)، دفعه. (single) time.
بالمره، هرگز، بهیچوجه. (not) at all. never.
مَرهَم ointment. unguent. poultice. salve. plaster. balm.
~ (روغن) خاکستری. grey unguent. mercurial unguent.
~ گذاشتن. to apply an ointment to. to salve.
مَرهُون، بدهکار، درگرو، مدیون. indebted. pawned. obliged. beholden.
من ~ مراحم شما هستم. I am indebted to your kindnesses.
~ بودن. to be indebted to.
مِری (anat.) oesophagus. esophagus. gullet. esophageal.
مِرّیخ، بهرام. (astr.) Mars.
مریخی Martian.
مُرید، پیرو، شاگرد. murid. disciple. novitiate. devotee. follower.
مَریزاد، نریزد. may it spill (or pour).
دست ~. well done! bravo!
مَریض (مرضا .pl)، بیمار، ناخوش. ill. sick. patient. sick person. indisposed. ailing. unwell. diseased. -otic.
~ شدن. to sicken. to fall (become) sick or ill.
~ کردن. to make sick or ill. to disease.
~ را به‌بیمارستان بردند. they took the patient to hospital.
اتاق ~. sickroom.
بستر ~. sickbed.
مَریضخانه، بیمارستان. hospital.
مَریَم Mary.
~ باکره. Virgin Mary.
گل ~. (bot.) tuberose.
مَریَم گلی (bot.) garden sage.
مَریَم نُخُودی (bot.) water germander.
مِرینُوس، مرینو. merino.
مَرئوس، زیردست. subordinate. underling.
رئیس و ~. the boss (chief) and subordinate.
مَرئی (مرئیه .fem)، پدیدار. visible. perceptible. evident. manifest. (med.) objective. apparent. (astr.) sensitive.
علائم ~. visible signs.
افق ~. sensitive horizon.
نا ~. invisible.
~ شدن. to appear. to become visible.
نا ~ شدن. to disappear. to become invisible.
مِزاج (امزجه .pl)، سلامتی، طبع، خلق. condition of health. physical constitution. temperament. temper. humo(u)r. predisposition. diathesis.
~ شریف چطور است؟ how is your health?
او ~ سالمی دارد. he has a healthy (physical) constitution.
این خوراك بمزاج او سازگار نیست. this food does not agree with him.
آیا ~ شما کار کرد؟ did your bowels move?
مرد آتشی ~. a hot-tempered man.
مِزاج گُوی(ی)، چاپلوس، متملق. obsequious. flatterer. fawning. sycophant. cringing.
مِزاج گُوئی، تملق، چاپلوسی. obsequiousness. flattery. sycophancy.
مِزاجی constitutional. temperamental. diathetic.
حالت ~. condition of health.
مِزاح، شوخی، بذله، لطیفه، مزه. joke. jest. gag. wisecrack. witticism. wit. bon mot. fooling. kidding. joshing. humo(u)r. joviality. hilarity.
~ کردن، مزه انداختن. to crack jokes. to joke. to jest. to banter.
مَزّاح، شوخ، بذله‌گو، مقلد. jester. wit. humo(u)rist gagman. comedian. fool.
مُزاحِم، سر خر، مصدع، مایهٔ رنجش یا زحمت. obtrusive. troublesome. bother bothersome. irritating. boresome.
او ~ مهمانان شد. he was an annoyance to the guests.
او پیوسته ~ آنزن میشد. he was bothering her continually.
مهمان ~. a boresome guest.
~ شدن. to bother. to be a nuisance to. to be obtrusive. to irritate. to bore. to cause inconvenience. to trouble. to be an annoyance (or give annoyance) to.
مُزاحِمَت، زحمت، رنجش، تصدیع، گستاخی. inconvenience. interruption. obtrusiveness. nuisance. bothering. trouble.
~ دادن، ~ کسی‌را فراهم‌کردن. to cause inconvenience. to inconvenience or molest a person. to trouble. to pester.
مَزار، زیارتگاه، قبر، گور، مقبره. tomb. sepulchre. shrine. grave.
مَزارِع (مزرعه .pl. of). farms. plantations.
مُزارِعَه، اجاره‌داری مزرعه. (contract for) leasing a farm.
مَزامیر (مزمار، مَزمُور .pl. of). psalms. songs.
مُزاوِجَت، ازدواج، عروسی، زناشوئی. marrying. matrimony. marriage. wedlock. union. intermarriage. cohabitation. wedded bliss. conjugation.
~ بامردی‌پیر. marrying an old man.
دورهٔ ~. matrimonial period.
~ کردن. to marry. to wed. to couple. to take a husband or wife.
مَزایا (مَزیَّت .pl. of)، فوائد، برتری‌ها. benefits. privileges. advantages.
حقوق و ~. salary and fringe benefits. salary and extra pays (sundry increments).
مُزایِدَه، حراج. auction. tender. bid. high tender.
بمزایده گذاشتن، حراج کردن. to auction (off). to put up to auction. to invite for tenders. to invite offers for the sale of.
بمزایده فروختن. to sell by tenders. (high bid, high tenders or auction).
پیشنهاد ~. bid. tender.
~ ومناقصه. high bid and low bid.
فروش ماشین‌آلات بمزایده گذارده میشود. tenders are invited for the sale of machinery.
مَزبَله (مَزابِل .pl)، آشغال دان. dunghill. a heap of dung.
مزبور (مزبوره .fem)، گفته شده، یاد شده، مذکور. aforesaid. said. above-said. above-mentioned. already mentioned.
شخص ~. the aforesaid person.
مُزجات، مزجاة، اندك، ناقابل. small. insignificant. of little value. mugatory.
بضاعت ~. insignificant or poor resources.
مُزَخرَف (مزخرفه .fem، مزخرفات .pl)، مهمل، بیهوده، ناروا. silly. absurd. nonsensical. ornamented. nonsense.
حرف ~. silly talk. absurd words.
بیانات ~. nonsensical statements.
مُزَخرَفات idle talks. foolish words.
مُزد، اَجر، دستمزد، پاداش، اجرت. wage. reward. remuneration. pay. compensation. per diem. pay. hire. recompense.
~ روزانه. daily wage(s).
او ~ خودرا گرفت. he received his reward.
روز ~. daily pay. paid by the day.
~ دادن. to salary. to pay a salary to.
~ گرفتن. to receive a salary or wage.
مُزدَوَج، زوج، جفت. coupled. consorted. married. (bot.) conjugate.
مُزدُور، مزدبگیر، اجیر. wage earner. hired worker. hireling. mercenary.
سربازان ~ (اجیر). mercenary soldiers.
~ شدن. to be hired for work.
~ کردن. to hire. to employ for wages.
مِزراق، زوبین. dart. javelin.
مَزرَع، مزرعه، کشتگاه، کشت. farming place. farm. plantation. cultivation.
مَزرَعِه (مزارع .pl)، کشتزار. farm. plantation. field. ranch.
مَزرُوع، کاشته، کشته، زراعت شده. planted. cultivated. sown. arable.
مزروعی، قابل‌کشت. arable. cultivable.
ملك ~ (قابل کشت). arable land.
مُزَعفَر، زعفران‌دار. flavo(u)red with saffron. saffron-flavo(u)red.
مَزغَل، سوراخ سنگر. gun-port.
مُزَکّی، مُزَکّا، پاك شده. purified. cleaned. refined.
مُزَلَّف، زلفدار، بچه خوشگل، ژیگولو. long-haired (man). gigolo. teddy boy. catamite.
مِزمار (مزامیر .pl)، نای، نی. a pipe. a flute. (anat.) glottis.
مَزمَزه، چشش، چشیدن. tasting a little at a time. soupcon. gusto. tinge.
~ کردن. to taste a little at a time.
سوپ‌را ~ کن (بچش). taste (tinge) the soup.
مُزمِن، طولانی، کهنه. chronic.
مرض ~. a chronic disease.
مَزمُور (مزامیر .pl)، سرود. psalm. song.
مُزَوِّر، ریاکار، با تزویر، متقلب، حقه‌باز، دورو. dissimulator. impostor. deceitful. hypocritical. double-faced. insincere. crafty. tricky. sly. wily. foxy. cunning.
مُزَوِّرانه، با دوروئی، ریاکارانه. slyly. deceitfully. craftily. hypocritically.
مَزِه، چشائی، چشش، طعم، چاشنی، پیش‌غذا. taste. flavo(u)r. savo(u)r. gusto. soupcon. palatability. sapidity gustation. tang. aftertaste. appetizer. hors d'oeuveres. seasoning.
~ شراب. the taste of wine.
غذای خوش ~ (بامزه). a savo(u)ry dish.
شوخی بی‌مزه. an uninteresting (insipid) joke.
ازمزهٔ غذایت کاملاً لذت ببر. enjoy the full gusto of your food.
~ کردن یا چشیدن غذای پخته. the gustation of cooked food.
غذای خوش ~ (لذیذ). a palatable food.
شوخی بی ~. a flat joke.
~ انداختن. to (cut a) joke. to crack a joke. to use a wisecrack.
مزهٔ (لطیفه یا شوخی) بموقع.

a timely wisecrack.
مزهٔ او گرفت. his joke caught.
دیگر آن حکایت ~ نداشت. the interest of the story was gone.
~ کردن، چشیدن. to taste. to savo(u)r.
خوش ~ بودن. to be delicious.
خوش ~، با~. to be eaten with relish. to give interest.
tasty. delicious. savory. palatable. sapid.
بی‌مزه. unsavory. tasteless. unpalatable. vapid. insipid.
او مزهٔ این عمل‌زشت خود را چشید. he tasted the evil effects of his deed

مَزیّت (مزایا .pl)، برتری، رجحان، فضیلت، منفعت. preference. excellence. merit. advantage. virtue. privilege. benefit. gain. priority. superiority.
این امر برسایر امور ~ دارد. this has preference over other affairs.
او برسایرین~دارد. he is better than others. he has excellence (priority) over others.
این سیاست مزایای بسیاری دارد. this policy has many advantages.
حقوق ومزایا (مانند حقوق بازنشستگی، بیمه و مرخصی استحقاقی). salary and fringe benefits.

مَزید، زیاد شده، فزون، افزون، بیشتر. increased. added. more. increasing.
~ شدن. to increase. to become more.
~کردن. to increase. to add.
چنانچه باتقاضایم موافقت‌فرمائید مایهٔ~ سپاس خواهد شد. it will be greatly appreciated if you accede to my request.
~ برعلت شدن. to aggravate the situation.
بیماری اوهم ~ برعلت شد. his illness aggravated the situation too.

مَزیدَن، مکیدن، مزه‌کردن، چشیدن. to taste. to suck.

مُزَیَّن، آراسته، زینت یافته، زینت شده، مرتب. adorned. decorated. ornamented. garnished. trimmed. embellished. decked. beautified. bedecked.
~کردن، آراستن، ~ فرمودن. to decorate. to adorn. to garnish.
~ بدستهٔ گل. adorned with a bouquet of flowers.
اتاق با تابلوهای نقاشی زیبا ~ شده بود. the room was decorated with beautiful paintings.
مجلس ما را بقدوم خود ~ فرمائید. please be kind enough to hono(u)r us with your presence.

مُزَیِّن،زینت‌دهنده،آراینده. dresser. painter. decorator. ornamenting. adorning.

مُژدِگانی، پاداش خبرخوش، انعام. reward. tip for bringing good news.
~ دادن. to give a reward for good news.

مُژده، خبرخوش، بشارت. good news. tidings. presage.
~ دادن، ~رساندن (آوردن). to give good news. to bring glad tidings. to presage.

مُژده دهنده، مژده رسان. messenger of good news. presager.

مُژَك، مژه، تاژكدار. cilia. cilium.

مُژَکدار، تاژکدار. ciliate. ciliolate. ciliated. having hairlike growths.

مُژَکداران (z.) ciliophora.

مُژگان (مُژه .pl of)، مژه‌ها. eyelashes. cilia. lashes. cilio-.
~ بهم زدن. to twinkle. to bat the eye. to wink. to bat.

مُژگانی، وابسته بمژگان. ciliary.

مُژه، مژك. eyelash. cilium. lash. cilio-.
~ داران. (z.) Ciliata.

مَس، لمس، تماس. touch. touching. feeling. feel.
~ کردن. to touch. to feel.

مِس copper. cuprum. cupri-.
~ دار. cupriferous.
ظرف ~. copper vessel. copper dish.
معدن ~، کان ~. copper mine.
copper cupri- cupreous [illegible]

مَساء، غروب، شام. evening. sunset.

مُسابِقه (مسابقات .pl)،امتحان، آزمون، کنکور. competition. selection examination. competitive examination. race. match.
مسابقهٔ دو. running race.
مسابقهٔ فوتبال. football match.
مسابقهٔ مشت‌زنی. boxing match. fight.
مسابقهٔ نهائی. the final game (or match).
مسابقهٔ ورودی. entrance examination.
~گذاشتن. to have a competition. to race (with). to have a match.
در ~ شرکت کردن. to participate in a race (match or competition).
درمسابقهٔورودی(کنکور) شرکت‌کردن. to sit (participate) in an entrance examination.

مَساجِد (مسجد .pl of). mosques.

مَسّاح، زمین‌پیما، اندازه‌گیر، پیماینده. land surveyor. geodesist.

مَساحت، اندازه، وسعت. mensuration. area. land measurement. survey.
~کردن. to survey. to measure. to measure the area of.

مَساحی، پیمایش، اندازه‌گیری، مساحت یابی، زمین‌پیمائی. geodesy. geodetics. land measurement. surveying.
~ کردن. to do surveying. to survey. to measure.

مساعِد، همراه، موافق. favo(u)rable. agreeable. helpful. assisting. in accord. clement. well disposed toward.
آن رئیس با من ~ است. that boss is friendly (favo(u)rable) towards me.
نا ~. unfavo(u)rable. inclement.
هوای ~. favo(u)rable (clement) weather.
~ بودن. to be favo(u)rable.

مُساعِدَت، کمك. assistance. aid. help. favo(u)r. kindness. cooperation.
~ کردن. to help. to assist. to aid. to favo(u)r.

مُساعِده،پیش‌پرداخت. advance (payment).
~ دادن، پیشکی دادن. to pay an advance. to advance (money).
بطور ~. in advance.

مَساعی، کوششها. efforts. endeavo(u)rs. good offices.
در اثر ~ شما ما پیروزشدیم. we succeeded as a result of (by) your efforts (endeavours).
با ~ وی. by his good offices.

مَسافَت (مسافات .pl)، دوری، فاصله. distance. space. farness. elongation.
مسافتی را طی‌کردن. to cover a distance.

مَسافَت‌پیما odometer.

مَسافَت‌سنج odometer.

مسافت‌یاب، دوری‌یاب. range finder. tachymeter.

مُسافِر (مسافران .pl)، رهرو. passenger. travel(l)er. peregrinator. tourist.

مُسافِربَر passenger. liner.
بنگاه مسافربر(ی). passenger service.
کشتی ~. liner.

مُسافِرَت،سفر. travel. travelling. voyage. journey. trip. odyssey. peregrination.
~ دریا. voyage. cruise.
~ تفریحی. junket. excursion.
~کردن، ~ رفتن. to travel. to take a trip. to journey. to peregrinate.

مُسافِرَتی pertaining to a travel or journey.
[illegible] traveler's check

مُسافرخانه، مهمانخانه، هتل. inn. travel-lodge. lodging house. hotel.

مُسافِری، مسافرتی،سفری. fit for travelling.
قطار ~. passenger train.
چمدان (جامه‌دان) ~. travelling suitcase.

مَساکِن (مسکن .pl of). residences. houses. dwelling places.

مَساکین (مسکین .pl of)، فقراء، بینوایان. the poor. the needy. the wretched.

مَسالِك (مَسلَك .pl of). creeds. political beliefs. doctrines. credos. paths. ways. methods. policies.

مُسالِم، صلحجو، ملایم، سلیم. peaceful. peacemaker. pacifier. peaceful. pacific.

مُسالِمَت، ملایمت، صلحجوئی، آرامش. peace. peacefulness. pacifism. amity. tranquility. repose. quiescence.
~ بکار بردن. to apply peacefulness.
از راه ~. peacefully.

مُسالِمَت‌آمیز، صلحجویانه. peaceful. peacefully.
همزیستی ~ آمیز. peaceful coexistence.

مَسام (مَسامات .pl)، سوراخها، خلل وفرج. pores. perforations.
مسامات پوست. skin pores.

مُسامِحه، غفلت، اهمال، تسامح، قصور، طفره. negligence. shirking. nonchalence. indulgence. forbearance. carelessness. procrastination. heedlessness.
~ و غفلت اخیر اورا بیادبیاور. remember his recent negligence.
~ کردن. to be indulgent. to neglect. to procrastinate. to laches. to derelict.

مُسامِحه‌کار، اهمالکار. nonchalant. negligent. careless. procrastinator.

مُساوات، برابری. equality. parity. evenness. equivalence. identity. equalization. egality.
~ وبرادری. equality and fraternity.
~ (برابری) نیروی دریائی دو دولت. the naval parity of the two powers.

مُساوات‌گرای،طرفدارمساوات. equalitarian. egalitarian.

مُساوات‌گرایی equalitarianism. egalitarianism.

مُساوی، برابر، همسان،مشابه، هموزن، یکسان. equal. par. alike. the same. commensurate. even. equivalent. tantamount. quits. homologous. synonymous. analogous.
~ کردن. to equalize. to make equal. to level. to balance. to equate. to restore equilibrium. to tie (in a game).
~ شدن. to be (become) equal. to match. to come up to. to be on level with. to measure up to. to become even (with). to be on a par with.
همهٔ مردم ~ خلق شده‌اند. all men are created equal.
با همهٔ آنها بطور~ رفتارکنید. treat them all alike.
بطور ~، مساویا. equally.

مُساهِله، سهل‌انگاری. indulgence. lenience. leniency. carelessness.

مَسائِل (مسئله .pl of)، پرسشها، دشواریها، اشکالات. problems. questions. affairs. matters. difficulties. complications.
[illegible] alloy containing copper, [illegible] tombac or bronze.

مُسَبِّب (مسببین .pl)، سبب، مایه، موجب. cause. causer. causation.
او ~ دشواریهای من بود. he was the cause (causer) of my difficulties.
او ~ بدبختی من شد. he caused my misery. he brought about my misfortune.

مُسَبَّع، هفتگانه، هفت‌تائی. heptad. hept-. heptagon. heptameter.

مَسبوق، آگاه، باسابقه، وارد به. aware. informed. precedented. knowing.
و از مشکلات شما ~ است. he is aware (informed) of your problems.
~ بودن. to be aware of. to be informed of.
~ کردن. to inform. to make aware of. to let know. to give to understand.

مَست، ازخودبیخود، میگسار، دائم‌الخمر. drunk. drunken. intoxicated. in rut. must. musth. drunkard. dipsomaniac (slang) sot. toper. tippler. bibber tipsy. crapulous. crapulent. soaker
~ شدن. to get drunk. to become intoxicated or inebriated.
~ کردن. to inebriate. to fuddle. to make (become) drunk. to befuddl to make drunk. to intoxicate. to elat
~ خراب، ~ لایعقل. dead drunk. blind drunk.
~ بود. he was drunk (drunken).
رانندهٔ ~. the intoxicated driver.

مُستَأجِر، اجاره دار، اجاره‌نشین. tenant. lessee. farmer. leaseholder.
مالك و ~. owner and tenant.
موجر و~. lessor and lessee.

مُستَأصَل، بیچاره، درمانده، بستوه آمده، از ریشه درآمده. driven to extremities. helpless. (O.S.) eradicated. powerless.
~ شدن. to become helpless. to become poor.
~ کردن، بستوه‌آوردن. to render helpless. to drive to extremities.

مُستَأنِف، پژوهش‌خواه. appellant.

مُستَأنَف عَلَیه، پژوهش خوانده. appellee. respondent.

مَستانه، مست‌وار. drunken. in a drunken state. as a drunkard. drunken.
نگاه ~. a drunken look. languishing glance.

مُستَبِد (مُستَبِدّه .fem)، خودرأی، خودسر. despot. despotic. reactionary. self-willed. arbitrary. autocrat(ic).
پادشاه ~. a despot. a despotic king.
مستبدین. the reactionaries. the despotic people.

مُستبدّانه autocratic. arbitrary. arbitrarily. despotically. despotic(al).
تصمیم ~ an arbitrary decision.
مُستَبعَد، بعید، دور. improbable. rare. distant. remote. unlikely.
مُستَتِر، پوشیده، پنهان. hidden. covert. concealed. veiled. masked. (grammar) understood. covered. camouflaged.
~ کردن. to cover (up). to conceal. to camouflage.
مُستَثنیٰ، استثنائی. exceptional. exempted. excepted. barring. excluded.
~ کردن. to except. to exempt. to exclude. to make an exception of.
~ شدن. to be excepted (or excluded).
مُستَجاب، اجابت شده، پاسخ داده شده. granted. accepted. bestowed. conceded. agreed to.
~ شدن. to be granted. to be accepted.
~ کردن. to grant. to hear. to respond to.
خداوند دعای او را ~ کرد. God granted his prayer. God responded to his prayer.
مُستَجابُ‌الدَّعوه one whose prayers are granted or heard.
مُستَحاثه، سنگواره. fossil.
مُستَحَب، نیکو، توصیه شده. recommended (religious precepts).
واجب و ~ و مکروه. indispensable (incumbent) recommended and abominable (religious precepts).
مُستَحدَث (مستحدثه .fem)، ایجاد شده. reclaimed (from the sea or forest). created. built.
مُستَحدَثات buildings. novelties.
مُستَحسَن، پسندیده، نیکو. approved. appealing. virtuous.
مُستَحضَر، آگاه، مطلع، باخبر. informed. aware (of). cognizant. knowing.
بدینوسیله خاطرعالی را ~ میدارد. I hereby beg to inform you (your excellency).
مُستَحفِظ، نگهبان، محافظ. keeper. guardian. caretaker.
مُستَحَق، سزاوار. deserving. worthy. entitled to. needy. indigent. poor. condign. meriting.
~ ترفیع بودن. to be worthy of promotion. to deserve promotion.
مرد ~. a needy (indigent or poor) man.
او ~ مجازات است. he deserves punishment.
~ بودن. to deserve. to be worthy of. to be condign. to be deserving. to merit. to be needy.
مُستَحکَم، محکم، استوار. fortified. firm. consolidated. secure. strengthened
او موقعیت خود را ~ کرد. he strengthened his own position
~ کردن. to fortify. to strengthen. to secure. to consolidate.
مُستَحیل، استحاله یافته، دگرگون شده. transmuted. transformed. converted.
مُستَخدِم (مستخدمین .pl)، نوکر، کارمند. employee. servant. janitor. waiter.
مُستَخرَج (مستخرجه .fem)، استخراج شده، بهره‌برداری شده. extracted. exploited.
مُستَخلَص، رها، رهائی یافته، خلاص شده. released. set free. relieved. liberated. freed. delivered.
~ کردن. to release. to set free. to liberate. to grant freedom to.

مُستَدام، مدام، برقرار، دائمی. permanent. assiduous. continued.
سایهٔ شما ~ باد. may your favo(u)r continue.
مُستَدعی، خواهشمند، متقاضی. requesting. asking. beseeching. pleader.
~ هستم با تقاضایم موافقت فرمائید. please accede to my request.
مُستَدعیات wishes. requests. demands.
مُستَدَل، ثابت شده، بادلیل و برهان. proved. proven. convinced by reason. logical. documented. well reasoned.
مُستَدیر، گرد، دایره وار، کروی. round. spherical. circular. globular.
مُستَدیم، ابدی. permanent. continued.
مُستَراح، آبریز، مبال، توالت. lavatory. water closet. W.C. john. latrine. toilet.
مُستَرَد، رد شده، پس داده شده. restored. returned. refunded.
~ داشتن، ~ کردن. to refund. to return. to reimburse. to restore.
مُستَرَق (مسترقه .fem)، سرقت شده، دزدیده شده. stolen. missing. pilfered.
مُستَزاد، دارای بخش اضافی یازائد. having an additional part.
مُستَسقی، دچار استسقاء. dropsied. dropsical (person).
مستشار، مشاور، رایزن. advisor. councellor. adviser. consulting.
مُستَشرِق، خاور شناس. Orientalist.
مُستَشعِر apprehensive.
ضمیر ~. conscience.
ضمیر غیر ~. inconscience. subconscience.
مُستَطاب excellent. good.
حضرت ~ عالی. your excellency.
مُستَطیل، راست گوشه. rectangle. oblong. rectangular.
مُستَظرَف (مستظرفه .fem)، ظریف، زیبا. fine. elegant.
مُستَظهَر، پشت گرم، امیدوار، متکی. supported. trusted. relying. relier.
~ به‌لطف‌الهی. relying on God's grace.
مُستَعار، عاریه، ساختگی، جعلی. fictitious. metaphorical. transient.
نام ~. nom de plume. pseudonym. fictitious name. pen name. alias.
مُستَعان، کمک‌خواسته، استعانت خواسته. whose aid is asked. God.
مُستَعجَب، درشگفت. expressing surprise.
مُستَعجَل، معجل، باشتاب. hurried. in haste. hastily. hasty.
مُستَعجِل، شتابکار، شتاب‌زده. hasty. precipitate. rash.
مُستَعِد، آماده، بسیج شده، مجهز. talented. fit. apt. disposed. ready. prepared. susceptible. -able. favorable. inclined.
~ تغییر. susceptible to change.
~ شدن. to be ready or prepared. to be disposed (or inclined to).
~ کردن. to prepare. to dispose. to incline.
مُستَعصِم، پناه‌برنده، متوسل. holding fast to. sticking to. clinging to.
مُستَعفی، استعفاداده، کناره گیری کرده. resigning. resigned. abdicated.
~ شدن. to resign. to abdicate.
مُستَعمَرات، مستملکات، متصرفات. colonies. colonial possessions.
مُستَعمَراتی colonial.

مُستَعمَره (مستعمرات .pl)، کلنی، کوچ نشین. colony. developed. flourished.
مُستَعمَل (مستعمله .fem)، کهنه، دست دوم. used. old. secondhand. worn - out.
لباس ~. secondhand (or used) clothes.
کت ~ (کهنه یا مندرس). a worn - out coat.
~ شدن. to become used or worn out.
~ کردن. to use or wear out.
مُستَغاث، استعانه کرده، کمک خواسته. implored to for help. sought help from God.
مُستَغرِب، غربی، طرفدار باختر، باختری. Occidentalist. Westerner. Europeanized. Westernized.
مُستَغرَق، غرق. drowned. absorbed. plunged. overwhelmed. submerged.
مُستَغفِر، جویای بخشایش، بخشایش‌جو. asking forgiveness. seeking forgiveness. repenting. repentant. penitent.
مُستَغَل (مستغله .fem)، املاک، غله خیز. real estate. landed property. a farm producing corn or other produce.
مُستَغَلّات (.pl of مستغله، مستغل). real estates. landed property.
مالیات بر ~. real estate tax. rental tax.
مُستَغَلّاتی real estate.
مُستَغنی، بی‌نیاز، غنی. needless. wealthy. able to do without. rich.
محاسن او ~ از توصیف است. his virtues need not be described.
مُستَفاد، فهمیده شده، استفاده شده، دارای‌مفهوم ضمنی. understood. inferred. profited.
بطوریکه ازحرفهای او ~ میشد. as could be gathered from his words.
مُستَفسِر، جویا، پرسان، پرسش کننده. inquirer. seeker. inquisitive.
مُستَفید، برخوردار، استفاده کننده. user. utilizer. benefiting from.
مُستَفیض، برخوردار، فیض‌برنده. deriving benefit. delighted. enjoying.
از دیدارت ~ شدیم. we were delighted to see you.
مُستَقبَل، آینده. future. coming. anticipated.
مُستَقَر، استوار، ثابت، ساکن. settled. firmly fixed. established. settling. taking (taken) position. stationed.
~ شدن. to take up position. to be positioned or settled. to be installed.
~ کردن. to place. to position. to establish.
سربازان درامتداد مرز ~ شدند. the soldiers took position along the border.
مُستَقِل، آزاد، بی‌نیاز، دارای‌استقلال، خودمختار. independent. free. autonomous. enjoying self-government. self-sufficient.
~ شدن. to become independent.
نیمه ~. semi-independent.
مُستَقِلاً، آزادانه، بطور خودمختار. independently. autonomously. freely.
مُستَقیم، راست، سرراست. direct. straight. undeviating. straightforward.
راه ~. direct route (road).
مالیات ~. direct tax.
مُستَقیماً، سرراست، راست. direct. directly. straight.
من ~ بشما مراجعه خواهم کرد. I will refer directly to you.
مُستَکبِر، متکبر، مغرور. haughty. proud.
مُستَلزِم، سزاوار، لازم، شایسته. necessitating. requiring.
~ بودن. to necessitate. to require. to need. to involve.
اینکار ~ هزینه است. this involves, (requires, necessitates or needs) expenses.

مُستَمَر، مداوم، پایدار. continued. constant. lasting. durable. continual.
مُستَمِر، دائمی، مدام، همیشگی. continued. permanent. lasting. continuous. constant.
مُستَمِرّاً، دائماً، همیشه. continually.
مُستَمِرّی، مقرری، وظیفه، دائمی. life pension. pension. permanent salary.
مُستَمسَک، دستاویز. pretense. pretext. ground. alibi. excuse.
بچه مستمسکی اینکار را کردید؟ on what grounds did you do that?
مُستَمِع، شنونده، گوش دهنده، شنوا. listener. hearer. auditor. audience.
~ صاحب‌سخن رابرسرذوق‌آورد. the listener (auditor) encourages the speaker.
مُستَملَک (مستملکات .pl، مستملکه .fem). possessed. possession.
مُستَملَکات possessions. colonies. colonial settlements.
مُستَمَند (مستمندان .pl)، بینوا، بیچاره. afflicted. needy. indigent. poor.
مُستَنَد، پایه، مبنا، برپایهٔ سندیامدرک. based. supported. basis. ground. support. document. documentation.
مُستَنطِق، بازپرس. interrogator. inquisitor. examining magistrate.
مُستَنکِف، امتناع کننده، متخلف. refuser. refusing to pay. delinquent. balker.
مُستَوجِب، سزاوار، مستحق. deserving. being worthy of.
او ~ توبیخ است. he deserves reproach.
مَستور (مستوره .fem)، پوشیده، نهان، پنهان. covered. veiled. covert. hidden. concealed. palled.
~ داشتن. to hide. to cover up. to keep hidden. to camouflage.
~ شدن. to hide (oneself). to be covered.
مَستوری being veiled. concealment. covering.
پری‌رو تاب ~ ندارد. a beautiful woman can not be kept confined (concealed).
مُستَوفی state accountant.
مُستَولی، غالب. predominant. seizing. overwhelming. dominant. dominating.
~ شدن، ~ گردیدن. to become dominant. to dominate.
ترس براو ~ شد. fear seized him. he was seized by terror.
مُستَوی، صاف، هموار، برابر، راست، مساوی. plane. equal. straight. level.
مُستَهجَن، زشت، ناپسند، قبیح. obscene. immodest. pornographic. scurrilous.
مُستَهلَک، استهلاک شده، واریز شده، ازبین‌رفته. amortized. absorbed.
~ شدن. to be amortized. amortization.
~ کردن. to amortize.
مَستی intoxication. drunkenness. intemperance. inebriety. drinking. inebriation. ebriety. ebriosity. insobriety. wine - bibbing. bacchanalia.
در عالم ~. in a state of drunkenness.
بد ~. acting drunkenly and boisterously.
مَستی‌آور، مست کننده. intoxicant. intoxicating. inebriant. inebriating.
مَسجِد (مساجد .pl). mosque.

مُسَجَّع، دارای سجع. rimed. rhymed (prose).

مُسَجَّل، تسجیل شده، قطعی شده، تأیید شده. confirmed. registered. ascertained.

~ شدن. to be confirmed or made sure.

~ کردن. to confirm. to make sure.

مَسح، تدهین، روغن‌مالی، مالش. anointing. wiping. rubbing.

~ شدن. to be anointed (or rubbed).

~ کردن. to anoint. to wet one's forehead and toes in ablution.

مَسحور، سحر شده، جادو شده، فریفته. charmed. fascinated. enticed. bewitched.

~ کردن. to charm. to fascinate. to spell.

مَسحوق، سائیده شده. pulverized. powdered.

مَسخ، تناسخ، تغییرحال، تغییرشکل، دگرگونی. metamorphosis. metempsychosis.

~ شدن. to be metamorphosed.

~ کردن. to metamorphose.

مُسَخَّر، فتح شده، گشایش‌یافته، تسخیر شده. conquered. occupied.

~ کردن. to conquer. to take.

مَسخَرگی، لودگی. buffoonery. drollery. mockery. ribaldry. hilarity. horseplay

~ کردن. to play the buffoon. to play the fool.

مَسخَره، لوده، دلقک. buffoon. clown. jester. mocker. ridicule. mimic. mockery. tantalizer. comic(al). boor.

آلت ~. laughing stock.

~ کردن. to mock. to laugh at. to ridicule. to make fun of. to tease.

مَسخَره‌آمیز ridiculous. funny.

مَسخَره‌بازی buffoonery. horseplay. mockery. monkey business.

~ درآوردن، مسخرگی کردن. to mock. to ridicule. to act mockingly.

مِسدار، دارای مس. cupriferous.

مُسَدِّد (مسدده .fem)، مسدودکننده. obstructing. stopping.

مُسَدَّس، شش‌تائی، شش‌گوشی، شش‌بندی. hex-. hexad. composed of six parts. hexagonal. hexameter. hexagon.

مَسدود، بسته. closed. obstructed. clogged. blocked. oppilated. stopped. barred. blockaded.

~ شدن. to be closed. to be obstructed.

~ کردن، بستن. to close. to stop. to obstruct. to oppilate. to block. to clog.

مَسَرَّت، خوشی، شادی، سرور. joy. pleasure. happiness. gladness.

برای من مایهٔ کمال ~ است. it is a great pleasure for me.

مَسَرَّت‌آمیز، مسرت‌انگیز، مسرت‌بخش. joyful. glad. pleasing.

مُسرِف، ولخرج. squanderer. spendthrift. lavish. prodigal.

مُسرِفانه، از روی ولخرجی. prodigally. lavishly.

مَسرور، شاد، خوشحال. happy. glad. joyful.

~ شدن. to become glad or happy.

~ کردن. to gladden.

مَسروق (مسروقه .fem)، دزدیده‌شده. stolen.

اموال مسروقه. stolen goods (property).

مُسری (مسریه .fem)، واگیر، سرایت‌کننده. contagious. communicable. catching

امراض ~. contagious diseases.

مُسَطَّح (مسطحه .fem)، پهن، تخت، هموار. flat. level. plane. even.

مِسطَر (مساطر .pl)، خط‌کش. ruler. rule.

مَسطور، نوشته شده. written. aforesaid. above-mentioned.

مَسطوره (مسطور of .fem)، نمونه. sample. specimen.

مَسعود، سعید. happy. prosperous. fortunate.

مَسقَط، فرودگاه، محل سقوط. (geog.) Muscat. landing place. falling place.

مَسقَط‌الرأس، زادگاه. birthplace.

مُسَقَّف، سقفدار. roofed. covered

مَسک، خودداری، نگاهداری. restraining. holding. controlling.

~ نفس. self - control. self - restraint.

مُسکِت، آرام‌کننده، فرونشاننده. silencing. convincing. conclusive. sedative.

مُسکِر (مسکرات .pl)، مشروب، مست‌کننده. alcoholic drink. alcoholic liquor. intoxicating. intoxicant. intoxicative.

مُسکِرات alcoholic liquors.

مَسکَن (مساکن .pl)، منزل، خانه، محل‌سکونت. dwelling. abode. house. residence.

~ گرفتن. to dwell. to reside. to stay at.

مُسَکِّن (مسکنه .fem)، آرام‌کننده، آرام ده. calmative. alleviating. sedative. anodyne. pain killer. lenitive. palliative

مَسکَنَت، فقر، بیچیزی، تهیدستی، بینوائی. indigence. poverty. impecuniousness. penury. pauperism. destitution. want.

مُسکو (geog.) Moscow.

مَسکوت، مسکوت‌عنه، ناگفته. left unsaid. kept quiet. hushed. muted. unuttered.

این‌موضوع فعلاً ~ بماند. let us leave this in abeyance (hushed) now.

~ گذاردن. to leave unsaid. to put in abeyance. to hang up. to put in suspension. to leave dormant or unuttered.

~ ماندن. to fall into abeyance. to be left unsaid. to be left dormant.

مَسکوک (مسکوکه .fem)، سکه، پول‌ضرب‌شده، پول. coin. coined. currency. money. numis-.

مَسکوک‌شناسی، سکه‌شناسی. numismatics.

مَسکوکات (مسکوک of .pl). coins. numismatics.

مَسکون، منزل گزیده، ساکن‌شده‌دارای‌سکونت، آباد، پرجمعیت. habitable. inhabited. dwelt in. settled in.

ربع ~. the inhabited part (quarter.) of the earth.

مَسکونی، بودباشی. residential. inhabitative. habitable.

مَسکه، کرهٔ تازه. fresh butter.

مِسکین (مساکین .pl)، فقیر، تهیدست، بینوا. indigent. poor. needy. pauper. impecunious. penurious. destitute. distressed. in distress. beggar. wretched.

~ خرک آرزوی دم کرد. the poor donkey desired (to have) a tail.

مِسگَر، سفیدگر، رویگر. coppersmith. zinc worker. copper worker.

مسگرخانه copperworks.

مسگری coppersmithing.

مُسَلَّح (مسلحه .fem)، بااسلحه، مجهز. armed. reinforced. weaponed. equipped.

دزد ~. armed robber.

بتن ~، بتن‌آرمه. reinforced concrete.

~ شدن. to take up arms. to arm.

~ کردن. to arm. to equip with arms.

مُسَلَّحانه، مجهز باسلاح. armed.

سرقت ~. armed robbery.

مَسلَخ، کشتارگاه، سَلّاخ خانه. slaughterhouse. abattoir. shamble.

مُسَلسَل، زنجیروار، پی‌درپی، متصل، سلیس. chained. connected. linked together. concatenated. consecutive. successive. serial(ly). continued. fluent. flowing. curly. machine gun.

~ دستی. submachine gun.

~ سبک. light machine gun.

~ سنگین. heavy machine gun.

بمسلسل بستن. to machine - gun.

مسلسلچی. machine gunner.

مُسَلَّط، برتر، فائق، مستولی. predominant. overruling. dominating. commanding. dominant. superior. preponderant. paramount. conversant. proficient.

او کاملاً بزبان انگلیسی ~ است. he is thoroughly proficient (conversant) in the English language.

~ شدن بر. to be dominant. to rule over. to lord over. to dominate. to predominate. to preponderate.

~ کردن. to give predominance (or supremacy). to set over. to make dominant.

مَسلَفه، مازو. harrow.

مَسلَک (مسالک .pl)، مرام. principle. course. policy. method. way. creed. ideology. belief. religion. doctrine.

هم~. fellow party member. fellow believer.

مُسَلَّم (مسلمات .pl ، مسلمه .fem)، یقین، محقق، قطعی. certain. indisputable. undeniable. unquestionable. proved. sure. definite. doubtless.

مسلمات. indisputable things. certainties.

مسلم دانستن، مسلم‌فرض‌کردن. to take for granted. to consider certain (or final).

~ کردن. to prove. to establish. to make sure.

قدر ~ اینست که. it is certain that. so much is certain that.

مُسلِم، مسلمان. Moslem. Mossulman.

مُسَلَّماً، یقیناً، محققاً، بی‌تردید. certainly. indisputably. undoubtedly. definitely. doubtlessly. surely. assuredly.

مُسلمان، مسلم. Mossulman. Mohammedan. Moslem. Muslem.

مُسلمانی، اسلام. Mohammedanism. living as a Moslem. Islam.

مُسلِمَه Mohammedan woman.

مُسلِمین Moslems. Mossulmans.

مَسلول (مسلولین .pl)، مبتلا بمرض‌سل. tuberculous. consumptive. tubercular.

مُسَمّا، مسمی. called. named.

اسم بی‌مسمی. a name without justification.

مسما dish of eggplant or other vegetables and meat.

مِسمار، میخ. nail.

مُسَمَّط multiple poem.

مُسَمَّن، فربه، سمین. fat. plump. corpulent. obese. stout. portly. chubby. greasy. unctuous.

مَسموع (مسموعات .pl)، شنیده شده، افواهی، قابل قبول. heard. justifiable. acceptable.

بقرار ~. according to what is heard.

~ بودن. to be justifiable. to be acceptable.

مسموعات (مسموع، مسموعه .pl of)، شنیدنی‌ها. rumo(u)rs. reports. things heard.

مَسموم، سم‌خورده، زهرخورده، زهردار. poisoned. toxic. venomous. envenomed.

~ شدن. to be poisoned.

~ کردن. to poison. to infect.

~ کننده. poisoning. toxicant.

مَسمومیت، زهرناکی، زهرداری. poisoning. poisoned state.

~ غذائی. food poisoning.

مُسَمّی، موسوم‌به، نامبرده، بنام.. named. called..

مُسِن، پیر، سالخورده. advanced in years. aged. rather old. time - hono(u)red. hoary. elder. senile. elderly. old.

مَسنَد (مسانِد .pl)، تخت، جاه، مقام، جای. seat. throne. dignity. position.

بر~ قضاوت. in the chair of judgement.

~ ریاست. the position or seat of chairmanship.

مُسنَد، خبر. predicate. imputed.

مُسنَدالیه، مبتدا. subject.

مَسنَدنِشین occupying a seat or throne. man of place or position.

مَسنَدی that can be used alone as a predicate.

مِسوار، مسبار، آلیاژمس وروی. alloy containing copper (as tombac or bronze).

مِسواک toothbrush.

~ زدن. to brush (one's) teeth.

مُسَوَّده، رونوشت، چرک‌نویس، پیش‌نویس. rough copy. draft.

~ کردن. to make a rough copy of. to draft. to prepare in the rough.

مُسهِل، کارکن. purgative. physic. laxative. cathartic.

مِسی، ساخته شده از مس، مسین. made of copper. coppery. cupreous. cupric. cuprous. cupro-. cupri-.

ظروف ~. copper dishes. copper vessels.

مَسیح، مسح شده، تدهین شده، عیسی، مسیحا. Messiah. Christ. anointed.

عیسی ~. Jesus Christ.

مَسیحادَم، مسیحا نفس، مسیح‌دم. possessed of the miraculous breath of Christ.

مَسیحی، عیسوی. Christian.

~ شدن. to become Christian.

~ کردن. to Christianize.

مَسیحیَّت، عیسویت. Christianity. Christiandom.

مَسیر، راه، خط سیر. course. route. itinerary. line. direction.

در ~ واقع‌شدن. to be situated on the route (itinerary).

~ مسافرین. the travellers' route.

~ سپاه دشمن. the route of the enemy army.

مَسیل، سیل‌گیر، مسیرسیل، آبراهه. floodway. flood channel.

مَسئَلَت، خواهش، پرسش. request. asking.

~ کردن. to request. to ask.

از خداوند ~ کردن to beg God.

مَسئِله (مسائل .pl)، پرسش، سؤال، اشکال.

problem. question. affair. difficulty.

حل ~. solution to (of) the problem.

مسئله‌ئی‌را حل‌کردن. to solve a problem.

مِسین، مسی، مسینه. copper. made of copper. copper vessel. cupri-. coppery.

مُسیو، آقا(ی)، ارباب. mister. Mr. sir. gentleman. monsieur.

مَسئول، پاسخگو، متصدی، جوابگو. in charge. responsible (for). answerable. accountable. liable. chargeable. involved. answerable. on duty.

مسئول این محل کیست؟ who is the responsible person here? who is in charge in this place?

شما دربرابر رئیس مسئول هستید. you are accountable before the chief.

او ~ خسارت است. he is liable for the damage.

غیر ~. not responsible. not accountable.

~ دانستن. to hold responsible.

مَسئولیّت، پاسخگوئی. responsibility. liability. accountability. chargeability. duty. obligation.

من بمسئولیت خودم اینکار را میکنم. I do this on my own responsibility.

~ داشتن. to be responsible (for). to be chargeable or answerable.

مُشابِه، همانند، شبیه، مثل، نزدیك، همسان، عین. similar. analogous. resembling. like. alike. analogical. parallel. identical.

اشیاء مشابه. similar objects.

آندو چیز ~ یکدیگرند. the two things are analogous to each other.

دوکتاب مشابه‌اند. the two books are alike.

مُشابِهَت، شباهت، همانندی. similarity. resemblance. identity. sameness. likeness.

~ داشتن با. to be identical or similar. to resemble.

مُشاجِره (مشاجرات .pl)، کشمکش، جدل، دعوا. dispute. quarrel. debate. argument. disagreement. squabble. altercation. wrangle. spat. tiff. bickering.

~ کردن. to dispute. to quarrel. to argue. to debate. to altercate. to disagree. to contradict. to controvert. to bicker. to contend. to wrangle. to squabble.

مُشار، اشاره شده، مشورت شده. indicated. pointed to. pointed out.

مُشارُاِلیه، شخص‌موردنظر، او. he. (the man) referred to. the aforesaid person.

مُشارُاِلیها، زن موردنظر، آنزن. she (the woman) referred to before.

مُشارٌبِالبَنان، اشاره شده باانگشت. pointed to by the finger. illustrious.

مَشارِق (مشرق .pl). the eastern zones. the easterly directions.

مُشارِکَت، شرکت، انبازی. partnership. reciprocity. participation contribution.

~ داشتن. to participate. to be a partner.

~ کردن. to participate or join. to cooperate. to form a partnership.

با ~ دونفر از دانشجویان. with the participation of two students.

بالمشارکه، بالاشتراك. jointly. in partnership.

مُشارَکه، مشارکت. partnership. reciprocity. participation. contribution.

مَشّاطه، آرایشگر. beautician. bride-dresser. tirewoman. decorator.

مُشاع. held in undivided shares. held in common. joint ownership.

مالکین ~. joint owners.

مُشاعاً. jointly. in common.

مَشاعِر (مشعر .pl. of). instincts. senses. intelligence. common sense.

~ خود را از دست دادن. to lose one's senses. to go mad.

مُشاعِره. capping verses. poetical contest. poetical debate.

~ کردن. to cap verses. to debate.

مَشاغِل (مشغله .pl. of). jobs. occupations. professions.

مُشافِهه، بالمشافهه، شفاهی، زبانی، دهان‌به‌دهان، روبرو. mouth to mouth. conversation. face to face. orally. verbal.

مَشام، بویائی، شامه، ذوق. (organ of) smelling. (sense of) smell. taste.

بمشامش خوش نیامد. it did not please his taste (palate).

مُشاوِر، رایزن، مستشار، مشار. adviser. counsellor. advisor. counseller.

مشاوران (مشاورین) خارجی. foreign advisers.

~ حقوقی. legal adviser.

مهندسین ~. consulting engineers.

مُشاوِره، مشورت. consulting deliberation. consultation. seeking advice.

~ کردن. to consult (together). to deliberate.

مُشاهِده (مشاهدات .pl). observation. perception. seeing. witnessing. observing. noticing. watching.

~ کردن، دیدن. to observe. to see. to perceive. to notice. to watch.

مشاهده‌آن صحنه ما را متأثر کرد. watching that scene made us sad.

ناگهان ~ کردم‌که دستی ازپنجره بداخل‌آمد. suddenly I noticed a hand coming in through the window.

مشاهدات خودرا شرح بدهید. describe your observations. describe what you have seen.

مَشاهیر (مشهور .pl. of)، معاریف، نامداران. notables. famous people. luminaries.

مَشایِخ (شیخ .pl. of). elders. sheiks. learned men. chiefs.

مُشایِعَت، همراهی، همراه‌داری، بدرقه. seeing off. seeing a person home. escorting.

اورا تادم در ~ کردم. I saw him to the door.

~ کردن، همراهی‌کردن، بدرقه‌کردن. to see home. to see one to the door. to accompany or escort. to see off.

مُشَبَّك، شبکه شبکه، سوراخ سوراخ. netted. cribriform. reticular. latticed. reticulated. netlike. network. grated. meshy.

~ کردن. to form into a net(work). to reticulate. to grate.

مُشَبَّه (مشبهه .fem). likened. compared. in a simile: the thing likened.

مُشَبَّهٌ‌بِه. (in a simile) that to which a thing is likened.

مُشت، ضربت بامشت، مشت‌زنی. fist. punch. box. blow with the fist. a bunch. group. handful. fistful.

یك ~ کاه. a handful (fistful) of straw.

یك ~ الواط. a bunch of ruffians.

~ خوردن. to be punched. to receive a blow with the fist.

~ زدن. to punch. to (strike with the) fist. to box.

~ کردن. to take a handful of. to take up by handfuls. to make a fist to clench the hand.

~ گره‌کرده. clenched fist.

مُشتاق، آرزومند، شایق، علاقمند. eager. avid. keen. anxious. desirous. loving. amorous. enthusiastic. enthused.

~ دیدار او. eager to see him.

~ بودن. to be eager, anxious or enthusiastic.

~ کردن. to enthuse. to make eager.

مُشتاقانه، آرزومندانه. eagerly. avidly. keenly. lovingly. enthusiastically.

مشت‌باز، مشت‌زن. boxer. fighter. pugilist.

مشت‌بازی. fisticuffs. boxing. pugilism.

مُشتَبِه، مشکوك، در اشتباه، دچار خطا. dubious. obscure. confused. confusing. in error. mistaken. astray. solecist.

امر براو ~ شد. he was under the wrong impression. he was led into error.

~ ساختن، ~ کردن. to obscure. to render dubious. to misrepresent. to mislead. to confuse. to lead astray. to lead into error.

مُشتَرَك. common. joint. held in common. co-.

مسئولیت ~. joint responsibility.

مالك ~. co-owner.

تلفن ~. party telephone. party line.

(بانکداری) حساب ~. joint account.

مُشتَرِك (مشترکین .pl)، آبونه. subscriber. partner. participator.

~ شدن. to subscribe (to).

مُشتَرَکاً، بالاشتراك. jointly. in common. together. in (by) partnership.

مُشتَرَكُ‌المَنافِع. commonwealth. having common interests.

کشورهای ~. commonwealth (countries).

مُشت‌رَنده. handplane.

مُشتَری، خریدار. customer. client. buyer. patron. purchaser.

~ شدن. to patronize. to become a customer.

مُشتَری، برجیس. (astr.) Jupiter.

مُشت‌زَن، بوکسور. pugilist. boxer. fighter.

~ (مشت‌باز) حرفه‌ای. professional boxer. prize fighter.

مشت‌زنی. pugilism. fisticuffs. boxing. fighting.

مُشتَعِل، شعله‌ور. aflame. in flames. flaring. blazing. ablaze. inflamed.

~ شدن. to take fire. flare up. to blaze. to be inflamed. to be kindled. to burn.

~ ساختن، ~ کردن. to set on fire. to inflame. to set on flame (ablaze).

مُشتَغِل، مشغول. busy. occupied.

مُشتَق (مشتقات .pl، مشتقه .fem). derived. derivative. differential coefficient.

~ شدن. to be derived. to rise (from).

مُشتَقّات. derivatives. derivations.

مشتق‌گیری. differentiation. derivation.

مُشتُلُق، مژدگانی. reward to one who has found a lost object. guerdon.

مُشتمال، مشت ومال، ماساژ. massage. kneading the muscles. rub down.

~ دادن. to massage. to rub down.

مشتمل، شامل. consisting of. containing. including. comprising.

این کتاب ~ بر ده فصل است. this book consists of ten chapters.

مُشتواره. handful. fistful. hand plane.

مُشتوك. filter.

سیگار~دار. filter cigarette.

مُشت ومال، مشتمال. massage.

مُشتِه. muller. wooden instrument with which a cotton beater strikes his bow. shoemaker's mallet. grip (of a sword). handle.

مُشتَهیّات (مشتهیه .pl. of). desires. appetites. temptations. appetizers.

مُشَجَّر، درخت‌دار. planted with trees. figured with trees and leaves. wooded.

~ کردن. to plant with trees. to afforest.

مَشحون، مملو، پر. filled. saturated with. ample.

مُشَخَّص (مشخصه .fem، مشخصات .pl)، برجسته، واضح، معلوم، آشکار، شناخته شده، صریح. distinct. distinguished. particularized. distinguishable. clear. specific. marked. characterized. earmarked. definite. distinctive. explicit. demarcated.

با علامت «آ» ~ شده. marked with «A».

غیر~، نا~. unclear. unspecified. indefinite. unspecific. indistinct.

تاریخ جلسه ~ نشده بود. the date of the meeting was not specified.

عقل انسان را ازحیوان ~ (ممتاز) میسازد. reason distinguishes man from beast.

مرزها بادرخت ~ (علامت‌گذاری) شده. the frontiers are demarcated by trees.

صفات وخصوصیات ~. distinctive traits.

نام خودرا بطور~ پائین ورقه بنویسید. write your name clearly at the bottom of the sheet.

~ شدن. to become distinct or distinguished. to become characterized. to become clear or specified.

~ کردن. to specify. to define. to distinguish. to characterize. to differentiate. to mark. to ascertain. to demarcate.

مُشَخِّص (مشخصه .fem)، تشخیص دهنده. one who distinguishes or specifies. recognizing. identifier. distinguishing.

مُشَخَّصات (مشخص، مشخصه .pl. of)، علائم. specifications. particulars. charactr-istics. details. identification. marks. qualifications.

کارمندی با ~ زیر. an employee with the following qualifications.

یکی از ~ او اینستکه... one of his characteristics is that...

~ خودرا ذکرکنید. characterize yourself. state your own characteristics (or identification marks).

مُشَدَّد، تشدید شده، دارای علامت‌تشدید، دشوار. stressed. aggravated. corroborated. marked with the sign of «تشدید».

مُشَدِّد (مشدده .fem). aggravating. intensifying. emphasizing.

مَشرَب، خو، حالت، سلیقه. taste. natural disposition. inclination. drinking place.

آدم خوش ~. companionable person. a man of good natural disposition.

هم ~. compotator. companion. compeer.

مَشرَبِه، ظرف آبریز، ظرف آبخوری. pitcher used in a bathhouse. drinking vessel.
مُشَرَّف، شرفیاب شده، مفتخر. hono(u)red.
~ شدن، زیارت کردن. to visit. to make a pilgrimage to.
به خانهٔ خدا ~ شدم. I visited (or was hono(u)red by visting) the house of God.
مشرف، مجاور، نزدیك. imminent. overhanging. overlooking. close to. near. adjacent. neighbo(u)ring.
~ بودن. to be imminent. to be near or adjacent.
~ بهموت. at the point of death. dying. moribund.
مَشرِق (مشارق .pl)، شرق، خاور. east. Orient. levant.
در ~. on the east (of).
~ زمین. the East. the Orient.
مَشرِقی، خاوری، شرقی. eastern. oriental. easterly.
مُشرِك (مشرکین .pl)، کافر، بیدین، بت‌پرست. polytheist. dualist.
مَشرُوب (مشروبه .fem، مشروبات .pl)، آشامیدنی، مسکر، آشامه، نوشابه، آبیاری شده. alcoholic liquor. drink. drinkable. irrigated.
~ شدن. to be irrigated. to be watered.
~ کردن. to irrigate. to supply with water.
مَشرُوب‌خور (habitual) drinker. tippler.
مشروب فروش saloonkeeper. bartender. vintner. barman. barkeeper.
مَشرُوب‌فُروشی، فروش مشروبات، دکان‌مشروب فروشی. liquor store. sale of alcoholic liquors. saloon. bar. pub.
مَشرُوح، بتفصیل، مفصل، جامع. detailed. comprehensive. in detail.
مَشرُوحاً، مفصلاً، بطور مشروح. in detail. elaborately. comprehensively.
مَشرُوط، شرط‌دار، دارای قید وشرط. conditioned. conditional. stipulated. provisional. qualified.
~ براینکه. on (the) condition that. provided (that).
~ کردن. to make conditional or dependent upon.
مَشرُوطِه constitution. constitutional (government).
مَشرُوطِه‌خواه، مجاهد. constitutionalist.
مَشرُوطِه‌خواهی، مشروطه طلبی. constitutionalism.
مَشرُوطیَّت، حکومت مشروطه. constitution. constitutionalism.
اصول ~. constitutionalism.
مَشرُوع (مشروعه .fem)، مجاز، قانونی، حلال. lawful. legitimate. legal. canonical.
نا ~، غیر ~. unlawful. illegitimate. illegal.
مَشط، کتف. (anat.) shoulder blade.
~ پا. metatarsus.
~ دست. metacarpus.
مَشعَر (مشاعر .pl)، شعور، فهم، احساس. external sense. wit. intelligence. common sense.
مشعر، مشعر بر، حاکی، حاکی از، گویای. indicating. stating. designating.
~ براینکه. to the effect that. stating that.
مشعشع، پرتابش، درخشان. brilliant. resplendant. radiant. luminous. sparkling. illustrious.
مَشعَل (مشاعل .pl). torch. link. flare.

مشعل‌دار torchbearer. linkboy.
مَشعُوف، شاد، خوشوقت. delighted. pleased. happy. overjoyed.
~ شدن. to be delighted or pleased.
~ کردن، ~ ساختن. to delight. to give pleasure to.
مَشغَلِه (مشاغل .pl)، کار، شغل، گرفتاری. occupation. work. busy time.
پر ~. busy. occupied.
مَشغُول، سرگرم، گرفتار. preoccupied. busy. occupied. employed. engaged.
~ خواندن. busy reading.
او از دیروز بکار جدیدی ~ شده‌است. since yesterday he has started on a new job.
~ شدن. to get busy. to busy (or employ) oneself. to engage (in).
~ کردن. to make busy. to employ. to occupy. to engage.
مَشغُول‌ذِمَّه، مشغول‌الذمه. having a moral or legal obligation. indebted.
~ کردن. to make indebted. to bring under moral obligation.
مَشغُولیّات، سرگرمیها. occupations. recreations. amusements.
مَشغُولیَّت occupation. preoccupation. employment. amusement.
مُشفِق، دلسوز، مهربان. kind. tender. sympathetic.
مشق، تمرین. exercise. drill. practice. training. calligraphy. homework.
~ دادن. to drill or exercise. to train. to instruct. to assign homework (to).
~ گرفتن، ~ کردن. to exercise or drill. to take lessons. to take a model.
مَشق‌خط calligraphy. drills in penmanship.
مَشَقَّت (مشقات .pl)، رنج، سختی، دشواری. hardship. toil. affliction. adversity. difficulty. trouble. tribulation.
با ~. wretchedly. toilsomely.
مَشقی، تمرینی. designed for sporting or exercising. training.
مَشك large leathern bottle. goatskin.
مُشك، نافه. musk.
مِشكات، چراغ، مشکاة، مشکوة، تاقچهٔ چراغ. lamp. niche or recess for a lamp.
مُشکبار، مشك‌فشان، مشك افشان. spreading (or diffusing) musk.
مُشکبُو musk-scented.
مُشکَك salad burnet.
مُشکِل (مشکله .fem، مشکلات .pl)، دشوار. difficult. hard. arduous. laborious. abstruse. recondite. a difficult question. difficulty. problem. hardly.
مسئلهٔ ~. difficult (abstruse) problem.
مشکلات رفت وآمد درتهران. Tehran's traffic difficulties.
مشکل بتواند آنرا بخواند. he can hardly read it. I don't believe he can read it.
~ کردن. to render difficult.
بهمشکلی برخوردن. to encounter a difficulty (or a problem).
مُشکِلات (مشکل .pl. of مشکله .fem). difficulties. problems.
مُشکِل‌پَسَند، خوش‌سلیقه، دیرپسند. fastidious. dainty. hard to please. fussy. perfectionist.

مُشکِل‌پَسَندی fastidiousness. daintiness.
مُشکِل‌گُشا(ی)، حلال مشکلات. trouble-shooter. resolver of difficulties. humo(u)rously used in reference to money.
مَشکُوك (مشکوکه .fem)، مردد، موردسوءظن. doubtful. dubious. uncertain. disputable. irresolute. suspicious. suspected. suspecting. uncertain. questionable. skeptical.
~ بودن. to be doubtful, suspicious, or skeptical (of).
من نسبت باو ~ هستم. I am suspicious of him.
رفتار او همه را ~ کرد. his behavior made everyone suspicious.
مِشکوة، مشکات. lamp.
مِشکی، سیاه، برنگ مشك. sable. black. musk-colo(u)red.
مِشکین، مشکی. musky. musk-scented. musk-colo(u)red. jet black.
گل ~، گل‌نسرین، گل‌عنبری. (bot.) jonquil.
مِشمِش white book muslin.
مِشمِشِه (med.) glanders. equinia. farcy.
مِشمِشِه‌ای glanderous. glandered.
مُشَمَّع oilcloth. floorcloth. linoleum. wax cloth. plaster.
~ خردل. mustard plaster.
~ ذراریح. vesicatory.
~ سریشمی. court plaster.
~ روی محل‌دردناکی انداختن. to apply a plaster to a painful spot.
مَشمُول (مشمولین .pl)، شامل شده. included. covered. draftable. draftee. conscript(ed). subject to.
~ شدن. to be (become) drafted. to fall under. to be subject to. to be conscript(ed). to be liable to. to be drafted.
احضار مشمولان (مشمولین). the summoning (calling to service) of the draftees.
~ مالیات. taxable. liable to taxation.
او ~ قانون نمیشود. the law does not apply to him.
مَشمُولیَّت، مشمول. liability (to military service, etc.). state of being included.
مُشمَئِز، منزجر، بیمیل. horrified. shrunk. averse. disgusted. nauseated.
~ شدن. to become disgusted or averse.
~ کردن. to disgust. to nauseate.
مَشُوب، آلوده، مخلوط، مسموم. tainted. poisoned. mixed (with an alloy).
ذهن کسی‌را ~ کردن. to taint (or mislead) a person's mind.
~ کردن. to poison. to infect. to taint.
مشورت، مشاوره، کنکاش. consultation. deliberation. counsel. conference.
~ دادن. to give a counsel (to).
~ کردن. to consult. to take counsel with. to hold a consultation. to confer.
با ~ او. in consultation with him.
مُشَوَّش، پریشان. disturbed. agitated.
~ کردن. to disturb. to agitate. to confuse.
مُشَوِّق، تشویق‌کننده، حامی، انگیزه. encourager. patron. motive. incentive.
مَشهَد، شهادتگاه. place where a martyr has been buried. Meshed.

مَشهَدی، مشدی. one who has visited the shrine of Imam Reza at Meshed. native of Meshed.
مَشهُود (مشهوده .fem)، دیده شده، آشکار. obvious. observable. evident. apparent. plain. clear. witnessed.
~ شدن. to become evident, observable, or apparent.
مَشهُودات (مشهود .pl. of)، مشاهدات، نظرات، دیده‌شده‌ها. observations. things observed or experienced.
مَشهُور (مشاهیر .pl)، نامدار، معروف، نامور. famous. famed. celeberated. well-known. notorious. distinguished. reputable. renowned. conspicuous.
شخصی ~. a famous person.
داستان ~. a well-known story.
او برای شجاعت خود ~ است. he is renowned (or well-known) for his courage.
~ شدن. to become famous, celebrated, or well-known.
~ کردن. to make popular, famous, or famed.
مُشَهّی، اشتها آور، شهوت‌انگیز. appetitive. aphrodisiac. exciting lust.
مَشی، راه روی، سلوك، گام، قدم. walking. gait. pace. policy.
خط ~. policy. course of action.
مَشیَّت، اراده، خواست. will.
~ الهی. divine will or decree.
مُشیر، مشاور، اشاره کننده. counsellor. one who points to something.
مَشیمه (anat.) amnion.
مشیمی placental. choroid.
مشیمیه choroid coat.
مشئوم، شوم. sinister. bad. omen. inauspicious.
مصاحِب، رفیق، همراه، همدم، هم‌صحبت، جلیس. colleague. mate. pal. chum. companion. associate.
مُصاحِبَت، صحبت، مصاحبه. companionship. society. company. interview.
~ کردن. to associate. to keep company.
مُصاحِبِه، صحبت، گفتگو. interview.
~ کردن. to interview. to hold an interview.
مَصاحِف (مصحف .pl. of). books. copies of Koran.
مَصادِر (مصدر .pl. of). infinitives. authorities.
~ امور. those in charge of affairs. responsible authorities.
مُصادِرَت، مُصادِرَه. requisition. fine. commandeering. confiscating.
مصادره کردن. to commandeer. to confiscate.
مُصادِف، مقارن، همزمان. coincident. concurrent. coinciding.
~ شدن (با). to coincide (with). to encounter. to come across.
عید نوروز با روز قتل ~ شد. the new year's day fell on the day of martyrdom.
مُصادِم، تصادف کرده. colliding.
~ شدن. to collide. to have an accident.
مُصادِمَت، تصادف، مصادمه. collision. concussion. smashing (up).
مُصارَعَت، کشتی گیری، مسابقه. wrestling. contest.
مُصارِف (مصرف .pl. of). consumptions.

uses. utilizations. expenses.
بمصارف خیریه رساندن. to use for charitable purposes.
مَصاف، جنگ، میدان‌جنگ، مبارزه. battle(field). combat. fray. fight.
~کردن، ~ دادن. to fight. to combat.
مُصافِحه، دست دادن، روبوسی. shaking hands. kissing each other.
~ کردن، دست دادن. to shake hands (with each other). to kiss one another.
مَصالِح (مصلحت .pl. of)، صلاحدید، منافع. interests. affairs. materials.
~ ساختمانی. construction materials.
~ عالیهٔ مملکت. the high (vital) interests of the country.
مصالِحه، اصلاح، واگذاری. compromise. settlement. exchange. donation.
~کردن. to compromise. to (agree to) exchange.
مَصائِب (مصیبت .pl. of)، مصیبت‌ها. calamities. misfortunes. difficulties.
مصب، دهانه. delta. mouth. estuary.
مِصباح (مصابیح .pl)، چراغ. lamp.
مُصَحِّح، تصحیح کننده، نمونه خوان. corrector. proofreader. editor.
مُصحَف (مصاحف .pl). book. the Koran.
مُصَحَّف، تصحیف شده، غلط نوشته شده. misspelled or misread. tampered with.
مِصداق، گواه، مدرك. meaning. sense. proof. evidence. applicability.
بمصداق این کلام. as evidenced by this statement.
بمصداق. according to (the sense of).
~ پیدا کردن. to be (become) applicable. to apply.
مَصدَر (مصادر .pl)،مصدرفعل، گماشته، منبع. infinitive. orderly. source. origin.
مصادر امور مملکتی. the authorities (or high functionaries) of the state.
~ کار. (one) appointed to some position. (man) of place. incumbent.
اسم ~. verbal noun.
مَصدَری of the nature of an infinitive. pertaining to the infinitive.
وجه ~. the infinitive mood.
مُصَدِّع، مزاحم. obtrusive or troublesome (person). bothersome. nuisance.
~ شدن. to obtrude (on). to inconvenience. to trouble. to bother.
نمیخواهم ~ وقت شما بشوم. I do not want to take up your time.
مُصَدَّق، گواهی شده، تصدیق شده. certified.
رونوشت ~. certified or true copy.
مُصَدِّق، تصدیق کننده، گواهی کننده، داور، حکم. one who confirms or certifies. arbitrator.
مِصر (geog.) Egypt. large city.
مُصِرّ، مبرم، پافشار، جسور، پررو. insistent. importunate. mulish. persistent.
در عقیده‌ای ~ بودن. to insist on (or hold to) an opinion.
مُصِرّاً، مصرانه، بااصرار. persistently. insistently. urgingly. importunately.
مِصراع (مصاریع .pl). hemistich. half-verse.
مُصَرَّح (مصرحه .fem، مصرحات .pl)، تصریح شده، تأکید شده. stipulation. stipulated. explicit. specified.
مُصَرَّحات stipulations.
مِصرشناس Egyptologist.
مِصرشناسی Egyptology.
مِصرَع hemistich.
مَصرَف (مصارف .pl)، استعمال، فایده. consumption. use. benefit. usage. application. usufract. service. wear. utilization. usefulness. expense. utility.
~ کردن، بمصرف رساندن. to consume. to use. to dispose of.
~ شدن، بمصرف رساندن. to be used (consumed or utilized).
این‌خودرو (اتومبیل) بنزین‌زیادی ~ میکند. this car uses a lot of gasoline.
میزان ~. the rate of consumption.
باید در ~ موادخام صرفه‌جوئی کنیم. we must economize in the consumption of raw materials.
بی ~. useless. inutile. not in demand.
پر~. useful. much in demand.
مَصرَف شُده used. spent. consumed.
مَصرَفی، مصرف شده. consumption.
کالاهای ~. consumer goods.
مَصرُوع، مبتلا بمرض صرع. epileptic.
مَصرُوف(مصروفه .fem)، صرف شده، خرج‌شده. spent. used. consumed.
~داشتن. to spend. to use (time or effort).
مِصری Egyptian.
مِصطَبه stone bench or platform. inn.
مُصطَفَوی related to, or descendant of Mostafa.
مُصطَفی، حضرت رسول، حضرت محمد. Mostafa. chosen. Mohammed.
مَصطَکی، کندر رومی. mastic.
مُصطَلَح (مصطلحه .fem، مصطلحات .pl). in common use. idiomatic. current.
مصطلحات. idioms or expressions in common use.
غیر ~. unidiomatic. not in common use.
مُصَعَّد، تصعید شده. sublimated.
مُصَغَّر، تصغیری، حقیر. diminutive.
مُصَفّا، مصفی، پاك شده، پالایش شده، تصفیه شده. pure. refined. pleasant.
عسل ~. purified honey.
باغ ~. a pleasant garden.
~ کردن. to make pleasant. to purify or refine.
مصفی، مصفا، تصفیه شده. purified. clarified. strained. pure. peaceful.
مِصقَل، آلت صیقل‌کاری. polishing tool.
مُصَلّا place for public prayer outside the town.
مُصلِح (مصلحین .pl)، اصلاح‌کننده، خیرخواه، آشتی دهنده. peacemaker. reformist. accommodator. reformer. corrective.
مُصلِحانه، از روی صلح‌وصفا. peaceful(ly). peaceably. conciliatory. reformatory.
مَصلَحَت (مصالح .pl)، صلاحدید، سیاست. policy. best thing to do. interest. affair. expedience. prudence.
مقرون به~. expedient.
از ~ بدور است. it is inadvisable.
~ دانستن. to deem advisable or proper.
~ دیدن، ~ دانستن. to give advice or counsel to.
بمصلحت شماست که بروید. it is to your best interest (it is advisable for you) to go.
مصلحت‌آمیز advisable. expedient. politic. justified. prudent. sensible.
دروغ ~. a lie justified by its motive. a white lie.
مصلحةً، مصلحتاً. conveniently. for some motive. expediently. advisably.
مَصلَحَتی، ازروی مصلحت. based on convenience. advisable. prudent.
عروسی ~. marriage of convenience.
مَصلوب، برصلیب آویخته. crucified.
~ کردن. to crucify. to hang. to pend.
شدن ~. to be crucified. crucifiction.
مُصَلّی، مصلا. place for public prayer outside the town. carpet for saying prayers on.
مُصمَت (مصمته .fem)، صامت، گنگ. silent. dumb. mute. consonant.
مُصَمَّم، عازم، با تصمیم. determined. resolved. decided. unwavering. resolute.
~ شدن. to determine. to resolve. to decide. to make up one's mind.
~کردن. to make determined (or decided).
او ~ است که کار جدیدی پیدا کند. he is determined to find a new job.
غیر~. undecided. irresolute. wavering.
مُصَنِّف (مصنفین .pl)، تصنیف کننده، نویسنده. author. composer. writer. inditer.
مُصَنَّفات literary works. compositions.
مَصنوع(مصنوعه .fem)، ساخته شده، ساختگی. product. manufactured. made. created. commodity. goods. artificial. forced. forged. produced. artifact. handiwork.
مَصنوعات (مصنوع .pl. of). manufactures. industrial products. goods. commodities. articles. artifacts.
~ پشمی. woollen products.
مَصنوعی، ساختگی. artificial. forged. simulated. synthetic. ersatz. counterfeit. spurious. feigned. sham.
مُصَوَّب (مصوبه .fem، مصوبات .pl)، تصویب‌شده. approved. ratified. passed.
قوانین مصوبه. approved (ratified) laws.
مُصَوَّبات (مصوبه .fem. of، مصوب .pl. of). ratified (laws etc.). sanctioned laws or regulations. ratifications. approvals.
مُصَوَّت (مصوته .fem)، صدا دار، ملفوظ. vowel. causing (a consonant) to be uttered or sounded. voweled. voiced.
مُصَوَّر، عکس‌دار، صورتی، گراوردار. illustrated. painted. pictured.
~کردن. to illustrate. to depict. to picture.
مَصون، محفوظ، ایمن. immune. privileged. inviolable. secure. safe.
~ کردن. to immunize. to exempt.
مَصونیَّت، ایمنی. immunity. inviolability. privilege. security. immunization.
~ پارلمانی. parliamentary immunity.
او نسبت باین بیماری ~ دارد. he is immune (has immunity) against this disease.
مُصیبَت، سختی، بدبختی، فاجعه، غم. tragic(al) event. disaster. hardship. bereavement. affliction. suffering. sorrow. catastrophe.
در ~ وارده خود را شریك شما میدانیم. we consider ourselves as partakers of your bereavement. we share your misfortune.
مصیبت‌بار tragic. disastrous. calamitous.
مُصیبَت‌زَده afflicted. overtaken by a calamity or disaster.
مضارب bailee. investor.
مضارِع، حال، آینده. future.
مُضاعَف، دو برابر، چندبرابر. double. duo-. di-. doubled. redoubled. multiplied.
~ کردن. to redouble or double. to multiply.
تلمبهٔ~. double-acting pump.
مُضاف (مضافه .fem، مضافات .pl)، اضافه شده. noun governing the genitive noun ending in the ezafah «اضافه» (as خواست in خواستِ‌خدا God's will). added. increased.
مُضافاً in addition (to). also.
~ باینکه in addition to the fact that.
مُضافات (مضافه .fem، مضاف .pl. of). appurtenances. additions. appendages. accessions. growths. genitive cases.
مضاف‌الیه noun in the genitive case (as حوض in آب‌حوض).
مَضامین (مضمون .pl. of) contexts. subject matters. purports.
مضایِقه، دریغ. (act of) sparing. refusal. refusing. refraining from. stinting.
~ کردن to spare. to withold. to stint.
مَضبُوط، ضبط شده، محکم. confiscated. firm. controlled. committed to memory. kept (on file). preserved.
مُضحِك (مضحکه .fem)، خنده‌آور، کمیك. laughable. comic(al). funny. ridiculous. risible. ludicrous. absurd.
~ قلمی، کاریکاتور. caricature.
مُضحَکه، آلت مسخره. laughingstock. mockery. drollery.
مُضِر، زیان‌بخش، زیان‌آور. harmful. hurtful. damaging. bad (for). injurious. noxious. detrimental. incurring damage. baneful. pernicious.
پرخوری برای سلامتی ~ است. overeating is detrimental to good health.
مِضراب، آلت زدن، زخمه. plectrum.
مَضرَب multiple.
کوچکترین ~مشترك. least common multiple.
مَضَرَّت (مضرات،مضار .pl)، زیان، ضرر، صدمه. noxiousness. injury. harmful effect. disadvantage. harm. damage.
مُضَرَّس، دندانه‌دار. toothed. serrate. notched. dentate. jagged. sawlike.
مَضرُوب، زده شده، ضربشده، کتك‌خورده. beaten. struck. multiplied. multiplicand. beaten person.
مَضرُوب‌فیه، بس‌شمر. multiplier.
مُضطَر، بیچاره، پریشان، درمانده. reduced to extremity. rendered helpless.
مُضطَرِب، پریشان‌خاطر، ناراحت. disturbed. agitated. restless. distressed. worried. upset. anxious. panicky.
~ شدن. to be disturbed. to become agitated or anxious.
~ کردن. to agitate. to disturb. to upset.
مُضعِف، ضعیف‌کننده، سستی‌آور، سست‌کننده. weakening. doubling.
مَضغ، جویدن. mastication. chewing.
مُضغِه، لقمه. lump of flesh. morsel.
مُضِل، گمراه‌کننده. leading astray. seducer. seductive. misleading.
مُضمَحِل، منقرض، نابود. overthrown. annihilated. destroyed. ruined.
~ شدن. to be overthrown or annihilated.
~ کردن، برانداختن. to overthrow. to overset. to destroy. to annihilate. to ruin.

مُضمَر، پنهان، پوشیده، مستتر،مفهوم. hidden. understood. implied. implicit.

مَضمَضه، مزمزه. rinsing the mouth.

~ کردن. to rinse the mouth (with). to taste.

مَضمُوم، ضمه‌دار،دارای‌پیش. marked with the vowel point.

مَضمُون (مضامین .pl)، ضمانت شده، مفهوم، متن،عبارت،فحوا، موضوع، محتوا،لطیفه،شوخی. guaranteed. guaranteed sum. contents. subject matter. purport. witty or sarcastic remark.

مَضمُونٌ‌لَه person to whom a guaranty is made or given. guarantee.

مَضمُونٌ عَنه person on whose behalf a guaranty is made. principal.

مَضیقه، سختی، تنگی، فشار. difficulty. straitened circumstances. distress. pinch. shortage. hard pressed (for).

در~ بودن to be hard pressed (for). to be in a pinch.

آن‌کشور ازنظر سوخت در~ است. that country is hard pressed for fuel.

مُطابِق، برابر، منطبق،مساوی، همسان،موافق. conforming. conformable. corresponding to. similar to. like. according to. conformable to. equal to. as per. in agreement with.

این ~ با خواستهٔ شماست. this conforms with your request.

طبایع ما ~ با وضع‌خارجی ما میباشد. our natures correspond to our external conditions.

یك قالیچه ~ (مشابه) این یکی. a rug similar to this one.

~ کردن. to make equal. to conform. to synchronize. to collate. to compare. to equalize. to match.

قبل از دستبرد به‌بانك دزدان ساعتهای خود را ~ کردند. before robbing the bank the thieves synchronized their watches.

سال ۱۳۵۳ ~ است با سال مسیحی ۱۹۷۴. the year 1353 corresponds to (coincides with) the Christian year 1974.

~ بودن با. to conform. to be similar to. to agree with.

رونوشت ~ اصل است. true copy. copy conforms to the original.

مُطابِقَت، مطابقه، برابری. collation. comparing. comparison. conformity. conformance. concordance. agreement.

~ کردن (با) to conform to. to accord with. to be equal to. to follow.

رفتارانسان باید باگفتارش ~ داشته باشد. a man's conduct must match his words.

مُطابَقه، مطابقت، برابری. comparing. comparison. checking. tallying. collation. contrasting. matching.

~ کردن. to correspond. to tally. to compare. to check.

ارقام با فاکتور ~ میکنند. figures correspond with the invoice.

مُطاع، اطاعت شده، فرمانبر. obeyed. one who is (to be) obeyed. superior.

مَطالِب (مطلب .pl. of)، موضوعات. subjects. topics. themes. questions. cases.

مُطالِبات، بستانکاریها. claims. sums due to a person. assets.

کلیهٔ ~ او پرداخت شد. all his claims were paid up.

مُطالِبه، بستانکاری. claiming. demanding. claim. demand. requisition.

قابل پرداخت بمحض مطالبه. payable on demand.

او طلب خود را ~ کرد. he demanded the money owed him.

مُطالِبه‌کَردَن، طلبکاری‌کردن. to claim. to demand. to exact. to ask for.

مُطالَعات (مطالعه .pl. of)، تحقیقات. studies. researches. readings. perusals.

مُطالِعه (مطالعات .pl)، خواندن،مرور،ملاحظه. study, studying, perusal. consideration. research. survey. deliberation.

اتاق ~. study.

~ کردن، بررسی‌کردن. to study. to peruse. to consider a case.

مطالعات مقدماتی. preliminary studies or surveys.

او روزی دوساعت ~ میکند. he studies two hours each day.

مَطامِح (مطمح .pl. of)،دیدگاه‌ها. objects. points of view.

مَطامِع (مطمع .pl. of)، هوس‌ها، آرزوها. desires. aspirations. covetings.

مُطاوِعَت، پیروی، اطاعت. following. obedience.

مُطایِبات (مطایبه .pl. of)،هزلیات،شوخی‌ها. jests. pleasantries.

مُطایِبه (مطایبات .pl)،هزل، شوخی،لطیفه. jest(ing). pleasantry.

مَطَب doctor's office. clinic.

~ این پزشك همیشه شلوغ است this physician's clinic is always crowded.

مَطبَخ (مطابخ .pl)، آشپزخانه. kitchen.

مَطبَعه (مطابع .pl)، چاپخانه. printing. office. printing house. press.

مُطبِقه، حصبهٔ مطبقه. typhoid fever. continual fever.

مَطبُوخ (مطبوخه .fem)، پخته. cooked. cooked food. decoction.

مَطبُوع (مطبوعات .pl،مطبوعه .fem)، چاپی. printed. printed matter. publications. the press. palatable. pleasant. desirable. agreeable. pleasing.

نا ~. unpleasant. distasteful.

مَطبُوعات،چیزهای‌چاپ‌شده،روزنامه‌هاومجلات. printed matters. newspapers. magazines. periodicals.

مَطران metropolitan.

مُطرِب، رامشگر، خنیاگر. (hired) musician. minstrel. troubadour. bard.

مطربی، رامشگری، خنیاگری. profession of a hired musician.

مَطرَح، طرح شده،گسترده، موردبحث. under consideration. on the carpet. propounded. set forth. tabled. mooted.

~کردن. to moot. to bring up. to propound. to set forth for discussion.

~شدن. to become mooted or propounded. to be brought forth for discussion.

او همیشه موضوع‌های مذهبی را ~ میکند. he always brings up religious matters.

مِطرَقی، چکشی. dicrotic. hammer-like.

نبض ~. dicrotic pulse.

مَطرُود، رانده شده. rejected. refused. cast away. excluded. expelled. ostracized. discarded. banished. boycotted.

~ شدن. to be (become) rejected, ostracized, or discarded.

~ کردن. to reject. to ostracize. to discard. to boycott.

مُطَلّا، مطلی، زراندود. gilt. gilt article. coated with gold.

~ کردن. to gild.

مطلاکاری gilding.

مَطلَب (مطالب .pl)، موضوع. subject. question. affair. case. point. request. matter. theme. topic. text.

~ اصلی. the main subject. gist.

نطق او دربارهٔ مطالب سیاسی و اقتصادی بود. his speech was about political and economic matters.

مَطلَع (مطالع .pl)، دیباچه، آغاز، محل‌طلوع. opening verse. place of rising of the sun.

مُطَّلِع، آگاه، باخبر، وارد، بصیر. informed. aware. conscious. well-informed. well-read. aquainted with. versed with.

~ شدن. to be informed. to come to know.

~ کردن. to inform. to notify. to advise.

لطفاً هروقت آمد مرا ~ کنید. when he comes, please inform me (let me know).

مُطلَق (مطلقه .fem)، بلاشرط، مستقل، صرف، خالص، ویژه. absolute. unconditional. full. independent. pure. mere. difinite.

وکالت ~. unconditional power of attorney.

عدد ~. abstract number.

قادر ~. the Almighty. omnipotent.

صفر ~. absolute zero.

فرمانروای ~. despot. autocrat.

مُطلَقاً absolutely. invariably. definitely.

من مطلقاً با انتخاب او مخالفم. I am absolutely against his election.

مُطلَقُ‌العِنان، خودسر. headstrong. obstinate. despotic.

مُطَلَّقه (مطلق .fem .of)، طلاق داده شده، رها شده. freed. divorced (woman).

مُطلَقه (مطلق .fem. of) absolute.

حکومت ~. absolute (or despotic) rule.

مَطلوب (مطلوبه .fem)، خـواسته شد، تقاضا شده. desired. desirable. sought (after). demanded. desideratum.

نا ~. undesirable. displeasing.

مَطلوبیّت، خواستاری، مطلوبی. desirability.

مُطَلّی، مطلا. gilted. gold-coated.

مَطمَح (مطامح .pl) place looked at. object of desire.

~ نظر او این‌است. this is his object, or desire.

مَطمَع (مطامع .pl) thing coveted. object of desire. the coveted thing.

مُطمَئِن، خاطرجمع، یقین، دلگرم، امن،ایمن. assured. confident. self-possessed. self-assured. certain. sure. secure. safe. positive. trusty. reliable.

آدم ~. a confident man.

محل ~. a secure place.

~ شدن. to become sure. to be assured. to persuade oneself. to become confident.

~ کردن، ~ ساختن. to assure. to make sure. to insure. to pledge. to ascertain.

من او را دربارهٔ آینده‌اش ~ ساختم. I assured him of his future.

آیا ~ هستی‌که او خواهدآمد؟ are you sure he will come?

مُطمَئِنّاً، محققاً. certainly. assuredly. surely.

مُطَوَّل، دراز، مفصل، طولانی. long. lengthy. detailed. outstretched.

مُطَهَّر (مطهره .fem)، پاك، مقدس. pure. holy. sacred. immaculate.

مُطَیَّب (مطیبه .fem)، پاك،معطر. perfumed (attribute of the holy city of Madina مدینه).

مُطیع، فرمانبردار. obedient. submissive. docile. tractable. compliant. amenable.

اسب خوب همیشه مطیع فرمان سوارکار است. a good horse always obeys (is obedient to) the jockey's command.

~ شدن. to become obedient. to be subdued or subjugated. to obey. to submit.

~ کردن. to make obedient. to cause to obey. to render submissive. to subjugate.

مَظالِم (مظلمه .pl. of)، ستم‌ها. injustices. cruelties.

مَظاهِر(مظهر .pl. of). manifestations.

مَظروف، محتوا. support(ing). protection. contents (of a vessel).

ذکر ظرف بجای مظروف. metonymy. (consisting of the use of the container for the contained).

مُظَفَّر، پیروز،فاتح. victorious. triumphant.

مُظَفَّرانِه، مظفراً، پیروزمندانه. victoriously. triumphantly.

مُظلِم(مظلمه .fem)،تاریك. dark. obscure. gloomy. disastrous.

مَظلِمه (مظالم .pl)، ستم، ظلم. cruelty. oppression. injustice.

مَظلُوم (مظلومین .pl)، ستمدیده. oppressed. wronged. injured. meek. submissive. one who is oppressed.

مَظلُومانِه، بیگناه وار. submissively. in an oppressed condition (as one who is oppressed or wronged). meek.

مَظلُومیَّت، بیگناهی. state of one who is oppressed or wronged. innocence. oppression. meekness. submissiveness.

مَظنُون، مشکوك، دارای سوءظن. suspected. questionable. suspecting. mistrustful. distrusful. suspect. under suspicion.

~ شدن. to suspect. to become suspicious of. to mistrust. to distrust.

~ بودن. to have suspicion. to be suspicious of. to misgive.

رفتار او پلیس را ~ کرد. his behavior made the police suspicious.

~ واقع شدن. to be suspected.

مَظِنّه، نرخ، قیمت. market price. current rate. quotation. opinion. conjecture.

~ دادن. to quote prices.

مظنهٔ روز. current price.

مَظهَر(مظاهر .pl). manifestation. object of view. appearance. source.

مِعاء (امعاء .pl)، روده. intestine. bowels.

~ دقاق،رودهٔ کوچك. small ileum (intestine).

~ غلاظ،رودهٔ بزرگ. large ileum (intestine).

مَعابِد (معبد .pl. of)، پرستشگاه‌ها. temples. pagodas. worshipping places.

مَعابِر (معبر .pl. of)، گذرگاه. passages. routes. streets.

مَعاد، رستاخیز، روزبازپسین. future life. resurrection (day).

مُعادِل، همچند، برابر، مساوی. equivalent. equal. par. same. tantamount to.

یك دلار ~ است با ۶۷ ریال. one dollar is equal to 67 rials.

مُعادِله (معادلات .pl)، برابری. equation. parity. equivalence.

یك معادلهٔ جبری. an algebraic equation.

مَعادِن (pl. of معدن) کان‌ها. mines. quarries.

مَعاذیر (pl. of معذرت، عذر)، بهانه‌ها. excuses. pretenses.

مُعارِض، مخالف، ضد، مانع. challenger. interrupter. opponent. opposing. interfering. hindering.

~ شدن. to interfere with. to molest. to raise a claim against. to oppose.

بلا~. unchallenged. unopposed.

مُعارِضه (معارضات .pl). opposition. contention. dispute. challenge.

~ کردن. to oppose each other.

مَعارِف، معرفت، فرهنگ، تعلیمات‌عمومی، آموزش. learnings. education. culture.

مَعارِف پَروَر. fostering education. patron of education and culture.

معارفه، آشنائی. introduction. a meeting or party given for introducing people.

مَعارِفی، فرهنگی، آموزشی. educational. connected with learning.

مَعاریف (pl. of معروف). famous persons. notables. outstanding personalities. celebrities.

مَعاش، اعاشه، زندگی. livelihood. subsistence. living.

عقل ~. wisdom (for earning one's) livelihood.

مدد ~. living allowance. extra pay.

امرار ~ کردن. to earn (one's) livelihood.

مُعاشِر، همدم، هم‌صحبت، مصاحب. companion. associate. companionable. sociable.

مُعاشِرَت، مصاحبت، همدمی. association. company. society. social intercourse.

~ کردن. to socialize. to associate. to join. to fraternize. to ally. to unite.

خوش ~. sociable. friendly.

اوهرگز با همسایه‌های خود ~ نمیکند. he never socializes with his neighbors.

آداب ~. etiquette. proprieties.

حسن ~. sociability.

قابل ~. sociable. companionable.

مُعاشِقه، عشق‌ورزی. love-making. wooing. necking. cooing and becking. fondling.

~ کردن. to make love. to be in love with each other. to coo and beck. to fondle. to neck. to woo.

مُعاصِر، همزمان، هم‌عصر. contemporary. contemporaneous. coeval.

یکی از نویسندگان ~. one of the contemporary writers.

سعدی یکی ازمعاصرین چاسر بود. Sadi was one of Chaucer's coevals.

مَعاصی (pl. of معصیت)، گناهان. sins. transgressions. guilts.

مُعاضِد، یار، کمك. assistant. aid. help(er).

مُعاضِدَت، یاری، همکاری، مساعدت. help. mutual aid or assistance. cooperation.

~ کردن. to help. to aid. to assist. to collaborate.

مُعاف، بخشوده. exempt. excused. exempted. forgiven.

~ شدن. to be (become) exempt.

~ از مالیات. tax exempt.

~ از گمرگ. duty-free.

~ کردن. to exempt. to excuse. to dispense with the services of. to dismiss.

و از خدمت نظام ~ شد. he was exempted from military service.

مُعافی، بخشودگی. exemption. excuse.

مُعافیَت، معافی، بخشودگی. exemption.

برگ ~. exemption certificate.

~ مالیاتی. tax exemption.

مَعَ‌التَأسُف، متأسفانه. regretfully.

مُعالِج، علاج‌کننده. healing. curing. curative. therapeutic. prophylactic.

پزشك ~. therapist. treating physician. physician in attendance.

مُعالِجه (معالجات .pl)، درمان، علاج. medical treatment. therapy. curing. remedy. prophylaxis.

~ کردن، درمان‌کردن. to treat. to give medical treatment to. to cure. to heal.

او سالها تحت ~ بود. he was under (medical) treatment for years.

مُعالِجه‌پَذیر، درمان پذیر. curable.

مُعالِجه‌ناپَذیر، درمان ناپذیر. incurable.

مَعَ‌الوَصف، باوجود این. nevertheless. yet. even so.

مُعامِل، سوداگر. one who transacts business with another.

مُعامِله، دادوستد، سوداگری. transaction. bargain. dealing. treatment. deal. intercourse. trade. barter. business.

~ کردن. to trade. to transact (business) to do business. to negotiate. to deal. to treat. to make a market of.

معاملهٔ بمثل. reciprocity. tit for tat. quid pro quo.

او بامن معاملهٔ بدی‌کرد. he dealt unfairly with me.

باکسی معاملهٔ بمثل‌کردن. to pay someone in his own coin.

پول به ~ دادن. to loan money on interest.

معاملات بانکی. banking transactions.

اوفرشهای خودرا بایك‌ماشین سواری‌معامله‌کرد. he traded his rugs for an automobile.

اگر اینکارها را بکنی باهم ~مان نخواهدشد. if you do such things we will not get along together.

مُعانِد، دشمن. obstinate (person). enemy. dogged. stubborn. hostile.

مُعانِدَت، دشمنی، عناد. obstinacy opposition. enmity. hostility. stubbornness.

مُعانِقه، دیدوبوس. hugging or embracing (each other). cooing and becking.

مَعانی (pl. of معنی)، آرش‌ها، مفاهیم. meanings. definitions. senses. significations. charms. graces.

مَعانی‌بَیان، معانی وبیان. rhetoric.

~ بیانی. rhetorical.

مُعاوِد (معاودان .pl). returning. returnee. repatriate.

مُعاوِدَت، برگشت. return(ing).

~ کردن، برگشتن. to return.

مُعاوِضه (معاوضات .pl)، مبادله، تعویض. exchange. barter. trading. swap(ping).

~ کردن. to exchange. to trade. to swap.

او اتومبیل قدیمی خودرا بایك اتومبیل کوچك ~ کرد. he traded his old car for a smaller one.

مُعاوِن، دستیار، کمك. assistant. aid. (of a department) assistant director. (of a ministry) undersecretary. vice-president. helper.

~ رئیس اداره. assistant manager.

~ وزارتخانه. undersecretary.

~ رئیس جمهور. vice-president.

~ جرم. accessory to a crime. accomplice.

مُعاوِنَت، یاری، کمك. assistance. office of an assistant or undersecretary. vice-presidency. aid.

~ کردن. to assist. to help (each other). to hold the office of an assistant or undersecretary.

مُعاهِده، پیمان، قرارداد، عهدنامه. treaty. pact. agreement. league. compact. confederacy. covenant. alliance.

معاهدهٔ صلح. peace treaty.

مُعاهِده‌بَستَن. to conclude (or enter into) a treaty.

مَعایِب (pl. of معابه)، عیب‌ها. blemishes. defects. faults. flaws. shortcomings.

مُعایِنه (معاینات .pl)، بازدید، امتحان. check up. examination. inspection. test observation. -scope.

معاینهٔ طبی. medical examination.

معاینه‌کردن. to examine. to inspect. to survey. to probe.

معاینهٔ چشم. eye examination.

مَعبَد (معابد .pl)، پرستشگاه، عبادتگاه. place of worship. temple.

مَعبَر (معابر .pl)، گذرگاه. pass. passage. thoroughfare. ford. road. path.

مَعبَر، جسر. passage.

مُعَبِّر (معبرین .pl). interpreter of dreams. oneirocritic.

مَعبُود، پرستش شده. object of worship. deity. worshipped. adulated.

مُعتاد، عادی، عادت‌کرده. addict. habituated. junkie. inured. used to. hooked (on).

~ شدن. to be (become) addicted or habituated. to be accustomed to. to be given (over). to get the habit of.

~ کردن. to addict. to habituate. to hook.

معتادین به‌تریاك. opium smokers. those accustomed to smoking opium. opium addicts.

مُعتَبَر، با اعتبار. authoritative. creditable. of good standing. consolidated. authentic. reliable. valid. good. considerable. large. great. hono(u)red. reputable.

بازرگان ~. a reputable merchant.

~ بودن. to be reputable (authentic, or valid).

~ ساختن. to authenticate. to validate.

امضاء اشخاص صغیر ~ نیست. the signatures of minors are not valid.

چکهای او درهمهٔ بانکها ~است. his checks are hono(u)red in all banks.

سند ~. a valid document.

غیر ~. invalid. null and void.

مُعتَدِل (معتدله .fem)، میانه‌رو، میانه حال، آرام. temperate. moderate. mild. gentle. equable. abstemious.

~شدن. to become temperate or moderate.

~کردن. to moderate. to make temperate.

او آدم معتدلی‌است. he is a temperate man.

هوای شیراز معمولاً ~است. the weather in Shiraz is usually temperate (mild).

منطقهٔ معتدلهٔ شمالی. north temperate zone.

معتدلانه، ازروی میانه‌روی. moderately. moderate. temperate. abstemiously.

مُعتَذِر، عذرخواه. one who excuses himself. apologizer.

مُعتَرِض (معترضین .pl). objector. protester. opposer. objecting.

~ بودن. to object. to oppose. to protest.

مُعتَرِضه. coming in or between. inserted between. parenthetical.

جملهٔ ~. a paranthetical sentence.

مُعتَرِف، خستو. confessing. acknowledging. confessor.

به چیزی ~ بودن، اقرارکردن. to confess (own or acknowledge) something.

مُعتَزِل، معتزله. schismatic. schismatical.

فرقهٔ معتزله. sect of schismatics.

مُعتَصِم، روزه‌گیر، دوری‌کننده ازگناه. holding fast. abstaining from sin.

مُعتَضِد، کمك خواه. one who seeks assistance.

مُعتَقِد (معتقدین .pl)، پای‌بند، با ایمان. believing. convinced. believer. faithful.

~ بودن. to believe (in). to have faith.

من معتقدم که. I believe that. I am convinced that.

معتقد (معتقده .fem)، عقیده‌دار. believed.

مُعتَقَدات (معتقده .fem، معتقد .pl. of). beliefs. articles of faith. credos.

مُعتَکِف، گوشه‌نشین. (person) retiring for prayer. hermit.

مُعتَل (معتله .fem). weak. (in Arabic grammer) having a weak letter.

مُعتَمَد (معتمدین .pl)، مورداعتماد، امین. reliable. trustworthy. confidant. trusted. trusty.

معتنی‌به. considerable.

یك مبلغ ~. a considerable sum.

مُعجِب، شگفت‌آور. exciting wonder. surprising. charming. self-admiring.

مُعجِز. rendering unable. disabling. miracle. wonder.

معجزآسا، شگفت‌آور. miraculous. wonderful.

مُعجِزه (معجزات .pl، معجز .fem. of). miracle. wonder. marvel.

یکی از معجزه‌های او. one of his miracles.

~کردن. to perform (or do) a miracle.

معجزهٔ اقتصادی. economic miracle.

~ آمیز، معجزه‌آسا. miraculous.

مُعَجَّل، باعجله. hurried. quick. hasty.

معجلاً، باشتاب. hurriedly. quickly. hastily. precipitately.

مُعجَم (معجمه .fem)، عجمی شده، غیرعربی، حرف نقطه‌دار. dotted, as a letter. non-Arabic, Persianized.

مَعجون. electuary. decoction. mixture.

مُعَد، آماده، مستعد. prepared. disposed. on the mark. all set. helpful.

مُعَدِّل، میانگین. mean. (grade) average. adjuster. rectifier. adjusting. moderator.

~ گرفتن. to average out. to calculate the average of.

~ نمرات او ۱۵ است. **his grade average is fifteen.**
مَعدَلَت، عدالت. justice. equity.
مَعدَن (معادن .pl)، کان. mine. quarry. ore. mineral. lode. vein. deposit.
~ ذغال سنگ. **coal mine. coalpit.**
~ سنگ مرمر. **marble quarry.**
~ نمك. **salt pit. salt mine. salt marsh.**
معدن‌چی miner.
معدن‌شناس، کانشناس. mineralogist.
معدن‌شناسی، کانشناسی. mineralogy.
مَعدَنی (معدنیات .pl)، [illegible] mineral
آبهای ~. **mineral waters.**
~ شدن. **to be mineralized. mineralisation.**
~ کردن. **to mineralize.**
مَعدُود، شمرده، محدود، اندك، انگشت شمار. limited. few. computed.
معدودی از آنها. **a few of them.**
مَعدُول (معدوله .fem). turned. distorted. deserted. silent (as in «gh» in «daughter» and "و" in خواهر).
مَعدُوم، نابود، نیست. extinct. non-existent. annihilated. lost. destroyed.
~ شدن. **to be annihilated. to disappear. to become extint.**
~ کردن. **to annihilate. to cause to disappear. to destroy.**
مِعدِه، شکم. stomach. gastro-.
عصیر ~. **gastric juice.**
زخم ~. **stomach ulcer.**
مَعدِه‌بین، معده نما. gastroscope.
مِعدی gastric. stomachic.
مُعَذَّب tormented. inconvenienced. uneasy. bothered. discommoded.
~ داشتن، ~ نمودن. **to inconvenience. to trouble. to torment.**
مَعذِرَت (معاذیر، معاذر .pl) پوزش. apology. excuse. regret.
~ خواه، عذرخواه. **apologist. apologizer.**
~ خواستن. **to apologize. to decline. to ask pardon.**
او از حضور در جلسه ~ خواست. **he declined to attend (asked to be excused from attending) the meeting.**
~ میخواهم، ببخشید. **I beg your pardon. I am sorry.**
مَعذِرَت‌خواهی، عذرخواهی. apology.
مَعذٰلِك، با وجود این. nevertheless. notwithstanding. yet.
مَعذور، معاف، بخشیده. excused. exempt(ed).
~ داشتن. **to excuse. to pardon.**
مرا ~ بدارید، ببخشید. **excuse me. I beg your pardon. exempt me.**
مَعذُورِیَّت، بخشودگی. excusableness. being excused. exemption.
مِعراج (معاریج .pl)، بالاروی، صعود. ascension (to heaven).
مُعَرَّب، عربی‌شده، تازی شده. Arabicized. Arabicized form of a word. Arabized.
~ کردن. **to Arabicize. to Arabize.**
مُعَرَّب Arabicized. declined or declinable (in Arabic grammer.)
مَعرَض، دسترس. exposure. displaying.
در ~ نور قراردادن. **to expose to light.**
در ~ خطر. **exposed to danger.**
مُعَرِّف، شناسا، نشان دهنده. sponsor. introducer. recommender.
مَعرِفَت، دانش، شناسائی، علم. knowledge. acquaintance. insight. wisdom.
بی ~. **ignorant. unmannerly.**
اهل ~. **learned, educated or wise person(s).**
با ~. **having insight. learned. knowledgeable.**
مَعرِفَتُ‌الاَرض، زمین‌شناسی. geology.
مُعَرِّفی، شناسائی، شناساندن. introducing. introduction. presentation. sponsorship.
~ کردن. **to introduce. to recommend. to present. to report. to sponsor.**
شخصی را ~ کردن. **to introduce a person.**
او برای کاری بمن ~ (توصیه) شد. **he was recommended to me for a job.**
مُعَرِّفی‌نامه letter of introduction.
مُعَرِّق، خوی‌آور. diaphoretic. sudorific. sudatory.
مَعرَکِه (معارك .pl)، جنگ، میدان جنگ، معرکه‌گیری. battle(field). arena. conflict. row. dispute. quarrel.
فلانی از لحاظ هوش ~ است. **such a one (he) is a prodigy of intelligence.**
او ~ میکند. **he does it wonderfully well.**
مَعرُوض (معروضه .fem)، ارائه شده، بعرض رسیده. presented. offered. said. stated. petition(ed).
معروضه‌ام مورد موافقت قرار گرفت. **my letter was accepted. my petition was accepted.**
~ داشتن. **to state respectfully.**
محترماً ~ میدارد. **I have the hono(u)r to state. I beg to state.**
مَعرُوف، مشهور، نامدار، خوشنام. famous. well-known. notorious. reputed. reputable. known. famed. renowned. celebrated. infamous. popular.
یك نویسندهٔ ~. **a famous (well-known) writer.**
~ به‌پرخوری. **notorious for gluttony.**
~ شدن. **to become famous.**
مَعرُوفِه (معروف .fem. of). public (woman). (woman) of ill fame. prostitute. whore. notorious.
مَعرُوفِیَّت، شهرت. fame. notoriety. publicity. reputation. renown. celebrity.
مُعِز، ارجمند، محترم. giving hono(u)r. glorifying. respectable.
مُعَزِّز hono(u)red. dearly esteemed.
مَعزُول، عزل شده، برکنار شده. deposed. removed from one's office. dethroned. out of office. divested. defrocked. unfrocked.
~ شدن. **to be deposed, divested, or defrocked.**
~ کردن **to depose. to dismiss. to divest. to unfrock. to relieve of a power of attorney.**
مُعَزّی‌اِلیه (.they = معزی‌الیهم .pl)، او. (polite substitute for او) he. (fem. معزی‌الیها = she). his hono(u)r.
مُعسِر، درمانده. insolvent.
مَعشَر (معاشر .pl)، انجمن، گروه. assembly. crowd.
مَعشُوق (معشوقه .fem). loved. one who is loved by another. boy-friend. lover. paramour. beloved.
~ منست آنکه به‌نزدیك توزشت است. **what appears distasteful to you is my desideratum.**
عاشق و ~. **lover and the beloved one.**
مَعشُوقه (معشوق .fem. of). mistress. paramour. lover. sweetheart. ladylove.
girl friend.
مِعصَرِه sinus.
معصرهٔ اکلیلی. **circular sinus.**
معصرهٔ حجری. **petrous sinus.**
معصرهٔ داسی. **longitudinal sinus.**
معصرهٔ مغاری. **cavernous sinus.**
مَعصُوم، بیگناه. innocent. impeccable. guiltless. immaculate. chaste. virtuous.
چهارده ~. **The Fourteen Innocent Ones.**
مَعصُومِه innocent woman.
مَعصُومِیَّت، بیگناهی. innocence. impeccability. guiltlessness.
مَعصِیَت (معاصی .pl)، گناه. sin. sinfulness. offence. culpability.
~ آمیز. **sinful.**
~ کردن. **to sin. to commit a sin.**
مُعضَل (معضله .fem)، پیچیده، دشوار، بغرنج. difficult. intricate. complicated. complex. abstruse. recondite.
مُعضَلات (معضله .fem. of، معضل .pl. of)، دشواریها. intricate questions. difficulties. complexities.
مُعَطَّر، خوشبو. fragrant. perfumed. odorous. odoriferous. scented. sweet-smelling. aromatic.
~ کردن. **to perfume. to make fragrant. to scent.**
مُعَطَّل، معلق، بیحال، عاطل، بیکار. kept waiting. detained. suspended. inactive. stalled. delayed.
~ شدن. **to be kept waiting. to be detained. to be stalled. (slang) to be stood up.**
~ اتوبوس شدم. **I waited for the bus.**
~ کردن. **to delay. to linger. to keep waiting. to detain. (slang) to stand up.**
او ~ پول است. **he is in need of (or waiting for) money.**
~ چی هستی؟ **what are you waiting for?**
مُعَطَّلی، تأخیر، تعلیق. waiting. delay. retardation. detainment. cause for delay. suspension of work. inactivity.
بدون ~، بیدرنگ. **promptly. immediately.**
مَعطُوف، متمایل، متوجه. inclined. turned toward. oriented. orientated. towards. focused on. directed at (or toward). aimed at.
~ داشتن. **to turn. to draw. to focus on.**
توجه همه ~ به سخنور بود. **everyone's attention was focused on (directed at) the speaker.**
مُعظَم (معظمه .fem)، بزرگ، زیاد، با شکوه. great. large. grand. magnificent.
مُعَظَّم (معظمه .fem)، ارجمند، محترم. respectable. hono(u)rable. hono(u)red. dignified. great. grand.
مُعَظَّمٌ‌لَه، ایشان. his hono(u)r. he (used as a substitute for او for men of high position).
مَعقُود، بسته، گره زده. concluded (as a contract).
مَعقُول (معقوله .fem)، عقلانی، عقلائی، مستدل، مؤدب. rational. reasonable. sensible. contemplative. moderate. fair.
آدم ~. **reasonable (dignified) man.**
مَعقُولات (معقوله .fem، معقول .pl. of). rational ideas. contemplative sciences.
مَعکُوس، وارونه، برعکس. reversed. inverted. contrary. reverse. converse. opposite. antithesis. counter. upside down. vice versa.
ترقی ~. **retrogression. retrogradation. regress.**
~ کردن. **to reverse. to invert.**
مَعکُوساً، وارونه، بطور معکوس. inversely.
مُعَلّا، معلی. exalted. lofty.
مُعَلَّق (معلقه .fem)، آویزان، آونگان، واژگون. hanging. pendulous. suspended. undecided. conditional. dangling. somersault. pending. pendent.
~ زدن. **to turn a somersault.**
~ شدن. **to be hanging or suspended.**
~ کردن. **to suspend. to dangle. to pend.**
موضوع ~ ماند. **the case remained pending.**
پل ~. **suspension bridge.**
مُعَلِّم (معلمه .fem)، آموزگار، دبیر، استاد. teacher. educator. trainer. instructor. tutor. master. coach. professor. lecturer. reader.
~ سرخانه، ~ منزل. **tutor. private teacher.**
مُعَلِّمی، آموزگاری، تدریس teaching. pedagogy. teachership. tutorship.
~ کردن. **to teach. to be a teacher. to tutor.**
مَعلُول، اثر، علیل، ضعیف. effect. consequence. result. caused. effected. weak. infirm. invalid.
علت و ~. **cause and effect.**
معلولان جنگ. **war invalids.**
مَعلُولِیَّت defectiveness. infirmity.
مَعلُوم، آشکار، پیدا، هویدا. known. evident. obvious. clear. determined.
فعل ~. **verb in the active voice.**
بقرار ~، از قرار ~. **it appears that. it is understood that. it is clear that. evidently. we understand that. as (we) know.**
~ است. **it is clear. obviously. certainly.**
~ است که دروغ میگوید. **it is obvious that he is lying.**
~ نیست. **it is not certain. nobody knows. one can't tell. it is not known.**
~ شدن. **to become known or obvious. to appear. to prove to be.**
نشانی او کاملاً ~ است. **his address is quite well-known.**
~ شد او از آن راز آگاه است. **he proved to know (or it was revealed that he knew) the secret.**
~ کردن. **to make known. to ascertain or fix. to prove or demonstrate. to reveal.**
میزان درآمد او ~ نیست. **the rate of his income is not known.**
نا ~. **unknown. undefined.**
مَعلُومات (معلومه .fem، معلوم .pl. of). learning. scholarship. qualifications.
مُعَلّیٰ، معلا. exalted. lofty. high.
کربلای ~. **the lofty Kerbela.**
مُعَمّا، چیستان، مسئلهٔ دشوار، لغز. riddle. enigma. puzzle. charade. crossword.
مِعمار، سازنده، بنا، مهراز. architect.
معمارساز jerry-built.
مِعماری، ساختمان، مهرازی. architecture. architectural.
مُعَمّائی، بغرنج، اسرارآمیز. enigmatic. mysterious.
معمد، تعمید دهنده. baptist.
مُعَمَّر، سالخورده، پیر. aged. longeval. old. full of years. doyen.
مُعَمَّم (معممین .only in the pl)، عمامه‌بسر، ریش‌سفید، محترم، شیخ. wearing a turban. **those wearing turbans. i.e. the**

ulemas. elder. venerable. theologian.
مَعمُور، آباد. inhabited. flourishing. developed.
مَعمُوره (fem. of معمور). inhabited or populous place.
مَعمُوریّت، آبادانی، آبادی. development.
مَعمُول (fem. معموله)، مرسوم، متداول، عادی. usual. customary. usage. custom. practice. current. in vogue.
مطابق ~. as usual.
~ اوا ینست که... his wont (or custom) is that...
~ داشتن، ~ کردن. to do. to practise. to effect. to popularize. to put into practice (or use).
چه اقدامی در اینمورد ~ داشتید؟ what steps did you take in this respect?
در این شهر انعام دادن ~ نیست. giving tips is not customary in this city.
مَعمُولاً، برحسب معمول. usually. ordinarily.
مَعمُولٌ بِه، متداول. practice. usage.
مَعمُولی، عادی، متداول، رایج، پیش پا افتاده. ordinary. usual. commonplace.
یك کتاب ~. an ordinary book.
مَعنا، معنی. meaning. purport. implication.
مَعنًا، واقعاً، عملاً. virtually. in reality.
مُعَنبَر، (عنبر) perfumed with ambergris.
مُعَنعَن، روایت شده، متواتر. descended by successive hearsay. a tradition recorded by successive hearsays.
مَعنَوی (fem. معنویه)، روحانی، باطنی. intellectual. spiritual. contemplative. abstract. ideal. idealistic.
مادی و ~. material and spiritual. concrete and abstract.
مَعنَویّت، روحانیت. intellectuality. spirituality. ideality.
مَعنی، مفهوم، آرش، واقعیت، نکته، روح مطلب. meaning. sense. definition. reality. purport. implication.
~ کردن. to define. to explain (the meaning of). to translate. to interpret.
~ دادن. to mean. to convey (a meaning). to imply.
~ ندارد. it has no meaning. it is nonsense.
چه ~ دارد؟ what does it mean? what is the idea?
بدین ~ که. that is to say. thus. to the effect that. meaning that...
~ این واژه چیست؟ what is the meaning of this word?
در ~. in reality. virtually.
بی ~. meaningless. nonsense.
پر ~. meaningful. pithy.
مَعنیٰ دار significant. expressive. meaningful. pithy.
مُعوَج، کج. crooked. distorted. curved. inclined.
مُعَوَّق (fem. معوقه)، عقب افتاده، تأخیردار. delayed. postponed. outstanding.
پرداختهای ~. delayed payments.
~ گذاردن. to delay. to put off. to postpone.
~ ماندن. to be delayed. to be arreared. to fall into arrears. to remain outstanding.
مُعَوَّل، منتظر کمك، بامید یاری. (one) relied upon for help.
مَعهَد (pl. معاهد)، میعادگاه. meeting place. tryst.
مَعونَت، کمك. aid. help. assistance.
معهذا، با وجود این، با اینحال. nevertheless. yet. still.
مَعهُود، همین، معمولی، عادی، وعده داده شده. promised. agreed. specified. usual.
سرزمین ~. the promised land.
بعادت ~ اورا دیدن کرد. he paid her a visit as usual (or according to his usual custom).
مِعیار (pl. معایر)، ضابطه، پیمانك. standard. criterion. yardstick. gauge.
مَعیّت، همراهی. company.
بمعیت، همراه، همراه با. together with. in company with. in junction with.
مَعیشَت، زندگی، اعاشه، معاش. (means of) livelihood. living. earning a living.
مُعیل، عیالدار، عائله‌دار، عیالمند. encumbered by a (numerous) family. supporting many children. family man.
مُعَیَّن (fem. معینه)، مشخص، معلوم. determined. known. fixed. specified. certain. determinate. determinable. distinct. definite. delimited. given.
~ کردن. to fix. to specify. to determine. to appoint. to designate.
نا ~، غیر ~. indeterminate. undetermined. uncertain. irregular. vague. unspecified.
خواهسمندم وظیفهٔ هریك از ما را ~ نمائید. please specify the duty of each one of us.
اشخاص نا ~. unknown people.
مُعین، کمك، معاون، یار. assistant. supporter. adjutant. auxiliary. definite.
فعل ~. auxiliary verb.
مُعینُ التُّجّاری، گل معین. (bot.) dwarf rosebay. rhododendron.
مَعیُوب، معیب، فاسد، خراب. defective. flawed. damaged. faulty. broken down.
~ کردن. to make defective. to flaw.
مَعیُوبی، عیب، خرابی. defectiveness. faultiness. damaged state. defect.
مَغ، گود، ژرفا، گودی. depth. deep. bed of a river.
مُغ (pl. مغان)، مَجُوس. Magus (pl. Magi) magician. fire worshipper. tavern keeper. taverner.
مَغار gouge.
مَغارِه، غار. cave. den. cavern.
مَغاری، غارمانند. cavernous. speleo-. spelaean.
مُغازِله reciting amorous verses to each other. wooing. lovemaking.
مَغازِه، دکه، دکان. store. shop. magazine.
مغازه‌دار، دکاندار. shopkeeper.
مَغاك، چاله، گودال، سیاه چال. pit. abyss. grave. tomb.
مَغاکی، گودالی، ژرفائی. abysmal. abyssal.
مُغالِطه، استدلال نابجا. fallacious reasoning. sophistry. paralogism.
~ کردن. to sophisticate. to reason fallaciously.
مُغان (pl. of مغ)، پیشوایان مجوس. the Magi.
مُغایِر، ضد، مخالف. contrary. contradictory. adverse. repugnant. inconsistent. incompatible. negatory.
~ بودن. to be contradictory to. to be inconsistent with.
~ با. inconsistent with. contrary to. inimical to.
مُغایِرَت، تضاد، تفاوت، اختلاف، ناجوری. contradiction. disagreement. otherness. inconsistency. incongruity. disparagement.
~ داشتن. to be contrary. to contradict. to be inconsistent with.
این با آن ~ دارد. this is contrary to (inconsistent with) that.
مُغبَچه young Magian. young tavern keeper. young Magus.
مَغبُون، فریب‌خورده، زیان دیده. short changed. gypped. cheated (in business). defrauded. hoaxed. swindled.
~ شدن. to be short changed or gypped. to be cheated. to be defrauded.
~ کردن. to short change. to gyp. to cheat. to defraud.
مُغتَنَم، غنیمت. regarded as a booty. valued. useful. taken advantage of.
موقع‌را ~ شمردن. to take (the) opportunity.
مُغَذّی، غذائیت دار، دارای خاصیت غذائی. having nutritive value. nutritional. nourishing. rich. wholesome.
مَغرِب، باختر. west. the Occident.
در ~. on the west of.
نماز ~. evening prayer.
~ زمین، باختر. The West. The Occident.
مَغرِبی، باختری. Western. Moresque. native of Barbary. Moor.
مُغرِض (pl. مغرضین)، غرض‌دار. partial. biased. self-interested. having a private motive. spiteful. malicious.
مُغرِضانه، از روی غرض‌ورزی. from self-interest. with a private motive. self-interested. spiteful.
مَغرُور، متکبر، خودبین، غره، گردن‌فراز. proud. haughty. vain. conceited. cocky. overweening. arrogant. supercilious. presumptuous. imperious. insolent. disdainful. snobbish.
~ شدن. to become proud or haughty.
جوانی ~ و بی‌تجربه. a vain, inexperienced youth.
~ کردن. to make proud. to elate. to make haughty.
مَغرُوق، غریق. drowned. shipwrecked. immersed.
~ شدن. to be drowned. to be immersed.
مَغز، مخ. pith. brain. pulp. marrow. cerebro-.
~ دانه. kernel.
~ استخوان. marrow.
~ بادام. shelled almond. almond kernel.
پر ~. pithy. marrowy.
بی ~. crazy. brainless. hollow.
~ بستن. to kernel. to ripen into (or produce) a kernel.
~ کردن. to shell. to peel.
~ کسی‌را بردن (خوردن). to talk one's head off.
او ~ خر خورده است. he is as stupid as an ass.
مَغزپَرده، نرم شامه. (anat.) pia mater.
مغزپسته‌ای yellowish-green.
مغزدار pithy. marrowy. pulpy. kernelled. having a kernel.
مَغزی piping. facing. layer. (in shoemaking) welt. cerebral. mental. medullary. cranial. lace. cerebro-.
~ ونخاعی. cerebrorachidian. cerebrospinal.
مَغزیچه، مخچه. cerebellum.
مَغشُوش، درهم وبرهم. disorderly. confused. falsified. adulterated. disordered. aberrant. mixed up. chaotic. deranged. hodgepodge. pell-mell.
پس از قتل نادرشاه اوضاع کشور ~ شد. after the murder of Nader Shah (the condition of) the country became chaotic.
~ کردن. to confuse. to mix up. to confound. to disorder. to put in disorder. to adulterate. to derange.
مَغضُوب، مورد خشم قرار گرفته، ملعون، مطرود. disfavo(u)red. blacklisted. anathemized.
~ واقع شدن، ~ قرار گرفتن. to be in disfavor. to be in the doghouse.
مِغفَر، آستر کلاه‌خود. head covering (worn under the helmet).
مَغفِرَت، بخشش، آمرزش. forgiveness. remission.
مَغفُور (fem. مغفوره)، بخشیده. forgiven.
مرحوم ~ فروغی. the deceased and blessed (or forgiven) Foroughi.
مَغلَطِه، سفسطه. misleading question. sophistical statement. sophistry.
~ کردن. to resort to sophistry. to paralogize. to confuse different subjects. to deviate from the main point. to sophisticate.
مغلطه‌آمیز misleading. paralogical. paralogistic. sophisticating. fallaceous.
مُغلَق، پیچیده، دشوار، مبهم. abstruse. closed. heavy in style. highfalutin.
مغلِم، شهوت انگیز، بچه‌باز. lusty. voluptious. sodomite. pederast.
مَغلُوب (fem. مغلوبه)، شکست خورده. recessive. overcome. defeated. beaten. vanquished. crushed. subjugated. overwhelmed. subdued. routed. conquered.
نادرشاه دشمنانش رایکی پس ازدیگری ~ کرد. Nader Shah defeated his enemies one after the other.
~ شدن. to be overcome. to be vanquished. to be defeated.
~ کردن، ~ ساختن، شکست دادن. to beat. to defeat. to overcome. to vanquish. to rout. to conquer. to confute. to subdue.
مَغلُوبه (fem. of مغلوب). raging. defeated.
جنگ ~ شد. the battle raged.
مَغلُوبیّت، شکست خوردگی. defeat.
مَغلُوط، غلط. wrong. erroneous. containing (or full of) mistakes. foul.
مَغمُوم، غمگین. melancholy. sad. sorrowful. downcast. gloomy. (colloq.) blue. dejected. depressed. doleful.
مِغناطیس، آهن‌ربا. magnet.
مِغناطیسی magnetic.
خواب ~. hypnotic sleep.
خاصیت ~. magnetism. magnetic quality.
مُغنی، غنی‌کننده. supplier of needs. God.
مُغَنّی، آوازه خوان، سراینده. singer. musical performer.
مُغول Mogul. Mongol.
حملهٔ مغولها بایران. the Mongol invasion of Iran.
مُغولِستان (geog.) Mongolia.
مُغولی Mongolian. Mogul.
مَغیب، غیبت، غیاب. absence.
مُغیث، کمك کننده. helping. helper.

مُغیلان (غیلان .cont. of) (bot.) the sweet lote. 'mother of ogres'

خار ~. (bot.) thorn. thorn of the sweet lote. caltrop made in imitation of this.

مُف، آب بینی، اخلاط بینی. snot.

مَفاتیح (pl. of مفتاح)، کلیدها. keys.

مُفاجات unexpected attack. blitz.

مرگ ~. sudden death.

مَفاخِر (pl. of مفخرت). causes of glory.

یکی از مفاخر ادب ایران. one of the luminaries of Persian literature

مُفاخِرَت، تفاخر. priding oneself. self-glorying.

~کردن. to pride oneself. to glory.

مُفاد، مضمون، مفهوم، فحوا. context. contents. purport. substance. tenor.

مفارِقَت، جدائی، فراق. separation. parting from each other. disjuncture.

~کردن از. to separate from. to part with.

مَفاسِد (pl. of مفسده)، بندها، پیوندها. mischiefs. corruptions. bends.

مُفاصا، تسویه حساب، مفاصاحساب. bill. clearance. certificate of liquidation.

مَفاصِل (pl. of مفصل)، بندها، پیوندها. joints. articulations. bends.

مَفاهیم (pl. of مفهوم)، معانی، منظورها، مذاکره، گفتگو. contexts. meanings. understandings.

مُفت، رایگان، مجانی، مجاناً، بی‌بها. free (of charge). gratis. free of cost. gratuitous. complimentary.

جان ~ بدربردن. to have a narrow escape. to save one's skin.

حرف ~. loose talk. nonsense. cock-and-bull story. bad language. insult.

~ شما. so much the better for you. good enough for you.

به ~هم نمی‌ارزد. I would not have it as a gift. it is worth nothing.

~ باختن، ~ ازدست‌دادن. to lose unluckily. to give away for no good cause.

مِفتاح (pl. مفاتیح)، کلید. key. key word. opening (remark, sentence, etc.)

مُفَتِّح، بازکننده. opener. inaugurator. (med.) deobstruent.

مُفَتِّحُ‌الأبواب the opener of doors. God.

مُفتَخِر hono(u)red. proud. uplifted.

مفتخر proud or boastful.

مفتخراً hono(u)rably. with a sense of pride. boastfully. proudly.

مُفت‌خور، مفتخوار، انگل. parasitic(al). parasite. sponger. sycophant. fawner hanger-on. leech. (biology) inquiline. commensal. symbion(t). freeloader.

مفت‌خوری sponging on others. parasitic life.

مُفتَری، افترا زننده. calumniator. slanderer.

مُفَتِّش (pl. مفتشین)، بازرس، کارآگاه. inspector. detector. detective. spy.

مُفتَضَح، رسوا. disgraced. scandalized. caught red-handed. notorious. defamed. ignominious. dishono(u)red.

~ شدن. to be disgraced or dishono(u)red.

~ کردن. to disgrace. to dishono(u)r.

مُفَتِّن، دوبهم‌زن، فتنه‌جو، فتنه‌انگیز، seditious. seditious person. mischief-maker. disloyal.

مَفتوح، بازشده، فتحشده، گشایش یافته. open(ed). conquered. marked with the vowel point (فتحه).

~کردن. to open. to conquer.

مَفتول، تابیده. twisted (as thread). twisted wire. wire. wiredrawn.

~کردن. to wiredraw.

مَفتول‌دوزی binding or fastening with wire staples.

ماشین ~. stapling machine. stapler.

مَفتون، ... فریفته. fascinated. charmed. seduced. enticed. enchanted. befuddled. inveigled. allured.

~ شدن. to be fascinated. to be enticed. to be enchanted.

~ کردن. to fascinate. to charm. to entice. to enchant. to inveigle. to allure.

مُفتی، قاضی، حاکم‌شرع. Mufti. expounder of the (Mohammedan) law.

مُفتی، رایگان، مفت، مجانی. free of charge. complimentary. gratis.

مَفخَر، مفخرت. (object or cause of) glory.

مَفخَر، مفتخر، سرفراز. hono(u)red. glorified.

مُفَخَّم، بزرگ، باعظمت. glorious. great. grand. lofty.

مَفَر، پناهگاه، راه فرار، گریزگاه. refuge. haven. hide-out.

مُفَرِّح، فرح‌بخش، دلگشا. exhilarating. refreshing. pleasant. enlivening.

داروی ~. cordial. antidepressant.

هر نفسی که فرو میرود ممد حیات است و چون برمیآید مفرح ذات. every inhalation of the breath prolongs life and every expiration of it refreshes our nature.

مُفرَد (fem. مفرده)، تك، یکی، یگانه، واحد. singular. single. sole. unitary. unique. uncompounded. lone. uni-.

اسمهای ~ وجمع. singular and plural nouns.

مفردات (مفرده .fem، مفرد .pl. of). simple substances. simple elements. distiches. single ones.

مَفرَش، خورجین‌سفر. travelling bag.

مُفرِط، زیاد، فراوان. excessive. inordinate. immoderate. extravagant.

مِفرَغ admiralty metal. admiralty brass. gun-metal.

مَفروز (مفروزه .fem)، جداشده. divided or separated. partitioned. delimited. delineated. demarcated.

~کردن، افرازکردن. to separate. to partition. to demarcate. to delimit.

ملك ~. separated (or partitioned) real estate.

مَفروش، فرش شده. carpeted. covered with carpets. spread (as a carpet).

~کردن، فرش کردن. to carpet. to cover with a carpet. carpeting.

مَفروض (مفروضه .fem). supposed. assumed. given. granted. presumed. hypothesized. conjectured.

مَفروضات (مفروضه، مفروض .fem .pl. of). things given or granted. data. suppositions. hypotheses. assumptions.

مَفروغ liquidated. settled. cleared.

~ کردن. to liquidate. to settle.

مَفرُوق، کاسته، کم شده. subtrahend. subtracted. deducted.

مَفرُوق‌مِنه، کاهش یاب. minuend.

مُفسِد، فتنه‌انگیز، دوبهم‌زن. seditious. mischief-maker. mischievous. malicious.

مفسدانه seditiously. mischievously.

مُفسَدِه (مفاسد .pl)، مفسدت، فتنه، فتنه‌انگیزی. mischief. evil. depravity. sedition.

~ برپاکردن، ~ برانگیختن. to excite a disturbance. to make mischief.

مُفسِده‌جو، فتنه‌انگیز، مفسد. seditious. quarrelsome.

مُفَسِّر (مفسران .pl)، شارح، تفسیرکننده. commentator. exegetist. expounder.

مَفصِل (مفاصل .pl)، بند، محل اتصال، پیوند. joint. articulation. arthro-. union.

~ خرگوشی. hock. gambrel.

~ آرنج. elbow articulation (joint).

~ اخرمی‌وچنبری. acromioclavicular articulation (joint).

مُفَصَّل، مشروح، کامل، دراز، طولانی، مفصلاً. detailed. lengthy. full. mentioned in detail. elaborate. with particulars.

این داستان بسیار ~ است. this story is very long (and detailed).

کتك ~. sound beating.

مفصلاً، مشروحاً. in detail. at (full) length. fully. extensively. elaborately.

مَفصَل‌دار، بنددار. jointed. articulate(d).

مُفَصَّلَةُ‌الأسامی mentioned or named (above or below).

مَفصَلی، بنددار، بندوار. articular. arthro-.

مُفَضَّض، نقره‌پوش، دارای‌روپوش‌نقره، آب‌نقره داده شده. silver-plated. coated with silver. electroplated. argentine.

مَفعُول object (of a verb). acted upon. made. done. passive. passive homosexual.

اسم~. past participle. participial adjective used as a noun.

مَفعُول‌باواسطه indirect object.

مَفعُول‌بی‌واسطه direct object.

مَفعُولی the state of being an object. passiveness. objective. accusative.

مَفعُولیَّت، حالت‌مفعولی. condition of the objective case. objectivity. passiveness.

حالت ~. objective case.

مَفقُود (مفقوده .fem)، گمشده، گم، غایب. lost. missing. not traceable.

~ شدن، گم‌شدن. to be lost. to disappear.

~ کردن، گم کردن. to lose.

انگشتر او ~ شده است. her ring has been lost.

حلقهٔ مفقوده. missing link.

مَفقُودُالأثَر missing. untraceable. lost sight of.

مُفلِس، بینوا، ندار، مستمند، ورشکسته. indigent. poor. needy. broke. penniless.

مفلسی، افلاس. bankruptcy. indigence.

مَفلُوج، فالج، افلیج. paralyzed. paralytic. paraplegic.

مَفلُوك، فلك زده، بدبخت. miserable. unfortunate. ill-starred.

مُفَوَّض، واگذار شده، تفویض شده. entrusted. turned over. ceded.

مَفهُوم (مفاهیم .pl)، مضمون، آرش، معنی. purport. sense. tenor. meaning. understandable. context.

چون انگلیسی او ضعیف است اکثر جملات او نا ~ است. as his English is weak, most of his sentences are ambiguous.

غیر ~، نا~. unintelligible. garbled. ambiguous.

~ آن اینست‌که... it means that...

مُفید، سودمند، سودبخش. useful. profitable. beneficial. helpful. advantageous. serviceable. good (for).

~ بودن، ~ واقع شدن. to (prove to) be useful. to come in handy. to be good (for). to be beneficial.

این دارو برای سرماخوردگی شما ~ است. this medicine is good (beneficial) for your cold.

زحمات او ~ واقع نشد. his efforts did not prove useful.

مُفیدیَّت، سودمندی. usefulness. benefit.

مُقابِل، روبرو، برابر، مربوط، برعکس، معادل، مساوی. facing. opposite. corresponding. equal. equivalent. confronting. against. vis-a-vis. corresponding to. in return for. anti-.

~ (روبروی) خانهٔ ما. opposite our house.

در مقابل بدهی او. against his debt. in satisfaction of his debt.

او در ~ سختیها مقاومت کرد. he persevered against difficulties.

فقط در ~ رسید پول را باو پرداخت‌کنید. pay him the money only in return for a receipt.

در ~ اینهمه زحمت چه‌اجری خواهی داشت؟ what reward will you have for (in return for) all this toil?

آندو هفت‌تیر بدست ~ هم ایستادند. the two, gun in hand, stood facing (opposite) each other.

دو ~، دوبرابر. twice as much (or as many). double.

مُقابَله، برابری، مقایسه، مواجهه، تطبیق، رسیدگی. comparison. collation. confronting. checking. verifying. reciprocity. opposition. confrontation. encounter.

~کردن، روبروکردن. to compare or collate. to check. to confront. to contrast.

پس از شکست افاغنه نادر بمقابله با ازبکان شتافت. after defeating the Afghans, Nader hurried to confront the Ozbeks.

جبر و~. algebra.

مُقاتِله، جنگ، قتال. fighting. battle. killing each other.

~کردن. to fight. to kill each other.

مَقادیر (pl. of مقدار). quantities.

مُقارَبَت، نزدیکی، جماع. cohabitation. sexual intercourse. coition. affinity. copulation. coupling. mating.

~کردن. to cohabit. to copulate. to have sexual intercourse. to lie with.

مقاربتی venereal. copulatory.

امراض ~، بیماریهای‌زهروی. venereal diseases.

مُقارِن، نزدیك، قرین، همزمان با. close. near. connected. related. simultaneous. coinciding with. coincident with. synchronized. coeval. contemporary. contemporaneous.

مُقارِنه conjunction.

مَقاصِد (pl. of مقصد). purposes. aims.

مَقاطِع (pl. of مقطع). junctions. sections. cross sections.

مُقاطِعه، پیمان contract.
بطور ~. by contract. by the job.
به ~ دادن. to put out to contract.
~ کردن. to award to a contractor. to contract (for).
مُقاطِعه‌کار، پیمانکار. contractor.
مقاطعه‌کاری، پیمانکاری. contract work.
مَقال، گفتار، گفتگو، بحث، مقاله. discussion. discourse.
مَقاله (مقالات .pl). discourse. essay. article. monograph. editorial.
مقاله‌نویس columnist. writer of articles. contributor. journalist.
مقاله‌نویسی writing articles. journalism.
مَقام (مقامات .pl)، جا، مرتبه، رتبه، شأن. place. position. office. rank. (mus.) tune or mode. station. status. standing.
در مسابقات شنا داوید ~ دوم را بدست‌آورد. David gained second place in the swimming races.
عالی ~. high-ranking.
در ~ تلافی. by way of retaliation.
او در ~ خود ابقاء شد. he was reinstated in his (present) position.
مقامات صلاحیت‌دار. the competent authorities.
مقامات (pl. of مقام). positions. modes or tunes. authorities. chapters.
مَقامِر، بازیکن، قمارباز. gambler.
مقامی connected with one's position or dignity. (mus.) modal.
مُقاوِله (مقاولات .pl)، قولنامه، قرارداد، گفتگو. agreement. contract. conference.
مُقاوِله‌نامه written agreement. protocol.
مُقاوِم، مقاومت‌کننده، ایستادگی‌کننده. resistant. resisting. (electricity) resistor. resistive. persevering. opposer.
~ در مقابل گرما. resistant against heat. heat resistant. heat proof.
مُقاوِمَت، ایستادگی. resistance. withstanding. warding off. impedance. perseverance. opposition. rebuff.
~ موازی. resistance in parallel.
~ کردن. to resist. to oppose. to combat. to withstand. to persevere. to fend off.
هیچکس نمیتواند در مقابل قدرت او ~ کند. no one can resist his power.
~ منفی. passive resistance.
در برابر حمله‌ای ~ کردن. to withstand an attack.
مُقایِسه، قیاس. comparison. collation. parallel. contrasting. simile.
~ کردن. to compare. to collate. to contrast. to parallel. to analogize.
هنر او با برادرش قابل ~ نیست. his artistry does not compare to his brother's.
من باید آنرا کلمه به کلمه با اصل ~ کنم. I must collate it word by word with the original.
در ~ با. in comparison with.
غیر قابل ~. incomparable.
قابل ~. comparable.
مقایسه‌ای، قیاسی، تطبیقی. comparative.
مَقبَره (مقابر .pl)، قبرستان، گور. cemetery. tomb. shrine. mausoleum.
مُقبِل، خوشبخت، سعادتمند، روبروشونده. fortunate. facing. advancing toward.
مَقبُوض، گرفته شده، قبض شده، دچار یبوست. received. seized. constipated.
مَقبُول، پذیرفته شده، زیبا، قابل قبول. accepted. granted (as a prayer). pretty.
~ افتادن، ~ واقع‌شدن. to be accepted or heard.
مَقبُولیَّت acceptability. agreeability.
مُقتَبَس (مقتبسات .pl، مقتبسه .fem). extracted. borrowed. excerpted. extracts. quotations. excerpts.
مُقتَدا، مقتدی، پیشوا. imitated. followed. leader.
مُقتَدِر، قادر، توانا. powerful. strong. potent. influential.
مقتدرانه powerfully. powerful.
مُقتَرِح improvisator. extemporizer.
مُقتَرِن، مصاحب، قرین، متحد. associated. united. coinciding with.
مُقتَصِد، اقتصاددان. economical. thrifty. economist.
مُقتَضی (مقتضیات .pl). appropriate. advisable. expedient. fit. opportune.
~ دانستن. to think fit. to see fit. to deem advisable.
در موقع ~. at the appropriate time.
مُقتَضَی، مقتضا. expedient.
مُقتَضَیات (pl. of مقتضی). circumstances. exigencies. exigency. necessity.
بنا بر ~. according to circumstances.
مَقتُول (مقتولین .pl)،کشته. killed (person). murdered. assassinated.
~ شدن. to be killed. to be murdered.
~ ساختن، کشتن. to kill. to murder. to assassinate.
او در جنگ ~ شد. he was killed in action.
مرد ~ ۴۵ سال داشت. the murdered man was 45 years old.
مِقدار (مَقادیر .pl). quantity. amount. volume. rate. aggregate.
چه ~؟ how much? how many.
~ کمی آرد. a small quantity of flour.
بمقدار زیاد. in a large quantity. a lot.
یك ~ کتاب. a number of books.
مقادیر زیاد. large quantities.
مقداری از آذوقه را بآنها دادیم. we gave them some of the provisions.
مقداری پول. some (a quantity of) money.
هر ~ که بخواهید. as much as you want.
مقداری، چندی. quantitative. some.
مُقَدَّر (مقدرات .pl)، سرنوشت، ضمنی، دارای مفهوم ضمنی. destined. decreed (by God). understood. implied.
~ کردن. to destine. to predestine. to predestinate. to predetermine.
گوئی ~ چنین شده بود که او در جوانی بمیرد. it seemed as if he had been destined to die in youth.
مُقَدَّرات (مقدره .fem، مقدر .pl. of). destinies. divine decrees. predestinations.
~ مردم در دست او بود. the destinies of the people were in his hands.
مَقدَس holy place. shrine.
مُقَدَّس (مقدسه .fem)، متبرك. holy. sacred. saint. divine. consecrated. saintly. hallowed. blessed. sacrosanct.
پتر (پطر) ~. Saint (St.) Peter.
کتاب ~. the Bible.
کتب مقدسه. the sacred books.
اماکن مقدسه. holy places. shrines. sanctums.
مقدسین. holy men. saints.
پدرش مرد مقدسی بود. his father was a saintly man.
مُقَدَّسات (مقدسه .fem، مقدس .pl. of). sacred things. sanctities. holy beings.
بی احترامی به ~. profanity. blasphemy.
به ~ سوگند میخورم. I swear by all that is sacred.
مقدَم arrival. step.
~ او برای ما گرامی است. his arrival (visit) is welcome to us.
خیر ~. address of welcome.
مُقَدَّم (مقدمه .fem). prior. preferred. preferent. preferential. antecedent. foremost. front. preceding. fore-.
این مقدم برآنست. this is prior to that.
در صفوف ~. in the front rows (lines).
در نظر او عشق برهمه چیز ~ است. in his view, love is prior to everything.
~ داشتن. to consider prior. to give priority (to), to prefer.
مقدماً. before everything. first. previously.
مُقَدَّمات (pl. of مقدم). preliminaries. first steps. preparations. elements. premises. prolegomena. rudiments.
~ کاری را فراهم کردن. to prepare for (to make preparations for) a thing.
~ زبان فارسی. the rudiments of the Persian language.
مقدماتی، ابتدائی. preliminary. primary. preparatory. rudimentary. elementary.
امتحان ~. preliminary examination. prelim.
مُقَدَّمُ‌السُفَراء doyen.
مُقَدَّمه (مقدمات .pl، مقدم .fem. of)،دیباچه، سرآغاز. introduction. preface. preamble. preliminary step. premiss. prolegomenon. rudiment.
مُقَدَّمَهً،مقدمتاً. first of all. before everything else. primarily. as a preface.
مَقدُور (مقدورات .pl)، ممکن،میسر. possible. within one's power. feasible. practicable.
برایم ~ نیست‌که اینکار را بکنم. I am not in a position to do this.
مَقدُونی (geog.) Macedonian.
مَقدونیه Macedonia.
مَقَر، مسکن، پایتخت، قرارگاه، منزل. domicile. residence. seat. place.
~ دولت. the seat of government.
مُقِر، خستو،معترف. confessing. admitting.
~ آمدن. to be reduced to confession.
~ آوردن، ~کردن. to reduce to confession.
~ شدن‌به، اقرار کردن‌به. to confess. to admit. to own.
مِقراض، قیچی. (a pair of) scissors. shears. clippers.
مُقَرَّب، نزدیك، محبوب. admitted to be near. favo(u)rite. esteemed.
مقربان درگاه خدا. those nearest to God. the elect.
مُقَرِّح، تاول بازکن. epispastic.
مُقَرَّر (مقرره .fem)،معین، تعیین شده، برقرار شده، تصویب شده. regular. fixed. assigned. appointed. provided. decided. ordered. prescribed. laid down. arranged. resolved. decided. determined.
در موعد ~. at the appointed time.
در ساعت ~. at the fixed hour.
~ شده شما بمأموریت بروید. you are assigned to leave for duty.
~ داشتن، ~ فرمودن. to prescribe. to ordain. to lay down. to provide. to appoint. to fix. to arrange. to resolve.
مُقَرَّرات (مقرره .fem. of، مقرر .pl. of). provisions. requirements. prescriptions. stipulations. regulations. procedures.
مقررات رانندگی را رعایت کنیم let us observe driving regulations.
خلاف مقررات. against regulations.
مقرراتی strict. disciplinarian. law-abiding.
مُقَرَّری، حقوق، حقوق‌بازنشستگی. regular salary or pension. stipend.
مُقَرنَس vaulted or arched (building). (place) decorated with paintings.
مَقرُوض، بدهکار. having a (specified amount of) debt. indebted. owing.
ده ریال بمن ~است. he owes me 10 Rials.
~ کردن. to make indebted.
~ شدن. to run into a debt. to incur a debt. to be indebted to.
مَقرُون، جفت، قرین. connected. joined. allied. coinciding.
~ به‌حقیقت، راست. true.
~ به‌صرفه. economical.
مَقَرِه، عایق، گیره‌چینی. insulator. spool.
مَقسِم parting point. place of partition.
مُقَسِّم، بخش‌کننده. divider. distributor.
مقسوم، بخشی. distributed. divided. apportioned (by fate). dividend.
مَقسومٌ‌عَلَیه، بخش‌یاب. divisor.
مُقَشَّر، پوست‌کنده. hulled. skinned.
مَقصَد (مقاصد .pl)، مقصود. destination. aim. purpose. intention. end.
او بمقصد کاشان سفر کرد. he journeyed to Kashan.
مُقَصِّر، بزهکار، خطاکار، مجرم. guilty (person). criminal. culpable. responsible. answerable. culprit. offender.
اگر اشتباهی رخ دهد شما ~ خواهید بود. if any errors take place (are commited) you will be answerable.
مَقصُود، مقصد، هدف، قصد، منظور، پایان. purpose. intention. meaning. aim. object (of desire). end. intended. aimed at. intent. design. objective.
به‌چه ~؟ for what purpose. to what end?
بمقصود رسیدن. to attain one's end. to obtain one's object (or desire).
~ شما چیست؟ what do you mean? what is your purpose (intention)?
~ از این کلمه چیست؟ what is meant by this word?
مقصودم اینست‌که او دیر آمده. I mean he is late.
من مقصودی ندارم. I have no particular motive. I don't mean it.
به سرمنزل ~ رسیدن. to reach (or attain) one's goal.
مَقصُور (مقصوره .fem)، کوتاه شده، منحصر. shortened. confined. defective.
مَقضیُ‌المَرام having attained one's end. having obtained one's desire. successful.

مُقطَّر، تقطیرشده. distilled. distillate.
آب ~. **distilled water.**
مَقطَع(مقاطع .pl)، برش، بریدگی. section. cut. longitudinal section. profile. closing verse of a poem.
مُقطَّع (مقطعه .fem). cut to pieces. interrupted. scanned. stoccado.
مُقطَّعات (مقطعه .fem، مقطع .pl. of). fragments (of poetry).
مَقطَعی showing the section. sectional.
نقشهٔ ~. **profile (map).**
مَقطوع، بریده، قطع‌شده. cut off. interrupted. fixed.
روزی صد ریال ~ میگرفت. **he received a fixed sum of 100 Rials per day.**
قیمت ~. **set price. fixed price.**
~النسل. **barren. sterilized. castrated.**
مَقطوعاً. as a fixed sum. at a fixed price.
مقعد، کون، ماتحت. anus. butt hole. bung hole. ass hole. arse.
مقعدی anal.
مُقعَّر، کاو. concave. cave.
~ومحدب، کاو و کوژ. **concave and convex.**
مُقعَّرُالطَّرَفین biconcave. concavo-concave.
مُقفَل، قفل شده. locked. closed.
مُقفّیٰ، مقفا. rhymed. rimed.
مُقل، خشل، ملزنگباری. (bot.) bdellium.
مُقلِب، تبدیل کننده، انتقال دهنده. converter. converting. transformer. transforming.
مُقلِّد، تقلیدکننده. imitator. mimic. follower. buffoon. actor in a farce. copycat. mimicker. mimer.
مَقلوب، پس وپیش شده، جابجاشده. inverted. reversed. anagram or palindrome.
مُقله، تخم‌چشم. eyeball.
مِقناطیس، مغناطیس، آهن‌ربا. magnet.
مِقناطیسی، مغناطیسی. magnetic.
سوزن ~. **magnetic needle.**
خاصیت ~. **magnetism. magnetic property.**
مُقنِع (مقنعه .fem). convincing. satisfying.
مِقنَعه، چادر، روسری، حجاب. veil.
مُقنِّن (مقننه .fem)، قانونگذار. legislator. lawgiver. legislative.
قوهٔ ~. **legislative power.**
مُقَنّی، چاه‌کن. well sinker. well digger.
مُقوّا، مقوی. cardboard. pasteboard.
re-inforced. strengthened.
مقوای‌کاهی. **strawboard.**
مقوائی made of cardboard, pasteboard, or the like. flimsy.
مَقول (مقولات .pl)، مقوله، موضوع، گفتار. category. topic. that which is said.
مَقوله class. category. topic. subject.
مُقوِّم، ارزیاب. appraiser. assessor.
مُقوّی (مقویه .fem، مقویات .pl)، نیروبخش. strengthening. fortifying. restorative. tonic. invigorating. bracing. refreshing. nourishing. rich. wholesome.
مَقهور، مغلوب. subdued. defeated. vanquished. overwhelmed. beaten.
~ شدن. **to be subdued or vanquished.**
~ ساختن، ~کردن. **to subdue. to vanquish. to defeat.**
مُقی، قی‌آور. vomitory. vomitive. emetic.
مِقیاس، معیار. scale. measure. standard.
~ سختی. **Mohs' scale of hardness.**

~ صدبخشی دما. **centigrade scale of temperature.**
~ فارنهایت. **Farenheit scale.**
به ~ یك اینچ دریك میل. **on a scale of one inch to the mile.**
~ کردن. **to measure. to scale.**
مُقیَّد، بسته، درقید، در زیرغل و زنجیر، تصریح شده. tied. bound. stipulated. written down. particular. concrete.
او درمورد لباس ~ نیست. **he is not particular about clothes.**
مُقیم، ساکن. resident. residing.
~ ایران. **resident of Iran. residing in Iran.**
~ بودن. **to reside. to be resident (in).**
او سالهاست که ~ آمریکاست. **he has been a resident of the U.S. for years.**
مَك(مکیدن .i. r. of) suck thou (usu. بمك) suck(ing). suction.
~ زدن، مکیدن. **to suck.**
مُك cool. with no deductions. exactly.
یك میلیون ~. **a cool million.**
مُکابِره، مشاجره. (haughty) contention. dispute. controversy.
مَکاتِب (مکتب .pl. of). one-class schools. schools.
~ مختلف فلسفی. **the various schools of philosophy.**
مُکاتَبات (مکاتبه .pl. of)، نامه‌نگاری. correspondence. letters.
مُکاتَبه (مکاتبات .pl)، نامه‌نگاری، نامه‌نویسی. correspondence. corresponding. communicating with each other by letters. letter writing.
من باحسین مرتباً ~ دارم. **I regularly correspond with Hossein.**
~ کردن. **to correspond. to exchange letters.**
مکاتبات تجارتی. **business correspondence(s).**
مَکاتیب(مکتوب .pl. of). letters. schools.
مَکّار (مکاره .fem)، حیله‌گر. deceitful. sly. crafty. guileful. cunning. foxy. deceptive. wily. tricky. shrewd.
مَکارِم (مکرمت .pl. of)، بخششها، مهربانیها. favo(u)rs. kindnesses. respects.
مَکاره، بازار، شنبه بازار. fair.
مُکاری common carrier. hirer of beasts of burden. muleteer.
مَکاسِب (مکسب .pl. of). earnings. acquisitions. trades. businesses.
مُکاشِفه (مکاشفات .pl)، الها، اشراق. revelation. spiritual contemplation. illumination. inspiration. discovery.
مُکافات، پاداش، تلافی. retribution. retaliation. torture.
~ دادن، ~ کردن. **to inflict a retaliation or punishment upon.**
از ~ عمل غافل نشو. **forget not the retribution for (your) actions.**
مُکافی، مطابق، برابر، کفایت‌کننده. (geom.) parabolic. tantamount. equal.
قطع ~. **parabolic section. parabola.**
شبه قطع ~. **paraboloid.**
مُکالِمه، گفتگو، صحبت، پرسش و پاسخ. conversation. talk(ing). dialogue. discourse. discussion. confabulation. chat. conference.
مکالمهٔ تلفنی. **telephone conversation.**
مَکان (امکنه،اماکن .pl)، محل، جا، مسکن. place. locality. dwelling. spot. point. location. lodging. station. milieu. venue. site. topo-.

زمان و ~. **time and place.**
~ هندسی. **locus.**
اماکن مقدسه. **holy places. shrines or mosques.**
مَکانی،محلی، فضائی. local. spacial.
زمانی و ~. **temporal and spatial.**
مِکانیزه mechanized. motorized.
مِکانیك، ویژه‌کار ماشین. mechanics. mechanic.
مهندس ~. **mechanical engineer.**
مِکانیك‌دان mechanic.
مِکانیکی mechanical.
مُکِب (مکبه .fem)، خم‌کننده، بزانو درآمده. bender. prostrating. flexor
عضلهٔ مکبه، عضله درون‌گردان. **pronator.**
مکب، زبانك،زبان کوچك. epiglottis.
مُکَبِّر، مؤذن، تکبیرخوان. Mo'azzen. enlarger or magnifier.
مَکتَب (مکاتب .pl)، مدرسه، مکتب‌خانه. old-fashioned primary school. a one-class school. school. teaching.
~ گریز. **truant.**
~ نوین فلسفی. **the new school of philosophy.**
مکتبی going to, or teaching in a primary school.
مُکتَسَب، کسب‌کرده، تحصیل کرده، فراگرفته. acquired. obtained. earned. learnt.
مُکتَسِب، کسب کننده، فراگیرنده، یادگیرنده. acquiring. earning. acquirer.
مَکتوب (مکاتیب .pl، مکتوبه .fem)، نامه، نوشته. letter. correspondence. epistle. written.
مَکتوم، پنهان، پوشیده. secret. hidden. covert. surrepetitious.
مَکث، ایست،وقفه،توقف. pause. halt(ing). staying. stop. tarrying.
~ کردن. **to pause. to stay. to stop.**
مکثف، سبد زباله. waste basket.
مکدر، رنجیده، دلگیر، ملول. offended. annoyed. gloomy. turbid. opaque.
~ شدن **to take offence at. to become annoyed.**
~ کردن، رنجانیدن. **to offend. to annoy.**
مَکر،حیله، فریب،کید. ruse. trick. deceit. slyness. stratagem. wile. artifice.
~ زدن، ~کردن، حیله‌زدن. **to play tricks.**
مکرآمیز، حیله‌گرانه، فریب‌آمیز. deceitful. shrewdly. shrewdish. tricky. sly. wily.
مُکَرَّر، تکراری، زائد، تکرارشونده، بازگردنده. repeated. repetetive. redundant. recidivous. recurrent. repetitious. repetend. reiterated. iterated. recapitulatory.
ارقام ~. **the repeated figures.**
مباحثات ~. **repetitious (repetitive) arguments.**
~ کردن. **to repeat. to make recurrent. to reiterate (or iterate.) to recapitulate.**
مُکَرَّراً، بارها repeatedly. again and again. recapitulatory. recurrently.
مُکَرَّرات (مکرره .fem، مکرر .pl. of). repetitions. redundancies.
مُکَرَّم (مکرمه .fem، مکرمات .pl)، محترم، ارجمند، گرامی. hono(u)red. hono(u)rable. dignified. respectful. grand.
مَکرُمَت (مکارم .pl)، بزرگی، کرم، بخشش. generosity. greatness. noble act.
مکارم اخلاقی. **good morals. moral virtues.**

مَکروه (مکروهه .fem)،منفور، زشت، ناپسند. abominable. hated. **disapproved but not absolutely unlawful.**
مَکروهات (مکروهه .pl. of)، چیزهای زشت و ناپسند. things which are to be avoided though not absolutely unlawful. abominable things.
مِکزیك (geog.) Mexico.
مکزیکی Mexican.
مُکَسَّر، شکسته، دارای کسره، بیقاعده. broken. irregular (said of Arabic plurals). disconnected. fractured. fissured.
یکوجب ~. **somewhat less than a span.**
مَکسور، دارای کسره. marked with the vowel point «کسره».
مَکشوف، کشف‌شده، آشکار شده. discovered. revealed. explored. found out.
~ شدن، ~ گردیدن. **to be revealed.**
~ کردن، ~ساختن. **to reveal. to discover. to detect. to uncover.**
مُکَعَّب cubic. cube.
مَکفول pledged. guaranteed (person).
مَکفولٌ‌له a person to whom a guarantee is given.
مُکفی، کافی. sufficient. enough. adequate. sufficing.
مُکَلَّس، آهکی، آهك‌دار. calcined.
~کردن. **to calcine. calcination.**
مُکَلَّف (مکلفین .pl)، موظف، وظیفه‌دار، بسن تکلیف رسیده، بالغ. bound. charged with a duty. having attained puberty. adult bound to perform religious precepts. person liable to pay taxes.
~ کردن. **to bind. to charge with a (specified) duty. to oblige.**
مُکَمَّل، تکمیل شده، کامل. completed. perfect.
مُکَمِّل، متمم، کامل‌کننده. complementary. **(geom.) supplementary.**
مُکنَت، ثروت، قدرت مالی، دارائی. wealth. pecuniary ability. financial power.
مَکنون (مکنونه .fem)، پوشیده. hidden. secret. concealed. latent. unmanifested. covered.
مَکنونات (مکنون .pl. of)، رازها، خاطرات نهفته. hidden things. secrets.
مَکوّنات، موجودات. beings. creatures.
مَکّه (geog.) Mecca.
مَکّی (مکیه .fem). Meccan.
سورهٔ مکیه. **Surah revealed at Mecca.**
مَکیدَن، ملك‌زدن، جذب کردن. to suck. to absorb. to suckle.
مَکیده (مکیدن .p. p. of). sucked.
مُکَیِّف (مکیفه .fem)، کیف‌آور، مست‌کننده. inebriant. intoxicant. intoxicating. inebriating. narcotizing.
مَکین، ثابت، استوار، مستقر، ساکن. fixed. established. dwelling in a place. dweller. occupier of a place. settled.
مَکینه sucker. pump.
مَگَر، جز، باستثناء، بجز، غیر از، چطور، آیا. except. unless. may be. save.
همه رفتند ~ او. **all went except (save) him.**
من نمیروم ~ اینکه شما هم بیائید. **I will not go unless you come too.**
~ او هنوز نرفته؟ **has he not gone yet?**

~ خردی فراموش کردی؟ have you forgotten (your) childhood?
مِگرِمج، سوسمار. (z.) crocodile.
مَگس (z.) fly. true fly. housefly.
سگ ~. gadfly. blowfly. bluebottle.
خر~، ~اسب. horsefly. botfly.
~ پراندن. to scare the flies. to loaf around. to idle away one's time.
در آنجا ~ پر نمیزند. there is not a soul there.
مَگس‌پَران fly net. fly flap.
مَگس‌پَرانی idleness. loafing.
مَگس‌خوار feeding on flies.
مرغ ~. (z.) hummingbird. goat sucker.
مَگس‌کُش fly bane. fly swat.
کاغذ ~. fly paper.
مَگس‌گیر fly trap. catchfly.
مَگس‌وَزن flyweight.
مگسی flea-bitten. like a fly.
مَگو، ناگفتنی، محرمانه، ممنوعه. ineffable. inexpressible. unspeakable. unutterable. not to be spoken about. taboo. forbidden. hush! hush-hush.
~ اسرار. dirty jokes. unutterable
مُل، باده، شراب. alcoholic liquor. wine.
مُلّا، آخوند، روحانی، باسواد، معلم. Mullah. teacher. clergy. theologian. teacher of religious laws. literate.
مَلاء، پری، کمال، لبریزی، جمعیت، انجمن. fullness. crowd. assembly. repletion. brimming. satiation. glut.
در ~ عام. in public. in the public view.
بر ~ کردن. to reveal (disclose) publicly.
مَلاج (anat.) fontanel. fontanelle.
~ پس‌سری. occipital fontanel.
مَلّاح، ملوان، دریانورد. sailor. mariner.
مَلاحَت، دلفریبی، نمك وزیبائی. charm. attractiveness. salinity.
~ داشتن. to be endowed with charm.
~ نشان دادن، ~ بخرج دادن. to display (show off) one's charm (attractiveness).
مَلاحِدَه (pl. of ملحد)، بیدینان، حشاشین. atheists. apostates. the Assassins.
مُلاحِظات (pl. of ملاحظه). notations. considerations. observations. remarks.
~ شما مورد قبول من است. your observations are acceptable to me.
مُلاحِظه، مشاهده، نظر، دید، مراعات، رعایت. consideration. observation. notice. perusal. respect. regard. remark. deliberation. concern. deference. regard.
~ شدن. to be considered. to be noted. to be perused.
~ کردن. to observe. to notice. to consider. to have regard for. to see. to note. to be cautious. to be reserved.
~ (رعایت یا احترام) کسی‌را کردن. to have regard for someone.
من ملاحظه‌ای از او ندارم. I have no concern for him.
رئیس نامه‌ها را ~ فرمودند. the boss studied (read or perused) the letters.
بملاحظهٔ خدمات شما. in consideration of (considering or in view of) your services.
قابل ~. considerable. remarkable. noteworthy. large.
بی ~. careless. heedless. regardless (of).
با ~. deliberate(ly). careful(ly). considerate(ly).
با ~ به. in view of. considering.
مُلاحِظه‌کار cautious. reserved. careful. circumspective. considerate.
مَلّاحی، ملوانی، دریانوردی. sailorship. sailing. seamanship.
مَلاذ، پناهگاه، مأمن. refuge. asylum. shelter. haven.
مُلازِم (ملازمین)، همراه، لازمه، ملتزم. attending. concomitant. accompanying. attached. inseparable. attendant. escort. inherent.
ملازمین، ملازمان. attendants. retinue.
مُلازِمَت، همراهی، مراقبت، سعی. company. attendance. accompaniment. assiduity. diligence. adherence.
~ کردن. to attend. to follow. to accompany. to go with. to escort.
ما باید تا ایستگاه بملازمت او برویم. we must accompany him to the station.
مُلازِمین، همراهان، ملتزمین. attendants. **followers. retinue. escorts.**
مُلازَه، ملازه، زبان کوچك. (anat.) uvula.
ملازی velar.
ملاس **molasses**
مَلاسَت، نرمی، صافی. softness.
مِلاط mortar. clay. cement.
مُلاطِفَت، مهربانی، عطوفت. kindness. affableness. affection. affability. courtesy. politeness. compassion. favor.
~ کردن، مهربانی کردن. to show kindness (or politeness). to caress. to hug.
مَلاعین (pl. of ملعون)، لعنت‌شدگان، نفرین شدگان. the cursed. the damned.
مَلافه، ملحفه، ملفه. bed sheet. linen. cover. coverlet. wrapper.
ملاقات، دیدار. **meeting. meet. visitation. encountering. visit. interview. coming across. contending.** confronting. facing. seeing.
وقت ~. visiting time. office hour(s).
~ آن وزیر خیلی مشکل بود. it was very difficult to meet (or have an interview with) that minister.
~ کردن. to meet. to see. to visit. to pay a visit to. to have an interview with. to encounter. to greet. to confront.
این زندانی اجازهٔ ~ ندارد. this prisoner is not permitted to receive visitors.
او بملاقات من آمد. he came to see me.
~ دوستانه. a friendly gathering (meeting).
دیروز اورا در خیابان ~ کردم. yesterday I met him in the street.
قرار ~ داشتن. to have a date or appointment.
قرار ~. rendezvous. tryst. appointment. date.
ملاقاتی visitor. visitational.
مَلاقه، ملعقه. ladle.
مِلاك، اثبات، مدرك، سند، زمینه. support. proof. ground. exhibit. basis.
~ بودن. to be a basis or ground (for something).
~ عمل. document. basis (or ground) for action.
مَلّاك (ملاکین pl.)، زمین‌دار. landowner. landholder. landlord. property owner.
مَلال، بیزاری، اندوه، آزردگی، رنجش. weariness. ennui. annoyance. reluctance. sadness. affliction. anguish.
موجب ~ خاطر. cause of annoyance (or vexation).
مَلال‌انگیز، اندوه‌آور. wearisome. sad. sorrowful. melancholic. boring.
حادثهٔ ~. a sad event.
مَلالَت، ملال، رنجش. annoyance. vexation. ennui. sadness. worry.
امیدوارم ملالتی نداشته باشید. I hope you have no worry (inconvenience or annoyance).
خبر کسالت اوموجب ~ خاطر من شد. the news of his sickness worried me.
مَلامَت، توبیخ، سرزنش، زخم‌زبان. blaming. blame. rebuke. upbraiding. censure. reproach(ing). taunt. reproof. condemnation. chastisement. fault finding. chiding. vilification.
~ کردن، توبیخ کردن. to reproach. to blame. to find fault with. to rebuke. to upbraid. to censure. to condemn.
شخصی را برای خطائی ~ کردن. to rebuke a person for a fault.
ما جز خودمان کسی را نباید ~ کنیم. we have none to blame but ourselves.
~ بردن، ~ شدن. to be blamed. to suffer. to be reproached or censured.
قابل ~. blameable. blameworthy. reprovable.
مُلامِسه، لمس، احساس بادست. touching. **feeling. palpation.**
مِلامین melamine.
ملانقطی، ملالغتی. **pedantic. bookish. punctilious.**
مَلاهی (pl. of ملهی)، لهوولعب، عیش‌ونوش. diversions. pleasures. unlawful pastimes. orgies.
مَلائك (pl. of ملك)، ملائکه، فرشتگان. angels. celestial beings.
مُلایِم، معتدل، آرام. mild. gentle. mollifying. halcyon. placid. serene. unruffled. pacific. composed. undisturbed. calm. tranquil. still. peaceful. quiet. motionless. moderate. soft. temperate. slow. benign. soothing. lenitive. assuasive.
توتون ملایم. mild tobacco.
نسیم ~. gentle breeze.
رنگ ~. mild colo(u)r.
خیلی ~ صحبت میکرد. he spoke very gently (or softly).
~ شدن. to grow gentle (or mild). to become quiet (or cool). to subside.
~ کردن. to calm. to cool down. to milden. to make mild (or gentle). to temper. to soften. to soothe.
مُلایِمَت، آرامی، مهربانی، نرمی، اعتدال. **mildness. placidity. gentleness. softness. serenity. calmness. lenity.** calmness.
با ~ رفتار کردن. to treat mildly (or with mildness). to treat moderately.
~ کردن. to act gently (or moderately). to be kind (or gentle). to treat gently (or affably).
با ~ باو گفتم از اتاق برود بیرون. I gently told him to leave the room.
مُلَبَّس، لباس پوشیده، درکسوت. clothed. dressed. clad. attired.
~ بردای ارغوانی بود. he was dressed in a purple robe.
~ شدن. to wear. to be dressed (or clad) with.
~ کردن. to dress. to put on. to attire. to clothe.
مَلبوس (fem. ملبوسه)، لباس، پوشاك. clothing. garment. attire.
مِلّت (pl. ملل)، قوم، مردم. nation. people.
نمایندگان مللهای مختلف. representatives of various nations.
جنگ هفتاد ودوملت همه را عذر بنه. the war of seventy-two nations, consider it utterly naught.
مُلتَبِس confusing. ambiguous.
مُلتَجی، پناهنده، پناه‌برنده. (one) who takes refuge or seeks protection.
مُلتَحِم (fem. ملتحمه)، جوش‌خورده، لحیم شده. healed. cicatrized. carnified. (anat.) connective.
مُلتَحِمه (fem. of ملتحم). the conjunctiv(e).
~ ای. conjunctival.
ملتحمهٔ پلکی. palpebral conjunctiva.
ورم ~. conjunctivitis.
مُلتَزِم، متعهد، دارای التزام، مجبور، متقبل. bound. engaged. undertaking. obliged. compelled. escort.
~ شدن. to undertake. to engage in. to embark on. to accept an obligation.
~ کردن. to make. to undertake or to engage. to compel.
~ شد مبلغ مزبور را بپردازد. he undertook to pay the sum.
مُلتَصِق، چسبنده. adhesive. attached.
مُلتَفِت، آگاه، باخبر، مستحضر، متوجه. aware. conscious. attentive. giving attention. sensible. cognizant. made to understand. understanding.
من ~ نبودم که او درآنجا حضوردارد. I was not aware (or cognizant) that he was present there.
~ شدن. to come to know. to understand. to comprehend. to take notice of. to notice. to note.
~ نشد چه گفتم. he did not understand what I said.
از پهلویش رد شدم ولی او ~ من نشد. I passed him by, but he did not take notice of me.
~ باش. take notice. be careful. take care. beware. look to it. look out.
مُلتَقا، ملتقی. confluence (of two rivers). place of meeting. juncture. meeting. flowing in.
مُلتَقی joining another river. confluent.
ملت‌گرا(ی) nationalist.
ملت‌گرائی nationalism.
مُلتَمَس، التماس. beseeched. implored. requested. asked. request. entreaty.
مُلتَوی، کج، پیچیده. distorted. twisted.
غضروف ~. sigmoid cartilage.
مُلتَهِب، برافروخته، درالتهاب، سوزان، مشتعل. inflamed. burning. ablaze.
~ شدن. to be inflamed.
مَلجاء، پناهگاه، پناه، پشتیبان، نقطهٔ اتکاء. refuge. asylum. haven. shelter.
ملچ‌ملوچ، ملچ‌ملوچ. smack. smacking.
مِلح (pl. املاح)، نمك. salt.
املاح معدنی. mineral salts.
مُلحِد، کافر، بیدین، مرتد. atheist. pagan. unbeliever. atheistic. unbelieving. impious. apostate. renegade.
مِلحَفَه، ملافه. sheet. bed sheet. cover. coverlet.
مُلحَق، متصل، پیوسته. joined. annexed. contiguous. joining. annexing. combined. enclosed. attached.
~ کردن. to join. to annex. to combine. to link. to connect. to enclose. to attach.
دو رودخانه بیکدیگر ~ میشوند.

the two rivers join.
to join. ~ شدن.
to be annexed. to become confluent.
مُلحَقات (pl. of ملحق)، اضافات، زوائد. additions. supplements. annexations. appendages. attachments.
مَلحُوظ. دیده شده، ملاحظه شده، مراعات‌شده، محتمل. viewed. seen. noticed. considered. regarded. probable. likely.
to be taken in view. to be ~ شدن.
considered. to be taken into consideration.
your petition عریضهٔ شما ~ گردید.
was seen (or considered).
مَلحوظات، نظریات، ملاحظات. views. considerations. thoughts. minds.
مَلَخ، زنجره. (z.) locust. grasshopper. propeller.
مانند مور و ~.
innumerable. as ants and locusts.
airplane propeller. ~ هواپیما.
مُلخَّص، خلاصه. summarized. summary. extract.
مُلزَم، الزام شده، مجبور. bound. obliged. fastened. tied. restrained. compelled. obligated. constrained. required.
to bind. to obligate. to oblige. ~ کردن.
to fasten. to restrain. to constrain.
من ~ بکمك شما هستم.
I am bound to help you.
او ~ شد که نفقهٔ عیال واطفالش را بپردازد.
he was obliged to pay alimony to his wife and children.
قرار داد اورا ~ میکندکه خانه را ظرف ده روز تخلیه نماید.
the contract binds him to vacate the house within ten days.
to be bound (or obliged). ~ شدن.
مَلزوم، لازم، الزامی. inseparable. connected. attached. obliged. required.
the two are indispensable. ایندولازم‌و~اند.
مَلزُومات، خواسته‌ها، لوازم، احتیاجات، نیازمندیها. supplies. necessaries. necessary materials. equipment. munitions.
office supplies. ~ اداری.
مَلَس، میخوش، دورگه. subacid. mongrel. mulatto.
مِلعَبه، عروسك، بازیچه، آلت دست. plaything. toy. doll. dummy. stooge.
~ دست‌کسی‌شدن.
to become a plaything of someone.
مَلعُون، نفرین شده، لعنت‌شده، مرتد، لعنتی. cursed. anathematized. damned. renegade. apostate. accursed. execrated.
مُلغَی، باطل، بی‌اثر. cancelled. null and void. rescinded. nullified. invalidated. annulled. abrogated.
to cancel. to rescind. to abrogate. ~ کردن.
to annul. to invalidate. to abolish.
مَلفُوظ، تلفظ شده. pronounced. uttered.
unpronounced. silent. mute. غیر ~.
مَلفُوف. پیچیده. covered, as a letter.
مَلفوفه enclosure. (annex of a firman).
ملفه bedsheet. tidy. antimacassar.
مُلَقَّب، موسوم، نامیده شده. entitled. endowed with a title. nicknamed. **named.** titled. called.
to entitle. to name. ~ نمودن، ~ کردن.
to bestow a title upon. to call by a title. to nickname.
to be entitled. to be called. ~ شدن.
to receive a title. to be nicknamed.
later on بعدها بلقب سردارجنگ ~ گردید.
he was given the title «Sardar Jang»

مُلقِمه amalgam.
مَلِك، پادشاه، شاه، کی. king.
مِلك (املاك .pl)، دارائی، املاك. landed property. real estate. estate. belonging. property. possession.
registered properties. املاك ثبت شده.
در تهران ~ گران است.
real estate is expensive in Tehran.
private property. ~ اربابی.
crown (or public) properties. املاك خالصه.
public domains.
مُلك، مملکت، کشور. country. land. kingdom. dominion
... که ~ کیانی [illegible] آرزو را
... that he desires
the Keyani country (Iran).
مَلَك، فرشته. angel.
مَلِكُ‌الشُّعَراء prince of poets. poet laureate.
مَلَكُ‌المَوت angel of death.
مَلِكُ‌المُورخین prince of historians.
مِلك‌دار، ملاك، ارباب، صاحب‌ملك. owning properties. landed. holding a property. landowner.
مُلك‌داری، کشورداری. statesmanship. government. ruling.
مِلك‌داری، ملاکی. owning properties.
مَلِكزاده، شاهزاده. prince.
مَلَکوت kingdom. dominion. empire. empyrean. firmament.
the celestial (heavenly) world. عالم ~.
مَلَکوتی، آسمانی، روحانی. pertaining to the kingdom of heaven. heavenly. celestial. empyreal.
مُلِکولی molecular.
مَلِکه، شهبانو. queen.
آنها آن‌کشور را ملکهٔ دریا می‌نامند.
they call that country the queen of the seas.
to make queen. ~ ساختن.
prince consort. شوهر ~.
the queen mother. ملکهٔ مادر.
ملکه شدن **to become a habit. to be memorized.**
مَلِکی، شاهانه. kingly. royal. regal.
مِلکیت. مالکیت، تصرف، تملك. possession. proprietorship. ownership.
مِلَل (pl. of ملت)، ملت‌ها، اقوام. nations. peoples.
مُلَمَّع macaronic verse. bilingual poem. particoloured.
مَلمَل jaconet. muslin.
مَلَنگ. سرخوش، شنگول. gay. tipsy.
مَلوان. ملاح. sailor. seaman. mariner.
ملوانی sailorship. seamanship.
مُلَوَّث. آلوده، کثیف. defiled. polluted. contaminated. dirty. involved (in a crime, etc.)
to defile. to pollute. ~ کردن.
to contaminate. to desecrate. to taint. to dirty. to besmear.
to be defiled (polluted or ~ شدن.
contaminated). to become soiled.
مَلوس، ظریف. delicately small. mignon. cuddly.
مَلُوط، مأبون. catamite.
مُلُوك، پادشاهان، شاهان، سلاطین. kings.
مُلُوكُ‌الطَّوایف feudality. feudal.
سیستم ملوك‌الطوایفی.
feudal. feudality. feudal system.
مُلوکانه، شاهانه، شاهوار.

kingly. royal. regal.
فرمایشات ~.
kingly (royal) remarks (or statements).
مَلول. خسته، بیزار، افسرده، آزرده. weary tired. vexed. bored. dejected. depressed. fed up. piqued.
آدم بیکار از زندگی ~ است.
an idle man is weary of (his) life.
... کز دیو ودد ملولم وانسانم آرزوست.
... (that) I am fed up with demons and beasts, and desire mankind.
to become fed up, ~ شدن.
vexed, bored, or depressed.
to vex. to bore. to depress. ~ کردن.
مُلَوَّن، رنگارنگ، رنگ شده. colo(u)red. variegated. multicolo(u)red.
مُلَوِّن، رنگ‌کننده، مادهٔ رنگ‌کننده. colo(u)ring. coloring matter.
مُلهَم. الهام شده. inspired. revealed to.
مِلّی، قومی، نژادی. national. popular.
the Melli Bank of Iran. بانك ~ ایران.
Bank Melli Iran.
to nationalize. ~ کردن.
to be (become) nationalized. ~ شدن.
national anthem (or song). سرود ~.
شرکت ~ نفت ایران.
the National Iranian Oil Company (NIOC).
nationalism. احساسات ~، ملت‌گرائی.
یکی از اصول انقلاب سفید ~ شدن جنگلها و مراتع است.
one of the principles of the White Revolution is the nationlization of forests and pastures.
مِلیَّت، تبعیت،ملت داشتن. nationality.
what is your nationality? ~ شما چیست؟
nationalism. ~گرائی. ملت گرائی.
مَلیح، زیبا، بانمك. graceful. charming. attractive beauty. melodious. sweet.
مَلیله، قیطان‌زری یا ابریشمی. silver or gold wire. filigree. crochet.
ملیله‌دوزی embroidery in filigree work.
ملیله‌کاری filigree. filigree work.
مُلَیِّن، لینت‌دهنده، نرم‌کننده، روان‌کننده. lenitive. laxative. emollient.
مِلیون million.
مِلّیون (pl. of ملی)، طرفداران ملت. nationalists.
فشار خارجیان با مقاومت ~ مواجه شد.
the foreign pressure met with the nationalists' resistance.
مَمات، مرگ، فوت، درگذشت،مردگی، هلاکت. death. mortification. passing away.
ممارست، تکرار، تمرین. **application lucubration. assiduity. practice.**
to practice. to lucubrate. ~ کردن.
to exercise. to apply. to perform. to continue to do.
باید ~ کنید تا زبان انگلیسی را یادبگیرید.
you must apply yourself so that you learn the English language.
مُماس tangent. contiguous. touching.
this line is این خط با دایره ~ است.
tangent with (or touches) the circle.
to become tangent. to touch. ~ شدن.
to make tangent or tangential. ~ کردن.
مُماشات، سازگاری، رفاقت، نرمی، مهربانی. walking together. condescension. pretended concordance or harmony. flattery. management. lenience.
to comply (with). to agree ~ کردن.
(with). to consent to. to conform. to

submit. to obey. to manage a business.
مُمانعت، جلوگیری، منع، بازداری. prevention. preventing. stopping. hindrance. prohibition. inhibition. interdiction. impedance.
to prevent. to forbid. ~ کردن.
to prohibit. to hinder. to inhibit.
he was از ورود او بجلسه ~ شد.
prevented from entering the meeting.
نباید از اظهار عقیدهٔ مردم ~ کرد.
the people should not be prevented from expressing their opinion.
مُمتاز، برجسته،عالی. برگزیده. distinguished. superior high quality. excellent choice privileged. meritorious. prime. premium. first-rate.
high quality goods. کالاهای ~.
excellent (or superior) tobacco. توتون ~.
honor student. دانشجوی ~.
he is outstanding او در رشتهٔ خود ~ است.
(highly qualified) in his own field.
مُمتَحِن، امتحان کننده، آزمایشگر، آزمونگر. examiner. examinant. proctor.
هیئت ممتحنه.
the examiners. the examining board.
مُمتَد، کشیده، طولانی، امتداد یافته. protracted. lengthy. long. extended. prolonged. long-drawn. continued. drawn. elongated. lengthened.
پس از مباحثات ممتد.
after lengthy discussions.
ممتد کردن.
to lengthen. to protract. to prolong.
مُمتَلی، مملو، پر، لبریز. full. replete. filled up to the brim.
مُمتَنِع، غیر ممکن، منع شده، رأی سفید. impossible. blank (vote). abstention.
رأی ممتنع دادن.
to cast an abstention (blank) vote.
پنجاه رأی موافق وسی رأی مخالف وشش رأی ~ بود.
there were 50 pros, 30 cons, and six abstention votes.
unattainable. inaccessible. ~ الوصول.
easy yet difficult to imitate. سهل و~.
مُمَثَّل، همانند. شبیه. likened. compared. represented. reproduced.
far fetched. uncompared. غیر ~.
مُمِد، مددکار، کمك، مساعد. prolonging. helping. assisting. promoting. extending. help(er): that which assists.
هرنفسی‌که فرو میرود ممد حیات است.
every breath that is inhaled prolongs (or extends) life.
مَمدُوح، مدح شده، ستایش شده، تمجید شده. praised. extolled. lauded. laudable. adored. object of praise.
او ~ شاعران معاصر خود بود.
he was praised by his contemporary poets.
مَمدُود، امتداد یافته، کشیده شده، دراز شده. extended. prolonged. stressed. marked with the sign «~». emphasized.
مَمر، راه، وسیله، گذرگاه، بابت، حیث. **passage. pass. ford. issue. outlet. respect. account. means.**
what is the source ~ معاش اوچیست؟
(means) of his livelihood.
مَمرَز، درخت راش. **(bot.) hornbeam.**
مَمزُوج، قاطی، مخلوط، آمیخته. **mixed. mingled. intermingled. intermixed. blended. fused. merged. admixed.**
to become mixed or mingled. ~ شدن.

~ کردن. to mix. to mingle. to blend.

مُمسِك، خسیس، جوکی. parsimonious. stingy. excessively economical. miser.

مُمکِن (ممکنه .fem، ممکنات .pl)، مقدور، میسر، عملی، شدنی. possible. feasible. practical. practicable. achievable.

بالارفتن از این کوه ~ نیست. it is not possible to climb this mountain.

آیا ~ است باو تلفن بزنم؟ can I make a phone call to him?

~ نیست بگذارم بروید. in no way will I let you go. I will not possibly let you go.

غیر ~. impossible. impractical.

~ است نمیرد. he may not die.

(آیا) ~ است بروم؟ may I go?

~ است بروم. I may go. it is possible that I go.

~ نیست. it is not possible. it is impossible. it cannot be.

~ کردن. to make possible or practicable.

مرگ او صلح بین دو کشور را غیر~ کرد. his death made the peace between the two countries impossible.

مُمِل، خسته‌کننده، کسالت‌آور. wearisome. tedious. boring. annoying. disgusting.

تکرار ~. tedious repetition.

مَملکت (ممالك .pl)، کشور، سرزمین، قلمرو، اقلیم. country. the state. dominion. realm. commonwealth. kingdom.

منافع عالی ~. the country's overriding (supreme or high) interests.

ممالك خارجه. foreign countries.

مملکتی belonging to a country (or) state.

مسائل مملکتی. state problems (affairs or matters).

مَملو، پر، ممتلی. full. filled. replete. plenary. brimming. brimful.

با جیبهائی مملو ازپول. with pockets full of money.

~ کردن، پرکردن. to fill. to make complete. to load. to pervade. to permeate.

~ شدن. to become full, replete, or filled.

در اثر باران جویها مملو از آب شد. as a result of rain, the gutters were brimful of water.

مَملوك (ممالیك .pl)، بنده، برده، غلام، عبد، عبید. possessed. owned. slave. purchased slave or captive. Mameluk.

مَمنوع، منع‌شده، جلوگیری‌شده. forbidden. prohibited. restricted. disallowed. debarred. proscribed. not allowed. not permitted. taboo.

ورود به‌آن منزل ~ بود. it was forbidden to enter that house.

استعمال دخانیات ~ است. smoking forbidden. no smoking (is allowed).

~کردن، ~نمودن. to prohibit. to forbid. to proscribe. to disallow. to indibit. to restrain. to restrict. to interdict.

~ شدن. to be forbidden (prohibited or disallowed).

اجناس ممنوعه. prohibited goods.

محوطهٔ ممنوع‌الورود. restricted area.

تجارت برده فروشی ~ شده. the slave trade has been prohibited.

عبور ~. no entry. passage (of traffic) is forbidden.

توقف ~. no parking. no stopping.

سبقت ~. no passing.

دور زدن ~. no "u" turn.

کسی را از کاری ~ کردن. to inhibit a person from doing something.

استاد آدامس جویدن را ~ کرد. the professor disallowed chewing gum.

عکسبرداری ~ است. taking pictures is forbidden.

مَمنوعات، ممنوعه، آنچه‌منع‌شده. forbidden things. prohibitions. taboos.

مَمنوعیّت، ممنوع بودن. prohibition. restriction. proscription state of being prohibited.

~ قانونی. legal prohibition.

مَمنون، سپاسگزار، متشکر. obliged. thankful. grateful. pleased. beholden.

(ازشما) ممنونم. thank you.

از همکاریهای شما بسیار ممنونم. I am much obliged for your cooperation.

~ شدن. to become thankful, beholden, or grateful.

~ کردن. to oblige. to make thankful (or grateful). to gratify. to please.

ازکارت تبریکی که‌برایم فرستاده‌بودید ممنونم. I am grateful for the (congratulation) card you had sent me.

پذیرائی صمیمانهٔ اوهمه را ~ کرد. his warm (sincere) reception made everyone thankful.

مَمنوناً، باسپاس. thankfully. gratefully.

مَمنونیّت، سپاسگزاری، امتنان. gratefulness. thankfulness. obligation. state of being obliged. gratitude.

مَمه، پستان. breast.

مُمَهَّد، آراسته. arranged. prepared. smoothed. preened. made up.

مَمهور، مهر شده. sealed. stamped.

~کردن، مهرکردن. to seal. to stamp. to ratify. to confirm. to fasten.

مُمَیِّز (ممیزه .fem) auditor. examiner. verifier. reviser. controller. decimal point. discerner. discerning.

سرممیز. chief auditor.

مُمَیَّزٌعَنه person against whom appeal has been made to the supreme court.

مُمَیِّزه distinguished. discriminatory. discriminative. discerned.

قوهٔ ~، نیروی ~. discriminative faculty.

مُمَیِّزی audit(ing). examination or verification (of accounts). control. controlling. discrimination.

~ کردن، رسیدگی کردن. to control. to discern. to audit. to verify. to confirm. to corroborate. to examine. to revise.

خواهشمند است همهٔ محاسبات را ~ کنید. please audit all accounts.

ادارهٔ ~. audit office.

مَن me. I. my. mine.

~ میروم. I go.

بمن چه؟ what is it to me? it is none of my business.

بمن خبر داد. he informed me.

کتاب ~. my book.

این‌کتاب مال ~ است. this book is mine.

بمن بگو. tell me.

~ را (مرا) دیدند. they saw me.

کتاب ~ را (مرا) برایم بفرست. send me my book.

~ بدبخت. I (who am) unfortunate.

منکه جواب این مسئله‌را نمیدانم. I for one do not know the answer to this problem.

مَن، کی، کسیکه. who. he who. (both interrogative and relative).

مَن manna.

مِنّ، توفیق. favo(u)r. grace. gift. benefit.

مَنابِر (منبر .pl. of) tribunes. pulpits.

مَنابِع (منبع .pl. of) sources. authorities.

~ ثروت. sources of wealth.

~ موثق. reliable authorities.

مَنات، روبل. rouble. ruble.

مُناجات، دعا، نیایش، راز ونیاز باخدا. incantation. litany. chant(ing).

~ کردن. to chant. to pray (in hymns and poetry). to offer one's candid and silent prayers. to implore. to beg. to solicit.

مَناجِق (منجنیق .pl. of) balistas catapults. manganels. war engines.

مُنادِم، ندیم، ملتزم، مصاحب. companion.

مُنادَمَت، ندیمی، التزام رکاب، مصاحبت. companionship. conviviality.

مُنادی، جارچی. herald. proclaimer. crier. forerunner. harbinger.

مُنادی، نداشده. proclaimed. exclamation. the name of a person (or thing) addressed. heralded.

مَنار، مناره. minaret. lighthouse.

مَناره، گلدسته، برج نور. minaret. lighthouse. (a high, slender) tower.

مُنازِع، مدعی، طرف دعوا، خواهان. litigious. contentious. litigant. opponent. adverse party. contender. claimant.

مُنازِعه، نزاع، مرافعه، دعوا. contestation. dispute. litigation. contention. quarrel. strife. struggle. altercation. spat. wrangle. squabble. fray. fighting.

~ کردن، نزاع‌کردن. to contend. to quarrel. to dispute. to struggle. to fight.

مَنازِل (منزل .pl. of) homes. houses. mansions. stations. grades.

مُناسِب، شایسته، درخور، ارزان. suitable. fit. apt. appropriate. becoming. opportune. fitting. propitious. meet. proper. befitting. decorous. adapted. reasonable. moderate.

در موقع ~. at a suitable time.

این حرف برای این موقع ~ نبود. this remark was not fit for this occasion.

بقیمت ~ آنرا خریدم. I bought that at a reasonable price.

~ بودن. to be fit. to be suitable. to suit. to be rather cheap. to be convenient.

این برای شما ~ نیست. this is not suitable (decorous) for you. this does not befit you.

او برای مترجمی ~ است. he is suited to be a translator.

خود را با محیط تازه ~ (موافق) ساختن. to adapt onself to a new environment.

نا ~. unsuitable. unfit. unbecoming.

رفتاری ~ بهشأن خود داشته باشید. adopt a behaviour befitting your dignity.

این لباس برای مجلس عروسی ~ نیست. this dress is not suitable for the wedding party.

مُناسِبَت (مناسبات .pl)، تناسب، موقعیت، ربط، ارتباط، بستگی، شایستگی. relation. connection. pertinence. proportion. suitability. fitness. aptitude. occasion. ground. reason. opportuneness. decorum. aptness. appropriateness.

~ داشتن. to have a connection (or relation). to be related (or pertinent). to be opportune. to be based on some reason. to be fitting, befitting, or suitable.

~ ندارد شما با اوحرف بزنید. it is not befitting that you talk with her.

بچه ~؟ why? for what reason? in what connection? upon what ground?

بمناسبت زادروز شما. on the occasion of your birthday.

با ~. pertinent. befitting. suitable. opportune. based upon some reason (or ground).

بی ~. impertinent. unconnected. irrelevent. unsuitable. unwarranted.

بمناسبت. on the occasion of. due to. owing to.

مناسبات‌دوستانه. amicable (friendly) relations.

حرفهای‌او باموضوع موردبحث مناسبتی‌نداشت. his talk was irrelevent to the subject under discussion.

قطع مناسبات‌کردن. to break off relations.

مَناسِك (منسك .pl. of)، مراسم، آداب. ceremonies. rites. formalities.

~ حج. the ceremonies (rites) of the pilgrimage to Mecca.

مَناصِب (منصب .pl. of)، عناوین، مقامها، رتبه‌ها، القاب. titles. positions. grades. ranks.

مُناصِفه، تنصیف، دونیم‌سازی، تقسیم. dividing in two equal parts. halving.

بالمناصفه. half and half. fifty fifty.

مَناط، اساس. basis. example.

حرف او ~ نیست. his words are not to be trusted.

مَناطِق (منطقه .pl. ol)، ناحیه، قسمت. zones. regions. territories.

~ حاره. tropical areas (zones).

مَناظِر (منظره .pl. of)، صحنه‌ها، چشم‌اندازها، دیدگاه‌ها. spectacles. sights. scenes. exhibitions. landscapes. views. perspectives. vistas. sceneries.

مَناظِر ومَرایا perspective.

مُناظِره، بحث، مباحثه، نزاع. debate. controversy. argument. dispute. discussion.

مناظرهٔ ادبی. literary debate.

پس از بحث ومناظرهٔ زیاد. after much discussion and debate (dispute).

~ کردن. to debate. to dispute. to argue. to contradict. to quarrel.

مَناعَت، بزرگ منشی، عزت نفس. magnanimity. high-mindedness. ambition. sublimity (of taste or temper).

~طبع. magnanimity of taste (or temper).

مُنافات، ناسازگاری، تناقض. incompatibility. inconsistency. repugnance. contradiction. opposition.

~ داشتن. to be incompatible. to be inconsistent. to contradict. to be repugnant.

رفتار او باگفتارش ~ دارد. his behavior contradicts his sayings.

سیگارکشیدن با اصول بهداشت ~ دارد. cigarette smoking is against (inconsistent with) the principles of hygiene.

مَنافِذ (منفذ .pl. of)، سوراخها، خُلَل وفرج، روزنه‌ها. pores. holes. openings.

مَنافِع (منفعت .pl. of)، سودها، مزایا. profits. advantages. benefits. emoluments. proceeds. interests. dividends.

او ~ سرشاری برد. he made great profits.

برخلاف ~کشور. against the interests of the country.

مُنافِق، ریاکار، مزور، دورو، مفسد. hypocrite. dissembler. double-crosser. informer. seditious. mischief-maker.

مُنافِقَت، دورِوئی، تزویر، اختلاف، نفاق. hypocrisy. dissimulation. mischief.

مُنافی، مخالف، ناسازگار. inconsistent.

incompatible. opposed. contradictory.
در تمام این مدت عملی ~ اخلاق از او سر نزد. **during all this time he did nothing against morality (or he did nothing immoral).**
~ عفت. **unchaste. immodest. impure.**
مَناقِب (pl. of منقبت)، محاسن، صفات نیکو. virtues. talents. good traits.
مُناقِشه، منازعه، دعوی، جدال، ستیزه. dispute. quarrel. disputation. contention. controversy. altercation. wrangle. bickering. brawling. broil.
~ کردن. **to dispute. to quarrel. to contradict. to controvert. to altercate. to bicker. to squabble. to argue. to debate.**
پس از مناقشات بسیار. **after much wrangling.**
مُناقِصه (pl. مناقصات). tender. buying from the lowest bidder. awarding by contract. low bid.
بدینوسیله فروش برنج بمناقصه گذارده میشود. **tenders (low bids) are hereby invited for the sale of rice.**
بمناقصه گذاشتن. **to put to tender. to purchase from the lowest bidder. to call for low bids (or tenders).**
منال، دولت، ثروت. **anything obtained or attained. an attainment. profit.**
مال و~. **riches. wealth. property.**
مَنام، خواب، خوابگاه. sleep. dream. dormitory. sleeping place.
مَنّان، نیکوکار، بخشنده. beneficent. bestowing favors or gifts. God.
مَناهِج (pl. of منهج)، راهها، روشها. manners. methods. ways.
مَناهی، نواهی، منهیات، گناهان. prohibitions. taboos. negative commands. prohibited acts. admonitions. injunctions.
مِنباب، ازبابت، از راه. by way of. as an.
~ مثل. **by way of (as) an example.**
مُنبِت، حاصلخیز، بارور. fertile. productive. fruitful.
غیر ~. **unproductive.**
مَنبِت، جایگاه رشد گیاه، رویشگاه. the habitat of a plant. place of growing.
مُنبَّت، دارای نقوش برجسته، خاتم کاری. inlaid. ornamented in relief. embossed.
منبت کاری inlaid work. relief work. inlaying. embossment. woodcut. woodwork.
مِنبَر، میزخطابه. pulpit. tribune. lectern.
~ رفتن. **to ascend a pulpit. to orate.**
مُنبَسِط، بسط یافته. expanded. expansive. dilated. spread out. cheerful. relaxed.
~ کردن. ~ ساختن. **to expand. to widen. to enlarge. to extend. to increase.**
~ شدن. **to grow. to dilate. to relax. to expand. to become stretched.**
گرما آهن را ~ میسازد. **heat expands iron.**
مَنبَع (منابع pl.)، چشمه، سرچشمه، سبب، علت. **source. spring. fountain. origin. cause. parent. resource. headwaters. fountainhead. matrix. reservoir. repertory.**
~ این نقل قول چیست؟ **what is the source of this quotation?**
بالاخره ~ رود نیل کشف شد. **finally the source of the river Nile was discovered.**
~ آب. **water reservoir.**
~ موثقه (موثق). **reliable source.**
~ نیرو (انرژی). **source of energy.**
مِنبَعد، پس ازاین. hereafter. henceforward. from now on. henceforth.
~ بایستی غیبت خود را قبلاً اطلاع بدهید. **henceforth you must report (inform us of) your absence ahead of time.**
مُنَبِّه، تنبیه کننده، بیدارکننده. rousing. awakening. admonishing. alarm clock.
مِنَّت، شکر، سپاس. grace. favo(u)r. obligation. indebtedness (for a favo(u)r). thanks. praise.
همه در زیر ~ او هستیم. **we are all indebted to him (or under his obligation).**
~ برسر کسی گذاشتن. **casting a favor in the teeth (of a person to whom the favor is done). twitting a person for a favor.**
بدیده ~ دارم. **most willingly (I will do it).**
~ داشتن. **to hold (or value). to grasp.**
~ کشیدن. **to stoop to a favo(u)r. to curry favo(u)r.**
مُنتِج، منجر، منتهی. brought forth. deduced. inferred. concluded. resulting.
~شدن. **to result. to end. to finish. to terminate. to ensue. to issue. to be deduced.**
مساعی او ~ بموفقیتش شد. **his efforts resulted in (his) success.**
مناظرهٔ آنها ~ به کشمکش شد. **their debate ended in a strife.**
مُنتِج، زاینده، نتیجه دهنده. bringing forth. causing. producing. giving.
مُنتَحِل، دزد ادبی. plagiarist.
مُنتَخَب(منتخبات .pl، منتخبه .fem)، انتخاب شده، برگزیده. chosen. selected. elected. culled (out). selection.
اعضای ~. **elected members.**
منتخبی از اشعار سعدی. **a selection of Sa'di's poems.**
~شدن. **to be selected, elected, or chosen.**
مُنتَخِب (منتخبین .pl)، انتخاب کننده. elector. selector. chooser. elective.
هیئت منتخبه. **the elective body. the electorate.**
مُنتَخَبات، برگزیده ها. selections. extracts. anthology. collections.
مِنتَر، ورد، افسون. animal magnetism.
مُنتَزَع، جدا شده. wrung. wrested. seceded. separated.
~ شدن. **to be wrested or wrung. to be seceded. to secede.**
~ کردن. **to wrest away. to secede.**
در جنگلهای داخلی آمریکا بعضی از ایالات جنوبی میخواستند از دولت فدرال ~ شوند. **in the American civil war some southern states wanted to secede from the federal government.**
مُنتَسَب، منسوب. relative. related to.
~ کردن. **to attribute. to relate.**
مُنتَشِر، انتشار یافته، نشر شده، پخش شده. published. printed. propagated. diffused. (wide)spread. bruited about.
~ کردن، منتشر ساختن، انتشار دادن. **to publish. to spread (abroad or about). to print. to disseminate. to circulate. to advertise. to propagate. to divulge. to issue.**
کتابی را ~ کردن. **to publish a book.**
عقاید بسرعت ~ (پراکنده) میگردد. **ideas soon disseminate.**
اسکناس ~ کردن. **to issue bank notes.**
کی آن کتاب را ~ کرد؟ **who published that book?**
~ شدن. **to be published. to be spread (about). to be divulged. to issue. to be issued. to be printed. to be bruited abroad.**
این فرهنگ یکجلدی بسال ۱۳۵۴ ~ شد. **this one - volume dictionary was published in (the year) 1354 (1975).**
مُنتَصِر، پیروز، غالب، فاتح، یار، کمک کننده. victorious. triumphant. overcoming. helper. assistant.
مُنتَظِر، درانتظار، گوش بزنگ، مراقب، صبر کننده. waiting. expecting. awaiting. expectant. looking for. watching.
اینجا ~ کی هستید؟ **whom are you waiting for (awaiting) here?**
من ~ فرصت هستم. **I am looking for an opportunity.**
~ نبودم این خبر را بشنوم. **I was not expecting to hear this news.**
من منتظر مهمانانم هستم. **I am expecting (waiting for) my guests.**
~ کردن، ~ نگاهداشتن. **to keep waiting.**
~ شدن. **to wait for. to await. to look for. to stay. to expect. to anticipate.**
خواهشمندم اینجا ~ باشید تا من بیایم. **please remain here until I come.**
مُنتَظَر، منتظره. expected. looked for. prospective.
غیرمنتظره. **unexpected. sudden. unlooked for.**
وقایع غیر منتظره. **unexpected events.**
منافع یا فوائد منتظره. **prospective benefits**
مُنتَظَم، آراسته، مرتب، منظم، بقاعده. arranged. put in order. systematic. orderly. regular. one who arranges. systematized.
نبض ~. **regular pulse.**
نبض غیر ~. **irregular pulse.**
مُنتَفِع، برخوردار، سودبرنده، انتفاع برنده. deriving a benefit or advantage. profiting. benefiting. one who profits by a thing. usufructuary.
~ شدن. **to drive a benefit. to profit. to gain advantage. to benefit.**
ازپندوی ~ شدم (سود بردم). **I profited by his advice.**
مُنتَقِد، انتقاد کننده، خرده گیر، نقاد، نقدگر. c[illegible]ciser. critic. criticizing.
~ ادبی. **lit[illegible]ry critic.**
منتفی شدن to be obviated. to cease to exist.
مُنتَقِل، انتقال یافته. tran[illegible]red. moved. shift[illegible] made to understand. infor[illegible]d. carrying. dispatching. conveying. moving. emigrating. transplanted.
او بتهران ~ شد. **h[illegible] was transferred to Tehran.**
کالاها به انبار ~ شد. **the goods were sent (dispatched) to the store.**
لوله ها را به ساختمان تازه ~ کنید. **convey the pipes to the new building.**
~ کردن، ~ ساختن، انتقال دادن. **to transfer. to shift. to move. to cause (or give) to understand. to transmit. to transport. to send. to dispatch.**
صفات مکتسبه را باولاد خود ~ کردن. **to transmit acquired characteristics to one's offspring.**
~ شدن. **to be transferred. to be shifted or moved. to understand. to perceive. to discern. to realize. to apprehend.**
مُنتَقَلٌ عَلَیه transferree. alienee.
مُنتَقِم، انتقام گیرنده، کینه توز. revenger. avenger. attribute of God.
منت گذار، سرکوفت کننده، برخ کشنده. obliging. accomodating. twitter.
مُنتَها، منتهی، آخر. end. extremity. finally. ultimate(ly). ulterior. the maximum. the most. the utmost extent. the greatest. terminated. ended. concluded. at most. the difference is.
رسیدن باین مقام منتهای آرزویش بود. **it was his utmost desire to attain this position.**
میل دارم آن منزل را بخرم منتهی پول ندارم. **I like to buy that house, but I do not have (the) money.**
مُنتَهی، بپایان رسنده. terminating. ending. resulting. concluding.
~ شدن، منجر شدن، پایان یافتن. **to terminate. to end. to result. to lead (to).**
محاورهٔ آنها ~ بمشاجره شد. **their debate ended in a dispute.**
این خیابان به باغ آنها ~ میشود. **this street leads to their garden.**
مُنتَهی اِلَیه end. extremity. farthest end. ultima thule.
مُنتَهیٰ دَرَجه highest degree. highest point. ultimate degree.
بمنتها درجه. **to the highest (ultimate) degree. extreme.**
مَنثور، نثر. written in prose. prose.
شعر ~. **prose poem. blank verse.**
منثوراً in prose.
منجانب، ازطرف، ازسوی. from (the side of). on the part of. by.
مُنجَذِب، جذب شده، مجذوب. attracted. drawn in ecstacy. drawn. absorbed.
مُنجَر، کشیده، منتهی، منتج به. drawn. leading or led (to). terminating. resulting (in). issuing.
~ شدن (به). **to result (in). to lead (to). to terminate (in). to ensue.**
مذاکرات وزرای خارجهٔ دو کشور ~ بعقد قرار دادشد. **the negotiations of the two countries' foreign ministers led to the conclusion of a treaty.**
مَنجَلاب، لجنزار. voidance. (dirty) water. sink. sewer. cesspool. sewage water. quagmire. bilge. bilge water.
مُنجَلی، آشکار، ظاهر، روشن، جلی. clear. conspicuous. manifest. evident.
مُنَجِّم، ستاره شناس. astrologer. astronomer. almanac maker.
مُنجَمِد، یخ بسته، جامد. frozen. congealed. frigid.
اقیانوس ~ شمالی. **Arctic Ocean.**
اقیانوس ~ جنوبی. **Antarctic Ocean.**
منطقهٔ منجمده. **frigid zone.**
~ ساختن، ~ کردن. **to (cause to) freeze. to congeal.**
گوشت ~. **frozen meat.**
~ شدن، یخ بستن. **to freeze. to congeal.**
آب ~ شده است. **the water has frozen.**
مُنجَمِده frozen. congealed.
مِنجُمله، ازجمله. among all. among others. such as. such are. including.
مَنجَنیق ballista. catapult. mangonel. war engine.
مَنجوق glass beads.
مُنجی، نجات دهنده، رهاننده. savio(u)r. deliverer. Messiah. redeemer.
مُنحَرِف، گمراه، ذوزنقه. deviated. turning. turned. aberrant. perverted. trapezoid. pervert. deviant.
~ ساختن، ~ کردن. **to cause to deviate. to mislead. to lead astray. to seduce.**
آنمرد آنزن را از راه راست ~ ساخت. **he misled (seduced) the woman. he led that woman astray.**

فرمان ماشین‌را بسوی راست ~ کردم. I turned the steering wheel to the right.
~ شدن، برگشتن. to deviate. to be misled. to go astray. to become aberrant.
در اثرسرعت زیاد ماشینش از جاده منحرف شد و بدره افتاد. as a result of high speed, his car left the road and fell into a gorge.
او ازطریق حقیقت ~ شد. he deviated from the path of truth.
مُنحَصِر، محدود، انحصاری، محصور شده. confined. limited. restricted. exclusive. monopolized. delimited.
استعمال این کلمه منحصر بموارد مخصوصی است. the usage of this word is restricted to particular cases.
این مسئله ~ بشما نیست. this problem is not confined (limited) to you.
~ کردن. to restrict. to confine. to limit. to monopolize.
تعداد فرزندان او ~ است به‌یك پسر ودودختر. the number of his children is limited to one son and two daughters.
~ بفرد. unique. single (in kind). monotypic. unparalleled. nonpareil.
منحصراً، بتنهائی، تنها. exclusively. solely.
این اداره ~ بوسیلهٔ او اداره خواهد شد. this office will be run by him exclusively.
مُنحَل dissolved. disorganized. disbanded. liquidated. closed. resolved.
~ کردن. to dissolve. to disband. to disorganize. to liquidate. to close up.
حزب مخالف ~ شد. the opposition party was disbanded.
~ شدن. to be dissolved. to be disorganized. to be disbanded. to break up. to wind up. to be liquidated.
شرکت ~ شد. the company was dissolved.
مُنحَلّه، منحل شده. dissolved. disorganized. outlawed. disbanded.
یکی از احزاب ~. one of the outlawed (dissolved) parties.
مُنحَنی، کج، خمیده. curve. bend. bow. curvature. arc. parabola. helix. curved. crooked. humpbacked. curvi-.
خط ~. curved line.
او از روی ~ بدانشجویان خود نمره میدهد. he grades his students by curve.
مَنحوس، پلید، بدبخت، نحس. sinister. dismal. gloomy. wretched.
من‌حیث‌المجموع on the whole. by and large. considering everything.
مِنخَر، سوراخ بینی. nostril. dual. منخرین. nostrils.
مُنخَسِف، خسوف گرفته، گرفته. eclipsed.
ماه ~. the eclipsed moon.
مَنداب (bot.) wild rocket.
روغن ~. wild rocket oil.
مندب (place of) weeping or wailing.
باب‌المندب. Bab el Mandab.
مَن‌دَرآوَردی invented. queer. improvised. what I have made or invented. self-styled. soi-disant.
مُندَرِج، درج شده، نوشته شده، ثبت شده. inserted. written. registered. published. included. contained (in).
اخبار غریبی در آن گزارش ~ بود strange bits of news were written in that report.
~ شدن. to be inserted, included, or written in.
مندرجات contents. insertions.
فهرست ~. table of contents.
~ جرائد. contents of newspapers.
مُندَرِس، کهنه، فرسوده، پاره. worn out. tattered. raggedy. shabby. in shreds. obliterated. ragged. dowdy. threadbare.
~ کردن. to make tattered or ragged.
~ شدن. to wear out. to tatter. to be worn out.
مُندَفِع، دفع‌شده، خارج شده. emitted. ejected. repulsed. driven away.
مُنزَجِر، بیزار، ملول، متنفر. disgusted. fed up. reluctant. disgustful. averse. abhorring. repulsed. rebuffed. queasy.
~ کردن. to disgust. to make disgusted or fed up. to make averse. to make repugnant. to make queasy or nauseated.
بوی بدخوراك فاسد شده همهٔ مهمانان را ~ کرد. the foul smell of rotten food disgusted all the guests.
~ شدن. to be disgusted. to become reluctant or fed up.
از جنگ وخونریزی منزجرم. I abhor war and bloodshed.
مَنزِل (pl. منازل)، خانه، مرحله، مقصد، مسکن. house. home. lodging. housing. dwelling. mansion. manse. halting place. inn. carvanserai. day's journey.
~ شما کجاست؟ where is your house? where do you live?
از تهران تا آن شهر دو ~ راه است. it is two days journey from Tehran to that city.
~ کردن. to lodge. to dwell (in). to live. to home. to house. to inhabit. to stay in.
~ دادن. to house. to lodge. to give a housing to.
شب را در قهوه خانه ~ کردیم. at night we lodged in the teahouse. we spent the night at the teahouse.
~ گرفتن. to choose (as) a dwelling. to find a lodging (or house). to lodge.
~ اجاره‌ای(استیجاری). rented house.
~ شخصی. private (privately owned) house.
سر ~ مقصود. goal. destination. terminal.
او سالم بمنزل رسید. he reached home safe(ly).
ایشان ~ نیستند. he is not (they are not) home.
بمنزل رسیدن. to arrive at one's lodging. to reach destination. to attain one's end.
مُنزَل sent down. descended. revealed.
وحی ~. revelation sent down from heaven.
مَنزِلَت، قدر، شأن. degree. rank. esteem. respect. status.
~ داشتن. to be esteemed (or honorable). to have a degree (or rank). to be respectable.
پر ~. highly ranked (esteemed). highly valued.
کم ~. of little esteem or value. lowly.
مَنزِل‌گاه، منزلگه. lodging. house. halting place. inn.
مُنزَوی، گوشه‌نشین، گوشه‌گیر. retired. secluded. solitary. sedentary. hermit. recluse. insular. isolated. seclusive.
~ شدن. to retire. to become secluded or isolated.
~ کردن. to seclude. to isolate. to retire.
پیرمرد بزندگی ~ خود ادامه میداد. the old man continued his solitary existence.
یك خانهٔ ~ درجنگل. a secluded house in the forest.
مُنَزَّه، پاك، مبرا. guiltless. sinless. immaculate. free (from or of). blameless. innocent. pure. free.
~ شدن. to become pure, blameless, or guiltless.
مَنسوب، خویش وقوم، وابسته. related. allied. connected. dependent. ascribed. attributed. charged. imputed. reputed. pertaining to. relative. kin.
او با ما ~ است. he is our relative (kin). he is related to us.
این دونفر با هم ~ اند. these two persons are allied (related) to each other.
~ کردن، نسبت دادن. to attribute. to ascribe. to relate. to charge.
~ شدن. to be charged. to be attributed.
مَنسوج، بافته. woven. textile. fabric. cloth. material. tissue.
مَنسوجات، بافته‌ها، قماشها. textile. (woven) fabrics. cloth(s).
مَنسوخ (fem. منسوخه)، نسخ‌شده. out of pactice. abolished. abrogated. annulled. disused. obsolete. desuetude.
رسوم منسوخه. abolished customs. customs (which have) fallen into disuse.
~ کردن. to abolish. to abrogate. to annul.
اگرجنگ را ~ کنیم دیگر آرتشی لازم نداریم. if we abolish war, we need no army.
~ شدن. to be abolished. to be abrogated. to be annulled. to fall into disuse.
مَنِش، خو، میل، رغبت، طبیعت. nature. disposition. temperament. ambition. magnanimity. good nature. relish. desire. (often used as a suffix equivalent to «-ish», «like» or «-ous»).
بزرگ ~. magnanimous.
آقا ~. gentlemanly.
مَنشأ، منبع، آغاز، سرچشمه. origin. source. spring. fountain. fountainhead. matrix. fount.
~ رودکارون. the source of Karoon river.
~ فساد. the source of evil or sedition.
مُنشَآت (pl. of منشأ)، نوشته‌ها. epistolary writings. letters. literary compositions.
مِنشاری serrate(d). saw-like. denticulate. zigzag.
مُنشَعِب، شاخه شاخه. branching. ramified. forked. divided. subdivided. branched off
~ کردن. to divide into branches. to ramify. to fork. to branch out.
~ شدن. to ramify. to branch off. to be divided (into branches). to be subdivided or ramified. to form a faction.
جاده به‌سه جهت ~ شد. the road branched off in three directions.
آنها ازحزب خود ~ شده فراکسیون پارلمانی جدیدی تشکیل دادند. they broke away from their own party and formed a new parliamentary faction.
مُنشَق، انشقاق‌یافته، شکافته. split. forked. divided.
مَنشور، بلور، فرمان، امتیاز. prism. firman. charter. patent. diploma.
~ فرمانروائی به‌او اعطا شد. the firman for severeignty was given to him.
~ سازمان ملل متحد. the United Nations Charter.
مَنشوری prismatic. prismatical.
مُنشی، دبیر، نویسنده. secretary. clerk. writer. scribe.
~ اداره. office secretary.
~ زن. female secretary.
مُنشی‌گَری، نویسندگی، دبیری. secretaryship. clerkship. writing.
کار ~. secretarial job.
مَنصَب، مقام، جاه، شغل. post. office. position. status. (high) place. dignity.
نه به ~ بودبلندی مرد، بلکه ~ شود بمرد بلند. a man's dignity does not depend on his post but rather the post attains dignity by the man who fills it.
صاحب ~. (ranking) officer.
مُنصَرِف، صرف‌نظر کرده. changing one's mind. dispensing (with). dissuaded. desisting. retiring. declinable.
~ شدن. to change one's mind. to dispense (with). to give up an idea.
~ کردن. to dissuade. to cause one to change his mind or abandon an idea.
او ازخرید خانه ~ شد. he gave up the idea of buying the house.
والدینش اورا از ازدواج ~ کردند. his parents dissuaded him from marriage.
مُنصَعِق، آذرخش زده. thunderstruck.
مُنصِف (fem. منصفه)، عادل، با انصاف. just. equitable. fair. evenhanded. honest. impartial. arbitrator. fair.
هیئت منصفه. the jury.
معلم باید همیشه در قضاوت منصف باشد. a teacher should always be fair in (his) judgment.
مُنَصِّف، تنصیف کننده، نصف کننده. dividing in two halves. bisecting. bisector.
مُنصِفانه equitably. fairly. justly. fair. just. impartially.
غیر ~. unequitable. unfairly. unjustly.
تقسیم ~. a fair distribution.
مَنصوب، نصب شده، تعیین شده، بناشده. appointed. erected. set up. planted. installed. being in the accusative case. marked with the vowel point.
~ کردن، نصب کردن. to appoint. to nominate. to erect. to install. to set up.
او بریاست اداره ~ شد. he was appointed the chief of the office.
~ شدن. to be appointed. to be nominated. to be erected. to be planted.
مَنصور، مظفر، مؤید، پیروز، فاتح. victorious. triumphant. aided. assisted (by God). masculine proper noun.
~ شدن. to triumph. to win a victory.
مِنَصّه، پیشانی. place of exhibition or appearance. bride's throne (or pavilion). a nuptial chamber. the forehead.
بمنصهٔ ظهور رسیدن. to be exposed to public view.
مُنضَم، ضمیمه، پیوسته، الحاق شده. annexed. joined. supplementary. additional. enclosed. attached.
~ کردن، ضمیمه کردن. to annex. to add. to attach. to join. to enclose.
~ بودن. to be annexed. to be attached, joined, or enclosed.
او توصیه‌نامه‌ای به‌نامه ~ نمود. he annexed

(attached) a recommendation to the letter.

مُنطَبِق، انطباق یافته، مساوی، یکسان. coinciding. conjoining. flush. conforming. adapted.

~ شدن. to coincide (with). to conform (to). to be flush (with).

مَنطِق، طرز تفکر، تفکر، علم منطق. logic. dialectics. rationality. reasoning.

او ~ سرش نمیشود. he does not understand logic. he can not be reasoned with.

بی~. illogical. irrational.

منطقاً، منطقی. rational logically. rationally.

منطق‌دان، منطقی. logician.

مَنطَقه (مناطق .pl)، ناحیه. zone. girdle. sphere. region. district. territory. area.

منطقهٔ نفوذ. the sphere of influence.

عمران منطقه‌ای. regional development.

~ حاره. the torrid (tropical) zone.

منطقهٔ منجمدجنوبی. the South Frigid Zone.

او سالها در مناطق مختلف خراسان زندگی کرده است. he has lived in different areas of Khorassan for years.

مَنطَقَةُالبُروج Zodiac.

مَنطِقی (منطقیون .pl)، پیرو منطق، طرفدار منطق. logical. dialectic(al). logician.

غیر ~. illogical. irrational.

مَنظَر (مناظر .pl)، دید، جنبه، نظر، ظاهر. aspect. look(s) appearance. sight. visage. countenance. physiognomy.

خوش ~. good-looking. comely. sightly.

بد ~، کریه ~. ugly. of an ugly countenance. bad - looking. homely.

مَنظَره view. sight. landscape. spectacle. scene(ry). aspect. appearance. landscape. -scape.

این عمارت ~ خوبی دارد. this building commands a good view or landscape.

منظرهٔ دریا(ئی). seascape.

خوش ~. affording a good view, sight, or landscape. having a good scenery.

مُنَظَّم، مرتب. regular. arranged. orderly. in good shape (or order). well-ordered. methodical. systematic. disciplined.

~ کردن. to regularize. to make regular. to regulate. to arrange. to put in order. to organize. to systematize.

~ شدن. to become well - organized or orderly. to become regulated.

ساعات کار را باید ~ کرد. the working hours should be regulated (or fixed).

نا~، غیر~. disorderly. disorganized. confused. hodgepodge. unsystematic.

او آدم‌منظمی است. he is an orderly person.

منظماً، مرتباً. regularly. systematically.

مَنظور، قصد. consideration. purpose. seen. viewed. observed. considered. taken into consideration. provided for. foreseen. intended. designed. aimed. approved of. aim. object in view. intention. design. expectation. hope.

~ او از این مسافرت چه‌بود؟ what was his aim in this journey?

منظورتان را نفهمیدم. I did not understand your intention.

~ داشتن. to have in view (or mind). to take into consideration. to take into account. to be grateful to. to bear in mind. to appreciate. to provide for. to foresee.

بچه ~؟ for (to) what purpose? to what end?

بدین ~. for this purpose. to this end.

بمنظور... for the purpose of. in order to...

من خدمات او را ~ دارم. I appreciate (or I am grateful for) his services.

~ کردن. to carry into an account. to consider. to include. to take into consideration. to consider.

هزینه‌ها را [illegible] ~ دارید. include (enter) the expenses in the account.

چه مبلغ به‌حساب ~ کردید؟ what sum did you carry into the account?

مَنظورِنَظَر observed. seen. noticed. considered. accepted. appreciated.

مَنظوم versified. metrical. in verse. poetic. poeticized. poetized. poetical.

حکایت ~. a story in verse. a versified (poetic) tale.

~ کردن، بنظم درآوردن. to versify. to render into poetry. to poeticize.

~ شدن. to be written (or composed) in verse. to be versified or poeticized.

آثار ~ سعدی. Sa'di's poetic(al) works.

مَنظومه poem. composition in verse. versified story. system. constellation.

منظومهٔ شمسی. the solar system.

منظومهٔ رستم وسهراب. the poem of Rustam and Sohrab.

مَنع، جلوگیری، ممانعت، نهی. prohibition. forbidding inhibition. prevention. interdiction. banning. enjoining. hindering. hindrance. debarring. tabooing. disallowing. withholding. checking.

~ کردن، جلوگیری کردن. to prohibit. to forbid. to inhibit. to check. to prevent. to debar. to disallow. to proscribe.

~ شدن. to be prohibited, proscribed, interdicted, or forbidden.

قانون برده فروشی را ~ کرده است. the law forbids (has prohibited) slave trade.

مُنعَدِم، نابود، خراب. annihilated. destroyed. disappeared. extinct.

~ کردن. to annihilate. to destroy. to ruin.

مُنعَطِف، برگشته، خمیده. turned. bent. curved. inclined. deflected. reflexed.

~ کردن. to turn. to bend. to curve. to deflect. to focus. to orient. to orientate.

~ شدن. to be turned towards, bent, focused, or directed towards.

توجه همه باو ~ شد. everyone's attention was focused on (directed toward) him.

مُنعَقِد، بسته‌شده، برقرار. held. assembled. tied. coagulated. jelled.

~ کردن، ~ ساختن. to conclude. to hold. to coagulate. to assemble. to convene.

قرار داد ~ شد. the contract was concluded.

جلسهٔ هیئت امناء ~ شد. the meeting of the board of trustees was held.

شیر ~ شد. the milk coagulated.

~ شدن. to be concluded. to agree upon. to be held. to assemble. to meet. to gather together. to coagulate. to be convened.

~ کننده. coagulant.

مُنعَکِس، طنین‌انداز، پژواک‌شده. reflected. reverberated. resounding. having a reaction. reechoed. inverted. reversed. echoed. echoing. mirrored. rebounded.

~ ساختن (کردن)، برگرداندن. to reflect. to resound. to invert. to reverse.

تصویر او در استخر ~ شد. his image was reflected in the pool.

صدایش درکوه ~ شد. his voice resounded (echoed) in the mountain.

~ شدن. to be reflected. to be reverberated. to reverberate. to resound. to echo. to be mirrored. to have a reaction.

این خبر در روزنامه‌ها ~ نشد. this news was not reechoed (echoed or printed) in the newspapers.

مُنعِم، بخشنده، احسان‌کننده، غنی. beneficent. liberal. affluent. rich. wealthy man. benefactor.

مُنَغَّص perturbed. disturbed. troubled. interrupted. empoisoned.

~ کردن. to disturb. to bother. to annoy. to trouble. to spoil. to perturb. to empoison.

مُنَغمِز، دندانه دندانه، نامنظم. serrated.

مِن غیررسم unofficial(ly).

مُنفَجِر (منفجره .fem)، منفجر شونده. blowing up. bursting out. blown up. detonating. exploded. explosive.

~ شدن. to detonate. to explode. to burst (out). to blow up.

~ کردن. to detonate. to explode. to blow up.

مُنفَجِره explosive. explodable.

مواد ~. explosives.

مَنفَذ (منافذ .pl)، سوراخ، روزنه، راه‌نفوذ. hole. a passage. pore. opening. orifice.

مُنفَرِج (منفرجه .fem)، گسترده، باز، جداشده. obtuse. wide - open. split. separated. tranquil. free from care. refracted.

زاویهٔ منفرجه. obtuse angle.

مُنفَرِد، فرد، تك. single. lone. alone. unmarried. solitary. isolated. unique.

منفرداً، تنها، به‌تنهائی. singly. one by one.

مُنفَسِخ، فسخ شده. dissolved. cancelled. annulled. abolished. abrogated.

مُنفَصِل، جدا، ازکاربرکنار شده، منقطع، اخراج از خدمت. separate. detached. severed. truncated. disconnected. disjoined. cut off. dismissed. discharged.

قطعات ماشین را ~ کن. separate (detatch or disconnect) the parts of the machine.

او از خدمت ~ شد. he was dismissed (discharged) from service.

~ کردن. to discharge. to separate. to disjoin. to detach. to sever. to truncate.

~ شدن. to be dismissed. to be dischaged. to be separated. to be detached.

مَنفَعَت، فایده، سود. profit. gain dividend. advantage. benefit. use. interest.

او ازاین کار چه منفعتی میتواند ببرد؟ what benefit can he derive from this deed?

~ کردن. to gain. to make a profit or dividend. to yield a profit.

~ بردن. to make a profit. to gain. to profit. to derive a benefit or advantage (from).

منفعتی از مصاحبت اونبردم. I did not profit by his company.

~ داشتن. to be profitable. to bring a profit. to be useful (or advantageous).

با ~، سودمند، مفید، نافع. profitable. bringing a profit. useful. advantageous. on interest. at interest.

با ~ صدی ده. at 10 per cent interest.

بی ~. unprofitable. profitless. useless.

بی ~، غیرانتفاعی. nonprofit. with no interest. passive. bearing no interest.

پر ~. profitable. lucrative.

پول بمنفعت دادن. to loan money on interest. to put out money to interest.

~خور. living on interest. usurer. usurious.

~ خوری. usury. usuriousness.

مُنفَعِل، شرمنده. ashamed. put to shame. confused. disturbed. humiliated. mortified. abashed. disgraced.

~ کردن. to put to shame. to make ashamed. to ashame. to humiliate. to abash. to disgrace.

او از تذکرات دخترش ~ شد. he was ashamed by his daughter's remarks.

~ شدن. to become ashamed. to be humiliated. to be abashed (or disgraced).

مُنفَك، سوا، جدا، منفعل، غافل، غفلت‌کننده. separate. separated. detached. dislocated. severed. fragmented. in separate pieces. removed. (going) away. evading.

او یك لحظه هم از انجام وظیفه ~ نمیشد. he did not neglect his duties even for a moment.

~ شدن، جدا شدن. to be separated. to be detached. to go (be) away. to evade.

~ کردن. to separate. to detach. to cut off. to sever. to disconnect. to dissuade.

مَنفور، نفرت شده، مورد انزجار. hated. detested. abhorred. shunned.

~ شدن. to become hated or detested.

او ~ همه بود. he was hated by all.

مَنفی (منفیه .fem). negative. negated. negation. negatory. negational.

علامت ~، علامت‌منها. minus mark. negative mark.

رأی ~. negative vote. no vote.

مقاومت منفی. passive resistance.

~ کردن. to make negative. to negative.

منفی‌باف negationist. negativist.

منفی‌بافی negativism.

مُنقاد، مطیع، فرمانبردار. obedient. submissive. observant. acquiescent. docile. compliant. complying. loyal. faithful. tame. at one's call. passive.

~ کردن. to make obedient or submissive.

~شدن. to become obedient (or submissive).

مِنقار، نوك، بینی، پوزه، دماغه. beak. bill. nob. nose. rostrum. rostri-.

مِنقاردار beaked. rostrate. rostrated. having a rostrum, beak, or bill.

منقاری، منقارالغرابی. rostral. pertaining to or resembling a beak. beak-like. rostri-. rostrate(d). rostriform. coracoid.

مِنقاش tweezers. burin. chisel.

مَنقَبَت (مناقب .pl)، تعریف، مدح، ثنا، مدیحه، لیاقت. virtue. quality. talent or merit. laudable quality. praise. eulogy.

مُنقَبِض (منقبضه .fem)، چروکیده، جمع شده، قبض شده، دچار یبوست. contracted. shrunk. flexed. drawn together. constricted. constipated.

~ شدن. to contract. to become flexed, contracted or constipated.

عضلهٔ منقبضه. constrictor muscle.

~ کردن. to contract. to cause to shrink. to constipate. to constrict. to flex.

مُنقَرِض، معدوم شده. overthrown. overturned. ended. extinct. ruined. annihilated.

~ کردن. to overthrow. to overturn. to exterminate. to raze. to vanquish.
~ شدن. to be overthrown. to be overturned. to be exterminated. to become extinct.
سلسلهٔ صفویه ~ شد. the Safavid dynasty was overthrown.
مُنقَسِم divided. split. distributed.
~کردن، تقسیم‌کردن. to divide. to distribute.
~ شدن. to be divided. to be distributed.
منافع بسه قسمت ~ شد. the profits were divided into three portions (shares).
مُنَقَّش، رنگین، منقوش، دارای نقش ونگار. painted. depicted. portrayed illuminated. engraved. embroidered. colo(u)red.
~ کردن. to paint. to depict. to portray. to colo(u)r. to illuminate. to embroider.
کتاب به‌نقوش رنگارنگ ~ بود. the book was painted with colo(u)red pictures.
مَنقَصَت، نقیصه، عیب. deficiency. decrease. loss. defect. shortcoming.
منقضی، تمام‌شده. elapsed. expired. ended. finished. mature or due. terminated. coming to maturity. lapsed.
موعد برات ~ شد. the bill became mature (was due).
~ شدن. to elapse. to expire. to mature. to come to maturity. to be terminated.
سفته موعدش ~ شده است. the promissory note has come to maturity.
مُنقَطِع، قطع شده، نابود، بریده شده. cut (off). torn (up). interrupted. exterminated. ceased. halting. minced. severed. truncated. stoccado.
~ کردن (ساختن)، قطع کردن. to cut off. to break off. to sever. to truncate. to interrupt. to exterminate. to cause to cease.
~ شدن. to be cut or broken off. to be interrupted or terminated. to cease. to be truncated or severed.
مَنقَل، آتشدان، مجمر. brazier. thurible.
مُنقَلِب، برگشته، واژگون، دگرگون، بهم‌ریخته. turned. converted. changed. turbulent. overturned. upset. destroyed. touched. stormy. tempestuous.
حالت ~. upset condition.
دریای ~. tempestuous (turbulent) sea.
هوا ~ شد. the weather became stormy.
~ ساختن، ~ کردن. to turn. to change. to upset. to nauseate. to make turbulent.
ازشنیدن خبر فوت دوستش حالش خیلی ~شد. he was greatly upset when he heard the news of his friend's death.
~ شدن. to be turned, coveted or changed. to be transformed. to be overturned. to become upset. to be affected with nausea. to be touched or moved. to become stormy.
مَنقُوش، منقش، حك شده، نقش‌بسته، نقش‌شده. engraved. colo(u)red. painted. depicted.
مَنقُوط، نقطه‌دار. dotted. spotted.
مَنقُول (منقوله .fem)، نقل شده، روایت‌شده، قابل حمل. narrated. recounted carried. transported. carried forward (in bookkeeping). movable (property).
علوم ~. traditional (historical) sciences.
دارائی ~ وغیر~. movable and immovable property. chattel and real estate.
اموال منقوله. movables. movable porperties.
مُنَقّیٰ، منقا، پاك شده. cleaned. purged. designating a thin-shelled variety of almonds. Jordan almonds.
مُنكِر، انكاركننده. denying. abnegating. disclaiming. repudiating. disowning. denier. abnegator disowner. apostate.
~ شدن. to deny. to abnegate. to disclaim. to disown. to disavow. to repudiate.
~حقیقت‌شدن. to deny (repudiate) the truth.
او حتی حقایق اولیه را هم ~ است. he denies even the primary truths.
برمنكرش لعنت. damned be (curse upon) the denier. there is no doubt about it.
مُنكَر، انكار شده، خطا، گناه. denied. disowned. abnegated. disallowed. prohibited. unlawful. wicked. iniquitous. sin. iniquity.
مُنكَرات (.pl. of منكر)، منهیات. unlawful things. sins. taboos. prohibitions. proscribed things.
مُنكَسِر، شكسته. broken. broken-spirited. depressed. refracted. fractured.
مُنكَشِف، مكشوف، آشكار شده. discovered. revealed. explored.
~ كردن. to discover. to reveal.
~ شدن، مكشوف شدن. to be discovered.
مَنكُوب، بدبخت، محنت‌زده، مغلوب. vanquished. overcome. downfallen. afflicted. unfortunate. miserable. crushed down. suppressed.
~ شدن. to be suppressed, vanquished or overcome. to be put down.
~ كردن. to vanquish. to suppress. to overcome. to crush. to put down.
مَنكوحه، شوهركرده. married (woman).
مَنَگ، گیج. giddy. dizzy. reeling.
سرم ~ است. my head reels.
مَنگَل، شترگلو، دزد، زگیل. a (subterranean) siphon. a thief or robber. wart.
مَنگَله، منگوله. tassel. tuft. knot.
مَنگَنه، دستگاه فشار دهنده، گیره. press. roller. a vice. punch.
~كردن. to press. to put in (or squeeze by) a press.
مَنگوله، شرابه. tassel. tuft. knot.
مَنَم boasting. egotism. egoism.
~ زدن. to boast or brag.
مِن‌مِن، زیرلبی حرف زدن. muttering. mumbling. mumblement.
~ كردن. to mutter. to mumble.
مِنوال، شكل، طریق، طرز، گونه. manner. method. mode. form. frame. texture.
اگرچند روزدیگر براین ~ بگذارد. if some more days pass in this manner. if things continue to be thus for some more days.
مَنوچِهر، مینوچهر. Manoochehr.
مُنَوَّر، روشن. illuminated. bright. lighted. enlightened.
~ كردن، روشن كردن. to illuminate. to illumine. to light up. to enlighten.
مُنَوَّرُالفِكر، روشنفكر، اشراقی. intellectual. enlightened. illuminati. cognoscente.
مَنُوط، بسته، وابسته، مربوط به. depending. dependent. pending.
~ به تصویب مجلس شورا است. it depends upon the approval of the parliament.
مُنَوِّم، خواب‌آور. soporific. somniferous. somnific. narcotic. hypnotizer. morphine.
مَنوی (منویات .pl)، نیت‌شده، اراده، خواست. intended. intention. desire. thing intended.
منویات ملوكانه. imperial aims or intentions.
مِنها، ازآن‌زن، علامت تفریق، كاسته، تفریق. from her. from it. minus. subtraction.
هفت منهای دو مساوی است با پنج. 7 minus 2 equals 5.
علامت ~. the minus mark (sign). minus.
~كردن. to subtract. to deduct.
مِنهاج (مناهج .pl)، راه، طریق. highway. manner. method. course. way. path.
مُنهَدِم، خراب، ویران، نابود. destroyed. demolished. overthrown. ruined. razed.
~كردن، ~ ساختن، خراب‌كردن. to destroy. to demolish. to overthrow. to raze. to annihilate.
~ شدن. to be destroyed or demolished. to be ruined (wrecked or wiped out).
مُنهَزِم، شكست خورده. vanquished. conquered. routed. put to flight.
~ كردن، ~ ساختن، نابودكردن. to rout. to put to flight. to defeat.
~ شدن. to be routed or put to flight. to be defeated. to be vanquished.
مَنهی، نهی‌شده. forbidden. prohibited. an unlawful or forbidden act. a sin.
مَنی، آب‌پشت. semen. sperm.
~ را دفع‌كردن. to discharge or ejaculate semen.
مُنیب، توبه‌كار، پشیمان، تائب. (one) who repents. penitent.
مَنیَّت، منی. boasting. selfishness.
مُنیر، روشن، نورافشان. shining. luminous. illuminating. bright.
مهر ~، خورشید درخشان. the bright sun.
مُنیره (fem. of منیر). bright. feminine proper noun.
منیزی magnesium.
مَنیژه name of Afrasiab's daughter. feminine proper name.
مَنیع، رفیع، بلند، والا. inaccessible. lofty. high. exalted.
مقام ~. a high position. his excellency. his highness (old title of address).
مُنیف، بلند، مرتفع. eminent. lofty.
مُو، موی، زلف، گیس. hair. fuzz. hirsuteness. tress. filament.
بشقاب چینی ~ دارد. there is a crack (or flaw) in the china dish.
موی سر را درست كردن (یا اصلاح‌كردن). to do (or dress) the hair.
~ كندن. to tear out one's hair. to root out a hair. to tweeze.
~ زدن. to cut (or crop) the hair. to have a haircut. to clip or trim the hair.
~ تراشیدن. to shave one's hair.
موی زبر وسیخكی. bristles.
موی صورت، ریش. whiskers. beard.
موی مجعد. curly (curled, wavy) hair.
موی انبوه. thick (bushy) hair.
موی دماغ كسی شدن. to bore (worry, annoy, or weary) a person. to intrude upon a person.
یك سر ~. a hairbreadth. (in) the least.
~ بمو. exhaustively. in detail. particularly. hair by hair. one by one.
~ شكافتن، ~شكافی كردن. to scrutinize.
~ شكاف. hairsplitter. hairsplitting.
~ بربدنم راست شد. my hair stood on end.
ترازو ~ نمیزند. the equilibrium of the scale in perfect.
~ سرخ، سرخ‌موی. redhead. red hair.
~ طلائی. blond(e). of golden hair.
~ مشكی. black-haired.
موی بدن. body hair.
گیرهٔ مو، گیرهٔ سر. hairpin. hair clip.
پر ~. hairy. shaggy.
بی ~. hairless. bald. smooth.
موی‌نرم. fuzz. dawn. soft hair.
مَو، رز، تاك، درخت انگور. vine. grapevine. vini-.
موستان، تاكستان. vineyard. grapery.
مَو، میو، میومیو، صدای‌گاو. mew. moo.
مَوات، بیجان، بیحاصل، كشت نشده. inanimate. lifeless. waste. uncultivated (or unprofitable) land.
مَوّاج، موجدار. wavy. corrugated. undulating. rippling. rippled. billowy. raging. surgy. stormy. fluctuating. undulated. undulatory.
مَواجِب، شهریه، حقوق، اجرت، مزد. salary. stipend. pay. wage.
ماهی ده‌هزار ریال ~میگیرد. he recives a salary of ten thousand Rials per month.
مُواجِه، روبرو، مصادف. confronting. facing. meeting. encountering. face to face. opposite.
~ كردن(با). to confront. to meet. to come face to face (with).
با اشكالات زیادی ~ شدم. I confronted (or came across) many difficulties.
مُواجِهه، تصادف، تلاقی، روبروشدن‌با. confrontation. meeting face to face. presence. encounter.
~كردن، روبروشدن. to confront. to meet face to face. to come in presence (of) to come across.
تاآنوقت هرگز با او ~ نكرده بودم. until then I had never confronted him.
مُؤاخِذ. ملامت‌كننده، مورد ملامت قراردهنده. reproving. chastising. one who reprimands. rebuker. calling to account. chastiser. reprimander. remonstrator.
مُؤاخَذه، بازخواست، توبیخ، تأدیب، تنبیه. calling to account. reprimand(ing). reproving. reproof. rebuke. chastisement. castigation. remonstration.
~ شدن، مورد ~ قرارگرفتن. to be chastised. reprimanded, rebuked, or castigated.
~ كردن. to reprimand. to reprove. to chastise. to rebuke. to castigate. to remonstrate.
آموزگار انشاگرد تنبل ~ كرد. the teacher reprimanded the lazy student.
مَواد (.pl. of ماده)، چیزها، اجزاء، مصالح. matters. materials. articles. points. questions. ingredients. elements.
~ خارجی. extraneous matters.
~ خام. raw materials.
~ غذائی. articles of food. foodstuffs.
~ مندرجه در نامه. the points mentioned in the letter.
~ دهگانهٔ قرارداد. the ten articles of the contract.
~ (اجزاء) لازم برای تهیهٔ این دارو. the ingredients needed for (the) preparation of this medicine.
~ مخدر. narcotic substances.

مَوارِث (pl. of میراث). heritages.
مَوارِد (pl. of مورد). instances. cases.
مُوازات، درحال موازی. being parallel. parallelism. equivalence. along with.
بموازات این عمل باید اقدامات دیگری نیز کرد. other steps should also be taken parallel to (or along with) this action.
بموازات. parallel to. along with. equal (or equivalent) to.
مُوازِنِه، برابری، تعادل، توازن. balance. equilibrium. equipoise. poise. counterpoise. equiponderance. equiponderancy. counterpoise.
موازنهٔ سیاسی. political equilibrium.
موازنهٔ قدرتهای بزرگ. balance of great powers.
موازنهٔ خرج و دخل. balance of receipts and expenses.
~ کردن. to weigh together. to balance. to equilibrate. to equalize. to counterpoise.
~ داشتن. to have balance or equilibrium. to be balanced.
مُوازی، متوازی. parallel. equivalent.
خطهای (خطوط) ~. parallel lines.
مَوازین (pl. of میزان). standards. scales. measurements.
مَواشی (pl. of ماشیه)، دواب، گله، چارپایان. quadrupeds. beasts. cattle. livestock.
مُواصِلَت، اتصال، پیوستن، پیوستگی، تلاقی. coming together. interview. conjunction. union. copulation. marriage.
مَواضِع (pl. of موضع)، موقعیتها، محلها. positions. situations. places.
مواضِعِه، قرار (داد)، تبانی، ساخت وپاخت. agreement. collusion. connivance.
مُواظِب، هوشیار، دقیق، مراقب، ساعی. careful. attentive. assiduous. watching. heedful. on the look out.
~ بودن. to take care. to be careful. to be attentive. to be assiduous. to watch. to be on the look out.
~ کسی بودن. to keep an eye on someone. to watch a person.
~ باش! be careful! be attentive! take care! look out! watch out!
مُواظِبَت، ملازمت، توجه، مراقبت، نگاهداری. assiduity. application. perseverance. attention. taking care of. care. carefulness. heed. keeping. watching.
~ کردن. to take care of. to keep. to look after. to watch over.
از بچه ~ کن. take care of (look after) the child.
بی ~. careless. inattentive. heedless.
مَواعِد (pl. of موعد). promises. due dates. rendezvous.
مَواعِظ (pl. of موعظه). preachings. admonitions.
مَواعید (pl. of وعده، موعد). promises. expected dates.
مُوافِق، هم‌عقیده، همرأی، مطابق، متجانس. agreeing. consenting. favo(u)rable. agreeable. consonant (with). conformable. congruent. in accord. congruous. alike. similar. approving. for. consentient. consentaneous. assenting. acceding. concurring.
~ بودن. to agree. to be in agreement (with). to consent.
آراء ~. pros. yes votes.

مُوافَقَت، مطابقت، توافق، همراهی، قبول، همرائی. consent. agreement. concordance. karmony. rapport. assent. unanimity. concert. compact. unison. approval. approbation. uniformity. consonance. concurrence. congruence. conformance. concord. adaptation. acquiescence.
~ کردن. to agree (to). to consent. to conform (with). to approve.
مورد ~ قرارگرفتن. to be approved (by).
~ (توافق یا سازگاری) بامحیط. adaptation to environment.
~ شما در این مورد ضروری است. your acquiescence in this case is necessary.
با ~ رئیس مربوطه. with the approval of the relative administrator.
عدم ~. disagreement. discord. refusal.
مُوافَقَت‌نامه. letter of agreement. contract.
مَواقِع (pl. of موقع). times. positions.
مُواقِعِه، جنگ، حمله، مجامعت. attacking. fighting. conflict. lying with.
مَوالید (pl. of مولود)، زایشها، ولادتها، متولدین. births. number of newborn children.
مُؤانِسَت، انس، آشنائی. familiarity. tameness. being accustomed. fellowship.
مَوانِع (pl. of مانع)، اشکال، دشواری. obstacles. hindrances. difficulties. barriers. obstructions. snags. impediments. barrages. baffles.
ما باید تمام ~ را مرتفع سازیم. we must remove all the obstacles.
با ~ بیشماری در راه خود روبرو شدیم. we faced numerous difficulties on our way.
مَواهِب (pl. of موهبت)، بخششها. gifts. talents.
مَوبَد. Zoroastrian priest.
مؤبَد، ابدی، جاوید. eternal. everlasting. sempiternal. perpetual.
مَوت (pl. اموات)، مرگ، فوت، درگذشت. death. expiration. decease. demise. end. cessation. extinction of life. passing away. departure. obit. release.
ملك‌الموت، عزرائیل. death angel.
~ موضعی. (med.) sphacelus. gangrene. necrosis.
مؤتَلِف (fem. مؤتلفه)، متحد. allied. merged. united. joined or joining in a merger. in league. coalized.
~ شدن، ائتلاف کردن. to merge. to unite. to participate in a merger or coalition. to coalize.
احزاب مؤتلفه. parties having formed a coalition.
مؤتَمِن، امین، مورد اعتماد، معتمد. trusted. believed. trustworthy. trusty. trustee.
موتور، ماشین. motor. engine.
~ الکتریکی، الکترو ~. electromotor.
~ اتومبیل (خودرو). car engine.
موتورخانه. engine room. engine house.
موتوردار، موتوری. motorized. motored. mechanized. having an engine.
موتورسیکلت. motorcycle.
موتوری، وسائط نقلیه‌موتوری. motorized. mechanized. motorized vehicles.
قایق ~. motorboat.
مُؤَثِّر، گیرا، اثربخش، کارگر. effective. effectual. efficient. active. impressive. efficacious. moving.
داروی ~. an effective medicine.
نا~، غیر ~. ineffective. ineffectual.
~ بودن. to be effective, effectual, or efficacious.
مُوَثَّق (fem. موثقه)، مورداعتماد، صحیح، اصیل. reliable. trustworthy. authentic. genuine. authoritative. trusted. reputable.
راویان ~. authentic (trustworthy) narrators.
منابع مؤثقه (مؤثق). reliable sources.
مُوَثَّقیت، اصالت، صحت، قابلیت اطمینان. trustworthiness. reliability. authenticity trust. genuineness.
موج (pl. امواج)، خیزاب. wave. surge. billow. ripple. flaunt. surf. undulation. breaker. tide. frequency. wavelet.
~ زدن. to swell. to wave. to undulate. to roll. to ripple. to billow. to surge.
بی ~. waveless. quiet. calm.
(رادیو) ~ کوتاه. shortwave.
(رادیو) طول ~. wave length.
(رادیو) ~ متوسط. medium frequency (wave).
(رادیو) ~ بلند. long wave.
موجهای (امواج) رادیوئی. radio frequencies, radio waves.
امواج دریا. the waves of the sea.
مُوجِب (pl. موجبات .fem موجبه)، باعث. cause. motive. reason. causality. causation. rationale. causing. bringing about. rendering.
~ شدن. to cause. to bring about. to effect.
برف ~ کندی رفت و آمد شد. the snow slowed down traffic. the snow caused the slow down of traffic.
او ~ بدبختی من شد. he caused my misfortune.
بی ~. causeless. without any reason.
بموجب. according to. by virtue of. in consequence with. as a result of.
بموجب اختیاراتی که بمن تفویض شده. by virtue of the authority vested in me.
مُوجِبات، علل، دلائل، اسباب. causes. motives. means. reasons.
~ رضایت اورا فراهم سازید. give him satisfaction. bring about the means of his satisfaction.
مُوجِد، ایجادکننده، واجد، هستی‌بخش. author. cause. causing. bringing about. initiator. creator. inventing. inventor.
موجدار، مواج، موجی. surgy. wavy. undulating. billowy. undulatory. corrugated. undulate.
مُوجِر، اجاره دهنده. hirer. a letter. one who lets or farms out. proprietor. lessor. one who rents out.
~ ومستأجر. the lessor and the lessee.
مُوجَز، مختصر، لب، کوتاه. succinct. concise. brief. summarized. compendious. laconic. terse. pithy.
موج‌شکن. breakwater.
موج‌گیر. antenna. aerial.
مُؤَجَّل. adjourned. postponed. ultimate.
مهر ~. marriage portion payable in case of divorce or death of the husband.
مُوجود (fem. موجوده .pl موجودات)، آماده، دم دست، دردسترس، میسر، آفریده. existing. existent. ready. at (on) hand. available. extant. present. a being. creature. anything that exists.
آن کتاب فعلاً در کتابخانه ~ نیست. that book is not presently available in the library.
سگ موجودی است با وفا. a dog is a faithful creature.
~ بودن. to exist. to be ready. (available or at hand). to be extant.
اسناد ~. extant documents.
~ شدن. to come into existence. to be made ready. to be extant. to be available. to appear or occur.
~ کردن، ~ ساختن. to bring into existence. to make ready or available.
موجودات، کائنات، آفریدگان. beings. things that have existance. creatures.
~ زنده. living beings. (living) creatures.
موجودی. cash on hand. stock. asset(s).
موجودیت، بودن. being. existence. entity.
مُوَجَّه. excusable. excused. permissible. plausible. acceptable. permitted. allowable. reasonable. justified.
غیبت ~. excusable (excused) absence.
عذر ~. a plausible excuse.
غیر ~. inexcusable. unjustified.
~ بودن. to be excusable, permissible, or allowable.
موجی، موجدار، متموج، دمدمی. wavy. undulating. undulatory. whimsical. undular. undulate. undulative.
حاشیهٔ ~. an undulate edging.
موچ، صدای بوسه. a kissing noise. smack. buss.
مُوچینِه، موچین. tweezer(s).
مُوَحِّد، یکتاپرست، یگانه‌پرست. monotheist. monotheistic. unitarian.
مُوحِش، ترسناك، هراسناك. dreadful. dire. frightful. horrible. awful.
مُؤَخَّر، عقب، عقبی، بعدی. posterior. hinder. later. latter. following. arreared. delayed.
~ قرار دادن. to put last.
مقدم و ~ کردن. to invert. to reverse the order of. to put the first last.
مُؤَخَّرِه (fem. of مؤخر). the hind(er) part of anything. epilogue.
مودار، پشمالو، درزدار. hairy. shaggy. hirsute. flawy. haired. fuzzy. having a flaw or crack. cracked.
مُؤَدَّب، باادب. polite. courteous. polished. mannerly. civil. courtly. refined. instructed. trained. politely.
بچهٔ ~. a polite boy.
رفتار ~ (مؤدبانه). mannerly (courteous) conduct.
مُؤَدِّب، تأدیب‌کننده. chastiser. educator. trainer. instructor. preceptor.
مؤدبانه. polite(ly). courteous(ly).
مَوَدَّت، دوستی، وداد. friendship. affection. love. amity. brotherhood. cordiality. fraternization. fellowship.
~ کردن. to treat amicably. to befriend. to love.
مودت‌آمیز، دوستانه. friendly. cordial amicable.
نامهٔ ~. a cordial (friendly) letter.
مُؤَدّی (pl. مؤدیان)، تأدیه‌کننده، پرداخت‌کننده. payer. cause(r). a motive. paying. challenger.

~ شدن. to become a payer. to challenge.
~ مالیات(مالیاتی). taxpayer.
مؤذن، اذان‌گو، اذان‌خوان. muezzin. one who calls people to prayer.
مؤذی (موذیه .fem)، زیان آور، مضر، اذیت کننده. noxious. harmful. hurtful. nocuous. (colloq.) sly. crafty. artful. cunning. insidious.
غیر ~. harmless. innocuous.
حشرات ~. harmful insects.
آدم ~. a crafty (cunning) person.
موذی‌گری. slyness. astuteness. craft. nocuousness. noxiousness.
مور، مورچه. an ant. myrmeco-. Formica.
مورب، اریب، کج، یك وری. oblique. diagonal. transverse. slant.
مورث، موجب، ارث دهنده. causing. occasioning. bequeathing. giving by will. cause. a bequeather.
مورچانه، زنگ‌زدگی آهن. iron rust.
مورچه، مور. an ant. a little ant. Formica. myrmeco-.
مورچهٔ پردار. winged ant.
مورچه‌خوار، مورچه‌خور. myrmecophagous. feeding on ants. anteater. formicovorous.
مورخ (مورخه .fem)، سالمه، بتاریخ، تاریخ. dated.
نامهٔ ~ بیستم فروردین شما. your letter dated 20th Farvardin.
مورخ (مورخین .pl)، تاریخ نویس. historian. chronologer. chronographer. historiographer.
مورخین آمریکائی. American historians.
مورد، مورد سبز. (bot.) myrtle.
مورد (موارد .pl)، موقع، مناسبت، موقعیت. instance. case. application. proper place. object. place of arrival.
این یك ~ خیانت بود. this was an instance of treachery.
در موارد مشابه. in similar cases.
موردی برای بیانات شما نیست. there is no occasion for your statements.
شوخی شما بیمورد بود. your joke was inopportune (untimely).
~ داشتن. to be called for. to be relevant. to be a case in point.
بی ~. uncalled for. untimely. inopportune.
در موارد (موردهای) عدیده. in numerous cases (instances).
~ غضب (واقعشده). object of disfavor or wrath. exposed to disfavor or wrath.
در این ~. in this case. in this instance.
~ تعقیب قرار دادن. to sue. to prosecute.
~ مطالعه قرار دادن. to bring under consideration. to study.
مورددانه، مور دانه. (bot.) myrtle berry. myrtle seed.
مورشناس. myrmecologist.
مورمور. shivers. pins and needles.
مورمور شدن. to feel pins and needles. to shiver.
موروث، موروثی. hereditary. patrimonial. inherited. legacy.
موریانه. (z.) termite. rust.
تیرهای سقف را ~ خورده است. the ceiling beams are eaten by termite.

موز. (bot.) banana. plantain.
درخت ~. the banana plant. the plantain tree.
موزائیك. mosaic.
موزر، ده‌تیر. mauser. hand gun.
موزع، توزیع کننده، پخش کننده. distributor. seller. disseminator. disseminative.
مو زنی. trimming (the hair). cutting. cropping, or clipping the hair.
موزون، دارای وزن و قافیه، زیبا، متناسب. rhythmical. elegant. rhythmic. well proportioned. symmetrical.
موزه، چکمه، جوراب. a boot. a sock or stocking. footwear.
موزه، ~خانه، نادره‌خانه. museum.
موزیك، موسیقی. music. musical band.
~ زدن. to play music. to play on a musical instrument.
سالون ~. a music hall.
دستهٔ ~. a band (of music). orchestra.
جعبهٔ ~. a music box.
موزیکال. musical.
مؤسس، تأسیس کننده، بنیادگزار، بانی، پایه‌گزار. founder. establisher. organizer.
مؤسسه (مؤسسات .pl)، بنگاه، بنیاد، سازمان. establishment. institute. organization. institution. foundation.
مؤسسهٔ پاستور. Pasteur Institute.
مؤسسات خیریه. charity (charitable) institutions (or establishments).
موسك. ironwort.
موسم، فصل، هنگام. season. time. tide.
~ میوه. fruit season.
موسمی. seasonal.
موسوم، نامیده، نامبرده. named. called. marked. characterized. nominated. titled. entitled. labeled.
مردی ~ به منوچهر. a man named Manoochehr.
~ کردن (به). to call. to name. to title.
~ شدن (به). to be (become) known as. to be named, called, or entitled.
موسوی، کلیمی، یهودی، اسرائیلی. Mosaic. Hebrew. Jewish. Judaic. descended from Emam Moosa.
موسی. Moses.
موسیر. (bot.) shallot.
موسیقی، موزیك. music. musical.
آلات ~. musical instruments.
آلات ~ بادی، سازهای بادی. wind instruments (of music).
آلات ~ زهی، سازهای زهی. string(ed) instruments (of music).
آلات ~ ضربی، سازهای ضربی. percussion instruments (of music).
~ کلاسیك. classical music.
~ مجلسی. chamber music.
مدرسهٔ ~. music school. conservatory.
~زدن، ~ نواختن. to play music.
موسیقی‌دان. musician.
موسیقی‌شناس. musician. musicologist.
موسیقی‌شناسی. musicology.
موسیو، آقا. Mister. monsieur.
موش. mouse. vole.
مرگ ~. ratsbane.
تلهٔ ~. mousetrap.
~کور، خفاش، شب‌پره. bat.
~کور زیرزمینی. mole.

~ گرفتن. to mouse. to catch mice.
موش‌سانان. Muridae.
موش‌مانند. mousy. mousey. mouse - like. muriform.
موشح، مزین. adorned. endorsed.
~ کردن. to endorse. to adorn.
موش‌خرما، سمور. (z.) squirrel. marmot of Asia.
موشك، پرتابه. little mouse. rocket. missile. projectile. ballistic missile.
~ هوائی. skyrocket.
~ زمین به‌هوا، ~ هوابرد. ground - to-air missile. surface-to - air missile.
~ زمین به زمین. ground - to - ground missile. surface - to - surface missile.
~ هوا به زمین. air - to - ground missile.
~ هوا به هوا. air - to - air missile.
ضد ~. antimissile.
~ ضد ~. antimissile missile.
سکوب پرتاب ~. missile pad. rocket pad.
کلاهك ~. warhead.
~ انداختن، ~ پراندن. to launch a rocket or missile.
~ اتمی. atomic missile.
~ بین قاره‌ای. intercontinental ballistic missile (I.C.B.M.)
~ دوربرد. long-range missile.
~ میان‌برد، ~ دارای برد متوسط. medium-range missile.
~ دوانیدن. to fly a rocket. to fire a skyrocket. to make mischief. to intrigue.
~ هدایت شونده. guided missile.
موشك‌پرانی، علم پرتاب موشك. missilery. missilry. ballistics. rocketry.
موشکاف. hair splitter. critic. hair-splitting. quibbler. minute. scrutinizer.
موشکافی. hairsplitting. minuteness. scrutiny. making overnice distinctions. criticism. quibbling.
~ کردن. to split a hair. to be extremely minute. to make overnice distinctions. to analyze carefully. to scrutinize.
موشك‌انداز، موشك‌پران. rocket launcher. missile launcher.
موشك‌دوانی. mischief - making. seditiousness. intrigue.
موشکور، شب‌پره، شب‌کور. (z.) bat. mole.
موشور، شوشه، منشور. prism.
موشی. mousy. mouse - like. mousey.
دندان ~. tiny teeth (resembling the teeth of a mouse).
موصل. (geog) Mosul.
موصوف، تعریف شده. qualified. endowed (with). characterized(by). (grammar) substantive.
او ~ بصفات حمیده بود. he was endowed with praiseworthy (good) qualities.
موصول، وصل‌شده، متصل. joined. relative. connected. reached. attached.
ضمیر ~. relative pronoun.
موصی، وصیت کننده. legator. a testator.
موصی، وصیت شده، وقف شده. bequeathed. left (by a will).
موصی‌له، ذینفع وصیت، ارث‌بر. legatee. inheritor. heir.
موضع، محل، جا، مکان، موقعیت. place. locality. position. situation. implacement. stronghold. location.

~ مستحکم. a fortified position,
~ گرفتن. to take up a (fortified) position. to position.
~ ایران درمورد مسألهٔ نفت. Iran's position as regards (concerning) the oil problem.
موضعی. local. positional.
بیهوشی ~. local anesthesia. local anesthetic.
موضوع، شیء، چیز، مطلب، واقعشده. subject. topic. object. issue. theme. matter. case. proposition. laid. placed.
~ مهم. an important subject.
~ موردبحث. matter in hand. subject treated or discussed. a moot point.
~ چیست؟ what is the matter?
~ انشاء چه‌بود؟ what was the subject (theme) of the composition?
~ کردن. to broach. to moot. to deduct.
از ~ خارج شدن. to digress. to deviate.
موطلائی، موزرد. blond(e).
موطن، میهن، وطن. home town. home country. birth place. fatherland. motherland. habitation. habitat.
موظف، مکلف، وظیفه‌دار، مجبور، وظیفه‌خوار. charged (with a duty). of age. obliged. bound. ordered. required. ordained. stipendiary.
شما ~ باجرای این برنامه هستید. you are charged (or bound) to carry out this plan (program).
او ~ است مالیاتش را بپردازد. it is his duty (he is obliged) to pay his taxes.
~ کردن، ~ ساختن. to obligate. to charge (with a duty).
~ شدن. to be charged with a duty. to be bound.
~ بودن. to be charged (with). to be of age. to be obliged. to be bound by duty.
موعد، مدت، موقع، مهلت. time. fixed time. term. due. date. maturity. occasion. promise. place. deadline.
بی~. with an unspecified maturity date. uncalled for. untimely.
امروز ~ پرداخت سفته است. the promissory note falls due today.
~ قسط اول چه‌وقتی است؟ when is the first instalment due?
موعظه (مواعظ .pl)، پند، وعظ، سخنرانی. preaching. admonition. sermon. admonishing. homily. exhortation.
~ کردن. to preach. to exhort. to sermonize. to evangelize. to moralize.
موعود، دعوت شده، وعده کرده، مقدر. promised. predestined. invited.
ارض ~، سرزمین ~. the Promised Land.
موفق، کامیاب. successful. prosperous. thriving. succeeding. prospering.
~شدن. to succeed. to prosper. to flourish.
~کردن. to make successful or prosperous.
ناموفق، غیر ~. unsuccessful. failing. thwarted.
~ نشدن، شکست خوردن. to fail. to be defeated. to be unsuccessful.
موفقیت، کامیابی، پیروزی. success. prosperousness. prosperity.
~ پیداکردن، موفق شدن. to succeed. to prosper. to thrive. to flourish.
~ آمیز. successful. thriving. prosperous.
موقت، موقتی، زودگذر. temporary. provisional. for the time being. ad interim. acting. pro tem. pro

tempore. passing. impermanent.
بطور موقتی. temporarily. on a temporary basis.
دولت ~. provisional (temporary) government.
رئیس ~. acting chairman.
مُوَقَّتاً، موقتةً temporarily. for the time being. impermanently. provisionally.
موقتی temporary. transitory.
مُوَقَّر، سنگین، محترم، باوقار. grave. sober. serious. demure. dignified. solemn.
[illegible] a dignified old man.
مَوقِع، وقت، موعد، هنگام. occasion. (proper) time. moment. opportunity. season. tide. occurrence. situation.
~ رهائی نزدیك می‌شود. the time of deliverance is drawing near.
~ مناسب suitable (opportune) time.
~ را غنیمت شمردن. to seize the opportunity.
در ~ مسافرت او به آمریکا. on the occasion (or at the time) of his trip to America.
در اینموقع. at this time. on this moment (or occasion). now.
موقعی‌که، وقتی‌که. when. at the moment that. at the time when.
در ~ لزوم. when needed or necessary. in time of need.
بموقع. on time. timely. opportune. in due time.
بی ~. untimely. inopportune.
هر ~، هرگاه. whenever. when. any time.
در مواقع (موقع‌های) مختلف. at different times (occasions).
مَوقع‌شناس tactful.
مَوقع‌شناسی tact. tactfulness.
مَوقع‌طَلَب opportunist.
مَوقِعی، محلی، موضعی، زمانی. pertaining to an occasion or time.
موقعیت، وضعیت، محل. situation. site. position. circumstances. place. station. timeliness. condition.
در این ~ مناسب. in this suitable situation (opportune position).
~ نظامی. military (strategic) position.
او در ~ خطرناکی قرار دارد. he is in a dangerous position.
مَوقِف station. halting place. place.
مَوقُوف (موقوفه .fem، موقوفات .pl)، منوط. suspended. stopped. delayed. put off. abolished. disused. dependent. bequeathed.
اجرای برنامه ~ شده است. the execution of the program has been suspended (stopped).
~ کردن. to abolish. to do away with. to put an end to. to stop. to discontinue.
جنگ تن بتن ~ شده است. dueling (has been) is abolished.
مَوقُوفِه، اوقاف، وقف شده. endowment. a pious bequest or donation. bequeathed. an endowed property. a
املاك ~. endowed properties. properties consecrated to pious uses. bequests.
موکاری viticulture. viniculture.
مَوکِب، ملتزمین، همراهان. retinue. cortege. cavalcade. motorcade.
~ شاهانه. the imperial retinue.
مُؤَکَّد (مؤکده .fem)، تأکید شده، اکید. emphasized. corroborated. confirmed. emphatic. strict. positive. energetic. forcible. decided. definite. unequivocal.
امر ~. emphatic order.
دستورهای موکده. emphasized instructions.
مُؤَکَّداً، بطور موکد. emphatically. strictly. decidedly. definitely. unequivocally.
مُوَکَّل، گماشته، وکیل شده، عامل، نماینده. appointed. charged. delegated. agent. representative. proxy. guardian.
~ کردن. to appoint. to charge.
مُوَکِّل، وکیل کرده. client. principal.
[illegible] the client authorized the counsellor (or barrister),
مَوکُول، منوط، مربوط، موقوف، بسته. pending. dependent. depending. subject. committed. trusted. confided.
سفر شما ~ به اجازهٔ رئیس است. your trip is dependant upon the chief's permission.
~ کردن. to leave. to postpone. to make subject to (or dependent upon).
اخذ تصمیم ~ بروز بعد شد. decision was postponed to the next day.
مُول (موله .fem)، فاسق، رفیق. paramour. illicit sexual partner. lover.
مَولا (موالی .pl)، مولی، ارباب. master. lord. pundit.
مَولانا، خداوندما. our lord. our master.
مَولائی lordship.
مَولِد، زادگاه، هنگام ولادت. birthplace. time of birth. birth. nativity.
مُوَلِّد، زاینده، بوجود آورنده. bringing forth. giving birth. begetting. generating. generator. producer. accoucheur.
~ برقی. electric generator.
~ الامراض، بیماریزا. pathogenic. pathogen(e).
مُوَلَّد، تولید شده، ایجاد شده. begotten. brought forth. produced.
مُوَلَّدات (مولد .pl. of)، زایش‌ها، تولیدات، متولدین. births. those born. productions. inventions.
مُوَلِّد فراصوت ultrasonic generator.
مُؤَلَّف، تألیف شده، گردآوری شده. compiled. collected. having a stroke like «alef» attached to the word.
مؤلِّف، تألیف‌کننده. compiler. composer. author. writer.
مؤلفات، تالیفات. compilations. works. writings. publications.
مولَع، حریص، آزمند. greedy. passionately fond of.
مُولِکول molecule.
مؤلِم، دردناك. painful. afflictive. sad. tragic.
مولَنجه، شپشه. (z.) weevil.
مَولُود (موالید .pl)، زاده شده، زائیده، تولد یافته. born. begotten. generated. a son. a male child. nativity. birth. birthday. birthday anniversary.
مولود شدن. to be born.
عید ~. celebration of the anniversary of the Prophet's birth.
~ جدید. a newborn child.
مَولَی، مولا. my lord or master.
مُولیدَن، درنگ‌کردن، لغزیدن. to hesitate. to stumble. to slide.
موم wax. cero-. cer-.
مؤمِن، ایماندار. believer. pious. orthodox. believing. faithful. religious.
مُومی waxen. waxy. cereous. made of wax. ceraceous. waxlike.
مومیٰ‌الیه the person mentioned (or pointed to).
مُومیا، زفت. preservative (anciently used for making mummies). mineral wax. mummy. ozocerite.
مُومیاکاری mummification.
مُومیائی mummied. mummified. embalmed. mummy.
[illegible] to mummify. to embalm. to make a mummy of.
مصریان قدیم بدن مردگان را ~ میکردند. the ancient Egyptians mummified the bodies of the dead.
مَؤُونَت، معاش، وسیلهٔ معاش. means of subsistence. daily food.
مُؤَنَّث، مادینه، ماده، زن. feminine. female. womankind. muliebral. fair sex. weaker sex. (slang) femme.
مُونِس، انیس، دمساز، مصاحب، صمیمی، آشنا. companion, confidant(e). associate. sociable. familiar. intimate. colleague.
مَوهِبَت بخشش، پیشکشی، عطیه. gift. present. donation. generosity. blessing. endowment.
~ الهی. divine blessing.
موهِن، اهانت‌آمیز. humiliating. insulting. offensive. injurious.
رفتار ~. insulting attitude.
مَوهُوب، هبه شده، بخشیده شده. given. made a gift of.
مَوهُوبٌ‌لَه donee. recipient of a gift.
مَوهُوبِه (موهوب .fem. of)، هبه شده. donation. gift. donated.
مَوهُوم (موهومات .pl، موهومه .fem)، وهمی. imaginary. fancied. fanciful. superstitious. illusive. illusory. specious. delusive. delusory. visionary. fanciful.
دشمنان ~. imaginary enemies.
داستان‌های ~. fancied (fanciful) tales.
~ بودن. to be fanciful (illusory, chimerical, visionary, etc.)
~ پنداشتن. to consider unreal.
مَوهُومات، خرافات، وهمیات. superstitions. imaginations. unreal things. delusions.
موهوم‌پرست، خرافاتی، خیال‌پرست، خرافات پرست. superstitious. whimsical. fanciful. Utopian. chimerical. quixotic.
مَوهُوم‌پَرَستی superstition. superstitiousness. delusiveness.
مُوی، مو، زلف. hair.
مُؤَیَّد، تأیید شده، منصور، پشتیبانی شده. assisted (by God). victorious. confirmed. corroborated.
~ ومنصور. assisted (by God) and victorious.
مُؤَیِّد، تأییدکننده، پشتیبان. confirmer. corroborator. one who assists or helps. confirmatory. confirmative. supporter.
جواب او ~ اظهارات من بود. his reply was confirmatory to (confirmed) my statements.
مُویَرَک capillary.
مَویز، کشمش. currants. raisins.
مَویزَك، کلشیش. (bot.) lousewort.
مُویِه، زاری، نوحه، گریه، عزاداری، سوگواری. weeping. lamentation. mourning. dolorific verses. moaning. wailing.
مُوئی، موئین، شعری. hairy. made of hair (or fur). pilose. bristly. capillary.
رگهای ~، عروق شعریه. capillary vessels.
مُوئیدَن، مویه کردن، گریستن، عزاداری کردن، سوگواری کردن. to lament. to mourn. to weep. to moan. to bawl.
مِه fog. mist. smog. vapour.
~ غلیظ. haze. thick fog.
مَه، ماه. the moon. month. lune.
مِه، بزرگ، عظیم. great. an elderly person. magni-. [illegible]
مَهابَت، ترس، بزرگی، هیبت، عظمت. dread. fear. reverence. majesty. awe.
مُهاجِر (مهاجران .pl)، هجرت‌کننده، نقل‌مکان کننده، کوچ کننده. emigrant. migrant. migratory. peregrine. peregrinator. immigrant. settler. traveller. fugitive.
مهاجران (مهاجرین) اولیهٔ آمریکا. America's early settlers.
مُهاجَرَت، هجرت، کوچ، خروج، جلای‌وطن. migration. emigration. immigration. exudos. peregrination. flight. settling.
ادارهٔ ~ (آمریکا). Immigration and Naturalization Office.
~ کردن، کوچ کردن. to migrate. to peregrinate. to immigrate. to emigrate.
از کشوری ~ کردن. to emigrate.
بکشوری ~ کردن. to immigrate.
مُهاجِرنشین، کوچ‌نشین. colony. colonist. settlement.
مهاجم، حمله‌کننده، پرخاشگر. aggressor. invader. attacker. assailant.
مُهاجِمه، هجوم، تهاجم، حمله. attack. onset. onslaught. charge. assault. aggression.
مِهار، افسار، کنترل، دهانه، لگام. halter. longe. bridle. mooring. harness. leading rope. shrouds. stays. guy.
~ کردن. to halter. to moor. to control. to subjugate. to harness. to check. to hold in leash. to longe. to bridle.
مَهارَت، زبردستی، استادی. skill. dexterity. adeptness. dexterousness. adroitness. craft. knack. finesse. mastery. mastership. excellence. ambidexterity. skilfulness. deftness. facility.
~ در زبان انگلیسی. proficiency in the English language.
~ فکری وبدنی. physical and mental dexterousness (adroitness).
با ~. skilful. skilfully. dexterous(ly). adept(ly). deft(ly).
مِه‌آلود foggy. misty. hazy. smoggy.
مُهام (مهم، مهمه .pl. of)، امور مهم. important affairs.
مَهبِط، محل هبوط یا نزول. place of descent. alighting place.
مَهبِل (مهابل .pl). vagina.
مهبلی vaginal.
مَهتاب، ماهتاب. moonlight. moonshine.
مهتابی، ایوان. moonlit. fluorescent. terrace. belvedere.
شب ~. moonlit night.
مُهتَدی، هدایت شده، رهبری شده. directed. led. guided.

مِهتَر، بزرگتر، مهتراسب. greater. senior. elder. groom.

مهتری، بزرگتری. greatness. eldership. seniority. grooming horses.

~کردن. to rule. to act as an elder or senior. to groom the horses.

مَه‌جَبین moon-faced. beautiful.

مَهجُور (مهجوره .fem)، هجران‌دیده، متروکه. separated. forlorn. obsolete. antiquated. obsolescent.

واژه‌های ~. obsolete words.

مَهجوری separation. forlorn state. obsoleteness. obsolescence.

مَهد، گاهواره، گهواره. cradle. seat.

~ تمدن. the cradle of civilization.

مه‌دار، مه‌آلود. foggy. misty. smoggy. hazy.

مَهدی، رهبر. guide. leader. title of the twelfth Emam. masculine proper noun.

مُهَذَّب، تهذیب شده، پاکیزه، پاك شده. refined. polished. polite. educated. accomplished.

جوانی ~. a refined young man.

مَهر، مهریه، کابین. a marriage portion payable to the wife. dowry.

مِهر، خورشید، محبت، مهربانی، میترا. the Sun. Mithra. love. affection.

بی~. affectionless.

~ورزیدن. to love. to treat compassionately.

مِهر، مهرماه. Mehr, the seveth month of the Persian calendar.

مُهر، خاتم، استامپ. seal. stamp. signet. seal ring. an impression or print.

~کردن. to seal. to set (or affix) one's seal to. to stamp.

بامضاء و ~ وزیر صادر شد. (given) under the hand and seal of the minister.

لاك و ~. sealing wax.

~ برداشتن، ~ برگرفتن. to remove (break, or take off) the seal. to deprive a girl of her virginity. to deflower.

~ لاستیکی. a rubber stamp.

مِهراز، معمار، مهندس ساختمان. architect.

مِهرازی architecture.

مِهربان، پرمهر، محبوب، گرامی، دوست‌داشتنی. kind. affable. loving. affectionate. kindly. mild. gentle. compassionate.

نا ~. unkind.

مِهربانانه، با مهربانی. kindly. kind.

مِهربانی، عطوفت، عاطفه. kindness. affection. affableness. affability. kindliness. benignity. compassion.

نا ~. unkindness.

~کردن. to be kind. to show kindness or affection. to treat kindly.

او خیلی بمن ~کرد. he was very kind to me.

از روی ~، با ~. kindly. affectionately.

مِهرداد Mithridates.

مُهردار the keeper of a seal. a chancellor. a secretary.

مهردارو، داروی عشق. philter. love potion.

مُهرساز engraver of seals. counterfeiter of seals. stamp engraver.

مِهرگان، پائیز، خزان، اعتدال خریفی، جشن مهرگان. autumn. the autumnal equinox. a feast or festival of ancient Iran.

مِهرگیاه. مهرگیا، مردم‌گیاه. (bot.) the mandrake. mandragora.

مَهرُو، ماهرو. moon-faced. beautiful.

مهره bead. marble. a die. (backgammon) a man. ball. nut.

مُهره‌ای marble-like. round. vertebral. beady. spinal.

~ و جنبی. vertebropleural.

~ و دنده‌ای. vertebrocostal.

مهره‌بازی، تیله‌بازی، حقه‌بازی، شطرنج یا تخته نردبازی. game of marbles. (playing) chess, backgammons, etc. gambling.

مَه‌گرفتگی fogginess. haziness. mistiness.

مه‌گرفته foggy. misty. smoggy. hazy.

مُهلت، فرصت، وقت، ضرب‌الاجل، فرجه. deadline. respite. reprieve. a grace period. time. moratorium. indulgence.

به اوشش روز ~ داده شدکه بدهی خود را بپردازد. he was given a grace period of six days to pay his debt.

~ دادن. to give a grace period to. to grant a respite.

~ گرفتن. to receive a respite. to be granted a grace period.

~نداد حرفم را بزنم. he did not give me a chance to (he did not let me) have my say.

~ سه روزه. a three-day deadline.

مَه‌لقا، ماهرو، مه‌پیکر. moon-faced. beautiful.

مُهلِك (مهلکه .fem)، کشنده. fatal. deadly. lethal. mortal. critical. fateful. killing. deathly. deathful.

مرض ~. a fatal disease.

زخم ~. a mortal (or deadly) wound.

مَهلَکه (مهالك .pl)، کشنده، خطرناك، وضع خطرناك. a dangerous place. funk. a dangerous situation. a perilous place. danger. plight. predicament.

او از ~ جان بدربرد. he saved his life from a dangerous situation.

مُهِم (مهمات، مهام .pl)، با اهمیت، خطیر. important. serious. momentous. significant. weighty. prominent. salient. notable. signal. memorable. remarkable. vital. chief. all-absorbing. cardinal. prime. main. principal. leading.

رویداد ~. an important event.

تصمیم ~. a momentous (significant) decision.

پول ~ نیست آنچه ~ است سلامتی است. money is not important, what is important is health.

مُهِمّات (مهمه .pl of)، لوازم‌عمده، تجهیزات، لوازم جنگی. munitions. ammunitions. armaments. accessories. equipments.

~ جنگی. munitions of war.

انبار ~. ammunition dump.

مهمان، ضیف. guest. company. visitor. caller. visitant.

او ~ من است. he is my guest.

ما امروز ~ داشتیم. we had company today.

مهمانان ما امروز وارد شدند. our visitors arrived today.

~ بودن، ~ شدن. to be a guest. to be invited.

~ کردن. to invite (as guest). to entertain. to pay the expenses of.

مِهمان‌خانه، هتل. hotel. inn. motel. guesthouse. hostelry. hostel.

(اتاق) ~. guest room. drawing room.

مِهمانخانه‌دار hotelkeeper. innkeeper. hosteler. hotel operator.

مهمان‌دار، میزبان. host.

~ (هواپیما). air host.

دوشیزه یا خانم ~ (هواپیما). hostess. stewardess.

مهمانداری hosting. entertainment of guests. receiving guests. hospitality.

~کردن. to entertain guests. to serve as a stewardess or steward.

مِهمان‌دوست، مهمان‌نواز. hospitable.

مِهمان‌سرا، مهمانخانه. hotel. guesthouse. hostel. motel. inn.

مهمان‌نواز. hospitable.

مِهمان‌نوازی hospitality. receiving a guest.

مِهمانی، ضیافت، جشن، دعوت. party. ball. feast. banquet. entertainment. invitation. spread. festival. celebration.

~ چای. tea party.

~ شام. dinner party.

~ نهار. luncheon.

~ کردن، مهمانی‌دادن. to give a party. to prepare a banquet or feast. to feast. to entertain. to give a banquet.

من شما را بغذا ومشروب ~ (مهمان) میکنم. I will give you a meal and drink as a treat.

مُهمَل (مهملات .pl)، بیمعنی، حرف مزخرف، بیکاره، عاطل. nonsense. nonsensical. meaningless. absurd. senseless. silly. neglected. abandoned. obsolete. unused. undotted. lazy. idle.

کلمات ~. meaningless words.

~گذاشتن. to leave neglected or in an undetermined state. to set (or throw) aside.

مُهمَلات (مهمله .pl of). idle talks. meaningless words. nonsense.

مِهمیز، محرك. spur. prick. incentive. goad. stimulus.

~ زدن. to spur or pick. to spine. to rowel.

مُهَندِس engineer. geometrician.

~ ساختمان، ~ راه وساختمان. a civil engineer.

~ مکانیك. mechanichal engineer.

~ شیمی. chemical engineer.

~ کشاورزی. agricultural engineer.

~ برق. electrical engineer.

مُهَندِسی engineering. surveying.

~کردن. to (be an) engineer. to survey.

~ راه وساختمان. civil engineering.

مدرسهٔ ~. engineering school. school of engineering.

مَهوَش، ماه وش، مه‌سیما. moon-like. moon-faced. beautiful.

مُهَوِّع، قی‌آور. nauseating. nauseous. vomitive. vomitory. emetic.

مِهی، بزرگی. greatness. largeness. seniority.

مَهی، مهدار، مه‌آلود. foggy. misty. smoggy. hazy.

مُهَیّا، حاضر، آماده، مجهز. prepared. ready. equipped. put together. mobilized. fit. facile. fitted out.

~ بودن. to be ready or prepared. to be equipped or mobilized.

مهیائی. preparedness. readiness. mobilization.

~کردن. to prepare. to (make) ready. to equip. to mobilize.

~ شدن. to prepare (oneself). to get ready.

شام لذیذی ~ شده بود. a delicious dinner had been prepared.

سربازان برای نبرد ~ شده‌اند. the soldiers are mobilized for battle.

هروقت ~ شدید بمن اطلاع بدهید. when you are ready let me know.

نا ~. unprepared. unequipped. unready.

مُهیب، ترسناك، مخوف. frightening. scary. terrifying. dreadful. horrific. frightful.

مَهیبَت، سبب هراس. cause of fear.

مُهَیِّج، هیجان‌آور. exciting. stirring. excited. agitating. stimulating. thrilling. arousing. provocative. piquant.

یکی از شعرهای مهیج فردوسی. one of Ferdowsi's exciting poems.

مُهَیمِن، نگهبان، حافظ. guard. protector. watcher. an attribute of God.

مَهین، بزرگترین. greatest. eldest. greater. elder. biggest.

مَهینه، بزرگترین. greatest. eldest.

مَی، باده، شراب. wine. drink. liquor. vino-. vini-.

~ نوشیدن، ~ گساردن. to drink wine. to wine.

مِئات، مآت، سدگان. hundreds. centuries.

مَیادین (pl. of میدان)، میدان‌ها. squares. crossroads. (battle)fields. fields.

میان، کمر، وسط، مرکز، درون، داخل، مابین. mid. middle. center. inside. the waist. the loins. core. axis. among. between. amid. midmost. middlemost. inter-. medi-. dia-. meso-.

~ قد. middle-sized. of medium size.

~ میدان. in the middle (or center) of the field.

یك در ~. alternate(ly). every other one.

غذا را میان نیازمندان قسمت‌کن. divide the food among the needy.

او در ~ جمعیت ناپدید شد. he disappeared among the crowd.

او ~ ما دونفر ایستاد. he stood between the two of us.

از ~. out of. from among.

یکی از ~ شما. one of you. one from among you.

از ~ بردن. to cause to disappear. to eliminate or suppress. to abolish. to get rid of. to destroy.

از ~ رفتن. to disappear. to be eliminated or suppressed. to be destroyed.

بمیان آوردن. to put up for discussion. to introduce. to expose. to bring about. to discuss. to moot. to broach.

پا بمیان گذاشتن. to interpose. to intercede. to mediate.

یك روز در ~. every other day. (on) alternate days.

دو روز در ~. every third day.

میان‌بُر short cut.

(راه را) ~ کردن. to make a short cut.

میان پرده diaphragm. interlude.

میان تهی، توخالی، پوك، میان‌خالی. hollow. empty. devoid. prolix.

طبل ~. a hollow (empty) drum.

میانجی، واسطه، داور، حکم. mediator. go-between. arbitrator. intermediator. intercessor. middleman.

internuncio. intermediary. interposer.
میانجی‌گَری، وساطت. mediation. going between. interposing. arbitration. intermediation. intercession.
~ کردن. **to intermediate. to mediate. to go between. to arbitrate. to intercede.**
میان‌سال middle-aged.
میانگیری، میانه‌روی، اعتدال، میانجیگری. moderation. the golden rule. temperance. equilibrium. intercession.
میانگین، معدل. average. grade average. mean. median.
میان‌وَزن middleweight.
میانه، میان، فاصله، وسط، وسطی، میانگین. middle. center. space or interval between two things. connection. average. mid. inter-. medi-. median. middling. mediocre. central.
(با کسی) میانهٔ خوبی داشتن. **to be on good terms with (someone).**
~ ما را بهم زدند. **they made mischief between (among) us.**
خاور~. **the Middle East. Mid East.**
میانه‌رَو، معتدل. moderate (person). (one) who takes a middle course. temperate.
میانه‌رَوی، اعتدال. moderation. the golden mean. economy.
~ کردن. **to be moderate. to take a middle course. to follow the golden mean or via media.**
میانه‌گیر، میانه‌رو، میانجی، واسطه. (one) who takes a middle course. moderate (person). (one) who goes between. arbitrator.
میانی، وسطی. middle. mean. central mid. inter-. medi-. middling.
گوش ~. **middle ear.**
چرخ ~ شکست. **the middle wheel broke.**
میاه (.pl. of ماء). waters.
می‌پَرَست، میگسار، خمار. vinous. vinolent. winebibber. toper. boozer. carouser.
می‌پَرَستی، میگساری. vinosity. excessive fondness of wine. (addiction to) wine-drinking. bibbing. dipsomania. vinosity.
مَیِّت (.pl. اموات)، مرده، جسد، متوفی. dead (person). deceased. corpse. cadaver.
میثاق (.pl. مواثیق)، پیمان، عهد، قول، قرار. promise. agreement. pact. alliance. compact. treaty. covenant.
~ بستن، عهدبستن. **to covenant. to promise. to vow.**
میخ nail. peg. pin. stake. pile. coiner's die. spike.
~ چوبی. **(wooden) peg.**
~ کوبیدن. **to drive (hammer) a nail. to nail.**
~ زدن. **to nail. to tack.**
~ کوبی. **nailing (up).**
~دار. **nailed. spiked. pegged.**
میخانه، میکده. a tavern. wine cellar. public house. pothouse. pub. bar.
میخچه small nail. tack. pin. (med.) corn.
میخ‌سازی nailery.
میخک، گل‌میخک. (bot.) clove. clove pink. carnation.
~ صدپر. **carnation.**
میخکوب nailed (up). staked. studded with nails. **fastened with nails. spiked.**
~ کردن. **to nail up. to fasten with nails.**
میخکوبی pile driving. staking. **driving** nails. nailing up.
~ کردن. **to stake. to nail up. to stud with nails.**
مِیخوار، میگسار، میخواره. vinous. drinker. bibber. toper. tippler. carouser. dipsomaniac. vinose. vinolent.
مِیخوارِگی، میگساری. vinosity. bibbing. drinking. boozing. dipsomania. vinolence. winebibbing. winebibbery.
میخوش subacid.
میخی nail-shaped. cuneiform.
خط ~. **cuneiform script.**
مِیدان (.pl. میادین). square. field. ground. arena. battlefield. radius. range. extent. scope. opportunity.
~ برقی. **electric field of a charge.**
~ اسب دوانی، اسپریس. **racecourse. race ground. hippodrome.**
~ مشق. **parade ground. exercise ground.**
مرد ~. **a brave man. a champion. a man of war.**
از ~ در رفتن. **to decamp. to run away. to leave the battlefield. to give in.**
~ دادن. **to give ground to. to encourage. to incite. to leave free.**
میدان تیر، میدان‌تیراندازی. rifle range.
میدانِ جَنگ، میدان نبرد. battlefield. field of hono(u)r.
میدان‌دار wholesale seller (of fruits and vegetables) in a market.
میدان‌دید field (range) of vision.
میدان‌فوتبال، زمین‌فوتبال. football field.
میدانگاه a square. open space.
میدانِ وَرزش، ورزشگاه. sports arena. stadium. **sports field.**
مِیدِه very fine flour. **double-sifted** flour. bread **made of such flour.**
میر Mir, a title **before the name of** a Seyyed. chief. **great.** used as prefix meaning chief (as in: میرغضب).
میراب، جوب‌با. a water distributor.
میراث (.pl. مواریث)، مرده ریگ. inheritance. heritage. legacy. patrimony. heredity. birthright. heritance.
~ فرهنگی‌ما. **our cultural heritage.**
~ پدری. **patrimony.**
~ بردن. **to inherit. to receive through inheritance.**
~ پدر خواهی علم پدرآموز. **if you desire your father's inheritance, (you must) acquire your father's learning.**
میراث‌بَر، وارث، ارث‌بر، میراث‌خور. an heir. inheritor. heritor.
~ مؤنث. **inheritress. heiress.**
میراخور master of the horse. equerry. stableman. groom.
میرانِدَن، میرانیدن، کشتن. to cause to die. to kill. to mortify.
میرزا، زادهٔ میر، ارباب زاده، میرزاده، منشی، نویسنده، دبیر، کاتب. the son of a prince. a title formerly used before the name of princes. secretary. clerk. accountant. amanuensis.
میرزابنویس clerk. amanuensis.
میرشکار master of the hunt. huntsman.
میرغَضَب executioner. headsman.
hangman.
میز table. desk. board.
~ تحریر. **desk.**
~ آرایش. **dressing table.**
~ غذاخوری. **dining table.**
~ گرد (یا مدور). **a round table.**
سر ~. **at table.**
میز، ادرار، شاش، پیشاب. urine. piss.
میزاب، ناودان. gutter. rain pipe. spout.
میزان (.pl موازین)، ترازو، وزن، قاعده، اندازه. a pair of scales. a **balance. Mizan.** measure. balance. equilibrium. rate. adjusting. (astr.) Libra.
~ تلفات (وارده). **the scope (or number) of casualties.**
~ حرارت. **the degree of heat.**
~ کردن، کشیدن، سنجیدن. **to adjust. to set. to regulate. to weigh. to tune. to focus.**
ساعت خود را ~ کنید. **adjust your watch.**
بر ~... **on the basis of...**
~ رشد. **rate of growth.**
آن اسباب را باید ~ کرد. **that instrument should be adjusted.**
آلت موسیقی را ~ (کوك) کردن. **to tune a musical instrument.**
میزانُ‌الحَراره، گرماسنج، حرارت‌سنج، درجه. thermometer. thermometre.
میزانُ‌الهَوا، هواسنج. barometer.
میزانه measure. time. standard.
میزانه شُمار metronome.
میزبان، مهماندار. host. hostess. steward(ess).
میزبانی، مهمانداری. entertaining guests and visitors. hosting.
~ کردن. **to host. to entertain (guests).**
مِیزَه، پیشاب، شاش. urine. piss.
میزه‌راه، مجرای پیشاب، میزراه. urinary tract. urethra.
میزه‌شناسی urology. urinology.
میزه‌نای، حالب، میزنای. ureter.
میزی، میزشکل، وابسته به‌میز. table.
رو ~. **tablecloth.**
مُیَسَّر، شدنی، ممکن، آسان. possible. practicable. feasible. easy. handy.
~ کردن. **to make possible or feasible.**
~ بودن. **to be possible or feasible.**
پرداخت آن مبلغ برایم ~ نیست. **the payment of that amount is not possible for me.**
مَیسَره left wing. left flank.
مِیسوَر، آسان، میسر شده. facilitated. successfully accomplished. successful. (made) possible or feasible.
میش (z.) ewe.
مَیشوم، بدیمن. unauspicious. ominous. unhappy.
میشی bluish-green.
میعاد، وعده، وعده‌گاه. rendezvous. tryst. promise. pact. covenant.
یوم‌المیعاد. **the promised day i.e. the resurrection day.**
میعادگاه a rendezvous. a place of meeting. tryst.
مَیَعان، آبگونه‌بودن. liquidity. wateriness. liquidness. liquid state. liquefaction.
میغ، مه، ابر. cloud. fog. mist.
مِی‌فُروش، شراب‌فروش، باده‌فروش. vintner. wine seller. taverner. bartender.
میکا mica.
میکائیل Michael.
میکده، میخانه. tavern. pub.
میکرُوب، زیواچه، زیچه. germ. microbe. bacterium.
میکرُوب‌شِناس، زیواچه‌شناس. microbiologist. bacteriologist.
میکرُوب‌شِناسی، زیواچه شناسی. microbiology. bacteriology.
میکرُوب کُش germicide. microbicide.
جنگ ~. **germ warfare.**
میکروسکوپ، زیچه‌بین. microscope.
~ الکترونی **electron microscope.**
~ فرابنفش. **ultraviolet microscope.**
میکروفون. microphone.
میگُسار vinous. wine drinker. wine bibber. dipsomaniac. carouser.
میگُساری vinosity. wine drinking. carousal. dipsomania. winebibbery.
مِیگو (z.) shrimp. prawn.
مِیگوُن wine-colo(u)red. dark purplish-red. ruby colored.
مِیل (.pl امیال)، تمایل، علاقه، خواست، آرزو. wanting. willingness. inclination. tendency. lean. slant. obliquity. desire. wish. pleasure. desideration. craving. yen. longing. trend. drift. tenor. propensity. bent.
~ زیاد، ~ شدید. **craving. yen. yearning.**
برحسب ~ او من رفتم. **I went according to his desire.**
~ دارم با من حرف بزنید. **I like you to talk with me.**
با کمال ~ میآیم. **I shall come with great pleasure (most willingly).**
~ بغذا ندارم. **I have no appetite (desire) for food.**
~ داشتن، مایل بودن، خواستن. **to like. to wish or desire. to have a liking for. to care for. to be inclined or desirous. to want. to be disposed (to). to desiderate.**
آیا ~ دارید اینجا بمانید؟ **do you like (wish, want, or desire) to stay here?**
~ شما چیست؟ **what is your desire? what do you want (wish or desire)?**
~ کردن. **to take. to eat. to partake. to have a liking for. to wish. to relish. to have a relish for. to desire. to desiderate.**
سیب ~ بفرمائید. **eat (take) some apples.**
هرچه ~ دارید بخورید. **eat what you please (want, or desire).**
~ ندارم او را به‌بینم. **I do not want (desire, or wish) to see him. I am not inclined to see him.**
~ شماست. **just as you like.**
هرچه ~ دارید بکنید. **do what you please. do whatever pleases you. do as you like.**
بمیل‌آوردن، برسر~ آوردن. **to appetize. to whet the appetite of. to cause to like. to excite the liking of. to incline.**
بی~. **unwilling. disinclined.**
مِیل، میل بافندگی، میل سرمه‌دان، میل طبی. knitting needle. bodkin or **pencil** with which the eyes are anointed with collyrium. obelisk. milestone. sound.
~ جراحی، ~ مجرای بول. **catheter.**
~ (میلهٔ) میان دوچرخ. **axletree.**
میلهٔ ستون، تنهٔ ستون **the shaft of a column.**
~ آهنین، میلهٔ آهنین. **an iron rod.**

~ (میلهٔ) آهنی. an iron bar.

هر بامداد با ~ زورخانه‌اش تمرین میکرد. every morning he practiced with his Indian club.

~ جراحی. a style for surgery.

~ زدن. to catheterize. to introduce a catheter into. to probe.

~ کشیدن. to anoint with collyrium (by means of a pencil or bodkin). to blind.

یك ~. one mile.

~ بحری، ~ دریائی. nautical mile.

~ جغرافیائی. geographical mile.

میلاد، تولد،زایش. birth. nativity. birth of Christ. the Christian era.

قبل از ~. before the birth of Christ (B.C).

۵۰ سال قبل از ~. 50 (years) B.C.

بعد از ~. Anno Domini. A.D.

۱۹۷۵ بعد از ~. A.D. 1975.

عید ~ مسیح. Christmas.

میلادی (of) the Christian era. in the year of Christ. anno domini (A.D.).

قرن بیستم ~. the 20th century A.D.

تاریخ~. the Christian era.

میلان (geog.) Milan. Milano.

میل‌میلی، راه راه، میله میله. corded. ribbed. striped.

میله (small) rod. shaft. bar. axle. arbor. (bot.) filament. knitting needle.

میلهٔ اهرم. tommy bar.

میلهٔ پیستون. piston rod.

میله‌لنگ،میل‌لنگ. a crank shaft.

میلی، از روی میل، ذوقی. voluntary. depending upon the will. of one's own free will. desiderative.

در زندان کارکردن اجباری بود نه ~. in the prison working was compulsory not voluntary.

میلی counted by the mile.

میلیار، میلیارد. billion. milliard.

میلیگرم milligram(me).

میلیمتر millimeter. millimetre.

میلیون million.

میلیونر millionaire.

میم name of the letter «م».

مَیمنَت، مبارکی. prosperity. auspiciousness. good omen. propitiousness. favo(u)rableness.

با ~. auspicious. propitious.

بی~. inauspicious.

مَیمَنه، جناح راست. the right wing (or flank).

مِیمون، فرخنده، مسعود. propitious. auspicious. prosperous. happy. fortunate. favorable.

نوروز بشما ~ ومبارك باد! happy Norooz! may your Norooz be auspicious (and blessed).

میمُون، بوزینه. (z.) monkey. ape. guenon. macaque. langur. capuchin.

~ هرچه زشت‌تر است بازیش بیشتر است. the worst wheel of the carriage creaks the most.

میمونهای آدم‌نما. anthropoid apes.

مین mine.

مین‌گذاری‌کردن. to mine.

مینا، لعاب، سنگ لاجورد. enamel. glaze. blue glass. (blue) decanter or glass. azure (min.) lapis lazuli. the azure sky. wine.

گنبد ~. the azure dome. the blue sky.

مینای دندان. tooth enamel.

مینا، بندر، لنگرگاه. port. anchorage.

میناکار، میناگر. enamel-worker. enamelist or enamel(l)er.

میناکاری، میناگری. enamelwork. enamelling.

مینائی enamelled. enamel. glazed. azure blue.

مین جمع‌کن، مین‌روب. minesweeper.

مینو، بهشت،پردیس، فردوس. paradise. heaven.

مینوت، یادداشت، پیش‌نویس. draft. minute.

~کردن. to draft. to make a minute (or rough copy) of. to jot down.

مینوسرشت of a heavenly nature.

مینیاتور miniature.

مینیاتورساز miniaturist.

میو، میو میو. mewing. meow. miaow. miaou.

~کردن. to mew (as a cat). to meow.

میوجات، میوه‌ها. fruits.

میوه fruit. carpo-. fructi-. fruitery.

~ دادن. to bear (give) fruit.

برداشت ~. harvesting fruit.

باغ ~. orchard. fruit garden.

~ چیدن. picking fruits.

پرورش میوه. pomiculture.

~ دادن. to bear or yield fruit. to fructify. to give forth a result.

میوهٔ رسیده. a ripe fruit.

میوهٔ کرمو. a worm-eaten or rotten fruit.

میوهٔ لك‌دار. a spotted fruit.

بی ~. fruitless.

~ آوری. fructification. fruitage.

میوه‌خور، میوه‌خوار. living on fruit. a fruitarian. fructivore.

میوه‌دار fruitful. fruit-bearing. fructiferous. fructescent. fruited. pomiferous.

میوه‌شناس carpologist. a pomologist.

میوه‌شناسی carpology. pomology.

میوه‌کار an orchardist. a pomologist.

میوه فروش fruiterer. fruiteress. fruit seller.

مئه (مئات .pl)، صد، سده. a century. hundred.

میهمان، مهمان. guest. visitor.

میهَن، وطن. homeland. home. native country. motherland. fatherland.

~ من ایران است. my homeland (country) is Iran.

هم ~، هموطن. fellow countryman.

میهَن‌پَرَست، میهن‌دوست. patriotic. patriot. nationalist.

میهَن‌پَرَستی، میهن‌دوستی. patriotism. nationalism.

میهَن‌فروش، خائن. traitor. turncoat

میهَنی، وطنی. patriotic. native. pertaining to one's home country.

ن the 29th letter of the Persian alphabet.

ناآزموده، بی‌تجربه، خام دست. untried. untested. inexperienced. novice.

نااستوار، سست، بی اساس. unstable. unsteady. shaky. infirm. crooked.

ناامن، بی‌ایمنی. insecure. unsafe. hazardous. dangerous. risky.

ناامنی، مخاطره‌آمیزی. insecurity. disorder. danger. unsafety.

ناامید، نومید، مأیوس، دلشکسته. hopeless. desperate. disappointed. in despair. dispirited. discouraged. forlorn. despondent. disconsolate.

~ شدن. to despair. to give up hope. to become disappointed. to lose hope.

~ کردن. to make hopeless. to disappoint. to dispirit.

حتی شکست هم اورا ~ نکرد. even defeat did not make him despair.

هرگز ~ نشوید. never lose hope.

ناامیدی hopelessness. despair. disappointment. desperation. desperateness. despondency. dejection.

نااهل، نالایق، غیر صالح. unworthy. incompetent. aberrant.

ناب، خالص، پاك، ویژه. pure. clear. clean. unadulterated.

شراب ~. clear wine.

ناباب، نامناسب، ناشایسته. unsuitable. unfit.

نابالغ، کم سن، غیررشید. underage. minor. immature.

نابجا، بیموقع، نامناسب. out of place. inopportune. adventitious. untimely.

نابخرد، بیخرد. unwise. foolish. stupid.

نابخردی، بیخردی، ندانم‌کاری. unwiseness. imprudence. foolishness. stupidity.

نابسامان، بیسر وسامـان، بهم ریخته، آشفته، نامرتب. disorganized. dissupted. confused. chaotic. muddled. irregular.

نابسامانی، بیسروسامانی، بهم‌ریختگی، آشفتگی، فساد، خرابی. confusion. disorganization. disorder. chaos. irregularity.

نابسود، نو. unused.

نابغه (نوابغ .pl)، با استعداد، باهوش. genius. brilliant. (very) talented. gifted.

نابکار، شریر، بیمصرف. wicked. useless.

نابکارانه sinister. wickedly. cruelly.

نابکاری wickedess. uselessness. cruelty.

نابلد، ناشی، ناوارد. unskilled. unknowing. unversed. unacquainted. stranger.

نابود، نیست، فانی، معدوم. extinct. nonexistent. annihilated. defunct. obliterated. devastated.

~ شدن. to become extinct. to disappear. to be annihilated. to be ruined.

~کردن. to annihilate. to obliterate. to devastate. to desolate. to cause to disappear. to destroy. to ruin.

نابودی. فنا، نیستی.
destruction. annihilation. ruin. obliteration. devastation. desolation. extinction. nonexistence. inexistence.
نابهنگام. بیموقع، بیجا.
adventive. untimely. inopportune. adventitious. premature. ill-timed.
نابینا. کور، روشندل. blind. eyeless. sightless. stone-blind. purblind.
~ شدن. to go blind. to become sightless.
~ کردن. to blind.
نابینائی. کوری. blindness. amaurosis.
ناپاک. کثیف، آلوده، ناخالص. dirty. defiled. unclean. impure. menstruating. polluted. filthy. grimy. foul.
~ کردن. to dirty. to defile. to pollute. to make unclean. to maculate. to suliy. to taint. to contaminate. to befoul.
ناپاکی. آلودگی. dirt. dirtiness. uncleanness. impurity. pollution. maculation. taint. defilment. filth.
ناپایدار. متغیر، غیر ثابت. transitory. ephemeral. transient. inconstant. unstable. inconsistent. labile. unstable.
توازن ~. labile equilibrium.
ناپایداری. بیدوامی، تغییرپذیری.
transience. instability. lability. transitoriness. ephemerality. instability. unstableness. changeability.
ناپخته. نا آزموده، نارس، خام، بی تجربه.
raw. crude. uncooked. inexperienced. unripe. green. undone. undercooked.
ناپدری. پدراندر. stepfather.
ناپدید. نامرئی. invisible. disappeared. hidden. concealed. vanished. faded.
~ شدن. to disappear. to vanish. to drop from sight (or view). to evanesce.
کشتی همینکه از بندرخارج میشود ~میگردد.
a ship disappears as she sails from the port.
از نظر ~ شدن. to drop from sight (or view). to disappear.
خورشید درپس ابرها ~ شد. the sun disappeared (vanished) behind the clouds.
~ کردن. to cause to disappear. to render invisible. to conceal.
ناپروا. بی پروا. intrepid. fearless.
ناپرهیزگار. بی تقوا. incontinent. unchaste. impious. incautious.
ناپرهیزی inattention to diet. intemperance. incontinence.
~ کردن. to neglect one's diet. to be incontinent. to overindulge (in food).
ناپسری. نافرزندی. stepson.
ناپسند. ناپسندیده. unbecoming. indecorous. disagreeable. indecent.
ناپسندیده. زشت. unbecoming. disagreeable. indecent. unfavo(u)rable.
ناپل (geog.) Naples.
ناپیدا. نامرئی. invisible. untraceable.
ناتراوا impermeable.
ناتمام. ناقص. incomplete. unfinished.
~ گذاردن. to leave unfinished (or incomplete).
ناتمامی incompleteness. unfinished state.
ناتندرست. مریض، ناخوش. unhealthy. unwell. ailing. ill.
ناتندرستی unhealthiness. unsoundness (of body). illness. ailment.
ناتنی half blood. step (as in stepbrother=(برادرناتنی). half brother. half sister.
ناتو. سرسخت، سختگیر. hard to deal with. recalcitrant.
آدم ~. a hard nut to crack.
ناتوان. نحیف، ضعیف. unable. weak. powerless. infirm. feeble. impotent. enfeebled. decrepit. weakly. debilitated.
ناتوانی. ضعف، ناتوانایی. weakness. debility. infirmity. feebleness. decrepitude. atony. languor. enervation. infirmity. impotence. feebleness.
ناتوان کردن. to make powerless. to debilitate. to weaken. to enfeeble.
ناجنس. بدجنس. malicious. bad-hearted. mischievous.
ناجوانمرد unmanly. ungenerous. dastardly. coward(ly). dastard.
ناجوانمردانه dastardly. foul(ly).
~ رفتارکردن. to play foul (or cowardly).
ناجوانمردی. نامردی. dastardliness. cowardice. foul play.
~ کردن. to act in a dastardly way.
ناجور. نامناسب، ناهمگن. ill-sorted. ill-matched. odd. incongruous. uncongenial. jarring. hetero-.
ناجورهاگ (bot.) heterosporous.
ناجی. نجات‌دهنده، رستگار. savior. saviour. redeemer. saver.
ناچار. مجبور، ناگزیر. compelled. helpless. necessarily. of necessity. inevitably. perforce.
~ شدن. to become compelled or forced.
~ بودن. to have to. to be compelled.
من ~ بودم بروم. I had to go.
ناچاری. ناگزیری. distress. helplessness.
از ~. out of necessity.
ناچیز. بی اهمیت، اندك، بی ارزش. nugatory. insignificant. worthless. trifling. petty. negligible. trivial. paltry. picayune.
مبلغی ~. a paltry sum.
ناحق. ناروا، غیرعادلانه. unjustified. unjustifiable. unlawful. undue. false. unjustly. unfair(ly) inequitable.
شهادت ~. false testimony.
بناحق. unlawfully. unjustifiably. unduly. unjustly.
ناحیه (نواحی .pl)، منطقه، بخش. district. region. ward. area. territory.
درچه ناحیه‌ای از شهر زندگی میکنید؟
in what district (quarter) of the city do you live?
~ بینی. nasal region.
~ پس سری. occipital region.
~ گیجگاهی. temporal region.
ناخدا. ناوخدا، کشتیبان. captain (of a ship). naval colonel.
~ دوم. lieutenant colonel.
~ سوم. (naval) major.
ناخدا. خدانشناس. atheisist(ic).
~ ترس. impious. not fearing God.
ناخدائی captainship. captaincy.
ناخلف. وظیفه نشناس، فاسد،بداخلاق، بدذات، بدنهاد. not worthy of his father. undutiful. degenerate.
ناخن nail. claw. talon. unguis. ungula. onycho-.
~ پا. toenail.
~ دست. fingernail.
~ گرفتن. to pare (cut) the nails.
سوهان ~. nail file.
لاك ~. nail polish.
ناخن‌خشك closefisted. stingy.
ناخن‌دار unguiculate. nailed.
ناخنك. اکلیل، اکلیل‌الملك، دله دزدی.
(bot.) melilot. unguis odorata. (med.) pterygium. small nail. pilfering.
~ زدن. to snitch. to pilfer.
ناخنکی. دله‌دزد، دست‌کج. snitcher. (one) who habitually snitches or pilfers.
ناخن‌گیر nail clippers. nail scissors. nail trimmer.
ناخنی ungual. ungular.
ناخواسته. ناخوانده. unwished. unwanted. uninvited. undesired.
ناخوانده. ناخواسته. uninvited.
مهمان ~. uninvited guest.
ناخوش. بیمار، مریض. ill. sick. ailing. diseased. indisposed. unpleasant. harsh. patient. a sick person. sickly.
~ شدن. to fall ill. to get sick. to sicken.
ناخوش‌آواز (one) who has a harsh or unpleasant voice. cacophonous.
ناخوشی. بیماری، مرض، کسالت. illness. disease. ailment. sickness. malady. indisposition. -osis. -ia. patho-.
نادار. تهیدست، بی‌چیز، ندار. poor. indigent. penniless. impecunious.
ناداری. تهیدستی، نداری. poverty. indigence. pennilessness.
نادان. جاهل، احمق، بیسواد. ignorant. foolish person. fool. unknowing. ignoramus. unlearned. unlettered.
~ فریب. deceiving the fool. embezzler
گاه باشدکه کودکی نادان...
sometimes an ignorant child...
نادانی. جهل، بیسوادی، حماقت. ignorance. foolishness. nescience. illiteracy.
نادختری. دخترخوانده. stepdaughter.
نادر. کمیاب. rare. scarce. unusual. infrequent. uncommon.
نادراً. ندرة. seldom. rarely. scarcely.
نادرست. متقلب، خطا. incorrect. untrue. false. dishonest. wrong. deceitful. untruthful.
حساب ~. an incorrect account.
حسابدار ~. a dishonest accountant.
نادرستی. عدم صحت، تقلب. dishonesty. incorrectness. inaccuracy. deceitfulness.
~ کردن. to act dishonestly or deceitfully.
نادره (نادر .fem. of ,(pl. نوادر). rarity. curiosity. witticism.
نادم. پشیمان، متأسف، توبه‌کار. repentant. regretful. sorry. penitent. contrite. remorseful. compunctious.
~ شدن. to repent. to become penitent.
نادی. منادی. herald. proclaimer. forerunner.
نادیده. نامرئی، دیده‌نشده. unseen. invisible. disregarded. unobserved.
~ پنداشتن، ~گرفتن. to wink at. to connive at. to ignore.
نار (انار .cont. of)، انار. pomegranate.
نار (نیران .pl)، آتش، دوزخ. fire. hell.
عذاب‌النار. hell torment.
ناراحت. نامناسب، آزار دهنده، رنجیده. uneasy. inconvenient. uncomfortable. annoyed. restless. discomfitted. discomforted. disturbed. incommoded. troubled. bothered. inconvenienced.
~ شدن. to become uncomfortable or uneasy. to be inconvenient. to be disturbed.
صداهای بلند مریضان را ~ میکند.
loud noises disturb the patients.
آیا اگر من سیگار بکشم شما ~ میشوید؟
will it bother you if I smoke?
~ کردن. to discomfort. to discomfit. to incommode. to make uncomfortable or uneasy. to bother. to distress. to inconvenience. to discommode. to annoy.
سرمای شدید همه را ~ کرد.
the extreme cold inconvenienced everyone.
ناراحتی. رنجش. discomfort. discomfiture. inconvenience. uneasiness. annoyance. lack of comfort.
ناراست. نادرست، دروغ، کج. indirect. crooked. untrue. false. dishonest.
ناراسته. غیرمستقیم. indirect. not straight.
ناراستی. کژی، دروغ. indirectness. indirection. falsehood. dishonesty.
ناراضی. خشنود، رنجیده. dissatisfied. malcontent. unsatisfied. insatiate. insatiable. discontented. displeased.
~ شدن. to become dissatisfied or discontented.
~ کردن. to dissatisfy. to discontent. to displease.
ناردانه. ناردان، دانهٔ انار. dried pomegranate seeds.
نارس. کال، نرسیده، زودرس. unripe. green. premature. immature. precocious. crude. unseasonable.
نارسا. کوتاه، غیرکافی، ناقص. inaudible. inexpressive. inadequate. short. insufficient. vague.
نارسانا. عایق. insulator. insulating. nonconductor.
~ کردن، عایق کردن. to insulate.
نارسائی. عدم‌کفایت، کوتاهی، نقص. inexpressiveness. inaudibility. inadequacy. insufficiency.
~ قلبی. cardiac insufficiency.
نارسیدگی. کالی. unripeness.
نارسیده. نارس، غیربالغ، نرسیده. immature. unripe. callow. raw.
نارضایتی dissatisfaction. discontentment. displeasure. malcontentment.
نارفته. نرفته. unpassed (as a road). not gone.
نارگل. گلناز. (bot.) pomegranate blossom.
نارگیل (bot.) coconut. cocoanut.
نارنج (bot.) sour orange.
نارنجستان orangery. orange grove. citrus garden.
نارنجك grenade. shell
~ دستی. hand grenade.
(سرباز) ~ انداز. grenadier.
نارنجی orange(-coloured).
نارنگی (bot.) tangerine.
نارو. حقه، خیانت. double cross. double-crossing. foul play. nasty trick. double-dealing. duplicity.
~ زدن. to double-cross.
ناروا. ناحق. inadmissable. unjust. unfair.
ناروانی viscosity. stagnancy.
نارون. درخت نارون.

(bot.) elm tree. hellish. infernal.

ناز، عشوه، قر، عشوه‌گری، طنازی. coyness. demurring. mincing (air). affected manners. lackadaisical manners.
~ کردن. to act coyly. to demur. to mince. to feign disdain. to demure.
با ~ و عشوه. minicingly. coquettishly.
او را بشام دعوت کردم ولی ~ کرد. I invited her to supper but she demurred.

نازا، عقیم، بی‌اولاد، سترون. barren. infertile. sterile. bare.
زن ~، زن سترون. a barren woman. a sterile woman.
~ کردن. to sterilize. to make barren.

نازائی barrenness. sterility. infertility.

نازبالش small cushion.

نازپرورده، نازنازی، نازك‌نارنجی، عزیزدردانه. delicately brought up. pampered. cherished. spoiled. coddled. cockered.
~کردن. to pamper. to fondle. to cocker. to coddle.

نازدار، عشوه‌دار، عشوه‌گر. coy. affected. lackadaisical. mincing. coquettish.

نازك، باریك، لاغر. thin. delicate. attenuated. tender. slender. lean. slim. frail. puny. lank.
کاغذ ~. thin paper.
دل ~. tender-hearted.
گوشت ~ (ترد). tender meat.
~ کردن. to thin. to slenderize. to lean. to narrow. to attenuate.
~ شدن. to become thin(ned). to become narrow. to taper (off).
صدای ~. shrill voice.

نازك‌بالان (z.) hymenoptera.

نازك‌بدن of a delicate body. delicately formed. slender.

نازك‌دل، دل‌نازك. tender-hearted.

نازك‌کاری elaborate work. delicate touch. hairstroke. finishing touches.

نازك‌نارنجی hard to please. fastidious. of a delicate (or tender) constitution. spoiled. sissy.

نازکنی (anat.) fibula. fibular.

نازکی thinness. delicateness. slimness. tenderness. narrowness. attenuation.

نازل، پائین، پست، ارزان، فرودآینده. low. reduced. descending. cheap. falling.
قیمتهای ~. low (cheap) prices.
نرخهای ~. reduced rates.
از آسمان ~ شده. descended from heaven.
~ شدن، پائین‌آمدن. to come down. to descend. to be reduced. to fall.

نازنین، دلربا، ظریف. nice. fine. lovely. tender. kind. delicate.

نازی، نازدار. demurrer. coy. demure.

نازی، فاشیست. Nazi.

نازیبا، زشت. inelegant. ugly. indecent. homely. absurd.

نازیبایی ugliness. inelegance.

نازیدن (imp. بناز)، نازکردن، عشوه‌کردن. to boast of. to flaunt. to plume oneself on. to vaunt. to brandish.

ناس، مردم. people. human beings.

ناس، انفیه، بینی. snuff. nose.
~ انداختن. to snuff.

ناساز out of tune. discordant. unhealthy. indecent. sick. ill.

ناسازگار، ناسالم، غیرمأنوس، مغایر. unwholesome. insalubrious. unsuitable. incongruous. disharmonious. incompatible. irreconcilable.
~ بودن. to be incompatible or discordant. to disagree.

ناسازگاری incompatibility. discord. unsociability. unsuitability. insalubrity.
~ کردن. to show incompatibility. to disagree.
طلاق در اثر ~. divorce as a result of incompatibility.

ناسازی، ناهم‌آهنگی. disharmony. discordance. unhealthiness.

ناسپاس، نمك‌ناشناس، حق‌ناشناس. ungrateful. ingrate. unthankful. inappreciative. ingrateful. thankless.

ناسپاسی ingratitude. ungratefulness. thanklessness. ingratefulness.

ناستوده، ناپسندیده. dispraised. disparaged. reprehensible. reprobated.

ناسخ، منسوخ‌کننده. nullifier. abrogating. abolishing. abolisher. repealer. revoker.

ناسره، پست، قلب. base. bad. impure.

ناسزا، فحش، سخنان زشت. curse. swear (word). execration. imprecation. cuss. malediction. ban. anathema.
~ گفتن. to curse. to cuss. to use indecent words. to swear at. to execrate. to imprecate. to anathematize.

ناسزاوار، ناشایسته. undeserving. unjust. unfair. undeserved. unmerited.

ناسفته، سوراخ نشده. unbored. virgin.

ناسك، مرتاض. ascetic or devout (man).

ناسوت، عالم‌ناسوت، ماده. human nature. the earthly world.

ناسور (pl. نواسیر). festered. fistula.
~ کشیدن، ~ شدن. to become infected.

ناسوز، نسوز. fireproof. incombustible.

ناشاد، غمگین، اندوهناك. sad. cheerless. unhappy. melancholy.

ناشایست، ناشایسته. unbecoming. indecent. undeserving. unfit.

ناشایستگی indecence. impropriety.

ناشایسته unbecoming. undeserving. indecent. reprehensible. improper.

ناشتا، گرسنه، روزه، صبحانه، ناشتائی. empty-stomached. fasting. hungry. breakfast.

ناشتائی، صبحانه، ناشتاشکن. breakfast.
~ شکستن، ~ خوردن. to (eat) breakfast.

ناشر (pl. ناشرین، ناشران)، منتشرکننده. publisher. propagator. emitter. distributor. circulator.

ناشکر، ناسپاس. ungrateful. unthankful. inappreciative. ingrate. ingrateful.

ناشکری، ناسپاسی، نمك‌نشناسی. unthankfulness or ingratitude (toward God). ungratefulness. thanklessness.

ناشکیبا، ناشکیب. impatient. intolerant.

ناشکیبایی، بی‌صبری. impatience. intolerance. petulance. irritability.

ناشمرده، نشمرده، شمرده نشده، غیرواضح، بیشمار. indistinct. inarticulate. uncounted. excluded. countless.

ناشناخت، ناشناس، متنکراً. disguised. unknown. incognito.

ناشناس، ناشناخته، ناآشنا. in disguise. disguised. unacquainted. unknown. incognito. stranger.

ناشنوا، کر. deaf. surd.

ناشنیده، نشنیده. unheard (of).

ناشور، پارچهٔ ناشور، نشسته، سفیدنشده. grey sheeting. unwashed or unbleached.

ناشی (fem. ناشیه)، درنتیجهٔ، دراثر. arising. resulting. consequent.
مفاسد ~ از بیکاری. evils arising from idleness.
یکی از خطراتیکه از رانندگی در باران ~ میشود. one of the dangers resulting from driving in rain.
~ شدن. to arise. to be caused (by). to spring (from). to crop. to issue.

ناشی، تازه‌کار، نا آشنا، خام دست، بی‌مهارت، نابلد. unskilled. novice. inexpert. unskilful. bungling. inexperienced. beginner. tyro. clumsy. unskillful.

ناشیگری، خام دستی. lack of skill. inexpertness. inexperience. unskillfulness. unskill. clumsiness. indexterity.
~ کردن. to bungle. to act inexpertly. to show inexperience.

ناصاف، نامرتب، صیقلی نشده، دارای پستی و بلندی. uneven. rough. impure. rugged. turbid. unpolished.
~کردن. to unsmooth. to make uneven.

ناصافی unevenness. insincerity. roughness. turbidity.

ناصبور، ناشکیبا. impatient. uneasy. restless.

ناصبوری، بیقراری، ناشکیبایی. impatience. restlessness. uneasiness.

ناصح (pl. ناصحان، ناصحین). counsel(l)or. admonisher. admonitor. adviser.

ناصر، یار، کمك‌کننده، معاون، مدافع، یاری‌کننده. assister. helper. defender. aid.

ناصره (geog.) Nazareth.

ناصواب، نادرست، خطا، غلط. incorrect. wrong. faulty. inadvisable.

ناصیه (pl. نواصی)، سیما، پیشانی. mien. appearance. air. aspect. demeanor.

ناطق (fem. ناطقه)، سخنران، سخنگو. speaking. talking. rational. speaker.

ناطقه، قوهٔ ناطقه. faculty of speech. vocal.

ناطلبیده، ناخوانده. uninvited. uncalled.

ناظر (pl. ناظرین، نظار)، مراقب، نگاه‌کننده، بیننده. seeing. watching. controlling. supervising. spectator. observer. controller. supervisor. overseer. witness watcher. inspector. supervisor. superintendent. looker-on. onlooker.
~ بودن، دیدن. to see. to watch. to witness. to observe.
من ~ شکست آنها بودم. I witnessed their defeat.

ناظم، سرپرست، نظم دهنده. regulator. (assistant) superintendent.
~ مدرسه. assistant superintendent (of a school).
خط ~. normal.

ناف navel. centre. hilum. umbilicus.
بند ~. umbelical cord.

نافذ، مؤثر، مهم، نفوذکننده. penetrating. permeating. effective. binding. valid. piercing. permeative. pervasive.

نافر، بی‌میل، بیزار. timid. shy. scared. conquering.

نافرمان refractory. contumacious. mutinous. disobedient. rebellious.

نافرمانی disobedience. recalcitrance.
~ کردن. to disobey. to be disobedient. to recalcitrate.

نافع، سودمند، سودبخش. useful. profitable. advantageous. efficacious. good (for). beneficial.
این باران برای کشاورزی چندان ~ نیست. this rain is not so useful (good) for agriculture.

نافله (pl. نوافل)، دعای ~، نمازغیرواجب. supererogatory prayer.

نافه، مشکدان. (bag of) musk. navel.

نافهم، نفهم، کودن، احمق. silly. stupid. uncomprehending. dumb. obtuse. dull. dense. slow-witted.

نافهمی، نفهمی، کودنی، حماقت. silliness. dullness of understanding. stupidity. dumbness. density. obtuseness.

ناقابل، ناچیز، بی‌اهمیت، جزئی. insignificant. trifling. paltry. worthless. slight. inconsiderable. incapable.

ناقص، معیوب، ناتمام. defective. imperfect. blemished. mutilated. deficient. lacking. truncated. incomplete. unfinished. faulty. infirm. inadequate. flawed.
~ شدن. to become impaired. to become mutilated or deformed. to be badly hurt or injured. to be imperfect.
~ کردن. to mutilate. to injure. to maim. to deform. to render impecfect.

ناقص‌الخلقه، معیوب، معلول. deformed. malformed. freak. monstrosity.

ناقص‌العقل، کم‌عقل. foolish. stupid. dull. mentally deranged.

ناقض، نقض‌کننده. violating. cancelling. contradicting. contradictory. violator.

ناقل (fem. ناقله)، هدایت‌کننده، برنده. conducting. transmitting. conveying. conductor. conveyor. despatcher. vector. narrator.
آلات ناقله conveyors. vehicles. transmitters. means of conveyance. transport means.
~ شدن، ~ بودن. to transmit. to convey. to be a vector. to carry.

ناقلا، موذی، زرنگ، زیرك. naughty. cunning. shrewd. sly. clever. ingenious.

ناقله (fem. of ناقل). conveyor. conveying.
آلات ~. means of transport or conveyance.

ناقوس gong. bell. chime. carillon.
~ بصدا درآمد. the bell tolled.
برج ~. belfry.

ـناك suffix meaning «full of» and epuivalent to English suffix «-ful» (as in ترسناك = dreadful).

ناکام، نامراد، دلشکسته، نومید، شکست‌خورده. unrealized. one whose hopes remain unfulfilled. unsuccessful. disappointed.

ناکامی، نومیدی، یأس. disappointment. failure to obtain one's desires. defeat.

ناکس، پست، پست‌فطرت، فرومایه. ignoble. mean. vile. base. knavish. low. detestable. common. cowardly. coward.

ناکسی، فرومایگی. meanness. villainy. cowardice. dastardliness.

ناکوك، نامیزان، نامرتب. not wound. unwound. untuned. out of tune. discordant.

ناگاه، ناگهان، ناگهانی. suddenly. all of a sudden. sudden. abrupt(ly).

precipitate(ly). all at once.
بناگاه. suddenly. abruptly.

ناگزیر، ناچار، بیچاره، لاعلاج. perforce. of necessity. helpless. having no alternative. inevitabte. indispensible.
~ شدن. to become forced (to). to have (to).
بخاطر برف شدید ~ شدیم آنجا بمانیم. because of the heavy snow we were forced to stay there.

ناگشا، ناشکوفا. indehiscent.

ناگفتنی، مگو، غیرقابل‌بیان. unspeakable. ineffable. indescribable. unutterable.

ناگفته (left) unsaid. unuttered. unspoken. unmentioned.
~ نماند که... let it not remain unsaid that...

ناگوار، ناپسند، ناخوش‌آیند، ناگوارا، دیرهضم. unpleasant. unwholesome. indigestable. deplorable. unpalatable. distasteful.

ناگوارا unpleasant. not potable.

ناگواری، ناپسندی، ناخوشایندی، دیرگواری. unpleasantness. indigestibility.

ناگه، (ناگاه .cont. of). suddenly. abruptly. all of a sudden.

ناگهان، ناگاه. suddenly. all at once. sudden. all of a sudden.
~ فریاد زد. suddenly he shouted.

ناگهانی sudden. unexpected. abrupt(ly).
حملهٔ ~. sudden attack. blitzkrieg. surprise attack.
بطور ~. suddenly. abruptly.

نالان (present participle of نالیدن) groaning. moaning. complaining.
گریان و ~. weeping and groaning.

نالایق، ناشایسته، بی‌عرضه. incompetent. incapable. unfit. unworthy. not merited. undeserving. unqualified. inefficient. unsuitable. unskillful.

ناله، گریه، فریاد، شکایت. groan. whimper. groaning. complaint. moaning. wailing. lamentation. weeping. whining.

ناله‌کردن، نالیدن. to groan. to moan. to wail. to lament. to whine.

نالیدن (نال .i. r)، ناله‌کردن. to groan. to moan. to whine. to lament. to complain. to wail. to whimper.
او ازدندان درد مینالید. he groaned as a result of toothache.

نام، اسم، شهرت. name. fame. reputation. nomin-. nomenclature. title. term. nomen. appellation. sobriquet.
مرد خوش ~. a man of good reputation. a man of fame.
~ مستعار، ~ عاریتی. alias. pen name. nom de plume. pseudonym.
~ بردن، نامیدن. to name. to call. to christen. to nominate. to mention.
~ نهادن، ~ دادن، نامیدن. to name. to call. to entitle.
~ ونشان. name and particulars. identity. name and address.
بی ~ ونشان. unknown. without name and address.
شخصی بنام جان. a person by the name of John.
~ شما چیست؟ what is your name?
~ فامیل، ~ خانوادگی. family name.
همنام. synonymous. namesake.

بی ~. nameless. anonymous.

نامادری stepmother.

نام‌آور، نامدار، مشهور. famous. famed. renowned. well-known. celebrated.

نام‌آوری renown. fame. celebrity.

نامبارک، بدیمن. inauspicious. ominous. portentous. foreboding. fateful.

نامبرده (نامبردگان .pl)، مذکور، فوق‌الذکر. above-named. above-mentioned. afore-said.
اشخاص ~. the above-mentioned people.

نامتناهی، بی‌پایان، بی‌انتها، لایتناهی. infinite. endless. boundless.

نامجو seeking fame.

نامحدود، بی‌پایان. unlimited. infinite. indeterminate. endless. boundless.

نامحرم، بیگانه. stranger.

نامحلول، غیرمحلول. insoluble.

نامدار، نام‌آور، مشهور. celebrated. famous. illustrated. outstanding. renowned. famed. celebrity.

نامرادی، ناکامی. defeat. failure. disappointment.

نامربوط، بیربط، سخن هرزه. irrelevant. incoherent. unconnected. disjointed. impertinent. unrelated.

نامرتب، شلخته، بهم ریخته. irregular. untidy. disorderly. muddled up. mixed up. confused. undisciplined.

نامرد unmanly. dastard(ly). coward(ly).

نامردانه، ناجوانمردانه. dastardly. foully. cowardly. indecently.

نامردی، ناجوانمردی. cowardliness. cowardice. dastardliness. foul play.

نامرضی، ناپسندیده. dissatisfactory. unpleasant. disagreeable.

نامرغوب، ناخواسته، پست، ناباب. undesirable. undesired. of inferior quality. not in demand.

نامرغوبی، بدی‌کالا، پستی‌جنس. undesirability. inferior quality.

نامرئی، نادیده، ناپیدا. invisible. unseen. unapparent. undiscernible.
~ شدن. to disappear. to become invisible.

نامزد، کاندید. betrothed. nominated. candidate. girl. fiancee. engaged. nominee. fiance. affianced.
~ شدن. to be betrothed. to be nominated.
~ کردن. to betroth. to nominate. to engage. to affiance. to candidate.
~ ریاست جمهوری. presidential nominee.
فاطمه ~ شده‌است. Fatemeh is engaged (to be married).
~ حسن دوبرادر دارد. Hassan's fiancee has two brothers.
او ~ این شغل نیست. he is not a candidate for this job.

نامزدی nomination. affiance. plighting. bethrothal. candidature. engagement.

نامزروع، کاشته نشده، لم‌یزرع. uncultivated. not sown. barren.

نامساعد unfavo(u)rable.

نامساوی، نابرابر. unequal.

نامستعد، غیرمستعد. untalented. inapt.

نامسعود unfortunate. inauspicious.

نامسموع، غیرمسموع، شنیده نشده. unacceptable. unheard of.

نامشروع، غیرمشروع، غیرقانونی، حرامزاده. unlawful. illegal. illicit. bastard. illegitimate. ill-gotten. unauthorized. prohibited.

نامطبوع، غیرمطبوع. unpleasant. disagreeable. dissatisfactory. unsavory. unpalatable. distasteful.

نامطلوب، ناخواسته. undesirable. undesired. objectionable.

نامعتبر، غیرمعتبر، بی‌اعتبار. not creditable. wanting good reputation. unreliable. spurious. not dependable. invalid.

نامعتمد، غیرقابل اعتماد. unreliable.

نامعدود، بی‌شمار. countless. numberless.

نامعروف، ناشناخته، بدنام، گمنام. unknown. fameless. unrenowned.

نامعقول، غیرمعقول، غیرعقلانی، غیرمنطقی. irrational. unreasonable. illogical.

نامعلوم، مبهم، غیرمشخص. unknown. uncertain. undecided. undetermined. undeterminable. indeterminate. indefinite. indistinct. vague. [...]ded. obscure.

نامعین، نامعلوم. indefinite. uncertain. undetermined. indeterminate. indistinct.

نام فامیل، نام خانوادگی. family name.

نامفهوم، غیرمفهوم، غیرقابل فهم. unintelligible. vague. incomprehensible. not understandable.

نامقبول، ناپسندیده. unbecoming. unacceptable. disagreeable. ugly.

ناملایم، خشن، سخت. not mild or gentle. rough. harsh. steep. severe. extreme. hard. bumpy.

ناملایمات adversities. tribulations. hardships. disagreeable things.

ناممنون، ناسپاس. ungrateful. not thankful. thankless. unappreciative.

نامناسب، ناشایسته، بیموقع، نابهنگام. unfit. unsuitable. unbecoming. inopportune. out of place. untimely. improper. inappropriate.
شغل ~. unsuitable job.

نامنظم، بیقاعده، آشفته، بهم ریخته. irregular. disturbed. disorderly. sporadic. unsystematic. unmethodical. immethodical. unorganized. disorganized. undisciplined. confused. disarrayed. jumbled. mudded. chaotic.
~ کردن. to disarray. to confuse. to put into disorder. to jumble. to muddle.

نام‌نما name index.

نام‌نویسی، ثبت‌نام. enlistment. enrolling. enrollment. registering. registration.
تاریخ ~. registration date.
او در مدرسهٔ عالی ترجمه ~ کرد. he enrolled at the College of Translation.
~ کردن. to enroll. to enlist. to register.

ناموافق، مخالف، نامطلوب، ناسازگار. averse. disagreeing. unfavo(u)rable. adverse. disfavo(u)rable. opposed. incongruous. incompatible. inclement. inauspicious. disapproving. against.

ناموجه، غیرموجه. (of an excuse) poor. unfounded. lame. groundless. unjustified. inexcusable. unjustifiable.

ناموَر، مشهور، نامدار. renowned. famed. famous. celebrated. illustrious.

ناموزون، ناهم‌آهنگ. disharmonious. discordant. unrhythmic(al). asymmetric(al). cacophonous. disproportionate.

ناموزونی disharmony. asymmetry.

ناموس (نوامیس .pl)، اصل، قانون، عفت، پاکدامنی، عصمت. principle. law. chastity. regard for the chastity of the opposite sex. reputation.
عقیدهٔ شما خلاف ~ طبیعت است. your opinion is against the law (or principles) of nature.
بناموس او تجاوز نکن. do not violate her chastity.
بی ~. unchase. lewd. libertine.

نامه، مکتوب، ملطفه، نامك، کتاب، مرقومه. letter. epistle. book. deed. certificate. (used also as suffix meaning «letter» as in: گواهی‌نامه).
هفته ~. weekly (magazine).
ماه ~. monthly (magazine).
شاهنامهٔ فردوسی. Ferdowsi's Book of kings.
واژه‌نامه. lexicon. wordbook. dictionary.
نامهٔ عاشقانه. love letter. billet-doux.
نامه‌های تجارتی. commercial correspondence(s). business letters.
سر ~. letterhead.

نامه‌بر، نامه‌رسان. letter carrier. courier. postman. mailman.
کبوتر ~. carrier pigeon. homing pigeon.

نامه‌دان، کیف. portfolio. letter bag. mailbag.

نامه‌رسان mailman. postman. postboy. peon. courier.

نامه‌رسانی mail delivery. mailing (letters). postal service.

نامهربان cold. not affectionate. unkind.

نامهربانی unkindness. coldness. lack of affection.
با ~. unkindly. coldly.
~ کردن. to treat unkindly.

نامه‌نگار، منشی، نامه‌نویس. epistler. epistoler. clerk (writing letters). letter writer. correspondent.

نامه‌نگاری letter writing. correspondence.

نامه‌نویس، نامه‌نگار، عریضه‌نگار، عریضه‌نویس. epistler. epistoler. one who writes a letter to another. correspondent.

نامه‌نویسی، نامه‌نگاری. letter writing.

نامی، معروف، نامدار، برجسته، مشهور. celebrated. famous. outstanding. renowned. illustrious. well-known.

نامیدن (نام .i.r)، خواندن، موسوم‌کردن. to name. to call. to nominate. to entitle. to title.

نامیده (نامیدن .p. p. of). called. named. nominated. titled.

نامیسّر، غیرممکن، نشدنی، دور ازدسترس. impossible. inaccessible. out of reach.

نان bread.
~ برشته. toasted bread.
~ مانده، ~ کهنه. stale bread.
~ کسی را بریدن. to cut one's means of livelihood.
یك عدد ~، یك‌قرص ~، یك گرده ~. a loaf of bread.
او پنج‌نفررا ~ میدهد. he supports five persons.
~ درآوردن، ~ پیداکردن. to earn one's bread.
هرآنکس که دندان دهد ~ دهد. he who gives (us) teeth will provide (our) bread.

~ ذرت. cornbread.

با کسی ~ و نمك خوردن. to break bread with a person. to eat salt with a person.

درخت ~. (bot.) breadfruit (tree).

نان‌آور، متکفل مخارج، نان‌بده. breadwinner. supporter.

او نان‌آور يك عائلهٔ بزرگ است. he supports a large family.

نان‌پز، نانوا. baker.

نانجیب، بی‌عفت، بی‌عصمت. unchaste. lewd. indecent. libertine.

نان‌خور dependant. dependent. one supported by another.

نانکن (geog). Nanking.

نانوا baker.

نانواخانه bakery.

نانوائی، نان‌پزی، دکان نانوائی. baking bread. bakery.

ناو، رزم‌ناو، کشتی‌جنگی، کشتی، آبراهه. ship. warship. cruiser. vessel. frigate. boat. canal. carina. navi-. scapho-.

~ جنگی. warship.

~ هواپیمابر. aircraft carrier.

نبرد ~. battleship.

رزم ~. (battle) cruiser.

~ گشتی. patrol boat. frigate.

ناو اژدرافکن. torpedo boat.

هوا ~. airship.

~ یدك‌کش. tugboat. towboat. tug.

ناواستوار naval warrant officer.

ناوبان lieutentant (of the navy.)

ناوبر navigator.

ناوبری navigation.

ناوبری‌هوایی aeronavigation.

ناوپا (z.) scaphopod.

ناوتیپ naval brigade.

ناوچه small boat. small battleship. PT boat.

ناودان drain pipe. down pipe. downspout. groove.

ناودیس syncline. synclinal.

ناوزمین geosynclinal. geosyncline.

ناوسروان naval captain.

ناوشکن destroyer.

ناوك small arrow. small boat. small canal.

ناوگروه naval brigade. flotilla.

ناوه hod.

ناوه‌کش hod carrier. hodman.

ناوهواپیمابر aircraft carrier.

ناوی boat - like. scaphoid. navicular. navi-. soldier (in the navy). sailor. mariner. seaman.

استخوان ~. scaphoid bone.

ناویز، کشتی‌فضائی، سفینهٔ فضائی. spaceship.

ناویژه gross. tare.

سود ~ (غیرخالص). gross profit.

ناه mustiness.

بوی ~. musty smell.

ناهار lunch. luncheon.

ناهارخوری dining room.

ناهمبوم (z.) allopatric.

ناهمرنگ ill - matched. allochromatic.

ناهمسان anisotropic. anisotropical.

ناهمسانی، ناهمانندی. anisotropy.

ناهمگن، غیرمتجانس. heterogeneous.

ناهموار، ناصاف، خشن، ناپسند. uneven. rough. disagreeable. not levelled.

ناهمواری، ناصاف. unevenness. roughness. not being level or smooth.

ناهنجار، زمخت، کج، غیرعادی. rough. coarse. crooked. abnormal.

صدای ~. cacophony.

ناهنجاری rudeness. coarseness.

ناهید، زهره. (astr.) Venus.

نای، قصبة‌الریه، نی. windpipe. trachea.

دریچهٔ ~. epiglottis.

نایاب، معدوم، نادر، کمیاب، غیرقابل حصول. unobtainable. rare. extinct.

نایب (نواب .pl)، منشی، ستوان، قائم‌مقام، معاون. deputy. (of a legation) secretary. assistant. vice. lieutenant.

نایب‌الحکومه deputy governor.

نایب‌السلطنه regent. viceroy.

نایب‌رئیس، معاون. vice president. deputy chairman.

نایب‌سرهنگ lieutenant colonel.

نایب‌مناب، قائم‌مقام. locum tenens. vicegerent. deputy. substitute.

نائبه (نوائب .pl)، بدبختی. calamity. disaster.

نایره، شعله، آتش. flame. blaze. fire.

نایژك bronchium.

نایژه، نایچه. bronchus. small reed or pipe. bronchiole.

نزلهٔ نایژه، ورم نایچه. bronchitis.

نایژه‌ای. bronchial.

نایل، نائل attaining. successful. achieving.

~ شدن، ~ آمدن. to attain. to obtain. to succeed. to achieve.

نایلون، پلاستیك. nylon.

نایلونی (made of) nylon.

نائم، خواب. asleep. sleeping. dormant.

نبات (نباتات .pl)، حب‌نبات، گیاه. plant. vegetable. herb. herbi-. sugar candy. rock candy.

نباتی vegetable. plant. herbi-. consisting of vegetables. consisting of rock candy.

روغن ~. vegetable oil.

کرهٔ ~. vegetable butter. margarine.

غذای ~. vegetable food.

نبادا، مبادا. beware! never (do it).

نباش do not be.

نبرد، جنگ، پیکار، مبارزه. battle. conflict. combat. struggle. action. skirmish. engagement. contest.

~ کردن، جنگیدن. to fight. to combat. to battle.

~ برلن. the Battle of Berlin.

نبردگاه، میدان جنگ. battlefield. battleground.

نبردناو، کشتی جنگی. battleship. battle cruiser.

نبش، شکافتن‌قبر، کندن. exhumation. disinterment.

~ کردن، ~ قبر کردن. to exhume. to disinter.

نبش، گوشه. corner. arris.

زمین دونبش. a piece of land adjacent to a street on two sides.

نبشتن، نوشتن. to write.

نبشی corner(ed). designed for corners.

منزل ~. corner house.

آهن ~. angleiron.

نبض، ضربان ~، تپش ~. pulse. sphygmus. beating. sphygmo-. pulsation. throbbing.

~ او هنوز میزند. his pulse is still beating.

(در مورد ~) زدن. to pulsate.

~ کسی را گرفتن. to feel a person's pulse.

~ مانند. sphygmoid. pulselike. sphygmodic.

وابسته به ~، نبضی. pulsatory. pulsatile. pulsative. sphygmic. sphygmodic.

نبض‌سنج sphygmometer. pulsimeter. pulsometer.

نبض‌شناسی sphygmology.

نبض‌نگار sphygmograph.

نبوت، پیشگوئی، پیامبری، رسالت. prophethood. prophecy. vaticination. prophetic mission. foretelling. prophetry.

~ کردن. to prophetize. to vaticinate. to discharge the prophetic mission.

نبوغ genius. (great) talent.

نبوی vatic. vaticinal. oracular. vatical. Prophetic.

حدیث ~. tradition descended from the Prophet.

نبی (انبیاء .pl)، پیامبر، پیغمبر، رسول. prophet. messenger. apostle. sibyl. vaticinator.

نبید، نبیذ، نوید. wine. good news.

نبیذ (date) wine.

نبیره (great) grandchild.

نبیل، سخی، شریف. noble. generous. ingenious.

نبیه (fem. of نبی). prophetess.

نپخته، ناپخته، خام. uncooked. raw. undone. inexperienced. crude.

نت، پرده. (mus.) note.

نتاج breed. progeny.

نتایج (pl. of نتیجه)، عواقب، فرجامها. results. consequences. outcomes.

نترس، بیباك. fearless. bold. intrepid. dauntless. brave. rash.

او سر نترسی دارد. he has a fearless head (attitude).

نتیجه (نتایج .pl)، حاصل، پایان، عاقبت. result. consequence. end. issue. effect. upshot. conclusion. corollary. great grandchild.

~ دادن. to (produce a) result. to be useful or efficacious. to be effective.

~ گرفتن. to conclude. to deduce. to infer. to get a result.

در ~. consequently. as a result.

این کتاب نتیجهٔ سه‌سال کارما است. this book is the result of three years of labo(u)r by us.

بی ~. ineffective. inconsequential. useless.

نتیجةً، نتیجتاً، بالنتیجه، درنتیجه. consequently. as a result.

نتیجه‌بخش، سودمند، مؤثر، مفید. efficacious. useful. giving a result. effective.

نثار، فدا، تقدیم، قربانی، رهی، اهداء. money scattered at a wedding or feast. scattering. bestowing. offering.

جان ~. your devoted servant.

~ کردن. to scatter. to strew (money etc.) to offer. to sacrifice.

او جان خود را ~ میهن خود کرد. he gave (sacrificed) his life for his country.

هم میهنانش گل ~ آرامگاهش نمودند. his countrymen strew flowers on his grave.

نثر prose.

~ و نظم. prose and poetry.

نثراً in prose.

نجابت، اصالت، عفت، عصمت. decency. nobleness. nobility. gentleness. chastity. aristocracy. noblesse.

~ خانوادگی. family decency (or nobleness).

~ کردن. to show decency or nobility. to act chastely.

نجات، رستگاری، رهائی. deliverance. salvation. rescue. relief. being saved. delivery. liberation. freeing. redemption. escape.

~ دادن، رهانیدن. to save. to deliver. to rescue. to relive.

~ دادنی. rescuable.

~ یافتن. to be saved, delivered, or rescued.

کرجی ~، قایق ~. lifeboat.

گروه ~، جوخهٔ ~. saving (rescue) squad.

کمربند ~، کمربند ایمنی. life belt. safety belt.

حلقهٔ نجات. life buoy.

نجات دهنده، منجی، رهاننده، ناجی. deliverer. savio(u)r. rescuer. liberator.

نجات غریق، مأمور ~. lifeguard.

نجاح، کامیابی، رستگاری. salvation. success. relief.

نجار، درودگر. carpenter. joiner.

نجارشیروانی roof truss maker.

نجاری، درودگری. carpentry. carpenter's profession. joinery.

~ کردن. to carpent. to work as a carpenter.

نجاست، پلیدی، ناپاکی، آلودگی، کثافت. defilement. uncleanness. impurity. excrement. filth. feces. excretion. ordure. dung. shit. pollution.

نجاشی Negus.

نجباء (pl. of نجیب)، اعیان، اشراف، پاکان. the nobles. the nobility. decent people. the chaste. aristocracy.

نجس، ناپاك. (ceremonially) unclean. defiled. filthy. impure. polluted.

~ شدن. to become unclean, defiled or filthy.

~ کردن. to defile. to make unclean or impure. to pollute. to dirty.

نجم (نجوم، انجم .pl)، ستاره، استاره، کوکب. star. celestial body. asterisk. pentagram. planet.

نجوم، ستاره شناسی. astronomy. astrology.

نجومی astronomical. astrological.

تقویم ~. almanac. astrological table.

نجوی، نجوا، بیخ‌گوش. whisper.

~ کردن. to whisper.

نجیب (نجبا .pl)، شریف، عفیف، آرام. decent. noble. gentle. chaste. sober. aristocrat.

نحاس، برنج، مس. brass. copper. cupri-.

نحریر، ماهر، زیرك، دانشمند، زبردست. skillful. ingenious. clever. learned.

نحس، نامیمون، منحوس. unlucky. sinister. gloomy. miserable. inauspicious. ominous.

امروز خیلی برای او ~ بود. it was very unlucky (sinister) for him today.

سیزده ~ است. thirteen is (an) unlucky (number).

نَحسین، نحسان. the two unlucky stars, Mars and Saturn.

نَحل، زنبور عسل. Bee(s).

نَحو (انحاء .pl). manner. way. method.

علم ~. syntax.

بچه ~. how? In what manner?

بنحوی از انحاء. by hook or by crook. in some way or other.

صرف ونحو. grammar. conjugation and syntax.

نُحوُست، شومی، نامیمونی. inauspiciousness. unluckiness. unlucky effect. ominousness.

نَحوَه، روش. method. manner. special manner of doing something.

نَحوی (نحویون .pl). syntactic. grammarian. grammatic.

نَحیف، لاغر، ضعیف. thin. lean. weak. spare. meagre. lank. gaunt. slim. skinny. frail. scrawny. emaciated.

~ شدن. to become lean or meager.

~ کردن. to emaciate. to make lean or meager.

نَخ، ریسمان. thread. string. yarn. cord. chord. sewing cotton. filament. fibre. cordage. filum.

~ نایلون. nylon yarn.

~ پشم. worsted thread.

~کردن. to thread. to string.

نُخاع، مغز تیره، مغزحرام. spinal cord. marrow. myelo-.

~ شوکی. spinal cord.

نُخاعی myelic. myeloid.

نُخالَه، آشغال، چیز نامرغوب، مزخرف. sifting. bran screenings. rubbish.

نُخبه best part. choice part. cream of the crop.

نَختاب، نخ ریس. spinner.

نَخجیر، شکار. prey. hunting.

~ کردن. to hunt.

نَخجیرگاه، شکارگاه. hunting place.

نَخ‌ریس spinner. spinning jenny.

نَخ‌ریسی spinning.

کارخانهٔ ~. spinning factory.

نُخُست، اول، نخستین، یکم. first. in the first place. primarily. foremost. prime.

~ آنکه. (at) first. in the beginning. firstly.

نُخُست‌زاده، فرزند ارشد. firstborn.

نُخُست وَزیر prime minister. premier.

نُخُستین، اولین. the first.

نَخشَب a city in Torkestan.

نَخ کوك basting(s).

نَخ گیر (sewing machine) thread eylet.

نَخل، خرما، درخت‌خرما. palm.

~ خرما. date palm.

نَخلستان palm grove.

نَخلَه a single palm.

نَخلی (bot.) palmaceous. palmy.

نَخ مانَند filiform. threadlike. stringy. fibrous.

نَخ‌نَخ stringy. fibrous.

نَخ‌نَما threadbare.

~ شدن. to become threadbare.

نَخوَت، غرور، خودبینی، باد. haughtiness. conceit. selfishness. arrogance. superciliousness. pride.

نُخود pea. 1/5 of a gram. chickpea. common pea. cicer plant. pisi-.

داغ ~. issue-pea.

~ همه‌آشی بودن. to have a finger in every pie.

نخودآب pea soup. decoction of peas.

نخودچی chickpea. roasted pea.

نخودی pea-shaped. pisiform. buff (colour).

~ خندیدن. to giggle.

نخودیان (bot.) Leguminosae.

نَخی cotton. filiform. thread-like. corded.

قماش ~. cotton piecegoods.

نَخیل، درخت خرما. (date) palm.

نِدا proclamation. call. evocation.

حالت ~. vocative case.

حرف ~. interjection. vocative particle

ندار، نادار. poor.

نداری، فقر. poverty. indigence.

نَدّاف، پنبه‌زن. cotton carder. cotton beater.

نَدامَت، پشیمانی. regret. remorse. penitence. repentance. contrition. compunction.

نَدانِسته unknowingly. unwittingly. unintentionally.

نَدانم‌بکار، ندانم کار، ناآزموده، خام دست، بی‌تجربه، ناشی. inexperienced. imprudent. tactless. artless. ingenuous. novice.

ندانم‌بکاری، ندانم‌کاری، ناشیگری، خام‌دستی. lack of experience. imprudence. want of tact.

ندبه، سوگواری، زاری. wailing. mourning.

نُدرَت rareness. rarity.

نُدَما (ندیم .pl. of)، ندیمان،مشاوران،همدمان. councellors. advisers. boon companions. intimate friends.

نَدیدبِدید، تازه بدوران رسیده، نوکیسه. parvenu. sordid. new-rich.

نَدیدَه unseen. great grandchild.

نَدیم (ندماء .pl)، همدم، هم‌صحبت، مشاور، دمساز. boon companion. intimate friend. king's jester. councellor. adviser. lady in waiting.

نَذر (نذور، نذورات .pl)، شرط، عهد. vow (solemnized to God). oblation. wager. dedication.

او ~ دارد که بفقراء کمك کند. he has a vow to help the poor.

~کردن to vow. to dedicate by a vow. to distribute charitably.

نَذری، مجانی، رایگان. vowed. oblatory. gratuitous.

مگر ~ برایم‌کار میکنی؟ you don't work gratis for me, do you?

نَذیر، فرقه‌ای از زهاد متعصب یهود. Nazarite.

نَر male. he. homo. man. tom-. masculine. virile. buck. andro-.

جنس ~. the male sex. man.

گربهٔ ~. tomcat.

مرغابی ~. drake.

غاز ~. gander.

خوك ~. boar.

آهوی ~، گوزن ~. stag. hart. buck.

قوچ ~. ram

بز ~. billygoat.

گاو ~. bull. ox.

نَرّاد dicer. backgammon player.

نِرخ، مظنه، قیمت، بهاء، درصد، درجه، نسبت. rate. (current) price. ratio. percent. degree. proportion. rank. class.

~ دلار چیست؟ what is the dollar rate?

بنرخ روز، بنرخ‌جاری. at the current price.

~ بازار. market price (rate or value).

~ تعیین کردن. to fix (set) a price.

~ بستن. to price. to rate. to tariff.

~ بهره. interest rate.

~ بندی. pricing. rating. fixing prices.

نان را بنرخ روز خوردن. to live as an opportunist.

نَرد، تخته‌نرد. backgammon. backgammon board.

مهرهٔ ~. piece (at backgammon). man.

طاس‌های تخته ~. dice.

نَردبان ladder. stepladder.

پلهٔ ~. rundle. rung.

نَردِه، محجر. fence. handrail. palisade. scale. barrier. barricade. wall. stockade. hedge. railing.

~ کشیدن. to fence.

نَرگِس (bot.) narcissus. primrose.

نرگسی dish of eggs and green vegetables. pertaining to narcissus.

نَرم، صاف، صیقلی، سست، ملایم، آرام، معتدل. soft. smooth. fine. mild. gentle. bland. lenient. hamless. tolerant. flexible. tractable. tractile. malleable. extensile. flocculent. downy. malaco-.

~ شدن. to become soft. to soften. to be reduced to powder. to grow mild.

دستهای ~. soft hands.

سخنان ~ وازروی مهربانی. tender words.

~کردن. to make soft. to soften. to mellow. to temper. to mash. to knead. to squash.

~ شدن. to become soft. to become malleable or acquiescent.

نَرماد، دوجنسه، نرماده. hermaphrodite.

نَرمادگی hermaphrodism.

نرم‌بالك، نرم‌بال. (z.) malacopterygian.

نرم‌بیز hair sieve. fine sieve.

نَرم‌تَن، جانور ~، حلزون. (z.) molluscan. mollusk. malacoid.

نَرم‌تَنان (z.) Mollusca.

نَرمِش، نرمی. suppleness. softness. flexibility. litheness. limbering up.

نَرم‌شامه (anat.) pia mater.

نَرم‌نَرم softly. gently. mildly.

نَرم‌نَرمَك softly. gradually. slowly.

نرموك، نرمان. hermaphrodite.

نَرمِه، ملاج. soft part. fontanel.

نرمهٔ گوش. ear lobe. earlap. lobule.

نرمهٔ استخوان، غضروف. cartilage.

نَرمی، صافی، ریزی، مهربانی. softness. tenderness. mildness. leniency.

~کردن. to behave softly (gently or leniently). to be lenient.

بنرمی. gently. softly. mildly.

نُروِژ (geog.) Norway.

نروژی Norwegian.

نَرّه‌خَر، خرنر، آدم الدنگ. he-ass. burly. coarse fellow.

نَرّه‌گاو، گاونر. bull. ox.

نَرّه‌غول، نرینه، آدم درشت‌هیکل. giant. male.

نَری، رجولیت، مردی، ذکور. maleness. masculinity. virility. andro-.

نَریان، اسب‌نر. stallion.

نَریمان Nariman, great grandfather of Rostam.

نَرینَه، جنس‌نر، ذکور. male (child or animal). male members of a family.

نِزار، لاغر، نحیف، نژند. thin. lean. melancholy. miserable. downcast.

نِزاع، دعوا، مشاجره. quarrel. dispute. altercation. wrangle. squabble. feud.

~ کردن. to quarrel. to disagree. to dispute. to altercate. to wrangle. to squabble.

~ برپا کردن. to start a quarrel.

دانشجویان با یکدیگر ~ کردند. the students quarreled with one another.

نَزاکَت، ادب، ظرافت، اتیکت، آداب‌دانی. decorum. elegance. courtesy. etiquette.

از روی ~ رفتار کردن. to act with courtesy.

آدم بی~. a discourteous person.

نَزد، پیش، پهلوی، کنار. near. by the side of. to. with. by. among.

~ من باش. stay near me. stay by my side.

~ او برو. go to him.

او ~ دانشمندان محترم است. he is respected by the learned.

این بیماری در~ کودکان شیوع دارد. this disease is rampant among children.

نَزدیك، مجاور، همسایه، خویش وقوم، صمیمی. near. close. at hand. approaching. neighbo(u)ring. about. approximate. related. intimate. by. proximate.

در آیندهٔ ~. in the near future.

~ من‌بیا. come close to me. come near me.

دشمنان بما ~ میشوند. the enemies approach us.

او از نزدیکان (اقوام) من است. he is a relative of mine.

او ~ ده سال از من جوانتر است. he is approximately (about) ten years younger than I am.

خاور ~. Near East.

~کردن. to bring close together. to bring forward. to bring near. to affiliate.

~ شدن، ~آمدن. to come near(er). to draw near. to approach.

خدایا دلهای ما را بهم ~ کن. O' God, bring our hearts near(er) together.

مرگ ~ میشود. death is drawing near. death is approaching.

~ آوردن. to bring near. to cause to approach. to cause to become intimate.

~ بودن. to be near. to be at hand. to be close by. to be about (to).

سقوط او ~ بود. his fall was imminent.

او ~ بود بیفتد. he was about to fall.

~ آمدن. to draw near. to approach.

از ~ مراقب اوباش. watch him closely.

~ رفتن. to go near. to approach.

نَزدیکان، خویشاوندان، محارم. relatives. intimate companions. kinsmen.

نَزدیك‌بین nearsighted. myopic. myope.

نَزدیك‌بینی shortsightedness. myopia.

نَزدیکی، مجاورت، قرابت.

nearness. proximity. closeness. vicinity. affinity. kinship. neighbourhood. relationship. sexual intercourse.

~ منزل من بمدرسه. the proximity (nearness) of my house to the school.

در ~ (مجاورت) شهر شما. in the vicinity of your city.

~ کردن. to lie with. to have (sexual) intercourse (with). to associate.

نَزع، مرگ، رحلت، جدائی، احتضار. agony of death. wresting. removal.

در حال ~. in the agony (throes) of death.

نَزفُ‌الدَّم، خونریزی. h(a)emorrhage.

نَزلَه، سرماخوردگی. cold. catarrh. rheum. flu. influenza.

نُزول، هبوط، ورود، نزول‌پول، منفعت پول، ربا. descent. fall. descending. arrival. interest. usury. interest of money.

~ از آسمان. descending from heaven.

~ اجلال شاهنشاه. arrival of the Shahanshah.

اینمرد ~ خور است. this man lends money on interest. he is a usurer.

~ برف. snowfall.

~ کردن، پائین‌آمدن، ~ فرمودن. to alight. to come down. to descend. to arrive. to lodge. to borrow on interest.

نُزول‌خوار usurer.

نُزهَت، تفریح. pleasure. recreation.

نِژاد، تبار، نسب. race. descent. breed. ethnic group. ethno-.

~ آریائی. the Aryan race.

نژادپَرست racist. racialist.

نژادپرستی racism. ethnocentrism.

نژاد زرد the yellow (or Mongoloid) race.

نژاد سفید the white (or Caucasoid) race.

نژادسیاه the black (or Negroid) race.

نِژادشناس ethnologist.

نژادشناسی ethnology.

نِژادی racial. ethnic. ethnical.

تبعیض ~. racial discrimination. racialism.

فساد ~. degeneration. racial deterioration.

نَژَند، غمگین، افسرده، بیمناک. sad. dejected. downcast. gloomy. angry.

نِساء، زن، جنس لطیف، اناث. woman. female. womankind. fair sex. (slang) femme. frail. dame. skirt.

نَسّاج، بافنده، جولا. weaver.

نساجی، نساجت، بافندگی. weaving.

~ کردن، بافندگی‌کردن. to weave.

دستگاه ~. loom.

نَسار، محل بی‌آفتاب. (place) not exposed to the sun. shady (place.)

نَسَب (انساب .pl)، نژاد. genealogy. descent. ancestry. lineage. parentage. pedigree. race.

نِسبَت، تناسب، رابطه، همخونی، خویشاوندی. relationship. relation. kinship. connection. consanguinity. ratio.

چه نسبتی با او دارید؟ what is your connection (relationship) with him?

من با او ~ (خویشاوندی) دارم. I am related to him.

به ~ ۳:۷. at a 7 to 3 ratio.

نظر شما ~ به‌اینموضوع چیست؟ what is your opinion regarding (or with respect to) this case?

~ به‌این موضوع چه تصمیمی گرفتید؟ what did you decide in regard to (in connection with) this question?

~ به. toward. as compared with. in comparison with. than. with regard to.

او ~ بمادرش بی‌احترامی کرد. he showed disrespect toward his mother.

به ~. proportionally. in the proportion of. in the ratio of. on a scale of.

هرکس به~ درآمد خود. everyone in proportion to his income.

~ دادن (به). to attribute. to impute. to charge (on). to ascribe. to blame.

نِسبَتاً، نسبةً. comparatively. relatively. proportionately. to some extent.

درد نسبةً تخفیف یافته. the pain has compartively mitigated.

هوا ~ سرد شده. the weather has become relatively warm.

نَسَب‌نامه، شجره‌نامه، تبارنامه. pedigree. genealogy. genealogical tree.

نَسَبی، از راه خویشاوندی. consanguineous. genealogical. ancestral. pertaining to one's parentage or ancestry.

نِسبی، قیاسی. relative. proportional.

زمان ومکان ~ هستند. time and place are relative.

شرکت ~. joint stock with limited responsibility.

نسبیت، حالت نسبی. relativity. proportionality. relativism.

نَستَرَن، گل نسترن. (bot.) sweetbrier. eglantine.

نَستَعلیق Persian style of writing used in lithography and cursive writing.

نَسج، بافت، لیف، الیاف. tissue. texture.

نَسخ، منسوخ سازی. annulment. nullification. abrogation. abolition.

این آیه آیهٔ قبلی را ~ میکند. this verse abrogates the former one.

~ کردن. to annul. to abolish. to abrogate.

نُسَخ (pl. of نسخه). copies. manuscripts. prescriptions.

نسختین (double of نسخه). two copies. duplicate.

~ سند. the two copies of the document.

نُسخه، نسخهٔدوا، رونوشت. copy. exemplar. recipe. prescription. transcription.

~ دادن. to give a prescription. to prescribe.

~ برداشتن از. to copy. to transcribe. to make a copy.

نسخهٔ اصلی. original copy.

~ پیچیدن. to fill a prescription.

نسخهٔ خطی. manuscript.

در دو~. in two copies. in duplicate.

نُسخهٔ بَدَل variant.

نَسر، عقاب، دال، کرکس، لاشخور. eagle. vulture.

نَسرطایر (astr.) the Eagle.

نَسرواقع (astr.) Vega in Lyra constellation.

نَسرین، گل نسرین. (bot.) jonquil.

نَسطوری (نساطره .pl). Nestorian.

نَسَق، طرز، روش، نظم، ترتیب، اخته سازی. mode. manner. style. order. arrangement. (astr.) Orion.

~ کردن. to torture by mutilating.

بر این ~. in this manner.

نَسل، قوم، طایفه. offspring. seed. generation. race. stock. descendent.

~ بشر. the human race (generation). the descendents of Adam. mankind.

نَسناس، آدم جنگلی، اورانگوتان. orangoutang. half man and half beast.

نِسوان، زنان. women. womankind.

نَسوز، ناسوز. fireproof.

آجر ~. refractory brick.

پنبهٔ کوهی، پنبهٔ ~. asbestos. amianthus.

نِسیان، فراموشی. forgetfulness. amnesia. oblivion. nepenthe. limbo.

نَسیم breeze. zephyr.

نِسیه، معاملهٔ اعتباری. credit transaction. on credit. on tick.

~ بردن، ~ خریدن. to buy on credit.

~ فروختن. to sell on credit.

نقد و ~. cash and credit.

نِشا seedling.

~ زدن. to transplant (as a seedling).

نُشادِر sal ammoniac. ammonium chloride.

جوهر ~. aqua ammonia.

نِشاسته starch. amylo-.

نشاسته‌ای starchy. amylaceous.

نَشاط، طرب، شادی. joy. mirth. hilarity. jollity. merriment. glee. rejoicing.

نَشاط‌آور، نشاط‌انگیز. mirthful. lively. exhilarating. exciting joy. enlivening.

نَشاف، جذب‌کننده، خشک‌کننده. absorbing. absorbant. absorbent.

نِشان، اثر، علامت، مدال، درجه، هدف، مارك. mark. trace. sign. token. symbol. brand. symptom. indication. decoration. badge. emblem. insignia.

روی کاغذ ~ بگذار. make a mark on the paper.

نشانی ازاو نیست. there is no trace of him.

این ~ شادی است. it is the sign of happiness.

به~ دوستی. as a token of friendship.

این نشان (علامت) فراماسیونهاست. it is a symbol of Freemasonry.

~ دادن. to show. to indicate. to demonstrate. to exhibit. to present.

راه را بمن ~ بدهید. show me the way.

نام و~. name and specification (or address).

~ کردن. to mark (out). to mark off. to earmark. to select. to designate. to prepare. to aim at. to sight (a gun).

بایك تیر دو ~ زدن. to hit two birds with one stone.

ـنِشان، نشان دهنده، دارای نشان، نشاندار. marked. having a mark or brand. having a trade mark of (used in combs. as in: شیرنشان= lion brand).

نشان، بنشان، فرونشاننده. seat thou. extinguisher (in combs. as in: آتش‌نشان).

نشاندار، پرچمدار، نشان بردار، مارکدار. branded. marked. having a mark, sign, symbol, etc.

نوکران ~ بیگانگان. marked (known) foreign servants.

نِشاندَن، قراردادن، کاشتن، خاموش‌کردن، فرونشاندن، آرام‌کردن. to seat. to cause to sit. to plan. to set. to fix. to implant. to settle. to keep (at home). to extinguish. to quell. to abate. to suppress.

او مهمانان را نشاند. he seated the guests.

او آنزن را برصندلی نشاند. he seated her in the chair.

او بچه‌ها را نشاند. he caused the children to sit down.

او درختها را نشاند. he planted the trees.

او دخترش را درخانه نشاند. he kept his daughter at home.

شورشی را ~. to suppress a revolt.

من غضب اورا فرونشاندم. I cooled him off.

نشانَنده seated. placed. planted.

نشانگاه، هدف، نشان، جای هدف، آماج. a butt. target. aim. goal. bull's eye.

نِشانه، علامت، هدف. target. aim. mark. sign. token. reminder. memento. symptom. vestige. indication.

~رفتن، قراول‌رفتن. to aim. to take aim.

نشانه‌رَوی aiming. sighting.

نشانه‌شناسی (med.) symptomatology. semeiology. semiology.

نِشانی reminder. memento. token of remembrance. sign. address. code word.

نَشت، نشد. leak. seeping. oozing.

نِشتَر، نیشتر. lancet. fleam. trocar. phlebotome.

~ زدن، نیشترزدن. to lance.

نَشتی، نشدی. leakage.

نُشخوار the cud. chewing the cud. rumination.

~ کردن. to chew the cud. to ruminate.

نشخوارکنندگان (z.) ruminants. Ruminantia.

نشخوارکننده ruminant. ruminating.

نشدنی impossible.

نَشر، انتشار، پخش، توزیع، پراکندن، افشاء. publication. propagation. spreading about. divulging. diffusion.

~ خوان، سفره‌گستردن. spreading a tablecloth or laying a table.

~ رساله. publication of the textbook.

~ آگهی. publication of an ad.

~ اخبار. propagation of news.

~ کردن. to noise abroad. to propagate. to diffuse. to divulge. to spread abroad. to issue. to circulate. to disseminate. to broadcast.

نَشریات (pl.of نشریه)، انتشارات. publications. rumors.

نشریه (pl. نشریات). publication

نِشَست، جلسه، اجلاس، فرونشینی، رسوب. sitting. meeting. session. subsidence. sinking. settling (down). sagging.

~ کردن. to subside. to settle. to sink. to sag.

خاکریز ~ کرد. the embankment subsided.

ساختمان ~میکند. the building is sinking.

~ و برخاست. sitting together. association. friendship.

نِشَستَن، جلوس‌کردن، سکونت‌گزیدن. to sit. to sit down. to take a seat. to dwell. to inhabit. to reside. to settle. to deposit. to precipitate. to perch (said of birds).

روی زمین ~. to sit on the ground.

خواهشمندم بنشینید (سرجایتان بنشینید.) sit down please. please be seated.

او در خانهٔ ما می‌نشیند؟ he dwells (lives) in our house.

او سه‌ماه درآن‌آپارتمان نشست (اقامت کرد). he inhabited (lived in) that apartment for three months.

چه کسی در آن ساختمان می‌نشیند؟
who resides in that building?
شورش فرو نشست. **the rebellion was quelled.**
او روی صندلی نشست.
he sat (settled himself) on a chair.
پرنده روی شاخه‌ای نشست.
the bird perched on a branch.
آتش نشست (خاموش شد).
the fire was extinguished.
غذا بدلم ~ **I enjoyed the food.**
نِشَسته sitting. seated. sat. sedentary.
در حالت ~. **in a sitting posture (position).**
[illegible] pinching. pinch. nip.
نِشکِردَه، چاقوی کفشدوزی.
shoemaker's knife.
نَشِنیدَنی unfit to be heard. shocking.
نَشِنیده unheard (of).
نَشو، رشد، نمو. growth. growing.
expansion. swelling. increase.
~ و نما. **growth and increase.**
~ (نما) کردن، ~ و نما یافتن. **to grow (up). to thrive. to develop (or be developed).**
نُشور، قیامت، رستاخیز. resurrection.
judgement day. doomsday.
نَشوَه، نشئه. inebriety. ecstasy.
نِشیب، سرازیری.
declivity. descent. slope.
فراز و ~ زندگی. **ups and downs of life.**
نِشیمَن، مسکن، منزل، آشیانه. dwelling.
lodging. abode. nest. seat. chair.
~ کردن. **to sit. to live. to dwell. to settle down. to reside.**
اتاق ~. **living room. sitting room.**
نشیمن‌گاه dwelling place. seat. roost.
ischium. (colloq.) butt. bottom.
نِشین، مقعد. the anus.
-نِشین sit thou. sitting. sitter.
dweller. (in combs. as in: خانه‌نشین).
نَشئه inebriety. hilarity caused by wine.
نَص (نصوص pl.)، متن.
text. wording. quotation.
~ صریح. **the explicit wording of.**
~ آیه چیست؟
what is the text of the verse?
نِصاب، حد. certain estate, number or quantity liable to taxes. origin. foundation. estate. rank. dignity.
حد ~. **record number. limit.**
نَصارا (نصرانی **pl. of**).
the Christians. Nazarenes.
نَصایح (نصیحت **pl. of**).
(pieces of) advice.
نَصب، الصاق، تثبیت. posting. erecting. fixing. planting. establishing. installing. setting up.
~ ماشین آلات. **erection of machinery.**
~ عکس بر دیوار.
fixing a picture on the wall.
~ کردن، کار گذاردن. **to set up. to put up. to fix. to install. to plant. to erect.**
این آگهی را در تابلو اعلانها (اعلانات) ~ کنید. **post this advertisement on the bulletin board.**
نَصبُ‌العَین، شعار، هدف، آمال، آرزو.
motto. aim. aspiration.
~ قرار دادن.
to set before one's eyes (as a model).
نُصَحا (ناصح **pl. of**)، ناصحان.
admonishers. advisers. counsellors.
نَصر، کمك، یار، پیروزی.
help(ing). assistance. victory.

نَصرانی (نصارا **pl. of**)، مسیحی، عیسوی.
Nazarene. Christian.
نَصرانیَّت، مسیحیت، عیسویت. Christianity.
نُصرَت، ظفر، پیروزی، یاری، مدد.
victory. triumph. winning. help. aid.
تاق (طاق) ~. **arch of triumph.**
نِصف، نیم، نیمه، نصفه. half. moiety.
semi-. demi-. hemi-. medi-.
من ~ آن کتاب را خواندم.
I read half of that book.
~ کره، نیمکره. **hemisphere.**
~ مایع، نیمه مایع. **semiliquid.**
[illegible] **half a loaf of bread**
دو ~. **two halves. in two halves.**
(دو) ~ کردن. **to half. to divide in two.**
~ شب. **midnight.**
~ راه. **halfway.**
~ این مبلغ را امروز وبقیه را ظرف ششماه بپردازید. **pay half of this amount today and the rest within six months.**
نصف‌النهار، ظهر. noon. the middle of the day. line of longitude. meridian.
نِصفانِصف، بطور مساوی. half and half. by halves. 50-50.
نِصفه، نیمه، نصف، نیمه کاره.
half. half-finished. half-done.
نِصفه‌کاره
halfway through. half-finished.
نَصوح، راست، صادق. true. sincere.
نَصیب، بهره، قسمت، سرنوشت، سهم.
portion. share. lot. part. destiny.
~ من محنت بود. **affliction was my lot.**
او بی ~ ماند.
he got no portion. he was deprived.
~ شدن. **to be alloted to or destined for.**
~ کردن. **to destine. to allot.**
نَصیحَت، پند، اندرز. advice. advising.
exhortation. admonition. counsel.
maxim. moral.
~ کردن، پند دادن، ~ دادن.
to exhort. to admonish. to advise. to counsel. to give advice to.
~ دوستان را بپذیر.
listen to your friend's advice.
نصیحت‌آمیز exhortative. admonitive.
admonitory. advisory.
نَصیر، کمك، یار. helper. assistant. aid.
defender. succo(u)r. relief.
نُضج، رسیدن. ripening. maturity.
suppuration. coction. development
کار او ~ گرفت. **his career succeeded.**
~ گرفتن، ~ دادن. **to develop. to ripen.**
نَطّاق، سخنران، ناطق.
orator. talker. eloquent speaker.
نَطّاقی oratory. talking. eloquence.
نَطع، سفرهٔ چرمی. a leathern table-cloth. one on which chess is played, or a criminal is beheaded.
نُطفَه، تخم، جرثومه، تخمه، نژاد.
sperm. the male seed. descent. progeny. zygote. embryo. germ.
نُطق، بیان، سخنرانی. speech. oration.
loquence. locution. parlance. loquacity. interlocution. talk. address
او ~ کرد. **he delivered a speech.**
طرز ~ او توجه حضار را جلب نمود.
his locution attracted the attention of the audience.
~ کردن. **to deliver a speech. to orate.**
بنطق آمدن. **to begin to talk. to orate.**
نُظّار (ناظر **pl. of**)، تماشاچیان، ناظران.
seers. spectators. controllers. stewards. watchers. witnesses. onlookers.
نَظارَت، سرپرستی، بازرسی.
seeing. lookings. supervising. supervision. superintendence. inspection. control. overseeing. watching.
~ کردن. **to supervise. to control. to be a steward or controller.**
هیئت ~. **control board. board of control.**
تحت ~ قرار دادن. **to bring under inspection. to superintend. to scrutinize.**
نَظارَه، نظارت، نگاه.
looking. seeing. beholding. watching
~ [illegible] **to glance. to watch. to see. to behold. to look.**
نَظافَت، پاکیزگی. cleanliness. cleanness.
neatness. cleansing.
نِظام، ترتیب، نظم، انضباط، دیسیپلین.
order. arrangement. system. method.
discipline. regularity. military service.
~ عالم یکی از دلائل وجود خداست.
the order of the universe is one of the reasons (proofs) for the existence of God.
~ سرمایه‌داری، سیستم کاپیتالیسم.
the capitalist system.
مرگ او ~ کار را ازهم پاشید.
his death disturbed the order (regularity) of things.
خدمت ~. **military service.**
معافی ازخدمت ~. **exemption from military service. military exemption.**
مدرسهٔ ~. **military school.**
شما ~ رفته‌اید؟ شما خدمت ~ کرده‌اید؟
have you done your military service?
~ گرفتن، ~ یافتن. **to be (become) systematized. to be restored to order. to assume order. to come under an arrangement or system. to get into line. to line up.**
بی ~، بی‌نظم. **disorderly. chaotic.**
نِظامات، مقررات. regulations. rules.
arrangements. systems.
نِظامَت superintendence. arrangement.
نِظامنامه regulation(s). constitution.
code. standing orders (of a parliament).
نظامنامهٔ انجمن.
the constitution of a society.
نِظامی، سرباز، سپاهی. military. martial.
soldier. a private.
غیر ~. **nonmilitary. civilian.**
عملیات ~. **military operations.**
نظامیان جلو در صف کشیدند.
the soldiers lined up in front of the door.
دادگاه ~. **court martial.**
حکومت ~. **martial law.**
لباس ~. **military uniform.**
~ گرائی، سیاست نظامی، روح ~. **militarism.**
نَظائِر (نظیر **pl.**)، همانندها، نمونه‌ها، مثال‌ها.
likes. examples. specimens. imitations. similarities. prototypes. archetypes. patterns. instances.
کتاب ودفتر و ~ آن.
books, copybooks and the like.
~ این کتاب کم نیست.
the likes of this book are not few.
نَظَر، چشم، دیده، نگاه، گمان، عقیده، تشخیص.
view. sight. eye. look. glance. glimpse. opinion. mind. discretion. judgement. consideration. regard. favo(u)r. motive. viewpoint. aspect.
~ من با شما فرق دارد.
my view is different from yours.
ما همه در ~ او مردمان درستی هستیم.
we are all honest people in his sight.
سپس او بمن ~ انداخت.
then he cast his eye on me.
امروز او عصبانی به ~ آمد.
he looked angry today.
درحینی که ازکنارم میگذشت نظری بمن انداخت.
he glimpsed at me while passing me by.
او ~ مساعدی نسبت بشما دارد.
he has a favo(u)rable opinion of you.
بنظر من عمل شما درست است.
to my mind your action is justified.
او از ~ افتاد. **he fell out of favo(u)r.**
او در این مورد ~ خاصی دارد. **he has a particular motive in this respect.**
~ او خیلی مورد احترام است.
his viewpoint is highly esteemed.
بکسی ~ زدن (با نظر پلید نگاه کردن).
to cast an evil eye on a person.
از ~ اقتصادی. **from an economic point of veiw (viewpoint).**
مرد صاحب ~، اهل ~. **an authority. a knowledgeable (clear-sighted) person.**
~ کردن. **to look. to see. to look favorably (upon). to show grace (toward). to glance (over). to watch. to glimpse.**
~ انداختن، ~ افکندن. **to cast a glance. to look (into or at). to view.**
در ~ داشتن. **to have (or bear) in mind. to remember. to have in view. to contemplate. to plan or think.**
در ~ گرفتن. **to take into consideration (or into account). to contemplate. to plan, to think about. to bear in mind. to remember.**
بنظر آمدن، بنظر رسیدن. **to seem. to appear. to look. to occur. to show off. to come into view. to loom.**
او خشمناك بنظر نمی‌آید
he does not seem (appear to be) angry.
آن مرد خیلی شجاع بنظر میرسید. **that man looked (appeared to be) very brave.**
فکری بنظرم رسید. **an idea occured to me.**
حسن ~، ~ خوب، ~ مساعد.
favo(u)rable opinion.
~ زدن، چشم‌زدن. **to cast an evil eye at.**
از ~ انداختن. **to disfavo(u)r (a person).**
بنظرم زن ندارد.
I think he does not have a wife.
~ به **considering. in view of. on account of. due to. with a view to. by virtue of.**
~ به‌اختیاری که بمن داده شده.
by virtue of the authority vested in me.
~ باهمیت موضوع. **in view of (considering) the seriousness of the case.**
~ باینکه. **considering that. since. because. with a view to the fact that.**
از ~ بهداشتی.
from the viewpoint of sanitation.
با یك ~ اجمالی. **at a glance.**
جلب ~ کردن. **to attract the attention of. to come into notice.**
صرف ~ کردن. **to dispense with. to give up the idea of. to disregard.**
~ بد.
an evil eye. an unfavo(u)rable opinion.
او نسبت بمن ~ بدی دارد.
he has an unfavo(u)rable opinion of me.
در ~ مردم. **in the sight of the public. in the public eye.**

~ دادن. to give (one's) opinion about.

نَظَراً apparently. evidently. theoretically. by sight. visionally. at a glance. visually. ocularly.

نَظَرباز، لاسی، لاس‌زن، بدچشم، هیز. ogler. one who flirts through his eyes.

نظربازی courtship or flirting with the eyes. ogling.

نَظَربُلَند، بلندهمت، سخاوتمند. liberal. high-minded. generous. ambitious.

نظربلندی liberality. generosity. ambition. high-mindedness.

نَظَرتَنگ، تنگ‌نظر، خسیس. illiberal. parsimonious. narrow-minded. stingy.

نَظَرتَنگی illiberality. narrow-mindedness. parsimony. miserliness.

نَظَرخواهی polling. vote taking. opinion poll.

~ همگانی، رفراندم. referendum. plebiscite.

~ کردن. to poll. to conduct an opinion poll.

نظرکرده favo(u)red. blessed.

نَظَرگاه show or exhibition. spectacle. viewpoint. point of view. vantage point.

نَظَری، فرضی، تحقیقی، رؤیتی. theoretic. theoretical. speculative. dogmatic. visional. visual.

علوم عملی و~. applied and theoretical sciences.

نظریه، (نظریات .pl) نظر، عقیده، پیشنهاد، فرضیه. opinion. view. recommendation. suggestion. theory.

نظریهٔ نسبیت. theory of relativity.

نَظم، انتظام، ترتیب، شعر. order. regularity. system. methodicalness. arrangement. discipline. poetry. verse.

بنظم درآوردن. to regulate. to regularize. to give order to. to systematize. to turn into poetry. to versify.

بی ~. disorderly. irregular. unsystematic.

~ دادن. to put into order. to subject to order and discipline. to regulate. to arrange. to restore order (in). to methodize.

~ یافتن. to become well-ordered, orderly, regular, or systematic.

~ ونثر. poetry and prose.

~ برقرارکردن. to establish order.

~ وترتیب. order and regularity.

نظامی آن داستانرا بنظم درآورد. Nezami put that story into verse.

اختلال ~ کردن. to disturb (disrupt) order.

نَظمیّه، شهربانی. the police (department).

مأمور ~. police agent. policeman.

نَظیر، همانند، مشابه، قرین. equal. like. match. parallel. counterpart. example. alike. similar. resembling. analogous.

بی ~. matchless. nonpareil. rare. unexampled.

این فرش ~ ندارد. this rug is matchless.

این داستان ~ یکی ازحکایتهای سعدی است. this story is like (similar to) one of Sa'di's tales.

نظیرالسمت nadir.

نَظیرَه (نظایر .pl)، نمونه، همانند، رهبر. example. specimen. imitation. leader.

نَظیف، پاك، تمیز. clean. neat. immaculate. spotless. tidy. unsoiled. natty. dapper. spruce. trig. trim.

~ کردن، پاك‌کردن، تمیزکردن. to clean. to dust. to rase. to purify. to clear up. to purge. to deterge. to cleanse. to tidy up. to spruce up.

جون هرروز خانه را ~ ومرتب میکند. Joan cleans and tidies up the house everyday.

نَعرَه، فریاد، غرش، غریو. loud cry. holler. yell. clamor. clamour. cry. vociferation. roar(ing). shout. bellow. howl. bawl. thunder. uproar. rumble.

او با نعره‌ای جنایتکار را ساکت ساخت. he howled down the criminal.

غول نعره‌ای کشید و برزمین افتاد. the giant heaved a loud roar and fell to the ground.

مرد مست در خیابانها ~ میزد. the drunken man was hollering in the streets.

~ زدن، ~ کشیدن، فریاد زدن. to cry out. to clamo(u)r. to roar. to rote. to shout. to uproar. to bellow. to howl. to bawl. to yell. (colloq.) to holler.

نَعش، لاشه. (dead) body. cadaver. remains. bier, coffin or litter.

نَعش‌کَش hearse. wagon for conveying the dead to the grave.

نَعل horseshoe. heelpiece (of a shoe).

~ کردن، ~ زدن. to shoe (a horse, etc.)

اسب نعل شده بود. the horse was shod.

~ اسب را کندن (کشیدن). to unshoe a horse.

بی ~. unshod.

نَعلبَکی، زیراستکانی. saucer.

نَعلبَند، نعال، نعل‌گر. farrier. horseshoe maker.

نَعلبَندی، نعل‌بستن، نعل‌زدن. farriery. the shoeing of horses.

نَعلَکی the heel or heelpiece (of a shoe or boot).

نَعلی resembling a horseshoe.

نَعلَین، دمپائی، کفش راحتی. slippers or sandals (usually worn by mullahs).

نَعَم، بله، بلی. yes.

نِعمَ what a good or excellent thing! how good (it is)!

نِعمَ‌المَطلوب it is just what is desired. so much the better. that is the ideal.

نِعمَت (نعمات .pl)، دولت، توفیق، برکت، فراوانی. affluence. easy life. comfort of life. riches. delicacy. dainty. grace. favor. talent. blessing.

~ غیر مترقبه. an unexpected blessing. windfall.

پر ~. blessed (with many resources).

~ خدا. blessing (gift) of God.

در اصفهان ~ فراوان است. Esfahan is a bountiful (plentiful) city.

نَعناع، پودنه، پونه. (bot.) spearmint. mint.

قرص ~. mint tablets.

جوهر ~ خشك. menthol.

نَعناعیان (bot.) Labiatae.

نَعوذُبِالله we seek refuge in God.

نُعوظ، راست شدن، سیخ شدن. erection. rigidity. stiffening.

~ کردن. to become erect or stiff. to stiffen. to become rigid.

نُعوُظی erectile. erector.

عضلهٔ ~. erectile muscle.

نَعیب، غار غار، قار قار. cackling. clucking. croak(ing). caw(ing). cawl.

~ کردن، غارغار کردن. to cackle. to croak. to caw. to cawl.

نَعیم، لذت، نعمت، بهشت. delight. pleasure. luxury. convenience. paradise. blessing. plentiful.

نَغز، خوب، شگفت‌انگیز، شیرین، دلپذیر. choice. excellent. elegant. good. marvel(l)ous. surprizing.

نَغزَك، انبه. (bot.) mango.

نَغزی، دلپذیری. elegance. excellence. choiceness. sweetness. ribbon. lace.

نَغَمات (pl. of نغمه). melodies. songs. tunes. airs.

نَغمَه، آواز. melody. song. tune. air.

نَغمه‌پَرداز musician. singer.

نَغمه‌سَرا singer. warbler. musician.

نَغمه‌سَرائی singing. warbling.

نَفّاخ، باددار. swelling. distending. gaseous. flatulent. haughty.

نِفاس، زایمان. childbirth. parturition.

نَفاسَت، گرانبهائی، پرارزشی، زایمان. preciousness. costliness. childbirth.

نفاسی lochial. puerperal.

نِفاق، اختلاف، ریا. discord. disharmony. cacophony. disagreement. strife. conflict. dissension. difference. disonance. disunion.

~ انداختن. to disunite. to sow discord.

نَفائِس (pl. of نفیس)، چیزهای گرانبها. precious or exquisite things. dainties.

نَفت kerosene. kerosine. petroleum. oil. petrol. naphtha. petro-.

استخراج ~. oil production. oil mining.

حقوق استخراج ~. oil rights.

پالایشگاه ~. oil refinery.

چاه ~. oil well.

~ چراغ. paraffin oil. kerosene.

~ خام. crude oil. petroleum.

امتیاز ~. oil concession.

بشکهٔ ~. oil barrel.

میدان ~ (خیز). oilfield.

شیمی ~. petrochemistry.

~ سبك. light oil.

~ سنگین. heavy oil.

دلار نفتی. petrodollar.

~ سیاه، مازوت. fuel oil.

لولهٔ ~. oil pipeline.

لولهٔ چاه ~. oil well casing.

محصول ~. petroleum product.

ملی کردن صنعت ~. nationalization of the oil industry.

نَفتالین naphthalene. naphthalin(e).

نَفتِ‌خام crude oil. petroleum.

نَفت‌خیز oil rich. oil-bearing.

نَفت‌سوز kerosene (burning).

نَفتکَش oil tanker. oiler.

کشتی ~ بزرگ. supertanker.

نَفتی، نفطی. oil. petroleum. petro-.

محصولات ~، فرآورده‌های ~. oil products.

چراغ ~. kerosene burner. kerosene(-using) lamp.

ذخائر ~. oil reserves.

نَفخ، دمیدن، نفس، باد، ورم. breathing. blowing. diffusion. swelling. bulging. bloating. inflation. insufflation. flatulence. tumefaction.

~ شکم. flatulence.

~ کردن. to blow. to swell. to inflate. to have a flatulence. to tumefy. to puff up

نَفخَه a blowing. one blow. blast. flatulence. a windy tumor.

نَفَر، فرد، یك فرد، آدم، شخص، سرباز. an individual. person. soldier.

نفرات را حاضر کنید. call the soldiers (privates).

دو ~ نوکر. two servants.

ده ~ ازآنها را گرفتند. they captured ten of them.

~ به ~. one by one. individually.

نهار برای دو ~. a dinner for two persons.

اتوبوس پنجاه نفری. a fifty-passenger bus.

دو نفری سنگ را بلند کردند. the two of them lifted the stone.

نَفَرات soldiers. individuals.

نَفَربَر، خودرو حامل سربازان. personnel carrier.

نِفرَت، انزجار، بیمیلی. distaste. dislike. aversion. antipathy. hating. disgust. repugnance. horror. abomination. hatred. odium. abhorrence. detestation.

~ داشتن. to hate. to loathe. to abhor. to flee from. to dislike strongly. to detest.

تظاهرکنندگان ~ خود را نسبت به‌خرابکاران ابراز داشتند. the demonstrators expressed their dislike for saboteurs.

نِفرَت‌اَنگیز، نفرت‌آور، تنفرآور. disgusting. loathsome. repugnant.

نِفرین، لعنت، دشنام، لعن. curse. imprecation. execration. (use of) evil (or opprobrious) words. damnation.

بنفرین خدا گرفتار شد. he was caught by divine imprecation.

~ شدن. to be cursed.

~ کردن، لعنت کردن. to curse. to imprecate. to execrate. to anathematize. to utter curses or imprecations. to damn.

~ کرده، ~ شده. accursed. cursed. anathematized. curst. damned.

نَفَس، دم، لحظه، یك‌آن. breath. respiration. breathing. breeze. breath of air. moment. instance.

~ کشیدن. to breathe. to respire. to take breath. to rest. to utter (a word).

~ نفس زدن. to pant. to gasp for breath.

از ~ افتادن. to become winded. to get out of breath. to run out of breath.

از ~ انداختن. to wind. to exhaust.

~ را تازه کردن. to refresh oneself. to take a fresh breath. to rest.

نفست بگیرد. shut up! hold your tongue.!

تا آخرین ~. to the last gasp (or breath).

نَفس، خود، شخص، حیات، وجود. self (of a thing or man). the individual thing. itself. essence. the vital principle. the soul or life. the blood. carnal desire. passion. penis.

~ اماره. concupiscence.

فی‌نفسه. in itself. intrinsically. per se.

قتل ~. manslaughter. murder.

کف ~. self-sufficiency. self-restraint.

نَفسانی، جسمانی. sensual. carnal. material. physical. bodily.

خواهش‌های ~. sensual or carnal desires.

نَفسانیّت، مادیت، نفس‌پرستی. carnality. sensuality.

نَفس‌پَرَست، شهوت پرست، خودپرست. epicure. sensual. carnal. subject to or obeying one's passion. egoistic.

نَفس‌پَرَستی، شهوت پرستی، خودپرستی. epicurianism. sensuality. self-love.

نَفَس تَنگِه، نفس‌تنگی. asthma. shortness of breath. dyspneic.

نَفَس‌کَش breathing. living being. vent. soul. halting place. rest-grade.

نَفع، سود، منفعت، فایده. profit. gain. benefit. usefulness. advantage.

~ بردن. **to profit. to derive a benefit (or advantage). to gain (or make) a profit.**

در این معامله چه نفعی بردید؟ **what profit did you make in this transaction?**

~ [illegible] کردن. **to gain. to make a profit. to be profitable.**

خریداین‌زمین‌برایش~ نمیکند(صرفه ندارد). **the purchase of this land is not profitable for him.**

~ رساندن **to do good. to be useful (or profitable).**

~ دادن. **to yield profit.**

بنفع شماست. **it is to your advantage.**

من بنفع او رأی دادم. **I voted for (in favor of) him.**

نَفَقِه، خرجی، معاش. alimony. expenditure. subsistence.

~ دادن. **to give (pay) alimony. to sustain.**

نُفوذ، رسوخ. influence. penetration. infiltration. seepage.

~ داشتن. **to be influential. to have influence.**

اعمال ~ کردن. **to use one's influence. to exercise influence.**

~ کردن، رخنه کردن. **to penetrate. to permeate. to infiltrate. to seep (through).**

با ~. **influential. effective.**

بی ~. **uninfluential. ineffective.**

~ سیاسی. **political influence.**

نُفوذناپَذیر impermeable. impenetrable.

نَفور، بیزار، متنفر، گریزان. abhorring. fleeing. frightened. averse. repugnant.

نُفوس (pl. of نفس)، جمعیت، مردم. population. lives. souls. people.

ایران چقدر ~ دارد؟ **what is the population of Iran?**

نَفی، منفی، دورسازی، انکار، منع. negation. denial. disproving. disowning. banishment. rejection. prohibition. the negative.

~ کردن. **to negate. to deny. to make negative. to disprove.**

این مدرك ادعاهای اورا ~ میکند. **this document negates (disproves) his claims.**

نَفیِ بَلَد، تبعید. banishment. exile. expatriation.

~ کردن. **to banish. to exile.**

نَفیر، خروش، خرناسه. brazen trumpet. brass bugle. sound (of a trumpet). snore. snoring. snort(ing).

~ کشیدن. **to snore. to blow a trumpet. to snort.**

نَفیس، قیمتی، پربها، عالی. precious. exquisite. fine. choice. premium.

نِقاب، روبند، چهره‌پوش، ماسك، پیچه، حجاب. mask. visor. face mask. veil.

~ زدن. **to mask. to wear a veil.**

زیر ~ دوستی. **under the mask of friendship.**

~ برداشتن. **to unveil. to unmask.**

نِقابَت، ریاست. chieftainship. leadership.

نِقابدار veiled. masked.

نَقّاد، ناقد، سخن‌سنج. critic. caviller. reviewer. commentator.

نَقّادی، انتقاد، سخن‌سنجی. critique. criticism. cavilling. assay.

~ کردن. **to do (or act as) a critic. to criticize. to assay (money).**

نِقار، دشمنی، دعوا، نفرت، مناقشه. pique. rancour. enmity. quarrel. dispute. discord.

نَقّارَه timbal. (kettle)drum.

~ زدن. **to beat the kettledrum.**

نقاره‌خانه the place where the drums are beaten (at stated intervals). the band of music in a palace or shrine.

نَقّاش، پیکرنگار، نگارگر. painter. limner. portrayer. portraitist.

~ خانه، نگارخانه. **painters's shop. painting studio. picture gallery. painter's studio.**

نقّاشی، نگارگری. painting. portraying. drawing. picture drawing. portrait. portraiture. etching. limning.

~ کوبیسم. **cubism. abstract painting.**

تابلو ~. **painting.**

~ کردن. **to draw. to paint. to portray. to depict. to limn. to etch.**

~ آب ورنگ. **water color.**

~ رنگ وروغن. **oil painting.**

نُقاط (pl. of نقطه)، نقطه‌ها. spots. periods. speckles. specks. places. parts. points.

در ~ مختلف کشور. **in various parts of the country.**

نَقّال، داستان‌گو، گوینده. narrator. storyteller. transporter. raconteur. recorder. conveyer. minstrel. bard.

نَقّالِه، انتقال دهنده، حمل‌کننده. protractor. transmitter. conductor. conveyer. conveyor.

پلهٔ ~، پله‌گردان. **escalator.**

تسمهٔ ~. **conveyor belt.**

نَقّالی، داستان‌گوئی. **minstrelsy. storytelling. narration. transport.**

نَقاهَت، کسالت. convalescence. indisposition. ailment.

نَقایِص (pl. of نقیصه)، عیوب، کمبودها. defects. vices. shortcomings. flaws. imperfections. insufficiencies. blemishes.

نَقب، سوراخ، تونل. burrow. gallery. tunnel. mine. burrowing. digging.

~ زدن. **to undermine. to burrow. to dig (through). to mine. to perforate. to tunnel.**

دزدان از زیر دیوار بانك ~ زدند. **the burglers dug a tunnel under the bank wall.**

نَقب زَن tunnel(l)er. burrowing. burrower or (under)miner. perforator.

نقب‌زنی shafting. burrowing. undermining. tunnelling.

نَقد (pl. نقود)، نقدینه، پول ~. cash. ready money. coin. specie.

من جنس خود را ~ می‌فروشم. **I sell my goods for cash.**

~ ونسیه. **(in) cash and (on) credit.**

~ کردن. **to cash. to realize or to convert into cash. to secure or collect a sum.**

نَقداً in cash. ready money. for cash. for the present. for the time being.

فرش را خرید وبهای آنرا ~ پرداخت. **he bought the rug and paid the price in cash.**

~ وقت‌ندارم. **I have no time at present.**

نَقدی cash. pecuniary.

نَقدینه، نقدی. cash. ready money. precious articles or possessions.

نِقرِس (med.) gout. -agra.

~ پا **podagra.**

نقرسی gouty.

نُقرَه silver. argent. argentum. argenti-.

نقرهٔ قرص، شمش ~. **silver ingot.**

آب ~ دادن. **to plate (or coat) with silver. to electroplate with silver.**

نقره‌آبی bluish-white.

نقره‌آلات، [illegible] silverware.

نقره‌ای silvery. argentine. silver-white. argentous. argentic.

نقره‌دار argentous. argentiferous.

نقره‌داغ.جریمه. pecuniary punishment.

نقره‌فام silvery. argentic.

نقره‌کار، نقره‌گر، نقره‌ساز. silversmith.

نَقش، نقاشی، تصویر، رسم، ترسیم، عکس، گراور. painting. picture. drawing. design. plan. engraving. image. role. part.

~ بستن. **to draw. to design. to sketch. to form. to be designed. to be formed.**

~ زدن. **to design. to delineate.**

~ کردن. **to draw. to paint. to design. to depict. to portray.**

~ انداختن. **to embroider with designs. to design. to pattern.**

~ ونگار. **designs and ornaments. paintings and decorations.**

~ برآب زدن. **to trace designs on water. to engage in a futile task.**

~ آوردن. **to have a good luck or chance. to have a lucky hand.**

او در نمایش ~ یك نوکر را بازی میکند. **he plays the role of a servant in the show.**

اقتصاد در پیشرفت کشور ~ مهمی‌دارد. **economy plays an important part (role) in the progress of the country.**

نَقشبَند، نقاش. painter. limner.

نَقشِه، طرح، طراحی، مدل، برنامه. plan. map. drawing. design. model. program. scheme. topography. cartogram. cartograph. chart.

نقشهٔ جغرافی. **map.**

~ ساختمان. **the plan of a building.**

برای تعطیلات نوروز چه نقشه‌ای دارید؟ **what plan do you have (what is your plan) for Norooz vacations?**

~ کشیدن. **to draw a map. to plan. to design. to scheme.**

نَقشه‌بَردار topographer. surveyor.

نقشه‌برداری topography. survey(ing). mapping.

~ هوائی. **aerosurvey. aerial topography.**

نَقشه‌کَش draftsman. drawer. cartographer. planner. designer.

نَقشه‌کَشی، طراحی. mapping. drawing. cartography. topography. surveying.

~ کردن. **to map. to survey (and map). to plan. to chart.**

نَقص، عیب. deficiency. imperfection. defect. blemish. fault. flaw. deformity. inadequacy. deficiency.

~ داشتن. **to be flawed or faulty. to have a defect. to be blemished.**

کار او ~ نداشت. **his work was perfect (flawless).**

بی ~. **flawless. faultless. perfect.**

نُقصان، کمبود، کسر، کمی. deficiency. loss. decrease. shortage. lack. reduction. dwindling. diminishment. lessening. diminution. abasement. abatement.

~ پذیرفتن، کم‌شدن. **to be diminished. to be decreased. to diminish. to dwindle.**

نُقصان‌پَذیر diminishable. decrescent.

نَقض، شکستن. violating. violation. breaking. breach. contravention. cancellation. dissolution. destruction.

~ قرار داد. **the violation of an agreement.**

~ عهد. **breach of promise.**

~ [illegible] **to contravene. to violate. to break. to trespass. to disregard. to renege.**

نُقَط (نقطه pl. of)، نقطه‌ها. dots. spots. points.

نُقطِه (نقاط pl.)، حال، ناحیه. point. dot. spot. speck. speckle. full stop. period. place. locality. punctuation.

حرف «ت» دو ~ دارد. **the letter ت has two dots.**

نقطهٔ اتکاء، شاهین. **fulcrum.**

نقطهٔ جوش، نقطهٔ غلیان. **boiling point.**

نقطهٔ بحرانی. **critical point.**

نقطهٔ تقاطع. **point of intersection.**

نقطهٔ تماس. **point of contact. point of tangency.**

نقطهٔ ثابت. **fixed point.**

نقطهٔ ثابت‌ذوب. **eutectic point.**

نقطهٔ دور. **far point.**

نقطهٔ ذوب. **melting point.**

نقطهٔ انجماد. **freezing point.**

نقطهٔ کور. **(anat.) blind spot.**

نقطهٔ حرکت (عزیمت). **starting point. point of departure.**

~ اتصال. **meeting point. junction.**

~ یا ممیزاعشار، ممیزدهگان. **decimal point.**

~ نظر، دیدگاه. **point of view. viewpoint. aspect.**

از نقطهٔ نظر بهداشت. **from the point of view of health (hygiene).**

~ بنقطه. **point by point. every point. everywhere.**

نقطهٔ مقابل. **opposite (point). antonym. contrast. polarity. antipodes.**

تاریکی نقطهٔ مقابل روشنائی است. **darkness is the opposite of light.**

نقاط دور. **distant localities (or points).**

بی ~. **undotted. pointless.**

~ گذاشتن. **to point. to dot. to punctuate.**

در پایان هرجمله حتماً ~ بگذارید. **be sure to put a full stop at the end of each sentence.**

ملا نقطی. **pedantic. bookish. stilted. sophomoric.**

~ دار. **dotted. pointed. marked with a diacritical point.**

معلم ملانقطی. **a bookish teacher.**

~ گذاری. **pointing. punctuation. dotting.**

~ گذاری کردن. **to put dots. to dot (or point). to punctuate.**

در کلیهٔ نقاط شهر. **all over the city. in every spot (locality) of the city.**

نُقطه‌نُقطِه، خالخال. dotted. mottled. speckled. punctate(d).

~ کردن. **to dot. to mottle. to speckle.**

نَقل، انتقال، حمل، نقل‌قول، ترجمه، بیان، حدیث، داستان، داستان گوئی. conveying. transport(ation). carrying. transmission. transfer. shifting. transcription. copy(ing). quotation. quoting. trans-

lation. narration. relating a story, account, or tradition. recounting. retelling.
~کردن. to narrate. to tell. to give an account of. to transport. to convey. to carry. to quote. to transfer. to shift. to transmit.
قصه‌ای برای ما ~ کن. tell us a story.
این اصطلاح را از کجا ~ کردید؟ where did you quote this expression from?
~ مکان. moving. removing. removal. shifting. change of residence. transfer.
~ مکان کردن. to move. to remove. to shift. to change one's residence or place.
~ از جراید. (quoted) from the newspapers.
نُقل sugar-coated nuts. sugarplum. comfit. dessert. sweetmeats. bonbon.
~ وبادام. almond comfit.
~ مجلس. the center of attraction in a party. witty and sociable. jester. sweatmeat served in a party.
نقلاً، برحسب روایت، بروایت. traditionally. by tradition. by hearsay. by way of narration.
نُقلدان a box (or dish) for sugar-plums.
نقل‌قول citation. quotation.
~ مستقیم. direct quotation.
~ غیر مستقیم. indirect quotation
~ کردن. to quote. to cite.
نقلی، منقول، نقل شده، روایتی، حدیثی. traditional. narrative. historical. copied. transcribed. pertaining to transportation.
ماضی ~. present perfect.
نُقلی small as a sugarplum.
تربچه ~. small red radish.
نقلیات (نقلیه pl. of)، وسائط نقلیه. traditions. traditional knowledge. transportation (means).
نقلیه (نقلی fem. of)، سرویس حمل و نقل. transport. cost of transport. vehicle. conveyance. transportative.
وسائط ~. means of transportation. vehicles.
نقوش (نقش pl. of)، نوشته‌ها، ترسیمات. inscriptions. designs. pictures. engravings. images. traces.
نقوعی، نمروی (نمرویان). infusorial.
نقی، مبرا، پاك. clean. pure. exonerated.
نقیب، قائد، رئیس. chief. leader.
نقیص، ناقص، معیوب. defective. deficient. imperfect. mutilated.
نقیصه، عیب، نقص. defect. deficiency. vice. shortcoming. flaw.
نقیض، ضد، مخالف، معکوس. contradictory. opposite. the contrary. the converse.
بیانات ضد و ~. contradictory statements.
ضد و ~ گفتن. to make contradictory remarks. to contradict oneself.
نقیضه contradiction.
نك، نوك. point. tip. bill. beak. peck.
~ زدن. to peck (at).
نکات (نکته pl. of)، نکته‌ها. points. wits. quaints. pointers.
نکاح، ازدواج، عروسی، زناشوئی. marriage. wedding. matrimony. nuptial.
عقد ~. marriage contract.
بعقد ~ درآوردن، بحبالهٔ ~ درآوردن، ~ کردن. to marry. to wed.

نکاحی، ازدواجی. conjugal. matrimonial. nuptial.
نکبت، ادبار، بدبختی. adversity. miserableness. abomination. misfortune. misery. wretchedness.
~ آنها راگرفت. they were caught (or stricken) by adversity.
نکبت‌زده، فلك زده، بدبخت، نکبت‌بار. stricken by adversity or calamity. unfortunate. wretched.
نُکته، مطلب، لطیفه، شوخی. pointer. punctilio. point. subtlcty. wit or witticism. quaint or pithy saying. epigram. nice distinction.
نکتهٔ اولی که میخواستم بگویم اینستکه... the first point I wanted to state is...
~ گرفتن. to cavil. to make a nice distinction. to criticize.
نُکته‌بین perspicacious. punctilious.
نکته‌بینی، نکته‌سنجی. perspicacity. punctiliousness. cavilling.
نُکته‌پرداز، نکته‌گو. wit. witty. ingenious or sagacious person.
نُکته‌دان، نکته سنج. witty. sharp-witted. ingenious (person).
نُکته‌سنج، نکته‌شناس، نکته‌دان. punctilious. perspicacious. discerning.
نکته‌سنجی، نکته‌شناسی، نکته‌دانی. punctiliousness. perspicacity. witticism. ingeniousness. discernment.
نکته‌گیر، نکته‌بین. caviller. critic. faultfinder. captious.
نکته‌گیری، نکته‌بینی. cavilling. criticism. faultfinding. captiousness.
نکث، شکست، وقفه. fracture. break(ing). pause. standstill. interruption.
نکره strange(r). outsider. alien. indefinite or indeterminate noun.
یای ~. the indefinite article «ی».
معرفه و ~. definite and indefinite (noun).
نُکس، عود، برگشت. relapse. return. reapparition. recurrence (of a disease).
~ کردن. to relapse. to return. to reappear. to decline.
نکو، نیکو، خوب. good. excellent. well. bene-.
هر که‌را روی خوش و خوی نکوست... anyone who has good looks and a good temperament...
نُکول، رد. rejecting. refusing to accept. dishono(u)ring (a bill). retracting (one's word). abstaining (from an act).
~ کردن. to dishono(u)r. to abstain. to refrain (from). to retract.
برات ~ شد. the bill was dishono(u)red.
او از حرف خود ~ کرد. he retracted his word. he reneged.
~ شدن. to be dishonored. to be bounced (as a cheque).
نکونام، نیکنام، محبوب‌القلوب. famous. popular. celebrated. noted. renowned.
سعدیا مرد ~ نمیرد هرگز. O Sa'di, a man of good name (renown) shall never die.
نکوهش، ملامت، توبیخ. blame. reproach. taunt. rebuke reproof. censure. carping. faultfinding. cavil.
~ کردن. to blame. to reproach.
نکوهیدن، سرزنش کردن، نکوهش کردن. to reproach. to blame. to despise. to disregard. to reject. to find fault with. to cavil. to carp.
نکوهیده، زشت، قابل سرزنش. blamed. blameworthy. reproachable. reprobate.
یکی از عادتهای ~. one of the blameworthy habits.
کارهای ~. blameworthy or reprobate deeds.
نکویی، نیکویی. goodness. beneficence.
نکهت، نسیم، نفس، عطر، بو، رایحه. breath (of air). odo(u)r. perfume. fragrance.
نکیر name of an angel.
نگار، تصویر، نقش، دلبر. picture. painting. portrait. image. sweetheart.
نقش و ~. designs and paintings.
~ کرد، کشیدن، تصویر کردن. to paint. to draw. to depict. to delineate.
~ من که بمکتب نرفت و خط ننوشت. my beloved who did not go to school and could not write letters.
نگار write thou! paint thou! portrayer (in combs. as in: پیکرنگار).
روزنامه~. journalist. newspaper writer.
نگارخانه، نقاشخانه. picture gallery. painter's studio.
نگارستان، نقاشخانه، نگارخانه. picture gallery. painter's studio.
نگارش، نوشتن. writing. description. composing. editing. putting down. inditing. authoring.
~ کردن. to write. to indite.
نگارنده، نویسنده. writer. author.
نگارندهٔ داستان. the writer (author) of the story.
نگاره، شکل، نقش، تصویر. figure. picture.
نگاری، شیردان جانور نشخوارکننده، چراغ شیره‌کشی. (anat.) the reticulum. an instrument for smoking opium residue.
نگارین painted. dyed. embellished. (beautiful) mistress. sweetheart.
نگاشتن، نوشتن. to write. to paint. to portray. to put down. to draw.
کتابهائی که من نگاشته‌ام. the books (that) I have written.
نگاشته، نوشته. written. painted. writing. letter. drawn. designed.
نگاه، نگه، نظر، دید، ملاحظه. look. glance. looking. glimpse. gaze. stare. peer. regard. eyeing. observation. attention. watching. ogling. peep.
~ خشم‌آلود. an angry look (stare).
در یك ~ (نظر). at a glance.
~ کردن، نگه‌کردن. to look. to glance. to stare. to scan. to peer. to see. to behold. to eye. to ogle. to watch.
بمن ~ کن. look at me.
~ کن غذا نسوزد. see that the food does not burn. be careful not to burn the food.
در چیزی ~ کردن. to look at (or observe) something.
~ انداختن، نظر کردن. to cast a glance. to eye. to look. to scan.
~ دوختن. to fix the eyes (on). to gaze.
~ دزدکی کردن. to steal a look. to look surreptitiously.
نگاهت بمن باشد! look at me. watch (or observe) me. direct your eyes toward me.
~ عاشقانه. amorous look.
نگاهبان، نگهبان. guard. watch. watchman. keeper. sentinel.
نگاهدار، نگهدار. keeper. keep thou.
نگاهداری، نگهداری، نگهبانی، حفظ، توجه. taking care of. caring for. keeping. preservation. protection. safe keeping. maintenance. care. attention. holding.
~ این بچه‌های شیطان کار آسانی نیست. it is not easy to take care of these naughty children.
نگاهداری کردن، نگهداری کردن، نگاه داشتن. to take care of. to keep. to protect. to preserve. to maintain. to support. to sustain. to hold.
در غیاب او برادرش از مغازه نگهداری میکند. in his absence his brother takes care of the shop.
جاده را نگاهداری (تعمیر ومرمت) کردن. to maintain the road.
نگاه‌داشتن، نگه داشتن، مراعات کردن، حفظ کردن، مانع‌شدن، متوقف کردن، محفوظ‌داشتن. to hold. to keep. to support. to sustain. to observe. to prevent. to save. to put by. to protect. to maintain. to retain. to control. to stop. to detain. to preserve. to halt.
پول را نگاهدار. hold (keep) the money.
اورا در خانه نگاهدار تا من بیایم. keep him at home until I come.
ستون ساختمان را نگاه میدارد. the pillar supports the structure.
هیچ چیز نمیتواند ما را از رفتن نگاهدارد. nothing can prevent us from going.
زبانت را نگاهدار. control (keep) your tongue.
اتومبیل‌را نگاهدار. stop the car.
نگر، بنگر، نگاه‌کننده، نگرنده. look or see thou! looking. seeing. seen. (in combs. as in: دورنگر = farsighted).
نگران، دلواپس، چشم‌براه، منتظر. worried. anxious. uneasy. restless. apprehensive. concerned. fearful. watchful.
~ بودن. to be worried. to be anxious or uneasy.
~ کردن. to make worried. to worry. to make anxious.
ما همه نگران سلامتی او هستیم. we are all anxious about her health.
نگرانی، انتظار. worry. anxiety. uneasiness. apprehension. expectation.
دربارهٔ پول نگرانی نداشته باشید. do not be worried (do not worry) about money.
نگرستن، نگریستن. to look.
نگرش، نگاه. look. looking. glance. seeing. observation. outlook. conception. perception.
نگریدن، نگریستن، نگاه‌کردن. to look.
نگون، سرنگون. inverted. turned upside down. overthrown. overturned.
~ کردن. to invert. to turn upside down. to overthrow. to overturn. to upset.
بخت ~. bad luck. misfortune. unlucky.
نگون‌بخت، بدبخت. unfortunate. unlucky. evil-starred.
نگون‌بختی، بدبختی. bad luck. misfortune. adversity.
نگونسار، نگون، وارونه شده. inverted.
نگه، نگاه. look. glance. seeing.
~ داشتن، نگاه‌داشتن. to keep. to hold. to stop. to halt. to detain.
~ کردن. to look. to see.
نگهبان، نگاهبان. guard. guardian. watch. watchman. keeper. custodian.

sentinel. sentry.
نِگَهبانی، کشیک، پاسبانی. guard(ing). guardianship. watch. custody.
~ کردن. to watch. to guard.
نِگَهدار، حافظ، پاسبان، نگهبان، پاسدار. keeping. protecting. preserving. protector. preserver. keeper. guardian. custodian. patron. support(er). stop.
خدا ~، خداحافظ. good-bye.
نگهداری، نگاهداری. keeping. holding. protecting. support. preserving. conserving. safeguarding. saving. maintaining. taking care of. sustaining. maintenance. sustenance.
~ کردن. to keep. to hold. to protect. to support. to preserve. to conserve. to safeguard. to maintain. to take care of.
وقتیکه منزل نیستید کی از بچه‌ها ~ میکند؟ who takes care of the children when you are not home?
نگهداشت. maintenance, keeping. preservation.
نِگین the gem, stone, or bezel of a ring. seal ring.
نَم، رطوبت، نمسار. moisture. dampness. humidity. moist. damp. humid. wet. wettish. dank.
پارچه هنوز ~ دارد. the cloth has still some moisture in it. the cloth is still (somewhat) wet.
~ کردن. to moisten. to damp(en). to make damp. to dabble. to have in reserve. to have ready. to make ready before hand.
~ کشیدن، ~ گرفتن. to become moist. to get wet. to moisten. to be damaged. to absorb moisture. to become mildewed.
~ زدن. to moisten. to wet. to bedew. to dabble. to besprinkle.
~ پس‌دادن. to give off moisture. to show traces of humidity.
نُما، شاخص. index. exponent.
نَما، منظره، جبهه. aspect. look. sight. front. facade. outward appearance. outside. index.
نما show thou. do thou. showing. guiding. doing. guide. representing. (in combs. as in: دورنما=landscape).
دشمن دوست ~. an enemy pretending to be a friend.
نَماء، رشد، نمو، رویش. growth. growing.
نماد، سمبل. symbol. symbolism.
نمادساز، نمادگر. symbolist.
نمادسازی (در کتابداری). notation. symbolization.
نمادشناسی symbology.
نماز، نیایش، دعا. prayer. chapel service. invocation. mass. devotion.
~ کردن، ~ گذاشتن، ~ خواندن. to say one's prayers. to pray.
~ بردن. to show reverence (to). to greet.
کتاب ~. prayer book.
~ شام. vesper.
~ بامداد. morning prayer. matin.
نمازخانه، کلیسا، پرستش‌گاه. church. cathedral. chapel. place of worship.
نَمّام، سخن‌چین، خبرکش، دوبهم‌زن، مفتری. informer. talebearer. telltale. slanderer. tattletale. calumniator. gossip. tattler. backbiter.
نَمّامی، سخن‌چینی. talebearing. gossip. informing. slander. calumniation.
نَمایان، آشکار، معلوم، ظاهر، هویدا، پیدا، باهر. showing. revealed. in view. apparent. manifest. clear. exposed. looming. obvious. visible. demonstrated. proved. evident. bared.
آثار اندوه درچهره‌اش ~ است. signs of grief are apparent in his face.
~ شدن. to come into view. to loom. to appear. to become apparent. to become manifest. to become visible. to be proved.
~ کردن. to bring into view. to bare. to make apparent. to render obvious (or visible). to show. to demonstrate.
ابر تیره‌ای از دور نمایان شد. a dark cloud came into view (appeared or loomed) from afar.
لرزش دستهایش ترس شدید اورا ~ کرد. the trembling of his hands revealed (betrayed) his extreme fear.
نمایاندن to reveal. to show.
نمایش، صورت، شکل، تآتر. representation. show. demonstration. exhibition. exposition. sight. spectacle. performance. form. appearance. sembance. figure. play. theatre. flaunt.
~ دادن، نشاندادن، جلوه‌دادن. to represent. to show. to exhibit. to demonstrate. to show off. to give a public show (representation or exhibition). to have a performance. to stage a play.
~ موزیکال. a musical show.
فیلم‌های خوبی ~ دادند. they presented good films.
اوهرشب به سینما یا ~ میرود. every night he goes either to a movie or a theatre.
~ خنده‌دار، کمدی. comedy.
~ حزن‌انگیز، تراژدی. tragedy.
اینجا جانوران وحشی ~ داده میشوند. wild animals are exhibited here.
~ اول این هنرپیشه عالی بود. this artist's first performance (or piece) was excellent.
پردهٔ (قسمت) اول ~. the first act of the play.
~ این فیلم درحدود دو ساعت طول‌میکشد. the showing of the film takes about two hours.
نمایشگاه، محل‌نمایش. theater. fair. place of exhibition. exposition. exhibit. show place. showroom.
~ بین‌المللی international fair or exhibition.
نمایشگر play actor. player. actor. actress. showing.
نمایشنامه play.
نمایشنامه‌نویس playwright.
نمایندگان representatives. agents. delegates. members of parliament.
مجلس ~. the house of representatives.
نمایندگی، عاملیت، سفارت، رسالت، وکالت. representation. agency. delegacy. deputation. delegation.
بنمایندگی. representing. as representative or agent of. represented. on behalf of.
~ کردن، ~ داشتن. to act as an agent or representative. to represent. to be a deputy (or delegate).
هیئت ~. delegatation. mission.
شما بنمایندگی از سوی من بروید. you go as my representative. you go on my behalf.
نمایَنده، وکیل، شاخص. representative. proxy. deputy. delegate. showing. indicating. agent indicator.
نمایندهٔ مجلس. member of parliament. deputy.
باید نمایندهٔ خود را بدادگاه‌معرفی‌کنید. you must introduce your representative to the court.
نَمایه (کتابداری). index.
~ سازی (در کتابداری). indexing.
نَمَد felt. felt carpet.
کلاه ~. felt hat.
~ مالیدن. to make felts. to do felting.
نَمدار moist. wet. humid. damp. dank.
نَمدزین woollen saddlecloth.
نَمدمال felt maker.
نَمَدمالی felting. felt making.
نَمَدی felt. made of felt.
کلاه ~. felt hat. wearing a felt hat. a rogue.
نَمدیده، نمدار. moist. damaged by moisture. mildewed.
نُمره، شماره، رقم، عدد. number. grade. mark. digit. numeral. figure. No.
سالن شمارهٔ ۳. hall number (No.) 3.
میانگین نمرات من ۱۷ است. my average grade is 17.
~ قبولی. passing grade (or mark).
~ ردی. failing grade (or mark).
آموختار باو نمرهٔ ۱۵ داد. the teacher gave him (the grade of) fifteen.
~ گذاشتن. to number. to grade. to mark.
~ کردن (خودرو). the get a licence number (a licence plate) for a car.
~ دادن، شماره دادن. to grade. to give grades. to mark.
~ زدن. to number. to mark by numbers.
بی ~. numberless. having no number.
حمام ~. bath with private rooms.
نُمره‌دار numbered. graded.
نُمره‌زنی numbering. marking by numbers. numeration.
ماشین ~. numbering machine (punch).
نُمره‌گُذاری، شماره‌گذاری. numbering. grading. giving grades. marking. giving marks. numeration. digitation.
نَمزده، نم‌دار، رطوبت زده. moistened. made wet. besprinkled.
نَمس، موش فرعون، موش مصری. (z.) the ichneumon.
~ هندی. the mongoose.
نَمسار، مرطوب، نمناك، نمدار. damp. wet. moist. dank. dankish. dewy. muggy.
اتاق ~. a damp room.
نَم‌سنج hygrometer.
نَم‌سنجی hygrometry.
نَمسه (geog.) Germany. Austria.
چای ~. Javanese tea.
نَمَط، نسق، روش، طرز، طریقه، شیوه. mode. manner. way. trend. system.
بدین ~، براین ~. in this manner. thus.
بیك ~. uniformly. steadily.
نَمَك، ملح، ملاحت، شوری، زیبائی، بامزگی. salt. saltishness. salinity. brine. charm. sodium chloride. salino-. sali-. alkali.
~ بغذا زدن. to salt (the) food.
دختری با ~. a girl with an attractive beauty. a graceful (or charming) girl.
شوخی با ~. a witty joke.
~ طعام. table salt. common salt. culinary salt.
با کسی نان و ~ خوردن. to eat (or taste) one's bread and salt.
~ زدن (به)، ~ سود کردن، در ~ خیس کردن. to salt. to salinize. to brine. to salify.
بی‌نمکی. saltlessness. insipidity.
بی ~. saltless. lacking charm. flat (as a joke). insipid.
~ برزخم (یا جراحت) کسی پاشیدن. to put salt on someone's sore. to exacerbate.
با ~، ملیح. flavored. seasoned with salt. salty. of an attractive beauty. charming.
نَمَك‌آب saltwater. brine.
نَمَك‌بحرام ungrateful. disloyal.
نَمَك‌پاش saltshaker. salt sprinkler. saltbox. saltcellar.
نَمَك‌پَرورده (one who has been) brought up or fed by another. bound to be loyal to one's patron.
نَمَك‌خوارگی، حق نان و نمك. gratitude (due to a hospitality received). state of having eaten salt (or bread) with another.
نمك‌دار، با نمك. salty. saliferous. saltish. briny. alkaline. salted. saline.
نَمكدان saltshaker. saltcellar. saltbox.
نَم‌کَرده moistened. in reserve. prepared beforehand. soaked.
یارو همیشه چند دختر ~ دارد. that guy has always several girls in reserve.
نَمَك‌زار salt marsh. salt pan or salt mine. saliferous. salt bottom.
نَمَك‌زَده salted. salty. saline. salified. salinized. brined. pickled.
نَمَك‌زی، زیست‌کننده در نمك یا نمکزار. saltwater (creature).
نَمَك‌سود salted. pickled with salt or in brine.
~ کردن. to salt. to pickle with salt. to preserve in brine.
نَمَك‌شِناس grateful. loyal. true to salt eaten with another.
نَمَك‌طَعام table salt. culinary salt. common salt.
نَمَك‌فَرنگی sulphate of magnesium. sodium sulphate. Glauber's salt.
نَمَك‌فُروش salter. salt dealer.
نَمَك‌قَلیائی basic salt.
نَمَك‌گیر bound by ties of hospitality.
نَمَك‌میوه fruit salt.
نَمَك‌ناشِناس، نمك‌نشناس، نمك‌بحرام. ungrateful. disloyal.
نَمَك‌نَشناسی ingratitude. disloyalty.
نَمَكی salt. salty. salten. saliferous. salt-bearing. alkali. salter. alkaline.
نَمَكین، با نمك. salty. salt. saline. briny. of an attractive beauty. charming.
نَمناك، مرطوب، نمدار، نمسار، نمگین. damp. moist. dewy. muggy. humid. dankish. wet. dank. moldy.
اتاق ~. a damp room.
نَمناکی dampness. moistness. humidity. mug. dew. wetness.
نَم‌نَم in fine drops. in a damp state. drizzly. drizzling.
~ باریدن. to rain in fine drops. to

drizzle. to fall in mist-like drops.

~ باران. drizzle. drizzling rain. mistlike rain.

نمو، رشد، رویش. growth. development. germinating. sprouting. flourishing. thriving. cultivating. raising. -geny.

~ کردن. to grow. to develop. to germinate. to sprout. to thrive. to flourish.

~ غیرطبیعی. hyperostosis. abnormal growth.

نِمود، نمایش، جلوه. appearance. show. apparition. sight. scene. view. vista. prospect. outlook. display. perspective. exposure.

~ کردن، جلوه کردن. to show off. to seem worthy. to display. to impress.

زیبائی آنزن درنظر سلطان نمودی نکرد. her beauty did not attract the sultan's attention.

نِمودار، هویدا، پیدا، آشکار، نمایان، منحنی. apparent. visible. obvious. manifest. appearing. showing. in view. conspicuous. in sight. evident. palpable. clear. diagram. graph. graphic table. chart. curve.

~ شدن، ظاهر شدن. to appear. to become manifest (obvious or visible). to loom.

عیسی در برابر شاگردانش ~ شد. Jesus appeared before his disciples.

اکنون خورشید ~ است. the sun is visible now.

نِمودَن، نشان‌دادن، جلوه‌گرساختن، بنظر آمدن، نمایان ساختن، انجام دادن. to show. to manifest. to cause to appear. to seem. to appear. to look. to display. to do. to perform. to exhibit. to demonstrate. to teach. to indicate. to reveal. (also used as an auxiliary verb as in: تمام نمودن = to finish).

او بنظر تندرست مینماید. he appears to be in good health.

چنین مینماید که حق با اوست. it appears that he is right.

او خسته مینماید. he looks tired.

خواندن زیاد چشم را خسته مینماید. too much reading makes the eyes tired.

او هنر خود را نمود. he displayed his art.

نِموده، نشان داده، ظاهرشده، انجام‌داده، کرده. shown. appeared. done. performed.

نِمون، نشان دهنده. showing. leading. (in combs. as in: رهنمون).

نِمونه، مدل، انگاره، نوع، مسطوره. sample. model. pattern. specimen. type. example. paradigm. archetype. standard.

یك ورق بطور ~ فرستاد. he sent a sheet as a sample.

او نمونهٔ وقت‌شناسی بود. he was a model of punctuality.

نمونهٔ چاپی. proof sheet.

~ کردن. to take as a sample. to sample.

~ شدن. to serve as an example. to exemplify.

نِمونه‌برداری، نمونه‌گیری. sampling. taking samples. patterning.

نُنر، لوس. spoiled (person):

نَنگ، عار، بدنامی، رسوائی. shame. disgrace. disdain. shamefulness. discredit. scorn. scandal. ignominy. infamy. dishono(u)r. opprobrium.

او مایهٔ ~ این‌خانواده است. he is a disgrace (or discredit) to this family.

~ داشتن. to disdain. to scorn. to consider (it) a shame.

من ~ دارم که با او روبرو شوم. I disdain to confront him. I consider it a dishono(u)r to face him.

ننگ‌آور. disgraceful. infamous. dishono(u)ring. scandalous.

ننگین، بدنام، شرم‌آور، زشت، قبیح. shameful. infamous. dishono(u)rable. scandalous. contumelious. opprobrious. nefarious. ugly. defective. disgraceful.

ننو، گهواره. cradle. hammock.

ننوشته. blank. unwritten.

ننه، ماما. mamma. nanny.

~ بزرگ. grandma. grandmother.

ننه‌جان. dear mamma. grandmother.

نو، تازه، جدید، مدرن. new. novel. recent. modern. nova. neo-. neoteric. up-to-date. fresh.

~ کردن. to change for a new one. to renew. to see a thing new. to renovate.

از ~، از سر ~. anew. afresh. over again.

ساختمان را خراب‌کرده از ~ ساختند. they destroyed (tore down) the building and built it over again.

~ بنیاد. newly founded or made.

سال ~. (the) new year.

~ بنو، تازه بتازه. always changing for a new one.

کاملاً ~. brand-new.

نوا، نغمه، لحن، آهنگ، آواز، مقام. an air. melody. tune. motive. mode. song. equipments. furniture. food. provision. luxury. opulence.

نوای دلپذیری شنیده میشد. a beautiful air (or tune) was heard.

به ~ (نوائی) رسیدن. to succeed (in making money etc.)

نوا (نوای کسیرا) درآوردن. to ape. to make faces at. to mime. to imitate. to mimic.

بی‌~، بیچاره. poor. helpless. wretched.

نوّاب (نایب .pl. of). lieutenants. vicegerent. deputy. substitute. nabob. title of hono(u)r. excellency.

نواحی (ناحیه .pl. of)، مناطق، بخش‌ها. districts. parishes. regions. tracts. areas. territories. parts. quarters.

نواخت. نوازش. caress. blandishment. tone. manner.

یك ~. monotonous.

نواختر. ستارهٔ نو. nova.

نواختن. نازکشیدن، نوازش کردن، زدن. to caress. to blandish. to fondle. to coddle. to play (on). to strike. to strum. to sing. to hit.

او فرزندش را بنواخت. he caressed (blandished or patted) his child.

او آهنگی تازه نواخت. he played a new tune.

نواختن ویولن نیاز به سالها تمرین دارد. playing the violin requires years of practice.

نواخته، نوازش کرده، زده، باساز زده، تنبیه‌شده. caressed. played (on an instrument). strummed. beaten. hit.

نواخوان، آوازخوان، مقلد صدای دیگری، ادا درآر. singer. mimic or imitator (of another's voice). singing.

نواخوانی. singing. imitation of another's voice. mimicry. pantomime.

نوادر (نادر .pl. of). rarities. uncommon or infrequent things. choice things.

نَواده، نوه. grandchild. grandson. granddaughter.

نَوار، روبان. ribbon. band. tape. border. strip.

~ گیسو. hair ribbon.

~ ضبط صوت. tape (for a tape recorder).

روی ~ ضبط کردن. to tape-record.

~ مرزی. borderline. boundary. frontier.

~ غزه. Gaza strip.

نوارچسب. Scotch tape. adhesive tape.

نَواز. caress or blandish thou! play thou! (used in combs. as in: غریب‌نواز = kind to strangers).

بربط ~. harper.

دلنواز، دلکش، دلپذیر. kind or tender. pleasing. pleasant.

نَوازاده، نبیره، نوه زاده. great grandson. great granddaughter.

نَوازِش. مهربانی، دلنوازی، تسکین، ملاطفت. patting. touching gently. blandishment. caress. fondling. soothing. coaxing. flattery. playing or blowing (on) a musical instrument.

~کردن. to pat. to touch gently. to blandish. to caress. to fondle. to soothe.

او کودکان را ~ میکرد. he caressed (fondled or blandished) the children.

نَوازندگی، اجرای موسیقی، ساز زنی. playing (on a musical instrument). performance. caressing.

نَوازَنده (نوازندگان .pl.)، موسیقی نواز. musical performer. player. musician.

~ یکنفری، تك نواز. soloist.

دستهٔ نوازندگان دو نفری، دونواز(ان). duet.

نوازندگان. band of players. musicians. orchestra.

نوازندهٔ پیانو. pianist. piano player.

نوازندهٔ ویولن، ویولونیست. violinist.

نوازندهٔ ضرب. percussionist.

نَوازیدَن، نواختن، نوازش کردن، ساز زدن. to pat. to caress. to flatter. to play (on). to strike. to strum.

نَواساز، آهنگ‌ساز، موسیقی‌نواز. composer (of music). musical performer.

نَواسه. grandchild. daughter's child.

نَواسیر (ناسور .pl. of). fistula.

نَواقِص (ناقصه .pl. of)، معایب، نقائص، قصورها. defects. vices. deficiencies. flaws. imperfections. shortcomings.

~ فنی ساختمان. technical defects of the building.

~ رفتار او نمایان بود. his vices (flaws or imperfections) of behavio(u)r were obvious.

~ اخلاقی. moral shortcomings (vices).

نَواقِل (ناقل، ناقله .pl. of)، وسائط نقلیه، ترابری، باج راه. means of conveyance. transport means. transports. rolling stock (of a railway). octroi. tax on commodities brought into a town. road toll.

نَواله. mess. dish. victual. morsel. mouthful. draft.

نوآموز، مبتدی، دانش‌آموز. grade schooler. abecedarian. beginner. learner. novice. tyro. neophyte.

نَوامیس (ناموس .pl. of)، قواعد، اصول. principles. laws. chastity. reputation. esteem. hono(u)r.

نوآوَرد. innovator. innovative. inventive. neologist. modernist.

نوآوَرده، اختراع، ابتکار، نوآوری. invention. innovation. initiative.

نوآوَری. innovation. initiative. novation. introducing novelties. neologism.

نَواهی (ناهیه .pl. of)، امورنهی‌شده، منهیات. prohibitions. negative commands. taboos. forbidden things.

نوآینده، تازه وارد. newcomer.

نوآئین، مبتکر، نوآور، بدعتکار. convert. adopter of a new custom or faith innovator. innovated. neophyte.

نوباره، نوبر. first fruit. early fruit.

نوباوه. child. youth. youngster. young girl.

نوباوگان (نوباوه .pl. of)، نوجوانان. the youth. the new or young generation. youngsters. young girls.

نوبَت، وهله، دفعه، کشیك. turn. time. period(icity). watch. sequence.

ما روزی سه ~ غذا میخوریم. we eat three times a day.

حالا ~ شماست. it is your turn now.

~ مرض. the period of a disease. paroxysm.

~ بنوبت. periodically. in turn.

بنوبت. in turn. by turns. periodically.

~ باو که رسید جلسه خاتمه یافت. when his turn came (when it was his turn) the meeting ended.

خارج از ~. out of turn. out of sequence.

روزی شش قرص در سه ~. six pills, three times a day.

یك ~ (دفعه) امتحان داد رد شد ولی در ~ دوم قبول شد. he took the examination once and failed, but he passed it on the second try.

نوبت‌کار. shift worker.

نوبت‌کاری. shift.

نوبتی. done (or played) in turns. by turns. in sequence. periodic(al).

نوبَر. first fruit. early fruit. curious. rare. new. novel.

~ باغ. the first fruit(s) of a garden.

گیلاس ~. first cherries. early cherries.

~ کردن. to eat for the first time. to eat the first fruits of.

من هنوز خیار ~ نکرده‌ام. I have not yet sampled (eaten) the new season's cucumbers.

نوبنیاد. newly-established.

نوبه، نوبت. turn. time. period(icity). intermittant fever. paludism. malaria.

~ دزده. dumb ague.

ما هم بنوبهٔ خود از او تشکر کردیم. we too, in surn, thanked him.

نُوبه. (geog.) Nubia.

نوبهار. early (new) spring. early springtime.

نوبه‌ای. malarial.

نوبه‌خیز. malarious. marshy. paludal.

نُوبی، اهل‌نوبه، زبان مردم نوبه. Nubian.

نوپرداز. modernist (writer or artist). innovator. innovative.

نوپردازی، ابداع. modernism (in arts or literature) innovation.

نوپا، بچهٔ نوپا، بچهٔ تازه راه افتاده، نوبنیاد. a toddler. new. newly established.

نوجوان، تازه‌جوان. youth. lad. youngster. adolescent. young chap. teenager.

نوجوانی. adolescence.

youth. prime of life.

نوچگی، شاگردی، تازه‌کاری. being a novice. novitiate. freshness. discipleship.

نوچه، شاگرد، تازه‌کار. novice. novitiate. neophyte. tyro. disciple. protegee.

نوح Noah.

توفان ~. the flood of Noah. the Deluge. the Biblical Flood.

کشتی ~. Noah's ark.

نوحه، سوگ، زاری. mourning. lamentation. wailing (over the dead). lament. elegy. dirge.

~ کردن. to lament. to mourn.

~ خواندن. to recite mournful songs. to mourn. to elegize.

نوحه‌خوان a (hired) mourner. reciter of elegies. elegist.

نوحه‌سرا elegist. dirge writer.

نوحه‌سرائی elegy writing. elegizing.

~ کردن. to elegize.

نوخاسته، نوجوان، نورسته. adolescent. young. youthful. a youth. lad or stripling. newly grown or established.

نوخیز، نو، تازه، نازک، ظریف. fresh. new. tender. newly grown.

نود ninety. nona-.

نودمین. nintieth.

(انسان) ~ ساله. nonagenarian.

(دورهٔ) ~ ساله. nonagenary.

نوداماد young husband. new groom.

نودم ninetieth.

نودمی، نودمین. (the) ninetieth.

نودندان teething.

نودولت، نوکیسه، تازه بدوران رسیده. nouveau riche. upstart. parvenu.

نوده، جو، هوا. air. atmosphere.

نور، روشنایی، روشنی، فروغ، تابش، درخشش. light. ray of light. radiance. luminosity. luminance. glare. flash. lustre. brightness. brilliancy. illumination. luster. beam. gleam. scintillation. lumini-. photo-.

~ دادن. to give (off) light. to emit rays of light. to sparkle. to scintillate. to glitter. to illumine. to shine. to expose. to light. to beam. to illuminate. to illume. to lighten. to enlighten.

حساس نسبت بنور. photosensitive.

تابش ~. radiation of light. shining.

انعکاس ~. reflection of light.

شکست یا انکسار ~. refraction of light.

~ خورشید. sunlight. sunshine.

~ ماه، ماهتاب. moonlight. moonshine.

~ ستاره. starlight.

~ علی ~. so much the better. light upon light.

پر ~. bright. giving off strong light. lightsome. brilliant.

کم ~. dim. giving off little light.

بی ~. lightless. murky. dark.

کم کم پیرشد و چشمانش از ~ افتاد. gradually he grew old and his eyes lost their luster (or sight).

نورافشان luminescent. luminiferous. diffusing light. effulgent. scintillating.

نورافشانی luminescence. effulgence. dif-

نورافکن searchlight. limelight. projector.

نورانی، منوّر، تابنده، روشن. sparkling. bright. lightful. lightsome. lustrous. splendid. refulgent. gleaming. flashing. glittering. glistening. lucid. beamy. scintillating. luminous. resplendent. brilliant. effulgent. shining. glaring.

نورانیت، روشنی‌بخشی، فروغ‌بخشی. luminosity. luminousness. sparkle. scintillation. brightness. effulgence.

نوربخش، فروغ‌بخش، تابنده. illuminator. diffusing light. luminescent. illuminating. enlightening. radiant. bright.

[illegible] photodynamic(al)

نورپویائی، مبحث اثر نور بر رشد گیاه وحیوان. photodnyamics.

نورترسی، ترس از نور. photophobia.

نورچشم، عزیز، نور دیده. the apple of one's eyes. dear.

نورد، تیرک، وردنه، طومار، چین، تا، پیچ. beam. cloth beam (in a loom). rolling pin. cylinder. roller. scroll. roll. ply. fold. wrinkle. twist.

نورد، پیماینده، بپیما. travel thou! roll thou! (in combs. as in: گیتی‌نورد).

نوردیدن، طی‌کردن. to travel. to traverse. to roll. to fold. to twist.

نورزا luminiferous. luminescent.

نورزی photobiotic. photophilous.

نورس young. fresh. early ripe. just ripened.

نورسته، نوخاسته، نوجوان، نودمیده. young. tender. newly sprung up (as a shoot). sprouting. seedling.

شاخهٔ ~. a young or tender shoot.

نورسنجی photometry.

نورسیده، تازه رسیده، تازه وارد. newcomer. newborn child. just come. newly arrived. new. fresh. young.

نورشناسی، اپتیك. optics. photics. photology.

نورگرا(ی) phototropic.

نورگرائی phototropism. photophily.

نوروز، عید نوروز. Norooz, the first day of the Parsian year.

نوروزی pertaining to Norooz.

نورون، یاختهٔ‌عصبی. neuron(e). nerve cell.

نوره، واجبی. depilatory. paste of arsenic and quicklime.

~ کشیدن. to apply depilatory.

نوری photic. photo-. lumini-. pertaining to light. light.

سال ~. light-year. astronomical year.

نوز (هنوز contraction of)، هنوز، باز. yet. still.

نوزا، در دورهٔ آخر دوران سوم. (geol.) Neogene. Neocene.

نوزاد newborn. newly-born (child). larva. neonatus.

نوزاده newly-born (child). newborn.

نوزده nineteen.

نوزدهم nineteenth.

نوزدهمی، نوزدهمین. (the) nineteenth.

نوزدهمین جشن. the nineteenth celebration.

نوساخت newly built. new.

نوساز renovator. new. manufacturer (of new articles). repairer.

نوسازی renovation. repair. revamping. manufacture of new articles. novation.

~ کردن. to renovate. to novate.

نوسان، ارتعاش. oscillation. fluctuation. vibration. swing. sway.

~ کردن. to oscillate. to vibrate. to fluctuate. to swing.

~ قیمتها. fluctuation of prices.

نوسانگر oscillator. fluctuant.

نوسان‌نگار oscillograph.

نوسفر، سفر نکرده. traveller for the first time. inexperienced in travelling.

نوسنگی neolithic. new stone age.

نوش، نوشنده، آشامنده، بنوش، بیاشام. drink thou! drinking. drinker. (in combs as in: [illegible]).

نوش، گوارا، ~ جان. (act of) drinking. agreeable or wholesome drink. treacle. antidote. enjoyment. joy. nectar. potation. draft. swig.

~ کردن، نوشیدن. to drink. to enjoy a drink. to imbibe. to swig. to gulp.

~ جان‌کردن. to eat or drink heartily.

یك کوزهٔ می بیار تا ~ کنیم. bring a jug of wine so that we may drink.

نوشابه beverage. drink. nectar. liquor.

نوشابه‌های الکلی. alcoholic liquors (or beverages).

نوشابه‌های غیرالکلی. soft drinks.

نوشاندن، نوشانیدن، نوشابه‌دادن‌به. to feed a drink to. to cause to drink. to make drink. drinking.

تا ساغرت پر است بنوشان و نوش‌کن. while your cup is full, drink and let (make) others drink.

نوشت he (she) wrote. writing. written word.

نوشت‌افزار، لوازم‌التحریر. stationery.

نوشت‌افزارفروش stationer.

نوشت‌افزارفروشی stationery shop.

نوشتن، تحریر کردن، نگاشتن، انشاء کردن. to write. to write down. to record. to write out. to put down. to scribble. to compose. to mdite. to inscribe. to draft. to jot down. to doodle. -graph. -graphy.

کاغذی نوشتم. I wrote a letter.

هرچه میگویم بنویس. write (down) what I say. put down my statements.

شعر ~. to versify. to poetize. to write poetry.

پیش‌نویس لایحه‌ای را ~. to draft a bill.

در ~، درنوردیدن. to fold together. to roll up. to perambulate. to travel over.

خواندن و ~. reading and writing.

اسم ~. to write down one's name. to register. to enroll.

نوشتنی (fit to be) written. that must be written. written exercise.

مسائل ~. written problems.

نوشته (نوشتجات .pl)، کاغذ، سند، مرقومه، نامه. written. recorded. writing. document. paper. monograph. manuscript.

نوشتجات خود را ارائه داد. he produced his documonts (writings).

آنچه که او ~. what he has written.

نوشته‌های او. his writings.

نانوشته. blank. unwritten.

نوشدارو، تریاق. antidote. treacle against poison.

نوشدارو پس از مرگ. (giving a person) an antidote after (his) death. a remedy that is too late.

نوشدارونی. antidotal.

نوشکفته new blown. newly opened (blossom).

نوشنده drinker. potator.

نوشیدن، آشامیدن. to drink. to imbibe. to sip. to guzzle. to swig. to swill.

بسلامتی شما مینوشیم. we drink (to) your health.

نوشیدنی، آشامیدنی. potable. drink. beverage. drinkable. soft drink.

در آنجا خوردنی و ~ فراوان بود. there was plenty of food and beverages there.

[illegible] this water is not potable.

نوشین، خوش، شیرین. delectable. delicious. sweet. pleasant. enjoyable.

خواب ~. sweet (or sound) sleep.

نوظهور، بدیع، بیسابقه. new. novel. newfangled. rare. queer.

اجناس ~. new articles. novelties.

نوع (انواع .pl)، گونه، قسم. kind. quality. sort. species. manner. genus. variety. class. type. nature. character.

چه ~ اسبی لازم دارید. what kind of horse do you need.

پارچه‌های ~ عالی. high quality textiles.

دو ~ متفاوت. two different sorts (kinds).

~ های گوناگون پارچه. different varieties of cloth.

~ بشر. the human race. mankind.

بنوعی‌که. so that. in a manner that.

به چه ~؟ how? in what manner?

بدین ~. thus. in this manner.

نوعاً pertaining to sort or quality. as far as kind or quality is concerned.

نوعدوست، انسان‌دوست. philanthropist. philanthropic. altruist. altruistic.

نوعدوستی، انسان‌دوستی. philanthropy. altruism. humanism. charity.

نوعروس new bride.

نوعی pertaining to the kind of species. representing the kind. specific.

وقتی میگویم شما مقصودم شمای نوعی است. by saying «you» I mean your kind (or the human race).

نوغان silk worm seeds (or eggs).

نوك، منقار. point. tip. nib. peak. top. summit. bill or beak (of a bird).

~ انگشت. the tip of the finger.

~ قلم. pen point. pen nib.

~ کوه. summit or top of a mountain.

~ زدن. to peck.

دارکوب درخت را ~ میزند. the woodpecker pecks (at) the tree.

نوکار، تازه‌کار. inexperienced. novice. green. trainee.

نوك‌پا tiptoe.

~ (راه)رفتن. to go (walk) on tiptoe.

نوك‌تیز sharp-pointed. tapered.

نوکدار pointed. nibbed. beaked. having a beak. tapered. peaked.

نوك‌دراز (z.) the snipe. long-billed. having a long beak.

نوکر، مستخدم، پیشخدمت، پادو. domestic. servant. menial. retainer. employee.

waiter. butler. livery servant. lackey. valet. valet de chambre. equerry.
~ شدن. to become a servant. to serve. to tend. to wait on.
~ ما خیلی درستکار است. our domestic (servant) is very honest.
~ دولت. civil servant.
~ امپریالیسم. a lackey of imperialism.
نوکَری servant. servitude. occupation of a servant. service.
~ کردن. to serve. to be a servant. to be in service.
نوکیسه، تازه بدوران رسیده. upstart. parvenu. pusher. nouveau riche.
نوگُل، تازه گل. newly-blown flower. fresh and delicate flower.
نَوم، خواب، استراحت. sleep. slumber. somnolence. doze. drowse. repose. somni-. sopor-.
نومید، ناامید، مأیوس. despairing. hopeless. desperate. despondent. dejected. disappointed.
~ شدن. to become despairing or hopeless. to despair. to despond.
~ کردن. to disappoint. to make desperate or hopeless.
نون، حرف «ن». name of the letter ن. fish.
نونهال sappling. young shoot. lad. child.
نوه grandchild.
نوی، تازگی، تروتازگی. newness. new state. freshness. novelty.
نوید، مژده، وعده، امید. glad tidings. good news. promise.
~ دادن. to promise. to give glad tidings.
نِویس، بنویس، نویسنده. write thou! writing. writer. (in combs. as in: مقاله‌نویس = writer of articles, کاغذنویس = letter-writer خوشنویس=calligrapher).
نویسندگی، کتابت، منشی‌گری، نگارش. writing. authorship. art of literary composition. clerkship.
~ کردن. to author. to write. to serve (or live) as a writer.
نویسنده، نگارنده، کاتب، مؤلف، محرر، منشی. writer. author. secretary or clerk. scribe. amanuensis.
نویسندگان این کتاب. the writers (authors) of this book.
نویسه، علائم حروف. grapheme.
نویسه‌گردانی transliteration.
نویسه‌نما thumb index.
نوین، تازه، مدرن. new. recent. modern. novel. modernized.
~ کردن. to modernize. to make new.
نوین‌گرا modernist. neologist.
نوین‌گرائی modernism. neology.
نوین‌گری modernization. neologism.
نَه، نی، لا، خیر، نه‌خیر، منفی، هیچ. no. not. none. negation. neither. nor.
جواب «نه» است. the answer is «no».
اوهرگز «نه» نمیگوید. he never says «no».
اینجا نیست. it is not here.
ندو. do not run.
او نرفت. he did not go.
~ این و ~ آن. neither this nor that.
~ پول دارم ~ اعتبار. I have neither money nor credit.
~ چندان. not so (very). not so (much).

نِه، بگذار، گذارنده، گذار، بنه. put thou! place thou! apply thou! placing or placer. applying or applier.
کتاب را روی میز بنه. place the book on the table.
نُه، عدد ۹. nine. the number nine.
~ وجهی. nonagon.
~ برابر. ninefold.
نَه، نیستی. thou art not.
نَهاد، مبتدا. (grammar) subject.
~ وگزاره، مبتدا وخبر. subject and predicate.
نَهاد، دل، ذات، باطن، وضع، ساختمان، اساس، آئین، طبیعت، سرشت، سیرت. nature. character. habit. heart. position. essence. constitution. structure. disposition. temperament. custom.
نهادن، گذاردن، قراردادن، گذاشتن، اندوختن. to put. to place. to lay. to store. to save. to leave behind. to institute. to establish. to apply. to found. to build. to deposit. to posit.
او پای خود را از دایره بیرون نهاد. he put his foot out of the circle.
تخم نهادن، تخم‌گذاردن. to lay eggs.
بنیاد ~، بنا ~. to found.
بنا ~. to lay the foundation of. to begin. to establish.
نَهاده، گذارده، قرار داده، گذاشته، پس‌انداز، ذخیره. placed. laid. stored. store. saving. saved. put by. posited.
نَهار، خوراك ظهر. noon meal. lunch. luncheon. dinner.
~ خوردن. to lunch. to eat (have) lunch.
~ چی‌داریم؟ what do we have for lunch?
نَهار، روز. daytime. day.
لیل و ~، شب وروز. day and night.
نِهال، جوانه. sapling. a shoot. a twig. a sucker. a young tree or shrub.
نهالی، دوشك، تشك. mattress.
نِهان، خفا، مخفی، پنهان. concealed. hid(den). secret. cryptic. covert. surreptitious. clandestine. esoteric. occult. concealment. secrecy. crypto-.
آنزن چهرهٔ خود را ~ داشت. she concealed her face.
گنج ~ (مخفی). a hidden treasure.
آشکارا و در ~. openly and secretly.
در ~. in secret. secretly. covertly. surreptitiously.
اسرار او برمن ~ نیست. his secrets are not hidden (unknown) to me.
~ کردن، ~ داشتن، پنهان‌کردن. to hide. to conceal. to keep secret. to cover up.
نهان‌بَر، نهان‌میوه. cryptocarpous.
نهاندانگان (bot.) Angiospermae.
نهانزاد (z.) cryptogam.
نهانزادان (z.) Cryptogamia.
نهانگاه، محل اختفا. hiding place. hideout.
نهانی، مخفیانه، مخفی، پنهانی، اسرارآمیز. secretly. privately. clandestinely. secret. clandestine. hidden. cryptic. crypto-. surreptitiously. covertly.
~ به من خبر داد. he informed me privately (secretly).
نهایَت، مقصود، مقصد، منتها، پایان، آخر. end. extremity. the last degree. highest degree (or point). utmost. maximum. ultimate. extreme. only. except that.
... مشقت بحد ~ رسید. ...hardship (has) reached an extreme degree.
در ~ مهارت. with utmost (or the greatest) skill.
~ یك نهاری به‌او خواهند داد. the most is that they will serve him a dinner.
از کمك شما ~ تشکر را دارم. I am most grateful for your assistance.
نِهایه، نهایت. end. ultimate. extreme.
الی‌غیرالنهایه. to the end. indefinitely. eternally.
نَهب، غارت. plunder. pillage. ravage.
نَهج، راه، طریق، روش. manner. way. method. via.
بدین~. in this manner. thus.
به‌نهجی‌که، به‌قسمی‌که، بطوریکه. so that. in a manner that.
نَهر، رودخانه. creek. brook. stream. river. canal.
نَهِشت deposition. deposit. postulate. posite(d).
نَهِشته، برانگاشت، فرض، فرضیه. hypothesis. postulated.
نُهصَد nine-hundred.
نُهصَدُم nine-hundredth.
نهصدمی، نهصدمین. the nine-hundredth.
نَهضَت، عزیمت، حرکت، جنبش. movement. departure. resurgence.
~ آزادی زنان. women's liberation movement.
نُهفتگی، پنهان بودن، مخفی بودن. covertness. being hidden. concealment. secrecy. dormancy. latency.
نُهفتن، پنهان کردن، نهان‌کردن. to hide. to conceal. to keep secret. to abscond. to cover up. to secrete. to cache.
نُهفته، پنهان، مخفی. hid. hidden. concealed. covert. secret. cryptic. surreptitious. cached. latent. dormant.
تا مرد سخن‌نگفته باشد، عیب وهنرش نهفته‌باشد. as long as a man has not spoken, his shortcomings or perfections (accomplishments) remain hidden.
نُهُم ninth. ninthly.
نُهُمی، نهمین. (the) ninth.
نِهنج (bot.) receptacle.
نَهَنگ، وال. (z.) whale. leviathan.
کشتی صید ~. whaleboat. whaler.
~ صیدکردن. to whale.
نَهی، منع، جلوگیری. forbidding. forbiddance. ban. interdiction. restraint. inhibition. prohibition. (grammer) the negative imperative.
~ کردن. to forbid. to prohibit. to interdict. to enjoin. to ban. to inhibit.
نَهیب، ترس، وحشت. awe. dread. browbeating.
~ زدن، ~ دادن. to browbeat. to intimidate by arrogant speech. to terrify.
نِی، نای، فلوت. a reed. cane. rush. bulrush. flute. fife. pipe. bamboo.
~ زدن. to play on a pipe (or flute). to pipe. to flute.
نِی، نه، خیر. not. no. nay.
نیا، جد، پدربزرگ. forefather. progenitor. forebear. grandfather. ancestor.
نیابَت، قائمقامی. vicarage. deputation. vicegerency. deputyship. lieutenancy. succession. representation. delegation.
به ~ از طرف سهامداران. representing (or on behalf of) the shareholders.
~ کردن. to represent. to act as (or be) a vicegerent. to act as a deputy.
نیابةً، نیابتاً. in the right of such and such a person. acting as vicegerent, deputy, or representative.
نیّات (pl. of نیت)، قصد، میل، خواهش. intentions. purposes. resolutions. aims.
نیاز، نذر، احتیاج. need. necessity. requirement. exigency. requisite(ness). poverty. indigence. request.
مطالعهٔ این‌کتاب نیاز بوقت بیشتری دارد. the study of this book requires more time.
راز و~. cooing and becking. amorous exchange. supplications and soothing words.
~ داشتن. to need. to be in need. to necessitate. to require. to lack.
بی~. not needy or needful. not needing. affluent. unnecessary. needless.
نیازمَند، محتاج. needy. necessitous. needful. indigent. supplicant. in need.
نیازمَندانه needfully. supplicatingly. in the spirit of an indigent person.
نیازمَندی، احتیاج. necessity. neediness. indigence. exigence. exigency.
نیاگان (pl. of نیا)، جد، پدر بزرگ. ancestor. grandfather. forebear.
نیام (bot.) ocrea. ochrea.
نیام، غلاف. a sheath. scabbard. fascia. legume. pod.
نی‌اَنبان a bagpipe.
نیایش، دعای خیر، ستایش، حمد. blessing. benediction. praise. acclaim. acclamation. extolling. eulogy eulogizing.
نیّت، قصد، خواهش، میل. intention. intent. object. purpose. resolution. aim. desire. wish. heart. mind.
~ کردم‌که به دیدن شما بیایم. I intended to come and see you.
~ کردن، قصدکردن. to intend. to purpose. to resolve. to design. to make up one's mind. to decide. to specify one's intention.
به ~. with the intention of.
~ خیر. good intention. benevolence.
خوش ~. well-intentioned. benevolent.
نَیچه a small tube or pipe. the tube of a still or alembic. hookah snake.
نَیِّر radiant. luminary. luminous.
نیران (pl. of نار)، دوزخ، آتش. fire. hell. inferno.
نیرَنگ، حیله، فریب، حقه، بامبول، گول. ruse. stratagem. hanky-panky. deceit. deception. trickery. sorcery. magic.
~ زدن (کردن، ساختن). to play a trick (upon). to use art or trickery. to trick. to deceive. to cheat. to defraud. to jockey.
نیرنگ‌باز، نیرنگ‌ساز، حیله‌گر، حقه‌باز. trickster. cheat. a magician or sorcerer. incantator. juggler. tricky.
نیرُو، قوت، زور، توان. strength. power. force. puissance. potency. potentiality. dynamism. -potence. might.
~ سنج. dynamometer.
نیروی جنب به‌مرکز. centripetal force.
نیروی گریز از مرکز. centrifugal force.
نیروی دریائی. the navy. the naval force.
نیروی هوائی. air force. air power.
نیروهای زمینی. land forces. armies.
نیروی بدنی. bodily strength.
نیروبَر، نفربر. troop carrier. troopship.

نیرومند، زورمند، قوی، مقتدر. powerful. strong. puissant. potent. potential. forcible. energetic. forceful. resistless.
~ بودن. **to be powerful (or strong).**
~ کردن. **to strengthen. to fortify. to empower. to invigorate.**
مرد ~. **a powerful (strong) man.**
نیرومندی powerfulness. power. strength. force. potency.
نیز، هم، بعلاوه، باز، ایضاً، هم، حتی. also. too. besides. again. even.
استادان و ~ دانشجویان. **professors and also students.**
این ~ بگذرد. **this too shall pass.**
نیزار، نیستان. a reed bed or rush bed. a cane plantation. a cane brake. rushy. reedy. abounding in reeds.
نیزه، سنان، زوبین. spear. lance. javelin. dart. a standard. reed (which is divided into several pens). style.
~ زدن. **to spear. to lance. to pike.**
~ انداختن، ~ پرتاب کردن. **to throw a javelin or dart.**
زخم ~. **a lancethrust or spearthrust.**
نیزه‌ای، نیزه مانند. lance-shaped. lanceolate. styloid. spear-shaped.
نیزه‌باز a jouster. a tilter.
نیزه‌بازی jousting or justing. tilt.
~ کردن. **to joust or tilt.**
نیزه‌بردار، نیزه‌دار. spearman. pikeman.
نیزه‌پران (دروورزش). javelin thrower.
نیزه‌پرانی javelin throw (throwing).
نیسان Nisan. the first month of the Hebrew calendar.
نیست، نه‌است، نیستی، نابود. he (she or it) is not. inexistent. extinct. annihilated. perished. naught. nonexistence.
کسی درخانه نیست. **there is nobody in the house. there is nobody home.**
خدا ما را از ~ بهست آورد. **God brought us into existence out of nonexistence (naught).**
~ کردن. **to annihilate. to make disappear. to make nonexistent or extinct. to squander.**
~ شدن. **to become nonexistent or extinct. to be annihilated (or perished). to die.**
هست و~. **being and not being. all one possesses. what is and what is not.**
هست و~ من از بین رفت. **I lost all I had.**
نیستان، نیزار. a field where reeds grow.
نیستی، تو ~، نمیباشی. thou art not. you are not.
وقتیکه تو درخانه نیستی. **when you are not in the house (at home).**
نیستی، عدم، فنا، نابودی، زوال، مرگ، هیچ. tournament playing with lances or nonsubsistence. nullity. nihility. annihilation. extinction. obliteration.
به ~ رسیدن، هیچ‌شدن. **to come to naught.**
عالم ~. **the world of inexistence.**
تمام‌اقلیم~. **the whole realm of nonentity.**
سرانجام ملتهای منحط وضعیف‌جز ~ نیست. **the end of degenerate and weak nations is nothing but (no other than) extinction.**
نیش a sting. fang. prick. prickle.
همیشه نیشش باز است. **he is always tittering (or smiling in an insipid way).**
~ زدن. **to sting. to prick. to prickle.**
اوضمن سخنانش خیلی بمن ~ زد. **he made many snide (sarcastic) remarks about me in his statements.**
عقرب اورا ~زد. **he was stung by a scorpion.**
نیشتر، نشتر. lancet. fleam trocar. stylet.
~ زدن. **to lance. to apply a lancet. to open with a lance. to apply a trocar.**
این کورک‌را باید ~زد. **this boil should be lanced.**
نیشخند sneer. scoff. jeer. grin.
نیشخند زدن. to sneer. to scoff. to jeer. to grin.
نیش‌دار stinged. fanged. pungent. snide. sarcastic. sharp-edged. pointed
سخن ~. **[illegible]**
نیش‌زن stinger. stinging. stingy. biter.
نیشکر sugar cane.
قند ~، شکر نیشکر. **cane sugar.**
نیشگان، وشگون. pinch (ing).
نیشگان گرفتن. to pinch.
نیک، خوش، خوب، نیکو. good. excellent. nice. very. quite. well. bene-.
رودکی موسیقی ~ میدانست. **Rudaki knew music well.**
~ و بد. **good and bad. the good and the wicked. good and evil.**
گفتار ~، پندار نیک، رفتار نیک. **good word(s), good thought(s), and good deed(s).**
نیک‌اختر، خوش بخت، خوش‌اقبال. lucky. of a good star. fortunate.
نیک‌اختری، خوشبختی، خوش‌اقبالی. luckiness. good luck. being good starred. good fortune.
نیک‌انجام prosperous. ending well.
نیک‌بخت، خوش بخت. lucky. fortunate. happy.
نیک‌بختی، خوش‌بختی. good luck. prosperity. happiness. good fortune.
نیک‌پی، خوش قدم، میمون، کامیاب، نیک‌انجام. of good footsteps. prosperous. auspicious. of a good consequence.
نیک‌خصلت، نیکوخصال، خوشخو، نیکوسرشت. virtuous. endowed with good qualities.
نیکخواه، خوش باطن، خوش نیت. benevolent. well-wisher. kindly. amiable. beneficent. altruistic.
نیکخواهی، خیرخواهی. good will. good intention. benevolence. altruism.
نیک‌سرشت، نیکوسرشت. good - natured. of a good disposition or temperament.
نیک‌سیرت، نیکوسرشت. virtuous. moral.
نیک‌فرجام، نیک‌انجام. ending - well. prosperous. successful.
نیک‌کردار، نیکوکار. beneficent. doing good. righteous. benefactor.
نیکل، ورشو. nickel.
نیکمرد good (man). generous. benevolent.
نیکمردی، نیکوکاری. goodness. manliness. humanity. beneficence.
نیک‌منظر، خوش قیافه. good - looking. handsome. comely. sightly. pretty. goodly.
نیکنام، خوشنام. well - known. famous. reputable. respectable. famed.
نیکنامی، خوشنامی. good name. reputation. fame. respectability.
نیک‌نفس، خوش باطن، نجیب. noble. of a noble spirit. virtuous. chaste. benevolent.
نیک‌نهاد، نیکوسرشت. of a good disposition (or heart). good - natured.
نیکو، نیک، خوب. good. beautiful. well. very. much. bon. bene-.
او صورتی ~ وسیرتی زشت داشت. **she had a pretty (handsome) face and an ugly disposition (evil nature).**
نیکوسرشت، نیک‌سرشت. good-natured.
نیکوکار beneficent. doing good. righteous. benefactor.
نیکوکاری، احسان. doing good. beneficence. righteousness. benefaction. good deed(s).
نیکوئی، نکوئی، خوبی. goodness. good. kindness. [illegible] beauty.
~کردن. **to do good. to act benevolently.**
نیکی، نیکوئی. goodness. beneficence.
نیل، حصول، رسیدن، اکتساب، تحصیل‌چیزی. attaining. reaching. obtaining.
بمنظور ~ بهدفهای کشاورزی کشور. **in order to achieve the country's agricultural goals.**
نیل، رنگ نیل. (bot.) the indigo plant. indigo. blue. bluing.
نیل، رود ~. (geog.) the Nile (river).
نی‌لبک pipe. a wooden pipe. flute.
نیلگون، نیلی‌رنگ. blue. azure. cerulean. of the color of indigo.
گنبد ~، آسمان ~. **the blue vault. the sky.**
نیلوپر، نیلوفر. (bot.) the nenuphar. morning glory. water lily.
نیلوفری of the color or shape of nenuphar (or of morning glory).
چرخ ~. **the blue sky.**
نیلی، رنگ‌آبی. blue. indigo. cerulean. azure.
نیم، نصف. half. semi-. demi-. hemi-.
دو ~. **two halves.**
in halves (half). cut or split in two.
(به‌دو) ~ کردن. **to cut or split in two. to half.**
نیمساعت. **half an hour.**
دوساعت و~. **two and a half hours.**
او فقط نیمی از غذا را خورد. **he only ate half of the food.**
~ دایره. **semicircle.**
نیم‌باز، نیمه‌باز. half - open. half-opened.
نیم‌بال hemipter. hemipterous.
نیم‌بالان (z.) hemiptera.
نیم‌بسمل half. slaughtered. sacrificed. meek.
نیم‌پخته half - cooked.
نیم‌پرده a black note.
نیم‌پز parboiled. half - boiled.
نیم‌تاق، نیم طاق. semidome. half dome.
نیمتاج diadem.
نیم‌تخت couch. sofa. half - sole.
نیم‌تنه a coat. jacket.
مجسمهٔ ~. **a bust.**
نیم‌جان، نیم‌مرده. half-dead.
نیم‌چکمه a half boot. half boots.
نیمچه half-size. small. short - coat.
~ مرد. **a half - size man. an adolescent.**
نیمچهره، نیمرخ. silhouete. profile.
نیم‌حاره‌ای semitropical.
نیمخدا، نیمه‌خدا. demigod.
نیم‌خشک semiarid. half dry.
نیمخورده half - eaten. left - over. orts. left over.
نیم‌خیز half - raised. halfcock. half standing.
نیمدار half old. worn. secondhand.
نیمدایره a half circle. semicircle. semicircular. hemicycle.
نیم‌دور semi - rotary.
نیم‌راه halfway. midway.
رفیق ~. **a fair - weather friend.**
نیم‌رخ، نیمچهره. a profile. vertical outline. sidewise. silhouette.
نیم‌رس half - ripe.
نیم‌رسمی semiofficial.
روزنامهٔ ~. **a semiofficial newspaper.**
نیم‌رنگ halftone. semitone.
نیمرو، [illegible] eggs fried on one side fried eggs. one - sided. half - sided.
~ کردن. **to fry (eggs) on one side.**
نیمروز، ظهر. midday. noon. half - day.
نیمساز bisector.
نیمسال semester. half a year.
نیمساعت half an hour. half hour. thirty minutes.
نیمسایه penumbra.
نیم‌سفت semirigid. semisolid.
نیم‌سنگین light heavyweight. light heavy.
نیم‌سوز a brand. fire - brand. half - burnt.
نیم‌سیر half a Seer. half satisfied.
نیم‌شب، نصف شب. midnight.
نیم‌شفاف semitransparent. translucent.
نیم‌شیرین semisweet.
نیم‌قد half-size.
نیم‌کاره، نیمه‌کاره، ناتمام. half-done. incomplete. unfinished.
نیم‌کاسه a small bowl or porringer.
زیر کاسه ~ است. **something fishy is going on. there is a secret purpose underlying the superficial one.**
نیمکت pew. sofa. bench.
نیم‌کره hemisphere. hemispheroid.
نیم‌کرهٔ شرقی. **the eastern hemisphere.**
نیم‌گرد، سفید. (mus.) minim. half note. semicircular. hemispheric.
نیم‌گرم lukewarm. tepid. milkwarm.
نیم‌مایع، نیم‌آبکون. semifluid. semiliquid.
نیم‌مرده، نیم‌جان. half - dead.
نیم‌مست half - drunk. tipsy.
نیم‌من 1.50 kilograms.
نیم‌نرم semisoft.
نیم‌همگانی، نیمه عمومی. semipublic.
نیمه، نصفه، ناتمام. half. half-size. semi-. demi-. hemi-.
نیمه‌افراشته، نیم‌افراشته. half - mast.
~کردن، بصورت ~ درآوردن. **to raise at half-mast.**
پرچم~. **a flag raised half-mast.**
نیمه‌آگاه semiconscious.
نیمه‌انگل hemiparasite.
نیمه‌تراوا semipermeable.
نیمه‌جان half dead.
نیمه‌راه، نیم‌راه. halfway. midway.
نیمه‌رسانا semiconductor.
نیمه‌کاره incomplete. unfinished. half - done. half - finished.
~ گذاشتن. **to leave unfinished or half - done.**

نیمه مَذهَبی semireligious.
نیمه‌نَهائی semifinal.
مسابقه‌های ~ semifinal matches (races or games).

نیمه‌هُشیار semiconscious.
نیندیشیده ill-considered. rash. inconsiderate(ly). not thought over.
نِینَوا (geog.) Nineveh.

نی‌نی baby. toddler.
نیوشیدَن، گوش کردن. to listen. to hearken. to eavesdrop. to search.
پند مرا بنیوش. listen to my advice.

نئون neon. neon light.
نَیین، ساخته شده از نی. reedy. made of reeds or rushes. bamboo.

و the thirtieth letter of the Persian alphabet.
و and. also. too.
من ~ او. he and I.
من یك کتاب ~ یك قلم ~ یك مداد خریدم. I bought a book, a pen and a pencil.
~ غیره. et cetera. etc. and so on. and so forth.
~ آنگاه. ~ سپس. and then.
وَ by.
والله by God.
ولو even. though. even if.
وا، با، شوربا. pottage.
وا، باز. back. again. un-. re-.
~ چیدن. to unweave.
~ ماندن. to get tired out. to lag.
~ گرفتن. to contract (a disease). to get or catch a disease. to withhold.
~ کردن، باز کردن. (colloq.) to open.
وا، عجبا، آه، افسوس. (colloq.) alas! oh!
~ مگر نمیدانستی! oh! didn't you know!
وا اُفتادَن to cease. to fall back.
وا ایستادن to stand. to wait. to come to a stop. to halt.
وابَستگی، نسبت، تعلق. affiliation. relationship. connection. relatedness. affinity. consanguinity. dependence. attachment. association. link(age).
~ داشتن. to be affiliated or connected (with).
مدرسهٔ ما با آن سازمان ~ ندارد. our school has no affiliation (connection) with that organization.
وابَسته (وابستگان .pl)، مربوط، متعلق. related. connected. affiliated. affiliate. kindred. tied together. depending. dependent. attaché. adherent. relative.
~ بودن. to be affiliated or connected.
~ شدن. to become affiliated or connected.
~ کردن. to affiliate. to connect. to link. to associate. to attach.
جنبه‌های مختلف این مسئله با هم وابسته‌اند. the various aspects of this problem are connected.
وابستهٔ نظامی. military attaché.

وابستهٔ فرهنگی. cultural attaché.
وابستهٔ مطبوعاتی. press attaché.
وابین، بازبین، تجدیدنظر. seeing again. revision. seen again. review(ing).
واپَس، بازپس. back. again.
~ دادن. to give back. to restore. to return.
~ آمدن. to come back. to return.
دل ~، دلواپس. worried. anxious.
واپَسین، بازپسین، آخرین. last. ultimate.
وات watt.
وات‌سَنج wattmeter.
واثِق، محکم، استوار، ثابت، مطمئن. firm. sure. strong. confident. certain.
رجاء ~ دارم. I have a firm (or strong) hope.
واج phoneme.
واجِب (واجبات .pl)، لازم، ضروری، ناگزیر، obligatory. compulsory. required. imperative. necessary. binding. indispensable. incumbent. inevitable. requisite.
برمن ~ است که از او دیدن کنم. it is incumbent upon (or necessary for) me to pay him a visit.
~ بودن. to be necessary or incumbent. to be required or imperative.
اعمال ~ ومستحب برای هر مسلمان. obligatory and recommended works (deeds) for every Muslem.
برای مریض روزه ~ نیست. fasting is not necessary (obligatory) for a sick person.
واجبات (واجب pl of)، ضروریات، تکالیف واجب. necessary things. sine qua non. duties. obligations. religious precepts.
بیطرفی برای معلم یکی از ~ است. impartiality is a sine qua non of teaching.
واجِبی، داروی نظافت، نوره. depilatory.
~ کشیدن، ~ زدن. to use (or apply) depilatory cream. to depilate.
واجِد creator. initiator. possessing. possessor. having.
~ بودن. to have or possess (a quality).
هرکسی که ~ شرایط زیر باشد، anyone who possesses the following qualifications.
واجدین شرایط بایدبدبیرخانه مراجعه نمایند. those having the necessary qualifications must refer to the secretariat.

واجریشه etymon.
واجریشه‌شناسی etymology.
واج‌شناسی phonemics.
واجگان (به‌معنای دستگاه واجی یك زبان). phonology.
واچُرتیدَن to be startled. to be dumbfounded. to be confused.
واچیدَن، برچیدن، جدا کردن. to unweave. to unmake. to separate. to dissemble. to disconnect. to undo. to divide.
واحِد، یکان، تك، یکی، یگانه، یکتا. one. single. credit. unique. singular. unit. credit hour. measure. united.
واحدهای (یکانهای) مختلف آرتش. the different units of the army.
ریال ~ پول ایران است. the Rial is the monetary unit of Iran.
درس سه واحدی. a three-credit course.
هر دانشجو میتواند حداکثر هیجده ~ درسی بگیرد. each student can take (register for) a maximum of eighteen credits (credit hours).
~ اندازه‌گیری. yardstick. measure. unit.
هر دانش آموخته (فارغ‌التحصیل) باید ۱۴۰ واحد داشته باشد. each graduate must have 140 units.
شرکت واحد اتوبوسرانی تهران. the United Bus Company of Tehran.
واحَسرَتا، وا اسفا، افسوس. alas! woe! dear me!
واحَه (واحات .pl). oasis.
واخ، آخ، واه. ouch! ah! alas!
واخواست، پروتست، اعتراض. protest.
واخواستَن، واخواست کردن. to protest. to lodge a protest.
واخواسته object of protest. protested.
واخواندن to read over. to review. to revise. to reread.
واخوانده party against whom a protest is made.
واخواه protester.
واخواهی protest. protesting.
واخوردَن، سرخوردن، ضربدیدن، یکه‌خوردن. to be refused. to be turned down. to be rejected. to be strained (or hurt). to be startled (or shocked).
دستم واخورد. my hand was strained (sprained).
ازشنیدن خبر ناگوار واخورد. he was startled (taken aback) upon hearing the sad news.
واخورده، بنجل. refused. rejected. damaged. unsold. turned down.
وادادَن، واگذاردن، ترك کردن، تکیه کردن. to desist. to deliver. to lean. to relax.
او به متکا وا داده بود. he had leaned against the pillow.
وادار، مجبور، اغواسازی، مجبور سازی. persuaded. led. encouraged. induced. incited. made (to do anything).
~ کردن. to persuade. to oblige. to make. to induce. to incite. to lead or move. to instigate. to impel. to urge.
او مرا ~ کرد آن کتابرا بخرم. he persuaded me to buy that book.
او مرا ~ باستعفا کرد. he persuaded me to resign.
او را ~ به انجام اینکار کرد. he made me do it.
دزدان او را ~ کردند که در گاوصندوق را باز کند. the burglars forced (obliged) him to open the safe.
واداشتَن، گماشتن. to set or to appoint. to station. to set up. to erect. to assign. to make stand. to keep. to prevent. to place.
او مرا برفتن واداشت. he persuaded me to go. he made me go.
وقتیکه آمد وادارید این نامه را بنویسد. when he comes have him (make him) write this letter.
ساعت را ~. to set the watch.
او را بکار واداشتم I set him to work.
وادَنگ، دبه. repudiation of one's word. recanting. reneging.
~ کردن. to recant. to repudiate one's word. to renege.
وادی، دره، بیابان، صحرا، بستررود. valley. desert. riverbed.
~ خاموشان، گورستان. a burial ground. cemetery. the valley of the dead.

وادیدَن، بازدید کردن، مرور کردن.
to review. to reconsider. to revise. to reexamine. to recall. to rehearse.

ـوار وش، مانند، شبیه. like. resembling.
-ly. (in combs. as in: (مردوار).
غزل رودکی ~ نیکو بود. **ghazals are good (if they are) in Rudaky's style.**

وارث (وراث، ورثه pl) میراث‌خور، ارث‌بر.
heir. inheriting. inheritor. heritor. heiress. heritrix. legatee.
~ شدن، بارث بردن. **to inherit. to heir.**
[illegible] **to nominate (or appoint) [illegible] one's heir. to legate.**
~ قانونی (یامشروع). **lawful heir. legal heir. heir - at - law.**
بی ~، لا~. **heirless.**
او ~ بسیاری‌از صفات‌پسندیده عمویش میباشد. **he is an heir to (has inherited) many laudable qualities of his uncle.**
هریك از ما ~ فرهنگ ایران باستان بوده و باید در حفظ آن بکوشد. **each one of us is an inheritor of the ancient Iranian culure and must strive to safeguard it.**

وارِثه heiress. heritrix. heretrix.

وارِد (واردین .pl)، آشنا، مطلع، وارد شده.
arriving. arrived. entering (into). coming upon. entered. registered. correct. apropos. informed. a comer. a guest. (also used in such combs. as in: صدمه‌ای بآن ~ نشد. = it sustained no injury).
یکشنبه ~ میشوم. **I will arrive on Sunday.**
arriving on Sunday.
وقتی ~ اتاق میشدم اورا دیدم. **when I was entering the room I met him.**
او بخانه ~ شد. **he entered the house.**
آن مبلغ در دفاتر ما ~ نیست. **that sum is not entered in our books.**
مراسلات وارده. **incoming letters.**
شما وارد به این حرفه واصطلاحات آن نیستید. **you are not acquainted with this profession and its terminology.**
اجناس ~ شده (وارده). **imported goods.**
او خیلی باین موضوع ~ است. **he is well informed of this. he is well versed in this subject.**
تازه ~. **newly arrived.**
~ شدن، آمدن، رسیدن. **to arrive. to be recorded. to reach. to come in. to enter. to get acquainted with. to become versed in.**
او ماشین‌آلات ~ (کشور) میکند. **he imports machinery.**
~ کردن. **to enter. to register. to admit. to make acquainted. to import. to record.**
نام او را در فهرست ~ کنید. **enter (register) his name in the list.**
نا ~. **unversed. unacquainted. inexperienced.**
آنکشور هرساله مقدار زیادی فرآورده‌های نفتی ازایران ~ میکند. **that country imports a large quantity of oil products from Iran each year.**
اعتراض شما ~ نیست. **your protest is not justified.**

وارِدات (وارده .pl of)، رسیده‌ها، کالاهای رسیده. imports. importations.
~ و صادرات. **imports and exports.**
~ ایران در سال مالی گذشته. **Iran's imports during the last fiscal year.**

وارِداتی import(ed). pertaining to imports.
برنج ~. **imported rice.**

وارِده، رسیده، آمده، وارد شده، داخل‌شده.
imported. received. **recorded.** registered. reached. incoming.
کالاهای ~. **imported goods.**
نامه‌های ~ (رسیده). **incoming letters.**
اتهامات ~. **the accusations made.**
فوت در اثر جراحات ~. **death as a result of the injuries sustained.**

وارَستگی، آزادی، رهائی. deliverance. uprightness. liberation. freedom.

وارَستَن، رستن، آزاد شدن، رهائی یافتن.
to be delivered (freed or liberated). to be saved. to be relieved.

[illegible] free. [illegible] want. liberated. delivered. upright.

وارَسی، جستجو، بررسی. investigation. inspection. testing. looking into. verification. examining. inquiring. inquiry.
~ کردن. **to investigate. to look into. to inspect. to search. to examine. to verify. to control. to frisk.**
من شخصاً دفاتر را ~ خواهم کرد. **I will personally inspect the books.**

وارَسیدَن، تحقیق کردن، جستجو کردن، وارسی کردن.
to search. to look into. to inquire (about). to investigate. to control. to examine. to verify.

وارَفتگی، بیحالی، سستی، شلی. relaxation. slackening. remissness. becoming lax.

وارَفتَن to be (become) relaxed. to become mushy or flabby. to slacken. to loosen.

وارَفته relaxed. loose. remiss. mushy.
کوفتهٔ ~. **mushy meatballs.**

وارُو، وارون، وارونه، پشتك. somersault. inverted. reversed. upside down.
~ زدن. **to do a somersault.**
~ کردن. **to reverse. to invert. to turn upside down.**

وارُونه،وارو،معکوس،سروته،سرنکون،برگشته.
turned upside down. inverted. wrong side out. inside out. bottom upwards.
بشکل ~، درحالت ~. **in an inverted position. upside down. reversed.**
قالیچه را ~ پهن کردید. **you spread the rug upside down.**
~ کردن. **to invert. to introvert. to retrovert. to turn upside down. to capsize. to overturn. to upset. to subvert.**
~ شدن، واژگون شدن. **to be inverted. to be capsized. to be overturned. to be turned upside down (or inside out). to be overturned. to be upset. to turn the other way. to be (become) reversed.**

واریته
واریز variety. vaudeville.
settlement (of an account). liquidation.

واریزکردن to settle. to biquidate.

واردِگی، مردودی، مردودیت. state of being refused. rejection. refusal.

وازدَن to reject. to refuse. to repell. to turn down. to rebutt. to junk.

وازده، مردود، رد شده، بنجل. refused. reject(ed). disgusted. excluded. repudiated. loathsome. loathful. thrown away. thrown to the dogs. tossed overboard. disclaimed. denied. discarded. recoiled. junk.
کالای‌ها ~. **refused (rejected or discarded) goods. junk.**

وازلین vaseline. petroleum jelly.
~ زرد. **amber petroleum jelly.**

وازَنِش، وازدگی. repulsion. rejection. recall. junking. recoil.

واژَك، لغت، واژه. word. term.

واژَك‌نامه dictionary. word list. concordance. lexicon.

واژگان vocabulary. terminology.

واژگون، واژگونه، وارونه، سروته، سرنکون.
turned upside down. inverted. capsized. topsy turvey. overturned.
~ شدن. **to be turned upside down. to become capsized, overturned, or reversed.**
[illegible] **to invert. to [illegible] upside down. to capsize. to subvert. to reverse. to overturn. to upset. to overthrow.**
کشتی عظیم مسافری باکوه یخ تصادم کرد وظرف چند دقیقه ~ شد. **the huge passenger ship (liner) collided against an iceberg and capsized within a few minutes.**
مرد مست لیوان را ~ کرد. **the drunken man overturned the glass of water.**

واژگونی inverted state. being overturned. inversion.

واژه، لغت. word. term. diction.

واژه‌ای، لغوی، لفظی. lexic. lexical. typographical. pertaining to words.

واژه‌سازی، ابداع لغت. verbiculture. coinage of words.

واژه‌شناس، لغت شناس. lexicologist. etymologist.

واژه‌شناسی، لغت‌شناسی. lexicology. etymology.

واژه‌نامه، لغت‌نامه، فرهنگ. lexicon. dictionary. vocabulary. word list. concordance.

واژه‌نما word index.

واسِطه، وسط، میانجی. middleman. intermediate. intermediary. intercessor. broker. agency. motive. sake. cause. account. go - between.
سودجوئی واسطه‌ها موجب بالابودن‌قیمت‌میوه‌ها وسبزیجات است. **the cupidity of middlemen is the cause for the high price of fruits and vegetables.**
خودتان با اوحرف بزنید ~ لازم نیست. **speak to him yourself, there is no need for on intermediator.**
~ شدن. **to act as an intermediary or mediator. to intermediate. to mediate.**
بچه ~؟ **for what reason? why?**
بی ~. **direct. without an intermediary.**

واسِع، وسیع، گشاد، جادار، پهناور، فراخ.
spacious. large. roomy. wide. bountiful. vast. an attribute of God.

واسَنجی calibration.

واشر washer. gasket.

واصِف، وصف‌کننده، توصیف‌کننده، شارح.
explainer. explicator. describer. praiser.

واصِل، دریافت شده. arrived. obtained. united. collected. received.
اطلاعات واصله. **information obtained (received).**
~ شدن (گردیدن). **to arrive. to reach. to be obtained. to be received. to be joined. to join. to unite. to be united.**

واصی، وصیت‌کننده. testator. devisor.

واضِح (واضحه .fem)، آشکار،روشن،بدیهی،معلوم. plain. clear. obvious. apparent. palpable. patent. evident. manifest. known. conspicuous. perceptible. visible.
دلیل ~. **obvious reason. evident proof.**
~است‌که اوتبرئه نخواهد شد. **it is clear (evident) that he will not be exonerated.**
غیر ~، ناآشکار. **unclear. concealed. hidden. obscure. veiled.**
بطور ~، واضحاً. **clearly. plainly. evidently. manifestly. palpably. frankly.**
~ کردن. **to make clear (or evident). to clear. to elucidate. to clarify. to explain.**
پر ~ است. **it is quite clear (manifest or obvious).**
علت رفتن او ~ نیست. **the reason for his going is not clear.**

واضِحات (واضحه .fem. واضح .pl of). clear things. palpabilities. evidences.
این جزو ~ است. **it is one of the obvious things.**
توضیح ~. **explaining what is too clear. superfluous explanations.**

واضِع، وضع‌کننده، قانونگزار، گذارنده.
establisher. founder legislator. lawmaker. lawgiver. initiator.
~قانون. **a legislator. lawmaker. lawgiver.**

واعِظ preacher. sermonizer. moralizer. clergyman.

وافِر، زیاد، فراوان. abundant. plentiful. abounding. plenteous. rampant. rank. profuse. affluent. opulent. superfluous.
بارانهای ~. **abundant rains.**
~ بودن. **to abound. to be abundant or plentiful.**
بسیار ~. **superabundant. excessive.**

وافُور an opium-smoking pipe.

وافورکَش، وافوری، تریاکی. opium smoker. addicted to smoking opium.

وافی، کافی، بس، پر، فراوان. adequate. sufficient. sufficing. ample. plentiful.
سعی ~ مبذول داشتن. **to exert sufficient diligence.**

واق، واغ، عوعو، پارس. bowwow. barking. yelp.
~ (واق)کردن، پارس‌کردن. **to bowwow. to bark.**

واقُطبش depolarisation.

واقِع، قرارگرفته، حقیقت. occurring. happening. incident. placed. situated. located. true. real. reality. fact.
چنین چیزی ~ نشده است. **such a thing has not happened.**
منزل آنها در این خیابان ~ است. **their house is located (situated) in this street.**
~ میگوئید؟ **are you telling the truth? is that a fact?**
در ~. **as a matter of fact. truly. really. in realtity. in truth. in fact.**
~ شدن. **to take place. to happen. to become located or situated.**
~ بودن. **to be located or situated (in).**
بین آنها جنگی ~ نشد. **no battle took place between them.**

واقِعاً، براستی، راستی، بدرستی، حقیقتاً. really. indeed. truly. as a matter of fact. in reality. in fact. in truth.
من ~ اشعار اورا دوست دارم. **I really love his poems.**
~ که‌کار بدی کردی. **you really did a bad thing.**

واقع‌بین،واقعیت‌گرای. realist.

واقع‌بینی، واقعیت‌گرائی. realism.

واقِع شُدَن to happen. to befall. to occur. to eventuate. to take place. to come to pass. to be located (in).
این شهر بین دو کوه واقع شده است. **this city is located (situated) between two mountains.**
جنگ بزرگی واقع شد. **a great battle took place.**
واقِعه، رویداد، اتفاق، حادثه، پیشآمد. event. incident. occurrence. happening. episode. accident. adventure. circumstance.
واقعهٔ مهمی که منجر به جنگ اول جهانی گردید. **the important event which led to world war one.**
امروز واقعهٔ غریبی رخ داد. **a strange incident (or accident) happened today.**
وقایع بزرگ تاریخ. **the great events of history.**
واقِعی، حقیقی، راست، درست. real. actual. true. genuine. factual.
یك دوست ~. **a real friend.**
واقِعیّت (واقعیات .pl)، حقیقت امر. actuality. reality. truth. fact.
واقِف، آگاه، مطلع، وقف کننده. aware. informed. cognizant. conscious. intelligent. acquainted with. knowing.
او براین قضیه ~ نیست. **he is not aware of this matter.**
آیا واقفید که چه کرده‌اید؟ **are you aware of what you have done.**
~ کردن. **to inform. to keep informed. to let know. to make aware or cognizant.**
~ شدن. **to become informed. to come to know. to realize. to become aware.**
~ بودن. **to be aware or cognizant.**
کم کم ~ شد که باو دروغ میگویند. **he gradually realized that they were lying to him.**
واك، صدا، واکه. voice.
بی~، بی‌واکه. **voiceless. consonant.**
واکدار voiced. vowel.
واکس shoeshine. shoe polish.
~ زدن. **to black. to polish. to shine shoes. to wax shoes.**
واکس‌زَن، واکسی. shoeshine boy. shoeblack. bootblack.
واکسَن، تلقیح، مایه کوبی. vaccine. inoculation.
او ~ آبله زد. **he was vaccinated (inoculated) against smallpox.**
واکسیل‌بَند tagged lace. aiguillette.
واکُنش، عکس‌العمل، بازتاب. reaction.
~ برگشت پذیر. **reversible reaction.**
~ برگشت ناپذیر. **irreversible reaction.**
~ زنجیری. **chain reaction.**
کنش و ~. **action and reaction.**
واکه، حرف صدادار. vowel.
بی~، بی‌صدا. **consonant.**
واگُذار leave thou. turn over. given. made over. transferred.
او را بخدا ~. **leave him to God.**
~ شدن. **to be given, donated, or ceded.**
واگُذاردَن، واگذار کردن، ترك کردن. to abandon. to transfer. to leave. to cede. to bestow.
من اینکار را بشما ~ میکنم. **I commit (or leave) this work to you.**
او همهٔ املاك خود را بمردم واگذار کرد. **he left (donated) all of his properties to the people.**
واگُذارَنده transferor. transferer. assignor.

واگُذاری cession. turning over. making over. transfer. leaving.
واگذاری املاك. **cession of properties.**
واگُذاشتَن، ترك کردن، ول کردن، بخشیدن، بحال خود گذاردن. to leave. to cede. to transfer. to give. to turn over. to abandon. to donate. to bestow.
واگرا divergent.
واگرایی divergence.
واگراییدن to diverge.
واگردان designed for changing.
واگَردانیدَن، واگرداندن، برگردانیدن، تغییر دادن. to invert. to change. to turn back. to alter. to reverse. inversion.
واگَردیدَن، واگشتن، برگشتن. to turn back. to be inverted. to be changed.
واگِرِفتَن to take off. to seize. to catch (a disease). to be infected.
او اینمرض را از من واگرفت. **he caught this disease from me.**
همهٔ کسانیکه با اوتماس داشتند ازاو واگرفتند. **all the people who had contact with him were infected by him.**
واگُفتَن، بازگو کردن. to repeat.
واگوکَردَن، بازگو کردن. to repeat. to rehearse. to reiterate. to recite. to enumerate. to restate. to recount.
واگون، واگن. waggon. wagon. car.
~ راه‌آهن. **a railway car or wagon.**
~ مسافری. **passenger car. railway coach.**
~ باری. **freight car. goods car.**
واگیر، سرایت. contagion. catching by contagion. transmission (of a disease).
این ناخوشی ~ دارد. **this is a contagious disease.**
واگیردار، واگیره‌دار، مسری. contagious. infectuous.
واگیری، سرایت مرض. cantagion. contagiousness. infection.
واگیره، سرایت، رونویسی. copying. copy.
~ کردن. **to catch. to be infected by. to copy. to imitate.**
~ برداشتن. **to copy.**
وال، نهنگ. (z.) whale. leviathan.
والا، عالی، عالیمقام، رفیع، ارجمند. exalted. eminent. lofty. high. highness.
وَالّا، وگرنه. otherwise. if not. else.
بموقع بیائید ~ برئیس گزارش خواهم‌داد. **come on time otherwise I will report you to the boss.**
والاتَبار of a noble descent. of noble birth.
والاحَضرَت royal highness. imperial highness.
والان، نهنگان. (z.) Cetacea. whales.
والان، والانس، ارزش. valance. valence.
والِد، پدر. male parent. father.
والِدَه، مادر. mother. female parent.
والِدَین، پدرومادر. parents. father and mother.
والس waltz.
والسلام that is all! no more!
وَالله، بخدا سوگند. by God!
وَاللهُ‌اَعلَم and God knows best.
والِه، شیدا، شیفته، پریشان. distracted. mad. enamored. befuddled.
والی، استاندار. governor - general. the governor of a large province.
والی‌بال volleyball.
وام، قرضه، قرض، بدهی. loan. debt. lending. borrowing.

~ خواستن. **to ask for (to request) a loan.**
~ گرفتن. **to borrow. to take a loan.**
~ دادن. **to lend. to loan. to give a loan to.**
~ کوتاه مدت. **short - term loan.**
~ دراز مدت. **long - term loan.**
~ تهیه مسکن. **house procurement loan.**
~ بی بهره. **interest - free loan.**
وامی با بهرهٔ شش درصد. **a loan with an interest rate of six per cent.**
واماندگی، خستگی، فرسودگی، ماندگی. fatigue. state of being tired out. exhaustion. helplessness.
واماندَن to be (become) tired out. to be exhausted. to loiter (linger) behind. to (make) weary. to be at a loss.
وامانده (واماندگان .pl)، خسته. exhausted. tired out. worn out. fatigued. disabled.
~ شدن. **to become exhausted, worn out, or disabled.**
خسته و ~. **completely worn out.**
وامخواه، تقاضا کنندهٔ وام. creditor. requesting a loan.
وامدار، بدهکار. debtor. one who owes.
وامده lender.
وام‌گیر borrower. recipient of a loan.
وام فَرسائی، استهلاك دین. amortization or repayment of loan.
وان bathtub.
وانگَهی furthermore. and then. besides.
وانمُود، جلوه، تظاهر. showing (off). feigning. simulation. pretending. pretension. affecting. sham. pretense.
~ شدن. **to be pretended, feigned, or simulated. to be assumed.**
~ کردن. **to feign. to affect. to appear. to simulate. to pretend. to counterfeit. to affect. to assume.**
او ~ کرد که غیبتش دراثر بیماری بوده است. **he pretended that his absence had been caused by illness.**
~ بمستی کردن. **to feign drunkenness.**
وانیل، ثعلب، درخت وانیل. (bot.) vanilla.
واو، و. the thirtieth letter of the Persian alphabet.
واوَیلا، ای وای، آه، افسوس. woe!
واهِب، بخشنده، عطاکننده، هبه کننده. giver. bestower. donor. munificent. generous.
واهِمَه، ترس، خیال، تصور، وهم، بیم. fear. dread. fright. awe. imagination. fancy. imaginative. angst. dread. anguish.
واهمهٔ چیزی پس از مرگ، کشوریکه ازسرحد آن مسافری بازنمیگردد. **the dread of something after death, the country from whose bourne no traveller returns.**
واهی، بیهوده. chimerical. unfounded. groundless. futile. vain. weak. ill - founded. delusive. illusive.
امید ~. **chimerical hope.**
وای woe! ah! oh! alas. wellaway.
وَبا cholera. cholera morbus.
وَبال، زحمت، رنج. trouble. bore. bother. mischief. sin. responsibility
وَبائی، وباگرفته. choleroid. like cholera. pestilent. of the nature of cholera. pestilential. smitten with plague. attacked (visited) by cholera.
وَتَد peg. stake. (anat.) sphenoid bone.
وتدی، شب‌پره‌ای. (anat.) sphenoid.
وَتَر، رباط، زردپی، زه. string. chord. cord. sinew. tendo. tendon.

وَتَری tendinous. tendonous. chordate.
وتو veto.
وتو کردن. to veto
وِثاق، بند، قید. bond. tie. chains. alliance. union. covenant. lodging.
وَثَن، بت، صنم. idol.
وُثوق، اعتماد. confidence. reliance.
وَثیق firm. steady. sure. trustworthy.
وَثیقه، خود سپرد، تضمین. security. pledge. deposit. collateral. bond. document.
~ سپردن. **to give (as) security or collateral.**
وَجاهَت، حسن، زیبائی، خوشگلی، جمال. beauty. comeliness. charm. attractiveness. esteem. respect. reputation.
وَجَب span.
~ کردن. **to span.**
~ بوجب **inch by inch. thoroughly.**
وَجد، حال، خوشی، سرور، شعف. ecstasy. rapture. excessive joy. rejoicing.
~ کردن. **to rejoice. to be in an ecstasy (or rapture).**
بوجدآوردن. **to ecstasize. to gladden. to please. to gratify. to delight.**
وِجدان، ضمیر. conscience.
با ~. **conscientious. conscionable.**
ندای ~. **the call of conscience.**
وِجداناً conscientiously. conscionably. in all conscience. justly.
~ نمیتوانم در مورد او قضاوتی بکنم. **in all conscience, I cannot pass (any) judgment on him.**
وِجدانی conscientious. pertaining to conscience. inward. moral.
وَجَع (اوجاع .pl)، درد. pain. ache.
وَجنَه (وجنات .pl)، گونه. the cheek. the prominent part of the cheek. outward appearance. looks. indications. conjectures.
از وجنات کار پیدا است که... **it appears from the outward indications that...**
وُجوب، لزوم، الزام، ناگزیری. necessity. indispensableness. incumbency.
وُجود، هستی، بود، ذات، بدن، حضور. being. existence. entity. presence. body. constitution. system. occurrence.
~ داشتن. **to exist. to be. to be found (in). to occur.**
چنین چیزی در دنیا وجود ندارد. **no such thing exists in the world.**
بوجود آمدن. **to come into existence. to be created. to come into being. to take place. to be generated (or born).**
بوجود آوردن. **to bring into existence. to cause. to create. to generate.**
سرمای شدید اشکالات بسیاری بوجود آورده است. **the extreme cold has caused many problems.**
~ اورا مغتنم دارید. **consider his presence (existence) worthwhile.**
این بیماری فقط در میان کودکان ~ دارد. **this disease occurs only amongst children.**
هرکه این هردو نداند عدمش به زوجود. **any person who knows not both of these two (things) is better dead than alive.**
آیا بشر از عدم به ~ آمده است؟ **has man come into existence out of nonexistence?**
با ~ این. **in spite of this. despite (notwithstanding) this. nevertheless. yet.**
با ~ اینکه. **even though. in spite of the fact that.**
با ~ اینکه ناخوش بود آمد.

he came even though he was ill.

وُجوه (وجه .pl. of)، تنخواه، پول، صورت. funds. amounts. modes. ways. faces. forms. aspects. phases.
~ ماه. the phases or aspects of the moon.
~ مختلف يك فعل. the different forms of a verb.
وَجه (وجوه، وجوهات .pl)، پول، سطح، روی، طريقه، روش، جنبه، صورت، دليل. fund. sum. money. way. manner. phase. aspect. face. price. amount. fee. mode. front. means. surface. reason. -lateral. -partite. side
بهيچ ~. by no means. never. not at all. under no circumstance.
بوجه احسن، به بهترين ~. in the best manner.
بهر وجهی که صلاح ميدانيد. in any manner (way) that you deem advisable.
در ~ حسن کارسازی نمائيد. pay to the order of Hassan.
~ اخباری. the indicative mode.
~ آن چقدر ميشود؟ what is its price. how much is it?
دو وجهی، دوسويه. bilateral.
چندوجهی. multilateral.
وَجهُ الضِمانه guaranty. bond.
وَجهُ المُصالِحه scapegoat.
وِجهَه، طرف، سو، جانب. side. direction. mode. manner. popularity. esteem.
اينکار وجههٔ خوبی ندارد. this (deed) will not appear good.
او در ميان دانشجويان وجههٔ خوبی دارد. he is well-liked by (popular among) the students.
وَجين weeding.
~ کردن. to weed.
وَجيه، خوشگل، زيبا. good-looking. sightly. handsome. beautiful. respectable.
وَجيهُ المِله popular. esteemed by the people.
وِجدانی divine. single. unitary.
وَحدانيَّت، يکتائی، يگانگی. unity. singularity. singleness. divinity.
وَحدَت، وحدانيت، يکتايی، يگانگی، تنهائی. unity. singleness. oneness. solitariness. solitary state. solitude. sameness.
~ خدا. the oneness of God. monotheism.
~ ملی. nationl unity.
~ وجود(ی). pantheism.
~ نظر، ~ فکر. consensus. general agreement. unity of thought.
وَحش، دد، جانور. wild beast. wild.
باغ ~. zoological garden. zoo.
وَحشَت، خوف، ترس. fear. dread. fright. scare. phobia. awe horror. terror.
~ کردن، ترسيدن. to fear. to be frightened. to dread. to be alarmed.
~ از جاهای بلند. acrophobia.
~ نکنيد. do not be alarmed!
~ دادن، ترساندن، رماندن. to frighten. to scare. to alarm. to cause to fear.
~ زده ساختن. to cause to fear. to frighten. to terroize. to terrify.
وحشت‌انگيز، خوفناك. frighful. horrible. horrendous. terrifying. dreary.
جای وحشت‌انگيزی بود. it was a dreadful (dreary) place.
وَحشَت‌زَده frightened. alarmed. fear-stricken. terrified.
~ کردن (ساختن). to terrorize. to frighten.
وحشتناك، ترس‌آور. horrible. horrendous. terrible. frightening. awful.

وَحشی savage. wild. fierce. uncivilized. rude. untamed. barbarous. barbarian. undomesticated.
وَحشيانه savagely. wildly. fiercely. cruelly. savage. wild.
زندگی ~. a savage life.
~ رفتار کردن. to act (behave) savagely.
وَحشی‌گری، ددخوئی. savagery. cruelty. fierceness. barbarity. atrocity. savage habits. uncivility. rudeness.
وَحَل، گل. mud. mire.
وحوش (وحش .pl. of) beasts. wild animals. beasts.
وَحی، الهام، سروش. inspiration. revelation. a voice or sound.
گوئی بمن ~ رسيد. it seemed as if I was inspired.
وَحيد، يگانه، يکتا، منفرد، فرد، تك، يك، واحد. single. sole. uniqe. alone. only.
وَخامَت، بدی، خطر، مضرت، خطرناکی. badness. gravity. graveness. criticalness. danger. dangerousness. critical situation. bad state of affairs.
~ اوضاع. gravity of the situation.
وَخيم، خطرناك، سخت. grave. critical. bad. dangerous. perilous. noxious.
عاقبت وخيمی خواهد داشت. it will not come to good. it will have a bad end.
~ شدن. to become critical or grave.
وِداج، شاهرگ. (anat.)the jugular vein.
وِداد، محبت، دوستی، مودت. love. friendship. cordiality. amity. favo(u)r.
کاملة‌الوداد. most favo(u)red (nation).
وَداع، خداحافظی، توديع، خدانگهدار. farewell. valediction. goodby. goodbye. adieu.
~ گفتن، خدا حافظی کردن، ~ کردن. to bid farewell. to say good-bye.
آنها با چشمان پراشك بيكديگر ~ گفتند. they bade each other farewell with tearful eyes.
جهان‌را ~ گفتن. to bid farewell to the world. to die.
وداع‌نامه farewell. (valedictory) letter.
وداعی (وداعيه .fem)، توديعی. valedictory.
نطق وداعيه. valedictory speech.
وُدکا vodka.
وَديعَه (ودايع .pl)، امانت، سپرده. deposit. trust. security. bond. pledge.
بوديعه گذاردن. to deposit.
سلامتی بهترين وديعهٔ طبيعت است. health is the best gift of nature.
پول را در بانك ~ گذارد. he deposited the money in the bank.
وديعه‌های بانکی. bank deposits.
وديعه‌گذار depositor.
وَر، واگر. or else. and if. even if. even though.
ورنه ددی بصورت انسان مصوری. or else you are a beast in the form of man.
وِر، ورور، ورزنی، وراجی، گپ‌زنی. chat. chatter. gabble.
~ زدن. to gabble. to jabber. to chat.
وَراء، پشت، غيراز، جز، ماوراء. back. (hind) part. behind. beyond. besides. except. other than. ultra.
~ طبيعت، ما ~ طبيعت. supernatural.
وِراثَت، ميراث. heredity. heritage. inheritance. hereditary right.
وَرّاج، پرگو، پرحرف، پرچانه. talkative. loquacious. verbose. gossipy. garrulous. prattling. prolix. glib.

وِراجی، پرگوئی، پرحرفی. talkativeness. verbosity. (slang) windiness. loquacity.
وَراديد rear sight. hindsight.
ورافتادن، برافتادن. to be abolished. to go out of fashion.
ورپريدن، برپريدن. to fly off. to die suddenly.
وَرآمَدَن، کنده شدن، بالاآمدن، تخميرشدن. to be raised or leavened. to rise. to arise. to ferment. to move upward. to be leavened. to come off.
کاغذيکه چسبانده بوديد ورآمد. the paper that you had stuck has come off.
خمير ورآمد. the dough leavened.
دندانش ورآمد (افتاد). his tooth fell off.
وَرآمَده leavened. raised. fermented. come off. fallen off.
وَرانداز کَردَن to scan. to look over. to measure. to eye (a person).
وَرجَستَن، برجستن. to jump. to leap. to bounce. to become prominent.
ورجه‌فروجه. frolic. gambol. horseplay.
وَرچه، اگرچه. though. although.
وَرخاستَن، برخاستن. to get up. to stand up. to rise.
وِرد (اوراد .pl). spell. incantation. prayer recited mechanically.
~ خواندن. to tell or say one's beads. to recite one's prayers mechanically. to recite an incantation.
~ زبان. a habitual phrase. anything frequently repeated.
عمليات او ~ زبان‌مردم شهرشده. his deeds have become the talk of the town.
ورداشتَن، برداشتن. to take. to pick up.
وَردانَه، وردنه. roving pin.
وَرَرفتن، بيهوده وقت گذراندن. to dally. to play. to trifle. to finger. to tamper (with).
آنقدر به‌راديو وررفت‌که خرابش‌کرد. he tampered so much with the radio that he ruined it.
وَرز، تمرين‌کن، ورزش‌کن، ورزنده، تمرين کننده. exercise thou. exercising. cultivate or cherish thou (used in combs. as in: کشاورز & مهرورز).
وِرزدن. to chatter. to gabble. to gab.
وَرزِش، تمرين، عمليات‌ورزشی، ممارست، عادت. exercise. gymnastic exercise. gymnastics. sport(s). exertion. practice. training. drill. custom. habit. athletics. physical education. kinesiology.
~ بدنی. bodily exercise. physical exercise. gymnastics.
معلم ~. physical education teacher.
مربی ~. coach. trainer.
لباس ~. sport(s) clothes. sportswear.
ورزشهای سنگين. heavy sports.
ميدان ~. sports field. stadium.
ورزشهای‌المپيك Olympic sports (games).
ورزشهای سبك. light sports.
ورزشهای زمستانی. winter sports.
~ کردن. to exercise. to practice. to repeat. to train oneself.
او روزی يکساعت ~ ميکند. he exercises (for) an hour every day.
~ دادن. to train. to drill. to exercise.
ورزش‌دوست lover of sports.

وَرزِشکار، ورزشگر. sportsman. athlete. sportswoman. an exerciser. gymnast.
~ پيشه‌کار (حرفه‌ای). professional athlete.
~ غيرپيشه‌کار (غيرحرفه‌ای يا آماتور). amateur (athlete).
ورزشکاری athleticism. sportsmanship.
وَرزِشگاه، ورزشخانه. stadium. gymnasium. field house. sports arena.
~ امجديه. Amjadieh stadium.
~ سرپوشيده. gymnasium. field house.
ورزشی gymnastic. sport(s). sporting. sportive. sporty. athletic.
مجموعهٔ (گروههٔ) ~ آريامهر. Aryamehr Sports Complex.
گويندهٔ اخبار ~. sportscaster.
وَرزکار، کشاورز، ورزنده. farmer. ploughman. tiller. kneader.
ورزکاری، کشاورزی. farming. agriculture.
ورزگاو، ورزا. ploughing ox.
وَرزگر، برزگر. farmer.
وَرزی doing. exercising. cherishing. (in combs. as in: کاروَرزی and عشق‌ورزی).
وَرزيدگی، تمرين، ممارست. being trained (or experienced). training. experience. skill. dexterity. expertise.
او در امر تدريس ~ ندارد. he is not well-experienced in (the task of) teaching.
وَرزيدَن to cherish. to cultivate. to exercise. to train. to knead. to rub (and make soft). (also used in combs. as in: عشق‌ورزيدن = to (make) love).
خمير را ~. to knead the dough.
عداوت ~. to cherish enmity. to bear grudge.
گناه ورزيدن، گناه‌کردن. to commit a sin.
وَرزيده، تمرين‌کرده، آزموده، مجرب، کارکشته. trained. experienced. skilled. old hand. cultivated. kneaded.
~ شدن. to become experienced or trained.
استاد ورزيدهٔ ادبيات فارسی. an experienced professor of Persian literature.
اين ورزشکار بدن ورزيده‌ای دارد. this sportsman has a well-trained (or athletic) body.
وَرس، اسپرك. (bot.) dyer's weed. dyeweed. dyer's green weed (or woad).
وِرساد composing stick.
وِرسای Versailles.
وِرست (واحدطول برابر ۱۰۶۷ متر). verst.
وَرشِکَست، ورشکسته، تاجرورشکسته. bankrupt. insolvent. broke. destitute.
~ شدن. to become bankrupt. to fail or break. to become broke. to be insolvent.
وَرشِکَستگی، افلاس. bankruptcy. insolvency. failure.
~ به‌تقصير. fraudulent (or voluntary) bankruptcy.
~ بلاتقصير. involuntary bankruptcy.
وَرشِکَستَن to go bankrupt. to fail.
وَرشِکَسته، ورشکست. bankrupt. insolvent. broke. destitute.
وَرشو (geog) Warsaw. Warsaw silver. nickel silver.
وَرطَه، غرقاب، هرچيزترسناك وخطرناك. an abyss. gulf. chasm. precipice. perdition.
وَرَع، دينداری، تقوا، پاکدامنی، احسان. abstinence. continence. self-restraint. chastity. piousness. piety. godliness.

وَرَق، برگ، صفحه. leaf. folio. page. sheet. playing card. lamina. scale. flake. foil. layer. folium.

يك بندكاغذ ۴۸۰ ~ است. a ream of paper is 480 sheets.

~ بازی. playing card(s).

~ کردن. to make into sheets. to make into layers.

~ زدن. to turn over (the leaves of a book). to page through.

~ کردن. to cut into folios or sheets or layers. to foliate. to sheet.

يك ~ كاغذ. a sheet of paper.

(دربازی) یکدست ~. a pack of cards.

اوراق رسمی. official forms (letters or papers).

آهن ~. sheet iron.

ورق‌بازی، قماربازی، بازی‌ورق. card playing. gambling.

~ کردن. to play cards. to play a game of cards.

ورق‌پاره scrap of paper. an ineffective (valueless) document.

ورق‌شماری foliation. pagination.

~ کردن. to count the leaves (of a book). to number the leaves (of a book).

وَرَقه، برگ، صفحه، غشاء، لایه. paper. document. form. foil. layer. folium. coat. sheet. leaf. lamina. laminate(d).

ورقهٔ قلع. tin foil.

ورقهٔ امتحان (امتحانی). examination paper. test paper.

~ کردن. to laminate. to form into a thin plate or lamina. to divide into lamina. to form into a sheet (or sheets).

~ شدن. to laminate. to foliate.

روی آنرا با ورقه‌ای ازآهن پوشانیده بودند. they had covered it with a sheet of iron.

وَرَقه وَرَقه، متورق، لایه‌لایه. laminate(d). consisting of thin sheets (layers or lamina). foliate. stratified. layered.

~ کردن. to cut (divide) into layers or sheets. to foliate. to laminate. to stratify.

وَرَقی foliaceous. resembling a leaf.

وَرِك، استخوان‌سرین. (anat.) the hip bone. haunch bone. the ischium.

وَرِکی ischiatic. ischial. ischiadic.

وَرَم، التهاب، باد، آماس، بادکردگی. swelling. inflammation. puffiness. bloating. tumor. tumour. dilation. bulging. billowing. billow. -itis.

~ کردن. to swell. to inflame. to dilate. to protrude. to be inflated. to be inflamed. to bloat. to puff (up). to bulge.

~ استخوان. osteitis. osteoma. exostosis.

وَرمالیدَن، فرارکردن، جیم شدن، غیب شدن. to slip away. to run away. to escape. to flee.

وَرنام surname.

وَرنامه، نشانی، آدرس. address.

وَرنَه، وگرنه، والا. otherwise. or else.

بده‌ورنه ستمگر بزور بستاند. give (or) else a tyrant will take (it) by force.

وَرنیه vernier.

وُرود entrance. arrival. disembarkation. importation. ingress. ingression. entry.

~ اکیداً ممنوع است. entrance is strictly forbidden.

~ ممنوع. no admittance. no entry.

وقت ~. arrival time.

~ او بتهران مصادف شد با رفتن ما. his arrival to Tehran coincided with our departure.

~ او باتاق غیرمترقبه بود. his entrance into the room was unexpected.

وُرودی، ورودیه. entrance. importing. imported. import. to be imported.

وُرودیّه، پذیرانه. entrance fee. admission fee.

وِرور، وراجی، زمزمه. jabbering. gabbling. chattering. muttering. the formula of incantation. spell.

~ کردن. to jabber. to chatter. to mutter. to gibberish. to babble. to blather.

وَرید، شریان. (anat.) vein. jugular vein.

وَریدی venous. venose. veiny.

وَز، واز. and of. and from.

وِز، وزوز، زمزمه. buzz. hum. frizz.

~ کردن. to frizz. to frizzle.

موی ~ کرده. frizzly (frizzy or frizzled) hair.

وِزارَت، صدارت، وزیری. ministry. viziership. department.

~ آبادانی ومسکن. Ministry of Development and Housing.

~ بهداری. Ministry of Health.

~ پست و تلگراف. the Ministry of Post and Telegraph.

~ جنگ. Ministry of War. the War Department.

~ امورخارجه. Ministry of Foreign Affairs. Foreign Office.

~ کشور. Ministry of Interior. Home Office.

~ کار. Ministry of Labo(u)r.

~ دربار. Ministry of Court. Court Ministry.

~ دادگستری. Ministry of Justice.

~ کشاورزی. Ministry of Agriculture.

~ اقتصاد. Ministry of Economy.

~ دارائی. Ministry of Finance. Finance Ministry.

~ راه وترابری. Ministry of Roads and Transportation.

~ آموزش‌وپرورش. Ministry of Education.

~ کردن. to serve as a (cabinet) minister.

وزارتخانه، وزارت. ministry. department.

وِزارَتی ministerial.

وَزان blowing.

باد ~ است. the wind is blowing.

وَزان، وازآن. and of that. and from that.

وُزَراء، وزیران. ministers.

هیئت ~. council of ministers. the cabinet.

رئیس‌الوزراء، نخست‌وزیر، صدراعظم. prime minister. premier.

وَزَغ، قورباغه، غوك. frog. toad. kind of lizard.

بچه ~، نوزاد ~. tadpole.

وَزن، سنگینی، ثقل. weight. heaviness. heft. tonnage. poise. counterpoise. ponderance. overweight. load. rhythm. influence. gravity. measure. importance. dignity.

~ این سنگ يك‌كيلوگرم است. the weight of this stone is one kilogram.

سبك ~. lightweight.

سنگین ~. heavyweight.

پر ~. featherweight.

مگس ~. flyweight.

خروس ~. bantomweight.

~ نیم سنگین. middleweight.

~ شعر. the rhythm (or measure) of a verse.

آنمرد خیلی ~ اجتماعی (نفوذ) دارد. that man has (a) great social influence.

~ مخصوص بنزین. the specific gravity of gasoline.

~ شما چقدر است؟ how much do you weigh? what is your weight?

~ کم کردن. to lose weight. to reduce (weight).

~ زیادکردن. to gain weight.

~ اتمی. atomic weight.

~ خالص. net weight.

~ ناخالص. gross weight.

~ مولکولی. molecular weight.

~ کردن. to weigh. to heft. to measure.

او صدکیلو ~ دارد. he weighs one hundred kilos.

وَزناً according to weight.

وَزنه، ترازو، سنگینی. weight. balance. counterweight. counterpoise. poise.

وَزنه‌بَردار weight lifter.

وزنه‌برداری weight lifting.

وَزنه‌پَران shot-putter.

وزنه‌پرانی shot put. shot-putting.

وَزنی bought or sold by the weight. relating to weight.

وِزوز buzzing. humming.

~ کردن. to buzz. to hum. to whir.

وَزیدَن to blow. blowing. blast. to gasp. to pant. to puff. to breeze.

بادسختی‌میوزید. a severe wind was blowing.

وَزیر minister. vizier.

~ امور خارجه. minister of foreign affairs. secretary of state. foreign secretary.

~ دربار. minister of court.

~ دارائی. minister of economy. economy minister.

وزیر مختار envoy extraordinary. minister plenipotentiary.

وَزیری، وزارت. the office of a minister. ministry. viziership.

وَزین، سنگین. heavy. weighty. grave. ponderous. dignified. serious. firm.

وَساطَت، میانجی‌گری، شفاعت، مداخله. mediation. intermediation. intervention. medium. intercession. arbitration.

~ کردن. to mediate. to intermediate. to intercede. to arbitrate. to reconcile. to interpose. to act as an intermediary.

از اونزد پادشاه ~ کردند. they interceded for him with the king.

وَسائط means. media.

~ نقلیه. means of transportation. vehicles.

وَسَط، مرکز، میان، میانگین. middle. mid. middle part. amid. midst. center. inside. interior. average. fair. middling. inferior. among. in between. mezzo.

حوض در ~ باغ بود. the pool was (located) in the middle of the garden.

~ تابستان. midsummer.

~ پائیز. midautumn.

~ زمستان. midwinter.

~ دایره. center of a circle.

در ~ اتاق. in the middle of the room.

او رفت ~ مردم. he went among the people.

عکس را وسط دوصفحه کاغذقراردهید. put the picture in between two sheets of paper.

وَسَطی، میانی. central. middle. mid.

اتاق ~. the middle room. the room in the middle.

وُسطیٰ middle. central.

قرون ~. the middle (medieval) ages.

وُسع، توانائی، گستردگی، طاقت، استطاعت. ability. power. capacity. width.

وسعم نمیرسد آنرا بخرم. I can not afford to buy it.

وُسعَت، پهنا، فراخی، گنجایش، پهناوری. extent. space. size. largeness. breadth. spaciousness. amplitude. capacity. width. vastness. enormity. immensity.

~ این میدان‌کم است. the space of this square is not sufficient.

کم ~. small. narrow.

با ~، وسیع. spacious. large. extensive.

ایتالیا بوسعت فرانسه نیست. Italy is not as large as France.

این خیابان ~ زیادی ندارد. this street is not very broad.

~ دادن. to widen. to enlarge. to extend. to develop. to expand. to stretch.

خیابان را ~ دادند. they widened the street.

~ این زمین چقدر است؟ what is the size (how large is) this land?

~ یافتن. to become large or extensive. to grow in size.

پر ~ ترین‌کشور دنیا. the largest country in the world.

وَسمه mascara. woad leaves.

~ کشیدن. to use mascara.

وَسواس، شیطان، دهن‌بین، تردیدرای، بی‌تصمیمی، وسوسه. obsession. scruple. idée fixe. finicality. fastidiousness. fuss. scrupulousness. irresolution. indecision. whim. whimsicality. doubt.

~ داشتن. to be obsessive. to have an obsession. to be scrupulous. to be irresolute.

وَسواسی، مردد، دچار وسواس. obsessive. fussy. pernickety. persnickety finical. finicky. finicking fastidious. scrupulous. whimsical. irresolute.

وَسوَسه، دغدغه، وسواس. temptation. enticement. lure. seduction. inveiglement. suggestion. alluring. tempting.

~ کردن. to tempt. to allure. to inveigle. to beguile. to seduce.

~ شدن. to be tempted. to be enticed, lured, seduced or beguiled.

وَسوَسه‌آمیز tempting. alluring. enticing.

وَسوَسه‌گر tempter. temptress.

وَسیع large. spacious. wide. roomy. broad. extensive. big.

~ کردن. to make large or extensive. to broaden. to widen. to enlarge.

~ شدن. to become large, extensive, or wide.

بسیار ~. very large. vast. huge.

کاناداکشور وسیعی است. Canada is a large country.

وَسیلَت means. by. medium.

وَسیلَه (وسائل .pl)، چاره، علاج، واسطه، راه. medium. agency. means. way.

وسیله‌ای برای اجرای خیال خود ندارم. I have no means for carrying out my design.

~ معاش. means of livelihood (subsistence).

بوسیلهٔ (وسیلهٔ) پست هوائی. by air mail.

بوسیلهٔ پست زمینی. by surface mail.

امروز بوسیلهٔ تاکسی بمدرسه رفتم.
today I went to school by (means of) a taxi.
بوسیلهٔ. **by. by means of. through.**
بوسیلهٔ تلفن بمن خبرداد.
he informed me by telephone.
بچه وسیله. **by what means?**
how? through what channel?
بدینوسیله. **thus. in this manner. hereby.**
بدین وسیله بشما اخطار مینماید.
you are hereby warned.
وسایل (رسائل) [illegible]. **travel equipments.**
وسیلهٔ نقلیه means of transportation. vehicle.
وَسیم، زیبا،خوبرو. handsome. comely.
ـوَش suffix meaning «like» as in: مهوش = moon-like.
وشگون، نیشگان. pinch. pinching.
وُشم، بلدرچین، بدبده. a quail.
وَصّاف، واصف، توصیف‌کننده. explainer. qualifier. describer. panegyrist.
وِصال، فراق. union. interview. friends or lovers' attainment. fruition.
بوصال رسیدن. **to (succeed to) unite with a friend or sweetheart after separation. to attain a desired end.**
وَصایت، وصیت. administratorship. the duty of an administrator or guardian.
وَصف (اوصاف .pl)، تعریف، توصیف. description. characterization. attribute. qualification. quality. characteristic. epithet. exposition. explanation.
~ زیبائی او دشوار است. **it is hard to describe her beauty.**
اوصاف الهی. **divine attributes.**
~ کردن. **to describe. to characterize. to narrate. to relate. to qualify. to recite. to praise. to expound. to explicate.**
~ شدن. **to be described or characterized.**
او داستان خود را ~ کرد. **he related (narrated) his story.**
~العیش نصف‌العیش. **describing a pleasure is half enjoying it.**
وصف‌پذیر describable.
وصف‌ناپذیر indescribable.
وَصفی، توصیفی، توضیحی. qualificative. explanatory. participial.
وجه ~،صفت توصیفی. **the participial mood. the participle. attributive adjective.**
وَصل، پیوستگی، اتصال، وصال. connecting. union. joining. coupling. link. linking. fastening. conjunction. attaching. attachment. tied. juncture. connection.
~ کردن. **to join. to unite. to attach. to tie. to couple. to connect. to fasten.**
~ شدن. **to be joined. to become tangent or touching. to become connected. to be united. to be coupled. to be attached. to join.**
دوخط را بیکدیگر ~ کردن. **joining two lines together.**
واگنی را بەلوکوموتیووصل‌کردن. **attaching a waggon to a locomotive.**
وَصلَت، ازدواج، زناشوئی، نکاح. conjugal union. matrimony. wedlock.
~ کردن، ازدواج‌کردن. **to marry. to wive. to take a wife. to be married. to espouse. to unite. to tie the nuptial knot.**
باکی ~ کرده‌اید؟ **whom have you married?**
وَصلِه، تعمیر، اصلاح،وصلت. patch. repair. mending. rebuilding. revamping.
~ کردن. **to path (up). patching (up).**
با شلوار ~ کرده. **with patched trousers.**
وُصول، دریافت، رسید، ورود. reception. arrival. collection. receipt.
بمحض ~ نامه. **upon arrival of the letter.**
مأمور ~. **collector.**
~ مالیات. **the collection of taxes.**
~کردن، دریافت‌کردن. **to collect. to recover. to receive.**
بدینوسیله ~ نامهٔ شما را اعلام میداریم. **we hereby acknowledge receipt of your letter.**
وصولی **collectable. recoverable.** received. receivable.
وَصی، قیم، ولی. administrator. executor of a will. guardian or tutor.
وَصیَّت (وصایا .pl). will. testament.
~ کننده، موصی. **testator.**
~کردن. **to make one's will. to command by will. to state in one's will. to devise.**
او ~کردکه اموالش را بەپسرش بدهند. **he willed his property to his son.**
آخرین ~او. **his last will or testament.**
او ~کردکه در مشهد بخاك سپرده شود. **he expressed a desire (willed) to be buried in Mashad.**
وَصیَّت‌نامه will. testament.
وَضع (اوضاع .pl)، حالت،حال، طرز، ترتیب. state. disposition. condition. manner. gesture. situation. enactment.
کشور ~ بدی داشت. **the country was in a bad shape (or state).**
~قانون. **enactment of law. law enactment.**
~ سلامتی او. **the state of his health.**
~ کردن. **to enact. to establish. to decree. to order. to make. to settle. to designate. to assign.**
واژه‌های جدیدی~کردن. **to coin (devise) new words.**
~ اقتصادی کشور. **the country's economic condition.**
این قانون راکی ~کردند. **when was this law established (or enacted)?**
وَضع‌حَمل delivery. childbirth. labo(u)r.
~ کردن، زائیدن. **to be delivered (of a child). to give birth.**
وَضعیت، حالت، کیفیت، اوضاع. situation. condition. position. state of affairs.
~ عوض شده است. **the situation has changed.**
وُضو، آبدست. ablution.
~ گرفتن. **to perform one's ablution.**
وضوح، روشنی. clearness. plainness. clarity. evidence. lucidity.
بوضوح، واضحاً. **clearly. plainly. lucidly.**
وَضیع، پست. mean. ignoble.
~ وشریف. **the ignoble and noble people.**
وَطَن، میهن. native country. homeland. motherland. fatherland. home.
~ کردن. **to settle (in). to dwell (in). to choose as one's country.**
~ ما ایران است. **our country is Iran.**
حب وطن، میهن‌پرستی. **patriotism. love of (one's) country.**
ترك ~ کردن، جلای ~کردن. **to abandon one's country. to expatriate.**
وَطَن‌پَرَست،میهن‌پرست. patriotic. patriot.
وطن‌پرستی patriotism.
وطن‌خواه،وطن‌پرست. patriot. patriotic.
وطن‌دوست، وطن‌پرست. patriot.
وطن‌فروش traitor. turncoat.
وَطَنی، میهنی. home-made. homy. belonging to one's native country.
پارچهٔ ~. **home-made textile.**
وَطواط، خفاش، شبکور، شب‌پره. bat.
وَظایف (وظیفه .pl. of). duties. functions. pensions. salaries. responsibilities. obligations.
وَظیفَه (وظائف .pl)، مسئولیت،کار. duty. obligation. responsibility. task. function. pension. stipend. salary.
او وظیفهٔ خود را انجام داد. **he performed his duty.**
~ دادن. **to give a pension (to). to pension.**
سرباز~. **conscript. draftee. drafted soldier.**
خدمت ~، خدمت نظام ~. **military service.**
وظیفهٔپدری. **fatherly (a father's) obligation.**
انجام ~. **performance of (a) duty or obligation.**
انجام ~کردن. **to perform (or meet) one's duty or responsibility.**
وَظیفَه‌خور، جیره‌خور، جیره‌خوار. stipendiary. salaried.
وَظیفَه‌دار، موظف. having a duty or obligation. bound.
وَظیفه‌شِناس dutiful. duteous.
وظیفه‌شناسی dutifulness. duteousness.
وظیفه‌نشناس undutiful. irresponsible.
وَعد، وعده. pensioner. promise.
وَعدَه، عهد، موعد، قول. promise. parole. vow. agreement. concord. covenant. time. turn. a specified day. date.
وعدهٔ خود را (بوعدهٔ خود) وفاکرد. **he fulfilled his promise.**
وعدهٔ پرداخت قسط امروز است. **the instalment is due today.**
~ دادن، ~کردن. **to promise. to give a promise.**
~ گرفتن. **to invite. to summon. to ask.**
~ کردی‌که بیائی غم دل باتو بگویم. **you promised to come so that I would tell you my heart's sorrow.**
بیوعده. **untimely. uninvited. without appointment. without a set date.**
یك ~ غذا. **a meal. a (portion of) food.**
~ داشتن. **to have an appointment. to be invited**
سر~. **on the date due. as promised.**
وعدهٔ سرخرمن. **a promise one does not intend to fulfill.**
~گذاشتن. **to appoint (or fix) a time. to make an appointment.**
خلف ~. **breach of promise. breaking a promise. renege.**
وعده خلافی، بدقولی، پیمان‌شکنی. breaking one's promise(s).
وَعدَه‌دار having a set date. limited. having a deadline. time.
وَعدَه‌گاه، میعادگاه. rendezvous. meeting place. tryst.
وَعظ، موعظه، پند. preaching. sermon. admonition. exhortation.
~ کردن. **to preach. to sermonize. to admonish. to exhort. to deliver a sermon.**
وَعید، تهدید. threat.
وَفا، وفاداری،حقشناسی،ثبات‌قدم، وظیفه‌شناسی. loyalty. fidelity. faithfulness. fealty.
بوعدهٔخود ~کردن. **to keep one's promise.**
اگر عمرم ~ کند. **if I live long enough.**
با ~. **faithful. loyal. constant. stanch. staunch. resolute.**
بی ~. **faithless. fickle. false. disloyal. inconstant.**
بی‌وفائی **faithlessness. fickleness. disloyalty. inconstancy.**
وَفات، مرگ، مردن، درگذشت، فوت، رحلت. death. demise. passing away. expiration. decease. departure. obit.
بعد از ~ پیغمبر. **after the death of the Prophet.**
~کردن. **to die. to expire. to pass away. to decease. to perish. to depart.**
روز ~. **the day of death. a death anniversary. memorial day.**
وَفادار، باوفا. loyal. true (to one's promise). faithful. constant. stanch. staunch. devoted. trusty. steadfast.
نوکر ~. **a loyal servant.**
با وجود وسوسه‌های آنزن زیبا نسبت بەهمسر سالخوردهٔ خود وفادار ماند. **despite the temptations of that beautiful woman, he remained faithful toward his own aged wife.**
وَفاداری loyalty. constancy. faithfulness. steadfastness. fidelity. fealty. allegiance. truth. integrity.
~ کردن. **to remain constant or loyal. to hold out to the last.**
وِفاق، توافق، هم‌آهنگی. harmony. concord. agreement.
وِفق، مطابق، برطبق، موافق. accordance. conformity. convenience. accomodation. opportunity. concordance.
بر ~. **in conformity with. in accordance with. according to.**
بر ~ مراد. **according to one's desire. according as one wishes.**
~ دادن. **to adopt. to accomodate. to reconcile. to agree with.**
او خود را با شرایط جدید~ داد. **he adapted himself to the new conditions.**
~ پیداکردن. **to agree with. to be adapted. to compromise. to be reconciled with. to accord (with).**
وفور، سرشاری، زیادی، فراوانی. abundance. plenty. fullness. plenitude. opulence. ampleness. copiousness. exuberance. plenteousness. overflow. affluence. amplitude. profusion.
~نعمت. **abundance of blessing (or gifts).**
~ داشتن. **to be abundant. to be plentiful. to be copious. to be plenteous.**
~ یافتن، ~ پیداکردن. **to abound. to become abundant, plentiful or copious.**
~ بسیار. **superabundance.**
وَقاحَت، بیحیائی،بیشرمی. impudence. brazenness. shamelessness. insolence.
باکمال ~. **with utmost impudence.**
وَقار، متانت، سنگینی. gravity. dignity. equanimity. poise. soberness.
با~. **dignified. equanimous. poised.**
بی ~. **base. light. lacking dignity.**
وَقایع (واقعه .pl. of)، وقـائع، رویـدادها، پیشآمدها، حوادث. accidents. incidents. circumstances. events. happenings. minutes. proceedings. occurrences.
~ جنگ جهانی اول. **the events (or incidents) of World War One.**
~ عمده. **major events.**
دفتر ~. **minute book. log. logbook.**

وَقایع‌نویس، تاریخ نویس، وقایع‌نگار. historiographer. chronicler. recorder.

وَقایه، حراست، حفاظت، نگاهداری. protection. defence.

وَقت، فرصت، موقع، هنگام، ساعت، زمان. time. season. occasion. opportunity. hour. temp-. chrono-. tide.

سر~. on time.

بیوقت. untimely. timeless. not on due time.

~ بازی‌کردن‌ندارم. I have no time to play.

~ جوانی. (the time of) youth.

~ بهار. springtide. (the season of) spring. springtime.

غافل منشین نه ~ بازیست. do not sit idly, it is no time for playing.

~ بیکاری. leisure time.

در ~ مرگ. at the time of death.

~ حرام‌کردن. to waste time.

~کشتن. to kill time.

~ اداری. office hour(s).

~ صرف کردن. to spend time (on).

~ گرفتن. to take up time. to get an appointment.

~ دادن. to give an appointment.

وقتیکه. when. at a time when.

وقتی‌که مرا دید گریه کرد. he cried when he saw me.

تا وقتی‌که. as long as. while.

تا وقتیکه دکتر بیاید او مرده است. by the time the doctor comes he will be dead.

~ کردن. to find leisure (opportunity or time).

بوقت، بموقع. in (on) time. in good time. in season. timely. in the time of.

~ و بیوقت. inseason and out of season. occasionally. from time to time.

خیلی ~ داریم. we have plenty of time.

چه ~؟ when? at what time?

چند ~ است؟ how long is it?

چند ~ پیش از این. some time ago.

خیلی ~ پیش ازاین. a long time ago.

آن~. then. at that time. afterwards.

اغلب ~ها، بارها. at times. many a time.

هیچوقت، هرگز. never. at no time.

هر ~. whenever. when.

همهٔ ~. at all times. always.

سر~ کسی رفتن. to call on a person.

~ ظهر. noontime. noontide.

دولت ~. the ruling government.

وزیر ~. the minister of that time. the then minister. the incumbent minister.

~ گذراندن. to pass one's time.

~ را ببطالت (بیهوده) گذراندن. to idle away (one's) time.

~ تلف‌کردن. to waste one's time. to spend one's time uselessly. to loaf.

~ را غنیمت شمردن. to profit by (or make the most of) one's opportunity.

وَقت‌شناس، موقع شناس. punctual. tactful. opportunist. astrologer.

وقت شناسی. punctuality. tact.

وَقت‌کُشی. idling. killing (one's) time.

~کردن. to kill or waste one's time.

وَقتی. once. when. some time. whenever. at a certain time.

یك ~. some time or other.

وَقع، احترام، رعایت، ملاحظه. regard. respect. esteem. consideration. heed. dignity.

~ گذاشتن. to heed. to pay heed to. to esteem. to hold in consideration.

او بپدرش وقعی نگذاشت. he did not esteem (mind) his father.

وَقف، حبس‌عین‌مال‌وتسبیل منافع، سکون، وقفه، واگذاری. pious legacy. bequest. pious foundation. bequeathing. endowment. mortmain. pause. standstill.

~کردن. to endow. to devote. to bequeath. to bestow. to dedicate.

~ (واگذاری) دهکده‌ای بفقراء. endowment of a village to the poor.

من زندگانی خود را ~ بشریت میکنم. I dedicate (devote) my life to humanity.

وَقف‌نامه. the deed for an endowment, bequest, or pious foundation.

وَقفه، ایست، سکون، تأخیر، دیر کرد. pause. standstill delay. stop. halt. intermission. cessation. hiatus. break.

~ داشتن. to be delayed. to pause.

~ ایجادکردن. to stall. to cause delay. to bring to a standstill.

با وجود بی‌پولی‌ساختمان‌پل دچار وقفه‌ای‌نشد. despite a lack of money the construction of the bridge was not delayed.

پس از وقفهٔ کوتاهی بسخن ادامه داد. after a brief pause he continued to talk.

بدون ~. continuous. ceaseless. without pause or intermission.

وقوع، رویداد، اتفاق، روی‌دادن. happening. occurring. coming to pass. befalling. eventuating. taking place. occurrence.

~ جنگ حتمی است. it is sure that war will take place. (the occurrence of) war is certain.

بوقوع‌آمدن، بوقوع پیوستن، ~ یافتن. to come to pass. to take place. to happen. to occur. to eventuate. to chance.

از ~ آن حادثه اطلاعی نداشتم. I was not informed of the occurrence of that accident.

وقوف، خبر، آگاهی، اطلاع. information. knowledge. awareness. being aware.

~ داشتن. to know (of). to have knowledge or information. to be aware of.

~ یافتن. to come to know. to obtain knowledge or information. to be informed.

من از ورود آنها ~ نیافتم. I was not informed of their arrival.

وَقیح، بیشرم، پررو، بیحیا، سمج. impudent. barefaced. shameless. insolent. flippant. pert. saucy. sassy. forward. malapert. bumptious. brazen.

وَقیحانه، باوقاحت. impudent(ly). shamlessly. insolently. pertly.

وِکالت، نمایندگی. agency. procuration. proxy. substitution. delegation. power of attorney. mandate. representation.

~ کردن. to practice law. to act as a lawyer, attorney, agent or procurator.

~ دادن. to give power of attorney to. to empower. to appoint as a proxy (agent or procurator). to appoint as one's barrister or counsellor.

باو ~ دادم‌که منزلم را بفروشد. I gave him power of attorney to sell my house.

وِکالتاً، وکالةً. by proxy. on behalf of. through a power of attorney.

وِکالت‌نامه. letter of attorney. a proxy. a mandate. power of attorney.

وُکَلاء (وکیل .pl of)، نمایندگان. deputies or delegates. representatives. barristers. attorneys. members of parliament.

وَکیل (وکلاء .pl)، نماینده. a member of parliament. attorney. deputy. delegate. procurator. mandatory. representative. barrister. agent. (mil.) sergent.

~ خوب حرف میزند وخوب دفاع میکند. the barrister speaks eloquently and pleads well.

~ مجلس. member of parliament.

~ کاشان. the representative (member of parliament) from Kashan.

شما ازسوی من ~ هستیدکه خانه‌ام رابفروشید. you have the power of attorney (I empower you) to sell the house on my behalf.

~ دعاوی. attorney-at-law.

~ وموکل. attorney and client.

~ کردن. to appoint as one's attorney (proxy, barrister, or agent). to delegate.

~ شدن. to be appointed as a deputy. to be (elected as) a member of parliament. to become a proxy or representative.

وَکیل‌الرِّعایا. the regent or attorney of the subjects.

وَگَر، واگر، وگرنه. and if. otherwise.

وِل، هرزه، رها، سست، شل، آزاد. (hanging) loose. free. independent. incoherent. dissolute. unrestrained.

~کردن. to let go. to set free. to dismiss. to release. to drop. to let fall. to let. to allow. to quit. to leave. to abandon. to forsake. to give up. to desert. to unhand.

شل و ~. inefficient. inactive. incompetent.

~ شدن. to hang (or drop) loose. to be released. to fall free.

دستم را ~ کن. let go of my hand.

اوزن وبچهٔ خود را ~کرد وبشهر دیگری‌رفت. he deserted his wife and child and went to another city.

اوشعروشاعری را ~کرد ودنبال‌پول درآوردن رفت. he gave up poetry (and versification) and went after making money.

شماها ~ معطلید. you are wasting your time. yon are waiting for nothing.

ناگهان طناب ~ شد ومحموله برزمین افتاد. suddenly the rope came loose and the cargo fell to the ground.

وَلاء، دوستی. friendship.

وِلادَت، زایش،زایمان، تولد،زاده شدن،زائیدن. birth. nativity. childbirth.

روز ~، زاد روز. birthday.

وِلایات (ولایت .pl of). provinces.

وِلایَت، شهرستان، استان، قیمومت، قدرت، رهبری. province. vilayet. state. guardianship. authority. sanctity. holiness. government or control of a province.

~ اصفهان. the province of Isfahan.

شاه ~. the sultan of the state. title of Ali, son-in-law of the Prophet.

وِلایَتی. provincial.

وُلت. volt.

وُلتاژ. voltage.

وُلتامِتر. voltameter.

وُلت سَنج. voltmeter.

وَلخرج، مسرف. prodigal. spendthrift.

ولخرجی. prodigality. profligacy.

ولخرجی‌کردن. to waste money.

وَلَد، بچه، فرزند، زاده. son. child.

وَلَدُالزِّنا، حرامزاده. bastard.

وِلَرم، نیمگرم. tepid. lukewarm. mild.

آب ~. lukewarm (tepid) water.

وَلَع، حرص، میل‌مفرط، آز. voracity. voraciousness. greed. cupidity. avidity. avarice. covetousness. rapacity.

وِلگَرد، آواره، ول، سرگردان، ویلان. vagrant. vagabond. gadabout. gadder. tramp. idle wanderer. streetwalker.

وِلگَردی، آوارگی، سرگردانی. vagrancy. gadding. idle walking or wandering. vagabondism. vagabondage.

~کردن. to gad. to roam. to wander about. to loiter. to dally. to idle.

آنها را بجرم ~ جلب‌کردند. they were booked on charge of vagrancy.

وِلگو. loose talker.

وِلَنگار، مهمل، بهل‌بشو، بلبشو، بیدقت. easy - going. careless. talking nonsense.

ولنگ‌وباز. wide open. careless.

وَلَو، حتی،اگرچه. even though. even if.

باید سرزمینهای ازدست رفته را پس‌بگیریم~ بزور. we must recapture the lost territories even by force.

~ آنکه. even though. even if.

وِلَو، پراکنده، بهم ریخته. spread wide. unrolled. scattered. sprawling.

~ شدن. to spread (out). to be scattered.

~کردن. to spread out. to stretch out. to unfold or unroll. to scatter about.

مسافران در خیابانها ~ شدند. the travelers scattered in the streets.

وُلوج، ورود، دخول. entering. entrance.

وَلود، پرزا، بچه‌زا. prolific. viviparous oviparous.

وَلوَله، همهمه، غوغا، سروصدا، هایهو، زاری، آشوب. clamo(u)r. tumult. noise. din. brawl. howling. hullabaloo. uproar.

~کردن، ~ انداختن. to clamo(u)r. to raise a tumult. to uproar. to cry. to wail.

وَلَه. idem; by the same author or poet.

وَلی (اولیاء .pl)، وصی، قیم، پدرومادر، پیر، رهبر. guardian. parent. tutor. lord. master. heir. protector.

اولیای اطفال بمدرسه‌آمدند. the childern's guardians (parents) came to school.

وَلی، اما، بهرصورت، بهرحال، دیگر. but. however. yet.

میل دارم آن کتاب را بخرم ~ پول ندارم. I like to buy that book but I do not have any money.

وَلیعَهد، ولایت عهد. crown prince. heir apparent. successor.

ولیعهدی. succession to the crown. state of being an heir apparent.

وَلیك، ولیکن، اما. but. however.

وَلیکِن، اما، ولی. but. however.

وَلیمَه، مهمانی، سور. feast. banquet. house warming party.

وَلینعمَت، خداوندگار، نیکوکار. benefactor. lord. master of a beneficence.

وَن، درخت زبان‌گنجشگ. tree similar to chestnut.

ـوَند. possessing. resembling. (used as a suffix as in: شهروند = citizen).

وَنك، ابله، تهی‌دست. cony. coney.
وَنگ bawl. cry (of a baby). noise.
وول‌وول wiggle. tossing. wriggling.
~ کردن، وول‌زدن. **to move on. to toss about. to wiggle. to wriggle.**
وَه، آه، کاش، افسوس.
Oh! alas! would to God!
وَهّاب، بخشنده، دهنده، عطاکننده.
bestower. giver. generous.
وَهْلَه، مورد، لحظه، بیم، حالت، مرحله.
moment. instance. turn. stage. fear.
[illegible] **in the first instance (place). on the first onset. first of all.**
در یك ~. **at one time.**
~ بوهله. **stage by stage. at each turn.**
وَهم (اوهام .pl)،خیال، ترس، وحشت، اندیشه.
illusion. imagination. anxiety. worry. fancy. groundless fear. apprehension. delusion. suspicion. scruple. whimsey.
اوهام باطل. **vain imaginations (illusions or phantoms).**
~ کردن. **to fear. to form frightful imaginations in the mind. to suspect. to apprehend. to fantasize.**
وَهمناك، بیمناك. frightened. apprehensive. suspicious. full of imaginations.
وَهمی (وهمیات .pl). imaginary. illusive. groundless. whimsical. delusive.

وَهن، ضعف، سستی. weakness. debility.
وَی، او. he. she. him. her.
ویرا گفتم برود. **I told him to go.**
کتاب را به~ دادم. **I gave him (her) the book.**
ویار pica. depraved appetite. longing of pregnant women. craving. yen.
~ کردن. **to have a depraved appetite. (as a pregnant woman's yen or craving). to long for. to crave. to desire earnestly.**
ویتامین vitamin.
ویتامینها. **vitamins.**
(بیماری) [illegible] **avitaminosis**
ویتامینی vitaminic.
ویترین، پنجرهٔ مغازه. shop window. store window.
ویر، ادراك، هوش، فهم، حافظه، یاد.
mind. intellect. memory. understanding.
ویراستار، ویرایشگر. editor.
ویراستن، پیراستن، تصحیح کردن. to edit.
ویراسته edited.
ویران، ویرانه، خراب، غیرمسکون.
desolate. destroyed. ruined. depopulated. abandoned. dilapidated. ravaged. devastated. demolished. razed.
~ کردن، نابودکردن. **to ruin. to destroy. to demolish. to wreck. to raze. to dilapidate. to ravage. to level. to exterminate.**

تمام خانه‌ها را ~ خواهم ساخت.
I'll ruin all the houses.
بناهائی که دراثر آتش ~ شده. **buildings destroyed by fire.**
ویرانه، خرابه، مخروبه، ویران.
ruined (place). ruin.
ویرانه‌های ری نزدیك تهران است.
the ruins of Rey are (located) near Tehran.
ویرانی،خرابی. desolateness. destruction. ruination. havoc. ravage. devastation. ruin. desolate state. ruined state.
روبویرانی گذاشتن. **to begin to be ruined. to go to ruin. to fall into decay.**
ویرایش edition.
ویروس، عامل نقل وانتقال امراض. virus.
ویزویزکردن to buzz. to drone.
ویزا، روادید. visa.
ویزیت visit.
حق ویزیت fee.
ویژگی، خصوصیت، بی‌آلایشی، پاکی.
state of being special. specialty or speciality. purity. immaculateness.
ویژه، خالص، ناب، مخصوص. special. pure. especial. particular. singular. specific. net. exceptional. sincere.
بویژه، مخصوصاً.
especially. specially. particularly.

ویژه‌کار، متخصص. specialist. -ist. -cian.
ویژه‌کاری، تخصص. specialization.
ویژه‌گر، ویژه‌کار، متخصص. specialist. expert. -ist. -cian.
~ امراض داخلی. **internist.**
~ بیماریهای کودکان. **pediatrician. pediatrist.**
ویژه‌نگاشت monograph.
ویسکی whisky.
ویشه، پیچ امین‌الدوله، شمشادپیچ، یاسمن‌زرد.
(bot.) woodbine. honeysuckle.
وَیل، بلا، وای‌بر. calamity. disaster.
چاه ~. **the bottomless pit. (met.) oblivion.**
ویلا، [illegible] villa.
وَیلان، بیچاره، آواره،سرگردان، بیکار، ولگرد.
errant. wandering. helpless. loafing. idle. idling away one's time. vagrant.
وِیلانی، آوارگی،سرگردانی،ولگردی، بیکاری، بیچارگی. vagrancy. wandering state.
وَیله، فریاد، شیون. cry. wail.
وِین (geog.) Vienna.
ویُولُون، ویولن. violin.
ویُولُون‌زَن، ویولونیست، ویولون نواز. violinist.
ویُولُون‌سل، ویولن‌سل. cello. violoncello.
~ نواز. **cellist.**

ه the 31st letter of the Persian alphabet corresponding to «h».
ـها، ـان. the general plural termination of Persian nouns as in: کاغذها=papers, and درختها=trees).
ها، آهای، چی؟ چه‌گفتی؟ ببین.
ha. hah. hey! what? I see!
هاتِف، ندا دهنده. a voice from an invisible speaker. a secret voice. a crier. caller.
هاجَر Hagar.
هاج وواج، مات، حیران، مبهوت.
stupefied. amazed. dumbfounded.
هادی، رهنما، رسانا. leader. guide. conductive. conductor. usher.
خط ~. **(geom.) a directrix.**
مس ~ برق‌است. **copper conducts electricity.**
هار، دیوانه. rabid. mad. having rabies. rabietic.
سگ ~. **a rabid dog.**
هارُون Aaron.
هاری rabies. rabidness. rabid.

هاشُور hachure.
~زدن. **to hachure.**
هاضِمَه digestive.pertaining to digestion.
لولهٔ ~. **the alimentary canal.**
دستگاه ~، جهاز ~. **the digestive system.**
هاگ (bot.) spore.
هاگچه (bot.) sporule.
هاگدان (bot.) sporangium.
هاگینه (bot.) sorus.
هالتِر، وزنه، وزنه‌برداری.
weight. weight lifting.
هالو nincompoop. simpleton.
هالوژن halogen.
هالِه، هالهٔ ماه، نور چهرهٔ انبیاء، اکلیل، تاج، قلمهٔ نور. halo. corona. aura. nimbus. aureole. (med.) areole. areola.
هالهٔ ماه. **the halo of the moon.**
هالهٔ نور اطراف چهرهٔ مقدسین.
the aureole around the faces of the saints.
~ بستن. **to form a halo. to halo.**
هامُون، جلگه، دشت، بیابان.

savana. plain. desert. wilderness.
هان، آگاه‌باش، بلی، راستی. behold. beware. truly. indeed. yes. lo.
~ ای‌دل عبرت‌بین از دیده نظر کن~.
behold oh insightful heart! look with your eyes, behold!
هاوَن mortar.
دستهٔ ~. **pestle.**
هاوِیه، جهنم، دوزخ. abyss. gulf. hell. chasm. pit. chaos. Hades.
های‌وهوی. uproar. turmoil. tumult.
هایِل (هائله .fem)، ترسناك،موحش،وحشتناك. horrible. terrible. tragic. dreadful. frightful. horrendous. hideous. dire.
هائِلِه (fem. of هائل). frightful. dreadful. tragic. horrendous.
واقعهٔ ~. **a tragic event.**
های‌های blubber. sob. noisy crying.
~ گریستن، ~ گریه‌کردن. **to blubber. to sob noisily. to cry bitterly. to bawl.**
هُبُوط، سقوط، نزول. descending. falling. descent. fall. descension. declination.

cadence. downfall. lapse.
~ کردن. **to descend. to fall. to decline.**
~ آدم. **the fall of Adam.**
هِبَه، عطیه. donation. gift. benefaction. grant. bequeathal. endowment.
~ کردن. **to make a donation of. to donate. to give. to bestow. to bequeath.**
هبه‌نامه a deed of gift or grant.
هَپَلی‌هَپو، هپله هپو. unprincipled or irregular. confused.
هَتّاك، بددهان، توهین‌کننده، فحاش.
scurrilous. abusive. defamer. asperser.
هَتّاکی، بددهانی، توهین، فحاشی. scurrility. swearing (at). cussing. aspersion. defamation. opprobrium. vilification.
~کردن. **to asperse. to defame. to traduce. to vilify. to revile. to calumniate. to calumnize. to opprobriate. to swear. to cuss. to curse.**
هَتك، بی‌احترامی، توهین، پاره‌سازی.
rending. tearing. aspersion. dishonoring. violating. rape. raping.

~ ناموس. rape. violation.

~ احترام کردن. to dishono(u)r. to treat disrespectfully.

هِجاء، بند، واج، هجو، سخر، سخریه، هزل. syllable. spelling. satire. lampoon. dispraise. travesty. lampooning.

این کلمه سه ~ دارد. this word has three syllables.

هِجائی، الفبائی، هجوی، هزلی. alphabetic(al). syllabic. satirical. burlesque.

دو ~. dissyllabic. bisyllabic.

سه ~. trisyllabic.

هِجدَه eighteen.

هِجدهُم eighteenth.

طبقهٔ ~. the eighteenth storey.

هِجدهمی، هجدهمین. the eighteenth

هِجدهُمین (the) eighteenth.

هِجر، فراق، جدائی، دوری. separation. being away from (a beloved one).

هِجران، فراق، دوری، هجر، جدائی. separation. remoteness. isolation.

غم ~. the distress of separation.

هِجرَت، مهاجرت، غم هجران، دوری، مسافرت. departure (from home, friends, etc.) separation. emigration. Hegira. Hejira.

~ کردن. to emigrate. to depart (stay away) from one's home. to expatriate.

هِجری، مربوط به‌هجرت. Hegira. Hejira. A.H.

در سال ۸۴ هجری. in (the year) 84 A.H.

هِجریِ قَمَری Hejira (or Moslem era) computed according to a lunar calendar.

هَجو، هجا، هزل، مهمل. lampoon. satire. dunciad. satirizing. dispraising.

~ کردن. to lampoon. to libel. to satirize. to dispraise.

شاعر یکی‌را مدح ودیگری را ~ کرد. the poet praised one and dispraised the other.

هَجونامِه a lampoon. libel. dunciad.

هُجوم، تهاجم، حمله. rush. rushing. attack. charge. assault. onslaught. crowding. swarming. blitz.

~ کردن، ~ آوردن. to rush. to make an (unexpected) attack. to swarm. to throng. to mob. to crowd. to blitz.

مردم برای خرید فرشهای قدیمی ~ آوردند. people rushed to buy the old rugs.

در اثر ~ مغولان شهرهای زیادی خراب شد. many cities were ruined as a result of the Mongol onslaught.

هَجویات (pl. of هجویه) شعریا نوشتهٔ‌هجائی. satires. lampoons. libels.

هَجویَّه satirical poem. satire. lampoon.

هِجی، هجا. spelling.

~ کردن. to spell.

این کلمه را ~ کنید. spell this word.

هَخامَنشی Achaemenid. Achaemenian. Achaemenidae. Achamenian.

سلسلهٔ ~، هخامنشیان. the Achaemenidae. the Achaemenian dynasty.

هِدایَت، رهبری، راهنمائی. guidance. leading. guiding. direction. steering. piloting. conductance. conduction. conducting. conductivity.

~ کردن. to guide. to lead. to show the right way. to take the lead. to steer. to pilot. to conduct. to direct.

لطفاً ایشان‌را به‌اتاق من ~ کنید. please lead him (show him into) my room.

در اثر ~ پدرش... as a result of his father's guidance...

خودرورا بسوی راست جاده ~ کنید. steer the car to the right side of the road.

هدایت شونده guided.

موشك ~. guided missile.

هدایت‌کننده، هادی، مرشد، رهنمون. guide. guiding. leader. pilot. conductive.

هَدَر، تباه، از دست رفته. waste. squander. useless effort. wasting.

~ شدن، ~ رفتن. to be wasted. to be lost. to become useless or futile.

~ دادن. to waste. to squander.

کمبود باران همهٔ زحمتهای کشاورزان را بهدر داد. a shortage of rain rendered all of the farmer's efforts useless.

هَدَف، آماج، مقصد. target. aim. butt. mark. goal. bull's eye. quarry. object.

~ اودرست‌ودقیق‌بود. his aim was accurate.

تیرش بهدف نخورد. he missed the mark (target). his bullet did not hit the target.

~ او بهم زدن کلاس بود. his goal (intention) was to upset the class.

عمدهٔ ~ او این‌بودکه شهردار شود. his main object (objective) was to become the mayor.

هَدَف‌گیری، نشانه‌روی. aiming. sighting.

~ کردن. to aim. to zero in on.

هدیه، (هدایا pl.) ارمغان، تعارف. an offering. gift. present. bestowal. grant. granting. donation.

~ کردن. to offer. to make a present of.

~ آوردن. to bring a gift. to present an offering.

سلامتی یکی از هدایای خداست. health is one of the gifts of God.

من این‌کتاب را بعنوان ~ بشما میدهم. I give this book to you as a gift.

هذا، این. this. this one.

هذلول hillock.

هذلولی hyperbola. hyperbolic.

هَذَیان، پرت‌گوئی، پراکنده‌گوئی. delirium. hallucination. nonsense.

~ داشتن. to be delirious. to rave.

~ گفتن. to speak in delirium. to rave. to talk nonsense. to hallucinate.

هَذیانی delirious. hallucinating. raving. frenzied. hallucinatory.

هَر، هریك، هرکدام. each. every. any.

~ يك از آنها. each of them. each one of them.

~ کتابی راکه بخواهید. any book (that) you want.

~ دفعه، هربار. each time. every time.

~ کس. anyone. whosoever. whoever. whoso. everybody. any one. he who.

~ کس از آنجا رد میشد میخندید. anyone who passed by would laugh.

~ که. whoever. he who.

~ چه. whatever. all that. anything (that).

~ چه فرمائی اطاعت میکنم. I obey what you command.

~ چه میخواهد دل تنگت بگو. say what your gloomy heart prompts you (to say).

~ چه داشتم همین بود. that was all I had.

~ چه زودتر. all the sooner. as soon as possible.

~ چه زودتر بهتر. the sooner the better.

بسرعت ~ چه تمامتر. as quickly (or rapidly) as possible. as fast as possible.

~ چه باداباد. come what may! be that as it may (or will).

~ چیز، همه‌چیز. everything. all things.

~ روز. everyday. each day.

~ جا، ~ کجا. everywhere. wherever.

~ جا بگوئی میروم. I will go wherever you say.

~ وقت. whenever. anytime.

~ آنکس، ~ آن شخص که. any person who. any one who. he who.

~ آنکس‌که دندان دهد نان دهد. he who gave (gives) us teeth will give us bread.

~ آنچه. whatever. whatsoever.

~ آنکه. whoever. anyone who. whosover.

از ~ جهت. from every respect. from all points of view. from every direction.

~ دو. both.

~ دوی آنها حاضرند. both of them are present.

~ سه. all three. the three of them.

~ زمان. at all times. constantly. whenever.

~ سال، همه سال. every year. each year.

هَرات Harat. Herat.

هراس، بیم، ترس. fear. alarm. confusion. fright. timidity. anxiety. worry. dread. awe. terror. horror. panic. scare. angst. apprehension.

~ کردن، ~ داشتن. to be alarmed. to fear. to apprehend. to dread. to become anxious, worried, or afraid.

هَراسان، بیمناك، ترسان، وحشت زده. afraid. frightened. alarmed. confused. scared. fearful. worried. horror-stricken. apprehensive. terrified. anxious.

هَراسناك، بیمناك. dreadful. worrisome. frightful. horrendous. fearsome.

هَراسَنده، ترسان، آدم‌ترسو. fearing. fearful. afraid. worrier. timid.

هراسانیدن، هراساندن. to scare. to frighten.

هَراسیدَن، ترسیدن. to fear. to dread. to be alarmed, afraid, or worried.

ازبدی بهراسید و به نیکی بگروید. fear evil and follow the good.

هَراشیدَن، استفراغ‌کردن، قی‌کردن. to vomit. to puke. to throw up.

هَرآینِه، براستی، بیقین، بی‌تردید. indeed. veriiy. certainly. undoubtedly.

~ بشما می‌گویم. verily I say unto you.

هَرج، شورش، اغتشاش. riot. confusion. sedition. anarchism. anarchy.

هرجاگرد، ولگرد، ویلان. streetwalker. rover. vagrant. vagabond.

هَرجائی. unsettled. vagrant. gadabout. inconstant. streetwalker. prostitute.

هَرج‌ومَرج، بی‌نظمی، اغتشاش، انارشیسم. anarchy. chaos. confusion. disorder. confused. chaotic. disorderly. anarchical. hurlyburly. disarray. jumble.

درآن مملکت ~ سه سال حکمفرما بود. for three years anarchy (or disorder) prevailed in that country.

هَرج‌ومَرج‌طَلَب، هرج‌ومرج‌گرای. anarchist. anarchic.

هرج‌ومرج‌گرائی anarchism.

هَرچ (contraction of هر چه)، هرچه، هرآنچه. whatever. whatsoever.

هَرچِقَدر، هرچند، هرقدر. whatever. as much as. whatever quantity. no matter what.

~ پول بخواهی بتو خواهم داد. I will give you as much money as you desire.

هَرچَند، اگرچه، با اینکه. although. though. however.

~ فقیر هستم میتوانم ازعهده این امر برآیم. I can afford it however poor I may be.

هَرچِه any. whatever. what.

هَردَمبیل، بی‌پرنسیپ، سهل‌انگار، دمدمی‌مزاج، بی‌بندوبار. (slang) unprincipled (person). easy-going (person). careless. unconcerned. indolent. whimsical. mercurial.

هردم‌خیال، هوس‌باز. capricious. fickle. whimsical.

هردو both (of them).

هَرروز everyday. daily. journal.

~ بمن تلفن میزند. he phones me everyday.

هَرروُزه، روزانه. everyday. daily.

این عادت هر روزهٔ اوست. this is his daily habit.

هرروزی، یومیه، روزانه. daily. quotidian.

هَرز، مهمل، عاطل، هدر. vain. futile. worn out. much used. slack. waste (as water).

~ رفتن. to be wasted. to go to waste.

آب ~ میرود. the water is wasted (or going to waste).

هَرزآب sewage. waste water.

هَرزَگی، الواطی، عیاشی. profligacy. debauchery. libertinism. lewdness. dissipation. frivolity. abusive language. ribaldry. lechery. orgy. meretriciousness. licentiousness. prurience.

~ کردن. to debauch. to act lewdly. to commit debauchery.

هَرزِه، فاسد، ولگرد. dissolute. libertine. profligate. abusive. foulmouthed. ribald. debauchee. voluptuary. lecher. lascivious. meretricious. prurient. pornographic.

زن ~. a lewd woman.

هَرزه‌خَند one who laughs without reason. unreasonable laughter.

هَرزِه دَرا(ی)، مهمل‌گو، وراج، هرزه چانه، بدزبان. prattler. one who prates. slanderer. chatterer. abusive.

هَرزِه دَرائی، وراجی، مهمل‌گوئی، بدزبانی. chatter. prating. babbling. scurrility.

هرس‌کردن to prune.

هرساله every year. annually. annual. occurring each year. yearly.

هَرکارَه cookingpot. cauldron.

هرکجا anywhere. wherever

هرکدام any one. each.

هرکه‌هرکه disorderly. confused.

all-purpose (utensil). jack-of-all-trades.

هَرکَس، هرکه. anybody. everybody. he who. anyone.

هَرگاه، چنانچه، هرموقع، هرآینه. whenever. if. in case. should. any time.

شما میتوانید ~ که بخواهید بروید.

you can go whenever you choose.
~ دیر آمدید. in case you came late.
هَرگِز، بهیچوجه، ابداً. never. ever. (not) at all. by no means.
آیا ~ بهجزایر اقیانوس آرام سفر کردهاید؟ have you ever travelled to the Pacific Islands?
او ~ نخواهد آمد. he will never come.
هِرَم (pl. اهرام). pyramid.
اهرام مصر. the pyramids of Egypt.
هُرمُز Hormoz.
هُرمَزد، اورمزد، اهورامزدا.
Ahura Mazda. Ormazd or Ormuzd.
هَرَمی، بشکل هرم، ~ شکل.
pyramidal. pyramidical.
هِرّه brick-on-edge course.
هرهٔ خاکریز. berm. ledge.
هرهر خندیدن to giggle.
هُرهُری، بیبندوبار، لامذهب. ~ مذهب.
irreligious. Godless (person). unorthodox.
هَریسه a soft dish consisting of ground wheat and meat.
هریك each (one). any (one).
هِزار، یکهزار، ~دستان. a thousand. milli-. mille-. (z.) starling. night-ingale.
ده ~. ten thousand. a myriad.
صد ~. one - hundred thousand.
پانصد ~، کرور. five - hundred thousand.
~ هزار، یكمیلیون.
a thousand - thousand. one million.
~میلیون، یكمیلیارد. one billion.
یك در ~، یك هزارم. one per thousand.
one per mille. one - thousandth.
دورهٔ ~ ساله. millenium.
هزارپا (z.) a millipede or millepod. myriapod. centipede.
هزارپایان (z.) the Myriapoda.
هَزارپیشه، هزاربیشه. a chest or box with many compartments.
هَزارچِشان، هزار جشان، هزار افشان.
(bot.) bryony. white bryony.
هزاردانه having one thousand seeds or beads. an ear of corn, rice, etc.
هزاردستان، بلبل.
the starling. the nightingale.
هزارفن، همهفنحریف.
Jack - of - all - trades. (one) who knows numerous arts.
هزارلا psalterium. having a thousand plies. the omasum.
هِزارُم thousandth.
هزارمی، هزارمین. (the) thousandth.
هِزارَه، هزارمین سالگرد.
millenium. millenial.
هزاره a regiment of 1000 soldiers (chiefly Biblical).
هِزاری bought, sold, or counted by the thousand.
هُزال، لاغری.
emaciation. extenuation. leanness.
هَزّال، شوخ، دلقك. a jester. a buffoon or droll. joker.
هَزل، شوخی، لطیفه، هجو. a jest. joke. dirty joke. gag. jape. wit. clowning. jocularity. witticism.
هَزلاً، بطور هزل، هجائی.
jestingly. jocularly.

هَزل‌آمیز witty. facetious. jesting.
هَزل‌گو jester. facetious. witty.
هَزلیّات، فکاهیات. facetiae. facetious verses or writings. dirty jokes.
هَزیمَت، شکست، عقب‌نشینی، گریز.
rout. defeat. flight. retreat.
روبه ~ نهادن، ~ یافتن. to be routed or defeated. to be put to flight.
~ کردن. to retreat.
هَزینه، خرج، نفقه. expenditure. expense. alimony. outlay. spending. payment. cost(s). disbursement. outgo. overhead
هزینهٔ سفر. travel expense
~ دربرداشتن. to involve expense.
هزینهٔ زندگی. cost of living.
هزینه‌های لازم. necessary expenditures.
مدرسه هزینهٔ شما را خواهد پرداخت.
the school will pay your expenses.
هُژیر، شایان‌ستایش، شایسته، باشکوه، هوشیار، دقیق، حاد. praiseworthy. admirable. glorious. dignified. clever. acute.
هَست، هستی، وجود، است، موجود.
(third Person singular in the present tense of the verb: بودن=to be). is. exists. there is. existence. being.
خدا ~. God exists.
هَستَك، هستهٔ کوچك. nucleolus.
هَستَند (they) are. (third person plural in the present tense of the verb: بودن=to be).
هَسته nucleus.
هستهٔ اتم. atomic nucleus.
هَسته، هستو. stone (of a fruit). pit. kernel. seed.
هستهٔ زردآلو. the stone of an apricot.
مغز هسته. kernel.
هسته‌ای nuclear.
آزمایشهای ~. nuclear tests.
جنگ‌افزارهای (سلاح‌های) ~.
nuclear (or atomic) weapons.
هستی، وجود، حیات، دارائی. existence. property. wealth. life. entity. ens. esse. subsistence. coexistence. presence.
خداوند ~ بخش. God who gave us life (existence). God the Creator.
اینها تمام ~ من است.
these are all my possessions (belongings).
تمام ~ من این خانه است. this house is all I possess. this house is my only property.
من تمام ~ (حیات) خود را به اومدیونم.
I owe all my life (existence) to him.
عالم ~، جهان ~. the world of being. creation. the universe. the cosmos.
~ و نیستی. existence and nonexistence.
هَشت eight. octa-. eight days.
~تائی، ~عددی، ~ جزئی. octad.
~ وجهی، ~ ضلعی، ~پهلو. octagon.
~ سطحی، ~ وجهی، ~روئی. octahedral.
هَشتاد eighty.
~ سال. eighty years.
~ ساله. octogenarian. octogenary. eighty years old.
هَشتادُم، هشتادمین، هشتادمی.
eightieth. (the) eightieth.
هَشت‌بَرابَر، هشتگانه، هشت مرتبه.
eightfold. octuple. eight times.
سن او ~ سن‌بچه‌اش بود. his age was eight times that of his child.

هَشت‌پا eight - footed. octopus.
هَشت‌پایان (z.) Octopoda.
هَشت‌پهلو eight - sided. octagonal. octangle. octangular.
هشت‌تار octachord.
هَشت‌تایی octonal. octonary. octave. octad. eightfold. octuple.
هَشت ساله eight years old.
هشت سطحی
octahedral. octahedron.
هَشتصَد eight - hundred.
هَشتصَدُم eight - hundredth.
هشتصدمی، هشتصدمین.
(the) eight - hundredth.
هَشت ضِلعی (geom.) octagonal.
جسم ~. an octagon.
هَشت‌کوُش، هشت گوشه. (geom.) octangular. octagonal. an octagon.
هَشتُم eighth. eighthly.
کلاس ~. the eighth grade.
هَشتُمی، هشتمین. (the) eighth.
هِشتَن، نهادن، گذاردن، قرار دادن.
to put. to place. to lay. to let.
هَشتی a vestibule. one having eight sides. octangular. octad.
هُشدار، مواظب باش، هوشیارباش. warning. be careful! pay attention! beware! look out. alert.
~ دادن. to warn. to caution. to put on guard. to alert.
~ من موجب شدکه از خطر نجات یابد.
my warning caused him to be saved from danger.
هشیار، هوشیار sober. aware. alert.
هَضم، گوارش.
digestion. digesting. assimilation.
~ کردن. to digest. to absorb. to assimilate.
~ شدن. to be digested. to be absorbed.
قابل ~، گوارا. digestible.
غیر قابل ~، ناگوارا. indigestible.
قابلیت ~، گوارائی. digestibility.
هضم رابع the fourth stage of digestion (of a ruminant).
هَضمی، هاضمه‌ای، گوارشی. digestive.
جهاز ~، جهاز هاضمه. digestive organ.
هَفت
seven. sept-. septo-. hept-. septem-.
هفتگانه، سبعه، ~ روزیکبار. septan.
~گوشه، ~ضلعی، ~پهلو. septane. heptane.
~ زاویه. septangle.
~ زاویه‌ای. sepangular.
هَفتاد seventy. septua-.
~ ساله. septuagenerian. septuagenary.
هَفتادُم seventieth.
هَفتادُمی، هفتادمین. (the) seventieth.
هفت‌برابر septuple. seven times as much. sevenfold.
هَفت‌بَرگ، هفت برگه. heptaphyllous. seven-leaved.
هَفت‌بُنیانی، هفت ظرفیتی، هفت هیدروژنی.
heptavalent. septivalent.
هفت‌بیتی a heptastich.
هَفت‌پهلو، هفت‌ضلعی. septilateral.
هَفت‌تَن the seven sleepers of Ephesus. the seven planets.
هَفت‌جوش an alloy of iron, lead, copper, tin, gold, silver and antimony. boiled seven times.

هَفتخوان the seven exploits or labo(u)rs (of Rustam). ordeal.
هَفت‌دانه heptaspermous.
هَفت ساله seven years old. septennial.
هَفت‌سَطحی heptahedral. heptagon. heptagonal. heptahexahedral.
جسم ~. a heptahedron.
هَفتصَد seven - hundred.
هَفتصَدُم seven - hundredth.
هفتصدمی، هفتصدمین، (the) seven hundredth.
هَفت‌ضِلعی، هفت‌پهلو. heptagonal. a heptagon. septilateral.
[illegible] the seven. heptad. septuplet. septenary.
هَفت‌گوش، هفت گوشه، هفت زاویه.
heptangular. heptagonal. a heptagon.
هَفتِگی weekly.
روزنامهٔ ~. a weekly paper.
هَفتُم seventh. seventhly.
هَفتُمی، هفتمین.
(the) seventh. heptad. heptarch.
هَفتِه week.
هفته‌ای یکبار. once a week.
هفتهٔ دیگر. (the) next week.
هفتهٔ گذشته. (the) last week.
هر ~. week in week out. every week.
سه شنبهٔ هفته‌دیگر. a week from Tuesday. Tuesday next week.
هفت‌روز ~. the seven days of the week.
~ بهفته. weekly. week by week.
روز ~. weekday.
هفت‌هجائی septisyllabic.
هفته‌کوك wound up once a week.
هفته‌واری weekly. weekly payment or instalment.
هَفت‌یك one-seventh. a seventh part.
هِفدَه seventeen.
هِفدَهُم seventeenth.
هِفدهمی، هفدهمین. (the) seventeenth.
هفهفو very old. decrepit.
هِکتار hectare.
هَکَذا، بهمچنین. thus. so. such. also. in the same manner. and.
هُکهُك، سکسکه. hiccup. hiccough.
~ کردن، سکسکه کردن.
to hiccup. to hiccough.
هِل (bot.) cardamoms.
هُل، فشار، پی‌زنی، پرت‌سازی. push. jostle. jolt. shove.
~ دادن. to push. to jostle. to shove.
یکدیگر را ~ ندهید. don't push one another.
چون ماشین سواری او خراب شده‌بود آنرا هل دادیم. we pushed his car because it was out of order.
هِلا، ایا، آهای. hey! holla. hollo! beware! take care!
هَلاك، نابودی، فنا، زوال، مرگ. perdition. ruin. downfall. loss. fall. destruction. death. perished. expiring. expiry.
~ کردن. to cause to perish. to kill. to destroy. to put to death.
~ شدن، بهلاکت رسیدن. to perish. to die. to be killed. to be destroyed. to be ruined.
او در حادثه‌ای ~ شد. he was killed in an accident.
اگرآب نباشد از تشنگی ~ میشویم.

if there is no water we die of thirst.

هلاکت، مرگ، نابودی، فنا، زوال. destruction. perdition. ruin. death.

به ~ رسیدن. **to die. to perish. to be killed. to expire.**

هلاکو Holakoo the Mongol king.

هلال، ماه‌نو، نیمدایره. crescent. new moon. parenthesis. curve. arch.

هلال‌ابرو having arched eyebrows.

هلال‌احمر the Red Crescent.

هلالی crescent - shaped. semilunar.

استخوان(عظم) ~. **a semilunar bone.**

هلاهل، مهلك mortal. deadly.

زهر ~. **a deadly poison.**

هلفدان، هلفدانی. black hole. prison.

هلند (geog.) Holland. Netherlands.

هلندی Dutch. Dutchman.

هلو (bot.) peach.

درخت ~. **a peach tree.**

هلهله a cry of exultation. applause. cheers. hubbub. tumult. uproar.

~کردن. **to cry for joy. to applaud. to create an uproar. to cheer.**

هلهله‌کنان applaudingly.

هلیله (bot.) myrobalan.

هم، نیز، همچنین، چنین. also. too. likewise. even. both. either. homo-. co-. con-. com-. sym-. iso-. equi-. syn-. (also used as prefix meaning «fellow» as in: همکار = fellow worker).

او ~اینجاست **he is also here. he too is here. he is here too.**

ما برای شام سوپ ~ داریم. **we have soup for supper too.**

او در اتومبیل هم‌کتاب میخواند. **he reads books even in the car.**

~ او و~برادرش. **both he and his brother.**

منهم او را ندیدم. **I didn't see him either.**

بهم، با یکدیگر. **each other. one another.**

آنها بهم نگاه‌کردند. **they looked at each other.**

آنها با~دشمن‌اند. **they are enemies (with each other).**

~غذا میخوردو~ روزنامه‌میخواند. **he both eats and reads a newspaper. he eats food and reads a newspaper at the same time.**

با~. **together. with one another.**

هم، کوشش، سعی، غصه، نگرانی. care. solicitude. grief. effort.

~ خود را مصروف‌چیزی کردن. **to devote one's effort to something.**

-هم termination of the ordinal numbers from یازدهم (eleventh) to نوزدهم (nineteenth) and hence almost equivalent to the English "-teen" and "-teenth".

هما، همای. the osprey. the fabulous bird of good omen. Phoenix.

همای برهمه مرغان ازآن شرف دارد... **the osprey is superior (preferable) to other birds because...**

هم‌ارز equivalent.

هم‌آغوش embracing each other. lying with. sleeping with each other. cohabiting with. hugging.

همال،همتا، نظیر، رفیق، مانند. equal. peer. parallel. like. companion.

هم‌آموزگان، کلاس. class. classmate.

همان، آن، همانچیز، همانکس. same. the same. that very same. that very.

~کتاب دوباره چاپ شد. **the same book was reprinted (printed again).**

دوباره ~کار راکرد. **he did the same thing again (over).**

این (درست) ~ دختر است. **she is that very girl.**

درست ~کتابی‌که میخواستم. **the very same book I wanted.**

~ یکی. **only that. that same one.**

~دم. **that very moment. just then.**

جواب مسئله ~ است که‌گفتم. **the answer to the problem is just what I said.**

~طور. **in the same way. in that manner. thus.**

~طورکه داشت حرف میزدغش کرد. **he fainted just as he was talking.**

همانا، هرآینه، مسلماً، درحقیقت. indeed. in sooth. in fact. verily. certainly.

~که درست میگفت. **he was right indeed.**

~که توروستازاده‌ای. **indeed you are a peasant's son.**

همانگاه، همانکه، همان‌دم. then. that very moment. as soon as.

همانند، مانندهم، هم‌مانند،مشابه،متشابه. like. alike. resembling each other. identical. similar. uniform. equal. same.

~کردن. **to make alike or similar. to sort. to equalize. to liken.**

همانندی، مشابهت، شباهت. similarity. resemblance.

هم‌آواز، هم‌زبان، متفق، هم‌رأی، همصدا، هم‌آوا، متفق‌الرأی. singing together. harmonious. concordant. unanimous.

~ شدن. **to sing together. to become harmonious or unanimous.**

هرسه‌درآن موضوع ~ شدند. **all three agreed (or spoke in the same tone) on that matter.**

هم‌آورد، حریف، دشمن، رقیب، طرف. adversary. antagonist. rival. competitor. assailant. counterpart. foe.

هم‌آویز، هم‌آورد. rival.

هم‌آهنگ coordinated. harmonious. concordant. accompanying (in music). euphonious. congruous. uniform.

سازها ~ هستند. **the musical instruments are hormonious.**

~کردن. **to coordinate. to attune. to harmonize. to tune. to pitch.**

~ شدن. **to become coordinated. to come into agreement. to harmonize. to become of one accord.**

ناهماهنگ. **uncoordinated. discordant. cacophonous.**

هم‌آهنگی coordination. harmony. concordance. concert. symphony. congruence. congruency. concord.

ناهماهنگی، عدم هماهنگی. **disharmony. incoordination. discord. cacophony.**

هم‌اتاق roommate.

هم‌ارث، شریك‌الارث. a joint heir. coheir. parcener. coparcener.

هم‌اسم، همنام. homonymous. namesake. homonym.

همای، هما. (z.) the osprey. the phoenix.

همایش congress. gathering. meeting.

همایون، مبارك،خجسته، فرخنده. imperial. royal. august. fortunate. auspicious. blessed. masculine proper noun.

اعلیحضرت همایون شاهنشاه آریامهر. **his Imperial Majesty, Shahanshah Aryamehr.**

همایونی، شاهنشاهی، فرخنده. imperial. royal.

همبازی، انبازی. playmate. partnership. teammate. partner.

هم‌بالان Homoptera.

همبردار equal.

هم‌بستر، همخوابه. bed fellow. sleeping together. cohabitant.

هم‌بستر شدن (با). **to go to bed with. to cohabit.**

هم‌بستری cohabitation. sleeping together.

همبستگی solidarity. correlation.

هم‌بوم (z.) sympatric.

همپا، همراه، هم‌قدم. fellowman. companion. (coming) along. accompanying.

هم‌پار. ایزومر isomer.

هم‌پاری isomerism.

همپایه، همقطار، هم‌رتبه. cohort. equal. coequal. peer. equals. colleague.

او و همپایه‌های او. **he and his coequals.**

هم‌پیاله، هم‌بزم. compotator. a boon companion. pal. chum. comrade.

هم‌پیشه (هم‌پیشگان .pl)، همکار. colleague. cohort. (one) of the same craft. coequal. peer. associate.

هم‌پیمان، هم‌عهد، متحد. confederate. ally. united (in a league). accomplice. associate. comrade (in arms).

هم‌پیمانی، اتحاد، اتفاق. confederacy. alliance. union. league.

همت (همم .pl). ambition. aspiration. scope of mind. enterprise. motivation. high-mindedness. effort. endeavo(u)r.

بلند ~. **ambitious. having a high ambition. generous. highly motivated.**

~کردن، ~ ورزیدن. **to show ambition or motivation. to endeavo(u)r. to strive. to show magnanimity.**

بی~. **unambitious. lacking in motivation.**

پر ~. **ambitious. highly motivated.**

~ بلند دارکه مـردان روزگـار، از~ بلند بجائی رسیده‌اند. **have a high ambition for the men of the world, have attained (high) places through high ambition.**

همتا، نظیر، همانند، مثل. fellow. mate. like. match. equal. peer. par.

بی~. **peerless. incomparable. matchless. nonpareil. unique.**

هم‌تافت complex.

هم‌تراز، همپایه. level. equal. peer. cohort.

هم‌ترازو، هموزن، هم تراز، هم‌رتبه. equilibrated. equipollent. equipoised. of equal weight. of the same rank.

هم‌جنس، همنوع. alike. homogeneous. homogenous. homologous. congenerous. of the same kind or quality. member(s) of the same species.

کند هم جنس با هم جنس پرواز. **birds of the same feather fly together.**

معمولاً حیوانات گوشت‌هم‌جنسان‌خودرا نمیخورند. **usually animals do not eat the flesh of their own kind.**

هم‌جنسی، هم‌نوعی. homogeneousness. homogeneity. homology.

همجوار، هم‌مرز. neighbo(u)ring. neighbo(u)r. adjacent. contiguous. abutting. conterminous. nigh. adjoining.

کشورهای ~. **neighbo(u)ring countries.**

همچشم، رقیب. emulator. rival. competitor. competitioner.

همچشمی، رقابت. emulation. rivalry. competition. vying with (one) another. rivalship. competing.

~ کردن. **to emulate. to vie with. to rival. to compete.**

اوهم بخاطر ~ با همسایه‌ها یك پیانـو برای دخترش خریده است. **she too has bought a piano for her daughter out of competition with her neighbo(u)rs.**

همچنان، همچون آن، آنقدر، آنچنان. in that manner. so. thus. accordingly.

گر امید وصل باشد ~ دشوار نیست. **it is not so difficult where there is a hope of union (or meeting).**

~که. **such that. so that. as.**

همچند equivalent. par.

همچندی equivalence. equation. parity

همچنین،همچون این،اینطور، چنین، بدینگونه، نیز. in this manner. thus. so. also. likewise. as well. besides. furthermore.

تو نیز ~ کن. **you also do the same (thus).**

~ چیزی قابل قبول نیست. **such a thing is not acceptable.**

همچو، همچون، چنین، مثل، مانند، چون. such a. like. such that. as.

آیا تاکنون ~ خبری شنیده‌ای؟ **have yon ever heard such a news?**

او نیز ~ من است. **he is also like me.**

همچون، مثل، مانند. like. as. similar.

~ پیل غران. **like a roaring elephant.**

همخانه، هم منزل. cotenant. joint tenant. cohabitant. fellow lodger. living together (or in the same house).

او سالها همخانهٔ من‌بود. **he was my cotenant for years.**

همخو congenial. of the same habits, character, or disposition.

هم‌خواب،هم‌شیب. isoclinal.

همخواب، همخوابه. bedfellow. spouse. sleeping together. cohabitant.

همخوابگی cohabitation. sleeping together.

همخوراك، هم‌غذا. messmate. eating together.

هم‌خوئی congeniality. agreement in habits or character.

همداستان، هم‌نوا، موافق، همدستان. accomplice. companion or friend. confidant. conformable. agreeing. friendly. in accord. unanimous.

~ شدن. **to agree with each other. to come into agreement. to conspire. to be in accord. to become unanimous.**

همدان، اکباتان. Hamadan. ancient Ecbatana.

همدانی of Hamadan.

هم‌دبستان، هم‌مدرسه. schoolmate.

همدرد، دلسوز. sympathetic. fellow sufferer. partner in pain (sorrow, or cares). sympathizer. well - wisher.

ما با یکدیگر همدردیم.

we are sympathetic towards each other.

همدردی، دلسوزی. sympathy. fellow feeling. condolence. commiseration.

~ کردن. to sympathize.
to commiserate. to condole. to pity.

او نسبت به‌وضع‌دوست‌بینوایش‌اظهار ~ میکرد.
he commiserated the state of his poor friend.

من کاملاً با شما همدردم (موافقم).
I quite sympathize with yon.

همدرس، همکلاس، همپایه.
a fellow student. classmate.

[illegible]
collaborator. cooperator. an aid. conspirator. companion. accomplice. complotter. partner. associate.

~ (همکار) من در تنظیم این فرهنگ.
my collaborator in compiling this dictionary.

~ او جواب تلفن را داد.
his aid answered the phone.

آن دزد معروف وهمهٔ همدستانش‌دستگیر شدند.
that notorious thief and all his accomplices were apprehended.

~ شدن. to join hands.
to collaborate. to conspire. to collude.

همدستی،همکاری، معاونت، شرکت، پایمردی.
collaboration, aid. association. conspiracy. complot. collusion. cooperation.

~ کردن. to conspire.
to join hands. to collaborate.

همدل، همفکر، هم اندیشه. unanimous. sympathetic. consentaneous. consentient. concurring. concordant.

~ شدن، همدلی کردن.
to concur. to agree together.

همدلی، موافقت. agreement. unanimity. congeniality. consensus. consentience. concurrence. concord. consonance.

همدم، مصاحب، دمساز، همراز.
companion. confidant. intimate. boon companion. lady-in-waiting. chum.

همدمی، مصاحبت. companionship. familiarity. intimacy.

همدوش، همپایه، همراه.
equal. of the same rank. shoulder to shoulder. peer.

همدیگر، یکدیگر.
one another. each other.

با ~.
together. to each other. to one another.

~ را محبت کنید، بیکدیگر محبت کنید.
be kind to each other (one another).

آندو با یکدیگر صحبت میکردند.
they were talking to each other.

همدین، همکیش، هم‌مذهب.
correligionist. fellow believer.

همذات، همسرشت، هم وجود.
coexistent. consubstantial.

همراز، همدم، صمیمی، مورد اطمینان.
intimate. confidant(e). crony. boon.

همرازی، صمیمیت، همدلی. confidence. intimacy. having common secrets.

همراه، بدرقه، ملازم، موافق، یار، مساعد.
accompanying. fellow traveller. companion. company. escort. adherent. retinue.

همراهان ما در اولین منزل ما راترك گفتند.
our fellow travellers left us at the first stop.

همراهان شاه با نظم وترتیب حرکت میکردند.
the king's escorts (retinue or attendants) moved in good order.

~ من بیا. come along with me.

همراهی،مساعدت. assistance. aid. relief. succor. support. advance. furtherance. accompaniment. company. escorting.

~ بافقراء. assistance to the poor.

بهمراهی. in company with. with. together with. by the aid of. with the help of.

او بهمراهی(بکمك) آن‌زن آمد.
he came to her relief.

او بهمراهی (همراه) چند نفر آمد.
he came in company with several men.

[illegible] to go along (with)
to accompany. to escort. to help. to favo(u)r.

او را تا فرودگاه ~ کردیم.
we accompanied him to the airport.

تا دم در او را ~ کن. see him to the door.

همرای،همعقیده،همرای،همفکر. unanimous. of the same opinion or mind.

آن دو برادر در امور سیاسی با هم ~ نیستند.
the two brothers are not agreed on political matters.

همرائی، همعقیدگی، اجماع. agreement in opinion. unanimity. consensus.

همرتبه، همپایه،هم‌درجه. coordinate. peer. equal in rank. of the same grade.

کارمندان~. employees of the same grade.

~ بودن.
to be of the same rank or grade.

همردیف aligned. (civil employee) enjoying the privileges of a specified military rank.

همرکاب، همسفر. a fellow rider. one who rides with another. fellow traveller. companion.

همرنگ، یکرنگ، همذوق. of the same colo(u)r. concolo(u)r. concolo(u)rous. alike. synchronous.

گلهای ~. concolo(u)rous flowers.

خواهی نشوی رسوا، ~ جماعت‌شو.
when in Rome do as the Romans do.

همرو، روبرو، مواجه. opposite. placed face to face. confronting. cater-corner(ed). kitty-corner(ed).

همروزگار، معاصر، همسفر. coeval. contemporary. contemporaneous.

همریخت homomorph. isomorph.

همریختی،همشکلی. isomorphism.

همریش، باجناغ. brother-in-law. husband of the wife's sister.

همریشه. cognate.

همزاد، دوقلو. twin. born together. (one's) double.

همزبان، هم‌لسان. speaking the same language. agreeing. consentient.

همزدن to stir. to agitate. to beat (as an egg).

همزمان، معاصر،همگام،مقارن،متقارن، همگاه.
synchronized. coincident(al). concurrent. contemporary. concomitant. simultaneous. contemporaneous. coeval. synchronous. concordant.

ساعتهای ~. synchronized watches.

شعرای ~ (معاصر). contemporary poets.

سلطنت آنان ~ بود.
their reigns were contemporaneous.

ترجمهٔ ~. simultaneous translation.

همزمانی synchronism. simultaneity.

همزه Arabic «alef» or «a» the sign of which is «ء».

همزیستی symbiosis. coexistence.

~ مسالمت آمیز. peaceful coexistence.

همساز، هم‌آهنگ، همنوا. harmonious. concordant. unanimous. symphonious.

همسال، همسن، همدوره، همزمان.
of the same age. coeval. coetaneous.

برادر وپسرعموی من همسال‌اند.
my brother and my cousin are (of) the same age.

همسان، هم‌گرای. isotropic.

همسان، یکسان. alike. equal. similar. uniform. level. same.

همسانی isotropy.

همسایگی، مجاورت، قرب، جوار، نزدیکی. neighbo(u)rhood. vicinity. proximity. propinquity. nearness. adjacency.

دختر دلربائی در ~ ما زندگی میکند.
a charming girl lives in our neighbo(u)rhood.

در ~ (مجاورت) لندن.
in the (proximity) vicinity of London.

همسایه (همسایگان، .pl)، همجوار، مجاور.
neighbo(u)r. neighbo(u)ring. adjacent. nearby. neighbo(u)rer. neighbo(u)ress.

کشورهای ~. the neighbo(u)ring countries.

ما با هم ~ هستیم. we are neighbo(u)rs.

همسر، رقیب، عیال، شوهر، جفت، قرین.
mate. consort. spouse. match. wife or husband. rival. cohort. conjugate. associate. companion. coeval. fellow.

آن‌مرد ~ وسه‌بچه دارد.
that man has a wife and three children.

میان سر و ~. among one's fellows.
before one's elders and coevals.

همسری conjugality. marriage. equality. fellowship. companionship. rivalry. rivalship. emulation. consortship. married life. wedding.

~کردن. to emulate. to vie. to live a married life. to act as husband and wife. to match. to be a match for.

او با بزرگتران خود ~ میکرد.
he emulated (or vied with) his superiors.

آئین ~. wedding ceremony.

همسفر a fellow traveller.

~ شدن. to travel together.

~ من پیر مرد بیماری بود.
my companion in the trip was a sick old man.

همسفره، همخوراك. commensal. messmate. fellow guest.

همسگالی symposium.

همسن، همسال، همسن وسال. coeval. coetaneous. of the same age.

من وهوشنگ تقریباً با هم ~ هستیم.
Hooshang and I are about the same age.

همسنگ، همرتبه، هموزن. equiponderant. of the same weight. of the same grade. coordinate. equipoised. equal.

~کردن. to equiponderate. to balance.

همسوگند، همپیمان، همقسم، هم بیعت.
bound by oath. confederate. ally. feudatory. synallagmatic.

همشاگردی classmate. schoolmate.

همشکل، همفرم، همانند، همسان. alike. homomorphic. homomorphous. resembling each other. similar. uniform.

این دوخواهر ~ هستند.
these two sisters resemble each other.

همشکلی uniformity. alikeness. homomorphism. homomorphy.

همشکم، دوقلو، ازیك مادر. uterine. twin.

برادران ~. twin brothers. uterine brothers.

همشوی، هوو. a rival wife. having the same husband.

همشهری،هموطن. fellow citizen. fellow townsman. compatriot.

ما باهم ~ هستیم.
we are from the same city.

همشیر، برادر. a foster brother (or sister). fed by the same milk.

همشیره، خواهر. sister. sibling.

[illegible] a nephew or niece. a sister's child.

همصحبت، همدم،مصاحب. interlocutor. colloquist. companion (in conversation). confabulator. chum. comate.

~شدن(با). to converse (with). to talk with. to confabulate.

همصحبتی، مصاحبت. conversation. interlocution. association.

همصدا،هم‌آواز. consonant. symphonic. symphonious. homophonous. homotonous. of the same opinion. in agreement. unanimous. accordant.

~ شدن. to become consonant.
symphonious or homophonous. to agree.

هم‌طویله of the same stable (or string). companion or fellow.

هم‌عصر، معاصر، همزمان. contemporary. simultaneous. coexistent. contemporaneous. coeval. synchronous.

فردوسی وعنصری ~ بودند.
Ferdowsi and Onsori were contemporaries.

هم‌عهد، هم‌پیمان. cosignatory. aligned. confederate. ally. allied. contemporary.

~ شدن. to become allied or in league. to complot. to conspire.

هم‌فکر of the same mind (or opinion). sympathetic.

هم‌فکری sympathy. thinking alike. being of the same mind (or opinion).

هم‌قد، هم‌اندازه، همسال. of the same stature or size.

هم‌قدم، همگام. companion. associate. fellow traveller. walking together.

~ شدن(با).
to fall in step (with). to walk together.

هم‌قسم، هم‌عهد، هم‌پیمان. confederate. united (by an oath). conspirator.

~ شدن. to take an oath together.

همقطار، همکار،همپایه. cohort. colleague. fellow soldier. fellow member.

همقطاری، همکاری. colleagueship. fellowship. fellow worker.

همکار، همقطار. colleague. cohort. cooperator. collaborator. co-worker.

همکاری، همقطاری، اشتراك مساعی. cooperation. collaboration.

او با دشمن ~ میکرد.
he collaborated with the enemy.

این کتاب دراثر ~ چندین نفر بوجود آمده‌است.
this book has come into existence as a result of the cooperation of several people.

~کردن. to collaborate. to cooperate. to work jointly.

همکاسه، هم‌مشرب. companion. messmate. compotator. commensal.

هم‌کفو a match. of the same rank.

من با شما ~ هستم. you and I are equal

in rank.

هَمکِلاس، همدرس، هم‌مدرسه، همکلاسی. classmate. schoolmate.

هَم‌کَلام، هم‌صحبت، همدم. companion. interlocutor. collocutor. colloquist. fellow talker. confabulator. chum.

هَم‌کیش، هم‌مذهب، همدین. coreligionist.

همگان، همه. all. everybody. everyone.

همگانی، عمومی. public. general. universal.

هَم‌گرا، متقارب. convergent. converging.

همگرایی convergence. convergency.

هَمگِن، سازگار، متجانس. congenial. sympathetic. harmonious. compatible. equal. agreeing. congruous. cohort.

نا ~. uncongenial. incompatible. incongruous.

هَمگِنان (pl. of همگن). fellow men. equals. cohorts. comates. peers.

هَمگی (همگان pl.)، همه، تمام، جمیعاً. whole. all. entire. totality. entirety.

~ شما خوش آمدید. you are all welcome.

او ~ را سلام کرد. he greeted all.

هَم‌گیر، همه گیر. epidemic. contagious.

هَم‌گیرشناسی، همه‌گیرشناسی. epidemiology.

هَم‌گیری، شیوع. epidemic. contagion.

هَم‌گیس، هم‌سن، همسال. of the same age.

هِمَم (pl. of همت). aims. ambitions.

هَم‌مَذهَب، هم‌کیش، همدین. coreligionist.

هم‌مرز، همسایه. neighbo(u)r. neighbo(u)ring. contiguous. adjacent.

هَم‌مرکز concentric. homocentric.

~ بودن، هم‌مرکزی. concentricity.

هم‌مسلک of the same opinion or idea. coreligionist.

هَم‌مَشرَب، همخو، همذوق. compotator. congenial. of the same disposition. pal. chum. agreeable (friend).

هَم‌مَعنی، هم‌آرش، مترادف. synonymous. synonym. having identical meanings.

در هرزبانی واژه‌های کاملاً هم‌معنی نادرند. in any language the really synonymous words are rare.

هَم‌مَکتَب، هم‌دبستان، هم‌مدرسه. schoolmate. classmate.

هم‌میهن، هم‌وطن. compatriot. countryman.

هَم‌مَنزِل، همخانه. cotenant. cohabitant. fellow lodger.

هَم‌نام namesake. homonym. homonymous. homonymic. homophone.

هَم‌نَبَرد، هماورد. antagonist. adversary (in fighting). duelist. rival. competitor.

هَم‌نشین، جلیس. companion. associate. cohabitant. chum. pal.

هم‌نشینان بد او را گمراه کردند. evil companions led him astray.

هَم‌نشینی، مصاحبت، دوستی. companionship. friendship. association. confabulation.

~ کردن. to keep company with. to befriend. to associate (with).

هَم‌نَفَس، همدم. an intimate friend. a companion. a confidant.

هَم‌نوع، همجنس. fellow creature. of the same kind or race as another. homogeneous.

بیشتر حیوانات گوشت ~ خود را نمیخورند. most animals do not eat the flesh of their own kind.

این دو پارچه ~ هستند. these two clothes are of the same kind.

هَمو، هم او. he too. he also.

هموار، مسطح، صاف. level. even. plane. gentle. quiet. smooth. flat. graded.

جادهٔ ~. a smooth road. an even road.

~ کننده. leveller. grader.

~ کردن. to level. to make smooth. to grade. to flatten.

هَمواره، همیشه، پیوسته، هماره. ever. always. all the time. incessantly. perpetually. constantly. continually.

او ~ در کسب دانش کوشا بود. he was ever diligent in acquiring knowledge.

همواری، ترازی، زمین مسطح وصاف، دشت. levelness. evenness. gentleness. plain. level ground. flatness. flat land.

هَم‌وَزن، هم سنگ، همپایه. equiponderant. of the same weight. equivalent. equilibrated. equipoised.

~ بودن. to be (of) the same weight.

~ کردن. to equiponderate. to equilibrate.

من و ایرج ~ هستیم. Iraj and I are the same weight.

هَم‌وَطَن، هم‌میهن. compatriot. compatriotic. fellow citizen.

هم‌وطنان من. my countrymen (fellow countrymen).

هِموگلوبین haemoglobin.

هُموم (pl. of هم)، غمها، اندوه‌ها، دلتنگی‌ها، نگرانی‌ها. sorrows. worries. griefs.

هَمِه (همگان pl.)، تمام، همگی، کلیه. all. the whole. every. entire(ly). omni-. everyone. everybody. all over.

همهٔ آنها نجات یافتند. all of them were (they were all) saved.

همهٔ مبلغ. the whole sum. the entire amount.

در همهٔ بخشهای کشور. in every part of the country.

~ اورا دوست داشتند. everybody loved him.

در همهٔ اتاق. all over the room.

اینهمه. this much. so much (or many).

~ جا. everywhere. every place.

آنهمه. that much (or many).

این ~ مردم. so many people.

با آنهمه تعریف نتوانست آنرا بفروشد. he could not sell it in spite of all that description (or praise).

با همهٔ کوششهای شما. in spite of (notwithstanding) all your efforts.

با این ~. yet. nevertheless. in spite of all that.

از همهٔ اینها گذشته، او آدم خوبی است. apart from all that, he is a good man.

از اینها گذشته. furthermore. besides.

همه‌پرسی referendum. plebiscite.

هَمِه‌جا everywhere. every place.

~ از او تعریف میشود. he is praised everywhere.

هَمِه‌جاگیر، منتشرشونده، شایع. epidemic. spreading everywhere. widespread.

مرض ~. an epidemic disease.

هَمِه‌جانِبِه، چندسویه. multilateral.

هَمِه‌جائی، هرزه، ددری. gadabout. lewd. commonplace. salacious. street girl. streetwalker. call girl. B-girl. bawd.

هَمِه‌خوار omnivorous.

همه‌روز every day.

همهٔ روز all day. all day long.

هَمِه‌روزه، هرروزه. every day. all day long.

هَمِه ساله، هرساله. every year. year by year. annually. yearly.

هَمِه‌کاره، هرکاره. one who can do any work. jack-of-all-trades.

~ کاره وهیچکاره. jack of all trades and master of none.

هَمهَمه، سروصدا، جنجال. tumult. noisy commotion. hubbub. din. clamo(u)r. racket. turmoil. confusion.

در شهر همهمه بود. there was tumult in the city.

هَمی، پیوسته. prefix indicating continuation or progression.

او راه همی‌رفت و ذکر خدا همی‌کرد. he kept on walking and mentioning God's name (praising God).

بگفت او همی‌راز خود با وزیر. he kept telling his secrets to his vizier.

هَمیاری cooperation.

هَمیان، کیسه. bag. scrip. purse.

هَمیدون، همینطور، نیز، هم چنین. likewise. in the same manner. also. now. such. thus.

هَمیست، همست، همستاد، همشتاد. system.

هَمیشگی، ابدی، همیشه، دائمی. permanent. lasting. perpetual. eternal. perpetuity. everlasting. sempiternal. eternity.

دوستی ~. permanent friendship.

بطور ~. permanently. perpetually.

بنا بعادت ~ او. according to his wont (or usual custom).

هَمیشه، پیوسته، دائماً. all the time. always. ever. constantly. perpetually. forever. everlastingly. eternally. incessantly. continually.

او ~ میخندید. he laughed all the time. he always laughed.

او ~ نسبت به فقرا مهربان بود. he was ever kind toward the poor.

جهانگیر ~ منوچهر را اذیت میکرد. Jahangir constantly (always) bothered Manoochehr.

برای ~. forever. evermore.

هَمیشه‌بهار، گل ~، بی‌خزان. (bot.) marigold. evergreen.

هَمیشه‌سَبز evergreen. sempervirent.

هَمین، تنها، فقط. this same. this very (thing). only this.

~ شخص روزی مرا یاری کرد. this very person helped me one day.

~ است وبس. only this and no more.

~ کتاب. this same (very) book.

~ یك کتاب. only this book.

همینطور. in this (same) manner. thus. so.

~ الان، ~ حالا. just now. this very moment.

~ امروز. this very day.

~ فردا. not later than tomorrow.

هَمین‌طور، همینطوری. thus. at random.

هَمینکه just as. as soon as. at the same time that. also. when.

~ مرا دید شاد شد. as soon as he saw me he become happy.

هَنجار، راه، رسم، روش، رفتار. way. road. manner. custom. a mason's rule or plumb line. a cross cut or short cut.

نا ~. cacophonous. unseemly. unbecoming. discordant. ugly.

هِند، هندوستان. (geog.) India.

هِندَباء، کاسنی. (bot.) endive.

هِندِستان، هندوستان، هند. India.

هِندِسَه geometry.

~ ترسیمی. descriptive geometry.

~ مسطحه. plane geometry.

هندسه‌دان، مهندس. a geometrician or geometer. an engineer.

هِندِسی (هندسیون pl.). geometric geometrical.

هندل crank. handle.

هِندو، هندوی، خال هندو. Hindu or Hindoo. a black slave. a mole.

خال ~. a black mole. a beauty spot.

هِندوانِه watermelon.

تخمهٔ ~. watermelon seed.

پوست ~. watermelon rind.

هِندوچین (geog.) Indochina.

هِندوچینی Indochinese.

هِندوُستان India.

هِندوُستانی، هندی. Indian. Hindustani.

هِندی (هنود pl.). Indian.

تمر ~. (bot.) tamarind.

هُنَر، فن، صنعت، دانش، علم. art. science. craft. skill. knowledge. profession. virtue. talent. exploit. knack.

~ نمایشنامه نویسی. the art of playwriting.

~ کردن. to perform a piece of art. to show skill. to perform a masterpiece.

هنرهای آذینی. decorative arts.

بی ~. artless. unskilled. incompetent.

معلمی بیشتر ~ است تا علم. teaching is more art than science.

هُنَرآموز، دانش‌آموز هنرستان، معلم هنر. a teacher or master of arts. a student of arts. a student of technology. trainee.

هُنَرپیشه، آرتیست، دوستدار هنر. artist. artisan. actor. actress. a (movie, theater or television) star.

هنرجو art student.

هُنَرستان، مدرسهٔ صنعتی، مدرسهٔ تکنولوژی. industrial school. technical school. technological school.

~ موسیقی. a school of art. conservatory.

هنرسرا technical school.

هُنَرمَند artistic. artist. artful. ingenious. skil(l)ful. industrious. learned. virtuous. artificer. talented.

هُنَرمَندانِه artfully. skillfully. ingeniously. artistically. masterfully.

هُنَرمَندی skill. dexterity. skillfulness. talent. masterfulness. artistry.

هُنَروَر، هنرمند، باهنر، ماهر. artful. ingenious. skil(l)ful. craftsman.

هُنَری، هنرمندانه، وابسته به‌هنر. pertaining to arts. artistic.

از دید هنر(ی). from an artistic point of view.

کارهای ~. art works. artifacts.

هَنگ، فوج. (mil.) regiment.

هَنگام، موسم، زمان، گاه، وقت، آهنگ، هنگامه.

time. season. scale. gamut. opportunity. tide.

درآن~. at that time. then.

~ رفتن است. it is time to go.

~، بموقع. when. at the time of. on.

هنگامیکه اووارد شد شما رفته بودید. when he arrived you had (already) gone.

بهنگام عزیمت. at the time of departure.

بهنگام، بموقع،مناسب. timely. in time. opportune. seasonable.

نابهنگام. untimely. inopportune. out of season.

کار او بهنگام بود. his act was timely.

هنگامه، هیاهو، ولوله، همهمه، انجمن، گروه. tumult. uproar. racket. turmoil. commotion. agitation. wonder. marvel causing admiration.

~ برپا کردن. to raise a tumult. to create an uproar.

~کردن. to perform wonders or unexpected things. to go beyond the limits. to be exceedingly attractive.

~گرفتن. to gather a crowd.

هنگفت، زیاد، طاقت‌فرسا. enormous. excessive. great. exorbitant. onerous.

مبالغ~. exorbitant (enormous, great) sums.

هنود، هندوها، هندیان. Indians.

هنوز، تاکنون، باز. yet. still.

~ زود است. it is still too early.

او ~ زنده است. he is still alive.

او ~ نیامده است. has not come yet.

~ دیر نشده. it is not too late yet.

هو، دم، آه، نوبت. a sigh. a gasp or breath. time. turn.

~کشیدن. to sigh. to draw a deep breath. to heave a sigh (meant to bring disaster on other people).

یکهو، ناگهان، یکمرتبه. all of a sudden. suddenly. in one turn. all at once.

هو، خدا. he. God.

هو، جنجال،هوچیگری. a hoot. hooting. a (false) rumor. boo. defaming. aspersion. heckling.

~کردن. to hoot. to bawl. to boo. to defame. to heckle. to spread false rumors.

حضار ناطق مخالف را ~کردند. the audience hooted the opposing speaker.

هو، چرك، ریم. puss.

هوا air. atmosphere. weather. sky. aero-. aeri-. pneumato-.

هوای بامدادی. morning air.

~ سرد است. the weather is cold.

هوای تازه. fresh air.

هوای ابری. overcast. cloudy weather (or sky).

جریان ~. air flow. air current.

هوای جاری. current air.

فشار~. air pressure. barometric pressure.

هوای طوفانی. a stormy weather.

آب و~. climate.

بی~. airless.

~ باز است. the weather (or sky) is clear. it is a bright (or clear) day.

~ (دارد) باز میشود. the weather is clearing up.

~ خوردن، بادخوردن، سرما خوردن. to be aired or aerated. to breathe (pure) air. to take recreation in the open air.

~ دادن. to supply with air. to air. to aerate. to expose to air. to ventilate.

~کردن، بهوا فرستادن. to fly. to make airborne. to hoist. to send aloft.

با ~خشك‌کردن. to air-dry.

بادبادك ~کردن. to fly a kite.

هوای چیزی را داشتن. to have an eye on something. to observe. to watch carefully.

~ وهوس، هوای‌نفس. carnal desire(s). concupiscence.

مانع نفوذ ~. air-tight.

~ وهوس، میل، آرزو، علاقه. desire. fondness. love. passion. (colloq.) hope. whim.

دلم هوای وطن‌کرده است. I feel homesick.

او بهوای من اینجا آمده است. he has come here for my sake.

~ پس است. the situation is not suitable.

هوابرد airborne.

هوابینی aeroscopy.

هواپرست، شهوت پرست، هوس‌پرست، عیاش. sensual. given to debauchery.

هواپیما، هوانورد، طیاره، کشتی‌هوائی. plane. airplane. aircraft. aeroplane. airship.

هواپیمای مافوق صوت، هواپیمای ابرآوا. supersonic airplane.

هواپیمای سبك. light plane.

هواپیمای اکتشافی. reconnaissance plane.

(هواپیمای) بمب‌افکن. bomber.

(هواپیمای) بمب‌افکن‌سنگین. heavy bomber.

(هواپیمای) جنگنده. fighter. fighter plane.

هواپیمای مسافری(مسافربر). passenger plane. airliner.

هواپیمای‌باربر، هواپیمای‌ترابری(حمل ونقل). cargo plane. transport plane.

هواپیمای جت. a jet-propelled airplane. a jet.

بال ~. wing (of an airplane).

بدنهٔ ~. fuselage.

مسافر ~. air passenger.

فرمان~. rudder.

رانندهٔ ~، خلبان. pilot. navigator. flier. airman. aviator. aviatrix.

هواپیمای دوباله. biplane.

هواپیمای يك‌باله. monoplane.

هواپیمای يك موتوره. single-engine plane.

هواپیمای دوموتوره. twin-engine plane.

هواپیمای بی‌موتور. glider.

~ رانی. aviation. piloting.

~رانی کردن. to aviate. to fly (a plane).

(کشتی) ~بر. aircraft carrier.

هواپیمائی aviation. air navigation. aeronautic(s). flying.

شرکت~ ملی ایران. National Iranian Airline Company.

دانش ~. aeronautics.

هواترسی aerophobia.

هواخواه، طرفدار، پارتی، دوستدار، حامی. partisan. adherent. pro. favo(u)ring. supporter. follower. admirer.

او هواخواهان ومریدان زیادی داشت. he had many partisans and disciples.

هواخواهی، طرفداری. partisanship. party spirit. favo(u)ritism. support.

~کردن. to take the part of. to defend as a partisan. to support (a cause or person). to root for. to favo(u)r.

هواخوردگی، سرماخوردگی. exposure to air. aeration. state of having caught cold. a slight cold. catching cold.

هواخوری aeration. airing. recreation. breathing pure air. walking for pleasure. stroll(ing).

هوادار، هواخواه. partisan. admirer. supporter. well-ventilated. supplied with air. inflated.

هواداری، هواخواهی. partisanship. support.

هوار، آوار. collapse. falling in. load. pressured. demolition. debris. shout loud cry. outcry.

~کشیدن. to cry (for help). to shout.

تاق فرو ریخت ودونفر زیر~مردند. the roof collapsed and two people died under the debris.

هوازی aerobe. aerobium. aerobic.

هواسنج aerometer.

هواشناس aerologist. meteorolgist.

هواشناسی aerology. meteorology. meteorological.

هواکش vent. air vent. ventiduct.

هواناو hovercraft. airship.

هوانورد،خلبان. aviator. aeronaut. pilot. airman. flier. aviatrix. navigator.

هوانوردی aviation. piloting. flying. aeronatic(s).

هوائی aerial. pertaining to the air. flying. aero-. atmospheric. climatic. aery. airy. airiform. meteorological. vain. futile. idle. pneumato-. air.

نیروی ~. air force. air fleet. air power.

کاغذ ~، بادبادك. kite.

نامهٔ ~. aerogram. air letter.

پست~. air mail.

پایگاه ~. air base.

ترمز ~. air brake.

خط ~ (هواپیمائی)، راه هوائی. air lane. air route. air line. airway.

مسافرت ~. air travel. air passage. flying.

سوراخ یا حفرهٔ ~. air pocket.

حملهٔ ~. air raid. air attack.

پناهگاه حملهٔ ~. air raid shelter.

حرفهای ~. vain (or idle) talk(s).

سفینهٔ ~. airship.

هوبره (z.) a bustard.

هوچی rumo(u)r monger. racketeer. hooter. a bawler. booing. heckler.

هودج (pl. هوادج). a camel litter. a domed woman-litter.

هور، خورشید، خور، روشنی. the sun. light. good fortune. sol.

هورا hurrai! cheer! hurrah! bravo!

~کشیدن، هلهله‌کردن. to cry out hurrah! to applaud with hurrahs. to cheer.

هورمز، هورمزد، اهورامزدا. Ahuramazda the Zoroastrian God.

هوس، اشتیاق، علاقه،تمایل، ذوق. whim. caprice. capriciousness.

او ~ بازبوده وبزودی ازلذت‌آنی خسته میشد. she was capricious and easily wearied of the pleasure of the moment.

اوبك بند شعر را فقط از روی ~خواند. she sang a verse of the song merely out of caprice.

~ داشتن. to be eager. to long. to have a (capricious) desire. to aspire.

~ داشت عروسی پسرخودراببیند. she longed to see her son's wedding.

~ راندن، ~ یافتن. to indulge in one's desires. to indulge in pleasure. to live capriciously.

~کردن. to have a fancy or liking for. to desire eagerly. to yearn. to long. to have a yen for.

~کردم قدری از آن بخورم. I desired (or longed) to eat a little of that.

بعضی جوانان ~ را باعشق‌اشتباه‌میکنند. some youths mistake caprice for love.

هوسانه delicacy. (desired) food.

هوس‌باز،هوس‌ران. capricious. inconstant. sensual. whimsical. playful. fickle.

هوس‌رانی، هوسبازی. capriciousness. caprice. whimsy. vuloptiousness.

هوسناك، مشتاق، مایل، هوس‌دار. eager. eagerly desirous. curious. having aspirations. whimsical. capricious.

هوش، حافظه، استعداد، عقل، درایت، فهم. intelligence. intellect. understanding. memory. sense. comprehension. apprehension. sagacity. perspicuity. percipience.

مردم با~. men of intelligence (or intellect).

ضریب ~. intelligence quotient. I.Q.

ضریب ~ او خیلی بالاست. he has a high I.Q.

با~. intelligent. brainy. shrewd. sagacious. perspicacious. percipient. acute. sharp.

کم ~. dumb. stupid. moron(ic). brainless. slow-witted. dull.

بی~. unintelligent. dumb. unconscious. passed out. fainted. swooned. anesthetized.

بی‌هوشی. lack of intelligence. dumbness. anesthesia. fainting. passing out.

از ~ رفتن، بیهوش‌شدن. to faint. to swoon.

بهوش آمدن. to recover one's senses. to come to (one's senses). to regain consciousness.

بهوش‌باش، هشدار. be cautious! be wary! take care! beware! be vigilant!

هوش‌بری anesthesia. fainting.

هوشمند، باهوش، هوشیار. intelligent. wise. vigilant. shrewd. tactful.

هوشمندی intelligence. understanding. sherwdness. tact.

هوشنگ masculine proper noun.

هوشیار، مواظب، باخبر، هوشمند، آگاه، گوش بزنگ. aware. conscious. alert. wary. cautious. vigilant. intelligent. clever. sober. not intoxicated. not drunk.

~بودن. to be cautious, vigilant or careful. to be conscious. to be sober.

~ شدن. to become sober. to sober. to come to one's senses. to regain consciousness. to come to.

~کردن. to make conscious or sober. to sober. to alert. to caution.

هوشیاری soberness. sobriety. cautiousness. caution. wariness. vigilance. intelligence. awareness.

هول، بیم، ترس. a sudden fear or terror. startle. shock. fear. dread. fright. anxiety. jitters.

~کردن. to be startled or shocked.

ابوالهول. sphinx.

~ دادن. to shock. to terrify. to startle.

~ خوردن. to be shocked

(with terror). to be frightened.

هَولناك، ترسناك، مهیب، مخوف. frightening. terrifying. dreadful. frightful. terrible. awful. horrendous. horrible. horrific. gastly. horrid.

منظره‌ای ~. a dreadful (frightful, terrible or awful) sight.

فیلم ~. horror movie.

هَولناکی dreadfulness. terribleness. horror. horrification.

هول‌هولکی، هلهلکی. hastily. helter-skelter.

هُونگاری، مجارستان. (geog.) Hungary.

هَوُو a rival wife.

هَوی، هوا. air. lust. desire.

هویت، شخصیت، ذات، ماهیت، شناسائی. identity. identification. individuality. personality. essence. substance.

کارت~،شناسنامه،کارت‌شناسائی. identification card. identity card. identity certificate.

تعیین ~ (کسی‌را) کردن. to identify. to determine the identity of.

هَویج، زردك. carrot.

هُویدا، آشکارا، پیدا. in view. manifest. evident. proven. proved. indisputable. obvious. conspicuous. apparent. salient. flagrant.

~ شدن. to come into view. to loom. to appear. to become apparent, obvious or proven.

هِی، آهای، هی‌هی، آفرین،های. hark! ho! lo! hey! alas! bravo! move on!

~کردن. to drive on. to start. to goad. to urge (a horse, etc). to move.

هی، هست. is.

هِیَ، او(مؤنث). she.

هَیأت، هیئت، شکل، نجوم. figure. form. aspect. appearance. a board. a council. corps. mission. astronomy.

هَیاکِل (pl. of هیکل) ، اشکال، هیولاها. figures. images. statues. forms.

هَیاهو، همهمه، داد و بیداد. tumult. brawl. uproar. clamo(u)r. noise. commotion. hubbub. turmoil. ado. fuss. bustle.

~کردن. to raise a tumult or uproar. to brawl. to make a fuss.

پر ~. tumultous. uproarious. clamo(u)rous. noisy. bustling.

هَیبَت، سطوت، ترس. awe. dread. appalling presence. fear. dignity. majesty. formidableness.

پر ~، ~دار. awful. awe-inspiring.

هیپنوتیزم، خواب مغناطیسی. hypnotism. mesmerism.

~کردن. to hypnotize. to lethargize. to mesmerize.

هیپوفیز hypophysis. pituitary gland.

هیجان، اضطراب، برآشفتگی. excitement. animation. commotion. disturbance. agitation. ferment.

بهیجان آمدن. to get excited. to be animated. to be disturbed.

~ داشتن. to be excited. to be provoked.

به~آوردن. to excite. to make excited. to stimulate. to rouse. to disturb.

~ او بیرون از توصیف بود. his excitement was beyond description.

پر ~. exciting. agitating. moving. stimulating. provocative. excited.

هَیَجان‌آوَر، پرهیجان. exciting. moving. stimulating. provocative. exciter. excitor. rousing. excitative. excitive.

هیجدَه، هجده. eighteen.

هیجدَهُمین (the) eighteenth.

هیچ، صفر، عدم، ناچیز، ابداً، هرگز. no. not. trifle. any. at all. nothing. an insignificant thing. never. not a tall. none. ever. naught. aught.

او ~ کتابی نخرید. he bought no books.

~ نگفت،او~ نگفت. he said nothing. he said not a word. he did not say anything.

آیا ~ حرفی داری‌که بگوئی؟ do you have anything to say?

من~ پول ندارم. I have no money at all.

~ نمی‌ارزد. it is worth nothing.

او ~ نامه را نخواند. he never read the letter. he did not read the letter at all.

علم ما نسبت به علم او~ است. our knowledge is nothing as compared to his.

~ شمردن،~دانستن. to make nothing of. to consider as nothing.

~میدانی‌که جوانی زود گذراست؟ do you know at all that youth is transitory?

~ فکر کرده‌ای؟ have you ever thought? have you thought at all?

او از ریاضیات ~ نمیدانست. he knew nothing about mathematics.

گفت «~ ازنحو دانی؟» he said, «knowest thou aught about syntax?»

~ او را ندیدم. I did not see him at all.

بمن ~ نگفت. he said nothing to me.

~ دوستی بدوست خود خیانت نمیکند. no friend betrays his (own) friend.

در آنشهر ~ منزل خالی پیدا نمیشود. no vacant houses can be found in that city.

بهیچوجه. by no means. at all. not at all.

او ~ شباهتی بپدرش نداشت. he had no similarity to his father.

~ فرقی باآن ندارد. it differs nothing from that. it is not different from that.

~کار. nothing. no work.

دیروز ~کار در منزل‌نکردم. yesterday, I did nothing at home.

او در اینجا ~کاری ندارد. he has nothing to do here.

هیچ‌جا no place. nowhere.

هیچ‌چیز، هیچ. nothing. anything.

~ نخورد. he ate nothing. he did not eat anything.

او ~کم ندارد. he lacks nothing.

هیچکاره good-for-nothing. having no job or capacity. worthless.

هیچکُدام neither. none of them. nothing. ever. any. none. no one.

هیچکَس nobody. no one. no person.

~ بجزاو. none but her (she). no person (no one, nobody) but her.

~ او را نمی‌شناسد. nobody (no one) knows him.

هیچگاه، هیچوقت،هرگز. never. ever.

او ~ سفر نکرده است. she has never traveled.

هیچگونه under no circumstances. in no way. no how. none.

~ عذری پذیرفته نیست. no excuse whatsoever is accepted.

هیچمَدان، هیچمدان، نادان. perfectly ignorant. a know-nothing. an ignoramus.

هیچیك، هیچکدام، هیچکس. no one. none. neither.

~ ازآنها را نمی‌خواهم. I want none of those. I want neither of them.

هیدارت hydrate.

هیدرُوالِکتریك، برق‌آبی. hydroelectric.

هیربُد Hirbod, a great priest of the Magi or Zoroastrians. higher in rank than dastoor.

هیرمَند Hirmand. a river in Sistan.

هیروگلیف hieroglyph. hieroglyphic.

هیز، بدچشم. infamous (boy). catamite. effeminate (man). lewd. lasciviaus. meretricious.

هیزُم، هیمه. wood. wood for fuel. firewood. kindling. log.

هیزم شکن a woodcutter.

هیزم شکنی woodcutting. business of a woodcutter.

هیزی infamy. lewdness. lasciviousness.

هَیکل (هیاکل pl.)، شکل، تندیس، مجسمه، اندام. figure. image. statue. frame (of the body). form. shape. (met.) the body. temple.

خوش ~. well-built. shapely. well-set. having a good figure. statuesque.

قوی ~. having a strong body. athletic.

بد ~. ill-formed. deformed.

هَیکل‌تراش، تندیس‌گر، مجسمه ساز. sculptor.

هیکل‌تراشی، تندیس‌گری، مجسمه‌سازی. sculpture.

هَیکَل‌دار of a robust frame. big. large. well-set. stalwart. well-built.

هیمَه dried thorns or shrubs used as fuel. firewood. kindling.

هین، اینك، هان، شتاب، برو. behold! lo! make haste! hurry up! move on!

هَیولا ogre. demon. monster. a huge thing (or person). monstrosity. body. corpse. matter.

هَیون، شترجمازه، شتر دوکوهان. a dromedary. a two-humped camel.

هَیهات، افسوس، واحسرتا. wellaway! welladay! alas! how far.

هَی‌هَی، آه،آهای. oh! alas! ahoy.

هَیئَت (هیآت pl.) ، هیـات، صورت، شکل. figure. form. aspect. external appearance. a body of men. a board. a council. corps. a mission. astronomy.

هیئتی برای بازرسی اعزام شد. a body of men (or a mission) was sent for inspection.

هیئت‌وزراء council of ministers. cabinet council.

~ امناء. board of trustees.

~ مدیره. board of directors.

~ اعزامی برای امور مالی. the financial mission.

~ مقننه. the legislative body.

~ رئیسه. administrative body. administrative board. the officers (of an assembly or society). the management.

~ سفرا. diplomatic body.

~ نمایندگان سیاسی. corps diplomatique.

~ علمی. a scientific mission.

علم ~. astronomy.

هیئت‌دان، ستاره‌شناس، منجم. astronomer.

هَیئَتی، نجومی. astronomical. astrological. pertainting to a mission, council, etc.

ی

ی the thirty-second letter of the Persian alphabet corresponding to the English «i» and «y».

یا or. either.

~ شما ~ او. **either you or he.**

بمانید ~ بروید. **either stay or go.**

یك فنجان چای ~ یك لیوان پپسی میل کنید. **drink a cup of tea or a glass of Pepsi-cola.**

~ بیا پایتخت بیعت کن ~ که آماده شو به جنگا نا. **either come to the capital and give your allegiance, or get ready for war.**

یا، ای. O! Oh!

~رب، ای خدا! **O' God!**

یا .«ی». the Arabic name for the letter

یاالله. یاالله. O. God! hurry up. carry on.

یاب، یابنده، بیاب، پیداکن، یافته. finder. finding. find thou! found (as in: کامیاب=successful, نایاب=extinct,rare).

یابِس، خشك. dry. dehydrated. anhydrous. arid. sear.

یابِش، فهم، ادراك، کشف. understanding. perspicacity. discovery. finding (out).

یابَنِده، پیداکننده، کشف کننده. finder. one who finds.

عاقبت جوینده ~ بود. **finally he who seeks shall find.**

یابُو pack horse. nag. jade. hack.

- یابی suffix meaning "finding" as in: کاریابی=placement or job finding.

یاتاغان a yataghan. short saber.

یاتاقان a bearing.

~ ساچمه‌ای. **ball bearing.**

~ میله‌ای. **a rod bearing**

یاجُوج Gog.

~ ومأجوج. **Gog and Magog.**

یاخِته، سلول. cell. cyto-. cyt-.

یاختِه‌شِناس cytologist.

یاخته‌شناسی cytology.

یاد، حافظه،خاطره. memory. recollection. -mnesis. mneme. remembrance. commemoration. reminiscence. recalling. also used as suffix as in: **شهیاد.**

~ آوردن، بیاد آوردن، بخاطر آوردن. **to call to mind. to remember. to remind. to reminisce. to recall. to recollect.**

دیدن آن عکس خاطراتی را بیادم آورد. **seeing that picture called certain memories to my mind.**

بیاد انداختن، ~ انداختن. **to remind.**

فردا یادم بیندازید که به‌او تلفن بزنم. **tomorrow remind me to make him a phone call.**

کم ~ وهوش، کم حافظه. **forgetful. careless.**

~ آمدن. **to be remembered. to come (or be called) to mind. to be recalled.**

اسم او یادم نمیآید. **I can not recall his name.**

~ داشتن. **to remember. to recollect. to recall. to bear in mind.**

~ دارم که‌در ایام طفولیت... **I remember that in my childhood...**

~ ندارم که هرگز اورا دیده باشم. **I do not recall having ever seen him.**

~ دادن. **to instruct. to teach.**

من به‌او انگلیسی ~میدهم. **I teach him English.**

~گرفتن، آموختن. **to learn.**

از ~ بردن، فراموش کردن. **to forget. to allow to escape the mind. to keep out of mind. to disremember.**

از ~ رفتن. **to escape the memory. to be forgotten.**

او مرد و کم کم‌از ~ رفت. **he died and was gradually forgotten.**

یادم نیست. **I do not remember. I can not remember. I do not recall.**

~کردن. **to remember. to commemorate.**

هروقت آنجا می‌رویم شما را ~ می کنیم. **we remember you each time we go there.**

یادم نبود. **I had not remembered. I forgot. I had forgotten.**

بیاد افتادن. **to remember or recall. to be remineded of.**

از~بردن. **to forget. to disremember.**

فوراً یادم افتاد که فردا تعطیل است. **at once I remembered (or it occurred to me) that tomorrow is a holiday.**

آن وعده یادش نماند. **he forgot that promise.**

بیاد، بیادبود، بیادگار. **in memory of. in remembrance of.**

یادآوَر، متذکر. reminiscent. reminding. commemorating. memorial. remembrancer. reminder.

~ شدن. **to remind. to notify.**

یادآورَدَن to remind. to recall. to recollect. to remember. to reminisce. to rememorate.

یادآوَردَنی rememberable. memorable.

یادآوَری، تذکر. remembrance. rememoration. recollection. recalling. reminiscence. calling to mind. reminding.

~ کردن. **to remind. to remember.**

به‌او ~کنید که فردا بیاید. **remind him to come tomorrow.**

یادبُرَدَن، فراموش کردن. to forget. to disremember.

یادبُود، خاطره. remembrance. memory. rememoration. commemoration. a souvenir. memento. momento. memorial.

بیادبود آنروز. **in commemoration of that day.**

یاددادَن، آموختن. to teach. to instruct.

من به‌او انگلیسی یاد دادم. **I taught him English.**

یادداشت a memorandum. a memorial. a note. a raminder.

دفتر ~. **notebook.**

~ رسمی. **official memorandum (note).**

~ کردن. **to note. to take note of. to write down. to jot down.**

هرچه گفت ~ کردم. **I wrote down. (or took notes of) what he said.**

یادداشتَن، درخاطرداشتن. to recall. to remember. to recollect.

یادسِپُرَدَن، بخاطرسپردن. memorization. memorizing. to memorize. to memorialize. to remember.

یادکَردَن to call to mind. ro remember. to rememorate.

یادِگار، یادگاری. graffito. a souvenir. a keepsake. a memorial. reminiscence. rememoration. reminder. remembrance. commemoration. memory.

کتابی برسم~ به‌او تقدیم کردم. **I gave him a book as a souvenir.**

راه‌آهن سراسری ایران یکی از یادگارهای بزرگ رضاشاه کبیر است. **the trans - Iranian railway is one of the great memorials of Reza Shah the Great.**

بیادگار گذاشتن. **to leave as a memorial.**

~ نوشتن. **to write (one's name) as a memorial. to write graffiti.**

یادگِرفتَن، آموختن. to learn. to be taught. to be instructed.

یادگیری، آموزش. learning. being taught. instruction.

یار، رفیق، محبوبه، محبوب، دوست. friend. companion. comrade. paramour. sweetheart. mistress. lover. assistant. aid.

~ وفادار. **a constant friend (or lover). a faithful friend.**

یارا، یارائی. power. strength. courage. daring. boldness. ability. aptitude.

دیگر یارای حرف زدن نداشت. **he could not speak any more. he had no power (or courage) to speak any more.**

هیچکس را با اویارای مقابله نبود. **no one had the power to face him.**

یارَب، ای‌خدا. O' Lord! O' God!

یارد yard.

یارِستَن، توانستن. to be able. to dare. to have the power or courage (to).

نیارم دیدن رویش زخجلت. **I cannot (or have not the courage to) see his face because of shame.**

یارُو، او. fellow. guy. chap. he. she.

بیارو بگو بیاید. **tell that guy (fellow or chap) to come.**

یاری، کمك، همکاری، مساعدت، همدستی. friendship. assistance. help. cooperation. aid. seconding. support. backing. succor. assist.

~کردن. **to assist. to help. to show friendship (to). to contract friendship (with). to befriend. to second. to back. to succor. to support. to cooperate (with).**

در اینکار مرا ~کن. **assist me in this enterprise.**

یازدَه eleven. hendeca-.

~ ضلعی، یازده گوشه. **a hendecagon.**

یازدَهُم eleventh. in the eleventh place.

یازدَهُمی، یازدهمین. (the) eleventh.

یازیدَن، درازکردن، آهنگ‌کردن، قصد کردن، آختن. to stretch out. to grow. to design. to intend. to unsheathe.

یاس (bot.) jasmin(e). lilac.

یَأس، نومیدی، ناامیدی. despair. disappointment. despondency. hopelelessness. desperation. desperateness.

~ داشتن. **to despair. to lose hope.**

یاسا، رسم، قانون. law. rule. custom. ordination. ukase.

یاسَمَن، یاسمین. (bot.) the white jasmine. jasmin(e).

feminine proper noun.
یأس آمیز، یأس آور، نومیدکننده. discouraging. disappointing. despairing.
یاغی، سرکش، متمرد. rebel. insurgent. mutineer. rebellious. mutinous. outlaw. unruly. recalcitrant. disobedient.
~ شدن. to rebel. to excite mutiny. to recalcitrate. to insurge. to revolt. to mutiny. to become an outlaw.
یاغیگری، سرکشی. rebellion. mutiny. mutinousness. rebelliousness. recalcitrance. uprising. revolt.
~ کردن. to rebel. to act rebelliously or like an outlaw.
یافت he (she, it) found.
~ شدن. to be found or obtained.
خوراك ~ نمی‌شد. food could not be obtained (or was not to be found).
نا~، نایاب. not to be found. rare. difficult to obtain.
یافتن، پیدا کردن. to find. to obtain. to acquire. to get. to come upon. (also used as an auxiliary verb as in: پایان یافتن = to end or to come to an end).
یافته، پیدا شده. found. obtained.
اشیاء گمشده و یافته شده. lost and found articles.
یافث Japheth, son of Noah.
یاقوت ruby. sapphire. topaz. hyacinth.
یاقوت‌لب ruby-lipped.
یاقوتی، برنگ یاقوت. ruby. ruby-colo(u)red. red.
یال mane. crine. crinet.
~ مانند. maney.
یاور، کمك، معین، سرگرد. assistant. aid. companion. (mil.) major.
یاوری، کمك، سرگردی. assistance. aid. help. support. seconding. companionship. the rank of a major.
~ کردن. to aid. to assist. to help.
یاوه، مهمل، مزخرف. absurd. foolish. vain. futile. idle. nonsense. nonsensical. an idle talk. prate. gibberish.
~ گفتن. to say absurdities. to babble. to talk idly. to prate. to prattle. to gabble.
به یاوه‌های او گوش فرا ندهید. do not listen to his idle talks.
یاوه‌گوئی idle talk. babbling. (speaking) nonsense. prating. prattling.
~ کردن. to talk foolishly. to babble. to prate. to prattle. to jabber. to gabble.
یاهو، خدایا. O'God!
یائسه a woman who has reached menopause. menopausic.
~ شدن. to reach menopause.
یائسه‌گی، یائسگی. menopause. female climacteric.
~ مصنوعی. artificial menopause.
یباب، ویران. a ruin. a waste. desolate.
یبروح the (root of the) mandrake
یبس، خشك، یابس. dry. (med.) constipation. constipated. costive.
~ شدن. to become constipated.
یبوست، خشکی. (med.) constipation. costiveness. dryness.
~ آوردن (یا دادن). to constipate. to render costive.
دچار ~ شدن، ~ پیدا کردن، یبس شدن. to become constipated or costive.

یتیم، بی‌پدر. an orphan. fatherless. motherless. unique. singular.
در ~. unique pearl. a pearl without its shell.
~ شدن. to become an orphan. to lose one's parent(s).
~ کردن. to orphan.
یتیم‌خانه، پرورشگاه یتیمان. orphan asylum. orphanage.
یتیمچه a food consisting mainly of eggplants.
یتیمی orphanage. orphanhood.
یحتمل، شاید، بلکه. probably. perhaps. maybe.
یحیی John. masculine proper name.
یخ ice. (very) cold. (slang) diamonds.
~ بستن، ~ زدن. to freeze. to ice.
حوض ~ بسته است the pond has frozen (over).
~ شناور، کوه ~، تودهٔ ~ متحرك. iceberg. ice floe.
~ زدن. to freeze. to be freezing. to glaciate. to frost.
~ کردن. to freeze. to feel very cold. to get very cold.
پاهایم ~ کرد. my feet got very cold.
یخ‌باز skater. ice skater.
یخ‌بازی skating. ice skating. icecraft.
~ کردن. to skate. to ice skate.
یخبرف névé. glacier snow.
یخ‌بسته، منجمد. frozen. icebound. iced.
یخ‌بند، یخبندان. frost. freezing weather.
یخچال icehouse. icebox. ice chest.
refrigerator.
~ برقی.
یخدان ice chest. icebox. a chest.
یخ‌در‌بهشت pudding made with starch and cooled.
یخرفت moraine. ice field. glacier.
یخرفتی morainic. morainal.
یخ‌زده frozen. frost-bitten. iced.
یخ‌شکن ice pick. ice chopper. adze for breaking ice.
کشتی ~، کرجی ~. icebreaker. iceboat.
لاستیك ~، تایر یخ شکن. snow tire.
یخ‌کرده، منجمد. frozen. cooled. iced. frigid. icy. cold.
یخنی a kind of gravy. cooked (often cold) meat or fowl.
یخه، یقه collar.
ید، عنصری است. iodine. iodin. iodo-.
مخلوط یا ترکیب ~ iodid. iodide.
~ زدن (به). to iodate. to iodize.
یدی، یددار. iodic.
ید، دست. hand. mani-. (fig.) power. authority. right. protection. possession.
خلع ~. (order to) cease and desist. ousting. dispossession.
خلع ~ کردن. to dispossess. to oust. to evict.
وضع ~ کردن. to possess. to take possession of.
~ طولی. profound knowledge. conversance. erudition. great skill. a long hand.
او در موسیقی ~ طولائی دارد. he has a profound knowledge in music.
یدالله hand of God.
یدك tow(ed). tugg(ed). tandem. a led horse.
~ بردن، یدك کشیدن. to tow. to tug. to pull or drag behind.

یدك‌کش، قایق یدك‌کش، کشتی یدك‌کش. tugboat. a towboat. tower. tugger.
یدکی spare (part). extra.
لوازم ~ اتومبیل. automobile spare parts.
یك جفت کفش ~. an extra pair of shoes.
یدی، دستی. manual. handy. hand.
کار ~. manual labo(u)r. manual work.
یر pool. stake. ground. earth.
یراق، یراغ. galloon. lace (of gold or silver). braid. harness. arms.
~ کردن، ~ زدن. to harness. to accoutre. to trim with galloons. to lace.
یرالماسی Jerusalem artichoke. potato.
یربوع، موش دوپا. (z.) jerboa.
یرقان، زردیان. (med.) jaundice. icterus. (bot.) chlorosis. blight. mildew.
~ ابیض. chlorosis. greensickness.
یرقانی، مبتلا به یرقان. icteric. jaundiced. chlorotic. affected with chlorosis. mildewy. blighted. of the nature of jaundice or chlorosis.
یرلیغ، فرمان. royal mandate. firman.
یزدان، ایزد، خدا. God. Lord.
یزدانی، الهی، خدائی. divine. godly.
یسار، چپ. left (side).
اصحاب یمین و اصحاب ~. rightists and leftists.
از یمین و ~. from right and left.
یسار، فراوانی، وفور. opulence. affluence.
یساول a mounted mace-bearer or pikeman
یسر، آسانی، سهولت، کامیابی. ease. easy. facility. facileness. circumstances. prosperity.
یشم (min.) jasper.
~ خطائی. Chinese or Indian jasper.
~ شیری رنگ. galactite.
یشمی jaspideous. like jasper. jasper green. jasperated. jaspered. jaspery. jaspidean.
یعقوب Jacob. James.
یعقوبی Jacobite. jacobitical.
یعلم‌الله God knows.
یعنی namely. that is (to say). to wit. meaning. it means. it signifies.
(این) ~ چه؟ what does this mean?
«قاصر» ~ چه؟ what is the meaning of «ghasser»?
«قاصر» ~ کوتاه. «ghasser» means short.
کتابها، ~ سه کتابی که فرستاده بودید، هنوز نرسیده. the books, i. e. the three books you sent, have not arrived yet.
~ میخواهید بگوئید که او تنبل است؟ you mean to say that he is lazy?
یغلا، ینلو، ماهی‌تابه. a frying pan.
یغلاوی mess tin. mess kit.
یغما، غارت، چپاول. plunder. pillage. booty. ravage. spoil. sacking. despoliation. foray. despoilment. spoliation. vandalism.
~ کردن، غارت کردن. to plunder. to pillage. to ravage. to devastate. to sack. to despoil. to maraud. to spoliate.
یغماگر plunderer. pillager. ravager. vandal. spoliator. marauder.
یغماگری plundering. sacking. despoilment.

یغمائی plunderer. of plundering habits. marauding. raiding.
یغر stout. burly. sturdy.
یقه، یخه، گریبان. collar.
یقهٔ برگردن (یا برگشته). a turn-down collar.
~ پیراهن. a shirt collar.
یقهٔ (کسی را) گرفتن. to seize by the collar. to scuffle. to collar.
دست بیقه. at close quarters. scuffling.
بی~. collarless.
یقین، براستی، حتماً، مطمئن، مطمئناً. sure. certain. positive. certainty. certitude. sure (or positive) knowledge. assurance. conviction.
~ دارم که او نخواهد آمد. I am sure that he will not come.
~ او ناخوش است. very probably he is sick. he must be ill.
او یقیناً عاشق است. he is definitely in love.
~ داشتن. to be sure. to be certain. to feel confident. to know for sure.
~ کردن. to make sure. to convince oneself. to become sure. to make certain.
یقینم شد. I was sure. I was convinced.
یقیناً، به‌یقین. surely. certainly. positively. truly. for sure. assuredly. certes. verily.
~ او را خواهند بخشید. they will surely forgive him.
یك، یکان، واحد، منفرد، تك. one. a. an. single. mono-. uni-. unique. unit.
~ نان. one loaf of bread.
فقط ~ کتاب. only one book. a single book.
~ مرد جوان. a young man.
~ سیبی بمن بده. give me an apple.
چهار ~. one-fourth. one quarter.
پنج ~. one-fifth.
ده ~. one-tenth.
صد ~. one-hundredth. one percent.
~ هجائی، ~ سیلابی. monosyllabic.
~ بنیانی، ~ ارزشی. monovalent.
~ گونه، یکنوعی، منحصر بفرد. monotype.
~ روز، روزی. one day.
~ بار. once. at one time.
~ مرتبه، ناگهانی. all at once. suddenly. once.
~ مشت پول. a handful of money
~ خرده، ~ کمی. a little (bit). some.
~ خرده صبر کن. wait a little.
~ ساعت بعدازظهر. one O'clock P.M.
جفت ~. deuce. two aces.
~ جفت. a pair (of).
یك‌اتمی monoatomic.
یك‌اسبه having one horse. single-horsed.
یك‌اسیدی monoacidic.
یك‌انگشتی monodactylous. one-fingered. with one finger.
یك‌آوائی، یك‌صدا، یك‌صدائی. monophonic. monophony. monody.
یکایك one by one. each one. singly.
او همهٔ کالاها را ~ تحویل داد. he handed over all the goods one by one.
یکبار one time. once.
یکبارگی، یکباره. all at once. at a single instance. at one stroke. entirely. wholly. altogether.
یکباره، یکبارگی. all at once. at one stroke. wholly. entirely. altogether.

او تمام شراب را یکباره نوشید. **he drank all the wine at once.**

یک بَرابَر onefold. one time.

یک بَردو double. twofold. twice.
هرچه بدهی ~ بتو پس خواهم داد. **whatever thou givest unto me, I shall return unto thee twofold.**

یک بَرگچه‌ای (bot.) unifoliolate.

یک برگه، یک گلبرگی. (bot.) unifoliate. single-leaved. monophyllous. monopetalous.

[illegible] unidimentional

یک بیَک، یکایک. one by one. singly.

یک پارچه concrete. solid. massive. consolidated. consisting of a single piece. monolithic. integrated.
~ کردن. **to integrate. to consolidate. to combine.**
او ~ نادان است. **he is utterly (thoroughly) ignorant.**

یک پارچگی (درجامعه شناسی). integration.

یک پایه monoecious.

یک پَهلو، یکجانبه. one-sided. sideway(s). unilateral.

یکتا، یگانه، واحد، بیمانند. single. one. unique. incomparable. unparalleled. monotype. sole. nonpareil. mono-. uni-. unigenous. monotypic.
خدای ~. **the one God. the unique God.**

یکتاپَرَست، خداپرست. monotheist. monotheistic. monolater. unitarian.

یکتاپَرَستی، خداپرستی. monotheism. monolatry. unitarianism.

یکتائی، یگانگی، بیمانندی، وحدت. oneness. singleness. uniqueness. incomparableness. unity. monotypic.

یک تُخمه monospermous. uniparous.

یک تَنه alone. singly. lone. single-handedly. having a single trunk or body.

یک تیر دو نشان with two aims at once. killing two birds with one stone.

یکجا، باهم، یکباره، یکپارچه. together. at the same time. whole. entire. in toto. at once. in a lump. in one place. wholesale.
او کتابخانهٔ خود را ~ فروخت. **he sold his library in toto (in one sale).**

یک جانبه، یکطرفی. unilateral. one sided.
بطور ~. **unilaterally.**

یک جُفت a pair (of). two (of). unijugate.
~ کفش. **a pair of shoes.**

یک جُمله‌ای، یک واژه‌ای، یک نامی. (algebra) monomial. (biol.) a taxonomic name.

یک جِنسی unisexual. declinous.

یک جُور، یکنوع، یک قسم. identical. of the same sort or kind. alike. uniform. similar. homogeneous. mates or matches. matching. mating.
~ بودن. **to be identical or alike.**
~ کردن. **to sort out. to make alike or identical. to assort.**

یک جَهَت، یکطرف، مطمئن. unanimous. assured. definite. unidirectional.

یک چَرخه one-wheeled. monocycle. unicycle.

یک چَشم، یک چشمه. monocular. one-eyed.
عینک ~. **monocle.**
آدم ~. **a one-eyed person.**

یک چَشمی one-eyedness. impartiality. monocular.

یکچَند some. (for) sometime. (for) a while. a few. a little.

یک چَندی (for) some time. (for) a while.

یکدانه، واحد، یگانه، یک تخمی، بیمانند. a single one. single. unique. one-seeded. unparalleled. monospermous. incomparable. unitary.
مروارید ~. **a unique pearl.**

یکدر monopolized by one shop. firm. found in one shop only. one-doored.

یک دَرمیان every other (one). alternate(ly).
درختها را یک درمیان علامت گذاشت. **he marked every other tree.**
یک (روز) درمیان. **every other day.**
دخترها و پسرها ~ صف بستند. **the girls and boys lined up alternately.**

یکدَست، دارای یک دست، کاملاً، خالص، ناب، یکنواخت. pure. unmixed. single-handed. entire. whole. homogenous. sorted out. uniform. even. evened out.
~ کردن. **to make one-handed. to purify. to sort out. to even out.**

یکدَستی with one hand. single-handed. one-handed. (fig.) trifling.
رستم گوسفند را ~ بلند کرد. **Rustam lifted the sheep with one hand.**
~ زدن. **to challenge (another) by an assumption intended to disclose the facts. he baited me (with questions) in order to find out where I wanted to go.**

یکدَفعه all at once. suddenly. simultaneously. all together. (in) one time. once. abruptly.
صدای گلوله یکدفعه اورا بهوش آورد. **the sound of the shot suddenly brought him to his senses.**
~ دیگر این جمله را بخوانید. **read this sentence once more.**

یکدل unanimous. unanimously. wholehearted(ly). in agreement. consentaneous. consentient. concordant.
همه ~ و یک جهت باما آمدند. **they all joined us wholeheartedly and unanimously.**

یکدل ویک زبان (completely) unanimous. agreeing in thought and words.

یکدلی، یکزبانی، اتفاق‌نظر. consentience. consensus. unanimity. accord. empathy. wholeheartedness. concord.

یکدَم، یک لحظه، یک نفس. one moment. one breath.
~ نشد که بی سرخر زندگی کنیم. **pity we cannot live without an intruder even for a moment.**

یکدَنده، سمج. mulish. stubborn. persistent. holding to one's own opinion. unicostal.

یک دُو، یک ودو، مشاجره، جروبحث. dispute. controversy. wrangling. quarrel(ing). altercation. (mil.) marching.
~ کردن. مشاجره کردن. **to wrangle. to altercate. to dispute. to march.**

یکدیگر، همدیگر. each other. one another.
آنها ~ را دوست دارند. **they love each other.**

یک راست direct(ly). straight. right.
جاده ~ کوه را میشکافد. **the road cuts right through the mountain.**
پس ازپایان کلاس ~ بخانه رفتم. **after the end of the class I went straight home.**

یک رَای، یکدل، متفق. unanimous. having the same opinion. opinionated.

[illegible] monochrome. monochromat. monochromatic. monochroic. monochromic(al). monotint. of one (or the same) color. unicolor(ous). (fig.) sincere.

یکرَنگی، صمیمیت. sincerity. good faith. frankness. being of the same color. monochromatism.

یک رُو، یکطرفه، یکوجهی، صمیمی، بی‌ریا، ظاهر و باطن یکی. one-faced. unilateral. unilineal. (fig.) sincere. frank. not double-faced. unfeigned.

یک رُوزه ephemeral. lasting one day. one-day. in one day. journal.
سفر ~. **a day's journey. a one-day trip.**

یک زبان، یکدل، همصدا. unanimous. consentient. of one voice and opinion. in accord. monolingual.
~ شدن. **to agree. to become unanimous.**

یک زبانه monoglot. monolingual. spoken or written in one language.

یک زبانی unanimity. monolingual.

یک زنه monogamous. monogamic. monogynous.

یک زنی monogamy. monogyny.

یکساله one year. in one year. annual. lasting only one year.
اقامت ~. **one-year stay.**

یکسان alike. equal. similar. identical. uniform. (the) same. level. even.
مردم سیاه وسفید برایش یکسانند. **to him black and white people are the same.**
~ کردن. **to equalize. to make equal or alike. to level. to make similar or uniform. to sort out. to assort.**
با خاک ~ کردن. **to level to the ground. to raze.**
پدر مهربان همهٔ بچه‌های خود را (بطور) ~ دوست داشت. **the affectionate father loved all his children equally.**

یکسانی، همسانی، شباهت، همانندی. equality. uniformity. likeness. similarity. parity. being level. evenness.

یکسَر، کاملاً، یکسره، مستقیماً، سرتاسری، یکطرفه. totally. entirely. from beginning to end. straight. right. direct(ly). one-headed.

یکسَره straight. direct(ly). one-way. one-sided. through. travelling one-way only. in one session. one session. totally. all at once. one-headed. unilateral.
محبت باید دوسره باشد نه ~. **love should be mutual, not one-sided (or unilateral).**
اوقات اداره ~ است. **the office hours are in one shift.**
بلیط ~. **a one-way ticket.**

یکسُو one-sided. unidirectional.
~ شدن. **to go away or aside. to get away. to stray. to become one-sided.**

یک سُویه unidirectional. unilateral.

یک شاخ، اسب یکشاخ. unicorn.

یک شَبه of one night's duration. (in) one night. overnight.

یک شَکل، یکسان، همانند. of one shape. uniform. monomorphic. alike. similar.

یک شَکلی uniformity. similarity.

یکشنبه Sunday.

یک طَرَفه، یکطرفی، یکسویه. one-way. unidirectional. biased. partial.
خیابان ~. **a one-way street.**
قضاوت ~. **a partial (or biased) judgment.**

یکطَرَفی، یکطرفه، یکجانبه، قطعی. unilateral. one-sided. final. unidirectional. one-way.

یک فلزی monometalic.

یک قد، یک اندازه. of the same size or stature. monocline.

یک قَلَم entirely. wholly. in the lump. altogether. wholesale.
او مایملک خود را ~ فروخت. **he sold his belongings in the lump.**

یک کاره particularly. entirely. suddenly.

یک کاسه lump. consolidated.

یک کاسه کردن to consolidate.

یک گُل، دارای یک گل. uniflorous.

یک گلبرگی unipetalous. monopetalous.

یک گوشه one-cornered.

یک لا onefold. thin. single. simple (as a thread). one-ply.

یک لائی one-ply. thin. lean. weak.
تن ~ من بازوی توسیلی عشق. **my thin body, thy (strong) arm, and love's slap.**

یک لپه، تک لپه. (bot.) monocotyledon. monocotyledonous.

یکُم، اول، نخست. first. prime. premier.

یکماهه a month old. of a month's duration. in a month. monthly. mensual.

یک محوری uniaxial.

یک موتوره، یک موتوری. single-engine.

یکمی، یکمین. (the) frist.
یکمین سال. **the first year.**

یک نَفَره، یک نفری، یک تنه، تنهائی. solo. alone. single. one man. done by one person. single-handed(ly). unipersonal.
یکنفری صندلی را بلند کردم. **I lifted the chair alone (single-handedly).**
هواپیمای یک نفره. **a one-seat (one-passenger) plane.**

یکنَواخت، خسته‌کننده. monotone. monotonous. wearisome. tedious. humdrum. equal. even(ly). the same.
با همه (بطور) ~ رفتار میکند. **he treats everyone equally (the same).**
صدای ~. **monotonous voice.**

یک نَواختی monotony. monotonousness.

یک وَتدی one-footed. consisting of one metric foot only. monometer.

یک وَجَبی، کوتوله. tiny. puny. little. pigmy. very young. one span long. whippersnapper.
این (بچهٔ) ~ چه میخواهد؟ **what does this whippersnapper want?**

یک وَجهی uniplanar. monometer. monopody. unilateral. unidirectional.

یکه lone. single. unique. alone.

singular. a shock (caused by surprise or disappointment). jolt.
~ خوردن. **to be taken aback. to be shocked (with wonder or disappointment). to be startled. to be jolted. to start.**
~ وتنها. **all alone.**
یکه‌تاز lone rider. sole contender.
یك‌هجائی monosyllabic.
کلمهٔ ~. **a monosyllable.**
یك هَو، یکباره، ناگهان. all of a sudden. all at once. entirely. suddenly.
~ دادی‌کشید و بر زمین نقش بست. **all of a sudden he cried and fell flat on the ground.**
یکی one. a certain one (or person). single. lone. somebody. someone.
من ~ با او مخالفم. **I for one am against him. I am the only one against him.**
~باشماکاردارد. **someone wishes to see you.**
~ از بزرگان اهل تمیز... **one of the celebrities with discernment...**
~ پند می‌داد فرزند را. **a certain man was admonishing his son.**
~ از بهترین دوستان من. **one of my best friends.**
~ مرد جنگی به‌ازصدهزار. **one (true) warrior is better than a hundred-thousand (men).**
~ ازآنها. **one of them.**
این ~. **this one.**
کدام ~؟ **which one?**
~ یکی، ~ بیکی. **one at a time. one by one.**
یك‌یاخته‌ای unicellular. unilocular.
یك‌یك. one by one. one at a time.
آنها ~ وارد اتاق شدند. **they entered the room one by one.**
یگان، واحد. unit.
یگانهای زرهی ارتش‌شاهنشاهی. **the armored units of the Imperial Army.**
یگانگی unity. oneness. intimacy. solidarity. uniqueness. incomparableness. singularity. unigeniture.
یگانه one. only one. single. sole. only-begotten. unique. incomparable. nonpareil. matchless. unigenous.
~ فرزند. **(the) only child.**
او در وفا داری ~ است. **he is unique in loyalty.**
~ دوستی که داشتم. **the sole (only) friend I had.**
یگان یگان، یکایك. one by one. unit by unit.
یَل، پهلوان، توانا. champion. hero. powerful.
یَلدا the longest night of winter. the night of the winter solstice.
یلن a furlllow. a festoon. a valance.
یلوه sandpiper.
یَله bent. inclined. tilted. leaning. relieved. set free. abadoned. given up.
~کردن. **to bend. to tilt. to lean.**
~ شدن. **to bend. to stoop. to be tilted. to lean.**
~ دادن. **to lean.**
~ رفتن. **to reel.**
یلی، پهلوانی، قهرمانی، رشادت. heroism. valor. courage.
یَم، دریا، اقیانوس. sea. ocean. deep.
لا~. **(it is) impossible.**
یَمَن (geog.) Yemen. Arabia Felix.
یُمن، سعادت، مبارکی، میمنت. felicity. auspiciousness. blessing. grace. good offices.
~ داشتن، ~ کردن. **to be auspicious.**
بد~. **inauspicious. ominous. unlucky.**
یَمین، راست. right.
~ ویسار. **right and left.**
یَمین، سوگند. an oath. swearing.
یمیناً toward the right.
ـین made of. related to. in a state of. also sign of superlative degree meaning "most" and "highest" used as suffix (as in: سیمین = made of silver).
یَنبغی، سزاوار است. it behooves.
کما ~. **as it ought to be.**
یَنبوع، چشمه. source. spring. fountain.
ـیَند، اند، هستند. a suffix indicating the present tense of the third person plural used for words ending in «الف» and «و».
ایشان دوستان مایند. **they are our friends.**
آندو برادران اویند. **those two are his brothers.**
ینگه a bridesmaid.
ینگی‌دُنیا، جهان‌نو. America. the New World.
ینگی‌دُنیایی American.
یَواش، آهسته، آرام، ملایم، بیصدا. slowly. softly. gently. slow. soft. gentle. stealthy. surreptitious.
~ حرف بزن. **speak softly (gently).**
قدری‌یواشتربران. **drive (a bit) more slowly.**
~ شدن. **to become low (as a voice) to become slow.**
~کردن. **to slow down. to decelerate. to lower (one's voice).**
یَواشَکی، یواش. softly. slowly. secretly. surreptitiously. stealthily. furtively.
او~وارد اتاق شد. **he entered the room stealthily.**
یَواش یَواش، آهسته‌آهسته. slowly. softly. gradually. little by little.
یوحنا، یحیی. John. Johannes. Joannes.
انجیل ~. **the Gospel of John.**
یُورت، یورد، اتاق، مسکن. room. a dwelling. an abode. quarters. camp.
یُورتمه trot.
~ رفتن. **to trot.**
یُورش، حمله، تك. assault. attack. blitz. onslaught. blitzkrieg. raid. incursion. storming.
~آوردن. **to make an attack. to attack. to assault. to blitz. to raid. to storm.**
یورغه، یورقه. amble. jogging.
~ رفتن. **to amble. to jog.**
یُوز، تازی. greyhound. hunting dog. a panther.
یُوزباشی a centurion. commander of one hundred.
یُوزپَلَنگ (z.) panther. ounce. wild cat.
یُوسُف Joseph.
گل ~. **(bot.) the anemone.**
~ ثانی. **the second Joseph. one who is extremely handsome.**
~ وزلیخا. **Joseph and Zolikha (Potiphar's wife).**
یُوغ yoke.
~ کردن، در زیر ~ درآوردن. **to yoke.**
در زیر ~ بندگی. **under the yoke of bondage.**
یُوگوسلاوی (geog.) Yugoslavia Jugoslavia. Yugoslave. Yugoslavian.
یَوم، روز. day (period of 24 hours)
یَوماً، روزانه، یکروز. daily. by day. one day.
یَومی، روزی. diurnal. daily. journal.
یَومیّه، روزانه. daily. quotidian. diurnal. journal. daily pay. daily allowance or wages.
روزنامهٔ ~. **daily newspaper.**
امروز پول نداشتم‌که ~ اورا بدهم. **today I had no money to pay his wage.**
یُون ion.
یُونان (geog.) Greece. Ionia.
یُونانی Greek. Hellenic. Hellene.
یك رسم ~. **a Greek custom.**
زبان ~. **Greek language.**
یونجه (bot.) alfalfa. lucern.
یونجهٔ خشك. **hay. dried lucern.**
یُونس Jonah.
یُونقار a cord in a violin.
یَهُود، قوم‌اسرائیل، کلیمی. the Jews. the Jewish people collectively. Jewry.
یَهودا Judah. Judas.
یهودای اسخریوطی. **Judas Iscariot.**
یَهودی، جهود، کلیمی. Jewish. Jew. Hebrew. Hebraic.
یَهُودیَّت Judaism.
یَهُودیّه Judaea.
یَهُوَه Jehovah. Hebrew God.
ییل، ئیل، سال. year (used in names of the Turkish cycle of years.
ییلاق country. countryside. a summer quarters. summering place.
~ و قشلاق. **summer and winter resorts (or quarters).**
~ رفتن، ~ کردن. **to summer. to go to a summering place. to go to the countryside.**
ییلاقی، خوش‌آب وهوا، مربوط به‌ییلاق. country. a summer residence. a villa. rural. rustic. summering. up-country.
خانهٔ ~. **country house.**
زندگی ~. **rural life.**